“十二五”国家重点图书出版规划项目

西方古典学研究 *Library of Classical Studies*

拉英词典

（初级本）

影印本

An Elementary Latin Dictionary

〔美〕查尔顿·T.刘易斯 编　高峰枫 导读

图书在版编目(CIP)数据

拉英词典:初级本/(美)刘易斯(Lewis,C. T.)编;高峰枫导读. —影印本. —北京:北京大学出版社,2015.6

(西方古典学研究)

ISBN 978-7-301-25861-3

Ⅰ. ①拉… Ⅱ. ①刘…②高… Ⅲ. ①拉丁语—词典②词典—拉、英 Ⅳ. ①H771.6

中国版本图书馆 CIP 数据核字(2015)第 109445 号

书　　名	拉英词典:初级本(影印本)
著作责任者	〔美〕查尔顿·T. 刘易斯　编　高峰枫　导读
责任编辑	王晨玉
标准书号	ISBN 978-7-301-25861-3
出版发行	北京大学出版社
地　　址	北京市海淀区成府路 205 号　100871
网　　址	http://www.pup.cn　新浪微博:@北京大学出版社
电子信箱	pkuwsz@126.com
电　　话	邮购部 010-62752015　发行部 010-62750672　编辑部 010-62752025
印 刷 者	北京中科印刷有限公司
经 销 者	新华书店
	787 毫米×1092 毫米　16 开本　60.5 印张　1115 千字
	2015 年 6 月第 1 版　2021 年 5 月第 2 次印刷
定　　价	215.00 元

“西方古典学研究”总序

古典学是西方一门具有悠久传统的学问,初时是以学习和通晓古希腊文和拉丁文为基础,研读和整理古代希腊拉丁文献,阐发其大意。18世纪中后期以来,古典教育成为西方人文教育的核心,古典学逐渐发展成为以多学科的视野和方法全面而深入研究希腊罗马文明的一个现代学科,也是西方知识体系中必不可少的基础人文学科。

在我国,明末即有士人与来华传教士陆续译介希腊拉丁文献,传播西方古典知识。进入20世纪,梁启超、周作人等不遗余力地介绍希腊文明,希冀以希腊之精神改造我们的国民性。鲁迅亦曾撰《斯巴达之魂》,以此呼唤中国的武士精神。1940年代,陈康开创了我国的希腊哲学研究,发出欲使欧美学者不通汉语为憾的豪言壮语。晚年周作人专事希腊文学译介,罗念生一生献身希腊文学翻译。更晚近,张竹明和王焕生亦致力于希腊和拉丁文学译介。就国内学科分化来看,古典知识基本被分割在文学、历史、哲学这些传统学科之中。1980年代初,我国世界古代史学科的开创者日知(林志纯)先生始倡建立古典学学科。时至今日,古典学作为一门学问已渐为学界所识,其在西学和人文研究中的地位日益凸显。在此背景之下,我们编辑出版这套“西方古典学研究”丛书,希冀它成为古典学学习者和研究者的一个知识与精神的园地。“古典学”一词在西文中固无歧义,但在中文中可包含多重意思。丛书取“西方古典学”之名,是为避免中文语境中的歧义。

收入本丛书的著述大体包括以下几类:一是我国学者的研究成果。近年来国内开始出现一批严肃的西方古典学研究者,尤其是立志于从事西方古典学研究的青年学子。他们具有国际学术视野,其研究往往大胆而独具见解,代表了我国西方古典学研究的前沿水平和发展方向。二是国外学者的研究论著。我们选择翻译出版在一些重要领域或是重要问题上反映国外最新研究取向的论著,希望为国内研究者和学习者提供一定的指引。三是西方古典学研习者亟需的书籍,包括一些工具书和部分不常见的英译西方古典文献汇编。对这类书,我们采取影印原著的方式予以出版。四是关系到西方古典学学科基础建设的著述,尤其是西方古典文献的汉文译注。收入这类的著述要求直接从古希腊文和拉丁文原文译出,且译者要有研究基础,在翻译的同时做研究性评注。这是一项长远的事业,非经几代人的努力不能见成效,但又是亟需的学术积累。我们希望能从细小处着手,为这一项事业添砖加瓦。无论哪一类著述,我们在收入时都将以学术品质为要,倡导严谨、踏实、审慎的学风。

我们希望,这套丛书能够引领读者走进古希腊罗马文明的世界,也盼望西方古典学研习者共同关心、浇灌这片精神的园地,使之呈现常绿的景色。

"西方古典学研究"编委会

2013 年 7 月

导 读

读书需先识字，读西方古书就要先学西方的古文。拉丁文是古罗马人的书写文字，更是欧洲从中世纪一直到近代以来宗教和学术的通用语。中国学者要穷治西方古代和中世纪的各门学问，通拉丁文是必经的路径。初学者在熟记基本语法规则之后，便要开始阅读原典，这时，手边就急需一部拉丁文词典。

1879年，两位美国学者刘易斯（Charlton T. Lewis）和肖特（Charles Short）出版了一部2000余页的拉丁文—英文大词典（*Harper's Latin Dictionary*）。这部词典先在美国印行，英国版则由牛津著名的Clarendon出版社出版，题为*A Latin Dictionary*。由于后来印量大，影响深，所以这部书就以两位编者的姓氏来命名，通称为"刘易斯—肖特"（Lewis and Short）。20世纪以前，古典语言的词典编纂有一惯例，就是编者大多依据一部前人编好的词典，极少白手起家。刘易斯和肖特也不例外。他们选中德国学者弗罗因德（William Freund）的拉丁文词典的英译本，以此为基础加以修改和增扩。他们在书的标题页已写明，自己的词典乃是根据弗罗因德一书"修订、扩展、并大幅重写"的（revised, enlarged, and in great part rewritten）。在当时的英语国家，如此规模的拉丁文词典尚不多见，因此受到广泛欢迎，迅速占据了市场。在前言中，刘易斯交待了编纂工作的份额：肖特负责字母A部分，也就是前216页，余下的1800多页，则由刘易斯自己完成。所以刘易斯实际上是真正的作者。

当年这部工具书跨过大西洋，来到英国时，美国出版商甚至建议英国版直接以《牛津拉丁文词典》为标题。这样"僭越"的要求当然被拒绝，个中缘由不难猜想。一来这部书尚有不少瑕疵，更重要的原因恐怕是牛津自高身份，不愿意轻易将自己的金字招牌冠于美国人所编词典之上。这也为后来真正的《牛津拉丁文词典》埋下了伏笔。1933年，牛津词典的项目正式启动，直到1968年方大功告成。英国古典学者决定不再踩任何人的肩膀，而是从零开始。由于受到《牛津英语词典》（*Oxford English Dictionary*，即著名的OED）编辑方针影响，编者直接从收集原始语料开始。他们延请牛津学者以及校外50余位专家，将公元2世纪之前的拉丁文献全部翻检一遍，挑出所有值得辑录的单词及特殊用法，再由编者抉择去取，最终编成一部更严谨、更科学的《牛津拉丁文词典》(例句按时间先后排列,也是仿照OED的模式)。这部大词典后来居上,在语料的收集、释义的准确等方面,都超越"刘易斯—肖特词典",成为目前英美古典学领域权威的工具书。

以上就是两部拉丁文—英文大词典的来历。刘易斯主编的大词典问世之后,美国出版商旋即请他为学生准备一部难易适中的工具书。刘易斯以为,单纯将大词典缩写,恐不能满足学生的要求。于是就着手编写一部新词典,称《拉丁文学生词典》(*Latin Dictionary for Schools*),于1888年出版。这部书包含了当时课堂上所教授的主要作家几乎全部词汇(比如恺撒、西塞罗、李维、维吉尔、贺拉斯)。为方便学生模仿最经典的文体,所以选择的例句会偏重恺撒的《高卢战记》、西塞罗的《喀提林演讲词》以及维吉尔《伊尼德》前半部。

读者手中这部《拉英词典(初级本)》,英文原题为 *An Elementary Latin Dictionary* (《拉丁文初级词典》),乃是刘易斯将《学生词典》再加删削,所以不妨看作是大词典的简本之简本。该书收集了古典拉丁文的基本词汇,特别收录了罗马三位诗人卡图卢斯(Catullus)、提布鲁斯(Tibullus)和普罗佩提乌斯(Propertius)的全部用词。每个词条在释义之后,还附有例句,因篇幅有限,只能注出原作者姓氏的简写,不能像大型典那样注出所引书的章节。由于此书针对学生,所以书前另有8页,将有关古罗马的基本文史知识,特别是纪年方法、历法、度量衡、币制、官制以及选举制度的拉丁文表述,做了言简意赅的说明。书后另附拉丁文主要的词根,这些都极大方便了初学者。刘易斯这部中型词典问世已逾百年,虽然专业的古典学家会参考《牛津拉丁文词典》,但是对于非专业的研究者、特别是学生和初学者,要想置备一部释义简明、篇幅适中而且价格合理的词典,这部《拉英词典(初级本)》应当是极好的选择。

马相伯曾于1903年根据耶稣会士晁德莅(Angelo Zottoli)的著作,编译过一部《拉丁文通》。在序言中,他对于当时在震旦学院就学的学生有着殷切的希望:"三五同胞,不远千里,不诿年齿,同力合作,借拉丁以沟通泰西学术之源流……异日者必有炉锤东西两大帝国之文章政治,成一家之言,以金碧辉煌我国土者。"这样的理想能否实现,姑且置之不论,但西方的古书,三五同胞确有必要来仔细翻检一番。希望北京大学出版社影印的这部词典,能成为中国学子研治拉丁文献的津梁。

高峰枫

2013年6月

目　录

PREFACE.

THIS is substantially an abridgment of my 'Latin Dictionary for Schools' (Clarendon Press, Oxford, 1889). The vocabulary has been extended to include all words used by Catullus, Tibullus, Propertius, and Tacitus (in his larger works), as well as those used by Terence, Caesar, Sallust, Cicero, Livy, Nepos, Vergil, Horace, Ovid, Juvenal, Phaedrus, and Curtius. On the other hand, space has been saved by the omission of all detailed references to books and passages, only the name of the writer being indicated as authority for each word or phrase; and by limiting the illustrative citations to those which are typical or peculiarly instructive. Proper names, too, have been excluded, except those which, because of peculiarities of form or of their derivations, require special explanation.

In all other respects, the plan of the 'School Dictionary,' as explained in the Preface to it, has been followed, as far as the smaller size of the present work permits. In a few instances, errors which have been detected in the larger book have been corrected in this; and in two or three words, vowels, which were there left unmarked, are now distinguished as long, on the strength of later researches.

I take pleasure in acknowledging the valuable aid rendered me, in the preparation of this abridgment, by J. W. Marshall, late Professor of the Latin Language and Literature in Dickinson College, by whom most of the illustrative phrases and passages cited have been selected.

CHARLTON T. LEWIS.

*** Brief Helps for Latin Readers have been prefixed, giving to the young student concise information upon the Roman Era, Calendar, Weights, Measures, and Money: the Dates and Works of Roman Authors, the Latin Alphabet, Italian Dialects with specimens of old Latin: the Roman Magistrates and Public Assemblies.

LATIN AUTHORS CITED IN THIS DICTIONARY, WITH THE ABBREVIATIONS USED.

Caesar, C. Julius,	Cs.	Q. Curtius Rufus,	Cu.	P. Ovidius Naso,	O.
Cicero, M. Tullius,	C.	Q. Horatius Flaccus,	H.	C. Sallustius Crispus,	S.
But every citation not followed by a reference to another writer is from Cicero.		D. Iunius Iuvenalis,	Iu.	C. Cornelius Tacitus,	Ta.
		T. Livius,	L.	P. Terentius Afer,	T.
		Cornelius Nepos,	N.	P. Vergilius Maro,	V.

The abbreviation ap. (for apud) may be read *quoted by.* Thus, 'Enn. ap. C.' means that the passage cited is found in a quotation by Cicero from Ennius.

OTHER ABBREVIATIONS.

acc., accusative.
act., active.
abl., ablative.
absol., absolute, i. e. without object.
adj., adjective.
adv., adverb.
Angl. Sax., Anglo-Saxon.
cf., confer (compare).
class., classical, i. e. in the best prose.
collat., collateral.
comp., comparative.
conj., conjunction.
dat., dative.
dem. or *demonst.*, demonstrative.
dep., deponent.
dim., diminutive.
disyl., dissyllabic.
dub., doubtful.
e. g., exempli gratiā (for instance).
ellipt., elliptically.
Engl., English.
esp., especially.
etc., et cetera.
f. or *fem.*, feminine.
fig., figuratively.
fin., at the end.
Fr., French.
freq., frequent, frequentative.
fut., future.
gen., genitive.
gen., general.
Germ., German.
Gr., Greek.
i. e., id est.
imper., imperative.
imperf., imperfect.
impers., impersonal.
inch., inchoative.
indecl., indeclinable.
indef., indefinite.
ind. or *indic.*, indicative.
inf., infinitive.
intens., intensive.
interrog., interrogatively.
intrans., intransitive.
Lat., Latin.
late, in writers after Livy.
lit., literally.
m., masculine.
meton., by metonymy.
n. or *neut.*, neuter.
neg., negatively.
nom., nominative.
num., numeral.
obj., object.
old, in writers before Cicero.
opp., opposed to.
orig., originally.
P. or *part.*, participle.
pass., passive.
perf., perfect.
perh., perhaps.
plur., plural.
pleonast., pleonastically.
poet., poetical, poetically.
posit., positive.
praep., preposition.
praegn., pregnant, pregnantly.
praes., present.
prob., probably.
pron., pronoun.
prop., in a proper or original sense.
prov., proverb.
proverb., proverbially.
rel., relative.
res p., res publica.
subj., subjunctive.
subst., substantive.
sup., superlative.
syn., synonymn.
trisyl., trisyllable.
usu., usually.
v., vide.
voc., vocative.

* An asterisk before a word means that it is not found in use, but is assumed to account for some derived form.

[ ] Remarks in square brackets relate to etymology. Forms printed in capitals are references to the Table of Roots at the end of the volume.

= The sign of equality before a Greek word means that the preceding Latin word is borrowed from that form in Greek.

(. . .) A form in the vocabulary is enclosed in a parenthesis to show, if a substantive in the nominative case, that it is used only in other cases; if an adjective, that it is not used in the positive degree; if a verb, that it is not used in the present system. Forms of incorrect orthography, found in some school-books, are enclosed in parentheses, with reference to the correct form.

— A dash in place of the genitive of a substantive, or of one of the principal parts of a verb, indicates that this case or this system is not in classical use.

BRIEF HELPS FOR LATIN READERS.

1. The Era.

Dates are generally given in Roman writers by the names of the consuls of the year, but if a date A. U. C. (*anno urbis conditae*) is given, we can translate it into a date of our own era by subtracting it from 754 to find our date B. C. or by subtracting 753 from it to find our date A. D.

Thus A. U. C. 710 is B. C. 44.
A. U. C. 762 is A. D. 9.

2. Calendar.

The Year.

According to Caesar's reformed Calendar, introduced B. C. 45, the year consisted of 365¼ days. To avoid fractions, in every four years three were considered to contain 365 days and the fourth (leap-year, *annus bissextilis*) 366, an arrangement which, with one slight modification, we still retain [1].

Names of the Roman Months.

January	Ianuarius	31 days
February	Februarius	28 days (in leap-year 29)
March	Martius	31 days
April	Aprilis	30 ,,
May	Maius	31 ,,
June	Iunius	30 ,,
July	Quintilis [2]	31 ,,
August	Sextilis [2]	31 ,,
September	September	30 ,,
October	October	31 ,,
November	November	30 ,,
December	December	31 ,,

N.B. All the month-names are adjectives. When they are used as substantives *mensis* is understood.

The first day of the month was called Kalendae, the fifth Nonae, the thirteenth Idus.

But March, July, October, May
Make Nones the seventh, Ides the fifteenth day.

[1] The true length of the solar year falls short of 365¼ days by 11 min. 12 sec. Hence it is found necessary to omit three days in every four centuries.

[2] Quintilis was re-named Iulius in B. C. 44 in honour of Julius Caesar, and Sextilis re-named Augustus in B. C. 8, in honour of Augustus.

The Latin will be, for—

'On the 1st of January,' .	*Kalendis Ianuariis*
'On the 5th of February,' .	*Nonis Februariis*
'On the 13th of February,' .	*Idibus Februariis*
'On the 7th of March,' .	*Nonis Martiis*
'On the 15th of March,' .	*Idibus Martiis*
'On the 5th of April,' .	*Nonis Aprilibus*

and so on.

Other dates in the month are reckoned by the number of days before the Nones or Ides of the same month; or before the Kalends of the next month, the Romans including in their calculation both the day itself and the day from which they reckoned, except in the case of the actual day before the Kalends, Nones, &c.

Thus, 'on the 4th of November' was *Pridie Nonas Novembres*, 'on the 12th of November,' *Pridie Idus Novembres*; but 'on the 9th of November' was *ante diem quintum Idus Novembres* (A. D. V. Id. Nov.), 'on the 29th of November' *ante diem tertium Kalendas Decembres* (A. D. III. Kal. Dec.).

In February of leap-year, the 24th day (*ante diem sextum Kalendas Martias*), was counted twice, hence the name *bissextilis*.

Hours of the Day.

The day began at Sunrise and ended at Sunset. It was divided into twelve hours, which must have varied in length from about 45 minutes at the winter solstice to about 75 minutes at the summer solstice.

Only at the equinoxes would the hours be of the length of 60 minutes.

Divisions of the Night.

The night (from Sunset to Sunrise) was divided into four equal watches (*Vigiliae*) named *Prima*, *Secunda*, *Tertia*, and *Quarta*.

3. Weights and Measures.

Most of the Roman weights and measures were divided like the *as*, or pound weight.

The *as* was rather less than ¾ (about ·72) of an English pound avoirdupois. Hence the *uncia*, $\frac{1}{12}$ *as* = nearly 1 oz. avoirdupois.

THE *AS* AND ITS DIVISIONS.

	As.	*Unciae.*		*As.*	*Unciae.*
As	1	12	Quadrans	$\frac{1}{4}$	3
Deunx	$\frac{11}{12}$	11	Sextans	$\frac{1}{6}$	2
Dextans	$\frac{5}{6}$	10	Uncia	$\frac{1}{12}$	1
Dodrans	$\frac{3}{4}$	9			
Bes	$\frac{2}{3}$	8	Sescuncia	$\frac{1}{8}$	$1\frac{1}{2}$
Septunx	$\frac{7}{12}$	7	Semuncia	$\frac{1}{24}$	$\frac{1}{2}$
Semis	$\frac{1}{2}$	6	Sicilicus	$\frac{1}{48}$	$\frac{1}{4}$
Quincunx	$\frac{5}{12}$	5	Sextula	$\frac{1}{72}$	$\frac{1}{6}$
Triens	$\frac{1}{3}$	4	Scrupulum	$\frac{1}{288}$	$\frac{1}{24}$

LINEAR MEASURE.

Of this the *pes* (equal to .971 of an Eng lish foot) may be regarded as the unit.

1 pes = 4 palmi = 16 digiti.

This, however, was a technical division used by surveyors, &c.

More commonly the *pes* was divided into 12 *unciae* like the *as*.

MULTIPLES OF THE *PES*.

Palmipes	=	(1 ft. + 1 palm =)		$1\frac{1}{4}$ feet.
Cubitus	=			$1\frac{1}{2}$,,
Gradus	=			$2\frac{1}{2}$,,
Passus	=	2 *Gradus*	=	5 ,,
Pertica	=			10 ,,
Actus	=			120 ,,

The *mille passus* (in plural *millia passuum*), being 1000 *passus*, = 5000 Roman feet = 4854 English feet or 1618 yards.

Roads were measured by miles. Sea distances by *stadia*. 8 *stadia* = *mille passus*.

SQUARE MEASURE.

A square *pes* was called *pes quadratus* or *constratus*.

A square *pertica* (100 square *pedes*) was called *scrupulum*.

Two square *actus* made a *jugerum*.

Hence the *jugerum* contained 28,800 square *pedes*. It might be subdivided into the same fractions as the *as*, the *scrupulum* (100 square *pedes*) being obviously $\frac{1}{288}$ of the *jugerum*.

1 *jugerum* = nearly $2\frac{1}{2}$ English roods.

MEASURES OF CAPACITY.

Liquid Measure.

Used also in Dry Measure.	1 *cyathus*,		
	1 *acetabulum*	= $1\frac{1}{2}$ *cyathi*,	
	1 *quartarius*	= 3 ,,	
	1 *hemina*	= 6 ,,	
	1 *sextarius*	= 12 ,,	= nearly 1 pt.
Used only in Liquid Measure.	1 *congius*	= 72 *cyathi*	= 6 *sextarii*.
	1 *urna*	= 288 ,,	= 24 ,,
	1 *amphora* or *quadrantal*	= 576 ,,	= 48 ,, = nearly 5 gals. 6 pts.

The *amphora* contained 1 cubic *pes* of liquid.

Dry Measure.

In dry measure the *modius* (nearly 1 peck) contained 16 *sextarii* (192 *cyathi*). The *semodius* was half a *modius*.

The *sextarius* could be subdivided in the same way as the *as*, the *cyathus* being the *uncia*, i. e. twelfth part.

4. Money.

In the earliest times Roman money was not coined but consisted of ingots of bronze (*aes*) supposed to weigh a pound (*as libralis*). It was always weighed on delivery (hence *aes grave*).

The *coined* 'as' contained 10 *unciae* not 12. Until B. C. 269 no metal but bronze was coined. In that year the Romans introduced silver coins, of which the chief were the *sestertius* = $2\frac{1}{2}$ *asses*, and the *denarius* = 10 *asses* or 4 *sestertii*. But the bronze *as* was at the same time reduced to 4 ounces.

Hence the sesterce was equal to the old *as* of 10 ounces.

As the supply of silver increased more rapidly than that of bronze, the coined *as* was more and more reduced in weight until in B. C. 217 it was fixed at one ounce. At the same time the *sestertius* was made to be worth 4 *asses*, the *denarius* 16.

In B. C. 49 Caesar introduced a gold coin, the *aureus*, and after that time the *sestertius* was coined in brass.

				£	*s.*	*d.*
Aureus (gold)	=	100 sesterces	=	1	0	0
Denarius (silver)	=	4 ,,	=	0	0	$9\frac{3}{5}$
Sestertius (brass)			=	0	0	$2\frac{2}{5}$
As	=	$\frac{1}{4}$ sesterce	=	0	0	$0\frac{3}{5}$

THE CURRENCY AND SUMS OF MONEY.

In the last table the value of the *aureus* is slightly under-estimated as compared with our gold, and that of the *denarius* slightly over-estimated as compared with our silver. The proportion between the value of silver and gold was not the same at the end of the Roman Republic as it is to-day.

Nothing is here said as to the purchasing

power of money in ancient Rome, which is probably an insoluble question.

Sums of money were always computed in *sestertii*.

Taking the *aureus* as equal to £1, and consequently the sesterce as equal to £$\frac{1}{100}$, we get

mille sestertii (or *nummi*) = 1000 sesterces = £10.

duo millia sestertium = 2000 sesterces = £20.

decies[1] *sestertium* = 1,000,000 = £10,000.

vicies sestertium = 2,000,000 = £20,000.

quinquagies sestertium = 5,000,000 = £50,000[2].

The symbol for—

decem sestertii is HSX
quinquaginta sestertii is HSL

decem millia sestertium is HS$\overline{\text{X}}$
quinquaginta millia sestertium is HS$\overline{\text{L}}$

decies sestertium is HS|$\overline{\text{X}}$|
quinquagies sestertium is HS|$\overline{\text{L}}$|

INTEREST.

Before Sulla (about 80 B.C.) the interest was described as a fraction of the principal per annum, the fractions of the *as* being employed as usual.

The usurer's year however was one of ten months. Hence to get the fraction per year of 12 months we must multiply by $\frac{12}{10} = \frac{6}{5}$. The reduction to a percentage will then be simple.

Thus *fenus unciarium* = $\frac{1}{12}$ capital per year of 10 months, i.e. ($\frac{1}{12} \times \frac{12}{10} =$) $\frac{1}{10}$ per year of 12 months = 10 per cent. Similarly, *fenus semunciarium* = 5 per cent.

Fenus ex triente = $\frac{1}{3}$ capital per year of 10 months i.e. ($\frac{1}{3} \times \frac{12}{10} =$) $\frac{4}{10}$ per year of 12 months = 40 per cent.

Or, given that *fenus unciarium* means 10 per cent.; the value of the other fractions is easily ascertained.

Thus:	*fenus unciarium*	= 10 per cent.
	,, *ex sextante*	= 20 ,,
	,, *ex quadrante*	= 30 ,,
	,, *ex triente*	= 40 ,,
	,, *ex quincunce*	= 50 ,,

and so on.

After Sulla legal interest was fixed at *centesima* (*pars*) per month, i.e. 12 per cent. per annum (*usurae centesimae*).

Lower interest was described as a fraction of the centesima per month, e.g. *usurae trientes* = 4 per cent. per annum. When higher interest was charged (e.g. *binae centesimae*, 24 per cent.), as was often done, it was charged illegally.

[1] With the numeral adverbs followed by the genitive plural *sestertium* 'centena millia' is always understood.

[2] If on the other hand we calculate from the actual amount of silver contained in the *denarius* we get smaller results.

5. Dates and Works of Authors represented in the Dictionary.

(Authors are given in alphabetical order of the names by which they are best known in English.)

Caesar. Caius Iulius Caesar. Born B.C. 100; assassinated B.C. 44.

Extant works, Seven Books de Bello Gallico, and Three de Bello Civili.

Catullus. Quintus Valerius Catullus. Born about 85 B.C.

He wrote hexameter, elegiac, lyric, and iambic poems, of which almost all are extant, a few in a mutilated state.

Cicero. Marcus Tullius Cicero. Born B.C. 106; murdered by order of triumvirs B.C. 43.

His voluminous extant works comprise letters, philosophical treatises, forensic and political speeches, and some poems.

Quintus Curtius. Quintus Curtius Rufus wrote about A.D. 55.

We have (in an imperfect condition) his history of Alexander the Great.

Horace. Quintus Horatius Flaccus. Born B.C. 65; died B.C. 8.

His works (all extant) consist of Four Books of Odes (Carmina), One of Epodes, the Carmen Seculare, Two Books of Satires, Two of Epistles, and the Epistola ad Pisones or De Arte Poetica Liber. All the Satires and Epistles are in Hexameter verse.

Juvenal. Decimus Junius Juvenalis. Died about 125 A.D.

We have of this poet sixteen satires in Hexameter verse.

Livy. Titus Livius Patavinus. Born B.C. 59; died A.D. 17.

He wrote a history of Rome from the foundation of the city up to his own times in 142 books, of which only 35 are extant.

Nepos. Cornelius Nepos (praenomen unknown) wrote about B.C. 44.

He wrote 'vitae excellentium imperatorum.' What we now possess under that title is probably only an epitome of Nepos' work.

Ovid. Publius Ovidius Naso. Born B.C. 43; died A.D. 17.

The chief extant works of Ovid are the Heroides, the Fasti, the Amores, the Ars Amandi, the Remedia Amoris, the Metamorphoses, the Tristia, and the Epistolae ex Ponto. The Metamorphoses are in Hexameter verse, all the rest in Elegiac.

Phaedrus. Wrote (perh.) about 15 A.D. His works (extant) are five books of fables (after Aesop) in Iambic verse.

Propertius. Sextus Aurelius Propertius wrote about 30 B.C. His works are five books of 'Elegies,' all extant.

Sallust. Caius Sallustius Crispus. Born B.C. 86; died B.C. 35.

His extant works are his histories of the Catilinarian Conspiracy and of the Jugurthine War.

Tacitus. Caius Cornelius Tacitus. Born about 57 A.D.; died about 118 A.D.

His extant works are the 'Annals,' the 'Histories' (both now imperfect), the Germania, the life of Agricola, and the Dialogue 'de Oratoribus.'

Terence. Publius Terentius Afer. Born B.C. 195; died B.C. 159.

He wrote six comedies (all extant), which were translations or adaptations from Greek sources. Their names are Andria, Eunuchus, Hauton Timorumenos, Phormio, Hècyra, Adelphoe.

Tibullus. Albius Tibullus died B.C. 19. We have four books of Elegies attributed to him, but probably only the first two are genuine.

Vergil. Publius Vergilius Maro. Born B.C. 70; died B.C. 19.

His works (all extant) were Ten Eclogues or Bucolics, Four Books of Georgics, and The Aeneid (Twelve Books).

6. The Latin Alphabet

was derived from the Greek (Chalcidic) colony of Cumae in Italy.

This was as follows:—

A B C D E F I H ⊕ I K ⅃ Ⲙ N O

α β γ δ ε F ζ h θ ι κ λ μ ν ο

Γ Ϙ R ≶ T V X Φ Ψ

π ϙ ρ σ τ υ ξ φ χ

The Romans rejected ⊕, Φ, Ψ as letters, retaining them however as numerical signs.

Γ they altered to P. Z (I) soon dropped out, as it was found to be unnecessary and its place was filled in B.C. 312 by a new letter G, now necessary because C had begun to represent a *k*-sound.

K was retained in a few words only (Kalendae, Kaeso).

In Cicero's time Z was reintroduced in the form more familiar to us, to represent the Greek Z. For a like reason Y was added to represent the Greek Υ. These letters (and with a few exceptions the combinations TH, PH, CH) were used only in the transliteration of Greek words.

7. Pronunciation of Latin.

The following was approximately the pronunciation of Latin in the Augustan age.

Vowels.

a as *a* in f*a*ther.
e as *a* in f*a*te.
i as *i* in mach*i*ne.
o as *o* in c*o*lt.
u as *u* in r*u*de.
y was Greek *υ*, being equivalent to French *u* or German *ü*.

A sound between *u* and *i* was heard in words where either *u* or *i* might be written, as *maxumus, maximus.*

A difference of quantity was strictly a difference of time only, and not one of value.

Diphthongs.

In these the value of both vowels was given, though with great rapidity.

Consonants.

The ordinary English pronunciation is substantially correct, except in the following particulars:—

C was always pronounced as our K or 'hard' C.

G was always pronounced as in 'got' or 'give.'

I consonant was like English Y consonant.

U consonant was like English W (though pronounced more lightly with a tendency to V).

X was always KS, never GS.

BS was more like PS.

R was always sounded and not mute as it so often is in English.

Final **M** and final **S** were sounded very slightly.

TH, PH, and **CH** were probably sounded as T, P, and K followed by H.

Latin Accent.

The Latin accent was a variation of

stress like ours, but at the same time a variation of pitch.

It falls on the antepenultimate, unless the penultimate is long, and then it falls upon the penultimate.

As far as the stress is concerned, the ordinary English pronunciation of Latin words is correct in the main, though exaggerated.

8. Dialects of Italy.

Latin was originally only one among many Italian dialects, some of which were but distantly related to it.

Of the two types of dialect that were most nearly akin to Latin a good deal is known. These were (1) the Umbrian, spoken by the peoples to the North of Latium (the Umbrians having at one time possessed Etruria), and (2) the Oscan, spoken by the peoples of Campania and the South. Volscian and Sabellian were probably varieties of Oscan. The nearest dialect to Latin seems to have been that of Falerii, an Umbrian town, situated in what was afterwards called Etruria.

The Umbrians and Oscans used the Etrurian Alphabet, which differed in many points from the Latin, the Falerian type differing less than any other.

The following short sentence is from a fragment of an Oscan law found near Bantia, and now in the Museum of Naples:—

Svae pis contrud exeic fefacust, ionc svae
Si quis contra hoc fecerit, eum si
pis herest meddis moltaum, licitud.
quis volet magistratus multare, liceto.

'If any one shall act contrary to this, if any magistrate shall wish to fine him, let it be lawful.'

The resemblance between the Oscan and the Latin[1] will be obvious.

As a special point of difference notice the infinitive 'multa-um.'

Notice also the 'p' where the Latin has 'qu.' Thus we have 'pam,' 'pon,' for 'quam,' 'quum.'

The final 'd' also appears in old Latin.

'Meddis' is well known in the Latin 'meddix tuticus' (the chief magistrate among the Campanians), i.e. 'magistratus publicus,' 'touto' meaning 'populus.'

The following specimen of Umbrian is from the Iguvian tablets discovered at the site of Iguvium in Umbria:—

Este persklum aves anzeriates enetu
Ita oblationem avibus circumservatis inito,
pernaies pusnaies.
anticis posticis.

'Thus enter upon the sacrifice, having observed the birds around, those in front and those behind.'

The resemblance to the Latin is not so conspicuous as in the case of the Oscan.

[1] The Latin translation is not found on the fragment, but is the result of the work of modern scholars.

9. Specimens of Old Latin.

Elogium Scipionis[1] (he was consul B.C. 298).

L. Cornelio Cn. f. Scipio.
Cornelius Lucius Scipio Barbatus
Gnaivod patre prognatus, fortis vir sapiensque,
Quoius forma virtutei parisuma fuit,
Consul censor aidilis quei fuit apud vos,
Taurasia Cisauna Samnio cepit,
Subigit omne Loucanam opsidesque abdoucit.

I. e.

L. Cornelius Cneii filius Scipio.
Cornelius Lucius Scipio Barbatus Gnaeo patre prognatus, fortis vir sapiensque, cuius forma virtuti parissima fuit, consul censor aedilis qui fuit apud vos; Taurasiam Cisaunam Samnium[2] cepit, subigit omnem Lucanam obsidesque abducit.

From Senatusconsultum de Bacchanalibus (B.C. 186).

Sei ques esent, quei arvorsum ead fecisent, quam suprad scriptum est, eeis rem caputalem faciendam censuere; atque utei hoce in tabolam ahenam inceideretis, ita senatus aiquom censuit.

I. e.

si qui essent, qui adversum-ea fecissent quam supra scriptum est, eis rem capitalem faciendam censuere; atque uti hoc in tabulam ahenam incideretis, ita senatus aequum censuit.

Adversum-ea . . . quam is equivalent to *contra . . . quam*. For the form, cf. *posteo . . . quam*.

[1] From a sarcophagus.
[2] Or Samnio, 'in Samnium.'

10. The Roman Magistrates.

Ordinary Magistrates of the whole Populus in order of dignity.

1. *Censor.* The censors were two in number, elected *about* every five years, but they held office for only eighteen months. Their chief duties were (i) to prepare the list of the Senate; (ii) to assess the property of the citizens, and draw up the list of tribes, classes, and centuries. They could degrade (*movere ordine*), disfranchise, or mark with their note (*nota*) of censure any citizen whom they judged to deserve such disgrace.

In the later Republic the censor was always chosen from those who had already filled the office of consul.

The censorship was instituted B.C. 443.

It was a curule[1] magistracy, but had no *imperium*. The censor had no lictors. The office was opened to plebeians in B.C. 351, and abolished under the Empire.

2. *Consul.* The consuls were two in number, elected annually, and had inherited from the kings that highest power which the Romans called *imperium.* It comprised three main functions, (i) to propose bills (*rogationes*) to the *populus*, (ii) to command in war, and (iii) to administer justice to the citizens.

The duty of a consul was to command the armies, summon and preside over the assemblies of the *populus*, whether for the purpose of legislation or for elections, convene and consult the Senate, and, if necessary, nominate a Dictator. The consuls before B.C. 153 began their office on the Ides of March, instead of on the 1st of January as was the custom from that year onwards.

The consulship was a curule magistracy. Each consul was attended by twelve lictors. The office was instituted on the expulsion of Tarquin B.C. 510, and the first consuls took office B.C. 509. It was opened to the plebeians by the Licinian laws in B.C. 367.

3. *Praetor.* In the next year the Praetorship was instituted to relieve the consul from his judicial duties. No plebeian praetor was elected until B.C. 337.

There was at first only one praetor, who presided over the administration of justice at Rome. In B.C. 241 a second was added to preside over actions between Roman citizens and *peregrini.* He was called *Praetor Peregrinus*, and his colleague henceforth *Praetor Urbanus.*

After B.C. 227 two more praetors were added, to govern Sardinia and Sicily. During the Second Punic War a praetor was commonly given command of the fleet. As provincial governor the praetor discharged the military and executive as well as the judicial functions pertaining to his *imperium.* In B.C. 197 the number of praetors was increased to six. Sulla added two more. The number was raised by Julius Caesar to sixteen, and finally fixed by Augustus at twelve. The Praetors were elected annually. They were attended by two lictors each within the city, and by six outside the *pomoerium* or city boundary. The praetorship was a curule magistracy *cum imperio.*

4. *Curule Aedile.* Two patrician curule aediles were appointed, B.C. 366, to superintend the public games. After that year the curule aediles were elected from patricians and plebeians in alternate years until 91 B.C. when this rotation came to an end. In the last years of the Republic candidates from both orders were elected indiscriminately.

The duties of the aediles were to superintend the police of the city, to take care of the buildings, to provide against fires, to watch over the markets, and to distribute corn to the poor. The curule aediles managed the *Ludi Romani, Floralia,* and *Megalensia.* They were elected annually and had no *imperium* and no lictors.

5. *Quaestor.* The quaestors were originally two in number, acting as secretaries to and nominated by the consuls. After B.C. 447 they were elected by the *comitia tributa.* In B.C. 421 the number was increased to four, and the office thrown open to plebeians. Two (*quaestores urbani*) stayed at Rome and had charge of the state treasury, two (*quaestores militares*) followed the generals and had charge of the military chests. In B.C. 267 four *quaestores classici* were added to enrol crews and manage the finances of Italy. After that as the number of provinces increased the number of quaestors was gradually augmented, and finally in B.C. 82 was fixed by Sulla at twenty.

From the time of Sulla onwards entrance on the quaestorship gave admittance to the Senate. The quaestorship was an annual

[1] *Curule* magistrates were those who sat on a *sella curulis*. It was a chair inlaid with ivory.

office, not curule, and without *imperium*. The quaestors had no lictors.

SPECIAL MAGISTRATE.

Interrex. When for some reason the year of office of the consuls expired without their successors having been elected, the patrician Senators nominated one of their number as *interrex*. His duty was to hold the comitia for the election of consuls; if he could not do this within five days, he had to nominate another interrex and resign, and so on.

The interrex was always a patrician. He was a curule magistrate with *imperium* and was probably attended by twelve lictors.

EXTRAORDINARY MAGISTRATES.

Dictator. In times of special danger, in order to avoid the inconveniences of divided command, a dictator was appointed. He was not elected but nominated (on the advice of the Senate) by one of the consuls. He was a curule magistrate with supreme power. Before him all the ordinary magistrates of the *Populus* became powerless.

The Dictator was attended by twelve lictors. Sulla in his irregular dictatorship was attended by twenty-four.

The Dictator was bound to abdicate at the end of six months. The office was thrown open to the *Plebs* in 356 B.C.

Magister Equitum. With the Dictator, but more commonly by the Dictator, was nominated a Master of the Horse. He was subject to the Dictator, but to no one else. He was a curule magistrate with *imperium*, was attended by six lictors, and was in dignity slightly superior to a praetor. The office was thrown open to the *Plebs* in 368 B.C.

PROMAGISTRATES

acted *pro magistratibus*, but always outside the *pomoerium*. Directly they crossed this their *imperium* vanished, unless they were allowed to retain it for a triumph.

The first promagistrate was Q. Publilius Philo, who, after serving as consul for his year B.C. 327), was retained in command of the army *pro consule*. (N. B. *pro consule* and *pro praetore* are much more correct than the words *proconsul, propraetor*.)

MAGISTRATES OF THE PLEBS.

Tribune. The *Tribuni plebis* or *plebei* were not magistrates in the ordinary sense. They were originally protectors of the *Plebs*. The primary function of the tribunes was to give protection (*auxilium*) to any citizen oppressed by the action of the magistrates of the State, and to render this protection effective they were declared inviolable (*sacrosancti*). They were the officers of the exclusive Corporation of the *Plebs*, and had the power of convoking its assembly and proposing Bills to it just as the consuls did to the *Populus*. About the end of the 4th century B.C. they acquired the right of convening and consulting the Senate. Five (probably) were originally elected (B.C. 494); and in B.C. 457 the number was raised to ten. No patrician could be a tribune of the plebs.

The tribunes could stop all action of the Senate or magistrates by their right of veto (*intercessio*). Hence they had great power, which was used at first to gain equality of privileges for the plebeians. When this was won they commonly acted during the best times of the Roman Republic in subservience to the Senate. They were of course not curule magistrates, they had no *imperium* and no lictors.

Plebeian Aedile. The office was instituted in B.C. 494. The two plebeian aediles were originally the assistants of the Tribunes. Their duties in later times are not distinguishable from those of the curule aediles. They managed the *Ludi Plebeii* and *Cereales*. They had no *imperium* and no lictors, but were *sacrosancti*.

11. Public Assemblies.

THE COMITIA.

The Comitia were legal assemblies of the *Populus Romanus* for the purpose of voting. An informal assembly was called *contio*. The assembly of the *Plebs* is properly called not *comitia* but *concilium*.

There were three kinds of Comitia.

1. Comitia Curiata in which the people voted in *curiae*.

2. Comitia Centuriata in which the people voted in *centuriae*.

3. Comitia Tributa in which the people voted in *tribus*.

1. The *Comitia Curiata* was an assembly of the people, divided into thirty *curiae* or wards (a local division). Each *curia* had one vote. In historical times the main use

of such an assembly was to confer the imperium on newly elected magistrates by passing a *lex curiata*. Such a *lex* was also necessary to ratify the form of adoption known as *adrogatio*. The proceeding was a mere formality, and in process of time the *curiae* came to be represented by thirty lictors.

2. The *Comitia Centuriata* was originally an assembly of people in the classes and centuries (*nominal* hundreds) established by Servius Tullius. It was in its origin a military assembly, classed according to property as follows:—

Class.	*Census* (in *Asses*).		*Centuries.*
1	100,000	Equites	18
		Pedites	80
2	75,000	Pedites et Fabri	22
3	50,000	Pedites	20
4	25,000	Pedites et Cornicines	22
5	11,000	Pedites	30
6		Proletarii	1
		Total centuries	193

The centuries in each class were divided into *Seniores* and *Iuniores*. It will be seen that the richest class had 98 votes out of 193: an absolute majority. Furthermore their centuries were no doubt small as compared with those of the lower classes, especially the *Proletarii*.

About B.C. 250 a change was made in the *Comitia Centuriata*, bringing the centuries into some relation to the tribes. The details are obscure, but it seems that there were five classes, of which the first consisted of seventy centuries, two (one of *seniores* and one of *iuniores*) from each of the thirty-five tribes. At the same time the right of voting first was taken away from the equites that had hitherto possessed it, and given to a century of the first class chosen by lot. This century was called the *centuria praerogativa*, and its vote was, in elections at any rate, commonly followed by the other centuries.

In spite of this change, the richer classes still had a preponderance.

3. The *Comitia Tributa* was an assembly of the whole *Populus Romanus* by Tribes. It was convoked by a consul or praetor, but otherwise it closely resembles the *Concilium Plebis Tributum*, with which it is often confused.

It had this advantage over the *comitia centuriata* that it could be held either within or without the walls, whereas the other, being technically a military assembly, had to be held without the walls (usually in the Campus Martius). Accordingly it superseded the *comitia centuriata* for every purpose except the election of censors, consuls, and praetors, the declaration of aggressive war, or appeals from the capital sentence of a magistrate.

The mode of voting was the same as that in the *comitia centuriata*, with the exception that the people voted by tribes and not by centuries.

The *comitia tributa* generally met in the lower Forum.

Concilia Plebis.

A *concilium plebis* might be either *curiatum* or *tributum*. After 472 B.C. we hear only of the latter. The *Plebs* assembled without the patricians and under the presidency of their own magistrates, the tribunes. In such a *concilium* the tribunes and plebeian aediles were elected, and it could pass *Plebiscita*, which (by the *Lex Hortensia* B.C. 287) were binding on the whole people.

12. Mode of Voting.

N.B. There was no provision for taking the sense of an actual majority of the *Populus* or *Plebs*. Each century or tribe had one vote only, and the question was determined by a majority of tribes or centuries, not of individuals, though the vote of a tribe or century was determined by a majority in that unit.

To take the *comitia centuriata* as an example, the mode of voting was as follows. The voting-place was divided into *saepta* (enclosures), one for each century. The citizens passed from these through a narrow passage (*pons*), and their votes were received by returning officers (*rogatores*).

In the *comitia tributa* or in the *concilium plebis tributum* the method of voting was, if we substitute 'tribe' for 'century,' precisely the same as in the *comitia centuriata*.

By the time of the Punic Wars the *comitia* and *concilia plebis* became almost powerless, except for the election of magistrates. They usually gave assent as a matter of course to the bills which magistrates proposed to them under the direction of the Senate. [M. T. T.]

ELEMENTARY LATIN DICTIONARY.

A.

1. A. a. as an abbreviation, (1) for the praenomen Aulus. (2) for Absolvo, on the voting-tablet of a judge; hence C. calls A littera salutaris. (3) for Antiquo on a voting-tablet in the Comitia. (4) **a. d.** for ante diem. (5) **A. V. C.** or **a. u. c.** for anno urbis conditae, or ab urbe conditā. (6) in the Tusculan Disputations of Cicero probably for Audītor.

2. ā (before consonants), **ab** (before vowels, h, and some consonants, esp. *l*, *n*, *r*, *s*), **abs** (usu. only before *t* and *q*, esp. freq. before the pron. te), old **af**, *praep.* with *abl.*, denoting separation or departure (opp. ad).

I. Lit., in space, *from, away from, out of.* **A.** With motion: ab urbe proficisci, Cs.: a supero mari Flaminia (est via), *leads:* Nunc quidem paululum, inquit, a sole, *a little out of the sun:* usque a mari supero Romam proficisci, *all the way from;* with names of cities and small islands, or with domo, *home* (for the simple *abl.;* of motion, away from, not out of, a place); hence, of raising a siege, of the march of soldiers, the setting out of a fleet, etc.: oppidum ab Aeneā fugiente a Troiā conditum: ab Alesiā, Cs.: profectus ab Orico cum classe, Cs.; with names of persons or with pronouns: cum a vobis discessero: videat forte hic te a patre aliquis exiens, i. e. *from his house,* T.; (praegn.): a rege munera repudiare, *from, sent by,* N.—**B.** Without motion. **1.** Of separation or distance: abesse a domo paulisper maluit: tum Brutus ab Romā aberat, S.: hic locus aequo fere spatio ab castris Ariovisti et Caesaris aberat, Cs.: a foro longe abesse: procul a castris hostes in collibus constiterunt, Cs.: cum esset bellum tam prope a Siciliā; so with *numerals* to express *distance:* ex eo loco ab milibus passuum octo, *eight miles distant,* Cs.: ab milibus passuum minus duobus castra posuerunt, *less than two miles off,* Cs.; so rarely with substantives: quod tanta machinatio ab tanto spatio instrueretur, *so far away,* Cs.—**2.** To denote a side or direction, etc., *at, on, in:* ab sinistrā parte nudatis castris, *on the left,* Cs.: ab eā parte, quā, etc., *on that side,* S.: Gallia Celtica attingit ab Sequanis flumen Rhenum, *on the side of the Sequani,* i. e. *their country,* Cs.: ab decumanā portā castra munita, *at the main entrance,* Cs.: crepuit hinc a Glycerio ostium, *of the house of G.,* T.: (cornua) ab labris argento circumcludunt, *on the edges,* Cs.; hence, a fronte, *in the van;* a latere, *on the flank;* a tergo, *in the rear, behind;* a dextro cornu, *on the right wing;* a medio spatio, *half way.*—**II.** Fig. **A.** Of time. **1.** Of a point of time, *after:* Caesar ab decimae legionis cohortatione ad dextrum cornu profectus, *immediately after,* Cs.: ab eo magistratu, *after this office,* S.: recens a volnere Dido, *fresh from her wound,* V.: in Italiam perventum est quinto mense a Carthagine, i. e. *after leaving,* L.: ab his, i. e. *after these words, hereupon,* O.: ab simili clade domo profugus, i. e. *after* and *in consequence of,* L.—**2.** Of a period of time, *from, since, after:* ab hora tertiā bibebatur, *from the third hour:* ab Sullā et Pompeio consulibus, *since the consulship of:* ab incenso Capitolio illum esse vigesumum annum, *since,* S.: augures omnes usque ab Romulo, *since the time of:* iam inde ab infelici pugnā ceciderant animi, *from (and in consequence of),* L.; hence, ab initio, a principio, a primo, *at, in,* or *from the beginning, at first:* ab integro, *anew, afresh:* ab . . . ad, *from* (a time) . . . *to:* cum ab horā septimā ad vesperum pugnatum sit, Cs.; with nouns or adjectives denoting a time of life: iam inde a pueritiā, T.: a pueritiā: a pueris: iam inde ab incunabulis, L.: a parvo, *from a little child,* or *childhood,* L.: ab parvulis, Cs.—**B.** In other relations. **1.** To denote separation, deterring, intermitting, distinction, difference, etc., *from:* quo discessum animi a corpore putent esse mortem: propius abesse ab ortu: alter ab illo, *next after him,* V.: Aiax, heros ab Achille secundus, *next in rank to,* H.: impotentia animi a temperantiā dissidens: alieno a te animo fuit, *estranged;* so with *adjj.* denoting *free, strange, pure,* etc.: res familiaris casta a cruore civili: purum ab humano cultu solum, L.: (oppidum) vacuum ab defensoribus, Cs.: alqm pudicum servare ab omni facto, etc., H.; with *substt.:* impunitas ab iudicio: ab armis quies dabatur, L.; or *verbs:* haec a custodiis loca vacabant, Cs.—**2.** To denote the agent, *by:* qui (Mars) saepe spoliantem iam evertit et perculit ab abiecto, *by the agency of:* Laudari me abs te, a laudato viro: si quid ei a Caesare gravius accidisset, *at Caesar's hands,* Cs.: vetus umor ab igne percaluit solis, *under,* O.: a populo R. imperia perferre, Cs.: equo lassus ab indomito, H.: volgo occidebantur: per quos et a quibus? *by whose hands and upon whose orders?* factus ab arte decor, *artificial,* O.: destitutus ab spe, L.; (for the sake of the metre): correptus ab ignibus, O.; (poet. with *abl.* of *means* or *instr.*): intumuit venter ab undā, O.—Ab with *abl.* of agent for the *dat.*, to avoid ambiguity, or for emphasis: quibus (civibus) est a vobis consulendum: te a me nostrae consuetudinis monendum esse puto.—**3.** To denote source, origin, extraction, *from, of:* Turnus ab Ariciā, L.: si ego me a M. Tullio esse dicerem: oriundi ab Sabinis, L.: dulces a fontibus undae, V.—With verbs of expecting, fearing, hoping (cf. a parte), *from, on the part of:* a quo quidem genere, iudices, ego numquam timui: nec ab Romanis vobis ulla est spes, *you can expect nothing from the Romans,* L.; (ellipt.): haec a servorum bello pericula, *threatened by:* quem metus a praetore Romano stimulabat, *fear of what the praetor might do,* L.—With verbs of paying, etc., solvere, persolvere, dare (pecuniam) ab aliquo, *to pay through, by a draft on,* etc.: se praetor dedit, a quaestore numeravit, quaestor a mensā publicā, *by an order on the quaestor:* ei legat pecuniam a filio, *to be paid by his son:* scribe decem (milia) a Nerio, *pay by a draft on Nerius,* H.; cognoscere ab aliquā re, *to know* or *learn by means of something* (but *ab aliquo,* from some one): id se a Gallicis armis atque insignibus cognovisse, Cs.; in giving an etymology: id ab re . . . interregnum appellatum, L.—Rarely with verbs of beginning and repeating: coepere a fame mala, L.: a se suisque orsus, Ta.—**4.** With verbs of freeing from, defending, protecting, *from, against:* ut a proeliis quietem habuerant, L.: provincia a calamitate est defendenda: sustinere se a lapsu, L.—**5.** With verbs and adjectives, to define the respect in which, *in relation to, with regard to, in respect to, on the part of:* orba ab optimatibus contio: mons vastus ab naturā et humano cultu, S.: ne ab re sint omissiores, *too neglectful of money* or *property,* T.: posse a facundiā, *in the matter of eloquence,* T.; cf. with laborare, for the simple *abl.*, *in, for want of:* laborare ab re frumentariā, Cs.—**6.** In stating a motive, *from, out of, on account of, in consequence of:* patres ab honore appellati, L.: inops tum urbs ab longinquā obsidione, L.—**7.** Indicating a part of the whole, *of, out of:* scuto ab novissimis uni militi detracto, Cs.: a quibus (captivis) ad Senatum missus (Regulus).—**8.** Marking that to which anything belongs: qui sunt ab eā disciplinā: nostri illi a Platone et Aristotele aiunt.—**9.** Of a side or party: vide ne hoc totum sit a me, *makes for my view:* vir ab innocentiā clementissimus, *in favor of.*—**10.** In late prose, of an office: ab epistulis, *a secretary,* Ta.

Note. Ab is not repeated with a following *pron. interrog.* or *relat.:* Arsinoën, Stratum, Naupactum . . . fateris ab hostibus esse captas. Quibus autem hostibus? Nempe iis, quos, etc. It is often separated from the word which it governs: a nullius umquam me tempore aut commodo: a minus bono, S.: a satis miti principio, L.—The poets join *a* and *que*, making *āque;* but in good prose *que* is annexed to the following *abl.* (a meque, abs teque, etc.): aque Chao, V.: aque mero, O.—In composition, *ab-* stands before vowels, and *h, b, d, i* consonant, *l, n, r, s; abs-* before *c, q, t; b* is dropped, leaving *as-* before *p; ā-* is found in *āfuī, āfore* (*inf. fut.* of absum); and *au-* in auferō, aufugiō.

abāctus [*P.* of abigo], *driven away, driven off:* nox abacta, *driven back* (from the pole), i. e. *already turned towards dawn,* V.: abacta nullā conscientiā, *restrained by,* H.

abacus, ī, *m.*, *a table of precious material for the display of plate,* C.; Iuv.

abaliēnātiō, ōnis, *f.* [abalieno], in law, *a transfer of property, sale, cession,* C.

ab-aliēnō, āvī, ātus, āre, *to convey away, make a formal transfer of, sell, alienate:* agros vectigalīs populi R.: pecus.—F i g., *to separate, remove, abstract:* ab sensu rerum animos, *abstracted their thoughts from,* L.: deminuti capite, abalienati iure civium, *deprived of,* L.—I n p a r t i c., *to alienate, estrange, make hostile, render disaffected:* abalienati scelere istius a nobis reges, *from us, by his wickedness:* aratorum numerum abs te: periurio homines suis rebus, N.: totam Africam, *estrange,* N.

Abantēus, *adj.*, *of Abas* (king of Argos): Argī, O.

Abantiadēs, ae, *m.*, *a son* or *descendant of Abas* (king of Argos), O.

abavus, ī, *m.* [1 AV-], *a grandfather's grandfather,* C.; *an ancestor* (rare), C.

(**abcīdō**), a false spelling for abscīdō.

Abdēra, ōrum, *n.*, *a town of Thrace, proverbial for narrow-minded people,* C., L.

abdicātiō, ōnis, *f.* [1. abdico], *a formal laying down, voluntary renunciation, abdication:* dictaturae, L.

1. ab-dicō, āvī, ātus, āre, *to disown, disavow, reject:* ubi plus mali quam boni reperio, id totum abdico atque eicio: abdicari Philippum patrem, Cu.—With *se* and *abl.*, *to give up an office before the legal term expires, resign, abdicate* (cf. depono, to lay down an office at the expiration of the term): dictaturā se abdicat, Cs.: se consulatu: respondit aedilitate se abdicaturum, L.—Once *absol.* (of consuls), *to abdicate, resign,* C.—With *acc.:* abdicato magistratu, S.: causa non abdicandae dictaturae, L.

2. **ab-dīcō**, dīxī, —, ere, in augury, *to forbid by an unfavorable omen, reject* (opp. addico), C.

abditus, *adj.* [*P.* of abdo], *hidden, concealed, secret:* virgo, *locked up,* H.: sub terram: ne ea omnia . . . ita abdita latuisse videantur, ut, etc., *hidden beyond discovery:* copias abditas constituunt, *in ambush,* Cs.: secreta Minervae, *mysterious,* O.: latet abditus agro, *hidden in,* H.: (sagitta) abdita intus Spiramenta animi rupit, *buried,* V.—As *subst. n., hidden places,* Ta.: abdita rerum (a Greek idiom for abditae res), *abstruse matters,* H.

ab-dō, idī, itus, ere [2. do], *to put away, remove, set aside:* impedimenta in silvas, Cs.; often with se, *to go away, betake oneself:* se in contrariam partem terrarum: se in Menapios, *to depart,* Cs.: se domum.—Praegn., *to hide, conceal, put out of sight, keep secret:* amici tabellas: pugnare cupiebant, sed abdenda cupiditas erat, L.: sese in silvas, Cs.: se in tenebris: ferrum in armo, O.: alqm intra tegimenta, Cs.: abdito intra vestem ferro, L.: ferrum curvo tenus hamo, *up to the barb,* O.: argentum Abditum terris, H.: caput casside, *to cover with,* O.: voltūs frondibus, O.: hunc (equum) abde domo, *let him rest,* V.: se litteris: lateri ensem, *buried,* V.: sensūs suos penitus, Ta.

abdōmen, inis, *n., the belly, abdomen:* abdomine tardus, *unwieldy,* Iuv.—Fig., *gluttony, greed:* insaturabile: abdominis voluptates.

ab-dūcō, dūxī, ductus, ere (*imper.* sometimes abdūce, T.), *to lead away, take away, carry off, remove, lead aside:* filiam abduxit suam, *has taken away* (from her husband), T.: cohortes secum, Cs.: squalent abductis arva colonis, *drafted* (for the war), V.: ipsos in lautumias; (poet.): tollite me, Teucri, quascumque abducite terras (i. e. in terras), V.: pluteos ad alia opera, *conduct,* Cs.: capita retro ab ictu, *draw back,* V.—Esp., *to take home* (to dine): tum me convivam solum abducebat sibi, T.—*To take* (prisoner), *arrest:* hunc abduce, vinci, T.: e foro abduci, non perduci, *arrested for debt, not enticed* (by a love-adventure).—*To take apart, lead aside* (for a private interview): Iugurtham in praetorium, S.—*To carry away forcibly, ravish, rob:* filia, vi abducta ab tibicine: soceros legere et gremiis abducere pactas, *steal betrothed damsels from their bosoms,* V.; in jurid. lang.: auferre et abducere, *to take and drive away* (auferre of inanimate things, abducere of living beings), C.—Fig., *to lead away, separate, distinguish:* animum a corpore: divinationem a coniecturis.—*To seduce, alienate:* legiones a Bruto: equitatum a consule: servum ab avo.—From a study, pursuit, or duty, *to withdraw, draw off, hinder:* a quo studio abduci negotiis: aliquem a quaestu: ab isto officio incommodo.—*To bring down, reduce, degrade:* ad hanc hominum libidinem me.

Abella, ae, *f., a town of Campania,* V.

ab-eō, iī, itūrus, īre (abin' for abisne, T.), *to go from, go away, go off, go forth, go, depart:* ab urbe: ex eorum agris: ex conspectu, *out of sight,* Cs.: mater abit templo, O.: abire fugā, *to flee,* V.: in angulum aliquo, T.: unde abii, V.: exsulatum Tusculum abiit, L.: si periturus abis, *to your death,* V.: sublimis abiit, *ascended,* L.: telo extracto praeceps in volnus abiit, *collapsed,* L.: quo tantum mihi dexter abis? *whither so far to the right?* V.: nemo non donatus abibit, *without a gift,* V.: abeas parvis aequus alumnis, *show yourself favorable as you go,* H.: quae dederat abeuntibus, V.: sub iugum abire, L.: abi, nuntia Romanis, etc., L.; of things: cornus sub altum pectus abit, *penetrates deeply,* V.: sol . . . abeunte curru, *as his chariot departs,* H.—In partic., *to pass away, disappear, vanish, cease, die:* a vitā: illuc quo priores abierunt, Ph.; of time, *to pass away, elapse, expire:* abiit illud tempus: tota abit hora, H.; of other things: abeunt pallorque situsque, *pass away,* O.: inopia praeceps abierat, S.: in aera sucus corporis, O.—Of change, *to pass over, be transferred:* abeunt illuc omnia, unde orta sunt, *return:* in avi mores atque instituta, i. e. *restore,* L.; hence, *to be changed, be transformed, be metamorphosed* (poet.): in villos abeunt vestes, in crura lacerti, O.: comae in silvas abeunt, O.—Fig., *to depart from, leave off, turn aside:* ut ab iure non abeat: ne longius abeam, *wander from the point:* ad istas ineptias, *have recourse to:* illuc, unde abii, redeo, *set out,* H.—*To retire from* an office: cum magistratu abisset: abiens magistratu, L.—Of a consequence or result, *to turn out, come off* (of persons): ab iudicio turpissime victus: neutra acies laeta ex eo certamine abiit, L.: impune, Ph.: ne in ora hominum pro ludibrio abiret, i. e. *lest he should be made ridiculous,* L.: ne inrito incepto abiretur, L.—*To turn out, end, terminate* (of things): mirabar hoc si sic abiret, T.—*To get off, escape:* quem ad modum illinc abieris, vel potius paene non abieris, scimus, *how you came off thence, or rather came near not getting off.*—In auctions, *not to be knocked down* (to one): ne res abiret ab Apronio, i. e. *that he may purchase.*—*To be postponed:* in diem, T.—The imper. *abi* is often a simple exclamation or address, friendly or reproachful: abi, virum te iudico, *go to, I pronounce you a man,* T.: Non es avarus: abi; quid, etc., *well,* H.: abi, nescis inescare homines, *begone*, T.; in imprecations: abin hinc in malam rem? (i. e. abisne?), *will you go and be hanged?* T.: in malam pestem.

ab-equitō, āvī, —, āre, *to ride away* (once): Syracusas, L.

aberam, abesse, see absum.

aberrātiō, ōnis, *f.* [aberro], *a relief, diversion* (rare): a dolore, a molestiis.

ab-errō, āvī, —, āre, *to wander out of the way, lose the way, go astray:* taurus, qui pecore aberrasset, L.—Fig., in word or deed, *to go astray, wander:* sed tamen aberro, *find diversion;* usu. with *ab*, *to miss:* a proposito: num aberret a coniecturā opinio, *varies from a reasonable guess.*—*To wander in thought, turn away:* animus aberrat a sententiā suspensus curis maioribus: a miseriā.

abfore, abforem, see absum.

ab-hinc, *adv.* of time, *ago, since, before now*, usu. with *acc.* of duration: abhinc mensīs decem fere, T., C., H.; very rarely with *abl.:* comitiis iam abhinc diebus triginta factis, i. e. *before that time:* quo tempore? abhinc annis quattuor.

abhorrēns, ntis, *adj.* [*P.* of abhorreo], *incongruous, inappropriate:* vestrae istae lacrimae, L.: oratio.

ab-horreō, uī, —, ēre, *to shrink back from, have an aversion for, shudder at, abhor:* omnes aspernabantur, omnes abhorrebant, *shrank* (from him).—In weakened sense, *to be averse, be disinclined to, not to wish:* a nuptiis, T.: a caede: a quo mea longissime ratio voluntasque abhorrebat.—In gen., *to be remote from, vary from, differ from, be inconsistent, be out of harmony with, not to agree with:* temeritas tanta, ut non procul abhorreat ab insaniā, *differs little from:* abhorrens ab nominum pronuntiatione os, *incapable of pronouncing*, L.: consilium quod a tuo scelere abhorreat, *is not connected with:* ut hoc ab eo facinus non abhorrere videatur, *to be unlike him:* quorum mores a suis non abhorrerent, *were not uncongenial*, N.: orationes abhorrent inter se, *are contradictory*, L.: nec ab ipsā causā Sesti abhorrebit oratio mea, *will not be unfavorable to:* tam pacatae profectioni abhorrens mos, *not accordant with*, L.: abhorrens peregrinis auribus carmen, *strange*, Cu.—*To be free from:* Caelius longe ab istā suspicione abhorrere debet.

abiciō (a usu. long by position) or **abiiciō**, iēcī, iectus, ere [ab+iacio], *to throw from one, cast away, throw away, throw down:* abiecit hastas, *has given up the fight:* in proelio . . . scutum: arma, Cs.: se ad pedes: ego me plurimis pro te supplicem abieci, *to many in your behalf:* vastificam beluam, *dash to the earth:* se abiecit exanimatus, *he threw himself down as if lifeless:* si te uret sarcina, abicito, *throw it away*, H.; of weapons, *to discharge, cast, throw, fling:* priusquam telum abici possit (al. adici), Cs.: tragulam intra munitionem, Cs.—Fig., *to cast off, throw away, give up:* (psaltria) aliquo abiciendast, *must be got rid of*, T.: salutem pro aliquo.—In partic., *to throw off, cast aside, give up, abandon:* consilium belli faciendi: petitionem, *to resign one's candidacy:* abicio legem, *I reject the technical defence:* abiectis nugis, *nonsense apart*, H.—*To cast down, degrade, humble, lower:* suas cogitationes in rem tam humilem: hic annus senatūs auctoritatem abiecit.—With *se*, *to give up in despair:* abiiciunt se atque ita adflicti et exanimati iacent.—*To throw away, sell for a trifle, sell cheap:* agros abiciet moecha, ut ornatum paret, Ph.

abiectē, *adv.* with *comp.* [abiectus], *dispiritedly, abjectly:* casum et dolorem ferre; *lowly, meanly:* quo abiectius nati sunt, etc., Ta.

abiectiō, ōnis, *f.* [abicio], *a casting down;* only fig.: debilitatio atque abiectio animi.

abiectus, *adj.* with *comp.* [*P.* of abicio], *low, crouching:* in herbis olor, i. e. *dying*, O.—Fig., of speech, *low, common, without elevation:* verba.—Of rank or station, *low, common, mean:* familia abiecta atque obscura.—*Cast down, dispirited, despondent:* apparitor: abiecto Bruto (pecuniam) muneri misit, *as a gift to Brutus in his distress*, N.: animus abiectior: abiectiores animi.—*Contemptible, vile, low:* abiecti homines ac perditi.

abiēgnus, *adj.* [abies + GEN-], *of fir-wood, deal:* trabes, Her.: equus, i. e. *the wooden horse before Troy*, Pr.: hastile, L.

abiēs, etis, *f.* (poet. *abl.* abiete, *trisyl.*, *abl.* abietibus, *quadrisyl.*), *the fir-tree, silver-fir:* nigra, V.: enodis, O.: patriae, V.—Esp., *the wood of the fir-tree, fir, deal:* sectā, V.—Meton., *something made of fir, a ship:* uncta, V.; *a lance:* longā, V.

abigō, ēgī, āctus, ere [ab+ago], *to drive away, drive off:* alqm rus, T.: mercatorem, H.: muscas.—Esp. of cattle, etc., *to drive away* (as plunder), *carry off:* pecus: partum sibi medicamentis, *to force a birth.*—Fig., *to drive away, repel, expel:* Pauperiem epulis regum, H.: curas, H.

abiiciō, see abicio. **abin'**, see abeo.

abitiō, ōnis, *f.* [abeo], *a departure*, T.

abitus, ūs, *m.* [abeo], *a departure, removal:* post abitum huius pestis: excruciarier eius abitu, T.—*An outlet, way of exit, passage out:* abitum custode coronant, V.: vehicula sepserant abitūs, Ta.

ab-iūdicō, āvī, ātus, āre, of a judge or tribunal, *to give judgment against, deprive by a judicial decision, adjudge away:* ob iniuriam agri abiudicati, i. e. *taking away their land by an unjust decision*, L.: res ab aliquo.—Hence, *formally to deny:* rationem veritatis ab hoc ordine: libertatem sibi.

ab-iungō, iūnxī, iūnctus, ere, *to unyoke, loose from harness:* iuvencum, V. —Fig., *to remove, part:* abiuncto Labieno vehementer timebat, *was apprehensive for Labienus, cut off from him*, Cs.

ab-iūrō, āvī, ātus, āre, *to deny on oath, abjure:* creditum, S.: abiuratae rapinae, V.

ablātus, *P.* of aufero.

ablēgātiō, ōnis, *f.* [ablego], *a sending away, sending off* (rare): iuventutis ad bellum, L.

ab-lēgō, āvī, ātus, āre, *to send off, send out of the way, banish, send into exile:* aliquo mihist hinc ablegandus, T.: ab urbe, L.: a fratris adventu me ablegat, i. e. *prevents me from being present:* magna pars ablegati, *were got rid of*, L.; (with *sup. acc.*): pueros venatum, L.—Esp., *to dismiss* (from office or employment): honestos homines: consilium.

ab-ligurriō (-ūriō), īvī, —, īre, *to consume in dainty living, waste in feasting* (rare): patria bona, T.

ab-lūdō, —, ere, *to play out of tune.*—Fig. (once): haec a te non multum abludit imago, *is not very unlike your case*, H.

ab-luō, luī, lūtus, ere, *to wash away, remove by washing:* Aeneae quaecumque obnoxia morti, *all that is mortal*, O.: ablutā caede, *blood*, V.—Fig.: perturbatio animi placatione abluatur, *removed by propitiation:* periuria, O.—*To wash, cleanse by washing:* pedes alicuius: manūs undā, O.: me flumine vivo, V.

ab-negō, āvī, ātus, āre, *to refuse, deny* (poet.): tibi coniugium, V.: nec comitem abnegat (sc. se), H.: nummos, *deny receipt of*, Iu.: medicas adhibere manūs ad volnera, V.: Abnegat inceptoque haeret, *refuses and abides by his purpose*, V.

abnōrmis, e, *adj.* [ab+norma], *deviating from rule, irregular* (once): abnormis sapiens crassāque Minervā, i. e. *of no school*, H.

ab-nuō, nuī, nuitūrus, ere, *to refuse by a sign, deny, refuse, reject, decline:* plebs abnuit dilectum, L.: regi pacem, S.: nihil studio meo: imperium, *refuse obedience to*, L.: omen, *not to accept*, V.: linguam Romanam, *disdain*, Ta.: nec abnuerant melioribus parere, L.: abnuit Ampycides, *denied* (the story), O.: non recuso, non abnuo.—Praegn., *to refuse a request; hence, to forbid:* bello Italiam concurrere Teucris, V.: illi de ullo negotio, *to deny him anything*, S.—Fig., *not to admit of, to be unfavorable to:* quod spes abnuit, Tb.: quando impetūs et subita belli locus abnueret, Ta.

abnūtō, —, —, āre, *intens.* [abnuo], *to forbid with emphasis* (old): quid te adirier abnutas, i. e. *forbid approach to thee*, Enn. ap. C.

aboleō, olēvī, olitus, ēre [2 OL-], *to destroy, abolish, efface, put out of the way, annihilate:* magistratum alicui, L.: nefandi viri monumenta, V.: dedecus armis, V.; of animals dead of the plague: viscera undis, *to destroy the* (diseased) *flesh*, V.

abolēscō, olēvī, —, ere, *incept.* [aboleo], *to decay gradually, vanish, disappear, die out:* nomen vetustate, L.: tanti gratia facti, V.

abolitiō, ōnis, *f.* [aboleo], *an abolition:* tributorum, Ta.—*An annulling:* sententiae, Ta.

abolla, ae, *f.*, *a mantle, cloak*, Iu.; (prov.): facinus maioris abollae, *of higher grade*, Iu.

ab-ōminor, ātus, ārī, *dep.;* orig. of bad omens, *to deprecate, wish to nullify:* quod abominor, *which may God avert!* O.: bene facitis, quod abominamini, *you do well to deprecate it*, L. —Meton., *to abhor, detest, execrate:* aliquid, L.: parentibus abominatus Hannibal, H.: clade abominandam curiam facit, *causes to be dreaded as of bad omen*, L.

Aborīginēs, um, *m.* [ab+origo], *the first ancestors of the Romans*, L., S.

abortiō, ōnis, *f.*, *the procuring of an untimely birth, abortion:* merces abortionis.

abortīvus, *adj.*, *prematurely born:* Sisyphus, H.—*Neutr. plur.* as *subst.*, *premature births*, Iu. —Meton., *that which causes abortion:* abortivum, Iu.

abortus, ūs, *m.*, *an untimely birth*, T., C.

ab-rādō, rāsī, rāsus, ere, *to scrape away, shave off:* supercilia penitus. —Fig., *to take away by force, extort, snatch:* alii unde aliquid abradi potest, *who can be robbed of anything*, T.: nihil a Caecinā litium terrore.

abreptus, *P.* of abripio.

abripiō, ripuī, reptus, ere [ab+rapio], *to take forcibly away, snatch away, tear from, force off:* puella ex Atticā hinc abrepta, *stolen*, T.: filios e complexu parentum: alqm de convivio in vincla atque in tenebras: (milites) vi fluminis abrepti, Cs.: aliquem ad quaestionem: iam intro abripiere, *shall be dragged*, T.: sublatis signis se, *to run away*, L.—Of property, *to dissipate, squander:* quod ille compersit miser, id illa universum abripiet, *will snatch away in a lump*, T.—Fig., *to carry off, remove, detach:* tempestate abreptus: (filium) si natura a parentis similitudine abriperet, i. e. *made unlike him.*

abrogātiō, ōnis, *f.* [abrogo], *repeal* (once), C.

ab-rogō, āvī, ātus, āre, of a law, *to repeal, annul, abrogate:* plebiscitum, L.: leges censere abrogandas: alicui magistratum, *to depose from:* imperium regi, L.: de abrogando Q. Fabi imperio, L.: quibus abroges fidem iuris iurandi responde, *refuse credence on oath:* minium scriptis meis, *to detract from*, O.

abrotonum (habr-), ī, *n.*, = ἀβρότονον, *an aromatic plant, southern-wood* (a medicine), H.

ab-rumpō, rūpī, ruptus, ere, *to break off, break*

away, tear, rend, burst, sever: angues crinibus, O.: sua quaeque puppes abrumpunt vincula ripis, *break off their hawsers from the bank*, V.: ingeminant abruptis nubibus ignes, *from the rent clouds*, V.: abruptis procellis, *by the sudden outbreak of storms*, V.: ad terras abrupto sidere nimbus It, i. e. *breaks through the sky*, V.—Fig.: (legio Martia) se prima latrocinio Antoni abrupit, *first freed itself:* vitam, *to break the thread of life*, V.: fas, *to violate*, V.: medium sermonem, *to interrupt*, V.: omnibus inter victoriam mortemve abruptis, *since all but victory or death was excluded*, L.: dissimulationem, *to throw off the mask*, Ta.

abruptiō, ōnis, *f.* [abrumpo], *a breaking off:* corrigiae.—Fig.: ista (of a divorce).

abruptus, *adj.* [*P.* of abrumpo], *broken off, cut off.*—Of places, *steep, precipitous, inaccessible:* locus in pedum mille altitudinem, L.: petra, Cu.—*Subst.:* vastos sorbet in abruptum fluctūs, *into the abyss*, V.—Fig.: contumacia, *rugged*, Ta.: per abrupta, i. e. *defiantly*, Ta.

abs, see a.

abs-cēdō, cessī, cessus, ere, *to give way, go off, move away, retire, withdraw, depart:* a moenibus, L.: mihi ne abscedam imperat, T.: inde, L.: procul, O.—Of troops, *to march away, retire, depart:* longius ab urbe hostium, L.: Spartā, N.: abscedi non posse ab hoste, L.—Of things, *to disappear:* quantum mare abscedebat, tanto, etc., *the farther the sea receded from view*, L.—Fig., of a purpose or office, *to desist from, abandon, give up:* muneribus, L.—*To get out of reach:* Dianam Abscessisse mihi, O.: tecto latere, *to get off unhurt*, T.—Of conditions, etc., *to pass away, disappear:* ab eo ira abscedet, T.: somnus, O.

abscessiō, ōnis, *f.*, *diminution* (once), C.

abscessus, ūs, *m.*, *a going away, departure, absence:* Rutulum, V.: continuus, Ta.

abscīdī, *perf.* of abscīdo.

abscidī, *perf.* of abscindo.

abscīdō, cīdī, cīsus, ere [abs+caedo], *to cut off, hew off:* caput, L.: cervicibus fractis caput abscidit.—Fig., *to cut off, separate, divide:* abscisus in duas partīs exercitus, Cs.—*To cut off, take away violently:* aliā spe undique abscisā, L.: omnium rerum respectum nobis, L.: quia abscideram, *because I had broken off abruptly.*

ab-scindō, scidī, scissus, ere, *to tear off, break away, break off:* tunicam a pectore, *tore down:* umeris abscindere vestem, V.: abscissa comas, *tearing her hair*, V.—Esp., *to divide, part, separate* (poet.): pontus Hesperium Siculo latus abscidit, V.: Oceano dissociabili terras, H.: inane soldo, H.—Fig., *to cut off, hinder:* reditūs dulcīs, H.

abscīsiō, ōnis, *f.*, in rhet., *a breaking off, interruption*, Her.

abscissus, *P.* of abscindo.

abscīsus, *adj.* [*P.* of abscido], *cut off, severed:* caput, H.—Meton., *steep, precipitous:* saxum, L.

abscondite, *adv.* [absconditus], of style, *obscurely, abstrusely*, C.—Of thought, *profoundly:* disseri.

absconditus, *adj.* [*P.* of abscondo], *concealed, secret, hidden:* gladii; insidiae.—As *subst.:* non obscurum neque absconditum, i. e. *not hard to see or to grasp.*

abs-condō, condī, conditus, ere, *to put out of sight, hide, conceal:* alqd foveis, V.: quas (volucres) alvo, O.: Ante tibi Eoae Atlantides abscondantur ... quam, etc., i. e. *let the Pleiads hide from you (set) at dawn, before*, etc., V.: Phaeacum abscondimus arces, *leave out of sight*, V.: galea faciem abscondit, Iu.—Fig., *to conceal, hide, make a secret of:* quod ab istis et absconditur: hanc abscondere furto fugam, V.

absēns, entis, *adj.* [*P.* of absum], *absent:* quod is non absens reus factus esset: absenti senatui plausus est datus: absentem alqm condemnare: absens perii, *away from you*, O.: nobis absentibus: illum absens absentem auditque videtque, V.: postulo ut mihi tua domus te praesente absente pateat, i. e. *whether you are at home or not*, T.: absente nobis turbatumst, *in our absence*, T.: plebs tribunos plebi absentes Sex. Tempanium M. Asellium fecit, i. e. *although they did not appear as competitors*, L.—Poet. of places: Romae rus optas, absentem rusticus urbem tollis ad astra, H.—As *subst.*, *an absent person:* minitari absenti: absentem defendere.

absentia, ae, *f.* [absum], *absence* (rare): confer absentiam tuam cum meā: legati, Ta.

ab-similis, e, *adj.*, *unlike* (once): falces non absimili formā muralium falcium, Cs.

ab-sistō, stitī, —, ere, *to withdraw from, depart, go away:* toto luco, V.: limine, V.: ab signis legionibusque, Cs.: ab ore scintillae absistunt, *burst forth*, V.—Fig., *to desist, cease, leave off:* ne absiste, *do not give up*, V.: modo vos absistite, *do not interfere*, O.: si non absisteretur bello, *unless an end were put to the war*, L.: bello, H.: nec ... continuando abstitit magistratu, L.: ferro, *from battle*, V.: benefacere, L.: moveri, V.

absolūtē, *adv.* with *sup.* [absolutus], *completely, perfectly, fully, absolutely:* beati: partibus ut absolutissime utamur, Her.: vivere, *purely.*

absolūtiō, ōnis, *f.* [absolvo], in law, *an acquittal:* virginum: sententiis decem absolutio confici poterat, *would have made the acquittal complete.*—*Perfection, completeness:* rationis: in oratore.

absolūtus, *adj.* with *sup.* [*P.* of absolvo], *complete, finished:* vita: absolutissima argumentatio, Her.—*Unconditional:* necessitudines.

ab-solvō, solvī, solūtus, ere.—Fig., *to set free, release, discharge:* a Fannio iudicio se absolvere, *to avoid the suit of Fannius:* donec se caede hostis absolvat, i. e. *from disgrace, by killing*, etc., Ta.—Esp., judicially, *to acquit, declare innocent, absolve:* causā cognitā possunt multi absolvi: pecuniam ob absolvendum accipere, *for an acquittal:* nemo absolvit, *voted to acquit:* honeste absolvi, *to be acquitted without bribery:* alqm comitiis: iudicio absolvi: alqm maiestatis, *on a capital charge:* te improbitatis: culpae, O.: ambitu: regni suspicione consulem, *from suspicion of aspiring to the throne*, L.: de praevaricatione absolutus: cedo invidiae, dummodo absolvar cinis, i. e. *provided my integrity be recognized after death*, Ph.: hominem Veneri absolvit, sibi condemnat, *absolves him from obligation to Venus.* — *To pay off, satisfy, pay:* hunc, T.—*To complete, bring to an end:* de Catilinae coniuratione paucis absolvam, S. — In gen., *to complete, finish, bring to an end:* tectum: opera, Cs.

ab-sonus, *adj.*, *deviating from the right tone, discordant, inharmonious:* vox: quidam voce absoni.—Fig., *not in accordance, unsuitable, inconsistent, incongruous:* nihil fidei divinae originis, L.: dicentis fortunis dicta, *not in keeping*, H.

ab-sorbeō, buī, ptus, ēre, *to swallow down, devour:* placentas, H.: decies solidum, i. e. *the value of a million*, H.—*To engulf, swallow up, overwhelm:* oceanus vix tot res.—*To engross:* absorbet (tribunatus) orationem meam, i. e. *fills exclusively.*—*To import:* res ad victum.

absp-, see asp-.

absque, *praep.* with *abl.;* prop., *apart from, away from;* hence in conditional clauses, *apart from* (in thought), *but for, were it not for:* absque eo esset, vidissem, etc., *were it not for him*, T.: absque unā hac foret, *but for this one thing*, T.; (absque for sine is late and vulgar).

abstēmius, *adj.*, *abstaining from drink, temperate, abstemious, moderate:* gaudet meris abstemius undis, O.: abstemius herbis vivis, H.

abs-tergeō, tersī, tersus, ēre, *to wipe off, cleanse by wiping:* volnera, T.: oculos amiculo, Cu.—*To wipe away, remove by wiping:* fletum, i. e. *tears:* quasi fuligine abstersā.—Meton., *to strip, break off:* remos, Cu. — Fig., *to remove, banish, drive off, expel:* senectutis molestias: luctum.

abs-terreō, ruī, ritus, ēre, *to frighten off, drive away:* canis a corio numquam absterrebitur, H.: ipsā solitudine absterriti, L. — Fig., *to deter* (by fear): Chremetem, T.: homines a pecuniis capiendis: teneros animos vitiis, H.

abstinēns, tis, *adj.* [*P.* of abstineo], *abstinent, temperate, moderate:* esse abstinentem, continere cupiditates: oculos abstinentes habere: animus abstinens pecuniae, H. — Esp., *chaste, continent:* Hippolytem dum fugit (Peleus) abstinens, H.

abstinenter, *adv.*, *unselfishly, modestly* (rare): versatus.

abstinentia, ae, *f.* [abstinens], *abstinence, starvation:* abstinentiā vitam finire, Ta.—*Self-restraint, integrity:* in Papinio fuit hāc abstinentiā, *in the case of Papinius:* tentata eius est abstinentia a Diomedonte, N.: pro abstinentiā largitio vigebat, S.: excellebat abstinentiā, N.

abstineō, tinuī (tentus), ēre [abs+teneo], *to keep back, keep off, hold back:* vix a se manūs: vim uxore et gnato, H.: ferrum quercu, O.: Gemitūs, screatūs, *suppress*, T.: facis iniuriam illi, qui non abstineas manum, *by not keeping your hands off*, T.: milites, *restrain*, L.: militem direptione, L.: militem a praedā, L.: ab uno eo (agro) ferrum ignemque abstineri iussit, L.: duobus omne ius belli, *refrained from exercising against them the rights of war*, L.: eorum finibus vim, L.—Esp. with *se*, *to keep oneself from, refrain, abstain:* ab eis se vitiis: his se armis, L.—*Intrans.*, *to refrain* (cf. se abstinere), *abstain:* neque facto ullo neque dicto, S.: proelio, Cs.: pugnā, L.: maledictis: tactu, V.: caelo, O.: a ceteris coniurationis causis: ne a mulieribus quidem atque infantibus, Cs.: aegre abstinent, quin castra oppugnent, L.: ut seditionibus abstineretur, L.: non tamen abstinuit, *hold his peace*, V.

ab-stō, —, āre, *to stand off* (rare): longius, H.

abstractus, *P.* of abstraho.

abs-trahō, trāxī, tractus, ere, *to drag away, draw off, pull away, detach:* me a Glycerio, T.: liberos ab aliquo, Cs.: hanc (navem) remulco, *by means of*, Cs.: iumenta, L.—Fig., *to draw away, divert, withdraw, exclude, cut off:* me ab illā cogitatione: manibus abstracta piis: alqm a malis: a rebus gerendis: omnia in duas partes, *torn asunder*, S.

abs-trūdō, trūsī, trūsus, ere, *to thrust away, push into concealment, hide, conceal:* se in silvam: semina flammae abstrusa in venis silicis, V.: se latebrā, Ta.: in profundo veritatem.

abstrūsus, *adj.* with *comp.* [*P.* of abstrudo], *hidden, concealed, secret:* nummus: dolor: terra, O.: homo, *reserved*, Ta.: disputatio abstrusior, *more profound.*

abstulī, *perf.* of aufero.

ab-sum, āfuī (not abfuī), āfutūrus (āforem, āfore), abesse, in general, *to be away from, be absent:* dum abs te absum, T.: qui nullā lege abessem, i. e. *since my exile was unlawful:* Athenis, N.: hinc abesto, *stand off*, Ph.: omnia quae absunt, *unseen things*, Cs.: Unus abest, *is missing*, V.: nec Teucris addita Iuno Usquam aberit, *will ever cease to follow them*, V.: barba dum aberat, i. e. *until the* *beard grew*, O.—With distance in space or time: ab urbe abesse milia passuum ducenta: longe: procul, S.: cuius aetas a senatoriā gradu longe abesset, *was far too young for:* a quibus paucorum dierum iter, Cs.: profectus mensīs tris abest, *three months ago*, T.: nec longis inter se passibus absunt, V.: quod abest longissime, *and that is far from the truth:* tantum abest ab infamiā, ut, etc.: neque longius abesse quin proximā nocte . . . exercitum educat, i. e. *nor was the time more remote*, Cs.—In the phrase: tantum abest ut . . . ut, *so far from . . . that*, etc.: tantum abest ut gratiam quaesisse videar, ut simultates intellegam suscepisse, *I am so far from being shown to have courted popularity, that*, etc.: tantum abest ab eo, ut malum mors sit, ut verear, ne, etc. — Hence, *to be away from, be free from:* a culpā: ab eius modi crimine.—*To be removed from, be disinclined to:* ab istis studiis: tantum aberat a bello, ut, etc., *he was so averse to war, that*, etc.: ab hoc consilio afuisse, *took no part in*, Cs.: ceteri a periculis aberant, *avoided*, S.: paulum a fugā aberant, *were almost ready to flee*, S.—*To be removed from, be different from, differ:* qui longissime a te afuit, i. e. *had the largest majority:* abest virtute Messallae, *is far inferior to*, H. — *To be unsuitable, be inappropriate:* scimus musicen abesse ab principis personā, N.—*To be wanting:* quaeris id quod habes, quod abest non quaeris, T.: nusquam abero, V.: ratus pluribus curam, omnibus afuisse fortunam, *that most had been negligent, all unsuccessful*, Cu.: Donec virenti canities abest Morosa, H.: curtae nescio quid semper abest rei, H.—Hence with a *negative* or *paulum* (not parum), followed by quin, *not much, little, nothing is wanting that*, etc.: neque multum abesse ab eo, quin, etc., Cs.: paulumque afuit quin, Cs.: legatos haud procul afuit quin violarent, *they came very near*, L.—Abesse alicui or ab aliquo, *to be wanting to, fail, not to help:* longe alcui, O.: longe iis fraternum nomen populi R. afuturum, Cs.: quo plus intererat, eo plus aberat (tua virtus) a me, i. e. *the more it would have helped me, the more it failed me:* iussis mora abesto, O.: nec dextrae erranti deus afuit, V.: remo ut luctamen abesset, *so that the rowing was without effort*, V.

ab-sūmō, sūmpsī, sūmptus, ere, *to take away, diminish, use up, consume, exhaust:* satietatem amoris, T.: absumet heres Caecuba, H.: mensas mālis, V.: mālis membra, *to tear to pieces*, V.: lacrimis absumitur omnis, *wastes away*, O.: rebus paternis absumptis, H.—Often of time, *to spend, consume:* omne id tempus consultando, L.: tempora cum blandis verbis, i. e. *time and smooth words*, O.: inter has cogitationes biduo absumpto, Cu.—*To destroy, ruin, consume, kill:* cum ille et curā et sumptu absumitur, T.: animam leto, V.: ungula in quinos absumitur unguīs, *is lost in*, O.—Of persons, *to kill, destroy:* multi ferro ignique absumpti sunt, L.: qui gurgitibus absumpti sunt, L.

absurdē, *adv.* [absurdus], *inharmoniously:* canere.—*Absurdly, irrationally:* fictum: dici potest.

ab-surdus, *adj.* with *comp.* and *sup.*, *out of tune, discordant, harsh:* vox.—F i g., *incongruous, inconsistent, silly:* ratio, T.: absurdissima mandata: bene dicere haud absurdum est, *not without merit*, S.: quid absurdius dici potest?—*Worthless, stupid:* ingenium haud absurdum, S.

abundāns, tis, *adj.* with *comp.* and *sup.* [*P.* of abundo]; of rivers, etc., *overflowing, full:* si amnis abundans Exit, V.: abundantissimus amnis.—Fig., *possessing in abundance, rich, abounding, overflowing:* (via) omnium rerum, N.: vir laudibus: abundantior consilio. — *Existing in abundance, abundant, more than enough:* pecunia.

abundanter, *adv.* with *comp.* [abundans], *fully, copiously:* dicere.

abundantia, ae, *f.* [abundo], *plenty, fullness, abundance:* omnium rerum: illa, quae erat in abundantiā, libido permanet, *the same as when they were rich.*—*Profusion, lavishness*, Ta.

abundē, *adv.* [abundus], *in profusion, more than enough, abundantly, amply:* facundus, S.: abunde magna praesidia, S.: favere, O.: cui gratia, fama, valetudo contingat abunde, H.: terrorum et fraudis abunde est, *there is more than enough*, V.

ab-undō, āvi, —, āre, *to overflow, stream over*, of a river or lake: aqua Albana, L.: Amasenus, V.—E s p., *to flow in profusion:* rursus abundabat fluidus liquor (of a dropsy), V.—F i g.: Neu desis operae neve immoderatus abundes, *overdo*, H.—M e t o n., *to abound, have in large measure, be rich in, possess, enjoy:* examine multo, V.: auxilio: orationis copiā: quod his ex populis abundabat, *the surplus population of these nations*, L.: egentes abundant, *are rich.*

abūsiō, ōnis, *f.* [abutor]; in rhetoric, *the improper use of a word*, C.

ab-usque or **ab usque**, *praep.* with *abl.*, *all the way from:* ab usque Pachyno, V.: a Tiberio usque, *from the time of*, Ta.

abūsus, ūs, *m.* [abutor], *an abusing, using up*, once, C.

ab-ūtor, ūsus, ī, *dep.*, *to use up, consume, spend, exhaust:* omni tempore: in prologis scribundis operam abutitur, *uses up his time*, T.—E s p., *to make use of for a purpose, apply, turn to account:* ignoratione tuā ad hominis miseri salutem. —Implying censure, *to abuse, misapply, misuse:* legibus ad quaestum: per turpitudinem (divitiis), S.: quousque tandem abutere patientiā nostrā, *outrage:* hac lenitate meā, *presume upon.*—E s p., of words, *to misapply, force*, C.

Abȳdēnus, *adj., of Abydus, a town in Mysia:* aqua, O.

ac, see atque.

Acadēmīa, ae, *f., the gymnasium near Athens, where Plato taught.* —Meton., *the doctrines of Plato, the Academic philosophy; the philosophers of the Academy; a place near Puteoli, where Cicero wrote the Academica; Cicero's villa at Tusculum; a treatise on the Academic philosophy, the Academica.*

Acadēmicus, *adj., of the Academy, Academic:* libri, i. e. Academica.—As *subst.:* **Acadēmicus,** ī, *m., an Academic philosopher;* **Acadēmica,** ōrum, *n., the title of Cicero's treatise on the Academic philosophy.*

Acadēmus, ī, *m., a mythical hero of Athens:* silvae Academi, i. e. Academia, H.

acalanthis, idis, *f.,* a small bird, *the gold-finch, thistle-finch,* V.

acanthus, ī, *masc.,* a plant, *bear's-foot:* mollis, V., O.; *fem., an Egyptian thorn:* semper frondens, V.

Acarnānicus, *adj., of Acarnania* (a country of western Greece): coniuratio, L.

Acbarus (Agbarus), ī, *m., the local title of the Arabian kings of Edessa:* rex Arabum, Ta.

accēdō or **ad-cēdō,** cessī (*perf. sync.* accēstis, V.), cessūrus, ere, *to go to, come to, come near, draw near, approach, enter:* ad flammam inprudentius, T.: ad oppidum, Cs.: ad hastam, *to attend an auction,* N.: ad numerum harum, *joins,* O.: in oppidum: illo: quo, S.: quocumque, S.: iuxta, O.: proxime deos accessit Clodius: propius tribunal, Cu.: urbem, V.: Scyllaeam rabiem scopulosque, V.; (poet.): delubris, O.: regno, *shares,* O.: sacris, *takes part in,* O.: accede, *come here,* O.: deici nullo modo potuisse qui non accesserit; (*impers.*): quod eā proxime accedi poterat.—Esp., *to approach in a hostile manner, attack:* acie instructā usque ad castra hostium accessit, Cs.: ad urbem, S.: ad manum, *to come to close quarters,* N.—Fig., *to come near, approach:* haud invito ad aurīs sermo mi accessit tuos, T.: ubi accedent anni et, etc., *when the years shall come, in which,* etc., H.—Esp., *to come, happen, befall:* voluntas vostra si ad poëtam accesserit, T.: dolor accessit bonis viris.—With the idea of increase, *to be added:* ut ad causam novum crimen accederet: ad eas navīs accesserant sex, Cs.: Medis adcessere Libues, S.: tantum fiduciae Pompeianis accessit, *their confidence rose so high,* Cs.: huc accedebant conlecti ex praedonibus, *these were joined by,* Cs.; (poet.): in tua damna, O.—Esp. with a clause or neuter pron., representing a clause, as subject: ad haec mala hoc mihi accedit etiam: haec, etc., T.: accedet etiam nobis illud, iudex est, etc.: accessit etiam, quod illa pars equitatūs se cum iis coniunxerat, Cs.: eo accedebat, quod iudices dati non erant: huc adcedebat, quod exercitum habuerat, etc., S.: huc accedit, quod occultior vestra cupiditas esset; with *ut:* accedit, ut eo facilius animus evadat: ad Appii senectutem accedebat, ut caecus esset: accedebat, ut tempestatem ferrent facilius, Cs.: ad hoc detrimentum accessit, ut prohiberentur, etc., Cs.—*To assent, accede, agree, approve, accept:* ad eius condiciones: ad hoc consilium, N.: suadentibus, Ta.—(In appearance or character), *to come near, approach, resemble, be like:* homines ad Deos nullā re propius accedunt quam salutem hominibus dando: proxime ad nostram disciplinam illam: Antonio Philippus proxime accedebat.—*To enter upon, undertake:* ad bellorum pericula: ad amicitiam Caesaris, Cs.: ad vectigalia, *to undertake the collection of:* ad causam, *the direction of a lawsuit:* ad invidiam levandam: has naturae partīs, *take up, describe,* V.: ad rem p., *to enter on the service of the state:* huic ego causae actor accessi, *entered upon as prosecutor.*

accelerātiō, ōnis, *f.* [accelero], *a hastening:* orationis enuntiandae, Her.

accelerō, or **ad-celerō,** āvī, ātus, āre.—*Trans., to hasten, speed, quicken, accelerate:* iter, Cs.: gradum, L.: cetera adcelerantur, Ta.—*Intrans, to make haste:* accelera, signifer, L.: adceleramus, V.: si adcelerare volent: ad id quod natura cogeret, N.: quantum accelerari posset, *as fast as possible,* L.

accendō, or **ad-cendō,** cendī, cēnsus, ere [ad+*cando, act. of candeo], *to kindle, set on fire, light:* faces: ignem, V.: flamma ter accensa est, *flashed up,* O.: accensus ad sacrificium foculus, L.: focos, O.—Meton.: lumina (of the stars), V.: accensis cornibus, i. e. *bundles of twigs attached to the horns,* L.: aestūs, *the noonday heat,* V.—Fig., *to kindle, inflame, fire, excite, arouse, stir, awaken, stimulate, provoke, encourage, exasperate, embitter:* vim venti, L.: dictis virtutem, V.: alqm ad dominationem, S.: accendis, quā re cupiam magis illi proximus esse, *you inflame my desire the more,* H.: discordiam, L.: animos in hostem, V.: studia ad consulatum mandandum, S.: bonum ingenium contumeliā, S.: accensus laudis amore, O.: certamen, L.; (poet.): animos bello, *to war,* V.; (*absol.*): pariter accendit et ardet, O.

accēnseō, —, cēnsus, ēre, *to reckon to, count among* (rare): accenseor illi, *am reckoned one of her* attendants, O.

1. accēnsus, ī, *m.* [*P.* of accenseo], *an attendant of a magistrate, apparitor, orderly,* C., L.: Neroni: Gabinii.—*Plur.* **accēnsī,** orum, *m., unarmed supernumeraries of a legion, ready to fill vacancies:* accensi, minimae fiduciae manus, L.: velati.

2. accēnsus, *P.* of accendo.

acceptiō, ōnis, *f.* [accipio], *a taking, receiving, accepting:* frumenti, S.: donatio sine acceptione.

acceptō, āvī, ātus, āre, *freq.* [accipio], *to take, receive:* humo acceptante occultum opus, Cu.

acceptum, ī, *n.* [accipio], *the receipt*, in account-books *the credit side:* alqd in acceptum referre (alicui), *to carry to the credit side, pass to one's credit:* codex accepti et expensi, *ledger:* tabulae accepti et expensi: ex acceptis et datis apparere, *from the receipts and payments.*

acceptus, *adj.* with *comp.* and *sup.* [*P.* of accipio], *welcome, acceptable, pleasing, dear;* with *dat.:* plebi, Cs.: res populo R.: munus, N.: acceptior illi liber erit sanguis, O.: dis acceptissimus illius aevi, O.: acceptissimus militum animis, L.

accersō, see arcesso.

accessiō, ōnis, *f.* [accedo], *a coming to, approach;* hence, is suo labore suisque accessionibus consequebatur, ut, etc., *by his personal appeals, visits.* — Praegn.; abstr., *an increase, enlargement, addition:* accessiones fortunae et dignitatis: paucorum annorum; concr., *an addition, augment, contribution, reinforcement, appendix:* quadraginta militum: nummorum: alqd accessionis dare, conferre, *by way of addition:* decumae, *an addition to a tax:* tibi etiam accessio fuit ad necem Platoris Pleuratus, i. e. *you added the murder of Pleuratus to that of Plator.*

accessus, ūs, *m.* [accedo], *a coming near, approach:* ad urbem nocturnus: ad urbem accessus hominum multitudine florebat, i. e. *was escorted by:* ventorum, V. — Meton., *a way of approach, passage, entrance:* omnem accessum lustrans, V.: alium navibus accessum petere, *for the ships*, L.

Acciānus, *adj.* [Accius], *of the poet L. Accius.*

1. accidō, cidī, —, ere [ad+cado], *to fall upon, fall to, reach by falling:* ut tela missa a Gallis gravius acciderent, Cs.: tela ab omni parte accidebant, L.—Of persons, *to arrive, come:* de inproviso, *had come unexpectedly*, S.: alqd simulare, quo inprovisus gravior accideret, *that his attack might be a surprise, and more formidable*, S. — Esp., *to fall before, fall at the feet:* ad genua accidit Lacrumans, T.: ad pedes omnium.— Of the senses, *to strike, reach, come:* nihil quod ad oculos animumque acciderit: ad aurīs tuas: unde nec ad nos nomen famaque eius accidere posset, *reach*, L.: auribus, L.: animo, T.—*Absol.*, *to come to the ears, come, be heard, be raised:* clamor deinde accidit novus, L.: concitatior accidens clamor ab increscente certamine, L.: ut vox etiam ad hostes accideret (with *acc.* and *inf.*), L.—*To befit, become, suit* (poet.): istuc verbum vere in te accidit, *was true of you*, T.—Fig., *to come to pass, happen, occur, fall out, take place, befall:* res eo gravius ferre, quo minus merito accidissent, Cs.: si quid mali accidisset, S.: cum tantum periculi accidisset, Cs.: quae victis acciderent enumeravere, *the fate of the conquered*, S.: si gravius quid acciderit, *if any calamity occur*, Cs.: casu accidit ut: sic accidit, uti, etc., *thus it happened, that*, Cs. — Pleonast. in narrations: accidit ut esset luna plena, Cs.: neque saepe accidit, ut, etc., Cs.—Of what is fortunate or welcome: quid optatius populo R. accidere potuit, quam, etc.? interea aliquid acciderit boni, T.— Esp., si quid cui accidat, *or* si quid humanitus accidat, *if anything should happen to one* (euphemist. for *die*): si quid mihi humanitus accidisset: si quid ei gravius a Caesare accidisset, i. e. *if Cæsar should put him to death*, Cs.: si quid accidat Romanis, *if the Romans are destroyed*, Cs.—*To end, result, turn out:* contra opinionem, *disappoint us*, Cs.: peius victoribus quam victis accidisse, Cs.

2. accīdō, cīdī, cīsus, ere [ad+caedo], *to cut, cut at, cut into, cut down, fell* (rare): arbores, Cs.: accisa ornus ferro, V.: accisis crinibus, *with shorn hair*, Ta.—Poet., *to consume:* dapes, V.—Fig., *to impair, weaken, shatter:* Latinorum etsi pariter accisae copiae sint, L.: accisae Volscorum res, L. —As *adj.*, **accīsus**, *impaired, ruined, disordered, overthrown, destroyed:* res: robur iuventutis, L.: opes, H.

accingō, nxī, nctus, ere, *to gird to, gird on, bind on, put on with a girdle, gird round:* lateri ensem, V.; *pass.:* accingitur ense, *girds himself*, V.: quo (ense) fuit accinctus, O.—Meton., *to arm, equip, furnish, provide:* paribusque accingitur armis, V.: gladiis, L. — Fig., accingere se *or* accingi, *to gird oneself, prepare, make ready, be ready:* adcingere, *make yourself ready*, T.: accingere! *to your work*, O.: accingendum ad eam cogitationem esse, L.: ad consulatum, L.: in hoc discrimen, L. — With *Gr. acc.:* magicas accingier artīs, *to have recourse to*, V.: accingar dicere pugnas, V.—Poet.: accingunt omnes operi, *address themselves*, V.

acciō (ad-c-), cīvī, cītus, īre, *to call, summon, send for, invite:* si accierit, accurram: Aenean acciri omnes Exposcunt, V.: ex Latio fortissimum quemque, S.: acciti ibant, *they went at the summons*, S.: in regnum Romam, *summoned to reign at Rome*, L.: bello acciti reges, V.: alqm filio doctorem.—*Supin. acc.:* auxilia accitum mittit.

accipiō, cēpī, ceptus, ere [ad+capio], *to take without effort, receive, get, accept.* — Of voluntary taking, *to take, accept, take into possession, receive:* obsides, Cs.: divitias, N.: aliquid a patre, *inherit*, N.: suspitio acceptae pecuniae ob rem iudicandam (of a bribe): pecuniam per Volcatium, *by the hands of:* alqm gremio, V.: milites urbe tectisve, L.: sucos ore aut volnere, O. — Fig.: oculis aut pectore noctem, V.—*To admit, let in:* armatos in arcem, L.: alqm in amicitiam: (parentes) in civitatem, *to citizenship*, L.—*To take under protection:*

(virginem) accepi, acceptam servabo, T.: taedā accepta iugali, i. e. *wedded*, O.—*To receive as a guest, entertain, welcome:* Laurentes nymphae, accipite Aenean, V.: quam Delos orantem accepit, O.: (eum) in vestram fidem, *into your confidence.*—Ironically, *to entertain, deal with, treat:* indignis modis, T.: quo te modo accepissem, nisi iratus essem: eum male acceptum . . . coegit, etc. (of a defeated enemy), N.—In busines, *to collect* (money): a praetore pecuniam. —**acceptus**, *P.*, *received, collected:* accepta pecunia. — Esp. in the phrase, referre acceptum (alqd), *to credit, give credit for:* amplius sestertium ducentiens acceptum hereditatibus rettuli, *entered to the credit of inheritance*, i. e. *owe to bequests:* alcui vitam suam referre acceptam, *acknowledge that he owes his life*, etc.: salutem imperi uni omnes acceptam relaturos, Cs. — In law: sponsionem acceptam facere, *to discharge the bond, acknowledge payment of the sponsio.*—Of involuntary taking, *to receive, get, be the recipient of, take, submit to, suffer, bear:* volnera tergo, V.: graviore volnere accepto, Cs.: cum semel accepit solem (leo), *has felt the power of*, H.: hunc metum, i. e. *take this risk*, T.: contumeliam, T. — Esp. of places, *to admit, take in, receive, open to:* Strophadum me litora primum Accipiunt, V.: nullae cum urbes accipiunt, nulla moenia, L.: illum unda accipit sinu vasto, V. — Fig., of perception and thought: quae accepi auribus, T.: mandata auribus: quem ipse accepi oculis animoque sensum, hunc, etc., *the impression I received.*—In gen., *to take, hear, attend to, perceive, understand, learn:* Accipe nunc Danaum insidias, *listen to*, V.: sicut ego accepi, *as I have heard*, S.: ut accepi a senibus: accipite . . . veterem orationem Archytae: quae postea acciderant, Cs.: reliquos ne famā quidem acceperunt, *have not heard of them*, Cs.: si te aequo animo ferre accipiet, T.: hoc sic fieri solere accepimus: ex parente ita accepi, munditias mulieribus convenire, S.: ut celeriter acciperet quae tradebantur, *understood*, N.—*Absol.:* non recte accipis, T.: volenti animo de ambobus acceperant, *had eagerly welcomed news of both*, S.—In partic., of a word or pledge, *take:* accipe daque fidem, i. e. *exchange solemn assurances*, V.—Praegn., *to take, interpret, explain:* ad contumeliam omnia, *to regard as an insult*, T.: his in maius acceptis, *being exaggerated*, L.: hoc in bonam partem, *take kindly:* alqd durius: facinus severe accipere, *with displeasure:* aliter tuom amorem atque est, T.: aequo animo, S. — Accipere aliquid in omen, *to regard a thing as an omen, accept the omen:* id a plerisque in omen magni terroris acceptum, L.; but accipere omen, *to receive as a (favorable) omen*, L.—With ellips. of *omen:* Accipio, adgnoscoque deos, *I accept (the omen) and*, etc., V.—*To accept, be satisfied with, approve:* dos, Pamphile, est decem talenta. *Pam.* Accipio, T.: 'equi te esse feri similem, dico.' Ridemus et ipse Messius, 'accipio,' *I allow it, exactly so*, H.: ab hoste armato condicionem, Cs.—*To take upon* one, *undertake, assume, undergo:* bellum, quod novus imperator noster accipiat, *in which . . . succeeds to the command:* causam: eos (magistratūs): iudicium (of the defendant), *stand the trial:* iudicium accipere pro Quinctio, i. e. *agree for Q. to stand trial.*

accipiter, tris, *m.* [3 AC- and PET-], *a bird of prey, falcon, hawk:* sacer (as a bird of augury), V.

accīsus, *adj.*, *P.* of 2 accīdo.

1. accītus, *P.* of accio.

2. (accītus, ūs), *m.* [accio], *a summons; call;* only *abl. sing.:* istius, *at his summons:* genitoris, V.

acclāmātiō (ad-c-), ōnis, *f.* [acclamo], *a calling, shout, exclamation:* acclamatione impediri: adversa populi: adclamationes multitudinis, L.

acclāmō (ad-c-), āvī, ātus, āre, *to call to, shout at, exclaim:* hostis omnibus, qui acclamassent: populus cum risu acclamavit, ipsa esse: (provincia) cui acclamari solet: ne acclametur times? cunctis servatorem liberatoremque adclamantibus, *applauding*, L.

acclārō (ad-c-), āvī, —, āre [ad+clarus], in the language of augurs, *to make clear, reveal, disclose:* uti tu signa nobis certa adclarassis (for adclaraveris), L.

acclīnātus (ad-c-), *adj.* [*P.* of acclino], *recumbent, curved:* colla, O.: (vitis) terrae, *prostrate on*, O.

acclīnis (ad-c-), e, *adj.* [CLI-], *leaning on, inclined to:* genitor . . . trunco, V.: serpens summo adclinia mālo Colla movet, O.—Fig., *inclined, disposed to:* falsis animus, H.

acclīnō (ad-c-), āvī, ātus, āre [CLI-], *to cause to lean on, stay upon:* se in illum, O.: castra tumulo sunt acclinata, L.—Fig., with *se:* haud gravate se ad causam senatūs, *inclined*, L.

acclīvis (ad-c-), e (once **acclīvus**, O.), *adj.* [CLI-], *up-hill, ascending, steep:* leniter adclivis aditus, Cs.: trames, O.: tumulis adclive solum, *sloping in knolls*, V.

acclīvitās, ātis, *f.* [acclivis], *an ascent, rising grade, acclivity:* pari acclivitate collis, Cs.

acclīvus, see acclivis.

accola, ae, *m.* [COL-], *he who dwells near, a neighbor:* pastor, accola eius loci, L.: Cereris (i. e. her temple): Tiberis accolis fluviis orbatus, *tributaries*, Ta.

accolō (ad-c-), coluī, —, ere, *to dwell near, be a neighbor to:* illum locum: fluvium: saxum, V.

accommodātē, *adv.* with *comp.* and *sup.* [accommodatus], *fitly, suitably, in accordance:* ad veritatem: ad commune iudicium accommodatius: ad naturam accommodatissime.

accommodātiō (adc-), ōnis, *f.* [accommodo], *an adjustment, accommodation:* sententiarum ad inventionem.—*Complaisance, regard:* magistratuum.

accommodātus (adc-), *adj.* with *comp.* and *sup.* [*P.* of accommodo], *fitted, fit, suitable, adapted, appropriate to, in accordance with:* locus ad inflammandos calamitosorum animos: contionibus seditiose concitatis accommodatior: reliqua illis (navibus) essent aptiora et accommodatiora, Cs.: exemplum temporibus suis accommodatissimum.—Praegn., *acceptable, useful:* mihi maxime.

accommodō (ad-c-), āvī, ātus, āre, *to fit, adapt, put on, apply:* coronam sibi ad caput: lateri ensem, V.: insignia, Cs.—Fig., *to adjust, adapt, make fit for, accommodate:* puppīs ad magnitudinem fluctuum, Cs.: oratio multitudinis est auribus accommodanda.—Esp., *to attribute, ascribe* as fitting: effigiem dis, Cu.—*To apply, bring forward:* testīs ad crimen, *produce suitable witnesses:* se ad rem p., *devote oneself:* ad alicuius arbitrium et nutum totum se, i. e. *comply with;* cf. ut ei de habitatione accommodes, i. e. *comply with his wish.*

accommodus (ad-c-), *adj., fit for, suitable for:* valles fraudi, V.

accrēdō (ad-c-), crēdidī, —, ere, 3, *to accord belief, believe fully:* tibi nos adcredere par est, H.—*Absol.:* vix adcredens.

accrēscō (ad-c-), crēvī, crētus, ere, *to grow progressively, increase, become greater:* flumen subito: amicitia cum aetate adcrevit, T.: invidia, H.—Meton., *to come gradually into being, arise, grow up:* dictis factisque vana fides, L.—*To be attached to, bestowed on:* unde etiam trimetris accrescere iussit (iambus) Nomen iambeis, cum senos redderit ictūs, i. e. (*the quickness of*) *the iambus caused the verse of six feet to be named trimeter,* H.

accrētiō, ōnis, *f.* [accresco], *an increase* (once): luminis, i. e. *the waxing* of the moon.

accubātiō, collat. form of accubitio.

accubitiō, ōnis, *f.* [accubo], *a lying, reclining* (at meals): epularis amicorum; *absol.:* accubitio.

accubō (ad-c-), —, āre [CVB-], *to lie at, lie beside:* Furiarum maxima iuxta accubat, V.: nemus accubat, *stands near,* V.: (cadus) nunc Sulpiciis accubat horreis, H.—Esp., at table: in conviviis, *recline.*

accumbō (ad-c-), cubuī, cubitum, ere [CVB-], *to lay oneself down, lie beside:* mecum, T.: cum suis, N.—Esp., *to recline at table:* in convivio: in epulo: epulis divūm, V.; *absol.:* ut vir adcumberet nemo.

accumulātē (ad-c-), *adv.* with *sup.* [accumulo], *abundantly, copiously:* alqd facere: accumulatissime largiri, Her.

accumulator (ad-c-), ōris, *m., one who heaps up:* opum, Ta.

accumulō (ad-c-), āvī, ātus, āre, *to heap up, increase by heaping, amass:* auget, addit, accumulat (pecuniam).—Fig., *to add, increase, multiply:* curas, O.—*To confer abundantly:* alcui summum honorem, O.: quibus non suae redditae res, non alienae adcumulatae satis sunt, L.—*To load, cover:* animam donis, V.

accūrātē, *adv.* with *comp.* and *sup.* [accuratus], *carefully, precisely, exactly, nicely:* causam dicere: accuratius ad aestūs vitandos aedificare, Cs.: accuratissime eius avaritiam accusare, N.: Saltem accurate (sc. me fallere debebas), *you might at least have taken pains,* T.

accūrātiō, ōnis, *f.* [accuro], *exactness, carefulness* (once): in inveniendis rebus mira.

accūrātus (ad-c-), *adj.* with *comp.* and *sup.* [*P.* of accuro], *carefully wrought, elaborate, finished, exact:* commentationes: adcuratissima diligentia: dilectus accuratior, L.

accūrō (ad-c-), āvī, ātus, āre, *to give close attention to, be careful:* alqd, S.; with *ne,* T.

accurrō (ad-c-), currī or cucurrī, cursus, ere, *to run to, hasten to:* ad praetorem: Marius adcurrit auxilio suis, *to help,* S.: accurrunt ad tempus tutores.—Fig., of ideas, *present themselves, arise,* C.

accursus (ad-c-), ūs, *m., a running to, coming to:* Remi, O.: tot provinciarum, Ta.

accūsābilis (ad-c-), e, *adj.* [accuso], *that may be prosecuted, criminal:* turpitudo (once).

accūsātiō, ōnis, *f.* [accuso]; in judicial lang., *a formal complaint, indictment, accusation, prosecution:* accusatio crimen desiderat, i. e. *must contain a charge:* conflare, *devise:* relinquere, *abandon:* accusationi respondere, *to defend against.*—In gen., *a complaint, accusation:* Hannibalis, *against Hannibal,* L.—Meton., *the office of prosecutor:* ut tibi potissimum accusatio detur.—*The bill of indictment, accuser's speech:* accusationis libri, i. e. *the orations against Verres.*

accūsātor, ōris, *m.* [accuso], *the accuser, prosecutor, plaintiff:* acres atque acerbi: sui capitis, L.—Meton., *an accuser, betrayer:* suus, N.

accūsātōriē, *adv.* [accusatorius], *as a prosecutor, in an accusing manner:* dicere: agere cum alqo.

accūsātōrius, *adj.* [accusator], *of a prosecutor, relating to a prosecution, making a complaint:* lex: animus: spiritus, L.

accūsō, āvī, ātus, āre [ad+causa], *to call to account, make complaint against, reproach, blame, accuse:* alqm ut hostem: alqm graviter, quod, etc., Cs.: cum diis hominibusque accusandis senesceret, L.—*Supin. acc.:* me accusatum advenit, T.—Meton., of things, *to blame, find fault with, throw* *the blame on:* fortunas vestras: culpam alicuius. —In law, *to call to account, bring to trial, prosecute, accuse, arraign, indict:* accusant ii, qui in fortunas huius invaserunt: ambitūs alterum: ante actarum rerum accusari, *for previous offences,* N.: accusatus capitis, *prosecuted capitally,* N.: eum certis propriisque criminibus: crimine Pario accusatus, *of treason in the matter of Paros,* N.: ne quid accusandus sis, vide, T.: de pecuniis repetundis: inter sicarios et de veneficiis: Lysandrum, quod . . . conatus esset, etc., N.

1. acer, eris, *n.* [2 AC-], *the maple-tree,* O.—Esp., *the wood of the maple-tree, maple,* O.

2. ācer, ācris, ācre, *adj.* with *comp.* and *sup.* [2 AC-]; to the senses, *sharp, piercing, penetrating, cutting, irritating, pungent:* oculi: favilla non acris, *no longer glowing,* O.: acrior voltus, *keener look,* O.: acrem flammae sonitum, V.: acri tibiā, H.: canes naribus acres, O.: acetum, H.: stimuli, V.: sol acrior, *fierce,* H.: stomachus, *irritated,* H.: hiemps, *severe,* H.: Aufidus, *impetuous,* H.—Of mind, etc., *violent, vehement, consuming, bitter:* odium: dolor, V.: supplicia.—Of intellectual qualities, *subtle, acute, penetrating, sagacious, shrewd:* animus: ingenium: memoria, *ready.*—Of moral qualities, *active, ardent, eager, spirited, keen, brave, zealous:* milites: in armis, V.: acerrimus armis, V.: acer equis, *spirited charioteer,* V.—*Violent, hasty, quick, hot, passionate, fierce, severe:* cupiditas: pater acerrimus, *enraged, angry,* T.: acres contra me: voltus in hostem, H.: virgines in iuvenes unguibus, H.: leo, N.—As *subst.:* ridiculum acri fortius magnas secat res, *more effectually than severity,* H.—Fig.: prima coitiost acerruma, i. e. *most critical,* T.: amor gloriae, *keen:* pocula, *excessive,* H.: concursus, Cs.: fuga, *impetuous,* V.: (vos) rapit vis acrior, *an irresistible impulse,* H.: regno Arsacis acrior est Germanorum libertas, *more formidable,* Ta.

acerbē, *adv.* with *comp.* and *sup.* [acerbus], *bitterly.*—Only fig., *act., harshly, severely, cruelly, sharply, inimically:* diripere bona: cogi in senatum: acerbius in alqm invehi: acerbissime dicere, Cs.—*Pass., painfully, grievously, with sorrow:* acerbe ferebam, si, etc.: tuli acerbe me adduci, etc.: acerbius inopiam ferre, *too severely,* Cs.

acerbitās, ātis, *f.* [acerbus], *bitterness, harshness, sourness:* fructūs magnā acerbitate permixtos ferre, i. e. *public rewards bringing also bitter trials.*—Fig., *harshness, bitterness, rigor, severity, hostility, hatred:* severitatem in senectute probo, acerbitatem nullo modo: patria, L.: virus acerbitatis, *the poison of malice:* nomen vestrum odio atque acerbitati futurum, *an object of bitter hatred.* —*Plur., grief, sorrow, pain, anguish, affliction:* lacrimas in meis acerbitatibus effudisti: omnīs acerbitates perferre, Cs.

acerbō, —, āre [acerbus], *to aggravate, make worse* (rare): formidine crimen, V.

acerbus, *adj.* with *comp.* and *sup.* [2 AC-].—In taste, *harsh, bitter, unripe:* uva, Ph.—Meton., to the senses, *harsh, sharp, bitter:* frigus, H.: recitator, *of harsh voice,* H.—*Neut. plur.* as *adv.:* acerba sonans, V.—Fig., of character and conduct, *rough, harsh, violent, rigorous, crabbed, severe, repulsive, hard, morose:* acerbus odistis et fugis, H.: occupat speciem taciturnus acerbi, *morose,* H.: convicium, Ph.—*Neut. plur.* as *adv.:* acerba fremens, *chafing with rage,* V.—Of things, events, etc., *premature, crude, unripe:* virginis aures, O.: funus, V.: mors, O.—*Grievous, bitter, severe, oppressive, burdensome, distressing:* dilectus, *a rigid conscription,* L.: acerba fata Romanos agunt, H.: volnus, V.: imperium acerbius, N.: luctus: mors acerbissima.—*Subst.:* quidquid acerbi est, *all the bitterness* (of death), V.: tot acerba, V.

acernus, *adj.* [1 acer], *of maple wood:* trabes, V.: mensa, H.: solium, V.

acerra, ae, *f.* [1 acer], *a casket for incense:* plena turis, H., V., O.

ācerrimē, *adv., sup.* of acriter.

acersecomēs, ae, *m.*, = ἀκερσεκόμης, *unshorn,* i. e. *ever youthful.*—As *subst., a young favorite,* Iu.

acervālis, e, *adj.* [acervus], only as *subst., a conclusion by accumulation, sorites,* C.

acervātim, *adv.* [acervus], *by heaps, in heaps:* se de vallo praecipitare, *BA.*—Fig., *briefly, concisely, summarily:* reliqua dicere.

acervō, āvī, —, āre [acervus], *to heap up, pile up:* cumulos hominum, L.—Fig., *to multiply:* leges, L.

acervus, ī, *m., a mass of similar objects, pile, heap:* acervus ex sui generis granis: scutorum, V.: aeris et auri, H.: morientum, O.: magnum alterius frustra spectabis acervum, *your neighbor's abundant crop,* V.—Fig., *a multitude, mass, great number, quantity:* cerno insepultos acervos civium: facinorum, scelerum.—Poet.: caedis acervi, V. —*Absol.:* ingentīs spectare acervos, *enormous wealth,* H.: quid habet pulchri constructus acervus, *accumulated hoard,* H.: quae pars quadret acervum, *completes the fortune,* H.—Esp., in dialectics, t. t., *a seeming argument by gradual approximation:* elusus ratione ruentis acervi, *defeated by the argument of the vanishing heap,* i. e. *a sorites,* H.

acēscō, —, —, ere [aceō; 2 AC-], *to turn sour, sour,* H.

acētum, ī, *n.* [2 AC-], *vinegar:* acre, H.: vetus, *spoiled,* H.: saxa infuso aceto putrefaciunt, L. —Fig., *wit, shrewdness:* Graecus Italo perfusus aceto, H.

Achaeī, ōrum, *m., the inhabitants of the district of Achaia.*

Achaemenēs, īs, *m.*, =Ἀχαιμένης, *an ancestor of the kings of Persia:* dives, H.

Achaemenius, *adj.* [Achaemenes], *Persian, Parthian:* urbes, O.: costum, H.

Achāias (poet. **Achāïas**, *quadrisyl.*), adis, *f.*, *a Greek woman*, O.

Achāicus, *adj.*, *Achaean, Grecian:* manus, V.: ignis, H.: homines.

Achāis, idis or idos, *adj.*, *f.*, *Grecian:* urbes, O.—As *subst.* for Achaia, *Greece*, O.

Achāius, *adj.*, *Grecian:* castra, V., O.

Acharnānus, *adj.*, *of Acharnae* (an Attic deme), N.

Achelōias, adis, or **Achelōis**, idis, *f.*, *daughter of Achelous*, O.—*Plur.*, *the Sirens.*

Achelōius, *adj.*, *of the river Achelous:* pocula, *fresh water*, V.: Callirhoë, *daughter of Achelous*, O.

Acherōn, tis, *m.* (V., H.), or **Acherūns**, untis, *m.* or *f.* (C., N.), = Ἀχέρων, *a river of the lower world.*—Hence, *the infernal regions*, V.

Acherūsius (**-ūnsius**), *adj.*, *of the Acheron in Bruttium:* aqua, L.—*Of the under-world*, Enn. ap. C.

Achillēs, is (poet. also eī or ī; *acc.* ea; *voc.* e; *abl.* ī), *m.*, = Ἀχιλλεύς, *a Grecian hero.*

Achillēus, *adj.*, *of Achilles*, V., O.

Achīvus, *adj.*, *Achaean, Grecian*, O.—*Plur.* as *subst.*, *the Greeks.*

Acīdalia, ae, *f.*, *an epithet of Venus, from the fountain Acidalia in Boeotia*, V.

acidus, *adj.* with *sup.* [2 AC-], *sour, acid, tart:* sorba, V.: inula, H.—F i g., *sharp, pungent, disagreeable:* duobus, *to the two*, H.

aciēs, ēī (old form ē; *acc.* aciem, *disyl.* V.; *plur.* only *nom.* and *acc.*), *f.* [2 AC-], *a sharp edge, point, cutting part:* securium: falcis, V.—F i g.: horum auctoritatis, *the edge*, i. e. *efficiency.*—M e t o n., of sight, *sharpness of vision, keen look:* aciem oculorum ferre, Cs.: fugere aciem: cum stupet acies fulgoribus, *the sight*, H.—*Brilliancy, brightness:* neque tum stellis acies obtunsa videtur, V.—C o n c r., *the pupil of the eye:* acies ipsa, quā cernimus.—P o e t., *the eye:* huc geminas nunc flecte acies, V.: huc atque huc acies circumtulit, V.—In war, *the front of an army, line of battle, battle-array:* triplex, i. e. *the legion in three ranks*, Cs.: duplex, Cs.: mediā acie, Cs.: exercitūs nostri: aciem instruere, Cs.: extra aciem procurrere, Cs.: neque in acie, sed alio more bellum gerendum, S.—Of a line of ships: productā longius acie (navium), Cs.—*The battle-array, an army in order of battle:* hostium acies cernebatur, Cs.: unius corporis duae acies dimicantes, *two divisions of an army:* prima, *the van*, L.: tertia, Cs.: novissima, *the rear*, L.—Of cavalry: equitum acies, L.—P o e t.: Volcania, *a line of fire*, V.—*A battle, engagement:* in acie Pharsalicā: in acie vincere, Cs.—F i g., of mind, *acuteness, sharpness, force, power:* mentis: animi.—*A verbal contest, disputation, discussion, debate:* in aciem prodire.

acīnacēs, is, *m.*, *a scimitar, short sabre*, H.; Cu.

acinus, ī, *m.*, and **-um**, ī, *n.* (**acina**, ae, *f.*, Ct.), *a small berry:* acini vinaceus, *a grape-stone:* aridum, H.

acipēnser, eris, *m.* [2 AC-+pinna], *a sea-fish*, (esteemed a dainty dish), C., H., O.

āclys (**āclis**), ydis, *f.*, *a small javelin with a strap*, V.

acoenonoētus, ī, *m.*, = ἀκοινονόητος, *without common-sense*, Iu.

aconītum (**-ton**), ī, *n.*, *a poisonous plant, wolf's-bane, aconite*, O., V.—P o e t., *poison:* lurida, O.

acquiēscō, acquīrō, see ad-qui-.

Acragas, antis, *m.*, = Ἀκράγας, *Agrigentum*, V.

acrātophoron (**-um**), ī, *n.*, = ἀκρατοφόρον, *a vessel for unmixed wine.*

acrēdula, ae, *f.*, *an unknown animal.*

ācriculus, *adj. dim.* [2 ācer], *irritable:* senex.

ācrimōnia, ae, *f.* [2 ācer], *sharpness, pungency; only fig., severity, acrimony, energy:* ad resistendum: causae.

Acrisiōnēus, *adj.*, *of Acrisius*, V., O.

Ācrisiōniadēs, ae, *n.*, *a descendant of Acrisius*, i. e. *Perseus*, O.

Ācrisius, ī, *m.*, *a king of Argos*, V., O.

ācriter, *adv.* with *comp.* ācrius, and *sup.* ācerrimē [2 ācer], *sharply, fiercely:* caedunt acerrime: maleficium vindicare.—F i g., of the sight, *keenly:* intueri.—Of the mind, *keenly, sharply, accurately:* intellegere: acrius vitia quam recta videre, *has a keener eye for.*—Of will, passion, action, *zealously, eagerly, earnestly:* agere: elatrare, H.: pugnare: acrius cupere, Cu.—Implying reproach, *passionately, furiously, severely:* inimicus: minari: exaestuat acrius ignis, *the fire of passion*, O.

acroāma, atis, *n.*, = ἀκρόαμα, *an entertainment for the ear;* m e t o n., *a reader, musician, storyteller, buffoon:* actor et acroama: acroama audire.

acroāsis, is, *f.*, = ἀκρόασις, prop., *a hearing;* hence, *a discourse, lecture*, C.

Acroceraunia, ōrum, *n.*, = τὰ Ἀκροκεραύνια, *a rocky promontory of Epirus*, H., O.

1. acta, ae, *f.*, = ἀκτή, *the sea-shore, sea-beach:* in actā iacere: in solā actā, V.—M e t o n., *plur.*, *a holiday, life of ease* (at the sea-shore): eius.

2. ācta, ōrum, *n.;* see actum.

Actaeōn, onis, *m.*, = Ἀκταίων, *grandson of Cadmus*, O.

Actaeus, *adj.*, prop. *of Acte* (the coast of Attica).—Hence, *Attic, Athenian*, V., O.—*Subst. plur.*, **Actaeī**, ōrum, *m.*, *the people of Attica*, N.

Actiacus, *adj.*, *of Actium:* Phoebus, *worshipped at Actium*, O.

Actias, adis, *adj.*, *f.*, = Ἀκτιάς, *Athenian*, V.

āctiō, ōnis, *f.* [1 AG-], *a putting in motion; hence, a performing, doing, action:* virtutis laus in actione consistit, *in deeds.*—Esp.: gratiarum, *a rendering.*—Of an orator or player, *a rendering, declamation:* consulis. — *Public acts, official conduct, achievements:* radicitus evellere omnīs actiones tuas: celebrare actiones, *make their policy popular*, L.: Ciceronis, S.: tribunicia, *a measure*, L. — *A suit at law, action, process:* actionem instituere: causae: actionem intendere, *to bring suit:* hac actione uti, *this form of action:* lenior. — *Permission to bring a suit:* actionem dare alicui: alterā, *at the second trial.*

āctitō, āvī, —, āre, *freq.* [ago], *to conduct often, be engaged in, act in:* causas: tragoedias.

Actium, ī, *n.*, = Ἄκτιον, *a promontory of Acarnania*, C., L.

Actius, *adj.*, *of Actium:* ludi, V., H.

āctor, ōris, *m.* [1 AG-], *a driver:* pecoris, *a shepherd*, O. — *An agent, doer, performer, actor:* hunc actorem auctoremque habebant, *worker and counsellor*, N.: orator verborum, actorque rerum: publicus, *manager of public property*, Ta.—In law, *an accuser, complainant, plaintiff, prosecutor:* huic ego causae . . . actor accessi: constitutus, *official prosecutor.—He who delivers an oration, the speaker*, C.—*A player, actor:* tertiarum partium: alienae personae: suorum carminum actor, L.

āctuāria, ae, *f.* [actuarius; sc. navis], *a swift boat.*

āctuāriola, ae, *f. dim.* [actuaria], *a row-boat, barge.*

āctuārius, *adj.* [ago], *easily driven, swift:* navigia, Cs.: naves, L.

āctum, ī, *n.* [*P.* of ago], *a deed, transaction, proposition, decree, law:* alcuius: acta Caesaris. —*Plur.*, ācta, *a register of public events, records, journal:* ex actis alqd cognosse.

āctuōsē, *adv.* [actuosus], *passionately, eagerly* (once).

āctuōsus, *adj.* [ago], *full of life, active:* partes (orationis): virtus.

1. āctus, *P.* of ago.

2. āctus, ūs, *m.* [1 AG-], *a driving, impulse, setting in motion:* actu inflectit feram: Fertur magno mons actu, *with a mighty impulse*, V. — Meton., *a right of way, right to drive through*, C.—Esp., *a recital, delivery:* fabellarum, L.: carminum, *expressive gestures*, L.—*A part of a play, act:* modo, in quocumque fuerit actu, probetur: primo actu placeo, T.: hic restat actus, i. e. *this crowning achievement:* cognoscere in actu (opp. legere), i. e. *to see done*, O.

āctūtum, *adv.*, *immediately, forthwith:* aperite ostium, T.: mortem actutum futuram puto: actutum in Italiā fore, L.

aculeātus, *adj.* [aculeus], *with a sting.*—Hence, *stinging, sharp:* litterae.—*Cunning, subtle:* sophismata.

aculeus, ī, *m.* [acus], *a sting:* apis.—Meton., *a point*, L.—Fig., *a sting, spur, goad:* severitatis vestrae: orationis meae: ad animos stimulandos, L.

acūmen, inis, *n.* [acuo]. — Prop., *a point:* stili: lignum: sine acumine, O.: commissa in unum tereti acumine crura, i. e. *united in a tapering tail*, O. — Fig., of the mind, etc., *acuteness, keenness, sharpness:* ingeniorum: ingenii, N.: argutum iudicis, H.: admovere acumina chartis, H. —Poet., *plur.*, *tricks, pretences:* meretricis, H.

acuō, uī, ūtus, ere [2 AC-], *to sharpen, whet, point, make sharp:* stridor serrae, cum acuitur: ferrum in me, V.: sagittas cote cruentā, H.— Fig., of the tongue, *to sharpen, exercise, practise:* linguam causis, H. — Of the intellect, *to sharpen, quicken, arouse, discipline, improve:* multa quae acuant mentem: illos sat aetas acuet, *will make them keen*, T.—*To stimulate, spur on, stir, arouse, incite, encourage, kindle:* illum: ad crudelitatem te: alqm verbis, V.—*To increase, embitter, strengthen, exasperate:* iram hosti, L.: stridoribus iras, V.

acus, ūs, *f.* [2 AC-], *a needle:* volnus acu punctum: pingere acu, *to embroider*, V.

acūtē, *adv.* with *comp.* and *sup.* [acutus], *sharply; hence*, of sound, *shrilly, in a high key:* sonare. —Fig., *shrewdly, with discernment, pointedly:* respondere: conlecta crimina: acutius tractare: acutissime scripta.

acūtulus, *adj. dim.* [acutus], *rather keen:* conclusiones.

acūtum, *adv.*, see acutus.

acūtus, *adj.* with *comp.* and *sup.* [*P.* of acuo], *sharpened, pointed, sharp, cutting:* sudes, Cs.: ferrum, H.: aures, *pointed*, H.: acuta leto Saxa (i. e. ad letum dandum), H.—Fig., to the senses, *sharp, pungent, shrill:* sonus acutissimus, *highest treble:* aera, *shrill*, H.: stridor, H.: sol, *oppressive*, H.: morbus, *violent*, H. — *Subst.:* acuta belli, *violent calamities*, H.—*Adv.:* resonare acutum, *shrilly*, H. — Of the senses, *keen, sharp:* oculi: nares, i. e. *rigid censoriousness*, H.—Of the mind, *keen, acute,* *discerning, penetrating, intelligent, sagacious, cunning:* si qui acutiores in contione steterunt: hominum genus: studia, i. e. *requiring a keen mind:* homo ad fraudem, N.—*Adv.:* acutum cernis, *keenly,* H.

ad, *praep.* with *acc.* [cf. Eng. at].—Of approach (opp. to ab, as *in* to *ex*). **I.** In space, *to, toward:* retorquet oculos ad urbem: una pars vergit ad septentriones, Cs.: tendens ad sidera palmas, V. —Fig.: ad alia vitia propensior, *more inclined to.* —Esp., ad dextram, sinistram, or laevam, *to* or *on the right* or *left:* ito ad dextram, T.: alqd ad dextram conspicere, Cs.: non rectā regione . . . sed ad laevam, L.—Designating the goal, *to, toward:* ad ripam convenire, Cs.: vocari ad cenam, H.: ad se adferre: reticulum ad narīs sibi admovebat (cf. accedit ad urbem, *he approaches the city;* and, accedit provinciae, *it is added to the province*).—Ad me, te, se, for domum meam, tuam, suam (in T. freq.): eamus ad me, T.—With *gen.*, ellipt.: ad Dianae, *to the temple of,* T.: ad Castoris currere.—Used for *dat.:* litteras dare ad aliquem, *to write one a letter* (cf. litteras dare alicui, *to give a letter to one*): domum ad te scribere: ad primam (epistulam) scribere, *to answer.*—Hence, librum ad aliquem mittere, scribere, *to dedicate a book to one.* —In titles, ad aliquem signifies *to, addressed to.*—With names of towns, ad answers to Whither? for the simple *acc.*, i. e. *to the vicinity of, to the neighborhood of:* ad Aquinum accedere, *approach:* ut cum suis copiis iret ad Mutinam.—Of hostile movement or protection, *against* (cf. adversus): veniri ad se existimantes, Cs.: ipse ad hostem vehitur, N.: Romulus ad regem impetum facit (cf. in), L.: clipeos ad tela protecti obiciunt, V.: ad hos casūs provisa praesidia, Cs.—In war, of manner of fighting: ad pedes pugna venerat, *was fought out on foot,* L.: equitem ad pedes deducere, L.: pugna ad gladios venerat, L.—Emphatic of distance, *to, even to, all the way to:* a Salonis ad Oricum portūs . . . occupavit, Cs.: usque a Dianis ad Sinopum navigare.—Fig.: deverberasse usque ad necem, T.: virgis ad necem caedi.—Of nearness or proximity in gen. (cf. apud), *near to, by, at, close by:* ad forīs adsistere: Ianum ad infimum Argiletum fecit, L.: quod Romanis ad manum domi supplementum esset, *at hand,* L.: errantem ad flumina, V.; and ellipt.: pecunia utinam ad Opis maneret! —Of persons: qui primum pilum ad Caesarem duxerat, Cs.: ad me fuit, *at my house:* ad inferos poenas parricidi luent, *among.*—So, fig.: ad omnīs nationes sanctum, *in the judgment of,* Cs.: ut esset ad posteros monumentum, etc., L.: ad urbem esse (of a general outside of the walls): ad urbem cum imperio remanere, Cs.—With names of towns and verbs of rest: pons, qui erat ad Genavam, Cs.; and with an ordinal number and *lapis:* sepultus ad quintum lapidem, N.—**II.** In time, *about, toward:* domum reductus ad vesperum, *toward evening.*—*Till, until, to, even to, up to:* usque ad hanc aetatem: ad multam noctem: amant ad quoddam tempus, *until:* quem ad finem? *how long:* ad quartam (sc. horam), H.—Hence, ad id (sc. tempus), *till then:* ad id dubios servare animos, L.—*At, on, in, by:* ad horam destinatam, *at the appointed hour:* frumentum ad diem dare.—**III.** In number or amount, *near, near to, almost, about, toward* (cf. circiter): talenta ad quindecim coëgi, T.: annos ad quadraginta natus.—*Adverb.:* occisis ad hominum milibus quattuor, Cs.: ad duo milia et trecenti occisi, L.—Of a limit, *to, unto, even to* (rare): (viaticum) ad assem perdere, *to the last farthing,* H.: ad denarium solvere.—Esp., ad unum, *to a single one, without exception:* omnes ad unum idem sentiunt: exosus ad unum Troianos, V. —**IV.** In other relations, *with regard to, in respect of, in relation to, as to, to, in:* ad honorem antecellere: nihil ad rem pertinet.—Ellipt.: rectene an secus, nihil ad nos: Quid ad praetorem? quid ad rem? i. e. *what difference does it make?* H.: quibus (auxiliaribus) ad pugnam confidebat, Cs.: ad speciem ornatus, ad sensum acerbus: mentis ad omnia caecitas: ad cetera paene gemelli, H.: facultas ad dicendum.—With words denoting measure, weight, manner, model, rule, etc., *according to, agreeably to, after:* talcis ad certum pondus examinatis, Cs.: ad cursūs lunae describit annum, L.: canere ad tibiam: carmen castigare ad unguem, *to perfection* (see unguis), H.: ad istorum normam sapientes: ad specus angustiae vallium (i. e. ad specuum similitudinem angustae valles), Cs.—With the cause or reason, *according to, at, on, in consequence of, for, in order to:* ad horum preces in Boeotiam duxit, *on their entreaty,* L.: dictis ad fallendum instructis, L.: causae ad discordiam, *to produce dissension,* T.: ad facinora incendere, S.: ad speciem tabernaculis relictis, *for appearance,* Cs.: ad id, *for this use, as a means to that end,* L.: ad id ipsum, *for that my purpose,* L.: delecto milite ad navīs, *marines,* L.: puer ad cyathum statuetur, H.: biiugi ad frena leones, *yoked in pairs with bits,* V.: res quae sunt ad incendia, Cs.: ad communem salutem utilius.—In comparison, *to, compared with, in comparison with:* terra ad universi caeli complexum: nihil ad tuum equitatum, Caesar.—**V.** In adverbial phrases, ad omnia, *withal, to crown all:* ad omnia tantum advehi auri, etc., L.—Ad hoc and ad haec, *moreover, besides, in addition:* ad hoc, quos . . . postremo omnes, quos, etc., S.—Ad id quod, *beside that* (rare): ad id quod . . . indignitate etiam Romani accendebantur, L.—Ad tempus, *at a definite, fixed time,* C., L.; *at a fit, appropriate time,* L.; *for some time, for a short time,* L.; *according to circumstances.*—Ad praesens, *for the moment, for a short time.*—Ad locum, *on the spot:* ut ad locum miles esset paratus, L.—Ad verbum, *word for word, literally.*—Ad summam, *on the whole, generally, in general; in a word, in short,* C., H.—Ad extremum, ad ultimum, ad postremum, *at the end, finally, at last;* of place, *at the extremity, at the top, at the end:* ad extremum (teli) unde ferrum exstabat, L.; of time, *at last, finally:* ad extremum incipit philosophari; of order, *finally, lastly; to the last degree, quite,* L.—Quem ad finem? *to what limit? how far? how long?*

NOTE.—**a.** Ad rarely follows its *acc.:* quam ad, T.: quos ad, C.: ripam ad Araxis, Ta.—**b.** In composition, ad- stands before vowels, *b, d, f, h, i* consonant, *m, n, q, v,* and mostly before *l, r, s;* ac- before *c;* but very often ad- before *cl-, cr-,* and *cu-;* ag- or ad- before *g;* ap- or ad- before *p;* at- before *t;* but a- or ad- before *gn, sp, sc, st.*

adāctiō, ōnis, *f.* [adigo], *a compelling, exaction* (once): iuris iurandi, L.

adāctus, *P.* of adigo.

ad-aequē, *adv., in like manner, so also,* L.

ad-aequō, āvī, ātus, āre, *to make equal, equalize, level with:* cum virtute fortunam: cum familiarissimis eius adaequatus, *regarded as his equal:* molibus ferme (oppidi) moenibus adaequatis, *on a level with,* Cs.: tecta solo, *to level with the ground,* L.: operibus quidquam, *produce anything equal,* L.: se virtute nostris, Cs.—*To attain to, reach by equalling,* with *acc.:* cursum alicuius, *to keep up with,* Cs.: ut muri altitudinem acervi armorum adaequarent, Cs.—With ellips. of object: adaequare apud Caesarem gratiā (sc. Aeduos), Cs.

adamantēus, *adj.* [adamas], *hard as steel, adamantine, not to be broken* (poet.): nares, O.

adamantinus, *adj.,* = ἀδαμάντινος, *hard as steel, inflexible:* clavis, H.: tunica, *a coat of mail,* H.: iuga, Pr.

adamās, antis, *m.,* = ἀδάμας, *adamant, hardest iron, steel:* solido adamante columnae, V.—Fig., of character: in pectore adamanta gerere, O.

ad-amō, āvī, ātus, āre, *to fall in love with, conceive desire for, desire eagerly:* cum signa pulcherrima vidisset, adamavit: agros, Cs.—Meton., *to admire exceedingly, approve:* patientiam: Platonem, N.

ad-aperiō, eruī, ertus, īre, *to throw open, open wide, lay open:* cuniculum, L.: ianuam, O.—Fig., *to open, expose:* ad criminationem aures, Cu.—*To disclose, reveal, expose:* quae velanda erant, L.

adapertilis, e, *adj.* [adaperio], *that may be opened:* latus tauri, O.

adapertus, *adj.* [*P.* of adaperio], *open, wide open:* ora, O.

ad-aquor, —, ārī, *dep., to obtain water, fetch water* (once): adaquandi causā, Cs.

ad-augeō, auxī, auctus, ēre, *to increase by adding, augment:* ne tua duritia adaucta sit, T.: maleficia aliis nefariis: crimen, *magnify.*

adaugēscō, —, —, ere, *inch.* [adaugeo], *to grow, increase:* stridor scopulorum.

ad-bibō, bibī, —, ere, *to take in by drinking:* ubi adbibit plus paulo, *has drunk a little too much,* T.—Fig., *to drink in, listen eagerly to:* puro pectore verba, H.

adc-, see acc-.

ad-dēnseō, —, —, ēre, *to crowd together:* extremi addensent acies, V.

ad-dēnsō, —, —, āre, in some edd. of V. for addenseo.

ad-dīcō, dīxī, dictus, ere, *to give assent.*—In augural lang., *to be propitious, favor:* nisi aves addixissent, L.: in Termini fano, L.—In law: alicui aliquid or aliquem, *to award, adjudge, sentence:* bona alicui.—Esp., of a debtor assigned to his creditor till the debt is paid: addictus Hermippo.—*Absol.:* prohibendo addictos duci, *those adjudged bondsmen for debt,* L.—Ironic.: Fufidium ... creditorem debitoribus suis addixisti, *you have adjudged the creditor to his debtors.*—In auctions, *to award, knock down, strike off:* alcui meas aedīs: bona Rabiri nummo sestertio: bona alicuius in publicum, *to confiscate,* Cs.—In gen., *to sell, make over:* regna pecuniā: nummo (fundum), *for a penny,* H.—Fig., *to devote, consecrate:* senatus, cui me semper addixi: me, V.: Nullius addictus iurare in verba magistri, H.: sententiis addicti, *wedded.*—*To give up, sacrifice, sell out, betray, abandon:* pretio habere addictam fidem: libidini cuiusque nos addixit: gladiatorio generi mortis addictus, *destined;* hence, poet.: Quid faciat? crudele, suos addicere amores, *to betray,* O.

addictiō, ōnis, *f., an award, adjudging* (rare): bonorum.

addictus, *P.* of addico.

ad-discō, didicī, —, ere, *to learn in addition, gain knowledge of:* cottidie aliquid: regimen carinae flectere, O.

additāmentum, ī, *n.* [addo], *an accession:* inimicorum meorum, i. e. *reinforcement.*

ad-dō, didī, ditus, ere [do], *to put to, place upon, lay on, join, attach:* album in vestimentum, i. e. *appear as a candidate,* L.: turrim moenibus, O.: me adde fraternis sepulcris, *lay me too in my brother's tomb,* O.: nomina (alcui), *confer,* O.: frumentis labor additus, i. e. *a blight falls,* V.—Hence, fig., *to bring to, add to:* fletum ingenio muliebri: addere animum (animos), *to give courage, embolden:* mihi quidem addit animum, T.: animos cum clamore, O.: verba virtutem non addere, *impart, bestow,* S.: iram, O.: viresque et cornua pauperi, H.: ductoribus honores, V.: spumantia addit Frena feris, *puts on*, V.: vatibus addere calcar, *apply the spur*, H.—Esp., *to add by way of increase, join, annex:* tibi dieculam addo? *give a further respite*, T.: verbum si addideris, *if you say another word*, T.: adimunt diviti, addunt pauperi, *increase the poor man's little*, T.: addam Labienum, *will name L. too:* addita alia insuper ignominia, L.: contumeliam iniuriae, Ph.—Poet.: noctem addens operi, *giving also the night to the work*, V.: numerum divorum altaribus addit, i. e. *adds one to their number*, V.: incesto addidit integrum, *confounds with*, H.: periturae addere Troiae Te, *involve you also in*, V.: addit opus pigro, *gives more work*, H.: nugis addere pondus, *make much of*, H.: laborem ad cottidiana opera, Cs.: ad ter quinos annos unum addiderat, *was sixteen years old*, O.: multas res novas in edictum, *make essential additions to*, N.: addunt in spatia, i. e. *add course to course, outdo themselves*, V.: gradum, L.: addidit, ut, etc. (of an addition to a picture), O.—Introducing a supplementary thought, *add to this, consider also, remember too, moreover . . .:* adde istuc sermones hominum: adde hos praeterea casūs, etc., H.: adde huc quod mercem sine fucis gestat, H.—Poet.: Imperiumque peti totius Achaïdos addit, O.: Addit etiam illud, equites non optimos fuisse: satis naturae (vixi), addo, si placet, gloriae.

ad-doceō, —, —, ēre, *to teach in addition* (once): artes, i. e. *new*, H.

ad-dubitō, āvī, ātus, āre, *to entertain a doubt, incline to doubt, hesitate, be uncertain:* paulisper addubitavit, an, etc., *was in doubt whether*, etc., L.: illud addubitat, utrum, etc, *leaves in doubt*, N.: parumper, an, etc., Cu.: re addubitatā, *left undecided.*

ad-dūcō, dūxī, ductus, ere (*imper.* adduce for adduc, T.—*Perf.* addūxtī for addūxistī, T.), *to lead to, bring to, bring along* (usu. of persons; cf. adfero, of things): quos Maecenas adduxerat umbras, *brought along*, H.: eos ad me domum adduxit: Iugurtham vinctum Romam, S.: in iudicium.—Poet.: dextris adducor litora remis, *reach*, O.—Rarely of things: aquam adduxi, *brought into the city:* carmen ad umbilicum, *to finish*, H.: sedulitas adducit febrīs, *brings on*, H.: Dicas adductum propius frondere Tarentum, *the woods of Tarentum brought nearer* (*Rome*), H.—Esp., *to bring by drawing, draw, pull, stretch:* tormenta quo sunt adducta vehementius: adducto arcu, V.: funes, Cs.: adductis lacertis, *bent* (in rowing), V.: colla parvis lacertis, *to embrace*, O.—Hence, fig.: habenas amicitiae, *to tighten.*—Of the skin, *to draw up, wrinkle, contract:* adducit cutem macies, *wrinkles the skin*, O.; cf. sitis miseros adduxerat artūs, V.—Fig., *to bring to, bring into, bring under:* ad suam auctoritatem: rem in extremum discrimen: me in necessitatem, L.—*To bring, lead, prompt, move, induce, prevail upon, persuade, incite:* te ad facinus: me in summam exspectationem: in spem, S.: ad suscipiendum bellum, Cs.: ad credendum, N.: adduci, ut capite operto sit: hoc nondum adducor ut faciam: quibus rebus adductus ad causam accesserim demonstravi: necessitate adductus, Cs.: adducti iudices sunt . . . potuisse, etc., *were led to believe that*, etc.

adductē, *adv.* [adduco], *strictly, severely;* only *comp.:* adductius regnari, Ta.

adductus, *adj.* [*P.* of adduco], *strict, severe:* Nero, Ta.: servitium, Ta.

(ad-edō), ēdī, ēsus, ere, *to eat away, gnaw at, consume:* iecur, L.: favos, V.—Meton., of fire, *to consume:* flamma postibus haesit adesis, V.—Of water: lapides adesos, *worn by water*, H.—Fig.: adesa pecunia, *used up:* fortunae, Ta.

Adelphī, ōrum, = Ἀδελφοί, *The Brothers* (a comedy), T.

adēmptiō, ōnis, *f.* [adimo], *a taking away, depriving:* civitatis, *of citizenship:* bonorum, Ta.

adēmptus, *P.* of adimo.

1. ad-eō, iī (rarely īvī), itus, īre, *to go to, come to, come up to, approach, draw near:* ad eum? T.: ad istum fundum: ad arbitrum, *to submit a cause to a referee:* in conventum: in ius, *to go to law:* ad praetorem in ius: eccum video, adibo, T.: cautus adito, *draw near*, H.: an quoquam mihi adire licet? S.: Gades mecum, *to accompany to*, H.: ambos reges, S.: quā (famā) solā sidera adibam, i. e. *was aspiring*, V.—*Supin. abl.:* munimentum a planioribus aditu locis, *easy of approach*, L.—Esp., *to approach, address, accost, apply to:* aliquot me adierunt, T.: vatem, V.: deos.—*To assail, attack, approach:* oppida castellaque munita, S.: virum, V.—Fig., *to enter on, undertake, set about, take in hand:* ad causas: ad rem p., *to take office.*—*To undergo, submit to, expose oneself to:* ad extremum vitae periculum, Cs.—With *acc.:* periculum capitis: adeundae inimicitiae pro re p.—Of an inheritance, *to enter on, take possession of:* hereditatem: hereditas adita.

2. ad-eō, *adv.* **I.** To designate a limit, *to this, thus far, so far, as far.*—Of space, fig.: postremo adeo res rediit, *finally it comes to this*, T.—Of time, *so long* (*as*), *so long* (*till*): nusquam destitit . . . orare usque adeo donec perpulit, T.: usque adeo in periculo fuisse, quoad, etc.—In comparison, *in the same degree . . . in which; so very, so much . . . as* (comic): adeon esse infelicem quemquam, ut ego sum? T.: gaudere adeo, quasi qui cupiunt nuptias, *just like those who desire marriage*, T.—**II.** To give emphasis, *so, so much, so very, to such a degree:* neminem adeo infatuare, ut crederet, etc.: adeoque inopiā est coactus Hannibal, ut, etc., L.: usque adeo ille pertimuerat, ut, etc.: adeone est fundata leviter fides, ut, etc., L.: Non obtunsa adeo gestamus pectora Poeni, i. e. *not so blunt but that we know*, V. — Hence, adeo non ut . . . adeo nihil ut . . . *so little that, so far from . . . that:* adeo nihil moverunt quemquam, ut, etc., *had so little effect*, etc., L.: qui adeo non tenuit iram, ut, etc., *was so far from curbing his anger that*, etc., L. — Esp., atque adeo, *and even, yet more, or rather, I may even say, still further:* insector, posco atque adeo flagito crimen: ducem . . . intra moenia atque adeo in senatu videmus.—Enclitically after an emphatic word (cf. quidem), *even, indeed, just, precisely:* Haec adeo iam speranda fuerunt, *even this*, V.: nullā adeo ex re fit, etc., *arises from no cause whatever*, T.—Often to be translated by *and, and just*, etc.: idque adeo haud scio mirandumne sit, Cs.: id adeo, si placet, considerate, *just that:* id adeo malum ex provocatione natum, L.—After a pers. pron.: Teque adeo, te consule, *in no consulate but yours*, V.: Tuque adeo, *thou chiefly*, V.—With *si* or *nisi*, *if indeed, if truly, even if: Si.* Num illi molestae haec sunt nuptiae? *Da.* Nil Hercle: aut si adeo, etc., *or even if they are so*, T.—With *adverbs:* magis adeo id facilitate quam culpā meā contigit: nunc adeo, *forthwith*, V.: iam adeo, *at this moment*, V.: inde adeo, *ever since*, T.: hinc adeo, *just at this point*, V.: sic adeo, *thus it is that*, V.: Vix adeo adgnovit, *scarcely even recognized*, V.—With *adjectives, indeed, even, very, fully* (cf. vel): Trīs adeo incertos soles erramus, *three whole days*, V.: Quinque adeo urbes, *no less than five*, V.: Multa adeo gelidā se nocte dedere, V. —With the *conjj. sive, aut, et si, or indeed, or rather, or even*, etc.: tu virum me aut hominem deputas adeo esse? *even a human being?* T.: ratio, quā . . . sive adeo, quā, etc., *or rather:* et si adeo, *and if even*, V.—With the *imperative*, for emphasis, *now, I pray:* propera adeo puerum tollere hinc ab ianuā, T.—Rarely with other moods: ibo adeo, T. —Poet., *indeed, truly, so very, so entirely:* eius fratrem repperisse, adulescentem adeo nobilem, *so very noble*, T.: nec sum adeo informis, *nor am I so very ugly*, V.—Beginning a clause giving a reason, *so, thus* (prop. ellipt., *to such a degree is it true that, so true was it that*, etc.): adeo quanto rerum minus, tanto minus cupiditatis erat, *indeed, the less there was of property, the less of greed*, L.: adeo prope omnis senatus Hannibalis erat, *such was the preponderance of Hannibal's party in the Senate*, L.—So introducing a parenthesis: adeo civitates eae perpetuo in Romanos odio certavere, L.—With a negative after ne . . . quidem or quoque, *still less*, Ta.

adeps, ipis, *comm., the soft fat of non-ruminating animals, fat.*—Meton.: Cassi adipes, *corpulence.*

adeptiō, ōnis, *f.* [adipiscor], *an obtaining, attainment:* boni; alicuius commodi.

ad-equitō, āvī, —, āre, *to ride to, gallop to, ride up:* ad nostros, Cs.: in primos ordines, Cu.: quo, L.: portis, L.: ab suis, L.

adesdum, better ades dum (*imper.* of adsum with dum), *come to me, stand by me* (once), T.

adēsus, *P.* of adedo.

adfābilis (aff-), e, *adj.* [ad-for], *approachable, courteous, affable, kind, friendly:* in sermone omnibus: nec dictu adfabilis ulli, V.

adfābilitās (aff-), ātis, *f.* [adfabilis], *courtesy, affability:* sermonis.

adfabrē (aff-), *adv.* [ad+faber], *cunningly, in a workmanlike manner:* (deus) factus.

ad-fatim (aff-), *adv.* [2 FA-], *satisfactorily, sufficiently, abundantly:* satiata: parare commeatum, S.: vesci seminibus.—With *gen. part.:* habetis adfatim lignorum, L.: pecuniae, L.

(**adfātus** or **aff-**), ūs, *m.* [ad-for], *an accosting, speaking to;* only *abl.*, V.

adfectātiō (aff-), ōnis, *f.* [adfecto], *a claiming:* Germanicae originis, Ta.

adfectiō (aff-), ōnis, *f.* [adficio], *a relation, disposition:* ad res reliquas.—Esp., *a temporary state, perturbation:* animi.—*A frame, state, constitution:* animi: corporis.—Fig., of the stars, *position, aspect:* astrorum: caeli.—*Inclination, partiality:* animi, Ta.

adfectō (aff-), āvī, ātus, āre, *freq.* [adficio], *to strive after, strive to obtain, aspire to, pursue, aim at:* imperium in Latinos, L.: honorem, S.: Gallias, Ta.: immortalitatem, *lay claim to*, Cu.—Esp., *to cling to, cherish:* spes easdem, O.: ad dominas viam, *win a way into favor with*, T.: hi gladiatoris animo ad me adfectant viam, *set upon me*, T.—*To enter upon, pursue:* dominatio quod iter adfectet videre, *what career it is entering on:* viam Olympo, V.—*To lay hold of, grasp:* (navem) dextrā, V. —Fig.: morbus adfectat exercitum, *attacks*, L.—*To influence, win over:* civitatīs formidine, S.

1. adfectus (aff-), *adj.* [*P.* of adficio], *furnished, supplied, endowed, provided, gifted:* audaciā, T.: virtutibus. — Praegn., *affected, impaired, weakened, infirm:* animi, *discouraged*, L.: gravi morbo: ita adfectus, ut si ad gravem valetudinem, etc. — Fig., *disordered, embarrassed, impaired:* opem rebus adfectis orare, L.: res familiaris, L. —In time, *far advanced, near an end:* bellum adfectum, et paene confectum.—*Disposed, constituted, inclined, affected, minded:* quonam modo te offendam adfectam, *in what mood*, T.: sic adfecti, ut, etc.: eodem modo erga amicos. —Fig., *disposed, fit, adapted:* ad suum munus fungendum.

2. adfectus (aff-), ūs, *m.* [ad+2 FAC-], *a state,*

disposition, mood: animi: dubiis adfectibus errare, *in vacillating moods*, O.: adfectu tacito laetari, *rapture*, O.—*A desire, fondness for:* opes atque inopiam pari adfectu concupiscunt, Ta.: si res similis affectibus esset, Iu.

ad-ferō (aff-), attulī (adt-), adlātus (all-), adferre (aff-), *to bring, fetch, carry, convey, take, deliver:* magnam partem ad te, T.: scyphos ad praetorem: Curio pondus auri: nuntium ei: donum in Capitolium: litterae ab urbe adlatae, L.: litteras a patre: huc scyphos, H.: adfertur muraena in patinā, *is served*, H.: peditem alvo, V.: ad consules lecticā adfertur, L.—P o e t., of a person: te qui vivum casūs attulerint, V.—E s p., with *pron. reflex., to betake oneself, go, come:* huc te adfers, V.: urbem Adferimur, V.: te verus mihi nuntius adfers? i. e. *present yourself in your true person*, V.—Adferre manūs, *to lay on, use force, do violence:* pro se quisque manūs adfert, *defends himself forcibly*.—Freq. with *dat., to lay hands on, attack, assail:* domino: pastoribus vim et manūs.—With *dat.* of thing, *to do violence to*, i. e. *rob, plunder, pillage:* templo: eis rebus.—F i g., *to bring, introduce, carry, convey to, apply, employ, use, exert, exercise:* genus sermonum adfert exile, i. e. *employs:* quod ad amicitiam populi R. adtulissent, i. e. *had enjoyed before the alliance*, Cs.: in re militari nova, i. e. *to reorganize the army*, N.: non minus ad dicendum auctoritatis, quam, etc.: auctoritatem in iudicium, *exercise:* bellum in patriam, O.: Iris alimenta nubibus adfert, *brings*, O.—E s p., vim alicui, *to employ force against, compel:* ut filiae suae vis adferretur, *compulsion:* praesidio armato, *attack*, L.—*To bring tidings, bring word, carry news, report, announce:* haud vana adtulere, L.: ad Scipionem perductus, quid adferret, expromit, *explains what news he brought*, L.: calamitatem ad aurīs imperatoris: subito adlatum periculum patriae: inimico nuntium, *notify:* ad illam attulisse se aurum quaerere: attulerunt quieta omnia esse, L.: rebellasse Etruscos adlatum est, L.: calamitas tanta fuit, ut eam non ex proelio nuntius adferret.—*To carry, produce, cause, occasion, impart, render, give:* agri plus adferunt quam acceperunt: detrimentum, Cs.: vobis populoque R. pacem: suspicionem multis: parricidae aliquid decoris, *to lend lustre:* difficultatem ad consilium capiendum, Cs.: aliquid melius, *suggest:* aliquid oratoriae laudis, *attain:* quod iniquitas loci adtulisset, i. e. *the consequences*, Cs.: tempus conloquio non dare magnam pacis desperationem adferebat, Cs.: natura adfert ut eis faveamus, etc., *brings it about:* (id) volvenda dies attulit, V.—*To bring forward, allege, assign:* causam, T.: nihil adferunt, qui negant, etc., *say nothing to the point:* rationes cur hoc ita sit: aetatem, *to plead in excuse:* cur credam adferre possum.—Aliquid, *to contribute, help, assist, be of use:* nihil ad communem fructum: vide si quid opis potest adferre huic, T.: precibus aliquid attulimus etiam nos, *have been of some assistance by*.

adficiō (aff-), fēcī, fectus, ere [ad+facio], *to do to, treat, use, manage, handle:* exercendum corpus et ita adficiendum, ut, etc.: quonam modo ille vos vivus adficeret, qui, etc., i. e. *how would he treat you if alive*, etc.: ut ea, quae per eum (Caesarem) adfecta sunt, perfecta rei p. tradat, *which he has been conducting*.—*To treat, affect, visit, furnish:* me curā, *afflict*, T.: exercitum stipendio, *pay off:* alqm honoribus, *to honor:* morte, cruciatu, cruce, *to kill, torture, crucify:* civīs iniuriā, *outrage:* illum pretio, *reward*, V.: magnā difficultate adficiebatur, *was brought into great embarrassment*, Cs.: adficitur beneficio, *is benefited:* poenā adficietur, *will be punished* · verberibus adfecti, *scourged*, Cu.—*To move, influence, affect, impress:* ut ita adficerentur animi, ut eos adfici vellet orator: varie homines, L.—*To attack, afflict, oppress, weaken, impair:* ut prius aestus, labor, corpora adficeret, quam, etc., L.: Damasicthona volnus Adficit, O.—*To qualify, characterize, describe* (with words): dolorem verbis.

ad-fīgō (aff-), fīxī, fīxus, ere, *to fasten, attach, affix, annex:* litteram ad caput: alqm cuspide ad terram, L.: Minervae talaria: Prometheus adfixus Caucaso: alqm terrae, L.: lecto te adfixit, *confined*, H.: flammam lateri turris, V.: (apes) adfixae venis, *attached* (by their stings), V.: adfixa est cum fronte manus, *pinned fast*, O.: clavum adfixus et haerens Nusquam amittebat, *clung firmly to the helm*, V.

ad-fingō (aff-), finxī, fictus, ere, *to form as an addition, make besides, attach, affix, append:* pars corporis sine necessitate adficta.—F i g., *to add, contribute, bestow in addition:* tantum (discipulo), ut, etc.—E s p., *to add falsely, invent besides:* adfingere aliquid, quo faciant, etc.: ut intelligatis, quid error adfinxerit: nihil opinione ad aegritudinem: addunt ipsi et adfingunt rumoribus, etc., Cs.

ad-fīnis (aff-), e, *adj.* (abl. īnī, C.; once īne, T.), *adjoining, bordering on:* fundo: gens Mauris, L.—F i g., *related by marriage:* Hegio nobis, T.—Hence, *subst.* **adfīnis**, is, *m.* and *f.*, *a connection by marriage:* si me alienus adfinem volet, *wants to marry into my family*, T.: adfinem reppulisti.—*Connected with, sharing, accessory to, implicated in:* turpitudini: sceleri: illarum rerum, T.: huius suspitionis.

adfīnitās (aff-), ātis, *f.* [adfinis], *relationship by marriage:* inter nos, T.: in affinitatem alcuius pervenire, N.: adfinitatibus coniuncti, Cs.

adfīrmāns (aff-), antis, *P.* of adfirmo.

adfīrmātē (aff-), *adv.* [adfirmo], *with solemn assurance* · promittere.

adfīrmātiō (**aff-**), ōnis, *f.* [adfirmo], *an affirmation, asseveration, solemn assurance:* religiosa: de reliquis civitatibus, Cs.: multa, Cu.

ad-fīrmō (**aff-**), āvī, ātus, āre, *to strengthen.*—Fig., *to confirm, encourage:* Troianis spem, L.—Meton., *to confirm, maintain, aver, positively assert, give solemn assurance of:* nihil: rem pro certo, L.: se plus non daturam: Cornelium id bellum gessisse, L.: de altero: ut adfirmatur, Ta.

adfīxus, *adj.* [*P.* of adfigo], *joined, attached:* mihi esse adfixum, *to keep close to me:* in asperrimis saxulis: causa in animo, *impressed.*

adflātus (**aff-**), ūs, *m.* [ad-flo], *a blowing on, breeze, blast, breath:* ex terrā: vaporis, L: adflatu nocent, *by the effluvia*, O.: frondes adflatibus (apri) ardent, *by his breath*, O.—Fig., *inspiration:* divinus: furoris.

adflīctātiō (**aff-**), ōnis, *f.* [adflicto], *physical pain, torture.*

adflīctō (**aff-**), āvī, ātus, āre, *freq.* [adfligo], *to break to pieces, destroy, shatter, damage, injure:* qui Catuli monumentum adflixit: navīs tempestas adflictabat, Cs.: quod (naves) in vadis adflictarentur, *were broken in the shallows*, Cs.—Fig., *to crush, put an end to:* eiusdem furorem.—*To trouble, disquiet, distress, harass:* homines gravius adflictantur: adflictatur res p.—With *pron. reflex.*, *to grieve, be greatly troubled:* ne te adflictes, T.: cum se Alcibiades adflictaret.—*Pass.:* adflictari lamentarique: de aliquā re: morbo, L.

adflīctor (**aff-**), ōris, *m.* [adfligo], *one who strikes down; fig., a subverter* (once): dignitatis.

adflīctus (**aff-**), *adj.* with *comp.* [*P.* of adfligo], *cast down, miserable, unfortunate, overthrown, wretched, distressed:* adflictum erexit: excitare adflictos: amicitia: fortunae reliquiae: adflictiore conditione: res suae, *ruined*, S.—*Dejected, discouraged, desponding:* Sulla: adflicti animi fuit: adflictus vitam trahebam, V.: aegritudine.—*Abandoned, base, low, vile:* homo.

ad-flīgō (**aff-**), īxī, īctus, ere, *to dash at, strike upon, throw down, overthrow:* statuam: monumentum: si quo adflictae casu conciderunt (alces), Cs.: ad quos (scopulos) adflictam navem videres.—Meton., *to damage, injure, shatter:* tempestas naves adflixit, ita ut, etc., Cs.—Fig., *to ruin, damage, injure, harass, distress, overthrow:* senectus me: ad adfligendum equestrem ordinem, *humiliating:* qui (milites) cum uno genere morbi adfligerentur, *were decimated:* cum reflavit (fortuna), adfligimur, *we are shipwrecked:* amissi eius desiderio adflictus, *distressed*, Cu.: vectigalia bellis adfliguntur, *suffer:* causam susceptam, i. e. *abandon a cause once undertaken.*—*To cast down, dishearten:* animos metu.

ad-flō (**aff-**), āvī, —, āre, *to blow on, breathe upon:* terga tantum adflante vento, L.: me fulminis ventis, *blasted with*, V.: qui (odores) adflarentur e floribus: taurorum adflabitur ore, i. e. *scorched by the breath*, O.: (pennarum) iactatibus adflata est tellus, *is fanned*, O.: Hos necat adflati tabe veneni, *poisonous breath*, O.: quidquid aurae fluminis adpropinquabant, adflabat verior frigoris vis, *the nearer . . . the keener blew*, L.: velut illis Canidia adflasset, H.—Fig., *to inspire:* adflata est numine . . . dei, V.: te adflavit E tribus soror, *a Fury has inflamed thee*, O.: gregibus amores, Tb.—*To breathe on, impart by breathing:* laetos oculis adflarat (Venus) honores, *breathed charms upon*, V.—*To waft towards* (only fig.): sperat sibi auram posse aliquam adflari voluntatis, *some intimation of good-will;* cf. cui placidus leniter adflat amor, i. e. *is propitious*, Pr.

adfluēns (**aff-**), entis, *adj.* with *comp.* [*P.* of adfluo], *flowing, abounding, abundant, rich, copious, affluent, numerous, plentiful:* omnium rerum adfluentibus copiis: adfluentior amicitia: pauci opibus et copiis adfluentes: homo vestitu, *in flowing garments*, Ph.: domus scelerum omnium adfluens.—As *subst. n.:* ex affluenti, *profusely*, Ta.

(**adfluenter**), *adv.* [adfluens], *lavishly, abundantly;* only *comp.:* adfluentius haurire: vivere, N.: adfluentius solito convivium inire, Ta.

adfluentia (**aff-**), ae, *f.* [adfluo], *a flowing to;* hence, fig., *affluence, abundance, copiousness:* rerum omnium: munditiem, non adfluentiam adfectabat, *extravagance*, N.

adfluō (**aff-**), flūxī, flūxus, ere, *to flow to, flow towards, flow by:* amnis utrisque castris adfluens, L.—Fig., *to glide quietly:* nihil rumoris adfluxit, i. e. *was heard.*—*To stream towards*, in philos., of ideas: cum infinita imaginum species a deo adfluat; and of pleasure as *streaming* upon the senses, C.—Of time: adfluentes anni, *flowing on*, H.—Meton., of a multitude, *to throng, flock, pour:* comitum adfluxisse numerum, V.—*To flow in, abound:* voluptatibus: cui cum domi otium atque divitiae adfluerent, S.

ad-for (**aff-**), ātus, ārī, *dep.*, only *praes. ind.* adfātur, adfāminī; *imperf.* adfābar (once); *imper.* adfāre; *infin.* adfārī; *part.* adfātus.—In gen., *to speak to, say to, address, accost:* Pyrrham, O.: hos adfabar, V.: hostem supplex adfare superbum, V.: licet enim versibus iisdem mihi adfari te, quibus, etc.—Esp., *to invoke:* deos, V.—To the dead, *to bid a last farewell:* sic positum adfati discedite corpus, V.: te adfari extremum, V.

adfore, adforem, adfuī; see adsum.

(**adfulgeō** or **aff-**), ulsī, —, ēre (only *perf.* stem), *to shine upon, beam, glitter, appear bright, be radiant:* voltus tuus Adfulsit populo, H.: caeli ardentis species adfulserat, L.—Fig.: Hoc senatūs consulto facto, lux quaedam adfulsisse civitati visa est, L.: cum Sardiniae recipiendae spes adfulsit, *dawned*, L.

ad-fundō (**aff-**), fūdī, fūsus, ere, *to pour into, administer:* alicui venenum, Ta.: Rhenum Oceano, Ta. — *Pass., to fall down, prostrate oneself:* Amplecti pedes adfusaque poscere vitam, O.: adfusae iacent tumulo, *prostrate upon the tomb*, O.—*To be spread out* (of troops): ut equitum tria milia cornibus adfunderentur, Ta.

adfutūrus, *P.* of adsum.

ad-g-, see agg-. **ad-gn-**, see agn-.

ad-haereō, —, —, ēre, *to cleave, adhere, stick to:* vincto in corpore, *cling to*, O.: lateri quā pectus adhaeret, *joins*, O.: quibus (saxis) adhaerebant, L.: lentis adhaerens bracchiis, H.: manūs oneri adhaerentes, i. e. *frozen*, Ta.—Fig., *to cling to, be attached:* cui canis . . . cognomen adhaeret, *adheres*, H.—*To hang on, keep close, be attached:* lateri adhaerere gravem dominum, L.

ad-haerēscō, haesī, haesus, ere, *inch.* [adhaereo], *to cleave, stick, adhere:* tragula ad turrim, Cs.: summusque in margine versus adhaesit, i. e. *was added on the verge of the tablet*, O.: adhaerescere ad columnam (Maeniam), *to be pilloried as a fraudulent debtor:* in me tela adhaeserunt: craterae limus adhaesit, H.: fronte cuspis adhaesit, O.: nactus hoc litus adhaesi, *remained*, O.: in his locis.—Fig., *to cling, adhere:* ad quamcunque disciplinam: iustitiae honestatique, *to be devoted:* oratio ita libere fluebat, ut numquam adhaeresceret, *never faltered*. — *To correspond to, accord with, fit, suit:* omnia ad vestrum studium. —*To hang on, trail after, be the last:* tenesne memoriā te extremum adhaesisse? *hung on the end*, i. e. *were chosen last.*

adhaesiō, ōnis, *f.*, *an adhering, clinging* (once).

ad-hibeō, uī, itus, ēre [habeo], *to hold toward, turn to, apply, add to:* manūs medicas ad volnera, V.: ad panem adhibere, *eat with:* manūs genibus adhibet, i. e. *clasps*, O.—Fig., *to furnish, produce, bring forward, apply, bestow, administer:* parti corporis scalpellum: oratio, quae lumen adhibere rebus debet: (oratio) ad volgus adhibenda: alicui voluptates: oratorem, *call to one's aid:* animum, *give close attention*, V.—Esp., *to bring to, summon, employ:* fratrem adhibet, Cs.: adhibitis amicis, S.: leges, ad quas (sc. defendendas) adhibemur, *we are summoned:* adhibebitur heros, *shall be brought upon the stage*, H.: aliquem in partem periculi, O. —With ad or in consilium (concilium), *to summon for counsel, consult:* neque hos ad concilium adhibendos censeo, Cs.: illis adhibitis in consilium: (plebes) nullo adhibetur consilio, Cs.; cf. adhibitis omnibus Marcellis, qui tum erant.—Adhibere aliquem cenae or epulis, *to invite to dinner, invite to a banquet, entertain:* adhibete Penatīs et patrios epulis, etc., V.: convivio neminem, L.: alteris Te mensis deum (when tutelary gods were invoked), H.: mulieres in convivium.—*To treat, handle, act towards:* victu quam liberalissime adhiberi: alqm severius.—Adhibere aliquid, *to put to use, apply, use, employ for, use in:* modum quemdam: adhibitā audaciā et virtute, *calling to their aid*, Cs.: belli necessitatibus patientiam, L.: curam in valetudine tuendā, N.: fidem in amicorum periculis: modum vitio, *to set bounds:* memoriam contumeliae, *to retain in memory*, N.—Esp. in phrase, adhibere vim, *to employ compulsion, compel:* si hanc vim adhibes, quid opus est iudicio? — Poet.: Munitaeque adhibe vim sapientiae, *storm the defences of wisdom*, H.

ad-hinniō, īvī, —, īre, *to neigh to, whinny to:* equo, O.—Fig.: ad orationem, i. e. *expressed delight.*

adhortātiō, ōnis, *f.* [adhortor], *an encouragement, exhortation:* nostra: clamore conprobata, L.: invicem, L.: mutua, Cu.—*Plur.*, L.

adhortātor, ōris, *m.* [adhortor], *one who encourages:* operis, *to the work*, L.

ad-hortor, ātus, ārī, *to encourage, exhort, stimulate, rouse, urge:* milites: me ad Rabirium defendendum: Boios de re frumentariā, Cs.: adulescentes, ut turbulenti velint esse: adhortor, properent, T.: in bellum, Ta.

ad-hūc, *adv.* of time, *until now, heretofore, hitherto, as yet:* sicut adhuc fecerunt, speculabuntur: unde est adhuc bellum tractum, nisi, etc., *all this time:* adhuc ignota precatur flumina, *hitherto*, V.: qui me passus est usque adhuc facere, etc., *always till now*, T. — Esp., *to this point, to this place, hitherto, thus far:* adhuc ea dixi, cur, etc., *up to this point:* satis adhuc nullum emolumentum vidistis, *long enough already*, L.: erat adhuc inpudens, qui teneret, *so.*—Adhuc non, or neque adhuc, *not as yet, not to this time:* nihil adhuc, *nothing as yet*, or *not at all as yet:* numquam adhuc, *never as yet, never yet:* maximis iniuriis adfecti, adhuc non venerunt: Cui neque fulgor adhuc nec dum sua forma recessit, V.: quā pugnā nihil adhuc exstitit nobilius, N.—For etiam nunc, *yet, still:* adhuc tranquilla res est, *it is still quiet*, T.: exercitus ignotus adhuc duci suo, L.: si quis adhuc precibus locus, V.—Colloq. and late, *still, besides, in addition:* et adhuc adfluebat omnis inventus, Ta.: melius quidem adhuc eae civitates, etc., *still better is the condition of*, etc., Ta.

ad-iaceō, cuī, —, ēre, *to lie at, lie near, adjoin, border upon, touch, bound:* Tuscus ager Romano adiacet, L.: adiacet undis moles, O.: gentes, quae mare illud adiacent, N.: Etruriam, L.: (regio) ad Aduatucos, Cs.: adiacentia, *the neighborhood*, Ta.

adiciō (pronounced adiiciō), iēcī, iectus, ere [ad+iacio], *to throw to, cast to, fling at, put, put to, set near:* hordei numero ad summam tritici adlecto: Adiectoque cavae supplentur sanguine venae, O.: telum ex locis superioribus in litus, *to hurl*, Cs.—Fig., of the eyes, *to cast, throw:* ad omnia vestra cupiditatis oculos: oculum hereditati.—Of the mind, *to turn, direct, fix:* ad virginem animum, T.: consilio animum, L.—Esp., *to add by way of increase, superadd, confer in addition:* aggere ad munitiones adiecto, Cs.: ad bellicam laudem ingeni gloriam: morem ritūsque sacrorum, *to institute also*, V.: adici clamorem (iubet), *to be raised besides*, Ta.: Adiecere plus artis Athenae, *contributed* (to my education), H.—*To add a new thought:* huc natas adice septem, O.: et radios capitis aspici persuasio adicit, Ta.—*To do in addition:* qui ad id adeicerat, ut, etc., *added the offence of*, etc., L.—In auctions, t. t., *to add to a bid:* liciti sunt usque adeo . . .; super adiecit Aeschrio, *made a higher bid.*

adiectiō, ōnis, *f.* [adicio], *an annexation, addition:* populi Albani, L.: inliberali adiectione, i. e. *by grudgingly adding* (to his offer), L.

adigō, ēgī, āctus, ere [ad+ago], *to drive, urge, bring by force, take* (to a place): pecore ex longinquioribus vicis adacto, Cs.—Of persons: te adiget horsum insomnia, T.: aliquem fulmine ad umbras, V.: Italiam vos? V.: arbitrum illum adegit, *compelled to come before an arbiter.*—Of things: tigna fistucis, *to ram in*, Cs.—Esp. of weapons, *to drive home, plunge, thrust:* ut telum adigi non posset, *reach its mark*, Cs.: viribus ensis adactus, V.—Poet.: alte volnus adactum, *inflicted*, V.—Fig., *to drive, urge, force, compel, bring* (to a condition or act): me ad insaniam, T.: vertere morsūs Exiguam in Cererem penuria adegit edendi, V.: adactis per vim gubernatoribus, *pressed*, Ta.—Poet.: In faciem prorae pinus adacta novae, *brought into the form of a ship*, Pr.—Adigere aliquem ius iurandum, or ad ius iurandum, or iure iurando, or sacramento (*abl.*), *to put on oath, bind by oath, cause to take an oath, swear:* omnibus ius iurandum adactis, Cs.: ad ius iurandum populares, S.: provinciam in sua verba ius iurandum, Cs.: populum iure iurando, L.: adiurat in quae adactus est verba, i. e. *takes the oath under compulsion*, L.

adiiciō, see adicio.

adimō, ēmī, ēmptus, ere [ad+emo], *to take away, take from, deprive of:* Multa ferunt anni commoda, Multa recedentes adimunt, H.: metum, T.: adimere aegritudinem hominibus, *to free men from sorrow*, T.: qui das adimisque dolores, H.: alcui civitatem, *to deprive of civil rights:* a Syracusanis quae ille dies reliquerat: Quid Caecilio dabit Romanus ademptum Vergilio? i. e. *grant to Caecilius, yet deny to Vergil*, H.: Qui adimunt diviti, *rob*, T.: adimam cantare severis, *will forbid to write verses*, H.—Of persons, *to snatch away, carry off:* hanc mihi adimet nemo, T.: puellas adimis leto, *from death*, H.: ademptus, *dead*, H.

adipātus, *adj.* [adeps], *fat, greasy.*—*Plur. neut.* as *subst.*, *pastry prepared with fat:* livida, Iu.—Of discourse, *coarse, gross:* dictio.

adipīscor, adeptus, ī, *dep.* [ad+apiscor], *to come up with, arrive at, reach, overtake:* Romani adepti fessos, L.—Fig., *to attain, get, obtain, acquire, reach:* senectutem: hanc victoriam, Cs.: tuam amicitiam, N.: ius nostrum, L.: rerum adeptus est, Ta.: adepti sunt, ut dies festos agitare possent: iis adipiscendi magistratūs, *they should take public office:* crimen, O.—*P. pass.:* prope iam adeptam victoriam retinere, S.

1. aditus, *P.* of 1 adeo.

2. aditus, ūs, *m.* [1 adeo], *a going to, drawing near, approach, access:* urbīs uno aditu atque adventu captas: temptare aditūs, *seek to approach*, V.: viri mollīs aditūs novisse, *how to approach gently*, V.—*A privilege of admittance, access:* faciles aditūs ad eum privatorum: aditum petentibus conveniendi dare, *an opportunity of conversing*, N.: sermonis aditum cum Cicerone habere, Cs.: in id sacrarium.—Concr., *a way of approach, entrance, avenue, entry:* primo aditu vestibuloque prohibere: aditu carentia saxa, *inaccessible*, O.—Hence, *a way of approach, means of reaching:* ad causam: ad huius modi res.

ad-iūdicō, āvī, ātus, āre, *to make a judicial award, grant, award, adjudge:* regnum Ptolemaeo: alcui magistratum, Cs.: alqd Italis adiudicat armis, *adds to the Roman Empire* (poet. of Augustus), H.: causam alcui, *to decide in one's favor.*—Meton., *to ascribe, assign, impute:* mihi salutem imperi.

adiuerō, for adiuverō, see adiuvo.

adiūmentum, ī, *n.* [for adiuvamentum; adiuvo], *a means of helping, help, aid, support, assistance:* adiumenta et subsidia consulatūs: adiumenta rerum gerundarum, *natural advantages:* ignaviae, S.: nihil adiumenti ad pulchritudinem, *no artificial aid*, T.: mihi esse adiumento in causis.

adiūnctiō, ōnis, *f.* [adiungo], *a joining, union, conjunction:* homini ad hominem naturae.—In rhet., *the connection of a predicate with several subjects*, C.—*An addition to:* virtutis.

adiūnctor, ōris, *m.* [adiungo], *he who adds:* Galliae ulterioris, i. e. *Pompey.*

adiūnctus, *adj.* with *comp.* [*P.* of adiungo], *closely connected, joined, united:* quae huius causae adiunctiora sunt: huic fundo praedia.—As *subst. n.*, *a characteristic, adjunct, essential attribute:* in adiunctis morabimur, H.: pietatis adiunctum.—*Plur.*, *collateral circumstances.*

adiungō, ūnxī, ūnctus, ere, *to fasten on, join to, harness:* plostello mures, H.: ulmis vites, V.: remos lateribus, Ta. — Fig., *to join, attach:* ad imperium populi R. Ciliciam: (urbes) consilio ad amicitiam, *won over by wise management*, N.: se viro, V.: agros populo R.: urbem in societatem, L.: imperium . . . quod amicitiā adiungitur, *enforced by friendship*, T.: comitem eis adiunctum esse Volturcium: ut se, rege Armeniorum adiuncto, renovarit, *gained as a friend:* multas sibi tribūs: alqm beneficio, *bind*, T.—*To add, join, annex, associate:* ad gloriam . . . divinitus adiuncta fortuna.—Esp., *to subjoin:* aliquod dictum de veneno: his adiungit, quo fonte, etc., V. — *To attach, apply, direct, confer:* animum ad studium, T.: suspicionem ad praedam, *connect with:* honos populi R. rebus adiungitur: huc animum, T.—Meton., *to bring close:* lateri castrorum adiuncta (classis), V.

ad-iūrō, āvī, —, āre, *to swear to in addition, attest besides, add to an oath:* praeter commune ius iurandum haec, L.—*To add an oath, swear to, confirm by oath:* omnia: adiuras id te non esse facturum: in quae adactus est verba, L.—*To call to witness, attest, swear by:* Stygii caput, V.: te, Ct.

adiūtō, āvī, —, āre, *freq.* [adiuvo], *to help zealously, serve, aid, assist* (old or late): senem, T.: funus, *to aid in*, T.: eis (pueris) onera adiuta, *help them carry*, T.: id adiuta me, T.

adiūtor, ōris, *m.* [adiuvo], *a helper, assistant, confederate:* alcuius honoris: cuius honori semper adiutor fuerit, Cs.: his adiutoribus in re gerendā uti: ad res gerendas, L.: quīs adiutoribus, *and with their aid*, S.—Esp., *an aid, adjutant, assistant, deputy, secretary:* dato adiutore Pharnabazo, N.—In the theatre, *a secondary actor, support:* in scenā constitit, nullis adiutoribus, *with no subordinate actors*, Ph. — Hence, fig.: haberes Magnum adiutorem, posset qui ferre secundas, H.

adiūtrix, īcis, *f.* [adiutor], *she that helps, a female assistant:* matres filiis adiutrices solent esse, T.: scelerum.

adiūtus, *P.* of adiuvo.

ad-iuvō, iūvī (adiuerō, old for adiūverō), iūtus, āre, *to help, assist, aid, support, further, sustain:* fortīs fortuna adiuvat, T.: maerorem orationis meae lacrimis suis: suā sponte eos, N.: pennis adiutus amoris, O.: in his causis: alqm ad percipiendam virtutem: si quid te adiuero, poet ap. C.: ut alqd consequamur, adiuvisti: multum eorum opinionem adiuvabat, quod, etc., Cs.—With *ellips.* of *obj.*, *to be of assistance, help:* ad verum probandum: non multum, Cs.: quam ad rem humilitas adiuvat, *is convenient*, Cs.—*Supin. acc.:* Nectanebin adiutum profectus, N.—*P. pass.:* adiutus a Demosthene, N.—Fig.: clamore militem, *cheer*, L.: adiuvat hoc quoque, *this too is useful*, H.: curā adiuvat illam (formam), *sets off his beauty*, O.

ad-lābor (all-), apsus sum, ī, *dep.*, *to glide towards, flow, glide, slide:* viro adlapsa sagitta, V.: oris, *arrive at*, V.: aurīs, *reach*, V.: mare crescenti adlabitur aestu, *rolls up as the tide rises*, V.: extrinsecus: ex occulto, L.

ad-labōrō (all-), —, —, āre, *to labor, toil:* ore adlaborandum est tibi, ut, etc., H. — With *dat.*, *to add to by labor:* myrto nihil adlabores, H.

ad-lacrimō (all-), —, —, āre, *to shed tears thereat, weep* (once): Iuno adlacrimans, V.

adlapsus (all-), ūs, *m.* [adlabor], *a gliding up to, stealthy approach; plur.:* serpentium, H.

ad-lātrō (all-), —, āre, *to bark at.* — Fig., *to rail at, revile:* magnitudinem Africani, L.

adlātūrus, adlātus, *PP.* of adfero.

adlectō (all-), —, āre, *freq.* [adlicio], *to allure, entice:* ad (agrum) fruendum: vanitatem, *court.*

adlēgātiō (all-), ōnis, *f.* [1 adlego], *a sending, despatching:* ad istum.

1. ad-lēgō (all-), āvī, ātus, āre, *to send on business, despatch, commission, depute, charge:* te ad illos: homines nobilīs: a me adlegatus senex, *instigated*, T.

2. ad-legō (all-), ēgī, ēctus, ere, *to select, choose, elect:* augures de plebe, L.

adlevāmentum (all-), ī, *n.* [adlevo], *a mitigation, relief:* sine ullo adlevamento.

adlevātiō (all-), ōnis, *f.* [adlevo], *an alleviation:* doloris diuturnitatem adlevatio consoletur.

ad-levō (all-), āvī, ātus, āre, *to lift up, raise, set up:* oculos, Cu.: (laqueis) adlevati (milites), S.: cubito artūs, O. — Fig., *to lighten, alleviate, comfort, console:* aerumnam dictis: adlevatum corpus tuum, *recovered from sickness:* adlevor.— *To diminish in force, lessen:* adversariorum confirmationem.

ad-liciō (all-), lēxī, lectus, ere [ad+lacio], *to allure, entice, attract, persuade, influence:* multorum opes ad misericordiam: somnos, O.: hominum studia: ad amicitiam (similitudo).—Fig. of the magnet: ferrum ad se, *attracts.*

ad-līdō (all-), līsī, līsus, ere [ad+laedo], *to strike upon, dash against:* ad scopulos, Cs.—Fig., *to ruin.*

ad-ligō (all-), āvī, ātus, āre, *to bind to, tie to:* reliquos ad palum.—Esp., *to bind up, bandage:* volnus, L.—*To fetter, shackle:* adligari se patitur, Ta.—*To hold fast:* adligat ancora (navīs), V.—Fig., *to hinder, detain, keep back:* illi filium, i. e. *keep at home*, T.: populum . . . novo quaestionis genere, *to hamper:* palus inamabilis undā Adligat (sc. eos), *keeps imprisoned*, V.—*To bind, oblige, lay under obligation:* alqm beneficio: nuptiis adligatus: lex omnīs adligat: furti se adligat, *convicts* *himself*, T.—*To impugn, accuse:* adligatum Oppianici nomen esse. —Of words: verba certā lege versūs, *by a fixed metrical form.*

ad-linō (all-), —, —, ere, *to besmear:* incomptis (versibus) signum, i. e. *to erase*, H.—Fig., *to attach, impart:* sordes sententiis.

adlīsus, *P.* of adlido.

adlocūtiō (all-), ōnis, *f.* [adloquor], *a consoling, comforting:* Quā solatus es adlocutione? Ct.

adlocūtus, *P.* of adloquor.

adloquium (all-), ī, *n.* [adloquor], *an exhortation, encouragement:* benignum, L.—*Plur.*, *solaces:* aegrimoniae, H.

ad-loquor (all-), cūtus, ī, *dep.*, *to speak to, address, salute, greet:* hominem, T.: huno claviger adloquitur, O.: patriam maestā voce, Ct.—Esp., *to exhort, rouse:* milites, L.

ad-lūdō (all-), ūsī, —, ere, *to play, sport, joke, jest, do sportively:* ad id, T.: varie et copiose: adludit (Ino Tauro), O.: nec plura adludens, *dwelling longer on the jest*, V.: qui occupato adluserit, *jested with him while busy*, Ph.: Omnia quae fluctūs adludebant, Ct.—Fig., of the waves, *to play against, dash upon:* mare litoribus adludit: adludentibus undis, O.

ad-luō (all-), uī, —, ere, *to flow near to, wash against, bathe:* non adluuntur a mari moenia: urbs mari adluitur, L.: mare, quod adluit (Italiam) infra, V.—Fig., *to beset:* (Massilia) barbariae fluctibus adluitur.

adluviēs (all-), —, *abl.* ē, *f.* [3 LV-], *an inundation*, L. dub.

adluviō (all-), ōnis, *f.* [3 LV-], *an inundation.*

ad-mātūrō, —, —, āre, *to mature* (once): seditionem, Cs.

ad-mētior, mēnsus, īrī, *dep.*, *to measure out:* tibi frumentum.

adminiculō, āre [adminiculum], *to prop:* vitem (once).

adminiculum, ī, *n.* [MA-, MAN-].—In vineyards, *a stake, prop:* vites adminicula adprehendunt: adminiculorum ordines.—In gen., *a support, stay:* ipsis adminiculis prolapsis, *the limbs*, L.: corporis, Cu.—Fig., *help, aid:* id senectuti suae adminiculum fore, L.

ad-minister, trī, *m.*, *one who is at hand to help, an assistant, minister, helper:* administris ad ea sacrificia Druidibus utuntur, Cs.: consiliorum, S.—Esp., *a tool, instrument, pandar:* Naevi: istius cupiditatum.—*An engineer, attendant:* opus et administros tutari, S.

ad-ministra, ae, *f.* [administer], *a female assistant, handmaid.*—Fig.: artes administrae virtutis.

administrātiō, ōnis, *f.* [administro], *aid, help, co-operation:* hominum.—*Direction, management, administration:* mundi: tormentorum, Cs.: portūs, Cs.

administrātor, ōris, *m.* [administro], *a manager, conductor:* belli gerendi.

ad-ministrō, āvī, ātus, āre, *to manage, control, guide, superintend, execute, regulate, rule, direct:* provinciam: rem p., C., L.: bellum, Cs.: per homines honestissimos leges: legationes per Dionem, N.: alqd privato consilio, Cs.: inter vineas sine periculo, *pursue their work without peril*, S.

admīrābilis, e, *adj.* with *comp.* [admiror], *admirable, wonderful:* clementia: in dicendo homines.—Esp., *strange, like paradox.*

admīrābilitās, ātis, *f.* [admirabilis], *admirableness:* magna.

admīrābiliter, *adv.* [admirabilis], *wonderfully, admirably:* laudari.—*Paradoxically:* dicere.

admīrandus, *adj.* [*P.* of admiror], *to be wondered at, admirable, wonderful:* homo: admirandum in modum, N.: spectacula, V.

admīrātiō, ōnis, *f.* [admiror], *admiration, wonder:* admiratione adfici: admirationis plus habere quam gloriae.—*Plur.*, *expressions of admiration, applause:* admirationes in oratoribus efficere: copiose sapienterque dicentis: sui, N.: viri, L.—*Wonder, surprise, astonishment:* mihi admirationem moveri: in admirationem versus (rex), L.: tam ancipitis sententiae, L.

admīrātor, ōris, *m.* [admiror], *an admirer:* Simonidis, Ph.

ad-mīror, ātus, ārī, *dep.*, *to regard with wonder, admire:* eorum ingenia, T.: illum, V.: cum in his, N.—*To regard with wonder, wonder at, be astonished:* stultitiam, N.: quicquam, T.: in uno homine tantam esse dissimilitudinem, etc., N.: hoc maxime te ausum esse, etc.: de multitudine indoctā: admirantium unde hoc exstitisset: admiror, quo pacto, etc., H.: admiratus sum, quod . . . scripsisses: admiratus cur, etc.—*Pass.:* quo magis pravitas eorum admiranda est, S.—*To gaze at passionately, strive after, desire:* nihil: Nil admirari prope res est una, etc., *to be excited by nothing*, H.

ad-misceō, scuī, xtus (mīstus), ēre, *to add so as to form a mixture, mix with, admix:* admixto calore: ille (aër) multo calore admixtus est: aquae calorem.—Fig., *to mingle, mix in with:* huic generi orationis illud alterum: versūs admisceri orationi.—*To add, join, mingle, merge in, scatter through:* antesignanos, *among the cavalry*, Cs.: stirpem admisceri Phrygiam, *that a Phrygian stock is mixed* (with ours), V.: his Antonianos milites, Cs.—*To implicate, mix up:* ne me admisceas, T.—With *se* or *pass.*, *to mix oneself up, in-*

terfere, meddle: ne te admisce, T.: ad id consilium admiscear?

admissārius, ī, *m.* [admitto], *a stallion.*

ad-missum, ī, *n.* [admitto], *a voluntary fault, trespass, crime:* nullo admisso: tale, L.: gentis dolosae, O.: Poppaeae, Ta.

admissus, *P.* of admitto.

admistiō, admistus, see admixtio, admixtus.

ad-mittō, mīsī, missus, ere (admittier, old for admitti, V.), *to send to, let go, let loose, let come, admit, give access:* te ad meas capsas admisero: domum ad se filium, N.: Iovis arcanis Minos admissus, H.—Esp., *to give access, grant an audience, admit, receive:* domus in quam admittenda multitudo: admissus est nemo: spectatum admissi, H.: vetuit quemquam ad eum admitti, N.—Alqm ad consilium, *to take into conference, consult:* neque ad consilium casus admittitur.—In numerum alqm, *to enroll among:* horum in numerum nemo admittebatur nisi qui, etc., N.—Alqm ad officium, *to admit to:* nemo ad id officium admittitur, nisi, etc., N.—Of a horse, *to let go, give reins:* admisso equo inruere: equo admisso accurrit, *at full speed,* Cs.: per colla admissa volvitur, i. e. *over the neck of the galloping steed,* O.: admisso passu, *with quickened pace,* O.: ubi se admiserat unda, *had gathered force,* O.—Fig., of words or thoughts, *to let come, grant admittance, receive:* nec . . . ad animum admittebat (with *acc.* and *inf.*), *did not entertain the notion,* L.: animi nihil auribus (*abl.*) admittebant, L.: si placidi rationem admittitis, *hear calmly,* Iu.—Of an act or event, *to let be done, allow, permit:* sed tu quod cavere possis stultum admittere est, T.: non admittere litem.—Hence, of birds which give a favorable omen, *to be propitious, favor:* ubi aves non admisissent, L.—Of an unlawful act, *to incur the blame of, become guilty of, perpetrate, commit:* ea in te admisisti quae, etc.: Tu nihil admittes in te formidine poenae, H.: quantum in se facinus, Cs.: dedecus: flagitium: pessimum facinus peiore exemplo, L.

admixtiō, ōnis, *f.* [admisceo], *a mingling.*—Fig., *association, union.*

admixtus, *P.* of admisceo.

ad-modum, *adv.;* prop., *to the proper limit, to full measure;* hence, with numerals, *full, quite, at least, no less than:* noctu turres admodum CXX excitantur, *full,* Cs.: equites, mille admodum, *a round thousand,* Cu.; *no more than, just, only* (late), Cu.—Of degree, *fully, highly, completely, entirely, altogether, very:* admodum antiqui: admodum amplum et excelsum: neque hi admodum sunt multi, N.: admodum pauci: natio admodum dedita religionibus, Cs.—Esp., with words expressing time of life, as puer, adulescens, iuvenis, senex, etc.: admodum tum adulescens, *then a mere youth:* non admodum grandis natu: puer admodum, L.—With *negatives, just, at all, whatever:* litterarum admodum nihil scire: equestris pugna nulla admodum fuit, L.—With *advv.:* raro admodum exclamant.—With *verbs:* admodum mirabar quam ob rem, etc.: alqm admodum diligere; delectare.—As an emphatic affirmative, *yes, certainly, of course:* advenis modo? *Pa.* admodum, T.

ad-mōlior, ītus, īrī, *dep., to bring hither:* rupes, Cu.

ad-moneō, nuī, nitus, ēre, *to bring to mind, remind, suggest, put in mind of:* te: (me) equorum, O.: alqm foederis, L.: admonitus re ipsā recordor quantum, etc.: deorum ira admonuit, *aroused him,* L.: de quo (proelio) vos: de moribus civitatis, S.: illud te esse admonitum volo, *I want you reminded of that:* necessitas . . . admonet esse hominem, *reminds one that he is,* etc.: quae pars absit, O.—*Supin. acc.:* admonitum venimus te.—Esp., *to remind of a debt, dun:* potestas admonendi.—With a view to action, *to warn, admonish, advise, urge, suggest, order, bid:* ad thesaurum reperiendum: me ut . . . deplorarem, etc.: admonendi . . . ut morem servaretis, L.: hunc admonet, iter caute faciat, Cs.: ut eum suae libidines facere admonebant: Matrem ratibus depellere taedas, V.: casu admoniti, omnia paraverunt, Cs.—*To goad, urge on* (poet.): telo biiugos, V.

admonitiō, ōnis, *f.* [admoneo], *a suggestion, reminding:* vis admonitionis.—*An exhortation, admonition:* in consilio dando.

admonitor, ōris, *m.* [admoneo], *an admonisher, exhorter:* admonitore egere: operum, *to labor,* O.

admonitum, ī, *n.* [admoneo], *a reminding, warning,* C., O.

(admonitus), —, *m.* [admoneo], *a reminding, suggestion, request.*—Only *abl. sing.:* admonitu Allobrogum: tuo.—*Reproof:* acrior admonitu est, *more violent for the reproof,* O.

ad-morsus, *P.* [ad+mordeo], *bitten, gnawed:* stirps, V.: bracchia colubris, Pr.

admōtiō, ōnis, *f.* [admoveo], *an application:* digitorum, *to the chords.*

ad-moveō, mōvī (admōrunt, V.), mōtus, ēre, *to move to, move towards, bring up, bring near, carry, conduct, drive:* fasciculum (florum) ad narīs: ora ad ora, O.: exercitum ad urbem, L.: scalis admotis, *applied,* Cs.: labra poculis, *apply,* V.: anguīs curribus, *harness,* O.: manūs operi, *apply,* O.; but, manūs nocentibus, *punish,* L.: aurem, *give close attention,* T.: plurīs aurīs, *to bring more hearers,* H.: iam admovebat rex (sc. agmen), Cu.—Fig., *to apply, direct to:* orationem ad sensūs inflammandos: stimulos homini, *goad:* lene tormentum ingenio, H.: ubi spes est admota recursūs, *is brought nearer,* O.: adplicant se et propius admovent, i. e. *enter into close intimacy:* rursus admotā prece, *by repeated supplication*, Ph.

ad-mūgiō, —, —, īre, *to low to, bellow to:* tauro, O.

admurmuratiō, ōnis, *f.* [admurmuro], *a murmuring, murmur:* vestra: senatūs frequentis: grata contionis.

ad-murmurō, āvī, ātus, āre, *to murmur, murmur at:* valde: cum esset admurmuratum: admurmurante Senatu.

adnāscor, adnātus, adnōscō, see agn-.

ad-natō, —, —, āre, *to swim up:* certatim, Ph.

ad-nectō (ann-), nēxuī, nēxus, ere, *to tie to, bind to, fasten on, attach, annex:* scapha adnexa: ratis adnexa vinculis, L.: rebus praesentibus futuras: magnis domibus adnexa, *akin*, Ta.—*To subjoin, add*, Ta.

(adnēxus or **ann-)**, —, *m.* [ad-necto], *a connection, association:* adnexu gentium florere, Ta.

adnīsus (ann-), *P.* of adnitor.

ad-nītor (ann-), nīxus or nīsus, *dep.*, *to lean against, lean upon:* ad aliquod tamquam adminiculum: aduixi hastis, V.—Fig., *to take pains, make an effort, exert oneself, strive:* acrius ut, etc., S.: pro se quisque, ut, etc., L.: ad ea patranda, S.: de triumpho: pro ullo, L.: adversus eam actionem, L.: mecum, S.: hoc idem de intercessoribus, L.: adnitente Crasso, S.: si paululum adnitatur, *makes an additional effort*, L.

ad-nīxus (ann-), *P.* of adnitor.

ad-nō (ann-), āvī, —, āre, *to swim to, swim up to:* oris, V.: navibus, L.: navīs, Cs.: adnabunt thynni, H.—Fig.: ad urbem, *approach.*—*To swim beside:* equis, Ta.

ad-notō, avī, —, āre, *to observe, remark:* Adnotabant periti, etc., Ta.: adnotatus est (with *infin.*), Ta.

ad-numerō (ann-), āvī, ātus, āre, *to add, join, count among:* his libris adnumerandi sunt sex.—*To count out, pay down, pay:* argentum, T.: alqd Apronio.—Fig., *to count out:* non adnumerare ea (verba) lectori, sed appendere: tibi sua omnia, *deliver by items.*—*To reckon, consider:* in grege adnumerer.

ad-nūntiō (ann-), —, —, āre, *to announce, make known.*—*Pass.* with *acc.* and *inf.*, Cu.

ad-nuō (ann-), uī (adnuērunt, *trisyl.*, H.), —, ere, *to nod to, make a sign:* sibi: adnuentibus ac vocantibus suis, L.—*To signal, hint:* an destringeret gladium, i. e. *to ask by a sign*, Ta.: ut considerem, Cu.—*To give assent, signify approval, promise, grant:* hoc ratum ... Adnuit, et, etc., *confirmed by a nod*, V.: cum semel adnuisset, *had promised*, N.: id toto capite: quos iste adnuerat, *pointed out:* coeptis, *favor*, V.: adnuite nutum Campanis, *grant your approval*, L.: ni pater adnuisset Rebus Aenaeae potiore ductos Alite muros, H.: ubi primum vellere signa Adnuerint superi, V.

adoleō, oluī, —, ēre [2 OD-, OL-], *to turn to vapor; hence, to burn in sacrifice:* Verbenasque, V.: Iunoni iussos honores, *the prescribed burnt-offerings*, V.: altaria taedis, *to fire up*, V.: flammis Penatīs, *to fill with sacred fires*, V.—Poet., *to destroy by fire:* ut leves stipulae adolentur, O.

adolēscēns, adolēscentia, see adules-.

1. ad-olēscō (adul-), olēvī, ultus, ere, *to grow up, come to maturity, ripen:* sensim: simul atque adoleverit aetas, *as soon as his age is mature*, H.—Fig., *to grow, mature, become great:* ingenium brevi adolevit, S.: postquam res p. adolevit, S.

2. adolēscō, —, —, ere, *inch.* [adoleo], *to burn, blaze up, flame:* adolescunt ignibus arae, V.

Adōnis, is (*dat.* Adōnidī, C.; *voc.* Adōni, O.), *m.*, *a youth beloved by Venus*, V.

ad-operiō, eruī, ertus, īre, *to cover, cover over:* capite adoperto, L.: Purpureo adopertus amictu, V.: lumina somno, *buried*, O.

adoptātiō, ōnis, *f.* [adopto], *an adopting, adoption:* filiorum: adoptatione in regnum pervenisse, S.

ādoptiō, ōnis, *f.* [adopto], *a taking as a child, adoption:* ius adoptionis: dare filium in adoptionem, L.

adoptīvus, *adj.* [adopto], *of adoption:* sacra, *obtained by adoption:* nobilitas, O.—Of fruits, *grafted*, O.

ad-optō, āvī, ātus, āre, *to take by choice, select, choose, adopt:* alqm sibi defensorem sui iuris: eum sibi patronum.—Esp., *to take into a family, adopt as a child:* eum adoptavit heredemque fecit, N.: alqm in regnum, *as successor to the throne*, S.—Poet.: fac ramus ramum adoptet (by grafting), O.

ador (*nom.* and *acc.*), *n.*, *a grain, spelt*, H.

adōrea (not **-ria**), ae, *f.* [adoreus], *a prize of valor* (anciently a gift of grain).—Hence, *praise, glory:* alma, H.

adōreus, *adj.* [ador], *of spelt:* liba, V.

ad-orior, ortus, īrī, *dep.*, *to approach as an enemy, fall upon, assail, assault, attack:* a tergo Milonem: hominem tumultuosissime: tribunum gladiis: impeditos, Cs.: urbem vi, L.: oppugnatio eos atrocior adorta est, L.—*To accost, address:* cesso hunc adoriri, T.—*To attack, undertake, engage in:* nefas, V.—With *infin.*: dominam deducere, V.: virginem perlicere, L.

ad-ōrnō, āvī, ātus, āre, *to provide, furnish, fit out, equip, make ready:* forum ornatu: opulentiā armorum bellum, L.: navīs, Cs.: petitionem consulatūs, *to prepare:* testium copiam: maria classibus: haec adornant ut lavet, *prepare for her bath,* T.—*To decorate, embellish:* insigni alqm veste, L.

ad-ōrō, āvī, ātus, āre, *to call upon, entreat, supplicate, implore:* prece numen, V.: adorati di, ut bene eveniret, L.: maneat, adoro, Pr.: pacem deum, i. e. *the favor of the gods,* L.—*To reverence, honor, worship:* Phoebum, O.: sanctum sidus, V.

adp-, see app-.

ad-quiēscō (acqu-), ēvī, ere, *to become quiet, come to rest, rest, repose:* tris horas: somno, Cu.: anno septuagesimo, *to die,* N.—Fig., *to become quiet, be at rest, have peace:* civitas adquiescens: rem familiarem adquiescere, i. e. *is not seized,* L.—*To be content, be satisfied, find pleasure:* in tuo ore voltuque: Clodii morte.

adquīrō (acqu-), quīsīvī, quīsītus, ere [ad+quaero], *to get in addition, obtain besides, accumulate:* nihil: novos amicos, S.: armis opes, L.: pauca (verba), i. e. *add* (to the language), H.: de possessione detrahere, adquirere ad fidem, *add to your credit:* adquirendi votum, *lust for gain,* Iu.: virīs eundo, *gather force,* V.—Poet., *to obtain, gain, win:* sibi famam, Ph.: vires bello amicas, *for war,* O.

ad-rādō, —, sus, ere, *to scrape, cut short, shave:* conspexit Adrasum quendam, *close shaved,* H.

adrēctus (arr-), *adj.* with *comp.* [*P.* of adrigo], *upright, erect, standing:* constitit in digitos adrectus, V.: squamae, V.: Tollit se adrectum (equus), *rears,* V.—Meton., *steep, precipitous:* pleraque Alpium adrectiora, L.—Fig., *on the stretch, excited, eager:* mentes Iliadum, V.: amborum acies, V.

ad-rēpō (arr-), rēpsī, —, ere, *to creep to, steal up:* ad istius amicitiam, *insinuate himself:* in spem, ut, etc., H.

Adria, etc., see Hadria, etc.

ad-rīdeō (arr-), rīsī, rīsus, ēre, *to laugh, smile at, laugh with, smile upon:* alqd: cum dixisset . . . arrisissetque adulescens: cum risi, adrides, O.: omnibus, T.: ut ridentibus adrident, *on those who smile,* H.—*To be pleasing, please:* mihi: quibus haec adridere velim, H.

ad-rigō (arr-), ēxī, ēctus, ere [ad+rego], *to set up, raise, erect:* comas, V.: adrectis auribus (of horses), O.—Fig., *to rouse, encourage, animate, excite:* eos oratione, S.: spes adrectae iuvenum, V.: adrectae stimulis irae, V.: certamen animos adrexit, S.: adrecti ad bellandum animi, L.: His animum adrecti dictis, V.: adrige aurīs, Pamphile, *prick up,* T.: adrectis auribus adsto, i. e. *attentive,* V.

ad-ripiō (arr-), ipuī, eptus, ere [ad+rapio], *to snatch, catch hurriedly, grasp, seize:* telum: arcūs, O.: manum, H.—*To seize, lay hold of:* alqm medium, T.: quem adripuit, *has buttonholed,* H.: alqm comā, O.: adreptus de pecuniis repetundis, *arrested for:* abeuntes magistratu, L.—*To take, appropriate, seize, embrace:* facultatem laedendi: sibi imperium, *usurp,* Cs.: tempore adrepto, V.: impedimentum pro occasione, L.: (tellurem) velis, *make haste to,* V.: aliquid ad reprehendendum: gestūs aliunde: cognomen sibi ex imaginibus: maledictum ex trivio: tu mihi id, etc., *seize* (as a reproach) *to me,* etc.—*To seize upon, learn* with avidity: haec: (litterarum) studium, N.: celeriter res: litteras adripui.—*To ridicule, attack, satirize:* primores populi, H.: Nomentanum mecum, H.

adrīsiō (arr-), ōnis, *f.* [adrideo], *a smile of approval,* Her.

ad-rōdō (arr-), sī, sus, ere, *to nibble at, gnaw:* mures coronam adrosere, L.: rem p.

adrogāns (arr-), antis, *adj.* (*P.* of adrogo), *assuming, arrogant, haughty:* si essent adrogantes: Chloe, H.: in praeripiendo populi beneficio, Cs.—With *dat.:* minoribus, Ta.

adroganter (arr-), *adv.* with *comp.* [adrogans], *presumptuously, arrogantly, haughtily:* scribere: facere, Cs.: consulere, Ta.: nihil dicam adrogantius.

adrogantia (arr-), ae, *f.* [adrogans], *assumption, presumption, arrogance:* sine adrogantiā gravis: ingeni.—*Pride, haughtiness:* eius: in conloquio, Cs.: in adrogantiam compositus, i. e. *with haughty indifference,* Ta.

ad-rogō (arr-), āvī, ātus, āre, *to add, associate with:* consuli dictatorem, L.—*To appropriate, claim:* sibi sapientiam: quantum mihi adrogo: sibi cenarum artem, H.: alqd ex alienā virtute sibi, S.—Poet.: alicui aliquid, *to adjudge to, confer upon:* chartis pretium, H.: optatum peractis imperiis decus, *granted,* H.: nihil non armis, i. e. *think everything must yield to,* H.

ad-sc-, see asc-.

adsecla (ass-), ae, *m.* [for adsecula], *a follower, attendant:* praetoris, N.

adsectātiō (ass-), ōnis, *f.* [adsector], *a waiting on, attendance:* in petitionibus, *personal solicitation.*

adsectātor (ass-), ōris, *m.* [adsector], *a client, follower:* vetus.

ad-sector (ass-), ātus, ārī, *dep., to wait upon, follow;* of clients, C.; of a bore, H.

adsecula (ass-), ae, *m.* [adsequor], *a follower, sycophant:* alcuius: humilis, Iu.

adsēnsiō (ass-), ōnis, *f.* [adsentior], *an assent, agreement, approval:* popularis; *plur.:* ordinis.—*An acceptance as real,* C.

adsēnsor (ass-), ōris, *m., one who agrees.*

1. **adsēnsus** (ass-), *P.* of adsentio.

2. **adsēnsus** (ass-), ūs, *m.* [adsentio], *an agreement, assent, approval, approbation:* omnium adsensu iudicare: partīs adsensibus implent, *fulfil their duty by assent,* O.—*An acceptance as real,* C.—Poet., *an echo:* nemorum, V.

adsentātiō (ass-), ōnis, *f.* [adsentor], *flattery, adulation:* parasitorum: erga principem, Ta. —*Plur.*, C., L.

adsentātiuncula (ass-), ae, *f. dim.* [adsentatio], *a bit of flattery.*

adsentātor (ass-), ōris, *m.* [adsentor], *a flatterer, fawner:* peniciosus: mulierum: regii, L.

adsentātōriē (ass-), *adv., fawningly.*

ad-sentiō (ass-), sēnsī, sēnsus, īre, *to agree with, assent, approve:* Adsensere omnes, V.: eius voluntatibus: de aliis rebus, L.: multa . . . adsensa, *acknowledged as real:* si tibi non sit adsensum.

ad-sentior (ass-), sēnsus, īrī, *dep., to give assent, approve, agree with:* omnes adsensi sunt, L.: clamori vestro: Sulpicio: illud: cetera Crasso: adsentior tibi, ut, etc.

adsentor (ass-), ātus, ārī, *freq.* [adsentior], *to assent constantly, flatter, fawn:* id adsentandi (sc. causā) facere, T.: (adulator) adversando adsentetur: huic, T.: qui ipse sibi adsentetur: Omnia, *in everything,* T.: nihil.

ad-sequor (ass-), secūtus, ī, *dep., to follow up, overtake, come up with:* adsequere, retine, T.: me.—Fig., *to gain, reach, attain:* honoris gradūs: merita: alqd scelere.—*To effect, accomplish:* alqd verbo: nihil, nisi ut, etc.: non solum, ne, etc.—Of time, *to overtake:* istam diem, i. e. *complete his work by that day.*—*To reach, comprehend, understand:* alquid coniecturā: animo, Cn.

1. **ad-serō** (ass-), —, situs, ere, *to plant at, set near:* pōpulus adsita Limitibus, H.: adsitae arbores, Ct.

2. **ad-serō** (ass-), seruī, sertus, ere, *to claim, lay claim to, appropriate* (poet.): laudes, O.: me caelo, i. e. *as of heavenly origin,* O.: Iovem sibi patrem, Cu.: virginem in servitutem, *as his slave,* L.: liberali illam causā manu, *declare freed by formal process,* T.

adsertor, ōris, *m.* [2 adsero], *one who claims* (as master): puellae, L.—*A defender, advocate,* O.

ad-serviō (ass-), —, —, īre, *to help, assist, strengthen* (once): contentioni vocis.

ad-servō (ass-), āvī, ātus, āre, *to watch over, keep, preserve, guard:* tabulae neglegentius adservatae: navīs: portas, Cs.: cura adservandum vinctum, *have him kept under close guard,* T.: ius: Vitrubium in carcerem adservari iussit, *cast into and kept in,* L.

adsessiō (ass-), ōnis, *f.* [adsideo], *a sitting near.*

adsessor (ass-), ōris, *m.* [adsideo], *an assistant, aid.*

adsessus (ass-), ūs, *m.* [adsideo], *a sitting by:* Turpior adsessu meo, *from sitting by me,* Pr.

adsevēranter (ass-), *adv.* with *comp.* [adsevero], *earnestly, emphatically:* loqui.

adsevērātiō (ass-), ōnis, *f.* [adsevero], *a vehement assertion, protestation:* omni adseveratione adfirmo, *most solemnly:* magnā, Ta.

adsevērō (ass-), āvī, ātus, āre [ad+severus], *to affirm, insist on, maintain, assert, aver:* se ab Oppianico destitutum: ullā de re: utrum adseveratur in hoc? *Is this seriously maintained?*—*To show, prove:* originem, Ta.

adsideō (ass-), ēdī, —, ēre [ad+sedeo], *to sit by, sit near:* ibi, L.: nobis: huic: pullis (avis), H.: valetudini, *attend,* Ta.: habes qui Adsideat, H.: insano, i. e. *is to be classed with,* H.: in carcere. —*To sit with* (in counsel or office): Lentulo: in tribunali, Ta.—*To settle, remain:* in Tiburti: rure, Ta.—*To invest, lay siege to:* muris, L.: adsidendo artiorem annonam faciebat, L.: muros, V.

ad-sīdō (ass-), ēdī, —, ere, *to take a seat, sit down, resume one's seat:* adsidamus, si videtur: peroravit, adsedit, surrexi ego: Adherbalem, *took a seat beside,* S.

adsiduē (ass-), *adv.* with *sup.* [adsiduus], *continually, constantly, uninterruptedly:* ubi sum adsidue, T.: canere: venire, V.: voces audire: adsiduissime mecum fuit.

adsiduitās (ass-), ātis, *f.* [adsiduus], *constant attendance:* medici: adsiduitatem tibi praebuisse: valuit adsiduitate, *had influence by:* alicuius in rem p., *unremitting service:* adsiduitate perficere ut, etc., *by persistence.*—*Constancy, frequent recurrence:* molestiarum: dicendi.

adsiduus (ass-), *adj.* [ad+SED-, SID-], *attending, continually present, busied:* filius in praediis, *occupied:* agricolae, *diligent:* dominus, *attentive to his business:* in oculis hominum, *habitually,* L.: hostis, *persistent,* L.: custos, *faithful,* L.: campus, Assiduis pulsatus equis, *by the constant tread,* O.: incus, *untiring,* Iu.—Meton., *continual, unceasing, unremitting:* labor, Cs.: bella: nubes, O.—*Plur., substantial citizens, solid men, tax-payers* (opp. proletarii).

adsīgnātiō (ass-), ōnis, *f.* [adsigno], *an assigning, allotting:* agrorum: novae adsignationes.

ad-sīgnō (ass-), āvī, ātus, āre, *to mark out, allot, assign, award:* ad agrum adsignandum, L.: agrum militibus.—*To allot, assign, appropriate:* apparitores: equiti alqd, L.—*To commit, intrust:* quibus deportanda Romam Iuno erat adsignata, *the task of transporting*, L.—*To ascribe, attribute:* id homini: facta gloriae eius, Ta.: culpae fortunam, *impute misfortune for crime.*

adsiliō (ass-), —, īre [ad+salio], *to leap at, spring upon:* moenibus, O: tactus Adsilientis aquae, *dashing up*, O.—*To pass suddenly:* ad genus illud orationis.—*To assault:* viam, Ta.

ad-similis (ass-), e, *adj.*, *like, similar:* sui, O.: spongiis: fratribus, O.

adsimulātiō, ōnis, *f.*, *a feigned assent*, Her.

adsimulātus (ass-), *adj.* [*P.* of adsimulo], *feigned, pretended, fictitious:* virtus: consuetudo, N.

ad-simulō (ass-, -similō), āvī, ātus, āre, *to make like, liken, compare:* convivia freto, O.: formam bipenni, Ta.: in humani oris speciem, Ta.—*To copy, imitate:* litterae lituraeque adsimulatae, *exactly copied:* iubas capitis, V.—*To counterfeit, assume the form of:* adsimulavit anum, O.: formam adsimulata Camerti, V.—*To counterfeit, feign, pretend:* nuptias, T.: odium, O.: furere: ab dexterā venire me, T.: amicum me virginis, T.: quasi exeam, T.

ad-sistō (ass-), astitī or adstitī, —, ere, *to stand by, take a stand near, attend:* accede, adsiste: in conspectu patris, i. e. *appear*, Cs.: ad forīs: divinis, H.: lecto, O.: ad epulas regis, *serve.*—*To station oneself, take a stand:* propter hunc, T.: contra copias in ponte: quem super adsistens, V.: Astitit, *rose* (to speak), O.: ut rectus (talus) adsistat, *stand erect.*

adsitus, *P.* of 1 adsero.

ad-soleō (ass-), —, —, ēre (only 3d person), *to be accustomed, be wont, be usual:* quae adsolent signa esse ad salutem, T.: praebere vestigia sui, L.: ludos, tantā pecuniā, quantā adsoleret, faciendos, L.: ut adsolet, *as is usual.*

ad-sonō (ass-), —, —, āre, *to resound, respond:* plangentibus Echo, O.

ad-sp-, see asp-. **ad-st-**, see ast-.

adsuēfaciō (assuē-), fēcī, factus, ere [adsuetus+facio], *to accustom, habituate, inure:* quorum sermone adsuefacti qui erunt: scelerum exercitatione: a pueris disciplinā, Cs.: pedites operi, L.: ad supplicium plebem, L.: equos eodem remanere vestigio, Cs.: imperio parere.

ad-suēscō (assuē-), ēvī, ētus, ere, *to accustom, habituate:* pluribus mentem, H.: animis bella, *make familiar*, V.: caritas, cui adsuescitur, *one becomes accustomed*, L.—*P. pass.*, *habituated, accustomed:* mensae erili, V.: homines labore adsiduo adsueti: praedae adsuetus amore, O.: Romanis Gallici tumultūs adsuetis, L.: invia ac devia adsueti, L.: in omnia iura adsuetus, L.: muros defendere, V.: Graecari, H.—*Intrans.*, *to become accustomed:* ad homines, Cs.: fremitum voce vincere: votis vocari, V.: demittere se, O.: quieti et otio, Ta.: genus pugnae, quo adsuerant, L.: sic adsuevi.

adsuētūdō (assuē-), inis, *f.* [adsuetus], *custom, habit:* longa, O.: mali, L.: voluptatum, Ta.

adsuētus (assuē-), *adj.* [*P.* of adsuesco], *accustomed, customary, familiar:* oculis regio, L.: onus, O.: antra, O.: Longius adsueto videre, *further than usual*, O.; see adsuesco.

adsultō (ass-), āvī, ātus, āre, *freq.* [adsilio], *to leap at, attack, assault:* latera, Ta.: tergis, Ta.

adsultus (ass-), ūs, *m.* [ad+2 SAL-], *an attack, assault.*—Only *abl. plur.:* variis adsultibus, V.: adsultibus uti, Ta.

ad-sum (assum), adfuī (aff-), adesse (adsiet for adsit, T.; adfore for adfutūrum esse), *to be at, be present, be at hand:* quia ades praesens, T.: vos, qui adsunt: coram, V.: ad portam: ante oculos, V.: portis, V.: ducibus, i. e. *accompany*, O.—*To be at hand, stand by, assist, support, aid, help:* amicos, ad hanc rem qui adsient, T.: omnes quos videtis adesse: dux suis aderat, Cs.: flentibus adsunt Humani voltūs, *show sympathy with*, H.: adsis, o Tegeaee, favens, *be near*, V.: (testes) adsunt cum adversariis: promissi testis adesto, O.—Hence, *to come, appear:* iam hic adero, *am coming immediately*, T.: huc ades, V.: cum hostes adessent, L.—In law: ad iudicium, *to come into court:* edixit ut adesset senatus frequens, *convene:* adesse in Capitolio iussit (i. e. senatum).—Fig., *to be present, be at hand:* proeli tempus, S.: aderat iudicio dies, L.: cum iam partus adesset, O.: quod adest Componere, *existing circumstances*, H.: ut securitas adsit: hominum quīs pudor paulum adest, T.: vim adfore verbo Crediderat, V.: quantus adest viris Sudor, H.: adesse animo, *to be present in mind, give attention:* adeste animis, *be of good courage.*

ad-sūmō (ass-), sūmpsī, sūmptus, ere, *to take to oneself, receive:* socios, L.: dignos, H.: umeris alas, O.: eos in societatem, L.: sacra Cereris de Graeciā: socius adsumitur Scaurus, S.: voluptas adsumenda est: equus pugnae adsumit amorem, *gathers*, O.: laudem sibi: Adsumptum patrem fateri, i. e. *falsely claimed*, O.—*To take besides, obtain in addition:* pennas, O.: Butram tibi, *invite besides*, H.: ventis alimenta, *to gather for*, O.: ne qui (socii) postea adsumerentur, L.—Fig., *to take in addition, add to:* dicendi copiam: robora, *grow in strength*, O.—In logic, *to state the minor premise.*—In gramm.: Adsumpta verba, *epithets.*

adsūmptiō (ass-), ōnis, *f.* [adsumo], *acceptance, adoption.*—In logic, *the minor premise.*

adsūmptīvus (ass-), *adj.* [adsumo].—In rhet., *extraneous, extrinsic.*

ad-suō (**ass-**), —, —, ere, *to sew on, patch:* inceptis . . . Adsuitur pannus, H.

ad-surgō (**ass-**), surrēxī, surrēctus, ere, *to rise up, rise, stand up:* adsurgite: querellis Haud iustis, V.: arbore fluctum Verberat adsurgens, *rising to the oars*, V.: adsurgentis dextrā Aeneae, *towering*, V.: quantus in clipeum adsurgat, *against the* (enemy's) *shield*, V.: ex morbo, i. e. *recover*, L.: alcui in curiam venienti, *to rise* (out of respect to): viro chorus omnis, V.: Tmolius adsurgit quibus, i. e. *yields the palm*, V.: decedi, appeti, adsurgi, i. e. *to meet with signs of respect:* cum adsurrectum ei non esset, L.—Poet.: turres, V.: septem in ulnas, *seven ells high*, V.: adsurgens fluctu Oriōn, V.: adsurgunt irae, V.

ad-t-, see att-. **adūlāns**, ntis, *m.*, see adūlor.

adūlātiō, ōnis, *f.* [adulor], *a fawning:* canum. —*Flattery, cringing courtesy:* in amicitiis pestis . . . adulatio: potentium, Cs.: in Augustum, Ta.

adūlātor, ōris, *m.*, *a sycophant*, Her.

adūlātōrius, *adj.*, *flattering:* deducus, Ta.

adulēscēns (not **adol-**), ntis [*P.* of adolesco], *adj.* with *comp.*, *growing, near maturity, young, youthful:* admodum: adulescentior Academia, *younger:* homines, Cs.: filia. — As *subst.*, *m.* and *f.*, *a youth, young man* or *woman* (between pueritia and senectus): adulescentes bonā indole praediti: optuma, T.: Brutus adulescens, *junior*, Cs.

adulēscentia (not **adol-**), ae, *f.* [adulescens], *youth:* mea: ineunte adulescentiā.—*Youth, young men:* laetatur.

adulēscentula, ae, *f. dim.* [adulescens], *a young maiden, little girl*, T.

adulēscentulus, ī, *m. dim.* [adulescens], *a very young man:* ab adulescentulo, *from boyhood*, S.—*Plur.:* stulti.

adūlō, —, —, āre, *to fawn upon:* sanguinem, *to wipe off fawningly*, Acc. ap. C.

adūlor, ātus, ārī, *dep.*, *to fawn:* ferarum agmen adulantum, O.—*To fawn upon, flatter, cringe:* omnīs: aperte adulantem videre, *to detect an open flatterer:* plebi, L.

adulter, tera, *adj.* [ad + 2 AL-], *adulterous, unchaste:* coniunx, O.: crines, *seductive*, H. — As *subst.*, *m.* and *f.*, *an adulterer, adulteress:* sororis, *adulterous seducer of:* Lacaena, i. e. *Helen*, H.—*A paramour, seducer*, H.

adulterīnus, *adj.* [adulter], *false, forged, counterfeit:* nummus: signa, *a false seal.*

adulterium, ī, *n.* [adulter], *adultery*, C., V., O.

adulterō, āvī, ātus, āre, *to commit adultery*, C. —*Trans.*, *to mingle:* adulteretur et columba miluo, H. — *To falsify, corrupt:* ius civile pecuniā, *for a bribe:* iudicium veri.

adultus, *adj.* [1 adolesco], *grown up, mature, adult, ripe:* virgo: crinis, Ct.: fetus (of bees), V.: vitium propago, *mature*, H.: aetas: rei p. pestis, *inveterate:* res nondum adultae, L.

adumbrātiō, ōnis, *f.* [adumbro], *a sketch, outline.*

adumbrātus, *adj.* [*P.* of adumbro], *sketched, shadowed, in outline:* dii: imago gloriae.—*Apparent, feigned, unreal:* comitia: Pippae vir, *pretended husband:* indicium, *fictitious information.*

adumbrō, āvī, ātus, āre [ad + umbra], *to sketch in shadow, outline, represent vaguely:* res expressa, non adumbrata.—*To imitate, copy*, Cu.

aduncitās, ātis, *f.* [aduncus], *hookedness:* rostrorum.

ad-uncus, *adj.*, *bent inwards, hooked:* unguis: nasus, *aquiline*, H.: ferrum, *barbed*, O.

ad-urgeō, —, —, ēre, *to pursue closely:* volantem Remis, H.

ad-ūrō, ussī, ūstus, ere, *to set on fire, kindle, scorch, parch, burn, singe:* hoc, T.: panis adustus, *scorched*, H.: ossa flammis, H.: sine gemitu aduruntur, *endure burning.*—*To nip, freeze, blast:* ne frigus adurat, V.: Poma, O.—Of love, *to burn, inflame:* te Venus, H.

ad-usque or **ad usque**, *praep.*—Poet., *all the way to, as far as:* columnas, V.—As *adv.:* ad usque, quā, etc., *wherever*, O.

adūstus, *adj.* [*P.* of aduro] with *comp.*, *sunburnt, brown:* hominum color, L.: alqd adustioris coloris, L.

advēctīcius (not **-tītius**), *adj.* [adveho], *imported:* vinum, S.

advēctō, —, —, āre, *freq.* [adveho], *to keep bringing, import continually:* copiam, Ta.

advēctus, ūs, *m.* [adveho], *a bringing hither:* deae, Ta.

ad-vehō, vēxī, vēctus, ere, *to bring hither, carry to, conduct:* ex agris Romam: sive diem advexerit annus, H.—*Pass.*, *to be brought, arrive:* ista quae advecta est, T.: citato equo advectus, *rode up at full speed*, L.: cisio ad urbem: advectum Aenean classi, *arrived with a fleet*, V.

ad-vēlō, —, —, āre, *to veil, wreathe:* tempora lauro, V.

advena, ae, *m.* and *f.* [ad + BA-, VEN-], *a stranger, foreigner, immigrant:* advena anus, T.: possessor agelli, V.—Fig.: in nostrā patriā advenae, i. e. *unskilled in our own department.*—*Strange, foreign, alien:* exercitus, V.: grus, *migratory*, H.: amor, *of a stranger*, O.

ad-veniō, vēnī, ventus, īre, *to come to, reach, arrive at:* Delphos: huc, T.: in provinciam: classem adveniens profligaverim, *by my mere ar-*

rival, Cs.: mihi advenienti dextram porrigere, *at my approach:* urbem, V.—With *supin. acc.:* me accusatum advenit, T.: Numidiae partem tunc ultro adventuram, *will come into possession*, S.—Of time, *to come, arrive:* interea dies advenit.

adventīcius, *adj.* [advenio], *foreign, strange, accidental:* auxilia.—*Foreign, extraordinary:* pecunia: fructus, *incidental*, L.

adventō, —, —, āre, *intens.* [advenio], *to advance, press forward, march on, approach:* Caesar adventare nuntiabatur, Cs.: adventans senectus: ad Italiam: Romam, S.: adventante deā, *at her coming*, V.: adventante urbi clade, *as disaster drew near*, L.: Parthis, Ta.: tempus adventat.

adventus, ūs (*gen.* adventi, T.), *m.* [ad+BA-, VEN-], *a coming, approach, arrival:* meus, S.: legionum, Cs.: nocturnus ad urbem: in urbem sociorum: consulis Romam, L.: nisi eius adventus appropinquasset, N.: Huius in adventum horrere, *at the prospect of his coming*, V.: adventum pedum audire, *the approaching tramp*, V.: lenire (malorum) adventum, *alleviate them:* mali.

adversārius (advor-), *adj.* [adversor], *opposite, hostile, contrary:* duces: multitudinis temeritati: rebus nox, *unfavorable*, Cs.: oratori opinio, *injurious*.—As *substt. m.* and *f.*, *an opponent, adversary, enemy:* acerrimus: multitudo adversariorum, N.: mulierum: adversaria, *a female opponent*.—*Plur. n.*, *the opponent's arguments*, C.—*Memoranda, a temporary note-book:* negligenter scribere.

adversātrīx (advor-), īcis, *f.* [adversator], *an opponent:* in eā re mihi, T.

adversiō, ōnis, *f.* [adverto], *direction, employment:* animi.

adversor (advor-), sātus, ārī, *dep.* [adversus], *to resist, withstand, oppose:* adversante naturā: par in adversandum, i. e. *able to resist*, L.: legi: huius libidini.—With *quo minus*, C.

adversum (advor-), *adv.* and *praep.*, see 2 adversus.

1. adversus (advor-), *adj.* with *sup.* [*P.* of adverto], *turned towards, fronting, facing, before, in front:* intueri solem: adverso sole, *in the sunlight*, V.: dentes, *front-teeth:* collis, Cs.: Ibat in adversum hostem, O.: adversi raedarium occidunt, *the men in front:* in adversum os volnerari, Cs.: procella Velum adversa ferit, *in front*, V.: adverso colle evadere, *directly up the hill*, S.: adversi spatiis, *facing one another with intervals*, V.: adverso flumine, *up stream*, V.: adversissimi venti, *directly ahead*, Cs.: pugnantia secum Frontibus adversis, *things incompatible*, H.—As *subst.* **adversum**, ī, *n.*, *the opposite direction:* hic ventus adversum tenet Athenis proficiscentibus, N.: in adversum Romani subiere, *directly to the hill*, L.—F i g., *opposed, contrary, hostile, adverse, unfavorable, unpropitious:* fortuna: mentes mihi: bellum, *a face-to-face quarrel*, H.: adversā patrum voluntate, L.: res, *misfortune, calamity*, H.: casūs, N.: adversae rerum undae, *a sea of troubles*, H.: Mars, i. e. *defeat*, V.: annus frugibus, L.: valetudo, i. e. *sickness*, L.: adversā nocte, i. e. *since the night was unfavorable*, Cs.: qui timet his adversa, *the opposite fortune*, H: quīs omnia regna advorsa sint, *odious*, S.—As *substt.* **1. adversus**, ī, *m.*, *an enemy, opponent:* vir populi partium, *an opponent of the democrats*, S.—**2. adversum**, ī, *n.*, *misfortune, calamity, disaster:* uti Advorsa eius per te tecta sient, T.: nihil adversi exspectare: si quando adversa vocarent, *if misfortune should require*, V.

2. adversus or **adversum (advor-)**, *adv.* and *praep.* [adverto]. **I.** As *adv.*, *opposite, in opposition:* advorsum ire, *to go to meet* (him), T.: adversus resistere, N.—**II.** As *praep.* with *acc.*, *opposite to, before, facing:* paries adversus aedes publicas, L.: vestigia te adversum spectantia, *towards*, H.—E s p., *in the presence of, before, face to face with:* adversus populum R. defendere: advorsum pedites hostium, S.: gratum adversum te, *in your eyes*, T.—*To, towards, in answer to:* alqm: adversus ea consul respondit, L.—*Compared with, in comparison to:* bella adversus tot decora populi R., *weighed against*, L.—*Towards, in respect of, against:* quo modo me gererem adversus Caesarem: est enim pietas iustitia adversus deos.—*Against, in opposition to:* advorsum animi tui libidinem, T.: adversum leges, rem p.: adversus se missos exercitūs, L.: quos advorsum ierat, S.

advertō (advortō), tī, sus, ere, *to turn to, turn towards, direct:* In partem lumina, O.: agmen urbi, V.: terris proram, V.: classem in portum, L.: huc carinam, O.: Scythicas advertitur oras, *steers to*, O.: proram, *to turn landward*, V.: laeti advertuntur harenae, V.—*To direct, turn:* huc mentem, V.: malis numen, *your power to* (*avenge my*) *wrongs*, V.: animum adverte, *attend:* animum in eum: monitis animos advertite vestris, O.: adverte, *give heed*, V.: animis advertite vestris, V.—Animum adverto is often used like animadverto, as *verb trans.:* postquam id animum advertit, Cs.: animum advortit inter saxa cochleas, S.: quam rem vitio dent, T.: magnas esse copias hostium, etc., Cs.: tunc esset hoc animum advertendum: quā re animum adversā, Cs.

ad-vesperāscit, —, ere, *impers.*, *it approaches evening, is twilight:* cum advesperasceret.

advigilō, āvī, —, āre, *to watch, be watchful:* ad custodiam ignis: nepoti, Tb.: si advigilaveris, T.

advocāta, ae, *f.* [advoco], *one called to aid, a supporter:* non desiderat fortitudo advocatam iracundiam.

advocātiō, ōnis, *f.* [advoco], *a summoning as counsel:* maximarum rerum advocationes, i. e. *consultations:* in advocationibus, i. e. *as an advocate.* —*The advocates, counsel, bar, body of pleaders:* ca: ingens, L.—*A delay for consultation*, C.

advocātus, ī, *m.* [advoco], *one called to aid.*— In law, *a friend who supports a party in a trial, an attendant, adviser:* adesse advocatos nobis, T.: in advocati loco: adesse sine advocatis, i. e. *without his guard.*—*A pleader, advocate*, Ta.—Fig., *an aid, helper:* ad investigandum.

ad-vocō, āvī, ātus, āre, *to call, summon, invite:* contionem: complures senatorii ordinis, Cs.: eo senatum, S.: populum ad tribunum, L.: Ut noris quibus advoceris Gaudiis, *to what pleasures you are invited*, H.: viros in consilium.—In law, *to call as a counsellor* or *witness:* amicos: aliquot mihi Amicos, T.: viros bonos: aderat . . . advocabat, *summoned friends.*—*To collect, recall:* animum ad se.—*To call upon, invoke:* deum, Ct.: deos, L. —*To call to aid, employ:* arma, V.: artīs, O.

advolātus, ūs, *m.* [advolo], *an approach by flying:* tristi advolatu (once), C. poet.

ad-volō, āvī, ātus, āre, *to fly to, fly towards:* avis ad aves.—*To hasten to:* Larino Romam: classem advolituram esse, Cs.: Aeneae, V.: ad urbem: rostra.

ad-volvō, volvī, volūtus, ere, *to roll to, roll towards, bring by rolling:* congesta robora focis, V.: ornos montibus, *from the mountains*, V.—*To fall prostrate before:* genibus omnium, L.

advorsum, advortō, etc.; see adver-.

adytum, ī, *n.*, = ἄδυτον.—Usu. *plur.*, *the inmost recess, holiest place:* adyti incola, H.: penetralia, V.: ima, *the inmost part of a tomb*, V.

aedēs, is, *f.*; **aedēs**, aedium, *f.*; see aedis.

aedicula, ae, *f. dim.* (aedes), *a small temple, chapel, niche*, C., L.—*Plur.*, *a small dwelling*, T., C.

aedificātiō, ōnis, *f.* [aedifico], *the process of building:* intermissa.—*A building, structure, edifice:* omnis.—*Plur.:* privatae, Ta.

aedificātiuncula, ae, *f. dim.* [aedificatio], *a little building.*

aedificātor, ōris, *m.* [aedifico], *a builder:* mundi.—*One fond of building:* nemo minus, N.

aedificium, ī, *n.* [aedifico], *a building, edifice, structure:* aedificiis incensis, Cs.: exstruere.

aedificō, āvī, ātus, āre [aedifex; aedes + 2 FAC-], *to build, erect a building:* ad aestūs vitandos, Cs.: aedificandi descriptio, *plan:* diruit, aedificat, H.—*To build, construct, erect:* urbem: naves, Cs.: alia (aedificia), S.: equum, *a wooden horse*, V.: altum caput, i. e. *head-dress*, Iu.—*To build up, establish:* rem p.

aedīlicius (not -tius), *adj.* [aedilis], *of an aedile:* munus.—As *subst.*, *m.*, *one who has been an aedile.*

aedīlis, is, *m.* [aedes], *a commissioner of buildings, aedile, magistrate for public works.*

aedīlitās, ātis, *f.* [aedīlis], *the office of an aedile, aedileship:* aedilitatem petere: aedilitate fungi.

(aedīlītius), see aedilicius.

aedis or **aedēs**, is (*acc. plur.* usu aedīs), *f.* [AID-], *a dwelling of the gods, temple, sanctuary* (usu. *a single edifice without partitions*, while templum is a larger structure): Minervae: aedīs sacras incendere: in aede sonare (of poems), *to be recited in the temple*, H.: vacua Romanis vatibus, i. e. *the Library in the Palatine Temple of Apollo*, H.—Esp., *a private chapel, sanctuary* in a dwelling: decora, H.—*Sing.*, *a room, apartment*, Cu.—*Plur.*, *a dwelling for men, house, habitation:* matrona in aedibus, T.: regiae: ex aedibus Cethegi alqd ferre: domus salutantum totis vomit aedibus undam, i. e. *from all parts*, V.: cavae aedes, *the vaulted mansion*, V.—Poet., *the cells* (of bees), V.

aeditimus (-tumus), *adj.*, old for aedituus.

aedituus, ī, *m.* [aedes+2 TV-], *a custodian of a temple, sacristan*, C.: qualīs Aedituos habeat virtus, i. e. *poets*, H.

Aegaeus, *adj.*, *Aegean:* mare, aequor, *the Aegean sea, Grecian archipelago*, V., O.—As *subst. n.*, *the Aegean sea.*

aeger, gra, grum, *adj.*, *unwell, ill, sick, diseased, suffering, feeble:* uxor, T.: homines morbo: aegro corpore esse: volneribus, N.: pedibus, S.: anhelitus, *shortness of breath*, V.: sues, V.: seges, V. —As *subst.*, *a sick person:* aegro adhibere medicinam: non aegris facultas quietis datur, Cs.— *Troubled, dejected, distempered, agitated:* animus, S.: aegris animis legati, i. e. *dissatisfied*, L.: mortales, i. e. miseri, V.: animus avaritiā, S.: curis, V.: aeger animi, *despondent*, L.—Of the state, *weak, frail, feeble:* rei p. pars: aegri aliquid in re p., L.—*Causing pain, unfortunate:* amor, V.: luctus, O.

aegis, idis, *f.*, *the shield of Jupiter, with the head of Medusa borne by Minerva*, V., H.—*A shield, defence*, O.

aegrē, *adv.* with *comp.* aegrius, and *sup.* aegerrimē [aeger], *painfully, distressingly:* audire, T.: aegrest, *it is annoying*, T.: ferre, *to feel distress.*— *With difficulty, hardly, scarcely:* divelli: bellum sumi facile, aegerrime desinere, S.—*With grief, reluctantly, unwillingly:* carere, *to suffer for want of:* haud aegre pati, *without impatience*, L.: habere (with *acc.* and *inf.*), L.

aegrēscō, —, —, ere [aeger], *to fall sick:* sollicitudine, Ta.—*To grow worse, be exasperated:* violentia medendo, V.

aegrimōnia, ae, *f.* [aeger], *anxiety, trouble*, C., H.

aegritūdō, dinis, *f.* [aeger], *sickness, grief, affliction, melancholy:* in animo: ira et aegritudo permixta, S.: acrior: lenior.

aegrōtātiō, ōnis, *f.* [aegroto], *sickness, disease:* in corpore: animi, *a morbid state.*

aegrōtō, āvī, —, āre [aegrotus], *to be sick, languish, pine:* graviter: morbo, H.—Of cattle, H.—*To suffer:* animus aegrotat: animi vitio, H.

aegrōtus, *adj.* [aeger], *sick, diseased:* corpus, H.: leo, H.—As *subst., a sick person, invalid:* consilia aegrotis damus, T.: aegroto, dum anima est, spes esse dicitur: animus, T., C.: res p.

Aegyptius, *adj., Egyptian*, C., N.—As *subst., an Egyptian*, Cs., C.

aelinos, ī, *m.*, = αἴλινος, *a dirge*, O.

aemulātiō, ōnis, *f.* [aemulor], *rivalry, emulation, competition:* inter alquos, N.: gloriae, L.: honoris, Ta.: vitiosa.—*Plur., jealousies*, C.

aemulātor, ōris, *m.* [aemulor], *a zealous imitator*, Catonis.

aemulātus, ūs, *m., rivalry, jealousy*, Ta.—*Plur.*, Ta.

aemulor, ātus, ārī [aemulus], *to rival, vie with, emulate, strive to excel:* eius instituta: Agamemnonem, N.: studia, L.: virtutes, Ta.—*To envy, be jealous of:* iis qui, etc.: mecum, L.: inter se, Ta.

aemulus, *adj.* [2 IC-, AIC-], *striving earnestly after, emulating, rivalling, vying with, emulous:* laudis: studiorum: itinerum Herculis, L.—*Envious, jealous, grudging, malicious:* Triton, V.—As *subst., a rival:* alqm tamquam aemulum removere.—Of things, *rivalling, comparable, similar:* tibia tubae, H.: Carthago inperi Romani, S.

Aenēius, *adj.* [Aeneas], *of Aeneas*, V., O.

aēneüs (ahēn-), *adj.* [aes], *of copper, of bronze:* galea: aëneus ut stes, i. e. *in a statue*, H.: proles, *the age of brass*, O.: hic murus aëneus esto, *a bulwark* (of character), H.

aenigma, atis, *n.*, = αἴνιγμα, *a figure, allegory*, C.

aēnipēs (ahēn-), edis, *adj.* [aēnus + pes], *bronze-footed*, O.

aēnus (ahēn-), *adj.* [aes], *of copper, of bronze:* thorax, V.: lux, *lustre*, V.—As *subst. n., a brazen vessel, kettle:* Tyrium, *a dye-kettle*, O.—*Plur.*, for warming water, V.—*Strong, firm:* manus, H.

Aeolius, *adj.* **1.** *Of Aeolus, the god of the winds:* venti, Tb.: virgo, i. e. *Arne* or *Canace.*—**2.** *Of the Aeolians:* puella, i. e. *Sappho*, H.: lyra, O.: plectrum, Pr.

aequābilis, e, *adj.* with *comp.* [aequo], *like, similar, equal, uniform:* ius: praedae partitio: satio.—*Consistent, equable, constant, unvarying:* nihil eā iurisdictione aequabilius: fortuna, *without vicissitude:* pulveris vis, *permanent*, S.: fama, S.—Of style, *sustained:* orationis genus.

aequābilitās, ātis, *f.* [aequabilis], *equality, uniformity, evenness:* motūs: vitae.—Fig., *equity, impartiality:* decernendi: iuris.—Of style, *uniformity:* orationis.

aequābiliter, *adv.* with *comp.* [aequabilis], *equally:* praedam dispertire: frumentum emere ab civitatibus.—*Indiscriminately:* in rem p., in privatos . . . inruebat.—*Uniformly, unvaryingly:* mare conglobatur: omnes erant eius modi: aequabilius res humanae se haberent, S.

aequaevus, *adj.* [aequus + aevum], *of equal age:* rex, V.

aequālis, e, *adj.* with *comp.* [aequo], *equal, like, even, on a par:* virtutes inter se: eis genus, eloquentia, aetas aequalia, S.—*Of the same age, equally old:* chorus aequalis Dryadum, V.—As *subst., a contemporary, fellow:* aequali suo inservire, T.: dilexi senem, ut aequalem: Aristides Themistocli (*gen.*), N.—*Living at the same time, contemporary, coeval*, and *subst., a contemporary:* Ennio: temporibus illis scriptor, L.—*Coeval, coexistent:* benevolentia ipsius aequalis aetati, *as old as himself:* urbis mortali corpori, *lasting only as long as*, L.: aequali tecum pubesceret aevo, V.—*Uniform, level, even, steady:* loca, S.: terra ab omni parte, O.: aequali ictu freta scindere, O.: sonitus . . . aequalior accidens auribus, L.: nil aequale homini fuit illi, *no consistency*, H.

aequālitās, ātis, *f.* [aequalis], *equality, similarity, likeness:* fraterna: vestra.—*Equality of civil rights*, Ta.

aequāliter, *adv.* with *comp.* [aequalis], *evenly, equably:* declivis, *uniformly*, Cs.: ingrediens: sternere undam, O.—*Equally, equitably:* distribuere: aequalius duci parebant, Ta.

aequanimitās, ātis, *f.* [aequus + animus], *good-will, kindness*, T.

aequātiō, ōnis, *f.* [aequo], *an equal distribution, community:* bonorum: iuris, L.

aequātus, *adj.* [*P.* of aequo], *level, levelled, even:* agri planities: (mensam) tersere, O.: aequatis procedere velis, *with even sails*, i. e. *before the wind*, V.: aequatis rostris, *side by side*, V.

aequē, *adv.* with *comp.* and *sup.* [aequus], *equally, in like manner, just as, in an equal degree, to the same extent:* Utin omnes eadem aeque studeant, T.: honore non aeque omnes egent: aeque calidus animis et cursibus acer, V.: trabes aeque longae, Cs.: novi aeque omnia tecum, T.: nisi aeque amicos et nosmet ipsos diligamus, *our friends as ourselves:* quod . . . aeque neglectum pueris senibusque nocebit, H.: id quod Aeque pauperibus prodest, locupletibus aeque, H.—Aeque . . . ac, *as . . . as; as, as much as:* hebes aeque ac pecus, Att. ap. C.: numquam aeque ac modo, *never so much as of late,* T.: qui illis aeque ac tu ipse gauderet: iumenta aeque nitida, ac si, etc., *in just as good condition,* N. — Aeque . . . quam, *as . . . as, as well . . . as:* optatum aeque, quam ut, etc., *as acceptable as,* etc., L.: Expalluit aeque quam puer ipse deus, O. — Ellipt.: nihil est aeque quod faciam lubens, *so cheerfully,* T.: quibus non aeque est cognitus, *not so well known:* Camillus aeque prospero eventu pugnat, L.—*Justly, equitably:* lex aequissime scripta: societatem aeque tuens: ferro quam fame aequius perituros, *better,* S.

aequilībritās, ātis, *f.* [aequus + libra], *equipoise.*

aequinoctiālis, e, *adj.* [aequinoctium], *equinoctial:* caeli furor, Ct.

aequinoctium, ī, *n.* [aequus+nox], *the equinox:* dies aequinoctii: vernum, L.

aequiperō, āvī, ātus, āre [aequus+par], *to compare, liken:* cum fratre gloriam: Iovis equis dictatorem, L.—*To equal, come up to, rival:* alqm labore, N.: urbem dignitate, N.: voce magistrum, V.

aequitās, ātis, *f.* [aequus], *uniformity, evenness;* with *animi, calmness, repose, equability, equanimity:* animi in morte, *calmness:* novi moderationem animi tui et aequitatem: ut animi aequitate plebem contineant, Cs.: mira populi R., *indifference.*—*Equality, equal rights:* iniquissima.—*Equity, fairness, humanity, kindness:* pro aequitate contra ius dicere: belli, *in war:* iustitia et aequitas, N.: aequitate rem p. curare, *moderation,* S.: defensionis: condicionum, Cs.

aequō, āvī, ātus, āre [aequus], *to make equal, equalize:* suas opes cum potentissimis aequari, Cs.: numerum (corporum) cum navibus, V.: fortunam animis, L.: tecta caelo, *raise,* V.: illi . . . amorem, *returns equal love,* V.: imperium terris, animos Olympo, *extend,* V.: solo aequandae sunt dictaturae, *abolished,* L.: nocti ludum, i. e. *play all night,* V.: Ibant aequati numero, i. e. *kept step to the song,* V.: aequato omnium periculo, Cs.: aequato Marte, L.: cur non omnia aequantur? i. e. *equally vested in the two parties,* L.: caelo te laudibus, *raise,* V.: laborem Partibus iustis (*abl.*), *distribute equally,* V.: foedera cum rigidis aequata Sabinis, i. e. *made on equal terms,* H. — *To place on an equality with, compare:* scelera cum aliis. — Of places, *to make level, even, smooth:* locum, Cs.: area aequanda cylindro, V.: pumice omnia, Ct.: aciem, i. e. *make as long as the enemy's,* L.: nec tamen aequari frontes poterant, L. — *To become equal, equal, come up to, attain, reach:* illis se: caelum, *to reach,* O.: cum sulcos aequant sata, i. e. *grow as high as the ridges,* V.: facta dictis, i. e. *speak worthily of the achievements,* L.: lacrimis labores, *lament adequately,* V.: regum opes animis, i. e. *rival by his spirit,* V.: ducem passibus, *keep pace with,* V.: sagitta aequans ventos, *as swift as the winds,* V.: vellera nebulas aequantia, i. e. *as fine as mist,* O.: munia comparis, i. e. *draw even with her mate,* H.

aequor, oris, *n.* [aequus], *an even surface, level:* camporum aequora: campi, V.: Libyci aequoris harenae, V.—In ending a long poem: inmensum spatiis confecimus aequor, V. — Esp., *the sea, ocean:* Aegaeum, O.: ingens, H.: saeva aequora, V.: aequora cingentia terras, O.: vastum maris, V.: tellus et aequora ponti, V. — Poet., of the *Tiber:* sternere aequor aquis, *smooth the surface with his waters,* V.

aequoreus, *adj.* [aequor], *of the sea, marine:* rex, *Neptune,* O.: Britanni, *islanders,* O.: genus, i. e. *fish,* V.

aequum, ī, *n.*, *a plain, level:* in aequo campi, L.—*Fairness, justice:* utilitas iusti prope mater et aequi, H.: eas (iniurias) gravius aequo habere, *to feel too deeply,* S.: potus largius aequo, H.: aequo violentior, O.

aequus, *adj.* with *comp.* and *sup.* [2 IC-, AIC-], *even, plain, level, flat:* locus: aequiore loco constiterat, Cs.: campus, V. — *Equal:* ex provinciā aequam partem sumere: sequitur non passibus aequis, V.: Abietibus iuvenes aequi, *as tall as,* V. —*Even with, on a level with:* sive loquitur ex inferiore loco, sive ex aequo, i. e. *on the floor of the Senate:* pede congredi aequo, i. e. *face to face,* V. —*Favorable, advantageous:* locus ad dimicandum, Cs.: locus suis, N.: tempus.—*Favorable, friendly, kind, humane:* nobis: parvis alumnis, *propitious,* H.: templum non aequae Palladis, *unpropitious,* V.: aër non aequus, *unwholesome,* V.: non aequa fata, *hard,* O.: aequi iniquique, *friends and foes,* L.—*Equal, proportionate, like:* utinam esset mihi pars aequa amoris tecum, i. e. *that I had a fair return,* T.: aequā manu discedere, *after a drawn battle,* S.: aequo Marte pugnare, *indecisive,* L.: aequum volnus utrique dedit, O. — Of persons, *fair, equitable, impartial:* praetor: aequissimus iudex.—Of things, *equitable, reasonable, fair, honorable:* postulatio: id, quod aequissimum est, ut, etc.: quae liberum scire aequum est adulescentem, T.: sicut aequum est, dicamus, etc.: ex aequo et bono iure rem iudicari oportere, *equitably and kindly:* fit reus magis ex aequo et bono, quam ex iure gentium, S.: durus est praeter aequomque et bonum, *excessively*, T.: id non fieri ex aequo et bono, *in a spirit of moderation*, T.: qui neque ius neque bonum atque aequom sciunt, *have no sense of right or reason*, T.: istuc aequi bonique facio, T.: si tu aliquam partem aequi bonique dixeris, *if you propose anything reasonable*, T.: animus meus totum istuc aequi boni facit, i. e. *is content with*: 'melius aequius,' i. e. quid melius et aequius sit iudicatur.—*Equable, calm, composed, tranquil*: sorti pater aequus utrique est, V.: oculis aspicere aequis, V.: animus: Aequam Servare mentem, H.: aequo animo, *with equanimity, patiently, calmly, with indifference*: alqd ferre aequo animo: emori: servitutem tolerare, S.: alqd animo aequiore ferre: animo aequissimo nummos adfert: aequissimis animis: audite mentibus aequis, *impartially*, V.

āēr, āeris, *acc.* āera, *m.*, = ἀήρ, *the air, atmosphere, sky*, esp. *the lower air*: nudus in aere, *in the open air*: aera vincere summum arboris, i. e. *the summit*, V.—*A mist, vapor*: densus, H.: obscurus, V.—*The weather*: crassus: purus.

aerāria, ae, *f.* [aerarius], *a mine.*

aerārium, ī, *n.* [aerarius], *part of the temple of Saturn at Rome, in which the public treasure was kept, the treasury*: referre (pecuniam) in aerarium: pecunia data tibi ex aerario.—Hence, *the public treasure, finances*: cum effudisset aerarium: commune, N.: pecuniā uti ex aerario, Cs.: rationes ad aerarium referre, *to render an account to the treasury*.—Here the public archives and the standards were kept: tabulae testimenti . . . ut in aerario ponerentur, Cs.: signa ex aerario prompta, L.: aerarium sanctius, *a fund reserved for extreme public necessity*, Cs., C.: privatum, *a special fund*, N.: militare, Ta.

1. aerārius, *adj.* [aes], *of copper, of bronze, made of copper*; hence, *of copper money*: fabula, *a twopenny story*.—*Of mines*: structurae, Cs.—*Of money, pecuniary*: ratio, *the rate of exchange, current value of coin*.—*Of the public treasury*: tribuni, *in charge of disbursements.*

2. aerārius, ī, *m.*, *a resident who pays a poll-tax, but cannot vote nor hold office.* The censors could degrade citizens to this class; hence, aerarium alqm facere, L.: alqm in aerariis relinquere: qui te ex aerariis exemit.

aerātus, *adj.* [aes], *of bronze*: cuspis, O.—*Fitted with bronze*: lecti, *having bronze feet*: navis, *with a bronze beak*, Cs.: acies, *in armor*, V.—*Supplied with money, rich* (once): tribuni.

aereus, *adj.* [aes], *of copper, of bronze*: signa, L.: clipeus, Cu.: vectes, V.: clipeus, V.: puppis, i. e. *with bronze beak*, V.

aerifer, fera, ferum, *adj.*, *bearing bronze*, i. e. *carrying cymbals* (once): manus, O.

aeripēs, edis, *adj.* [aes + pes], *with feet of bronze*: cerva, V.: tauri, O.

āerius (quadrisyl.) or **āereüs**, *adj.*, *pertaining to the air, aerial*: sedes, i. e. *the clouds*, V.: volatūs avium: cursus, *through the air*, O.: aerias tentasse domos, *the heavens*, H.: mel, i. e. *gathered from dew*, V.—*Rising aloft, aerial, lofty, high*: Alpes, V., O.: Phaeacum arces, i. e. *the mountain tops*, V.: quercus, V.: cupressus, Ct.

aerūgō, inis, *f.* [aes], *rust of copper, verdigris*, C.—*Rusty gold*, Iu.—Poet., *a corroding passion*: mera, *envy*, H.: animos aerugo Cum imbuerit, *avarice*, H.

aerumna, ae, *f.* [cf. īra], *toil, hardship, distress, trouble, tribulation*: alqm expedire his aerumnis, T.: rem p. servare aerumnā: multae, H.: mors aerumnarum requies, S.

aerumnōsus, *adj.* with *sup.*, *full of trouble, miserable, wretched, distressed*: salum: pater: felix et aerumnosus: aerumnosissima mulier.

aes, aeris, *n.*, *crude metal, base metal, copper*: uti aere pro nummo, Cs.: aeris metalla, V.—Hence, *bronze, an alloy of copper and tin*: ex aere statua.—As symbol of indomitable courage: aes triplex Circa pectus, H.; of durability: monumentum aere perennius, H.: quae (acta) ille in aes incidit, i. e. *engraved on a copper tablet for deposit in the aerarium*: in aere incidere: aera legum, i. e. *tablets inscribed with the laws*.—*Plur.*, *works of art in bronze, bronzes*: grata aera, H.: aera voltum simulantia, *a bust*, H.: aere ciere viros, *a trumpet*, V.: aeris cornua flexi, O.—*Plur.*, *cymbals*, H.: aera micantia cerno, i. e. *arms of bronze*, V.: spumas salis aere ruebant, *with the prow*, V.: inquinavit aere tempus aureum, i. e. *degeneracy*, H.: aes exigitur, i. e. *money*, H.: meret aera, *earns money*, H.: gravis aere dextra, V.: danda aera militibus, L.: octonis referentes Idibus aera, i. e. *carrying the teacher's fees*, H.—Esp. in the phrases, aes alienum, *another's money*, i. e. *debt*: aes alienum suscipere amicorum, *assume*: in aere alieno esse: conflare, S.: aere alieno premi, Cs.: dissolvere, *discharge*: solvere, S.: te aere alieno liberare: ex aere alieno laborare, *to be oppressed by debt*, Cs.: nexus ob aes alienum, *bound for debt*, L.—Hence, librāque et aere liberatus, *released from the debtor's bond*, L.—Aes mutuum reddere, *borrowed money*, S.—Aes suum, *one's own money*: meo sum pauper in aere, i. e. *I am poor, but not in debt*, H.—Fig. (colloq.): te in meo aere esse, i. e. *at my service*.—*The unit of the coin standard* (cf. as): aes grave, *the old heavy money, a pound of copper*: denis millibus aeris gravis reos condemnat, L.—And aes alone and in the *gen. sing.* (cf assium): aeris miliens, triciens, C., L.—Fig., *wages earned*: annua aera habes, L.; hence, *military service*: istius aera illa vetera, *campaigns.*

aesculētum, ī. *n.* [aesculus], *a forest of oaks*, H.

aesculeus, *adj.* [aesculus], *of the oak:* frons, O.

aesculus, ī, *f.*, *the Italian oak* (with edible acorns): maxuma, V.: rigida, H.

Aesōpius, *adj.* [Aesopus], *Aesopian:* fabulae, *like Aesop's*, Ph.

aestās, ātis, *f.*, *summer:* aestate ineunte: inita, Cs.: media, *midsummer:* summa, *the height of summer:* aestatis extremum, S. — M e t o n., *the summer air:* liquida, V.—*Summer heat:* aestatem pati, S.: ignea, H.

aestifer, era, erum, *adj.*, *heat-bringing, causing heat:* canis, V.

aestimābilis, e, *adj.* [aestimo], *worthy of esteem.*

aestimātiō, ōnis, *f.* [aestimo], *the determination of value, value, valuation, appraisement:* aestimatione factā, Cs.: potestas aestimationis habendae: frumenti, *the determination of a rate of duty:* erat Athenis quasi poenae aestimatio, i. e. *a commutation.*—E s p., in law, litis or litium aestimatio, *a valuation of the matter in dispute, assessment of damages:* lex de multarum aestimatione, *the commutation of fines in kind*, L.: possessionum et rerum, i. e. *an appraisement of real and personal estate*, Cs.: praedia in aestimationem accipere, *to accept at the appraisement:* aestimationes vendere, i. e. *property received at a high appraisement:* aestimationem accipere, *to suffer injury* (by taking property at too high a valuation).—F i g., *a valuation, estimation:* honoris, L.: recta, Ta.: propria virtutis, *intrinsic worth.* — *Esteem:* aestimatione dignus.

aestimātor, ōris, *m.* [aestimo], *one who values, an appraiser:* frumenti.— *One who esteems:* sui, Cu.: incautior fidei, L.

aestimō (older **aestumō**), āvī, ātus, āre, *to determine the value of, estimate, value, rate, appraise:* argentum: quanti haec signa aestimentur?: mancipia tanto pluris, L.: tritici modios singulos ternis denariis: haec aestimate pecuniā, *estimate in money:* aliquid tenuissime, *at the lowest figure:* sestertium ad triciens litem: Catoni sestertium octo milibus lis aestimata est, *damages are assessed against:* ea lis L. talentis aestimata est, N.: arbitri, qui litem aestument, Cs. — In criminal law: litem aestimare, *to assess a penalty:* in litibus aestimandis: de pecuniis repetundis litem; also, *to commute a fine:* ut lis haec capitis aestimaretur, *that this capital charge be commuted:* lites maiestatis. — F i g., *to estimate, value, rate, weigh, hold, esteem:* expendunt et aestimant voluptates, *they weigh and rate their pleasures:* sicut ego existimo, *according to my estimate*, S.: Volgus ex veritate pauca aestimant, *value according to truth:* aliquem ex artificio comico, *according to his art as a comedian:* amicitias non ex re, sed ex commodo, S.: virtutem annis, *according to age*, H.: aliquid per se, *according to its own importance*, L.: aliquos pro sociis, non pro hostibus, *to regard as*, Cu.: quanti est aestimanda virtus? *valued:* magni pecuniam, *attach great value to:* alqd parvi, L.: alqd minoris, N.: maximi alqd: sapientiam non magno: aestimare aliquid vitā, *as dear as life*, Cu.: illa multo gravius, Cs.: levius tempestates, Cs.: iuste aliquem, Cu.

aestīva, ōrum, *n.* [aestivus; sc. castra], *a summer camp, summer resort:* praetoris, *a pleasure camp.*—M e t o n., *time spent in a summer camp, a campaign:* aestivorum tempus, *season for military operations*, S. — (Sc. loca), *summer pastures for cattle.* — P o e t.: morbi corripiunt tota aestiva, *whole pastures*, i. e. *flocks*, V.

aestīvus, *adj.* [aestas], *of summer, as in summer, summer-like, summer:* tempus, Cs.: dies: sol, V.: aura, H.: umbra, O.: per aestivos saltūs, *summer pastures*, L.: aves, *summer birds*, L.—*Adverb.:* aestivum tonat, Iu.

aestuārium, ī, *n.* [aestus], *a tract overflowed at high tide, salt marsh:* itinera concisa aestuariis, Cs.—*An inlet of the sea*, Cs.—*A bay, firth*, Ta.

aestuō, āvī, ātus, āre [aestus], of fire, *to rage, burn:* Aestuat ignis, V. — *To be warm, be hot, burn, glow:* ager aestuat herbis, V.: erudire iuventutem algendo, aestuando: sub pondere, O.— Of the sea, *to rise in waves, surge:* Maura semper unda, H.: gurges, *seethes*, V.; cf. nebulā specus, i. e. *smokes*, V.—*To undulate, swell, be tossed, heave:* in ossibus umor, V.—F i g., of passion, *to burn, be excited, be inflamed:* aestuare illi, qui dederant pecuniam: quae cum aestuans agitaret, S.: in corde pudor, V.: rex in illā Aestuat, *for her*, O.— *To waver, vacillate, hesitate, be in doubt:* dubitatione: Aestuat et vitae disconvenit, H.

aestūōsē, *adv.* with *comp.* [aestuosus], *glowingly, hotly:* inarsit aestuosius, H.

aestuōsus, *adj.* [aestus], *burning hot, glowing:* via: Syrtes, H.—*In violent ebullition:* freta, H.

aestus, ūs, *m.* [AID-], *an agitation, glow, heat, rage of fire:* furit aestus ad auras, V.: quia oleam momorderit aestus, H.: labore et aestu languidi, S.: ad aestūs vitandos aedificare, Cs.: Aestibus mediis, *in midday heat*, V.: Caniculae, H.: sidereus, O.: ulceris aestus, *fever:* aegri aestu febrique iactantur.—P o e t., *summer:* medio in aestu, O. — Of the sea, *a heaving, swell, surge:* fervet aestu pelagus; cf. exsultant aestu latices, *boil up*, V.: aequoris, *breakers*, V.: ingreditur ferventes aestibus undas, O. — *The waves, billows, sea:* delphines aestum secabant, V.: maritimos aestūs maximos in oceano efficere, *tides:* minuente aestu, *at low tide,* Cs.—F i g.: quantos aestūs habet ratio comitiorum, *tides of passion:* civilis belli aestus, H.: quasi aestus ingeni.—*Irresolution, uncertainty, hesitation:* qui tibi aestus, qui error: amor irarum fluctuat aestu, V.: aestūs graves, H.

aetās, ātis (*gen. plur.* -tum; sometimes -tium, L.), *f.* [for older aevitas], *the life of man, age, lifetime, years:* amicitia cum aetate adcrevit, T.: acta aetas honeste: expectemus Tartessiorum regis aetatem, i. e. *a life as long:* satis aetatis habere, *to be old enough:* aetatis quod reliquum est meae, *the rest of my life:* vix ullum discrimen aetatis, L.: tertia, i. e. *century,* O.—*Age, time of life:* dum aetas prohibebit (sc. te scire), T.: ab ineunte aetate, *from his entrance into life:* prima, *childhood:* puerilis, Cs.: aetatis flos, *youthful vigor:* cuius aetas a senatorio gradu longe abesset, i. e. *youth:* propter aetatem eius, Cs.: qui aliquid aetatis habebant, i. e. *the youth:* quarta, i. e. *the fourth year,* V.: respice aetatem tuam (i. e. senectutem), T.: iam adfectus aetate: morbo atque aetate confectus, S.: exactā aetate, *in old age,* L.: aetatis excusatio, *plea of age,* Cs.: id aetatis duo filii, *of that age:* cum id aetatis filio: cum illud esset aetatis: ad hoc aetatis a pueritiā, S. — Of plants: adolescit frondibus aetas, V.—Of sheep: par aetas, haedi, O.—M e t o n., *a space of time, age, period, generation, time:* heroicae aetates: aetas succedit aetati: nec ulla umquam aetas: aetatis suae primi, N.: Veniet lustris labentibus aetas, cum, etc., V.: prior, O.: crastina, *the future,* H.—Of *the four ages of the world* (the golden age, silver age, etc.), O.—*Time, the flight of time, advancing age:* te aetas mitigabit: fugerit invida aetas, H.: omnia fert aetas, V.—*Men of an age:* cum vestrā etiam aetate, *with young men:* vos, acrior aetas, O iuvenes, O.: militaris fere aetas omnis, L. — *The age, men of the age:* nos dura Aetas, H.: Inventum omnis quem credidit aetas, etc., V.—In *acc.* of time: me aetatem censes velle, etc., *forever?* T.: an abiit iam a milite? Iam dudum, aetatem, *an age,* T.

aetātula, ae, *f. dim.* [aetas], *a tender age.*

aeternitās, ātis, *f.* [aeternus], *eternity, endlessness, immortality:* tempus, pars aeternitatis: animorum. — F i g., *immortality, enduring renown:* mihi aeternitatem donare: ad memoriam aeternitatis, *for perpetual remembrance.*

aeternō, —, —, āre [aeternus], *to perpetuate, immortalize:* virtutes in aevom, H.

aeternum, *subst.* and *adv.*, see aeternus.

aeternus, *adj.* [for * aeviternus], *of an age, lasting, enduring, permanent, endless:* inter nos gratia, T.: hostes, L.: sollicitudo, S.: vincula: audaciae monumentum: ignis, *the vestal fire.*—*Of all time, everlasting, eternal, perpetual, immortal:* deus: rerum Potestas, V.: mentes: supplicia: ignes, i. e. *the heavenly bodies,* V.: puer, *Bacchus,* O.: Te ex aeterno patientem mortis efficere, *from immortal make mortal,* O.: urbs, i. e. *Rome,* Tb. —*Neut.* as *subst.*, *perpetuity:* urbs in aeternum condita, L. — *Adverb.:* aeternum salve, *forever,* V.: vivere, O.: latrans, *perpetually,* V.: servire, H.: aeterno, O.

aethēr, eris, *m.*, = αἰθήρ, *the upper air, sky, firmament:* rex aetheris Iuppiter, V.: liquidus, H.: manūs ad aethera tollens, O.: aethera recludam, *heavenly things,* O.: fama super aethera notus, V. —*Air, atmosphere:* liquidum trans aethera vectus, V.: gelidus, V.: aethere in alto (opp. the lower world), V.—P e r s o n., *Heaven,* i. e. *Jupiter:* pater omnipotens Aether, V.

aetherius, *adj.*, = αἰθέριος, *of the upper air, heavenly, ethereal, celestial:* post ignem aetheriā domo Subductum, H.: arces, O.: aurā, V.: semine ab aetherio (equi), *of celestial breed,* V.: tumultus, *a thunderstorm,* O.

Aethiops, opis, *m.*, = Αἰθίοψ (burnt-face), *an Ethiopian, negro:* stipes, *a blockhead of a negro.* —*Adj.*, *Ethiopian:* lacūs (*plur.*), O.

aethra, ae, *f.*, *the ether, sky, air:* Siderea, V.

aevitās, ātis, *f.* [aevum], old for aetas, *age, time of life,* XII Tabb. ap. C.

aevum or (older) **aevom**, ī, *n.*, = αἰών, *never-ending time, eternity:* aeternum, O.: in aevum, *for all time,* H.—E s p., *period of life, lifetime, life, age:* in armis agere: in silvis exigere, V.: extentum, *prolonged,* H.: natura aevi brevis, S.: meum, *my age,* H.: aevo apta, *things suitable to their years,* H.: maximus aevo (i. e. natu), O.: flos aevi, *the bloom of life,* O.: aequale tecum aevum, V.: occulto arbor aevo, i. e. *with no signs of age,* H.—*Old age:* aevo confectus, V.: annis aevoque soluti, O. — *Age, generation, period:* Livi scriptoris, H.: venturi inscius aevi, *the future,* V.: in omne nobilis aevum, H.: durare in hoc aevi, *to our own times,* O. — *The age, men of the age:* veniens, *posterity,* H.—*Time:* aevi vetustas, V.: vitiata dentibus aevi omnia, O.

Āfer, Āfra, Āfrum, *adj.*, *African.* — As *subst.*, *m.*, *an African:* dirus, i. e. *Hannibal,* H.: te Afris praeficere: discincti, V.

aff-, see adf-. **afore, aforem**, see absum.

Āfrica, ae, *f.* [a Carthaginian word], *Libya, the Carthaginian territory,* C., S.; *the province of Africa,* C.—*Africa* (the continent), S.

Āfricānus, *adj.* [Africa], *of Africa, African:* bellum: possessiones, N. — *Plur. f.* as *subst.*, arum (sc. ferae), *panthers,* L.

Āfricus, *adj.* [Africa], *African:* terra: procellae, i. e. *from the southwest*, H. — As *subst.*, *m.* (sc. ventus), *the southwest wind*, V., H.

agāsō, ōnis, *m.*, *a driver*, *hostler*, L., Cu. — *A lackey*, H.

age, agite, *imper.* of ago, freq. as *interj.*, *come*, *go to*; see ago.

agellulus, ī, *m. dim.* [agellus], *a very small field*, Ct.

agellus, ī, *m. dim.* [ager], *a small estate*, *little field*: Agelli paulum, T.: agelli singulorum.

agēma, atis, *n.*, = ἄγημα, *the flower of the* (Macedonian) *cavalry*, L., Cu.

Agēnor, oris, *m.*, *a king of Phoenicia*: Agenoris urbs, i. e. *Carthage*, V.—Agenore natus, i. e. *Cadmus*, O.

agēns, entis, *adj.* [*P.* of ago], *effective*, *powerful*: imagines.

ager, grī, *m.*, *productive land*, *a field*, *farm*, *estate*, *arable land*, *pasture*: agrum mercari, T.: fertilis, fructuosus: agri solum, *the bare ground*, Cs.: agros findere sarculo, H.: conserere, V.: agri terminos, *of an estate*, H.: situs agri, *of the farm*, H. —*A territory*, *district*, *domain*: Hirpinus: Helvetius, Cs.: his civitas data agerque, L.: Apollinis, *the domain of Apollo's temple*, V. — E s p.: ager Romanus, *the Roman possessions in land*: publicus, *public domain*: privatos agros publicā pecuniā coëmere, *private estates*.—*The fields*, *the open country*, *the country*: neque agri neque urbis odium, T.: homines ex agris concurrunt: per agros perque vias, O.: domus qui prospicit agros, H.: mille pedes in fronte, trecentos in agrum dare, i. e. *in depth*, H.—*A plain*, *valley*, *champaign* (opp. montes): campestris, L.: montes agrosque salutat, O.

aggemō (**ad-g-**), —, —, ere, *to groan at*, *lament over* (poet.): malis, O.

agger, eris, *m.* [ad+GES-], *a mass*, *heap*, *collection*, *pile*: aggere paludem explere, Cs.: longius erat agger petendus, Cs.: fossas aggere conplent, V.—*A heap of rubbish*, *pile of stones*, *bank*, *mound*, *dam*, *pier*, *hillock*, *wall*, *dike*, *mole*, *rampart*: aggeribus niveis informis terra, *with snow-drifts*, V.: proelia miscent Aggeribus murorum, V.: molirique aggere tecta, *a stockade*, V.: aggeribus ruptis amnis exit, *dams*, V.: muniti aggere portūs, *a breakwater*, O.: viae agger, *a causeway*, V.—P o c t.: aggeres Alpini, i. e. *mountains*, V.—*A funeral pile*, O. — *A platform* (for a speaker), O. — In war, *a mound erected before a besieged city to sustain battering engines*: vineis ad oppidum actis, aggere iacto, Cs.: aggerem iacere, S.: promovere ad urbem, *to bring near to the city*, L.; usu. of wood; hence, ut agger, tormenta flammam conciperent, Cs.: aggerem ac vineas incendium hausit, L. — F i g.: esset agger oppugnandae Italiae, *a rampart for attacking*. — Freq. of mounds or terraces in Rome, built for defence, and afterwards used as promenades, *a boulevard*, *terrace*: maximus (Tarquinii): (Servius) aggere circumdat urbem, L.: Aggere in aprico spatiari, H.—*A mound to protect a camp*: seges aggere cingit, V.

1. aggerō (**ad-g-**), gessī, gestus, ere, *to bring up*, *carry*, *convey to*: adgeritur tumulo tellus, V.: quadrantes patrimonio, *to keep adding*, Ph.: probra, Ta.: aggeruntur insontibus periculosa, Ta.

2. aggerō, āvī, —, āre [agger], *to make a mound of*, *heap up*, *pile*: Cadavera, V.: Laurentis praemia pugnae, V. — F i g., *to pile up*, *increase*, *stimulate*: iras dictis, V.—*To fill with earth*: spatium, Cu.

aggestus (**ad-g-**), ūs, *m.*, *a bringing in*, *collecting*: copiarum, Ta.: pabuli, Ta.

agglomerō (**ad-g-**), —, —, āre, *to wind on*, *add by winding*: se lateri nostro, *attach themselves*, V.: cuneis se, *throng to the battalions*, V.

agglutinō (**ad-g-**), —, —, āre, *to glue to*, *stick on*, fig.: prooemium.

aggravēscō (**adg-**), —, —, ere, *to increase in weight*, *grow violent*: ne morbus adgravescat, T.

aggravō (**ad-g-**), —, atus, āre, *to make heavy*. — F i g., *to embarrass further*, *increase in oppressiveness*: res, L.: dolorem, Cu.: curam curā, Ph.

aggredior (**ad-g-**), gressus, ī, *dep.* [ad+gradior], *to approach*: aliquo. — E s p., *to approach*, *apply to*, *address*: legatos aggreditur, S.: iudicem, *to influence*: mortales pecuniā, *with bribes*, S.: Venerem dictis, *to accost*, V.: astute, *make advances*, T.—*To go against*, *fall upon*, *attack*, *assault*: eos impeditos, Cs.: milites, S.: bene comitatum: alqm ferro, O.: murum scalis, S.: comminus, O.: adgressi iniciunt vincula, *attacking*, V.—F i g., *to set about*, *undertake*, *assume*, *begin*, *attempt*, *try*: de quibus dicere adgrediar: avellere Palladium, V.: oppidum oppugnare, Cs.: mollire impetum, L.: ad crimen: ad petitionem consulatūs, *to become a candidate*: ad faciendam iniuriam: ancipitem causam: maiora, S.: aliā viā, *try another way*, T. — *To lay claim to*, *seize* (poet.): magnos honores, V.

aggregō (**ad-g-**), āvī, ātus, āre, *to add to a flock*, *bring together in a flock*. — F i g., *to attach*, *join*, *include*: te in nostrum numerum, *count you one of us*: se ad eorum amicitiam, *joined their alliance*, Cs.—*To connect*: filium ad patris interitum, i. e. *to implicate in*. — *To collect*, *bring together*, *make one body*: se: eodem naufragos.

aggressiō (**adg-**), ōnis, *f.* [aggredior], *an assault*; f i g.: prima, *the introduction* (to a speech).

aggressus, *P.* of aggredior.

agilis, e, *adj.* [1 AG-], *nimble*, *quick*, *agile*, *lively*, *prompt*: Cyllenius, O.: agilis fio, *a business* *man*, H.: Quae circumvolitas agilis thyma? H.: remus, O.: rota, O.

agilitās, ātis, *f.* [agilis], *nimbleness, activity, quickness:* navium, L.: rotarum, Cu.—Fig.: naturae, *a pliable temper.*

agitābilis, e, *adj.* [agito], *easily moved, light:* aer, O.

agitātiō, ōnis, *f.* [agito], *movement, motion, agitation:* fluctuum: lecticae, L.: linguae: armorum, L.—Fig.: mentis.—*Pursuit, prosecution:* studiorum: magnarum rerum.

agitātor, ōris, *m.* [agito], *a driver:* aselli, V.: equorum Achillis, i.e. *charioteer*, V.—Esp., *a competitor in the circus*, C.

agite, *imper. plur.* of ago.

agitō, āvī, ātus, āre, *freq.* [ago], *to set in violent motion, drive onward, move, impel, urge:* (Harena) magnā vi agitata, S.: greges, *drive to pasture*, V.: equum, V.: iugales (dracones), O.: (triremem) in portu agitari iubet, *rowed about*, N.—*To hunt, chase, pursue:* aquila alias avīs agitans: dammas, O.: cervos in retia, O.—Fig., *to drive, urge forward, press, support, insist on:* agrariam legem: hoc unum agitare, esse, etc., *keep pressing this one point:* pacem an bellum, S.—*To attend, keep, celebrate:* Dionysia, T.: festos dies.—*To observe, obey, carry out, exercise:* praecepta parentis mei, S.: secreta consilia, L.—Of time, *to pass, spend* vitam sine cupiditate, S.: apud aquam noctem, S.—*Absol.*, *to live, abide, be:* varius atque incertus agitabat, S.: pro muro dies noctīsque, *remain*, S.—*To move to and fro, stir, agitate, shake, disturb, toss:* corpora huc et illuc, S.: hastam, *brandish*, O.: scintilla agitata (ventis), *fanned*, O.: habenas manibus, *wield*, O.: caput, *nod*, O.: mare ventorum vi agitari: freta incipiant agitata tumescere, V.: Zephyris agitata Tempe, H.: agitata numina Troiae, *tossed* on the sea, V.: agitantia fumos Nubila, *tossing up spray*, O.—Fig., *to stir, rouse, agitate, stimulate, excite, goad:* hunc, T.: plebem, L.: mens agitat molem, *animates*, V.—*To vex, disquiet, disturb, distress:* nationes: Furiis agitatus Orestes, V.: rebus agitatis, *in times of disorder:* metu atque libidine divorsus agitabatur, *was distracted by*, S.: te agitet cupido, H.: fidem aut gentīs, *to disturb the loyalty*, etc., V.—*To insult, scoff, rail at, deride, revile:* rem militarem: mea fastidia verbis, H.: (poemata) expertia frugis, H.: ea belle agitata ridentur, *neatly mocked.*—*To prosecute, occupy oneself with, engage in, keep going, stir:* cuncta, *keep active*, S.: mutas artes, V.: iocos, O.: eo modo agitabat, ut, etc., *so conducted himself*, S.: scaenis agitatus Orestes, i.e. *represented*, V.—*To pursue, consider, deliberate on, meditate:* secum multum, S.: haec mecum, H.: in animo bellum, L.: agitare coepit, si posset, etc., L.: ut mente agitaret, bellum renovare, N.—*To discuss, debate, sift, investigate:* oratori omnia tractata, agitata, i.e. *sifted, discussed:* omnia ex tabulis, *by the accounts:* senatus de secessione plebis agitat, L.—*Impers.:* Romae de facto agitari, *there were discussions*, S.

āgmen, inis, *n.* [ago], *that which is driven.*—In gen., *a multitude, throng, host, troop, crowd, number, band:* perpetuum totius Italiae: ingens mulierum, L.: puerile, *of boys*, V.: Eumenidum agmina, V.: navium, *a line of ships* (for a breakwater), L.: graniferum, *ants*, O.: agmina cervi fugā glomerant, V.: (stellarum) agmina, O.—Esp., *an army on the march, column:* medium hostium, *the centre*, L.: novissimum hostium... nostrum primum, *rear, van*, Cs.: extremum, *rear guard*, Cs.: confertissimo agmine contendere, *in close array*, Cs.: certum agminis locum tenere, *place in the column:* transverso agmine, *by a flank movement*, L.: agmine tacito, i.e. *without signals*, L.: agmine quadrato accedere, *in solid column:* quadrato agmine incedere, *in a square*, S.—*An army, host, troops* (cf. exercitus, acies): instructo agmine, L.: agmina curru Proterit, V.: horrentia pilis, H.: coniurata undique pugnant Agmina, O.: venti, velut agmine facto, *as if for battle*, V.: agmen agens, *the naval line of battle*, V.: rudis agminum, i.e. *in war*, H.—*A course, train, line, stream, succession:* leni fluit agmine, V.: immensum aquarum, V.: agmine longo formicae, *in a long line*, O.: agmine remorum celeri, *with a quick stroke of the oars*, V.: extremae agmina caudae, *movements*, V.: agmine certo, *in a straight line*, V.—Of an army, *a passage, progress, march:* de castris, de agminibus... dicere: in agmine, *on the march*, S.: in agmine principes facti, *to lead*, S.: educenda dictio est medium in agmen, *before the public.*

āgna, ae, *f.* [agnus], *a ewe lamb*, H., V., O.

Āgnālia, ium, *n.*, see Agonalia.

āgnāscor (ad-gn-), ātus, *to be born in addition* (i.e. after a father's will was made): constat agnascendo rumpi testamentum; see agnatus.

āgnātiō (adg-), ōnis, *f.* [agnascor], *consanguinity on the father's side:* iura agnationum.

1. āgnātus, *P.* of agnascor.

2. āgnātus (ad-g-), ī, *m.* [agnascor], *a relation on the father's side*, C.—*Plur.*, *children born after the father has made his will*, Ta.

āgnīna, ae, *f.* [agnus], *the flesh of a lamb, lamb*, H.

āgnitiō, ōnis, *f.* [agnosco], *a knowing, knowledge:* animi.

āgnōscō (ad-gn- or ad-n-), nōvī, nitus, ere, *to recognize, identify, make out:* illa reminiscendo: nomine audito virum, L.: veterem amicum, V.: non agnoscendum os, O.: hominem, Ph.: Augusti laudes, *praise appropriate to Augustus*, H.: accipio adgnoscoque deos, *accept the omen, and discern the hand of the gods*, V.: adgnoscunt spolia inter se, i. e. *by the spoils identify the dead*, V.: Ipse certe agnoscet, *will recognize* (the picture I drew of him): virtus cum suum lumen agnovit in alio, *appreciated.—To declare, recognize, acknowledge as one's own:* mihi tantum tribui quantum nec agnosco nec postulo, *admit as due to me:* quem ille natum non agnorat, *at his birth*, N.: prolem, O.: me ducem, L.—*Pass.:* cuius (Iovis) oraculo adgnoscor, *as his son*, Cu.—*To acknowledge as true, recognize, assent to, approve:* me non esse inopem: facti gloriam: crimen.—With *ex, to acquire knowledge by, know through:* Deum ex operibus eius: agnosco ex me, *from my own experience.—To understand, mark, perceive the meaning of:* verbum: gemitum, V.: sonitum, V.

āgnus, ī, *m., a lamb:* villa abundat haedo agno: ara avet spargier agno, H., V., O.

agō, ēgī, āctus (old *inf. pass.* agier), ere [1 AG-], *to put in motion, move, lead, drive, tend, conduct:* bos Romam acta, L.: capellas, V.: pecus visere montīs, H.: ante se Thyum, N.: in exsilium, L.: Iris nubibus acta, *borne on*, V.: alqm in crucem, *to crucify:* Illum aget Fama, *will carry*, H.: quo hinc te agis? *whither are you going?* T.: se primus agebat, *strode in front*, V.: capellas potum, V.—P r o v.: agas asellum, i. e. *if you can't afford an ox, drive an ass.—Pass., to go, march:* quo multitudo agebatur, L.: citius agi vellet agmen, *march on quicker*, L.: raptim agmine acto, L.—E s p., *to drive away, carry off, steal, rob, plunder:* pecoris praedas, S.; freq. with *ferre, to rob, plunder:* ferre agere plebem plebisque res, L.: res sociorum ferri agique vidit, L.—*To chase, pursue, hunt:* apros, V.: cervum, V.—F i g.: dum haec crimina agam ostiatim, *track out from house to house:* ceteros ruerem, agerem, T.: palantīs Troas, V.—*To move, press, push forward, advance, bring up:* multa undique portari atque agi, Cs.: vineis ad oppidum actis, *pushed forward*, Cs.: moles, Cu.: cloaca maxima sub terram agenda, *to be carried under ground*, L.: cuniculos ad aerarium, *drive:* per glaebas radicibus actis, O.: pluma in cutem radices egerit, *struck deep root*, O.: vera gloria radices agit: tellus Fissa agit rimas, *opens in fissures*, O.: in litus navīs, *beached*, L.: navem, *to steer*, H.: currūs, *to drive*, O.: per agmen limitem ferro, V.: vias, *make way*, V.: (sol) amicum Tempus agens, *bringing the welcome hour* (of sunset), H.—*To throw out, stir up:* spumas ore, V.: spumas in ore: se laetus ad auras Palmes agit, *shoots up into the air*, V.—Animam agere, *to expire:* nam et agere animam et efflare dicimus; cf. et gestum et animam ageres, i. e. *exert yourself in gesturing and risk your life.*—F i g., *to lead, direct, guide:* (poëmata), animum auditoris, H.—*To move, impel, excite, urge, prompt, induce, rouse, drive:* quae te Mens agit in facinus? O.: ad illa te, H.: eum praecipitem: viros spe praedae diversos agit, *leads astray*, S.: bonitas, quae nullis casibus agitur, N.: quemcunque inscitia veri Caecum agit, *blinds*, H.: quibus actus fatis, V.: seu te discus agit, *occupies*, H.: nos exquirere terras, V.: desertas quaerere terras agimur, V.—*To pursue for harm, persecute, disturb, vex, attack, assail:* reginam stimulis, V.: agentia verba Lycamben, H.: diris agam vos, H.: quam deus ultor agebat, O.—*To pursue, carry on, think, reflect, deliberate, treat, represent, exhibit, exercise, practise, act, perform, deliver, pronounce:* nihil, *to be idle:* omnia per nos, *in person:* agendi tempus, *a time for action:* industria in agendo: apud primos agebat, *fought in the van*, S.: quae continua bella agimus, *are busy with*, L.: (pes) natus rebus agendis, *the metre appropriate to dramatic action*, H.: Quid nunc agimus? *what shall we do now?* T.: quid agam, habeo, i. e. *I know what to do*, T.: quid agitur? *how are you?* T.: quid agis, dulcissime rerum? i. e. *how are you?* H.: vereor, quid agat Ino, *what is to become of:* quid agis? *what do you mean?* nihil agis, *it is of no use*, T.: nihil agis, dolor, quamvis, etc.: cupis abire, sed nihil agis, usque tenebo, *you cannot succeed*, H.: ubi blanditiis agitur nihil, O.—E s p., hoc *or* id agere, *to give attention to, mind, heed:* hocine agis, an non? *are you attending?* T.: id quod et agunt et moliuntur, *their purpose and aim:* qui id egerunt, ut gentem conlocarent, etc., *aimed at this:* sin autem id actum est, ut, etc., *if it was their aim:* summā vi agendum esse, ut, etc., L.: certiorem eum fecit, id agi, ut pons dissolveretur, *it was planned*, N.: Hoc age, ne, etc., *take care*, H.: alias res agis, *you are not listening*, T.: aliud agens ac nihil eius modi cogitans, *bent on other plans:* animadverti eum alias res agere, *paid no attention:* vides, quam alias res agamus, *are otherwise occupied:* populum aliud nunc agere, i. e. *are indifferent.—To perform, do, transact:* ne quid negligenter: suum negotium, *attend to his own business:* neque satis constabat, quid agerent, *what they were at*, Cs.: agentibus divina humanaque consulibus, *busy with auspices and affairs*, L.: per litteras agere, quae cogitas, *carry on*, N.: (bellum) cum feminis, Cu.: conventum, *to hold an assize:* ad conventūs agendos, *to preside at*, Cs.: census actus eo anno, *taken*, L.—Of public transactions, *to manage, transact, do, discuss, speak, deliberate:* quae (res) inter eos agi coeptae, *negotiations begun*, Cs.: de condicionibus pacis, *treat*, L.: quorum de poenā agebatur, L.—Hence, agere cum populo, of magistrates, *to address the people on a law* or *measure* (cf. agere ad populum, *to propose, bring before the people*): cum populo de re p.—Of a speaker or writer, *to treat, discuss, narrate:* id quod agas, *your subject:* bella per quartum iam volumen, L.: haec dum agit, *during this speech*, H.—In law, *to plead, prosecute, advocate:* lege agito, *go to law*, T.: causam apud iudices: aliter causam agi, *to be argued on other grounds:* cum de bonis et de caede agatur, *in a cause relating to*, etc.: tamquam ex syngraphā agere cum populo, *to litigate:* ex sponso egit: agere lege in hereditatem, *sue for:* crimen, *to press an accusation:* partis lenitatis et misericordiae, *to plead the cause of mercy:* ii per quos agitur, *the counsel:* causas, i. e. *to practise law:* me agente, *while I am counsel:* ii apud quos agitur, *the judges;* hence, of a judge: rem agere, *to hear:* reos, *to prosecute*, L.: alqm furti, *to accuse of theft.* —*Pass., to be in suit, be in question, be at stake:* non capitis eius res agitur, sed pecuniae, T.: aguntur iniuriae sociorum, agitur vis legum.—*To represent, act, perform*, of an orator: cum dignitate.—Of an actor: fabulam, T.: partīs, *to assume a part*, T.: Ballionem, *the character of:* gestum agere in scena, *appear as actors:* canticum, L.—Fig.: lenem mitemque senatorem, *act the part of*, L.: noluit hodie agere Roscius: cum egerunt, *when they have finished acting:* triumphum, *to triumph*, O.: de classe populi R. triumphum, *over*, etc.: ex Volscis et ex Etruriā, *over*, etc., L.: noctu vigilias, *keep watch:* alta silentia, *to be buried in silence*, O.: arbitria victoriae, *to exercise a conqueror's prerogative*, Cu.: paenitentiam, *to repent*, Cu.: oblivia, *to forget*, O.: gratias (poet. grates) agere, *to give thanks, thank:* maximas tibi gratias: alcui gratias quod fecisset, etc., Cs.: grates parenti, O.—Of time, *to spend, pass, use, live through:* cum dis aevom: securum aevom, H.: dies festos, *celebrate:* ruri vitam, L.: otia, V.: quartum annum ago et octogesimum, *in my eighty-fourth year:* ver magnus agebat orbis, *was experiencing*, V.—*Pass.:* mensis agitur hic septimus, postquam, etc., *going on seven months since*, T.: bene acta vita, *well spent:* tunc principium anni agebatur, L.: melior pars acta (est) diei, *is past*, V.—*Absol., to live, pass time, be:* civitas laeta agere, *rejoiced*, S.—Meton., *to treat, deal, confer, talk with:* quae (patria) tecum sic agit, *pleads:* haec inter se dubiis de rebus, V.: Callias quidam egit cum Cimone, ut, etc., *tried to persuade C.*, N.: agere varie, rogando alternis suadendoque coepit, L.—With bene, praeclare, male, etc., *to deal well* or *ill with, treat* or *use well* or *ill:* praeclare cum eis: facile est bene agere cum eis.—*Pass. impers., to go well* or *ill with one, be well* or *badly off:* intelleget secum esse actum pessime: in quibus praeclare agitur, si, etc., *who are well off, if*, etc.—Poet.: Tros Tyriusque mihi nullo discrimine agetur, *will be treated*, V.—*Pass., to be at stake, be at hazard, be concerned, be in peril:* quasi mea res minor agatur quam tua, T.: in quibus eorum caput agatur: ibi rem frumentariam agi cernentes, L.: si sua res ageretur, *if his interests were involved:* agitur pars tertia mundi, *is at risk*, O.: non agitur de vectigalibus, S.—Praegn., *to finish, complete*, only *pass.:* actā re ad fidem pronius est, *after it is done*, L.: iucundi acti labores, *past:* ad impediendam rem actam, *an accomplished fact*, L.—Prov.: actum, aiunt, ne agas, i. e. *don't waste your efforts*, T.: acta agimus: Actum est, *it is all over, all is lost*, T.: iam de Servio actum rati, L.: acta haec res est, *is lost*, T.: tantā mobilitate sese Numidae agunt, *behave*, S.: ferocius agunt equites, L.: quod nullo studio agebant, *because they were careless*, Cs.: cum simulatione agi timoris iubet, Cs.—*Imper.* as *interj., come now, well, up:* age, da veniam filio, T.: en age, rumpe moras, V.: agite dum, L.: age porro, tu, cur, etc.? age vero, considerate, etc.: age, age, iam ducat: dabo, *good*, T.: age, sit ita factum.

Agōnālis, e, *adj., of the festival Agonalia* (in honor of Janus, on Jan. 9th): lux, O.

agōnium, ī, *n., a victim, beast for sacrifice*, O. —*Plur.* for Agonalia (see Agonalis), O.

agrārius, *adj.* [ager], *pertaining to land:* lex, *a law for the division of land*, C., L.: largitio, *a gratuitous land-grant*, L.: agrariam rem tentare, *to agitate for a distribution of land by law.*—As *subst.:* **agrāriī**, ōrum, *m., the agrarian party, supporters of agrarian laws*, C., L.—**agrāria**, ae, *f.* (sc. lex), *an agrarian law*, C.

agrestis, e, *adj.* with *comp.* [ager], *of the fields, belonging to the country:* palmae, *wild:* poma, V.: frondes, H.: bestiae: pubes, V.: praeda, *from the fields*, L.—*Subst.* **agrestis**, is (*gen. plur.*, -tum, V., O.), *m., a countryman, peasant, rustic:* agrestīs in spem rapinarum impellere: conventus agrestium, *assembly of the rural population:* agrestibus in urbem acceptis, L.: agrestis imagine, *in the form of a peasant*, O.: numina agrestum, *worshipped by*, V.: agrestem confertum in arta tecta, *the country-folk crowded*, etc., L.—Of a mouse: agrestem pellere, *the rustic*, H.—Praegn., *wild, uncultivated:* silva, O.: baculum, *rude*, O.—*Rustic, rude, uncultivated, clownish, boorish, coarse, wild:* homo: vita: exercitus conlectus . . . ex agresti luxuriā, i. e. *profligate boors:* Cyclops, H.: quas (causas) agrestioribus Musis reliquerunt (of the language of the bar): genus hominum, S.: voltus, *brutish*, O.: asperitas, H.: barbaria, *uncivilized:* Latium, H.

agricola, ae, *m.* [ager+COL-], *a husbandman, agriculturist, ploughman, farmer, peasant:* adsidui: diligentissimus: fortunati, V.—Praegn., *a rustic, boor, clown*, C.—Poet.: caelitis, *rustic deities*, Tb.

agricultiō, agricultor, agricultūra, prop. written agri cultio, etc.

agripeta, ae, *m.* [ager+PET-], *a colonist, one who seeks land to cultivate*, C. (twice).

Agyīeus, —, *voc.* Agyīeu (trisyl.), *an epithet of Apollo, as guardian of streets*, H.

āh or **ā**, *interj.*—Of distress or pity, *ah! alas!* H.—Of reproach or admonition, *ah! oh!* V.—Of surprise, *Oh! I see!* H.

ahēneüs, ahēnus, see aēn-.

ai = *aī*, *interj.*, *alas*, only O. (once).

āiēns (disyl.), ntis, *P.*, see aio.

āiō, *v. defect.* [for *ag-io, AG-]; in use, *praes. ind.* āiō, aïs, aït, āiunt; *subj.* āias, āiat; *imperf.* āiēbam throughout, colloq., aibam (disyl.); *part.* āiēns (C. twice), *to say yes, assent, affirm:* negat quis? nego: ait? aio, *if one says no, I say no; if yes, I say yes*, T.: Diogenes ait, Antipater negat: ut quibus creditam non sit negantibus, isdem credatur aientibus: ne faciam Omnino versūs? aio, *I say so*, H.—In gen., *to assert, affirm, aver, say, tell, relate:* crimen ais te metuisse: Tarquinium a Cicerone inmissum aiebant, S.: nescio quid velle loqui te aiebas mecum, *you were saying*, H.: quem secum aiunt portare Penatīs, *they say*, V.: a me deceptos ait Hirtium et Caesarem (sc. esse).—With attraction: vir bonus ait esse paratus, H.: 'huncine,' aiebat, 'quem,' etc., L.: 'loris non uteris,' aio, H.: 'O te felicem,' aiēbam tacitus, *said to myself*, H.: secum ait, O.: Talia dicenti, 'tibi' ait 'revocamina' corvus 'Sint precor,' O.: Causa optumast, nisi quid pater ait aliud, T.: Haec ait, V.: Sic ait, et dicto citius tumida aequora placat, V.: vita vitalis, ut ait Ennius, *to adopt the phrase of:* uti mos vester ais, H.: ut ait in Synephebis, *as* (the author) *says.*—Aiunt, ut aiunt, quem ad modum or quod aiunt, in quoting a current phrase, *as they say, as is said, as the saying is:* ut quimus, aiunt, quando, ut volumus, non licet, T.: se Massiliam, ut aiunt, non in haec castra conferet: Iste claudus, quem ad modum aiunt, pilam: conspexit, ut aiunt, Adrasum quendam vacuā tonsoris in umbrā, H.: ain tu? (for aisne) ain tute? ain tandem? ain vero? a colloq. phrase, expressing surprise, *do you really mean? indeed? really? is it possible?* often only an emphatic *what?* Ain tu tibi hoc incommodum evenisse iter? T.: ain tandem? inquit, num castra vallata non habetis? L.: Hem, quid ais, scelus? *what do you mean?* T.: Quid tu ais, Gnatho? num quid habes quod contemnas? *what say you?* T.

Āius, ī, *m.* [aio], *the speaker;* in full, Aius Locutius, L., or Aius Loquens, C.; *a deity supposed to have notified the Romans of a coming invasion by the Gauls.*

āla, ae, *f.* [for *axla; *dim.* of axis], *a wing:* aquila suspensis demissa leniter alis, L.: stridentes, V.—Fig.: mors alis circumvolat atris, H.: furva, Tb.: iocunda, Pr.: fulminis ocior alis, V.: timor addidit alas, i. e. *speed*, V.—Of sails: velorum pandimus alas, V.—In man, *the armpit*, L.: aliquid sub alā portare, H.—Of an army, *the wing*, usu. including the cavalry and the auxiliaries, C., L.—*A division of cavalry:* Campanorum, L.: mille ferme equitum, L.—Poet.: Dum trepidant alae, *while the troops are in hot pursuit*, V.

alacer (*m.* alacris, T., V.), cris, cre, *adj.* with *comp.* [AL-], *lively, brisk, quick, eager, excited, glad, happy:* quidve es alacris? *why so excited?* T.: videbant Catilinam alacrem atque laetum, *active and joyous:* ex alacri atque laeto erat humilis atque demissus: (Dares) alacris stetit, *in high spirits*, V.: alacer gaudio arma capiebat, *in high glee*, L.: miles animis, *fresh*, L.: alacriores ad pugnandum, Cs.: ad rem gerendam, N.: equus, C.: clamor, L.: alacrior clamor, Ta.—Poet.: voluptas, *a lively pleasure*, V.

alacritās, ātis, *f.* [alacer], *liveliness, ardor, eagerness, alacrity, cheerfulness, encouragement:* quantam mihi alacritatem . . . concursus adferret: alacritate ac studio uti, Cs.: ingens, Ta.: animi, Cs.: rei p. defendendae: mira ad pugnandum: canum in venando.—*Joy, delight:* inanis alacritas, id est, laetitia gestiens: clamor alacritate perfecti operis sublatus, *in their delight*, L.

alapa, ae, *f.*, *a box on the ear, blow with the open hand:* alapam sibi ducere, Ph.: ridere Mamercorum alapas, *mock slaps* (on the stage), Iu.—Given in the ceremony of emancipation, hence: multo maioris alapae mecum veneunt, i. e. *freedom sells higher*, Ph.

ālāris, e, *adj.* [ala], *of the wing* (for alarius): cohortes, L.

ālārius, *adj.* [ala], *of the wing* (of an army): cohortes, Cs.: equites, L., Ta.—*Plur.* as *subst.*, *auxiliary troops:* ad speciem alariis uti, Cs.

ālātus, *adj.* [ala], *winged, having wings* (poet.): plantae (of Mercury), V.: equi, O.

Alauda, ae, *m.* [Celtic], *a soldier of the legion* Alaudā (lark), *which Caesar raised in Gaul*, C.

albātus, *adj.* [albus], *white-robed, clothed in white:* epuli dominus: natalis (dies), H.

albēns, ntis, *adj.* [*P.* of albeo], *whitening, white:* spumae, O.: tempora canis, O.: ossa, Ta.

albeō, —, —, ēre [albus], *to be white:* campi ossibus, V., O.: albente caelo, *at dawn*, Cs.

albēscō, —, —, ere, *inch.*, *to become white, whiten:* mare albescit: fluctus vento, V.: albescens capillus, H.: flammarum tractus, *brightens*, V.: lux, *dawns*, V.

albicō, —, —, āre [albus], *to be white:* prata pruinis, H.: albicans litus, Ct.

albidus, *adj.* [albus], *whitish, white:* spuma, O.

Albula, ae, *f.*, *old name of the Tiber*, V., O.

albulus, *adj. dim.* [albus], *whitish:* columbus, Ct.

album, ī, *n.* [albus], *white color, whiteness:* insignis albo, V.: columnas polire albo, L. — M e t o n., *a white tablet on which the* Pontifex Maximus *registered the principal events of the year* (cf. Annales maximi): in album referre, *to enter in*, C., L.—*A list of names:* senatorium, *the roll of senators*, Ta.

albus, *adj.*, *white* (without lustre, opp. ater; cf. candidus, opp. niger): color: hedera, V.: plumbum, i. e. *tin*, Cs.: parma, i. e. *unadorned*, V.: canities, O.: vitis, *bryony*, O.: pallor, *ghastly*, H.: lapis, *marble*, H.: pedibus vēnire albis, i. e. *with chalked feet* (as of slaves for sale), Iu.: stella, *propitious*, H.: Notus, *clear*, H.—P r o v.: avis alba, *a white bird* (i. e. a rarity): filius albae gallinae, *a white hen's son*, i. e. *a son of fortune*, Iu.—Ater an albus, *black or white*, i. e. *I care not who* or *what:* unde illa scivit ater an albus nascerer, Ph.: is qui albus aterve fuerit ignoras.—Equis albis praecurrere alqm, *greatly to surpass* (in allusion to the triumphal chariot), H.

alcēs, is, *f.*, *the elk*, Cs.

Alcīdēs, ae, *m.*, *a descendant of Alceus;* esp. *his grandson Hercules*, V., H.

Alcinous, ī, *m.*, *a king of the Phaeacians:* iuventus Alcinoi, i. e. *voluptuaries*, H.: Alcinoi silvae, i. e. *fruit-trees*, V.

alcyōn, onis, or **alcyonē**, ēs, *f.*, = ἀλκύων, *the kingfisher*, V.

alea, ae, *f.*, *a game with dice:* in aleā tempus consumere: exercere aleam, Ta.: luditur pernox, Iu.—*Chance, hazard, risk, fortune, venture:* dubia imperii servitiique, L.: dare in aleam tanti casūs se regnumque, *set at risk*, L.: periculosae plenum opus aleae, H.

āleātor, ōris, *m.* [alea], *a player with dice, gamester.*

āleātōrius, *adj.* [aleator], *of a gamester:* damna, *in gaming.*

alec, see allec.

Ālectō (All-), —, *acc.* tō, *f.*, = Ἀληκτώ, *one of the three furies* (only *nom.* and *acc.*), V.

āleō, ōnis, *m.*, *a gamester*, Ct.

āles, ālitis, *gen. plur.* ālitum, and poet. ālituum, *adj.* and *subst.* [ala]. **I.** *Adj.*, *winged:* avis: deus, i. e. *Mercury*, O.: minister fulminis (i. e. aquila), H.: (Venus) purpureis ales oloribus, *borne on the wings of bright swans*, H. — *Quick, hasty, rapid, swift:* rutili tres ignis et alitis Austri, V.: passus, O.—**II.** *Subst. m.* and *f.*, *a bird:* fulvus Iovis, i. e. aquila, V.: Phoebēius, *the raven*, O.: albus, *the swan*, H.: Aetheriā lapsa plagā Iovis ales, V.: regia, O.—E s p., in augury, alites are *birds whose flight is significant* (cf. oscen, a bird whose song is regarded in augury). — Hence, *augury, omen, sign:* lugubris, H.: potiore alite, H.—Ales canorus, *a swan* (of a poet), H.: Maeonii carminis, i. e. *the singer of a Maeonian* (Homeric) *song*, H.

alga, ae, *f.*, *sea-weed*, H.—P r o v. of worthlessness: proiecta, V.: inutilis, H.

algeō, alsī, —, ēre, *to be cold, feel cold:* si algebis, tremes: erudiunt iuventutem algendo: sudavit et alsit, H.: algentis manus, O.—F i g.: probitas laudatur et alget, *left out in the cold*, Iu.

algēscō, alsī, —, ere, *inch.* [algeo], *to catch cold:* ne ille alserit, T.

algidus, *adj.* [algeo], *cold:* nix, Ct.

algor, ōris, *m.* [algeo], *cold, chilliness:* corpus patiens algoris, S.

aliās, *adv.* [orig. *acc. plur. f.* of alius], of time, *at another time, some other time, at other times:* Nil oriturum alias, nil ortum tale fatentes, H.: et alias et in consulatūs petitione vincebar: numquam ante alias, L.: non umquam alias ante, L. —E s p., repeated: alias . . . alias, *at one time . . . at another; once . . . another time; sometimes . . . sometimes; now . . . now*, C.: cum alias bellum inferrent, alias inlatum defenderent, Cs.; cf. alias . . . plerumque: interdum . . . alias, C.—With a case of alius, or with aliter, *at one time one . . . at another time another; now in one way, now in another:* illi alias aliud isdem de rebus iudicant, *pass different judgments at different times:* (deos) non semper eosdem atque alias alios solemus . . . precari, *different gods at different times*: alias aliter: alias in aliam rem. — With saepe, *at many other times, often besides:* quod cum saepe alias, tum nuper: fecimus et alias saepe, et nuper in Tusculano.—Raro alias, L.—Non alias, *never besides, at no other time:* Non alias caelo ceciderunt plura sereno Fulgura, V.: non alias militi familiarior dux fuit, L.—Non alias . . . quam, *for no other reason, in no other way than*, Ta.

alibī, *adv.*, *elsewhere, somewhere else, at another place* (cf. alio loco): Catulo alibi reponamus, *find another place for:* alibi servaturi auferuntur, Ta. —E s p., alibi . . . alibi, *in one place . . . in another; here . . . there:* alibi preces, alibi minae audiebantur, L.; cf. Hic segetes, illic veniunt felicius uvae, Arborei fetūs alibi, V.: alibi . . . deinde, Cu.—With alius or aliter, *one here, another there; one in this, the other in that manner:* exprobrantes suam quisque alius alibi militiam, L.: pecora diversos alium alibi pascere iubet, L.: alias . . . cetera, *in some parts . . . the rest*, Cu.—With a negative, *nowhere else, in no other place:* Nec tam praesentes alibi cognoscere divos, V.: nusquam alibi. —Alibi quam, indicating comparison, *elsewhere than*, commonly with a neg., *nowhere else* *than:* ne alibi quam in armis, L.: nusquam alibi quam in armis, L.—With interrog.: num alibi quam in Capitolio? L.—Meton., *otherwise, in something else, in another matter, in other things, in other respects:* nec spem salutis alibi quam in pace, L.: alibi quam in innocentiā spem habere, L.—*Elsewhere, with some other person:* alibi animus amori deditus, T.: alibi . . . alibi . . . invenio, *in some authors . . . in others,* L.

alicubī, *adv.* [old aliquōbī], *at any place, somewhere, anywhere:* utinam hic prope adsit alicubi, T.: hic alicubi in Crustumenio.

alicunde, *adv.* [ali- + cunde (unde)], *from somewhere, from any place:* venire, T.: decedere. —Meton.: non quaesivit procul alicunde, *from any other source:* alicunde sumere, *from somebody,* T.: alicunde obiectus labor, *from anything,* T.

aliēnātiō, ōnis, *f.* [alieno], of property, *a transfer, surrender:* sacrorum, i. e. *a transfer of the sacred rites to another gens.*—Fig., *a separation, alienation, breach:* consulum: patrui, Ta.: amicitiae: tua a me.—*Desertion:* exercitūs, Cs.

aliēnātus, *P.* of aliēnō.

aliēnigena, ae, *m.* [alienus + GEN-], *one born in a foreign land, an alien.*—As *adj., foreign, of another land:* homo: hostes: testes.—As *subst.:* quid alienigenae loqui soleant: ipse alienigena, N.

aliēnō, āvī, ātus, āre [alienus], *to make strange, make another's, transfer, make over, part with:* de vectigalibus alienandis: a vobis alienari (sc. res): parvo pretio ea.—*To make subject to another, give up, lose:* urbs maxima alienata, i. e. *subjected to a foreign power,* S.: pars insulae alienata, L.—Fig., *to alienate, estrange, set at variance:* omnium suorum voluntates, Cs.: quae alienarat: omnīs a se bonos: a dictatore militum animos, L.: voluntate alienati, S.: me falsā suspicione alienatum esse, *estranged,* S.: gentium regem sibi, L.—*Pass.* with *ab, to have an aversion for, shrink from:* a falsā adsensione alienatos esse.—*To alienate, deprive of reason, make delirious, drive mad:* alienatus animo, L.: alienatā mente, Cs.: alienato ab sensu animo, L.: alienatus ad libidinem animo, L.

aliēnum, ī, *n.*, see aliēnus.

aliēnus [alius]. **I.** *Adj.* with *comp.* and *sup., of another, belonging to another, not one's own, foreign, alien, strange:* res: puer, *the child of another,* T.: mos, T.: menses, *of other climes,* V.: pecuniae: in alienis finibus decertare, Cs.: salus, *of others,* Cs.: alienis manibus, *by the hands of others,* L.: insolens in re alienā, *in dealing with other men's property:* mālis ridens alienis, i. e. *a forced laugh,* H.: mulier, *another man's wife:* alieni viri sermones, *of another woman's husband,* L.: vestigia viri alieni, *one not my husband,* L.: volnus, *intended for another,* V.: alienam personam ferre, *to assume a false character,* L.: cornua, i. e. *those of a stag,* O.: alieno Marte pugnare (equites), i. e. *on foot,* L.: aes alienum, *another's money,* i. e. *debt:* aes alienum alienis nominibus, *debts contracted on the security of others,* S.: recte facere alieno metu, *fear of another,* T.: crevit ex metu alieno audacia, *another's fear,* L.: sacerdotium genti haud alienum, *foreign to,* L.—*Alien from, not related, not allied, not friendly, strange:* ab nostrā familiā, T.: omnia alienissimis crediderunt, *to utter strangers,* Cs.: ne a litteris quidem alienus, *not unversed in.*—*Strange, unsuitable, incongruous, inadequate, inconsistent, unseasonable, different from:* dignitatis alicuius: neque aliena consili (domus), *not inconvenient for consultation,* S.: illi causae: alienum maiestate suā: aliena huius existimatione suspicio: domus magis his aliena malis, *freer from,* H.: alienum a vitā meā, T.: a dignitate: non alienum esse videtur, proponere, etc., Cs.: non alienum videtur, . . . docere, N.—*Averse, hostile, unfriendly, unfavorable to:* (Caesar) a me: voluntates, *unfriendliness:* mens, *hostility,* S.: alieno a te animo: a causā nobilitatis, *opposed to:* a Murenā nullā re alienus, *in no respect unfriendly:* alienum suis rationibus, *dangerous to his plans,* S.: alieno esse animo in Caesarem, Cs.: alieno loco proelium committunt, *unfavorable,* Cs.: alienissimo sibi loco conflixit, N. —Of time, *unfitting, inconvenient, unfavorable, unseasonable:* ad iudicium corrumpendum tempus: ad committendum proelium alienum esse tempus, Cs.: alieno tempore defendisse: alienore aetate, *at a less suitable age,* T.—Of the mind, *estranged, disordered:* illis aliena mens erat, qui, etc., S.— **II.** *Substt.:* **aliēnus**, ī, *m., one of another house, a stranger to the family, foreigner, alien:* eiectus ad alienos: alienum post mortem expetunt, *a foreigner:* in alienos, in suos inruebat: heres hic alienior institutus est, *this more distant relation.* —**aliēnum**, ī, *n., the property of a stranger, another's possessions:* alienum appetere: alieni appetens sui profugus, S.: necessitas ex alieno praedandi, L.: exstruere aedificium in alieno: aliis sua eripere, aliis dare aliena.—*Plur.:* aliena ut cures, *the affairs of strangers,* T.: aliena ut melius videant quam sua, T.: aliena ac nihil profutura petere, *unsuitable things,* S.: ima petit volvens aliena vitellus, *the foreign matters,* H.: aliena loqui, *to talk strangely,* O.

āliger, gera, gerum, *adj.* [ala + GES-], *bearing wings, winged:* amor, V.: agmen, i. e. *of birds,* V.

alimentārius, *adj., pertaining to nourishment:* lex, *for distributing food among the poor,* Cael. ap. C.

alimentum, ī, *n.* [alo], *nourishment, nutriment, aliment:* corporis: alimentum famae, Ta.—*Plur., food, provisions:* miseranda, Ta.: flammae, *fuel,*

O.: lacrimae ei alimenta fuere, *tears were his food*, O.—*The return due to parents from children*, C.—Fig., *food:* vitiorum, O.: addidit alimenta rumoribus, *support*, L.

alimōnium, ī, *n.*, *nourishment, sustenance*, Ta.

aliō, *adv.* [old *dat.* of alius], *to another place, to another, elsewhere.* —Of place: profectus alio, T.: translatos alio maerebis amores, H.: alio traduci, L.: Arpinumne mihi eundum sit, an quo alio, *to some other place:* Romam aliove quo, L.—Of persons or things: illi suam animum alio conferunt, T.: alio narrata referunt, O.: vocat me alio vestra exspectatio, *to another subject:* alio properare, S.—Of purpose or design: hoc longe alio spectabat, *had a very different purpose*, N.—Alio . . alio, *in one way . . . in another; hither . . . thither* (cf. huc . . . illuc): alio res familiaris, alio ducit humanitas.—Alius alio, *each in a different way, one in one way . . . another in another:* et ceteri quidem alius alio: dilapsi passim alii alio.—With a *negative* and *quam*, or in questions with *nisi:* plebem nusquam alio natam quam ad serviendum, *for nothing else*, L.: quo alio, nisi ad nos confugerent? L.

aliōquī (less correctly **aliōquīn**), *adv.*, *in another way, in other respects, for the rest, otherwise:* alioqui acceptam dis hostiam esse, L.: vitiis paucis Mendosa natura, alioqui recta, H.: triumphatum de Tiburtibus, alioqui mitis victoria fuit, i. e. *although in other respects the victory was*, etc., L.—Meton., *in general, in any case, always:* ira cuius alioqui potens non erat, Cu.: validus alioqui spernendis honoribus, Ta.—With et . . . et; cum . . . tum, etc., *both in general . . . and, in other respects . . . and:* et alioqui opportune situm, et transitus eā est in Labeates, L.: mors Marcelli cum alioqui miserabilis fuit, tum quod, etc., L.

aliōrsum, *adv.* [contr. for alio-vorsum], *in another direction, in another manner, in a different sense:* aliorsum atque ego feci, T.

ālipēs, edis, *adj.* [ala+pes], *with wings on the feet, wing-footed.*—Of Mercury: alipedis de stirpe dei, O.: mactatur Alipedi vitulus, i. e. *to Mercury*, O.—Poet., *swift, fleet, quick:* equi, V.

alīptēs or **alīpta**, ae, *m.*, = ἀλείπτης, *one who anointed wrestlers, a wrestling-master*, C., Iu.

aliquā, *adv.*, *by any way, in any direction, any whither:* aliquā evolare: evadere, L.—*In some way, somehow:* id aliquā resciscere, T.: nocere, V.

aliquam, *adv.* [*acc. f.* of aliqui; sc. partem], *in some degree, somewhat, pretty, moderately, to a degree.*—With *diu* (often aliquamdiu), *awhile, for a while, for some time:* aliquam diu incolumis: ibi certatum, S.: alqm tenere, L.: cunctati aliquam diu sunt, deinde, etc., L.: aliquam diu pugnae stetit, tandem, etc., L.—With *multi*, *a good many:* vestrum aliquam multi.

aliquamdiū, see aliquam.

aliquandō, *adv.* [ali-+quando], of time, *at some time or other, once; at any time, ever:* quis civis meliorum partium aliquando? inlucescet aliquando ille dies: si aliquando esset osurus: Sero, verum aliquando tamen, *but yet once:* Forsitan aliquis aliquando eius modi quidpiam fecerit.—Si forte aliquando or si aliquando, *if at any time, if ever, if once, if at one time, if one day:* si quid huius simile forte aliquando evenerit, T.: quod si aliquando manus ista plus valuerit, etc.—Of an indefinite past, or future time, *once, formerly, some day, hereafter:* quam concedis adhuc artem omnino non esse, sed aliquando, etc.: aut quisquam nostri misereri potest, qui aliquando vobis hostis fuit? S.—Meton., *sometimes, now and then:* utilitatem aliquando cum honestate pugnare: sitne aliquando mentiri boni viri? haud semper errat fama; aliquando et elegit, Ta.—Colloq., *once, for once, on this occasion, now:* nostro more aliquando, non rhetorico loquamur, *now in our own way:* dicendum enim aliquaudo est, etc., *I must for once say it.*—In requests or wishes, *at length, now at last:* audite quaeso, iudices, et aliquando misereminí sociorum: ut (Iuppiter) aliquando fulmina ponat, O.—Implying delay, *finally, at length, now at last:* quibus (quaestionibus) finem aliquando fecit: aliquando tandem huc animum ut adiungas tuom, T.: tandem aliquando: aliquando iam, *now at length.*

aliquantisper, *adv.*, *for a moderate period, a while, for a time, for some time:* Quor non ludo hunc aliquantisper? T.: concedas aliquo aliquantisper, T.

aliquantō, *adv.*, *by some little, in a degree, somewhat, rather:* aliquanto liberius refutare: plus cogitare: aliquanto felicior fuit: carinae aliquanto planiores quam, etc., *much flatter*, Cs.: maior aliquanto numerus, S.: ad maius aliquanto certamen redit, L.: aliquanto ante quam: post autem aliquanto surrexit, *some time afterwards:* terra etsi aliquanto specie differt, etc.: intra legem et quidem aliquanto, *considerably.*

aliquantulum, ī, *n.*, *a little, trifle:* adferre, T.—As *adv.*, *somewhat, a little:* tibi parce, T.: deflexit de spatio consuetudo maiorum.

1. aliquantum, ī, *n.* [*neut.* of aliquantus], *a little, some, a considerable amount, something:* ex cottidianis sumptibus: auri: itineris, Cs.: muri, L.: equorum et armorum, S.

2. aliquantum, *adv.*, *somewhat, in some degree, considerably, not a little:* commotus: illius conatūs reprimere: modum excedere, L.: intellegere.—With *comp.:* ad rem avidior, T.: praeda spe maior, L.

aliquantus, *adj.*, of an indefinite quantity, *some, considerable, moderate:* signorum numerus, S.: timor aliquantus, sed spes amplior, S.: spatium, L.

aliquī, aliqua, aliquod, *gen.* alicūius, *dat.* and *abl. plur.* aliquīs or aliquibus, *pronom. adj. indef.* [ali-+qui], *some, any:* si est aliqui sensus in morte praeclarorum virorum: evadit in aliquod magnum malum, T.: significatio virtutis: aliquam fallaciam portare, T.: nomen Palamedis, *any rumor of the name*, V.—As *subst.:* aliqui Oppianicum gratis condemnavit: ex eo quod aliqui fecerit. —E s p., *some one, one or another:* ut aliquam productem moram, T.: haec aliquā ex parte habere: ad aliquod oppidum venire: non cupiditate aliquā inductus, sed, etc.: non sine aliquā spe: ire in aliquas terras, *some other countries:* mercaturas facere aut aliquam ob causam navigare, *for any other purpose.*—P r a e g n., *some, considerable, important:* quod Italiam sine aliquo volnere cepissent, *without serious loss*, Cs.: manca sine aliquā accessione virtus, *imperfect without some addition:* aliquod nomenque decusque, i. e. *no mean*, V.—With numerals: tres aliqui aut quattuor, *some three or four.*

aliquid, *adv., somewhat, in something, in anything, at all, in some degree, to some extent:* succensere: in me offendere: officere aliquid libertati vestrae, L.

aliquis, aliqua, aliquid, *nom.* and *acc. plur. neut.* aliqua, *dat.* aliquīs or aliquibus, *pron. indef., some one, any one, anybody, one or another ; neut., something, anything.* **I.** As *pron. subst.:* Quom ex te esset aliquis, qui te appellaret patrem, T.: aliquid facerem, ut hoc ne facerem, T.: demersae sunt leges alicuius opibus: si te aliqui timuerunt: unusquisque aliquid fraudans se, L.: nunc aliquis dicat mihi: Quid tu? H.: Si qua tibi sponsa est . . . Haec tibi sive aliqua est, O.: insigne aliquid facere, T.: esse aliquid naturā pulchrum: in quo est aliquid extremum, *any end.*—With *unus, some one man, some one:* ad unum aliquem confugiebant: sin aliquis excellit unus e multis.—Partit.: aliquis ex barbatis illis: suorum aliquis: principum aliquis, Ta.: cum aliquibus principum, L.: aliquid credito esse causae, *be sure there is some reason*, T.: falsi: virium. —With *aliquando*, emphasizing the indefiniteness: quia dico aliquid aliquando: si qui fecerint aliquid aliquando.—In conditional clauses: si aliquid dandum est voluptati: si aliquem nacti sumus, cuius, etc.: nisi alicui suorum negotium daret, N.—In negative clauses: ne aliquid vos timeretis: ne aliquis dicat, etc., N.—Collect. with a *plur. verb.:* aperite aliquis actutum ostium, T.—With *alius, aliud, some other, any other, something else, anything else:* dum aliud aliquid flagiti conficiat, T.: per alium aliquem te ipsum ulcisci.—P r a e g n., *somebody, something, considerable, important:* atque fac, ut me velis esse aliquem, *to be somebody:* si vis esse aliquis, Iu.: Meas esse aliquid putare nugas, Ct.: Est aliquid . . . A Diomede legi, O.: est aliquid Unius sese dominum fecisse lacertae, Iu.: dicere aliquid, *to say something worth the while:* adsequi aliquid, *to accomplish something.*—So, in colloq. lang.: fiet aliquid, *something (great) will happen*, T.—*One and another, a few, some:* dixerat aliquis leniorem sententiam, ut primo Marcellus, Cs.: dicet aliquis, noli, etc.—**II.** As *adj.* (cf. aliqui): nos quibus est alicunde aliquis obiectus labos, T.: ut aliquis metus adiunctis sit ad gratiam.

aliquō, *adv.* [aliqui; old *dat.*], *to some place, somewhere, anywhither:* quae aliquo abicienda, T.: eum aliquo impellere.—P r a e g n., *somewhere else, to any other place* (cf. alio quo): dum proficiscor aliquo, T.: ab eorum oculis aliquo concederes.

aliquot, *indef. num. indecl., some, several, a few, not many, a number:* dies, T.: aliquot abacorum: aliquot de causis, Cs.: aliquot me adierunt, T.: aliquot occidere, multos ferro, etc.

aliquotiēns or **aliquotiēs**, *adv.* [aliquot], *several times, at different times:* causam agere: audisse: defensus aliquotiens, N.: in campum descendere, L.

alis, alid, old for alius: quod non fortior ausit alis? Ct.: Quid est alid liberalitas? Ct.

aliter, *adv.* [alis], *in another manner, otherwise, in any other way, differently.*—With *atque, ac, quam* or *ut, otherwise than, different from what:* sed aliter atque ostenderam facio: aliter ac nos vellemus: de quo tu aliter sentias atque ego: aliter quam velim: aliter ut dixi.—Non or haud aliter, *not otherwise, just as;* with *quam si, ac si, quam cum, quam, exactly, just as if:* Non aliter quam si ruat Karthago, V.: profectus furtim, haud aliter quam si, etc., L.: haud aliter quam cum, etc., O.: Non aliter quam qui lembum subigit, V.—Non aliter nisi, *by no other means, on no other condition, not otherwise, except:* qui aliter obsistere fato fatetur se non potuisse, nisi, etc.—Without a comparative clause expressed, *otherwise, in another manner, in other respects:* tu si aliter existimes, nihil errabis: non fuit faciendum aliter: Ergo non aliter poterit dormire? Iu.: aliter haud facile impelli posse, S.: haud aliter Rutulo Ignescunt irae, *just so*, V.: neque Mordaces aliter diffugiunt sollicitudines, i. e. *by other means*, H.: fieri aliter non potest, T.: fieri non potuit aliter.—P r a e g n., *otherwise, in the contrary manner:* verum aliter evenire multo intellegit, T.: ne aliter quid eveniat, providere, *otherwise*, S.: dis aliter visum, V.: aliter curvans bracchia, *in the opposite direction*, O.: qui aliter fecerit, *who will not do that*, S.—With *esse, to be of a different* *nature, be differently constituted, be otherwise disposed:* ego isti nilo sum aliter ac fui, T.: verum longe aliter est, nihil horum est.—*Otherwise, else, in any other case:* ius enim semper est quaesitum aequabile: neque enim aliter esset ius: aliter sine populi iussu nulli earum rerum consuli ius est, S.: aliter non viribus ullis Vincere poteris, V. —Like alius, distributively, *in one way . . . in another:* aliter cum tyranno, aliter cum amico vivitur: aliter ab aliis digeruntur, *one in one way, another in another:* aliter apud alios ordinatis magistratibus, L.

ālium (allium), ī, *n.*, *garlic:* edere, H.

aliunde, *adv.*, *from another, from another source, from elsewhere:* adsumpto aliunde uti bono: non aliunde pendere: aliunde quam: Qui aliunde stet semper, aliunde sentiat, *supports one party, sympathizes with the other*, L.: aliis aliunde est periculum, *different people are in different dangers*, T.: qui alii aliunde coibant, L.

alius, a, ud (*gen.* alīus; or *m.* aliī, *f.* aliae, all rare, alterīus is used instead; *dat.* aliī; *nom. plur.* aliī, rarely alī), *adj. pronom.* [2 AL-], *another, other, different:* in aliā causā (opp. in hac): aliis in civitatibus: condemnatus aliis criminibus: utrum hanc actionem habebis . . . an aliam quampiam: ne quam aliam quaerat copiam, T.: si alius legem tulisset, *any one else:* (hoc) alium, non me, excogitasse, *some one else:* num quid est aliud? Quid aliud tibi vis? T.: Sed quis nunc alius audet praeferre? etc., Iu.—Alia omnia (not omnia alia), *everything else:* alia omnia falsa sunt, virtus una, etc.: aliaeque volucres et Procne, *and in particular*, V.—P r a e g n. (*indef. pron.* understood), *some other, any other, somebody else, something else:* etiam si melius aliud fuit, tamen, etc.: utar post alio, si invenero melius, *something else:* siti magis quam aliā re accenditur, S.—Hence, 'alio die' dicere, of the augur, who, deeming the omens unfavorable, postponed the Comitia to *some other day.*—In comparisons, *other than, different from:* alium esse censes nunc me atque olim, T.: potest aliud mihi ac tibi videri: alia atque antea sentiret, N.: lux longe alia est solis ac lychnorum, *is very different:* nihil aliud nisi, *nothing else but, only:* amare nihil aliud est, nisi cum diligere, etc., *is simply:* ut nihil aliud nisi de hoste cogitet: si provincia alii quam Mario traderetur, S.—Nihil aliud quam, *nothing else than, only:* hostes quidem nihil aliud quam perfusis vano timore Romanis abeunt, L.: is intromissus . . . nihil aliud quam hoc narrasse fertur, L.—So, quid aliud quam? *what else than?:* quibus quid aliud quam admonemus cives nos eorum esse, L.: num quid aliud praeter hasce insidias?: aliud, praeterquam de quo retulissent, dicere, L.—In distributive clauses, alius . . . alius; aliud . . . aliud, etc., *one . . . another, the one . . . the other:* alios excluserunt, alios eiecerunt: ut alias . . . auferretur, alius . . . occideretur.—*Plur., some . . . others:* quid potes dicere cur alia defendas, alia non cures: cum alii fossas complerent, alii defensores vallo depellerent, Cs. —Partim, pars, or quidam often corresponds to alius: principes partim interfecerant, alios in exsilium eiecerant, N.: nos alii ibimus Afros, pars Scythiam veniemus, V.—Also with aliquis: putat aliquis esse voluptatem bonum; alius autem pecuniam.—Sometimes aliud . . . aliud, simply, *one thing . . . another, different things:* aliud est male dicere, aliud accusare: longe aliud esse virgines rapere, aliud pugnare, L.—Connected by *atque* or *-que, the one and the other; now this, now that; different:* eadem res . . . alio atque alio elata verbo: milites trans flumen aliis atque aliis locis traiciebant, L.; cf. alias deinde alias morae causas facere, S.—In abridged expressions: fecerunt alii quidem alia quam multa, *different men have done very many different things:* alius ex aliā parte, *from different quarters:* dies alios alio dedit ordine Luna Felicīs operum, V.: quo facto cum alius alii subsidium ferrent, *one to another*, Cs.: alius alio more viventes, *each in a different way*, S.: cum alii alio mitterentur, *in different directions*, L.—Alius ex alio, super alium, post alium, *one after another:* ut aliud ex alio incidit, T.: alias ex aliis nectendo moras, L.: nos alia ex aliis in fata vocamur, V.—M e t o n., p r a e g n., *of another kind, different:* nunc hic dies aliam vitam defert, alios mores postulat, T.: Huic aliud mercedis erit, V.: longe alia mihi mens est, S.: aliusque et idem Nasceris, H.—Hence, of a vote: in alia omnia ire (sc. vota), *to go against* (a motion), *vote the other way.*—With *quam:* iuvenis longe alius ingenio, quam cuius simulationem induerat, L.: non aliā quam, H.—With *comp. abl.* (poet.): Neve putes alium sapiente bonoque beatum, H.: alius Lysippo, H.—Of that which remains of a whole, *the rest, the remainder* (for reliquus, ceteri): aliae naves, V.: (venti) praeter Iapyga, H.: ex aliis ei maximam fidem habebat, Cs.: inter primos atrox proelium fuit, alia multitudo terga vertit, L.; cf. ut omittam leges alias omnīs.—*A second, the other* (of two), *another:* eis (Catoni et Caesari) gloria par, sed alia alii, S.: duas (leges) promulgavit, unam . . . aliam, Cs.: duo deinceps reges, alius aliā viā, civitatem auxerunt, *each in a different way*, L.: alias partes fovere, *the other side*, Ta.: alius Achilles, *a second*, V.—With a *subst.*, expressing the species, *besides, also:* virginitate aliisque caeremoniis venerabilis, *and other* (claims to respect, namely) *observances*, L.: Inde alias animas Deturbat, *the rest, the shades*, V.

al-l-, in words compounded with *ad*, see adl-.

allēc (hall-), ēcis, *n.*, *a fish-sauce*, H.

Allectō, see Ālecto.

Alliēnsis, e, *adj.* [Allia], *of the river Allia* (where the Romans were defeated by the Gauls): dies, *the battle day of Allia* (July 18, a dies nefastus), C., L.

Allīfānus, *adj.*, *of Allifae* (a town of Samnium): ager. — *Plur. n.* as *subst.*, *large drinking-cups made at Allifae*, H.

allium, see alium.

Allobrox, ogis, *acc.* oga, *m.*, *one of the Allobroges, a warlike people of Gaul.*—Meton., *a barbarian*, Iu.

almus, *adj.* [1 AL-], *nourishing, fruitful, food-giving* (poet.): Ceres, V.: ager, V. — Fig., *kind, propitious, bountiful, favorable:* Fides, Enn. ap. C.: Venus, H.: adorea, H.

alnus, ī, *f.* [1 AL-], *the alder:* crassis paludibus alni Nascuntur, V. — Poet., *a boat* (of alder-wood): cavatae, V.: undam levis innatat alnus, V.

alō, aluī, altus or alitus, ere [1 AL-], *to feed, nourish, support, sustain, maintain:* altus inter arma, L.: canes ad venandum, T.: exercitum: magnum numerum equitatūs, Cs.: quos lingua periurio alebat, S.: publice ali, *at the public cost*, N.: amnis imbres Quem super notas aluere ripas, *have filled*, H.: infelix minuendo corpus alebat, i. e. *nourished himself by his own flesh*, O.: panico vetere ali, Cs.: ignem, Cu.: flammas, O.: staturam, Cs. — Fig., *to nourish, cherish, promote, increase, strengthen:* honos alit artes: in quā alta sit eloquentia: civitatem, i. e. *cause to prosper*, Cs.: nolo meis impensis illorum ali luxuriam, N.: Volnus venis, V.: si diutius alatur controversia, Cs.: poëtam, H.: spem sententiis: ingenium: bellum.

aloē, ēs, *f.*, = ἀλόη, *the aloe.*—Fig., *bitterness:* plus aloes quam mellix, Iu.

alpha, *n. indecl.*, = ἄλφα, *the first letter of the Greek alphabet:* hoc discunt ante alpha et beta, i. e. *before the alphabet*, Iu.

Alpīnus, *adj.* [Alpes], *of the Alps, Alpine:* rigor, O.: nives, V.: gentes, L.

(alsus), *adj.* [algeo], *cool, chilly* (only *comp. n.*): Antio nihil alsius.

altāria, ium, *n., plur.* [altus], *a high altar, altar for sacrifice to the great gods:* ab altaribus fugatus: altaribus admotus, L.: amplexus tremulis altaria palmis, O.: En aras duas altaria Phoebo, *as high altars to Phoebus*, V.: castis adolet dum altaria taedis, i. e. *sacrifices*, V.: urunt altaria flammae, Tb.

altē, *adv.* with *comp.* [altus], *high, on high, from above, loftily:* cruentum alte tollens pugionem: dextram alte extulit, V.: puer alte cinctus, H.: se tollere altius: altius praecincti, H. — Meton., *deep, deeply, far:* ferrum haud alte in corpus descendisse, L.: alte volnus adactum, V.: frigidus imber Altius ad vivum persedit, V.: sulcus altius impressus. — Fig., *highly, loftily:* alte spectare: altius se efferre.—*Deeply, profoundly:* altius aspicere: aliquid repetendum altius.—*From afar, remotely:* alte petitum prooemium, *far-fetched:* oratio tam alte repetita: altius expedire, *from the beginning*, Ta.

alter, tera, terum, *gen.* terīus or terius, *dat.* alterī (*f.* rarely alterae), *pronom. adj.* [2 AL-], *one, another, the one, the other* (of two): necesse est sit alterum de duobus: altera ex duabus legionibus, Cs.: alter consulum, L.: in alterā parte fluminis legatum reliquit, *on the other side*, Cs.: ut consules alter ambove cognoscerent, *one or both:* absente consulum altero ambobusve, L. — Alter . . . alter, *the one . . . the other, the former . . . the latter:* curemus aequam uterque partem; ut alterum, ego item alterum, T.: quorum alter exercitum perdidit, alter vendidit: nec ad vivos pertineat, nec ad mortuos; alteri nulli sunt, alteros non attinget: quorum alteri adiuvabant, alteri, etc., Cs.: qui noxii ambo, alter in alterum causam conferant, L.—Unus . . . alter, *one . . . the other:* *Ph.* Una iniuria est tecum . . . altera est tecum, T.: uni epistulae respondi, venio ad alteram. — Opp. to other distributive words: alter gladiator habetur, hic autem, etc.: lateris alter angulus ad orientem solem, inferior ad, etc., Cs.: ne alteruter alterum praeoccuparet, N.: uterque suo studio delectatus contempsit alterum: neutrum eorum contra alterum iuvare, Cs.—Esp., as a numeral, *the second, next* (cf. secundus): primo die . . . alter dies . . . tertius dies: proximo, altero, tertio, reliquis consecutis diebus: sive iterum Sulla sive alter Marius: alteris Te mensis adhibet deum, i. e. *at the dessert*, H. — So, alterā die, *the next day:* altero die quam, *on the next day after*, L. — With *praepp.:* qui tum regnabat alter post Alexandream conditam, *next after:* Fortunate puer, tu nunc eris alter ab illo, *the next after him*, V.—In compound numbers: litteras altero vicensimo die reddidit, *on the twenty-second day.*—Of a number collectively: hos libros alteros quinque mittemus, *a second series of five:* Aurea mala decem misi; cras altera (sc. decem) mittam, V. — In the phrase, unus et alter, unus atque alter, unus alterque, *the one and the other.*—Usu. of an indef. number, *one and another, a couple, one or two:* Unus et item alter, T.: unum et alterum diem desiderari: versus paulo concinnior unus et alter, H.—Rarely of a definite number, *two:* unus et alter dies intercesserat.—Alterum tantum, *as much more, as much again, twice as much:* altero tanto longior, N.: numero tantum alterum adiecit, L. — Of quality or character, *a second, another*, i. e. *very like:* Verres, alter Orcus: alter ego: amicus est tamquam alter idem, *a second self.*—*The one of two, either of two* (for alteruter): non uterque sed alter: sine alteris vestrum vivere, L.—M e t o n., *another* (for alius): victis non ad alterius praescriptum imperare, Cs.: si nullius alterius nos pudet, *nobody else*, L.—Hence, *a neighbor, fellow-creature:* ex incommodis Alterius sua ut conparent commoda, T.: nihil alterius causā facere.—*The other, the opposite:* alterius factionis principes, *the leaders of the opposite party*, N.—*Different, changed:* quotiens et specula videris alterum, H.

altercātiō, ōnis, *f.* [altercor], *a debate, discussion, alternate discourse:* Lentuli et Caninii: magnā de re cum Velleio: altercatione congredi, L.

altercō, āvī, —, āre, *to wrangle:* cum patre, T.

altercor, ātus, ārī, *dep.* [alter], *to alternate in discussion, dispute, wrangle:* cum Vatinio, Cs.: inter nos, L.: in altercando par, *a match in debate*.—P o e t.: Altercante libidinibus pavore, H.

alternīs, *adv.* [alternus], *alternately, by turns:* rogando alternis suadendoque, *now requesting, now persuading*, L.: alternis fidens ac diffidens, L.

alternō, āvī, —, āre [alternus], *to do by turns, interchange:* vices, *to exchange parts*, O.: alternanti potior sententia visa, *hesitating*, V.: alternantes proelia miscent, *fight by turns*, V.

alternus, *adj.* [alter], *one after the other, alternate, in turn, reciprocal:* ex duabus orationibus capita alterna recitare: alternis trabibus ac saxis, *beams alternating with stones*, Cs.: pes, H.: alterni si congrediamur, *every other one of us*, V.: in hoc alterno pavore, i. e. *panic alternately in either army*, L.: fratrem alternā morte redimere, *by dying and reviving with him in turn*, V.: alternis paene verbis laudans, *with almost every other word*, L.: amant alterna Camenae, *responsive song*, V.: alternis aptum sermonibus, *dialogue*, H.—Of verses, *alternate hexameter and pentameter, elegiac:* pedes alternos esse oportebit: canere alterno carmine, O.—In courts the parties took turns in challenging judges; hence, alterna consilia reicere, *to reject by turns:* reiectio iudicum alternorum.

alter-uter, utra, utrum, *gen.* alterutrīus (rarely separate, altera utra, etc.), *pronom. adj.*, *one or the other, either this or that, one of two:* necesse erat alterutrum esse hostem: ut si in alterutro peccandum sit, malim, etc.: ne alteruter alterum praeoccuparet, N.

alticinctus, *adj.* [alte+cinctus], *high-girded*, i. e. *active, busy*, Ph.

altilis, is, *adj.* [1 AL-], *fattened, fat.*—As *subst. f.*, *a fattened bird:* satur altilium, H.: anseribus par, Iu.

altisonus, *adj.* [alte+sonus], *of lofty sound:* Iuppiter: Maro, Iu.

altitonāns, ntis, *adj.* [alte + tonans], *high-thundering:* pater, i. e. Jupiter.

altitūdō, dinis, *f.* [altus], *height, altitude:* aedium: montium: muri, N.: altitudines, *heights*, L.: in altitudinem pedum LXXX, Cs.—M e t o n., *depth:* spelunca infinitā altitudine: maris, Cs.—F i g., *height, elevation, loftiness:* orationis: gloriae: animi, *nobleness*, L.—*Depth, reserve:* animi, i. e. *serenity:* ingeni, *secrecy*, S.

altivolāns, ntis, *adj.* [alte+volans], *high-flying, soaring* (poet.): altivolantes, as *subst.*, *birds*, Enn. ap. C.

altor, ōris, *m.* [alo], *a nourisher, sustainer, foster-father:* omnium rerum: altore recepto, O.

altrīx, īcis, *f.* [altor], *a foster-mother, cherisher, sustainer:* eorum terra altrix dicitur: Ulixi, V.: altricis limen Apuliae, H.—*A wet-nurse*, O.

1. altum, ī, *n.* [altus], *height:* ordo editus in altum: genitum demisit ab alto, i. e. *from heaven*, V.—M e t o n., *depth, the deep, the sea:* terris iactatus et alto, V.: in altum Vela dabant, V.: urget ab alto Notus, V.: aditus ex alto: naves in altum provectae, Cs.: in altum rapi (of a river), L.—F i g.: imbecillitas in altum provehitur imprudens, *into deep water:* ex alto repetita, *far-fetched:* quid causas petis ex alto? V.

2. altum, *adv.* [altus], *deeply:* dormire, Iu.

altus, *adj.* with *comp.* and *sup.* [*P.* of alo], *nourished, grown great, high, lofty, tall:* altior illis, *taller*, O.: montes, V.—M e t o n., *deep:* altissimae radices: altissima flumina, Cs.: altior aqua, Cs.: volnus, V.—F i g., *high, elevated, lofty:* altissimus dignitatis gradus: rex aetheris Iuppiter, V.: Caesar, H.: Roma, O.: te natura altum genuit: qui altiore animo sunt: alta sperare, *greatness*, L.—Of the countenance, *proud, stern, disdainful:* Reiecit alto dona Voltu, H.—*Deep, profound:* somnus, H.: quies, V.: dissimulatio, Cu.—*Ancient, old, remote:* altior memoria: genus alto a sanguine Teucri, V.: Sarpedon, V.

ālūcinor (not hālūcinor, hallū-), ātus, ārī, *dep.*, *to wander in mind, talk unreasonably, ramble in thought:* suspicor hunc alucinari: epistulae nostrae debent interdum alucinari, *indulge in vague digressions:* quae alucinatus est.

alumna, ae, *f.* [alo], *a foster-daughter, pupil:* aquai dulcis alumnae (of frogs): civitatis quasi alumna eloquentia.

alumnus, ī, *m.* [alo], *a foster-son, ward, nursling:* Carus, V.: dulcis, H.: hos usūs praestet tibi alumnus, i. e. *this will be your reward for bringing him up*, O.: legionum, *brought up in the camp*, Ta.: eorum agrorum alumni: (nec sentient) dulces alumni grave tempus, H.: alumno numine, O.—F i g.: ego itaque pacis, ut ita dicam, alumnus: Platonis, *disciple:* disciplinae meae.

alūta, ae, *f.*, *a soft leather prepared with alum:* alutae tenuiter confectae, Cs.—M e t o n., *a shoe-*

latchet: nivea, O.: nigra, Iu. — *A purse, pouch:* tumidā superbus alutā, Iu.—*A patch on the face,* O.

alvārium or **alveārium,** ī, *n., a beehive:* lento alvearia (quadrisyl.) vimine texta, V.

alveolus, ī, *m. dim.* [alveus], *a tray, trough, basin:* ligneus, Ph., L., Ta.—*An oil jar,* Iu.—*A dice-board,* C.—*The bed of a small river,* Cu.

alveus, ī, *m.* [alvus], *a hollow, cavity, excavation:* vitiosae ilicis, V.—Esp., of a river, *a bed, channel:* fluminis, V. — Meton., *a trough, tray:* fluitans, L.—Of a ship, *a hold, hull:* alvei navium, S.—*A small ship, boat:* accipit alveo Aeneam, V. —*A bathroom, with a step at the bottom, which the bather could use as a seat:* in balneum venit . . . ut in alveum descenderet.—*A bathing-tub, bath-tub:* alveus impletur aquis, O.—*A bee-hive,* Tb.

alvus, ī, *f.* [AL-], *the belly, paunch, bowels, womb:* purgatio alvi: spem in alvo continere: matris, H.: in suam sua viscera congerit alvum, *stomach,* O.—*The hold* (of a ship), Ta.

Alyattēs, eī, *m.,* ='Αλυάττης, *a king of Lydia, father of Croesus:* regnum Alyattei, H.

amābilis, e, *adj.* with *comp.* and *sup.* [amo], *worthy of love, lovely, amiable, attractive:* filiola tua: insania, H.: frigus, *refreshing,* H.: carmen, *a pleasant song:* amabilior Velia: amabilissimus modus amicitiae.

amābiliter, *adv.* with *comp.* [amabilis], *lovingly, pleasantly, delightfully:* in me cogitare: ludere, H.: spectet amabilius iuvenem, O.

āmandātiō, ōnis, *f.* [amando], *a sending away.*

ā-mandō, āvī, ātus, āre, *to send away, remove:* eum in ultimas terras: hominem quo?

amandus, *adj.* [*P.* of amo], *pleasing:* vox, H.

amāns, ntis, *adj.* with *comp.* and *sup.* [*P.* of amo], *fond, loving, affectionate:* homines amantes tui: cives patriae: tui amantior: nos amantissimi tui.—As *subst., m.* and *f., a lover, one in love:* Amantium irae, T.: aliud est amatorem esse, aliud amantem, *to be susceptible,* . . . *to be in love.*—Fig., *friendly, kind, affectionate:* nomen amantius: amantissima verba.

amanter, *adv.* with *comp.* and *sup.* [amans], *lovingly, affectionately, amiably:* meum adventum videre: amantius (facere), Ta.: quocum amantissime vixerat.

amāracus, ī, *f.,* = ἀμάρακος, *marjoram:* mollis, V.: Suave olens, Ct.

amarantus, ī, *n.,* = ἀμάραντος, *the amaranth,* O., Tb.

amāritiēs, —, *acc.* em, *f., bitterness:* dulcis, Ct.

amāror, ōris, *m.* [amarus], *bitterness* (poet.), V.

amārus, *adj.* with *comp., bitter, pungent:* salices, V.: calices amariores, Ct.: Doris, i. e. *the brackish sea,* V.—Fig., *bitter, afflicting, sad:* casūs, O.: amores dulces, V.—*Plur. n.* as *subst., bitternesses, bitter things:* amara Temperat risu, H.: curarum, H. —*Bitter, caustic, severe:* dicta, O.—*Relentless:* hostis, V.—*Morose, ill-natured:* mulieres, T.: amariorem me senectus facit.

Amaryllis, idis or idos, *f., acc.* Amaryllida; *voc.* Amarylli, = 'Αμαρυλλίς, *a shepherdess,* V.

amāta, ae, *f.* [amo], *a beloved woman* (once), L.

Amathūsia, ae, *f., Venus* (worshipped at Amathus in Cyprus), Ct., O.

amātor, ōris, *m.* [amo], *a lover, friend:* noster: urbis, H.: antiquitatis, N.—*A lover, one fond of women:* adulter an amator: vinosus, amator, H.

amātōriē, *adv.* [amatorius], *amorously:* (epistula) scripta amatorie.

amātōrius, *adj.* [amator], *loving, amorous, amatory:* voluptas: poësis.

amātus, *P.* of amo.

Amāzōn, onis, *f.* [Scythian], *an Amazon.*—*Plur., Amazons, a tribe of warlike women on the river Thermodon:* Threiciae, V.: exsultat Amazon, V.

Amāzonis, idis, *f., an Amazon,* V.

Amāzonius, *adj., Amazonian:* securis, H.

ambactus, ī, *m.* [Celtic], *a vassal, dependant:* circum se ambactos clientesque habet, Cs.

(**ambāgēs,** is), *f.,* only *abl. sing.* ambage, and *plur.* **ambāgēs,** um [ambi+1 AG-], *a going around, roundabout way:* variarum ambage viarum (of the labyrinth), O.: dolos tecti ambagesque resolvit, V.—Fig., of speech, *digression, circumlocution, evasion:* ambages mihi narrare, T.: per ambages et longa exorsa tenere, V.: pueris dignae, L.: missis ambagibus, *without circumlocution,* H.: positis ambagibus, O.—*A riddle, enigma, dark saying:* immemor ambagum suarum, O.: tacitae, *a dumb show,* L.: eā ambage Chalcedonii monstrabantur, Ta.: per ambages effigies ingenii sui, *an enigmatical symbol of,* L.

ambedō, ēdī, ēsus [ambi + 1 edo], *to eat around, waste, consume:* flammis ambesa Robora, V.: ambesae mensae, V.: quidquid, Ta.

ambi-, abbrev. **amb-, am-, an-,** insepar. *prep., around, round about,* only in composition; before vowels usually amb-; ambages, ambedo, etc.; but amicio (for amiicio); once amp-: ampulla; before consonants, am-: amplector, amputo; or amp-: Ampsanctus; but before *c, q, h, f,* an-: anceps, anfractus, anquiro, etc.

ambigō, ere, only present stem [ambi+ago], *to go about, go around, avoid:* patriam, Ta.—Fig., *to hesitate, waver, doubt, be in doubt about:* ius, quod ambigitur, *of which there is a doubt:* Quale quid sit, ambigitur, *is uncertain:* adspici volucrem, non ambigitur, *cannot be doubted*, Ta.: ne quis ambigat decus eam habere, Ta.—*To argue, dispute, contend, debate:* de vero: cum eo: de quo (fundo) nihil ambigebatur, *there was no dispute.*

ambiguē, *adv.* [ambiguus], *equivocally, doubtfully:* loqui: scribere: nec ambigue victus, *decisively*, L.: certare, Ta.

ambiguitās, ātis, *f.* [ambiguus], *ambiguity, equivocalness, double sense:* nominis: verbi, L.

ambiguus, *adj.* [ambi + 1 AG-], *going two ways, wavering, uncertain:* per ambiguum favorem gratiam victoris spectare, *by showing equal favor to both sides*, L.: Proteus, *assuming different forms*, O.: Ambiguam tellure novā Salamina futuram, i. e. *the name would be of double application*, H.—Fig., *wavering, vacillating, uncertain, doubtful:* si dudum fuerat ambiguom hoc mihi, T.: haud ambiguus rex, L.: Ambiguum Clymene precibus Phaëthontis, an irā Mota magis, *uncertain whether*, O.: imperandi, Ta.—Of speech, *obscure, dark, ambiguous:* verba: oracula.—Of character, *uncertain, not trustworthy, doubtful:* fides, L.: domus, V.—As *subst. n.*, *doubt, uncertainty, a dark saying:* servet in ambiguo Iuppiter, H.: ambiguorum complura sunt genera.

ambiō (*imperf.* ambibat, O., L., Ta.), īvī and iī, ītus, īre [ambi+eo], *to go round, go about:* terram lunae cursus: Siculae fundamina terrae, O.—*To surround, encircle, encompass:* ambitae litora terrae, O.: Thracam ambiat Hebrus, H.: moenia, Quae flammis ambit amnis, V.: vallum armis, Ta.—Fig., *to canvass for votes:* singulos ex senatu, S.: ambiuntur, rogantur cives.—*To secure by canvassing, win by solicitation, entreat, solicit, court:* senis amicos, T.: connubiis Latinum, V.: te prece, H.: nuptiis ambiri, *to be sought in marriage*, Ta.

Ambiorīx, īgis, *m.*, *a chief of the Eburones*, Cs.

ambitiō, ōnis, *f.* [ambio], *a going about.*—Esp., of candidates for office, *the soliciting of votes* (by lawful means): mea me ambitio cogitatione abstrahebat: tanta exarsit ambitio, ut, etc., L.: Quid de nostris ambitionibus loquer?—*A striving for favor, courting, flattery, adulation:* ambitione adducti: in Scipione ambitio maior, vita tristior: Platonem magnā ambitione perduxit, *ostentatiously*, N.: ambitione relegatā, *without flattery*, H.: ius sibi per ambitionem dictum, *favoritism*, L.—*A desire for honor, thirst for popularity:* ambitio honorumque contentio: mala, S.: miserā, H.: inanis, H.: funerum, *pomp*, Ta.

ambitiōsē, *adv.* with *comp.* [ambitiosus], *ambitiously, ostentatiously:* de triumpho agere: petere regnum, L.: ambitiosius facere, quam, etc.

ambitiōsus, *adj.* with *comp.* [ambitio], *surrounding, encompassing, entwining:* lascivis hederis ambitiosior, H.—Fig., *ambitious, conciliatory, eager for honor, solicitous of favor:* pro nato mater, O.: in Graecos: malis artibus, Ta.: ita ambitiosus ut omnīs salutet: rogationes: mors, *ostentatious*, Ta.: ornamenta, *excessive*, H.—*Competed for, sought in rivalry:* honor, O.

1. **ambītus**, *P.* of ambio.

2. **ambitus**, ūs, *m.* [ambio], *a going round, moving about, revolution:* aquae per amoenos agros, H.: saeculorum, Ta.—Fig., of speech, *circumlocution:* circa unam rem ambitūs facere, L.—Meton., *a circuit, circumference, border:* castra lato ambitu, Ta.—In rhet., *a period:* verborum.—Esp., *a suing for office, canvassing for votes* (usu. by unlawful means): legem ambitūs flagitasti: accusare alqm ambitūs: ambitūs largitiones, N.

ambō, ambae, ambō, *acc. m.* ambō or ambōs, *num.* [cf. ambi-], *both* (of a pair or couple): duae res . . . quae ambae: (duo) senatores, qui ambo: ut eos ambos fallam, T.: ambo florentes aetatibus, Arcades ambo, V.: Se satis ambobus Teucrisque venire Latinisque, V.—For duo: partīs ubi se via findit in ambas, *the two*, V.

Ambracia, ae, *f.*, *a town of Epirus*, Cs., L., O.

ambrosia, ae, *f.*, = ἀμβροσία, *ambrosia, sustenance of immortal life, food of the gods:* ambrosiā deos laetari: orator ambrosiā alendus, i. e. *divine.*—Poet.: (equos) ambrosiae suco saturos, O.: ambrosiā Contigit os fecitque deum, O.: ambrosiae odor, V.

ambrosius, *adj.*, = ἀμβρόσιος, *divine, ambrosial:* comae, V.

ambūbāia, ae, *f.* [Syriac], *a Syrian girl, flute-player and dancer:* ambubaiarum collegia, H.

ambulātiō, ōnis, *f.* [ambulo], *a walking about, walk:* pomeridiana.—*A walk, place for walking.*

ambulātiuncula, ae, *dim.*, *f.* [ambulatio], *a short walk, little promenade.*—*A portico:* tecta.

ambulō, āvī, ātus, āre [am- (for ambi) + BA-], *to walk, walk about, take a walk:* ambulando contrivi diem, T.: in sole: satis ambulatum est.—*To go, travel, march:* biduo septingenta milia passuum.—*To traverse:* maria: vias, O.: in ius ambula, *go to law*, T.—Of gait, *to march around, strut about:* superbus, H.: tunicis demissis, H.

amb-ūrō, ussī, ūstus, ere [ambi+uro], *to burn round, scorch, singe, consume:* hic (Verres) sociorum ambustus incendio: Terret ambustus Phaethon avaras Spes, H.—Jestingly: tribunus ambustus, *singed:* libris Ambustus propriis, *on a funeral pile of his own books*, H.: torris, i. e. *still burning*, V.—Meton., *to injure by cold, benumb:* ambusti vi frigoris, Ta.—Fig., *P. pass.*, *singed, injured, damaged:* fortunarum mearum reliquias: damnatione collegae prope ambustus, L.

amellus, ī, *m.*, *purple Italian starwort*, V.

ā-mēns, entis, *adj.* with *comp.* and *sup.* [ab+mens], *out of one's senses, mad, frantic, distracted:* arma amens capio, V.: homo amentissimus: metu, L.: magnitudine periculi, Cu.: animi, V.: malis cor, L.—*Foolish, stupid:* amentissimum Consilium, multo amentiores: furor, Ct.

āmentātus, *adj.* [amentum], *furnished with a strap:* hastae.

āmentia, ae, *f.* [amens], *want of reason, madness, senselessness:* Quor meam senectutem huius sollicito amentiā? T.: amentiā atque audaciā praeditus: tanta vis amentiae, L.—*Folly:* si quem amentia verset, H.

āmentum, ī, *n.*, *a strap, thong:* epistula ad amentum deligata, Cs.: amenta torquent, V.

Amerīnus, *adj.* [Ameria], *of Ameria* (in Umbria): municeps retinacula, *willow twigs for tying up vines*, V.

ames, itis, *m.* [1 AP-], *a fork for spreading nets:* levis, H.

amethystinus, *adj.*, = ἀμεθύστινος, *of the amethyst, violet-colored:* amythystina (sc. vestimenta), *violet cloaks*, Iu.

amethystos, ī, *f.*, = ἀμέθυστος, *an amethyst*, O.

amfrāctus, see anfractus.

amīca, ae, *f.* [1 amicus], *a female friend*, T., O., Iu.—*A mistress, concubine*, C., T.

amīcē, *adv.* with *sup.* [amicus], *in a friendly manner:* facere: cum illo amicissime vivere.

amiciō, —, ictus, īre [am- (for ambi-)+iacio], *to throw around, wrap about:* quo (pallio) amictus est: velis amicti: nube umeros amictus, H.—Fig., *to cover, wrap, surround:* quidquid chartis amicitur, H.: ulmi amicti vitibus, O.

amīcitia, ae, *f.* [amicus], *friendship:* Per nostram amicitiam, T.: inter aliquos: esse in amicitiā cum aliquo, N.: iungere: parere, N.: dedere se amicitiae alicuius, Cs.: intima alicuius, N.: iura amicitiae: deficere ab amicitiā alicuius, N.—*A league, alliance:* qui amicitiam fecerant, Cs.: populi R., S.: vetustior amicitia ac societas, L.—*Friends, a circle of friends:* adflicta: ex intimā eius amicitiā, Ta.: parcet amicitiis.

1. amictus, *P.* of amicio.

2. amictus, ūs, *m.* [amicio], *a throwing on, throwing around;* hence, amictum imitari alicuius, *style of dress.*—Meton., *an outer garment:* statuam esse eiusdem, amictus declarat: duplex, *of double texture*, V.: Phrygius, i. e. *the Trojan chlamys*, V.—Poet.: nebulae, V.

amīcula, ae, *f.*, *dim.* [amica], *a loved one, mistress:* de amiculā rixatus.

amiculum, ī, *n.* [amicio], *an outer garment, mantle, cloak:* amicae: purpureum, L.

amīculus, ī, *m.*, *dim.* [2 amicus], *a pet friend, crony:* meus: quae censet amiculus, H.

1. amīcus, *adj.* with *comp.* and *sup.* [AM-], *loving, friendly, kind, favorable:* tribuni nobis amici: tyranno, N.: luto sus, H.: mihi nemo amicior Attico: rex amicissimus rei p.: erga te animo esse amico, T.: male numen amicum, *unfriendly*, V.: coniunctissimus et amicissimus.—Fig., of things, *kindly, pleasing, acceptable, favorable:* imbres, V.: sidus, *propitious*, H.: voltus, O.: portūs, *of friends*, V.: tempus, *welcome*, H.: nihil est mihi amicius solitudine: Brevitas mihimet amicissima: Nec dīs amicum est te Abire, *is it pleasing*, H.

2. amīcus, ī (*gen. plur.* amīcūm, T.), *m.* [1 amicus], *a loved one, loving one, friend:* communia esse amicorum inter se omnia, T.: tria paria amicorum: novus, vetus: paternus ac pernecessarius: numeri maioris amici, *the most of his friends*, O.—*A patron, protector:* potens, H.: magnus, Iu.—*A companion, colleague:* fugam exprobravit amico, O.—Of the state, *a friend, ally:* Deiotarus ex animo amicus: a senatu populi R. amicus appellatus, Cs.—Of a prince, *a counsellor, courtier, minister:* regis, Cs.: reges ex amicis Alexandri, N.

ā-migrō, —, —, āre, *to migrate:* Romam, L.

Amīnaeus (-**ēus**), *adj.*, *of Aminaea, a town of the Piceni:* vites, *a favorite kind of vine*, V.

āmīssiō, ōnis, *f.* [amitto], *a losing, loss:* oppidorum: dignitatis: liberorum.

āmīssum, ī, *n.* [amitto], *a loss:* amissa reciperare, Cs.

1. āmīssus, *P.* of amitto.

2. āmīssus, ūs, *m.* [amitto], *a loss:* Siciliae, N.

amita, ae, *f.*, *a father's sister*, C., L., Ta.

ā-mittō, īsī (amīstī, for amīsisti, T.), issus, ere [ab+mitto], *to send away, dismiss, part with:* abs te filium, T.—*To let go, let slip:* praedam ex oculis, L.: praedam de manibus: clavum, V.—Fig., *to loose, let slip:* occasionem, Cs.: tempus: fidem, *to break one's word*, N.—Meton., *to lose:* consilium cum re, T.: litem: classes: pecuniam, S.: patrimonia, S.: optimates, *the support of the aristocrats*, N.: Si reperire vocas amittere certius, *to be more assured that she is lost*, O.: colores, H.: animam, S.: vitam: filium.

amnicola, ae, *m.* and *f.* [amnis+COL-], *that grows near a river:* salices, O.

amniculus, ī, *m.*, *dim.* [amnis], *a rivulet*, L.

amnis, is (*abl.* amne or amnī, V., H., L.), *m.* [3 AC-, AP-], *a river:* Tiberinus, L.: si amnes exaruissent: navium patiens, L.: taciturnus, H.: secundo amni, *down-stream*, V.—Fig.: abundantissimus amnis artium.—Poet., *a torrent:* ruunt de montibus amnes, V.: Oceani amnis, *the ocean-stream*, V.—Of water in vessels: aquai Fumidus amnis, *the stream*, V.: fusus, V.—*A river-god:* Convocat amnīs, O.: domus magni Amnis, O.

amō, āvī, ātus, āre [AM-], *to love:* magis te, quam oculos, T.: unice patriam: dignus amari, V.: non diligi solum, verum etiam amari: a suis et amari et diligi: nescio, ita me di ament, *so help me the gods*, T.: sic me di amabunt, ut, etc., T.: quam se ipse amans sine rivali! *in love with himself:* nisi nosmet ipsos valde amabimus.—*To be in love, have an amour:* meum gnatum rumor est Amare, T.: insuevit exercitus amare, S.—Fig., *to love, be fond of, find pleasure in:* voltum, incessum alicuius: litteras, N.: ea, quae res secundae amant, S.: nemus, H.: amat ianua limen, i. e. *is constantly closed*, H.: focos, i. e. *to make homes*, V.: Litus ama, *keep close to*, V.—With *infin.:* Hic ames dici pater atque princeps, H.—Amare aliquem, *to be obliged to, be under obligation, have to thank:* ecquid nos amas de fidicinā istac? T.: et in Attilii negotio te amavi: bene facis, merito te amo, T.—Colloq., amabo or amabo te (never vos, etc.), *I shall be under obligation to you*, and in entreaties, *be so good, I pray, I entreat you:* id, amabo, adiuta me, T.: cura, amabo te, Ciceronem nostrum: amabo ut illuc transeas, T.: amabo te, ne improbitati meae adsignes, etc.: ego me amavi, *was well satisfied with myself.*—Meton., amare with *inf.*, *to be fond, be wont, be accustomed:* clamore, voltu, aliis omnibus, quae ira fieri amat, S.: Aurum perrumpere amat saxa, H.

amoenitās, ātis, *f.* [amoenus], *pleasantness, delightfulness:* hortorum: cuius (domūs), N.: urbium, L.: vitae, Ta.—*Plur.:* litorum.

amoenus, *adj.* with *comp.* and *sup.* [AM-], *pleasant, delightful, charming:* locus: loca, S.: piorum Concilia, V.: vireta nemorum, V.: rus, H.: latebrae dulces, etiam, si credis, amoenae, *delightful in themselves*, H.: amoenissima aedificia, Ta.: templum fontibus, L.—*Plur. n.* as *subst.*, *pleasant places:* per amoena Asiae: amoena litorum.—Of abstr. things: vita, Ta.: ingenium, Ta.—Of dress, *luxurious, showy:* cultus amoenior, L.

āmōlior, ītus sum, īrī, *dep.* [ab+molior], *to remove, move away:* obstantia silvarum, Ta.: vos amolimini, *take yourselves off*, T.: onera, L.—Fig., *to avert, put away, remove:* dedecus, Ta.: nomen meum, *put out of consideration*, L.: uxorem, Ta.

amōmum or **-on**, ī, *n.*, = ἄμωμον, *an aromatic shrub, used in making balsam:* Assyrium, V., O.

amor, ōris, *m.* [AM-], *love, affection, strong friendly feeling:* amor, ex quo amicitia nominata: amor erga me: amores hominum in te: patrius, *for a son*, V.: fraternus, *for a brother*, Cs.—Esp. of sexual love: in amore haec sunt vitia, T.: ancillae, H.—*Plur.*, *love-adventures:* Solis, O.—Fig., *an eager desire, passion:* consulatūs amor: amicitiae: vini, L.: auri, V.: habendi, V.: scribendi, H.: tantus amor casūs cognoscere nostros, V.: in longum ducis amores, *my desire* (for a song), V.—Meton., mostly *plur.*, *a beloved object, one's love:* Pompeius nostri amores: suos addicere amores, O.: primus, *my first husband*, V.—*A charm to excite love:* matri praereptus amor, V.—Person.: Amor, *the god of love, Love, Cupid:* Paret Amor dictis, V.—*Plur.*, *Cupids, Loves:* nudi, O.: lascivi, H.

āmōtiō, ōnis, *f.* [amoveo], *a putting away.*

ā-moveō, ōvī, ōtus, ēre [ab+moveo], *to move away, take away, remove:* testem abs te, T.: virgas a civium corpore: alia ab hostium oculis, L.: illum ex istis locis.—Esp., with *pron. reflex.*, *to take oneself off, retire, withdraw:* hinc te, T.: e coetu se, L.—*To get away, abstract, steal:* boves per dolum amotas, H.—*To remove by banishment, banish:* amotus Cercinam, Ta.: iudicio senatūs, Ta.—Fig., *to lay aside, set aside, get rid of:* amoto metu, T.: amoto ludo, *jesting apart*, H.: bellum, *avert*, L.: odium, invidiam.

amphibolia, ae, *f.*, = ἀμφιβολία, *ambiguity.*

Amphictyones, um, *m.*, *the assembly of the confederated Greek States, Amphictyons*, C., Ta.

Amphīōn, onis, *m.*, = Ἀμφίων, *a son of Jupiter*, V., H., O.

amphitheātrum, ī, *n.*, = ἀμφιθέατρον, *an amphitheatre, oval building for public spectacles*, Ta.

amphora, ae (*gen. plur.*, in common lang., amphorūm), *f.*, = ἀμφορεύς, *a large oblong vessel for liquids, with a handle on each side, flask, jar, flagon, pitcher:* amphora coepit institui, H.: deripere horreo amphoram, i. e. *the wine*, H.—Meton., *an amphora* (a liquid measure, nearly equal to 7 galls. Engl.): vini.—Ships were measured by *amphorae*, as with us by *tons:* navem, quae plus quam trecentarum amphorarum esset, L.

Amphrȳsius, *adj.*, *of Amphrysus.*—Poet., *of Apollo:* vates, *the Sibyl*, V.

Amphrȳsus or **Amphrȳsos**, ī, *m.*, = Ἀμφρυσός, *a small river of Thessaly*, V., O.

amplē, *adv.* with *comp.* and *sup.* [amplus], *largely, broadly, abundantly, spaciously, extensively:* exornare triclinium: cohortem donis amplissime donavit, Cs.: militibus amplissime (agri) dati.—Fig., *liberally, magnificently, splendidly, handsomely:* amplissime triumphare: quam amplissime efferri, *in the greatest pomp;* see also amplius.

amplector, exus, ī, *dep.* [am-+plecto], *to twine around, encircle, encompass, embrace:* manibus saxa, *to grasp*, L.: ansas acantho, V.: urbes muro, H.: illam in somnis, T.: me: Nox tellurem amplectitur alis, *overshadows*, V.—Fig., of the mind, *to* *embrace, understand, comprehend, see through:* omnia consilio.—In speech, *to comprehend in discussion, discuss particularly, handle, treat:* quod (argumentum) verbis: res per scripturam: cuncta meis versibus, V.—*To sum up, treat summarily:* omnis oratores: omnia communiter, L.—*To comprehend under a name:* alqd virtutis nomine.—*To embrace with love, esteem, value, honor, cling to:* quem (filium) mihi videtur amplecti res p.: amore possessiones: hoc se amplectitur uno, *piques himself on*, H.: rem p. nimium (of one who robs the treasury).—Of military operations, *to cover, occupy:* quindecim milia passuum circuitu, Cs.: Brigantium partem victoriā, Ta.

amplexō, —, —, āre (rare for amplexor): auctoritatem amplexato.

amplexor, ātus, ārī, *dep. intens.* [amplector], *to embrace:* mitto amplexari, T.: inimicum.—Fig., *to be fond of, value, esteem:* me: otium.

1. amplexus, *P.* of amplector.

2. amplexus, ūs, *m.* [amplector], *an encircling, surrounding, circuit:* serpentis amplexu: exuit amplexūs, *my embrace*, O.: Occupat (serpens) longis amplexibus illos, O.: oceanus, qui orbem terrarum amplexu finit, L.—Esp., *a loving embrace, caress:* Cum dabit amplexūs, V.: alqm impedire amplexu, O.: tenere alqm amplexu, Ta.

amplificātiō, ōnis, *f.* [amplifico], *an extending, enlarging:* pecuniae: rei familiaris.—Fig.: honoris.—In rhet., *an ornate description, amplification.*

amplificātor, ōris, *m.* [amplifico], *one who enlarges, a decorator, amplifier:* rerum: dignitatis.

amplificē, *adv.* [amplificus], *splendidly:* vestis decorata, Ct.

amplificō, āvī, ātus, āre [amplus+facio], *to broaden, extend, enlarge, increase, make wide, give space to:* urbem: urbs amplificanda, L.: divitias: vestris iudiciis amplificatam (auctoritatem): Aeduorum auctoritatem apud Belgas, Cs.—In rhet., *to make conspicuous, amplify, render impressive:* rem ornando: orationem.

ampliō, āvī, ātus, āre [amplus], *to widen, extend, increase, enlarge, amplify:* rem, H.: servitia, Ta.—In law, *to delay a judgment, adjourn, reserve a decision* (by the technical word amplius): causam: potestas ampliandi.—With *acc.* person, *to defer one's business, put off the case of:* bis ampliatus tertio absolutus est reus, L.

amplitūdō, inis, *f.* [amplus], *wide extent, width, amplitude, breadth, size, bulk:* simulacrum modicā amplitudine: urbis, L.: soli, Ta.: amplitudines bonorum.—Fig., *greatness:* animi: rerum gestarum, N.—*Dignity, grandeur, consequence:* in quibus summa est: Aeduos in amplitudinem deducere, Cs.—In rhet., *copiousness of expression:* Platonis.

amplius, *indecl.* [*comp. n.* of amplus], orig. a *neut. adj.* used with indef. subjj., or substantively; also as *adv.;* and with numerals, etc., without grammatical construction. **I.** As *adj.*—With *indef. subjj.*, nihil, quid, hoc, etc., *more, further, besides, in addition:* quid faciam amplius? T.: Numquid nam amplius tibi cum illā fuit? T.: quid a me amplius dicendum putatis?: Quid tibi mea ars efficere hoc possit amplius? T.: nec rei amplius quicquam fuit, T.: nihil amplius dicam quam victoriam, etc.: et hoc amplius censeo, *make this further motion:* nihil amplius, *that is all:* Excedam tectis, an, si nihil amplius, obstem? i. e. *if I can do no more*, O.—**II.** As *subst.*, *more, a greater amount, larger sum:* aedilis, hoc est paulo amplius quam privatus, *something more:* nescio an amplius mihi negoti contrahatur: si sit opus liquidi non amplius urnā, H.: at ego amplius dico, *make a broader assertion:* Segestanis imponere amplius quam ferre possent: amplius frumenti auferre: si amplius obsidum velit, dare pollicentur, Cs.: alii plures (uxores) habent, sed reges eo amplius, i. e. *as many more as they are able to have, being kings*, S.: at ne quos amplius Rhenum transire pateretur, *no more*, Cs.—Esp., with *comp. abl.* of space, time, and number: uti . . . non amplius quinis aut senis milibus passuum interesset, *no greater space*, Cs.: ab Capsā non amplius duum millium intervallo, S.: cum iam amplius horis sex continenter pugnaretur, *longer than*, Cs.: amplius uno die morari, S.: non amplius duobus milibus habere, *more*, S.—**III.** As *adv.*, *more, further, besides, beyond:* ut esset amplius populo cautum, *give further security:* non luctabor tecum amplius: vadari amplius, *to exact additional bail:* quoniam amplius arma valuissent, S.: nec amplius armis, sed votis . . . exposcere pacem, *no longer*, V.: nec se celare tenebris amplius . . . potuit, V.: in illo exercitu cuncta fuere et alia amplius, S.: felices ter et amplius, H.: neque amplius potestatem faciundam, nisi de eo indicaret, S.—Esp., in court, in postponing a cause: amplius pronuntiare.—**IV.** Idiomat., mostly with numerals, *more than:* amplius viginti urbes incenduntur, *more than twenty*, Cs.: amplius annos triginta tribunus fuerat, S.: me non amplius novem annos nato, N.: noctem non amplius unam, V.: non amplius milia passuum decem abesse, Cs.: spatium, quod est non amplius pedum sexcentorum, Cs.: amplius sestertium ducentiens: amplius centum cives: cum mille non amplius equitibus, S.: binas aut amplius domos continuare, i. e. *occupy two or more residences each*, S.: medium non amplius aequor Puppe secabatur, *not more than half-way*, O.: ne reiciendi quidem amplius quam trium iudicum . . . potestas (the phrase amplius quam trium is treated as a num.): non amplius quam terna milia . . . expensum, N.

amplus, *adj.* with *comp.* and *sup.* [am- (for ambi-) +PLE-], *of large extent, great, ample, spacious, roomy:* domus, V.: civitas, Cs., C.: porticūs, V.: ter amplum Geryonem . . . compescit, H.: amplum et excelsum signum, *broad and tall:* collis castris parum amplus, *not broad enough*, S.: amplissima curia.—M e t o n., *abundant, numerous, great, full, copious, large:* res familiaris: divitiae, H.: dimissis amplioribus copiis, *the greater part of the troops*, Cs.: ampliores copias expectare, *larger reinforcements*, Cs.: ut is amplior numerus esset: commeatus spe amplior, S.: amplissima pecunia.—F i g., *ample, great, strong, violent:* morbus amplior factus, T.: metus: spes, S.: pro amplissimis meritis (honos).—Of external appearance, etc., *magnificent, splendid, glorious:* praemia: funus, N.: res gestae, S.: honores, H.: occasio calumniae: orator, *eminent:* munus aedilitatis amplius: ut ampliore quam gerebat dignus haberetur (sc. potestate), S.: funere ampliore efferri, L.: monumentum quam amplissimum facere: mihi gratiae verbis amplissimis aguntur, *in the handsomest terms.*—In opinion or judgment, *illustrious, noble, renowned, distinguished, glorious:* familia: Etruscae gentis regem amplum Tuscis ratus, *a proud thing for*, L.: sibi amplum esse urbem ab se captam frequentari, L.: parvi et ampli, *small and great*, H.: amplissimo genere natus, Cs.: honos et nomen: ut quisque est genere copiisque amplissimus, Cs.—E s p.: amplissimus, *most honorable* (of a high office or an illustrious man): amplissimum collegium decemvirale: res gestae: vir.—Of an orator, *copious;* see also amplius.

Ampsānctus (Am-), ī, *m.* [see ambi-], *all hallowed* (sc. lacus), *a lake of Italy, noted for pestiferous exhalations.*—P o e t.: valles (of the entrance to the infernal regions), V.

ampulla, ae, *f.* [ambi+olla], *a vessel for liquids, with two handles, a flask, bottle, jar.*—Of inflated discourse, *swelling words, bombast:* proicit ampullas, H.

ampullor, —, —, ārī, *dep.* [ampulla], *to talk bombast*, H.

amputātiō, ōnis, *f.* [amputo], *a pruning, lopping off:* sarmentorum.

am-putō, āvī, ātus, āre, *to cut around, cut away, lop off, prune:* vitem ferro: quicquid est pestiferum.—F i g., *to curtail, shorten, diminish:* amputata inanitas, *removed.*—In rhet.: amputata loqui, *disconnectedly.*

amurca (amurga), ae, *f.*, = ἀμόργη, *the waste in pressing olives, dregs of oil*, V.

Amȳclae, ārum, *f.*, = Ἀμύκλαι. **I.** *A town of Laconia*, O.—**II.** *A town of Latium*, V.

Amȳclaeus [Amyclae, I.], *of Amyclae, Laconian*, V.

amygdalum, ī, *n.*, = ἀμύγδαλον, *an almond, almond kernel*, O.

amystis, idis, *f.*, = ἄμυστις, *the emptying of a cup at a draught, a bumper*, H.

an, *conj.* **I.** P r o p., in a disjunctive question introducing the latter clause; in Engl. represented by *or* and the interrog. form of the clause.—After *utrum*, in direct questions: utrum has corporis an Pythagorae tibi malis virīs ingeni dari?: utrum superbiam prius commemorem an crudelitatem?: utrumne iussi persequemur otium, an, etc., H.—In indirect questions, *whether . . . or:* intellegere utrum pudor an timor valeret, Cs.: quaero, utrum clemens an inhumanissimus videatur: agitamus utrumne . . . an, etc., H.—After enclitic *-ne* in direct questions: vosne Domitium an vos Domitius deseruit? Cs.: uter . . . isne, qui . . . an ille, qui? etc.—Annon (an non) in the latter clause simply negatives the former: hocine agis an non? T.—Indirect, *whether . . . or:* agitur liberine vivamus an mortem obeamus: quaeso sitne aliqua actio an nulla.—Rarely *annon:* Roga velitne an non uxorem, T.—After a clause without correl. interrog. particle, in direct questions: ipse percussit an aliis occidendum dedit?: eloquar an sileam? V.—So with *-ne* pleonast.: obtrectatum esse, Gabinio dicam anne Pompeio, an utrique?—By *ellips.* of verb, *an* becomes simply disjunctive between two words: cum Simonides an quis alius polliceretur: cum id constaret, iure an iniuriā eripiendos esse reos, L.—Indirect: vivat an mortuus sit, quis curat?: hoc quaeramus, verum sit an falsum?—With *ellips.* of verb: neque, recte an perperam (sc. fiat), interpretor, L.; cf. discrimine recte an perperam facti confuso, L.—The former interrog. clause is often implied in a previous affirmation, and the clause with *an* expects a negative answer: quid enim actum est? an litteris pepercisti? (*was it as I have said?*), *or did you*, etc., i. e. *you surely did not*, etc.: at Pompeii voluntatem a me abalienabat oratio mea. An ille quemquam plus dilexit? *or rather:* sive vetabat, 'an hoc inhonestum . . . necne sit addubites?' (where an addubites asks a direct question, and hoc . . . sit an indirect question dependent on it), H.: quas Kalendas Iunias expectasti? an eas, ad quas, etc.?: an Scipio Gracchum interfecit, Catilinam . . . nos perferemus? *or* (if what I have said be questioned) *while Scipio slew . . . are we to tolerate Catiline?*—After a question, with *num*, *an* introduces a new question, correcting or denying the former, *or rather:* num iniquom postulo? an ne hoc quidem ego adipiscar . . .? *or rather am I not even to get*, etc., T.: num Homerum coegit obmutescere senectus? an studiorum agitatio vitae aequalis fuit? *or was* *not rather?* etc.—Sometimes the former interrog. clause, to be supplied, expects a negative answer, and the clause with *an* is an implied affirmation: a rebus gerendis senectus abstrahit? Quibus? an iis, etc.: unde ordiar? an eadem attingam, quae, etc.—So often annon? *or is it not so?* hem quo fretus sim . . . annon dixi, etc., T.: annon sensistis triumphatum hodie de vobis esse? *or have you not?* etc., L.—Ellipt.: cuium pecus? an Meliboei? *Meliboeus's, I suppose,* V.—**II.** Meton., without disjunctive force.—With expressions of doubt, ignorance, uncertainty, the former interrog. clause is regularly omitted, the latter with *an* expressing the belief or opinion of the speaker, *I know not but, I incline to think, I suspect, perhaps, probably:* hau scio an quae dixit sint vera, T.: res nescio an maxima, L.: dubito an Apronio data sit merces: haud sciam an ne opus sit quidem, etc., *possibly it may not be desirable:* is mortuus est, nescio an antequam, etc.: Qui scis, an, quae iubeam, sine vi faciat, T.—In indirect questions, *whether:* quaesivi an misisset: quae in discrimine fuerunt, an ulla post hanc diem essent, L.—With *an* repeated: animo nunc huc nunc fluctuat illuc, an sese mucrone . . . Induat . . . Fluctibus an iaciat, V.: temptare an sit Corpus an illud ebur, O.

anabathra, ōrum, *n.*, = ἀνάβαθρα, *raised seats* (in a theatre), Iu.

Anāgnīnus, *adj.*, *of Anagnia* (a town of Latium).—*Subst.:* Anagninum, *an estate near Anagnia.*

anāgnōstēs, ae, *m.*, = ἀναγνώστης, *a reader, one who reads aloud* (Lat. lector): noster.

analēptris, idis, *a shoulder-pad* (to improve the figure), O.

anapaestica, ōrum, *n.*, = ἀναπαιστικά, *anapaestic verses* (once; al. anapaestos).

anapaestus, *adj.*, = ἀνάπαιστος: pes, *the anapaest* (a metrical foot, ⏑ ⏑ —).—As *subst. m.* (sc. pes), *an anapaest.*—As *subst. n.* (sc. carmen), *a poem in anapaests.*

anas, anatis, *f.*, *a duck:* anatum ova: fluvialis, *wild-duck,* O.

anaticula, ae, *f. dim.* [anas], *a duckling.*

anatocismus, ī, *m.*, = ἀνατοκισμός, *interest upon interest, compound interest.*

anceps, cipitis, *abl.* cipitī, *adj.* [an- (for ambi-) +CAP-], *that has two heads, two-headed:* Ianus, O.: acumen, *two-peaked,* O.—Meton., *double, two-sided:* securis, *two-edged,* O.: bestiae quasi ancipites in utrāque sede viventes, *amphibious:* ancipiti contentione districti, *on both sides:* ancipiti proelio pugnatum est, i. e. *both in front and in the rear,* Cs.: ancipiti premi periculo, N.: periculum anceps (erat), S.: ancipitem pugnam hostibus facere, i. e. *by horse and foot,* Ta.: metus, et ab cive et ab hoste, *twofold,* L.: munimenta, *facing both ways,* L.—Fig., *double, twofold:* propter ancipitem faciendi dicendique sapientiam: ius, *the uncertainty of the law,* H.—*Wavering, doubtful, uncertain, unfixed, ambiguous, undecided:* fortuna belli: oraculum, L.: proelium, L.: Mars, *indecisive,* L.: bellum ancipiti Marte gestum, L.: fides, Cu.—Ellipt.: sequor hunc, Lucanus an Apulus, anceps (sc. ego), i. e. *of uncertain origin,* H.—*Dangerous, hazardous, perilous, critical:* locus: viae, O.: periculum, Ta.: quia revocare eos anceps erat, L.—As *subst. n.*, *danger, hazard, peril:* facilius inter ancipitia clarescunt, Ta.

Anchīsēs, ae (*abl.* Anchisā, V.), *m.*, = Ἀγχίσης, *father of Aeneas,* V., O.

Anchīsēus, *adj.* [Anchises], *of Anchises,* V.

Anchīsiadēs, ae, *m. patr.*, *son of Anchises, Aeneas,* V.

ancīle, is (*gen. plur.* -ilium, Ta., once, -iliorum, H.), *n.*, *a small oval shield,* V.; usu. *the shield said to have fallen from heaven in the reign of Numa, and on the preservation of which the prosperity of Rome was declared to depend,* H., V., L., O.

ancilla, ae, *f. dim.* [ancula, a female attendant], *a maid-servant, handmaid:* aere empta, T.: ancillarum comitatus: mulier ancilla, S.

ancillāris, e, *adj.* [ancilla], *of a female servant:* artificium, *a handmaid's service.*

ancillula, ae, *f. dim.* [ancilla], *a young female slave, handmaid:* ex Aethiopiā, T.—Fig.: eloquentiae.

ancora, ae, *f.*, = ἄγκυρα, *an anchor:* dente Ancora fundabat naves, V.: ancoram iacere, *to cast anchor,* Cs.: tenere navem in ancoris, N.: ad ancoram constitit, *lay at anchor,* Cs.: tollere, *to weigh anchor,* Cs.: praecidere, *to cut the cables:* alii resolutis oris in ancoras evehuntur, i. e. *push against the anchors,* L.—Fig.: ancora non tenet ulla ratem, O.

ancorāle, is, *n.* [ancora], *an anchor-cable:* ancoralia incidunt, L.

ancorārius, *adj.* [ancora], *of an anchor:* funes, *cables,* Cs.

andabata, ae, *m.*, *a gladiator, who fought blindfold.*

androgynus, ī, *m.*, = ἀνδρόγυνος, *a man-woman, hermaphrodite.*

ānellus (**ann-**), ī, *m. dim.* [anulus], *a little ring,* H.

anēthum, ī, *n.*, = ἄνηθον, *dill, anise:* bene olens, V.

ānfractus, ūs, *m.* [am- (for ambi-) +FRAG-], *a recurving, turning, bending round:* quae (figura) nihil incisum anfractibus habere potest: solis, *a circuit.*—Esp., *a tortuous way, circuitous route:*

si nullus anfractus intercederet, Cs.: longior, N.: litorum, L.—Fig., of style, *circumlocution, prolixity.—Intricacies:* iudiciorum.

angiportum, ī, *n.*, or **angiportus,** ūs, *m.* [ANG-+portus], *a narrow street, lane, alley:* viae angiportūsque: in solo angiportu, H.: in angiportis, Ct.

angō, —, —, ere [ANG-], *to draw close, press tight, squeeze, compress, throttle, choke:* sanguine guttur, V.: Tussis sues angit, V.—Fig., *to torment, torture, vex, tease, trouble:* cura angit hominem, T.: angebat spiritus virum, L.: meum pectus, H.: animos, L.: consulis animum, L.: si animus . . . neque tot curis angeretur: cruciatu timoris angi: vehementer angebar, virum esse, etc.: angebatur animi, quod, etc.: de Statio manumisso angor.

angor, ōris, *m.* [ANG-], *a strangling, suffocation:* gens aestu et angore vexata (i. e. by dust and ashes), L.—Fig., *anguish, torment, trouble:* ut differt anxietas ab angore: pro amico capiendus: confici angoribus, *by melancholy.*

anguicomus (quadrisyl.), *adj.* [anguis+coma], *with snaky hair* (poet.): Gorgon, O.

anguiculus, ī, *m. dim.* [anguis], *a small serpent.*

anguifer (trisyl.), era, erum, *adj.* [anguis+FER-], *serpent-bearing* (poet.): caput, O.: Gorgo, Pr.

anguigena, ae, *m.* [anguis+GEN-], *engendered of a serpent,* i. e. *sprung from dragons' teeth,* O.

anguilla, ae, *f. dim.* [anguis], *an eel,* Iu.

anguineus, *adj., of serpents, snaky:* Gorgonis comae, O.

anguīnus (trisyl.), *adj.* [anguis], *of serpents, snaky:* capillus, Ct.

anguipēs (trisyl.), edis, *adj.* [anguis+pes], *serpent-footed* (poet.); of giants, O.

anguis (disyl.), is (*abl.* angue; rarely anguī), *m.* and *f.* [ANG-], *a serpent, snake:* os cinctum anguibus: tortus, O.: cane peius et angui vitare, i. e. *most anxiously,* H.—Esp., in fable as an emblem: of terror, the snaky head of Medusa, O.; of rage, the serpent-girdle of Tisiphone, O.; of art and wisdom, the serpent-team of Medea, O.; of Ceres, O.—Prov.: latet anguis in herbā, *a snake in the grass,* V.—Meton., of a constellation, of Draco, *the Dragon,* V., O.; of Hydra, *the Hydra, water-serpent,* O.; *the serpent* held by Anguitenens, O.

Anguitenēns, entis, *m.* [anguis+teneo], *serpent-holder, the constellation Serpent-bearer,* C.

angulātus, *adj.* [angulus], *with corners, angular:* corpuscula.

angulus, ī, *m.* [1 AC-], *an angle, corner:* ad pares angulos ferri, *at right angles:* huius lateris alter, Cs.: extremus, *the farthest corner,* O.: proximus, H.—Meton., *a secret place, nook, corner, lurking-place:* in angulum aliquo abire, T.: provinciae: Ille terrarum, H.: puellae risus ab angulo, H.: ut de his rebus in angulis disserant.—Of a little country-seat: Angulus iste, H.—Fig.: ad omnīs litterarum angulos revocare, i. e. *petty discussions.*

angustē, *adv.* with *comp.* and *sup.* [angustus], *narrowly, within a narrow space, closely:* sedere, *in close quarters:* angustius se habere: angustissime Pompeium continere, Cs.—Fig., *concisely:* scribere.—Meton., *pinchingly, stintingly:* re frumentariā uti, Cs.: frumentum angustius provenerat, i. e. *more sparingly,* Cs.—*With difficulty:* xx milia transportare, Cs.

angustia, ae (*sing.* very rare), and **angustiae,** ārum, *f.* [angustus], *narrowness, straitness:* itineris, Cs.: loci, S.—Meton., *a narrow place, narrow part, neck, defile, strait:* Graeciae: angustiae saltibus inclusae, *pass,* L.—Of time, *shortness:* ut me temporis angustiae coegerunt: angustiae quas natura nobis dedit (sc. temporis).—Fig., *scarcity, want, poverty:* aerarii; pecuniae publicae: rei frumentariae, Cs.: pro angustiā rerum, Ta.: ex meis angustiis illius sustento tenuitatem.—*Difficulty, distress, perplexity:* in angustias adduci: cum in his angustiis res esset, Cs.: petitionis.—*Narrowness, meanness:* pectoris tui: orationem in angustias compellere, *narrowness of view:* verborum, *verbal trifling.*—Of style, *brevity, succinctness:* angustia conclusae orationis.

angustō, —, —, āre [angustus], *to make narrow, straiten:* iter corporum acervis, Ct.

angustum, ī, *n.* [angustus], *a narrow place:* viarum, V.: res adducta in angustum, *brought into narrow limits.*—Fig., *a critical condition, embarrassment, difficulty, danger:* rem esse in angusto vidit, Cs.: in angustum venire.

angustus, *adj.* with *comp.* and *sup.* [ANG-], *narrow, strait, contracted:* iter, S.: fines, Cs.: rima, H.: mare, *a strait:* angustissima portus, Cs.—Fig., *short, brief:* dies, O.: spiritus, *breathing.*—*Needy, pinching, stinting:* pauperies, H.: res, *poverty,* Iu.: cum fides totā Italiā esset angustior, *shaken,* Cs.—*Critical, difficult:* rebus angustis animosus, H.—Of character, *narrow, base, little, petty:* animus: defensio angustior, *less honorable.*—Of thought or argument, *narrow, trifling, subtle, hair-splitting:* concertationes: interrogatiunculae.—Of style, *brief, succinct:* oratio: quae angustiora parietes faciunt, i. e. *less discursive than in the forum.*

anhēlitus, ūs, *m.* [anhelo], *a difficulty of breathing, panting, puffing, deep breathing:* a lasso ore, O.: vini, *drunken reviling:* sublimis, H.: aeger, V.—Meton., *an exhalation, vapor:* terrae.

anhēlō, āvī, ātus, āre [anhelus].—*Intrans., to breathe with difficulty, gasp, pant, puff:* confugere anhelantem domum, T.: anhelabat sub vomere taurus, O.—M e t o n., of fire, *to roar, crash:* fornacibus ignis anhelat, V.—*Trans., to breathe out, exhale, breathe forth:* anhelati ignes, O.: verba . . . anhelata gravius.—F i g., *to breathe out, pant after:* scelus: crudelitatem ex pectore, Her.

anhēlus, *adj.* [see AN-], *out of breath, short of breath, panting, puffing, gasping* (poet.): senes, V.: cursus, *that cause panting*, O.: tussis, V.

anicula, ae, *f. dim.* [anus], *a little old woman, granny*, T.: minime suspiciosa.

Aniēnsis, e (C., L.), or **Aniēnus** (V.), *adj.* [Anio], *of the Anio.*

anīlis, e, *adj.* [anus], *of an old woman:* voltus, V.: passus, O.—*Old-womanish, anile, silly:* ineptiae: fabellae, H.

anīlitās, ātis, *f.* [anilis], *the old age of a woman:* cana, Ct.

anīliter, *adv.* [anilis], *like an old woman:* dicere.

anima, ae, *f.* [AN-], *air, a current of air, breeze, breath, wind:* impellunt animae lintea, H.: ignes animaeque, V. — E s p., *the air:* utrum (animus) sit ignis, an anima: semina terrarum animaeque, V.—*Breath:* animam compressi, T.: animam recipe, *take breath*, T.: animam puram conservare: animas fovent illo, *correct their breath*, V.: inspirant graves animas, O.: anima amphorae, *the fumes of wine*, Ph.—M e t o n., *life:* animam exstinguere, T.: deponere, N.: vomere, V.: de liberorum animā iudicandum est: anima nostra in dubio est, S.: Mortalīs animas sortiri, H.: et animam agere, et efflare dicimus, *to give up the ghost:* non eodem tempore et gestum et animam ageres, i. e. *exert yourself in gesturing to the point of death.* —P r o v.: quid, si animam debet? *is in debt for his life?* i. e. *for everything*, T.—P o e t., of a dear friend: animae dimidium meae, H.: animae pars, H. —*A life, living being, soul, person:* egregias animas, quae, etc., V.: animae quales nec candidiores, etc., H.: magnae animae, Ta.—*The shades, departed spirits, manes:* tu pias laetis animas reponis Sedibus, H.: animam sepulcro Condimus, V.—*The rational soul, mind:* rationis consilique particeps: docent non interire animas, Cs.

animābilis, e, *adj.* [anima], *enlivening, animating:* natura (of the air; al. animalis).

animadversiō, ōnis, *f.* [animadverto], *investigation, inquiry:* nostra in civem est, L.—*Perception, notice, observation:* hoc totum est animadversionis: excitanda animadversio, ut ne quid temere agamus, *self-inspection.*—*Reproach, censure:* effugere animadversionem: in Apronium.—*Chastisement, punishment:* paterna: Dolabellae in servos: vitiorum.—E s p.: censorum (usu. called nota censoria): animadversiones censoriae.

animadversor, ōris, *m.* [animadverto], *a censor* (once): vitiorum.

animadvertō or **-vortō** or (older) **animum advertō** (constr. as one word), tī, sus, ere [animum + adverto], *to direct the mind, give attention to, attend to, consider, regard, observe:* tuam rem, T.: eadem in pace: sed animadvertendum est diligentius quae sit, etc.: animum advertere debere, qualis, etc., N.: ad mores hominum regendos, L.: illud animadvertisse, ut ascriberem, etc.: consul animadvertere proximum lictorem iussit, *to call attention to the consul's presence*, L.—*To mark, notice, observe, perceive, see, discern:* horum silentium: puerum dormientem: quod quale sit: Postquam id vos velle animum advorteram, T.: innocentes illos natos, etc., N.: haec . . . utcumque animadversa aut existimata erunt, *whatever attention or consideration be given*, L.: his animadversis, V.: illud ab Aristotele animadversum, *the fact observed by.*—*To attend to, censure, blame, chastise, punish:* ea ab illo animadvortenda iniuria est, *deserves to be punished*, T.: O facinus animadvortendum, *worthy of punishment*, T.: vox . . . in quā nihil animadverti possit, *there is nothing censurable:* neque animadvertere . . . nisi sacerdotibus permissum, Ta.: verberibus in civīs, S.: si in hunc animadvertissem: cum animadversum esset in iudices.

animal, ālis, *abl.* animālī, *n.* [anima], *a living being, animal:* omne: providum: perfidiosum: sanctius his animal, O.: Cum prorepserunt primis animalia terris, H.

animālis, e, *adj.* [anima], *of air, aërial:* natura.—*Of life, vital:* cibus.—*Animate, living:* intellegentia: exemplum.

animāns, antis, *adj.* [*P.* of 1 animo], *animate, living:* deos.—*Subst., a living being, animal:* animantium genera.—Of man: haud petit Quemquam animantem, H.

animātiō, ōnis, *f.* [1 animo], *an animating.*—M e t o n., *a living being* (once).

animātus, *adj.* [*P.* of 2 animo], *disposed, inclined, minded:* sic ut, etc.: ut in amicum: insulae bene, *favorable*, N.: animatus melius quam paratus.

1. animō, āvī, ātus, āre [anima], *to enliven, quicken, animate:* stellae divinis animatae mentibus.—P o e t.: guttas in angues, O.

2. animō, āvī, ātus, āre [animus], *to dispose, inspirit:* ita pueros: Mattiaci solo ac caelo acrius animantur, *are inspirited*, Ta.

animōsē, *adv.* [animosus], *spiritedly, courageously, eagerly:* id fecerunt: vivere, *independently.*

1. animōsus, *adj.* [anima], *full of air, airy:* guttura, *through which the breath passes*, O.—*Full of life:* signa, Pr.—*Violent:* Eurus, V.

2. animōsus, *adj.* with *comp.* [animus], *full of courage, bold, spirited, undaunted:* pugnis: animosior senectus quam adulescentia, *shows more courage:* (equorum) pectus, V.: Rebus angustis animosus appare, H.—*Proud:* parens, vobis animosa creatis, *of having borne you*, O.—*Bold, audacious:* corruptor, Ta.

animula, ae, *f. dim.* [anima], *a breeze.—A bit of life:* mihi quidquam animulae instillare.

animus, ī, *m.* [AN-], *the rational soul* (cf. anima, the physical life): humanus: Corpus animum praegravat, H.: deos sparsisse animos in corpora humana: discessus animi a corpore: permanere animos arbitramur.—Fig., of beloved persons, *soul, life:* anime mi, T.—Of the mind, *the mental powers, intelligence, reason, intellect, mind:* mecum in animo vitam tuam considero, T.: animo meditari, N.: convertite animos ad Milonem, *attention:* revocare animos ad belli memoriam: perspicite animis quid velim: in dubio est animus, T.: animus, cui obtunsior sit acies, *whose discernment:* et animus et consilium et sententia civitatis, *the whole intelligence of the community:* cui animum inspirat vates, V.: omnia ratione animoque lustrari.—Of bees: Ingentīs animos angusto in pectore versant, V.—*Of the memory:* Scripta illa dicta sunt in animo, T.: an imprimi, quasi ceram, animum putamus?—*Consciousness, recollection, self-possession:* reliquit animus Sextium acceptis volneribus, Cs.: Unā eādemque viā sanguis animusque sequuntur, V.: timor abstulit animum, O.—With conscius or conscientia, *the conscience:* quos conscius animus exagitabat, S.: suae malae cogitationes conscientiaeque animi terrent.—*Opinion, judgment, notion, belief:* meo quidem animo, *in my judgment:* maxumi Preti esse animo meo, T.: ex animi tui sententiā iurare, *to the best of your knowledge and belief.—The imagination, fancy:* cerno animo sepultam patriam: fingite animis, sunt, etc.: nihil animo videre poterant.—*Feeling, sensibility, affection, inclination, passion, heart:* Quo gemitu conversi animi (sunt), V.: animum offendere: animus ubi se cupiditate devinxit, *the character*, T.: alius ad alia vitia propensior: tantaene animis caelestibus irae? V.: animo concipit iras, O.: mala mens, malus animus, *bad mind, bad heart*, T.: omnium mentīs animosque perturbare, Cs.: animum ipsum mentemque hominis: mente animoque nobiscum agunt, Ta.: bestiae, quarum animi sunt rationis expertes.—*Disposition, inclination:* meus animus in te semper: bono animo in populum R. videri, *well disposed*, Cs.: Nec non aurumque animusque Latino est, *both gold and the disposition* (i. e. *to give it*), V.: regina quietum Accipit in Teucros animum mentemque benignam, *a kindly disposition*, V.—Esp., in the phrase ex animo, *from the heart, in earnest, deeply, sincerely:* ex animo omnia facere an de industriā? *from impulse or with some design*, T.: sive ex animo id fit sive simulate: ex animo dolere, H.—In the *locat.* form animi, with verbs and *adjj.:* Antipho me excruciat animi, T.: exanimatus pendet animi: iuvenemque animi miserata repressit, *pitying him in her heart*, V.: anxius, S.: aeger, L.: infelix, V.: integer, H.—Meton., *disposition, character, temper:* animo es Molli: animo esse omisso, T.: animi molles et aetate fluxi, S.: sordidus atque animi parvi, H.—Fig., of plants: silvestris, *wild nature*, V.—*Courage, spirit* (freq. in *plur.*): mihi addere animum, T.: nostris animus augetur, Cs.: clamor Romanis auxit animum, L.: mihi animus accenditur, S.: Nunc demum redit animus, Ta.: Pallas Dat animos, O.: in hac re plus animi quam consili habere: tela viris animusque cadunt, O.: bono animo esse, *to be of good courage:* bono animo fac sis, T.: satis animi, *courage enough*, O.: magnus mihi animus est, fore, etc., *hope*, Ta.—Fig., of the winds: Aeolus mollit animos, *the violence*, V.—Of a top: dant animos plagae, *give it quicker motion*, V.—*Haughtiness, arrogance, pride:* vobis . . . Sublati animi sunt, *your pride is roused*, T.: tribuni militum animos ac spiritūs capere, *bear the arrogance and pride*, etc.—*Passion, vehemence, wrath:* animum vincere: animum rege, qui nisi paret Imperat, H.: (Achelous) pariter animis immanis et undis, O.—In the phrase aequus animus, *an even mind, calmness, moderation, equanimity:* concedo . . . quod animus aequus est.—Usu. *abl.:* aequo animo, *with even mind, contentedly, resignedly, patiently:* aequo animo ferre, T.: non tulit hoc aequo animo Dion, N.: aequissimo animo mori: alqd aequo animo accipit, *is content to believe*, S.: opinionem animis aut libentibus aut aequis remittere: sententiam haud aequioribus animis audire, L.—*Inclination, pleasure:* Indulgent animis, O.—Esp., animi causā, *for the sake of amusement, for diversion, for pleasure:* (animalia) alunt animi voluptatisque causā, Cs.: habet animi causā rus amoenum: animi et aurium causā homines habere, i. e. *employ musicians.—Will, desire, purpose, design, intention, resolve:* tuom animum intellegere, *purpose*, T.: persequi Iugurtham animo ardebat, S.: hostes in foro constiterunt, hoc animo, ut, etc., Cs.: habere in animo Capitolium ornare, *to intend:* fert animus dicere, *my plan is*, O.: nobis erat in animo Ciceronem mittere, *it was my purpose:* omnibus unum Opprimere est animus, O.: Sacra Iovi Stygio perficere est animus, V.

Aniō, ēnis, *m.*, *a tributary of the Tiber*, V., H., C.

1. annālis, e, *adj.* [annus], *relating to a year:* lex, *which fixed the age required for office.*

2. annālis, is, *abl.* annalī, *m.* [1 annalis; sc. liber], *a record of events, chronicles, annals.*—The Pontifex Maximus each year used to record public events on tablets, called Annales Maximi; hence historical works are called Annales: scriptum est in tuo annali: in annali suo scriptum reliquit, N.: in nono annali, *the ninth book of annals:* haec monumentis annalium mandantur.

an-ne, see an and 2 -ne.

annectō, annexus, see adn-.

anniculus, *adj.* [annus], *of a year, yearling:* virgo, N.

annītor, see adnitor.

anniversārius [annus+verto], *returning every year, annual, yearly:* festi dies: arma, *annual wars,* L.

annō, annōdō, see adn-.

an-nōn, see an and non.

annōna, ae, *f.* [annus], *the year's produce:* vectigal ex salariā annonā, *out of the annual supply,* L.—*Means of subsistence, provisions, corn, grain, crop:* Tum annona carast, *is dear,* T.: caritas annonae, *scarcity:* perfugia nostrae annonae, *resources of our market:* vilitas annonae, *abundance.*—M e t o n., *the price* (of grain), *market:* iam ad denarios quinquaginta in singulos modios annona pervenerat, Cs.: vetus, *former prices,* L.: annonam levare, *to relieve scarcity:* ad varietates annonae horreum, *a storehouse against fluctuations in price,* L.—F i g.: Vilis amicorum est annona, *the market price,* H.

annōsus, *adj.* [annus], *full of years, aged, old:* anus, O.: bracchia (ulmi), V.: ornus, V.: cornix, H.

annōtinus, *adj.* [annus; cf. diutinus], *a year old, of last year:* naves, Cs.

annotō, annumerō, annuō, see adn-.

annus, ī, *m.* [1 AC-], *a year* (orig. ten months, from Martius to December; after Numa, twelve): annos sexaginta natus es, T.: se annum posse vivere: ad annum octogesimum pervenire, N.: annos habere quattuor, *to be four years old:* anni fugaces, H.: piger, H.: anni breves, H.: initio anni, L.: anno exeunte: extremo anno, L.: proximus, S.: solidus, *a full year,* L.: gravis annis, *with age,* H.: pleno anno, *at the close of,* H.—In adverb. uses: anno senatum non habere, *during a year,* L.: maximam uno anno pecuniam facere: ter in anno, *each year:* ter et quater anno, H.: matronae annum eum luxerunt, *a whole year,* L.: faciendum est ad annum, *a year hence:* prolatae in annum res, *for a year,* L.: differs curandi tempus in annum? H.: provisae frugis in annum Copia, *for a year,* H.: in unum annum creati, *for a single year,* L.: inter tot annos, *during so many years:* per tot annos: per hos annos: arva per annos mutant, *every year,* Ta.: omnibus annis, *every year,* H.: omnes annos, *perpetually,* H.: post aliquot annos, *some years later:* abhinc duo annos, *two years ago.*—M e t o n., *a season:* nunc formosissimus annus, *now the year is most beautiful,* V.: pomifer, H.—*The produce of the year:* nec arare terram aut exspectare annum, Ta.—*The age required for public office* (see annalis): anno meo, i. e. *as soon as I was eligible.*—In astronomy: magnus, *the period in which the signs complete a circuit.*

annuus, *adj.* [annus], *of a year, lasting a year:* tempus: qui (magistratus) creatur annuus, Cs.: reges, N.: cultura, H.: labor, *a whole year's work:* signorum commutationes, *during the year.*—*Yearly, annual:* Sacra, V.

anquīrō, sīvī, sītus, ere [am- (for ambi-) + quaero], *to seek on all sides, look about, search after:* aliquem: omnia, quae sunt, etc.—F i g., *to inquire diligently, examine into:* alqd: conducat id necne: quid valeat id, anquiritur: de alio.—E s p., *to conduct a judicial inquiry:* de perduellione, L.—*To prosecute* (with *gen.* or *abl.* of the punishment): cum capitis anquisissent, L.: pecuniā anquirere, *for a fine,* L.

ānsa, ae, *f.*, *a handle, haft:* canthari, V.: poculi, O.—*The catch of a shoe-string,* H.—F i g., *an occasion, opportunity:* reprehensionis: sermonis ansae, *clews:* ad reprehendendum.

ānser, eris, *m.* [cf. Engl. gander], *a goose;* sacred to Juno, C., L., H.

ante, *adv.* and *praep.* [ANT-]. **I.** *Adv.*, of space, *before, in front, forwards:* ante aut post pugnandi ordo, L.: positum ante pullum Sustulit, *served,* H.: non ante, sed retro.—Usu. of time, *before, previously:* nonne oportuit Praescisse me ante, T.: fructus ante actae vitae: ante feci mentionem: ut ante dixi: ut saepe ante fecerant: non filius ante pudicus, *hitherto,* Iu.: multis ante saeculis, *many centuries earlier:* paucis ante diebus: biennio ante: paulo ante, *a little while ago:* ante aliquanto: tanto ante praedixeras.—Followed by *quam*, *sooner than, before:* ante quam ad sententiam redeo, dicam, etc.: memini Catonem anno ante quam est mortuus disserere: ante quam veniat in Pontum, mittet, etc.: ante . . . Ararim Parthus bibet . . . Quam . . . labatur, etc., V.: qui (sol) ante quam se abderet, vidit, etc.: ante vero quam sit ea res adlata: nullum ante finem pugnae quam morientes fecerunt, L.—Rarely with a *subst.:* neque ignari sumus ante malorum, *earlier ills,* V.: prodere patriam ante satellitibus, *to those who had been,* etc., L.—**II.** *Praep.* with *acc.*, *before.*—I n s p a c e: ante ostium: ante fores, H.: ante aras, V.—Of persons: causam ante eum dicere, *plead before his bar:* ante ipsum Serapim: ante ora patrum, V.: ante oculos vestros: togati ante pedes, *as servants*, Iu.: equitatum ante se mittit, Cs.: ante signa progressus, L.—Fig.: pone illum ante oculos viam, *recall:* omnia sunt posita ante oculos, *made clear.* —Of esteem or rank, *before:* facundiā Graecos ante Romanos fuisse, S.: me ante Alexandrum . . . esse, *superior to*, L.: Iulus Ante annos animum gerens, *superior to*, V.: ante alios gratus erat tibi, *more than*, O.: (virgo) longe ante alios insignis specie, L.: felix ante alias virgo, V.: ante omnīs furor est insignis equarum, V.: longe ante alios acceptissimus militum animis, L.: maestitia ante omnia insignis, *above all things*, L.: dulces ante omnia Musae, V.—In time, *before:* ante brumam, T.: ante lucem venire: ante noctem, H.: ante lucernas, Iu.: ante me sententias dicere, S.: tot annis ante civitatem datam: ante id tempus duces erant, *until*, N.: neque umquam ante hunc diem, *never till now*, T.: iam ante Socratem, *before the time of:* qui honos togato habitus ante me est nemini, *before my time:* Ante Iovem, V.: ante Helenam, H.: per hunc castissimum ante regiam iniuriam sanguinem iuro, L.: ante mare et terras, O.: ante cibum, H.: Hoc discunt omnes ante alpha et beta, *before learning A B C*, Iu.: ante istum praetorem, *before his praetorship:* ante hanc urbem conditam, *before the founding of this city:* ante Epaminondam natum, N.: ante te cognitum, S.: ante conditam condendamve urbem, i. e. *built or planned*, L.—Poet., with *gerund:* (equi) ante domandum, *before they are broken*, V.—Esp. in phrases: factus est (consul) bis, primum ante tempus, *before the lawful age:* Filius ante diem patrios inquirit in annos, *before the destined time*, O.: Sed misera ante diem, *prematurely*, V.: dies ante paucos, *a few days sooner*, L.: nobis ante quadrennium amissus est, *four years ago*, Ta.—Ante diem (abbrev. a. d.) with an ordinal number denotes the day of the month, reckoned inclusively, e. g., ante diem quintum (a. d. V.) Kalendas Aprilīs means, by our reckoning, *the fourth day before the calends of April:* ante diem XIII. Kalendas Ianuarias, *the 20th of Dec.:* ante diem quartum idūs Martias, *the 3d day before the Ides of March, the 12th of March*, L.—The entire phrase, as the name of the day, may be preceded by a *praep.:* in ante diem quartum Kal. Dec. distulit: caedem te optimatium contulisse in ante diem V. Kal. Nov., *to the 28th of Oct.*

anteā (archaic **antideā**, L.), *adv.*, *before, earlier, formerly, aforetime, previously:* antea, cum equester ordo iudicaret: ac fuit antea tempus, cum, Cs.: cum antea semper factiosus fuisset, N.: si numquam antea cogitasset, tamen, etc.: semper antea . . . tum: clipeis antea Romani usi sunt, deinde scuta fecere, *formerly . . . afterwards*, L.: Quis tuum patrem antea, quis esset, quam cuius gener esset, audivit?

Ante-canem, *m.*, transl. of Προκύων, *Procyon, the forerunner of the dog* (Sirius), *lesser dog-star.*

ante-capiō, cēpī, ceptus, ere, *to obtain before, receive before:* antecepta informatio, *an innate idea.*—Esp., *to seize beforehand, preoccupy:* quae bello usui forent, S.—*To anticipate:* noctem, S.: ea omnia luxu, S.

antecēdēns, entis, *adj.* [*P.* of antecedo], *foregoing, preceding:* hora.—In philosophy, *the antecedent:* causa.—*Plur.* as *subst.*, *the premises* (of reasoning).

ante-cēdō, essī, —, ere, *to go before, get the start, precede:* ad explorandum, L.: antecedentem scelestum, H.: magnis itineribus, Cs.: legiones.—Fig., *to precede:* si huic rei illa antecedit, *is a logical condition of:* haec (dies) ei antecessit, T.—*To have precedence of, excel, surpass:* quantum natura hominis pecudibus antecedit: eum in amicitiā, N.: scientiā reliquos, Cs.: aetate.—*To be eminent, excel:* honore.

ante-cellō, —, —, ere [2 CEL-], *to be prominent, distinguish oneself, excel, surpass, be superior:* longe ceteris: ubertate agrorum terris: omnibus gloriā: vestrae exercitationi ad honorem, *with respect to honor:* perigrinam stirpem, Ta.: omnes fortunā, Ta.: militari laude.

anteceptus, *P.* of antecapio.

antecessiō, ōnis, *f.* [antecedo], *a going before, preceding.*—Meton., *an antecedent.*

antecursor, ōris, *m.* [antecurro].—Prop., *a forerunner;* only *plur.*, *the vanguard, pioneers*, Cs.

ante-eō, īvī or iī, —, īre (anteit, disyl., H., O.; anteirent, trisyl., V.; anteat, O.; antibō, Ta.; antissent, Ta.; antisse, Ta.), *to go before, precede:* strenuus anteis, H.: ubi anteire primores vident, L.: Te semper anteit Necessitas, H.: praetoribus.—Fig., *to take precedence of, surpass, excel:* erum sapientiā, T.: aetatem meam honoribus, L.: aetate illos: candore nives, V.: iis aetate.—*To anticipate, prevent, avert:* damnationem anteit, Ta.: periculum, Ta.—*To resist:* auctoritati parentis, Ta.

ante-ferō, tulī, lātum, ferre, *to bear in front, carry before:* quod fasces anteferrentur, Cs.—Fig., of estimation, *to place before, prefer:* alqd commodis suis: pacem bello: te Grais, H.

ante-fīxus, *adj.* [ante+figo], *fastened before:* truncis arborum antefixa ora, i. e. *skulls*, Ta.—*Plur. n.* as *subst.*, *little images on the front of a house or temple*, L.

antegredior, essus, ī, *dep.* [ante+gradior], *to go before, precede:* solem.—In time: cum antegressa est honestas: causae antegressae.

ante-habeō, —, —, ēre, *to prefer:* quieta turbidis, Ta.: incredibilia veris, Ta.

ante-hāc (disyl., H.), *adv. of time, before this*

time, before now, formerly, hitherto: fecit, T.: antehac uti solebat, etc.: antehac nefas (erat)... dum, etc., H.—*Before that time, earlier, previously:* saepe antehac fidem prodiderat, S.

antelūcānus, *adj.* [ante+lux], *before light, before dawn:* tempus: cenae, *lasting all night.*

ante-merīdiānus, *adj., before mid-day, of the forenoon:* sermo: ambulatio.

ante-mittō, prop. written ante mitto.

antemna or **antenna**, ae, *f.* [ante + TA-, TEN-], *a ship's yard:* antemnas ad malos destinare, Cs.: antemnae gemunt, H.: cornua antemnarum, V.

ante-occupātiō, ōnis, *f.*—In rhet., *an anticipation* (of objections).

ante-pēs, edis, *m., the forefoot*, C. (poet.).

ante-pīlānus, ī, *m., a soldier of the first two ranks, in front of the triarii*, L.

ante-pōnō, posuī, positus, ere, *to set before:* propugnacula anteposita, Ta.: equitum locos sedilibus, Ta.—Fig., *to prefer, value above:* amicitiam omnibus rebus: gloria formulis anteponenda est: gloriam potentiae, S.—In tmesis: mala bonis ponit ante.

ante-quam, see ante.

antēs, ium, *m., rows* (of vines), V.

ante-sīgnānus, ī, *m.* [ante+signum], *a leader in battle:* in acie.—*Plur. m.* as *subst., the soldiers who fought in front of the standards*, Cs., L.

(ante-stō), see anti-stō.

antestor, ātus, ārī, *dep.* [an- (for ambi-) +testor], in law, *to call as a witness, summon to testify* (the summoner said, licet antestari? the summoned offered his ear to be touched): Licet antestari? Ego vero Oppono auriculam, H.—In gen., *to call to witness, invoke:* te.

ante-veniō, vēnī, ventus, īre, *to come before, get the start of, anticipate:* exercitum, S.: consilia (hostium), *thwart*, S.: ne... Anteveni, V.—Fig., *to exceed, surpass, excel:* per virtutem nobilitatem, S.

ante-vertō (-vor-), tī, —, ere, *to take a place before, go before, precede:* tum antevertens, tum subsequens.—Fig., *to anticipate:* huic, T.: mihi.—*To prefer, place before:* omnibus consiliis antevertendum existimavit, ut, etc., *that this plan must be adopted in preference to others*, Cs.

anthias, ae, *m., an unknown sea-fish*, O.

anticipātiō, ōnis, *f.* [anticipo], *a preconception, preconceived notion:* deorum.

anticipō, āvī, ātus, āre [ante+CAP-], *to take before, anticipate:* rei molestiam: anticipata via est, *travelled more quickly*, O.

antīcus, *adj.* [ANT-], *in front, foremost:* pars; see also antiquus.

antideā, *adv.*, see antea.

antidotum, ī, *n.*, =ἀντίδοτον, *a remedy against poison*, Ph.

antīquāria, ae, *f.* [antiquus], *a female antiquarian* (once), Iu.

antiquarius, ī, *m., an antiquarian*, Ta., O.

antīquē, *adv.* with *comp.* [antiquus], *like the ancients, in the old fashion:* dicere, H.: antiquius permutatione mercium uti, *the old method of barter*, Ta.

antīquitās, ātis, *f.* [antiquus], *age, antiquity:* generis.—*Ancient time, antiquity:* factum ex omni antiquitate proferre.—*Ancient events, the history of ancient times, antiquity:* tenenda est omnis antiquitas: antiquitatis amator, N.—*Men of former times, the ancients:* antiquitatis memoria: antiquitas melius ea cernebat.—*Venerableness, reverend character:* eius fani.

antīquitus, *adv.* [antiquus], *in former times, of old, anciently, long ago:* Belgas Rhenum antiquitus traductos, Cs.: tectum antiquitus constitutum, N.: insita pertinacia familiae, L.: panicum paratum, *long before*, Cs.

antīquō, āvī, ātus, āre [antiquus], of a bill, *to reject, not to pass:* legem antiquari passus est: legem tribūs antiquarunt (opp. iuserunt), L.

antīquus (-īcus), *adj.* with *comp.* and *sup.* [ante], *ancient, former, of old times:* tua duritia, *former severity*, T.: causa antiquior memoriā tuā: patria, L.: urbs, V.: antiquae leges et mortuae.—*Plur. m.* as *subst., the ancients, ancient writers:* antiquorum auctoritas: traditus ab antiquis mos, H.—*Old, long in existence, aged:* hospes, T.: genus, N.: Graiorum antiquissima scripta, H.: antiquissimum quodque tempus spectare, i. e. *long-established rights*, Cs.: antiquum obtinere, *to hold fast an old custom*, T.: morem antiquum obtines, T.—Fig., *old, venerable, reverend, authoritative:* fanum Iunonis: templa deum, H.: longe antiquissimum ratus sacra facere, etc., *a most venerable custom*, L.: antiquior alia causa (amicitiae), *more original.*—*Old-fashioned:* (cives) antiquā virtute, T.: homines: vestigia antiqui officii.—*Comp., more desirable, preferable:* ne quid vitā existimem antiquius: antiquior ei fuit gloria quam regnum: id antiquius consuli fuit, *was of more pressing importance*, L.

antistes, itis, *m.* and *f.* [ante+STA-], *an overseer* of a temple, *high-priest, priest* of a rite or a god: caerimoniarum: sacri eius, L.: Iovis, N.: sacrorum, Iu.—*Fem.* (for antistita): adsiduae templi antistites, *unremitting attendants at*, L.—Meton., *a master:* artis dicendi.

antistita, ae, *f.* [antistes], *a female superintendent* (of a temple or worship), *high-priestess:* fani: Phoebi, O.

antistō (not **antes-**), stetī, —, āre [ante+sto], *to stand before*, only fig., *to excel, surpass, be superior:* quanto antistaret eloquentia innocentiae, N.: si (quaeritur) ratio . . . Pompeius antistat: alcui aliquā re.

Antōniaster, trī, *m.*, *a servile imitator of the orator Antonius.*

Antōnius, *a gentile name.*—As *adj.*, *of the triumvir Antonius:* leges.

antrum, ī, *n.*, = ἄντρον, *a cave, cavern, grotto* (poet.): gelida antra, V.: sylvestria, O.: Pierium, H.—M e t o n., *a hollow:* exesae arboris, V.: clausum (of a sedan), Iu.

ānulārius, ī, *m.* [anulus], *a maker of rings.*

ānulus, ī, *m. dim.* [1 ānus], *a ring, finger-ring, seal-ring, signet-ring:* de digito anulum detraho, T.: gemmati anuli, L.: sigilla anulo imprimere: equestris (as worn only by knights), H.: anulum invenit (i. e. eques factus est).

1. ānus, ī, *m.* [AS-].—P r o p., *a ring;* hence, *the fundament.*

2. anus, ūs (rarely -uis, T.), *f.*, *an old woman, matron, old wife, old maid:* prudens, H.: pia, O.: Iunonis anus templique sacerdos, *aged priestess*, V.: delira. — E s p., *a female soothsayer, sibyl*, H. —As *adj.*, *old:* cerva anus, O.: charta, Ct.

anxiē, *adv.* [anxius], *anxiously:* ferre alqd, S.

anxietās, ātis, *f.* [anxius], *anxiety, solicitude:* animi, O.: perpetua, Iu.

anxifer, fera, ferum, *adj.* [anxius + FER-], *bringing anxiety, distressing:* curae, C. poet.

anxitūdō, dinis, *f.* [anxius], *trouble, distress.*

anxius, *adj.* [ANG-], of a state or mood, *anxious, troubled, solicitous:* nec, qui anxii, semper anguntur: mentes, H.: suam vicem, magis quam eius, L.: animi, S.: animo, S.: erga Seianum, Ta.: de curis, Cu.: pro regno, O.: inopiā, L.: furti, O.: ne bellum oriatur, S.—*Causing anxiety, troublesome, afflicting:* aegritudines: curae, L.: timor, V. —*Prudent, cautious:* et anxius et intentus agere, Ta.

apage, *interj.*, = ἄπαγε, *away with thee! begone! away! off with!* (comic and colloq.): apage te, T.: apage sis, T.

apēliōtēs, ae, *m.*, = ἀπηλιώτης, *the east wind*, Ct.

aper, aprī, *m.* [2 AP-], *a wild boar:* ingens: spumans, V.—As a delicacy, H.—P r o v. of folly: liquidis inmisi fontibus apros, V.

aperiō, eruī, ertus, īre [ab+2 PAR-], *to uncover, lay bare:* caput: aperto pectore, *with bared breast*, O.: ingulo aperto, *with his throat cut*, O.: partūs, *bring to light*, H.: apertae pectora matres, *with bared breasts*, O.—*To open, uncover, unclose, make visible, discover, display, show, reveal:* ostium, T.: forīs, O.: sociis viam, V.: ferro iter, S.: locum . . . asylum, *as an asylum*, L.: specūs, Ta.: his unda dehiscens Terram aperit, *discloses*, V.: aperitur Apollo, *comes in sight*, V.: nondum aperientibus classem promunturiis, i. e. *while the fleet was still hidden behind them*, L.: omnia quae latuerunt: fatis ora, *for the utterance of*, V.: fenestram ad nequitiam, T.: annum, *to begin*, V.: fuste caput, i. e. *to cleave*, Iu.—Of places, *to lay open, render accessible:* Troiam Achivis, V.: armis orbem terrarum, L.: gentīs ac reges, Ta.—F i g., *to disclose, unveil, reveal, make known, unfold, explain, expose:* hominum mentīs: fabulae partem, T.: coniurationem, S.: locum suspicioni: casūs aperire futuros, *to disclose the future*, O.: coacti se aperiunt, *show what they are*, T.: ne semet ipse aperiret, *betray himself*, L.: dum se ipsa res aperiat, N.: quid cogitaret: quis sim, L.

apertē, *adv.* with *comp.* and *sup.* [apertus], *openly, manifestly:* vincere, *in open fight*, O.: odisse: alqd venale ostendere, *without disguise*, H. —Of language, *without reserve, plainly, clearly:* tibi fabulari, T.: apertius dicere: apertissime explicare.

apertus, *adj.* with *comp.* and *sup.* [*P.* of aperio], *without covering, uncovered:* magna corporis pars, Cs.: locus: naves, *not decked:* caelo invectus aperto, *unclouded*, V.: aperta serena prospicere, V.—*Unclosed, open, not shut:* nihil non istius cupiditati apertissimum: (milites), *without breastworks*, Cs.: aditus ad moenia, L.: aequor, O.: latus, *exposed*, H.: Alpes, i. e. *a way through*, V.: nostros latere aperto adgressi, *on the exposed flank*, Cs.—P o e t.: Mars, *an open fight*, O.—As *subst. n.*, *the open, a clear space:* per apertum fugientes, H.: castris in aperto positis, L.—F i g., *open, avowed, plain, clear, manifest:* latrocinium: simultates: pericula, V.: rabies, H.: quis apertior in iudicium adductus? *more plainly guilty:* rivi, *common* (opp. Pindaricus fons), H.: magis magisque in aperto esse, *to be evident*, S.: agere memoratu digna pronum magisque in aperto erat, *easier*, Ta. — Of character, *frank, open, candid:* pectus: cognovi te apertiorem in dicendo.—*Outspoken, audacious:* ut semper fuit apertissimus.

apex, icis, *m.* [1 AP-], *the extreme end, point, summit, top:* lauri, V.: montis, O.: sublimis (of a headland), Iu.: levis, *a tongue of flame*, V.—*A hat, helmet, crown:* regum apices, H.: summus, *the top of the helmet*, V.: hinc apicem Fortuna Sustulit, *the crown*, H.: dialis, *the flamen's hat*, i. e. *the priestly office*, L. — F i g., *the highest ornament:* apex est senectutis auctoritas.

aphractus, ī, *f.*, = ἄφρακτος (uncovered), *a ship without a deck, open boat.*

apicātus, *adj.* [apex], *wearing a flamen's cap:* Dialis, O.

apis, is (*gen. plur.* apium, later apum), *f.*, *a bee:* apis aculeus: examen apum, L.: melliferae, O.: Calabrae, H.: parcae, *frugal*, V.: sedula, *busy*, O.: insidunt floribus, V.

apīscor, aptus, ī [AP-], *to reach, attain to, get, gain:* deorum vitam, T.: maris apiscendi causa: spes apiscendi summi honoris, L.

apium, ī, *n.* [apis], *parsley*, with the fragrant leaves, V.: vivax, *that long remains green*, H.—A parsley wreath was the prize in the Isthmian and Nemean games, Iu.

āplustre, is, *n.*, = ἄφλαστον, *an ornament of wood on the stern of a ship:* victae triremis, Iu.

apoclētī, ōrum, *m.*, = ἀπόκλητοι, *a commission of the Aetolian league, executive committee*, L.

apodȳtērium, ī, *n.*, = ἀποδυτήριον, *an undressing-room* (in a bath-house).

Apollināris, e, *adj.* [Apollo], *of Apollo, sacred to Apollo:* laurea, H.: aedes, L.: ludi, *in honor of Apollo.*

Apollō, inis, *m.*, *Apollo.*—Poet.: nautis aperitur Apollo, i. e. *the temple of Apollo*, V.

apologus, ī, *m.*, = ἀπόλογος, *a fable after the manner of Aesop, an apologue.*

apoproēgmenon, ī, *n.*, = ἀποπροηγμένον; in philos., *that which is to be rejected.*

apothēca, ae, *f.*, = ἀποθήκη, *a repository, storehouse, magazine, warehouse*, C.; esp. for wine, H.

apparātē (adp-), *adv.* [apparatus], *sumptuously:* edere et bibere.—Of speech, *elaborately, nicely:* compositum, Her.

apparātiō (adp-), ōnis, *f.* [apparo], *a preparing:* munerum.—Fig., of an orator, *preparation.*

1. apparātus (adp-), *adj.* with *comp.* and *sup.* [*P.* of apparo], *prepared, ready.*—Of persons: ad causam.—Of things, *supplied, furnished:* domus omnibus apparatior rebus.—Meton., *magnificent, splendid, sumptuous:* epulae, L.: ludi apparatissimi.—*Elaborate, nice:* oratio, Her.

2. apparātus (adp-), ūs, *m.* [apparo], *a preparing, providing, preparation, getting ready:* operis: strepere apparatu belli, L.: belli apparatūs.—*Apparatus, tools, implements, engines, supplies, material, instruments:* ingens belli, L.: apparatus et munitiones, *military engines*, N.: oppugnandarum urbium, L.: auxiliorum apparatus, L.—*Magnificence, splendor, pomp, state:* prandiorum: Persicos odi apparatūs, H.: apparatu regio uti, N.: ludorum.—Of style, *display, elaboration:* dicere nullo apparatu.

apparēns, ntis, *adj.* [*P.* of appareo], *visible, manifest:* tympana, O.

appāreō (ad-p-), uī, itūrus, ēre, *to appear, come in sight, make an appearance:* ille nusquam apparet, T.: Apparent rari nantes, *are seen*, V.: huic questioni, *at this trial:* in his (subselliis): de sulcis, O.—Esp., *to be evident, be apparent, be visible, be seen, show oneself, be in public:* fac sis nunc promissa adpareant, T.: ubi campus Leontinus appareat, *what there is to show for:* nihil apparet in eo ingenuum: (iambus) apparet rarus, *occurs*, H.: apparet vetus cicatrix, O.: Rebus angustis Fortis appare, *show thyself*, H.: non apparere labores Nostros, *are not appreciated*, H.—Fig.: res adparet, *is plain*, T.: apparuit causa plebi, *the reason was clear*, L.: apparebat atrox cum plebe certamen, *was evidently on hand*, L.: ut ad quandam rationem vivendi (membra) data esse appareant.—*Impers.*, with *subj. clause*, *it is evident, is manifest:* cui non apparere, id actum esse, ut, etc., L.: adparet servom hunc esse domini pauperis, T.: quid senserit apparet in libro, etc.: Nec apparet cur, etc., H.: quas impendere iam apparebat omnibus, N.—*To appear as servant, attend, serve:* sacerdotes diis apparento, lictores consulibus, L.: septem annos Philippo, N.: Iovis ad solium, V.

appāritiō (adp-), ōnis, *f.* [appareo], *a serving, service, attendance:* longa.—Meton., *plur.*, *domestics, servants.*

appāritor (adp-), ōris, *m.* [appareo], *a servant, public servant, lictor, deputy, secretary.*

apparō (ad-p-), āvī, ātus, āre, *to prepare, make ready, put in order, provide:* cenam, T.: convivium: dapes, H.: aggerem, Cs.: spatium adparandis nuptiis dabitur, T.: ad hostes bellum, L.: crimina in alquem: dum adparatur, T.: hoc facere, Cs.: pedes apparat ire Comminus, V.

appellātiō (adp-), ōnis, *f.* [2 appello], *an addressing, accosting:* appellationis causa, Cs.—*An appealing to, appeal:* collegae, i. e. *of one of the decemviri from the majority*, L.: tribunorum, *to the tribunes:* tollendae appellationis causā, *the right of appeal*, L.—*A name, title, appellation:* inanis: regum.—*A pronunciation:* litterarum.

appellātor (adp-), ōris, *m.* [2 appello], *one who appeals, an appellant.*

appellitō, —, ātus, āre, *freq.* [2 appello], *to name habitually, call usually*, Ta.

1. appellō (ad-p-), pulī, pulsus, ere, *to drive to, move up, bring along, force towards:* ad litora iuvencos, O.: (turrīs) ad opera Caesaris, Cs.: postquam paulum appulit unda (sc. corpus), O.—Of vessels, *to bring in, land, put in:* ad eam ripam navīs: in Italiam classem, L.: classis est Pachynum appulsa: Emporiis classem, L.: appellit ad eum locum, *lands*, Cs.: huc appelle, *bring to here*, H.: ad insulam, L.—*To drive to, put ashore at:* me vestris deus appulit oris, V.: nos tempestas oris, V.: alios ad Siciliam appulsos esse, *landed:*

ei qui essent appulsi navigiis: triremis terram appulit, Ta.—Fig.: animum ad scribendum, *bring*, T.: rationes ad scopulos, *dash against:* mentem ad philosophiam.

2. appellō (adp-), āvī (*perf. subj.* appellāssis for appellāveris, T.), ātus, āre, *to address, speak to, apply to, accost:* patrem, T.: virum, O.: milites alius alium laeti appellant, S.: a Viridomaro appellatus, Cs.: ne appellato quidem eo, *without speaking to him*, Ta.: nomine sponsum, L.: hominem verbo graviore: crebris nos litteris, *write to often:* legatos superbius: centuriones nominatim, Cs.— *To call upon, apply to, entreat, request, beg, advise:* vos: qui deus appellandus est?: quem appellet, habebat neminem: quos appellem? S.: de proditione alqm, *approach, tamper with*, L.: appellatus est a Flavio, ut . . . vellet, N.—In law, *to call upon, appeal to:* a praetore tribunos: regem, L.: praetor appellatur: de aestimatione appellare, Cs.—*To make a demand upon, dun, press:* me ut sponsorem: appellatus es de pecuniā: mercedem, *claim*, Iu.—*To sue, complain of, accuse, summon:* ne alii plectantur, alii ne appellentur quidem. — *To call by name, term, name, entitle:* me istoc nomine, T.: multi appellandi, *called by name:* alquos hoc loco, *mention:* te patrem, T.: unum te sapientem: quem nautae adpellant Lichan, O.: victorem Achaten, V.: id ab re interregnum appellatum, L.: rex ab suis appellatur, Cs.: appellata est ex viro virtus.—*To utter, pronounce:* nomen: litteras.

appendicula, ae, *f. dim.* [appendix], *a petty addition, little supplement:* causae.

appendix, icis, *f.* [appendo], *an addition, continuation:* maioris muneris, L.: Etrusci belli, L.

appendō (ad-p-), dī, sus, ere, *to weigh out:* ei aurum: tibi sua omnia: ut appendantur, non numerentur pecuniae: auro appenso, L. — Fig.: verba, i. e. *weigh.*

Appennīnicola, ae, *m.* [COL-], *an inhabitant of the Apennines*, V.

Appennīnigena, ae, *adj.* [GEN-]: Thybris, *born on the Apennines*, O.

appetēns (ad-p-), entis, *adj.* with *comp.* and *sup.* [*P.* of appeto], *striving after, eager for, desirous of:* gloriae: alieni, S.: nihil est appetentius similium sui: appetentissimi honestatis. — Esp., *absol.*, *grasping, avaricious:* homo.

appetenter (adp-), *adv.* [appetens], *greedily, graspingly.*

appetentia (adp-), ae, *f.* [appetens], *desire, longing:* laudis: effrenata.

appetītiō (adp-), ōnis, *f.* [appeto], *a grasping at:* solis.—Fig., *an earnest longing, desire, strong inclination:* naturalis: principatūs.

1. appetītus (adp-), *P.* of appeto.

2. appetītus (adp-), ūs, *m.* [appeto], *a longing, eager desire:* vehementior: voluptatis: ut appetitūs rationi oboediant, *the appetites.*

appetō (ad-p-), īvī or iī, ītus, ere.—*Trans.*, *to strive for, reach after, grasp at:* (solem) manibus: salutari, appeti: mare terram appetens: munitionibus loca, *taking in*, L.—Esp., *to fall upon, attack, assault, assail:* umerum gladio, Cs.: oculos rostro, L.: ferro corpora, V.: ignominiis.—Fig., *to strive after, long for, desire, seek, court:* populi R. amicitiam, Cs.: bona naturā: inimicitias potentiorum pro te: nihil sibi: agere aliquid. — *Intrans.*, *to draw nigh, approach, be at hand:* dies appetebat, Cs.: nox, L.: fatum, Cu.

appingō (ad-p-), —, —, ere, *to paint upon* (very rare): Delphinum silvis, fluctibus aprum, H. —Fig., *to add, subjoin:* alquid novi.

Appius, ī, *m.*, *a family name in the* gens Claudia. — As *adj.*, *Appian:* via, *the Appian Way, from Rome to Capua.* — Called Appia via, H.: Appia, H., C.

applaudō (ad-p-), sī, sus, ere, *to strike upon, beat, clap:* latus, Tb.: applauso corpore palmis, O.

applicātiō (adp-), ōnis, *f.* [applico], *an inclination:* animi.—*The relation of a client to his patron, clientship:* ius applicationis.

applicātus (adp-), *adj.* [*P.* of applico], *attached, close, annexed:* minor (ratis), L.: colli Leucas, L.—Fig., *inclined, directed:* ad se diligendum, *inclined to self-love:* ad aliquam rem.

applicō (adp-), āvī or uī, ātus, āre, *to join, connect, attach, add:* corpora corporibus, *press closely*, L.: ut ad honestatem applicetur (voluptas). — Fig., *to apply, direct, turn:* animum ad alqd, T.: se animus applicat ad alqd: se ad vos, T.: ad alicuius se familiaritatem: se ad philosophiam: adplicant se, *associate together:* votis amicas aures, *to give attention*, H. — Meton., *to bring, put, place at, apply to:* capulo tenus ensem, *drives to the hilt*, V.: ad eas (arbores) se, *lean against*, Cs.: se ad flammam, *draw near:* flumini castra, L.—*To drive to, direct to:* regionibus angues, O.: boves illuc, O. — Esp., of ships, *to direct to, bring to:* navim ad naufragum: ad terram naves, Cs.: Ceae telluris ad oras Applicor, O.: applicor ignotis (terris), O.: oris (te), V.: classem in Erythraeam, L. —*Intrans.*, *to arrive, put in, land:* quocumque litore applicuisse naves, L.: quo applicem? Enn. ap. C.

applōrō (ad-p-), āvī, —, āre, *to bewail, deplore, weep:* applorans tibi, H.

appōnō (ad-p-), posuī, positus, ere, *to put at, place by, lay beside, set near:* appositae mensae, O.: machina adposita: notam ad versum: statio portae apposita, L.—Esp., *to serve, set before:* patellam: appositis (vinis), H.: iis, quod satis esset: his exta, L.—*To put upon, apply:* appositā velatur ianua lauro, O.: scalis appositis, *against the walls*, L.: candelam valvis, *to set on fire*, Iu.— *To put away, lay down:* rastros, T.: hunc (puerum) ante ianuam, T.—*To add, give in addition* (poet.): aetas illi Apponet annos, H.—Fig., *to appoint, assign, designate:* custodem Tullio me: accusator apponitur civis: magister consulibus appositus, L.: alqm custodiae, Ta.: appositum, ut, etc., *it was besides ordered*, Ta.—*To set on, instigate:* calumniatores: alqm qui emeret.— *To set down, deem, regard, consider, account:* postulare id gratiae adponi sibi, T.: (diem) lucro, H.

apporrēctus (ad-p-), *adj.* [ad+porrigo], *stretched out at hand:* draco, O.

apportō (ad-p-), āvī, ātus, āre, *to carry, convey, bring along:* quid nam apportas? T.: virginem secum: signa populo R.—Fig.: ne quid mali, T.: nil viti tecum: nuntium tibi, T.

appōscō (ad-p-), —, —, ere, *to demand besides:* talenta duo, T.: plus, H.

apposite (ad-p-), *adv.*, *fitly, suitably, appropriately:* dicere ad persuasionem.

appositus (ad-p-), *adj.* with *comp.* and *sup.*, *contiguous, neighboring:* castellum flumini, Ta.: nemus, O.—Fig., *bordering upon:* audacia fidentiae.—*Fit, proper, suitable, appropriate:* homo ad audaciam: multo appositior ad ferenda signa: argumentatio appositissima.

apprecor (ad-p-), ātus, ārī, *dep.*, *to pray to, worship:* deos, H.

apprehendō (ad-p-), dī, sus, ere, *to seize, take hold of:* aliae (atomi) alias: (me) pallio, T.: intra moenia hostīs, S.: Hispanias: quicquid ego apprehenderam, i. e. *took up as an argument.*

apprīmē (ad-p-), *adv.*, *first of all, in the highest degree, chiefly:* in vitā utile, T.: boni, N.

apprimō (ad-p-), pressī, pressus, ere, *to press close:* dextram alcuius, Ta.: scutum pectori, Ta.

approbātiō (adp-), ōnis, *f.* [approbo], *an approval, approbation:* approbationes movere: ingens hominum, L.—*A proving, proof:* assumptionis.

approbātor (adp-), ōris, *m.* [approbo], *one who approves:* profectionis.

approbō (ad-p-), āvī, ātus, āre, *to assent to, favor, approve:* id si non fama adprobat, T.: orationem, Cs.: falsa pro veris: approbatā sententiā: ita fieri oportere: dis approbantibus: illud clamore.—*To make acceptable, obtain approval for:* iudici officium: rudimenta Paulino, *served acceptably to*, etc., Ta.: opus, Ph.: in approbandā excusatione. *in making good his excuse*, Ta.

apprōmittō (ad-p-), —, —, ere, *to promise besides, join in a promise.*

approperō (ad-p-), āvī, ātus, āre.—*Trans.*, *to hasten, accelerate:* opus, L.: intercisis venis mortem, Ta.: portas intrare, O.—*Intrans.*, *to hasten, make haste:* ad facinus: approperate!

appropīnquātiō (ad-p-), ōnis, *f.* [appropinquo], *an approach, drawing near:* mortis.

appropīnquō (ad-p-), āvī, ātus, āre, *to come near, approach, draw nigh:* ad aquam: finibus Bellovacorum, Cs.: suspicio adlata hostem appropinquare, N.: cum locis esset adpropinquatum, Cs.—Fig.: hiemps, Cs.: imperii occasus: illi poena, nobis libertas: primis ordinibus, i. e. *to be near promotion to*, Cs.: ut videat, i. e. *to come near seeing.*

appūgnō (ad-p-), āvī, —, āre, *to fight against, attack, assault:* castra, Ta.: classem, Ta.

1. **appulsus** (ad-p-), *P.* of 1 appello.

2. **appulsus** (ad-p-), ūs, *m.* [1 appello].—Of ships, etc., *a landing, bringing to land, approach:* litorum, L.: parata adpulsui frons, Ta.—*Plur.:* faciles, Ta.—In gen., *an approach, action, influence:* adpulsu solis: frigoris.

aprīcātiō, ōnis, *f.* [apricor], *a basking, sunning.*

aprīcor, —, ārī, *dep.* [apricus], *to sun oneself, bask in the sun.*

aprīcus, *adj.*, *exposed to the sun, warmed by sunshine, sunny:* hortus: campus, H.—As *subst.:* in apricum proferre, *to bring to light*, H.—Poet., *delighting in sunshine:* arbor, O.: mergi, V.: flores, H.

Aprīlis, is, *adj.* [aperio], *of April:* mensis: Nonae.—As *subst.*, *April*, O.

aptātus, *adj.* [*P.* of apto], *fit, suitable.*

aptē, *adv.* with *sup.* [aptus], *closely, fitly, suitably, rightly:* cohaerere: (pilleum) capiti reponit, L.: inter se quam aptissime cohaerere.—Fig., *fitly, suitably, properly, duly, rightly:* quid apte fiat: casum ferre: equite apte locato, L.: adire, *opportunely*, O.: ad rerum dignitatem loqui: fabricato ad id apte ferculo, L.: ut pendeat (chlamys) apte, *becomingly*, O.

aptō, āvī, ātus, āre [aptus], *to adapt, fit, apply, adjust:* lacertos, V.: dexteris enses, H.: nervo sagittas, V.: habendo ensem, *for wielding*, V.—With *abl.:* se armis, L.: ensem vaginā, V.— *To accommodate, adapt:* Nolis bella Aptari citharae modis, i. e. *be celebrated in*, H.: fidibus modos, H.—*To make ready, prepare:* arma, L.: pinum armamentis, O.: silvis trabes, *in the woods*, V.: fortunae te responsare (i. e. ad responsandum), H.: idonea bello, H.: ad arma aptanda pugnae, L.: se pugnae, V.

aptus, *P.* and *adj.* [*P.* of *apo; cf. apiscor]. **I.** As *part.*, *fastened, joined, fitted, bound, attached:* gladium e setā. — Fig., *depending upon, arising from:* causae aliae ex aliis aptae: ex verbis ius: vita apta virtute: rudentibus fortuna, *dependent on cables.* — *Fitted together, connected, joined:* apta dissolvere . . . dissipata conectere: omnia inter se apta et conexa. — Poet., *adorned, fitted:* caelum stellis, *studded,* V. — **II.** As *adj.* with *comp.* and *sup.*, *suited, suitable, proper, ready, fit, appropriate, adapted, conformable:* locus ad insidias aptior: castra ad bellum ducendum aptissima, C.: genera dicendi aptiora adulescentibus: dies sacrificio, L.: portūs puppibus, O.: amicis, *serviceable,* H.: pinus antemnis ferendis, O.: formas deus in omnes, *easily changed into,* O.: aptior persona, quae loqueretur: apta (ficus) legi, O.: saltūs eligit aptos, *promising,* O.: lar, *satisfactory,* H.: exercitus, *ready for battle,* L. — Of style: oratio.

apud, older **aput**, *praep.* with *acc.*, *with, at, by, near.* **I.** Of persons, *before, in the presence of, to:* apud alquem sedere: me: alquem apud aliquos vituperare: causam apud iudices defendere: verba apud senatum fecit. — *Among, with:* quae apud eos gerantur, cognoscere, Cs.: apud quos consul fuerat: apud exercitum esse. — *At the house of:* apud me sis volo, T.: apud Domitium cenare: apud quem erat educatus, *in whose family:* apud se in castris, *at his quarters,* Cs. — Fig., *with, in the view* or *mind of, among, over, in the opinion of:* Itane parvam mihi fidem esse apud te? T.: apud Helvetios nobilissimus, Cs.: apud alquem multum valere, N. — *In the power of, in the possession of,* with *esse:* omnis gratia, potentia, honos . . . apud eos sunt, S.: par gloria apud Hannibalem . . . erat, L.: erat ei . . . apud me relicuom pauxillulum Nummorum, *a balance due him,* T.: (signa) deposita apud amicos.—With *pron. reflex.*, *at home, in one's senses, sane* (colloq.): non sum apud me, T.: fac apud te ut sies, T. — *In the writings of:* apud Xenophontem Cyrus dicit: apud quosdam acerbior in conviciis narrabatur, Ta. — *In the time of, among:* apud maiores nostros. — **II.** Of place, *at, near, in:* apud forum, T.: apud Tenedum pugna navalis: nuntius victoriae apud Cannas, L.: apud oppidum morati, Cs.: non apud Aniensem, sed in urbe. — Fig., of time: apud saeclum prius, T.

aqua, ae (poet. also aquāī, V.), *f.* [3 AC-], *water:* aquae pluviae, *rain-water:* gelida: pluvialis, O.: aquae fons: deterrima, *most unwholesome,* H.: perennis, L.: fervens, *boiling:* in aquam ruere, *into the river,* L.: aquae ductus, *an aqueduct:* aquae iter, *the right of way for water:* medicamentum ad aquam intercutem, *against dropsy.* — Esp., in phrases: qui praebet aquam, *the host,* H.: unctam convivis praebere aquam, *greasy water,* H.: aqua et ignis, i. e. *the necessaries of life;* hence, alicui aquā et igni interdici, *to be excluded from civil society, be banished.* — Meton., *the sea:* ad aquam, *on the coast:* naviget aliā linter aquā, i. e. *treat other themes,* O. — *A brook.* ad aquam, Cs.—*Rain:* cornix augur aquae, H.: aquae magnae bis eo anno fuerunt, L.—*Plur.*, *waters, a watering-place, baths:* ad aquas venire, i. e. *to Baiae.*—*A water-clock:* ex aquā mensurae, *measures* (of time) *by the water-clock,* Cs.—Prov.: aqua haeret, i. e. *there is a hitch, I am at a loss.*

aquārius, *adj.* [aqua], *of water, watery:* provincia, *of aqueducts.*—As *subst. m.*, *a water-carrier,* Iu. — *A conduit-master,* Cael. ap. C. — *The constellation Aquarius, the water-carrier.*

aquāticus, *adj.* [aqua], *growing in water, aquatic:* lotos, O. — *Bringing rain:* Auster, O.

aquātilis, e, *adj.* [aqua], *living in water, aquatic:* bestiae.

aquātiō, ōnis, *f.* [aquor], *a watering, obtaining water:* aquationis causā, Cs. — *A supply of water, watering-place:* hic aquatio.

aquātor, ōnis, *m.* [aquor], *a water-carrier,* Cs., L.

aquila, ae, *f.*, *an eagle:* suspensis demissa alis, L.: fulva, V.: feroces, H.: ales Iovis, V.—Prov.: aquilae senectus (because it was fabled to renew its youth), T. — In war, *an eagle, standard of a legion* (carried by the senior centurion of the first cohort): decimae legionis, Cs.: argentea.—Poet.: locupletem aquilam tibi adferre, i. e. *the office of first centurion,* Iu. — In architecture, *an ornament of the pediment,* Ta.

aquilifer, ferī, *m.* [aquila + FER-], *an eagle-bearer, standard-bearer, first centurion of the first cohort in a legion,* Cs.

aquilō, ōnis, *m.*, *the north wind:* ventus, N.: densus, V.: impotens, H.: victus Aquilonibus Auster, O. — Prov.: agi aquilone secundo, *to fly before the wind,* i. e. *to be extremely prosperous,* H. — *The north:* ad aquilonem conversus.

aquilōnius, *adj.* [aquilo], *northern, northerly:* regio.

Aquīnās, ātis, *adj.*, *of Aquinum:* fucus, H.

aquor, ātus, ārī, *dep.* [aqua], *to fetch water:* aegre, Cs.: flumen, unde aquabantur, L.—*Supin. acc.:* miles aquatum egressus, S., L.—Of bees, V.

aquōsus, *adj.* [aqua], *abounding in water, rainy, moist, watery:* campus, L.: hiemps, *rainy winter,* V.: nubes, *rain-clouds,* O.: languor, i. e. *dropsy,* H.: Piscis, *rainy,* O.

aquula, ae, *f. dim.* [aqua], *a little water, small stream.*

āra, ae, *f.* [AS-], *a structure for sacrifice, altar:* ex arā sume verbenas, T.: dicata, L. — Esp., of altars to the Penates, in the impluvia, while the Lares had a focus in the atrium; hence, arae et foci, *hearth and home, altars and fires:* regis arae focique: de vestris aris ac focis decernite: pro aris atquè focis suis cernere, S. — Supplicants fled to the altars for protection: cum in aram confugisset: eo ille confugit in arāque consedit, N. — An oath was confirmed by laying the hand on the altar: qui si aram tenens iuraret, crederet nemo: iurandae tuum per nomen arae, H.: Tango aras, et numina testor, V. — Fig., *protection, refuge, shelter:* aram tibi parare, T.: ad aram legum confugere: ara sepulchri, *a funeral pile,* V.: sepulchrales arae, O. — *The Altar* (a constellation): pressa, i. e. *low in the south,* O. — *A monument:* ara virtutis.

Arabs, abis, *adj., Arabian.* — *Plur., the Arabs.*

arānea, ae, *f.,* = ἀράχνη, *a spider:* antiquas exercet telas, O.: invisa Minervae, V.—*A spider's web, cobweb:* summo pendet tigno, O.

arāneola, ae, *f. dim.* [aranea], *a small spider.*

arāneōsus, *adj., full of spiders' webs:* Situs, Ct.

arāneum, eī, *n.* [aranea], *a cobweb,* Ph.

arāneus, ī, *m.,* = ἀράχνη, *a spider,* Ct.

Arātēus (Arātī-), *adj., of the poet Aratus:* carmina.

arātiō, ōnis, *f.* [aro], *a ploughing, cultivation of the soil, agriculture:* quaestuosa.—*A ploughed field, arable land, public farm:* fructuosae.

arātor, ōris, *m.* [aro], *a ploughman,* C.: miratur arator tauros, O.: neque gaudet igni, H.: curvus, *bending* to the plough, V.: taurus arator, O. —*A cultivator of public lands:* aratorum penuria.

arātrum, ī, *n.* [aro], *a plough:* subigere terram aratris: imprimere aratrum muris, i. e. *to destroy utterly,* H.: aratrum circumducere, *to mark the boundaries* (of a colony): urbem designat aratro, V.

arbiter, trī, *m.* [ad+BA-, VA-], *a spectator, beholder, hearer, eye-witness, witness:* cedo quemvis arbitrum, T.: ab arbitris remoto loco: arbitris procul amotis, S.: arbitros eicit, L.—Poet.: locus maris arbiter, i. e. *commanding,* H.—In law, *he who hears and decides a cause, an umpire, judge, arbiter:* Me cepere arbitrum, T.: quis in hanc rem fuit arbiter?—*A judge, arbitrator, umpire:* inter Academiam et Zenonem: pugnae, H.: concordiae civium, *mediator,* L. — *A governor, lord, ruler, master:* armorum (Mars), O.: bibendi, H.: Hadriae, *ruler,* H.: elegantiae, Ta.

arbitra, ae, *f.* [arbiter], *a female witness,* H.

1. **arbitrātus**, *P.* of arbitror.

2. (**arbitrātus**, ūs, *m.*), only *abl.* [arbitror], *mediation, arbitration:* cuius arbitratu de negotiis consuleretur, S.— *Will, pleasure, free-will, choice:* (sententias) exposui arbitratu meo: suo arbitratu vendere.

arbitrium, ī, *n.* [arbiter]. In law, *a judgment, decision of an arbitrator:* iudicium est pecuniae certae: arbitrium incertae. — *Judgment, opinion, decision:* vestrum, T.: de te facere arbitria, *pass judgment,* H.: arbitria belli pacisque agere, L.: opinionis: usus, Quem penes arbitrium est loquendi, H.—*Mastery, dominion, authority, power, will, free-will, choice, pleasure:* in eius arbitrium venire: ad suum arbitrium imperare, Cs.: (Iovis) nutu et arbitrio regi: rerum Romanarum, Ta.: ad arbitrium tuum testīs dabo, *all the witnesses you require:* quid suo fecerit arbitrio, L.: popularis aurae, *dictation,* H.: id arbitrium negavit sui esse consilii, *for his consideration,* N.: optandi Muneris, O. — *An appraisement, apportionment:* eius arbitrio sexagena talenta quotannis sunt conlata, N.: salis vendendi, i. e. *monopoly,* L.: arbitria funeris, *expenses* (fixed by an arbiter).

arbitrō, āvī, —, āre, collat. form of arbitror, *to consider, believe, suppose:* deesse arbitrato 'deorum.'—*Pass.:* ut bellum confectum arbitraretur: teneri ab adversariis arbitrabantur (portūs), Cs.

arbitror, ātus sum, ārī, *dep.* [arbiter].—In law, of witnesses, *to testify on information and belief, depose to one's best knowledge:* ut 'arbitrari' se diceret, etiam quod ipse vidisset: fratrem mortuum inde arbitrari, L.: arbitrerisne Sempronium in tempore pugnam inisse? *In your judgment, did,* etc., L.: in consilio arbitror me fuisse, cum, etc., L.—In gen., *to be of an opinion, believe, consider, think:* arbitror, certum non scimus, T.: si hunc noris satis, Non ita arbitrere, *not merely,* T.: ut arbitror, *in my judgment:* non arbitror, *I think not:* arbitratus id bellum celeriter confici posse, Cs.: non satis tuta eadem loca sibi arbitratus, N.

arbor, poet. also **arbōs**, oris, *f.* [1 AL-, AR-], *a tree:* multae istarum arborum: ingens, V.: felix, *fruit-bearing,* L.: abietis arbores, *fir-trees,* L. —Poet.: Iovis, *the oak,* O.: Phoebi, *the laurel,* O.: Herculea, *the poplar,* V.: mali, *a mast,* V.: arbore fluctūs Verberat, *the oar,* V.: Phrixeam petiit Pelias arbor ovem, *the ship Argo,* O.: arbori infelici suspendito, *on the gallows.*

arboreüs, *adj* [arbor], *of a tree:* frondes, O.: umbra, O.: fetus, *fruit,* V.: coma, *foliage,* Pr.: cornua, *branching,* V.

arbustum, ī, *n.* [arbor], *a place where trees are planted, plantation, vineyard planted with trees,* C., V., H.—*Plur., trees, shrubs,* V., O.

arbustus, *adj.* [arbor], *set with trees:* ager.

arbuteüs, *adj.* [arbutus], *of the arbutus:* fetus, *fruit,* O.: virgae, V.

arbutum, ī, *n.* [arbutus], *the fruit of the arbu-*

tus, wild strawberry: dant arbuta silvae, V.—*The arbutus, strawberry-tree:* frondentia, V.

arbutus, ī, *f.* [1 AL-, AR-], *the wild strawberry-tree, arbutus*, V., H., O.

ārca, ae, *f.* [ARC-], *a place for safe-keeping, chest, box:* ex oleā facta: cui vestis putrescat in arcā, H.—*A money-box, coffer, safe:* nummos contemplor in arcā, H.: ferrata, *an ironed money-chest*, Iu.: arcae nostrae confidito, *rely upon my purse.*—*A small prison, cell:* in arcas conici.—*A coffin*, L.—*A bier:* cadavera locabat in arcā, H.

Arcadicus, *adj.*, *Arcadian:* urbs, L.—M e t o n., *rustic, stupid:* iuvenis, Iu.

ārcānō, *adv.* [arcanus], *secretly, in private:* cum alquo conloqui, Cs.: legere.

ārcānus, *adj.* [arca], *secret, trusty, silent:* nox, O.—*Hidden, close, secret, private, concealed:* consilia, H.: Littera, O.: sensūs, V.: sacra, *mysteries*, H.—P o e t., of Ceres, H.—As *subst. n.*, *a secret, mystery:* nox arcanis fidissima, O.: arcani Fides prodiga, H.: si quid arcani fuerit, L.: prodere, Iu.: fatorum arcana, V.: Iovis, *secret decrees*, H.

Arcas, adis (ados, O.), *adj.*, *Arcadian:* rex, *Evander*, V.—As *subst.*, *an Arcadian*, C., O.

arceō, cuī, —, ēre [ARC-], *to shut up, enclose:* alvus arcet quod recipit: famulos vinclis, *confine:* arcebant vincula palmas, *hampered*, V.—F i g., *to confine, restrain:* audaciam otii finibus.—*To prohibit access, keep away, hold off, keep at a distance:* hostium copias: somnos, O.: volgus, H.: ferro contumeliam, *avert by the sword*, L.: hunc a templis: a munimentis vim, L.: aliquem ab amplexu, O.: eum ab illecebris peccantium, *protect*, Ta.: te illis aedibus: agro, L.: Virginiam matronae sacris, L.: arceor aris, O.: patriis penatibus, *to banish*, O.: aliquem funesto veterno, *to protect*, H.: Aenean periclis, V.: progressu: hunc (oestrum) pecori, *to keep off*, V.: arcuit Omnipotens, *averted* (the blow), O.—*To hinder, prevent:* quae (dicta) clamor ad aures Arcuit ire meas, O.: alqm alqd ad urbīs conferre, Ta.: illos, quin ascendant, L.: collis arcebat, ne adgrederentur, L.

1. **arcessītus**, *P.* of arcesso.

2. **(arcessītus**, ūs), *m.* [arcesso], *a calling for, summons;* only *abl. sing.:* ipsius arcessitu venire.

arcessō or colloq. **accersō**, īvī, ītus, ere (*pass.* sometimes arcessīrī), *intens.* [accedo], *to cause to come, call, send for, invite, summon, fetch:* ab aratro arcessebantur: sacra ab exteris nationibus arcessita: ex continenti accersi, Cs.: Gabinium, S.: Agrippam ad se arcessi iussit, N.: placere patrem arcessiri, L.: Ityn huc, O.: Si melius quid (vini) habes, arcesse, *order it brought*, H.—F i g.: (quies) molli strato arcessita, *invited*, L.—E s p. in law, *to summon, arraign before a court, accuse, prosecute:* hunc hoc iudicio: alquos eodem crimine in periculum capitis: alqm capitis: pecuniae captae, S.—M e t o n., of time: iustum pugnae tempus, *to anticipate*, V.—Of mental objects, *to bring, fetch, seek, derive:* ex medio res, H.: arcessitum dictum, *far-fetched.*

archetypus, *adj.*, = ἀρχέτυπος, *first made, original:* Cleanthae, i. e. *statues of Cleanthes*, Iu.

Archiacus, *adj.*, *made by Archias* (a cabinet-maker); hence, *cheap, common:* lecti, H.

Archilochīus, *adj.*, *like Archilochus.*—Hence, *severe:* edicta.

archimagīrus, ī, *m.*, = ἀρχιμάγειρος, *a head-cook*, Iu.

archipīrāta, ae, *m.*, = ἀρχιπειρατής, *a pirate captain*, C., L.

architector, ātus, ārī, *dep.* [architectus], *to build, construct*, Her.—F i g., *to devise, invent:* voluptates.

architectūra, ae, *f.* [architectus], *the art of building, architecture.*

architectus, ī, *m.*, = ἀρχιτέκτων, *a master-builder, architect.*—M e t o n., *an inventor, deviser, contriver, author, maker:* legis: sceleris.

archōn, ontis, *m.*, = ἄρχων, *the highest magistrate of Athens.*

Arcitenēns (**Arquit-**), ntis, *adj.* [arcus + teneo], *holding a bow, bow-bearing:* deus, *Apollo.*—As *subst.:* Apollo, V.—As a constellation, *the Archer.*

arctē, see artē.

Arctophylax (acis), *m.*, a constellation, *Boötes.*

Arctos, ī (*acc.* Arcton, V., O.), *f.*, *the Great Bear* (Ursa Major): geminae, *the two Bears*, O.: gelidae, V.: Arcton excipere, *to be exposed to, look towards, the north*, H.

arctūrus, ī, *m.*, = ἀρκτοῦρος (bear-ward), *the brightest star in Boötes*, V.

arctus, see artus.

arcuātus (**arquu-**), *adj.* [arcus], *bow-like, arched* (rare): currus, L.: curvamen, *of the rainbow*, O.

arcula, ae, *f. dim.* [arca], *a small box, casket:* muliebres.—F i g., *treasures* (of language).

arcus, ūs (*gen.* ī, once, C.), *m.* [ARC-], *a bow:* intentus in me: adductus, V.: arcum tendere, H.: tela Direxit arcu, H.: pluvius, *the rainbow*, H.: arcus sereno caelo intentus, L.: nubibus arcus iacit colores, V.—P o e t.: niger aquarum, O.: inmensos saltu sinuatur in arcūs, O.: sinus curvos falcatus in arcūs, *bays*, O.: Efficiens humilem lapidum compagibus arcum, *an arch*, O.: via quinque per arcūs, *circles of the earth*, O.: ad arcum sellae, Ta.

ardea, ae, *f.*, *the heron*, V.

ārdeliō, onis, *m.* [cf. ardor], *a busybody*, Ph.

ārdēns, entis, *adj.* with *comp.* and *sup.* [*P.* of ardeo], *glowing, fiery, hot, ablaze:* caelum, L.: (zona) ardentior illis, O.: sagittae, H.: oculi, *sparkling*, V.: radiis lucis nubes, *gleaming*, V.: apes auro, V.: ardentis Falerni Pocula, *fiery*, H.: siti fauces, L.—*Burning, ardent:* iuvenis ardentis animi, L.: studia suorum: miserere ardentis (amore), O.: avaritia: oratio, *impassioned:* orator.

ārdenter, *adv.* with *comp.* [ardens], *hotly, ardently, vehemently:* cupere: ardentius sitire.

ārdeō, sī, sus, ēre [3 AR-], *to be on fire, burn, blaze, be burned:* septem tabernae arsere, L.: arsuras comas obnubit, V.: hospes Paene arsit, H.: arsuri ignibus artūs, O.—F i g., *to flash, sparkle, shine:* ardebant oculi.—Of colors: Tyrio murice laena, V.—Of passion, etc., *to burn, glow, be inflamed, be afire:* cum furor arderet Antonii: inplacabilis ardet, V.: amore: iracundiā, T.: cum bello Italia arderet: irā, L.: in illum odia civium ardebant: furore, L.: studiis equorum, *with zeal for racing*, H.: animi ad ulciscendum ardebant, *were full of fury*, Cs.: in arma magis, V.—P o e t., with *inf.*, *to desire ardently:* ruere utroque, O.—E s p., *to be afire with love, burn with love:* captis mentibus, O.: non aliā magis, H.—P o e t., with *acc.:* Alexin, V.: adulteri Crines, H.

ārdēscō, arsī, —, ere, *inch.* [ardeo], *to take fire, kindle, be inflamed:* ne longus ardesceret axis, O.: ut imagine Largior arserit ignis, H.—F i g., *to gleam, light up:* ardescunt ignibus undae, O.: voltu, oculis, Ta.—Of passion, *to be inflamed, take fire, grow furious:* in iras, O.: fremitusque ardescit equorum, *grows furious*, V.: arsit virgine raptā, H.: ardescente pugnā, Ta.

ārdor, ōris, *m.* [3 AR-], *a burning, flame, fire, heat:* caeli: solis ardores, S.—F i g., of the looks, *fire, brightness, animation:* oculorum: voltuum.—Of feelings, etc., *heat, eagerness, zeal:* mentis ad gloriam: animi, L.: ardorem compescere, Ta.: edendi, O.—E s p. of love: pulsus residerat ardor, O.: puellae, H.—Hence, *the beloved, flame:* tu primus illi eris, O.

arduum, ī, *n.* [arduus], *a steep place, steep:* ardua evadere, L.: in ardua montis ite, O.: per arduum scandere, H.—F i g., *difficulty:* nil mortalibus ardui est, H.

arduus, *adj.* [AL-, ARDH-], *steep:* ascensus, Cs.: via.—P o e t., *high, elevated, lofty:* aether, O.: cervix equi: sese arduus infert, i. e. *on his steed*, V.: Arduus arma tenens, *high in the air*, V.—F i g., *difficult, arduous, hard:* nihil arduum sibi esse, Cs.: factu, L.: victoria, O.: virtutis via arduae, H.: arduum videtur, res gestas scribere, S.: res, *hardships:* rebus in arduis, H.

ārea, ae, *f.* [3 AR-], *ground* (for a house), *a building-site:* Ponendae domo quaerenda, H.: Iovis templique eius, L.—*An open space, court, play-ground:* campus et areae, H.—*A race-ground*, O.—*A threshing-floor:* Libycae (as prov. of abundance), H.: frumentum ex areā metiri.—F i g., *a field for effort:* scelerum.

arēna, arēnāceus, see har-.

ārēns, entis [*P.* of areo], *dry, arid, parched* (poet.): saxa, O.: rivus, V.: harenae, H.—*Parched, thirsty:* Ora, O.: fauces siti, L.: sitis, *parching*, O.

āreō, uī, —, ēre [3 AR-], *to be dry, be parched* (poet.): aret ager, V.: fauces arent, O.

Arēopagus (**Arīo-**), ī, *m.*, *Mars' Hill at Athens, on which the highest court sat.*

ārēscō, —, —, ere, *inch.* [areo], *to become dry, dry up:* herbae: lacrima: arescens unda, Ta.

aretālogus, ī, *m.*, = ἀρεταλόγος, *a prattler about virtue:* mendax, Iu.

argentārius, *adj.* [argentum], *of money:* cura, *care of money*, T.: taberna, *a banker's shop*, L.—As *subst. m.*, *a money-changer, banker*, C.—As *subst. f.* (sc. taberna), *a banking-house, bank*, L.—(Sc. ars) *the business of a banker:* argentariam facere.—(Sc. fodina) *a silver-mine*, L.

argentātus, *adj.* [argentum], *plated with silver:* milites, *with silvered shields*, L.

argenteus, *adj.* [argentum], *of silver, made of silver:* aquila: vasa, H.—As *subst.* (sc. nummi), *silver coins:* numerus argenteorum, Ta.—M e t o n., *adorned with silver:* scaena: acies, L.—*Of a silver color, silvery:* niveis pennis Ales, O.: anser, V.—*Of the silver age:* proles, O.

argentum, ī, *n.* [ARG-], *silver:* purum, Iu.: caelatum, *wrought:* factum atque signatum, *wrought and coined:* fulgens, Ct.—*Silver plate, silver work:* Ridet argento domus, H.: expositum in aedibus.—*Coined silver, silver money:* argenti pondo xx milia, Cs.—I n g e n., *money:* adnumerare, T.: argenti sitis, H.: aere solvere, S.

argestēs, ae, *m.*, = ἀργέστης, *the west-southwest wind*, O.

Argī, orum, *m.* [Argos], *the Argives, Greeks*, V.

argilla, ae, *f.*, = ἄργιλλος, *white clay, potter's earth, marl:* ex argillā fictus: fusilis, Cs.: uda, H.

argītis, idis, *f.*, *a vine with white grapes*, V.

argūmentātiō, ōnis, *f.* [argumentor].—In rhet., *a proving, reasoning.*—M e t o n., *proof.*

argūmentor, ātus sum, ārī, *dep.* [argumentum], *to adduce proof:* quo pecunia pervenerit: facultās argumentandi.—*To adduce in proof:* illa quae sunt gravia: multa probabiliter, L.—*To draw a conclusion:* de eius voluntate.

argūmentum, ī, *n.* [arguo], *an argument, evidence, ground, support, proof:* Sthenium sine argumento damnare: ad huius innocentiam: fabella sine argumento, *unsupported story:* argumento sit clades, L.: libertatis, Ta.: argumenti sumebant loco, non posse, etc., *accepted as a proof*, Cs. —*A sign, mark, token, evidence:* argumenta atque indicia sceleris: animi laeti argumenta, *indications*, O.: non sine argumento male dicere, i. e. *plausible ground.*—Of a composition, *the matter, contents, subject, theme, burden, argument:* fabulae, T.: argumentum narrare, T.: argumento fabulam serere, *upon a theme*, i. e. *a plot*, L.: ex ebore perfecta argumenta, *subjects modelled:* (cratera) longo caelaverat argumento, O.: ingens, V.

arguō, uī, ūtus, ere [ARG-], *to make known, show, prove, manifest, disclose, declare, betray:* genus arguitur voltu, O.: Degeneres animos timor arguit, V.: amantem silentium Arguit, H.—*Pass. reflex., to betray oneself:* Laudibus arguitur vini vinosus Homerus, H.—*To accuse, complain of, inform against, charge, blame, denounce:* servos: ambigue dictum, *censure*, H.: quid arguis? *What is your accusation?:* ea culpa quam arguo, L.: facinoris: sceleris: culpae regem, L.: occupandae rei p. argui, Ta.: me timoris, V.: te hoc crimine: quo (crimine) argui posset, N.: id quod me arguis: de quibus verbo: civīs Romanos necatos esse: pulsum (me esse), V.: me patrium temerasse cubile Arguit, O.: animalia mensis Arguit imponi, *censured the practice*, O.: occidisse patrem arguitur.

argūtātiō, ōnis, *f.* [arguto], *a creaking:* lecti, Ct.

argūtē, *adv.* with *comp.* and *sup.* [argutus], *ingeniously, impressively, subtly:* respondere: dicere argutius: argutissime disputare.

argūtiae, ārum, *f.* [argutus], *liveliness, animation:* digitorum, *lively movements.*—Fig., *brightness, acuteness, subtlety, wit:* Hyperidi.—*Shrewdness, cunning:* alqd persequi suis argutiis.

argūtō, —, —, āre, *to prattle, prate:* mihi ignes, Pr.

argūtulus, *adj. dim.* [argutus], *somewhat subtle:* libri.

argūtus, *adj.* with *comp.* and *sup.* [*P.* of arguo], *active, quick, expressive, lively:* manus: oculi: caput (of a horse), *graceful*, V.—To the hearing, *piercing, sharp, shrill* (poet.): hirundo, *chirping*, V.: ilex, *rustling*, V.: nemus, *echoing with song*, V.: Neaera, *melodious*, H.: serra, *grating*, V.: pecten, *rattling*, V.—Of style, *explicit, detailed:* litterae.—Of omens, *distinct, clear, striking:* argutissima exta: omen, Pr.—*Sagacious, acute, witty, bright:* in sententiis argutior: poema argutius: acumen, H.—*Cunning, sly, artful:* calo, H.

argyraspides, um, *m. plur.*, = ἀργυράσπιδες, *soldiers with silver shields, a select body of Macedonian infantry*, L., Cu.

āridulus, *adj. dim.* [aridus], *somewhat dry:* labellae, Ct.

āridus, *adj.* with *sup.* [3 AR-], *dry, arid, parched:* materies, Cs.: folia: tellus leonum nutrix, H.: nubila, *rainless*, V.—As *subst. n.*, *a dry place, dry land:* naves in aridum subducere, Cs.: (arbores) humi arido gignuntur, S.—Of feeling, *making dry, burning:* sitis, O.: febris, V.—Of sound: fragor, *a dry, crackling noise*, V.—*Withered, shrivelled:* crura, O.: nates, H.—*Meagre, scanty, poor:* victus: vita.—Fig., of style, *dry, jejune, poor, unadorned:* genus sermonis: libri aridissimi, Ta.—Of a man, *dry, stingy:* pater, T.

ariēs (poet. ariēs, disyl.), ietis, *m.*, *a ram*, C., V.—Meton., *the Ram* (a constellation), O.—*A battering-ram:* ab ariete materia defendit, Cs.: arietibus aliquantum muri discussit, L.—*A breakwater:* (sublicae) pro ariete subiectae, Cs.

arietō (arietat, trisyl., V.), āvī, ātus, āre [aries], *to strike violently, ram:* in me, Att. ap. C.: in portūs, V.: in terram, Cu.

ariola, ariolor, etc., see hario-.

arista, ae, *f.* [2 AC-], *the top of an ear, beard of corn:* munitur vallo aristarum: tenerae, V.—*An ear* of grain: pinguis, V.—Of spikenard, O.: solae aristae, i. e. *only crops of grain*, V.

arithmētica, ōrum, *n.*, = ἀριθμητικά, *arithmetic.*

arma, ōrum, *n.* [1 AR-], *implements, outfit, instruments, tools:* cerealia, *for making bread*, V.: (coloni) operis, O.: omne genus: armorum, Cs.: Colligere arma iubet, *the ship's tackle*, V.—*Armor fitted to the body, defensive armor* (the shield, coat of mail, helmet, etc.): arma his imperata, galea, clipeum, ocreae, lorica, omnia ex aere, L.: auro caelata, L.: Lausum super arma ferre, *on his shield*, V.: caelestia, quae ancilia appellantur, L.: se collegit in arma, *covered with his shield*, V.—In gen., *implements of war, arms, weapons:* alia ad tegendum, alia ad nocendum: belli, T.: pugnis, dein ... Pugnabant armis, H.: arma capere: ferre posse, Cs.: aptare, L.: induere, O.: armis accingi, V.: vocare ad arma: ad arma concurri, Cs.: armis uti: in armis esse, *under arms*, Cs.: cum alquo armis dimicare, N.: deponere, Cs.: amittere, V.: deripere militibus, H.: ad bellum polliceri, L.: armorum atque telorum portationes, S.—Fig., *means of protection, defence, weapons:* prudentiae: mihi Stertinius arma (i. e. praecepta) dedit, H.: contra Borean, i. e. *covering*, O.: quaerere conscius arma, i. e. *ways of attacking me*, V.: silent leges inter arma, *in war:* cedant arma togae: externa erat, *foreign*, L.: civilia, Ta.: inferre Italiae, N.: ad horrida promptior arma, O.: compositis armis,

H.: Arma virumque cano, V.: in arma feror, *battle*, V.—*A side, party in war:* isdem in armis fui.—*Soldiers, troops:* nostro supplicio liberemus Romana arma, L.: machina Feta armis, V.: auxiliaria, *auxiliary troops*, O.

armamaxa, ae, *f.*, = ἁρμάμαξα, *a covered Persian chariot* (esp. for women and children), Cu.

armāmenta, ōrum, *n.* [armo], *implements, utensils.*—Esp., *the equipment of a ship, tackle:* ancorae reliquaeque armamenta, Cs.: demenda, L.: aptari pinum armamentis, O.

armāmentārium, ī, *n.* [armamenta], *an arsenal, armory:* publica: armamentaria caeli, Iu. —Meton., *a dockyard:* Atheniensibus facere.

armārium, ī, *n.* [arma], *a closet, chest, safe:* in aedibus.

armātūra, ae, *f.* [armo], *armor, equipment:* levis, Cs.—Meton., *armed men, troops:* levis, *light infantry*, C., Cs.

1. armātus, *adj.* with *sup.* [*P.* of armo], *armed, equipped, in arms:* consuli armatus obstitit: plebes, S.: classes, V.: cohors, Ta.: milia armata quinquagenta, *soldiers*, Cs.: quasi armatissimi fuerint: facibus, L.: ursi unguibus, O.—As *subst. m.*, *armed men, soldiers:* in eo loco conlocati: decem milia armatorum, N.—Fig., *under arms:* animum retinere, *hostility.*—*Furnished, equipped, provided:* parati, armati animis: spoliis Latreus, O.

2. (armātus, ūs), *m.* only *abl. sing.* [armo], *armor, equipment:* haud dispari, L.—Meton., *armed men, troops:* graviore, L.

armentālis, e, *adj.* [armentum], *of a herd, one of a herd:* equa, V.

armentārius, ī, *m.* [armentum], *a herdsman, neatherd:* Afer, V.

armentum, ī, *n.* [aro], *cattle for ploughing.*—In gen., *neat cattle, horned cattle, oxen:* greges armentorum reliquique pecoris: bos armenta (sequitur): bucera, O.: armentum aegrotat in agris, H.—Meton., *a drove, herd*, of horses: bellum haec armenta minantur. V.—Of stags: hos (cervos) tota armenta sequuntur, V.—Of seals: immania (Neptuni) Armenta, *the monstrous sea-herd*, V.

armifer, era, erum, *adj.* [arma+FER-], *arms-bearing, armed, warlike:* Minerva, O.: Leleges, O.

armiger, erī, *m.* [arma+GES-], *one who bears arms* (late), Cu.—*An armor-bearer, shield-bearer* (poet.): regis, O.: Iovis, i. e. aquila, V.

armigera, ae, *f.* [armiger], *a female armor-bearer*, O.

armilla, ae, *f.* [armus], *a bracelet, armlet, arm-ring:* aureae, L.

armillātus, *adj.* [armilla], *decked with bracelets:* canes, Pr.

Armilustrum, ī, *n.*, *a place in Rome, where the festival Armilustrium* (consecration of arms) *was celebrated*, L.

armipotēns, entis, *adj.* [arma+potens], *powerful in arms, valiant, warlike:* Mars, V.

armisonus, *adj.* [arma + SON-], *resounding with arms:* Pallas, V.

armō, āvī, ātus, āre [arma], *to furnish with weapons, arm, equip:* multitudinem: milites, Cs.: ut quemque casus armaverat, S.: manūs armat sparus, V.: in dominos armari: in proelia fratres, V.: Archilochum rabies armavit iambo, H.: armari, *to take arms*, Cs.—Esp., *to furnish, fit out, equip:* navem sumptu suo: ea quae sunt usui ad armandas navīs, Cs.: armata classis, L.—Poet.: calamos veneno, V.: equum bello, *for war*, V.—Fig., *to arm, equip, furnish, strengthen, help:* quibus eum (accusatorem) rebus armaret, *proofs:* se imprudentiā alicuius, N.: irā, O.: nugis, *with nonsense*, H.—*To move to arms, excite, rouse, stir:* regem adversus Romanos, N.: dextram patris in filiam, L.: vos in fata parentis, *moves you to kill*, O.: Arcadas dolor armat in hostes, V.

Armoricae (Arem-), ārum, *f. adj.* [Celtic], *maritime:* civitates, *of northwestern Gaul*, Cs.

armus, ī, *m.* [1 AR-], *the shoulder:* ex umeris armi fiunt, O.: leporis, H.: equi fodere calcaribus armos, *the side*, V.: hasta per armos Acta, *the upper arm*, V.

arō, āvī, ātus, āre [2 AR-], *to plough, till:* terram: in fundo, T.: piger optat arare caballus (i. e. rather than carry a rider), H.—Prov.: arare litus, *to waste labor*, O.—In gen., *to cultivate:* quae homines arant, navigant, etc., i. e. *success in agriculture*, etc., S.: quicquid arat Apulus, *obtains by cultivation*, H.: in Siciliā.—Of a ship, *to plough:* aequor, V.: aquas, O.—Of Alecto: frontem rugis, V.

arquitenēns, see arcitenens.

arrabō, ōnis, *m.*, = ἀρραβών, *earnest-money, a pledge, security:* relicta arraboni, *as security*, T.

arrēpō, arrīdeō, arrogō, etc., see adr-.

ars, artis, *f.* [1 AR-], *practical skill:* manus et ars: arte laboratae vestes, V.—Esp., *skill in a special pursuit, a profession, business, art:* musica, *poetry*, T.: magica, V.: (artes) militares et imperatoriae, L.: civiles, *politics*, Ta.: dicendi, *oratory:* belli, L.: arte canere, O.—Poet.: artes Infra se positas, i. e. *inferior ability*, H.—*Science, learning, knowledge:* Graecae: optimae, N.: inventor artium (Mercurius), Cs.—*Theory, general principles:* alqd ad artem et ad praecepta revocare.—*A work of art:* exquisitae: clipeus, Didymaonis artes, V.: Quas (artīs) Parrhasius protulit, H.—*Conduct, practice, character:* veteres revocavit artīs, *ancient virtues*, H.: artis bonae fama,

S.: artes eximiae: Nihil istac opus est arte, sed eis . . . Fide et taciturnitate, *the service I want is not cookery, but*, etc., T.: artium Gratarum facies, *charming manners*, H.—*Cunning, artifice, stratagem, trick, fraud, deceit:* arte tractare virum, T.: capti arte, L.: novas artīs versare, V.: nocendi, *means*, V.: dolosae, O.: arte ducis clusi, Ta.—*An elementary treatise, instruction-book:* praecepta in artibus relinquere: artem scindes Theodori, Iu.

artē, *adv.* with *comp.* and *sup.* [artus], *closely, fast, firmly:* continere alqd, Cs.: aciem statuere, S.: tigna artius inligata, Cs.: quam artissime ire, S.—Fig.: dormire, *soundly:* alqm colere, i. e. *stingily*, S.

artēria, ae, *f.*, = ἀρτηρία, *the windpipe.*—*An artery.*

arthrīticus, *adj.*, = ἀρθριτικός, *gouty:* cocus.

articulātim, *adv.* [articulus], *piecemeal*, Poet. ap. C.—*Distinctly, in clear sequence:* dici.

articulus, ī, *m. dim.* [2 artus]. *a joint, knuckle:* crura sine articulis, Cs.: quo iungitur capiti cervix, L.: sarmentorum.—Esp., *plur.*, *the fingers:* labella abstergere articulis, Ct.—Fig., of discourse, *a part, member.*—Of time: in ipso articulo temporis, *at the nick of time:* in ipso articulo, T.

artifex, icis, *m.* and *f.* [ars+FAC-], *a master of an art, professional man, artist, artificer* (used of a sculptor, musician, actor, etc.): artifices improbi, i. e. *quacks*, L.: dicendi, *an orator:* morbi, *healer*, Tb.—*A maker, builder, author, contriver:* mundi: operum, L.: figurae, O.: caedis, O.—*A trickster, cunning deceiver, cheat:* Artificis scelus, i. e. *the wicked device*, V.; cf. artificis scelus, i. e. artifex scelestus, V.: O artificem probum! T.—*Apposit.*, *a master, skilled, clever, ingenious, dexterous:* artifices manūs, O.: talis negoti, S.: ad corrumpendum ingenium.—*Artistic:* boves, Pr.

artificiōsē, *adv.* with *comp.* and *sup.* [artificiosus], *skilfully, artistically, in an orderly manner:* dicere: id artificiosius efficere: artificiosissime facere, Her.

artificiōsus, *adj.* with *comp.* and *sup.* [artificium], *full of skill, skilful, artistic:* rhetores artificiosissimi.—*Skilfully wrought, artistic:* opus: est artificiosius (with *inf.*), Her.—*Artificial:* genera divinandi: memoria, Her.

artificium, ī, *n.* [artifex], *a profession, trade, employment, art:* tenue: opera atque artificia, Cs.—*Theory, system:* de iure.—*Skill, knowledge, ingenuity:* singulare: gubernatoris, Cs.—*Art, craft, cunning, artifice, trick:* alqm artificio pervertere: vicisse artificio, Cs.: simulationis.—*A work of art:* artifici cupidus: haec opera atque artificia.

artius, see 2 arte.

artō, āvī, ātus, āre [1 artus], *to contract, straiten:* artato freno, Tb.: in honoribus omnia artata, L.

artolaganus, ī, *m.*, = ἀρτολάγανον, *a kind of cake.*

artopta, ae, *f.*, = ἀρτόπτης, *a breadpan*, Iu.

1. artus (not arctus), *adj.* with *comp.* and *sup.* [1 AR-], *close, strait, narrow, confined, short:* laquei: saltus, L.: compages, V.: nexus, O.: toga, *narrow*, H.: convivia, i. e. *crowded*, H.: artiores silvae, *dense*, Cs.: custodia, Ta.—As *subst. n.*, *a narrow place, narrow passage:* in arto, L.: in artius coire, Cu.—Fig., *straitened, scanty, small, close, binding:* vincula amoris artissima: vinculum ad astringendam fidem: commeatūs, L.—As *subst.:* ne spem sibi ponat in arto, *diminish expectation*, O.: desilire in artum, *into straits*, H.—*Needy, indigent, straitened:* artis in rebus, O.—As *subst.:* ne in arto res esset, L.—Of sleep, *deep:* artior somnus.—*Narrow, frugal:* animus, H.

2. artūs, uum, *m. plur.* [1 AR-], *joints:* digitorum: dolor artuum, *gout.*—Meton., *the limbs:* artubus omnibus: arsuri, i. e. *the body*, O.: per artūs Sudor iit, V.: singulos artūs, *each limb*, Ta.: animā seducere artūs, V.

ārula, ae, *f. dim.* [ara], *a small altar.*

arūndifer, arūndō, see harun-.

arūspex, arūspicīnus, see harusp-.

arvīna, ae, *f.*, *grease, fat, lard:* pinguis, V.

arvum, ī, *n.* [arvus], *an arable field, cultivated land, field, ploughed land, glebe:* optima, V.: arvo studere, S.: fundus Arvo pascat erum, H.: fertilia, L.—*Plur.*, *fields, plains, country, regions:* Sicula, V.: Quā rigat arva Nilus, H.—Poet.: Neptunia, *the sea*, V.—*A shore, coast:* arva tenebant, V.

arvus, *adj.* [2 AR-], *ploughed, arable:* agri.

arx, arcis (*plur.* only *nom.* and *acc.*), *f.* [ARC-], *a castle, citadel, fortress, stronghold:* (montem) murus arcem efficit, Cs.: munire arcem: arcem tradunt, N.: hostium, L.—In Rome, prop., *the southwest summit of the Capitoline hill;* in gen., *the Capitoline hill, the Capitol:* arcem habere, L.: de arce captā nuntii, L.; where auguries were taken: deductus in arcem, L.; often with Capitolium, C.—*Plur.*, of the seven hills of Rome: beatae, H.—Poet.: me in arcem ex urbe removi, *refuge* (i. e. his villa), H.—Prov.: arcem facere e cloacā, *a mountain of a molehill.*—Poet.: summā in arce, *at the very top*, O.: Parnasi, O.: Quae pater ut summā vidit Saturnius arce, O.: caeli quibus adnuis arcem, V.: Dexterā sacras iaculatus arces, H.—Fig., *a protection, refuge, bulwark:* omnium gentium: arces libertatis tuendae, L.: caput atque arcem totius belli, *head and front*, L.: legis.

ās, assis, *m.* [2 AC-], *one, a whole, unity;* hence (late), ex asse heres, *of the entire estate.*—Esp., *the unit of money*, orig. *one pound of copper;* reduced by depreciations to half an ounce; *a penny:* assem dare: vilis, H.: ad assem, *to the last copper*, H.: assem negat daturum, *a farthing.*

ascea (ascia), ae, *f.*, *an axe.*

ascendō (adsc-), scendī, scēnsus, ere [ad+scando], *to mount, climb, ascend, scale, go up:* in equum: in caelum: ad Gitanas, L.: Delphos, *to Delphi*, L.: navem, T.: iugum montis, Cs.: illuc, O.: si mons erat ascendendus, Cs.—Fig., *to rise, mount, ascend, reach:* virtute in altiorem locum: ad honores: super nobiles, i. e. *to surpass*, Ta.: gradatim ascendere vocem, *to become louder:* gradibus magistratuum: summum locum civitatis.

ascēnsiō (ad-sc-), ōnis, *f.* [ascendo], *a rising.* —Fig. (once): oratorum, *progress.*

1. ascēnsus (adsc-), *P.* of ascendo.

2. ascēnsus (adsc-), ūs, *m.* [ascendo], *a climbing, ascent:* primos prohibere ascensu, Cs.: difficilis, L.: mollioris ascensūs via, L.: fastigia Ascensu supero, V.—Fig., *a rising:* ad civitatem, *to citizenship.*—*A way up, approach, ascent:* agger ascensum dat Gallis, Cs.: arduus: in circuitu, i. e. *winding*, Cs.: riget Tmolus in ascensu, O.—Fig.: in virtute multi sunt ascensūs.

ascia, ae, *f.*, see ascea.

asciō (ad-sciō), —, —, īre, *to receive, adopt, select:* socios, V.: centurionem, Ta.

asciscō (ad-sc-), scīvī, scītus, ere, *to take to oneself, adopt, accept:* leges: aliā (civitate) ascitā, *by accepting citizenship elsewhere*, N.: si non esset (civis), asciscendum fuisse, *ought to be made one:* socios sibi ad bellum, Cs.: in civitatem et patres, L.: inter patricios, Ta.: alqm civem: (Aenean) generum urbi, V.: superis ascitus Caesar, O.—*To associate with oneself, take into association, accept, win over:* alquem ad sceleris foedus: homines, S.: voluntarios ad spem praedae, L.: Spem Aetolum in armis, *in the alliance*, V.—*To receive, take, appropriate, adopt, approve:* sacra a Graecis: Coroniden sacris urbis, *add by adoption*, O.: ritūs, L.: nova verba, H.: vacuitatem doloris, *to seek as a good.*—*To claim, aspire to, lay claim to:* imperium, L.: mihi sapientiam.

ascītus (ad-sc-), *adj.* [*P.* of ascisco], *adopted, foreign, assumed:* milites, Cu.: lepor, N.

ascrībō (ad-scr-), īpsī, īptus, ere [ad+scribo], *to write in addition, add:* ad extremum alquid: in lege, 'si quid,' etc.: nomini regis titulum, Cu.—*To enroll, enlist, enter in a list:* ascriptus Heracleensis: Puteolos ascripti coloni, *in the colony of P.*, L.: civitatibus ascripti: se in civitatem: in civitatibus ascriptus: militiae, Ta.—*To inscribe* (late): marmori Praxitelem (i. e. eius nomen), Ph. —*To appoint, assign:* alqm tutorem liberis (by will): tutorem his rebus (by decree): ascriptus poenae dies, Ph.—Fig., *to impute, ascribe, attribute:* incommodum alcui, *hold responsible for:* socium me tuis laudibus, *assigns me a share in:* sibi exemplum, *to refer*, Ph.—*To number in a class, include among:* Satyris poetas, H.: nationes Germanis, Ta.—*To add, join:* illum sibi conlegam: ad hoc genus narrationes: me in talem numerum.

ascrīptīcius (ad-scr-), *adj.* [ascribo], *received by enrolment* (once): cives.

ascrīptiō (ad-scr-), ōnis, *f.* [ascribo], *an addition in writing*, C.

ascrīptor (ad-scr-), ōris, *m.* [ascribo], *one who adds his name, a supporter:* legis: tuus.

ascrīptus (ad-scr-), *P.* of ascribo.

asella, ae, *f. dim.* [asina], *a small she-ass:* turpis, O.

asellus, ī, *m. dim.* [asinus], *a little ass, ass's colt:* tardus, V.: onustus auro.

asīlus, ī, *m.*, *a gad-fly, horse-fly*, V.

asinus, ī, *m.*, *an ass*, C., L.—Fig., *an ass, blockhead, dolt:* germanus.

asōtus, ī, *m.*, = ἄσωτος, *a libertine.*

asparagus, ī, *m.*, = ἀσπάραγος, *asparagus*, Iu.

aspargō (adsp-), see 2 aspergo.

aspectābilis (adsp-), e, *adj.* [aspecto], *visible.*

aspectō (adsp-), āvī, ātus, āre, *intens.* [aspicio], *to look at attentively, gaze upon:* me, T.: stabula, V.—Of places, *to look towards, overlook:* collis adspectat arces, V.—Fig., *to heed:* iussa, Ta.

1. aspectus (adsp-), *P.* of aspicio.

2. aspectus (adsp-), ūs (*dat.* aspectū, V.), *m.* [aspicio], *a seeing, looking at, sight, view, glance, look:* uno aspectu intueri eos: situs praeclarus ad aspectum: aspectum amittere, *sight:* civium: in aspectu populi positum: te aspectu ne subtrahe nostro, V.: Mortalīs aspectūs reliquit, V.—*Appearance, look:* urbis: multitudinis, Cs.—*Aspect, mien, countenance:* hominis: horridiores aspectu, Cs.: ut ipso aspectu inicere admirationem, N.

aspellō (abs-), —, —, ere [abs+pello], *to drive away:* ab hac me, T.: a leto numine aspellor, Att. ap. C.

asper, era, erum (poet., *abl. plur.* aspris, V.), *adj.* with *comp.* and *sup.* [ab+spes], *without hope, adverse, calamitous, troublesome, cruel, perilous:* tempora: oppugnatio, Cs.: mala res, spes multo asperior, S.: venatus, V.: fata, V.—As *subst.:* aspera multa pertulit, *hardships*, H.—Of nature and character, *rough, harsh, hard, violent, unkind, cruel:* homo naturā: Iuno, V.: iuvenis monitoribus, H.: asperrimi ad condicionem pacis, L.: rebus non asper egenis, V.: cladibus asper, *exasperated*, O.: doctrina asperior: fores, i. e. *of a cruel mistress*, H.: Asperior tribulis (Galatea), *more unfeeling*, O.— *Wild, savage, fierce:* (anguis) siti, V.: tactu leo, H.: facetiae.—Of climate, *harsh, severe:* caelo Germania, Ta.: hiemps, S.: asperrimo hiemis, *in the depth*, Ta. — Of style, *harsh:* oratio. — *Rough, uneven:* regio: loca, Cs.: rura dumis, V.: rubus, *prickly*, V.: aequora ventis, H.: pocula signis, i. e. *wrought in relief*, V.: frons cornu, O.: capilli (i. e. hirsuti), H.: maria, *stormy*, V.: vinum, *harsh*, T.: pronuntiationis genus, *rough:* littera, i. e. *the letter r*, O.

asperē, *adv.* with *comp.* and *sup.* [asper], *harshly, severely, sternly:* in homines invehi: asperius scribere: ius dicere, L.: asperrime loqui, *harshly.* —*Coarsely:* vestitus.

1. aspergō (ads-), ersī, ersus, ere [ad+spargo], *to scatter, strew upon, sprinkle, spatter over:* guttam bulbo: pecori virus, V. — *To sprinkle with, besprinkle, bespatter, bedew:* aram sanguine: sanguine mensas, O.—Fig., *to throw upon in addition, fasten on besides, affix:* viro labeculam: generi orationis sales: Aebutio sextulam, *gives as a sprinkling* (of an inheritance). — *To defile, spot, taint, asperse, stain:* vitae splendorem maculis: patrem suspicione, L.: aspergi infamiā, N.

2. aspergō (adsp-, -argō), inis, *f.* [1 aspergo], *a sprinkling, besprinkling:* aquarum, O.: sanguis aspergine tinxerat herbas, O. — *That which is sprinkled, drops:* salsā spumant aspargine, *spray*, V.: caedis, *the sprinkled blood*, O.

asperitās, ātis, *f.* [asper], *unevenness, roughness:* viarum: locorum, S.: omnis asperitates supervadere, *the obstacles*, S.: soni, *harshness*, Ta.: frigorum, *severity*, Ta.—Fig., *roughness, harshness, severity, fierceness, coarseness:* naturae: avunculi, N.: verborum, O.: asperitatis corrector, H. — *Coarseness, roughness, austerity:* (Stoicorum): agrestis, H. — *Adversity, difficulty:* asperitates rerum: belli, S.—*Harshness, rudeness:* contentionis: verborum, O.

āspernātiō, ōnis, *f.* [aspernor], *disdain, contempt:* rationis.

āspernor, ātus, ārī, *dep.* [ab+spernor], *to disdain, reject, despise:* familiam, T.: vos animo: consilia, L.: voluptatem ratione: velut diis aspernantibus placamina irae, L.: furorem a suis aris: alqm militiae dare, *refuse*, Ta.: haud aspernatus Tullius, *consented*, L.: non aspernante senatu, *with the consent of:* a philosopho, *to be averse.—Pass.:* haud aspernanda precare, V.

asperō, āvī, ātus, āre [asper], *to make rough:* aquilonibus undas, V.: sagittas ossibus, *point*, Ta.: pugionem saxo, *to whet*, Ta.—Fig., *to excite, exasperate:* hunc in saevitiam, Ta.: iram, Ta.

aspersiō, ōnis, *f.* [1 aspergo], *a sprinkling:* aquae.—Of colors on a tablet: fortuita.

aspersus, *P.* of 1 aspergo.

aspiciō (ad-sp-), ēxī, ectus, ere [ad+specio], *to look at, look upon, behold, look:* ilico, T.: potestas aspiciendi: inter sese, *one another:* Eius formam, T.: eorum forum, L.: nos, V.: alqm in acie, *to face*, N.: nec servientium litora aspicientes, *not in sight of*, Ta.: pennas exire per ungues, O.: unde aliqua fori pars aspici potest: quasi eum aspici nefas esset.—*To observe, examine, inspect:* opus, O.: in Boeotiā res, L. — Of places, *to look to, lie toward:* terra quae Noricum aspicit, Ta.: Lumen, *to see the light*, i. e. *live:* lucem, *to be born:* lucem, *to go abroad.* — Fig., *to observe, consider, weigh, ponder:* qui aspexit, quantum, etc., H.: Aspice, laetentur ut omnia, V.: si quid loquamur, H.: quantas ostentant vires, V.: primordia gentis, O. —*To regard, respect:* eum milites aspiciebant, N. —*To investigate:* legatus ad res aspiciendas, L.

aspīrātiō (ads-), ōnis, *f.* [aspiro], *a breathing on, blowing upon:* aëris.—Fig., *a rough breathing, aspirate.* — *Exhalation, evaporation:* terrarum.— *Influence:* caeli.

aspīrō (ad-sp-), āvī, ātus, āre [ad+spiro], *to breathe at, blow upon:* adspirant aurae in noctem, *freshen*, V.: pulmones aspirantes, *exhaling.* — Poet.: ventos eunti, *sends favorable breezes*, V.: dictis amorem, *imparts*, V.: amaracus illum Floribus adspirans complectitur, *breathing* (odors) *on him*, V.: adspirare et adesse choris, *accompany*, H. — Fig., *to strive for, seek to reach, aspire to, draw near:* bellicā laude ad Africanum, *to rival:* ad alienam causam, *to meddle:* ad eum: in curiam: equis Achilles, V.—*To favor, help* (poet.): adspirat fortuna labori, V.: coeptis meis, O.

aspis, idis, *f.*, *an asp, viper.*

āsportātiō, ōnis, *f.* [asporto], *a carrying away* (once): signorum.

asportō (abs-p-), āvī, ātus [abs+porto], *to carry away, carry off, transport, remove:* (simulacrum) e signo: ex Siciliā litteras: sua omnia Salamina, N.: (vehiculis) regum res, L.: ad virum uxorem, L.: hinc comitem Creüsam, V.

asprēta, ōrum, *n.* [asper], *rough places*, L.

1. assa, ae, *f.* [assus, sc. nutrix], *a dry nurse*, Iu.

2. assa, ōrum, *n.*, *plur.*, see assus.

as-se-, in words compounded with *ad*, see ad-se-.

asser, eris, *m.* [ad+2 sero], *a stake, post:* cuspidibus praefixi, Cs.: longi, L.

as-si-, as-su-, in compounds of *ad*, see ad-s-.

assus, *adj.* [for arsus; 3 AR-], *roasted:* mergi, H. — As *subst. n.*, *a roast, roast meat:* vitulinum. —*Plur.*, H.—Hence, sol, *a basking in the sun* without anointing.

ast, *conj.*, older and poet. for at.

asternō (ad-st-), —, —, ere [ad+sterno], *to*

strew on (once): adsternuntur sepulcro, *throw themselves down upon*, O.

astipulātor (**ads-**), ōris, *m.* [astipulor].—In law, *an associate in accepting a verbal contract.*—Hence, *an assistant, helper* (in a trial).—In gen., *a follower* (in opinion): corum (Stoicorum).

astipulor (**ad-st-**), ātus, ārī [ad+stipulor].—In law, *to join the principal, in accepting a verbal contract.*—Hence, fig., *to agree with, humor:* consuli, L.

astitī. **I.** *Perf.* of adsisto.—**II.** *Perf.* of asto.

astituō (**ads-**), uī, ūtus, ere [ad+statuo], *to place, station:* reum ad lectum, Her.

a-stō (**ads-**), itī, —, āre [ad+sto], *to stand at, take place near:* accessi, astiti, *stood by*, T.: astat echinus, *is at hand*, H.: portis, V.: hic, T.: procul, O.: sedibus, O.: ad Achillis tumulum: in conspectu meo: ante aras, O.: supra caput, V.: cum patre, T.: adstante totā Italiā, *looking on:* adrectis auribus, V.—*To stand up, stand erect:* squamis astantibus, V.—*To exist, remain, be in existence:* adstante ope barbaricā: sedes relictae adstant.

astrepō (**ad-st-**), —, —, ere, *to make a noise at, resound in response:* adstrepebat volgus, Ta.—*To assent loudly, applaud:* clamore, Ta.: haec dicenti, Ta.: eadem, *approve loudly*, Ta.

astrictē, *adv.* [astrictus], *rigidly, by strict metrical rules:* numerosa oratio.

astrictus, *adj.* with *comp.* [*P.* of astringo], *drawn together, narrow:* limen, O.—Fig., *sparing, parsimonious:* pater, Pr.: auctor, Ta.—Of language, *narrow, concise, compact:* verborum comprehensio: eloquentia: numeris astrictior paulo.

astringō (**ad-st-**), inxī, ictus, ere, *to bind on, tie fast, fasten to, bind up:* ad statuam astrictus: vincula, O.: hederā adstringitur ilex, *twined with*, H.: cortex astrictus pice, *fastened*, H.: Cervice adstrictā, *with a halter round his neck*, Iu.: non astricto socco, *loose* (i. e. in style), H.: rotam multo sufflamine, *checks*, Iu.: comae astrictae, O.: ferrum Astrictum morā, i. e. *rusted*, O.: ventis glacies astricta, *frozen*, O.: (calor) venas (terrae), V.—Fig., *to bind, put under obligation, oblige:* populum lege: alqm religione: alqm condicionibus: milites ad formulam, Cs.: ad adstringendam fidem: tibi fidem, T.: fraus astringit, non dissolvit periurium, *fixes the guilt.*—*To occupy, confine* (the attention): illis studio suorum astrictis, S.: Iugurtha maioribus astrictus, S.—*To check, repress:* lingua astricta mercede.—*To fix, confirm:* offici servitutem testimonio.—*To embarrass, bring into straits:* milites, L.—Of language, *to bind, limit:* orationem numeris.—*To compress, abridge:* breviter argumenta.

astrologia, ae, *f.*, = ἀστρολογία, *the science of the heavenly bodies, astronomy.*

astrologus, ī, *m.*, = ἀστρολόγος, *an astronomer:* novus.—*An astrologer*, C., Iu.

astrum, ī, *n.*, = ἄστρον, *a heavenly body, star, constellation:* astri reditus: Caesaris, *the comet of* B.C. 43, V.: natale, H.—*Plur.*, *the stars, sky, heaven:* oculos sub astra tenebat, *fixed on the sky*, V.: nox caelum sparserat astris, O.—Poet.: sic itur ad astra, i. e. *to immortality*, V.: animum educit in astra, H.: Quem pater intulit astris, O.

astruō (**ad-st-**), ūxī, ūctus, ere [ad+struo], *to build in addition, add to* (a structure): super contignationem, quantum . . . (tantum) adstruxerunt, Cs.—*To add, confer besides:* consulari alquid aliud, Ta.

1. astū, *n. indecl.*, = ἄστυ, *a city*, T., C., N.

2. astū, see astus.

astupeō (**ad-st-**), —, —, ēre, *to be amazed at:* sibi, O.

astūs, ūs, *m.* [2 AC-], *adroitness, craft, cunning.*—Usu. *abl. sing.* (of manner): rem tractare, *cunningly*, T.: Id sollerti furtim astu cepisse, O.: versare dolos, V.: Punico, L.—*A stratagem:* hostium, Ta.: astūs oppugnationum, Ta.

astūtē, *adv.* [astutus], *craftily, cunningly:* ab eā labefactarier, T.: reticere alqd.

astūtia, ae, *f.* [astutus], *adroitness, shrewdness, craft, cunning:* intellegendi, Pac. ap. C.: ad rem, T.: confidens.—*Plur.*, *tricks, cunning devices:* Hem astutias, T.: tollendae.

astūtus, *adj.* with *comp.* [astus], *wary, shrewd, sagacious, expert:* ratio: me astutiorem fingere.—*Crafty, cunning, sly, artful:* homo: volpes, H.: gens, Ta.

asumbolus (**asym-**), *adj.*, = ἀσύμβολος, *not contributing, scot-free*, T.

asȳlum, ī, *n.*, = ἄσυλον, *a place of refuge, sanctuary, asylum:* templa, quae asyla Graeci vocant, L.: in illud asylum confugere: Iunonis, V.: asylum aperire, L.: statuere, Ta.

asymbolus, see asumbolus.

at or (rarely) **ast**, *conj.*, *but* (introducing a contrast to what precedes). **I.** In a transition, *but, but on the other hand, but meanwhile:* comminus pugnatum est; at Germani impetūs gladiorum exceperunt, Cs.: alius alii varie . . . At Cato, etc., S.: paret Amor dictis . . . At Venus, etc., V.: appellatus est Atticus . . . At ille . . . respondit, N.: At regina, etc., V.—Sometimes *at* simply emphasizes a word: Bellona, si hodie nobis victoriam duis, ast ego templum tibi voveo, *I for my part*, L.—Esp., interrupting the thought: metuebat. At hunc liberta divisit, etc., H.: dapibus epulamur opimis. At subitae adsunt Harpyiae, V.: at quem ad modum corrupisti?: at quam caeca avaritia est!: huc armati tendunt; at tu, pater deūm, hinc arce hostes, L.—After a negative clause, *at* sometimes introduces a qualification (a contradiction would require *sed* or *verum*): non placet Antonio; at placuit Servilio, *and yet:* quoniam . . . at tu tuo supplicio doce, etc., *yet at least*, L.: si te nulla movet . . . imago, At ramum agnoscas, V.—Esp., after *si*, etc., introducing a qualification, *but yet, nevertheless, yet:* quod si se abstulerunt, at exemplum reliquerunt: si oblivisci non possumus, at tacere: quod si nihil relinquitur . . . at ego ad deos confugiam, L.—Introducing a minor premise, *but* (it is also true that), *now:* at nemo sapiens est nisi fortis, ergo, etc.—Repeated with emphasis: si non virtute . . . at sermone, at humanitate eius delectamini: at est bonus, at tibi amicus, at, etc., H.—Beginning a discourse: At o deorum quicquid . . . Quid iste fert tumultus? H.—**II.** Introducing a direct opposition, *but, but on the contrary:* iste civis Romanos (coluit)? at nullis infestior fuit: brevis vita . . . at memoria sempiterna: ut videre piratum non liceret? At contra . . . hoc iucundissimum spectaculum, etc.: illi delubra decorabant . . . at hi contra, S.: apud nos . . . At apud illos e contrario, N.: at etiam sunt qui dicant, *but there are even some*, etc.: an sine me ille vicit? At ne potuit quidem, *but it was not even possible:* esto, nihil laudis adeptus est . . . at vero, etc., *but assuredly.*—Introducing an objection: quid tandem te impedit? Mosne maiorum? At persaepe, etc., i. e. *surely not, for*, etc.: at non est tanta . . . credo, sed, etc., *but, it will be urged:* at valuit odium, fecit iratus . . . Quid, si, etc., *but, it may be said*, etc.—Strengthened by *enim* or *enim vero*, *but indeed, but surely:* at enim non fuit ab Oppianico constitutus, *but no, for* (it is objected), etc.: At enim vero nemo de plebe consul fuit, *but most assuredly, it is objected*, L.—In an ironical objection: at vero Pompei voluntatem a me alienabat oratio mea: At, puto, non ultro . . . Me petiit? O.

Atābulus, ī, *m.*, *the southeast wind, Sirocco*, H.

ātāt, *interj.*, see attat.

atavus, ī, *m.* [ad + avus], *a grandfather's grandfather*, C.—*An ancestor, forefather:* atavis potens, V.: atavis editus regibus, H.

Ātellānus, *adj.*, *of Atella* (a town of Campania), C.: fabella, *a kind of farce, first exhibited at Atella*, L.—As *subst. f.*, *a comic farce*, L.

āter, tra, trum, *adj.* [AID-], *black, coal-black, gloomy, dark* (cf. niger, glossy-black): panis, T.: carbo, T.: alba et atra discernere: noctes, Ta.: tempestas, V.: mare, *gloomy*, H.: lictores, *clothed in black*, H.: corvus atro gutture, Ct.—Fig., *black, dark, gloomy, sad, dismal, unfortunate:* timor, V.: mors, H.: fila trium sororum, H.: alae (mortis), H.: serpens, V.—Esp.: dies atri, *unlucky days* (marked in the calendar with coal): si atro die faxit insciens, probe factum esto, L.—*Malevolent, malicious, virulent:* versus, H.: dens, *poisonous*, H.

Athēnae, ārum, *f.*, = Ἀθῆναι, *Athens*, C., L., H., O.

āthlēta, ae, *m.*, = ἀθλητής, *a wrestler, athlete, combatant in public games:* se exercens in curriculo: athlétarum studia, H.

atomus, ī, *f.*, = ἄτομος, *an indivisible particle, atom.*

atque or (only before consonants) **āc**, *conj.* [ad + que], *and* (like *-que*, it connects words or thoughts which form a whole, but unlike *-que* gives prominence rather to what follows, and is rarely repeated). **I.** Copulative. **A.** Connecting single words and expressions, *and, as well as, together with:* restituam ac reddam, T.: infamia atque indignitas rei, Cs.: honesta atque inhonesta, S.: parere atque imperare iuxta, L.: acies in speciem simul ac terrorem constiterat, Ta.—Poet. for *et . . . et*: Atque deos atque astra vocat crudelia mater, V.—Very rarely after one or more words of its phrase: hederā Gaudere pullā atque myrto, H.—In the phrases: unus atque alter, *one and another, one or two*, S.: alius atque alius, *one and another, successive:* aliā atque aliā de causā, L.: etiam atque etiam, *again and again, repeatedly:* semel atque iterum: iterum atque iterum, V.: huc atque illuc, *hither and thither:* longe atque late, *far and wide.*—Adding an emphatic expression, *and in fact, and that too, and even, and indeed, and in particular:* iter in provinciam nostram atque Italiam, Cs.: dis immortalibus gratia atque ipsi Iovi: hebeti ingenio atque nullo: res tanta atque tam atrox, S.: *Py.* cognoscitne? *Ch.* Ac memoriter, *yes, and that too*, etc., T.: uno atque eo perexiguo tempore, *and that too:* atque eo magis, *and so much the more:* atque id eo magis, *and that the more*, Cs.: duabus missis cohortibus, atque his primis, etc., Cs.—With *adeo* or *etiam:* consilium atque adeo amentia, *and in fact:* cupide accipiat atque etiam bene dicat, *and even*, T.: atque adeo etiam, *and even*, L.—**B.** Connecting closely related thoughts, *and so, and even, and . . . too* (usu. beginning the clause): atque eccum! *and there he is too!* T.: Africanus indigens mei? Minime . . . ac ne ego quidem illius, *and I too am not:* Punicā religione servata fides est, atque in vincula omnes coniecit, L.—After a word in its clause: funus atque imagines ducant, etc., H.—Adding an emphatic clause: exsules adlicere coepit: ac tantam sibi auctoritatem comparaverat, etc., Cs.: vos pro libertate non . . . nitemini? atque eo vehementius, quod, etc., S.—With a negative: si fidem habeat . . . ac non id metuat, ne, etc., *and does not rather*, T.: quasi nunc id agatur, quis . . . ac non hoc quaeratur: ut civem, ac non potius ut hostem.—Adding an adversative clause, *and yet, and nevertheless:* Quibus nunc sollicitor rebus! . . . atque ex me hic natus non est, T.: non dicere pro nobis possunt; atque haec a nobis petunt omnia: nihil praeterea est magno opere dicendum. ac tamen . . . pauca etiam nunc dicam. —In transitions, etc.: locum delegerunt. ac primo adventu, etc., Cs.: Atque ea diversa, dum geruntur, V.: Atque hic tantus vir, N.: nomen ei iugo Alpium inditum transgressum, L.—**II.** After words of comparison, *as, than, than as:* nihil aeque atque illam vim requirit: neque mihi par ratio cum Lucilio est ac tecum fuit: pariter ac si hostes adessent, S.: castra movere iuxta ac si hostes adessent, S.: proinde ac de hominum est vitā merita: cum totidem navibus atque erat profectus, N.: similiter atque ipse eram commotus: fit aliud atque existimaris: aliter causam agi atque iste existimaret: non secus ac si meus esset frater: simulacrum contra atque antea fuerat convertere: simul atque adsedisti: haud minus ac iussi faciunt, V.: Non tuus hoc capiet venter plus ac meus, H.

at-quī (at-quīn), *conj., but somehow, but in any wise, but yet, however, and yet, and nevertheless:* modum statuarum haberi nullum placet? atqui habeatur necesse est: mihi numquam venerat in mentem optare . . . atqui fuit optandum: narras vix credibile. Atqui sic habet, H.: atqui sciebat, H.—Ellipt.: hunc ego non diligam? . . . atqui sic accepimus, etc., (*a strange doctrine*) *but so,* etc.: atqui non Massica Munera nocuere, *but it was not* (as you might suppose), V.

ātrāmentum, ī, *n.* [ater], *a black liquid:* atramenti effusio: sutorium, *blacking* for leather (a poisonous liquid).—*Ink, writing-ink:* labem remittunt Atramenta, H.

ātrātus, *adj.* [ater], *clothed in black:* plebes, Ta.: equi (of the sun), Pr.

Atrīdēs, ae (*voc.* -da, H.; -dē, H.), *m. patr., son of Atreus.*

ātriēnsis, is, *m.* [atrium], *a steward, chief servant.*

ātriolum, ī, *n. dim.* [atrium], *a small hall, antechamber.*

ātrium, ī, *n.* [AID-], *a room which contains the hearth, fore-court, hall, principal room,* H.—*Plur.,* of one room (poet.): longa, V.: marmore tecta, O.—In a temple or palace, *the main hall:* Libertatis: regium, L.—*An auction room:* migrare in atria, Iu.: atria auctionaria.—*Plur., a dwelling, house* (poet.): atria vestra ruent, O.

atrōcitās, ātis, *f.* [atrox], *fierceness, harshness, enormity:* ipsius facti: sceleris, S.: poenae, L.—*Barbarity, severity, rigidity:* animi ista tua.

atrōciter, *adv.* with *comp.* and *sup.* [atrox], *fiercely, cruelly, harshly, indignantly:* minitari: agitare rem p., S.: atrocius in alqm saevire, L.: atrocissime agitur.

atrōx, ōcis, *adj.* with *comp.* and *sup.* [ater], *savage, fierce, wild, cruel, harsh, severe:* Tydides, H.: Iuno, V.: odium exercebat atrox, O.: animus Catonis, *resolute,* H.: odii Agrippina, *in hatred,* Ta.—*Cruel, horrible, violent, raging, perilous:* res tam atrox: lex: hora Caniculae, H.: facinus, L.: spectaculum, Ta.: pugna atrocior, L.: atrocissimum crimen.—*Violent, bitter:* genus orationis.

1. attactus, *P.* of attingo.

2. attactus, —, *m.* [attingo], *a touch, contact* (only *abl. sing.*): Volvitur attactu nullo, V., O.

attagēn, ēnis, *m.,* = ἀτταγήν, *the heath-cock,* H.

Attalicus, *adj.* [Attalus], *of Attalus* (king of Pergamus): condiciones, i. e. *rich,* H.

at-tamen, *conj., but nevertheless,* H.

attāt (ātāt), *interj.* of surprise, *So! hey-day,* T.

attegia, ae, *f., a hut:* Maurorum, Iu.

attemperātē (adt-), *adv.* [ad + tempero], *opportunely, in the nick of time* (once): evenit, T.

attemptō (adt-), or **attentō (adt-),** āvī, ātus, āre [ad + tempto], *to make trial of, tamper with, seek to influence, solicit:* praeteriri omnino fuerit satius quam attemptatum deseri: omnium inimicos: Capuam ab illā manu attemptari.—*To attack, assail:* alqm vi, Ta.: ne sua fides insidiis attemptetur: iura, i. e. *attempt to shake,* H.

attendō (adt-), tendī, tentus, ere [ad + tendo], *to stretch toward, direct.*—With *animum, give attention, attend to, consider, give heed:* cum animum attenderis, *on careful observation:* animos ad ea: quid velim, T.: sermo agresti an urbano propior esset, L.—With ellips. of *animum:* postquam attendi Magis, T.: audi atque attende: versum, *listen to:* stuporem hominis, *mark:* hostium res, S.: de necessitate: versūs pars attenditur: illud a se esse concessum: adtendere, quae res, etc., S.: attendite num aberret: quid petam aequo animo attendite, T.

attentē (adt-), *adv.* with *comp.* and *sup.* [attentus], *carefully, considerately, heedfully:* officia fungi, T.: audire: attentius auditum: attentissime audiri.

attentiō, ōnis, *f.* [attendo], *application, attentiveness:* animi.

attentō, see attemptō.

attentus (adt-), *adj.* with *comp.* and *sup.* [*P.* of attendo], *attentive, intent, engaged:* animus in spe, T.: Caesaris auris, H.: iudex: me attentissimis animis auditis: attentissima cogitatio.—*Intent on, striving after, careful, assiduous:* nimis attentus, H.: facere attentiorem: attentiores ad rem, *more frugal,* T.: in re hereditariā: quaesitis, *careful of his stores,* H.: ceterarum rerum.

attenuātē (**adt-**), *adv.* [attenuatus], of style, *dryly, without ornament:* dicere.

attenuātiō (**adt-**), ōnis, *f.*, *a lessening:* suspitionis, Her.

attenuātus (**adt-**), *adj.* with *sup.* [*P.* of attenuo], *enfeebled, weak:* amore, O.: fortuna attenuatissima, Her.—Of discourse, *thin, dry:* oratio.

attenuō (**adt-**), āvī, ātus, āre [ad+tenuo], *to make thin, attenuate, lessen, diminish:* iuvenum corpora, O.: sortes attenuatae, *the tablets had diminished* (a sign of adversity), L.—Fig., *to reduce, impair, lessen, diminish, weaken:* insignem, *to abase,* H.: (legio) proeliis attenuata, Cs.: caede vires, L.: bellum expectatione, *make less formidable:* voragine ventris opes, *waste,* O.: curas, O.

atterō (**adt-**), trīvī (atterui, Tb.), trītus, ere [ad+tero], *to rub against, rub away, wear:* attritas harenas, O.: herbas, *to trample,* V.: Cerberus atterens Caudam, i. e. *fawning,* H.—Fig., *to destroy, waste, impair, injure:* alteros, S.: (Germanos), i. e. *exhaust by exactions,* Ta.: magna pars (exercitūs) temeritate ducum attrita est, S.: opes, S.

attestor (**adt-**), —, ārī [ad+testor], *to prove, confirm:* hoc, Ph.

attexō (**adt-**), —, textus, ere [ad+texo], *to weave to, join closely:* loricae ex cratibus attexuntur, Cs.: barbarorum agris attexta ora.

atticē, *adv.* [Atticus], *in the Attic style.*

Atticus, *adj.*, = Ἀττικός, *Athenian, Attic.*

attineō (**adt-**), tinuī, —, ēre. **I.** *Trans.*, *to hold fast, detain, delay:* quam attinendi dominatūs sient, *how retained,* T. ap. C.: Romanos spe pacis, S.: dextram vi, Ta.—**II.** *Intrans.*, *to stretch, reach:* Scythae ad Tanain attinent, Cu.—Fig., *to belong to, concern, relate to, be of consequence:* ea nil quae ad te attinent, T.: quod ad te attinet, *as far as you are concerned,* T.: quod ad me attinet, *for my part:* tamquam ad rem attineat quicquam, H.: quid attinebat quaeri de eo, etc., *of what consequence was it?:* nec victoribus mitti attinere puto, *of any importance,* L.: Te nihil attinet tentare, *does you no good,* H.: dicere quae nihil attinent, *matters of no concern,* H.

attingō (**adt-**), tigī, tāctus, ere [ad+tango], *to touch, come in contact with:* prius quam aries murum attigisset, Cs.: telas putris, *to handle,* V.: Maenalon, *set foot on,* O.: mento aquam: pedibus terram, N.—*To touch, strike, lay hands on, seize:* illam, T.: (fanum), *to violate:* si Vestinus attingeretur, *were attacked,* L.: herbam, *crop,* V.—*To approach, reach, arrive at, attain to:* Italiam: lumina, i. e. *life,* V.: arces igneas, i. e. *divine honors,* H.—Of places, *to be near, border on, adjoin, touch:* (regio) Ciliciam: eorum fines Nervii attingebant, Cs.—Fig., *to touch, affect, reach:* dignitatem tuam contumeliā: quos ea infamia attingeret, L.—Of speech, *to touch upon, mention, refer to:* quem simul atque attigi: genera breviter: tantum-modo summas, N.: ea, tamquam volnera, L.—*To undertake, enter upon, engage in, take in hand, manage:* causam Murenae: forum, i. e. *public affairs:* Graecas litteras: poeticam, N.: arma, *to arm themselves,* L.: alqd extremis digitis, i. e. *have little experience in.* — *To reach, attain:* auctoritatem loci: haec.—*To come in contact with, be related to, belong to, resemble:* officiis populum: Res gerere . . . Attingit solium Iovis, *the administration of the state borders on,* etc., H.

attollō (**adt-**), —, —, ere [ad+tollo], *to lift up, raise up, raise, elevate:* natum, O.: pallium (i. e. accingere), T.: fracto crure planum, H.: amicum ab humo, V.: oculos humo, O.: oculos contra, i. e. *look in the face,* O.: mare ventis, Ta.: ad lumina lumen, O.: manūs ad caelum, L.: attolitur unda, V.: capita caelo (of trees), V.: in aegrum se femur, *to rise upon,* V.: se in auras, O.: fluvio se, *out of the river,* V.: ex strage se, L.: se ab casu, L.: in caelum attolli, *to rise,* Ta.: attollit se Lacinia, *comes into view,* V.—Of buildings, *to erect, raise:* arcemque attollere tectis, *by means of (high) roofs,* V.—*To raise, lift up, elevate, exalt:* animos, V.: vires in milite, Pr.: ad consulatūs spem animos, L.: alqm praemiis, Ta.: iras, *to rise in anger* (of a serpent), V.: privati hominis nomen supra principis, Ta.: alcuius progeniem super cunctos, Ta.

attondeō (**adt-**), tondī, tōnsus, ēre [ad+tondeo], *to shave, shear:* vitem, *to prune,* V.: virgulta, *to crop,* V.—Fig.: laus attonsa, *depreciated* (poet.).

attonitus (**adt-**), *adj.* [*P.* of attono], *thunderstruck, stunned, astounded:* magna pars, *struck with terror,* L.: animi, V.: talibus visis, V.: turbine rerum, O.: miraculo, L.: domus, *awe-struck,* V.: voltūs, Ta.—*Inspired, frenzied:* Baccho matres, V.: vates, H.—*Frantic, demented:* Proetides, O.

attonō (**adt-**), uī, itus, āre, *to thunder at, stun, terrify:* mentes, O.: Attonitus est committi potuisse nefas, O.

attorqueō (**adt-**), —, —, ēre [ad+torqueo], *to hurl upwards:* iaculum, V.

attrahō (**adt-**), trāxī, tractus, ere [ad+traho], *to draw, pull:* lora, O.: arcum, O.—*To attract:* ferrum ad se.—*To drag before, hale:* adducitur atque adeo attrahitur: tribunos ad se, L.: quos (canes) fugit, attrahit unā, *carries along,* O.: attractus ab alto Spiritus, *drawn deep,* V.—Fig., *to draw, allure, lead:* me ad hoc negotium: alqm Romam: discipulos, O.

attrectātus (**adt-**), —, *abl.* ū, *m.* [attrecto], *a handling, feeling,* Pac. ap. C.

attrectō (**adt-**), āvī, ātus, āre [ad+tracto], *to touch, handle:* signum, L.: Penates, V.: libros manibus. — *Supin. acc.:* Atreum attrectatum advenit.—*To busy oneself with:* feralia, Ta.: quae non obtineret, Ta.—*To lay hold of, appropriate:* gazas, L.

attribuō (adt-), uī, ūtus, ere [ad+tribuo], *to assign, allot, make over:* his (gladiatoribus) equos, Cs.: legioni equites, Cs.: cui sit Apulia attributa (as a province): huic Rutilum, *places under his command*, Cs.: pecuniam redemptori: pecunia attributa, numerata est.—*To give in charge, commit, confide, intrust:* nos trucidandos Cethego: ei sacra omnia, L. — Fig., *to confer, bestow, assign, give:* quem (timorem) mihi natura attribuit: curam Flaminio, L.—*To attribute, ascribe, impute:* si uni attribuenda culpa sit: alqd litteris.—*To add:* ad amissionem amicorum miseriam.

attribūtiō (adt-), ōnis, *f.* [attribuo], *an assignment* (of a debt). — In grammar, *a predicate, attribute.*

attribūtum (adt-), ī, *n.* [attribuo], in grammar, *an attribute, predicate.*

attrītus (adt-), *adj.* with *comp.* [*P.* of attero], *rubbed, worn away:* ansa, V.: mentum paulo attritius.—Fig., *hardened, impudent:* frons, Iu.

au (hau), *interj.*, of pain or surprise (anteclass.), *Oh!* T.—Of remonstrance, *now!* T.

auceps, upis, *m.* [avis+CAP-], *a bird-catcher, fowler:* callidus, O.; *a poultry-dealer*, H.—Fig., *a snapper-up, carper:* syllabarum.

(auctē), *adv.* [auctus], *bountifully*, only *comp.:* auctius Di fecere, H.

auctiō, ōnis, *f.* [AVG-], *an increase:* frumenti, Ta.—*A sale by increasing bids, auction, public sale:* auctionem constituere: vendere, *to hold:* fortunae regiae, L.: in auctione vēnire.

auctiōnārius, *adj.* [auctio], *of an auction:* atria: tabulae, *catalogues.*

auctiōnor, ātus, ārī [auctio], *to hold a public sale, sell by auction:* qui auctionatus sit: hastā positā: difficultates auctionandi, Cs.

auctitō, —, —, āre, *freq.*, *to increase greatly:* pecunias faenore, Ta.

auctius, *adv.*, see aucte.

auctō, —, —, āre, *freq.* [augeo], *to increase much, prosper:* te Iupiter auctet, Ct.

auctor, ōris, *m.*, rarely *f.* [AVG-], *a promoter, producer, father, progenitor:* auctores generis: mihi Tantalus auctor, O.: auctore ab illo ducit originem, H.: sanguinis, V.—*A builder, founder:* Troiae, V.: auctor posuisset in oris Moenia, O.—*A trustworthy writer, authority:* satis certus, L.: valde bonus: iudicia proferre Herodoto auctore: carminis, H.: rerum Romanarum, *an historian:* auctores citare, L.: sunt qui male pugnatum ab his auctores sint, i. e. *who assert*, L.—*An originator, performer, doer, cause:* iniuriae: auctorem odimus, acta defendimus: culpam auctores ad negotia transferunt, S.: nec auctor facinori deerat, L.: volneris, O.: muneris, *the giver*, O.: quis elegos emiserit auctor, *who was the first to produce*, H. — *A responsible person, authority, narrator, teacher:* in philosophiā, Cratippo auctore, versaris, *as your teacher:* hominibus auctoribus uti, *cite as authorities:* criminis ficti, O.: auctorem rumorem habere: non sordidus Naturae, H.: de cuius morte Thucydidem auctorem probamus, N.—*A voucher, guarantor, security:* gravis magnae rei (i. e. testis), L.: non si mihi Iuppiter auctor Spondeat, V.: auctores sumus, tutam ibi maiestatem fore, etc., *we vouch for it*, L: nubit nullis auctoribus, *with no attesting witnesses:* quod a malo auctore emisset, i. e. *a seller without title:* auctor benefici esse, i. e. *hold himself responsible for:* mulier sine tutore auctore, *a guardian as voucher.* — *An example, model:* Latinitatis: dicendi Plato: tui facti, *precedent:* habeo auctorem, quo facias hoc, H.—*A counsellor, adviser, promoter:* publici consili, i. e. *a statesman:* mei reditūs: audendi, *who advise boldness*, V.: meritorum auctore relictā, *deserting the prompter of your exploits*, O.: auctor est, ut agere incipiat, *advises:* mihi ut absim, auctor est: te auctore quod fecisset, *under your influence*, T.: me duce et auctore, *by my influence and advice:* idne estis auctores mihi? *Do you advise it?* T.: Ille populis fuit auctor transferre, etc., O.: regem populus iussit, patres auctores facti, i. e. *ratified it*, L.: id sic ratum esset, si patres auctores fierent, L.

auctōrāmentum, ī, *n.* [auctoro], *earnest-money* (late).—Fig., *a pledge, guaranty:* servitutis.

auctōritās, ātis, *f.* [auctor], *origination, production:* eius (facti).—*Power, authority, supremacy:* in re p.: populi R.: legum dandarum: legatos cum auctoritate mittere, *plenipotentiaries.*—*A deliberate judgment, conviction, opinion, decision, resolve, will:* in orationibus auctoritates consignatas habere: omissis auctoritatibus, *opinions aside:* antiquorum: senatūs: senatūs vetus de Bacchanalibus, *decree:* respondit ex auctoritate senatūs consul, L.: legati ex auctoritate haec renuntiant (sc. senatūs), Cs.: ad ea patranda senatūs auctoritate adnitebatur, *by decrees*, S.: populi R.: censoria: collegii (pontificum), L.—*Warrant, assurance, trustworthiness:* in testimonio: somniorum: cum ad vanitatem accessit auctoritas.—*Responsibility, accountability:* quam ego defugiam auctoritatem consulatūs mei.—*A voucher, security:* cum publicis auctoritatibus convenire, *credentials:* auctoritates praescriptae, *attesting signatures:* auctoritates principum conligere, *responsible names.*—In law, *a prescriptive title* (to property), *right by possession:* usus et auctoritas fundi: adversus hostem aeterna: iure auctoritatis.—*An example, model, precedent:* omnium superiorum: alicuius auctoritatem sequi: totius Italiae auctoritatem sequi, Cs. — *Counsel, advice, persuasion:* omnium qui consulebantur: ut vostra auctoritas Meae auctoritati adiutrix sit, T.: quorum auctoritas apud plebem plurimum valeat, Cs.: quorum auctoritas pollebat, S.: auctoritate suā alqm commovere.—Of persons, *influence, weight, dignity, reputation, authority:* tanta in Mario fuit, ut, etc.: auctoritatem habere apud alqm: alcui auctoritatem addere, L.: facere, *to create:* in re militari, *prestige*, Cs.: a tantā auctoritate approbata, *by a person so influential.*—Of things, *importance, significance, force, weight, power, worth, consequence:* nullius (legis) apud te: in hominum fidelitate: huius auctoritatem loci attingere, *dignity.*

(auctōrō,), —, ātus, āre [auctor], *to bind, oblige* (only *pass.*): ferro necari Auctoratus, i. e. *hired as a gladiator*, H.: pignore auctoratus alcui, *bound*, L.

auctumnālis, auctumnus, see aut-.

1. **(auctus)**, *adj.* [*P.* of augeo], *abundant, ample* (only *comp.*): honore auctiores, *richer in*, Cs.: maiestas . . . auctior, L.

2. **auctus**, ūs, *m.* [augeo], *increase, accession:* fluminum, Ta.: (civitatem) maxumis auctibus crescere, L.: imperii, Ta.

aucupium, ī, *n.* [auceps], *bird-catching, fowling:* hoc novomst aucupium, *a new kind of fowling*, T.: aucupia omne genus, *game-birds*, Ct.—Fig.: delectationis: verborum, *a quibbling.*

aucupor, ātus, ārī, *dep.* [auceps], *to be a bird-catcher, chase, hunt, strive after, catch:* tempus: epistulis matris imbecillitatem: utilitatem ad dicendum: rumorem: verba.

audācia, ae, *f.* [audax], *daring, courage, valor, bravery, boldness, intrepidity:* in bello, S.: audaciae egere, S.: miraculo audaciae obstupefecit hostis, L.: si verbis audacia detur, *if I may speak boldly*, O.—*Daring, audacity, presumption, temerity, insolence:* hominis inpudens, T.: Tantā adfectus audaciā, T.: (vir) summā audaciā, Cs.: consilium plenum audaciae: intoleranda, S.: in audaces non est audacia tuta, O.: quantas audacias, *daring deeds:* non humanae ac tolerandae audaciae (hominum sunt).

audācter (rarely **audāciter**), *adv.* with *comp.* audācius and *sup.* audācissimē [audax], *boldly, courageously:* te monere, T.: subsistere, Cs.: audacius disputabo: dictatorem creare, *with confidence*, L.—Form *audaciter:* de aliquā re laturum esse, L.—*Rashly, audaciously, desperately:* multa facta: audicius exsultare: scelera audacissime facere.—Form *audaciter:* facere: negare, L.

audāx, ācis, *adj.* with *comp.* and *sup.* [1 AV-], *daring, bold, courageously, spirited:* poeta, H.: audacissimus omni De numero, O.: viribus, V.: proeliis Liber, H.: ad facinus audacior: consilium, L.: paupertas, H.: mālae, V. — *Audacious, rash, presumptuous, foolhardy, violent:* homo, T.: ambitiosus et audax, H.: de improbis et audacibus: animus, S.: audacissimus ex omnibus: omnia perpeti, H.: facinus, T.: hoc (factum) audacius aut impudentius: volatus, O.: supra vires ad conandum, L.—As *subst.:* audacium scelus.

audēns, entis, *adj.* with *comp.* and *sup.* [*P.* of audeo], *daring, bold, intrepid, courageous:* audentes deus ipse iuvat, O.: Tu ne cede malis sed contra audentior ito, V.: audentissimus quisque miles, Ta.

(audenter), *adv.*, only *comp.*, *boldly, fearlessly, rashly:* audentius progredi, Ta.

audentia, ae, *f.* [audens], *daring, boldness:* privata cuiusque, Ta.

audeō, ausus sum (*subj. perf.* ausim), ēre [1 AV-], *to venture, dare, be bold, dare to do, risk:* tantum facinus, T.: nihil: fraudem, L.: ultima, *desperate measures*, L.: proelium, Ta.: pro vitā maiora, V.: res est audenda, L.: ausum Talia deposcunt, *him who dared so much*, O.: ausurum se in tribunis, quod, etc., *in dealing with tribunes*, L.: multo dolo audebantur, L.: audendum dextrā, *now for a daring deed*, V.: nil muttire, T.: alqd optare: loco cedere, S.: sapere aude, *have the resolution*, H.: vix ausim credere, O.: ad audendum impudentissimus: si audes, fac, etc.: nec quia audent, sed quia necesse est, pugnare, L.: Auctor ego audendi, V.: audendo potentior, Ta.: longius ausuri, Ta. — Of style: feliciter, H. — Poet.: in proelia, *to be eager for battle*, V.

audiendus, *adj.* [*P.* of audio], *to be heard, worth hearing:* si quid loquar, H.

audiēns, ntis, *adj.* [*P.* of audio].—As *subst.*, *a hearer, listener:* animis audientium: cum adsensu audientium agere, L.

audientia, ae, *f.* [audio], *a hearing, attention:* facit ipsa sibi audientiam oratio, *commands:* audientiam orationi facere.

audiō, īvī or iī, ītus, īre [2 AV-], *to hear:* quae vera audivi, taceo, T.: verbum ex te, T.: de te ex te, *your account of yourself:* ista de maioribus: ab ipso, H.: eum querentem, N.: hoc maiores natu dicere: a maioribus natu mirari solitum, etc.: Audiet civīs acuisse ferrum, H.: Bibulus nondum audiebatur esse in Syria: Cur ita crediderim audi, H.: audi Quid ferat, H.: id ex eo audivi, cum diceret, etc.: de Psaltriā hac audivit, T.: illos de quibus audivi: quin tu hoc audi, *listen*, T.: audin' (for audisne?), *do you hear?* T.—*Supin. acc.:* vocat (me) hic auditum scripta, H.—*Supin. abl.:* O rem auditu crudelem.—*P. pass.:* cui non sunt auditae Demosthenis vigiliae: non uni militi sed universis audiuntur, L.: Audita arboribus fides, H.: auditi advertitis cursum, *already known by report*, V. —*Subst.:* nihil habeo praeter auditum, *hearsay:* refert audita, *what he had heard*, O.—*To listen to, give attention to:* etsi a vobis sic audior, ut, etc.: audi, Iuppiter, et tu, Iane, L.—*To hear, be taught by, learn from:* te annum iam audientem Cratippum: audiendum sibi de ambitu, i. e. *must examine the charge:* de pace audisse, *entertained proposals*, L.: dolos, *investigate*, V. — *To listen to, lend an ear, regard, hear, grant:* di meas preces audiverunt: neque preces audiri intellegit, Cs.: si sensisset auditas preces, L.: Audiit et genitor Intonuit, V.: puellas Ter vocata audis, H.—*To hear with assent, accept, agree with, approve, yield to, grant, allow:* fabulas: tum id audirem, si, etc., *I would assent to it, if*, etc.: audio, nunc dicis aliquid, *granted:* non audio, *I do not admit it.*—*To obey, heed:* sapientiam: me, L.: te tellus audit Hiberiae, H.: neque audit currus habenas, V.— In the phrase, dicto audiens esse, *to obey:* sunt illi quidem dicto audientes: dicto audientes in tantā re: dicto audiens esse huic ordini: Tullio iubere populum dicto audientem esse, L.: dicto audiens fuit iussis, N.—*To be called, be named, reported, regarded:* si curas esse quod audis, H.: Id audire, *to bear that name*, V.: bene audire velle, *to be praised:* bene a parentibus: male audies, *you will be in bad repute*, T.: insuctus male audiendi, N.: minus commode audire, i. e. *to be injured in reputation.*

audītiō, ōnis, *f.* [audio], *a hearing, listening to:* fabellarum: hoc solum auditione expetere, *by hearsay.* — *Talk, rumor, report, news:* levis, Cs.: si accepissent famā et auditione, esse, etc.: fictae auditiones: falsae, Ta.: auditionibus permoti, Cs.

audītor, ōris, *m.* [audio], *a hearer, auditor:* attentus: scriptorum, H. —*A pupil, scholar, disciple:* Zenonis.

audītōrium, ī, *n.* [auditor], *a lecture-room*, Ta.

1. audītus, *P.* of audio.

2. audītus, ūs, *m.* [audio], *the hearing, sense of hearing:* auditu percipi, Her.: semper patet. —*A hearing, listening:* auditu compertum habere, Cu.: plurium auditu accipi, Ta.

auferō, abstulī, ablātus, auferre [ab+fero], *to take away, bear off, carry off, withdraw, remove:* istaec intro, T.: e proelio auferri: multa domum suam: liberi per delectūs auferuntur, Ta.: caput domino, V.: Ille sibi ablatus, *robbed of his own form*, O.: illi vertice crinem, *taken from her head*, V.: auferri e conspectu, *to disappear*, L. — Of waves, wind, etc., *to carry away, waft, bear, whirl:* alquem ad scopulum e tranquillo, T.: auferor in scopulos, O.: in silvam pennis ablata, V. — *To carry off, snatch away, rob, steal:* a nobis hoc, T. ab hoc abaci vasa omnia: pecuniam de aerario. —*To sweep away, destroy, kill, slay:* abstulit mors Achillem, H.: quidquid mors aufert, L.: alqd Mulciber abstulerat, *had consumed*, O. —Fig., *to carry off, gain, obtain, get, receive:* multum numquam id auferet, T.: paucos dies ab aliquo: ut in foro statuerent (statuas), abstulisti, i. e. *have prevailed.* — *To carry away, learn, understand:* hoc non ex priore actione, posse, etc.—*To get off, escape:* haud sic auferent, T.—*To take away, snatch away, remove:* hi ludi dies quindecim auferent, *take up:* imperium indignis, *from the unworthy*, L.: conspectum eius contioni, *deprives*, L.: vitam senibus: spem: fervorem, L.: metūs, V.: somnos, H.: me velut de spatio, *from my subject*, L.: fortassis et istinc abstulerit aetas, *will free me from them*, H.: pollicitationes aufer, *away with*, T.: aufer Me voltu terrere, *desist*, H.

aufugiō, fūgī, —, ere [ab + fugio], *to flee away, run away, escape:* dic mihi, aufugistin? T.: propter furtum: ex eo loco, L.: aspectum parentis, *flee from.*

augeō, auxī (auxitis for auxeritis, L.), auctus, ēre [AVG-], *to increase, augment, enlarge, spread, extend:* in augendā re, *accumulating:* industriam, T.: benevolentiam: vim morbi, L.: numerum: annos, O: copias, S.: flammam, *feed*, O.: volucrum turbam, *to be changed into birds*, O.: rem bonis rationibus: gratiā possessiones, N.: (dona) meis venatibus, i. e. *offered additional gifts*, V.: terram imbribus, *to enrich:* secando volnus, Cu.: amnis imbribus auctus, O.: aucto in barbarum cognomento, *lengthened*, Ta. — *Supin. acc.:* licentiam auctum properatis, S. —Fig., *to magnify, exalt, praise, extol:* quae vellet: munus suum: hostium vim.—*To exaggerate:* fama (proelium) multis auxerat partibus, *had exaggerated*, Cs.: multitudinem, Cu.: aucta est apud hostes fama, Ta.— *To furnish abundantly, enrich, load:* bonis auctibus (ea omnia) auxitis L. (old prayer): te scientiā: auctus praedā: senectus augeri solet consilio: augeatur isto honore is vir: damno auctus, *enriched by a loss*, T. — *To honor, advance:* te augendum putavi: honoribus auctus, H.

augēscō, —, —, ere, *inch.* [augeo], *to grow, increase:* uva calore solis augescens: mihi augescit aegritudo, T.: tantis incrementis, L.: corpora lente, T.: ceteris animi, S.

augur, uris, *m.* and *f.* [avis+GAR-], *a seer, soothsayer, diviner, augur:* inclitus, L.: Iovis, i. e. *a member of the College of Augurs:* Apollo, V.: Quod si non desipit augur (i. e. the poet), H.: Vana vox auguris, O.—*Fem.:* aquae augur Annosa cornix, H.

augurālis, e, *adj.* [augur], *of divination, soothsaying:* libri: insignia, *of an augur*, L.—As *subst.*

n., the part of the camp where the general took auguries: ante augurale, Ta.

augurātiō, ōnis [auguro], *a divining* (by augury): ex passeribus.

augurātō, see auguro.

1. augurātus, *P.* of auguro and of auguror.

2. augurātus, ūs, *m.* [auguror], *the office of augur:* insigne auguratūs: auguratu praeditus, Ta.: scientia auguratūs.—*Plur.*, Ta.

augurium, ī, *m.* [augur], *the observance of omens, interpretation of omens, divination, augury:* in arce augurium agere: capere, L.: alcui dare (of Apollo), V.—*An omen, sign, event interpreted by augury:* Remo augurium venisse fertur voltures, L.: dare, V.—*A prediction, forecast:* auguria rerum futurarum: coniugis, O.: saeclorum futurorum, *foreboding:* tu rite propinques Augurium, i. e. *the fulfilment*, V.

augurius, *adj.* [augur], *of an augur, of the profession of augur:* ius.

augurō, āvī, ātus, āre [augur], *to act as augur, take the auguries of, consult by augury:* sacerdotes salutem populi auguranto.—*Abl. absol. impers.:* augurato, *after augury*, i. e. *under the sanction of auguries*, L.—*To imagine, conjecture, forebode:* si quid veri mens augurat, V. — *To consecrate by auguries:* in augurato templo.

auguror, ātus sum, ārī, *dep.* [augur], *to act as augur, augur, predict, foretell:* alcui ex alitis involatu: ex passerum numero belli annos: Critiae mortem: pugnae fortunam cantu, Ta.: (diem) non procul auguror esse, O.—*To surmise, imagine, conjecture, suppose:* contentos auguror esse deos, O.: quantum ego opinione auguror.

augustē, *adv.* with *comp.* [augustus], *reverently:* venerari: dici augustius.

1. augustus, *adj.* with *comp.* and *sup.* [augeo], *consecrated, sacred, reverend:* Eleusis: fons.—*Venerable, majestic, magnificent, noble:* templa, L.: moenia, V.: mens, O.: formam augustiorem, L.: vir, L.: augustissima vestis, L.

2. Augustus, ī, *m.* [1 Augustus], *a cognomen given to Octavius Caesar as emperor, his majesty.* —Hence, as *adj.*, *of Augustus, of the emperor, imperial:* caput, O.: mensis, *the month of August* (Sextilis), Iu.

aula, ae (*gen.* aulāī, V.), *f.*, = αὐλή, *a court, fore-court, yard:* immanis ianitor aulae, i. e. *Cerberus*, H.: mediā in aulā, O.—For cattle, H.—*An inner court of a house, hall*, V.: lectus genialis in aulā est, H.—*A palace, residence, royal court:* illā se iactet in aulā Aeolus, *in his residence*, V.: invidendus, H.: laeta Priami, H.: discors, i. e. *the courtiers*, Ta.: puer ex aulā, *a page*, H.—P o e t., of the *cell of the queen-bee:* aulas et cerea regna refingunt, V.—*Princely power, royalty:* auctoritas aulae.

aulaeum, ī, *n.*, = αὐλαία, *embroidered stuff, tapestry.*—*A curtain, canopy:* suspensa aulaea, H.: superba, V.—*The curtain of a theatre* (lowered to show the stage, and drawn up to hide it): aulaeum tollitur: premitur, H.: mittitur, *is dropped*, Ph.—The figures seemed, as it rose, to lift it: ut Purpurea intexti tollant aulaea Britanni, V.—*A covering for beds and sofas, tapestry:* aulaeis se superbis conposuit, V.: Cenae sine aulaeis et ostro, H.: pictae aulaea togae, *the vast folds*, Iu.

aulicus, ī, *m.* [aula], *a courtier.*—*Plur.*, N.

auloedus, ī, *m.*, *one who sings to the flute.*

aura, ae (āī, V.), *f.*, = αὔρα, *the air* (in motion), *a breeze, breath of air, wind, blast:* me . . . omnes terrent aurae, V.: ventosi murmuris aurae, V.: rapida, O.: flammas exsuscitat aura, *the breath*, O. —F i g., *a breath of air, wind:* rumoris: famae, V.: spei, L.: voluntatis defensionisque, *influence:* fallax, i. e. *the fickle wind of favor*, H.: popularis, *popular favor*, C., L., H.: aura favoris popularis, L.: gaudens popularibus auris, V.: aurā, non consilio ferri, *the favor of the mob*, L.: divinae particula aurae, i. e. *the soul*, H.—*The air, atmosphere, vital air* (poet.): auras Vitales carpis, V.: vesci aurā Aetheriā, *to live*, V.: captare naribus auras, *to snuff the air*, V.: libertatis auram captare, *a hope*, L.—*Height, heaven, the upper air:* adsurgere in auras, V.: telum contorsit in auras, *upwards*, V.: stat ferrea turris ad auras (poet. for ad alta), *rises*, V. — *The upper world:* Eurydice superas veniebat ad auras, V.: pondus ad auras Expulit, i. e. *was delivered of*, O.—*Daylight, publicity:* omnia ferre sub auras, *to make known*, V.: fugere auras, *to hide*, V.—*An odor, exhalation:* illi Dulcis compositis spiravit crinibus aura, V.: unde auri aura refulsit, *splendor*, V.

aurāria, ae, *f.* [aurum], *a gold-mine*, Ta.

aurātus, *adj.* [aurum], *adorned with gold, covered with gold, gilded, golden:* tecta: tempora, *with a helmet of gold*, V.: vestes, O.: milites, *with shields of gold*, L.: monilia, O.: pellis, Ct.

aureolus, *adj. dim.* [aureus], *golden:* mālum, Ct.—*Refulgent, splendid:* libellus: pedes, Ct.

aureus (poet. aureā, aureō, aureīs, disyl.), *adj.* [aurum], *of gold, golden:* imber, T.: corona (a military distinction), L.: vis, *of turning into gold*, O.: nummus, *a gold coin, piece* (worth $5.10 or £1 1s.). — As *subst. m.* (sc. nummus), L., Cu.— *Golden, ornamented with gold, gilded:* sella: cingula, V.: cuspis, O.: Pactolus, *with golden sand*, V. — F i g., *glittering like gold, golden:* color, O.: Venus, *with golden hair*, V.: luna, O.: caesaries, V. —*Beautiful, golden, magnificent, excellent:* aether. O.: mores, H.: mediocritas, *the golden mean*, H.:

genus: aetas, *the golden age*, O.: tempus, H.: saecula, V.

auricomus, *adj.* [aurum + coma], *golden-haired:* fetus (arboris), *with golden foliage*, V.

auricula, ae, *f. dim.* [auris], *the external ear, ear:* mordicus auferre: Oppono auriculam, H.: auriculā infimā mollior, *the ear-lap:* Praeceptum auriculis instillare, H.: molles Auriculae, *sensitive ears*, H.

aurifer, era, erum, *adj.* [aurum+1 FER-], *gold-bearing:* arbor, i. e. *bearing golden apples:* amnis, Ct.: Tagus, O.

aurifex, icis, *m.* [aurum+FAC-], *a goldsmith.*

aurīga, ae, *m.* and *f.*, *a charioteer, driver*, V.: aurigae ex proelio excedunt, Cs.—*Fem.:* aurigam sororem, V.—*An ostler, groom*, V.—*The Wagoner* (a constellation), C.—*A pilot*, O.

aurigena, ae, *m.* [aurum+GEN-], *sprung from gold* (of Perseus), O.

auriger, era, erum, *adj.* [aurum+GES-], *gold-bearing:* tauri, *with gilded horns*, C. poët.

auris, is, *f.* [2 AV-], *the ear* (as the organ of hearing): aurīs adhibere, *to be attentive:* admovere aurem, *to listen*, T.: tibi plurīs admovere aurīs, *bring more hearers*, H.: erigere: applicare, H.: praebere aurem, *to give attention, listen*, O.: auribus accipere, *to hear:* bibere aure, H.: alqd aure susurrat, i. e. *in the ear*, O.: in aurem Dicere puero, i. e. *aside*, H.: ad aurem admonere: in aure dictare, Iu.: Cynthius aurem Vellit (as an admonition), V.: auribus Vari serviunt, *flatter*, Cs.: in aurem utramvis dormire, *to sleep soundly*, i. e. *be unconcerned*, T.—*Plur.*, *the ear, critical judgment, taste:* offendere aures: elegantes: alcius implere, *to satisfy:* in Maeci descendat aures, H.—*The ear of a plough, earth-board*, V.

aurītulus, ī, *m. dim.* [auritus], *an ass*, Ph.

aurītus, *adj.* [auris], *with ears, having large ears, long-eared:* lepores, V.—*Listening:* quercus, H.

aurōra, ae, *f.* [AVS-], *the morning, dawn, daybreak:* rubescebat stellis Aurora fugatis, V.: ad primam auroram, L.—M e t o n., *the goddess of morning* (Gr. Ἠώς), V., O.—*The East, Orient:* Aurorae populi, V.: Eurus ad Auroram recessit, O.

aurum, ī, *n.* [AVS-], *gold:* auri pondus: auri venae: carior auro, *more precious than*, Ct.—P r o v.: montīs auri polliceri, T.—*The color of gold, golden lustre, brightness:* spicae nitidum, O.: anguis cristis praesignis et auro, O.—*The Golden Age:* redeant in aurum tempora priscum, H.: argentea proles, Auro deterior, O.—*An ornament, implement*, or *vessel of gold:* plenum, *a golden goblet*, V.: ancillae oneratae auro, *golden jewellery*, T.: fatale, *necklace*, O.: aestivum, *a light ring for summer*, Iu.: fulvum mandunt sub dentibus aurum, *a golden bit*, V.: auro potiri, *the golden fleece*, O.—*Coined gold, money:* auri indigere: Auri sacra fames, V.: otium non venale auro, H.—*A gilded yoke*, V.

auscultātor, ōris, *m.* [ausculto], *a hearer.*

auscultō, āvī, ātus, āre [* auscula for auricula], *to hear with attention, listen to, give ear to:* ausculta paucis, T.: populum, Ct.: Iamdudum ausculto, *have listened long*, H.: quod super est audaciae, T.—*To heed, obey:* seni, T.: mihi ausculta.

ausim, see audeo.

auspex, icis, *m.* and *f.* [avis+SPEC-], *an interpreter of omens given by birds, diviner, augur, soothsayer:* Providus, H.—*An author, founder, director, protector, favorer:* auspices legis: divis Auspicibus coeptorum operum, V.: auspice Musā, H.: Nil desperandum auspice Teucro, H.—*Plur.*, at a marriage, *the responsible witnesses, persons who gave away the bride:* nuptiarum auspices: nubit nullis auspicibus.

auspicātō, *adv.* [auspicatus], *after taking the auspices:* urbem condere: instruere aciem, L.—*In good time, auspiciously:* huc me attuli, T.

auspicātus, *adj.* with *comp.* and *sup.* [*P.* of auspicor], *inaugurated, consecrated by auspices:* locus: impetūs Nostros, H.: comitia, L.—*Fortunate, favorable, auspicious:* Venus auspicatior: auspicatissimum initium, Ta.

auspicium, ī, *n.* [auspex], *divination by the flight of birds, augury from birds, auspices:* comitia auspiciis impedire: auspicia habere, *authority to take the auspices*, L.: observare, L.—*A sign, omen, divine premonition, indication by augury:* optimis auspiciis ea geri: alitem auspicium fecisse, L.: melioribus auspiciis, *under better omens*, V.: cui (diviti) si libido Fecerit auspicium, i. e. *an impulse*, H.—Since only the chief in command could take the auspices for the army, *command, guidance, authority:* ductu auspicioque eius res gerere, L.: tuis Auspiciis confecta duella, H.: Illius auspiciis moenia victa, O.: maioribus ire auspiciis, i. e. *of Jupiter himself*, V.—*Right, power, inclination, will:* meis ducere vitam Auspiciis, V.: populum paribus regamus Auspiciis, V.

auspicor, ātus, ārī, *dep.* [auspex], *to take the auspices:* tripudio: auspicari posse, L.: auspicandi gratiā, Ta.; see also auspicato.

auster, trī, *m.* [AVS-], *the south wind:* portus ab austro tutus, Cs.: vehemens: turbidus, H.: pluvius, O.: frigidus, V.: floribus austrum inmisi, *have exposed to the parching blast*, V.—*The south country, the south:* in aquilonis austrive partibus: mundus Libyae devexus in austros, *south of Libya*, V.

austērē, *adv.* [austerus], *severely, morosely:* agit mecum Cato.

austērus, *adj.* with *comp.*, = αὐστηρός, *severe, rigid, morose:* austero more ac modo: austerior et gravior.—Of style: suavitas, *serious:* poemata, H.—*Burdensome:* labor, H.

austrālis, e, *adj.* [auster], *southern:* regio: cingulus, *the torrid zone:* ora: polus, O.

austrīnus, *adj.* [auster], *southern:* calores, V.

ausum, ī, *n.* [audeo], *a bold deed, reckless act:* fortia ausa, V.: auso potiri, *to succeed in boldness,* V.: ausi paenitet, O.

ausus, *P.* of audeo.

aut, *conj.*, introducing an antithesis to what precedes, *or:* omnia bene sunt dicenda . . . aut eloquentiae nomen relinquendum est: quibusnam manibus aut quibus viribus, Cs.: cita mors venit aut victoria laeta, H.: ruminat herbas aut sequitur, V.—So introducing successive alternatives: quo iure aut quo more aut quā lege, *or . . . or:* Hispanorum aut Gallorum aut Threcum mille.—Introducing two alternatives, aut . . . aut, *either . . . or:* ubi enim potest illa aetas aut calescere, aut refrigerari?: per unam aut vivam aut moriar sententiam, T.: aut morte aut victoriā: ne immanitas aut extitisse aut non vindicata esse videatur: neque enim sunt aut obscura aut non multa post commissa: nihil est tam aut fragile aut flexibile, quam, etc.—Introducing three or more clauses: aut equos Alere aut canes ad venandum, aut ad philosophos, T.—With two pairs of disjunctive clauses: ne aut de Laelii aut de huius generi aut arte aut gloriā detraham.—Praegn., adding an emphatic alternative, *or surely, or at least:* quaero, num iniuste aut improbe fecerit, *or at least unfairly:* profecto cuncti aut magna pars fidem mutavissent, S.: quid ergo aut hunc prohibet, aut etiam Xenocratem, etc.: aut libertatem aut certe inpunitatem adeptus, L.—Emphatic, *or else, otherwise, in the contrary case:* Redduc uxorem, aut quam ob rem non opus sit cedo, T.: nunc manet insontem gravis exitus: aut ego veri Vana feror, V.—Correcting what precedes, *or, or rather, or more accurately:* de hominum genere, aut omnino de animalium loquor.—Beginning a sentence: Aut, ita qui sentiet, non apertissime insaniat? *or is not rather,* etc.—With *potius:* erravit, aut potius insanavit Apronius?—Neque . . . aut (for neque . . . neque): nec coniugis umquam Praetendi taedas aut haec in foedera veni, V.: nec litore tenus adcrescere aut resorberi, Ta.; cf. non eo dico, quo mihi veniat in dubium tua fides, aut quo, etc.

autem, *conj.*, an adversative particle which regularly follows an emphatic word, or two or more closely connected words, *but, on the other hand, on the contrary, however:* hostium vim sese perversurum putavit, pervertit autem suam: cum hic Roscius esset Ameriae, T. autem iste Roscius Romae: moleste enim tulerat . . . ego autem non moleste fero.—In contrasted conditions, *si . . . si autem; si* or *nisi . . . sin autem:* si non venit, quid attinet? si autem venit, quid attinuit?—In a condition in contrast with a preceding negative or question: nobiscum nec animo certe est nec corpore. si autem domi est.—Ellipt.: *Thr.* Ego non tangam meam? *Ch.* Tuam autem, furcifer? *Yours, say you?* T.: perii, quid hoc autemst mali? T.—In exclamations: ecce autem alterum, T.: eccui autem non proditur revertenti?—In a correction or explanation: num quis testis Posthumium appellavit? Testis autem? non accusator?: In Africam transcendes. Transcendes autem dico, L.: ab hostibus captae. quibus autem hostibus? nempe iis, etc.—In a transition, *but, and now:* atque haec in moribus. de benevolentiā autem, quam, etc.: de inferendā quidem iniuriā satis dictum est. praetermittendae autem, etc.—Introducing a parenthesis: quod vitium effugere qui volet (omnes autem velle debent) adhibebit, etc.—Resuming a thought: honestum autem id, quod exquirimus.—Adding a new circumstance or a climax: tulit hoc graviter filius; augebatur autem eius molestia, etc.: magnus dicendi labor, magna res, magna dignitas, summa autem gratia.—In a syllogism, to introduce the minor proposition, *now, but,* C.

authepsa, ae, *f.*, = αὐθέψης, *an urn, boiler.*

autor, autoritās, see aucto-.

autumnālis (not auct-), e, *adj.* [autumnus], *of autumn, autumnal:* aequinoctium, L.: pruna, Pr.

1. autumnus (not auct-), ī, *m.* [AV-], *autumn:* gravis, Cs.: pomifer, H.: letifer, *sickly,* Iu.: per autumnos, H.: inaequales, *changeable,* O.

2. autumnus, *adj.*, *autumnal, of the autumn:* frigus, O.

autumō, āvī, —, āre [aio], *to say aye, assert, aver, affirm, say:* facturum autumat, T.: insanum (eum), H.

auxiliāris, e, *adj.* [auxilium], *aiding, helping, assistant, auxiliary:* undae, O.: dea, i. e. Lucina, O.: carmen, *in aid of Jason,* O.: aera, *sounded to drive away an eclipse,* O.—Of troops, *auxiliary:* cohortes, Cs.—As *subst. sing.* and *plur.*, *an auxiliary soldier,* Ta.; *auxiliary troops,* Cs.—Hence, stipendia, *the pay of auxiliaries,* Ta.

auxiliārius, *adj.* [auxilium], *assistant, auxiliary:* cohors: equites, S.

auxiliātor, ōris, *m.* [auxilior], *a helper:* haud inglorius, Ta.

auxilior, ātus, ārī, *dep.* [auxilium], *to give help, aid, assist, succor:* facultas auxiliandi, Cs.: alcui nil, T.: mihi, S.: (podagram) aquis, *to cure,* O.

auxilium, ī, *n.* [AVG-], *help, aid, assistance, support, succor:* ad auxilium copia, T.: plurimis esse auxilio, N.: suis auxilium ferre, Cs.: auxilium sibi adiungere: ab alquo expetere: laborum, *means of avoiding*, V.: auxilia portare, S.: magna duo auxilia, *sources of aid*, L.: Mittat ut auxilium sine se, O.—*Plur.*, *auxiliary troops*, *auxiliaries:* barbara, Cs.: adventicia: Pompeio mittere: cogere, V.: auxiliis in mediam aciem coniectis, Cs.—*Military force*, *troops:* infirma, Cs.

avārē, *adv.* with *comp.* [avarus], *greedily*, *covetously*, *stingily:* pretium statuere arti, T.: nihil faciendum: imperitare victis, L.: avarius bellare, L.

avāritia, ae, *f.* [avarus], *inordinate desire*, *greed*, *avarice*, *covetousness:* gloriae, Cu.: hians et imminens, *gaping and eager:* ardens: classem avaritiā perdere: animus aeger avaritiā, S.: profunda, S.—*Plur.:* omnes, *every kind of selfishness.*

avārus, *adj.* with *comp.* and *sup.* [1 AV-], *eagerly desirous*, *grasping:* mare, H.: venter, *ravenous*, H.: laudis, H.: pecuniae, Ta.: avarae Spes, *too ambitious*, H.: praeter laudem nullius, *eager only for glory*, H.: Agricola, *zealous*, V.—*Avaricious*, *covetous*, *penurious:* meretrix, T.: homo minime: quantum discordet parcus avaro, H.: in rapacitate avidior?: homo avarissime: litus, V.: Troia, O.—As *subst.*, *a miser*, *covetous men:* Semper avarus eget, H.

āvehō, vēxī, vēctus, ere [ab+veho], *to carry off*, *take away:* quos turbo alias avexerat oras, V.: dona domos, L.: equites Aegyptum, L.: citato equo ex proelio avectus, L.: Creditis avectos hostes? *have sailed away*, V.: avectus ab suis, *rode away*, L.

āvellō (vellī), volsus or vulsus, ere [ab+vello], *to tear away*, *rend off*, *pluck*, *snatch away:* poma ex arboribus vi: alqd a corpore: frondes, O.: leporum avulsos armos edere, H.: avolsum umeris caput, V.: truncis corpora, O.: tibi mavis pretium avellier? H.: sibi avelli iubet spiculum.—*To tear away*, *remove by force:* ab eā sese, T.: de matris hunc complexu: ut sperem posse avelli, *be separated*, T.: neque avelli possunt, *leave the place*, V.: complexu avulsus Iuli, V.—*To pluck away*, *rescue:* hunc convitio a tanto errore.

avēna, ae, *f.*, *oats*, V.: steriles avenae, *wild oats*, V.: si avenam videris, i. e. *weeds.*—*An oat-straw*, *straw* (in a shepherd's pipe): structis cantat avenis, O.—Hence, *an oaten pipe*, *pastoral pipe:* tenui Musam meditaris avenā, V.

1. aveō (**hāv-**), —, —, ēre [AV-], *to wish for*, *long after*, *desire earnestly*, *crave:* avens Ponere signa praeceptis, H.: propius accedere, O.: scire quid agas.—Of things: avet (ara) Spargier agno, H.: parto quod avebas, H.

2. (**aveō**), see (haveō).

Avernālis, e, *adj.* [Avernus], *of Lake Avernus:* aquae, H.: nymphae, O.: Sibylla, Pr.

Avernus, *adj.*, = ἄορνος (prop., *birdless*, because its exhalations destroyed life).—Hence (with or without lacus): Avernus, *a lake near Cumae*, *the fabled entrance to the lower world*, C., V., L.—*Of Lake Avernus:* freta, portus, V.—*Of the lower world*, *infernal:* stagna, V.: Iuno, i. e. *Proserpina*, O.—*Plur. n.*, *the region about Avernus*, V., O.—*The lower world*, V.

āverrō, —, —, ere [ab+verro], *to sweep away:* carā piscīs mensā, i. e. *to clear the* (*fishmonger's*) *table at a high price*, H.

ā-verruncō, —, —, āre, in religion, *to avert:* dii averruncent: averruncandae deum irae victimas caedere, *for averting*, L.: prodigia, L.

1. āversor, ātus, ārī, *dep. intens.* [averto], *to turn from*, *turn away*, *shrink from:* aversari advocati et iam vix ferre posse: haerere homo, aversari.—*To repulse*, *scorn*, *decline*, *shun*, *avoid:* filium, L.: aspectum alcius, Ta.: scelus, Cu.: preces, L.: honorem, O.

2. āversor, ōris, *m.* [averto], *a thief*, *embezzler:* pecuniae.

āversus, *adj.* with *sup.* [*P.* of averto], *turned away*, *turned back*, *on the back side*, *behind*, *backwards:* et adversus et aversus impudicus es: aversum hostem videre, *the backs of the enemy*, Cs.: ne aversi ab hoste circumvenirentur, *shut off in the rear*, Cs.: quem aversum transfixit, *in the back*, N.: aversos boves caudis in speluncam traxit, L.: porta, *in the rear*, L.: porta aversissima, *farthest back*, L.—*Plur. n.* as *subst.*, *the hinder part*, *back:* per aversa urbis fuga, L.: insulae, L.—Fig., *withdrawn:* milites a proelio, Cs.—*Disinclined*, *alienated*, *unfavorable*, *opposed*, *averse*, *hostile:* a Musis: aversissimo a me animo esse: a proposito, L.: aversis auribus questa, *to deaf ears*, L.: Deae meus, V.: amici, H.—With *dat.:* nobis, Ta.: mercaturis, H.: lucro, *not greedy of*, H.

ā-vertō (**avor-**), tī, sus, ere, *to turn away*, *avert*, *turn off*, *remove:* flumina: se: a Dolabellā pecuniam: iter ab Arari, *turned aside*, Cs.: a ceteris in se oculos, *attracted*, L.: eo itinere se, Cs.: Capuā Hannibalem, L.: Italiā regem, V.: in fugam classem, L.: ab hominibus ad deos preces, L.: regnum Libycas oras, V.—*Pass.:* aversa est Nata Iovis, *turned away*, O.: a iudicibus oratio avertitur.—Poet., with *acc.*, *to turn from*, *shun:* fontes avertitur (equus), V.—*To turn away*, *retire*, *withdraw:* avertens roseā cervice refulsit (sc. se), V.: prora avertit, V.—*To carry off*, *purloin*, *steal*, *embezzle:* pecuniam: a stabulis tauros, V.: praedam domum, Cs.: pellem Colchis, Ct.—Fig., *to turn*, *divert*, *withdraw*, *keep off:* a me animum: ut nec vobis . . . averteretur a certamine animus, L.: Hannibalem ab incepto, L.: Sabinos (sc. a pugnā), L.: sanos sensūs, *to charm*, *inflame*, V.—*To avert*, *ward off, turn away:* morbos, H.: hoc omen: Antoni conatūs a re p.: periculum victimā, Ph.—*To alienate, estrange:* animos, S.: legiones a C. Antoni scelere: civitates ab eius amicitiā, Cs.

avēto (hav-), *interj.*, see (haveo).

avia, ae, *f.* [avus], *a grandmother:* anus, Cu.

aviārium, ī, *n.* [avis], *a poultry-yard*, C.—*Plur.:* inculta, *the wild haunts of birds*, V.

avidē, *adv.* with *comp.* and *sup.* [avidus], *eagerly, greedily:* adripere litteras: pransus, H.: avidius se in voluptates mergere, L.: avidissime exspectare alqd.

aviditās, ātis, *f.* [avidus], *eagerness for, avidity, longing, vehement desire:* animi, Cu.: cibi: sermonis: legendi.—*Greed of gain, covetousness, avarice:* ingeni: inflammati aviditate.

avidus, *adj.* with *comp.* and *sup.* [1 AV-], *longing eagerly, desirous, eager, greedy:* libidines: porca: amplexus, O.: cursūs, V.: cibi, T.: laudis: potentiae, S.: novarum rerum, L.: ad pugnam, L.: futuri, H.: avidi, *wine-bibbers*, H.: avidior gloriae: avidissima caedis, O.: avidi committere pugnam, O.: in pecuniis: in direptiones manus, L.: Volcanus, *fiery*, H.: legiones, *eager for battle*, Ta.—Esp., *greedy of gain, avaricious, covetous:* pater, T.: animus: manūs heredis, H.: ad rem avidior, T.: gens avidissima, Cu.—*Voracious, ravenous, gluttonous:* avidos funus Exanimat, H.: canes, O.: convivae, H.: mare, *insatiable*, H.: ignis, O.

avis, is (*abl.* avī or ave), *f.* [3 AV-], *a bird:* cantūs avium: Velatur avibus, i. e. *clothed with feathers*, O.—*Collect.:* candida venit avis, *the birds*, V.—Meton., since omens were taken from birds, *a sign, omen, portent:* malā ducis avi, H.: Ite bonis avibus, O.: secundis avibus, L.

avītus, *adj.* [avus], *of a grandfather, ancestral:* possessiones: nomen, O.: solium, V.: malum, *hereditary*, L.: nobilitas, Ta.

āvius, *adj.* [ab+via], *out of the way, remote, trackless, untrodden:* virgulta, V.: montes, H.: itinera, *by-ways*, S.—*Plur. n.* as *subst.*, *unfrequented places, solitudes:* avia cursu Dum sequor, V.: per avia, O.: nemorum, *trackless woods*, O.—*Without a way, impassable:* avia commeatibus loca, L.—Poet., of persons: in montes sese avius abdidit, *by a pathless route*, V.: volat avia longe, *far out of the way*, V.

āvocātiō, ōnis, *f.* [avoco], *a diversion, distraction:* a cogitandā molestiā.

ā-vocō, āvī, ātus, āre, *to call off, call away:* populum ab armis, L.: partem exercitūs ad bellum, L.: pubem in arcem obtinendam, L.—Fig., *to call off, withdraw, remove:* a rebus occultis philosophiam: ad Antiochum animos, L.—*To call off, divert, turn:* aliquem ab aliquā re voluptas avocat: Pompeium a Caesaris coniunctione: quos aetas a proeliis avocabat: avocari ab spe, L.

a-volō, āvī, ātūrus, āre, *to fly away:* sublime: per umbras, Ct.—*To flee, hasten away:* nescio quo: hinc: citatis equis Romam, L.: iuvenis avolat ipse, V.—Fig., *to flee away, vanish:* voluptas avolat: me hinc avolaturum, *quit this world entirely.*

avunculus, ī, *m. dim.* [avus], *a maternal uncle, mother's brother:* tuus: eius, L.: magnus, *a great-uncle.*

avus, ī, *m.* [1 AV-], *a grandfather:* huius: maternus, L.—Of bees, *a grandsire*, V.—*An ancestor, forefather:* paternus, H.: avi atavique, V.

axis, is, *m.* [1 AG-], *an axle, axle-tree:* faginus, V.: ab axibus rotarum, L.—*A chariot, car, wagon:* tonans, V.—*Plur.*, *a wagon*, O.—*The axis* (of the world): caeli.—*The pole*, C., V.—*The heaven:* stellis aptus, V.: longus, O.: sub axe, *under the open sky*, V.—*A region, clime:* hesperius, *the west*, O.—*A board, plank:* trabes axibus religare, Cs.

B.

Babylō, ōnis, *m.*, *a Babylonian*, i. e. *Nabob*, T.

bāca (not bacca), ae, *f.*, *a small round fruit, berry:* bicolores, O.: lauri, V.: ebuli, V.: oleae, *an olive:* olivae, H.: bicolor Minervae, *the olive*, O.: bacae amarae, i. e. *of the wild olive-tree*, O.: silvestres, V.—*A fruit of a tree:* (arborum): rami bacarum ubertate incurvescere.—*A pearl:* Onusta bacis, H.: aceto Diluit bacam, H.

bācātus, *adj.* [baca], *set with pearls*, V.

baccaris (bacch-), aris, *f.*, = βάκκαρις, *a plant whose root yielded a fragrant oil*, V.

Baccha, ae, *f.*, = Βάκχη, *a Bacchante.*

bacchābundus, *adj.* [bacchor], *raving, riotous:* agmen, Cu.

Bacchānal, ālis, *n.* [Bacchus], *a place dedicated to Bacchus*, L.—*Plur.*, *the feast of Bacchus, revelries of Bacchus*, L., C.: vivere, *to live riotously*, Iu.

bacchāntēs, um, *f.* [*P.* of bacchor], *bacchantes, priestesses of Bacchus:* Bacchantum ritu, O.

bacchātiō, ōnis, *f.* [bacchor], *plur.*, *orgies, revelries:* nocturnae.

Bacchēus (-chēius), or **Bacchicus**, or **Bacchius**, *adj.*, = Βάκχειος, or Βακχικός, or Βάκχιος, *Bacchic, of Bacchus:* sacra, O.: ululatus, O.: serta, O.: Baccheïa dona, i. e. *wine*, V.

bacchor, ātus, ārī, *dep.* [Bacchus], *to celebrate the festival of Bacchus, rave like Bacchae, revel:* quanta in voluptate, *exult:* in vestrā caede: non sanius Edonis, H.: per urbem, *roams in frenzy*, V.: Fama per urbem, *runs wild*, V.—With *acc.*: Grande carmen, Iu.; cf. Euhoe bacchantes, *raising the cry of Bacchus*, Ct.—Poet.: virginibus bacchata (iuga), i. e. *frequented by the revels*, V.: Bacchatam iugis Naxon legimus, i. e. *with vine-clad hills*, V.: bacchante vento, *holding revelry*, H.—Of extravagance in language: furere et bacchari.

Bacchus, ī, *m.*, = Βάκχος, *the son of Jupiter and Semele, the god of wine, of intoxication and inspiration.*—Hence, *the cry* or *invocation to Bacchus* (Io Bacche!): audito Baccho, V.—*The vine:* Bacchus amat colles, V.: fertilis, H.—*Wine:* multo hilarans convivia Baccho, V.: verecundus, *in moderation*, H.: pocula Bacchi, V.

bācifer, fera, ferum, *adj.* [baca+1 FER-], *bearing olives:* Pallas, O.

bacillum, ī, *n. dim.* [baculus], *a wand*, C.: dextram subiens, Iu.—Esp., *a lictor's rod*, C.

Bactrius, *adj.*, *of Bactria* (in Asia), O.

baculum (or poet. **baculus**, *m.*, O.), ī, *n.* [BA-], *a stick, staff, walking-stick:* baculo sustinet artūs, O.: baculo oculos alcui tundere: baculo innixus, O.: baculum quem lituum appellarunt, L.—*A sceptre:* aureum, Cu.

Bāiae (disyl.), ārum, *f.*, *a watering-place in Campania:* Baias iactare, i. e. *luxurious holidays.*

baiulō, —, —, āre [baiulus], *to carry* (of a heavy burden): sarcinas, Ph.

bāiulus, ī, *m.*, *a porter, carrier.*

bālaena (ball-), ae, *f.*, = φάλαινα, *a whale*, O.

bālāns, ntis, *m.* and *f.* [*P.* of balo], *a bleater, sheep* (only *plur.*; poet. for oves), V.

balanus, ī, *f.*, = βάλανος (prop. an acorn; hence), *a fragrant nut, ben-nut*, H.

balatrō, ōnis, *m.*, *a babbler, jester, buffoon*, H.

bālātus, ūs, *m.* [balo], *a bleating:* Balatum exercere, V.: tener, O.: aegri, O.

balbus, *adj.* [BAL-, BAR-], *stammering, stuttering:* Demosthenes: os, H.: verba, Tb.

balbūtiō, —, —, īre [balbus], *to stammer, stutter, speak childishly:* perpauca: de naturā: illum Balbutit Scaurum (i. e. balbutiens appellat), H.

balineum or **balneum**, ī, *n.*, or **balneae**, ārum, *f.*, = βαλινεῖον, *a bath, bathing-place:* balineaque enervaverunt corpora, L.: balineum calfieri iubere: e balneo exire: in balneas venire, Her.: balnea vitat, H.

bālista, see ball-. **ballaena**, see bala-.

ballista or **bālista**, ae, *f.*, *an engine for hurling:* balistae emissiones lapidum habent: asseres ballistis missi, Cs.: porta ballistis instructa, L.

balnea, balneae, see balneum.

balneārius, *adj.* [balneum], *of baths, at baths:* fur, Ct.—*Plur. n.* as *subst.*, *a bath, bath-room.*

balneātor, ōris, *m.* [balneum], *a bath-keeper.*

balneolum, ī, *n. dim.* [balneum], *a small bath*, Iu.

balneum, see balineum.

bālō, āvī, —, āre [BAL-, BAR-], *to bleat*, O.: balantes hostiae, i. e. oves, Enn. ap. C.: pecus balans, Iu.

balsamum, ī, *n.*, = βάλσαμον, *the balsam-tree:* balsami umor, Ta.—*Plur.*, *a fragrant gum, balsam*, V., Ta.

balteus, ī, *m. plur.* poet. **baltea**, ōrum, *n.* [cf. Engl. belt], *a girdle, belt, sword-belt, shoulder-band, baldric:* auro caelatus, O.: (pharetram) circumplectitur auro Balteus, *a quiver-belt*, V.: verutum in balteo defigitur, Cs.: quotiens rumoribus ulciscuntur Baltea, i. e. *avenge strappings by slanders*, Iu.

barathrum, ī, *n.*, = βάραθρον, *an abyss, chasm, gulf, pit:* inmane, V.: imus barathri gurges, V.: barathro donare alqd, i. e. *throw away*, H.—Of a greedy man: barathrum macelli, *an abyss of the butcher's stall*, H.

barba, ae, *f.* [Engl. beard], *the beard:* promissa, *long*, L.: inpexae barbae, V.: prima, Iu.: barbam tondere: ponere, H.: metire, Iu.: recidere, O.: submittere, Ta.: barbam vellere alicui, *to pluck one by the beard*, H.: sapientem pascere barbam, i. e. *to study the Stoic philosophy*, H.: barbā maiore: maximā barbā: incipiens, O.: dignus barbā Maiorum, i. e. *like an old Roman*, Iu.—Rarely of animals: luporum, H.

barbarē, *adv.* [barbarus], *rudely, incorrectly:* loqui.—*Roughly, cruelly:* Laedens oscula, H.

barbaria, ae (*nom.* also **-iēs**, *acc.* iem), *f.* [barbarus], *a strange land, foreign country* (opp. Greece and Italy): barbariae bellum inferre: Quid tibi barbariem . . . numerem? O.: Graecia barbariae conlisa, i. e. *Phrygia*, H.: quae barbaria Indiā vastior.—*Rudeness, savageness, barbarism:* ista quanta barbaria est, *savage state of society:* inveterata: domestica, *corrupting influence.*—*An uncivilized people:* quale bellum nulla barbaria gessit.

barbaricus, *adj.*, *foreign, strange:* supellex, L.: astante ope barbaricā, *Eastern*, Enn. ap. C.: ope barbaricā Victor, *with Eastern hordes*, V.

barbariēs, see barbaria.

barbarismus, ī, *m.*, = βαρβαρισμός, *an impropriety of speech, barbarism*, Her.

barbarus, *adj.* with (poet.) *comp.*, = βάρβαρος, *of strange speech, speaking jargon, unintelligible:* lingua, S.: sum, quia non intellegor ulli, O.—*Foreign, strange, barbarous, uncivilized, not Greek* *nor Roman:* mixta Graiis turba, O.: reges, H.: gentes, *the Germans.*—As *subst.:* multa milia barbarorum, L.: apud barbaros in honore: barbarorum soli Germani, etc., Ta.: quae tibi virginum barbara serviet? H.—Of things: carmen, *Phrygian* (opp. Dorium), H.: Prora, O.: tegmina crurum, V.—*Like a foreigner, rude, uncultivated, ignorant, uncivilized:* homines: superstitio.—*Savage, cruel, barbarous, fierce:* in edictis: pirata: consuetudo: mos, H.: sacra suo barbariora loco, O. —As *subst.:* exsultat barbarus, *the barbarian,* O.

barbātulus, *adj. dim.* [barbatus], *with a small beard:* mulli: iuvenes, i. e. *foppish.*

barbātus, *adj.* [barba], *having a beard, bearded:* Iuppiter: hirculus, Ct.: equitare Si quem delectet barbatum, *a grown man,* H.: nondum, i. e. *while a boy,* Iu.: bene unus ex barbatis illis, i. e. *the old Romans* (who wore full beards).—Of animals or fishes: mulli: hirculus, Ct. — As *subst., a goat,* Ph. —Since the Stoics wore long beards: magister, *teacher of philosophy,* Iu.

barbitos, ī, *m., a lyre, lute:* dic Latinum, Barbite, Carmen, H.

barbula, ae, *f. dim.* [barba], *a little beard.*

bardītus or **barītus (barr-),** ī, *m., the war-song of the Germans,* Ta.

bardus, *adj.,* = βραδύς, *stupid, dull.*

bāris, idos, *f.,* = βᾶρις, *a small row-boat,* Pr.

barītus, see barditus.

bārō, ōnis, *m., a simpleton, blockhead.*

barrus, ī, *m.* [Indian], *an elephant,* H.

bascauda, ae, *f.* [cf. Engl. basket], *a woven mat, dish holder of basket-work,* Iu.

bāsiātiō, ōnis, *f.* [basio], *a kissing, kiss,* Ct.

basilica, ae, *f.,* = βασιλική (sc. στοά), *a portico, basilica;* in Rome, *a public building used for a merchants' exchange and for the courts, basilica:* basilicas spoliis ornare: neque enim tum basilicae erant (B.C. 212), L.

bāsiō, āvī, ātus, āre [basium], *to kiss:* oculos, Ct.: alqm multa basia, Ct.

basis, is, *f.,* = βάσις, *a foundation, base, support, pedestal:* villae: (statuā) abiectā basim manere: Scipionis, i. e. *of his statue.* — *A base:* trianguli.

bāsium, ī, *n., a kiss:* da mi basia mille, Ct.: basia iactare, *to throw kisses of the hand,* Ph., Iu.

batillum (vatillum), ī, *m. dim., a fire-pan, chafing-dish:* prunae, H.

battuō (batu-), —, —, ere, *to beat* (vulgar).

beātē, *adv.* [beatus], *happily:* vivere: est mihi bene ac beate, quod, etc., Ct.

beātitās, ātis, or **beātitūdō,** inis, *f.* [beatus], *felicity* (each word coined by C. and used but once).

beātum, ī, *n.* [beatus], *happiness, felicity.*

beātus, *adj.* with *comp.* and *sup.* [*P.* of beo], *happy, prosperous, blessed, fortunate:* beatus, ni unum hoc desit, T.: Beatus ille, qui, etc., H.: nihil est ab omni Parte beatum, H.: beatissima vita: res p., L.: quo beatus volnere, H.: dici beatus, O.: quicquid scripsere beati, *exulting,* H.: Divitiis, H.—As *subst.:* quod est optabile omnibus bonis et beatis: beatius arbitrantur, *think it a happier lot,* Ta.—*Opulent, wealthy, rich:* mulier: Phyllidis parentes, H.: Persarum rege beatior, H.: homines non beatissimi, *far from rich,* N.—Fig., of things, *rich, abundant, excellent, splendid, magnificent:* gazae, H.: arces, H.: sedes, *of happiness,* V.: beatissimum saeculum, *most prosperous,* Ta.

bellāns, ntis, *m.,* see bello.

bellātor, ōris, *m.* [bello], *a warrior, soldier, fighting man:* de re p.: primus, L.—Esp. in apposition for an *adj., warlike, ready to fight, martial, valorous:* bellator Turnus, V.: deus, *the war-god Mars,* V.: equus, *spirited,* V.: bellator equus, *the war-horse,* Ta.; cf. feroci Bellatore sedens, Iu.

bellātrīx, īcis, *f.* [bellator], *a female warrior;* freq. in apposition for an *adj., warlike, skilled in war, serviceable in war:* Penthesilea, V.: Minerva, O.: bellatrix iracundia, *warlike rage.*

bellē, *adv.* with *sup.* [bellus], *prettily, neatly, well:* belle et festive (in applause): se habere, *to be well:* minus belle habere, *to be not quite well:* bellissime esse: hoc non belle, *a fault,* H.: cum hoc fieri bellissime posset, *would have served the purpose perfectly:* cetera belle, *everything else is well enough.*

bellicōsus, *adj.* with *comp.* and *sup.* [bellicus], *warlike, martial, valorous, given to fighting:* gentes: bellicosissimae nationes: naturā gens, S.: provinciae, Cs.: quod bellicosius fuerit, *would have been a greater achievement,* L.: bellicosior annus, *a more warlike year,* L.

bellicum, ī, *n.* [bellicus], *the war-trumpet, war-signal;* only with canere, *to call to arms, signal for the onset:* motus novus bellicum canere coepit: bellicum me cecinisse dicunt, *began hostilities.*—Of style: canere quodam modo bellicum, *sounds like a trumpet.*

bellicus, *adj.* [bellum], *of war, military:* bellicam rem administrare: disciplina: laus, *military glory,* Cs.: caerimoniae, L.: casūs, *the chances of war:* tubicen, O.: naves, Pr.—*Warlike, fierce in war:* Pallas, O.: virgo, O.

belliger, era, erum, *adj.* [bellum + GES-], *warlike, martial, belligerent:* ensis, O.: gentes, O.

belligerō, —, ātus, āre [belliger], *to carry on*

war, *wage war:* nec cauponantes bellum, sed belligerantes, i. e. *in earnest*, Enn. ap. C.: cum fortunā: tumultuatum verius quam belligeratum, L.

bellipotēns, ntis, *adj.* [bellum + potens], *mighty in battle*, Enn. ap. C.—*Subst.*, i. e. Mars, V.

bellō, āvī, ātum, āre [bellum], *to wage war*, *carry on war*, *war:* cum Aetolis: adversum patrem, N.: pro Samnitibus adversus Romanos, L.: ad bellandum profecti, Ta.: bellum a consulibus bellatum, *conducted*, L.: cum mulierculis bellandum.—*Supin. acc.:* Agesilaum bellatum mittere, N.—*P.* as *subst.:* quem (deum) adesse bellantibus, *warriors*, Ta.—*To fight*, *contend:* quem prohibent anni bellare, O.: bellante prior (hoste), *triumphing over*, H.

Bellōna, ae, *f.* [bellum], *the goddess of war*, *sister of Mars*, L., V., H., O.

bellor, —, ārī, *dep.*, *to war*, *fight* (rare for bello): pictis armis, V.

bellua, see belua.

bellum, old and poet. **duellum**, ī, *n.* [DVA-, DVI-], *war.* — Form duellum: agere rem duelli, C. (lex): purum piumque, L. (old record): victoria duelli, L. (oracle): Pacem duello miscuit, H.— Form bellum: Germanicum, *against the Germans*, Cs.: Sabinum, L.: regium, *against kings:* civile, Cs.: Helvetiorum, *against the H.*, Cs.: Pyrrhi: cum Iugurthā: cum Samnitibus, L.: adversus Vestinos, L.: contra patriam: in Peloponnesios gerere, N.: in Asia gerere: gerere apud Mutinam, N.: civitati bellum indicere: patriae facere: parare, L.: parare alcui, *against*, N.: decernere alicui: indicere, L.: facere alicui: sumere, *to undertake*, S.: facere atque instruere, *carry on:* difficultates belli gerendi, Cs.: Hannibale duce gerere, L.: trahere, *to protract*, L.: bellum non inferre, sed defendere, *not aggressive but defensive*, Cs.: deponere, *to discontinue*, S.: velut posito bello, L.: positis bellis, V.: componere, *to end by treaty*, S.: sedare, N.: conficere, *to end successfully:* finire, *to terminate*, L.: futura bella delere, *make impossible:* legere, *to read about:* consentire, *to ratify a declaration of war*, L.: ad privatum deferre, *to give the command in:* mandare alcui, L.: alcui bellum gerendum dare: bello imperatorem praeficere: alqm ad bellum mittere: ad bellum proficisci: bellum in Galliā coortum est, *broke out*, Cs.: exortum, L.: spargi bellum nequibat, *be waged by detachments*, Ta.—In expressions of time, manner, etc.—Belli (*loc.* case), *in war*, *during war:* magnae res belli gerebantur; usu. with *domi:* belli domique, S.: vel belli vel domi: in bello, *in war-time*, L.: in civili bello: in Volsco bello, L.: bello Romanorum: res bello gestae, *during war*, L.: res pace belloque gestae, L.: princeps pace belloque, L.: bello domique, L.: omnibus Punicis bellis: victor tot intra paucos dies bellis, L.: mos inter bellum natus, L.: iustum, *righteous*, L.; also, *regular warfare* (opp. populabundi more), L.: belli eventus, *the result:* belli exitus: bella incerti exitūs, *indecisive*, L.: fortuna belli, *the chances of war*, L.: varia, L.: belli artes, *military skill*, L.: iura belli, *the law of war:* genus belli, *the character of the war.*—M e t o n., of animals or things, *war:* parietibus bellum inferre: philosophiae . . . bellum indicere: ventri Indico bellum, H.: miluo est bellum cum corvo.—*A feud*, *private hostility:* cum eo bellum gerere quicum vixeris: hoc tibi iuventus Romana indicimus bellum, L.—P e r s o n i f i e d (for Ianus): sunt geminae Belli portae, etc., V.: Belli postes portasque, H.—*Plur.*, *an army:* Nereus Bella non transfert, O.—*Battle:* bello excedere, S.: laus eius belli, L.: Actia bella, V.—*A history of a war:* gaudebat Bello suo Punico Naevius.

bellus, *adj.* with *sup.* *dim.* [for *bonulus, from bonus].—Of persons, *pretty*, *handsome*, *neat*, *pleasant*, *fine*, *agreeable:* puella bellissima: fac bellus revertare, *in good spirits:* homines, *gentlemen.*— Of things, *choice*, *fine*, *nice*, *charming:* pictatis simulatio: pueris locum esse bellissimum: non bella fama, *undesirable*, H.: quam sit bellum, cavere malum, *what a fine thing:* frons ac voltus, *cheerful:* epistula: fama, H.

bēlua (not bellua), ae, *f.*, *a beast*, *wild beast*, *monster:* fera: saeva, H.: Lernae, *the Hydra*, V.: in usu beluarum: quantum natura hominis pecudes reliquaque belua, *lower animals.*—E s p., *the elephant*, T.: beluarum manūs, Cu.: Gaetula, Iu. —F i g., *a beast*, *brute:* age nunc, belua, T.: in hac inmani beluā, *in the case of:* taetra.

bēluōsus, *adj.* [belua], *abounding in monsters:* Oceanus, H.

bene, *adv.* with *comp.* **melius**, and *sup.* **optimē** [bonus; for * bone].—Of manner, *well*, *better*, *best:* ager bene cultus: olere, *agreeably*, V.: succedere, *prosperously*, T.: optione vendere, *dear:* emere honorem, *cheaply*, V.: habitare, *in good style*, N.: optime video Davum, *most opportunely*, T.: optime suos nosse, *thoroughly*, N.: monere, *advise well*, T.: nuntias, *your news is good*, T.: putas, *aright*, T.: partes descriptae, *accurately:* melius cernere: melius inperatum est, *there was better generalship*, L.: pugnare, *successfully*, S.: naturā constituti, *well endowed:* instituti, *educated:* de re p. sentiens, *patriotic:* sentiens, *with good intentions:* animatus, *favorable*, N.: quod bene cogitasti, laudo, *your good intentions:* consulere, *to plan well*, S.: Si bene quid de te merui, *have served you*, V.: vivere, *correctly:* mori, *with honor*, L.: ea bene parta retinere, *honorable acquisitions*, S.: iura non bene servare, *faithfully*, O.—In particular phrases, with verbs: si vales, bene est, i. e. *I am glad:* optumest, *very well*, T.: bene est, nil amplius oro, *I am satisfied*, H.: iurat bene solis esse maritis, *are well off*, H.: spero tibi melius esse, *that you are better:* mihi bene erat pullo, i. e. *I enjoyed a meal upon*, H.: bene habet, *it is well:* bene dicere haud absurdum est, S.: alcui bene dicere, *to praise:* vertere Ad bene dicendum, i. e. *eulogy*, H.: nec bene nec male dicta, *cheers nor imprecations*, L.: Bene dixti, *you are right*, T.: bene audire, see audio: bene agere cum aliquo, *to treat well*, T.: Di tibi Bene faciant, *do you good*, T.: bene sane facis, sed, etc., *many thanks, but*, etc.: Bene factum, *I am glad of it*, T.: bene facit Silius qui transegerit, *I am glad that:* bene facta male locata male facta arbitror, *favors:* quid bene facta iuvant, V.: bene factorum recordatio, *good deeds:* bene gratia facti, V.: bene gesta res p., *well administered:* occasio rei bene gerendae, *a chance of success*, Cs.: nec (res) gesturos melius sperare poterant, L.: qui de me optime meriti sunt, *have done me excellent service:* de re p. bene mereri, *to be useful to the state:* bene meritus civis: quod bene verteret, *turn out well*, L.: Di vortant bene Quod agas, *bring out well*, T.: bene Pericles (sc. dixit): melius hi quam nos (sc. faciebant): quod (imperium) si (ei) sui bene crediderint cives, *did well to intrust to him*, etc., L.: melius peribimus quam, etc., *it will be better for us to perish*, L. — Of intensity, *very, quite:* sermo bene longus: fidum pectus, H.: lubenter, T.: penitus, *very intimately:* notus, *widely*, H.: bene plane magnus (dolor) videtur, *exceedingly:* bene ante lucem venire, *some time:* mane, *very early:* tutus a perfidiā, *entirely*, L.: scelerum si bene paenitet, *heartily*, H.

bene dīcō, bene dictum, bene faciō, bene factum, see bene.

beneficentia, ae, *f.* [beneficus], *kindness, practical good-will, philanthropy:* quid praestantius beneficentiā?: adversus supplices, Ta.

beneficiāriī, ōrum, *m.* [beneficium], *soldiers exempt from common labor, a body-guard*, Cs.

beneficium, ī, *n.* [bene+2 FAC-], *a favor, benefit, service, kindness:* Pro maleficio beneficium reddere, T.: alcui dare: apud bonos beneficium conlocare, *lay under obligation:* Iugurtham beneficiis vincere, S.: in regem: erga me: Abs quivis homine beneficium accipere, T.: adfici beneficio: beneficio sum tuo usus, *have received from you:* benefici memor esse, S.: beneficio tuo salvus, *thanks to you:* nostri consulatūs beneficio, *by means of:* hoc beneficio, *by this means*, T.: sortium beneficio incolumis, *by the lucky turn of*, Cs.: alqd per beneficium civitatibus concedere, *as a favor:* (alqd illis) in benefici loco deferendum, *offered as a kindness:* coöptatio collegiorum ad populi beneficium transferebatur, i. e. *the power to choose was vested in:* in beneficiis ad aerarium delatus est, i. e. *among those who had done service to the state:* ne qua tabula benefici figeretur, *no man posted as privileged.* —*An honor, distinction, office, promotion:* beneficio populi R. ornatus: vestris beneficiis praeditus: quae antea dictatorum fuerant beneficia, *in the gift of*, L.: beneficia vostra penes optumos forent, S.

beneficus (not benif-), *adj.* with *sup.* [bene+2 FAC-], *generous, liberal, serviceable, beneficent, bountiful:* viri: in amicum: voluntas: ut ii sint beneficentissimi.

benevolē (not beniv-), *adv.* [benevolus], *kindly:* fieri: praesto esse alcui.

benevolēns, ntis, *adj.* with *comp.* and *sup.*, *friendly, kind:* illi benevolens, T.: benevolentior tibi: officium benevolentissimi.

benevolentia (not beniv-), ae, *f.* [benevolus], *good-will, benevolence, kindness, favor, friendship:* ad benevolentiam coniungendam: benevolentiam capere: animos ad benevolentiam adlicere: alqm benevolentiā complecti: quae benevolentiae esse credebant, *likely to conciliate*, S.: tua erga me: sua in Aeduos, Cs.: cum alquo benevolentiā certare, Ta.

benevolus (not beniv-), *adj.* [bene+1 VOL-], *well-wishing, kind, bountiful, friendly:* alcui esse: animus: servi, *devoted.* — For *comp.* and *sup.*, see benevolens.

benīgnē, *adv.* with *comp.* and *sup.* [benignus], *in a friendly manner, kindly, benevolently, courteously, benignly:* facere, T.: viam monstrare, *courteously:* audire: respondere, S.: adloqui, L.: arma capere, *cheerfully*, L.: plurimis benigne fecisti, *have rendered kindness:* quibus benigne videbitur fieri, *who shall appear to receive favors:* benigne dicis, *you are very kind*, T.: benigne ac liberaliter (ironical), *kind and generous:* 'At tu quantum vis tolle.' 'Benigne,' *no, I thank you*, H.—*Abundantly, liberally, freely, generously:* quod opus sit benigne praebere, T.: praedam ostentat, *in abundance*, S.: benignius Deprome merum, H.

benīgnitās, ātis, *f.* [benignus], *kindness, friendliness, courtesy, benevolence, benignity:* me summā eum benignitate auditis: benignitate adducti alqd concedere: deūm, L.—*Kindness, liberality, bounty, favor:* ubi meam Benignitatem sensisti in te claudier? T.: deorum benignitate auctae fortunae: benignitatem comitate adiuvabat, L.: me benignitas tua Ditavit, H.

benīgnus, *adj.* with *comp.* [bene+GEN-], *kind, good, friendly, pleasing, favorable, benignant:* animus in alqm, T.: numen, H.: oratio: benigniora verba, L. — *Beneficent, obliging, liberal, bounteous:* fortuna mihi, H.: benigniores quam res patitur: vini somnique benignus, *a hard drinker and a lover of sleep*, H.—*Fruitful, fertile, copious, rich:* vepres,

H.: cornu, H.: ingeni Benigna vena est, H.: praeda, O.: messes terra benigna daret, Tb.

beō, āvī, ātus, āre [cf. bonus], *to make happy, gladden, bless:* te, *gratify*, T.: caelo Musa beat, *rewards*, H.: Munere te, H.: Latium divite linguā, H.: O factum bene, beasti, *I am delighted*, T.

bērullos (bēryl-), ī, *m.*, = βήρυλλος, *the beryl*, Iu.—*A ring with a beryl*, Pr.

bēs, bessis, *m.* [for * bi-assi-s], *two thirds:* fenus factum bessibus, i. e. *at two thirds of an as per hundred each month, eight per cent. per annum.*

bēstia, ae, *f.*, *a beast, animal:* fera bestia, N.: tametsi bestiae sunt (canes): bestiae volucres, *birds:* mutae, L.: ad bestias mittere alqm, *to fight with* (in the public spectacles): mala, *the odor of the armpits* (cf. capra), Ct.

bēstiārius, ī, *m.* [bestia], *one who fights with wild beasts* (in the shows): ducenti.

bēstiola, ae, *f. dim.* [bestia], *a small animal, little living creature.*

1. bēta, ae, *f.*, *a beet* (a vegetable), C., Ct.

2. bēta, *n.*, *indecl.*, *the Greek letter* B, Iu.

bi-, *praep. insep.* [DVA-], *twice, double.*

bibliothēca, ae (rarely Gr. *acc.* -ēcēn, C.), *f.*, = βιβλιοθήκη, *a library, room for books:* abdo me in bibliothecam.—*A library, collection of books.*

bibō, bibī, —, ere [BI-], *to drink:* vinum, T.: mella diluta, H.: lac, *to suck*, O.: gemmā, *from a jewelled cup*, V.: caelato (sc. poculo), Iu.: Quod iussi ei dari bibere, *to be given her to drink*, T.: ut bibere sibi iuberet dari, L.: Iovi bibere ministrare: sitis exstincta bibendo, O.: ab tertiā horā bibebatur: Graeco more (i. e. propinando): Xanthum, i. e. *water from*, V.: Caecubam uvam (i. e. vinum), H.—P r o v.: aut bibat aut abeat (at a feast).—With the name of a river, *to visit, reach, frequent, dwell in the region of:* si Hebrum bibamus, V.: Ararim Parthus bibet, i. e. *the Parthians will come to Germany*, V.: Extremum Tanain si biberes, Lyce, H.—Bibere aquas, i. e. *to be drowned*, O.—M e t o n., *to take in, absorb, imbibe:* sat prata biberunt, *have been watered*, V.: (terra) bibit umorem, *absorbs moisture*, V.: Amphora fumum bibere instituta, H.—Of the rainbow: bibit ingens arcus, V.—F i g., *to receive, take in, drink in:* longum amorem, V.: Pugnas bibit aure, H.: animo sanguinem, *thirst for:* Hasta bibit cruorem, *drew*, V.

bibulus, *adj.* [bibo], *given to drink, drinking freely:* potores, H.: Falerni, H.—Of things, *absorbent, thirsty:* harena, V.: lapis, V.: talaria, *moistened*, O.: bibulas tinguebat murice lanas, O.

biceps, cipitis, *adj.* [bi- + caput], *with two heads, two-headed:* puella: Ianus, O.: partus, Ta.: Parnasus, *with two summits*, O.

bicolor, ōris, *adj.* [bi- + color], *of two colors, two-colored:* equus, V.: baca, O.

Bicorniger, gerī, *m.* [bi- + corniger], *the two-horned*, i. e. Bacchus, O.

bicornis, e, *adj.* [bi- + cornu], *with two horns, two-horned:* caper, O.: fauni, O.: furcae, *two-pronged*, V.: luna, i. e. *the new moon*, H.: Rhenus, *with two mouths*, V.

bicorpor, oris, *adj.* [bis- + corpus], *of two bodies:* manus, *of a centaur*, C. poët.

bidēns, entis (*abl.* entī or ente; *gen. plur.* entium or entum), *adj.* [bi- + dens], *with two teeth:* forfex, *two-bladed*, V.—As *subst. m.*, *a heavy hoe, mattock with two iron teeth:* glaebam frangere bidentibus, V.: bidentis amans, i. e. *agriculture*, Iu.—*Fem.*, *an animal for sacrifice:* intonsa, V.: mactant bidentīs Cereri, V.: caede bidentium, H.—*A sheep*, Ph.

bidental, ālis, *n.* [bidens], *a place struck by lightning* (consecrated by a sacrifice): triste, H.

bīduum, ī, *n.* [bi- + dies], *a period of two days, two days:* concedere, T.: biduist Haec sollicitudo, *is a matter of*, T.: omnino biduum supererat, *remained*, Cs.: eximere biduum ex mense: biduum cibo se abstinere, N.: supplicationes in biduum decretae, L.: uno die longior mensis aut biduo: eo biduo, *during those two days;* eo biduo, *after those two days*, Cs.: biduo ante: biduo post, *two days later*, Cs.: biduo quo haec gesta sunt, Cs.: bidui viā abesse, *two days' march*, Cs.: biduum aut triduum abesse, *two or three days.*

biennium, ī, *n.* [bi- + annus], *a period of two years, two years:* per biennium: ad alqd biennium sibi satis esse, Cs.: provinciam obtinere, *for two years:* comitia biennio habita, *in the last two years*, L.: post biennium, *after two years' delay:* biennio prope: biennio ante: eo biennio, Cs.

bifāriam, *adv.* [bi- + 1 FA-], *on two sides*, i. e. *twofold, double, in two ways, in two parts, in two places, severally:* divisis copiis, L.: aequaliter distributa: ingressi hostium fines, L.: gemina victoria duobus bifariam proeliis parta, L.

bifer, era, erum, *adj.* [bi- + 1 FER-], *bearing twice:* biferi rosaria Paesti, *blooming twice a year*, V.

bifidus, *adj.* [bi- + 2 FID-], *cleft, parted, split:* pedes, O.

biforis, e, *adj.* [bi- + foris], *with two doors, folding:* valvae, O.: cantus (tibiae), i. e. *of the double tibia*, V.

bi-fōrmātus, *adj.*, *of two forms, double:* impetus, C. (poet.).

bifōrmis, e, *adj.* [bi- + forma], *of double form, two-formed, two-shaped:* Minotaurus, V.: Ianus, O.: pater, i. e. *Chiron*, O.—F i g., of a poet.: vates, H.

bi-frōns, ontis, *adj.*, *with two foreheads, with two faces:* Ianus, V.

bifurcus, *adj.* [bi- + furca], *having two prongs, two-pronged:* ramus, *two-forked*, O.: valli, L.

bīga, ae (very rare), and **bīgae**, ārum, *f.* [for biiugae], *a span of horses, pair, two horses harnessed to an open car:* raptatus bigis, V.: bigis in albis, *with white horses*, V.: citae, Ct.—*Sing.:* habenae bigae, Ta.

bīgātus, *adj.* [bigae], *bearing the figure of a two-horse car:* argentum, L.—Hence, as *subst.*, *a silver coin stamped with a harnessed span of horses:* quingenti, L., Ta.

biiugis, e, *adj.* [bi- + iugum], *yoked two together:* equi, V.: biiugūm Colla lyncūm, O.

biiugus, *adj.* [bi- + iugum], *yoked two together:* leones, V.: certamen, *a chariot-race*, V.—*Plur.* as *subst. m.* (sc. equi), *two horses yoked abreast:* telo Admonuit biiugos, V.: desiluit biiugis, i. e. *from his chariot*, V.

bi-lībra, ae, *f.*, *two pounds:* bilibris farris emisse, *for two pounds of corn each*, L.

bilībris, e, *adj.* [bilibra], *of two pounds;* hence, cornu, *holding two pints*, H.

bilinguis, e, *adj.* [bi- + lingua], *two-tongued, speaking a jumble of languages:* Canusini more, H. —Fig., *double-tongued, hypocritical, false:* Tyrii, V.

bīlis, is, *abl.* lī or le, *f.*, *bile:* aut pituita aut bilis: purgor bilem, H.—Fig., *anger, wrath, choler, indignation:* bilem commovere: mihi Bilem movere, H.: bile tumet iecur, H.: splendida, H.: bilem effundere, *to vent*, Iu. — Atra, *black bile*, i. e. *melancholy, dejection:* nigra.

bilīx, īcis, *adj.* [bi- + LAC-, LIC-], *with a double thread:* lorica, V.

bilūstris, e, *adj.* [bi- + lustrum], *that lasts ten years:* bellum, O.

bi-maris, e, *adj.*, *between two seas:* Corinthus, H.: Isthmos, O.

bi-marītus, ī, *m.*, *the husband of two wives, a bigamist* (once).

(**bi-māter**, tris), *adj.*, *having two mothers* (only *acc. sing.*), of Bacchus, O.

bimembris, e, *adj.* [bi- + membrum], *with double members:* puer, *half man, half beast*, Iu.— Of the Centaurs: forma, O. — *Plur. m.* as *subst.*, *the Centaurs:* nubigenae, V.: germani, O.

bimēstris, e, *adj.* [bi- + mensis], *of two months:* stipendium, L.: porcus, *two months old*, H.

bīmulus, *adj. dim.* [bimus], *only two years old:* puer, Ct.

bīmus, *adj.* [bi- + hiems], *of two winters, of two years, two years old:* merum, H.: honos, O.: sententia, *a commission for two years*, Planc. ap. C.

bīnī, ae, a (*gen.* bīnūm), *num. distr.* [DVA-], *two by two, two to each, two each, two at a time:* ex praediis talenta bina, *every year two talents*, T.: censores binos in singulas civitates: si unicuique bini pedes adsignentur, *two to each:* turres binorum tabulatorum, Cs.: binos imperatores sibi fecere, S.: Carthagine quot annis annui bini reges creabantur, N.: inermes cum binis vestimentis exire, L.: reges, *two at a time*, Ta.: Bina die siccant ovis ubera, i. e. *twice*, V. — For duo, *double, two, in pairs* (usu. with *plur. tantum*): binae (litterae), *two:* bina castra: binae hostium copiae: inter binos ludos: binis centesimis faeneratus est: binos (scyphos) habebam, *a pair, two of like form:* bina hastilia, V.: arae, O.: fetus, V.: si bis bina quot essent didicisset, *twice two.*

binoctium, ī, *n.* [bi- + nox], *a space of two nights*, Ta.

(**binōminis**, e), *adj.* [bi- + nomen], *bearing two names*, only *gen. sing.:* Ascanius, O.

Biōnēus, *adj.* [Bio], *of Bion* (a Greek philosopher), i. e. *witty, satirical:* sermones, H.

bipalmis, e, *adj.* [bi- + palmus], *two spans long:* spiculum, L.

bipartītō or **bipertītō**, *adv.* [bipartitus], *in two parts, in two divisions, in two ways:* classem distribuere: signa inferre, *to attack in two divisions*, Cs.: equites emissi, L.: ita bipartito fuerunt ut Tiberis interesset.

bi-partītus, *adj.*, *divided:* genus.

bi-patēns, *adj.*, *with double opening:* portae, *folding*, V.: tecta, *with doors on both sides*, V.

bi-pedālis, is, *adj.*, *of two feet, measuring two feet:* trabes, *two feet thick*, Cs.: modulus, *two feet long*, H.

bipennifer, era, erum, *adj.* [bipennis + 1 FER-], *bearing a two-edged axe:* Lycurgus, O.

bipennis, e, *adj.* [bi- + penna], *with two edges, two-edged:* ferrum, V. — As *subst. f.* (sc. securis), with *acc.* em (once -im, O.), *abl.* ī (once e, Tb.), *a two-edged axe, double axe, battle-axe:* correptā bipenni, V.: lata, O.: ilex tonsa bipennibus, H.: formam bipenni adsimulare, Ta.

bi-pēs, pedis, *adj.*, *two-footed, biped:* equi, V.: asellus, Iu.—*Plur. m.* as *subst.*, *bipeds, men.*

birēmis, e, *adj.* [bi- + remus], *with two oars, two-oared:* scapha, H.—*With two banks of oars:* lembi, L.—As *subst. f.*, *a galley with two banks of oars:* biremes impulsae vectibus, Cs.: Phrygiae, V.

bis, *adv. num.* [DVA-, DVI-], *twice, at two times, on two occasions:* non semel sed bis: bis ac saepius, N.: bis mori, H.: bis consul, *twice a consul:* a te bis terve (litteras) accepi, *two or three times:* Quem bis terve bonum miror, H. — Meton., *doubly, twofold, in two ways, in a twofold* *manner:* bis facere stulte, T.: bis improbus: Tartarus Bis patet in praeceps tantum, quantus, etc., *twice as much as*, etc., V. — With expressions of time: bis in die, *twice a day:* bis die, V.—With cardinal numbers, *twice:* bis mille equi, H.: bis sex loci, V.: bis duo, O.—With distributives: bis bina, *twice two:* sestertium bis miliens: quot annis Bis senos dies, V.: bis octoni anni, O.: bis denis navibus, V.: bis quinos silet dies, V.

bi-sulcus, *adj.*, *having two furrows, forked, cloven:* lingua, O.: pes, O.

bitūmen, inis, *n.*, *mineral pitch, bitumen:* nigrum, V., H.: tenax, O.

bitūmineus, *adj.* [bitumen], *of bitumen:* vires, O.

bivius, *adj.* [bi-+via], *of two ways, having two approaches:* fauces, V.—As *subst. n.*, *a place where two roads meet:* portae, *the fork at the gate*, V.: ad bivia consistere, L.

blaesus, *adj.*, = βλαισός, *lisping:* lingua, O.—*Plur.*, *stammerers*, i. e. *drunken*, Iu.

blandē, *adv.* with *comp.* and *sup.* [blandus], *flatteringly, soothingly, courteously:* hominem adloqui, T.: rogare: excepti hospitio, L.: blandius petere: blandissime adpellare hominem.

blandiēns, entis, *m.* [*P.* of blandior], *a flatterer*, Ta.

blandiloquentia, ae, *f.* [blande + loquens], *fawning speech*, Enn. ap. C.

blandīmentum, ī, *n.* [blandior], *flattering words, blandishment, complimentary speech, flattery:* Ibi blandimentum sublevavit metum, Ta.—Usu. *plur.:* blandimenta plebi ab senatu data, L.: adversus plebem, Ta.—Fig., *an allurement, pleasure, charm:* voluptatis: vitae, Ta.: sine blandimentis expellunt famem, *seasoning*, Ta.

blandior, ītus, īrī, *dep.* [blandus], *to fawn, soothe, caress, fondle, coax:* cessit tibi blandienti Cerberus, H.: modo blanditur, modo . . . Terret, O.: mihi per Pompeium: patri ut duceretur, etc., L.: votis suis, i. e. *believes what he wishes*, O.—*To flatter, make flattering speeches, be complaisant:* qui litigare se simulans blandiatur: pavidum blandita, *timidly coaxing*, O.: mihi: eis subtiliter: patruo suo, O.: ne nobis blandiar, i. e. *to speak plainly*, Iu. —Fig., *to please, soothe, gratify:* quam voluptas sensibus blandiatur. — *To entice, allure, invite:* ignoscere vitiis blandientibus, Ta.: suā blanditur populus umbrā, O.

blanditia, ae, *f.* [blandus], *a caressing, fondness, flattering, flattery:* in amicitiā pestis . . . blanditia: popularis. — *Plur.*, *flatteries, blandishments, allurements:* blanditiis voluptatem explere, T.: (benevolentiam) blanditiis conligere: muliebres, L.: pueriles, O.: Perdere blanditias, *to waste*, O.—Fig., *enticement, charm:* voluptatum.

blandītus, *adj.* [*P.* of blandior], *agreeable, charming:* rosae, Pr.

blandus, *adj.* with *comp.* and *sup.* [MAL-], *of smooth tongue, flattering, fawning, caressing:* homo blandior, T.: amicus: adfabilis, blandus, N.: canes, V.: adversus alqm: in publico, L.: blandus fidibus Ducere quercūs, H.: chorus doctā prece blandus, H. — Fig., *flattering, pleasant, agreeable, enticing, alluring, charming, seductive:* oratio: voces, V.: preces, H.: verba, O.: inlecebrae voluptatis: manus Non sumptuosā blandior hostiā, *not more acceptable with a costly victim*, H.: caudae, O.: otium consuetudine in dies blandius, L.: voluptates, blandissimae dominae, *most seductive.*

blaterō, —, —, āre [BAL-, BAR-], *to talk foolishly, babble, prate:* cum magno clamore, H.

blatta, ae, *f.*, *a moth:* lucifuga, V.: vestis, Blattarum epulae, H.

boārius or **bovārius**, *adj.* [bos], *of neat cattle:* forum, *the cattle market*, C., L.: arva, Pr.

bōbus, *dat.* and *abl. plur.* of bōs.

Bocchar (-car), aris, *m.*, *a king of Mauretania*, L.: Cum Bocchare lavari, *a Moor*, Iu.

Boeōtius, *adj.*, *Boeotian:* moenia, *of Thebes*, O.

Boeōtus, *adj.*, *Boeotian:* tellus, O.—*Plur. m.* as *subst.*, *the Boeotians* (proverbial for stupidity), L., H.

bōlētus, ī, *m.*, = βωλίτης, *a mushroom*, Iu.

bolus, ī, *m.*, = βόλος, *a throw* (of dice, etc.); hence, *a haul, piece of luck:* mihi ereptus e faucibus, *a choice bit*, T.

bombus, ī, *m.*, = βόμβος, *a hollow sound, humming, buzzing:* raucisonus, Ct.

bombȳcinus, *adj.* [bombyx], *silken*, Iu.

bombȳx, ȳcis, *m.*, = βόμβυξ (silk-worm), *a silken garment:* Arabius, Pr.

1. Bona dea, *the goddess of chastity and fertility*, C., O., Iu.

2. bona, ōrum, *n.*, see bonus.

bonitās, ātis, *f.* [bonus], *goodness, excellence:* agrorum, Cs.: ingeni: naturae. — Of character, *goodness, honesty, integrity, uprightness, virtue, blamelessness:* fidem alicuius bonitatemque laudare: potestatem bonitate retinere, N.—*Goodness, kindness, friendliness, benevolence, benignity:* nihil est tam populare quam bonitas: odium bonitate lenire: naturalis, *kind-heartedness*, N.: hereditates bonitate consequi, N.—*Parental love, tenderness:* in suos: erga homines: facit parentes bonitas, non necessitas, Ph.

bonus, *adj.* [old duonus], *good;* as *comp.* in use **melior**, ōris [cf. μᾶλλον], *better;* as *sup.* **optimus** [2 AP-, OP-], *best:* vir bonus, *morally good, perfect;* rarely bonus vir: in virorum bonorum numero haberi, *honest:* quem voles virum bonum nominato, producam, *respectable:* bone accusator, *honorable:* socer eius vir multum bonus est: vir optimus, *most worthy:* optimus olim Vergilius, H.: iudex, *just:* imperator, *skilful*, S.: consul, L.: opifex, H.: pater familias, *thrifty*, N.: servus, *faithful:* vir, *a good husband*, L.: custos, T.: civis, *a good citizen.*—Of the gods: fata bonique divi, H.: pater optime (Iuppiter), O.: in templo Iovis Optimi Maximi: O di boni, *gracious gods:* o mihi, Manes, este boni, *propitious*, V.—Of things, *good, of good quality, well-made, useful:* scyphi optimi, *most artistic:* agrum Meliorem nemo habet, *more fertile*, T.: nummi, *current:* voltūs, *good looks*, O.: navigatio, *prosperous:* tempestas, *fine weather:* ova suci melioris, *fine flavor*, H.: aetas, *the prime of life:* melior sensus, *keener:* mentem vobis meliorem dari, *more sense*, T.: bonam deperdere famam, *good name*, H.: otium, *valuable*, S.: optimae fabulae: esse meliore condicione, *better off:* esse spe bonā: meliora responsa, *more favorable*, L.: amnis Doctus iter melius, *less injurious*, H.: meliore Tempore dicam, *more opportune*, H.: librorum Copia, *ample*, H.: meliorem militem id certamen fecit, L.: vobis eadem quae mihi bona malaque esse, S.: bona bello Cornus, *useful*, V.: pecori bonus alendo (mons) erat, L.: eloqui copiose melius est quam, etc.: optimum visum est captivos deportare, L.: constituerunt optimum esse domum reverti, Cs.: optumum factu credens exercitum augere, S.: hoc vero optimum, ut is nesciat, etc. — In particular phrases, with *venia:* bonā veniā, *with* (your) *kind permission*, *by* (your) *leave:* abs te hoc bonā veniā expeto, T.: oravit bonā veniā Quirites, ne, etc., L.—With *pax:* cum bonā pace, or bonā pace, *without dispute:* alteri populo cum bonā pace imperitare, *by common consent*, L.: omnia bonā pace obtinere, L.—With *res:* bonae res, *comforts, luxury, prosperity:* bonis rebus morte privari: omnibus optimis rebus usus est, N.: bonis Rebus agit laetum convivum, *in luxury*, H.: de bonis rebus in vitā, de malis, *of moral good and evil.* — With *ars:* bonae artes, *honorable conduct*, S.: artis bonae famam quaerere, *an honorable achievement*, S.: bonarum artium studia, *liberal studies:* optimarum artium studia, *the highest culture.*—With *fides:* bona fides or fides bona, *good faith, sincerity, fairness:* polliceor hoc vobis bonā fide: ego defendi fide optimā, *in perfect sincerity:* ad fidem bonam pertinere, notum esse, etc., *equity:* quidquid dare facere oportet ex fide bonā (in a judicial decree).—With *pars:* melior pars, *the better party, party in the right:* maior pars (senatūs) meliorem vicit, L.: gratia melioris partis, *the optimates*, L.: (fuit) meliorum partium, *of the aristocracy:* bona pars, *a large part, good share:* bonam magnamque partem ad te attulit, T.: sermonis: hominum, H.: melior pars acta dici, *most*, V.: in optimam partem accipere, *most kindly:* in optimam partem cognosci, *most favorably.* — With *mores:* boni mores, *morality, an upright life:* propter eius suavissimos et optimos mores: ex optimo more.—With *animus, good spirits:* bono animo es, *cheer up*, T.: hoc animo meliore ferre, *more cheerfully*, O.: bonum animum habere, L.: bono animo dicere, *kindly:* bono animo in populum R. videri, *friendly*, Cs. — With *ius:* iure optimo, *with entire justice, deservedly:* quod ei optimo iure contigit. — As *subst.*, of persons, *a good man:* nec cuique bono mali quidquam evenire potest: Qui meliorem vocet in ius, *a better man*, H.: da locum melioribus, *your betters*, T.: apud bonos beneficium conlocare: Fortes creantur fortibus et bonis, H.—*Plur.*, *the better classes, aristocracy, rich:* meam causam omnes boni susceperant: bonis invidere, S.: comitantibus omnibus bonis, N.: bonorum consuetudo, *of gentlemen:* boni, *my good friends*, H.: me consulit, 'O bone,' *good friend*, H.: 'O bone, ne te Frustreris,' *my good fellow*, H.: optimus quisque, *every good man, all the good:* sua consilia optimo cuique probare: dolor quem optimus quisque suscipit: optimo cuique percundum erat, *all eminent citizens:* optimo et nobilissimo cuique oratio gratissima, *the patricians:* imperium semper ad optumum quemque transfertur, *the best man in each case*, S.: quî (aditus laudis) semper optimo cuique maxime patuit.—Of things: bonum, *a good thing:* summum bonum, *the chief good, end of being:* nihil boni nosti, *nothing useful:* gaude isto tam excellenti bono: maximum bonum in celeritate ponere, *advantage*, S.: gratiam bono publico quaerere, *by a public service*, L. — Prov.: cui bono? *for whose advantage?*—*Plur.:* tria genera bonorum, maxima animi: bona tolerare, *prosperity*, T.: bona mea deripere, *my property.*—With aequum, *fairness, equity:* neque bonum atque aequom scire, T.: alqd aequi bonique impetrare: istuc Aequi bonique facio, *regard as fair*, T.

boō, —, —, āre [BOV-], *to cry out, resound*, O.

boreās, ae, *m.*, = βορέας, *the north wind:* saevus, Ct.: ventus, N. — *The North:* Boreae finitimum latus, H.—As a god, O.

borēus or **borīus**, *adj.*, = βόρειος, *northern:* axis, O.

bōs, bovis, *gen. plur.* boum or bovum, *dat.* bōbus or būbus, *m.* and *f.*, = βοῦς, *an ox, bull, cow:* umeris sustinere bovem: enectus arando, H.: femina, L.: eximiā, L.: torva, V.: boves vendere: cura boum, *horned cattle*, V.: iuga demere Bobus fatigatis, H.: est bos cervi figurā, etc., *a wild ox*, Cs. — Prov.: clitellae bovi sunt impositae, *the saddle is on the wrong horse:* Optat ephippia bos piger, *envies the horse*, H.

Bosporus, ī, *m.*, = Βόσπορος [heifer's ford,

i. e. Io's passage; cf. Oxford). **I.** *The strait of Constantinople*, H.—**II.** (Sc. Cimmerius), *the Cimmerian Bosporus*, C., O., Pr.

bovārius, see boarius.

bovillus, *adj.* [bos], *of horned cattle, of neat cattle:* grex, L. (in old formula).

bovis, *gen.* of bos.

brāca, ae, *f.* (very rare), and **brācae** (**bracc-**), ārum, *f.*, *trowsers, breeches* (of the Gauls, etc.), O., Pr., Ta., Iu.

brācātus (**bracc-**), *adj.* [bracae], *wearing breeches:* nationes: bracatorum pueri, *boys from Gaul*, Iu.: bracatae cognationis dedecus, *even to barbarian kindred.*

bracchiolum, ī, *n. dim.*, *a small arm, delicate arm:* teres puellulae, Ct.

bracchium (**brāch-**), ī, *n.*, = βραχίων, *the fore-arm, lower arm:* bracchia et lacerti, O.: (feminae) nudae bracchia et lacertos, Ta.—In gen., *the arm:* bracchium fregisse: diu iactato bracchio scutum emittere, Cs.: collo dare bracchia circum, V.: bracchia Cervici dabat, H.: Bracchia ad superas extulit auras, V.: iuventus horrida bracchiis, H.: matri bracchia tendere, O.: tendens ad caelum bracchia, O.: diversa bracchia ducens, i. e. *separating widely*, V.—Prov.: dirigere bracchia contra Torrentem, *to swim against the current*, Iu.—Of gesture: extento bracchio.—Of the Cyclopes at work: bracchia tollunt In numerum, *keeping time*, V.—Fig.: aliquid levi bracchio agere, *to do negligently:* me molli bracchio obiurgas, *gently:* Praebuerim sceleri bracchia nostra tuo, *lend a hand*, O.—Meton., of animals, *the claws of craw-fish*, O.—*The claws of the constellations Scorpio and Cancer*, V., O.—Of trees, *the branches:* in ramos bracchia crescunt, O.—Of the vine, V.—*An arm of the sea:* nec bracchia porrexerat Amphitrite, O.—*A ship's yard:* iubet intendi bracchia velis, V.—*A leg* (of a pair of dividers): duo ferrea bracchia, O.—In fortifications, *an outwork:* bracchio obiecto, L.: muro bracchium iniunxerat, *a line of communication*, L.: bracchiis duobis Piraeum Athenis iungere, *walls*, L.

bractea or **brattea**, ae, *f.*, *metallic foil, gold-leaf:* tenuis, O.: crepitabat bractea vento, *the golden leaves*, V.

bracteola, ae, *f. dim.* [bractea], *gold-leaf, a film of gold*, Iu.

brassica, ae, *f.*, *cabbage*, Pr.

brattea, see bractea.

brevī, *adv.* [*abl.* of 1 brevis], *in a little while, in a short time, soon:* brevi postea, *soon after:* brevi post, L.: uti equos brevi moderari consuerint, *soon*, Cs.: fama brevi divolgatur, S.: tam brevi rem crevisse, L.: cunctatus brevi, *after a little delay*, O.—*Briefly, in few words:* id percurram brevi: definire: respondere litteris.

breviloquēns, entis, *adj.* [brevis + loquor], *brief, sparing of words.*

brevis, e, *adj.* with *comp.* and *sup.* [BREG-].—In space, *short:* via, V.: brevior via, N.: cursus brevissimus, V.: brevius iter, O.: tam brevis aqua, *so narrow a stream*, O.: scopulus, *small*, O.: brevibus Gyaris, Iu.—Of stature, *short, small, low:* iudex brevior quam testis: (puella) longa brevisque, O.—Of height: ut pleraque Alpium, sicut breviora, ita adrectiora sunt, *lower*, L.—Of depth, *shallow:* vada, V.: puteus, Iu.—*Plur. n.* as *subst.*, *shallow places, shallows, shoals:* Eurus In brevia urget, V.—Of the line of a circle: ubi circulus spatio brevissimus ambit, *makes the shortest path*, O.—Fig., of life: vitae curriculum: vitae brevis cursus: fila vitae breviora, O.—*Little, small:* brevibus implicata viperis, H.: caput, H.: alvus, V.: folia breviora, H.: census, H.: sigillum, O.—As *subst. n.:* scis In breve te cogi, i. e. *to be rolled up closely* (of a book), H.—Meton., of time, *short, brief, little, short-lived:* tempus: brevissimum tempus, L.: anni, H.: occasio, T.: omnia brevia tolerabilia esse debent: vitae summa brevis (*gen.*), H.: littera, *a short vowel:* syllaba, *a short syllable*, H.: dactylus, qui est e longā et duabus brevibus: aut omnia breviora aliquanto fuere, aut, etc., *occupied a shorter time*, L.: flores rosae, *short-lived*, H.: cena, *frugal*, H.: ira furor brevis est, H.—Of discourse, *short, brief, concise:* narratio: Crassi oratio: quam brevia responsu!: cum se breves putent esse, *brief:* brevis esse laboro, Obscurus fio, H.: breve facere, *to be brief:* in breve coactae causae, L.: tam in brevi spatio, *in so short time*, T.: brevi spatio, *a little while*, S.: spatio brevi, H.: brevi tempore ad nihilum venire, *in a little while.*

brevitās, ātis, *f.* [1 brevis].—Of space, *shortness:* brevitas nostra, *small stature*, Cs.: spati, Cs.—Meton., of time, *shortness, brevity:* dici, i. e. *the short days:* temporis: vitae: in eādem brevitate quā bestiolae reperiemur.—Of discourse, *brevity, conciseness:* orationis: tanta in dicendo: Est brevitate opus, ut currat sententia, H.: brevitatis causā.—Of pronunciation: pedum, syllabarum: brevitates in sonis.

breviter, *adv.* with *comp.* and *sup.* [1 brevis], *shortly;* hence, of style, *briefly, in brief, in few words, concisely, summarily:* multa breviter dicta: rem breviter cognoscite: respondere: disserere, S.: adfari, V.: brevius dicere (opp. pluribus verbis): omnia Pacuvio breviter dabit (*in a few words*), Iu.: agam quam brevissume potero.—Of pronunciation: 'in' breviter dicitur, *is pronounced short.*

Brīsēïs, idos, *f.*, *a daughter of Brises*, i. e. *Hippodamia*, H.

Britannicus, *adj.*, *Britannic, British:* aestus, *the British Channel:* lingua, Ta.: balaena, Iu.

Britannus, *adj.*, *of Britain:* causidici, Iu.: esseda, Pr.

Bromius, ī, *m.*, = Βρόμιος, *a surname of Bacchus,* O.

brūma, ae, *f.* [for *brevuma, *sup.* of brevis], *the shortest day* in the year, *the winter solstice:* ante brumam, T.: solstitiae brumaeque, *the winter time, winter:* iners, H.: sub extremum brumae imbrem, *the last rain of winter,* V.: per brumam, H.: brumae tempore, Iu.: hibernae frigora brumae, Tb.: hibernae tempora brumae, Pr.

brūmālis, e, *adj.* [bruma], *of the winter solstice:* dies: signum, i. e. *Capricorn.*—*Wintry, of winter:* tempus: horae, O.: frigus, V.

brūtus, *adj.* [2 GAR-], *heavy, inert, immovable:* tellus, H.—*Dull, insensible, irrational,* Her.

būbīle, is, *n.* [bos], *a stall for oxen,* Ph.

būbō, ōnis, *m.* [BOV-, BV-], *an owl, horned owl:* ignavus, O.: profanus, O.—Once *f.:* sola, V.

bubulcus, ī, *m.* [bubulus], *an oxdriver, herdsman,* V.—*A ploughman,* C., O., Iu.

būbulus, *adj.* [bos], *of neat cattle, of oxen:* fimum, L.

būbus, *dat.* and *abl. plur.* of bōs.

bucca, ae, *f.* [BV-], *the cheek* (internal): fluentes buccae: ambas Iratus buccas inflet, H.: buccā foculum excitat, i. e. *by blowing,* Iu.: quidquid in buccam venit, i. e. *what comes uppermost.*—*A mouther, declaimer:* Curtius et Matho buccae, Iu.—*A trumpeter:* notaeque per oppida buccae, Iu.

buccina, buccinator, see būci-.

buccula, ae, *f. dim.* [bucca], *the beaver, mouthpiece of a helmet:* bucculas tergere, L.: fractā de cuspide pendens, Iu.

būcerus, *adj.*, = βούκερως, *ox-horned:* armenta, O.

būcina (not bucc-), ae, *f.* [for *bovicina; bos +1 CAN-], *a trumpet, horn.*—For military signals: bucinā datum signum, L.: bucinarum cantus: bello dat signum Bucina, V.: ad tertiam bucinam, *at the third watch,* L.—For calling an assembly: bucina datur, homines concurrunt, *a trumpet-call.*—Poet.: Bucina, quae concepit ubi aera, etc., i. e. *Triton's horn,* O.—Fig.: foedae bucina famae, *slander's trumpet,* Iu.

būcinātor, ōris, *m.* [bucina], *a trumpeter,* Cs.

būcolicus, *adj.*, = βουκολικός, *pastoral, bucolic:* modus, O.

būcula (bōc-), ae, *f. dim.* [bos], *a heifer, young cow,* V.: ex aere Myronis, *the brazen heifer.*

būfō, ōnis, *m.* [BV-], *a toad,* V.

bulbus, ī, *m.*, = βολβός, *an onion* (in a play on the name Bulbus), O.

būleutērion, *n.*, = βουλευτήριον, *a senate-house.*

bulla, ae, *f.*, *a water-bubble, bubble:* perlucida, O.—*A boss, knob* (upon a door): bullae aureae.—*A stud* (in a girdle): notis fulserunt cingula bullis, V.—*An amulet worn upon the neck by boys of free birth* (*mostly of gold*): sine bullā venerat: filio bullam relinquere, L.—Orig. an Etruscan custom; hence, Etruscum aurum, Iu.: bullā dignissime, i. e. *childish,* Iu.—On the forehead of a pet stag, O.

bullātus, *adj.* [bulla], *wearing a bulla:* heres, i. e. *still a child,* Iu.

būmastus, ī, *f.*, = βούμαστος, *a grape producing large clusters,* V.

būris, is, *acc.* im, *m.*, *a plough-beam, crooked timber holding the ploughshare,* V.

būstuārius, *adj.* [bustum], *of a place for burning the dead:* gladiator, *who fought at a funeral pile.*

būstum, ī, *n.*, *a place of burning and burying, funeral-pyre:* semiusta Busta, V.—*A mound, tomb:* bustum evertere: Catilinae ingens terreno ex aggere, V.; a place in Rome was named busta Gallica, *the tomb of the Gauls,* L.: civilia busta (of Philippi), Pr.—*Plur.*, of a single tomb: Nini, O.—Fig., of Tereus: se vocat bustum miserabile nati, O.: bustum legum, i. e. *one who annulled the laws.*

buxifer, ī, *adj.* [buxus+1 FER-], *bearing box-trees:* Cytorus, Ct.

buxum, ī, *n.* [buxus], *the wood of the box-tree, box-wood:* torno rasile, V.: ora buxo Pallidiora, O.—*An instrument of box, flute, pipe:* inflati murmur buxi, O.—*A top:* volubile, V.—*A comb:* crines depectere buxo, O.: caput intactum buxo, Iu.—*A writing-tablet:* Volgare, Pr.

buxus, ī, *f.*, = πύξος, *the box-tree:* densa foliis, O.: perpetuo virens, O.—*A pipe, flute:* tympana vox buxusque vocant, V.: longo foramine, O.

C.

caballus, ī, *m.*, *a nag, pack-horse, hack, jade:* vectari caballo, H.: Gorgoneus, i. e. *Pegasus*, Iu. —Prov.: optat arare caballus, i. e. *wants a change*, H.

cachinnātiō, ōnis, *f.* [cachinno], *violent laughter, excessive laughter.*

cachinnō, —, —, are, *to laugh aloud, laugh immoderately.*

cachinnus, ī, *m.*, *a loud laugh, immoderate laughter, jeering:* cachinnum sustulisse: tollere, H.: perversus, O.: rigidus, *sneering*, Iu.—Of the sea, *a plashing:* leni resonant plangore cachinni, Ct.

cacō, āvī, ātus, āre, *to go to stool.*—*Supin. acc.*, H.—With *acc.*, *to pass, void*, Ph.: cacata charta, *smeared with refuse*, Ct.

cacoēthes, is, *n.*, = κακόηθες, *a bad habit, bad condition:* scribendi, *an incurable passion*, Iu.

cacūmen, inis, *n.*, *an extremity, point, peak, top, summit:* montis, Ct.: rupis, L.: arboris, V.: umbrosa cacumina, V.: praeacuta (ramorum): tumulum cacumine rupit, O.: videsne cacumen illud? *peak*, L.: Exserit e tepidā molle cacumen humō, O.

cacūminō, —, —, āre [cacumen], *to make pointed, sharpen:* summas aurīs, O.

cadāver, eris, *n.* [1 CAD-], *a dead body, corpse, carcass:* aqua cadaveribus inquinata: Unctum oleo, H.: informe, V.: paene in ipsis cadaveribus decertare, Cs.: hostium cadavera, S.: dilapsa tabo, V.—Fig., of a worthless man, *a carcass:* eiectum petebam?—Meton., *ruins:* tot oppidūm cadavera, Sulp. ap. C.

cadāverōsus, *adj.* [cadaver], *like a corpse, ghastly, cadaverous:* facies, T.

Cadmēus, *adj.*, *of Cadmus, Cadmean, Theban:* Tyros, Pr.—As *subst. f.* (sc. arx), *the citadel of Thebes*, N.

Cadmēis, idis, *f. adj.* [Cadmus], *of Cadmus, Theban:* domus, arx, matres, O.—As *subst.*, *a daughter of Cadmus, Semele*, O.

cadō, cecidī, casūrus, ere [CAD-], *to fall, fall down, descend:* lucrumae cadunt gaudio, T.: (apes) praecipites cadunt, V.: caelo ceciderunt sereno Fulgura, V.: a mento cadit manus, O.: de manibus arma cecidissent: vela cadunt, *are furled*, V.: Altius atque cadant imbres, *from a greater height*, V.—*To fall, fall down, fall prostrate, fall over:* ne ille ceciderit, *has had a fall*, T.: velut si prolapsus cecidisset, L.: prolapsa in volnus moribunda cecidit, L.: in pectus pronus, O.: casura moenia Troum, O.: casurae arces, V.—Of heavenly bodies, *to set, go down, fall, sink:* iuxta solem cadentem, V.: quā (nocte) Orion cadit, H.: oriens mediusve cadensve Phoebus, O.: primis cadentibus astris, *fading*, i. e. *at dawn*, V.—*To fall off, fall away, fall out, drop off, be shed:* barba, V.: Prima (folia) cadunt, H.: gregibus lanae cadunt, O.: poma ramis, O.: elapsae manibus cecidere tabellae, O.—Of a stream, *to fall, empty itself:* in sinum maris, L.—Of dice, *to be thrown, fall, turn up:* illud, quod cecidit forte, T.—Of shadows, *to be thrown, fall* (poet.): cadunt de montibus umbrae, V.—*To fall dead, fall, die, be slain:* in acie: Civili acie, O.: pauci de nostris cadunt, Cs.: plures Saguntini cadebant quam Poeni, L.: ante diem, *prematurely*, V.: suo Marte (i. e. suā manu), O.: iustā Morte, H.: femineo Marte, O.: a tanto viro, O.: a centurione, Ta.: In pio officio, O.: in patriā cadendum est, *we must perish.*—Of victims, *to be slain, be offered, be sacrificed, fall* (poet.): Multa tibi cadet hostia, V.: Si tener cadit haedus, H.: Victima vota cadit, O.—Of a woman, *to yield*, Tb. —Fig., *to come, fall under, fall, be subject, be exposed:* sub sensum: in conspectum, *to become visible:* si regnum ad servitia caderet, *into servile hands*, L.: sub imperium Romanorum: in deliberationem: in suspicionem alicuius, N.—*To belong, be in accordance, agree, refer, be suitable, apply, fit, suit, become:* non cadit in hos mores ista suspitio: cadit ergo in bonum virum mentiri?: Heu, cadit in quemquam tantum scelus? V.: sub eandem rationem.—Of time, *to fall upon:* in alienissimum tempus: in hanc aetatem.—*To fall due:* in eam diem cadere nummos.—*To befall, fall to the lot of, happen, come to pass, occur, result, turn out, fall out:* mihi peropportune: insperanti mihi cecidit, ut, etc.: Sunt quibus ad portas cecidit custodia sorti, V.: Ut illis . . . voluptas cadat, H.: verba cadentia, *uttered at random*, H.: verba si Graeco fonte cadent, *be derived from*, H.: verebar quorsum id casurum esset, *how it would turn out:* praeter opinionem, N.: si quid adversi caderet, L.: fortuito in melius casura, Ta.: curare Quo promissa cadent, *how fulfilled*, H.: Vota cadunt, *are fulfilled*, Tb.: tibi pro vano benigna cadant, Pr.: Quo res cumque cadent, V.: si non omnia caderent secunda, Cs.: ut inrita promissa eius caderent, L.: libertas in servitutem cadit: in hunc hominem ista suspitio: ad inritum cadens spes, *turning out to be vain*, L.—*To lose strength, fall, perish, be overthrown, drop, decline, vanish, decay, cease:* cadentem rem p. fulcire: tua laus pariter cum re p. cecidit: virtute Neronis Armenius cecidit, H.: non tibi ira cecidit, L.: animus, *to fail*, L.: cadere animis, *to lose courage:* cecidere illis animi, O.—*To fail* (in speaking), *falter:* orator cadet.—Causā cadere, *to lose the cause:* cadere in iudicio: Ut cecidit fortuna Phrygum, O.—Of the countenance or features: tibi tamen oculi, voltus, verba cecidissent, i. e. *expressed terror.*—Of words: Multa renascentur, quae iam cecidere, *fallen into disuse,* H.—Of theatrical representations, *to fail, be condemned:* cadat an recto stet fabula talo, H.—Of the wind, *to abate, subside, die away:* cadit Eurus, O.: venti vis omnis cecidit, L.—Of words and clauses, *to be terminated, end, close:* verba melius in syllabas longiores cadunt: similiter cadentia, *having the same endings.*

cādūceātor, ōris, *m.* [caduceus], *a bearer of a caduceus, herald, messenger of truce,* L., Cu.

cādūceus, ī, *m.*, = κηρύκειον, *a herald's staff* (orig. an olive branch), *the token of a peaceful embassy:* caduceo ornatus: oratores cum caduceo mittere, L.: caduceum praeferentes, L.

cādūcifer, ī, *adj. m.* [caduceus+1 FER-], *bearing a herald's staff:* Atlantiades, *Mercury,* O.—As *subst., Mercury,* O.

cadūcus, *adj.* [1 CAD-], *that falls, that has fallen, falling, fallen:* frondes, V.: lacrimae, O.: poma, Pr.: lignum In domini caput, H.: fulmen, *hurled,* H.: bello caduci Dardanidae, *fallen in war,* V.: iuvenis, *destined to die,* V.—*Inclined to fall, that easily falls:* vitis, quae naturā caduca est.—Fig., *frail, fleeting, perishable, transitory, vain:* res humanae: fragile et caducum (opp. stabile et firmum): spes, *futile,* O.: preces, *ineffectual,* O.—In law, *lapsed, vacant, having no heir:* hereditates; hence, doctrinae possessio quasi caduca.—As *subst. n., property without an heir, an unowned estate:* dulce, Iu.

cadurcum, ī, *n.*—Prop., *of the Cadurci* (in Gaul); hence, *linen* (from Gaul): niveum, *a white bed-cover,* Iu.

cadus, ī, *m.*, = κάδος, *a large vessel for liquids, wine-jar, jug:* vina cadis onerare, V.: fragiles, O. —*Wine* (poet.): Chius, H., Tb.—*A funeral urn:* aënus, V.

caecitās, ātis, *f.* [caecus], *blindness:* horribilis.—Fig.: mentis ad omnia: animi.

caecō, āvī, ātus, āre [caecus], *to make blind, blind:* largitione mentīs imperitorum: ut (animi acies) ne caecetur erroribus: caecata mens subito terrore, L.: pectora serie caecata laborum, O.—Of style: celeritate caecata oratio, *made obscure.*

Caecubus, *adj., of Caecubum* (a plain of Latium, famous for wine): vina, H.—As *subst. n., Caecuban wine,* H.

caecus, *adj.* with (once in H.) *comp.* [SCA-], *not seeing, blind:* qui caecus annos multos fuit: corpus, *the blind part, back,* S.—Prov.: ut si Caecus iter monstrare velit, H.: apparet id quidem etiam caeco, *a blind man can see that,* L.—Fig., of persons, *mentally* or *morally blind, blinded:* non solum ipsa Fortuna caeca est, sed eos efficit caecos, etc.: mater caeca crudelitate: cupidine, S.: amentiā: quem mala stultitia Caecum agit, H.: mens, Ta.: ad has belli artes, L.: Hypsaeā caecior, H.—Of wolves: quos ventris Exegit caecos rabies, *blind to danger,* V.—Meton., of passions: avaritia: praedae cupido, O.: amor sui, H.: festinatio, L.: timor, Ph.—Praegn., *blind, at random, vague, indiscriminate, aimless:* caecae suspitionis tormentum: caeca regens filo vestigia, V.: consilium, *rash:* casus.—*Not seen, not discernible, invisible, concealed, hidden, obscure, dark:* vallum, Cs.: fores, *private,* V.: tabes, O.: volnus, *in the back,* V.: domūs scelus, V.: viae, *blind ways,* Tb.: res caecae et ab aspectūs iudicio remotae: fata, H.: eventus, V.: tumultus, *secret conspiracies,* V.: stimuli in pectore, O.: murmur, *muffled,* V.—*Obstructing the sight, dark, gloomy, thick, dense, obscure:* nox, Ct.: caligo, V.: in nubibus ignes, i. e. *deepening the gloom,* V.: domus, *without windows:* pulvis, V.: acervus, *chaotic,* O.: quantum mortalia pectora caecae Noctis habent! i. e. *dissimulation,* O.: exspectatio, i. e. *of an uncertain result:* crimen, *that cannot be proved,* L.

caedēs (old **caedis,** L.), is, *f.* [2 SAC-, SEC-], *a cutting-down:* ilex per caedes Ducit opes, *gathers vigor by the blows,* H.—*A killing, slaughter, carnage, massacre:* civium: magistratuum: designat oculis ad caedem unumquemque nostrum: Iam non pugna sed caedes erat, Cu.: ex mediā caede effugere, L.: homines Caedibus deterruit, H.: magnā caede factā, N.: caedem in aliquem facere, S.: caedes et incendia facere, L.: sternere caede viros, V.: saeva, O.: arma Militibus sine caede Derepta, *without a battle,* H.: Nullum in caede nefas, *in killing* (*me*), V.: studiosus caedis ferinae (i. e. ferarum), O.: bidentium, H.—Meton., *persons slaughtered, the slain:* caedis acervi, V.: plenae caedibus viae, Ta.: par utrimque, L.—*The blood shed, gore:* tepidā recens Caede locus, V.: caede madentes, O.: permixta flumina caede, Ct.: quod mare Non decoloravere caedes? H.—*A murderous attack:* nostrae iniuria caedis, *on us,* V.

caedō, cecīdī, caesus, ere [2 SAC-, SEC-], *to cut, hew, cut down, fell, cut off, cut to pieces:* arbores: robur, O.: silvas, Cs.: murus latius quam caederetur ruebat, L.: lapis caedendus: securibus vina (frozen), V.: comam (vitis), Tb.: caesis montis fodisse medullis, Ct.—Prov.: ut vineta egomet caedam mea, i. e. *attack my own interests,* H. —*To strike upon, knock at, beat, strike, cudgel:* ianuam saxis: verberibus te, T.: virgis ad necem caedi: flagellis Ad mortem caesus, H.: nudatos virgis, L.: servum sub furcā, L.: caesae pectora palmis, i. e. *beating,* O.: in iudicio testibus caeditur, i. e. *is pressed.*—Of men, *to strike mortally, kill, murder:* illi dies, quo Ti. Gracchus est caesus: caeso Argo, O.—Poet., of blood: caeso sparsuros sanguine flammam, *shed*, V.—Of battle, *to slay, slaughter, cut to pieces, vanquish, destroy:* exercitus caesus fususque: infra arcem caesi captique multi, L.: passim obvii caedebantur, Cu.: ingentem cecidit Antiochum, H.: placare ventos virgine caesā, V.—Of animals, *to slaughter* (esp. for sacrifice): greges armentorum: boves, O.: deorum mentis caesis hostiis placare: victimas, L.: binas bidentis, V.: Tempestatibus agnam, V.—Fig.: pignus caedere (in law), *to declare the forfeiture of a security, confiscate a pledge:* non tibi illa sunt caedenda: dum sermones caedimus, *chop words, chat*, T.: Caedimur, *cudgel one another* (with compliments), H.

caelāmen, inis, *n.* [caelo], *a bass-relief:* clipei caelamina, O.

caelātor, ōris, *m.* [caelo], *an artisan in basso-relievo, carver, engraver*, C.: curvus, Iu.

caelātus, *P.* of caelo.

caelebs (not coel-), libis, *adj.*, *unmarried, single* (whether bachelor or widower): censores: (ego), H.: vita, *the life of a bachelor*, H.: platanus, i. e. *without a vine*, H.: sine palmite truncus, O.

(caeles), itis, *adj.* [caelum], *heavenly, celestial* (not in *nom. sing.*): agricolae, Tb.: regna, O.—*Plur. m.* as *subst.*, *the gods*, C., Ct.: rex caelitum, H.: cedere caelitibus, O.

caelestis (not coel-), e (*abl. sing.* -tī; rarely -te, O.; *gen. plur.* poet. -tūm, V., O.), *adj.* [caelum], *of heaven, from heaven, of the heavens, heavenly, celestial:* aqua, *rain*, H.: plagae, O.: aërii mellis dona, V.: prodigia, L.—*Plur. n.* as *subst.*, *the heavenly bodies.*—Fig., *divine:* numen, O.: irae, L.: origo, V.: sapientia, H.: auxilium, *of the gods*, O.—*Plur. m.* as *subst.*, *the gods:* in concilio caelestium: nuntia caelestes ita velle, L.: invisus caelestibus, V.: bis sex, *the twelve great gods*, O.: magnitudo caelestium, *the divine majesty*, Ta.—*Plur. n.* as *subst.*, *heavenly objects, divine things:* haec caelestia semper spectato: tentare, *experience*, i. e. *be deified*, H.—*Celestial, divine, god-like, magnificent, pre-eminent:* legiones: quem prope caelestem fecerint, L.: quos Elea domum reducit Palma caelestīs, *glorified*, H.

caelicola, ae (*gen. plur.* -colūm, V.), *m.* [caelum+COL-], *a deity, god* (poet.): caelicolae vita, V.: potentes, O.: convivia caelicolarum, Iu.

caelifer, era, erum, *adj.* [caelum+1 FER-], *supporting the heavens*, poet. of Atlas, V.

caelō, āvī, ātus [caelum, a chisel; see 2 SAC-, SEC-], *to engrave in relief, make raised work, carve, engrave* (usu. in silver or copper): speciem argento: galeas aere: caelata in auro facta, V.: flumina Argento, O.: scuta auro, L.: calvam auro, *emboss*, L.: si quicquam caelati aspexerat, *engraved work.*—Rarely of wood-carving: pocula Fagina, caelatum opus, V.—Fig., *to adorn, finish:* Caelatum novem musis opus, *by the muses*, H.: caelatus stellis Delphin, *decked*, O.

caelum, ī, *n.* [2 CAV-], *the sky, heaven, heavens, vault of heaven:* caelum terra mariaque: quod tegit omnia caelum, O.: aliquod caeli signum, *sign, constellation:* in caelo regere, H.: portae de caelo tactae, *struck by lightning*, L.: caelum terramque miscere (of violent winds), V.: de caelo demissis, i. e. *of divine descent*, L.: albente caelo, *at break of day*, Cs.: vesperascente caelo, *in the evening twilight*, N.—In augury: de caelo servare, *to observe the signs of heaven:* de caelo fieri (of celestial signs), *to appear.*—Provv.: quid si nunc caelum ruat? (of a vain fear), T.: delabi caelo, *to drop from the sky* (of sudden good-fortune): caelum ac terras miscere, *to throw everything into confusion*, L.: findere caelum aratro (of an impossibility), O.—In a play on the name Caelius: caeli spatium, *the breadth of the sky* (or *of the grave of Caelius*), V.—*A sky, clime, zone, region:* caelum, sub quo natus essem, L.: Caelum non animum mutare, H.—*The air, sky, atmosphere, temperature, climate, weather:* foedus annus intemperie caeli, L.: caeli spiritus iucundus: caeli morem praediscere, V.: ducere animam de caelo, *the open air:* Germania aspera caelo, Ta.: salubre: serenum, V.: palustre, L.: foedum imbribus, Ta.—Fig., of well-being, *heaven, the height of honor, prosperity, happiness:* Caesar fertur in caelum, *praised to the skies:* vos ad caelum efferre rumore secundo, H.: collegam de caelo detraxisti, *deprived of his position:* in caelo sum, i. e. *very happy:* caelum accepisse fatebor, O.—Of things: omnia, quae tu in caelum ferebas, *extolled.*

caementum, ī, *n.* [caedo], *an unhewn stone, quarry-stone:* in caemento valere: in insulam caementa convexit: caementa non calce durata, *cemented with mortar*, L.: caementorum usus, Ta.

caena, caenāculum, caenō, see cēn-.

caenōsus, *adj.* [caenum], *muddy, foul:* gurges, *the Styx*, Iu.

caenum (not coenum), ī, *n.*, *dirt, filth, mud, mire:* iudices caeno obliti: Turbidus (Acheron) caeno, V.: caeno evellere plantam, H.: corpore infames caeno mergere, Ta.—Fig., *filth, dirt, uncleanness:* alqm opponere labi illi atque caeno, *vile fellow:* plebeium, *the unclean mob*, L.

caepe (**cēpe**), *n.* (only *nom.* and *acc.*; *nom.* once **cēpa**, *f.*, O.), *an onion*, H., Iu.

Caeres, itis or ētis, *adj.* [Caere], *of Caere:* populus, L.: domus, V.—The people of Caere were Roman citizens, but without votes; hence, cera, *the rolls of imperfect citizenship, to which Romans might be degraded by the censor*, H.

caerimōnia (caere-), ae, *f.* [1 CER-], *a religious usage, sacred rite, religious ceremony:* maximae: legationis caerimoniam polluere: ludos cum caerimoniā facere: caelestes, L.: eorum gravissima, Cs.: libri caerimoniarum, *the ritual*, Ta.—M e t o n., *a holy dread, awe, reverence, veneration* (expressed in forms): sacra summā caerimoniā conficere.—*Sacredness, sanctity:* legationis.

caeruleus, *adj.* [for * caeluleus, from caelum], *like the sky, azure, blue, dark blue, dark green:* color, Cs.: oculi, Ta.: glacies, V.: aquae, O.: di, *of the sea*, O.: frater (Iovis), *Neptune*, O.: currus, *of Neptune*, V.: Thybris, V.: angues, V.: guttae, O.: scutulata, *a blue checked garment*, Iu.: Germania pubes, *blue-eyed*, H.: panis, *mouldy*, Iu.: cucumis, Pr.—*Dark, gloomy, sable, dim, pitchy* (poet.): vittae, V.: imber, V.

caerulus, *adj.* [for * caelulus, from caelum], *azure, blue, dark blue, cerulian:* caeli templa: mater (Achillis), i. e. *Thetis*, H.: color, O.: colla, V.: undae, Tb.—*Plur. n.* as *subst.:* tollere in caerula caeli, *the depths*, O.: caerula verrunt, *the blue (sea)*, V.—*Dark, gloomy, black, dim:* bacis caerula tinus, O.: coma (Tmoli), *dim, shadowy*, O.

caesariēs, —, *acc.* em, *f.*, *the hair, head of hair, locks* (only *sing.*).—Of men: decora, V.: flava, Iu.: pectes caesariem, H.: umeros tegens, O.: promissa, L.—Of women: nitida, V.: Caesariem excussit, O.—Of the beard: longae barbae, O.

caesim, *adv.* [caedo], *by cutting* (in battle), *with the edge*: petere hostem, L.: ensem deiecit, L.—F i g., of discourse, *in short clauses:* dicere.

caesius, *adj.* [2 SAC-, SEC-], *cutting, sharp* (only of the eyes): oculi Minervae; hence, *cat-eyed, gray-eyed:* virgo, T.: leo, Ct.

caespes (not cēspes), itis, *m.* [caedo], *a turf, cut sod:* non esse arma caespites, neque glaebas.—For an altar: vivus, H.: Dis focos de caespite ponit, O.: ara e caespite facta, Ta.: Sepulcrum caespes erigit, Ta.—*A cot, hut, hovel:* spernere caespitem, H.—*A bed* (*of plants*): uno tollit de caespite silvam, V.—*A grassy field, green field, turf:* de caespite virgo Se levat, O.

caestus (not cestus), ūs, *m.* [caedo], *a gauntlet, boxing-glove for pugilists*, usu. *a strap of bull's hide loaded with balls of lead or iron, wound around the hands and arms:* pugiles caestibus contusi: manibus inducere caestūs, V.

caesus, *P.* of caedo.

caetra (cētra), ae, *f.* [Spanish], *a short Spanish shield*, V., L.: brevis, Ta.

caetrātus, *adj.* [caetra], *armed with a caetra, shield-bearing:* cohortes, Cs., L.

(calamister), trī, *m.* [calamus], *a tube of iron for curling the hair, curling-iron, crisping-pin:* calamistri vestigia.—F i g., of style, *artificial-ornament*, C., Ta.

calamistrātus, *adj.* [calamister], *curled with the curling-iron, crisped, curled:* coma: saltator, i. e. *effeminate.*

calamitās, ātis, *f.* [SCAL-], *loss, injury, damage, mischief, harm, misfortune, calamity, disaster:* ipsa nostri fundi calamitas, *bane*, T.: ut quaedam calamitas pervadere: in calamitate fructuum, *failure:* ita eam oppressit calamitas, T.: rei p.: privata: in calamitate esse, *distress*, S.: calamitates perferre, Cs.—P o e t.: nec repulsam tua sentiret calamitas, *you in your misfortune*, Ph.—E s p., *the misfortunes of war, disaster, overthrow, defeat:* magnam calamitatem accepisse, Cs.: Cannensi calamitate acceptā: magna clades atque calamitas, S.: illa apud Leuctra, N.: insignis, Cs.

calamitōsē, *adv.* [calamitosus], *unfortunately, exposed to disaster:* vivere.

calamitōsus, *adj.* with *comp.* and *sup.* [calamitas], *causing loss, damaging, ruinous, destructive, disastrous, pernicious, calamitous:* pestis tempestasque: calamitosissimum bellum: plebi incendium, S.: quid (hac clade) calamitosius?—*Suffering damage, unfortunate, miserable, unhappy:* agri vectigal: calamitosum est bonis everti, calamitosius cum dedecore: fama: occurrere calamitosis, *to succor the unfortunate.*

calamus, ī, *m.*, = κάλαμος, *a reed, cane:* calami palustres, O.: dispares, O.—M e t o n., *of objects made of reeds, a reed pen:* bonus: transversus, H.—P o e t.: levi calamo ludere, *to trifle*, Ph.—*A reed-pipe, reed:* calamo trivisse labellum, V.: agrestis, V.: curvus, Ct.: hians, Pr.—*An arrow:* calami spicula Gnosii, H.: levis, O.: Per calamos venatricis puellae, Iu.—*A fishing-rod:* calamo salientes ducere pisces, O.—*A lime-twig for snaring birds*, Pr.—*A straw, stalk, blade:* lupini, V.

calathiscus, ī, *m. dim.* [calathus], *a small wicker-basket:* virgati, Ct.

calathus, ī, *m.*, = κάλαθος, *a wicker-basket, hand-basket* (for flowers, wool, etc.): calathi Minervae, *work-baskets*, V., O.: calathis peracta referre Vellera, Iu.—*A cheese-basket*, V.—*A wine-cup*, V.

calcar, āris, *n.* [1 CEL-, CALC-], *a spur:* concitat calcaribus equum, L.: calcaribus subditis, Cu.: equi fodere calcaribus armos, V.—F i g., *stimulus, incitement:* alter frenis eget, alter calcaribus: vatibus addere calcar, H.: inmensum gloria calcar habet, O.

calcātus, *P.* of calco.

calceāmentum (calciā-), ī, *n.* [calceo], *a shoe.*

(**calceō**), —, ātus [calceus], *to furnish with shoes, put on shoes, shoe:* calceati et vestiti: calceandi pedes, Ph.

calceolus, ī, *m. dim.* [calceus], *a little shoe.*

calceus, ī, *m.* [1 CEL-, CALC-], *a shoe, half-boot* (covering the whole foot): calcei habiles et apti ad pedem: laxus, H.: pede maior subvertet, minor uret, H.—Because senators wore a peculiar half-boot: calceos mutare, i. e. *to become senator.*

calciō, calciāmentum, see calce-.

calcitrō, —, —, āre [1 calx], *to kick*, O.—Fig., *to resist, be refractory:* calcitrat, respuit.

calcō, āvī, ātus, āre [1 calx], *to tread, tread upon, trample:* exstructos morientum acervos, O.: calcata vipera, *trodden*, O.: in foro calcatur, L.: pede, Ta.: Huc ager dulcesque undae ad plenum calceutur, *packed in*, V.: cineres ossaque legionum, Ta.—Fig., *to trample upon, suppress:* hostem, Iu.: libertas nostra, L.: amorem, O.—Of space, *to tread, pass over:* calcanda semel via leti, H.: durum aequor, *the frozen sea*, O.

calculus, ī, *m. dim.* [2 calx], *a small stone, pebble:* coniectis in os calculis.—*Sing. collect.:* dumosis calculus arvis, *in the fields*, V.—*A stone used in reckoning:* calculis subductis, *computed, cast up.*—*A counter used in playing draughts*, O.—Fig.: amicitiam ad calculos vocare, *hold to a strict account:* si ad calculos eum res p. vocet, L.—*A voting-pebble, ballot:* calculus ater, i. e. *for condemnation*, O.: ad illos calculos revertamur, i. e. *those principles of action.*

caldior, caldus, see calidus.

calefaciō or **calfaciō** (**-ficiō**), fēcī, factus, ere, *pass.* calefīō, fierī [caleo + facio], *to make warm, make hot, heat:* ad calefaciendum corpus: igne focum, O.: balineum calficri iubebo: calefacta ora, *flushed*, V.—Fig., *to excite* (poet.): calefactaque corda tumultu, V.—*To vex, trouble* (colloq.): calface hominem: alqm luculente.

calefactō, —, —, āre, *intens.* [calefacio], *to heat, make hot:* lignis ahenum, H.

calefactus, calefīō, see calefacio.

Calendae, see Kalend-.

caleō, uī, —, ēre (*P. fut.* calitūrus, O.) [3 CAL-], *to be warm, be hot, glow:* ut calere ignem: terrae sole calentes, H.: ture calent arae, V.: ignibus arae, O.: sole calente, Tb.: spoliant calentia membra, *while still warm*, V.: febre, Iu.—Fig., *to glow, be roused, be warmed, be inflamed:* inridendo calebat: ab recenti pugnā, L.: feminā, *to become enamoured of*, H.: scribendi studio, H.: dum animi spe calerent, Cu.: desiderio Coniugis abrepti, O.—*To be troubled, perplexed:* te istic iam calere puto: alio mentis morbo, *to labor under*, H.: cales venenis officina, *fume* (like) *a laboratory*, H.—*To be driven hotly, be urged on zealously:* iudicia calent: satis calere res Rubrio visa est, i. e. *ripened:* Veneris bella calent, *rage*, Tb.

calēscō, uī, —, ere, *inch.* [caleo], *to grow warm, be heated:* calescere apricatione: unda calescit, O.—Fig., *to become excited, glow, be inflamed* (poet.), T.: flammā propiore, O.: agitante illo (deo), *to be inspired*, O.

calfaciō, calficiō, see calefacio.

caliandrum, see caliendrum.

calidus and (poet.) **caldus**, *adj.* with *comp.* [3 CAL-], *warm, hot:* omne quod est calidum: calidior quam aër: cruor, O.: de pectore flumen (sanguinis), V.—*Plur. n.* as *subst.:* Frigida pugnabant calidis, *cold with heat*, O.—*Sing. f.* as *subst.*, *warm water:* lavi calidā, Ta.—Fig., *fiery, rash, eager, spirited, fierce, impassioned, vehement:* equus animis, *of a fiery spirit*, V.: redemptor, H.: iuventā, H.—*Inconsiderate, hasty, rash:* Vide ne nimium calidum hoc sit, T.: consilia: consilia calidiora, L.: Caldior est, *too quick of temper*, H.

caliendrum (**calian-**), ī, *n.*, = κάλλυντρον, *a high head-dress of false hair*, H.

caliga, ae, *f.* [1 CEL-, CALC-], *a shoe of leather, half-boot, soldier's boot*, C.: offendere tot caligas, i. e. *booted soldiers*, Iu.

caligātus, *adj.* [caliga], *wearing soldiers' boots;* hence, *in hob-nailed boots, rough-shod*, Iu.

cālīginōsus *adj.* [caligo], *misty, dark, obscure, gloomy:* caelum: stella.—Fig., *dark, obscure:* nox, H.

1. cālīgō, inis, *f.* [2 CAL-], *a thick air, mist, vapor, fog:* picea, V.: atra, V.: noctem eadem caligo obtinuit (i. e. nebula), L.: Boreas caligine tectus, i. e. *dust and clouds*, O.—Meton., *darkness, obscurity, gloom:* cum altitudo caliginem oculis obfudisset, i. e. *had caused dizziness*, L.: in tantā caligine, L.: obscura: caeca, V.: inter caliginis umbras, O.: caligo ac tenebrae, Cu.: quod videbam . . . quasi per caliginem.—*Mental darkness, confusion, ignorance:* illa, quam dixi: caecā mentem caligine consitus, Ct.—*Calamity, affliction, gloom:* caligo bonorum, tenebrae rei p.

2. cālīgō, —, —, āre [1 caligo], *to steam, reek, darken:* caligans (Centaurus): (nubes) umida circum Caligat, V.—Meton., *to be dark, gloomy:* caligans nigrā formidine lucus, V.: altae caligantesque fenestrae, *dizzy*, Iu.

calix, icis, *m.* [2 CAL-], *a cup, goblet, drinking-vessel:* maximi calices: maiores, H.: plebeii, Iu.—Meton., *wine*, H.—*A cooking-vessel, pot*, O.

calleō, —, —, ēre [callum], *to be callous;* hence, fig., *to be experienced, be skilful, be versed:* in ea, quorum usu calleret, L.—*To know by experience, be skilled in, have the knowledge of, un-*

derstand: illius sensum, T.: iura: urbanas rusticasque res pariter, L.: sonum digitis et aure, H.: Duram pauperiem pati, *to know how*, H.: deprendere, Iu.: quo pacto id fieri soleat calleo, T.

callidē, *adv.* with *comp.* and *sup.* [callidus], *skilfully, shrewdly, expertly:* hoc intellegere, T.: facere: dicere: versari: callidius interpretari, Ta.: callidissime dicere: de futuris conicere, N. —*Cunningly, craftily:* accedere: vitia sua occultans, S.

calliditās, ātis, *f.* [callidus], *shrewdness, skill, readiness, aptness* (rare): ingeni, N.: fori, Ta.—*Cunning, craft, slyness, artfulness:* calliditas potius quam sapientia: calliditate Poenos superare: Graeca, L.: servi Calliditates, *rogueries*, T.

callidus, *adj.* with *comp.* and *sup.* [calleo], *practised, shrewd, expert, experienced, adroit, skilful, ingenious, prudent, dexterous:* agitator: naturā nihil callidius: Stamina suspendit callida (i. e. callide), O.: Callidus huic signo ponebam milia centum, *a connoisseur*, H.: veterum iudex, H.: callidus Condere furto, H.: foramina callidissimo artificio fabricari: inventum, N.: iunctura, H.—*Crafty, cunning, artful, sly:* ostendi quam sis callidus, T.: in isto artificio callidior: gens non astuta nec callida, Ta.: ad fraudem: auceps, O.: consilium, T.: ius: liberalitas, *calculating*, N.: malitia inimici, L.: iuris interpretatio, *subtle.*

Calliopē, ēs, or **Calliopēa**, ae, *f.*, = Καλλιόπη or Καλλιόπεια (fine-voiced).—*The Muse of epic poetry*, V., H., O., Iu.—M e t o n., *poetry*, O.

callis, is, *m.* and *f.* [1 CEL-, CER-], *a stony footway, foot-path, mountain-path, pass, defile:* inviis callibus, L.: angustus, V.: suum servare callem, O.: deviae, L.: vix singulis pervii, Cu.—*A mountain-pasturage, alp:* Italiae callīs praedari: per occultos calles, V.

callōsus, *adj.* [callum], *hard-skinned, callous:* ova, H.

callum, ī, *n.* [2 CEL-, CER-], *a hard skin, thick skin:* mihi est calciamentum solorum callum: dissiluit percusso lammina callo, O.—F i g., *insensibility, callousness:* quasi callum obducere dolori, vetustatis.

1. cālō, —, ātus, āre [1 CAL-], *to call together, summon, convoke* (only of religious assemblies); hence, a calatis Gaviis, *by the assembled* gens Gavia.

2. cālō, ōnis, *m.*, *a servant in the army, soldier's servant*, Cs.: turba calonum, L.—*A low servant, drudge:* plures calones Pascendi, H.

calor, ōris, *m.* [3 CAL-], *warmth, heat, glow:* uva calore solis augescens: Dilapsus (in death), V.: ficus prima calorque, *the burning heat* (of August), H.: annuae calorum varietates: ferre aequos calores, O.: mediis caloribus, *in the midst of summer*, L.: calores austrini, V.—F i g., *the fire of love:* trahere calorem, O.—*Plur.*, H., Pr.

caltha, ae, *f.*, *a yellow flower, marigold*, V.

calumnia, ae, *f.*, *trickery, artifice, chicanery, cunning:* cum omni calumniā senatūs auctoritas impediretur: triumphare calumniā paucorum, S.: res extracta variis calumniis.—*A pretence, evasion, subterfuge:* in istā calumniā delitescere: ne qua calumnia adhibeatur.—*A misrepresentation, false statement, fallacy, cavil:* effugere alicuius calumniam.—*A false accusation, malicious charge, false prosecution:* de templis spoliatis, L.: causam calumniae reperire: ab alquo per calumniam alqd petere.—*A perversion of justice, bad faith in an action at law:* personam calumniae civitati inponere, *the character of a malicious prosecutor:* calumniae accusationem relinquere.—*A conviction for malicious prosecution:* calumniam effugere: calumniam fictis eludere iocis, Ph.: calumniam in eum iurare, *to swear that the prosecution is in good faith*, L.

calumniātor, ōris, *m.* [calumnior], *a trickster, malicious prosecutor, false informer, perverter of law:* scriptum sequi calumniatoris esse: calumniatores apponere: egens: Calumniator ab ove cum peteret canis, Ph.

calumnior, ātus, ārī, *dep.* [calumnia], *to accuse falsely, prosecute unjustly:* calumniandi quaestus, *of a false informer:* calumniando omnia suspecta efficere, L.: iacet res isto calumniante biennium. —*To depreciate, misrepresent, calumniate, slander:* te: id unum calumniatus est rumor, Ta.: sed calumniabar ipse, i. e. *I kept imagining accusations:* Calumniari . . . Quod arbores loquantur, *cavil*, Ph.

calva, ae, *f.* [calvus], *the scalp, bald head:* calvam auro caelare, L.

calvitium, ī, *n.* [calvus], *baldness, a bald spot.*

calvus, *adj.* [SCAL-], *bald, hairless*, Iu., Ph.

1. calx, cis, *f.* [CEL-, CER-], *the heel:* (forīs) calcibus insultare, T.: uti pugnis et calcibus: ferrata, *the spur*, V.: nudis calcibus anguem premere, Iu.: quadrupes calcibus auras Verberat, i. e. *the fore-feet*, V.: calce petit, *kicks*, H.: ferire, O.: calces remittere, *to kick*, N.: aut dic aut accipe calcem, *take a kick*, Iu.: calcemque terit iam calce, i. e. *presses close in his footsteps*, V.—P r o v.: advorsum stimulum calces (sc. iactare), *to kick against the pricks*, T.

2. calx, cis, *f.*, = χάλιξ, *limestone, lime:* in insulam calcem convexit: caementa calce durata, L.—F i g., *the goal of the race-course* (anciently marked with lime): ad calcem pervenire: ad carceres a calce revocari, i. e. *from the end to the beginning:* video calcem, ad quam cum sit decursum.

camara, ae, *f.*, = καμάρα, *a boat with arched deck* (in Pontus), Ta.

camella, ae, *f. dim.* [camera], *a goblet, cup*, O.

camēlus, ī, *m.*, = κάμηλος, *a camel*, C., H., L.

Camēna, ae, *f.* [1 CAS-], *a Muse:* acceptus novem Camenis, H.: amant alterna Camenae, V.: Daunia, *Apulian*, i. e. *of Horace*, H.: veteres, O.: Mirabar, quidnam mane misissent Camenae, Pr.: Camenis lucum sacravit (Numa), L.—M e t o n., *poetry, a poem, song:* summā dicende Camenā, H.: patriā scripta Camenā, O.: meae, Tb.

camera, ae, *f.*, = καμάρα, *a vault, an arched roof, arch:* lapideis fornicibus iuncta, S.: si cameram percusti, *hit the ceiling*, H.

Camerīnus, ī, *a cognomen in the Sulpician gens*, L.—Hence, Camerinos curare, i. e. *to court the nobility*, Iu.

camīnus, ī, *m.*, = κάμινος, *a furnace, smelting-furnace, forge:* pleni, O.: semper ardens, Iu.—P o c t., *the forge of Vulcan under Aetna*, V.—*A furnace for heating an apartment*, H.—*Fire:* camino luculento uti: ramos urente camino, H.—P r o v.: oleum addere camino, i. e. *to aggravate the evil*, H.

cammarus, ī, *m.*, = κάμμαρος, *a lobster*, Iu.

campester, tris, tre, *adj.* [campus], *of a level field, even, flat, level:* loci, Cs.: iter, L.: munitiones, *field-works*, Cs.: Scythae, *dwelling on plains*, H.: hostis, *fighting on the open plain*, L.—*Plur. n.* as *subst.:* pauca campestrium insederunt, *little of the level country*, Ta.: ludus.—*Of the Campus Martius:* arma, *used in the games*, H.: certamen, i. e. *of the comitia*, L.: gratia, *among the voters*, L. —As *subst. n.* (sc. velamentum), *a wrestling-apron* (worn by athletes), H.

campus, ī, *m.* [SCAP-], *a plain, field, open country, level place:* campi patentes: virentes, H.: aequor campi, V.: in aequo campi, L.: campos peragrantes: redeunt iam gramina campis, H.: campi frumenti opulenti, L.: pigri, H.: planus lateque patens, O.: in campo sui facere potestatem, *in the open field*, N.: ut ignes in campo obstare queratur, *in the open plain*, H.: agros cum suis opimis campis: tantum campi, *so vast a plain*, V.: Aëris in campis latis, i. e. *the Elysian fields*, V.: campis atque Neptuno super, *on land and sea*, H.—E s p., *a grassy plain in Rome, along the Tiber* (dedicated to Mars; hence called Campus Martius), *the place of assemblage for the people at the* comitia centuriata, L.: quorum audaciam reieci in Campo: Descendat in Campum petitor, H.: consularibus comitiis consecratus; it was used for games, exercise, and military drills; hence, campus noster: ludere in campo, H.: uti Et ludis et post decisa negotia Campo, H.: Quantos virūm Campus aget gemitūs (at the funeral of Marcellus), V.—*A level surface* (of a sea, a rock, etc., poet.): campi liquentes, V.: campus aquae, O.: inmotā attollitur undā Campus (i. e. saxum), V.—F i g., *a place of action, field, theatre, arena:* aequitatis: magnus in re p.: campus Per quem magnus equos Auruncae flexit alumnus, i. e. *the kind of composition practised by Lucilius* (*satire*), Iu.—*The comitia held in the* Campus Martius: fors domina Campi.

(**camur**, ura, urum), *adj.* [CAM-], *crooked, turned inwards* (once): cornua, V.

cāmus, ī, *m.*, = κημός, *a curb*, used as an instrument of torture: civīs tradere camo, H. dub.

canālis, is, *m.* [2 SAC-, SEC-], *a pipe, groove, channel, canal, passage for a fluid, conduit:* ilignis potare canalibus undam, *troughs*, V.: canalibus aqua inmissa, *ditches*, Cs.: (aedes) canali uno discretae, L.

cancellī, ōrum, *m. dim.* [cancer (late), a lattice], *a lattice, enclosure, grating, grate, balustrade, bars, railings, bar in a court of justice:* fori, *the barrier in public spectacles.*—F i g., *boundaries, limits:* extra hos cancellos egredi: forenses.

cancer, crī, *m.* [2 CAN-+CVR-], *a crab, sea-crab, river-crab:* litoreus, O.—*The Crab* (in the zodiac): sidus Cancri, V., O.—P o e t.: cancri bracchia videre, *to visit the far south*, O.: fervebant bracchia cancri, i. e. *the sun was in Cancer*, O.—*A malignant tumor, cancer*, O.

candēla, ae, *f.* [CAND-], *a wax-light, tallow-candle, taper:* brevis, Iu.: candelam apponere valvis, *to set fire to the doors*, Iu.—*A cord covered with wax* (which preserved it from decay): fasces candelis involuti, L.

candēlābrum, ī, *n.* [candela], *a candlestick, chandelier, lamp-stand:* e gemmis perfectum.

candēns, entis, *adj.* [*P.* of candeo], *shining, dazzling, white, bright:* luna: umeri, H.: cygnus candenti corpore, V.: Phoebus, *resplendent*, V.: ortus, Tb.: candenti elephanto, i. e. *ivory*, V.: lilia, O.: de candentibus atra facere, *to make white black*, O.—*Glowing, white-hot:* favilla, V.: carbo: lammina, O.: lamna, H.

candeō, uī, —, ēre [CAND-], *to be brilliant, be glittering, shine, glitter, glisten:* ubi canderet vestis, H.—F i g., *to glow, be hot:* aer fervoribus ustus Canduit, O.

candēscō, —, —, *inch.* [candeo], *to become bright, grow white, begin to glisten:* aer solis ab ortu, O.: caput canis, Tb.—*To begin to glow, grow red hot:* currūs candescere sentit, O.

candidātōrius, *adj.* [candidatus], *of a candidate for office:* munus.

candidātus, ī, *m.* [candidus], *a candidate for office* (clothed in a white toga): praetorius, *a* *candidate for the praetorship:* consularis: aedilitas alcui candidato data: munia candidatorum: tribunicii, L.: officiosissima natio candidatorum.

candidulus, *adj. dim.* [candidus], *shining white:* dentes: porcus, Iu.

candidus, *adj.* with *comp.* [candeo], *shining white, clear, bright:* luna, V.: stellae, H.: Taurus (the constellation), V.: Daphnis, V.: Cupido, Ct.: avis, i. e. *the stork*, V.: candidior cygnis, V.: agnus, Tb.: equi, Ta.: altā nive candidum Soracte, H.: nive candidiores equi, O.: pōpulus, *the white* or *silver poplar*, V.: lilia, V.: folium nivei ligustri, O.: tentoria, O.: vestis, L.—P r o v.: Candida de nigris facere, *to make black white*, O.: nigrum in candida vertere, Iu. — *Splendid, fair, beautiful, comely:* Dido, V.: puer, H.: puella, Ct.: cervix, H.: ora, O.—P o e t., of the winds: Favonii, *clearing*, H.—*Clothed in white:* pompa, O.: Candida sententia, i. e. *a white stone counted for acquittal*, O. — F i g., *unblemished, pure, guildess, honest, upright, sincere, fair, candid, frank, open:* iudex, H.: Maecenas, H.: ingenium, H. — *Happy, fortunate, prosperous:* fata, Tb.: dies, O. — Of discourse, *clear, perspicuous, artless:* genus dicendi.

candor, ōris, *m.* [CAND-], *a dazzling whiteness, lustre, clearness, radiance, brightness, brilliancy, splendor:* solis: candore notabilis (via lactea), O.: caeli: nivalis, V.: candore nives anteire, V.: candore tunicarum fulgens acies, L.—*Fairness, beauty:* candore mixtus rubor: candor huius et proceritas. — F i g., *brilliancy, splendor:* fucatus. — *Candor, integrity, sincerity, openness, frankness* (poet.): si vestrum merui candore favorem, O.: Candore noto reddas iudicium, Ph.

cānēns, ntis, *adj.* [*P.* of caneo], *gray, grayish, hoary, white:* Canens molli plumā senecta, V.: lilia, O.: leto canentia lumina, *dull*, V.

cāneō, uī, —, ēre [canus], *to be gray, be hoary* (poet. and late): Temporibus canebat senectus, V.: canet in igne cinis, O.: gramina, V.: mons olivā, Iu.: canent insignes, *grow old*, Ta.

canēphoros, *f. nom. plur.* oe, *acc.* ōs, = κανηφόρος, *a basket-carrier.—Plur., two statues, representing maidens carrying baskets on their heads*, O.

cānēscō, —, —, ere, *inch.* [caneo], *to become hoary, grow gray, whiten:* pabula canescunt (calore), O. — F i g., *to grow old:* (quercus) canescit saeclis. — Of style: cum oratio canesceret, *was growing feeble.*

canīcula, ae, *f. dim.* [canis], *the dog-star, Sirius:* flagrans, H.: exoritur.

Caninius, a, *a Roman* gens.

canīnus, *adj.* [canis], *of a dog, canine:* stercus, Iu.—F i g.: verba, i. e. *cutting*, O.

canis, is, *m.* and *f.* [2 CAV-], *a dog:* ater alienus, T.: acer, H.: canes venatici: obscena, *shameless*, V.: Echidnea, i. e. Cerberus, O.: caeruleis canibus resonantia saxa, *the barking mouths* (*of Scylla*), V.: Infernae canes, *the dogs of Hecate*, H. —*Sing. collect.:* trudit multā cane Apros, *a pack*, H.—P r o v v.: cane peius et angui vitare aliquid, H.: canis a corio numquam absterrebitur uncto, *will never be frightened from the greasy hide*, H.: canis timidus vehementius latrat quam mordet, *his bark is worse than his bite*, Cu.—F i g., a term of reproach, *dog*, T.; of a backbiter, H.; of a miser, H.; of parasites: multa canibus suis (opus esse).—M e t o n., *the constellation, the Dog* (canis maior, or *Sirius;* and canis minor, or *Procyon*): adverso cedens Canis occidit astro, i. e. *goes down backwards*, V.—In play, *the worst throw* (of dice), *dog-throw* (opp. Venus), O., Pr.

canistrum, ī, *n.*, = κάναστρον, *a basket of reeds, plaited basket*, C., V.

cānitiēs, *acc.* em, *abl.* ē, *f.* [canus], *a gray color, grayish-white, hoariness* (poet. and late): lupi, O.: rigidis hirta capillis, O. — M e t o n., *gray hair:* Canitiem deformat pulvere, V. — Of the beard: inculta, V. — *Gray hairs, old age:* Canitiem sibi promiserat, V.: Donec virenti canities abest, H.: usque ad canitiem, Ta.

canna, ae, *f.*, = κάννα, *a reed, cane:* palustris, O.: septenis fistula cannis, O.—M e t o n., *a reed-pipe, flute*, O.—*A small vessel, gondola*, Iu.

Cannēnsis, e, *adj.*, *Cannensian, of Cannae* (in Apulia, where Hannibal routed the Romans): pugna, L.: acies, L.: clades, L.—Hence, f i g.: te pugna Cannensis accusatorem sat bonum fecit, i. e. *the proscription of Sulla* (in which many eminent advocates had perished).—Of a revel: Cannensis pugna nequitiae.

canō, cecinī, —, ere (*P. perf.* supplied by canto) [1 CAN-]. **I.** *Intrans., to utter melodious notes, make music, sing, sound, play.*—Of men: celebrare dapes canendo, O.: tibicen sine tibiis canere non possit: harundine, O.: imitari Pana canendo, V.: Movit Amphion lapides canendo, H.: ad tibicinem de virtutibus, etc.: ululanti voce more Asiatico canere, *to chant, use sing-song.*—P r o v.: non canimus surdis, *preach to the deaf*, V.—Of birds, etc.: galli victi silere solent, canere victores, *to crow:* gallina cecinit, interdixit hariolus (a bad omen), T.—Of the owl, *to hoot*, V.—M e t o n., of instruments or a piece of music, *to sound, resound, be played:* canentes tibiae: cum in conviviis symphonia caneret: maestae tubae, Pr.—Of signals, *to sound, be sounded, resound:* semel bisne signum canat in castris, L.: repente a tergo signa canere, S.: Signa canunt, V.: classicum apud eos cecinit, L.: receptui canere, *to sound a retreat*, Cs.: Hasdrubal receptui propere cecinit, L.: nisi receptui cecinisset, *sounded a counter-march*, L.—F i g.:

revocante et receptui canente senatu.—**II.** *Trans.* with *cognate acc.*, *to sing, play, rehearse, recite, compose:* id carmen: in eum carmina incondita, L.: versūs: verba ad certos modos, O.: praecepta, H.: indoctum, H.: Haec super arvorum cultu, V. —Of frogs: veterem querellam, *croaked*, V.— Prov.: Cantilenam eandem canis, *ever the old tune*, T.—With definite *obj.*, *to sing, celebrate in song, sing of, praise:* virorum laudes: suas laudes, L.: reges et proelia, V.: Quas strages Turnus Ediderit, V.: Herculem, Ta.: Liberum et Musas, H.: plectro graviore Gigantas, O.: arma virumque, V.: (fama) facta atque infecta canit, *trumpets*, V.—Prov.: vana surdis auribus, L.—Of oracles or diviners, *to give response* (in verse), *prophesy, foretell, predict, utter:* horrendas ambages, V.: fera fata, H.: Artificis scelus, V.: haec quae nunc fiunt: Sibylla quae senis fata canit pedibus, Tb.: te mater aucturum caelestium numerum cecinit, L.: quae nunc usu veniunt, N.: Hoc signum cecinit missuram creatrix (sc. se), V.: quaeque diu latuere, O.: cecinere vates, idque carmen pervenerat, etc., L.—Of signals, *to blow, sound, give:* tubicines signa canere, *give the signal for battle*, S.: classicum apud eum cani iubet, Cs.: bellicum, *call to arms:* Gallos adesse, *signalled*, V.—Poet.: (bucina) cecinit iussos receptūs, O.

canor, ōris, *m.* [1 CAN-], *tune, sound, song, melody* (poet. and late): mulcendas natus ad aures, O.: aeris, V.: lyrae, O.

canōrus, *adj.* [canor], *of melody, melodious, harmonious:* quiddam habere canorum, *a melodious voice:* modi, Iu.: vox ... nec canora, *not sing-song:* nugae, *mere jingling*, H.—*Sing. n.* as *subst.*, *melody, charm* (in speaking): illud in voce. —*Producing melody, sounding melodiously, musical, euphonious:* orator: chorus, *song and dance*, Iu.: Aeolides, i. e. Misenus, O.: animal (gallus): aves, V.: olor, Pr.: fides, H.: aes, i. e. tubae, V.

cantāmen, īnis, *n.* [canto], *an incantation*, Pr.

cantērius, see canthērius.

cantharis, idis, *f.*, = κανθαρίς, *the Spanish fly, cantharides:* cantharidis vis, *power of poison:* cantharidum suci, O.

cantharus, ī, *m.*, *a wide drinking-vessel with handles, tankard, pot*, H.: parvulus, Iu.: gravis, V. —*A sea-fish*, O.

canthērius or **cantērius**, ī, *m.* [Celtic], *a gelding:* albi.—Prov.: minime, sis, cantherium in fossam, *do not (put) the hack in the ditch*, i. e. *act perversely*, L.

canticum, ī, *n.* [cantus].—In comedy, *a musical monologue, recitative, monody:* nosti canticum: agere, L.—*A song:* chorus canticum Insonuit, Ph. —In an orator, *sing-song.*

cantilēna, ae, *f.* [cantilo, to trill], *a hackneyed song, old song:* cantilenam eandem canis, *ever the old song*, T.—*Silly talk, trite prattle, gossip* (colloq.): sua: ex scholis, *a trite formula.*

cantiō, ōnis, *f.* [1 CAN-], *an incantation, charm, spell.*

cantitō, —, ātus, āre, *freq.* [canto], *to sing often:* ut habeas quicum cantites, *to practise music with*, T.: carmina in epulis.

cantiuncula, ae, *f. dim.* [cantio], *an alluring strain.*—*Plur.:* (Sirenum).

cantō, āvī, ātus, āre. *freq.* [cano]. **I.** *Intrans.*, of men, *to produce melodious sounds, sound, sing, play:* Pamphilam Cantatum provocemus, T.: saltare et cantare: Arcades ambo Et cantare pares, V.: cantando victus, V.: non est Cantandum, i. e. *there is no occasion for fiction*, Iu.: structis avenis, O.: ad chordarum sonum, N.: tibiis, N.: ad manum histrioni, *to accompany the actor*, L.: gallis signum dedisse cantandi, *to crow.*—Of instruments, *to sound, resound:* Cantabat fanis, cantabat tibia ludis, O.—**II.** *Trans.*, with *cognate acc.*, *to sing, play, recite:* Hymenaeum, T.: haec versibus isdem, *drawl*, Iu.: Nil praeter Calvum (i. e. Calvi carmina), H.: cantatum carmen, *an incantation*, O. —With *definite obj.*, *to sing, celebrate, praise in song:* amicam, H.: proelia virginum, H.: Pythia (sc. certamina), H.: deum, Tb.: cantari dignus, V.—*To reiterate, harp upon, warn against:* harum mores, T.: istum Caesarem: totā cantabitur urbe, *become a byword*, H.—*To use enchantments, practise incantations, enchant, charm:* cantando rumpitur anguis, V.: cantata Luna, *exorcised by magic*, Pr.

cantor, ōris, *m.* [1 CAN-], *a singer, poet:* Omnibus hoc vitium est cantoribus, H.: formularum, *one who harps on:* Thamyras, Pr.—*A eulogist:* Euphorionis: Cantorum convicium, *hired applauders, claque.*—*A reciter* (of verses), *actor, player:* donec cantor 'vos plaudite!' dicat, H.

cantus, ūs, *m.* [1 CAN-], *a musical utterance, singing, song:* cantus vocum: Sirenum: cantu tremulo (i. e. voce anili), H.: cantu solata laborem, V.: in dicendo obscurior, *musical play of voice.*—With instruments, *a playing, music:* vocum et nervorum: citharae, H.: tubarum, L.: strepuerunt cornua cantu, V.: bestiae cantu flectuntur, *by music.*—Of birds and insects: avium citharaeque, H.: seros exercet noctua cantūs, V.: Cantūs luscinii, Ph.: gallorum, *crowing:* sub galli cantum, *at cock-crow*, H.: ales cantibus Evocat Auroram, O.: cantu rumpent arbusta cicadae, V. —Esp., *an oracular song, incantation, charm:* veridicos edere cantūs, Ct.: cantūsque artesque magorum, O.: cantu commotae Umbrae, V.

cānus, *adj.* [2 CAS-], *white, hoary:* aqua, *foamy*, O.: nix, H.: montes, V.: pruinā, *hoarfrost*, H.—*Gray, white* (of hair): capilli, H.:

crinis, O.: caput, Ct. — *Plur. m.* as *subst.* (sc. capilli), *gray hairs:* falsi, O.: honorati, O. — *Old, hoary, venerable:* fides, *of ancient times,* V.: senectus, Ct.

capācitās, ātis, *f.* [capax], *space for holding, capacity:* in animo.

capāx, ācis, *adj.* with *comp.* and *sup.* [CAP-], *containing much, wide, large, spacious, roomy, capacious:* conchae, H.: capaciores scyphos, H.: pharetra, O.: urbs, O.: circus capax populi, O.: animal mentis capacius, O.: cibi vinique capacissimus, L. —Fig., *susceptible, capable of, good, able, apt, fit for:* avidae et capaces (aures): ingenium, *great,* O.: animi ad praecepta, O.: imperii, Ta.

capēdō (capūdō, capp-), inis, *f.* [CAP-], *a bowl used in sacrifices.*

capēduncula, ae, *f. dim.* [capedo], *a small dish used in sacrifices.*

capella, ae, *f. dim.* [caper], *a she-goat,* V.: graciles, O.—A piece of statuary, C.—*Capella, a star in Auriga:* sidus pluviale Capellae, O.: signum pluviale, O.

caper, prī, *m.*, *a he-goat, goat:* vir gregis, V., H.: bicornis, O.—*The odor of the arm-pits:* trux, O., Ct., H.—*A wild goat,* O.

capessō, īvī or iī, ītūrus, ere, *desid.* [capio], *to seize eagerly, snatch at, lay hold of:* cibum dentibus: arma, V.: principium libertatis capessendae. —Of places, *to strive to reach, betake oneself to, repair to, resort to:* medium locum: turrīs, V.—Fig., *to take hold of with zeal, take up, take in hand, undertake, enter upon, engage in, execute, manage:* bellum, L.: pugnam manu, Ta.: iussa, *to execute,* V.: recta capessens, *with upright purpose,* H.: partem decoris, L.: magistratūs, Ta.: audacia ad pericula capessenda, *facing,* L.: capessere rem p., *to enter political life.*

capillātus, *adj.* with *comp.* [capillus], *having hair, hairy:* bene, *with a fine head of hair:* capillatior quam ante: capillato consule, i. e. *in the olden time,* Iu.

capillus, ī, *m.* [caput].—*Sing. collect., the hair of the head, hair:* passus, T.: involare alcui in capillum, T.: pexus: horridus: capillo esse promisso, *long,* Cs.: longus, N.: horrens, Ta.: niger, H.: fulvus, O.: capillum promisisse, L.: candente carbone sibi adurebat capillum, *the beard.*—Of the cony: cuniculi, Ct.—*Plur., hairs, the hair:* erant illi compti capilli: uncti, H.

capiō, cēpī (capsis, old for cēperis, C.), captus, ere [CAP-], *to take in hand, take hold of, lay hold of, take, seize, grasp:* flabellum, T.: sacra manu, V.: pocula, H.: baculum, O.: pignera, L.: manibus tympanum, Ct.: lora, Pr.: arma capere alii, *seized their arms,* S.: ensem, O.: tela, O.: omnia arma contra illam pestem, i. e. *contend in every way:* Manlium arma cepisse, *had begun hostilities,* S.: capere arma parabat, *was on the point of attacking,* O.—Of food, *to take, partake of:* Cibum cum eā, T.: lauti cibum capiunt, Ta. — *To take captive, seize, make prisoner:* belli duces captos tenetis: unus e filiis captus est, Cs.: capta tria milia peditum, L.: alquos Byzantii, N.: captos ostendere civibus hostes, H.: Num capti (Phryges) potuere capi? *could they not, when taken, be taken* (once for all)? V.: casus est enim in capiendo (sc. praedones).—*To catch, hunt down, take:* pro se quisque quod ceperat adferebat: cervum, Ph.: illa pro lepusculis capiebantur, patellae, etc.—*To win, captivate, charm, allure, enchain, enslave, fascinate:* ut te redimas captum (i. e. amore), T.: quibus (rebus) illa aetas capi ac deleniri potest: te pecuniā captum: quem suā cepit humanitate, N.: hunc capit argenti splendor, H.: dulcedine vocis, O.: (bos) herbā captus viridi, V.: oculis captis.—*To cheat, seduce, deceive, mislead, betray, delude, catch:* Aut quā viā te captent eādem ipsos capi? T.: eodem captus errore, *involved in:* suis miserum me cepit ocellis, Pr.: carmine formosae capiuntur, Tb.: me dolis, S.: capi alcuius dolo, N.: alqm amicitiae mendacis imagine, O.—*To defeat, convict, cast, overcome* (in a suit or dispute): ne tui consultores capiantur: in capiendo adversario versutus (orator).—*To harm, lame, mutilate, maim, disable, impair, weaken:* oculis et auribus captus, *blind and deaf:* membris omnibus captus: altero oculo capitur, *loses an eye,* L.: capti auribus metu, L.: lumine, O.: numquam erit tam captus equester ordo: captā re p. — *P. pass.*, of the mind, *deprived of sense, silly, insane, crazed, lunatic, mad:* mente esse captum: virgines captae furore, L.: capti et stupentes animi, L. — *To choose, select, elect, take, pick out, adopt, accept:* iudicem populum R., L.: Me arbitrum, T.: inimicos homines, *make enemies,* T.: sacerdotem sortito: Flaccus flamen captus a Licinio erat, L. — Of places, *to occupy, choose, select, take possession of, enter into:* loca capere, *to take up a position,* Cs.: castris locum capere: locum extra urbem editum capere, N.: locum editiorem, S.: capto monte, Cs.: Aventinum ad inaugurandum templa, L.: montes fugā, *for refuge,* L.: tumulum, V.: terras captas despectare videntur (cycni), *to be settling down on places selected,* V. — *To take by force, capture, storm, reduce, conquer, seize:* pauca (oppida), S.: Troiā captā, L.: quod (agri) de Campanis ceperant: castra hostium, N.: oppida manu, V.; cf. oppressā captāque re p.: patriam suam, L.—*To reach, attain, arrive at, betake oneself to:* insulam, Cs.: oti illum portum.—Of property or money, *to take, seize, wrest, receive, obtain, acquire, get:* agros de hostibus: ager ex hostibus captus, L.: praedas, N.: ex hostibus pecuniam, L.: cape cedo, *give and take,* T.: de re p. nihil praeter gloriam,

N.: ex calamitate populi R. nomen capere, Cs.: regnum Tiberinus ab illis Cepit, *succeeded to*, O.—With *pecuniam*, *to take illegally*, *exact*, *extort*, *accept a bribe*, *take blackmail:* contra leges pecuniam cepisse?: pecuniae per vim atque iniuriam captae: aperte pecunias ob rem iudicandam: alqm pecuniae captae arcessere, S.—*To take*, *inherit*, *obtain*, *acquire*, *get*, *accept:* morte testamentove alcuius alqd capere: a civibus Romanis hereditates: si capiendi Ius nullum uxori, Iu.—*To collect*, *receive*, *obtain:* ex eis praediis talenta argenti, T.: stipendium iure belli, Cs.: ex quo (castro) talenta, N.—Fig., *to take*, *seize*, *obtain*, *get*, *enjoy*, *reap:* Fructum, T.: fructūs auctoritatis: fructum vestri in me amoris: alquid ex eā re commodi? T.: utilitates ex amicitiā.—*To take*, *assume*, *acquire*, *put on:* gestūs voltūsque novos, T.: figuras, O.—*To take*, *assume*, *adopt*, *cultivate*, *cherish*, *possess:* petitoris personam: patris vim: patrium animum.—*To undertake*, *assume*, *enter upon*, *accept*, *take up:* provinciam duram, T.: consulatum: honores, N.: rerum moderamen, O.: rem p., S.: magistratum, L.—With *dat.* of person, *to obtain for*, *secure for:* patres praeturam Camillo ceperunt, L.—*To begin*, *enter upon*, *undertake:* bellum: labores, T.: augurium ex arce, L.: aliud initium belli, i. e. *war on a new plan*, Cs.: conatūs ad erumpendum, L.: nec vestra capit discordia finem, V.: ad impetum capiundum spatium, *to take a start*, L.: somnum, *fall asleep.*—Poet.: Unde nova ingressūs experientia cepit? i. e. *was devised*, V.—*To seize*, *embrace*, *take* (an opportunity): si quam causam ceperit, T.: tempus ad te adeundi.—*To form*, *conceive*, *entertain*, *come to*, *reach:* sensum verae gloriae: ex lucri magnitudine coniecturam furti: consilium unā tecum, T.: consilium hominis fortunas evertere: consilium equitatum demittere, Cs.: consilium ut exirem: legionis opprimendae consilium, Cs.—*To take*, *derive*, *draw*, *obtain:* de te exemplum, T.: exemplum ex aliquā re.—*To take*, *entertain*, *conceive*, *receive*, *be subjected to*, *suffer*, *experience:* miseriam omnem, T.: angorem pro amico: ex huius incommodis molestiam: infamiam sine voluptate: invidiam apud patres ex largitione, L.: timorem, V.: voluptatem animi.—With a feeling as *subj.*, *to seize*, *overcome*, *possess*, *occupy*, *affect*, *take possession of*, *move:* Cupido cepit miseram nunc me, proloqui, etc.: ut caperet odium illam mei, T.: nos oblivio ceperat: Romulum cupido cepit urbis condendae, L.: animum cura cepit, L.: meae si te ceperunt taeda laudis, V.: dementia cepit amantem, V.—Of injury or loss, *to suffer*, *take*, *be subjected to:* calamitatem: incommodi nihil.—Esp., in the formula by which the senate, in great emergencies, gave absolute power to magistrates: videant ne quid res p. detrimenti capiat: senatus decrevit, darent operam consules, ne quid, etc., S.—*To take in*, *receive*, *hold*, *contain*, *be large enough for:* capit alveus amnes, O.: terra feras cepit, O.: quid turbae est! Aedes nostrae vix capient, scio, T.: unā domo iam capi non possunt: Nec iam se capit unda, V.: Non tuus hoc capiet venter plus ac meus, H.: tot domūs locupletissimas istius domus una capiet? *will swallow up.*—*To contain*, *hold*, *suffice for*, *be strong enough for*, *bear:* eam amentiam: nec capiunt inclusas pectora flammas, O.: iram Non capit ipsa suam, O.: Nec te Troia capit, *is too small for your glory*, V.—*To take*, *receive*, *hold*, *comprehend*, *grasp*, *embrace:* gratia, quantam maximam animi nostri capere possunt: ille unus veram speciem senatūs cepit, L.

capis, idis, *f.* [CAP-], *a bowl with one handle*, *used in sacrifices*, L.

capistrātus, *adj.* [capistrum], *harnessed:* In capistratis tigribus, *in a chariot drawn by*, etc., O.

capistrum, ī, *n.* [CAP-], *a halter:* mollia, V.: frenare ora capistris, O.—Fig.: maritale, Iu.

capital, ālis, *n.* [capitalis], *a capital offence*, *crime punishable by death* or *exile* (civil death): quique non paruerit capital esto, C. (lex): praesidio decedere apud Romanos capital esse, L.: in sellā Regis consedisse capital foret, Cu.: capitalia ausi plerique, L.

capitāle, is, *n.* (late for capital), *a capital offence*, Ta.

capitālis, e, *adj.* with *comp.* [caput], *of the head*, *chief*, *foremost*, *pre-eminent*, *distinguished:* Ingenium, O.: ille, *a writer of the first rank:* erat capitalior, quod, etc., *more distinguished.*—In law, *of life*, *involving life*, *capital:* accusare alquem rei capitalis, *of a capital crime:* cui rei capitalis dies dicta sit, L.: reus rerum capitalium: flagitia, T.: noxa, L.: iudicium trium virorum capitalium, *who had charge of the prisons and of executions.*—Fig., *deadly*, *pernicious*, *irreconcilable*, *bitter:* flagitia, *outrageous*, T.: hostis, *a deadly enemy:* ira, H.: oratio, *dangerous:* nulla capitalior pestis.

capitō, ōnis, *m.* [caput], *one that has a large head*, *big-headed.*

Capitōlīnus, *adj.* [Capitolium], *of the Capitol*, *Capitoline:* clivus: ludi, L.: quercus, *a crown of oak awarded in the Capitoline games*, Iu.—*Plur. m.* as *subst.*, *the directors of the Capitoline games.*

Capitōlium, ī, *n.* [caput], *the Capitol*, *temple of Jupiter*, *at Rome*, C., L.—*The hill on which the Capitol stood*, L.: Capitoli inmobile saxum, V., H.

capitulātim, *adj.* [caput], *by heads*, *summarily*, N.

capitulum, ī, *n. dim.* [caput], *a little head*, *darling*, *pet:* lepidissimum, T.

capra, ae, *f.* [caper], *a she-goat*, C.: consimilis capris figura, Cs.: fera, i. e. caprea, V.—*A star in*

Auriga, V.: insana Caprae sidera, H.—*The odor of the armpits:* olidae caprae, H.

caprea, ae, *f.* [capra], *a wild she-goat, roe*, H., V., O.—Prov.: Iungentur capreae lupis, i. e. *the impossible will occur*, H.

capreolus, ī, *m. dim.* [caprea], *a wild goat, chamois, roebuck*, V.—Meton.; *plur.*, *short pieces of timber for supports, props, stays*, Cs.

Capricornus, ī, *m.* [caper + cornu], *Capricorn, a sign of the zodiac*, C.: tyrannus undae, H.

caprificus, ī. *f.* [caper + ficus], *the wild fig-tree:* magna, T.: erutae, H., Pr.

caprigenus, *adj.* [caper+GEN-], *of the goat kind.*—*Plur.* as *subst.*, *goats:* caprigenūm pecus, V.

caprimulgus, ī, *m.* [caper+MARG-], *a milker of goats, countryman*, Ct.

caprīnus, *adj.* [caper], *of goats:* grex, L.: pellis.—Prov.: rixari de lanā caprīnā, *about trifles*, H.

capripēs, pedis, *adj.* [caper+pes], *goat-footed* (poet.): Satyri, H.: Panes, Pr.

capsa, ae, *f.* [capio], *a repository, box, bookcase*, C.: delatae, H.: aperta (for waste-paper), H.: angusta (of a school-boy's satchel), Iu.

capsula, ae, *f.* [capsa], *a small box, casket*, Ct.

capta, ae, *f.* [*P.* of capio], *a female captive*, T.

captātiō, ōnis, *f.* [capto], *a reaching after, catching at:* verborum.

captātor, ōris, *m.* [capto], *one who eagerly reaches after, who grasps at:* aurae popularis, *a demagogue*, L.—*A legacy-hunter*, H., Iu.

captiō, ōnis, *f.* [capio], *a deceiving, deception, fraud, deceit:* in parvolā re.—*A fallacious argument, sophism, quibble, catch:* istius generis captiones: dialecticae: quanta in verbis.—*An injury, loss:* mea captio est, si, etc.

captiōsē, *adv.* [captiosus], *insidiously, deceitfully:* interrogare.

captiōsus, *adj.* with *comp.* and *sup.* [captio], *fallacious, deceptive:* societas.—*Sophistical, misleading:* quo nihil captiosius potest dici: captiosissimum genus interrogationis: captiosa solvere, *detect sophisms.*

captiuncula, ae, *f. dim.* [captio], *a quirk, sophism, fallacy.*

captīva, ae, *f.* [captivus], *a female captive, woman prisoner*, O.

captīvitās, ātis, *f.* [captivus], *servitude, captivity:* monstrata comminus, *shown to be impending*, Ta.: urbis, *capture*, Ta.—*Plur.:* urbium, Ta.

captīvus (-vos), *adj.* [CAP-], *taken prisoner, captive:* cives: servi: multitudo servorum, L.: pubes, H.: matres, O.—*Of captives:* sedes: sanguis, V.: lacerti, O.—*Caught, taken:* pisces, O.: ferae, O.—*Captured, plundered, taken as spoil, taken by force:* naves, Cs.: pecunia, L.: vestis, V.: portatur ebur, captiva Corinthus, H.: caelum, O.: captiva mens, i. e. *by love*, O.—As *subst. m.*, *a captive, prisoner:* sine eis captivis: ut ex captivis comperit, Cs.: vendere captivum, H.: captivo victor potitus, O.

captō, āvī, ātus, āre, *freq.* [capio], *to strive to seize, lay hold of, catch at, snatch, chase, hunt, capture:* fugientia Flumina, H.: simulacra fugacia, O.: laqueis feras, V.: naribus auras, V.: auribus aëra, *listen eagerly for*, V.: captata Hesperie, *watched for*, O.—Fig., *to strive after, long for, desire earnestly, catch at, grasp:* solitudines: quid cum illo consili captet, T.: plausūs: risūs, *provoke:* populi suffragia, H.: incerta pro certis, S.: nubīs et inania, H.: tempus, *opportunity*, L.: occasionem, *to watch for*, L.: prendique et prendere captans, O.: laedere aliquem, Ph.—*To watch for craftily, lie in wait for, entice, allure:* quā viā te captent, T.: emolumento alqm: hostem insidiis, L.—*To court, plot for:* testamenta senum, H.: Coranum, Iu.—*To take up, begin:* ubi captato sermone, etc., O.

1. captus, ī, *m.* [*P.* of capio], *a prisoner, captive:* inludere capto, V.: ex captorum numero, L.: palam captis gravis, H.

2. captus, ūs, *m.* [capio], *comprehension, capacity*, esp. with *ut est:* ut captus est servorum, non malus, i. e. *for a slave*, T.: civitas ampla atque florens, ut est captus Germanorum, *by the German standard*, Cs.: prudentes, ut est captus hominum.

capūdō, inis, see capēdō.

capulus, ī, *m.* [capio], *that which is grasped, a handle, holder:* aratri, O.—*The hilt of a sword*, C.: capulo tenus, V.: insidens capulo manus, Ta.

caput, itis, *n.* [CAP-], *the head:* Capillus circum caput Reiectus, T.: caput obnubito, L.: capitis nives, H.: capite operto: aperire: velare, L.: abscindere cervicibus: capite demisso: attollere, O.: extollere, *to become bold:* breve (equi), H.: coronatum (bovis), Tb.: per caput pedesque ire, *heels over head*, Ct.: dux cum exercitu supra caput est, i. e. *is ready to fall upon us*, S.: capita conferre, *to lay heads together*, i. e. *to confer in secret*, L.: caput aut collum petere, *strike at the vital parts:* haec alias inter caput extulit urbes, *towers*, i. e. *excels*, V.: aliena negotia Per caput saliunt, *run through the head*, i. e. *the mind*, H.: capitis labor, *mental exertion*, H.—Meton., *the head, top, summit, point, end, extremity:* iocur sine capite (of a sacrifice), L.: in extis, O.: tignorum, Cs.: cornu duxit, donec curvata coirent capita, *the ends*, V.—*The origin, source, spring, head* (of a river), L.: caput unde erumpit Enipeus, V.: celsis caput urbibus exit, *my source springs among great cities*, V.—*The mouth, embouchure* (rare): multis capitibus in Oceanum influit, Cs.—Of plants: diducere terram ad capita, *the roots*, V.: papavera demisere caput, *the heads*, V.: capitum iugatio, *branches* (of the vine).—Of mountains, *the summit:* capita aspera montis, V.—Of persons, *a head, person:* ridiculum caput! T.: carum, V.: duo haec capita taeterrima: ignota, L.: di capiti ipsius reservent, *for himself*, V.: capiti cane talia Dardanio rebusque tuis, i. e. *for Aeneas and yourself*, V.: Perfidum, H.: de sacrando cum bonis capite alcuius, L.: ut caput Iovi sacraretur, L.—With numerals: capitum Helvetiorum milia CCLXIII, *souls*, Cs.: nullum caput Proserpina fugit, H.: in capita, *to each person*, L.; cf. sus Triginta capitum fetūs enixa, V.—Fig., *life, physical life:* Capitis periculum adire, *to risk life*, T.: caput obiectare periclis, V.: capitis poena, *capital punishment*, Cs.: certamen capitis et famae: ut capite dimices tuo, L.: caput offerre pro patriā: patrium tibi crede caput (i. e. patris vitam), O.: accusatus capitis absolvitur, *of a capital crime*, N.: Sthenium capite damnare.—*Civil life, personality, civil rights, liberty and citizenship:* capitis causae, *involving citizenship:* iudicium capitis: capitis deminutio, *loss of civil rights*, Cs.—Poet.: capitis minor, H.—Of persons, *a leader, chief, guide:* concitandorum Graecorum: capita nominis Latini, *heads, chiefs*, L.: ut se Suevorum caput credant, *chief tribe*, Ta.: capita coniurationis securi percussi, L.: illic est huic rei caput, *author, contriver*, T.: ab illo fonte et capite Socrate: corpori valido caput deerat, *leader*, L.: ipsum Expugnare caput, *the great man himself*, H.—*A head, chief, capital:* Thebae totius Graeciae, *first city*, N.: Roma, orbis terrarum, L.: castellum eius regionis, *principal place*, L.: Romam caput Latio esse, L.: ius nigrum, cenae caput, *principal dish:* fundus, vestrae pecuniae, *chief source of income:* caput esse artis, decere, *the note, characteristic:* ad consilium de re p. dandum caput est nosse rem p., *first qualification:* caput litterarum cum alquo, *reason for corresponding:* Epicuri, *chief dogma:* caput belli et summa, V.—In writings, *a division, paragraph, chapter:* legis: caput Annianum de hereditatibus, *passage in the will of A.*—Of money, *the principal sum, capital, stock:* quibus ille de capite dempsisset, *reduced their debts:* de capite deducite alqd, L.: Quinas hic capiti mercedes exsecet, *extort sixty per centum*, H.

carbaseus, *adj.* [carbasus], *of carbasus, of fine linen:* vela: sinus, V.

carbasus, ī, *f.*, *plur.* carbasa, ōrum, *n.*, = κάρπασος, *fine flax, fine linen*, Ct.—Hence, *a garment of fine linen*, V.: carbasa, O.—*A sail, canvas* (poet.), V.: carbasa deducere, O.—As *adj.:* carbasa lina, *embroidered cloth*, Pr.

carbatinus, see carpa-.

carbō, ōnis, *m.* [CAR-], *a coal, charcoal:* candeus: carbone adurere capillum, *burning coals:* In carbone tuo ponere, *on your altar fire*, Iu.: cretā an carbone notati? i. e. *with white or black?* H.: Proelia rubricā picta aut carbone, *drawn with red chalk or coal*, H.—Prov.: carbonem pro thesauro invenire, i. e. *to be deceived in one's hope*, Ph.

carbunculus, ī, *m. dim.* [carbo], *a small coal*, Her.

carcer, eris, *m.*, *a prison, jail:* in carcerem duci: carcerem refringere, L.: effundere: privatus, L.: vindex scelerum: vincla carceris rumpere, i. e. *of the body*.—Poet., of the cave of Aeolus, V., O.—Esp., *the Roman state-prison:* inferior carcer, L.; cf. Tullianum.—Meton., as a term of reproach, *jail-bird, scape-gallows*, T.—*The barrier, starting-place in the race-course:* effusi carcere currūs, V.: cum carcere uterque Emicat, O.—Usu. *plur.:* cum carceribus sese effudere quadrigae, V.: carceribus missi currūs, H.—Fig.: ad carceres a calce revocari, i. e. *to begin life anew*.

carchēsium, ī, *n.*, = καρχήσιον, *a Greek drinking-cup, oblong beaker with handles*, only *plur.:* Bacchi, V.: manu mixta, O.

cardaces, um, *m.* [carda (Persian), warlike], *a class of Persian soldiers; acc.* Cardacas, N.

cardiacus, *adj.*, = καρδιακός, *of the heart, of the pit of the stomach:* amicus, *with heart-burn*, Iu.—As *subst.*, *one who has stomach-ache*, C., H.

cardō, inis, *m.* [CARD-], *a hinge, pivot and socket* (of door or gate): postīs a cardine vellit, V.: (ianua) movebat Cardines, H.: facili patuerunt cardine valvae, Iu.: versato cardine Egreditur, *opening the door*, O.—In astron., *a pole:* Extremusque adeo duplici de cardine vertex Dicitur esse polus, C., O.—*A boundary, limit:* intra eum cardinem (imperii), i. e. *Mount Taurus*, L.—Fig., *a turning-point, crisis* (poet.): tantus rerum, V.

carduus, ī, *m.* [3 CAS-], *the thistle, wild thistle*, V.

cārē, *adv.* with *comp.* [carus], *dearly, at a high price:* emit carius, etc.: poema emere, H.

cārectum, ī, *n.* [carex], *a field of rushes, sedge-plot*, V.

careō (*P. praes. gen. plur.* carentum, V.), uī, itūrus, ēre, *to be without, be free from, be destitute of:* illam, T.: culpā, T.: dolore: vitiis, H.: communi sensu, H.: morte, *to be immortal*, H.: suis figurā, i. e. *exempt from transformation into*, O.—*To do without, deprive oneself of, deny oneself, refrain, abstain from:* cibo, Cs.: lubidinibus haud facile, S.: amicorum facultatibus, N.: satiatis iucundius est carere quam frui, *abstinence*.—Of places, *to hold aloof from, not to go to, be absent from:* foro: provinciā domoque: patriā, N.—Of inanimate subjects, *to be without, be void of, be free from, want:* tempora carent crimine: nec lacrimis caruere genae, V.: Quae caret ora cruore nostro? H.: aditu carentia saxa, *inaccessible*, O.: numero, *to be countless*, H.: Lux caritura fine, O. — *To be deprived of, want, have lost* (not of the necessaries of life): patriā, T.: ut Latio careat, *fail to reach*, V.: consuetudine amicorum: commodis omnibus: vate sacro, *not to be celebrated by*, H.: caret omni Maiorum censu, *has dissipated*, Iu.: tui carendum quod erat, T.: Virque mihi dempto fine carendus abest, O.—*To feel the want of, miss:* carere significat, egere eo quod habere velis: non caret is qui non desiderat: in carendo patientia.

carex, icis, *f.* [3 CAS-], *a reed grass, sedge*, V.

Cārica, ae, *a dried fig, Carian fig*, C., O.

cariēs, *acc.* em, *f.* [1 CAR-], *decay, dry-rot:* tenera (of a ship), O.

carīna, ae, *f.* [1 CAR-], *a keel* (of a ship): carinae planiores, Cs.: carinas fixerant vadis, L.—Poet., *a vessel, boat, ship:* statio male fida carinis, V.: Trahunt siccas carinas, H.

Carīnae, ārum, *f.*, *the Keels, a quarter in Rome*, V., L., H.

cariōsus, *adj.* [caries], *full of decay:* dentes, Ph.—Fig.: senectus, *dried up*, O.

cāris, idis, *f.*, = καρίς, *a kind of sea-crab*, O.

caristia, ōrum, = χαρίστια, *a family festival, feast of harmony and love*, O.

cāritās, ātis, *f.* [carus], *dearness, costliness, high price:* annonae: rei frumentariae: annus in summā caritate fuit. — Fig., *regard, esteem, affection, love:* caritatem conciliare: inter natos et parentes: erga patriam, L.: caritatem parare, Ta.: patriae et suorum, *affection for:* liberūm, L.: necessitudinis, *arising from:* omnīs omnium caritates patria una complexa est, *kinds of affection.*

carmen, inis, *n.* [1 CAS-], *a song, poem, verse, oracular response, prophecy, form of incantation, tune, air, lay, strain, note, sound* (vocal or instrumental): canentes carmina, L.: Carmine vocali clarus, O.: lyrae, Pr.: per me concordant carmina nervis, O.: ferale, V.: cygnorum, O.: citharā carmina divides, H.: barbaricum, O. — Esp., *a composition in verse, poem, poetry, verse, song:* cantūs et carmina, *melodies and words:* Maconii carminis alite, H.: tragicum, H.: carmina Livi, H.: Lydis remixto carmine tibiis, H.: famosum, *abusive*, H.: canere, *to compose:* pueris canto, H.: condere, H.: contexere: fingere, H.: docere, H.: ad umbilicum adducere, H. — *Lyric poetry:* Carmine tu gaudes, hic delectatur iambis, H.: Carmina compono, hic elegos, H. — *A poetic inscription:* carminibus templorum aditūs exornare: tumulo superaddite carmen, V.—*A passage from a poem, poetical extract:* audiens tam grande carmen: Euripideum illud.—*An oracular response, prophecy, prediction:* Cumaeum, V.: in libris Sibyllinis, L.—*A charm, incantation:* Carminibus Circe socios mutavit Ulixi, V.: veneficae Scientioris, H.: Auxiliare, O.—*A form of speech, ceremonial phrase, formula* (in religious or legal observances): quae (verba) longo effata carmine, L.: diro quodam carmine iurare, L.: cruciatūs carmina: lex horrendi carminis erat, *of a dreadful form*, L.: Appii Caeci carmen, *a proverbial saying:* magistri, *a school-task for the memory:* sacrum, L.

Carmentālis, e, *adj.*, *of Carmentis:* flamen: porta, *near the temple of Carmentis*, L.

Carmentis, is (V., O.), or **Carmenta**, ae (L.), *f.* [1 CAS-], *a goddess of prophecy, mother of Evander.*

carnifex or **carnufex**, ficis, *m.* [caro + 2 FAC-], *an executioner, hangman:* carnificum cruciamenta: iacens Inter carnifices, Iu.: suus, *his destroyer:* tuus, *employed by you:* O carnifex, *scoundrel.*—*A tormentor, murderer:* meus, T.: civium, *butcher:* ad vexandam plebem creatus, L.

carnificīna (**carnuf-**), ae, *f.* [carnifex], *the rack, torture, torment, butchery:* carnificinam subire: in carnificinam duci, L.

carnificō, —, —, āre [carnifex], *to cut to pieces, mangle:* carnificari (hostes) iacentes, L.

carō, carnis (*nom.* carnis, L.), *f.* [CRV-], *flesh:* carnem Latinis petere: alicui carnem dare, L.: lacte et carne vivere, Cs.: ferina, *venison*, S.: iners, *tasteless*, H.: viscera et carnes, *pieces of flesh*, O.: putida, i. e. *an offensively stupid person.*

carpatinus (**carb-**), *adj.*, = καρβάτινος, *of coarse leather, rustic:* crepidae, Ct.

carpentum, ī, *n.*, *a carriage, chariot* (covered, with two wheels), L., O., Ta., Iu., Pr.

carpō, psī, ptus, ere [CARP-], *to pick, pluck, pluck off, cull, crop, gather:* flores, H.: rosam, V.: manibus frondes, V.: frumenta manu, V. — *To take* (*as nourishment*), *crop, pluck off, browse, graze on:* gramen, V.: pabula, O.: (apis) thyma, H.: Invidia summa cacumina carpit, O.: (prandium) quod erit bellissumum, *pick dainties*, T.—*To tear off, tear away, pluck off, pull out* (poet.): inter cornua saetas, V.: vellera, *to spin*, V.: pensum, H.: ex collo coronas, *to pull off*, H. — Fig., *to pluck, snatch:* flosculos (orationis): luctantia oscula, *to snatch*, O.—*To enjoy, seize, use, make use of:* breve ver, O.: diem, *redeem*, H.: auras vitalīs, V.: quietem, V.—*To gnaw at, tear, blame, censure, carp at, slander, calumniate, revile:* maledico dente: militum vocibus nonnihil carpi, Cs.: alquem sermonibus, L.: opus, O.—*To weaken, enfeeble, wear away, consume, destroy:* regina caeco carpitur igni, V.: invidia carpit et carpitur unā, O.: Tot tuos labores, i. e. *to obscure the fame of*, H.—In war, *to in-*

flict injury upon, *weaken*, *harass:* agmen adversariorum, Cs.: vires Romanas, L.: extrema agminis, L.—*To cut to pieces*, *divide:* carpenda membris minutioribus oratio: in multas partīs exercitum, L.—*To take apart*, *single out:* tu non animadvertes in omnes, sed carpes ut velis: carpi paucos ad ignominiam.—*To go*, *tread upon*, *pass over*, *navigate*, *sail through*, *take one's way*. viam, V.: supremum iter (i. e. mori), H.: gyrum, *to go in a circle*, V.: mare, O.: Carpitur acclivis trames, O.

carptim, *adv.* [carpo], *by pieces*, *by detached parts*, *in parts*, *separately*, *piecemeal:* res gestas perscribere, S.: pugnare, *in a desultory manner*, L.: convenire carptim partes, *gradually in detachments*, L.: aggredi, L.: dimissi, Ta.

carptor, ōris, *m.* [carpo], *a carver*, Iu.

carrus, ī, *m.*, *a wagon for freight*, *baggage-wagon* (with four wheels), Cs., L.

caruncula, ae, *dim.* [caro], *a bit of flesh:* vitulina.

cārus, *adj.* with *comp.* and *sup.*, *dear*, *precious*, *valued*, *esteemed*, *beloved:* meo cordi cario, T.: dis carus ipsis, H.: apud exercitum, Cs.: cariores Sabinas viris fecit, L.: parentes: perfugae minume cari, *least valued*, S.: care pater, V.: pignora nati, O.: frater carissimus: habet me se ipso cariorem: nihil apud animum carius, S.: corpus meo mihi carius, O.: ei cariora omnia quam decus, S.: si nobis vivere cari (volumus), *to each other* (sc. inter nos), H.—*Precious*, *dear*, *costly*, *of a high price:* amor, T.: annona in macello carior: nidor, H.: harenae, *containing gold*, O.: frumentum: (agrum) carissimis pretiis emere, *very high.*

casa, ae, *f.* [SCAD-], *a small house*, *cottage*, *hut*, *cabin*, *shed:* casae aratorum: habitare casas, V.: casae stramentis tectae, Cs.: in casis habitare, L.: Aedificare casas, *to build baby-houses*, H.—P r o v.: ita fugias ne praeter casam, i. e. *run beyond the hiding-place* (in the game of hide-and-seek), T.

cascus, *adj.* [2 CAS-], *old:* quos cascos appellat Ennius.

cāseus, ī, *m.*, *cheese*, Cs.: abundare lacte: Pinguis, V.

casia, ae, *f.*, =κασία, *wild cinnamon*, V.—*A fragrant shrub*, *mezereon*, V.

cassida, ae, *f.* [1 canis], *a helmet* (of metal): aurea, V., Pr.

1. cassis, idis, *f.* [SCAD-], *a helmet of metal:* muliones cum cassidibus, Cs.: equinis Fulva iubis, O.: caelata, Iu.—P o e t.: aetas patiens cassidis, i. e. *of war*, Iu.

2. cassis, is, *m.* [SCAD-], *a hunting-net*, *snare*, *toil:* viso casse, O.—Usu. *plur.:* (cervos) cassibus agitare, V.: ponere, O.—*A spider's web:* in foribus suspendit aranea casses, V.

cassus, *adj.* [1 CAR-], *empty*, *void*, *hollow:* nux, *a nut-shell*, H.: canna, *hollow*, O.: sanguine, *bloodless:* lumine, i. e. *dead*, V.: luminis ensis.—F i g., *vain*, *empty*, *useless*, *futile*, *fruitless:* quiddam: vota, V.: fertilitas terrae, O.: in cassum preces mittere, *vainly*, L.

Castalia, ae, *f.*, =Κασταλία, *a fountain on Parnassus*, *sacred to Apollo and the Muses*, H.

Castalius, *adj.* [Castalia], *Castalian*, *of Castalia:* antrum, i. e. *the oracular cave at Delphi*, O.: arbor, Pr.: umbra, Tb.

castanea, ae, *f.*, *the chestnut-tree*, V.—*A chestnut*, V.: castaneae nuces, V.

castē, *adv.* with *comp.* and *sup.* [castus], *purely*, *spotlessly*, *without stain*, *virtuously:* vivere: tueri virginem.—*Piously*, *religiously:* haec tribuenda deorum numini: castius sacra facere, L.: castissime colere deos: placare deos, O.

castellānus, *adj.* [castellum], *of a fort*, *of a castle:* triumphi, *for the capture of a castle.*—*Plur. m.* as *subst.*, *the occupants of a castle*, S.

castellātim, *adv.* [castellum], *in fortresses*, *like fortresses:* dissipati, i. e. *in garrisons*, L.

castellum, ī, *n. dim.* [castrum], *a castle*, *fort*, *citadel*, *fortress*, *stronghold:* crebra, Cs.: castellis ab ingressione propulsari: multa capere, S.: montana castella, V.: castella communit, *towers* (on a wall), Cs.: castella facta, *posts* (for guards), Cs.—P o e t.: Norica Castella in tumulis, i. e. *mountain homes*, V.—F i g., *a shelter*, *stronghold*, *defence*, *refuge:* latrocinii: castellum omnium scelerum, L.

castīgātiō, ōnis, *f.* [castigo], *a correcting*, *correction*, *censure*, *reproof:* castigatio contumeliā vacare debet: tacita, L.: castigationibus adfici: verborum, L.

castīgātōr, ōris, *m.* [castigo], *a corrector*, *reprover:* lacrimarum, L.: minorum, H.

castigatus, *adj.* [*P.* of castigo], *small*, *contracted:* pectus, O.

castīgō, āvī, ātus, āre [castus+1 AG-], *to set right*, *correct*, *chastise*, *punish*, *blame*, *reprove*, *chide*, *censure*, *find fault with:* pueros verberibus: segniores, Cs.: castigando proficere, L.: Castigandi potestas, Cu.: litteris castigari, ut, etc., Cs.: in hoc me ipse castigo quod, etc.: moras, V.: vitia, Iu.—*To correct*, *amend*, *polish:* carmen ad unguem, H.: amicae verba, Iu.—*To hold in check*, *restrain:* quid illum credis facturum, nisi eum... castigas? T.: castigatus animi dolor.

castimōnia, ae, *f.* [castus], *purity of morals*, *morality*, C.—E s p., *chastity*, *abstinence:* virorum ac mulierum: decem dierum, L.

castitās, ātis, *f.* [castus], *purity*, *chastity:* feminarum: metuens alterius viri, H.: rara, Ta.

castor, ōris, *m.*, = κάστωρ, *the castor, beaver*, O.; *acc.* castora, Iu.

castoreum, eī, *n.* [1 castor], *castoreum, a strong-smelling secretion of the beaver:* virosa, V.

castra, see castrum.

castrēnsis, e, *adj.* [castra], *of the camp, in the camp:* ratio: latrocinium, i. e. *open rebellion:* consilium, L.: iurisdictio, Ta.: pensa, Pr.

castrō, āvī, ātus, āre, *to emasculate*, Iu., Cu.—Fig., *to enervate:* rem p. (censured as low by C.).

castrum, ī, *n.* [SCAD-], *a fortified place, castle, fort, fortress:* ei Grunium dederat in Phrygiā castrum, N.—*Plur.* **castra**, ōrum, *n.*, *a military camp, encampment* (regularly a square surrounded by a trench, and a wall with four gates): stativa, *permanent:* hiberna, L.: navalia, *an encampment to protect a landing*, Cs.: nautica, N.: bina: quinis castris oppidum circumdedit, Cs.: locum castris antecapere, S.: capere locum castris, L.: castra metari, Cs.: locare, S.: communire, Cs.: movere, *to decamp*, Cs.: castra castris conferre, L.: castra castris convertere, Cs.: castris se tenere, Cs.: ex castris abire, S.—Meton., *a day's march* (since a camp was pitched each evening): secundis castris pervenit, L.: alteris castris, L.: quintis castris, Cs.—*Military service:* castris uti, non palaestrā, N.: in castris usum habere, Cs.—Fig., *a resting-place, abode* (poet.): cerea, *beehives*, V.—*A camp, army* (of contending parties or sects): Hos castris adhibe socios, *secure as allies*, V.: Epicuri: nil cupientium, *the party*, H.

castus, *adj.* with *comp.* and *sup.* [2 CAD-], *morally pure, unpolluted, spotless, guiltless, virtuous:* mentes: vita castissima: quis hoc adulescente castior? V.: populus frugi castusque, H.: se castos servare: castissima domus: signa, *proofs of innocence*, O.: res familiaris casta a cruore civili.—*Plur. m.* as *subst.:* probrum castis inferre.—*Chaste, unpolluted, virtuous, continent:* (mulieres) castiores: Minerva, H.: matres, V.: poeta, Ct.: ius matrimonii: voltus, O.—*Pious, religious, holy, sacred:* Aeneas, H.: sacerdotes, V.: qui castam contionem defendo, i. e. auspicato in loco: verbenae, H.: crines, O.: laurus, Tb.: nemus, Ta.—*Free from avarice, disinterested:* homo: castissimus homo.

cāsū, *adv.* [*abl.* of casus], *by chance, casually, by accident, accidentally:* casu Romae esse: id evenit non temere nec casu: sive casu sive consilio deorum, Cs.: accidit casu ut, etc., N.: casu te sortiri amicum, H.: si Pallerem casu, H.: casu tenebant bracchia nati, O.

casula, ae, *f. dim.* [casa], *a cottage, hut*, Iu.

cāsus, ūs (*dat.* cāsū, Cs.), *m.* [1 CAD-], *a falling, falling down, fall:* nivis casus terrorem adiecit, L.: Antiqui memor casūs, O.: graviore casu Decidunt, H.: casuque fuit miserabile carmen, *in his fall*, O.: concidit casu gravi, Ph.: altior, Iu.: loci casūs, i. e. *destruction* (by an earthquake), O.—Fig., of time, *the end:* sub casum hiemis, V.—*A loss, fall, overthrow, ruin, failure:* ex nostro casu hanc vitae viam pertimescere: ingredi sine casu aliquo, *false step:* gravis casus in servitium ex regno, S.: urbis Troianae, V.—Of events, *an occurrence, event, accident, chance, emergency:* novi casūs temporum: in eiusmodi casu, *such an emergency*, Cs.: ad talem casum perfugium, L.: si quos locus aut casus coniunxerat, S.: adversi, secundi, N.: magno accidit casu, Cs.: rariores: dubii, H.—*A chance, occasion, opportunity:* hoc ipso tempore et casu, Cs.: casūs mortis habere: praeclari facinoris casum dare, S.—*An adverse event, misfortune, mishap, mischance, accident, calamity:* meum casum tam horribilem: ne minimo quidem casu (*dat.*) locum relinquere, Cs.: sive alius casus lecto te adfixit, H.: Saturnini atque Gracchorum casus, i. e. *death*, Cs.: cum tantum senatorum sui quemque casūs absumpsissent, L.: Bomilcaris, S.: insontis amici, *fate*, V.—In gram., *a case* (of a noun).

catagraphus, *adj.*, = κατάγραφος, *painted, variegated:* Thyne, Ct.

Catamītus, ī, *m.* [old for Ganymedes], *Ganymede, the cup-bearer of Jupiter.*—As an expression of contempt for Antonius.

cataphractēs, ae, *m.*, = καταφράκτης, *a coat of mail with iron scales*, Ta.

cataphractus, *adj.*, = κατάφρακτος, *mailed, wearing coats of mail.*—*Plur. m.*, *mailed soldiers*, L., Pr.

cataplūs, ī, *m.*, = κατάπλους, *a landing:* ille Puteolanus, *arrival at Puteoli.*

catapulta, ae, *f.*, = καταπέλτης, *an engine for hurling missiles, catapult:* per tabulata dispositae, L.: saxa ex catapultis, Cs.

cataracta, ae, *f.*, = καταρράκτης, *a drawbridge, portcullis*, L.

catasta, ae, *f.*, = κατάστασις, *a scaffold, on which slaves were exposed for sale*, Tb.

catē, *adv.* [catus], *sagaciously, dexterously.*

catēia (trisyl.), ae, *f.* [Celtic], *a barbed spear*, V.

1. **catella**, ae, *f. dim.* [catulus], *a female puppy, young bitch*, Iu.

2. **catēlla**, ae, *f. dim.* [catena], *a little chain*, H., L.

catellus, ī, *m. dim.* [catulus], *a little dog, puppy, whelp*, C., Iu.: Sume, catelle, *pet*, H.

catēna, ae, *f.* [CAT-], *a chain, fetter, shackle:* ferrea, Cs.: catenā vinctus, Ta.: collo inserta catena, Cu.: firma, L.: stridor tractae catenae, V.:

donasse catenam Laribus, i. e. *to have been a slave*, H.—Usu. *plur.*: alqm vincire catenis, O.: in catenas conicere alqm, Cs.: catenas inicere alcui: alqm in catenis Romam mittere, L.: catenas alcui exsolvere, Ta.: rumpere catenas, H.—Fig., *a constraint, fetter, barrier, bond:* belua constricta legum sacratarum catenis: validā teneamur catenā, Tb.: mille adde catenas, *clauses of obligation* (in a bond), H.

catēnātus, *adj.* [catena], *chained, fettered:* Britannus, H.: ianitor, O.: taberna, *fastened with a chain*, Iu.

caterva, ae, *f.*, *a crowd, troop, throng, band, mob* (of men): iuvenum, V.: cum catervā suā venire: stipatorum, S.: catervae testium: magnas Graecorum implere catervas, i. e. *add to the number of Grecian poets*, H.—Poet.: avium, *flocks*, V.—*A body of soldiers, troop, company, band:* conducticiae catervae, N.: fulgentes aere, V.: Lyciae, H.: florentīs aere catervas, *infantry* (opp. equites), V.: equitum turmae peditumque catervae, H.—*A company of actors, troop:* tota: catervae atque concentus, i. e. *the dramatic chorus.*

catervātim, *adv.* [caterva], *in companies, by troops:* dare stragem, V.: incurrere, *in disorderly squads*, S.: currere, L.

cathedra, ae, *f.*, = καθέδρα, *a chair, stool, cushioned seat, arm-chair:* Discipularum, H.—*A litter, sedan chair*, Iu.—*A teacher's seat, professor's chair*, Iu.

catillus, ī, *m. dim.* [catinus], *a small dish, plate of earthenware*, H.

catīnus, ī, *m.*, *a deep vessel of earthenware, bowl*, H.—*A pot*, H., Iu.

catōnium, ī, *n.* [κάτω], *the lower world* (in a play on the name Cato).

catulus, ī, *m. dim.* [catus, a cat], *a young animal, whelp:* catulos ferae Celent, H.; of a lion, H., V., O.; of a cat, Ph.; of a wolf, V.; of a bear, O.; of a serpent, V.—*A young dog, puppy:* in cane quam in catulo: canibus catulos similīs Noram, V.

catus, *adj.* [1 CA-], *clear-sighted, intelligent, sagacious, wise:* Aelius Sextus, Enn. ap. C.: cultūs hominum Voce formasti catus, H.: catus quantumvis rusticus, *shrewd*, H.: iaculari, H.

cauda or (low) **cōda** [cf. caudex, codex], ae, *f.*, *a tail:* leonis: pavonis: Delphinum caudae, V.: picta (of a peacock), H.: tenuissima, *the smallest part*, O.—Prov.: caudam trahere, i. e. *to be mocked*, H.: coda illa Verrina.—*The privy member*, H.

caudex, icis, *m.* [cf. cauda], *a trunk of a tree, stock, stem:* caudicibus sectis (in grafting), V.—Meton., *a blockhead*, T.; see also codex.

caulae, ārum, *f.*, *a passage, entrance* (of a sheepfold), V.

caulis or **cōlis**, *m.* [2 CAV-], *a stalk, stem of a plant:* (dictamni), V.—Esp., *a cabbage-stalk, cabbage, colewort*, C.: teneros caules, H.: Cole suburbano Dulcior, H.

caupō or (low) **cōpō**, ōnis, *m.* [CAP-], *a petty tradesman, huckster, innkeeper:* ad cauponem devertere: Perfidus, H.: copo de viā Latinā.

caupōna, ae, *f.* [caupo], *a retail shop, inn, tavern*, C., H.

caupōnor, ārī, —, *dep.* [caupo], *to traffic in, trade in:* bellum, Enn. ap. C.

caupōnula, ae, *f. dim.* [caupona], *a small inn, little tavern.*

Caurus (V.) or **Cōrus** (Cs., V.), ī, *m.* [SCV-], *the northwest wind.*

causa (**caussa**), ae, *f.* [1 CAV-], *a cause, reason, motive, inducement, occasion, opportunity:* te causae inpellebant leves, T.: obscura: accedit illa quoque causa: causa, quam ob rem, etc., T.: satis esse causa, quā re, etc., Cs.: si causa nulla est, cur, etc.: causa quod, etc.: ea est causa, ut cloacae subeant, etc., L.: quid causae est quin: nulla causa est quin: causa quo minus, S.: is, qui causa mortis fuit: morbi, V.: nos causa belli sumus, L.: rerum cognoscere causas, V.: Vera obiurgandi causa, T.—Poet.: Bacchus et ad culpam causas dedit (i. e. culparum causa fuit), V.: consurgere in arma, V.: quae rebus sit causa novandis, V.: meo subscribi causa sepulchro, i. e. *of my death*, O.—In phrases: cum causā, *with good reason:* sine causā, *without good reason:* sine ullā apertā causā: his de causis, Cs.: quā de causā: quā ex causa: eā causā, S.: ob eam causam, Cs.: ob eam ipsam causam: quam ob causam, N.: propter eam quam dixi causam: in causā haec sunt, *are responsible:* vim morbi in causā esse, quo, etc., L.: non paucitatem . . . causae fuisse cogitabant, *to have been the cause*, Cs.—Esp., *abl.* with *gen.* or *possess. adj.*, *on account of, for the sake of:* alqm honoris causā nominare, *with due respect:* omnium nostrum causā: vitandae suspitionis causā: meā causā, T.: meāpte causā, T.: vestrā reique p. causā: vestrarum sedum temploumque causā; cf. quod illi semper sui causā fecerant: additur illius hoc iam causā, quicum agitur.—Meton., *an apology, excuse:* non causam dico quin ferat, etc., T.: causas nequiquam nectis inanīs, V.—Poet.: Et geminas, causam lacrimis, sacraverat aras, i. e. *a place to weep*, V.—*A feigned cause, pretext, pretence:* fingit causas ne det, T.: morae causas facere, *reasons for the delay*, S.: causas innecte morandi, V.: inferre causam, Cs.: bellandi, N.: per causam exercendorum remigum, *under the pretext*, Cs.: per causam renovati belli,

L.: gratiam per hanc causam conciliare.—In law, *a cause, judicial process, lawsuit:* causam agere: publicam dicere: proferre: perdere: tenere, O.: causae actor accessi: causam dicere, *to defend* (oneself or as advocate): linguam causis acuere, *for pleading,* H.: extra causam esse, *not to the point:* plura extra causam dixisse: atque peracta est causa prior, i. e. *the hearing before the decision,* O.—*A side, party, faction, cause:* condemnare causam illam: et causam et hominem probare, Cs.: publica, *the common weal,* O.—*A relation of friendship, connection:* omnes causae et necessitudines veteres: quae mihi sit causa cum Caesare.—*A condition, state, situation, relation, position:* num enim aliā in causā M. Cato fuit, aliā ceteri, etc.: in eādem causā fuerunt, Cs.: in meliore causā.—*A commission, business undertaken, employment:* cui senatus dederat publice causam, ut mihi gratias ageret: super tali causā eodem missi, N.—In rhet., *a concrete question, case for discussion.*

causārius, ī, *m.* [causa].—In the army, *one who pleads ill-health, an invalid.*—*Plur.*, L.

causidicus, ī, *m.* [causa+DIC-], *a pleader, advocate, special pleader,* C.: purpura vendit Causidicum, Iu.

causor, ātus, ārī, *dep.* [causa], *to allege as a reason, make a pretext of, plead, pretend:* omnia Visaque, O.: locum inmeritum, H.: animi perturbationem, L.: negotia, Ta.: numquid causare quin abeas victus? *have you anything to plead?* causatus consulere velle, *pretending,* L.: Causando in longum ducis amores, *you make pretexts for putting off,* V.

caussa, see causa.

causula, ae, *f. dim.* [causa], *a petty lawsuit.*

cautē, *adv.* with *comp.* and *sup.* [cautus], *cautiously, prudently, carefully:* iter facere, Cs.: dicere, *guardedly:* cautius adcuro, ne, etc., T.: cur olivum Sanguine Cautius vitat? H.: Cautius te credere Marti, V.: quam cautissime navigare.

cautēs, is, or (in *plur.*) **cōtēs**, *f.* [1 CA-], *a pointed rock, crag:* obnoxia ventis, Tb.: saxa et cautes timere, Cs.: durae, V.: scrupulosae cotes: durae, V.: inviae, Cu.

cautim, *adv.* [cautus], *cautiously, warily,* T.

cautiō, ōnis, *f.* [1 CAV-], *wariness, precaution, caution, heedfulness, circumspection:* horum vitiorum una cautio est, ut ne, etc.: tua cautio nostra cautio est, i. e. *your safety:* ne resciscat cautiost, i. e. *one must take care,* T.: ei mihi ne corrumpantur cautiost, *I must take care,* T.: habet multas cautiones, i. e. (the subject) *has many difficulties:* quae cautionem non habebant, *could not be guarded against.*—In law, *security, bond, warranty, bail:* chirographi, *in writing:* hunc omni cautione devinxerat, *pledge.*

cautor, ōris, *m.* [caveo], *an insurer, averter:* alieni periculi.

cautus, *adj.* with *comp.* and *sup.* [*P.* of caveo], *careful, circumspect, wary, cautious, provident:* cautus est, ubi nihil opust, T.: in periculis: in verbis serendis, H.: lupus, *sly,* H.: monuerunt, ut cautior esset: ad praesentius malum cautiores, L.: adversus fraudem, L.: erga bona sua, Cu.: cautum dignos adsumere, H.: consilia cautiora: manus, O.: cautissima senectus, Ta.—*Safe, secure:* nummos, H.: quo mulieri esset res cautior, curavit ut, etc., *made more secure.*

cavātus, *adj.* [*P.* of cavo], *hollow* (poet.): alnos, V.: sub rupe cavatā, V.

cavea, ae, *f.* [2 CAV-], *an enclosure, cage, stall, den, coop, beehive, birdcage,* C., V., H., Cu.—In a theatre, *the auditorium, spectator's seats, benches:* ingens, V.: prima, *the front seats:* in ultimā, *among the lower classes.*—*A theatre,* C.

caveō (*imper.* cave for cavē, T., H., O., Pr.), cāvī, cautus, ēre [1 CAV-], *to be on one's guard, take care, take heed, beware, guard against, avoid:* Faciet, nisi caveo, T.: erunt (molesti) nisi cavetis. Cautum est, inquit: non fuisse difficile cavere, *to take precautions,* Cs.: cum animum attendisset ad cavendum, N.: metues, doctusque cavebis, H.—Cave, *look out! be careful!* T., H.: ab istoc cavendum intellego, T.: ab eruptionibus, Cs.: caveo ab homine impuro: monent, ut ipsis ab invidiā caveatur, L.: sibi cavit loco, i. e. *got out of the way,* T.: caves, ne videat, etc., T.: cavet ne emat ab invito: cavere necubi hosti oportunus fieret, S.: ne sim spernenda, Exemplo caveo, *am warned by,* O.: cavendum est, ne, etc.: non admissum . . . venio, sed cautum ne admittant, *to prevent,* L.: quod ut ne accidat cavendum est.—*Beware of, take care not, be sure you do not:* cave dixeris, T.: cave faxis Te quicquam indignum, H.: cave sis mentiaris: cave roget te, H.: armis concurrant arma cavete, V.: caveri foedere, ut, etc., *that provision should be made:* cavisse deos ut libertas defendi posset, L.—With *acc.*, *to guard against, be aware of, beware of, provide against, keep clear of:* tu, quod cavere possis, stultum admitterest, T.: cur hoc non caves?: cavebat Pompeius omnia, ne, etc.: vallum, Cs.: hunc tu caveto, H.: hoc caverat mens provida, *had prevented,* H.: Fata cavens, V.: cavenda est etiam gloriae cupiditas: Quid quisque vitet, numquam homini satis Cautum est, H.: in quibus cave vereri (i. e. noli): caveret id petere a populo R., quod, etc., S.: occursare capro caveto, V.: commisisse cavet, quod, etc., H.—In law, *to take care for, provide, order, decree, dispose of, stipulate:* cum ita caverent, si: altera (lex) ipsis sepulcris cavet: de quibus (agris) foedere cautum est: sibi se privatim nihil cavere, *to stipulate,* L.: si cautum esset eos testimonium non esse dicturos. — With *ab*, *to make oneself secure*, *procure bail*, *take surety:* obsidibus inter se, Cs.: nisi prius a te cavero, ne quis amplius, etc.: ab sese caveat neminem esse acturum, etc., *take security:* quid ita Flavio sibi cavere non venit in mentem.—*To make secure, give security, guarantee*, C.: (civitates) obsidibus de pecuniā cavent, Cs.: quoniam obsidibus cavere inter se non possint, Cs.—With *dat.*, *to keep from, protect, have a care for, make safe, take care of:* quod regi amico cavet, non reprehendo: melius ei cavere volo, quam ipse aliis solet: aliis cavit, non cavet ipsi sibi, O.

caverna, ae, *f.* [cavus], *a hollow, cavity, cave, cavern, grotto, hole:* terrae cavernae: curvae, *rocky vaults*, V.: caecae, O.: navium, *holds.*—*Plur.*, *reservoirs*, Cu.

cavillātiō, ōnis, *f.* [cavillor], *a jeering, raillery, scoffing, irony*, C.: inter consules, L.

cavillātor, ōris, *m.* [cavillor], *a jester, caviller.*

cavillor, ātus, ārī [cavilla, raillery], *to jeer, mock, criticise, satirize, jest:* cum ipso: togam eius praetextam: tribunos plebis, L.: in eo, aestate grave esse, etc.—*To reason captiously, quibble*, L.

cavō, āvī, ātus, āre [cavus], *to make hollow, hollow out, excavate:* (scopuli) pars cavatur Fluctibus, O.: naves ex arboribus, L.: arbore lintres, V.: parmam gladio, i. e. *to pierce through*, O.: Tegmina tuta cavant capitum, *hollow out*, i. e. *bend around*, V.

cavus, *adj.* [2 CAV-], *hollow, excavated, concave:* concha, V.: bucina, O.: cavernae, V.: trunci, H.: saxa, H.: quā cava sunt (pocula), *on the inside*, O.: tempora, *arched*, O.: lumina, *sunken*, O.: umbra, *enveloping*, V.: flumina, *deep-channelled*, V.: imago formae, *unsubstantial*, V.—As *subst. m.*, *a hole:* Tutus (of a mouse), H.—*Plur.:* arti, Ph.—As *subst. n.*, *an opening, hole:* murum crebris cavis aperuit, per quae, etc., *loop-holes*, L.: Inventus cavis bufo, V.: nuces cavis abscondere, H.

-ce or **-c** (not -cce, -cc), an enclitic particle, with demonstrative force (like colloq. Engl. *here, there*, with *this* or *that*) appended to many pronom. words.—Form -ce: hice (old for hic), huiusce; see hic.—Form -c; see hic, haec, illic, istic, nunc, sic, etc.—Form -ci-, where the enclitic -ne follows; see hicine, sicine.

1. cēdō, cessī, cessus, ere [1 CAD-], *to go from, give place, remove, withdraw, go away, depart, retire:* cedam atque abibo: ex ingratā civitate: patriā: carinā, Ct.: per ora (hominum), i. e. *to be seen*, H.: Siciliā sibi omni cedi, *to be evacuated*, L.: cedere foro, *to leave the exchange*, i. e. *be bankrupt*, Iu.: alicui hortorum possessione, i. e. *to cede, assign:* ut possessionibus cederent: loco cedere, *to retreat*, N.: ex acie, *abandon*, L.: locum ex quo cesserant repetunt, L.: cedentes insequi, *the retreating enemy*, Cs.—F i g., *to pass away, go from, drop out, vanish:* vitā, *die:* e vitā: horae quidem cedunt et dies, *elapse:* memoriā, *be forgotten*, L.: fiducia cessit Quo tibi, diva, mei? V. —*To come to, fall (as a possession), to fall to the lot of, accrue:* ut is quaestus huic cederet: quae captae urbi cessura forent, L.: regnorum cessit Pars Heleno, V.: undae cesserunt piscibus habitandae, O.: summa rerum in ducem cessit, Ta.: aurum in paucorum praedam cessisse, L.: quod cedit in altera iura, H.—*To result, happen, turn out, fall out, work:* gesta quae prospere ei cesserunt, *were successful*, N.: neque insidiae prospere cessere, S.: prout prima cessissent, *in proportion to his success at the outset*, Ta.: Quā Parcae sinebant Cedere res Latio, V.: neque si male cesserat, neque si bene, H.—With *in* and *acc.*, *to take the place of, supply the want of, be a substitute for:* poena in vicem fidei cesserat, L.: victoribus fortuna in sapientiam cessit, Ta.: epulae pro stipendio cedunt, *are taken in commutation*, Ta.—*To yield, give place:* quasi locum dare et cedere: pete cedentem aëra disco, H.: in tutum, L.: cedere nescius, H.: pars cedere, alii insequi, S.: huc omnis aratri Cessit amor, i. e. *to warlike zeal*, V.—With *dat.*, *to yield to, retreat before, submit to, be overcome by:* Viriatho exercitūs nostri imperatoresque cesserunt: hosti, N.: comites, quibus ensis et ignis Cesserunt, i. e. *who were unharmed*, O.: fortunae, S.: loco iniquo, non hosti cessum, L.: Tu ne cede malis, *succumb*, V.—*To yield in rank, be inferior:* nullā re cedens caelestibus: virtute nostris, Cs.: laudibus lanificae artis, O.: in re nullā Agesilao, N.: ut non multum Graecis cederetur, *were not inferior.*—*To comply with, yield to, obey, conform to:* auctoritati viri: cessit tibi blandienti Cerberus, H.: deae, O.: Cedo equidem, *I comply*, V.—*To grant, concede, allow, give up, yield, permit:* aliquid amicitiae: currum ei, L.: cessit patribus, ut in praesentiā tribuni crearentur, L.

2. cedo, *plur.* cette, old *imper.*, *hither with it, give, bring here:* Puerum, mihi cedo, T.: senem, *bring hither*, T.: cedo, quaeso, codicem: cedo tabulas.—E s p., *let us hear, tell, say, speak, out with it:* cedo istuc tuom consilium, T.: unum cedo auctorem tui facti: cedo, quoium puerum hic apposuisti? T.: cedo igitur, quid faciam, T.: cedo, cui cognitor factus sit, etc.: cedo, si conata peregit, *what, if*, etc., Iu.: cedo dum, en umquam audisti, etc.? *come now*, T.—Parenthet., *let me, by your leave:* ego, statim, cedo, inquam si quid, etc. —*Look at, mark, behold!* cedo mihi leges Atinias: illius contionem.

cedrus, ī, *f.*, = κέδρος, *the cedar, juniper.*— Hence, *cedar wood:* odorata, V.: effigies Antiquā ex cedro, V.—M e t o n., *cedar oil* (used to preserve books from moths): carmina linenda cedro, i. e. *worthy of preservation*, H.

Celaenō, ūs, *f.*,= Κελαινώ, *one of the Harpies:* dira, V.: (uxor) nummos raptura Celaeno, *like a harpy*, Iu.

cēlātus, *P.* of celo.

celeber (*masc.* celebris, Her., Ta., Cu.), bris, bre, *adj.* with *sup.* [1 CEL-], *frequented, much visited, thronged, crowded, populous, abounding:* forum: in celeberrimo urbis loco: nemo audierat tam celebri loco: celeberrimo virorum conventu: gratulatio, i. e. *of a great multitude:* mergis undae, O.: celeberrima fontibus Ide, O.—*Honored, renowned, distinguished, celebrated, famous:* dies omni caerimoniarum genere, L.: Daedalus ingenio artis, O.: quisque ingenio, Ta.: dies celeberrimi, *most solemn:* res totā Siciliā celeberrima: nomen ad posteros, L.: Diana, H.—*Numerous, frequent:* verba celeberrima, *often repeated*, O.

celebrātiō, ōnis, *f.* [celebro], *a numerous assemblage, concourse:* hominum coetūs et celebrationes: cottidiana.—*A festival:* ludorum.

celebrātus, *adj.* with *comp.* and *sup.* [*P.* of celebro], *frequented, thronged, much visited:* forum, S.—*Customary, usual, frequent:* alqd in Graeco sermone.—*Trite, familiar, notorious:* res celebratissimae omnium sermone: caedes omnium sermone celebrata.—*Solemn, festive, brilliant:* dies, S.: supplicatio celebratior, L.—*Famous, renowned:* dux factis fortibus, L.: Nomine quam pretio celebratior ara, O.

celebritās, ātis, *f.* [celeber], *a great number, multitude, throng, crowd, large assembly, concourse:* odi celebritatem: in maximā celebritate vivere: in Baiarum illā celebritate, *publicity:* frequentissimā celebritate laetari: in celebritate versari, *to live in society*, N.—*Frequency, repetition:* iudiciorum: periculorum, Ta.—*A festal celebration, solemnity:* supremi diei, *for the dead.*—*Fame, renown:* causa celebritatis: sermonis.

celebrō, āvī, ātus, āre [celeber], *to frequent, throng, crowd, fill:* viae multitudine legatorum celebrabantur: genus spectaculi omni frequentiā hominum: alqm magistratum, Tb.: silvas, O.: coetum celebrate faventes, V.—*To do frequently, practise, engage in, reiterate, dwell upon, repeat:* ad eas artes celebrandas: modus transferendi verbi, quem iucunditas celebravit, *made frequent:* popularem potestatem, *kept in the foreground*, L.: seria ac iocos cum aliquo, L.—*To celebrate, solemnize, keep:* festos dies: (dies) celebratus per omnem Africam, S.: natales, H.: coniugia, V.: exsequias, L.: totā celebrante Siciliā sepultus est, N.—*To fill with, cause to resound:* contiones convicio cantorum: ripas carmine, O.: cuius nuntiis celebrantur aures meae, i. e. *are filled.*—*To make known, publish abroad, proclaim:* factum esse consulem Murenam: quod vocibus maledictisque celebratum est.—*To honor, praise, celebrate with praise, celebrate in song:* Caesaris laudes: fortuna res cunctas celebrat, S.: talia carminibus, V.: se remque p. haec faciundo, *to make renowned*, S.: victoriam famā, Ta.

celer, eris, ere, *adj.* with *comp.* and *sup.* [1 CEL-], *swift, fleet, quick, speedy:* sagitta, H.: Diana, O.: turbo, V.: venti, H.: navis, Ct.: canis, Tb.: pedes, Pr.: remedia, *swift*, N.: sequi Aiax, H.: excipere aprum, H.: Iussa deae celeres peragunt, O.: iaculo celer, V.: oderunt Sedatum celeres, *lively people*, H.: fata celerrima, V.: mens, quā nihil est celerius: oratio, *hurried:* consilium, T.: motus, Cs.: lapsus, O.—*Rash, hasty, precipitate:* consilia, L.: Mors, Tb.: desperatio rerum, L.

Celerēs, um, *m.*, *the knights*, the ancient name of the equestrian order; given by Romulus, acc. to Livy, to *the king's body-guard:* trecentos armatos ad custodiam corporis, quos Celeres appellavit, L.: tribunus Celerum, L.: Celer, *chief of the guard of Romulus*, O.

celeripēs, pedis, *adj.* [celer+pes], *swift of foot.*

celeritās, ātis, *f.* [celer], *swiftness, quickness, speed, celerity:* horum (equitum), Cs.: reditūs eius: belli celeritatem morari: in re gerundā: in castris capiendis, Cs.: veneni, *the quick effect:* incredibili celeritate fama perfertur, Cs.: celeritate uti, N.: celeritate opus est: ne suscipiamus nimias celeritates: animorum: calliditas et celeritas ingeni, *quickness of device*, N.: orationis: dicendi.

celeriter, *adv.* with *comp.* and *sup.* [celer], *quickly, swiftly, speedily, in haste, immediately, promptly:* concilium dimittit, Cs.: antecellere omnibus: navigare: si erat celerius recipiendum, Cs.: mens celerrime multa simul agitans: quam celerrime potuit, Cs.

celeriuscule, *adv. dim.* [celer], *rather too quickly*, Her.

celerō, —, —, āre [celer], *to quicken, hasten, accelerate:* fugam in silvas, V.: haec celerans, *swift in obeying this order*, V.: celerandae victoriae intentior, Ta.—*To make haste, be quick*, Ct., Ta.

cella, ae, *f.* [2 CAL-], *a place of concealment, store-room, cell, granary:* penaria: Falernae, V.: avitae, H.—Hence, aliquid in cellam dare, *to furnish household stores:* cellae nomine, *as household supplies.*—*A chamber, closet, cabinet, hut, cot:* me in cellam concludam, T.: servorum in cellis lecti: angustis eiecta cadavera cellis, *mean abodes*, H.—*Plur.*, *the cells* (of bees), V.—*A sanctuary* (of a temple), *shrine* (where the image stood): Concordiae.—*An oil-press:* Venafri, H.

1. (cellō, ere) [1 CEL-], *to strike*, only in compounds.

2. (cellō, ere) [2 CEL-], *to rise, tower*, only in *P.* celsus, and in compounds.

cellula, ae, *f. dim.* [cella], *a small store-room*, T.

cēlō, āvī, ātus, āre [2 CAL-], *to hide from, keep ignorant of, conceal from:* te partum, T.: vos celavi quod nunc dicam, T.: te sermonem: iter omnīs, N.: homines, quid iis adsit copiae.—*Pass.*, *to be kept in ignorance of:* nosne hoc celatos tam diu, T.: quod te celatum volebam: id Alcibiades celari non potuit, N.: de armis celare te noluit?: de illo veneno celata mater.—With *acc.* of person only, *to keep ignorant, elude, hide from:* Iovis numen: emptores: celabar, excludebar. — *To conceal, hide, cover, keep secret:* tam insperatum gaudium, T.: sententiam: factum, V.: sol diem qui Promis et celas, H.: voltūs manibus, O.: crudelia consilia dulci formā, Ct.: periuria, Tb.: sacra alia terrae, *in the earth*, L.: plerosque ii, qui receperant, celant, Cs.: aliquem silvis, V.: diu celari (virgo) non potest, T.: Celata virtus, H.: parte tertiā (armorum) celatā, Cs.: quod celari opus erat: celabitur auctor, H.: tempus ad celandum idoneum: non est celandum, *no secret is to be made of it*, N.

celōx, ōcis, *f.* [1 CEL-], *a swift-sailing ship, cutter, yacht*, L.

celsus, *adj.* with *comp.* and *sup.* [*P.* of 2 cello], *raised, elevated, lifted, towering, high, lofty:* (deus homines) celsos et erectos constituit: in cornua cervus, O.: naves, V.: turres, H.: si celsior (ibis), O. — F i g., *high, lofty, elevated, great:* celsus et erectus et omnia parva ducens: celsissima sedes dignitatis. — *Haughty, proud, high-spirited:* iura ignorantem, erectum et celsum: celsi et spe feroces, L.: Ramnes, H.

cēna (not coena, caena), ae, *f.*, *a dinner, principal meal* (anciently taken at noon, afterwards later): cenarum ars, H.: caput cenae: cenae pater, H.: cenae deum, H.: Pontificum, H.: antelucanae, *lasting all night:* amplior, Iu.: dubia, *perplexing* (by variety), T.: magna, H.: munda, H.: prior, i. e. *a previous invitation*, H.: sic cena ei coquebatur, ut, etc., N.: ducere, *to prolong*, H.: producere, H.: inter cenam, *at table:* ad cenam veniat, H.: invitare ad cenam: vocatus ad cenam: redire a cenā: ingens cena sedet, i. e. *company*, Iu.

cēnāculum, ī, *n.* [cena], *an upper story, upper room, garret, attic:* Roma cenaculis sublata: mutat cenacula, *his hired garret*, H.: venit in cenacula, Iu.

cēnātiō, ōnis, *f.* [cena], *a dining-room:* rapiat cenatio solem, i. e. *have a sunny exposure*, Iu.

cēnātus, *P.* of ceno.

cēnitō, —, —, āre, *freq.* [ceno], *to dine often, dine habitually:* foris; apud alqm.

cēnō, āvī, ātus, āre [cena], *to dine, take a meal, eat dinner:* spes bene cenandi, Iu.: bene, frugaliter: lauto paratu, Iu.: apud Domitium: unā: cum cenatum esset, L.—*P. perf.*, cenatus, *having dined, after dinner:* cum cenatus cubitum isset: te cenatum occidere: milites cenatos esse in castris iubet, S.: amet scripsisse (versūs) cenatus, H.—*To make a meal of, eat, dine upon:* aves, H.: aprum, H.: patinas omasi, H.: pisces, H.: ostrea, Iu.

cēnseō, cēnsuī, cēnsus, ēre, *to tax, assess, rate, estimate:* censores populi aevitates: censento: ne absens censeare: milia octoginta civium censa dicuntur, L.: quid se vivere, quid in parte civium censeri, si, etc., L.: census equestrem Summam nummorum, *assessed with a knight's estate*, H.: milites scribere, capite censos, *assessed for their persons*, i. e. *paying only a poll-tax*, S.: frequentia convenit censendi causā, *to attend the census:* arbitrium formulae censendi, *the scheme for taking the census*, L.: sintne illa praedia censui censendo, *subject to the census.*—Of a province: quinto quoque anno Sicilia tota censetur.—With the person assessed as subject, *to value, make a return:* in quā tribu ista praedia censuisti?: Est inter comites Marcia censa suas, *is assessed for*, i. e. *counts as one*, O. — I n g e n., *to value, estimate, weigh:* si censenda nobis res sit: auxilio vos dignos censet senatus, L.—*To esteem, appreciate, value:* ut maneat, de quo censeris, amicus, *for whose sake*, O.: unā adhuc victoriā Metius censebatur, Ta. — Of senators, *to be of opinion, propose, vote, move, give judgment, argue, insist, urge:* Dic, inquit ei (rex), quid censes? tum ille . . . censeo, etc., *I move*, L.: ita censeo decernendum: Appius imperio consulari rem agendam censebat, L.: eas leges omnīs censeo per vim latas: qui censet eos . . . morte esse multandos: sententia quae censebat reddenda bona, L.: de eā re ita censeo, uti consules dent operam uti, etc.: censeo ut iis . . . ne sit ea res fraudi, si, etc.: qui censebat ut Pompeius proficisceretur, Cs.: Fabius censuit . . . occuparent patres suum munus facere, L. — I r o n i c.: vereamini censeo ne . . . nimis aliquid severe statuisse videamini, i. e. *of course, you will not be afraid*, etc.: misereamini censeo, *I advise you to be merciful*, S. — E l l i p t.: dic quid censes (i. e. decernendum), L.: senati decretum fit, sicut ille censuerat, S.—Of the Senate, *to resolve, decree:* cuius supplicio senatus sollemnīs religiones expiandas saepe censuit: senatus Caelium ab re p. removendum censuit, Cs.: quae bona reddi antea censuerant (i. e. reddenda), L.: nuntient, velle et censere eos ab armis discedere, etc., S.: ita censuerunt uti consul rem p. defenderet: cum vero id senatus frequens censuisset (sc. faciendum): bellum Samnitibus et patres censuerunt et populus iussit, *against the Samnites*, L.—*To resolve, be of opinion, determine, decide, vote, propose, suggest, advise:* erant qui censerent in castra Cornelia recedendum, Cs.: nunc surgendum censeo, *I move we adjourn:* ego ita censeo, legatos Romam mittendos, L.: neque eum locum quem ceperant, dimitti censuerant oportere, Cs.: Hasdrubal ultimam Hispaniae oram ignaram esse . . . censebat, *believed*, L.: censeo ut satis diu te putes requiesse: plerique censebant ut noctu iter facerent, Cs.—Ellipt.: sententiis quarum pars deditionem, pars eruptionem censebat (i. e. faciendam), Cs.: ita uti censuerant Italici, deditionem facit, S.—Of commands: non tam imperavi quam censui sumptūs decernendos, etc., *said, not as an order, but as an opinion that*, etc.: ita id (foedus) ratum fore si populus censuisset, L.—Of advice: idem tibi censeo faciendum: si videbitur, ita censeo facias ut, etc.: Quam scit uterque libens censebo exerceat artem, H.: ibi quaeratis socios censeo, ubi Saguntina clades ignota est, L.: ita faciam ut frater censuit, T.: Disce, docendus adhuc, quae censet amiculus, H.—Ironic.: si qua putes . . . magnopere censeo desistas, *I strongly advise you to give up that idea.*—Of opinions and views, *to be of opinion, think, believe, hold:* Plato mundum esse factum censet a deo sempiternum: nemini censebat fore dubium quin, etc.: sunt qui nullum censeant fieri discessum: oportere delubra esse in urbibus censeo.—Ellipt.: si, Mimnermus uti censet, sine amore iocisque Nil est iucundum, H.—In gen., *to judge, think, believe, suppose, imagine, expect:* Quid te futurum censes? T.: neque vendundam censeo Quae libera est, T.: eo omnem belli molem inclinaturam censebant, L.: Caesar maturandum sibi censuit, *thought he ought* (i. e. *resolved*) *to hasten*, Cs.: impudens postulatio visa est, censere . . . ipsos id (bellum) advertere in se, *to imagine*, L.: Qui aequom esse censeant, nos a pueris ilico nasci senes, *imagine that we ought to be*, T.: civīs civibus parcere aequum censebat, N.—In questions, censes? *Do you think, do you suppose?* continuo dari Tibi verba censes? T.: adeone me delirare censes ut ista esse credam?: quid censes munera terrae? . . . Quo spectanda modo? H.: An censemus? *Are we to suppose?*—Ellipt.: quid illum censes? (sc. facere?) T.—*Absol.*, as an approving answer: *Ph.* ego rus ibo . . . *Pa.* Censeo, T.: recte dicit, censeo, T.

cēnsor, ōris, *m.* [cf. censeo], *the title of a Roman magistrate, instituted* B.C. 443. The censors were two in number (usually patricians of high rank), elected in the Comitia Curiata, originally every five years. Their duties, which they swore to perform without favor or enmity, were to make a census of the people, giving the age, property, and class of each person; to exercise general control over public morals, with power to degrade any citizen to a lower rank, to expel senators, and deprive the equites of horses and rings; to administer, under direction of the Senate, the public finances, to construct and keep in repair public buildings, roads, and aqueducts, and to furnish victims for the sacrifices: Papirium Semproniumque censui agendo populus suffragiis praefecit; censores ab re appellati sunt, L.: video animadvertisse censores in iudices: cum Saturninum censor notasset: qui eum ex senatu censor eiecerat: quem censores senatu moverant, S.: quem censores aerarium reliquisse se subscripserunt.—Meton., *the title of a magistrate in a colony or province, whose duties were similar to those of the censor at Rome:* censores in Siciliā creati: iurati censores coloniarum, L.—Fig., *a severe judge of morals, censurer, critic:* pertristis: castigator censorque minorum, H.

cēnsōrius, *adj.* [censor], *of the censor, censorial:* tabulae, *the lists:* lex, *relating to public buildings:* locatio, *a farming of revenue:* iudicium notioque: animadversio atque auctoritas: nota, L.: ignominia: opus, *a fault punished by the censor:* homo, *who had been censor.*—*Rigid, severe:* gravitas.

cēnsura, ae, *f.* [censor], *the office of censor, censorship:* tristis, L.: ad censuram petendam: magistra pudoris.—Prov.: Dat veniam corvis, vexat censura columbas, Iu.—Fig., *a judgment, opinion:* facilis censura cachinni, Iu.

1. cēnsus, *P.* of censeo.

2. cēnsus, ūs, *m.* [censeo], *a registering of citizens and property by the censors, census, appraisement:* censum habere: agere, L.: censu prohibere, *to exclude from the list of citizens.*—*A counting, numbering:* eorum, qui domum redierunt, Cs.—*The register of the census, censor's lists.*—*A fortune, estate, wealth, riches, property, possessions:* homo sine censu: in senatoribus cooptandis neque censūs neque aetates valuisse: Ars illi sua census erat, *his fortune*, O.: Tulli, Iu.: exiguus, H.: cultus maior censu, *beyond your means*, H.—Poet., *rich presents, gifts*, O.

centaurēum, ī, *n.*, = κενταύρειον [Centaurus; because used by Chiron to heal the foot of Hercules], *the centaureum, a medicinal plant of Thessaly*, V.

Centaurēus, *adj.* [Centaurus], *of the Centaurs:* rixa, H.

1. Centaurus, ī, *m.*, *a Centaur, a fabled monster, half man, half horse*, V., H., O.—Esp., *Chiron*, H.—*A ship's figure-head*, V.—*A southern constellation.*

2. Centaurus, ī, *f.*, *the ship Centaur*, V.

centēnus, *num. distrib.* [centum], *one hundred times, one hundred-fold.*—*Sing.* (very rare): centenāque arbore fluctum Verberat, *with a hundred oars*, V. — *Plur.*, *one hundred each:* illos centeni quemque sequuntur iuvenes, V.: pediti in singulos dati centeni (denarii), L.—With *multiplic.:* HS deciens centena milia numerasse: Deciens centena (sc. milia sestertium) dare, H.

centēsimus, *num. ordin.* [centum], *the hundredth:* lux ab interitu Clodii. — As *subst. f.* (sc. pars), *the hundredth part, one per centum:* binis centesimis faenerari, *at two per cent.* (a month), i. e. *twenty-four per cent.* (per annum).

centiceps, cipitis, *adj.* [centum+caput], *hundred-headed:* belua, i. e. Cerberus, H.

centiēns or **centiēs**, *adv.* [centum], *a hundred times:* idem dictumst, T.: sestertium centiens (sc. centena milia), i. e. *ten millions.*

centimanus, *adj.* [centum+manus], *with a hundred hands* (poet.): Gyas, H., O.

centō, ōnis, *m.* [2 CAN-], *a rag cushion, patchwork quilt* (as a defence against missiles), Cs.

centum or **C**, *num. indecl.*, *a hundred:* anni: dies: viciens centum milia passuum, Cs.—Indef., *a hundred, many, countless:* mihi si linguae centum sint, V.: centum puer artium, H.

centumgeminus, *adj.* [centum+geminus], *of multiple form:* Briareus, i. e. *with a hundred arms*, V.

centumvirālis, e, *adj.* [centumviri], *of the centumviri:* iudicium: causae.

centumvirī (Cvirī) or **centum virī**, ōrum, *m.*, *the hundred men, a special jury of three from each tribe, chosen annually to try, under a quaestor, important civil suits, especially concerning inheritances:* causam apud centumviros agere.

centunculus, ī, *m. dim.* [1 cento], *a cloth of many colors*, L.

centuria, ae, *f.* [centum], *a division of a hundred, century, company:* centuriae tres equitum, L.: milites eiusdem centuriae, Cs.: pecus exercitui per centurias distribuere, S.—*A division of the people, century* (the constitution, ascribed to Servius Tullius, divided the people according to wealth into 193 centuries), L. They voted by centuries in the comitia centuriata: praetor centuriis cunctis renuntiatus: praerogativa. — *A division of land, tract.*

centuriātim, *adv.* [centuria], *by companies:* iurare, Cs. — *By centuries, in centuries:* citare populum, L.: descriptis ordinibus.

1. centuriātus, *adj.* [*P.* of 1 centurio], *divided into centuries:* comitia centuriata, *the assembled centuries of the people* (held in the Campus Martius to choose the higher magistrates, to decree war or peace, etc.): quod ad populum centuriatis comitiis tulit: comitiis centuriatis alqm consulem renuntiare: lex, *sanctioned by the Comitia Centuriata.*

2. centuriātus, ūs, *m.* [1 centurio], *a division into centuries:* ad centuriatum convenire, L.

3. centuriātus, ūs, *m.* [2 centurio], *the office of centurion.*

1. centuriō, āvī, ātus, āre [centuria], *to divide into centuries, assign to companies, organize* (of infantry): homines centuriari: iuventutem, L.: centuriati pedites, L.

2. centuriō, ōnis, *m.* [centuria], *a commander of a century, captain, centurion* (next in rank to the tribunes of the legion), C., S., L., H.: primi pili, *of the first maniple* (of the triarii), *the first centurion of the legion*, S. — *Plur.:* primorum ordinum, i. e. *the six centurions of the first cohort*, Cs.

centurionātus, ūs, *m.* [2 centurio], *an election of centurions*, Ta.

cēnula, ae, *f. dim.* [cena], *a little dinner:* hesterna.

cēpa, see caepe.

cēra, ae, *f.* [2 CER-], *wax:* fingere e cerā: calamos cerā coniungere, V. — Meton., *plur.*, *the wax cells* (of bees), V. — *A writing-tablet, leaf of wood covered with wax:* ex illis tabulis cerāve recitata, L.: vacua, O.: prima, *the first leaf*, H.: extrema.—*A seal* (of wax), C., O.—*A waxen image, wax figure, family portrait:* veteres, Iu., S.

Ceramīcus, ī, *m.*, = Κεραμεικός (of potters), *a field near Athens, in which eminent citizens were buried.*

cērārium, ī, *n.* [cera], *a seal-tax, fee for sealing.*

cerastēs, ae, *m.*, = κεράστης, *a horned serpent*, Pr.

cerasus, ī, *f.*, = κέρασος, *a cherry-tree*, V.—*A cherry:* dulces, Pr.

cērātus, *adj.* [cera], *covered with wax, waxed:* tabellae: pennae, *cemented with wax*, H.: taedae, *of wax*, O.

Cerberus (-ros), ī, *m.*, = Κέρβερος, in fable, *Cerberus, who guarded the entrance of Hades, a dog with three heads*, V., O.; or *with many heads* (centiceps), H.

cercopithēcus, ī, *m.*, = κερκοπίθηκος, *a long-tailed ape:* sacer (in Egypt), Iu.

cercūrus, ī, *m.*, = κέρκουρος, *a light vessel* (*of Cyprus*), L.—*A sea-fish:* ferox, O.

cerdō, ōnis, *m.* [κέρδος], *a workman of the lowest class*, Iu.

Cereālis, e, *adj.* [Ceres], *of Ceres:* nemus, *sacred to Ceres*, O.: papaver, V.—*Of grain, cereal, agricultural:* munera, O.: herbae, O.: culmus, V.: arma, i. e. *implements for grinding and baking*, V.: solum, i. e. *the cake laid on the ground*, V.—*Plur.*

n. as subst.: Cereālia, *the festival of Ceres*, C., O., L.

cerebrōsus, *adj.* [cerebrum], *hot-headed, passionate, hasty:* unus, H.

cerebrum, ī, *n.* [2 CEL-], *the brain:* Dimminuetur tibi, T., V.—*Understanding:* Putidius, H.—*Anger, choler:* o te cerebri Felicem! i. e. *your hot temper*, H.

Cerēs, eris, *f.*, *the daughter of Saturn, goddess of agriculture*, V., H., O.: Deserta, *secluded*, V.—Meton., *bread, fruit, corn, grain, food:* fruges Cererem appellamus, C., T., V., H., O.

1. cēreus, *adj.* [cera], *waxen, of wax:* nihil: effigies, H.: neque proponi cereus opto, *offered for sale in (a statue of) wax*, H.: castra, i. e. *honeycomb*, V.: regna, *realms of bees*, V.—*Wax-colored:* pruna, V.—*Pliant, soft:* bracchia Telephi, H.—Fig.: cereus in vitium flecti, *easily persuaded*, H.

2. cēreus, ī, *m.* [1 cereus], *a wax-light, taper.*

cērimōnia, see caerimonia.

cērintha, ae, *f.*, *the wax-flower, cerinthe*, V.

cernō, crēvī, certus, ere [2 CER-], *to separate, part, sift:* in cribris omnia cavis, O.—Fig., of the sight, *to distinguish, discern, make out, perceive, see:* si satis cerno, T.: acutum, H.: oculis cerni, N.: quae cernere et videre non possumus: haec coram, *to witness*, Cs.: coram letum, V.: acies a nostris cernebatur, Cs.: Venus, nulli cernenda, *invisible*, O.: neque misceri omnia cerneres, S.: cernis ut insultent Rutuli? V.: cernebatur novissimos illorum premi vehementer, Cs.—*To see mentally, discern, perceive, comprehend, understand:* eas (res) ingenio: ea quae erant vera: amorem, T.: cerno animo acervos civium: fortis animus cernitur, *shows itself.*—*To decide, decree, determine, resolve:* quotcumque senatus creverit populusque iusserit: priusquam id sors cerneret, L.: certā sorte, *after the lot was decided*, L.: Ferro non auro vitam cernamus utrique: cernere ferro, V.: potius germanum amittere crevi quam tibi . . . decssem, Ct.: pro patriā, S.—In law, with *hereditatem*, *formally to declare oneself heir to, accept, enter upon:* quam hereditatem iam crevimus: hereditatem regni, L.—Fig.: fratris amorem cum reliquā hereditate crevisse.

cernuus, *adj.* [2 CEL-], *stooping forwards, head-foremost:* quadrupes, V.

(cērō), see cērātus.

cērōma, atis, *n.*, = κήρωμα, *an ointment for wrestlers:* femineum, Iu.

cērōmaticus, *adj.*, = κηρωματικός, *smeared with wax ointment:* collum, Iu.

cerrītus, *adj.*, *crazed, frantic, mad*, H.

certāmen, inis, *n.* [certo], *a decisive contest, measuring of forces, struggle, strife, dispute, dissension, rivalry, competition:* inter clarissimos duces: de urbis possessione: cum alqo: regni, L.: nostrum: certamina domi finita, *civil dissensions*, L.: inter mortalīs vine an virtute, etc., S.: certamina divitiarum, H.—*A battle, fight, struggle, combat, engagement:* ubi res ad certamen venit, S.: in certamine ipso, L.: medio in certamine, V.: ita vario certamine pugnatum est, *such were the changing aspects of the battle*, Cs.: humanum, *between men*, L.: pari certamine geri, *with equal numbers*, Cs.: pugnae, O.: navalc, V.: non temptato certamine, L.: me in certamina poscere, *challenge*, V.—*A trial, race, match, contest, struggle:* gladiatorium: Instituit celebri certamine ludos, O.: celebrata sancto certamina patri, V.: cursūs, O.: equus certamine primus, H.: ponam certamina classis, *make a match*, V.: Velocis iaculi certamina ponit, V.—Meton., *rivalry, competition, emulation, ambition, zeal:* honoris et gloriae: pugna mediocri certamine commissa: olli certamine summo Procumbunt, V.: magni certaminis dimicatio, L.—*A prize:* tanti certaminis heres, O.

certātim, *adv.* [2 certo], *in rivalry, emulously, zealously, with competition:* quem amamus, *vie in loving:* saxa mittere, S.: cantat nauta atque viator, H.—*Earnestly, zealously, eagerly:* umeris infundere rores, V.: Actaeona clamant (comites), O.: Delphi totā ex urbe ruentes, Ct.: conlucent ignibus agri, *rival one another in splendor*, V.

certātiō, ōnis, *f.* [2 certo], *a competition, contest, strife, rivalry:* inter eos honesta, *honorable rivalry:* iniqua, *unfair.*—*A dispute, discussion:* relinquitur virtuti cum voluptate certatio: omissā multae certatione, *the demand of a fine*, L.

certē, *adv.* with *comp.* [certus], *really, surely, assuredly, actually, certainly, as a fact:* fuit certe id aequum: ea certe vera sunt, *admitted facts:* qui certius explorata referant, L.: Si reperire vocas amittere certius, O.: o dea certe, V.: Certe edepol nutricem video, T.—Esp., in answers: estne hic ipsus? et certe is est, T.: num is est Cluentius? certe non est.—In confirmation, *no doubt, of course, certainly:* venerat, ut opinor, haec res in iudicium. Certe: atqui vis in foro versata est. Certe, *admitted.*—Of belief, *without doubt, with assurance, confidently, surely, certainly:* iste certe statuerat non adesse: de casu Cottae certius ex captivis cognoscit, Cs.—With *scio*, *to have no doubt, be sure:* ex litteris certe scire potuistis: (legiones) comprobaturas esse certe scio.—Ironic.: Regium certe genus Maeret, *no doubt*, H.: credo fore qui . . . inponant, certe quibus videtur, etc., *men who no doubt think*, etc., S.—Restrictive, *at least, yet certainly, but surely:* Si non ipsā re tibi istuc dolet, simulare certe est hominis, T.: res fortasse verae, certe graves: desilite, milites . . . ego certe meum officium praestitero, Cs.:

quo quid sit beatius, mihi certe in mentem venire non potest: si tibi fortuna non dedit . . . at natura certe dedit: maior haec praeda, sed illa impudentia certe non minor: hoc vero edictum certe silentio non potest praeteriri: vestrae quidem certe vitae prospiciam, Cs. (quidem emphasizes the preceding word, while certe belongs to the whole clause): bona femina, locuples quidem certe: sed alias ubi sit animus; certe quidem in te est (quidem emphasizes certe).

1. certō, *adv.* [certus], *with certainty, certainly, surely, of a truth, in fact, really:* nihil ita exspectare quasi certo futurum: ego rus abituram me esse certo decrevi, T.—With *scio, I know fully, it is beyond doubt:* hoc certo scio, aiebat, etc., T.: haec omnia facta esse certo scio.

2. certō, āvī, ātus, āre, *freq.* [certus], *to match, vie with, fight, contend, struggle, combat, do battle:* armis cum hoste, an venenis?: pugnis, calcibus: proelio, S.: de salute, Ta.: de ambiguo agro bello, L.: acie, V.: animis iniquis, V.: in Bruti salute certatur: maximā vi certatur, S.—Fig., *to contend, struggle, strive:* inter se quo iure certarent: in centumvirali iudicio: provocatione, L.: si quid se iudice certes, H.: foro si res certabitur olim, *be tried*, H.: cui (multae) certandae cum dies advenisset, L.: certata lite deorum Ambracia, *the subject of arbitration*, O.: quicum omni ratione certandum sit: (carmina) certantia iudice Tarpā, *recited in competition*, H.—*To contend, compete, wrestle, struggle, strive, vie, match:* cursu cum aequalibus, S.: si nautae certarent, quis eorum potissimum gubernaret: dic, mecum quo pignore certes (in music), V.: Carmine vilem ob hircum, H.: solus tibi certat Amyntas, *is your only rival*, V.: Certent et cycnis ululae, V.—With *inf.:* Phoebum superare canendo, V.: aequales certat superare legendo (violas), O.: inter se eruere quercum, V.: praedas certantes agere, *with all their might*, S.: Avidi gloriae certantes murum petere, *striving to outdo one another*, S.—Fig., *to compete, vie, emulate, rival:* Benedictis si certasset, T.: cum civibus de virtute, S.: cum aliorum improbitate: contumaciā adversus nobiles, L.: vobiscum de amore rei p.: virtute oportere, non genere certari.—Poet.: viridique certat Baca Venafro, H.: decerpens Certantem uvam purpurae, H.: (hunc) tergeminis tollere honoribus (i. e. tollendo), H.

certum, ī, *n.*, and **certum**, *adv.;* see certus.

certus, *adj.* with *comp.* and *sup.* [*P.* of cerno], *determined, resolved, fixed, settled, purposed, certain:* ei consilia, T.: Certa res est, T.: illos ad certam mortem adducere: omnia experiri certumst prius quam pereo, *it is determined*, T.: ita facere certumst, T.: certum est omnia dicere: cum diceret sibi certum esse discedere, *that he had resolved:* mihi abiurare certius est quam dependere, *I have determined rather*, etc.—Of persons, *determined, resolved, bent:* certa mori, V.: certi non cedere, O.: certus eundi, V., O.—*Determined in thought, sure, proved, true, established, certain:* ut mi haec certa attuleris, T.: cum ad has suspiciones certissimae res accederent, Cs.: crimen: certum esse ratus quod acceperat, S.: nec quicquam certi respondes mihi, T.: id parum certum est, L.: neque certi quid esset explorari poterat, Cs.: neque certum inveniri poterat, Cs.: si quicquam humanorum certi est, L.: certum habere, *to regard as certain:* pro certo habetote vos decernere, *be assured*, S.: pro certo polliceor hoc vobis: id ponere pro certo, L.: quot caesa milia sint, quis pro certo adfirmet? L.: pro certo creditur (Catilina) fecisse, etc., S.—Of persons, *informed, assured, certain:* certi sumus periisse omnia: Anchisen facio Certum, V.: futurorum certi, O.: Quantum potest me certiorem face, *inform me*, T.: qui certiorem me sui consili fecit: Caesarem certiorem faciunt, sese non facile prohibere, etc., Cs.: milites certiores facit, paulisper intermitterent proelium, *instructs*, Cs.: ubi de eius adventu Helvetii certiores facti sunt, Cs.: factus certior, quae res gererentur, Cs.—*Definite, precise, certain, specified, particular:* ad certas res conficiendas certos homines delectos habebat, *for special purposes special agents:* concilium in diem certam indicere, Cs.: certum pretium missionis constituere: imperatorem certum deposcere: signum, *agreed*, Cs.: domicilium, *fixed:* sunt certi denique fines, Quos ultra, etc., H.—*Determined only in thought, certain, nameless, not specified:* de certā causā nondum facere: certorum hominum avaritia: expositis certis rebus, *a few points.*—Of persons, *trustworthy, consistent, firm:* amicus certus in re incertā cernitur: homo certus et diligens: honestissimus et certissimus: hostis nec spe nec animo certior (i. e. firmior), L.: pectus, V.: illud ex hominibus certis reperiebam: certissimus auctor (Phoebus), V.: certi accusatoris officium.—Of things, *settled, fixed, assured, established, trustworthy, certain:* certius argumentum odi: cum illa certissima argumenta atque iudicia sceleris, tum multo certiora illa, *conclusive:* certiores nuntii, *more trustworthy news*, Cs.: vectigalia populi R. certissima: quod salutis certa laetitia est, nascendi incerta condicio: certissima victoria, *complete*, Cs.: convivia, *constant*, H.: certiorem capessere fugam, *more decided*, L.: certam quatit improbus hastam, *sure of aim*, V.: certo subtemine Parcae, *inexorable*, H.: si certa pestis adesset, *sure destruction*, S.

cērula, ae, *f. dim.* [cera], *a bit of wax used in erasing:* miniata.

cērussa, ae, *f.*, *white-lead, ceruse*, O.

cērussātus, *adj.* [cerussa], *colored with white-lead, painted white:* buccae.

cerva, ae, *f.* [cervus], *a hind*, O.—In gen. (poet.), *a deer*, T., V., H., O., Ct., Tb.

cervīcal, ālis, *n.* [cervix], *a pillow, bolster*, Iu.

cervīcula, ae, *f. dim.* [cervix], *a small neck.*

cervīnus, *adj.* [cervus], *of a deer:* pellis, H.: vellera, O.: senectus, i. e. *great age*, Iu.

cervīx, īcis, *f.* [2 CEL-+VI-], *a head-joint, neck, nape:* rosea, V.: subacta ferre iugum, H.: nudare cervicem, L.: eversae cervices tuae, T.: caput et cervices tutari: parentis Fregisse cervicem, H.: cervices securi subicere, i. e. *to commit a capital crime:* cervices Roscio dare, i. e. *submit to be judicially murdered by R.:* praebenda est gladio, Iu.—Fig., *the neck, shoulders:* Imposuistis in cervicibus nostris dominum: dandae cervices erant crudelitati nefariae, *must submit.*—*The neck, throat, life:* a cervicibus nostris est depulsus Antonius: etsi bellum ingens in cervicibus erat, *impending*, L.: velut in cervicibus habere hostem, L.: qui tantis erunt cervicibus recuperatores, qui audeant? etc., *who shall have the fierceness?*

cervus, ī, *m.* [1 CAR-], *a stag, deer:* bos cervi figurā, Cs.: fugax, H.: surgens in cornua, V.: Ocior cervis, H.—In war, *a structure of sharp stakes* (like horns), *chevaux-de-frise*, Cs., L.

cēspes, see caespes.

cessātiō, ōnis, *f.* [cesso], *inactivity, idleness, absence of occupation:* otiosa.

cessātor, ōris, *m.* [cesso], *a loiterer, idler:* in litteris: de libris: nequam et cessator, H.

cessiō, ōnis, *f.* [1 cedo].—In law, *a giving up:* in iure, i. e. *in open court.*

cessō, āvī, ātus, āre, *freq.* [1 cedo], *to be remiss, delay, loiter, cease from, stop, give over:* paulum, T.: odiosa cessas, *you are delaying shamefully*, T.: in suo studio: ab apparatu operum nihil cessatum, L.: Quidquid apud durae cessatum est moenia Troiae, *whatever delay there was*, V.: audaciā, *to lack spirit*, L.: quid cessas? Tb.: quor cessas? T.: cessas in vota? V.: ego nunc mihi cesso, i. e. *to my hurt*, T.: pultare ostium, T.: mori, H.—Of persons, *to be inactive, be idle, be unoccupied, do nothing:* cur deos cessare patitur? si quid cessare potes, V.: Dum cessant aliae, O.: cessare et ludere, H.: Cessatum usque adhuc est, T.: Semel hic cessavit, *played truant*, H.: amori, *to have leisure for*, Pr.—Of things, *to be at rest, rest, be still, be inactive, be unused, pause, cease, stop:* quid ita cessarunt pedes? Ph.: Cessat opus, O.: cessat ira deae, L.: cessasse ferunt aras, i. e. *remained unsought*, O.: Cessantem amphoram, i. e. *long unopened*, H.: cessaturae casae, O.: tonsas cessare novalīs, *to lie fallow*, V.: cessat voluntas? i. e. *does he hesitate?* H.: Cessata tempora cursu Corrigit, *makes up for lost time*, O.—*Supin. acc.:* cessatum ducere curam, *lay at rest*, H.

cestrosphendonē, ēs, *f.*, =κεστροσφενδόνη, *a military engine for hurling stones*, L.

cētārium, ī, *n.* [cetos], *a fish-pond*, H.

cētārius, *adj.* [cetos], *of sea-fish:* ludi, Ta. dub.—As *subst. m.*, *a fishmonger*, T.

cētē, see cētos.

cētera, *adv.* [*acc. plur.* of ceterus], *for the rest, otherwise, in all else:* praeter nomen cetera ignarus populi R., S.: hastile cetera teres praeterquam ad extremum, L.: hac in re unā dissimiles, at cetera paene gemelli, H.: cetera Graius, V.: cetera similes Batavis, nisi, etc., Ta.: egregius cetera, Ta.: cetera parce, puer, bello, V.

cēterōquī (not -quin), *adv.* [ceterus+qui], *for the rest, in other respects, otherwise:* non poëta solum suavis, verum etiam ceteroqui doctus.

1. cēterum, ī, *n.*, see ceterus.

2. cēterum, *adv.* [*acc. n. sing.* of ceterus], *for the rest, in other respects, else, otherwise:* foedera alia aliis legibus, ceterum eodem modo omnia fiunt, L.: brevior via per loca deserta, ceterum dierum erat fere decem, N.—In transitions, *now, besides, for the rest*, T.: Ceterum ex aliis negotiis, etc., S. —Restrictive, *but, yet, notwithstanding, still, on the other hand:* id quidem (bellum) spe omnium serius fuit: ceterum, id quod non timebant, etc., L.: multa ceterum levia, S.: multum laboris suscipere, ceterum maxume tutos esse, S.—*Otherwise, else, in the opposite event:* non enim cogitaras; ceterum Idem hoc melius invenisses, T.

(cēterus), *adj.* [2 CA-, CI-], *the other, remainder, rest:* ornatus: regio cultu, N.: cohortes veteranas . . . ceterum exercitum locat, S.: multitudo, S.: aetas, V.: murus supra ceterae modum altitudinis emunitus, L.: inter ceteram planitiem mons, S.: pro ceterā eius audaciā: unā iugi aquā, ceterā pluviā utebantur, S.: vos curis solvi ceteris, T.: amici, Cs.: praestare ceteris animalibus, S.: ceterarum rerum prudens: non abhorret a cetero scelere, L.—Idiomat. (with the genus instead of the species), *the others, besides, also:* Ipse (consul) vocat pugnas, sequitur tum cetera pubes, V.: hi ceterorum Britannorum fugacissimi (i. e. omnium), Ta.—As *subst. m.*, *the others, all the rest, everybody else:* ceteri nihil suspicantes dant (ius iurandum), Cassius, etc., S.—As *subst. n.:* ceterum omne incensum est, *the rest*, L.: de cetero, *as for the rest:* nil egregie praeter cetera studebat, T.: ad cetera addiderunt, falsum numerum deferri, etc., Cs.: inter cetera tristia eius anni, L.: Cetera de genere hoc, adeo sunt multa, etc., H.: ut omittam cetera. —Esp., et cetera or ceteraque, *and the rest, and the like. and so forth:* cum scriptum ita sit . . . et cetera: ut illud, 'Agas asellum' et cetera.

cētos, *n.*, =κῆτος, *a sea-monster*, *plur.:* inmania cete, V.

cētra, cētrātus, see caet-.

ceu, *adv.* [ce+ve], *as, like as, just as:* genus omne natantum, ceu naufraga corpora, fluctus Proluit, *like*, V.: Dirus per urbes Afer Ceu flamma per taedas, etc., H.: ceu nubibus arcus iacit colores, V.—Followed by haud aliter, V.; by sic, V.: aliae turpes horrent, ceu Cum venit viator, *as when*, V.: lupi ceu raptores, V.: pars vertere terga, Ceu quondam petiere rates, *just as*, V.—*As if, as it were, just as if:* per aperta volans, ceu liber habenis, Aequora, V.: ceu cetera nusquam Bella forent, V.

ceveō, —, —, ēre, *to move the haunches*, Iu.

chalcaspides, dum, *m.*, = χαλκάσπιδες, *with brazen shields* (a division of the Macedonian army), Ta.

Chaldaeus, *adj.*, *Chaldaean:* grex, *of soothsayers*, Iu.

chalybēïus, *adj.* [chalybs], *of steel:* massa, O.

chalybs, ybis, *m.*, = χάλυψ, *steel:* volnificus, V.

channē, ēs, *f.*, = χάννη, *a sea-fish*, O.

(**chaos**), *abl.* chaō, only *acc.*, *n.*, = χάος, *the unformed world, void, empty space:* ingens, inane, O.—*The formless mass of which the universe was made, chaos:* a chao, *since the creation*, V.

chara, ae, *f.*, *a wild cabbage*, Cs.

charistia (car-), ōrum, *n.*, = χαρίστια, *a festival of family peace, held February 20th*, O.

Charites, um, *f.*, = Χάριτες, *the Charites, Graces*, O.

Charōn, ontis, *m.*, = Χάρων, *the ferryman of the Lower World*, C., V.

charta, ae, *f.*, = χάρτης, *a leaf of the Egyptian papyrus, paper:* quodcumque semel chartis inleverit, H.: chartas et scrinia posco, H.: dentata, *smooth*, L. — *A writing, paper:* chartae obsoluerunt, *the records:* ne charta nos prodat: finis chartaeque viaeque, H.: tribus chartis, *books*, Ct.: si chartae sileant, *poems*, H.

chartula, ae, *f. dim.* [charta], *a little paper, memorandum.*

Charybdis, is [*acc.* im or in, *abl.* ī), *f.*, = Χάρυβδις, *a whirlpool between Italy and Sicily, personified as a female monster*, Iu.: implacata, V.—Fig., *a destroyer:* bonorum, C., H.

Chēlae, ārum, *f.*, = Χηλαί, *the arms* (*of Scorpio*, which extend into Libra, hence), *Libra*, V.

chelȳdrus, ī, *m.*, = χέλυδρος, *a fetid water-serpent*, V., O.

chelys, —, *acc.* chelyn, *voc.* chely, *f.*, = χέλυς (tortoise), *a shell, lyre, harp*, O.

cheragra (chīr-), ae, *f.*, = χειράγρα, *gout in the hand*, H.

chīliarchēs, ae, *m.*, = χιλιάρχης, *a commander of* 1000, Cu.

chīliarchus, ī, *m.*, = χιλίαρχος (commander of 1000).—In Persia, *the chancellor of state*, N.

Chimaera, ae, *f.*, = χίμαιρα, *a fabulous monster*, C., V., H., O.—*A ship in the fleet of Aeneas*, V.

Chimaerifera, *adj. f.* [Chimaera+1 FER-], *producing the Chimaera*, O.

chīrographum, ī, *n.*, = χειρόγραφον, *a handwriting, hand:* quo me teste convincas? an chirographo?: chirographum primorum imitatus est. —*An autograph:* Caesaris chirographa defendere: falsa chirographa, *forgeries.*

(**chīronomōn**), —, *acc.* -ūnta, *adj.*, = χειρονομῶν, *moving the hands significantly, gesturing*, Iu.

chīrūrgia, ae, *f.*, = χειρουργία, *surgery:* chirurgiae taedet, i. e. *violent remedies.*

Chīus, *adj.*, = Χῖος, *Chian, of Chios.*—As *subst. n.* (sc. vinum), *Chian wine* (a sweet wine), H.

chlamydātus, *adj.* [chlamys], *in a military cloak.*

chlamys, ydis, *f.*, = χλαμύς, *a Grecian upper garment of wool, military cloak, state mantle:* cum chlamyde statua: Tyria, O.: Pallas chlamyde conspectus, V.—I n g e n., *a cloak, mantle*, V., H., O.

chorāgium, ī, *m.*, = χορήγιον. — P r o p., *stage apparatus, scenery and costumes;* hence, *pomp:* gloriae, Her.

choraulēs, ae, *m.*, = χοραύλης, *a flute-player, who accompanied the choral dance*, Iu.

chorda, ae, *f.*, = χορδή, *catgut, a string* (of a musical instrument): chordae intentae: resonat (vox) chordis quattuor ima, i. e. *most acute*, H.: Verba socianda chordis, *by the lyre*, H.: querulae, O.

chorēa (rarely **chorea**), ae, *f.*, = χορεία, *a dance in a ring, dance to music*, V., H., O., Tb., Pr.

chorēus or **-īus**, ī, *m.*, = χορεῖος, *a choree, trochee* (a metrical foot, — ⏑).

chorus, ī, *m.*, = χόρος, *a dance in a ring, choral dance, dance:* Nympharum leves chori, H.: choros agitare, V.—*A troop of dancers, band of singers, chorus, choir:* comissationis: Phoebi, V.: canorus, Iu.—In tragedy: actoris partīs chorus Defendat, H.—P o e t., of the deified daughters of Atlas: Pleïadum, H. — *A multitude, band, troop, crowd:* iuventutis: philosophorum: vatum, H.: noster (i. e. Musarum), O.: lascivus, Tb.

chromis, is, *f.*, = χρόμις, *a sea-fish*, O.

chrȳsolithos, ī, *m.*, = χρυσόλιθος, *chrysolite, topaz*, O.

chrȳsophrȳs, —, *acc.* yn, *f.*, = χρύσοφρυς, *a sea-fish with a golden spot over each eye*, O.

cibāria, ōrum, *n.* [cibarius], *food, nutriment,*

victuals, provisions, fare, ration, fodder: cum sibi sint congesta cibaria, i. e. *a bare competence*, H.—Of soldiers: trium mensum, Cs.: decem dierum cocta, L.: menstrua, *monthly supplies:* anseribus cibaria publice locantur.

cibārius, *adj.* [cibus], *given as rations, made as an allowance:* panis, i. e. *the bread served to slaves.*

cibōrium, ī, *n.*, = κιβώριον, *a drinking-cup*, H.

cibus, ī, *m.*, *food, victuals, nutriment, fodder:* Cibum capiet cum eā, T.: advorsus famem, non lubidini erat, S.: suavitatem cibi sentire: sumere, N.: tantum cibi et potionis adhibendum: facillimus ad concoquendum: se cibo iuvare, Cs.: animalis, *nourishment in the air:* celare cibis fallacibus hamos, *bait*, O.: dediti somno ciboque, Ta.: cibus omnis in illo Causa cibi est, *causes hunger*, O.—P r o v.: E flammā petere cibum, i. e. *to snatch victuals from a funeral pyre*, T.—F i g., *food, nourishment, sustenance:* humanitatis: flammae, O.

cicāda, ae, *f.*, *the cicada, tree-cricket*, V.: exspectate cicadas, i. e. *wait for summer*, Iu.

cicātrīx, īcis, *f.*, *a scar, cicatrice:* cicatricīs suas Ostentat, T.: plagam accepit, ut declarat cicatrix: adversae, *wounds in front:* ostentare cicatrices adverso pectore, S.: ubi primum ducta cicatrix, *when the wound began to heal over*, L.—In plants, *a mark of incision*, V.—In a shoe, *the seam of a patch*, Iu.—Fi g.: refricare obductam iam rei p. cicatricem, *to open the wound afresh.*

cicer, eris, *n.*, *the chickpea*, H.

cichorēum, ī, *n.*, = κιχόρεια, *chiccory, endive*, H.

cicōnia, ae, *f.*, *a stork*, H., O., Iu., Ph.

cicur, uris, *adj.*, *tame:* bestiae.

cicūta, ae, *f.*, *hemlock* (given to criminals as poison), H.—*Plur.*, H.—Used as medicine, H.—*A flute of hemlock stalks, shepherd's pipe*, V.

cidaris, is, *f.* [Persian], *a diadem, tiara*, Cu.

cieō, cīvī, citus, ēre [1 CI-], *to cause to go, move, stir, drive:* natura omnia ciens et agitans: animal motu cietur suo: imo aequora fundo, *stirs up*, V.: alquos e municipiis, Ta.: puppes sinistrorsum citae, H.—In law: ciere erctum, *to divide the inheritance.*—F i g., *to put in motion, rouse, disturb:* aurae cient (mare), L.: tonitru caelum omne ciebo, V.—*To call by name, name, call, invoke:* magnā supremum voce ciemus, i. e. *utter the last invocation to the Manes*, V.: numina, O.: triumphum nomine, i. e. *to call* Io triumphe! L.: patrem, i. e. *show one's free birth*, L.—*To summon, rouse, stir, call:* ad arma, L.: aere viros, V.: ad sese alqm, Ct.: ille cieri Narcissum postulat, Ta.—*To call upon for help, invoke, appeal to:* nocturnos manes, V.: vipereas sorores, *the Furies*, O.: foedera et deos, L.—*To excite, stimulate, rouse, enliven, produce, cause, occasion, begin:* motūs: tinnitūs aere, Ct.: fletūs, V.: murmur, V.: pugnam, L.: pugnam impigre, Ta.: bellum, L.: belli simulacra, V.: tumultum, L.: Martem, V.

cilicium, ī, *n.*, = κιλίκιον, *a covering, originally of Cilician goat's hair, used by soldiers and seamen*, C., L.

Cilissa, ae, *adj. f.*, = Κίλισσα, *Cilician:* spica, *of crocus*, O., Pr.

Cilix, icis, *adj.*, = Κίλιξ, *Cilician:* Taurus, O.—*Plur. m.*, *the Cilicians.*

cīmex, icis, *m.* [SCI-], *a bug*, Ct.—As a term of reproch, H.

cinaedus, ī, *m.*, = κίναιδος, *one who practises unnatural lust*, Iu., Ct.—As *adj.* with *comp.*, *wanton, unchaste:* cinaediorem, Ct.

cincinnātus, *adj.* [cincinnus], *with curled hair, wearing ringlets:* consul.

cincinnus, ī, *m.*, = κίκιννος, *curled hair, a lock of hair, curl:* cincinnorum fimbriae.—F i g., in rhetoric, *artificial ornament:* in poëtae cincinnis offenditur.

1. cīnctus, *P.* of cingo.

2. cīnctus, ūs, *m.* [cingo], *a girding:* Gabinus, *a manner of girding the toga:* incinctus cinctu Gabino, L.: cinctu Gabino Insignis, V.

cīnctūtus, *adj.* [2 cinctus], *girded, girt* (rare): Luperci, O.: Cethegi, i. e. *the ancients*, H.

cinerārius, ī, *m.* [cinis], *a hair-curler*, Ct.

cingō, xī, nctus, ere, *to go around, surround, encompass, environ, gird, wreathe, crown:* Cingatur (mens) corpore: coronā consessus cinctus est: (navīs) aggere cingit harenae, V.: os cinctum serpentibus.—*To surround with a girdle, gird on, gird;* esp. *pass.* with *abl.*, *to be girded, be encircled:* sacerdotes Pellibus cincti, *in leather girdles*, V.: Hispano cingitur gladio, L.: cingor fulgentibus armis, V.: ense latus cingit, O.: cinctas resolvite vestes, O.: inutile ferrum Cingitur, V.: cinctae ad pectora vestes, O.: puer alte cinctus, i. e. *ready*, H.—*Pass.*, *to gird oneself, make ready, prepare:* Cingitur in proelia, V.—*To encircle with a garland, crown:* tempora pampino, H.: tempora ramis, V.: de tenero flore caput, O.—Of places, *to surround, encircle, invest, enclose:* civitas cincta Gallorum gentibus: flumen oppidum cingit, Cs.: urbe portus ipse cingitur: mare, quo cingi terrarum orbem fides, *bounded*, Ta.: cinxerunt aethera nimbi, *covered*, V.—F i g.: diligentius urbem religione quam ipsis moenibus, *fortify.*—In war, *to surround, fortify, invest, beset, besiege:* castra vallo, L.: equitatus latera cingebat, Cs.: urbem obsidione, *to besiege*, V.—F i g.: Sicilia multis undique cincta periculis, *beset:* flammā Reginam, *envelope in the* *fire of love*, V.—*To escort, accompany:* regi praetor et unus ex purpuratis latus cingebant, L.: cincta virgo matrum catervā, O.

cingula, ōrum, *n.* [cingo], *a girdle, belt:* aurea, V.: pueri, *a sword-belt*, V.—Of beasts, O.

cingulus, ī, *m.*—Prop., *a girdle, a zone* (of the earth).

ciniflō, ōnis, *m.* [cinis+FLA-], *a hair-curler*, H.

cinis, eris, *m.*, *ashes*, H.—Esp., of a corpse, *the ashes:* filii sui: Libabat cineri, V.: dum modo absolvar cinis, i. e. *after my death*, Ph.: Post cinerem cineres ad pectora pressant, *after burning the corpse*, O.—*Plur.:* ad cineres parentis, V.: matris, H.—Of a burned city, *the ashes:* in cinere urbis consules futuri: cineres patriae, V.—Fig., *destruction, ruin, annihilation:* patriae: deflagrati imperi: ubi omne Verterat in fumum et cinerem, i. e. *had consumed*, H.

cinnamum (-mon), ī, *n.*, = κίνναμον, *cinnamon*, O.: cinnamon, Pr.—*Plur.*, *branches of the cinnamon-tree*, O.

cippus, ī, *m.*—Prop., *a pale, stake, post, pillar.*—Hence, *a pillar at a grave*, H.—*Plur.*, in war, *a bulwark of sharpened stakes, chevaux-de-frise*, Cs.

circā, *adv.* and *praep.*, later for circum. **I.** *Adv.*, *around, round about, all around, near:* gramen erat circa, O.: ripae Responsant circa, V.: ex montibus qui circa sunt, *which are around*, L.: sed non passi sunt ii, qui circa erant, *who were at hand*, N.: multarum circa civitatum inritatis animis, *the surrounding towns*, L.: corpora multa virūm circa, V.: farre ex agris circa undique convecto, *all around*, L.: cum circa omnia hostium essent, L.—**II.** *Praep.* with *acc.* (sometimes after or separated from the *acc.*).—In space, *about, around, on the side of, surrounding, encompassing:* quam (Hennam) circa sunt flores: ligna contulerunt circa casam, N.: aes triplex Circa pectus, H.: quem circa tigres iacent, O.—*Around, about, among, through:* Romulus legatos circa vicinas gentes misit, L.: circa domos ire, L.: circa civitates miserat nuntios, L.—*In the region of, near to, near by:* urbīs circa Capuam occupare: circa Liternum posuit castra, *in the neighborhood of*, L.—In vague designations of a place, *in, at, about:* Circa virentīs campos, H.: cum amor Saeviet circa iecur, H.: quadriduum circa rupem consumptum, L.: circa unam rem ambitūs facere, L.—Of persons as attendants, *around, with, attending, accompanying:* canes quos circa se haberet: trecentos iuvenes circa se habebat, L.—In time, *about:* circa eandem horam, L.: Circa lustra decem, H.—In numerical designations, *about, nearly, almost:* circa quingentos Romanorum, L.—Fig., *about, in respect to:* circa adfectationem originis, Ta.

circāmoerium, ī, *n.* [circa+moerus, i. e. murus], *the space about a wall, on both sides of a wall* (as a definition of pomerium), L.

Circē, ae (V., H.), or ēs (O., Iu.), *acc.* Circam and Circen, C.; *abl.* Circā, H., *f.*, *daughter of the Sun, a sorceress.*

Circēnsis, e, *adj.*, *of the Circus:* ludi, *the contests in the* Circus Maximus (ludi magni), C., L.—As *subst.:* magni Circenses, V.

circinō, —, —, āre [circinus], *to make round, round:* easdem circinat auras, i. e. *traverses in a circle*, O.

circinus, ī, *m.*, = κίρκινος, *a pair of compasses:* flumen Dubis, ut circino circumductum, Cs.

circiter, *adv.* and *praep.* [circus]. **I.** *Adv.* of duration or distance, with numerals, *about, not far from:* diebus circiter quindecim pervenit, Cs.: horā circiter diei quartā, Cs.: circiter CCXX naves, Cs.: circiter pars quarta, S.: circiter duum milium intervallo, S.: circiter parte tertiā (armorum) celatā, Cs.: milia passum ex eo loco circiter quinque, Cs.: decem circiter milia ab hoste abesse, L.—**II.** *Praep.* with *acc.*, of time, *about, near:* circiter meridiem, Cs.: circiter Idūs Septembrīs: circiter Kalendas Iunias, S.: octavam circiter horam, H.

circlus, see circulus.

circueō, circuitiō, see circum-.

1. **circuitus**, *P.* of circumeo.

2. **circuitus** or **circumitus**, ūs, *m.* [circumeo], *a going round, circling, revolving, revolution:* solis.—*A circuit, compass, way around:* quod interiore spatio minorem circuitum habebant, Cs.: parvo circuitu locum petere, L.: in circuitu ascensus, Cs.: omnem pererrat Undique circuitum, V.: circuitu curvantem bracchia longo, O.—Fig., in rhet., *a period:* verborum.

circulātor, ōris, *m.* [circulor], *a peddler, hawker:* auctionum, Asin. ad C.

circulor, ātus, ārī, [circulus], *to form a circle, gather in a company:* iudex circulans, i. e. *gossipping:* totis castris, Cs.

circulus, ī (*acc. plur.* circlos, V.), *m. dim.* [circus], *a circular figure, circle:* qui κύκλος Graece dicitur: muri exterior, L.—Esp., in astronomy, *a circular course, orbit:* stellae circulos suos conficiunt: ubi circulus axem ambit, i. e. *at the pole*, O.—*A circle, ring, necklace, hoop, chain:* Flexilis obtorti auri, V.: crinīs subnectit auro, V.—*A circle, company, social gathering:* in circulis vellicant: in circulum, N.: circulos consectari: per circulos locuti sunt, Ta.: sermones serentium, L.

circum [*acc.* of circus], *adv.* and *praep.* **I.** *Adv.*, *around, round about, all around:* Arboribus clausi circum, V.: quae circum essent opera, Cs.:

portis circum omnibus instant, V.: circum tutae sub moenibus urbis, *round about under the walls*, V.: Gentibus circumque infraque relictis, O.: circum Undique convenere, *on all sides*, V.—**II.** *Praep.* with *acc.* (sometimes following its case), *around, about, all around:* terra circum axem se convertit: novas circum felix eat hostia fruges, V.: circum caput Deposuit radios, O.—*About, upon, around, near:* capillus circum caput Reiectus, T.: flexo circum tempora cornu, O.: flumina circum, *on the borders of the rivulets*, V.: turbā circum te stante, H.: Circum claustra fremunt, V.—*Among, around, through, to:* circum villulas nostras errare, *in our villas around:* circum Me vectari rura caballo, H.: pueros circum amicos dimittit, *to friends around:* ducebat eos circum civitates: dimissis circum municipia litteris, Cs.: circum oram maritimam misit, ut, etc., L.: oras et litora circum Errans, V.—*In the neighborhood of, around, about, at, near by:* templa circum forum: urbes, quae circum Capuam sunt.—Of attendants, *with, attending, accompanying:* paucae, quae circum illam essent, T.: Hectora circum, V.: Circum pedes homines habere, i. e. *slaves.*—**III.** In composition, the *m* before vowels was not pronounced, and is often omitted; *circum* with many verbs forms a loose compound, and tmesis is frequent in poetry (see circumago, circumdo, etc.). Some edd. have circum verto, circum volito, etc.

circum-agō, ēgī, āctus, ere, *to drive in a circle, turn round.*—In tmesis: (navem) fluctus Torquet agens circum, V.: quocumque deus circum caput egit, i. e. *has made his way*, V.—Fig., of time, with *se*, or *pass.*, *to roll on, pass away, be spent:* circumegit se annus, L.: prius circumactus est annus, quam, etc., L.: annus, qui solstitiali circumagitur orbe, L.—*To turn, turn about, wheel around:* equos frenis, L.: aciem, L.: se ad dissonos clamores, L.—Fig.: quo te circumagas? *whither will you turn?* Iu.—*Pass.*, *to be dragged about, be led from place to place:* nil opus est te Circumagi, i. e. *stroll with me*, H.—Fig.: nec alieni momentis animi circumagi, *be swayed*, L.: circumagi ad nutūs Hannibalis, *be driven*, L.

circum-arō, āvī, —, āre, *to plough around*, L.

circumcīdō, cīdī, cīsus, ere [circum+caedo], *to cut around, cut, clip, trim:* ars agricolarum, quae circumcidat: gladiis caespites, Cs.—Fig., *to cut off, diminish, abridge, circumscribe, get rid of, abolish:* multitudinem: impensam funeri, Ph.: circumcisis quae in quaestum reperta, Ta.

circumcīsus, *adj.* [*P.* of circumcido], *cut around, cut off, steep, precipitous, inaccessible:* saxum: Henna ab omni aditu: collis ex omni parte, Cs.

circumclūdō, sī, sus, ere [circum+claudo], *to shut in, enclose, surround:* ne duobus circumcluderetur exercitibus, Cs.: (cornua) ab labris argento, *to surround with a rim of silver*, Cs.: Catilina consiliis meis circumclusus, *hemmed in.*

circum-colō, —, —, ere, *to dwell round about, dwell near:* sinum maris, L.: paludem, L.

circum-cursō, —, —, āre, *freq.*, *to run around, run about:* Hac illac circumcursa, T.: hinc illinc, Ct.

circum-dō, dedī, datus, are, *to place around, cause to surround, set around:* moenibus ignes circumdatosque restinximus: exercitum hostium castris, L.: lectis aulaea purpura, Cu.: collo dare bracchia circum, V.: obsessum te dicis, sarmenta circumdata: custodias: armata circumdatur R. legio, L.: exercitu circumdato, S.: turrīs toto opere circumdedit, Cs.: cancelli, quos mihi ipse circumdedi: maiora vincula vobis quam captivis, L.: egregiam famam paci circumdedit, i. e. *conferred*, Ta.—*To surround, encompass, enclose, encircle:* portum moenibus, N.: regio insulis circumdata: canibus saltūs, V.: domum spatio, Ta.: (aurum) circumdatum argento: stola circumdata pallā, H.: circumdata corpus amictu, O.: chlamydem circumdata limbo, V.—Esp., in war, *to surround, encompass, invest, besiege:* castris oppidum, Cs.: vallo atque fossā moenia, S.: oppidum coronā, L.: exiguis finibus oratoris munus, *have circumscribed.*

circum-dūcō, dūxī, ctus, ere, *to lead around, draw around:* aratrum: suo iussu circumduci exercitum, L.: cohortibus longiore itinere circumductis, Cs.: agmen per invia circa, L.: praeter castra hostium circumducit, *marches around*, L.—With *two acc.:* alquos sua praesidia, Cs.—In tmesis: altaria circum Effigiem duco, V.: circum in quaestūs ducere Asinum, Ph.

circum-eo or **circueo**, īvī or iī, circumitus or circuitus, īre, *to go around, travel around, march around:* flagrantīs aras, O.: fores, N.: urbem, L.: manibus trunci modum, *to surround*, O.: circumitis hostium castris, Cs.: unum, *surround*, O.: oleis pacalibus oras, *encircles*, O.: quā re circumirent, *make a circuit*, N.—*To go around, visit, inspect:* praedia: sancios, Ta.: vigilias, S.—In war, *to surround, encircle, enclose, encompass:* urbem muro circumiri, Cs.: multitudine circumiri, N.: ab iisdem acies a sinistrā parte erat circumita, Cs.—*To go around, canvass:* aciem, *solicit*, Cs.: ordines, Cs.: senatum, L.: veteranos, ut, etc.: circumibat docebatque, L.—Fig., *to surround, encompass, encircle, enclose:* totius belli fluctibus circumiri: ne superante numero circumiretur, Ta.—*To deceive, impose upon, cheat, circumvent:* Sic circumiri, T.

circum-equitō, —, —, āre, *to ride around:* moenia, L.

circum-ferō, tulī, lātus, ferre, *to bear round,*

carry around: satiatis vino poculum . . . circumferetur, L.: sanguinem in pateris, S.: codicem: huc atque huc acies circumtulit, V.: oculos, *to cast around,* O.: sol ut circumferatur, *resolve.*—Fig., *to spread around:* bellum, L.: arma ad urbīs, L.: circa templa ignes, L.—In religion, *to lustrate, purify:* Idem ter socios purā circumtulit undā, *carried around water of purification,* V.

circum-flectō, flēxī, flexus, ere, *to bend, turn about* (of a charioteer): longos cursūs, V.

circum-flō, —, —, āre, *to blow around:* ab omnibus ventis invidiae circumflari, *to be assailed.*

circum-fluō, flūxī, —, ere, *to flow around:* latus circumfluit unda, O.: Spuma circumfluit rictūs, O.—Fig., *to overflow, have abundance, be rich:* omnibus copiis: gloriā: circumfluere atque abundare.—Of diction: circumfluens oratio, *too copious.*

circumfluus, *adj.* [circumfluo], *flowing around, circumfluent:* amnis, O.—*Flowed around, surrounded with water:* insula, O.: campi Tigre, Ta.

circumforāneus, *adj.* [circum + forum], *around the forum, about the market-place:* aes, *debts* (at the bankers).—*Frequenting markets:* pharmacopola.

circum-fundō, fūdī, fūsus, ere, *to pour around:* mare circumfusum urbi, *flowing around,* L.: gens circumfusis invia fluminibus, O.: circumfuso in aere, *circumambient,* O.: circumfusa nubes, V.—*To surround, encompass, cover, envelop:* terram circumfundit aër: (mortuum) cerā, N.: terra circumfusa mari, *encompassed by.*—In tmesis: circum dea fudit amictu, V.—*Pass.* or *reflex.,* of a throng, *to press, crowd around, throng, surround, cling:* a tergo se, L.: circumfunduntur hostes, Cs.: equites ab lateribus circumfusi, L.: hostes undique circumfusi erant, S.: (Nymphae) circumfusae Dianam Corporibus texere suis, *surrounding,* O.: circumfusa turba lateri meo, L.: circumfundit eques (sc. se), Ta.—Poet.: iuveni circumfunditur, i. e. *clings to him,* O.—Fig.: undique circumfusae molestiae: periculum, ab circumfusis undique voluptatibus, L.—*To enclose, environ, surround, overwhelm:* circumfusus praesidiorum copiis: circumfusus hostium concursu, N.—Fig.: circumfusi caligine.

circum-gemō, —, —, ere, *to roar around:* circumgemit ursus ovile, H.

circum-gestō, —, —, āre, *to carry around:* epistulam.

circum-gredior, gressus, ī, *dep., to go about, surround:* exercitum, S.: terga, Ta.

circum-iaceō, —, —, ēre, *to lie around, border upon:* (Lycaonia et Phrygia) Europae, L.

circumiciō or **-iiciō**, iēcī, iectus, ere [circum + iacio], *to throw around, cast about:* vallum, L.: fossam verticibus iis, L.: circumiectā multitudine hominum moenibus, Cs.: quod anguis vectem circumiectus fuisset, *had wound itself around:* extremitatem caeli rotundo ambitu.

1. circumiectus, *adj.* [*P.* of circumicio], *lying around, surrounding:* aedificia muris, L.: silvae itineri, L.: lucus, L.—*Plur. n.* as *subst., the neighborhood,* Ta.

2. (circumiectus, ūs), *m.* [circumicio], *a casting around, surrounding, encompassing; only abl.:* (aether) terram tenero circumiectu amplectitur, *with soft embrace,* C. poet.: arduo.

circumiiciō, see circumicio.

circum iniciō, —, —, ere, *to throw up all around:* vallum, L.

circumitiō or **circuitiō**, *f.* [circumeo], *a going round, patrolling,* L.—Fig., *a circumlocution, indirection:* nil circumitione usus es, T.: quid opus est circumitione: circumitione quādam deos tollens.

circum-ligō, āvī, ātus, āre, *to bind to, fasten around:* natam hastae, V.—*To bind, encompass, surround:* ferrum stuppā, L.: circumligatus angui.

circum-litus, *P., spread over, smeared around, besmeared:* taedis sulfura, O.: mortui cerā: saxa musco, *covered,* H.: (Midas) auro, *bathed in gold,* O.

(circum-luō), —, —, ere, *to flow around:* Rhenus tergum insulae circumluit, Ta.: quo (mari) pars arcis circumluitur, L.

circumluviō, ōnis, *f.* [circum + luo], *the formation of an island* (by floods): circumluvionum iura, *the law of title to alluvial lands.*

circum-mittō, mīsī, mīssus, ere, *to send around:* legationes in omnīs partīs, Cs.: filium cum manu, L.: milites, L.: scaphas, L.: iugo circummissus Veiens, L.

circum-mūniō, īvī, ītus, īre, *to wall around, fortify, secure:* eos vallo fossāque, Cs.: paene ut ferae circummuniti, *hemmed in,* Cs.

circummūnītiō, ōnis, *f.* [circummunio], *an investing, circumvallation:* oppidi, Cs.

circumpadānus, *adj.* [circum + Padus], *about the Po:* campi, L.

circum-plaudō, —, —, ere, *to applaud all around:* manibus, O.

circumplector, —, ī, *dep.* [circum + plecto], *to clasp, embrace, surround, encompass:* coniunctiones motu undique: domini patrimonium: pharetram auro, V.: (collem) opere, Cs.

circum-plicō, āvī, ātus, āre, *to wind around:* anguem vectis: belua circumplicata serpentibus.

circum-pōnō, posuī, —, ere, *to set around, place around:* nemus stagno, Ta.: piper catillis, H.: alquos curuli suae, *to seat beside,* Ta.

circumpōtātiō, ōnis, *f.* [poto], *a drinking around, drinking in turn*, C. (XII Tables).

circumrētitus, *P.* [circum + rete], *enclosed with a net, ensnared:* frequentiā populi R.

circum-rōdō, —, —, ere, *to gnaw around.*—Fig.: dudum enim circumrodo, quod, etc., i. e. *have long hesitated to utter:* Dente Theonino circumroditur, i. e. *is slandered*, H.

circum-saepiō (not -sēp-), saepsī, saeptus, īre, *to hedge round, fence around, encircle, enclose:* circumsaeptus lectis hominum viribus: armatis corpus, L.—In tmesis: Classis Aggeribus saepta circum, V.—Fig.: vos īsdem ignibus circumsaepti.

circum-scindō, —, —, ere, *to rend around, strip* (once): aliquem, L.

circum-scrībō, īpsī, īptus, ere, *to encircle, circumscribe, enclose in a ring:* orbem: virgulā stantem: virgā regem, L.—Fig., *to define, encompass, enclose, limit, bound, circumscribe:* nullis terminis ius suum: genus brevi circumscribi potest: uno genere genus hoc aratorum, *to comprehend in one class.* — *To contract, hem in, circumscribe, hinder, restrain, confine, limit:* praetorem: de circumscribendo adulescente sententia: insolentia in circumscribendis tribunis plebis, Cs. — *To deceive, cheat, circumvent, entrap, ensnare, defraud:* interrogationibus circumscripti: adulescentulos, *overreach:* Pupillos, Iu.—*To cancel, annul, invalidate, make void, set aside:* omni tempore Sullano circumscripto: circumscriptis iis sententiis, quas posui.

circumscrīptē, *adv.* [circumscriptus], *in periods:* dicere: complecti singulas res.

circumscrīptiō, ōnis, *f.* [circumscribo], *a boundary, circle, limit, outline, contour, circuit, compass:* terrae: temporis.—In rhet., *a period:* verborum.—Fig., *a deceiving, cheating, overreaching, defrauding:* adulescentium: aperta.

circumscrīptor, ōris, *m.* [circumscribo], *a defrauder, deceiver, cheat*, C.: ad iura vocare Circumscriptorem, Iu.

circumscrīptus, *adj.* [*P.* of circumscribo].—In rhet., *in periods, periodic:* verborum ambitūs.

circum-secō, —, —, āre, *to cut around:* aliquid serrulā, *to saw around.*

circum-sedeō, sēdī, sessus, ēre, *to sit around, surround, besiege, blockade, invest, encompass, beset:* Mutinam: te in castello: oppidum, S.: in castello circumsederi, N.: opem circumsessis ferre, L.—Fig., *to surround, beset, besiege:* a quibus me circumsessum videtis: circumsessum blanditiis, L.: circumsederi urbem ab invidiā finitimorum, L.

(**circumsēpiō**), see circumsaepio.

circumsessiō, ōnis, *f.* [circumsedeo], *a hostile encompassing, besieging.*

circumsessus, *P.* of circumsedeo.

circum-sīdō, —, —, ere, *to besiege:* Plistiam, L.: oppidum, S.

circumsiliō, —, —, īre [circum + salio], *to leap around, dance around:* circumsilit Morborum omne genus, Iu.

circum-sistō, stetī or stitī, —, ere (in *perf.* like circumsto), *to take one's stand around, surround, stand around:* hominem, Cs.: cum singulas binae naves circumsteterant, Cs.: curiam, L.: sex lictores circumsistunt: circumstiterunt viatores, Ta.

circum-sonō, —, —, āre, *to sound, resound on every side:* locus circumsonat ululatibus, *is filled*, L.: ad circumsonans clamor, L.—*To surround with sound, make to resound, fill with sound:* aurīs vocibus undique: clamor hostes circumsonat, L.: murum armis, V.: Scythio circumsonor ore, O.

circum-sonus, *adj.*, *sounding around, filling with sound:* turba canum, *barking around*, O.

circumspectiō, ōnis, *f.* [circumspicio], *foresight, circumspection, caution:* aliqua.

circumspectō, āvī, ātus, āre, *intens.* [circumspicio], *to look about with attention, search around, look after:* bestiae ut in pastu circumspectent: ora principum, L.: omnia: mare et silvas, Ta.: quānam ipse evaderet, L.: alius alium, ut proelium ineant, circumspectant, L.—Fig., *to look about:* circumspectans oratio: circumspectantes defectionis tempus, *on the lookout for*, L.

1. **circumspectus**, *adj.* [*P.* of circumspicio], *well considered, guarded:* verba, O.

2. **circumspectus**, ūs, *m.* [circumspicio], *a looking about, regarding:* ut distineret regem ab circumspectu rerum aliarum, *consideration*, L.—*A view around, outlook:* facilis est circumspectus, unde exeam: eo, unde circumspectus esset, L.

circumspiciō, ēxī (*perf.* circumspēxti, T.), ectus, ere [circum + specio], *to look about, cast a look around, observe, see:* circumspicio; nusquam (sc. te video), T.: coniunx ubi sit, O.: nec suspicit nec circumspicit: nusquam circumspiciens aut respiciens, L.—Fig., *to exercise foresight, be cautious, take heed:* esse circumspiciendum diligenter, ut, etc.—*To view on all sides, survey:* sua circumspicere quid secum portare posset, Cs.: amictūs, *to review*, O.: turris circumspicit undas, *commands*, O.—*To descry, get sight of, discern:* saxum, V.—Fig., *to view mentally, survey, ponder, weigh, consider:* consilia animo, Cs.: circumspectis rebus omnibus: procellas quae impendent: circumspicere, quibus necesse sit, etc.: animo, qui sint exitūs rerum: quosnam consules facerent, L.: usque eone te diligis et magnifice circumspicis? *are you so haughty?*—*To look about for, seek for:* tecta ac recessum, L.: alium (arietem), V.

circum-stō, stetī, —, āre (in *perf.* like circumsisto), *to stand around, take place around:* spe praedae adducti circumsteterunt, Cs.: circumstant properi aurigae, V.: circumstantes silvae, O.—*To surround, encompass, encircle:* aliquem, V.: (puppim) circumstetit aequor, O.: senatum: sellam, L.—*To surround, beset, besiege:* tribunal: tribunum, L.: regis tecta, V.—Fig., *to stand around, threaten, be at hand:* ancepsque terror circumstabat, L.: scio meorum Circumstare odia, V.—*To surround, encompass, occupy, take possession of:* cum nos undique fata circumstent: anceps proelium R. circumsteterat, L.: me circumstetit horror, V.

circum-strepō, tius, ere [circum+strepo], *to make a noise around, din about:* clamore seditiosorum circumstrepitur, Ta.—*To shout clamorously around:* atrociora, Ta.

circum-terō, —, —, ere, *to crowd around:* hunc, Tb.

circum-textus, *adj.*, *woven around:* velamen acantho, V.

circum-tonō, uī, —, āre, *to thunder around:* Hunc, H.

circum-vādō, vāsī, —, ere, *to attack on every side, encompass, beset:* naves, L.—Fig.: terror cum circumvassiset aciem, *had overwhelmed*, L.

circum-vagus, *adj.*, *wandering about, flowing around:* oceanus, H.

circum-vāllō, āvī, ātus, āre, *to surround with a wall, circumvallate, blockade, invest, encompass:* circumvallare loci natura prohibebat, Cs.: castra, L.: Tot res circumvallant, *beset*, T.

circumvēctiō, ōnis, *f.* [circumveho], *a carrying around*—Solis, *the circuit, revolution.*

circumvēctor, —, ārī, *dep.* [circumveho], *to ride about, sail around:* oram, L.—Poet., *to go through, describe:* Singula, V.

circum-vehor, vēctus, ī, *to ride around, sail around:* classe ad Romanum agrum, L.: navibus circumvecti milites, Cs.: per infima clivi, L.: collibus, Cs.: Brundisii promunturium, L.: circumvehens Peloponnesum, N.: hanc oram, Ta.

circum-vēlō, —, —, āre, *to veil, envelop, enfold:* aurato circumvelatur amictu, O.

circum-veniō, vēnī, ventus, īre, *to come around, be around, encircle, encompass, surround:* circumventi flammā, Cs.: Cocytos circumvenit, V.: planities locis paulo superioribus circumventa, S.: singulas urbīs, *to go from city to city*, S.—*To surround, encompass, beset, invest:* nostros, Cs.: consulem, N.: insontīs, S.: legio circumventa, L.—Fig., *to encompass, beset, oppress, distress, afflict, overthrow:* circumventus morbo te: aliquem per arbitrum, i. e. *to lay hold of:* potentis alicuius opibus circumveniri: falsis criminibus, S.: ab inimicis, S.: senem circumveniunt incommoda, H.—*To deceive, cheat, defraud:* circumventus pecuniā: per insidias ab eo circumveni, *betrayed into an ambush*, Cs.: fenore circumventa plebs, L.

circum-vertō, —, —, ere, *to turn around, revolve on:* rota circumvertitur axem, O.

circum-vestiō, —, —, īre, *to clothe, cover over.*—Of language: se circumvestire dictis, C. poet.

circum-volitō, āvī, —, āre, *to fly around:* lacūs circumvolitavit hirundo, V.: thyma, H.: circumvolitantes alites, Ta.

circum-volō, āvī, ātus, āre, *to fly around:* praedam, V.: mors atris circumvolat alis, H.: Spem suam, *his prey*, O.

circum-volvō, —, —, ere, *to roll around, revolve through:* magnum sol circumvolvitur annum, V.: rota perpetuum circumvolvitur axem, O.

circus, ī, *m.* [CVR-], *a circular line, circle:* lacteus, *the Milky Way.*—*An enclosure for athletic games, race-course, ring:* longo decedere circo, V.: munera circo locantur In medio, V.: maritimus (at Anagnia), L.—Esp.: Circus Maximus, *an oval circus between the Palatine and Aventine hills, with room for 100,000*, C., L., O.; often called Circus, C.: Fallax (as the resort of soothsayers and jugglers), H.—The Circus Flaminius, C.; called Circus, O.

cīris, is, *f.*, = κεῖρις, *a sea-bird, into which Scylla was changed*, O.

cirrus, ī, *m.*, *a lock, curl, ringlet, tuft of hair*, Iu.—*A fringe* (on a tunic), Ph.

cis, *praep.* [2 CA-], *on this side:* cis Tiberim redire, L.: Euphratem: cis Rhenum incolunt, Cs.

Cis-alpīnus, *adj.*, *on this side of the Alps, Cisalpine:* Gallia, C., Cs., L.

cisium, ī, *n.*, *a light two-wheeled vehicle, cabriolet.*

Cis-rhēnānus, *adj.* [cis+Rhenus], *on this side of the Rhine:* Germani, Cs.

cista, ae, *f.*, = κίστη, *a woven basket, wicker-work basket, box*, T., C., Ct., Tb., O.—For books, Iu.—*A money-chest:* effracta, H.

cistella, ae, *f. dim.* [cista], *a small chest, box*, T.

cisterna, ae, *f.*, *a cistern* (for water), Ta.

cistophorus (-os), ī (*gen. plur.* ūm, L.), *m.*, = κιστοφόρος, *an Asiatic coin stamped with a cista, worth about four drachmas.*

citātus, *adj.* with *comp.* and *sup.* [*P.* of 2 cito], *quick, rapid, speedy, swift, in haste, at full speed:* equo citato, *at full gallop*, Cs.: ora citatorum equorum, V.: nautae, Pr.: citato gradu, L.: axe, Iu.: citatiore agmine, L.: citatissimo agmine, L.

citerior, ōris, and citimus, *adj. comp.* and *sup.* [citer from cis], *on this side:* citerior provincia,

Cs.: Hispania, C., N.—*Nearer, next:* (stella) ultima a caelo, citima terris.—Fig.: humana et citeriora considerat: ut ad haec citeriora veniam.

cithara, ae, *f.*, = κιθάρα, *the cithara, cithern, guitar, lute,* V., H.: citharae peritus, Ta. — *The music of the cithara, art of playing on the lute:* Apollo citharam dabat, V.: citharam docere alqm, Pr.

citharista, ae, *m.*, = κιθαριστής, *a player on the cithara.*

citharistria, ae, *f.*, = κιθαρίστρια, *a female player on the cithara,* T.

citharīzō, —, —, āre, *v. n.*, = κιθαρίζω, *to play on the cithara,* N.

citharoedus, ī, *m.*, = κιθαρῳδός, *one who sings to the accompaniment of the cithara,* C., H.

citimus, see citerior.

1. cito (old **citō**), *adv.* with *comp.* citius, and *sup.* citissimē [citus], *quickly, speedily, soon:* abi, T.: discere: dicta Percipere, H.: tacitus citius audies, T.: obrepere eam (senectutem) citius quam putavissent: non vis citius progredi? Ph.: dicto, H.: Serius aut citius, *sooner or later,* O.: se in currūs citissime recipere, Cs.—*Comp., sooner, rather:* citius dixerim, iactasse se aliquos: Eripiet quivis oculos citius mihi, quam, etc., H.—With a negative, *not soon, not easily:* Haud cito mali quid ortum ex hoc, T.: neque verbis aptiorem cito alium dixerim.

2. citō, āvī, ātus, āre, *intens.* [cieo], *to put in quick motion, rouse, excite,* only in *P. perf.;* see citatus.—*To urge, call, summon:* patres in curiam citari, L.: centuriatim populum, L.: iudices: citari nominatim unum ex iis, etc. (for enrolment), L.—In law, *to call, summon:* citat reum: citat accusatorem . . . citatus accusator non respondit: omnes abs te rei capitis citantur.—*To call to witness, call upon, appeal to:* quos ego testīs citaturus fui, L.: numina, O.—Fig., *to call forth, excite:* motus (animi) opinione citetur. — *To appeal to, quote, cite:* quamvis citetur Salamis testis victoriae: quos (libros) auctores, L.—*To mention by name, name, mention, proclaim, announce:* Graeci, qui hoc anapaesto citantur: victorem Olympiae citari, N.: paeanem, *to reiterate:* io Bacche, *call out,* H.: citarier ad suum munus, *invoked,* Ct.

citrā, *adv.* and *praep.* [citer]. **I.** *Adv., on this side, on the hither side:* (dextera) nec citra mota nec ultra, *neither this way nor that,* O.—*On this side, nearer:* id a capite arcessere: saepe etiam citra licet, *not so far:* paucis citra milibus, L.—Fig.: citra quam debuit, *less than,* O.—**II.** *Praep.* with *acc., on this side of:* esse citra Rhenum, Cs.: citra Leucadem stadia CXX: citra flumen intercepti, L.: natus mare citra, H.: exercitum citra flumen educere.—*Before, short of:* nec a postremā syllabā citra tertiam, *before the third syllable.*—Fig., of time, *before, within:* citra Troiana tempora, O.—*Short of, inferior to, within, less than:* Nec virtus citra genus est, *unworthy of the family,* O.: citra necem constitit ira, O.: citra fidem, i. e. *reason for distrust,* Ta.: fines, Quos ultra citraque, etc., H. — *Without, aside, from, except:* citra speciem, *not ornamental,* Ta.: citra Caledoniam (Britannia), Ta.

citreus, *adj.* [citrus], *of the citrus-tree, of citrus-wood:* mensa: sub trabe, H.

citrō, *adv.* [*dat.* of citer], *to this side;* only in the phrase ultro citroque, ultro et citro, or, ultro citro, *hither and thither, this way and that, here and there, to and fro, backwards and forwards, reciprocally:* ultro citro commeantibus: ultro citroque mitti, Cs.: datā ultro citroque fide, L.: inplicati ultro et citro officiis.

citus, *adj.* [*P.* of cieo], *quick, swift, rapid:* classis, H.: navis, O.: mors, H.: incessus, S.: via, L.: quadrigae, V.: solvite vela citi (i. e. cito), V.: citus denatat, H.: ite citi, O.: equo, Ta.: remis, Ta.

cīvicus, *adj.* [civis], *of citizens, civil, civic:* iura, H.: rabies, H.: bella, O.: arma pro trepidis reis, i. e. *defence,* O.: corona, *the civic crown* (of oak-leaves, given for saving the life of a citizen in war), C., L.

cīvīlis, e, *adj.* with *comp.* [civis], *of citizens, civil, civic:* bellum: discordia, S.: acies, O.: aestus, H.: victoria, N.: mos consuetudoque: clamor, L.: quercus (i. e. corona civica), V.—As *subst. n.:* si quicquam in vobis civilis esset, *sense of public duty,* L.—In the phrase ius civile, *private rights, the law* (as protecting citizens): sit ergo in iure civili finis hic: neque naturali neque civili iure descripto: de iure civili si quis novi quid instituit, *the Civil Law:* quod agas mecum ex iure civili non habes: civile ius evolgavit, *a code of procedure,* L.: intercam si . . . novi civilia iura, *legal process,* H.—Meton., *of the state, relating to public life, political, public, state:* scientia, *political science:* mersor civilibus undis, H.—*Civil* (opp. military): officia: munera, L.: res, L.—Fig., *courteous, polite, civil, affable, urbane:* quid enim civilius illo? O.: sermo minime, L.: ingenium, Ta.: parum civile, *unbecoming a private citizen,* L.

cīvīliter, *adv.* [civilis], *citizen-like, as becomes a private citizen:* vivere: vim facere: cenare, *with decent hospitality,* Iu.: Exercet plus quam civiliter iras, *excessively,* O.

cīvis, is, *abl.* -vī or -ve, *m.* and *f.* [2 CI-], *a citizen* (opp. peregrinus): Romanus: bonus et fortis: impii: cives cum civibus de virtute certabant, S.: Attica, T.: Romana: O cives, cives! *my fellow-citizens,* H.: trepidos civīs exhortor, O.: omnes cives tui: imperare corpori, ut rex civibus suis, *subjects.* — Fig.: civis totius mundi, *a citizen of the world.*

cīvitās, ātis (*gen. plur.* -ātium or -ātum), *f.* [civis], *the condition of a citizen, citizenship, freedom of the city, membership in the community:* populi R.: donare alqm civitate: asciscere in civitatem, L.: recipere in civitatem: relinquere atque deponere: retinere: eripere nobis civitatem, *obtain by force:* quibus civitas erepta sit, *wrested:* furari: ius civitatis: communio.—*A community of citizens, body-politic, state:* auctā civitate magnitudine urbis, L.: civitati persuasit, ut, etc., Cs.: permota, S.: io triumphe dicemus civitas omnis, H.: civitates condere: Helvetia, Cs.: aequissimo iure: administrare civitatem: comitia tot civitatum.—Fig.: ut iam mundus una sit.

clādēs (clādis, L.), is, *f.* [1 CEL-], *destruction, injury, mischief, harm, misfortune, disaster, loss, detriment, calamity:* importuna civitatis: Luctifica: magna, S.: captae urbis, L.: agrum omni belli clade pervastat, L.: urbs sine Milonis clade numquam conquietura, *without ruining Milo:* privatae per domos, *the losses of particular families,* L.: Cladibus pascere nostris, O.: Troiae Fortuna tristi clade iterabitur, H.—In war, *a disaster, defeat, overthrow, discomfiture, massacre:* magnam cladem in congressu facere, S.: accipere cladem, *to be beaten,* L.: magnam populo R. cladem attulit: non volnus super volnus sed multiplex clades, L.: illius noctis, V.: sine clade victor, i. e. *without loss,* H.—*A pest, plague:* in ipsos Erumpit clades, O.—*A loss, maiming:* dextrae manūs, L.—*A destroyer, scourge, pest:* Libyae, V. — *Corruption:* Hoc fonte derivata clades, etc., H.

clam [2 CAL-], *adv.* and *praep.* **I.** *Adv., secretly, privately, covertly, in secret:* Si sperat fore clam, *will not be found out,* T.: tum id clam, *he kept it a secret,* T.: vel vi, vel clam, vel precario, *by fraud,* T.: Sychaeum Clam ferro superat, *stealthily,* V.: cui te commisit alendum Clam, O. —**II.** *Praep., without the knowledge of, unknown to.*—With *abl.:* clam vobis salutem fugā petivit, Cs.—With *acc.* (old): clam evenire patrem, T.: Neque adeo clam me est quam, etc., *nor am I ignorant,* T.: Non clam me haberet, etc., *conceal from me,* T.

clāmātor, ōris, *m.* [clamo], *a bawler, declaimer.*

clāmitō, āvī, ātus, āre, *freq.* [clamo], *to cry aloud, bawl, vociferate:* (passer) vano clamitans, Ph.: quid clamitas? T.: haec, L.: Me sycophantam, *call,* T.: clamitans, 'Indignum facinus,' T.: clamitas: 'quo usque ista dicis?': 'ad arma,' clamitans, L.: falsa esse illa: liberum se . . . esse, Cs.: clamitabat audiret matrem, Ta.—*Pass. impers.:* 'Thalassio ferri' clamitatum, L.—Fig., *to proclaim, reveal, betray:* supercilia clamitare calliditatem videntur.

clāmō, āvī, ātus, āre [1 CAL-], *intrans., to call, cry out, shout aloud, complain aloud:* Non clamas? non insanis? T.: de pecuniā: anseres, qui clamant: (cicada) clamare occoepit, Ph.—*Trans., to call aloud, call upon, proclaim, declare, invoke:* comites, O.: ora clamantia nomen, O.: morientem nomine, V.: Saturnalia, L.: se causam crimenque, V.: alquem furem, H.: clamare, 'Adeste cives': 'Persephone,' clamant,' O.: 'Mater, te appello,' H.: indignissime Factum esse, T.: dignam rem esse: clamare coeperunt, sibi ut haberet hereditatem. —Fig., *to proclaim, declare:* eum beatiorem fuisse quam, etc.: (tabulae) se corruptas esse clamant: quid enim restipulatio clamat?

clāmor, ōris, *m.* [1 CAL-], *a loud call, shout, cry:* clamorem audivi, T.: tollere: ad aethera, V.: profundere: compesce, H.: magnus, S.: ingens, V.: nauticus, V.: it clamor caelo, V. — *A friendly shout, acclamation, applause:* secundus, V.: coronae, H.—*A hostile call, clamor, shout,* C. —Of birds or insects, *a cry, sound:* gruum, mergorum, V.: apum, V.—*A noise, sound, echo:* scopuli clamorem dedere, V.: montium, H.

clāmōsus, *adj.* [clamor], *clamorous, full of noise:* pater, Iu.: circus, *resounding,* Iu.: Phasma Catulli, *the noisy farce, 'the Ghost,'* Iu.

clanculum, *adv.* and *praep.* [clam]. **I.** *Adv., secretly, privately:* mordere, T.: id agere inter se, T. —**II.** *Praep.* with *acc.:* clanculum Patres, *in secret from,* T.

clandestīnus, *adj.* [clam], *secret, hidden, concealed, clandestine:* scelus: nuntii legationesque, Cs.: foedus, L.: colloquia cum hostibus.

clangor, ōris, *m.* [1 CAL-], *a sound, clang, noise:* tubarum, V.: clangorem fundere (of birds), C. poët.: consonus (pennarum), O.: cum magno clangore volitare, L.

clārē, *adv.* with *comp.* [clarus], *brightly:* fulgens, Ct. — *Clearly, distinctly, plainly:* gemere: dicere, H.: clare, 'tuemini,' inquit, Cs. — Fig., *illustriously, honorably, splendidly:* clarius exsplendescebat, N.: clarius indicant Laudes, H.

clāreō, —, —, ēre [clarus], *to be bright, shine* (of the stars), C. poet. — Fig., *to be renowned, be illustrious:* viri gloria claret, Enn. ap. C.

clārēscō, —, —, ēre, *inch.* [clareo], *to grow bright,* Ta.—Fig., *to become audible, sound clear:* sonitūs armorum, V.—*To become illustrious, grow famous:* facinore, Ta.

clārigātiō, ōnis, *f., a fine, ransom* (for transgressing limits), L.

clārisonus, *adj.* [clarus+SON-], *clear-sounding, loud:* vox, Ct.: aurae, C. poet.

clāritās, ātis, *f.* [clarus].—Prop., *brightness,*

splendor ; hence, of sound, *clearness :* in voce.—Of reputation, *celebrity, renown, fame, splendor :* num te claritatis paenitebat? pro tuā claritate: claritate praestantes, N.: Herculis, Ta.

clāritūdō, inis, *f.* [clarus], *brightness :* deae (i. e. lunae), Ta.—*Renown, celebrity, splendor, fame:* summa, S.: tanta, S.

clārō, —, —, āre [clarus], *to make bright, exhibit*, C. poet. —F i g., *to illustrate, make famous*, H.

clārus, *adj.* with *comp.* and *sup.* [1 CAL-], *clear, bright, shining, brilliant :* lux, *open day :* clarissimā luce laetari: mundi lumina, V.: lucerna, H.: nox, Ta.: pater clarus intonat, *in the clear sky*, V.: clarissimae gemmae: vitrum, O.: purpurarum sidere clarior usus, H.: argento delphines, V.: gemmis corona, O.: aquilo, *clearing*, V.—*Clear, loud, distinct :* clarissima vox: clarior vox, Cs.: plangor, O.—Fig., *clear, manifest, plain, evident, intelligible :* haec certa et clara adferre, T.: omnia non properanti clara certaque erunt, L.: luce clariora consilia: id quod est luce clarius: somno clarius, O. —*Brilliant, celebrated, renowned, illustrious, honorable, famous, glorious :* viri: oppidum: gloriā clariores: vir clarissimus: pax clarior quam bellum, L.: ad memoriam imperium, L.: facundia, S.: clarissima civitas, N.: agendis causis, H.: bello, Ta.: ex doctrinā: ob id factum, H.: Troianoque a sanguine Acestes, V.—*Notorious, noted, marked :* minus clarum putavit fore quod, etc.: populus luxuriā, L.

classiārius, *adj.* [classis], *of the navy :* centurio, *captain of a ship*, Ta.—*Plur. m.* as *subst.*, *marines, naval forces*, Cs., N.

classicula, ae, *f. dim.* [classis], *a flotilla, little fleet.*

classicum, ī, *n.* [classicus], *a field signal, trumpet-call :* cecinit, L.: cani iubet, Cs.: classico ad contionem convocat, L.: classica sonant, V.: excitatur classico miles, H.: necdum audierant inflari classica, *trumpets*, V.

classicus, *adj.* [classis], *of the fleet, of the navy :* milites, *marines*, L.: bella, *naval*, Pr.: legio, Ta.—*Plur. m.* as *subst.*, *marines*, Ta.

classis, is (*abl.* e; rarely ī), *f.* [1 CAL-], *a class, great division* (of the people, formed, according to property, by Servius Tullius), L.: prima classis vocatur . . . tum secunda classis, etc.—F i g.: quintae classis videri, i. e. *of the lowest rank.*—*The citizens under arms, an army :* Hortinae classes (i. e. copiae), V.—*A fleet :* nomina in classem dare, L.: maximas aedificare classes: classis ornandae causā, L.: facere, Cs.: classe navigare, *by ship :* penatīs Classe veho mecum, V.: classibus valent, Ta.

clātra, ōrum, *n.* (Pr.), or **clātrī (-thrī)**, ōrum, *m.* (H.), = κλῇθρα, *a lattice, grate, bars.*

(claudeō), see 2 claudo.

claudicātiō, ōnis, *f.* [claudico], *a limping*, C.

claudicō, —, —, āre, *v. n.* [claudus], *to limp, halt, be lame :* ex volnere.—F i g., *to halt, waver, be wanting, be defective :* tota res claudicat: in ullo officio: si quid in nostrā oratione claudicat.

1. claudō (clūdō), sī, sus, ere [CLAV-], *to shut, close, shut up :* forem cubiculi: portas, Cs.: rivos, *to dam up*, V.: clausae fores, Tb.: ostia, Ct.: ocellos, Pr.: clausae hieme Alpes, L.: pupulas: lumina, V.—Fig., *to shut, close :* domus clausa pudori: aurīs ad voces: fugam hostibus, *to cut off*, L.: clausa consilia habere, i. e. *to conceal :* deum clausum pectore habere, O.: animam laqueo, i. e. *to end one's life*, O. — *To close, end, conclude :* lustrum, H.: opus, O.: epistulam, O.: agmen, *to bring up the rear*, Cs.—*To shut in, enclose, encompass, surround, imprison, hide, confine :* quae (urbs) loci naturā clauderetur: stabulis armenta, V.: claudens textis cratibus pecus, H.: rivus clausus ripis, L.: nemus claudit Silva, O.: (apes) in arbore inani, O.—*To encompass, invest, besiege, blockade :* portūs custodiā clausos teneri, Cs.: urbem obsidione, N.: multitudine, N. — *To shut in, hem in :* hinc Tusco claudimur amni, *are hemmed in*, V.: nemorum saltūs, V.: tibi clauduntur rete capreae, O.—*To close, limit, restrict :* Nolo tibi ullum commodum in me claudier, i. e. *that you be deprived of*, T.: nec ita claudenda est res familiaris, ut, etc.: numeris sententias, *to express in poetical form :* pedibus verba, i. e. *to compose verses*, H.

2. claudō, —, —, ēre [CLAV-]. — P r o p., *to limp ;* hence, f i g., *to falter, hesitate, stumble :* etiam si (vita) ex aliquā parte clauderet: quid est cur claudere orationem malint?: si alterā parte claudet res p., L.

claudus, *adj.* [CLAV-], *limping, halting, lame :* deus: altero pede, N.: pes, H.: pars serpentis, V. —P r o v.: claudus pilam, *the lame man* (holds fast) *the ball.*—F i g., *crippled, imperfect, defective :* naves, L.—Of language: carmina alterno versu, i. e. *elegies* (the alternate verses short), O.— *Wavering, untrustworthy :* pars officii tui, O.

claustra, ōrum, *n.* [claudo], *a lock, bar, bolt :* revellere claustra: rumpere, V.: portarum, L.: sub claustris rei p. positum vectigal.—*A barrier, bounds :* obstantia rumpere claustra (the barriers of a race-course), H. — *A gate, dam, dike :* Lucrino addita, V.: portūs claustra, *entrance*, Cu.—*A barricade, bulwark, key, defence, fortress, wall, bank :* ut terra claustra locorum teneret: urbs velut claustra Etruriae, L.: montium, *passes*, Ta.: Aegypti, *the key to Egypt*, L.: claustra contrahere, i. e. *the line of circumvallation*, Ta. — *A barrier, hinderance :* ista nobilitatis.

claustrum, ī, *n.* [claudo], rare collat. form of

claustra, *a barrier, hindrance:* obicitur, i. e. *a chain*, Cu.—*A frontier fortress, key, point of control:* iam perdomitorum, Cu.

clausula, ae, *f.* [claudo], *a close, conclusion, end:* in quo (mimo), *a fitting end:* epistulae.—In rhet., *the close of a period.*

clausum, ī, *n.* [claudo], *an enclosure:* in clauso linquere, *in confinement*, V.

clausus, *adj.* [*P.* of claudo], *close, reserved*, Ta.

clāva, ae, *f.* [1 CEL-], *a knotty branch, rough stick, cudgel, club:* sternentes agmina clavā, V.: male mulcati clavis: Herculea, Pr. — *A foil* (for exercise).

clāvārium, ī, *n.* [clavus], *money given to soldiers to buy shoe-nails*, Ta.

clāvicula, ae, *f. dim.* [clavus], *a tendril.*

1. clāviger, gera, gerum, *adj.* [clava+GES-], *club-bearing:* Volcani proles, i. e. *Periphetes*, O.—Of Hercules, *the club-bearer*, O.

2. clāviger, gerī, *m.* [clavis+GES-], *the key-bearer* (of Janus), O.

clāvis, is (*abl.* vī or ve), *f.* [CLAV-], *a key:* horreorum claves: clavīs portis imposuit, L.: portarum, Iu.: adulterinae portarum, *false keys*, S.: clavīs adimere (uxori), *to divorce.*—*A bolt:* clavīs portis imponere, L.—*An instrument for driving a top:* adunca trochi, Pr.

clāvus, ī, *m.* [CLAV-], *a nail:* clavi ferrei, Cs.: clavos figentes, L.: clavo ab dictatore fixo, L.: ex hoc die clavum anni movebis, i. e. *reckon the beginning of the year:* tamquam clavo clavum eiciendum: beneficium trabali clavo figere, *with a spike*, i. e. *to clinch:* Necessitas Clavos trabalīs Gestans, H. — *A rudder, helm:* clavum ad litora torquere, V. — Fig.: clavum tanti imperi. — *A purple stripe* (on the tunic, broad for senators, narrow for the equites): lati clavi, L.: latus clavus (absurdly assumed by the praefect of a village), H.—Poet., *a striped tunic:* mutare, H.

clēmēns, entis (*abl.* -tī; rarely -te, L.), *adj.* with *comp.* and *sup.*, *mild, calm, gentle:* clementissimus amnis, O.—Fig., *calm, quiet, gentle, tranquil, kind:* vita, T.: cupio me esse clementem: satis in disputando.—*Mild, forbearing, indulgent, compassionate, merciful:* animo clementi in illam, T: iudices: viro clemens misero peperci, H.: vir ab innocentiā clementissimus: legis interpres, L.: castigatio: clementior sententia, L.—*Mitigated, qualified:* rumor, S.

clēmenter, *adv.* with *comp.* [clemens], *quietly, placidly, tranquilly, calmly:* si quid est factum clementer: hominem accepit.—*By degrees, gradually:* iuga clementius adire, Ta.: editum iugum, Ta. —*With forbearance, mildly, with indulgence:* ius dicere, Cs.: ductis militibus, i. e. *without plundering*, L.

clēmentia, ae, *f.* [clemens], *moderation, mildness, forbearance, benignity, clemency, mercy:* clementiā in eos uti, Cs.: nihil magno viro dignius clementiā: victoris: monimentum clementiae suae: clementiā concordiam ordinum stabiliri, L.

clepō, psī, —, ere [CLEP-], *to steal* (rare): sacrum qui clepsit (for clepserit): si quis clepsit, etc., L. (old law).

clepsydra, ae, *f.*, = κλεψύδρα, *an instrument for measuring time by water, water-glass, water-clock, clepsydra;* used to measure the time of a speaker; hence, cras ergo ad clepsydram, *by the clock* (of exercises in declamation): ad clepsydram latrare docere, *to rant.*

cliēns, entis (*gen. plur.* -entium; rarely -entum, H.), *m.* [for cluens, *P.* of clueo], *a personal dependant, client* (a freeman, protected by a patron; he received from him an allotment of land or of food, and accompanied him in war): Roscii: Cliens amicus hospes nemost vobis? T.—*A client, retainer, follower:* coëgit clientīs suos, Cs.—*A companion, favorite:* iuvenum nobilium, H.—Of nations, *subject allies, dependants, vassals*, Cs. — Fig.: cliens Bacchi, *under the protection of Bacchus*, H.

clienta, ae, *f.* [cliens], *a female client*, H.

clientēla, ae, *f.* [cliens], *clientship, patronage, protection, the relation of a client to his patron:* in clientelam Nobis dedit se, T.: in cuius fide sint et clientelā, *whose clients they are.*—*Plur.*, *clients, dependants:* amplissimas clientelas accipere a maioribus: provinciales: esse Pompei clientelas in provinciā, *bodies of clients*, Cs.—Of nations: magnae (Aeduorum) erant clientelae, *allies, dependants*, Cs.

clientulus, ī, *m. dim.* [cliens], *a poor client*, Ta.

clīnātus, *adj.* [CLI-], *bent, sunk*, C. poet.

Cliō, ūs, *f.*, = Κλειώ, *the muse of History*, H., O., Iu.—*A daughter of Oceanus*, V.

clipeātus, *adj.* [clipeus], *armed with a shield, shield-bearing:* agmina, V.: seges virorum, O.—*Plur.* as *subst.:* adversus clipeatos, L.

clipeus (clup-), ī, *m.*, or **clipeum**, ī, *n.* [CLEP-], *a round shield of metal:* speciem inclusit in clupeo: maximis clipeis uti, N.: clipeos ad tela sinistris obicere, V.—Prov.: clipeum post volnera sumere, i. e. *to act too late*, O.—Poet.: dei (Phoebi) clipeus, i. e. *the sun's disk*, O.—*A metallic tablet for a relief, medallion:* argenteum, L.

clītellae, ārum, *f.* [CLI-], *a pack-saddle, sumpter-saddle:* clitellis alqd apportare: clitellas ponere, H.: mihi imponere, Ph.

clītellārius, *adj.* [clitellae], *bearing a pack-saddle:* mulus, C., L., H., Ph.

clīvōsus, *adj.* [clivus], *hilly, full of hills* (poet.): rus, V.—*Steep, arduous:* Latina (via), Iu.: Olympus, O.

clīvus or **clīvos**, ī, *m.* [CLI-], *a declivity, slope, ascent, hill, eminence:* Clivos deorsum vorsum est, T.: adversus clivum, *up-hill*, Cs.: erigere in primos agmen clivōs, *the foot-hills*, L.: Viribus uteris per clivōs, H.: arduus in valles clivus, *descent*, O.: Capitolinus, *the higher road to the Capitol, part of* Sacra Via, C., Cs.; called Sacer, H.—Prov.: clivo sudamus in imo, *we are but beginning*, O.—*A slope, pitch:* mensae, O.

cloāca, ae, *f.* [2 CLV-], *a canal for waste liquids, sewer, drain*, C.: alqd in cloacam iacere, H.: maxima, *the great sewer draining the Aventine, Capitoline, and Palatine hills*, L.

Cloācīna or **Cluācīna**, ae, *f.* [2 CLV-], *the purifier, a surname of Venus*, L.

Clōthō (only *nom.* and *acc.*), = Κλωθώ, *the spinner, one of the three Parcae*, O., Iu.

Cluācīna, see Cloacina. **clūdō**, see claudo.

clueō, —, —, ēre [1 CLV-], *to hear, be spoken of, be said* (old): ignis cluet mortalibus clam divisus, Att. ap. C.

clūnis, *m.* and *f.*, *a buttock, haunch.*—*Plur.*, L., Iu.: sine clune palumbes (the choicest parts), H.

clupeus, see clipeus.

Cn., written for the praenomen Gnaeus; e. g. Cn. Domitius Ahenobarbus.

Cnōsius (Gnōs-), *adj.*, = Κνώσιος, *of Cnosus, the ancient capital of Crete;* hence, castra, *of Minos*, O.: regna, V.: stella Coronae, i. e. *of Ariadne*, V.: calami spicula, *Cretan*, H.

coacervātiō, ōnis, *f.* [coacervo].—In rhet., *an accumulation* (of proofs, etc.): universa.

coacervō, āvī, ātus, āre [com- + acervo], *to heap together, heap up, collect in a mass:* pecuniae coacervantur: tantam vim emblematum: cadavera, Cs.: hostium cumulos, L.: agros, *to amass.*—Fig., *to multiply, heap:* argumenta: luctūs, O.

coacēscō, acuī, —, ere, *inch.* [com-+acesco], *to become acid, sour:* ut vinum, sic aetas vetustate coacescit.—Fig., *to deteriorate, become corrupt.*

coāctor, ōris, *m.* [cogo], *a collector* (of money): perquiritur a coactoribus.—In an army, *the rearguard:* coactores agminis, Ta.

coācta, ōrum, *n.* [cogo], *felted cloths*, Cs.

1. coāctus, *P.* of cogo.

2. (coāctus, ūs), *m.* [cogo], *compulsion, constraint* (only *abl. sing.*): coactu istius, *under compulsion from him:* civitatis, Cs.: meo.

coaedificō, —, ātus, āre [com-+aedifico], *to build up, build upon:* campum: loci coaedificati.

coaequō, āvī, ātus, āre [com- + aequo], *to make equal, make even, level:* montes, S.—Fig., *to equalize, drag down:* ad libidines tuas omnia.

coāgmentātiō, ōnis, *f.* [coagmento], *a joining, connection, union:* corporis: non dissolubilis.

coāgmentō, āvī, ātus, āre [coagmentum], *to join, cement together, connect:* trabes, Cs.: opus suum (natura).—Fig., *to connect:* verba: (verborum) concursus coagmentatus: pacem, *to conclude.*

coāgmentum, ī, *n.* [cogo], *a joining together, joint:* inter coagmenta lapidum, Cs.

coāgulum, ī, *n.* [cogo], *an agent of coagulation, rennet, runnet*, O.—*Curds:* liquefacta coagula lacte, O.

coalēscō, aluī, alitus, ere, *inch.* [com-+1 AL-], *to grow firmly, strike root, increase, become strong:* ilex coaluerat inter saxa, *had sprung up*, S.: in cortice ramus, O.—Fig., *to unite, agree together, coalesce:* Troiani et Aborigines facile coaluerunt, S.: cum patribus animi plebis, L.: multitudo coalescere in populi unius corpus poterat, L.: rem coalescere concordiā, *be adjusted*, L.: concordiā coaluerant omnium animi, L.: pace coalescente, *becoming established*, L.: coalescens regnum, *recovering strength*, L.: coalita libertate inreverentia, *fostered*, Ta.

coangustō, —, —, āre [com-+angustus], *to limit, restrict:* legem.

coarctātiō, coarctō, see coart-.

coarguō, uī, —, ere [com-+arguo], *to overwhelm with proof, refute, silence, expose, convict, prove guilty:* refelli, coargui putat esse turpissimum: tot testibus coargui: Lentulum dissimulantem coarguunt sermonibus, S.: ut coram coarguebantur, fassi omnes, L.: aliquem avaritiae: commutati indicii.—*To prove, demonstrate, show, establish, expose, refute:* fuga laboris desidiam coarguit: crimen suspicionibus: improbitatem: Lacedaemoniorum tyrannidem, N.: quam (legem) usus coarguit, *has proved injudicious*, L.: domini aures, *betrays*, O.: Osos non esse Germanos, Ta.

coartātiō (coarct-), ōnis, *f.* [coarto], *a crowding, pressing together:* plurium in angusto, L.

coartō (-arctō), āvī, ātus, āre [com-+arto], *to press together, compress, contract, confine:* angustae fauces coartant iter, L.: in oppidis coartatus.—Fig., *to abridge, shorten:* consulatum, Ta.: iter, O.—Of discourse, *to abridge, compress:* haec.

coccinus, *adj.* [coccum], *scarlet:* laena, Iu.

coccum, ī, *n.*, = κόκκος, *a berry yielding a scarlet dye:* rubro cocco tingere, *with scarlet*, H.

coclea (cochlea), ae, *f.*, = κοχλίας, *a snail:* inter saxa repentes, S.: Afra, H.

Coclēs, itis, *m.* [SCA-+oculus], *one-eyed.*—Esp. surname of Horatius, *who, in the war with Porsenna, defended a bridge alone*, L., C., V.

coctilis, e, *adj.* [coquo], *burned:* laterculi, Cu.: muri, *of burned bricks*, O.

coctus, *P.* of coquo. **cocus**, see coquus.

Cōcȳtus (-**os**), ī, *m.*, = Κωκυτός (lamentation), *a river of the Lower World*, C., V., H.

cōda, ae, *f.*, see cauda.

cōdex, icis, *m.* (for caudex), *a block:* Codice misso, O.—*A log for punishing slaves, stocks:* inmundus, Pr.: residens in codice, Iu. — *A block sawn into tablets, book, writing, manuscript, document* (in leaves; cf. volumen, a roll): multos codices implevit: falsus.—E s p., *an account-book:* accepti et expensi, *a ledger:* in codicis extremā cerā, *the last tablet:* referre in codicem.

cōdicillī, ōrum, *m. dim.* [codex], *a writing-tablet, note-book:* sententias in codicillos referre. —*A note, billet*, C.: codicillos ferre cum praecepto, Ta.—*A petition*, Ta. — *An imperial rescript, patent*, Ta.—*A will, testament*, Ta.

(**coelebs, coelō, coelum**), etc., see cael-.

coëmō, ēmī, ēmptus, ere [com-+emo], *to purchase, buy up, forestall:* multa, T.: carrorum numerum, Cs.: res pretiosas: frumentum, Iu.

coēmptiō, ōnis, *f.* [coëmo].—In law, *a form of marriage by a pretended sale, transferring the woman, with her estate, to the man* (in manum).—*A fictitious marriage* (to free an heiress from special burdens).

coēmptus, *P.* of coëmo.

(**coena**), see cena. (**coenum**), ī, see caenum.

coëō, īvī or iī, itus, īre [com-+eo], *to go together, come together, meet, assemble, collect:* in Piraeo, T.: matronae ad Venturiam frequentes coëunt, L.: quo populus coibat, H.: certis diebus (ad concilium), Ta.: milia crabronum, O.: populi legationibus coëunt, *by their representatives*, Ta.—*To come together in battle, meet, encounter:* inter se, V.: agmina, Cu.: cetera turba coit, *joins in the attack*, O.—*To come together, be united, gather, unite, combine:* coëundi in unum spatium, L.: manus coit omnis in unum, V.: qui unā coierunt, Cs.: ut coëat par Iungaturque pari, H.: amnes in artius coëunt, Cu.: membra, O.: coit formidine sanguis, *congeals*, V.: digiti coëunt, *grow together*, O.: volnera coiere mea, *have closed*, Pr.: Inter se capita (arcūs), V.: ut placidis coëant immitia, H.: memini nobis verba coisse, *to have been exchanged*, Pr.—F i g., *to unite, join together, assimilate, combine, agree, ally oneself, conspire:* cum hoc: principes tum unā coierunt, Cs.: in foedera dextrae, V.—Of a marriage contract: taedae quoque iure coissent, O.: conubio, nuptiis, Cu.: cum captivā, Cu.: Hac gener atque socer coëant mercede suorum, i. e. *in the marriage*, V.—With *societatem*, *to enter into partnership, make a compact, become an ally, associate, form a league:* societatem laboris: cum Caesare societatem: cum Lacedaemoniis, N.: societatem sceleris: ad eam rem societas coitur.

(**coepiō**), coepī, coeptus, ere [com-+1 AP-], *to begin, commence:* non Prius olfecissem, quam ille quicquam coeperet? T.: mecum cogitare, T.: cum ver esse coeperat: Fluctus coepit albescere, V.: oppugnare, Cs.: alia fieri coepere, S.: cum Lacedaemoniis pugnari coepit, N.: urbanus haberi, H.: res agi coepta est: ante petitam esse pecuniam, quam esset coepta deberi: obsidione coepti premi hostes, L.: bello premi sunt coepti, N.: mitescere discordiae intestinae coeptae, L.: si quicquam hic turbae coeperis, T.: illud, quod coepimus, videamus: illa quae coepta sunt ab isto: coeptum bellum foret, S.: se non ante coepturum, quam, etc., L.: perge quo coepisti (sc. ire): dimidium facti, qui coepit, habet, H.: ita coepit tyrannus (sc. dicere), L.: Ilioneus placido sic pectore coepit, V.: coepit cum talia vates (sc. fari), V. —*P.* coeptus, *begun, commenced, undertaken:* consilium fraude coeptum, L.: iussis Carmina coepta tuis, V.: quaedam (animalia) modo coepta, *in process of creation*, O.: mors, *sought*, O. — Of things, *to begin, be begun, take a beginning, commence, originate, arise:* post, ubi silentium coepit . . . verba facit, etc., S.: cum deditio coepit, S.: pugna coepit, L.

coeptō, —, —, āre, *intens.* [coepio], *to begin eagerly, begin, undertake, attempt:* contingere portūs, C. (poet.): appetere ea, quae, etc.: quid coeptas, Thraso? T.: insidias, Ta.

coeptum, ī, *n.* [coepio], *a work begun, beginning, undertaking:* nec taedia coepti Ulla mei capiam, O.: audax, L.: audacibus adnue coeptis, V.: temere coepta, L.: coeptis meis, O.: ne enuntiare coepta, L.

1. **coeptus**, *P.* of coepio.

2. (**coeptus**, ūs), *m.* [coepio], *a beginning, undertaking.*—Only *plur.:* suos.

coërceō, cuī, citus, ēre [com-+arceo], *to enclose on all sides, hold together, surround, encompass:* (mundus) omnia coërcet: Vitta coercebat capillos, O.: virgā coërces turbam, H. — *To restrain, confine, shut in, hold, repress, control:* (amnis) nullis coërcitus ripis, L.: Bucina coërcuit (undas), O.: frenisque coërcuit ora, O.: vitem ferro amputans coërcet: (operibus) intra muros coërcetur hostis, L.: (mortuos) Styx coërcet, V.: Tantalum coërcet (Orcus), H.: Messapus primas acies, *controls*, V.—F i g., of discourse, *to control, confine, restrain, limit:* (nos) quasi extra ripas diffluentes.—*To hold in check, curb, restrain, tame, correct:* cupiditates: procacitatem hominis manibus, N.: suppliciis delicta, H.: in praetore coërcendo fortes: quibus rebus coërceri milites soleant, Cs.: pueros fuste, H.: animum, Ta.: coërcendi ius (in contione), *of maintaining order*, Ta.: carmen, quod non Multa dies coërcuit, *corrected*, H.

coërcitiō, ōnis, *f.* [coërceo], *a restraining,*

restraint, compulsion, chastisement: coërcitionem inhibere, L.: magistratūs, *on the part of the magistrates,* L.: sine coërcitionibus agere, Ta.

coërcitus, *P.* of coerceō.

coetus, ūs, *m.* [for coitus], *a coming together:* amnium, Cu.—*An assemblage, crowd, company:* in omni coetu concilioque: sollemnes ludorum: nocturni, L.: socios in coetum Advocat, V.: coetu soluto, O.: coetibus alqd sancire, Ta.: divinus animorum.—E s p., *a festival, feast:* coetum celebrate faventes, V.

cōgitātē, *adv.* [cogito], *with reflection, considerately:* quae scripsisset.

cōgitātiō, ōnis, *f.* [cogito], *a thinking, considering, deliberating, thought, reflection, meditation, imagination:* cogitatio in se ipsā vertitur: commentatio et cogitatio: acerrima et attentissima: simplices, magnas, Ta.: timoris praeteriti: occurrit cogitatio, qualis animus sit.—*The faculty of thought, reasoning power:* (homo) particeps cogitationis: esse ingenio et cogitatione nullā, *of no intellectual force.*—*A thought, opinion, judgment, resolution, design, plan, project:* omnes meas cogitationes in rem p. conferebam: mandare litteris cogitationes suas: multae et graves: sapientiores: saeva, Ta.: reliqua belli, i. e. *plans for continuing the war,* Cs.: minor intervenit maiori, L.

cōgitātum, ī, *n.* [cogito], *a thought, reflection, notion, idea:* acutius imperatoris, N.—Usu. *plur.:* cogitata proloqui, T.: eloqui: patefacere, *purpose,* N.: sapientium.

cōgitātus, *adj.* [*P.* of cogito], *deliberate:* iniuria: verbum.

cōgitō, āvī, ātus, āre [com-+agito], *to consider thoroughly, ponder, weigh, reflect upon, think:* etiam atque etiam, T.: animo, T.: rationem: maiores vestros, Ta.: te video, non cogito solum: Scipionem, *to call to mind:* quid agam, T.: in quantā calamitate sis, S.: quo loco sis: quantum in illo sceleris fuerit: tantum sibi esse permissum, quantum, etc.: haec posse accidere, Cs.: quem gentes castiorem cogitaverunt?: de nobis. — *To feel, be inclined, be disposed:* humaniter in me: si quid amice de Romanis cogitabis, *are friendly to,* N.: Karthago male iam diu cogitans, *hostile in disposition.* — *To have in mind, intend, meditate, design, plan, purpose, mean:* hunc in aedīs Recipere, T.: si liberi esse cogitaretis: ex fumo dare lucem, H.: nihil nisi caedes: quid mali cogitari potest, quod, etc.: mecum rem, Cu.: latere arbitrabantur quae cogitaverant, *their purposes,* N.: quid Cantaber cogitet, H.: scelus, Iu.: quid cogitet Auster, V.: ut aliquid acquireret, Cs.: ut haberet, quā fugeret, N.: ne quam occasionem dimitteret, Cs.: dies ac noctes de pernicie filii, *plotted for:* de nostro itu: in Pompeianum cogitabam (sc. ire): eo die cogitabam in Agnanino (sc. manere).

cōgnāta, ae, *f.* [1 cognatus], *a female relation, kinswoman:* ne in cognatam pecces, T.: tuae, T.

cōgnātiō, ōnis, *f.* [1 cognatus], *blood-relationship, kindred, connection by birth:* frater noster cognatione patruelis: te maxime cognatione attingebat: cognationem intervenisse, S.: propinquā cognatione Hannibali iunctus, L.: nulla tibi cum isto: deorum (i. e. cum dis). — C o n c r., *kindred, relations, persons allied by descent:* homo magnae cognationis, Cs.: dedecus cognationis.—F i g., *relationship, association, connection, agreement, kindred, resemblance, affinity:* quibus (poëtis) est maxima cum oratoribus: studiorum et artium: an potest propior ulla esse quam patriae?

1. cōgnātus, *adj.* [com-+GEN-], *sprung from the same stock, related by blood, kindred:* mihi: patres, *the relationship of our fathers,* V.: per cognata corpora supplex, *as a kinsman,* O.: anguilla cognata colubrae, Iu.—*Of a kinsman, of kindred:* latus, O.: pectora, O.: urbes, V.: sanguis, V.: caelum, O.: faba Pythagorae (alluding to the doctrine of transmigration), H. — F i g., *kindred, congenial, related, connected, like, similar:* alqd mentibus nostris: vocabula, H.

2. cognātus, ī, *m.* [1 cognatus], *a kinsman, blood-relation:* his proximus, T.: amici cognatique alcius: est tibi mater, Cognati? H.: cognatorum aliquis, Iu.

cōgnitiō, ōnis, *f.* [com-+GNA-], *a becoming acquainted with, acquiring knowledge, knowledge, acquaintance:* rerum: animi: urbis: cognitione atque hospitio dignus.—*A conception, notion, idea:* deorum innatae cognitiones. — In law, *a judicial examination, inquiry, cognizance, trial:* ipsius cognitio de existimatione: captorum agrorum: vacantium militiae munere, L.: inter patrem et filium, L.: dies cognitionis, *the day of trial:* centurionum Cognitio de milite, Iu.: tribuni, *a decree,* Iu.—*Recognition, discovery:* cognitio facta esse filium natum, T.: de cognitione ut certum sciam, *to make sure of the discovery,* T.

cōgnitor, ōris, *m.* [com-+GNA-].—In law, *an advocate, attorney:* cognitorem ascribit Sthenio: qui cognitor est datus: qui cognitores homines honestos daret, *was represented by:* iuris sui: ire domum iube, fi cognitor ipse, H.—I n g e n., *a defender, protector:* hoc (Caesare) auctore et cognitore huiusce sententiae.—*A witness, voucher.*

cōgnitus, *adj.* with *comp.* and *sup.* [*P.* of cognosco], *known, acknowledged, approved:* res plane: homo virtute cognitā: cognitiora (mala), O.: haec esse cognitissima, Ct.: nulli cognitius, O.

cōgnōmen, inis, *n.* [com-+GNA-], *a surname, second-name, family-name* (added to the name of the gens to distinguish the family): T. Manlius, qui Galli torque detracto cognomen (sc. Torquati) invenit: sapientis: Crassus cognomine Dives: Mercuriale Imposuere mihi cognomen, H.: nationis magis quam generis uti cognomine: Diocles est, Popilius cognomine: duo quorum alteri Capitoni cognomen est: cognomen cui Africano ex virtute fuit, Cs.: Tardo cognomen pingui damus, *we call the slow man stupid*, H.—In gen., *a name:* locus, Hesperiam Grai cognomine dicunt, V.: Chaonios cognomine campos a Chaone dixit, V.: prisca locorum, Pr.

cōgnōmentum, ī, *n.* [rare or late for cognomen], *a surname:* cognomento qui σκοτεινὸς perhibetur, Poet. ap. C.: Puteoli cognomentum a Nerone adipiscuntur, Ta.—*A name:* (Rhenum) verso cognomento Vahalem dicere, Ta.

cōgnōminātus, *adj.* [cognomen], *synonymous* (once): verba.

(**cōgnōminis**, e), only *abl. sing.*, cognomine, *adj.* [cognomen], *like-named, of the same name:* cognomine Insubribus pago, *bearing the same name*, L.: gaudet cognomine terrā, V.

cōgnōscō, gnōvī (often contr., cōgnōstī, cōgnōrō, cōgnōsse, etc.), gnitus, ere [com-+(g)nōscō], *to become acquainted with, acquire knowledge of, ascertain, learn, perceive, understand; perf., to know:* regiones, Cs.: domūs atque villas, S.: amnem, V.: quam (antiquitatem) habuit cognitam, N.: casūs nostros, V.: miserias sociorum: quis sim, ex eo, S.: per exploratores montem teneri, Cs.: furto postridie cognito: quibus (scriptis) cognitis, *after reading*, N.: id se a Gallicis armis cognovisse, *knew by their weapons*, Cs.: fide cognitā, *tested*, N.: ab his, non longe oppidum abesse, Cs.: sed Metello experimentis cognitum erat, genus infidum esse, S.: quem plane perditum cognorat: vos fortīs, S.: aliter ac sperarat rem p. se habentem, N.: alqm magni animi: alqm paratissimo animo: tandem qui siem, T.: id socordiāne an casu acciderit, S.: cognito, vivere Ptolemaeum, L.—Poet.: casus multis hic cognitus, *experienced by*, Iu.—*Supin. acc.:* promissa eius cognitum ex praesentibus misit, S.—*Supin. abl.:* pleraque digna cognitu.—*To recognize, acknowledge, identify:* in eā re utilitatem meam, T.: alii, ne cognoscerentur, ad necem rapiebantur: inter ceteras Veturiam, L.: ostendimus Cethego signum, cognovit: signa sua, S.: cognoscenti similis fuit, *seemed to recognize him*, O.: pecus exceptum est, quod cognovissent, *identified*, L.: neque currentem se cognoscit, *is like himself*, V.: eum Syracusis, *to identify.*—*To seek to know, inquire into, investigate, examine:* Verres cognoscebat, Verres indicabat: accusationem causamque: numerum militum: de agro Campano: de hereditate.—*To criticise, appreciate:* ut neque spectari neque cognosci (fabula) potuerit, T.: et cognoscendi et ignoscendi peccati locus, T.—*To reconnoitre, spy, act as scout:* qualis esset natura montis, qui cognoscerent, misit, Cs.

cōgō, coēgī, coāctus, ere [com-+ago], *to drive together, collect, crowd, bring together, summon, congregate, convene:* certe cogit is qui congregat homines: coacti sunt si, etc.: pecus, V.: talenta ad quindecim Coëgi, *collected*, T.: pecunias, *to exact:* pecuniam a civitatibus, *to extort:* ad iudicium familiam, Cs.: concilio coacto, Cs.: (equites) ex Latio, *levy*, S.: copias in unum locum, Cs.: ingens coacta vis navium est, L.: milites in provinciam, L.: ad militiam aliquos, S.: auxilia undique, V.: senatum, *to convene*, L.: cogimur in senatum: coguntur senatores gratiā: in senatum acerbe cogi, *to be summoned:* ovīs stabulis, V.—Of fluids, *to thicken, condense, curdle, coagulate, gather:* caelum in quo nubes coguntur: in nubem cogitur aër, V.: frigore mella, V.: lac coactum, O.—*To contract, narrow, straiten:* saltus in artas coactus fauces, L.: amnem in tenuem alvum, Cu.—*To force, drive, press:* quercum cuneis coactis scindere, V.: vitīs in sulcum, V.—With agmen, *to bring up the rear*, L.: ut nec agmen cogamus, *are the last:* stellae, quarum agmina cogit Lucifer, O.—Fig.: in angustum meae coguntur copiae, *my resources are brought into straits*, T.: me defensionis in semihorae curriculum, *restrict.*—*To urge, force, compel, constrain:* coactus legibus Eam uxorem ducet, T.: tam vehemens fui quam cogebar: vis cogendae militiae, L.: huic leges cogunt nubere hanc, T.: Orgetorigem causam dicere, Cs.: Iugurtham spem salutis in fugā habere, S.: vi ut rediret, T.: ut vos eum condemnetis: vi, ut eos paterentur, etc., Cs.: senatus cogitur ut decernat, ut, etc.: ingratiis ad depugnandum omnes, N.: ad proelia, V.: alquem in deditionem, L.: et scis in breve te cogi (of a book), *are rolled up tightly*, H.: finitumos armis sub imperium suum, S.: quod vos vis cogit, id, etc., T.: quod sua quemque mala cogebant, L.: quid non mortalia pectora cogis? V.: ad id, quod natura cogeret, accelerare, N.: quidquid cogebat ventris furor, Iu.: Invitus feci, lex coëgit, T.: 'non licet.' At causa cogit: vagi quas nox coëgerat sedes habebant, S.: nullo cogente, *spontaneously*, O.: lacrimae coactae, *forced*, V.: lacrimae coactae, *uncontrollable*, O.: nihil feci nisi coactus, *on compulsion:* coactus metu.—*To conclude:* ex quibus id cogitur.

cohaerēns, ntis, *adj.* [*P.* of cohaereo], *adjoining, continuous:* aedificia, Ta.—Fig., *consistent:* apta inter se et cohaerentia: non cohaerentia inter se dicere, *inconsistent assertions.*—*Harmonious:* oratio.

cohaerentia, ae, *f.* [cohaereo], *a coherence, connection:* mundi.

cohaereō, haesī, haesus, ēre [com-+haereo],

to cling together, be united, cohere: mundus apte cohaeret. — *To consist of, be composed of:* alia quibus cohaererent homines. — In thought, *to be consistent, agree together:* Non cohaerent, T.: hacc naturā cohaerentia: sermo non cohaerebit, *will have no consistent meaning.*—*To hold together, remain, exist, maintain itself:* qui ruunt nec cohaerere possunt: virtutes sine vitā beatā cohaerere non possunt. — *To cling closely, adhere, be connected with, cleave to, be in contact with:* dextera ligno cohaesit, O.: scopuloque adfixa cohaesit, O. —Fig., *to be closely connected with, be in harmony with, be consistent with:* cohaerens cum omni corpore membrum.

cohaerēscō, —, —, ere, *inch.* [cohaereo], *to hang together, cohere:* atomi inter se.

cohērēs, ēdis, *m.* and *f.* [com-+heres], *a coheir, fellow-heir, sharer in an inheritance,* C.: filio coheredes alquos adiungere: esse alicui, H.

cohibeō, uī, (itus), ēre [com-+habeo], *to hold together, hold, contain, confine, embrace, comprise:* omnīs naturas: Scyllam caecis cohibet spelunca latebris, V.: nodo crinem, H.: marem cohibent (ova) vitellum, H.: auro lacertos, *to encircle,* O.: bracchium togā: parietibus deos, Ta. — *To hold, keep, keep back, hinder, stay, restrain, stop:* muris Turnum, V.: ventos in antris, O.: cervos arcu, i. e. *to kill,* H.: nec Stygiā cohibebor undā, H.: ab aliquā re, L.: cohiberi quo minus, etc., Ta.—Fig., *to stop, to hold in check, restrain, limit, confine, control, keep back, repress, tame, subdue:* motūs animi: eius furorem: iras, V.: bellum, L.: non tu te cohibes? *control yourself,* T.: manūs, animum ab auro: suas libidines a liberis.

co-honestō, āvī, ātus, āre [com-+honesto], *to honor in common, do honor to, honor, grace:* exsequias: statuas: aliquid virtute, L.: funus laudatione, Ta.

co-horrēscō, horruī, —, ēre, *inch.* [com-+horresco], *to shudder, shiver:* equidem cohorrui: ex quo (sudore): quod litterae tuae adferrent, etc.

cohors, rtis (*acc.* cortem, C.), *f.* [com-+HER-], *a court, enclosure, yard, pen, cattle-yard,* O.: habes cortem in Palatio, i. e. *your house.*—*A crowd, multitude, company, throng, train:* gigantum, H.: fratrum stipata, V.: impura, *villanous mob:* febrium, H. — In the army, *a company, division, cohort* (the tenth part of a legion, or six centuriae, about 360 men), Cs.: cum cohortibus expeditis ire, S. — *A train, retinue, body of attendants, staff, suite:* praetoria, *the body-guard of the governor:* praetoris: Metelli: tota tua illa: laudat Brutum laudatque cohortem, H.: cf. scortorum praetoria.—*Auxiliary troops, allies,* S.

cohortātiō, ōnis, *f.* [cohortor], *an exhorting, inciting, exhortation, encouragement:* militum, N.: legionis, Cs.: iudicum ad honeste iudicandum: concitatus cohortatione alicuius ad alqd. — *Plur.*, Cs., C.

co-hortor, ātus, ārī, *dep.* [com- + hortor], *to animate, encourage, advise, incite, exhort, admonish:* hac (eloquentiā) cohortamur: vim habere ad cohortandum: vos ad libertatem recuperandam: nostri cohortati inter se, Cs.: vos ut essetis severi: (Curionem), magno sit animo, Cs.—Of a commander, *to exhort, encourage, address:* cohortatus suos proelium commisit, Cs.: exercitum ad pugnam, Cs.: cohortes, ut rem ad manūs adducerent, Ta.: ne labori succumbant, Cs.

co-inquinō, —, —, āre, *to pollute, contaminate:* matres coinquinari regum, Att. ap. C.

coitiō, ōnis, *f.* [coëo], *a coming together, meeting:* prima, T.: absterrere singulos a coitionibus, L.—*A conspiracy, plot, coalition:* suspitio coitionis: coitiones tribunorum adversus inventutem, L.: coitionem facere.

coitus, ūs, *m.* [com-+1 I-], *sexual union,* O.

colaphus, ī, *m.*, = κόλαφος, *a blow with the fist, cuff, box on the ear:* quingentos colaphos infregit mihi, T.: colaphum incutimus servo, Iu.

colax, acis, *m.*, *a flatterer:* parasitus colax, T.

colēns, ntis, *m.* [*P.* of colo], *one who reveres:* religionum colentes, *religious men.*

cōlīphia (coll-, cōlȳ-), ōrum, *n.*, = κωλύφια, *flesh-cakes* (food for athletes), Iu.

cōlis, see caulis.

col-l- (for com-l-), see conl-.

collis, is, *m.* [2 CEL-], *an elevation, high ground, hill:* iugum collis, Cs.: aequaliter declivis, Cs.: leniter adclivis, Cs.: altus, O.: celsus, V.: septem colles, i. e. *Rome,* H.: summa collium insederant, Ta.

collocō, colloquor, etc., see conlo-.

collum, ī, *n.*, *the neck:* in collum invasit, *fell upon the neck:* collo dare bracchia circum, V.: maternum, O.: complecti lacertis, O.: poenam collo sustinere: colla fovet, i. e. *rests,* V.: in laqueum inserere: laqueo pressisse, H.: aptare vincula collo, O.: colla servitio adsuescere, V.: caput et collum petere, *to strike at vital parts:* cameli adiuvantur proceritate collorum: sibila colla attollens (serpens), V. — Fig.: eripe turpi Colla iugo, H.: obtorto collo ad subsellia reducere: alcui collum torquere, *drag to prison,* L.: posuit collum in Pulvere Teucro, i. e. *fell,* H.—*The neck* (of a flask or bottle), Ph.; (of the poppy), V.

collybus, ī, *m.*, = κόλλυβος, *exchange, agio.*—*The rate of exchange.*

collȳrium, ī, *n.*, = κολλύριον, *a liquid eye-salve.* —*Plur.*, H., Iu.

colō, coluī, cultus, ere [COL-], *to till, tend, care for, cultivate:* agrum, T.: agros, Cs.: colendi causā in agro esse: agri qui coluntur: hortos, V.: arbores, H.: fructūs, V.: fruges, O.: Pater ipse colendi, V.—*To frequent, dwell in, stay in, inhabit, abide, live, dwell:* colitur ea pars (urbis): urbem, V.: regnum, O.: arva gelidumque Anienem, *and the banks of*, V.: Rheni ripam, Ta.: anguis Stagna colit, *haunts*, V.: proximi Cattis Usipii colunt, Ta.: circa ripam Rhodani, L.—Fig., of the gods, *to frequent, cherish, care for, protect, guard, watch over:* quas condidit arces, Ipsa colat, V.: nymphis colentibus undas, O.: Iuno, quae Veios colis, L.: urbem, L.: terras hominumque genus, H.— *To honor, revere, reverence, worship:* Mercurium, Cs.: deos patrios: Musarum delubra: sacra: o colendi Semper et culti, H.: colebantur religiones pie, L.: numina, V.: caerimonias sepulcrorum: sacrarium summā caerimoniā, N. — *To honor, esteem, love, adhere to, cherish:* nos coluit maxime, T.: a quibus diligenter videmur coli: hunc virum, S.: poëtarum nomen: in amicis colendis: plebem Romanam, L.: alqm litteris, N.: nec illos arte, nec opulenter, S.—*To attend to, dress, clothe, adorn*, etc.: formamque augere colendo, *by attire*, O.— *To cultivate, cherish, seek, practise, devote oneself to, follow, observe:* studia: fidem rectumque, O.: ius et fas, L.: memoriam alicuius: bonos mores, S.: pietatem, T.: ius bonumque, S.: orationis genus: patrias artes, O.—*To experience, live through, pass, spend:* vitam illam: vitam inopem, T.

colocāsium, ī, *n.*, = κολοκάσιον, *an Egyptian bean, marsh-lily*, V.

colōna, ae, *f.* [colonus], *a countrywoman*, O.

colōnia, ae, *f.* [colonus], *a colony, colonial town, settlement:* incolumis: in colonias mittere, L.: colonias constituere: in colonias deduci.— *Persons sent out for settlement, a colony, colonists, planters:* coloniam deducere aliquo: coloniis deducendis tresviri, S.: trans Rhenum colonias mittere, Cs.: Italiam coloniis occupare.

colōnicus, *adj.* [colonus], *colonial:* cohortes, i. e. *levied from colonies*, Cs.

colōnus, ī, *m.* [COL-], *a husbandman, tiller of the soil:* optimus, parcissimus: Pauper ruris, H.: mandere vestros colonos, i. e. *oxen*, O.—*A farmer, peasant:* navīs suis colonis implere, Cs.: qui colonus habuit conductum fundum.—*A settler, colonist:* colonos novos ascribi: Chersonesum colonos mittere, N.: Tyrii tenuere coloni (urbem), V.: urbem Acrisioneis fundasse colonis, i. e. *by bringing as settlers subjects of Acrisius*, V.

color (old **colōs**, S., L.), ōris, *m.* [2 CAL-], *color, hue, tint:* nivis, O.: caeruleus, Cs.: Tyrios mirare, H.: flores mille colorum, O.: color in pomo est ater, O.: varios mentiri colores, V.: scuta lectissimis coloribus distinguunt, Ta.: colorem ducere, *to acquire color*, V.: Ducere purpureum colorem, O. — *The natural color, complexion, tint, hue:* qui color, vestitus? T.: formae dignitas coloris bonitate tuenda est: verus, T.: fucatus, H.: egregius: Num eius color pudoris signum indicat, T.: mutem colores? *change color*, H.: eius crebra coloris mutatio: In voltu color est sine sanguine, O.—*Complexion, fine tint, beauty:* nimium ne crede colori, V.: quo fugit Venus, heu, quove color? H. —Fig., *external form, state, condition, position, outward show, appearance:* civitatis: Omnis Aristippum decuit color, i. e. *accommodated himself to every condition*, H.: cornicula Furtivis nudata coloribus, *stolen pomp*, H.: caeli, *aspect*, Iu.—Of diction, *character, fashion, cast, coloring, style:* ornatur oratio quasi colore quodam: tragicus, H.: operum colores, H.: claris coloribus picta poësis. —*Splendor, lustre, brilliancy:* nullus argento color est Abdito, H.: amissos colores referre, H.— *A pretext, plausibility:* causae, Iu.

colōrātus, *adj.* [*P.* of coloro], *colored:* arcus. —*Swarthy, dusky:* Indi, V.: voltus, Ta.

colōrō, āvī, ātus, āre [color], *to give a color to, color, tinge, dye:* corpora.—Fig., of style: orationem illorum (librorum) tactu quasi colorari.

colōs, see color.

colossus, ī, *m.*, = κολοσσός, *a gigantic statue, colossus*, Iu.

coluber, brī, *m.* [1 CEL-], *a serpent, snake*, V.; of the Hydra, O.; of Medusa, O.; of Allecto, V.

colubra, ae, *f.* [coluber], *a female serpent, serpent, snake*, H., O., Iu.—Of the hair of the furies, O.; of Medusa, O.

colubrifer, fera, ferum, *adj.* [coluber+FER-], *serpent-bearing:* monstrum (i. e. Medusa), O.

cōlum, ī, *n.*, *a vessel for straining, colander*, V.

columba, ae, *f.* [2 CAL-], *a dove, pigeon*, C.: volucris, V., H., O.: Cythereiades (as sacred to Venus), O.

columbīnus [columba], *of a dove, of a pigeon:* pulli: ovum, H.

columbus, ī, *m.* [2 CAL-], *a male dove, cock-pigeon*, Ct., H.

columella, ae, *f. dim.* [columna], *a small column, pillar*, C.: pedum in altitudinem quinque, Cs.

columen, inis, *n.* [2 CEL-], *a pillar, column:* fax, quae magnum ad columen volabat, *like an ascending column:* excelsum, *a pedestal:* Phrygiae columina (of mountains), Ct. —Fig., of persons, *the crown, summit, first, chief:* amicorum.—*A support, prop, stay:* familiae: rerum mearum, H.

columna, ae, *f.* [2 CEL-], *a column, pillar, post:* columnam efficere: columnae templa sustinent: ad perpendiculum columnas exigere.—

Poet.: ne pede proruas Stantem columnam, i. e. *destroy the city*, H.—Esp.: Columna Maenia, in the Forum Romanum, beside which sat the tresviri capitales; hence, ad columnam pervenire: ad columnam adhaerescere, i. e. *fall into the hands of the jailers.*—As the sign of a bookseller's shop: non concessere columnae, H.—Since pillars were set up for landmarks: Columnae Protei (i. e. fines Aegypti), V.: Herculis columnae, i. e. Calpe and Abyla, Ta.

columnārium, ī, *n.* [columna], *a duty on pillars in buildings, pillar-tax*, Cs., C.

colurnus, *adj.* [for * corulnus, from corylus], *of the hazel, of hazel-wood:* verna, V.

colus (ūs or ī), *abl.* colō or colū, *f.* (*m.* Ct., Pr.), *a distaff:* tua, V., O., Iu.

cōlȳphia, see cōlīphia.

com-, *praep.*, old form of 1 cum.

coma, ae, *f.*, = κόμη, *the hair of the head, hair:* calamistrata: flava, H.: intonsa, V.: deciderint comae, H.: compositae, O.: comas religata, H.: positu variare, O.: scissa comam, V.: laniata comas, O.: aurea, *the golden fleece.*—*Foliage, leaves* (poet.): redeunt Arboribus comae, H.: hyacinthi, V.—*The wool on parchment*, Tb.—*Sunbeams, rays*, Ct.

comāns, antis, *adj.* [*P.* of comō, āre, from coma], *hairy, long-haired, covered with hair:* colla equorum, V.: saetae hircorum, *bristling hair*, V.: galea (i. e. cristata), *plumed*, V.—*Hairy, leafy:* stella, *a comet*, O.: sera comans narcissus, *late in putting forth leaves*, V.

comāta, ae, *adj. f.* [coma], *long-haired:* Gallia, *Transalpine Gaul:* silva, *in leaf*, Ct.

1. com-bibō (con-b-), bibī, —, ere, *to drink up, absorb, imbibe:* combibunt guttura sucos, O.: venenum corpore, H.—*To repress, conceal:* lacrimas meas, O.—*To absorb, take up, swallow, engulf:* ara cruorem Conbiberat, O.: Combibitur Erasinus in arvis, O.: Conbibit os maculas, i. e. *became spotted*, O.—Fig., *to drink in, acquire:* artes.

2. combibō (conb-), ōnis, *m.*, *a pot-companion.*

combūrō (conb-), ūssī, ūstus, ere [PVR-], *to burn up, consume:* subsellia: navīs, Cs.: legatum vivum: puerum.—Fig., *to ruin:* alqm iudicio.

combūstus, *P.* of combūrō.

com-edō, ēdī, ēsus or ēstus, ēsse or edere, *to eat up, eat, consume, devour:* quid comedent? T.: (venenum) comestum: haec porcis comedenda relinques, H.—*To waste, dissipate, spend, squander:* nummos: patrimonium: nobilitas comesa, *ruined*, Iu.: Hunc comedendum nobis propino, i. e. *that we may feast at his expense*, T.

comes, itis, *m.* and *f.* [com-+1 I-], *a companion, associate, comrade, partaker, sharer, partner:* omnino sine comite venisse, *quite alone:* Comites secuti sunt virginem, T.: eius Rubrius: o socii comitesque, H.: cui fides Achates it comes, V.: victoriae Pompei, *an associate in*, Cs.: eius amentiae: mortis, O.: paternae fugae, L.: data sum comes Minervae, O.: comitem sororem Sprevisti, V.—*A guardian, tutor:* Illi me comitem in arma pater misit, V.: custos comesque Iuli, V.—*An attendant, retainer, dependant:* Brundisium ductus, H.: ducendus et unus Et comes alter, H.: comites magistratuum, *retinue:* eius: comes Neronis, *one of Nero's train*, H.—Fig., of things, *a companion, attendant, concomitant, associate, consequence:* multarum deliciarum saltatio: eventūs rerum comites consiliorum: artes virtutis: culpam poena premit comes, H.

cōmessātiō, comessātor, see comiss-.

comēstus, *P.* of comedo.

comētēs, ae, *m.*, = κομήτης, *a comet*, C., V.: sidus cometes, Ta.

cōmicē, *adv.* [comicus], *in the manner of comedy:* res tragicas tractare.

cōmicus, *adj.*, = κωμικός, *of comedy, comic, in comic style:* poëta: artificium: res, *the material of comedy*, H.—*Represented in comedy:* senes: adulescens.—As *subst. m.*, *a comic poet, writer of comedy.*

cōminus, see comminus.

cōmis, e, *adj.* with *comp.*, *courteous, affable, kind, obliging, friendly, loving:* homines: illo usa sum benigno et comi, T.: quis Laelio comior?: conviva, H.: bonis, Ta.: erga aliquem: in uxorem, H.: comi hospitio, L.: victus, *courteous*, Ta.

comissabundus, *adj.* [comissor], *revelling, riotously:* incessit, L.: exercitus, Cu.

cōmissātiō (cōmess-), ōnis, *f.* [comissor], *a Bacchanalian revel, revelry*, C., L.

cōmissātor (cōmess-), ōris, *m.* [comissor], *a reveller, rioter:* haud commodus, T.: comissatorum conspectus: commissatores coniurationis.

cōmissor (comm-), ātus, ārī, *dep.*, = κωμάζω, *to revel, make merry, hold carnival:* ad fratrem, L.: in domum alicuius, H.: comissantium curru, *of revellers*, L.—*Supin. acc.:* Phaedriam intromittamus comissatum, T.

cōmitās, ātis, *f.* [comis], *courtesy, kindness, friendliness, affability, gentleness:* illius: comitate condīta gravitas: invitandi, L.: curandi, Ta.

1. comitātus, *adj.* with *comp.* [*P.* of comito], *attended, escorted, accompanied:* parum, *with few attendants:* bene: puero ut uno esset comitatior, *that his train was increased by*, etc.

2. comitātus, ūs, *m.* [comitor], *an escort, train, retinue, suite:* delicatus ancillarum: proficisci cum magno comitatu: praedonis: equitum: gradūs ipse comitatus habet, Ta.: Irae Insidiaeque dei comitatus, V.—Fig.: quid tanto virtutum comitatu (opus est) si? etc.—*A company, band, troop, crowd, swarm:* Allobrogum comitatūs deprehendere, i. e. *the Allobroges and their train*, S.: magnum comitatum circumventum interficere, L.

cōmiter, *adv., courteously, affably, kindly:* me adiuvare, T.: qui erranti comiter monstrat viam: munera missa legatis, L.: excipitur, O.: invitare iuvenes, L.: maiestatem populi R. comiter conservanto, *with due courtesy* (in a treaty).

comitia, ōrum, *n.* [*plur.* of comitium], *the Roman people in assembly, comitia curiata*, of the patricians, held in the comitium, mainly to ratify or veto decrees of the senate: comitia fierent regi creando, L.; later only for taking the auspices, C.—Centuriata, *the general assembly of the Roman people* (usu. in the Campus Martius, instituted by Servius Tullius, and continued throughout the republic): consularia, *for electing consuls:* edicere comitia consulibus creandis, L.—Tributa, usu. in the Forum, but for choosing magistrates often in the Campus Martius, C., L.—Tribunicia, *for electing tribunes of the plebs*, L.: quaestoria.—*An election:* comitiis factis.

comitiālis, e, *adj.* [comitia], *of an election, proper for comitia:* dies, L.: biduum, Cs.: mensis.

comitiātus, ūs, *m.* [comitia], *an assembly of the people in the comitia:* maximus: inutiles.

comitium, ī, *n.* [com-+I-], *a place of assembly, place of meeting:* in comitio esse Spartae, i. e. *the Ephoreium*, N.—Esp., *a place adjoining the Forum, in which the Comitia curiata were held, the comitium*, C., Cs., L., Ta.; see also comitia.

comitō, āvī, ātus, āre [comes], *to accompany, attend, follow:* nostros gradūs, O.: vestigia, O.—*P. pass.:* (mulier) viris: Achate, V.: uno aut altero amicorum, Ta.

comitor, ātus, ārī [comes], *to join as an attendant, accompany, attend, follow:* eos, Cs.: hostiam, V.: iter alicuius, V.: gressum, V.: lanigerae comitantur oves, V.: magnā comitante catervā, *with*, V.: intravit paucis comitantibus urbem, O.: loculis comitantibus ire, *with purses*, Iu.—*To attend to the grave:* alqm comitante exercitu huma re, N.: supremum honorem, V.—Fig., of things, *to follow, accompany, attend:* mentibus virtus comitatur: huic vitae: etiam si nulla comitetur infamia: nimbis comitantibus Desilit, O.: comitante opinione, Ta.

com-maculō, āvī, ātus, āre, *to spot, stain, pollute, defile:* sanguine manūs, V.—Fig., *to disgrace, stain:* se ambitu: se cum Iugurthā miscendo, S.

com-manipulāris, is, *m., a soldier of the same maniple, brother in arms*, Ta.

commeātus (**conm-**), ūs, *m.* [commeo], *a going to and fro, passing back and forth:* duobus commeatibus exercitum reportare, i. e. *in two trips*, Cs.—*A leave of absence, furlough:* totius aestatis: sumere, L.: in commeatu esse, *to be on furlough*, L.: liberi commeatūs erant, L.—*A train, convoy, supply-train:* magni, Cs.—*Provisions, supplies, stores, a market:* maximi, Cs.: commeatu et publico et privato prohiberi: spe amplior, S.: commeatu nostros prohibere, Cs.: ex montibus invecti, L.: conmeatibus paratis, S.: frumenti, L.: rei frumentariae commeatūsque causā moratur, *supplies of war, baggage*, Cs.

com-meminī (**conm-**), isse, *defect., to recollect clearly, remember well:* hominem: sic, T.: me miserum (fuisse): Hac, si commemini, die, O.

commemorābilis (**conm-**), e, *adj.* [commemoro], *worth mentioning, memorable:* pietas.

commemorandus, *adj.* [*P.* of commemoro], *memorable:* iudicia.

commemorātiō (**conm-**), ōnis, *f.* [commemoro], *a reminding, commemorating, remembrance, mentioning:* istaec, T.: nominis nostri: fortitudinis: adsidua flagitiorum: sua: posteritatis, *by posterity.*

com-memorō (**conm-**), āvī, ātus, āre, *to recall to memory, call to mind, be mindful of, keep in mind, remember:* quid dixerim.—*To bring to mind, remind of, recall:* quid commemorem primum? T.: ea (facta), S.: ad commemorandam amicitiam missi, L.: rem commemorando renovare.—*To make mention of, recount, relate:* causas, Cs.: societatem: alias (urbīs) captas esse: se pernoctasse cum Socrate, N.: qualis ego in hunc fuerim, T.: de alcuius memoriā: de filio, N.: alquae in regibus.

commendābilis, e, *adj.* [commendo], *worthy of praise, commendable:* merito, L.: apud Africanum, L.

commendātīcius (not -tītius), *adj.* [commendo], *commendatory:* litterae, *letters of recommendation, an introduction:* tabellae.

commendātiō, ōnis, *f.* [commendo], *a committing, commending, recommending, recommendation:* mea: tua fides fiduciam commendationi meae tribuit, i. e. *to the trust I commit to you*, S.: ad ceteros.—Fig.: si commendatione oculorum animis traderentur, i. e. *were known by means of sight.*—*A direction, suggestion:* quae a naturā nostri facta est nobis.—*Excellence, worth, praise, a recommendation:* istos non commendatio aliqua coniunxit: maiorum: probitatis: tanta orationis, N.

(**commendātitius**), see commendaticius.

commendātrīx, īcis, *f.* [commendo], *that which commends:* lex virtutum.

commendātus, *adj.* with *comp.* and *sup.* [*P.* of commendo], *commended, recommended, acceptable, approved:* cui civitas sit huius studio commendatior: a me commendatissimi.

commendō (conm-), āvī, ātus, āre [com-+1 mando], *to commit for protection, intrust, confide, deposit with:* Oratorem meum Sabino.—Fig., *to intrust, commit, confide:* me tuae fidei, T.: historiam immortalitati: vita monimentis ad memoriam commendata.—Esp., of the dying, *to commend* (survivors to others): parentes suos, Cs.: tibi moriens nos commendavit senex, T.: tibi suos testamento liberos.—*To commend, recommend, ask favor for, make agreeable, render acceptable, grace:* se Caesari, Cs.: Orestillam, S.: civem nationibus: adseculae istius a meretriculā commendati: (vinum) quod me commendet amicae, H.: te infimo ordini: se tonsā cute, H.

commentāriolum, ī, *n. dim.* [commentarius], *a short treatise, brief commentary.*

commentārius, ī, *m.* (sc. liber), or **commentarium**, ī, *n.* (sc. volumen) [commentor], *a notebook, notes, memorandum:* recita commentarium: quod de apparatibus belli fecerat, L.—*Plur.*, *memoirs, records:* quos scripsit (Caesar) rerum suarum, i. e. *the works upon the Gallic and civil wars:* rex volvens commentarios Numae, L.

commentātiō, ōnis, *f.* [commentor], *a diligent meditation, study, careful preparation:* mortis: ferendi doloris.—*Plur.*: accuratae ac meditatae.

commentātus, *adj.* [*P.* of 1 commentor], *thought out; neut. plur.* as *subst.*, *mental compositions:* sua.

commentīcius (not -tītius), *adj.* [comminiscor], *thought out, devised, fabricated, invented, new:* nomina.—*Feigned, pretended, ideal, imaginary:* civitas Platonis: di: crimen, *false.*

1. commentor, ātus, ārī, *intens.* [comminiscor], *to meditate, think over, study, deliberate, weigh, prepare* (mentally): commentandi causā convenire, *deliberation:* aliquid: causam: futuras mecum miserias: de populi R. libertate.—Esp., of preparation for a speech: paratus, cum compluris dies commentatus esset.—Of writings, *to prepare, produce, compose, write:* mimos.—*To declaim, exercise in speaking, practise oratory:* commentabar declamitans cum M. Pisone: cottidie: pro meo iure in vestris auribus.—*To meditate, purpose:* quod te commentatum esse declarant.

2. commentor, ōris, *m.* [com-+1 MAN-], *a deviser, discoverer:* uvae, i. e. Bacchus, O.

commentum, ī, *n.* [comminiscor], *an invention, fabrication, pretence, fiction, falsehood:* ipsis commentum placet, T.: opinionum commenta delet dies: miraculi, L.: milia rumorum, O.

commentus, *adj.* [*P.* of comminiscor], *devised, invented, feigned, fictitious:* funera, O.: crimen, L.

com-meō (conm-), āvī, ātus, āre, *to go and come, pass to and fro, move back and forth, go about:* ultro citro: tuto ab hostium incursu, Cs.: quā viā omnes commeabant, N.: illo mari, Ta.: ad ea furta quae reliquisses.—*To come, have recourse, make frequent visits, frequent:* huc raro in urbem, T.: minime ad eos, Cs.: quo omnes cum mercibus commeabant: illius litterae ad nos.

commercium (conm-), ī, *n.* [com-+merx], *commercial intercourse, trade, traffic, commerce:* mare et lingua commercia prohibebant, S.: portūs per commercia cogniti, Ta.: legati prohibiti commercio, L.—*The right to trade, mercantile intercourse, privilege of traffic:* commercium in eo agro nemini est: Latinis populis commercia inter se ademerunt, L.—*Intercourse, communication, correspondence:* plebis, *with the commonalty*, L.—Fig., *correspondence, communion, fellowship:* cum Musis: cum virtute: sermonis, L.: loquendi audiendique, Ta.: belli commercia, *treaties*, V.

com-mercor (conm-), ātus, ārī, *dep.*, *to buy up, purchase:* arma, tela, S.

com-mereō (conm-), uī, itus, ēre, *to merit fully, deserve, incur, earn:* aliquam aestimationem: ut caperet odium illam mei, T.: poenam, O.—*To commit, be guilty of, perpetrate:* culpam, T.: alqd, T., O.

com-mereor (conm-), itus sum, ērī, *dep.*, *to commit, be guilty of:* numquam quicquam erga me, T.

com-mētior (conm-), mēnsus, īrī, *dep.*, *to measure:* siderum ambitūs inter se numero.—Fig., *to measure, proportion:* negotium cum tempore.

commētō (conm-), —, —, āre, *freq.* [commeo], *to visit habitually:* ad mulierculam, T.

com-migrō (conm-), āvī, ātus, āre, *to remove, migrate, enter:* huc habitatum, T.: huc viciniae, T.: in tuam (domum): Romam, L.: e Germaniā in Gallias, Ta.

commīlitium, ī, *n.* [com-+militia], *a campaigning together, comradeship:* in commilitium asciscere, Ta.—Fig., *fellowship*, O.

com-mīlitō, ōnis, *m.*, *a comrade, fellow-soldier*, C.: commilitones adpellans, Cs., L.

comminātiō, ōnis, *f.* [comminor], *a threatening, menacing:* orationis tamquam armorum.—*Plur.*: Hannibalis, L.

com-mingō, minxī, mictus (minctus), ere, *to pollute, defile:* lectum potus, H.: commicta lupa, Ct.: suavia salivā, Ct.

com-miniscor (conm-), mentus, ī, *dep.* [1 MAN-], *to devise, invent, contrive:* nihil adversus tale alqd, L.: vectigal, L. — *To devise falsely, contrive, invent, feign:* alquid, T.: nec me hoc commentum putes: deos nihil agentīs: occurrentia nescio quae: crimen ex re fortuitā, L.

com-minor (conm-), ātus, ārī, *dep., to threaten, menace:* pugnam, L.: inter se, L.

com-minuō (conm-), uī, ūtus, ere, *to divide into small parts, break, crumble, crush, split:* scalas, S.: anulum. — *To lessen, diminish:* argenti pondus, H.: opes civitatis.—Fig., *to weaken, impair, violate:* officium.—*To humble, reduce, crush, humiliate, prostrate:* alqm: lacrimis comminuēre meis, *overcome,* O.: vires ingenii.

comminus (not cōminus), *adv.* [com-+manus], *in close contest, hand to hand, at close quarters:* acriter instare, S.: eminus hastis aut comminus gladiis uti: unum ense ferit, O.: comminus eminus petunt, L.: locus pugnandi, Cs.: conferre signa, L.: falcati enses, *for hand-to-hand fighting,* V.: in apros ire, O.: cervos obtruncant ferro, V.: arva Insequitur, V.—Fig., *at close quarters, hand to hand:* agamus.—*Nigh at hand, near to, near:* aspicit Getas, O.: monstratā captivitate, Ta.

com-misceō (conm-), miscuī, mīxtus (mīstus), ēre, *to mix, mingle together, intermingle:* ignem cum urbis incendio: frusta commixta mero, V.: Chio nota si commixta Falerni est, H.: fumus in auras Commixtus, V.—Fig., *to unite, bring together, join, mingle:* numquam temeritas cum sapientiā commiscetur: terroribus Commixtus clamor, V.: Italo commixtus sanguine Silvius, i. e. *of an Italian mother,* V.

commiserātiō, ōnis, *f.* [commiseror].—In rhet., *an appeal to compassion,* C., Her.

com-miserēscō (conm-), —, —, ere, *inch., to commiserate, have sympathy with.*—*Impers.:* ipsam Bacchidem eius commiseresceret, *even Bacchis would pity him,* T.

com-miseror (conm-), ātus, ārī, *dep., to commiserate, pity, bewail:* fortunam Graeciae, N.: cum commiserari coeperit, *to appeal for pity.*

commīssiō, ōnis, *f.* [committo], *a beginning of a contest, onset:* ab ipsā commissione persequi.

commīssum, ī, *n.* [committo], *an undertaking, enterprise:* audacter commissum corrigere, L.—*A transgression, offence, fault, crime:* sacrum: turpe, H.: commissi praemia, O.: poenā commissa luere, *offences,* V.—*A secret, trust:* enuntiare commissa: commissa celare, N.: tacere, H.: retinere, H.

commīssūra, ae, *f.* [committo], *a joining together, joint, seam, juncture, commissure:* molles digitorum: mirabiles ossium: pluteorum, Cs.

commīssus, *P.* of committo.

com-mītigō (conm-), —, —, āre, *to make soft, mellow:* tibi sandalio caput, T.

com-mittō (conm-), mīsī, mīssus, ere. **I.** *To bring together, join, combine, put together, connect, unite:* commissis operibus, L.: fidibusque commissa Moenia, O.: domus plumbo commissa, *patched,* Iu.: commissa inter se munimenta, L.: viam a Placentiā Flaminiae, L.: quā naris fronti committitur, *is joined,* O.: manum Teucris, *to attack,* V.: commissa in unum crura, O.—*To bring together in fight, match, set together, set on:* Aenean Rutulumque, *make them fight,* i. e. *describe their contest,* Iu.: eunucho Bromium, Iu.—*To join, commit, enter on, fight, engage in, begin:* proelii committendi signum dare, Cs.: proelium statim, N.: pugnam caestu, V.: ut proelium committi posset, S.: commisso proelio, *when the fighting began,* Cs.: cum equitatu proelium, Cs.: rixae committendae causā, L.—Of contests in the games: nondum commisso spectaculo, L.: quo die ludi committebantur: ludos, V.—Of a criminal trial: iudicium inter sicarios hoc primum committitur.—*To fight, carry on, wage:* pugnam navalem: proelia per quatriduum, L.—**II.** *To deliver, intrust, consign, place, commit, yield, resign, trust, expose, abandon:* me tuae fide (*dat.*), T.: suos alcui liberos, T.: honor creditus ac commissus: alcui calceandos pedes, Ph.: quibus tota commissa est res p.: quia commissi sunt eis magistratūs: imperium alicui, N.: caput tonsori, H.: sulcis semina, V.: verba tabellis, O.: se theatro: se pugnae, L.: pelago ratem, H.: se mortis periculo: se civilibus fluctibus, N.: tergum meum Tuam in fidem, T.: se in id conclave: rem in casum, L.: cum senatus ei commiserit, ut videret, ne, etc.: de existimatione suā alcui: ei commisi et credidi, T.: universo populo neque ipse committit neque, etc.: venti, quibus necessario committendum existimabat, Cs.—Prov.: ovem lupo commisti, T.—*To practise, commit, perpetrate, do, be guilty of:* qui nihil commiserint: quod mox mutare laboret, H.: facinus: delictum, Cs.: nil nefandum, O.: nefarias res: fraudem, H.: multa in deos impie: quidquid contra leges: aliquid adversus populum, L.: quasi committeret contra legem, *offend:* cum veri simile erit aliquem commisisse.—With *ut* (rarely *cur* or *quā re*), *to be in fault, give occasion, be guilty, incur* (usu. with *neg.*): non committet hodie iterum ut vapulet, T.: civem committere, ut morte multandus sit, *incur:* committendum non putabat, ut dici posset, etc., *that he ought not to incur the reproach,* etc., Cs.: negare se commissurum, cur sibi quisquam imperium finiret, L.: neque commissum a se, quā re timeret, Cs.—Poet., with *inf.:* infelix committit saepe repelli, *incurs repulse,* O.—*To incur, become liable to:* multam: devotionem capitis, *incurred.*—Hence, commissus, *forfeited, confiscated* (as a penalty): hereditas Veneri Erycinae commissa: civitas obligata sponsione commissā, *a broken covenant,* L.

commīxtus, *P.* of commisceo.

commodē, *adv.* with *comp.* and *sup.* [commodus], *duly, properly, completely, rightly, well, skilfully, neatly:* saltare, N.: multa dicta: cogitare, T.: non minus commode, *just as well*, Cs.: commodius fecissent, si, etc.—*Conveniently, suitably, opportunely, fitly, aptly, appropriately:* magis commode quam strenue navigavi: quo commodissime valles transiri possit, Cs.: Hoc ego commodius quam tu vivo, H.: finge aliquid, *consistently.*—*In a friendly manner, pleasantly, kindly:* loqui, T.

commoditās, ātis, *f.* [commodus], *fitness, convenience, a fit occasion, advantage, benefit:* si corrigitur, quot commoditates vide, T.: ad faciendum idonea: maximas commoditates amicitia continet: cum commoditas iuvaret, L.—Of persons, *complaisance, courtesy, forbearance:* magnam mi inicit suā commoditate curam, T.: viri, O.—Of discourse, *fitness, adequacy, appropriateness:* commoditati ingenium (est) impedimento.—*Dexterity:* corporis aliqua commoditas.—*Convenience, ease:* ob commoditatem itineris, L.

commodō, āvī, ātus, āre [commodus], *to serve with, accommodate, grant, supply, lend:* alqd illi, T.: quicquid possit commodari: testīs falsos, *to furnish*, S.: nomen suum alicui: suas vires, aliis eas commodando, minuere, L.: peccatis veniam, Ta.: culturae aurem, *to lend an ear to*, H.: illis benignis usus est ad commodandum, *their courtesy in lending:* alcui aurum.—Of time, *to grant, allow:* rei p. tempus, L.—*To please, be kind, be obliging, serve, favor:* si tuam ob causam cuiquam commodes: publice commodasti.

1. commodum, ī, *n.* [commodus], *a convenient opportunity, favorable condition, convenience:* meum: cum erit tuum, *when it shall be convenient for you:* spatium ad dicendum nostro commodo habere, *at our convenience:* quas (navīs) sui quisque commodi fecerat, Cs.: suo ex commodo pugnam facere, S.: copias per commodum exponere, L.—*Advantage, profit, gain:* ex incommodis Alterius sua ut comparent commoda, T.: commoda vitae, *the goods of life:* matris servibo commodis, *interests*, T.: amicitias ex commodo aestumare, S.: valetudinis: in publica peccem, H.: populi commoda, N.: hoc commodi est, quod, etc., *there is this satisfaction*, etc.: commodo rei p. facere, *to the advantage of:* si per commodum rei p. posset, *consistently with the interests of*, L.—*A reward, pay, stipend, salary, wages for public service:* provincialibus commodis depositis, *emoluments:* tribunatūs.—*A loan:* forum commodis hospitum ornare.

2. commodum, *adv.* [commodus], *just, just then, just now* (colloq.): commodum Enim egeram diligentissime, *had just been arguing:* id cum hoc agebam commodum, *was just talking of*, T.: commodum discesseras, cum Trebatius venit: commodum cum redisset.

commodus, *adj.* with *comp.* and *sup.* [cum-+modus], *with due measure, full, complete, of full weight:* cyathis commodis miscentur pocula, H.—Of things, *suitable, fit, convenient, opportune, commodious, easy, appropriate, favorable, friendly:* curationi omnia commodiora, L.: seges commoda Baccho, V.: hoc meae commodum famae arbitror, T.: lex omnibus, L.: commodissima belli ratio, Cs.: ad cursūs vestis, O.: longius ceterum commodius iter, L.: commodissimus in Britanniam transiectus, Cs.: tempus, *opportune*, T.: commodiore iudicio.—In the phrase commodum est, *it pleases, is agreeable:* si id non commodum est, T.: iudices quos commodum ipsi fuit dedit.—Of persons, *serving, useful, serviceable, pleasant, agreeable, obliging, neighborly, friendly, polite, affable, gentle:* Catone commodior: aliis inhumanus, isti uni commodus: meis sodalibus, H.—P o e t., of iambic verse: spondeos in iura paterna recepit Commodus, *kindly*, H.

com-mōlior (conm-), ītus, īrī, *dep.*, *to set in motion, wield:* dolum, Caecil. ap. C.

commone-faciō (conm-), fēcī, factus, *pass.* -fīō, -factus, -faciendus, -fierī [commoneo+facio], *to recall, bring to mind:* istius turpem praeturam.—*To remind, put in mind, admonish, impress upon:* te propter magnitudinem provinciae esse commonefaciendum: quemque benefici sui, S.: tui sceleris commonefieri: quae a Dumnorige sint dicta, Cs.: sanxisse Augustum, Ta.: eum, ut utatur, etc.

com-moneō (conm-), uī, itus, ēre, *to remind, put in mind, impress upon, bring to recollection:* ut commoneri nos satis sit: quod vos lex commonet: de avaritiā tuā commoneri: quam id mihi sit facile, exempla commonent, T.

com-mōnstrō (conm-), āvī, ātus, āre, *to show, point out distinctly:* parentīs mihi, T.: commonstrarier Mi istum volo, T.: aurum alicui: viam.

commorātiō, ōnis, *f.* [commoror], *a tarrying, lingering, sojourning.*—I n r h e t., *a dwelling on.*

commorātus, *P.* of commoror.

Com-morientēs, —, *companions in death* (a lost play of Plautus), T.

com-moror (conm-), ātus, ārī, *dep.*, *to tarry, linger, abide, sojourn, remain, stay:* illic tam diu, T.: dies XXV in eo loco, Cs.: Romae: apud alqm: commorandi natura devorsorium nobis dedit: paululum, S.—Of discourse, *to linger, insist, dwell:* ut in eādem commoretur sententiā: ipsa veritas commorari cogit.

commōtiō, ōnis, *f.* [commoveo], *a rousing, excitement, agitation, commotion:* suavis iucunditatis in corpore: animorum: temperantia moderatrix commotionum, *of the passions.*

commōtiuncula, ae, *f. dim.* [commotio], *a little disturbance, slight indisposition.*

commōtus, *adj.* with *comp.* [*P.* of commoveō], *moved, excited, aroused:* genus (dicendi) in agendo: animus commotior: commotius ad omnia turbanda consilium, L.

com-moveō (conm-), mōvī (commōrat, T.; commōrit, H.; commōssem, commōsset, commōsse, C.), mōtus, ēre. **I.** *To put in violent motion, move, shake, stir:* alas, V.: quis sese commovere potest? *can stir:* commovere se non sunt ausi, N.: si se commoverit, *undertook anything,* L.: hastam se commovisse, *moved spontaneously,* L. — Fig., *to agitate, disorder, stir, toss, shake, disturb, unsettle, excite, disquiet:* omnīs nos, T.: vehementer me: commoveri necesse est, *it must make an impression:* si quos fuga Gallorum commoveret, Cs.: qui me commorit, flebit, *provoke,* H.: Neptunus graviter commotus, V.: pol ego istos commovebo, *arouse,* T.: parricidarum tela, *provoke:* commotus habebitur (i. e. mente captus), *crazed,* H.: sed tu ut vitiis tuis commoveare, *be affected:* aliquem nimiā longinquitate locorum: conmotus irā, S.: admonitu commota ministrae, O.: Neque commovetur animus in eā re tamen, T.: vidi enim vos in hoc nomine, cum testis diceret, commoveri: in hac commotus sum, i. e. *in love,* T.: ut me neque amor Commoveat neque commoneat, ut servem fidem? T.: commoto omnium aere alieno, i. e. *credit being shaken,* Ta.—Of abstr. things, *to rouse, stir up, excite, produce, generate:* tumultum aut bellum: alqd novae dissensionis: invidiam in me: suspicio in servos commovebatur: dolorem: alcui misericordiam. —In discourse: nova quaedam, *to start new doctrines, adduce novelties.*—**II.** *To remove, carry away, displace, start, set in motion, move, drive, impel, rouse:* languentem: columnas: castra ex eo loco, *decamp:* aciem, *set in motion,* L.: hostem, *dislodge,* L.: hunc (cervum), *hunt,* V.: nummum, i. e. *to turn:* sacra, *take from the shrines* (in religious services), V.: commota tremoribus orbis Flumina prosiliunt, *started,* O.: glaebam in agro, *to stir a clod.* — Fig., *to move, drive back, dislodge, refute, confute:* convellere ea, quae commoveri non possunt: cornua disputationis.

commūne, is, *n.* [communis], *that which is common:* ut communibus pro communibus utatur: communia laudas, *publicity,* H.: sed ne communia solus occupet, *the sole credit for common achievements,* O.: ius statuere communi dividundo.—*A community, state:* Milyadum: gentis Pelasgae, O. —In the phrase in commune, *for common use, for all, for a common object, for the general advantage:* consulere, T.: conferre: vocare honores, *equally upon patricians and plebeians,* L.: quodcumque est lucri, *halves!* Ph.: haec in commune accepimus, *in general,* Ta.: in commune Suebi vocentur, i. e. *all,* Ta.—In rhet., *plur., commonplaces:* quae ad causam nihil pertinent.

commūnicātiō, ōnis, *f.* [communico], *a making common, imparting, communicating:* civitatis: utilitatum.—In rhet., *a consultation of the hearers.*

commūnicō (conm-), āvī, ātus, āre [communis], *to divide with, communicate, impart, share:* alqd cum proximis: vobiscum praemia laudis: civitatem nostram vobiscum, L.: causam civium cum servis, S.: At sua Tydides mecum communicat acta, O.: cum finitimis civitatibus consilia, *to consult,* Cs.: cum plebeis magistratibus, L.: ea quae didicerant, cum civibus suis communicare: alqd cum alio, Cs.: de societate inter se multa: quos inter res communicata est: sibi communicatum cum alio, non ademptum imperium, L.: tibi gloria cum Crasso communicata: nonne prius communicatum oportuit? T.: communicandae laudis causā loquor: (res) adversas partiens communicansque leviores: gloriam, Ta.—*To share in, take part, partake, participate in:* provinciam cum Antonio: qui sibi cum illo rationem communicatam putat, *regards that man's cause as his own.*—*To join, unite, add, connect:* pecunias ex suis bonis cum dotibus, Cs.: id cum meā laude.

(**commūnicor**), ātus, ārī, *dep.* [for communico], *to impart, share:* cum alquibus spem, L.

1. com-mūniō (conm-), īvī (īvīsti or īstī), ītus, īre, *to fortify on all sides, secure, barricade, intrench:* castella, Cs.: castra, L.: suos locos, S.: loca castellis idonea, N. — Fig., *to make sure, strengthen:* testimoniis causa communita: ius.

2. commūniō, ōnis, *f.* [communis], *a community, mutual participation, fellowship:* inter alquos legis: sanguinis: litterarum: parietum, Ta.

commūnis (conm-), e, *adj.* with *comp.* [MV-], *common, general, universal, public:* omnia inter eos: communīs natos habent, *offspring in common,* V.: unum et commune periclum Ambobus erit, V.: paries domui communis utrique, O.: alterum nobis cum dis, alterum cum beluis, S.: quid est tam commune quam spiritus vivis?: pernicies adulescentium, T: vitium non proprium senectutis, sed commune valetudinis: utriusque populi finis, S.: Graeciae causa, *of Greece as a whole,* O.: omnium gentium bellum: ius gentium, N.: vitā, *the customs of society:* communi sensu caret, *a sense of propriety,* H.: fama, *rumor:* proverbia, *familiar:* herbae, *the common pasture,* H.: loca, *public places:* loci, *commonplaces, passages treating a general topic.*—Fig., of manners, *accessible, familiar, courteous, condescending, affable:* Catone communior: communis infimis, par principibus, N. — In rhet.: exordium, *equally appropriate to either side.*

commūnitās, ātis, *f.* [communis], *community, society, fellowship, friendly intercourse:* nulla cum deo homini: deorum et hominum: virtutes quae in communitate cernuntur. — *Courtesy, condescension, affability*, N.

commūniter, *adv.* [communis], *together, in common, jointly, generally:* omnia cum Chrysogono possidet: ira urit utrumque, H.: haec omnia communiter cum conlegā (sc. facta sunt).

commūnītiō, ōnis, *f.* [1 communio].—Prop., *road-making;* hence, in rhet., *an approach.*

commūnītus, *P.* of communio.

com-murmuror, ātus, ārī, *dep., to murmur in company:* secum ipse.

commūtābilis (conm-), e, *adj.* [commuto], *subject to change, changeable:* cera: commutabilis, varius, multiplex animus: ratio vitae.—In rhet.: exordium, *appropriate to either party.*

commūtātiō (conm-), ōnis, *f.* [commuto], *a changing, change, alteration:* tempestatum atque caeli: temporum: magnae rerum, Cs.: tanta, S.

com-mūtō (conm-), āvī, ātus, āre, *to alter wholly, change entirely:* signa rerum: quae commutantur fiuntque contraria: leges. — Fig.: ad commutandos animos.—*To change, exchange, interchange, replace, substitute, barter, traffic:* eandem rem dicere commutatis verbis: locum, T.: captivos: conmutatis ordinibus, *reformed*, S.: consilio commutato: proprium (verbum) proprio: possessionis invidiam pecuniā: studium belli gerendi agriculturā, Cs. — *To exchange words, discourse, converse:* tecum unum verbum, T.: tria Verba inter vos, T.

1. cōmō, cōmpsī (msī), cōmptus, ere [com- + emo], *to comb, arrange, braid, dress:* compti capilli: crines, Tb.: caput, Tb. — *To adorn, array, deck:* sacerdos comptus olivā, *wreathed*, V.: pueri compti, H.

2. (comō, —, —, āre), see comans.

cōmoedia, ae, *f.*, = κωμῳδία, *a comedy:* comoediam facere, T.: agere, T.: scribere: antiqua: vetus, H.

cōmoedus, *adj.*, = κωμῳδός, *of comedy, comic:* natio, *given to acting*, Iu.—As *subst. m., a comedian, comic actor*, C., Iu.

comōsus, *adj.* [coma], *with long hair:* frons, Ph.

compāctiō, ōnis, *f.* [compingo], *a joining together:* membrorum.

(compactum, or **conpectum**, ī), *n.* [com- + paciscor], *an agreement*, only *abl. sing.:* compacto, *according to agreement, by concert:* conpecto res acta, L.

compāctus, *P.* of compingo.

compāgēs (conp-), is, *f.* [com- + PAC-], *a joining together, joint, structure:* Efficere lapidum conpagibus arcum, O.: laxae laterum, V.: artae, V.: compagibus aquam accipere (of a ship), L.: scutorum, Ta.—Fig.: in his compagibus corporis, *bodily structures.*

compāgō, inis, *f.* [rare for compages], *a joining, joint, fastening:* cerae, O.: fixa tabernae, Iu.

com-pār (conp-), paris, *adj.* (*abl.* ī; poet. also e), *like, equal to, corresponding:* consilium consilio, L.: tribuni tribunis compares, L.: conubium, L.: compari Marte concurrerat, L. — As *subst. m., a yokefellow, mate*, H.—*A consort*, Ct., O.

comparābilis (conp-), e, *adj.* [2 comparo], *to be compared, comparable:* species: mors trium virorum, L.

comparātē, *adv.* [2 comparo], *by comparison, comparatively:* quaerere.

1. comparātiō (conp-), ōnis, *f.* [1 comparo], *a preparing, providing for, preparation:* novi belli: veneni, L.: dicendi.—*A procuring, gaining, acquiring:* testium: voluptatis: criminis, i. e. *of the materials for an accusation.*

2. comparātiō (conp-), ōnis, *f.* [2 comparo], *a comparing, comparison, inquiry by comparison:* de duobus honestis utrum honestius: alqd in comparationem referre, *to challenge comparison*, Ta.—*A relation, aspect:* eadem inter se. — *An agreement, contract:* provincia sine comparatione data, L.—In rhet.: criminis, *a defence by a comparison.*

comparātīvus, *adj.* [2 comparo], *of comparison, comparative:* iudicatio.

com-parcō, see comperco.

com-pāreō (conp-), uī, —, ēre, *to be evident, appear, be plain, be visible:* vestigia, quibus exitūs eorum compareant: ut a naturā incohata compareant, *may be seen.*—*To be present, be at hand, exist:* signa et dona omnia: quorum exigua pars comparet, *remains*, L.: non comparens pars, *not found*, O.

1. com-parō (conp-), āvī, ātus, āre, *to prepare, make ready, set in order, furnish, provide:* ad magnitudinem frigorum sibi remedium: se, *to get ready:* se ad iter, L.: se ad omnīs casūs, Cs.: insidias Habito: dolum ad capiendos eos, L.: in accusatione comparandā elaborare: accusatorem filio suo: fugam, Cs.: domicilium ibi, L.: iter ad regem, N.: bellum: exercitūs: classem, N.: tempore ad comparandum dato, N.: an ita me comparem, Non perpeti, etc., *place myself in a condition*, T.: in Asiam ire: Capuam molem contra rem p.: subsidium mihi diligentiam. — Fig., *to arrange, appoint, ordain, establish, constitute:* naturā hoc ita comparatum est, ut, etc., L.: more maiorum comparatum est, ut, etc.: hoc iniquissime comparatum est, quod in morbis, etc.: quae legibus conparata sunt, S.: sic fuimus semper comparati, ut, etc.—*To procure, get, purchase, obtain, prepare, make, collect:* aurum, T.: faces ad inflammandam urbem: sibi in Galliā auctoritatem, Cs.: (gloriam) ex bellicis rebus, Cs.: cum annus Imbres comparat, H.: (tribunos) ad intercessionem, *to gain over*, L.

2. **comparō** (**conp-**), āvī, ātum, āre [compar], *to bring together as equals, connect, pair, match, unite, join:* donum dono contra, *to set in opposition*, T.: ea inter se: priore consulatu inter se conparati, L.—*To bring together, match, oppose:* ut ego cum patrono comparer: Scipio et Hannibal, velut ad supremum certamen comparati duces, L.—Fig., *to count equal, regard as equal, rank with:* auctoritate cum his comparandus: an duces ducibus comparari (poterant)? L.—*To compare:* homo similitudines comparat: causae inter se comparandae: ut copiae copiis conparentur numero, L.: se turbae, H.: hominem cum homine: Castorem cum Domitio: cum illorum superbiā me, S.: ne comparandus hic quidem ad illumst, T.: nihil comparandi causā loquar, *I will institute no comparison:* comparando, quam similis esset, etc., *by considering*, L.: comparat, quanto plures deleti sint homines, etc., *shows in comparison.*—Of colleagues in office, inter se, *to agree together* (in the division of duties), *come to an agreement:* inter se compararent Claudius Fulviusque, utri obsidenda Capua, L.: inter se decemviri conparabant, quos ire ad bellum oporteret, L.: provincias, L.

com-pāscō (**con-**), —, ere, *to feed together, feed in common:* ius est compascere.

com-pāscuus, *adj.*, *of common pasturage, common:* ager.

compectum, see compac-.

compedēs, see compes.

compellātiō, ōnis, *f.* [2 compello], *an accosting*, Her.—*A reprimand, reproof.*

1. **com-pellō** (**conp-**), pulī, pulsus, ere, *to drive together, drive in a body, collect, assemble:* armentum in speluncam, L.: greges in unum, V.: pecus totius provinciae: (navīs) in portum, Cs.: adversarios intra moenia, N.—*To drive, force:* bellum Medulliam, *direct*, L.: (hostes) eo, ut, etc., N.: Pompeium domum suam: (imaginem) virgā Nigro gregi, H.—Fig., *to drive, bring, move, impel, incite, urge, compel, force, constrain:* civem domum vi et armis: ad arma: in hunc sensum compellor iniuriis: in eundem metum, L.: alquem iussa nefanda pati, O.: ceteras nationes: periculis compulsus: angustiis rei frumentariae, Cs.: metu, L.

2. **compellō** (**conp-**), āvī, ātus, āre [1 compello], *to accost, address:* alqm voce, V.: Hersiliam iussis vocibus: Tauream nomine, L.: Danaum verbis amicis, V.—*To address reproachfully, reproach, chide, rebuke, upbraid, abuse, take to task, call to account:* ne compellarer inultus, H.: Hac ego si compellor imagine, *challenged*, H.: eum fratricidam, N.: pro cunctatore segnem, L.: magnā compellans voce cucullum, *calling* (him) *cuckoo*, H.—*To summon* (to answer a charge), *arraign, accuse:* Ciceronem edicto: hoc crimine ab inimicis compellabatur, N.

compendiārius (**conp-**), *adj.* [compendium], *short, easy:* via ad gloriam.

compendium (**conp-**), ī, *n.* [com-+pendo], *gain, profit:* alquem cum compendio dimittere: in quaestu compendioque versati: compendii sui causā: suo privato compendio servire, Cs.: privatum conpendium (eos) in hostem acuebat, L.—Fig., *shortness, a short way:* montis, *a short cut*, O.: per compendia maris adsequi alqm, Ta.

compēnsātiō (**conp-**), ōnis, *f.* [compenso], *a recompense, equivalent, compensation:* hac uti conpensatione ut, etc.

com-pēnsō (**conp-**), āvī, ātus, āre, *to balance, make good, compensate, counterbalance:* cum uno versiculo tot volumina laudum: laetitiam cum doloribus: bona cum vitiis, H.: damna ab isto aetatis fructu compensata, *made up:* tot amissis te unum, O.: pecuniam compensari pedibus, *money is an equivalent for nearness* (in the purchase of land).

comperco (**-parcō**), persī, —, ere [com-+parco], *to save, hoard, lay up:* alqd, T.

comperendinātus, ūs, *m.* (C.), and **comperendinātiō**, ōnis, *f.* (Ta.) [comperendino], in law, *an adjournment over one entire judicial day* (required by law after pleading and before judgment).

comperendinō, āvī, ātus, āre [com-+perendinus], *to adjourn over an entire day, cite for the third judicial day:* istum comperendinatum iudicare, i. e. *awaiting judgment:* ut ante primos ludos comperendinem, i. e. *reach the end of the pleading.*

comperiō, perī, pertus, īre [1 PAR-], *to obtain knowledge of, find out, ascertain, learn:* certo, T.: nihil de hoc: de scelere filii, N.: aliquid ex multis: nihil testibus, nihil tabulis: ut postea ex captivis comperit, Cs.: nil ad Pamphilum attinere, T.: hanc gentem Clusium inde venisse, L.: certis auctoribus, copias abesse, etc., Cs.: id misericordiāne an casu evenerit, S.: unde causa (sit), Ta.: facinus manifesto compertum: oculis, L.: omnia falsa comperta sunt: compertus stupri, i. e. *detected in*, L.: flagitii, Ta.: nondum comperto quam regionem hostes petissent, L.: compertus publicam pecuniam avertisse, Ta.

comperior (**conp-**), pertus sum, īrī, *dep.* [for comperio], *to ascertain, learn, find out:* ab hoc me falli, T.: Metellum sapientem virum fuisse, S.

compertus, *adj.* [*P.* of comperio], *ascertained, clearly known:* quod de his duobus habuerint compertum: nobis ea res parum comperta est, S.—As *subst. n.:* de his haud facile conpertum narraverim, *exact information*, S.

(**compēs** or **con-pēs**, pedis), *f.*, *a fetter, shackle* (for the feet; usu. *plur.*): habendae compedes, *must be worn*, T.: ille ex compedibus: compedibus vincire alqm, Iu.—*Sing.* (only *abl.*): durā, H.: magnā, Iu.—Fig., *fetters, bonds, bands, chains:* corporis, *of the physical life:* compedes eas (urbes) Graeciae appellare, L.: gratā, H.: nivali, H.

compēscō, pēscuī, —, ere [PARC-], *to confine, hold in check, repress, curb, restrain:* equum freno, Tb.: ramos fluentes, i. e. *to prune*, V.: bracchia, O.: mare, H.—Fig., *to suppress, repress, restrain, check, subdue:* sitim undā, O.: clamorem, H.: risum, H.: animum frenis, H.: vim suam ardoremque, Ta.: mores dissolutos vi, Ph.: culpam ferro, i. e. *by killing diseased members of the flock*, V.

competītor, ōris, *m.* [competo], *a rival, opposing candidate, competitor:* a quo es victus: inter dimicantes competitores, L.

competītrīx, īcis, *f.* [competitor], *a female competitor:* scaena, *a display of games by a rival candidate.*

com-petō (**conp-**), —, —, ere, *to coincide with, happen at the same time:* tempora cum exitu Othonis, Ta.—*To be adequate, be suitable, befit:* ad arma capienda, L.: neque oculis neque auribus, Ta.

compīlātiō, ōnis, *f.* [compilo], *a pillaging, plundering;* sportively of a collection of documents, *a compilation:* Chresti.

compīlō, āvī, ātus, āre, *to plunder, pillage, rifle, rob:* fana: si malui compilari quam venire: hortos: te, H.: Crispini scrinia, H.: ipsum (Iovem), Ph.: ab iure consultis sapientiam, *steal.*

compingō (**conp-**), pēgī, pāctus, ere [com- + pango], *to join together, frame, make by joining;* only *P. perf.:* septem compacta cicutis Fistula, V.: harundinibus compacta fistula, O.—Fig., of the Stoic philos.: tam compositum tamque conpactum.—*To confine, lock up, fasten in:* se in Appuliam.—Fig.: oratorem in iudicia compingi, *limited.*

compitālia, iōrum [compitum], *n.*, *a festival in honor of the Lares.*

compitālicius, *adj.* [compitalia], *of the Compitalia:* ludi: dies.

compitum, ī, *n.* [1 PAT-], *a crossing of roads, place where roads cross:* Anagninum.—*Plur.*, *a cross-way, cross-roads, corner*, L.: in compitis auctionari: frequentia, H.

(**com-placeō**), placitus, ēre, *to please greatly:* tibi, T.

com-plānō, —, ātus, āre, *to level, make even, raze:* domum.

complector or **conplector**, plexus, ī, *dep.* [PARC-, PLEC-], *to clasp, embrace, grasp:* mulierem, T.: patrem: nepotes, V.: dextram euntis, V.: pedes, V.: membra lacertis, O.: inter nos: inter se, L.: Te comitem, V.—*To grasp, clasp, seize, encircle, surround, compass, enclose:* (vitis) claviculis quicquid est nacta complectitur: amaracus illum Floribus conplectitur, V.: spatium, *to include* (in fortifications), Cs.: Ruris quantum aratro Conplecti posses, i. e. *plough around*, O.: quoad stans complecti posset, *grapple*, N.: dextrā hostem, V.—Fig., of sleep, *to seize upon, enfold:* sopor complectitur artūs, V.: me somnus.—*To grasp mentally, comprehend, understand:* animum cogitatione: alqd: animo: cum conplector animo, reperio, etc.: genus iudiciorum: formam animi, *to consider*, Ta.—*To comprise, express, describe, represent, explain, include, sum up, comprehend:* facta oratione: hoc uno complector omnia: causas ipsā sententiā, *sum up in the motion itself.*—Poet.: est talīs complexa preces, *summed up her wishes in*, O.—In philos., *to draw a conclusion, make an inference*, C.—*To embrace, value, honor, care for:* eum beneficio: te benevolentiā: caritate civīs, L.: cunctam rem p. res tuae gestae complexae sunt, *have extended to.*—*To embrace, include:* omnīs omnium caritates patria una complexa est: quo uno maleficio scelera omnia complexa esse videantur.—*To seize, lay hold of, take possession of:* (philosophiae) vis cum est idoneam complexa naturam.

complēmentum, ī, *n.* [compleo], *that which fills up, a complement:* numerorum (inania quaedam verba): accusationum, *that gives them full weight*, Ta.

compleō or **conpleō**, ēvī (complērunt, complēsse, etc.), ētus [com- + PLE-], *to fill up, fill full, fill out, make full, cram, crowd:* hostes fossam complent, Cs.: cum sanguis os oculosque complesset: metu, ne compleantur navigia, L.: completis omnibus templis: non bene urnam, O.: sarmentis fossam, Cs.: Italiam coloniis: loca milite, V.: navīs serpentibus, N.: Dianam coronis, *to cover the statue:* conviviumque vicinorum cottidie conpleo: cum completus iam mercatorum carcer esset.—In milit. lang., *to complete* (a number or body), *make full, fill up:* legiones in itinere, Cs.: cohortīs pro numero militum conplet, S.—*To man, fill with men:* classem sociis, L.: naves colonis, Cs.—*To fill, satiate, satisfy:* cibo: omnium rerum copiā exercitum, *supplied*, Cs.—Fig., of light, sound, etc., *to fill, make full:* mundum luce, *flood:* lunae cornua lumine, V.: voce nemus, H.: vox agmina complet, *resounds through*, V.: completi sunt animi (vestri) me obsistere, etc., *it has been* *dinned into your minds that*, etc.: clamor omnia vocibus complet, L.: omnia vini odore.—Poet., of fame: totum quae gloria conpleat orbem, O.—Of feeling or passion, *to fill:* reliquos bonā spe, Cs.: aliquem gaudio: omnia luctu, S.—*To complete, accomplish, fulfil, perfect, finish:* Annuus exactis conpletur mensibus orbis, V.: ut ante mediam noctem (sacrum) conplerentur, L.: vitam.—Poet.: tempora Parcae Debita, V.—Of time, *to finish, complete, live through, pass:* centum annos: quinque saecula vitae suae, O.: vix unius horae tempus, L.

complētus, *adj.* [*P.* of compleo], *complete, perfect:* verborum ambitus.

complexiō (conp-), ōnis, *f.* [PARC-, PLEC-], *a combination, association:* cumulata bonorum.—Of discourse, *a summing up, comprehension:* brevis totius negotii.—*A sentence, period, expression:* mira verborum.—In philosophy, *a conclusion in a syllogism.*—In rhetoric, *a dilemma.*

1. complexus, *P.* of complector.

2. complexus (con-), ūs, *m.* [PARC-, PLEC-], *a surrounding, encompassing, encircling, embracing, embrace, clasp, grasp:* (mundus) omnia complexu suo continet: alqm de complexu parentum rapere: divelli a parentum complexu, S.: complexum accipere, L.: complexum armorum non tolerabant, *close combat*, Ta.: quis te nostris conplexibus arcet? V.: (quercum) complexibus ambit, *a firm grasp*, O.: longis amplexibus illos necat (of a serpent), O.—Fig., *embrace, affection, love, bosom:* res p. alqm suo sinu complexuque recipiet: genus (hominum) de complexu eius et sinu, *his chosen and bosom friends.*

com-plicō (conp-), āvī, ātus, āre, *to fold together, fold up:* epistulam.—Fig., *to fold, roll up:* animi complicata notio, *involved.*

complōrātiō (conp-), ōnis, *f.* [comploro], *a loud complaint, concerted wailing, lamentation:* lamentabilis mulierum, L.: sororis, L.: sui patriaeque, *bewailing*, L.

complōrātus (conp-), ūs, *m.* [comploro], *a loud moaning, concerted wailing, lamentation:* familiarum, L.: conploratu prosequi mortuos, L.

com-plōrō (conp-), āvī, ātus, āre, *to bewail, lament loudly:* penates, O.: mortui complorarentur, L.: morte comploratā: complorata res est p., *despaired of*, L.

com-plūrēs (conp-), a or ia; *gen.* ium, *adj.*, *more than one, not a few, several, a number, many:* scriptores ante nos, N.: mulieres, T.: boni, S.: scyphorum paria: loca, L.: Complurīs alios praetereo, H.: ratibus compluribus factis, Cs.—Esp., as *subst.*, *several, many* (persons or things): Graecis institutionibus eruditi: complures faciunt impetum: (ea) compluribus narravit, S.: eiusdem generis complura, Cs.

complūsculī (conp-), ae, a, *adj. dim.* [complures], *a good many, not a few:* dies, T.

com-pōnō (conp-), posuī (-posīvī, Ta.), positus (-postus, V.), ere, *to bring together, place together, collect, unite, join, connect, aggregate:* in quo loco erant ea composita, quibus, etc.: aridum lignum, H.: duos amantes, Pr.: genus dispersum montibus, V.—*To pack up* (for a journey): quae tecum simul Ferantur, T.: dum tota domus raedā componitur unā, Iu.—*To oppose, couple, pair, match:* uti non Compositum melius (par sit) cum Bitho Bacchius, H.: pugnantia secum Frontibus adversis, H.: Epicharis cum indice composita, *confronted*, Ta.—*To compare, contrast:* parva magnis, V.: Metelli dicta cum factis, S.—*To compose* (of parts), *bring together, compound, make up, mix, construct:* exercitus conpositus ex variis gentibus, S.: liber ex orationibus compositus: venena, O.—*To construct, build, frame, create:* cuncta (of the creator): urbem, V.: (pennas) compositas parvo curvamine flectit, *shaped*, O.—*To compose, write, construct, make:* hoc de argento: interdictum: quicquam crasse, H.: carmen: oratio ad conciliandos animos conposita, L.: res gestas, *history*, H.—*To place aright, put away, take down, lay aside:* (tempus) ad componenda armamenta, L.: arma, H.: exercitu in hibernaculis conposito, S.: Conposito Scirone, *put out of the way*, O.—*To store up, put away, collect:* opes, V.: quae mox depromere possim, H.—*To lay, adjust, arrange:* composito et delibuto capillo: togam, *to lay in proper folds*, H.: torum, O.: voltūs, O.—Of the dead, *to adjust, lay out, collect, inurn, inter, bury:* cinerem, O.: omnīs (meos), H.: tumulo eodem, O.: toro Mortua componar, O.—*To lay at rest, compose, quiet, still:* aquas, O.: thalamis se, V.: placidā conpostus pace, V.: diem conponet Vesper, *conduct to rest*, V.—*To compose, pacify, allay, settle, calm, appease, quiet, tranquillize, reconcile:* aversos amicos, H.: neque potest componi inter eas gratia, T.: si bellum conpositum foret, S.: uti omnes controversiae componantur, Cs.: lites, V.: turbatas seditione res, L.: id fieri non potuit, ut componeretur.—*To dispose, arrange, set in order, devise, prepare:* (equites) Conpositi numero in turmas, *arrayed*, V.: quod adest, H.: conpositā re p.: necdum compositis consiliis, L.: acies, *to form*, Ta.: ex sententiā omnibus rebus conpositis, S.: auspicia ad utilitatem rei p.—*To agree upon, appoint, fix, contrive, conspire to make:* res compositast, T.. dies composita rei gerendae est, L.: pacem, L.: susurri Compositā repetantur horā, H.: omnes Conpositae leges, V.: ita causa componitur, ut, etc.: conpositis inter se rebus, S.: conposito iam consilio, L.: quos dimitterent, quos retinerent, L.: componunt Gallos concire, Ta.: ut compositum cum Marcio erat, L. — *To feign, invent, devise, contrive:* crimen, Ta.: risum mendaci ore, Tb.: rumorem, Ta.: in adrogantiam compositus, *assuming the appearance of*, Ta.

com-portō (**conp-**), āvī, ātus, āre, *to bring in, carry together, collect, accumulate, gather:* argentum ad se: eo frumentum ex Asiā, Cs.: arma in templum: ad aggerem caespitibus conportandis, Cs.: aurum domum regiam, S.: citharas in unum, H.: semper recentīs praedas, V.

com-pos (**conp-**), potis, *adj.* [com-+POT-], *master of, powerful over, possessing, participating in:* animi, *sane*, T.: mentis: sui, L.: rationis et consili: eius doni, *sharing in*, L.: huius urbis: me conpotem voti facere, *grant my wish*, L.: voti sententia compos, i. e. *the expression of joy in success*, H.: animo et scientiā: corpore atque animo, L.: praedā ingenti, L.

compositē (**conp-**), *adv.* with *comp.* [compono], *in an orderly manner, orderly, regularly, properly:* dicere: casum rei p. miserati, S.: compositius cuncta agere, *with deliberation*, Ta.

compositiō (**conp-**), ōnis, *f.* [compono], *a putting together, connecting, arranging, composition:* unguentorum: membrorum: anni, *of the calendar.*—*A matching:* gladiatorum.—Fig., *connection, coherence, system:* disciplinae.—*A drawing up, composition:* iuris.—In rhet., *a proper connection, arrangement:* apta.—*An accommodation, agreement, compact:* compositionis auctor: legatos de compositione mitti, Cs.

compositō (**conp-**), *adv.* [*P. abl.* of compono], *by agreement, by conspiracy, by preconcert:* Composito factum est, quo modo, etc., T.: composito fecisse, ut, etc., N.: rumpit vocem, *as had been arranged*, V.

compositor (**conp-**), ōris, *m.* [compono], *a maker, composer:* compositor aut actor (of discourse): operum, O.

compositum (**conp-**), ī, *n.* [compono], *an agreement, compact:* ex composito orta vis, L., Cu.

compositus (**conp-**, **-postus**), *adj.* with *comp.* and *sup.* [*P.* of compono], *well-ordered, orderly, regular:* Nec magis compositum quicquam, T.: acrior impetu quam compositior ullo ordine pugna fuit, L.: litterulae compositissimae: voltus, *peaceful*, Ta.—*Fitly disposed, prepared, fit, qualified, ready:* ut nemo umquam compositior ad iudicium venisse videatur: oratio: res p.: in ostentationem (virtutum), L.: in maestitiam, *with a sad aspect*, Ta.

com-pōtātiō, ōnis, *f.*, *a drinking together.*

com-pōtor, ōris, *m.*, *a drinking-companion.*

com-pōtrīx, īcis, *f.*, *a drinking-companion*, T.

com-prānsor, ōris, *m.*, *a boon companion.*

comprecātiō, ōnis, *f.* [comprecor], *a general supplication:* sollemnis deorum, L.

com-precor (**conp-**), ātus, ārī, *dep.*, *to pray to, supplicate, implore:* deos, T.: caelestūm fidem, Ct.: Cythereïa, comprecor, ausis Adsit, O.

com-prehendō (**conp-**), or **comprēndō**, dī, sus, ere, *to bind together, unite:* eas navīs funibus, L.—*To take hold of, seize, catch, grasp, apprehend:* quid (opus est) manibus, si nihil comprehendendum est?: comprehendunt utrumque et orant, Cs.: comprensa manūs effugit imago, V.: forcipe linguam, O.—*To include:* circuitus rupis XXXII stadia comprehendit, Cu.—*To attack, seize, lay hold of, arrest, catch, apprehend, capture:* hunc pro moecho, T.: hostem: fures, Ct.: lictores, L.: alqm in furto: alqm in fugā, Cs.—*To detect, discover:* adulterium: res indicio. — Of places, *to occupy, seize upon:* aliis comprehensis collibus munitiones perfecerunt, Cs. — Of fire: ignem, *to catch*, Cs.: flammā comprehensā naves sunt combustae, Cs.: ignis robora comprendit, V.: avidis comprenditur ignibus agger, O.: comprehensa aedificia, L. — Fig., *to take in, grasp, perceive, comprehend:* opinionem mentibus: omnia animis: sensu: alqd memoriā, *hold.*—*To comprise, express, describe, recount, narrate:* breviter comprehensa sententia: alqd brevi: aliquid dictis, O.: (species) numero, *to enumerate*, V.: numerum, *to reckon*, O.—*To include, bind, embrace:* multos amicitiā: omnibus officiis, per patrem, totam praefecturam.

comprehēnsibilis (**conp-**), e, *adj.* [comprehendo], *conceivable, intelligible.*

comprehēnsiō (**conp-**), ōnis, *f.* [comprehendo], *a seizing, laying hold of:* sessio, comprehensio: sontium, *arrest.*—Fig., *a comprehension, perception:* rerum. — *A combining:* consequentium rerum cum primis. — In rhet., *a periodic form of speech, period.*

comprehēnsus (**-prēnsus**), *P.* of comprehendo.

comprēndō, see comprehendo.

(**compressē**), *adv.* [comprimo], *briefly, succinctly;* only *comp.:* compressius loqui.

compressiō (**conp-**), ōnis, *f.* [comprimo], *concise expression, condensation:* rerum.

1. **compressus**, *P.* of comprimo.

2. (**compressus**, ūs), *m.* [comprimo], *a compression* (only *abl. sing.*): semen compressu suo diffindit (terra).—*An embrace*, T.

com-primō (**conp-**), pressī, pressus, ere, *to press together, bring together, compress, close:* (digitos) compresserat pugnumque fecerat: labra, H.: oculos (of the dead), O.: murem, Ph.: ordines (of the army), *to close*, L.—*To embrace*, T., L.—Prov.: compressis manibus sedere, *with the hands folded,*

i. e. *to be idle*, L.—*To hold, keep in, restrain, check, curb:* animam, *to hold the breath*, T.: manūs, *to keep off*, T.: gressum, V.—*To keep back, suppress, withhold, conceal:* frumentum: delicta: famam, L.—Fig., *to restrain, hinder, check, repress, curb, subdue:* libidines: voluptates: animos: conatūs aliorum, L.: furores: seditionem, L.: voce manuque Murmura, O.: amor compressus edendi, i. e. *satisfied*, V.

comprobātiō, ōnis, *f.* [comprobo], *approbation, approval:* honestatis.

comprobātor, ōris, *m.* [comprobo], *an approver.*

com-probō (conp-), āvī, ātus, āre, *to approve, assent to, sanction, acknowledge:* sententiam: (bellum) ab omnibus comprobatur: orationem omnium adsensu, L.: alqd publice, N.—*To prove, establish, attest, make good, show, confirm, verify, vindicate:* nec hoc oratione solum, sed vitā: comprobat hominis consilium fortuna, Cs.: conprobato eorum indicio, S.: interitu (servi) esse ab hoc comprobatum venenum.

comprōmīssum, ī, *n.* [compromitto], *an agreement to abide by the award of an arbiter:* facere: iudicium de compromisso facere.

com-prōmittō (conp-), mīsī, mīssus, ere, *to agree to abide by the award of an arbiter.*

cōmptus (comt-), *adj.* with *comp.* [*P.* of 1 como], *in order, smoothed, adorned:* in comptum comas religata nodum, H.: iuvenes, *with hair brushed*, H., O.—Fig., of style, *ornate, embellished:* oratio: comtior oratio, Ta.

compulsus, *P.* of compello.

compunctus, *P.* of compungo.

com-pungō (conp-), nxī, nctus, ere, *to prick severely, sting, prod, puncture:* collum dolone, Ph.: compunctus notis Threïciis, *tattooed.*—Fig., *to prick, goad:* se suis acuminibus.

com-putō (conp-), āvī, ātus, āre, *to sum up, reckon, compute:* computarat, pecuniam imperarat.—Fig., *to count:* facies tua computat annos, i. e. *reveals*, Iu.

con-, see 1 cum.

cōnāmen, inis, *n.* [conor], *an effort, exertion, struggle:* magno conamine, O.: sumpto positā conamine ab hastā, O.: conamina mortis, *attempts at suicide*, O.—*A support, prop:* adiutis aliquo conamine nervis, O.

cōnāta, ōrum, *n.* [1 conatus], *an undertaking, attempt, venture, hazard, plan:* perficere, Cs.: Carthaginiensium, L.: peragere, Iu.

1. cōnātus, *P.* of conor.

2. cōnātus, ūs, *m.* [conor], *an attempt, effort, undertaking, enterprise, endeavor:* audax, L.: hoc conatu destiterunt, Cs.: princeps ad conatum exercitūs conparandi: conatum Antoni reppulerunt: de spe conatuque depulsus: compressi tuos conatūs: multis frustra conatibus captis, L.: in mediis conatibus aegri Succidimus, V.—*Effort, exertion, struggle, endeavor:* quo maiore conatu aguntur: ad hostes magno conatu profectus, L.—*A beginning, undertaking:* in ipso conatu rerum circumegit se annus, L.: tantis fatum conatibus obstat, O.—Fig., *an impulse, inclination, tendency:* conatum habere ad pastūs capessendos.

con-cacō, āvī, ātus, āre, *to defile with ordure, cover with filth:* totam regiam, Ph.

con-caedēs, ium, *f.*, *an abattis, barricade of felled trees:* latera concaedibus munitus, Ta.

con-calefaciō, fēcī, factus, ere, *to warm thoroughly:* bracchium: (concursio corporum) concalefacta.

con-calēscō, luī, —, ere, *to grow hot, glow:* corpora ardore animi.—Fig. (of love), T.

con-callēscō, calluī, ere [calleo], *to grow hard:* manus opere . . . animus usu.—Fig., *to become insensible:* locus animi concalluit.

concavō, —, ātus, āre, *to make hollow, round, curve:* bracchia in arcūs, O.

con-cavus, *adj.*, *hollow, concave, arched, vaulted, bent, curved:* aera, O.: altitudines speluncarum: saxa, V.: bracchia Cancri, O.

con-cēdō, cessī, cessus, ere. I. *Intrans.*, *to go away, pass, give way, depart, retire, withdraw, remove:* biduom, T.: tempus est concedere, T.: superis ab oris, V.: ad Manes, V.: huc, T.: istuc, T.: aliquo ab eorum oculis: rus hinc, T.: Carthaginem in hiberna, L.: Argos habitatum, N.: in hanc turbam, *to join*, H.: tumor et irae Concessere, *are gone*, V.: ipsae concedite silvae (i. e. valete), V.—Fig., *to yield, submit, give way, succumb:* ut magnitudini medicinae doloris magnitudo concederet: iniuriae, S.: operi meo, O.: naturae, i. e. *to die*, S.: hostibus de victoriā concedendum esse, L.: concessum de victoriā credebant, L.—*To give place, be inferior, give precedence, yield, defer:* concedat laurea laudi: dignitati eorum: unis Suebis, Cs.: maiestati viri, L.: aetati, S.: magistro tantulum de arte: Nec, si muneribus certes, concedat Iollas, V.—*To submit, comply, accede:* Ut tibi concedam, T.: concessit senatus postulationi tuae: Caesar . . . concedendum non putabat, Cs.—*To assent, concede:* mihi, T.: liceat concedere veris, H.—*To grant, give allowance, pardon, allow:* alienis peccatis: cui (vitio), H.—*To agree, consent, assent, acquiesce, go over to:* in gentem nomenque imperantium, *to be merged in*, S.: in paucorum potentium ius, S.: in deditionem, L.—II. *Trans.*, *to grant, concede, allow, consign, resign, yield, vouchsafe, confirm:* de tuo iure paululum, T.: civitati maximos agros: hoc pudori meo, ut, etc.: amicis quicquid velint: nihil mihi, O.: me consortem sepulchro, *let me share*, V.: his libertatem, Cs.: crimen gratiae concedebas, *accused for the sake of favor:* peccata alcui, *to pardon him:* naturae formam illi, *acknowledge that it possesses*, O.: concessit in iras Ipse . . . genitor Calydona Dianae, *gave over*, V.: mediocribus esse poëtis, H.: huic ne perire quidem tacite conceditur: ut ipsi concedi non oporteret, si, etc., *no concession should be made*, Cs.: Quo mihi fortunam, si non conceditur uti? H.: fatis numquam concessa moveri Camarina, *forbidden to be removed*, V.: illa concedis levia esse: culpam inesse concedam: concedatur profecto verum esse, ut, etc.: concedo tibi ut ea praetereas: beatos esse deos sumpsisti, concedimus: valuit plus is, concedo, *granted:* quoniam legibus non concederetur, *permitted by law*, N. — *To grant as a favor, forbear, give up, forgive, pardon:* petitionem alicui, *from regard to:* peccata liberum misericordiae: huic filium, N.: quod (peccatum) nisi concedas, H.

con-celebrō, āvī, ātus, āre, *to attend in numbers, frequent, celebrate, solemnize:* funus, L.: at rem concelebrandam putavit: dapes, O. — *To honor, praise:* genium choreis, Tb.—*To prosecute eagerly:* studia per otium.—*To publish, proclaim, celebrate:* virtutis concelebrandae causā: famā victoriam, Cs.

con-cēnātiō (not -coen-), ōnis, *f.*, *a supping together, companionship at table.*

concentiō, ōnis, *f.* [con-+1 CAN-], *a singing together, harmony:* clarissima.

concentus, ūs, *m.* [con-+1 CAN-], *a concert, symphony, harmony, harmonious music:* concentum servare: vocis lyraeque, O.: avium, V.: concentibus aëra mulcent, O.: tubarum ac cornuum, L. — *A choir, chorus of singers.* — Fig., *concord, agreement, harmony, unanimity:* actionum: virtutis, Ta.: quid nostrum concentum dividat audi, H.

conceptiō, ōnis, *f.* [con-+CAP-], *a conception, becoming pregnant.* — Fig., *a composing, drawing up* (of formulas).

1. conceptus, *P.* of concipio.

2. conceptus, ūs, *m.* [concipio], *a conceiving, conception:* hominum.

concerpō, psī, —, ere [com-+carpo], *to tear in pieces, rend:* epistulas: librum, L.

concertātiō, ōnis, *f.* [concerto], *a disputation, dispute, controversy:* concertationum plenae disputationes: concertationis studium.

concertātor, ōris [concerto], *one who competes, a rival:* Corbulonis, Ta.

concertātōrius, *adj.* [concertator], *controversial:* genus (dicendi).

con-certō, āvī, ātus, āre, *to contend warmly, dispute zealously:* alquid cum ero, T.: proelio, Cs. — *To dispute, debate:* cum Apolline de tripode: uno verbo.

concessiō, ōnis, *f.* [concedo], *a granting, conceding:* nostra: agrorum.—In rhet., *a plea of confession and excuse.*

1. concessus, *adj.* [*P.* of concedo], *lawful, permitted* (rare): Martem concessis animalibus placant, Ta.—*Plur. n.* as *subst.:* abhorrere a maiorum concessis, i. e. *the liberty followed by*, etc.: concessa petere, *lawful objects*, V.: amare, O.

2. (concessus, ūs), *m.* [concedo], *a concession, permission, leave;* only *abl. sing.:* Caesaris concessu, Cs.: concessu omnium.

concha, ae, *f.*, = κόγχη, *a bivalve, shell-fish, mussel:* squalentes, V.: cavae, O.: marinae, O.: viles, H. — *A mussel-shell.* ostrea in conchis suis, O.—Shells were used as trumpets; hence, poet., *the trumpet* of the Triton, V., O.; also as vessels to hold ointment, H.; or salt, H.; or wine, Iu.—*A pearl:* Munera fert illi conchas, O.: lucida, Tb. — *A dye* extracted from shell-fish: concha Sidonide tincta, O.

conchis, is, *f.*, = κόγχος, *a coarse bean*, Iu.

conchȳliātus, *adj.* [conchylium], *of a purple color, dyed purple:* peristromata.

conchȳlium, ī, *n.*, = κογχύλιον, *a shell-fish*, C.; *a purple shell-fish*, Ct. — Esp., *an oyster:* exstructa mensa conchyliis: miscere conchylia turdis, S.—Meton., *purple color, purple:* vestis conchylio tincta. — *Plur.*, *purple garments, purple:* Coa, Iu.

1. concidō, cidī, —, ere [cado], *to fall together, fall down, tumble, fall to earth:* conclave illud concidit: urbs uno incendio: pinus bipenni, Ph.: ad terram, V.: sub onere, L.: concidere miratur arator tauros, O.—*To fall dead, be slain, fall:* omnes adversis volneribus conciderant, S.: sparo percussus, N.: in proelio: victima taurus Concidit, O. — Fig., *to decline, fall, be overthrown, fail, be defeated, decay, perish, go to ruin, waste away, cease:* concidunt venti, *subside*, H.: falsum crimen concidit: macie, *to shrivel*, O.: concidit auguris domus, H.: concidit (Phocion) maxime uno crimine, quod, etc., N.: scimus fidem concidisse, *was prostrated:* praeclara nomina artificum: omnis ferocia, L.: senatūs auctoritas: ment .

2. concīdō, cīdī, cīsus, ere [com-+caedo], *to cut up, cut through, cut to pieces, ruin, destroy:* nervos: navīs, L.: magnos scrobibus montīs, *to break up mounds*, V. — In battle, *to cut to pieces, cut down, destroy, kill:* multitudinem eorum, Cs.: ab insciis conciduntur, N.—*To cut up, beat severely, cudgel soundly:* virgis plebem: pugnis, Iu.: concisus plurimis volneribus.—Fig., of discourse, *to divide minutely, make fragmentary:* sententias.

—*To strike down, prostrate, ruin, destroy, annul:* auctoritatem ordinis: Antonium decretis: Timocraten totis voluminibus, *to confute.*

con-cieō, see 1 concio.

conciliābulum, ī, *n.* [concilio], *a place of assembly, public exchange, market-place,* L., Ta.

conciliātiō, ōnis, *f.* [concilio], *a connection, union, bond:* generis hominum: civilis.—Fig., *a conciliating, making friendly, gaining over:* conciliationis causā.—In rhet., *a gaining over, conciliating* (of a judge or audience).—In philos., *an inclination, longing:* hominis ad ea, quae, etc.: naturae.—*An acquiring, procuring, winning:* gratiae.

conciliātor, ōris, *m.* [concilio], *he who negotiates, a promoter:* nuptiarum, N.: proditionis, L.

conciliātrīcula, ae, *f. dim.* [conciliatrix], *a minx of a matchmaker:* blanda.

conciliātrīx, īcis, *f.* [conciliator], *one who mediates, a promoter:* amicitiae.—Esp., *a mediatrix, procuress:* blanda.

conciliātus, *adj.* with *comp.* [*P.* of concilio], *endeared, beloved:* Hamilcari, L.: sibi, Cu.: ad rem accipiendam fiat conciliatior.

conciliō, āvī, ātus, āre [concilium], *to bring together, unite, reconcile, make friendly, win over, conciliate:* nos: inter nos legiones sibi pecuniā: homines inter se: homines sibi conciliari amiciores, N.: civitates amicitiā Caesari, Cs.: primoribus se patrum, L.: arma quae sibi conciliet, *seeks as allies,* V.: deos homini, O.: reges, N.: animos hominum: mihi sceptra Iovemque, i. e. *the throne through the favor of Jupiter,* V.—*To procure, purchase, obtain, acquire, win, gain:* prodi, male conciliate, *you bad bargain,* T.: HS viciens ex hoc uno genere, *to extort:* pecuniae conciliandae causā.—Fig., *to cause, bring about, procure, mediate, acquire, make, produce:* pacem, T.: favorem ad volgum, L.: quocum mihi amicitiam: vestram ad me audiendum benevolentiam: maiestatem nomini Romano, L.: otium, N.—*To commend:* artes suas (alicui), O.

concilium, ī, *n.* [com-+1 CAL-], *a meeting, rendezvous:* Camenarum cum Egeriā, L.—*A collection of people, meeting, assembly:* pastorum: divinum animorum: amoena piorum, V.: ferarum, O.—*An assembly for consultation, council:* silvestria, Cs.: concilium advocare: cogere, V.: dimittere, Cs.: indicere, L.: venit concilio de me agendi dies: sanctum Patrum, H.—Fig., *a bond of union, tie:* mihi tecum, O.

concinnē, *adv.* [concinnus], *neatly, with rhetorical art:* rogare: distributa, *with sound judgment.*

concinnitās, ātes, or **concinnitūdō**, inis, *f.* [concinnus].—In rhet., *symmetry of style, finish, elegance.*

concinnō, āvī, ātus, āre [concinnus], *to cause, produce:* quantum mali, Ph.

concinnus, *adj.* with *comp.*, *neat, pretty, elegant, pleasing, stylish:* Samos, *pretty,* H.: tectorium.—Of style: oratio: poëma: versus, H.—Of persons: helluo: alii concinniores: in brevitate respondendi, *apt in repartee,* N.: concinnus amicis ut videatur, *courteous,* H.

concinō, cinuī, —, ere [com-+cano], *intrans.*, *to sound in concert, sing harmoniously:* concinunt tubae, L.: concinit albus olor, O.—Fig., *to agree, harmonize, accord:* inter se: cum alquo: concinentīs collegas audire, L.—*Trans.*, *to sing, celebrate in song, magnify:* haec flebilibus modis concinuntur: laetos dies, H.: Carmina, Ct.: laudes Iovi, Tb.—*To sing prophetically, prophesy:* omen, Pr.: amanti omina, O.

1. conciō, or **concieō**, cīvī, citus, īre or ēre [com-+cieo], *to bring together, call together, collect:* homines, L.: multitudinem ad se, L.: nunc concienda plebs, L.—*To move violently, shake, stir up:* concitus imbribus amnis, O.: navis concita, O.: concita Tormento saxa, V.: hostem concitus aufert, *at full speed,* V.—Fig., *to rouse, excite, stir up, provoke, inspire, instigate:* quantas turbas, T.: inter eos iram hanc, T.: Etruriam in arma, L.: bellum, L.: immani concitus irā, V.: pulso Thyias concita tympano, H.: insano concita cursu, O.

2. (conciō, ōnis), see contio.

concipiō, cēpī, ceptus, ere [com-+capio], *to take hold of, take up, take in, take, receive:* inde pabula terrae concipiunt, V.: concipit Iris aquas, *draws up,* O.: terra Concepit lacrimas, O.: praecordiis conceptam mortem continere: conceptum motu ignem ferre, *kindled,* L.: ubi silices Concipiunt ignem, O.: flammam, Cs.: Bucina, quae concepit aëra (by blowing), O.: quem mens mea concipit ignem? O.—*To conceive, become pregnant:* cum concepit mula: ex illo, O.: id, quod conceperat: alqm ex alqo: quem pluvio Danaë conceperat auro, O.: omnia, quae terra concipiat semina: concepta crimina portat, *the fruit of sin,* O.—Fig., *to imagine, conceive, think:* quae concipiuntur animo: aliquid animo, L.: aethera mente, *grasps in imagination,* O.: quicquid concipitur nefas, H.—*To understand, comprehend, perceive:* principia rerum animo: alqd fieri oportere: lucos illic esse, O.—*To adopt, harbor, entertain, conceive:* inimicitiae ex aedilitate conceptae, Cs.: mente furores, O.: spem, O.: auribus cupiditatem: malum aut scelus: flagitium cum aliquo: ducis tu concipe curam, i. e. *assume,* V.—*To draw up, comprise, express in words, compose:* sicut verbis concipiatur more nostro, *as our phrase is:* ius iurandum, L.: verba, quibus gratīs agit, *a form*, O.: conceptis verbis peierasse: foedus, V.: summas, *to report definitely*, L. — *To promulgate, declare formally, phrase* (in religious rites): vota sacerdos, O.: Latinas (ferias) sacrumque rite, L.

concīsiō, ōnis, *f.* [2 concīdo].—In rhet., *a dividing into short clauses.*

concīsus, *adj.* [*P.* of 2 concīdo], *abrupt, short, concise:* sententiae: Thrasymachus, *in style.*

concitātiō, ōnis, *f.* [concito], *a quickening, quick movement:* remorum, L. — Fig., *a violent passion:* animi: animorum, L. — *An agitation, sedition, tumult:* plebi contra patres: multitudinis, Cs.

concitātor, ōris, *m.* [concito], *a mover, exciter, ring-leader, agitator:* cuius (contionis): turbae ac tumultūs, L.: tabernariorum.

concitātus, *adj.* with *comp.* and *sup.* [*P.* of concito], *rapid, swift, quick:* equo concitato vehitur, *at full speed*, N.: quam concitatissimos equos inmittere, L.: conversio caeli concitatior.—Fig., *roused, excited, vehement, ardent:* contio: concitatior clamor, L.

concitō, āvī, ātus, āre, *freq.* [concio], *to put in quick motion, rouse, excite, urge, drive, incite, spur, agitate, disturb:* equum calcaribus, L.: equum in aliquem, N.: equos adversos, L.: navīs maximā celeritate, L.: telum ex insidiis, *brandishes*, V.: agmen, O.: eversas Eurus aquas, O.: gravīs pluvias, O.: se in fugam, *to flee headlong*, L.—Fig., *to rouse, urge, impel, move, influence, stir, instigate, goad, stimulate:* te ipsum animi quodam impetu concitatum: civīs: alqm iniuriis, S.: irā, L.: aspectu pignorum suorum concitari, Ta.: servitia, S.: multitudinem, N.: suos, Cs.: concitatus ad philosophiam studio: (Galliam) ad nostrum auxilium, Cs.: Ad arma cessantīs, H.: exercitum adversus regem, L.: vos captam dimittere Troiam, O.—*To rouse, excite, cause, occasion, produce, stir up:* facultas seditionis concitandae: nova concitari mala videbam: odium erga Romanos, N.: bellum pro Veiente, L.: in te invidiam: tumultum, Cs.

concitor, ōris, *m.* [concio], *he who rouses, a stirrer up:* belli, L.: volgi, L.

concitus, *P.* of concio.

conclāmātiō, ōnis, *f.* [conclamo], *a loud shout, acclamation:* exercitūs, Cs.—*Plur.*, *outcries*, Ta.

con-clāmō, āvī, ātus, āre, *to cry out together, shout, make acclaim:* ad quorum casum gaudio, L.: 'procul este,' Conclamat vates, V.: a me conservatam esse rem p.: occasionem amittendam non esse, Cs.: ducendum ad sedes simulacrum, V.: quod Mithridates se velle dixit: laetum paeana, V: uti aliqui proderet, Cs.: conclamantibus omnibus, imperaret quod vellet, Cs.—In phrases, ad arma, *to call to arms, signal for an attack:* ut ad arma conclamaretur, L.: conclamatum ad arma est, L.—Vasa, *to give the signal for packing up*, i. e. *for decamping* (ellipt. for conclamare, ut vasa colligantur): iubet vasa militari more conclamari, Cs.: conclamatis vasis, Cs. — *To call for help:* socios, O.: duros agrestīs, V.—*To call loudly, cry violently, shout, exclaim:* Italiam, V.: quid ad se venirent, Cs.: conclamat virgo, *cries out*, O.—Of the dead, *to call repeatedly by name, lament, bewail:* suos, L. — Prov.: iam conclamatum est, *all is lost*, T.

conclāve, is (*abl.* vī), *n.* [com-+clavis], *a room, chamber, suite, apartment:* ultimis in aedibus, T.; of a sleeping-room, C.; a dining-hall, H.: pro conclavibus popinae sunt, *dining-halls.*

conclūdō, sī, sus, ere [com-+claudo], *to shut up, close, imprison, enclose, confine:* bestias: multitudinem: me in cellam cum illā, T.: illum aliquo, T.: locum sulco, V.: Suave locus voci resonat conclusus, H.: conclusum mare, Cs.—Fig., *to include, compress, restrain, limit, restrict:* tot res in unum diem, T.: omnia fere, quae sunt conclusa nunc artibus, dispersa et dissipata quondam fuerunt: Ut huc concludar, *be shut up to this* (marriage), T.: me miserum, T.: (orator) concludatur in ea, quae, etc.—Of language, *to compress, include, condense, comprise:* uno volumine vitam virorum complurium, N.: ea (vis) verbis interdicti non concluditur.—*To end, close, conclude:* facinus crudelitate perfectum atque conclusum. — In discourse, *to end, finish, conclude, complete:* huius generis orationem: crimen (the discussion of) *the charge:* sententias, *to round off:* versum. — In philos., *to conclude, infer, make an inference, argue, demonstrate:* ex rebus concessis quod velis: argumentum: quo modo concludatur ratio: summum malum esse dolorem, etc.: hoc modo.

conclūsē, *adv.* [concludo], *with rhetorical finish:* dicere.

conclūsiō, ōnis [concludo], *a shutting up, shutting in, siege, blockade:* diutina, Cs.: in hac conclusione, *during this siege*, N.—Fig., *a conclusion, end:* muneris. — In discourse, *a conclusion, close, peroration:* orationis. — *A period, complete sentence:* verborum. — *A conclusion, inference:* mea: rationis.

conclūsiuncula, ae, *f. dim.* [conclusio], *a captious conclusion, sophism:* minutulae.

conclūsum, ī, *n.* [*P. n.* of concludo], *a conclusion* (of a syllogism), *inference.*

con-color, colōris, *adj.*, *of the same color:* cum fetu albo sus, V.: umerus sinister dextro, O.: populus festo, i. e. *clothed in white*, O.

con-coquō, cōxī, coctus, ere, *to digest:* conchas.—Fig., *to endure, suffer, put up with, brook,* *tolerate:* eius ista odia: alqm senatorem, L.—*To revolve in mind, think upon, weigh, reflect upon, consider well:* tibi diu concoquendum est, utrum, etc.: consilia, *concoct*, L.

concordia, ae, *f.* [concors], *an agreeing together, union, harmony, concord:* concordiā parvae res crescunt, S.: civium: equites concordiā coniunctissimi: (consiliis) copulare concordiam, L.: reconciliatio concordiae: interpres concordiae, L.: nuptiae plenae concordiae: cum Pirithoo, felix concordia, Theseus, *a beautiful friendship*, O.: discors concordia fetibus apta est, *likeness in difference*, O.: rerum discors, H.: rerum agendarum.—Person., *the goddess of Concord*, C., L., Iu.

concorditer, *adv.* with *comp.* and *sup.* [concors], *harmoniously, amicably, in harmony:* exigit annos, O.: concordius bellum gerere, L.: quicum concordissime vixerat.

concordō, āvī, ātus, āre [concors], of persons, *to agree, be united, be of one mind, harmonize:* cum illā, T.—Fig., *to be consistent, be in harmony, agree:* cum eius iudicia opinionesque concordant: carmina nervis, O.

concors, cordis, *abl.* dī, *adj.* with *sup.* [com- + cor], of persons, *of the same mind, united, agreeing, concordant, harmonious:* Parcae, V.: animi, L.: eā gratiā, T.: cum concordissimis fratribus: secum ipse, L.: mihi coniunx, Ta.—Fig., *harmonious, united, amicable:* amicitia: sonus, O.: civitatis status: pax, O.: regnum, L.—Poet.: frena iugo concordia ferre, *peacefully*, V.

con-crēdō, didī, ditus, ere, *to intrust, consign, commit:* rem suam alicui: quibus obsessos muros, V.: alicui nugas, H.: gnatum ventis, Ct.: nobis, *to make me your confidant*, Pr.

con-cremō, āvī, ātus, āre, *to burn up, consume:* vivos igni, L.: domos, L.

con-crepō, puī, pitus, āre, *to rattle, creak, grate, sound, resound, clash:* ostium concrepuit abs te, i. e. *I heard your door open*, T.: scabilla: multitudo armis, Cs.: concrepuere arma, *clashed*, L.: Aeriferae concrepuere manūs, *struck the cymbals together*, O.: simul ac decemviri concrepuerint, *snapped their fingers:* cymbala concrepuere deo, Pr.—Poet., *to rattle, strike upon:* aera, O.

con-crēscō, crēvī (concrēsse, O.), crētus, ere, *to grow together, harden, condense, curdle, stiffen, congeal:* Concrescunt in flumine crustae, V.: rigido rostro Ora, *stiffen*, O.: Gorgone conspectā, *to be petrified*, O.: Concreta radix, *frozen*, V.: (aqua) nive pruināque concresceret: Frigora canā concreta pruinā, *stiffened by*, V.: concretos sanguine crinīs, *clotted*, V.: aër concretus in nubīs cogitur: nanus concretus in artūs, *shortened*, Pr.—*To take form, grow, increase:* mundi orbis, V.: initia unde omnia concreta sint.

concrētiō, ōnis, *f.* [concresco], *a compacting, condensing, congealing:* corporum.—*Matter, substance:* mortalis.

concrētum, ī, *n.* [concretus], *hardness, solid matter:* nihil concreti habere.—*Hard frost, stiff frost* (sc. gelu), V.

concrētus, *adj.* [*P.* of concresco], *condensed, hardened, thick, hard, stiff, curdled, congealed, clotted:* nihil sit animis concretum: aër: spuma, O.: lac, V.: sanguis, O.: glacies, L.—Fig., *thick, dim:* lumen.—*Inveterate:* labes, V.: Multa diu, *inveterate evils*, V.: dolor, O.

concubīna, ae, *f.* [CVB-], *a concubine*, C., Ta.

concubīnus, ī, *m.* [CVB-], *one who lives in concubinage*, Cu., Ta., Ct.

concubitus, ūs, *m.* [CVB-], *a lying together, concubinage:* ferarum ritu, L., C., V., H., Tb.

concubius, *adj.* [CVB-], *of lying in sleep.*—Only in the phrase, concubiā nocte, *in the first sleep*, C., Ta.: movere concubiā nocte, *to march early in the night*, L.

conculcō, āvī, ātus, āre [com- + calco], *to tread upon, trample:* virum.—Fig., *to tread down, trample, abuse, despise, contemn:* istum conculcandum putaverunt: huic conculcandam Italiam tradere: lauream: rem p. conculcatam ridere.

concumbō, cubuī, cubitus, ere [CVB-], *to lie together, lie with, cohabit*, T., C., O., Iu., Pr.

con-cupiēns, entis, *adj.*, *very desirous:* regni, Enn. ap. C.

concupīscō, cupīvī (*sync.* cupīstī, etc.), ītus, īre, *inch.* [com- + cupio], *to long for, be very desirous of, covet, aspire to, strive after:* alqd: pecuniam: haec ad insaniam: domum aut villam, S.: tribunos plebis, L.: eloquentiam, Ta.: maiora, N.: alqd tale, H.: mundum ornare: quo magis concupisceret, Ta.

con-currō, currī or cucurrī, cursus, ere, *to run together, assemble, flock together:* concurrunt librarii: licet concurrant omnes philosophi, *unite:* trepidae comites, V.: summā cum expectatione concurritur: undique ex agris, N.: mi obviam, T.: ad hos, Cs.: ad mortem: ad Perdiccam opprimendum, *unite*, N.: ad vocem, V.: in arcem, V.: concurritur undique ad incendium restinguendum: ex proximis castellis eo concursum est, Cs.—*To meet, dash together, clash, strike one another:* ne prorae concurrerent, L.: concurrit dextera laevae, H.: aspere concurrunt litterae.—*To come together in fight, engage in combat, join battle, fight:* equites inter se, Cs.: inter se in modum iustae pugnae, L.: inter sese paribus telis, V.: cum hoc, N.: centurio cum centurione concurrendum sibi esse sciebat, L.: adversus fessos, L.: in aliquem, S.: audet viris concurrere virgo, V.: comminus hosti, O.:

cum infestis signis, S.: ex insidiis, *attacks*, L.: mihi soli, V.: utrimque magno clamore, S.: concurritur, *the fight begins*, H.: concurrentis belli minae, *of the outbreak of war*, Ta.—*To make haste, run for help:* ad Aquilium.—Fig., *to meet, concur, coincide, conspire, happen:* multa concurrunt simul, T.: saepe concurrunt aliquorum inter ipsos contentiones.

concursātiō, ōnis, *f.* [concurso], *a running together, thronging:* multa (populi): percontantium.—*A collision, conflict:* incidentium aliorum in alios, L.: utriusque exercitūs, Cs.: proelii, N. —*A running about, going to and fro:* huius concursationes: (mulierum) incerta, L.: decemviralis, *a travelling over the provinces.*—*A skirmishing, swift movement* (of troops): maior quam vis, L., Cu.—Fig., *coincidence, correspondence:* quae concursatio somniorum?

concursātor, ōris, *m.* [concurso], *a skirmisher:* hostis, L.: pedes, L.

concursiō, ōnis, *f.* [concurro], *a concurrence, concourse:* atomorum: crebra vocum.—Fig., in rhet., *an emphatic repetition:* in eadem verba.

concursō, —, —, āre, *freq.* [concurro], *to run to and fro, run about, fly around:* urbe totā: dies noctīsque: per viam, L.: concursant praetores, *travel about:* in his administrandis rebus quam maxime concursari iubet, Cs.—With *acc.*, *to ramble about, visit, traverse, frequent:* domos omnium: provinciam: mortalium lectos. — *To fight irregularly, skirmish:* in proelio, L.: ad concursandum inter saxa aptior (cohors), L.

concursus, ūs, *m.* [concurro], *a running together, concourse, throng, mob, tumult:* hominum: concursūs facere: magni domum ad Afranium fiebant, Cs.: in forum a totā urbe, L.: ingens, V.: undique, H.: in oppido.—*An assault, onset, attack, charge:* exercitūs, Cs.: acerrimo concursu pugnare, N.: Ut nostris concursibus insonet aether, O.: concursūs philosophorum sustinere, *assaults:* caeli, *thunder*, O.—Fig., *a dashing together, encountering, meeting, concourse, collision:* nubila Excutiunt concursibus ignes, O.: fortuitus (atomorum): ut utraque (navis) ex concursu laborarent, Cs.: navium, L.: asper verborum, *a harsh combination.*—*A combination, union, coincidence:* studiorum: calamitatum.

concussus, *P.* of concutio.

con-custōdītus, *P.*, *closely watched, carefully guarded:* a dracone, O.

concutiō, cussī, cussus, ere [com-+quatio], *to strike together:* frameas, Ta.—*To shake violently, shake, agitate, smite, shock:* templa sonitu, T.: terra ingenti motu concussa, L.: oneratos messibus agros, O.: moenia, O.: caput, O.: manum, *to wave*, O.: manu arma, *to brandish*, O.: lora, V.: ea frena furenti concutit, *with such a bit drives her in her frenzy*, V.: maiore cachinno Concutitur, Iu.—*P. perf.:* mugitibus aether, V.: coma, O.: quercus, V.: patuere fores, O.—Fig., *to shake out, search, ransack, examine:* te ipsum, num, etc., H.: fecundum pectus, i. e. *exhaust your ingenuity*, V.— *To shake, shatter, cause to waver, impair, disturb, shock, distract:* rem p.: regnum, L.: opes, N.: concusso iam et paene fracto Hannibale, L. — *To shake, agitate, excite, terrify, alarm, trouble:* quod factum primo popularīs coniurationis concusserat, S.: casu concussus acerbo, V.: se concussere ambae, *spurred themselves*, Iu.: casu animum concussus amici, V.: Quone malo mentem concussa? H.

con-decorō, —, —, āre, *to grace, applaud, honor:* ludos scenicos, T.

condemnātiō, ōnis, *f.* [condemno], *a conviction, condemnation:* Oppianici.

condemnātor, ōris, *m.* [condemno], *a prosecutor:* Claudiae, Ta.

condemnō, āvī, ātus, are [com-+damno], *to convict, condemn, sentence, find guilty:* omnes sine dubitatione condemnant: reum: alquem iudicio turpissimo: hunc sibi, *for his own benefit:* arbitrium pro socio condemnari, *in an arbitration on the partnership:* alqm ambitūs: alqm capitis, *capitally:* iniuriarum: pecuniae publicae: rerum capitalium, S.: sponsionis: eodem crimine Sopatrum: quadruplo condemnari, *be mulcted:* alqm de aleā: de pecuniis repetundis. — *To condemn, blame, disapprove:* factum iudicio amicorum: aliquem inertiae: summae iniquitatis condemnari, Cs.: hominem de litteris conruptis.—Of a prosecutor, *to convict, prosecute successfully, prove guilty:* hoc crimine illum: alqm furti: istum omnium sententiis: inimicum.

con-dēnsus, *adj.*, *dense, close, thick, crowded:* acies, L.: puppes litore, V.: columbae, V.: vallis arboribus, *thickly covered*, L.

condiciō (not conditiō), ōnis, *f.* [com-+DIC-], *an agreement, stipulation, condition, compact, proposition, terms, demand:* pacis: non respuit condicionem, Cs.: ne si pax fieret, ipse per condiciones traderetur, S.: de condicionibus tractat, N.: his condicionibus conpositā pace, L.: ex quā condicione, *in consequence of*, L.: Accipe sub certā condicione preces, O.: sub condicione, *conditionally*, L.: eā enim condicione acceperas: neque ullā condicione adduci ut, etc., *terms:* his condicionibus erit quisquam tam stultus, etc.: iniquā condicione causam dicere, *at a disadvantage:* turbam procorum Condicione fugat, *by her terms*, O.: hac condicione, ut, etc.: mihi si haec condicio consulatūs data est, ut, etc., *if the consulship is given on condition*, etc.: fecit pacem his condicionibus, ne qui, etc., N.: iam vero istā condicione, dum mihi liceat negare, etc.: Cui sit condicio sine pulvere palmae, *the assurance*, H. —*A marriage, contract of marriage, match:* uxoria: condicionem filiae quaerendam esse, L.: Accepit condicionem, *the relation of mistress*, T.: hinc licet condiciones legas, *pick up love adventures.*—Of persons, *position, situation, condition, rank, place, circumstances:* liberorum populorum: misera vitae: condicionem ferre: infirma servorum: tolerabilis servitutis: condicione meliore esse: testium: usi eā condicione fortunae, ut, etc.: Condicione super communi, *the common danger*, H.: Attalicae condiciones, i. e. *enormous wealth*, H.: servi condicionis huius, Ta. —Of things, *a situation, condition, nature, mode, manner:* agri: vitae, *manner of living:* vivendi, H.: absentiae, Ta.: mortis, *the liability to*, V.

con-dīcō, dīxī, dictus, ere, *to agree, make an engagement, covenant, promise:* patri patrato, L.: sic, Ta.: cum mihi condixisset, i. e. *had promised to dine with me.*

condīmentum, ī, *n.* [condio], *spice, seasoning:* cibi.—Fig., *spice, ornament, seasoning:* amicitiae: sermonum facetiae: condimenti non nihil habere.

condiō, īvī, ītus, īre [condus (old), a butler], *to make savory, season, spice, concoct:* fungos: ius male condītum, H.: pulmentaria, Iu.— *To make fragrant:* unguenta.— *To embalm:* mortuos.— Fig., *to cultivate, ornament, season, spice, soften, temper:* orationem: vitia, *to set off:* tristitiam, *to mitigate:* gravitatem comitate: ista condīta iucundius, *more amiable.*

condiscipulātus, ūs, *m.* [condiscipulus], *companionship in school*, N.

con-discipulus, ī, *m.*, *a school-mate, fellow-pupil:* mens: generosi, N.

con-discō, didicī, —, ere, *to learn well, learn thoroughly:* modos, H.: crimen a teneris annis, O.: supplicare: pauperiem pati, H.: qui pecuniae fructus esset.

1. **(conditiō)**, ōnis, see condicio.

2. **condītiō**, ōnis, *f.* [condio], *a preserving:* frugum.—*A spicing, seasoning:* ciborum.

1. **conditor**, ōris, *m.* [condo], *a maker, builder, framer, establisher, founder, author, compiler:* arcis, V.: cuius (oppidi), S.: urbis, L.: noster, L.: exit Conditor urbe suā, O.: Romani anni, i. e. *author of the Fasti*, O.: carminum, Cu.: Romani iuris, L.: communis, *the universal creator*, Iu.

2. **condītor**, ōris, *m.* [condio], *a seasoner, pickler:* negotii (a pun; cf. 1 conditor).

1. **conditus**, *adj.* [*P.* of condo], *close, hidden, secret:* praecordia, H.

2. **condītus**, *adj.* with *comp.* [*P.* of condio], *seasoned, savory:* condītiora facit haec: pyxis, *chest of drugs*, Iu.—Fig., of discourse, *polished, ornamented:* sermo: oratio lepore condītior: nemo suavitate condītior.

condō, didī, ditus, ere [com-+do], *to put together, make by joining, found, establish, build, settle:* oppida, H.: urbem: urbs condita vi et armis, L.: ante Romam conditam, *before the foundation of Rome:* post urbem conditam: gentem, V.: optato conduntur Thybridis alveo, *they settle*, V.—*To erect, make, construct, build, found:* aram, L.: sepulcrum, H.: moenia, V.—*To compose, write, celebrate, treat, describe:* conditum ab Livio poētā carmen, L.: poēma: festa numeris, O.— *To establish, found, be the author of, produce, make:* aurea saecula, V.: collegium novum, L.—*To put away, lay by, lay up, store, treasure:* pecuniam: fructūs: (pocula) condita servo, V.: quod mox depromere possim, H.: Sabinum testā lēvi, H.: mella puris amphoris, H.: messīs, O.: (piratas) in carcerem, *to imprison:* captivos in vincula, L.: sortes eo: litteras in aerario: se (aves) in foliis, V.: domi conditus consulatus, i. e. *safe:* omne bonum in visceribus medullisque.—*To preserve, pickle:* corna in faece, O.—*To inter, bury:* mortuos cerā circumlitos: animam sepulcro, V.: te humi, V.: fraternas umbras tumulo, O.: patrem, Ph.: fulgura publica, i. e. *things blasted*, Iu.: tempora Notis condita fastis, i. e. *recorded*, H.: longos Cantando soles, *to bury, dispose of*, V.: diem collibus in suis, H.: lūstrum, *to complete, close* (by offering sacrifices): idque conditum lūstrum appellavit, L.—*To conceal, hide, secrete, suppress:* Sibylla condita: aetas condet nitentia, H.: caelum umbrā, V.: aliquid iocoso furto, *make away with*, H.: voltum aequore, O.: ensīs, *sheathe*, H.: ferrum, Ph.: oculos, *shut*, O.: lumina, V.: se in viscera (terrae), O.: per omnīs se portas, *retire*, V.: Numidarum turmas medio in saltu, *place in ambush*, L.—*To strike deep, plunge, bury:* in gurgitis ima sceptrum, O.: digitos in lumina, O.: Pectore in adverso ensem, V.: telum iugulo, O.: stimulos caecos in pectore, O.

condocefaciō, fēcī, factus, ere [condoceo+facio], *to train, teach, instruct, discipline:* beluas: animum, ut, etc.

condolēscō, luī, —, ēre, *inch. n.* [com-+doleo], *to feel severe pain, suffer much, be in distress, ache:* latus ei condoluisse: pes: caput, Tb.: temptatum frigore corpus, H.

condōnātiō, ōnis, *f.* [condono], *a giving away:* bonorum possessionumque.

con-dōnō, āvī, ātus, āre, *to give, present, deliver, surrender, abandon:* apothecas hominibus: hereditatem alicui, *to adjudge.*— *To remit, acquit of:* pecunias creditas debitoribus.—With *two accs.:* Argentum quod habes, condonamus te, T.: habeo alia multa quae nunc condonabitur, T.—Fig., *to give up, render, surrender, deliver up, sacrifice, de-*

vote: aliquid dicioni alicuius: huius vitam matris crudelitati: consuli Achaiam: seque vitamque suam rei p., S.: suum dolorem eius voluntati, Cs. — *To pardon, remit, overlook, forbear to punish:* crimen nobis: uti scelus condonaretur, S.: alterius lubidini male facta, i. e. *out of indulgence to*, S.: trīs fratres non solum sibi ipsis, sed etiam rei p., i. e. *for the sake of:* tibi condonatus est ille: filium sibi, L.: Divitiaco fratri (Dumnorigem), Cs.

con-dormiō, —, —, īre, *to fall quite asleep*, Cu.

con-dūcō, dūxī, ductus, ere, *to draw together, assemble, collect, gather, unite:* exercitum in unum locum, Cs.: viginti milia peditum, *levy*, L.: clientes eodem, Cs.: milites in unum, S.: vineas: cortice ramos, *graft*, O.—Fig., *to unite, combine:* propositionem et adsumptionem in unum. — *To hire, rent, borrow, employ:* navis conducta, T.: in Palatio domum: conductā tellure, V.: nummos, H.: pecuniam, Iu.—*To hire, bribe, employ, induce:* qui ab eis conducebantur, ut, etc.: vidua mercede conducta, N.: consulem ad caedem faciendam: pictorem magno pretio: operae conductae, *hired workmen.—To undertake, contract for, farm:* columnam faciendam: praebenda, quae ad exercitum opus essent, *to undertake the supplies*, L.: siccandam eluviem, Iu. — *To contribute to, be of use, be profitable, profit, serve:* ad vitae commoditatem: maxime rei p.: neque homini iniuste facta conducunt: proposito, H.: conducere arbitror aurīs tuas circumsonare, etc., *that it is useful.*

conducticius (not -tītius), *adj.* [conduco], *hired, mercenary:* exercitus, N.: catervae, N.

conductiō, ōnis, *f.* [conduco], *a bringing together, recapitulation*, C. — *A hiring, farming:* (fundi): (vectigalium), L.

conductor, ōris, *m.* [conduco], *a hirer, lessee, farmer, tenant.—Plur.*, Cs.—*A contractor:* operis.

conductum, ī, *n.* [conduco], *something hired, the subject of a lease:* alqd habere conducti, *a hired apartment.*

(**conductus**, ī), *m.* [*P.* of conduco].—Only *plur., hirelings:* operae conductorum: conducti plorant in funere, H.—*Mercenary soldiers:* conductorum III (milia), N.

con-duplicō, āvī, —, āre, *to double:* quod boni promeritus fueris, T.: tenebrae conduplicantur: patrimonia, Iu.

cōnectō (not connecto), —, nexus, ere [com- + necto], *to bind together, connect, entwine, join, unite, link:* omnia inter se conexa: (apes) pedibus conexae ad limina pendent, V.: nodos, O.—Fig., *to connect:* amicitia cum voluptate conectitur: discrimini patris filiam, *to involve in*, Ta.—In discourse, *to connect, join, compose:* illud ex pluribus continuatis conectitur: Verba, H.—In philos., *to conclude, infer:* omne, quod ipsum ex se conexum sit, *every identical proposition.*

cōnexum, ī, *m.* [conecto], *a necessary consequence, inevitable inference:* ratio conexi.

cōnexus (not conn-), *adj.* [*P.* of conecto], *adjoining:* aedificia, Ta.

cōn-fābulor, ātus, ārī, *dep., to converse, have a talk* (old).—*Supin. acc.:* ad eam accedere Confabulatum, T.

cōn-farreō, —, ātus, āre, *to marry by the ceremony of the cake* (confarreatio, the offering of a cake of spelt, of which the parties partook): confarreandi adsuetudo, Ta.: confarreatis parentibus genite, Ta.

cōn-fātālis, e, *adj., associated by fate:* res.

cōnfectiō, ōnis, *f.* [conficio], *a finishing, preparing, composing, completing:* huius libri: annalium: tributi, i. e. *an exaction.—A consumption:* escarum, *a chewing.*

cōnfector, ōris, *m.* [conficio], *an accomplisher, finisher:* negotiorum, *chargé d'affaires:* belli.—*A destroyer, consumer:* omnium ignis.

cōnfectus, *P.* of conficio.

cōnferciō, īre [com- + farcio], see confertus.

cōn-ferō, contulī, conlātus (coll-), cōnferre. **I.** *To bring together, collect, gather, unite, join:* ligna circa casam, N.: undique conlatis membris, H.: signis in unum locum conlatis, Cs.: dentes in corpore, *join*, O.: capita, *lay heads together:* gradum, *to walk together*, V.—*To pay in, contribute:* aes, O.: alqd in tuam statuam: aurum in publicum, L.: munera ei, N.: tributa quotannis: (pecuniam) ad statuam: ad honorem tuum pecunias: sextantes in capita, L.—*To bring together, match, set in opposition, oppose, set together:* cum Fonteio ferrum ac manus contulerunt: conlatis signis exercitūs superare: arma cum aliquo, N.: castra cum hoste, L.: castris Scipionis castra conlata habere, Cs.: pedem cum pede, *to fight foot to foot*, L.: pede conlato, L.: non possum magis pedem conferre (in court): gradum, L.: pectora luctantia nexu pectoribus, O.: manum Aeneae, V.: inter sese certamina belli, V.: conlato Marte, O.: mecum confer, ait, *fight with me*, O.: lites, *to quarrel*, H.—Fig., *to bring together in thought, compare, contrast:* conferte Verrem: si conferendum exemplumst, *cited*, T.: faciem moresque duarum, O.: nec quisquam iuventutis conferri potuit, L.: omnia summā diligentiā conlata sunt: hanc pacem cum illo bello: cum Dracone nostras leges: cum illo te dominandi cupiditate: vitam inter se utriusque: parva magnis: nil iucundo amico, H.—*To consult, confer, consider, deliberate, talk over:* alqd coram: cum aliquo sermones, *unite in:* consilia ad adulescentīs, *advise with*, T.: iniurias, *take counsel on,*

Ta.: inter nos, quid finis: quid animorum Hispanis esset, L.—*To compress, abridge, condense, sum up, make brief:* Academiam in quattuor (libros): ut in pauca conferam: sua verba in duos versūs, O.—*To join in moving, propose unitedly:* cur enim non confertis, ne sit, etc., L.—**II.** *To bear, carry, convey, direct, take, bring:* copias in provinciam: quos eodem audita clades contulerat, L.—With *se, to betake oneself, turn, have recourse:* quo me miser conferam?: se suaque omnia in oppidum, Cs.: quo se fusa acies, L.: se in fugam: me in gregem sicariorum, *join.*—Fig., *to change, transform, turn, metamorphose:* aliquem in saxum, O.: corpus in albam volucrem, O.—*To bring, turn, direct:* verba si ad rem conferentur, *be changed for deeds,* T.: suspitionem in Capitonem.—With *se, to devote oneself, apply, engage:* me ad pontificem: se ad studium scribendi: se in salutem rei p.—*To devote, apply, employ, direct, confer, bestow upon, give, lend, grant, transfer:* cum maxima munera ei ab regibus conferrentur, N.: fructum alio, T.: tempus ad oblivionem belli: orationem ad misericordiam: curas in rem p.: pecuniam in rei p. tempus, *for some service:* fructum ingeni in proximum quemque: Quid damnatio confert? *avail,* Iu.—*To refer, ascribe, attribute, impute, assign, throw blame, lay to the charge of:* species istas hominum in deos: mortis illius invidiam in L. Flaccum: culpam in me, T.: in alterum causam, *throw the blame,* L.—*To transfer, assign, refer, put off, defer, postpone:* expugnationem in hunc annum, L.: omnia in mensem Martium: alqd in longiorem diem, Cs.: eo omnem belli rationem conferre, *to transfer,* Cs.

cōnfertim, *adv.* [confertus], *in a compact body, closely:* sese recipere, S.: pugnare, L.

cōnfertus, *adj.* with *comp.* and *sup.* [*P.* of confercio], *pressed close, crowded, thick, dense:* cum ita conferta sint omnia, ut, etc.: plures simul, L.: agmen, V.—*Close, compact, in close array:* ut conferti proeliarentur, Cs.: via inter confertas navīs, L.: confertos in proelia audere, V.: confertiores steterunt, L.: confertissima acies, Cs.: quam maxume equi, S.—*Stuffed, filled full, full:* turbā templa, L.: cibo: vita voluptatibus.

cōnfervēscō, ferbuī, —, ere, *inch.* [com- + ferveo], *to begin to boil, grow hot.*—Fig.: mea cum conferbuit ira, H.

cōnfessiō, ōnis, *f.* [confiteor], *a confession, acknowledgment:* sua: servorum: confessionibus ipsius patefacta parricidia: ignorationis: captae pecuniae: culpae, L.: ea erat confessio caput rerum Romam esse, L.: tacita, L.

cōnfessus, *adj.* [*P.* of confiteor], *confessed:* reus, *who pleads guilty,* O.: gladiatores.—*Plur. m.* as *subst., criminals who have confessed:* de confessis supplicium sumere, S.—*Confessed, acknowledged, certain:* quam confessam rem redimere conetur: dea, *manifest,* V.: voltibus ira, O.: confessam amplectitur, *in her true form,* O.—As *subst. n.:* in confesso esse, *acknowledged,* Ta.

cōnfestim, *adv.* [com- + FEN-], *immediately, speedily, without delay, forthwith, suddenly:* res gerenda: consequi: huc advolare: rex patres consulebat, L.: deletā materiā, L.: alacres admittier orant, V.: inclinatur acies, L.

cōnficiēns, ntis, *adj.* with *sup.* [*P.* of conficio], *efficient, producing:* causae: civitas conficientissima litterarum.—*Plur. n.* as *subst.:* (bonorum) conficientia, *the sources.*

cōnficiō, fēcī, fectus, ere [com- + facio], *to make ready, make, prepare, bring about, complete, accomplish, execute, consummate, fulfil:* soccos suā manu: vestem: tabulae litteris Graecis confectae, *written,* Cs.: libri Graeco sermone confecti, *composed,* N.: librum Graece, N.: tabulas, *to keep accounts:* nuptias, T.: bello confecto, *ended,* S.: duella, H.: facinus: caedem, N.: mandata brevi, S.: spes conficiendi negotii, Cs.: quibus rebus confectis, S.—*To settle, close, finish:* cum Apellā de columnis: de negotio.—*To pass over, accomplish, traverse, go over, make:* magno itinere confecto, Cs.: iter anno, N.: ubi confecti cursūs, V.: inmensum spatiis aequor, V.: tecta facturi, ut mille passuum conficiatur, *covered.*—*To diminish, lessen, weaken, sweep away, destroy, kill, subdue, wear out, consume:* Athenienses, N.: provincias: exercitūs, L.: me (sica) paene confecit, *killed:* dentes escas conficiunt, *grind:* cibum, L.: cibos, *to digest:* fame confici: patrimonium: suam rem.—*P. perf., impaired, weakened, overcome, reduced, exhausted:* equus senio, Enn. ap. C.: aetate, S.: aevo, V.: malis res p.: volneribus, Cs.: curā, T.: confectus et saucius: (captivos) ignominiis, *worn out,* L.—*To prepare, provide, procure, bring together:* tribum necessariis suis, *the votes of:* armata milia centum, Cs.: pauxillulum nummorum, T.: pecuniam ex illā re: conficiendae pecuniae rationes.—Fig., *to produce, cause, make, bring about, effect:* aliquid gnato mali, T.: motūs animorum: animum mitem, *render:* causae conficiunt, *are efficient.*—Of time, *to complete, finish, end, spend, pass:* sexaginta annos: noctis partem ibi: hieme confectā, Cs.: vitae cursum.—*To show, deduce:* ex alquā re alqd: ex quo conficitur, ut, etc.: id quod conficiatur ex ratiocinatione; see also confio.

cōnfictiō, ōnis, *f.* [confingo], *a fabricating:* criminis.

cōnfictus, *P.* of confingo.

cōnfīdēns, entis, *adj.* with *sup.* [*P.* of confido], *bold, daring, confident:* senex, T.—*Shameless, audacious, impudent:* Homo, T.: tumidusque, H.: astutia: iuvenum confidentissime, V.

cōnfīdenter, *adv.* with *comp.* and *sup.* [confidens], *boldly, daringly, with intrepidity:* dicere confidentius.—*Audaciously, impudently,* T.: confidentissime resistens, Her.

cōnfīdentia, ae, *f.* [confidens], *confidence, boldness:* confidentiam et vocem defuisse.—*Assurance, audacity, impudence:* ingens, T.: quā confidentiā dicant.

cōn-fīdō, fīsus, sum, ere, *to trust, confide, rely upon, believe, be assured:* vestrae virtuti: causae suae: cui (equitatui), Cs.: fidei Romanae, L.: Mario parum, S.: sibi confisi, *relying on themselves,* Cs.: si mihi ipse confiderem, *dared trust:* suae virtuti, L.: viribus, Cs.: dis inmortalibus, S.: suis militibus, L.: auxiliis de salute urbis, Cs.: corporis firmitate: (oratio) confidere videbatur invidiā, *to be founded on:* naturā loci, Cs.: alio duce, L.: socio Ulixe, O.: praesidio legionum, Cs.—*To be confident, be assured:* illum Salvom adfuturum esse, T.: mei rationem offici esse persolutam: (Romanos) re frumentariā intercludi posse, Cs.: principem se fore, S.: nec hostibus diuturnum gaudium fore, L.—*To be confident, have confidence:* nihil nimis: satis, S.: adflictis melius confidere rebus (*abl. absol.*), V.

cōn-fīgō, fīxī, fīxus, ere, *to join, fasten together:* transtra trabibus confixa clavis, Cs.—*To pierce through, transfix:* capras sagittis: confixi ceciderunt, N.: Confixi a sociis, V.—Fig.: eius sententiis confixus, i. e. *rendered powerless:* ducentis confixus senati consultis.

cōn-findō, —, —, ere, *to cleave, split:* pontus conscinditur aere, Tb.

cōn-fingō, finxī, fictus, ere, *to fashion, fabricate, invent, devise, feign, pretend:* lacrumae confictae dolis, T.: causas ad discordiam, T.: crimen: causam, L.: id cogitatum esse.

cōn-fīnis, e, *adj.*, *bordering, conterminous, adjoining, contiguous:* ager, L.: hi Senonibus, Cs.: potentiori, S.: caput collo, O.: litora prato, O.—Fig., *nearly related, like, similar:* carmina studio vestro, O.

cōnfīnium, ī, *n.* [confinis], *a confine, common boundary, limit, border:* Treverorum, Cs.: Germaniae Raetiaeque, Ta.: in vicinitatibus et confiniis aequus, *in questions of:* triplicis confinia mundi, O.—Fig., *a confine, boundary:* breve artis et falsi, Ta.—Usu. *plur.:* lucis, noctis, *dawn,* O.: cum luce dubiae noctis, i. e. *twilight,* O.: mensum, O.: mortis, Tb.

cōn-fīō, —, fierī, collat. form for conficior, *to be brought together:* ex quo summa mercedis confieret, *might be raised,* L.—*To be arranged, be accomplished, be brought about:* id difficilius, Cs.: quā ratione quod instat confieri possit, V.

cōnfīrmātiō, ōnis, *f.* [confirmo], *a securing, establishing, confirming:* auctoritatis: libertatis.—In rhet., *an adducing of proofs,* C.—*A confirmation, assurance, encouragement:* animi, Cs.: mea: perfugae, *by a refugee,* Cs.

cōnfīrmātor, ōris, *m.* [confirmo], *he who assures:* pecuniae, *a surety.*

cōnfīrmātus, *adj.* with *comp.* [*P.* of confirmo], *encouraged, confident, courageous, resolute:* animus: confirmatiorem exercitum efficere, Cs.—*Established, certain:* quod eo confirmatius erit, si, etc.

cōn-fīrmō, āvī, ātus, āre, *to make firm, make strong, establish, strengthen:* vires nervosque, Cs.: confirmandi causā, Cs.—Fig., *to strengthen, establish, reinforce, confirm:* se, *to recover:* valetudinem: cum civitatibus pacem, Cs.: societatem, S.: suam manum: sese auxiliis, Cs.: Galliam praesidiis: regnum Persarum, N.: decretum, *to ratify:* acta Caesaris.—*To confirm, animate, inspirit, cheer, encourage, make bold:* animos verbis, Cs.: confirmato animo, iubet, etc., S.: timentes, Cs.: diffidentem rebus suis: territos, S.: sese, Cs.: eos multa pollicendo, uti pergerent, *to persuade,* S.: gladiatores spe libertatis, Cs.: confirmant ipsi se, *one another.*—*To confirm, strengthen* (in purpose or fidelity): Oppianicum accusatorem filio: confirmandorum hominum causā, Cs.—*To corroborate, prove, demonstrate, support, establish:* nostra argumentis: hoc visum (esse), Cs.: hoc de omnibus: crimen commenticium: his confirmatis rebus, Cs.—*To assert, affirm, protest, give assurance, assure solemnly:* ut possum confirmare: hoc, quod intellego: de re tantā nihil frustra, Cs.: illud iure iurando daturum, etc., Cs.: fidem inviolatam fore, S.: hoc, vitam mihi prius defuturam, etc.: inter se, Cs.: iure iurando confirmari oportere, ne, etc., Cs.

cōnfīsiō, ōnis, *f.* [confido], *confidence, assurance:* animi.

cōnfīsus, *P.* of confido.

cōnfiteor, fessus, ērī, *dep.* [com-+fateor], *to acknowledge, confess, own, avow, concede, allow, grant:* confitere, T.: confitentem audire alqm: non infitiando confiteri videbantur: Confessas manūs tendens, *in surrender,* O.: scelus: amorem nutrici, O.: se victos, Cs.: se, *reveal,* O.: deam, V.: se hostem: hoc de statuis: hoc confiteor iure Mi obtigisse, T.: sese plurimum ei debere, Cs.: largitionem factam esse: O cui debere salutem confiteor, O.—Fig., *to reveal, manifest, show:* confessa voltibus iram, O.

cōnfīxus, *P.* of configo.

cōn-flagrō, āvī, ātus, āre, *to burn, be consumed, be on fire:* impedimenta conflagrare, Cs.: classis incendio conflagrabat: urbem conflagrare velle: urbs incendio conflagrata, Her.—Fig., *to be inflamed, burn:* amoris flammā.—*To be destroyed, be exhausted:* ubi conflagrassent Sidicini, L.—*To* *be condemned, be consumed:* flagitiorum invidiā: invidiā Hieronymi, L.

cōnflīctātus, *P.* of conflictor.

cōnflīctiō, ōnis, *f.* [confligo], *a collision, conflict:* causarum: rerum contrariarum.

cōnflīctō, āvī, ātus, āre, *intens.* [confligo], *to come in conflict, collide:* cum malo, T.: per scelera rem p., *to ruin,* Ta.

cōnflīctor, ātus, ārī, *dep.* [confligo], *to struggle, wrestle, conflict, engage, be afflicted:* cum ingeniis eiusmodi, T.: cum adversā fortunā, N.: inopiā, Cs.: morbo, N.: difficultatibus, L.: tempestatibus, Ta.—*To contend, struggle, litigate:* honestiore iudicio, *by a more reputable process:* iniquissimis verbis, *on a most unfair issue.*

1. cōnflīctus, *P.* of confligo.

2. (cōnflīctus, ūs), *m.* [confligo], *a striking together* (only *abl. sing.*): lapidum.—*A wrestling, struggle:* corporum.

cōn-flīgō, flīxī, flīctus, ere, *to come into collision, dash together:* illae (naves) inter se incitatae conflixerunt, Cs.—*To be in conflict, contend, fight, combat:* armis: angusto mari, N.: manu cum hoste: cum Antonio, S.: cum rege secundo proelio, L.: adversus classem, N.: adversi venti Confligunt, V.—Fig., *to be engaged, be at war:* causae inter se confligunt: mens sana cum amentiā.—*To dispute, contend:* leviore actione: universā ratione cum vestrā confligendum puto.—With *acc.*, *to set in strong contrast:* cum scripto factum.

cōn-flō, āvī, ātus, āre, *to blow up, kindle, light:* incendium, L.: falces conflantur in ensem, *are smelted,* V.—Fig., *to kindle, inflame:* mihi invidiam: civile bellum conflatum tuā operā: seditionem.—*To bring together, make up, compose, get up, raise:* exercitum: pecuniam: aes alienum grande, S.: accusationem: iudicia domi, L.—*To bring about, effect, accomplish, procure, produce, cause, occasion:* quibus ex rebus conflatur et efficitur id, etc.: ex Malo principio familiaritas Conflatast, T.: consensus paene conflatus, *united:* alicui negotium: in se tantum crimen.

cōnfluēns, entis, *m.* [*P.* of confluo], *a place of union, confluence, junction, forks:* ad confluentem Mosae et Rheni, Cs.: ad confluentes conlocat, etc., L.

cōn-fluō, flūxī, —, ere, *to flow together, run together:* ibi amnes confluunt in unum, L.: (portūs) in exitu confluunt.—Fig., *to flock together, crowd, throng, assemble, be gathered:* ad eum, Cs.: ad eius triremem, N.: Romam, S.: plures ad haec studia: ut ad nos pleraeque (causae) confluant.

cōn-fodiō, fōdī, fossus, ere.—Prop., *to dig up, dig over;* hence, *to transfix, stab, pierce:* ibique pugnans confoditur, S.: aliquot volneribus, L.: confossus, V.: alqm harpe, O.—Fig., *to transfix* tot iudiciis confossi, i. e. *hopelessly convicted,* L.

cōnfore, *inf.* [com-+fore, *inf. fut.* of sum], only *impers.*, *that it will be accomplished:* et spero confore, i. e. *to succeed,* T.

cōnfōrmātiō, ōnis, *f.* [conformo], *a symmetrical forming, conformation, shape, form, fashion:* liniamentorum: vocis, *expression:* doctrinae, i. e. *culture.*—Fig., *an idea, notion, conception:* animi: ut res conformatio quaedam notaret.—In rhet., *rhetorical finish, elaboration:* sententiarum.

cōn-fōrmō, āvī, ātus, āre, *to form, fashion, shape:* mundus a naturā conformatus.—Fig., *to fashion, educate, modify, form:* mentem cogitatione: mores: vocem hortatu: liberos sibi, Ta.: se ad alcuius voluntatem, *to conform.*

cōnfossus, *P.* of confodio.

cōn-fragōsus, *adj.*, *broken, rough, uneven:* loca, L.: viae, L.—*Plur. n.* as *subst.:* inter confragosa (sc. loca), L.

cōn-fremō, uī, —, ere, *to resound, murmur loudly:* confremuere omnes, O.

cōn-fricō, āvī, ātus, āre, *to rub vigorously:* caput unguento.

cōnfringō, frēgī, fractus, ere [com-+frango], *to break in pieces, shatter:* forīs caedendo, L.: digitos.—Fig., *to destroy, crush:* consilia.

cōn-fugiō, fūgī, —, ere, *to flee, take refuge, run for succor:* domum, T.: ad te, V.: ad aram in exsilium: Phylen, N.: in naves, Cs.: ad limina supplex, O.—Fig., *to take refuge, have recourse, resort:* ad vim: ad Etruscorum opes, L.: ad meam fidem: ab iure ad ferrum, *appeal:* illuc, ut neget, etc.: habebam quo confugerem.

cōnfugium, ī, *n.* [com-+2 FVG-], *a place of refuge, refuge, shelter,* O.

cōn-fundō, fūdī, fūsus, ere, *to pour together, mingle, mix, blend:* ius confusum sectis herbis, H.: (venenum) in poculo confusum: Cumque tuis lacrimis nostras, O.: (Alpheus) Siculis confunditur undis, *mingles,* V.—*To pour out:* cruor in fossam confusus, H.—Fig., *to mingle, unite, join, combine, blend:* vera cum falsis: vis toto confusa mundo: res p. ex tribus generibus confusa: duo populi in unum confusi, L.: Diversum confusa genus panthera camelo, i. e. *the giraffe,* H.: Rusticus urbano confusus, H.—Poet.: proelia cum Marte, H.—*To confound, confuse, jumble together, disorder:* signa et ordines peditum atque equitum, L.: foedus, *to violate,* V.: Imperium, promissa, preces in unum, *mingles together,* O.: fasque nefasque, O.: mare caelo, Iu.: ora fractis in ossibus, i. e. *make undistinguishable,* O.: voltum Lunae, *to obscure,* O.—*To disturb, disconcert, confound, perplex:* confusa memoria, L.: Rutulum, Iu.—*To diffuse, suffuse, spread* *over:* cibus in venam confunditur, *diffuses itself:* aliquid in totam orationem.

cōnfūsē, *adv.* with *comp.* [confusus], *confusedly, in disorder:* loqui: agere: confusius acta res.

cōnfūsiō, ōnis, *f.* [confusus], *a mingling, mixing, blending:* virtutum.—*A confounding, confusion, disorder:* temporum: suffragiorum: vitae: oris, i. e. *a blush,* Ta.

cōnfūsus, *adj.* with *comp.* [*P.* of confundo], *mingled, confused, perplexed, disorderly:* strages, V.: oratio: verba, O.: suffragium, L.: clamor, *of doubtful origin,* L.—*Disordered, confused:* mens, V.: animo, L.: variā imagine rerum, V.: animi, L.: os, *blushing,* O.: confusior facies, Ta.: ex recenti morsu animi, L.

cōnfūtō, āvī, ātus, āre [com-+FV-], *to check, repress, dampen, suppress, diminish:* dolores memoriā: audaciam.—*To put down, put to silence, confute, refute, overthrow:* verbis senem, T.: dictis confutabitur, T.: argumenta: verba rebus, L.

cōn-futuō, —, —, ere, *to cohabit with,* Ct.

con-gēlō, āvī, ātus, āre, *to freeze together, congeal:* cum duro lingua palato Congelat, *stiffens,* O.: alqd congelat aëre tacto, *is petrified,* O.—Fig., *to grow stiff:* congelasse amicum otio.—*To freeze, make stiff:* in lapidem rictūs serpentis, O.

con-geminō, āvī, ātus, āre, *to redouble, multiply:* ensibus ictūs, V.: securim, *ply,* V.

con-gemō, uī, —, ere, *to sigh deeply:* congemuit senatus: (ornus) supremum Congemuit, V.

conger, grī, *m.*, =γόγγρος, *a sea-eel, conger-eel,* T.

congeriēs, *acc.* em, *abl.* ē, *f.* [com-+GES-], *a heap, pile, mass:* disposita, i. e. *chaos,* O.: Congerie e mediā, *the ruins,* O.: lapidum, L.: summa silvae, O.

con-gerō, gessī, gestus, ere, *to bring together, collect, heap up, throw together:* vim auri in regnum: undique quod, etc., N.: congestis undique saccis, H.: turea dona, V.: viaticum: congestis armis, O.: in suam sua viscera alvum, O.: Midae in os grana: scuta illi (virgini) congesta, L.—*To make, build, construct, erect, pile:* aram sepulcri arboribus, V.: congestum caespite culmen, *thatched,* V.: locus quo congessere palumbes (sc. nidum), V.—Fig., in discourse, *to bring together, comprise, mass:* operarios omnes: (turbam) in hunc sermonem.—*To heap up, pile, accumulate, impose, load:* ad alquem omnia ornamenta: beneficia in aliquem, L.: spes in unum Te mea congesta, *centred,* O.: maledicta in aliquem: iuveni triumphos, Ta.

congestīcius, *adj.* [congero], *heaped, piled up, thrown together:* agger ex materiā.

1. **congestus**, *P.* of congero.

2. **(congestus**, ūs), *m.* [com-+GES-], *a bringing together, heaping, accumulation* (only *abl. sing.*): copiarum, Ta.: avium: lapidum, Ta.

congiārium, ī, *n.* [congius], *a largess to the poor of a congius to each man* (of oil, etc.): congiariis multitudinem delenire.—*A largess in money, gift, distribution:* ab Antonio: plebi, Ta.: molitum, Cu.: multa, L.

congius, ī, *m.*, *a measure for liquids, six sextarii* (nearly six pints English): olei, L.

con-glaciō, —, —, āre, *to freeze, congeal:* aqua conglaciaret frigoribus.

conglobātiō, ōnis, *f.* [conglobo], *a crowding together:* fortuita (militum), Ta.

con-globō, āvī, ātus, āre, *to gather into a ball, press together in a mass, roll up:* mare conglobatur undique: terra nutibus suis conglobata: se in unum, L.: in forum, L.: proditores conglobati, *in a compact body,* L.: conglobatae beluae, L.—Fig.: definitiones conglobatae, *accumulated.*

conglūtinātiō, ōnis, *f.* [conglutino], *a cementing, joining:* verborum.—*A union, compound:* recens.

con-glūtinō, āvī, ātus, āre, *to join together, unite, cement:* amores nuptiis, T.—*To compose, unite, frame together:* hominem: amicitias: Ex his conglutinatus, *composed.*

con-grātulor, ātus, ārī, *dep.*, *to wish joy, congratulate:* libertatem civitati restitutam, L.

congredior, gressus, ī, *dep.* [com-+gradior], *to come together, meet, have an interview:* Congredere actutum, T.: ubi congressi sunt: coram: cum eo ad conloquium, L.: in itinere, Cs.—*To meet in strife, fight, contend, engage, join battle:* cum finitimis proelio, Cs.: acie, L.: cum fortiore, N.: neque hostem secum congressum, L.: comminus, L.: contra Caesarem: Achilli, V.: locus ubi congressi sunt: cum vellet congrederetur, Cs.—Fig., of advocates, *to strive, contend:* tecum: mecum criminibus, *join issue on the charges.*

congregābilis, e, *adj.* [congrego], *social, gregarious:* apium examina.

congregātiō, ōnis, *f.* [congrego], *union, society, association:* hominum.

congregō, āvī, atus, are [com-+grex], *to collect in a flock, swarm:* apium examina congregantur.—*To collect, assemble, unite, join, associate:* homines: familiae congregantur: se unum in locum ad curiam: hominem in hunc numerum: se cum aequalibus.—*Pass.*, *to assemble:* unum in locum: armati locis patentibus congregantur, L.: in urbe, Ta.—Prov.: pares cum paribus facillime congregantur, *birds of a feather.*

congressiō, ōnis, *f.* [com-+GRAD-], *a meeting, interview, conference, association, society:* nostra: congressione dignus: eum congressione prohibere: in congressionibus familiarum, *in familiar circles:* maris et feminae.

1. congressus, *P.* of congredior.

2. congressus, ūs, *m.* [com-+GRAD-], *a meeting, assembly, conference, conversation, interview:* congressum tuum fugiunt: ad congressum eius pervenire: cum illis sermone et congressu coniungi: congressu aequalium prohibitus, L.: sibi cum deā congressūs nocturnos esse, L.—*A joining battle, onset, encounter, fight:* ante congressum: cum his navibus classi congressus erat, Cs.: magnam cladem in congressu facere, S.: Tris uno congressu (ferit), V.: alcuius durior, Ta.

congruēns, entis, *adj.* [*P.* of congruo], *agreeing, fit, appropriate, suitable, consistent, congruous:* cum iis naturā: actio menti: genus dicendi: motus, *appropriate gesture,* L.: haec duo pro congruentibus sumere: congruens videtur aperire, etc., Ta. —*Symmetrical, consistent, harmonious:* concentus: clamor, L.: (alquis) cum eā disciplinā. —*Plur. n.* as *subst.:* congruentia his disserere, Ta.

congruenter, *adv.* [congruens], *agreeably, fitly, suitably:* naturae vivere: ad alqd dicere.

congruō, uī, —, ere, *to coincide, agree:* dies cum solis ratione: ut ad metam eandem solis dies congruerent, L.—Fig., *to coincide, correspond, be suited, be adapted, agree, accord, suit, fit:* alcuius cum moribus, *to be congenial:* dicta cum scriptis, L.: inter se: sermo inter omnes congruebat, L.: omni causae orationis genus: ad equestrem pugnam, Ta.—*To agree, harmonize, accord, be in harmony, be like:* inter nos, *to be in communication,* T.: deūm sententiae, N.: linguā, moribus, L.: animi corporum doloribus congruentes, *affected by:* in eum morem, *following,* L.: eae res in unum congruentes, *pointing to one conclusion,* L.

cōniciō or **cōiciō** (coniiciō), iēcī, iectus, ere [com-+iacio]. **I.** *To throw together, unite, collect:* sarcinas in medium, L.—Fig., *to draw a conclusion, conclude, infer, conjecture, guess:* sexaginta ut conicio, T.: eum regnum ei commisisse, N.—In augury, *to prophesy, foretell, divine, interpret:* de matre saviandā ex oraculo: male coniecta: quae tempestas impendeat.—**II.** *To throw, cast, urge, drive, hurl, thrust, put, place:* tela, Cs.: thyrsos, O.: pila in hostes, Cs.: alqm in carcerem: reliquos in fugam, Cs.: serpentīs in vasa, N.: cultros in guttura, O.: se in signa manipulosque, Cs.: se in fugam: se in pedes, *to take to one's heels,* T.: se intro, T.: spolia igni, V.: facem iuveni, V.: (iaculum) inter ilia coniectum, O.—Fig., *to bring, direct, turn, throw, urge, drive, force:* me in lactitiam, T.: (Catilinam) ex insidiis in latrocinium: se in noctem, *to commit:* naves in noctem coniectae, *delayed,* Cs.: se mente in versum, *to apply:* orationem in clarissimos viros: pecuniam in propylaea, *squander:* culpam in unum vigilem, L.: maledicta in eius vitam: crimen in qua tempora, L.: omen in illam provinciam: haec in eculeum coiciuntur, i. e. *can endure the rack:* querelas absenti, Tb.: petitiones ita coniectae, *aimed:* id sub legis vincula, L.—*To throw, place, put, include:* verba in interdictum: plura in eandem epistulam.

coniectiō, ōnis, *f.* [com- + IA-], *a hurling, throwing:* telorum.—Fig., *a putting together, comparing:* annonae et aestimationis.—*A conjecture, interpretation:* somniorum.

coniectō, āvī, ātus, āre, *freq.* [conicio], *to infer, conjecture, guess:* alqd: rem eventu, L.: de imperio, Ta.: eum Aegyptum iter habere, Cs.: ex eo quid sentiant, L.: valetudinem ex eo, quod, etc., Ta.

coniector, ōris, *m.* [conicio], *a diviner, seer, soothsayer.*

coniectūra, ae, *f.* [conicio], *a conjecture, guess, induction, inference:* ex uno de ceteris: coniecturam facere: ex voltu coniecturam facere, quantum, etc.: num aberret a coniecturā suspitio, i. e. *reasonable inference:* coniectūrā nihil iudicare: res non coniecturā, sed oculis teneri: mentis divinae, L.—In augury, *a conclusion from omens, divining, soothsaying:* somnii: futuri, O.

coniectūrālis, e, *adj.* [coniectura], *belonging to conjecture, conjectural:* causa.

1. coniectus, *P.* of conicio.

2. coniectus, ūs, *m.* [com-+IA-], *a throwing, casting, projecting, hurling:* lapidum coniectu fracta domus: terrae, L.: telorum, N.: venire ad teli coniectum, *within reach,* L.—Fig., *a turning, directing:* in me animorum oculorumque.

cōnifer, fera, ferum, *adj.* [conus+FER-], *bearing conical fruit:* cyparissi, V.

cōniger, gera, gerum, *adj.* [conus+gero], *bearing conical fruit:* pinus, Ct.

(**coniiciō**), see conicio.

cōnīsus, *P.* of conitor.

cōnītor (not conn-), nīsus or nīxus, ī [com-+nitor], *dep., to put forth all one's strength, make an effort, strive, struggle, endeavor:* omnes conisi hostem avertunt, L.: valido corpore: dextrā, V.: omnibus copiis, L.: uno animo invadere hostem, L.: sese ut erigant.—*To press upon, press toward, struggle toward, strive to reach:* summā in iugum virtute, Cs.: in unum locum, L.—*To labor, be in labor:* Spem gregis conixa reliquit, V.—Fig., *to endeavor, struggle:* ut omnes intellegant: ratio conixa per se, *putting forth her own energy:* ad convincendum eum, Ta.: omnibus copiis, L.

coniugālis, e, *adj.* [coniunx], *of marriage, conjugal:* di, Ta.: amor, Ta.

coniugātiō, ōnis, *f.* [coniugo].—Prop., *a connection;* hence, *the etymological connection of words.*

coniugātor, ōris, *m.* [com- + IV-], *one who unites:* amoris, Ct.

coniugiālis, e, *adj.* [coniugium], *of marriage, connubial:* foedus, O.: festa, O.

coniugium, ī, *n.* [com-+IV-].—Prop., *a connection, union;* hence, *marriage, wedlock:* Tulliae: liberale, T.: coniugii dos, O.—Of animals, V.—*A husband*, V., Pr.—*A wife*, V.

con-iugō, āvī, ātus, āre, *to join, unite:* amicitiam, *to form:* coniugata verba, *etymologically related.*

coniūnctē, *adv.* with *comp.* and *sup.* [coniungo], *in connection, conjointly, at the same time:* coniuncte re verboque risus moveatur: elatum aliquid, i. e. *conditionally:* agere.—*In friendship, intimately:* coniuncte vivere, N.: coniunctius vivere: coniunctissime vivere.

coniūnctim, *adv.* [coniungo], *unitedly, in common, jointly, together:* pecuniae coniunctim ratio habetur, Cs.: petere auxilium, N.: rogationes accipere, L.

coniūnctiō, ōnis, *f.* [com-+IV-], *a connecting, uniting, union, agreement:* hominum: adfinitatis: vestra equitumque: mecum gratiae.—*Marriage, relationship, affinity:* sanguinis: fratrum: adfinitatis.—*Friendship, intimacy:* Caesaris: paterna.—In philos., *a connection of ideas.*—In grammar, *a conjunction.*

coniūnctum, ī, *n.* [coniungo].—In rhet., *connection.*

coniūnctus, *adj.* with *comp.* and *sup.* [*P.* of coniungo], *connected:* ratis coniuncta crepidine saxi Expositis scalis, V.—Of places, *adjoining, bordering upon, near, close:* loca castris, Cs.: Paphlagonia Cappadociae, N. — *Connected by marriage, married:* digno viro, V.—*United by relationship, associated, allied, kindred, intimate, friendly:* civium omnium sanguis, *kindred:* cum aliquo vinculis adfinitatis: equites concordiā coniunctissimi: sanguine, S.: propinquitatibus adfinitatibusque, Cs.: quis mihi debet esse coniunctior?: ab stirpe Atridis, V.: inter se coniunctissimi: Pompeium coniunctum (sc. sibi) non offendit, N.: sontibus, Cu.: populo R. civitas, Cs.: in re p., i. e. *of the same party.*—Fig., *connected, pertaining, accordant, agreeing, conformable:* esse quiddam inter nos: nihil cum virtute: iustitia intellegentiae: vanitati coniunctior quam liberalitati: libido scelere: constantia inter augures, *harmonious.*

con-iungō, iūnxī, iūnctus, ere, *to fasten together, connect, join, unite, gather:* calamos cerā, V.: eam epistulam cum hac: huic (navi) alteram, Cs.: dextrae dextram, O.—Fig., *to join, unite, associate:* cohortes cum exercitu, Cs.: alquem cum deorum laude, i. e. *put on an equality with:* cum reo criminum societate coniungi: noctem diei, *added*, Cs.: arma finitimis, L.: se in negotio: vocalīs, *to contract:* bellum, *to wage in concert:* ne tantae nationes coniungantur, Cs.: passūs, *walk together*, O.: dictis facta, *to add*, Ta.: abstinentiam cibi, *to persist in*, Ta.—*To compose, compound, make up:* e duplici genere voluptatis coniunctus: conubia Sabinorum. — *To connect, unite, attach, ally:* se tecum adfinitate, N.: tota domus coniugio coniungitur: alquam alcui matrimonio, L.: coniungi Poppaeae, Ta.: (eum) sibi, Cs.: Ausonios Teucris foedere, V.: amicitiam: societatem, S.: bellum, *to unite in:* cum amicis iniuriam.

coniūnx or **coniux**, iugis, *m.* and *f.* [com-+IV-], *a married person, consort, spouse, husband, wife:* coniuges et liberi: mulier cum suo coniuge: quo coniuge felix ferar, O.: mea: avara.—Of animals, *the female*, O.—*A betrothed bride*, V., Tb., O.

coniūrātiō, ōnis, *f.* [coniuro], *a uniting in an oath, sworn union, alliance:* nobilitatis, Cs.: de bello, L.: (mulierum), *common understanding*, T.—*A conspiracy, plot, secret combination:* Catilinae, S.: impia, L.: coniurationem patefacere: coniurationis particeps: nefanda in libidinem, L.: deserendae Italiae, L.—*A confederacy, band of conspirators:* perditorum hominum.

coniūrātus, *adj.* [*P.* of coniuro], *bound together by an oath, associate, allied, conspiring:* homines: Agmina, O.: rates, *of allies*, O.: in proditionem, L.—Poet., with *inf.:* Graecia coniurata rumpere nuptias, H.: caelum rescindere, V.—*Plur. m.* as *subst.*, *conspirators:* manus coniuratorum: de coniuratis decernere, S.: quos coniuratos haberet dimittere, i. e. *his new levies*, L.

con-iūrō, āvī, ātus, āre, *to swear together, swear in a body* (of a levy en masse): ut iuniores Italiae coniurarent, Cs.—*To swear together, combine under oath:* omne Coniurat Latium, V.: inter se nihil acturos, etc., Cs.—Poet.: res (sc. cum alterā), *combine*, H.—Esp., *to form a conspiracy, plot, conspire:* non defenderem, si coniurasset: inter se, S.: cum aliquo in omne flagitium, L.: contra populum R., Cs.: adversus rem p., L.: de interficiendo Pompeio: ut in te grassaremur, L.: quo stuprum inferretur, L.: patriam incendere, S.

coniux, see coniunx.

cōnīveō (not conn-), —, ēre, *to shut the eyes, blink:* somno: altero oculo.—Of the eyes, *to close, shut, be heavy:* coniventes oculi: (oculis) somno coniventibus.—Fig., *to be dull, drowse, be languid:* blandimenta, quibus sopita virtus coniveret.—*To leave unnoticed, overlook, connive, wink:* quibusdam in rebus: in tantis sceleribus.

cōnīxus, *P.* of conitor.

con-labefactō (**coll-**), —, —, āre, *to convulse, break down:* vastum onus (montis), O.

con-labefīō (**coll-**), factus, fierī, *pass., to fall to pieces, collapse, be ruined:* ut (navis) conlabefieret, Cs.—Fig.: a Themistocle conlabefactus, *overthrown*, N.

con-lābor (**coll-**), lāpsus, ī, *to fall together, fall in ruins, crumble:* moenia conlapsa ruinā sunt, L.: urbes motu terrae, Ta.: postquam conlapsi cineres, V.—Fig., *to fall, sink:* conlapsa membra referre, V.: subito dolore, O.: inter manūs alcuius, Cu.

con-laceratus (**coll-**), *adj., torn to pieces:* corpus, Ta.

conlacrimātiō (**coll-**), ōnis, *f.* [conlacrimo], *a sympathetic weeping.*

conlacrimō (**coll-**, **-lacrumō**), āvī, —, āre, *to weep in sympathy, lament together*, T., C.—*To bewail:* casum meum: casum suum, L.

con-lactea (**coll-**, **-tia**), ae, *f.* [com-+lacteus], *a foster-sister*, Iu.

conlapsus, *P.* of conlabor.

conlātiō (**coll-**), ōnis, *f.* [conlatus], *a bringing together, hostile meeting, collision:* signorum.—*A contribution, collection:* decimae, L.: exempti conlationibus, Ta.—Fig., *a comparison, similitude.*—In philos.: rationis, *the analogy.*

conlātus (**coll-**), *P.* of confero.

conlaudātiō (**coll-**), ōnis, *f.* [conlaudo], *warm praise, eulogy:* hominis.

con-laudō (**coll-**), āvī, ātus, āre, *to prize highly, extol:* filium, T.: factum suis: militum virtutem, L.: alqm magnifice, L.: me, H.: conlaudatis militibus, Cs.: conlaudandus, quod, etc.

conlēcta (**coll-**), ae, *f.* [conlectus], *a contribution, collection:* a convivā exigere.

conlēctīcius (**coll-**; not -titius), um, *adj.* [conlectus], *gathered in haste, huddled together:* exercitus.

conlēctiō (**coll-**), ōnis, *f.* [conlectus], *a collecting, gathering:* (membrorum).—Fig., in rhet., *a summing up, recapitulation.*

conlēctus (**coll-**), *P.* of conligo.

conlēga or **collēga**, ae, *m.* [com-+3 LEG-], *a partner in office, colleague, associate, assessor:* in censurā: imperii, Ta.: conlegam habere: post me sedet, H.: dux delectus est, duo collegae dati, N.—*An associate, companion, fellow:* Epicuri sapientiae; *a fellow-member* (of a club), C.; *a fellow-actor*, Iu.

conlēgium or **collēgium**, ī, *n.* [conlega], *association in office, colleagueship:* expertus mihi concordi collegio vir, L.: consul per tot collegia expertus, L.—*An official body, association, board, bench, college, guild, corporation, society, union, company:* censorum: praetorum: pontificum: augurum: mercatorum, L.: ambubaiarum, H.: tribuni . . . pro collegio pronuntiant, *in the name of the body*, L.

con-lībertus (**coll-**), ī, *m., a fellow-freedman.*

(**con-libet**, **conlubet**, or **collibet**), buit or bitum est, ēre, *impers., it pleases, is agreeable* (only *perf.* system): si conlibuisset, H.: quae victoribus conlubuissent, S.: si quid conlubitumst, T.: simul ac mihi conlibitum est.

conliciō (**coll-**), —, —, ere [com-+lacio], *to mislead, beguile:* me in breve tempus, T.

conlīdō (**coll-**), līsī, līsus, ere [com-+laedo], *to dash to pieces, shatter, batter, crush:* vasa conlisa: umorem: anulus ut fiat, colliditur aurum, O.: colliduntur inter se naves, Cu.—Fig.: Graecia barbariae conlisa duello, *dashed upon*, H.

conligātiō (**coll-**), ōnis, *f.* [2 conligo], *a connection.—Plur.*, C.—Fig., *a bond, union:* causarum omnium: artior societatis.

1. conligō or **colligō**, lēgī, lēctus, ere [com-+2 lego].—Of things, *to gather, collect, assemble, bring together:* stipulam, T.: radices palmarum: limum ovo, i. e. *clear the wine*, H.: horto olus, O.: de vitibus uvas, O.: fructūs, H.: sarmenta virgultaque, Cs.: serpentīs, N.: viatica, H.: conlectae ex alto nubes, *heaped together*, V.: sparsos per colla capillos in nodum, O.: nodo sinūs conlecta fluentēs, V.: pulverem Olympicum, i. e. *to cover himself with*, H.: equos, *to check*, O.: sarcinas conligere, *to put in order* (before battle), S.: vasa, *to pack up* (for a march): vasa silentio, L.: arma, *to take up the oars*, V.—Of persons, *to collect, assemble, bring together:* exercitus conlectus ex senibus desperatis: milites: reliquos e fugā, N.: conlectā iuvenum manu, L.—*To contract, draw up, compress, collect, concentrate:* in spiram tractu se conligit anguis, V.: orbem, L.: apicem conlectus in unum, O.: se in arma, *concealed*, V.—*To gather, repair:* in quo (rei p. naufragio) conligendo: naufragia fortunae.—Fig., *to gather, collect, acquire, incur:* iram, H.: rumorum ventos: haec ut conligeres, declamasti, *compose:* vestigia Pythagoreorum: repente auctoritatem, Cs.: famam clementiae, L.: invidiam crudelitatis ex eo: sitim, V.: frigus, H.: agendo vires ad agendum, L.—*To collect, compose, recover:* se: sui conligendi facultas, *rallying*, Cs.: se ex timore, Cs.: animos, L.: priusquam conligerentur animi, L.: mentem, O.: ubi conlectum robur (tauri), V.—In thought, *to gather, collect, consider, deduce, infer:* paucitatem inde hostium, L.: haec pueris esse grata: sic conlige mecum, H.: qualis in illā decor fuerit, O.: Nereïda sua damna mittere, O.: ex quo ducenti anni conliguntur, *are reckoned*, Ta.

2. con-ligō (**coll-**), āvī, ātus, āre, *to bind together, tie, connect, bind, tie up:* manūs, *tie the prisoner's hands:* eum miseris modis, T.: scutis ictu pilorum conligatis, Cs.—Fig., *to unit, combine, connect:* homines inter se sermonis vinclo: (res) inter se colligatae: annorum memoriam uno libro. —*To restrain, check, stop, hinder:* impetum furentis: Brutum in Graeciā.

con-līneō (**coll-**), āvī, ātus, āre, *to direct straight, aim aright:* hastam aliquo: aliquando.

con-linō (**coll-**), —, —, ere, *to besmear, defile, pollute:* crines pulvere, H.

conliquefactus (**coll-**), *P.* [com-+liquefio], *dissolved, melted:* (venenum) in potione.

conlīsus (**coll-**), *P.* of conlido.

conlocātiō (**coll-**), ōnis, *f.* [conloco], *an arrangement, collocation:* siderum.—In rhet.: verborum: argumentorum.—*An endowing, giving in marriage:* filiae.

con-locō (**coll-**), āvī, ātus, āre, *to set right, arrange, station, lay, put, place, set, set up, erect:* sine tumultu praesidiis conlocatis, S.: rebus conlocandis tempus dare, Cs.: lecticae conlocabantur: sedes ac domicilium: chlamydem, ut pendeat apte, O.: eam in lectulo, T.: in navi: Herculem in concilio caelestium: in his locis legionem, Cs.: insidiatorem in foro: iuvenem in latebris, V.: tabulas in bono lumine: supremo In monte saxum, H.: signa in subsidio artius, S.: colonos Capuae: se Athenis, *settle:* oculos pennis, O.: ibi praesidium, Cs.: exercitum in provinciam, S.: comites apud hospites, *to quarter:* ante suum fundum insidias: castra contra populum R.: cohortīs advorsum pedites, S.: inter mulieres filium.—*To give in marriage:* Quocum gnatam, T.: alicui filiam, N.: filiam in familiā: propinquas suas nuptum in alias civitates, Cs.—Of money or capital, *to lay out, invest, advance, place, employ:* in eā provinciā pecunias: ut in eo fundo dos conlocaretur: patrimonium suum in rei p. salute. —Fig., *to place, set, station, dispose, order, arrange, occupy, employ, put:* aedilitas recte collocata: ut rebus conlocandis tempus daretur, Cs.: verba conlocata, i. e. *to arrange in sentences:* res in tuto ut conlocetur, T.: sese in meretriciā vitā, *employ:* in animis vestris triumphos meos: adulescentiam suam in amore, *spend:* alqm ad Pompeium interimendum: senatum rei p. custodem. — *To invest, store:* apud istum tam multa pretia ac munera: (ut pecunia) sic gloria et quaerenda et conlocanda ratione est.

con-locuplētō (**coll-**), āvī, —, āre, *to make very rich, enrich:* te, T.

conlocūtiō (**coll-**), ōnis, *f.* [conloquor], *a conversation, conference, talk:* hominum: familiarissimae cum alquo.

(**conloquēns**, ntis), *m.* [*P.* of conloquor], *one who converses; only plur.:* conloquentibus difficiles, i. e. *avoiding interviews,* L.

conloquium (**coll-**), ī, *n.* [conloquor], *a conversation, conference, discourse:* eo ad conloquium venerunt, Cs.: in Antoni conloquium venire: de pace in conloquium venire, S.: per conloquia de pace agere, Cs.: in conloquio esse, N.: occulta habere cum aliquo, L.: crebra inter se habere, Cs.: petere, O.: alterius: deorum, V.: conloquia amicorum absentium, i. e. *by letter.*

con-loquor (**coll-**), cūtus, ī, *to talk, converse, confer, parley, hold a conversation:* mecum, T.: cum homine: per Procillam (interpretam) cum eo, Cs.: cum eo de partiendo regno, N.: inter nos: de re p. multum inter se: conloquar, *will talk* (with him), T.: ad se conloquendi gratiā venire, S.: ex equis, Cs.: inimicos cognoscere, conloqui: quas (res) tecum conloqui volo, *talk over,* N.

conlubet, see conlibet.

con-lūceō (**coll-**), —, —, ēre, *to shine brightly, be brilliant, gleam, glow:* sol, qui conluceat: conlucent ignes, V.: lampades undique, O.: (candelabri) fulgore conlucere templum: moenia flammis, V.: omnia luminibus, L.: quā (mare) a sole conlucet.—Fig., *to shine, be resplendent:* vidi conlucere omnia furtis tuis: conlucent floribus agri, O.: totus veste, V.

con-lūdō (**coll-**), sī, —, ere, *to play together, sport with:* paribus, H.—Poet.: videbis in aquā conludere plumas, *move sportively,* V.—Fig., *to have a secret understanding:* tecum.

con-luō, luī, —, ere, *to moisten, wet:* ora, O.

conlūsiō (**coll-**), ōnis, *f.* [conludo], *a secret understanding, collusion:* cum decumanis.

conlūsor (**coll-**), ōris, *m.* [conludo], *a fellow-gambler:* suus.—*A playmate:* infans cum conlusore catello, Iu.

con-lūstrō (**coll-**), āvī, ātus, āre, *to illuminate, brighten, enlighten:* sol omnia luce conlustrans: in picturis conlustrata, *bright lights.*—Fig., *to survey, scrutinize, review:* omnia oculis: cuncta equo, Ta.

conluviēs, —, *abl.* ē, *washings, offscourings, dregs* (late for conluvio): magna, Ta.: rerum, Ta.

conluviō (**coll-**), ōnis, *f.* [conluo], *washings, sweepings, dregs, impurities, offscourings:* mixtorum omnis generis animantium, L.: ex hac conluvione discedere: gentium, *a vile mixture,* L.: omnium scelerum.

con-m-, see comm-.

con-nectō; **con-nex-**, see cōne-.

con-nī-, see cōnī-. **con-nūb-**, see cōnūb-.

cōnōpēum, ēī (Iu.), or **cōnōpium**, ī (H., Pr.), *n., a gauze net, mosquito-curtain, canopy:* turpe, *effeminate,* H.—Hence, *a bed,* Iu., Pr.

cōnor, ātus, ārī, *to undertake, endeavor, attempt, try, venture, seek, aim, make an effort, begin, make trial of:* (mulieres) dum conantur, annus est, T.: audax ad conandum: conari desistis: conari consuescere, N.: ego obviam conabar tibi, *was going to find you,* T.: quicquam Fallaciae, T.: id quod conantur consequi, *their ends:* tantam rem, L.: multa stulte, N.: plurima frustra, V.: Ter conatus utramque viam, V.: id ne fieret omnia conanda esse, L.: ius suum exsequi, Cs.: rem labefactare: haec delere: frustra loqui, O.: frustra dehortando impedire, N.: si perrumpere possent, Cs.

con-p-, see comp-.

conquaerō, see conquīrō.

conquassātiō, ōnis, *f.* [conquasso], *a shattering, disturbance:* valetudinis corporis.

con-quassō, —, ātus, āre, *to shake severely:* Appulia terrae motibus conquassata.—Fig., *to shatter, disturb:* nationes.

con-queror, questus, ī, *dep., to complain, bewail, lament, deplore:* voce aliā, T.: temporis ad conquerendum parum: Conquerar an sileam? O.: fortunam: bonorum direptiones: patris in se saevitiam, L.: ignaris nequiquam auris, Ct.: multa conquesti, O.: pauca de fortunā: ad saxa haec, *make these complaints:* his de rebus: apud patres vim dictatoris: alqd pro re p.

conquestiō, ōnis, *f.* [conqueror], *a complaining, bewailing, complaint:* Sulpicii: in senatu habitae.—In rhet., *an appeal to sympathy.*

1. conquestus, *P.* of conqueror.

2. (conquestus, ūs), *m.* [conqueror], *a violent complaint;* only *abl. sing.:* libero, L.

con-quiēscō, quiēvī (conquiēsti, C.; conquiēsse, L.), quiētus, ere, *to find rest, rest, repose, be idle, be inactive:* ut ne ad saxa quidem mortui conquiescant: ante iter confectum, *to halt,* Cs.: sub armis, Cs.: ex laboribus.—*To go to sleep, take repose, take a nap:* meridie, Cs.—*To pause* (in speaking): in conquiescendo.—*To pause, stop:* numquam ante, quam, etc.: nec conquiesse, donec, etc., L.—*To stop, pause, rest, cease, be in repose:* quando illius sica conquievit?: navigatio mercatorum, *is closed:* imbre conquiescente, L.: Italia a delectu, urbs ab armis.—Fig., *to rest, be at peace, enjoy tranquillity:* nec nocte nec interdiu, L.: aures convicio defessae: in nostris studiis.

conquīrō, quīsīvī (sierit, C.), quīsītus, ere [com-+quaero], *to seek for, hunt up, search out, procure, bring together, collect:* toto flumine navīs, Cs.: iubet omnia conquiri: quam plurimum pecoris ex agris, S.: Diodorum totā provinciā: quos potuit (colonos), N.: his ut conquirerent (sc. homines) imperavit, Cs.: pecuniam, L.: quem quisque notum habebat, Cs.: triumviri sacris conquirendis, L.—Fig., *to seek after, search for, go in quest of:* suavitates undique: voluptates, Cs.: litterae cogitatione conquirendae: artīs ad alqm opprimendum, Ta.: omnia contra sensūs: aliquid sceleris, *to seek to commit.*

conquīsītiō, ōnis, *f.* [conquiro], *a seeking out, search for, bringing together, procuring, collecting:* diligentissima, Ta.: piaculorum, L.: pecuniarum, Ta.—*A levying, levy, conscription:* durissima: ingenuorum per agros, L.

conquīsītor, ōris, *m.* [conquiro], *a recruiting officer, press-captain,* C.: retentis conquisitoribus, L.

conquīsītus, *adj.* with *sup.* [*P.* of conquiro], *sought out, chosen, select:* coloni: conquisitissimis epulis.

con-r-, see corr-.

cōn-saeptus (not cōnsēptus), *P., fenced round, hedged in:* ager: locus cratibus, L.—As *subst. n., a fenced place, enclosure,* L., Cu.

cōnsalūtātiō, ōnis, *f.* [consaluto], *a greeting, mutual salutation:* forensis: inter exercitūs, Ta.

cōn-salūtō, āvī, ātus, āre, *to greet, salute cordially:* inter se: regem (multitudo), L.: eum dictatorem, *greet him as,* L.: eam Volumniam.

cōn-sānēscō, nuī, —, ere, *to recover, be healed.*

cōn-sanguineus, *adj., of the same blood, related by blood, kindred, fraternal:* homines, Cs.: Acestes, *his kinsman,* V.: umbrae, *of her brothers,* O.: turba, *the family,* O.—As *subst. m., a brother,* C.; *f., a sister,* Ct.—*Plur., kindred, kinsmen:* a senatu appellati, Cs.

cōnsanguinitās, ātis, *f.* [consanguineus], *kindred, relationship:* misericordia consanguinitatis, L.: consanguinitate propinquus, V.

cōnscelerātus, *adj.* with *sup.* [*P.* of conscelero], *wicked, depraved:* pirata: mens: mentes, L.: impetus: exsectio linguae: consceleratissimi filii.—*Plur. m.* as *subst., wretches, villains:* in consceleratos poenae: consceleratorum manus.

cōn-scelerō, āvī, ātus, āre, *to stain with guilt, pollute, dishonor, disgrace:* oculos videndo, O.: domum, Ct.

cōnscendō, endī, ēnsus, ere [com-+scando], *to mount, ascend, climb:* vallum, Cs.: equos, L.: aethera, O.: rogum, V.: in equos, O.—*To go on board, embark:* navem: puppim, O.: aequor navibus, *to go to sea,* V.: in navīs, Cs.: in phaselum: velim conscendas, ad meque venias: ab eo loco, *set sail:* Thessalonicae conscendere iussi, L.—Fig.: laudis carmen, *to rise to,* Pr.

cōnscēnsiō, ōnis, *f.* [conscendo], *an embarking:* in navīs.

cōnscēnsus, *P.* of conscendo.

cōnscientia, ae, *f.* [conscio], *joint knowledge, consciousness, common knowledge, privity, cogni-*

zance: conscientiae contagio: alqm in conscientiam adsumere, Ta.: a conscientiae suspitione abesse: perfugit, suam conscientiam metuens, L.: conscientiae eius modi facinorum: hominum: plurium, L.—*Consciousness, knowledge, feeling, sense:* nostra: sua, L.: virium nostrarum, L.: pulcherrimi facti: scelerum tuorum, Cs.: spretorum (deorum), L.: de culpā, S.: conscientiā, quid abesset virium, detractavere pugnam, L.: inerat conscientia derisui fuisse triumphum, *he was keenly aware,* Ta.—*A sense of right, moral sense, conscience:* recta, *a good conscience:* egregia, L.: bonae conscientiae pretium, *of self-approval,* Ta.: Abacta nullā conscientiā, *scruple,* H.: generis humani, *the moral judgment,* Ta.: mala, S.—*A good conscience, self-approval:* maximi aestimare conscientiam mentis suae: in gravi fortunā conscientiā suā niti. —*A sense of guilt, remorse:* fuga, et sceleris et conscientiae testis: conscientiā convictus: angor conscientiae: mentem vastabat, S.: animi.—With *ne, guilty fear,* Ta.

cōn-scindō, idī, issus, ere, *to tear, rend to pieces:* conscissā veste, T.: epistulam: ipsam capillo conscidit (i. e. illius capillum), T.—Fig., *to tear to pieces, calumniate:* me: advocati sibilis conscissi, *hissed at.*

cōn-sciō, —, —, īre, *to be conscious, feel guilty:* nil conscire sibi, H.

cōn-scīscō, scīvī (-scīsse, L.; -scīsset, C.), scītus, īre.—Of public acts, *to approve of, decree, determine, resolve upon:* Senatus censuit, conscivit ut bellum fieret, L. (old formula): bellum, L.: facinus in se foedum, L.—*To adjudge, appropriate:* mortem sibi, *to commit suicide:* necem sibi: exsilium nobis, L.: mortem (sc. sibi), L.: mors ab ipsis conscita, L.: consciscenda mors voluntaria.

cōnscissus, *P.* of conscindo.

cōnscītus, *P.* of conscisco.

cōnscius, *adj.* [com-+scio], *knowing in common, conscious with, privy, participant, accessory, witnessing:* tam multis consciis, *when so many knew it,* N.: tam audacis facinoris, T.: alius alii tanti facinoris conscii, S.: horum eram conscius: ante actae vitae, L.: flagitiorum: peccati, H.: numina veri, V.: quorum nox conscia sola est, O.: qui fuere ei conscii, T.: mendacio meo: conscium illi facinori fuisse: coeptis, O.: conubiis aether, V.: mihi in privatis omnibus conscius: his de rebus Piso: res multis consciis quae gereretur, N.: Quo nec conscia fama sequatur, *that knows me,* V.: conscia agmina iungunt, *of allies,* V.—As *subst., a partaker, accessory, accomplice, confidant, witness:* conscius omnis abest, O.: ipsi tui conscii, socii: meorum consiliorum: illos (equos) conscios putant (deorum), Ta.: conscia, *the confidante,* H.—*Knowing, conscious:* alicuius iniuriae sibi, Cs.: sibi nullius culpae: mens sibi conscia recti, V.: lupus audacis facti, V.: mihi, numquam me nimis cupidum fuisse vitae: ego, quae mihi sum conscia, hoc scio, T.: virtus, V.: partim conscii sibi, alii, etc., *from a sense of guilt,* S.: quos conscius animus exagitabat, *guilty,* S.

cōnscrībillō, —, —, āre, *dim.* [conscribo], *to mark by beating, mark with welts:* manūs, Ct.

cōn-scrībō, īpsī, īptus, ere, *to write together, write in a roll, enroll, enlist, levy:* milites: exercitūs, Cs.: cohortīs, S.: sex milia familiarum, L.: cum vicatim homines conscriberentur (i. e. for bribery).—*To put together in writing, draw up, compose, write:* edictum: legem: condiciones, L.: epistula Graecis litteris conscripta, Cs.: pro salutaribus mortifera, *prescribe:* qui esset optimus rei p. status: de quibus ipse conscripsi.—*To write over, cover:* conscripta vino mensa, O.: conscriptum lacrimis epistolium, Ct.

cōnscrīptiō, ōnis, *f.* [conscribo], *a record, report:* falsae quaestionum, *forged depositions.*

cōnscrīptus, ī, *m.* [*P.* of conscribo], *one enrolled:* patres conscripti (i. e. patres et conscripti), *fathers and elect,* i. e. *the senate:* conscriptos in novum senatum appellabant lectos, L.: 'Patres conscripti' (addressing the senate), S.: pater conscriptus: conscripti officium, *of a senator,* H.

cōn-secō, cuī, ctus, āre, *to cut to pieces, cut up:* membra fratris, O.

cōnsecrātiō, ōnis, *f.* [consecro], *a religious dedication, consecration:* domūs.—*An apotheosis,* Ta.—*An execration, denunciation:* capitis: legis, *by law.*

cōnsecrātus, *adj.* [*P.* of consecro], *hallowed, holy, sacred:* locus, Cs.

cōnsecrō, āvī, ātus, āre [com-+sacro], *to dedicate, devote, offer as sacred, consecrate:* agros: locum certis circa terminis, L.: lucos ac nemora, Ta.: Caesaris statuam, Cs.: candelabrum Iovi: Siciliam Cereri: fratribus aras, S.—*To honor as a deity, place among gods, deify, glorify:* Liberum: beluae numero consecratae deorum: Aeacum divitibus insulis, *consign,* i. e. *immortalize,* H.—*To doom to destruction, devote, make accursed, execrate:* caput eius, qui contra fecerit: tuum caput sanguine hoc, L.—*To surrender:* esse (se) iam consecratum Miloni, *to the vengeance of.*—Fig., *to devote, attach devotedly, ascribe as sacred:* certis quibusdam sententiis quasi consecrati: utilitas (artis) deorum inventioni consecrata: (viros) ad immortalitatis memoriam.—*To make immortal, immortalize:* ratio disputandi (Socratis) Platonis memoriā consecrata: amplissimis monumentis memoriam nominis tui.

cōnsectārius, *adj.* [consector], *that follows logically, consequent:* illud minime.—*Plur. n.* as *subst., conclusions, inferences.*

cōnsectātiō, ōnis, *f.* [consector], *an eager pursuit, striving after:* concinnitatis.

cōnsectātrīx, īcis, *f.* [consectator], *an eager pursuer, adherent:* voluptatis.

cōnsectiō, ōnis, *f.* [conseco], *a cutting up, cleaving to pieces:* arborum: eius (materiae), i. e. *the art of fashioning.*

cōn-sector, ātus, ārī, *dep.*, *to follow eagerly, attend continually, go after:* hos, T.: rivulos.—*To follow up, persecute, chase, pursue, overtake, hunt:* hostīs, Cs.: per castella milites, Ta.: in montibus pecora, L.: alqm clamoribus.—Fig., *to pursue eagerly, strive after, follow, emulate, imitate:* dolorem ipsum: umbras falsae gloriae: verba.

cōnsecūtiō, ōnis, *f.* [consequor], *an effect, consequence:* consecutionem adfert voluptatis, *has pleasure as a consequence:* causas rerum et consecutiones videre.—In rhet., *order, connection:* verborum.

cōnsēdī, *perf.* of consido.

cōn-senēscō, nuī, —, ere, *inch.*, *to grow old together, grow old, become gray:* otio rei p.: illā casā, O.: socerorum in armis, H.: insontem in exsilio, L.—*To waste away, sink, decline:* in fratris gremio maerore.—Fig., *to lose respect:* nullo adversario.—*To decay, degenerate, grow obsolete, decline:* illis annis omnia consenuerunt, S.: quamvis consenuerint vires: lex, L.: invidia: alcuius cognomen.

cōnsēnsiō, ōnis, *f.* [consentio], *an agreeing together, agreement, unanimity, common accord:* numquam maior populi R.: ratio, plena consensionis omnium: omnium omni in re: tanta Galliae consensio fuit libertatis vindicandae, Cs.: naturae, *harmony.*—*A plot, combination, conspiracy:* insidiarum: magna multorum, N.: aperta, Ta.: globus consensionis, i. e. *of conspirators,* N.

1. cōnsēnsus, *P.* of consentio.

2. cōnsēnsus, ūs, *m.* [consentio], *agreement, accordance, unanimity, concord:* vester in causā: civitatium de meis meritis: si omnium consensus naturae vox est: consensu omnium locum delegerunt, Cs.: optimatum, N.: civitatis, L.: optimo in rem p. consensu libertatem defendere: legionis ad rem p. reciperandam: temptatae defectionis, L.: omnium vestrum consensu, *as you all agree,* Cs.: omnium consensu, *unanimously,* Cs.: Poscor consensu Laelapa magno, *beset with demands for,* O.: apud Chattos in consensum vertit, *has become a general custom,* Ta.: maiores natu consensu legatos miserunt, *with one accord,* Cs.: munus consensu inpingunt, L.—*A plot, conspiracy:* audacium.—*Agreement, harmony:* omnium doctrinarum.

cōnsentāneus, *adj.* [consentio], *agreeing, according, suited, becoming, meet, fit, proper:* cum iis litteris: mors eius vitae: actiones virtuti: consentaneum est in iis sensum inesse, *is reasonable:* quid consentaneum sit ei dicere, qui, etc.—*Plur. n.* as *subst., concurrent circumstances:* ex consentaneis (argumenta ducere).

cōnsentiēns, entis, *abl.* tī or te, *adj.* [*P.* of consentio], *agreeing, accordant, unanimous:* senatus: rerum cognatio: hominum consentiente auctoritate contenti: clamore consentienti pugnam poscunt, L.

cōn-sentiō, sēnsī, sēnsus, īre, *to agree, accord, harmonize, assert unitedly, determine in common, decree, unite upon:* hunc consentiunt gentes primarium fuisse: populo R. consentiente, *with the approval of:* consensit et senatus bellum, i. e. *has decreed war,* L.: de amicitiae utilitate: vestrae mentes cum populi R. voluntatibus: superioribus iudiciis: virtute ad communem salutem: ad conservandam rem p.: in quā causā omnes ordines: in hoc, L.: in formam luctūs, L.: consensa in posterum diem contio, *called by consent,* L.: senatus censuit consensit ut bellum fieret, L. (old formula): bellum erat consensum, L.: consensisse, ne dicerent dictatorem, L.: possessiones non vendere.—*To agree, join, plot together, conspire, take part:* factum defendite vestrum, Consensistis enim, O.: cum Belgis reliquis, Cs.: belli faciendi causā: ad prodendam Hannibali urbem, L.—*To accord, agree, harmonize with, fit, suit:* in homine omnia in unum consentientia, *in an harmonious whole,* L.: cum voltus Domitii cum oratione non consentiret, Cs.: inter se omnes partes (corporis) consentiunt: his principiis reliqua consentiebant: suis studiis, *approve,* H.: ratio nostra consentit, pugnat oratio.

cōnsequēns, entis, *adj.* [*P.* of consequor], *according to reason, correspondent, suitable, fit:* in verbis quod non est consequens: consequens esse videtur, ut scribas, etc., *fitting.*—*Following logically, consequent:* alterum alteri.—As *subst. n., a consequence, conclusion:* falsum.—*Plur.:* vestra.

cōnsequentia, ae, *f.* [consequor], *a consequence, natural succession:* eventorum.

cōn-sequor, secūtus (sequūtus), ī, *dep.*, *to follow, follow up, press upon, go after, attend, accompany, pursue:* litteras suas prope, L.: se coniecit intro, ego consequor, T.: hos vestigiis.—*To follow, pursue* (as a foe): copias, Cs.: (alitem) pennis, O.: face iactatā Consequitur ignibus ignes, *makes a circle of fire* (to the eye), O.—In time, *to follow, come after:* Cethegum aetate: has res consecuta est mutatio, N.: eius modi sunt tempestates consecutae, uti, etc., Cs.: reliquis consecutis diebus: silentium est consecutum.—*To overtake, reach, come up with, attain to, arrive at:* hunc fugientem: columbam, V.: rates, O.: ad vesperam consequentur: reliqui legati sunt consecuti, *came up,* N.: (telum) Consequitur quocumque petit, *hits,* O.—Fig., *to follow, copy, imitate, adopt,* *obey:* Chrysippum Diogenes consequens: Necessest consilia consequi consimilia, T.: mediam consili viam, L. — *To follow, ensue, result, be the consequence, arise from:* ex quo caedes esset vestrum consecuta: dictum invidia consecuta est, N.: quia libertatem pax consequebatur: illud naturā consequi, ut, etc. — *To reach, overtake, obtain, acquire, get, attain:* opes quam maximas: honores: eam rem, Cs.: fructum amplissimum ex vestro iudicio: omnia per senatum: suis meritis inpunitatem: gloriam victoriis, N.: in hac pernicie rei p. gratiam: multum in eo se consequi dicebat, quod, etc., *that it was a great advantage to him,* N.: perverse dicere perverse dicendo, *acquire bad habits of speaking.*—*To reach, come to, overtake, strike:* matrem mors consecutast, T.: tanta prosperitas Caesarem est consecuta, ut, N.—*To become like, attain, come up to, equal:* aliquem maiorem. — *To attain to, understand, perceive, learn, know:* plura, N.: omnīs illorum conatūs: facta memoriā: tantam causam diligentiā: quid copiarum haberes.—Of speech, *to attain, be equal to, do justice to:* laudes eius verbis: omnia verbis.

1. cōn-serō, sēvī, situs, ere [com- + 1 sero], *to sow, plant:* agros: ager diligenter consitus: ager arbustis consitus, S.: pomaria, Ta.: Ismara Baccho (i. e. vino), V.: arborem, L.: pomus consita, Tb.—Fig., *to sprinkle, strew* (poet.): crebris freta consita terris, V.: caecā mentem caligine consitus, Ct.

2. cōn-serō, seruī, sertum, ere [com- + 2 sero], *to connect, entwine, tie, join, fit, bind, unite:* Lorica conserta hamis, V.: Consertum tegumen spinis, *pinned together,* V.: sagum fibulā, Ta. — Fig.: exodia conserta fabellis, L.—*To join, bring together:* latus lateri, O.: sinūs, Tb. — With *manum, manūs* (rarely *manu*), *to fight hand to hand, join battle:* signa contulit, manum conseruit: conserundi manum copia, S.: manūs inter se, L.: consertis deinde manibus, L.: dextram, V.: manu consertum alqm attrahere, L.—Fig.: ibi ego te ex iure manum consertum voco, *I summon you to a trial face to face.*—With *pugnam* or *proelium:* pugnam, L.: pugnam inter se, L.: proelium comminus, L.—In other connections: sicubi conserta navis sit, *was grappled,* L.: cum levi armaturā, L.: belli artīs inter se, *employed in fight,* L.

cōnsertē, *adv.* [consertus], *in close connection:* omnia fieri.

cōnsertus, *P.* of 2 consero.

cōnserva, ae, *f.* [conservus], *a (female) fellow-slave,* T.—Poet.: conservae fores, O.

cōnservāns, antis, *adj.* [*P.* of conservo], *preservative:* eius statūs.

cōnservātiō, ōnis, *f.* [conservo], *a keeping, preserving:* civium: decoris: frugum.

cōnservātor, ōris, *m.* [conservo], *a keeper, preserver, defender:* patriae: urbis.

cōn-servō, āvī, ātus, āre, *to retain, keep safe, maintain, preserve, spare:* te, T.: civīs: omnīs, Cs.: rem familiarem diligentiā: simulacra arasque, N.: civīs incolumīs: animum integrum: incolumis ab eo conservatus est, *left unpunished,* Cs. —Fig., *to keep intact, preserve inviolate, guard, observe:* ius legatorum, Cs.: ius iurandum: disciplinam: voluntatem mortuorum: maiestatem populi R.: pristinum animum erga alqm, L.

cōn-servus, ī, *m., a fellow-slave,* T., C., H., Ta.

cōnsessor, ōris, *m.* [consido], *one who sits by, an assessor, associate.*—In court: accusatoris.—At a feast, C.—In public shows: pauperem consessorem fastidire, L., C.

cōnsessus, ūs, *m.* [consido], *a collection* (of persons), *assembly:* meorum iudicum: consessu maximo agere causam: consessum clamoribus implere, V.: a consessu plausus datus: se heros Consessu medium tulit (*dat.* for in consessum), V.: theatrales gladiatoriique: in ludo.

cōnsīderātē, *adv.* with *comp.* and *sup.* [considero], *considerately, deliberately:* agere: id facere: alqd consideratius facere, Cs.: quid feci non consideratissime?

cōnsīderātiō, ōnis, *f.* [considero], *contemplation, consideration:* naturae: accurata.

cōnsīderātus, *adj.* with *comp.* and *sup.* [*P.* of considero], *maturely reflected upon, deliberate, considerate:* excogitatio faciendi aliquid: consideratius consilium: verbum consideratissimum.—*Circumspect, cautious, considerate:* iudex: unā in re: tardum pro considerato vocent, L.: quis consideratior illo.

cōnsīderō, āvī, ātus, āre, *to look at closely, regard attentively, inspect, examine, survey:* candelabrum: spatium victi hostis, O.: alquem, S.: Num exciderit ferrum, O.—Fig., *to consider maturely, reflect upon, contemplate, meditate:* mecum in animo vitam tuam, T.: neglegentiam eius: pericula, S.: aliquid ex suā naturā: his de rebus cum Pomponio: de quā (intercessione): id, de quo consideretur, *inquiry is made:* cum vestris animis: quid agas: quid in alios statuatis, S.: considerandum est, ne temere desperet: ait se considerare velle.

cōn-sīdō, sēdī (rarely sīdī; cōnsīderant, L., Ta.), sessus, ere, *to sit down, take seats, be seated, settle:* positis sedibus, L.: considunt armati, Ta.: in pratulo propter statuam: in arā, N.: examen in arbore, L.: ante focos, O.: mensis, *at the tables,* V.: tergo tauri, O.: in novam urbem, *enter and settle,* Cu.: ibi considitur: triarii sub vexillis considebant, L.—In assemblies, *to take place, take a seat, sit, hold sessions, be in session:* in theatro: in loco consecrato, *hold court,* Cs.: quo die, iudices, consedistis: senior iudex consedit, O. — *To encamp, pitch a camp, take post, station oneself:* ad confluentīs in ripis, L.: sub radicibus montium, S.: trans flumen, Cs.: prope Cirtam haud longe a mari, S.: ubi vallis spem praesidi offerebat, Cs.: cum cohorte in insidiis, L.: ad insidias, L.—*To settle, take up an abode, stay, make a home:* in Ubiorum finibus, Cs.: trans Rhenum, Ta.: in hortis (volucres), *build*, H.: Ausonio portu, *find a home*, V.: Cretae (locat.), V.—*To settle, sink down, sink in, give way, subside, fall in:* terra ingentibus cavernis consedit, L.: (Alpes) iam licet considant!: in ignīs Ilium, V.: neque consederat ignis, O.—Fig., *to settle, sink, be buried:* iustitia cuius in mente consedit: consedit utriusque nomen in quaesturā, *sank out of notice:* Consedisse urbem luctu, *sunk in grief*, V.: praesentia satis consederant, i. e. *quiet was assured*, Ta.—*To abate, subside, diminish, be appeased, die out:* ardor animi cum consedit: terror ab necopinato visu, L.—Of discourse, *to conclude, end:* varie distincteque.

cōn-sīgnō, āvī, ātus, āre, *to seal, sign, subscribe, set seal to:* tabulas signis: laudatio consignata cretā.—Fig., *to attest, certify, establish, vouch for:* senatūs iudicia publicis populi R. litteris consignata: auctoritates nostras.—*To note, inscribe, register, record:* litteris aliquid: fundos commentariis.—Fig.: quasi consignatae in animis notiones, *stamped.*

cōnsiliārius, ī, *m.* [consilium], *a counsellor, adviser:* fidelis: ad bellum, L. — *An interpreter, minister:* (augur) Iovi datus.

cōnsiliātor, ōris, *m.* [consilior], *a counsellor:* maleficus, Ph.

cōnsiliō, *adv.* [*abl.* of consilium], *intentionally, designedly, purposely:* seu forte, seu consilio, L.: urbem Adferimur, V.

consilior, ātus, ārī [consilium], *to take counsel, consult:* consiliandi causā conloqui, Cs.: rursus, Ta.: consiliantibus divis, H.: haec consiliantibus eis, *considering*, Cs. — *To counsel, advise:* bonis amice, H.

cōnsilium, ī, *n.* [com- + 2 SAL-], *a council, body of counsellors, deliberative assembly:* senatum, orbis terrae consilium: senatūs: Iovis, H.: consilium viribus parat, L.: publicum, i. e. *a court of justice:* hac re ad consilium delatā, *a council of war*, Cs.: sine consiliis per se solus, *without advisers*, L.: Illa Numae coniunx consiliumque fuit, *counsellor*, O.—*Deliberation, consultation, considering together, counsel:* capere unā tecum, T.: summis de rebus habere, V.: quasi vero consili sit res, ac non, etc., *a question for discussion*, Cs.: arbitrium negavit sui esse consili, *for him to decide*, N.: quid efficere possis, tui consili est, *for you to consider:* nihil quod maioris consili esset: nocturna, S.: in consilio est aedilibus, *admitted to the counsels*, Iu.—*A conclusion, determination, resolution, measure, plan, purpose, intention, design, policy:* unum totius Galliae, Cs.: callidum, T.: arcanum, H.: saluberrima, Ta.: adeundae Syriae, Cs.: consili participes, S.: superioris temporis, *former policy*, Cs.: consilium expedire, *resolve promptly*, L.: certus consili, *in purpose*, Ta.: incertus consilii, T., Cu.: Consilia in melius referre, *change her policy*, V.: quod consilium dabatur? *resource*, V.: unde consilium afuerit culpam abesse, L.: eo consilio, uti, etc., *their object being*, Cs.: quo consilio huc imus? T.: omnes uno consilio, *with one accord*, Cs.: cum suo quisque consilio uteretur, *pursued his own course*, Cs.: publico factum consilio, *by the state*, Cs.: alqm interficere publico consilio, i. e. *by legal process*, Cs.: privato consilio exercitūs comparare, *on their own account:* audax, L.: fidele: sapiens, O.: plenum sceleris.—In phrases with *capere* or *suscipere*, *to form a purpose, plan, resolve, decide, determine:* neque, quid nunc consili capiam, scio, De virgine, T.: legionis opprimendae consilium capere, Cs.: obprimundae rei p., S.: hominis fortunas evertere: ex oppido profugere, Cs.: consilium ceperunt, ut, etc.: capit consilium, ut nocte iret, L.—With *inire*, *to form a plan, resolve, conspire, determine:* inita sunt consilia urbis delendae: iniit consilia reges tollere, N.: consilia inibat, quem ad modum discederet, Cs.: de recuperandā libertate consilium initum, Cs.—With *est*, *it is intended, I purpose:* non est consilium, pater, *I don't mean to*, T.: non fuit consilium otium conterere, S.: ea uti deseram, non est consilium, S.: quibus id consili fuisse cognoverint, ut, etc., *who had formed the plan*, etc., Cs.: quid sui consili sit, ostendit, Cs.—In war, *a plan, device, stratagem:* consilia cuiusque modi Gallorum, Cs.: tali consilio profligavit hostīs, N.: Britannorum in ipsos versum, Ta.: te consilium Praebente, H.—*Counsel, advice:* recta consilia aegrotis damus, T.: fidele: lene, H.: consilio uti tuo, *take your advice:* consilium dedimus Sullae, ut, etc., Iu. — *Understanding, judgment, wisdom, sense, penetration, prudence, discretion:* neque consili satis habere: a consilio principum dissidere: res forte quam consilio melius gestae, S.: Simul consilium cum re amisti? T.: pari consilio uti: vir consili magni, Cs.: plus in animo consili, L.: catervae Consiliis iuvenis revictae, H.: tam nulli consili, T.: tam expers consili: misce stultitiam consiliis brevem, H.: consilii inopes ignes, *indiscreet*, O.: vis consili expers, H.

cōn-similis, e, *adj.*, *entirely similar, very like:* ludus, T.: laus: causa consimilis earum, quae, etc.: formae mores consimiles, T.: fugae profectio, Cs.: rem gerere, consimilem rebus, etc.

cōnsipiō, —, —, ere [com- + sapio], *to be sane, be of sound mind:* mentibus, L. dub.

cōn-sistō, stitī, stitus, ere, *to stand still, stand, halt, stop, take a stand, post oneself:* hic, T.: Ubi veni, T.: consistimus, H.: viatores consistere cogant, Cs.: bestiae cantu flectuntur atque consistunt: in oppidis: ire modo ocius, interdum consistere, H.: in muro, *get footing*, Cs.: ad aras, O.: ante domum, O.: in aede, O.: cum hoc, *at the side of:* limine, O.: rota constitit orbis, *stood still*, V.—*To set, grow hard, become solid:* frigore constitit unda, *has been frozen*, O.: sanguis.—*To take a stand, take position, assume an attitude, stand forth, set oneself:* in scaenā, Ph.: in communibus suggestis: mediā harenā, V.: in digitos adrectus, V.: inter duas acies, L.: quocumque modo, *in whatever attitude*, O.: quales quercūs Constiterunt, *stand up in a body*, V.—Of troops, *to stand, form, halt, make a halt, take position, be posted, make a stand:* in superiore acie, Cs.: in fluctibus, Cs.: pro castris, *form*, S.: pari intervallo, Cs.: a fugā, L.: in orbem, Cs.: quadratum in agmen (acies), Tb.: naves eorum nostris adversae constiterunt, Cs. — *To abide, stay, settle, tarry, have a place of business:* negotiandi causā ibi, Cs.: locus consistendi in Galliā, Cs.: Latio consistere Teucros, *room for*, V.: primā terrā, *on the very shore*, V.: ede ubi consistas, Iu.—Fig., *to pause, dwell, delay, stop:* in uno nomine: paulisper.—*To be firm, stand unshaken, be steadfast, continue, endure, subsist, find a footing:* mente: in dicendo: in quo (viro) culpa nulla potuit consistere, *rest upon:* Quos (finīs) ultra citraque nequit consistere rectum, H.: si prohibent consistere vires, O.—*To agree:* cum Aristone verbis consistere, re dissidere. — *To be, exist, occur, take place:* vix binos oratores laudabiles constitisse: sed non in te quoque constitit idem Exitus, O.: ut unde culpa orta esset, ibi poena consisteret, *fall*, L.: ante oculos rectum pietasque Constiterant, *stood forth*, O.—*To consist in, consist of, depend upon:* pars victūs in lacte consistit, Cs.: (rem p.) in unius animā: in unā virtute spes, Cs.: causa belli in personā tuā.—*To come to a stand, stand still, stop, cease:* omnis administratio belli consistit, Cs.: natura consistat necesse est: consistere usura debuit: bellum, L.: infractaque constitit ira, O.

cōnsitiō, ōnis, *f.* [1 consero], *a sowing, planting.*

cōnsitor, ōris, *m.* [1 consero], *a sower, planter:* uvae (i. e. Bacchus), O., Tb.

cōnsitūra, ae, *f.* [1 consero], *a sowing, planting:* agri.

cōnsitus, *P.* of 1 consero.

cōnsōbrīna, ae, *f.* [consobrinus], *a (female) cousin-german, first cousin*, C., N.

cōnsōbrīnus, ī, *m.* [com-+soror], *a mother's sister's son, cousin-german, first cousin:* noster, T.: avunculi filius.

cōnsociātiō, ōnis, *f.* [consocio], *a union, association:* hominum: gentis, L.

cōnsociātus, *adj.* with *sup.* [*P.* of consocio], *united, harmonious:* di, L.: consociatissima voluntas.

cōn-sociō, āvī, ātus, āre, *to make common, share, associate, join, unite, connect:* regnum, L.: animos eorum, L.: Umbram (arbores), H.: (sidera) consociata, O.: cum amicis iniuriam: cum malefico Usum ullius rei, Ph.: omnia cum iis, L.: rem inter se, L.: se in consilia.

cōnsōlābilis, e, *adj.* [consolor], *that may be consoled, to be comforted:* dolor.

cōnsōlātiō, ōnis, *f.* [consolor], *a consoling, consolation, comfort:* uti consolatione: non egere consolatione: senectutem nullā consolatione permulcere: litterarum tuarum: malorum: consolationibus levari.—*A consolatory discourse:* Ciceronis.—*An encouragement, alleviation:* timoris.

cōnsōlātor, ōris, *m.* [consolor], *a comforter.*

cōnsōlātōrius, *adj.* [consolator], *comforting:* litterae, *of condolence.*

cōn-sōlor, ātus, ārī, *dep.*, *to encourage, animate, console, cheer, comfort:* alqm, Cs.: alqm in miseriis: Piliam meis verbis, *in my name:* alqd consolandi tui gratiā dicere: me ipse illo solacio, quod, etc.: se per litteras: consolando iuvero, T.: officia consolantium: quo consolante doleres? *who would console you?* O.: consolatus rogat, *encouraging him*, Cs.—*To mitigate, alleviate, lighten, relieve, soothe:* doloris diuturnitatem: brevitatem vitae posteritatis memoriā: desiderium tui spe.

cōn-sonō, uī, —, āre, *to sound together, sound aloud, re-echo, ring, resound:* plausu Consonat nemus, V.: adsensu populi Regia, O.: consonante clamore, *by acclamation*, L.

cōnsonus, *adj.* [com-+SON-], *sounding together, harmonious:* clangor, O.—Fig., *accordant, fit, suitable:* putare satis consonum fore, si, etc.

cōn-sōpiō, —, ītus, īre, *to lull to sleep, stupefy.* —*Pass.:* somno consopiri sempiterno: a Lunā.

con-sors, sortis, *m.* and *f.* **I.** *Adj.*, *having a common lot, of the same fortune:* pectora (i. e. sorores), O.: sanguis, *a brother's*, O.: tecta, *common*, V.: casūs: fratres, *partners:* socius, H. — **II.** *Subst.*, *a sharer, co-heir, partner, associate, colleague, comrade:* consortes mendicitatis: thalami, *wife*, O.: frater et consors censoris, *co-heir*, L.: in lucris: me consortem nati concede sepulchro, V.—*A brother, sister:* Remus, Tb.: Iovis, O.: suus, O.

cōnsortiō, ōnis, *f.* [consors], *fellowship, community, partnership, association:* humana: sociabilis inter reges, L.

cōnsortium, ī, *n.* [consors], *fellowship, participation, society:* in consortio esse, L.: regni, Ta.

cōn-sparsus, *P.*, see conspergo.

1. cōnspectus, *adj.* with *comp.* [*P.* of conspicio], *visible, in full view:* tumulus hosti, L.—*Striking, distinguished, eminent, noteworthy, remarkable:* Pallas in armis, V.: heros in auro, H.: supra modum hominis privati, L.: nc conspectior mors foret, Ta.: supplicium eo conspectius, quod, etc., *signal*, L.: crimen, *glaring*, Iu.

2. cōnspectus, ūs, *m.* [com- + SPEC-], *a seeing, look, sight, view, range of sight, power of vision:* casurusne in conspectum animus: quo longissime conspectum oculi ferebant, L.: conspectu urbis frui: Dari mi in conspectum, T.: paene in conspectu exercitūs, *before the eyes*, Cs.: conspectu in medio constitit, *before all eyes*, V.: illam e conspectu amisi meo, T.: in conspectum venire, N.: ex hominum conspectu morte decedere, N.: (mons) in conspectu omnium excelsissimus, Cs.: conspectum fugit, *notice*, O.—*Presence, proximity, countenance, sight:* scio fore meum conspectum invisum, T.: huic vestrum conspectum eripere, *banish from:* missis in conspectu cecidere lapides, L.: frequens vester, i. e. *your assembled presence:* procul a conspectu imperii: velut e conspectu tolli, Ta.—*Appearance:* animi partes, quarum est conspectus inlustrior: conspectu suo proelium restituit, L.—Fig., *a mental view, glance, survey, consideration, contemplation:* in conspectu animi: ut ea ne in conspectu quidem relinquantur: me a conspectu malorum avertere, L.

cōnspergō, sī, sus (sparsus, Ph.), ere [com- + spargo], *to sprinkle, moisten, besprinkle, bespatter, strew:* humum aestuantem, Ph.: me lacrimis.—Fig.: (oratio) conspersa quasi verborum floribus.

cōnspersus, *P.* of conspergo.

cōnspiciendus, *adj.* [*P.* of conspicio], *worth seeing, worthy of attention, distinguished:* Hyas formā, O.: celeri equo, Tb.: opus, L.

cōnspiciō, spēxī, spectus, ere [SPEC-], *to look at attentively, get sight of, descry, perceive, observe, fix eyes upon:* te in iure: procul vehiculum e monte: milites ab hostibus conspiciebantur, Cs.: lucus ex insulā conspiciebatur, N.: inter se conspecti, L.: conspectis luminibus crebris, L.: locum insidiis, *espy*, V.: rugas in speculo, O.: conspectos horrere ursos, *at the sight of*, O.: si illud signum forum conspiceret, *face towards:* (filium) spoliatum omni dignitate: loca multitudine completa, Cs.: alqm humi iacentem, L.: hunc cupido lumine, Ct.: nostros victores flumen transisse, Cs.: frondere Philemona, O.—*To look at with admiration, gaze upon, observe, contemplate:* alqm cum egregiā stirpe, L.: alqm propter nŏvitatem ornatūs, N.—*Pass.*, *to attract attention, be conspicuous, be noticed, be distinguished, be admired:* vehi per urbem, conspici velle: se quisque conspici properabat, S.: maxime conspectus ipse est, curru invectus, L.: formosissimus alto caelo, *shine*, O.: infestis oculis omnium conspici, *be a mark for.*—Fig., *to perceive, discern:* cum mentibus.

cōnspicor, ātus, ārī, *dep.* [com- + SPEC-], *to get sight of, descry, see, perceive:* his te regionibus, T.: id conspicati sese receperant, Cs.: ignīs, N.: hunc conspicatae naves, Cs.: perterritos hostīs, Cs.: Tarquinium ostentantem se, L.: te in fundo Fodere, T.: quae res gererentur, Cs.: cum Metellus conspicatur, i. e. *obtains a view*, S.

cōnspicuus, *adj.* [com- + SPEC-], *in view, visible, apparent, obvious:* res, O.: late vertex, H.: signum in proeliis, Ph.—*Striking, conspicuous, distinguished, illustrious, remarkable, eminent:* ambo, O.: duces, Ta.: monstrum, Iu.: Romanis conspicuum eum facere, L.: clipeo gladioque, O.: fide, O.: equi formā, Ta.

cōnspīrāns, ntis, *adj.* [*P.* of conspiro], *accordant, harmonious:* horum consensus: consilium.

cōnspīrātiō, ōnis, *f.* [conspiro], *an agreement, union, unanimity, concord, harmony:* hominum: bonorum omnium: civitatum, Ta.: amoris: in re p. bene gerendā.—*A plot, combination, conspiracy:* hominum contra dignitatem tuam: ista Sardorum, *body of conspirators:* militaris, Ta.

cōnspīrātus, *adj.* [*P.* of conspiro], *conspiring, agreeing, in conspiracy:* his conspiratis factionum partibus, Ph.: pila coniecerunt, *in concert*, Cs.

cōn-spīrō, āvī, ātus, āre, *to blow together, sound in unison:* adsensu conspirant cornua rauco, V.—Fig., *to harmonize, accord, be unanimous, unite, combine:* populo R. conspirante: ad auctoritatem defendendam: cum alquo.—*To plot, conspire, combine:* priusquam plures civitates conspirarent, Cs.: in iniuriam, L.: ne ferrent, etc., L.

cōn-spōnsor, ōris, *m.*, *a joint surety.*

cōn-spuō, —, ūtus, ere, *to spit upon, bespatter:* conspuitur sinūs, i. e. *he slobbers*, Iu.—*To besprinkle, cover:* nive Alpīs, H.

cōnspūtō, —, ātus, āre, *freq.* [conspuo], *to spit upon, insult grossly:* nostros.

cōn-stabiliō, īvī, —, īre, *to confirm, establish, make firm:* tuam rem, T.

cōnstāns, antis, *adj.* with *comp.* and *sup.* [*P.* of consto], *firm, unchangeable, constant, immovable, uniform, steady, fixed, stable, invariable, regular, persistent:* cursūs: constanti voltu, L.: aetas, *mature:* pax, *uninterrupted*, L.: fides, H.—*Consistent, harmonious:* oratio: nihil dici constantius: constans parum memoria huius anni, L.: haruspicum voce, *unanimous:* rumores.—Fig., *trustworthy, sure, steadfast, constant, faithful, unchanging:* amici: inimici, N.: omnium constantissimus: constantior In vitiis, H.

cōnstanter, *adv.* with *comp.* and *sup.* [constans], *firmly, immovably, steadily, constantly, resolutely*. in susceptā causā permanere: vitiis gaudere, H.: ab hostibus pugnari, Cs.: manere in perspicuis constantius: cursūs constantissime servare. —*Harmoniously, evenly, uniformly, consistently:* sibi constanter convenienterque dicere: non constantissime dici: constanter omnes nuntiaverunt manūs cogi, *unanimously*, Cs. — *With self-possession, steadily, calmly, tranquilly, sedately:* ferre dolorem: constanter fit.

cōnstantia, ae, *f.* [constans], *steadiness, firmness, constancy, perseverance:* dictorum: vocis atque voltūs, N.: quantum haberet in se boni constantia, *discipline*, Cs.: Nec semel offensae cedet constantia formae, H.—Fig., *agreement, harmony, symmetry, consistency:* dictorum atque factorum: ea constantiae causā defendere, *for consistency's sake:* promissi, *adherence to.*—*Firmness, steadfastness, constancy, self-possession:* vestra: eorum: hinc constantia, illinc furor: firmamentum constantiae est fides: animi, O.—In the Stoic philos., *self-possession, placidity:* sunt tres constantiae.

cōnstantius, see constanter.

cōnstat, see consto.

cōnsternātiō, ōnis, *f.* [2 consterno], *dismay, consternation, alarm, disturbance:* subita, L.: muliebris, L.—*Mutiny, sedition:* volgi, Ta.: sua, Cu.

1. cōn-sternō, strāvī, strātus, ere, *to strew over, bestrew, thatch, floor, pave, spread, cover:* altae Consternunt terram frondes, V.: contabulationem lateribus, Cs.: omnia constrata telis, S.: late terram tergo, *cover*, V.: constratum classibus mare, *bridged*, Iu.: ratem pontis in modum humo iniectā, L.: navis constrata, *covered, decked:* vehiculum: ut omnes constratae (naves) eliderentur, Cs.—*To throw down, prostrate:* signa, L.

2. cōnsternō, āvī, ātus, āre, *to confound, perplex, terrify, alarm, affright, dismay:* animo consternati, Cs.: hostīs, etc., L.: consternati Timores, O.: metu servitutis ad arma consternati, *driven in terror*, L.: consternatae cohortes, *panic-stricken*, L.: consternatus ab sede suo, L.: equos, L.: Consternantur equi, O.

cōn-stīpō, āvī, ātus, āre, *to press together, crowd closely:* numerum hominum in agrum: se sub vallo, Cs.

cōnstitī, *perf.* of consisto and of consto.

cōnstituō, uī, ūtus, ere [com-+statuo], *to put, place, set, station:* eo (Helvetios), *fix their abode*, Cs.: impedimenta, *put away*, L.: hominem ante pedes: vobis taurum ante aras, V.—*To place, station, post, array, form, draw up:* legionem passibus CC ab eo tumulo, Cs.: cohortes in fronte, S.: aperto litore navīs, Cs.: legiones contra hostem, Cs.: exercitum contra vos: exadversum Athenas apud Salamina classem, N.—*To halt, cause to halt, stop:* agmen paulisper, S.: novitate rei signa, L. —*To form, constitute:* legiones, Cs.: legio constituta ex veteranis.— *To erect, set up, build, construct, fix, found:* turrīs duas, Cs.: oppidum, Cs.: vineas ac testudines, N.: locis certis horrea, Cs.: moenia in terrā, O.: domicilium sibi Magnesiae, N.—Fig., *to put, set, place:* vobis ante oculos senectutem. — *To prepare, make, establish, effect, constitute:* amicitiam: accusationem: victoriam: ius nobis, civitati legem: iudicium de pecuniis repetundis: iudicium capitis in se.—*To designate, select, assign, appoint:* accusatorem: testīs: locus ab iudicibus Fausto non est constitutus, i. e. *a trial:* alqm apud eos regem, Cs.: legibus agrariis curatores: patronum causae: constitutus imperator belli gerundi.—*To establish, set in order, organize, manage, administer, regulate, arrange, dispose:* legiones, Cs.: civitates: maiestatis constituendae gratiā, S.: mores civitatis, L.: his constitutis rebus, *after making these arrangements*, Cs.: regnum ei, N. — *To fix, appoint, determine, define, decide, decree:* ad constitutam non venire diem, L.: tempus constitutumst, T.: finīs imperi singulis, S.: pretium frumento: conloquio diem, Cs.: tempus ei rei, Cs.: in hunc (diem) constitutae nuptiae, T.: tempus in posterum diem, L.: grandiorem aetatem ad consulatum: bona possessa non esse constitui: constituendi sunt qui sint in amicitiā fines.—*To appoint, fix by agreement, settle, agree upon, concert:* vadimonia constituta: tempore ac loco constituto, S.: die constitutā, *on the day appointed*, Cs.: venturum ad me domum, T.: (diem) cum legatis, Cs.: pactam et constitutam esse cum Manlio diem: cum quodam hospite Me esse, etc., T.: cum hominibus quo die praesto essent: amicae, *make an appointment*, Iu.: sic constituunt, *such is their custom*, Ta.: introire, S.: in diem tertium constituunt, S.: quid agi placeat inter se, Cs.—*To determine, take a resolution, resolve:* ut ante constituerat, Cs.: his constitutis rebus, *having formed this resolution*, Cs.: bellum cum Germanis gerere, Cs.: desciscere a rege, N.: Quaerere, V.: constitutum esse Pompeio me mittere: quid vectigalis Britannia penderet, Cs.: ut Aquini manerem: ut arbitri darentur, Cs.: optimum esse reverti, Cs.—*To decide, arbitrate, judge, decree:* de controversiis, Cs.: de hoc solus, N.: sententiis dictis, constituunt ut, etc., Cs.

cōnstitūtiō, ōnis, *f.* [constituo], *a disposition, constitution, nature:* firma corporis. — *A definition:* summi boni.—Fig., in rhet., *the issue, point in dispute*, C.—*A regulation, order, arrangement:* rei p.: senatūs, L.: auctor constitutionis, Ta.

cōnstitūtum, ī, *n.* [constitutus], *an agreement, appointment, compact:* ne congressu quidem et constituto experiri, *by arbitration:* factum cum servis, ut venirent: ad constitutum venire: alcuius constitutis niti, Ta.: constitutum habere cum podagrā.

constitūtus, *adj.* [*P.* of constituo], *constituted, arranged, disposed:* bene corpus: viri bene naturā.

cōn-stō, stitī, stāturus, āre, *to agree, accord, be consistent, correspond, fit:* constetne oratio cum re: humanitati tuae: ut idem omnibus sermo constet, L.: sibi, *to be consistent:* mihi, H.: sibi et rei iudicatae: auri ratio constat, *the account is correct.—To stand firm, be immovable:* priusquam constaret acies, *closed their ranks*, L.—Fig., *to be firm, be unmoved, abide, be unchanged, last, persevere, endure:* uti numerus legionum constare videretur, Cs.: utrimque constitit fides, *kept faith*, L.: dum sanitas constabit, Ph.: animo constat sententia, V.: mente: auribus, L.: summā omnia constant, *remain the same*, O.: cuncta caelo sereno, *a perfectly serene sky*, V.: non in te constitit idem Exitus, *with a different result in your case*, O.—*To be certain, be ascertained, be known, be settled, be established:* quae opinio constat ex litteris, *is supported by:* praeceptori verborum regula constet, *be familiar to*, Iu.: cum hoc constet, Siculos petisse: dum haec de Oppianico constabunt: quod inter omnīs constat, *as everybody knows:* constare res incipit ex eo tempore, L.: momenta per cursores nuntiata constabant, Ta.: quod nihil nobis constat, *we have no positive information*, Cs.: ante quam plane constitit: Caesarem esse bellum gesturum constabat, *there was no doubt*, Cs.: mihi virtutem cuncta patravisse, *became satisfied*, S.: omnibus constabat oportere, etc., *were convinced*, Cs.: quae (maleficia) in eo constat esse, *certainly are:* inter Hasdrubalem et Magonem constabat, fore, etc., L.: in fontīs vitium venisse, O.: apud animum, utrum, etc., L.—*To be fixed, be determined, be resolved:* quae nunc animo sententia constet, V.: mihi quidem constat, ferre, etc., *I am resolved:* neque Bruto constabat, quid agerent, *had fully decided*, Cs.: probarentne parum constabat, *could not decide*, S.—*To exist, be extant, remain:* si ipsa mens constare potest: ut ad alterum R litterae constarent integrae.— *To consist of, be composed of:* conventus, qui ex variis generibus constaret, Cs.: Asia constat ex Phrygiā, Mysiā, etc.: (virtus) ex hominibus tuendis: (ius) e dulci olivo, H.: pecuniae reditus constabat in urbanis possessionibus, *was derived from*, N.: domūs amoenitas silvā constabat, N.—*To depend, be dependent:* victoriam in cohortium virtute, Cs.: suum periculum in alienā salute, Cs.—*To stand at, cost:* prope dimidio minoris: quanti subsellia constent, Iu.: navis gratis: quot virorum morte constare victoriam, Cs.: constat leviori belua sumptu, Iu.

cōnstrātus, *P.* of 1 consterno.—*Plur. n.* as *subst., coverings:* pontium, *the board roofs*, L.

cōn-stringō, strinxī, strictus, ere, *to bind, fetter, shackle, chain:* hunc pro moecho, T.: (alqm) quadrupedem, i. e. *hands and feet*, T.: trahere constrictos curru, H.: Tu non constringendus (as insane)?: corpora vinculis: illum laqueis: constrictus cammarus ovo, i. e. *sauced*, Iu.—Fig., *to bind, fetter, restrain:* beluam legum catenis: coniurationem horum conscientiā: fidem religione: orbem terrarum legibus.—Of discourse, *to condense, compress:* (sententia) aptis constricta verbis.

cōnstrūctiō, ōnis, *f.* [construo], *a putting together, building, construction:* hominis.—Fig., in discourse, *arrangement:* verborum.

cōn-struō, strūxī, strūctus, ere, *to heap together, pile up, accumulate:* acervos nummorum apud istum: omnibus rebus pecuniam: divitias, H.: mella, V.: dentes in ore constructi, *arranged:* constructae sunt dape mensae, *heaped*, Ct.—*To make, erect, build:* mundum: aedificium: sepulcrum saxo, L.: nidum sibi, O.

cōnstūprātor, ōris, *m.* [constupro], *a debaucher*, L.

cōn-stūprō, āvī, ātus, āre, *to violate, ravish, debauch, defile:* matronas, L.—Fig.: constupratum iudicium, *purchased by debauchery.*

Cōnsuālia, ium, *n., the festival of Consus*, L.

cōn-suāsor, ōris, *m., a strenuous counsellor.*

cōnsuēfaciō, fēcī, factus, ere [consuetus + facio], *to accustom, inure, habituate:* Ea ne me celet, filium, T.: filium recte facere, T.: Gaetulos ordines habere, S.: nil praetermitto, consuefacio, *I keep* (him) *at it*, T.

cōn-suēscō, suēvī (-suēstī, -suērunt, etc., C., Cs.; -suēmus, Pr.), suētus, ere, *to accustom, inure, habituate:* consuetus in armis Aevom agere: quibus consueti erant ferramentis, L.: consueti equi evadere, S.—*To accustom oneself, form a habit, familiarize oneself:* Rhenum transire, Cs.: in teneris, V.: Quam male consuescit, qui, etc., *what a wicked custom*, etc., O.—Usu. *perf. system, to be accustomed, be wont, have a habit:* peierare consuevit: obsides accipere, non dare, Cs.: alquo ire, Cs.: reges tollere, H.: cum eo vivere, N.: quod plerumque accidere consuevit, *as was usually the case*, Cs.: pro magnis officiis consuesse tribui, Cs.: eo (equo) quo consuevit uti: quo consuerat intervallo, sequitur, *at the usual distance*, Cs.: ut consuesti: quem ad modum consuerunt: sicuti fieri consuevit, *is wont*, S.—*To cohabit:* illā, T.: mulieres quibuscum iste consuerat.

cōnsuētūdō, inis, *f.* [consuetus], *a custom, habit, use, usage, way, practice, familiarity, experience, tradition, precedent:* exercitatio ex quā consuetudo gignitur: consuetudine quasi alteram naturam effici: a maioribus tradita, *the traditions:* populi R. hanc esse consuetudinem, ut, etc., Cs.:

itineris, *way of marching*, Cs.: non est meae consuetudinis rationem reddere: maior tumultus, quam populi R. fert consuetudo, Cs.: consuetudinem tenere: cottidianae vitae, T.: vitae sermonisque nostri, *daily life and speech:* communis sensūs: in proverbii consuetudinem venit, *a familiar proverb:* in consuetudinem licentiae venire, *become used to*, Cs.: Gallica, *way of life*, Cs.: sortium, *way of casting*, Ta.: mala, H.: (linguā) longinquā consuetudine uti, *long familiarity*, Cs.: bene facere iam ex consuetudine in naturam vortit, *by practice*, S.: in consuetudine probari, *generally:* ex consuetudine, *as usual*, S.: pro meā consuetudine, *according to my custom:* consuetudine suā civitatem servare, *character*, Cs.: consuetudine pro nihilo habere, *familiarity*, S.: praeter consuetudinem, *unexpectedly:* in castris praeter consuetudinem tumultuari, *unusual disorder*, Cs. —*Customary right, common law, usage:* vetus maiorum: consuetudine ius esse putatur id, etc.: ut est consuetudo. —In gram., *a usage, idiom, form of speech:* verbum nostrae consuetudinis.—*Social intercourse, companionship, familiarity, conversation:* cum hominibus nostris consuetudines iungebat: victūs cum multis: dedit se in consuetudinem: consuetudine devinctus, T. —*An amour, illicit love:* parva, T.: hospitae, T.; cf. cum Fulviā stupri, S.

cōnsuētus, *adj.* with *sup.* [*P.* of consuesco], *used, accustomed, usual, ordinary, wonted, customary, familiar:* amor, T.: membra, V.: aurae, O.: lubido, S.: pericula consueta habēre, S.: tibi finis, O.: consuetissima cuique Verba, O.

cōnsul, ulis, *m.* [com-+2 SAL-], *a consul;* the highest magistracy of the Roman republic was vested in two consuls, chosen annually: ordinarius, *for the full term* (opp. suffectus, *to fill a vacancy*), L.: designatus, *elect:* consules creantur, Cs.: me consulem fecistis: ne sufficiatur consul, *chosen to fill a vacancy:* Consulis imperium, V.— In dates, defining the year; usu. *abl. absol.:* Messalā et Pisone consulibus, *in the consulship of*, Cs.: a. d. V Kal. Apr. L. Pisone A. Gabinio consulibus (i. e. *the 28th of March*), Cs.: nobis consulibus: Consule Tullo, H.: Bibuli consulis amphora, H.: XL annis ante me consulem: ante vos consules: post L. Sullam Q. Pompeium consules. —*Sing. collect., the consuls, supreme magistracy:* eo (iure) consulem usurum, L.: legatisque ad consulem missis, L.: nullius earum rerum consuli ius est, S.—In the title, pro consule (*abbrev.* procos.), *plur.* pro consulibus, *a vice-consul, deputy-consul, magistrate with consular powers;* orig. given to a general sent to command an army: pro consule Quinctium subsidio castris mitti, L.: non oportere mitti privatum pro consule. —Also, to a consul whose military command was prolonged beyond his term of office: ut cum Philo consulatu abisset, pro consule rem gereret, L. —After Sulla's time, the consuls, when their year expired, assumed the chief magistracy in provinces designated by the senate, as pro consulibus: litterae a Bruto pro consule: ex litteris Bruti pro consule: qui pro consulibus sint ad urbem, Cs.; see also proconsul. —*A proconsul:* mortuus Claudius consul erat, L.: quaestor obtigit (Cato) consuli, N. —Poet.: non unius anni, i. e. *not by election, but by nature*, H.

cōnsulāris, e, *adj.* [consul], *of a consul, consular:* aetas, *of eligibility* (the 43d year): comitia, *for the choice of consul:* officium: fasces, L.: lictor, H.: legatus, Ta.: res, *worthy of a consul*, L.: provinciae, *assigned to retiring consuls*, Cs. —*Of consular rank, who has been consul:* homo: vir.— As *subst.*, *an ex-consul, one of consular rank*, C.; *an imperial legate*, Ta.

cōnsulāriter, *adv.* [consularis], *as becomes a consul:* acta vita, L.

cōnsulātus, ūs, *m.* [consul], *the office of consul, consulate, consulship:* honorum populi finis est consulatus: quo pluris est universa res p. quam consulatus, S.: consulatum petere: ipsi consulatūm petenti, *as a candidate*, S.: mandare alicui, S.: adipisci: gerere.—*The consul's term of office, consular year, consulate:* in consulatu suo, Cs.: quinque consulatūs gesti, L.

cōnsulō, luī, ltum, ere [com-+2 SAL-], *to meet and consider, reflect, deliberate, take counsel, consult, take care, have regard, look out, be mindful:* tempus consulendi, T.: ad consulendum potestas, L.: ut animi trepidarent magis quam consulerent, L.: praesidium consulenti curiae, H.: inpensius, V.: in longitudinem, *to take thought for the future*, T.: in commune, *for the common good*, T.: in medium, V.: de salute suorum: ut illorum solitudo munita sit: custodi et consule longe (with *ne*), V.: ut urbi satis esset praesidii, consultum est: famae tuae: receptui suo, Cs.: rei p., S.: timori magis quam religioni, Cs.: mi consultum optime esse, T.: rerum summae, O.: male patriae, N. — *To take a resolution, resolve, conclude, determine:* de uxore, S.: de nullis quam vobis infestius, L.: gravius in eum, S.: in humiliores libidinose, L.: in deditos durius, Ta.—*To consult, inquire of, ask for advice, counsel with, apply to, question:* spectatas undas, quid se deceat, O.: pro te hos: si publice consuletur, Ta.: collegium consuli iussit, num, etc., L.: consulta, qualem Optet habere virum, *asked*, O.: te id, *ask your opinion of it.* — *Supin. acc.:* ut esset, quo consultum plebes veniret, L.— *To consult* (a god, an oracle, etc.): Apollinem de re: deum auguriis, L.: Phoebi oracula, O.: de se ter sortibus consultum, utrum, etc., Cs.: spirantia exta, V.: numen nunc extis nunc per aves, L.: consultus vates, V.—*To take counsel* (of a lawyer), *ask advice:* de iure civili consuli: qui consuluntur, i. e. *skilled in the law:* licet consulere? (a formula of asking advice): consulere licebit? Consule, H.—*To refer to* (an authority, a legislative body, etc.), *consult:* senatum, S.: senatum de foedere, Cs.: populum de eius morte: plebem in omnia (tribuni), L. — *To deliberate upon, consider:* rem ordine, L.: consulere et explorare rem: quid agant, Cs. — *To advise, counsel, recommend:* tun consulis quicquam? T. — *To resolve upon, determine, decide:* potestas consulendi quid velis, T.: pessime istuc in te, T.: suae vitae durius, i. e. *commit suicide,* Cs.: quae reges male consuluerint, S. —In the phrase, boni consulere, *to regard favorably, take in good part:* tu haec consule missa boni, O.

cōnsultātiō, ōnis, *f.* [2 consulto], *a mature deliberation, consideration, consultation:* Nulla tibi hic est, T.: de eius consultatione quaerimus: per aliquot dies tenuit ea consultatio, ne, etc., L.: quā irent, L.: prolatandis consultationibus, S.—*A subject of consultation:* de consultationibus suis disputare. —In philos., *a general principle* (opp. a particular case), C.—*An asking of advice, inquiry:* respondere consultationi meae.

cōnsultē, *adv.* with *comp.* [1 consultus], *deliberately, considerately:* gesta, L.: avidius quam consultius properare, Ta.

1. cōnsultō, *adv.* [*abl.* of consultum], *deliberately, purposely, designedly:* nihil consulto fuisse: multa praetereo: bellum trahere, S.: longior instituitur oratio, Cs.: vires extenuare, H.

2. cōnsultō, āvī, ātus, āre, *freq.* [consulo], *to reflect, consider maturely, consult, take counsel, deliberate:* de officio: inter paucos de summā rerum, L.: de bello in conviviis, Ta.: cum aliquibus, Cu.: super re magnā, Ta.: tempus consultando absumere, L.: ad eam rem consultandam, L.: conducat id necne: quid in illis statuamus, S.: quid opus facto sit, L.—With *dat., to take care, have a care:* rei p., S.—*To consult, advise with, ask counsel of:* senes ad consultandum arcessunt, L.: alqm, Tb.

cōnsultor, ōris, *m.* [consulo], *one who gives counsel, a counsellor, adviser:* in proelio, S.: cupidine atque irā, pessumis consultoribus, grassari, S. — *He who asks counsel, a consulter, client:* sui: consultor ubi ostia pulsat, H.

cōnsultrīx, īcis, *f.* [1 consultor], *she who has a care for, a provider:* utilitatum (natura).

cōnsultum, ī, *n.* [consultus], *deliberation, consideration:* consulto opus est, S. — *A decree, decision, resolution, plan:* consulta sapientium: consulta cum illo integra habere, *plans,* S.: occulta, L.: dum consulta petis, *responses,* V.: tua magna, *decrees,* V.: senatūs, *a decree of the senate:* honorifica in eos (Aeduos), Cs.: consulta patrum, H.: ne senatūs consultum Siculi homines facere possent, *of the council.*

cōnsultus, *adj.* with *sup.* [*P.* of consulo], *well considered, weighed, deliberated upon, maturely pondered:* ipsi omnia: consulta ad nos deferunt.—*Knowing, skilful, experienced, practised, learned* (esp. in law): non magis iuris quam iustitiae fuit: consultissimus vir iuris, L.: insanientis sapientiae, H.: naturā, non disciplinā.—As *subst. m., a lawyer, counsellor:* ex isto genere consultorum: eris tu, consultus modo, rusticus, H.—E s p., with *iuris* or *iure:* iuris consultorum auctoritas: qui tibi uni est iure consultus.

(**cōn-sum**), see confore.

cōn-summō, āvī, ātus, āre [com-+summa], *to accomplish, complete, finish, perfect:* eam rem, L.: quae consummatur partibus una dies, i. e. *an intercalary day,* O.: consummata eius belli gloria, i. e. *the glory of finishing,* L.

cōn-sūmō, sūmpsī (-sūmpstī, Pr.), sūmptus, ere, *to use up, eat, devour:* pabulum, Cs.: multa: fruges, H.: mensas accisis dapibus, V.—F i g., *to consume, devour, waste, squander, annihilate, destroy:* nihil est quod non consumat vetustas: omnem materiam, O.: harundo Consumpta in ventos, *wasted away,* V.: omnibus fortunis sociorum consumptis, Cs.: aedīs incendio, L.: viscera fero morsu, O.—Of time, *to spend, pass, consume:* aetas in bellis consumpta: nox in exinaniundā nave consumitur: partem diei, Cs.: tempus, L.: dies per dubitationem, S.: precando Tempora cum blandis verbis, *to waste,* O.—*To use, employ, spend, exhaust:* materiam ficti, O.: Consumptis precibus transit in iram, O.: pecuniam in agrorum emptionibus, *to lay out:* in armis plurimum studii, N.: in re unā curam, H.: si quid consili Habet, ut consumat nunc, *use it all,* T.: multā oratione consumptā, S. —*To use up, exhaust, impair:* (actio) consumpta superiore motu: consumptis viribus, Cs.: consumpta membra senectā, O.: cum terras consumpserit, aëra tentet, *scoured,* O.—*To destroy, kill:* si me vis morbi consumpsisset: fame, Cs.: morbo, N.: hic tecum consumerer aevo, V.

cōnsūmptiō, ōnis, *f.* [consumo], *a wasting, consumption:* sui.

cōnsūmptor, ōris, *m.* [consumo], *a consumer, destroyer:* omnium ignis.

cōn-surgō, surrēxī, surrēctus, ere, *to rise, stand up, arise, start up, rise in a body, lift oneself:* consurrexisse omnes illi (seni): honorifice consurgitur (*impers.*): ex insidiis, Cs.: ubi triarii consurrexerunt integri, L.: tonsis, V.: in consilium: ex consilio, Cs.: In plausūs consurrectum est, Ph.: toro, O.: ad bellum, L.: in ensem, V.: studiis, *eagerly,* V.: terno ordine remi, V.: Mundus ad

Scythiam Consurgit, *is elevated*, V.: consurgunt quercūs, *grow up*, V.—*To arise, spring up, originate:* Consurgunt venti, V.: Romam, O.

cōnsurrēctiō, ōnis, *f.* [consurgo], *a standing up* (to express assent): iudicum: omnium.

Cōnsus, ī, *m.* [perh. from condo], *an ancient deity, god of secret plans*, L., O.

cōn-susurrō, —, —, āre, *to whisper together:* cum illo, T.

con-tābēscō, tābuī, —, ere, *to waste away.*

contabulātiō, ōnis, *f.* [contabulo], *a structure of planks, flooring, floor, story*, Cs.

con-tabulō, āvī, ātus, āre, *to floor over, build in stories:* turrīs, Cs.: turres contabulatae, L.: murum turribus, *cover with towers in stories*, Cs.: mare molibus, *bridge over*, Cu.

1. contactus, *P.* of contingo.

2. contactus, ūs, *m.* [com-+TAG-], *a touching, touch, contact:* contactu omnia foedant, V.: sanguinis, O.: potens, *effectual*, O.: viriles, O.—*A contagion, infection:* volgati contactu in homines morbi, L.: aegrorum, L.—Fig.: oculi a contactu dominationis inviolati, Ta.

contāgiō, ōnis, *f.* [com-+TAG-], *a touching, contact, touch:* pulmonum: contagione Romanorum, L.: contagio naturae valet, *connection.*—*A contact, contagion, infection:* pestifera, L.—Fig., *an infection, pollution, vicious companionship, participation, contamination:* ne quid ex contagione incommodi accipiant, Cs.: ubi contagio quasi pestilentia invasit, S.: ut seditionibus velut ex contagione castra impleantur, L.: dedit hanc contagio labem, Iu.: criminis, L.: conscientiae: aspectūs: contagiones malorum, quae manaverunt, etc.

(**contāgium**, ī), *n.* [com-+TAG-], *infection, contagion, taint* (only *plur.*, *nom.* and *acc.*; poet.): mala vicini pecoris, V.: Nulla nocent pecori, H.: terrae contagia fugit, O.: per incautum serpant volgus, V.—Fig.: lucri, H.

contāminātus, *adj.* with *sup.* [*P.* of contamino], *polluted, contaminated, impure, vile, defiled, stained, degraded:* se ut contaminatos abactos esse, L.: pars civitatis, L.: superstitio: grex virorum, H.: flagitiis contaminatissimus.—*Plur. m.* as *subst.:* contaminati, *abandoned youths*, Ta.—*Plur. n.* as *subst.*, *adulterated things.*

contāminō, āvī, ātus, āre [contamen, collat. form of contagio], *to bring into contact, mingle, blend, unite:* Graecas (fabulas), T.—*To corrupt, defile:* spiritum.—Fig., *to corrupt, defile, pollute, stain, spoil, taint:* gaudium aegritudine, T.: se vitiis: sanguinem suum lege (Canuleiā), L.: veritatem mendacio: sese maleficio: se praedā, L.: contaminati facinore, Cs.: tot parricidiis: iudicia.

contēctus, *P.* of contego.

con-tegō, tēxī, tēctus, ere, *to cover, roof, bury:* piscatorias (navīs), Cs.: locum linteīs, L.: caput amictu, V.: se corbe: spoliis contectum corpus, L.: humo, O.: cum arma omnia contecta essent, Cs.: sedes ramis contecta, *shadowed*, Cu.: in aliquo ramorum nexu contegi, Ta.: qui (tumulus) corpus contexerat.—*To conceal by covering, cover, hide, conceal:* partīs corporis: iniuriam, T.: libidines fronte: Contegat lumina cortex, *efface*, O.

con-temerō, āvī, —, āre, *to pollute, violate:* torum, O.

contemnendus, *adj.* [*P.* of contemno], *despicable, contemptible, trifling, unworthy of notice:* nos: principes minime: (orationes) non contemnendae, *respectable:* in dicendo: copiae numero, Cs.

con-temnō, tempsī (-temsī), temptus (-temtus), ere, *to value little, esteem lightly, contemn, despise, disdain, disregard, defy:* ea, quae plerique expetunt: exercitum prae Gallicanis legionibus: paucitatem eorum, L.: paucitatem in hoste, Cu.: tuom Consilium, T.: parva ista, L.: opes, V.: mortem: Antoni gladios, Iu.: contempta fontis Iura maerens, *the outrage upon*, O.: lippus inungi, H.: ipsum vinci, *regard as a trifle:* (amplitudo animi) eminet contemnendis doloribus: contemni se putant (senes): tenuissimum quemque: nostros, Cs.: contemnēre miser, H.: Othone contempto, *in defiance of*, H.: se non contemnere, *to have a high estimate of:* nec (Batavi) tributis contemnuntur, *are humiliated*, Ta.: quae res illis contemnentibus pernicii fuit, N.—*To slight, speak contemptuously of, disparage:* Numquid habes quod contemnas? *any fault to find?* T.: Murenae genus: populi voces, Sic, H.—Fig., *to defy, be safe from, not to fear, to make light of, disregard:* (insulam) dedit contemnere ventos, i. e. *sheltered*, V.: contemnere ventos (vitīs) Adsuescant, V.: mediam Charybdim, Iu.

contēmplātiō, ōnis, *f.* [contemplor], *a viewing, surveying, contemplation:* caeli.—Fig., *a reflection, contemplation, survey, review:* naturae: virtutum, Ta.: vis contemplatione dignissima.

contēmplātor, ōris, *m.* [contemplor], *an observer, one who reflects upon:* caeli.

1. contēmplātus, *P.* of contemplor.

2. (**contēmplātus**, ūs), *m.* [contemplor], *a consideration, contemplation.*—Only *abl. sing.:* mali, O.

contēmplor, ātus, ārī, *dep.*, *to gaze at, view attentively, survey, behold, observe, contemplate:* satis ut contemplata modo sis, T.: Contemplator item, cum, etc., V.: unumquemque vestrum: oculis pulchritudinem rerum: voltum, T.: lituras codicis: nummos in arcā, H.—Fig., *to consider, regard, contemplate:* id animo quod oculis non potes: aliquid secum: causam: omni acie ingeni, *reflect.*

contemptim (**-temt-**), *adv.* [contemno], *contemptuously, slightingly, scornfully:* de Romanis loquentes, L.: audire minas, L.: succedentes ad castra Romana, L.: vagari, Ta.

contemptiō (**-temt-**), ōnis, *f.* [com- + 1 TEM-], *a despising, disregard, contempt, scorn, disdain:* rerum humanarum: laborum: deorum, L.: mortis, Cu.: hostibus in contemptionem venire, *to be despised by*, Cs.: haec res illis contemptionem ad omnīs attulit, *in the sight of all*, Cs.

contemptor (**-temt-**), ōris, *m.* [1 contemptus], *he who disregards, a contemner, despiser:* divōm, V.: superūm, O.: famae, L.: sui, *regardless* (with prodigus alieni), Ta.: ferri, O.: nostri, O.: lucis animus, *careless of life*, V.: animus, *a disdainful spirit*, S.

contemptrīx (**-temt-**), īcis, *f.* [contemptor], *she who disregards, a despiser:* superūm, O.

1. contemptus (**-temt-**), *adj.* with *comp.* and *sup.* [*P.* of contemno], *despised, despicable, contemptible, vile, abject:* homo: vita: iure viderer, S.: res, H.: vox contemptior: contemptissimorum consulum levitas: per sordem exercitui, Ta.

2. contemptus (**-temt-**), ūs, *m.* [com- + 1 TEM-], *a despising, contempt, scorn:* alumnae, *the slight done to*, O.: hunc apparatum sequebantur contemptūs omnium, L.—*A being despised, slight received, disgrace:* contemptūs patientior huius, O.: contemptu tutus esse, *insignificance*, L.: Gallis prae magnitudine corporum suorum brevitas nostra contemptui est, *an object of contempt*, Cs.

con-tendō, dī, tus, ere, *to stretch, bend, draw tight, strain:* arcum, V.: tormenta: vincla, V.: ilia risu, O.—*To aim, draw, make ready:* nervo equino telum, V.—*To aim, shoot, hurl, dart, throw:* Mago hastam (i. e. in Magum), V.: telum in auras, V.—Fig., *to strain, stretch, exert:* nervos aetatis meae: animum in curas, O.: ad hunc cursum (i. e. ad huius imperium), *follow zealously*, V.—*To strive for, press, pursue, prosecute, hasten, exert oneself:* id sibi contendendum existimabat, Cs.: hunc (locum) oppugnare contendit, *zealously lays siege to*, Cs.: summā vi transcendere in hostium navīs, Cs.: in Britanniam proficisci, Cs.: litora cursu petere, V.: voce ut populus hoc exaudiat: remis, ut eam partem insulae caperet, Cs.: ne patiamini imperatorem eripi: quantum maxime possem, contenderem: oculo quantum Lynceus, *reach with the sight*, H.—*To march, press on, seek, journey hastily, hasten:* in Italiam magnis itineribus, Cs.: huc magno cursu, Cs.: ad castra, Cs.: Lacedaemonem, N.: ad summam laudem maximis laboribus: quo contendimus, pervenire: nocte unā tantum itineris.—*To measure together, compare, contrast:* causas ipsas: leges: id cum defensione nostrā: ostro vellera, H.—*To measure strength, strive, dispute, fight, contend, vie:* proelio, Cs.: magis virtute quam dolo, Cs.: rapido cursu, V.: Moribus, H.: frustra, V.: iactu aleae de libertate, *play for*, Ta.: is liceri non destitit; illi contenderunt, *kept bidding* (at an auction): tecum de honore: cum magnis legionibus parvā manu, S.: cum victore, H.: humilitas cum dignitate: Nec cellis contende Falernis, *compete with*, V.: contra populum R. armis, Cs.: contra vim morbi: de potentatu inter se, Cs.: non iam de vitā Sullae contenditur, *the dispute is:* proelio equestri inter duas acies contendebatur, Cs.—*To demand, ask, solicit, entreat, seek:* a me (ut dicerem), qui, etc.: a Pythio ut venderet: a militibus ne, etc., Cs.: hic magistratus a populo summā ambitione contenditur: ne quid contra aequitatem.—*To assert, affirm, insist, protest, maintain, contend:* hoc contra Hortensium: hoc ex contrario: contendam, eum damnari oportere: audebo hoc contendere, numquam esse, etc.: illud nihil nos . . . scientes fuisse, L.: quae contendere possis Facta manu, *you might swear*, O.

contentē, *adv.* with *comp.* [1 contentus], *earnestly, with exertion, vehemently:* pro se dicere: ambulare contentius.

contentiō, ōnis, *f.* [com- + 2 TA-], *a stretching, straining, exertion, tension, effort, struggle:* vocis: studiorum: ferre tantam contentionem: dicendi: honorum, *for honors:* libertatis, L.—*A contest, contention, strife, fight, dispute, controversy:* contentiones proeliorum: magna belli: in re pecuniariā: tanta mecum: contentiones, quas Aedui secum habuissent, Cs.: adversus procuratores, Ta.—*A comparison, contrast:* hominum ipsorum: fortunarum.—In rhet., *formal speech, oratory*, C.—*A contrast, antithesis*, C.—*Stress:* vocis, i. e. *the arsis.*

1. contentus, *adj.* [*P.* of contendo], *stretched, strained, tense, tight, on the stretch:* contento fune, H.: corpora (opp. remissa): contentā cervice (boves), V.: contento poplite, i. e. *kneeling*, H.—Fig., *eager, intent:* contento cursu Italiam petere: meus Exiliis contenta suis, O.

2. contentus, *adj.* [*P.* of contineo], *content, satisfied, pleased:* domo suā: vestrā fortunā: his ad beate vivendum virtus: peditatu, Cs.: paucis, H.: Viverem uti contentus eo quod, etc., H.: solā Dianā, V.: quod mihi crediderunt: ne intersimus armis, L.: artīs edidicisse, O.: non lacessi, Cu.

con-terminus, *adj., bordering upon, adjoining, neighboring, bounding:* gens, Ta.: morus fonti, O.: Sybaris nostris oris, O.—As *subst. n.:* conterminа Scythiae, *the regions adjacent*, Ta.

con-terō, trīvī, trītus, ere, *to grind, bruise, pound, wear out:* infamia pabula sucis, O.: manūs paludibus emuniendis, Ta.: silicem pedibus, Iu.: viam, Pr.—Fig., of time, *to consume, spend,* *waste, use, pass, employ:* vitem in quaerendo, T.: frustra tempus: ambulando diem, T.: diei brevitatem conviviis: otium socordiā, S.—*To exhaust, engross, expend:* se in musicis: conteri in causis: operam frustra, T.—*To destroy, abolish, annihilate:* iniurias quasi oblivione, *obliterate:* dignitatem virtutis, *make insignificant.*

con-terreō, uī, itus, ēre, *to terrify, frighten, subdue by terror:* loquacitatem voltu: aspectu conterritus, V.: ingenium eo facto, L.: rex periculo conterritus, L.: Campanos, ne bellum Romani inciperent, L.: pulsu pedum conterrita tellus, V.

conterritus, *P.* of conterreo.

con-testor, ātus, ārī, *dep., to call to witness, invoke, appeal to:* deos, ut res feliciter eveniret, Cs.: caelum.—Of a suit at law, *to introduce, set on foot, set at issue:* litem.—*Pass.:* lite contestatā.—Fig., *to prove, attest.*—*P. pass.:* contestata virtus.

con-texō, xuī, xtus, ere, *to weave, entwine, join, bind:* (ovium) villis contextis: haec directā materiā iniecta contexebantur, Cs.: simulacra, quorum contexta viminibus membra, etc., Cs.—*To compose, construct, put together:* trabibus contextus acernis equus, V.—Fig., *to devise:* crimen.—*To recount, recite:* longius hoc carmen, *quote further:* aliquos tanto cursu, ut, etc., *fast enough,* Iu.

contextē, *adv.* [contexo], *in close connection.*

1. contextus, *adj.* [*P.* of contexo], *woven together, closely connected, continuous:* voluptates: historia eorum temporum, N.

2. contextus, ūs, *m.* [com-+TEC-], *connection, coherence:* rerum: orationis.—*The context, sequel:* (alia) in contextu operis dicemus, Ta.

conticēscō (-cīscō), ticuī, —, ere, *inch.* [com-+taceo], *to become still, cease speaking, fall silent:* conscientiā convictus conticuit: subito, O.—*To keep silence:* paulisper, L.—*To be silenced, cease, be hushed:* sermo: de tuis laudibus: conticuit lyra, H.: undae, O.—Fig., *to become still, cease, stop, abate:* cum iudicia conticuissent: actiones tribuniciae, L.: furor, L.

contīgnātiō, ōnis, *f.* [contigno], *a floor, storey,* Cs.: tertia, L.

con-tīgnō, —, ātus, āre [com-+tignum], *to join with beams, furnish with joists,* Cs.

contiguus, *adj.* [com-+TAG-], *bordering, neighboring, adjoining, near, close:* domos, O.: Aventino, Ta.: tibi, O.: missae hastae, *within reach of,* V.

1. continēns, entis, *adj.* with *comp.* and *sup.* [*P.* of contineo], *bounding, limiting, enclosing:* litas, i. e. *of the continent,* L.: parum locuples continente ripā, H.—*Bordering, neighboring, contiguous, near, adjacent:* silvae, Cs.: fundus fundo eius: aër mari: ripae collis, Cs.: cum Ciliciā.—*Holding together, cohering, connected, continuous, uninterrupted:* silvae, Cs.: grex, L.: agmen, L.: ruinae, L.: terra, N.—Fig., in time, *following, next, consequent upon:* continentibus diebus, Cs.: motus sensui iunctus et continens: timori perpetuo ipsum malum continens fuit, L.—*Continual, consecutive, uninterrupted:* continenti labore omnia superare, Cs.: imber per noctem totam, L.: e continenti genere, *in unbroken descent:* continenti impetu, *without a pause,* Cs.—In character, *continent, moderate, temperate:* hoc nemo fuit magis continens, T.: continentior in vitā quam in pecuniā, Cs.: Epaminondas, N.: continentissimi homines.

2. continēns, ntis, *f.* [1 continens; sc. terra], *a mainland, continent:* in continentem legatis missis, Cs.: ex continenti, Cs.: in continente, Cs.: continentis regio, L.—Fig., in rhet., *the chief point:* continentia causarum.

continenter, *adv.* [1 continens], *continuously, without interruption:* bellum gerere, Cs.: totā nocte, Cs.: biduum lapidibus pluit, L.: sedere, *in a row,* Ct.—Fig., *temperately, moderately:* vivere.

continentia, ae, *f.* [1 continens], *a restraint, abstemiousness, continence, temperance, moderation:* exemplum continentiae, T.: hinc continentia (pugnat), illinc libido: illius in victu.

contineō, tinuī, tentus, ēre [com-+teneo], *to hold together, bound, limit, comprise, enclose, surround, environ:* ut trabes artē contineantur, Cs.: oppidum pons continebat, *made a connection with,* Cs.: hiberna milibus passuum C continebantur, *were comprised within,* Cs.: loci naturā continentur, *are shut in,* Cs.: artes inter se continentur, *hang together:* Zonarum trium contentus fine, O.—*To keep together, keep in a body:* uno in loco legiones, Cs.: navīs ibi, Cs.: exercitum, L.—*To shut in, hem in, surround, hold:* munitionibus contineri, Cs.: angustissime Pompeium, Cs.—*To hold fast, keep, hold in place, retain:* quod recepit: merces (opp. partiri): (naves) copulis continebantur, Cs.: parta a maioribus, Ta.—*To keep, detain, shut in, hold, restrain, repress:* manūs, *keep hands off,* T.: unde manum continuit? H.: sub pellibus milites, Cs.: nostros in castris, Cs.: ora frenis, Ph.: ventos carcere, O.: animam in dicendo: se domi, *to stay:* suo se loco, Cs.: agricolam si continet imber, *keeps in doors,* V.: suis intra munitionem, Cs.: alqm dextrā prehensum, V.: deprensum hostem, O.: gradum, *to halt,* V.—*To comprise, contain, comprehend:* in se vim caloris: genitalia corpora mundus, O.—Fig., *to hold together, keep, retain:* rem p.: Belgas in officio, Cs.: ceteros in armis, L.: eius hospitio contineri, N.—*To hold back, detain, repress, check, curb, stay, stop, subdue:* adpetitiones animi: insolentiam suam: Etruriam terrore, L.: animum a consuetā libidine, S.: hos flumina continebant, Cs.: manum iuventus Metu deorum, H.: se male, O.: vix me contineo, quin, etc., T.: non posse milites contineri, quin, etc., Cs.: vix contineor, *refrain*, T.: Quae vera audivi, *keep to myself*, T.: libros, *keep back:* odia tacitis nunc discordiis continentur, *are confined within the limits of.*—*To comprehend, embrace, include, comprise:* liber continet res gestas regum, N.: (comitia) rem militarem continent (i. e. in their jurisdiction), L.: fabula continet aestūs, H.: quo more caerimonia continetur, *consists*, Cs.: quae maxime rem continerent, *the principal points*, L.: forum, in quo aequitas continetur.

1. contingō, tigī, tāctus, ere [com-+tango], *to touch, reach, take hold of, seize:* divae vittas, V.: taurum, O.: dextras consulum (in greeting), L.: cibum rostris: funem manu, V.: terram osculo, L.: me igni, *scorch*, V.: (nummos) velut sacrum, *to meddle with*, H.: ut neque inter se contingant trabes, Cs.: ut contingant (milites) inter se, *stand close together*, Cs.: granum, i. e. *taste*, H.: aquas, O.— *To touch, adjoin, border on, reach, extend to:* ripas, Cs.: turri contingente vallum, Cs.: agrum, L.: ripae fluminis, Cs.—*To reach, attain, come to, arrive at, meet with, strike:* metam cursu, H.: Ephyren pennis, O.: Italiam, V.: auras, *to come into the air*, O.: avem ferro, *to hit*, V.: aurīs fando, with *acc.* and *inf.*, O.— Fig., *to touch, seize upon, affect:* quos publica contingebat cura, L.: contacti artūs, *seized* (by disease), V.: quam me libido Contigit! *I felt*, O.— *To be connected with, be related to, touch, concern:* tam foede interemptos amicitiā, L.: sanguine caelum, Iu.: deos propius, *have more ready access to*, H.: haec consultatio Romanos nihil contingit, *concerns not*, L.—*To pollute, stain, defile, infest, taint, corrupt* (mostly *P. perf.*): (Gallos) contactos eo scelere, L.: contacta civitas rabie iuvenum, L.: (equi) nullo mortali opere contacti, Ta.: labellis Pocula, Iu.— *To attain, reach, arrive at:* naturam sui similem.—*To happen, befall, fall out, come, take place, turn out, come to pass, occur:* tot propter me gaudia illi contigisse laetor, T.: si hoc contigit nemini: quam rem paucis contigisse docebat, Cs.: quod ei merito contigit: cui Omnia contigerant, O.: Quod satis est cui contigit, H.: speciosae (opes) contigerant, *he had a respectable fortune*, Ta.: ubi quid melius contingit, H.: celeriter antecellere omnibus contigit: Non cuivis homini contingit adire Corinthum, *has the luck*, H.: Iovis esse nepoti Contigit haud uni, O.: utinam Caesari contigisset, ut esset, etc.

2. con-tingō (-guō), —, —, ere, *to wet, moisten:* (lac) sale, *to sprinkle*, V.: corpus amurcā, V.

continuātiō, ōnis, *f.* [continuo], *a continuance, prolongation:* magistratūs, L.—*A series, continuation, succession:* rerum: imbrium: in (rebus) peragendis, L.—In rhet., *a period:* verborum.

1. continuō, *adv.* [continuus], *immediately, forthwith, straightway, directly, without delay:* mors continuo ipsam occupat, *just afterwards*, T.: Haud mora, continuo matris praecepta facessit, V.: Ut vel continuo patuit, H.: Egomet continuo mecum, *I immediately said to myself*, T.: spem continuo adulescens superavit, *as soon as he grew up:* continuo ut vidit.—*By consequence, necessarily, of course:* Continuo sic collige, quod, etc., *draw the immediate inference*, Iu.: non continuo, si ... sum sicarius, *it does not follow that:* forsitan non continuo, sed certe, si, etc.: si malo careat, continuone fruitur summo bono?

2. continuō, āvī, ātus, āre [continuus], *to join, make continuous, connect, unite:* (aër) mari continuatus est: aedificia moenibus, L.: Suionibus gentes continuantur, *border upon*, Ta.: domos, *to erect in rows*, S.: fundos in agro, *to buy contiguous tracts:* quae (atomi) aliae alias adprehendentes continuantur, *combine:* pontem, *finish*, Ta.— *To make continuous, carry on uninterruptedly, extend, prolong, draw out, continue:* die ac nocte continuato itinere, Cs.: diem noctemque itinere continuato, L.: magistratum, S.: alcui consulatum, L.: dapes, *serve dish after dish*, H.: (libertas) ad hoc tempus continuata permansit: paci confestim continuatur discordia domi, *follow close upon*, L.: damna damnis, Ta.—Of time, *to pass, occupy:* diem noctemque potando, Ta.

continuus, *adj.* [com-+2 TA-], *joining, connecting, uninterrupted, continuous, unbroken:* Leucada continuam habuere coloni, i. e. *a peninsula*, O.: ignis proxima quaeque et deinceps continua amplexus, L.: montes, H.: montium iugum, Ta.— Of a person: Nerva principi, *nearest*, Ta.—Fig., of time, *successive, continuous:* continuā nocte, *the following night*, O.: ex eo die dies continuos quinque, Cs.: mensīs octo: aliquot annos continuos, *without interruption.*—Of events, *in unbroken succession, continuous:* bella, L.: cursus proeliorum, Ta.: incommoda, Cs.: iter, Cu.—Of persons, *persistent, unremitting:* accusandis reis, Ta.

cōntiō (not cōncio), ōnis, *f.* [for conventio], *a meeting, assembly, convocation, gathering, audience:* advocat contionem: habere, L.: populi, S.: militum, Cs.: plebem ad contionem vocare, L.: ut omnis contio audire posset: rem in contione agere: laudare alqm pro contione, *before the people*, S.: pro contione edixit, *publicly*, L.: circumfusa turba in contionis modum, L.: contio, quae ex imperitissimis constat.— *A discourse, oration, public address, harangue, speech:* contionem apud milites habere: hesterna: libera, L.: in Caesarem, Cs.: contra Antonium: de meā salute: in contionem ascendere, *to come forward to speak:* (populus) me in contionem vocavit, *demanded a speech.*

cōntiōnābundus, *adj.* [contionor], *speaking*

in public, haranguing, proclaiming: haec prope, L.: velut contionabundus interrogabat, Ta.: haec propalam, L.

cōntiōnālis, e, *adj.* [contio], *of a popular assembly, mob-like, vulgar:* prope clamor, *like a mob's:* hirudo aerarii: senex, *a demagogue*, L.

cōntiōnārius, *adj.* [contionor], *of a public assembly, mob-like:* populus.

cōntiōnātor, ōris, *m.* [contionor], *an haranguer, demagogue, agitator.*

cōntiōnor, ātus, ārī, *dep.* [contio], *to meet, convene, form an assembly:* singuli universos contionantes timent, L. — *To make a speech, deliver an oration, harangue, address, declaim:* ex turri: cum es nudus contionatus: apud milites, Cs.: haec velut contionans, L.: caterva contionata est, 'huic,' etc., *declaimed:* contionatus est, non siturum, etc., *declared before the people.*

cōntiuncula, ae, *f. dim.* [contio], *an harangue, petty speech:* in contiunculas detrudi.

con-torqueō, torsī, tortus, ēre, *to turn, twist, twirl, swing, whirl, brandish, wield, hurl:* globum celeritate: proram ad undas, V.: silvas insano vortice, V.—Of weapons: hastam viribus, O.: spicula lacertis, V.: hastam In latus, etc., V.: excussae contorto verbere glandes, *the sling*, O.—Fig., *to turn, influence:* (auditor) ad remissionem animi est contorquendus. — Of utterance, *to hurl forth, throw out:* verba.

contortē, *adv.* with *comp.* [contortus], *perplexedly, perversely:* dicere: contortius concludi.

contortiō, ōnis, *f.* [com- + TARC-], *a whirling:* dexterae, Her. — *Intricacy, complication:* contortiones orationis.

contortor, ōris, *m.* [com- + TARC-], *a wrester, perverter:* legum, T.

contortulus, *adj. dim.* [contortus], *somewhat perverse:* conclusiunculae.

contortus, *adj.* [*P.* of contorqueo], *vehement, energetic:* oratio.—*Involved, intricate:* res.

contrā, *adv.* and *praep.* [*comp.* of com-; see 1 cum]. **I.** *Adv.*, of position, *in opposition, opposite, face to face, in front, on the other side:* signum contra animo finivit, i. e. *mentally drew a line*, L.: stare, Iu.: ulmus erat contra, *in front*, O.: consistere, *to make front*, Cs.: positā Hispaniā, *opposite*, Ta.: intueri, *in the face*, L.: oscula non pervenientia contra, *so as to meet*, O.—Fig., of actions, *in turn, in return, back, on the other hand, likewise:* Audi nunc, *in turn*, T.: Mettius Tullo gratulatur, contra Tullus Mettium adloquitur, L.: at tibi contra Evenit, ut, etc., *you have your reward*, H.: cui latrans contra senex (i. e. respondit), Ph.: si scias quod donum huic dono contra comparet, *what counter-gift*, T.: Facere contra huic aegre, T.: tibi contra gratiam Referre, T. — Of opposition or strife, *in opposition, on the other side:* obniti contra sufficere, *to have strength to resist*, V.: pugnare, O.: vociferans, L.: pauca accipe contra, H.: contra feriundi copia, *making a counter-attack*, S.: quid, si de litteris corruptis contra venit? *as his accuser:* est contra iudicatum, *an adverse decision:* licere, *to compete*, Cs.: nihil quod contra peterent, *to compete for:* qui contra fecerit, *the transgressor.*—With verbs of saying, *in opposition, on the other side, in answer:* cum contra dicturus Hortensius esset, *as opposing counsel:* contra qui dicit, *the opponent:* cum nemo contra diceret, *denied it:* nihil contra disputabo priusquam dixerit, *make no objection:* quid contra reus? *says in reply:* contra dicentibus inimicis, Cs.: quid contra dicerem meditabar, *how to reply:* id quod contra diceretur refellere, *the objections:* quod in eā causā contra dicendum est: dicitur contra, nullum esse testamentum, *the objection is made:* respondit nec contra dici quin, etc., *there was no objection*, L.—*Reversely, in an opposite manner, the contrary, the opposite:* in stultitiā contra est, *with fools the reverse is true:* quod contra est, S.: utrumque contra accidit: alia probabilia, contra alia dicimus, *improbable:* cognoscere quid boni utrisque aut contra esset (i. e. mali), S. — *On the contrary, on the other hand, conversely:* tu contra obicies: Romanus conserere pugnam velle, contra cludere Poenus, L.: iusta omnia decora sunt, iniusta contra indecora: ut hi miseri, sic contra illi beati quos, etc.: imperavi nihil, et contra patribus parui, *but on the contrary:* non enim tua culpa est . . . contraque summa laus: at contra: sed contra: contra autem: falso queritur quod, etc.: nam contra, etc., S.: quin contra, *nay on the contrary*, L.—Followed by *atque* or *ac*, *contrary to, different from, otherwise than:* simulacrum, contra atque ante fuerat, ad orientem convertere: contra atque esset dictum, Cs.: si haec contra ac dico essent omnia: contra ac ratus erat, S.: contra quam fas erat, *contrary to the divine law:* contra quam ipse censuisset, *contrary to its own resolution.*

II. *Praep.*, with *acc.* (in prose before its case, except sometimes a *rel. pron.*), of position, *before, against, facing, towards, opposite to, contrary to, over against:* insulae latus est contra Galliam, Cs.: pacatis contra insulam suam terris, L.: Carthago Italiam contra, V.—*Opposite, towards, against, facing, over against:* contra vos in contione consistere, *to face you:* a fronte contra hostem, Cs.: Albanos contra legionem conlocat, L.: quos agmina contra Procurrunt, V.: contra hanc Romam altera Roma, *a rival to.*—Fig., *in answer to, in reply to:* contra ea facturos clamitabat, etc., Cs.: contra ea aiebat, etc., L.: contra postulata nuntios mittit, S.: Quae contra breviter fata est vates, V.—With *valere*, *to weigh against, counterbalance, avail* *against:* hac ratio contra omne ius iurandum valet: contrane lucrum nil valere Pauperis ingenium? H.—Of opposition or strife, *against, with, in hostility to, as the enemy of:* contra Caesarem gerere bellum: arma contra senatum tuli: armis contendere contra populum R., Cs.: contra Crustuminos profectus, *marched against*, L.: nihil se contra Sequanos consili inire, *take hostile measures against*, Cs.: contra salutem urbis incitari: paratus contra eum: agere contra hominem, *plead against:* nihil satis firmum contra Metellum, S.: contra difficultates providere, S.: vi contra vim resistere, L.: defensio contra vim: contra me sentire, *hold an unfavorable opinion:* quem contra veneris antea, *for whose adversary you were counsel:* pugnandum contra morbum: (provinciam) contra Caesarem retenturi, *as the enemy of:* eae res contra nos faciunt, *make against.—Against, in opposition to, as the opponent of:* tibi contra nos dicendum putes: contra iuris consultos dicere, *against their opinions:* contra caput dicere, *to plead against life:* contra Epicurum dictum est, *in reply to:* consuetudo contra deos disputandi, i. e. *against the existence.—Against, injurious to, unfavorable to, to the disadvantage of:* nihil contra me fecit odio mei: aliquid contra Caesarem Pompeio suadere: contra se ipse misericors, *to his own injury*, Ph.: contra valetudinis commodum laborare.—E s p., of offences, *against, in violation of:* pecuniam contra leges auferre: contra fas: contra ius gentium, L.: contra verecundiam, *in disregard of:* contra rem p. fecisse, *to have been guilty of treason:* vim eam contra rem p. factam decernere, L.: contra morem facere: quod contra legem esset: contra fidem. — Of opposition in thought, *contrary to, opposite to, the reverse of:* sed mihi contra ea videtur, *the contrary seems true*, S.: contra ea Caesar putabat, *otherwise*, Cs.: contra ea benigne, *on the other hand*, L.: cuius a me corpus crematum est, quod contra decuit ab illo meum (sc. cremari), *whereas:* quod contra oportebat delicto dolere, correctione gaudere, *while, on the contrary.*—With an abstract noun, *contrary to, beyond, against:* contra omnium opinionem (i. e. contra ac rati erant), Cs.: contra opinionem Iugurthae, *against the expectation*, S.: cetera contra spem salva invenit, L.: contra timorem animi praemia sceleris adeptus, S.

contractiō, ōnis, *f.* [com-+TRAG-], *a drawing together, contraction:* digitorum: superciliorum: frontis.—Fig.: animi in dolore, *dejection.—A shortening, shortness:* paginae: syllabae.

contractiuncula, ae, *f. dim.* [contractio], *a trifling dejection, sadness:* animi.

contractō, āre, see contrecto.

contractus, *adj.* with *comp.* [*P.* of contraho], *drawn together, compressed, contracted, short, narrow, restricted, limited:* nares contractiores habent introitūs: cuticula, *wrinkled*, Iu.: frons, H.: vestigia vatum, *the narrow path*, H.: ipsos in usūs locus, *too narrow*, V.—Fig.: ambitus verborum, *brief:* studia contractiora, *more limited:* paupertas, *stinted*, H.: Contractus leget, *in retirement*, H.

contrā-dīcō, dīxī, dictus, ere, *to speak against, contradict:* sententiis aliorum, Ta.: contradicentibus inimicis, Cs.

con-trahō, trāxī, tractus, ere, *to draw together, collect, assemble:* exercitum in unum locum, Cs.: copias eo, N.: navibus coactis contractisque, Cs.: viros, V.: undique fontīs, O.: utrumque ad colloquium, L.: contrahe quidquid animis vales, *call to your aid*, V.—*To draw close, draw in, contract, shorten, narrow, lessen, abridge, diminish:* pulmones se contrahunt: bracchia, V.: frontem, *to wrinkle:* voltum, O.: contractum caput, *bowed*, H.: castra, Cs.: vela, *to shorten*, H.: umbras, O.: mare contrahitur, *is narrowed*, O.: contracta aequora sentire, *to encroach on*, H.: tempora veris, *to shorten*, O.: tempestas contraxit caelum, *narrowed*, H.: contracto frigore pigrae (apes), i. e. *stiff with cold*, V.—Fig., *to bring about, accomplish, execute, contract, cause, produce:* amicitiam: negotium mihi: numinis iram mihi (arte), O.: bilem tibi, Iu.: causam certaminis, L.: porca contracta, *due* (in expiation).—*To transact, contract, bargain, conclude:* cum rege rationem, *an account:* aes alienum: ex rebus contrahendis: rerum contractarum fides, *of contracts:* res inter se, L.: cum altero, *deal.—To draw in, lessen, check, restrain:* animos: appetitūs: cupidinem, H.

contrāriē, *adv.* [contrarius], *in opposite ways, in a different manner:* scriptum esse: relata verba: dicere, Ta.

contrārium, ī, *n.*, see contrarius.

contrārius, *adj.* [contra].—Of position, *lying over against, opposite:* ripa: collis huic, Cs.: Phrygiae tellus, O.: contrario ictu transfixus, *by a blow from the opposite direction*, L.: volnera, *in front*, Ta.—*Opposite, contrary, opposed, conflicting:* defendere contrariam partem: inter se pugnantia studia: disputare in contrarias partīs, *on both sides:* huius virtutis vitiositas: iura omnibus aliis: aestus vento, O.: ex orationibus capita alterna inter se contraria: contrario motu atque caelum, *opposite to that of the sky.*—As *subst. n.*, *the opposite, contrary, reverse:* contrarium est . . ut frigus calori, *the antithesis:* lex imperans honesta, prohibens contraria: si ea volt . . . sin autem contraria, etc., N.: vocant animum in contraria, *in opposite directions*, V.: in contraria versus, *transformed:* vitia quae sunt virtutum contraria, *the opposites:* ex contrario, *on the contrary, on the other hand*, Cs.: hoc ex contrario contendo: e contrario, N.—*Hostile, inimical, antagonistic:* Tibi, Ph.: litora litoribus, V.: undis ignis, O.

contrectātiō (contract-), ōnis, *f.* [contrecto], *a touching, contact:* equae.

contrectō (contractō), āvī, ātus, āre [com-+tracto], *to touch, handle, come in contact with, feel:* pectora, O.: (liber) contrectatus manibus volgi, H.: contrectata pudicitia, *violated,* Ta.: corpus oculis volgi contrectandum, Ta.—Fig., *to turn over, dwell upon:* mente varias voluptates.

con-tremīscō, muī, —, ere, *inch., to tremble, shake, shudder:* totā mente: metu, S.: omne Contremuit nemus, V.—Fig.: cuius numquam fides contremuit, *wavered:* periculum, *shudder at,* H.

con-tremō, —, —, ere, *to tremble, quake:* caelum tonitru contremit, Pac. ap. C.

con-tribuō, tribuī, tribūtus, ere, *to unite, incorporate, associate, enroll together:* cum Oscensibus contributi, Cs.: Phocenses iis contribuerunt, L.: Corinthum in anticum gentis concilium, L.: urbes ad condendam Megalen contributae, L.—*To join in giving, contribute, add:* aliquid, O.: proprius tecum annos, *share,* Tb.

contrīstō, āvī, ātus, āre [com-+tristis], *to sadden, make gloomy, cloud, dim, darken:* frigore caelum, V.: (Aquarius) annum, H.

contrītus, *adj.* [*P.* of contero], *worn out, trite, common:* praecepta: proverbium vetustate.—*Worthless:* praemium.

contrōversia (-vorsia), ae, *f.* [controversus], *a contention, quarrel, question, dispute, controversy, debate:* privata: rem in controversiam vocare: re in controversiam deductā, Cs.: in controversiam venire: dirimere controversiam: sedare: hereditatis: de loco, Cs.: verbi: non erat, quin verum dicerent: nihil controversiae fuit, quin, etc., L.: sine controvorsiā, *indisputably.*

contrōversiōsus, *adj.* [controversia], *much controverted:* res, L.

contrōversus, *adj.* [contro- (cf. contra)+versus], *disputed, questionable, undecided:* ius: res: auspicium, L.—*Disputatious:* gens naturā (dub.).

con-trucīdō, āvī, ātus, are, *to cut to pieces, cut down, put to the sword:* corpore contrucidato.—Fig.: rem p.

con-trūdō, sī, sus, ere, *to thrust, crowd together:* aliquos in balneas.

contubernālis, is, *m.* and *f.* [com-+taberna], *a tent-companion, messmate* (usu. ten men and a decanus in one tent), C., Ta., Cu.—*A personal follower, attendant:* Pompeio.—*A comrade, companion, associate, colleague:* tui: meus in consulatu.

contubernium, ī, *n.* [com-+taberna], *companionship in a tent, the relation of a general and his personal follower:* contuberni necessitudo: patris, S.: alqm contubernio aestimare, *by intimate companionship,* Ta.: militum, *with the soldiers,* Ta.: muliebris militiae, *concubinage.*—Of animals, *a dwelling together,* Ph.—Of slaves, *marriage,* Cu.—*A common war-tent:* deponere in contubernio arma, Cs.—*An abode of slaves,* Ta.

con-tueor, uitus, ērī, *dep., to look on, gaze upon, behold, survey:* contuemini os, *look him in the face:* alqm oculis: id novum contuens, *observing this novelty,* N.—Fig., *to contemplate, regard:* a contuendis malis avocare aliquem.

(**contuitus,** ūs), *m., a beholding.*—Only *abl. sing.:* parricidarum, Cu.

contumācia, ae, *f.* [contumax], *inflexibility, contumacy, obstinacy, stubbornness:* illa tua: in voltu, L.: responsi: adversus principem, Ta.—*Firmness, constancy:* libera.

contumāciter, *adv.* with *comp.* [contumax], *obstinately, stubbornly:* scribere: omnia agere, L.: contumacius se gerere, N.

contumāx, ācis, *adj.* with *comp.* [com-+1 TEM-], *insolent, unyielding, obstinate, stiff-necked:* quis contumacior?: animus, Ta.: voltus, Cu.: lima, Ph.

contumēlia, ae, *f.* [com-+1 TEM-], *insult, abuse, affront, reproach, invective, contumely:* ei facere contumeliam, T.: contumelias dicere, L.: improborum: tam insignem in me accipere, T.: tantā adfectus: tantā acceptā, Cs.: contumeliam remanere in exercitu sinere, *disgrace,* S.: addere contumeliam iniuriae, Ph.: contumelias perferre, Cs.: graves, H.: verborum: a quibus contumeliā perfugae appellarentur, Cs.: ingenium contumeliā adcensum, S.: quam sine contumeliā describo.—Person.: Contumeliae fanum.—Fig., *injury, assault, violence:* naves factae ad contumeliam perferendam, *violence,* Cs.: praebere ora contumeliis, *to the blows,* Ta.

contumēliōsē, *adv.* with *comp.* and *sup.* [contumeliosus], *abusively, insolently:* hoc dicere: contumeliosius facta iniuria, T.: contumeliosissime ei male dicere.

contumēliōsus, *adj.* with *comp.* [contumelia], *full of abuse, reproachful, abusive, insulting:* contumeliosis vocibus prosequi, Cs.: in edictis: te esse dicunt contumeliosum, quod, etc.: oratio: quod contumeliosum in eos foret, si, etc., S.

con-tumulō, —, —, āre, *to cover with a mound, inter, bury:* contumulari humo, O.

con-tundō, tudī, tūsus or tūnsus, ere, *to beat, bruise, grind, crush, pound, break to pieces:* pugiles caestibus contusi: Vos saxis, H.: pectus ictu, O.: flos nullo contusus aratro, Ct.: contusi inter saxa, L.: narīs a fronte resimas, *to flatten,* O.: radicibus contusis equos alere, Cs.: herbas, V.—Of gout: (cheragra) articulos, *racked,* H.—Fig., *to break, crush, destroy, subdue, put down, baffle, check:* populos ferocīs, V.: Hannibalem, L.: opes contusae (opp. auctae), S.: praedonis audaciam: regum minas, H.: animos, Ta.

contūnsus, *P.* of contundo.

conturbātiō, ōnis, *f.* [conturbo], *confusion, disquiet, consternation:* mentis: est metus excutiens cogitata.

conturbātus, *adj.* with *comp.* [*P.* of conturbo], *distracted, disordered, confused, disquieted:* oculus: homo: discedit, *in confusion:* in scribendo conturbatior.

con-turbō, āvī, ātus, āre, *to confuse, disturb, derange, disorder, confound:* ordines (militum), S.: rem p., S.—Fig., *to disturb, disquiet:* mihi Rationes, *upset my plans*, T.: te.—Esp., in business, with *ellips.* of rationes, *to confound accounts, fail, be insolvent, be bankrupt:* me conturbare oportet?: Sic Pedo conturbat, Iu.

contus, ī, *m.*, = κοντός, *a pole, pike:* conti bini a prorā prominentes, L.—As a weapon, V.: contis praefixa capita, Ta.—*A boat-hook*, V.

contūsus, *P.* of contundo.

cōnūbiālis (not connū-), e, *adj.* [conubium], *of wedlock, conjugal:* iura, O.

cōnūbium (not connū-), *n.* [com- + nubo], *marriage, wedlock* (as a civil institution; cf. coniugium, the personal union), C.: per conubia Gaetulos secum miscuere, S.: natae, V.: nostra, *with me*, O.: Pyrrhin' conubia servas? V.: conubiis ambire Latinum, i. e. *for his daughter's hand*, V. —*The right of intermarriage:* conubia plebei cum patribus sancire: patrum et plebis, L.—*Sexual union*, O.

cōnus, ī, *m.*, = κῶνος, *a cone:* coni forma.—*The apex of a helmet*, V.

con-valēscō, luī, ere, *inch.*, *to recover, regain health, grow strong, gain strength:* ilico: ex morbo: de volnere, O.: hoc spatio, Cs.: in dies: ignis convaluit, O.: ut convalescere civitas posset: mens, O.: opinio de aliquā re convaluit, Cu.

con-vallis, is, *f.*, *a valley, ravine, dell*, C.: magna, Cs.: interiectae collibus convalles, L.: depressae, V.

con-vāsō, āvī, —, āre [com- + vasa], *to pack together, pack up:* aliquid, T.

convēctō, —, —, āre, *freq.* [conveho], *to carry together, heap together:* recentīs praedas, V.: ligones ex agris, Ta.

con-vēctor, ōris, *m.*, *a fellow-passenger.*

con-vehō, vēxī, vēctus, ere, *to carry together, collect, store:* frumentum ex regionibus in urbem, Cs.: frumentum Capuam, L.: lintribus in eam insulam materiem: ex ante convecto sufficere, *previous stores*, L.—*Pass.*, *to be carried rapidly, fly:* per auras, V.

con-vellō, vellī, volsus or vulsus, *to tear away, pluck up, pull off, wrest, rend:* vectibus saxa turris, Cs.: gradūs Castoris: aesculum, V.: glaebam vomere, Ct.: repagula: signa, *to pluck up* (in decamping), L.: simulacrum e sacrario: ab humo silvam, V.: robora suā terrā, O.: Roma convolsa sedibus suis: alqd duro ferro, *cut off*, V.—*To tear to pieces, cleave, rend, dismember, shatter, break:* dapes dente, O.: Convolsum remis aequor, V.: (naves) convolsae undis, *shattered*, V.—Fig., *to shake, shatter, destroy, overthrow, nullify:* consuetudinem: si eam (opinionem) ratio convellet: rei p. statum: acta Dolabellae: fata, O.: fidem, Ta.

convenae, ārum, *m.* and *f.* [com- + BA-, VEN-], *assembled strangers, refugees, vagabonds:* convenas congregasse: convenarum plebs, L.

conveniēns, entis, *adj.* [*P.* of convenio], *agreeing, consistent, corresponding:* hunc superbum habitum convenientes sequebantur contemptūs aures, etc., L.: recta et convenientia natura desiderat: sibi convenientia finge, H.: nihil decretis eius: omnia inter se.—Fig., *fit, becoming, appropriate, suitable:* Sit bene conveniens toga, O.: dies cum populi voltu, O.: oratio tempori, L.: Reddere personae convenientia cuique, H.: Venus annis nostris, O.: ad res secundas: gratulatio in eā victoriā, L.—*Harmonious, well-disposed:* propinqui optime.

convenienter, *adv.* [conveniens], *fitly, suitably, conformably, consistently:* dici: cum eā (naturā) vivere: naturae, H.: ad fortunae statum loqui, L.

convenientia, ae, *f.* [conveniens], *agreement, harmony, symmetry:* naturae: rerum in amicitiā: naturae cum extis.

con-veniō, vēnī, ventus, īre, *to come together, meet, assemble, gather, come in a body:* ex provinciā, Cs.: ad Caesarem gratulatum, Cs.: ad eum defendendum, N.: Romam Italia tota convenit: unum in locum, Cs.: in consilium frequentes: in unum, S.: civitates, quae in id forum convenirent, i. e. *had their seat of justice in:* clam inter se: uno in loco.—*To address, accost, meet, visit, obtain an interview with:* Pamphilum, T.: Verrem: cum in itinere, Cs.: per Gabinium ceteros, S.: ut se conveniri nolit: conveniundi patris tempus, T.: aditum petentibus conveniendi non dabat, N.—Fig., *to come, fall:* in manum, *under tutelage* (see manus), C.—*To come to a decision, be concluded, be agreed on, be settled:* si in eo manerent, quod convenisset, Cs.: condiciones non convenerunt, N.: id convenerat signum, L.: id modo non conveniebat, quod, etc., *on that point only there was no agreement*, L.: pax convēnit, S.: in eas condiciones cum pax conveniret, L.: quod (signum) convenerat, Cs.: Haec fratri mecum non conveniunt, T.: quod tempus inter eos committendi proeli convenerat, Cs.: qui (iudex) inter adversarios convenisset: pacem conventam frustra fuisse, S. —*Impers., it is agreed, is settled:* convenit, reliqua belli perfecta, *is generally asserted*, L.: quibus consulibus interierit non convenit, N.: pacto convēnit, ut, etc., L.: omnis exercitus, uti convenerat, deductus, etc., S.: tibi cum bonis civibus: conveniat mihi tecum necesse est, ipsum fecisse, etc., *you and I must needs agree, that*, etc.: quem ad modum (aedes) traderetur: inter consules satis, L.: saevis inter se convenit ursis, *there is harmony*, Iu.—*To fit, be adapted to:* ad pedem apte: Dicitur toga convenisse Menandro, *sat well on*, H. —*To be fit, be suitable, become, consist, apply, belong, be appropriate:* conveniunt mores, T.: Non bene conveniunt Maiestas et amor, *agree*, O.: in hunc ordinem: ad maximam partem: ad nummum convenit, *agrees to a farthing:* natura hominis cum universā: quid posterius priori non convenit?: viris laborem convenire, S.: Non hoc conveniet lyrae, H.: Haud convenit, ire, etc., T.: quid vos sequi conveniat: confestim te interfectum esse convenit: quo sidere terram Vertere Conveniat, V.: sit tibi curae Quantae conveniat Munatius, *as dear as he ought to be*, H.

conventīcius, *adj.* [1 conventus], *of assembling, for attendance;* hence, as *subst. n.* (sc. aes), *money paid for attending an assembly.*

conventiculum, ī, *n. dim.* [2 conventus], *a petty assembly, association:* hominum.—*A place of assembling:* conventicula exstruere, Ta.

conventiō, ōnis, *f.* [com-+BA-, VEN-], *an agreement, compact, convention*, L., Ta.

conventum, ī, *n.* [1 conventus], *an agreement, compact, contract, convention:* stare conventis: testes conventorum, L.: pacti et conventi formula: Conventum et pactum, *a marriage contract and settlement*, Iu.

1. conventus, *P.* of convenio.

2. conventus, ūs, *m.* [com-+BA-, VEN-], *a meeting, assembly, throng:* comitum, T.: virorum mulierumque: primo conventu, S.: conventu pro solitudine abuti: natum Conventūs trahit in medios, V.: ridetur ab omni Conventu, H.—*A congress, council:* civitatium, L.: Arcadum, N.: gentis, L.—*A trading company, corporation:* in provincia conventūs magni: Syracusanus: Cordubae, Cs.—*A judicial session, court of justice:* agere conventum, *to hold a court:* ad conventūs agendos, Cs.: per conventūs ire, Iu.—*An agreeing, agreement:* ex conventu, *by agreement:* clamare omnes ex conventu, *with one accord.*

con-verberō, āvī, ātus, āre, *to strike, beat:* os suum, Cu.

con-verrō (-vorrō), ī, —, ere, *to sweep together:* alqd sabuli, Cu.—*To gather in, gain:* hereditates.

conversātiō, ōnis, *f.* [converso], *familiar intercourse, association* (late): mortalium, Ta.

conversiō, ōnis, *f.* [com-+VERT-], *a turning round, revolving, revolution:* caeli: mensium.—Fig., *a subversion, alteration, change:* rerum: tempestatum: rei p.—In rhet.: in extremum, *repetition at the end of a clause:* orationis, *the rounding of periods.*

conversō, —, —, āre, *freq.* [conversus], *to turn around:* animus se ipse conversans.

con-versor, ātus, ārī, *to abide, frequent:* in regiā, Cu.

con-vertō (-vortō), tī, sus, ere.—*Trans., to turn round, cause to turn, turn back, reverse, direct:* in infimo orbe luna convertitur: vox Herculem convertit, L.: ter se, O.: vias, V.: caeli conversa per auras, *wheeled*, V.: conversae acies nituntur, *face to face*, V.: conversis in eam partem navibus, Cs.: haec (sica) conversa est in me: conversā cuspide montem Impulit, *pointed the spear and struck*, V.: se in Phrygiam, N.: ad hunc se, Cs.: colla ad freta, O.: legiones ab itinere ad suam potentiam, *withdraw . . . to reinforce*, Cs.: tigna contra vim fluminis, Cs.: aspectum quo vellent.—Of an army, *to wheel, turn, change the direction of:* conversa signa in hostes inferre, *change front and charge*, Cs.: signa ad hostem converti, *to face the enemy*, Cs.: sese, *to retreat*, Cs.: conversis signis redire, L.: itinere converso, *by a flank movement*, Cs.: acies in fugam conversa, *routed*, Cs.: convorso equo, S.—*Intrans., to return, turn away:* ad pedites, S.: in regnum suum, S.: ad uxorem Silviam, Ta.—Fig., *trans., to turn, direct, throw back:* risum in iudicem: haec ad suos quaestūs: animum ad curam, L.: se ad timorem: subitam convertor in iram, O.: animos: aculeum testimoni sui: omen in ipsum, V.: se ad eos, *to their support*, N.: omnium ora in me convorsa esse, S.—*To attract, fix, rivet, draw:* volgi ora, H.: animos, L.—*To change, alter, transform, turn, convert, pervert:* se ex homine in beluam: tellus Induit conversa figuras, O.: rem p., *to bring into disorder:* animum avaritiā, S.: civitatis lingua convorsa conubio Numidarum, S.: castra castris, *to change continually*, Cs.: conversa numina, *alienated*, V.: casūs conversi, *which undergo a change of form:* ad salutem convorti hoc malum, T.: ludi ad funus civitatis conversi: id ad salutem, N.: Deum in hominem, T.: in classem nymphas, V.: praemia in pestem, S.: amicitiae se in graves inimicitias. —*To translate:* aliqua de Graecis: librum in Latinum.—*Intrans., to change, turn, be changed, go over*, C.: imperium in superbiam, S.: ad aliquem, *to the support of:* ad sapientiora, Ta.

con-vestiō, īvī, ītus, īre, *to clothe, cover, envelop:* herbis prata convestirier: domus lucis convestita, *surrounded:* omnia hederā.

convēxus, *adj.* [conveho], *vaulted, arched, rounded, convex, concave:* caelum, O.: trames silvae, V.: foramina terrae, O.—As *subst. n., a vault, arch, hollow:* in convexo nemorum, V.: caeli convexa, *the vaulted arch*, V.: ut convexa revisant, *return to the air*, V.—*Inclined, sloping, steep:* vertex ad aequora, O.: iter, O.

convīciātor (convīt-), ōris, *m.* [convicior], *a railer, reviler.*

convīcior (convīt-), ātus, ārī, *dep.* [convicium], *to revile, reproach, taunt, rail at*, L.

convīcium (not -vītium), ī, *n.* [com-+VOC-], *a loud noise, cry, clamor, outcry:* cum maximo convitio: alcui fit a senatu: cantorum: Humanae convicia linguae, *utterances*, O.—Of frogs, Ph.—*Wrangling, altercation, contention:* aures convitio defessae.—*Importunity:* alqd convitio efflagitare.—*A violent disapprobation, contradiction:* omnium vestrum: grave: senatūs.—*Reproach, abuse, reviling, insult:* scurrae: convicio consulis correpti, Cs.: acerbior in conviciis, Ta.: pueris convicia Ingerere, H.: transire a conviciis ad tela, Ta.: nemorum convicia, picae, *scolds*, O.

convīctiō, ōnis, *f.* [com-+VIV-], *companionship, intercourse, intimacy*, C.—*A companion:* convictiones domesticae.

convīctor, ōris, *m.* [com-+VIV-], *a table companion, messmate, familiar friend*, H., C.

1. convīctus, *P.* of convinco.

2. convīctus, ūs, *m.* [com-+VIV-], *a living together, intimacy, social intercourse:* humanus: longi convictibus aevi, O.—*A banquet, feast:* convictibus indulgere, Ta.: sobrii, Ta.: omnis Convictus . . . De Rutilo, *the talk of every dinner*, Iu.

con-vincō, vīcī, vīctus, ere, *to overcome, convict, refute, expose:* me teste: paulatim convictus veris, L.: convicti mulctantur, *when convicted*, Ta.: te amentiae: convicti maleficii servi: facinoris, S.: manifestis criminibus: iudicio legatorum, S.: conscientiā: in hoc scelere: aliquid fecisse convinci, L.—*To prove incontestably, show clearly, demonstrate, expose:* convincam si negas: inauditum facinus voce convinci: haec poëtarum portenta: avaritiam, Cs.: convicta (praedia), *proved to be stolen:* quod apud patres convictum, Ta.: quod sive fateris sive convinceris: ne convincas esse illum tuom, T.: nihil te didicisse.

con-vīsō, —, —, ere, *to shine upon*, C. poet.

(convītium), see convicium.

convīva, ae, *m.* and *f.* [com-+VIV-], *a table companion, guest:* ridere convivae: satur, H.: frequens, O.: ebrius, O.: promissus, *promised guest*, Iu.

convīvālis, e, *adj.* [conviva], *of a guest, festal, convivial:* oblectamenta, L.: fabulae, Ta.

convīvātor, ōris, *m.* [convivor], *a host, entertainer, master of a feast*, H., L.

convīvium, ī, *n.* [com-+VIV-], *a meal in company, social feast, entertainment, banquet:* egit vitam in conviviis, T.: muliebria: ornare: in convivio saltare: Mutua convivia, V.: capilli propter convivia pexi, *for company*, Iu.—*Guests at table:* vinosa, O.

convīvor, ātus, ārī, *dep.* [conviva], *to banquet, revel, carouse together:* crebro, T.: in publico, de publico.

convocātiō, ōnis, *f.* [convoco], *a convoking, calling together, assembling:* populi R.

con-vocō, āvī, ātus, āre, *to call together, convoke, assemble, summon:* milites: senatum in aedem: principes Trevirorum ad se, Cs.: principes penes Laecam, S.: convocato consilio, Cs.: ad contionem, L.

con-volnerō, āvī, ātum, āre, *to wound severely:* iumenta, Cu.

con-volō, āvī, ātus, āre, *to fly together, come hastily together, run together:* populus convolat, T.: ad rostra: ad sellas consulum, L.

convolsus, *P.* of convello.

con-volvō, volvī, volūtus, ere, *to roll together, roll up, roll round:* se (sol): Lubrica terga (coluber), V.: pennis convolvitur Ales.—*To fasten together, interweave, interlace:* testudo convoluta omnibus rebus, quibus, etc., Cs.

con-vomō, —, —, ere, *to bespew, vomit upon:* mensas: maritum, Iu.

convulnero, see convolnero.

convulsus, *P.* of convello.

cooperiō, ruī, rtus, īre [com-+operio], *to cover, cover over, overwhelm, bury:* Cyrsilum lapidibus: ab exercitu lapidibus cooperiri, L.: atrā nube copertum, Ta.—*P. pass., buried, involved, covered:* sceleribus: miseriis, S.: famosis versibus, H.

cooptātiō, ōnis, *f.* [coopto], *an election to office, appointment, choice:* collegiorum: censoria, *by the censors:* in Patres, L.

cooptō, āvī, ātus, āre [com-+opto], *to choose, elect, admit by election, appoint to office:* senatores: novum senatum: tribunos plebis, L.: alqm tribunum, L.: magistrum equitum, L.: in conlegium (augurum): in locum auguratūs.

coorior, ortus, īrī, *dep.* [com-+orior], *to come forth, stand up, arise, appear, rise, break forth:* ignes pluribus simul locis, L.: bellum in Galliā, Cs.: certamen, O.: seditio coorta, L.—*To arise, break out, begin:* tanta tempestas coorta est, Cs.: ventis coortis, V.—*To rise in opposition, stand up in hostility, rise, break forth:* Romani coorti pugnam ediderunt, L.: adeo infensa erat coorta plebs, ut, etc., L.: coortae voces sunt, L.: coorti in pugnam, L.: in agmen, Ta.: ad bellum, L.: adversus alquos, L.

cophinus, ī *m.*, = κόφινος, *a basket*, Iu.

cōpia, ae, *f.* [com- + ops], *an abundance, ample supply, plenty:* frumenti, Cs.: navium magna, Cs.: bona librorum, H.: nullā ferramentorum copiā, *in the scarcity of,* Cs.—*Resources, wealth, supplies, riches, prosperity:* domesticis copiis ornare convivium: (civitas) copiis locupletior: circumfluere omnibus copiis: se eorum copiis alere, Cs.: Fastidiosam desere copiam, H.: inopem me copia fecit, O.: bonam copiam eiurare, i. e. *to claim exemption as poor:* (milites) mixti copiis et laetitiā, *sharing supplies,* Ta.: copia narium (i. e. luxus odorum), H.: copia ruris honorum opulenta, H.—Person., *the goddess of plenty:* beata pleno cornu, H.: dives meo bona Copia cornu est, O.—*A multitude, number, plenty, abundance, throng:* (principum) in castris, Cs.: virorum fortium: latronum in eā regione, S.: quae sit me circum copia, lustro, V.—*A force, army, body of men:* eā copiā civitatem oppressurus: ex omni copiā singulos deligere, Cs.—Usu. *plur., forces, troops, an army, men:* armare quam maximas copias, S.: cum omnibus copiis exire, *in a body,* Cs.: pedestres, N.: omnibus copiis contendere, *with the whole army,* Cs.—Fig., *fulness, copiousness, multitude, abundance:* rerum copia verborum copiam gignit: dicendi copiā valere: ubertas et copia, *fulness in expression.*—*Ability, power, might, opportunity, facilities, means:* facere civibus consili sui copiam: qui spectandi faciunt copiam, T.: fandi, V.: societatis coniungendae, S.: Ut sibi eius faciat copiam, *give access to,* T.: sit tibi copia nostri, *power over,* O.: facta est copia mundi, *the world was open,* O.: quibus in otio vivere copia erat, S.: nec te Adfari data copia matri, V.: tecum sine metu ut sit copiast, T.: si copia detur, veniam, O.: dona pro copiā portantes, *as each is able,* L.: pro rei copiā, S.: ludi additi pro copiā provinciali, L.

cōpiōsē, *adv.* with *comp.* and *sup.* [copiosus], *in great abundance, copiously, abundantly, plentifully:* comparare pastum: profectus erat, *richly provided:* ornatus, *by a large majority:* Capitolium copiosius ornatum.—Of discourse, *copiously, fully, at length:* ab eo cultura laudatur: causas defendere: invectus est copiosius in istum: copiosissime dicere.

cōpiōsus, *adj.* with *comp.* and *sup.* [copia], *furnished abundantly, well supplied, having abundance, rich, copious, plentiful, abounding:* familiae: via copiosa omniumque rerum abundans, N.: stativa, L.: patrimonium: victus: fit causa copiosior, *stronger:* copiosissimum oppidum, Cs.: tu rebus omnibus: a frumento locus: homines: domus: Bruttidius artibus, Ta.—Of discourse, *rich, copious, affluent, eloquent:* non copiosus homo ad dicendum: oratio: homo copiosissimus.—*Abundant, profuse:* liquor (putei), Ph.: rerum varietas, Ph.

copis, idis, *f.*, = κοπίς, *a short, curved sword, yataghan,* Cu.

cōpō, ōnis, *m.*, see caupo.

cōpula, ae, *f.* [com- + AP-], *a band, rope, thong, tie, fastening:* copulā vinctus, N.: Copula detrahitur canibus, O.: copulis continebantur (naves), *grapnel-hooks,* Cs.—*A bond, tie:* inrupta tenet (of love), H.: talium virorum (of friendship), N.

cōpulātiō, ōnis, *f.* [copulo], *a coupling, connecting:* atomorum inter se.—Fig., *association.*

cōpulātus, *adj.* with *comp.* [*P.* of copulo], *joined, united, connected:* quaedam (opp. simplicia): verba: nihil copulatius quam, etc.

cōpulō, āvī, ātus, āre [copula], *to couple, bind, tie together, join, connect, unite:* hominem cum beluā: altera ratis huic copulata est, L.: copulati in ius pervenimus, *face to face.*—Fig., *to join, connect, unite:* verba: voluntates nostras, *to unite:* concordiam, L.: futura cum praesentibus: se cum inimico: naturae copulatum somnium.

coquō, cōxī, coctus, ere [COC-], *to cook, prepare by cooking, bake, boil, roast, parch, steep, melt, heat:* cena ei coquebatur, N.: cibaria, L.: coctus cibus, S.: venena, L.: aere cavo, O.: liba in foro, O.—*To burn, parch, bake, dry up:* glaebas solibus, V.: flumina, V.: obsonia (i. e. putrefacite), H.: cruor coquitur veneno, O.—*To ripen, make mature:* mitis vindemia, V.: poma cocta.—*To digest:* cibus confectus iam coctusque.—*To prepare by fire:* Telum solidum robore cocto, *fire-dried,* V.: rastra, *to forge,* Iu.—Fig., *to elaborate, think out, mature, plan:* consilia secreto, L.: bellum, L.—*To vex, harass, disquiet, disturb:* quae (cura) nunc te coquit, Enn. ap. C.: quam irae coquebant, V.

coquus (coquos, cocus), ī, *m.* [COC-], *a cook:* coqui, T., C., L.

cor, cordis (no *gen. plur.*), *n.* [CARD-], *the heart:* sine corde esse: gemitūs alto de corde petiti, O.—*Plur., persons, souls* (poet.): fortissima, V.: aspera, V.—Fig., *the heart, soul, mind:* meo Cordi carior, T.: stupor cordis: cor tangere querelā, H.: nequeunt expleri corda tuendo, V.: excute Corde metum, O.: ferocia corda, *furious temper,* V.—Esp., *dat. predic.,* with *esse* and *dat.* of person, *to be at heart, please, be agreeable:* uterque utriquest cordi, *is dear,* T.: quae vivis cordi fuisse arbitrantur, *loved while alive,* Cs.: id eo mihi magis est cordi, quod, etc.: cui tristia bella cordi, V.: adeo exstinguere vestigia urbis cordi est, *they are so bent on,* L.

cōram, *adv.* and *praep.* [com- + ōs]. **I.** *Adv.,*

in the presence, before the eyes, in the face, openly, face to face: coram in os te laudare, T.: coram me praesente dicere: se ipse coram offert, i. e. *before the soldiers*, L.: veni, H.: adgnoscere voltūs, V.—*Present, in person, personally:* illum huc adducam, T.: adesse, V.: fidem dare cum ipso coram duce, L.: audire, H.—**II.** *Praep.* with *abl.*, *in the face of, before, in the presence of:* genero dicere: coram amicis verba habere, S.: populo, H.: latrone, Iu.: te coram, H.: Germanico coram, Ta.

corbis, is, *m.* and *f.*, *a basket:* messoria: aristas Corbe tulit, O.: de corbibus māla, Iu.

corbīta, ae, *f.* [corbis], *a ship of burden.*

corcodīlus, ī, *m.*, see crocodilus.

cordātus, *adj.* [cor], *wise, prudent, judicious:* egregie homo, Enn. ap. C.

cordax, acis, *m.*, = κόρδαξ (a wanton dance); of the trochee, *the dancing metre.*

Corinthius, *adj.*, *of Corinth, Corinthian*, T., C., L.: aes, *a costly bronze, an alloy of gold, silver, and copper:* vasa: opus: Corinthia (sc. vasa), L.

Corinthus (**-os**), ī, *f.*, = Κόρινθος, *Corinth*, T., C., V., H.: nobilis aere, O.: captiva, *an entire Corinth*, i. e. *a mass of bronze*, H.

corium, ī, *n.* [SCAL-], *skin, hide, leather:* bovis, Ta.: (animantes) coriis tectae: (turrīs) coriis intexerant, Cs.: scuta ex coriis, S.—Prov.: canis a corio numquam absterrebitur uncto, i. e. *habits stick closely*, H.

corneolus, *adj. dim.* [1 corneus], *horny, of horn:* introitus (auris).

1. corneus, *adj.* [cornu], *of horn, horny:* rostrum: arcus, O.: porta Somni, V.

2. corneus, *adj.* [1 cornus], *of the cornel-tree:* virgulta, V.—*Of cornel-wood:* hastilia, V., O.

cornicen, cinis, *m.* [cornu + 1 CAN-], *a horn-blower, trumpeter, cornet-player*, C., S., L., Iu.

cornīcula, ae, *f. dim.* [cornix], *a little crow*, H.

corniculum, ī, *n. dim.* [cornu], *a little horn, a horn-shaped ornament* (on a helmet), L.

corniger, gera, gerum, *adj.* [cornu + GES-], *having horns, horned* (poet.): cervi, O.: fluvius, *the river-god*, V.—As *subst. m.*, *the river-god Numicius*, O.

cornipēs, pedis, *adj.* [cornu + pes], *horn-footed, hoofed* (poet.): equi, V., Ct., O.

cornīx, īcis, *f.* [1 CAL-, CAR-], *a crow:* garrula, O.: Annosa, H.: novem saecula passa, O.: sinistra (a favorable omen), V.—Prov.: cornicum oculos configere, i. e. *catch a weasel asleep.*

cornū, ūs (*acc.* cornum, T., O.), *n.* (once *m.*, C.) [1 CAR-], *a horn, antler:* (animantes) cornibus armatae: tauri, O.: cornu ferit (caper), V.: luctantur cornibus haedi, V.—As a vessel: bilibre, H.—As a funnel: inserto latices infundere cornu, V.—With *copia*, *the horn of plenty* (an emblem of abundance): beata pleno Copia cornu, H.: dives meo Bona Copia cornu, O.—*A horny substance, horn* (poet.): solido sonat ungula cornu, V.: ora cornu indurata rigent, i. e. *by the growth of horny bills*, O.—*A projection, protuberance, horn, point, end:* flexum a cornibus arcum Tendit, i. e. *from tip to tip*, O.: Cornua antemnarum, *tips*, V.: cornua cristae, *the cone* (supporting the crest), V.: galeae, L.: per novem cornua lunae, *months*, O.: septem digestus in cornua Nilus, *branches*, O.: inclusam cornibus aequor, *capes*, O.: in cornu sedere, *at the end* (of the tribunal), L.—Of an army, *the wing, extremity, side:* dextrum, sinistrum, Cs.: equitatum in cornibus locat, S.—*A bow:* Parthum, V.—*A bugle-horn, horn, trumpet:* misit cornua, tubas: Aerea cornua, V.: Berecyntium, H.—*The sides of the lyre* (orig. two horns holding the strings), C.—In a constellation, *The Horn:* Tauri, O.: Aries cum cornibus.—Fig., *a salient point, chief argument:* cornua commovere disputationis.—*The wing, flank:* qui quasi cornua duo tenuerunt Caesaris, i. e. *were his main dependence.*—*Power, courage, strength, might:* addis cornua pauperi, H.

1. cornum, ī, *n.* [1 cornus], *the cornel-berry, cornel-cherry*, V., H., O.—*A javelin* (of cornel-wood), O.

2. cornum, ī, *n.*, see cornu.

cornus, ī (*abl.* cornū, O.), *f.* [1 CAR-], *a cornel cherry-tree*, V.—*Cornel-wood*, O.—*A javelin* (of cornel-wood), V., O.

corōlla, ae, *f.*, *a little crown* or *garland*, Ct., Tb.

corōllārium, ī, *n.* [corolla] (prop., *a garland*), *a gift, present, douceur, gratuity:* sine corollario discedere: nummorum.

corōna, ae, *f.*, = κορώνη, *a garland, chaplet, wreath:* coronam habere in capite: virtute parta: laurea, L.: Necte Lamiae coronam, H.—Worn in offering sacrifice: Insignis gemmis, V.: tenuis, Iu.—*A crown, diadem:* duplex gemmis, V.: species coronae, O.: aureae, Ta.—*A chaplet* (as a badge of captivity): sub coronā vendere, *to sell as slaves*, Cs.: sub coronā vēnire, L.—*The Northern Crown* (a constellation): Gnosia stella Coronae, V., O.—*A circle, assembly, crowd, multitude, audience, spectators, ring:* vox in coronam effunditur: armatorum: clamor coronae, H.—*A surrounding army, besiegers, line of siege:* militum, Cs.: coronā vallum defendit, *a circle of defence*, L.: spissa viris, V.—*An edge:* angusta muri, Cu.

corōnārius, *adj.* [corona], *for a crown:* aurum, *crown money* (levied for a victorious general).

corōnō, āvī, ātus, āre [corona], *to furnish with a garland, crown, wreathe:* sedebat coronatus: templa, O.: deos fragili myrto, H.: vina, V.: epulae inibant coronati: alqm fronde, H.: coronatus malobathro capillos, H.: coronari Olympia, *to be crowned in the Olympic games*, H.—*To surround, encompass, enclose, encircle, shut in:* castra suggestā humo, Pr.: Silva coronat aquas, O.: omnem abitum custode, V.

corporātus, *adj.* [corpus], *material, sensible.*

corporeus, *adj.* [corpus], *of the body, physical:* (ignis): pestes, *ills*, V.—*Of flesh, fleshly:* umerus, O.: dapes, O.—*Corporeal, substantial:* res.

corpus, oris, *n.* [1 CER-], *a body* (living or lifeless): solidum et suci plenum, T.: requies animi et corporis: ingenium sine corpore exercere, S.: corpus sine pectore, H.: Corporis exigui, *of small frame*, H.: dedit pro corpore nummos, *to escape flogging*, H.: adverso corpore, *in front:* corpore toto intorquet, *with all his might*, V.: gravi salubris corpori, i. e. *stomach*, H.: volgatum, *prostituted*, L.—*Plur.*, for *sing.* (poet.): cruciata corpora demittite nocti, O.: Sanguine in corpora summa vocato, *the skin*, O.—*Flesh:* ossa subiecta corpori: corpus amisi: fecisti tantum corporis, Ph.: pars versa est in corporis usum, *to serve as flesh*, O.—*A lifeless body, corpse, trunk:* per eorum corpora transire, Cs.: occisorum, S.: corpore ambusto: ne corpus eiciatur.—*Substance, matter, reality* (poet.): Spem sine corpore amat, O.: metuit sine corpore nomen, O.—*A person, individual:* tuum corpus domumque custodire: delecta virum corpora, V.: excepto corpore Turni, V.: corpora vestra, coniugum, etc., i. e. *you and your wives*, L.: liberum corpus habere, *retain civil rights*, S.: defuncta corpora vitā heroum, *shades*, V.—Of animals: corpora magna boum, *heads*, V.: septem ingentia (cervorum), V.—*A mass, body, frame, system, structure, community, corporation:* corpus navium viminibus contextum, *framework*, Cs.: totum corpus coronā militum cingere, *structure*, Cs.: rei p.: civitatis, *political body*, L.: sui corporis creari regem, L.: Romani iuris, L.—*A part, particle, grain:* quot haberet corpora pulvis, O.

corpusculum, ī, *n. dim.* [corpus], *a puny body:* quantula hominum, Iu.—*An atom, particle.*

corrādō (**conr-**), sī, sus, ere [com-+rado], *to scrape together, rake up:* Minas alicunde, T.: ei munus hoc, *for her*, T.: omnia (for sale), T.

corrēctiō (**conr-**), ōnis, *f.* [corrigo], *an amendment, improvement, correction:* philosophiae: correctione gaudere.—In rhet., *a restatement, repetition in better language.*

corrēctor (**conr-**), ōris, *m.* [corrigo], *an amender, improver, reformer:* civitatis: Corrector! T.—*A censor, reprover:* asperitatis, H.: noster: Bestius, i. e. *a preacher of morals*, H.

corrēctus, *P.* of corrigo.

corrēpō (**con-r-**), psī, —, ere, *to creep, slink:* in aliquam onerariam.—Fig.: in dumeta, *to take to the bush* (i. e. unintelligible arguments).

(**correptē**), *adv.* [correptus], *shortly.*—Only *comp.:* (syllaba) correptius exit, i. e. *in a short vowel*, O.

correptus, *P.* of corripio.

corrigia (**conr-**), ae, *f.*, *a shoe-tie, shoe-latchet.*

corrigō (**conr-**), rēxī, rēctus, ere [com-+rego], *to make straight, set right, bring into order:* correctis ceris, *smoothed out*, O.: cursum (navis), L.—Fig., *to improve, amend, correct, reform, restore:* gnatum mi, T.: te: (peccata) refellendo, T.: conrecta Mari temeritas, S.: mores aliorum: Quicquid corrigere est nefas, H.: paterer vos ipsā re conrigi, quoniam verba contemnitis, S.: moram celeri cursu, *make up for*, O.: quod cecidit, id arte ut conrigas, *make the best of it*, T.—Of discourse: corrige sodes Hoc, H.: nosmet ipsos.

corripiō (**conr-**), ripuī, reptus, ere [com-+rapio], *to seize, snatch up, grasp, collect, take hold of, arrest:* quos corripi atque interfici iussit, Cs.: arcum manu, V.: fascibus conreptis, S.: me, *to start up*, T.: a somno corpus, V.: Flumina correptos torquentia montīs, *carried away*, V.—*To carry off, take as plunder, snatch away:* in corripiendis pecuniis: effigiem, V.—*To attack, seize, catch, sweep, carry away:* flamma Corripuit tabulas, V.: morbi Corpora corripiunt, V.: imber (segetes), O.—*To contract, shorten:* numina corripiant moras, O.—*To hurry over, make haste over:* viam, V.: campum, V.—*To quicken:* gradum, H.—Fig., *to reproach, reprove, chide, blame:* omnes convicio Lentuli correpti, Cs.: correptus voce magistri, H.: hunc dictis, O.: correpti consules cum percunctarentur, *under this rebuke*, L.—*To seize upon, attack:* hunc plausus Corripuit, V.: correpta cupidine, O.: militiā (i. e. militiae studio), V.: imagine visae formae, *fascinated*, O.

corrōborō (**con-r-**), āvī, ātus, āre, *to strengthen, invigorate, make strong, corroborate:* vox cum se corroborarit: cum is iam se corroboravisset, i. e. *was grown up.*—Fig., *to encourage, fortify, strengthen:* virtutem: audaciam hominis.

corrōdō (**conr-**), sī, sus, ere [com-+rodo], *to gnaw, gnaw to pieces:* scuta: ossa, Iu.—*To wear away* (of a file): ferrum, Ph.

corrogō (**conr-**), āvī, ātus, āre [com-+rogo], *to bring together by entreaty, collect, drum up, obtain by soliciting:* suos necessarios ab atriis: convenerunt conrogati: auxilia ab sociis, L.: vela cum antemnis ex navibus, L.

corrūgō (**conr-**), —, —, āre [com-+rugo], *to wrinkle, corrugate:* nares, i. e. *produce loathing*, H.

corrumpō (**con-r-**), rūpī, ruptus, ere, *to destroy, ruin, waste:* frumentum in areā: (frumentum) incendio, Cs.: coria igni, Cs.: ungues dentibus, *to bite*, Pr.: se suasque spes, S.: opportunitates, *to lose*, S.—*To adulterate, corrupt, mar, injure, spoil:* prandium, T.: aqua facile conrumpitur: aquarum fontes, S.: Corrupto caeli tractu, *poisoned*, V.: umor corruptus, *fermented*, Ta.: lacrimis ocellos, *disfigure*, O.—Fig., *to corrupt, seduce, entice, mislead:* mulierem, T.: (milites) licentia, S.—*To gain by gifts, bribe, buy over:* alios, N.: centuriones, locum ut desererent, S.: indicem pecuniā: donis, S.: Corruptus vanis rerum, *deluded*, H.—*To corrupt, adulterate, falsify, spoil, mar, pervert, degrade:* iudicium, i. e. *bribe the judges:* ad sententias iudicum corrumpendas: mores civitatis: acceptam (nobilitatem), S.: nutricis fidem, O.: nomen eorum, S.: multo dolore corrupta voluptas, *embittered*, H.: gratiam, *to forfeit*, Ph.

corruō (conr-), uī, —, ere [com-+ruo], *to fall together, fall down, fall, tumble, sink:* aedes corruerunt: adducta funibus arbor, O.: igne rogus, O.: paene risu: exspirantes corruerunt, L.: quo loco corruerat icta (Horatia), L.: in volnus, V.: tibi victima, Pr.—Fig., *to fall, sink, fail, go down:* si uno meo fato et tu et omnes mei conruistis: tamquam inexercitati histriones, *break down.*—*To ruin, destroy:* in quo me corruerit genere, Ct.

corruptē, *adv.* with *comp.* [corruptus], *perversely:* iudicare: corruptius habiti, i. e. *under less restraint*, Ta.

corruptēla (conr-), ae, *f.* [corruptus], *a corrupting, corruption, seduction, bribery:* mores hac corruptelā depravati: via corruptelae, L.: mulierum: servi.—*A seducer, misleader:* liberūm, T.

corruptiō (conr-), ōnis, *f.* [corrumpo], *a corrupting, bribery:* militum, Ta.—*Illness, unsoundness:* corporis.—Fig.: opinionum.

corruptor (conr-), ōris, *m.* [corrumpo], *a misleader, seducer, briber:* iuventutis: (Matronae), H.: tribūs: amicitiae, *a violator*, Ta.

corruptrīx (conr-), īcis, *f.* [corruptor], *one who seduces:* tam corruptrice provinciā.

corruptus (conr-), *adj.* with *comp.* and *sup.* [*P.* of corrumpo], *spoiled, marred, corrupted, bad:* hordeum, Cs.: iter factum corruptius imbri, H.—Fig., *bad, corrupt:* mores, S.: quis corruptus, qui? etc.: iudex, H.: iudicia: consuetudo, *perverse:* conruptissimum saeculum, Ta.

(**cōrs**, cōrtis, *f.*), see cohors.

cortex, icis, *m.* and *f.* [1 CAR-], *the bark, rind, shell, hull.*—Of plants: obducuntur cortice trunci: scutis ex cortice factis, Cs.: Ora corticibus horrenda cavatis, *masks*, V.: Sumpta de cortice grana, *the hull*, O.—*The bark of the cork-tree, cork:* astrictus pice, H.—Prov.: nare sine cortice, i. e. *to need no more assistance*, H.: tu levior cortice, H.

cortīna, ae, *f.*, *a kettle, caldron, the tripod of Apollo, in the form of a caldron*, V.—*The priestess of Apollo:* reddidit vocem, O.—*A circle of hearers*, Ta.

corulus, ī, *f.*, see corylus.

Cōrus, ī, *m.*, *the northwest wind;* see Caurus.

coruscō, —, —, āre [coruscus], *to move quickly, vibrate, shake, brandish, wave, tremble* (poet.): duo Gaesa manu, V.: telum, V.: linguas (colubrae), O.: frontem, *toss*, Iu.: Cunctanti telum, *brandishes at*, V.—*To be in quick motion, flit, flutter, shake:* apes pennis coruscant, V.: (colubrae) linguā, O.: abies, *trembles*, Iu.—*To flash, glitter, gleam, coruscate:* flamma inter nubīs coruscat: (apes) fulgore, V.

coruscus, *adj.*, *in waving motion, waving, vibrating, tremulous:* silvae, V.: ilices, V.—*Flashing, gleaming, glittering:* ignis, H.: vis fulminis, C. poet.: sol, V.: radii (solis), O.: Pyrrhus telis, V.: cristis capita alta corusci, V.

corvus, ī, *m.* [1 CAL-], *a raven:* loquax, O.: ovantes gutture corvi, V.: hians, H.—As a bird of omen: Oscen, H.: Delius in corvo latuit, O.—Prov.: in cruce corvos pascere, *to be hanged*, H.—*A grappling-iron*, Cu.

Corybantes, ium, *m. plur.*, = Κορύβαντες, *the priests of Cybele, who served her with noisy music and wild, armed dances*, H., O.—*Sing.:* de convivā Corybanta videbis, Iu.

Corybantius, *adj.*, *of the Corybantes:* aera, V.

cōrycus (cōri-), ī, *m.*, = κώρυκος (prop., *a sack of sand for athletes*), *a means of exercise, discipline:* laterum et vocis.

corylētum or **corulētum**, ī, *n.* [corylus], *a hazel-thicket, hazel-copse*, O.

corylus or **corulus**, ī, *f.*, *a hazel-tree, filbert-tree*, V., O.

Corymbifer, ferī, *adj. m.* [corymbus+FER-], *bearing clusters of ivy-berries:* Bacchus, O.

corymbus, ī, *m.*, = κόρυμβος, *a cluster of ivy-berries, cluster, garland*, V., O., Pr., Iu.

coryphaeus, ī, *m.*, = κορυφαῖος, *a leader, chief, head:* Epicureorum.

cōrȳtos (gōrȳ-, -tus), ī, *m.*, = γωρυτός, *a quiver*, V., O.

cōs, cōtis, *f.* [1 CA-], *a flint-stone, whetstone, grindstone:* novaculā cotem discissurus, L.: cruenta, H.: subigunt in cote secures, V.—Fig.: iracundiam fortitudinis quasi cotem esse: fungar vice cotis, H.

cosmētēs, ae, *m.*, = κοσμήτης, *an adorner, slave of the wardrobe*, Iu.

cosmoe, *m. plur.*, = κόσμοι (only *nom.*), *the ten councillors of state in Crete.*

costa, ae, *f.*, *a rib:* per costas eminere, L.:

Tergora deripiunt costis, V.: laterum costas verberat, O.—*Plur.*, *a side, wall:* aheni, V.

costum, ī, *n.*, = κόστος, *an Oriental aromatic plant*, H., O., Pr.

cōtēs, ium, *f.*, see cautēs.

cothurnātus, *adj.* [cothurnus], *with the cothurnus, buskined, tragic:* deae, O.

cothurnus, ī, *m.*, = κόθορνος, *a high Grecian shoe:* cum pallā et cothurnis.—*A laced hunting-boot covering the foot*, V.—*A buskin, high shoe worn by tragic actors*, H.: grandes cothurni, i. e. *tragedy*, H.: Sophocleus, *the muse*, V.: Cecropius, i. e. *tragedy like that of Athens*, H.: cunctis graviora cothurnis, Iu.

cotīdiānus, cotīdiē, see cottīdi-.

cottana, ōrum, see cottona.

cottīdiānō, *adv.* [cottidianus], *daily:* in forum descendere.

cottīdiānus or **cotīdiānus** (not quot-), *adj.* [cottidie], *of every day, daily:* febris, T.: curae: peccata: consuetudo, Cs.: agger, *made each day*, Cs.: sumptus, N.: usus et cultus corporis, S.—*Every day, daily, usual, ordinary, common:* formae, T.: verba.

cottīdiē or **cotīdiē** (not quot-), *adv.* [quot- + dies], *daily, every day:* minari: castra movere, S.: summa et cotidie maiora praemia.

cottona (-ana), ōrum, *n.*, = κόττανα [Syriac], *small Syrian figs*, Iu.

coturnīx, īcis, *f.*, *a quail*, O., Iu.

Cotyttia, ōrum, *n.*, = Κοτύττια, *the festival of Cotytto* (goddess of lewdness), H.

Cōus, *adj.*, *of Cos, Coan:* purpurae, H.: vestis, Pr.: Venus, *a picture by Apelles.*—*Neut.* as *subst.* (sc. vinum), *Coan wine*, H.—*Plur.*, *Coan garments*, H., O.

covīnārius (covinn-), ī, *m.* [covīnus, a war-chariot, Celtic], *a driver of a scythe-chariot*, Ta.

coxa, ae, *f.*, *the hip*, Iu.

crābrō, ōnis, *m.* [CRAP-], *a hornet*, V., O.

crambē, ēs, *f.*, = κράμβη, *a kind of cabbage.*—Prov.: repetita, *warmed over*, i. e. *an old story*, Iu.

crāpula, ae, *f.*, = κραιπάλη, *excessive drinking, intoxication:* convivii: crapulae plenus, L.: crapulam edormire: crapulā graves, Cu.

crās, *adv.*, *to-morrow:* rus cras ibo, T.: saga sumentur: donaberis haedo, H.: cras mane, *early to-morrow morning:* cras est mihi iudicium, T.—*In the future, hereafter* (poet.): Quid sit futurum cras, H.: nec quod sumus, Cras erimus, O.

crassē, *adv.* [crassus], *thickly, grossly, rudely:* compositum poëma, H.

crassitūdō, inis, *f.* [crassus], *thickness:* parietum pedes V, Cs.: in quo (libramento) nulla: fornicum, L.: stipites feminis crassitudine, Cs.—*Density:* aeris.

crassus, *adj.* [CART-], *solid, thick, fat, gross, stout:* unguentum, H.: cruor, V.: ager: (homo), T.: toga, H.: filum, O.—*Thick, dense, heavy:* aër: caelum.—Fig., *stolid, dense:* Rusticus crassā Minervā, H.

crāstinus, *adj.* [cras], *of to-morrow, to-morrow's:* dies: Cynthius, O.: lux, V.: hora, V.: tempora, H.: in crastinum differre, *till to-morrow:* pervenire, N.

crātēr, ēris (*acc.* -ēra), *m.*, = κρατήρ, *a mixing-vessel, wine-bowl, punch-bowl* (poet.): Sistitur argento crater, O.: vertunt crateras aënos, V.: urnae capax, *holding three gallons*, Iu.—*A bowl:* fuso crateres olivo, V.—*The Bowl* (a constellation), O.

crātēra, ae, *f.*, = κρατήρ, *a mixing-vessel, wine-bowl, punch-bowl:* pulcherrimae: vetus, H.: dat Crateram Aeneae, O.—*A bay near Baiae.*—*The Bowl* (a constellation).

(**crātis**, is), *f.* [CART-], *wicker-work, a hurdle:* terga suis rarā pendentia crate, *kitchen-rack*, Iu.: cratīs texunt virgis, V.: Claudens textis cratibus pecus, H.—*A harrow:* vimineae, V.—*A hurdle* (for drowning criminals): crate superne iniectā, L.—In war, *fascines*, Cs.—*The ribs of a shield:* umbonum, V.—*A joint, rib* (poet.): pectoris, V.: laterum, O.: spinae, *the joints of the backbone*, O.: favorum, *honey-comb*, V.

creātiō, ōnis, *f.* [creo], *an electing, appointment, choice:* magistratuum.

creātor, ōris, *m.* [creo], *a creator, author, begetter, founder:* urbis: Achillis, *father*, O.

creātrīx, īcis, *f.* [creator], *she who produces, a mother:* diva, V.

crēber, bra, brum, *adj.* with *comp.* crēbrior, and *sup.* crēberrimus [1 CER-], *thick, close, pressed together, frequent, numerous, repeated:* arbores, Cs.: (venae) corpore intextae: creberrima aedificia, Cs.: ignes quam creberrimi, S.: vigilias ponere, S.: tanto crebriores litterae, Cs.: crebri cecidere caelo lapides, L.: funale, i. e. *many torch-bearers:* sonitus, V.: densis ictibus heros pulsat, V.: iactūs, H.: inpetus, S.: amplexūs, O.: anhelitus, *quick*, V.—*Crowded, abundant, abounding:* harundinibus lucus, O.: procellis Africus, V.: in eo creber fuisti, *you often said:* in scribendo essem crebrior quam tu.

crēbra, *adv.* [*plur. n.* of creber], *often, in quick succession:* pede terram ferit, V.

crēbrēscō, bruī, —, ere [creber], *to become frequent, increase, spread abroad:* crebrescunt optatae aurae, V.: horror, V.: sermo, V.: seditio,

Ta.: crebrescit vivere Agrippam, *it is generally reported*, Ta.

crēbritās, ātis, *f.* [creber], *thickness, closeness, frequency:* litterarum.

crēbrō, *adv.* with *comp.* crēbrius, and *sup.* crēberrimē [creber], *in quick succession, repeatedly, often, frequently, many times:* ruri esse, T.: cum crebro integri defessis succederent, Cs.: personare aurem, H.: alqm nominare: crebrius mittas litteras: crebrius quam ex more, Ta.: creberrime commemorantur.

crēdendus, crēdēns, *PP.* of credo.

crēdibilis, e, *adj.* [credo], *to be believed, worthy of belief, likely, credible:* Hocine, ut, etc., T.: crimen: narrationes: magnum narras, vix credibile, H.: non est credibile, quid sit, etc.: patiens supra quam cuiquam credibile est, S.: credibili maiora, *incredibly great*, O.: vix credibile dictu, Cu.

crēdibiliter, *adv.* [credibilis], *credibly.*

crēditor, ōris, *m.* [credo], *a creditor:* cum creditoribus suis agere: rem creditori solvere, L.: Damasippi, H.

crēditum, ī, *n.* [credo], *a loan:* solvere, L.: abiurare, S.

crēdō, didī, ditus, ere [CRAT- + 2 DA-], *to give as a loan, lend, make a loan:* pecunias creditas solvere: quibus pecuniam.—*To commit, consign, intrust:* alcuius fidei: mihi suom animum, T.: militi arma, L.: se suaque omnia alienissimis, Cs.: pennis se caelo, V.: te aequo Mecum solo, *on fair ground*, V.: arcana libris, H.—Poet.: non ita Creditum Poscis Quintilium deos, *not on such terms intrusted to them*, H.: In soles audent se germina Credere, V.—Fig., *to trust, confide in, have confidence in:* virtuti suorum, S.: suis militibus, L.: nimium colori, V.: aliis (fungis) male creditur, H.: campo, *open fight*, V.—*To believe, give credence, trust:* istuc tibi, T.: Chaereae iniurato: experto credite, quantus, etc., *one who knows by experience*, V.: ne cui de te plus quam tibi credas, H.: mihi crede, *upon my word:* certe credemur, ait, si, etc., O.: ora non credita, O.: (Cassandra) non credita Teucris, V.—*To believe, hold true, admit:* quid iam credas? T.: quis hoc credat? O.: ne quid de se, S.: nec sit mihi credere tantum! *would I could discredit*, V.: civitatem bellum facere ausam vix erat credendum, Cs.: inridet credentes, *believers*, O.: res credi non potest: arte Sinonis Credita res, V.: aut verus furor, aut creditus, O.—*To be of opinion, think, believe, suppose, imagine:* timeo ne aliud credam atque aliud nunties, T.: id quod volunt, Cs.: fortem crede, H.: se Suevorum caput, Ta.: pro certo creditur vacuam domum fecisse, S.: divinitate creditā Carmentae, L.: Crassum non ignarum fuisse, S.: caelo credidimus Iovem Regnare, H.: victos crederes, *one might have imagined*, L.: Crediderim, *would fain believe*, V.: in rem fore credens, *expecting*, S.: quem (Athin) peperisse Limnate creditur, O.: credi posset Latonia, *be taken for*, O.: Credo inpetrabo ut, etc., *I suppose*, T.: si te interfici iussero, credo, erit verendum, etc.: quod Pompeius, credo, non audebat, etc., Cs.: non enim, credo, id praecipit, ut, etc., *I can't suppose he meant to teach*, etc.

crēdulitās, ātis, *f.* [credulus], *ready belief, credulity, rash confidence:* patris, O.: sua, O.

crēdulus, *adj.* [credo], *that easily believes, credulous, easy of belief, confiding, unsuspecting:* senes: nimis: te fruitur credulus aureā, H.: piscis in undā, O.: illis, V.: postero (diei), H.: in vitium, O.—*Trustful, credulous, simple:* Credula res amor est, O.—*Easily believed:* fama, Ta.

cremō, āvī, ātus, āre [2 CAR-], *to burn, consume by fire:* igni cremari, Cs.: urbem, L.: herbas, O.: Visa (est) ornatum flammā cremari, *to be ablaze in her head-dress*, V.—Of the dead: igni voluit cremari: corpora lignis, Ta.: crematos excitare mortuos, H.—Of sacrifices, O.: spolia Iovi, *as an offering*, L.: dona, V.

cremor, ōris, *m.*, *a thick vegetable juice*, O.

creō, āvī (creāssit for creāverit, C.), ātus, āre [1 CER-], *to bring forth, produce, make, create, beget, give origin to:* Aenean, L.: fortes creantur fortibus, H.: vapor omnīs Res creat, O.: quicquid mortale creamur, *who are born to die*, O.—*P. perf.*, with *abl.*, *sprung from, begotten by, born of* (poet.): Volcani stirpe, V.: Maiā, *the son of*, O.—*To make, choose, elect:* consules creantur Caesar et Servilius, Cs.: patres, L.: lex de dictatore creando, L.: interregem, L.: ducem gerendo bello, L.: in eo numero creari, S.: augur in locum Germanici creari, Ta.: quos (consules) cum Gracchus crearet, *presided at the election of*.—Fig., *to produce, prepare, cause, occasion:* aliquid Sthenio periculi: luxuriam: errorem creat similitudo.

crepida, ae, *f.*, = κρηπίς, *a sandal, sole with straps, half-shoe, Grecian shoe*, C., L., H., Cu.

crepidātus, *adj.* [crepida], *wearing sandals.*

crepīdō, inis, *f.* [crepida], *a foundation of masonry, base:* tamquam crepidine quādam sustineri.—*A causeway, mole, pier:* omnes urbis: saxi, V.: haud faciliori ascensu, L.: magnae molis, Cu.: Nulla crepido vacat (to beg on), Iu.

crepitō, —, —, āre, *freq.* [crepo], *to rattle, creak, crackle, clatter, rustle, rumble, chatter, murmur:* tenui rostro, O.: grandine nimbi, V.: crepitans salit grando, V.: sistrum crepitans, Pr.: incudibus enses, *to ring*, V.: fulvo auro rami, O.

crepitus, ūs, *m.* [crepo], *a rattling, creaking, clattering, clashing, rustling:* dentium, *chattering:*

fulmine Dissultant crepitūs, V.: armorum, L.: plagarum: materiae flagrantis, *crackling*, L.

crepō, uī, itus, āre [CREP-]. **I.** *To rattle, crack, creak, rustle, clatter, tinkle, jingle, chink:* fores crepuerunt ab eā, T.: crepet laurus adusta, O.: crepante pede, H.: nubes subito motu, O.: sinūs crepantes Carbasei, V.—**II.** *To cause to sound, break out into:* sonum, H.: manibus faustos sonos, Pr.—Fig., *to say noisily, make ado about, boast of, harp on, prattle, prate:* sulcos et vineta, *talk furrows*, etc., H.: militiam, H.

crepundia, ōrum, *n.* [crepo], *a child's rattle.*

crepusculum, ī, *n.* [creper, gloomy], *twilight, dusk, the evening twilight:* sera, O.: crepusculo solutus, Ph.—*Dimness, obscurity, dark:* iter per opaca crepuscula, O.: dubiae lucis, O.

Crēs, ētis, *m.*, = Κρής, *a Cretan*, C., Cs., O.

crēscō, crēvī, crētus, ere, *inch.* [1 CER-], *to come into being, spring up:* crescit seges, O.—*P. perf.*, with *abl.*, *arisen, descended, born, produced* (poet.): mortali semine, O.: Alcanore, V.: ab origine eādem, O.: Troiano a sanguine, V.—*To rise, grow, grow up, thrive, increase, swell, enlarge:* ut (ostrea) cum lunā pariter crescant: (caulis) crevit in agris, H.: cresce, puer, O.: Liger ex nivibus creverat, *was swollen*, Cs.: in frondem crines, *to grow into*, O.: manūs in unguīs, O.: Cresceret in ventrem cucumis, *swell*, V.: Crescit hydrops, H.: ut clivo crevisse putes, O.: non mihi crevisse amicos, *increased in number:* crescentīs abstulit annos, i. e. *her prime*, O.—Fig., *to grow, increase, be enlarged, be strengthened:* plagae crescunt, T.: hostium opes animique: vires, L.: vim crescere victis, V.: (rem) maximis auctibus crescere, L.: primo pecuniae, deinde imperi cupido, S.: inopia omnium, L.: crescetis, amores, V.: Crescit amor nummi, Iu.: usque ego posterā Crescam laude recens, H.: Crescit velut arbor Fama Marcelli, H.: crescente vento, Ct.: Aspera crescit hiems, O.—*To rise, be promoted, prosper, become great, attain honor:* ex quibus possem crescere: laboribus pubes crevit, *in glory*, H.: de multis, *at the expense of:* dignitate, gratiā, N.: ex nostro maerore, *to take courage*, O.: date crescendi copiam (iis) qui, etc., T.: crescendi in curiā occasio, L.

Crēsius (Crēss-), *adj.*, = Κρήσιος, *Cretan*, V., O.

Crēssa, *adj. f.*, = Κρῆσσα, *of Crete, Cretan*, V.—As *subst.*, *a Cretan woman*, O., Iu.—*Of pipe-clay:* nota, *made with chalk*, i. e. *of a lucky day*, H.

crēta, ae, *f.* [Creta], *Cretan earth, pipe-clay, chalk*, as a cosmetic, H.; for seals, C.; for cement, V.; eaten by serpents, V.: rapidus cretae Oaxes, *turbulent*, V.: cretā notati, i. e. *with a mark of approval*, H.

crētātus, *adj.* [creta], *marked with chalk:* fasciae: bos (as an offering), Iu.

crētiō, ōnis, *f.* [2 CER-], *a formal acceptance of an inheritance.*

crētōsus, *adj.* [creta], *abounding in chalk:* rura, O.

crētula, ae, *f. dim.* [creta], *white clay, used for sealing:* signum in cretulā.

crētus, *P.* of cresco.

crēvī, *perf.* of cerno, and of crēscō.

crībrum, ī, *n.* [2 CER-], *a sieve, riddle*, C., O.

crīmen, inis, *n.* [2 CER-], *a judgment, charge, accusation, reproach:* crimini credidisse, T.: fidem criminibus facere, L.: respondere criminibus: falsis criminibus circumventus, *calumnies*, S.: fictum, O.: cui crimina noxia cordi, *scandals*, V.: sermones plenī criminum in Patres, *slanders*, L.: sceleris maximi: ubi est crimen quod reprehenditis? i. e. *the point of the accusation:* crimine verso Arguit, etc., *throwing back the charge*, O.: sciebas tibi crimini datum iri? *would be made a reproach?:* Non tibi crimen ero, O.: Crimen, amor, vestrum, *a reproach, Love, to you* (i. e. to Cupido and Venus), V.: crimen inferre, offerre: in quos crimen intendebatur, L.: esse in crimine, *to stand charged with:* Cum tanto commune viro, *shared*, O.: sine crimine, *blameless*, H.: posteritatis, *the reproach*, O.: quae te mihi crimina mutant? *slanders*, Pr.—*A crime, fault, offence:* meum, L.: crimine ab uno Disce omnīs, V.: cui frigida mens est Criminibus, *numbed by*, Iu.: scre crimina belli, *provocations*, V.: malorum, *the source*, V.—*Plur.* for *sing.:* video tuum, mea crimina, volnus, O.: impressā signat sua crimina gemmā, *the recital of*, O.

crīminātiō, ōnis, *f.* [criminor], *an accusation, complaint, calumny:* criminatione in me uti: tua: speciosa, L.: ab aliquo adlatae.

crīminātor, ōris, *m.*, *an accuser, slanderer:* in alīos, Ta.

crīminor, ātus, ārī, *dep.* [crimen], *to accuse of crime, complain of, impeach, calumniate:* me tibi, T.: apud alqm nos: alios apud populum, L.—*To complain of, charge, denounce:* potentiam meam invidiose: nescio quid de illā tribu: (amicitiam) a me violatam esse: Carthaginiensīs ante tempus digressos, S.

crīminōsē, *adv.* with *comp.* [criminosus], *reproachfully, slanderously:* de bello loqui, S.: acta res est: criminosius dicere.

crīminōsus, *adj.* with *comp.* [crimen], *bringing accusations, reproachful, calumniating, slanderous:* nomen: id mihi criminosum esse, *a reproach:* orationes, L.: iambi, H.: criminosior oratio, Her.

crīnālis, e, *adj.* [crinis], *of the hair:* vitta, V.: aurum, V.—As *subst. n.*, *a hair-pin:* curvum, O.

crīnis, is, *m.* [2 CEL-], *the hair, hair of the head:* demisso crine, O.: crinem manibus laniare,

O.: mulieri praebere haec in crinīs, *hair-money:* praesectis crinibus, Cs.: crinibus passis, L.: torti, Ta.: solutis crinibus, H.: splendidus ostro Crinis, *a lock,* O.: nigro Crine decorus, H.: longus, O.—*The tail* (of a comet), V.

crīnītus, *adj.* [crinis], *covered with hair, hairy, with flowing locks, long-haired:* Iopas, V.: draconibus ora, O.: galea triplici iubā, V.

crisō (**crissō**), āvī, —, āre, *to move the haunches,* Iu.

crispisulcāns, *adj.* [crispus+sulco], *rough-furrowing, serpentine,* Poet. ap. C.

crispō, —, ātus, āre [crispus], *to swing, brandish:* Bina manu hastilia, V.

crispus, *adj.* [SCARP-], *having curled hair, curly-headed,* T.—*Curled, uneven, waving, wrinkled:* parietes abiete crispā, Enn. ap. C.—*Quivering, tremulous:* pecten, Iu.

crista, ae, *f.* [2 CEL-], *a tuft, comb, crest,* Iu.—Of a lapwing, O.: anguis cristis praesignis, *a golden crest,* O.: cristis aureus deus, O.: illi surgunt cristae, *he carries his head high,* Iu.—Of a helmet, *a crest, plume,* L.: equina, V.

cristātus, *adj.* [crista], *tufted, crested:* ales, O.: draco, O.—*Crested, plumed:* cassis pennis, O.: galeae, L.: Achilles, V.

criticus, ī, *m.,* = κριτικός, *a judge, critic,* C., H.

croceus, *adj.* [crocus], *of saffron, saffron-colored, yellow, golden:* odores, V.: flores, V.—*Saffron:* Tithoni cubile, V.: amictus, O.: fetus (visci), V.

crocinus, *adj.,* = κρόκινος, *of saffron:* tunica, *saffron-colored,* Ct.—As *subst. n., saffron-oil,* Pr.

crocodīlus (C., H., Iu.) or **corcodīlus** (Ph.), ī, *m.,* = κροκόδειλος, *a crocodile.*

crocōta, ae, *f.,* = κροκωτός, *a saffron-colored dress, court dress* (for a woman).

crocus, ī, *m.,* = κρόκος, or **crocum,** ī, *n.,* = κρόκον, *the crocus, saffron:* pasci crocum rubentem, V.: redolent croci, O.: Spirantes, Iu.: crocum floresque perambulare, *a perfumed stage,* H.—*Saffron-color:* picta croco vestis, V.

crotalistria, ae, *f., a castanet dancer,* Pr.

crotalum, ī, *n.,* = κρόταλον, *a rattle, bell, castanet.*

cruciāmentum, ī, *n.* [crucio], *torture, torment:* carnificum.

1. cruciātus, *P.* of crucio.

2. cruciātus, *m.* [crucio], *torture, torment, a torturing, execution:* in cruciatum abripi, T.: in eos cruciatūs edere, Cs.: in dolore cruciatuque moriens: animi cruciatūs et corporis.—*Plur., instruments of torture:* laminae ceterique cruciatūs.

cruciō, āvī, ātus, āre [crux], *to put to the rack, torture, torment:* fame cruciari: tribunos cruciando occidit, L.: cum cruciabere Sanguine serpentis, O.—F i g., *to afflict, grieve, torment:* graviter adulescentulum, T.: se: crucior miser, *am on the rack,* T.: crucior bolum mihi ereptum, T.

crūdēlis, e, *adj.* with *comp.* and *sup.* [crudus], *rude, unfeeling, hard, unmerciful, hard-hearted, cruel, severe, fierce:* mulier: in calamitate hominis: cenatus in conservandā patriā: in eos: in patriam: gratuito, S.: ecquid crudelius?: crudelior in nos Te, H.: tanto amori, Pr.: crudelissimi hostes: parricidae, S.—Of things, *cruel, pitiless, harsh, bitter:* bellum: res auditu: poena in cives: facinora, S.: arae, *of blood,* V.: verber, O.: crudele, suos addicere amores, O.: amor tauri, *fierce,* V.: crudelior meus, O.: manūs crudelissimae.

crūdēlitās, ātis, *f.* [crudelis], *harshness, severity, cruelty, barbarity:* in homines: in immanitate puniendā: erga nobiles, N.: alicuius crudelitatem horrere, Cs.: esse singulari crudelitate: crudelitatem exercere in vivo: ultima, *extreme,* L.

crūdēliter, *adv.* with *comp.* and *sup.* [crudelis], *cruelly, fiercely, in a cruel manner,* C.: excruciatus, Cs.: victoriam exercebant, S.: crudelius factum: amare, O.: supplicium crudelissime sumere.

crūdēscō, duī, —, ere, *inch.* [crudus], *to increase in violence, be aggravated, grow worse:* coepit crudescere morbus, V.: seditio, Ta.

crūditās, ātis, *f.* [crudus], *an overloading of the stomach.*

crūdus, *adj.* with *comp.* [CRV-], *bloody, bleeding, trickling with blood:* volnera, O.: exta, L.—*With full stomach, stuffed with food, dyspeptic:* qui de conviviis auferantur crudi: pilā ludere inimicum crudis, H.: (homo) crudior: bos, H.—*Unripe, immature, crude, raw:* poma: equa marito, H.: servitium, *too new,* Ta.—*Fresh, vigorous:* senectus, V., Ta.—*Unprepared, immature, raw, crude:* caestus, *of raw hide,* V.: rudis cortice crudo hasta, V.: pavo, *undigested,* Iu.: quia crudus fuerit, *hoarse.*—F i g., *rough, unfeeling, cruel, merciless:* ille precantem defodit Crudus humo, O.: ensis, V.: tyrannis, Iu.

cruentō, āvī, ātus, āre [cruentus], *to make bloody, spot with blood, stain, cause to bleed:* manūs sanguine, N.: mensam sanguine, L.: gladium in pugnā, S.: ōs, O.: cruentati redeunt, O.—F i g., *to wound:* haec te cruentat oratio.

cruentus, *adj.* [CRV-], *spotted with blood, bloody, stained:* sanguine civium: sanguine fraterno, H.: cadaver: vehiculum, L.: manūs, S.—*Plur. n.* as *subst.:* gaudens Bellona cruentis, *in gory deeds,* H.—*Delighting in blood, bloodthirsty, cruel* (poet.): Mars, H.: bello cruentior ipso, O.: dens, *of satire,* H.: cos, *pitiless,* H.—*Blood-red, red:* myrta, V.

crumēna (**-mīna**), ae, *f.* [SCRV-], *a money-bag, purse:* non deficiente crumenā, H., Iu.

cruor, ōris, *m.* [CRV-], *blood, bloodshed, gore, a stream of blood:* inimici recentissimus: cruore omnia conpleri, S.: cruor emicat alte, O.: viperinus, H.: siccabat veste cruores, *blood-stains*, V.: arma uncta cruoribus, H.—Fig., *bloodshed, murder:* civilis: humanus, O.: arma Nondum expiatis uncta cruoribus, H.

cruppellāriī, ōrum [Celtic], *among the Gauls, armored foot-soldiers*, Ta.

crūs, ūris, *n.* [1 CEL-], *the leg, shank, shin:* crura suffringere: dimidium, *broken*, Iu.: medium impediit crus Pellibus, H.: (equus) iactat crura, V.—The legs of crucified criminals were broken; hence, prov.: perire eum non posse, nisi ei crura fracta essent, *he that is born to be hanged*, etc.—*A foot:* Laeva crura Lilybaeo premuntur (poet. *plur.*), O.—*Plur., props, pillars:* ponticuli, Ct.

crūsta, ae, *f.* [CRV-], *a hard surface, rind, shell, crust, bark:* fluminis, *a crust of ice*, V.—*Inlaid work, chasing, embossed work, stucco, mosaic:* eis (vasis) crustae detrahebantur: capaces Heliadum crustae, *chased cups*, Iu.

crūstulum, ī, *n. dim.* [crustum], *small pastry, confectionery:* pueris dare crustula, H., Iu.

crūstum, ī, *n.* [CRV-], *a hard loaf, cake, pastry:* Crustis viduas venari, H.: fatale, V.

crux, ucis, *f.* [CVR-], *a gallows, frame, tree* (on which criminals were impaled or hanged), C.—*A cross:* (mereri) crucem, T.: cruci suffixi: in crucem acti, S.: Non pasces in cruce corvos, H.: pretium sceleris, Iu.—*Torture, trouble, misery, destruction:* quaerere in malo crucem, T.—Colloq.: i in malam crucem! *go and be hanged*, T.

crypta, ae, *f.*, = κρύπτη, *a vault, cavern*, Iu.

crystallinum, ī, *n.*, = κρυστάλλινον (sc. vas), *a crystalline vase:* grandia, Iu.

crystallus, ī, *f.*, = κρύσταλλος, *a crystal:* imago Solis crystallo inclusa, Cu.: aquosa, Pr.

cubiculāris, e, *adj.* [cubiculum], *of a sleeping-chamber:* lectus.

cubiculārius, *m.* [cubiculum], *a chamber-servant, valet-de-chambre.*

cubiculum, ī, *n.* [cubo], *a room for reclining, sleeping-chamber, bedchamber:* altum: exire de cubiculo: principum feminarum, Ta.

cubīle, is, *n.* [CVB-], *a place of rest, couch, bed:* suum: filiae: (Fennis) cubile humus, Ta.: patrium, O.—*The marriage bed:* viduum, O.: sociare cubilia cum alqo, *contract marriage*, O.—*A nest, lair, hole, kennel;* of the vulture, Iu.; of dogs, Ph.; of wild beasts, C.: (alcibus) sunt arbores pro cubilibus, Cs.; of the mole, V.; of bees, V.—Poet.: Solis, H.—Fig.: avaritiae cubilia videre, *the very lair:* (pecuniae), *resting-place.*

cubital, ālis, *n.* [cubitum], *a cushion, elbow-cushion*, H.

cubitālis, e, *adj.* [cubitum], *of a cubit*, L.

cubitō, āvī, —, āre, *freq.* [cubo], *to lie down often, be accustomed to lie:* tecum semper.

cubitum, ī, *n.* (rarely **cubitus**, ī, *m.*) [CVB-], *the elbow:* cubito adnixa, V.: cubito presso, H.: in cubitum se reponet, *lean upon*, H.: cubiti frangit Ossa, O.: ferit (me) cubito, *jogs*, Iu.—*The arm:* cubiti sinuantur in alas, O.—As a measure, *a forearm, ell, cubit:* cubitum nullum procedere.

cubō, uī (*subj.* cubāris, Pr.), itum, āre [CVB-], *to lie down, recline:* in lecticā: argenteis lectis, Cu.: in spondā, H.: in faciem (opp. supinus), Iu.—*To lie asleep, sleep:* cubitum ire.—*To recline at table:* nemo gustavit cubans: cubans gaudet, H.—*To lie sick, be sick:* haec cubat, illa valet, O.: trans Tiberim, H.—Of places, *to slope:* Ustica cubans, H.

cubus, ī, *m.*, = κύβος, *a mass, quantity:* modicus, O.

1. cucullus, ī, *m.* [2 CAL-], *a hood, cowl, cap on a cloak*, Iu.

2. cucullus (**-ūlus**), ī, *m.*, *a cuckoo*, H.

cucumis, eris, *m.*, *a cucumber*, V.

cucurbita, ae, *f.* (prop., a gourd), *a cupping-glass* (from its form), Iu.

cūdō, —, —, ere, *to strike, beat, pound, knock.*—Prov.: istaec in me cudetur faba, i. e. *I shall smart for that*, T.—*To hammer, stamp, coin:* argentum, T.

cūiās, ātis, *pron. interrog.* [2 CA-], *whence? of what country? from what place?* quis et cuias, L.: cuiatem se esse diceret.

cuicuimodī, *adv.* [euphon. for cuiuscuiusmodi; *gen.* of quisquis + modus], *of whatever kind, of what sort soever:* cuicuimodi es: sunt.

cūius (old **quōius**), *adj.* [2 CA-].—Interrog., *of whom? whose?* virgo quoiast? T.: cuium pecus? an Meliboei? V.—Relat., *of whom, whose:* is, cuia res sit.

cūiusdam modī, cūius modī, cūiusque modī, see quidam, quis, quisque.

culcita, ae, *f.*, *a bed, cushion, pillow.*

(**cūleus**, ī, *m.*), see culleus.

culex, icis, *m.*, *a gnat, midge*, H.

culīna, ae, *f.* [2 CAR-], *a kitchen:* vetus, H.—*A table, food:* praebens culinam, H.: nidor culinae, Iu.: magna, *splendid*, Iu.

culleus (cūleus), ī, *m.*, = κολεός (Ion. κουλεός), *a leather bag, sack for liquids*, N.—Parricides were sewed up in bags and drowned: insutus in culeum, C., Iu.

culmen, inis, *n.* [for columen], *the top, summit, roof, gable:* mersae culmina villae, O.: tuguri, V.: aedis, L.: culmina hominum, deorum, i.e. *of houses and temples*, V.: Alpium, Cs.: summum hominis, *the crown of the head*, L.: inane fabae, *the leafless stalk*, O.—Fig., *the summit, height, point of culmination:* fortunae, L.: ruit a culmine Troia, V.

culmus, ī, *m.* [2 CEL-], *a stalk, stem, straw*, C.: Cerealis, V.: Romuleus, *the thatched roof of*, V.: torum sternere culmo, Iu.: ita culmo surgeret (Ceres) alto, i.e. *the grain*, H.

culpa, ae, *f.* [SCARP-], *a fault, error, blame, guilt, failure, defect:* delicti: omnes culpae istius avaritiae, maiestatis, crudelitatis: quicquid huius factumst culpā, T.: In culpā est, *to blame*, T.: non est ista mea culpa, sed temporum: qui in eādem culpā sint, *share:* in quo est tua culpa nonnulla, *you are not without fault:* a culpā vacuus, S.: conscia culpae, O.: ne penes ipsos culpa esset cladis, L.: culpa, quae te est penes, T.: extra culpam esse: eius rei culpam in multitudinem coniecerunt, Cs.: suam culpam ad negotia transferre, S.: in culpā ponere aliquem: Si mora pro culpā est, O.: tua aetas emovit culpas, H.: fata, quae manent culpas, H.—Person.: ludus erat culpā potare magistrā (i.e. a game in which the loser must drink), H.: Culpam Poena premit comes, H.—Poet.: Huic uni succumbere culpae, *temptation*, V.—*Unchastity:* Virginum, H.: hoc praetexit nomine culpam, V.—*Remissness, neglect:* rem facere culpā minorem, H.—*The mischievous thing, mischief:* continuo culpam (sc. ovem aegram) ferro compesce, V.

culpātus, *adj.* [*P.* of culpo], *blamable, deserving reproach:* Paris, V.

culpō, āvī, ātus, āre [culpa], *to reproach, blame, censure, reprove, disapprove, condemn:* quos culpavi, O.: culpatur ab illis, H.: faciem deae, O.: versūs duros, H.: culpetne probetne, O.: defendere (amicum) alio culpante, H.—*To throw blame upon, find fault with, complain of:* arbore nunc aquas Culpante, H.: culpantur calami, H.

culta, orum, *n.* [1 cultus], *plantations, fields of grain:* nitentia, V.: pinguia, V.

cultē, *adv.* with *comp.* [cultus], *elegantly:* loqui, O.: cultius dicere, Ta.

cultellus, ī, *m. dim.* [culter], *a small knife*, H., Iu.

culter, trī, *m.* [1 CEL-], *a knife, butcher's knife:* ab lanio cultro adrepto, L.; used in sacrifice, V.: tonsorii, *razors:* cultros in guttura Conicit, O.: sub cultro, i.e. *in extreme peril*, H.

cultiō, ōnis, *f.* [COL-], *a cultivation, preparation:* agri, *agriculture.*

cultor, ōris, *m.* [COL-], *a cultivator, tiller:* agri, L.: virentis agelli, H.: vitis, *a vine-dresser.*—*A husbandman, planter, farmer:* ut ager cultorem desiderare videretur: (loca) cultoribus frequentabantur, S.: frequens cultoribus populus, L.—*An inhabitant, dweller:* terrae, S.: collis, L.: nemorum, V.: collis Heliconii, Ct.: aquarum, O.—Fig., *a fosterer, supporter, champion:* bonorum, L.: imperi, L.: veritatis: belli, S.—*A worshipper, reverencer:* deorum, H.: religionum, L.

cultrīx, īcis, *f.* [cultor], *a cultivator:* rerum quas terra gignit augendarum.—*A female inhabitant:* nemorum, V.—Fig., *a worshipper:* cultrix haec aetas (i.e. me colens), O.

cultūra, ae, *f.* [COL-], *a cultivating, care, cultivation:* agri, Cs.: agri deserti a culturā hominum: vitis: non ulla est oleis, *not needed*, V.—*Agriculture, tillage, husbandry:* longior annuā, H.—Fig., *care, culture, cultivation:* animi: culturae commodare aurem, H.—*An honoring, courting:* amici, H.

1. cultus, *adj.* with *comp.* and *sup.* [*P.* of colo], *cultivated, tilled:* ager cultissimus: fundus, H.: materia: cultiora loca, Cu.—Fig., *neat, tidy, well-dressed:* bene puella, O.: femina cultissima, O.—*Polished, elegant, cultivated:* animi: cultiora tempora, Cu.: carmina, O.

2. cultus, ūs, *m.* [COL-], *labor, care, cultivation, culture:* agricolarum: agrorum, L.: fructum edere sine cultu hominum: corporis: frequens, *constant*, V.: praediscere patrios cultūs, *traditional methods of husbandry*, V.—Fig., *training, education, culture:* malo cultu corruptus: animi, *mental discipline:* pueritiae, *means of education*, S.: honestarum artium, Ta.: Recti cultūs, H.: Quīs neque mos neque cultus erat, *civilization*, V.—*Style, care, way of life, cultivation, civilization, refinement, luxury:* a cultu provinciae abesse, Cs.: humanus civilisque: (sequar) cultūs artīsque locorum, O.: lubido ganeae ceterique cultūs, *dissipation*, S.: in neutram partem cultūs miser, i.e. *neither by gluttony nor by stinginess*, H.—*An honoring, reverence, adoration, veneration:* deorum: cultu venerantur numina, O.: sui, Ta.: meus, *for me*, Ta.—*Attire, dress, garb:* miserabilis, S.: forma viri miseranda cultu, V.: virilis, H.: Dianae, O.: nulla cultūs iactatio, *display in armor*, Ta.: cultūs dotales, *bridal array*, Ta.

culullus, ī, *m.*, *a large drinking-vessel, beaker, bowl:* aurei, H.: alqm multis urgere culullis, H.

cūlus, ī, *m.*, *the fundament*, Ct.

1. cum (with *pers. pron.*, and with unemphatic *relat. pron.*, **-cum** *enclit.*; in compounds, **com-**), *praep.* with *abl.* [for *scom; SEC-], *with, together with, in the company of, in connection with, along with, together, and:* cum veteribus copiis sese coniungere, Cs.: antea cum uxore, tum sine eā: si cenas mecum, *in my house*, H.: errare cum Platone: cum lacte errorem suxisse: qui unum magistratum cum ipsis habeant, Cs.: foedera quibus etiam cum hoste devincitur fides: sentire cum rege, *on the side of*, L.: volentibus cum magnis dis: vivitur cum iis: cum quibus amicitias iunxerant, L.: ut te di cum tuo incepto perduint, T.: oratio habenda cum multitudine: ita cum Caesare egit, Cs.: agere cum civibus: quid mihi cum istā diligentiā?: tempus cum coniuratis consultando absumunt, L.: quibuscum bellum gerunt, Cs.: cum Volscis aequo Marte discessum est, L.: cum coniuge distractus: cum Catone dissentire: hanc rationem dicendi cum imperatoris laude comparare: voluptatem cum cupiditate deliberare, *against*.—Of time, *at*, *with*, *at the same time with*, *at the time of:* cum primā luce domum venisse: pariter cum occasu solis, S.: cum sole reliquit, V.: exit cum nuntio Crassus, Cs.—With *abl.* of circumstance, manner, etc., *with*, *in*, *under*, *in the midst of*, *among*, *to*, *at:* cum ratione insanire, T.: cum dis bene iuvantibus arma capite (i. e. dis adiuvantibus), L.: cum summā rei p. salute: magno cum periculo provinciae, Cs.: magno cum gemitu civitatis: speculatus omnia cum curā, L.: illud cum pace agemus, *peacefully:* bonā cum veniā audiatis: cui sunt inauditae cum Deiotaro querelae tuae? *the remonstrances you made:* servare fidem cum hoste, *the faith pledged to*.—Esp., after *idem:* tibi mecum in eodem est pistrino vivendum (i. e. in quo vivo): in eisdem flagitiis mecum versatus.—In the phrase, cum eo, *with the circumstance*, *under the condition:* sit sane, sed tamen cum eo, credo, quod sine peccato meo fiat: colonia missa cum eo, ut Antiatibus permitteretur, si, etc., L.—With *primis*, *with the foremost*, *eminently*, *especially:* homo cum primis locuples.—With an ordinal number, of increase, *-fold:* ager efficit cum octavo, cum decimo, *eightfold*.—P r a e g n., *with*, *possessing*, *holding*, *wearing*, *owning:* haud magnā cum re, Enn. ap. C.: iuvenes cum equis albis, *upon:* consul cum volnere gravi, L.: cum tunicā pullā sedere: vidi Cupidinem cum lampade, *holding:* cum eisdem suis vitiis nobilissimus, *with all his faults*.—In compounds com- was unchanged before *b*, *p*, *m*, and in comes and its derivatives; *m* was usu. assimilated before *r*, sometimes before *l*, but was usu. dropped before *n;* before other consonants *m* became *n*, but conicio was written for coniicio. Before a vowel (or *h*) *m* was dropped.

2. cum or (earlier) **quom** (not quum), *conj.* [1 CA-]. **I.** P r o p., of time (cum temporale), constr. with *indic.* in an independent assertion; with *subj.* in a subordinate statement.—Fixing a point of time, *when*, *at the time when:* Lacrumo, quom in mentem venit, *now that*, T.: auditis, cum ea breviter dicuntur: eo cum venio: Postera cum lustrabat terras dies, V.: cum contionem habuit: cum proxime Romae fui: cum Italia vexata est: cum stellas fugarat dies, V.: quom non potest haberi, cupis, T.: tempus cum pater iacebat: eo tempore, cum necesse erat: memini noctis illius, cum pollicebar: tunc, cum adempta sunt arma, L.: etiam tum, cum verisimile erit, latratote, *not until:* cum peroraro, tum requiratis: cum signum dedero, tum invadite, L.: sese, cum opus esset, signum daturum, Cs.: sua bona, cum causae dicendae data facultas sit, tum se experturum, L.—Fixing or defining a period of time, *when*, *while*, *during the time that*, *as*, *as long as*, *after:* Alium esse censes nunc me, atque olim quom dabam? T.: risum vix tenebam, cum comparabas, etc.: tum, cum illum exterminari volebam, putabam, etc.: Hasdrubal, cum haec gerebantur, apud Syphaeum erat, L.—Of repeated action, *when*, *whenever*, *at times when*, *as often as*, *always . . . when*, *if:* omnes, quom valemus, recta consilia aegrotis damus, T.: cum permagna praemia sunt, est causa peccandi: Cum furit . . . Profuit aestūs avertere, V.: cum cogniti sunt, retinent caritatem: cum rosam viderat, tum incipere ver arbitrabatur, *never until*.—In clauses stating a fact, the point or period of time fixed by the main sentence (cum inversum), *when*, *at the time when*, *and at this time*, *and meanwhile*, *and yet:* longe iam abieram, quom sensi, T.: dies nondum decem intercesserant, cum filius necatur: Vix ea fatus erat, cum scindit se nubes, V.: multum diei processerat, cum etiamtum eventus in incerto erat, S.: nondum lucebat, cum scitum est: iamque hoc facere apparabant, cum matres procurrerunt, Cs.: Et iam phalanx ibat . . . flammas cum puppis Extulerat, V.: anni sunt octo, cum interea invenitis, etc.: cum interim milites domum obsidere coeperunt: nondum centum anni sunt, cum lata lex est.—Describing a time by natural events, *when*, *while*, *as soon as:* ipsi, cum iam dilucesceret, deducuntur: cum lux adpropinquaret.—In narration, describing the occasion or circumstances of an action (cum historicum), *when*, *on the occasion that*, *under the circumstances that*, *while*, *after*.—With *imperf.:* Magistratus quom ibi adesset, occeptast agi, T.: Marius, cum secaretur, vetuit se adligari: Caesar cum ab hoste non amplius abesset . . . legati revertuntur, Cs.: heri, cum vos non adessetis: cum ad tribum Polliam ventum est, et praeco cunctaretur, 'cita,' inquit, etc., L.: Socrates, cum XXX tyranni essent, pedem portā non extulit, *as long as:* vidi, Cum tu terga dares, O.: is cum interrogaretur . . . respondit.—With *maxime*, *just as*, *precisely when:* Caesar, cum maxime furor arderet Antoni, exercitum comparavit: cum maxime agmen explicaretur, adoriuntur, L. — With *perf.:* hic pagus, cum domo exisset, Cassium interfecerat, Cs.: cum domos vacuas fecissent, iunguntur nuptiis, L.: cum fanum expilavisset, navigabat Syracusas.—Of repeated occasions, *when*, *whenever*, *on every occasion that*, *as often as.*—With *imperf.:* dispersos, cum longius procederent, adoriebatur, Cs.: saepe, cum aliquem videret, etc., *on seeing*, N.: numquam est conspectus, cum veniret.—With *pluperf.:* Cum cohortes ex acie procucurrissent, Numidae effugiebant, Cs.: qui cum in convivium venisset: quantum obfuit multis, cum fecissent, etc.—Describing a time named in the principal sentence, *when*, *such that*, *in which:* Si ullum fuit tempus quom ego fuerim, etc., T.: fuit antea tempus, cum Galli superarent, Cs.: vigesimo anno, cum tot praetores in provinciā fuissent: eodem anno, cum omnia infida essent, L.: biduum supererat, cum frumentum metiri oporteret, *in which*, Cs.: fuit cum arbitrarer, etc.: audivi cum diceret, etc.—**II.** Meton., of identical actions, *when*, *in that*, *by the fact that:* Qui quom hunc accusant, Naevium accusant, T.: quae cum taces, nulla esse concedis: quod cum facit, iudicat, etc.: senatum intueri videor, cum te videor, L.: loco ille motus est, cum ex urbe est depulsus: quod cum dederis, illud dederis, ut, etc.: illa scelera, cum eius domum evertisti (which you committed) *in uprooting:* purgatio est cum factum conceditur, culpa removetur.—In hypothesis, assuming a fact, *when*, *if:* ad cuius fidem confugiet, cum per eius fidem laeditur, etc.—Contrary to fact, *when*, *if*, *if at such a time:* haec neque cum ego dicerem, neque cum tu negares, magni momenti nostra esset oratio: quod esset iudicium, cum tres . . . adsedissent?—Explaining a feeling, etc., *that*, *because*, *for:* Dis habeo gratiam, Quom adfuerunt liberae, T.: gratulor tibi, cum tantum vales.—As connective, correl. with *tum*, *while*, *when;* cum . . . tum, *as . . . so*, *both . . . and*, *and besides*, *while . . . especially:* Quom id mihi placebat, tum omnes bona dicere, T.: cum omnes eo convenerant, tum navium quod ubique fuerat coëgerant, Cs.: qui cum multa providit, tum quod te consulem non vidit: movit patres cum causa, tum auctor, L.—In the adverb. phrase cum maxime, with *ellips.* of predicate, *in the highest degree*, *most:* hanc Amabat, ut quom maxime, tum Pamphilus, *as much as ever*, T.: ea, quae fiunt cum maxime, i. e. *at this very moment:* sed cum maxime tamen hoc significabat, *precisely this:* quae multos iam annos, et nunc cum maxime, cupit.—**III.** Praegn., giving a cause or reason (cum causale), *when*, *since*, *because*, *inasmuch as*, *seeing that*, *in that*, *in view of the fact that:* haud invito sermo mi accessit tuos, Quom . . . intellego, T.: Deos quaeso ut sit superstes, Quom veritust facere, etc., T.: an pater familiarissimis suscensuit, cum Sullam laudarent? *for praising:* quae cum ita sint, videamus, etc.: cum longinqua instet militia, commeatum do, L.: cum tanta multitudo tela conicerent, potestas erat, etc., Cs.: cum esset egens, coepit, etc.: Caesar cum constituisset hiemare in continenti, obsides imperat, Cs.—So often nunc cum, *now that*, *since in fact:* nunc vero cum sit unus Pompeius.—Often with *praesertim*, *especially since*, *more than all when:* nam puerum non tollent . . . Praesertim quom sit, etc., T.: cum praesertim vos aliam miseritis.—With *quippe*, *since evidently*, *since of course:* nihil est virtute amabilius . . . quippe cum propter virtutem diligamus, etc.—In contrasts, *when*, *while*, *whereas*, *while on the contrary*, *and yet* (cum adversativum): finem faciam dicundi, quom ipse finem non facit? T.: quo tandem ore mentionem facitis . . . cum fateamini, etc.: cum maximis eum rebus liberares . . . culpam relinquebas: simulat se confiteri, cum interea aliud machinctur.—In concessions, *when*, *although*, *notwithstanding* (cum concessivum): nil quom est, nil defit tamen, T.: pecuniam facere cum posset, non statuit: cum aquae vim vehat ingentem (Druentia), non tamen navium patiens est, L.: patrem meum, cum proscriptus non esset, iugulastis: quam causam dixerat, cum annos ad quinquaginta natus esset?

cumba or **cymba**, ae, *f.*, = κύμβη, *a boat*, *skiff*, *vessel*, C., V., O., Iu.—Esp., *the boat in which Charon transported the dead*, H.: ferruginea, V.—Fig.: Non est ingenii cymba gravanda tui, i. e. *meddle not with themes above your powers*, Pr.

cumera, ae, *f.* [CAM-], *a receptacle for corn*, *granary* (made of woven twigs), H.

cumīnum (**cym-**), ī, *n.*, = κύμινον, *cumin:* exsangue (its decoction produced paleness), H.

cumque (not cunque), *adv.* [2 cum+que], *whenever*, *always:* mihi cumque vocanti (i. e. quotienscumque vocavero), H.

cumulātē, *adv.* with *comp.* and *sup.* [cumulatus], *in rich abundance*, *abundantly*, *copiously:* omnia plana facere: praemia persolvere: cumulatius augere: cumulatissime referre.

cumulatus, *adj.* with *comp.* [*P.* of cumulo], *heaped*, *increased*, *augmented:* mensurā cumulatiore: gloria cumulatior, L.—*Filled*, *full*, *complete*, *perfect:* augere quod cumulatum videbatur: virtus.

cumulō, āvī, ātus, āre [cumulus], *to heap*, *accumulate*, *pile:* arma in acervum, L.—*To fill full*, *fill*, *load*, *pile*, *cover:* locum strage muri, L.: cumulatae flore ministrae, O.: altaria donis, V.: struem rogi odoribus, Ta.—Fig., *to augment*, *increase*, *heap*, *amass*, *accumulate:* invidiam, L.: aes alienum usuris, L.: gloriam eloquentiā.—*To fill*, *overload*, *overwhelm*, *crown*, *complete:* alqm laude: civitas cumulata tuis iniuriis: meum cor cumulatur irā: alio scelere hoc scelus: ad cumulandum gaudium: Quam (veniam) cumulatam morte remittam, i. e. *will by my death do a greater favor in return*, V.

cumulus, ī, *m.* [2 CAV-], *a heap, pile, mass, accumulation:* Gallorum cumuli, i. e. *of slain*, L.: armorum cumulos coacervare, L.: aquarum, O.: harenae, V.: insequitur cumulo aquae mons, *follows with its mass*, V.—Fig., *a mass, accumulation:* accrvatarum legum, L.—Meton., *a surplus, overplus, accession, addition, increase:* ut ad illam pracdam damnatio Roscii velut cumulus accedat: mercedis: dierum, *additional number:* accessernt in cumulum, *as an addition:* aliquem cumulum artibus adferre: perfidiae, O.: cladis, *as the crown of woe*, O.: gaudii.

cūnābula, ōrum, *n.* [cunae], *a cradle*, C.: in cunabulis consules facti, i. e. *by noble birth.*—*The cells* (of bees), V.—*The cradle, earliest abode:* gentis nostrae, V.

cūnae, ārum, *f.*, *a cradle:* in cunis vagire: illum primis cunis Educat, *from infancy*, O.: cunarum labor, *child's work*, O.—Of birds, *a nest*, O.

cunctābundus (cont-), *adj.* [cunctor], *lingering, loitering, delaying:* milites, L., Ta.

cunctāns, *adj.* [*P.* of cunctor], *dilatory, procrastinating:* naturā ac senecta cunctantior, Ta.: de rebus, Ta.

cunctanter, *adv.* with *comp.* [cunctor], *slowly, with delay*, L., Ta.: venia data cunctantius, Ta.

cunctātiō (cont-), ōnis, *f.* [cunctor], *a delaying, lingering, tarrying, delay, hesitation, doubt:* cunctatione otium amittere: superiorum dierum Sabini, Cs.: maior invadendi, L.: insita ingenio meo, L.: propior constantiae, Ta.: abiectā cunctatione: sine cunctatione: de morte hominis, Iu. —*Plur.*, Ta.

cunctātor (cont-), ōris, *m.* [cunctor], *a delayer, loiterer, lingerer:* ex acerrimo bellatore factus, L.: (Fabium) pro cunctatore segnem compellabat, *deliberate*, L.: naturā, Ta.: populus, L.

cunctor (cont-), ātus, ārī, *dep.*, *to delay, linger, loiter, hesitate, doubt:* cunctando restituit rem, Enn. ap. C.: cunctando bellum gerebat, L.: omnia si cunctor amitto: qui cunctatus fuerit, L.: dolo an vere, S.: militibus cunctantibus, Desilite, inquit, etc., Cs.: alius alium exspectantes cunctamini, S.: diutius in vita: inter metum et iram, Ta.: super tantā re, Ta.: Cunctatusque brevi, *after a moment of hesitation*, O.: (apes) partīs cunctatur in omnīs, i. e. *threatens*, V.: propius accedere, S.: arma capere, L.: cunctamini, quid faciatis? S.: non cunctandum quin decertaret, Cs.: cunctatur amnis, *lingers*, V.: corripit Cunctantem (ramum), *reluctant*, V.—*Pass. impers.:* non est cunctandum profiteri, etc.: nec cunctatum apud latera, Ta.

cūnctus, *adj.* [contr. for con-iūnctus], *all in a body, all together, the whole, all, entire:* ordo: senatus populusque, L.: Gallia, Cs.: plebes, S.: terra: oppida, Cs.: quin cuncti vivi caperentur, Cs.: cuncti aut magna pars Siccensium, S.: auxilia rei p. cunctis senatūs sententiis, *by a unanimous vote:* cunctis lecti navibus, i. e. *some from every ship*, V.—*Plur. n.* as *subst.:* cuncta agitare, *everything at once*, S.: Cicero cuncta edoctus, *the whole story*, S.: Inter cuncta, *at all times*, H.: cuncta tibi fatebor, V.: ab his oriuntur cuncta, *the universe*, O.: cuncta sub imperium accepit, i. e. *the Roman world*, Ta.—With *gen.:* hominum cuncti, O.: cuncta terrarum, *everything on earth*, H.: cuncta camporum, Ta.

cuneātim, *adv.* [cuneatus], *in the form of a wedge:* hostes constiterunt, Cs.

cuneātus, *adj.* with *comp.* [cuneus], *like a wedge, wedge-shaped:* collis acumine longo, O.: iugum montis in dorsum, L.: forma scuti ad imum cuneatior, L.

cuneolus, ī, *m. dim.* [cuneus], *a little wedge.*

cuneus, ī, *m.* [1 CA-], *a wedge:* cuneos inserens: cuneis scindebant lignum, V.: iamque labant cunei, i. e. *the plugs in the hull*, O.: Britannia in cuneum tenuatur, *like a wedge*, Ta.—*A wedge-shaped body of troops, wedge:* cuneo facto, Cs.: rupere cuneo viam, L.: cuneis coactis, V.: acies per cuneos componitur, Ta.: Macedonius, *the phalanx*, L.—*A division of seats in a theatre* (widening from the stage), V., Iu.—*Plur.*, *the spectators*, Ph.

cunīculōsus, *adj.* [cuniculus], *abounding in rabbits:* Celtiberia, Ct.

cunīculus, ī, *m.* [Spanish], *a rabbit, cony*, Ct. —*A passage underground, mine, excavation:* cuniculos agere ad aerarium: cuniculis ad aggerem actis, Cs.: per cuniculum Gallorum ascendit: in arcem agi coeptus, L.—Fig.: ea (res) occulte cuniculis oppugnatur, i. e. *by secret devices.*

cunnus, ī, *m.*, *the female pudenda* (avoided, as obscene, C.).—*A female:* belli Causa, H.—*An unchaste woman*, H.

cūpa, ae, *f.* [CVB-], *a cask, tun, barrel:* taedā refertae, Cs.: vinum de cupā.

cūpēd-, see cupped-.

Cupencus, ī, *m.*, *a priest of the Sabines*, V.

cupidē, *adv.* with *comp.* and *sup.* [cupidus], *eagerly, zealously, passionately, vehemently, ardently, gladly:* alienos (agros) appetere: cupidius agmen insequi, Cs.: cupidissime populi amicitiam adpetere, Cs.—*Ambitiously, in a partisan spirit:* nihil agere: quid a senatu fit?

Cupīdineus, *adj.*, *of Cupid:* tela, O.: sagittae, O.

cupiditās, ātis (*gen. plur.* -tātum, rarely -tātium, C.), *f.* [cupidus], *a longing, desire, passion, eagerness:* nimis confidere propter cupiditatem: insatiabilis veri videndi: pecuniae, Cs.: libertatis:

pugnandi, N.: militum, *zeal*, Cs.: ad reditum: popularis, *a demagogue's ambition.—Excessive desire, lust, passion:* vita disiuncta a cupiditate: caeca dominatrix animi: mala, T.: coërcere omnīs cupiditates: ardens in cupiditatibus, S.—*Avarice, cupidity, covetousness:* nisi ipsos caecos redderet cupiditas.—*An object of desire:* alicuius ex faucibus cupiditatem cripere.—*Partisanship, partiality, unfairness:* cupiditatis atque inimicitiarum suspicio: dissimulatio cupiditatis: cupiditas ac studium, *partiality and prejudice*, L.: omni carens cupiditate, etc., i. e. *without personal feeling.*

1. cupīdō, inis, *f.* (poet. also *m.*) [CVP-], *a desire, wish, longing, eagerness, passion:* cepit me proloqui: urbis condendae, L.: somni, S.: gloriae, S.: cupidinibus statuere modum, H.: si vobis cupido Certa sequi, *resolve*, V.—*Excessive desire, passion, greed:* sordidus, H.: Responsare cupidinibus Fortis, H.: honoris, S.: praedae caeca, O.: (oppidi) potiundi, S.: (rerum) inmodica, L.: ferri, *passion for bloodshed*, V.: an sua cuique deus fit dira cupido, *his inspiration*, V.—*Love, desire, lust:* turpis, V.: visae virginis, O.: femineus, *for a woman*, O.: muliebris, Ta.

2. Cupīdō, inis, *m.*, *the god of love, Cupid*, son of Venus, C., V., O., H. —*Plur.:* mater Cupidinum, H.

cupidus, *adj.* with *comp.* and *sup.* [CVP-], *longing, desiring, desirous, eager, zealous, wishing, loving, fond:* eius videndi, T.: bellandi, Cs.: te audiendi: tui, *devoted to:* contentionis cupidiores quam veritatis: cupidissimus litterarum, N.: cupidissimis omnibus, *eager for battle*, Cs.: moriri, O.: tuas componere laudes, Tb.: in perspiciendā rerum naturā. —*Excessively desirous, passionate, eager, greedy, lustful, covetous:* animum cupidum inopiā incendere, T.: cupidos moderatis anteferre: emit homo: pecuniae: rerum novarum, Cs.: animi rixae, H.—*Amorous, loving, longing:* amantes, O.—P o e t.: Eurydicem cupidis amplectitur ulnis, O. —*Avaricious, covetous:* homo. —*Prejudiced, partisan, partial:* quaestores vehementer (Verris): multi cupidi tui sunt, *partisans:* cupidior iudex.

cupiēns, entis, *adj.* with *sup.* [*P.* of cupio], *desirous, longing, eager:* novarum rerum, Ta.: liberorum, Ta.: cupientissimā plebe consul factus, *at the earnest desire of*, S.

cupiō, īvī, ītus, ere [CVP-], *to long for, desire, wish:* Qui cupit, i. e. *is possessed by a master-passion*, H.: omnibus cupientibus ad castra contendit, Cs.: nuptias, T.: domum alius, alius agros, S.: triumphum: cupio omnia quae vis, *your wishes are mine*, H.: imperia minime cupiunda, S.: corde cupitus, Enn. ap. C.: hanc visamque cupit potiturque cupitā, O.: quidquid cupitum foret, L.: Emori, T.: audire: videre, qui audeat dicere: quid possent perspici, Cs.: haberi formosus, H.: me esse clementem: me non mendacem putari: et se cupit ante videri, V.: ut peccet, etc.: cuperem ipse adesset (i. e. vellem), V.—*To be well disposed, be favorable, favor, wish well, be interested for:* ipsi Glycerio, T.: Helvetiis, Cs.: quid ego Fundanio non cupio?—With *causā* (alcuius), *to be at the service of, be devoted to, be zealous for:* alquem suā causā: qui te neque velle suā causā, nec, si cupias, posse arbitrantur: cuius causā omnia cupio, *to whom I am wholly devoted.*

cupītor, ōris, *m.* [cupio], *one who desires:* incredibilium, Ta.

cupītus, *P.* of cupio.

cuppēdia (**cūp-**), ae, *f.* [cuppes, dainty], *daintiness, lickerishness.*

cuppēdinārius, ī, *m.* [cuppes], *a maker of dainties, confectioner*, T.

cupressētum, ī, *n.* [cupressus], *a grove of cypress-trees, cypress wood.*

cupresseus, *adj.* [cupressus], *of cypress, of cypress wood:* signa Iunonis, L.

cupressifer, fera, ferum, *adj.* [cupressus + FER-], *cypress-bearing:* Erymanthus, O.

cupressus, ī (*abl.* ū, Ct., O.), *f.*, = κυπάρισσος, *the cypress* (an evergreen tree, sacred to Pluto): impulsa Euro, H.: funebris, H.: feralis, V.: metas imitata, i. e. *cone-shaped*, O.—*A box of cypress wood:* lēvis, H.

cūr or (older) **quōr**, *adv.* [quoi+rei]. **I.** I n t e r r o g., *why? wherefore? for what reason?* quor amat? T.: *Me.* Non possum. *Ch.* Quor non? T.: cur ego plebeios magistratūs . . . video? etc., L.: Obsequium ventris mihi perniciosius est cur? H. —Implying dissatisfaction: Sed quid ego? quor me excrucio? T.: Cur me querelis exanimas tuis? H.: Eheu me miserum, quor non aut istaec mihi Aetas et formast, etc., T.: cur ego tecum non sum?: quor simulas igitur? T.: cur enim, inquies, etc.—With potential *subj.*, in excuse or deprecating censure: cur aliquos amitteret? etc., Cs.: 'at propinquis placuit.' Cur non placeret, cum, etc. —Implying a logical conclusion: animo si isto eras, cur non cecidisti, etc., N.—**II.** R e l a t., *for what reason, wherefore, why, to what purpose, from what motive:* duae causae sunt, cur tu debeas, etc.: causa nulla est, cur: Est vero cur quis nolit, etc.? *is there any reason why?* O.: quid est, cur tu sedeas?: ne cui sit vestrum mirum, cur, etc., T.: demiror, cur dicas, *at your saying.—On account of which, by reason of which, wherefore, that:* Quid obstat, quor non fiant, T.: Erat nihil cur properato opus esset: en cur arator factus sit: quid sibi (Caesar) vellet, cur veniret? etc., *what did he want, that he should come for it?* etc., Cs.: ne doleas, cur tibi iunior paeniteat, *complain-*

ing that, etc., H.: superest, cur vivere sustineam, proles, *for whose sake*, O.

cūra, ae, *f.* [CAV-], *trouble, care, attention, pains, industry, diligence, exertion:* magnā cum curā tueri, Cs.: in aliquā re curam ponere: consulum in re p. custodiendā: saucios cum curā reficere, S.: cura adiuvat (formam), *art sets off*, O.: lentis, *culture*, V.: boum, *rearing*, V.: eo maiore curā illam (rem p.) administrari, S.: in re unā consumere curam, H.: sive cura illud sive inquisitio erat, *friendly interest*, Ta.: Curaque finitimos vincere maior erat, *more pressing business*, O.: nec sit mihi cura mederi, *nor let me try*, V.: vos curis solvi ceteris, T.: difficilis rerum alienarum, *management:* bonarum rerum, *attention to*, S.: deorum, *service*, L.: Caesaris, H.: peculi, V.: de publicā re et privatā: tamquam de Samnitibus curam agerent, *as if the business in hand were*, etc., L.: non tam pro Aetolis cura erat, quam ne, etc., L.—In *dat. predicat.:* Curae (alcui) esse, *to be an object of (one's) care, to take care of, attend to, bestow pains upon:* pollicitus est, sibi eam rem curae futuram, *should be his business*, Cs.: rati sese dis curae esse, S.: nullius salus curae pluribus fuit: Quin id erat curae, *that is just how I was occupied*, H.: dumque amor est curae, O.: magis vis morbi curae erat, L.: Caesari de augendā meā dignitate curae fore: de ceteris senatui curae fore, S.: petitionem suam curae habere, S.: curae sibi habere certiorem facere Atticum, etc., N.—*Administration, charge, oversight, command, office:* rerum p. minime cupiunda, S.: navium, Ta.: legionis armandae, Ta.: tempora curarum remissionumque divisa, Ta.—P o e t., *a guardian, overseer:* fidelis harae, i. e. *the swine-herd Eumaeus*, O.—*Study, reflection:* animus cum his habitans curis: cura et meditatio, Ta.—*A result of study, work:* recens, O.: inedita, O.: quorum in manūs cura nostra venerit, Ta.—*A means of healing, remedy:* doloris: Illa fuit lacrimis ultima cura meis (of sleep), Pr.—*Anxiety, solicitude, concern, disquiet, trouble, grief, sorrow:* maxima: gravissima: cottidianā curā angere animum, T.: curae metūsque: neque curae neque gaudio locum esse, S.: gravi saucia curā, V.: edaces, H.: de coniuge, O.: quam pro me curam geris, V.: curae, quae animum divorse trahunt, T.—*The care of love, anxiety of love, love:* iuvenum curas referre, H.: curā removente soporem, O.—*A loved object, mistress:* tua cura, Lycoris, V.: iuvenum, H.: Veneris iustissima, *worthiest*, V.: tua cura, palumbes, V.—P e r s o n., *Care*, H.: Curae, *Cares, Anxieties*, V.

cūrābilis, e, *adj.* [curo], *requiring treatment, serious:* vindicta, Iu.

cūralium, ī, *n.*, = κοράλλιον (κουρ-), *coral*, O. —*Plur.*, O.

cūrandus, cūrāns, *PP.* of curo.

(**cūrātē**, *adj.*), only *comp.*, *carefully, diligently:* curatius disserere, Ta.: legi, *between the lines*, Ta.

cūrātiō, ōnis, *f.* [curo], *a caring for, administration, oversight, care, management, charge:* corporis: valetudinis.—*Public duty, administration, charge, office:* munerum: sacrorum, L.: rei p., L.: regia: altior fastigio suo, L.: regni, *the regency*, Cs.—*A means of healing, remedy, cure:* morbis curationes adhibere: inter primam curationem exspirare, *the first dressing*, L.

cūrātor, ōris, *m.* [curo], *he who takes charge, a manager, overseer, superintendent, keeper, commissioner, delegate:* urbis ludorumque: viae Flaminiae: fidus negotiorum, S.: rei p., S.: muris reficiendis: legibus agrariis.—*A guardian, curator, trustee:* a praetore datus (to an incompetent person), H.

cūrātūra, ae, *f.* [curo], *care, treatment*, T.

cūrātus, *adj.* with *sup.* [*P.* of curo], *carefully regarded, anxious:* curatissimis precibus protegere, Ta.

curculiō, ōnis, *m.* [CVR-], *a corn-worm, weevil*, V.

Cūrētēs, um, *m.*, = Κουρῆτες, *ancient priests of Cybele in Crete*, V., O.

Cūrētis, idis, *f.*, *adj.*, *of the Curetes;* hence, *Cretan:* terra, O.

cūria, ae, *f.* [SCV-], *a court, curia, association* (each of the three patrician tribes contained ten curiae), L.—*A house for the religious services of a curia:* prisca, O.—*A senate-house, place of meeting of the senate* (usu. the Curia Hostilia built by Tullus Hostilius), L.: (curiam) incendere, C., S., V., O.: Pompeia, *built by Pompey:* Syracusis: Troiae, O.: Saliorum, *the official building of the Salii on the Palatine Hill.*—F i g., *the senate:* summum auxilium omnium gentium: alqm in curiam introducere, L.: Martis, i. e. *the Areopagus*, Iu.—As emblem of law: stante urbe et curiā: pro curia inversique mores! H.

cūriālis, is, *m.* [curia], *a member of the same curia:* in suos curialīs hospitalis.

cūriātim, *adv.* [curia], *by curiae:* populum consuluit.

cūriātus, *adj.* [curia], *of the curiae:* comitia, *the assembly of patrician tribes, voting by curiae:* lex, *passed by the curiae*, L.

cūriō, ōnis, *m.* [curia], *the priest of a curia:* maximus, *over all the curiae*, L.

(**cūriosē**), *adv.* [curiosus], *carefully, attentively.* —*Comp.:* curiosius animadvertunt ea.—*Curiously:* conquirere.

cūriōsitās, ātis, *f.* [curiosus], *eagerness for knowledge, inquisitiveness.*

cūriōsus, *adj.* with *comp.* and *sup.* [cura], *be-*

stowing care, painstaking, careful, diligent, thoughtful, devoted, attentive: in omni historiā: ad investigandum curiosior.—*Inquiring eagerly, curious, inquisitive:* nemo, T.: in re p.: curiosissimi homines: oculi.—*Meddlesome, officious, curious, prying, inquisitive:* patere me esse curiosum: homo.

curis (quiris), ītis [Sabine], *a spear*, O.

cūrō (old forms, coeret, coerarī, coerandī, C.), āvī, ātus, āre [cura], *to care for, take pains with, be solicitous for, look to, attend to, regard:* diligenter praeceptum, N.: magna di curant, parva neglegunt: alienam rem suo periculo, S.: te curasti molliter, *have taken tender care of*, T.: corpora, *refresh*, L.: membra, H.: genium mero, *indulge*, H.: curati cibo, *refreshed*, L.: prodigia, *see to*, i. e. *avert*, L.: nihil deos, V.: praeter animum nihil: aliud curā, i. e. *don't be anxious about that*, T.: inventum tibi curabo Pamphilum, T.: res istas scire: leones agitare, H.: verbo verbum reddere, H.: crinīs solvere, O.: ut natura diligi procreatos non curaret: utres uti fierent, S.: cura ut valeas, *take care of your health:* omnibus rebus cura et provide, ne, etc.: Curandum inprimis ne iniuria fiat, Iu.: iam curabo sentiat, quos attentarit, Ph.: hoc diligentius quam de rumore: quid sint conubia, O.: curasti probe, *made preparations*, T.: curabitur, *it shall be seen to*, T.: nec vera virtus Curat reponi deterioribus, H.—With *acc.* and *gerundive, to have done, see to, order:* pontem faciundum, Cs.: pecuniam solvendam: fratrem interficiendum, N.—*To administer, govern, preside over, command:* bellum, L.: se remque p., S.: provinciam, Ta.: ubi quisque legatus curabat, *commanded*, S.: in eā parte, S.—*To heal, cure:* cum neque curari posset, etc., Cs.: adulescentes gravius aegrotant, tristius curantur: aegrum, L.: aliquem herbā, H.: volnus, L.—Fig.: provinciam: reduviam.—*To attend to, adjust, settle, pay:* (nummos) pro signis: pecuniam pro frumento legatis, L.: me cui iussisset curaturum, *pay to his order:* Oviae curanda sunt HS C.

curriculum, ī, *n. dim.* [currus], *a small car, chariot, racing car:* quadrigarum curriculum: curriculo pulverem Collegisse, H.: effundit habenas Curriculo, Iu.—*A wagon:* in amnem praecipitare curricula, Cu.—*A running, course:* Curriculo percurre, *at full speed*, T.—*A race:* se in curriculo exercentes: equorum, L.—*A race-ground, race-course:* in eodem curriculo esse.—Fig., *a course, career:* vitae: noctis, V.: consuetudinis: haec curricula mentis.

currō, cucurrī, cursus, ere [1 CEL-], *to run, move quickly, hasten:* propere, T.: per totum conclave pavidi, H.: fugiens hostem, H.: Plus homine, *with superhuman speed*, O.: ad vocem praeceps, O.: eosdem cursūs: curritur ad praetorium.—With *acc.:* qui stadium currit, *runs a race:* iter aequore, V.: aequor, V.—Prov.: currentem incitare, *to spur a willing horse:* asellum currere doceas, i. e. *you labor to no purpose*, H.: per flammam, *to go through fire.*—Poet., of rapid motion, *to sail, fly, hasten, move rapidly:* per omne mare, H.: mercator ad Indos, H.: medio ut limite curras, Icare, O.—Of things, *to run, flow, roll, spread, extend:* amnes in aequora currunt, V.: flumina, O.: currente rotā, H.: rubor per ora, V.: rivis currentia vina, V.—Fig., *to run, flow, trip, advance, move, pass away:* proclivi currit oratio: versus incomposito pede, H.: nox inter pocula currat, Pr.: Aetas, H.—With *acc., to run, traverse:* eosdem cursūs, *adopt the same policy.*—Poet.: Talia saecla currite (i. e. currendo efficite), V.

currūca, ae, *f., a hedge-sparrow*, i. e. *cuckold*, Iu.

currus, ūs (*dat.* ū, *gen. plur.* ūm, V.), *m.* [1 CEL-], *a chariot, car, wain, wagon*, C., V.—*Plur.*, of one wagon (poet.), V.: non curribus utere nostris, O.—*A triumphal car*, C., H., O.—*A war-chariot*, Cs.: inanis, V.: curru proeliari, Ta.—*A triumph*, C.—*A team of horses, span* (poet.): neque audit currus habenas, V.: curru dat lora secundo, V.—*A ship, boat* (poet.), Ct.—*A pair of small wheels under the beam of a plough*, V.

cursim, *adv.* [curro], *quickly, swiftly, hastily, speedily:* agmine acto, L.: dicere aliena: pergere.

cursitō, —, —, āre, *freq.* [curso], *to run about, run hither and thither:* sursum deorsum, T.: huc et illuc, H.—Of atoms, *to vibrate:* casu et temere.

cursō, —, —, āre, *freq.* [curro], *to run hither and thither, run constantly:* ultro et citro: ad istam, T.: per foros: cursari rursum prorsum, T.

cursor, ōris, *m.* [1 CEL-], *a runner, racer, competitor:* Ut cursor frena retentat equi, O.—*A courier, post*, N.: per dispositos cursores nuntiare, Ta.—*A lackey, errand-boy:* Gaetulus, Iu.

cursus, ūs, *m.* [1 CEL-], *a running, course, way, march, passage, voyage, journey:* cursum quom institeris, T.: navium, Cs.: ingressus, cursus, accubitio: cursu cum aequalibus certare, S.: cursu contingere metam, H.: se cursu miratur in ipso, O.: quique pedum cursu valet, V.: huc magno cursu intenderunt, *at full speed*, Cs.: cursu Troas agebat, V.: cursu in hostem feruntur, *advance at a run*, L.: cursum in medios dedit, *rushed*, V.: effuso cursu, L.: eodem cursu contendere, *right onward*, Cs.: tam brevi tempore tantos cursūs conficere: cursum direxit, quo tendebat, N.: iterare cursūs relictos, H.: Hunc morem cursūs docuit, *sort of race*, V.: Cursibus decernere, *in racing*, V.: Quo cursu deserta petiverit, *flight*, V.: in hoc medio cursu, i. e. *half-way across*, Cs.: secundissimo vento cursum tenere.—Of things, *a course, way, flow:* stellarum: mutata suos flumina cursūs, *movement*, V.: Cursibus obliquis fluens, O. — *A passage:* cursum exspectare, i. e. *a fair wind.*—Poet.: et vi cursus in altum Vela vocet, V. — Fig., *a course, progress, direction, way, passage, access, succession:* rerum: vitae: quem dederat cursum fortuna, V.: temporum: continuus proeliorum, Ta.: vocis per omnīs sonos: invectus contexere cursu, i. e. *in a breath*, Iu.: In cursu meus dolor est, i. e. *is permanent*, O.: recto depellere cursu, *from virtue*, H.

curtō, āvī, ātus, āre [curtus], *to shorten, consume:* Quantulum summae curtabit quisque dierum, H.

curtus, *adj.*, *shortened, mutilated, broken, short:* vasa, Iu.: testa, O.: temone iugum, Iu.: Iudaei, i. e. *circumcised*, H.: equus, *castrated*, Pr.: mulus, *with cropped tail*, H.—Fig., *lessened, impaired, defective, poor:* res, H.: sententia: fides patriae, Iu.—Of discourse, *incomplete.*

curūlis (curr-), e, *adj.* [currus], *of a chariot:* equi, *the horses provided at the public cost for the games*, L.: sella, *the curule chair, official chair* (of consuls, praetors, and curule aediles), C., L.: ebur, *a throne of ivory*, Ta. — As *subst. f.*, *the curule chair*, Ta.: summas donare curulīs (sc. sellas), *magistracies*, Iu.—*Occupying the curule chair, of curule rank:* aedilis, L.: aedilitas: ebur (i. e. sella), *the consulship*, H.

(**curvāmen**, inis), *n.* [curvo], *a bending, bend, vaulting* (only *abl. sing.*, *nom.* and *acc. plur.*): patriae curvamina ripae, O.

curvātūra, ae, *f.* [curvo], *a bend*: rotae, i. e. *the rim*, O.

curvō, āvī, ātus, āre [curvus], *to crook, bend, bow, curve, round*: Curvari manūs et crescere in unguīs, O.: flexile cornu, O.: lances, i. e. *by its weight*, H.: Fronte curvatos imitatus ignīs lunae, *the flaming sickle*, H.: curvata in montis faciem unda, *rolling*, V.: curvato gurgite, *arched*, V.: Nec curvarent Aeacon anni, *cause to stoop*, O.: curvata senis membra, Ta.—Fig., *to make to yield, bend, move:* te, H.

curvus (-vos), *adj.* [CVR-], *crooked, curved, bent:* aratrum, V.: hami, O.: falces, V.: rates, Pr.: litora, Ct.: flumen, *winding*, V.: aequor, *swelling*, O.: arator, *stooping*, V.: caelator, Iu.— As *subst. n.*: curvo dignoscere rectum, (moral) *crookedness*, H.

cuspis, idis, *f.*, *a point, pointed end, blade, head:* asseres cuspidibus praefixi, Cs.: acuta teli, O.: pro longā cuspide rostrum, *sword-blade*, O.—*A spear, javelin, lance*, V.: tremenda, H.—*A trident* (of Neptune), O.: triplex, O.—*A sceptre* (of Aeolus), V.—*A sting* (of a scorpion), O.

custōdia, ae, *f.* [custos], *a watching, watch, guard, care, protection:* fida canum: dura matrum, *oversight*, H.: navium, Cs.: illa (sc. pontis), N.: aliquid privatā custodiā continere: suae custodiae causā habere, *as a body-guard*, Cs.: navis ad custodiam posita, Cs.: fida iustitiae: fidelis memŏriae rerum gestarum, L.: magni censūs, Iu.—*A guard, watch, sentinel* (mostly *plur.*): colonia meis custodiis, vigiliis munita: (testīs) vi custodiisque retinere.—*Sing. collect.:* custodiam eo suis VI milia hominum reliquerunt, Cs. — *A guarded place, guard-house, watch-station:* haec (urbs) mea est custodia: in hac custodiā et tamquam speculā: familias in custodiis habere.—*A watching, guarding, custody, restraint, ward, confinement:* eius, L.: in hostium custodias numerum civium includere: ipsos in custodiis habere, S.: in liberā custodiā, i. e. *under arrest without imprisonment, surveillance*, L.: in liberis custodiis, S. — Fig.: (eloquentia), saepta liberali custodiā.—*A place of confinement, prison, hold, keep:* in custodiā necatur, Cs.: te in custodiam dare.—Fig.: corporis custodiis se liberare.

custōdiō, īvī, ītus, īre [custos], *to watch, protect, keep, defend, guard:* provinciam: tuum corpus: me civitatis oculi custodiunt: custodiri suspecta, *be garrisoned*, Ta.: castra, ne quis elabi posset, L.: ne qua manus se attollere possit, V.: ut ebibat heres custodis? *hoard*, H.: quanto se opere custodiant bestiae, *are on the watch:* diligentissime te ipsum: templum ab Hannibale, N. —*To keep, preserve, regard, heed:* alqd animo et memoriā: dicta litteris.—*To hold back, preserve, keep:* multorum te oculi non sentientem custodient: aliquem, ne quid auferat, *watch.*—*To hold in custody, hold captive:* ducem praedonum: bovem, V.

custōs, ōdis, *m.* and *f.* [SCV-], *a guard, watch, preserver, keeper, overseer. protector, defender, attendant:* corporis, *a body-guard*, L.: nostri, Cs.: portae: pontis, N.: cum custodibus venire, *under guard*, S.: gregis, V.: pecuniae quam regni melior, L.: puellae, O.: custos Quoi commendavi filium, *tutor*, T.: custodis eges, *a guardian*, H.: Virtutis, H.: dei custodes urbis: rerum Caesar, H.—Of dogs, V.: finīs custode tueri, *outposts*, V. —*A keeper of the ballot-box, inspector* (in charge of the voting-tablets): tabellarum: tribūs nullo custode sortitus.—*A watch, spy:* Dumnorigi custodes ponit, ut, etc., Cs.: custodem Tullio me apponite: num nam hic relictu's custos, Nequis clam curset, etc., T.—*A jailer, keeper:* praefectus custodum, *chief jailer*, N.: te sub custode tenebo, H.—Fig., *a keeper, guardian:* dignitatis (fortitudo): sapientia totius hominis.—*A receptacle, safe, holder:* eburnea Telorum, *quiver*, O.: turis, *an incense-box*, O.

cutīcula, ae, *f. dim.* [cutis], *the skin*, Iu.

cutis, is, *f.* [SCV-], *the skin*, H., O.: pro cute

pellis, Iu.—Prov.: curare cutem, i. e. *to make much of oneself*, H.

cyathus, ī, *m.*, = κύαθος, *a cup, drinking-cup, glass:* cyathos sorbillans, T., H., Iu.—*A measure, the 12th part of a sextarius*, H.

cybaeus, *adj.* [κύβη], *round-hulled, with swelling body:* navis, *a merchant-vessel:* de cybaeā respondere (sc. navi).

Cybelē and (poet.) **Cybēbē**, ēs, *f.*, *a Phrygian goddess, worshipped as mother of the gods:* Cybele, V., O., Ct.: Cybebe, V., Ct., Pr., Ph.

cyclas, adis, *f.*, = κυκλάς, *a circular, white* or *purple state-robe, with a border*, Pr., Iu.

cyclicus, *adj.*, = κυκλικός, *of a cycle:* scriptor, *a cyclic poet, one of the authors of the cycle of myths*, H.

Cyclōps, ōpis (*acc.* -ōpem or -ōpa), *m.*, = Κύκλωψ (round-eye), *a Cyclops, one of the fabulous giants on the coast of Sicily*, C., V., H., O., Iu.: Cyclopa saltare, *to imitate by pantomime*, H.: moveri, H.—*Plur.*, in later fable, *the assistants of Vulcan at his forge under Aetna*, V.

cycnēus (cygn-), *adj.*, = κύκνειος, *of a swan:* vox et oratio, i. e. *the last speech.*

cycnus or **cygnus**, ī, *m.*, = κύκνος, *the swan;* celebrated for its singing, esp. when dying; consecrated to Apollo; a bird of good omen, V.; attached to the chariot of Venus, O.—Prov.: certent cycnis ululae, V.—*A singer:* Dircaeus, i. e. *Pindar*, H.

cylindrus, drī, *m.*, = κύλινδρος, *a cylinder.—A cylindrical stone for levelling, roller*, V.—*A precious stone in the form of a cylinder*, Iu.

Cyllēnē, ēs, and ae, *f.*, *a mountain of Arcadia, sacred to Mercury*, V., O.

Cyllēnius, *adj.*, *of Cyllene:* proles, i. e. *Mercury*, V.: ignis, *the planet Mercury*, V.—As *subst. m.*, *Mercury*, V., O.

cymba, see cumba.

cymbalum, ī, *n.* (*gen. plur.* Cymbalūm, Ct.), = κύμβαλον, *a cymbal; two hollow plates of brass, which ring when struck together* (used in festivals): cum domus cymbalis personaret, V., O., Ct., Iu.

cymbium, ī, *n.*, = κυμβίον, *a small drinking-vessel, cup, bowl*, V.

cynicus, *adj.*, = κυνικός, *Cynic:* institutio, *the Cynic philosophy*, Ta.—As *subst. m.*, *a Cynic philosopher, Cynic*, C., H., Iu.: nudus, i. e. *Diogenes*, Iu.

cynocephalus, ī, *m.*, = κυνοκέφαλος, *an ape with a dog's head.*

Cynosūra, ae, *f.*, = Κυνόσουρα (dog's tail), *the Lesser Bear* (a constellation), C., O.

cyparissus, ī, *f.*, = κυπάρισσος, *a cypress-tree.—Plur.:* coniferae, V.

cytisus, ī, *m.*, = κύτισος, *a kind of clover, shrubby clover*, V.

Cytōriacus, *adj.*, *of Cytorus, Cytorian:* pecten, i. e. *of boxwood*, O.

D.

Dācicus, ī, *m.*, *a gold coin of Domitian, conqueror of the Dacians*, Iu.

dactylicus, *adj.*, = δακτυλικός, *dactylic:* numerus.

dactylus, ī, *m.*, = δάκτυλος (a finger), *a dactyl.*

daedalus, *adj.*, = δαίδαλος, *skilful, cunning:* Circe, V.—*Artfully contrived, skilful:* tecta, V.

Dāma, ae, *m.*, *a slave's name*, H.

dāmiūrgus (dēm-), ī, *m.*, = δημιουργός (Doric, δᾱμ-), *a magistrate, one of ten councillors of the Achaean league*, L.—*A comedy by Turpilius.*

damma (not dāma), ae, *f.* (poet. also *m.*), [DOM-], *a deer, buck, doe, antelope, chamois* (a general name for the deer tribe), V., H., O., Iu.—*Venison:* nil damma sapit, Iu.

damnātiō, ōnis, *f.* [damno], *condemnation, conviction:* hanc damnationem duci non oportere: reorum acerbissimae: damnationem anteire veneno, Ta.: ambitūs: tantae pecuniae, *to so large a fine:* hac pecuniae tibi damnationi esse deberent.

damnātōrius, *adj.* [damno], *damnatory, condemnatory:* iudicium.

damnātus, *adj.* with *comp.* [*P.* of damno], *condemned, under sentence, convicted:* contra damnatum dicere: ut damnati in integrum restituantur: exsilium damnatis permissum est, S.—*Reprobate, abandoned:* manūs, Pr.: quis te damnatior?

damnō, āvī, ātus, āre [damnum], *to adjudge guilty, condemn, convict:* reum: damnarent an absolverent: delicta mariti, i. e. *believe him guilty*, O.: causa damnata, *decided unfavorably:* contra edictum fecisse damnari: ambitūs damnatus, Cs.: furti: eo crimine damnari: Clodio interfecto, eo nomine erat damnatus, Cs.: existimatione damnatus, *by public opinion:* de maiestate damnatus: damnatus, quod praebuisset, etc., L.: ducent damnatum domum, *will condemn and drag home* (as a fraudulent debtor), T.: damnatum poenam sequi oportebat, *if convicted*, Cs.— *To sentence, doom:* capitis, Cs.: octupli damnari, *mulcted:* absentem capitalis poenae, L.: falso damnati crimine mortis, V.: longi laboris, H.: tertiā parte agri, L.: morti, L.: a Popilio decem milibus aeris, i. e. *prosecuted by P., and fined*, L.: gladiatorum dare centum Damnati paria, i. e. *bound by the will*, H.—*To condemn, blame, disapprove, reject:* nimios amores, O.: facto damnandus in uno, O.: sua lumina, *the evidence of*, O.: consilium, Cu.—*To consecrate, devote, condemn as a sacrifice:* caput Orco, V.: Quem damnet labor (sc. leto), V.—With *voti* (poet. also *votis*), *to grant* one's *prayer* (and thus exact fulfilment of a vow): dixit nunc demum se voti esse damnatum, N.: ut damnarentur ipsi votorum, L.: damnabis tu quoque votis (agricolas), V.

damnōsē, *adv.* [damnosus], *ruinously, destructively:* bibimus, i. e. *so as to ruin the host*, H.

damnōsus, *adj.* with *comp.* and *sup.* [damnum], *injurious, destructive, pernicious:* ingenia, L.: Venus, H.: libido, H.: artes, O.: bellum Romanis, L.: discordia damnosior rei p., L.: res damnosissima divitibus, L.: virtus duobus, O.: canes, *the worst cast of the dice*, Pr.: dies, *time, the destroyer*, H.: pagina multā damnosa papyro, i. e. *costly*, Iu.—As *subst. m., a prodigal*, T.

damnum, ī, *n.* [3 DA-], *hurt, harm, damage, injury, loss:* hoc lucri quantum ei damni adportet, T.: damna aleatoria: civitatum damna: amissi corporis, Ph.: cohortium, Cs.: post damnum sic, etc., *after your ruin*, H.: aliena levare Damna, *misfortunes*, O.: damnum eius interitu fecerunt, *suffered:* damna ferenda arbitrari: accipere, H.: pati, *to put up with*, L.: Damna tulit, *suffered*, O.: ex quā (pace) ad rem p. damna pervenerint, S.: cum damna damnis continuarentur, *defeats*, Ta.: naturae, *natural defect*, L.: egestas facile habetur sine damno, i. e. *has nothing to lose*, S.: nec sibi damno foret, H.: Lingua fuit damno, O.—*A lost object* (poet.): mater circum sua damna volans, *her stolen brood*, O.—*A fine, mulct, penalty:* damnum inhibere, L.: tanto damno senatorem cogere: eos morte, damno coercent (leges).—In law: damnum iniuriā (datum), i. e. *damage wrongfully done, trespass:* ab Sabellio multam lege Aquiliā damni iniuriā petere: infectum, *not suffered*, i. e. *threatened;* hence, satis dare damni infecti alicui, *to give security against loss.*

(daps), dapis, *f.* [3 DA-], *a solemn feast, sacrificial feast:* adhibiti ad dapem, L.: obligatam redde Iovi dapem, H.: pro grege ferre dapem, *for the protection of the flock*, Tb.—*A feast, banquet, meal, viands, victuals:* amor dapis, H.: humanā dape pavit equas, O.: cremantur dapes, V.: dapibus mensas onerare, V.

datiō, ōnis, *f.* [1 DA-], *a giving:* legum, *the prerogative of legislation.*—*The right to convey, right of alienation*, L.

dator, ōris, *m.* [1 DA-], *a giver:* laetitiae Bacchus, V.

1. dē, *adv.;* see susque deque.

2. dē, *praep.*, with *abl.* — Of separation, in space, *from, away from, down from, out of:* de finibus suis exire, Cs.: decedere de provinciā: qui de castris processerant, S.: ferrum de manibus extorsimus: de muro se deiecerunt, Cs.: de iugis, quae ceperant, funduntur, L. — F i g., *from, away from, out of:* exire de vitā: de priscis Latinis capta oppida, L.: de sententiā deiectus.—In time, of immediate sequence, *after, directly after:* statim de auctione: diem de die prospectans, *day after day*, L.—Of duration, *during, in the course of, at, by:* de nocte: multā de nocte, *late at night:* de mediā nocte, Cs.: de tertiā vigiliā, *in the third night-watch*, Cs.: adparare de die convivium, *in open day*, T.: mediā de luce, H.: navigare de mense Decembri, *in December.* — Of origin or source, *of, from, from among, out of, proceeding from, derived from:* caupo de viā Latinā: nescio qui de circo maximo: homo de scholā: aliquis de ponte, i. e. *a beggar*, Iu.: Priami de stirpe, V.: recita de epistulā reliqua: hoc audivi de patre: discere id de me, T.—Of the whole, *of, from, from among, out of:* hominem misi de comitibus meis: percussus ab uno de illis: quemvis de iis qui essent idonei: accusator de plebe: unus de legatis: partem solido demere de die, H.: expers partis de nostris bonis, T.: si quae sunt de eodem genere: cetera de genere hoc, H.—Of material, *of, out of, from:* solido de marmore templum, V.: de templo carcerem fieri: de scurrā divitem fieri posse: fies de rhetore consul, Iu. — E s p., of a fund out of which costs are taken: potat, olet unguenta, de meo, T.: de suo: stipendium de publico statuit, L.: non solum de die, sed etiam in diem vivere, *on the day's resources.*—Of cause, *for, on account of, by reason of, because of, from, through, by:* quā de causā, Cs.: certis de causis: de quo nomine ad arbitrum adisti: de gestu intellego quid respondeas: incessit passu de volnere tardo, O.: de Atticae febriculā valde dolui.—Of measure or standard, *according to, after, in accordance with:* De eius consilio velle se facere, T.: de amicorum sententiā Romam confugit: de more vetusto rapuere faces, V.—Of relation, *of, about, concerning, in respect to:* multa narrare de Laelio: senatus de bello accepit, *learned of*, S.: Consilium summis de rebus habere, V.: legati de pace ad Caesarem venerant, Cs.: de bene vivendo disputare: de me experior, *in my own case.*—I n g e n., *in reference to, with respect to, concerning, in the matter of:* non est de veneno celata mater: Aeduis de iniuriis satisfacere, *for*, Cs.: quid de his fieri placeat, S.: concessum ab nobilitate de consule plebeio, L.: ut sciam quid de nobis futurum sit: de argento somnium, *as for the money*, T.: de benevolentiā, primum, etc.: de Samnitibus triumphare, *over*.—In adverbial expressions, de integro, *anew*, *afresh*, *once more:* ratio de integro ineunda est mihi, T.: de integro funus iam sepulto filio facere.—De improviso, *unexpectedly:* ubi de inprovisost interventum mulieri, T.: de improviso venire, Cs.—De transverso, *unexpectedly:* de traverso L. Caesar ut veniam ad se rogat.

dea, ae (*dat.* and *abl. plur.* deābus, C.), *f.* [deus], *a goddess:* di deaeque, T.: ab Iove ceterisque dis deabusque peto: bellica, *Minerva*, O.: venatrix, i. e. *Diana*, O.: siderea, i. e. *Night*, Pr.: triplices, i. e. *the Fates*, O.: novem deae, *the Muses*, O.: Thespiades deae, O.

de-albō, —, ātus, āre [de+albus], *to whiten, whitewash, plaster:* columnas.

deambulātiō, ōnis, *f.* [deambulo], *a walking abroad, promenading*, T.

dē-ambulō, —, ātum, āre, *to walk abroad, take a walk, promenade.*—*Supin. acc.:* eamus deambulatum: Abi deambulatum, T.

de-amō, —, —, āre, *to be in love with:* te, *I am greatly obliged to you*, T.

de-armātus, *P.*, *disarmed:* exercitus, L.

dē-bacchor, ātus, ārī, *dep.*, *to rave, revel wildly:* satis, T.: quā parte debacchentur ignes, *rage*, H.

dēbellātor, ōris, *m.* [debello], *a conqueror, subduer:* ferarum, V.

dē-bellō, āvī, ātus, āre, *to fight out, fight completely, finish a war:* cum Ferentanis uno secundo proelio, L.: debellari eo die cum Samnitibus potuisse, L.: proelioque uno debellatum est, L.: quasi debellato, *as if the war were over*, L.: rixa super mero debellata, *fought out*, H.—*To vanquish, subdue:* superbos, V.: debellata India, O.: hostem clamore, Ta.

(**dēbēns**, ntis), *m.* [*P.* of debeo], *a debtor;* only *plur.:* fides debentium, L.

dēbeo, uī, itus, ere [for dehibeō; de+habeo], *to withhold, keep back:* alqd tibi absenti: tibi hoc video non posse deberi, i. e. *you will not consent to remain my creditor.*—*To owe, be in debt:* illis quibus debui, T.: ut illi quam plurimi deberent, S.: qui se debere fateantur (i. e. debitores esse), Cs.: (argentum) Bacchidi, T.: pecuniam Cluvio: pecuniam pro domo: grandem pecuniam, S.: Quid si animam debet, *is over head and ears in debt*, T.: pecunia iamdiu debita: legioni frumentum deberi sciebat, Cs.—With *acc.*, *to owe, be under obligation to give, be bound to render:* hoc tibi pro servitio, T.: ei res p. gratiam debet: patriae quid debeat, *what are his duties*, H.: dies Longa videtur opus debentibus, *to laborers*, H.: nil caelestibus, V.: Navis, quae debes Vergilium, *art responsible for*, H.—With *inf.*, *to be bound, be under obligation, ought, must, should:* ferre contra patriam arma debuerunt?: Africam sorte obtinere, Cs.: hoc rescribere, H.: summae se iniquitatis condemnari debere, si, etc., Cs.: dici beatus Ante obitum nemo debet, O.: Nec quā debebat (sc. amare), amabat, *within the bounds of duty*, O.—*Pass.*, *to be due, be owing:* Veneri reliquum tempus deberi arbitrabatur: hoc nunc Laus illi debetur, H.—*To be bound, be destined, be fated, owe by fate:* fatis iuvenescere debent geniti, O.: Urbem cerno debere nepotes, *are destined to found*, O.: ventis ludibrium, H.: cui regnum Romanaque tellus Debentur, V.: Debemus morti nos nostraque, H.: Omnia debentur vobis, O.—Fig., *to owe, be indebted for, have to thank for:* beneficium Maximo: vobis omnia, Cs.: quantum cuique deberet, N.: Priami plurima natīs, V.: fac me multis debere, *am under obligations:* tibi nos debere fatemur, Quod, etc., O.

dēbilis, e, *adj.* with *comp.* [de+habilis], *lame, disabled, crippled, infirm, debilitated, feeble, frail, weak:* senex: membris omnibus: Ille umero, Iu.: equi, L.: Membra metu, T.: ferrum, V.—Fig., *disabled, weak, helpless, feeble:* parte animi: duo corpora esse rei p., unum debile: praetura: ingenio debilior, Ta.

dēbilitās, ātis, *f.* [debilis], *lameness, debility, infirmity, weakness, helplessness:* linguae: pedum, Ta.: subita, L.: debilitate carere, Iu.: a se debilitates repellere, *Fin.*—Fig., *weakness:* animi.

dēbilitātiō, ōnis, *f.* [debilito], *a laming, weakness:* animi.

dēbilitō, āvi, ātus, āre [debilis], *to lame, cripple, maim, debilitate, unnerve, disable, weaken:* debilitati inter saxa, L.: corpore debilitantur (saucii): vim ferro: opes adversariorum debilitatae, N.: Debilitaturum quid te petis munus, O.—Poet.: oppositis pumicibus mare, i. e. *dashes*, H.—Fig., *to weaken, break, crush, cripple, disable:* hunc debilitatum viderem: recitatis litteris debilitatus, *disheartened:* debilitati a iure cognoscendo, *helpless to discern:* membrum rei p. debilitatum: animum luctu: senectus Debilitat virīs animi, V.: versūs.

dēbitiō, ōnis, *f.* [debeo], *an owing, indebtedness:* pecuniae et gratiae: dotis.

dēbitor, ōris, *m.* [debeo], *a debtor:* creditorem debitoribus suis addicere: causā debitorum susceptā, Cs.: aeris, H.—Fig.: vitae tibi suae, *indebted for*, O.: manet officio tuo, i. e. *bound to fulfil*, O.

dēbitum, ī, *n.* [debeo], *what is owing, a debt:* debita consectari: Fundanio solutum esse: debito fraudari.—Fig.: morbo naturae debitum reddere, *pay the debt to nature*, i. e. *die*, N.: (beneficiis) ut debitis uti, *receive as my due*, S.

dēbitus, *adj.* [*P.* of debeo], *due, owing, appropriate, becoming:* honores quasi debitos repetere, *as a right*, S.: praemia, V.: alimenta, O.: Nymphis corona, *vowed*, H.: debitā sparges lacrimā favillam, H.—*Doomed, destined, fated:* Pergama, V.: Debita iura te maneant, *the law of fate*, H.: morti, L.: fatis, V.: hostis mihi debita Progne, O.

dē-cantō, āvī, ātus, āre, *to sing off, keep singing:* miserabiles elegos, H.—*To repeat often, harp on, prattle of:* mihi pervolgata praecepta: Nenia, H.—*To have done with singing:* iam decantaverant, i. e. *were through with lamenting.*

dē-cēdō, cessī (*inf.* dēcēsse, T.), cessus, ere, *to go away, depart, withdraw, retire:* de alterā parte (agri), Cs.: de praesidio: ex Galliā Romam: e pastu decedere campis, V.: Africā, S.: praesidio, L.: naves suo cursu, i. e. *went out of their course*, Cs.—*To retire, withdraw, retreat, fall back, abandon a position:* nisi decedat atque exercitum deducat, Cs.: inde, Cs.: Italiā.—Of a provincial magistrate, *to retire, surrender* (office): de provinciā decessit: ex Syriā: provinciā: te decessurum fuisse: Romam, S.: Romam ad triumphum, L.—*To give place, make way, retire, yield:* servo in viā Decesse populum, T.: serae nocti, i. e. *at the approach of*, V.: calori, *to escape from*, V.: canibus de viā, *avoid:* his omnes decedunt, *avoid*, Cs.—Fig., *to depart, disappear, die:* de vitā: ex ingratorum hominum conspectu morte, N.: cum pater familiae decessit, Cs.: in paupertate, N.—*To depart, go off, abate, subside, cease:* febres, N.: nuntiatum est aestum decedere, L.: De summā nihil decedet, *be wanting*, T.: de causā periculi nihil: quaestioni materia decessit, L.: Decedet iam ira haec, T.: neque Decedit aeratā triremi cura, H.: postquam invidia decesserat, S.—Poet.: sol decedens, *setting*, V.: lux, tarde decedere visa, O.: decedentia Tempora, *passing seasons*, H.—*To depart from, give up, resign, forego, yield, swerve:* de suis bonis: de meo iure: de sententiā: de foro, *to retire from public life*, N.: de scenā: de officio decessum, L.: iure suo, L.: poema si paulum summo decessit, *has fallen short of*, H.: cum (senatus) nihil a decretis decesserit.—*To depart, deviate:* de viā, i. e. *from right:* instituto suo, L.: fide, L.—*To give way, yield:* decede peritis, *be guided by*, H.: ubi non Hymetto Mella decedunt, *are not inferior*, H.

decem (often written **X**), *num.:* minae, *ten*, T.: hominum milia, Cs.: anni: decem novem, Cs.: decem et octo, Cs.: de tribus et decem fundis: decem primi, *the presidents of a colonial senate.*—As a round number: vitia, i. e. *a dozen*, H.

December, bris, bre, *adj.* [decem], *of the tenth:* mensis, *the tenth month* (from March), *December* (of 31 days).—As *subst. m.* (sc. mensis), C., L., H., O.—Poet.: Hic tertius, *the third full year*, H.; cf. me quater undenos implevisse Decembres, H.—Hence, *of December:* a. d. VIII Kalendas Decembrīs: Nonae, H.: Idibus, L.: libertas, i. e. *of the Saturnalia*, H.

decempeda, ae, *f.* [decem+pes], *a ten-foot pole, measuring-rod*, C., H.

decempedātor, ōris, *m.* [decempeda], *a land-measurer, land-surveyor.*

decemplex, icis, *adj.* [decem+PARC-], *tenfold:* numerus hostium, N.

decem prīmī, ōrum, *m., the heads of the ten decuriae forming the senate in a colony or municipal town.*

decem-scalmus, *adj., ten-thowled, having ten oars:* actuariola.

decemvir, see decemviri.

decemvirālis (**xvirālis**), e, *adj.* [decemviri], *decemviral, of the decemviri:* leges, *of the Twelve Tables*, L.: annus: odium, L.: collegium.

decemvirātus (**xvirātus**), ūs, *m.* [decemviri], *the decemvirate, office of a decemvir:* honor decemviratūs: perpetuus, L.—*Plur.*, L.

decem virī or **decemvirī** (**xvirī**), ūm or (in L.) ōrum, *m.* **I.** *Plur., a commission of ten men, college of ten magistrates, decemviri, decemvirs.*—**1.** *The composers of the Twelve Tables* (chosen B.C. 451): ut xviri maximā potestate sine provocatione crearentur.—**2.** *A tribunal for deciding causes involving liberty or citizenship*, called decem viri stlitibus iudicandis.—**3.** *A commission for distributing public lands:* legibus agrariis curatores constituti sunt . . . xviri: decemviros agro Samniti creare, L.—**4.** *A college of priests in charge of the Sibylline books:* decemviri sacrorum, L.: sacris faciundis, L.—**II.** *Sing.:* decemvir or xvir, *a member of a decemviral college:* ut is xvir sit: Iulius decemvir, L.

decēns, entis, *adj.* with *comp.* [*P.* of decet], *seemly, becoming, decent, proper, fit:* amictus, O.: motus, H.: quid verum atque decens, H.: (habitus) decentior quam sublimior, Ta.—*Symmetrical, well-formed, beautiful, noble:* mālae, H.: Venus, H.: quā nulla decentior, O.

decenter, *adv.* with *comp.* [decens], *becomingly, decently, properly, fitly:* Singula quaeque locum teneant sortita decenter, H.: maesta, O.: pulsare decentius, H.

decentia, ae, *f.* [decens], *comeliness, decency.*

(**deceō**, cuī), —, —, ēre (only 3*d pers.*) [DEC-], *to be seemly, be comely, become, beseem, behoove, be fitting, be suitable, be proper:* dubitabant quid deceret: quid deceat et quid aptum sit personis: nec scit quod augurem decet: Arta decet comitem toga, H.: omnis Aristippum color decuit, H.: civitatem quis deceat status, H.: nec velle experiri, quam se aliena deceant: ista decent umeros gestamina nostros, O.—*Impers.*: heia, haud sic decet, T.: fecisti ut decuerat, T.: minus severe quam decuit: unde minime decuit vita erepta est, S.: perge, decet, V.: ita uti fortīs decet Milites, T.: ita nobis decet, T.: exemplis grandioribus decuit uti: Nunc decet caput impedire myrto, H.: hanc maculam nos decet Ecfugere, T.: oratorem irasci minime decet: me Sceptra tenere decet, O.

dēceptus, *P.* of decipio.

dē-cernō, crēvī (often decrēram, decrērim, etc.), crētus, ere.—Officially, *to decide, determine, pronounce a decision, judge, decree, resolve, vote:* inter quos iam decreverat decretumque mutabat, alias, etc.: si caedes facta, īdem (Druides) decernunt, i. e. *pass judgment*, Cs.: non decrevi solum, sed etiam ut vos decerneretis laboravi: qui ordo decrevit invitus, *on compulsion:* dierum viginti supplicationem, Cs.: vindicias secundum servitutem, *in favor of slavery*, i. e. *restore the slave to his master*, L.: triumphum Africano: praemium servo libertatem, S.: tres legatos: id quod senatus me auctore decrevit: provinciae privatis decernuntur, Cs.: meā diligentiā patefactam esse coniurationem decrevistis: supplicium sumendum decreverat, *had voted*, S.: senatus Romae decrevit, ut, etc., L.: mea sententia tibi decernit, ut regem reducas, etc.: senatus decrevit, darent operam consules, ut, etc., S.: ita censeo decernendum: acerbissime decernitur, Cs.: in parricidas rei p. decretum esse, S.: libere decernendi potestas, *of voting freely*, Cs.—In gen., *to decide, determine, judge, fix, settle:* rem dubiam decrevit vox opportune emissa, L.: utri utris imperent, sine magnā clade, L.: Duo talenta pro re nostrā ego esse decrevi satis, T.: in quo omnia mea posita esse decrevi: mihi decretum est, with *acc.* and *inf.*, *I am fully convinced*, Ta.: alqm hostem, *to proclaim an enemy:* omnibus quae postulaverat decretis, S.: pauci ferocius decernunt, *insist on harsher measures*, S.—Of battle, *to decide by combat, fight out, fight, combat, contend:* Samnis Romanusne Italiam regant, decernamus, L.: gladiatorium certamen ferro decernitur: ne armis decernatur: cornibus inter se, V.: acie, L.: classe decreturi, N.: integriore exercitu, N.: lacessere ad decernendum, L.—In gen., *to contend, compete, struggle:* decernite criminibus, mox ferro decreturi, L.: cursibus et crudo caestu, V.: de salute rei p.: pro meā famā.—*To decide, determine, form a purpose, resolve:* num quis quicquam decernit invitus?: Rhenum transire decreverat, Cs.: decretumst pati, T.: certum atque decretum est non dare signum, L.: aetatem a rei p. procul habendam, S.: praetoris imperio parendum esse: hic decernit ut miser sit: quā suis opem ferrent, L.

dēcerpō, psī, ptus, ere [de+carpo], *to pluck off, tear away, break off, pluck, crop, gather:* pollice florem, O.: poma manu, O.: ficum, Iu.: Undique decerpta oliva, H.: fetūs arbore, V.: oscula rostro, *snatch*, Ct.—Fig., *to pluck off, take away:* animus decerptus ex mente divinā, *drawn:* ne quid iocus de gravitate decerperet, *detract.*—*To enjoy:* ex re fructūs, H.: nihil sibi ex istā laude centurio decerpit.

dēcertātiō, ōnis, *f.* [decerto], *a decisive struggle:* rerum omnium consulibus commissa.

dē-certō, āvī, ātus, āre.—In battle, *to go through a contest, fight out:* pari condicione belli secum, Cs.: proelio, *fight a decisive battle*, Cs.: proeliis cum acerrimis nationibus: vi contra vim: armis pro meā salute: ferro in ultima, O.: manu: de imperio in Italiā.—In gen., *to contend, strive, dispute, vie:* non disceptando decertandum, armis fuit dimicandum: cum consulibus: Africus Decertans Aquilonibus, H.

dēcessiō, ōnis, *f.* [decedo], *a going away, departure:* tua: tarda.—*A withdrawal, retirement* (from office): molesta.—*A decrease, diminution, abatement:* de summā: capitis.

dēcessor, ōris, *m.* [decedo], *a retiring officer, predecessor*, C., Ta.

dēcessus, ūs, *m.* [decedo], *a going away, departure:* Dionysii, N.—*A withdrawal, retirement* (from office): Bruti.—*A subsidence, ebbing:* aestūs, Cs.—*Decease, death:* amicorum.

decet, see deceo.

1. dēcidō, cidī, —, ere [de + cado], *to fall down, fall off, fall away:* anguis decidit de tegulis, T.: poma ex arboribus: e flore guttae, O.: ex equis, N.: equo, Cs.: in terras sidus, O.: in puteum auceps, H.: in turbam praedonum hic fugiens, H.: in praeceps, O.—*To fall down dead, sink down, die:* Decidit exanimis vitamque reliquit in astris, V.: nos ubi decidimus, Quo pater Aeneas, *passed to that bourne*, H.—Fig., *to fall, drop, fall away, fail, sink, perish:* quantā de spe decidi! T.: a spe societatis Prusiae, L.: ex astris: toto pectore, *out of* one's *affections*, Tb.: in hanc fraudem: ficta omnia celeriter tamquam flosculi decidunt: non virtute hostium sed amicorum perfidiā decidi, N.

2. dēcīdō, cīdī, cīsus, ere [de+caedo], *to cut off, cut away:* virgam arbori, Ta.: Te decisa dextera quaerit, V.—Prov.: pennas, *to clip*, H.—Fig., *to decide, determine, settle, terminate, put an end to:* sine me: pro se: rebus actis atque decisis: decisa negotia, H.: quid iis ad denarium solveretur: de rebus omnibus.—*To agree, come to an agreement, adjust, compound, compromise:* de totā re cum Roscio: cum accusatore: decidere iactu coepit cum ventis, *by throwing overboard* (the cargo), Iu.: in iugera singula ternis medimnis.

deciēns or **deciēs**, *num. adv.* [decem], *ten times:* HS deciens centena milia: deciens centena dedisses Huic parco (sc. HS), H.—Ellipt. (sc. centena milia), *a million:* HS deciens et octingenta milia, i. e. 1,800,000 sesterces: supra CCC usque ad deciens aeris, L.—*Ten times, many times, often:* carmen castigare, H.: haec decies repetita, H.: lectis tabellis, Iu.

decima, see decuma.

decimānus, see decumanus.

decimum, *adv.* [decimus], *for the tenth time*, L.

decimus or (older) **decumus**, *adj.* [decem], *the tenth* (of a series): mensis, T.: hora diei: septuma (dies) post decumam, i. e. *the seventeenth*, V.: legio, Cs.: unda, O.: cum decumo efficit ager, i. e. *tenfold.*—*The tenth* (part; i. e. one of ten equal parts): vix decumā parte die reliquā, S.: pars praedae, L.

dēcipiō, cēpī, ceptus, ere [de+capio], *to catch, ensnare, entrap, beguile, elude, deceive, cheat:* eo deceptus, quod neque, etc., Cs.: etsi minime decere videtur decipi: Croesum: deceptus a me: per conloquium decepti, Cs.: per fas ac fidem, *by the pretence of*, L.: in primā spe decepti, L.: cupidine falso, H.: specie recti, H.: amor deceptam morte fefellit, *bereaved*, V.: dulci laborum decipitur sono, *is beguiled*, H.: diem, O.: Decipiam ac non veniam, T.: ab tergo et super caput decepere insidiae, i. e. *were hidden*, L.—Fig., *to deceive, elude:* exspectationibus decipiendis: oculos, qui decipit, incitat error, O.: specimen istud virtutis deceptum imagine decoris, i. e. *called forth by a false notion*, etc., L.

dēcīsiō, ōnis, *f.* [2 decīdo], *a decision, settlement, agreement:* Roscii: nostra de aequitate: alcui decisione satisfacere.

dēclāmātiō, ōnis, *f.* [declamo], *practice in public speaking, oratorical exercise, declamation:* in cottidianā: ut declamatio fias, *a theme for declamatory exercises*, Iu.—*Loud talking, noisy talk:* volgaris.

dēclāmātor, ōris, *m.* [declamo], *a speaker for show, elocutionist, declaimer:* de ludo: Vagellius, *the ranter*, Iu.

dēclāmātōrius, *adj.* [declamator], *declamatory, rhetorical:* opus: studium, Ta.

dēclāmitō, āvī, ātus, āre, *freq.* [declamo], *to practise declamation, declaim:* cum Pisone: causas, *to plead for practice.*—*To talk violently, bluster:* de aliquo.

dē-clāmō, āvī, ātus, āre, *to practise public speaking, exercise in oratory, declaim:* ad fluctum: Romae, H.: declamare doces? *are you a rhetor?* Iu.—*To speak with violence, declaim, bluster:* vehementissime contra me: aliquid ex aliā oratione.

dēclārātiō, ōnis, *f.* [declaro], *a making clear, disclosure, declaration:* voluntatis a populo: amoris tui.

dē-clārō, āvī, ātus, āre, *to disclose, make evident, reveal:* praesentiam saepe divi suam declarant: ducis nave declaratā suis, N.—*To announce, proclaim, declare* (as chosen to office): hominis voce declaratus consul: ad bellum Gallicum alquos consules, L.: declaratus rex Numa, L.: tribunatum militarem, S.: Victorem magnā praeconis voce Cloanthum, V.—Fig., *to make clear, manifest, demonstrate, reveal, disclose, prove, show, explain:* ut declarat cicatrix: tot signis quid velit: volatibus avium declarari res futuras putant: gaudia voltu, Ct.: omnia per nuntios consuli, S.: se non terrorem inferre: quoiusque ingenium ut sit, T.: his lacrimis quā sit pietate: utrum, etc., Cs.: quanti fecerit pericula mea, S.—Of language, *to express, mean, signify:* verbum quod satis declararet utrasque res: propriam cuiusque (generis) vim definitione: alqd Latine.

dēclīnātiō, ōnis, *f.* [declino], *a bending aside, turning away, averting:* tuas petitiones parvā declinatione effugi: atomi: corporis, Cu.—Fig., *a turning away, avoiding, avoidance:* a malis naturā declinamus; quae declinatio, etc.: laboris.—In rhet., *a slight deviation* (from the direct argument): a proposito: ad amplificandum.—*A rejection, qualification* (of a word or phrase).

dēclīnō, āvī, ātus, āre [CLI-], *to bend aside, turn away:* ad dexteram de viā: si omnes atomi declinabunt (i. e. oblique ferentur): via ad mare declinans, L.—*To deflect, turn away:* agmen, L.: cursūs, O.—*To avoid, evade, shun:* urbem: ictum, L.—*To lower, close, let sink:* dulci lumina somno, V.—Fig., *to turn aside, deviate, turn away, digress:* de statu suo: a religione offici: aliquantulum a proposito: ut eo revocetur unde huc declinavit oratio: quantum in Italiam declinaverat belli, L.: paulatim amor, *decreases*, O.—*To turn aside, cause to differ:* mulier declinata ab aliarum ingenio, *differing*, T.—*To turn off, ascribe:* adversa in inscitiam Paeti, Ta.—*To turn from, avoid, shun:* (oratio) declinat impetum: laqueos iudici: vitia: societate culpae invidiam, Ta.

dēclīvis, e (*neut. plur.* dēclīvia; once dēclīva, O.), *adj.* [de+clivus], *inclining downwards, sloping:* in declivi loco, Cs.: vallis, Cs.: latitudo, i. e. *a broad depression*, S.: Olympi, O.: arvum Aesulae, H.: flumina, O.: via, O.: iter senectae, O.—*Neut.* as *subst.*, *a declivity, slope:* haec declivia cernebantur, Cs.: per declive sese recipere, Cs.: per declive ferri, O.

dēclīvitās, ātis, *f.* [declivis], *a slope, declivity*, Cs.

decocta, ae, *f.* [decoctus; sc. aqua], *water boiled down, a cold drink*, Iu.

dēcoctor, ōris, *m.* [decoquo], *a spendthrift, ruined man, bankrupt.*

dēcoctus, *adj.* [*P.* of decoquo], *ripe, mellow:* suavitas (oratoris).

dē-color, ōris, *adj.*, *deprived of color, discolored, faded:* sanguis: Indus, *swarthy*, O., Pr.: heres, *colored, dark*, Iu.: decolor fuligine, Iu.: sanguine, *stained*, O.—Fig., *degenerate, depraved:* aetas, V.: fama, O.

dēcolōrātiō, ōnis, *f.* [decoloro], *a discoloring:* ex aliquā contagione.

dē-colōrō, āvī, —, āre, *to discolor, stain:* mare (caedes), H.

dē-coquō, cōxī, coctus, ere, *to boil away, boil down, diminish by boiling:* pars quarta (argenti) decocta erat, *lost* (in testing), L.: musti umorem, V.—*To boil, cook:* holus, H.: ardenti aeno, Iu.—Fig., *to ruin oneself, become bankrupt:* tenesne memoriā, te decoxisse?

decor, ōris, *m.* [DEC-], *comeliness, elegance, grace, beauty, charm, ornament:* Mobilibusque decor naturis dandus, H.: signa decoris, V.: ovibus sua lana decori est, O.: imperii, Ta.: oris, Ta.—*An ornament, decoration:* iactura decoris, O.

decōrē, *adv.* [decorus], *suitably, properly, becomingly, decorously:* ea facere: res p. gesta, S.: formata species, *worthily.*

decorō, āvī, ātus, āre [decus], *to adorn, embellish, grace, beautify, decorate:* te, H.: quem decoratum vidistis, *arrayed in spoils*, L.: oppidum ex pecuniā suā monumentis: dissignatorem lictoribus, *surrounds*, H.: nostris decoratus insignibus, L.—Fig., *to decorate, distinguish, honor:* quam (rem p.): bene nummatum decorat Suadela Venusque, H.: me lacrumis: animas supremis Muneribus, V.: alquem honoribus: delubra pietate, S.: Nec prave factis decorari veribus opto, H.

decōrum, ī, *n.* [decorus], *seemliness, propriety.*

decōrus, *adj.* [decor], *becoming, fitting, seemly, proper, suitable, decorous:* color deo: virginitati, L.: ad ornatum: decorus est senis sermo: silentium, H.: Dulce et decorum est pro patria mori, H.: decorum erat ipsis capessere pugnam, L.—*Ornamented, adorned, fine, beautiful, handsome:* aedes, H.: galeae ensesque, V.: arma, S.: palaestra, *noble, skilful*, H.: ductores ostro, V.: Medi pharetrā, H.: dea formā, O.

dēcrepitus, *adj.*, *very old, decrepit:* Eunuchus, T.: anus, T.: decrepitā (aetate) mori.

dē-crēscō, crēvi, crētus, ere, *to grow less, become fewer, decrease, diminish, wane, shrink:* non mihi absenti decrevisse amicos: ostreae cum lunā pariter decrescunt: decrescentia flumina, H.: cornua decrescunt, *disappear*, O.: tantum animorum nobis in dies decrescit, L.

dēcrētum, ī, *n.* [decerno], *a decree, decision, ordinance, vote, resolution:* Hoc decreto eum consul senatu prohibuit, *in pursuance of*, Cs.: decreta vendere: recito decretum: decurionum: decretum fit, uti, etc., S.—*A resolve, determination, plan:* inter haec decreta, S.: decretum consulis subvortere, S.—*A principle, doctrine, dogma.*

dēcrētus, *P.* of decerno.

decuma or **decima**, ae, *f.* [decimus; sc. pars], *a tenth part, tithe, land-tax:* hordei: Sardiniae binae decumae frumentae imperatae, L.: alquid sibi decumae dare: decumas vendere: prandia decumae nomine, i. e. *a feast under the name of tithes to the gods.*

decumānus or **decimānus**, *adj.* [decimus], *of the tenth part, of tithes:* ager, *that pays tithes:* frumentum, *a tithe of the produce.*—*Collecting tithes, farming tithes:* mulier, *a tithe-farmer's wife.*—As *subst. m.*, *a tithe-farmer, tax-collector.*—Poet.: acipenser, *fit for a tax-collector*, i. e. *of the largest size*, Lucil. ap. C.—*Of the tenth cohort*, in the phrase, porta decumana, the main entrance of a Roman camp, where the tenth cohort of the legion was stationed, Cs., L.—*Plur. m.* as *subst.*, *soldiers of the tenth legion*, Ta.

decumātes, ium, *adj.* [decimus], *subject to tithes, tributary:* agri, Ta.

dēcumbō, cubuī, —, ere [CVB-], *to lie down, recline:* prior decumbas, *take place* (at table), T.: in triclinio, *to fall, succumb, yield* (of gladiators): honeste.

decumus, see decimus.

decuria, ae, *f.* [decem; cf. centuria], *a division of ten, decuria, decade:* hence, in gen., *a division, company, class, decuria* (of judges, summoned by the praetor to try causes): iudicum: senatoria: tertia equitum, Ta.

decuriātiō, ōnis, *f.* [1 decurio], *a dividing into decuriae:* tribulium.

decuriātus, ūs, *m.* [decurio], *a dividing into decuriae:* ad decuriatum convenire, L.

1. decuriō, āvī, ātus, āre [decuria], *to divide into decuriae:* decuriati equites, L.—*To divide into companies, enroll in clubs* (for bribery): cum vicatim homines decuriarentur: improbos.

2. decuriō, ōnis, *m.* [decuria], *the chief of a decuria, commander of a decuria of cavalry*, Cs.—*A member of a municipal senate:* decurionum decretum, Cs.

dē-currō, cucurrī or currī, cursus, ere, *to run down, hasten down, run, hasten:* rus, *make an excursion:* de tribunali, L.: summā ab arce, V.: iugis, V.: Monte decurrens amnis, H.: tuto mari, *to sail*, O.: pedibus siccis super summa aequora, O.: ad navīs, Cs.: in mare, L.—*To run over, run through,* *traverse:* septingenta milia passuum decursa: decurso spatio: decursa novissima meta est, *passed,* O.—Esp., of troops, *to march, effect a movement, move, manœuvre:* crebro, L.: ex montibus in vallem, Cs.: ab arce, L.: incredibili celeritate ad flumen, Cs.: in armis, L.—Of a formal procession, *to march, move:* exercitum decucurisse cum tripudiis Hispanorum, L.: circum accensos rogos, V.—Of ships, *to land, come to land:* Syracusas ex alto, L.—Fig., *to come, come away, hasten:* omnium eo sententiae decurrerunt, ut, etc., L.: decurritur ad leniorem sententiam, ut, etc., L.: eo decursum est, ut, etc., *the conclusion was reached,* L. — *To pass, traverse, run over, pass through:* aetate decursā: inceptum unā decurre laborem, V.: ista, quae abs te breviter decursa sunt, *treated.—To betake oneself, have recourse:* ad haec extrema iura: ad miseras preces, H.: alio, H.: decurritur ad illud extremum, S., C., Cs.

1. dēcursus, *P.* of decurro.

2. dēcursus, ūs, *m.* [decurro], *a running down, downward course, descent:* aquarum, O.: rapidus (amnium), V.—*A descent, attack:* subitus ex collibus, L.: in litora, Ta.—*An evolution, manœuvre:* iustus, L.: legionum, Ta.—*A running in armor* (at a festival), L.—Fig., *a course, career:* mei temporis: si forensium rerum labor decursu honorum constitisset, i. e. *after every grade of office.*

dē-curtātus, *adj., cut off, curtailed, mutilated.* —Of style: quaedam decurtata.

decus, oris, *n.* [DEC-], *grace, glory, honor, dignity, splendor, beauty:* eius decus sustinere: verum decus in virtute positum est: regium, S.: muliebre, *chastity,* L.: casti pudoris, O.: sine decore perfugere, *in dishonor,* S.: decus enitet ore, V.: Inmemores decoris pectora tundunt, *beauty,* O.—*An ornament, glory, boast, decoration, adornment, honor:* decora fanorum: senator decus iudiciorum: senectutis: equitum Maecenas, H.: super positum capiti, L.: Pilumno quos ipsa decus dedit, V.: imperatori decori esse, S.: Vitis arboribus decori est, V.—*Moral dignity, worth, virtue, honor:* virtutis: publicum, *of the state,* Ta.: civitatis: Oblitus decoris sui, V.: Virtus, fama, decus Divitiis parent, H.—*Plur., deeds of honor, honorable achievements, exploits:* cum multa referret sua decora, L.: militiae decora, L.: nunc vestra decora recensete, Ta. — *Glorious ancestors:* longa decora praeferentes, Ta.

decussō, āvī, ātus, āre [decussis (decem+as), a coin stamped with ×], *to divide crosswise* (in the form of an X), *decussate.*

dēcussus, *P.* of decutio.

dēcūtiō, cussī, cussus, ere [de+quatio], *to shake off, strike down, cast off:* ense caput, O.: lilia, O.: summa papaverum capita baculo, L.: mella foliis, V.: silvis honorem (i. e. frondem), H.: turres fulminibus decussae, L.: ariete decussi muri, L.

(dē-deceō), cuī, —, ēre, *to be unseemly, misbecome, disfigure, disgrace* (only 3d *pers.; mostly impers.*): ut, si quid dedeceat, vitemus: neque te Dedecet myrtus, H.: preces, quorum me dedecet usus, O.: Oratorem simulare non dedecet: Quam nec ferre pedem dedecuit, H.

dēdecorō, āvī, ātus, āre [dedecus], *to disgrace, dishonor, bring to shame:* familiam, T.: se flagitiis, S.: urbis auctoritatem: neque dedecorant tua de se iudicia, H.

dē-decōrus, *adj., dishonoring, disgraceful:* maioribus suis, Ta.

dē-decus, ōris, *n., disgrace, dishonor, infamy, shame:* sumptūs effusi cum dedecore: iudicia operta dedecore: domus plena dedecoris: vitam per dedecus amittere, *dishonorably,* S.: ob tantum dedecus amens, V.: nihil est detestabilius dedecore. — *A cause of shame, disgrace, blemish, reproach, dishonor:* tantum, Cs.: dolor meus vestrum dedecus haberetur: prodere visum dedecus, *expose the unnatural feature,* O.: quod tantum evenire dedecus potest?: si una huic dedecorist parum, T.: ampla domus dedecori domini fit: naturae, Ph.—*A deed of shame, outrage, disgraceful act:* Omni dedecore infamis: in dedecora incurrunt: Dedecorum pretiosus emptor, H.

dēdicātiō, ōnis, *f.* [dedico], *a consecration, dedication:* sacerdotis: templi: aedis, L.

dē-dicō, āvī, ātus, āre, *to dedicate, consecrate, set apart:* templa Romae: aedem Castori: aedis Saturno dedicata, L.: simulacrum Iovis: Aridas frondes Hebro, *cast,* H.—Fig., *to honor with a dedication:* ut Fides, ut Mens, quas in Capitolio dedicatas videmus (i. e. quarum aedes): Iunonem, L.: Te Concordia, dedicat aede, O.—*To dedicate, inscribe:* alcui librum, Ph. — *To return, specify, list* (property): haec praedia in censum.

dē-dīgnor, ātus, ārī, *dep., to reject as unworthy, disdain, scorn, refuse:* alquos maritos, V.: virum, O.: genibus procumbere Iovis, O.: venire, Ta.: sollicitare, O.

dē-discō, didicī, —, ere, *to unlearn, forget:* multa: haec verba: disciplinam populi R., Cs.: loqui: amare, O.: (amor) dediscitur usu, O.

dēditīcius, ī, *adj.* [deditus], *surrendered:* qui si dediticius est, S.—*Plur. m.* as *subst., prisoners of war, captives:* vestri, L.: multitudo dediticiorum, Cs.

dēditiō, ōnis, *f.* [dedo], *a giving up, surrender, capitulation:* de deditione agere, Cs.: omnīs in deditionem accepit, Cs.: Cretensibus spem deditionis adimere: ad deditionem inpellere, S.: deditionis condicio, Cs.: in deditionem venire, *to surrender*, Cs.: omissā deditione, S.: ad Romanos, L.: eorum deditionem vivorum hosti facere, L.: deditiones cohortium, Ta.: sui, Cu.

dēditus, *adj.* [*P.* of dedo], *given up, surrendered:* senatum paenituit dediti principis.—*Plur. m.* as *subst.*, *prisoners of war, captives:* incolumitatem deditis polliceri, Cs.: adroganter in deditos consulere, Ta.—F i g., *given up, addicted, devoted, engaged in, eager, assiduous, diligent:* optimis viris: nimis equestri ordini: studio litterarum: animus libidini: huic ludicro, L.: ventri atque somno, S.: quaestui atque sumptui, S.: vita vitiis: in malā adulterā, Ct.

dē-dō, didī, ditus, ere, *to give away, give up, surrender, deliver, consign, yield, abandon, render:* Ancillas, T.: te in pistrinum, T.: aliquem hostibus in cruciatum, Cs.: servum ad supplicium: neci, V.: mihi iuvencum iratae, H.—In war, *to deliver up, surrender:* illas res dedier mihi exposco, L. (old form.): legati ad dedendas res missi, L.: se suaque omnia Caesari, Cs.: se in arbitrium populi R., L.: sese sine fraude, Cs.—F i g., *to give up, yield, devote, dedicate, surrender, consign, abandon, apply:* Davo istuc negoti, T.: aurīs suas poetis: animum sacris, L.: se penitus musicis: se amicitiae eorum, Cs.: se totos libidinibus: dede neci, V.—*P. perf.*, in the phrase, deditā operā, *purposely, on purpose, designedly, intentionally:* Quasi deditā operā domi erant, T.: has ad te litteras misi: deditā operā propulsa pecora, L.: operā deditā: facere.

dē-doceō, ēre, uī, ctus, *to cause to unlearn, unteach, teach the opposite of:* aliquem geometriam: (virtus) populum falsis Dedocet uti Vocibus, H.: cum a Zenone fortis esse didicisset, a dolore dedoctus est: ut coercendi magis quam dedocendi esse videantur.

de-doleō, uī, ēre, *to cease grieving*, O.

dē-dūcō, dūxī, ductus, ere (*imper.* deduc, C.; deduce, T.), *to lead away, draw out, turn aside, divert, bring out, remove, drive off, draw down:* atomos de viā: eum contionari conantem de rostris, *drag down*, Cs.: aliquem ex ultimis gentibus: summā vestem ab orā, O.: Cantando rigidas montibus ornos, V.: canendo cornua lunae, i. e. *bring to light* (from eclipse), O.: dominam Ditis thalamo, V.: tota carbasa malo, i. e. *unfurl*, O.: febrīs corpore, H.: molliunt clivos, ut elephanti deduci possent, L.: rivos, i. e. *to clear out*, V.: aqua Albana deducta ad utilitatem agri, *conducted off:* imbres deducunt Iovem, i. e. *Jupiter descends in*, etc., H.: crinīs pectine, *to comb*, O.: vela, O.: deductae est fallacia Lunae, Pr.: hunc ad militem, T.: suas vestīs umero ad pectora, O.: in mare undas, O.: alqm in conspectum (Caesaris), Cs.: ab augure deductus in arcem, L.: aliquem in carcerem, S.: mediā sulcum deducis harenā, i. e. *are dragged to execution*, Iu.—Of troops, *to draw off, lead off, withdraw, lead, conduct, bring:* nostros de valle, Cs.: ab opere legiones, Cs.: finibus Attali exercitum, L.: praesidia, Cs.: legionibus in hiberna deductis, Cs.: in aciem, L.: neque more militari vigiliae deducebantur, S.—Of colonists, *to lead forth, conduct:* coloni lege Iuliā Capuam deducti, Cs.: milites in colonias: triumvir coloniis deducendis, S.: illi qui initio deduxerant, *the founders*, N.—Of ships, *to draw out* (from the dock): ex navalibus eorum (navem), Cs.: Deducunt socii navīs, V.—*To draw down, launch:* celoces viginti, L.: neque multum abesse (navīs) ab eo, quin paucis diebus deduci possent, Cs.: navīs litore, V.: carinas, O.: deducendus in mare, *set adrift*, Iu. — *To bring into port:* navīs in portum, Cs.—In weaving, *to draw out, spin out:* pollice filum, O.: fila, Ct.: stamina colo, Tb.—P o e t.: vetus in tela deducitur argumentum, *is interwoven*, O. — Of personal attendance, i n g e n., *to lead, conduct, escort, accompany:* te domum: me de domo: deducendi sui causā populum de foro abducere, L.: quem luna solet deducere, Iu.: deducam, *will be his escort*, H.—*To conduct a young man to a public teacher:* a patre deductus ad Scaevolam.—Of a bride, *to lead, conduct* (to her husband): uni nuptam, ad quem virgo deducta sit, L.: domum in cubiculum, *to take home*, T.: quo primum virgo quaeque deducta est, Cs.—*To lead in procession, conduct, show:* deduci superbo triumpho, H.—In law, *to eject, exclude, put out of possession* (a claimant of land): ut aut ipse Tullium deduceret aut ab eo deduceretur: de fundo deduci.—*To expel, exclude:* alqm ex possessione, L.—*To summon, bring* (as a witness): ad hoc iudicium.—*To take away, subtract, withdraw, deduct, diminish:* cibum, T.: addendo deducendoque videre, quae reliqui summa fiat: de capite, quod usuris pernumeratum est, L.—F i g., *to bring down, lead away, divert, withdraw, bring, lead, derive, deduce, reduce:* alqm de animi lenitate: alqm de fide: me a verā accusatione: mos unde deductus, *derived*, H.: nomen ab Anco, O.: alqm ad fletum: rem ad arma, Cs.: ad humum maerore, *bows*, H.: ad sua flagra Quirites, *subdue under*, Iu.: in eum casum deduci, Cs.: rem in controversiam, Cs.: rem huc, ut, etc., Cs.: audi, quo rem deducam, *what I have in view*, H.: Aeolium carmen ad Italos modos, *transfer*, H.: in patriam deducere musas, V.—*To mislead, seduce, entice, induce, bring, instigate:* adulescentibus oratione deductis, Cs.: a quibus (inimicis) deductus, Cs.—*To spin out, string out, compose* (poet.): tenui deducta poëmata filo, H.: mille die versūs, H.: nihil expositum, Iu.: carmen in actūs, H. — *To remove, expel, cure:* corpore febrīs, H.: haec (vitia) deducuntur de corpore, i. e. *men try to remove.*

dēductiō, ōnis, *f.* [deduco], *a leading away, conducting off:* rivorum a fonte: Albanae aquae. —Of colonists, *a leading forth, establishing, colonizing:* in istos agros: militum in oppida.—In law, *an ejection, expulsion:* postulasse, ut moribus deductio fieret.—*A diminution, subtraction, deduction:* ne qua deductio fieret: ex omni pecuniā.—Fig., *an inference, course of reasoning:* rationis.

dēductus, *adj.* [*P.* of deduco], *lowered, unambitious, modest* (poet.): carmen, V.: vox, Pr.

de-errō, āvī, āre, *to wander away, go astray, lose the way:* in itinere: caper deerraverat, V.: sors deerrabat ad parum idoneos, *fell upon improper persons,* Ta.

dēfatīgātiō or **dēfetīgātiō**, ōnis, *f.* [defatigo], *a wearying, tiring out, weariness, fatigue, exhaustion:* membrorum: hostium, Cs.: defetigatione caedere desistere: miseriarum.

dē-fatīgō or **dēfetīgō**, āvī, ātus, āre, *to weary out, tire, fatigue, exhaust:* se, T.: exercitum itineribus, Cs.: opus faciam ut defatiger, T.: diuturnitate belli defatigati, Cs.: iudices: numquam defatigabor ante, quam, etc.

dēfectiō, ōnis, *f.* [deficio], *a failing, failure, want, lack, disappearance:* virium: animi mei, *despondency:* solis et lunae, *eclipse.*—*A defection, desertion, rebellion, revolt:* facta datis obsidibus, Cs.: in defectione esse, L.: Pompei: conscientia defectionis, Ta.: a rectā ratione. — *Exhaustion:* manifesta, Ta.: defectionem fugere, i. e. *tedious prolongation.*

defector, ōris, *m.* [deficio], *a deserter, apostate:* patris sui, Ta.

1. dēfectus, *adj.* [*P.* of deficio], *weak, worn out, enfeebled:* defecto poplite labens, O.: corpus, Ta.: amor, O.: annis, Ph.

2. dēfectus, ūs, *m.* [deficio], *a falling away, desertion, revolt:* Spartanorum, Cu. — *A diminution, failure:* aquarum, L. — *An obscuration, eclipse:* solis, V.—*Plur.:* eius (lunae).

dēfendō, dī, sus, ere, *to ward off, repel, avert, keep off:* bellum, Cs.: ad defendendos ictūs, Cs.: solis ardores: frigus, H.: vim, Cs.: furorem, V.: crimen, *to answer,* L.: ignem a tectis, O.: solstitium pecori, V.: aestatem capellis, H.—*To defend, guard, protect, cover:* amicos, Cs.: se armis, Cs.: oppidum, Cs.: scribam apud praetores: illum de ambitu: scelus: communem salutem: vicem rhetoris, *to sustain,* H.: aedes Vestae vix defensa est (sc. ab incendio), *preserved,* L.: aper, quam Defendit palus, *protected,* V.: Defendens piscīs mare, H.: se suaque ab iis, Cs.: gladio se a multitudine, S.: provinciam a metu calamitatis: myrtos a frigore, V.: ab incendio lapis defendit, Cs.: sese adversus populum: auctoritatem contra omnīs: quae (navis) defenderet ne provincia spoliaretur: paucis defendentibus, Cs.: utrum moenibus defenderent, an, etc., *make a stand at,* N.—Of speech, *to defend, support, maintain, insist, allege in defence:* cum idem defenderet quod Accius: me id maxime defendisse, ut, etc., *have chiefly striven for:* id recte factum esse defendes?: eos omnīs liberos esse: quae cur non cadant in sapientem.—*To refute, repel:* crimen: noxiam, T.

dēfēnsiō, ōnis, *f.* [defendo], *a defending, defence:* urbis, Cs.: defensionis locum relinquere: defensionem in novo consilio parare, S.: criminis: contra crimen: causae suae: scripta: pro Cornelio, N.: ad istam orationem brevis.

dēfēnsitō, āvī, —, āre, *freq.* [defenso], *to defend often, practise defending:* causas: sententiam.

dēfēnsō, āvī, ātus, āre, *intens.* [defendo], *to defend diligently, protect:* alios ab hostibus, S.: umeros, O.: sua, Ta.: dum defensamus (sc. armentum), O.: defensantes, *the guards,* Ta.

dēfēnsor, ōris, *m.* [defendo], *an averter, protector against:* necis: calamitatum.—*A defender, protector, advocate:* quem defensorem paro, T.: tribuni defensores mei: illius, H.: culpae, *apologist,* Iu.: iuris: causae: oppidum vacuum ab defensoribus, *without a garrison,* Cs.: muros defensoribus nudare, L. — Fig., of things, *plur., the guards* (sublicae) of a bridge, Cs.: nec defensoribus istis Tempus eget (sc. telis), V.

dē-ferō, tulī, lātus, ferre, *to bring away, carry off, take down, carry, take, remove:* quae (dolia) amnis defert, V.: secundo Tiberi deferri, L.: ramalia arida tecto, O.: argentum ad eam, T.: litteras ad Caesarem, Cs.: natos ad flumina, V.: Germani ad castra Romanorum delati, Cs.: aurum in aerarium, L.: acies in praeceps deferri, L.: deferor hospes, *drift,* H.: praeceps in undas deferar, *shall throw myself,* V.: alqm in barathrum, Ct.: puerum huc, T.: hunc sub aequora, i. e. *submerge,* O.: huc impetus illam (hastam) Detulerat, *drove,* V.: quod (iaculum) detulit error in Idan, O.—*To drive away, drive down, drive, force:* una (navis) delata Oricum, Cs.: (Labienus) longius delatus aestu, Cs.: quem tempestas in desertum litus detulisset. — Fig., *to bring, lead, carry:* fortunae pignora in discrimen, L.: hac re ad consilium delatā, *into consideration,* Cs.—*To bring, give, grant, confer, allot, offer, transfer, deliver:* ad hunc totius belli summam deferri, Cs.: omnia ad unum: sibi a Caesare regnum civitatis deferri, Cs.: honores mihi: de pace deferendā hostibus, L.: si quid petet, ultro Defer, H.: Delatis capsis, i. e. *deposited* (in a public library), H.—*To give account of, report, announce, signify, state:* rem, Cs.: falsum numerum equitum, Cs.: nostra consilia ad adversarios: defertur ea res ad Caesarem, Cs.: haec Senecae, Ta.: id Carthaginem, N.: ad Caesarem, me paenitere consili mei: armari classem, V.: delatum est ad vos, quem ad modum fecerit.—In beginning a prosecution, with *nomen*, *to report one's name* (to the praetor), *indict*, *impeach*, *complain of*, *accuse:* nomen huius de parricidio: de pecuniis repetundis nomen cuiuspiam: Sopatro eiusdem rei nomen, *bring the same charge against Sopater:* cur tibi nomen non deferrem?—With *crimen*, *to lodge an accusation:* quod crimen, cum primum ad me delatum est: crimina in dominum delaturum se esse.—With *causam* (poet.), *to present*, *report:* si iustae defertur causa querelae, Iu. —In gen.: quae apud vos de me deferunt, *the charges they make.*—*To register*, *return*, *enter for registry* (in the public archives): horum (iudicum) nomina ad aerarium: censum Romam: in beneficiis ad aerarium delatus est, *recommended among the beneficiaries of the state:* senatūs consultum factum ad aerarium, L.: senatūs consulta in aedem Cereris, L.: alqd in censum, *to return for appraisal*, L.

dē-fervēscō, fervī and ferbuī, —, ere, *to cease raging*, *cool down*, *be allayed*, *be assuaged:* dum defervescat ira: Sperabam iam defervisse adulescentiam, T.: cum cupiditates deferbuissent: quasi deferverat oratio.

dēfessus, *adj.* [*P.* of defetiscor], *worn out*, *weary*, *exhausted:* verberando, T.: diuturnitate pugnae, Cs.: volneribus: bello, S.: cum integri defessis succederent, Cs.: Aeneadae, V.: accusatio, *effete.*

dēfetīgō, see defatigo.

dē-fetīscor, fessus, ī, *dep.*, *to become tired*, *grow weary*, *faint:* Neque defetiscar experirier, T.

dēficiō, fēcī, fectus, ere (*fut. perf.* defexit, old form. in L.—*Pass.*, usu. deficior; dēfit, T., Enn. ap. C., V.; dēfierī, T.; dēfīet, L.) [de+facio].—*Intrans.*, *to withdraw*, *revolt*, *desert*, *fall off:* civitates quae defecerant, Cs.: milites ne deficerent, S.: ab Aeduis, Cs.: a re p.: a patribus ad plebem, *to go over*, L.: ad Poenos, *desert*, L.—Of things, *to be wanting*, *be absent*, *fail*, *cease*, *disappear*, *be lost*, *run out:* non frumentum deficere poterat, Cs.: ex arboribus frons, Cs.: ne (mihi) vox viresque deficerent: non deficiente crumenā, H.: ne Deficeret navis, *be overwhelmed*, V.: quod plena luna defecisset, *was eclipsed:* ignem Deficere videbat, *dying out*, V.: quā deficit ignis, *ceases to destroy*, V.: Deficit ars, *is exhausted*, O.: nil apud me tibi defieri patiar, T.: Lac mihi non aestate novum defit, V.: nunquamne causa defiet, cur, etc.? L.—Of persons, *to fail*, *sink*, *faint*, *be insufficient*, *be missing:* quod multi Gallicis tot bellis defecerant, *had been lost*, Cs.: siquid deficias, i. e. *need aid*, T.: deficientibus animis, L.: O dubiis ne defice rebus, *fail* (me) *in perplexity*, V.—*To fail*, *be bankrupt:* Matho deficit, Iu.: te memorare, *cease*, Tb.—Fig., *to withdraw*, *depart*, *forsake*, *be parted*, *abandon*, *desert:* a virtute: si utilitas ab amicitiā defecerit.—*To fail*, *be wanting*, *fall short:* animo, *be disheartened*, Cs.: ne unā plagā acceptā patres deficerent: in limine primo, V.: illis legibus populus R. prior non deficiet, si prior defexit, etc., *prove false*, *violate*, L. (old form.): neque comminus pugnando deficiebant, Cs.—*Trans.*, *to leave*, *desert*, *fail*, *abandon* (of things): cum vires nostros deficerent, Cs.: me Leontina civitas: me vox, latera deficiant, si, etc.: cum deficit orbem (Sol), *is eclipsed*, O.: sol defectus lumine, Tb.: si quem proles defecerit omnis, i. e. *perish*, V.: cum aquilifer a viribus deficeretur, Cs.: mulier ratione deficitur: animo defici, Cu.: defecta vigore cervix, O.: nec me deficiet rogitare, etc., *nor will I fail*, Pr.

dē-fīgō, fīxī, fīxus, ere, *to fasten*, *fix*, *set*, *drive*, *set up*, *plant:* crucem ad civium supplicium defigi iubes: sudes sub aquā, Cs.: asseres in terrā defigebantur, Cs.: sicam in corpore: cultrum in corde, L.: telluri hastas, V.: terrae defigitur arbos, V.—*To fix*, *fasten*, *render immovable:* defixa caelo sidera, H.: aciem in his vestigiis, Ta.: defixa relinquit aratra, *at rest*, V.—Fig., *to fix*, *fasten*, *centre:* alqd in mentibus vestris: omnia rei p. subsidia in hoc iudicio defixa.—*To turn intently*, *fix*, *direct:* in cuius possessiones oculos: Aeneas defixus lumina, V.: in eo mentem: curas in rei p. salute: Libyae defixit lumina regnis, V.: defixi ora tenebant, *in rapt attention*, V.—*To strike motionless*, *stupefy*, *astound*, *astonish:* omnīs admiratione, L.: omnium animos, L.: silentio defixi, L.: ob metum defixus, Ta.: Defixis oculis torpet, H.—*To declare unalterably:* quae augur vitiosa defixerit.—*To bewitch*, *enchant:* nomina cerā, O.

dē-fingō, nxī, —, ere, *to disfigure*, *deface*, *muddle:* Rheni luteum caput, H.

dē-fīniō, īvī, ītus, īre, *to bound*, *set bounds to*, *limit*, *terminate*, *define:* fundi extremam partem oleae ordine: orbem terrarum (loca): huius generis orationem, *bring to an end.*—Fig., *to limit*, *define*, *explain:* genus brevi definiri potest: unum hoc definio, tantam esse, etc., *this only I declare*, etc.—*To fix*, *determine*, *establish*, *appoint:* aedīs sibi: ut suus cuique locus erat definitus, Cs.: ante quem diem iturus sit, Cs.: cum esset omnibus definita mors.—*To limit*, *bound*, *restrict*, *confine:* amicitiam paribus officiis ac voluntatibus.

dēfīnītē, *adv.* [definitus], *precisely*, *explicitly.*

dēfīnītiō, ōnis, *f.* [definio], *a limiting*, *defining*, *definition*, *explanation:* hominum et temporum: iudiciorum.

dēfīnītīvus, *adj.* [definio], *definitive*, *explanatory:* constitutio: causa.

dēfīnītus, *adj.* [*P.* of definio], *limited*, *precise*, *definite:* quaestionum (genus): locus.

(**dēfīō**), dēfit, etc., rare passive for deficior.

dēfīxus, *P.* of defigo.

dēflagrātiō, ōnis, *f.* [deflagro], *a burning up, conflagration:* futura caeli. —Fig.: deflagrationem Italiae minari, *destruction.*

dēflagrō, āvī, ātus, āre, *to burn down, be consumed by fire:* incensa domus deflagravit: aedes, L.: Fana flammā deflagrata.—Fig., *to perish, be destroyed:* communi incendio: deflagrare omnia pati, L.: in cinere deflagrati imperi.—*To burn out, be allayed, subside:* deflagrare iras vestras posse, L.

dē-flectō, flēxī, flexus, ere.—*Trans., to bend aside, turn away, divert:* tela, V.: amnīs in alium cursum: ad Romanos cursum, L.: novam viam, *to build the road in another direction*, L.—Fig., *to turn away, lead astray:* lumina, O.: principes de viā: ad verba rem, i. e. *interpret literally:* te de curriculo petitionis, *to withdraw.*—*Intrans., to turn aside, deviate, digress:* de spatio: de rectā regione: a veritate.

dē-fleō, ēvī, ētus, ēre, *to weep over, lament, deplore, bewail:* meum discessum: haec satis diu defleta sunt: Numam, O.: membra defleta, i. e. *the dead*, V.: Haec ubi deflevit, *uttered this lament*, V.

dēflexus, *P.* of deflecto.

dē-flōrēscō, ruī, —, ere, *to drop blossoms, fade, wither, decay, decline:* flos tenui carptus ungui, Ct. —Fig.: deliciae deflorescunt: cum senectā res defloruere, L.

dē-fluō, flūxī, fluxus, ere, *to flow down:* (Rhenus) in plurīs defluit partīs, Cs.: Defluit saxis umor, H.: in Tiberim Orontes, Iu. — *To glide down, slide, fall, descend:* iam ipsae defluebant coronae: pedes vestis defluxit ad imos, V.: toga defluit male laxus, *hangs carelessly*, H.: secundo amni, *to swim down*, V.: cohors relictis Ad terram defluxit equis, *dismounted*, V.: in latus a dextro armo, O.—Fig., *to flow, come, pass gradually:* a necessariis artificiis ad elegantiora: ad levīs amicitias defluxit oratio: ne quid in terram defluat, *be lost:* multaque merces tibi defluat aequo Ab Iove, *flow to thee in abundance*, H.—*To flow out, run dry:* Rusticus exspectat dum defluat amnis, H.—Fig., *to cease, vanish, pass away, disappear, be lost:* ex novem tribunis unus defluxit, *has deserted:* ubi per socordiam vires defluxere, S.: nullus defluat inde color, Tb.: Defluxit numerus Saturnius, *become obsolete*, H.: tibi vacuo exanimo, *to be forgotten*, Pr.: comae, O.

dē-fodiō, fōdī, fossus, ere, *to dig deep, dig up, make by digging:* specus, V.: terram, H. — *To bury, cover with earth:* thesaurum defossum esse sub lecto: signum in terram, L.: novaculam in comitio: alqm humo, O.: iacent defossa talenta, V.: abdita ac defossa (sc. loca), i. e. *caves*, Ta.—*To hide, conceal, cover:* defodiet (aetas) condetque nitentia, H.: Defossa in loculis sportula, Iu.

dēfore, *fut. inf.* of desum.

dēfōrmātiō, ōnis, *f.* [2 deformo], *a deforming, disfiguring, defacing:* tantae maiestatis, L.

dē-fōrmis, e, *adj.* with *comp.* [de + forma], *misshapen, deformed:* deformem esse natum.—*Formless, without shape:* animae, O.—*Unsightly, ugly, hideous, loathsome:* qui senes ac deformes erant: iumenta, Cs.: agmen, L.: harundo, V.: campus Leontinus, *desolate:* aegrimonia, H.: deformior species civitatis.—*Unbecoming, humiliating:* oratio sibi, L.: obsequium, Ta.—*Plur. n.* as *subst., disgraceful conduct:* deformia meditari, Ta.

dēfōrmitās, ātis, *f.* [deformis], *ugliness, deformity, hideousness:* insignis ad deformitatem puer: in tantā deformitate, L. — Fig., *baseness, vileness, turpitude:* animi: fugae: ludicra, i. e. *the disgrace of appearing on the stage*, Ta.

1. dē-fōrmō, āvī, ātus, āre, *to bring into shape, form, depict, describe:* quem supra deformavi.

2. dēfōrmō, āvī, ātus, āre [de + forma], *to bring out of shape, deform, disfigure, spoil, mar:* deformatus corpore: aerumnis deformatus, S.: voltum, V.: parietes deformatos reliquit.—Fig., *to mar, spoil, deteriorate, disgrace, dishonor:* homo vitiis deformatus: deformandi huius causā dicere: imago viri deformata ignominiā: victoriam clade, L.: domum, V.

dēfossus, *P.* of defodio.

dē-fraudō or **dēfrūdō**, āvī, ātus, āre, *to defraud, overreach, cheat:* insuper (me), T.: Suom genium, i. e. *by self-denial*, T.: alquem ne andabatā quidem: ne brevitas defraudasse aurīs videatur.

dē-frēnātus, *adj., unrestrained:* cursu, O.

dē-fricō, cuī, cātus, āre, *to rub off, rub down, rub hard:* dentem, O., Ct.—Fig.: sale multo Urbem, i. e. *cause to smart*, H.

dēfringō, frēgī, fractus, ere [de+frango], *to break off, break to pieces:* ex arbore plantas, V.: ramum arboris: ferrum summā ab hastā, V.

dēfrūdō, see defraudo.

dēfrutum, ī, *n.* [de+FVR-], *must boiled down*, V.

dē-fugiō, fūgī, —, ere, *to run off, flee away, make an escape:* ripa, quo sinistrum cornu defugit, L.: iniurias fortunae defugiendo relinquas, i. e. *by death.*—Fig., *to flee from, shun, avoid, escape from:* proelium, Cs.: contentiones: iudicia. —*To decline, shrink from, shun:* auctoritatem consulatūs mei: sin timore defugiant, Cs.

dēfūnctus, *P.* of defungor.

dēfundō, fūdī, fūsus, ere, *to pour down, pour*

out: odorem, V.: vinum, *to decant*, H.: pelvīs, *to empty*, Iu.—Esp., in libations: te prosequitur mero Defuso pateris, H.

dē-fungor, fūnctus, ī, *to have done with, acquit oneself of, discharge, perform, finish:* omni populari concitatione: periculis: honoribus: proelio, L.: unius poenā, L.: laboribus, H.: defuncta corpora vitā, *dead*, V.: terrā, O.: parvo victu, *to be content with*, Cu.: defunctum bello barbiton, *discharged from service*, H.: Defunctus iam sum, i. e. *out of danger*, T.: utinam hic sit modo Defunctum, *that this were the end*, T.—*To die*, Ta., Cu., O.

dēfutātus, *adj.*, *exhausted:* puella, Ct.

dē-gener, is, *adj.* [de+genus], *inferior to ancestors, degenerate:* Neoptolemum, V.: hi iam degeneres sunt, mixti, L.: dignitate formae, Ta.—*Unworthy:* patrii non degener oris, i. e. *inheriting a father's eloquence*, O.: patriae artis, O.—Fig., *unworthy, degenerate, ignoble, base:* Afer, L.: hostis: degeneres animos timor arguit, V.: voltus, Ta.: preces, Ta.: ad pericula, Ta.

dēgenerātum, ī, *n.* [*P.* of degenero], *baseness, degeneracy:* in aliis, L.

dēgenerō, āvī, ātus, āre [degener], *to be inferior to ancestors, decline, be degenerate:* a vobis: Pandione nata, degeneras! O.: Macedones in Syros degenerarunt, L.—Fig., *to fall off, decline, degenerate:* ut consuetudo eum degenerare non sineret: ab hac virtute maiorum: a gravitate paternā: a parentibus, L.: in Persarum mores, L.: ad theatrales artes, Ta.: in perpetiendis suppliciis, Ta.—Poet. with *acc.*, *to dishonor, disgrace, fall short of:* hanc (personam), O.: propinquos, Pr.: Equus degenerat palmas, i. e. *has lost the victorious spirit*, O.

dēgō, dēgī, —, ere [de+ago], of time, *to spend, pass:* cum uno aetatem, T.: inter feras aetatem: expertem sine crimine vitam, V.: otia in thalamo, Ct.: vita, quae cum virtute degatur: aetatis degendae ratio: laetus deget, *lives*, H.

dē-grandinat, *impers.*, *it stops hailing*, O.

dē-gravō, —, ātus, āre, *to weigh down, overpower, burden:* caput, O.: circumventum cornu, L.: onere degravati, Ph.—Fig., *to drag down, burden, incommode:* peritos nandi volnera degravant, L.: gremium, O.

dēgredior, gressus, ī, *dep.* [de+gradior], *to go down, march down, descend:* paulum ex eo loco, Cs.: ex arce, L.: monte, S.: in aequum, Ta.: ad pedes, *to alight, dismount*, L.

dē-grunniō, —, —, īre, *to grunt out, do his grunting*, Ph.

dē-gustō, āvī, ātus, āre, *to taste:* inde (sc. de sanguine), S.—Poet.: (lancea) summum degustat volnere corpus, i. e. *grazes*, V.—Fig., *to get as a sample, taste, try, make trial of, test:* genus hoc exercitationum: ex quā (oratione) pauca: aliquid ex eius sermone speculae, *obtain a gleam of hope:* istum convivam tuum.

de-hinc (monosyl., V., O.), *adv.*, *from this time, henceforth, hereafter, for the future:* nunc dehinc spero aeternam inter nos gratiam Fore, T.: ne exspectetis argumentum, *for the rest*, T.: Tarquinium quācunque dehinc vi possim, exsequi, L.—*Hereupon, afterwards, next, then:* Eurum vocat, dehinc talia fatur, V.: absistere bello coeperunt, H.—In enumerations, *then, next:* bellum scripturus sum, primum quia . . . dehinc quia, etc., S.: post eos . . . dehinc, S.: primum . . . dehinc, V.—*In succession:* ut speciosa dehinc miracula promat, i. e. *make impressive by proper order*, H.—*Hence, accordingly:* hic dies alios mores postulat, dehinc postulo, etc., T.

de-hīscō, —, —, ere, *to part, divide, split open, gape, yawn:* vel tellus mihi dehiscat, V.: terrae dehiscunt, V.: rimis dehiscit cumba, O.: dehiscens intervallis hostium acies, L.

dehonestāmentum, ī, *n.* [dehonesto], *that which disfigures, a blemish, disgrace, dishonor:* oris, Ta.: nullum insigne, Ta.

de-honestō, —, —, āre, *to disgrace, dishonor:* famam, L.: proavum infami operā, Ta.

de-hortor, ātus, ārī, *dep.*, *to advise to the contrary, dissuade:* me: me a vobis, *from your cause*, S.: me ne darem, T.: plura scribere me, S.

dēiciō or **dēiiciō**, iēcī, iectus, ere [de+iacio], *to throw down, hurl down, precipitate, prostrate, raze, fell, cut down, tear down, destroy:* alqm de ponte in Tiberim: alqm de saxo (Tarpeio), L.: a cervicibus iugum: se de muro, *leap*, Cs.: saxi deiectae vertice caprae, V.: se per munitiones, *leap over*, Cs.: venti a montibus se deiciunt, L.: volnerato equo deiectus, Cs.: statuas veterum hominum: naves deiciendi operis missae, *to destroy*, Cs.: monumenta regis, H.: muros, L.: ut omnes Hermae deicerentur, N.: deiectā turri, Cs.: caput uno ictu, V.; libellos, *to tear down:* sortīs, *to cast*, Cs.: deiectis lacrimis, *shed*, Pr.—Poet., with *dat.:* Gyan leto, V.—Prov.: de gradu deici (orig. of a gladiator), *to be thrown off one's balance*, i. e. *lose one's head.*—*To drive out, dislodge, expel:* nostri deiecti sunt loco, Cs.: praesidium ex saltu, Cs.: Gallorum agmen ex rupe Tarpeiā, L.: praesidium Claternā.—*To drive out, turn out of possession, eject, dispossess:* unde sis deiectus: ex eo loco.—*Pass.:* deici, *to be driven out of* one's *course:* naves ad inferiorem partem insulae, Cs.: classis tempestate vexata ad Belearīs insulas deicitur, L.—*To lay low, strike down, kill, slay, slaughter:* paucis deiectis, Cs.: quem telo primum Deicis? V.: (viperam) Deice, *crush*, V.: super iuvencum stabat deiectum leo, Ph.—*To lower, let fall, de-*

press: in pectora mentum, O.—Fig., *to cast down:* oculos: voltum, V.: deiectus oculos, *with downcast eyes*, V.: Deiecto in humum voltu, O.—*To remove, avert, divert, turn away, repel:* hunc metum Siciliae damnatione istius: oculos a re p.: quantum mali de humanā condicione: vitia a se ratione: eum de sententiā.—*To prevent from obtaining, deprive, rob of:* de possessione imperi vos, L.: principatu, Cs.: eā spe, Cs.: deiecta coniuge tanto, V.: uxore deiectā (sc. coniugio), Ta.: hoc deiecto, *after his fall*, N.—In elections, *to defeat, disappoint, prevent the choice of:* me aedilitate: eiusdem pecuniā de honore deici: civis optimus praeturā deiectus: deiectis honore per coitionem, L.

dēiectiō, ōnis, *f.* [deicio].—In law, *an ejection, dispossession:* deiectionem facere.

1. dēiectus, *adj.* [*P.* of deicio], *thrown down; hence*, of places, *low, sunken, depressed:* loca, Cs.—Fig., *cast down, dejected, dispirited:* haud deiectus, V.

2. dēiectus, ūs, *m.* [deicio], *a throwing down, felling, fall:* arborum, L.: gravis undarum, O.—*A declivity, descent:* collis, Cs.—*Plur.:* collis deiectūs habebat, Cs.

dēierō (not -iūrō), āvī, ātus, āre [*dēierus; de + iūs], *to take an oath, swear:* persancte, T.: neminem tradidisse, etc., N.

dēiiciō, see dēiciō. **dein**, see deinde.

deinceps (disyl., H.), *adv.* [dein + CAP-].—In space, *one after another, in order, in succession:* cum deinceps ex primis versuum litteris aliquid conectitur: prima Curene est, ac deinceps duae Syrtes, S.: tres deinceps turres prociderunt, L.—In time, *one after another, successively, in immediate succession:* duo deinceps reges civitatem auxerunt, L.: ut deinceps qui accubarent canerent, etc.: ut alios alii deinceps exciperent, Cs.: Redde quae deinceps risisti, H.: deinceps fuit annus, quo, etc., *the very next.*—In order, *in regular order, continuously, without interruption:* de iustitiā dictum est: deinceps de beneficentiā dicatur: annales Enni ut deinceps legi possint: caedem tyranni ostendit, i. e. *goes on to relate*, L.: prima causa dicta . . . deinceps inde multae.—In an enumeration, *next, next in order:* primum est officium, ut, etc., deinceps, ut, etc.: principes parentes . . . proximi liberi . . . deinceps propinqui: qui primus eorum, qui secundus, qui deinceps moriturus esset: tum deinceps, L.: postea deinceps, L.

deinde (in poetry two syll.), or **dein** (in poetry one syll.), *adv.* [de + *locat.* suffix -im + *demonstr.* -de].—In space, *then, next, thereafter, thence:* via interest perangusta, deinde paulo latior patescit campus, L.: duo binis pedibus incisim, dein membratim, etc.: iuxta Hermanduros Narisci, ac deinde Marcomanni, Ta.—In time, *thereafter, afterwards, then, next, immediately:* complurīs occiderunt, deinde se in castra receperunt, Cs.: latae deinde leges, L.: alia deinde alia loca petere, *roam from place to place*, S.: unguibus et pugnis, dein fustibus, Pugnabant, H.: deinde faciundi licentia, *of repeating the offence*, S.: primum suo, deinde omnium ex conspectu remotis equis, Cs.: . . . deinde . . . deinde . . . post . . . tum vero: deinde postea: post deinde, T.: deinde postremo: deinde ad extremum.—Of future time, *next, the next time, then:* quas ad te deinde litteras mittemus: Quae nunc deinde mora est? *any longer*, V.—Adding a new fact or argument, *afterwards, next in order, then, besides, also:* deinde etiam vereor, ne, etc.: primum . . . deinde (three times): primum . . . deinde (eight times) . . . postremo, C.: excellente tum Crasso, deinde Philippo, post Iulio, *in the second rank.*—*Then, therefore, naturally, of course:* qualis nostra virtus fuerit, talem deinde fortunam urbis fore, L.

dē-lābor, lapsus, ī, *dep.*, *to fall, sink, slip down, glide down, descend:* in mare (flumen), H.: medios delapsus in hostīs, V.: gradibus, *by the steps*, O.: signum de caelo delapsum: de manibus civium delapsa arma: ex equo, L.: ab astris, V.: per auras, O.: caelo, V.: Olympo, O.: capiti (i. e. de capite), V.: flumen in mare, H.—Fig., *to come down, sink, descend, fall, slide, stoop, condescend:* a sapientium familiaritatibus ad volgarīs amicitias oratio delabitur: eo, ut diceret, etc.: ad aequitatem, *incline:* in idem genus morbi: in hoc vitium: eo magis delabor ad Clodiam, *I incline to Clodia.*—Of sounds, *to descend, be derived:* ab his delapsa plura genera (vocum).

dē-lāmentor, —, ārī, *dep.*, *to lament, bewail:* natam ademptam, O.

dēlapsus, *P.* of delabor.

dē-lassō, —, —, āre, *to wear out, tire:* Fabium, H.

dēlātiō, ōnis, *f.* [de + TAL-], *an accusation, denunciation:* nominis, *an indictment:* ne haec mihi delatio detur: socius delationis, Ta.

dēlātor, ōris, *m.* [de + TAL-], *an informer, denouncer:* criminum, L.: amici, Iu.: cum plena litora multo Delatore forent, Iu.: maiestatis, *of high-treason*, Ta.

dēlātus, *P.* of defero.

dēlectābilis, e, *adj.* [delecto], *delightful, agreeable:* cibus, Ta.

dēlectāmentum, ī, *n.* [delecto], *a delight, amusement, sport:* sibi me pro delectamento putat, T.: delectamenta puerorum.

dēlectātiō, ōnis, *f.* [delecto], *a delighting, delight, pleasure, amusement, satisfaction:* nulla alia,

T.: oculorum: ridendi: conviviorum: mira in cognoscendo: suae delectationis causā.

dēlectō, āvī, ātus, āre, *intens.* [de+lacio], *to allure, attract, delight, charm, please, entertain, interest:* haec studia delectant domi: volunt delectare poetae, H.: me: delectari multis rebus: imperio, Cs.: criminibus inferendis: iambis, H.: herba spe delectat agrestīs, O.: ab eo delectari facilius quam decipi: in hoc delector, quod, etc.: me magis de Dionysio delectat: quam delectabat eum defectiones solis praedicere: Aedificare casas Si quem delectet, H.: Vir bonus dici delector, H.

1. dēlēctus, *adj.* [*P.* of 1 deligo], *picked, choice, select, chosen:* legio, Cs.: iuventus, V.: equites, S.: cum delectis tentare omnia, *picked men*, S.

2. dēlēctus, ūs, *m.*, see dilectus.

dēlēgātiō, ōnis, *f.* [delego], *an assignment* (of debt), *substitution:* a mancipe.

1. dē-lēgō, āvī, ātus, āre, *to send away, despatch:* Pleminium in Tullianum ex senatūs consulto, L.: studiosos Catonis ad illud volumen, *refer*, N.—*To commit, give in charge, confide:* nec ancillis delegantur (infantes), Ta.—*To assign, transfer, refer:* (rem) ad senatum, *to refer*, L.: delegato triumviris ministerio, Ta.: obsidione delegatā in curam collegae, L.: Quinto delegabo, si quid aeri meo alieno superabit.—Fig., *to attribute, impute, ascribe:* hoc crimen optimis nominibus: omne rei gestae decus ad Volumnium, L.

2. dēlegō, see deligo.

dēlēnīmentum, ī, *n.* [delenio], *a blandishment, allurement:* animis obicere, L.: delenimenta vitiorum, i. e. *effeminate luxuries*, Ta.

dē-lēniō, īvī, ītus, īre, *to soothe, soften, charm, captivate, entice, cajole, fascinate:* se donis: milites blande appellando: Midan carmine, O.: instrumento voluptatum militum animos, L.: dolentem, H.: dolorem remediis, Ph.

dēlēnītor, ōris, *m.* [delenio], *a soother, charmer:* cuius (iudicis) orator.

dēleō, ēvī (dēlērat, C.; dēlēsset, L.), ētus, ēre [de+LI-], *to erase, efface, obliterate, blot out:* epistulas: cum tabulas prehendisset, digito legata delevit: Non delenda carmina, H.: tabellas, O.: tabulas, Iu.—In gen., *to abolish, destroy, annihilate, overthrow, raze, extinguish:* urbīs: ante Carthaginem deletam, S.: Volscum nomen, L.: sepulcrum: dispersis ac pene deletis hostibus, Cs.: copias multis proeliis: homines morte deletos: Curionem: toto animante deleto.—Fig., *to finish, put an end to, extinguish, abolish, annul:* bella: decreta: ad delendam priorem ignominiam, L.: morte omnia deleri: omnis improbitas delenda: operis famam, O.: leges una rogatione.—*To blot out, obliterate, efface:* memoriam discordiarum oblivione: suspicionem ex animo: turpitudinem fugae virtute, Cs.

dēlētrīx, īcis, *f.* [deleo], *a destroyer:* imperi.

dēlīberābundus, *adj.* [delibero], *pondering, reflecting:* velut deliberabundus, *in a brown study*, L.

dēlīberātiō, ōnis, *f.* [delibero], *a deliberation, consultation, consideration:* de re p.: haec deliberatio, quemnam, etc.: habet res deliberationem, *needs consideration:* consili capiendi, *upon the measure to be adopted:* fuerit ista eius deliberatio, *for him to consider*, L.: disceptationes deliberationum, i. e. *in deliberative assemblies.*

dēlīberātīvus, *adj.* [delibero], *deliberative:* genus (rerum), *subjects requiring deliberation:* causa.

dēlīberātor, ōris, *m.* [delibero], *one who ponders, a delayer:* ille, *that man of hesitation.*

dēlīberātus, *adj.* with *comp.* [*P.* of delibero], *resolved upon, determined:* Deliberatā morte ferocior, H.: neque illi quicquam deliberatius fuit quam, etc.

dē-līberō, āvī, ātum, āre [de+libra], *to weigh well, consider maturely, deliberate, ponder, meditate, take counsel, consult, advise upon:* re deliberatā, Cs.: hoc, T.: de summā rerum, Cs.: de bello: quid intersit suā: amplius deliberandum censeo, T.: diem ad deliberandum sumere, Cs.: cum cupiditate, *take counsel of:* deliberant, dum fingere nesciunt, Ta.: deliberatur, incendi placeret an defendi, Cs.: neque maneatis aut abeatis deliberari potest, i. e. *there can be no hesitation*, L.—*To consult* (an oracle): Delphos deliberatum missi, N.: deliberantibus Pythia respondit, N.—*To resolve, determine:* certe statuerat ac deliberaverat non adesse: si iam tibi deliberatum est quibus, etc.: sic habuisti cum animo deliberatum, reicere, etc.

dē-lībō, āvī, ātus, āre, *to take, enjoy, pluck, gather:* flos delibatus populi, *the picked flower:* omnīs undique flosculos, *cull:* novum honorem, L.: oscula, V.: artīs, O.—*To take away, detract, subtract, remove:* de laude hominis quicquam: alqd de honestate.

dē-librō, —, ātus, āre [de+4 liber], *to take off the rind, bark, peel:* (arborum) delibratis cacuminibus, Cs.

dēlibūtus, *adj.* [de+LI-], *anointed, besmeared, stained, defiled:* medicamentis: capillus: atro cruore, H.—Fig.: gaudio, *unctuous with joy*, T.

dēlicātē, *adv.* [delicatus], *delicately, elegantly, luxuriously:* vivere: recubans: odiosa multa fecit, N.

dēlicātus, *adj.* with *comp.* and *sup.* [*P.* of *dēlicō, to clear up], *alluring, charming, pleasing, delightful, luxurious, voluptuous:* in illo delicatissimo litore: hortuli, Ph.: puerorum comitatus: delicatiores in cantu flexiones: puella delicatior haedo, *softer*, Ct. — *Given to pleasure*, *luxurious*, *effeminate:* pueri: iuventus: capella, Ct.—*Nice*, *squeamish:* tam, quam iste: fastidium.

dēliciae, ārum, *f.* [de+1 LAC-], *a delight*, *pleasure*, *charm*, *allurement*, *luxury*, *voluptuousness:* deliciarum causā: deliciis diffluentes: longissime a talibus deliciis abesse: amores et hae deliciae quae vocantur, *pleasures:* muliebres, Ta.: educationis, *tenderness*, Ta.: tibi in deliciis fuit, *a favorite:* in deliciis viperam illam habere: non talium animus deliciarum egens, H.: Nec tibi deliciae faciles contingent, *no cheap boon*, O. — *A favorite*, *delight*, *darling*, *sweetheart*, *beloved:* vestrae, Antonius: Volcatius, tuae tuorumque deliciae: Corydon ardebat Alexim, Delicias domini, V.: delicias hominis, *a precious fellow!* Iu.

dēliciolae, ārum, *f. dim.* [deliciae], *a darling:* nostrae, Tulliola.

dēlicium, ī, *n.* [de+1 LAC-], *a sweetheart*, Ph.

dēlīctum, ī, *n.* [de+LIC-], *a fault*, *offence*, *trespass*, *crime*, *transgression*, *wrong*, *defect:* delictum admisisse in me, T.: maiore commisso delicto, Cs.: leve: leviora, Ta.: distinctio poenarum ex delicto, Ta.: quo delictum maius est, eo poena est tardior: delicti conscientiā, S.: animus delicto obnoxius, S.: defendere delictum, H.: quibus (delictis) ignovisse velimus, H.: sua, O.

1. dēligō, lēgī, lēctus, ere [de+1 lego], *to choose*, *pick out*, *select*, *elect*, *designate*, *single out:* ad eas res conficiendas deligi, Cs.: quos Romae relinqueres: ex civitate fortissimum quemque: ex legionibus fabros, Cs.: delecti Latio, V.: melimela Ad lunam delecta, H.: ordine ab omni Centum oratores, V.: sibi domicilio locum, Cs.: alqm socium sibi imperi, L.: Vertumnum socium, O.—*To pick out*, *separate*, *remove:* senes ac fessas aequore matres, V.

2. dē-ligō, āvī, ātus, āre, *to bind together*, *tie up*, *bind fast*, *fetter*, *make fast:* hominem deligari iubet: naviculam ad ripam, Cs.: epistulam ad amentum, Cs.: deligati ad palum iuvenes, L.

(dē-linō), —, litus, ere, *to rub off*, *remove:* ex quā (columnā) tectorium delitum sit.

dē-linquō, līquī, līctus, ere, *to fail*, *be wanting*, *fall short*, *trespass*, *err*, *commit a fault*, *do wrong*, *transgress*, *offend:* quod populi adversus P. R. deliquerunt, L. (old formula): ut condemnaretur filius si pater deliquisset?: quid tanto opere deliqui?: in vitā: si quid: iracundiā, S.: per ambitionem, S.: paulum, H.: ut nihil a me delictum putem: maiora, quam quibus ignosci posset, L.: flagitia, quae duo deliquerant, Ta.

de-liquēscō, licuī, —, ere, *to melt away*, *dissolve*, *melt:* Hyrie flendo delicuit, O.—Fig.: qui nec alacritate futtili gestiens deliquescat.

dēlīrātiō, ōnis, *f.* [deliro], *giddiness*, *silliness*, *folly*, *dotage*, *madness:* incredibilis.

dēlīrō, —, —, āre [delirus], *to be crazy*, *be deranged*, *be silly*, *dote*, *rave:* decipi tam dedecet quam delirare: timore, T.: in extis totam Etruriam delirare: Stertinium deliret acumen, H.: quicquid delirant reges, *whatever folly the kings commit*, H.

dēlīrus, *adj.* [de+lira], *silly*, *doting*, *crazy:* senex: anus: mater, H.

dēlitēscō, see dēlitīscō.

dē-lītigō, —, —, āre, *to scold*, *rail:* tumido ore, H.

dēlitīscō (-ēscō), tuī, —, ere [de+latesco], *to hide away*, *conceal oneself*, *lie hid*, *lurk:* bestiae ut in cubilibus delitiscant: hostes noctu in silvis, Cs.: silvā, O.: ut eo mitteret amicos, qui delitiscerent.—*To skulk*, *seek shelter:* in istā calumniā: verbum unum, ubi delitiscam.

dēlitus, *P.* of delino.

delphīnus, ī (C., H., Iu.), or (poet.) **delphīn**, īnis (V., O., Pr.), *m.*, *a dolphin.*—*The Dolphin*, a constellation, O.

dēlūbrum, ī, *n.* [de+3 LV-], *a place of cleansing*, *temple*, *shrine*, *sanctuary:* audita ex delubro vox, L.: delubrum eius in oppido dedicaverunt: ex alto delubri culmine, V.: deorum delubra.

dē-lūdō, sī, sus, ere, *to play false*, *mock*, *deceive*, *make sport of*, *delude:* in hac re me deludier, T.: deludi vosmet a tribuno patiemini?: dolis me, T.: animum responso, V.: quā (linguā) sum delusa, O.: quae sopitos deludunt somnia sensūs, V.: quem spes delusit, Ph.

dēlumbō, —, —, āre [de+lumbus], *to enervate*, *weaken:* sententias.

dēlūsus, *P.* of deludo.

de-madēscō, maduī, —, ere, *to become wet*, *be moistened*, O.

dē-mandō, āvī, ātus, āre, *to give in charge*, *intrust*, *commit:* pueri unius curae demandabantur, L.: curam (sauciorum) legatis, L.

dē-mānō, —, —, āre, *to flow down*, *glide down*, Ct.

dē-mēns, entis, *adj.* with *comp.* and *sup.*, *out of one's senses*, *insane*, *demented*, *mad*, *raving*, *foolish*, *distracted:* Adeon est demens? T.: num quis est igitur tam demens, qui, etc.: quid est enim dementius, quam, etc.?: Athamante dementior: demens Iudicio volgi, sanus tuo, H.: in tranquillo tempestatem adversam optare dementis est: non tacui demens, V.: omnia demens Credis, *foolishly*, O.: manus, Tb. — *Distracting*, *wild*, *foolish*, *reck-*

less: discordia, V.: strepitus, H.: ruinae, H.: ratio, N.: causa sui dementissimi consili.

dēmēnsum, ī, *n.* [demensus], *an allowance, ration* (of slaves), T.

dēmēnsus, *P.* of demetior.

dēmenter, *adv.* [demens], *foolishly, madly:* res tam dementer credita: amoribus uti, O.

dēmentia, ae, *f.* [demens], *insanity, madness, distraction, folly:* ut est Dementia, *so mad is he*, T.: O hanc dementiam, T.: exspectare . . . summae dementiae esse iudicabat, Cs.: per dementiam cuncta agere, S.: quae te dementia cepit? V.: solve me dementiā, H.: eius dementias contemnere, *follies.*

dē-mereō, uī, —, ēre, *to deserve well of:* Crimine te meo, O.

dē-mereor, itus, ērī, *dep.*, *to deserve well of, lay under obligation:* beneficio civitatem, L.: dum demeremur, *while we try to oblige*, Ta.

dē-mergō, sī, sus, ere, *to sink, submerge, plunge, dip, immerse, bury:* caput: demersis rostris, V.: in Tusci demersus fluminis undis, O.: naves, L.: orbes (of the sun), i. e. *to set*, O.: dapes in alvum, O.—Fig., *to plunge, cast down, lower, overwhelm:* animus caelestis quasi demersus in terram: quem extulerat, demergere est adorta (fortuna), N.: patriam demersam extuli: demersae leges alicuius opibus: plebs aere alieno demersa, L.: domus ob lucrum Demersa exitio, H.

dēmersus, *P.* of demergo.

dēmessus, *P.* of demeto.

(**dē-mētior**), mēnsus, īrī, *dep.*, *to measure off, measure out.*—Only *P. perf.:* verba verbis quasi demensa.

dē-metō, messuī, messus, ere, *to mow, reap, cut off, gather, crop, harvest:* tempora demetendis fructibus accommodata: demesso frumento, Cs.: alienos agros: pollice florem, *to pluck*, V.: huic ense caput, *to behead*, O.

dē-mētor, see dī-mētor.

dēmigrātiō, ōnis, *f.* [demigro], *an emigration*, N.

dē-migrō, āvī, ātus, āre, *to migrate, emigrate, move, depart, remove, go away:* ex his aedificiis, Cs.: in urbem ex agris, L.: in alias terras: ad Marcellum: aliquo: hinc, i. e. *to die:* demigrandi causā, Cs.: ex hominum vitā ad deorum religionem.—Fig., *to remove, be driven:* de meo statu: strumae ab ore improbo demigrarunt.

dē-minuō, uī, ūtus, ere, *to make smaller, lessen, diminish:* deminutae copiae, Cs.: militum vires inopia frumenti deminuerat, Cs.: de bonis, i. e. *to alienate in part:* praedia.—Fig., *to take away, abate, lessen, reduce, remit, impair:* de huius praesidiis: ne quid de legibus eorum, Cs.: de suā in Aeduos benevolentiā, Cs.: quicquam ex regiā potestate, L.: alicui timor studia deminuit, Cs.: partem aliquam iuris: nihil eius (maiestatis), L.: imperium populi R.—With *capite, to deprive of citizenship:* mulier, quae se capite numquam deminuit, i. e. *by marriage:* deminuti capite, *enslaved*, L.

dēminūtiō (dīm-), ōnis, *f.* [deminuo], *a diminution, decrease, lessening, abatement:* luminis: civium: vectigalium: de bonis privatorum: provinciae, *of the term of office.*—In law: datio deminutio, *the right of alienation, right to convey* (all or part of an estate), L.—Fig.: libertatis vestrae, *an encroachment upon:* sui, *a sacrifice of dignity*, Ta.—Esp., in the phrase, capitis deminutio, *the loss of civil rights, forfeiture of freedom, civil death*, Cs.

dē-mīror, —, ārī, *dep.*, *to wonder, be amazed:* (haec vos) sperasse me consule adsequi posse demiror: hoc, qui potueris, etc., *I cannot imagine*, T.: Quid sit, etc., T.: cur, etc.

dēmīssē, *adv.* with *comp.* and *sup.* [demissus], *low:* demissius volabat, O.—Fig., *humbly, modestly, abjectly, meanly:* sentire: haec demississime exponit, Cs.

dēmīssiō, ōnis, *f.* [demitto], *a letting down, sinking, lowering:* storiarum, Cs.—Fig., *dejection:* animi.

dēmīssus, *adj.* with *comp.* [*P.* of demitto].—Of places, *lowered, sunken, low-lying, low:* loca, Cs.—*Drooping, falling, hanging down, low:* Demissis umeris esse, T.: labia, T.: si demissior ibis, *fly too low*, O.: demisso capite: demisso voltu, S.: demisso crine, O.: Dido voltum demissa, V.—Fig., *downcast, dejected, dispirited, low:* animus: demissā voce loqui, V.: nihilo demissiore animo, L.: videsne illum demissum?—*Lowly, humble, unassuming, shy, retiring:* multum demissus homo, H.: sit apud vos demissis hominibus perfugium.—Of style, *modest, reserved:* orator ornamentis demissior.—*Humble, poor:* qui demissi in obscuro vitam habent, S.

dē-mītigō, —, —, āre, *to make mild:* cottidie demitigamur, *grow more lenient.*

dē-mittō, mīsī, mīssus, ere, *to send down, let down, drop, lower, put down, let fall, sink:* lacrimas, *shed*, V.: ubera, *let down*, V.: ancilia caelo demissa, L.: latum clavum pectore, H.: Maiā genitum demittit ab alto, V.: ab aethere currum, O.: aurīs, H.: crinem, O.: tunicam, H.: se ad aurem alicuius, *bend:* se ob assem, *stoop*, H.: vallis, quā se demittere rivi Adsuerant, O.: (matres) de muris per manūs demissae, *letting themselves down*, Cs.: de caelo demissus, i. e. *of heavenly origin*, L.: tum demissi populo fasces, *lowered.*—*To cast* *down, cast, throw, thrust, plunge, drive:* Demissa tempestas ab Euro, H.: per pectora tela, O.: equum in flumen: in eum locum demissus, S.: Manīs deam ad imos, V.: hostem in ovilia, H.: ferrum in ilia, O.: sublicas in terram, Cs.: huc stipites, Cs.: nummum in loculos, *to put,* H.: fessas navīs, i. e. *from the high seas,* V.: navem secundo amni Scodram, L.: puteum alte in solido, *sink,* V.: corpora Stygiae nocti, O.: aliquem Orco, V.: ferrum lacubus, O.—Of troops, *to send down, lead down:* in loca plana agmen, L.: in inferiorem campum equites, L.—With *se, to descend, march down:* cum se pars agminis in convallem demisisset, Cs.: in aequum locum sese, Cs.—Fig., *to cast down, depress, let sink, let fall:* quā se (incipit) molli iugum demittere clivo, V.: demissis in terram oculis, L.: voltum metu, O.: animos: mentes, V.: ne se admodum animo demitterent, Cs.: hoc in pectus tuum demitte, *impress,* S.: voces in pectora, L.: dicta in aurīs, V.: Segnius inritant animos demissa per aurem (i. e. in animum), *received,* H.: me penitus in causam, *to engage in:* me in res turbulentissimas, *to meddle with:* eo rem demittit, si, etc., *concedes so much.*—*P. pass., derived, sprung, descended* (poet.): ab alto Demissum genus Aeneā, H.: ab Iove gens, V.: Iulius, a magno demissum nomen Iulo, V.

dēmiūrgus, see damiurgus.

dēmō, dēmpsī, dēmptus, ere [de+emo], *to take away, take off, subtract, remove, withdraw:* haec (epistula) ad turrim adhaesit . . . dempta ad Ciceronem defertur, Cs.: semper alqd demendo: Caudae unum (pilum), H.: aurum sibi, T.: quibus ille de capite dempsisset, *had reduced the principal* (of their debt): de capite medimna DC: securīs de fascibus: partem de die, H.: fetūs ab arbore, O.: fetūs arbore, O.: illi pharetras, O.: quae dempsistis vitae tempora, O.: vires sibi, *lay aside,* O.: Deme supercilio nubem, H.: Vincla pedibus, O.—Fig., *to remove, take away:* metum omnem, T.: curas his dictis, V.: ex dignitate populi, L.: fidem, *withhold,* Ta.: ut demptum de vi magistratūs populi libertati adiceret, *what was taken away,* L.: mihi et tibi molestiam, T.: plus virium patribus, L.: silentia furto, i. e. *disclose the theft,* O.: quantum generi demas, *detract,* H.—*To count out, except:* crimina Phoci, O.: demptis corporis voluptatis, *without:* dempto auctore, *apart from,* L.: dempto fine, *without end,* O.: si demas velle iuvare deos, *except the disposition of the gods to help,* O.

dē-mōlior, ītus, īrī, *dep., to throw down, tear down, raze, demolish:* hanc (domum): statuas: signum: tyrannidis propugnacula, N.—Fig., *to abolish, demolish, destroy:* Bacchanalia, L.: aevi prioris Robora, O.: ius, L.

dēmōlītiō, ōnis, *f.* [demolior], *a tearing down, demolishing:* ea (statuarum): signorum.

dēmōnstrātiō, ōnis, *f.* [demonstro], *a showing, pointing out, description:* gestus sententiam demonstratione declarans: conversam habere.—*An exposition, explanation:* huius generis: quem ad modum quidque fiat.—*Demonstrative oratory, eulogy.*

dēmōnstrātīvus, *adj.* [demonstro], *designating, demonstrative:* genus (orationis), *a branch of rhetoric employed in depicting a person.*

dēmōnstrātor, ōris, *m.* [demonstro], *one who points out, an indicator, guide:* unius cuiusque sepeliendi.

dē-mōnstrō, āvī, ātus, āre, *to point out, indicate, designate, show:* figuram digito: ubi habitet (mihi) demonstrarier, T.: itinera: quid ubique esset: finīs, i. e. *to deliver possession* (of land): demonstrant astra salebras, Pr.—Fig., *to designate, indicate, show, prove, demonstrate, establish:* audisti quam villam demonstravit? T.: alterius peccata: istius cupiditatem: causā illis demonstratā: earum (navium) modum formamque, Cs.: sibi nihil esse reliqui, Cs.: culpam in te fuisse: quanta praedae faciendae facultas daretur, si, etc., Cs.: quā iste oratione usus esset: verba demonstrantia ea, quae, etc., *expressing.*—*To mention, speak of, name, describe:* cum essent in quibus demonstravi angustiis, Cs.: res, quam ante demonstravi: cum esset Caesar in hibernis, ita uti supra demonstravimus, Cs.: naves, de quibus supra demonstratum est, Cs.: quem missum in Hispaniam demonstratum est, Cs.: flumen, quod esse post castra demonstratum est, Cs.

(dē-morior), mortuus, ī, *to die off, die* (out of a number): sacerdotes demortui sunt novique suffecti, L.: ex veterum numero senator: emere in demortui locum: in demortui locum censor sufficitur, L.

dē-moror, ātus, ārī, *dep., to retard, detain, delay:* vos: hoste iter demorante, Cs.: Teucros armis, *restrain from battle,* V.: fando Austros, V.: annos, i. e. *remain alive,* V.: mortalia arma, i. e. *await,* V.: nihil demoratus, Ta.

dēmortuus, *P.* of demorior.

dē-moveō, mōvī, mōtus, ēre, *to move away, put away, remove, expel, drive out:* demoveri de loco: ex possessione rem p.: hostes gradu demoti, *driven back,* L.: vestri facti praeiudicio demotus, *forced to yield,* Cs.—Fig., *to drive, repel, divert, turn away:* a meis oculis tuos, T.: aliquem de verā sententiā: ab se sceleris suspicionem: te lucro, H.—*To discharge, remove* (from office): alqm praefecturā, Ta.: Centuriones, Ta.; see also dimoveo.

dēmptus, *P.* of demo.

dēmūgītus, *adj.* [de+mugio], *bellowing, resounding with herds:* paludes, O.

dē-mulceō, —, —, ēre, *to stroke down, stroke caressingly:* tibi caput, T.: dorsum, L.

dēmum, *adv.* [de with *sup.* ending], *at length, at last, not till then, just, precisely, only:* is demum est iustus triumphus: is demum mihi vivere videtur, qui, etc., *no one but him*, S.: exsilium quantum demum a perpetuā peregrinatione differt?: sciscitando eo demum pervenit, ut, etc., L.: placidā ibi demum morte quievit, V.—With *nunc, now, now at length, at last, not till now:* nunc demum intellego: nunc demum rescribo iis litteris, quas, etc.—With *tum, then at length, then indeed, not till then:* tum demum illa omnia victa videbantur, cum, etc.: tum demum inpulsi Latini, L.: Tum demum stagna revisunt, V.: quod si convenerit, tum demum decebit, etc.—With *modo, only now, not till now:* modone id demum sensti? *Do you just begin to see?* T.—With *ibi, just there:* Ibi demum ita aegre tulit, etc., T.—With *sic, so at last, thus finally:* Sic demum socios consumptā nocte reviso, V.—With *abl.* of time, *just, not till, at last:* decimo demum pugnavimus anno, O.: quartā vix demum exponimur horā, H.: his demum exactis, V.—In assurance, *in fact, in very truth, assuredly, certainly, indeed:* ea demum firma amicitia est, S.: ea sunt enim demum non ferenda in mendacio, quae, etc.

dē-mūneror, —, ārī, *dep., to fee, bribe:* ancillas, T.

dē-murmurō, —, —, āre, *to mutter over:* carmen, O.

dēmūtātiō, ōnis, *f.* [demuto], *a degeneracy, perversion:* morum.

dē-mūtō, āvī, ātus, āre, *to change, alter:* placitum 'instituto flaminum nihil demutari,' Ta.

dēnārius (*gen. plur.* -ium; rarely -iōrum), *adj.* [deni], *containing ten each;* hence, *worth ten* (asses): nummus, *a silver coin, originally of ten, afterwards of sixteen asses* (about 8*d.*, $0.16): pendere denarios nummos quadringenos, L.—As *subst.* (sc. nummus): denarii trecenti: ad denarios L in singulos modios annona pervenerat, Cs.: ad denarium solvere, *to pay in silver:* spes denarii, *of money.*

dē-nārrō, —, —, āre, *to tell, relate, narrate:* Haec illi, T.: matri, ut, etc., H.

dē-natō, —, —, āre, *to swim down:* Tusco alveo, H.

dē-negō, āvī, ātus, āre, *to reject, refuse, deny:* denegandi pudor, T.: conloquia denegata, Cs.: mihi, *to say no:* quod antea petenti denegasset, Cs.: quod iracundiae denegavisti: honorem homini: operam rei p.: se commissurum mihi Gnatam uxorem, T.: dare, H.: deneget esse miser, Pr.: illa meam mihi se iam denegat, Pr.

dēnī, ae, a (*gen.* dēnūm, C.; dēnōrum, L.), *num. distrib., ten each, ten at a time, by tens:* uxores habent deni inter se communīs, Cs.: uxores denas habere, S.: pueri annorum septenūm denūm.—*Ten* (poet. for decem): Bis denis conscendi navibus aequor, V.: Ante quater denos annos, O.

dēnicālis, e, *adj.* [de+nex], *purifying from death:* feriae, *a service for purification, after a death in the household.*

dēnique, *adv., and thenceforward, and thereafter, at last, at length, finally, lastly, only, not until:* denique Metuebant me, T.: Metui, quid futurum denique esset, T.: post biennium denique appellas: octavo denique mense, Cs.: mortuo denique, *not till after his death.*—With *nunc, now at last, only now, not till now:* nunc denique incipiunt credere.—With *tum, then at last, only then, not till then:* tum denique nomen referemus: tum denique interficiere, cum, etc.—In enumerations, *besides, thereafter, finally, lastly, in fine:* ut nomen deferrent, ut accusatorem compararent, denique ut pugnarent: proximo, altero, denique reliquis consecutis diebus.—Followed by *postremo*, C.—In a summary or climax, *in a word, in short, in fact, briefly, to sum up, in fine, even, I may say:* Ut ad pauca redeam . . . Haec denique eius fuit oratio, T.: nobis est domi inopia, mala res . . . denique quid reliqui habemus? S.: omnia sua iura, commoda, totam denique libertatem: non curia, non domus, non denique haec sedes honoris: denique haec fuit altera persona, *in a word*, N.: Denique sit quidvis simplex, H.: vitavi denique culpam, Non laudem merui, *merely*, H.—Ironical, *in fine, forsooth, indeed:* ii denique, qui tum concursabant, Roscio obicient, etc.—Restrictive, *in fine, at least, certainly:* nostros praesidia deducturos aut denique indiligentius servaturos, Cs.: eosdem (liberos) bonā aut denique aliquā re p. perdere: Ne nummi pereant . . . aut denique fama, H.

dē-nōminō, āvī, ātus, āre, *to call, name:* (ab Lamo) Lamiae denominati, H.

dē-nōrmō, —, —, āre [de+norma], *to disfigure, make irregular:* (angulus) agellum, H.

dē-notō, āvī, ātus, āre, *to mark out, point out, specify, indicate, designate:* civīs Romanos trucidandos: Icilios denotante senatu, L.—Fig., *to take note of, mark, observe closely:* denotandis hominum palloribus, Ta.: res, quas non habeat denotatas.

dēns, dentis, *m.* [ED-], *a tooth:* dentibus in ore constructis: eorum adversi acuti . . . intimi, qui genuini vocantur, *the front teeth . . . grinders:* puer, nondum omni dente renato, Iu.: dentīs exacuit sus, *tusks*, V.: viperei, O.: eburnei, *elephants':* Indi, *the elephant's*, O.: gemmae et dentes Indi, *ivory*, O.: Libycus, *ivory*, Pr.—*A tooth, point, spike, prong, tine, fluke:* aratri, V.: perpetui (serrae),

O.: insecti pectine dentes (i.e. insectus dentibus pecten), O.: tenax (ancorae), V.: curvus Saturni, *the pruning-hook*, V.—Fig., *a tooth:* maligno dente carpunt, *of hatred:* invidus, H.: ater, H.: Theoninus, i.e. *slanderous tongue*, H.: tangere singula dente superbo, *aristocratic daintiness*, H.: dentes aevi, O.

(**dēnsē**), *adv.* [densus], *closely, in quick succession.*—Only *comp.:* idem apud alios densius: Nulla subeunt mihi tempora densius istis, O.

dēnseō, —, —, ēre [densus], *to make thick, thicken, pack, close, press:* favilla corpus in unum densetur, O.: Iuppiter Denset erant quae rara, V.: pectine opus, O.: Agmina densentur campis, V.: hastilia, *hurl a shower of*, V.: ictūs, Ta.: iuvenum densentur funera, H.: densetur caelum, *darkens*, O.

dēnsō, —, ātus, āre [densus], *to make thick, thicken, press, pack, close:* catervas, V.: densari ordines iussit, L.: scutis super capita densatis, L.: corpus in unum densatur, O.: obtentā densantur nocte tenebrae, V.: male densatus agger, L.

dēnsus, *adj.* with *comp.* and *sup.*, *thick, close, compact, dense, crowded:* silva: densiores silvae, Cs.: densissimae silvae, Cs.: densum umeris volgus, H.: litus, *sandy*, O.: caligo, V.: densissima nox, *pitch-dark*, O.: pingue, *firm*, V.: Austri, *cloudy*, V.—Poet., with *abl.*, *thickly set, covered, full:* loca silvestribus saepibus densa: specus virgis ac vimine, O.: ficus pomis, O.: trames caligine opacā, O.—In space, *thick, close, set close:* densissima castra, Cs.: apes, V.: ministri, O.: densior suboles, V.: nec scuta densi Deponunt, *when thronging*, V.—In time, *thick, frequent, continuous* (poet.): ictūs, V.: tela, V.: plagae, H.: amores, V.

dentālia, ium, *n.* [dens], *the share-beam* (of a plough), V.

dentātus, *adj.* [dens], *having teeth:* serrula: male, O.—*Polished with a tooth:* charta.

dē-nūbō, ūpsī, ūptus, ere, *to marry away, go away in marriage:* in ullos thalamos, O.—*To marry beneath one's rank:* in domum Blandi.—*Of a mock marriage:* in modum solemnium confugiorum, Ta.

dē-nūdō, āvī, ātus, āre, *to lay bare, make naked, denude, uncover:* denudatis ossibus: ne denudeter a pectore.—Fig., *to disclose, reveal, detect, betray, expose:* indicia sua, L.: mihi suum consilium, L.—*To strip, plunder:* suo (ornatu) eam (scientiam).

dēnūntiātiō, ōnis, *f.* [denuntio], *an indication, announcement, declaration, proclamation, threat:* denuntiationi parere: calamitatum: belli: testimoni, *a summons to testify:* periculi, *a menace*, Cs.: terroris, L.: senatūs, *an ordinance*, L.: Catilinae: paucorum, an universae civitatis, L.

dē-nūntiō, āvī, ātus, āre, *to announce, declare, denounce, menace, threaten, intimate, order, command:* inimicitias mihi: populo R. servitutem: ab amico timor denuntiari solet?: sese procuratorem esse: eos cavendos esse: quid de summā rei p. sentires: mihi, ut ad te scriberem: ante denuntio, abstineant, etc.: venisset, si esset denuntiatum.—In public life, *to announce, intimate, declare, pronounce, proclaim, direct, order, command:* bellum, quod denuntiatum indictumque non esset: se non neglecturum, etc., Cs.: se scire quae fierent, Cs.: populo, Aemilium pugnasse, etc., L.: Gallonio, ut excederet Gadibus, *gave orders*, Cs.: per vicos urbīsque, ut commeatūs expedirent, L.: ei senatus, ne oppugnaret, etc.: venerant denuntiatum Fabio senatūs verbis, ne, etc., L.: Gallicis populis, multitudinem suam domi contineant, L.: centurionibus exsequi, Ta.—In religion, *to portend, threaten, foretell, warn, direct:* quibus portentis magna populo R. bella denuntiabantur: Celaeno tristīs denuntiat iras, V.: a deo denuntiatum, ut exeamus e vitā.—In law, *to give formal notice:* iudici: domum, *to serve notice at the house:* testimonium eis, *summon them as witnesses:* in iudicium, *give notice to attend:* fratres saltem exhibe: 'non denuntiavi,' *I have not summoned them:* de isto fundo Caecinae, *to serve notice of an action:* in foro denuntiat fundum illum suum esse, *makes claim.*—Fig., of things, *to give notice, make known, signify, indicate:* terra adventūs hostium multis indiciis ante denuntiat: illa arma non periculum nobis denuntiant: Caeruleus (color) pluviam denuntiat, V.: hoc data arma denuntiant, Ta.

dēnuō, *adv.* [de+novo], *once more, a second time, anew, afresh, again:* Etruria rebellans, L.: Sicilia censa denuo est: recita denuo: iube mi denuo Respondeat, T.—*In turn, again* (colloq.): metuo ne denuo Miser excludar, T.

dēnus, *adj.* [for *dec-nus; cf. decem, δέκα], *the tenth:* luna, O.

de-onerō, āvī, ātus, āre, *to unload, disburden:* ex illius invidiā aliquid et in te traicere.

deorsum or **deorsus**, *adv.* [de+vorsum, vorsus].—Of motion, *downwards, down:* pondere ferri.—With *sursum, up and down:* Ne sursum deorsum cursites, T.: naturis sursum deorsum commeantibus.—Of position, *down, below:* Clivos deorsum vorsum est, *right down before you*, T.: Nostin porticum hac deorsum? T.

dēpaciscor, see depeciscor.

dē-pāscō, pāvī, pāstus, ere, *to feed down, feed off, give for food:* saltūs, O.: luxuriem segetum, V.—*To feed upon, graze, consume:* agros: (tauri) summa Lycaei, V.: saepes Hyblaeis apibus florem depasta salicti, V.—Poet.: depasta altaria, *the offerings*, V.—*To prune away, remove:* (orationis) luxuries stilo depascenda. — *To destroy, waste:* possessionem Academiae.

dē-pāscor, pāstus, ī, *dep.*, *to eat up, feed on, consume:* morsu artūs, V.: piscis Depastus vivaria, Iu.—*To waste, destroy:* artūs depascitur febris, V.

dēpeciscor, pectus, or **dē-paciscor**, pactus, ī, *dep.*, *to bargain for, agree upon:* tria praedia sibi: cum illo partem suam.—*To make an agreement:* cum eis, ut, etc.: ad condicionem eius, *assent.*—F i g., *to bargain, make a bargain:* depecisci morte cupio, i. e. *am content to die*, T.: cur non honestissimo (periculo) depecisci velim?

dē-pectō, —, pēxus, ere, *to comb off, comb down, comb:* crinīs buxo, O.: depexus crinibus, O.: vellera foliis, V.—*To comb down, flog, curry* (colloq.), T.

dēpectus, *P.* of depeciscor.

dēpeculātor, ōris, *m.* [depeculor], *a plunderer, embezzler:* aerari: suus (i. e. eorum).

dēpecūlor, ātus, ārī [cf. peculium], *to despoil, plunder, strip:* delubra: Apollonium argento.—*To embezzle, acquire by fraud:* laudem familiae.

dē-pellō, pulī, pulsus, ere, *to drive out, drive away, remove, expel, put out, put off, turn aside:* venientem in forum virum vi: de Falerno Anseres: eum de provinciā, N.: alqm urbe, *to banish*, Ta.: ab aris et focis ferrum flammamque: tantam molem a cervicibus nostris: frenum ore, H.: tela, *avert:* depulerant Aurorae lumina noctem, O.: quo solemus ovium depellere fetūs, *to drive down*, V.—In war, *to drive out, expel, dislodge:* defensores vallo, Cs.: inde vi depelli, S.: ex his regionibus praesidia, N. — *To thrust out, remove, displace:* principes depulsi loco: iterum ab eodem gradu depulsus est, N.—*To wean:* a lacte agnos, V.: depulsi haedi, V.: lacte depulsus leo, H.—F i g., *to avert, put away, drive off, remove:* cibo fames depulsa est: frigus, H.: morbos, Cs.: pestem augurio, V.: mortem fratri, O.: ab se mortem opinione mortis: ratibus taedas, V.: curas vino, Tb.: crimen: auditiones falsas, Ta.—*To depose, remove:* alqm tribunatu: alqm senatu, Ta.: alqm de provinciā, N.—*To deter, divert, dissuade, drive, force:* alqm de susceptā causā: de spe depulsus: magnā spe depulsus, L.: sibi turpitudinem: te ex illā ratione esse depulsum: Caesar a superioribus consiliis depulsus, Cs.: aliquam recto cursu, H.

dē-pendeō, —, —, ēre, *to hang from, hang on, hang down:* ex umeris nodo dependet amictus, V.: galea ramis, V.: serta tectis, O.: laqueo, L.: Licia dependent, O. — F i g., *to be dependent on, wait for:* Dependet fides a veniente die, O.—*To depend, be derived:* 'augurium' dependet origine verbi, O.

dē-pendō, dī, —, ere, *to pay:* dependendum tibi est, quod mihi spopondisti. — F i g., *to pay, render:* rei p. poenas.

dē-perdō, didī, ditus, ere, *to destroy, ruin:* sutor inopiā deperditus, i. e. *impoverished*, Ph.: deperditus alquā, *desperately in love with*, Pr.: in alquā, Ct.: fletu, *exhausted*, Ct. — *To lose:* bona, honestatem: tantum eius opinionis, Cs.: usum linguae, O.: alquid de libertate: alquid Summā, H.

dē-pereō, iī, itūrus, īre, *to go to ruin, perish, die, be lost, be undone:* tempestate deperierant naves, Cs.: exercitūs magna pars, Cs.: qui deperiit minor uno mense, H.: gens hominum vitio deperitura fuit, O.—*To be desperately in love:* amore mulierculae, L.: hanc, T.: alqm amore, Ct.

dēpēxus, *P.* of depecto.

dēpīctus, *P.* of depingo.

dē-pīngō, pinxī, pīctus, ere, *to depict, portray, paint, draw:* pugnam, N.—F i g., *to portray, represent, describe, imagine, conceive:* probe horum facta, T.: vitam huiusce: minuta quaedam nimiumque depicta, *too elaborately defined:* quidvis cogitatione, i. e. *to imagine.*

dē-plangō, nxī, —, ere, *to bewail, lament* (by beating the breast, etc.): palmis Deplanxere domum, O.: deplangitur Ardea pennis, O.

de-plōrō, āvī, ātus, āre, *to weep bitterly, moan, wail, lament, complain:* lamentabili voce: de isdem rebus esse dolentius deplorandum.—With *acc.*, *to bewail, lament, deplore:* ad saxa haec: damnationem illam: domum incensam: deplorati publico luctu, L.: quae de altero deplorentur: multa de Gnaeo. — *To give up for lost, abandon, resign:* suam quisque spem, L.: deploratur in perpetuum libertas, L.: vota (coloni), O.

dē-pluō, uī, —, ere, *to rain down:* Multus ut in terras deplueret lapis, Tb.

dē-pōnō, posuī (-posīvī, Ct.), positus, ere, *to lay away, put aside, set down, lay, place, set, deposit:* lecticā paulisper depositā: corpora sub ramis arboris, V.: mentum in gremiis mimarum: onera iumentis, Cs.: depositis armis, Cs.: arma umeris, V.: anulos, L.: argenti pondus defossā terrā, H.: plantas sulcis, V.: Onus naturae, i. e. *to give birth to*, Ph.—*To lay, wager, stake, bet:* vitulam, V.—*To lay up, lay aside, put by, deposit, give in charge, commit, confide, intrust:* gladium apud te: tabulas apud Pompeium, Cs.: (pecunias) in publicā fide, L.: liberos in silvis, Cs.: HS LX in publico, Cs.: saucios, Cs.—*P. pass.:* depositus, *laid down, despaired of, given up, dead* (because the recently dead were laid on the ground): Iam prope depositus, certe iam frigidus, i. e. *dead*, O.: Depositum me flere, O.: parens, V.: rei p. pars.—F i g., *to lay down, lay aside, put away, give up, resign, get rid of:* studia de manibus: ex memoriā insidias: personam accusatoris: certamina, L.: bellum, O.:

timorem: imperium, Cs.: provinciam: nomen, O.: sitim in undā, *quench*, O.: prius animam quam odium, i. e. *to die*, N.: clavum, *to lose the rank of senator*, H.—*To deposit, intrust, commit:* populi ius in vestrā fide: quae rimosā deponuntur in aure, H.: aliquid tutis auribus, H.—*To fix, direct:* in Damalin oculos, H.

dēpopulātiō, ōnis, *f.* [depopulor], *a laying waste, marauding, pillaging:* agrorum: aedium: ad depopulationem profecti, L.: iter Antoniorum quid habuit nisi depopulationes?

dēpopulātor, ōris, *m.* [depopulor], *a marauder, pillager:* fori.

dē-populor, ātus, ārī, *dep.*, *to lay waste, ravage, plunder, pillage:* Ambiorigis finīs, Cs.: agros, L.: extrema agri Romani, L.: domos, fana: omne mortalium genus (of pestilence), Ta.—*P. pass.:* depopulatis agris, *laid waste*, Cs.: regiones, L.—*To waste, destroy* (poet.): Cerealia dona, O.

dē-portō, āvī, ātus, āre, *to carry down, carry off, take away:* frumentum in castra, Cs.: ex Siciliā litteras in Verrem: ossa eius ad matrem, N.: partem exercitūs eo, Cs.: omnem exercitum ex Hispaniā, *evacuate*, L.—*To transport, banish for life, exile:* in insulam deportari, Ta.: Italiā, Ta.—Of magistrates quitting a province, *to bring home, take along, carry away:* signa ex urbibus: victorem exercitum: nihil domum.—Fig., *to carry off, bring home, bring away, derive, acquire:* triumphum tertium: crimen Romam ex provinciā: ex Asiā dedecus.

dē-poscō, poposcī, —, ere, *to demand, require, request earnestly, call for:* unum ad id bellum imperatorem deposci: imperatorem Caesarem: sibi navīs, Cs.: pericula, Ta.: sicut semper depoposcimus, Cs.: omnibus pollicitationibus deposcunt, qui belli initium faciant, Cs.—*To demand, request, claim* (a duty or office): sibi id muneris, Cs.: tibi partīs istas: sibi procurationem incendendae urbis.—*To demand* (for punishment): aliquem ad mortem, Cs.: alqm morti, Ta.: Pompeium interficiendum: auctorem culpae, L.: ausum Talia, O.: altera me deposcere putabatur, *to demand my death.*—*To call out, challenge:* Volscos sibi, L.

dēpositum, ī, *n.* [depositus], *a deposit, trust, bailment:* reddere depositum.—Poet.: arva iussit Fallere depositum, i. e. *fail of a harvest*, O.

dēpositus, *P.* of depono.

dēpraendō, see deprehendo.

dēprāvāte, *adv.*, *corruptly, perversely:* iudicare.

dēprāvātiō, ōnis, *f.* [depravo], *a distortion:* quaedam (membrorum): oris.—Fig., *a perversion, corruption, vitiation:* animi: consuetudinum: nostra, *perversity.*

dēprāvō, —, ātus, āre [de+pravus], *to distort, disfigure:* quaedam contra naturam depravata.—Fig., *to pervert, seduce, corrupt, deprave, spoil:* nil est Quin male narrando possit depravarier, T.: ut ea quae conrigere volt, depravare videatur: (Campanos) nimiae rerum omnium copiae depravabant: depravatus Pompeius invidiā, Cs.: magna pars gratiā depravata, S.: plebem consiliis, L.: solent domestici depravare.

dēprecābundus, *adj.* [deprecor], *earnestly entreating*, Ta.

dēprecātiō, ōnis, *f.* [deprecor], *an averting by prayer, appeal, intercession, plea, apology:* periculi: quae deprecatio est ei reliqua, qui, etc.: aequitatis, *on the ground of:* pro illis, Cu.: deprecatione deorum commoveri, *the sanction of an oath:* adgrediar ad crimen cum illā deprecatione, sic ut, etc.—In rhetoric, *a deprecation, deferential remonstrance.*

dēprecātor, ōris, *m.* [deprecor], *an averter, intercessor:* miseriarum: pro illius periculo.—*An advocate, mediator:* sui: apud consulem deprecator vobis adero, L.: salutis meae: ut eo deprecatore a Sequanis impetrarent, Cs.: uti deprecatoribus Remis, Cs.

dē-precor, ātus, ārī, *dep.*, *to avert by prayer, deprecate, plead against, beg to escape, seek to avoid:* ullam ab sese calamitatem: a me patriae querimoniam: nullum genus supplici: mortem, Cs.: inimici imperium, S.: sui periculi deprecandi facultas, Cs.: ignominiam, L.: primum deprecor, ne me, etc.: unum, ne se armis despoliaret, Cs.: non deprecor, quin, etc., Ct.: illam, i. e. *curse*, Ct.—*To pray, plead with, apply to, solicit, offer a plea:* quem deprecarere?: patres, ne festinarent decernere, L.: errasse regem deprecati sunt, *plead in excuse*, S.: pro filio patres deprecamur: neque illum se deprecari, quo minus pergat, L.: roget, deprecetur: merui, nec deprecor, inquit, V.—*Supin. acc.:* ad me deprecatum venire.—*To pray for, intercede in behalf of:* multorum vitam a Sullā: quos ad pacem deprecandam miserat: me a vobis.

dē-prehendō or **dēprēndō (-praendō)**, dī, sus, ere, *to take away, seize upon, catch, snatch:* deprehensus ex itinere Magius, Cs.: comitatūs in ponte, S.: litterae deprehensae, *intercepted*, L.: navīs, *to seize*, Cs.: Argolico mari deprensus, i. e. *storm-stayed*, V.: Deprensis statio tutissima nautis, V.: in aequore navem (Auster), O.—*To catch, overtake, surprise, apprehend, detect, find out, discover:* deprehendi in manifesto scelere: sine duce deprehensis hostibus, Cs.: Deprendi miserum est, H.: qui, cum venenum dare vellet, deprehensus est: factum: facinora: (venenum) datum, L.: Agricola nuntio deprehensus, *surprised*, Ta.—*To confine, catch, bring into a strait:* flamina Cum deprensa fremunt silvis, i. e. *confined*, V.: viae deprensus in aggere serpens, V.—Fig., *to comprehend, perceive, understand, detect, discover, discern, observe:* res magnas in minimis rebus: alcuius facinora oculis, opinione: quid si me stultior ipso deprenderis? H.: In feris deprensa potentia morbi, O.—*To bring into a strait, embarrass:* deprehensum me plane video: se deprehensum negare.

dēprehēnsiō, ōnis, *f.* [deprehendo], *a catching, discovery:* manifesta veneni.

dēprehēnsus (-prēnsus), *P.* of deprehendo.

dēprēndō, see deprehendo.

dēpressus, *adj.* with *comp.* and *sup.* [*P.* of deprimo], *sunken, low:* domus: convallis, V.: (libra) depressior orbe, Tb.: locus duodecim pedes humi depressus, S.: vox depressissima, Her.

dēprimō, pressī, pressus, ere [de+premo], *to press down, weigh down, sink down, depress:* terram: ad mentum depresso supercilio: depresso aratro, V.—*To sink* (in water): partem navium, Cs.: carinam, O.: classis depressa.—Fig., *to press down, depress, overwhelm:* improbitate depressa veritas emergit: alium, L.: hostem, L.: preces, *to silence,* N.—*To depreciate, disparage:* meam fortunam.

(**dē-proelior**, —, ārī), *dep.*—*P. praes.*, *warring violently:* ventos aequore Deproeliantīs, H.

dē-prōmō, prōmpsī, prōmptus, ere, *to draw out, draw forth, bring out, fetch:* pecuniam ex aerario: tela pharetris, V.: venenum sinu, Ta.—Fig., *to draw, derive, obtain:* e quibus locis argumenta: alqd vel a peritis vel de libris.

dē-properō, —, —, āre, *to hasten, prepare hastily:* coronas, H.

depsō, —, —, ere, *to knead.*

dēpudet, uit, ēre, *impers.*, *to cease to shame:* depuduit, *shame has departed,* O.

dēpūgis (depȳgis), is, *adj.* [puga], *without buttocks, thin buttocked,* H.

dē-pūgnō, āvī, ātus, āre, *to fight decisively, fight out, join battle, combat:* signis conlatis, L.: acie instructā, Cs.: cum civibus: ad depugnandum, N.: ante depugnabitur: depugnatum cum Gallis est, L.—Fig., *to contend, quarrel:* unum par quod depugnet: depugnare parati, H.

dēpulsiō, ōnis, *f.* [de+1 PAL-], *a driving off, driving away, repelling, warding off:* mali: servitutis.—*A defence, answer* (to a charge), C.—*A lowering, sinking:* luminum.

dēpulsor, ōris, *m.* [de+1 PAL-], *a destroyer:* dominatūs.

dēpulsus, *P.* of depello.

dē-putō, āvī, ātus, āre, *to cut off, prune:* umbras (i. e. ramos), O.—*To reckon, estimate, esteem, consider:* meam esse operam parvi preti, T.: malo se dignum deputat.

dērēctē, *adv.* with *comp.* [derectus], *directly, straight:* dicere: derectius gubernare.

dērēctō, *adv.* [derectus], *directly, straight:* trabīs inicere, Cs.: deorsus ferri.—Fig., *simply, directly, unambiguously:* dicere: arma petisse, L.

dērēctus (dīrēctus), *adj.* [*P.* of derigo], *straight, direct, level, upright, perpendicular:* (iter) simplex et derectum: tuba derecti (aeris), O.: fossam derectis lateribus ducere, Cs.: iugum eminens in mare, Cs.: Henna ab omni aditu circumcisa atque derecta est.—As *subst. n.:* in derectum nitentes, *straight forward,* L.—Fig., *straightforward, direct, simple, plain, right:* vivendi via: ratio: senex: denuntiatio belli, L.

dērelīctiō, ōnis, *f.* [derelinquo], *an abandoning, disregard, neglect:* communis utilitatis.

dērelīctus, *adj.* [*P.* of derelinquo], *solitary, deserted:* angulus provinciae: solum.

dē-relinquō, līquī, līctus, ere, *to forsake wholly, abandon, desert:* Gracchum a Tuberone derelictum videbamus: arationes: ab omni fortunā derelicti: filium privatum dereliquerat, S.: oppida pro derelicto habere, *abandoned, ownerless.*

dē-repentē, *adv.*, *suddenly, on a sudden:* ab eā sese avellere, T.: rabere, C. poët.

dē-rēpō, rēpsī, —, ere, *to crawl down, sneak down:* ad cubile suis, Ph.

dēreptus, *P.* of deripio.

dē-rīdeō, sī, sus, ēre, *to laugh at, laugh to scorn, scoff at, deride, mock:* omnīs istos: te, H.: derisum esse credo hominem: alqd, H.: derisus semel, *hooted off:* derideat Aethiopem albus, Iu.: merito, T.: deridet, cum iubet, etc., *he is mocking.*—*Supin. acc.:* ultro derisum advenit, T.

dē-rīdiculus, *adj.*, *very laughable, ridiculous:* deridiculum esse se reddere, etc., L. dub.—As *subst. n.*, *an object of ridicule, laughing stock, mockery:* deridiculo esse, Ta.: per deridiculum auditur, Ta.: corporis, *ludicrousness,* Ta.

(**dē-rigēscō**), dēriguī, or dīriguī, —, ere, *inch.*, *to become stiff, grow rigid, fix, curdle* (only *perf.* system): formidine sanguis deriguit, V.: deriguere oculi, *were fixed,* V.: hirsutae comae, O.

dērigō or **dēregō** or **dīrigō**, rēxī, rēctus, ere [de+rego], *to lay straight, set straight, arrange, lay out:* haec directā materiā iniecta consternebantur, Cs.: eratīs, Cs.: derexerat finem Philippo veterem viam regiam, L.: opera, Cs.: vicos, L.—*To draw up, form* (a line of battle): aciem, Cs.: Derexere acies, V.—*To direct, send, aim, drive, steer:* ab iisdem (Etesiis) cursūs (navium) deriguntur: iter navis, O.: quā te ducit via, derige gressum, V.: ex vestigio vela ad castra, Cs.: equum in ipsum consulem, L.: dentīs in inguina, O.: cursum per auras in lucos, V.: alquo cursum:

navem co, N.: huc gressum, V. — Of weapons, *to aim, direct, discharge:* spicula cornu, V.: tela arcu, H.: tela Corpus in Aeacidae, V.: hastam in te, O.: Ilo hastam, V. — Fig., *to direct, guide, define, limit, regulate:* meas cogitationes non ad illam Cynosuram: ad quae (exempla) oratio deregatur mea: vitam ad rationis normam: ad illius similitudinem manum: omnia voluptate: utilitatem honestate: (divinatio) ad veritatem saepissime derigit, *points the way.*

dēripiō, ripuī, reptus, ere [de+rapio], *to tear off, tear away, snatch away, remove violently, pull down:* cothurnos, V.: de manu Cereris Victoriam: vestem a pectore, O.: velamina ex umeris, O.: ei vitae ornamenta deripi: spolia Latinis, V.: signa derepta postibus, H.: ensem vaginā, O.: dextram ense, V.—Fig.: quantum de meā auctoritate deripuisset.

dērīsor, ōris, *m.* [derideo], *a mocker, scoffer:* semper eris, H.: populi, Iu.: imi lecti, H.

1. dērīsus, *P.* of derideo.

2. dērīsus, ūs, *m.* [derideo], *mockery, scorn, derision:* facile ad derisum stulta levitas ducitur, Ph.: derisui fuisse triumphum, Ta.

dērīvātiō, ōnis, *f.* [derivo], *a leading off, turning away:* (lacūs), L.—*Plur.:* fluminum.

dērīvō, āvī, ātus, āre [de+rivus], *to lead off, turn away:* aqua ex flumine derivata, Cs.—Fig., *to draw, derive, bring:* nihil in suam domum inde: Hoc fonte derivata clades, H. — *To divert, turn aside, transfer:* in me iram senis, T.: derivandi criminis causā: partem in Asiam curae: alio responsionem suam.

dērogātiō, ōnis, *f.* [derogo], *a partial abrogation, limitation* (of a law).

dē-rogō, āvī, ātus, āre.—In legislation, *to repeal in part, restrict, modify:* neque derogari ex hac (lege) aliquid licet: de lege aliquid derogare. —In gen., *to take away, detract, diminish, impair, withhold:* de magnificentiā quiddam: de testium fide: si quid ex hac (aequitate): fidem alicui: certam derogat vetustas fidem, L.

dē-rōsus, *P.*, *gnawed away, nibbled:* clipei a muribus.

dē-ruō, ruī, —, ere, *to take away, detract:* cumulum de laudibus alicuius.

dē-ruptus, *adj.* with *comp.*, *broken, precipitous, steep:* angustiae, L.: in deruptiorem tumulum, L. —*Plur. n.* as *subst.*, *precipices*, L.

dē-saeviō, iī, —, īre, *to rave furiously, rage:* in aequore, V.: pelago hiems, V.: tragicā in arte, H.

dē-scendō, dī, sus, ere, *to climb down, come down, descend, fall, sink:* ex equo, *to alight:* monte, S.: de palatio: caelo, H.: e caelo, Iu.: vertice montis ab alto, V.: ab Alpibus, L.: arce Monoeci, V.: per clivum, O.: in campum: in ventrem, *to be eaten*, H.: caelo in undas, V.: ad naviculas: Ad mare, H.: Sacrā viā, H.: sciscitatum deos descendunt, L.: Iuppiter laeto descendet imbri, V.: O testa... Descende (i. e. ex apothecā), H.—*To go down, go, come* (to business, etc.): in forum ante lucem: ad forum, L.: fuge, quo descendere gestis, H.: de palatio: hodie non descendit Antonius: quod non descenderet tribunus, L.: in causam, *to engage.*—Of troops, *to march down:* ex superioribus locis in planitiem, Cs.: quā (sc. de monte), S.: inde (sc. de arce), L.: in aequum, L.: omnibus copiis in campum descensum est, L.: ad laevam, S.: praedatum in agros Romanos, L.: descensum in aciem est, *the battle began*, L.: in certamen: Ad pugnam rhetoricā ab umbrā, Iu.—*To sink down, penetrate:* ferrum alte in corpus, L.: toto in ilia ferro, O.: toto corpore pestis, V.: in iudicis aurīs, H. — Fig., *to go down, descend, sink, penetrate:* verbum in pectus altius, S.: cura in animos patrum, L.: descendere ad ipsum Ordine perpetuo, *follow the line of descent*, O. — *To lower oneself, descend, stoop, yield, agree to:* senes ad ludum adulescentium descendant: ad calamitatum societates: ad eius modi consilium, Cs.: ad ultimum rei p. auxilium, L.: preces in omnīs, V.: videte, quo descendam.

dēscēnsiō, ōnis, *f.* [descendo], *a descending:* Tiberina, *the sail down the Tiber.*

dēscēnsus, ūs, *m.* [descendo], *a descent, way down:* quā illi descensus erat, S.: facilis descensus Averno, V.: difficilis et artae viae, L.

dē-scīscō, īvī, ītus, ere, *to withdraw, leave, revolt from, desert, go over:* ab Afranio, Cs.: a populo: quibus invitis descitum ad Samnites erat, L.: aperte, L. — In gen., *to depart, deviate, withdraw, fall off, be unfaithful:* a se ipse: cur Zeno ab hac antiquā institutione desciverit: a naturā, N.: a vitā, *kill oneself.*

dē-scrībō, īpsī, īptus, ere (often confounded with discribo), *to copy off, transcribe, write out, write down:* a te librum (i. e. a tuo exemplo): descriptam legem adferunt, *the draft:* in foliis carmina, V.: in cortice Carmina, *carve*, V.: ius ab antiquā gente, *copy, adopt*, L.—*To sketch, describe, draw, depict, represent:* formas in harenā: caeli meatūs radio, V.—Fig., *to represent, delineate, describe:* res verbis describenda: dignus describi, quod malus ac fur, etc., H.: volnera Parthi, H.: cum pluvius describitur arcus, H.: facta versibus, N.: Votivā descripta tabellā Vita senis, H.—*To define, prescribe, fix, assign:* iura finium: rationem totius belli: classīs ex censu, L.: vices (poetae), H.: in quattuor urbanas tribūs libertinos, L.: in duodecim mensīs annum, L.: vecturas frumenti finitimis civitatibus, Cs.: suum cuique munus.

dēscrīptē, *adv.* [descriptus], *in an orderly manner:* digerere.

dēscrīptiō, ōnis (often confounded with discriptio), *f.* [describo], *a marking out, delineation, copy, transcript, draft:* caeli, *circuit:* tabularum: alqd descriptionibus explicare.—Fig., *a representation, delineation, description:* aedificandi, *plan:* servorum: regionum, *topography:* nominis, *definition.* — *A proper disposition, order, arrangement:* via descriptionis atque ordinis (in oratione): centuriarum classiumque, L.: temporum. — In the sense *distribution, division,* the proper form is discriptio.

dēscrīptus, *adj.* with *comp.* [*P.* of describo], *precisely ordered, properly arranged:* materies orationis: ordo verborum: naturā nihil est descriptius.

dē-secō, cuī, ctus, āre, *to cut off, cut away:* aurīs, Cs.: cervice desectā, L.: particulam undique, H.: hordeum, Cs.: desecta cum stramento seges, L.: Desectum gramen, O. — Fig., *to prune off, reject:* illud (prooemium).

dē-serō, ruī, rtus, ere, *to leave, forsake, abandon, desert, give up:* exercitum, Cs.: castra, L.: castellis desertis, Cs.: fratrem, V.: thalamos pactos, V.: Mensa deserit toros, *is removed from,* O.: Raro scelestum Deseruit poena, *fails to follow up,* H.: qui non deseruerant, *revolted,* N. — Fig., *to leave, desert, abandon, forsake, leave in the lurch:* hoc timet, Ne deseras se, T.: me in his malis, T.: non deserit sese, armat familiam, etc., Cs.: suum ius: desertarum rerum patrocinium suscipere: quae faciebam, ea ut deseram, *the course of conduct,* S.: inceptum, V.: vitae reliquum: viam virtutis, H.: deseror coniuge, O.: desertus suis, Ta. — Esp., in law: vadimonium mihi, *to forfeit his recognizance:* vadimonia deserere quam illum exercitum maluerunt.—Of things, *to fail, forsake:* tempus quam res maturius me deseret, S.: donec te deseret aetas, H.: nisi me lucerna deseret: facundia deseret hunc, H.: deserta (natura) deseret ignīs, *let die,* O.: leo desertus viribus, Ph.: a fortunā deseri, Cs.: a tribuniciā voce.

dēsertor, ōris, *m.* [desero], *one who forsakes, a deserter:* amicorum: communis utilitatis aut salutis. — In war, *a runaway, deserter,* Cs., L., Ta. — Poet.: Amoris, O.: Asiae, V.

dēsertus, *adj.* with *comp.* and *sup.* [*P.* of desero], *deserted, desert, solitary, lonely, waste:* angiportus, T.: anus, T.: planities penuriā aquae, S.: loca, Cs.: urbes: via: portūs, V.: vetustas, *long disuse,* H.: reditus desertior: nihil desertius: orae desertissimae: solitudo.—*Plur. n.* as *subst., desert places, deserts, wastes:* Libyae deserta, V.: ferarum, *the lonely haunts,* V.

dē-serviō, —, —, īre, *to serve zealously, be devoted, be subject, be of service:* cuivis deserviant: vobis operā deservire: si officia, si operae, si vigiliae deserviunt amicis: divinis rebus.

(**dēses**), idis, *adj.* [de+SED-], *inactive, indolent, idle:* sedemus desides domi mulierum ritu, L.: longā pace desides, Ta. — Fig.: nec rem Romanam tam desidem umquam fuisse, L.

dēsideō, sēdī, —, ēre [de+sedeo], *to sit long, sit idle, remain inactive:* totum diem, T.: aquila ramis, Ph.

dēsīderābilis, e, *adj.* [desidero], *wanted, desirable:* nihil desiderabile concupiscunt: suis vitiis desiderabilem efficere avum, i. e. *missed,* L.: princeps, Ta.

dēsīderātiō, ōnis, *f.* [desidero], *a desiring, longing, missing:* (voluptatum) dub.

dēsīderātus, *P.* of desidero.

dēsīderium, ī, *n.* [cf. desidero], *a longing, ardent desire, wish, want, grief, regret:* Athenarum, T.: urbis, *homesickness:* coniunctissimi viri: tam cari capitis, H.: pectora diu tenet desiderium; Enn. ap. C.: Ita magno desiderio fuit ei filius, T.: Desideri pocula, *love-potions,* H.: desideria imperitorum commovere: fidelia, H.—*Want, need, necessity:* cibi naturale, L.: hae manūs suffecere desiderio meo, Cu. — *A request, petition:* desideria militum ad Caesarem ferenda, Ta. — Fig., of a person, *a desire, longing:* Nunc desiderium, curaque non levis, H.: valete, mea desideria.

dēsīderō, āvī, ātus, āre [cf. considero], *to long for, ask, demand, call for, wish for, desire, require, expect:* me, T.: tribuni imperium, Cs.: ea (beneficia), S.: quod satis est, H.: ullam rem ad se inportari, Cs.: alqd ex vobis audire: ab milite modestiam, Cs.: desiderando pendēre animis: nullam aliam mercedem laborum: Capitolium sic ornare ut templi dignitas desiderat.—*To miss, lack, feel the want of:* alqm, T.: quid a peritioribus rei militaris desiderari videbatur, Cs.: alqd in oratione: Sextilem totum mendax desideror, *am waited for,* H.: virīs adulescentis.—*To lose:* ut (exercitus) ne unum quidem militem desiderarit: in eo proelio CC milites, Cs.—*Pass., to be missing, be lost, be wanting:* ut nulla navis desideraretur, Cs.: perpaucis desideratis quin cuncti caperentur, *almost every one,* Cs.: neque quicquam ex fano desideratum est.

dēsidia, ae, *f.* [deses], *a sitting idle, idleness, inactivity, sloth:* ab industriā ad desidiam avocari: pro labore desidia, S.: latrocinia desidiae minuendae causā fieri, Cs.: improba Siren, H.: invisa primo desidia postremo amatur, Ta.: (vobis sunt) desidiae cordi, V.

dēsidiōsus, *adj.* with *sup.* [desidia], *slothful, indolent, lazy, idle:* Qui nolet fieri desidiosus, amet, O.—*Causing idleness, making lazy:* inlecebrae cupiditatum: desidiosissimum otium.

dē-sīdō, sīdī, —, ere.—Of places, *to sink, settle down, fall:* ut multis locis terrae desiderint:

ad Manīs imos, V.—Fig., *to deteriorate:* desidentes mores, L.

dēsīgnātiō, ōnis, *f.* [designo], *a marking out, specification* (cf. dissignatio): personarum et temporum.—*A designation to office:* annua, *of consuls*, Ta.

dēsīgnātor, see dissignator.

dēsīgnātus, *P.* of designo.

dē-sīgnō, āvī, ātus, āre, *to mark out, point out, trace, designate, define* (often confounded with dissigno): urbem aratro, V.: moenia fossā, V.: templo Iovis finīs, L.: circo designatus locus est, L.: Europen, *depicts* (in a web), O.—Fig., *to point out, mark, denote, designate, describe, represent, brand:* haec verbis designata: hac oratione Dumnorigem designari, Cs.: oculis ad caedem unumquemque nostrum: quem (mundum) deum.—*To appoint, choose, elect* (to office): consul es designatus: comitiis designatus aedilis: sperans si designatus foret, etc., S.—*P. perf., elect, chosen* (to an office): consul: tribuni plebis: xvir: praetor.—Of a child unborn: designatus civis; see dissigno.

dēsiliō, iluī, ultus, īre [de+salio], *to leap down, dismount:* de navibus, Cs.: de raedā: ex equis, Cs.: ab equo, V.: curru ab alto, O.: biiugis, V.: altis turribus, H.: in medias undas, O.: ad pedes, *to dismount*, Cs.: desilite commilitones, *jump overboard*, Cs.: Desiluit, *dismounted*, O.—Poet.: unde loquaces Lymphae desiliunt, H.: aetheriā domo (of lightning), Pr.—Fig., *to leap headlong, venture heedlessly:* in artum, H.

dē-sinō, siī (rare; dēstitī is used instead), situs, ere, *to leave off, give over, cease, desist, forbear:* lacessere, T.: de compositione loqui, Cs.: furere: iudicia severa Romae fieri desierunt: ut auctor Desinat inquiri, O.: artem, *give up:* versūs, V.: plura, *say no more*, V.: dominam, *abandon*, O.: veteres orationes a plerisque legi sunt desitae: contra eos desitum est disputari: tunc bene desinitur, O.—*To cease, stop, end, close, make an end, have done:* deinde desinet (solicitudo), T.: libenter desino: bellum sumi facile, aegerrume desinere, S.: quo (puero) ferrea primum Desinet gens, *at whose birth*, V.: desierant imbres, O.: ut Desinat in piscem mulier, *end in*, H.: desine quaeso communibus locis: querelarum, H.: A te principium, tibi desinet (carmen), V.—Of speech: desinendi modus: Vix bene desierat, O.: Ah desine, *cease*, T.: Desine, iam conclamatumst, T.: illa, quae similiter desinunt, etc., *like endings.*

dēsipiēns, entis, *adj.* [*P.* of desipio], *foolish, silly:* adrogentia: ita desipiens, qui, etc.

dēsipiō, —, —, ere [de+sapio], *to be void of understanding, be silly, act foolishly:* licet me desipere dicatis: si non desipit augur, H.: Dulce est desipere in loco, *to trifle*, H.

dē-sistō, stitī, stitus, ere, *to leave off, cease, give over, desist from:* de quā (petitione) ne aliquid iurares destitisti: de petitione, L.: a defensione, Cs.: ab oppugnatione, S.: litibus, T.: hoc conatu, Cs.: susceptā causā: incepto, L.: ter in primo destitit ore sonus, *stuck in my throat*, O.: pugnae, V.: hoc percontarier, T.: conari ac velle: pecuniam polliceri, Cs.: sub occasum solis destiterunt (i. e. interficere), Cs.: non desistam, *give up my purpose*, H.

dēsitus, *P.* of desino.

dē-sōlō, āvī, ātus, āre, *to leave alone, forsake, abandon, desert:* agros, V.: desolatae terrae, O.: desolatus servilibus ministeriis, *deprived of*, Ta.

dēspectō, —, —, āre, *intens.* [despicio], *to look down upon:* terras, V., O.: Palantīs homines procul, O.—*To overlook, command:* quos despectant moenia, V.—*To despise:* liberos, Ta.

1. dēspectus, *adj.* with *sup.* [*P.* of despicio], *contemptible, scorned:* maxime natura eius, Ta.: despectissima pars servientium, Ta.

2. dēspectus, ūs, *m.* [despicio], *a looking down upon, view, prospect:* ex oppido in campum, Cs.: ex omnibus partibus despectūs habere, *points of view*, Cs.—*An object of contempt:* ut (res R.) Treveris despectui sit, Ta.

dēspēranter, *adv.* [despero], *hopelessly, despairingly:* loqui secum.

dēspērātiō, ōnis, *f.* [despero], *hopelessness, despair:* summa, Cs.: ad desperationem adducti, N.: a desperatione iram accendit, L.: desperationes eorum, qui, etc.: vitae: nimis celer rerum, L.: magna pacis, Cs.

dēspērātus, *adj.* with *comp.* and *sup.* [*P.* of despero], *given up, despaired of, irremediable, desperate:* res p.: desperatas pecunias exigere: fuga.—Prov.: desperatis adhibere medicinam: haec nunc multo desperatiora: desperatissimum perfugium.—*Without hope, desperate:* homines, Cs.: senes.

dē-spērō, āvī, ātus, āre, *to be hopeless, have no hope, despair of, give up:* de se: de pugnā, Cs.: de toto ordine: de summā rerum, L.: honores: rem p.: vitam: voluntariam deditionem, L.: sive restituimur, sive desperamur: Nil desperandum Teucro duce, H.: desperatis nostris rebus, Cs.: desperatus ab omnibus: non despero fore aliquem aliquando, qui, etc.: quae Desperat tractata nitescere posse, H.: diffidens et desperans rebus tuis: suis fortunis, Cs.: saluti: sive habes aliquam spem de re p. sive desperas: hostibus eoque desperantibus, quia, etc., Ta.

dēspicātiō, ōnis, *f.* [1 despicatus], *contempt.*—Only *plur., sentiments of contempt.*

1. dēspicātus, *adj.* with *sup.* [de+SPEC-],

in contempt, despised: nos nostramque adulescentiam Habent despicatam, T.—*Contemptible, despicable:* despicatissimus homo.

2. (dēspicātus, ūs), *m.* [de+SPEC-], *contempt.*—Only *dat.:* despicatui duci, *to be despised.*

dēspiciēns, entis, *adj.* [*P.* of despicio], *contemptuous:* tam sui, *of so little self-esteem.*

dēspiciendus, *adj.* [*P.* of despicio], *contemptible*, Ta.

dēspicientia, ae, *f.* [despiciens], *a despising, contempt:* rerum humanarum: animi.

dēspiciō, ēxī, ectus, ere [de+specio], *to look down upon:* de vertice montis in vallīs, O.: colles, quā despici poterat, *in the range of view*, Cs.—With *acc.* (some read dispicio in these passages): gentīs et urbīs: aethere summo mare, V.: omne nemus, O.—Fig., *to be inattentive, be off guard:* simul atque ille despexerit.—With *acc.*, *to look down upon, despise, disdain:* omnīs: a populo R. despici: divitias: ignobilitatem Iugurthae, S.: despectā paucitate impetum faciunt, Cs.: neque ullum laborem despiciens, *refusing*, Cs.: Despectus tibi sum, V.: homines despecti: huic despecto saluti fuit, N.—*To disparage, express contempt for:* Caesaris copias, Cs.

de-spoliō, āvī, ātus, āre, *to rob, plunder, despoil:* se armis, Cs.: ut cum Siculis despoliaretur: despoliari triumpho, L.

dē-spondeō, spondī, spōnsus, ēre, *to promise to give, promise, pledge:* librum alicui: Romanis imperium Orientis, L.—*To promise in marriage, betroth, engage:* ei filiam suam: virgo desponsa uni ex Curiatiis, L.: tibi Ianthen, O.: Desponsam esse dicito, *call it an engagement*, T.: intus despondebitur, T.—Fig., *to betroth:* spes rei p. despondetur anno consulatūs tui, i. e. *is linked with.*—*To give up, yield, lose:* animos, *be despondent*, L.

dē-spūmō, —, —, āre, *to skim off, skim:* foliis undam aëni, V.

dē-spuō, —, —, ere, *to spit out, spit upon:* ubi despui religio est, L.: in molles sibi sinūs, Tb.—*To reject, abhor:* preces, Ct.

dē-stīllō or **dī-stīllō**, —, —, āre, *to drip, trickle down:* destillat ab inguine virus, V.: Illius puro destillent tempora Nardo, Tb.

dēstinātiō, ōnis, *f.* [destino], *an assignment:* partium, L.—*A resolve, determination:* haud dubia, Ta.: destinationis certus, *resolute*, Ta.

dēstinātum, ī, *n.* [destinatus], *a mark, target*, L., Cu.—Fig., *a plan, purpose:* copias ad destinatum eduxit, L.: tuis destinatis adversari, Ta.: destinata dare, *the dispositions* (of a will), Ph.

dēstinātus, *adj.* [*P.* of destino], *fixed, determined, destined, inevitable:* sententiae: hora mortis: Orci finis, H.: destinatus obdura, *resolutely*, Ct.

dēstinō, āvī, ātus, āre [STA-], *to make fast, make firm, bind, fix, stay:* antemnas ad malos, Cs.: rates ancoris, Cs.—Fig., *to fix in mind, determine, resolve, design, assign, devote, appoint, appropriate:* cum ducem, *fix their minds on him as*, etc., L.: quae agere destinaverat, Cs.: morte solā vinci, L.: thalamis removere pudorem, O.: operi destinat, *detailed*, Cs.: qui locus non erat alicui destinatus?: me arae, V.: eorum alteri diem necis: tempore locoque ad certamen destinato, L.: si destinatum in animo est, L.: sibi destinatum in animo esse, summittere, etc., *he has determined*, L.—*To select, mean to choose:* omnium consensu destinari, L.: quod tibi destinaras trapezephorum, *meant to buy.*—*To appoint, fix upon, designate:* imperio Numam, O.: regnum sibi Hispaniae, L.: provinciam Agricolae, Ta.: marito uxorem, H.: se collegam consulatui, Ta.: destinari imperio, Ta.: alqm consulem, L.—*To fix upon, aim at:* alquem locum oris, L.

dēstitī, *perf.* of desisto.

dēstituō, uī, ūtus, ere [de+statuo], *to set down, set forth, put away, bring forward, leave alone:* alios in convivio (in mockery): ante tribunal regis destitutus, L.: ante pedes destitutum causam dicere, L.—*To leave, abandon, forsake, fail:* cum alveum aqua destituisset, L.: ut quemque destitueret vadum, *lost his footing*, L.—Fig., *to forsake, abandon, desert, betray:* ab Oppianico destitutus: funditores inermīs, Cs.: eundem in septemviratu: defensores, L.: alicuius consiliis destitutus: morando spem, L.: destituti ab omni spe, L.: si destituat spes, alia praesidia molitur, L.: deos Mercede pactā, i. e. *defraud of their stipulated reward*, H.

dēstitūtiō, ōnis, *f.* [destituo], *an abandonment, desertion, disappointment:* destitutione irati.

dēstitūtus, *P.* of destituo.

dēstrictus, *adj.* [*P.* of destringo], *severe, rigid.*—Only *comp.:* destrictior accusator, Ta.

dē-stringo, inxī, ictus, ere, *to strip off:* tunica ab umeris destricta est, Ph.—*To unsheathe, draw:* gladios in rem p.: gladiis destrictis impetum facere, Cs.: ensem, H.: in se destrictis securis, *brandished*, L.—*To touch gently, graze, skim, skirt* (poet.): Aequora alis, O.: corpus, O.—Fig., *to criticise, censure, satirize:* mordaci carmine quemquam, O.: alios contumeliā, Ph.

dē-struō, ūxī, ūctus, ere, *to tear down, raze, demolish:* navem: moenia, V.—Fig., *to destroy, ruin, weaken:* id (ius), L.: senem, O.: hostem, Ta.

dē-subitō or **dē subitō**, *adv.*, *on a sudden, suddenly:* bolus ereptus e faucibus, T.: funus ornatum.

dē-sūdō, —, —, āre, *to sweat, make great exertion:* in his (sc. exercitationibus ingeni).

dēsuēfactus, *adj.* [desuetus + factus], *estranged:* multitudo a contionibus.

dēsuētūdō, nis, *f.* [desuetus], *disuse, want of practice:* armorum, L.: desuetudine tardi, O.

dē-suētus, *adj.*, *disused, laid aside, unfamiliar, out of use, obsolete:* arma diu, V: res, L.: desueta sidera cerno, O.: verba, O.—*Out of practice, unaccustomed, unused:* triumphis Agmina, V.: corda (amori), V.: Samnis clamorem pati, L.

dēsultor, ōris, *m.* [de+2 SAL-], *a vaulter, circus-rider:* desultorum in modum, L.—Fig.: amoris, i. e. *inconstant*, O.

dēsultōrius, *adj.* [desultor], *of a vaulter:* quasi desultorius, *like a circus-rider's horse.*

dē-sum, fuī, esse (in poetry dee- is one syll.; *perf.* dēfuērunt, trisyl., O.; *fut. inf.* dēfutūrum esse or dēfore), *to be away, be absent, fail, be wanting, be missing:* quasi desit locus, T.: Non ratio, verum argentum deerat, T.: si forte desit pecunia: conlectis omnibus una Defuit, V.: Qui lacriment desunt, O.: omnia deerant, quae usui erant, Cs.: cui omnia ad usum defuissent, Cs.: nihil tibi a me defuit, *was withheld:* in quā (causā) oratio deesse nemini possit: Verba animo desunt, O.: quantum sententiae deesset animi, Cs.: Neu desint epulis rosae, H.: hoc ad fortunam Caesari defuit, Cs.: id rebus defuit unum, i. e. *to complete our misery*, V.: nec defuit audentia Druso, Ta.: Deest iam terra fugae, *to fly to*, V.: ut neque in Antonio deesset hic ornatus orationis: quas sibi res, quo minus in foro diceret, defuisse: ne tibi desit? *lest you come to want?* H.; cf. quod non desit habere, i. e. *enough*, H.—*To fail, be wanting, abandon, desert, neglect:* nec rei p. nec amicis: ne tibi desis, *betray yourself:* dignitati suae: senatu reique p., Cs.: Timotheo de famā dimicanti, N.: huic rei, Cs.: operae, H.: ne tempori deesset, *lose the opportunity*, L.: occasioni temporis, Cs.: nos consules desumus, *are in fault.*

dē-sūmō, ūmpsī, —, ere, *to take, choose, select:* tibi hostīs, L.: sibi vacuas Athenas, H.—*To assume, undertake:* sibi consules adservandos, L.

dē-super, *adv.*—Of motion, *from above, from overhead:* (alqm) volnerare, Cs.: nemus imminet, V.—Of rest, *above* (poet.): imposuere togas, O.

dē-surgō, —, —, ere, *to rise:* cenā, H.

dē-tegō, ēxī, ēctus, ere, *to uncover, expose, lay bare, unroof:* aedem, L.: Caci detecta regia, V.: iuga montium detexerat nebula, L.: caput puer detectus, *with bare head*, V.: ossa, O.: detecta corpora: arcana profanā manu, O.—Fig., *to discover, disclose, reveal, betray, detect:* cladem, L.: culpam, O.: detecta omnium mens, Ta.: alqm, Cu.: formidine detegi, *to be betrayed*, Ta.

dē-tendō, —, sus, ere, *to unstretch:* tabernaculis detensis, *struck*, Cs.: tabernacula, L.

dētentus, *P.* of detineo.

dē-tergeō (*plur.* once detergunt, L.), sī, sus, ere, *to wipe off, wipe away:* lacrimas pollice, O.: nubila caelo, i. e. *to clear*, H.—*To wipe, cleanse:* volnera mappā, Iu.: cloacas, L.—*To strip off, break off:* remos, Cs.: asseribus pinnas, L.—Fig., *to sweep off, get* (colloq.): primo anno LXXX.

dēterior, ius, *adj. comp.* with *sup.* dēterrimus [de], *lower, worse, poorer, meaner:* tempus, *less favorable:* status: vectigalia sibi deteriora facere, Cs.: muraena carne, H.: aetas, V.: quo (peditatu) erat deteriore, i. e. *in which he was weaker*, N.: video meliora, Deteriora sequor, O.: proles Auro deterior, O.: in deterius mutare, Ta.—*Plur. m.* as *subst.*, *the degenerate*, H.—*Plur. n.* as *subst.*: pronus deterioribus princeps, Ta.—*Sup.*: illum esse quam deterrimum, T.: genus rei p. ex bono in deterrumum conversum: color, V.: aqua, H.: homo omnium deterrimus: patronus.

dēterius, *adv.* [deterior], *worse, less:* scripta: interpretari, *unfavorably*, Ta.: si placeant spe Deterius, H.: nilo deterius, *nevertheless*, H.

dēterminātiō, ōnis, *f.* [determino], *a boundary, conclusion:* mundi: orationis.

dē-terminō, āvī, ātus, āre, *to enclose, bound, limit, prescribe:* regiones ab oriente ad occasum, L.—*To fix, settle, determine:* spiritu, non arte, *ends* (his sentences): Omnia determinat annus, C. poët.

dē-terō, trīvī, trītus, ere, *to rub away, wear away:* detritae aequore conchae, O.: pedes (via), Tb.: a catenā collum detritum, Ph.—Fig., *to lessen, weaken, impair:* laudes Caesaris culpā ingeni, H.: Exiguis (rebus) aliquid, Iu.—*To file away, prune:* sibi multa, H.

dē-terreō, uī, itus, ēre, *to frighten off, deter, discourage, prevent, hinder:* reliquos magnitudine poenae, Cs.: testīs verbis: pavidam ense, O.: deterritis tribunis, L.: in deterrendā liberalitate. adulescentīs a dicendi studio: a proposito, Cs.: ab persequendo hostīs, S.: a turpi meretricis amore, H.: Stoicos de sententiā: reges proelio deterrentur, S.: Silvestrīs homines Caedibus, H.: hominem verbis, ne auctionetur: multitudinem, ne frumentum conferant, Cs.: Suessiones quin cum his consentirent, Cs.: sapientem quo minus rei p. consulat: eius libidines commemorare pudore deterreor: agere metu deterrebar.—*To avert, keep off:* ut vis a censoribus nullius auctoritate deterreri quiverit, L.: nefas, O.—*To repress, control:* (iras) neque Deterret ensis, H.

dētersus, *P.* of detergeo.

dētestābilis, e, *adj.* with *comp.* [detestor], *execrable, abominable, detestable:* omen: nihil esse tam detestabile quam voluptatem: exemplum, L.: detestabilior immanitas.

detestandus, *adj.* [*P.* of detestor], *execrable:* fraus, Ta.

dētestātiō, ōnis, *f.* [detestor], *the invocation of a curse:* eā detestatione obstricti, L.: dira, H.—*An averting by sacrifice, deprecation:* scelerum.

dētestātus, *adj.* [*P.* of detestor], *accursed, hateful, abominable:* detestata omnia eius modi repudianda sunt: bella matribus Detestata, H.

dē-testor, ātus, ārī, *dep.*, *to curse, execrate, abominate:* (te) tamquam auspicium malum: omnibus precibus Ambiorigem, Cs.: caput euntis hostili prece, O.: carmen detestandae familiae compositum, *for an imprecation on the house*, L.: exitum belli.—*To call down upon, denounce:* pericula in caput eorum, L.—*To avert, ward off, deprecate:* a me patriae querimoniam: memoriam consulatūs tui a re p.: invidiam: hoc omen.

dē-texō, —, xtus, ere, *to weave, plait:* aliquid Viminibus, V.: fiscellam vimine, Tb.—Fig.: detexta prope retexantur, *finished.*

dētineō, tinuī, tentus, ēre [de+teneo], *to hold off, keep back, detain, check:* a quo incepto me ambitio detinuerat, S.: me detinuit morbus, T.: civium numerum tam bonis rebus: contionibus detinenda plebs, L.: me his oris, V.: nisi quid te detinet, *if you have time*, H.: me Gratā compede Myrtale, H.: novissimos proelio, Cs.: amor me Martis in armis detinet, V.: in eā legatione detentus, Ta.—Fig., *to hinder, prevent, delay:* Galliae victoriam, Cs.: se nonum ad diem, *to prolong his life*, Ta.—Of time, *to lengthen, fill:* tempus, O.: euntem sermone diem, O.—*To keep, occupy, engage, busy:* in alienis negotiis detineri: Nos Pallas detinet, O.

dē-tondeō, —, tōnsus, ēre, *to shear off, cut off, clip, shear:* crinīs, O.: detonsae frigore frondes, i. e. *stripped off*, O.

dē-tonō, uī, —, āre, *to thunder down, thunder:* (Iuppiter) ubi detonuit, O.—*To have done thundering:* nubem belli, dum detonet omnis, Sustinet, *exhaust its rage*, V.

dētōnsus, *P.* of detondeo.

dē-torqueō, sī, tus, ēre, *to bend aside, turn off, turn away, turn, direct:* ponticulum: Ora dextrā equorum, V.: lumen ab illā, O.: volnus, *averted*, V.: alqd in dextram partem: ad regem cursūs, V.: cervicem ad oscula, H.—*To twist, distort, put out of shape:* partes corporis detortae.—Of words: parce detorta, H.—Fig., *to turn aside, divert, pervert:* animos a virtute: quae (voluntas testium) nullo negotio flecti ac detorqueri potest: te alio pravum (i. e. ad aliud vitium), H.—*To distort, misrepresent:* calumniando omnia detorquendoque suspecta efficere, L.: verba prave detorta, Ta.

dētractātiō, dētractātor, see dētrectā-.

dētractiō, ōnis, *f.* [detraho], *a taking away, wresting, withdrawal, removal:* (Praxitelia capita) efficiuntur detractione, *cutting away:* alieni: cibi, *a purging.*

dētractō, see dētrectō.

dētractor, ōris, *m.* [de+TRAG-], *a disparager:* sui, Ta.

dētractus, *P.* of detraho.

dē-trahō, traxī, tractus, ere, *to draw off, take down, pull down, take away, remove, withdraw, drag, bring:* soccos detrahunt (servi), T.: detractis insignibus imperatoris, Cs.: vestem: pellem, H.: alquem in iudicium: ducem ad certamen, L.: de digito anulum, T.: de his (mulis) stramenta, Cs.: Hannibalem ex Italiā, L.: vestem tibi, T.: anulos liberis suis: illi coronam, H.: me mihi, O.: tegumenta scutis, Cs.: frenos equis, L.: altā ilice virgam, O.—*To remove, withdraw, take away, deprive, strip, rob:* detractis cohortibus duabus, Cs.: eidem Armeniam: illi Haerentem capiti coronam, H.: animis errorem, O.: ex tertiā acie singulas cohortīs, Cs.: ut (remigum) pars ab nostris detraheretur, i. e. *from the ships*, Cs.: aliquid ab homine.—Fig., *to pull down, drag down, lower:* conlegam de caelo: regum maiestatem ab summo fastigio ad medium, L.—*To withhold, divert:* tantum tempus ex re militari.—*To lower in estimation, disparage, detract:* detrahendae dignitatis gratiā: de se: de absentibus detrahendi causā dicitur: de ipso, qui scripsit, detrahi nihil volo: quod tibi ille detrahit: multum ei detraxit, quod, etc., N.

dētrectātiō (dētract-), ōnis, *f.* [detrecto], *a declining, refusing:* militiae, L.: sine detrectatione, L.

dētrectātor (dētract-), ōris, *m.* [detrecto], *a diminisher, disparager:* laudum suarum, L.

dētrectō or **dē-tractō**, avī, ātus, āre, *to decline, refuse, reject, shirk:* militiam, Cs.: pericula, Ta.: certamen, L.: iuga, V.: vincla pedum, Tb.: alcuius iussa, Ta.: num consulto detrectarent, L.—Fig., *to lower in estimation, depreciate, disparage:* bonos, S.: virtutes, L.: bene facta maligne, O.

dētrīmentōsus, *adj.* [detrimentum], *hurtful, detrimental:* discedere detrimentosum esse, Cs.

dētrīmentum, ī, *n.* [de+1 TER-], *that which is worn away:* ergastuli detrimenta (of men), *wrecks of the work-house*, Cu.—*Wear and tear, loss, damage, detriment:* exercitūs, Cs.: militum, Cs.: existimationis, N.: de te fieri detrimenti nil potest, T.: detrimenta communia: Detrimenta ridet, *losses* (of property), H.: adferre, *to cause*, Cs.: magnis inlatis detrimentis, Cs.: accipere, *to suffer:* militum, Cs.: res p. detrimentum fecit: in bonum vertere, Cs.: sine magno rei p. detrimento: alia facinora praedae magis quam detrimento fore,

S.: amicitiam populi R. sibi non detrimento esse, Cs.: quae detrimento nobis esse possint.—E s p., in the formula, by which unlimited power was intrusted to magistrates: dent operam consules, ne quid res p. detrimenti capiat, Cs.: ne quid detrimenti res p. accipiat.—*The loss of a battle, defeat, overthrow:* tot detrimentis acceptis, Cs.: parvulum, Cs.

dētrītus, *P.* of detero.

dē-trūdō, sī, sus, ere, *to thrust away, thrust down, push down, push off, strip off:* in pistrinum: in solidam acumina (pedum) terram, O.: caput sub Tartara telo, V.: sub inania Tartara, O.: navīs scopulo, V.: scutis tegumenta, Cs.: vi tempestatum Cythnum insulam detrusus, *driven*, Ta.—*To drive away, dislodge, dispossess:* Quinctius de saltu a servis vi detruditur: alii furcis detrudebantur, L.: finibus hostem, V.—F i g., *to drive, bring, reduce:* me de meā sententia: ex quanto regno ad quam fortunam, N.: in luctum detrusus.—*To put off, postpone:* comitia in mensem Martium.

dē-truncō, āvī, ātus, āre, *to lop, cut off:* arbores, L.: caput, O.—*To mutilate, maim, behead:* gladio detruncata corpora, L.

dētrūsus, *P.* of detrudo.

dē-turbō, āvī, ātus, āre, *to thrust down, beat down, expel, overthrow, tear down, hurl, strike down:* ex turribus propugnantīs, Cs.: ex praesidiis Macedonas, L.: lapidibus coniectis deturbati, *dislodged*, Cs.: nitentīs per ardua hostīs, L.: Trebonium de tribunali, Cs.: aedificium: In mare praecipitem puppi ab altā, V.: caput orantis terrae, V.: statuam.—F i g., *to dispossess, drive out, deprive:* alqm de sanitate: de fortunis deturbandus: possessione deturbatus.

de-ūnx, ūncis, *m.* [de+uncia], *eleven twelfths:* habet Gillo deuncem, Iu.: heres ex deunce.

de-ūrō, ussī, ūstus, ere, *to burn up, consume, destroy:* deusti plutei turrium, Cs.: vicum, L.—Of frost: hiems arbores deusserat, L.

deus, ī (*nom. plur.* dī, diī, rarely deī; *gen.* deōrum or deūm, poet. also divōm or divūm; *dat.* dīs, diīs, and later deīs), *m.* [DIV-], *a god, deity:* deorum inmortalium numen: consilio deorum, Cs.—In ejaculations: di! T.: di boni! T.: di inmortales! T.: Pro di inmortales! T.: per deos inmortalīs!: di magni! O.: di vostram fidem! T.: pro deūm fidem! T.: Pro deūm atque hominum fidem! T.: pro deūm inmortalium! T.—In wishes, greetings, and asseverations: di bene vortant, T.: utinam ita di faxint, T.: quod di prohibeant, T.: quod di omen avertant, *the gods forbid:* di melius duint, T.: Di meliora piis, V.: di meliora velint, O.: di meliora! *god forbid!:* di melius, O.: Di tibi omnia optata offerant, T.: Ut illum di deaeque perdant, T.: Di tibi male faciant, T.: Ita me di ament, T.: cum dis volentibus, *by the gods' help:* dis volentibus, S.: si dis placet, *an't please the gods*, T.: di hominesque, i. e. *all the world:* dis hominibusque invitis, *in spite of everybody.*—*The divine power:* deum ire per omnīs Terras (dicunt), V.: Incaluit deo, O.—*A goddess* (poet.): ducente deo (sc. Venere), V.: Audentīs deus ipse iuvat (sc. Fortuna), O.—Of persons, *a god, divine being:* te in dicendo semper putavi deum: Plato quasi deus philosphorum: deus ille magister, V.: deos quoniam propius contingis, *the powers that be*, H.: deus sum, si hoc ita est, *my fortune is divine*, T.

de-ūtor, —, ūtī, *dep.*, *to maltreat:* victo, N.

dē-vāstō, —, ātus, āre, *to lay waste, devastate:* finīs, L.: Marsos, L.: agmina ferro devastata, O.

dē-vehō, vēxī, vēctus, ere, *to carry down, carry off, convey, take away:* (carinas) carris iunctis milia passuum a castris XXII, Cs.: legionem equis, Cs.: maximos commeatūs Tiberis devexit, L.: devecta cremato sarmenta, V.: aurum, Iu.: (triticum) ad mare, L.—*Pass.*, *to go away, go down, descend:* ego Veliam devectus: arma in villam devecta Tiberi: flumen, quo fruges devehantur, L.

dē-vellō, see divello.

dē-vēlō, —, —, āre, *to unveil, uncover:* Ora sororis, O.

dē-veneror, ātus, ārī, *dep.*, *to reverence, worship:* deos prece, O.—*To avert by prayer:* somnia, Tb.

dē-veniō, vēnī, ventūrus, īre, *to come, arrive, reach:* alquam in partem, Cs.: ad eam necessario: in victoris manūs: in eum locum, L.: in Scythiam, O.: quo, H.—With *acc.:* devenere locos ubi, etc., V.: speluncam eandem, V.—F i g., *to reach, arrive, come:* tantum devenisse ad eum mali, T.: ad iuris studium.

dē-verberō, āvī, —, āre, *to thrash, cudgel soundly:* homines usque ad necem, T.

dē-versor (-vorsor), ātus, ārī, *dep.*, *to tarry, put up, lodge as a guest:* Athenis apud eum: apud Ninnios, L.: hac in domo tam diu: domi suae: parum laute.

dēversōriolum, ī, *n. dim.* [deversorium], *a small lodging-place.*

dēversōrium (dēvors-, dīvers-), ī, *n.* [deversor], *an inn, lodging-house:* commorandi: hospitale, L.: flagitiorum omnium: nota, H.

dēverticulum (dīvert-, dēvort-), ī, *n.* [deverto], *a by-road, by-path, side-way:* quae deverticula quaesivisti?: Ubi ad ipsum veni devorticulum, T.—*An inn, lodging-house, tavern:* omnia loca deverticuli protraherentur, L.: urbis deverticula pererrare, *low haunts*, Ta.—F i g., *a deviation, digression:* deverticula amoena quaerere, L.: a deverticulo repetatur fabula, Iu.—*A refuge, retreat, lurking-place:* fraudis et insidiarum.

dē-vertō or **dēvortō**, tī, —, ere, *to turn away, turn aside, turn in, put up, betake oneself, go to lodge:* viā devertit, *loses the way,* L.: ad coponem: eius domum: in villam Pompei.—Fig., *to digress:* redeamus illuc, unde devertimus: inde, L.

dēvertor or **dēvortor**, sus, tī, *dep.* [collat. form of deverto], *to turn away, turn aside, turn in, put up, go to lodge:* itineris causā: locus quo deverteretur: quā nulla Castaliam molli devertitur orbita clivo, V.: apud alquos, L.: domum, T.—Fig., *to betake oneself, resort, have recourse:* meas ad artes, O.

dēvēxus, *adj.* [deveho], *inclining, sloping, shelving, steep:* lucus a Palati radice in novam viam: mundus in Austros, V.: amnis, V.: haec declivia et devexa, Cs.: arva, O.: Orion, i. e. *towards his setting,* H.: raeda, *on its way down,* Iu.—Poet.: fluit devexo pondere cervix, *bent under the load,* V.—Fig., *inclined, prone:* aetas a laboribus ad otium.

dēvīctus, *P.* of devinco.

dē-vinciō, nxī, nctus, ere, *to bind fast, tie up, fetter, clamp:* aliquem fasciis: operculis plumbo devinctis, L.—Fig., *to bind fast, unite closely, oblige, lay under obligation:* (Italiam) omnibus vinclis devinctam tenere: ab isto donis devinciri: Hispania beneficiis devincta, Cs.: suos praemiis: se cum aliquo adfinitate: Coniugio liberali devinctus, T. aeterno devinctus amore, V.—In rhet., *to comprise, condense:* verba comprehensione.

dē-vincō, vīcī, vīctus, ere, *to conquer completely, overcome, subdue:* Galliam, Cs.: Capuam: Poenos classe: devicti reges, H.: devicta Asia, V.: devicto (mihi) restabat, O.: devicta bella, *victoriously concluded,* V.—Fig., *to supersede, overpower:* a quo ipsius victoriae condicio devicta est: bonum publicum privatā gratiā devictum, S.

dē-vinctus, *adj.* with *comp.* [*P.* of devincio], *devoted, strongly attached:* studiis a pueritiā: alcui me devinctior, H.

dēvītātiō, ōnis, *f.* [devito], *an avoiding:* legionum.

dē-vītō, āvī, ātus, āre, *to avoid, shun:* procellam temporis: Quae (mala), T.: repulsam, H.

dēvius, *adj.* [de+via], *off the road, out of the way, devious:* iter, *a by-way:* oppidum: calles, L.: rura, O.—*Retired, sequestered:* Anagnini: gens, L.: mihi devio libet, etc., *wandering in byways,* H.: avis, i. e. *the solitary owl,* O.—*Plur. n.* as *subst., by-ways,* Tb.—Fig., *inconstant, erroneous, inconsistent, foolish:* quid tam devium, quam animus eius, qui, etc.: in consiliis.

dē-vocō, āvī, ātus, āre, *to call off, call away, recall:* eum de provinciā: ab tumulo suos, L.: ex praesidiis, L.: refixa sidera caelo, H.: Iovem ad auxilium, L.—Fig., *to call off, allure, bring down:* philosophiam e caelo: suas fortunas in dubium, *to endanger,* Cs.

dē-volō, —, ātūrus, āre, *to fly down:* Iris per caelum, V.: sibi de caelo devolatura in sinum victoria, L.—*To fly away:* turdus devolet illuc, ubi, etc., H.—*To hasten down, hasten away, fly:* praecipites pavore in forum, L.: ad florentem aliam (amicitiam).

dē-volvō, volvī, volūtus, ere, *to roll down:* saxa in musculum, Cs.: Auratas trabes, V.: tonitrua (i. e. balls to make scenic thunder), Ph.: corpora in humum, O.: magnos corpore montīs, O.: fusis mollia pensa, i. e. *to spin off,* V.: monte praecipiti devolutus torrens, *tumbling,* L.: scalis devolvi, Cu.: iumenta cum oneribus devolvebantur, *fell headlong,* L.—Fig., *to roll forth:* per audacīs nova dithyrambos Verba, H.: ad spem inanem pacis devoluti, *sunk:* devolvere retro ad stirpem, *creep back,* L.

dē-vorō, āvī, ātus, āre, *to swallow, gulp down, devour, consume:* id quod devoratur: Pro epulis auras, O.—*To swallow up, ingulf, absorb:* devorer telluris hiatu, O.: vel me Charybdis devoret, O.—*To seize greedily, swallow eagerly, devour:* spe praedam: spe devoratum lucrum.—*To repress, suppress, check:* lacrimas, O.—*To consume, waste:* pecuniam: beneficia Caesaris.—Fig., *to swallow, bear patiently, endure:* hominum ineptias: molestiam.—*To accept eagerly, enjoy:* illos libros: verbum (voluptatis): eius oratio a multitudine devorabatur.

dēvorsor, dēvortō, see dēver-.

dēvortium, ī [deverto], *a by-way:* devortia itinerum, Ta. (al. div-).

dēvōtiō, ōnis, *f.* [devoveo], *a self-sacrifice, offering:* eius devotionis convictus: vitae: capitis.—*A cursing, execration, outlawry:* eius devotionis memoria, N.: in quibus (pilis) scripta, N.—*A formula of execration,* Ta.

dēvōtus, *adj.* [*P.* of devoveo], *bowed, devoted, accursed:* arbos, H.: periuria, Ct.—*Devoted, attached, faithful:* tibi cliens, Iu.—As *subst.:* cum DC devotis, *faithful followers,* Cs.—Fig., *given, abandoned:* vino, Ph.

dē-voveō, vōvī, vōtus, ēre, *to vow, devote, offer, sacrifice:* Marti ea, quae bello ceperint, Cs.: Dianae alqd pulcherrimum: gnatam pro mutā agnā, H.: se ipsos dis pro re p.: se pro patriā, L.: se aris, V.: auspicio se: devota morti pectora, H.—Fig., *to devote, give up, attach:* vobis animam hanc, V.: suos annos soli tibi, O.: se amicitiae alicuius, Cs.—*To mark out, destine, appoint, doom:* Annio hostiam: pesti devota futurae Phoenissa, V.—*To curse, execrate:* se, N.: natum suum, O.: suas artīs, O.—*To bewitch* (poet.): aliquem traiectis lanis, O.

dextella, ae, *f. dim.* [dextra], *a little right hand:* Q. filius illius est dextella.

dexter, tera, terum, and tra, trum, *adj.* with *comp.* dexterior and *sup.* dextimus, *to the right, on the right side, right* (opp. laevus, sinister): manus: umeri, Cs.: latus, H.: hostium, Cs.: cornum, T.: cornu, Cs.: acies, L.: dextris adducor litora remis, *rowing to the right*, O.: Quo tantum dexter abis? *so far to the right*, V.: Lyncea dexter Occupat, *on the right*, V.: Dextera Sigaei ara est sacrata, *on the right*, O.: dexteriore parte, O.: Neu te dexterior (rota) declinet, O.: apud dextimos, *on the extreme right*, S.—*Handy, dexterous, skilful, opportune, suitable:* Marius scripti dexter in omne genus, O.: quīs rebus dexter modus, V.: tempus, H.—*Of good omen, favorable, propitious:* dexter stetit, H.: dexter adi, V.: tempus, H.

dextera or **dextra**, ae, *f.* [dexter, sc. manus], *the right hand:* Cedo dextram, T.: eius dextram, prendit, Cs.: per dexteram te istam oro: dexterae, quae fidei testes esse solebant: fidem dextrā dare, N.: si Pergama dextrā Defendi possent, i. e. *by valor*, V.: ut suā urbs periret dexterā, i. e. *by civil war*, H.: rubens, H.—*The right side:* hinc ab dexterā Venire, T.: erat ab dextrā rupes aspera, S.: dextrā sinistrā omnibus occisis, *on every side*, S.: dextrā laevāque, O.: concede ad dexteram, T.—*The hand:* omne sacrum rapiente dextrā, H.—Fig., *a pledge of friendship:* quae (Graecia) tendit dexteram Italiae.

dexterē and **dextrē**, *adv.* with *comp.* [dexter], *dexterously, skilfully:* obeundo officia, L.: nemo dexterius fortunā est usus, *played his cards better*, H.

dexteritās, ātis, *f.* [dexter], *dexterity, aptness:* ad omnia ingeni dexteritas, L.

dextimus, *sup.* of dexter.

dextrā, *praep.* [*abl.* of dextera], *on the right of:* dextrā viam stratam, L.

dextrōrsum or **dextrōrsus**, *adv.* [dexter+vorsus], *towards the right side, to the right:* dextrorsum abire, H.: dextrorsus pergere, L.

1. dī, *plur. nom.* of deus. **2. dī-**, see 3 dis-.

diadēma, ātis, *n.*, = διάδημα, *a royal head-dress, diadem:* conlegae diadema imponere: tutum, H.

diaeta, ae, *f.*, = δίαιτα, *a regular mode of living, diet:* diaetā curari.

1. dialectica, ae, *f.* [sc. ars], *dialectics, logic.*

2. dialectica, ōrum, *n.* [dialecticus], *logical discussion, dialectics.*

dialecticē, *adv.* [dialecticus], *logically, dialectically:* disputare: dicta multa.

dialecticus, *adj.*, = διαλεκτικός, *belonging to disputation, dialectic:* captiones.—As *subst. m.*, *a dialectician, logician.*

Diālis, e, *adj.* [divus, for dīvālis], *of Jupiter:* flamen, *the priest of Jove*, L.: Flamen ad haec (sacra), O.—As *subst.:* Dialis (sc. flamen), O.—*Of the flamen Dialis:* coniunx, O.

dialogus, ī, *m.*, = διάλογος, *a discussion, treatise in conversational form, dialogue.*

Diāna or (older) **Dīāna**, ae, *f.* [for * Dīvāna], *the goddess of light and of the moon* (identified with Ἄρτεμις): ad Dianae venire (sc. templum), T., C., V., H., O.: quem urguet iracunda Diana (i. e. an epileptic), H.—*The moon:* nocturnae forma Dianae, O.

(**diārium**, ī), *n.* [dies], *a daily ration* (only *plur.*): diariis militum celeritatem incitat: cum servis diaria rodere, H.

dibaphus, ī, *f.*, = δίβαφος (prop. *double dyed*), *a purple robe, magistrate's state-robe.*

dica, ae, *f.*, = δίκη, *a lawsuit, judicial process, action:* omnibus dicis diem distulit, *adjourned all actions.*—In the phrases: dicam scribere, *to bring an action:* tibi scribam dicam, *against thee*, T.: iniuriarum mihi scriptam dicam, T.: Dicam tibi inpingam grandem, *bring a heavy action*, T.: sortiri dicas, *to select the jury by lot.*

dicācitās, ātis, *f.* [dicax], *biting wit, raillery.*

dicātiō, ōnis, *f.* [1 dico], *a formal declaration* (in changing one's citizenship).

dicāx, ācis, *adj.* with *comp.* [DIC-], *talking sharply, satirical, sarcastic, acute, witty:* Demosthenes: Satyri, *wanton*, H.: dicacior naturā, L.

dichorēus, ī, *m.*, = διχόρειος, *a double trochee.*

(**diciō**), ōnis, *f.* [DIC-], *dominion, sovereignty, authority, sway, control, rule* (only *sing.*; no *nom.*): oram Romanae dicionis fecit, *brought under*, L.: regna virūm dicioni permissa: civitates in dicionem populi R. redactas, Cs.: se dedere in dicionem populi R., L.: Ilergetes in ius dicionemque recepit, L.: sub illorum dicione esse, Cs.: nationes, quae in eorum dicione sunt: terras omni dicione tenere, V.: dicione premere populos, V.—*Influence, control, jurisdiction, authority:* res p. in paucorum ius atque dicionem concessit, S.: sub dicione eius magistratūs (sc. censoris), L.: contra dicionem alicuius: istum in suā potestate ac dicione tenere.

dicis, *gen.* [DIC-].—Only in the phrase dicis causā, *for form's sake, for the sake of appearance:* illis aliquid dicis causā dare: quae (provinciae) iis dicis causā datae erant, N.

1. dicō, āvī, ātus, āre [*dicus; DIC-], *to dedicate, consecrate, devote:* donum (Iovi) dicatum: ara condita atque dicata, L.: tibi aram dicatum iri, L.: templum Iovis, O., L.: templa sibi (patri), V.: vehiculum, Ta.—*To give up, set apart, appropriate,* *attach:* hanc operam tibi, T.: diem tibi: se Crasso: se Remis in clientelam, Cs.: se alii civitati, *to become a free denizen:* in aliam se civitatem.—*To initiate, inaugurate:* illā acie nova signa, Ta.

2. dīcō, dīxī, dictus (*imper.* dīc; *perf.* often sync. dīxtī; *P. praes. gen. plur.* dīcentum for dīcentium, O.), ere [DIC-], *to say, speak, utter, tell, mention, relate, affirm, declare, state, assert:* ille, quem dixi, *mentioned:* stuporem hominis vel dicam pecudis attendite, *or rather:* neque dicere quicquam pensi habebat, S.: in aurem Dicere nescio quid puero, *whisper*, H.: Quid de quoque viro et cui dicas, H.: quam tertiam esse Galliae partem dixeramus, Cs.: dico eius adventu copias instructas fuisse: derectos se a vobis dicunt, Cs.: qui dicerent, nec tuto eos adituros, nec, etc., L.—*Pass.:* de hoc Verri dicitur, habere eum, etc., *it is reported to Verres that,* etc.: dicitur, ad ea referri omnes nostras cogitationes, *they say:* quam (partem) Gallos obtinere dictum est, *I have remarked*, Cs.: ut supra dictum est, S.: sicut ante dictum est, N.: Facete dictum, *smartly said*, T.: multa facete dicta: centum pagos habere dicuntur, Cs.: qui primus Homeri libros sic disposuisse dicitur: ubi dicitur cinxisse Semiramis urbem, O.—*Supin. abl.:* dictu opus est, T.: nil est dictu facilius, T.—Prov.: dictum ac factum, *no sooner said than done*, T.—*To assert, affirm, maintain:* quem esse negas, eundem esse dicis.—Of public speaking, *to pronounce, deliver, rehearse, speak:* oratio dicta de scripto: sententiam: qui primus sententiam dixerit, *voted:* sententiae dicebantur, *the question was put:* testimonium, *to give evidence:* causam, *to plead:* ius, *to pronounce judgment:* ad quos? *before whom* (as judges)?: ad ista dicere, *in reply to:* dixi (in ending a speech), *I have done.*—*To describe, relate, sing, celebrate, tell, predict:* maiora bella dicentur, L.: laudes Phoebi, H.: Alciden puerosque Ledae, H.: te carmine, V.: Primā dicte mihi Camenā, H.: versūs, V.: carmina fistulā, *accompany*, H.: cursum mihi, *foretell*, V.: fata Quiritibus, H.: hoc (Delphi), O.—*To urge, offer:* non causam dico quin ferat, *I have no objection*, T.—*To pronounce, utter, articulate:* cum rho dicere nequiret, etc.—*To call, name:* me Caesaris militem dici volui, Cs.: cui Ascanium dixere nomen, L.: Quem dixere Chaos, O.: Chaoniamque omnem Troiano a Chaone dixit, V.: Romanos suo de nomine, V.: Hic ames dici pater, H.: lapides Ossa reor dici, O.: dictas a Pallade terras Linquit, O.—Prov.: dici beatus Ante obitum nemo debet, O.—*To name, appoint* (to an office): se dictatorem, Cs.: magistrum equitum, L.: arbitrum bibendi, H.—*To appoint, set apart, fix upon, settle:* pecuniam omnem suam doti: hic nuptiis dictust dies, T.: diem operi: dies conloquio dictus est, Cs.: locum consciis, L.: legem his rebus: foederis aequas leges, V.: legem tibi, H.: legem sibi, *to give sentence upon oneself*, O.: eodem Numida inermis, ut dictum erat, accedit, S.—In phrases with *potest:* non dici potest quam flagrem desiderio urbis, *it is beyond expression:* quantum desiderium sui reliquerit dici vix potest, *can hardly be told.*—*To tell, bid, admonish, warn, threaten:* qui diceret, ne discederet, N.: Dic properet, *bid her hasten*, V.: dic Ad cenam veniat, H.: Tibi ego dico annon? T.: tibi equidem dico, mane, T.: tibi dicimus, O.: dixi, *I have said it*, i. e. *you may depend upon it*, T.: Dixi equidem et dico, *I have said and I repeat it*, H.—*To mean, namely, to wit:* non nullis rebus inferior, genere dico et nomine: Caesari, patri dico: cum dico mihi, senatui dico populoque R.

dicrotum, ī, *n.*, =δίκροτον, *a galley with two banks of oars.*

dictamnus, ī, *f.*, = δίκταμνος, *dittany* (an herb), C., V.

dictāta, ōrum, *n.*, *things dictated, lessons, exercises:* orationem tamquam dictata perdiscere: haec, H.—*Precepts, rules*, Iu.

dictātor, ōris, *m.* [dicto].—In Rome, *a dictator, chief magistrate with unlimited power* (in great emergencies, superseding ordinary magistracies): lex de dictatore lata, Cs.: nomen dictatoris sustulisti: creandi dictatoris mentio, L.—In other cities, *a dictator, absolute ruler:* Lanuvii: dictatorem Albani Mettium creant, L.

dictātōrius, *adj.* [dictator], *of a dictator, dictatorial:* stilus: maiestas, L.: iuvenis, i. e. *the son of the dictator*, L.

dictātūra, ae, *f.* [dictator], *the office of a dictator, dictatorship:* perpetua: dictaturā se abdicat, Cs.: abdicata, inita, L.

dictiō, ōnis, *f.* [DIC-], *a saying, speaking, uttering, delivery:* testimoni, i. e. *the right of giving testimony*, T.: causae, *a pleading.*—Esp., in the phrase, iuris dictio, *the administration of justice:* ut iuris dictionem cum ferro conferatis: praeturae iuris dictio, *jurisdiction.*—*Style, diction:* oratoriae: popularis: dictioni operam dare, *oratory.*—*A conversation, colloquy*, Ta.—*An oracular response, prediction*, L.

dictitō, āvī, ātus, āre, *intens.* [dicto], *to say often, declare, maintain, assert, insist:* non es Quem semper te esse dictitasti? T.: qui ita dictitat, iis esse metuendum, etc.: si te populus sanum dictitet, H.—*To plead frequently:* causas.—*To allege, pretend, offer as a pretext:* ut dictitabat, Cs.: dictitabant se egere, etc., Cs.: Romulum insepultum perisse dictitans, L.

dīctō, āvī, ātus, āre, *freq.* [2 dico], *to dictate, suggest, remind:* tu idem, qui illis orationem dictavisses, *put in their mouths:* Mercemur servum qui dictet nomina (i. e. nomenclatorem), H.: Tironi (opp. ipse scribere): ducentos versūs, H.: Haec tibi dictabam, (addressed) *to you*, H.: Carmina, memini quae mihi Orbilium dictare, H.: Carmina dictant, i. e. *compose*, H.: Non unus tibi rivalis dictabitur heres, *appointed*, *designated*, Iu.: quod tu numquam rescribere possis, i. e. *direct the charge* (on his books), H.

dictum, ī, *n.* [DIC-], *something said*, *a saying*, *word*, *assertion*, *remark:* mihi Scripta illa dicta sunt in animo, T.: quod dictum graviter ferebant, Cs.: Metelli dicta cum factis conposuit, S.: ferocia, L.: inurbanum, H.: dicti studiosus, i. e. *of poetry*, Enn. ap. C.: hirsuta sua dicta, i. e. *books*, Pr.—Prov.: dictum sapienti sat est, T.: res dicta secuta est, O.: dicto citius, *on the word*, V.: dicto prope citius, L.—*A saying*, *maxim*, *proverb:* Catonis.—*A witty saying*, *bon-mot:* quae salsa sint ea dicta appellantur: in te dicta dicere: adytis haec tristia dicta reportat, *prophecies*, V.—*An order*, *command:* exercitus dicti audiens, Cs.: dicto paruit consul, L.: dicto parens Cupido, V.: contra dictum suum pugnare, L.—*A promise*, *assurance:* non dicto capti, N.

dictus, *P.* of dico.

dī-dō, dīdidī, dīditus, ere, *to give out*, *spread abroad*, *disseminate*, *distribute*, *scatter* (poet.): dide ac dissice, Caecil. ap. C.: dum munia didit (sc. servis), H.: Diditur per agmina rumor, V.: tua terris didita fama, V.

dī-dūcō, dūxī, ductus, ere, *to draw apart*, *part*, *split*, *separate*, *sever*, *sunder*, *divide*, *undo*, *relax:* digitos: risu rictum Auditoris, H.: nodos manu, O.: arva et urbīs, V.: fores, Ta.: scopulos (Hannibal), Iu.: vestem, Iu.—*To divide*, *distribute*, *disperse*, *scatter:* diductis nostris paullatim navibus, Cs.: acies diductam in cornua, L.: choros, V.: suas copias propter exiguitatem non facile diduci, Cs.: diductā manu hostium, S.: ut hostem diducerent, Ta.—Fig., *to part*, *sever:* cum diducaris ab alquo: vastius diducuntur verba, *are pronounced separately:* Diductos (amantīs) cogere, H.—*To divide:* assem in partīs centum, H.: diducta civitas ut civili bello, *divided into parties*, Ta.: animus varietate rerum diductus, *distracted.*

dīductiō, ōnis, *f.* [diduco], *a divergence*, *opposite conclusion:* rationis.

dīductus, *P.* of diduco.

diēcula, ae, *f. dim.* [dies], *a little while*, *respite*, T., C.

diēs, *gen.* diēī or diē (rarely diei, disyl., T., or diī, V.), *m.;* sometimes in *sing. f.* [DIV-], *a day*, *civil day:* Quae tot res in unum conclusit diem, T.: eo die, Cs.: in posterum diem, Cs.: paucos dies ibi morati, Cs.: alter et tertius dies absumitur, Ta.—*Fem.* (in prose only of a fixed term): diebus XXX, a quā die materia caesa est, Cs.: posterā die, S.: suprema, H.: atra, V.: tarda, O.—In phrases: paucis ante diebus, *a few days earlier*, S.: paucis post diebus, S.: postridie eius diei, *the next day*, Cs.: post diem tertium eius diei, *the next day but one*, L.: diem ex die exspectabam, *from day to day:* diem de die prospectans, L.: in dies, *every day*, Cs., C.: in diem rapto vivit, L.: cui licet in diem dixisse Vixi, etc., H.—*Abl.* diē, *in a day*, *in one day*, V.; rarely diē (i. e. cottidie or in diem), *daily*, V.—In dates: ante diem XII Kal. Nov., *the twenty-first of October:* in ante diem V Kal. Dec., *till November* 28.—*A set day*, *appointed time*, *term:* hic nuptiis dictus est dies, T.: pecuniae, C., L.: iis certum diem conveniendi dicit, Cs.: die certo, S.: negotio proxumum diem constituit, S.: conloquio decretus, O.: ad diem praestitutum venire, L.: die tuo exspectabam, etc., *your fever day:* supremus vitae: obire diem supremum, *die*, N.—*Fem.* (only *sing.*): deportandi dies praestituta: certa eius rei constituta, Cs.: stata, L.: ubi ea dies venit, Cs.: praeteritā die, quā, etc., Cs.: esse in lege, quam ad diem proscriptiones fiant.—In the phrase, dicere diem, with *dat.*, *to impeach*, *lay an accusation against:* diem mihi, credo, dixerat: Domitium Silano diem dixisse scimus.—*A dying-day*, *time to die*, *destined time* (poet.): Stat sua cuique dies, V.: Hic dolor ante diem Pandiona misit ad umbras, *prematurely*, O.—*A natural day*, *day* (opp. night): cum horā diei decimā venire: quantum scribam die (opp. noctibus), *in the daytime:* die et nocte concoqui, *in a single day and night:* multo denique die, *late in the day*, Cs.: in diem (somnum) extrahere, Ta.: exercere diem, *work by daylight*, V.: currūs rogat In diem, *for a day*, O.: diem noctemque procul navem tenuit, *a day and a night*, N.: Saturnalia diem ac noctem clamata, *all day and all night*, L.: diem noctemque, *uninterruptedly*, Cs.: Dies noctīsque me ames, T.: dies noctīsque iter faciens, N.: noctīs ac dies: et noctīs et dies.—With *iter*, of distances, *a day's march*, *day's journey:* huius silvae latitudo novem dierum iter expedito patet, *forced marches*, Cs.: quinque dierum iter aberant, L.—*Daybreak*, *day:* cum die, O.: ante diem, H.—*An anniversary:* quo die ad Aliam pugnatum, a clade Aliensem appellarunt, L.: diem meum scis esse III Non. Ian., *birthday.*—Meton., *a day's work*, *event*, *day:* is dies honestissimus nobis fuerat in senatu: dare illius diei poenas: ille dies Etruscorum fregit opes, Cs.: imponite quinquaginta annis magnum diem, Ta.—*A time*, *space of time*, *period*, *interval:* diem se ad deliberandum sumpturum, Cs.: diem tempusque forsitan ipsum leniturum iras, L.: ut sexenni die pecuniae solvantur, Cs.: in longiorem diem conlaturus, *a later day*, Cs.: perexigua, *a brief interval:* nulla, O.: (indutiarum) dies, *the term*, L.: messis, *season*, V.: Optuma aevi, *period* (i. e.

youth), V.: Sole dies referente siccos, *season*, H.: diem adimere aegritudinem hominibus, T.: diem festum Dianae per triduum agi, *a festival*, L.: malum in diem abiit, *to a future time*, T.: nos in diem vivimus, *for the moment.—Light of day, daylight* (poet.): Inmissus quo dies terreat umbras, O.: volumina fumi Infecere diem, O.: oriens occiduusque dies, *the East and the West*, i. e. *the world*, O.—Personified, *the god of day*, O.—*Fem.*: Venus primo Caelo et Die nata.

Diēspiter, tris, *m.* [cf. Δὶς πατήρ], *Jupiter*, H.

(diffāmō), —, ātus, āre [dis-+fama], *to make a scandal of, divulge:* adulterium diffamatum, O.: prava, Ta.—*To malign:* viros procacibus scriptis, Ta.

differentia, ae, *f.* [differo], *a difference, diversity:* honesti et decori: in principiis.—*A species:* (opp. genus).

differō, distulī, dīlātus, ferre [dis-+fero], *to carry apart, spread abroad, scatter, disperse, separate:* venti magnitudine ignem, Cs.: Nubila, V.: rudentis (Eurus), H.: in versum ulmos, i. e. *planted*, V.: Mettum in diversa, *tore to pieces*, V.—Fig., *to distract, disquiet, disturb, confound:* (Oratione) te, T.: differor doloribus, T.—*To spread abroad, publish, report, circulate:* male commissam libertatem populo R. sermonibus, L.: rumores, T.: celeri rumore dilato, N.: alqm rumoribus, *make notorious*, Ta.: alqm circum puellas, Pr.—*To defer, put off, postpone, adjourn, protract, delay:* rem cotidie: bellum: iter in praesentia, Cs.: pleraque, H.: vadimonia, *to adjourn court*, Iu.: distulit ira sitim, O.: differri iam hora non potest: diem de die, L.: impetūs, i. e. *make no rash attacks*, Ta.: quaerere distuli, H.: nihil dilaturi, quin, etc., L.: in posterum diem: vim doloris in posterum: in aliud tempus, Cs.: (diem edicti) in a. d. IV Kal. Dec.: curandi tempus in annum, H.: id ad crudelitatis tempus: quas (legationes) partim distulit Tarraconem, *till he should reach*, L.: contentionem totam post bellum, L.: Differ; habent commoda morae, O.: differendum negat, *says there must be no delay*, L.—Of personal objects, *to put off, get rid of, keep off, keep:* me in tempus aliud: differri non posse adeo concitatos animos, L.: decumum quos distulit Hector in annum, V.: vivacem anum, i. e. *to postpone her death*, O.: hi repulsi in spem impetrandi tandem honoris dilati, L.: legati ad novos magistratūs dilati, L.—*Intrans.* (only *praes.* system), *to differ, vary, be different:* verbo differre, re esse unum: paulum: quid enim differt, barathrone Dones quicquid habes, an? etc., H.: a vobis vestitu: multum a Gallicā consuetudine, Cs.: ut in nullā re (domus) differret cuiusvis inopis (sc. a domo), N.: hi (populi) omnes linguā inter se differunt, Cs.: non multum inter summos et mediocrīs viros: cogitatione inter se: (occasio) cum tempore hoc differt: pede certo Differt sermoni sermo, H.: tragico differre colori, H.

differtus, *adj.* [dis-+farcio], *stuffed, crammed, crowded, swarming:* provincia differta exactoribus, Cs.: corpus odoribus, Ta.: differtum forum populumque (i. e. forum differtum populo), H.

difficilis, e, *adj.* with *comp.* and *sup.* [dis-+facilis], *hard, difficult, troublesome, impracticable, laborious, perilous:* res, T.: facilia ex difficillimis redigere, Cs.: opus: locus: in locos difficilīs abire, S.: valles, Cs.: oppidum difficili ascensu: transitus, Cs.: aditūs, H.: tempus anni difficillimum, Cs.: difficili rei p. tempore, *peril:* casus difficilior, S.: difficilioribus usi tempestatibus, Cs: adversas (res) ferre difficile esset: non fuisse difficile cavere, Cs.—Prov.: difficile est, crimen non prodere voltu, O.—With *supin. abl.:* difficile factu est non probare: quo de genere difficile dictu est.—As *subst. n.:* pati vel difficillima, *the greatest hardships:* in difficili esse, *embarrassed*, L.: ex difficili petenda, O.—*Hard to manage, obstinate, captious, morose, surly:* parens in liberos: Difficilem offendet garrulus, H.: senes: avunculus difficillimā naturā, N.: difficili bile tumet iecur, H.: Penelope procis, H.: precibus, O.: terrae, *intractable*, V.

difficiliter, *adv.* with *comp.* and *sup.* [difficilis], *with difficulty:* a vero internosci: difficilius, confieri, Cs.: quae difficillime praecaventur.

difficultās, ātis (*gen. plur.* -tātium, L.), *f.* [difficilis], *difficulty, trouble, distress, poverty, want, embarrassment:* discendi: navigandi, Cs.: faciundi pontis, Cs.: loci, S.: vecturae: summa navium: rei frumentariae, Cs.: nummaria, *scarcity of money:* domestica, *distressed circumstances:* in agendo: res ad receptum difficultatem adferebat, Cs.: ad consilium capiendum, Cs.: contra tantas difficultates providere, S.: erat in magnis Caesaris difficultatibus res, ne, etc., Cs.—*Obstinacy, captiousness, moroseness:* difficultatem exsorbuit.

difficulter, *adv.* [difficilis], *with difficulty, hardly:* fiebat, Cs.: haud difficulter persuasum Latinis, L.; see difficiliter.

diffīdenter [diffidens], *distrustfully, diffidently:* diffidenter attingere aliquid: agere, L.

diffīdentia, ae, *f.* [diffidens], *mistrust, distrust, diffidence:* fidentiae contrarium est: rei, S.: non tam diffidentiā, futura quae imperavisset, quam, etc., S.

diffīdo, fisus sum, ere [dis-+fido], *to distrust, be diffident, be distrustful, despair:* iacet, diffidit: sui, S.: sibi aliquā ratione: eius fidei: suis rebus, Cs.: exercitui, S.: summae rei, Cs.: armis, V.: cur M. Valerio non diffideretur, L.: me posse (tutum esse): Caesarem fidem servaturum, Cs.

diffindō, fidī, fissus, ere [dis-+findo], *to cleave asunder, split, divide:* saxo diffisso: diffissā nate,

H.: tempora plumbo, V.: portas muneribus, i. e. *to open*, H.—Fig., *to detract:* nihil hinc diffindere possum, *can deny no part of it*, H.—*To render useless:* omen diem diffidit, i. e. *compelled adjournment*, L.

diffingō, —, —, ere [dis- + fingo], *to transform, remodel, make anew:* ferrum incude, H.—Fig.: alqd, *alter*, H.

diffissus, *P.* of diffindo.

diffīsus, *P.* of diffido.

diffiteor, —, ērī [dis + fateor], *to disavow, deny:* opus, O.

diffluō, flūxī, —, ere [dis- + fluo], *to flow in different directions, flow away:* in plurīs partīs (Rhenus), *branches*, Cs.; cf. nos quasi extra ripas diffluentīs coercere.—*To be dissolved:* iecur, L.: sudore, Ph.—*To be abandoned to:* luxuriā et lasciviā, T.: deliciis: vires tempus ingenium diffluxere, *wasted away*, S.—In rhet.: diffluens ac solutum, *loose, not periodic.*

diffugiō, fūgī, —, ere [dis- + fugio], *to fly apart, flee in different directions, disperse, scatter:* metu perterriti diffugimus: Diffugimus visu exsangues, V.: diffugiunt stellae, O.: nives, *disappear*, H.: sollicitudines, H.: in vicos passim suos, L.: omnis campis diffugit arator, V.

diffugium, ī, *n.* [dis + 2 FVG-], *a dispersion.*—*Plur.:* proximorum, Ta.

diffundō, fūdī, fūsus, ere [dis- + fundo], *to spread by pouring, pour out, pour forth:* sanguis in omne corpus diffunditur: tum freta diffundi iussit, O.: vina iterum (consule) Tauro diffusa, *bottled*, H.: in alqm venenum, *inject*, O.—*To spread, scatter, diffuse, extend:* toto caelo luce diffusā: signa caelo, H.: rami late diffunduntur, Cs.: dederatque comam diffundere ventis, V.—Fig., *to spread, diffuse, scatter, extend:* error late diffusus: flendo iram, *to temper*, O.: dolorem suum flendo, *to give vent to*, O.: oblivionem sensibus, H.: a quo diffunditur gens Per Latium, *branches out*, V.: Undanti animam in arma cruore, *pours out*, V.—*To cheer up, gladden, exhilarate:* animos, O.: voltūs, O.: ut et bonis amici quasi diffundantur: Iovem diffusum nectare, O.

diffūsē, *adv.* with *comp.* [diffusus], *in a scattered manner:* res dictae.—*Copiously, fully:* dicenda diffusius.

diffūsus, *adj.* [*P.* of diffundo], *spread abroad, extended, wide:* platanus diffusa ramis.—Fig.: ius civile, *prolix:* vocis genus, *protracted.*

diffutūtus, *adj.*, *exhausted by indulgence*, Ct.

digamma, atis, *n.*, = δίγαμμα, *the digamma:* tuum, *your letter F* (for fenus), i. e. *your interest-book.*

dī-gerō, gessī, gestus, ere, *to force apart, separate, divide, distribute:* In canes totidem digestus Cerberus, O.: Nilus septem in cornua, O.—Poet.: novem volucrīs in belli digerit annos, i. e. *interprets to mean years*, O.—*To distribute, arrange, dispose, set in order:* quas (tabulas): nomina in codicem: capillos, O.: carmina in numerum, V.—Fig., *to distribute:* poenam in omnīs, O.: tempora, O.: annum in totidem species, Ta.—*To arrange, set in order, distribute:* rem p. bene: mandata: omina, *interprets:* ius civile in genera: quid quoque anno actum sit, L.

dīgestiō, ōnis, *f.* [digero], *an enumeration.*

digitulus, ī, *m. dim.* [digitus], *a little finger*, T.: aniculae collum digitulis oblidere.

digitus, ī, *m.* [DIC-], *a finger:* de digito anulum detraho, T.: digitos impellere, ut Scriberent: Indice monstrare digito, H.: illam digito uno attingere, *to touch gently*, T.: alqd extremis digitis attingere, *to touch lightly:* attingere caelum digito, *to be exceedingly happy:* digiti, per quos numerare solemus, O.: in digitis suis singulas partīs causae constituere: si tuos digitos novi, *skill in reckoning:* si digitis concrepuerit, *by a snap of the finger:* digitum ad fontīs intendere, *to point:* qui digito sit licitus, *bid at an auction:* digitis nutuque loqui, *by signs*, O.: digito compesce labellum, *hold your tongue*, Iu.: monstror digito praetereuntium fidicen, H.: demonstravi digito Gallum.—Prov.: ne digitum quidem porrigere, *not to move a finger.*—*A toe:* constitit in digitos adrectus, V.—*A finger's breadth, inch* (the sixteenth part of a pes), Cs.: clavi digiti pollicis crassitudine, Cs.—Prov.: digitum transversum non discedere, *swerve a finger's breadth:* ab argento digitum discedere: digitis a morte remotus Quattuor, Iu.

dī-gladior, atus, ārī, *dep.* [gladius], *to fight for life and death, contend fiercely:* cives inter se sicis.—Fig.: de alquā re: digladientur illi per me licet.

dīgnātiō, ōnis, *f.* [dignor], *honor, rank:* de dignatione laborat: principum, L.: principis, Ta.

dīgnē, *adv.* with *comp.* [dignus], *worthily, fitly, becomingly:* laudari satis digne: iniuriam persequi: Martem scribere, H.: Peccare cruce dignius, H.

dīgnitās, ātis, *f.* [dignus], *worth, merit, desert, character:* tantum apud me dignitas potest, Cs.: honos dignitate impetratus: consularis, *a claim to the consulship:* pro dignitate laudare.—*Greatness, majesty, dignity, grandeur, authority, rank, distinction, eminence, reputation, honor:* consulis: summa in te: personarum: vostra, S.: celsissima sedes dignitatis.—*Self-respect, personal dignity, honor:* apud alium prohibet dignitas, T.: agere cum dignitate: neque suam pati dignitatem, ut, etc., Cs.: corporis, *presence*, N.—*One in high office, an eminent man, dignitary:* surrexisset Apronius, nova dignitas publicani: cum dignitates abessent, L.—Of things, *worth, value, excellence:* plena dignitatis domus: portus ut urbem dignitate acquiparet, N.: verborum.

dīgnō, —, —, āre [dignus], *to deem worthy:* cunctas nomine, C. poët.: laude dignari: coniugio Veneris dignate, V.

dīgnor, ātus, ārī, *dep.* [dignus], *to deem worthy, honor, deign, condescend:* tali me honore, V.: quaecumque (loca) adventu, Ta.: alio te funere, V.: Bis septem ordinibus quam (summam) lex dignatur Othonis, *requires for a knight*, Iu.: Verba conectere digner, *shall I stoop*, H.: Cui se viro dignetur iungere Dido, V.: inter amabilīs ponere me choros, H.: si quem dignabitur ista virum, *accepts*, O.: fugientem haud est dignatus Sternere, *disdained*, V.: alite verti, O.: ambire pulpita, H.

dīgnus, *adj.* with *comp.* and *sup.* [DEC-], *worthy, deserving, meritorious, deserved, suitable, fitting, becoming, proper:* quod te dignumst facere, T.: vir maioribus suis dignissimus: adsentatio, quae ne libero quidem digna est: O fons, Dulci digne mero, H.: quod dignum memoriā visum, Cs.: quicquid dignum sapiente bonoque, H.: dicere Cinnā digna, V.: dignum factis suis exitium invenit, S.: digna, quoi committas mulierem, T.: videtur, qui imperet, dignus esse: digna res est ubi tu nervos intendas tuos, *worth your utmost exertion*, T.: dignos esse, eorum agrum Bolanum esse (i. e. ut eorum esset), L.: unā perire, O.: concedere, Ct.: fuisse coniunx, O.: amari, V.: legi, H.: digna res visa, ut simulacrum pingi iuberet, L.: quidquid putabit dignum esse memoriae, Ph.: Di tibi id quod dignus es duint, T.: amicus, dignus huic ad imitandum: si digna poena pro factis eorum reperitur, S.: Dignum praestabo me pro laude merentis, H.: causa, L.: dignior heres, H.: dignas gratīs persolvere, V.: digna gloria ruris, V.: id, cum ipse per se dignus putaretur, impetravit: ex malā conscientiā digna timere, *just retribution*, S.: dici ut dignumst, *as is proper*, T.: quid minus est dignum quam videri, etc.: rem minus aegre quam dignum erat tulisse, L.: serius quam dignum populo R. fuit: ut probae dignum est, O.: cum auctoribus, quibus dignius credi est, L.—With *supin. abl.:* nihil dignum dictu, L.: digna relatu, O.: agere digna memoratu, Ta.—As *subst.:* nulla contumelia est, quam facit dignus: diligere non dignos: exemplum ab dignis ad indignos transfertur, S.: dignis ait esse paratus, i. e. (to help) *the deserving*, H.

dīgredior, gressus, ī, *dep.* [dis-+gradior], *to go apart, go asunder, separate, part, go away, depart:* Hos digrediens adfabar, *at parting*, V.: dein digrediens, *stepping aside*, S.: luna tum congrediens cum sole, tum digrediens: Digredimur paulum, O.: numquam est a me digressus: a parentibus, S.: ab nuntiis, L.: ex eo loco, Cs.: bello e tanto, V.: domo, S.: ambo in sua castra digressi, S.: in urbem ad capessendos magistratūs, Ta.—Fig., *to go aside, deviate, depart:* nostro officio, T.: de causā: a causā.—*To digress:* ab eo, quod proposueris: unde huc digressi sumus: ab epistulā digressa est oratio: Post hinc digressus iubeo, etc., V.

dīgressiō, ōnis, *f.* [digredior], *a parting, separating:* nostra.—Fig., *a digression:* a propositā oratione.

1. dīgressus, *P.* of digredior.

2. dīgressus, ūs, *m.* [digredior], *a parting, separating, departure:* meus: amici, Iu.

(**dī-grunniō**), see degrunnio.

diī. 1. *Nom. plur.* of deus.—**2.** *Gen.* of dies.

diiūdicātiō, ōnis, *f.* [diiudico], *a judging, deciding.*

dī-iūdicō, āvī, ātus, āre, *to distinguish, know apart, discern, perceive the difference:* vera et falsa: vera a falsis: inter has sententias.—*To judge, discern, decide, determine:* dicam, quod mihi in mentemst, tu diiudica, T.: Aliena melius quam sua, T.: verbis controversias: litem, H.: neque diiudicari posset, uter utri anteferendus, Cs.: diiudicatā belli fortunā, Cs.

diiūnct-, dīiungō, see disiun-.

dī-lābor, lapsus, ī, *dep.*, *to fall asunder, go to pieces, melt away, dissolve:* glacies dilapsa: nix, L.: Volcanus (i. e. ignis), H.: Fibrenus, et divisus aequaliter rapideque dilapsus, *flowing apart:* ungula in quinos dilapsa unguīs, *divided*, O.: (Proteus) in aquas dilapsus abibit, *melting*, V.: dilabente aestu, *retiring*, Ta.—*To move apart, flee, escape, scatter, disperse:* exercitus dilabitur, S.: intellegebat (copias) dilapsuras, N.: ab signis, L.: vigiles e stationibus dilapsi, L.: in sua quemque dilabi tecta, L.—*To fall to pieces, decay, tumble:* (aedes) vetustate dilapsa, L.: cadavera tabo, V.: corpora foeda, O.: fax in cineres, H.—Fig., *to go to decay, go to ruin, perish, be lost:* male parta male dilabuntur, *light come, light go*, poët. ap. C.: ne omnia dilabantur, si unum aliquod effugerit: divitiae, S.: vectigalia publica negligentiā dilabebantur, L.: de meā memoriā, *vanish:* dilapso tempore, *in the lapse of time*, S.

dī-lacerō, āvī, ātus, āre, *to tear to pieces, tear apart:* dominum, O.: corpus tormentis, Ta.—Fig., *to tear to pieces, waste:* ad dilacerandam rem p.: opes, O.: acerbitatibus dilaceratus, Ta.

dī-laniō, āvī, ātus, āre, *to tear to pieces, mutilate:* (cadaver) canibus dilaniandum: alqm tormentis, Ta.: membra, O.

dī-lapidō, —, —, āre, *to throw away, squander, consume:* triginta minas, T.

dīlapsus, *P.* of dīlābor.

dī-largior, ītus, īrī, *dep.*, *to give liberally, lavish:* omnia quibus voluit: foedera sociis, Ta.

dīlātiō, ōnis, *f.* [dis-+TAL-], *a putting off, postponement, delay:* vel minime temporis: comitiorum: nulla, L.: per dilationes bellum geri, L.

dīlātō, āvī, ātus, āre, *freq.* [dilatus], *to spread out, dilate, broaden, stretch, enlarge, extend:* manum: fundum: castra, L.: rictūs, O. —Fig., *to spread, amplify, dilate, extend:* orationem: haec: gloriam: litteras, *to pronounce broadly.*

dīlātor, ōris, *m.* [dis-+TAL-], *a delayer, dilatory person,* H.

dīlātus, *P.* of differo.

dī-laudō, *to distinguish by praise, eulogize:* libros.

1. dīlēctus, *adj.* [*P.* of diligo], *loved, beloved, dear:* Maecenas, H.: Superis, O.: sorori, V.

2. dīlēctus or **dēlēctus**, ūs, *m.* [dis- or dē+1 LEG-], *a choosing, picking out, selecting, selection, choice, distinction:* ad quod delectus adhibetur: iudicum: dignitatis: non dilectu aliquo ducitur ad iudicandum: sine ullo delectu: coire nullo dilectu, *indiscriminately,* O. —*A levy, recruiting, enrollment, conscription, draft* (of soldiers, etc.): per legatos delectum habere, Cs.: delectu totā Italiā habito: quam acerrimus, L.: missus ad dilectūs agendos, Ta.: perditissimorum civium.

dīligēns, entis, *adj.* with *comp.* and *sup.* [*P.* of diligo], *industrious, careful, assiduous, attentive, diligent, accurate, scrupulous, faithful:* diligentissimi aratores: homo, *thrifty:* servi: in re hereditariā: in ostentis animadvertendis: diligentior ad classem ornandum: omnis offici diligentissimus: veritatis, N.: equis adsignandis.—Of things, *laborious, faithful:* relatio consulis: scriptura: conquisitio, Ta.

dīligenter, *adv.* with *comp.* and *sup.* [diligens], *industriously, attentively, diligently, assiduously:* iter facere, Cs.: omnia agere: percipite quae dicam: diligentius (libelli) sunt reconditi: quos diligentissime conservavit, Cs.

dīligentia, ae, *f.* [diligens], *attentiveness, earnestness, diligence, industry, assiduity, care, faithfulness:* non mediocrem diligentiam adhibere, Cs.: summa in re p.: erga pecuniam, Ta.: vostra, T.: quā diligentiā fuerit!: nihil de diligentiā remittere: dignitatis, *regard for.*—*Economy, frugality:* res familiaris debet conservari diligentiā.

dīligō, lēxī, lēctus, ere [dis-+2 lego], *to single out, value, esteem, prize, love:* alqm: se ipse: inter se: civitates eum diligebant, Cs.: magno dilectus amore, V.: Lalage, Dilecta quantum, etc., H.: te in fratris loco, T.—Prov.: Solus est quem diligant di, i. e. *fortune's favorite,* T.: Diligitur nemo, nisi cui fortuna secunda est, O.—*To love, approve, aspire to, be content with, esteem, appreciate:* pudorem: locum: observantiam hominis: (poetarum) ingenia: alcuius consilia: nomen Romanum: mediocritatem, H.

dī-lōrīcō, —, ātus, āre, *to tear open:* tunicam.

dī-lūceō, —, —, ēre, *to be clear, be evident:* dilucere id quod erat coepit, L.: res patribus, L.

dīlūcēscō, lūxī, —, ere, *inch.* [diluceo], *to grow light, begin to shine, dawn:* Omnem crede diem tibi diluxisse supremum, H.—*Impers.:* cum iam dilucesceret: iam dilucescebat, cum, etc., L.: diluxit.

dīlūcidē, *adv.* [dilucidus], *plainly, evidently, distinctly:* expedire Iudicibus, T.: explicare: respondeo.

dīlūcidus, *adj.* with *comp.* [diluceo], *clear, distinct, evident:* oratio: omnia dilucidiora facientes.

dīlūculum, ī, *n.* [diluceo], *daybreak, dawn.*

dīlūdium, ī, *n.* [dis+ludus], *a resting-time, intermission.—Plur.,* H.

dī-luō, uī, ūtus, ere, *to wash away, dissolve, dilute, wash, drench:* ne aqua latercs diluere posset, Cs.: sata laeta, V.: unguenta lacrimis, O.: diluta labella guttis, *moistened,* Ct.—*To dissolve, temper, dilute, mix, steep:* venenum, L.: favos lacte, V.: mella Falerno, H.—Fig., *to weaken, lessen, impair, extenuate:* res levīs crimen: molestias omnīs: horam mero, O.: quae Popilius obiecerat, L.: unāquāque de re.

dīlūtus, *adj.* [*P.* of diluo], *thin, weak, dilute.— Comp.:* dilutius poturi (sc. vinum).

dīluviēs, —, *acc.* em, *f.* [diluo], *an inundation, flood, deluge:* fera, H.

dīluvium, ī, *n.* [diluo], *an inundation, flood, deluge:* Diluvio miscens (tellurem), V., O.—Fig., *desolation, destruction:* illud, V., Iu.

dimachae, ārum, *m.*, = διμάχαι, *mounted infantry, dragoons,* Cu.

dī-mānō, āvī, —, āre, *to spread abroad:* ad existimationem hominum latius.

dīmēnsiō, ōnis, *f.* [dis-+1 MA-], *a measuring:* quadrati.

dīmēnsus, *P.* of dīmetior.

dī-mētior, mēnsus, īrī, *dep.* and *pass.*, *to measure, measure out, lay out:* syllabas: caelum atque terram: campum ad certamen, V.: positūs siderum, Ta.: digitis peccata sua, *to count off.—Pass., to be measured, be planned, be adapted* (only *perf.* system): a quo essent illa dimensa atque descripta: opere dimenso, *laid out,* Cs.: tigna dimensa ad altitudinem fluminis, Cs.: certis dimensus partibus orbis, V.

dī-mētor (**dē-**), ātus, ārī, *dep.* and *pass.—Dep.,*

to measure out, mark out: eorum cursūs dimetati cognovimus.—*Pass., to be measured out, be marked:* locum castris dimetari iussit, L.: dimetata signa (al. demetata).

dīmicātiō, ōnis, *f.* [dimico], *a fight, combat, struggle, encounter:* maxima, Cs.: bellum ingenti dimicatione geritur, L.: priorum dimicationum fructus, Cs.: proelii: universae rei, *a general engagement,* L.—*A combating, struggling, contest, rivalry:* erepti sine dimicatione: in rem p.: cum dimicatio proposita sit, L.: vitae dimicationes, *perilous contests:* capitis.

dī-micō, āvī (dīmicuisse, O.), ātus, āre, *to fight, struggle, contend:* armis, Cs.: armis cum aliquo, N.: pro suā quisque patriā ferro, L.: in acie, *in the open field,* Cs.: equitatu, N.: pro te: ancipiti proelio dimicatur, Cs.: adversus se tam exiguis copiis, N.—*To struggle, strive, contend:* omni ratione: dimicantes competitores, *rival candidates,* L.—*To be in conflict, be in peril, run a risk, risk, hazard:* de capite, de famā: de vitā gloriae causā, *to be in mortal peril:* de repulsā, i. e. *be in danger of defeat,* Cs.: capite tuo, L.

dīmidiātus, *adj.* [dimidium], *halved, divided in the middle:* mensis: partes versiculorum.

dīmidium, ī, *n.* [dimidius], *the half:* Vix dum dimidium dixeram, *was hardly half through,* T.: ut ne minus dimidium ad illum perveniret: quos dimidio redderet stultiores, *by half:* Hibernia dimidio minor quam, etc., Cs.: Maior dimidio, H.: minus dimidio hostium quam antea occisum, L.—Prov.: Dimidium facti, qui coepit, habet, *well begun is half done,* H.

dīmidius, *adj.* [dis-+medius], *half, one half:* pro dimidiā parte: rex dimidiae partis Eburonum, Cs.—Fig., of descent: dimidius patrum, dimidius plebis, *half patrician and half plebeian,* L.—*Broken in two, broken:* crus, Iu.: voltūs, *mutilated,* Iu.

dī-minuō, see dimminuō.

dīmīssiō, ōnis, *f.* [dimitto], *a sending out, sending forth:* libertorum ad provincias.—*A dismissing, discharge:* propugnatorum.

1. **dīmīssus**, *P.* of dimitto.

2. (**dīmīssus**, ūs), *m., a deliverance.*—Only *dat.:* hanc quaestionem dimissui sperant futuram (dub.).

dī-mittō, mīsī, mīssus, ere, *to send different ways, send out, send forth, send about, scatter, distribute:* litteras circum municipia, Cs.: litteras per provincias, Cs.: certos per litora, V.: nuntios totā civitate Aeduorum, Cs.: legatos quoque versum, Cs.: dimissos equites pabulandi causā, Cs.: animum ignotas in artīs, *directs,* O.: aciem (i. e. oculos) partīs in omnīs, O.: per provincias, *to send despatches,* L.—*To break up, dissolve, dismiss, discharge, disband:* senatum: auxilia, S.: exercitum, Cs.: plurīs manūs, Cs.: nondum convivio dimisso, *broken up,* L.—*To send away, let go, discharge, dismiss, release:* hunc ab se: uxorem, *divorce:* Attium incolumem, Cs.: impunitum, S.: me incastigatum, H.: equos (to fight on foot), Ta.: beluam inclusam, *let loose:* hostem ex manibus, Cs.: eum e manibus (i. e. eius librum), *lay down:* nuntios ad Centrones, Cs.: Manlium Faesulas, S.: ab armis Ascanium.—*To relinquish, leave, desert, give up, abandon, quit, let slip:* locum, quem ceperant, Cs.: captam Troiam, O.: fortunas morte: patrimonium: speratam praedam ex manibus, Cs.: quantum dimissa petitis praestent, H.: his tributa, *remit,* Ta.—Fig., *to renounce, give up, abandon, forego, forsake, let go, lose, leave:* rem frustra tentatam, Cs.: occasionem rei bene gerendae, Cs.: tantam fortunam ex manibus, Cs.: nullum tempus, quin, etc.: condiciones pacis, Cs.: suum ius: in amicitiis dimittendis: quaestionem: fugam, *means of flight,* V.: coeptum iter, O.: iniuriam inultam: iracundiam rei p. dimittere, *sacrifice,* Cs.: oblito pectore cuncta, Ct.: dimissa in discrimen dignitas, *exposed,* L.

dimminuō, —, —, ere [dis-+minuo], *to break to pieces, shatter, break:* tibi caput, T.: Dimminuetur tibi cerebrum, T.

dī-moveō, ōvī, ōtus, ēre, *to move asunder, part, put asunder, separate, divide:* terram aratro, V.: glaebas aratro, O.: auras, V.: cinerem foco, O.: rubum, i. e. *creep through,* H.—*To separate, disperse, scatter, dismiss:* umentem polo umbram, V.: obstantīs propinquos, H.: turbam, Ta.—*To move away, separate, remove:* rem p. de suis possessionibus: alquos a plebe, S.—Fig.: alqm numquam dimoveas, ut, etc., *entice away, in order to,* etc., H.

Dindymēnē, ēs, *f.*, = Δινδυμήνη, *Cybele,* H.

dī-nōscō, —, —, ere, *to know apart, distinguish, discern:* vera bona, Iu.: (geminos) inter se similes, O.: civem hoste, H.: dominum et servum deliciis, Ta.: curvo rectum, H.

dīnumerātiō, ōnis, *f.* [dinumero], *a counting over, reckoning up, enumeration:* noctium ac dierum.—As a figure of speech, C.

dī-numerō, āvī, ātus, are, *to count, reckon, enumerate, compute:* stellas regis annos: tempora, V.: generis gradūs, O.—*To count out, pay:* viginti minas, T.

dioecēsis, is, *f.*, = διοίκησις, *a governor's jurisdiction, district.*

dioecētēs, ae, *m.*, = διοικητής, *an overseer of the revenue, royal treasurer.*

Dionȳsia, ōrum, *n.*, = Διονύσια, *the festival of Bacchus, the Bacchanalia,* T.

diōta, ae, *f.*, = *διώτη [two-eared], *a two-handled vessel, wine-jar,* H.

diplōma, atis, *n.*, = δίπλωμα, *a letter of recommendation, letter of authority*, C., Ta.

1. **Dīra**, ae, *f.* [dirus], *a fury*, V.—*Plur.*, *the Furies, goddesses of revenge and remorse*, V.

2. (**dīra**, ae), *f.* [dirus], *a bad omen* (only *plur.*): dirae, sicut cetera auspicia, etc.—*A curse, execration:* Diris agam vos, H.: compositae, Ta.

3. **dīra**, ōrum, *n.*, see dirus.

dīrēctē, *adv.* with *comp.* [dirigo], *in a straight line, precisely, exactly:* ad perpendiculum, Cs.: directius gubernare: dicere.

dīrēctō, dīrēctus, see derect-.

1. **dīrēmptus**, *P.* of dirimo.

2. **dīrēmptus**, ūs, *m.* [dirimo], *a separation.*

dīreptiō, ōnis, *f.* [diripio], *a plundering, pillaging, sack:* sociorum: fanorum: urbis, Cs.—*Plur.:* aratorum.

dīreptor, ōris, *m.* [diripio], *a plunderer:* urbis.

dīreptus, *P.* of diripio.

diribeō, —, itus, ēre [dis-+habeo], *to separate, sort, canvass* (ballots): dum de te tabellae diribeantur: diribitae tabellae.

diribitiō, ōnis, *f.* [diribeo], *a separation, sorting, canvass* (of ballots).

diribitor, ōris, *m.*, *a sorter, canvasser* (of ballots): tabellarum.

1. **dīrigō**, rēxī, rēctus, ere [dis-+rego], *to distribute, scatter:* volnera (i. e. tela), V.—*To lay out, arrange in lines:* regiones urbis: vicos, i. e. *the rows of houses*, L.

(2. **dīrigō**), see derigo.

dirimō, ēmī, ēmptus, ere [dis-+emo], *to take apart, part, separate, divide, cut off:* dirimi (corpus) distrahive: dirimit Suebiam montium iugum, Ta.: urbs flumine dirempta, L.: a continenti urbem, Cu.: si quem dirimit plaga solis, *whom the torrid zone parts* (from us), V.: infestas acies, iras (i. e. iratos), *to stand between*, L.—F i g., *to break off, interrupt, disturb, put off, delay:* proelium dirimitur, Cs.: proelium nox diremit, S.: proelia voce, V.: venerunt ad dirimendum bellum, L.: certamina, O.: controversiam, *to end:* rem arbitrio, O.—*To separate, dissolve, break off:* coniunctionem civium: caritas dirimi non potest, etc.: dirempta pax, L.: conubium, L.—*To interrupt, disturb, break up:* conloquium, Cs.: ut concilia populi dirimerentur, L.: actum est nihil, nox diremit.—*To destroy, frustrate, bring to naught:* auspicium, L.: rem susceptam: consilium, S.

dīripiō, uī, eptus, ere [dis-+rapio], *to tear asunder, tear in pieces:* Cum diripereris equis, O.: membra manibus nefandis, O.: dapes, V.—*To lay waste, ravage, spoil, plunder, pillage:* bona eorum, Cs.: oppidum, Cs.: captas urbīs, L.: diripiendas civitates dare, Cs.: direpta domus, V.: praedas imperatores cum paucis diripiebant, *seized and divided*, S.: aras, *strip*, V.: mella, *steal*, V.—*To tear away, snatch away:* Vaginā ensem, V.: direpta leoni Pellis erat, O.

dīritās, ātis, *f.* [dirus], *mischief, misfortune, calamity:* invecta casu, C. poët.—*Fierceness, cruelty:* omnī diritate taeterrimus: quanta in alquo.

dī-rumpō or **dis-rumpō**, rūpī, ruptus, ere, *to break to pieces, break, shatter:* partem (nubis): homo diruptus, *that has a rupture:* dirupi me paene, *nearly bursts my lungs:* Disrumpor, T.: disrumparis licet: plausu dirumpi.—F i g., *to break off, sunder, sever:* amicitias offensione: humani generis societatem.

dī-ruō, ruī, rutus, ere, *to tear asunder, overthrow, demolish, destroy:* maceriam iube dirui, T.: urbem: muros, N.: nova diruunt, alia aedificant, S.; post diruta Pergama, O.—*To scatter, disperse, destroy:* agmina vasto impetu, H.: omnia Bacchanalia, L.—E s p., *to deprive* (of pay), *ruin:* aere dirutus est, *his pay was stopped:* homo dirutus, *bankrupt.*

dīruptus, *P.* of dirumpo.

dīrus, *adj.* with *comp.*, *ill-omened, ominous, boding, portentous, fearful, awful, dread:* cometae, V.: quibus nihil dirius: mortalibus omen, O.: tempus: exsecratio, L.—*Plur. n.* as *subst.:* in dira incurrimus: Dira canere, O.: dira alcui precari, Tb.—*Dreadful, cruel, fierce, fell, relentless:* sorores, *the furies*, V.: Dea, i. e. *Circe*, O.: Hannibal, H.: mens, V.: hydra, H.—*Dreadful, dire, horrible, awful:* dapes, O.: venena, H.: bellum, V.: cupido, *insane*, V.: sollicitudines, H.: superbia, O.: Temporibus diris, *in the reign of terror*, Iu.—*Plur. n.* as *adv.:* dira fremens, *frightfully*, V.

dīrutus, *P.* of diruo.

1. **dīs**, dītis, *neut.* dīte, *adj.* with *comp.* dītior and *sup.* dītissimus [DIV-], *rich, wealthy, opulent, provided, abounding:* dis quidem esses, T.: Cratini huius ditis aedes, T.: domus, H.: patre diti, N.. Mycenae, H.: delubra donis, O.: stipendia, L.: res p. bonis exemplis ditior, L.: dum ne sit te ditior alter, H.: apud Helvetios ditissimus, Cs.: terra, V.: Bovianum armis, L.

2. **Dīs**, ītis, *m.* [DIV-], orig. *deity;* hence, *Jupiter of the infernal regions*, C., V., O., Ta.—Of the Celtic god of night, Cs.: atri ianua Ditis, i. e. *of the underworld*, V.: domina Ditis, i. e. Proserpina, V.

3. **dis-** or **dī-**, *praep.*, inseparable [DVA-], dis- before *c, p, q, s, t*, dī- before *d, g, l, m, n, r*, and *v* (but usu. dimminuō, sometimes disrumpo), dif- before *f.* Before a vowel dis- becomes dir-; before

i consonant, sometimes dī, sometimes dis-. Iacio makes dīsiciō or dissiciō.—*Asunder, apart, away, in different directions;* see diffindo, discedo, dimitto, divido, etc.—*Between, among, through;* see dinosco, diiudico, diligo, etc.—F i g., *not, un-* (reversing or negativing the primitive); see diffido, displiceo, dissuadeo, etc.—*Exceedingly, utterly;* see differtus, dilaudo, dispereo.

4. dīs, see deus.

dis-cēdō, cessī, cessus, ere, *to go apart, part asunder, divide, separate, disperse, scatter:* ex hac fugā auxilia discesserunt, Cs.: lignationis causā in silvas, Cs.: ut sodalitates decuriatique discederent: cum discedere populum iussissent tribuni, L.: in duas partīs, S.: cum terra discessisset: caelum, *opens:* scaena ut versis discedat frontibus, *open*, V.—*To go away, depart, leave:* petebat ut discedere liceret, Cs.: misere discedere quaerens, H.: ab exercitu, Cs.: a senis latere: e Galliā: ex contione, Cs.: de foro: templo, O.: longius ab agmine discedi, Cs.: de colloquio discessum, L.: in loca occulta, S.: ad urbem, V.: ex castris domum, Cs.: domos suas, N.—Of troops, *to march off, march away, decamp:* discessit a Brundisio, Cs.: ex hibernis, Cs.: Tarracone, Cs.: ab signis, *to leave the standard*, Cs.: exercitus ab signis discessit, *disbanded*, L.: ab armis, *to lay down their arms*, Cs.: in itinere ab eo, *desert*, Cs.—From a battle, *to get away, come away, come off, be left, remain:* se superiores discessisse existimare, Cs.: victor discessit ab hoste, H.: victus, S.: graviter volneratus, S.: ut inanes discederent: aequā manu, S.: aequo Marte, L.: sine detrimento, Cs.—From a trial or struggle, *to come off, get off, be left, remain:* ut spoliis ex hoc iudicio ornati discedant: se superiorem discessurum: liberatus, N.: si istius haec iniuria inpunita discesserit: pulchre, T.: turpissime: a iudicio capitis maximā gloriā, N.: Discedo Alcaeus puncto illius, *he votes me an Alcaeus*, H.—F i g., *to depart, deviate, swerve from, leave, forsake, give up, abandon:* nihil a statu naturae: a fide: a suā sententiā, Cs.: ab amicis in magnā re peccantibus.—*To pass away, vanish, cease:* audivi quartanam a te discessisse: ex animo illius memoria: hostibus spes potiundi oppidi discessit, Cs.: ubi hae sollicitudines discessere, L.—In the phrase, in sententiam discedere, *to adopt a view, pass over to a party, vote for a measure:* senatus in Catonis sententiam discessit, S.: senatus in alia omnia discessit: in hanc sententiam ut discederetur, L.: illud SC, quo numquam ante discessum est, Cs.—*To leave in thought, depart:* cum a vobis discesserim, i. e. *except you:* ut cum ab illo discesserint, me habeant proximum.

disceptātiō, ōnis, *f.* [discepto], *a dispute, disputation, debate, discussion, disquisition:* cum quibus omnis nobis disceptatio est: (causa) in disceptatione versata: privata: illa disceptatio tenebat, quod, etc., *the point in dispute was*, L.: iuris: dicendi: verborum, L.

disceptātor, ōris, *m.* [discepto], *an umpire, arbitrator, judge:* criminis: populo R. disceptatore uti: de suo iure ad Caesarem disceptatorem venire, Cs.: inter patrem et filium, L.

disceptātrīx, īcis, *f.* [disceptator], *an arbitrator:* dialectica veri et falsi.

disceptō, āvī, ātus, āre [dis-+capto], *to decide, determine, judge, arbitrate, sit as umpire:* haec iuste: causam in foro dicere disceptante te: exercitu disceptante, L.: inter populum et regem in re praesenti, L.: eorum controversias: eos ad disceptandum ad amicos vocare, *for arbitration*, L.—*To debate, dispute, discuss, strive:* erat non disceptando decertandum: cum palaestritis aequo iure: de controversiis iure apud se potius quam inter se armis, Cs.: de foederum iure verbis, L.: de iure publico armis: si coram de condicionibus disceptetur, Cs.: ut coram imperatore disceptaretur, L.—F i g., *to be at stake:* in uno proelio omnis fortuna rei p. disceptat.

dis-cernō, crēvī, crētus, ere, *to separate, set apart, mark off, bound, part, divide:* muro discerni a nobis: discrimina, quibus ordines discernerentur, L.: mons, qui finīs eorum discerneret, S.—P o e t.: (saxum) telas auro, *to interweave with gold*, V.: Limes litem ut discerneret arvis, i. e. *keep away*, V.—*P. perf.*, *divided, separated:* urbes magno inter se spatio discretae, L.: ubi discretas insula rumpit aquas, O.: sedes piorum, *retired*, H.: septem in ostia Nilus, O.: nec mors discreta fuisset, *nor had we been divided in death*, O.—F i g., *to distinguish, discern, know apart:* alba et atra: insidiatorem et petitum insidiis, L.: diem noctemque caelo, V.: fas atque nefas, H.: suos, Cs.: quid sit eiusdem generis: pecuniae an famae minus parceret, S.: nec discernatur, iussu iniussu pugnent, L.

discerpō, psī, ptus, ere [dis-+carpo], *to tear in pieces, rend, mangle, mutilate:* animus nec dividi nec discerpi potest: discerptum regem manibus, L.: membra gruis, H.—P o e t.: aurae Omnia discerpunt, *scatter*, V.—F i g.: divolso et quasi discerpta contrectare, *treat in fragments:* alqm dictis, Ct.

discessiō, ōnis, *f.* [discedo], *a separation, division:* Si eveniat discessio, *a divorce*, T.—Of the senate, *a division, formal vote:* senatus consultum de supplicatione per discessionem fecit: sine ullā varietate, *a unanimous vote:* quamquam discessio facta non esset, *no vote was taken.*

1. discessus, *P.* of discedo.

2. discessus, ūs, *m.* [dis-+1 CAD-], *a going asunder, parting:* non longinquus inter nos: caeli, i. e. *lightning.*—*A going away, departure, removal,* *withdrawal:* tuus: ab urbe: e vitā: latronis: meus, *banishment:* discessu mugire boves, V.: solis accessūs discessūsque.—*A marching away, marching off, decamping:* Belgarum, Cs.

discidium, ī, *n.* [dis-+2 SAC-], *a parting, separation, disagreement, dissension, discord:* inter nos, T.: nil, quod sit discidio dignum, *divorce*, T.: cupido Si tibi discidii est, O.: manente memoriā in discidio foederum, L.: civile, Ta.: belli.—*Plur.:* amicorum: adfinitatum, Ta.

discinctus, *adj.* [*P.* of discingo], *ungirt, without the girdle:* discincti ludere, *in loose dress*, i. e. *at ease*, H.—*Voluptuous, effeminate, dissolute:* Afri, V.: nepos, H.

dī-scindō, cidī, cissus, ere, *to tear asunder, cut apart, cleave, divide, rend, tear:* Vestem, T.: tunicam: purpureos amictūs manu, V.: labrum, T.: artūs, V.: novaculā cotem, L.: amicitiae discindendae, *rudely broken off.*

dis-cingō, nxī, nctus, ere, *to ungird, deprive of the girdle:* centuriones discinctos destitui iussit, i. e. *to lose their mantles*, L.: discinctā tunicā, H.: Afros, i. e. *strip utterly*, Iu.: neque ego discingor, i. e. *relax in my friendly offices.*

disciplīna, ae, *f.* [discipulus], *instruction, tuition, teaching, training, education:* puerilis: adulescentīs in disciplinam ei tradere: te in disciplinam meam tradere: in disciplinam (Druidum) convenire, Cs.: res, quarum est disciplina, *the objects of instruction:* quae (incommoda) pro disciplinā et praeceptis habere possent, Cs.—*Learning, knowledge, science, discipline, culture:* homo (summā) disciplinā: a pueris nullo officio aut disciplinā adsuefacti, Cs.: Italia plena Graecarum disciplinarum: his disciplinis institutus: militiae, *tactics:* bellica: militaris, *military discipline*, L.: occidere non disciplinā, sed impetu, Ta.: navalis: rei p., *statesmanship:* vetus regum, *severity:* familiae gravis: maiorum, S.: certa vivendi, *orderly way:* populorum, *the art of governing:* philosophiae, *a system:* tres trium disciplinarum principes.—*A custom, habit:* Nam disciplinast eis, demunerarier, etc., T.: imitari avi mores disciplinamque: familiae.—*A school:* itinera disciplinarum: philosophorum disciplinae, *sects*, T.

discipula, ae, *f.* [discipulus], *a female scholar, disciple*, H.

discipulus, ī, *m.* [disco], *a learner, scholar, pupil, disciple, student, follower:* Num immemores discipuli? *Have the pupils forgotten* (their lesson)? T.: Platonis: laboris et fori.

dīscissus, *P.* of discindo.

disclūdō, sī, sus, ere [dis+claudo], *to keep apart, divide, shut off:* Nerea ponto, V.: quibus (tignis) disclusis, *held asunder*, Cs.: iram et cupiditatem locis, *to assign:* morsūs roboris, *relax the pinch*, V.

disclūsus, *P.* of discludo.

discō, didicī, —, ere [DIC-], *to learn, learn to know, acquire, become acquainted with:* litteras: ius civile: dialectica ab aliquo: id de me, T.: virtutem ex me, V.: quae illi litteris, ego militando didici, S.: per laborem usum militiae, S.: omnīs crimine ab uno, V.: unde ius civile discatur: quae (artes) non sine otio discuntur: Pater esse disce ab illis, T.: senatui parere: miseris succurrere, V.: iustitiam et non temnere divos, V.: Litavicum ad sollicitandos Aeduos profectum, Cs.: nihil esse foedius servitute: quid sit vivere, T.: hoc quam nihil sit: quantum in Etruriā belli esset, L.: Unde sit infamis, O.: qui discunt, *pupils*, Cs.: illo discendi causā proficisci, *to study*, Cs.: voluntas discendi: discebant fidibus antiqui (sc. canere).—P o e t., of things, *to be taught:* Nec discet mentiri lana colores, V.—*To study for acting, present, produce* (on the stage): has partīs, T.: Novas (fabulas), T.

dis-color, ōris, *adj.*, *of another color, not of the same color:* auri per ramos aura, V.: matrona meretrici, *different in dress*, H.: vestis fatis discolor alba meis, O.—*Party-colored, of different colors:* signa: miles, *black and white* (in draughts), O.

dis-conveniō, —, —, īre, *to disagree, be inconsistent:* vitae ordine toto, H.—*Impers.:* eo disconvenit inter Meque et te, H.

discordia, ae, *f.* [discors], *disunion, disagreement, dissension, variance, discord:* confingis causas ad discordiam, T.: civilis, S.: facultas discordiae concitandae: duas ex unā civitate discordia fecerat, L.: perfecta tibi bello, V.: fratrum, O.: inter ipsos, L.: erga alqm, Ta.: non sedebantur discordiae: tacitae: incertae mentis, *inconsistency*, O.: Idae et Phoebo, Eveni filia, *the subject of strife*, Pr.—*Mutiny, rebellion*, Ta.—P e r s o n., *the goddess of discord*, V.

discordiōsus, *adj.* [discordia], *full of discord, intractable, quarrelsome:* volgus, S.

discordō, —, —, āre [discors], *to be at variance, differ, quarrel:* inter se, T.: cupiditates in animis discordant: animus secum discordans: patria, Ta.—P o e t., *to be unlike, be opposed:* quantum discordet parcus avaro, H.: Si discordet eques, *protests*, H.—*To mutiny*, Ta.

dis-cors, cordis, *adj.* [dis+cor].—Of persons, *discordant, disagreeing, inharmonious, at variance:* homines ambitione: ad alia discordes in uno consentire, L.: gens, L.—P o e t.: Tanais discors, i. e. *the Parthians*, H.: fetus, *hybrid*, O.—*Inconsistent, warring, contradictory, inharmonious:* inter se responsa, L.: semina rerum, O.: venti, V.: rerum concordia, H.: symphonia, H.—*Unlike, discordant, different:* ora sono, V.: hostes moribus, Cu.

discrepāns, antis, *P.* of discrepo.

discrepantia, ae, *f.* [discrepo], *discordance, dissimilarity, discrepancy :* rerum, verborum.

discrepātiō, ōnis, *f.* [discrepo], *a disagreement, dispute :* inter consules, L.

dis-crepō, uī, —, āre, *to differ in sound, be discordant, fail to harmonize :* (fides) paulum.—Fig., *to disagree, be inconsistent, be different, vary, differ, be at odds :* si quid discrepet: quae inter conlegas discrepare videatis: tres duces discrepantes, prope ut defecerint, L.: nec multum discrepat aetas, V.: nullā in re: in eo inter se: oratio verbis discrepat, sententiis congruens: de ceteris rebus: ab aliorum iudiciis: factum a sententiā legis: facta cum dictis: sibi: Vino acinaces discrepat, H.: Primo ne medium discrepet, H.—*To be disputed, be in question :* causa latendi discrepat, O.—*Impers. :* cum de legibus conveniret, de latore tantum discreparet, L.: inter auctores: nec discrepat, quin, etc., L.: cum haud ferme discreparet, quin, etc., *hardly a doubt remained*, Cs.

discrētus, *P.* of discerno.

dī-scrībō, scrīpsī, scrīptus, ere, *to distribute, divide, apportion, assign :* (argentum) illis, T.: civitatibus pecuniarum summas: urbis partīs ad incendia: duodena in singulos homines iugera: pretio iura: Sedes discriptae deorum, H.: militibus in legiones discriptis, L.: discriptis per familiam ministeriis, Ta.: non melius potuit discribere, i. e. *calculate.*

discrīmen, inis, *n.* [dis-+2 CER-], *that which parts, an intervening space, interval, distance, division, separation :* cum (maria) pertenui discrimine separarentur: discrimina costis spina dabat, *parted*, V.: finem atque initium lucis exiguo discrimine internoscas, Ta.—Poet.: Fossarumque morae, leti discrimina parva, i. e. *the brink of death*, V.: tenue leti, V.—Fig., *a distinction, difference, discrimination :* hoc inter gratiosos civīs atque fortīs: sine discrimine armatos inermīs caedunt, L.: Discrimen obscurum solutis Crinibus, i. e. *of sex*, H.: sui alienique, L.: divinarum humanarumque rerum, L.—Poet.: septem discrimina vocum, *the seven intervals* (of the scale), V.: parvi discriminis umbrae, *slightly varying* (of color), O.—*A decisive point, turning-point, critical moment, determination, decision :* res in id discrimen adducta est: in discrimine est humanum genus, utrum, etc., L.: belli, Cu.: haec haud in magno ponam discrimine, *regard as of great moment*, L.—Poet.: discrimine aperto, *the test*, O.—*A decisive moment, crisis, peril, risk, danger, hazard :* in ipso discrimine periculi, L.: in summo rem esse discrimine, Cs.: salus sociorum summum in discrimen vocatur: in veteris fortunae discrimen adducitur: patriae: res p. in discrimen committenda, L.: quae multa vides discrimine tali, V.: discrimine vitae Coniugium petere, O.: ire obviam discrimini, Ta.—*A decisive battle :* vehemens, Cu.

discrīminō, āvī, ātus, āre [discrimen], *to divide, part, separate :* Etruriam discriminat Cassia: late agros, V.: vigiliarum somnique tempora, *apportion*, L.

dīscrīptiō, ōnis, *f.* [discribo], *a division, distribution, apportionment, assignment :* civitatis: populi: possessionum: per urbem caedis (cf. descriptio).

dis-cruciō, —, ātus, āre, *to rack to pieces, torture.*—Only *pass. :* Brutum, Cassium discruciatos necare: Discrucior animi, *am distracted*, T.: discrucior, fundum a Curtilio possideri.

discumbō, cubuī, cubitus, ere [CVB-], *to lie down, recline at table :* discubuimus omnes, *took our places :* toris pictis, V.: discumbere iussus, *invited to dinner*, Iu.: discumbitur.—*To lie down to sleep :* cenati discubuerunt ibidem.

dis-cupiō, —, —, ere, *to desire greatly, long :* se vendere, Ct.

dis-currō, currī and cucurrī, cursus, ere, *to run different ways, run to and fro, run about, wander, roam :* in muris armata civitas, Cs.: deus in montibus altis, O.: circa vias, L.: per omnīs silvas, O.: Olli discurrēre pares, V.: ad rapiendas virgines, L.: in muros discurritur, V.: ad suffragium ferendum, L.: praedatum Romam, L.: (Nilus) septem discurrit in ora, V.: fama totā urbe discurrit, Cu.

1. discursus, *P.* of discurro.

2. discursus, ūs, *m.* [discurro], *a running to and fro, running about, straggling :* continere ab discursu militem, L.: vallem discursibus impleat, O.: subito discursu, *a double flank movement*, Ta.

discus, ī, *m.*, = δίσκος, *a quoit :* pete cedentem aëra disco, H.: Indoctus disci, H.: discum audire quam philosophum malunt.

discussus, *P.* of discutio.

discutiō, cussī, cussus, ere [dis+quatio], *to strike asunder, dash to pieces, shatter :* columna ad imum fulmine discussa est, L.: arietibus aliquantum muri, L.: latericium, Cs.: tempora ictu, O.: nubīs, O.: discussae iubae capiti, V.: saxa, Iu.—*To break up, scatter, disperse, dissipate, remove, dispel :* coetūs, L.: discussa est caligo: discussā nive, Cs.: umbras, V.: somnum sibi lymphā, Pr.: soporem, Cu.—Fig., *to remove, scatter, destroy, suppress :* caedem: cunctationem eius: eam rem litterae discusserunt, L.: periculum consilio.

disertē, *adv.* with *sup.* [disertus], *clearly, eloquently, expressly :* hoc scribere: disertissime scriptum, L.

disertus, *adj.* with *comp.* and *sup.* [for *dissertus; *P.* of dissero], *skilful, clear, clever, well-spoken, fluent:* homo, T.: disertos cognosse me nonnullos: adulescens: ad vinum: calices quem non fecere disertum? H.: laudare disertos, *men of culture,* Iu.: disertior Socrates: disertissimus poëta: homo nostrae civitatis.—Of discourse, *clear:* oratio: disertissima epistula.

dīsiciō or **dissiciō** (not disiicio), iēcī, iectus [dis+iacio], *to throw asunder, drive asunder, scatter, disperse, break up, tear to pieces:* late disiectis moenibus, L.: disiecta spatio urbs, L.: nubīs, O.: ostendens disiectis volnera membris, i. e. *the wounded body with limbs torn off,* O.: disice corpora ponto, V.: ratīs, V.: passim navīs, L.: disiecti membra poëtae, H.—*To rout, disperse, scatter:* eā (phalange) disiectā, Cs.: quos medios cohors disiecerat, S.: barbarorum copiis disiectis, N.: pulsos in fugam, Ta.—*To dash to pieces, ruin, destroy:* arcem a fundamentis, N.: moenia urbium disiecta, *dilapidated,* N.: dide, dissice, Caecil. ap. C.—F i g., *to thwart, overthrow, frustrate, bring to naught:* pacem, V.: consilia ducis, L.

disiectus, *P.* of disicio.

(disiūnctē), *adv.* [disiūnctus], *separately, without connection.*—Only *comp.:* disiunctius dici.

disiūnctiō or **dīiūnctiō**, ōnis, *f.* [disiungo], *a separation:* meorum.—*A variation, deviation:* animorum: sententiae.—*A logical opposition.*—I n r h e t., *asyndeton, a succession of clauses without connectives.*

disiūnctus (**dīiūnc-**), *adj.* with *comp.* and *sup.* [*P.* of disiungo], *parted, separate, distant, remote:* disiunctissimae terrae: Aetolia procul a barbaris disiuncta gentibus.—F i g., *apart, different, remote, disconnected, strange:* vita maxime a cupiditate: homines longe a nostrorum gravitate: nihil est ab eā cogitatione diiunctius: ratio, quae disiuncta coniungat, *opposites.*—Of discourse: concursūs, *abrupt.*

dis-iungō or **dīiungō**, ūnxī, ūnctus, ere, *to unyoke:* iumenta: bos disiunctus, H.: fessos iuvencos, O.—*To disunite, sever, divide, separate, part, remove:* (fons) munitione diiunctus a mari: Iugurthae Bocchique regnum (flumen), S.: equitatus a laevo cornu diiunctus, L.: Italis longe disiungimur oris, V.—F i g., *to separate, part, divide, estrange:* eos (oratorem et philosophum): illum ab illā, T.: populum a senatu: alqm a corpore: honesta a commodis: veterem amicitiam sibi ab Romanis, i. e. *old friends,* L.

dis-pālātus, *adj., straggling, astray:* in agris, N.: multitudo, N.

dis-pār, aris, *adj., unlike, dissimilar, different, unequal, ill-matched:* dispares mores disparia studia sequentur: pari gratiā sed genere dispari, Cs.: certabant, ipsi pares, ceterum opibus disparibus, S.: rebus et ordine, *in subjects and arrangement,* H.: male dispari inicere manūs, *one no match for him,* H.: habitus animorum, L.: disparibus septem compacta cicutis Fistula, V.: his alii: matrona meretrici, H.: quicquam dispar sui atque dissimile: mos in dispar, *towards another species,* H.: transfertur in multa disparia.

disparātum, ī, *n.* [disparo].—I n r h e t., *a direct opposition.*

dis-parilis, e, *adj., dissimilar, different:* adspiratio terrarum.

dis-parō, āvī, ātus, āre, *to part, separate, divide:* eos disparandos curavit, Cs.: (classīs) ita ut, etc.

dīspectus, *P.* of dispicio.

dis-pellō, pulī, pulsus, ere, *to drive asunder, scatter, disperse:* pecudes dispulsae: per undas nos, V.: alquos aequore turbo, V.—F i g., *to drive away, dispel:* sole dispulsa nebula, L.: ab animo caliginem: tenebras calumniae, Ph.

dispendium, ī, *n.* [dispendo], *expense, cost, loss:* sine suo dispendio, T.—*Plur.,* Pr.—F i g.: morae, *loss of time,* V.

dispēnsātiō, ōnis, *f.* [dispenso], *management, charge, direction, superintendence, provision, stewardship:* aerari: annonae, L.: inopiae, Cs.: regia.

dispēnsātor, ōris, *m.* [dispenso], *a steward, attendant, treasurer,* C.: dispensatore Armigero, Iu.

dispēnsō, āvī, ātus, āre, *to disburse, pay out:* qui dispensat, *the steward,* Iu.: alquem eligere ad dispensandam pecuniam, *as paymaster,* N.—*To distribute, dispense, share:* oscula suprema natos per omnīs, O.: inventa iudicio: rem: dispensari laetitia inter eius (populi) animos potuit, L.: mortalia fata, O.: consilium dispensandae victoriae, i. e. *the fruits of victory,* L.—F i g., *to manage, husband, adjust:* (domesticas res): filum candelae, *to trim,* Iu.: (annum) intercalaribus mensibus interponendis, L.: recte, H.

dis-perdō, didī, —, ere, *to spoil, ruin:* possessiones: carmen, V.: me (puella), O.

dis-pereō, iī, —, īre, *to go to ruin, be undone, perish:* fundum populi R. disperire pati: tui labores, Ct.—E s p. *colloq.,* in exclamations: disperii, perii misera, *it's all over with me,* T.: dispeream, ni Summosses omnīs, *may I die, but,* etc., H., Ct. Pr.

dīspergō or **dīspargō**, sī, sus, ere [dis-+spargo], *to scatter, spread abroad, disperse:* tibi cerebrum, T.: per agros passim corpus: membrorum collectio dispersa: dispersa inmittit silvis incendia, V.: quae (duo milia evocatorum) totā acie, Cs.: in omnīs partīs dispersa multitudo, Cs. —E s p., *P. perf., scattered, straggling:* ut homines dispersi vagarentur: dispersos (milites) subito adortus, Cs.: dispersi a suis pars cedere, etc., S.—*To besprinkle, bespatter:* cerebro viam, T.—Fig., *to scatter, conduct without order, disperse:* partīs argumentandi confuse: bellum tam longe lateque dispersum: plebis vis dispersa in multitudine, *without organization*, S.: vitam in auras, V.—*To spread abroad:* falsos rumores, Ta.

dīspersē, *adv.* [dispersus], *here and there, occasionally:* dictae res: multis in locis dicta.

dīspersiō, ōnis, *f.* [dispergo], *a destruction:* urbis (dub.).

dīspersus, *P.* of dispergo.

dispertiō, īvī, ītus, īre [dis-+partio], *to distribute, divide:* inter manipulos funditores, S.: pecuniam iudicibus: exercitum per oppida, L.: mensam servis, N.: portas tribunis, *assign*, S.—Fig., *to divide, apportion:* tempora voluptatis laborisque: initia vitae atque victūs hominibus: tot in curas dispertiti animi, *distracted*, L.

dispertior, —, īrī, *dep.* [dis-+partior], *to distribute, apportion:* belli administrationem inter se, L.: alqd in infinitum, i. e. *refine.*

dispertītiō, ōnis, *f.* [dispertio], *a destruction:* urbis (dub.).

dīspiciō, spēxī, spectus, ere [SPEC-], *to descry, discern, perceive, make out, distinguish, detect* (by the sight): ne scintillam quidem ullam ad dispiciendum reliquerunt: acie mentis: catuli, qui iam dispecturi sunt: summo ab aethere terras, O.: dispecta est et Thule, Ta.—Fig., *to perceive, discern, discover, detect* (by the mind): libertatem ex servitute: verum: quorum nihil cum dispexisset caecata mens, L.: quid velit: quod sperem.—*To consider, reflect upon, look about, regard:* iam aliquid dispiciam, T.: res Romanas: insidiatorem, L.

displiceō, uī, itus, ēre [dis-+placeo], *to displease, be unsatisfactory:* mihi: si displicebit vita, T.: verbum vehementer displicet, *I dislike extremely:* mihi non displicet (propulsare, etc.), *I am inclined:* totus displiceo mihi, *am discontented*, T.: cum mihimet displicerem, *was fretful.*

(**dis-plōdō**), —, ōsus, ere, *to burst, cause to explode.*—Only *p. perf.:* displosa vesica, H.

dis-pōnō, posuī, positus, ere, *to place here and there, array, distribute, set in order, arrange, dispose:* Homeri libros: ordines in quincuncem, Cs.: comas, O.: ensīs per herbam, V.—In military operations, *to set in order, arrange, draw up, array, post, assign:* sic erant disposita praesidia, ut, etc.: custodias, Cs.: aciem, Cu.: per dispositos equos pervenire, *by relays*, L.: tormenta in muris, Cs.: navīs in litore, Cs.: praesidia cis Rhenum, Cs.—Fig., *to arrange, adjust, order, dispose:* in ornatu (orationis) lumina: consilia in omnem fortunam ita disposita, L.: diem, *in watches*, Ta.: modos, O.

dispositē, *adv.* [dispositus], *orderly, methodically:* accusare istum.

dispositiō, ōnis, *f.* [dispono], *a regular disposition, arrangement:* argumentorum.

1. dispositus, *P.* of dispono.

2. (dispositus, ūs), *m.*, *a disposition, arrangement.*—Only *abl. sing.:* civilium rerum, Ta.

dis-pudet, —, ēre, *impers.*, *it shames, is shameful:* Sic mihi data esse verba, T.

dispulsus, *P.* of dispello.

disputātiō, ōnis, *f.* [disputo], *an argument, discussion, debate, dispute:* magis facilis quam necessaria: isti disputationi nihil est loci: in utramque partem, Cs.—*Plur.*, C.

disputātor, ōris, *m.* [disputo], *a disputer, disputant:* subtilis.

dis-putō, āvī, ātus, āre, *to weigh, examine, investigate, treat, discuss, explain:* de singulis sententiis breviter: ad id: multa de sideribus, Cs.: de omni re in contrarias partes: esse in utramque partem disputatum, Cs.—*To argue, maintain, insist:* palam: copiose: non ita disputo, *such is not my argument:* qui contra disputant, *opponents:* pro omnibus et contra omnia: isti in eo disputant, Contaminari non decere fabulas, T.: nihil contra: contra te: quod disputari contra nullo pacto potest, *cannot be disputed:* quid desiderem, non quid viderim, *the question is*, etc.

disquīrō, —, —, ere [dis-+quaero], *to inquire diligently, investigate:* mecum, H.

disquīsītiō, ōnis, *f.* [disquiro], *an inquiry, investigation:* in magnis disquisitionibus: in disquisitionem venit, ne, etc., L.

disrumpō, disruptus, see dirumpo.

dis-saepiō (not -sēpiō), psī, ptus, ere, *to part off, separate, divide:* limitibus omnia certis, O.—Fig.: tenui muro alqd.

dis-sēminō, āvī, ātus, āre, *to spread abroad, disseminate:* omnia in memoriam sempiternam: malum.

dissēnsiō, ōnis, *f.* [dissentio], *difference of opinion, disagreement, dissension, discord, strife:* regum, S.: inter eos magna: parva est mihi tecum dissensio?: amicorum disiunctio dissensionem facit: alqd dissensionis commovere: civilis: huius ordinis, *from*, etc.—*Plur.:* civium: quā ex re nascuntur, Cs.—Fig., of things, *disagreement, incompatibility:* utilium cum honestis.

1. dissēnsus, *P.* of dissentio.

2. (dissēnsus, ūs), *m.* [dissentio], *dissension, disagreement.*—Only *abl. sing.:* vario, V.

dissentāneus, *adj.* [dissentio], *disagreeing, contrary:* alcui rei.

dis-sentiō, sēnsī, sēnsus, īre, *to differ, dissent, disagree, be at odds, contradict, quarrel:* a te dissentiens senator: ab iudicio omnium: in hoc: a ceterarum gentium more: inter se: qui dissentiunt: nisi quid tu Dissentis, H.: tam valde reliquum tempus ab illo die dissensisse: condicionibus foedis, H.—*To be unlike, differ:* affectio a se ipsa dissentiens, *inconsistent.*

(**disserēnāscō**), āvī, —, āre, *inch. impers.* [dis+sereno], *to clear up, grow clear:* cum undique disserenasset, L.

1. **dis-serō**, —, —, ere, *to plant here and there:* talcae intermissis spatiis disserebantur, Cs.

2. **dis-serō**, ruī, rtus, ere, *to examine, argue, discuss, speak, harangue, discourse, treat:* mecum: pluribus verbis sit disserendum: philosophiae pars, quae est disserendi: de omnibus rebus in contrarias partīs: pro legibus, L.: contra ista: permulta de eloquentiā cum Antonio: haec subtilius: alquae in contione huiuscemodi verbis, S.: libertatis bona, Ta.: nihil esse in auspiciis.

dissertiō, ōnis, *f.* [2 dissero], *a gradual destruction, abolition:* iuris humani, L. (dub.).

dissertō, āvī, ātus, āre, *freq.* [dissero], *to discuss, debate, treat:* vim Romanam, Ta.: rectius de alquā re, Ta.

dissideō, ēdī, —, ēre [dis-+sedeo], *to sit apart, be remote:* sceptris quae (terra) libera nostris Dissidet, V.: quantum Hypanis dissidet Eridano, Pr.—Fig., *to be at variance, disagree, differ:* non consiliis, sed armis: dissidentibus consulibus: a populo R.: a Pompeio in tantis rebus: leviter inter se: cum Cleanthe multis rebus: virtus dissidens plebi, H.: Dissidet et variat sententia, O.: Medus luctuosis Dissidet armis, *is distracted,* H.—Of things, *to be unlike, be dissimilar, differ, disagree:* scriptum a sententiā: verba cum sententiā scriptoris: si toga dissidet impar, i. e. *sits awry,* H.

dissīgnātiō, ōnis, *f.* [dissigno], *an arrangement* (v. l. for designatio).

dissīgnātor (not dēsīg-), ōris, *m.* [dissigno], *an undertaker, manager* (at a funeral), H.

dis-sīgnō, āvī, ātus, āre, *to unseal, disclose:* Quid non ebrietas dissignat? H.—Fig., *to arrange, dispose, regulate, set in order* (only v. l. for designo).

dissiliō, uī, —, īre [dis-+salio], *to leap asunder, fly apart, burst, break up, split:* mucro ictu dissiluit, V.: aera (sc. frigore), V.: Haec loca convolsa ruinā Dissiluisse ferunt, V.: Caput dissilire neniā, H.—Fig., *to be broken, be dissolved:* Gratia fratrum geminorum dissiluit, H.

dis-similis, e, *adj.* with *comp.* and *sup.*, *unlike, dissimilar, different:* duo dissimilia genera, lenonum et latronum: dissimilis est militum causa et tua: hac in re unā Multum dissimiles, H.: quod est non dissimile atque ire, etc.: haec sunt consilia non dissimilia, ac si quis, etc., L.: tui: sanguis dissimillimorum sui civium: homo tum sui dissimilis, *not himself:* sui dissimilior fieri cotidie: dissimillima legis ea (lex): homini, qui, etc.: huic iudicio illa contentio: tam fortibus ausis, V.: et inter se dissimiles et aliorum.

dissimiliter, *adv.* [dissimilis], *differently, in a different manner:* efficere voluptates: oppidum situm, S.: haud dissimiliter navibus vagis, L.

dissimilitūdō, inis, *f.* [dissimilis], *unlikeness, difference, dissimilitude:* temporis: studiorum.

dissimulanter, *adv.* [dissimulo], *dissemblingly, secretly:* verba conclusa: adservari, L.

dissimulantia, ae, *f.* [dissimulo], *a dissembling.*

dissimulātiō, ōnis, *f.* [dissimulo], *a disguising:* sui, Ta.—*A dissembling, concealment, dissimulation:* dissimulatione tecta improbitas: cupiditatis, *irony.*

dissimulātor, ōris, *m.* [dissimulo], *a dissembler, concealer:* alcuius rei, S.: opis propriae, *of my own influence,* H.: amoris, O.: alienae culpae, Ta.

dis-simulō, āvī, ātus, āre, *to make unlike, disguise:* tauro dissimulante deum, *concealing the divinity,* O.: se, *to assume another form,* O.: capillos Dissimulant plumae, i. e. *take the place of,* O.—*To dissemble, hide, conceal, keep secret:* etsi ea dissimulas, *pretend that it is not so,* T.: dissimulatus amor, T.: neque dissimulari tantum scelus poterat: rem diutius, Cs.: occultam febrem, H.: gaudia, O.: se scire, etc.: quin delecter: de coniuratione, S.: quae rebus sit causa novandis, V.: Ridens dissimulare, *pretend not to take my meaning,* H.: dissimulant, *repress their feelings,* V.—*To disregard, pass unnoticed, ignore:* Aeolia sine supplicio dissimulata, Ta.: conscientiā belli Sacrovir diu dissimulatus, Ta.

dissipābilis, e, *adj.* [dissipo], *that may be dispersed:* ignis et aër.

dissipātiō, ōnis, *f.* [dissipo], *a scattering, dispersing:* civium: praedae, i. e. *plundering.*—*Destruction, annihilation:* corporum.—In rhet., *the use of contrasted adverbs of place in parallel clauses.*

dissipātus, *adj.* [*P.* of dissipo], *scattering, incoherent:* oratio: dissipata conectere: in instruendo (orator).

dissipō or **dissupō**, āvī, ātus, āre [dis+*supo, throw], *to spread abroad, scatter, disperse:* ignis se dissipavit, L.: fratris membra: dissipatos homines congregare: venenum per ossa, O.: in mille curias dissipata res p., L.—*To disperse, rout, scatter, put to flight:* ordines pugnantium, L.: in fugam dissipari, L.: obliquo latrantīs ictu, O.—In *P. perf., disordered, scattered:* dissipata fuga, L.: cursus, L. — *To demolish, overthrow, destroy, squander, dissipate:* statuam: ignis cuncta dissipat: a maioribus possessiones relictas: rem familiarem.—Fig., *to disperse, spread abroad, circulate, disseminate, scatter:* famam: sermones huiusmodi, me esse deductum, etc.: dissipatum passim bellum, L.—*To drive away:* Curas, H.

dissociābilis, e, *adj.* [dissocio], *separating, dividing:* Oceanus, H.—*Irreconcilable:* res, Ta.

dissociātiō, ōnis, *f.* [dissocio], *a separation:* spiritūs corporisque, Ta.

dis-sociō, āvī, ātus, āre, *to put out of union, disjoin, disunite:* Dissociata locis concordi pace ligavit, O.: montes ni dissocientur opacā Valle, H.—Fig., *to separate in sentiment, disunite, set at variance, estrange:* amicitias: homines antea dissociatos conligavit: copias, *divide in factions,* Ta.: disertos a doctis: causam suam, *to isolate,* Ta.

dissolūbilis, e, *adj.* [dissolvo], *that may be dissolved, dissoluble:* coagmentatio: animal.

dissolūtē, *adv.* with *comp.* [dissolutus], *loosely, disconnectedly:* dicere. — Fig., *laxly, negligently, carelessly:* decumas vendere: alqd factum.

dissolūtiō, ōnis, *f.* [dissolvo], *a dissolving, destroying, breaking up, dissolution:* naturae, i. e. *death.* — Fig., *an abolishing, destruction:* legum omnium: imperii, Ta.—*A refutation:* criminum. —In rhet., *a want of connection, asyndeton,* C.—Of character, *looseness, effeminacy, dissoluteness:* animi: iudiciorum.

dissolūtus, *adj.* with *comp.* and *sup.* [*P.* of dissolvo]. — Of discourse, *disjointed, loose, disconnected,* C.—In rhet., as *subst. n., asyndeton,* C.—Fig., of character, *lax, remiss, negligent, careless, dissolute, abandoned:* neglegere . . . est dissoluti, etc.: in tantis rei p. periculis: omnium hominum dissolutissimus: liberalitas dissolutior: Graecorum consuetudo: mores, Ph.: luxu mens, Ta.

dis-solvō, solvī, solūtus, ere, *to take apart, disunite, part, destroy:* opus suum natura dissolvit: pontem, N.: navem, Ph.: animus, si est harmonia, dissolvetur. — *To take to pieces, analyze:* Quem (versum), H.—*To pay, discharge:* aes alienum dissolutum: omne quod debuit: pecuniam pro iis rebus, Cs.: poenam: damna. — *To free from debt:* dissolvi nullo modo possunt.—Fig., *to dissolve, abolish, abrogate, annul, destroy:* amicitias: societatem: religiones, L.: leges Caesaris: iudicia publica: regiā potestate dissolutā, N.: rem p., L.: frigus, H.: mortalium mala, S.: plerosque senectus dissolvit, S.—*To refute, reply to, answer:* criminatio tota dissoluta est: (crimina) iudicio. — *To release, disengage:* Dissolvi me, ut, etc., T.

dis-sonus, *adj., dissonant, discordant, confused:* clamores, L.: illis voces, L.: questus, Ta. —*Disagreeing, different:* gentes sermone, L.: ab Romanā re, L.: exercitūs linguis, Ta.

dis-sors, rtis, *adj., of a different fate, not in common:* ab omni milite gloria, O.

dis-suādeō, suāsī, suāsus, ēre, *to advise against, dissuade, oppose by argument, resist, object:* cum ferret legem, dissuasimus nos: dissuadente Vercingetorige, Cs.: quam (legem): pacem, L.: captivos remittendos: de captivis: suis bellum, O.—*Supin. acc.:* multis dissuasum prodeuntibus, L.—Poet.: Hinc dissuadet amor, O.

dissuāsiō, ōnis, *f.* [SVAD-], *a remonstrance, dissuasion:* rogationis eius.

dissuāsor, ōris, *m.* [SVAD-], *an objector, remonstrant, opponent:* consili: legis, L.

dissultō, —, —, āre, *freq.* [dissilio], *to leap apart, fly in pieces, burst asunder:* dissultant ripae, V.—Fig.: fulmine Dissultant crepitūs, V.

dis-suō, —, ūtus, ere, *to rip open:* dissuto sinu, *torn open,* O.—Fig.: amicitiae dissuendae, i. e. *gently severed.*

dissupō, see dissipo. **dissūtus**, *P.* of dissuo.

dis-taedet, —, —, ēre, *impers., it is wearisome, is disgusting:* cum hoc distaedet loqui, T.

distāns, ntis, *adj.* [*P.* of disto].—In space, *remote, far apart, far away, distant:* tam distantibus in locis: spatio distante, O.: legio mille passuum intervallo, *at a distance,* L.: loco ripae, O.: trabes inter se binos pedes, Cs.—Fig., *different, unlike, remote:* a severitate comitas: exactis minimum distantia, H.

distantia, ae, *f.* [disto], *remoteness, diversity:* inter eos morum.

dis-tendō, dī, tus, ere, *to stretch asunder, stretch out, extend:* bracchia, O.: novem Iugeribus distentus, O.: hostium copias, L. — *To swell out, distend, stuff, fill:* horrea, Tb.: ubera lacte, V. — *To divide, separate:* copias hostium, L. — Fig., *to divide, distract, perplex:* in duo bella curas hominum, L.: animos, L.

1. distentus, *adj.* with *comp.* [*P.* of distendo], *distended, full:* lacte capellae, V.: distentius uber, H.

2. distentus, *adj.* with *sup.* [*P.* of distineo], *engaged, busied, occupied:* negotiis: distentissimus de Buthrotiis: mens.

dis-terminō, āvī, ātus, āre, *to divide, limit, part:* (stellas) intervallum binas disterminat, C. poet.: (flumen) Dahas Ariosque, Ta.

dīstinctē, *adv.* [distinctus], *with precision, distinctly, clearly:* dicere: concisa brevitas.

dīstinctiō, ōnis, *f.* [STIG-], *a distinguishing, discrimination:* rerum inter ea: veri a falso: poenarum ex delicto, Ta.—*A difference, distinction, variation:* in visis: lunae: eiusdem verbi saepius positi, *in meaning.*—In gram., *punctuation.*

1. dīstinctus, *adj.* with *comp.* [*P.* of distinguo], *separated, separate, distinct:* genera delictorum: acies distinctior, ex pluribus partibus constans, L.: concentus ex distinctis sonis. — *Decorated, adorned, studded, impressive:* pocula gemmis: herbae floribus, O.: oratio expolitione: in utroque genere Cato, *eminent.*

2. (**dīstinctus**, ūs), *m.* [STIG-]. — Only *abl. sing.*, *variety:* pinnarum, Ta.

distineō, tinuī, tentus, ēre [dis+teneo], *to keep asunder, separate, part, hold back:* tigna binis utrimque fibulis distinebantur, Cs.: duo freta Isthmos, O.: alqm a domo, H.: hostem Agger, V.—*To keep back, hinder, detain, occupy, engage, employ, divert:* manūs hostium, Cs.: copias Caesaris, *kept from uniting,* Cs.: Volscos, L.: in multitudine iudiciorum distineri: distineri litibus, N.: ad omnia tuenda multifariam distineri, L.—*To hinder, delay, put off, prevent:* pacem: victoriam, Cs.: rem distinebat, quod, etc., L.—F i g., *to distract, perplex:* distineor dolore: factiones senatum distinebant, L.

dī-stinguō, nxī, nctus, ere, *to separate, divide, part:* onus inclusum numero eodem, O.: qui tabulā distinguitur undā, Iu.: qui nos distinxit, *established the division* (of ranks in the theatre), Iu.—F i g., *to distinguish, discriminate, specify:* ea (crimina): servos numero: voluntatem a facto, L.: vero falsum, H.: quid intersit, non distinguitur.—*To mark, distinguish, make conspicuous, set off, decorate, adorn:* urbs delubris distincta: pocula gemmis: racemos colore, H.: varietatibus distinguendo opere, L.: nigram medio frontem distinctus ab albo Harpalus, i. e. *made conspicuous by the contrast,* O.

dī-stō, —, —, āre, *to stand apart, be separate, be distant:* quantum tignorum iunctura distabat, Cs.: Nec longo distant (regna) cursu, V.: inter se, Cs.: non amplius pedum milibus II ab castris castra distabant, Cs.: tanto, O.: foro nimium distare Carinas, H.—In time: quantum ab Inacho, H. — *To differ, be different, be unlike:* quantum distet argumentatio ab re: ultima distant, O.: Sordidus a tenui victu distabit, H.: stoica dogmata A cynicis tunicā distantia, Iu.: Paulum distat inertiae Celata virtus, H.: aera lupinis, H.: facta minis, O.—*Impers., there is a difference, it makes a difference, is important:* ut distare aliquid videatur, utrum, etc.: Stultitiāne erret, nihilum distabit, an ira, H.

dis-torqueō, rsī, rtus, ere, *to turn awry, twist, distort:* os, T.: oculos, H.

distortiō, ōnis, *f.* [distorqueo], *a distorting, contortion:* membrorum.

distortus, *adj.* with *comp.* and *sup.* [*P.* of distorqueo], *distorted, misshapen, deformed, dwarfish:* eiectā linguā: crura, H.: si distortissimi (sapientes) sint.—F i g.: nullum (genus enuntiandi) distortius, *more perverse.*

distractiō, ōnis, *f.* [dis+traho], *a pulling asunder, dividing:* humanorum animorum.—F i g., *dissension, discord, disagreement:* cum tyrannis (opp. societas).

distractus, *P.* of distraho.

dis-trahō, āxī, actus, ere, *to pull asunder, tear in pieces, part, divide:* (corpus) quod distrahi non possit: corpus passim distrahendum, L.: turbatis distractus equis, V.: aciem eius distrahi pati, *broken,* Cs.—*To sell in parcels:* agros, Ta. — *To tear away, draw away, part, separate, remove:* ab eis membra: illam a me, T.—F i g., *to divide, distract, perplex:* haec opinione: animi in contrarias sententias distrahuntur: res p. distracta, L.: amorem, T.: rem, *to frustrate,* Cs.: famā distrahi, i. e. *to be in ill repute,* Ta.: controversias, *to adjust:* voces, i. e. *to leave a hiatus.*—*To part, disconnect, estrange, alienate:* sapientiam ab eā (voluptate): a me servatorem.

dis-tribuō, uī, ūtus, ere, *to divide, distribute, apportion, spread:* id (dimidium minae), T.: partīs Italiae: copias in trīs partīs, Cs.: (milites) circum familias, *quartered,* Cs.: Numidis hiberna in proximis urbibus, L.: pecunias exercitui, Cs.: pecuniam in iudices: ex captivis toto exercitu capita singula praedae nomine, Cs.: leges in omnīs terras distributae.

distribūte, *adv.* with *comp.* [distributus], *orderly, methodically:* scribere: distributius tractare.

distribūtiō, ōnis, *f.* [distribuo], *a division, distribution:* invidiae et criminum: quadripertita accusationis.—I n r h e t., the resolution of a statement or idea into several.

distribūtus, *P.* of distribuo.

dīstrictus, *adj.* with *comp.* [*P.* of distringo], *drawn in opposite ways, hesitating:* districtus esse, quod, etc. — *Harassed, distracted, busy:* iudicio: ancipiti contentione: labore vita: omni Sollicitudine, H.: a causis districtior.

dī-stringō, nxī, ctus, ere, *to draw asunder, stretch out:* radiis rotarum districti pendent, V. —*To make a diversion against, distract the attention of:* ad distringendos Romanos, L.: copias regias, L.

distulī, *perf.* of differo.

disturbatiō, ōnis, *f.* [disturbo], *destruction:* Corinthi.

dis-turbō, āvī, ātus, āre, *to drive asunder, separate by violence, throw into disorder, disturb:* vidistis contionem gladiis disturbari: sortīs.—*To demolish, destroy:* ad disturbandas nuptias, T.: ignis cuncta disturbat: opera, Cs.—Fig., *to frustrate, thwart, ruin:* vitae societatem: legem.

dītēscō, —, —, ere, *inch.* [1 dis], *to grow rich,* H.

dīthyrambicus, *adj.*, = διθυραμβικός, *dithyrambic:* poëma.

dīthyrambus, ī, *m.*, = διθύραμβος, *a dithyramb, dithyrambic poem,* C.: audaces, H.

dītiae, arum, *f* [1 dis], *wealth, riches,* T.

(ditiō), see dicio.

dītior, dītissimus, *comp.* and *sup.* of 1 dis.

dītō, āvī, ātus, āre [1 dis], *to enrich:* ditandi ex hoste militis cura, L.: me, H.: ditari studebat, L.—Fig.: cum lingua Catonis Sermonem ditaverit, H.

diū, *adv.* with *comp.* diūtius, and *sup.* diūtissimē [DIV-], *by day, all day:* diu noctuque, *continually,* S.—*All day, a long time, long while, long:* Haud diust, T.: diu consultum: ad pedes iacuit: Ut docui te saepe diuque, H.: diu atque acriter pugnatum est, Cs.: nec diutius vixit quam locuta est: sustinere impetūs, Cs.: ubi se diutius duci intellexit, *put off indefinitely,* Cs.: paulum diutius abesse, *a little too long,* L.: neque illis diutius eā (victoriā) uti licuisset, S.: (Cato) qui senex diutissime fuisset, Cs.: quam diutissime vivere: satis diu naturae vixi, *long enough:* cur tam diu loquimur?: tam diu, dum urbis moenibus continebatur, *as long as:* ne tam diu quidem dominus erit, dum, etc., *even long enough,* etc.: tecum fuit, *as long as:* numquam quicquam iam diu Mi evenit, *this long time:* audivimus hoc iam diu: Neque diu ... huc commigrarunt, *long ago,* T.

diurnus, *adj.* [DIV-], *of the day, by day:* fur: labores: itinera, Cs.: merum, i. e. *drinking,* H.: currus, i. e. *the chariot of the sun,* O.—*Daily, of one day, of each day:* aetatis fata, i. e. *of only one day,* O.: cibus, *rations,* L.: mercede diurnā conductus, H.—As *subst. n., an account-book, day-book:* longum, Iu.—*Plur., diaries, records, minutes,* Ta.

dīus, *adj.* [for 1 dīvus], *godlike, divine, worshipful, adorable:* Camilla, V.: profundum, O.: sententia Catonis, H.—For me dius fidius, see fidius.

diūtinus, *adj.* [diu], *of long duration, lasting, long:* mansiones Lemni, T.: servitus: labor, Cs.: militia, L.

diūtius, diūtissimē, *comp.* and *sup.* of diu.

diūturnitās, ātis, *f.* [diuturnus], *length of time, long duration, durability:* diuturnitate exstingui: temporis: pacis, Cs.: memoriae.

diūturnus (diu-, O.), *adj.* with *comp.* [diu], *of long duration, lasting, long:* usus: pax: quies, S.: labor: non potes esse diuturnus, i. e. *your power.*—*Comp.:* molestiae, *of longer duration:* Hic vellem diuturnior esset, *longer-lived,* O.

dīva, ae, *f.* [1 divus], *a goddess,* L., V.: divi divaeque, L.: mea, i. e. *my beloved,* Ct.

dī-vāricō, —, ātus, āre, *to spread asunder, stretch apart:* in eā (statuā) hominem.

dī-vellō, vellī, volsus or vulsus, ere, *to tear apart, rend asunder, tear in pieces, separate violently, tear:* res a naturā copulatas errore: corpus, V.: mordicus agnam, H.: nodos manibus, *untie,* V.: divulsa remis Unda, O.—*To tear away, wrench off, wrest, tear, separate, remove:* ab eis membra: liberos a parentum complexu, S.: dulci amplexu divelli, V.: ramum trunco, O.—Fig., *to tear apart, destroy, sunder, distract:* commoda civium: rem divolsam conglutinare: amorem querimoniis, H.: divellor dolore.—*To remove, part, sever, estrange:* Me (a te), H.: ab eo divelli: sapientiam a voluptate.

dī-vēndō, —, ditus, ere, *to sell out, sell piecemeal, retail:* bona, Ta.: vectigalia: divendita praeda, L.

dī-verberō, —, ātus, āre, *to strike asunder, cut, cleave, divide:* sagittā auras, V.: fluctūs, Cu.

dī-verbium, ī, *n.* [verbum], *a dialogue, colloquy* (in a comedy).—*Plur.,* L.

dīversē or **dīvorsē**, *adv.* with *comp., in different directions, different ways, hither and thither:* divorsius concidere, S.: discedere, N.—Fig.: animum trahere, T.: de eādem re dici, *variously.*

dīversitās, ātis, *f.* [diversus], *contrariety, disagreement:* mira naturae, Ta.: inter exercitum imperatoremque, Ta.—*Variety, difference:* supplici, Ta.: consiliorum, Ta.

dīversor or **dēversor**, ōris, *m.* [deverto], *a guest:* caupo cum quibusdam diversoribus.

dīversōrium, see deversorium.

dīversus or **dīvorsus**, *adj.* with *sup.* [*P.* of diverto; dis+verto], *turned different ways, opposite, contrary:* in diversum iter equi concitati, L.: iter a proposito, Cs.: diversam aciem in duas partīs constituit, *with a double front,* Cs.: duo (cinguli) maxime inter se diversi (i. e. the two polar circles): procurrentibus in diversa terris, Ta.: auditis diversā valle mugitibus, *from opposite quarters,* O.—*Turned away, apart, separate:* diversi pugnabant, *separately,* Cs.: iam antea diversi audistis, *individually,* S.: diversi dissipatique in omnīs partīs fugere, Cs.: fuga, L.: diversi consules discedunt, L.: quo diversus abis? *away,* V.:

in locis maxime diversis, *very widely separated:* regio ab se, *remotely*, L.: diversissimis locis, L.: diverso itinere, *by a side-path*, Cs.—As *subst. n.:* ex diverso caeli, *from another quarter*, V.: ex diverso veniemus, *from different directions*, V.: diversa sequentes, *other pursuits*, H.—*Remote, far-distant:* Aesar, i. e. *in a far country*, O.: exsilia, V.—Fig., *different, diverse, opposite, contrary, conflicting:* naturae studia: inter se mala, S.: consilia, Cs.: Est huic diversum vitio vitium prope maius, H.: reges diversi pars ingenium, alii corpus exercebant, *pursuing opposite courses*, S.: fata duorum, V.: utrum . . . an . . . in diversum auctores trahunt, *there is a conflict of authorities*, L.: a te totus diversus est, *dissents entirely:* par ingenio, morum diversus, Ta.: iudices per diversa implacabiles, *for opposite reasons*, Ta.—*Unsettled, irresolute, distracted:* Metu ac libidine, S.: animi, Ta.: diversi inconstantia volgi, Tb. —*Different, unlike, dissimilar, distinct:* genera bellorum: filii longissime diversa ratio est: flumina diversa locis, V.: ab his divorsae litterae, S.

dīvertium, see divortium.

dīvertō, etc., see devert-.

dīves, itis, with *comp.* and *sup.* (no *neut. plur., nom.* or *acc.*), *adj.* [DIV-], *rich, wealthy, opulent:* homo divitissimus: solos sapientīs esse divites: ex mendicis fieri divites: Crassus, cum cognomine dives tum copiis: agris, H.: antiquo censu, H.: triumphis, V.: pecoris, V.: opum, V.: artium, H. —As *subst. m.:* adimunt diviti, T.—Of things, *rich, sumptuous, costly, splendid, precious:* divitior mihi videtur esse amicitia: Capua, V.: mensae, H.: lingua, H.: templum donis, L.: Africa triumphis, V.: cultus, O. —*Abundant, plentiful, fruitful:* vena (poëtae), H.: copia flendi, O.: stipendia, L.

dī-vēxō, —, —, āre, *to pull asunder, destroy, violate:* reliquias meas divexarier, Pac. ap. C.: agros civium.

dīvidō, vīsī (dīvīsse, H.), vīsus, ere [VID-], *to divide, force asunder, part:* Europam Libyamque (unda): hunc securi, H.: frontem ferro, V.: insulam, L.: Gallia est divisa in partīs trīs, Cs.: divisum senatum (esse), Cs.: Hoc iter, i. e. *gave two days to*, H.: ut ultima divideret mors, *part* (the combatants), H.: gemma, fulvum quae dividit aurum, i. e. *is set in gold*, V.— *To divide, distribute, apportion, share:* bona viritim: Vinum, V.: equitatum in omnīs partīs, Cs.: regnum inter Iugurtham et Adherbalem, S.: (pecuniam) iudicibus: agrum cuique, L.: in singulos milites trecenos aeris, L.: bona publicata inter se, N.: praemia mecum, O.: in dividendo plus offensionum erat, L.: Dividite (sc. arma), O.: sedes adhuc nullā potentiā divisae, *appropriated*, Ta.— *To break up, scatter, destroy:* concentum, H.: muros, V.: ventis fomenta, H.—*To separate, divide, part, remove:* agrum Helvetium a Germanis, Cs.: qui locus Aegyptum ab Africā dividit, S.: Scythes Hadriā Divisus obiecto, H.: divisa a corpore capita, L.: Dividor (i. e. ab uxore), O.: parens quem nunc Ardea Dividit, *keeps away*, V.—Fig., *to part, divide, distribute, apportion, arrange:* annum ex aequo, O.: tempora curarum remissionumque, Ta.: animum huc illuc, V.: citharā carmina, i. e. *sing by turns*, H.: sententiam, *to divide the question:* divisa sententia est: sic belli rationem esse divisam, ut, etc., *regulated*, Cs.: ea (negotia) divisa hoc modo dicebantur, etc., S.—*To separate, distinguish:* legem bonam a malā: bona diversis, H.

dīviduus, *adj.* [VID-], *divisible:* omne animal.—*Divided, separated:* dividuom face (totum), *divide up*, T.: munus, H.: aqua, O.

dīvīnātiō, ōnis, *f.* [divino], *miraculous knowledge, prophetic inspiration, foresight, divination:* ut nihil divinatione opus sit: quantae divinationis est, scire, etc.: si divinatio appellanda est bonitas, N.—In law, *a proceeding to determine who shall conduct a prosecution.*

dīvīnē, *adv.* with *comp.* [divinus], *by divine inspiration, prophetically:* plura praesensa.—*Admirably, divinely.*

dīvīnitās, ātis, *f.* [divinus], *godhead, divinity:* stellis divinitatem tribuit: post mortem (Romuli) credita, L.—*The power of divining, divination:* mentis.—*Divine quality, excellence*, of the orator.

dīvīnitus, *adv.* [divinus], *from heaven, by a god, by divine influence, from a deity, by inspiration:* alqd factum: super ripas Tiberis effusus, L.: multa providi: illis Ingenium (datum), V.—*Divinely, admirably, excellently:* iura comparata.

dīvīnō, āvī, ātus, are [divinus], *to foresee, divine, foretell, predict, prophesy, expect, dread, conjecture:* haec: nihil boni, L.: animus divinans, *prophetic*, O.: permulta a Socrate divinata: de exitu, N.: se rediturum: non mitiorem in se plebem futuram, L.: quid in castris obvenisset, L.: vis divinandi: Divinare mihi donat Apollo, H.

dīvīnus, *adj.* with *comp.* and *sup.* [divus], *of a god, of a deity, divine:* numen: stirps, V.: origo, L.: sine ope divinā, Cs.: animos esse divinos, i. e. *of divine origin:* religiones, L.: causa divinior: divinissima dona, i. e. *most worthy of a deity:* rem divinam facere, *worship*, T.: rem divinam ture ac vino fecisse, L.: rebus divinis praeesse, *religion*, Cs.: agere divina humanaque, *religious and secular duties*, L.: divina humanaque Divitiis parent, *the whole world*, H.: omnium divinarum humanarum rerum consensio, i. e. *union in all interests and feelings:* divina humanaque scelera, *sacrilege and outrage*, L.: rerum divinarum et humanarum scientia, *physics and morals:* divinum ius et humanum, *natural and positive law:* (homines) soli divinorum capaces, Iu. — *Divinely inspired, prophetic:* animus divinior: cum ille potius divinus fuerit, N.: vates, H.: poëta, V.: futuri Sententia, H.: Imbrium avis imminentium, H. — As *subst. m., a soothsayer, prophet:* nescio qui ille divinus: divine tu, inaugura, L.: adsisto divinis, *watch the fortune-tellers,* H.—*Godlike, superhuman, admirable, excellent:* genus hominum: legiones: fides: senatūs admurmuratio: quā (ratione) nihil est in homine divinius: domus, i. e. *imperial,* Ph.

dīvīsiō, ōnis, *f.* [VID-], *a division, distribution:* agri: orbis terrarum, S.—Fig., *a rhetorical division.*

dīvīsor, ōris, *m.* [VID-], *one who distributes:* Italiae. — Esp., *a distributer of bribes, election agent:* divorsum indicia.

1. dīvīsus, *P.* of divido.

2. (dīvīsus, ūs), *m.* [divido], *a division, distribution.* — Only *dat. sing.:* bona divisui fuere, L.: divisui facilis Macedonia, *easily divided,* L.

dīvitiae, ārum, *f.* [dives], *riches, wealth:* possessores divitiis augere: divitiis incumbere repertis, V.: exstructae in altum, H.: certamina divitiarum, *rivalries,* H. — Prov.: supero Crassum divitiis, *am richer than Crassus.* — *Treasures, ornaments:* templum inclutum divitiis, L.: demite divitias, O.—Fig., *richness, copiousness, affluence:* ingeni: orationis.

dīvolgātus (dīvulg-), *adj.* with *sup.* [*P.* of divolgo), *widespread, common:* divulgata veris ante habere, Ta.: magistratus divolgatissimus, *made common.*

dī-volgō or **dī-vulgō**, āvī, ātus, āre, *to spread among the people, make common, publish, betray, divulge:* librum: consilium Domiti, Cs.: res gestas quo modo actae forent, S.: de te iam esse perfectum. — *To make common, degrade:* tempus ad omnium libidines divolgatum.

dīvolsus, *P.* of divello.

dīvortium (dīver-), ī, *n.* [dis-+VERT-], *a parting, point of separation, fork:* ad divortia nota, V.: itinerum, L.: aquarum, *a water-shed:* inter Europam Asiamque (i. e. the Hellespont), Ta.—*A divorce, dissolution of marriage* (by agreement): subitum: cum mimā.—Fig., *a division, difference:* doctrinarum divortia.

(dīvum, ī), *n.* [1 divus], *the sky.* — In phrases with *sub:* sub divo, *under the sky, in open air:* sub divo carpere somnos, V.: mori, H.: Sub divum rapere, *expose, lay bare,* H.

1. dīvus, ī, *adj.* [DIV-], *of a deity;* hence, *godlike, divine:* Iulius, *deified:* creatrix, V.

2. dīvus, ī (*gen. plur.* dīvōm or dīvūm; rarely dīvōrum), *m.* [1 divus], *a god, deity, divine being:* is divus (i. e. Apollo), L.: Dive, quem, etc., H.: Mortalin' decuit violari volnere divum? V.: boni divi, H.: praesentīs cognoscere divos, V.: divōm pater atque hominum rex, V.: pro divōm fidem, T.: praesens, *a god among men,* H.

dō (old *subj.* duis, duit, duint, etc.), dedī, datus, are [1 DA-], *to hand over, deliver, give up, render, furnish, pay, surrender:* dic quid vis dari tibi, T.: pretium: Apronio quod poposcerit: pecuniam praetori: pecuniam ob ius dicendum: pecunias eis faenori: abrotonum aegro, *administer,* H.: obsides, Cs.: ad sepulturam corpus: manibus lilia plenis, *by handfuls,* V.: ne servi in quaestionem dentur: catenis monstrum, H.: obsidibus quos dabant acceptis, *offered,* L.: cui Apollo citharam dabat, *was ready to give,* V.: Da noctis mediae, da, etc. (sc. cyathos), i. e. *wine in honor of,* H. — Of letters, *to intrust* (for delivery), *send:* litteras ad te numquam habui cui darem, *by whom to send:* ut ad illum det litteras, *may write:* tum datae sunt (epistulae), cum, etc., *was written:* ad quas (litteras) ipso eo die dederam, *answered.*—*To give, bestow, present, grant, confer, make a present of:* dat nemo largius, T.: vasa legatis muneri data, Ta.: multis beneficia, S.: Os homini sublime, O.: cratera, quem dat Dido, *a present from,* V.: divis Tura, *offer,* H.: munus inritamen amoris, O.: pretium dabitur tibi femina, O.—*To give up, surrender, yield, abandon, devote, leave:* diripiendam urbem: (filiam) altaribus, Iu.: Siculos eorum legibus: summam certaminis uni, O.: dant tela locum, *let pass,* V.: dat euntibus silva locum, *makes way,* V.: ut spatium pila coiciendi non daretur, *left,* Cs.: tribus horis exercitui ad quietem datis, Cs.: amori ludum, H.: unum pro multis dabitur caput, V.: Mille ovium morti, H.: se rei familiari: sese in cruciatum: se vento, Cs.: da te populo.—With *manūs, to offer* (for fetters), i. e. *to surrender, yield:* qui det manūs vincique se patiatur: donicum victi manūs dedissent, N.: dat permotus manūs, *yields,* Cs.: do manūs scientiae, H.—*To grant, give, concede, yield, resign, furnish, afford, present, award, render, confer:* des veniam oro, H.: Si das hoc, *admit,* H.: plurīs sibi auras ad reprehendendum: facultatem per provinciam itineris faciundi, Cs.: hostibus occasionem pugnandi, S.: imperium Caesari: mihi honorem: datus tibi plausus, H.: dextram iuveni (as a pledge), V.: senatus utrique datur, *a hearing,* S.: si verbis audacia detur, O.: peditibus suis hostīs paene victos, *turn over,* S.: unam ei cenam, *entertain at dinner,* T.: Dat somnos adimitque, V.: Dat veniam somnumque dies, i. e. *leave to rest,* H.: Quā data porta, V.: Das aliquid famae, *make a concession,* H.—*To permit, suffer, allow, let, grant:* Da mihi contingere, etc., O.: Di tibi dent classem reducere, H.: cur Non datur audire, etc., V.: da, femina ne sim, O.: date volnera lymphis Abluam, V.: ille dedit quod non ... et ut, etc., *it was of his bounty,* O.: omnibus nobis ut res dant sese, ita, etc., *just as circumstances permit*, T.: Multa melius se nocte dedere, *succeed*, V. — *To spare, give up, concede, surrender, forgive:* da hunc populo, *spare for the sake of:* non id petulantiae suae, sed Verginio datum, L.: sanguini id dari, *that concession is made*, L.—*To release, let go, give out, relax, spread:* curru lora, V.: frena, O.: in altum Vela, *set sail*, V.: retrorsum Vela, *turn back*, H.: conversa domum lintea, H. — M e t o n., *to set, put, place, bring, cause:* ipsum gestio Dari mi in conspectum, T.: ad eundem numerum (milites), Cs.: corpora in rogos, O.: collo bracchia circum, V.: bracchia Cervici, H.: multum cruoris, *shed*, O.: in laqueum vestigia, Iu.: te me dextera Defensum dabit, V. — With *se, to present oneself, plunge, rush:* In medias sese acies, V.: saltu sese in fluvium, V.—*To bring forward, cause, produce, yield, present, make, display* (poet.): quas turbas dedit, T.: omnes Dant cuneum, *form*, V.: terga, *turn*, V.: aetas Terga dedit, *passed away*, O.: Vina dabant animos, O.: ex fumo lucem, H.: partu prolem, V.: liberos, Ct.: segetes frumenta daturae, H.: ore colores, V.: patientiae documentum, Ta.: Ludentis speciem, H.: spectacula Marti, H.: Da mihi te talem, O. — *To represent* (on the stage), *produce, bring out:* Menandri Phasma, T.: fabulam.—*To impose, assign, apportion, allot, appoint, inflict:* sibi damnum: finem laborum, *grant*, V.: Nomina ponto, H.: Volnera ferro, O.: genti meae data moenia, *fated*, V.: dat negotium Gallis, uti, etc., Cs.: quae legatis in mandatis dederat, Cs.: hospitibus te dare iura, *are the lawgiver*, V.: detur nobis locus, *assigned*, H.: volnera hosti, O.: Haec data poena diu viventibus, *imposed*, Iu.: dat (auribus) posse moveri, *makes movable*, O.—*To excite, awaken, produce:* sibi minus dubitationis, Cs.: risūsque iocosque, H.: ignīs (amoris), O.—F i g., of expression, *to give expression to, give, utter, announce:* in me iudicium: legem, *enact:* ei consilium: dabitur ius iurandum, Te esse, etc., *I'll take my oath*, T.: fidem, O.: signum recipiendi, Cs.: responsa, V.: cantūs, V.: Undis iura, O.: requiemque modumque remis, O. — E s p.: nomen, *to give in*, i. e. *enlist*, Cs.—*To tell, communicate, relate, inform* (poet.): quam ob rem has partīs didicerim, paucis dabo, T.: iste deus qui sit, da nobis, V.: Seu Aeneas eripuisse datur, O.—*To apply, bestow, exercise, devote:* paululum da mi operae, *attend*, T.: imperatori operam date, Cs.: virtuti opera danda est.—Of a penalty, *to give, undergo, suffer, endure:* consules poenas dederant, S.: Teucris det sanguine poenas, *atone with his life*, V. — With *verba, to give* (mere) *words, attempt to deceive, pretend, mislead, cheat:* Quoi verba dare difficilest, T.: verba dedimus, decepimus.—With *dat. predic., to ascribe, impute, attribute, reckon, regard:* quam rem vitio dent, T.: laudem Roscio culpae: quae tu commisisti Verri crimini daturus sum.

doceō, uī, ctus, ēre [DIC-], *to cause to know, make aware, teach, instruct, inform, show, prove, convince, tell:* studiosos discendi: ut docui te, H.: omnia, T.: falces, quas captivi docuerant, facere, *had shown* (how to make), Cs.: Munus et officium, H.: populos urbemque, *describes*, V.: quod de lacu Albano docuisset, L.: te litteras: me hanc causam: pueros elementa, H.: Motūs doceri, H.: puerum Romam portare docendum Artīs, H.: Rullum tacere: asellum currere, H.: Socratem fidibus (sc. canere): alqm docendum curare armis, L.: resonare Amaryllida Silvas, V.: docemur domitas habere libidines: equi variare gyros docentur, Ta.: Graece loqui docendus: qui doceant, nihil factum, etc., Cs.: similem (errorum) cunctum insanire, H.: de his rebus doceri: senatum de caede fratris, S.: eum, qui vir Roscius fuerit: vos quem ad modum acta defenderet.—P o e t.: docuit post exitus ingens, *proved* (the truth of the omen), V.—Of a play, *to teach, rehearse, produce, exhibit:* multas (fabulas): praetextas, H.—*To be a teacher, give instruction:* apud alqm: mercede.

dochmius, ī, *m.*, = δόχμιος, *the dochmius* (a foot in verse, ⏑ – – ⏑ –).

docilis, e, *adj.* [doceo], *easily taught, teachable, tractable, docile:* alqm docilem facere: equorum genus, L.: te magistro Amphion, H.: ingenium, N.: equus tenerā docilis cervice, H.: ad hanc sententiam: imitandis Turpibus omnes, Iu.: modorum, H.: pravi, H. — *Tractable, manageable:* capilli, O.—*Intelligible:* usūs, Pr.

docilitās, ātis, *f.* [docilis], *teachableness, docility:* humana: ingenii, N.

(doctē), *adv.* [doctus], only *comp.* and *sup.*, *learnedly, cleverly, skilfully:* luctamur doctius, H.: litteris doctissume eruditus, S.

doctor, ōris, *m.* [DIC-], *a teacher, instructor:* sapientiae: Thaliae, H.

doctrīna, ae, *f.* [DIC-], *teaching, instruction, learning:* puerilis: sumere doctrinam quandam iuventuti, *a lesson:* Virtutem doctrina paret, H. —*Science, erudition, learning:* animos doctrinā excolere: studiis doctrinae dediti: doctrinā excellens: auctor doctrinae eius, L.: malae doctrinae: id fecit doctrinā, N.

doctus, *adj.* with *comp.* and *sup.* [*P.* of doceo], *learned, skilled, versed, experienced, trained, clever:* vir: adulescentes doctissimi: abs te abire doctior, T.: ex disciplinā Stoicorum: mulier litteris, S.: fandi doctissima, V.: Docte sermones utriusque linguae, H.: dulcīs modos, H.: sagittas tendere Sericas, H.: tibiis canere, Ta.: ludere doctior, H.: ad malitiam, T.: ad delinquendum doctior, O.— As *subst. m.:* doctus in se semper divitias habet, Ph.: doctorum est ista consuetudo, *the learned:* docti sumus, *a man of culture*, H.—*Learned, sage,* *skilful:* manus, O.: frontes, i. e. *a poet's*, H.: voces Pythagoreorum: ora, O.—*Taught:* doctā prece blandus, i. e. *the prescribed form of supplication*, H.

documentum, ī, *n.* [DIC-], *a lesson, example, instance, pattern, warning, evidence, proof, specimen:* virtutis (Rutilius): fidei dare, L.: quarum rerum maxuma documenta haec habeo, quod, etc., S.: adversus aliquid, L.: satis ego documenti in omnīs casūs sum, L.: dederas, quam contemneres popularīs insanias, maxima: quantum in bello fortuna posset, ipsi essent documento, Cs.: se documento futurum utrum . . . an, L.: documentum esse, ne, L.: ne rem Perdere quis velit, H.: ad praecavendas similīs cladīs documento esse, L.: transfugis documentum esse, L.

Dōdōna, ae, *f.*, *a city of Epirus, with an oracle of Jupiter in an oak-grove*, C., N., V., O.

dōdrāns, antis, *m.* [de+quadrans], *a quarter off, three fourths, nine twelfths:* aedifici reliquus: heres ex dodrante, *to three fourths of the estate*, N.—Of land, *three fourths* (of a iugerum), L.

dōdrantārius, *adj.* [dodrans], *of three fourths:* tabulae, *under a law cancelling three fourths of all debts.*

dogma, atis, *n.*, = δόγμα, *a philosophic tenet, doctrine:* vestra dogmata: stoica, Iu.

dolābra, ae, *f.* [1 dolo], *a mattock, pickaxe:* ad subruendum murum, L.: munire castra dolabrā, Iu.

dolēns, entis, *adj.* with *comp.* [*P.* of doleo], *causing pain, distressing:* alia (dicere) illis dolentia, S.: nil dolentius, O.—*Afflicted:* lenire dolentem, *to comfort the sufferer*, V.: dolentem Delenit usus, H.: dolentes, *the mourners*, O.

dolenter, *adv.* with *comp.* [dolens], *painfully, with pain, with sorrow:* hoc dicere: dolentius deplorari.

doleō, uī, itūrus, ēre [DAL-], *to feel pain, suffer, be in pain, ache:* facere quod tuo viro oculi doleant, T.: pes oculi dolent: Auriculae sorde dolentes, H.—*To grieve, deplore, lament, be sorry, be afflicted, be hurt, take offence:* nescis quam doleam, T.: dolent gaudentque, V.: pro gloriā imperi, S.: O numquam dolituri, *incapable of feeling*, V.: causa dolendi, *the smart*, O.: id factum: trīs exercitūs interfectos: Dionis mortem: Quid dolens? V.: Quaerere quod doleam, *a grievance*, O.: se a suis superari: liberos abstractos, Cs.: me victam, V.: vinci, H.: rebus contrariis: clade acceptā, L.: nostro dolore, V.: in volnere: in amore, Pr.: pro gloriā imperi, S.: de Hortensio: rapto de fratre, H.: ex commutatione rerum, Cs.: ex me: quod beneficium sibi extorqueretur, Cs.: doliturus, si placeant spe deterius nostrā, H.—Of things, *to give pain, afflict:* Ut hoc tibi doleret, ut mihi dolet, T.: nihil cuiquam doluit.—*Impers.*, *it pains, gives sorrow, one is grieved:* tibi quia super est dolet, T.: si egebis, tibi dolebit, Caec. ap. C.: dolet dictum (esse) adulescenti, etc., T.—P r o v.: cui dolet meminit, *the burned child dreads the fire.*

dōliolum, ī, *n. dim.* [dolium], *a small cask*, L.

dōlium, ī, *n.* [DAL-], *a large, wide-mouthed, globular jar:* Relevi dolia omnia, T.: inane lymphae, H.: cynici, Iu.: de dolio haurire, i. e. *new wine.*

1. dolō, āvī, ātus, āre [DAL-], *to chip with an axe, hew:* robur: stipes falce dolatus, Pr.: robore dolatus. — *To cudgel, belabor, drub:* fuste, H. — F i g., *to rough-hew, hack out:* opus.

2. dolō or **dolōn**, ōnis, *m.*, = δόλων, *an iron-pointed staff, pike, sword-stick:* saevi, V.—*A sting*, Ph.—*The fore-topsail*, L.

dolor, ōris, *m.* [DAL-], *pain, smart, ache, suffering, anguish:* Laborat e dolore, T.: differor doloribus, T.: corporis: cum dolore emori: de corpore fugit, V. — *Distress, grief, tribulation, affliction, sorrow, pain, woe, anguish, trouble, vexation, mortification, chagrin:* (est) aegritudo crucians: animi: dolorem ferre moderate: dolore prohibeor pronuntiare, Cs.: magnis doloribus liberatus: premit altum corde dolorem, V.: finire dolores, *the torments of love*, H.: speciem doloris voltu ferre, Ta.: Est iactura dolori Omnibus, O.: magno esse Germanis dolori Ariovisti mortem, Cs.—*Indignation, wrath, animosity, anger, resentment:* suum dolorem condonare, Cs.: veniam iusto dolori date: ingenuus: dolor quod suaserit, H.: repulsae, *on account of*, Cs.: iniuriae, L.: coniugis amissae, O. —F i g., *a grief, object of grief:* Tu dolor es facinusque meum, O.—I n r h e t., *feeling, pathos.*

dolōsē, *adv.* [dolosus], *craftily, deceitfully.*

dolōsus, *adj.* [dolus], *crafty, cunning, deceitful:* mulier, H.: gens, O.: consilia: Ferre iugum, H.: taurus (Jupiter in disguise), H.: volpes, Ph.: cinis, *treacherous*, H.

dolus, ī, *m.* [cf. δόλος], *a device, artifice, contrivance;* in the phrase, dolus malus, *wilful wrong, fraud, malice:* Dolo malo haec fieri omnia, T.: in vi dolus malus inest, *the crime of violence implies malice.* — *Guile, deceit, deception, cunning, trickery:* quom nil obsint doli, T.: dolis atque fallaciis contendit, S.: ne cui dolus necteretur, L.: dolo divom victa, V.: ad pernitiem eius dolum quaerere, S.: dolo factum negat esse suo, i. e. *any fault*, H.: dolo pugnandum est, dum quis par non est armis, N.: consilio etiam additus dolus, L.: dolis instructus et arte, V.—*A snare:* tendit Turdis dolos, H.: doli fabricator Epeos, V.

domābilis, e, *adj.* [domo], *tamable, yielding:* Cantaber, H.: nullā flammā, O.

domesticus, *adj.* [domus], *of the house:* parietes: vestitus, *to wear in the house:* tempus, *spent at home:* domesticus otior, i. e. *at home,* H. — *Of the family, domestic, familiar, household:* homo: lectus: cum Metellis usus: clades, L.: iudicium, *of their own families,* Cs.: foedus, *family alliance,* L.—*Plur. m.* as *subst., the members of a family, inmates of a household:* Antoni: inter domesticos infida omnia, L.—*Domestic, native, private, internal:* opes, Cs.: forenses domesticaeque res: bellum, *civil,* Cs.: malum: facta celebrare, *of their own country,* H.—*Plur.* as *subst.:* alienigenas domesticis anteferre. —*Proper, personal, one's own:* ipsorum incommodum: periculum: Furiae, *in himself.*

domicilium, ī, *n.* [domus+2 CAL-], *a habitation, dwelling, domicile, abode:* domicilium Romae habere: domicilia regis: locum domicilio deligere, Cs.—F i g., *a seat, home, dwelling-place:* honestissimum senectutis: mentis: sermonum domicilium in auribus eius conlocare: Iovis.

domina (**domna,** Ct.), ae, *f.* [dominus], *a mistress, dame, lady, she who rules* (esp. in the house): rem dominae indicavit: famulae dominaeque suorum, O.: iuncti currum dominae subiere leones (i. e. Cybele), V.: Ditis, *wife,* V.—F i g., *a mistress, lady:* Fors domina campi: humanarum rerum, Fortuna: voluptates blandissimae dominae: Roma, H.—*A sweetheart,* Tb., Pr.—P o e t.: hasta, *that which conveys ownership, the auction spear,* Iu.

dominans, antis, *adj.* [*P.* of dominor], *ruling, bearing sway;* hence, nomina, *used in a literal sense,* H.—As *subst. m., a ruler:* cum dominante sermones, Ta.: avaritia dominantium, Ta.

dominātiō, ōnis, *f.* [dominor], *rule, dominion, reign, lordship, tyranny, despotism, supremacy:* Sullae: servi: iniusta, L.: dominationis certamen, S.: ad dominationem adcensus, S.—*Plur.:* novae. —*Control, supremacy:* omnium rerum: iudiciorum: regia in iudiciis: rationis in libibidem.—*Plur., rulers:* aliae, Ta.

dominātor, ōris, *m.* [dominor], *a ruler, lord.*

dominātrīx, īcis, *f.* [dominator], *a female ruler, mistress:* animi cupiditas.

dominātus, ūs, *m.* [dominor], *rule, command, sovereignty, mastery, tyranny:* regius: fit in dominatu servitus: in superbissimo dominatu esse: legiones ad suum dominatum convertere, Cs.—F i g., *mastery, control:* permittis iracundiae dominatum animi.

dominium, ī, *n.* [dominus], *a feast, banquet:* huius argento dominia vestra ornari.

(**dominō**), —, —, āre [dominus], *to rule;* only *pass.:* domus quam dispari Dominare domino! Poët. ap. C.

dominor, ātus, ārī, *dep.* [dominus], *to be lord, be in power, have dominion, bear rule, domineer:* Alexandriae: lubido dominandi, S.: iudicum ordo dominabatur, L.: Urbs multos dominata per annos, V.: femina dominatur, Ta.: in fortunis hominum: in exercitu, L.: in adversarios, L.: inter quos, etc., Cs.: summā dominarier arce, V.—*To rule, be supreme, prevail, extend:* Pestis in moenibus urbis, O.: inter nitentia culta avenae, V.: nusquam latius mare, Ta.—F i g., *to rule, be supreme, reign, govern:* longinquitate potestas (sc. censura) dominans, L.: senectus si dominatur in suos.

dominus, ī, *m.* [2 DOM-], *a master, possessor, ruler, lord, proprietor, owner:* aedium, T.: servos, Quoi dominus curaest, T.: nec imperante domino: fugitivi ab dominis: Contemptae rei, H.: bonus adsiduusque, *householder.*—*A master, lord, ruler, commander, chief, proprietor, owner, despot, tyrant:* condicio omnium gentium domini: summi domini numen: populi, quem Graeci tyrannum vocant: dominum Aenean in regna recepit, V.—F i g.: gravissimi domini, terror ac metus: rei futurus, *who must decide:* nec prosunt domino artes, O.: Urget non lenis, i. e. *passion,* H.: vitae necisque, *arbiter,* L.—*The master of a feast, entertainer, host,* C.: dominorum invitatio, L.—*The master of a public show,* C.—A title of the emperor, *master,* Ph.

domiporta, ae, *f.* [domus+porto], *the house carrier, snail,* Poet. ap. C.

domitō, —, —, āre, *freq.* [domo], *to tame, break in:* boves, V.—P o e t.: currūs, *drive,* V.

domitor, ōris, *m.* [2 DOM-], *a tamer, breaker:* equorum.—*A subduer, vanquisher, conqueror:* armorum: Persarum: maris, *ruler,* V.

domitrīx, īcis, *f.* [domitor], *a tamer, subduer:* equorum, V.—P o e t.: ferarum clava, O.

1. domitus, *P.* of domo.

2. (**domitus,** ūs), *m.* [domo], *a taming;* only *abl. sing.:* quadrupedum.

domō, uī, itus, āre [2 DOM-], *to domesticate, tame, break, subdue, master:* feras beluas: pecus, S.: vitulos, V.—*To subdue, vanquish, overcome, conquer, reduce:* gentīs barbaras: hostīs virtute: omnia circa se domita armis habere, L.: quae te cumque domat Venus, H.: illum Cura domat, V.: domitā fluminis vi, L.: Illos longa domant ieiunia, *destroy,* O.: domitas habere libidines: virtus omnia domuerat, S.: spiritum, H.: prelo uvam, *press,* H.: partem tergoris ferventibus undis, *boil soft,* O.

domus, *gen.* ūs or (older) ī, *locat.* domī, rarely domō, domuī; *dat.* domuī or domō; *abl.* domō, rarely domū; *plur. nom.* domūs; *gen.* (rare) domōrum or domuum; *dat.* and *abl.* domibus, *f.* [1 DOM-], *a house, dwelling-house, building, mansion, palace:* Caesaris: te pater domu suā eiecit: theatrum coniunctum domui, Cs.: Ponendae domo area, H.: paries domui communis utrique, O.: tecta domorum, V.: ad praetoris domum ferre: in domos atque in tecta refugiebant, L.: ex illā domo emigrabat: in domo suā facere mysteria, N.—*A home, dwelling, abode, residence:* una domus erat: cum Romae domus eius, uxor, liberi essent: adulescentiae prima: in privatā domo furtum.—In g e n., *a building, edifice, structure, abode* (poet.): labor ille domūs, *the Labyrinth*, V.: Ostia domūs, *grotto*, V.: aperite domos, *caves* (of the winds), O.: silex . . . nidis domus opportuna, *site*, V.: animae novis domibus vivunt, i. e. *bodies*, O.—*A household, family, house:* unast domus, T.: domus te nostra tota salutat: felix: in singulis domibus factiones, Cs.: multae lugubres domūs, L.: Tota domus duo sunt, O.: Stat fortuna domūs, V.: Cecropia, H.—Adverbial uses, *locat.*, domi, *at home, in the house:* Nuptias domi adparari, T.: includit se: manet: apud me ponere: Est mihi pater, V.: domi suae deversari: id domi tuae est: domi Caesaris deprehensus.—Form *domo* (rare): domo se tenuit, N.—*Acc.*, *home, homewards, to the house:* Abi domum, T.: viros domum venisse: domum reditus erat eius modi: Ite domum saturae, V.: domum meam venire: nuntiat domum fili: cum omnes domos omnium concursent: ut suas quisque abirent domos, L.—*Abl.*, *from home, out of the house:* me in Capitolium domo ferre: exire domo meā.—F i g., *a native country, own city, home, abode:* hic quaerite Troiam, Hic domus est vobis, V.: Hic domus, haec patria est, V.—Of a school or sect: remigrare in domum veterem: plurimum domi atque in reliquā Galliā posse, Cs.: homo virtute domi suae princeps: belli domique, *in war and peace*, S.: domi militiaeque, *at home and in the field:* nullum factum aut militiae aut domi: imperia domum ad senatum renuntiare: (reditus) prius in Galliam quam domum: (Galli) ut domo Emigrent, Cs.: legatus domo missus: Qui genus? unde domo? V.: Domi habuit unde disceret, *at hand*, T.: id quidem domi est.

(**dōnārium**, ī), *n.* [donum], *a place of offerings, temple, sanctuary, altar.* — Only *plur.:* alta, V.: contingimus manibus donaria, O.

dōnātiō, ōnis, *f.* [dono], *a presenting, giving, donation:* bonorum: ex praedā. — *A gift, donation:* ante oculos versantur donationes.

dōnātīvum, ī, *n.* [dono], *a largess, distribution of money to the army*, Ta.

dōnec, *conj.* [shortened from donicum], *as long as, while:* Donec canities abest, H.: (elephanti) nihil trepidabant, donec ponte agerentur, L.: donec quisquam supersit, L.—*Until, till at length:* haud desinam Donec perfecero hoc, T.: neque finis fiebat, donec populus senatum coēgit, etc.: donec redit, silentium fuit, L.: canit, Cogere donec ovīs Iussit Vesper, V.: Danuvius pluris populos adit donec erumpat, Ta.: cornu duxit, donec coirent capita, V.: moveri vetuisse puerum, donec experrectus esset, i. e. *before*, L.—With *usque*, *all the time until:* usque adeo donec, T.: usque eo timui donec ad reiciendos iudices vēnimus: eo usque vivere donec, etc., L.: usque Sessuri, donec cantor 'Vos plaudite' dicat, H.

dōnicum, *conj.*, *until, till:* bellum persequi, donicum vicissent, N.

dōnō, āvī, ātus, āre [donum]. **I.** *To give as a present, present, bestow, grant, vouchsafe, confer:* non pauca suis adiutoribus: praedam militibus, Cs.: uxorem cum dote, H.: (aurae mandata) nubibus donant, V.: caput Iunoni, *devote*, O.: mercedes conductoribus, *remitted*, Cs.: arma Lauso Donat habere umeris, V.: frui paratis, H.—F i g., *to give up, sacrifice:* amicitias rei p.—*To forgive, pardon, remit:* alcui aes alienum: Culpa precibus donatur saepe suorum, O.: noxae damnatus donatur populo R., *for the sake of the people*, L. —**II.** *To present, endow, gift:* cohortem donis, Cs.: eum coronā: a Gaio civitate donatus est, Cs.: Laureā donandus Apollinari, H.: non donatus, *without a gift*, V.: ego te quid donem? T.

dōnum, ī, *n.* [DA-], *a gift, present:* regale: deorum: proximos donis conrupit, *bribes*, S.: emit eam dono mihi, T.: (virtus) neque datur dono, neque accipitur, S.: Defensi tenebris et dono noctis, *darkness and the boon of night*, V.—*A present to a deity, votive offering, sacrifice:* donum Veneri de Sthenii bonis: turea, *of incense*, V.: ultima dona, *obsequies*, O.

dormiō, īvī, ītum, īre, *to sleep:* dormiunt: istos commovebo, T.: In nive, *camp out*, H. — *Supin. acc.:* dormitum ego (eo), H.: dormitum dimittitur, H.—*Pass. impers.:* minimum dormitur in illo (lecto), Iu.—P r o v.: non omnibus dormio.—F i g., *to rest, be at ease, be inactive, be idle:* quibus beneficia dormientibus deferuntur.

dormītō, āvī, —, āre, *intens.* [dormio], *to be sleepy, be drowsy, fall asleep:* ad lucem graviter: Aut dormitabo aut ridebo, H.: iam dormitante lucernā, i. e. *going out*, O.—F i g., *to nod, drowse, be dull:* quandoque dormitat Homerus, H.: dormitans sapientia.

dorsum, ī, *n.*, or (old) **dorsus**, -ī, *m.*, *the back* (of a beast of burden): Impositi dorso, *on horseback*, V.: gravius dorso onus, H.: tauri, O.—*A back, ridge:* dorsum esse eius iugi aequum . . . silvestrem, Cs.: in dorso (montis) urbs, L.: praerupti nemoris, *slope*, H.: speluncae, i. e. *rock*, V.: Saxa . . . Dorsum inmane, *cliff*, V.: duplici aptantur dentalia dorso, *projecting irons*, V.

dōs, ōtis, *f.* [1 DA-], *a marriage portion, dowry:* dos est Decem talenta, T.: filiae nubili dotem conficere: uxorem cum dote pecunia donat, H.—

Poet.: Pauperiem sine dote quaero, *espouse*, H. —*Plur.*: quaesitae sanguine, V.—*A gift, present, offering, endowment, talent, quality:* artem verborum dote locupletasti: dotem, quam in civilibus malis acceperant: Coniugi, *a wedding present*, O.: Dos est magna parentium Virtus, H.: dotes ingenii, O.

Dossennus, ī, *m.*, *a clown* (in Plautus), H.

dōtālis, e, *adj.* [dos], *of a dowry, given as a portion, dotal:* praedia: regia, V.: agri, H.

dōtātus, *adj.* with *sup.* [*P.* of doto], *well endowed, gifted, provided:* Aquilia: coniunx, H.: Chione dotatissima formā, O.

dōtō, āvī, ātus, āre [dos], *to endow, portion:* sanguine Troiano dotabere, V.: funeribus, O.

drachma or **dragma** (old **drachuma**), ae, *f.*, = δραχμή, *a drachma, drachm* (a Greek coin, worth $0.19 or 9½*d.*), T., C., H.

dracō, ōnis, *m.*, = δράκων, *a serpent, a large serpent, dragon:* patrimonium circumplexus, quasi draco: squamosus, V.: cristatus, O.—*A constellation*, C. (poet.).

dracōnigena, ae, *f.* [draco+GEN-], *dragon-born:* urbs, i. e. *Thebes*, O.

dragma, see drachma.

dromas, adis, *m.*, = δρομάς, *a dromedary*, L., Cu.

Druides, um (Cs.), or **Druidae**, ārum (C., Ta.), *m.*, *the Druids, priests of the Gauls.*

Dryades, um, *f.*, = Δρυάδες, *wood-nymphs, dryads*, V., O., Pr.

dubiē, *adv.*, *doubtfully, uncertainly* [dubius]: signum datum: gaudere, O.—Usu. with a negative (haud, less frequently non or nec), *without doubt, certainly, unquestionably:* non dubie nuntiabatur, etc.: nec dubie ludibrio esse, etc., L.: haud dubie iam victor, S.

dubitābilis, e, *adj.* [dubito], *doubtful, to be doubted:* verum, O.: virtus, O.

dubitāns, *adj.* [*P.* of dubito], *wavering, irresolute.*—*Plur. m.* as *subst.*: dubitantes cogit, Cs.

dubitanter, *adv.* [dubito], *doubtingly, with doubt:* dicere.—*Hesitatingly, with hesitation:* illum recepisse.

dubitātiō, ōnis, *f.* [dubito], *uncertainty, doubt, perplexity:* in causā: in eā dubitatione omnium: dubitationem adferre: eo sibi minus dubitationis dari, quod, etc., Cs.: sine ullā dubitatione, i. e. *certainly:* omnem dubitationem adventūs legionum expellere, Cs.: iuris (i. e. penes quem esset ius): de omnibus rebus: quidnam esset actum: nulla fuit, quin, etc.—*A doubt, question, considering:* indigna homine.—*A wavering, hesitating, hesitancy, irresolution, delay:* belli: aestuabat dubitatione: inter dubitationem et moras senatūs, S.: nullā interpositā dubitatione legiones educit, Cs.: sine ullā dubitatione, *unhesitatingly:* angunt me dubitationes tuae.

dubitō, āvī, ātus, āre, *freq.* [dubius], *to waver in opinion, be uncertain, be in doubt, be perplexed, doubt, question:* ut iam liceat non dubitantem dicere: de indicando: de quā (legione) non dubitaret, *had full confidence*, Cs.: de armis dubitatum est: si dubitatum est, utrum, etc., L.: haec non turpe est dubitare philosophos: Hoc quis dubitet? O.: si quod illorum dubitabitur: res minime dubitanda: dubitati tecta parentis, O.: qualis sit futurus (eventus belli), Cs.: quid fecerit: honestumne factu sit an turpe: Recte necne, etc., H.: si dubitet an turpe non sit, *inclines to think:* dubito an hunc primum ponam, *perhaps*, N.: an dea sim, dubitor, O.: non dubitat, quin sit Troia peritura, *has no doubt:* neque dubitare, quin libertatem sint erepturi, Cs.: qui potest dubitari, quin, etc.: non dubito, fore plerosque qui, etc., N.: haud dubitans Romanos abituros, L.: aut vincere aut, si fortuna dubitabit, etc., *waver*, L.—*To deliberate, consider, ponder:* dubitate quid agatis: restat ut hoc dubitemus, uter, etc.: percipe Quid dubitem, *meditate*, V.: an sontīs mergeret, O.—*To waver, be irresolute, hesitate, delay:* illi nubere, S.: omnia ventre metiri: transire flumen, Cs.: haud dubitans, *without hesitation:* eos hostīs appellare dubitamus?: non dubitaturus quin cederet: tum dubitandum non existimavit, quin proficisceretur, Cs.: quid dubitas? Cs.: perterritis ac dubitantibus ceteris, S.: nec res dubitare remittit, O.

dubius, *adj.* [DVA-], *moving two ways, fluctuating:* fluctibus dubiis volvi coeptum est mare, L.—Fig., *wavering in opinion, doubting, doubtful, dubious, uncertain:* animum in causā dubium facere: visi ab dubiis, quinam essent, L.: spemque metumque inter dubii, V.: dubius, verbis ea vincere magnum Quam sit, *well aware how hard it is*, V.: dictator minime dubius, bellum patres iussuros, L.: mentis, O.: sententiae, L.—*Wavering in resolution, irresolute, undecided, hesitating:* dubii confirmantur, Cs.: dubio atque haesitante Iugurthā incolumes transeunt, S.: hostibus dubiis instare, S.: spem dedit dubiae menti, V.: consilia, Ta.: quid faciat, O.: Mars errat in armis, V.—*Doubted of, uncertain, doubtful, dubious, undetermined:* fortuna scaenica, T.: quae dubia sint, ea sumi pro certis: haec habere dubia, *to leave in question:* salus: victoria, Cs.: proelia, Ta.: haud dubius rex, seu . . . seu . . ., *by a clear title*, L.: auctor, *unknown*, O.: gens dubiae ad id voluntatis, L.: lux, i. e. *twilight*, O.: sidera, Iu.: caelum, i. e. *overcast*, V.: lanugo, *hardly visible*, O.: sequitur annus haud dubiis consulibus, *certainly* *known*, L.: fortunam inter dubia numerare, Ta.: hora, i. e. *the uncertain future*, H.: dubia cena, i. e. *perplexing with variety*, H.: an dubium id tibi est? *is it not certain?* T.: ut de ipsius facto dubium esse nemini possit: hoc nemini dubium est, quid iudicarit: Iustitiā dubium validisne potentior armis, O.: haud dubiumst mihi, quin possim, etc., T.: non esse dubium, quin possent, etc., Cs.: periisse me unā haud dubiumst, T.: in dubium vocare, *to call in question:* non quo mihi veniat in dubium tua fides, *is questioned:* Dum in dubio est animus, *in doubt*, T.: ut in dubio poneret, utrum . . . an, etc., L.: sine dubio, *certainly:* cum te togatis omnibus sine dubio anteferret . . . sed, etc., *doubtless . . . but:* procul dubio, L. — *Doubtful, dubious, precarious, dangerous, critical, difficult, adverse:* fortuna (opp. secunda): res, S.: mons ascensu, Pr.: scire hunc lumen rebus nostris dubiis futurum, L.: dubiis ne defice rebus, *our need*, V.: tempora, H.: aeger, *the man in danger of death*, O.: Mea in dubio vitast, *is in danger*, T.: libertas et anima nostra in dubio est, S.: suas fortunas in dubium non devocaturum, Cs.

ducēnī, ae, a, *gen.* nūm [ducenti], *num. distr.*, *two hundred each, two hundred:* talenta: milia, L.

ducentēsimus, *adj.* [ducenti], *the two hundredth:* lapis, Ta.: annus, Ta.—As *subst. f.* (sc. pars), *one two hundredth, a half per cent.* (as a tax), Ta.

ducentī, ae, a, or **CC**, *gen.* tūm (tārum, N.), *num.* [duo+centum], *two hundred:* sestertia, S.: milia, S.: habere ducentos servos, i. e. *very many*, H.

ducentiēns (-iēs), *adv. num.* [ducenti], *two hundred times*, C.—P o e t., *many times*, Ct.

dūcō, ūxī (dūxtī, Ct., Pr.), uctus, ere [DVC-], *to lead, conduct, guide, direct, draw, bring, fetch, escort:* secum mulierculas: vix quā singuli carri ducerentur, Cs.: Curru Victorem, H.: ducente deo, *under the conduct of*, V.: mucronem, *from the scabbard*, V.: ferrum vaginā, O.: bracchia (of the bow), *bend*, V.: sors ducitur: ductus Neptuno sorte sacerdos, *for Neptune*, V.: pondus aratri, *draw*, O.: remos, *row*, O.: lanas, *spin*, O.: ubera, *milk*, O.: frena manu, *govern*, O.: ilia, i. e. *be broken-winded*, H.: os, *make wry faces:* te magna inter praemia, *to great glory*, V.: sibi quisque ducere, trahere, *appropriate*, S. — Of a road or path, *to lead, conduct:* quā te ducit via, V.: iter ad urbem, O.: via quae sublicio ponte ducit ad Ianiculum, L. — With *se*, *to betake oneself, go:* se duxit foras, T.—Of offenders, *to take, arrest, lead away, drag, carry off:* in ius debitorem, L.: duci in carcerem: ad mortem: Fuficium duci iussit, *to be imprisoned:* ductum se ab creditore in ergastulum, Cs.—Of a wife, *to lead home, take, marry:* inopem (uxorem) domum, T.: uxorem filiam Scipionis: filiam Orgetorigis in matrimonium, Cs.: ex quā domo in matrimonium, L.: tibi ducitur uxor, V.: qui ducat abest, *the bridegroom*, O.: Conlegam Lepidum, *wedded*, H.—Of a commander, *to lead, guide, cause to move, march:* locis apertis exercitum, Cs.: cohortīs ad eam partem, etc., Cs.: sex legiones expeditas, *led forward*, Cs.: navem contra praedones: per triumphum alquem ante currum (of a prisoner): quam in partem aut quo consilio ducerentur, *march*, Cs.: ducit quam proxime ad hostem potest, *moves*, L. — *To lead, command, be commander of:* quā in legatione duxit exercitum: primum pilum ad Caesarem, *in Caesar's army*, Cs.: exercitūs partem ipse ducebat, S.: agmina, V.—*To lead, be leader of, be the head of, be first in:* familiam: ordines: toros, O.—*To take in, inhale, drink, quaff, imbibe:* spiritum: tura naribus, H.: pocula, H.: somnos, V.: ab ipso animum ferro, H. — *To produce, form, construct, make, fashion, shape, mould, cast, dispose:* parietem per vestibulum sororis, *to erect:* muros, H.: vallum ex castris ad aquam, Cs.: voltūs de marmore, V.: aera, H.: (litteram) in pulvere, *draw*, O.: mores, Iu.: alapam sibi gravem, Ph.: epos, *spin out*, H.: carmen, O.: Pocula ducentia somnos, H.—Of processions, etc., *to conduct, marshal, lead, accompany:* funus: triumphos, V.: choros, H.: ludos et inania honoris, Ta. — *To receive, admit, take, get, assume:* ubi primum ducta cicatrix (i. e. obducta), L.: rimam, O.: colorem, V.: pallorem, *to grow pale*, O.: Cānentem senectam, V.: nomina, H. — F i g., *to lead, guide, draw, conduct:* quo te sapientia duceret, H.: Ad strepitum citharae cessatum ducere curam (i. e. ut cessat), H.: Triste per augurium pectora, i. e. *fill with forebodings*, V.: totum poëma, *carries off*, i. e. *makes acceptable*, H.: series rerum ducta ab origine gentis, *followed*, V.—*To draw, deduce, derive:* ab aliquā re totius vitae exordium: ab dis inmortalibus principia: genus Olympo, V.: utrumque (amor et amicitia) ductum est ab amando.—*To lead, move, incite, induce, allure, charm:* me ad credendum: ducit te species, H.: Quo ducit gula, H.: lumina in errorem, O.: si quis earum (statuarum) honore ducitur. — *To mislead, cheat, deceive:* me istis dictis, T.: lino et hamis piscīs, O.—In time, *to draw out, extend, protract, prolong, spend:* bellum, Cs.: in ducendo bello tempus terere, L.: longas in fletum voces, V.: rem prope in noctem, Cs.: ut ita tempus duceretur, ut, etc.: vitam, *live long*, V.: ubi se diutius duci intellexit, *put off*, Cs.: aetatem in litteris, *spend*. — *To calculate, compute, reckon:* quoniam XC medimnūm duximus. — *To reckon, consider, hold, account, esteem, regard:* eum hominem, T.: filium adsistere turpe ducunt, Cs.: pericula parvi esse ducenda: ea pro falsis ducit, S.: si quis despicatui ducitur: deorum numero eos ducunt, Cs.: modestiam in conscientiam, *construe* *as*, S.: nil rectum nisi quod placuit sibi, H.: Sic equidem ducebam animo futurum, V.: omnia tua in te posita esse: quae mox usu fore ducebat, *expected*, S.—*To regard*, *care for*, *have respect to* (only with *rationem*): suam quoque rationem ducere, *one's own advantage:* non ullius rationem sui commodi.

ductō, āvī, ātus, āre, *freq.* [duco], *to lead*, *draw*, *conduct:* restim, T.: exercitum per loca, S.—*To take home*, *accompany:* meam (ancillam), T.

ductor, ōris, *m.* [DVC-], *a leader*, *commander*, *chief*, *general*, *officer:* exercitūs: itineris, *guide*, L.: Danaūm, V.: Ductores (iuventutis), *ringleaders* (in games), V.: classis, *pilot*, V.

1. ductus, *P.* of duco.

2. ductus, ūs, *m.* [DVC-], *a leading*, *conducting:* aquae: aquarum: muri: oris, *lineaments.*—*Military lead*, *conduct*, *generalship*, *command:* rem ductu suo gerere: se ad ductum Pompei applicare.

dūdum, *adv.* [diu+dum], *a short time ago*, *little while ago*, *not long since*, *but now:* quae tu dudum narrasti, T.: quod tibi dudum videbatur: Beroën reliqui, V.—*Before*, *formerly*, *of old*, *once:* ut dudum ad Demosthenem, sic nunc ad Crassum pervēnimus: Incertior sum quam dudum, T.: haud talia dudum Dicta dabas, V.: quam dudum? *how long ago?* T.: iam dudum, *this long time;* see iam.

duellum, see bellum. **duim**, see do.

dulce, *adv.* with *comp.* and *sup.* [dulcis], *agreeably*, *charmingly*, *delightfully:* ridens, H., Ct.: dulcius canere, Pr.: historia scripta dulcissume.

dulcēdō, inis, *f.* [dulcis], *sweetness*, *pleasantness*, *agreeableness*, *delightfulness*, *charm:* frugum, L.: dulcedine sensum movere: orationis: vocis, O.: amoris, V.: inertiae, Ta.: bibendi, Cu.

dulcēscō, —, —, ere, *inch.* [dulcis], *to become sweet:* uva dulcescit.

dulciculus, *adj. dim.* [dulcis], *sweetish:* potio.

dulcis, e, *adj.* with *comp.* and *sup.* [GVOR-], *sweet:* (animal) sentit et dulcia et amara: vinum, H.: dulcior uva, O.—As *subst. n.:* Dulce dedit, *a sweet drink* (i. e. mulsum), O.—F i g., *agreeable*, *delightful*, *pleasant*, *charming*, *dear*, *soft*, *flattering:* orator: nomen libertatis: poëmata, H.: auditu nomen, L.: amores, H.: Dulce est pro patriā mori, H.: cui patriae salus dulcior quam conspectus fuit: dulcissima epistula.—As *subst. n.:* Dulce satis umor, *a delight*, V.—Of persons, *friendly*, *pleasant*, *agreeable*, *charming*, *kind*, *dear:* amici: amicitia dulcior: liberi, H.: dulcissime Attice: dulce decus meum, H.: quid agis, dulcissime rerum? H.

dulciter, *adv.* [dulcis], *agreeably*, *sweetly*, *pleasantly:* sensus movetur.

dulcitūdō, inis, *f.* [dulcis], *sweetness.*

1. dum, *adv.* of time, *the while*, *a while*, *now*, *yet.*—Only as enclitic; see etiamdum, nondum, nihildum, etc.—With *imper.* (colloq.): Sosia Adesdum, paucis te volo, *stop a moment*, T.: abidum, T.: facitodum, T.: age dum, T.: agedum, conferte, etc., *come now:* agite dum, L.: cedodum, T.

2. dum, *conj.* [1 dum], *while*, *whilst*, *at the time that*, *during the time in which*, *where:* dum conantur, annus est, T.: dum de his disputo iudiciis: dum ea conquiruntur, ad Rhenum contenderunt, Cs.: Haec canebam, Caesar dum Fulminat, V.: haec dum geruntur: dum ea parant, L.: dum tempus teritur, repente, etc., L.: dum Appium orno, subito, etc.: ne bellum differretur, dum aeger conlega erat, L.: dum is in aliis rebus erat occupatus: qui, dum ascendere conatus est, vēnit in periculum: dum oculos hostium certamen averterat, capitur murus, L.: dum ad se omnia trahant, nihil relictum esse, L.: ut, dum sine periculo liceret, excederet, Cs.: dum intentus in eum se rex totus averteret, etc., L.: Illa, dum te fugeret, non vidit, V.—Of a period of time, *while*, *all the time that*, *as long as:* vixit, dum vixit, bene, T.: dum ego in Siciliā sum, nulla statua deiecta est: haec civitas dum erit laetabitur: causas innecte morandi, Dum desaevit hiemps, V.: dum longius aberant Galli, posteaquam, etc., Cs.: dum auxilia sperastis, postquam, etc., L.: se duces, usque dum per me licuerit, retinuisse.—Of immediate succession, *to the time when*, *all the time till*, *until:* ut me maneat, dum argentum aufero, T.: Tityre, dum redeo, pasce capellas, V.: mansit usque ad eum finem, dum iudices reiecti sunt: non exspectandum sibi, dum pervenirent, Cs.: Multa passus, dum conderet urbem, V.: differant in tempus aliud, dum defervescat ira.—In restrictive clauses, *as long as*, *if so be that*, *provided that*, *if only:* dum res maneant, verba fingant: oderint, dum metuant: laborem pati, dum poenas caperent, S.—With *modo* (often written dummodo): mea nil re fert, dum patiar modo, T.: feram libenter, dum modo vobis salus pariatur: quālibet, dum modo tolerabili, condicione transigere.—With *tamen:* firmissimum quodque sit primum, dum illud tamen teneatur, etc.—With *ne*, *so long as not*, *provided that not*, *if only not:* dum arator ne plus decumā det: peccate, dum ego ne imiter tribunos, L.

dūmēta (dumm-), ōrum, *n.* [dumus], *thorn-bushes*, *a thorn-hedge*, *thicket:* saeptum dumetis sepulchrum: tondere dumeta, V.—F i g., *intricacy*, *obscurity:* Stoicorum: in dumeta conrepere.

dummodo or **dum modo**, see 2 dum.

dūmōsus (dumm-), *adj.* [dumus], *full of thorn-bushes*, *bushy:* rupes, V.: saxa, O.

dumtaxat or **dum taxat** (not dunt-), *adv.* [dum + taxo].—P r o p., *while one examines;* hence, *to this extent*, *so far*, *in so far*, *as far as* *this:* hoc recte dumtaxat: sint ista pulchriora dum taxat aspectu. — *Strictly speaking, precisely, not more, only, simply, merely:* cogitans casūs dumtaxat humanos: species dum taxat obicitur quaedam: peditatu dumtaxat ad speciem utitur, equites, etc., Cs.: sescentos equites dumtaxat scribere, L.—*Strictly speaking, at least:* in tuo dum taxat periculo: eo nomine dum taxat (i. e. certe): sit quidvis simplex dumtaxat, H.

(**dūmus**, ī), *m., a thorn-bush, bramble.* — Only *plur., a thicket:* e dumis eminens: silvestres, V.

duo, ae, o (*gen.* duōrum, duārum, often duūm; *acc. masc.* duos and duo), *num.* [DVA-], *two:* pocula: menses: milia nummūm: duo quisque coruscant Gaesa manu, *two each*, V.—*The two, both:* duo consules: Roscii: nocuit sua culpa duobus, O.: qui duo populi, L.

duodeciēns (-iēs), *adv. num.* [cf. duodecim], *twelve times.*

duodecim or **XII**, *num.* [duo + decem], *twelve:* dies: Tabulae, *the laws of the Twelve Tables:* cetera in xii (sc. Tabulis): post xii, *since the enactment of.*

duodecimus, *adj. num. ord.* [duodecim], *the twelfth:* legio, Cs.

duodēnī, ae, a, *adj. num. distr.* [cf. duodecim], *twelve each, twelve apiece:* uxores habent deni inter se communīs, Cs.: in singulos homines iugera: Per duodena astra, *twelve each year*, V.: signa, O.

duo-dē-quadrāgēsimus, *adj. num. ord., the thirty-eighth:* anno, L.

duo-dē-quadrāgintā, *num., thirty-eight.*

duo-dē-quīnquāgēsimus, *adj. num. ord., the forty-eighth:* anno.

duo-dē-trīciēns, *adv. num., twenty-eight times,* HS (sc. centena milia).

duo-dē-trīgintā or **duo dē xxx**, *adj. num., twenty-eight:* castella, L.

duo-dē-vīcēnī, ae, a, *adj. num. distr., eighteen each:* denarii, L.

duo-dē-vīgintī, *num., eighteen:* pedes, Cs., C.

duo-et-vīcēsimānī, ōrum, *m., soldiers of the twenty-second legion*, Ta.

duo-et-vīcēsimus, *adj., the twenty-second:* legio, Ta.

(**duovirātus** or) **II virātus**, *acc.*, um [duoviri], *the office of a duumvir:* II viratum gerere.

duo virī, duovirī or **II virī** (less correctly **duūmvirī**), ōrum, *m., a board of two persons, an extraordinary criminal court, duumviri* (selected by Tullus Hostilius to try Horatius), L.; (by the people to try Manlius), L.; (to try Rabirius), C.: sacrorum, *keepers of the Sibylline books*, L.: navales, *to build and equip a fleet*, L.: ad aedem faciendam, *to build a temple*, L.—*A board of colonial magistrates*, Cs. — Each of the duo viri is called II vir or duūmvir, L.

duplex, icis (*abl.* icī; rarely ice, H.), *adj.* [duo + PLEC-], *twofold, double:* murus, Cs.: vallum, Cs.: rates, *in double rows*, Cs.: dorsum, *consisting of two boards*, V.: pannus, *doubled*, H.: ficus, *cloven*, H.: amiculum, *of two thicknesses*, N.: gemmis auroque corona, *of twofold material*, V.: Latonae genus, *the two children*, V.—*Twice as long, twice as great, double:* stipendium, Cs.: modus: dedecus.—*Two, a choice of two:* duas esse vias duplicīsque cursūs: opinio.—P o e t., *a pair, both:* palmae, V.—*Complex, compound:* duplicis iuris Natura, H.—F i g., *double-tongued, deceitful:* Ulixes, H.

duplicārius, ī, *m.* [duplex], *a soldier under double pay*, L.

dupliciter, *adv.* [duplex], *in two ways, in two senses, for two reasons:* dici: delectari.

duplicō, āvī, ātus, āre [duplex], *to double, multiply by two, repeat:* numerum obsidum, Cs.: copiae duplicantur, L.: duplicato eius diei itinere, Cs.: verba. — Of words, *to compound:* ad duplicanda verba, L.—*To double, enlarge, augment, increase:* sol decedens duplicat umbras, V.: duplicata noctis imago est, O.: bellum, Ta.—*To double up, bow, bend:* duplicato poplite, V.: virum dolore, V.: duplicata volnere caeco, O.

duplus, *adj.* [DVA- + PLE-], *double, twice as large, twice as much:* intervalla: pecunia, L.—As *subst. n., the double, twice as much:* dupli poena: in duplum ire, *have a* (new) *trial for twice the amount.*

dupondius, ī, *m., n.* [duo + pondus], *two asses, two-pence:* tuus.

dūrābilis, e, *adj.* [duro], *lasting*, O.

dūrātus, *P.* of duro.

dūrē, *adv.* with *comp.* [durus], *hardly, stiffly, awkwardly:* pleraque Dicere, H.: durius incedit, O.: quid fusum durius esset, H.—*Harshly, roughly, sternly, rigorously:* dicere: suae vitae durius consulere, i. e. *kill themselves*, Cs.: accipere hoc.

dūrēscō, ruī, —, ere, *inch.* [durus], *to grow hard, harden:* durescit umor: campus, V.: oraque duruerant, O.: durescente materiā, Ta.

dūritās, ātis, *f.* [durus], *harshness:* orationis.

dūriter, *adv.* [durus], *roughly, coarsely:* vitam agere, T.—F i g., *harshly, sternly:* Factum, T.

dūritia, ae (*acc.* duritiem, O., Ct.), *f.* [durus], *hardness:* Duritiam tacto capere ab aere, O.: ferri, Ct.: pellis, O.—F i g., *hardness, austerity:* duritiae student, Cs.: virilis: consueta, S.—*Absence of feeling, insensibility:* animi sicut corporis: duritiā ferrum ut superes, O. — *Harshness, strictness, rigor:* tua antiqua, T.: Duritiae agi reus, O.—*Oppressiveness:* imperii, Ta.: caeli militiaeque, Ta.

(**dūritiēs**), see duritia.

dūrō, āvī, ātus, āre [durus]. **I.** *Trans., to make hard, harden, solidify:* fumo uvam, *dry*, H.: calor durat (terram), V.: caementa calce durata, L.: solo nives, H.: undam in glaciem, Tb.—F i g., *to harden with use, make hardy, inure:* membra animumque, H.: umeros ad volnera, V.: hoc se labore, Cs.: adversus mala duratus, L.—*To render hard, make insensible, dull, blunt:* ferro (Iuppiter) duravit saecula, H. — *To bear, endure, resist:* laborem, V.: Vix durare carinae Possunt Aequor, H. —**II.** *Intrans., to grow hard:* Tum durare solum Coeperit, V.—*To be inured, be patient, wait, persevere, endure, hold out:* hic, T.: in labore sub pellibus, L.: Durate et vosmet servate, V. —*Pass. impers.:* nec durari extra tecta poterat, L. — *To hold out, continue, last, remain:* totidem per annos, V.: duret gentibus odium sui, Ta.: durante originis vi, Ta.: eadem horam durare probantes, H.: durando saecula vincit, V.: in hanc saeculi lucem, *to survive*, Ta.: durant colles, i. e. *extend*, Ta.

dūrus, *adj.* with *comp.* and *sup.*, *hard* (to the touch): silex, V.: ferrum, H.: bipennes, H.: cutis, O.: corpus, *impenetrable*, O.: dumeta, i. e. *rough*, O.: gallina, *tough*, H.—As *subst. n.:* nil extra est in nuce duri, *no shell*, H.—*Hard, harsh*, of a taste: sapor Bacchi, V. —Of a sound, C. —F i g., *rough, rude, uncultivated:* oratione et moribus: poëta durissimus: durior ad haec studia: virtus, Ta.: gens duro robore nata, V.: componere versūs, H. — *Hardy, vigorous, rough:* Spartiatae: in armis genus, L.: vindemiator, H.: ilia messorum, H.: iuvenci, O. —*Harsh, rough, stern, unyielding, unfeeling, pitiless, insensible, obstinate:* pater, T.: se durum agrestemque praebere: durior Diogenes: iudex durior: duri hominis vel potius vix hominis videtur: nos dura aetas, H.: ōs, *shameless, impudent*, T.: ore durissimo esse: ferrum, *cruel*, V.: aures, V.: flectere (me) Mollibus Iam durum imperiis, H.—Of things, *hard, severe, toilsome, oppressive, distressing, burdensome, adverse:* provincia, T.: fortuna: hiemps: venatus, O.: durissimo tempore anni, *inclement*, Cs.: valetudo, H.: dolores, V.: iter, V.: proelia, V.: Durum: sed levius fit patientiā, etc., H.: hi, si quid erat durius, concurrebant, *a difficulty*, Cs.: si nihil esset durius, Cs.—*Plur. n.* as *subst., hardships, difficulties:* Siccis omnia dura deus proposuit, H.: multa, V.: ego dura tuli, O.

duūmvir, duūmvirātus, duūmvirī, see duovir-.

dux, ducis, *m.* and *f.* [DVC-], *a leader, conductor, guide:* itineris periculique, S.: locorum, L.: iis ducibus, qui, etc., *guided by*, Cs.: Teucro duce, H.: Hac (bove) duce carpe vias, O.—Of troops, *a commander, general-in-chief:* Helvetiorum, Cs.: hostium, S.—*A lieutenant-general, general of division* (opp. imperator), Cs. —I n g e n., *a commander, ruler, leader, chief, head, author, ringleader, adviser, promoter:* ad despoliandum Dianae templum: me uno togato duce: optimae sententiae: femina facti, V.: dux regit examen, H.: armenti (i. e. taurus), O.: Te duce, *while you are lord*, H.—F i g., *a guide, master, adviser, counsellor:* natura bene vivendi: Sine duce ullo pervenire ad hanc improbitatem: quo me duce tuter (i. e. magister), H.

dynastēs, ae, *m.*, = δυνάστης, *a ruler, prince, petty monarch*, C., Cs., N. —Of the triumvirs at Rome, C.

E.

ē, *praep.*, see ex.

1. ea, see is.

2. eā, *adv.* [*abl. f.* of is; sc. viā], *on that side, that way, there:* eā proxime accedi poterat: eā introrumpere, Cs.: transitum eā non esse, L.

eādem, *adv.* [*abl. f.* of īdem; sc. viā], *by the same way:* ventum est, eādem quā, etc.: revertens, L.: escendens descendensque, S. —*At the same time, likewise*, T.

eāpropter, *adv.* [for propter-eā], *for that reason, therefore.*—Followed by *quod*, T.

eātenus, *adv.* [*abl. f.* of is+tenus], *so far, so long, to such a degree:* eatenus, quoad, etc.: verba persequens eatenus, ut, etc.

ebenus, see hebenus.

ē-bibō, bī, —, ere, *to drink up, drain:* quid ebibent? T.: ubera lactantia, O.—P o e t.: Nestoris annos, i. e. *a glass to each year*, O.: haec, *spend in drink*, H.—Of things, *to suck in, absorb:* amnīs, O.

ē-blandior, ītus, īrī, *dep., to persuade by flattery, obtain by coaxing:* eblandire, effice ut, etc.: omnia, L.—*P. pass.:* eblandita suffragia.

ēbrietās, ātis, *f.* [ebrius], *drunkenness, intoxication:* ut inter ebrietatem et ebriositatem interest: in proelia trudit inermen, H.: si indulseris ebrietati, Ta.

ēbriōsitās, ātis, *f.* [ebriosus], *habitual drunkenness.*

ēbriōsus, *adj.* with *comp.* [ebrius], *given to drink, sottish.*—As *subst. m., a drunkard*, C.—*Full of drink, drunk:* ebriosos sobriis (insidiari): magistra ebriosior, Ct.: acina, *juicy*, Ct.

ēbrius, *adj.* [AMB-], *full, sated* (with drink):

quom tu eris ebrius, T.—*Full of drink, drunk, intoxicated:* semper: iacebat ebrius, *was dead-drunk.* —*Plur.* as *subst.:* domus plena ebriorum.—Fig.: Regina fortunā dulci, *intoxicated,* H.: pueri ocelli, *intoxicated with love,* Ct.

ē-bulliō, —, —, īre, *to boil over:* quod (dictum) solet ebullire.—With *acc.:* virtutes, i. e. *with phrases about virtue,* etc.

ebulum, ī, *n.* [AMBR-], *Dane-wort, dwarf-elder,* V.

ebur, oris, *n., ivory:* ex ebore factum: puer quale Lucet ebur, V.: ebur coemere, *works in ivory:* maestum, *statues of ivory,* V.: Inflavit ebur, *blew the tibia,* V.: ense vacuum, *scabbard,* O.: curule, *chair,* H.—*An elephant,* Iu.

eburneolus, *adj. dim.* [eburneus], *of ivory:* fistula.

eburneus, *adj.* [ebur], *of ivory:* dentes, *elephants' tusks:* signum: colla, *white as ivory,* O.

eburnus, *adj.* [ebur], *of ivory:* scipio, L.: lecti, H.: ensis, *with ivory hilt,* V.

ec-, an *indef. part.,* only in compounds.

ēcastor, *interj.* [old *interj.* ē + Castor], *by Castor,* T.

eccam, i. e. ecce eam; see ecce.

ec-ce, *adv. demonstr.*—Calling attention, *lo! see! behold! there! look!* ecce autem video senem, T.: Ecce processit Caesaris astrum, V.: adspice voltūs Ecce meos, O.—Esp., to announce the presence of an object, *here, lo:* Ecce, Arcas adest, O.: Ecce me, T.: ecce tuae litterae de Varrone.—In a transition, emphatically introducing a new object or thought: ecce tibi alter: ecce ex inproviso Iugurtha, S.: ecce autem repente nuntiatur: haec dum agit, ecce, etc., H.: ecce aliud miraculum, L.—Combined with a *pron. pers.* (old and colloq.): eccum ipsum obviam (i. e. ecce eum), *here he is,* T.: eccam ipsam (i. e. ecce eam), T.: eccos (i. e. ecce eos), T.

eccerē, *interj.* [ecce + rem], *look! lo! there!* T.

eccum, eccos, see ecce.

ecdicus, ī, *m.* [ἔκδικος], *a syndic, solicitor of a community.*

ecfātus, ecferō, ecfor, ecfutuō, etc., see eff-.

echenēis, idis, *f.,* = ἐχενηΐς, *the sucking-fish, remora,* O.

echidna, ae, *f.,* = ἔχιδνα, *an adder, viper.*—Of the hair of a Fury, O.: Lernaea, *the Lernaean hydra,* O.

Echidnēus, *adj., of Echidna* (a monster, mother of Cerberus): canis, *Cerberus,* O.

echīnus, ī, *m.,* = ἐχῖνος, *a sea-urchin,* H., Iu. —*A vessel for the table, slop-bowl, rinsing-bowl:* Vilis, H.

ecloga, ae, *f.,* = ἐκλογή, *a selection, short poem, eclogue* (often as a title of V.'s Bucolic poems).

eclogāriī, ōrum, *m.* [ecloga], *select passages.*

ec-quandō, *adv. interrog., ever, at any time:* ecquando te rationem redditurum putasti?: quotiens hoc agitur, ecquandone nisi? etc.: quaero ecquando creati sint, etc., *whether ever.*

ec-quī, ecquae, ecqua, or ecquod (no *gen.*), *pron. interr. adj.*—Direct, *Is there any? Any?* ecqui pudor est? ecquae religio: ecquae seditio umquam fuit? hospitem ecquem hic habes? T.: ecquo de homine hoc audivistis?—Indirect, *whether any:* quaerere ecquo modo condemnare possent.

ecquid, *adv. interrog.* [*neut.* of ecquis].—Direct, *at all?* ecquid te pudet? T.: ecquid vides, quos, etc.: ecquid sentitis? etc., L.: Ecquid animos excitat Hector? V.—Indirect, *whether, if at all:* petisse, ecquid hanc rem valere oporteat.

ecquīnam, quaenam, quodnam (no *gen.* or *dat.*), *pron. interrog. adj.* [ecqui + nam].—Direct, *Is there any? any?* ecquodnam principium putatis? etc. —Indirect, *whether any, if any:* dubium, ecquaenam fieri possit accessio.

ecquis, ecquid (no *gen.*), *pron. interrog.*—Direct, *Is there any one? any? any one? anybody? anything?* ecquis audivit?: ecquis est, qui . . .?: eccui non proditur?: ecquid respondetur?—Indirect, *whether any one, if anybody:* huc evasit . . . Ecquis cum eā, T.: experiri ecquid valerent. —As *adj.* (for ecqui).—Direct, *any?* Ecquis erit modus? V.—Indirect, *whether any:* respondeat, ecquis populus defecerit, L.

ecquisnam, quidnam (no *gen.* or *dat.*), *pron. interrog. subst.* [ecquis + nam].—Direct, *any one? anybody?* Ecquisnam tibi dixerit, etc.—Indirect, *whether any one:* interrogare, ecquosnam posset nominare.

ecquō, *adv. interrog.* [ecqui], *to any point? to any result?* ecquo te provehere?

eculeus (equu-), ī, *m. dim.* [equus], *a young horse, foal, colt:* in equo quam in eculeo.—*A small equestrian statue:* eculeos argenteos aufert.—*A rack, torture-horse:* facti in eculeo quaestio est.

ecus, see equus.

edācitās, ātis, *f.* [edax], *gluttony:* morbus edacitatis.

edāx, ācis, *adj.* [ED-], *greedy, voracious, gluttonous, rapacious:* hospes: dominus, H.—*Devouring, destructive:* ignis, V.: imber, H.: curae, *gnawing,* H.: tempus rerum, O.

edendum, ī, *n.* [*P.* of 1 edo], *victuals, food:* penuria edendi, V.

edepol, *interj.* [old *interj.* e + deus + Pollux], *by Pollux:* Bene edepol narras, T.: Certe edepol, T.

(**edera**, ae, *f.*), see hedera.

ē-dīcō, dīxī, dictus, ere (*imper.* ēdīce for ēdīc, V.).—Of a magistrate or officer, *to declare, publish, make known, proclaim, order, establish, decree, ordain:* edictā die: diem comitiis, L.: diem ad conveniendum militibus, L.: iustitium: senatum in diem posterum, *a session of*, L.: ut senatus ad vestitum rediret: edicto, ne quis iniussu pugnaret, L.: cum edixissent, senatus adesset: sociis, arma capessent, V.: sese iudicium non daturum. —Of the praetor, *to announce a policy, make an inaugural address:* est tibi edicendum quae sis observaturus.—*To make known, announce, declare, appoint, establish, order, ordain, warn:* Hoc, H.: ne vir ad eam adeat, T.: uti turba veniant, H.: nostrum esse filium, T.: mergos suavīs assos (esse), H.: iussus quae sciret edicere, S.: quid reprehendere Scipio solitus sit: herbam Carpere ovīs, V.

ēdictum, ī, *n.* [edico], *a proclamation, ordinance, edict, manifesto* (of a magistrate or general-in-chief): consul praetor nova edicta proponunt: civem edicto eicere: proconsulis, L.: rex Edicto vetuit ne quis, etc., H. — E s p., of the praetor, *an edict, inaugural address* (declaring the principles on which he will administer justice): praetoris edictum legem annuam esse: finem edicto praetoris adferunt Kal. Ian.: in edictis praetoriis prudens, i. e. *learned in the law as defined by successive praetors:* iudicium ex edicto dare. — *An order, command:* tuom, T.

ē-discō, didici, —, ere, *to learn thoroughly, learn by heart, commit to memory:* aliquid eius modi, *some such phrases:* poëtas: numerum versuum, Cs.: diebus ediscendi fasti, i. e. *a calendar to learn by heart.* — *To learn, study:* istam artem (iuris): ritūs pios populi, O.: modos vitae, H.: quem ad modum tractandum bellum foret, L.: tristia posse pati, O.: edidici, quid Troia pararet, i. e. *have experienced*, O.

ē-disserō, ruī, rtus, ere, *to set forth in full, relate at length, dwell upon, unfold, explain, tell:* eadem, L.: res gestas, L.: mihi haec vera roganti, V.: in edisserendo subtilior: edisseri a nobis quae finis familiae fiat.

ē-dissertō, —, —, āre, *intens.* [e-dissero], *to set forth in full, explain, relate:* quae edissertando minora vero fecero, L.

ēditīcius, *adj.* [editus], *set forth, proposed:* iudices, *a list of proposed jurors* (to be reduced by the challenges of the accused).

ēditiō, ōnis, *f.* [2 edo], *a statement, account:* tam discrepans, L. —In law, *a designation:* tribuum (from which judges should be taken).—*A publishing:* libri, Ta.

(**ēditum**, ī), *n.* [editus].—Only *plur.*—*Heights, elevations:* montium, Ta., Cu.—*Commands, orders:* Thaumantidos, O.

ēditus, *adj.* with *comp.* [*P.* of 2 edo]. —Of places, *elevated, high, lofty:* locus: mons in inmensum, S.: (campus) austro, i. e. *exposed*, V.: tumulus editior, Cs.—F i g.: viribus editior, *stronger*, H.

1. edō, ēdī, ēsus, ere, or ēsse (ēst for edit; ēsses, ēsset, for ederes, etc., V., H., O., Iu.; ēstur, O.—*Subj.:* edit for edat, H.; edint, C.) [ED-], *to eat, consume:* de symbolis, T.: ut biberent, quoniam esse nollent: ut edint de patellā, i. e. *offerings to the gods:* amor edendi, *hunger*, V. (cf. edendum).—P r o v.: multos modios salis simul edendos esse (in a long friendship).—Of things, *to eat up, consume, destroy:* ut mala culmos Ēsset robigo, V.: carinas lentus vapor (i. e. flamma), V.—F i g., *to corrode, consume, devour:* si quid ēst animum, H.: Nec te tantus edat tacitam dolor, V.

2. ē-dō, didī, ditus, ere, *to give out, put forth, bring forth, raise, set up:* animam, i. e. *die:* vitam, *to end:* spiritum: clamorem, *utter:* voces: questūs, O.: Maeander in sinum maris editur, *discharges*, L.: ordo editus in altum.—*To bring forth, give birth to, bear, produce, beget:* partum: quem partu edidit, V.: geminos, O.: Electram Atlas Edidit, V.—*P. pass.:* in lucem, C. poët.: partu, O.: de flumine, O.: Maecenas atavis regibus, H. —*To produce:* (tellus) Edidit species, O.: utrum alios terra ediderit, L.—*To put forth, publish:* de re p. libros: delere licebit Quod non edideris, H. —*To set forth, publish, relate, tell, utter, announce, declare, disclose:* quid in magistratu gesserint: carmen post rem actam editum, L.: hominis nomen, H.: veros ortūs, O.: mea fata tibi, O.: oraculum: haec ex oraculo edita tibi: illum iactum per inane, O.: auctorem doctrinae falso Pythagoran, L.: (hunc) filium ediderim, *am inclined to call him*, L.: opinio in volgus edita, *spread abroad*, Cs.: in volgus edit, profectum, etc., N.: editis hostium consiliis, *divulged*, L.—*To give out, promulgate, proclaim, ordain:* verba: iudicium: mandata edita, L.: quid fieri vellet, L.—*To designate, name:* hostiae, quibus editum est diis, caesae, L.: iudices editi (cf. editicii): sibi eum edidit socium. —*To bring forth, show, display, produce, perform, bring about, cause, inflict:* oves nullum fructum edere possent: contemptus hostis cruentum certamen edidit, L.: ingentem caedem, L.: trepidationis aliquantum, L.: facinus, *perpetrate:* (scelus) in me: munus gladiatorium, *exhibit*, L.: exemplum severitatis: in te exempla, *make an example of you*, T.: in eos omnia exempla cruciatūsque, Cs.

ē-doceō, cuī, ctus, ēre, *to teach thoroughly, instruct, inform, apprise:* causam meam imperitos: inventutem mala facinora, S.: cuncta edoctus, S.: vir omnīs belli artīs edoctus, *trained in*, L.: Advectum Aenean, V.: edoctus tandem deos esse,

L.: alquos, quae dici vellet, Cs.: id unde (sit), edoce, T.: ante edocti, quae interrogati pronuntiarent, Cs.: ut tot cladibus edocti crederent, etc., L.: Phanium edocebo, Ne quid vereatur, T.: gentem casūs aperire futuros, O.: ordine omnia, L.: acta, S.—Of things, *to teach, show, prove:* fama edocuerat, viam tantum Alpīs esse, L.: edocuit ratio . . . ut, etc.: avaritia superbiam edocuit, S.: avaritia deos neglegere edocuit, S.

ē-dolō, āvī, —, āre, *to hew out, work out, finish:* quod iusseras edolavi.

ē-domō, uī, itus, āre, *to conquer, subdue:* (Roma) edomito sustulit orbe caput, O.—*To overcome, subject:* natura ab eo edomita doctrinā: lex edomuit nefas, H.

ē-dormiō, īvī, —, īre, *to sleep out, sleep off:* cumque (vinolenti) edormiverunt, etc.: crapulam. —Poet.: Ilionam, i. e. *to sleep through the part of*, H.

ēdormīscō, ere, *inch.* [edormio], *to sleep out, sleep off:* hoc villi, T.

ēducātiō, ōnis, *f.* [2 educo], *a rearing, training, education:* puerilis: educationis deliciae, Ta.: feras inter se educatio conciliet.

ēducātor, ōris, *m.* [2 educo], *a foster-father*, C.—*A tutor, pedagogue*, Ta.

ēducātrīx, īcis, *f.* [educator], *a nurse:* earum (rerum) sapientia.

1. ē-dūcō, dūxī, ductus, ere, *to lead forth, draw out, bring off, take away:* eos nobiscum: (medicum) tecum, i. e. *to your province:* impedimenta ex castris educi iussit, *carried*, Cs.: gladium, *draw*, Cs.: gladiis eductis: cor post tela educta refrixit, O.: ex urnā trīs: corpore telum, V.: navīs ex portu, *put to sea*, Cs.: equos ex Italiā, *export*, L.: me eduxi foras, *went out*, T.—In law, *to bring, summon* (before a court): Sthenium: in ius ipsum: ad consules.—Of troops, *to lead forth, march out, conduct, take away:* exercitum in expeditionem: praesidium ex oppido, *evacuate*, Cs.: ab urbe exercitum, Cs., L.: copias e castris, Cs.: copias castris, Cs.—*To move out, march out, march away:* ex hibernis, Cs.: tribus simul portis, L.: ad legionem Pompei duplici acie eduxit, Cs.: in aciem, L.—Of children, *to bring up, rear:* adulescentulos libere, T.: quem eduxeris, eum vestire: puer in domo e parvo eductus, L.—*To bear, give birth to* (poet.): alqm tibi, V.—*To raise, lift up, draw up:* signa (on a stage curtain), O.: (me) sub auras, O.—*To rear, erect, build:* turris sub astra Educta, V.: molem caelo, V.—Fig., *to exalt:* virīs in astra, H.

2. ēducō, āvī, ātus, āre [DVC-], *to bring up, rear, train, educate:* unā a pueris educti, T.: apud alquem: illum primis cunis, O.: ars dicendi ea educat, *develops:* educata huius nutrimentis eloquentia.—*To produce, support, raise:* quod pontus, quod terra educat, O.: herbas, O.: Tractus uter lepores educet, H.

edūlis, e, *adj.* [ED-], *edible:* capreae, H.

ē-dūrō, —, —, āre, *to last, continue*, Ta.

ē-dūrus, *adj.*, *very hard:* pirus, V.—Fig., *cruel:* Os, O.

effarciō (-ferciō), —, fertus, īre [ex+farcio], *to stuff, fill out:* intervalla saxis effarciuntur, Cs.

effātum (ecf-), ī, *n.* [effatus], *an utterance, axiom.*

effātus, *P.* of effor.

effectiō, ōnis, *f.* [ex+2 FAC-], *a performing, practising:* artis: recta.—In philos., *an efficient cause.*

effector, ōris, *m.* [ex+2 FAC-], *an effecter, producer, cause:* stilus dicendi.

effectrīx, īcis, *f.* [effector], *a producer, cause:* voluptatum.

effectum, ī, *n.* [*P. n.* of efficio], *an effect.*

1. effectus, *P.* of efficio.

2. effectus, ūs, *m.* [ex+2 FAC-], *an effecting, execution, accomplishment, performance:* peccare sine effectu, i. e. *an outward act:* operis, L.: opera in effectu erant, *nearly done*, L.: spei, L.—*An operation, effect, result:* (herbarum) effectum videre: eloquentiae: sine ullo effectu, L.: Huic effectu dispar amnis, O.: effectūs impedire, Ph.

effēminātē, *adv.* [effeminatus], *effeminately.*

effēminātus, *adj.* with *sup.* [*P.* of effemino], *womanish, effeminate:* ne quid effeminatum sit: languor effeminatissimus: vox stupris effeminata.

effēminō, āvī, ātus, āre [ex+femina], *to make feminine, represent as feminine:* eum (aërem).—Fig., *to make womanish, effeminate, enervate:* virum dolore: corpus, S.: animos, Cs.

efferātus (ecf-), *adj.* with *comp.* [*P.* of 2 effero], *wild, savage, fierce:* multa: mores efferatiores, L.

efferitās (ecf-), ātis, *f.* [efferus], *wildness, barbarism:* omnem ecferitatem expuli.

1. efferō or **ecferō**, extulī, ēlātus, ferre [ex+fero], *to carry out, take out, bring forth, take away, remove:* tela ex aedibus: extra aedīs puerum, T.: frumentum ab Ilerdā, Cs.: signa portis efferri vidit, L.: pedem, *escape*, V.: pedem portā: sese tectis, V.: Furium longius extulit cursus, L.—*To carry out for burial, bear to the grave, bury:* Ecfertur, T.: filium: eum quam amplissime: extulit eum plebs, i. e. *paid his funeral expenses*, L.: anus Ex testamento elata, H.: Per funera septem Efferor, i. e. *with a seven-fold funeral*, O.—*To bring forth, bear, produce:* quod agri efferant: aliquid ex sese: cum ager cum decumo extulisset, *ten-*

fold: (Italia) genus acre virum Extulit, V.—*To lift up, elevate, raise:* hos in murum, Cs.: pars operis in altitudinem turris elata, Cs.: pulvis elatus lucem aufert, L.: dextrā ensem, V.: caput antro, O.: Lucifer Extulit ōs sacrum, *rose*, V.: ubi ortūs Extulerit Titan, V.—Fig., *to set forth, spread abroad, utter, publish, proclaim, express:* verbum de verbo expressum, *translate literally*, T.: si graves sententiae inconditis verbis efferuntur: in volgum disciplinam efferri, Cs.: hoc foras: Dedecus per auras, O.: in volgus elatum est, quā adrogantiā usus, etc., Cs.—*To carry away, transport, excite, elate:* me laetitiā.—*P. pass.:* milites studio, Cs.: tu insolentiā.—*To bury, ruin, destroy:* ne libera efferatur res p., L.: ne meo unius funere elata res p. esset, L.—*To bring out, expose:* me ad gloriam: alqm in odium, Ta.—*To raise, elevate, exalt, laud, praise, extol:* hominem ad summum imperium: quemque ob facinus pecuniā, S.: patriam demersam extuli: consilium summis laudibus, Cs.—With *se, to rise, show oneself, appear:* quae (virtus) cum se extulit, etc.—*To lift up, elate, puff up, inflate, inspire:* animum (fortuna) flatu suo, L.: alqm supra leges, Ta.: quod ecferas te insolenter: sese audaciā, S.: se in potestate, *be insolent in office:* (fortunati) efferuntur fere fastidio: adrogantiā elati, Cs.: ad iustam fiduciam, L. —*To support, endure:* laborem: malum patiendo, *do away with.*

2. efferō, āvī, ātus, āre [efferus], *to make wild, make savage, barbarize, brutalize:* terram immanitate beluarum efferari: speciem oris, L.: gentes inmanitate efferatae: efferari militiā animos, L.: Thebanos ad odium Romanorum, *exasperate*, L.

effertus, *adj.* [*P.* of effarcio], *crammed, rich:* arva Asiae, poet. ap. C.

efferus, *adj.* [ex+ferus], *very wild, fierce, savage:* Dido, V.: mens Caci, V.: facta tyranni, V.

effervēscō, ferbuī, —, ere [ex + fervesco], *inch., to boil up, boil over:* aquae effervescunt ignibus.—Fig., *to ferment, effervesce, rage:* undae comitiorum ut mare: si cui nimium efferbuisse videtur huius vis: incautius, Ta.—*To light up, glow:* Sidera toto caelo, O.

ef-fervō, —, —, ere, *to boil up, boil over:* in agros Aetnam, V.: apes ruptis costis (boum), *swarm out*, V.

effētus, *adj.* [ex+fetus], *past bearing, exhausted, worn out:* aetas parentum, S.: corpus: vires, V.: saeclis senectus, V.: viri senectus, *undiscerning of truth*, V.

efficācitās, ātis, *f.* [efficax], *efficiency:* corporis.

(**efficāciter**), *adv.* [efficax], *efficaciously, effectually.*—Only *comp.:* efficacius agere, L.: obligari, Ta.

efficāx, ācis, *adj.* with *comp.* and *sup.* [ex+ 2 FAC-], *efficacious, effectual, powerful, efficient:* scientia (magica), H.: ad muliebre ingenium preces, L.: necessitas efficacior quam ratio, Cu.: in quibus (rebus) peragendis continuatio efficacissima, L.: amara Curarum eluere, H.

efficiēns, entis, *adj.* [*P.* of efficio], *effective, efficient, producing, active:* res: virtus efficiens utilitatis, *the producer:* ea, quae sunt efficientia voluptatum.

efficienter, *adv.* [efficiens], *efficiently.*

efficientia, ae, *f.* [efficiens], *efficient power, efficiency, influence:* eius (solis).

efficiō (ecficiō), fēcī, fectus, ere [ex+facio], *to make out, work out, bring to pass, bring about, effect, cause, produce, make, form, execute, finish, complete, accomplish:* mi has nuptias, T.: effectum dabo, *I'll attend to it*, T.: quibus effectis, Cs.: facinora: omni opere effecto, Cs.: Mosa insulam efficit Batavorum, Cs.: unam ex duabus (legionibus), Cs.: unum consilium Galliae, *unite in purpose*, Cs.: quantum viribus efficere potuerunt, *as far as their strength permitted*, Cs.: milites alacriores ad pugnandum, Cs.: hunc (montem) murus arcem efficit, Cs.: inritum Quodcumque retro est, i. e. *undo*, H.: commeatūs ut portari possent, Cs.: ut intellegatis: effice, coëamus in unum, O.: ne cui molesti sint publicani: efficiemus, ne nimis acies vobis cordi sint, L.: ut effici non posset, quin eos oderim: quo is magis ingenio suo gauderet, L.: se ad efficiendi utilitatem referre, *useful application.*—*To produce, bear, yield:* qui (ager) plurimum efficit: ager efficit cum octavo: quoad se efficere posse arbitrabantur, *make a profit.*—Of number and amount, *to make out, make up, amount to, come to:* ea (tributa) vix, in fenus Pompei quod satis sit, efficiunt: quibus coactis XIII cohortīs efficit, Cs.: ad duo milia boum effecta, L.—*To make out, show, prove:* quod proposuit: animos esse mortalīs: ita efficitur, ut, etc., *it follows.*

effīctus, *P.* of effingo.

effigiēs, *acc.* em, *f.* [ex+FIG-], *a copy, imitation, counterpart, likeness, semblance, effigy:* deus hominis: deorum, O.: quem cuperent evertere, eius effigiem servare, *his mere effigy.*—*An image, statue, figure:* avorum ex cedro, V.: Neronis, Ta.: Saxea bacchantis, Ct.: Lanea, H.—Fig., *an image, ideal, symbol, expression:* consiliorum ac virtutum effigiem relinquere: reliquit effigiem probitatis suae filium, *the image:* sui ingeni, *symbol*, L.: ad effigiem iusti imperi scriptus: ut res ipsas rerum effigies notaret.

effingō, finxī, fictus, ere [ex+fingo], *to stroke:* manūs, O.—*To wipe clean, wipe out:* spongiis sanguinem.—*To form, fashion, mould:* in tabulā oris liniamenta: sui dissimilia: casūs in auro, V.:

gressūs euntis, *imitate*, V.—Fig., *to express, represent, portray:* nostros mores in alienis personis: magnitudo, quae illa possit effingere, i. e. *contain the representations.*

efflāgitātiō, ōnis, *f.* [efflagito], *an urgent solicitation:* ad societatem: intempestiva, Ta.

(**efflāgitātus**, ūs), *m.* [efflagito], *an urgent solicitation.*—Only *abl. sing.:* meo.

efflāgitō, āvī, ātus, āre [ex+flagito], *to demand urgently, request earnestly, solicit, insist:* tribunicia potestas efflagitata est: notum ensem, V.: ab ducibus signum pugnae, L.: epistulam hanc efflagitarunt codicilli tui, *required:* a Dolabellā, ut se mitteret: a multis efflagitatus, dixit, etc.

efflīgō, flīxī, —, ere [ex+fligo], *to strike dead, kill, destroy:* ad effligendum Pompeium.

efflō, āvī, ātus, āre [ex+flo], *to blow out, breathe out, exhale:* ignīs faucibus, V.: quem animam efflantem reliquisset, *his last breath:* (anguem) Abicit efflantem, *dying.*

efflōrēscō (**ecf-**), ruī, —, ere [ex+floresco], *inch., to bloom, flourish, abound:* ex rerum cognitione efflorescat oratio: (utilitas) ecflorescit ex amicitiā: (aetas) ingeni laudibus.

effluō (**ecf-**), flūxī, —, ere [ex+fluo], *to flow out, flow forth, run out:* cum sanguine vita: ne quā levis effluat aura, *escape*, O.: Effluxere urnae manibus, *slipped from*, O.—Fig., *to transpire, become known:* Utrumque hoc falsum est; effluet, T.: effluunt multa ex vestrā disciplinā.—*To drop out, pass away, disappear, vanish:* ex iis (intimis), *be excluded:* ex animo tuo, *to be forgotten:* quod totum effluxerat (sc. ex memoriā meā).

effluvium, ī, *n.* [effluo], *an outlet:* lacūs, Ta.

effodiō (**exf-, ecf-**), fōdī, fossus, ere [ex+fodio], *to dig out, dig up, mine, excavate:* ferrum: opes, O.: signum, L.: de limite saxum, Iu.: terram, L.: effossis eorum domibus, *ransacked*, Cs.: portūs, i. e. *make by digging*, V.: oculi illi ecfodientur, *will be torn out*, T.: singulis effossis oculis, Cs.

(**effor** or **ecfor**), ātus, ārī, *dep. defect.* [ex+for], *to speak out, say out, utter, tell:* effatur talia supplex, V.: O virgo, effare, V.: Incipit effari, V.: Haec effatus pater, Enn. ap. C.: Sic effata, V.: celanda effando, L.—*Pass.:* Non potest ecfari quantum, etc., C. poët.: verba longo effata carmine, *expressed*, L.—Of augurs, *to define, set apart, consecrate:* ad templum effandum: locus templo effatus fuerat, L.—In argument, *to state a proposition:* quod ita effabimur, *formulate.*

effrēnātē, *adv.* with *comp.* [effrenatus], *unrestrainedly, violently:* incitari: effrenatius in aciem inrupere.

effrēnātiō, ōnis, *f.* [effrenatus], *unbridled impetuosity:* impotentis animi.

effrēnātus, *adj.* with *comp.* [ex+frenatus], *unbridled, without a rein:* equi, L.—Fig., *ungoverned, unrestrained, unbridled:* homines secundis rebus: libido effrenatior, L.: cupiditas: effrenatior vox: ecfrenati libidine.

effrēnus, *adj.* [ex+frenum], *unbridled:* equus, L.—Fig., *unrestrained:* gens, V.: amor, O.

effringō, frēgī, frāctus, ere [ex+frango], *to break off, break open:* forīs: valvas: (ianuā) effractā: clausa, S.: cerebrum, V.

effugiō (**ecf-**), fūgī, —, ere [ex+fugio].—*Intrans., to flee away, get away, escape:* huc foras, T.: e proelio: ad regem, Cu.: Numquam hodie effugies, V.: viā Nolam ferente, L.: ne quid simile paterentur, L.—*Trans., to flee from, escape, avoid, shun:* pericula: mortem, Cs.: equitatum, Cs.: vincula, H.: haec morte effugiuntur: petitiones corpore effugi, i. e. *barely:* beatus futura effugisse, *the evil to come*, Ta.—*To escape the notice of, be disregarded by:* nihil te effugiet: nullius rei cura Romanos effugiebat, L.: meas effugit nuntius aurīs, V.

effugium, ī, *n.* [ex+2 FVG-], *a fleeing, flight, escape, avoidance, way of escape, means of flight:* mortis: pennarum, *by means of:* naves peritis nandi dedissent effugium, L.: ad effugium navem habere, L.: in publicum, L.: reperire effugium malo, Ph.: poenas ob nostra reposcent Effugia, V.

effulgeō, sī, ēre (once ere, V.) [ex+fulgeo], *to shine out, gleam forth, flash out:* nova lux oculis effulsit, V.: Faleriis ingens lumen effulsisse, L.: auro, V.—Fig.: effulgebant Philippus ac Alexander, L.: audaciā aut insignibus effulgens, Ta.

effultus, *P.* [ex+fultus], *propped, supported:* stratis Velleribus, V.: foliis, V.

effundō (**ecf-**), fūdī, fūsus, ere [ex+fundo], *to pour out, pour forth, shed, spread abroad:* lacrimas: fletūs, V.: pro re p. sanguinem: flumen in Propontidem se effundit, L.: Nos effusi lacrimis, V.—*To pour out, pour forth, drive out, cast out, send forth:* telorum vis ingens effusa est, L.: Ascanio auxilium castris apertis, *for Ascanius*, V.—*To hurl headlong, throw down, prostrate:* equus consulem effudit, L.: effusus eques, V.: ipsum portis sub altis, V.—Of a multitude, *to pour out, spread abroad:* sese multitudo ad cognoscendum effudit (sc. ex urbe), *thronged*, Cs.: omnibus portis ad opem ferendam effundi, L.: effuso exercitu, *scattered*, S.: quae via Teucros effundat in aequum, i. e. *by what way can they be forced*, V.—*To bring forth, produce abundantly:* herbas: Auctumnus fruges effuderit, H.—*To lavish, squander, waste:* patrimonium per luxuriam: sumptūs: Effusus labor, *wasted*, V.—*To empty, exhaust, discharge:* mare neque effunditur: carcerem in forum: saccos nummorum, H.—Fig., *to pour out, express* *freely*, *expend*, *vent*, *exhaust:* vobis omnia, quae sentiebam: talīs voces, V.: carmina, O.: vox in turbam effunditur: questūs in aëra, O.: furorem in alqm: omne odium in auxili spem, L.: quantumcumque virium habuit, L.: virīs in uno, O.—*To give up*, *let go*, *abandon*, *resign:* gratiam hominis: animam, V.: manibus omnīs effundit habenas, V.—With *se*, *to abandon oneself*, *give up*, *yield*, *indulge:* se in aliquā libidine.—*P. pass.*, *abandoned*, *given up:* milites in licentiam effusi, L.: in nos suavissime effusus (Pompeius), *without reserve:* in adulationem, Ta.

effūsē, *adv.* with *comp.* [effusus], *far spread*, *in disorder*, *at random:* ire, S.: fugientes, L.: sequi, L.: effusius praedari, L.—Fig., *profusely*, *lavishly*, *extravagantly:* donare: vivere: animus exsultat: hospitiis effusius indulgere, Ta.

effūsiō, ōnis, *f.* [ex+FV-], *a pouring forth*, *outpouring*, *shedding:* atramenti: aquae.—*A thronging out:* hominum ex oppidis.—*Profusion*, *lavishness:* pecuniarum effusiones: effusiones fieri, *extravagant displays:* liberalitatem effusio imitatur.—*Extravagance*, *abandonment:* animi in laetitiā: ipsius in alios, *unreserve.*

effūsus, *adj.* with *comp.* and *sup.*, *poured out*, *extensive*, *vast*, *broad*, *wide:* late mare, H.: loca, Ta.: incendium, L.—*Relaxed*, *slackened*, *loosened*, *dishevelled:* quam potuit effusissimis habenis, L.: comae, O.: (nymphae) Caesariem effusae per colla, V.: cursu effuso, *at full speed*, L.—*Straggling*, *disorderly*, *scattered*, *dispersed:* agmen, L.: turba, V.: fuga, L.—Fig., *unreserved*, *profuse*, *lavish:* in largitione effusior: sumptus: opes, L.: licentia, L.

effūtiō, —, ītus, īre [FV-], *to blab*, *babble*, *prate*, *chatter:* ista: levīs versūs, H.: de mundo: ex tempore: foris, *to tell tales out of school*, T.

effutuō (**ecf-**), —, ūtus, ere [ex+futuo], *to exhaust by indulgence:* ecfututa latera, Ct.

ē-gelidus (**ecg-**), *adj.*, *chilly*, *chill*, *cold:* flumen, V. (al. et gelido).—*Lukewarm*, *tepid:* Notus, O.: tepores, Ct.

egēns, entis, *adj.* with *comp.* and *sup.* [*P.* of egeo], *needy*, *necessitous*, *in want*, *poor:* egens relictast misera, T.: egentes abundant: delectus egentium, Cs.: nil magnae laudis, *not craving*, V.: non rationis, *not destitute of*, V.: nihil illo egentius: egentissimus ganeo: egentissimis largiri, L.

egēnus, *adj.* [egeo], *needy*, *necessitous*, *in want*, *destitute:* in rebus egenis, V.: omnium corpora, L.: aquarum regio, Ta.: castellum commeatu, Ta.

egeō, uī, —, ēre [EG-], *to be needy*, *be in want*, *be poor*, *need*, *want*, *lack*, *have need:* egebat? immo locuples erat: Semper avarus eget, H.: omnibus rebus, Cs.: medicinā: auxilio, S.: auspicia non egent interpretatione: auxili, Cs.: audaciae, S.: cum classis egeret (Aeneas), V.: si quid monitoris eges tu, H.: tantuli quanto est opus, H.—*To be without*, *be destitute of*, *not to have:* quibus (rebus) nos suppeditamur, eget ille, senatu, etc.: auctoritate semper eguit.

ē-gerō, gessī, gestus, ere, *to carry out*, *bring out*, *take away*, *remove*, *discharge:* cumulata bona, L.: praedam ex hostium tectis, L.: fluctūs (e navi), O.: tantum nivis, L.: aquam vomitu, Cu.: egeritur dolor, *is assuaged*, O.—*To empty*, *make desolate:* avidis Dorica castra rogis, Pr.

egestās, ātis, *f.* [egens], *indigence*, *penury*, *necessity*, *want:* summa: domestica: in egestate permanere, Cs.: mortalis, V.: egestates tot egentissimorum hominum: frumenti, S.: curae mortalis, *human protection*, V.: pabuli, S.—Fig.: animi tui, *meanness.*

ego (old and late, **egō**), *gen.* meī; *dat.* mihī, oftener mihi or mī; *acc.* and *abl.* mē; *plur.*, *nom.*, and *acc.* nōs; *gen.* nostrūm; *gen. obj.* usu. nostrī; *dat.* and *abl.* nōbis; *pron. pers.* [cf. ἐγώ, ἐμέ, νωΐ], *I*, *me*, *we*, *us* (expressed only for emphasis or where distinction or contrast is suggested): his de causis ego exstiti, etc.: si vobis videtur, iudices, ego adfero, etc.: ut nos... sic ille: pars mei, H.: Pars melior mei, O.: mei imago, V.: amantes mei: causa restituendi mei: omnium nostrūm vitae: unus quisque nostrūm: odium nostri: mihi deferens: mihi carior: nova mi facies surgit, V.: nobis tradita: nobis certandum est: me audisse suspicatur: me accuset: O me miserum: nos dicere oporteat: contra nos dicendum: uti me defensore: me consule: me digna vox: prae me tuli: quid nobis laboriosius?: nobis absentibus: nobiscum actum iri.—With special emphasis: ego idem dixi: ab eodem me confici: me ipsum egisse: nemo erit praeter unum me: nos, nos consules desumus: Me, me, in me convertite ferrum, V.—In *dat. pleonast.*, to suggest the speaker's interest or feeling (ethical dative): quid enim mihi Pauli nepos quaerit, *I should like to know:* Quid mihi Celsus agit? H.: hic mihi quisquam misericordiam nominat? *must I hear?* etc., S.—With *ab* or *ad*, *my house*, *our house:* quis a nobis egreditur? T.: venit (Pompeius) ad me in Cumanum; cf. apud me, *at home*, V.—With the *praep. cum*, always written mecum, nobiscum, see 1 cum.—*Plur.* for *sing.*, often in official language, or poet.: nobis consulibus: Nos patriae finīs linquimus (opp. tu), V.—Hence, absente nobis, *in my absence*, T.: insperanti nobis, Ct.: nobis merenti, Tb.

egomet, see -met.

ēgredior, gressus, ī, *dep.* [ex+gradior]. **I.** *Intrans.*, *to go out*, *come forth*, *march out*, *go away:* ad proelium, Cs.: per medias hostium stationes, L.: extra finīs: ex suis finibus, Cs.: e portu, *set sail:* a nobis foras, T.: portis, Cs.: Romā: Est urbe egressis tumulus, *just outside*, V.: unde erant egressi, Cs.: cum senatum egressum vidi, *adjourned.*—*To disembark, land:* ex navi, Cs.: ratibus, O.: ad egrediendum locus, Cs.: in terram.—*To go up, climb, mount, ascend:* scalis, S.: ad summum montis, S.: in tumulum, L.: altius, O. —Fig., *to digress, deviate:* a proposito.—**II.** *Trans., to go beyond, pass out of, leave:* munitiones, Cs.: flumen, S.: urbem, L.—Fig.: modum, *to transgress,* Ta.: praeturam, *to reach a higher honor than,* Ta.

ēgregiē, *adv.* with *comp.* [egregius], *excellently, eminently, surpassingly, splendidly, exceedingly, singularly:* studere, T.: fecerat hoc: vincere, *brilliantly,* L.: Dixeris, H.: cordatus, Enn. ap. C.: factus: munitum oppidum, Cs.: victoria parta, L. —*Comp.:* egregius cenat, Iu.

ēgregius, *adj.* [ex+grex], *select, extraordinary, distinguished, surpassing, excellent, eminent:* ingenium ad miserias, T.: diligentia: facta, S.: vir: senatus, L.: par consulum, L.: corpus, i. e. *in beauty,* H.: silentium, *marvellous reserve,* H.: virtus, Cs.: in artibus, S.: formā, V.: bello, Ta.: coniunx, V.: animi, V.—As *subst. n.:* ut alia egregia tua omittam, S.: publicum, *glory,* Ta.

1. ēgressus, *P.* of egredior.

2. ēgressus, ūs, *m.* [egredior], *a going out, going away, egress, departure:* vestrum egressum ornando: arcet egressu (ventos), O.: egressūs eius explorat, *tracks his movements,* S.—*A disembarking, landing:* optimum esse egressum, Cs.—*An emptying, mouth* (of a river), O.—Fig., *a digression:* libero egressu memorare, i. e. *to expatiate upon,* Ta.

ehem, *interj., ha! what!* (in delighted surprise): ehem, tun hic eras? T.

ēheu, *interj., ah! alas!* (in pain or grief), T.: Eheu sceleris pudet, H.: eheu me miserum, S.

eho, *interj., look here! look you! holla! soho!:* Eho tu, emin ego te? T.: Eho tu inpudens, T.—With *enclit. dum., see here now, just look here!:* eho dum bone vir, T.

1. eī, *pron. pers., dat.* of is.

2. ei, *interj., oh! alas!:* Ei, vereor nequid, etc., T.: Ei mihi, quod, etc., O., V., Ct., Tb.

ēia, see hēia.

ē-iaculor, ātus, ārī, *dep., to shoot out, throw out:* aquas, O.: se in altum, O.

ēiciō (pronounced but not written ē-iiciō), iēcī, iectus, ere [ex+iacio], *to cast out, thrust out, drive away, put out, eject, expel:* linguam: eiecto armo, *dislocated,* V.: ex senatu eiectus: hunc de civitate: a suis dis penatibus: finibus, S.: cadavera cellis, H.: in exsilium Catilinam.—*To drive into exile, banish:* a me eiectus: revocemus eiectos: Tarquinium eiectum accipere, *from exile,* V.—With *se, to rush out, sally forth:* se ex castris, Cs.: si se eiecerit secumque suos eduxerit: se foras, L.—Of ships, etc., *to bring to land, land:* navīs, Cs., L.—*To run aground, cast ashore, strand, wreck:* navīs in litore, Cs.: classem ad insulas, L.—Of persons, *P. perf., wrecked, shipwrecked:* hanc eiectam recepisse, T.: commune litus eiectis: eiectum litore Excepi, V.—Fig., *to expel, drive away, free oneself from:* sollicitudines: amorem ex animo: memoriam ex animis, L.—With *se, to break forth, break out:* voluptates se eiciunt universae.—*To hoot* (off the stage), *condemn, reject, disapprove:* cantorum ipsorum vocibus eiciebatur: quod tum explosum et eiectum est.

eīdem, *dat.* of idem.

ēiectāmentum, ī, *n.* [eiecto], *refuse, jetsam.*—*Plur.:* cetera maris, Ta.

ēiectiō, ōnis, *f.* [eicio], *a casting out, banishment, exile.*

ēiectō, āvī, ātus, āre, *freq.* [eicio], *to cast out, throw up:* harenas, O.: cruorem Ore, V.

ēiectus, *P.* of eicio.

ēierō or **ēiūrō,** āvī, ātus, āre [ex+IV-], *to refuse upon oath, reject by oath, abjure:* id forum sibi iniquum eierare, *make oath that the tribunal is prejudiced:* me iniquum: bonam copiam, i. e. *make oath of insolvency.*—*To resign, abdicate:* magistratum, Ta.—*To renounce, abjure:* eiuratā patriā, Ta.

(**ēiiciō**), see eicio.

ēiulātiō, ōnis, *f.* [eiulo], *a wailing, lamenting:* lugubris: non virilis, H.

ēiulātus, *plur. nom.,* ūs, *m.* [eiulo], *a wailing, loud lamentation:* Philoctetae.

ēiulō, —, —, āre [2 ei], *to wail, lament.*

ēiūrō, see ēierō. **ēius,** *pron. pers., gen.* of is.

ēiusdem modī, ēius modī, see modus.

ē-lābor, elapsus, ī, *dep., to slip away, glide off, fall out, get off, escape:* anguis ex columnā elapsus, L.: flexu sinuoso, V.: haec elapsa de manibus nostris: elapsae manibus tabellae, O.: quicquid incidit fastigio musculi elabitur, Cs.: cuspis super galeam elapsa est, *slipped,* L.: ignis frondīs elapsus in altas, *crept up,* V.: elapsos in pravum artūs, i. e. *dislocated,* Ta.—*To slip off, get clear, escape:* ex proelio, Cs.: telis Achivom, V.: inter tumultum, L.: mediis Achivis, V.—Fig., *to slip away, be lost, escape:* animus elapsus est Bacchidi, i. e. *became estranged,* T.: rei status elapsus de manibus.—*To get off, get clear, escape:* ex tot criminibus: omni suspicione.—*To slip, fall, glide:* in servitutem, L.

ēlabōrātus, *adj.* [*P.* of elaboro], *highly wrought, finished, labored:* versūs: concinnitas:

non elaboratus pes, i. e. *a simple strain*, H.: alqs in verbis, Ta.

ē-labōrō, āvī, ātus, āre, *to labor, endeavor, struggle, make an effort, take pains:* in eā scientiā: in hoc, ut omnes intellegant: ut prosim causis: ut (in me) esse possent, mihi est elaboratum.—*To take pains with, work out, elaborate:* non dapes elaborabunt saporem, H.: quicquid elaborari potuerit ad benevolentiam conciliandam: elaboratum industriā.

ē-lāmentābilis, e, *adj.*, *very lamentable.*

ē-languēscō, languī, ere, *inch.*, *to grow faint, fail, slacken, relax:* alienā ignaviā, L.: proelium elanguerat, Cu.: differendo elanguit res, L.

ēlapsus, *P.* of ēlābor.

ēlātē, *adv.* with *comp.* [elatus], *loftily, proudly:* loqui: elatius se gerere, N.

ēlātiō, ōnis, *f.* [elatus], *a transport, exaltation, elevation:* animi: orationis.

ē-lātrō, —, —, āre, *to bark out, utter fiercely:* quod placet Acriter, H.

ēlātus, *adj.* [*P.* of effero], *exalted, lofty, high:* animus: verba, *high-sounding:* animis superbis, V.: insula opibus, N.

ēlēctē, *adv.* [electus], *with selection.*

ēlēctiō, ōnis, *f.* [electus], *a choice, selection:* verborum: condicionum, *of alternatives*, L.: legatorum, Ta.

ēlectrum, ī, *n.*, = ἤλεκτρον, *electrum, an alloy of gold and silver:* liquidum, V.: attonitus pro Electro, *his plate*, Iu.—*Amber, a fossil gum from the Baltic sea*, O.—*Plur.:* Pinguia, V.

1. ēlēctus, *adj.* with *comp.* and *sup.* [*P.* of eligo], *picked, select, choice, excellent:* sexaginta (milia armata), *picked troops*, Cs.: milites, Cs.: exercitūs, Ta.: electissima verba: scripta, Ct.—As *subst. m.:* cum electo popularium, Ta.

2. (ēlēctus, ūs), *m.* [eligo], *a choice.*—Only *abl. sing.:* necis, O.

ēlegāns, antis, *adj.* with *comp.* and *sup.* [for ēligēns, *P.* of eligo], *accustomed to select, fastidious, nice, delicate:* heia, ut elegans est! T.: qui se elegantīs dici volunt: elegantissimus poēta, N.—*Select, choice, neat, finished, tasteful, elegant:* a te elegantiora desidero: elegantissimae familiae: opus: genus (iocandi).

ēleganter, *adv.* with *comp.* and *sup.* [elegans], *with good judgment, tastefully, neatly, finely, gracefully, elegantly:* lautiores accepti: acta aetas: causam dicere: psallere et saltare elegantius, S.: elegantius facturos dixit, si, etc., *becomingly*, L.: elegantius loca cepisse, *judiciously*, L.: loqui elegantissime.

ēlegantia, ae, *f.* [elegans], *taste, propriety, refinement, grace, elegance:* Attica, T.: ludorum: verborum Latinorum: cum summā elegantiā vivere: conviviorum, Ta.

elegēia, ae, *f.*, = ἐλεγεία, *an elegy, elegiac song:* elegeia cantet Amores, O.

elegī, ōrum, *m.*, = ἔλεγοι, *elegiac verses, elegy*, H., Tb., Pr., O., Ta., Iu.

Elelēides, —, *f.* [Eleleus], *the Bacchae*, O.

Eleleus, —, *m.* [ἐλελεῦ, the cry of the Bacchantes], *a surname of Bacchus*, O.

elementum, ī, *n.*, *a first principle, simple substance, element:* elemento gratulor (i. e. igni), Iu.—*Plur.*, C., O.—*Plur.*, *the first principles, rudiments:* puerorum: prima, H.: aetatis, i. e. *of culture*, O.—*The beginning, origin:* prima Romae, O.: cupidinis pravi, H.: vitiorum, Iu.

elenchus, ī, *m.*, = ἔλεγχος, *a costly trinket, ear-pendant*, Iu.

elephantus, ī (very rare in *nom. sing.*), and (mostly *nom. sing.*) **elephās** or **elephāns** (antis), *m.*, = ἐλέφας, *an elephant:* procedebat elephantus in pontem, L.: elephans albus, H.: vires elephanti.—*Plur.:* Indici, T.—*Ivory*, V.

ē-levō, —, ātus, āre, *to lift up, raise:* contabulationem, Cs.—P o e t.: aura elevat preces, *carries away*, Pr. —F i g., *to lighten, alleviate:* aegritudinem.—*To make light of, lessen, diminish, impair, trifle with, disparage, detract from:* causas offensionum: quod esset ab eo obiectum: res gestas, L.: aegritudinem: alqm: elevabatur index indiciumque, L.

ēliciō, licuī, —, ere [ex+lacio], *to draw out, entice out, lure forth, bring out, elicit:* hostem ex paludibus, Cs.: omnīs citra flumen, Cs.: hostem ad proelium, L.: praemiis ex civitatibus optimum quemque.—*To call down, evoke, raise, conjure up:* caelo te, Iuppiter, O.: inferorum animas.—*To draw forth, extract, produce:* vocem: terra elicit herbescentem ex eo (semine) viriditatem: ferrum e cavernis: lapidum conflictu ignem: cadum, H.—F i g., *to extract, elicit, excite, bring out:* causas praesensionum: misericordiam, L.: ad ea eliciunda Iovi Elicio aram dicavit, *for interpreting*, L.

Elicius, ī, *m.* [ex+LAC-], *a surname of Jupiter, as god of omens*, L., O.

ēlīdō, sī, sus, ere [ex+laedo], *to strike out, dash out, tear out, force out, squeeze out:* auriga e curru eliditur: nubibus ignīs, O.: spuma elisa, *dashed up*, V.: herbam, O.: nervis morbum, H.—*To dash to pieces, shatter, crush:* caput saxo, L.: fauces, *to strangle*, O.: navīs, Cs.: anguīs, *to strangle*, V.—F i g., *to break down, destroy:* nervos virtutis: aegritudine elidi.

ēligō, lēgī, lēctus, ere [ex+1 lego], *to pluck out, root out:* stirpes trunco everso eligendae sunt: herbas, Cu.—Fig., *to root out:* superstitionis stirpes.—*To pick out, choose, elect, select, single out:* iudices ex civitatibus: quemvis mediā turbā, H.: formas quasdam nostrae pecuniae, *have a preference for*, Ta.: a multis commodissimum quodque, *from many authors:* equos numero omni, V.: feras, Ta.: ad minima malorum eligenda: urbi condendae locum, L.: utrum velis factum esse necne: fictum Esse Iovem malis, an, etc., O.: haud semper errat fama, aliquando et elegit, i. e. *makes a true selection*, Ta.

ēliminō, —, —, āre [ex+līmen], *to put out of doors:* dicta foras, *to blab*, H.

ē-līmō, āvī, ātus, āre, *to file off, polish, finish:* catenas, O.—Fig.: rationes ad tenue elimatae, *minutely*.

ēlinguis, e, *adj.* [ex+lingua], *tongueless, voiceless, speechless:* testis: ex elingui facundum consulem habere, L.: Fannius.

ēlīsus, *P.* of ēlīdō.

ēlix, icis, *f.* [ex+1 LAC-], *an artificial watercourse, ditch:* prospexit ab elice perdix, O.

ēlixus, *adj.* [ex+LIC-], *thoroughly boiled, seethed:* assis Miscueris elixa, H.: vervex, Iu.

ellam, for en illam; see en.

elleborus (hell-), ī, *m.*, or **elleborum**, ī, *n.*, = ἐλλέβορος, *hellebore* (a remedy for mental diseases): Expulit elleboro morbum, H.: triste, Ct. —*Plur.:* graves, V.

ellum, for en illum; see en.

ē-locō, āvī, ātus, āre, *to let, farm out:* fundum: gens elocata, *tributary*.

ēlocūtiō, ōnis, *f.* [ex+4 LAC-], *oratorical delivery, elocution.*

elogium, ī, *n.*, = ἐλεγεῖον, *an utterance, short saying, maxim:* Solonis.—*An epitaph:* in sepulchro rei p. incisum.—*A clause* (in a will): de testamento.

ēlocūtus, *P.* of eloquor.

ēloquēns, entis, *adj.* with *sup.* [*P.* of eloquor], *eloquent:* disertos se vidisse multos, eloquentem neminem: homo eloquentissimi: auctores, Ta.

ēloquentia, ae, *f.* [eloquens], *eloquence:* summa: quā eloquentiā praeditus.

ēloquium, ī, *n.* [eloquor], *expression, utterance, speech:* insolitum, H.: tona eloquio, V.—*Eloquence:* Eloquio virum Molliet, O.: eloquio Nestora vincere, O.

ē-loquor, ēlocūtus, ī, *dep.*, *to speak out, speak plainly, utter, pronounce, declare, state, express:* Eloquar an sileam? V.: cogitata praeclare: id quod sentit: unum elocutus, ut tenerent, etc., Cs.: Gratum elocuta consiliantibus Iunone divis 'Ilion, Ilion,' H.: culpetne probetne, O.: quidnam pro magnitudine rerum: ornate, copiose.

ē-lūceō, ūxī, —, ēre, *to shine out, shine forth, gleam:* inter flammas circulus elucens: Elucent aliae (apes), V.—Fig., *to shine out, be apparent, be conspicuous, appear, be manifest:* scintilla ingeni elucebat in puero: in eo ingenium: virtutibus (Pausanias), N.

ē-lūctor, ātus, ārī, *dep.*, *to struggle out, force a way out:* aqua omnis, V.: velut eluctantia verba, i. e. *uttered with effort*, Ta.—Fig., *to surmount, overcome:* locorum difficultates, Ta.: tot eluctandae manūs, L.

ē-lūcubrō, āvī, ātus, āre, *to work out at night, toil over:* librum, Ta.: causae tamquam elucubratae, *well prepared.*

ēlūcubror, ātus, ārī, *dep.* [elucubro], *to work out at night, toil over:* epistulam.

ē-lūdō, sī, sus, ere, *to stop playing, cease to sport:* litus, quā fluctus eluderet.—*To parry, elude, avoid:* quasi rudibus eius eludit oratio (i. e. in a sham fight): elusa volnera, O.—*To escape, avoid, shun:* celeritate navium nostros, Cs.: Orsilochum fugiens, V.: Satyros sequentīs, O.: contra eludere Poenus, *avoided a fight*, L.—*To make vain, frustrate:* bellum quiete, quietem bello, L.: his miraculis elusa fides, i. e. *denied*, L.—*To delude, deceive, cheat:* eludendi occasiost senes, T.: elusa imagine tauri Europa, O.: eludebas, cum, etc., *you were making a pretence.*—*To mock, jeer, make sport of, trifle with, insult:* quamdiu furor tuus nos eludet?: illum vicissim: per licentiam, L.: gloriam eius, L.: alqm contumeliis, L.

ē-lūgeō, ūxī, —, ēre, *to have done mourning:* quid, cum eluxerunt, sumunt? L.—*To mourn for, be in mourning for:* patriam.

ēlumbis, e, *adj.* [ex+lumbus; prop., *weak in the loins*]; of an orator, *without energy*, Ta.

ē-luō, uī, ūtus, ere, *to wash off, cleanse by washing:* corpus, O.—*To wash away, remove by washing:* macula elui non potest: ut sanguis eluatur. —Fig., *to wash away, remove, blot out, get rid of:* libidinem sanguine: eluitur scelus, V.: amicitiae remissione usūs eluendae: amara curarum, H.

ēlūsus, *P.* of eludo.

(ēlūtus), *adj.* [*P.* of eluo], *washed out, watery.* —Only *comp.:* inriguo nihil est elutius horto, H.

ēluviēs, —, em, ē, *f.* [ex+3 LV-], *an overflow, inundation:* eluvie mons est deductus in aequor, O.: maris, Ta.: eluvies iter morabantur, Cu.—*A washing away, discharge:* conducere Siccandam eluviem, *removal of sewage*, Iu.—Fig., of a ruinous law: civitatis.

ēluviō, ōnis, *f.* [ex+3 LV-], *an overflow, inundation:* aquarum: terrarum.

em, *interj.*, of wonder or emphasis, *there!:* em tibi, *there's for you*, T.

ē-mancipō or **ēmancupō**, āvī, ātus, āre, *to put out of the paternal authority, declare free, emancipate:* filium, L.: filium in adoptionem.—*To give up, surrender, abandon:* (senectus) si nemini emancipata est: emancipatus feminae, H.

ē-mānō, āvī, ātus, āre, *to flow out:* fons unde emanat aquaï: ex quo fonte virus emanat, Cu.—Fig., *to spring out, arise, proceed, emanate:* alio ex fonte praeceptores emanaverunt.—*To spread abroad, extend:* mala latius.— *To become known, come out:* oratio in volgus: indicia coniurationis Romam emanarunt, L.: quae suspicio inde emanavit, quod, etc., L.: multis indiciis, fratrem ne adsurrexisse quidem, L.

ē-mātūrēscō, ruī, ere, *inch., to ripen, to grow mild, be mitigated:* ira Caesaris, O.

emāx, ācis, *adj.* [EM-], *eager to buy, fond of buying:* non esse emacem vectigal est: nemo minus, N.: domina, O.

emblēma, atis (*abl.plur.* matīs), *n.*, =ἔμβλημα, *embossed work, relief, raised ornaments:* pocula cum emblemate.—*Tessellated work, mosaic:* vermiculatum.

embolium, ī, *n.*, =ἐμβόλιον, *an interlude.*

ēmendābilis, e, *adj.* [emendo], *reparable, capable of correction:* error, L.

ēmendātē, *adv.* [emendatus], *faultlessly, perfectly:* loqui.

ēmendātiō, ōnis, *f.* [emendo], *a correction, amendment, improvement:* philosophiae.

ēmendātor, ōris, *m.* [emendo], *a corrector, amender:* civitatis: noster.

ēmendātrīx, īcis, *f.* [emendator], *she who corrects, a reprover:* vitiorum lex.

ēmendātus, *adj.* [*P.* of emendo], *correct, faultless, perfect:* mores: vir, H.: locutio: carmina, H.: emendata maxime.

ē-mendō, āvī, ātus, āre [ex+mendum], *to free from faults, correct, improve, amend:* civitas emendari solet continentiā principum: consuetudinem: res Italas Legibus, H.—*To correct, revise:* annalīs suos.— *To atone for, compensate for:* vitia emendata virtutibus, N.: facta priora novis, O.: arte fortunam, H.

ēmēnsus, *P.* of emetior.

ē-mentior, ītus, īrī, *dep., to speak falsely, lie, feign, fabricate, falsify, pretend:* in historiis: quantum sit ementita opinio, i. e. *had erred:* auspicia: ementiundo invidiam conflare, S.: vanitas ementiendae stirpis, L.: me beneficio obstrictum esse: natam e terrā sibi prolem, L.—*P. pass.:* de ementitis auspiciis, *forged, lying.*—As *subst. n.:* ementita et falsa.

ē-mercor, ātus, ārī, *dep., to buy up, bribe:* hostes, Ta.: avaritiam praefecti, Ta.

ē-mereō, uī, itus, ēre, *to obtain by service, earn, merit, deserve:* virum, O.: honores, Pr.: emeruit vocis habere fidem, O.— *To serve out, complete* (a term of service): spes emerendi stipendia, L.: homines emeritis stipendiis, *discharged veterans*, S.: tempus (magistratūs) emeritum habere: emeritis medii temporis annis, O.—Fig.: tamquam emeritis stipendiis libidinis: emeritis exiret cursibus annus, O.

ē-mergō, sī, sus, ere, *to bring forth, bring to light, raise up:* e gurgite voltūs, Ct.: sum visus emersus e flumine.—Fig., *to extricate oneself, raise oneself up, rise:* ex malis se, N.: emersus ex tenebris: velut emerso ab admiratione animo, L.—*Intrans., to come forth, come up, come out, arise, rise, emerge:* equus emersit e flumine: de paludibus, L.: ex Antiati in Appiam, *to escape:* aves, quae se in mari mergerent: quae cum emersissent: sonus (solis) emergentis, Ta.—Fig., *to extricate oneself, rise, escape, come forth, free oneself, emerge, get clear, appear:* quā ex vitā emersit: ex paternis probris: ex omni saevitiā fortunae (virtus) emersura, L.: incredibile est quantum civitates emerserint, *elevated themselves:* Haud facile emergunt, quorum, etc., *become famous*, Iu.: depressa veritas emergit: res, unde emergi non potest, T.: ex quo magis emergit, quale sit, etc.

ē-meritus, *adj., that has finished work, past service:* equi, O.: aratrum, O.: acus, Iu.—*Plur. m.* as *subst., discharged veterans*, Ta.

ēmersus, *P.* of emergo.

ē-mētior, mēnsus, īrī, *dep., to measure out:* spatium oculis, V.— *To pass, pass over, traverse:* tot inhospita saxa, V.: iter, L.: longitudinem Italiae, L.: spatium pedibus, Ta.—*P. pass., passed through, traversed:* multo maior pars itineris, L.: Emenso Olympo, V.—*To survive:* tres principes, Ta.—*P. pass.:* emensae in lucem noctes, *lived through*, O.—*To impart, bestow:* aliquid patriae, H.: voluntatem tibi.

ē-metō, —, —, ere, *to mow away, mow down:* plus frumenti agris, H.

ē-micō, cuī, cātus, āre, *to spring out, spring forth, break forth, leap up:* Emicat ex oculis flamma, O.: scaturiges, L.: sanguis in altum, O.: telum nervo, O.: in currum, V.: saxa tormento, L.: carcere, *to escape from*, O.—*To stand out, project:* scopulus alto gurgite, O.—Fig., *to be prominent, be conspicuous:* verbum emicuit decorum, H.: claritate rerum, Cu.

ē-migrō, āvī, —, āre, *to move, depart, emigrate:* ex illā domo: domo, Cs.: e vitā.

ēminēns, entis, *adj.* with *comp.* [*P.* of emineo], *standing out, projecting, prominent, high, lofty:* oculi: promunturia, Cs.: saxa, S.: genae leniter: trabes eminentiores, Cs.: per inaequaliter eminentia rupis, *irregular spurs*, L. — Fig., *prominent, distinctive:* species, quae nihil habeat eminentis. —*Eminent, distinguished:* eminentior eloquentia, Ta.: oratores, Ta. — *Plur. m.* as *subst.:* sinistra erga eminentīs interpretatio, Ta.

ēminentia, ae, *f.* [eminens], *a distinctive feature, conspicuous part:* nulla.—*The lights* (in painting).

ēmineō, uī, —, ēre [ex + 2 MAN-], *to stand out, project, reach upward:* eminere et procul videri, Cs.: vetustae radices, S.: hasta in partīs ambas, O.: iugum in mare, Cs.: ex terrā in altitudinem xxx stadia, Cu.: belua ponto, O.: ut per costas ferrum emineret, L.: acies extra proelium, L.— Fig., *to be prominent, stand out, be conspicuous:* quorum eminet audacia: ex ore crudelitas: privata inter publicos honores studia, L.: supra cetera, L.: desperatio in voltu, L.: vox eminet una, *is distinctly heard*, O.—*To distinguish oneself, be eminent:* inter omnīs in omni genere dicendi: tantum, L.: altius, N.

ēminus, *adv.* [ex + manus].—Of fighting, *aloof, beyond sword reach, at a distance, a spear's-throw off:* eminus telis pugnabatur, Cs.: sauciari, S.: certare, Ta.: Dryopem ferit hastā, V.: faces in aggerem iaciebant, Cs.: fer opem, *from afar*, O.

ē-mīror, —, ārī, *dep., to gaze at in wonder, stand aghast at:* aequora, H.

ēmissārium, ī, *n.* [emitto], *an outlet, drain.*

ēmissārius, ī, *m.* [emitto], *a scout, spy.*

ēmissiō, ōnis, *f.* [emitto], *a projecting, hurling:* telorum graviores emissiones habere. — *A letting go, releasing:* serpentis.

ēmissus, *P.* of emitto.

ē-mittō, mīsī, mīssus, ere, *to send out, send forth:* essedarios ex silvis, Cs.: equitatu emisso, Cs.: pabulatum emittitur nemo, Cs. — *To drive, force, hurl, cast, discharge:* aculeos in hominem: pila, Cs.: hastam in finīs eorum, L.—*To drive out, expel:* abs te emissus ex urbe: hostem.—*To send out, publish:* tabulas in provincias: aliquid dignum nostro nomine: emissus (liber), H. — *To let go, let loose, release, drop, let out:* hominem e carcere: scutum manu, *abandon*, Cs.: ex lacu Albano aqua emissa, L.: animam, *expire*, N.—*To let slip, suffer to escape:* emissus hostis de manibus, L.: hostem manibus, L.: alqm sub iugum, i. e. *on condition of passing under the yoke*, L. — *To set free, emancipate* (usu. with *manu*): emissast manu, T.: domini eorum quos manu emiserat, L.: quin emitti aequom siet, T.: librā et aere liberatum emittit (of a debtor), L.—With *se* or *pass., to start, break forth:* tamquam e carceribus emissus sis: utrum armati an inermes emitterentur, *evacuate* (the city), L.—Fig., *to utter, give utterance to:* vocem: semel emissum verbum, H.: argumenta. — *To let slip, lose:* emissa de manibus res, *the opportunity*, L.

emō, ēmī, ēmptus, ere [EM-], *to buy, purchase:* domum: mulierem a sectoribus: bene, *cheap:* male, *dear:* care, H.: tabernas in publicum, *for the public*, L.: fundum in diem, *on credit*, N.: quanti emptast, T.: emit tanti, quanti voluit, etc.: aut non minoris aut pluris: bona duobus milibus nummum. — Fig., *to buy, buy up, purchase, pay for, gain, acquire, procure, obtain:* spem pretio, T.: fidem: iudices, *to bribe:* Te sibi generum Tethys emat undis, V.: me dote, O.: pulmenta laboribus empta, H.: percussorem in alqm, Cu.

ē-moderor, —, —, ārī, *dep., to moderate:* dolorem verbis, O.

ē-modulor, —, —, ārī, *dep., to sing, celebrate:* Musam, O.

ēmolimentum, ī, see emolumentum.

ē-molliō, iī, ītus, īre, *to make soft, soften:* arcūs, L. — Fig., *to soften, make mild, enervate:* mores, O.: exercitum, L.: quos nondum pax emollierit, Ta.

ēmolumentum (**ēmoli-**), ī, *n.* [ex + MAL-], *gain, profit, advantage, benefit:* nullum ad Scamandrum venturum: nullo emolumento impelli in fraudem: ut quam maximum emolumentum novis sociis esset, L.: emolumenta communia.

ē-moneō, —, —, ēre, *to admonish:* te ut consequare, etc. (dub.).

ē-morior, —, ī (old, īrī, T.), *dep., to die off, die, decease:* miserabiliter: emori satius est, T.: maximo cum dolore: per virtutem, S.: ante emoriar, quam, etc., O. — Fig.: quorum laus emori non potest, *pass away:* amor, O.

ē-moveō, mōvī (ēmōstis, L.), mōtus, ēre, *to move out, move away, remove, expel, dislodge:* multitudinem e foro, L.: cis Volturnum emovendi, L.: magno emota tridenti Fundamenta, *stirred*, V.—Fig.: pestilentia ex agro Romano emota, L. (old form.): dictis curae emotae, V.

empīricus, ī, *m.*, = ἐμπειρικός, *a physician guided by experience, empiric.*

emporium, ī, *n.*, = ἐμπόριον, *a place of trade, market-town, market, mart:* Puteolanorum.

ēmptiō, ōnis, *f.* [EM-], *a buying, purchase:* falsa: bonorum: mancipiorum, Ta.—*A purchase, thing bought:* illae emptionis.

ēmptitō, āvī, ātus, āre [emo], *to buy, purchase:* operam, Ta.

ēmptor, ōris, *m.* [EM-], *a buyer, purchaser:* bonorum: emptorem reperire: hians, H.: Dedecorum pretiosus, *who pays dearly for*, H.

ēmptum, ī, *n.* [emptus], *a purchase, contract of purchase:* quae ex empto aut vendito contra fidem fiunt, *in buying and selling.*

ēmptus, *P.* of emo.

ē-mulgeō, —, ulsus, ēre, *to drain out, exhaust:* emulso sero, Ct.

ēmunctus, *P.* of emungo.

ēmungō, nxī, nctus, ere, *to wipe the nose, blow the nose:* emungeris, Iu.—In the phrase, emunctae naris, *clean-nosed*, i. e. *of nice discernment, of fine taste*, H., Ph.—*To cheat, swindle:* emuncto Simone, H.: argento senes, T.

ē-mūniō, iī, ītus, īre, *to fortify, secure, wall off, strengthen:* locus arcis in modum emunitus, L.: obice postes, V.: murus supra ceterae modum altitudinis emunitus, *built up*, L.—*To clear, make passable:* silvas ac paludes, Ta.

ēn, *interj.*, calling attention, or expressing surprise or indignation, *lo! behold! see! there!:* en crimen, en causa, cur, etc.: en ego, V., H.: en memoriam sodalis: en causam cur, etc.: en hoc illud est: en cui liberos committas: ipse en ille incedit, L.: en quid ago? V.: en cur, etc.—With *umquam* (often written enumquam): Cedo dum, enumquam audisti? etc., *say, did you ever?* etc., T.: en umquam fando audistis, etc., *have you never heard?* L.: En umquam mirabor, etc., *Oh, shall I ever?* V.—With *imper.*, *come! here!:* en accipe, V.: en age Rumpe moras, V.—In crasis with *illum, illam:* ellum, *there he is*, T.: Ellam intus, T.

ēnārrābilis, e, *adj.* [enarro], *that may be explained, intelligible:* textus clipei, V.

ē-nārrō, āvī, ātus, āre, *to explain fully, recount, describe, interpret:* rem seni, T.: res tuas gestas: alcui somnium.

ē-nāscor, nātus, ī, *dep.*, *to grow up, grow out, sprout, spring up, arise:* laurea in puppi enata, L.: rami enati, *shot out*, Cs.: in aede capillus, L.

ē-natō, āvī, —, āre, *to swim away, escape by swimming:* fractis enatat exspes Navibus, H.: pauci enatant, Ph.—Fig.: reliqui enatant tamen, *get off.*

ēnātus, *P.* of enascor.

ē-nāvigō, āvī, —, āre, *to sail away:* e scrupulosis cotibus.—*To traverse:* unda omnibus enaviganda, H.

endo, *praep.* [old form of in], *in:* endo caelo, C. (XII Tabb.).

endoplōrātus, *P.* [endoploro, old for imploro], *to cry for help:* endoplorato, ut, etc., *a cry for help having been raised*, C. (old form.).

endromis, idis, *f.*, = ἐνδρομίς, *a coarse woollen cloak, athlete's wrapper*, Iu.

ē-necō or **ēnicō**, —, ctus, āre, *to kill off, exhaust, wear out, destroy, torment, plague:* enectus siti: squalore enecti, *half dead*, L.: bos est enectus arando, H.: me rogitando, T.: enicas, *you are a plague*, T.—Fig.: pars animi inopiā enecta, *overcome.*

ēnectus, *P.* of eneco.

ēnervātus, *adj.* [*P.* of enervo], *unnerved, weakly, effeminate, unmanly:* homines: ratio et oratio: sententia.

ēnervis, e, *adj.* [ex+nervus], *nerveless, weak:* orator, Ta.

ēnervō, āvī, ātus, āre [ex+nervus], *to enervate, weaken, make effeminate, deprive of vigor:* me enervavit senectus: epulae enervaverunt corpora, L.: undis artūs, O.: vires, H.: ut enervetur oratio compositione verborum.

ēnicō, see eneco.

enim, *conj.* (usu. after the first word in its clause). **I.** In explaining or specifying, *for, for instance, namely, that is to say, I mean, in fact:* similis sensus exstitit amoris . . . nihil est enim virtute amabilius: non videtur celare emptores debuisse; neque enim id est celare, etc. — In a parenthesis, *for, in fact, observe:* ut antea dixi (dicendum est enim saepius): Hic tibi—fabor enim . . .—bellum geret, V.—In a transition to an explanatory fact or thought, *for, in fact, now, really:* quod scelus unde natum esse dicamus? Iam enim videtis, etc.: nihil est enim tam populare quam bonitas.—Often in exhortations, etc.: attendite enim cuius modi edicta sint.—**II.** In giving a reason, *for, the reason is that, because:* tolle hanc opinionem, luctum sustuleris. Nemo enim maeret suo incommodo.—Ellipt., giving a reason for something implied, *for, of course, naturally, but:* qui multa praeclara dicit; quam enim sibi constanter dicat, non laborat, i. e. *but that goes for little, for*, etc.: ne tibi desit? Quantulum enim summae curtabit quisque dierum, si, etc., i. e. *that is no reason, for*, etc., H.—Without a verb: quid enim? *why not? what objection can be made?:* quid enim? fortemne possumus dicere eundem illum Torquatum?: Militia est potior; quid enim? concurritur, etc., H.—**III.** In confirming, *in fact, indeed, truly, certainly, assuredly, to be sure:* quid illas censes (dicere)? nil enim, *nothing at all*, T.: Caesar . . . interfici iussit, arbitratus . . . Ille enim revocatus resistere coepit, *and in fact*, Cs.: Sed neque . . . nomina quae sint Est numerus; neque enim numero conprendere refert, *and truly*, V.: quis est, qui velit . . . vivere? Haec enim est tyrannorum vita.—With *imper.*, *come, now:* attende enim paulisper!—In replies, *of course, certainly, no doubt:* *A.* quid refert? *M.* Adsunt enim, qui haec non probent.

enim-vērō or **enim vērō**, *adv.*, *yes indeed, yes truly, assuredly, of a truth, to be sure, indeed:* Enimvero Chremes cruciat adulescentulum, T.: enim vero ferendum hoc quidem non est: hic enim vero tu exclamas, etc.: tum enimvero deorum ira admonuit, etc., L.—In replies: *Pa.* Incommode hercle. *Ch.* Immo enimvero infeliciter, T.

ēnīsus, *P.* of enitor.

ē-niteō, tuī, —, ēre, *to shine forth, shine out, gleam, brighten:* Fruges enitent: egregio decus enitet ore, V.—Fig., *to shine forth, be eminent, be displayed, be distinguished:* (Athenae) cunctis gentibus enitebant: tantum suam virtutem enituisse, L.

ēnitēscō, -nituī, —, ere, *inch.* [eniteo], *to shine forth, become bright, be distinguished:* tu enitescis pulchrior multo (Barine), H.: bellum, ubi virtus enitescere posset, *display itself*, S.: eloquentiae gloriā, Ta.

ē-nītor, -nīxus or -nīsus, ī, *dep., to force a way out, struggle upwards, mount, climb, ascend:* pede aut manu, L.: in ascensu non facile, Cs.: in altiora, Ta.: impetu capto enituntur, *scale the height*, L.: Enisus arces attigit igneas, H.: Viribus eniti quarum, *by whose support mounting up*, V.: aggerem, *to mount*, Ta.—*To bring forth, bear:* pluris enisa partūs decessit, L.: fetūs enixa, V.: quem Pleīas enixa est, O. — *To exert oneself, make an effort, struggle, strive:* tantum celeritate navis enisus est, ut, etc., Cs.: eniti, ut amici animum excitat: ab eisdem summā ope enisum, ne tale decretum fieret, S.: gnatum mihi corrigere, T.: usui esse populo R., S.: in utroque: ad dicendum.

ēnīxē, *adv.* with *comp.* [enixus], *strenuously, earnestly, zealously:* causam suscipere: Caesarem iuvabat, Cs.: enixius ad bellum adiuvare, L.

ēnīxus, *adj.* [*P.* of enitor], *strenuous, earnest, zealous:* studium, L.: virtus, L.

ē-nō, āvī, —, āre, *to swim out, swim away, escape by swimming:* e conchā: in terram, L.: Daedalus enavit ad Arctos, *flew*, V.

ēnōdātē, *adv.* with *comp.* [enodatus], *lucidly, explicitly:* narrare: enodatius explicare.

ēnōdātiō, ōnis, *f.* [enodo], *an unfolding, development, explanation:* nominum.

ēnōdātus, *P.* of enodo.

ēnōdis, e, *adj.* [ex+nodus], *free from knots, smooth:* trunci, V.: abies, O.

ēnōdō, āvī, ātus, āre [enodis], *to free from obscurity, explain, elucidate, unfold:* nomina: praecepta.

ēnōrmis, e, *adj.* [ex + norma], *out of rule, shapeless, irregular:* spatium terrarum, Ta.: vici, Ta.—*Immense, huge:* gladii, Ta.

ē-notēscō, notuī, —, ere, *to become known:* quod ubi enotuit, Ta.

ēnsiger, gera, gerum, *adj.* [ensis + GES-], *sword-bearing:* Orion, O.

ēnsis, is, *m., a two-edged sword, brand, glaive:* funestus, C. poët.: lateri adcommodat ensem, V.: vanus, L.: strictus, O.

enthȳmēma, atis, *n.*, =ἐνθύμημα, *a condensed syllogism, logical argument*, Iu.

ē-nūbō, nūpsī, —, ere, *to marry away, marry* (to a stranger), L.—*To marry out of one's rank:* filias e patribus, L.

ēnucleātē, *adv.* [enucleatus], *plainly, without ornament:* dicere.

ēnucleātus, *adj.* [*P.* of enucleo], *pure, clean:* suffragia, *free from undue influence:* genus dicendi, *unadorned.*

ēnucleō, —, —, āre [ex+nucleus].—Fig., *to lay open, explain in detail:* haec nunc: argumenta.

e-numerātiō, ōnis, *f.* [enumero], *a counting up, enumerating:* argumentorum.—In rhet., *a recapitulation.*

ē-numerō, āvī, ātus, āre, *to reckon up, count over, count out:* id, quod ad te rediturum putes, T.: dies, Cs.: quid praeco enumeraret, *listed.*—*To recite, tell at length, recount, relate, detail, describe:* istius facta: stipendia, *campaigns*, L.: plurima fando, V.: familiam a stirpe ad hanc aetatem, N.

ēn-umquam, see en.

ēnūntiātiō, ōnis, *f.* [enuntio].—In logic, *a proposition, enunciation.*

ēnūntiātum, ī, *n.* [*P.* of enuntio], *a proposition.*

ē-nūntiō, āvī, ātus, āre, *to speak out, say, express, assert:* cum verbo res eadem enuntiatur ornatius: sententias breviter: plane quid sentiam.—*To divulge, disclose, reveal, betray:* mysteria: iure iurando, ne quis enuntiaret, sanxerunt, Cs.: sociorum consilia adversariis: rem Helvetiis per indicium, Cs.

ēnūptiō, ōnis, *f.* [enubo], *the right to marry* (out of the gens): gentis, L.

ē-nūtriō, īvī, —, īre, *to bring up, nourish, support:* puerum, O.

1. eō, īvī or iī (3*d pers.* rarely īt, V.; *inf.* īvisse or īsse), itūrus (*P. praes.* iēns, euntis; *ger.* eundum), īre [1 I-], *to go, walk, ride, sail, fly, move, pass:* In in malam rem, T.: subsidio suis ierunt, Cs.: quocumque ibat: in conclave: eo dormitum, H.: animae ad lumen iturae, V.: It visere ad eam, T.: quo pedibus ierat, *on foot*, L.: equis, *to ride*, L.: quos euntīs mirata iuventus, *as they ride*, V.: Euphrates ibat iam mollior undis, *flowed*, V.: ite viam: ibis Cecropios portūs, O.: hinc ibimus Afros, V.: Exsequias, T.: pompam funeris, O.—*To go, march, move, advance* (against a foe): infestis signis ad se, Cs.: equites late, pedites quam artissume ire, S.: ad hostem, L.: adversus quem ibatur, L.: in Capitolium, *attack*, L. — *To pass, turn, be transformed:* Sanguis it in sucos, O.—Fig., *to go, pass, proceed, move, advance, enter, betake oneself:* in dubiam imperii servitiique aleam, L.: in lacrimas, V.: per oppida Rumor it, *spreads*, O.: it clamor caelo, *rises*, V.—In the phrase, ire in sententiam, *to accede to, adopt, vote for, follow:* in eam (sententiam) se ituram: in sententiam eius pedibus, L.: in quam sententiam cum pedibus iretur, L.: ibatur in eam sententiam, *the decision was.*—With *supin. acc., to go about, set out, prepare:* gentem universam perditum, L.: servitum Grais matribus, V.: bonorum praemia ereptum eunt, S. — *Imper.*, in mockery or indignation, *go then, go now, go on:* I nunc et nomen habe, etc., O.: ite, consules, redimite civitatem, L.—Of time, *to pass by, pass away:* quotquot eunt dies, H.: Singula anni praedantur euntes, *as they fly*, H.—Of events, *to go, proceed, turn out, happen:* incipit res melius ire quam putaram: prorsus ibat res: Si non tanta quies iret, *continued*, V.—Of persons, *to fare, prosper, be fated:* sic eat quaecunque Romana lugebit hostem, L.

2. eō, *adv.* [old *dat.* and *abl.* of *pron.* stem I-]. **I.** *Locat.* and *abl.* uses, *there, in that place:* cum tu eo quinque legiones haberes.—Fig.: res erat eo iam loci, ut, etc., *in such a condition.*—*Therefore, on that account, for that reason:* lassam aibant tum esse; eo ad eam non admissa sum, T.: dederam litteras ad te: eo nunc ero brevior: quod eo volo, quia mihi utile est: quin eo sit occisus, quod non potuerit, etc.: eo scripsi, quo plus auctoritatis haberem: hoc eo facit, ut ille abesset: quod ego non eo vereor, ne mihi noceat.—With words of comparison, *so much, by so much:* quae quo plura sunt, eo meliore mente: quanto longius abscederent, eo, etc., L.: eo Mors atrocior erit, quod sit interfectus, etc.: eo libentius dixit, ut, etc.: quod quo studiosius absconditur, eo magis eminet: eo minus veritus navibus, quod in littore molli, etc., Cs.: ego illa extuli et eo quidem magis, ne putaret, etc.—**II.** *Dat.* uses, *to that place, thither:* eo se recipere coeperunt, Cs.: eo respectum habere, *a refuge in that quarter:* ubi colonia esset, eo coloniam deducere: Ibit eo quo vis, etc., H.—*Thereto, in addition, besides:* eo accessit studium doctrinae: eo accedebat, quod, etc.—*To that end, with that purpose, to this result:* res eo spectat, ut, etc.: eo maxime incumbis: hoc eo valebat, ut, etc., N.—*To that degree, to such an extent, so far, to such a point:* usque eo commotus est, ut, etc.: eo magnitudinis procedere, S.: ubi iam eo consuetudinis adducta res est, ut, etc., L.: eo inopiae venere, ut vescerentur, etc. — Of time, *up to the time, until, so long:* bibitur usque eo, dum, etc.: usque eo se tenuit, quoad legati venerunt.

eōdem, *adv.* of place [old *dat.* and *locat.* of idem]. **I.** *Locat.* use; with *loci, in the same place:* res eodem est loci quo reliquisti.—**II.** *Dat.* uses, *to the same place, to the same point, thither:* clientes suos eodem conduxit, Cs.: eodem piratas condi imperarat: eodemque honores poenasque congeri, i. e. *upon the same man*, L. — *To the same thing, to the same point, thereto, besides:* quid, si accedit eodem ut, etc.: eodem incumbunt municipia, *are zealous in the same cause:* eodem pertinere, Cs.

Ēōs (only *nom.*), *f.*, ='Ἠώς, *the dawn*, O.

Eōus or **Ēōus**, *adj.*, ='Εῷος or 'Ἠῷος, *of dawn, of the morning:* Atlantides abscondantur, i. e. *set in the morning*, V.—As *subst. m., the morning star*, V.—*The East, orient*, Pr., O.—*Of the east, eastern, orient*, V., H., O. — *Plur. m.* as *subst., the Eastern warriors*, V.

ē-pāstus, *adj., eaten up:* escae, O.

ephēbus, ī, *m.*, =ἔφηβος, *a youth* (strictly a Greek from 16 to 20 years of age): greges ephebōrum: amans, H.: excessit ex ephebis, i. e. *reached manhood*, T.

ephēmeris, idis, *f.*, =ἐφημερίς, *a day-book, diary, ephemeris*, C., N., O.

ephippiātus, *adj.* [ephippium], *riding with a saddle:* equites, Cs.

ephippium, ī, *n.*, =ἐφίππιον, *a pad-saddle, caparison, rug* (as a rider's seat): ephippiis uti, Cs.—Prov.: Optat ephippia bos piger, i. e. *envies the horse*, H.

ephorus, ī, *m.*, =ἔφορος, *a Spartan magistrate, one of the five Ephori*, C., N.

epicōpus, *adj.*, =ἐπίκωπος, *furnished with oars:* phaselus, *a row-boat.*

epicus, *adj.*, =ἐπικός, *epic, heroic:* poeta.

epidīcticus, *adj.*, =ἐπιδεικτικός, *for display, declamatory:* genus (dicendi).

epigramma, atis, *n.* (*dat. plur.* -atis, C.), =ἐπίγραμμα, *an inscription:* incisum in basi: tripodem ponere epigrammate inscripto, N.—*An epigram:* in eum facere.

epilogus, ī, *m.*, =ἐπίλογος, *a peroration, epilogue:* rhetorum.—*Plur.:* miserabiliores.

epimēnia, ōrum, *n.*, =ἐπιμήνια, *provisions for a month, rations*, Iu.

epirēdia, ōrum, *n.* [ἐπί + raeda], *traces*, Iu. (acc. to others, *carts, wagons*).

epistola, see epistula.

epistolium, ī, *n.*, =ἐπιστόλιον, *a short letter, note:* Conscriptum, Ct.

epistula or **epistola**, *f.*, =ἐπιστολή, *a written communication, letter, epistle:* Graecis litteris conscripta, Cs.: Verris ad Neronem: epistulam obsignare: mane dare, *to send.*—*Plur., a letter*, Ta.

epitaphios, ī, *m.*, =ἐπιτάφιος, *a funeral oration.*

epitomē (once **-ma**, C.), ēs, *f.*, =ἐπιτομή, *an abridgment, epitome.*

epodes, um, *m.*, *a kind of sea-fish*, O.

Epona, ae, *f.*, *the goddess of mule-drivers*, Iu.

epops, opis, *m.*, =ἔποψ, *a hoopoe*, O.

epos (only *acc.*), *n.*, =ἔπος, *a heroic poem*, H.

ē-pōtus, *P.*, *drunk off, drained, exhausted:* venenum: medicamentum, L.: epoto poculo: amphora, *empty*, Ph.: flumina, *drunk dry*, Iu.: Ter fretum, *swallowed up*, O.: terreno Lycus hiatu, O.

epulae, ārum, *f.*, *viands, sumptuous food, dishes, meats:* mensae epulis exstruebantur: vino et epulis onerati, S.: exempta fames epulis, V.: vestis, Blattarum epulae, H.: Viscera (voltur) rimatur epulis, *ransacks for food*, V.—F i g., *food, support:* bonarum cogitationum.—*A feast, banquet, entertainment, feasts, dinners:* (carmina) in epulis cantitata: neque modus est epularum: regum, H.: amplissimae, Cs.—E s p., of religious festivals: sepulcrum epulis celebrare: Voveram dulcīs epulas Libero, H.

epulāris, e, *adj.* [epulum], *of a feast, at a banquet:* accubitio amicorum: sacrificium.

epulō, ōnis, *m.* [epulum], *a guest at a feast, feaster, carouser*, C.—*A boon companion:* Valerius.—E s p.: Tresviri or Septemviri Epulones, *a college of priests to conduct sacrificial banquets*, C., L.: Manlius, triumvir epulo, L.

epulor, ātus, ārī, *dep.* [epulum], *to feast, banquet, dine:* epulantur milites: de die, L.: divisit ad epulandum militibus, L.: dapibus opimis, V.: Ascanium epulandum ponere mensis, *as a dish*, V.

epulum, ī (only *sing.*), *n.*, *a sumptuous meal, banquet, feast, dinner:* magnificentissimum: epulum populo dare: Iovis epulum fuit, L.: epulum dare alcui, Iu.

equa, ae, *f.* [equus], *a mare:* nobilissimae: Apta quadrigis, H.: Eliades, V.

eques, itis, *m.* [equus], *a horseman, rider:* equites, qui litteras attulerant, L.: equus docilis Ire viam quā monstret eques, H.: equitem docuere sub armis Insultare solo, i. e. *the horse and his rider*, V.—*A horse-soldier, trooper, cavalryman, horseman:* equitum milia erant sex, *cavalry* (opp. pedites), Cs.: equites virique, L.—*Sing. collect.:* equiti admoti equi, L.—*A knight, one of the equestrian order* (between the Senate and the Plebs): Romanus: equites Romani: equitum centuriae: turma equitum R., S.—*Sing. collect.:* omnis, *the equestrian order*, O.: Si discordet eques, *the spectators in the knights' seats*, H.

equester (**-tris**, L.), tris, tre, *adj.* [eques], *of a horseman, equestrian:* statuae.—*Of cavalry:* proelium, Cs.: tumultus, L.: copiae.—*Of the knights of the equestrian order, equestrian, knightly:* ordo: locus: ius: familia: nomen: census equestrem summam nummorum: anulus, H.: dignitas, N.: nobilitas, *rank*, Ta.

equidem, *adv.* [old *interj.* e+quidem].—In corroboration, *verily, truly, indeed, at all events* (usu. with 1*st pers. sing.*): id equidem ego certo scio, T.: iocabar equidem, T.: equidem negare non possum, etc.: equidem cum viderem, etc.: Certe equidem audieram, V.: Iam pridem equidem nos amisimus, etc., S.: vanum equidem hoc consilium est, S.: equidem si nobis religiones nullae essent, L.—*For my part, as far as I am concerned:* equidem me Caesaris militem dici volui; vos me, etc., Cs.: equidem doleo, etc.—In concession, *certainly, by all means, of course, to be sure, indeed, no doubt:* equidem istuc factum ignoscam, verum, etc., T.: amo te equidem, verum, etc.: vellem equidem vobis placere, sed, etc., L.

equīnus, *adj.* [equus], *of a horse, of horses:* saeta, *a horse-hair:* cervix, H.: nervus, *a bow-string of horse-hair*, V.

equīria, ōrum, *n.* [equus], *annual races in the Campus Martius, in honor of Mars*, O.

equitābilis, e, *adj.* [equito], *fit for riding, smooth:* planities, Cu.

equitātus, ūs, *dat.* uī or ū, *m.* [equito], *cavalry:* magnus numerus equitatūs, Cs.: nullus: magnos equitatūs exspectare, *large bodies of cavalry*, Cs.—*The equestrian order, knights:* ille: in equitatu recensendo, L.

equitō, āvī, ātus, āre [eques], *to ride, be a horseman, practise riding:* in exercitu: uti mos gentis est, S.: Exiguis campis, *range*, H.: illa (certatio) quā tu contra Alfenum equitabas, *manœuvred.*—P o e t., of the wind, *to ride, career*, H.

equuleus, see eculeus.

equus or **ecus**, ī (*gen. plur.* equōm or equūm, V.), *m.* [3 AC-], *a horse, steed, charger:* fortis: equis uti: cadere de equo: inanis, *without a rider:* in equo, *mounted:* ex equo pugnare, L.—F i g.: conrigam tarditatem cum equis, tum quadrigis, i. e. *will use extreme diligence:* equis, viris subvenire, *with horse and foot*, i. e. *with might and main:* equis virisque, i. e. *with their whole force*, L.—*Plur.*, *a chariot* (poet.): Semper equos canebat, V.: conscendit equos, O.—*A sea-horse:* bipedum currus equorum, V.—*The Trojan Horse:* Troianus: trabibus contextus, V.: Equus Troianus, *a play of Livius Andronicus.*—F i g.: intus est equus Troianus, i. e. *treason.*—*The constellation Pegasus.*

era (not hera), ae, *f.* [erus], *the mistress of a house, mistress, lady*, T.: errans, Enn. ap. C.—*A mistress, ruler:* era Fors, Enn. ap. C.: Tritonis, Ct.—*A sweetheart*, O., Ct.

ērādīcō, —, —, āre [ex+radix], *to root out, extirpate, annihilate:* te, T.

ē-rādō, sī, —, cre, *to scrape off, shave:* genas, Pr.—*To erase:* Merulam albo senatorio, Ta.—*To abolish, eradicate, remove:* Curam penitus corde, Ph.: eradenda cupidinis sunt elementa, H.: vitae tempora, *consign to oblivion*, O.

Erebus, ī, *m.*, = Ἔρεβος, *the god of darkness*, C., V., O.—*The lower world*, V., O.

ērēctus, *adj.* with *comp.* [*P.* of erigo], *set up, upright, elevated, lofty:* (homines) erectos constituit: voltus, O.: prorae, Cs.—F i g., *elevated, lofty, noble:* celsus et erectus: ingenium, Ta.: si quis est paulo erectior.—*Haughty, arrogant, lofty:* vagantur erecti toto foro: erecto incessu, Ta.—*Intent, attentive, eager, aroused, on the alert:* animis: ad libertatem recuperandam: plebs expectatione, L.—*Animated, encouraged, resolute:* alacri animo et erecto: multo sum erectior.

ē-rēpō, rēpsī (*pluperf.* ērēpsēmus, H.), —, ere, *to crawl over, make a way out of:* quos (montīs), H.: totum agrum genibus, Iu.

ēreptiō, ōnis, *f.* [ex+RAP-], *a forcible seizure, robbery.*

ēreptor, ōris, *m.* [ex+RAP-], *a robber, plunderer:* bonorum: libertatis.

ēreptus, *P.* of eripio. **ērēs**, see heres.

ergā, *praep.* with *acc.*, *towards, in respect of, in relation to:* animis te erga, T.: vestra erga me voluntas: erga populum R. fides, Cs.: favor erga nos deorum, Ta.: Quae numquam quicquam erga me commeritast, *done me wrong*, T.: odium erga regem suscipere, N.: erga bona sua cautus, Cu.

ergastulum, ī, *n.*, *a workhouse, house of correction, penitentiary:* homines ex ergastulis empti: ductus in ergastulum, L.—*Plur.*, *the inmates of a workhouse, penitentiary convicts:* quibusdam solutis ergastulis, Cs.: inscripta, *branded galley-slaves*, Iu.

ergō (**ergo**, O.), *subst.* and *adv.* **I.** As *abl.* following a *gen.*, *in consequence of, on account of, because of, for the sake of* (old): lessum funeris ergo habento, C. (lex): dono militari virtutis ergo donari, L. (SC.): illius ergo, V.—**II.** As *adv.*, *exactly, precisely:* *D.* Mihin? *S.* tibi ergo, *I mean just you*, T.—*Consequently, accordingly, therefore, then:* Unus homo restituit rem . . . Ergo viri nunc gloria claret: Aristoteli ea prima visa sunt, ergo nata est sententia, etc.: itaque ergo incenduntur, etc., L. — In a logical conclusion, *consequently, therefore:* cequis igitur qui factum improbarit? omnes ergo in culpā: num ergo dubium est quin, etc., i. e. *have I not fully proved*, etc.—In successive inferences: igitur . . . ergo . . . ergo . . . igitur, C.—In an argument, e contrario, *then, therefore, so then, it is true then* (always beginning the sentence): ergo illum maiores in civitatem receperunt; nos hunc eiciemus?—In a question asking an explanation, *then, do you say? do you mean?:* ergo in iis adulescentibus bonam spem esse dicemus, quos? etc.: dedemus ergo Hannibalem? dicet aliquis, L.: cum, quid ergo se facere vellent, percunctarentur, L.—With *quid, why then?:* Quid vos malum ergo me sic ludificamini? T.—In the phrase, quid ergo? *what then? what follows?:* quid ergo? inimici oratio me movit?: quid ergo? audacissimus ego?: quid ergo est? *how then does the case stand?*—In a command or exhortation, *then, now, accordingly:* vide ergo, hanc conclusionem probaturusne sis: desinite ergo loqui, Cs.—In resuming a thought, *as I was saying; I say, then; well then:* tres viae sunt ad Mutinam . . . tres ergo ut dixi viae.—In beginning a speech, *then, now* (i. e. *as the occasion requires*): accipite ergo animis, V.

ēricius, ī, *m.* [er, a hedgehog], *a beam set with spikes, chevaux-de-frise:* obiectus portis, Cs.

erifuga (**heri-**), ae, *m.* [erus+2 FVG-], *a runaway:* famuli, Ct.

ērigō, rēxī, rēctus, ere [ex+rego], *to raise up, lift, set up, erect, elevate:* arborem: hastas, L.: manu mālum de nave, V.: in clivum aciem, *lead up*, L.: oculos: turrīs, *build*, Cs.: villas, Iu.: totam aciem, i. e. *stop*, L.: conituntur, ut sese erigant, *to rise:* erectus in auras, *rising*, O.: ubi lumen sub auras Erigitur, *springs up*, V.: quicquid montium erigitur, Ta.: Phaëthontiadas . . . solo erigit alnos, i. e. *tells of their transformation*, V. — F i g., *to arouse, excite, stir, instigate, animate:* mentīs: animos ad audiendum: exspectatione senatum, L.: Erigor, et civīs exhortor, O. — *To raise up, cheer, encourage:* animum demissum: provinciam adflictam: rem p. ex tam gravi casu, L.: se in spem, L.: erigimur, *we take courage*, H.

erīlis (not herīlis), e, *adj.* [erus], *of the head of a family, the master's, mistress's:* filius, T.: gressum comitantur erilem, V.: pensum, H.: nomen, O.: sanguis, O.: peccatum, H.

Erīnys (not -innys), yos, *f.*, = Ἐρινύς, *a Fury, goddess of revenge, Remorse*, V., O., Iu.—*Plur.*, Pr. —P o e t.: Troiae communis, *the scourge, curse*, V.: feror, quo tristis Erinys (vocat), *fury*, V.

ēripiō, ipuī, eptus, ere [ex+rapio], *to tear out, snatch away, wrest, pluck, tear, take away:* vela, armamenta, copias, Cs.: quae nunc hebetat visūs nubem, V.: ornamenta ex urbibus: sacra ex aedibus: arma ab aliis: ab igne ramum, O.: vaginā ensem, V.: consuli caput, L.: classem Caesari, Cs.: mihi Scipio ereptus: ereptus rebus humanis, Cu.—*To rescue, deliver, free* (fugitivam), Cs.: patriam ex hostium manibus, L.: hos ex morte: istum de vestrā severitate: me his malis, V.—

With *pron. reflex.*, *to break away*, *rescue oneself*, *escape:* per eos se, Cs.: ex pugnā se: me e complexu patriae: leto me, V.: te morae, H.—Fig., *to take away*, *snatch away*, *take violently*, *remove*, *deprive*, *free:* (vocem) loquentis ab ore, *caught up eagerly*, V.: hominis aspiciendi potestatem: ut usus navium eriperetur, *was lost*, Cs.: erepto semenstri imperio, Cs.: libertatem lictori: diem Teucrorum ex oculis, V.: Tempora certa modosque, H.: anni Eripuere iocos, H.: vatibus Eripienda fides, O.: Eripe fugam, *flee*, V.: Posse loqui eripitur, *the power of speech*, O.: Vix tamen eripiam, velis quin, etc., *I shall scarcely destroy your desire*, etc., H.

ērogātiō, ōnis, *f.* [erogo], *a paying out*, *distribution:* pecuniae.

ē-rogō, āvī, ātus, āre, *to appropriate*, *pay out*, *pay*, *expend* (usu. from the public treasury): pecunia ex aerario erogata: pecuniam in classem: in eos sumptūs, L.: ei in sumptum.

errābundus, *adj.* [1 erro], *wandering about*, *vagrant*, *at random:* errabundi domos pervagarentur, L.: vestigia bovis, V.: agmen, Cu.

errāns, ntis, *P.* of 1 erro.

errāticus, *adj.* [1 erro], *wandering*, *roving*, *erratic:* Delos, O.: lapsu erratico (vitis).

errātiō, ōnis, *f.* [1 erro], *a wandering*, *roving about:* hac minor est erratio, T.: nulla in caelo est, *nothing moves at random.*

errātor, ōris, *m.* [erro], *a wanderer* (of the Meander), O.

errātum, ī, *n.* [1 erro], *an error*, *mistake*, *fault:* commune: nullum ob erratum: minimum: errata officiis superes, S.: errata aetatis meae.

(**errātus**, ūs), *m.* [1 erro], *a wandering*, *winding.*—Only *abl. plur.:* longis erratibus actus, O.

1. errō, āvī, ātus, āre, *to wander*, *stray*, *rove*, *roam:* cum vagus et exsul erraret: non certis passibus, O.: circum villulas nostras: per urbem, L.—*Pass. impers.:* solis erratur in agris, V.—Of things: quae (stellae) errantes nominarentur, *planets:* Stellae sponte suā iussaene errent, H.: ubi flexibus errat Mincius, V.: pulmonibus errat Ignis edax, *spreads*, O.: extremus si quis super halitus errat, *flutters*, V.: errantibus oculis, *wavering*, V.: relegens errata retrorsus Litora, V.: erratas dicere terras, O.—*To miss the way*, *lose oneself*, *go astray:* qui erranti monstrat viam, Enn. ap. C.: errare viā, V.—Fig., *to wander*, *stray at random:* ne errare cogatur oratio: errans sententia: dubiis adfectibus errat, O.: ne tuus erret honos, *be in doubt*, O.—*To be in error*, *err*, *mistake*, *go wrong*, *go astray:* de nostris verbis, T.: totā viā, T.: non totā re, sed temporibus: procul, S.: valde: cum Platone: errare, si sperent, etc., Cs.: te errantem persequi, S.: errans in alienos fetūs natura, *producing monsters*, L.: Teneo quid erret, T.: errabant tempora, *in chronology*, O.—*Pass. impers.:* si fuit errandum, O.: si erratur in nomine: et in cognomine erratum sit, L.

2. errō, ōnis, *m.* [1 erro], *a wanderer*, *vagabond:* fugitivus erro, H.—*A wanderer in love*, Tb.

error, ōris, *m.* [cf. 1 erro], *a wandering*, *straying*, *strolling:* ad quos Ceres in illo errore venisse dicitur: civium: dic Errores tuos, V.: finem rogant erroris, O.: pelagi erroribus actus, V.—*A going astray*, *missing the way:* iumenta errore delata per quattuor stadia, Cu.: (iaculum) detulit error in Idan, O.—*A winding*, *meandering*, *maze*, *intricacy:* fessae erroribus undae, O.: flexus, O.—Fig., *a doubt*, *uncertainty*, *ambiguity:* nominum, L.: errores abstulit illa meos, O.: viarum, *ignorance*, L.: Graiarum iubarum, *confusion*, V.—*A going astray*, *going wrong*, *error*, *mistake*, *delusion:* mentis: rapi in errorem: errorem tollere: cui demptus per vim mentis error, H.: pro errore venia, Ta.: me malus abstulit error, *infatuation*, V.: quoniam novus incidit error, Pr.: aliquis latet error, *snare*, V.—Person., *delusion*, O.

ē-rubēscō, buī, —, ere, *inch.*, *to grow red*, *redden:* saxa erubuisse rosis, O.—*To blush with shame*, *feel ashamed:* Erubuit, salva res est, T.: in alquā re: erubuere genae, O.: non est res, quā erubescam, si, etc., L.: rusticā dote corporis, O.: origine, Ta.: conlegam habere, L.: silvas habitare, V.: iura, *to respect*, V.: te Non erubescendis adurit Ignibus (amoris), i. e. *honorable*, H.: id urbi Romanae fore erubescendum, L.

ērūca, ae, *f.*, *a kind of cole-wort*, H., Iu.

ē-rūctō, —, āre, *to belch forth*, *vomit*, *throw up:* saniem, V.: gurges Cocyto eructat harenam, V.—Fig.: sermonibus suis caedem bonorum, *make drunken threats of.*

ērudiō, īvī, ītus, īre [ex+rudis], *to educate*, *instruct*, *teach*, *polish:* studiosos discendi: alqm in iure: filios ad maiorum instituta: alqm disciplinā, N.: eruditi artibus militiae, L.: me de re p., *keep me informed:* te, satis esse, etc.—*To teach*, *communicate*, *instruct in:* alqm damnosas artīs, O.: percurrere telas, O.: quā possint arte capi, O.: oculos ut fleant, O.

(**ērudītē**), *adv.* [eruditus], *learnedly*, *with erudition.*—Only *comp.* and *sup.:* eruditius disputare: litterae eruditissime scriptae.

ērudītiō, ōnis, *f.* [erudio], *an instructing*, *instruction:* eius.—*Learning*, *erudition:* praeclara.

ērudītulus, *adj. dim.* [eruditus], *somewhat experienced*, Ct.

ērudītus, *adj.* with *comp.* and *sup.* [*P.* of erudio], *instructed*, *educated*, *learned*, *accomplished,* *informed, skilled, experienced:* quas (artīs) qui tenent eruditi appellantur: Graeculus: rebus gestis: litteris eruditior quam Curio: disciplinā iuris civilis cruditissimus: utilia honestis miscere, Ta.: minus erudita saecula: aures: Graecorum copia, *fulness of Greek learning.*

ē-rumpō, rūpī, ruptus, ere. **I.** *Trans., to cause to break forth, emit, throw out:* Canis erumpit ignīs, C. poët.: portis se foras, Cs.: unde se erumpit Enipeus, V.—*To break through:* nubem, V.: vis piscium Pontum erumpens, Ta.—Fig., *to pour forth, wreak:* in me stomachum: in eas (navīs) iracundiam, Cs.: iram in hostīs, L.—**II.** *Intrans., to break out, burst forth, sally forth:* dato signo ex castris, Cs.: (ignes) ex Aetnae vertice erumpunt: portis, S.: noctu, Cs.: per hostīs, L.—Fig., *to break out, burst forth:* cum illa coniuratio ex latebris erupisset: si erumpunt omnia? *are disclosed:* erumpat me digna vox: erupit deinde seditio, L.: erumpunt saepe vitia in amicos: ne istaec fortitudo in nervum erumpat, i. e. *end in bringing you to the stocks,* T.: rem ad ultimum seditionis erupturam, L.

ē-ruō, uī, utus, ere, *to cast forth, throw out, root up, dig out, take:* humum, O.: sepulcris caprificos, H.: segetem ab radicibus, V.: mortuum: aquam remis, *to plough up,* O.: illum, *to hunt down:* quemvis mediā turbā, H.: Eruitur oculos, *his eyes are torn out,* O.—*To root out, destroy utterly:* urbem a sedibus, V.: Troianas opes, V.—Fig., *to draw out, bring out, elicit:* mihi qui legati fuerint: ex quibus (locis) argumenta: si quid obrutum erit: Sacra annalibus eruta, O.: Obscurata (verba), *rescue from oblivion,* H.: memoriam exercitatione: difficultas pecuniaria, quā erui, etc., *to be freed:* hoc mihi erui non potest, i. e. *can't be talked out of me.*

ēruptiō, ōnis, *f.* [ex+RAP-], *a breaking out, bursting forth:* ignium: ex oppido, *a sally,* Cs.: in hostes, L.: ab eruptionibus cavere, Cs.

ēruptus, *P.* of erumpo.

erus (not herus), ī, *m.* [ES-], *the master of a house, head of a family;* opp. famuli, C., V., H.—*A master, lord, owner, proprietor:* propriae telluris, H.: fundus pascat erum, H.: tuus, i. e. *husband,* Ct.: caelestes, *the gods,* Ct.

ērutus, *P.* of eruo.

ervum (her-), ī, *n., a pulse, bitter vetch,* V., H., O.

erythīnus, ī, *m.,* = ἐρυθῖνος, *a red sea-mullet,* O.

ēsca, ae, *f.* [ED-], *a dish* (prepared for the table), *food, victuals, viands, meat, bait:* temperatae escae: contemptissimae: dulcis, V.: prima, *course,* H.—Fig.: Plato escam malorum appellat voluptatem.

ēscāria, ōrum, *n.* [esca], *dishes, plate,* Iu.

ēscendō (exs-), endī, ēnsus, ere [ex+scando], *to climb up, mount, ascend:* in caelum: in rostra: quo cum escendisset, L.: equos, S.: Oetam, L.: rostra, Ta.: Ilium a mari, *to go up,* L.: Delphos, L.

ēscēnsiō, ōnis, *f.* [ex+SCAND-], *an ascension, mounting, climbing, going up:* escensionem a Paesto facere, L.: ab navibus in terram, *a landing,* L.: quibus (classibus) escensiones in agros factae erant, *incursions,* L.

(**ēscēnsus**, ūs), *m.* [ex+SCAND-], *a scaling.*—Only *abl. sing.:* capta escensu munimenta, *by storm,* Ta.

ēsculentus, *adj.* [esca], *fit for eating, good to eat, edible:* frustra.—*Plur. n.* as *subst., food.*

escunt, old for erunt; see sum.

esse, *inf.* of sum. **ēsse**, *inf.* of 1 edo.

essedārius, ī, *m.* [essedum], *a fighter in a war-chariot,* C., Cs.

essedum, ī, *n.,* and (poet.) **esseda**, ōrum [Celtic], *a two-wheeled war-chariot, car* (of Gauls and Britons), Cs., L., V.; sometimes displayed at Rome, C., H., O.

essem, see sum. **ēssēs, ēsset**, see 1 edo.

est, see sum. **ēst, ēstur**, see 1 edo.

ēsuriō, —, ītūrus, īre, *desid.* [1 edo], *to desire to eat, suffer hunger, be hungry, hunger:* esurientibus ceteris: num esuriens fastidis omnia? H.: est spes nos esurituros satis, T.: Nil quod nobis esuriatur, O.: divitiae, quae esurire cogunt, Cu.

ēsurītiō, ōnis, *f.* [esurio], *a hungering, hunger,* Ct.

et, *adv.* and *conj.* **I.** As *adv.,* adding to a fact or thought, *also, too, besides, moreover, likewise, as well, even:* *Ph.* vale. *Pa.* et tu bene vale, T.: 'tu tuom negotium gessisti bene.' Gere et tu tuom bene: et Caelius profectus . . . pervenit, Cs.: et alia acies fundit Sabinos, L.: nam et testimonium saepe dicendum est: qui bellum gesserint, quom et regis inimici essent: id te et nunc rogo: Romulus et ipse arma tollens, L.: amisso et ipse Pacoro, Ta.: spatium non tenent tantum, sed et implent, Ta.—**II.** As *conj., and,* as the simplest connective of words or clauses: cum constemus ex animo et corpore: dixerat et corripiunt spatium, V.: Xerxes et duo Artaxerxes, Macrochir et Mnemon, N.—After a *negat., but:* portūs capere non potuerunt, et infra delatae sunt, Cs.—After an emphatic word: hoc et erit simile, etc. (i. e. et hoc): Danaūm et . . . Ut caderem meruisse manu (i. e. et meruisse ut Danaūm manu caderem), V.: vagus et sinistrā Labitur ripā, H.—Regularly, either *et* introduces the second and each following word or clause, or no connective is used: Alco et Melampus et Tmolus, *Alco, Melampus and Tmo-*

lus: et ipse bonus vir fuit, et multi Epicurei et fuerunt et hodie sunt et in amicitiis fideles et in omni vitā constantes et graves: Signini fuere et Norbani Saticulanique et Fregellani et Lucerini et, etc. (sixteen times), L.: sequebantur C. Carbo, C. Cato, et minime tum quidem Gaius frater, etc. —But the rule is often violated: consulibus, praetoribus, tribunis pl. et nobis . . . negotium dederat: fuere autem C. Duellius P. Decius Mus M. Papirius Q. Publilius et T. Aemilius, L.: abi, quaere et refer, H.: It, redit et narrat, H.—After *multi, plurimi, tot* (where no *conj.* is used in English): multae et magnae Cogitationes, *many great thoughts:* plurima et flagitiosissuma facinora, S.: tot et tantae et tam graves civitates.—Repeated, *both . . . and, as well . . . as, on the one hand . . . on the other, not only . . . but also:* et haec et alia: et in circo et in foro: Iovis Et soror et coniunx, V.: et publice et privatim: et est et semper fuit: et oratio et voluntas et auctoritas, *as well . . . as . . . and.*—The second or last *et* often introduces a climax, *both . . . and in particular:* homo et in aliis causis versatus et in hac multum versatus.—Corresponding with *neque, both . . . and not, both not . . . and:* via et certa neque longa: nec sapienter et me invito facit, *both unwisely and against my protest:* quia et consul aberat nec facile erat, etc., L.—Corresponding with *-que, deinde, tum,* instead of another *et:* et Epaminondas cecinisse dicitur, Themistoclesque, etc.: uti seque et oppidum tradat, S.: tela hastaque et gladius, L.: et in ceteris . . . tum maxime in celeritate: et publicani . . . deinde ex ceteris ordinibus homines.—After a negative, uniting two words or phrases: non errantem et vagam, sed stabilem sententiam: Nec pietate fuit nec bello maior et armis, V.—Uniting two words which form one conception: habere ad Catilinam mandata et litteras: pateris libamus et auro, V.: cernes urbem et promissa Moenia, V.: omnium artium ratio et disciplina, *systematic cultivation:* quam (medicinam) adfert longinquitas et dies, *time:* crescit oratio et facultas (i. e. dicendi facultas): a similitudine et inertiā Gallorum separari, *from resembling their lack of enterprise,* Ta.—Et non, *and not,* instead of neque: patior, iudices, et non moleste fero: exempla quaerimus et ea non antiqua: uti opus intermitteretur et milites contineri non possent, Cs.: pro decore tantum et non pro salute, L.: tantummodo in urbe et non per totam Italiam, S.: me ista curasse et non inrisisse potius, etc.; cf. otioso vero et nihil agenti privato: temere et nullo consilio: heredes sui cuique liberi, et nullum testamentum, Ta.—Adding a general to a special term, or a whole to one or more parts, *and the rest, and all:* Chrysippus et Stoici, *and the Stoics in general:* ad victum et ad vitam: procul ab Syracusis Siciliāque, L.—Adding a special to a general term, or a part to a whole, *and in particular, and especially:* si te et tuas cogitationes et studia perspexeris: tris (navīs) In brevia et Syrtīs urguet, V.: regnum et diadema, H.—Adding an explanation or enlargement of the thought, *and indeed, and in fact, and moreover, and that, and besides:* errabas, Verres, et vehementer errabas: hostis et hostis nimis ferus: cum hostis in Italiā esset, et Hannibal hostis, L.: te enim iam appello, et eā voce, ut, etc.: id, et facile, effici posse, N.: et domi quidem causam amoris habuisti: pictores, et vero etiam poëtae.—Introducing a parenthesis: ad praetorem—et ipse ita iubebat—est deductus, L.—Adding a result after an *imper., and then, and so:* Dic quibus in terris, et eris mihi magnus Apollo, V.—Introducing a strongly contrasted thought, *and yet, and in spite of this, and . . . possibly, but still, but:* et dubitas, quin sensus in morte nullus sit?: animo non deficiam et id perferam: in amicitiā nihil fictum (est), et quicquid est, id est verum.—After an expression of time, introducing a contemporaneous fact, *and, and then, when, as:* haec eodem tempore referebantur, et legati veniebant, Cs.: eādem horā Interamnae fuerat et Romae: simul consul de hostium adventu cognovit, et hostes aderant, S.—Introducing an immediate sequence in time, *and then, when:* Tantum effatus et in verbo vestigia torsit, V.: vixdum ad se pervenisse et audisse, etc., L.—Introducing the second term of a comparison, *as, than, and:* Nunc mihi germanu's pariter animo et corpore, T.: quod aeque promptum est mihi et adversario meo: haudquaquam par gloria sequitur scriptorem et actorem, S.: aliter docti et indocti.—Adversative, *but, yet:* gravis, severus, et saepius misericors, Ta.: magna corpora et tantum ad impetum valida, Ta.

et-enim, *conj.*, adding an independent and emphatic clause, as a reason, explanation, or corroboration, *for, for truly, and indeed, because, since:* etenim iste non audebat, etc.: etenim quid est, quod amplius exspectes?—In tmesi: Et meministis enim, V.—Introducing a parenthesis: legationis princeps est Heius (etenim est primus civitatis), ne forte, etc.—After a word (poet.): Divinare etenim mihi donat Apollo, H.: Tutus bos etenim rura perambulat, H.

etēsiae, ārum, *m.*, = ἐτησίαι, *Etesian winds, trade-winds, N. W. winds which prevail in summer in the eastern parts of the Mediterranean Sea:* venti: etesiis tenebatur, Cs.

ēthologus, *adj.*, = ἠθολόγος, *imitating manners, mocking personal peculiarities:* mimi.

etiam, *adv.* (rarely *conj.*) [et+iam]. **I.** Of time, *now too, yet, as yet, even yet, still, even now:* incertus sum etiam quid sim facturus, T.: cum iste etiam cubaret, introductus est: Invalidus etiamque tremens, etiam inscius aevi, V.: quamdiu etiam, *how much longer:* non dico fortasse etiam quod sentio: cuius iam etiam nomen invitus audio, *to this day.*—Adding a fact or thought, *and also, and furthermore, also, likewise, besides, and as well:* Ad haec mala hoc mihi accedit etiam, T.: Unum etiam donis istis Adicias, V.: caret epulis, caret ergo etiam vinolentiā: quae forsitan alii quoque etiam fecerint: ut in pace semper, sic tum etiam in bello, *then too:* non modo auctoritates, sed etiam imperium.—**II.** Praegn., to introduce a stronger statement, *and even, nay, even:* quae omnes docti summa, quidam etiam sola bona esse dixerunt: satis armati fuerunt, etiam nullis armis datis: civitas improba antea non erat; etiam erat inimica improborum, *nay, rather:* Immo etiam, qui hoc occultari facilius credas dabo, T.—To heighten the force of a comparative, *yet, still:* an quid est etiam amplius? T.: dic etiam clarius: ad Alesiam magna inopia, multo etiam maior ad Avaricum, Cs.—**III.** Meton., in affirmation, *certainly, granted, by all means, yes indeed, yes: Pa.* Nil aliud dicam? *Ba.* etiam, T.: aut etiam, aut non respondere: *An.* Num quid subolet patri? *Ge.* nil etiam, *nothing at all,* T.—*Now, what? pray?:* Etiam caves, ne videat te aliquis? *are you on your guard, pray?* T.: is mihi etiam gloriabitur? etc., *is he going to boast after this?—At once, forthwith, now:* Vide etiam sodes, ut, etc., T.: etiam tu hinc abis? T.—In the phrase, etiam atque etiam, *again and again, constantly, repeatedly, persistently:* etiam atque etiam cogita, T.: etiam atque etiam argumenta cum argumentis comparare: promissa adfirmare, L.: adspice, H.—**IV.** With enclitic particles.—With *dum, hitherto, even till now, still, even yet:* neque etiam dum scit pater, T.: cum poteris igitur (veni), quoniam etiamdum abes.—With *num, still, even yet:* cum tristis hiemps etiamnum saxa Rumperet, V.—With *nunc, yet, till now, still, even now, even to this time, even at this time:* Etiam nunc hic stas? T.: vos cunctamini etiam nunc, quid faciatis? S.: dubitate etiam nunc, si potestis: homo tribunatum etiam nunc spirans, L.: nullo etiam nunc usu rei militaris percepto, *till that time,* Cs.: sparsis etiam nunc pellibus albo, V.—With *si, even if, although, albeit:* Etiam si dudum fuerat ambiguum, Nunc non est, T.: ego etiamsi omnia dixero, nequaquam, etc.: etiam si lex faciat potestatem, tamen existiment, etc.—With *tum, even then, even at the time, till that time, till then, still:* etiam tum patrem in hominum numero putabat: etiamtum Agricola Britanniam obtinebat, Ta.: quod acres sint etiam tum, cum, etc., *even at times when.*—With *tunc, even at that time, even yet:* Hannibalem armis etiam tunc invictum voluptate vicit.

(**etiamdum, etiamnum, etiamnunc, etiamsī, etiamtum**), see etiam IV.

et-sī, *conj.* **I.** Introducing a concession, *though, although, albeit:* Etsi scio ego meum ius esse... ego tamen, etc., T.: etsi non iniquum est, tamen est inusitatum: etsi aliquo accepto detrimento, tamen, etc., Cs.: etsi nihil aliud abstulissetis, tamen oportebat, etc.: etsi priore foedere staretur, satis cautum erat, L.: id etsi antea iam consecratum esset, tamen tum se dare, etc., *although, as he pretended,* etc.: etsi non iniquum certe triste senatūs consultum factum est, L.—**II.** Introducing a correction or limitation, *although, and yet, but, though I know that:* virtutem si unam amiseris—etsi amitti non potest virtus, sed si, etc.

eu, *interj.,* =εὖ, *bravo! well! well done!:* Eu noster, laudo, T.: 'eu!' *that's right,* H.

euāns, see euhans.

eugae (euge), *interj.,* =εὖγε, *bravo! well done! good! hurrah!:* eugae habeo optumam, T.—Ironic.: eugae, iam lepidus vocor, *excellent!* T.

euhāns or **euāns,** antis *P.* (the cry of the Bacchantes), *crying euhan!* Ct., Pr.—Poet. with *acc.:* euhantīs orgia Ducebat Phrygias, *celebrating the rites of Bacchus with the cry euhan!* V.

Euhiās or **Euiās,** adis, *f.,* =εὐιάς, *a Bacchante,* H.

Euhius or **Euius** (not Evius), ī, *m.,* = Εὔιος, *a surname of Bacchus,* C., H.

euhoe or **euoe** (disyl.; not ēvoe), *interj.,* =εὐοῖ, *the cry of revellers at the festivals of Bacchus,* V., H., O., Ct.

Eumenides, um, *f.,* =Εὐμενίδες, *the Furies,* C., H., V.

eunūchus, ī, *m.,* =εὐνοῦχος, *a eunuch,* T., Cs., C., Iu.—*Fem., a comedy of Terence.*

euoe, see euhoe.

eurīpus (-os), ī, *m.,* =εὔριπος, *a channel, strait, narrow sea.*

eurōus, *adj.* [eurus], *eastern, orient:* fluctus, V.

eurus, ī, *m.,* =εὖρος, *the southeast wind,* H.—*Plur.,* V., O.—*The east wind:* Eurus ad Auroram recessit, O.—*Wind:* Rhipaeus, V.

ē-vādō, sī (evāstī, H.), sus, ere, *to go out, come out, go forth:* ex balineis: oppido, S.: undis, V.: in terram, *disembark,* L.—With *acc., to traverse, pass, leave behind:* viam, V.: vada, O.: castra, L.: silvas, Ta.: amnem, Ta.—*To rise, climb, mount, ascend:* ex abditis sedibus: ad summi fastigia culminis, V.: in muros, L.: gradūs altos, *mounted,* V.—*To get away, escape:* ex insidiis: ex fugā, Cs.: e manibus hostium, L.: advorso colle, S.: nostras manūs, *escape,* V.: loca mortis, O.: angustias, L.: pugnae, V.—Fig., *to go out, pass out, get off, come away, escape:* ex corpore: necem, Ph.: illud tempus, Ta.—Esp., *to turn out, become, come to, result, prove to be, end in:* ex istis angustiis ista evaserunt deteriora quam, etc.: oratores:

iuvenis evasit vere indolis regiae, L.: eri lenitas Verebar quorsum evaderet, *would end in*, T.: miramur id, quod somniarimus, evadere? *happen* · ne haec laetitia vana evadat, L.: hucine (beneficia), *end in this*, S.: illaec licentia evadit in aliquid malum, T.: in morbos longos, L.

ē-vagor, ātus, ārī, *dep.*, *to wander forth, march to and fro, manœuvre*: effuse, L.: ad evagandum spatium, *for evolutions*, L.—Fig., *to spread, extend*: qui appetitūs longius evagantur: late vis morbi, L.—With *acc.*: ordinem Rectum, *transgress*, H.

ē-valēscō, luī, —, ere, *inch.*, *to grow strong*: ut quaeque gens evaluerat, Ta.—Fig., *to grow, develop, ripen*: multa secutura quae adusque bellum evalescerent, Ta.: nationis nomen evaluisse, *came into vogue*, Ta.: tempus in suspicionem evaluit, i. e. *was such as to cause*, Ta.—With *infin.*, *to avail*: medicari cuspidis ictum, V.: pervincere sonum, H.

ē-validus, *adj.*, *very strong, mighty*: spina.

ē-vānēscō, nuī, —, ere, *inch.*, *to vanish, pass away, die away, disappear*: (vinum) vetustate, *to become vapid*: Cornua lunae, O.: in tenuem ex oculis evanuit auram, V.—Fig., *to pass away, be forgotten, perish, be wasted*: Ne cum poëtā scriptura evanesceret, T.: sententiae Aristonis evanuerunt: nimiā gloriā ingenium, L.: omnis Herbarum virtus, O.: bella per moras, Ta.

ēvānidus, *adj.* [VAC-], *vanishing, passing away*: pectora, O.: amor, O.

ē-vāstō, āvī, ātus, āre, *to lay utterly waste, devastate*: urbīs, L.: culta evastata sunt bello, L.

ēvēctus, *P.* of eveho.

ē-vehō, vēxī, vēctus, ere, *to carry out, bring forth, convey out, lead forth*: omnia (signa) ex fanis evecta: ex planis locis aquas, L.: incaute se evehentīs excipiebat, *rushing out*, L.—*To carry up*: in collem evehi, L.—*Pass.*, *to be borne forth, move forth, proceed, advance, sail, drift*: evectus effreno equo, L.: freto in Oceanum evectus, *sailed out*, L.: in altum, L.—Fig., *to carry forth, spread abroad, carry away*: e Piraeeo eloquentia evecta est: inter dicendi contentionem inconsultius evectus, L.—*To lift up, raise, elevate*: alqm ad deos, H.: quos evexit ad aethera virtus, V.: ad consulatum, Ta.: in caelum, Iu.

ē-vellō, vellī, volsus or vulsus, ere, *to tear out, pluck out, extract*: linguam Catoni: ferrum, Cs.: arbor, quā evolsā, L.: spinas agro, H.: Pollicibus fauces, O.: emblema, *to tear away*.—Prov.: Caeno plantam, H.—Fig., *to root out, extract, eradicate, erase*: consules ex memoriā: ex animo scrupulum: suspicionem.

ē-veniō, vēnī, ventus, īre, *to come out, come forth*: Merses profundo, pulchrior evenit, H.—Fig., *to fall out, come to pass, happen, befall, betide*: si tibi evenerit quod metuis ne accidat: ut alia Romae eveniat saepe tempestas: ubi pax evenerat, *had been concluded*, S.: ne idem eveniat in meas litteras, *befall*: Genucio ea provincia sorte ēvēnit, *fell to*, L.: tibi hoc incommodum evenisse iter, *has been a hardship*, T.—*Impers.*, *it happens*: ēvēnit, senibus ambobus simul Iter ut esset, T.: forte ēvēnit ut ruri essemus: at tibi contra Evenit, ut, etc., H.—*To proceed, follow, result, turn out, issue, end* (of things): quorsum eventurum hoc siet, T.: ex sententiā, T.: (auspicia) sibi secunda evenerint: cuncta prospera eventura, S.: mihi feliciter: bene, S.: contra ac dicta sint.

ēventum, ī, *n.* [*P. n.* of evenio], *an occurrence, chance, event*: causae eventorum.—*That which befalls, experience, fortune*: te ex nostris eventis communibus admonendum: pendere ex alterius eventis.—*An issue, consequence, result, effect*: consilia eventis ponderare: stultitiae poenam ferre gravius quam eventi.

ēventūra, ōrum, *n.* [*P. n.* of evenio], *that which will happen*: eventura precor, i. e. *my prayers shall be fulfilled*, Tb.

ēventus, ūs, *m.* [ex+BA-], *an occurrence, accident, event, fortune, fate, lot*: fore eos eventūs rerum qui acciderunt: ex eventu navium, Cs.: ducis, V.: qui quosque eventūs exciperent, Cs.: impiorum fratrum, L.: eventūs illos meruisse, O.—*The issue, consequence, result, end*: eventus est alicuius exitus negoti: eventus in incerto erat, S.: ad eventum festinat (poëta), H.: cogitans incertos eventūs valetudinis: certaminum, L.: belli prosper, L.: eius diei, Cs.—Prov.: stultorum magister est, L.—*A success, good-fortune*: atque illi modo cauti prompti post eventum erant, Ta.

ē-verberō, —, —, āre, *to strike violently, beat*: clipeum alis, V.: cineres alis, O.: hastis os, Cu.

ē-vergō, —, —, ere, *to send out, cause to meander forth*: ut montes evergerent rivos, L.

ēverriculum, ī, *n.* [ex + VAR-], *a broom, sweep*.—Only fig.: malitiarum omnium, *drag-net*: huiusce modi (a play on the name of Verres).

ē-verrō, verrī, versus, ere, *to sweep out*.—Fig., *to clean out, strip, plunder*: fanum eversum relinquere: paratus ad everrendam provinciam.

ēversiō, ōnis, *f.* [ex+VERT-], *an overthrowing, subversion*: columnae: rerum p.

ēversor, ōris, *m.* [ex+VERT-], *a subverter, destroyer*: regnorum, V.: rei p.

ēversus. **1.** *P.* of everro.—**2.** *P.* of everto.

ē-vertō or **ēvortō**, tī, sus, ere, *to overturn, upturn, turn upside down*: navem: aequora ventis, V.: aquas, O.: eversas cervicīs tuas abstine, *refrain from twisting your neck*, T.—*To overturn*, *overthrow, upset, throw down:* bustum in foro: statuam: pinum, V.: tecta in dominum, O.—*To turn out, drive out, expel, eject:* pupillum fortunis patriis: hunc funditus bonis.—*To overthrow, subvert, destroy:* urbīs: castellum, H.—Fig., *to overthrow, ruin, subvert, destroy, abolish:* provincias: leges Caesaris: testamenta, iura: everso succurrere saeclo, V.: disciplinam, L.: spem, O.: Crassos, Pompeios, *ruin,* Iu.

ē-vestīgātus, *P., traced out, discovered,* O.

ēvictus, *P.* of evinco.

ē-vidēns, *adj.* with *comp.* and *sup., looking out, obvious, apparent, manifest, plain, clear, evident:* si quid est evidens, de quo inter omnīs conveniat: res, L.: numen, L.: quid est evidentius?: evidentissimum id fuit, quod, etc., L.

ēvidenter, *adv.* [evidens], *evidently, manifestly, obviously:* paenitere, L.

ēvidentia, ae, *f.* [evidens].—In rhet., *distinctness, vivid presentation.*

ē-vigilō, āvī, ātus, āre, *to be wakeful, be vigilant:* in studio.—*To watch over, watch through:* tua consilia quam evigilata cogitationibus, *with what vigilance matured:* nox evigilanda, Tb.: quos (libros) studium evigilavit, i. e. *nocturnal study produced,* O.—*To have done watching:* nobis evigilatum fere est.

ē-vīlēscō, luī, —, ere, *inch., to become vile, grow worthless:* cuius criminationibus eviluissent pericula sua, *had been depreciated,* Ta.

ē-vinciō, nxī, nctus, īre, *to bind up, wind around:* diademate caput, Ta.—Usu. *P. pass.:* evincti bracchia duces, *fettered:* viridi olivā, *garlanded,* V.: Puniceo suras cothurno, V.: vittā crinīs, O.: palmae, *bound with the caestus,* V.

ē-vincō, vīcī, victus, ere, *to overcome, conquer, subdue, vanquish, overwhelm:* evicit omnia miles, L.: lacrimis evicta meis, V.: blandimentis vitae evicta (i. e. ad vivendum), Ta.: evinci ambitu in gaudium, *to be forced,* Ta.: Aeduos, Ta.: somnos, *to resist,* O.: amnis oppositas evicit gurgite moles, V.—*To pass in safety:* remis Charybdin, O.: fretum, O.—Fig., *to prevail over:* solis imago Evicit nubīs, *breaks through,* O.: evincit miseratio superbiam, L.: platanus caelebs Evincet ulmos, *supplant,* H.—*To bring to pass, prevail.* evincunt instando, ut litterae darentur, L.—*To prove, evince:* Si puerilius his ratio esse evincet amare, H.

ēvinctus, *P.* of e-vincio.

ē-virō, āvī, —, āre [ex+vir], *to emasculate:* corpus, Ct.

ē-vīscerō, —, ātus, āre [ex+viscera], *to deprive of entrails, disembowel, eviscerate:* corpus, Enn. ap. C.: columbam pedibus uncis, *mangle,* V.

ēvītābilis, e, *adj.* [1 evito], *avoidable:* telum, O.

1. ē-vītō, āvī, ātus, āre, *to shun, avoid:* meta Evitata rotis, H.: fraxinum, O.: causas suspicionum: tela amictu, Ct.

2. ēvītō, āvī, —, āre [ex+vita], *to deprive of life, kill:* Priamo vi vitam evitari, Enn. ap. C.

(Ēvius), see Euhius.

ēvocātor, ōris, *m.* [evoco], *a summoner, recruiter, one who drums up:* civium perditorum.

ēvocātus, *adj.* [*P.* of evoco], *called out.*—*Plur. m.* as *subst., reënlisted veterans,* Cs., S.

ē-vocō, āvī, ātus, āre, *to call out, call forth, summon, evoke:* te huc foras, T.: milites ex hibernis in expeditionem, S.: virum e curiā, L.: testīs huc: nostros ad pugnam, *challenge,* Cs.: deus evocatus sacratis sibi finibus, *removed by invocation,* L.: animas Orco, V.: centuriones, Cs.: viris fortibus nominatim evocatis, Cs.: alqm litteris: nostros ad pugnam, *challenge,* Cs.: ad arma: ad praedam, Cs.: manīs: alqm ab inferis: proavos sepulchris, O.—Fig., *to call forth, bring out, elicit, stir, raise:* probitas non praemiorum mercedibus evocata: familiam e tenebris in lucem: sic te iis (litteris) evocatam, *appealed to:* (cogitationes) in medium, L.: praedae cupiditas multos longius evocabat, *led on,* Cs.

ē-volgō (-vulgō), āvī, ātus, āre, *to make commonly known, divulge:* civile ius, L.: sic evulgari iussit, laurum additum (esse), etc., Ta.: evolgatus pudor, i. e. *public exposure,* Ta.

ē-volō, āvī, ātus, āre, *to fly out, fly away, fly up:* ex quercu (aquila): sic evolat ales, O.—*To come forth quickly, rush forth, hasten out:* ex omnibus partibus silvae, Cs.: e conspectu: e poenā, *to escape:* rus ex urbe.—Fig., *to escape, fly away, flee:* ii, quorum animi, spretis corporibus, evolant foras. ex istorum insidiis.—*To mount, ascend, rise:* altius, *reach a higher rank:* sic evolavit oratio, ut, etc.

ēvolsiō (ēvul-), ōnis, *f.* [ex+2 VEL-], *a pulling out:* dentis.

ēvolsus, *P.* of evello.

ēvolūtiō, ōnis, *f.* [ex+3 VOL-], *an unrolling:* poëtarum, *reading.*

ēvolūtus, *P.* of evolvo.

ē-volvō, volvī, volūtus, ere, *to roll out, roll forth, unroll, unfold:* amnis . . . in mare evolvendo terram, etc., L.: vestīs tyranni, O.: volumen epistularum: aquas per campos, *to spread,* Cu.: In mare se (Xanthus), *discharge,* V.—*Pass., to glide, creep:* species (anguis) evoluta repente, L.: per humum evolvuntur, Ta.: ad aures militum dicta ferocia evolvebantur, *spread,* L.—Of books, *to unroll, read, peruse, study:* diligenter librum: fastos, H.: poëtas.—*To roll out, spin out:* fusos meos (of the Fates), O.—Fig., *to unfold, make* *clear, disclose, reveal:* animi sui notionem: naturam rerum: seriem fati, O.: haec, *brood over*, V. —*To free, extricate, strip:* me ex his turbis, T.: evolutus integumentis dissimulationis.—*To drive off, repel:* istos ex praedā, L.— *To produce, develop:* exitum criminis: Quae postquam evolvit (deus), O.

ē-vomō, uī, itus, ere, *to spew out, vomit forth:* eas (conchas): partem maris ore, O.— *To spew out, eject, expel, disgorge:* quod (urbs) tantam pestem evomuerit: Faucibus fumum, V.—Fig., *to vent, disgorge:* iram in eos, T.: in me orationem.

ē-vulgō, see evolgo.

ēvulsiō, ēvulsus, see ēvol-.

ex or (only before consonants) **ē**, *praep.* with *abl., out of, from within* (opp. in). **I.** In space, *out of, from:* signa ex urbe tollere: solem e mundo tollere: ex hoc fonticulo tantumdem sumere, H.: ex Aethiopiā Ancillula, T.: ex urbe sicarii: eius ex Africā reditus: ex Hispaniā quidam, Cs.: puer ex aulā, H.—*From, down from, from off:* ex speluncā saxum in crura eius incidisse: equestribus proeliis saepe ex equis desiliunt, *from horseback*, Cs.: cecidisse ex equo dicitur.—*Up from, above, out of:* collis paululum ex planitie editus, Cs.: globum terrae eminentem e mari.—In gen., *from, down from, at, in, upon:* ex cruce Italiam cernere: ex equo pugnare: ex loco superiore conspicatus, etc., Cs.: ex hoc loco verba fecisti: ex vinculis causam dicere, L.—Esp., in adverbial phrases: ex itinere, *on the march, without halting*, S.: ex fugā, *during the flight*, Cs.: portus ex adverso urbi positus, *opposite*, L.: erat e regione oppidi collis, *over against*, Cs.: ex omni parte perfectum, *entirely:* aliquā ex parte incommodis mederi, *in some measure:* impetūs ex maximā parte servorum: e vestigio, *suddenly*.—**II.** In time, of succession, *from, immediately after, directly after, after, following:* Cotta ex consulatu est profectus in Galliam: tanta vilitas annonae ex inopiā consecuta est: ex magnis rupibus nactus planitem, Cs.: Aliam rem ex aliā cogitare, T.: alia ex aliis iniquiora postulando, L.: diem ex die exspectabam, *day after day*.—Of duration, *from . . . onward, from, since, beginning at:* ex eā die ad hanc diem: ex eo die, quo, etc.: ex certo tempore, *after a fixed date:* ex aeterno tempore: Motum ex Metello consule (bellum), H.: octavus annus est, ex quo, etc., *since*, Ta.: Romae vereor ne ex Kal. Ian. magni tumultūs sint, *after*. —With the notion of escape or relief, *from and after, from:* se ex labore reficere, Cs.: ex illo metu mortis recreatus: animus ex miseriis requievit, S.—Esp., in phrases: ex tempore effutire, *off hand, without reflection:* ex meo tempore, *for my convenience:* in quibus (quaestionibus) ex tempore officium quaeritur, *according to circumstances:* ex intervallo consequi, *after a while:* ex tempore aliquo.—**III.** Fig., of the point of departure, *away from, from, out of, of:* amicitiam e vitā tollunt: e fundo eiectus, *dispossessed of:* agro ex hoste capto, L.: ex populo R. bona accipere, S. —Partitive uses, of a whole or class, *of, out of, from among, among:* alia ex hoc quaestu, i. e. *trade*, T.: non orator unus e multis, i. e. *no common:* acerrimus ex omnibus sensibus: ex primo hastato (ordine) legionis, *one of the first division*, Cs.: multum ex ripā colere, Ta.: altitudo puppium ex navibus, Cs.—Of the means, *out of, by means of, with:* ex incommodis Alterius sua ut conparent commoda, T.: ex caede vivunt: largiri ex alieno, L.; cf. ex iure hesterno panem vorent, *dipped in*, T.—Of the origin or source, *from, out of, born of, arising from:* bellorum causae ex rei p. contentione natae: ex pertinaciā oritur seditio: ex animo amicus, *heartily*.—Esp. with verbs of sense, intelligence, etc.: quā re negent, ex me non audies: ut ex amicis acceperam: ex quo intellegere posset: ut ex iis quaeratur: video ex litteris.—Of the material, *of, out of:* statua ex aere facta: (homo) qui ex animo constet et corpore: milites mixti ex conluvione gentium, L.—Of a condition or nature which is changed, *from, out of:* di ex hominibus facti: ex exsule consul: duas ex unā civitate discordia fecerat, L.—Of the cause, *from, through, by, in consequence of, by reason of, on account of:* gravida e Pamphilo, T.: infirmus ex morbo: e viā languere: ex gravitate loci volgari morbos, L.: ex illā ipsā re, *for that very reason:* e quo efficitur, non ut, etc.: ex hac clade atrox ira, L.: ex legato timor, Ta.—*From, after, on account of:* cui postea Africano cognomen ex virtute fuit, S.: nomen ex vitio positum, O.: urbem e suo nomine Romam iussit nominari. —Of measure or rule, *according to, after, in conformity with, in pursuance of, by:* ex aliarum ingeniis me iudicet, T.: dies ex praeceptis tuis actus: ex consuetudine suā, Cs.: e virtute vivere: ex senatūs sententiā: ex sententiā, *satisfactorily*, T.: illum ex artificio comico aestimabat.—Esp., in the phrases, ex re, *according to the fact, to the advantage, to profit:* oratio ex re et ex causā habita: Non ex re istius, *for his good*, T.: garrit Ex re fabellas, *apt*, H.: quid tam e re p. fuit? *for the public benefit:* ex usu, *advantageous:* ex usu quod est, id persequar, T.: rem ex usu Galliae accidisse, Cs.: e re natā, *according to circumstances*, T.—Of manner, mostly in adverb. phrases: res ex libidine magis quam ex vero celebrare, *arbitrarily . . . justly*, S.: dicam ex animo, *outright:* ex composito, *by agreement*, L.: ex facili, *with ease*, Ta.— **IV.** In compounds, ex stands before vowels and *h*, and before *c, p* (except epoto, epotus), *q, s* (except escendere, escensio), *t;* ef (sometimes ec) before *f;* ē before *b, d, g, i* consonant, *l* (except exlex), *m*, *n*, *v*. For exs-, ex- alone is often written (exanguis for exsanguis, etc.).

ex-acerbō, āvī, ātus, āre, *to exasperate*, *irritate*, *provoke:* ut irā exacerbarentur animi, L.: contumeliis hostes, L.

exāctiō, ōnis, *f*. [ex+1 AG-], *a driving out*, *expelling:* (regum).—*A driving*, *conduct*, *supervision:* operum publicorum.—Fig., *a collecting*, *exaction:* pecuniae: earum (pecuniarum), L.: frumenti, Ta.—*A tax*, *tribute*, *impost:* acerbissima capitum atque ostiorum, *poll and hearth tax*.

exāctor, ōris, *m*. [ex+1 AG-], *a driver-out*, *expeller:* regum, L.—Fig., *a demander*, *exactor:* supplici, *an executioner*, L.: promissorum, L.: cum ipse ut exactor circumiret, *overseer*, L.—*A collector of taxes*, *tax-gatherer*, Cs., L.

exāctus, *adj*. with *comp*. [*P*. of exigo], *precise*, *accurate*, *exact:* numerus, L.: fides, O.: morum exactior, O.—*Plur*. *n*. as *subst*.: sociis exacta referre, V.

ex-acuō, uī, ūtus, ere, *to sharpen*, *make pointed:* vallos, V.: spicula, V.—Fig., *to sharpen*, *make keen*, *stimulate*, *excite*, *inflame:* mucronem in nos: ingeni aciem ad bona diligenda: plurimos irā, N.: animos in bella, H.: exacuet sapor palatum, O.

ex-adversum (-vorsum) and **ex-adversus (-vorsus)**, *adv*. and *praep*., *over against*, *opposite*.—As *adv*.: pistrilla, et exadvorsum fabrica, T.: exadvorsum ei loco Tonstrina erat, T.—As *praep*. with *acc*.: exadversus eum locum: exadversum Athenas, N.

exaedificātiō, ōnis, *f*. [exaedifico], *a finishing*, *completing* (of a building).—Fig.: posita in rebus et verbis.

ex-aedificō, āvī, ātus, āre, *to finish building*, *complete*, *erect*, *build*, *construct:* oppidum, Cs.: domos, S.: templa deum, L.: mundum.—Fig., *to finish*, *complete:* opus.

exaequātiō, ōnis, *f*. [exaequo], *a likening*, *uniformity* (of dress, etc.), L.

ex-aequō, āvī, ātus, āre, *to make equal*, *place on a level*, *equal:* se cum inferioribus: tironi sese exaequari sinere, L.: militibus exaequatus cum imperatore labos, S.: iura pretio, i. e. *to sell alike*.—*To equal*, *attain equality with:* facta dictis, *tell worthily*, S.: tetricas Sabinas, O.

exaeresimus, *adj*., = ἐξαιρέσιμος, *that may be taken out*, *to be omitted:* dies, *intercalary*.

ex-aestuō, āvī, ātus, āre, *to boil up*, *foam up*, *ferment:* exaestuat mare, L.: unda ima verticibus, V.: mens irā, V.: ignis (amoris), O.

exaggerātiō, ōnis, *f*. [exaggero].—Only fig., *elevation*, *exaltation:* animi.

ex-aggerō, āvī, ātus, āre, *to heap*, *pile*, *load*, *fill:* planitiem aggestā humo, Cu.: spatium, Cu.—*To heap up*, *accumulate:* fortunas: opes, Ph.—Fig., *to exalt*, *amplify*, *heighten*, *magnify*, *exaggerate:* sextulam suam nimium, i. e. *claim too much:* animus virtutibus exaggeratus: oratio exaggerata: beneficium verbis: virtutem.

exagitātor, ōris, *m*. [exagito], *a severe critic*, *censurer:* rhetorum.

ex-agitō, āvī, ātus, āre, *freq*., *to rouse*, *keep in motion*, *disquiet*, *harass*, *persecute*, *disturb*, *torment*, *vex:* istius iniuriis exagitati: ab Suevis exagitati, Cs.: rem p. seditionibus, S.: di exagitent me, Si, etc., H.: quos egestas exagitabat, S.—*To rail at*, *censure*, *criticise*, *satirize*, *rally:* hi convicio consulis conrepti exagitabantur, Cs.: cum Demosthenes exagitetur ut putidus: exagitabantur omnes eius fraudes.—*To stir up*, *irritate*, *rouse*, *excite*, *stimulate*, *incite:* senatum criminando plebem, S.: disputationibus exagitatus orator: volgum, S.: maerorem: furores corde, Ct.: vis hominis exagitanda, S.: manes, Pr.

ex-albēscō, buī, ere, *inch*., *to turn pale:* metu, Enn. ap. C.: in principiis dicendi.

exālō, see exhalo.

1. exāmen, inis, *n*. [ex+1 AG-], *a multitude flying out*, *swarm:* apium: vesparum, L.: cum prima sui ducent examina reges, V.—*A multitude*, *crowd*, *shoal*, *swarm:* examinibus suis agros operire, L.: iuvenum, H.: servorum.

2. exāmen, inis, *n*. [ex+2 AG-], *the tongue of a balance:* aequato examine lances Sustinet, V.—Fig., *a weighing*, *consideration:* legum, O.

exāminō, āvī, ātus, āre [2 examen], *to weigh:* (aër) tamquam paribus examinatus ponderibus: ad certum pondus, Cs.—Fig., *to weigh*, *ponder*, *consider*, *examine*, *try*, *test:* omnia verborum momentis, non rerum ponderibus: verborum pondera: male verum, H.

exanclō (not -antlō), āvī, ātus, āre, *to exhaust*, *suffer through*, *endure:* tot belli annos, C. poët.: multa, quae corpore exanclata atque animo pertuli!: omnīs labores.

exanguis, see exsanguis.

exanimātiō, ōnis, *f*. [exanimo], *faintness*, *terror:* metum subsequens: in exanimationes incidere.

exanimātus, *P*. of exanimo.

exanimis, e, *adj*. [ex+anima], *lifeless*, *dead:* (columba) Decidit exanimis, V.: ut exanimem labentem ex equo Scipionem vidit, L.: artūs, O.—Fig., *breathless*, *terrified*, *dismayed:* legiones vice unius, *with suspense for the fate of*, etc., L.: Audiit exanimis, V.: metu, H.

exanimō, āvī, ātus, āre [exanimus], *to put out of breath*, *tire*, *fatigue*, *weaken*, *exhaust*.—Only *pass.*: ut cursu milites exanimarentur, Cs.—*To breathe forth*: exiliter verba.—*To deprive of life, kill, wear out*: taxo se, Cs.: volnere exanimari nimio gaudio, L.: circumventi flammā exanimantur, Cs.—F i g., *to deprive of self-possession, terrify, agitate, stun, wear out, dishearten*: me metu, T.: te metūs exanimant iudiciorum: me querelis tuis, H.: avidos funus Exanimat, H.: exanimatus Pamphilus amorem indicat, *out of his wits*, T.: cum exanimatus ipse adcurrit: Troia agmina, V.

exanimus, *adj.* [ex + anima], *lifeless, dead*: iuvenis, V.: strata corpora, *corpses*, L.

(exantlō), see exanclo.

ex-ārdēscō, ārsī, ārsus, ere, *inch.*, *to blaze out, kindle, take fire*: materies facilis ad exardescendum.—F i g., *to be kindled, be inflamed, break out, be exasperated, be provoked, rage*: iracundiā ac stomacho: dolore, Cs.: infestius, L.: Haud secus quam taurus, O.: ad spem libertatis: ad bellum, L.: Talibus dictis in iras, V.: ex quo exardescit amor: ambitio, L.: violentia Turni, V.: importunitas sceleris: altercatio in contentionem animorum exarsit, L.

ex-ārēscō, ruī, —, ere, *inch.*, *to dry up, become dry*: amnes: fontes, Cs.—F i g., *to dry up, wither, perish*: exustus flos siti veteris ubertatis exaruit: vetustate exaruit (opinio).

ex-armō, —, —, āre, *to disarm*: cohortes, Ta.

ex-arō, āvī, ātus, āre, *to plough out, dig up, dig out*: sepulcra: puerum. — *To raise, produce, obtain by tillage, harvest*: tantum labore suo frumenti: decem medimna ex iugero. — F i g., *to mark on tablets with the style, write, note, set down*: prooemium. — *To furrow, wrinkle*: Cum rugis Frontem senectus exaret, H.

ex-asperō, āvī, ātus, āre, *to make rough, roughen*: exasperato fluctibus mari, L.: fretum, O.—F i g., *to irritate, provoke, exasperate*: durati tot malis exasperatique, L.: animos, L.

ex-auctōrō, āvī, ātus, āre, *to discharge from service, release from the military oath*: exercitus velut exauctoratus morte ducis, L.: milites exauctorati, L.: se, i. e. *to quit the service*, L.: exauctorati tribuni, *cashiered*, Ta.

ex-audiō, īvī, ītus, īre, *to hear clearly, distinguish, discern, hear*: voces: sonitum remorum, Cs.: voces mulierum, L.: maximā voce, ut omnes exaudire possint, *audible to all*.—*To hear, perceive, understand, attend to, regard*: multa: Non exauditi sanguis vatis, O.: monitor non exauditus, *unheeded*, H.: exaudi, voltūsque attolle, *give heed*, O. —*To listen to, heed, regard, grant*: preces et vota: dirae exauditae ab omnibus dis, L.

ex-augeō, —, —, ēre, *to increase greatly, confirm*: opinionem mihi animo, T.

exaugurātiō, ōnis, *f.* [exauguro], *a desecrating, profaning*: sacellorum, L.

ex-augurō, —, —, āre, *to desecrate, make profane*: fana sacellaque, L.

ex-caecō, āvī, ātus, āre, *to blind, make blind*: nos.—*To put out of sight*: Flumina excaecata, *lost underground*, O.

excandēscentia, ae, *f.* [excandesco], *kindling wrath, an outbreak of anger*, Cs.

ex-candēscō, duī, —, ere, *inch.*, *to grow hot, kindle*.—F i g.: nisi irā excanduit fortitudo.

ex-cantō, —, ātus, āre, *to charm forth, enchant*: sidera excantata, H.: puellas, Pr.

ex-carnificō, —, ātus, āre, *to tear to pieces, butcher*: me, i. e. *torment*, T.: Anaxarchum.

ex-cavō, —, ātus, āre, *to hollow out*: ex unā gemmā trulla excavata.

ex-cēdō, cessī (excēssis for excēsseris, T.), cessus, ere, *to go out, go forth, depart, retire, withdraw*: abiit, excessit: metu, L.: quoquam ex istoc loco, T.: ex tenebris in lucem: ex itinere, Cs.: acie, Cs.: bello, S.: urbibus, L.: urbem, L.—*To project, reach*: rupes quattuor stadia in altitudinem excedit, Cu.—*To be in excess*: ut nulla pars excederet extra, i. e. *destroy the balance of the whole*. — F i g., *to go out, depart, leave, withdraw, disappear*: animi cum ex corpore excessissent: palmā, *yield the victory*, V.: excessit e vitā, *died*: Quom e medio excessit, T.: excessit quinquagesimo anno, Ta.—Of things: cura ex corde excessit, T.: cognomen memoriā excessit, L. — *To go beyond, exceed, pass, extend, attain, pass over*: postquam excessit ex ephebis, T.: ex pueris: ad patres etiam et ad publicam querimoniam excessit res, L.: insequentia excedunt in eum annum, qui, etc., L.: paululum ad enarrandum, etc., *digress*, L.: eo laudis excedere, quo, etc., *attain such fame*, Ta. — *To surpass, exceed, overtop, tower above*: summam octoginta milium, L.: fidem, *belief*, O.

excellēns, entis, *adj.* with *comp.* and *sup.* [*P.* of excello], *towering, prominent, distinguished, superior, surpassing, excellent*: animus ac virtus: vir virtute: inter tot unus: studium, Cs.: cycnus, *of surpassing beauty*, V.: nihil illo excellentius in vitiis, N.: excellentissima virtus, Cs.

excellenter, *adv.* with *comp.* [excellens], *excellently, exceptionally well*: quae gesta sunt: pronuntiare, N.: se excellentius gerere.

excellentia, ae, *f.* [excellens], *superiority, excellence*: animi.—*Plur.*: (in amicitiā).

excellō (*praes.* excellet, Cu.), —, celsus, ere [2 CEL-], *to be eminent, be superior, surpass, excel*: qui (artifex) excellit: haec (flagitia) quae excellunt, *your most conspicuous crimes*: super ceteros, L.: ceteris: ingenio scientiāque: dignitate principibus: in omni genere artium.

(excelsē), *adv.* [excelsus], *in an elevated tone, loftily.*—Only *comp.:* excelsius dicere.

excelsitās, ātis, *f.* [excelsus], *loftiness, ascendency:* animi.

excelsus, *adj.* with *comp.* and *sup.* [*P.* of excello], *elevated, lofty, high:* locus, T.: mons, Cs.: vertex montis, V.: signum: in excelsiore loco: cornu excelsius, Cs.: mons excelsissimus, Cs.—As *subst. n., a height:* simulacrum in excelso conlocare: ab excelso, O.—Fig., *high, lofty, distinguished, excellent, noble:* te natura excelsum genuit: animus: gloria, Ta.: orator quodam modo excelsior: excelsissima sedes dignitatis.—As *subst. n., an elevated station:* in excelso aetatem agere, S.: excelsa sperare, L.

excēnsiō, see escensio.

exceptiō, ōnis, *f.* [ex+CAP-], *an exception, restriction, limitation:* sine ullā exceptione: imperitare nullis exceptionibus, i. e. *with absolute power,* Ta.: in lege.—Esp., in law, *a limitation* (in a declaration or complaint), C.—*A protest, objection,* C., Ta.

exceptō, āvī, ātus, āre, *freq.* [excipio], *to take out, take up, catch:* barbatulos de piscinā: hos (milites), Cs.: auras, *to snuff up,* V.

exceptus, *P.* of excipio.

ex-cernō, —, crētus, ere, *to sift out, separate, part:* ex captorum numero excreti Saguntini, L.: excreti a matribus haedi, V.

excerpō, psī, ptus, ere [ex+carpo], *to pick out, extract:* semina pomis, H.—Fig., *to pick out, choose, select, gather:* ex ipsis (malis), si quid inesset boni: nomina ex tabulis, L.—*To take out, leave out, except, omit:* eo de numero: me illorum numero, H.: id, quod bonist, T.

excessus, ūs, *m.* [1 CAD-], *a departure, demise:* e vitā: Romuli.—*A digression,* Ta.

excetra, ae, *f., a snake, serpent, dragon,* C. poët.—In reproach, of a woman, L.

excidium (exsci-), ī, *n.* [2 SAC-], *overthrow, demolition, subversion, ruin, destruction:* urbis, L.: Troiae, V.: gentis, Ta.: arces excidio dare, V.: petit urbem excidiis, V.

1. excidō, cidī, —, ere [ex+cado], *to fall out, drop down, fall away:* sol excidisse mihi e mundo videtur: dentīs Excidere videre, H.: mihi Excidit cera, *from my hand,* O.: Palinurus Exciderat puppi, V.: in flumen (sc. e rate), L.: vinclis, *to slip out,* V.: ut cuiusque sors exciderat, *fell out,* L.—Fig., *to fall out, fall away, slip out, escape:* verbum ex ore huius: scelus ore tuo, O.: quod verbum tibi non excidit fortuito: vox per auras Excidit, V.: in vitium libertas excidit, *sinks,* H.—*To pass away, be lost, perish, disappear, be forgotten:* neque verendum est, ne quid excidat: virtus, cum semel excidit, etc., H.: excidit omnis luctus, O.: arcis memoria, L.: animo, V.: mihi ista exciderant, *I had forgotten:* cogitatio, cum mihi excidisset: excidit, ut peterem, etc., i. e. *I forgot,* O.—Of persons, *to be deprived of, lose, miss, forfeit, fail to obtain:* erus uxore excidit, T.: magnis excidit ausis, O.: regno, Cu.

2. excīdō, īdī, īsus, ere [ex+caedo], *to cut out, cut off, hew out, cut down:* arbores, Cs.: excisa arbor: columnas rupibus, V.—*To raze, demolish, lay waste, destroy:* aedīs: Troiam, V.: Sugambros, Ta.—Fig., *to drive out, extirpate, banish:* tempus ex animo: vitium irae, H.: causas bellorum, Ta.

ex-cieō and **ex-ciō**, īvī, ītus and itus, īre, rarely ēre (*imperf.* excībat, L.), *to call out, summon forth, rouse:* consulem ab urbe, L.: animas sepulcris, V.: artifices e Graeciā, Cu.: Antiochum in Graeciam, L.: Volscos ad expugnandam Ardeam, L.: principibus Romam excitis, L.: molem (i. e. tempestatem) in undis, *excite,* V.: sonitu exciti (i. e. e somno), S.: excivit ea caedes Bructeros, Ta.—*To call forth, excite, produce:* molem, i. e. *high waves,* V.: alcui lacrimas, Ta.—Fig., *to rouse, awaken, disturb, excite, frighten, terrify:* excita anus, Enn. ap. C.: dictatorem ex somno, L.: horribili sonitu exciti, S.: conscientia mentem excitam vastabat, S.: concursu pastorum excitus, L.: omnium civitatium vires, Ta.: Hinc aper excītus, O.—*To stir up, excite:* terrorem, L.: tumultum, L.

excindō, see exscindo.

excipiō, cēpī, ceptus, ere [ex+capio]. **I.** *To take out, withdraw:* alqm e mari: clipeum sorti, V.—Fig., *to rescue, release, exempt:* servitute exceptus, L.: nihil libidini exceptum, Ta.—*To except, make an exception, stipulate, reserve:* hosce homines: mentem, cum venderet (servom), H.: de antiquis neminem: cum nominatim lex exciperet, ut liceret, etc.: lex cognatos excipit, ne eis ea potestas mandetur: foedere esse exceptum, quo minus praemia tribuerentur: omnium, exceptis vobis duobus, eloquentissimi: Excepto, quod non simul esses, cetera laetus, H.—**II.** *To take up, catch, receive, capture, take:* sanguinem paterā: se in pedes, i. e. *spring to the ground,* L.: filiorum postremum spiritum ore: tela missa, i. e. *ward off* (with shields), Cs.: (terra) virum exceperit: ambo benigno voltu, L.: reduces, *welcome,* V.: aliquem epulis, Ta.: equitem conlatis signis, *meet,* V.: succiso poplite Gygen, *wound,* V.: speculator exceptus a iuvenibus mulcatur, L.: servos in pabulatione, Cs.: incautum, V.: aprum latitantem, H.: aves, Cu.: exceptus tergo (equi), *seated,* V.: Sucronem in latus, *takes,* i. e. *stabs,* V.—Of places: Priaticus campus eos excepit, *they reached,* L.—*To come next to, follow, succeed:* linguam excipit stomachus: alios alii deinceps, Cs.: porticus excipiebat Arcton, *looked out towards,* H.—Fig., *to take up, catch,* *intercept, obtain, be exposed to, receive, incur, meet:* genus divinationis, quod animus excipit ex divinitate: impetūs gladiorum, Cs.: vim frigorum: fatum, Ta.: praecepta ad excipiendas hominum voluntates, *for taking captive:* invidiam, N.—*To receive, welcome:* excipi clamore: alqm festis vocibus, Ta.: plausu pavidos, V.—Of events, *to befall, overtake, meet:* qui quosque eventūs exciperent, Cs.: quis te casus Excipit, V.: excipit eum lentius spe bellum, L.—*To catch up, take up eagerly, listen to, overhear:* maledicto nihil citius excipitur: sermonem eorum ex servis, L.: rumores: hunc (clamorem), Cs.: alqd comiter, Ta.: adsensu populi excepta vox, L.—*To follow, succeed:* tristem hiemem pestilens aestas excepit, L.: Herculis vitam immortalitas excepisse dicitur: hunc (locutum) Labienus excepit, Cs.: Iuppiter excepit, *replied*, O.—*To succeed to, renew, take up:* memoriam illius viri excipient anni consequentes: ut integri pugnam excipient, L.: gentem, V.

excīsiō, ōnis, *f.* [ex+2 SAC-], *a destroying:* tectorum: urbium.

excīsus, *P.* of 2 excīdō.

excitātus, *adj.* with *comp.* [*P.* of excito], *lively, vehement, excited:* sonus: clamor excitatior, L.: fortuna, *rising.*

excitō, āvī, ātus, āre, *freq.* [excio], *to call out, summon forth, bring out, wake, rouse:* me e somno: sopitum mero regem, Cu.: scuto offenso excitatus vigil, L.: reum consularem, *summon:* testīs ab inferis: cervum latibulis, Ph.—*To raise, stir up:* (vapores) a sole ex aquis excitantur: ventus harenam humo excitavit, S.—*To raise, erect, build, construct, produce, kindle:* vetat sepulcrum e lapide excitari: aras, V.: nova sarmenta culturā excitantur, *are produced:* ignem, Cs.: sopitas ignibus aras (i. e. ignīs sopitos in aris), V.—Fig., *to raise up, comfort, arouse, awaken, excite, incite, stimulate, enliven, inspire:* iacentem animum: animos ad laetitiam: Gallos ad bellum, Cs.: studia ad utilitates nostras: sonus excitat omnis Suspensum, *startles*, V.: hoc maxime ad virtutem excitari putant, *the strongest incentive to virtue*, Cs.—*To appeal to, call upon, cite:* ex annalium monimentis testīs: multos testīs liberalitatis tuae.—*To found, cause, occasion, excite, kindle:* quantum mali ex eā re, T.: quibus fundamentis hae tantae laudes excitatae sint: risūs: iras, V.

excitus and **excītus**, *P.* of excieo and excio.

exclāmātiō, ōnis, *f.* [exclamo].—In rhet., *an exclamation*, C., Ta.

ex-clāmō, āvī, ātus, āre, *to call out, cry aloud, exclaim:* contiones saepe exclamare vidi, *applaud loudly:* illa exclamat, 'minume gentium,' T.: Latine exclamat nostros frustra pugnare, S.: exclamavisse, ut bono essent animo, etc.: ut equites desilirent, L.: Ciceronem exclamavit.

exclūdō, sī (exclūstī for exclūsistī, T.), sus, ere [ex+claudo], *to shut out, exclude, cut off, remove, separate:* aliquem e portu: ab re frumentariā Romanos, Cs.: Capua impios civīs exclusit: laurea Excludet ictūs (solis), H.: locum, L.: ego Excludor, ille recipitur, T.: amator Exclusus, H.: alqm colloquio, L.—*To hatch:* ex ovis pullos.—Fig., *to exclude, except, remove, hinder, prevent:* trīs legatos decernit, nec excludit Pompeium: illum a re p.: anni tempore a navigatione excludi, Cs.: reditu in Asiam excludi, N.: angustiis temporis excluduntur omnes: diei tempore exclusus, Cs.: vitia, *to render impossible:* eorum cupiditatem: excludat iurgia finis, H.

exclūsiō, ōnis, *f.* [ex+CLAV-], *a shutting out, exclusion*, T.

exclūsus, *P.* of excludo.

excoctus, *P.* of excoquo.

excōgitātiō, ōnis, *f.* [excogito], *a thinking out, contriving, inventing:* excogitationem non habent difficilem, *may be thought out without difficulty.*

excōgitātus, *P.* of excogito.

ex-cōgitō, āvī, ātus, āre, *to think out, contrive, devise, invent:* nihil contra rem p.: quid mali aut sceleris excogitari potest, etc.: ad haec: multa ad avaritiam excogitabantur, Cs.: in rebus excogitandis, N.: excogitatum est a quibusdam ut, etc., N.: excogitat acute, quid decernat.

ex-colō, coluī, cultus, ere, *to cultivate, improve, ennoble, refine, perfect:* omni vitā atque victu excultus: excultus doctrinā: lanes rudes, O.: regio ad luxum exculta, Cu.: vitam per artes, V.: orationem, Ta.—*To worship, honor:* deos, Ph.: te ipsum, O.

ex-coquō, cōxī, coctus, ere, *to boil out, melt out, dry up:* Tam excoctam (ancillam) reddam, *dried up*, T.: ignis vitium metallis excoquit, O.: omne per ignīs vitium, V.: ferrum, quod excoquit ignis, *tempers*, O.

excors, cordis, *adj.* [ex+cor], *without intelligence, without understanding, senseless, silly, stupid:* anus: hoc qui non videt, excors est: admodum: turpis et excors, H.

excrēmentum, ī, *n.* [ex+2 CER-], *an excretion:* oris aut narium, Ta.

ex-crēscō, —, —, ere, *to grow up:* in hos artūs, Ta.: haedi, V.

excrētus, *P.* of excerno.

ex-cruciō, āvī, ātus, āre, *to torment, torture, rack, plague:* servos fame, Cs.: vinculis excruciatum necare: ipsos crudeliter, Cs.—Fig., *to distress, afflict, harass, trouble, vex, torment:* meae me miseriae excruciant: honore Mari excruciatus, S.: me excruciat animi, T.: excrucior, *am in torment*, Ct.

excubiae, ārum, *f.* [ex+CVB-], *a lying out on guard, watching, keeping watch:* cuius excubias et custodias mei capitis cognovi: vigilum canum Tristes, H.—*A watch, watchmen:* vigilum excubiis obsidere portas, V.: divōm aeternae, V.

excubitor, ōris, *m.* [ex+CVB-], *a watchman, guard, sentinel:* (castella) excubitoribus tenebantur, Cs.

ex-cubō, buī, bitum, āre, *to lie out of doors, camp out:* in agro. — *To lie out on guard, keep watch, watch:* pro castris, Cs.: ad mare, Cs.: per muros, V.: excubitum in portas cohortīs mittere, S.: (Cupido Chiae) Pulchris excubat in genis, *lurks*, H.—Fig., *to watch, be watchful, be vigilant, be on the alert:* ad opus, Cs.: in navibus, Cs.: animo: pro aliquo.

ex-cūdō, dī, sus, ere, *to strike out, hammer out:* silici scintillam, V. — *To hatch out:* pullos ex ovis. — *To forge, mould:* spirantia aera, V.: gladios, Iu.—*To prepare, make:* ceras, V.—Fig., *to compose:* alqd: librum, Ta.

exculcō, —, —, āre [ex+calco], *to tread down, stamp firm*, Cs.

excultus, *P.* of excolo.

ex-currō, cucurrī or currī, cursus, ere, *to run out, run forth, hasten forwards:* excurrat aliquis, qui hoc nuntiet: ad me: in Pompeianum, *make an excursion:* excurso spatio, *traversed*, T.—Esp. in war, *to sally forth, make an incursion:* in finīs Romanos, L.: ex Africā.—*To go forth, issue forth:* animi spretis corporibus excurrunt foras.—*To run out, project, extend:* ab intimo sinu paeninsula excurrit, L.: (Sicania) in aequora, O.—Fig., *to run, spread, extend, display itself:* campus, in quo excurrere virtus posset: cum sententiā pariter, *keep pace with:* ne oratio excurrat longius, *be prolix.*

excursiō, ōnis, *f.* [1 CEL-], *a running out, running forth.* (oratoris) moderata eaque rara, i. e. *a stepping forwards.* — *A sally, excursion, inroad, invasion, expedition:* equitatūs: ex oppido, Cs.: finīs ab excursionibus tueri: oram infestam excursionibus facere, L.—Fig., *an outset, opening:* prima orationis.

excursor, ōris, *m.* [1 CEL-], *a skirmisher, scout, spy:* istius.

1. **excursus**, *P.* of excurro.

2. **excursus**, ūs, *m.* [1 CEL-], *a running out, running forth, excursion:* excursūsque brevīs temptant (apes), V.—*A sally, charge, inroad, invasion:* militum, Cs.: subiti, Ta.

excūsābilis, e, *adj.* [excuso], *that may be excused, excusable:* delicti pars, O.

(**excūsātē**), *adv.* [excuso], *without blame.*—Only *comp.:* excusatius excipere, Ta.

excūsātiō, ōnis, *f.* [excuso], *an excusing, excuse:* turpis: iusta: Aeduis dat veniam excusationemque accipit, Cs.: iniuriae: Pompei, Cs.: excusatio Sulpici legationis obeundae, *a declining:* aetatis: valetudinis: excusatio, quā usus es, cur, etc.: ulla, quo minus adesset, etc.: habent excusationem legitimam, exsili causā solum vertisse.

excūsō, āvī, ātus, āre [ex+*causo; 1 CAV-]. —With *pers. obj., to excuse, make an excuse for:* Atticae me: se de consilio, Cs.: me apud Apuleium: ut excuser morbi causā: si iudex excusetur Areopagites esse, *pleads as his excuse:* dixi, cur excusatus abirem, H.: Titium excusavit, quod, etc.: cognatione Licini se, L.: verba excusantia, *apologies*, O.—*To excuse, apologize for:* Varroni tarditatem litterarum: missos ignīs, O.—*To allege in excuse, plead, excuse oneself with:* propinquitatem: inopiam, Cs.: verba excusandae valetudini solita, L.: Philippo laborem, H.—*To decline, refuse, excuse the refusal of:* reditum Agrippinae ob hiemem, Ta.: in cognitionibus se (iudices), Ta.: alcui rei excusari, *to be relieved of*, Ta.

excussus, *adj.* [*P.* of excutio], *stretched out, stiff:* lacertus, O.

excutiō, cussī, cussus, ere [ex + quatio], *to shake out, shake off, cast out, drive out, send forth:* (litteris) in terram excussis, *shaken out:* equus excussit equitem, *threw off*, L.: Excutimur cursu, V.: lectis utrumque, H.: gladiis missilia, *parry*, Ta.: excussos laxare rudentīs, *uncoil and let out*, V.: ignem de crinibus, *shake off*, O.: si excutitur Chloë, *be cast off*, H.: alqm patriā, V.: me domo, *take myself off*, T.: comantīs cervice toros, *shake*, V.: excussaque bracchia iacto, *tossed*, O.: lacrumas mihi, T.: sudorem, N.: excutior somno, *am roused*, V.—*To project, throw:* tela, Ta.: glandem, L.: facinus ab ore, i. e. *the poisoned cup*, O.—*To shake out, search:* te. — Fig., *to shake out, shake off, force away, discard, remove, wrest, extort:* omnīs istorum delicias: aculeos orationis meae: corde metum, O.: excussa pectore Iuno est, V.: (negotiis) Excussus propriis, H.: risum sibi, *excite*, H.: foedus, *reject*, V. — *To search, examine, investigate, scrutinize:* illud excutiendum est, ut sciatur, etc.: freta, O.: puellas, O.: quae delata essent, Cu.

exec-, see exsec-.

ex-edō, ēdī, ēsus, ere, *to eat up, consume, devour:* tibi omne est exedendum, i. e. *take the consequences*, T.—*To prey upon, consume, destroy:* alquem adsidue, *consume the property of*, T.: id vis aliqua exedet: urbem, V.: Exesa rubigine pila, V.: exesis partibus versiculorum, *erased:* exesae arboris antrum, *hollow*, V.—Fig., *to consume, corrode:* aegritudo exest animum: cura medullas, Ct.

exedra, ae, *f.*, = ἐξέδρα, *a hall furnished with seats, parlor.*

exedrium (**exhe-**), ī, *n.*, = ἐξέδριον, *a sitting-room, parlor:* exedria nova in porticulā.

exemplar, āris, *n.* [exemplum], *a transcript, copy:* (libri).—*An image, likeness:* sui.—*A pattern, model, exemplar, original, example:* ad imitandum mihi propositum: antiquae religionis: vitiis imitabile, H.—*Plur.:* Graeca, H.

exemplum, ī, *n.* [EM-], *a sample, specimen:* hominum exempla, i. e. *representatives of the race,* O.—*An imitation, image, portrait, draught, transcript, copy:* earum (litterarum), S.: epistulae.—*A pattern, model, original, example, precedent, incident, case:* simulacrum ab animali exemplo transfertur: litterarum, *a draft:* exempla ad imitandum: naturae et veritatis: Ex hoc numero (amicorum) nobis exempla sumenda sunt: vir exempli recti: in oculis exemplum erat Fabius, L.: exemplum a me petere, L.: qui exemplum et rectores habebantur, Ta.: spinas Traxit in exemplum, O.: habuerunt virtutes spatium exemplorum, i. e. *room to show themselves,* Ta.: quasi exempli causā, *as an example:* sequimur exempla deorum, O.: sententiae exemplo haud salubres, i. e. *by becoming a precedent,* L.: mala exempla ex rebus bonis orta sunt, S.: illo exemplo confirmat, etc., *by that instance:* Venit in exemplum furor, *served as a lesson,* O.: exempli causā paucos nominavi, *for example's sake:* exempli gratiā.—*A warning example, warning, lesson, penalty:* Exemplum statuite in me, ut, etc., T.: simile severitatis tuae: in eos omnia exempla cruciatūsque edere, Cs.: ea in civitatem exempli edendi facultas, L.: in eum indigna, T.: esse in exemplo, *to serve as a warning,* O.—*A way, manner, kind, nature:* more et exemplo populi R. iter dare, Cs.: eodem exemplo quo, L.: exemplo nubis aquosae Fertur, *after the manner of,* O.—*A tenor, purport, contents:* litterae uno exemplo: scribere bis eodem exemplo: hoc exemplo, *as follows.*

exēmptus, *P.* of eximo.

ex-eō, iī (exīt, V.; exīsse, C.), itus, īre, *to go out, go forth, go away, depart, withdraw, retire:* ex oppido, Cs.: e patriā: ab Thaide, *from the house of,* T.: ad me, i. e. *to visit me,* T.: ab urbe, L.: domo eius: in provinciam, Cs.: in terram: Exit ad caelum Arbos, *rises,* V.: colles exire videntur, O.: de vitā: e vitā tamquam e theatro: limen, *pass,* T.: Avernas vallīs, O.—Of lots, *to fall out, be drawn:* cum de consularibus mea prima sors exisset.—*To march out:* de tertiā vigiliā, Cs.: ad pugnam, V.: ex Italiā ad bellum civile: praedatum in agros, L.: non posse clam exiri, Cs.—*To flow, gush, pour forth:* exire cruorem Passa, O.: saxo exit ab imo Rivus, O.—Fig., *to go out, escape, be freed:* ex potestate, i. e. *to lose self-possession:* de consilio, de mente: aere alieno: modum, *to exceed,* O.—In time, *to run out, end, expire:* quinto anno exeunte: indutiarum dies exierat, L.—*To pass away, perish:* memoriā, L.—*To go forth, issue, turn out, result:* currente rotā cur urceus exit? H.—*To go out, become public:* libri ita exierunt: fama exiit, N.—*To go out of the way of, avoid, evade, ward off:* tela oculis, V.: vim viribus, *to repel force with force,* V.

exequiae, exequor, see exseq-.

exerceō, uī, itus, ēre [ex+arceo], *to drive, keep busy, keep at work, oversee, work, agitate:* tauros, V.: te exercebo hodie, *keep agoing,* T.: (Maeandros) Incertas exercet aquas, O.: vomere collīs, V.: rura bubus, H.: humum in messem, V.: agros, Ta.: telas (aranea), O.: arva exercenda, Ta.: undas Exercet Auster, H.: diem, i. e. *employ in labor,* V.—Fig., *to engage busily, occupy, employ, exercise, train, discipline:* quid te exercuit Pammenes? copias, Cs.: exercendae memoriae gratiā: in bello alqm: in gramineis membra palaestris, V.: vocem et virīs in hoc: Litibus linguas, O.: exerceri in venando: se in his dictionibus: se genere venationis, Cs.: cui (Iovi) se exercebit, *in whose honor:* ceteris in campo exercentibus: exercendi consuetudo, *of exercising ourselves:* pueros exercendi causā producere, L.—*To practise, follow, exercise, employ oneself about, make use of, ply:* medicinae exercendae causā: artem, H.: palaestras, V.: arma, V.: vanos in aëra morsūs, O.: acies puериles, *mock fights,* Iu.—*To follow up, follow out, prosecute, carry into effect, practise, administer:* iudicium: latam legem, L.: imperia, V.: cum illo inimicitias, S.: odium in prole, O.: facilitatem animi: avaritiam in socios, L.: acerrume victoriam nobilitatis in plebem, S.: foede victoriam in captis, L.: odium, O.: pacem et hymenaeos, *solemnize,* V.—*To disturb, disquiet, vex, plague:* me vehementer: te exercent numinis irae, V.: animos hominum, S.: simultates et exercuerunt eum et ipse exercuit eas, L.: toto exerceor anno, O.: curis exercita corpora, O.

exerciō, see exsarcio.

exercitātiō, ōnis, *f.* [exercito], *exercise, practice, training, discipline, experience:* corpora exercitatione recalescunt: incredibilis in armis, Cs.: factum est superiorum pugnarum exercitatione, ut, etc., Cs.: dicendi: (opus) eget exercitatione.—*Plur.:* virtutum.

exercitātus, *adj.* with *comp.* and *sup.* [exercito; *freq.* of exerceo], *well exercised, practised, versed, trained, experienced, disciplined:* ad hanc rem, T.: in re militari: superioribus proeliis, Cs.: exercitatiores ad bene promerendum: in re p. quis exercitatior?: in maritimis rebus exercitatissimi.—*Troubled, disturbed, worried:* curis animus: Syrtes noto, H.

exercitium, ī, *n.* [exerceo], *training, exercise:* equitum, Ta.

1. exercitus, *adj.* [*P.* of exerceo], *disciplined,*

experienced, versed: miles: ad omne flagitium, Ta.: consuetudine velare odium, Ta.: militiā, Ta.: eloquentia, *of a practised speaker*, Ta. —*Vexed, harassed:* omnibus iniquitatibus. —*Vexatious, severe:* quid magis exercitum.

2. exercitus, ūs (*dat.* ū, Cs., L.; *gen. plur.* tūm, L.) [exerceo], *a disciplined body of men, army:* terrestris, L.: tiro, L.: pedester, N.: exercitum dimittere, T.: comparare: parare, S.: scribere, L.: contrahere, Cs.: ducere: eum exercitu venit: exercitum equitatumque castris continuit, *infantry*, Cs.: exercitūs conveniunt, S.—*A multitude, host, swarm, flock:* corvorum, V.

exerō, exertō, see exser-.

exēsus, *P.* of exedo. **ex-futūō**, see effutus.

exhālātiō, ōnis, *f.* [exhalo], *an exhalation, vapor:* exhalationes terrae.

ex-hālō (exālō), āvī, ātus, āre, *to breathe out, exhale, evaporate:* nebulam, fumos, V.: edormi crapulam et exhala, i. e. *get sober:* animam, *die*, O.: vitam, V.: Hic illic exhalantes, *expiring*, O.: (aura) de gelidis exhalat vallibus, *rises*, O.

ex-hauriō, hausī, haustus, īre, *to draw out, empty, exhaust:* sentinam: vinum, *drink up:* exhausto ubere, V.—*To draw out, make empty, exhaust:* terram manibus: humum ligonibus, H.: aerarium: exhaustā paene pharetrā, O.: exhaustis tectis, *pillaged*, L.: reliquom spiritum, *destroy:* sumptu exhauriri, *impoverished:* Quo magis exhaustae fuerint (apes), V.: socios commeatibus, L.: facultates patriae, N.—Fig., *to take away, remove:* partem ex tuis (laudibus): sibi manu vitam: exhausta vis aeris alieni est, *cleared off*, L.—*To exhaust, bring to an end:* ut (amor) exhauriri nullā posset iniuriā: (multa) sermone, i. e. *to discuss thoroughly:* deinde exhauriri mea mandata, *be fulfilled:* labores, *endure*, L.: pericula, V.: labor Cui numquam exhausti satis est, i. e. *never finished*, V.: poenarum exhaustum satis est, *inflicted*, V.: Plus tamen exhausto superest, *more than has been done*, O.: exhaustus cliens, *worn out*, Iu.: inter labores exhausti, L.

exhaustus, *P.* of exhaurio.

exhedrium, see exedrium.

exhērēdō, āvī, ātus, āre [exheres], *to disinherit:* fratrem: filium.

ex-hērēs, ēdis, *adj.*, *disinherited:* paternorum bonorum filius.

exhibeō (exib-), uī, itus, ēre [ex+habeo], *to hold forth, tender, present, deliver, give up, produce:* omnia sibi integra: librarium legum: servum: toros, i. e. *furnish*, O.: testem, Cu. — *To show, display, exhibit:* gemino praesignia tempora cornu, O.: se alcui nudas, O.: linguam paternam, i. e. *use the language of her father*, O.: quorum virtus exhibet solidum decus, *proves*, Ph.: vias tutas, i. e. *render*, O.: quid me putas populo nostro exhibiturum? *what show shall I make?:* formam removit anilem, Palladaque exhibuit, *revealed*, O.—*To exhibit, employ, occasion, cause:* mihi molestiam.

ex-hilarātus, *adj.*, *cheerful, merry.*

ex-horreō, uī, —, ēre, *to tremble before, shudder at, dread:* mortem, Iu.

exhorrēscō, ruī, —, ere, *inch.* [exhorreo], *to tremble, shudder, be terrified:* in alquo: metu: aequoris instar, O.: voltūs amicos, *dread*, V.

exhortātiō, ōnis, *f.* [exhortor], *an exhortation, encouragement:* mutua, Ta.: ducum, Ta.—*Plur.*, Ta.

ex-hortor, ātus, ārī, *dep.*, *to exhort, encourage:* civīs in hostem, O.: sese in arma, V.: Maternum, ut converteret, etc., Ta.

exibeō, see exhib-. **exicō**, see exseco.

exigō, ēgī, āctus, ere [ex+ago], *to drive out, push forth, thrust out, take out, expel:* reges ex civitate: hostem e campo, L.: post reges exactos: easdem (uxores), *divorce*, T.: suam (uxorem), *turn out of the house:* exigit Hebrus aquas, *pours into the sea*, O.: exactum ensem Fregit, *by the thrust*, O.: ensem per medium iuvenem, V.: (hasta) Cervice exacta est, *passed through*, O.—*To drive away, hiss off* (the stage): (fabulae) exigendae vobis, T. —*To require, enforce, exact, demand, collect:* ad pecunias exigendas legatos misimus: acerbissime pecuniae exigebantur: nomina sua: peditum numerum a civitatibus, Cs.: viam, *demand the construction of:* auspiciorum adhuc fides exigitur, *further confirmation*, Ta.—*To export:* agrorum fructūs, L.—*To set right:* ad perpendiculum columnas, *set precisely upright.*—Fig., *to require, demand, claim, exact, insist:* magis quam rogare: a teste veritatem: ius iurandum, L.: Has exegit gloria poenas, *has cost*, Iu.: de volnere poenas, O.: a violatoribus piacula, L.: ex te ut responderes: id ipsum, ut pereat, O.: a quoquam ne peieret, Iu.: in exigendo non acerbus.—Of time, *to lead, spend, pass, complete, finish, close:* cum maerore graviorem vitam, S.: exactā aetate mori, *after a long life:* hanc saepe exactā aetate usurpasse vocem, *in old age*, L.: per exactos annos, *at the end of every year*, H.: tribus exactis ubi quarta accesserit aestas, V.: spatiis exegit quattuor annum, O.—*To conduct, superintend:* aedīs privatas velut publicum opus, L.—*To bring to an end, conclude, finish, complete:* monumentum, H.: opus, O.: His demum exactis, V.—*To determine, ascertain, find out:* sociisque exacta referre, *discoveries*, V.: Non prius exactā ratione saporum, *before he has ascertained*, H.: non tamen exactum, quid agat, O.—*To weigh, try, prove, measure, examine, adjust, estimate, consider:* ad vestras leges, quae Lacedaemone fiunt, *estimate by the standard of*, etc., L.: cultu ad luxuriam exacto, *directed*, Cu.: ad caelestia ritūs humanos, O.—*To consider, deliberate on, take counsel upon:* tempus secum, V.: talia secum, O.: non satis exactum, quid agam.

exiguē, *adv.* [exiguus], *shortly, slightly, scantily, sparingly, exactingly, barely, meagrely:* nimis exigue ad calculos revocare amicitiam: Praebent sumptum, T.: frumentum exigue dierum XXX habere, Cs.: epistula scripta.

exiguitās, ātis, *f.* [exiguus], *scantiness, smallness, littleness, shortness, insufficiency, scarcity:* copias propter exiguitatem non facile diduci, Cs.: castrorum, Cs.: temporis, Cs.

exiguus, *adj.* with *sup.* [2 AG-], *strict, exact, scanty, small, little, petty, short, poor, mean, inadequate, inconsiderable, paltry:* cor: me Corporis exigui, etc., H.: mus, V.: oratorem in exiguum gyrum compellitis: finis, H.: castra, Cs.: toga, H.: elegi, H.: copiae amicorum: cibus, Iu.: facultates, Cs.: census, H.: pulvis, *a little*, H.: pars aestatis, Cs.: laus: nec ulli Exiguus populo est (locus), *too small for*, O.: pars exiguissima, O.—As *subst. n., a little, trifle:* exiguum campi ante castra erat, L.: exiguo adsueta iuventus, V.: temporis, O.: deterere exiguis aliquid, i. e. *the remnant*, Iu.

exīlis, e, *adj.* [for *exigilis; 2 AG-], *strict, narrow, thin, slender, lank, small, meagre, poor:* cor: femur, H.: legiones, *incomplete:* digiti, O.—Fig., *thin, poor:* solum.—*Cheerless, comfortless:* domus, H.—*Worthless, insincere:* plausūs.—*Meagre, dry, inadequate:* genus sermonis: (dicta) de virtutis vi.

exīlitās, ātis, *f.* [exilis], *thinness, meagreness, weakness, poorness:* in dicendo.

exīliter, *adv., thinly, meagrely:* verba exanimata: annales scripti: ad calculos revocare amicitiam, *illiberally.*

exilium, see exsilium. **exim**, see exin:

eximiē, *adv.* [eximius], *exceedingly, very much, uncommonly, excellently:* Plotium dilexit: cenare, Iu.: polliceri omnia, L.

eximius, *adj.* [EM-], *taken out, excepted, exempt:* eximium neminem habere, *none who is an exception*, T.: te illi unum eximium, cui consuleret, fuisse.—*Select, choice, distinguished, extraordinary, uncommon, excellent:* ius nostrae civitatis: Pompei virtus: mulier facie: opinio virtutis, Cs.

eximō, ēmī, ēmptus, ere [ex+emo], *to take out, take away, remove:* exempta spinis de pluribus una? H.: ex reis eximi: Phraaten numero beatorum, H.—*To free, release, deliver:* te inde, *let you off*, T.: eum e vinculis: adventu fratris obsidione eximitur, L.—Fig., *to take away, remove, banish:* diem ex mense: ex rerum naturā benevolentiae coniunctionem: mihi atras curas, H.: eam religionem (augures), L.: exempta fames epulis, V.—*To except, make an exception of:* alqm: si maiestatis quaestio eximeretur, Ta.—*To free, release, deliver:* alios ex culpā: se crimine, L.: rem miraculo, L.: Syracusas in libertatem, L.: alqm morti, Ta.: de proscriptorum numero, N.: agrum de vectigalibus, *exempt.*—Of time, *to consume, waste, lose:* horam in cive liberando: diem dicendo, O.: calumniā dicendi tempus.

exin or (old and late) **exim** [for exinde], *adv.* —In place, *thence, after that, next in order, next:* (mare) . . . exin aër: exim ventum Elephantinen, Ta.—*After that, thereafter, then:* Exin compellare pater me voce videtur, Enn. ap. C.—*Then, next, furthermore:* inceditque animum: Exin bella memorat, V.: primum . . . exim, Ta.

ex-ināniō, īvī, ītus, īre, *to empty, make empty, desolate:* navem: domos: civitates, Cs.: gentibus exinanitis.

ex-inde, *adv., after that, thereafter, then:* ad Mundam exinde castra mota, L., V.—*After that, next, furthermore:* praetores exinde facti, L.

exīsse, *inf. perf.* of exeo.

(**exīstimantēs**), ium, *m.* [*P. plur.* of existimo], *critics, critical judges.*

exīstimātiō (exīstum-), ōnis, *f.* [existimo], *a judging, judgment, opinion, supposition, decision, estimate, verdict:* vostra, T.: praetoris: omnium, Cs.: tacita: est quidem ista vestra existimatio, sed iudicium certe parentis, *that is your opinion, but the father is the proper judge:* non militis de imperatore existimationem esse, sed populi R., etc.—*Reputation, good name, honor, character:* bonae existimationis causā: homo sine existimatione: offensa nostrae ordinis: hominum, *regard:* ad debitorum tuendam existimationem, i. e. *credit*, Cs.: alcuius existimationi consulere.

exīstimātor (exīstum-), ōris, *m.* [existimo], *a judge, critic:* ut existimatores loqui: iniustus rerum: metuendus.

exīstimō or **exīstumō**, āvī, ātus, āre [ex+aestimo], *to value, estimate, reckon:* vita tanti existimata: magni operam eius, N.—*To appreciate, value, esteem, judge, consider, suppose, think, expect:* vitae consuetudinem, *pass judgment on*, T.: alqd nullo modo: eum avarum: se parem armis, S.: Fulcinius honestus existimatus est: se minus timidos existimari velle, Cs.: utcunque (haec) existimata erunt, L.: quem ad modum existimes, vide, *your habits of thought:* te non existimas conflagraturum?: praecavendum existimabat, Cs.: disciplina in Galliam translata esse existimatur, Cs.: ita intellegimus volgo existimari: Quanto labore partum, T.: facta an dicta pluris sint, S.: utrum . . . an . . . existimari non poterat, *be determined*, Cs.: de alquā causā, L.: quid de imperatoribus existiment: aliter de sapiente, quin, etc.: existimari de ingeniis eorum potest, *an estimate may be formed:* in hostium numero existimari, *be regarded as an enemy.*

existō, see exsisto.

exitiābilis, e, *adj.* [exitium], *destructive, fatal, deadly:* bellum civibus: tyrannus, L.: telum, O.: in suos animus, Ta.

exitiālis, e, *adj.* [exitium], *destructive, fatal, deadly:* exitūs: litterae, L.: donum, V.

exitiōsus, *adj.* with *comp.* [exitium], *destructive, pernicious, deadly:* coniuratio: quod exitiosum fore videbam: rei p. exitiosior, Ta.

exitium, ī (*gen. plur.* exitiūm, Enn. ap. C.), *n.* [ex+1 I-], *destruction, ruin, hurt, mischief:* dignum factis (tuis), T.: urbis: vitae, *end*, S.: Unius miseri, V.: omnibus meis exitio fuero, *the cause of ruin*, O.: Exitio dedi Thoona, O.: Exitium superabat opem, *destructive power*, O.: Exitium est avidum mare nautis, H.: civitatum adflictarum extremi exitiorum exitūs: res Exitiis positura modum, V.

1. exitus, *P.* of exeo.

2. exitus, ūs, *m.* [ex+1 I-], *a going out, going forth, egress, departure:* omni exitu interclusi, Cs.: hominum exitūs adservare, Cs.: ne exitus inclusis ab urbe esset, L.—*A way of egress, outlet, passage:* angustus portarum, Cs.: de multis nullus, Iu.: insula exitūs maritimos habet: septem e domo, L.—Fig., *a way out, end, close, conclusion, termination:* orationis: adducta ex exitum quaestio est: magnarum initia rerum facilem exitum habuerunt, Cs.: casūs habent in exitu similīs (verba): Hinc omne principium, huc refer exitum, H.: in exitu iam annus erat, L.: oppugnationis, Cs.: fabulae, *catastrophe:* vitae, N.: tristīs exitūs habuit consulatus: causae, quae plurimos exitūs dant ad eius modi degressionem, i. e. *opportunities.* —*End of life, end, death:* Caesaris: hic exitus illum tulit, etc., V.: saevus, Iu.: bonos exitūs habere.—*A means, method, way, device, solution:* exitus ab utroque datur regi: defensionis.—*An issue, result, event:* incertus belli: huius diei: de exitu rerum sentire, Cs.: futuri temporis, H.: spei, *accomplishment*, L.: sine exitu esse, *without result*, L.: ingens, V.: meliores habere exitūs: (fortuna) Belli secundos reddidit exitūs, H.—Prov.: Exitus acta probat, *the event justifies the deed*, O.

ex-lēx, ēgis, *adj.*, *beyond the law, bound by no law, lawless:* exlegem esse Sullam putare: spectator, H.

exodium, ī, *n.*, =ἐξόδιον, *an after-play, farce*, L.: notum, Iu.

ex-olēscō, olēvī, ētus, ere, *inch.*, *to grow out of use, become obsolete, pass away, cease:* cum patris favor exolevisset, L.: exoletis annalium exemplis, L.: exolescunt Graeci amictūs, Ta.: ne disciplina per desidiam exolesceret, Ta.

exolētus, ī, *m.* [*P.* of exolesco], *a boy favorite.*

ex-onerō, āvī, ātus, āre, *to free, disburden, unload, empty:* turbā regnum, L.: plenas colos, O.: plebem exoneratam praestare, i. e. *relieved from overcrowding*, L.: multitudinem in terras, Ta.—Fig., *to relieve, free, discharge:* civitatem metu, L.: exoneratā fide meā, L.: conscientiam, Cu.

exoptātus, *adj.* with *comp.* and *sup.* [*P.* of exopto], *greatly wished, earnestly desired, longed for:* nuntius: parens, V.: nihil exoptatius adventu meo: exoptatissima gratulatio.

ex-optō, āvī, ātus, āre, *to wish earnestly, desire greatly, long for:* sibi gloriam, S.: Samnitium adventum, L.: tibi pestem, *wish you:* te videre: ut laudi tibi sit tribunatus.

exōrābilis, e, *adj.* with *comp.* [exoro], *easily entreated, influenced by prayer:* populus: in se: auro, H.: numen, Iu.: missus tamquam exorabilior, Ta.

exorātor, ōris, *m.* [exoro], *one who obtains by entreaty*, T.

ex-ōrdior, ōrsus, īrī, *dep.*, *to begin a web, lay the warp, prepare to weave:* pertexe modo, Antoni, quod exorsus es: ante exorsa, *the web they had begun.*—Meton., *to begin, commence, make a beginning:* iubent exordiri ita, ut, etc.: preces, O.: Unde exordior narrare, T.: tum dicere exorsus est: de quo scribere exorsi sumus, N.: ab ipsā re: bellum ab causā tam nefandā, L.

exōrdium, ī, *n.* [ex+ordo].—Orig., *the warp of a web; hence, a beginning, commencement, origin:* mali: a Bruto capiamus exordium: primae pugnae, V.: dicendi.—*An introduction, exordium, proem, preface:* quo utar exordio: quae prima exordia sumat? V.

ex-orior (exoritur, V.: exorerentur, L.; *imper.* exorere, T.), ortus, īrī, *dep.*, *to come out, come forth, spring up, rise, appear:* Canicula exoritur: exoriens sol, V.: exortus est servus, qui, etc.: rex exortus est Lydiae: Exoriare aliquis nostris ex ossibus ultor, V.—Fig., *to begin, take origin, arise, be caused, be produced:* A Myrrhinā, T.: bella aliis ex locis, L.: nullam exoriri moram posse, Cs.: exortā aliquā offensione: Exoritur clamor virūm, V.: de Praenestinorum defectione fama, L.—*To recover oneself, take courage:* paulum.

exōrnātiō, ōnis, *f.* [exorno], *an adorning, embellishment:* sine ullā exornatione, *speaking for display.*

exōrnātor, ōris, *m.* [exorno], *an adorner, embellisher:* rerum.

ex-ōrnō, āvī, ātus, āre, *to fit out, equip, furnish, supply, provide:* vicinitatem armis, S.: veste Hominem, Ph.: pro rei copiā satis providenter, S. —*To deck, adorn, embellish:* variā veste exornatus, T.: mihi in palaestrā locum: triclinium ample: adeo exornatum dabo, ut, etc., i. e. *will give him a dressing down,* T.—Fig., *to adorn, decorate, set off, laud:* Graeciam artibus: mors honesta vitam turpem exornat.

ex-ōrō, āvī, ātus, āre, *to move, prevail upon, persuade by entreaty, induce, appease:* Qui mihi exorandus est, T.: alquem ut peieret: deos, O.: Lares farre, Iu.: populum, H.: gnatam ut det, oro, vixque id exoro, T.: quae vicinos concidere loris Exorata solet, *in spite of entreaties,* Iu.: non exoratae arae, *inexorable,* O.—*To obtain by prayer:* pacem divōm, V.

exōrsa, ōrum, *n.* [1 exorsus], *a beginning, commencement:* longa, *preamble,* V.: sua cuique exorsa laborem ferent, V.

1. exōrsus, *P.* of exordior.

2. exōrsus, ūs, *m.* [1 OL-], *a beginning, commencement:* orationis.

1. exortus, *P.* of exorior.

2. exortus, ūs, *m.* [1 OL-], *a coming forth, rising:* solis exortūs, L.: lucis, Cu.

ex-ōsculor, —, ārī, *dep., to kiss fondly, kiss eagerly:* manum, Ta.

exossō, —, —, āre [exossis, ex+2 os], *to deprive of bones, bone:* (congrum), T.

exōstra, ae, *f.*, = ἐξώστρα, *a movable stage* (in the theatre): in exostrā, i. e. *without concealment.*

exōsus, *P.* [*ex-odi], *hating, detesting:* patrios mores, Cu.: pugnas exosa relinquo, *with horror,* V.

(**ex-pallēscō**), luī, ere, *inch., to grow pale, turn pale* (only *perf.*): toto ore, O.—*To dread, shrink from:* fontis haustūs, H.

ex-patrō, āvī, —, āre (once), *to finish, squander in voluptuousness,* Ct.

ex-pavēscō, pāvī, —, ere, *inch., to be terrified, fear greatly, dread:* ad id, L.: muliebriter ensem, H.: frigus, Iu.

expectātiō, expectō, see ex-spec-.

expectorō, —, —, āre [ex+pectus], *to drive from the breast:* sapientiam mi, Enn. ap. C.

expediō, īvī, ītus, īre [ex+pes], *to extricate, disengage, let loose, set free, liberate:* nodum: ex nullo (laqueo) se: mortis laqueis caput, H.: flammam inter et hostīs Expedior, *make my way,* V.: errantem nemori, O.: sibi locum, *make room,* Cs.: iter per rupes, L.—*To fetch out, bring forward, procure, make ready, prepare:* vela, O.: virgas expediri iubet: cererem canistris, V.: navīs, Cs.: legiones, Cs.: exercitum, L.: se ad pugnam, L.: ius auxili sui, *exercise,* L.—*To despatch, hurl:* trans finem iaculo expedito, H.—Fig., *to bring out, extricate, release, free:* me turbā, T.: impeditum animum, T.: haererem, nisi tu me expedisses: Quas (manūs) per acuta belli, *help through,* H.: me multa impediverunt quae ne nunc quidem expedita sunt.—*To put in order, arrange, set right, adjust, settle:* rem, ut poteris: rem frumentariam, Cs.: nomina mea, *pay:* exitum orationis: quod instat, V.—*To explain, unfold, make clear, clear up, disclose, relate:* pauca tibi dictis, V.: rei initium, S.: ea de caede, Ta.: Promptius expediam quot, etc., i. e. *could sooner recount,* Iu.—*To be serviceable, be profitable, be advantageous, be useful, be expedient, profit:* nihil expedire quod sit iniustum: non idem ipsis expedire et multitudini: Caesari ad diuturnitatem victoriae: expedit bonas esse vobis, T.: omnibus expedit salvam esse rem p.: tu si ita expedit, velim, etc.

expedītē, *adv.* with *comp.* and *sup.* [expeditus], *without impediment, without difficulty, readily, promptly, quickly:* explicans quod proposuerat: expeditius navigans: te expeditissime conferas.

expedītiō, ōnis, *f.* [expedio], *an enterprise against the enemy, expedition, campaign:* hiberna, L.: milites in expeditionem misit, Cs.: in expeditionem proficisci, S.: adsuetus expeditionibus miles, Ta.: in expeditionibus, *marches,* L.

expedītus, *adj.* with *comp.* and *sup.* [*P.* of expedio], *unfettered, unimpeded, unencumbered, without a burden:* in Galliam proficisci: Sagana, *tucked up,* H.: legiones, *without baggage,* Cs.: expedito exercitu pervenit, Ta.—*Masc.* as *subst.:* novem dierum iter expedito, *a nine days' forced march,* Cs.—*Ready, free, prompt, easy, unembarrassed:* expedito nobis homine opus est: ad dicendum.—*Convenient, at hand, ready, commodious:* iis expedito loco actuaria navigia relinquit, Cs.: via expeditior ad honores: Caesaris victoria, *complete,* Cs.: reditum in caelum patere expeditissimum: pecunia expeditissima, *readiest.*—*Neut.* as *subst.:* in expedito habere copias, L.

ex-pellō, pulī, pulsus, ere, *to drive out, drive away, thrust out, eject, expel:* plebem ex agris: dominum de praedio: navīs ab litore in altum, L.: agris expulsi, Cs.: finibus expulsus patriis, V.: me civitate: potestate expulsi, N.: Conlatinum, *banish:* portā Esquilinā pecus, *drive out,* L.: sagittam arcu, *shoot,* O.: genis oculos, O.: se in auras (pondus), *forced itself out,* O.: ex matrimonio filiam: te, *disown,* T.: expulsa filia, *rejected* (as a wife): expellere tendunt, *dislodge* (in battle), V.: segetem ab radicibus, V.: Naturam furcā, H. —Fig., *to force out, drive out, drive away, expel,* *banish, remove:* alqm vitā: per volnera animam, O.: morbum helleboro, H.: somnum, V.: beneficiorum memoriam, Cs.

ex-pendō, endī, ēnsus, ere, *to weigh out, weigh:* ut iam expendantur, non numerentur pecuniae.—*To pay out, pay, lay out, expend:* expensum est auri pondo centum: nummos nominibus certis, H.—*P. perf.*, in the phrase, alqd ferre expensum or pecuniam ferre expensam, *to set down, enter, charge, reckon, account as paid:* minus quam Verres illi expensum tulerit: pecunia aut data aut expensa lata sit: quibus sine fenore pecunias expensas tulisset, i. e. *had lent*, L.—Fig., *to weigh mentally, ponder, estimate, consider, judge, decide:* ea (argumenta): in iudiciis testem: omnīs casūs, V.: causam meritis, *to decide*, O.: quid conveniat nobis, Iu.—*To pay, suffer, undergo:* poenas Iovi: Supplicia, V.—*To expiate:* scelus, V.

expēnsum, ī [*P. n.* of expensus], *money paid, a payment:* codex accepti et expensi, *receipts and disbursements:* tabulae accepti et expensi.

expergēfaciō, fēcī, factus, ere [ex-pergo+facio], *to arouse, stir up, excite.*

expergīscor, perrēctus, ī, *dep.* [ex-pergo, arouse], *to be awakened, awake:* si dormis, expergiscere: somno experrectus, S.—*To awake, be alert, bestir oneself:* expergiscere, T.: experrecta tandem virtus viri.

experiēns, entis, *adj.* with *sup.* [*P.* of experior], *experienced, enterprising, active, industrious:* homo: vir, L.: experientissimus arator: genus experiens laborum, *used to*, O.

experientia, ae, *f.* [experiens], *a trial, proof, experiment:* veri, O.—*Effort, endeavor:* aegritudinem suscipere pro experientiā, *instead of effort:* nova hominum, *device*, V.—*Experimental knowledge, practice, experience:* apibus quanta experientia, V.

experīmentum, ī, *n.* [experior], *a proof, test, trial, experiment:* maximum: Metello experimentis cognitum erat, esse, etc., S.: parti exercitūs in experimentum praefecit, Ta.—*Experience:* (vir) nullis castrorum experimentis, Ta.

experior, pertus, īrī, *dep.* [1 PAR-], *to try, prove, test, experience, endure:* hanc nunc experiamur, T: eos (amicos): vim eius (veneni) esse in servo: eandem belli fortunam, Cs.: laborem, V.: procos priores, *seek to win back*, V.: quidve ferat Fors, Virtute experiamur: quantum audeatis, L.: experiundo scies, T.: experiendo cognovi: In experiundo ut essem, i. e. *might have a full trial*, T.: exorabile numen Fortasse experiar, *may find*, Iu.—In *perf.*, *to have tried, have learned, have experienced, know by experience:* expertus es istius perfidiam: quod genus nullo telo traici posse, Cs.: metum fecerant expertis Gallicā clade, L.: expertus (eum) fidelem in Ganymede, H.: experto credite, quantus adsurgat, V.: expertus bellis animus, Ta.—*To measure strength with, contend with:* ut interire quam Romanos non experiri mallet, N.: Turnum in armis, V.—*To try, undertake, attempt, make trial, undergo, experience:* Bis terque expertus frustra, H.: Omnia priusquam armis, *resort to everything before using*, T.: omnia de pace: extremum auxilium, *the last resort*, Cs.: extrema omnia, S.: (terram) colendo facilem, *find*, V.: iudicium populi R., *submit to*, L.: experiar certe, ut hinc avolem: ut sine armis reduceret, etc., N.: vi contra vim experiundum putavit.—*To try by law, go to law:* Caecinae placuit experiri: alquid summo iure, *submit to trial.*

experrēctus, *P.* of expergiscor.

expers, tis, *adj.* [ex+pars], *having no part in, not sharing in, not privy to:* partis de nostris bonis, T.: communis iuris: Britanni pugnae, Ta.—*Destitute of, devoid of, free from, without:* eruditionis: nuptiarum, H.: doloris, O.: (vinum) maris, *without sea-water*, H.: domus cladis, Cu.: virtutis, V.: vitae pars turpitudinis expers: vis consili, H.: famā atque fortunis, S.

expertus, *adj.* [*P.* of experior], *tried, proved, known by experience:* vir expertae virtutis, L.: libertatis dulcedine nondum expertā, L.: miles, Ta.: per omnia, L.—*Experienced in:* belli iuvenes, V.

expetendus, *adj.* [*P.* of expeto], *worth striving for, desirable:* gloria.

expetēns, entis, *adj.* [*P.* of expeto], *desirous, eager:* in voluptatibus.

expetītus, *P.* of expeto.

ex-petō, īvī, ītus, īre, *to seek after, strive for, aim at, demand, ask:* me: auxilium, T.: expetita conloquia, Cs.: unum ab omnibus ad id bellum imperatorem expeti: poenas ob bellum, L.: mortem pro vitā civium, *meet eagerly:* vitam, *to attempt one's life:* ne legaretur Gabinius Pompeio expetenti, *at his request:* Amor, qui me expetit urere, H.: virum cognoscere, O.: mare medium terrae locum expetens, *tending towards:* alcui amicus ut essem, Ta.—*To desire, long for, wish:* quem quisque odit, periisse expetit: gloriam virtute augeri: hoc scire expeto, T.: vincere.—*To fall, be visited:* ut in eum expetant clades belli, L.

expiātiō, ōnis, *f.* [expio], *satisfaction, atonement, expiation:* scelerum in homines: foederis rupti, L.: fanorum, *propitiation*, L.—*Plur.*, C.

expīctus, *P.* of expingo.

expīlātiō, ōnis, *f.* [expilo], *a pillaging, plundering.* Asiae: sociorum.—*Plur.:* fanorum.

expīlātor, ōris, *m.* [expilo], *a pillager, plunderer:* domus.

ex-pīlō, āvī, ātus, āre, *to pillage, rob, plunder:* aerarium, S.: ad expilandos socios: fanum Apollinis: genis oculos, *pluck*, O.—Fig.: ii, a quibus expilati sumus.

ex-pingō, —, pīctus, ere, *to depict, describe to the life:* motus hominum expictus.

ex-piō, āvī, ātus, āre.—In religion, *to make amends for, atone for, purify, expiate, purge by sacrifice:* tua scelera in nostros milites, i. e. *avenge:* filium pecuniā publicā, L.: quae violata sunt, expiabuntur: arma Nondum expiatis uncta cruoribus, H.—*To avert, destroy the force of* (an omen or curse): quem ad modum ea expientur: prodigium, L.: dira detestatio Nullā expiatur victimā, H.—*To make amends for, repair, make good, compensate:* superioris aetatis exempla Gracchorum casibus, Cs.: legatorum iniurias, L.

expīrō, see exspiro.

ex-piscor, ātus, ārī, *dep., to fish out, search out, find out:* proinde expiscare, quasi non nosses, T.: nihil, *to inquire no further.*

(**explānātē**), *adv.* [explanatus], *plainly, clearly, distinctly.*—Only *comp.:* definire rem.

explānātiō, ōnis, *f.* [explano], *an explanation, interpretation:* religionis. — *Plur.:* interpretum: portentorum.—As a rhet. figure, C.

explānātor, ōris, *m.* [explano], *an interpreter.*

explānātus, *adj.* [*P.* of explano], *plain, distinct:* vocum impressio, i. e. *ability to articulate.*

explānō, āvī, ātus, āre [ex+planus], *to make plain, make clear, explain:* qualis differentia sit, etc.: rem definiendo: de hominis moribus pauca, S.: carmen, L.

expleō, ēvī (explēris, C., V.; explēssent, L.; explēsse, V.), ētus, ēre [PLE-], *to fill up, fill full, fill, stuff:* fossam aggere, Cs.: rimas: bovem frondibus, H.: locum (cohortes), Cs.—Of number or quantity, *to fill, make up, complete:* numerum, Cs.: ut numerus legionum expleretur, L.: centurias, *have the full number of votes*, L.: iustam muri altitudinem, Cs. — *To supply, make good:* His rebus id, quod Avarici deperierat, expletur, Cs.: cetera, quae fortuna minuerat, L.: quod utrique defuit.—*To traverse, pass over, go through:* orbīs cursu, V.: urbīs erroribus, Tb.—Fig., *to fill up, complete, finish, perfect, accomplish:* vitam beatam: annum: supremum diem, Ta.: sententias mollioribus numeris.—*To supply, make good, make up for:* partem relictam: damna, L. — *To fill, satisfy, sate:* me unum, T.: animum gaudio, T.: scribendo te: amicos muneribus, S.: ut expleti decederent: animum Ultricis flammae, V. — *To appease, fill, satisfy, glut, sate:* sitim: odium factis dictisque, L.: avaritiam pecuniā: expletur lacrimis dolor, O.: patrias sanguine poenas, V.—*To fulfil, discharge, execute, perform, accomplish:* amicitiae munus: meum opus, O.

explētiō, ōnis, *f.* [expleo], *a satisfying:* naturae.

explētus, *adj.* [*P.* of expleo], *full, complete, perfect:* rerum comprehensio: undique forma honestatis.

explicātē, *adv.* [explicatus], *clearly:* dicere.

explicātiō, ōnis, *f.* [explico], *an unfolding, uncoiling:* rudentis. — Fig., *an unfolding, expounding, exposition, explanation:* rerum facilis: fabularum.

explicātor, ōris, *m.* [explico], *an expounder, explainer:* rerum.

explicātrix, īcis, *f.* [explicator], *she that explains:* vis dicendi, explicatrix orationis.

1. **explicātus**, *adj.* with *comp.* [*P.* of explico], *spread out:* planissimo in loco.—*Well ordered:* causa: provincia.—*Plain, clear:* solutio: quibus (litteris) nihil explicatius.—*Assured, certain:* ratio salutis suae.

2. **explicātus**, ūs, *m.* [explico], *an unfolding, exposition:* difficilīs explicatūs habere.

(**explicitus**), *adj.* [*P.* of explico], *unobstructed, practicable.*—Only *comp.:* (consilium), Cs.

ex-plicō, āvī and uī, ātus or itus, āre, *to unfold, uncoil, unroll, unfurl, unclose, spread out, loosen, undo:* explicatā veste: volumen: frondes, V.: frontem sollicitam, *smooth*, H.: seria contractae frontis, H. — *Reflex., to extricate oneself, get free:* te aliquā viā: se angustum, Iu.—*To spread out, stretch out, extend, deploy, display:* aciem, L.: ordines, L.: cohortīs, V.: se turmatim, Cs.: per obstantīs catervas sua arma, H.: forum ad atrium Libertatis: (in serpente) orbīs, O.—Fig., *to unfold, set free, release:* intellegentiam tuam: Siciliam cinctam periculis. — *To disentangle, set in order, arrange, regulate, settle, adjust, rescue:* eius negotia: rationem salutis: de hortis: consilium his rationibus explicabat, *his plan was governed by*, Cs.: re explicatā: rationes, *balance accounts:* nomen, *satisfy:* pecuniam: nihilo plus explicet ac si Insanire paret, *make no more out of it*, H.—*To explain, unfold, set forth, exhibit, treat, convey, express:* vitam alterius totam: funera fando, V.: philosophiam: breviter quae mihi sit ratio: de rerum naturā.

explōdō, sī, sus, ere [ex+plaudo], *to drive out, hiss away, hoot off:* Aesopum explodi video: explosa Arbuscula, H. — *To reject, disapprove:* quod tum explosum est: sententias.

explōrātē, *adv.* with *comp.* [exploratus], *for a certainty, securely, surely:* haec scribo: exploratius promittere.

explōrātiō, ōnis, *f.* [exploro], *an examination:* occulta, Ta.

explōrātor, ōris, *m.* [exploro], *an explorer, spy, scout:* per exploratores certior factus, Cs.: iter hostium ab exploratoribus edoctus, Ta.

explōrātus, *adj.* with *comp.* and *sup.* [*P.* of exploro], *ascertained, established, settled, certain, sure, safe:* Iam id exploratumst, T.: consulatus: victoria, Cs.: litterae exploratae a timore, i. e. *affording certainty:* de quo mihi exploratum est, ita esse, *I am certain:* cum esset mihi exploratissimum (with *acc.* and *inf.*): exploratam habere pacem: pro explorato habere (with *acc.* and *inf.*), Cs.: exploratior devitatio legionum fore videtur, etc.

ex-plōrō, āvī, ātus, āre, *to cause to flow forth, bring out, search out, examine, investigate, explore:* rem totam: fugam domini: caecum iter, O.: locos novos, V.: idoneum locum castris, *select,* Cs.: de voluntate alcius, N.: ea, quae, etc.: ne quid Corruat, O.: Postquam exploratum est labare, etc., O. —*To spy out, reconnoitre, examine:* quo transire possit, Cs.: itinera egressūsque eius, S.: Africam: ante explorato et subsidiis positis, L.: explorato profectos esse amicos, Ta.—*Supin. acc.:* exploratum praemissi, S.: Iugurtha quid agitaret, exploratum misit, S.—*To try, prove, investigate, test, put to the proof:* explorat robora fumus, V.: regis animum, *sound,* L.: cibos, *taste,* Ta.: insidias, *try,* V.

explōsus, *P.* of explodo.

expoliō, īvī, ītus, īre, *to smooth, polish, finish, adorn, embellish, refine, elaborate:* nox te expolivit: Dionem doctrinis omnibus.

expolītiō, ōnis, *f.* [expolio], *a smoothing off, polishing, finishing, embellishing:* urbana, i. e. *of a house in the city.*—*Plur.:* utriusque nostrūm, i. e. *of both our houses.*—Fig.: inest in numero expolitio.

expolītus, *adj.* with *comp.* [*P.* of expolio], *polished, smooth:* expolitior dens, Ct.—*Refined:* vir vitā.

ex-pōnō, posuī, positus (expostus, V.), ere, *to put out, set forth, expose, exhibit:* vasa: argentum in aedibus: ratis Expositis stabat scalis, *laid out,* V.: alqd venditioni, Ta.—Of children, *to expose, abandon:* Is quicum expositast gnata, T.: pueros, L.—*To set on shore, land, disembark:* milites ex navibus, Cs.: socios de puppibus altis Pontibus, *by bridges,* V.: expositis copiis, Cs.: in Africā, L.: ibi Themistoclem, N.: exercitum, Cs.: quartā exponimur horā, H.: advexi frumentum, exposui, *unloaded:* exponimur orbe Terrarum, *are excluded,* O.—*To offer, tender, be ready to pay:* ei DCCC.—*To leave exposed, expose, lay open:* ad ictūs, L.: rupes exposta ponto, V.—Fig., *to exhibit, expose, reveal, publish, offer, set forth:* causa ante oculos exposita: expositā ad exemplum nostrā re p.—*To set forth, exhibit, relate, explain, expound:* sicuti exposui: quae adhuc exposui: rem breviter: Africae situm paucis, S.: causas odii, O.: artīs rhetoricas: eadem multitudini, Cs.: animos remanere post mortem: res quem ad modum gesta sit: quid hominis sit: plura de alquo, N.: exposito, quid iniquitas loci posset, etc., Cs.

ex-porrigō, —, —, ere, *to spread out.*—Only *imper.:* exporge frontem (i. e. exporrige), *smooth,* T.

exportātiō, ōnis, *f.* [exporto], *a carrying out, exportation:* rerum: his exportationibus HS LX perdidisse.

ex-portō, āvī, ātus, āre, *to carry out, bring out, convey away, send away, export:* aurum ex Italiā Hierosolymam: frumentum in fame: vim mellis Syracusis: corpora tectis, V.: sua omnia, Cs.

ex-poscō, poposcī, —, ere, *to ask earnestly, beg, request, entreat, implore:* quam (misericordiam): signum proeli, Cs.: pacem precibus, L.: pacem Teucris (*dat.*), V.: alqd deos, L.: Aenean acciri, V.: audire labores, V.: precibus plebem, sibi civem donarent, L.—*To demand, require the surrender of, claim* (as a prisoner, or for punishment): ad exposcendos eos missi, L.: ab Atheniensibus exposci publice, N.: alqm ad poenam, Ta.

expositiō, ōnis, *f.* [expositus], *a setting forth, exposition, narration, citation, explanation:* rerum: sententiae suae: summi boni.

expositus, *adj.* [*P.* of expono], *open, accessible:* Sunion, O.: Zephyris Lilybaeon, O.—Fig., *common, vulgar:* nihil expositum deducere, Iu.

expostulātiō, ōnis, *f.* [expostulo], *a pressing demand:* bonorum: singulorum, Ta.—*An expostulation, complaint:* tua: cum esset expostulatio facta.—*Plur.:* cum absente Pompeio: suae, L.

ex-postulō, āvī, ātus, āre, *to demand pressingly, insist on:* alqd, Ta.: ut Hiberi decedant, Ta.: Armeniam vacuam fieri, Ta.—*To find fault, dispute, expostulate, complain of:* iracundius: cum eo iniuriam hanc, T.: nihil tecum de his rebus: locus esse videtur tecum expostulandi: se esse relictas: cur, etc., Ta.

expostus, see expono. **expōtus**, see epoto.

expressus, *adj.* with *comp.* [*P.* of exprimo], *clearly exhibited, distinct, manifest, clear, plain, express:* species deorum, quae nihil habeat expressi: litterae lituraeque.—Fig., *distinct, real:* signa virtutum: sceleris vestigia: haec expressiora: litterae expressae, *articulated with precision.*

exprimō, pressī, pressus, ere [ex+premo], *to press out, force out, squeeze forth:* (lacrimulam) oculos terendo, T.: nubium conflictu ardor expressus: has (turrīs) cottidianus agger expresserat, *had carried up,* Cs.: expresso spinae curvamine, *protruding,* O.: sucina solis radiis expressa,

Ta.—*To form by pressure, form, model, portray, exhibit:* unguīs, H.: vestis artūs exprimens, Ta.—Fig., *to wring out, extort, wrest, elicit:* ab eis tantum frumenti: vocem, Cs.: deditionem necessitate, L.: pecunia vi expressa: Expressa arbusto convicia (in allusion to the wine-press), H.: ut negaret, *constrained.*—*To imitate, copy, represent, portray, describe, express:* magnitudine animi vitam patris: libidines versibus: Incessūs voltumque, O.: ut Euryalum exprimat infans, *may resemble,* Iu.: dicendo sensa: nemo expresserat, posse hominem, etc.: quae vis subiecta sit, etc.: oratorem imitando: in Platonis libris Socrates exprimitur.—*To render, translate:* id Latine: verbum de verbo, T.: fabellae ad verbum de Graecis expressae.—*To pronounce, articulate:* litteras putidius.

exprobrātiō, ōnis, *f.* [exprobro], *a reproaching, upbraiding:* benefici, T.: cuiquam fortunae, L.

exprobrō, āvī, ātus, āre [ex+probrum], *to reproach with, blame for, find fault, charge, upbraid, reproach:* exprobrandi causā dicere: suam quisque militiam, L.: beneficia apud memores, L.: casūs bellicos tibi, *throw the blame of:* fugam amico, O.: verberum notas, Ta.: de uxore mihi, N.: nihilo plus sanitatis in curiā esse, L.: quod in vitā maneam.

ex-prōmō, prōmpsī, prōmptus, ere, *to show forth, discover, exert, practise, exhibit, display:* supplicia in civīs: apparatūs supplicii, L.: vigilandi laborem in cenis.—*To give utterance to, utter, disclose, express, state:* apud alquem omnia, T.: maestas voces, V.: causas, O.: mente querelas, Ct.: quid dici possit: quid sentirent, L.: repertum (esse) specum, Ta.

exprōmptus, *adj.* [*P.* of expromo], *ready, at hand:* malitia atque astutia, T.

expūgnābilis, e, *adj.* [expugno], *that may be taken by assault, assailable:* urbs, L.: arx magnis exercitibus, Ta.

expūgnātiō, ōnis, *f.* [expugno], *a taking by assault, storming:* urbis, Cs.: hostilis.—*Plur.:* aedificiorum.

expūgnātor, ōris, *m.* [expugno], *a stormer, capturer:* urbis.—Fig.: pudicitiae.

(**expūgnāx**, ācis), *adj.* [expugno], *victorious, effectual.*—Only *comp.:* expugnacior herba, O.

ex-pūgnō, āvī, ātus, āre, *to take by assault, storm, capture, reduce, subdue:* urbīs per vim, Cs.: Cirtam armis, S.: quam (turrim), V.: iuvenum domos, H.: ipsum caput, i. e. *the old man in person,* H.—*To subdue, overcome, break down, break through, sweep away:* navīs, Cs.: villas, S.: Philippum et Nabin, L.: viri cum cohortibus expugnati, Ta.—Fig., *to conquer, subdue, overcome, achieve:* nihil quod non expugnari pecuniā possit: pudicitiam: pertinaciam legatorum, L.: coepta, *accomplish,* O.: sibi legationem, *extort:* Spartam, i. e. *robbed* (of Helen), V.: expugnasset, ut dies tollerentur.

expulsiō, ōnis, *f.* [1 PAL-], *a driving out, expulsion:* Laenatis.—*Plur.:* civium.

expulsor, ōris, *m.* [1 PAL-], *a driver out, expeller:* bonorum: tyranni, N.

expulsus, *P.* of expello.

expultrīx, īcis, *f.* [expulsor], *she that expels:* philosophia vitiorum.

expuō, see exspuo.

ex-pūrgō, āvī, ātus, āre, *to purge, cleanse, purify:* me, i. e. *cure of poetic ecstasy,* H.—Fig.: expurgandus est sermo.—*To clear from censure, exculpate, vindicate, justify, excuse:* me, T.: sese parum, *fail to vindicate,* S.: expurgaturum (obiecta) adseverans, Ta.—*Supin. abl.:* non facilest expurgatu, T.

exquīrō, sīvī, sītus, ere [ex+quaero], *to search out, seek diligently, inquire into, scrutinize, inquire, ask:* ex te causas divinationis: haec nimis a Graecis, *to be too exacting in:* Ancillas cruciatu, T.: secum, quid peccatum sit: sententias, Cs.: eorum tabulas, *ransack:* matrem, *seek,* V.: pacem per aras, *implore,* V.: itinere exquisito per Divitiacum, *ascertained,* Cs.: singularīs honores, *devise:* vescendi causā omnia, S.

exquīsītē, *adv.* with *comp.* [exquisitus], *carefully, accurately, particularly, excellently:* de eo crimine disputare: quae (rationes) exquisitius conliguntur.

exquīsītus, *adj.* with *comp.* and *sup.* [*P.* of exquiro], *carefully sought out, ripely considered, choice, excellent, exquisite:* sententia: iudicium litterarum: munditia nimis: exquisitius dicendi genus: laudari exquisitissimis verbis.

ex-sacrificō (-crufico), —, —, āre, *to sacrifice:* hostiis balantibus, Enn. ap. C.

ex-saeviō, —, —, īre, *to cease raging:* dum reliquum tempestatis exsaeviret, L.

ex-sanguis (exang-), e (no *gen.* or *dat.;* in *plur.* only *nom.*), *adj., without blood, bloodless, lifeless:* corpora mortuorum: umbrae, V.—*Pale, wan, exhausted, feeble:* genae: exsanguis et mortuus concidisti: metu, O.: visu, V.: volneribus, Cu.: senectus, Ta.: Calvus, *lifeless* (in oratory), Ta.—*Making pale:* cuminum, H.

ex-sarciō or **exerciō**, —, rtūrus, īre, *to patch, mend, repair:* sumptum suom, *repay their cost,* T.

ex-satiō, āvī, ātus, āre, *to satisfy, glut, sate:* exsatiati cibo, L.: clade exsatiata domus, O.: patruum sanguine domūs, Ta.

exsaturābilis, e, *adj.* [exsaturo], *that may be sated:* nec exsaturabile pectus, *insatiate*, V.

ex-saturō (**exat-**), —, ātus, āre, *to satisfy satiate, sate:* belua exsaturanda visceribus meis, O.: exsaturata lubido, Poët. ap. C.: eius supplicio animum: odiis exsaturata quievi, V.

exscendō, exscēnsiō, see escen-.

ex-scindō or **excindō**, idī, issus, ere, *to extirpate, annihilate, destroy:* templum sanctitatis: quae urbs se exscindi pateretur: finīs tuos, L.: ferro gentem, V.: virtutem, Ta.

ex-scrībō (**excr-**), īpsī, īptus, ere, *to write out, write off, copy:* tabulas: exscribendi potestas.

ex-sculpō or **exculpō**, psī, ptus, ere, *to dig out, cut out, chisel out, carve:* nescio quid e quercu. —*To scratch out, erase:* versūs, N.—Fig., *to elicit, extort:* ex aliquo verum, T.

ex-secō or **execō**, cuī, ctus, āre, *to cut out, cut away, remove:* vitiosas partīs: linguam: cornu exsecto frons, H.: nervis urbis exsectis: Lichan iam matre peremptā, V.—*To cut, castrate:* alqm. —*To deduct, take out, extort:* quinas hic capiti mercedes, H.

exsecrābilis (**execr-**), e, *adj.* [exsecror], *accursed:* fortuna, L.—*Cursing, execrating:* carmen, L.: odium in bis captos, i. e. *bitter*, L.

exsecrātiō (**execr-**), ōnis, *f.* [exsecror], *an execration, malediction, curse:* Thyestea.—*An oath with imprecation:* hunc exsecratione devinxerat: post execrationem degustare, S.

exsecrātus (**execr-**), *adj.* [*P.* of exsecror], *accursed, execrable, detestable:* populo R.: columna.

exsecror or **execror**, ātus, ārī, *dep.* [ex+sacro], *to curse, utter curses, execrate, abhor:* te: Catilinae consilia, S.: terram Ulixi, V.: in se, L.: haec in se: ut pereat Atreus: verba exsecrantia, O.—*To take an oath with imprecations:* Phocaeorum exsecrata civitas, H.: Haec exsecrata civitas, *having sworn to*, H.

exsectiō (**exect-**), ōnis, *f.* [2 SAC-], *a cutting out, excision:* linguae: fundi.

exsectus, *P.* of exseco.

exsecūtiō, ōnis, *f.* [exsequor], *an accomplishing:* negotii, Ta.: Syriae, i. e. *absolute power in*, Ta.

exsecūtus, *P.* of exsequor.

exsequiae or **exequiae**, ārum, *f.* [SEC-], *a funeral procession, funeral obsequies:* convenire ad exsequias cohonestandas: Ante urbem exsequiae Significant luctum, O.: fertur in exsequiis matrona, O.: exsequiis rite solutis, V.: exsequias ire, *to attend a funeral:* iusta exsequiarum.

exsequiālis (**exequ-**), e, *adj.* [exsequiae], *of a funeral, funereal:* carmina, *dirges*, O.

ex-sequor or **exequor**, cūtus, ī, *dep.*, *to follow to the grave:* Hunc omni laude, C. poët.—Fig., *to follow, follow after, accompany, go after, pursue:* cladem illam fugamque: fatum illius, i. e. *share:* suam quisque spem, L.: sectam meam, Ct.—*To follow up, prosecute, carry out, enforce, perform, execute, accomplish, fulfil:* alqd primum, T.: mandata regis officia: incepta, L.: Iussa divōm, V.: armis ius suum, Cs.: mitem orationem: mortem, i. e. *kill oneself*, Ta.—*To follow up, investigate, examine:* veram rationem, T.: summā omnia cum curā inquirendo, L.: quem locum ipse capturus esset, L.—*To go through, relate, describe, say, tell:* quae vix verbis exsequi possum: omnia, L.: dona mellis, V.—*To follow up, punish, avenge:* omnia scire, non omnia exsequi, Ta.: deorum violata iura, L.: Tarquinium ferro, L.

ex-serō, ruī, rtus, ere, *to stretch out, thrust out, put forth, take out:* manum ad mentum, L.: bracchia aquis, O.: via quā se exsereret, *come forth*, O. —Fig.: se aere alieno.—*P. perf.*, *thrust out, protruding, bare, uncovered:* dextris umeris exsertis, Cs.: Unum exserat latus pugnae, *one breast bared for battle*, V.

exsertō, —, —, āre, *freq.* [exsero], *to stretch out, thrust forth:* Ora, V.

exsertus, *P.* of exsero.

ex-sībilō, —, —, āre, *to hiss out, hiss from the stage:* histrio exsibilatur.

exsiccātus, *adj.* [*P.* of exsicco], *dried up, dry, jejune:* orationis genus.

ex-siccō, āvī, ātus, āre, *to dry up, make dry:* arbores.—*To drink up:* vina culullis, H.

ex-sīgnō, —, ātus, āre, *to write out, note down:* sacra omnia exsignata, L.

exsiliō or **exiliō**, iluī, —, īre [ex+salio], *to spring out, spring forth, leap up, start up, bound:* ad te, T.: de sellā: domo levis exsilit, H.: protinus, O.: (anguis) in siccum, V.: gaudio: exsilucre oculi, *started out*, O.

exsilium or **exilium**, ī, *n.* [exsul], *banishment, exile:* exsili poena: confugere in exsilium: civium, L.: civīs in exsilium eicio: in exilio aetatem agere, S.: esse in exsilio: quendam de exsilio reducere: revocare, L.: Exsiliis contenta suis, O.: Collecta exsilio pubes, *for exile*, V.—*A place of exile, retreat:* his optatius quam patria: Felix, exilium cui locus ille fuit, O.: diversa quaerere, V.—*Plur.:* plenum exsiliis mare, i. e. *exiles*, Ta.

ex-sistō or **existō**, stitī, —, ere, *to step out, come forth, emerge, appear:* e latebris, L.: ab inferis: (bovis) a mediā fronte cornu exsistit, Cs.: nympha gurgite medio, O.: occultum malum exsistit, *comes to light*.—*To spring, proceed, arise, become, be produced, turn into:* dentes naturā exsistere: ex luxuriā exsistat avaritia: ex amicis inimici exsistunt, Cs.: pater exstitit (Caesar) huius, O.: exsistit hoc loco quaestio subdifficilis: exsistit illud, ut, etc., *follows.* — *To be visible, be manifest, exist, be:* sic in animis exsistunt varietates: si exstitisset in rege fides: nisi Ilias illa exstitisset: tanto in me amore exstitit: timeo, ne in eum exsistam crudelior.

exsolūtus, *P.* of exsolvo.

ex-solvō or **exolvō**, solvī, solūtus, ere, *to loose, unloose, set loose, release, deliver, free:* te, T.: venas, *to open*, Ta.: toto paulatim se corpore, V. —Fig., *to solve, resolve:* nodum erroris, L.: obsidum, *raise*, Ta.: famem, *satisfy*, O. — *To release, free, set free, liberate:* me vituperatione: animos religione, L.: te suspicione, T.: plebem aere alieno, L.: curis, V.: alqm poenā, Ta.—*To discharge, pay:* nomina mea: multiplici iam sorte exsolutā, L.: pars multae regi exsolvitur, Ta. — *To discharge, pay, fulfil, keep:* quod promiserat: vota, L.: ius iurandum, L.: praemia, poenas alicui, *award*, L.: gratiam recte factis, L.: culpam, *atone for*, Ta.: fidem, L.: promissum suum, Ta.

exsomnis (**exom-**), e, *adj.* [ex+somnus], *sleepless, watchful:* Vestibulum servat, V.: Euhias, H.

ex-sorbeō or **exorbeō**, uī, —, ēre, *to suck out, suck up, drain, drink:* Pectora linguis, O.: civilem sanguinem.—Fig., *to seize greedily:* praedas. — *To exhaust:* viros, Iu. — *To meet eagerly, welcome:* difficultatem.

ex-sors or **exors**, sortis, *adj.*, *without lot, not assigned by lot:* te voluit exsortem ducere honores (i. e. praeter ordinem), V. (al. honorem).— *Having no share in, free from, deprived of:* dulcis vitae, V.: amicitiae, L.: cos secandi, *incapable*, H.

exspargō, see exspergo.

ex-spatior (**expat-**), ātus, ārī, *dep.*, *to wander from the way, spread, extend:* exspatiantur equi, O.: Exspatiata flumina, i. e. *overflowing*, O.

exspectātiō or **expectātiō**, ōnis, *f.* [exspecto], *an awaiting, expecting, expectation, longing, desire:* caeca: praeter exspectationem, *unexpectedly:* magna: cum summā exspectatione populi R.: exspectationibus decipiendis: Funambuli, T.: eventūs, S.: boni, mali: audiendi: crebras exspectationes nobis tui commoves: plenus sum exspectatione de Pompeio: maior exspectatio, quibusnam rationibus ea vis compararetur.

exspectātus, *adj.* with *sup.* [*P.* of exspecto], *anxiously expected, longed for, desired, welcome:* carus omnibus exspectatusque venies: seges, V.: exspectati ad amplissimam dignitatem fratres, i. e. *thought worthy of the highest offices:* exspectatissimae litterae.—As *subst. n.:* Ante exspectatum, *sooner than was anticipated*, V.

ex-spectō or **expectō**, āvī, ātus, āre, *to look out for, await, wait for:* diem ex die, ut statuerem: alius alium exspectantes, S.: eventum pugnae, Cs.: ultima semper Exspectandi dies homini est, O.: cenantes comites, i. e. *till they have done eating*, H.: seu me tranquilla senectus Exspectat, H.: exspectandus erit annus, *I must wait a year*, Iu.: quid velis, *await your pleasure*, T.: utri victoria sit data regni, Enn. ap. C.: quid hostes consili caperent, Cs.: quam mox comitia edicerentur, L.: dum cognatus veniret, T.: dum hostium copiae augerentur, Cs.: exspectem, libeat dum proelia Turno pati? V.: exspectavere eum fata, dum, etc., *respited him*, Cu.: quoad ne vestigium quidem relinquatur: si nostri transirent, hostes exspectabant, Cs.: mea lenitas hoc exspectavit, ut id erumperet: exspectaverant, uti consul comitia haberet, L.: exspectari diutius non oportere, quin iretur, *there should be no delay in going*, Cs.: Karthagine qui nunc Exspectat, *loiters*, V.: cum exspectaret Aetolos in fidem suam venturos, L.—*To hope for, long for, expect, desire, anticipate, fear, dread, apprehend:* ubi te expectatum eiecisset foras, *after waiting in hope of your death*, T.: (rem) avidissime: finem laborum, Cs.: fama mortis meae exspectata est, L.: nescio quod exspecto malum, *dread*, T.: miseriis suis remedium mortem, S.: qui classem exspectabant, *whose minds were fixed on*, Ta.: Exspectate solo Laurenti, V.: ex suā amicitiā omnia: a te hoc: quae (pauca) ab suā liberalitate, Cs.: quam ob rem exspectem non fore? T.: te ita illud defendere: Silvarumque aliae pressos propaginis arcūs Exspectant, *await*, (for their growth), i. e. *need*, V.

exspersus, *P.* [ex-sparsus], *sprinkled, splashed:* sanieque exspersa natarent Limina, V.

ex-spēs, *adj.* (only *nom. sing.*), *without hope, hopeless:* inops, exspes, O.: enatat exspes, H.

exspīrātiō (**expīr-**), ōnis, *f.* [exspiro], *a breathing out, exhalation:* terrae.

ex-spīrō or **expīrō**, āvī, ātus, āre, *to breathe out, emit, blow out, exhale, give out:* medios animam in ignīs, O.: flammas pectore, V.: Vis ventorum Exspirare aliquā cupiens, *escape*, O.—*To breathe one's last, expire:* exspirans Adloquitur, *with her last breath*, V.: ubi exspiravero, H.: inter primam curationem, L.: in pugnā, L.: dentibus apri, Iu. —Fig., *to expire, perish, come to an end, cease:* mecum exspiratura res p. erat, L.

ex-splendēscō, duī, ere, *inch.*, *to shine forth, be distinguished:* clarius, N.

ex-spoliō, āvī, ātus, āre, *to spoil, pillage, plunder:* urbem: hos vestro auxilio, Cs.: virtutem rerum selectione.

ex-spuō, uī, ūtus, ere, *to spit out, spit:* vina, Iu.: hamum, O.—Fig., *to expel, banish:* miseriam ex animo, T.

exsternō, āvī, ātus, āre [2 STAR-], *to terrify greatly, affright:* alqm luctibus, Ct.: (Io) se exsternata refugit, O.

ex-stīllō or **extīllō**, āvī, ātus, āre, *to trickle away, melt:* lacrumis si extillaveris, T.

exstimulātor (ext-), ōris, *m.* [exstimulo], *an inciter, instigator:* rebellionis, Ta.: Verginii, Ta.

ex-stimulō (ext-), āvī, ātus, āre, *to goad on, instigate, stimulate:* virum dictis, O.: Tigris Exstimulata fame, O.: fata cessantia, i. e. *hasten death,* O.

exstinctiō, ōnis, *f.* [STIG-], *extinction, annihilation.*

exstinctor, ōris, *m.* [STIG-], *an extinguisher:* incendi.—*An annihilator, suppressor:* patriae: latrocini.

exstinctus (ext-), *adj.* [*P.* of exstinguo], *dead:* Exstinctus amabitur, H.: Amphion, O.—*Plur. m.* as *subst.:* violare exstinctos, O.

ex-stinguō or **extinguō**, nxī (exstinxstī for exstinxistī, exstinxem for exstinxissem, V.), nctus, ere, *to put out, quench, extinguish:* lumina: ignis exstinguitur, *goes out:* ignem, V.—*To deprive of life, kill, destroy:* Seni animam, T.: hunc volnere: iuvenem morbo, L.: primo exstinguor in aevo, O.: intra annum exstinctus est, Ta.: aquam Albanam dissipatam rivis, *get rid of,* L. (oracle).—Fig., *to abolish, destroy, annihilate, annul:* tyrannis institutis leges omnes exstinguuntur: improbitas exstinguenda est: exstinctae potius amicitiae quam oppressae, *died out:* exstinctis rumoribus, Cs.: nomen populi R.: infamiam: patrem Cum genere, V.: te propter Exstinctus pudor, *lost,* V.

ex-stirpō (ext-), āvī, ātus, āre, *to root out, eradicate, extirpate:* arbores, Cu.—Fig.: vitia: ex animo humanitatem.

ex-stō or **extō**, —, —, āre, *to stand out, stand forth, project, protrude, extend above, tower:* (milites) cum capite solo ex aquā exstarent, Cs.: super aequora celso collo, O.: summo pectore, Cs.: ferrum de pectore, O.—Fig., *to be prominent, stand forth, be conspicuous:* quo magis id, quod erit illuminatum, exstare videatur.—*To appear, be extant, exist, be, be found:* auctor doctrinae eius non exstat, L.: Sarmenti domina exstat, *still lives,* H.: locus exstat, *may still be seen,* O.: exstant epistulae Philippi: video neminem, cuius non exstet in me suum meritum: quem vero exstet eloquentem fuisse, *it is known:* apparet atque exstat, utrum . . . an, etc.

exstrūctiō or **extrūctiō**, ōnis, *f.* [exstruo], *a building up, erecting, structure:* ea, quae, etc.—*Plur.:* tectorum.

exstrūctum, ī, *n.* [exstructus], *a lofty seat:* exstructoque resedit, V.

ex-struō or **extruō**, ūxī, ūctus, ere, *to pile, heap up, accumulate:* materiam pro vallo, Cs.: acervum (librorum): exstructos disiecit montīs, V.: exstructis in altum divitiis, H.: tapetibus altis Exstructus, *on a pile of,* V.—*To load, heap full, cover:* mensae epulis exstruebantur: focum lignis, H.—*To build up, raise, rear, erect, construct:* exstrui vetat (Plato) sepulcrum altius quam, etc.: aedificium in alieno: tumulos, Cs.—*To fill with buildings, build up:* in exstruendo mari, S.—Fig., *to depict, build in imagination:* civitatem.—*To erect, produce by labor:* animo excellentiam virtutum: exstructa disciplina.

exsuctus, *P.* [ex-sugo], *drawn out, extracted, dried:* medulla, H.: Ossa exsucta medullis, Iu.

ex-sūdō or **exūdō**, āvī, ātus, āre, *to ooze, exude:* exsudat inutilis umor, V.—*To perform with sweating, toil through, undergo:* causas, H.: certamen, L.

ex-sūgō, see exsuctus.

exsul or **exul**, ulis, *m.* and *f.* [2 SAL-], *a banished person, wanderer, exile:* capitis damnati exsulesque, Cs.: exsules restituti: pauper et exsul, *homeless,* H.: patriae quis exsul Se quoque fugit? H.: mundi, O.: nunc vero exsul patriā, domo, S.: mentisque domūsque, *estranged,* O.

exsulō or **exulō**, āvī, ātum, āre [exsul], *to be an exile, be banished, live in exile:* Romae: in Volscos exsulatum abiit, L.: apud Prusiam: Protei ad usque columnas, V.—*To be absent, be a stranger:* domo, T.: animo.

exsultāns (exult-), ntis, *adj.* [*P.* of exsulto], *boastful, vainglorious:* animus, Ta.: supra modum, Ta.

exsultātiō (exult-), ōnis, *f.* [exsulto], *a leaping for joy, exultation,* L.: Athamantis: par, Ta.

exsultim, *adv.* [2 SAL-], *leaping about, friskingly:* ludit exsultim, H.

exsultō or **exultō**, āvī, —, āre, *freq.* [exsilio], *to spring vigorously, leap up, jump up:* equi ferocitate exsultantes: taurus in herbā, O.: in limine Pyrrhus, V.: exsultant aestu latices, V.: exsultantes undae, *dancing,* O.—Fig., *to move freely, expatiate:* campus, in quo exsultare possit oratio: in reliquis (orationibus).—*To exult, rejoice exceedingly, run riot, revel, vaunt, boast:* exsultantem te reprimere: insolentiā, *indulge:* animis, V.: in suam famam gestis, Ta.: quod, etc.: in quo (facto) exsultat oratio mea: copiae per catervas exsultabant, Ta.

exsuperābilis (exup-), e, *adj.* [exsupero], *to be overcome:* non-exsuperabile saxum, V.

exsuperantia (exup-), ae, *f.* [exsupero], *preeminence, superiority:* virtutis.

ex-superō or **exuperō**, āvī, ātus, āre, *to*

mount up, tower: exsuperant flammae, V. — *To surmount, pass over:* iugum, V.: solum Helori, V. —Fig., *to be superior, prevail, be conspicuous, excel:* si non poterunt exsuperare, cadant, O.: Virtute, V.: violentia Turni exsuperat magis, V.—*To surpass, exceed, excel:* exuperat eius stultitia haec omnia, T.: Tarquinios superbiā, L.: morum nobilitate genus, O.: (summa) operum fundamenta exsuperatura, i. e. *exceed the cost of,* L.: cuncta exsuperans patrimonia census, Iu.—*To be too much for, overpower, overcome:* summum Iovem, C. poët.: sensum omnem talis damni, L.: virīs meas, O.: moras (sc. scalarum), *obstacles,* V.

exsurdō, —, —, āre [ex+surdus], *to deafen, dull, blunt:* palatum, H.

ex-surgō or **exurgō**, surrēxī, —, ere, *to rise up, rise, get up, stand up:* cum exsurgeret, simul, etc.: exsurge quaeso: ex insidiis, L.: temere, Ta.: altior, V.—Of the sun, Ta.: presso tellus aratro, Tb.: cum geminis exsurgat mensa lucernis, i. e. in fancy, Iu. — Fig., *to rise up, rise, recover strength:* auctoritate vestrā res p. exsurget: adversus alcuius mentem, Ta.

ex-suscitō (exusc-), āvī, ātus, āre, *to rouse from sleep, awaken:* te gallorum cantus exsuscitat.—*To kindle:* flammas aurā, O.: incendium, L. —Fig., *to stir up, rouse up, excite:* animos: animum dictis.

exta, ōrum, *n.* [*sup.* for *ecista from ex], *the chief internal organs of the body, significant organs* (in prognostication): exta interpretari: dare, L.: inspicere: reddere Marti, V.: lustralia, V.: victimae, L.

ex-tābēscō, buī, ere, *inch., to pass away completely, disappear:* corpus macie extabuit, Poët. ap. C.—Fig.: opiniones diuturnitate.

extemplō, *adv.* [ex+*tempulum, *dim.* of tempus], *immediately, straightway, forthwith, without delay:* quid fingat extemplo non habet: haec extemplo in invidiam, verterunt, L.: Dixit et extemplo sensit, etc., *at once,* V.: prudentiam dictatoris extemplo timuit, *from the first,* L.: ut impulit Extemplo, etc., V.: Postquam adveni, extemplo, etc., T.

extemporālis, e, *adj.* [ex+tempus], *off hand, on the spur of the moment:* audacia, Ta.

ex-tendō, tendī, tentus or tēnsus, ere, *to stretch out, spread out, extend:* extensis digitis: Buten harenā, *stretch prostrate,* V.: capita tignorum, Cs.: Maiores pennas nido, H.: aciem latius, Cu.: labellum, *pout,* Iu.: gladios, *forge,* Iu.: Iussit extendi campos, *spread,* O.: toto ingens extenditur antro, V.: per extentum funem posse ire, *on a tight rope,* i. e. *to perform dexterous feats,* H. — Fig., *to extend, increase, enlarge, lengthen, spread:* agros, H.: famam factis, V.: nomen in ultimas oras, H.: cupiditatem gloriae, L.: extentis itineribus, *by forced marches,* L.: cursūs, *proceed,* V.: faenus in usuras, i. e. *compound interest,* Ta.—*To exert, strain:* se magnis itineribus, Cs.: se supra vires, L.: magis ille extenditur, *is excited,* Iu.—*To extend, prolong, continue, spend, pass:* curas venientem in annum, V.: luctūs in aevom, O.: extento aevo vivere, H.: non longius quam . . . extendi, *last,* L.

extēnsus, *P.* of extendo.

extentus, *adj.* with *sup.* [*P.* of extendo], *extended, extensive, wide:* latius Lucrino Stagna lacu, H.: extentissima vallis, L.

extenuātiō, ōnis, *f.* [extenuo], *a lessening, diminution, extenuation* (as a figure of speech).

extenuātus, *adj.* with *sup.* [*P.* of extenuo], *trifling, faint, weak:* vestigia, Ct.: oratio, Her.: (copiolae) extenuatissimae, Brut. ad C.

ex-tenuō, āvī, ātus, āre, *to make small, reduce, diminish:* aër extenuatus, *rarefied:* in aquas, O.: mediam aciem, L.: extenuatā acie, S. — Fig., *to diminish, lessen, weaken, extenuate, detract from:* laudes verbis: cuiusque censūs: molestias: famam belli, L.: vires, H.

(**exter** or **exterus**, tera, terum), *adj.* [ex], *on the outside, outward, of another country, foreign, strange.* — Only *plur.*: ius nationum exterarum: civitates: regna, V.; see also exterior, extimus, extremus.

(**ex-terebrō**), —, ātus, āre, *to extract by boring, bore out:* aurum.

(**ex-tergeō**), —, sus, ēre, *to strip clean, plunder:* fanum extersum relinquere.

exterior, us, *adj. comp.* [exter], *outward, outer, exterior:* vallus, Cs.: contra exteriorem hostem, Cs.: comes exterior, i. e. *on the left side,* H.

exterius, *adv.* [exterior], *on the outer side, without:* sitae (urbes), O.

extermino, āvī, ātus, āre [ex+terminus], *to drive out, drive away, expel, exile, banish:* Marcellum ex urbe: oppugnatores rei p. de civitate.—Fig., *to drive out, put away, put aside, remove:* auctoritatem vestram e civitate: quaestiones physicorum.

externō, see exsterno.

externus, *adj.* [exter], *outward, external:* visio: vir rebus externis laudandus, *foreign relations.*—As *subst. m.:* odium in externos, *towards strangers.*— As *subst. n.:* externi ne quid, H.: illa externa, *outward goods.*—*Of another country, foreign, strange:* opibus externis auxilio confidere, Cs.: religio: gens, V.: amor, *for a foreigner,* O.: timor, *of a foreign enemy,* L.—As *subst. m.:* Arcebat externos finibus, O.: cum externo se applicare, L.—As *subst. n.:* externa libentius recordor, *foreign examples.*

ex-terō, —, —, ere, *to tread down, crush:* nives, O.

ex-terreō, uī, itus, ēre, *to strike with terror, frighten, affright:* praeter modum exterreri: urbem nuntius exterruit, Ta.: voltu legiones, Ta.: propriā exterrita voce est, i. e. *lost her voice through fright*, O.: Improvisa species exterret utrumque, H. — *P. perf., terrified, dismayed, panic-struck:* repentino periculo, Cs.: hostium incursu, Cs.: monstris, V.: timuitque exterrita pennis Ales, *fluttered in terror*, V.: (anguis) exterritus aestu, *made wild*, V.: amnis, V.

extersus, *P.* of extergeo. (**exterus**), see exter.

ex-timēscō, muī, —, ere, *inch., to be greatly afraid, fear greatly, await with fear, dread:* equi repentinis sibilis extimescebant: de fortunis: ne id evenerit: Non extimui, quod, etc., V.: si filius venisset, posse extimesci infectum, Ta.: patrem, T.: adventum nostrum: casus navibus extimescendus, Cs.: a quo periculum extimescendum est.

extimus or **extumus**, *adj. sup.* [ex], *outermost, farthest, most remote:* orbis. — *Plur. n.* as *subst.:* umor Extuma possedit, O.

extinguō, see exstinguo.

extispex, icis, *m.* [exta+SPEC-], *an observer of entrails, diviner, soothsayer.*

ex-tollō, —, —, ere, *to lift out, lift up, raise, elevate:* iacentem: caput: pugionem, Ta.: in gremium liberorum ex te genus, Enn. ap. C.: gurgite palmas, Pr.—F i g., *to raise, exalt:* novos, S.: opibus et honoribus extolli, Ta. — *To raise, excite, elevate:* animos: irā promptum animum, Ta.: hominem oratione, S.: se, *to grow proud.*—*To extol, laud, praise:* fortunam: Planci meritum verbis: Hannibalis fortunam, L. — *To adorn, beautify:* hortos, Ta.: piscinas, Ta.

ex-torqueō, sī, tus, ēre, *to twist out, wrench out, wrest away:* ferrum e manibus: horum gladios: dextrae mucronem, V.: in servilem modum extorti, *wrenched*, L.: extorque, *put me to the torture*, T.—*To obtain by force, extort:* ut pecunia Staieno extorta sit: vi et metu extortum: a Caesare per Herodem talenta: obsidibus summā cum contumeliā extortis, Cs.—F i g., *to wrest out, force away, obtain by force, tear away, extort:* defessis libertatem, S.: suffragium populi per vim, L.: mihi hunc errorem: cui sic extorta voluptas, H.: extorsisti, ut faterer, *forced me to:* poëmata (of the years), H.

extorris, e, *adj.* [ex+terra], *driven out of the country, exiled, banished, homeless:* hinc extorres profugerunt: agro Romano, L.: patriā domo, S.: extorre hinc Punicum nomen, *driven from this land*, L.: extorrem populum R. agere ab solo, L.

extortor, ōris, *m.* [TARC-], *an extorter:* Bonorum, T.

extortus, *adj.* [*P.* of extorqueo], *deformed:* puella, Iu.

extrā, *adv.* and *praep.* [exter]. **I.** *Adv.* (for *comp.* see exterius), *on the outside, without:* extra et intus hostem habere, Cs.: et in corpore et extra: illa, quae sunt extra, *outward goods.*—In the phrase, extra quam: extra quam fiat, etc., *except in the case that*, etc., C. (lex): extra quam qui eorum, etc., *except those of them who*, etc., L.: extra quam si nolint fame perire, *unless.* — **II.** P r a e p., with *acc.*, *outside of, without, beyond:* Iliacos intra muros peccatur et extra, H.: extra portam Collinam.—*Apart from, aside from, out of the way of, beyond:* esse extra noxiam, T.: extra famam noxae, L.: extra ruinam esse: extra cotidianam consuetudinem, *contrary to*, Cs.: extra iocum, *jesting apart:* extra gloriam, *without*, Ta. —*Except, excepting, besides:* optumam progeniem Priamo peperisti extra me (i. e. me exceptā), Enn. ap. C.: extra unam aniculam, T.: extra ea cave vocem mittas, L.

extractus, *P.* of extraho.

ex-trahō, āxī, actus, ere, *to draw out, draw forth, pull out, drag:* telum e corpore: telum de volnere, O.: puerum alvo, H.: consulem ex tectis: rure in urbem, H.: senatores vi in publicum, L.: extractos ad certamen fudit, L.: (cum) turbā Oppositis umeris, H. — F i g., *to withdraw, extricate, release:* urbem ex periculis maximis: (scelera) ex tenebris in lucem, L. — *To extract, eradicate:* ex animis religionem. — *To draw out, protract, prolong:* res variis calumniis: certamen usque ad noctem, L.: somnum in diem, Ta.: extrahi rem ex eo anno, i. e. *into the next year*, L.: dicendi morā dies, i. e. *waste*, Cs.: triduum disputationibus, Cs.: extrahi se putare, *put off*, L.

extrāneus, *adj.* [exter], *from without, strange:* nullum extraneum malum est: ornamenta.—As *subst. m., a stranger*, L.—*Plur.*, Ta.

extra-ōrdinārius, *adj.*, *out of the common order, extraordinary, uncommon:* pecuniae: reus, *to be tried out of the usual order:* cohortes, *select*, L.: porta (i. e. praetoria), L.: petitio consulatūs: imperium: periculum, Cu.

extrārius, *adj.* [extra], *outward, external, extrinsic:* res (opp. in corpore). — As *subst. m., a stranger*, T.

extrēmitās, ātis, *f.* [extremus], *the extremity, end, terminus:* mundi.—In geometry, *the surface.*

extrēmō, *adv.* [extremus], *at last, finally:* Hamilcarem imperatorem fecerunt, N.

extrēmum, *adv.* [extremus], *at last, finally*, C.: liquefacta Tabuit, O.—*For the last time:* te adfari, V.: Adloquor amicos, O.

extrēmus, *adj. sup.* [exter], *outermost, utmost, extreme, farthest, last:* oppidum Allobrogum, Cs.:

finis provinciae, L.: Indi, H.: in codicis extremā cerā: extremā lineā amare, i. e. *to make love at a distance*, T.: vinitor, i. e. *at the end of his task*, V.: cultores, *in remotest lands*, V.—*The last part, end tip, extremity, boundary, surface* (with a *subst.*, denoting the whole): quibus (litteris) in extremis, *at its end:* in extremo libro tertio, *at the end of:* in extremo ponte, Cs.: cauda, *tip*, V.: extremis digitis aliquid attingere.—As *subst. n.:* quod finitum est, habet extremum, *an end:* teretes, praeterquam ad extremum, *at the end*, L.: mundi: provinciae, Cs.: extrema agminis, L.—Of time or order, *latest, last:* mensis anni Februarius: finis vitae, L.: manus extrema non accessit operibus, *finishing touches:* extremum illud est, ut, etc., *it remains only:* ad extremam aetatem, *old age*, N.: extremo tempore, *at last*, N.: pueritia: extremo Peloponnesio bello, N.: Extremus galeāque imā subsedit Acestes, i. e. *the lot of*, V. — As *subst. m.:* Extremi primorum, extremis usque priores, H.: Occupet extremum scabies, *devil take the hindmost*, H. —As *subst. n.:* die extremum erat, S.: extremo anni, L.: in extremum (durare), O.: ad extremum incipit philosophari, *at last:* testis ad extremum reservatus, *to the last:* Extrema gemens, *for the last time*, V.—Fig., *utmost, highest, greatest, extreme:* fames, Cs.: ad extrema iura decurrere: extremae dementiae est (with *infin.*), *the height of madness*, S.: in extremis suis rebus, *utmost danger*, Cs. — As *subst. n.:* audendi extrema cupido, V.: ad extrema ventum foret, ni, etc., L.: res p. in extremo sita, S.: non ad extremum perditus, *utterly*, L.—*Last, least, lowest, meanest:* Haud Ligurum, V.: ignis, *flickering*, V.: extremi ingeni est, qui, etc., L.

ex-trīcō, āvī, ātus, āre [ex+tricae], *to disentangle, extricate, clear, free:* extricata densis Cerva plagis, H.: nummos unde unde, *procure with difficulty*, H.—Fig., *to unravel, clear up:* nihil, Ph.

extrīnsecus, *adv.* [exter+secus], *from without, from abroad:* obiectā terribili re: spiritum adducere: imminens bellum, L.—*Without, on the outside:* inaurata (columna).

ex-trūdō, sī, sus, ere, *to thrust out, push forth, drive out, drive away:* me foras, T.: Pollucem, *get rid of:* extrudi a senatu in Macedoniam: extruso mari aggere, *shut out*, Cs.: merces, *to sell off*, H.

extruō, see exstruo.

extrūsus, *P.* of extrudo.

extumefactus, *adj.* [ex-tumeo+facio], *swollen:* (pars animi) potu (B. & K.).

ex-tundō, tudī, —, ere, *to beat out, strike out, forge out:* nobis hanc artem, *devise*, V.: ancilia, *fashion in relief*, V.: calcibus frontem, *crush*, Ph.: fastidia, *drive off*, H.

ex-turbō, āvī, ātus, āre, *to drive out, thrust out, drive away, thrust away:* homines e possessionibus: alqm focis patriis: provinciā exturbatus: caede animas, O.: spem pacis, L.—*To drive away* (a wife), *divorce:* Octaviam, Ta.

ex-ūberō, —, —, āre [uber], *to grow luxuriantly, be abundant, abound, overflow:* luxuriā foliorum exuberat umbra, V.: alte spumis amnis, V.: pomis annus, V.: ex eruditione eloquentia, Ta.: animus fenore, *revels*, Ta.

exul, see exsul.

ex-ulcerō, āvī, ātus, āre, *to make worse, exasperate, embitter:* quae sanare nequeunt: exulceratus animus.

exulō, see exsulo.

ex-ululō, —, ātus, āre, *to howl, cry out, howl violently*, O.—*P. pass.:* (Bacchis) exululata iugis, *after howling*, O.: mater, *invoked with screams*, O.

exultim, **exultō**, see exsult-.

exundāns, ntis, *adj.* [*P.* of exundo], *overflowing, abundant:* ingenii fons, Iu.

ex-undō, āvī, —, āre, *to flow out, overflow:* tura in litora exundant, *are washed up*, Ta.—Fig.: exundat eloquentia, Ta.

exuō, uī, ūtus, ere [4 AV-], *to draw out, take off, pull off, put off:* pharetram umero, O.: iugum, *shake off*, L.: caestūs, V.—*To unclothe, divest, free, put forth:* pellibus membra, H.: ossa lacertosque, *bares*, V.: ex his te laqueis: se iugo, L.: unum exuta pedem vinclis, V.: cornua exuitur, O. —*To strip, despoil, deprive:* copiae armis exutae, Cs.: se agro paterno, L.—Fig., *to lay aside, cast off, divest oneself of, put away:* humanitatem: silvestrem animum, V.: mores antiquos, L.: tristitiam, Ta.: ius fasque, Ta.: hac (pinu) hominem, i. e. *turn into a pine*, O.: ex animo exui non potest, esse deos: Lepidum, *get rid of*, Ta.

exuperō, see exsupero. **exurgō**, see exsurgo.

ex-ūrō, ussī, ūstus, ere, *to burn out, burn up, consume:* vivus exustus est: vicos: classem, V. —*To dry up:* loca exusta solis ardoribus, S.: paludem, V.—*To consume, destroy:* aliis scelus exuritur igni, V.: cornua, O.: exustus flos ubertatis. —*To inflame* (with love): deos, Tb.

exūstiō, ōnis, *f.* [exustus], *a burning up, conflagration:* exustiones terrarum.

exūstus, *P.* of exuro. **exūtus**, *P.* of exuo.

exuviae, ārum, *f.* [4 AV-], *that which is stripped off, clothing, equipments, arms:* pyram Erige exuviasque omnīs super imponant, V.: (coluber) positis novus exuviis, *his slough*, V.: leonis, *skin*, V.: ferarum, O.: devotae verticis exuviae, *hair*, Ct.—*Spoils, booty:* locus exuviis nauticis ornatus: viri, V.: hostiles, Tb.: bellorum, Iu.: ornatus exuviis huius.

exuvium, ī, *n.* [4 AV-], *spoils, booty:* exuvio plenus ab hoste redis, Pr.

F.

faba, ae, *f.* [FAG-], *a bean, horse-bean*, C., V., H., Ct.—Prov.: Istaec in me cudetur faba, i. e. *I shall have to smart for it*, T.

fabālis, e, *adj.* [faba], *of beans:* stipulae, O.

fābella, ae, *f. dim.* [fabula], *a little history, short story, idle tale:* veteris poetriae: commenticiae fabellae, *fables:* vera, Ph.—*A short fable, tale:* aniles, H.: narrare fabellam asello, *preach to a stone*, H.—*A short play:* a te acta.

1. faber, brī (*gen. plur.* brūm; rarely brōrum, C.), *m.* [2 FAC-], *a workman, maker, forger, smith, artificer, carpenter, joiner:* Marmoris aut eboris aut aeris, H.: hominem pro fabro emere: fabri ad aedificandam rem p., *laborers:* praefectus fabrūm, *chief engineer*, Cs.: ex legionibus fabros delegit, *artisans*, Cs.: His fabris crescunt patrimonia, i. e. *these smiths add to their patrimonies*, Iu.: volans (i. e. Icarus), Iu.: tignarius, *carpenter.*—Prov.: tractant fabrilia fabri, H.—*A dory, sunfish*, O.

2. faber, bra, brum, *adj.* [2 FAC-], *constructive, workmanlike:* ars, *architecture*, O.

fabrē-factus, *adj.*, *skilfully made, artistically wrought:* ad id navigia, L.: aes.

fabrica, ae, *f.* [1 faber], *a joiner's shop, smith's shop, workshop:* fabricae praeesse.—*An art, trade, pursuit, industry, craft:* aeris et ferri.—*Architecture:* pictura et fabrica ceteraeque artes.—*A skilful production, fabric, structure:* admirabilis membrorum.—Fig., *a crafty device, wile, trick, stratagem:* ad senem aliquam fabricam fingere, T.

fabricātiō, ōnis, *f.* [fabricor], *a structure, construction:* hominis.—Fig., of speech, *structure, skilful construction.*

fabricātor, ōris, *m.* [fabricor], *an artificer, framer, contriver:* operis: mundi, O.: opusculorum: doli Epeos, V.

fabricō, āvī, ātus, āre [fabrica], *to make, build, construct, erect:* hanc (crateram), O.: quae (arma) fabricaverat usus, H.: ratem, Ph.: fabricata fago pocula, *carved*, O.: Tela manibus fabricata Cyclopum, *forged*, O.

fabricor, ātus, ārī, *dep.* [fabrica], *to make, frame, forge, construct, build:* signa: Capitoli fastigium: gladium.—*To prepare, form, fashion, construct:* hominem: animal omne: verba, *coin.*

fabrīlis, e, *adj.* [faber], *of an artificer:* scalprum, L.: opera ad fabrilia surgere, V.: dextra, O.: erratum, *of the sculptor.*—*Plur. n.* as *subst.*, *tools, implements:* tractant fabrilia fabri, H.

fābula, ae, *f.* [1 FA-], *a narration, narrative, account, story, tale:* poëticae, L.: longa, H.: de te Fabula narratur, H.: et fabula fias, *the common talk*, H.: volgaris, O.: nova, *news*, Iu.: a diverticulo repetatur fabula, *let us return to our story*, Iu.: fabulae conviviales, *conversation*, Ta.—*An affair, concern, matter, talk:* quam mihi surdo narret fabulam, *how deaf I am to his talk*, T.: quae haec est fabula? *what does this mean?* T.—*A fictitious narrative, tale, story, fiction, fable:* ut ad fabulas veniamus: fabulis credere: a fabulis ad facta venire: non fabula rumor Ille fuit, O.: fabulae! *tales!* T.: fabulae Manes (i. e. fabulosi), H.—*A dramatic poem, drama, play:* in primā fabulā, *when the play opens*, T.: primus fabulam docuit: Securus, cadat an stet fabula, H.: neu sit quinto productior actu Fabula, H.: in fabulis persona.—*A fable, story with a lesson:* fabularum genus, Ph.: quae (res) vel apologum, vel fabulam contineat.—Prov.: Lupus in fabulā, *talk of the devil* (of a person who comes while talked about), T.—*A plot, action, story* (of a play or poem), H.

fābulor, ātus, ārī, *dep.* [fabula], *to speak, converse, talk, gossip, chat:* aperte tibi, T.: noli fabularier, *don't be chattering!* T.: quid Galba fabuletur, L.: apud alqm, Ta.

fābulōsus, *adj.* [fabula], *full of fables, rich in myths:* carmina, Cu.—*Celebrated in fable:* Hydaspes, H.: palumbes, H.

facēssō, cēssī, ītus, ere, *intens.* [facio], *to despatch, perform, execute, accomplish, fulfil:* iussa, V.: matris praecepta, V.—*To bring on, cause, occasion, create:* audire ei negotium facessitum: innocenti periculum.—*To make off, go away, retire, depart:* ut Haec hinc facessat, T.: ab omni societate rei p.: urbe finibusque, L.: operae facessant, servitia sileant: hinc ocius, Cu.

facētē, *adv.* with *comp.* and *sup.* [facetus], *finely, gracefully, neatly:* dictum, T.—*Pleasantly, wittily, facetiously:* dicere: multa conligere: facetius eludimur: facetissime dare.

facētiae, ārum, *f.* [facetus], *wit, witty sayings, witticisms, pleasantry, drollery, humor, facetiousness:* homo facetiis praeditus: omnes facetiis superare: multae facetiae multusque lepos inerat, S.: facetiarum quidam lepos: facie magis quam facetiis ridiculus.

facētus, *adj.* with *sup.* [1 FAC-], *fine, courteous, polite, gentle:* mulier, T.: quemque facetus adopta, H.: qui (ambulet) facetus, *in fine parade*, H.—As *subst. n.*, *elegance, grace:* facetum Vergilio adnuerunt Camenae, H.—*Merry, witty, jocose, humorous, facetious:* Socrates: narratores: facetus esse voluisti: ioco mordente, Iu.: facetissimus poëta: iocandi genus: ironia.—*Plur. n.* as *subst.:* faceta innumerabilia.

faciēs, *acc.* em, *abl.* ē, *nom.* and *acc. plur.* ēs [1 FAC-], *appearance, form, figure, shape, build:* decora (equorum), H.: faciem mutatus et ora, V.: parentis Anchisae, *shade*, V.: longa quibus facies ovis erit, H.: Adparent dirae facies, *apparitions*, V.: verte omnīs tete in facies, i. e. *try every expedient*, V.—*A face, visage, countenance, look:* non novi hominis faciem, *know by sight*, T.: egregia, *of rare beauty*, T.: insignis facie, V.: faciem eius ignorare, S.: in facie voltuque vecordia inerat, S.: mea laudata, *beauty*, O.: adfers faciem novam: (nymphe) Rara facie, O.: nec faciem litore demovet, H.: rectā facie loqui, *boldly*, Iu.: (volucris) armata, *beaked*, O.—Fig., *external form, look, condition, appearance, aspect:* senatus faciem secum attulerat P. R.: contra belli faciem, *as if there were no war*, S.: publici consilii facie, *pretext*, Ta.: urbis, S.: maris, V.: noctis, O.: arbos faciem simillima lauro, V.—*A kind, sort, class:* Quae scelerum facies? V.: laborum, V.: scelerum, V.: pugnae, Ta.

facile, *adv.* with *comp.* and *sup.* [facilis], *easily, with ease, readily, without difficulty:* recta consilia aegrotis dare, T.: haec facile ediscere?: quo facilius otio perfruantur: id hoc facilius eis persuasit, quod, etc., Cs.: facillime fingi: facillime mederi inopiae, Cs.—With superlatives or words of superiority, *certainly, unquestionably, without contradiction, beyond dispute, by far, far:* facile hic plus malist, quam illic boni, T.: doctissimus: pecuniā primus: fortuitam orationem cogitatio facile vincit.—With numerals, *quite, fully:* hereditas facile ad HS tricies.—With a negative, *not easily, hardly:* non facile dixerim, quicquam, etc.: haud facile ad negotium inpelli posse, S.: haud facile lubidinibus carebat, S.—*Readily, willingly, promptly, without hesitation:* omnes perferre, T.: homo laborans: unguibus facile illi in oculos involem, T.: locus, ubi facilius esse possim quam Asturae.—*Pleasantly, agreeably, well:* cogites, Quam vos facillume agitis, T.: copias propter exiguitatem non facile diduci, *safely*, Cs.

facilis, e, *adj.* with *comp.* and *sup.* [2 FAC-], *easy to do, easy, without difficulty:* res (opp. difficilis), T.: facilia ex difficillimis redigere, Cs.: causa: cursus: aditus, Cs.: somnus, *easy to obtain*, H.: saevitia, *easily overcome*, H.: aurae, *gentle*, O.: iactura, *light*, V.: cera, *yielding*, O.: victus, *copious*, V.: cursus ad deos facilior: quod ei fuit facillimum: materies facilis ad exardescendum: haec ad iudicandum sunt facillima: faciles ad receptum angustiae, L.: crepido haud facilior in ascensum, L.: cuivis facile scitu est, T.: (Cyclops) Nec visu facilis, V.: nihil est dictu facilius, T.: factu facillimum, S.: materia facilis est, in te dicta dicere: facilis vincere ac vinci voltu eodem, L.: quod illis prohibere erat facile, Cs.: Quīs facile est aedem conducere, Iu.: terra pecori, *suitable*, V.: campus operi, L.: divisui (Macedonia), L.: homines bello, Ta.—In adverb. phrases: cum exitūs haud in facili essent, *not easy*, L.: ex facili tolerantibus, Ta.—Of persons, *ready, quick:* ad dicendum: fore facilem victu per saecula gentem, *lead a happy life*, V.: homines in bella, Ta.: amori, Tb.: aurem praebere puellae, Pr.—*Easy, good-natured, accessible, compliant, willing, yielding, courteous, affable:* pater: facilem votis ut praebeat aurem, H.: auris, Iu.: mores facillimae: amicitiā, S.: sermone, Ta.: in rebus cognoscendis: in suum cuique tribuendo: ad concedendum: in tua vota di, O.: impetrandae veniae, L.—*Favorable, prosperous:* res et fortunae faciliores: vestrae res, L.—*Easily moving, quick, nimble:* oculi, V.: manūs, O.

facilitās, ātis, *f.* [facilis], *easiness, ease, facility, readiness:* in bonis rebus: partiendi spatia, Ta.: poscendi, *privilege*, Ta.—*Willingness, readiness, good-nature, courteousness, affability, accessibility:* Patris inepta, *foolish indulgence*, T.: amicitia ad omnem facilitatem proclivior: in audiendo: animi: sermonis: actio facilitatem significans.

facilius, *adv., comp.* of facile.

facinorōsus or **facinerōsus**, *adj.* with *sup.* [facinus], *criminal, villainous, atrocious, vicious:* vita: facinerosissimi sicarii: manūs.—*Plur. m.* as *subst., scoundrels.*

facinus, oris, *n.* [2 FAC-], *a deed, act, action, achievement:* magnum, T.: pulcherrimum, T.: nefarium, Cs.: forte, O.: mirabilia facinora: ingeni egregia facinora, S.—*A bad deed, misdeed, outrage, villainy, crime:* audax, T.: facinus est vincire civem: facinoris tanti conscii, S.: ad vim, facinus caedemque delecti: nihil facinoris praetermittere, L.: ne facinus facias: committere: in se admittere, Cs.: facinoribus coopertus, S.: incendia aliaque facinora belli, S.: lenius, H.: libidinis, Iu.: maioris abollae, i. e. *of a teacher*, Iu.: facinus excussit ab ore, i. e. *the poisoned cup*, O.—*Plur., criminals, abandoned men:* omnium facinorum circum se stipatorum catervae, S.

faciō, fēcī (old *fut. perf.* faxo; *subj.* faxim), factus, ere; *imper.* fac (old, face); *pass.* fīō, fierī; *pass. imper.* fī [2 FAC-], *to make, construct, fashion, frame, build, erect, produce, compose:* Lectulos faciundos dedit, T.: navīs: candelabrum factum e gemmis: de marmore signum, O.: pontem in Arare, Cs.: (fanum) a civitatibus factum, *founded*, L.: duumviri ad aedem faciendam, L.: statuam faciendam locare: (valvae) ad cludendum factae: comoedias, T.: sermonem: epigramma: verbum, *speak:* carmina, Iu.: scutis ex cortice factis, Cs.:

auri pondera facti, *wrought*, V.—Of actions, *to do, perform, make, carry on, execute:* Opus, T.: officium, T.: Si tibi quid feci quod placeat, T.: proelium, *join*, Cs.: iter, Cs.: clamores: clamor fit: eruptiones ex oppido, Cs.: gradum: imperata, Cs.: promissum, *fulfil:* iudicium: deditionem, S.: fac periclum in litteris, *put* (him) *to the test*, T.: me advorsum omnia, *oppose me in everything*, T.: omnia amici causā: multa crudeliter, N.: initium, *begin:* praeter aetatem Facere, *work too hard for your years*, T.: perfacile factu esse, conata perficere, Cs.—*To make, produce, cause, occasion, bring about, bring to pass:* turbam, T.: ignem ex lignis: iniuriam, Cs.: causas morae, S.: ducis admirationem, *excite*, L.: luxuriae modum, *impose*, S.: fugam ex ripā fecit (i. e. fugavit), L.: somnum, *induce*, Iu.: metum insidiarum, *excite*, L.: silentio facto, L.: ne qua eius adventūs significatio fiat, *become known*, Cs.: faciam ut intellegatis: facito, ut sciam: putasne te posse facere, ut, etc.?: fieri potest, ut recte quis sentiat, *it may happen:* ita fit, ut adsint, *it happens:* faciendum mihi est, ut exponam, *is incumbent:* me Facit ut te moneam, *compels*, T.: facere non possum, quin mittam, etc., *I cannot forbear:* di faxint ne sit alter (cui, etc.): fac ne quid aliud cures, *take care:* domi adsitis, facite, T.: ita fac cupidus sis, ut, etc., *be sure:* iam faxo scies, T.: nulla res magis talīs oratores videri facit, quales, etc. (i. e. ut viderentur): hoc me Flere facit, O.—*To make, acquire, obtain, gather, accumulate, gain, take, receive, incur, suffer:* rem, T.: praedam, Cs.: pecuniam: stipendia, *earn*, S.: corhortīs, *form*, Cs.: corpus, *grow fat*, Ph.: viam sibi, *force*, L.: alqm suum, *win as a friend*, T.: terram suam, i. e. *conquer*, Cs.: vitae iacturam, Cs.: naufragium: damnum.—*To make, render, grant, give, impart, confer:* arbitria, H.: potestatem dicendi: sibi iure iurando fidem, *give assurance*, Cs.: Romanis animum, *inspire*, L.: copiam pugnandi militibus, L.: audientiam orationi: cui si libido Fecerit auspicium, i. e. *if the whim seize him*, H.: cognomen colli, L.: mihi medicinam, *administer:* nobis otia, V.: alcui dolorem: desiderium decemviros creandi, L.—*To celebrate, conduct, give, perform, represent:* cenas: res divinas: sacra pro civibus: cui (Iunoni), *make offerings:* vitulā pro frugibus, *make sacrifice*, V.: cum pro populo fieret: ut fieret, edere, L.—*To practise, follow:* naviculariam: mercaturas.—*To make, depict, represent, assert, say, pretend:* in libro se exeuntem e senatu: pugnam ex auro, V.: me unum ex iis feci, qui, etc., *pretended to be:* ex industriā factus ad imitationem stultitiae, L.: inpendere apud inferos saxum Tantalo: Fecerat et fetam Procubuisse lupam, V.: facio me alias res agere, *make as if.*—*To suppose, assume, grant, admit* (only *imper.* with *obj. clause*): fac audisse (Glauciam): fac ita esse: fac (me) velle, V.—*To make, constitute, choose, appoint, render:* senatum firmiorem vestrā auctoritate: heredem filiam: exercitum sibi fidum, S.: iter factum corruptius imbri, H.: hi consules facti sunt: ex coriis utres fierent, S.: Candida de nigris, O.: si ille factus esset, *had been chosen* (consul): alqm certiorem facere, *inform;* see certus: ne hoc quidem sibi reliqui facit, ut, etc., *does not leave himself so much character.*—*Pass., to become, be turned into, be made:* fit Aurum ingens coluber, V.: sua cuique deus fit dira cupido? V.—*To put in possession of, subject to, refer to:* omnia quae mulieris fuerunt, viri fiunt: omnem oram Romanae dicionis fecit, L.: dicionis alienae facti, L.—*To value, esteem, regard, appraise, prize:* parum id facio, S.: te maxumi, T.: quos plurimi faciunt: voluptatem minimi: dolorem nihili: istuc Aequi bonique facio, *am content with*, T.—*To do* (resuming the meaning of another verb): cessas ire ac facere, i. e. *do as I say*, T.: oppidani bellum parare: idem nostri facere, S.: 'evolve eius librum'—'Feci mehercule:' bestiae simile quiddam faciunt (i. e. patiuntur): aut facere aut non promisse, Ct.: Sicuti fieri consuevit, *to happen*, S.—*To do, act, deal, conduct oneself:* Facere contra huic aegre, T.: tuis dignum factis feceris, *will act like yourself*, T.: bene: adroganter, Cs.: per malitiam, *with malice:* aliter, S.: facere quam dicere malle, *act*, S.: mature facto opus est, *prompt action*, S.—*To act, take part, take sides:* idem plebes facit, S.: idem sentire et secum facere Sullam: cum veritas cum hoc faciat, *is on his side:* nihilo magis ab adversariis quam a nobis: eae res contra nos faciunt: adversus quos fecerint, N.—*To arrange, adjust, set:* Vela, *spread*, V.: pedem, *brace*, V.—*To be fit, be useful, make, serve, answer, do:* Ad talem formam non facit iste locus, O.: ad scelus omne, O.: Stemmata quid faciunt? *avail*, Iu.

facteon, *adj.* [FAC-+-τέος]: alqd non flocci, *one must count worthless* (a word coined in jest).

factiō, ōnis, *f.* [2 FAC-], *a making, doing, preparing:* testamenti, *the right to make a will.*—*A taking sides, partisanship, faction:* per vim et factionem: nobilitas factione magis pollebat, *party organization*, S.—*A company, association, class, order, sect, faction, party:* paucorum, Cs.: mors partium et factionum, S.: in singulis domibus factiones sunt, Cs.: factionum partes, Ph.—*An oligarchy, usurping faction:* triginta illorum: princeps factionis, L.

factiōsus, *adj.* [factio], *partisan, factious, seditious, revolutionary, oligarchical:* adulescens, S.: largitores et factiosi: factione cum factioso certare, S.

factitō, āvī, ātus, āre, *freq.* [facto], *to do frequently, do habitually, practise, make persistently:* Idem hoc, T.: quod ne Graeci quidem factitaverunt: in Siciliā factitatum est hoc: accusationem: delationem, Ta.: versūs, *keep writing*, H.: alquem heredem, *recognize as heir*.

factum, ī, *n.* [*P. neut.* of facio], *a deed, act, exploit, achievement:* horum facta depingere, T.: te pro istis factis Ulciscar, T.: Dimidium facti, qui coepit, habet, H.: famam extendere factis, V.: egregium: inlustria et gloriosa: mortalia, *of mortals*, H.: totā notissima Cypro Facta, *the story*, O.: recte ac turpiter factum, Cs.: bene facta, *benefits:* recte facta, *services*, L.—*An event:* paulo post id factum, Cs.: mirabile, O.

factus, *adj.* [*P.* of facio], *elaborate, finished, artistic:* oratio: argentum, *silver-ware:* negare Versiculos magis factos, H.: ad unguem Factus homo, *complete*, H.

facula, ae, *f. dim.* [fax], *a little torch*, Pr.

facultās, ātis (*gen. plur.* facultātum, C.), *f.* [facilis], *capability, possibility, power, means, opportunity, skill, ability:* poëtica: ex ceteris rebus comparata: dum est facultas, *while you can*, Cs.: sumptuum: fugae, Cs.: pariundi, T.: suscipiendi malefici: facultatem iudicandi facere: itineris faciundi, *leave to go*, Cs.: ad dicendum: ad ducendum bellum, Cs.: tua in dicendo: ingeni facultates: hominis, *capacity:* L. Quinctius oblatam sibi facultatem putavit, ut, etc.—*A sufficient number, abundance, plenty, supply, stock, store, goods, riches, property:* nummorum: navium: virorum, Cs.: anquirunt ad facultates rerum atque copias, etc.: mutuandis facultatibus et commodandis: ne maior benignitas sit quam facultates: Italiae facultates, *resources*, Cs.

fācundē, *adv.* [facundus], *eloquently, persuasively:* adloqui, L.: casum miseratur, Ta.

fācundia, ae, *f.* [facundus], *eloquence, fluency, command of language:* tantum posse a facundiā, T.: facundiā Graecos ante Romanos fuisse, S.: praesens, H.: praeceps, H.

fācundus, *adj.* [1 FAC-], *speaking easily, fluent, eloquent:* Sulla, S.: nepos Atlantis, H.: facundum faciebat amor, O.: ingenia ad suam cuique levandam culpam, L.: lingua, H.: ōs, O.: vox, O.: Gallia, Iu.: oratio, S.

faecēs, *plur.* of faex.

faecula or **fēcula**, ae, *f. dim.* [faex], *burnt wine-crust, salt of tartar*, H.

faelēs, see feles.

faenebris (fen-), e, *adj.* [faenus], *of interest, of usury:* leges, L.: fenebrem rem levare, i. e. *indebtedness*, L.: malum, Ta.

faenerātiō (fēn-), ōnis, *f.* [faeneror], *a lending on interest, usury:* pecuniae publicae.—Fig. (opp. beneficium).

faenerātor (fēn-), ōris, *m.* [faeneror], *a money-lender, capitalist, usurer:* quaestūs faeneratorum: crudelitas faeneratorum, S.: fugati ex insulā faeneratores, L.: acerbissimi.

faenerō, —, ātus, āre [faenus], *to lend on interest, invest:* faeneratum beneficium, i. e. *richly repaid*, T.: ne faenerare liceret, L.—*To bring interest, bring profit:* Ne non tibi istuc faeneraret, T.

faeneror (fēn-), ātus, ārī, *dep.* [faenus], *to lend on interest:* Quid faenerari?: pecunias suo nomine: (pecuniam) binis centesimis, *at two per cent.* (per month).—*To waste by usury:* ad faenerandas diripiendasque provincias.—*To put out at interest:* beneficium, i. e. *practise for gain.*

faenilia [fēn-], ium, *n.* [faenum], *a hay-loft:* claudes faenilia brumā, V., O.

faenum or **fēnum**, ī, *n.* [FEN-], *hay:* recens, O.: faenum alios aiebat ēsse oportere, *ought to feed on hay*, i. e. *are stupid as oxen:* faenum habet in cornu, i. e. *is dangerous* (as an ox whose horns were bound with hay), H.

faenus or **fēnus** (not foen-), oris, *n.* [FEV-], *the profit of capital, interest, usury:* magnum: grande: pecunias eis faenori dabat: renovato in singulos annos faenore: faenus ex triente Id. Quinct. factum erat bessibus: positis in faenore nummis, H.: faenore omni solutus, H.: pecunias faenore auctitabant, Ta.: duas faenoris partes in agris conlocare, i. e. *of the capital*, Ta.: lato fenore exuberat, i. e. *wide-spread investments*, Ta.—*Increase, gain, profit, advantage:* reddere cum faenore: venit magno fenore amor, Pr.

faex, faecis, *f.*, *grounds, sediment, lees, dregs:* poti faece tenus cadi, H.: peruncti faecibus ora, H.: terrena, *earthy deposit*, O.—*Burnt tartar, salt of tartar*, H.—*The brine of pickles*, O.—*A wash for the face*, H., O.—Fig., *dregs, refuse:* civitatum: urbis: in Romuli faece: de faece hauris, i. e. *from bad orators.*

fāgineus, *adj.* [fagus], *of beech, beechen:* frons, O.

fāginus, *adj.* [fagus], *of beech, beechen:* pocula, V.

fāgus, ī, *f.* [FAG-], *a beech-tree:* sub tegmine fagi, V., Cs., O.

fala or **phala**, ae, *f.* [FAL-], *a movable tower, used in fighting* (in the circus), Iu.

falārica (phal-), ae, *f.* [fala], *a fire-brand* (as a missile in war), thrown by the catapult, L.; by hand, V., L.

falcārius, ī, *m.* [falx], *a sickle-maker, scythe-maker:* inter falcarios, *scythe-makers' street.*

falcātus, *adj.* [falx], *armed with scythes:* quadrigae, L.: currus, Cu.—*Sickle-shaped, hooked, curved:* enses, V.: cauda, O.

falcifer, fera, ferum, *adj.* [falx + 1 FER-], *sickle-bearing, holding a scythe:* manus, O.

Falernus, *adj.*, *Falernian:* ager, *a district of Campania,* famous for wine, C.: vitis, H.: cellae, V.: tribus, L.—As *subst. n.* (sc. vinum), *Falernian wine, Falernian,* H.

fallācia, ae, *f.* [fallax], *deceit, trick, artifice, stratagem, craft, intrigue* (only *plur.* in prose): ex fraude, fallaciis constare: dolis atque fallaciis contendit, S.: sine fuco ac fallaciis.—*Sing.:* fingunt quandam inter se fallaciam, T.: ubi nulla fugam reperit fallacia, V.: Consilium vertit ad fallaciam, *has recourse to,* Ph.: sumptae vestis, O.: tecti. *the labyrinth,* O.: fallacia Alia aliam trudit, *one lie begets another,* T.

fallāciloquus, *adj.* [fallax + 4 LAC-], *speaking deceitfully, false:* malitiae, Att. ap. C.

fallāciter, *adv.* with *sup.* [fallax], *deceitfully, falsely:* ne quid fallaciter (fiat): vobis se fallacissime venditare: omnia transit, O.

fallāx, ācis (*gen. plur.* fallācum, Ct.), *adj.* with *comp.* and *sup.* [1 FAL-], *deceitful, deceptive, fallacious:* astrologi: homines: voltus, *hypocritical,* O.: fallacis imago tauri, O.: herbae: cibi, *bait,* O.: herba veneni, V.: spes: nocendi ratio: circus, H.: fallacior undis, O.: oculorum fallacissimo sensu iudicare.

fallō, fefellī, falsus, ere [1 FAL-], *to trip, cause to fall:* glacies fallit pedes, L.: alqm, Cu.—Fig., *to deceive, trick, dupe, cheat, elude, fail, disappoint:* alquem dolis, T.: falli te sinas Techinis, T.: Nec sidus regione viae (nos) fefellit, *misled,* V.: credentem puellam, O.: sui fallendi causā factum, Cs.: nisi me forte fallo: nisi me fallit animus: nisi me omnia fallunt, *unless I utterly mistake:* neque eum prima opinio fefellit, Cs.: nisi quid me fallit: mentīs monstro, V.: cum maxime fallunt, id agunt, ut, etc.: non in sortitione fallere: ne falleret bis relata eadem res, *lead into error,* L.: ut de indutiis fallendo impetrarent, Cs.: numquam fallentis termes olivae, H.: nescia fallere vita, *without guile,* V.: eas fallam, ut ab illis fallimur, T.—*Pass. reflex.*, *to be deceived, err, mistake, deceive oneself:* Falsus es, T.: neque ea res falsum me habuit, *did not deceive me,* S.: errore quodam fallimur: quā (spe) possumus falli: deus falli quo potuit?: nisi fallor, V.: aut ego fallor, *or I am far wrong,* H.—*Impers.*, with *acc.*, *to mistake, be deceived:* nisi me fallit: nec eum fefellit.—*To violate, break, betray, deceive, disappoint:* fidem hosti datam: meam spem: si res opinionem meam fefellerit: mandata mariti, O.: foedus ac fidem, L.: promissum, Cu.: tu faciem illius Falle dolo, *put on,* V.: retia, *avoid,* O.: quā signa sequendi Falleret error, *confound,* V.—*To deceive in swearing, swear falsely, be perjured:* si sciens fallo: si falleret, precatus Deos, ita se mactarent, L.: expedit matris cineres opertos Fallere, *swear falsely by,* H.: dominorum dextras, *faith pledged to,* etc., V.—*To lie concealed, be unseen, escape notice, remain undiscovered, elude:* per biennium, L.: ne quid falleret Volturno ad urbem missum, L.: ne falleret ad urbem incedens, *arrive secretly,* L.: qui natus moriensque fefellit, *in obscurity,* H.: veneno, *infuse undetected,* V.: bonus longe fallente sagittā, V.: nequiquam fallis dea, *escape recognition,* V.: neque hoc te fallit, quam multa sint, etc., *nor do you fail to see:* custodes, L.: deos, O.: nec nos via fallet euntīs, V.: me nec fallunt iussa Iovis, *nor do I fail to recognize,* V.: nec quicquam eos fallebat, L.: segetis fides meae Fulgentem Fallit sorte beatior, i. e. *is a happier lot, though he knows it not,* etc., H.: neutros fefellit hostīs appropinquare, L.: in lege nullā esse eiusmodi caput te non fallit: neque vero Caesarem fefellit, quin, etc., Cs.—*To lighten, appease, silence, beguile:* medias sermonibus horas, O.: somno curam, H.: austerum studio fallente laborem, H.

falsiparēns, entis, *adj.* [falsus + parens], *having a pretended father,* Ct.

falsō, *adv.* [falsus], *untruly, unfaithfully, deceitfully, falsely, erroneously:* alquem insimulare: memoriae proditum: nuntiari, Cs.: censere, T.: quiescere, i. e. *find a delusive peace,* Ta.

falsum, ī, *n.* [falsus], *an untruth, falsehood, fraud, deceit:* finxisse falsi quicquam, T.: vera an falsa audierim, T.: Falsa iurans, O.: falsum scribere: vero distinguere, H.: Acclinis falsis animus, H.

falsus, *adj.* [*P.* of fallo], *deceptive, feigned, spurious, deceitful, false, pretended, delusive, unfounded:* nuptiae, T.: lacrimula, T.: indices: testes malitiā: spes, *misleading:* viri species, O.: crimen, V.: pater, *supposed,* O.: rumores, Cs.: litterae, *forged:* opprobria, *undeserved,* H.: falsi Simoëntis ad undam (i. e. simulati), V.—*Deceived, mistaken:* ne illi falsi sunt qui expectant, etc., S.: vates, L.

falx, falcis, *f.* [FALC-], *a curved blade, pruning-knife, pruning-hook:* vitīs incidere falce, V., H., O.—*A sickle, reaping-hook, scythe,* C., V., O.—In war, *a hook, wall-hook:* falces parare, Cs.: murales, Cs.—*A scythe, war-sickle* (on the axle of a chariot), Cu.

fāma, ae, *f.* [1 FA-], *a report, rumor, saying, talk, tradition:* hac famā inpulsus, T.: a Brundisio nulla fama venerat: tristis a Mutinā: fama ac nuntius adferretur, Cs.: alqd famā accipere, *to hear of,* Cs.: fama est obscurior annis, V.: vaga, O.: ut fama est, V.: vetus est ut fama, H.: ita fama ferebat, O.: duplex inde fama est, *a twofold tradition,* L.: Romae constans fama omnium erat, esse, etc., L.: fama incerta duos equites venisse, *a vague rumor,* L.: fama occupat aurīs, Helenum regnare, V.: de interitu Clodi: istius suspicionis: incerta aeris alieni, L.—Person., *Rumor:* Fama, malum quā non aliud velocius ullum, V.: Fama tenet domum, etc., O.—*Public opinion, the popular voice, fame, repute, reputation:* id si non fama adprobat, T.: adversus famam rumoresque hominum, L.: contra famam omnium, Cs.: turpis, *infamy*, S.: mala, S.: popularis, *favor:* pudica, Pr.: bona bonorum: bene loquendi: vappae ac nebulonis, H.—*Fair fame, reputation, renown, fame, good repute:* Tua fama in dubium veniet, T.: fundamentum est famae iustitia: famae consulere, S.: ingeni: populi R., L.: fortunā, famā superiores: fama decus Divitiis parent, H.: magnam famam attulisse Fabio, *glory*, L.—*Ill-fame, blame, reproach, scandal:* famam in se transtulit, T.: me fama atque invidia vexabat, S.: veterum malorum, V.: neque famam patieris inultae, *the disgrace of remaining unavenged*, V.

famēlicus, *adj.* [fames], *suffering from hunger, famished, starved:* alqs, T.: iumenta, Iu.: canes, Ph.

famēs, is (*abl.* famē), *f.* [2 FA-], *hunger:* ut periclum a fame mihi sit, T.: cum cibo fames depulsa est: fame confecti: (avis) fame enecta, *starved to death:* patientia famis: famem explere, *sate:* cibus advorsus famem, S.: extrema, Cs.: dura, H.: levare, *to assuage*, O.: vetitorum tanta ciborum, O.—*Famine, dearth, want:* in Asiā: in fame frumentum exportare: ad famem hunc reicere, *turn out to starve*, T.—Fig., *a violent longing, greediness, greed, avidity:* Auri sacra, V.: maiorum, H.—Of speech, *poverty of expression*, C.—Person., *hunger:* malesuada, V., O.

familia, ae (with pater, mater, filius, the old *gen.* familias is freq.), *f.* [famulus], *the slaves in a household, a household establishment, family servants, domestics:* familia, quae constet ex servis pluribus: emere familiam a Catone: armare familiam, Cs.: Aesopus domino solus cum esset familia, *his one servant*, Ph.: Martis, *serfs of the temple:* omnem suam familiam undique cogere, *vassals*, Cs.—*An estate, family property, fortune:* herciscundae familiae causam agere: decem dierum vix mihi est familiā, *means of support*, T.—*A household, family; genit.* (familias or familiae), with pater, mater, or filia: pater familias, *head of a family, householder:* sicut unus pater familias loquor, *as a plain citizen:* pater familiae, Cs.: pauci milites patresque familiae, Cs.: patres familias, qui liberos habent, etc.: patres familiarum: mater familias, *a matron, mistress of a household:* mater familiae, L.: matres familiae, Cs.: matribus familias vim attulisse: matres familiarum, S.: filii familiarum, *minors, sons in tutelage*, S.—*A family, family connection, kindred* (as part of a gens): tanta, T.: nobilissima: familiam dedecoras, T.: dedecus familiae: primus in eam familiam attulit consulatum: familiā prope exstinctā, S.—*A family, the members of a household:* Philippi domūs et familiae inimicissimi, N.—*A company, sect, school, troop:* singulae familiae litem tibi intenderent: tota Peripateticorum: familiae dissentientes inter se: gladiatoriae, S.: Lucius familiam ducit, *is first:* familiam ducit in iure civili, *stands highest.*

familiāris, e, *adj.* with *comp.* and *sup.* [familia], *of a house, of a household, belonging to a family, household, domestic, private:* res familiares: suam rem familiārem auxisse, *his estate*, Cs.: copiae, L.: funus: parricidium, i. e. *committed on a member of the same family:* Lar.—*Plur. m.* as *subst.:* quidam familiarium, *of the slaves*, L.—*Familiar, intimate, friendly:* videmus Papum Luscino familiarem fuisse, etc.: amicitia, S.: voltus ille: conloquium, L.: iura, *rights of intimacy*, L.: familiarior nobis propter, etc.: homo amantissimus familiarissimus.—As *subst. m.*, *a friend, intimate acquaintance, companion:* est ex meis intimis familiaribus: familiarem suum conloquitur, Cs.: familiarissimi eius.—In augury, *one's own* (of those parts of the victim which related to the party offering): (haruspices) fissum familiare tractant: ostentum, L.

familiāritās, ātis, *f.* [familiaris], *familiarity, intimacy, familiar intercourse, friendship, intimate acquaintance:* magna cum eo, T.: intima: ut nihil sit familiaritate nostrā coniunctius: memorabilis Laeli et Scipionis: familiaritatem consuetudo adfert: hunc in familiaritatem recipiebat: e praecipuā familiaritate Neronis, Ta.: adulescentium familiaritates adpetere, S.

familiāriter, *adv.* with *comp.* and *sup.* [familiaris], *intimately, on friendly terms:* monere, T.: cum Boccho agere, S.: loqui: familiarius cum dominā vivere: cum Verre familiarissime vivere: huius mortem fert tam familiariter, *as that of a dear friend*, T.

fāmōsus, *adj.* [fama], *much talked of, famed, celebrated, famous, renowned:* mors, H.: vir secundis (rebus), Ta.—*Infamous, notorious:* ad famosas accedere, *women of ill repute*, Poët. ap. C.: largitio, S.: Hymen, O.—*Defamatory, slanderous, scandalous:* carmen, *a lampoon*, H.: libelli, *libels*, Ta.

famula, ae, *f.* [famulus], *a maid-servant, handmaid, female slave:* virtus famula fortunae: famulae Iovis aves, Iu.—*An attendant in a temple:* tibi hanc famulam voveo, V.

famulāris, e, *adj.* [famulus], *of servants, belonging to slaves:* vestis: iura, i. e. *slavery*, O.

famulātus, ūs, *m.* [famulor], *slavery, servitude:* in famulatu esse: miser virtutis servientis voluptati: vetere, Ta.

famulor, —, ārī, *dep.* [famulus], *to be a slave, serve:* alcui, Ct.

famulus, *adj.* [2 FAC-], *serving, serviceable:* aquae, O.: vertex, O.—As *subst. m., a servant, attendant:* parare famulos: famuli operum soluti, H.: Idaeae matris famuli: sacrorum, O.: famulūm manus, V.: parentis, i. e. *a demon attendant*, V.: redemptor cum famulis, *workmen*, H.

fānāticus, *adj.* [fanum], *inspired, enthusiastic:* oestro Percussus, Iu.: carmen, L.: agmen, Ta.—*Frantic, furious, mad:* homo: iactatio corporis, L.: error, H.

fandus, *adj.* [*P.* of * for], *to be uttered; hence* (opp. nefandus), *right, just:* respersae fando nefandoque sanguine arae, i. e. *of both sacrifice and murder*, L.—As *subst. n.:* memores fandi atque nefandi, *righteousness*, V.

fānum, ī, *n.* [* for], *a shrine, sanctuary, temple:* Cereris: fanum, id est locus templo effatus, L.: de fanis ac templis: propter fani religionem.

fār, farris, *n.* [1 FER-], *a sort of grain, spelt* (roasted and ground), L.—*Corn, grain:* flava farra, V.—*Coarse meal, grits:* olus ac far, H.: Mollivit Penates Farre pio, *sacrificial meal*, H., V., Tb.: torrida cum micā farra, O.—*Bread:* non sine farre, H.: una Farris libra, H.: caninum, *coarse bread for dogs*, Iu.

farciō, —, fartus, īre [FARC-], *to stuff, cram:* pulvinus rosā fartus.

farīna, ae, *f.* [far], *flour, meal:* solida, Iu.

fāris, fātur, see * for.

farrāgō, inis, *f.* [far], *mixed fodder, mash:* crassa, V.—*A medley, hodge-podge:* libelli, Iu.

farrātus, *adj.* [far], *made of corn:* omnia, *preparations of meal*, Iu.

fartor, ōris, *m.* [FARC-], *a fattener of fowls, poulterer*, T., H.

fartus, *P.* of farcio.

fās (only *nom.* and *acc. sing.*), *n.* [1 FA-], *the dictates of religion, divine law:* ius ac fas omne delere: ius ac fas colere, L.: exercere Fas et iura, V.: nec te portare Creüsam Fas sinit, *the divine will*, V.—Person.: audiat fas, L.—*Justice, equity, right, that which is proper:* fas atque nefas Discernunt, H.: fasque nefasque Confusura, O.: ultra Fas trepidare, H.: fas omne abrumpit, *obligation*, V.—With *est, it is lawful, is proper, is permitted:* Nec fas esse, voluptate frui, T.: sicut fas iusque est, L.: quoad fas esset: huic legi nec obrogari fas est, neque licet, etc.: neque fas esse existimant, mandare, etc., Cs.: Fas omne est, fidere, etc., *there is every reason*, V.: cui litare fas habent, Ta.: anserem gustare fas non putant, Cs.: me natam nulli sociare, fas erat, V.: si hoc fas est dictu: quid, quod homini fas esset optare?: mihi iussa capessere fas est, *I am bound*, V.: tibi fas animum temptare, *you are permitted*, V.

fascea, fasceola, see fasci-.

fascia (fascea), ae, *f.* [FASC-], *a band, bandage, swathe, girth, fillet:* devinctus erat fasciis: lecti cubicularis, *a bed-girth:* Bruttia calidi fascia visci, *pitch plaster*, Iu.—*A streak of cloud:* nil fascia nigra minatur, Iu.

fasciculus, ī, *m. dim.* [fascis], *a small bundle, packet:* epistularum: librorum, H.—*A nosegay.*

fascinō, —, —, āre [fascinum], *to enchant, bewitch, fascinate:* teneros mihi agnos, V.: basia, Ct.

fascinum, ī, *n.*, = βάσκανον.—Prop., *a charm, enchantment;* hence, for membrum virile, H.

fasciola (fasce-), ae, *f. dim.* [fascis], *a small bandage*, H.: purpureae fasciolae, *garters.*

fascis, is, *m.* [FASC-], *a bundle, fagot, fascine, packet, parcel:* sarmentorum, L.: comites in fasce libelli, Iu.—*A burden, load:* Romanus Iniusto sub fasce, i. e. *soldiers' baggage*, V.: (apes) animam sub fasce dedēre, V.—*Plur., a bundle of rods with an axe, carried before the highest magistrates, as an emblem of authority:* imperi populi R. fasces: anteibant lictores cum fascibus bini: fasces praetoribus praeferuntur: tum demissi populo fasces, *lowered before the people:* fasces versi (at a consul's funeral), Ta.: Marius cum fascibus laureatis.—Fig.: cum tibi aetas nostra fascis summitteret, *yield precedence.*—*High office, supreme power:* fascibus conreptis, i. e. *usurping the government*, S.: Illum non populi fasces, non purpura regum Flexit, V.: si Detulerit fascīs indigno, i. e. *the consulship*, H.: fasces meruit, *the throne*, Iu.

fassus, *P.* of fateor.

fāstī, ōrum (*acc. pl.* fastūs, H.), *m.* [fastus, sc. dies], *a register of judicial days, court calendar* (orig. kept by the pontifices, until Cn. Flavius posted a copy in the Forum): fastos proposuit, ut sciretur, etc., L.—*A list of the days of the year, calendar, almanac, annals:* cum diem festum de fastis suis sustulissent.—*A register of events in chronological order, annals:* per titulos memoresque fastos, H.: fastos evolvere mundi, *human history*, H.—*The official registers of the higher magistrates* (fasti consulares): enumeratio fastorum: in codicillorum fastis: paginas in annalibus magistratuum fastisque percurrere, L.: hos consules fasti ulli ferre possunt?—*The title of a poem on the Roman festivals*, O.

fastīdiō, īvī, ītus, īre [fastidium], *to feel disgust, shrink, flinch, loathe, dislike, despise:* infundam tibi Fastidienti poculum, H.: omnia praeter Pavonem, H.: pulmentarium, Ph.—Fig., *to be disdainful, be scornful, be haughty, disdain, despise, scorn:* in recte factis, i. e. *to be critical:* si non fastidis, veni, Ph.: eius amicitiam: rivos apertos, H.: preces alcuius, L.: si te hic fastidit, V.: somnus non humilīs domos Fastidit, *shuns*, H.: Non fastiditus si tibi ero, O.: iocorum legere genus, Ph.: nos in sacerdotum numerum accipere, L.: se inspici, L.

fastīdiōsē, *adv.* with *comp.* [fastidiosus], *squeamishly, scornfully, disdainfully, fastidiously:* stomachans: iudicare: recipior in coetum, Ph.: fastidiosius ad hoc genus sermonis accedere.

fastīdiōsus, *adj.* with *comp.* and *sup.* [fastidium], *full of disgust, squeamish, disdainful, scornful:* mentes civium: fastidiosior Crassus: (litterarum) Latinarum: dominus terrae, H.: aegrimonia, H.—*Nauseous, loathsome, disgusting:* copia, H.

fastīdium, ī, *n.*, *nausea, squeamishness, loathing, distaste, aversion:* cibi: Magna movet stomacho fastidia, H.: veteris quercūs, Iu.: oculorum. —Fig., *dislike, aversion, disgust, fastidiousness, excessive nicety:* ab aliquā re fastidio quodam abalienari: est fastidi delicatissimi: audiendi: insolens domesticarum rerum: fastidio esse alquibus, Ta.: nec id fit fastidio meo: spectatoris fastidia ferre superbi, H.—*Scornful contempt, haughtiness, pride:* quorum non possum ferre fastidium: efferri fastidio et contumaciā: superba pati fastidia, V.: Oderunt fastidia divi, Tb.

fastīgātē, *adv.* [fastigatus], *having a slope like a gable:* (tigna) statuebat, Cs.: structo tecto, Cs.

fastīgātus, *adj.* [cf. fastigium], *pointed, sharp, wedge-shaped:* testudo, L.: collis in modum metae, L.—*Sloping, descending:* collis leniter, Cs.

fastīgium, ī, *n.*, *the top of a gable, gable end, pediment:* Capitoli: fastigia templorum, L.: Evado ad summi fastigia culminis, V.: ut haberet fastigium, i. e. *a temple in his honor:* ignem ad fastigia iactant, *to the roof*, V. — *A top, height, summit, edge:* colles pari altitudinis fastigio, Cs.: fontis, Cs.: muri, Cu. — *Plur.*, *depth:* scrobibus quae sint fastigia quaeras, *what should be the depth of the trenches*, V.—*A slope, declivity, descent:* locus tenui fastigio vergebat, Cs.: iniquum loci ad declivitatem, Cs.: cloacis fastigio in Tiberim ductis, *by a gradual descent*, L.: scrobes paulatim angustiore ad infimum fastigio, i. e. *gradually narrowing*, Cs. — Fig., *a finish, completion:* operi tamquam fastigium inponere, *crown the work.*—*Elevation, rank, dignity:* dictaturae semper altius fastigium fuit, L.: alii cives eiusdem fastigi, L.: mortale, Cu.: muliebre, *womanly dignity*, Ta.: fortunae, *the height*, Cu.: Quales ex humili magna ad fastigia rerum Extollit Fortuna, Iu.: summa sequar fastigia rerum, *great outlines*, V.

1. fāstus, *adj.* [fas], *not forbidden;* hence, with *dies*, *a day on which the praetor's court was open, judicial day:* fasti dies: fastus (dies), O.; see also fasti.

2. fastus, ūs, *m.*, *scornful contempt, disdain, haughtiness, arrogance, pride:* inest pulchris, O.: ad fastum parentīs Optare sibi, *ambition*, H.: Stirpis Achilleae fastūs tulimus, V.: regius, Cu.: erga patrias epulas, Ta.: tanto te in fastu negas, Ct.: omnīs odit fastūs, Tb.

3. (fāstus, ūs), *m.*, see fasti.

fātālis, e, *adj.* [fatum], *of fate, ordained by destiny, decreed, destined, fated, fatal:* Caesaris mors: necessitas: continuatio ordinis sempiterni: annus ad interitum urbis: deae, *the Fates*, O.: libri, i. e. *the Sibylline*, L.: arva, *promised by fate*, V.: lex, i. e. fatum, O.: labor, H.: ora fluminis, *destined*, O.: tam fatale est medicum adhibere, quam convalescere.—*Dangerous, destructive, deadly:* bellum: machina, V.: monstrum, H.: iudex (i. e. Paris), H.

fātāliter, *adv.* [fatalis], *according to fate, by destiny:* omnia definita esse: hastā cadis, O.

fateor, fassus, ērī, *dep.* [for], *to confess, own, grant, acknowledge:* ut non solum fateri, sed etiam profiteri videatur: leno sum, fateor, T.: nulline faterier audes? H.: da veniam fasso, O.: fatebor enim, V.: falsum: rei inopiam, S.: paupertatem, O.: Cuncta tibi fatebor vera, V.: Ego me amare hanc fateor, T.: contra rem p. se fecisse: se debere, Cs.: hominum igitur causā eas rerum copias conparatas fatendum est: fateor petiisse penatīs, V.: quae agitet fortuna, V.: de facto turpi: de se, L.—*Pass.:* qui ager publicus esse fateatur.—*To discover, show, indicate, manifest:* voltu fassus Telamonius iram, O.: mors sola fatetur, Quantula, etc., Iu.

fāticanus or **fāticinus**, *adj.* [fatum + 1 CAN-], *prophetic:* ōs, O.: sortes, O.

fātidicus, *adj.* [fatum+DIC-], *prophesying, prophetic:* anus: deus, i. e. *Apollo*, O.—As *subst.* *m.*, *a prophet.*

fātifer, fera, ferum, *adj.* [fatum+1 FER-], *that brings death, death-dealing, destructive:* arcus, V.: ferrum, O.

fatīgātiō, ōnis, *f.* [fatigo], *weariness, fatigue:* equorum atque hominum, L.: laboris, Cu.

fatīgō, āvī, ātus, āre [*fatis (2 FA-)+ago], *to weary, tire, fatigue, vex, harass, fret:* dentem in dente, O.: (armenta) sole, V.: pugnā atroci semet, L.: sonitu vicina, O.: lolium tribulique fatigant messīs, *mar*, O.: (sicarii) sunt vinclis et carcere fatigandi: (milites) aestu fatigati, Cs.: Daedalus, O. — Fig., *to weary, fatigue, importune, harass, plague, torment, vex, lay siege to:* prece Vestam, H.: singulos precibus, L.: sapientium animos, S.: Consiliis animum, H.: remigio noctemque diemque, *wear out*, V.: neque aliud se fatigando nisi odium quaerere, S.: dolis fatigari, S.: denique saepius fatigatus lenitur, S.: Hersilia precibus raptarum fatigata orat, etc., L.—*To vex with raillery, jeer, banter*, Iu.

fātiloquus, *adj.* [fatum+4 LAC-], *prophesying, prophetic:* alquam fatiloquam mirari, *as a prophetess*, L.

fatīscō, —, —, ere [*fatis; 2 FA-], *to open in chinks, fall apart, tumble to pieces:* (naves) rimis fatiscunt, V.: Area ne pulvere victa fatiscat, V.: ianua, *opens*, Tb.—Fig., *to grow weak, become exhausted, droop, faint:* donec fatisceret seditio, Ta.: copiā (scriptores), Ta.

fatuitās, ātis, *f.* [fatuus], *folly, fatuity.*

fātum, ī, *n.* [*P. n.* of *for], *an utterance, prophetic declaration, oracle, prediction:* Apollo fatis fandis dementem invitam ciet: ex fatis quae Veientes scripta haberent: Oblitus fatorum, V.—*That which is ordained, destiny, fate:* necessitas fati: fato fieri omnia: plenum superstitionis fati nomen: neque si fatum fuerat, effugisset: praeter fatum, *beyond the natural course of events:* tibi cura Caesaris fatis data, H.: Quo nihil maius terris Fata donavere, H.: caeca, H.: insuperabile, O.: fata regunt homines, Iu.: fatorum arcana, O.: fuit hoc sive meum sive rei p., ut, etc.: si fata fuissent, ut caderem, V.: eo fato ne, etc.: huic fato divōm proles Nulla fuit, i. e. *will*, V.: fatis contraria nostris Fata Phrygum, V.—Prov.: fata viam invenient, *nothing can resist fate*, V.—*Bad fortune, ill fate, calamity, mishap, ruin:* exiti ac fati dies: suum fatum querebantur, Cs.: extremum rei p.—*Fate, death:* Hortensi vox exstincta fato suo est: fato obire, Ta.: omen fati: inexorabile, V.: perfunctos iam fato, L.: se fati dixit iniqui, *most unfortunate*, O.: fatum proferre, i. e. *to prolong life*, V.: ad fata novissima, *to the last*, O.—*A pest, plague, ruin:* duo illa rei p. paene fata, Gabinius et Piso.—*A symbol of fate:* Attollens umero fata nepotum (represented on the shield), V.: fata inponit diversa duorum, *the lots*, V.—Person., *The Fates*, Pr., Iu.

fātus, *P.* of *for.

fatuus, *adj.* [fatus], *speaking by inspiration; hence, insane, foolish, silly, simple:* fatuus est, insulsus, T.: fatuus et amens es: monitor: bipennis, *clumsy*, Iu.—As *subst. m.:* fatuos non invenit, *fools*, Iu.

faucēs, ium, *f.*, *the upper part of the throat, pharynx, throat, gullet:* bolum mihi ereptum e faucibus, T.: russae, Enn. ap. C.: fauces urit sitis, H.: laqueo innectere fauces, *strangle*, O.—Fig., *the throat, jaws:* cum faucibus premeretur, i. e. *was hard pressed:* premit fauces defensionis tuae, *throttles:* Catilina cum exercitu faucibus urguet, S.: populi fauces exaruerunt libertatis siti.—*A narrow way, narrow inlet, strait, entrance, defile, pass:* Corinthus posita in faucibus Graeciae, *entrance:* angustissimae portūs, Cs.: in valle artā, faucibus utrimque obsessis, L.: Averni, V.: Hellesponti, *straits*, L.: patefactis terrae faucibus.

Faunus, ī, *m.* [FAV-], *a mythical king of Latium, worshipped as the Italian Pan*, C., H., O.—*Plur.*, *the Fauns, gods of the groves*, C., H., O.

faustē, *adv.* [faustus], *favorably, beneficently:* evenire.

Faustitās, ātis, *f.* [faustus].—As a goddess, *Beneficence, Fertility*, H.

faustus, *adj.* [FAV-], *of favorable omen, well-omened, fortunate, favorable, auspicious, lucky:* 'quod bonum faustum felix esset': Utile sit faustumque precor, O.: omen, L.: i pede fausto, H.: dies! T.: nox urbi!

fautor, ōris, *m.* [FAV-], *a favorer, furtherer, promoter, patron:* eo fautore uti: laudabit pollice ludum, *applauder*, H.: dignitatis meae: veterum, H.: illius flagiti: eius honori esse fautores.

fautrīx, īcis, *f.* [fautor], *a patroness, protectress:* amicitiae: regio suorum: viri, O.: naturam fautricem habere in tribuendis virtutibus, N.

(**faux**, faucis), *f.* only *abl.*, *the throat, gullet* (poet. for fauces): Arente fauce, H.: elisā, O.: inprobā incitatus, *voracity*, Ph.

favēns, ntis (*gen. pl.* tūm, V.), *adj.* [*P.* of faveo], *favorable, propitious:* Adsis favens, V.: venti, O.—*Plur.* as *subst.*, *applauding witnesses, applauders:* turba faventium, H.: clamor faventium, L.

faveō, fāvī, fautūrus, ēre [FAV-], *to be favorable, be well disposed, be inclined towards, favor, promote, befriend, countenance, protect:* illi virgini, *like*, T.: Helvetiis, Cs.: favisse me tibi fateor: honori, Cs.: sententiae: Catilinae inceptis, S.: (galli) favent faucibus russis cantu, i. e. *indulge*, Enn. ap. C.: hac pro parte, i. e. *be concerned for*, O.: illi aetati favetur: iudex qui favet, *is partial:* si favet alma Pales, O.: Favete, *listen kindly*, T.: o faveas, O.: adscribi factis tuis se favet, i. e. *desires*, O.—*To be favorable, be propitious:* (terra) Altera frumentis favet, *promotes*, V.: Dum favet nox, H.: ventis faventibus, O.: auspicium favens, O.—With *linguis*, *to abstain from ill-omened speech, keep still, be silent:* ut faverent linguis imperabatur: En deus est! linguis animisque favete, O.; cf. Ore favete omnes et cingite tempora ramis, V.: lingua favens adsit (diei natali), O.: favete adeste aequo animo (i. e. tacete), T.

favīlla, ae, *f.* [FAV-], *cinders, hot ashes, glowing ashes, embers:* favillae plena (psaltria), T.: candens, V.: cana, O.—*The ashes of the dead:* Vatis amici, H.: bibula, V.: virginea, O.—Fig., *a glimmering spark, beginning:* venturi mali, Pr.

Favōnius, ī, *m.* [faveo], *the west wind*, C., H., O., Ct.

favor, ōris, *m.* [FAV-], *favor, good-will, inclination, partiality:* favore populi duci: exercitūs, Ta.: illi favorem humilitas addiderat, S.: Voleronem amplexa favore plebs, L.—*Praise, approval, applause:* Vatum, H.: suis non respondere favorem meritis, H.—*Acclamation, applause:* quem favorem secum in scenam attulit?: iam favor mentes tenet, Ph.: magno palma favore datur, O.

favōrābilis, e, *adj.* [favor], *favored, in favor:* civitas, Ta.—*Winning favor, pleasing:* oratio, Ta.

favus, ī, *m.*, *a honey-comb*, C., V., O., Tb.—*Plur.*, *honey*, V.

fax, facis, *f.* [1 FAC-], *a torch, firebrand, flambeau, link:* faces de muro eminus iaciebant, Cs.: faces undique ex agris conlectae, L.: ambulare cum facibus, H.: faces iam accensas ad urbis incendium exstinxi: ardens: faces ferro inspicare, V.: dilapsa in cineres fax, H.: arcana, i. e. carried in the Eleusinian mysteries, Iu.—*A nuptial-torch* (carried in the wedding procession): novas incide faces, tibi ducitur uxor, V.: face nuptiali digna, i. e. *of marriage*, H.: nuptiales: maritae, O.—*A funeral-torch* (with which the pyre was kindled): Funereas rapuere faces, V.—As an attribute of Cupid, *the torch of love*, O., Tb., Pr.—As an attribute of the Furies, *the torch of wrath:* madefacta sanguine, O.—Of the heavenly bodies, *a light, orb:* Phoebi fax, C. poët.—*A fiery meteor, fire-ball, shooting-star, comet:* visae nocturno tempore faces: Stella facem ducens, i. e. *a torch-like train*, V.: stellae, *a comet*, L.: faces visae ardere sub astris, *meteors*, O.—Fig., *a torch, light:* facem praeferre pudendis, i. e. *make deeds of shame conspicuous*, Iu.: studii mei, *guide*, O.: adulescentulo ad libidinem facem praeferre.—*A torch, fire, flame, incitement, stimulus, cause of ruin, destruction:* corporis facibus inflammari ad cupiditates: me torret face mutuā Calais, *flame of love*, H.: dicendi faces, *flaming eloquence:* subicere faces invidiae alicuius: inde faces ardent (a dote), Iu.: Antonius incendiorum, *instigator:* belli, L.

faxim, faxō, old for fēcerim, fēcerō; see facio.

faxitur, old *pass.* for factum erit, L.

febricula, ae, *f. dim.* [febris], *a slight fever:* incipit: febriculam habere.

febrīculōsus, *adj.* [febricula], *feverish, sick of a fever:* scortum, Ct.

febris, is (*acc.* im or em; *abl.* ī or e), *f.*, *a fever:* cotidiana, T.: febrim habere: febri iactari: febri carere: in febri: in febrim incidere: Febre calere, Iu.: olim domestica, *settled*, Iu.: arida, V.: tertianae, quartanae: opella forensis Adducit febres, H.—Person., *the goddess Fever.*

februa, ōrum, *n.*, *expiatory rites, offerings for purification*, O.—*A festival of purification, celebrated February 15th*, O.

Februārius, *adj.* [februa], *of purifying, of expiation:* mensis, *the month of the Februa, February*, C.: Nonae, *of February*, C., S.

fēcula, see faecula.

fēcunditās, ātis, *f.* [fecundus], *fruitfulness, fertility, fecundity:* terris fecunditatem dare: agrorum: mulieris.—Person., *the goddess Fertility*, Ta.—Fig., of style, *luxuriance.*

fēcundō, —, —, āre [fecundus], *to make fruitful, fertilize:* Aegyptum harenā, V.

fēcundus, *adj.* with *comp.* and *sup.* [FEV-], *fruitful, fertile, productive:* fit multo terra fecundior: tellus, V.: fecundissima studia, Ta.: frondibus ulmi, V.: lepus, H.: sue . . . nihil genuit natura fecundius: Amathus metallis, O.—*Rich, abundant, abounding, overflowing, teeming:* calices, H.: legere fecundis collibus herbas, O.: fecunda poenis Viscera (Tityi), i. e. *ever renewed*, V.—*Making fruitful, fertilizing:* imber, V.: dextra, O.—Fig., *fruitful, fertile, prolific, teeming, productive, abundant:* pectus: labor fecundior, Iu.: gens latrociniis, Ta.: culpae saecula, H.

fel, fellis, *n.* [cf. χόλος], *the gall-bladder, gall, bile:* Pectora felle virent, O.: gallinaceum: exarserat atro Felle dolor, i. e. *rage*, V.—Fig., *bitterness, animosity*, Tb.—*Poisonous liquid, poison:* vipereum, O.: veneni, V.

fēlēs or **faelēs**, is, *f.* [FEV-], *a cat:* faelem violare: Fele soror Phoebi latuit, O.

fēlīcissimē, *sup.* of feliciter.

fēlīcitās, ātis, *f.* [1 felix], *fertility, happiness, felicity, good-fortune, luck:* in summo imperatore inesse felicitatem: incredibili felicitate, *by a wonderful piece of luck*, Cs.: non modo sapientiae, sed etiam felicitatis esse: rerum gestarum, Cs.: nisi felicitas in socordiam vertisset, Ta.: bonae Felicitates, T.: incredibilīs huic urbi felicitates adferre.—Person., *Good Fortune.*

fēlīciter, *adv.* with *comp.* and *sup.* [felix], *fruitfully, abundantly:* illic veniunt felicius uvae, V.—*Auspiciously, fortunately, favorably:* ut ea res mihi bene atque feliciter eveniret.—*Luckily, happily, successfully:* vivere: navigare: audet, H.: ob ea feliciter acta, S.: dictum 'feliciter,' *congratulations offered*, Iu.: ossa felicius quiescant, O.: bella felicissime multa gessit.

fēlīx, īcis (*abl.* īcī, once īce, C.), *adj.* with *comp.* and *sup.* [FEV-], *fruitful, productive:* arbor, L.: rami Feliciores, H.: Massica Baccho, *in vines*, V.: felicior regio, O.: limus, *fertilizing*, V.—*Bringing* *good-luck*, *of good omen*, *auspicious*, *favorable*, *propitious*, *fortunate*, *prosperous*, *felicitous:* dies, T.: quod tibi mihique sit felix, redeo, L.: omen, O.: Sis bonus o felixque tuis! V.: sententia, O.: (dies) ponere vitem, V.—*Lucky*, *happy*, *fortunate*, *prosperous*, *successful:* hominem, T.: Polycratem felicem appellabant: ab omni laude felicior: felicissimus omnium, S.: exercitus magis strenuus quam felix, S.: morte, V.: tempora, Iu.: arma, *victory*, V.: mālum, *wholesome*, V.: vobis corrumpendis, *successful*, L.—Poet.: o te cerebri Felicem! H.: dies operum, V.: felicior Unguere tela, *successful in*, V.

fēmella, ae, *f. dim.* [femina], *a young female*, *girl*, Ct.

(**femen**), inis; see femur.

fēmina, ae, *f.* [FE-], *a female*, *woman:* primaria, *lady*, T.: pudicissima: decreta super iugandis Feminis, H.: varium et mutabile semper Femina, V.: feminā duce exurere coloniam, Ta.: tu mihi femina semper, i. e. *unmanly*, O.: reparata est femina, *the female sex*, O.—Of beasts: aliae mares, aliae feminae sunt: dabitur femina tauro, O.: femina anguis.

fēmineus, *adj.* [femina], *of a woman*, *womanly*, *feminine*, *female:* manus, C. poët.: sors, *sex*, O.: stirps, O.: vox, O.: plangores, V.: femineo Marte cadendus, *by a woman's hand*, O.: cupido, *for a woman*, O.: Kalendae, i. e. *the first of March* (the Matronalia), Iu.: ceroma, *for women's use*, Iu.—*Womanish*, *effeminate*, *unmanly:* volnus, O.: amor praedae, V.

femur, oris or inis, *n.*, *the thigh*, *upper part of the thigh:* frons non percussa, non femur: utrumque femur tragulā traicitur, Cs.: Et corpus quaerens femorum, O.: stipites feminis crassitudine, Cs.: ocius ensem Eripit a femine, V.

fēnebris, see faen-. **fēner-**, see faener-.

fenēstra, ae, *f.* [1 FA-], *an opening for light*, *window:* fenestrarum angustiae: bifores, O.: iuncta, *closed*, H.: patulae, O.: animi, i. e. *the senses*.—*An opening*, *loophole*, *breach*, *orifice:* fenestrae ad tormenta mittenda, Cs.: ingentem lato dedit ore fenestram, *a breach*, V.: molles in aure fenestrae, i. e. *holes for rings*, Iu.—Fig., *an entrance*, *admission*, *opportunity*, *inlet*, *occasion:* ad nequitiem, T.

fēnum, **fēnus**, see faen-.

fera, ae, *f.* [ferus], *a wild beast*, *wild animal:* leo atque aliae ferae, S.: multa genera ferarun, Cs.: formidulosae, H.: fera saevit, *the sea-monster*, O.: laqueis captare feras, *wild birds*, V.

(**ferāciter**), *adv.* [ferax], *fruitfully.*—Only *comp.:* feracius renata urbs, L.

fērālis, e, *adj.* [1 FER-], *of a funeral*, *of funeral rites*, *of the dead*, *funereal:* munera, *for the dead*, O.: cupressus, V.: vittae, O.: carmen, V.: umbra, *as of death*, Ta.: papilio (often on tombs, as symbol of the soul), O.: dies, *of the festival of the dead* (celebrated in February), O.—*Neut. plur.* as *subst.*, *the festival of the dead* (on the 17th or 21st of February), C., L., O.—*Deadly*, *fatal*, *dangerous:* dona, O.

ferāx, ācis, *adj.* with *comp.* and *sup.* [1 FER-], *fruit-bearing*, *fruitful*, *fertile*, *productive*, *abounding:* campus: agri, Cs.: segetes, H.—*Abounding in*, *productive of:* Iberia venenorum, H.: Peparethos olivae, O.: Illa (terra) ferax oleo est, V.—Fig., *rich*, *fertile*, *fruitful:* feracior in philosophiā locus: nihil est feracius ingeniis: prolis lex, H.

ferculum, *n.* [1 FER-], *a means of carrying*, *frame*, *barrow*, *litter*, *bier:* spolia fabricato ad id apte ferculo gerens, L.: pomparum fercula, *built for processions:* triumphalia.—*A dish*, *mess*, *course:* Multa de magnā cenā, H.: fercula septem cenare, Iu.

ferē, *adv.* [3 FER-], *closely*, *quite*, *entirely*, *fully*, *altogether*, *just:* grandicula, T.: ornatus fere militaris, *quite:* paria esse fere peccata, H.: Iamque fere, *just at this time*, V.: tum fere.—Of time, *in general*, *usually*, *commonly*, *mostly:* ruri fere Se continebat, T.: Fit fere, ut, etc.: quod fere libenter homines id, quod volunt, credunt, Cs.: Nigra fere terra, V.: quod non fere ante auctumnum solet, etc., *not usually*, Cs.: non sunt vitiosiores, quam fere plerique, qui, etc.—Of degree, *nearly*, *almost*, *well-nigh*, *within a little*, *for the most part*, *about:* abhinc mensīs decem fere, T.: quinta fere hora: tertiā fere vigiliā, Cs.: meus fere aequalis: totius fere Galliae legati, Cs.: fere omnes, Cs.: mihi fere satis est quod vixi: tantum fere, *almost only:* hoc fere ab reliquis differunt, quod, *chiefly*, Cs.—With negatives, *scarcely*, *hardly:* nec rei fere sane amplius quicquam fuit, T.: nemo fere saltat sobrius: (Catone) erat nemo fere senior.

ferendus, *P.* of fero.

ferentārius, ī, *m.*, *a class of light-armed troops.*—*Sing. collect.*, Ta.—*Plur.*, S.

Ferentīnum, ī, *n.*, *a small town of Latium:* Ferentinum ire, i. e. *to an obscure village*, H.

Feretrius, ī, *m.* [feretrum], *god of trophies*, *a surname of Jupiter*, L.

feretrum, ī, *n.* [1 FER-], *a litter*, *bier* (for display in a procession): pars ingenti subiere feretro, V.: feretrum parabant, O.

fēriae, ārum, *f.* [FES-], *days of rest*, *holidays*, *festivals:* decrevit habendas triduum ferias: Latinae, Cs.: forenses.—*Peace*, *leisure:* longae, H.

fēriātus, *adj.* [feriae], *keeping holiday*, *unoccupied*, *idle:* Deus: a negotiis publicis: male Troes, H.

ferīnus, *adj.* [fera], *of wild animals:* voltus, O.: caro, *venison, game*, S.: vellera, O.: lac, V.: in ferinas ire domos, i. e. *bodies*, O.—As *subst. f.*, *the flesh of wild animals, game*, V.

feriō, —, —, īre [2 FER-], *to strike, smite, beat, knock, cut, thrust, hit:* velut si re verā feriant, H.: cornu ferit ille, *butts*, V.: alqm: parietem: murum arietibus, *batter*, S.: calce feritur aselli, O.: mare, V.: frontem, *beat the brow*, i. e. *be provoked:* Sublimi sidera vertice, *hit, touch*, H.: his spectris etiam si oculi possent feriri, etc.: feriuntque summos Fulmina montes, H.. tabulae laterum feriuntur ab undis, O.: Sole radiis feriente cacumina, O.: ferit aethera clamor, V.—*To kill by striking, give a death-blow, slay, kill:* hostem: (eum) securi, *behead:* telo orantem multa, V.: te (maritum), H.: leonem, S.: Frigore te, i. e. *cut you dead*, H.—*To slaughter, offer, sacrifice:* agnam, H.: porcum, L. (old form.). — With *foedus, to make a compact, covenant, enter into a treaty* (because a sacrifice was offered to confirm a covenant): is, quicum foedus feriri in Capitolio viderat: amorum turpissimorum foedera ferire, *form illicit connections:* Iungit opes foedusque ferit, V.—F i g., *to strike, reach, affect, impress:* multa in vitā, quae fortuna feriat: verba palato, *coin*, H.: binis aut ternis ferire verbis, *make a hit.*—*To cozen, cheat, gull, trick* (colloq.): Geta Ferietur alio munere, T.

feritās, ātis, *f.* [ferus], *wildness, fierceness, roughness:* beluae: tauri, O.: nimium feritatis in illo est, O.: ex feritate ad iustitiam transducere: insita, Ta.: neque ipse manūs feritate dedisset, V.—Of places: Scythici loci, O.

fermē, *adv.* [for * ferimē, *sup.* of fere], *closely, quite, entirely, fully, altogether, just:* iam ferme moriens me vocat, *just dying*, T.: quod ferme dirum in tempus cecidere Latinae.—Of time, *in general, usually, commonly:* parentum iniuriae Unius modi sunt ferme, T.: quod ferme evenit: inculta ferme vestiuntur virgultis, L.—Of degree, *nearly, almost, well-nigh, about:* ferme eadem omnia, quae, etc., T.: pars ferme dimidia, L.: aberat mons ferme milia viginti, S.—With a negative, *hardly, scarcely:* hoc non ferme sine magnis principum vitiis evenit: nec ferme res antiqua alia est nobilior, L.: ut eo nihil ferme quisquam addere posset.

fermentum, ī, *n.* [FVR-], *a means of fermentation, yeast:* panis nullo fermento, Ta. — *A fermented drink, malt liquor, beer*, V.—F i g., *a provocation:* istud Fermentum tibi habe, i. e. *put that in your pipe*, Iu.

ferō, tulī (tetulī, T., Ct.), lātus, ferre [1 FER-; TAL-], *to bear, carry, support, lift, hold, take up:* aliquid, T.: arma, Cs.: sacra Iunonis, H.: cadaver umeris, H.: Pondera tanta, O.: oneri ferendo est, *able to carry*, O.: pedes ferre recusant Corpus, H.: in Capitolium faces: ventrem ferre, *to be pregnant*, L.: (eum) in oculis, *to hold dear.*—*To carry, take, fetch, move, bear, lead, conduct, drive, direct:* pisciculos obolo in cenam seni, T.: Caelo supinas manūs, *raisest*, H.: ire, pedes quocumque ferent, H.: opertā lecticā latus per oppidum: signa ferre, *put in motion*, i. e. *march*, Cs.: huc pedem, *come*, T.: pedem, *stir*, V.: ferunt sua flamina classem, V.: vagos gradūs, O.: mare per medium iter, *pursue*, V.: quo ventus ferebat, *drove*, Cs.: vento mora ne qua ferenti, i. e. *when it should blow*, V.: itinera duo, quae ad portum ferebant, *led*, Cs.: si forte eo vestigia ferrent, L.: corpus et arma tumulo, V. — P r o v.: In silvam non ligna feras, *coals to Newcastle*, H.—With *se, to move, betake oneself, hasten, rush:* mihi sese obviam, *meet:* me tempestatibus obvium: magnā se mole ferebat, V.: ad eum omni studio incitatus ferebatur, Cs.: alii perterriti ferebantur, *fled*, Cs.: pubes Fertur equis, V.: (fera) supra venabula fertur, *springs*, V.: quocumque feremur, *are driven:* in eam (tellurem) feruntur pondera: Rhenus per finīs Nantuatium fertur, *flows*, Cs.—P r a e g n., *to carry off, take by force, snatch, plunder, spoil, ravage:* rapiunt incensa feruntque Pergama, V.: puer fertur equis, V. — *To bear, produce, yield:* quae terra fruges ferre possit: flore terrae quem ferunt, H. —*To offer, bring* (as an oblation): Sacra matri, V.: tura superis, O.—*To get, receive, acquire, obtain, earn, win:* donum, T.: fructūs ex sese: partem praedae: crucem pretium sceleris, Iu.: Plus poscente, H.—F i g., *to bear, carry, hold, support:* vina, quae vetustatem ferunt, i. e. *are old:* Scripta vetustatem si ferent, *attain*, O.: Insani sapiens nomen ferat, *be called*, H.: finis alienae personae ferendae, *bearing an assumed character*, L.: secundas (partīs), *support*, i. e. *act as a foil*, H.—*To bring, take, carry, render, lead, conduct:* mi auxilium, *bring help:* alcui subsidium, Cs.: condicionem, *proffer*, Cs.: matri obviae complexum, L.: fidem operi, *procure*, V.: mortem illis: ego studio ad rem p. latus sum, S.: numeris fertur (Pindar) solutis, H.: laudibus alquem in caelum, *praise:* (rem) supra quam fieri possit, *magnify:* virtutem ad caelum, S.: in maius incertas res, L. — *To prompt, impel, urge, carry away:* crudelitate et scelere ferri, *be carried away:* furiatā mente ferebar, V.: quo animus fert, *inclination leads*, S.: si maxime animus ferat, S.: fert animus dicere, *impels*, O.—*To carry off, take away, remove:* Omnia fert aetas, V.—With *se, to carry, conduct:* Quem sese ore ferens! *boasting*, V.: ingentem sese clamore, *paraded*, V.—*To bear, bring forth, produce:* haec aetas oratorem tulit: tulit Camillum paupertas, H.—*To bear away, win, carry off, get, obtain, receive:* omnium iudicio primas: ex Etruscā civitate victoriam, L.: laudem inter suos, Cs.: centuriam, tribūs, *get the votes:* Omne tulit punctum, H.: repulsam a populo, *experience:* Haud inpune feres, *escape*, O.—*To bear, support, meet, experience, take, put up with, suffer, tolerate, endure:* alcius desiderium: voltum atque aciem oculorum, Cs.: multa tulit fecitque puer, H.: iniurias civium, N.: quem ferret, si parentem non ferret suom? *brook*, T.: tui te diutius non ferent: dolores fortiter: iniurias tacite: rem aegerrume, S.: tacite eius verecundiam non tulit senatus, quin, etc., i. e. *did not let it pass, without*, etc., L.: servo nubere nympha tuli, O.: moleste tulisti, a me aliquid factum esse, etc.: gravissime ferre se dixit me defendere, etc.: non ferrem moleste, si ita accidisset: casum per lamenta, Ta.: de Lentulo sic fero, ut debeo: moleste, quod ego nihil facerem, etc.: cum mulier fleret, homo ferre non potuit: iratus atque aegre ferens, T.: patior et ferendum puto: non tulit Alcides animis, *control himself*, V.—Of feeling or passion, *to bear, experience, disclose, show, exhibit:* dolorem paulo apertius: id obscure: haud clam tulit iram, L.—In the phrase, Prae se ferre, *to manifest, profess, show, display, declare:* cuius rei facultatem secutum me esse, prae me fero: noli, quaero, prae te ferre, vos esse, etc.: speciem doloris voltu prae se tulit, Ta.—Of speech, *to report, relate, make known, assert, celebrate, say, tell:* haec omnibus ferebat sermonibus, Cs.: pugnam laudibus, L.: quod fers, cedo, *say*, T.: quae nunc Samothracia fertur, *is called*, V.: si ipse . . . acturum se id per populum aperte ferret, L.: homo ut ferebant, acerrimus, *as they said:* si, ut fertur, etc., *as is reported:* non sat idoneus Pugnae ferebaris, *were accounted*, H.: utcumque ferent ea facta minores, *will regard*, V.: hunc inventorem artium ferunt, *they call*, Cs.: multa eius responsa acute ferebantur, *were current:* quem ex Hyperboreis Delphos ferunt advenisse: qui in contione dixisse fertur.—Of votes, *to cast, give in, record*, usu. with suffragium or sententiam: de me suffragium: sententiam per tabellam (of judges): aliis audientibus iudicibus, aliis sententiam ferentibus, i. e. *passing judgment*, Cs.: in senatu de bello sententiam.—Of a law or resolution, *to bring forward, move, propose, promote:* legem: lege latā: nihil erat latum de me: de interitu meo quaestionem: rogationes ad populum, Cs.: te ad populum tulisse, ut, etc., *proposed a bill:* de isto foedere ad populum: cum, ut absentis ratio haberetur, ferebamus.—*Impers.:* lato ad populum, ut, etc., L.—With iudicem, *to offer, propose as judge:* quem ego si ferrem iudicem, etc.: iudicem illi, *propose a judge to*, i. e. *go to law with*, L.—In book-keeping, *to enter, set down, note:* minus quam Verres illi expensum tulerit, etc., i. e. *set down as paid.*—*To require, demand, render necessary, allow, permit, suffer:* dum aetatis tempus tulit, T.: si tempus ferret: incepi dum res tetulit, nunc non fert, T.: graviora verba, quam natura fert: sicut hominum religiones ferunt: ut aetas illa fert, *as is usual at that time of life:* si ita commodum vestrum fert: si vestra voluntas feret, *if such be your pleasure:* uti fors tulit, S.: natura fert, ut, etc.

ferōcia, ae, *f.* [ferox], *wildness, fierceness, spirit, courage, bravery:* iuvenum: Romana, L.: ferociam animi in voltu retinens, S.: equi, Ta.—*Barbarity, ferocity:* intoleranda: gladiatoris.

ferōcitās, ātis, *f.* [ferox], *wildness, fierceness, courage, spirit, intrepidity:* equi ferocitate exsultantes.—*Fierceness, barbarity, ferocity, fury:* tua: Troianorum.

ferōciter, *adv.* with *comp.* and *sup.* [ferox], *courageously, valorously, bravely:* facta in bello, L.: ferocius decernunt, S.: ferocius adcucurrere, Ta.: ferocissime pro Romanā societate stare, L.—*Fiercely, savagely, insolently:* dicta: dictae sententiae, L.: paulo ferocius (exagitatus).

Fērōnia, ae, *f.* [Sabine], *an early Italian goddess of groves and fountains, patroness of freedmen*, L., V., H., Ta.

ferōx, ōcis, *adj.* with *comp.* and *sup.* [2 FER-], *wild, bold, courageous, warlike, spirited, brave, gallant, fierce:* Eone es ferox, quod, etc., T.: naturā, S.: gens, *warlike:* Latium, H.: miles, H.: animi, S.: bello, Ta.: ad bellandum, L.: virtus, V.: ferocissimi iuvenes, L.—*Savage, headstrong, fierce, insolent, cruel:* Numidae secundis rebus, S.: viribus, L.: mentis, O.: scelerum, Ta.: stolide, L.: serpens, V.: quibus aetas animusque ferox erat, S.: patribus ferox esse, *haughty*, L.: victoria eos ferociores reddit: Aetas, *pitiless*, H.

ferramenta, ōrum, *n.* [ferrum], *implements of iron, tools shod with iron, irons:* agrestia, L.: peditem super arma ferramentis onerare, *axes*, Ta.: bona, *swords:* ferramenta Teanum ferre, *tools*, H.: nulla ferramentorum copia, Cs.

ferrāria, ae, *f.* [ferrum], *an iron-mine*, Cs., L.

ferrātus, *adj.* [ferrum], *furnished with iron, iron-shod, ironed:* Belli postes, V.: orbes, *iron-bound wheels*, V.: hasta, L.: calx, *armed with a spur*, V.: agmina, i. e. *in armor*, H.—*Plur. m.* as *subst.*, *harnessed soldiers, cuirassiers*, Ta.

ferreus, *adj.* [ferrum], *made of iron, iron:* clavi, Cs.: manūs, Cs.: anulus, Ta.: imber, V.: ager, i. e. *glistening with weapons*, V.—Fig., *hard, unfeeling, hard-hearted, cruel:* virtus: quis tam fuit ferreus?: praecordia, O.: ōs, *shameless:* proles, i. e. *the iron age*, C. poët.—*Firm, fixed, rigid, unyielding, immovable:* in patientiā laboris corpus, L.: vox, V.: iura, V.: Somnus, i. e. *death*, V.: decreta Sororum, O.

ferrūgineus, *adj.* [ferrugo], *of an iron gray color, dusky:* cymba, V.: hyacinthi, V.

ferrūgō, inis, *f.* [ferrum], *iron-rust, the color of iron-rust, dark-red, dark-chestnut, dusky color:*

viridis ferrugine barba, O.: obscurā tinctae ferrugine habenae, O.: Sol caput obscurā nitidum ferrugine texit, *gloom*, V.: Hibera, *purple*, V.

ferrum, ī, *n.*, *iron*, C., Cs., H.—P o e t.: gerere ferrum in pectore, i. e. *cruelty*, O.: durior ferro, O.: de duro est ultima (aetas) ferro, O.: ferro duravit saecula, H. —*An iron*, *tool of iron*, *iron implement:* ferro proscindere campum, *ploughshare*, O.: ferro scindimus aequor, V.: ferro mitiget agrum, *axe*, H.: Petita ferro belua, *dart*, H.: aduncum, *arrow-head*, O.: hastae brevi ferro, *head*, Ta.: Dextra tenet ferrum, *stylus*, O.: longos ferro resecare capillos, *shears*, O.: foedare crinīs Vibratos calido ferro, *curling-irons*, V.: stridor ferri tractaeque catenae, *iron chain*, V.—*A sword:* ferro iter aperiundum est, S.: aut ferro aut fame interire, Cs.: uri virgis ferroque necari, H.: ferro inter se comminus decertare: cernere ferro, V.: ferro regna lacessere, *with war*, V.: huic urbi ferro ignique minitantur, i. e. *with fire and sword:* ferunt ferrumque ignemque In Danaas classes, O.: igni ferroque.—F i g., *the age of iron:* ad ferrum venistis ab auro, O.

fertilis, e, *adj.* with *comp.* and *sup.* [1 FER-], *fruitful*, *fertile:* Asia: ager, S.: terra, L.: arbos, V.: Bacchus (i. e. vinum), H.: fertilior seges, O.: iuvencis seges, *by the labors of*, V.: serpens, i. e. the Hydra, *producing successive heads*, O.: dea, *fertilizing* (i. e. Ceres), O.: fertilissima loca, Cs.: ubere campus, V.: agri fructuum: hominum frugumque Gallia, L.: pectus, *productive*, O.

fertilitās, ātis, *f.* [fertilis], *fruitfulness*, *fertility*, *abundance:* agrorum: loci, Cs.: (Rhea) indoluit fertilitate suā, O.: barbara, i. e. *of the Oriental women.*

ferula, ae, *f.* [2 FER-], *a reed*, *whip*, *rod*, *ferule*, *staff:* ferulā caedere, H.: manum ferulae subducere, Iu.: ferulā ebrius artūs sustinet, O.

ferus, *adj.* [2 FER-], *wild*, *untamed*, *uncultivated:* beluae: leones, H.: fructūs, V. —As *subst. m.:* hastam in feri alvum contorsit, *of the horse*, V.: Pectebat ferum, *the stag*, V.: ut vidit ferum, *the lion*, Ph.—M e t o n., of places, *waste*, *wild*, *desert:* montes, V.: silvae, H.—F i g., *wild*, *rude*, *uncultivated*, *savage*, *barbarous*, *fierce*, *cruel:* hostis: genus hominum, S.: Nemo adeo ferus est, ut non mitescere possit, H.: Britanni hospitibus, H.: mores: sibi fera sacra parari, *death by sacrifice*, O.

fervefactus, *adj.* [*P.* of fervefacio], *made hot*, *melted*, *red hot*, *hot :* pix, Cs.: iacula, Cs.

fervēns, entis, *adj.* with *comp.* and *sup.* [*P.* of ferveo], *boiling hot*, *glowing*, *burning*, *singeing :* aqua: fusili ex argillā glandes, Cs.: volnus, *smoking*, O.: voltus modesto Sanguine, Iu.—F i g., *hot*, *heated*, *inflamed*, *violent*, *impetuous*, *furious :* animus ferventior: rapido ferventius amni Ingenium, H.: fervens ira oculis, *sparkling*, O.: mero fervens, *drunken*, Iu.

ferveō, —, —, ēre [FVR-], *to be boiling hot*, *boil*, *ferment*, *glow*, *steam :* Quaecumque immundis fervent adlata popinis, H.: stomachus fervet vino, Iu.—*To be in a ferment*, *swarm*, *throng*, *surge:* opere omnis semita fervet, V.: fervent examina putri De bove, O.: Fervet opus, *is hotly pressed*, V.—F i g., *to burn*, *glow*, *be heated*, *be inflamed*, *be agitated*, *rage*, *rave :* usque eo fervet avaritia, ut. etc.: Fervet avaritiā pectus, H.: animus tumidā fervebat ab irā, O.: equus cui plurima palma Fervet, *shines*, Iu.

fervidus, *adj.* with *comp.* and (late) *sup.* [FVR-], *glowing*, *burning*, *fiery*, *fervid :* pars mundi totā naturā fervida est: aestus, *sultry*, H.: aequor, *raging*, H.: sidus, H.: fervidius merum, H.: diei fervidissimum tempus, Cu.—F i g., *glowing*, *fiery*, *hot*, *vehement*, *impetuous*, *violent*, *hasty :* florente iuventā Fervidus, H.: puer (i. e. Cupido), H.: Fervidus ingenio, O.: mortis fraternae irā, V.: fervidi animi vir, L.: genus dicendi: fervidior oratio: Dicta, V.

fervō, —, —, ere [FVR-], *to boil*, *be hot*, *glow*, *rage*, *blaze* (old or poet. for ferveo): Quom fervit maxime, T.: videbis fervere litora flammis, V.: hostem Fervere caede novā, V. — *To swarm*, *be thronged*, *be in a ferment:* Marte fervere Leucaten, V.: cum litora fervere late Prospiceres, V.

fervor, ōris, *m.* [FVR-], *a boiling heat*, *violent heat*, *raging*, *boiling*, *fermenting:* mundi: maris: mediis fervoribus, *in noontide heat*, V.—F i g., *heat*, *vehemence*, *ardor*, *fury:* pectoris, H.: aetatis: oceani: fervore furentes, V.: icto Accessit fervor capiti, i. e. *intoxication*, H.

Fescinnīnus, *adj.*, *of Fescennia* (a city of Etruria): acies, V.: versūs, *a rude form of dramatic or satiric verse*, L.: licentia (i. e. of the Fescennine verses), H.

fessus, *adj.* [2 FA-], *wearied*, *tired*, *fatigued*, *exhausted*, *worn out*, *weak*, *feeble*, *infirm:* opere castrorum, S.: fessum inediā recreare: militiā cohortes, H.: caede, V.: annis, O.: vomere tauri, H.: Rubos fessi pervenimus, H.: fessi rerum, V.: ab undis, V.—*Exhausted*, *worn out*, *enfeebled*, *feeble:* volnere corpus, L.: Corporis artūs, *sick*, H.: vox loquendo, O.: naves, V.: res, *misfortunes*, V.

festīnāns, antis, *adj.* [*P.* of festino], *hasty*, *in haste:* haec festinans scripsi in itinere.

festīnanter, *adv.* with *comp.* [festinans], *hastily*, *speedily*, *quickly:* dictum: festinantius agere, Ta.

festīnātiō, ōnis, *f.* [festino], *a hastening*, *haste*, *hurry*, *despatch*, *speed:* tanta: mea tarda, Cu.: causae: omni festinatione properare: tempus festinationis an oti: ne in festinationibus suscipiamus nimias celeritates.

festīnō, āvī, ātus, āre [festinus], *to hasten, make haste, be in haste, hurry, be quick:* quid festinas? T.: dies noctīsque, S.: omnibus modis, S.: plura scripsissem, nisi tui festinarent: quaestūs sui causā: Festinate, viri, V.—*To make haste with, hasten, hurry, accelerate, drive, do speedily:* migrare: abire, S.: ultum ire iniurias, S.: aram Congerere arboribus, V.: ni id festinaret, S.: ad bellum cuncta, S.: poenas, H.: iussa Sibyllae, *promptly execute*, V.: animo cupienti nihil satis festinatur, S.: nec virgines festinantur, *are not married early*, Ta.: festinatae mortis solacium, *premature*, Ta.: vestīs, *prepare hastily*, O.: mors gladiis festinata, *prematurely inflicted*, Iu.

festīnus, *adj.* [FEN-], *hasty, hastening, in haste, quick, speedy:* cursu festinus anhelo, O.: noctes diesque, V.

fēstīvē, *adv.* [festivus], *humorously, facetiously, wittily:* agere fabellam: tradere elementa loquendi.—In applause: 'belle et festive.'

fēstīvitās, ātis, *f.* [festivus], *good-fellowship, generosity:* patris, T.—Of speech, *humor, pleasantry, jocoseness:* oratio festivitate conditior: his festivitatibus abutitur, *witticisms.*

fēstīvus, *adj.* with *comp.* and *sup.* [festus], *agreeable, pleasing, pretty:* poëma: copia librorum, *a fair number.*—*Jovial, jocose, agreeable, dear:* quibus (pueris) nihil potést esse festivius: homo: pater festivissime! T.: caput, T.—*Humorous, pleasant, witty:* sermo: acroama.

fēstum, ī, *n.* [festus], *a holiday, festival, festal banquet, feast:* festum profanare, O.: Iovi festum parare, O.: festis Quinquatribus, H.

fēstus, *adj.* [FES-], *of holidays, festive, festal, solemn, joyful, merry:* dies: tempus, H.: sabbata, Iu.: corona, O.: frons, V.: dapes, H.: loca, Ta.

fētiālis, e, *adj.*, *speaking, negotiating, of an embassy, diplomatic:* legatus, L.: caerimoniae, L.—As *subst. m.* (sc. sacerdos), *a priest of the diplomatic corps, who made declarations of war and treaties of peace*, L., C.—*Of the diplomatic college, of the fetial priests, fetial:* ius: caerimoniae, L.

fētidus (foet-), *adj.* [FAV-], *of an ill smell, stinking, fetid:* os.

fētor (foet-), ōris, *m.* [FAV-], *a bad smell, stench:* Graecorum.

fētūra (not foet-), ae, *f.* [FEV-], *a bringing forth, bearing, breeding:* aetas feturae habilis, *fit for breeding*, V.: Si fetura gregem suppleverit, V.—*Young, offspring, brood:* ubertas feturae: minor, O.

1. fētus (not foet-), *adj.* [FEV-], *filled with young, pregnant, breeding, with young:* Lenta salix feto pecori, V.: volpes, H.—*Fruitful, productive:* terra frugibus: loca palustribus undis, O.—*Filled, full:* machina armis, V.—*That has brought forth, newly delivered, nursing:* lupa, V.: Uxor, Iu.—*Plur. f.* as *subst.:* temptabunt pabula fetas, *mothers of the flock*, V.

2. fētus (not foet-), ūs, *m.* [FEV-], *a bringing forth, bearing, hatching, producing:* (bestiarum) in fetu labor: quae frugibus atque bacis terrae fetu profunduntur.—*Young, offspring, progeny, brood:* quae (bestiae) multiplicīs fetūs procreant: cervae lactens, *fawn*, O.: Germania quos horrida parturit Fetūs, *the German brood*, H.—*Fruit, produce:* meliores fetūs edere: Nutriant fetūs aquae, H.: mutatis requiescunt fetibus arva, V.: gravidi (of grapes), O.: Crescenti (arbori) adimunt fetūs, V.—Fig., *growth, production:* uberior oratorum: animi.

fī, *imper.* of fio, *pass.* of facio.

fibra, ae, *f.* [2 FID-], *a fibre, filament:* omnīs radicum fibras evellere: retunsae radicis, O.: quid fibra valeat, accipio.—*Entrails:* bidentes, O.: Caesarum boum, O.: minaces, *ominous*, V.

fībula, ae, *f.* [FIG-], *a fastening, clasp, buckle, pin, latchet, brace, brooch:* ubi fibula vestem coërcuerat, O.: aurea, L.: fibula crinem Auro internectat, V.: trabes fibulis distinebantur, *braces*, Cs.: tegumen fibulā consertum, Ta.

fīcedula or **fīcella**, ae, *f.* [ficus+ED-], *a figpecker, becafico*, Iu.

fictē, *adv.* [fictus], *feignedly, fictitiously, for a pretence:* populares esse: reconciliata gratia.

fictilis, e, *adj.* [FIG-], *made of clay, earthen, fictile:* figurae: vasa.—*Subst. n.:* Omnia fictilibus (ponuntur), *earthen vessels*, O.: Fictilibus cenare, *earthenware*, Iu.: deorum, *earthen figures*, L.

fictor, ōris, *m.* [FIG-], *a moulder, sculptor, image-maker, statuary:* deos eā facie novimus, quā fictores voluerunt: fandi fictor Ulixes, *master of deceit*, V.

fictrīx, īcis, *f.* [fictor], *a shaper, fashioner.*

fictūm, ī, *n.* [*P.* of fingo], *a deception, falsehood, fiction:* ficta locutus, S.: ficti tenax, V.: Materia ficti, O.: ficta rerum, *pretences*, H.

fictus (finctus, T.), *adj.* [*P.* of fingo], *feigned, fictitious, false:* si vanum aut finctumst, T.: in amicitiā nihil fictum est: in re fictā (opp. in verā): imago, O.: di: vox, *falsehood*, O.: in rebus fictis: gemitus, O.: ficto pectore fatur, V.—Of a person: pro bene sano fictum vocamus, *false*, H.

ficulnus, *adj.* [ficus], *of a fig-tree:* truncus, H.

fīcus, ī (ūs, Iu.; *abl.* ficū, C., H.), *f.*, *a fig-tree:* suspendisse se de ficu.—*A fig:* fiscina ficorum: ex fici grano: prima, *the first ripe figs*, H.: duplex, *split*, H.

(fīdē), *adv.* [fidus], *faithfully.*—Only *sup.:* quae fidissime proponuntur.

fidēlis, e, *adj.* with *comp.* and *sup.* [1 fides], *trusty, trustworthy, faithful, sincere, true:* medicus, H.: catulis cerva fidelibus, H.: sociis multo fidelioribus utimur: fidelissima coniunx: mulieri vir, T.: quem sibi fidelem arbitrabatur, Cs.: animus in dominum: in amicos, S.—As *subst. m.*, *a trusty person, confidant:* si quem tuorum fidelium voles.—*Trustworthy, sure, safe, true, strong, firm, durable:* ager: navis: lorica, V.: consilium: operā Commi fideli, Cs.: silentium, H.

fidēlitās, ātis. *f.* [fidelis], *faithfulness, fidelity:* amicorum: tua.

fidēliter, *adv.* with *comp.* [fidelis], *faithfully, trustily, certainly, honestly:* in amicitiā permanere, L.: vivere: sua antea fideliter acta, S.: retinent commissa (aures), H.: servit fidelius aegro, O.

fīdēns, entis, *adj.* [*P.* of fido], *confident, courageous, bold:* homo: animus: fidens fer pectus in hostem, V.: animi, V.: animo et viribus, L.

fīdenter, *adv.* with *comp.* [fidens], *confidently, fearlessly, boldly:* confirmare: fidentius illi respondisse.

fīdentia, ae, *f.* [fidens], *confidence, boldness*, C., Iu.

1. fidēs, *gen.* (rare), usu. fidē (H., O.), once fidēī (Enn. ap. C.), once fidei (disyl., T.); *dat.* fidē, S., H., fidei (disyl., T.), *f.* [1 FID-], *trust, faith, confidence, reliance, credence, belief:* si visis fides non est habenda: alcui summam omnium rerum fidem habere, Cs.: habebunt verba fidem, si, etc., *find acceptance*, H.: testimonio fidem tribuere: ubi prima fides pelago, *as soon as they can trust*, V.: orationi adfert fidem: fidem facit oratio, *commands belief:* aliquamdiu fides fieri non poterat, Cs.: vati Si qua fides, *may be believed*, V.: omnibus abrogatur fides: imminuit orationis fidem: Multa fidem promissa levant, H.: addat fidem, *give credence*, Ta.: fac fidem, te nihil quaerere, etc., *evince:* fides mi apud hunc est, nil me istius facturum, T.—In business, *credit:* cum fides totā Italiā esset angustior, Cs.: fides de foro sublata erat: fidem abrogare, L.: fides deficere coepit: nisi fide staret res p., opibus non staturam, L.: quorum res fidesque in manibus sitae erant, i. e. *entire resources*, S.—M e t o n., *trustworthiness, faithfulness, conscientiousness, credibility, honesty, truth, good faith:* fundamentum iustitiae est fides: fide vestrā fretus: homo antiquā virtute ac fide, T.: prisca, V.: homo sine fide: hinc fides, illinc fraudatio: regni: in fide manere, Cs.: Ubii experimento fidei conlocati, *because of their tried fidelity*, Ta.: praestare fidem: prodere, S.: mutare, S.: de pace cum fide agere, L.: periura patris, *perjured faith*, H.: omnem tabularum fidem resignare, *credibility:* fides eius rei penes auctores erit, S.: maiora fide gessit, *beyond belief*, O.: segetis certa fides meae, *faithfulness* (in production), H.—*Fulfilment, faithfulness* (to a promise): Dicta fides sequitur, O.: promissa Exhibuere fidem, *were fulfilled*, O.: en haec promissa fides est? *the fulfilment of the oracle?* V.—In the legal phrase, ex bonā fide, or ex fide bonā, *in good faith, with sincerity, without guile;* cf. mala fides, *deception, dishonesty.*—P r a e g n., *a promise, engagement, word, assurance, confirmation:* fidem hosti datam fallere: inter se fidem dare, Cs.: obligare fidem vobis, *plight one's faith:* fidem servare, Cs.: fides iuris iurandi cum hoste servanda: fidem suam liberare, *perform his promise:* fidem exsolvere, L.: fidem amittere, N.: istius fide ac potius perfidiā decepti: quantum mea fides studii mihi adferat, *plighted word:* contioni deinde edicto addidit fidem, *confirmed*, L.: fide rerum tradere, *with accurate knowledge*, Ta.—*A promise of protection, pledge of safety, safe-conduct, assurance, guaranty, protection, guardian care:* fidem ei publicam iussu senatūs dedi: si fides publica data esset, S.: privatim praeterea fidem suam interponit, S.: fide acceptā a legatis, vim abfuturam, L.: quaere in cuius fide sint: in fidem Achaeorum castella tradere, L.: in alicuius fidem ac potestatem venire, Cs.: civitas in Catonis fide locata: alqm in fidem suam recipere: iura fidemque Supplicis erubuit (Achilles), *due to a suppliant*, V.: deūm atque hominum fidem implorabis.—*Ellipt.*, in exclamations: Di vostram fidem! *by the protection of the gods! for heaven's sake!* T.: pro deūm fidem, T.: pro deorum atque hominum fidem.—P e r s o n., *Faith, Truth:* Fidem violare: Cana, V.: albo rara Fides Velata panno, H.

2. fidēs, is, *f.*, *a chord, string* (of a musical instrument); hence, *plur.*, *a stringed instrument, lyre, lute, cithern:* voces, ut nervi in fidibus, ita sonant, ut, etc.: canorae, V.: fidibus canere praeclare: fidibus Placare deos, H.: fidibus discere: fidibusne Latinis Thebanos aptare modos, i. e. *to imitate Pindaric odes*, H.—In *sing.*, *a stringed instrument, lyre* (poet.): Sume fidem, O.: Teïa, H.: si blandius moderere fidem, H.—*A constellation, the Lyre:* clara, C. poët.

fidicen, inis, *m.* [2 fides+1 CAN-], *a lute-player, lyrist, minstrel, harper:* nobilis: Latinus, *lyric poet*, H.: Romanae lyrae, H.

fidicina, ae, *f.* [fidicen], *a female lute-player, lyrist, harpist*, T.

fidiculae, ārum, *f. dim.* [2 fides], *a small stringed instrument, small lute:* sonantes.

Fidius, ī, *m.* [1 fides], *the god of faith, a surname of Jupiter*, O.—In the oath, me dius fidius or medius fidius, ellipt. for ita me dius Fidius iuvet, *so help me the god of truth, by the god of truth.*

fīdō, fīsus sum, ere [1 FID-], *to trust, confide, put confidence in, rely upon:* nostrae causae:

nocti, V.: pestilentiae, L.: puer sibi fidens: Hac (Cynosurā) fidunt duce: ope equinā, O.: pictis puppibus, H.: suis rebus: fidis enim manare poëtica mella Te solum, H.

fīdūcia, ae, *f.* [fidus], *trust, confidence, reliance, assurance:* fides tua fiduciam commendationi meae tribuit, S.: humanis quae sit fiducia rebus, V.: cuius fiduciā provinciam spoliaret: suarum rerum, *in his fortune*, Cs.: salutis, *assurance*, L.: vitae nostrae, O.: voti, Ta.: unde tanta fiducia sui victis, L.: Tu, nostrarum fiducia rerum, *prop*, O. — *Self-confidence, boldness, courage, presumption:* fiduciae pleni proficiscuntur, Cs.: hostis, L.: nimia, N. — In law, *a deposit, pledge, security, pawn, mortgage:* fiduciā acceptā . . . fiduciam committere alicui: iudicium fiduciae.

fīdūciārius, *adj.* [fiducia], *intrusted, held in trust:* urbs, L.: opera, Cs.: imperium, Cu.

fīdus, *adj.* with *comp.* and *sup.* [1 FID-], *trusty, trustworthy, faithful, sure, credible:* ingenium: exercitus sibi, S.: sodales, H.: Iudex, *impartial*, H.: interpres, H.: fidiora genera hominum, L.: canum custodia: fido animo, *steadfast*, L.: (servum) domino fidissimum, L.: Nec tibi fidam promitte Lacaenam, O.: ne quid usquam fidum proditori esset, *no faith should be kept*, L.: regina tui fidissima, *towards you*, V. — *Sure, certain, safe, trustworthy:* aures, O.: spes fidissima Teucrūm, V.: ensis, *trusty*, V.: statio male fida carinis, V.: Nox arcanis fidissima, O.

fīgō, fīxī, fīxus, ere [FIG-], *to fix, fasten, drive, thrust in, attach, affix, post, erect, set up:* mucrones in cive: clavum, L.: leges in Capitolio: fixit leges pretio atque refixit, V.: quam crucem servis fixeras, *erected:* domos, *build*, Ta.: feracīs plantas humo, *set*, V.: Clavos verticibus, H.: veribus trementia (frusta), *fix on spits*, V.: mucronem tempore, O.: virus in venas per volnera, *injects:* vestigia, *plants*, V.: arma ad postem Herculis, H.: clipeum postibus, V.: spolia fixa domi habere, L.: luteum opus celsā sub trabe, O.: sedem Cumis, *to fix his abode*, Iu.: in virgine voltūs, *fixes*, V.: fixae cibo pupulae, H.: oscula dulcia, V. — *To pierce through, transfix, pierce:* hunc Intorto telo, V.: Olli fixo stetit hasta cerebro, V.: aprum, Iu.: Figar a sagittā, O. — Fig., *to fix, fasten, direct, set:* alqd animo: nostras intra te fige querelas, Iu.: nequitiae fige modum tuae, H.: mentem omnem in Milonis consulatu: mea dicta, *take to heart*, V.—*To sting, taunt, rally:* alqm maledictis.

figulus, ī, *m.* [FIG-], *a potter*, Iu.

figūra, ae, *f.* [FIG-], *a form, shape, figure:* nova oris, T.: corporis nostri: hominis: uri sunt specie et figurā tauri, Cs.: partim figuras Rettulit antiquas, *animal forms*, O.: muliebris: navium, Cs.: Morte obitā quales fama est volitare figuras, *phantoms*, V. — *Beauty:* fallax, O.: confisa figurae, O.—Fig., *a quality, kind, form, style, nature, manner:* optima dicendi: pereundi mille figurae, *ways*, O.—In rhet., *a figure of speech, ornament of style:* dicendi: tres figurae (orationis).

figurātus, *adj.* [*P.* of figuro], *formed, shaped:* boum terga ad onus accipiendum: ita corpus.

figūrō, āvī, ātus, āre [figura], *to form, fashion, shape:* se: (mundum) eā formā, etc.: in volucrīs anūs, O.—Fig., *to form, train, educate:* Os pueri poëta figurat, H.

fīlia, ae (*dat.* and *abl. plur.* filiābus, or filiīs), *f.* [FE-], *a daughter:* fratris: conlocatio filiae: matre filia pulchrior, H.: virgo filia: auctus est filiā, Ta.: pinus, Silvae filia, H.

filicātus, *adj.* [filix], *adorned with fern:* paterae, i. e. *with engraved fern-leaves:* lances.

fīliola, ae, *f. dim.* [filia], *a little daughter:* sua: duce filiolā Curionis (of an effeminate man).

fīliolus, ī, *m. dim.* [filius], *a little son.*

fīlius, ī, *m.* [FE-], *a son:* erilis, T.: maior, minor, L.: maximus natu, Ta.: Marci: terrae, i. e. *an unknown man:* fortunae, *a child of fortune*, H.; cf. gallinae albae, Iu.: filius familias, see familia.

filix, icis, *f.*, *fern:* filicum manipli, V.: urenda (as a weed), H.

fīlum, ī, *n.*, *a thread, string:* Caeca regens filo vestigia, V.: deducens pollice filum, O.: Candelae, *wick*, Iu.: tineae, O.: sororum trium, *the thread of fate*, H., V., O.—Prov.: Omnia sunt hominum tenui pendentia filo, i. e. *are precarious*, O. — *A fillet of wool* (on a priest's cap), *priest's fillet:* capite velato filo, L.—*A string, cord, filament, fibre:* lyrae, O.: croci, i. e. *stamen*, O.: Fila sectivi porri, *shreds*, Iu.—Fig., of speech, *texture, sort, quality, nature, style:* munusculum crasso filo, *of coarse texture:* argumentandi tenue: tenui deducta poëmata filo, H.: orationis tuae.

fimbriae, ārum, *f.* [2 FID-], *fibres, shreds, fringe:* cincinnorum, i. e. *the curled ends.*

fimus, ī, *m.* [FAV-], *a reeking substance, dung, manure* (only *sing.*): saturare fimo pingui sola, V.: bubulus, L.: immundus, *mire*, V.: specūs fimo onerare, Ta.

finctus, see fictus.

findō, —, fissus, ere [2 FID-], *to cleave, split, part, separate, divide:* hoc quasi rostro finditur Fibrenus: rostris terram, V.: tellus, quam Findunt flumina, H.: siti arva: partīs se via findit in ambas, V.: lingua In partīs duas, O.: lignum, V. —Fig., *to divide:* Qui dies mensem Findit, H.

fīne, *abl.* of finis.

fingō, finxī, fīctus, ere [FIG-], *to touch, handle,*

stroke, touch gently: corpora linguā, V.: manūs manibus, O. — *To form, fashion, frame, shape, mould, model, make:* hominem: ab aliquo deo ficti: alqd e cerā: homullus ex argillā fictus: pocula de humo, O.: fingendi ars, *statuary:* imagines marmore, Ta. — *To set to rights, arrange, adorn, dress, trim:* crinem, V.: fingi curā mulierum, Ph.: vitem putando, V.—Of the countenance, *to alter, change, put on, feign:* voltum, Cs.: voltūs hominum fingit scelus, i. e. *makes men change countenance,* T.—F i g., *to form, fashion, make, mould, give character to, compose:* animos: ex alquā re me, *shape my course:* ea (verba) sicut ceram ad nostrum arbitrium: voltum, *compose,* O.: lingua vocem fingit, *forms:* Carmina, H.: finxit te natura ad virtutes magnum hominem: me pusilli animi, H.: mea minora, i. e. *disparage,* H. — *To form by instruction, instruct, teach, train:* mire filium, i. e. *cause to play his part,* T.: voce paternā Fingeris ad rectum, H.: equum docilem Ire viam, H.—*To form mentally, represent in thought, imagine, conceive, think, suppose, express, sketch out:* animis imaginem condicionis meae: ex suā naturā ceteros, *conceive:* utilitatum causā amicitias: in summo oratore fingendo, *depicting:* ex suā naturā ceteros, *judge:* me astutiorem: ne finge, *do not think it,* V.: finge, aliquem nunc fieri sapientem, *suppose:* interfecti aliqui sunt, finge a nobis, *assume,* L.—*To contrive, devise, invent, feign, pretend:* fallacias, T.: causas ne det, T.: verba, i. e. *talk deceitfully,* S.: (crimina) in istum: non visa, H.: dolorem in hoc casu, Iu.: malum civem Roscium fuisse.

fīniēns, ntis, *m.* [*P.* of finio], *a boundary, horizon,* only *plur.*

fīniō, īvī, ītus, īre [finis], *to limit, bound, enclose within boundaries:* populi R. imperium, Cs.: signum animo, L.: lingua finita dentibus. — *To stop, close, shut:* cavernas, O.—F i g., *to set bounds to, restrain, check:* loqui de cupiditatibus finiendis. — *To prescribe, determine, fix, set, appoint, assign:* sepulcris novis modum: spatia temporis numero noctium, Cs.: mors est omnibus finita: (silva) non aliter finiri potest, i. e. *has no definite boundaries,* Cs.: finire senatūs consulto, ne, etc., L.: de pecuniā finitur, Ne maior consumeretur, etc., L.—*To put an end to, finish, terminate:* bellum, Cs.: nigris prandia moris, H.: dolores morte: sitim, H.: ut sententiae verbis finiantur, *end with verbs:* Sic fuit utilius finiri ipsi, *die.*—*To make an end, come to an end, cease:* paeone posteriore: Finierat Paean, *ceased speaking,* O.: sic finivit, *died,* Ta.

fīnis, is, *m.* [often *f.* in *sing.*, C., V., H., O.) [2 FID-], *that which divides, a boundary, limit, border:* loci: imperi, S.: haud procul Argivorum fine positis castris, L.: arbiter Nolanis de finibus: inter eos finīs, quos feci, L.—*A mark, starting-point, goal:* finibus omnes Prosiluere suis, V.: trans finem iaculo expedito, H.: Solus superest in fine, *at the goal,* V.—*Borders, territory, land, country:* iter in Santonum finīs facere, Cs.: his finibus eiectus sum, S.: alienos populari finīs, L.: Atlanteus, *the remote land of Atlas,* H.—*Abl.* with *gen.*, *up to, as far as:* matres pectoris fine prominentes, Cs.: Fine genūs succincta, O. —F i g., *a limit, bound:* ingeni sui fines: finem aequitatis transire: finem potentia caeli Non habet, O.: sunt certi denique fines, H.: intra Naturae finīs vivere, H.—*An end, termination, close, conclusion, period, stop:* finem iniuriis facturus, Cs.: orandi finem face, T.: scribendi: vitae: orationi finem facere: operum, H.: Imperium sine fine, *everlasting,* V.: Poscens sine fine Oscula, O.: usque ad eum finem, dum, etc., *until the time when:* quem ad finem sese iactabit audacia? *till when?:* quem ad finem? *how long?* —*An end, death:* invidiam supremo fine domari, H.: quem tibi Finem di dederint, H.—*An end, extremity, highest point, greatest degree, summit:* omnia: fines bonorum et malorum, i. e. *supreme good and evil:* honorum: aequi iuris, Ta. —*An end, purpose, aim, object:* domūs finis est usus: Quae finis standi? V.

fīnītē, *adv.* [finitus], *within limits, moderately:* avarus.

fīnitimus or **fīnitumus**, *adj.* [finis], *bordering upon, adjoining, neighboring:* Galli Belgis, Cs.: aër mari: latus Boreae, i. e. *bordering upon the north,* H.: provincia, Cs.: Marsi, H.: finitimis inperat, *next neighbors,* S.: finitimi ac vicini.—F i g., *bordering upon, nearly related, like, kindred, associated, connected:* virtuti vitium: falsa veris: poëta oratori: historia huic generi: artium quasi finitima vicinitas, *closest:* malum.

fīnītor, ōris, *m.* [finio], *a limiter, surveyor.*

fīnītus, *adj.* [*P.* of finio].—I n r h e t., *rounded, rhythmical:* apta et finita pronuntiare.

fīō, fierī, used as *pass.* of facio; see facio.

fīrmāmen, inis, *n.* [firmo], *a prop, support:* trunci, O.

fīrmāmentum, ī, *n.* [firmo], *a strengthening, support, prop:* tigna, quae firmamento esse possint, Cs.—F i g., *a support, prop, stay:* ordinum: accusationis: imperi: disciplinae: legionem in primam aciem firmamentum ducit, *as a support,* L.: firmamenta rei p., auspicia et senatus.—Of an argument, *the main point.*

fīrmātor, ōris, *m.* [firmo], *a confirmer, establisher:* Missus paci firmator, Ta.

fīrmātus, *P.* of firmo.

fīrmē, *adv.* with *comp.* and *sup.* [firmus], *firmly, steadily, definitely:* concipere animo: sustinere adsensūs suos: Firmius coire, O.: animum tenere, Ta.: firmissime: adseverare.

fīrmitās, ātis, *f.* [firmus], *firmness, durability, strength, vigor:* materiae, Cs.: gladiatoria corporis.—Fig., *firmness, steadfastness, endurance, constancy:* animi: sapientis: minimum firmitatis habere.

fīrmiter, *adv.* [firmus], *steadfastly, immovably, fixedly:* insistere, Cs.: in suo gradu conlocari.

fīrmitūdō, inis, *f.* [firmus], *firmness, durability, strength:* tanta in eis (navibus), Cs.—Fig., *firmness, constancy, stability:* haec constitutio habet firmitudinem: animi, Cs.: firmitudinem simulare, Ta.

fīrmō, āvī, ātus, āre [firmus], *to make firm, strengthen, fortify, sustain:* corpora firmari labore voluerunt: corpora cibo, L.: vestigia, V.—Fig., *to fortify, strengthen, secure, confirm, assure, reinforce, make lasting:* urbem colonis: locum munitionibus, Cs.: aditūs urbis, V.: aciem subsidiis, L.: vocem: firmatā iam aetate, *matured:* pacem, L.: pro firmato stare, L.—*To strengthen in resolution, encourage, animate:* animum consilio: nostros, Cs.: plebem provocatione, L.: animum pignore, V.: firmato voltu, *with a resolute countenance*, Ta.—*To confirm, establish, show, prove, declare, make certain:* fidem, T.: id (crimen) argumentis: foedera (dictis), V.

fīrmus, *adj.* with *comp.* and *sup.* [3 FER-], *strong, steadfast, stable, enduring, powerful:* rami, Cs.: robora, V.: firmissimi populi, Cs.: firmissima vina, V.: mihi placebat, si firmior esses, etc.: parum, H.: area firma templis sustinendis, L.: adversis, Ta.—Fig., *firm, fast, constant, steadfast, immovable, trusty, lasting, strong, true, faithful:* nuptiae, T.: gener, T.: copiae: concordi populo nihil esse firmius: fundamenta defensionis firmissima: spes: firmior candidatus, *with better prospects:* litterae, *trustworthy:* vir in susceptā causā firmissimus: firmissimus irā, O.: pectus, V.: (consolatio) ad veritatem firmissima, *most effectual:* exercitus ad bellum, L.: contra Metellum, S.: fundus nec pascere firmus, *fit*, H.

fiscella, ae, *f. dim.* [fiscina], *a small woven basket*, V., O.

fiscina, ae, *f.* [fiscus], *a woven basket:* ficorum: texatur fiscina virgā, V.—*A wicker hamper, crib:* frondis, O.

fiscus, ī, *m.* [FASC-].—Prop., *a woven-basket; hence, a money-basket, money-bag, purse:* fisci cum pecuniā: multus in arcā Fiscus, i. e. *much money*, Iu.—*The public chest, state treasury, public revenues:* quaternos HS in cistam transferam de fisco: qui fiscum sustulit.—*The imperial treasury, emperor's privy purse* (cf. aerarium, the public treasury), Ta., Iu.

fissilis, e, *adj.* [2 FID-], *that may be cleft, cleft:* robur, V.: lignum, V.

fissiō, ōnis, *f.* [2 FID-], *a cleaving:* glaebarum.

fissum, ī, *n.* [*P. n.* of findo], *a cleft, fissure* (esp. of the liver): in extis: iecoris.

fissus, *P.* of findo.

fistūca, ae, *f.*, *a rammer, ram, beetle*, Cs.

fīstula, ae, *f.*, *a pipe, tube, water-pipe:* fistulas praecidere: ferrea, L.—*A reed-pipe, shepherd's pipe, pipes of Pan* (of reeds differing in length and calibre): disparibus septem compacta cicutis, V.: tibiae carmina non sine fistulā, H.: eburneola, *a pitch-pipe* (to fix the pitch for an orator's voice).—*An ulcer, fistula*, N.

fīstulātor, ōris, *m.* [fistula], *a piper.*

fīsus, *P.* of fido.

fīxus, *adj.* [*P.* of figo], *fixed, fast, immovable:* illud maneat et fixum sit: flammae, O.—Fig., *established, settled, fixed, fast:* vestigia (integritatis) ad memoriam, etc.: non ita fixum, ut convelli non liceret: consilium: animo fixum sedere, V.: illud fixum in animis vestris tenetote.

flābellulum, ī, *n. dim.* [flabellum], *a little fan*, T.

flabellum, ī, *n. dim.* [flabra], *a small fan, fly-flap*, T., Pr.—Fig.: seditionis, *exciter.*

flābilis, e, *adj.* [flo], *airy, breath-like.*

flābra, ōrum, *n.* [flo], *blasts, breezes, winds*, V.

flacceō, —, —, ēre [flaccus], *to be flaccid, flag, droop:* Messala flaccet, *loses courage.*

flaccēscō, flaccuī, —, ere [flacceo], *to wither, droop, languish:* flaccescebat oratio.

flaccus, *adj.* [uncertain], *flabby, flap-eared.*

flagellō, —, —, āre [flagellum], *to scourge, lash:* parte caudae robora (arboris), O.

flagellum, ī, *n. dim.* [flagrum], *a whip, scourge:* flagella rettulit: horribili sectari flagello, H.: accincta flagello Tisiphone, V.—*A riding-whip*, V.—*A thong* (of a javelin), V.—*A young branch, vine-shoot*, V., Ct.—*The arm of a polypus*, O.—Fig., *a lash, sting, goad:* flagello Tange Chloen, H.: Occultum (of conscience), Iu.

flāgitātiō, ōnis, *f.* [flagito], *a pressing request, demand, importunity:* tua.

flāgitātor, ōris, *m.* [flagito], *an importunate asker, dun:* pugnae, L.: adsiduus et acer.

flāgitiōsē, *adv.* with *sup.* [flagitiosus], *shamefully, basely, infamously, flagitiously:* vivere: imparati: desciscere ab aliquo: aliorum amori flagitiosissime serviebat.

flāgitiōsus, *adj.* with *comp.* and *sup.* [flagitium], *shameful, disgraceful, infamous, profligate, dissolute:* homo flagitiosissimus: civitas flagitiosissima, S.: res: libidines: socordia flagitiosior, S.: fama flagitiosissima, Ta.: pro honestis flagitiosa exspectare, *disgraceful acquisitions*, Ta.

flāgitium, ī, *n.* [2 FLAG-], *a shameful act, passionate deed, outrage, burning shame, disgraceful thing:* Flagitium facimus, T.: domestica: flagitiis vita inquinata: homo flagitiis contaminatus: nihil flagiti praetermittere, L.: tanta flagitia facere et dicere. —*A shameful thing, shame, disgrace:* Flagiti principium est, nudare, etc., Enn. ap. C.: Nonne id flagitium est, etc., *is it not a shame?* T.: haec flagitia concipere animo, *absurdities.*—*A disgrace, rascal, scoundrel:* omnium flagitiorum circum se habebat, S.—*Shame, disgrace:* factum flagiti plenum: Peius leto flagitium timet, H.: flagitium imperio demere, L.

flāgitō, āvī, ātum, āre, *freq.* [2 FLAG-], *to demand urgently, require, entreat, solicit, press, importune, dun:* sed flagitat tabellarius: insto, posco, atque adeo flagito crimen: consulis auxilium: ne eius sceleris in te quaestio flagitaretur: cum stipendium ab legionibus flagitaretur, Cs.: admonitum venimus te, non flagitatum: a propinquo suo socerum suum: id ex omnibus partibus ab eo flagitabatur, Cs.: id, quod ille me flagitat: amicum Largiora, H.: semper, ut convocaremur: (stomachus) pernā Flagitat refici, H.: quae sint ea numina Flagitat, V.

flagrāns, antis, *adj.* with *comp.* and *sup.* [*P.* of flagro], *flaming, blazing, burning, glowing:* domus, O.: telum, V.: Canicula, H.: flagrantissimo aestu, L. — *Glittering, shining:* clipeo et armis, V. — Fig., *glowing with passion, ardent, eager, vehement:* orator studio flagranti: in studiis cupiditas: tumultus, V.: flagrantior aequo dolor, Iu.

flagranter, *adv.* [flagrans], *ardently, vehemently.*—Only *sup.:* flagrantissime cupere, Ta.

flagrantia, ae, *f.* [flagro], *a glow, ardor:* oculorum.

flagrō, āvī, āturus, āre [2 FLAG-], *to flame, blaze, burn:* flagrantes onerariae: crinemque flagrantem Excutere, V.: Flagrabant ignes, O. — Fig., *to be inflamed with passion, blaze, glow, be excited, be stirred:* flagrabant vitia libidinis apud illum: ut cuiusque studium flagrabat, S.: homo flagrans cupiditate gloriae, *fired:* pugnandi cupiditate, N.: immortalitatis amore: Italia flagratura bello: convivia quae flagitiis flagrabunt: flagrabant vitia apud illum: flagrante etiam tum libertate, Ta.— *To be afflicted, be vexed, suffer:* invidiā: rumore malo, H.

flagrum, ī, *n.* [2 FLAG-], *a whip, scourge, lash:* caesa flagro, L.: Ad sua qui domitos deduxit flagra Quirites, i. e. *to servitude*, Iu.

1. flāmen, inis, *m.* [2 FLAG-], *a priest* (of one deity), *flamen:* divis singulis flamines sunto: flaminem Iovi creavit, L.: Martialis: flaminem prodere: inaugurare, L.

2. flāmen, inis, *n.* [flo], *a blowing, blast, breeze, wind, gale:* Berecynthiae tibiae, H.: ramis sine flamine motis, O.: ferunt sua flamina classem, V.: ingens, O.

flāminica, ae, *f.* [1 flamen], *the wife of a flamen*, O., Ta.

flāminium or **flāmonium**, ī, *n.* [flamen], *the office of flamen*, C., L.

flamma, ae, *f.* [2 FLAG-], *a blazing fire, blaze, flame:* undique flammā torrerentur, S.: flammam concipere, *take fire*, Cs.: circumventi flammā, Cs.: effusa flamma pluribus locis reluxit, L.: inter flammas circus elucens, *blazing stars:* flammam tenebat Ingentem, *a torch*, V.: flammas cum puppis Extulerat, V.: extrema meorum, *funeral torch*, V.: modum Ponere iambis flammā, H.: flammā ferroque absumi, *fire and sword*, L.: mixta cum frigore, *heat*, O.: stant lumina flammā, *glare*, V.: flammae latentis Indicium rubor est, *fever*, O.— Provv.: E flammā petere cibum, i. e. *suffer extreme hunger*, T.: Prius undis flamma (sc. miscebitur), *sooner will fire mingle with water:* Unda dabit flammas, O.—Fig., *the flame of passion, fire of love, glow, flame, passion, wrath:* amoris: conceptae pectore flammae, O.: Digne puer meliore flammā, H.: oratoris: ultrix, V. — *A devouring flame, danger, destruction, ruin:* qui ab aris flammam depellit: ex illā flammā evolavit: implacatae gulae, i. e. *raging hunger*, O.

flammāns, flammātus, *PP.* of flammo.

flammeolum, ī, *n. dim.* [flammeum], *a small bridal veil*, Iu.

(**flammeum**, ī), *n.* [flammeus], *a red bridal veil:* flammeum capere, Ct.: sumere, Iu.: flammea conterit, i. e. *keeps changing husbands*, Iu.

flammeus, *adj.* [flamma], *flaming, fiery:* stellae naturā: lumina, *blazing*, O.: vestigia, Ct.

flammifer, fera, ferum, *adj.* [flamma + 1 FER-], *flame-bearing, burning, fiery:* pinus, O.: vis, quae me excruciat, Enn. ap. C.: crinis (stellae), O.

(**flammō**,), āvī, ātus, āre [flamma], *to kindle, inflame, blaze, burn:* flammantia lumina torquens (anguis), V.: aetherio flammatus Iuppiter igni, C. poët.: omnes flammaverat adrogantiā, Ta.—Fig.: flammato corde, *inflamed with anger*, V.

flammula, ae, *f. dim.* [flamma], *a little flame.*

flātus, ūs, *m.* [flo], *a blowing, breathing, snorting:* complere sedilia flatu (sc. tibiae), H.: flatūs austri, Ct.: flatu secundo Carbasa mota sonant, O.: sui flatūs ne sonet aura, cavet, *of his breath*, O.— Fig., *a breath, breeze:* prospero flatu fortunae uti. —*Plur., pride, haughtiness:* flatūs remittat, V.

flāvēns, ntis, *adj.* [*P.* of flaveo, from flavus],

golden yellow, light yellow: cerae, O.: culta, V.: Clytius primā lanugine malas, V.

flāvēscō, —, —, ere, *inch.* [flaveo], *to become golden yellow, turn light yellow:* flavescet campus aristā, V.: Stramina, O.

flāvus, *adj.* [2 FLAG-], *golden yellow, reddish yellow, flaxen-colored, blonde:* aurum, V.: flava comas, O.: arva, V.: Phyllis, H.: Tiberis, H.: Tiberinus harenā, V.

flēbilis, e, *adj.* with *comp.* [FLA-], *to be wept over, lamentable, deplorable:* species: Ino, H.: Flebile principium melior fortuna secuta est, O.: multis flebilis occidit, Nulli flebilior quam tibi, H.—*Causing tears:* ultor, O.—*Weeping, tearful, doleful:* gemitus: vox: aegritudo: modi, H.

flēbiliter, *adv.* [flebilis], *mournfully, dolefully:* respondere: lamentari: gemere, H.

flectō, flēxī, flexus, ere [FALC-], *to bend, bow, curve, turn, turn round:* equos brevi, Cs.: de foro in Capitolium currūs: habenas, O.: cursūs in orbem, O.: iter ad Privernum, L.: flexa In burim ulmus, V.: artūs, L.: ora retro, O.: geminas acies huc, *direct*, V.: lumina, *avert*, V.: salignas cratīs, *weave*, V.: flexi fractique motūs, *contorted:* flexum mare, *a bay*, Ta.: (silva) se sinistrorsus, Cs.: (milvus) Flectitur in gyrum, *wheels*, O.: flector in anguem, *wind myself into a snake*, O.: Cera multas Flectitur in facies, *is moulded*, O.—*To turn, double, pass around:* in flectendis promunturiis: Leucatam.—*To turn from, avoid, turn out of:* viam, C., L.: iter, V.—*To turn, go, divert one's course, march, pass:* laevo flectentes limine, V.: ex Gabino in Tusculanos flexere colles, L.: ad Oceanum, L.: ad sapientiam, Ta.—Fig., *to bend, turn, direct, sway, change:* animum, T.: teneros et rudīs: suam naturam huc et illuc: vocem, *modulate:* flexus sonus, i. e. *melancholy:* mentīs suas ad nostrum imperium: aliquem a proposito, *divert*, L.: animos, quin, etc., L.: animos ad carmina, O.: Quo vobis mentes sese flexere viaï? Enn. ap. C.: Cereus in vitium flecti, H.: flexo in meridiem die, Ta.: versūs, qui in Tiberium flecterentur, i. e. *might be applied*, Ta. — *To bend, move, persuade, influence, prevail upon, overcome, soften, appease:* quibus rebus ita flectebar animo, ut, etc.: flectere mollibus Iam durum imperiis, H.: Superos, V.: fata deum precando, V.: ingenium alicuius avorsum, S.: si flectitur ira deorum, O.: ad deditionem animos, L.

fleō, flēvī (flēmus, Pr., flēsti, O., flērunt, V., flēsse, L., O.), flētus, ēre [FLA-], *to weep, cry, shed tears, lament, wail:* quid possum aliud nisi flere: ab eis flens petivit, *with tears:* multa fleturum caput! H.: Flebit, *shall smart for it*, H.: de filii morte: ob nostras (vias), Tb.: ab insidiis, Pr.: Troilon, *bewail*, H.: servitutem, Ph.: amorem testudine, H.: me discedere, V.: flemus, ni nos (lex) divideret (i. e. ne), Pr.: multum fleti ad superos, *lamented*, V.: Graecia flenda, O.

1. flētus, *P.* of fleo.

2. flētus, ūs, *m.* [FLA-], *a weeping, wailing, lamenting:* Nemo funera fletu Faxit, Enn. ap. C.: fletus gemitusque: mulierum: cum singultu: magno fletu auxilium petere, Cs.: largus, V.: nullis ille movetur Fletibus, V.: fletu super ora refuso, i. e. *tears*, O.

flexanimus, *adj.* [1 flexus+animus], *moving, affecting, touching:* oratio, C. poët.: amor, Ct.—*Touched, affected*, Pac. ap. C.

flexibilis, e, *adj.* [FALC-], *pliant, flexible, yielding:* materia rerum: arcus, O.—Fig., *pliant, flexible, tractable:* genus vocis, *easily modified:* oratio: quid potest esse tam flexibile, *inconstant.*

flexilis, e, *adj.* [FALC-], *pliant, pliable, flexible:* circulus, *chain*, V.: cornu, O.

flexiloquus, *adj.* [1 flexus+4 LAC-], *ambiguous, equivocal:* oracula.

flexiō, ōnis, *f.* [FALC-], *a bending, swaying, bend, turn, curve:* virilis laterum.—Fig., *a turning, indirection:* quae deverticula flexionesque quaesisti!—*A modulation, inflection, change:* vocis: in cantu: modorum.

flexipēs, pedis, *adj.* [1 flexus + pes], *with crooked feet:* hederae, *clasping*, O.

flexuōsus, *adj.* [2 flexus], *full of turns, winding, tortuous, crooked:* iter habere.

1. flexus, *adj.* [*P.* of flecto], *bent, winding:* lacerti, O.: error, O.

2. flexus, ūs, *m.* [FALC-], *a bending, turn, winding, curve:* aures habent introitūs multis cum flexibus: cervicis, O.: inplicatae flexibus viae, L.: tardis flexibus errare, V.: pati flexūs (i. e. flecti), O.: uno flexu dextros (equos) agunt, Ta.—Fig., *a transition, change, crisis:* rerum p.: aetatis.

(flīctus, ūs), *m.* [1 FLAG-], *a striking, clashing.*—Only *abl.:* scuta Dant sonitum flictu, V.

flō, flāvī, flātus, āre [FLA-], *to blow:* belle nobis Flavit ab Epiro ventus: scintillam flando accendere, L.: inflexo tibia cornu Flabit, *sound*, O.: classica, Pr.: tibia flatur, *is blown*, O.—*To coin, mould, cast:* ratio flandae pecuniae.

(floccus), ī, *m.* [FLA-], *a lock, flock:* illum flocci facere, *to value a hair, regard as worthless*, T.: nec tamen flocci facio, *care not a straw for:* totam rem p. flocci non facere: ego non flocci pendere, T.

flōrēns, entis, *adj.* with *comp.* and *sup.* [*P.* of floreo], *blooming, flowering, in bloom:* cytisus, V.: herbae, V.—*Abounding in flowers, flowery:* Hymettus, O.—*Shining, bright:* catervae aere, V.—Fig., *flourishing, prosperous, in the prime, in re-*

pute, excellent: quos ego florentīs sine ferro viceram: auctor florentissimus, S.: adulescens, Cs.: gratiā: Ambo aetatibus, V. — *Plur.* as *subst.*, *the prosperous*, N.—Of things: res p. florentissima: modus nullus est florentior, etc.: fortuna imperatoris: florentissimis rebus domos relinquere, Cs.: florentīs res suas cum Iugurthae perditis miscere, S.: opes, L.: florente iuventā Fervidus, H.: aetate formāque, *in youthful beauty*, Ta.

flōreō, uī, —, ēre [flos], *to bloom, blossom, flower:* haec arbor ter floret: imputata floret usque vinea, H.: narcisso floreat alnus, V.: si bene floreat annus, O.—*To froth:* Vina in cellis Florent, O.—*To be filled, abound:* multis Hybla thymis, O.: autumno Floret ager, *is splendid*, V.—Fig., *to flourish, be prosperous, be in good repute, be eminent, be distinguished:* in Graeciā musici floruerunt: (magna Graecia) nunc quidem deleta est, tunc florebat: gloria generis floret: iuvenum ritu florent modo nata (verba) vigentque, H.: suā patriā multis virtutibus floruit princeps: acumine ingeni: quae (familia) viris fortissimis floruit: in re militari Epaminondas, N.: vir in re p.

flōrēscō, —, —, ere, *inch.* [floreo], *to blossom, flower, bloom:* puleium.—Fig., *to begin to flourish, rise, grow into repute:* ad summam gloriam: hunc florescentem pervertere.

flōreus, *adj.* [flos], *of flowers, flowery:* serta, Tb.: rura, V.

flōridulus, *adj. dim.* [floridus], *somewhat blooming:* ore floridulo nitens, Ct.

flōridus, *adj.* with *comp.* [flos], *in bloom, flowering:* pinus, V.: ramuli, Ct.—*Of flowers, flowery:* expones quae spectet florida et varia: serta, O.: corollae, Ct.—Fig., *blooming, beautiful:* puella, Ct.: aetas, Ct.: Galatea Floridior pratis, O.—Of style: Demetrius est floridior, *more florid.*

flōrilegus, *adj.* [flos+1 LEG-], *flower-culling:* apes, O.

flōrus, *adj.* [flos], *bright, gleaming:* crines, V.

flōs, ōris, *m.* [FLA-], *a blossom, flower:* sepulchrum floribus ornatum est: recentes, H.: qui (odores) adflarentur ex floribus: flores rosae, *garlands*, H.: piabunt Floribus Genium, H.: crocum floresque perambulet Fabula, *the stage strewn with flowers*, H.: caput impedire flore, H.: floribus oras explent, i. e. *honey*, V.: prima genas vestibat flore iuventas, *the first down* (of a youthful beard), V. — Fig., *a flower, crown, ornament, prime, best part, freshness, promise:* veteris ubertatis: nobilitatis ac iuventutis: quod floris in iuventute fuerat, L.: Graeciae, *most flourishing condition:* gratia aetatis flore conlecta: in flore virium esse, L.: flos ipsus (sc. aetatis), T. — Of speech, *a flower, embellishment, ornament:* conspersa (oratio) quasi verborum floribus, etc.: eloquentiae.

flōsculus, ī, *m. dim.* [flos], *a little flower, floweret:* ficta omnia tamquam flosculi decidunt. — Fig., *the flower, pride, ornament:* vitae, i. e. *youth*, Iu.: Iuventiorum, Ct.—*A flower of rhetoric, ornament:* flosculos carpere.

fluctuātiō, ōnis, *f.* [fluctuo], *a wavering, vacillation:* animorum, L.

fluctuō, āvī, ātus, āre [fluctus], *to move in waves, wave, undulate, fluctuate:* quadriremis in salo fluctuans: commune mare fluctuantibus, *wave-tossed:* fluctuat Aëre tellus, *swims in light*, V.—Fig., *to be restless, be unquiet, rage, swell:* magno irarum aestu, V.: ira intus, V.—*To waver, hesitate, vacillate, fluctuate:* acies fluctuans, L.: animo nunc huc, nunc illuc, V.: fluctuante rege inter spem metumque, L.: fluctuans sententia.

fluctuor, ātus, ārī, *dep.* [fluctus], *to waver, be in doubt, hesitate:* animo, L.: utrum, etc., L.

fluctus, ūs, *m.* [FLV-], *a flood, flow, tide, wave, billow, surge:* maximi: sese fluctibus committere: puppes ad magnitudinem fluctuum accommodatae, Cs.: Luctans fluctibus Africus, H.: mulcere fluctūs, V.: revomere salsos fluctūs pectore, V.: qui (fons) fluctu totus operiretur, nisi, etc.: Fluctus ut volutus Ad terras sonat, V.: ad fluctum declamare, *to the waves.*—Prov.: excitare fluctūs in simpulo, *a tempest in a tea-pot.* — Fig., *turbulence, commotion, disturbance:* in hac tempestate populi iactemur et fluctibus: rerum Fluctibus in mediis, H.: fluctūs civiles, N.: irarum fluctūs, V.

fluēns, entis, *adj.* [*P.* of fluo], *lax, relaxed, lank:* buccae.—Fig., *lax, relaxed, enervated, effeminate:* Campani luxu, L.: membra, Cu.—*Flowing, fluent:* oratio. — *Lax, unrestrained:* dissoluta et fluens oratio.

fluenta, ōrum, *n.* [fluo], *a flow, flood, stream, river:* Xanthi, V.: rauca, V.

fluentisonus, *adj.* [fluenta+SON-], *wave-resounding:* litus, Ct.

fluidus, *adj.* [FLV-], *flowing, fluid, moist:* liquor, V: humano sanguine rictūs, O.—*Soft, slack, lax, languid:* lacerti, O.: corpora, L.: calor, *decomposing*, O.

fluitō, āvī, —, āre, *freq.* [fluo], *to float, flow:* Fusile per rictūs aurum fluitare videres, O.—*P. praes.:* rei p. navem fluitantem in alto tempestatibus, *tossed:* alveus, L.: transtra, V.: corpora, Ta. — *To wave, undulate:* funes fluitabant, i. e. *were slack*, Ta.—*P. praes.:* vela summo fluitantia malo, O.: vestis, *flowing*, Ta.—Fig., *to be uncertain, waver:* neu fluitem dubiae spe pendulus horae, H.—*P. praes.:* creditur Caecinae fides fluitasse, Ta.: haec (mala) caecā fluitantia sorte, H.

flūmen, inis, *n.* [FLV-], *a flowing, flood, stream, running water:* rapidus montano flumine torrens, V.: languidum, H.: vivo perfundi flumine, L.

secundo flumine iter facere, *down stream*, Cs.: adverso flumine proficisci, *up stream*, Cs.: flumina fontis, O.: a labris sitiens fugientia captat Flumina, H.: Scamandri flumina, H.—*A river:* ut flumina in contrarias partīs fluxerint: moratus ad flumen, Cs.: flumen est Arar, quod, etc., Cs.: Tanain prope flumen orti, H.: Tiberinum, V.: Himellae, V.—P e r s o n., *a river, river-god:* Conveniunt flumina, O.: flumine Gange Edita, O.—*A stream, flood:* umectat flumine voltum, *of tears*, V.: pressis manabunt flumina mammis, *of milk*, V.: lactis, nectaris, O. — F i g., *a flow, fluency, stream, affluence:* ingeni: orationis.

flūmineus, *adj.* [flumen], *of a river, river-:* aqua, O.: ulva, O.: cygnus, O.

fluō, flūxī, fluxus, ere [FLV-], *to flow, stream, run:* in contrarias partīs: flumen quod inter eum et castra fluebat, Cs.: naturā: fluxit in terram Remi Cruor, H.: sudor fluit undique rivis, V.: fluunt lacrimae more perennis aquae, O.: fluit ignibus aurum, *melts*, O.—*To flow, overflow, run down, drip:* madidāque fluens in veste Menoetes, V.: fluentes buccae, *dripping:* tantum, *yield* (of the grape), V.: cum fluvius sanguine fluxit: sudore, O.—*To flow, stream, pour, throng, glide:* nodoque sinūs conlecta fluentīs, V.: ramos compesce fluentīs, *spreading*, V.: Ad terram fluit devexo pondere cervix, *droops*, V.: relictis Turba fluit castrīs, *pour forth*, V.: ad terram fluens, *sinking*, V. — *To pass away, fall away, fall off, vanish:* fluent arma de manibus: poma, O.: Cuncta fluunt, *are changing*, O.—F i g., *to flow, spring, arise, come forth, go, proceed:* ex eius linguā melle dulcior fluebat oratio.—*To roll, flow, move, spread:* doctrina longe lateque: de libris nostris sermonem: Hoc fonte derivata clades In patriam fluxit, H.: res ad voluntatem nostram fluentes.—Of persons: (Herodotus) quasi sedatus amnis fluit.—Of speech, *to be fluent, be verbose, be monotonous:* efficiendum est ne fluat oratio: Cum flueret lutulentus (Lucilius), H.—*To pass away, dissolve, vanish, perish:* tarda fluunt tempora, H.: mollitiā: lassitudine vires, L.: voluptas corporis: Spes Danaūm, V.

fluviālis, e, *adj.* [fluvius], *of a river, river-, fluvial:* undae, V.: anas, O.: harundo, V.

fluviātilis, e, *adj.* [fluvius], *of a river, river-:* testudines: naves, L.: piscis, Cu.

fluvius, ī (fluviōrum, trisyl., V.), *m.* [FLV-], *a river:* apud Hypanim fluvium: fluvio Rubicone circumscriptus: fluvio secundo Defluere, V.: fluvii Hibernā nive turgidi, H.—*Running water, stream:* fluvios praebere recentīs, V.

fluxus, *adj.* [*P.* of fluo], *flowing, loose, slack:* habena, L.: crinis, Ta.: arma, Ta.—F i g., *lax, loose, dissolute, careless:* animi aetate, S.—*Frail, weak, fleeting, transient, perishable:* res nostrae, *decayed:* res humanae, S.: corpora, Ta.: fides, S.: mens senio, Ta.: studia inania et fluxa, Ta.

fōcāle, is, *n.* [faux], *a neck-cloth*, H.

foculus, ī, *m. dim.* [focus], *a sacrificial hearth, fire-pan, brazier:* foculo posito in rostris: accenso ad sacrificium foculo, L.: buccā foculum excitat, *fire*, Iu.

focus, ī, *m.* [1 FAC-], *a fire-place, hearth:* ligna super foco reponens, H.: ad focum sedens: exstruere lignis focum, *pile on wood*, H.: cinerem et confusa ruebant Ossa focis, *the funeral-pile*, V.: Dis tribus focos ponit, *altars*, O.: Crateresque focosque ferunt, i. e. *fire-pans*, V.: vivi foci, *fires*, Pr. —*A hearth, home, family:* domi focique ut memineris, T.: patrii: agellus, habitatus quinque focis, *families*, H.

fodicō, —, ātus, āre [FOD-], *to dig, jog, poke:* laevum latus, H.—F i g.: fodicantes res, *worrying.*

fodiō, fōdī, fossus, ere [FOD-], *to dig, dig up:* in fundo, T.: fodit, invenit auri aliquantum: humum, V.—*To dig out, make by digging, excavate, mine:* puteos, Cs.: cubilia (talpae), V.: argentum, L.: murum, *undermine*, O. — *To prick, pierce, wound, thrust, stab:* equi calcaribus armos, V.: ora hastis, L.: militem hastā, Ta.: Noli fodere, *jog*, T.: aquas (ungulā), O.—F i g., *to goad, sting, disturb:* te stimulis.

(foecund-), see fēcund-.

foedē, *adv.* with *comp.* and *sup.* [foedus], *foully, cruelly, basely, horribly:* foedissime stipatus armatis: Caesa manus iuvenum, V.: perire, S.: exercere victoriam, L.: foedius inde pulsus, L.

foederātus, *adj.* [2 foedus], *leagued, confederated, allied:* civitates: populus alquos facere: solum: foederati, *allies.*

foedifragus, *adj.* [2 foedus+FRAG-], *league-breaking, perfidious:* Poeni.

foeditās, ātis, *f.* [1 foedus], *foulness, filthiness, hideousness, ugliness, deformity:* odoris, *stench:* vestitūs, *meanness:* tanta spectaculi, L.: volnerum, L.—F i g., *baseness, deformity, repulsiveness:* hominis flagitiosa: foeditate turpitudo deterret.

foedō, āvī, ātus, āre [1 foedus], *to make foul, defile, pollute, disfigure, mutilate, mar, deform:* contactu omnia foedant Inmundo, V.: voltūs Pulvere, O.: ora, Ta.: ferro volucrīs, V.: foedati agri, *laid waste*, L.—F i g., *to disgrace, dishonor, mar, sully, desecrate:* sacella turpitudine: procerum conubiis mixtis, Ta.: clade foedatus annus, L.

1. foedus, *adj.* with *comp.* and *sup.* [FAV-], *foul, filthy, loathsome, repulsive, ugly, unseemly, detestable, abominable, horrible:* foedissimum monstrum: volucris, O.: caput Impexā porrigine, H.: volnus, O.: tergum vestigiis verberum, L.: pestilentia homini, *destructive*, L.: foediora iis, quae subiciebantur oculis, nuntiare, L.: res visu: foedum relatu, O.—Fig., *disgraceful, base, dishonorable, vile, shameful, infamous, foul:* facinus, T.: ille foedior in Pompeio accusando, etc.: homo, S.: carmen, H.: fuga, S.: mors: genus interitūs: ministeria, V.: inceptu, L.

2. foedus, eris, *n.* [1 FID-], *a league, treaty, compact, alliance:* foedus facere: pacto iam foedere provinciarum: navem imperare ex foedere: Ambiorigem sibi foedere adiungunt, Cs.: societatem foedere confirmare: foedera, quibus inter se paciscerentur amicitias civitates, L.: Romanum, *with the Romans,* L.: rupta foedera, L.: turbare, V.: contra foedus facere: aequum, L.: iniquum, L.—*A compact, covenant, agreement, stipulation, bargain:* foedus fecerunt cum tribuno, ut, etc.: amorum turpissimorum foedera ferire: amicitiae, O.: foedere pacto Exercentur, *by a fixed agreement,* V.: thalami, i. e. *marriage contract,* O.: coniugiale, O.: non aequo foedere amare, i. e. *without return,* V.—*A law* (poet.): aeterna foedera certis Inposuit natura locis, V.: foedere certo Et premere et laxas dare habenas, V.: potentis Naturae, O.: Parcarum, O.

(foen-), see fēn. **(foet-),** see fēt.

foliātum, ī, *n.* [folium], *an ointment of leaves of spikenard, nard-oil,* Iu.

folium, ī, *n.* [FLA-], *a leaf* (of a plant): in arboribus folia: foliis ex arboribus strictis, Cs.: amara, H.: arida laureae: olivae, V.: foliis notas mandat (Sibylla), V.—Prov.: Credite me vobis folium recitare Sibyllae, i. e. *gospel truth,* Iu.

folliculus, ī, *m. dim.* [follis], *a small bag, little sack:* folliculis frumentum vehere, L.: os obvolutum folliculo.

follis, is, *m.* [FLA-], *a pair of bellows:* (formas) effici sine follibus: folle fabrili flando accenderunt, L.: ventosis follibus auras Accipiunt, V.: cavi (causidici) folles, *puffed cheeks,* Iu.—*A leathern money-bag:* tenso folle reverti, Iu.

fomentum, ī, *n.* [FAV-], *a warm application, poultice, fomentation:* fomenta paret, H.: (iuvant) fomenta podagram, H.—*A bandage:* fomenta volneribus nulla, Ta.: fomentis iuvas volnera, O.—Fig., *a lenitive, mitigation, alleviation:* dolorum: fortitudinis fomentis dolor mitigari solet: Frigida curarum fomenta, i. e. *pursuits which chill the heart with cares,* H.

fōmes, itis, *m.* [FAV-], *kindling-wood, tinder:* Rapuit in fomite flammam, V.

fōns, fontis, *m.* [FV-], *a spring, fountain, well, source:* aquae dulcis: rivorum a fonte deductio: qui fontes aestibus exarescebant, Cs.: locus fontibus abundans: fontium qui celat origines, Nilus, H.: Vini, H.: Timavi, V.: fontemque ignemque ferre, *spring water,* V.—*A mineral spring, healing waters:* fontes Clusini, H.—Fig., *a fountain-head, source, origin, cause:* aequitatis: movendi: Scribendi recte sapere est fons, H.: ab illo fonte et capite Socrate: maeroris: is fons mali huiusce fuit, L.: Pindarici fontis haustūs, i. e. *Pindar's verse,* H.—Person., as a deity, C.

fōntānus, *adj.* [fons], *of a spring, from a fountain, spring-:* ora, O.: numina, O.

fōnticulus, ī, *m. dim.* [fons], *a little spring,* H.

(for), fātus, fārī, *defect.* (in use are fātur, fantur, fābor, fābitur; *P., perf.* fātus; *perf.* fātus sum or eram; *imper.* fāre; *inf.* fārī; old, fārier, V.; *gerund.* fandī, fandō; *supin abl.* fātū; *P. praes.* fāns, fantis, fantem) [1 FA-], *to speak, say:* Nescios fari pueros (i. e. infantes), H.: ita farier infit, V.: copia fandi, V.: fandi doctissima, V.: ne fando quidem auditum est, etc., *by hearsay:* haud mollia fatu, V.: fari quae sentiat, H.: Vix ea fatus eram, V.: dehinc talia fatur, V.: Fare age, quid venias, V.: fabor enim, etc., *will prophesy,* V.

forābilis, e, *adj.* [1 FOR-], *that may be pierced, vulnerable:* nullo ictu, O.

forāmen, inis, *n.* [1 FOR-], *an opening, aperture, orifice, hole:* in eo (scuto) foramina, Cs.: tibia simplex foramine pauco, H.: foramina tectis Addidit, O.: foramina quae patent ad animum a corpore: operculi foramina, L.

forās, *adv.* [1 FOR-], *out through the doors, out of doors, forth, out:* filium foras mittit: se portā proripere, Cs.: Fer cineres, V.: pestem proicere; (scripta) foras dare, *publish.*

forceps, cipis, *f.* [2 FOR-+CAP-], *a pair of tongs, pincers, forceps:* versant tenaci forcipe ferrum, V.: compressā forcipe linguā, O.

fordus, *adj.* [1 FER-], *with young, pregnant:* bos, O.—As *subst. f.* (sc. bos), O.

fore, forem, see sum.

forēnsis, e, *adj.* [forum], *of the market, of the forum, public, forensic:* oratio, *in the forum:* certamen: rhetorica: labor: sententia (opp. domestica): vestitu forensi, *in out-of-doors dress,* L.: factio, *idlers,* L.

forēs, see 1 foris.

forica, ae, *f.* [forum], *a public privy,* Iu.

1. foris, is, *f.* [1 FOR-].—*Sing., a door, gate:* quid nam foris crepuit? T.: ad geminae limina prima foris, O.: forem virgā percutere, L.: forem cubiculi clauserat: Exclusus fore, H.—*Plur.,* fores, *the two leaves of a door, a folding-door, double door, entrance:* in liminibus aedium: a nobis graviter crepuerunt fores, T.: ad forīs adsistere: Invisae, H.: Asperae, H.: semiapertae, L.: divae, *in the vestibule of the temple,* V.—*A door, opening, entrance:* in lateribus (equi).—Fig., *a door, approach:* amicitiae.

2. forīs, *adv.* [1 foris], *out at the doors, out of doors, abroad, without:* exspectatus: et intra vallum et foris, N.: te Foris sapere, i. e. *for other people*, T.: cenitare: studia non impediunt foris, *in public life:* fructum ferre, i. e. *beyond the senate:* vir clarus: auctoritas retinetur, *abroad:* valde plauditur, *among the people:* egere, foris esse Gabinium, i. e. *in debt.—From without, from abroad:* aut sumere ex suā vi, aut adsumere foris: auxilium petendum: petita Verba, *foreign*, H.

fōrma, ae, *f.*, *a form, contour, figure, shape, appearance, looks:* homines inter se formā similes: liberalis: eximia pueri: virgines formā excellentes, L.: formā praestante puellae, O.: formae litterarum: muralium falcium, Cs.: forma et situs agri, H.: formae, quas in pulvere descripserat, L.: clarissimorum virorum formae, *figures:* igneae formae, *appearances:* forma nostra reliquaque figura, *countenance:* formae deorum, i. e. *the gods*, O.: ursi Ac formae magnorum luporum, V.—*A fine form, beauty:* formae mores consimiles, T.: formae gloria, S.: Di tibi formam dederant, H.: formarum spectator, *of beauties*, T.: potens, *a beauty*, Pr.—*An outline, plan, design, sketch:* cum formam viderim, quale aedificium futurum sit, scire possum.—*A model, pattern, stamp:* pecuniae, Ta.: Si scalpra et formas non sutor (emat), *lasts*, H.—F i g., *shape, form, nature, manner, kind:* totius rei p.: quasi formae dicendi: forma et species tyranni: redacta in formam provinciae, *condition*, Ta.: scelerum formae, V.—I n p h i l o s., *a sort, kind:* Genus et formam definire: eius (generis) duae formae.

formīca, ae, *f.*, *an ant, pismire*, C., V., H., Pr.

formīdābilis, e, *adj.* [1 formido], *causing fear, terrible, formidable:* lumen, O.: (non) ulli, O.

1. formīdō, āvī, ātus, āre, *to fear, dread, be afraid, be terrified, be frightened:* omnia: illius iracundiam: te, H.: formidata Parthis Roma, H.: quo satietas formidanda est magis: plerumque formidatus, *inspiring terror*, Ta.: naribus uti, H.: formidatis auxiliari aquis, *hydrophobia*, O.

2. formīdō, inis, *f.*, *fearfulness, fear, terror, dread, awe:* tanta: formidinem suam alquibus inicere: mortis, H.: formidines opponantur: incommodorum.—*Religious dread, reverence, awe:* silva priscā formidine sacra, Ta.: saevi Martis, *awe*, V.—P e r s o n.: atra Formidinis ora, V.—*That which produces fear, a frightful thing, fright, horror, terror:* caligans nigrā formidine lucus, V.: defensoribus formidinem ostentare, i. e. *to threaten*, S.: quibus formidini essemus, S.—*A scarecrow, bugbear:* Cervum saeptum formidine pennae, V.: furum aviumque, H.

formīdulōsē (-dolōsē), *adv.* [formidulosus], *fearfully, terribly.*

formīdulōsus or **formīdolōsus**, *adj.* with *comp.* and *sup.* [2 formido], *producing fear, dreadful, terrible, terrific:* loca, S.: alqs illi: ferae, H.: bellum formidulosissimum. —*Afraid, timid, timorous:* exercitus formidolosior hostium, Ta.

fōrmō, āvī, ātus, āre [forma], *to shape, fashion, form, build:* materiam, signum in muliebrem figuram: in Idā Classem, V.: signum e marmore, O.: formatus cum cornibus, *depicted*, O. — F i g., *to shape, form, regulate, dispose, direct, prepare, compose:* verba sicut ceram: ea quae inter se discrepant: consuetudinem: Personam, *invent*, H.: puerum dictis, H.: poëtam, H.: se in mores alcuius, L.: gaudia tacitā mente, *imagine*, O.

fōrmōsē, *adv.* with *comp.* [formosus], *gracefully:* saltare, Pr.: surgere formosius, Pr.

fōrmōsitās, ātis, *f.* [formosus], *beauty.*

fōrmōsus (fōrmōnsus), *adj.* with *comp.* and *sup.* [forma], *finely formed, beautiful, handsome:* pyramidis (forma) videtur esse formosior: virgines formosissimae: Vis formosa videri, H.: Formosi pecoris custos formosior ipse, V.: omnium aetatis suae formosissimus, N.: tempus (i. e. ver), O.: oculis, O.: nihil est virtute formosius. — As *subst. f.:* formosae nomen habebam, *the beauty*, O.

fōrmula, ae, *f. dim.* [forma], *a form, draft, contract, covenant, agreement, regulation:* antiqua iuris, L.: milites ex formulā parati, L.—*A rule, principle:* formula constituenda est: certa disciplinae: haec formula reges tenet, H.—In law, *a form, rule, method, prescription, formula* (for judicial proceedings): pacti et conventi: in testamentorum formulis versari: antiquae: postulationum: sunt formulae de omnibus rebus constitutae: cognitionis, *the rule of evidence*, L.

fornācālis, e, *adj.* [fornax], *of ovens:* dea, i. e. *the goddess* Fornax, O.—*Plur. n.* as *subst.*, *the festival of Fornax, baking festival*, O.

fornācula, ae, *f. dim.* [fornax], *a small oven, little furnace*, Iu.

fornāx, ācis, *f.* [2 FOR-], *a furnace, oven, kiln:* in ardentibus fornacibus: recoquunt patrios fornacibus ensīs, V.: undans ruptis fornacibus Aetna, *craters*, V.—P e r s o n., *the goddess of ovens*, O.

fornicātus, *adj.* [fornix], *vaulted, arched:* paries: via (leading to the Campus Martius), L.

fornix, icis, *m.*, *an arch, vault, cellar:* huius (Verris) in foro Syracusis: camera lapideis fornicibus vincta, S.: adverso fornice, V.: fornices in muro ad excurrendum, *vaulted openings for sallies*, L.: Caeli ingentes, Enn. ap. C.: Fabius or Fabianus (C.) or Fabii (O.), *a triumphal arch in the* Sacra Via.—*A covered way*, L.—*A brothel*, H., Iu.

fōrs, fōrtis (only *nom.* and *abl.* except in the name Fors Fortuna), *f.* [1 FER-], *chance, hap, luck, hazard, accident:* Quod fors feret, feremus,

T.: sed haec, ut fors tulerit: quam sibi sortem fors obiecerit, H.: uti quosque fors conglobaverat, S.: forte quādam Tiberis effusus, L.: Fors fuat pol! *may it be so*, T.—Person., *the goddess of chance:* Fors omnia versat, V.: dea Fors, O.—Esp., Fors Fortuna, *Good Fortune*, with a temple on the Tiber, outside of the city: aedis Fortis Fortunae, L.: Fortunae Fortis honores, O.: casu aut forte fortunā.—Ellipt.: for fors sit, *it might happen, perchance, perhaps, peradventure:* tu fors, quid me fiat, parvi pendis, T.: Et fors aequatis cepissent praemia rostris, Ni, etc., V.: nunc ille Fors et vota facit, V.; see also forte.

fōrsan, *adv.* [ellipt. for fors sit an], *perhaps, perchance, peradventure:* aliquis me forsitan Putet non putare hoc verum, T.: forsan et haec olim meminisse iuvabit, V.: forsan aliquem verum sermonem auctores tradiderint, L.

fōrsit, *adv.* [for fors sit], *perhaps*, H.

fōrsitan, *adv.* [for fors sit an], *perhaps, peradventure, it may be that:* mihi parvam habeat fidem, T.: forsitan quaeratis, etc.: Forsitan . . . quae sint fastigia quaeras, V.: illud forsitan quaerendum sit, num, etc.: nimium forsitan haec illi mirentur: liberius loqui quam forsitan ipsi velint: querellae, cum forsitan necessariae erunt, L.: te iam tenet altera coniunx Forsitan, O.: multa tulimus alii spe forsitan recuperandae libertatis: illius facto, primo forsitan dubio, etc., L.: forsitan post paulo morbo interitura vita, S.

fōrtasse, *adv.* [for fortassis], *perhaps, peradventure, probably, possibly:* Audisti fortasse, T.: hic tu fortasse eris diligens: fortasse dixerit quispiam: iis incommodis mederi fortasse potuisse: res fortasse verae, certe graves.—With numbers, *about:* triginta fortasse versūs: Pompeius biennio quam nos fortasse maior: ager, fortasse trecentis, Aut . . . nummorum milibus emptus, H.

fōrtassis, *adv.* [for forte an si vis], *perhaps, probably, possibly, it may be that:* quaeret fortassis quispiam, displiceatne, etc.: cum sis quod ego et fortassis nequior, H.

fōrte, *adv.* [*abl.* of fors], *by chance, by accident, casually, accidentally:* forte, temere, casu: captivi, pars forte pars consilio oblati, L.: cum casu Puteolos forte venissem: cum cenatum forte apud Vitellios esset, L.: fit forte obviam Mihi Phormio, T.: forte evenit, ut, etc.: erat forte brumae tempus, L.: quam saepe forte temere Eveniunt, quae, etc., T.: nec quicquam raptim aut forte temere egeritis, L.—*Once, once on a time:* Forte per angustam volpecula rimam Repserat, H.: Ibam forte Viā Sacrā, H.—*Perhaps, perchance, peradventure:* si forte frater redierit viso, T.: si quis vestrum forte miratur, etc.: si forte eo vestigia ferrent, L.: quod si forte ceciderint: certare sagittā Invitat qui forte velint (i. e. si qui forte velint), V.: nemo saltat sobrius, nisi forte insanit: qui metuo, ne te forte flagitent: metuens, ne forte deprehensus retraheretur, L.: Forte quid expediat communiter quaeritis, H.—*Unless indeed, unless to be sure:* criminatio dissoluta est, nisi forte exspectatis, ut, etc.: nisi forte me animus fallit, S.

forticulus, *adj. dim.* [fortis], *somewhat bold, rather brave:* forticulum se praebere.

fortis, e, *adj.* with *comp.* and *sup.* [3 FER-], *strong, powerful, mighty:* equus: latus, *youthful vigor*, H.: ligna, Cs.: castra: ulmi, V.—*Strong, vigorous, firm, steadfast, stout, courageous, brave, manly, valiant, bold, fearless:* vir, *man of honor*, T.: fortis et constantis est, non perturbari: necessitudo timidos fortīs facit, S.: Rebus angustis animosus atque Fortis appare, H.: horum fortissimi sunt Belgae, Cs.: seu quis capit acria fortis Pocula, H.: in dolore: ad sanguinem civilem, L.: contra audaciam fortissimus: Scriberis fortis, *a hero*, H.: manu, i. e. *personally brave*, N.: si fortes fueritis in eo, *had proceeded with vigor:* fugacibus, O.: Tractare serpentes, H.: aurum Spernere fortior, H.—Prov.: fortīs fortuna adiuvat, T.—Of things, *strong, spirited, brave, bold, enduring, impetuous:* senectus fortior: oculi, *bold:* animi impetus: ut paulo fortius factum, Cs.: facta, S.: opera, *service*, L.: fortior contra dolorem disciplina: fortissimae sententiae: oratio (opp. placida).—As *subst. n.:* serae ad fortia vires (sc. facta), V.: fortem ad fortia misi, O.

fortiter, *adv.* with *comp.* and *sup.* [fortis], *strongly, powerfully, vigorously:* utere loris, O.: arserunt fortius ignes, O.—*Strongly, powerfully, boldly, intrepidly, valiantly, bravely, manfully:* res fortiter gestae: sustinere impetum militum, Cs.: fortius refutare dicendi licentiam: fortius pugnare, Cs.: rei p. partem fortissime suscipere: fortissime restitit hosti, Cs.

fortitūdō, inis, *f.* [fortis], *strength, force:* hircorum, Ph.—*Firmness, manliness, fortitude, resolution, bravery, courage, intrepidity:* quae est dolorum laborumque contemptio, etc.: in periculis: pro gloriā fortitudinis, Cs.: domesticae fortitudines (opp. militares), *proofs of valor.*

fōrtuītō, *adv.* [forte], *by chance, accidentally, fortuitously, casually:* quid casu et fortuito futurum sit: non enim temere nec fortuito creati sumus: non fortuito aut sine consilio, Cs.

fōrtuītus (once trisyl., Iu.), *adj.* [fors], *happening by chance, casual, accidental, fortuitous:* concursio rerum fortuitarum: caespes, H.: bonum: naufragium, Ta.: sermo, Ta.—*Plur. n.* as *subst., accidents, casualties*, Ta.

fōrtūna, ae, *f.* [fors], *chance, hap, luck, fate, fortune:* volubilitas fortunae: plus fortunam quam consilium valere: fortunae rotam pertimescere: secunda Haud adversa, V.: rei p. fatalis: belli fortunam temptari, Cs.—Person., *the goddess of fate, Luck, Fortune*, T., C., V.: Fortunae filius, *fortune's favorite*, H.: Fors Fortuna; see fors.—Fig., *state, condition, fortune, circumstances, fate, lot, position, rank:* fortunae commutatio, Cs.: prospera adversave: miserior, Cs.: servorum: populi R. conditione socii, fortunā servi: inferior fortunā: si eo meae fortunae redeunt, ut, etc., T.: suas fortunas eius fidei permittere, Cs.: cui cessit triplicis fortuna regni, *the lot*, O.—*Good-luck, good-fortune, prosperity, success:* O fortuna, ut numquam perpetuo es data! T.: Marcello propter fortunam saepius imperia mandata: fortuna rei p. vicit, S.: superbum se praebuit in fortunā: a fortunā deseri, Cs.: fortunam habere, *succeed*, L.: Dum fortuna fuit, V.: Sed fortuna fuit, i. e. *is gone*, V.: Ut tu fortunam, sic nos te feremus, H.: summum fortunae, H.: quae sit fortuna facillima, *way to success*, V.—*Ill-luck, mishap, misfortune, adversity:* quoniam sit fortunae cedendum, Cs.: Troiae Fortuna tristi clade iterabitur, H.—*Property, possessions, goods, fortune:* Quo mihi fortunam, si non conceditur uti? H.: concessa aliis, O.: cum fortuna crevisset, N.: fortunas morte dimittere: fortunis sociorum consumptis, Cs.

fortūnātē, *adv.* [fortunatus], *prosperously:* vivere: gestum esse, L.

fortūnātus, *adj.* with *comp.* and *sup.* [*P.* of fortuno], *prospered, prosperous, lucky, happy, fortunate:* forīs aperis fortunatus, T.: comitatu nobilium iuvenum: fortunatior Fortuna: Ingenium fortunatius arte, H.: fortunatissimus haberi: fortunatus laborum, *in his achievements*, V.: res p.: vita, H.—Poet.: nemora, *groves of the blest*, V.—*In good circumstances, well off, wealthy, rich:* gratia fortunati et potentis: insipiens: quibus licet esse fortunatissimos, Cs.

fortūnō, āvī, ātus, āre [fortuna], *to make prosperous, make happy, speed, further, prosper, bless:* tibi patrimonium dei fortunent: quod faxitis, deos velim fortunare, L.: tibi horam, H.

foruli, ōrum, *m. dim.* [forus], *a book-case*, Iu.

forum, ī, *n.* [1 FOR-], *an open space, public place, court, market-place:* forum, id est, vestibulum sepulcri: per fora loqui, Ta.: Pars forum celebrant, O.—*A market-place, market, enclosure for selling, exchange:* fora exstruere, Ta.: rerum venalium, S.: cui fora multa restarent, *had many market-places to visit:* boarium, *the cattle-market* (adjoining the circus), L.: holitorium, *the vegetable-market*, L.: piscatorium, *the fish-market*, L.—Prov.: Scisti uti foro, i. e. *to act for your advantage*, T.—*A market-place, forum, public square, exchange* (in each city, the centre of public life): Nunc forum quem spectat, i. e. *all the people*, H.: statua eius (Anici) Praeneste in foro statuta, L.: mane forum pete, H.—In Rome, esp. Forum Romanum, or Forum, *an open space between the Capitoline and Palatine hills, surrounded by porticos and shops:* toto quantum foro spatium est, L.: adripere verba de foro, *pick up in the street:* caruit foro Pompeius, i. e. *was compelled to avoid:* filiam in foro suā manu interemere: forumque Litibus orbum, H.: ut primum forum attigerim, i. e. *engaged in public affairs:* studia fori, Ta.: forum Mandabo siccis, i. e. *affairs of state*, H.: ut forum et iuris dictionem cum ferro et armis conferatis, *the courts:* cedat forum castris: Insanum, V.: forum agere, *hold court:* fori harena, Iu.: civitates, quae in id forum convenerant, *that court-district:* extra suum forum vadimonium promittere, *jurisdiction:* annos iam triginta in foro versaris, *in trade:* sublata erat de foro fides: hunc in foro non haberemus, i. e. *he would have been bankrupt:* Cedere foro, *become bankrupt*, Iu.: Forum Augustum (with an ivory statue of Apollo), O.; called forum, Iu.—As *nom. propr.* of many market and assize towns.—Esp.: Appī, *a market-town in Latium, on the* Via Appia, C., H.: Aurelium, *a small town on the* Via Aurelia, C.

forus, ī, *m.* [1 FOR-], *a gangway* (in a ship): per foros cursare: laxat foros, V.—*A row of seats* (in the Circus), L.—*A cell* (of bees): conplere foros, V.

fossa, ae, *f.* [fossus], *a ditch, trench, fosse:* fodere fossam, L.: ut aditus fossā cingeretur: vallo atque fossā moenia circumdat, S.: vallo fossāque munire, Cs.: cingebant oppida fossae, O.: fossas inplere, V.: institutae fossae, Cs.: cruor in fossam confusus, H.—*A river-bed, water-course:* Rheni.—*A gutter, water-way*, V.—*A furrow* (to mark foundations): designat moenia fossā, V.

fossiō, ōnis, *f.* [FOD-], *a digging:* recens: fossiones agri.

fossor, ōris, *m.* [FOD-], *a digger, delver, ditcher:* robustus, V.: Squalidus, Iu.—Poet., *a bumpkin*, Ct.

fossus, *P.* of fodio. **fōtus**, *P.* of foveo.

fovea, ae, *f.*, *a small pit:* (cadavera) foveis abscondere, V.—*A pitfall, pit:* belua, quae in foveam incidit, etc.: metuit foveam lupus, H.

foveō, fōvī, fōtus, ēre [FAV-], *to warm, keep warm:* pennis (pullos): pulli a matribus foti: ignes manu, i. e. *keep up*, O.: nomen in marmore aperto pectore, *warmed with her naked breast*, O.—*To cherish, foster, fondle, foment:* corpus, O.: volnus lymphā, *bathe*, V.: gremio (puerum), V.: anhelans Colla fovet, i. e. *leans against the tree*, V.: castra fovere, *cling to*, V.: hiemem luxu, *sit the winter through*, V.—Fig., *to cherish, caress, love, favor, support, assist, encourage:* hunc: (duces) pugnantīs spe, *encourage*, L.: utram partem, L.: fovendis hominum sensibus, *by pampering:* vota animo, O.: perditam spem, L.: Cupidine bella, *prolonged by Cupid's agency*, V.: dolores, *palliate:* famam inanem, i. e. *an unfounded reputation*, V.: hoc regnum dea gentibus esse tenditque fovetque, *fondly strives*, V.

frāctus, *adj.* with *comp.* [*P.* of frango], *interrupted, irregular:* murmur, Ta.—F i g., *weakened, weak, feeble, faint:* spes amplificandae fortunae fractior: vox, Ta.

fraenum, see fren-. **frāga**, see fragum.

fragilis, e, *adj.* [FRAG-], *easily broken, brittle, fragile:* rami, V.: myrtus, H.: aquae, i. e. *ice*, O.: fragilīs incende laurūs, *crackling*, V.—*Weak, perishable, frail, fickle:* corpus: res humanae: formae gloria, S.: anni (of old age), O.: Pediatia, *the delicate Miss Pediatus*, H.—As *subst. n.:* fragili inlidere dentem, H.

fragilitās, ātis, *f.* [fragilis], *fragility, weakness, frailty:* naturae: humani generis.

frāgmen, inis, *n.* [FRAG-], *a broken piece, fragment:* ingens montis, V.—Mostly *plur., fragments, ruins, wreck:* mucronis, V.: navigii, O.: fragmina poni Imperat, *chips*, O.

frāgmentum, ī, *n.* [FRAG-], *a piece broken off, piece, remnant, fragment:* lapidis: acutum, L.—*Plur.:* tegularum, L.: Ramea, V.

fragor, ōris, *m.* [FRAG-], *a crashing, crash, noise, din:* fragorem Silva dat, O.: tectorum, L.: Fit fragor, *a thunder-peal*, O.: subitoque fragore Intonuit, V.: terra adventūs hostium quasi fragore quodam denuntiat.

fragōsus, *adj.* [fragor], *broken, rough, uneven:* silvae, O.—*Crashing, roaring:* torrens, V.

frāgrāns, ntis, *adj.* [*P.* of fragro], *sweet-smelling, fragrant:* mella, V.: odore domus, Ct.

(**frāgum**, ī), *n.*, *a strawberry.* — Only *plur.:* humi nascentia, V.: montana, O.

framea, ae, *f.* [Germ.], *a spear, javelin*, Ta.: Martis, Iu.

frangō, frēgi, frāctus, ere [FRAG-], *to break in pieces, dash to pieces, shiver, shatter, fracture:* ova: anulus fractus est: navibus fractis, Cs.: navem, *suffer shipwreck*, T.: Ianua frangatur, H.: corpora Ad saxum, V.: laqueo gulam, *strangle*, S.: bracchium: Si fractus inlabatur orbis, H.: in arbore cornu, O.: te, tigris ut aspera, *tear in pieces*, H.: diem mero, *shorten*, H.—*To break up, grind, bruise, crush:* glaebam Bidentibus, V.: fruges saxo, V. —*To break* (of waves): tamquam fluctum a saxo frangi: arcus aquarum Frangitur, O.—F i g., *to break down, subdue, overcome, crush, dishearten, weaken, diminish, violate, soften:* alqm, ut, etc.: Danaūm fractae vires, V.: quem series inmensa laborum Fregerit, O.: proeliis fracti, Cs.: te ut ulla res frangat?: pudore: alqm patientiā: omnis res mea fracta est, *my fortune was lost*, H.: res fractae, *calamities*, V.: Frangimur fatis, V.: frangi aspectu pignorum suorum, Ta.: bellum proeliis: praedonis audaciam: consilium alicuius: doli frangentur inanes, *come to naught*, V.: foedus: mandata, *fail in*, H.: dum se calor frangat, *subsides.*

frāter, tris, *m.* [cf. Engl. brother], *a brother:* maior, *elder*, T.: fratres gemini, *twin brothers:* gemelli, O.: germanus, *full brother:* coniurati fratres, V.: cum fratre Lycisce (of a dog), O.: volo, mi frater, fraterculo tuo credas (of a friend): Eheu pudet fratrum, i. e. *fellow-citizens*, H.: perfusi sanguine fratrum (in civil war), V. — *Plur.*, *brethren* (i. e. allies): a senatu appellati, Cs.—With *patruelis, a cousin, first cousin, father's brother's son:* hic illius frater patruelis: Luci fratris nostri mors (sc. patruelis).—F i g., of things: positos ex ordine fratres (i. e. libros), O.

frāterculus, ī, *m. dim.* [frater], *a little brother:* Gigantis, i. e. *earth-born*, Iu.—Of a friend: fraterculo tuo credas.

frāternē, *adv.* [frater], *in a brotherly manner:* facere: amari.

frāternitās, ātis, *f.* [fraternus], *brotherhood, fraternity*, Ta.

frāternus, *adj.* [frater], *of a brother, brotherly, fraternal:* amor, Cs.: vitia, *a brother's:* Scelus fraternae necis, *fratricide*, H.: Mores, *of Zethus, brother of Amphion*, H.: undae, *of Neptune* (brother of Jupiter), O.: invidia, *towards a brother*, S. —*Of a kinsman:* Frater erat, fraterna peto, *a cousin's arms*, O.—*Fraternal, closely allied, friendly:* nomen populi R., i. e. *the honor of alliance with*, Cs.: amor: foedus, H.: abiungens fraternā morte iuvencum, *of a yoke fellow*, V.

frātricīda, ae, *m.* [frater+2 SAC-], *a brother's murderer, fratricide*, C., N.

fraudātiō, ōnis, *f.* [fraudo], *a cheating, deceiving, deceit, fraud;* opp. fides: sine fraudatione.

fraudātor, ōris, *m.* [fraudo], *a cheat, deceiver, defrauder:* creditorum: praedae, L.

fraudātus, *P.* of fraudo. — *Plur. n.* as *subst.*, *stolen money*, Cs.

fraudō, āvī, ātus, āre [fraus], *to cheat, beguile, defraud, rob:* socium: creditores: fraudatis lucernis, H.: magnā pecuniā fraudari: milites praedā, L.: (puerum) regno, V.: amantem spe, O.: fraudans se ipse victu suo, L.—*To embezzle, purloin, steal:* stipendium equitum, Cs.

fraudulentus, *adj.* [fraus], *cheating, deceitful, fraudulent:* Karthaginienses: venditiones.

fraus, fraudis (*gen. plur.* fraudium, C.), *f.* [2 FER-], *a cheating, deceit, imposition, fraud:* ad fraudem callidi: cum fraude fiat iniuria: fraus fidem in parvis sibi praestruit, L.: occasionem fraudis quaerunt, Cs.: per summam fraudem: Litavici fraude perspectā, Cs.: quod fraudem legi fecisset, L.: ii, quibus per fraudem fuit uti (inperiis), i. e. *have obtained wrongfully*, S.: sese dedere sine fraude, i. e. *unconditionally*, Cs.: bestiae cibum ad fraudem suam positum aspernuntur, L.: exagitabantur omnes eius fraudes, *deceptions:* fons fraudium. — Of persons, *a cheat, deceiver, fraud*, T. — *A bad action, offence, crime:* impia: scelus frausque: priscae vestigia fraudis, V.: nocitura Postmodo natis, H.: fraudes inexpiabiles concipere. — *A self-deception, delusion, error, mistake:* Inperitos in fraudem inlicis, T.: in fraudem deducere: in fraudem in re p. delabi: Fraude loci et noctis Oppressus, *ignorance of*, V. — *Injury, detriment, damage, hurt, harm:* ventosa ferat cui gloria fraudem, V.: id mihi fraudem tulit: esse alicui fraudi aut crimini, *tend to his injury:* ne Servilio fraudi esset, quod, etc., L.: quod sine fraude meā fiat, facio, *without harm*, L.: dies, ante quam sine fraude liceret ab armis discedere, S.— Person., *Fraud, the god of deceit.*

fraxineus, *adj.* [1 fraxinus], *of ashwood, ashen:* sudes, V.: trabes, V.: hasta, O.

1. fraxinus, ī, *f.*, *an ash-tree, ash*, V., H., O.— *An ashen spear, ashen javelin*, O.

2. fraxinus, *adj.* [1 fraxinus], *of ash-wood, ashen:* virga, O.

fremebundus, *adj.* [fremo], *muttering, murmuring:* tanta moles, Att. ap. C.: alquis, O.

fremēns, ntis, *P.* of fremo.

fremidus, *adj.* [FREM-], *murmuring:* turba, O.

fremitus, ūs, *m.* [FREM-], *a rushing, resounding, murmuring, humming, loud noise:* Afrorum fremitu terrere me: maris: eorum, qui veniebant, Cs.: ex nocturno fremitu, Cs.: si displicuit sententia, fremitu aspernantur, Ta.: fremitu virūm Consonat nemus, V.: frementis Verba volgi, O.: equorum, *neighing*, L.: (apum), *humming*, V.

fremō, uī, —, ere [FREM-], *to roar, resound, growl, murmur, rage, snort, howl:* (venti) Circum claustra fremunt, V.: saxa concita murali Tormento, *whiz*, V.: Laetitiā ludisque viae, *resound*, V.: leo Ore, V.: equus, *neighs*, V.: fremant omnes licet, *mutter:* magno circum clamore, *applauded*, V.: animis, V.: Stabat acerba fremens Aeneas, V.: rumor de tibicine Fremit in theatro, Ph.—*To murmur at, grumble because of, complain loudly of:* consulatum sibi ereptum: uno omnes eadem ore fremebant, V.: alqd, L., H.—*To demand angrily, cry threateningly:* Arma amens fremit, V.: Pedum delendum, L.

fremor, ōris, *m.* [FREM-], *a low roaring, murmur:* varius, V.

(**frendō,** —, —, ere) [FRI-], *to gnash, gnash the teeth* (only *P. praes.*): leo Frendens, C. poët.: graviter, V.: tumidā frendens Mavortius irā, O.: frendente Alexandro eripi sibi victoriam, Cu.

frēnī, ōrum, *plur.* of frenum.

frēnō or **fraenō,** āvī, ātus, āre [frenum], *to furnish with a bridle, curb, bridle:* equos, V.: equi frenato est auris in ore, H.: ora cervi capistris, O.: Frenato delphine sedens Thetis, O.—*To bridle, curb, restrain, check:* ventos, V.: cum hiems glacie cursūs frenaret aquarum, V.—Fig., *to bridle, curb, check, restrain, govern:* furores legibus: impetum (scribendi), Ph.: Iustitiā gentīs, V.: timore frenari, quo minus, etc., L.

frēnum (**frae-**), ī, *n.*, *plur.* frēnī, ōrum, *m.*, or frēna, ōrum, *n.* [3 FER-], *a bridle, curb, bit:* frenumque (equus) recepit, H.: non frenum depulit ore, H.—Prov.: frenum mordere, *take the bit in one's teeth*, i.e. *resist.*—*Plur.:* sonipes frena mandit, V.: frenos audire, V.: inhibuit frenos, L.: asellum docere currere frenis, H.: frenos pati, Ph.: ea frena furenti (Sibyllae) Concutit Apollo, V.—Fig., *a bridle, curb, means of governing, restraint, check, limit:* Ni frenum accipere et victi parere fatentur, V.: furoris: date frenos naturae, *give the reins to*, L.: pinus, cui victa remisit Frena rector, *the helm*, O.: frena licentiae Inicere, H.: calcaribus in Ephoro, in Theopompo frenis uti: prosiliet frenis natura remotis, H.

(**frēnus,** ī, *m.*), see frenum.

frequēns, entis, *adj.* with *comp.* and *sup.* [FARC-]. — Of persons, *often, regular, constant, repeated, assiduous:* Cum illis unā aderat frequens, T.: erat Romae frequens, *much at Rome:* Platonis auditor, *assiduous:* ad signa esse, L.: te audivi: filium frequentiorem prope cum illis quam secum cernebat, L.—Of things, *repeated, often, frequent, common, usual:* pocula: iambus: familiaritas, N.: frequentior fama, L.: rarus ferri, frequens fustium usus, Ta.—*In great numbers, full, crowded, numerous:* cives atque socii: frequentior legatio, L.: senatus, S.: senatus frequentior: frequentissimo senatu: frequentes venerunt, Cs.: huc quam frequentissimi conveniunt, Cs.: frequens redemptor cum famulis, i. e. *with a throng of attendants*, H.: telis frequentibus instare, V. — Of places, *filled, full, crowded, populous, much frequented, well stocked:* frequentissimum theatrum: nulla (praefectura) totā Italiā frequentior: Numidia, S.: emporium, L.: ludi, H.: tectis urbs, L.: herbis campus, V.: utra pars frequentior vicis esset, L.

frequentātiō, ōnis, *f.* [frequento], *a frequent use, crowding:* argumentorum.

frequentātus, *adj.* [*P.* of frequento], *full, rich, abounding:* genus (orationis) sententiis.

frequenter, *adv.* with *comp.* and *sup.* [frequens], *often, frequently:* adesse nobis: Non alias missi cecidere frequentius ignes, O.: tralatione frequentissime uti. —*In great numbers, by many:* ea (urbis) habitatur frequentissime: Romam inde frequenter migratum est, L.

frequentia, ae, *f.* [frequens], *an assembling in great numbers, concourse, multitude, crowd, throng:* reduci cum maximā frequentiā: non usitatā frequentiā stipati sumus: civium: summa hominum: volgi, N.: Thucydides ita creber est rerum frequentiā.

frequentō, āvī, ātus, āre [frequens], *to visit frequently, frequent, resort to, do frequently, repeat:* domum meam: arva, V.: Marium, *often resort to*, S.: coetu salutantium frequentari, Ta.: 'Hymenaee' frequentant, *keep calling*, O.: verbi translatio frequentata delectationis (causā).—Of persons, *to assemble in throngs, bring together, crowd:* quos cum casu hic dies ad aerarium frequentasset, etc.: populum: acervatim multa: est luminibus frequentanda omnis oratio sententiarum.—Of places, *to fill with a multitude, fill, crowd, people, stock:* urbes frequentari, *be peopled:* Templa frequentari Nunc decet, O.: contiones legibus agrariis, *to draw a crowd by proclaiming*, etc., L. —*To celebrate, keep in great numbers, observe in multitudes:* ludos: ad triumphum frequentandum deducti, L.: sacra, O.

fretēnsis, e, *adj.* [fretum], *of a narrow sea:* mare, i. e. *Strait of Sicily.*

fretum, ī, *n.* (*abl.* also fretū, *m.*, C.) [FVR-], *a strait, sound, channel:* fretorum angustiae: freta inter currentia turres, H.: in freto Oceani, *narrow sea*, Ta.: Siciliense, *the Strait of Messina:* Siciliae, Cs.: ab Italiā freto diiunctus: actus freto Neptunius Dux (sc. Siciliae), H.: fretum nostri maris et Oceani, i. e. *the Strait of Gibraltar*, S.—*The sea:* fretum puppe secare, O.—*Plur.:* In freta dum fluvii current, V.: fretis acrior Hadriae, H.—Fig., *a strait, narrow sea:* perangusto fretu divisa iura.—*A gulf, abyss:* in illo aeris alieni tamquam fretu.

1. frētus, *adj.* [3 FER-], *leaning, supported, relying, depending, trusting, daring, confident:* malitiā suā, T.: Antoni copiis: meā prudentiā: iuventā, V.: ferro et animis, L.: multitudo nulli rei, L.: satis fretus esse etiam nunc tolerando certamini legatum, L.: excipi posse (hostem), Cu.

2. (fretus, ūs), *m.*, see fretum.

fricō, —, frictus, āre [FRI-], *to rub, rub down:* arbore costas, V.: frictus ocelli Angulus, Iu.

frictus. **I.** *P.* of frico.—**II.** *P.* of frigo.

frīgeō, —, —, ere [FRIG-], *to be cold, be chilly, freeze:* totus friget, T.: corpus lavant frigentis, i. e. *of the dead*, V.: frigent in corpore vires, V.—Fig., *to be inactive, be lifeless, be languid, flag, droop:* ne frigeas in hibernis: Ubi friget, huc evasit, *halts*, T.—*To be coldly received, be coldly treated, be slighted, be disregarded:* hisce homines frigent, T.: discipulus frigens ad populum: plane iam, Brute, frigeo: contio Pompei frigebat, *remained unnoticed:* cum omnia consilia frigerent, *were of no effect.*

frīgerō, —, —, āre [frigus], *to cool, refresh with coolness:* Frigerans Aganippe, Ct.

frīgēscō, —, —, ere, *inch.* [frigeo], *to grow cold, be chilled:* frigescere pedes intelleget, Ta.: frigescens volnus, Cu.

frīgidulus, *adj. dim.* [frigidus], *chilly, somewhat faint:* singultūs, Ct.

frīgidus, *adj.* with *comp.* and *sup.* [FRIG-], *cold, cool, chill, chilling:* nec ullum hoc frigidius flumen attigi: ut nec Frigidior Thracam ambiat Hebrus, H.: loca frigidissima, Cs.: Praeneste, H.: sub Iove frigido, H.: vesper, V.: anguis in herbā, V.: quartana, *ague*, H.: annus, *winter*, V.: Illa Stygiā nabat iam frigida cymbā, *cold in death*, V.: membra nati, O.: mors, V.: circum praecordia sanguis, i. e. *dread*, V.: cui frigida mens est Criminibus, *whose conscience shudders*, Iu.: rumor, *chilling*, H.: horror, V.—*Plur. n.* as *subst.:* calida et frigida, *cold and heat:* Frigida pugnabant calidis, O.—Fig., *cold, indifferent, remiss, feeble:* in dicendo: accusatoribus frigidissimis uti: Frigidus Aetnam Insiluit, *in cold blood*, H.: bello Dextera, *feeble*, V.: (apes) frigida tecta relinquunt, *dull*, V. —*Without force, flat, insipid, dull, trivial, frigid, vain:* calumnia: verba frigidiora.

frīgō, —, frictus, ere [FRIG-], *to roast, parch, fry:* fabas, O.: frictum cicer, H.

frīgus, oris, *n.* [FRIG-], *cold, coldness, coolness, chilliness:* patientia frigoris: frigus operiri, S.: opacum, V.: amabile, H.: tantum fuit frigus ut, etc.: ad magnitudinem frigorum remedium: propter frigora frumenta matura non erant, *frost*, Cs. —*The cold of winter, winter, frost:* Lac mihi non frigore defit, V.: Ante focum, si frigus erit, V.: Per medium frigus, H.: loca remissioribus frigoribus, Cs.: intolerabilia frigora, L.—*A chill, fever, ague:* temptatum frigore corpus, H.: qui Frigus conlegit, H.—*The coldness of death, death:* letale, O.: illi solvuntur frigore membra, V.—*A cold shudder:* Aeneae solvuntur frigore membra; Ingemit, etc., V.—*A cold region, cold place:* non habitabile, O.—Fig., *slowness, inactivity*, O.—*A cold reception, coolness, indifference, disfavor:* ne quis Frigore te feriat, H.

fritillus, ī, *m. dim.* [FRI-], *a little rattling box, dice-box*, Iu.

frīvolus, *adj.* [FRI-], *trifling, frivolous, pitiful, sorry, worthless:* aura, Ph.: insolentia, Ph.—*Plur. n.* as *subst.*, *trifles, knickknacks:* omnia regum, Iu.

frōndātor, ōris, *m.* [1 frons], *one who strips off leaves, a dresser, pruner*, Ct., V., O.

frōndeō, —, —, ēre [1 frons], *to put forth leaves, be in leaf, become green:* frondent silvae, V.: frondentia Arbuta, V.: Dicas frondere Tarentum, H.

frōndēscō, —, —, ere, *inch.* [frondeo], *to become leafy, put forth leaves, shoot:* arbores frondescere, Enn. ap. C.: alia verno tempore tepefacta frondescunt: virga metallo, V.

frōndeus, *adj.* [1 frons], *covered with leaves, leafy:* nemora, V.: tecta, i. e. *trees in full leaf*, V.: casa, *embowered*, O.

frōndōsus, *adj.* [1 frons], *full of leaves, leafy:* rami, L.: vitis, V.

1. frōns, ōndis, *f.*, *a leafy branch, green bough, foliage:* saligna, O.: Nigra, H.: Nec saturantur fronde capellae, V.: via interclusa frondibus: Spargit tibi silva frondes, H.—*A garland of leafy boughs, leafy chaplet:* alqm victoria fronde coronet, H.: delubra deum festā velamus fronde, V.

2. frōns, frōntis, *f.*, *the forehead, brow, front:* frontem contrahere, *to knit:* Exporge frontem, T.: explicare, H.: ut frontem ferias, *smite:* ferro inter tempora frontem Dividit, V.: tenuis, *a low forehead*, H.: (bovis) a mediā fronte, etc., Cs.: ovis, O.: frons turgida cornibus, H.—*The brow, front, countenance, expression, face, look:* ex voltu et fronte amorem perspicere: verissimā fronte dicere, *truthful:* reliquiae pristinae frontis: laeta, V.: urbana, H.: durior, *shameless*, Iu.: salvā fronte, *without shame*, Iu.: tabella quae frontīs aperit hominum, mentīs tegit. —*The forepart, front, façade, van, face:* castrorum, Cs.: ianuae, O.: tabernae, Ct.: scaena ut versis discedat frontibus, V.: cohortīs, S.: unā fronte castra muniunt, *only in front*, Cs.: recta, *the centre* (of an army), L.: prima, L.: dextra, Ta.: aequā fronte ad pugnam procedebat, L.: Mille pedes in fronte, *breadth*, H.: inpulsa frons prima, *vanguard*, L.: superasse tantum itineris pulchrum ac decorum in frontem, i. e. *favorable for an advance*, Ta.: Fronte sub adversā scopulis pendentibus antrum, V.: a tergo, fronte, lateribus tenebitur, *in front:* a fronte atque ab utroque latere, Cs.: frontes geminae, i. e. *the ends* (of a rolled manuscript), Tb., O.: nigra, O.—F i g., *the outside, exterior, external quality, appearance:* Scauro studet, sed utrum fronte an mente, dubitatur: decipit Frons prima multos, Ph.

frōntāle, is, *n.* [2 frons], *a frontlet, metal band for the forehead.*—*Plur.* (of elephants), L.

frōntō, ōnis, *m.* [2 frons], *one with a large forehead.*

frūctuōsus, *adj.* with *sup.* [fructus], *abounding in fruit, fruitful, productive, profitable, advantageous:* ager: praedia: locus fructuosissimus, Cs.: arationes.—F i g., *fruitful, advantageous, gainful:* virtutes generi hominum: fructuosum est, with *infin.*

1. frūctus, *P.* of fruor.

2. frūctus, ūs (frūctī, T.), *m.* [1 FVG-], *an enjoying, enjoyment, delight, satisfaction:* voluptatum: beneficium ad animi mei fructum permagnum, *mental enjoyment:* pecuniae maximus: fructum oculis ex eius casu capere, *feast their eyes on*, N.—*Proceeds, produce, product, fruit, crops:* Fructum quem reddunt praedia, T.: ut cum decumo fructus arationis perceptus sit: frumenta ceterique fructūs, Ta.: consita omnia amoenis fructibus, *fruits*, L.: calamitas fructuum: (oves) fructum edere ex se, *young.*—*Produce, profit, income, yield:* quae nostros minuit fructūs vilitas, T.: apibus fructum restituo suum, Ph.: (pecuniae) fructibus exercitum alere, *interest:* fructūs pecuniae servantur, *is accumulated*, Cs.: fuerat ei magno fructui mare, L.: (pecunia) ex fructu metallorum, L.: totius anni: in fructu habere, *to regard as useful.* —F i g., *fruit, consequence, effect, result, return, reward, success:* vitae: fructūs ex re p. non laetos tuli: amoris et iudici: gloria est fructus virtutis: ex re decerpere fructūs, H.: Hosne mihi fructūs refers? O.

(**frūgālis**, e), *adj.* [frux], *thrifty, temperate, frugal, provident, worthy* (only *comp.* and *sup.*; see frugi): ut frugalior sim, quam volt, T.: Ventri nihil novi frugalius, Iu.: colonus frugalissimus: homines frugalissimi.

frūgālitās, tātis, *f.* [frugalis], *economy, temperance, thriftiness, frugality:* frugalitatem virtutem maximam iudico: frugalitatis existimatio.—*Self-control, worth, virtue:* summa.

frūgāliter, *adv.* [frugalis], *temperately, thriftily, frugally, economically:* signa domum deportare: vivere, H.: loqui.

frūgēs, um; see frux.

frūgī, *adj. indecl.* [*dat. predic.* of frux], *useful, fit, proper, worthy, honest, discreet, virtuous, temperate, frugal* (for *comp.* and *sup.* see frugalis): frugi es; ubi? T.: frugi hominem dici: homines plane frugi ac sobrii: Hominis frugi officium, T.: frugi dicatur, H.: Sum bonus et frugi, H.: mancipium, H.—Of things: cenula, Iu.

frūgifer, fera, ferum, *adj.* [frux + 1 FER-], *fruit-bearing, fruitful, fertile:* agri: messes, O.: arbores, Ta.: alimentis insula, L.—F i g., *fruitful, profitable:* philosophia: illud in cognitione rerum, L.

frūgilegus, *adj.* [frux + 1 LEG-], *fruit-gathering:* formicae, O.

fruitūrus, *P.* of fruor.

frūmentārius, *adj.* [frumentum], *of corn,*

corn-, of provisions, provision-: res, *supplies:* loca, *abounding in corn,* Cs.: subsidia rei p., *granaries:* inopia, Cs.: navis, *store-ship,* Cs.: lex, *for distributing grain:* causa.—As *subst. m., a corn-dealer,* C., L.

frūmentātiō, ōnis, *f.* [frumentor], *a providing of corn, foraging.—Sing.* and *plur.,* Cs.

frūmentātor, ōris, *m.* [frumentor], *a provider of corn, purchaser of grain.—Plur.,* L.: vagi, *foragers,* L.

frūmentor, ātus, ārī, *dep.* [frumentum], *to fetch corn, forage, purvey:* erat frumentari necesse, Cs.: in propinquo agro, L.: frumentandi causā progressi, Cs.: legione frumentatum missā, Cs.

frūmentum, ī, *n.* [1 FVG-], *corn, grain, harvested grain:* dierum triginta, *enough for,* Cs.: frumentum ex Aegypto Romam mittere: frumenti acervus, H.: advectum ex Campaniā, L.: tessera Frumenti, *a ticket in the public distribution of corn,* Iu.: hordeum ac frumentum, *wheat,* Ta.: grandia trudunt frumenta, *grains of corn,* V.—*Standing corn, growing grain* (usu. *plur.*): luxuriosa: frumenta in agris matura, Cs.: frumentis labor additus, V.: Condita post frumenta, *harvest,* H.: conlatio frumenti, L.: frumenta non serunt, *crops,* Cs.

fruor, frūctus (*P. fut.* fruitūrus, C.), ī, *dep.* [1 FVG-], *to derive enjoyment from, enjoy, delight in:* fruare, dum licet, T.: ars fruendi, H.: illius commodis, T.: id est cuiusque proprium quo quisque fruitur: maritimis rebus: omnibus in vitā commodis unā cum aliquo, Cs.: deorum Conloquio, V.: somno, O.: frui paratis, i. e. *contentment,* H.: te, *your society:* Attico, N.: ingenium, T.: de vestris vectigalibus fruendis: iustitiae fruendae causā: quem (florem aetatis) patri fruendum praebuit, L.: facies fruenda mihi, O.—In law, *to have the use and enjoyment of, have the usufruct:* Huic demus (agellum) qui fruatur, T.: certis fundis: agrum fruendum locare, L.

frūstrā, *adv.* [2 FER-], *in deception, in error:* Ne me in laetitiam frustra conicias, T.: uti illi frustra sint, S.: frustra habitus, *disappointed,* Ta. —*Without effect, to no purpose, uselessly, in vain, for nothing:* auxilium suum implorari: o frustra meritorum oblite meorum, O.: tantum laborem sumere, Cs.: id inceptum Volscis fuit, L.: legati discessere, *disappointed,* S.: cruento Marte carebimus, H.: fortissima Pectora, V.: Expers belli, O.: Frustra, nam, etc., H.—*Without reason, causelessly, groundlessly:* te non frustra scribere solere: disputatio ne frustra haberetur: conterrita, Ta.

frūstrātiō, ōnis, *f.* [frustror], *a deception, disappointment, rendering vain:* dilatus per frustrationem, L.: Gallorum, *by the Gauls,* L.: tantae rei, L.: variis frustrationibus periculo exempta, Ta.

frūstror, ātus, ārī, *dep.* [frustra], *to deceive, disappoint, trick, elude, frustrate:* differendo spem impetum, L.: me ipsum: custodes, L.: Iugurthan spes frustrata, S.: sat adhuc tua nos frustratast fides, T.: numquam frustrata vocatūs Hasta meos, *failed to obey,* V.: inceptus clamor frustratur hiantīs, i. e. *dies on their lips,* V.: Cocceius vide ne frustretur.—*Pass.:* adeo frustrata spes est, ut, etc., L.—*To miss the mark, throw in vain:* pauci in pluribus minus frustrati, S.—*To make vain, make useless:* parentum gaudia lacrimulis, Ct.: rami lento vimine frustrabantur ictūs, Cu.

frūstum, ī, *n.* [2 FER-], *a piece, bit:* cadere frustum ex pulli ore: viscera in frusta secant, V.: semesa lardi, H.: capreae, Iu.: frusta rogare, *scraps,* Iu.

frutex, icis, *m.* [FVR-], *a shrub, bush:* genus omne fruticum, V.: texit Ora frutex, O.: Contexit (asellum) frutice, Ph.

fruticētum, ī, *n.* [frutex], *a thicket, covert,* H.

fruticor, ārī, —, *dep.* [frutex], *to put forth shoots, sprout, become bushy:* arbor, quam fruticetur, vides: fruticante pilo, Iu.

fruticōsus, *adj.* [frutex], *full of shrubs, bushy:* Vimina, O.: litora, O.

(frūx), frūgis, *f.* [1 FVG-], *fruit, produce, pulse, legumes* (no *nom. sing.*): tosta, O.: ilex Multā fruge pecus iuvet, H.: terra feta frugibus: fruges serimus: frugum perceptio: inventis frugibus: Lentiscus Ter fruges fundens: (gens) dulcedine frugum capta, L.: salsae fruges (i. e. mola salsa), V.: medicatae, *magic herbs,* V.—F i g., *result, success, value:* industriae: se ad frugem bonam recepisse, i. e. *reformed:* expertia frugis (sc. poëmata), *worthless,* H.: permodestus ac bonae frugi, i. e. *of real merit;* see also frugi.

fuat, see sum.

fūcātus, *adj.* [*P.* of fuco], *painted, colored, falsified, counterfeit:* internosci omnia fucata a sinceris: naturalis non fucatus nitor: candor: īsdem ineptiis fucata sunt illa omnia.

fūcō, āvī, ātus, āre [1 fucus], *to color, paint, dye:* vellera hyali colore, V.: color Stercore fucatus crocodili, i. e. *paint made of crocodile's dung,* H.: fucandi cura coloris, i. e. *use of cosmetics,* O.

fūcōsus, *adj.* [1 fucus], *painted, colored, beautified, counterfeit, spurious:* merces: vicinitas: amicitiae.

1. fūcus, ī, *m.,* = φῦκος, *rock-lichen, orchil* (a red dye for woollen goods); hence, *a dye-stuff, red dye, red color:* Lana medicata fuco, H.: potantia vellera fucum, H.: Tyrius, O.—*A reddish juice, bee-glue,* V.—F i g., *pretence, disguise, deceit, dissimulation:* fucum facere mulieri, T.: venustatis non fuco inlitus color: puerilis: mercem sine fucis gestat, H.: sine fuco ac fallaciis.

2. fūcus, ī, *m.* [FEV-], *a drone*, V., Ph.

fueram, fuerō, see sum.

fuga, ae, *f.* [2 FVG-], *a fleeing, flight, running away:* adornare fugam, T.: ab urbe turpissima: desperata: exercitūs foeda, S.: dant sese in fugam milites: fugam capere, Cs.: parare: hostīs dare in fugam, *put to flight*, Cs.: in fugam conicere, Cs.: impellere in fugam: cum terrorem fugamque fecisset, *caused a panic*, L.: fugam ex ripā fecit, *drove* (the foe), L.: fugam faciunt, *take flight*, S.: neque hostium fugam reprimi posse, *be checked*, Cs.: opportunior fugae collis, S.: naves eius fugā se Adrumetum receperunt, *after his flight*, Cs.: quantae in periculis fugae proximorum: celeres fugae, H. — *Expatriation, exile, banishment:* se in fugam coniecisse: Aristidi: exsilia et fugae, Ta.—*A flying, swift course, rapid motion, speed:* Harpalyce volucrem fugā praevertitur Hebrum, V.: facilis, *a swift voyage*, V.: (Neptunus) fugam dedit, *a swift passage*, V.: fugam dant nubila caelo, *flee away*, V.: temporum, *flight*, H.: (equus) Clara ante alios, Iu.—*A place of banishment, refuge:* toto quaeret in orbe fugam, O.—*A means of removal, remedy:* morbi, H.—Fig., *a fleeing, avoiding, avoidance, shunning, escape:* laborum: turpitudinis: alia honoris, *honorable way of escape*, L.: leti, H.

fugācius, *adv. comp.* [fugax], *timidly, in readiness for flight:* geritur bellum, L.

fugātus, *P.* of fugo.

fugāx, ācis, *adj.* with *comp.* and *sup.* [2 FVG-], *apt to flee, fleeing, timid, shy:* lynces, H.: Caprea, V.: vir, H.: Pholoë, *coy*, H.: fugacissimus hostis, L.—*Fleeing, swift, fleet:* Lympha, H.: ventis fugacior, O. — Fig., *fleeting, transitory:* haec omnia: Labuntur anni, H.—With *gen.*, *fleeing, shunning, avoiding:* ambitionis, O.: rerum, O.

fugiendus, *adj.* [*P.* of fugio], *to be avoided.*—*Plur. n.* as *subst.:* non fugienda petendis Immiscere, H.

fugiēns, entis (*gen. plur.* fugientum, H.), *adj.* [*P.* of fugio], *fleeing, fleeting:* Italia, *receding*, V.: vinum, *fermenting.*—*Plur. n.* as *subst.:* fugientia captat, i. e. *what is hard to obtain*, H. —*Fleet, rapid:* penna, H.—Fig., *avoiding, averse to:* laboris, Cs.

fugiō, fūgī, — (*P. fut.* fugitūrus, O., Cu.), ere [2 FVG-], *to flee, fly, take flight, run away, make off:* e conspectu ilico, T.: ego fugio, *am off*, T.: cum magnā pecuniā: a Troiā: oppido, Cs.: e manibus: ex proelio: longe, H.: Nec furtum feci nec fugi, *run away* (of a slave), H.—Prov.: Ita fugias ne praeter casam, *beyond shelter*, i. e. *too far*, T.—With *acc.:* qui currebat fugiens hostem, H.: me inermem, H.: ovīs fugiat lupus, V.—*To become a fugitive, leave the country, go into exile:* ex patriā, N.: A patriā, O.: in exilium, Iu.—With *acc.:* patriam, V.: Teucer Salamina Cum fugeret, H. — *To pass quickly, speed, hasten, flee away:* fugiens per gramina rivus, V.: sitiens fugientia captat Flumina, H.: fugiunt dies, O.: fugit inreparabile tempus, V.—*To vanish, disappear, pass away, perish:* e pratis pruina fugit, O.: fugiunt nubes, H.: Fugerat ore color, O.: memoriane fugerit in annalibus digerendis, an, etc., L.—*To flee from, avoid, shun:* conventūs hominum, Cs.: hunc iudicem: neminem, L.: Vesanum poëtam, H.: urbem, H.: vina, O.—*To flee from, avoid, get away from, escape:* Acheronta, H.: Cuncta manūs fugient heredis, H.: Se, H.: nullum caput Proserpina fugit, *spared*, H.—Fig., *to flee, avoid, shun:* ab omni, quod abhorret, etc.: Hoc facito, hoc fugito, T.: conspectum multitudinis, Cs.: laborem, V.: maioris opprobria culpae, H.: iudicium senatūs, L.: simili inscientiā mors fugitur: quod si curam fugimus, virtus fugienda est: esse fugiendam satietatam.—With *inf.*, *to avoid, omit, forbear, beware:* turpiter facere: Quid sit futurum cras, fuge quaerere, H.: huic triumphum decorare fugiendum fuit.—*To escape, get away from, elude, forsake:* ut (animus) fugiat aciem: quos haud ulla viros vigilantia fugit, V.: vox Moerim fugit, V.—*To escape, escape the notice of, be unobserved by, be unknown to:* vidit id, quod fugit Lycurgum: quem res nulla fugeret: non fugisset hoc Graecos homines, si, etc.: huius viri scientiam: fūgit me ad te antea scribere, *I forgot:* illud te non arbitror fugere, quin, etc.

fugitāns, antis, *adj.* [*P.* of fugito], *avoiding, averse to:* litium, T.

fugitīvus, *adj.* [2 FVG-], *fleeing away, fugitive:* servos, S.: piscis, Iu.: argentum, T.: fugitivus et erro, H.: a dominis.—As *subst. m.*, *a runaway, fugitive slave, deserter:* ea res per fugitivos hostibus nuntiatur, *deserters*, Cs.: fugitivorum insolentia.

fugitō, āvī, ātus, āre, *freq.* [fugio], *to flee eagerly, flee in haste, avoid, shun:* miserrumus Fui fugitando, T.: patrem, T.: quaestionem: necem, Ph. —With *inf.*, *to avoid, forbear:* alqd facere, T.

fugō, āvī, ātus, āre [fuga], *to cause to flee, put to flight, drive off, chase away, rout, discomfit:* homines inermos armis: hostīs, S.: fugato omni equitatu, Cs.: fugatis equitibus, S.: Indoctum doctumque fugat recitator, H.: astra Phoebus, H.: audacem fugat hoc poëtam, Quod, etc., H.: fugat hoc (telum), facit illud amorem, etc., O.: nisi me mea Musa fugasset, *banished*, O.: Saturno rege fugato, *exiled*, Tb.

fuī, fuisse, *perf.* of sum.

fulcīmen, inis, *n.* [fulcio], *a prop, support, pillar:* Terra nullo fulcimine nixa, O.

fulciō, fulsī, fultus, īre, *to prop up, keep up by props, stay, support:* porticum: caelum vertice, V.: vitis, nisi fulta sit, fertur ad terram: pravis fultus male talis, *supported*, H.: fultus toro meliore, *resting on*, Iu.: caput fultum, *bolstered*, V.: fultos obice postīs, *fastened*, V.: pedibus pruinas, *to press*, Pr.—Fig., *to support, sustain, uphold:* amicum labentem: prope cadentem rem p.: consulum ruinas virtute: totis viribus fulta hostium acies, L.: recentibus subsidiis fulta acies, L.: causa gravissimis rebus est fulta.

fulcrum, ī, *n.* [fulcio], *a bedpost, foot of a couch*, O.: eburnum, Pr.: aurea fulcra, V.—*A couch, bed-lounge*, Pr., Iu.

fulgēns, ntis, *adj.* [*P.* of fulgeo], *shining, bright, dazzling, glistening:* oculi, H.: arcus, H.: signis Castra, H.: Aere caput, *with gleaming helmet*, V.—Fig., *illustrious, glorious:* imperio Africae, H.: sacerdotio, Ta.

fulgeō, fulsī, —, ēre (fulgere, V.) [2 FLAG-], *to flash, lighten:* si fulserit, si tonuerit: fulsere ignes et aether, V.—Of oratory: (Pericles) fulgere tonare dictus.—*To flash, glitter, gleam, glare, glisten, shine:* purpurā: caelo luna sereno, H.: micantes fulsere gladii, L.: pueri Agmine fulgent, V.: Argenti quod erat solis fulgebat in armis, Iu.—Fig., *to shine, glitter, be conspicuous, be illustrious:* (virtus) fulget honoribus, H.: fulgebat in adulescentulo indoles virtutis, N.: quae sanguine fulget Iuli, Iu.

(**fulgō**), ere; see fulgeo.

fulgor, ōris, *m.* [2 FLAG-], *lightning, a flash of lightning:* vibratus ab aethere, V.: notam fulgore dedit, O.: dextris fulgoribus, C. poët.—*Flash, glitter, gleam, brightness, splendor:* (candelabri) fulgore conlucere templum: vestis, O.: fumum ex fulgore dare, H.: maculosus auro, i. e. *spots of gleaming gold*, V.: auri, Ta.: stupet acies fulgoribus, *glitter* (of plate), H.: qui dicitur Iovis, i. e. *dazzling star.*—Fig., *brightness, splendor, glory, renown:* famae, O.: honorum, Ta.

fulgur, uris (*plur.* once fulgora, C.), *n.* [2 FLAG-], *flashing lightning, lightning:* inmixta fulgura ventis, O.: de fulgurum vi dubitare: fulgura interpretantes: ad fulgura pallent, Iu.: fulgure terruit orbem, O.: feriunt Fulgura montes, *thunderbolts*, H.: publica fulgura, i. e. *things blasted by lightning*, Iu.

fulgurālis, e, *adj.* [fulgur], *of lightning, of thunderbolts:* libri, *of lightning as an omen.*

fulgurātor, ōris, *m.* [fulguro], *an interpreter of lightning.*

fulgurō, —, —, āre, *impers.* [fulgur], *to lighten*, Ct.: Iove fulgurante, augur ap. C.

fulica, ae, *f.* [2 FAL-], *a coot*, C., V., O.

fūlīgō, inis, *f.* [FAV-], *soot:* fuligine abstersā: postes fuligine nigri, V.—*Black paint:* madida, Iu.

fulix, icis, *f.* [2 FAL-], *a coot*, C. poët.

fulmen, inis, *n.* [2 FLAG-], *a lightning flash, stroke of lightning, fire, thunderbolt:* Iovi fulmen fabricati: ictu fulminis deflagrare: fulmine tactus, O.: fulmine percussus: fulminis ictūs Evadere, Iu.: minister fulminis, H.: contemnere fulmina, Iu.—Fig., *a thunderbolt, destructive power, crushing blow:* fulmina fortunae contemnere: dictatorium, L.: iustum, Iu.: Fulmen habent in dentibus apri, O.: duo fulmina nostri imperi, Scipiones: verborum meorum, i. e. *resistless might.*

fulmineus, *adj.* [fulmen], *of lightning:* ignes, O.: ictus, H.—Fig., *sparkling, splendid, brilliant:* Mnestheus (in arms), V.—*Destructive, murderous, killing:* ōs (apri), O.: ensis, V.

fulminō, —, —, āre [fulmen], *to lighten, hurl lightnings:* fulminans Iuppiter, H.: Boreae de parte trucis, V.—Fig., *to thunder:* Caesar fulminat bello, V.

fultūra, ae, *f.* [fulcio], *a prop, support:* accedit stomacho fultura, H.

fultus, *P.* of fulcio.

fulvus, *adj.* [2 FLAG-], *deep yellow, reddish yellow, gold-colored, tawny:* mater, H.: tegmen lupae, V.: cassis equinis iubis, O.: Caesaries, V.: arbor comam, O.: Camers, *blonde*, V.: virgae, i. e. *withering stalks*, O.

fūmāns, ntis, *P.* of fumo.

fūmeus, *adj.* [fumus], *full of smoke, smoky:* Lumina taedis, V.

fūmidus, *adj.* [fumus], *full of smoke, smoky, smoking:* Taeda, V.: altaria, O.: amnis, V.

fūmifer, fera, ferum, *adj.* [fumus+1 FER-], *producing smoke, smoking, steaming:* ignes, V.

fūmificus, *adj.* [fumus+2 FAC-], *smoking, steaming:* mugitus (taurorum), O.

fūmō, —, —, āre [fumus], *to smoke, steam, reek, fume:* naves: fumare aggerem, Cs.: cruor fumabat ad aras, V.: ara Fumat odore, H.: domus fumabat, *reeked* (with banquets): villarum culmina fumant, i. e. *the evening meal is preparing*, V.: villae incendiis fumabant, L.

fūmōsus, *adj.* [fumus], *full of smoke, smoky:* tecta, V.: arae, O.—*Smoked, smoke-dried:* imagines: magistri equitum, Iu.: perna, H.

fūmus, ī, *m.* [FAV-], *smoke, steam, fume:* fumo excruciatus: fumi incendiorum procul videbantur, *columns of smoke*, Cs.: fumo significant haud procul abesse, L.: ater, V.: Amphorae, *old flavor*, H.: plena fumi ac pollinis Coquendo, T.: fumum ex fulgore dare, H.: Quae (terra) exhalat fumos, V.: omne Verterat in fumum, *had consumed*, H.

fūnāle, is, *n.* [funis], *a wax torch, taper:* delectari crebro funali: noctem flammis funalia vincunt, V.: lucida, H.: Lampadibus densum, *a candelabrum*, O.

fūnambulus, ī, *m.* [funis+ambulo], *a rope-dancer:* in funambulo Animum occupare, T.

fūnctiō, ōnis, *f.* [fungor], *a discharging, performance, execution:* quaedam vel animi vel corporis: muneris illius.

fūnctus, *P.* of fungor.

funda, ae, *f.*, *a sling*, T., C., O.: fundis hostes propelli iussit, Cs.: fundā mittere glandes, L.: stridens, V.—*A casting-net, drag-net:* fundā verberat amnem, V.

fundāmen, inis, *n.* [2 fundo], *a foundation:* fundamine magno Res Romana valet, O.—*Plur.:* ponere fundamina, V.: Siculae terrae, O.: rerum, O.

fundāmentum, ī, *n.* [2 fundo].—*Plur.*, *a foundation, ground-work, basis:* agere fundamenta: prima urbi iacere, L.: Carthaginis altae locare, V.: urbis, V.: Albam a fundamentis proruere, *utterly*, L.—Fig., *a basis, ground, support, substance, beginning:* pietas fundamentum est virtutum: iustitiae fides.—*Plur.:* consulatūs tui: senectus, quae fundamentis adulescentiae constituta est: iacere pacis fundamenta: cui causae fundamenta iaciantur: verecundiae.

fundātor, ōris, *m.* [2 fundo], *a founder:* urbis, V.

fundātus, *adj.* with *sup.* [*P.* of 2 fundo], *established, fixed, firm:* fortunae: fundatissima familia.

funditor, ōris, *m.* [funda], *a slinger*, Cs., S., L.—*Sing. collect.:* Balearis, L.

funditus, *adv.* [fundus], *from the bottom, from the foundation:* monumentum delevit: Carthaginem sustulerunt: evellere, *by the roots*, Ph.—Fig., *utterly, entirely, totally, completely:* discidiis everti: amicitias tollere e vitā: dictaturam ex re p. tollere: occidimus, V.: perire, H.: virgo concepit flammam, *profoundly*, Ct.

1. fundō, fūdī, fūsus, ere [FV-], *to pour, pour out, shed:* sanguinem e paterā: liquorem de paterā, H.: vinum inter cornua, O.: vinum super aequora, O.: lacrimas, V.: parumne Fusum est Latini sanguinis? *split*, H.: sanguinem de regno (i. e. propter regnum), Cu.: ingentibus procellis fusus imber, *pouring*, L.: fusus labris amnis Inficit (i. e. fusa in labra aqua), V.—*To make by melting, cast, found:* quaerere, quid fusum durius esset, H.—*To pour from, empty, pour:* duo carchesia Baccho humi, V.: pateram vaccae inter cornua, V.—*To pour forth in abundance, scatter, cast, hurl, spread, extend, diffuse:* segetem corbibus in Tiberim, L.: res, quibus ignis excitari potest, Cs.: quas (maculas) incuria fudit, *has scattered*, H.: in pectora odores, O.: luna se per fenestras, V.: ne (vitis) in omnīs partīs fundatur, *spread out:* latius incendium, Cu.: fusus propexam in pectore barbam, V.: fusis circum armis, *in full armor*, V.—*To bring forth, bear, produce abundantly, yield richly:* flores: quem Maia fudit, *bore*, V.: te beluam ex utero.—*To throw down, cast to the ground, prostrate:* (hostes) de iugis funduntur, L.: septem Corpora (cervorum) humi, V.: puero fuso, O.—*To overthrow, overcome, rout, vanquish, put to flight:* hostīs: Gallos a delubris vestris, L.: Latini ad Veserim fusi: quattuor exercitūs, L.: omnibus hostium copiis fusis, Cs.—Fig., *to pour out, pour forth, give up, waste, lose:* verba, T.: vitam cum sanguine, V.: opes, H.—*To spread, extend, display:* se latius fundet orator, *will display himself:* superstitio fusa per gentīs.—Of speech, *to pour forth, utter:* inanīs sonos: verba poëtarum more: carmen: ore loquelas, V.: vocem extremam cum sanguine, V.: preces, Ta.

2. fundō, āvī, ātus, āre [fundus], *to lay the bottom, make a foundation, found, begin:* puppis fundata carinā, O.: sedes Fundatur Veneri, *is founded*, V.: dente tenaci Ancora fundabat navīs, *fastened*, V.—Fig., *to found, establish, fix, confirm:* imperium: res p. praeclare fundata: legibus urbem, V.: suas opes, Cu.: nitidis fundata pecunia villis, *well laid out*, H.

fundus, ī, *m.* [FVD-], *the bottom, lowest part:* armari fundum exsecuit: maris, Cu.: Nereus ciet aequora fundo, V.: largitio fundum non habet, *there is no end of giving.*—*A piece of land, farm, estate:* mancipio fundum accepi: in fundo Fodere, T.: latis otia fundis, V.: cultus, H.: nostri fundi calamitas, T.: pulcherrimus populi R.—Fig., *a bottom, foundation:* Phrygiae res vertere fundo (i. e. funditus), V.—In public law, *an authority, approver:* nisi is populus fundus factus esset.

fūnebris, e, *adj.* [funus], *of a funeral, funeral-, funereal:* epulum: cupressi, H.: contio.—*Plur. n.* as *subst.*, *funeral rites*, C.—*Deadly, mortal, fatal, cruel:* bellum, H.: sacra, i. e. *human offerings*, O.

fūnereus, *adj.* [funus], *of a funeral, funereal:* faces, *funeral-torches*, V.: frons, *wreath of cypress*, V.—*Fatal:* torris, O.: bubo, *dismal*, O.

(fūnerō), —, ātus, āre [funus], *to bury:* prope funeratus Arboris ictu, *killed*, H.

fūnestō, āvī, ātus, āre [funestus], *to pollute with murder, defile with slaughter:* aras hostiis: contionem contagione carnificis: gentem, *disgrace*, Iu.

fūnestus, *adj.* with *comp.* [funus], *causing death, deadly, fatal, destructive, pernicious, calamitous, mournful, dismal:* cius securis: templis funestos ignīs inferre: tabes veneni, O.: taxus, O.: scelus, Ph.: funestior dies pugnae: o diem funestum senatui.—*Filled with misfortune, fatal, mournful, sad:* capilli, O.: manūs, i. e. *of a mourner*, O.: familia Fabi morte, *in mourning*, L.: annales, i. e. *lists of the dead*, L.: littera, *mourning*, O.: omen, Pr.: funestum est a forti viro iugulari, funestius ab eo, etc.

fungor, fūnctus, ī, *dep.* [1 FVG-], *to busy oneself, be engaged, perform, execute, administer, discharge, observe, do:* muneribus corporis: virtutis munere: barbarorum more, *observe*, N.: officio, *perform:* verniliter officiis, H.: dapibus, *have done with*, O.: caede, *murder*, O.: morte, *die*, O.: simulacra functa sepulcris, i. e. *who have had experience of burial*, O.: vice cotis, *serve as*, H.: ter aevo functus senex (Nestor), *survived*, H.: Virtute functi duces, *whose duty is done*, H.: possunt oculi fungi suo munere: officium, T.: militare munus, N.: alqd muneris in rem p., *render:* muneris fungendi gratia: ad suum munus fungendum.

fungus, ī, *m.*, =σπόγγος, *a mushroom, fungus:* pratensis, H.: pluviales, O.—*A candle-snuff, lamp-black on a wick*, V.

fūniculus, ī, *m. dim.* [funis], *a slender rope, cord.*

fūnis, is, *m.* [1 FID-], *a rope, sheet, line, cord:* ancorarius, Cs.: pro funibus catenae, Cs.: per extentum funem ire, *the tight-rope*, H.: religatus ab aggere, O.: ab litore funem rumpite, V.: iubet solvi funem, V.—P r o v.: Ne currente retro funis eat rotā, *lest the wheel run back and the cord come off*, H.: sequi potius quam ducere funem, i. e. *to follow than to lead*, H.

fūnus, eris, *n.* [FAV-], *a funeral procession, funeral rites, burial, funeral:* funus interim Procedit, T.: adiutare funus, *attend*, T.: exsequias illius funeris prosequi: maeror funeris: acerbissimum: celebrare, L.: paterno funeri omnia iusta solvere: militare, L.: tuum, H.: funerum nulla ambitio, Ta.: virorum fortium funera: nec te, tua funera mater Produxi, *thee* (or rather) *thy funeral*, V.—*A dead body, corpse:* meum, Pr.: lacerum, V.: senum ac iuvenum funera, H.—*The shades of the dead, manes*, Pr. — *Death, violent death, murder:* Maturo propior funeri, H.: crudele, V.: qui patrios foedasti funere voltūs, V.: quae funera Turnus Ediderit, V.: praetexere funera sacris, i. e. *suicide*, V.—F i g., *destruction, ruin, fall:* rei p.: Capitolio Funus parabat, H.: tot funera passi, V. —Of persons, *a pest, destroyer:* duo rei p. funera.

fūr, fūris, *m.* [1 FER-], *a thief:* nocturnus: fures aerari, S.: magnus ex Sicilia, i. e. *extortioner.*—As a term of abuse, *thief, rascal, rogue, knave:* ut cum fure disputabo: audent cum talia fures, V.

(fūrāciter), *adv.* [furax], *thievishly; only sup.:* domos furacissime scrutari.

fūrātus, *adj.* [*P.* of furor], *in secret, by stealth:* patri quos Circe furata creavit, V.

fūrāx, ācis, *adj.* with *sup.* [1 furor], *given to stealing, thievish:* servus: furacissimae manūs.

furca, ae, *f.* [1 FOR-], *a two-pronged fork:* bicornes, V.: valentes, V.: furcis detrudi, L.— P r o v.: Naturam expellas furcā, tamen usque recurret, *with violence*, H.—*A fork-shaped prop, split stake, triangular brace:* furcis spectacula sustinentibus, L.: furcas subiere columnae, O.—*A wooden yoke* (on the neck of a slave, for punishment): per circum furcam ferens ductus est: servus sub furcā caesus, L.: sub furcā vinctus, L.: Ibis sub furcam, H.

furcifer, erī, *m.* [furca + 1 FER-], *a yoke-bearer, gallows rogue, hang-dog, rascal*, T., C.

furcilla, ae, *f. dim.* [furca], *a little fork, pitchfork:* furcillā extrudimur, i. e. *violently.*

furcula, ae, *f. dim.* [furca], *a forked prop:* suspenso furculis ab hostibus muro, L.—*Plur.*, *a narrow pass:* Caudinae, L.

furēns, ntis (*gen. plur.* ntum, V.), *adj.* [*P.* of furo], *raging, wild, mad, furious, distracted:* in iambos Misit furentem (me), H.: sponsa, *inspired*, V.: furens animi, V.: animis, V.: flammae, V.

furenter, *adv.* [furens], *furiously:* irasci.

furfurēs, um, *m.*, *bran:* Furfuribus conspersus panis, Ph.

furia, ae, *f.* [FVR-], *a fury, scourge, curse:* furia ac pestis patriae (Clodius): iuvenem tamquam furiam huius belli odi, L.: voces furiarum duarum, *witches*, H.—In *plur.*, *violent passion, rage, madness, fury* (poet.): ob noxam et furias Aiacis, V.: ubi concepit furias, *became furious*, V.: Ergo omnis furiis surrexit Etruria iustis, *just wrath*, V. —*The three goddesses of vengeance, Furies* (Alecto, Megaera, and Tisiphone): ut eos agitent Furiae: scelerum Furiis agitatus Orestes, V.: demens actus Furiis, *driven mad by*, H. — *Avenging spirits, tormenting spirits:* furiae Catilinae: amens, agitantibus furiis sororis Tullia, L.

furiālis, e, *adj.* [furia], *of the Furies, like the Furies, furious, raging, dreadful, fearful:* taedae: Alecto furialia membra Exuit, V.: caput Cerberi, H.: arma, i. e. *of the Bacchantes*, O.: vox: carmen, L.: caedes, O.: vestis, *driving mad*, C. poët.

furiāliter, *adv.* [furialis], *furiously, madly:* odit, O.

furiātus, *adj.* [*P.* of furio], *enraged, maddened, wild:* mens, V.: ignes (amoris), O.

furibundus, *adj.* [FVR-], *raging, mad, furious:* homo: taurus, O.: latronis impetūs: Dido, V. — *Filled with prophetic inspiration, inspired:* vatum praedictiones: Sibylla, O.

furiō, —, ātus, āre [furia], *to drive mad, madden, infuriate:* matres equorum, H.

furiōsē, *adv.* [furiosus], *madly* · alqd facere.

furiōsus, *adj.* with *comp.* and *sup.* [furia], *full of madness, mad, raging, furious:* ego te non furiosum putem?: mulier scelere: bello Thrace, H.: genus dicendi: inceptum, L.: furiosior amor, O.: furiosius peccatum, H.: alqs furiosissimus: tibia, *maddening*, O.

furnus, ī, *m.* [2 FOR-], *an oven:* furnis torrebant farra, O.—*A bakery:* a furno redeuntes, H.—*A fire-place:* furnos laudat, H.

(**furō**), —, —, ere [FVR-], *to rage, rave, be out of one's mind, be mad, be furious:* valetudinis vitio: inquiram, quid sit furere, etc., H.: recepto Dulce mihi furere est amico, *play the fool*, H.: luctu filii, *be distracted:* dolore, O.: Inachiā, *to be madly in love with*, H.: furebat, se vexatum, etc.: te reperire, *is madly eager*, H.—Poet.: hunc sine me furere ante furorem, V.—Of things, *to rage, be furious:* furit mugitibus aether Concussus, V.: ignis in stipulis, V.: stella leonis, H.

1. fūror, ātus, ārī, *dep.* [fur], *to steal, purloin, pilfer:* alqd: omne genus furandi: in furando manibus suis uti (of literary theft): (librum) abs te: civitatem, *obtained by fraud:* fessos oculos furare labori, i. e. *withdraw*, V.: speciem alcuius, i. e. *assume*, Pr.: patri equos, *take away secretly*, V.: furandi melior, i. e. *in stratagems*, Ta.

2. furor, ōris, *m.* [furo], *a raving, rage, madness, fury, passion:* cuius furor consederit: Ira furor brevis est, H.: furore impulsus, Cs.: Catilinae, S.: Iuno acta furore, V.: se comitem illius furoris praebuit: iam hic conticescet furor, *excitement*, L.: civilis, *dissension*, H.: multitudinis: simplexne furor (est) Perdere? etc., *is it not worse than folly?* Iu.: Mille puellarum furores, *passions for*, H.: ut tibi sim furor, *a cause of anger*, Pr.: maris, *rage*, Tb.: caeli, Ct.—*Prophetic frenzy, inspiration:* ea (praesagitio) furor appellatur: Ut cessit furor, V.: vaticinos concepit mente furores, O.—*Passionate love, eager desire:* caeca furore, Ct.: equarum, V.: mille puellarum furores, H.—*A loved one, flame:* sive mihi Phyllis esset Seu quicumque furor, V.—Person., *the god of madness, Rage:* inpius, V.

fūrtim, *adv.* [furtum], *by stealth, secretly, privily, furtively, clandestinely:* inter se aspiciebant: profectus clam furtim, L.: Hunc mandarat alendum regi, V.: illum Educat, O.: senatūs consultum factum, L.: furtim magis quam bello, Ta.

fūrtīvē, *adv.* [furtivus], *stealthily, secretly, furtively:* data munera, O.

fūrtīvus, *adj.* [furtum], *stolen, purloined, pilfered:* lana, H.: colores, H.: an noctu, tamquam furtiva (signa) deportabuntur? *as if stolen*, L.—*Secret, hidden, concealed, furtive, clandestine:* iter per Italiam: amor, V.: quem Rhea Furtivum partu edidit, V.

fūrtō, *adv.* [furtum], *by stealth, secretly:* tibi cognita, O.: (obsides) subduxistis, L.

fūrtum, ī, *n.* [1 FER-], *theft, robbery:* domi furtum fecit: furti se adligare, T.: in furto comprehensus, Cs.: ubi oves furto periere, H.—*A stolen thing:* cogi furtum reddere: dum (puer) furta ligurrit, H.—*A secret action, crafty deceit, trick, artifice, stratagem:* hostibus parva furta temptantibus, L.: haud furto melior, V.: furto laetatus inani, V.: furtis decipit hostem, O.—*Secret love, intrigue:* narrare dulcia furta, V.: Hoc furtum nescire, O.: tauri, V.

fūrunculus, ī, *m. dim.* [fur], *a petty thief, pilferer.*

furvus, *adj.* [FVR-], *dark, gloomy, swarthy, black:* Proserpina, H.: antra, O.: gens (i. e. Maurorum), Iu.

fuscina, ae, *f.*, *a three-pronged spear, trident:* dant (deo) fuscinam: Gracchi, Iu.

fuscō, —, —, āre [fuscus], *to make swarthy, blacken:* corpora campo, O.: dentes, O.

fuscus, *adj.* [FVR-], *dark, swarthy, dusky, tawny:* purpura: cornix: Andromede, O.: alae (noctis), V.—*Husky, hoarse:* vocis (genus).

fūsē, *adv.* with *comp.* [fusus], *copiously, diffusely:* multa dicere: haec disputantur fusius.

fūsilis, e, *adj.* [FV-], *molten, fluid, liquid:* aurum, O.: argilla, *soft clay*, Cs.

fūsiō, ōnis, *f.* [FV-], *an outpouring, effusion:* eius (dei) animi universa.

fūstis, is, *m.* [FEN-], *a knobbed stick, cudgel, staff, club:* recisos Portare fustīs, H.: non opus est verbis, sed fustibus: mulae caput fuste dolare, H.: fuste aperire caput, Iu.: alqm fusti necare, Ta.: formidine fustis redacti, H.

fūstuārium, ī, *n.* [fustis], *a cudgelling to death* (for desertion, etc.): fustuarium merere: fustuarium mereri. L.

1. fūsus, *adj.* [*P.* of fundo], *stretched out, lying, recumbent, prostrate:* in herbā, O.: humi, O.—*Spread out, extended, broad, large, ample:* (aër) fusus: Gallorum fusa corpora, *full*, L.: crines, *flowing*, V.: fusus in pectore barbam, V.—Fig., *copious, diffuse, flowing, free:* genus sermonis.—*At ease, careless:* per moenia Teucri, V.: per herbam, V.

2. fūsus, ī, *m.*, *a spindle*, V., Ct., Tb., O., Iu.—Of the Fates, V., O.

fūtile, fūtilis, fūtilitās, see futti-.

futtile, is, *n.* [FV-], *a water-vessel, broad above and pointed below, used in sacrifices*, T.

futtilis or **fūtilis**, e, *adj.* [FV-], *that easily pours out, that cannot contain:* canes, *that void their excrement through fear*, Ph.: glacies, *brittle*, V.—Fig., *untrustworthy, vain, worthless, futile:* Servos, T.: haruspices: consiliis habitus non futtilis auctor, V.: sententiae: laetitiae: lingua, Ph.

futtilitās (fūtil-), ātis, *f.* [futtilis], *worthlessness, emptiness, vanity:* plena futtilitatis.

futuō, —, —, ere, *to have carnal connection*, H., Ct.

futūrus, *adj.* [*P.* of sum], *going to be, yet to be, to come, future:* res: tempus: pesti devota futurae (Dido), V.: vindices, *expected*, L.—As *subst. n.*, *the future:* ignarus futuri, L.: haud ignara futuri, V.: futura prospicere.

futūtiō, ōnis, *f.* [futuo], *copulation*, Ct.

G.

gaesum (gēs-), ī, *n.* [Celtic], *a heavy iron javelin* (of the Gauls), Cs., L., V.

galbaneus, *adj.* [galbanum = χαλβάνη, the sap of a Syrian plant], *of galbanum:* nidor, V.

galbina, ōrum, *n.* [galbus, greenish-yellow], *pale green garments* (sc. vestimenta), Iu.

galea, ae, *f.* [2 CAL-], *a helmet, head-piece* (usu. of leather): ad galeas induendas, Cs.: galeae virūm, V., Ta.—Of bronze: aerea, V.: galeae aeneae: lēves, H.

galeātus, *adj.* [galea], *helmed, wearing a helmet:* Minerva.—As *subst. m.*, *a helmed warrior*, Iu.

galēritus, *adj.* [galerus], *wearing a hood, rustic in attire*, Pr.

galērus, ī, *m.* [galea], *a conical cap of leather, fur cap:* fulvos lupi de pelle galeros, V.: longus, Iu.—*A wig:* flavus, Iu.

1. Galla, ae, *f.*; see Gallus.

2. galla, ae, *f.*, *a gall-apple, gall-nut* (an excrescence on the oak, caused by insects), V.

Gallī, ōrum, *m.* **I.** See 2 Gallus.—**II.** *The priests of Cybele* (noted for effeminacy), L., H., O.—In jest called Gallae, ārum, Ct.

Gallica, ae, *f.*, *a Gallic shoe, galosh.*

gallīna, ae, *f.* [1 gallus], *a hen, domestic hen*, Cs., C., H.: Gallina cecinit (a prodigy), T.—Prov.: gallinae filius albae, i. e. *of fortune*, Iu.

gallīnāceus, *adj.* [gallina], *of hens, of fowls:* gallus, *a poultry-cock.*

gallīnārius, ī, *m.* [gallina], *a keeper of poultry.*

1. gallus, ī, *m.* [1 GAR-], *a cock, domestic cock:* gallinaceus: gallorum cantus, *crowing*, H., Iu.

2. Gallus, *adj.*, *of Gaul, Gallic*, Cs.—As *subst. m.*, *a Gaul*, Cs.—*Plur.*, *the Gauls*, Cs., C., L.

gānea, ae, *f.*, *an eating-house, cook-shop, ordinary* (of bad repute): ganearum nidor.—*Dissipation:* ganeis confectus: libido ganeae, S., L., Ta.

gāneō, ōnis, *m.* [ganea], *a glutton, debauchee*, T., C., S., Ta., Iu.

gāneum, ī, *n.*, *an eating-house:* abductus in ganeum Aliquo, T.

gangaba, ae, *m.* [Persian], *a porter*, Cu.

Gangēticus, *adj.*, *of the Ganges:* tigris, O.

ganniō, —, —, īre, *to bark, snarl, growl:* Quid ille gannit? T., Iu.

Garamantis, idis, *f. adj.*, *of the Garamantes:* nympha, i. e. *African*, V.

garon, see garum.

garriō, —, —, ire [1 GAR-], *to chatter, prate, prattle, chat:* Garris, *you talk idly*, T.: impunitas garriendi: quicquid in buccam: anilīs fabellas, H.

garrulitās, ātis, *f.* [garrulus], *a chattering, babbling, prating, garrulity:* Rauca, O.

garrulus, *adj.* [1 GAR-], *chattering, prattling, prating, talkative, garrulous:* garrulus est, *a chatterbox*, H.: garrula illa, *tell-tale*, T.: ales (i. e. cornix), O.: hirundo, V.: hora, *of gossip*, Pr.: rivus, O.: lyra, Tb.: pericula, *endless tales of peril*, Iu.

garum or **garon**, ī, *n.*, = γάρον, *a rich sauce made of small fish*, H.

gaudēns, entis, *adj.* [*P.* of gaudeo] *joyful, glad, cheerful:* animo gaudenti: Amor, V.

gaudeō, gāvīsus, ēre [GAV-], *to rejoice, be glad, be joyful, take pleasure, be pleased, delight:* gaudeat an doleat, H.: dubie, O.: si est ullus gaudendi locus: salvom te advenire, T.: quem socii venisse gaudeant: beneficium accipere, T.: Motūs doceri Ionicos, H.: gaudet tuens (equos), *sees with delight*, V.: Gaudent scribentes, H.: quod erat eo nomine: gaude, quod spectant oculi te mille, H.: in puero, Pr.: malis, T.: aequitate iustitiāque: inperio nimis, S.: sorte tuā, H.: (Aiace) inhumato, *gloat over*, H.: de Bursā: hunc scio mea gavisurum gaudia, T.: videte, quid se gavisum dicat: quod gaudere posset, hoc fuit, O.: Gaudes, si cameram percusti forte? H.: mihi gaudeo, te amo, *as for myself:* gaudet se attollens Appenninus, V.—With *in sinu*, *to rejoice at heart, be secretly glad:* ut in sinu gaudeant: in tacito sinu, Tb.—In salutation: Celso gaudere refer, *greet for me*, H.

gaudium, ī, *n.* [GAV-], *inward joy, joy, gladness, delight:* gaudium atque laetitiam agitabat, S.: Prae gaudio ubī sim nescio, T.: lacrimo gaudio, T.: gaudio compleri: exsilui gaudio: continere gaudium non potuerunt, quin, etc., L.: nox gaudio laeta victoribus, Ta.: gaudium periculosi saltūs superati, L.: feminarum gaudia insignia erant, *expressions of delight*, L.: quibus gaudiis exsultabis?: gaudia quanta fuerunt! H.: mea gavisurus gaudia, T.: scin me in quibus sim gaudiis? T.—P r o v.: Gaudia principium nostri sunt doloris, O.—P e r s o n.: mala mentis Gaudia, i. e. *Malice*, V. — *Sensual pleasure, enjoyment* (usu. *plur.*): pestiferum, L.: dediti corporis gaudiis, S.: impermissa, H.: gaudia sumit, O.: Gaudia quanta tuli! *enjoyed*, O.: quanti sibi gaudia constent, Iu. —*A joy, cause of joy, source of pleasure, delight:* duci falso gaudio, T.: gaudium clade foedatum est, L.: fugiunt tua gaudia, O.

gausape, *abl.* e, *plur.* a, *n.*, = γαυσάπης, *a rough woollen cloth:* purpureum, H., O.

gāvīsus, *P.* of gaudeo.

gaza, ae, *f.* [Persian], *a treasure, royal treasury:* regia, N., Cu. —*A treasure, riches, wealth:* ab auro gazāque regiā manūs cohibere: Hieronis, L.: agrestis, *store*, V.—*Plur.:* beatae Arabum, H.

gelidē, *adv.* [gelidus], *coldly, indifferently:* ministrare, H.

gelidus, *adj.* with *comp.* [gelu], *icy cold, very cold, icy, frosty:* Lirem gelidiorem facit: aqua: pruinae, V.: loca propinquitate montis, L.: Haemus, H.: foci, i. e. *fireless*, O.: tyrannus (i. e. Boreas), O.—As *subst. f.* (sc. aqua), *ice-cold water, ice-water:* foribusque repulsum Perfundit gelidā, H.: calidae gelidaeque minister, Iu. — *Icy cold, cold, stiff:* corpora, O.: artūs, O.: senectā Sanguis, V.: frigore pectus, O.—*Chilling, stiffening:* mors, H.: metus, O.: tremor, V.

gelō, —, —, āre [gelu], *to freeze, congeal.*— F i g.: pavido gelantur Pectore, *stiffened*, Iu.

(gelū), *abl.* gelū, *frost, cold, ice:* membra torrida gelu, L.: gelu Flumina constiterint, H.: Rura gelu tum claudit hiemps, V.: tarda gelu senectus, V.

gemebundus, *adj.* [gemo], *groaning, sighing*, O.

gemellipara, ae, *adj. f.* [gemellus+2 PAR-], *twin-bearing, mother of twins:* dea, O.

gemellus, *adj. dim.* [geminus], *born together, twin-born, twin-:* fratres, O.: fetus, O.—As *subst. m., a twin:* gemellos conixa reliquit, V., Ct., O.— *Paired, double:* legio, *formed of two legions*, Cs. —*Resembling, very like:* par fratrum amore gemellum, H.: cetera paene gemelli, etc., H.

gemēns, *P.* of gemo.

gemīnātiō, ōnis, *f.* [gemino], *a doubling:* verborum.

gemīnātus, *adj.* [*P.* of gemino], *twinned, equal:* cacumina, L.: consulatūs, *consecutive*, Ta.

geminō, āvī, ātus, āre [geminus], *to double:* victoriae laetitiam, L.: facinus, *repeat*, O.: consulatūs, *repeated*, Ta.: nisi caves geminabit (sc. facinus), *do it again*, T.: sole geminato: ita geminatā urbe, L.: volnus, O.—*To pair, couple, join, unite:* ut Serpentes avibus geminentur, H.: acuta aera, *strike together*, H.

geminus, *adj.*, *born together, twin-born, twin-:* fratres: sorores, H.: pueri, V.: partus, L.: Nec gemino bellum orditur ab ovo, i. e. *the two eggs laid by Leda as a swan*, H.: Quirini, Iu.—*Plur. m.* as *subst.*, *twins:* geminorum formae: quoniam gemini essent, L. —*Paired, double, twofold, both, two:* lucernae lumen: nuptiae, T.: Somni portae, V.: voragines rei p.: acies, *eyes*, V.: cruor, i. e. *two deaths*, O.: Chiron, *of two natures* (a centaur), O.: Cecrops, i. e. *half Greek, half Egyptian*, O.: geminis exsurgit mensa lucernis, *seen double*, Iu.— *Resembling, similar, like:* nequitiā: Dolabella et Antonius, geminum in scelere par: illud consiliis Catilinae et Lentuli, *common*.

gemitus, ūs, *m.* [gemo], *a sighing, sigh, groan, lamentation, complaint:* ut urbe totā gemitus fieret: civium gemitu commoveri: clamor permixtus gemitu, S.: Gemitūs abstine, T.: extremos ciet gemitūs, V.: ad gemitūs volnerum, L. —*Pain, sorrow:* Danai gemitu atque irā conlecti, V.—Of things, *a groan, hoarse sound:* gemitum dedere cavernae, V.: dat tellus gemitum, V.

gemma, ae, *f.* [GEM-], *a bud, eye, gem:* turgent in palmite gemmae, V. —*A precious stone, jewel, gem:* gemmas coëmere: pocula gemmis distincta: ornatus multis gemmis: maior, Iu.—*A wrought gem:* ut gemmā bibat, *a goblet carved of a precious stone*, V.: signat sua crimina gemmā, *seal-ring*, O.: Arguit ipsorum quos littera gemmaque, Iu.—*An eye* (of a peacock's tail), O.

gemmāns, ntis, *adj.* [*P.* of gemmo], *decked with jewels, jewelled:* sceptra, O.

gemmātus, *adj.* [*P.* of gemmo], *set with jewels, jewelled:* monilia, O.: anulus, L.: pocula, Iu.

gemmeus, *adj.* [gemma], *set with gems, jewelled:* trulla: iuga, O.—*Glittering, jewelled:* cauda (of the peacock), Ph.

gemmifer, era, erum, *adj.* [gemma+1 FER-], *producing gems:* mare, Pr.

(gemmō), —, ātus, āre [gemma], *to put forth buds, bud, gem:* gemmare vites dicunt.

gemō, uī, —, ere [GEM-], *to sigh, groan, lament:* quis tum non gemuit?: cum templa gemerent, *were in mourning:* extrema gemens, *in the death agony*, V.: quadrupes successit gemens stabulis, *panting*, V.—With *acc.*, *to sigh over, bemoan, bewail, lament:* haec: flebiliter Ityn, H.: Amyci casum, V.: casūs urbis, Iu.: unā voce omnium gemi: paucis ostendi gemis, H.: arbor flagellari gemuit sua robora, O.—*To moan:* nullo gemit hic tibicina cornu, Iu.: Nec gemere cessabit turtur ab ulmo, V.: noctua gemuit, Pr.—*To groan, creak:* gemens Bosporus, H.: gemuit sub pondere cymba, V.: gemens rota, V.

genae, ārum, *f.*, *the cheeks:* eminentes: exsangues genas: Effusae genis lacrimae, V.: siccat genas, O.: mihi prima genas vestibat flore iuventa, V.: Expilat genis oculos, O.

geneālogus, ī, *m.*, = γενεαλόγος, *a genealogist.*

gener, erī, *m.* [GEN-], *a daughter's husband, son-in-law:* illum generum capimus, T.: generi nuptiae: cum soceris generi non lavantur: suus, Cs.: gener auxilium Priamo ferebat, i. e. *wishing to be a son-in-law*, V.—*A sister's husband, brother-in-law:* regis, N.

generālis, e, *adj.* [genus], *of a species, generic:* constitutio.—*Of all, general:* quoddam decorum.

generāliter, *adv.* [generalis], *in general, generally:* definire.

generātim, *adv.* [genus], *by kinds, by species, in classes, in detail:* ab universā provinciā generatimque ab singulis eius partibus diligitur: copias eduxerunt, i. e. *by nations*, Cs.: omnibus gratias agit, *to each appropriately*, Cs.: sacra percensere, L.—*Generally, in general:* singillatim potius quam generatim loqui: omnia amplecti.

generātor, ōris, *m.* [genero], *a begetter, producer:* suus: Acragas equorum, V.

generō, āvī, ātus, āre [genus], *to beget, procreate, engender, produce, create:* hominem: quem generasse Telon Sebethide Fertur, V.: Unde nil maius generatur ipso (Iove), *springs*, H.: generati a naturā: generatus ab illo, O.: aliam ex aliā prolem, V.: semina, unde essent omnia generata: seminata generantia ranas, O.: generandi gloria mellis, V.: exemplum generatum (opp. aeternum).

(**generōsē**), *adv.* [generōsus], *nobly.*—Only *comp.:* generosius perire, H.

generōsus, *adj.* with *comp.* and *sup.* [genus], *of noble birth, well-born, noble, eminent:* stirps: sanguine Teucri Anaxarete, O.: nemo generosior est te, H.: existumo fortissimum quemque generosissimum, S.: atria, O.—*Of a good kind, noble, superior, excellent:* pecus, V.: generosum requiro (vinum), H.: flos, O.: Insula metallis, V.—Fig., *noble-minded, magnanimous, generous:* rex: generosum dicere hunc, Iu.—*Noble, dignified, honorable:* ortus amicitiae: virtus: forma.

genesis, is, *f.*, = γένεσις (birth), *a natal-star, horoscope:* inspectā genesi, Iu.

genesta (**-nista**), ae, *f.*, *the broom-plant*, V.

genetīvus (not geni-), *adj.* [genitus], *of generation, of birth:* imago, *original nature*, O.: nomina, i. e. *of a family*, O.

genetrīx (not geni-), īcis, *f.* [genitor], *she that has borne, a mother:* Paret dictis genetricis, V.: magna deūm, *Cybele*, V.: frugum, i. e. *Ceres*, O.

geniālis, e, *adj.* [genius], *of generation, of birth, nuptial, genial:* lectus, *the bridal-bed:* torus, V.—As *subst. m.* (sc. lectus): in hortis Sternitur, Iu.: detracta ea geniali, L.—*Of enjoyment, pleasant, delightful, joyous, agreeable, festive, genial:* festum, O.: dies, Iu.: hiemps, V.: serta, O.: platanus, i. e. *under which festivals were held*, O.

geniāliter, *adv.* [genialis], *jovially, merrily, genially:* festum egit, O.

geniculātus, *adj.* [geniculum], *having knots, knotted:* culmus.

genista, see genesta.

genitālis, e, *adj.* [genitus], *of generation, of birth, fruitful, generative:* quattuor corpora, *the four elements*, O.: semina, V.: arvum, V.—As *subst. f.*, *goddess of birth, a surname of Diana*, H.

(**genitīvus**), see genetivus.

genitor, ōris, *m.* [GEN-], *a begetter, parent, father, creator, sire:* sui: dubius, O.: Pelopis, i. e. *Tantalus*, H.: profundi, *Neptune*, O.: Quirine Urbis, O.—*A source, cause, origin:* quae (vocabula) genitor produxerit usus, H.

(**genitrīx**), see genetrīx.

genitūrus, genitus, *PP.* of gigno.

genius, ī, *m.* [GEN-], *a tutelar deity, genius:* loci, V.: genio (populi R.) hostiae caesae, L.: cras genium mero Curabis, H.: acceptus geniis December (because of the Saturnalia), O.: te oro per genium tuom, T.: te per genium obsecro, H.—*Taste, inclination:* Suom defrudans genium, T.—*Prophetic skill:* Nemo mathematicus genium indemnatus habebit, Iu.

genō, —, —, ere [GEN-], *to beget, bear.*—*Pass.*, *to be born:* si mihi filius genitur, old form. ap. C.; see gigno.

gēns, gentis, *f.* [GEN-], *a race, clan, house* (of families having a name and certain religious rites in common): Minucia: clarissima Corneliorum, S.: patres maiorum gentium: minorum gentium patres, L.: gentis enuptio, *the right of marrying out of her gens*, L.: periurus, sine gente, i. e. *of no family*, H.: maiorum gentium di, *of the highest rank:* dii minorum gentium, *of the inferior orders:* maiorum gentium Stoicus, i. e. *eminent.*—*A descendant, offspring, representative:* deūm gens, Aenea, V.; cf. heroës, deūm gens, Ct.: (equos) in spem submittere gentis, V.—*A tribe, brood, crew:* ista Clodiana.—*A race, species, breed:* humana, C., H.: haec (i. e. volpes), O.—*A race, tribe, people:* eiusdem gentis (esse): Suebi, quorum non una gens, Ta.: exterae gentes: exercitus compositus ex variis gentibus, S.: Nerviorum, Cs.: oppidum Thessaliae, quae gens miserat, etc., *community*, Cs.: omnes eius gentis cives, N.: ius gentium: ubicumque terrarum et gentium, *in the world:* ubinam gentium sumus? *on earth:* nusquam gentium, T.: tu autem longe gentium, *far away in the world:* minime gentium, *by no means*, T.—*Plur.*, *foreign nations*, *foreigners:* duretque gentibus amor nostri, Ta.—*A region*, *country:* qui Cataoniam tenebat: quae gens iacet, etc.

genticus, *adj.* [gens], *peculiar to a nation*, *national:* more gentico, Ta.

gentīlicius (-tius), *adj.* [gentilis], *of a clan*, *belonging to a gens:* sacra, L.: sacrificia.

gentīlis, e, *adj.* [gens], *of a clan*, *of a gens:* Sumunt gentiles arma manūs, i. e. *the warriors of the Fabii*, O.: domūs donum, Ta.—As *subst. m.* and *f.*, *a member of a gens*, *one of the same clan*, *kinsman*, *namesake:* gentiles sunt, qui, etc.: cum gentilibus clientibusque, L.: deorum.—*Of a nation*, *national:* solum, *native*, Ta.: utilitas, Ta.

gentīlitās, ātis, *f.* [gentilis], *the relationship between members of a gens:* gentilitatis ius: gentilitatum iura.

genū, ūs (*gen.* genū, O.; *plur.* genua, *disyl.* V.), *n.* [cf. γόνυ], *a knee:* Fine genūs vestem succincta, O.: aquam genūs tenus alta, L.: genu terram tangere: dumque virent genua, H.: genuum iunctura, *knee-joint*, O.: genuum orbis, *knee-pan*, O.: ad genua accidit, T.: genua amplexus, V.: nixi genibus, *on their knees*, L.: genibus minor, i. e. *kneeling*, H.: genua incerare deorum, i. e. *place tablets with prayers*, Iu.

genuālia, ium, *n.* [genu], *garters*, O.

1. genuīnus, *adj.* [GEN-], *innate*, *natural:* virtutes.

2. genuīnus, *adj.* [genae], *of the cheek:* dentes, *back-teeth.*—As *subst. m.* (sc. dens), Iu.

1. genus, eris, *n.* [GEN-], *a race*, *stock*, *family*, *birth*, *descent*, *origin:* haec Indigna genere nostro, T.: nobili genere nati: amplissimo genere natus, Cs.: generis socia, *sister*, O.: genere primus: patricium, L.: genus unde Atii duxere, V.: fortuna non mutat genus, H.: plebei generis, L.—*Adverb. acc.:* Qui genus (estis)? *Of what race?* V.—*Birth*, *noble birth*, *high descent:* propter genus rem p. tenere: Et genus et virtus, nisi cum re, vilior algā est, H.: iactare genus, H.: Cui genus et nomen fuissent, V.: generis praemium, L.—*A race*, *line*, *descendants*, *posterity:* liberorum ex te, Enn. ap. C.: Tantali, H.: neglectum, i. e. *the Romans*, H.—*A descendant*, *child*, *son*, *offspring:* deorum, V.: audex Iapeti, *Prometheus*, H.: ab alto Demissum Aeneā, i. e. *Octavianus*, H.—*A race*, *stock*, *class*, *sort*, *species*, *genus*, *kind*, *rank*, *order*, *division:* humanum: hominum, S.: omnes mortales omnium generum: inter id genus, *plebeians*, L.: Romanum: Macedonum, L.: qui (conventus) ex variis generibus constaret, Cs.: iudicum genus et forma: inritabile vatum, H.: hominum virile, *sex:* Femineum, *sex*, V.: consulare, *rank:* militare, *order*, L.: eorum hominum . . . genera sunt duo, Cs.—Of animals, *a kind*, *class*, *sort*, *species:* altivolantum, *birds*, Enn. ap. C.: piscium, H.: malefici generis animalia, S.: Diversum confusa genus panthera camelo, H.: varia genera bestiarum.—Of things, *a kind*, *sort*, *description*, *class*, *order*, *character*, *division:* omnia in suo quaeque genere: naves omni genere armorum ornatissimae, Cs.: cibi, Cs.: omne commeatūs, L.: triplex rerum p.: dulce orationis: dicendi: praeda omnis generis, L.: poenae novom, S.: leti, O.: Aesopi, *manner*, Ph.: genera civitatum: machinae omnium generum, S.: nugae Hoc genus (i. e. huius generis), H.: aliquid id genus scribere: quod genus virtus est: te cottidie in omni genere desiderem, *in every way:* domus in omni genere diligens: in aliquo genere, *in any respect whatever.*—In philosophy, *a general term*, *logical genus:* formae dicendi specie dispares, genere laudabiles.

2. genus, —, *n.*, collat. form of genu, *a knee* (only *nom.* and *acc.*), C. poët.

geōgraphia, ae, *f.*, = γεωγραφία, *geography.*

geōmetrēs, ae, *m.*, = γεωμέτρης, *a geometer*, C., Iu.

geōmetria, ae, *f.*, = γεωμετρία, *geometry.*

geōmetricus, *adj.*, = γεωμετρικός, *of geometry*, *geometrical.*—*Plur. n.* as *subst.*, *geometry.*

Geōrgica, ōn, *n.*, = γεωργικά, *poems of husbandry*, the title of a poem by Vergil.

gerēns, ntis, *adj.* [*P.* of gero], *managing*, *conducting:* sui negoti bene.—As *subst. m.:* negoti gerentes, *business men.*

germāna, ae, *f.* [germanus], *a full sister*, *own sister*, Enn. ap. C., V., O.

germānē, *adv.* [germanus], *sincerely:* rescribere.

Germānicus, *adj.*, *of the Germans*, *German:* bellum, *with the Germans*, Cs., Ta.—As *subst. m.* (sc. nummus), *a gold coin of Domitian*, Iu.

germānitās, ātis, *f.* [germanus], *the relation between children of the same parents*, *brotherhood*, *sisterhood:* te moveat germanitas: germanitatis memoria, L.: ea (of colonies), L.

germānus, *adj.* with *sup.* [cf. germen].—Of brothers and sisters, *full*, *own:* mihi animo et corpore, T.: frater amore germanus: soror: bimembres (i. e. Centauri), O.: soror (of a nurse), Enn. ap. C.—As *subst. m.*, *an own brother*, *full brother:* O mi germane! T.: Eryx tuus, *your mother's son*, V.—*Genuine*, *real*, *actual*, *true:* huius artis magistri: asinus: iustitia: ironia: germanissimus Stoicus.

germen, inis, *n.*, *a sprig, offshoot, sprout, bud:* alienā ex arbore, V.: In novos soles germina Credere, V.: generosum, *race*, O.

germinō, —, —, āre [germen], *to sprout, bud:* Germinat termes olivae, H.

gerō, gessī, gestus, ere [GES-], *to bear about, bear, carry, wear, have, hold, sustain:* vestem, N.: ferarum pelles, Ta.: anguīs innixtos crinibus, O.: in capite galeam, N.: spolia ducis, L.: dextrā sceptrum, V.: Virginis os habitumque, V.: cornua matres Gesserunt, i. e. *became cows*, O.: tempora tecta pelle, O.: squalentem barbam gerens, *with*, V.: distentius uber, H.: Seu tu querelas sive geris iocos (of a jar), *contain*, H.—*To bear, carry, bring:* saxa in muros, L.: cum pro se quisque (terram) gereret, L.—*To bear, bring forth, produce:* arbores, O.: mālos, V.: quos gerit India lucos, V.: Terra viros gerit, O.—Fig., *to bear, have, keep, entertain, cherish, experience:* pro noxiis iras, T.: fortem animum, S.: mixtum gaudio animum, L.: Ante annos animum, V.: personam, *support a character:* Mores, O.: aliquod nomenque decusque, V.: veteres inimicitias cum Caesare, Cs.: de amicitiā gerendā libri: in Romanos odium, L.: aliter atque animo gerebat, respondit, i. e. *with dissimulation*, S.—*To exhibit, display, assume:* in adversis voltum secundae fortunae, L.: prae se quandam utilitatem.—*To carry out, administer, manage, regulate, rule, govern, conduct, carry on, wage, transact, accomplish, do, perform:* rem p.: res p. egregie gesta est, L.: magistratum: terrā rem, i. e. *to be in command*, L.: se et exercitum more maiorum, S.: male rem, *manage business:* dum ea geruntur, *meanwhile*, Cs.: dum haec Romae geruntur, *happen*, S.: etsi res bene gesta est, *the war*, Enn. ap. C.: in conspectu Caesaris res gerebatur, *the action*, Cs.: occasio rei bene gerendae, *for a successful blow*, Cs.: gladio comminus rem gerit, *fights*, Cs.: gestis aequanda pericula rebus, *exploits*, Iu.: a rebus gerendis senectus abstrahit, *public affairs:* quid negoti geritur?: bello gesto, L.: auctores in gerendo probabiles: a spe gerendi abesse: intus Digna geri, *off the stage*, H.: geram tibi morem, *gratify:* gerere mihi morem, *please myself*, T.: ut homost, ita morem geras, *every man to his humor*, T.: ut utrique a me mos gestus esse videatur.—With *se*, *to bear, act, behave, deport oneself:* nos summissius: truculentius se quam ceteri: se turpissime: me in hoc magistratu: ita nos, ut, etc.: se medium gerere, *remain neutral*, L.: pro colonis se gerere, *claim to be*, L.: se pro cive: Dis te minorem, i. e. *revere*, H.: meque vosque in omnibus rebus iuxta, *treat you as myself*, S.: nec tecum talia gessi, *treat you thus*, V.

gerrō (ōnis), *m.* [gerrae, trifles], *a trifler*, T.

gerulus, ī, *m.* [GES-], *a carrier, porter*, H.

gesta, ōrum, *n.* [*P.* of gero], *deeds, acts, achievements:* obscuriora, N.: singulorum, L.

gestāmen, inis, *n.* [gesto], *a burden, load, weight:* clipeus Abantis, V.: gestamina decent umeros, *arms*, O.—*A litter, sedan*, Ta.

gestiēns, ntis, *adj.* [*P.* of 2 gestio], *unbridled, rapturous, exultant:* laetitia: animus rebus secundis, L.: hac (eloquendi vi).

1. gestiō, ōnis, *f.* [GES-], *a managing, performing:* negoti.

2. gestiō, īvī, —, īre [2 gestus], *to gesticulate, express strong feeling, leap, be transported, exult, be joyful, be delighted:* sic, T.: cum laetitia gestiat: studio lavandi, V.: voluptate nimiā: otio, L.—*To desire eagerly, wish passionately, be eager, thirst, long:* scire ista omnia: divitum Partīs linquere, H.: ipsum gestio Dari mihi in conspectum, T.

gestō, āvī, ātus, āre, *freq.* [gero], *to bear, carry, have, wear, wield:* alqm puerum in manibus, T.: spicula manu, V.: laevā taurorum tergora (i. e. scutum), O.: electra nuribus gestanda Latinis, O.: Non obtunsa pectora, V.: mercem sine fucis, H.: caput adfixum gestari iussit in pilo: porticus in quā gestetur dominus, *to air himself*, Iu.—Fig.: gestandus in sinu, i. e. *to be dearly loved*, T.: te in oculis, *to cherish*, T.—*To carry, furnish, present:* cibos pugnantibus, Ta.

1. gestus, *P.* of gero.

2. gestus, ūs, *m.* [GES-], *bearing, carriage, posture, attitude, motion, gesture, movement, action, sign:* vitium in gestu: gestus mihi est capiundus novos, T.: gratificatur mihi gestu: gestum manus Ceycis habebat, O.: nec bracchia reddere gestūs (possunt), O.—Of actors or orators, *gesture, action:* gestum agere: agit hunc versum Roscius eo gestu: histrionis: histrionum gestūs.

gēsum, see gaesum.

gibbus, ī, *m.*, *a hunch, hump:* gibbo tumens, Iu.—*A wen, tumor:* in naribus ingens, Iu.

Giganteus, *adj.*, = γιγάντειος, *of the giants*, O.: triumphus, *over the Giants*, H.: tropaea, O.

Gigās, antis, *m.*, = γίγας, *a giant, one of the fabled sons of Earth and Tartarus*, O.: fraterculus gigantis, i. e. *of obscure birth*, Iu.—*Plur.*, C., H., O.

gignentia, ium, *n.* [*P.* of gigno], *productive things, plants:* loca nuda gignentium, *of vegetation*, S.

gignō, genuī, genitus, ere [GEN-], *to produce, give birth to, beget, bear, bring forth:* quem Iuppiter genuit: liberos, S.: qui te genuere (i. e. parentes), O.: pisces ova genuerunt: omnia quae terra gignat: ut deus urbem hanc gentibus genuisse videatur: ut in gignendo appareat: quae in terris gignuntur: nuper erat genitus, O.: paelice genitus, *son of*, L.: Dis genite et geniture deos, V.:

De alquo geniti, O.: (vacca) e terrā genita, O.—F i g., *to produce, occasion, cause, begin:* ludus genuit trepidum certamen, H.: in hac urbe dicendi copiam: cum sui generis initium ab se gigni vellet, *spring:* reliquae perturbationes omnes gignuntur ex eā, *grow:* odia etiam gigni sempiterna, *arise:* eas gigni negat, *are created:* gigni alicunde, i. e. *to have a beginning.*

gilvus, *adj.*, *pale yellow:* equus, V.

gingīva, ae, *f.*, *a gum* (of the jaw): inermis, *toothless*, Iu.—*Plur.*, Ct.

glaber, bra, brum, *adj.* [GLAB-], *smooth:* eunuchi, *beardless*, Ph.—As *subst. m.*, *a beardless slave*, Ct.

glaciālis, e, *adj.* [glacies], *icy, frozen, full of ice:* hiemps, V.: frigus, O.: Oceanus, Iu.

glaciēs, *acc.* em, *f.*, *ice:* aspera, V.: iners, H.: Lucidior glacie, O.: via lubrica glacie, L.: Maeotica, Iu.—*Plur. acc.:* glacies, *ice-fields*, V.

glaciō, —, ātus, āre [glacies], *to turn into ice, freeze:* ut glaciet nives Iuppiter, H.

gladiātor, ōris, *m.* [gladius], *a swordsman, gladiator, fighter* (in public games): gladiatorum spectaculum: gladiatoribus imperari: in ludo habere, Cs.: potentia huius gladiatoris, *cutthroat.*—*Plur.*, *a combat of gladiators, gladiatorial exhibition:* rumor venit Datum iri gladiatores, T.: gladiatoribus, *at a show of gladiators:* gladiatores, quod spectaculum, etc., L.

gladiātōrius, *adj.* [gladiator], *of gladiators, gladiatorial:* ludus: pugnae: familia, *a band of gladiators:* munus, L.: consessus, *spectators at a show of gladiators:* locus, *a seat in the show:* corporis firmitas: animus, i. e. *desperate*, T.—As *subst. n.* (sc. auctoramentum), *the hire of a gladiator*, L.

gladiātūra, ae, *f.* [gladiator], *a fight of gladiators*, Ta.

gladius, ī, *m.*, *a sword:* vaginā vacuus, *drawn:* gladiis res geritur, S.: gladios strinxerunt, *drew*, Cs.: gladiis destrictis, Cs.: gladium e vaginā eduxit: Nudare gladios, O.: cum gladiis sequi consulem: Proxuma quaeque metit gladio, V.: gladiorum impunitas, i. e. *of murder:* magna est gladiorum licentia.—P r o v v.: Suo sibi gladio hunc iugulo, *hoist with his own petar*, T.: plumbeo gladio iugulatus, i. e. *easily refuted.*

glaeba (**glēba**), ae, *f.* [GLOB-], *a lump of earth, clod:* glaebis aliquem agere: nec ulli glaeba ulla agri adsignaretur, L.: rastris glaebas frangere, V.: Versare glaebas, H.: ornare glaebam virentem, i. e. *an altar of turf*, Iu.—*Land, soil:* Sicula, O.: Terra potens ubere glaebae, V.: duris Aequicula glaebis, *hard soil*, V.—*A piece, lump, mass:* sevi ac picis glaebae, Cs.

glaebula (**glēb-**), ae, *f. dim.* [glaeba], *a little piece of earth, bit of land:* talis, Iu.

glaesum or **glēsum**, ī, *n.* [cf. Engl. glass, gloss], *amber*, Ta.

glandifer, fera, ferum, *adj.* [glans+FER-], *producing acorns:* quercus, C., O.

glāns, glandis, *f.* [GAL-], *an acorn, nut:* glande vesci: quae deciderant Iovis arbore glandes, O.: querna, Ta.—*An acorn-shaped ball, missile:* ex argillā glandes iacere, Cs.: glande pugnare, S.: glande configebantur, L.: glandes plumbi, V.

glārea, ae, *f.*, *gravel:* eo loco pulvis, non glarea iniecta est: viae glareā substruendae, L.: ieiuna ruris, V.

glāreōsus, *adj.* [glarea], *full of gravel:* saxa, L.

glaucus, *adj.*, = γλαυκός, *bright, sparkling, gleaming, grayish:* amictus, V.: lumen (oculorum), V.: ulva, V.: equus, V.

glēba, **glēbula**, see glaeb-.

glēsum, see glaes-.

glīscō, —, —, ere [cf. glaesum], *to swell, spread gradually, grow imperceptibly:* invidia gliscens, L.: seditio, L.: (multitudo) gliscit immensum, *increases*, Ta.: numero legiones, Ta.: gliscit violentia Turno, V.: gliscere alqm pati, *to grow in power*, Ta.

globōsus, *adj.* [globus], *round as a ball, spherical, globular:* stellae: mundus: saxa, L.

globus, ī, *m.* [GLOB-], *a round body, ball, sphere, globe:* quae terra dicitur: Lucens lunae, *disk*, V.: in eo (caelo) animadversi globi, *fireballs.*—*A globular mass, ball, globe:* Flammarumque globos volvere, V.: sanguinis, O.—Of men, *a throng, crowd, body, mass, gathering, knot:* circa Fabium globus increpabant dictatorem, L.: militum, Ta.: mulierum, L.: nobilitatis, *clique*, S.

glomerō, āvī, ātus, āre [glomus], *to wind into a ball, gather up, roll together, collect:* lanam in orbes, O.: terram speciem in orbis, O.: grando glomerata, L.: equitem docuere gressūs glomerare superbos, i. e. *make the horse prance*, V.—*To gather together, make a knot of, collect, crowd, assemble:* agmina fugā, V.: apes glomerantur in orbem, V.—*To make by gathering, collect, make up, produce:* manum bello, V.: tempestatem, V.: noctem, V.—F i g., *to roll up, gather, accumulate:* Omnia fixa tuus glomerans determinat annus, C. poët.

glomus, eris, *n.* [GLOB-], *a clew, ball made by winding:* lanae, H.

glōria, ae, *f.* [1 CLV-], *glory, fame, renown, praise, honor:* Labore alieno parta, T.: virtutem tamquam umbra sequitur: militaris: bello quaeritur gloria: sit in aeternā gloriā Marius: gloriā aeterni fierent, S.: interdum cumulatior redit, L.: militavi non sine gloriā, H.: Metello hodie est maximae gloriae: belli gloriam armis repperi, T.:

nominis vestri: dicendi: velocis gloria plantae, Iu.: maiorum, S.: penes eosdem gloriae erant, i. e. *a monopoly of glory*, S.—*Thirst for glory, ambition, vainglory, pride, vaunting, boasting, vanity:* gloriā duci: studio et gloriā: gloriā elati, Cs.: ventosa, V.: vana, L.: generandi mellis, V.—*Splendor, richness:* ruris, V.—*An ornament, pride:* Lapithaeae gentis, Caeneu, O.: taurus pecoris, Tb.: armentis gloria frontis, i. e. *fine horns*, Ta.

glōriāns, *P.* of glorior.

glōriātiō, ōnis, *f.* [glorior], *a glorying, boasting, exulting:* gloriatione digna vita.

glōriola, ae, *f. dim.* [gloria], *a bit of glory, little fame:* nostra: glorioiae insignia, i. e. *a petty office.*

glōrior, ātus, ārī, *dep.* [gloria], *to boast, vaunt, glory, brag, pride oneself:* apud te: gloriandi (causā) loqui: nec mentitur in gloriando: idem quod Cyrus: haec, L.: beata vita glorianda est: evenisse ex sententiā, T.: mihi, se magistratūs adsecutum: se alterum fore Sullam, Cs.: mulierculam Vincere mollitie, H.: nominibus veterum: victoriā insolenter, Cs.: decepto rege, L.: socero illo, *in him as father-in-law*, O.: de tuis divitiis: in eo gloriari, quod, etc.: in virtute recte: adversus te, L.

glōriōsē, *adv.* with *comp.* and *sup.* [gloriosus], *gloriously, magnificently:* triumphare: alqd gloriosissime conficere.—*Boastfully, vauntingly, pompously:* exorsus es: mentiri: de me ipso gloriosius praedicare.

glōriōsus, *adj.* with *comp.* and *sup.* [gloria], *full of glory, glorious, famous, renowned:* factum: gloriosissimum: quae gloriosa modo neque belli patrandi cognovit (sc. esse), *brilliant, not effectual*, S.: dies gloriosissimus, Ta.—*To be proud of, to be gloried in:* illud Romanis hominibus gloriosum est, ut, etc.: bene de re p. mereri gloriosum est: multo gloriosius duxit, si, etc., N.: dies.—*Vainglorious, boasting, haughty, conceited, ostentatious:* miles, *braggart*, T.: philosophia.

glūbō, —, —, ere.—Prop., *to bark, peel;* hence, *to rob:* Remi nepotes, Ct.

glūten, inis, *n.* [GLA-], *glue, beeswax:* collectumque haec ad munera, V.: lentum, V.

glūtinātor, ōris, *m.* [gluten], *a bookbinder.*

glūtiō or **gluttiō**, īvī, —, īre [GVOR-], *to swallow, gulp, gorge:* Epulas, Iu.

Gnaeus, ī, *m.*, *a praenomen*, usu. written **Cn.**, Cs.

gnārus (**nārus**), *adj.* [GNA-], *knowing, skilled, practised, expert, versed:* rei p.: coniurationis, *privy*, Ta.: Latinae linguae, L.: gnarum, quibus modis, etc.: satis gnarus, Hannibalem transitūs mercatum, L.: custos, Ta.—*Known:* id Caesari, Ta.: conspicui eoque gnari, *recognized*, Ta.

gnāta, see nata.

Gnathō, ōnis, *m.*, *the name of a parasite*, T.—Hence, *a parasite.*

gnātus, see natus. **gnāv-**, see nāv-.

gōbio (Iu.), ōnis, or **gōbius**, ī (O.), *m.*, = κώβιος, *a gudgeon.*

Gorgō, onis, *f.*, = Γοργώ, *a Gorgon; plur.* Gorgones, *the three daughters of Phorcus, Stheno, Euryale, and Medusa, with beautiful faces, snakes for hair, and a petrifying look*, C., V., O., Iu.

gōrӯtos, see corytos.

grabātus, ī, *m.*, = κράβατος [Macedonian], *a low couch, camp-bed, pallet*, C., Ct.

gracilis, e (*plur. f.* gracilae, T.), *adj.*, *thin, slight, slender, slim, meagre, lean:* virgo, T.: puer, H.: Indi, Iu.: capella, O.: equi hominesque, L.: cacumen, O.—Fig.: materia, *a slight theme*, O.

gracilitās, ātis, *f.* [gracilis], *slenderness, thinness, leanness, meagreness:* corporis.—*Plur.:* corporis.

grāculus, ī, *m.*, *a jackdaw*, Ph.

gradātim, *adv.* [gradus], *step by step, by degrees, little by little, gradually:* (honores) adsequi: ascendere: respondens.

gradātiō, ōnis, *f.* [GRAD-], *a climax.*

gradior, gressus, ī, *dep.* [gradus], *to take steps, step, walk, go, advance:* gradiendo accedere: quasdam (bestias) esse gradientes: longe, V.: lente, O.: trans alpīs, Ct.: fidenti animo ad mortem: pariter gressi, V.

Grādīvus (once **Grad-**, O.), ī, *m.*, *a surname of Mars*, L., V., O., Iu.

gradus, ūs, *m.* [GRAD-], *a step, pace, gait, walk:* gradum facere: Suspenso gradu ire, T.: quieto et placido gradu sequi, Ph.: citato gradu, L.: concito gradu, Ph.: pleno gradu, *at a quick step*, S.: presso gradu, *at a moderate pace*, L.: gradum celerare, *hasten*, V.: conripere, H.: addere, L.: sistere, V.: sustinere, O.: revocare, V.: referre, O.: ferre per agmen gradūs, *charge*, O.—*A station, position, ground:* stabili gradu impetum excipere, L.: In gradu stetimus, O.: hostes gradu demoti, L.—*Plur.*, *steps, rounds, stairs:* in gradibus Concordiae stare: templi: cui (templo) gradibus surgebant limina, V.: si gradibus trepidatur ab imis, Iu.—Fig., *a step, stage, degree, grade:* ex aedilitate gradum ad censuram fecit, L.: hunc gradum mei reditūs esse, quod, etc., *towards my return:* primos gradūs vicina fecit (of love), O.: gradu post me sedet uno, H.—*An approach, advance, progress, march:* Quem mortis timuit gradum? *form*, H.: imperi: spondeus habet non expertem dignitatis gradum, *march.*—*A step, degree, grade, stage, rank, interval:* civis hoc gradu:

senatorius: gradu amplissimo dignissimus: omnes sonorum, *notes:* totidem gradūs distamus ab illo, O.: per omnīs honorum gradūs: altior dignitatis: ascendens gradibus magistratuum: sonorum gradūs, *intervals:* peccatorum gradūs: cognominis, *distinction*, O.: Per gradūs (i. e. gradatim), O.: Hi plerumque gradūs, *stages* (of ruin), Iu.—*Self-possession:* de gradu deici, *be disconcerted.—A position, relation:* gradu depulsus, *overthrown*, N.: gradum filii apud te habere, L.

Graecē, *adv.* [Graecus], *in the Greek language, in Greek:* legere: scripsit historiam: loqui: scire: omnia Graece, Iu.

graecor, ātus, ārī, *dep.* [Graeci], *to imitate the Greeks, live in the Greek manner*, H.

Graecostasis, is, *f.*, = γραικόστασις, *a building in which foreign ambassadors awaited decisions of the senate.*

Graeculus, *adj. dim.* [Graecus], *Grecian, Greek:* ineptum sane negotium et Graeculum, *thorough Greek:* contio: homines.—As *subst. m.* and *f.*, *a Greekling*, C., Iu., Ta.

Graecus, *adj.*, = Γραικός, *of the Greeks, Greek, Grecian:* res: litterae: lingua: testis: more bibere, i. e. *to drink healths.*—As *subst. m.:* Graecus apud Graecos: ignobilis, L.—As *subst. n.*, *sing.*, *the Greek language:* librum e Graeco in Latinum convertere.—*Plur.*, *Greek writings:* Graeca leguntur.

Grāiugena, ae, *m.* [Graius+GEN-], *a Grecian by birth, Greek*, Pac. ap. C., V.

Grāius (disyl.), *adj.*, *of the Greeks, Grecian, Greek:* homo, V.: nomen, V.: Camena, H.—As *subst. m.*, *a Greek*, C., V.—*Plur.:* Grāī, ōrum or ūm, *m.*, *the Grecians, Greeks*, C., V.

grāmen, inis, *n.* [3 GAR-], *grass:* iacēre in gramine, H.: cervus graminis immemor, H.: graminis herba, *blade of grass*, L.: quocumque de gramine, *pasture*, Iu.: nec gramina rivis saturantur, *the sod*, V.: redeunt gramina campis, H.—*A plant, herb:* cerinthae, V.: incognita capris Gramina, V.

grāmineus, *adj.* [gramen], *of grass, covered with grass, grassy:* campus, V.: sedile, V.: corona, L.: hastae, i. e. *of bamboo.*

grammatica, ae, *f.*,= γραμματική, and **grammatica**, ōrum, *n.*, = γραμματικά, *grammar, philology.*

grammaticus, *adj.*, = γραμματικός, *of grammar, grammatical:* tribūs, i. e. *of the grammarians*, H.—As *subst. m.*, *a grammarian, philologist:* grammaticum se professus: grammatici certant, *doctors disagree*, H.

grānāria, ōrum, *n.* [granum], *a store-house for corn, granary*, C., H.

grandaevus, *adj.* [grandis+aevum], *in years, old, aged:* Nereus, V.: pater, O.: senes, Ta.

grande, *adv.* [*n.* of grandis], *loudly:* sonare, Iu.

grandēscō, —, —, ere, *inch.* [grandis], *to become great, grow:* triplici fetu, C. poët.

grandiculus, *adj. dim.* [grandis], *rather large, pretty well grown*, T.

grandifer, era, erum, *adj.* [grandis+1 FER-], *bearing largely, productive:* arationes.

grandiloquus, ī, *m.* [grandis+4 LAC-], *speaking loftily, grandiloquent.—Plur. m.* as *subst.:* isti, *boasters.*

grandis, e, *adj.* with *comp.* [2 GAR-].—Of things, *full-grown, large, great, full, abundant:* tumulus, Cs.: vas: fetūs grandiores edere: ilex, S.: grandiores libri: litterae: cothurni, H.: pecunia, *a large sum:* faenus: aes alienum, S.: pondus argenti: elementa, *massive*, O.—Of persons, *grown up, large, big, tall:* virgo, T.: puer.—*Advanced in years, aged, old:* homo grandior, T.: grandiorem aetatem ad consulatum constituere: non admodum grandis natu: tam grandis natu: iam grandior aevo genitor, O.—Fig., *large, great, strong, powerful, weighty, severe:* dicam tibi inpingam grandem, T.: de rebus grandioribus dicere: supercilium, *lofty*, Iu.: ingenium, O.: praemia meritorum, H.: carmen, Iu.: alumnus, *noble*, H.—*Plur. n.* as *subst.:* metit Orcus Grandia cum parvis, H.: nec Conamur tenues grandia, H.—Of style, *great, lofty, dignified, noble:* genus dicendi grandius: rerum gestarum pronuntiator: causidicus: oratores verbis.

granditās, ātis, *f.* [grandis], *grandeur, sublimity:* verborum.

(**granditer**), *adv.* [grandis], *loftily.*—Only *comp.:* grandius sonare, O. (dub.).

(**grandiuscula**, error for grandicula, T.)

grandō, inis, *f.*, *hail, a hailstorm*, C., L., V., H., O.: terrere animos grandinibus.

grānifer, era, erum, *adj.* [granum+1 FER-], *grain-bearing:* agmen, *of ants*, O.

grānum, ī, *n.* [3 GAR-], *a grain, seed, small kernel:* frumenti: fici: uvae, O.: turea, O.—*Corn, grain:* ex provinciā nullum habere.

graphium, ī, *n.*, = γραφίον, *a writing-style*, O.

grassāns, *P.* of grassor.

grassātor, ōris, *m.* [grassor], *a disorderly person, rioter, footpad, bully*, C., Iu.

grassor, ātus, ārī, *dep. intens.* [gradior], *to go, move, go about:* recto limite, O.—*To loiter, idle, riot:* iuventus grassans in Subura, L.: per omnia scelera, L.—Fig., *to go, proceed, act, move:* ad gloriam virtutis viā, S.: aliā viā, L.: consilio grassandum ratus, L.: cupidine atque irā, *be actuated by*, S.: obsequio, *make approaches obsequiously*, H.: crudelitas in captā urbe grassata est, Cu.—*To advance, take measures, make an attack:* ferro grassatur cupido, Iu.: in te hac viā, L.: in possessionem agri, L.

grātāns, *P.* of grator.

grātē, *adv.* with *comp.* [gratus], *with pleasure, agreeably, gladly, willingly:* praeterita meminit: Natalīs numeras, H.: Gratius ex fonte bibuntur aquae, O.—*Thankfully, gratefully:* alqd facere.

grātēs (no *gen.*), *f.* [GRA-], *thanks, thanksgiving* (esp. to the gods): diis grates agunt, L.: alqm gratibus venerati sunt, Ta.: grates tibi ago, summe Sol: o quas dicere grates parem? V.: agis Carminibus grates, O.: At tibi pro scelere di Persolvant grates dignas, *pay you*, V.

grātia, ae, *f.* [gratus], *favor, esteem, regard, liking, love, friendship, partiality:* aeterna inter nos, T.: falsam gratiam inire, *curry favor*, T.: gratiā florens hominum: Pompei gratiam mihi conciliari putare: cum inimico reditus in gratiam, *reconciliation:* fides reconciliatae gratiae: si suam gratiam Romani velint, Cs.: a bonis omnibus summam inire gratiam: apud regem inita, L.: cum populo R. in gratiā esse: istuc impetro cum gratiā, *with a good grace*, T.: summa inter suos, Cs.: fratrum geminorum, *harmony*, H.: male sarta, *interrupted friendship*, H.: quantum gratiā valent, Cs.: improba, *partiality*, Iu.: cum gratiā imperatoris, *to the satisfaction of*, L.: provincia multas bonas gratias attulit, *tokens of favor.*—*Charm, beauty, loveliness:* formae, O.: neque abest facundis gratia dictis, O.—*A favor, kindness, courtesy, service, obligation:* hanc gratiam ut sibi des, T.: petivit in loco gratiae, ut, etc.: Boccho delicti gratiam facit, *forgives*, S.: pugnaturi in gratiam ducis, *to please*, L.: data in praeteritam iudici gratiam, *for the favor shown him on the trial*, L.—*Thanks, thankfulness, gratitude, acknowledgment:* est dis gratia, cum ita est, *I thank*, T.: veteris stat gratia facti, V.: illi debetur a me gratia maior, H.: annonae levatae gratiam tulit, *received*, L.: dis gratia, *thank heaven*, T.: ac Syro nil gratiae, *no thanks to*, T.: mirificas tibi apud me gratias egit, *expressed:* ei gratias egimus, *thanked him:* et non neglexisse habeo gratiam, *am grateful*, T.: sibi gratias habere, L.: maximas vobis gratias et agere et habere: alqd in gratiam habere, *take as a favor*, S.: meritam dis inmortalibus gratiam honoribus persolvere, *express.*—*A return, requital, recompense* (for a favor): pro eo (beneficio) gratiam repetere, L.: Nec nulla est inaratae gratia terrae, V.: tulisse potius iniuriam, quam retulisse gratiam, *requited:* praeclaram populo R. refers gratiam: omnibus referendā gratiā satisfacere, *by a recompense:* referre gratiam aliam non posse, quam, etc., L.: ut pro tantis eorum in rem p. meritis gratiae referantur.—P e r s o n., usu. *plur.*, *the graces, three goddesses of loveliness, attendants of Venus* (Aglaia, Euphrosyne, and Thalia), H.—*Sing. collect.:* non illi Gratia lecto, O.—F i g., *a cause, reason, ground, occasion, motive, sake.*—Only *abl.*, usu. after a *gen.*, *in favor, on account, for the sake, for:* bestiae hominum gratiā generatae: Nuptiarum gratiā haec sunt facta, T.: negoti gratiā properare, S.: dolorum effugiendorum gratiā: placandi gratiā, S.: exempli gratiā, *for instance:* verbi gratiā: eā gratiā Simulavi, ut, etc., *for that reason*, T.: id eā gratiā eveniebat, quod, etc., S.: quā gratiā Te arcessi iussi, ausculta, *for what purpose*, T.: Excludor, ille recipitur, quā gratiā? *why?* T.—Of persons, *a favorite:* ut unus gratia nostra fores, O.

grātificātiō, ōnis, *f.* [gratificor], *obligingness, complaisance:* Sullana: inpudens.

grātificor, ātus, ārī, *dep.* [gratus+2 FAC-], *to do a favor, oblige, gratify, please:* mihi gestu: Romanis, *court the favor of*, L.: populo potestas honeste bonis gratificandi: qui gratificantur cuiquam quod obsit illi, *do as a favor:* odiis Seiani, Ta.—*To give up, surrender, yield, sacrifice, concede:* populo et aliena et sua: potentiae paucorum libertatem suam, S.: quod populi sit, L.

grātiīs, *adv.* [*abl. plur.* of gratia], *without reward, for nothing, gratis:* si non pretio, gratiis, T.

grātiōsus, *adj.* with *comp.* and *sup.* [gratia], *full of favor, in favor, popular, acceptable, beloved, agreeable:* Plancium gratiosum esse dico: homo gratiosior quam Calidius: adversarius gratiosissimus: apud Globulum gratiosior, *in higher favor:* gratiosissimus in provinciā: causae: missio, *through favor*, L.—*That shows favor, obliging, complaisant:* scribae in dando loco: ad officium necessitudinis.

grātīs, *adv.* [for gratiis], *out of favor, through kindness, without recompense, without pay, for nothing, gratuitously, gratis:* frumentum dare: ne gratis in provinciā male audires: rei p. servire: praetor factus est.

grātor, ātus, ārī, *dep.* [gratus], *to manifest joy, wish joy, congratulate, rejoice with, rejoice:* sorori, V.: toto mihi pectore, O.: Gratatur reduces (i. e. eos reduces esse), *on their return*, V.: praebet se gratantibus, Ta.: in vicem inter se, L.: Nescia, gratentur consolenturne parentem, O.—*To give thanks, express gratitude:* Iliacis focis, O.: templum gratantes adire, L.: ad gratandum sese expedire, Ta.

grātuītō, *adv.* [gratuitus], *without pay, for naught, gratis, gratuitously:* causas defendens: civitatem impertire, *for no particular reason:* crudelis erat, *wantonly*, S.

grātuītus, *adj.* [gratia], *done without pay, not for reward, free, spontaneous, voluntary, gratuitous:* liberalitas: amicitia: suffragia: furor, *spontaneous*, L.: crudelitas, *unprovoked*, L.: praeterita parricidia, *in vain*, L.

grātulābundus, *adj.* [gratulor], *congratulating:* multitudo, L.

grātulātiō, ōnis, *f.* [gratulor], *a manifestation of joy, wishing joy, congratulation, rejoicing, joy:* quanta: unius diei: (imago) laureata in suā gratulatione, *in his honor:* populi, L.: summā cum gratulatione civium: laudis nostrae tua: victoriae gratulatio ab Remis Labieno fieret, Cs.: hic parenti suo gratulationi in victoria fuit.—*A joyful festival, public thanksgiving:* quaestori gratulationem decrevit: gratae dis immortalibus gratulationes: patefacta gratulationi templa, L.: civitatem in gratulationibus esse, L.

(**grātulātor**, ōris), *m.* [gratulor], *one who congratulates* (in a spurious passage).

grātulor, ātus, ārī, *dep.* [gratus], *to manifest joy, be glad, congratulate, rejoice:* laeto voltu: tibi: ipse mihi gratulatus sum: mihi de filiā: de iudicio ambitūs: ei voce maximā victoriam: tibi pro amicitiā nostrā, S.: tibi in hoc: quā in re tibi: ei recuperatam libertatem est gratulatus: adventum gratulantur (sc. me esse), T.: tibi ingenium non latuisse tuum, O.: mihi quod habiturus essem amicum: quod abes: tibi, cum tantum vales, etc.: gratulor victoriae suae: inter se cives, quasi vicissent, gratulabantur. — *Supin. acc.:* ad me venire gratulatum: ad Caesarem gratulatum convenerunt, Cs.—*To give thanks, render thanks, thank:* deos gratulando obtundere, T.

grātus, *adj.* with *comp.* and *sup.* [GRA-], *beloved, dear, acceptable, pleasing, agreeable:* factum omnibus: optimo cuique oratio gratissima: nihil patri gratius facere: id gratum acceptumque habendum: supplicia eorum gratiora dis arbitrantur, Cs.: hedera est gratissima Baccho, O.: conviva, *welcome*, H.: carmina, H.: Gratior pulchro in corpore virtus, V.: parentibus error, V.: Si quod adest gratum iuvat, *acceptable*, i. e. *with content*, H. —As *subst. n.:* feceris nobis gratum omnibus, *do us a favor:* gratissimum mihi feceris, si, etc., *a very great favor:* quae rebus grata erant, gratiora verbis facere, L.: Gratum elocutā consiliantibus Iunone divis, *something pleasant*, H. — With *supin. abl.:* his gratiora dictu alia esse scio, L.—Of persons: Venus, H.: iuvenum gratissime Crantor, O: vates dis gratissima, O.—*Thankful, grateful, thankworthy, deserving, procuring thanks:* cognovi te gratissimum omnium: re ipsā atque animo gratissimus: si bene de me meritis gratum me praebeo: erga me: gratissimis animis prosequi, etc.: horam gratā sume manu, H.: quom gratum mihi esse potuit, i. e. *it might have procured me thanks*, T.: quam sit re pulchrum, beneficio gratum, tyrannum occidere, *productive of gratitude.*

gravāns, ntis, *P.* of gravo.

gravanter, *adv.* [gravans], *reluctantly:* venire, L.

gravātē, *adv.* [gravatus], *with difficulty, reluctantly, unwillingly, grudgingly:* non gravate respondere: ille primo: concedere, L.

gravātim, *adv.* [gravatus], *reluctantly, unwillingly:* socia arma Rutulis iunxit, L.

gravātus, *P.* of gravo.

grave, *adv.* [gravis], *strongly, rankly:* olens, V.

gravēdinōsus, *adj.* [gravedo], *subject to colds, taking cold easily.*

gravēdō, inis, *f.* [gravis], *a cold, catarrh.*

gravēscō, —, —, ere, *inch.* [gravis], *to become burdened, grow heavy:* fetu nemus gravescit, V.—Fig., *to grow worse:* valetudo Augusti, Ta.

graviditās, ātis, *f.* [gravidus], *pregnancy.*

(**gravidō**), —, ātus, āre [gravidus], *to load, impregnate:* (terra) gravidata seminibus.

gravidus, *adj.* [2 GAR-], *laden, filled, full, swollen:* corpus, *fruit-laden*, C. poët.: nubes, O.: aristae, *loaded*, V.: uber, V.: semine terrae, O.: ubera vitali rore: pharetra sagittis, H.: urbs bellis, V.: Italia imperiis, V.—*Burdened, pregnant, with child, with young:* ex te, T.: de semine Iovis, O.: uxor: pecus, V.: (equae) vento, V.

gravis, e, *adj.* with *comp.* gravior, and *sup.* gravissimus [2 GAR-], *heavy, weighty, ponderous, burdensome, loaded, laden, burdened:* gravi onere armorum oppressi, Cs.: corpus: Ipse gravis graviter Concidit, V.: bullae aureae: navigia, Cs.: agmen, L.: gravius dorso subiit onus, H.: robur aratri, V.: tellus, V.: naves spoliis graves, L.: aere dextra, V.: imbre nubes, L.—After the as was reduced in weight: aes grave, *heavy money, money of the old standard* (a full pound in each as), L. —*With young, pregnant:* sacerdos Marte, V.: uterus, O.—Of sound, *deep, grave, low, bass:* sonus, H.: gravissimus sonus: sonus auditur gravior, V.: fragor, O.—Of smell or flavor, *strong, unpleasant, offensive:* hircus in alis, *rank*, H.: ellebori, V.: odor caeni, V.: sentina, Iu.—*Burdening, oppressive, serious, gross, indigestible, unwholesome, noxious, severe, sick:* cibus: cantantibus umbra, V.: anni tempore gravissimo, *season:* autumnus in Apuliā, Cs.: virus, H.: tempus, *weather*, L.: graviore tempore anni acto, *season*, L.: morbo gravis, *sick*, V.: aetate et viribus gravior, L.: vino, O.: spiritus gemitu, *difficult*, V.: oculi, *heavy*, V. — Fig., *hard to bear, heavy, burdensome, oppressive, troublesome, grievous, painful, hard, harsh, severe, disagreeable, unpleasant:* paupertas, T.: labores: gravissima hiemps, Cs.: volnus: numquam tibi senectutem gravem esse: Appia (via) tardis, H.: miserior graviorque fortuna, Cs.: Principum amicitiae, *oppressive*, H.: si tibi grave non erit, *a trouble:* in Caesarem contiones, *hostile*, Cs.: verbum gravius: ne quid gravius in fratrem statueret, Cs.: gravius est verberari quam necari, S.: edictum, L.: graviora (pericula), *more serious*, V.: quo inprovisus gravior accederet, *more formidable*, S.: adversarius imperi. — As *subst. n.:* O passi graviora, *greater hardships*, V.—Of things, *strong, weighty, important, grave, influential:* inperium gravius, T.: quae mihi ad spem obtinendae veritatis gravissima sunt: gravissima caerimonia, *most solemn*, Cs.: nihil sibi gravius esse faciendum, quam ut, etc.: exemplum, H.: gravissima civitas.—Of character, *of weight, of authority, eminent, venerable, great:* animus natu gravior, T.: auctoritate graviores: omnes gravioris aetatis, *more settled*, Cs.: homo, *sober:* gravis Entellum dictis castigat (i. e. graviter), V.

gravissimē, see graviter.

gravitās, ātis, *f.* [gravis], *weight, heaviness:* per inane moveri gravitate: navium, Cs.: ignavā nequeunt gravitate moveri, O.—*Pregnancy*, O.—*Unwholesomeness, oppressiveness, severity, heaviness, dulness:* caeli: loci, L.: morbi: soporis, O.: senilis, O.: annonae, *dearness*, Ta.: odoris, *disagreeableness*, Ta. — *Disease, sickness:* corporis: membrorum. — F i g., *heaviness, slowness:* linguae. — *Harshness, severity:* belli, L.: crudelitatem gravitati addidit, L. — Of things, *weight, importance:* provinciae Galliae: civitatis, Cs.: sententiarum: versūs gravitate minores, H.—Of persons, *weight, dignity, gravity, presence, influence:* inauditā gravitate praeditus: comitate condīta gravitas: cum gravitate loqui: oris, L.: Incolumi gravitate, *without loss of dignity*, H.

graviter, *adv.* with *comp.* gravius, and *sup.* gravissimē [gravis], *weightily, heavily, ponderously:* tela ut gravius acciderent, Cs.: cecidi, O.—Of tone, *deeply:* sonare: sonat ungula cornu, V.—*Vehemently, strongly, violently:* crepuerunt fores, T.: ferire, V.: adflictae naves, Cs. — F i g., *vehemently, violently, deeply, severely, harshly, unpleasantly, disagreeably, sadly:* aegrotare: saucius: se volnerare, Cu.: gravissime terreri, Cs.: tibi iratus, T.: gravius hoc dolore exarsit, Cs.: cives gravissime dissentientes: tulit hoc, *took to heart:* cum casūs miseriarum graviter accipiuntur: illa gravius aestimare (i. e. graviora), Cs.: in illum dicere, T.: de viris gravissime decernitur, Cs.: agere: ut non gravius accepturi viderentur si, etc., *sorrowfully*, L.: se non graviter habere, *to be not very ill:* spirans, *with poisonous breath*, V. — *With dignity, weightily, impressively, gravely, seriously, with propriety:* his de rebus conqueri: de vobis illi gravissime iudicarunt, i. e. *were greatly influenced by you*, Cs.: res gestas narrare: locum tractare.

gravō, āvī, ātus, āre [gravis], *to make heavy, load, burden, weigh down, weight, oppress:* membra gravabat onus, O.: poma gravantia ramos, O.: vino somnoque, L.: semper gravata lentiscus, *loaded with fruit:* papavera pluviā gravantur, V. —F i g., *to burden, oppress, incommode:* officium, quod me gravat, H.: gravari militiā, L.: somno gravatus, V.—*To make more grievous, aggravate, increase:* fortunam meam, O.: faenore gravatum aes alienum, L.

gravor, ātus, ārī, *dep.* [*pass.* of gravo], *to be burdened, feel incommoded, be vexed, take amiss, bear with reluctance, regard as a burden, hesitate, do unwillingly:* ne gravere, T.: gravari coepit, quod, etc.: ego vero non gravarer si, etc.: nec gravatus senex dicitur locutus esse, etc., L.: non esse gravatos homines prodire in campum: in conloquium venire, *to be loath*, Cs.: sua ad eum postulata deferre, *shrink from bringing*, Cs.: tibi reddere rationem, L.: quae voce gravaris, mente dares (sc. dare), V.: Pegasus equitem gravatus, i. e. *throwing off*, H.

gregālis, e, *adj.* [grex], *of a flock, of the same flock.* — Hence, *plur. m.* as *subst.*, *comrades, companions, fellows:* tui: gregalibus illis amissis.—*Of a common soldier:* sagulum, L.: habitus, Ta.

gregārius, *adj.* [grex], *of the herd, of the common sort, common:* milites, *privates:* miles, L.: eques, Ta.

gregātim, *adv.* [grex], *in flocks, in crowds, in throngs:* cives coniecti.

gremium, ī, *n.*, *a lap, bosom:* misisse in gremium imbrem aureum, T.: vomens gremium suum inplevit: hostem gremium ante suum aufert, V.—*A bosom, lap, heart, centre:* terra gremio mollito semen excipit: Graeciae. — F i g., *a lap, hiding-place, protection, affection:* Caeruleus (Nili), *depths*, V.: Quis gremio Enceladi adfert Quantum meruit labor? i. e. *pays*, Iu.: haec sunt in gremio sepulta consulatūs tui: in fratris gremio consenescebat: In vestris pono gremiis, i. e. *in your care*, V.

1. gressus, *P.* of gradior.

2. gressus, ūs, *m.* [GRAD-], *a stepping, going, step, course, way:* tendere gressum ad moenia, V.: conprime gressum, V.: presso gressu, *slowly*, O.: gressūs glomerare superbos, V.: huc dirige gressum, i. e. *steer*, V.

grex, gregis, *m.*, *a flock, herd, drove, swarm:* pecudes dispulsae sui generis sequuntur greges: greges armentorum: lanigeri, V.: Dux gregis, *ram*, O.: balantūm, V.: avium, H.: armenta gregesve, O. — P r o v.: grex totus in agris Unius scabie cadit, Iu.—*A company, society, troop, band, crowd, throng, set, clique:* ancillarum, T.: honestissimorum hominum greges: Scribe tui gregis hunc, i. e. *your intimates*, H.: grege facto inrumpere, *in a body*, S.: ego forsitan propter multitudinem patronorum in grege adnumerer: indocilis, H.—*A company of actors:* alius, T.

gruis, is, see grus.

grūndītus (grūnnītus), ūs, *m.* [grunnio], *a grunting:* suis.

grūnniō, īvī, —, īre, *to grunt*, Iu.

grūs (*nom.* gruis, Ph.), gruis, *m.* and *f.* [1 GAR-], *a crane*, C., V., O.; a delicacy, H.

grȳps, grȳpis, *m.*, = γρύψ, *a griffin* (a fabulous four-legged bird).—P r o v.: Iungentur iam grypes equis (of an impossibility), V.

gubernāculum (poet. **-nāclum,** V.), ī, *n.* [guberno], *a helm, rudder:* ad gubernaculum accessit: Ipse gubernaclo rector subit, V.—*Plur.*, *guidance, direction, control, government:* rei p.: ereptis senatui gubernaculis: ad gubernacula rei p. sedere, C., L.

gubernātiō, ōnis, *f.* [guberno], *a steering, piloting:* in gubernatione neglegentia.—*Direction, management, government:* senatūs, *by the senate:* summi imperi: civitatis.

gubernātor, ōris, *m.* [guberno], *a steersman, helmsman, pilot:* clavum tenens: scientiā gubernatorum confisi, Cs.—*A director, ruler, governor:* rei p.: civitatis.

gubernātrīx, īcis, *f.* [gubernator], *a conductress, directress*, T.: civitatum eloquentia.

gubernō, āvī, ātus, āre, = κυβερνάω, *to steer, pilot:* si nautae certarent, quis eorum gubernaret.—P r o v.: e terrā, i. e. *without sharing the danger*, L.: quilibet nautarum tranquillo mari gubernare potest, L.—*To direct, manage, conduct, govern, guide, control:* qui eos gubernat animus, T.: orbem terrarum: navem rei p.: omnia prudentiā: tormenta gubernat dolor: quoniam ratio non gubernat.

gula, ae, *f.* [GVOR-], *the gullet, weasand, throat, neck:* obtortā gulā: laqueo gulam fregere, S.—*The palate, maw, throat, appetite:* o gulam insulsam: inritamenta gulae, S.: gulae parens, *slave to appetite*, H.: inplacata, O.: plorante gulā, Iu.

gulōsus, *adj.* [gula], *appetizing, luxurious, dainty:* fictile, i. e. *with dainty food*, Iu.

gumia, ae, *m.* [GEM-], *a glutton*, Lucil. ap. C.

guminasium, see gymnasium.

gurges, itis, *m.* [GVOR-], *a raging abyss, whirlpool, gulf:* Rheni fossa gurgitibus illis redundans: turbidus caeno, V.: per medios gurgites, L.: hauriebantur gurgitibus, L.: Stygius, O.: caenosus, *the Styx*, Iu.—*Waters, a stream, sea:* Iberus, V.: gurgite ab alto, *abyss*, V.: Herculeus, i. e. *the Atlantic*, Iu.—F i g., *an abyss, gulf:* libidinum: qui est gurges vitiorum: patrimoni, *spendthrift.*

gurguliō, ōnis, *m.* [GVOR-], *the gullet, weasand, windpipe.*

gurgustium, *n.* [gurges], *a mean dwelling, hovel, hut.*

gustātus, ūs [gusto], *the taste, sense of taste:* gustatus, qui sentire debet, etc.—*A taste, flavor:* pomorum iucundus: (uva) peracerba gustatu.—F i g., *flavor, enjoyment:* verae laudis.

gustō, āvī, ātus, āre [gustus], *to taste, take a little of:* aquam: leporem, Cs.: aliquid de sanguine, Iu.—*To take a slight meal, take luncheon, eat a little:* quorum nemo gustavit cubans.—F i g., *to taste, partake of, enjoy:* civilem sanguinem: partem liquidae voluptatis: praecepta: summatim rerum causas: Metrodorum illum, i. e. *heard for a while:* lucellum, H.—P r o v.: primis labris gustare, i. e. *learn a little of.*

gustus, ūs, *m.*, *a tasting:* epulas explorare gustu, Ta.—*A light dish beginning a meal, antepast, whet, relish:* gustūs elementa quaerunt, Iu.

gutta, ae, *f.*, *a drop:* numerus in cadentibus guttis: guttae imbrium: liquuntur sanguine guttae, V.: Sanguinis in facie non haeret gutta, i. e. *blush*, Iu.—P r o v.: Gutta cavat lapidem, O.—*Spots, specks:* Nigraque caeruleis variari corpora guttis, O.: (apium) paribus lita corpora guttis, V.

guttur, uris, *n.*, *the gullet, throat, neck:* fundens e gutture cantūs: haesit sub gutture volnus, V.: Senile, H.: (Cerberus) tria guttura pandens, V.: magni Gutturis exemplum, i. e. *of gluttony*, Iu.—*Plur.* for *sing.:* guttura cultro Fodit, O.

gūtus (guttus), ī, *m.*, *a narrow-necked flask, cruet, oil-flask*, H., Iu.

gymnasiarchus, ī, *m.*, = γυμνασίαρχος, *the master of a gymnasium.*

gymnasium (gumina-, Ct.), ī, *n.*, = γυμνάσιον, *a Grecian school for gymnastic training, gymnasium*, C.; as a place of honorary burial, N.—*A Grecian school, high-school, college*, C., L.: transi Gymnasia, *the mere schools* (of vice), Iu.

gymnicus, *adj.*, = γυμνικός, *of bodily exercise, gymnastic:* ludi: certamen.

gynaecēum (-cīum), ī, *n.*, = γυναικεῖον, *the women's apartments, inner rooms*, T., C.

gynaecōnītis, idis, *f.*, = γυναικωνῖτις, *the women's apartments* (of a Grecian house), N.

gypsātus, *adj.* with *sup.* [gypsum], *covered with gypsum, plastered:* gypsati crimen pedis, *chalked for sale* (as a slave), O., Tb.: manibus gypsatissimis (of an actor in a woman's part).

gypsum, ī, *n.*, = γύψος, *white lime plaster, gypsum:* Chrysippi, *plaster images*, Iu.

gȳrus, ī, *m.*, = γῦρος, *a circle, circular course, round, ring:* nec equi variare gyros docentur, Ta.: gyros dedēre, V.: anguis gyros traxit, V.—Fig., *a circle, circuit, career, course:* bruma nivalem Interiore diem gyro trahit, H.: similique gyro venient aliorum vices, *circuit* (of time), Ph.: rationis.

H.

ha! *interj.*, see hahahae.

habēna, ae, *f.* [HAB-], *a holder, halter, rein:* laeva, H.—Usu. *plur.:* equorum per colla Excutit habenas, O.: omnīs effundit habenas, V.: effusissimis habenis, L.—*A thong, strap:* (turbo) actus habenā, V.: metuens pendentis habenae, i. e. *the lash*, H.—Fig., only *plur.*, *the reins, direction, management, government:* regum, C. poët.: Fluminibus totas inmittite habenas, *give the reins to*, O.: furit inmissis Volcanus habenis, V.: classi inmittit habenas, V.: laxissimas habenas habere amicitiae: populi, O.: rerum, *of the state*, V.

habēns, *adj.* [*P.* of habeo], *owning, rich.*—As *subst. m.:* invidere habenti, V.

habeō, uī (old *perf. subj.* habessit for habuerit, C.), itus, ēre [HAB-], *to have, hold, support, carry, wear:* arma: anulum: arma hic paries habebit, H.: coronam in capite: soccos et pallium: catenas: Faenum in cornu, H.: aquilam in exercitu, S.—*To have, hold, contain:* quod (fanum) habebat auri: non me Tartara habent, V.: quem quae sint habitura deorum Concilia, etc., V.: Quae regio Anchisen habet? V.: quod habet lex in se: suam (nutricem) cinis ater habebat, V.—*To have, hold, occupy, inhabit:* urbem, S.: arcem: quā Poeni haberent (sc. castra), L.: Hostis habet muros, V.—Of relation or association, *to have:* in matrimonio Caesenniam: eos in loco patrui: uxores: patrem: (legionem) secum, Cs.: apīs in iubā: mecum scribas: quibus vendant, habere, Cs.: conlegam in praeturā Sophoclem: civitates stipendiarias, Cs.: cognitum Scaevolam: inimicos civīs: duos amicissimos: eum nuptiis adligatum: quem pro quaestore habuit.—*To have, be furnished with:* voltum bonum, S.: pedes quinque: Angustos aditūs, V.: manicas, V.—*To have, hold, keep, retain, detain:* haec cum illis sunt habenda (opp. mittenda), T.: si quod accepit habet: Bibulum in obsidione, Cs.: in liberis custodiis haberi, S.: in vinculis habendi, S.: mare in potestate, Cs.: in custodiam habitus, *lodged*, L.: ordines, *preserve*, S.: alios in eā fortunā, ut, etc., L.: exercitus sine inperio habitus, S.: Marium post principia, *station*, S.: Loricam Donat habere viro, *gives to keep*, V.: inclusum senatum.—Of ownership or enjoyment, *to have, own, possess, be master of:* agros: Epicratis bona omnia: in Italiā fundum: quod non desit, H.: (divitias) honeste, *enjoy*, S.: (leges) in monumentis habemus, i. e. *are extant:* sibi hereditatem: illam suas res sibi habere iussit (the formula of divorcing a wife): in vestrā amicitiā divitias, S.: nos Amaryllis habet, *has my love*, V.: habeo, non habeor a Laide: habet in nummis, in praediis, *is rich:* ad habendum nihil satis esse: amor habendi, V.: Unde habeas, quaerit nemo, sed oportet habere, Iu.—*To have, get, receive, obtain:* a me vitam, fortunas: imperium a populo R.: habeat hoc praemi tua indignitas: granum ex provinciā: plus dapis, H.: Partem opere in tanto, *a place*, V.: graviter ferit atque ita fatur, Hoc habet, *it reaches him*, V.: certe captus est, habet! (i. e. volneratus est) T.—*To find oneself, be, feel, be situated, be off, come off:* se non graviter: bene habemus nos: praeclare se res habebat: quo pacto se habeat provincia: bene habent tibi principia, T.: bene habet, *it is well:* atqui Sic habet, H.: credin te inpune habiturum? *escape punishment*, T.: virtus aeterna habetur, *abides*, S.—*To make, render:* uti eos manifestos habeant, S.: pascua publica infesta, L.—With *P. perf. pass.*, periphrast. for *perf. act.:* vectigalia redempta, *has brought in and holds*, Cs.: domitas libidines: quae conlecta habent Stoici: de Caesare satis dictum: pericula consueta, S.: neque ea res falsum me habuit, S.: edita facinora, L.—*To treat, use, handle:* duriter se, T.: equitatu agmen adversariorum male, Cs.: exercitum luxuriose, S.: eos non pro vanis hostibus, sed liberaliter, S.: saucii maiore curā habiti, L.—*To hold, direct, turn, keep:* iter hac, T.: iter ad legiones, Cs.—*To hold, pronounce, deliver, utter, make:* orationem de ratione censoriā: contionem ad urbem: post habitam contionem: gratulationibus habendis celebramur: quae (querelae) apud me de illo habebantur: verba.—*To hold, convene, conduct, cause to take place:* comitia haberi siturus: senatum, Cs.: censum: Consilium summis de rebus, V.—*To hold, govern, administer, manage, wield:* rem p., S.: qui cultus habendo Sit pecori, V.: animus habet cuncta, neque ipse habetur, S.: aptat habendo Ensem, V.—Of rank or position, *to hold, take, occupy:* priores partīs Apud me, T.: Statum de tribus secundarium.—Fig., *to have, have in mind, entertain, cherish, experience, exhibit, be actuated by:* si quid consili Habet, T.: alienum animum a causā: tantum animi ad audaciam: plus animi quam consili: amorem in rem p.: in consilio fidem: gratiam, gratias habere; see gratia.—*To have, have in mind, mean, wish, be able:* haec habebam fere, quae te scire vellem, *this was in substance what*, etc.: haec habui de amicitiā quae dicerem: quod huic responderet, non habebat: haec fere dicere habui de, etc.: illud adfirmare pro certo habeo, L.—P r o v.: quā digitum proferat non habet.—With *P. fut. pass.*, *to have, be bound:* utrumne de furto dicendum habeas, Ta.: si nunc primum statuendum haberemus, Ta. —*To have, have in mind, know, be acquainted with, be informed of:* regis matrem habemus, ignoramus patrem: habes consilia nostra, *such are:* In memoriā habeo, *I remember*, T.: age, si quid habes, V.—With *in animo*, *to have in mind, purpose, intend, be inclined:* rogavi, ut diceret quid haberet in animo: istum exheredare in animo habebat: hoc (flumen) transire, Cs.: bello eum adiuvare, L. —*To have in mind, hold, think, believe, esteem, regard, look upon:* neque vos neque deos in animo, S.: haec habitast soror, T.: alquos magno in honore, Cs.: Iunium (mensem) in metu, *be afraid of:* omnīs uno ordine Achivos, *all alike*, V.: hi numero inpiorum habentur, Cs.: quem nefas habent nominare: deos aeternos: habitus non futtilis auctor, V.: cum esset habendus rex: non nauci augurem: cuius auctoritas magni haberetur, Cs.: id pro non dicto habendum, L.: sic habeto, non esse, etc.: non necesse habeo dicere: eam rem habuit religioni, *a matter of conscience:* ludibrio haberi, T.: duritiam voluptati, *regard as pleasure*, S.— *To have, have received, have acquired, have made, have incurred:* a me beneficia, Cs.: tantos progressūs in Stoicis.—With *satis*, *to have enough, be content, be satisfied:* sat habeo, T.: a me satis habent, tamen plus habebunt: non satis habitum est, quaeri, etc.—*To have, be characterized by, exercise, practise:* salem, T.: habet hoc virtus, ut, etc., *this is characteristic of merit:* locus nihil habet religionis: celerem motum, Cs.: neque modum neque modestiam, S.: silentium haberi iussit, *observed*, S.: habebat hoc Caesar, quem cognorat, etc., *this was Caesar's way:* ornamenta dicendi.—*To have, involve, bring, render, occasion, produce, excite:* primus adventus equitatūs habuit interitum: habet amoenitas ipsa inlecebras: latrocinia nullam habent infamiam, Cs.—*To hold, keep, occupy, engage, busy, exercise, inspire:* hoc male habet virum, *vexes*, T.: animalia somnus habebat, V.: sollicitum te habebat cogitatio periculi: Qui (metus) maior absentīs habet, H.—*To take, accept, bear, endure:* eas (iniurias) gravius aequo, S.: aegre filium id ausum, L.—*To keep, reserve, conceal:* Non clam me haberet quod, etc., T.: secreto hoc audi, tecum habeto.—*To keep, spend, pass:* adulescentiam, S.: aetatem procul a re p., S.—With *rem*, *to have to do, be intimate:* quocum uno rem habebam, T.

habilis, e, *adj.* with *comp.* [HAB-], *easily handled, manageable, handy, suitable, fit, proper, apt, nimble, swift:* arma: figura corporis: ensis, V.: arcus, V.: vigor, V.: brevitate gladii, L.: gens equis, *expert*, L.: ita in eisdem rebus, ut, etc., *apt:* calcei ad pedem: ingenium ad res diversissimas habilius, L.: (naves) velis, Ta.: (bos) feturae, *fit*, V.: vicina seni non habilis, *ill-matched*, H.: lateri clipeus, *fitted*, V.: capessendae rei p., Ta.

habilitās, ātis, *f.* [habilis], *aptitude, ability:* habilitates corporis.

habitābilis, e, *adj.* [habito], *fit for an abode, habitable:* regiones: cinguli (terrae): non habitabile frigus, O.

(**habitāns**, ntis), *m.* [*P.* of habito], *an inhabitant;* only *plur. gen.:* habitantum, O.

habitātiō, ōnis, *f.* [habito], *a dwelling, habitation:* ei de habitatione accommodare: sumptus habitationis: mercedes habitationum annuae, *house-rent*, Cs.

habitātor, ōris, *m.* [habito], *a tenant, occupant, inhabitant:* (domum) habitatores conduxerunt: tumultus habitatorum, L.: testā vidit in illā Magnum habitatorem, Iu.

habitō, āvī, ātus, āre, *freq.* [habeo], *to dwell, abide, reside, live:* in aediculis habitat: in viā, *on the high-road:* in Siciliā: Lilybaei: lucis opacis, V.: sub terrā: ad Lepidum: apud te, T.: cum aliquo: alibi, L.: hic, V.: magnifice, *be housed:* bene, N.: sic, *so splendidly*, Iu.: nobis habitandi locum dare: habitandi causā, Cs.: Rus habitatum abii, T.: habitari ait in lunā, *that the moon is inhabited:* vicorum, quibus frequenter habitabatur, L.: urbes magnas, V.: humilīs casas, V.: arcem, L.: ea pars (urbis) habitatur frequentissime: tellus habitata viris, O.: raris habitata mapalia tectis, V.: habitandae piscibus undae, O.: proavis habitatas linquere silvas, Iu.— *To be habitually, stay, remain, dwell, keep:* in foro, *frequent:* in oculis, *in public:* voltur habitat sub alto Pectore, V.—F i g., *to abide, linger:* in hac ratione tractandā: in bonis suis, *dwell upon:* qui potest habitare in beatā vitā metus?: quorum in voltu habitant oculi mei.

habitūdō, inis, *f.* [1 habitus], *condition, appearance:* corporis! T.

1. habitus, *adj.* with *comp.* [*P.* of habeo], *disposed, inclined:* ut patrem tuom vidi esse habitum, T.— *Well kept, fleshy, corpulent:* (virgo) habitior, T.

2. habitus, ūs, *m.* [HAB-], *a condition, state, plight, habit, deportment, appearance, presence, mien:* vir optimo habitu: corporis opimi: mediocris: oris et voltūs: habitūs corporum varii, Ta.: signa virginali habitu atque vestitu: Punicus, *aspect*, L.: muliebris.—Of things, *condition, habit, appearance:* armorum, L.: temporum, L.: gentes variae habitu vestis, V.—Of places: locorum, *quality* (of the soil), V.: Italiae, L.—*Dress, attire:* Punicus cultus habitusque, L.: ubi Dardanios habitūs vidit, V.: Romano (i. e. *the toga*), H.: pastorum, L.: nec alius feminis quam viris, Ta.: longos habitūs sumit, Iu.—Fig., *quality, nature, character:* iustitia est habitus animi, etc.: rationis: Suo habitu vitam degere, Ph.: orationis.—*A state of feeling, disposition:* ex praesenti eos aestimat habitu, L.: quis habitus provinciarum? Ta.—In philos., *moral culture.*

hāc, *adv.* [*abl. f.* of hic; sc. viā], *this way, on this side, here:* hac atque illac perfluo (i. e. passim), T.: Sequere hac me intus, T.: adire: Hac nostris erat receptus, Cs.: Hac iter est, V.: Hac fugerent Grai, Hac Phryges, V.

hāc-tenus (hac . . . tenus, V., O.), *adv., as far as this, to this place, so far, thus far:* Hactenus crater erat asper acantho, O.: hactenus in occidentem Germaniam novimus, Ta.: Hac Troiana tenus fuerit Fortuna secuta, V.: quia hactenus iussum, *because he was not ordered to go farther*, Ta.—Of discourse, *thus far, to this point, no farther:* hactenus mihi videor potuisse dicere, etc.: de hoc quidem hactenus: in hunc diem hactenus, *thus far for to-day:* sed haec hactenus, *so much for this:* Hactenus haec, H.: sed hactenus, praesertim, etc.: de litteris hactenus: Hac Arethusa tenus, O.—Fig., in time, *up to this time, thus far, so long, till now, hitherto, no longer:* hactenus quietae stationes fuere, postquam, etc., L.: Hac celebrata tenus certamina, V.—*To this extent, so much, so far, as far:* hactenus existimo . . . quoad certior fieres, etc.: haec artem hactenus requirunt, ut ornentur, etc.: curandus autem hactenus, ne quid ad senatum, etc.: hactenus consultans, veneno an ferro, etc., Ta.

hae, haec, see hic. **Haedī**, see haedus.

haedīnus, *adj.* [haedus], *of a kid:* pelliculae.

haedulus, ī, *m. dim.* [haedus], *a little kid*, Iu.

haedus (not hoedus), ī, *m., a young goat, kid*, C., V., H., O.—*Plur.:* Haedī, *the Kids, two stars in the hand of the Wagoner* (Auriga), C.: pluviales, V.—*Sing.:* oriens, H.

haerēd-, see hered-.

haereō, haesī, haesūrus, ēre [HAES-], *to hang, stick, cleave, cling, adhere, hold fast, be fixed, sit fast, remain close:* lingua haeret metu, T.: terra radicibus suis: scalarum gradūs male haerentes, *holding:* Haerent parietibus scalae, V.: in equo, *keep his seat:* pugnus in malā haeret, T.: tergo volucres haesere sagittae, V.: haerens corona Crinibus, H.: leo haeret Visceribus, V.: os fauce cum haereret lupi, Ph.: haerentes litore naves, H.: in limine coniunx Haerebat, V.: gremio in Iasonis, O.: foliis sub omnibus, V.: duo turmae haesere, i. e. *failed to break through*, L.: oratio haeret in salebrā, i. e. *is at a loss.*—Fig., *to hold fast, remain attached, be fixed, keep firm, adhere, inhere:* cum illud dictum haerere debeat, *hit the mark:* in te haeret culpa, T.: scrupus in animis: quae mihi in visceribus haerent, i. e. *fixed in my heart:* mihi in medullis: hi in oculis haerebunt, i. e. *be present:* in te culpa, *cleaves*, T.: in eis poenis, *incur:* fama haesit ad metas, *hung back:* haereret illa rei p. turpitudo: infixus haeret animo dolor: haerent infixi pectore voltūs, V.: in voltu patris, *gaze upon*, O.: cui omnia vaenum ire in animo haeserat, S.: neu quid intercinat, Quod non haereat apte, i. e. *finds its place*, H.—*To keep near, keep close, join, attach oneself, follow:* apud Thaidem, T.: haeret pede pes, V.: in tergo, *pursue closely*, L.—*To remain fixed, abide, continue, keep at, stick to:* hic haereo: hic terminus haeret, *is fixed*, V.: sedibus in isdem, *adhere to his purpose*, V.: in praetorum tribunalibus, *loiter:* ut boni quod habeat, id amplectar, ibi haeream: macula haesura, *lasting*, Iu.—*To stick fast, be brought to a stand, be embarrassed, be perplexed, be at a loss, hesitate, be suspended, be retarded:* haereo Quid faciam, T.: haerebat in tabulis publicis reus: in multis nominibus: physici cum haerent aliquo loco, etc.: haeret, an haec sit, O.: haeres Et dubitas, Iu.: Hectoris manu victoria Graiūm Haesit, i. e. *was retarded*, V.: vox faucibus haesit, V.: in hac difficultate rerum consilium haeret, L.

haerēs, see heres.

haeresis, is, *f.*, = αἵρεσις, *a sect, school of thought:* ea: Vestoriana, i. e. *craft, trade.*

haesitāns, ntis, *adj.* [*P.* of haesito], *stammering:* verba.

haesitantia, ae, *f.* [haesito], *a stammering:* linguae.

haesitātiō, ōnis, *f.* [haesito], *a hesitating, stammering:* quanta.—Fig.: mea, *irresolution.*

haesitō, āvī, ātus, āre, *freq.* [haereo], *to stick fast, remain fixed:* (eos) haesitantes premere, Cs.: in vadis, L.—Prov.: in eodem luto haesitare, i. e. *to be exposed to the same danger*, T.—Fig., *to hesitate:* linguā, *stammer.*—*To be at a loss, hesitate, be irresolute:* dubitant, haesitant: haesitans in maiorum institutis, *not well versed in:* ob eam causam, quod, etc.: inter spem et desperationem, Cu.

hahae! or **hahahae!** *interj., ha ha!* T.

haliaeetos (**haly-**), ī, *m.*, = ἁλιαίετος, *an osprey, sea-eagle*, O.

hālitus, ūs, *m.* [halo], *breath, exhalation, steam, vapor:* efflavit extremum halitum, *his last breath:* tenuis, *breeze*, V.: oris, Iu.

hallēc, see allēc. (**hallūcinor**), see ālūc-.

hālō, āvī, ātus, āre [AN-], *to breathe, emit vapor, be fragrant:* halantes floribus horti, V.: arae sertis halant, V.

hālūcinātio, hālūcinor, see ālūc-.

hama (ama), ae, *f.*, = ἄμη, *a water-bucket, fire-bucket*, Iu.

hamādryas, adis, *f.*, = ἁμαδρυάς, *a wood-nymph, hamadryad, dryad*, V., O., Pr.

hāmātus, *adj.* [hamus], *furnished with a hook, hooked:* ungues, O.: harundo, O.—*Shaped like a hook, hooked, crooked:* corpora: ensis, O.

hāmus, ī, *m.*, *a hook:* ferreae, Cs.: Lorica conserta hamis, *of network*, V.: pars pulmonis in hamis Eruta, *the barbs* (of an arrow), O.: hami curvi, *talons*, O.—*A fish-hook, angle:* Occultus, H.: praeroso hamo, *after nibbling at the bait*, H.

Hannibal (Ann-), alis, = Ἀννίβας, *a Carthaginian name:* novus, i. e. *an irreconcilable foe:* ad portas (proverb. of imminent danger).

hara, ae, *f.* [HER-], *a pen, coop, sty:* Claudor harā, O.: ex harā producte.

harēna (arēna), ae, *f.* [2 HAS-], *sand:* harenam fluctūs trahunt, S.: bibula, V.: sterilis, V.: omnis Tagi, i. e. *the gold*, Iu.: nigra, *slime*, V.: carae harenae, *golden sands*, O.: urentes, H.—Prov.: Quid harenae semina mandas? O.—*Sand, sands, a sandy place:* harenam aliquam emere.—*Plur., sandy desert, waste:* Libycae, O.: nigrae, Pr.—*The shore, beach, coast, strand:* hospitio prohibemur harenae, V.: potitur classis harenā, O.—*A sanded place, ground marked off for combat, amphitheatre, arena:* fulva, V.: Albana, Iu.: cum et iuris idem contingat harenae, i. e. *to the gladiators*, Iu.

harēnāria, ae, *f.* [harena], *a sand-pit.*

harēnōsus (arēn-), *adj.* [harena], *full of sand, sandy:* terra, O.: Litus, V.—As *subst. n.*, *a sandy place*, S.

hariolātiō (ar-), ōnis, *f.* [hariolor], *a soothsaying, prophesying*, Enn. ap. C.

hariolor (ar-), ārī, ātus, *dep.* [hariolus], *to foretell, prophesy, divine:* non hariolans, sed coniecturā prospiciens: quaestūs causā.—*To speak foolishly, talk nonsense:* hariolare, T.: hoc hariolor, *am dreaming*, T.

hariolus (ar-), ī, *m.* [HAR-], *a soothsayer, prophet*, T., C., Ph.

harmonia, ae, *f.*, = ἁρμονία, *an agreement of sounds, consonance, concord, harmony.*

harpagō, ōnis, *m.*, = ἁρπάγη, *a hook, grappling-hook, grapple, drag*, Cs., L.

harpē, ēs, *f.*, = ἅρπη, *a sickle-shaped sword, falchion, cimeter*, O.

Harpȳia (trisyl.), ae, *f.*, *a Harpy:* Celaeno, V.—Usu. *plur.*, = Ἅρπυιαι, *the Harpies, rapacious monsters, half bird and half woman*, V., H.

harūndifer (ar-), fera, ferum, *adj.* [harundo + 1 FER-], *reed-bearing, crowned with reeds:* caput, O.

harūndineus (ar-), *adj.* [harundo], *of reeds, reedy:* silva, V.: carmen, *a shepherd's song*, O.

harūndinōsus (ar-), *adj.*, *abounding in reeds:* Gnidos, Ct.

harūndō (arūn-), inis, *f.*, *a reed, cane:* longa, O.: fluvialis, V.: casae ex harundine textae, L.: harundinum radices, Cs.—*A fishing-rod:* captat harundine piscīs, O.: moderator harundinis, O.—*Collect., limed twigs for catching birds*, Pr.—*A wreath of reeds:* crinīs umbrosa tegebat harundo, V.: redimitus harundine crines, O.: in vertice (Priapi) fixa (to frighten birds), H.—*An arrow-shaft, arrow:* habet sub harundine plumbum, O.: letalis, V.—*A reed pipe, shepherd's pipe, Pan-pipes* (of reeds, joined with wax): iunctisque canendo Vincere harundinibus, O.: tenuis, V.: fissa, Pr.—*A flute:* harundine victus, O.—*A comb of reed* (for setting threads of a web): stamen secernit harundo, O.—*A hobby-horse, cane-horse:* equitare in harundine, H.

harūspex (ar-), icis, *m.* [HAR- + 4 SPEC-], *a soothsayer, diviner, inspector of the entrails of victims:* haruspices ex totā Etruriā: Tyrrhenae gentis, O.: ex prodigiis haruspices respondissent, S.: longaevus, V.—*A prophet:* Armenius, Iu.

harūspicīnus (ar-), *adj.* [haruspex], *relating to soothsaying, of divination:* libri.—As *subst. f.* (sc. ars), *divination.*

harūspicium (ar-), ī, *n.* [haruspex], *inspection of victims, divination:* Persicum, Ct.

hasta, ae, *f.* [1 HAS-], *a staff, rod, pole:* gramineae, *reeds of bamboo:* foliis intexere hastas, *the thyrsus*, V.: foliis praesuta, O.: pura, i. e. *without a head*, V.—*A spear, lance, pike, javelin:* eminus hastis uti: evelli iussit hastam: iactare: contendere, *to hurl*, V.: versā iuvencum Terga fatigamus hastā, i. e. *use as a goad*, V.: hastam in fines emittere (as a declaration of war), L.—*A spear set up as the sign of a public auction* (orig. of booty taken in war): praedae partem sub hastā vendidit, L.: hastā positā, cum bona venderet: hastā positā pro aede: emptio ab hastā: comitibus sub hastā venditis, L.: qui hastae huius generis adsueverant, i. e. *to a public bidding for contracts*, L.: ius hastae, *of auctions*, Ta.—*A little spear* (an ornament in the hair): recurva, O.—Fig., *plur.:* abiecit hastas, i. e. *lost courage.*

hastātus, *adj.* [hasta], *armed with a spear:* currūs, Cu.—*Plur. m.* as *subst.*, *the hastati, spearmen, first line of a Roman army in order of battle*, L.; consisting of ten ordines or companies, O.—*Of the hastati, of the first line:* ordo, *the tenth company*, L.: cum signifer primi hastati (sc. ordinis): signifer secundi hastati, L.—As *subst. m.* (ellipt. for centurio ordinis hastati), *captain of a company of hastati:* Fulginius ex primo hastato, *late first centurion*, Cs.

hastīle, is, *n.* [hasta], *a spear-shaft, javelin-*

shaft: ferrum ex hastili, N.: hastili nixus: telum hastili abiegno, L.—*A spear, javelin:* Bina manu crispans hastilia, V.: Torquere hastilia lenta, O.: curvatum, Iu.—*A piece of wood like a shaft, branch, pole, prop:* densa, V.: rasae hastilia virgae, V.

1. hau (au), *interj.* (of pain or grief), *Oh! ah!* T.

2. hau, see haud.

haud or **haut** (hau, V.), *adv., not, not at all, by no means:* haud sane intellego, quid, etc.: res haud sane difficiles: haud ita iussi, T.: haud sic decet, T.: aliter, V.: diu, T.: minus, L.: sed haud facile dixerim, cur, etc.: difficulter, S.: cito, T.: Haud temere est visum, V.: haut dubie victor, S.: saepe, S.: secus, L.: homo haud inpurus, T.: mediocris: mirabile, T.: hic se ipsus fallit, haud ego, T.: haud pol me quidem, T.: haud muto factum, T.: ne ille haud scit, quam, etc., T.: tum ille haud dubitavit, etc.: haud mora, nautae torquent, *without delay*, V.

haud-dum, *adv., not at all as yet, not yet:* cum patris favor hauddum exolevisset, L.: hiemps hauddum exacta, L.

haud-quāquam or **haud quāquam,** *by no means whatever, not at all:* haud quaquam id est difficile Crasso: mediocre: par gloria, S.: certamine ambiguo, L.: dictis violentia Turni Flectitur, V.

hauriō, hausī, haustus (*p. fut.* hausūrus, V.), īre [HAVS-], *to draw up, draw out, draw:* hausta aqua de puteo: palmis hausta duabus aqua, O.: aquam, H.: de dolio sibi hauriendum putet?—Prov.: tu quidem de faece hauris, i. e. *draw from the dregs*, i. e. *take the worst.*—*To drain, drink up, spill, shed:* totiens haustus crater, O.: spumantem pateram, V.: ad meum sanguinem hauriendum advolaverunt: cruorem, O.: hauriendus aut dandus est sanguis, L.: alveus haurit aquas, *draws in*, O.: inimicus et hauserit ensis (i. e. their blood), V.—*To tear up, pluck out, draw out, take, swallow, devour, consume, exhaust:* terra hausta, O.: pectora ferro, O.: huic gladio latus, V.: inguina ictu, L.: latus eius gladio, Cu.: lumen, *pluck out*, O.: cineres haustos, i. e. *scraped up*, O.: hausto spargit me pulvere palmis, *gathered*, O.: sumptum ex aerario, *draw:* quos (servos) lacus haurit, *engulfs*, Ta.: ex parvo (acervo) tantundem, etc., H.: suspiratūs, *fetching a deep sigh*, O.—Fig., *to drink in, take eagerly, seize upon, imbibe, exhaust:* oculis ignem, *feast on*, V.: auras, V.: lucem, *enjoy the light*, V.: dicta auribus, O.: oculis gaudium, L.: Pectore ignes, *imbibes*, O.: sol orbem Hauserat, i. e. *had traversed* V.: Cum haurit Corda pavor, *exhausts*, V.—*To draw, borrow, take, drink in, derive:* illa ex quo fonte hauriam: eodem fonte haurire laudes suas: (legem) ex naturā ipsā: libertatem sitiens hausit: calamitates: unde laboris Plus haurire est, H.: sine hoc animo hauri, *be taken to heart*, V.: meram libertatem, *revel in*, L.: studium philosophiae, Ta.

1. haustus, *P.* of haurio.

2. haustus, ūs, *m.* [HAVS-], *a drawing:* puteus facili diffunditur haustu, Iu.: aquae haustus, *the right of drawing.*—*A drinking, swallowing, drawing in, drink, draught:* exiguis haustibus bibi, *in small draughts*, O.: haustu sparsus aquarum, V.: aquae, O.: sanguinis, i. e. *stream*, O.: Esse apibus haustūs Aetherios, i. e. *breath*, V.: peregrinae harenae, *a handful*, O.: Pindarici fontis qui non expalluit haustūs, i. e. *to imitate*, H.

haut, see haud.

(haveō or **aveō,** —, —, ēre), *imper.* havē, havētō [1 AV-], *to be well, fare well, be happy* (only in salutation), S., Ct.

hebdomas, adis, *f.*, = ἑβδομάς, *seven, the seventh day:* quarta (critical in fever).

hebenus (ebe-), ī, *f.*, = ἔβενος, *the ebon-tree*, O.—*Ebony:* niger, V.

hebeō, —, —, ēre [hebes], *to be blunt, be dull:* ferrum nunc hebet? L.—Fig., *to be sluggish, be inactive:* Sanguis hebet, V.: sensu, O.: viri, Ta.

hebes, etis, *adj.* with *comp., blunt, dull:* tela hebetiora: ictus, O.: ferrum, Iu.—*Dull, dim, faint:* aures hebetiores: color, O.—Fig., *dull, obtuse, sluggish, heavy, doltish, stupid:* sensūs: homo: memoria: dolor: exercitus, S.: ad sustinendum laborem miles, Ta.: spondeus hebetior: ingenio hebeti esse: hebetiora ingenia.

hebēscō, —, —, ere, *inch.* [hebeo], *to grow blunt, become dull, lose vigor, faint:* mentis acies hebescit: hebescere sidera, Ta.: hebescere et languere nolumus: hebescere virtus, *regard for character declined*, S.

hebetō, āvī, ātus, āre [hebes], *to make blunt, dull, blunt, dim, deaden, weaken:* hastas, L.: ferrum hostium, L.: visūs tibi, V.: sidera, Ta.: taurorum flammas, *quench the fiery breath*, O.: alcui visūs, V.—Fig.: Lethe hebetans pectora, *stupefying*, O.

hecatombē, ēs, *f.*, = ἑκατόμβη, *a sacrifice of a hundred oxen, hecatomb*, Iu.

hedera (ed-), ae, *f.* [HED-], *ivy, ivy-vine* (sacred to Bacchus, used in garlands): alba, V.: tabernacula protecta hederā, Cs.: doctarum hederae praemia frontium, H.: victrix, H.—*Plur., ivy-vines:* nexiles, O., V.

hederiger (ed-), gera, gerum, *adj.* [hedera + GES-], *ivy-bearing:* Maenades, Ct.

hederōsus (ed-), *adj.* [hedera], *full of ivy:* antrum, Pr.

hēdychrum, ī, *n.*, = ἡδύχρουν, *a fragrant ointment, cosmetic balsam.*

hei, *interj.* (of grief or fear), *ah! woe! oh dear!:* Hei mihi! V.

hēia (**ēia**), *interj.*, of joy, *ha! good! see!* T. —Of eagerness, *ha! see! quick!* V., H.

Hēliades, um, *f.*, = Ἡλιάδες, *daughters of Helios, changed into poplars*, O.: nemus Heliadum, i. e. *poplar-grove*, O.; their tears became amber, hence, Heliadum lacrimae, i. e. *amber*, O.: capaces Heliadum crustae, i. e. *of amber*, Iu.

helica, ae, *f.*, = ἑλίκη, *a whorl.*

helleborus, see elleborus.

helluātiō (**hēlu-**), ōnis, *f.* [helluor], *a gormandizing, gluttony.*

helluō (**hēluō**), ōnis, *m.*, *a gormandizer, glutton, squanderer*, T.: patrimoni.

helluor (**hēluor**), ātus, ārī, *dep.* [helluo], *to gormandize, devour:* cum Graecis: meo periculo: tecum simul rei p. sanguine: parum, Ct.

helops (**elops**), opis, *m.*, = ἔλλοψ, *the sword-fish:* pretiosus, O.

hēluātiō, hēluō, hēluor, see hellu-.

helvella, ae, *f. dim.* [helvus, yellow], *a small potherb.*

Helvīna, ae, *f.*, *a surname of Ceres*, Iu.

hem, *interj.* (of surprise), *oho! indeed! well! well, to be sure! hah!:* hem, quid ais, scelus? T.: audistin? hem Scelera, T., C.

hēmerodromus, ī, *m.*, = ἡμεροδρόμος (all-day runner), *a courier*, L.—*Plur.:* hemerodromoe, N.

hēmicyclium, ī, *n.*, = ἡμικύκλιον, *a semicircle, semicircular recess, with seats.*

hendecasyllabī, ōrum, *m.*, = ἑνδεκασύλλαβοι, *verses of eleven syllables*, Ct.

heptēris, is, *f.*, = ἑπτήρης, *a galley with seven banks of oars*, L.

(**hera**), see era.

herba, ae, *f.* [1 FER-], *an herb, grass, green blades, herbage, turf:* in molli consedimus herbā, V.: abicere se in herbā: fusus per herbam, V.: corona ex asperis herbis: herbas omnīs condiunt: herbis Vivis et urticā, H.: (Fennis) victui herba, Ta.: herbae fortes, O.: salutares, O.: herbis curare volnus, L.: fallax veneni, *a poisonous plant*, V.: graminis, *a blade*, V.: frumenti, *young shoots*, V.—Fig.: laus velut in herbā praecepta, i. e. *gathered too soon*, Ta.—Prov.: adhuc tua messis in herbā est, O.—*Weeds, useless plants:* officiant ne frugibus herbae, V.: sterilis, Cu.

herbēscēns, ntis, *adj.* [herba], *appearing in green blades:* viriditas.

herbidus, *adj.* [herba], *full of grass, grassy:* campus, L.: Epiros, O.

herbifer, fera, ferum, *adj.* [herba+1 FER-], *producing grass, grassy:* colles, O.: Acis, O.

herbigradus, *adj.* [herba+GRAD-], *going in the grass* (of the snail), C. poët.

herbōsus, *adj.* [herba], *abounding in grass, grassy:* campus, H.: flumen, *with grassy banks*, V.: moretum, *made with herbs*, O.

herbula, ae, *f. dim.* [herba], *a little herb.*

hercīscō, —, —, ere, *inch.* [cf. herctum], *to divide an inheritance:* arbiter familiae herciscundae.

hercle, *interj.* [contr. for hercule], *by Hercules, assuredly, indeed:* Puer herclest, T., C.

herctum, ī, *n.* [*hercio; cf. heres], *an inheritance, patrimony:* herctum ciere, *to demand a partition.*

hercule, *interj.* [*voc.* of Hercules], *by Hercules, assuredly, indeed:* tum hercule confitear.—Often with *me:* vero me hercule hoc dicam.

Herculēs, is (rarely ī, C., Ta.), *m.*, *a son of Jupiter and Alcmena, and god of strength*, S., Cs., C., V., H., O.—As *interj.*, *by Hercules! assuredly, indeed:* valde hercules vobis laborandum est.—With *me:* ego me hercules hac sum suspicione percussus.

Herculeus, *adj. of Hercules, Herculean:* manus, H.: coronae arbos, i. e. *the poplar*, V.: urbs, *built by Hercules*, O.

here, *adv.* [for herī], *yesterday*, C., H., O.

hērēditārius, *adj.* [hereditas], *of an inheritance, inherited, hereditary:* ornamenta: cognomen: controversia.

hērēditās, ātis (*gen. plur.* -tātum, rarely -tātium), *f.* [heres], *heirship, inheritance:* nobilitas non hereditate relicta, S.: equum hereditate possidere.—*An inheritance:* hereditatem persequi, T.: hereditates mihi negasti venire: hereditatem adire: possessio hereditatis: de hereditate controversia, Cs.: caducae hereditates.—Fig., *an inheritance, descent:* cupiditatum: optuma hereditas gloria virtutis.

hērēdium, ī, *n.* [heres], *an hereditary estate*, N.

hērēs, ēdis, *m.* and *f.* [HER-], *an heir, heiress:* te ipso herede, T.: mulier facit heredem ex deunce Caecinam: in testamento heredes scripti, Cs.: testamento fecit heredem filiam: ex parte dimidiā: cur virgini Vestali sit heres?: repentinus: secundus, *next heir* (if the first should die), S.: possessio heredum secundorum: tanti certaminis (i. e. armorum Achillis), O.—*A successor, aftergrowth:* gemino cervix herede valentior (of the heads of the Hydra), O.—Fig., *an heir, successor:* eius (Academiae): regni, L.: laudis, O.

herī, *adv.* [HES-], *yesterday:* quod mihi heri

non licuit: heri vesperi; opp. hodie, O.—*Lately, a short time ago*, Ct., Pr.

(**herīlis**), see erilis.

hērōicus, *adj.*, = ἡρωϊκός, *of heroes, heroic, mythical:* tempora: personae.

hērōinē, ae, *f.* (*plur.* īnae, Pr.), = ἡρωίνη, *a demi-goddess, heroine*, Pr.

hērōis, idis (*dat. plur.* hērōisin, O.), *f.*, = ἡρωΐς, *a demi-goddess, heroine*, O.

hērōs, ōis, *acc.* ōa, *m.*, = ἥρως, *a demi-god, hero:* heroum casūs: magnanimi heroes, V.: Aeneas, V.: Laertius heros, i. e. *Ulysses*, O.—*A hero, illustrious man:* noster Cato: cum heroibus nostris (i. e. Bruto et Cassio).

hērōus, *adj.*, = ἡρῷος, *of a hero, heroic:* versus, *epic:* pes.

(**herus**), see erus.

Hesperia, ae, *f.* [Hesperius; sc. terra], *the land of the west, Italy*, V., H.: ultima, i. e. *Spain*, H.

Hesperis, idis, *f.*, = Ἑσπερίς, *of evening, of the west, western*, V.—*Plur.* as *subst.*, *the daughters of Hesperus, guardians of the garden with golden apples*, C., V., O., Iu.

Hesperius, *adj.*, *of Hesperus, of the west, western*, H., O.: terra, i. e. *Italy*, V: Latium, V.

Hesperus or **-os**, ī, *m.*, = Ἕσπερος, *the evening star*, C., V., O.

hēsternus, *adj.* [HES-], *of yesterday, yesterday's:* dies: disputatio: ius, T.: convivium, L.: fercula, H.: Iacchus (i. e. vinum), *drunk yesterday*, V.: Lar, *worshipped yesterday*, V.

hetaericos, ē, on, *f.*, = ἑταιρικός, *of comrades:* equitum ala (in the Macedonian army), N.

heu! *interj.*, of grief or pain, *oh! ah! alas!:* heu nefas! H.: heu me miserum!: heu! miser, O.: Heu me! H.: Heu! heu! V.

heus! *interj.*, calling attention, *ho! ho! there! lo! hark! holloa!* Syre, Syre, inquam, heus, heus, Syre, T.: Heus, etiam mensas consumimus? V.: heus tu, Rufio.

hexameter, trī, *adj.*, = ἑξάμετρος, *of six feet, hexameter:* versus.

hexapylon, ī, *n.*, = ἑξάπυλον, *a gate of Syracuse with six passages*, L.

hexēris, is, *f.*, = ἑξήρης, *a galley with six banks of oars*, L.

hiaspis, see iaspis.

hiātus, ūs, *m.* [hio], *an opening, aperture, cleft:* oris: terrenus, O.: atris inmanis hiatibus Hydra, *open mouths*, V.: personae pallentis, Iu.: repentini terrarum hiatūs: fontis, i. e. *basin*, O.: Quid dignum tanto hiatu? i. e. *opening* (of mouth), H.: Sophocleus, Iu.—*An eager desire, longing*. praemiorum, Ta.—Of language, *a hiatus*.

hīberna, ōrum, *n.*; see hibernus.

hībernācula, ōrum, *n. dim.* [hiberna], *tents for winter-quarters, an encampment for winter, winter tents:* exercitu in hibernaculis conposito, S.: legionibus in hibernacula deductis, Cs.: hibernacula aedificari coepta, L.: adversariorum, N.

hībernō, āvī, ātūrus, āre [hibernus], *to pass the winter, winter, occupy winter-quarters:* exercitum in agrum hibernatum duxit, L.: Pellae, L.: in sicco (naves), L.: quem ad modum milites hibernent: ubi sis hibernaturus.

hībernus, *adj.* [hiems], *of winter, wintry, winter-:* tempus anni: annus, i. e. *winter-time*, H.: ignis: grando, O.: soles, *winter sunshine*, O.: aequor, H.: pulvis, i. e. *a dry winter*, V.: vergens in occidentem hibernum, i. e. *south-west*, L.—*Plur. n.* as *subst.* (sc. castra), *winter-quarters:* legiones ex hibernis educit, Cs.: hiberna aedificavit, L.: neque frumenta in hibernis erant, *winter-stores*, Cs.: dum Terna transierint hiberna, i. e. *three winters*, V.

hibiscum, ī, *n.*, = ἰβίσκος, *the marsh-mallow:* gracilis, V.: viridis, V.

hibrida, see hybrida.

1. hīc or **hic**, *f.* haec, *n.* hōc or hoc (old, hōce, T.), *gen.* hūius (old, hūiusce, T., C.), *plur.* hī (hīsce, T.), *f.* hae (old, haec, T., V.), *n.* haec, *gen.* hōrum (hōrunc, T.—With the enclitic *ne*, usu. hicine; i. e. * hice-ne), *pron. dem.*—Of that which is at hand; in space, *this . . . here, this:* hac fores, T.: hic locus: Quincti huius frater, *of my client:* hic paries, H.: quis homo hic est? H.—As *subst.:* quid hic faciet, T.: pro his dicere: huius non faciam, *sha'n't care that*, T.—In time, *this, the present, the current, the actual:* hic dies, T.: tertium iam hunc annum regnans, Cs.: ad hoc tempus, *till now*, S.: hae quae me premunt aerumnae, S.: Hic tertius December, H.: hi ignavissumi homines, *of the present day*, S.—As *subst.:* haec vituperare, *the present time:* si hoc non fuga est, *what we are doing*, L.—Of that which has just been described or named, *this:* quae haec est fabula? T.: hoc negotium, S.: his de causis: haec edicta: haec quae scripsi, S.: hoc timore adductus (i. e. huius rei timore), Cs.—As *subst.:* hoc agam, *will make it my business*, T.: id egit Sestius, *did so:* pluris Hoc mihi eris, *so much*, H.: Nil me paeniteat huius patris, *such*, H.: laudabit haec Illius formam, tu huius contra, *of the latter*, T.: in his undis iactari: Occupat hic collem, cumbā sedet alter, O.—Of the principal subject of thought: tibi nuptiae haec sunt Cordi, T.: quidquid huius feci, *have done in this affair*, T.—In antithesis, of the principal, though not last-named subject, *the former*, *the one:* et mittentibus et missis laeta, nam et illis . . . et hi (i. e. mittentes), L.: Mullum . . . lupos . . . illis (lupis) . . . his (mullis), H.—Of that which is about to be described or named, *this, the following, the one:* hoc quod sum dicturus: si haec condicio consulatūs data est, ut, etc.: documenta haec habeo, quod, etc., S.: Regibus hic mos est, ubi, etc., H.: his verbis epistulam misisse, N.—As *subst.:* haec facere, ut habeas, etc., T.: Quanto melius hic qui, etc., H.: hoc modo locutum, S.: hoc facilius, quod, etc., Cs.—In antithesis: orator, non ille volgaris, sed hic excellens, etc.; cf. laudatur ab his, culpatur ab illis, *some . . . others,* H.: Hic atque ille, *one and another,* H.: hic . . . hic, *one . . . another,* H.: Carmina compono, hic elegos, *another,* H.—Esp., *this man, myself:* Hunc hominem tradere, H.: hoc latus (i. e. meum), H. —With *gen.:* mi hoc negoti dedere, ut, etc. (i. e. hoc negotium), T.: capit hoc consili: hoc tamen boni est, *so much of good:* hoc commodi est, quod, etc., *there is this comfort.*—With *impers. verb:* Luciscit hoc iam, *lo! how it grows light!* T.—In the phrase, hoc est, *that is, that is to say, namely, I mean:* id Fannius societati, hoc est Roscio, debebat: ad nobilitatem, hoc est, ad suos transisse. —In the phrase, hoc erat, quod . . . ? *was it for this that . . . ?:* Hoc erat quod me per tela Eripis, ut? etc., V.

2. hīc (with the enclitic ne, written hīcine or hīcin), *adv., in this place, here:* ego hic adsum, T.: non modo hic, ubi . . . sed ubicumque, etc.: hic dux, hic exercitus; i. e. *before us are,* Ta.: Hic ubi Deucalion adhaesit, etc., O.: hic plus malist, quam illic boni, T.: Hic segetes, illic veniunt felicius uvae, V.: hic viciniae, T.: hicin libertatem aiunt esse aequam omnibus? *is it here that,* etc., T.—*In this affair, on this occasion, in this particular, herein, here:* nil pudent hic, Ubi opust; illic, etc., T.: hic, quantum in bello fortuna possit, cognosci potuit, Cs.: hic miramur, hunc hominem tantum excellere ceteris?: hic iam plura non dicam.—Of time, *now, here, then, next, hereupon, at this time, at this juncture:* hic reddes omnia, T.: hic cum uterque me intueretur: Hic regina gravem poposcit pateram, V.: hic Laelius (inquit).

(hice, haece, hoce), older form of hic, haec, hoc.

1. hicine, see 1 hic. **2. hīcine**, see 2 hic.

hiemālis, e, *adj.* [hiems], *of winter, wintry:* hiemali tempore: vis: nimbi, O.

hiemō, āvī, ātūrus, āre [hiems], *to winter, pass the winter, keep winter-quarters:* quot annis: mediis in undis, H.: in Andibus, *take up quarters for the winter,* Cs.: legionem hiemandi causā conlocare, Cs.: scire ubi sis hiematurus.—*To be wintry, be frozen, be stormy:* hiemantibus aquis, S.: hiemat mare, *storms,* H.

hiems (hiemps), emis, *f.* [cf. χειμών], *the winter, winter time, rainy season:* hieme summā, *in the depth of winter:* gravissimā hieme, Cs.: acris, H.: hiems appropinquabat, Cs.: hieme confectā, Cs.: Stridebat hiems, Iu.: montīs hieme et aestate peragrantes, i. e. *in all seasons:* Sol Nondum hiemem contingit equis, V.: vim frigorum hiemumque excipere: Est ubi plus tepeant hiemes? H.: maturae hiemes, Cs.: post certas hiemes, H.: multas hiemes vidit, Iu.—*The god of storms, winter:* mactavit Hiemi pecudem, V.: glacialis, O.—*Stormy weather, storm, tempest:* hiemi navigationem subicere, Cs.: maritimos cursūs praecludebat hiemis magnitudo: navem ex hieme servat, N.: imber Noctem hiememque ferens, V.: Eois intonata fluctibus, H.—Fig., *cold, frost:* letalis in pectora venit, *a deadly chill,* O.: Pessima mutati coepit amoris hiems, *cold,* O.

hilarē, *adv.* with *comp.* [hilarus], *cheerfully, gayly, joyfully, merrily:* sumamus diem, T.: res severas tractare: hilarius loqui.

hilaris, e, *adj.*, = ἱλαρός, *cheerful, of good cheer, lively, gay, blithe, merry, jocund, joyful:* Oderunt hilarem tristes, H.: voltus: dies, Iu.: umbrae, Iu.

hilaritās, ātis, *f.* [hilaris], *cheerfulness, gayety, joyousness, merriment, hilarity:* hilaritatem illam amisi: hilaritatis plenum iudicium: in Laelio.

hilarō, āvī, ātus, āre [hilarus], *to make cheerful, cheer, gladden, exhilarate:* Periclis suavitate hilaratae Athenae: animum, Ct.: Hos ubi tua vox hilaraverit, O.

hilarulus, *adj. dim.* [hilaris], *cheerful, contented.*

hilarus, *adj.* with *comp., cheerful, gay, merry, blithe, jocund, joyful:* Hilarum fac te, *cheer up,* T.: convivae: voltus: Saturnalia: multo hilarior, T.: hilariores oculi.

hillae, ārum, *f. dim.* [hira; HAR-], *a kind of sausage, smoked sausage,* H.

Hīlōtae (Ilō-), ārum, *m.*, = Εἵλωται, *the bondsmen of the Spartans, Helots,* N., L.

hīlum, ī, *n., a shred, trifle* (only with a negative): neque proficit hilum, *a whit,* Lucil. ap. C.

hinc, *adv., from this place, hence:* quae (via) est hinc in Indiam: hinc Romā venire: Illam hinc civem esse aiunt, T.—With *iam, from this point onward, henceforth:* maiora iam hinc bella dicentur, L.: iam hinc populi R. res gestas peragam, L.—In antithesis to *hinc* or *illinc, on one side . . . on the other, here . . . there, on this side . . . on that:* hinc fides, illinc fraudatio, etc.: pudor est, qui suadeat illinc; Hinc dissuadet amor, O.: hinc atque illinc volneribus acceptis, *on each side,* L.: hinc patres, hinc viros orantīs, L.: Hinc atque hinc rupes minantur, *on either side*, V.—*From this source, from this cause, hence, on this account:* hinc sicae, hinc falsa testamenta nascuntur: Hinc illae lacrumae! *that's what's the matter!* H.: Sed eccum Syrum . . . ! hinc scibo, *from him*, T.: Hinc canere incipiam (i. e. ex his), *will take my theme*, V.—*Next, afterwards:* hinc in urbem digressus, Ta.

hinnītus, ūs, *m.* [hinnio], *a neighing:* exaudivit hinnitum: acutus, V.: tollit hinnitum equa, H.—*Plur.*, O.

hinnuleus, ī, *m.* [hinnus], *a young stag, young roebuck*, H., Pr.

hiō, āvī, ātus, āre [HI-], *to open, stand open, gape:* (calor) venas adstringit hiantīs, V.: concha hians: flos hiat pratis, Pr.: hianti ore, Cu.—*To open the mouth, gape, yawn:* inceptus clamor frustratur hiantīs, V.: leo inmane hians, V.: lupus hic Captus hiet, H.—Fig., of speech, *to leave a hiatus, be loosely connected:* qui (poetae) saepe hiabant: concursūs hiantes: hiantia loqui: hians compositio, Ta.—*To gape with wonder, be eager, long, be amazed:* utrum ea (domus) patere an hiare ac poscere aliquid videtur?: corvum deludet hiantem, i. e. *the legacy-hunter*, H.: ad magnitudinem praemiorum, Ta.: carmen hiare lyrā, *breathe*, Pr.

hippagōgī, *acc.* ūs, *f.*, = ἱππαγωγοί, *vessels for carrying horses, cavalry-transports*, L.

hippocentaurus, ī, *m.*, = ἱπποκένταυρος, *a fabulous creature, half horse and half man, hippocentaur.*

hippomanes, is, *n.*, = ἱππομανές, *a humor from a mare, used as a drug to excite passion*, V., Tb., Pr.—*A membrane on the forehead of a foal, used in love-potions*, V., Iu.

hippotoxotae, ārum, *m.*, = ἱπποτοξόται, *mounted archers*, Cs.

hippūrus, ī, *m.*, = ἵππουρος, *a fish* (unknown), O.

hīrcīnus, *adj.* [hircus], *of a goat:* folles, i. e. *of goat's leather*, H.

hīrcus, ī, *m.*, *a he-goat, buck:* lēvis, H.—As a prize for tragic poetry: vilis, H.—Prov.: mulgere hircos, V.—In allusion to its rank smell: cubet hircus in alis, H.: olet Gargonius hircum, H.

hīrsūtus, *adj.* with *comp.* [cf. hirtus], *rough, shaggy, bristly, prickly, hirsute:* (animantium) aliae spinis hirsutae: cristā equinā, V.: Hiems canos hirsuta capillos, O.: saetis leonis Vellera, O.—Fig., *rude, unpolished:* nihil est hirsutius illis (annalibus), O.

hīrtus, *adj.* [HORS-], *rough, hairy, shaggy:* aures, V.: tunica, N.: setae in corpore, O.: capellae, O.—Fig., *rude, unpolished:* Ingenium, H.

hirūdō, inis, *f.* [HER-], *a leech, blood-sucker:* plena cruoris, H.—Fig.: aerari.

hirūndō, inis, *f.* [HER-], *a swallow*, V., H., O., Iu.

hīsce, hīscine, see 1 hic.

hīscō, —, —, ere, *inch.* [hio], *to open, gape, yawn:* tellus, ait, hisce, O.—*To open the mouth, mutter, murmur, make a sound, say a word:* aut omnino hiscere audebis?: adversus dictatoriam vim, L.: quotiens sinit hiscere fluctus, Nominat Alcyonen, O.: raris vocibus, V.: alqd, Iu.: reges et regum facta, Pr.

hīspidus, *adj.*, *rough, shaggy, hairy, bristly, prickly:* facies, H.: sus, Ph.: agri, i. e. *foul with rain*, H.

historia, ae, *f.*, = ἱστορία, *a narrative of past events, history:* historia testis temporum: historiam scribere: belli: illorum temporum, S.: Romana: quidquid Graecia mendax Audet in historiā, Iu.: ementiri in historiis: pedestribus Dices historiis proelia Caesaris, H.—*A narrative, account, report:* alqd historiā dignum: peccare docentes historiae, H.—*A theme of story:* nobilis, Pr.

historicus, *adj.*, = ἱστορικός, *of history, historical:* genus: sermo: fides, O.: homines, *versed in history.*—As *subst. m.*, *a writer of history, historian:* oratores et historici: Pelopidas, magis historicis quam volgo notus, N.

histriō, ōnis, *m.*, *a stage-player, actor:* neque histrioni, ut placeat, peragenda fabula est: neque histrionem ullum habeo, *keep*, S.: pessimus: Quod non dant proceres dabit histrio, Iu.

histriōnālis, e, *adj.* [histrio], *of actors:* modi, Ta.: studium, *for actors*, Ta.: favor, Ta.

hiulcē, *adv.* [hiulcus], of speech, *in a gaping manner, with a frequent hiatus:* loqui.

hiulcō, —, —, āre [hiulcus], *to cause to gape, open in chinks:* agros, Ct.

hiulcus, *adj.* [hio], *gaping, split, cleft, opened, open:* siti arva, V.—Fig., of speech, *gaping, not well connected, forming an hiatus:* eorum (verborum) concursus: voces.

1. hōc or **hoc**, see 1 hic.

2. hōc, *adv.* [old *dat.* (for hoice), *abl.* and *acc.* of hic].—*Dat.* use, *hither, to this place* (old for hūc]: hoc advenire, T.: Hoc descendit, V.—*Abl.* use, with a comparative, *by this, by so much:* hoc Laus illi debetur maior, H.: hoc audio libentius, quo saepius: plaga hoc gravior: quod hoc mirabilius debet videri, quia, etc.: hoc magis properare, ut, etc., Cs.—*Acc.* use, *as to this, on this account, for this reason:* Hoc nutritor olivam, V.: Non tuus hoc capiet venter plus ac meus, H.

hodiē, *adv.* [*ho (i. e. hoc)+die], *to-day:* negat hodie: cras mane putat: hodie mane, *this morning:* Nonae sunt hodie Sextiles: hodie tricesima sabbata, H.: faciam hodie, ut, etc., Cs.—*To-*

day, at the present day, at this time, now, in these times: quā (sententiā) hodie usus es, *to this day:* rem p. hodie teneremus?: ut est hodie, Iu.—With *-que, and still, and to this day:* hoc facere coeperunt hodieque faciunt. — With *etiam* or *quoque, even to this day, even now:* leges quibus hodie quoque utuntur: ei studio etiam hodie praesunt: hodieque for hodie quoque (late), Ta. — *To-day, now, at once, immediately:* hodie itura, *on the point of going,* T.: Non dices hodie, quorsum? etc., *will you be all day coming to the point?* H.: si hodie postulem, etc.—With *numquam, never in the world, never at all:* numquamne hodie concedes mihi? T.: numquam omnes hodie moriemur inulti, V.

hodiernus, *adj.* [hodie], *of this day, to-day's:* edictum: summa, H.—With *dies, this day, to-day:* hodierno die mane: ante hodiernum diem.

(hoedus, hoedulus), see haed-.

holus (olus), eris, *n., kitchen herbs, vegetables, cabbage, turnips, greens:* rarum in dumis, V.: donec Decoqueretur holus, H.: prandere, H., O.

holusculum, ī, *n. dim.* [holus], *a small herb, little cabbage,* C.: Uncta holuscula lardo, H., Iu.

homicīda, ae, *m.* [homo+2 SAC-], *a manslayer, homicide, murderer:* homicidaene, an vindices libertatis, C., Iu.—Poet., of Hector, *slayer of men,* H.

homicīdium, ī, *n.* [homicida], *manslaughter, homicide, murder,* Ta.

homō, inis, *m.* and *f., a human being, man, person:* Monstrum hominis, T.: grandior, T.: doctrinā eruditus: hominum homo stultissime, T.: genus hominum: more hominum evenit, ut, etc., *as usual,* T.: homo'st Perpaucorum hominum, *associates,* T.: cum inter homines esset, *was alive:* qui numquam inter homines fuerit, *saw the world:* nec vox hominem sonat, i. e. *mortal,* V.: ut eam nemo hominem appellare possit: Quae (Io) bos ex homine est, O.: dic ipsa, 'homo sum,' Iu.—*Collect., man, the human race, mankind:* quā haud scio ad quidquam melius sit homini datum.—Pleonast., in addresses: nisi caves tu homo, etc., *fellow,* T.: tu homo adigis me ad insaniam, T.—In apposition: filius homo adulescens, T.: servom hominem, T.: oculi hominis histrionis.—Prov.: Quot homines, tot sententiae, *many men, many minds,* T.: Homo sum; humani nil a me alienum puto, T.—*A man, reasonable creature, lord of creation:* si homo esset, eum potius legeret: nox te expolivit hominemque reddidit: homines visi sumus: si esses homo, *if you had a man's sense,* T.: nihil hominis esse, *nothing of a man.—A man, servant:* homo P. Quincti, *Quintus's man.—Plur., foot-soldiers, infantry* (opp. cavalry): homines equitesque, Cs. —*Plur., bodies, corpses:* cumulos hominum urebant, L.—*The man, fellow, creature, he, this one* (colloq. for a *pron. dem.*): ibi homo coepit me obsecrare, Ut, etc., T.: itast homo, T.: venas hominis incidere: persuasit homini, N.

homullus, ī, *m. dim.* [homo], *a little man, manikin.*

homunciō, ōnis, *m. dim.* [homo], *a little man, dwarf, manikin:* Ego homuncio hoc non facerem? T.: hic (opp. deus): similis dis, Iu.

homunculus, ī, *m. dim.* [homo], *a little man, manikin:* unus e multis.

honestās, ātis, *f.* [honos], *honor received from others, repute, consideration, honor, reputation, character, respectability, credit:* adipiscendaeque honestatis causā: honestate spoliatus: aliena, L.: honestatem omnem amittere, *respect:* honestatibus alqm privare (i. e. honoribus).—*Plur., honorable men, men of standing:* causa, in quā omnes honestates civitatis una consentiunt. — Of things, *beauty, grace, merit:* testudinis: in rebus.—Fig., *uprightness, honor, honesty, probity, integrity, virtue, character:* propter se expetenda.

honestē, *adv.* with *comp.* and *sup.* [honestus], *decently, becomingly, properly, creditably, virtuously:* vivere, T.: unde Mundior exiret vix libertinus honeste, H.: ne non procumbat honeste, Respicit, O.: quae fiunt honestissime: cum possit honestius tremere, Iu.: fastigium honeste vergit in tectum, etc.: geniti, i. e. *nobly,* L.

honestō, āvī, ātus, āre [honestus], *to honor, dignify, decorate, adorn, grace, embellish:* honore honestati, S.: quantā (laude) me: ad eum honestandum: si uno basilicae spatio honestamur, *are escorted with honor:* arma (corpus) honestabant, L.: domino domus honestanda est.

honestum, ī, *n.* [honestus], *honesty, integrity, virtue:* facies honesti: qui turpe secernis honestum, H.: nec si quid honesti est, Iactat, *beauty,* H.: legens honesta, i. e. *select in his associates,* H.

honestus, *adj.* with *comp.* and *sup.* [honos], *regarded with honor, respected, honored, of high birth, distinguished, honorable, respectable, noble:* is mihi videtur, etc.: imago, L.: cum honesto aliquo homine: loco natus honesto, *of good family,* Cs.: eques in primis, *eminent:* milites honestissimi sui generis, Cs.: quia deus auctor culpae honestior erat, L.: dies honestissimus nobis: omnium honestarum rerum egens, *befitting his rank,* S.—As *subst. m.:* turpis honesto (confusus), H.—*Noble, fine, handsome, beautiful:* facies, T.: formā praeter ceteras, T.: caput, V. — Fig., *deserving honor, honorable, respectable, creditable, worthy, decent, proper, becoming:* ut (civium vita) virtute honesta sit: postulatio: praescriptio, Cs.: certatio: homines honestissimi: censor, *conscientious,* H.: soror, *chaste,* H.: mors, Ta.: honestius est laborare, quam, etc.: neque quicquam nisi honestum postulare: feminis lugere honestum est, Ta.: mores honestos tradere, Iu.

honor, see honos.

honōrābilis, e, *adj.* [honoro], *that procures honor, estimable, honorable.*

honōrārius, *adj.* [honor], *for the sake of honor, honorary:* frumentum: arbiter, i. e. *chosen by the parties:* arbitria (opp. iudicia legitima).

honōrātē, *adv.* [honoro], *honorably*, Ta.

1. honōrātus, *adj.* with *comp.* and *sup.* [*P.* of honoro], *honored, respected, honorable, respectable, distinguished:* imago, L.: viri: Achilles, H.: praefectura: rus, *granted as a mark of honor*, O.: apud me honoratior: spes honoratioris militiae, L.: honoratissimae imaginis vir, L.: honoratissimum adsensūs genus, Ta.—*Honored by a public office, filling a post of honor, honorable, respectable:* praetor, O.: consul honoratus vir, O.: comae, i. e. *of a high magistrate*, O.: senes, Ta. — *Conferring honor:* honoratissimum decretum, L.

2. honorātus, *P.* of honoro.

honōrificē, *adv.* with *comp.* honōrificentius and *sup.* honōrificentissimē [honorificus], *honorably, with honor, with respect:* respondere alicui: consurgitur: nihil in se honorifice factum, *that no honors had been shown him*, L.: honorificentius tractari: aliquem honorificentissime appellare.

honōrificus, *adj.* with *comp.* -ficentior, and *sup.* -ficentissimus [honos+2 FAC-], *that does honor, honorable:* senatūs consulta in eos, Cs.: mentio de me: honorificentissima decreta (senatūs): honorificentius est, N.

honōrō, āvī, ātus, āre [honos], *to honor, respect, adorn, ornament, embellish, decorate:* mortem luctu: honorandi potestas: Amphiaraum sic: aliquos sellis curulibus, L.: diem, *to celebrate*, L.: quem (diem) honoratum habebo, *in honor*, V.

honōrus, *adj.* [honos], *conferring honor, honorable:* oratio, Ta.: honora de Germanico disserebat, Ta.

honōs, or **honor**, ōris, *m.*—Of persons, *honor, repute, esteem, reputation, praise, distinction:* honos alit artīs: honore auctus, Cs.: suum cuique honorem reddere: summo in honore: Iovem quanto honore fuisse, etc.: Gentis, *glory*, V.: pugnae, *military glory*, V.: Quem multo conpellat honore, *deference*, V.: magno sunt apud eos honore, Cs.: inservit honori, i. e. *ambition*, H.: honori summo Miloni fuit qui, etc.: quod apud Numidas honori ducitur, S.: Baccho dicemus honorem, *praise*, V.: mortalis vitae, *fame achieved in*, V.: Plena honorum munera, H.—Of things, *honor, esteem, value:* physicae tributus idem est honos: Quae nunc sunt in honore vocabula, *are approved*, H.—*Public honor, official dignity, office, post, preferment:* indignus illo honore (i. e. consulatu), S.: equites in tribunicium restituit honorem, Cs.: hic honos delatus ad me, L.: ad inperia et honores niti, S.: tempus honoris, *the term of office*, Iu.: hominibus novis honores mandare: honores dare indignis, H.: honoribus amplissimis perfungi: rapti Ganymedis, i. e. *office*, V. — In the phrases, honoris causā, *out of respect, to show honor:* quem honoris causā nomino: honoris causā civitas data, L.: vestri honoris causā, *for your sake*, T.: praefari honorem, *to say by your leave, begin with an apology:* honos praefandus est.—Person., a deity, worshipped with uncovered head, C., H., L.—*A mark of honor, honorary gift, reward, acknowledgment, recompense, fee:* ut medico honos haberetur, *fee:* geminum pugnae proponit honorem, *prize*, V.: nec Telamon sine honore recessit, O.: divōm templis indicit honorem, *sacrifice*, V.: nullos aris adoleret honores, O.: sepulturae: mortis honore carentes, *funeral rites*, V.—*An ornament, decoration, grace, charm, beauty:* silvis Aquilo decussit honorem, V.: regius, *array*, V.: laetos oculis adflarat honores, V.: copia Ruris honorum opulenta, H.—*A magistrate, office-holder:* summus, Iu.

hōra, ae, *f.*, =ὥρα, *an hour* (one twelfth of the day between sunrise and sunset): Dum haec dicit, abiit hora, T.: horam amplius moliebantur: horam durare, H.: in horā saepe ducentos versūs dictabat, H.: horas trīs dicere: quattuor horarum spatium, Cs.: hora quota est? *what o'clock?* H.: nuntiare quot horas, *the time of day*, Iu.: hora secunda postridie: post horam primam noctis: clavum mutare in horas, *every hour*, H.: in diem et horam, i. e. *continually*, H.—Prov.: in horam vivere, *from hand to mouth.*—*Plur.*, *a horologe, dial, clock:* moveri videmus horas: mittere ad horas, *send to ask the time.*—*A time, time of year, season:* quamcumque deus tibi fortunaverit horam, H.: recte vivendi, H.: crastina, V.: verni temporis, H.: Caniculae, i. e. *midsummer*, H.: Quae rapit hora diem, i. e. *time*, H. — Person., *the Hours, attendants of the sun:* positae spatiis aequalibus, O.: Nox Horis acta, V.

hordeum, ī, *n.*, *barley:* hordei decumas emere, C., L., Cs., Ta., V., O.

hōrnōtinus, *adj.* [hornus], *of this spring, this year's:* frumentum.

hōrnus, *adj.* [ho- (stem of hic)+vernus], *of this spring, this year's:* vina, H.: palea, H.: agni, Pr.

hōrologium, ī, *n.*, = ὡρολόγιον, *a clock, horologe, sun-dial, water-clock.*

horrendum, *adv.* [horrendus], *dreadfully, fearfully, horribly:* stridens, V.: intonet, Iu.

horrendus, *adj.* [*P.* of horreo], *dreadful, terrible, fearful, horrible:* monstrum, V.: silva, L.: diluvies, H.: carmen, L.: adspectu, H.: res relatu,

O.: dictu, V.: iuvenis Parthis, H.—*Wonderful, awful, venerable:* Sibylla, V.: Tectum silvis, V.

horrēns, entis, *adj.* [*P.* of horreo], *bristly, shaggy, rough:* Terga suum, V.: umbra, V.

horreō, uī, —, ēre [HORS-], *to stand on end, stand erect, bristle, be rough:* ut horreret in arvis Carduus, V.: horrentibus hastis, V.: rigidis saetis, O.: squamis, O.: cautibus horrens Caucasus, V.—*To shake, tremble, shiver:* corpus horret, O.: horrens servus, Iu.—*To tremble, shudder, quake, shudder at, tremble at, be afraid of, dread:* totus horreo, T.: adrectis auribus, O.: horrere soleo, *am deeply moved:* victoriam: Ariovisti crudelitatem, Cs.: pauperiem, H.: aciem ac tela, L.: illam, quam, etc., *to loathe*, Iu.: in hunc locum progredi: horret animus referre, L.: quem ad modum accepturi sitis: eo plus horreo, ne, etc., L.—*To be frightful, be terrible, be desolate:* terra (opp. florere): umbra, V.: tempestas, O.

horrēscō, horruī, —, ere, *inch.* [horreo], *to rise on end, stand erect, bristle up, grow rough:* horruerunt comae, O.: segetes horrescunt flabris, V.: saetis, O.—*To begin to shake, shudder, tremble, be terrified, fear, dread:* horresco semper, ubi, etc., T.: ferae horrescunt: visu subito, V.: procellas, H.: morsūs futuros, V.

horreum, ī, *n.*, *a storehouse, barn, granary, magazine, cellar:* clavis horrei: si proprio condidit horreo, Quicquid, etc., H.: Illius inmensae ruperunt horrea messes, V.: deripere horreo amphoram, H.: floribus horrea texent (apes), *hives*, V.: mus horrea fecit, V.

horribilis, e, *adj.* with *comp.* [horreo], *terrible, fearful, dreadful, horrible:* rei p. pestis: species, Cs.: sonitus, S.: tempestas: leonis māla, H.: horribile est dicere, horribilius, etc.—*Astonishing, amazing:* horribili vigilantiā esse.

horridē, *adv.* with *comp.* [horridus], *roughly, savagely, severely, sternly:* vixit: ornamentis uti horridius: dicere, *laconically.*

horridulus, *adj. dim.* [horridus], *roughish, rugged, rude.*—Of style: tua illa horridula mihi visa sunt: orationes Catonis.

horridus, *adj.* with *comp.* [HORS-], *standing on end, rough, shaggy, bristly, prickly:* barbula: caesaries, O.: Horridior rusco, V.: densis hastilibus horrida myrtus, V.—*Rough, rude, crude, rugged, wild, savage:* pecudis iecur: pastor, O.: Acestes in iaculis, V.: Silvanus, H.: Sedes Taenari, H.: Hiemps tremulo venit horrida passu, O.: Iuppiter austris, V.: stiria, V.: fluctus, H.—*Unkempt, with dishevelled hair:* Capillus passus, ipsa horrida, T.: mater, Iu.—Fig., in character or manners, *rough, rude, blunt, stern, unpolished, uncouth:* vitā, oratione: miles: Fidens iuventus horrida bracchiis, H.: gens, V.: horridus irā (Boreas), O.: horridiora verba: numerus Saturnius, H.—*Causing tremor, exciting horror, terrible, frightful, horrid:* horridiores aspectu, Cs.: acies, V.: virga (mortis), H.: iussa, V.

horrifer, fera, ferum, *adj.* [horror+1 FER-], *that causes trembling, exciting terror, terrible, dreadful, horrible:* Aquilonis stridor, Att. ap. C.: Boreas, O.: aegis, V.

horrificō, —, —, āre [horrificus], *to ruffle, make rough:* horrificans Zephyrus, Ct.—*To strike terror, appal:* Terribili monitu, V.

horrificus, *adj.* [horror+2 FAC-], *exciting terror, dreadful, frightful:* letum, V.

horrisonus, *adj.* [horror+SON-], *resounding terribly:* fretum, C. poët.: fremitus, V.

horror, ōris, *m.* [HORS-], *a shaking, trembling, shudder, chill:* tremulo ramos horrore moveri, O.: mihi frigidus horror Membra quatit, V.: sine horrore esse.—*A shaking, shuddering, quaking, trembling, dread, terror, horror:* qui me horror perfudit!: me luridus occupat horror, O.: armorum, *dread clash*, V.: saevus, V.—Fig., *dread, veneration, religious awe:* cum perfusus horrore venerabundus adstitissem, L.

hōrsum, *adv.* [ho- (for hoc, huc)+vorsum], *hitherwards, hither, this way:* pergere, T.

hortāmen, inis, *n.* [hortor], *an incitement, encouragement, exhortation:* longum, O.: ad omnia audenda, L.—*Plur.*, Ta.

hortāmentum, ī, *n.* [hortor], *an incitement, encouragement:* Romanis hortamento esse, S.—*Plur.*, L.

hortātiō, ōnis, *f.* [hortor], *an encouragement, exhortation:* mihi grata: clamor permixtus hortatione, S.: remigum, L.

hortātor, ōris, *m.* [hortor], *an inciter, encourager, exhorter:* hortatore non egetis: scelerum, V.: animorum, O.

(**hortātus**), ūs, *m.* [hortor], *incitement, encouragement, exhortation:* vox huius hortatu conformata: suorum omnium, Cs.: mutui hortatūs iuvabant, Ta.: solitis hortatibus agmen instigant, O.

hortor, ātus, ārī, *dep. freq.*, *to urge, press, incite, instigate, encourage, cheer, exhort:* hortandi causā disserere, S.: hortante Vercingetorige, Cs.: milites, S.: equos, O.: alius alium hortari, S.: eundem Verbis, quae, etc., H.: ad laudem milites: paribus Messapum in proelia dictis, V.: in amicitiam iungendam, L.: de Aufidiano nomine nihil te: Libonem de conciliandā pace, Cs.: Pompeium ut fugiat: vos hortari tantum possum ut, etc.: (Nervios) ne occasionem dimittant, Cs.: alquos... ad eum diem revertantur, Cs.: sin tu (quod te iam dudum hortor) exieris: pacem amicitiamque, N.: cum legati hortarentur accipere (munera),

N.: sequi, O.—Prov.: hortari currentem, *to spur a willing horse.*—Fig., *to impel, induce, urge:* dolor animi virum hortabatur: hortante libidine: (rei p. dignitas) me haec relinquere hortatur.

hortulus, ī, *m. dim.* [hortus], *a little garden*, Ct., Iu.: hortuli, *garden-grounds, a park.*

hortus, ī, *m.* [HER-], *a garden, pleasure-garden:* in horto, T., H.—*Plur., a park:* hortos peregrare: Epicuri, *in which Epicurus taught:* magni Senecae, Iu.—*A fruit-garden, kitchen-garden:* alienus, H.—*Garden-stuff, vegetables*, H.

hospes, itis (*gen. plur.* hospitium, L.), *m.* (rarely *f.*, O.) [hostis+POT-], *an entertainer, host* (as a friend): devertisse ad hospitem: sedulus, H.: hospitis adfectu salutare, *with a host's politeness*, Iu.: Iuppiter (i. e. hospitalis), O.: milites tantum hospitibus metuendi, Ta.—*A sojourner, visitor, guest:* in quam (domum) hospites multi recipiendi: libri tamquam hospites recipiendi: et hostem et hospitem vidit: meus: vespertinus, H.—*A friend, one bound by ties of hospitality:* antiquos, T.: suos notos hospitesque quaerebant, Cs.: homo multorum hospitum: non hospes ab hospite tutus, O.—*A stranger, foreigner:* urbis: in urbe peregrinantes tamquam hospites: sagaces fallere hospites, *strangers*, H.: in consuetudine civitatis hospes, *unacquainted with.*

hospita, ae, *f.* [hostis+POT-], *she who entertains, a hostess* (*fem.* of hospes): lineamenta hospitae: Helene, H.—*A visitor, guest, friend:* Huiusce consuetudo hospitae, T.: ego sum hic hospita.

hospitālis, e, *adj.* with *sup.* [hospes], *of a guest, of a host, hospitable:* mensa: domus: cubiculum, *guest-chamber*, L.: umbra, H.: Iuppiter, *patron of hospitality:* dii: caedes, *of a guest*, L.: homo hospitalissimus: Tibi pectus, H.—*Plur. n.* as *subst., the dues of hospitality*, L.

hospitālitās, ātis, *f.* [hospitalis], *hospitality.*

hospitāliter, *adv.* [hospitalis], *hospitably, as a guest:* invitati, L.: vocare, L.

hospitium, ī, *n.* [hospes], *a hospitable reception, entertainment:* agreste, modicum, H.: (alqm) domum ad se hospitio recipere, Cs.: hospitio invitabit: deorum, L.: hospitiis indulgere, Ta.—*Hospitality, tie of hospitality, relation of host and guest, friendship:* cum Metellis erat ei hospitium: de hospitio violato queri: iungimus hospitio dextras, V.: solvere hospitiis animum, H.: renuntiare, L.: hospitium cum Cornelio fecerunt: publice privatimque hospitia iungere, L.: testatus Hospitii deos, O.—*A place of entertainment, lodging, inn, guest-chamber:* Piliae paratum: (milites) divisi in hospitia, L.: imperatoris, L.: miserabile, Iu.: longa deserta sine ullis Hospitiis, V.

(**hospitus**), *adj.* [hostis+POT-], only *f. sing.*, and (once) *n. plur., hospitable, friendly:* Unda plaustris, i. e. *frozen over*, V.—*Strange, foreign:* aequora, V.: navis, O.: terra, V.

hostia, ae, *f.* [1 HAS-], *an animal sacrificed, victim, sacrifice:* quibus hostiis immolandum cuique deo: maiores, L.: hostias ad sacrificium praebere: per hostias deis subplicans, S.: sumptuosa, H.: humanae: multa, V.

hosticus, *adj.* [hostis], *of an enemy, hostile:* tellus, O.: moenia, H.—As *subst. n.* (sc. solum): castra in hostico posita, L.

hostificus, *adj.* [hostis+2 FAC-], *hostile:* bellum, i. e. *as of a foreign foe.*

hostīlis, e, *adj.* [hostis], *of an enemy, enemy's, hostile:* terra: manus: naves, H.: cadavera, S.: metus, *of the enemy*, S.: clamor, L.—*Practised by an enemy, usual with an enemy, inimical, hostile:* hostilem in modum: odium: ne quid ab se hostile timeret, S.: omnia hostilia esse, L.—*Plur. n.* as *subst.:* fugam aliaque hostilia portendant, S.: hostilia audere, L.

hostīliter, *adv.* [hostilis], *like an enemy, inimically:* alquid facere: accedere, S., L., O.

hostis, is, *m.* and *f.* [1 HAS-], *a stranger, foreigner;* old for peregrinus, C.: civem dinoscere hoste, H.—*An enemy, foe, public enemy:* nos statuit ille non inimicos sed hostīs, *not personal but public foes:* sibi inimicus atque hostis: tam dis hominibusque hostis: fas est et ab hoste doceri, O.—*Collect.:* hostem rapinis prohibere, Cs.: alienigena, L.: Terrā marique victus, H.—Poet.: alitem in ovilia Demisit hostem, H.—*Fem.:* nupta meretrici, T.: capta, L.: mihi debita, O.

HS., see sestertius.

hūc, *adv.* [*hoi (stem HO- of hic)+-ce], *to this place, hither:* commeare, T.: venisse: huc reverti: magno cursu contendere, Cs.: huc adesse: Huc ades, i. e. *come near*, V.: ausculta, T.: huc viciniae, *into this neighborhood*, T.: ne cursem huc illuc, *hither and thither:* dum huc illuc signa vertunt, L.: tum huc, tum illuc volant: Ut ora vertat huc et huc, H.—*Hither, to this, to this point, so far:* huc animum ut adiungas tuom, T.: ut huc te pares, haec cogites: huc omnis aratri Cessit amor, *for this purpose*, V.: rem huc deduxi, ut, etc.: verses te huc atque illuc necesse est, *in different directions.*—With *ne*, in the form hūcine? *hitherto? to this? so far?:* hucine tandem omnia reciderunt, ut, etc.: hucine beneficia tua evasere, *result in this*, S.—*To this, in addition, besides:* accedat huc suavitas oportet: Multa huc navigia addunt, *add to these*, Cs.

hūcine (huc+-ne); see huc.

hui, *interj.*, an exclamation of astonishment or admiration, *hah! ho! oh!* T., C.

hūiusce-modī, hūius-modī, *of this sort, of such a nature;* see modus.

hūmānē, *adv.* with *comp.* and *sup.* [humanus], *humanly, agreeably to human nature, as becomes humanity:* pati, T.: intervalla commoda, *charmingly,* H.: morbos ferunt: aliquid facere humanius.—*Humanely, pleasantly, courteously, kindly, gently, politely:* fecit: humanissime locutus.

hūmānitās, ātis, *f.* [humanus], *human nature, humanity:* magna est vis humanitatis: humanitatis societas: iura humanitatis: erratum ex humanitate communi.—*The human race, mankind:* commune humanitatis corpus.—*Humanity, philanthropy, kindliness, kindness, sympathy, good nature, politeness:* humanitatis parum habere: sensus humanitatis: ex animo exstirpata: pro tuā humanitate: summa erga nos.—*Civilization, cultivation, good-breeding, elegance, refinement:* provinciae, Cs.: politioris humanitatis expers: vita perpolita humanitate: ea quae multum ab humanitate discrepant, ut, etc., *good manners:* humanitate omnibus praestitisse, *polished language:* alicuius humanitatem adamare.

hūmāniter, *adv.* [humanus], *humanly, like a man, as becomes a man:* vivere.—*Humanely, courteously, kindly:* fecit.—For *comp.* and *sup.* see humane.

hūmānitus, *adv.* [humanus], *humanly, after the manner of men:* si quid mihi humanitus accidisset, i. e. *should I die.*—*Humanely, kindly, tenderly:* alqm tractare, T.

hūmānus, *adj.* with *comp.* and *sup.* [homo], *of man, human:* species et figura: caput, *a human head,* H.: hostiae, *human sacrifices:* caro, Iu.: genus, *the human race:* omnium divinarum humanarumque rerum consensio: cultus: humanissima voluptas: maior imago Humanā, *of superhuman size,* Iu.: scelus, *against men,* L.—As *subst. n.:* si quicquam in vobis humani esset, *of human feeling,* L.: Homo sum, humani nil a me alienum puto, T.: humano maior Romulus, *superhuman,* O.—*Plur., human affairs, concerns of men, events of life:* omnia humana, quaecumque accidere possunt: si quicquam humanorum certi est, L.—*Humane, philanthropic, kind, gentle, obliging, polite:* Cyrus erga Lysandrum: homo humanissimus.—*Of good education, well-informed, learned, polite, refined, civilized:* Ubii sunt humaniores, Cs.: gens: homines.

humātiō, ōnis, *f.* [humo], *a burial.*

(hūme-, hume-), see ūme-, ume-.

humī, *adv.* [*locat.* of humus], *on the ground, to the ground:* Humine? (sc. adponam puerum), T.: iacēre: requiescere, S.: serpere, H.: defixa mens, *fixed on the ground:* morientia corpora fundis? V.: Spargere dentes, O.: stratus palmes, Iu.

(humidus, humifer), see umi-.

humilis, e, *adj.* with *comp.* and *sup.* [humus], *low, lowly, small, slight:* casae, V.: salictum, Iu.: ea quae sunt humiliora: humilior munitio, Cs.: (naves) humiliores quam, etc., Cs.: domus, H.: Forentum, *in the plain,* H.: (avis) humilis volat, *flies low,* V.: fossa, *shallow,* V.—Fig., *low, base, mean, humble, obscure, poor, needy, insignificant:* homines: humillimus homo de plebe, L.: humiliores possessionibus expellere, Cs.: satis superque, L.: Cleonae, O.: ex humili loco ad dignitatem perducere, Cs.: res: ars: vestitus, N.: agna, *poor,* H.: domus, Iu.—As *subst. n.:* ex humili potens, *obscurity,* H.: Quales ex humili Extollit fortuna, Iu.—Of language, *low, common, colloquial:* sermo: verbum: humili modo loqui, H.—Of character, *low, lowly, mean, base, abject:* apparitor: Non humilis mulier, H.: obsecratio: pavor, V.

humilitās, ātis, *f.* [humilis], *lowness, small stature, depression:* (navium), Cs.: arborum, S.: quantā humilitate luna feratur, terram paene contingens.—Fig., *lowness, meanness, insignificance:* obicere humilitatem alcui, L.: ex humilitate suā, Cs.: generis, S.—*Littleness of mind, meanness, baseness, abjectness:* habet humilitatem metus; opp. adrogantia, Cs.: causam dicentium, L.

humiliter, *adv.* [humilis], *basely, meanly, abjectly, humbly:* sentire: servire, L.

humillimus, *sup.* of humilis.

humō, āvī, ātus, āre [humus], *to cover with earth, inter, bury:* eum: corpus humandum, V.: militari honestoque funere humaverunt, *performed his funeral rites,* N.: solamen humandi, *in funeral ceremonies,* V.

(hūmor), see umor.

humus, ī, *f.* [cf. χαμαί], *the earth, ground, soil:* infecta sanguine, S.: subacta atque pura: Fossa repletur humo, O.: humum momordit, *bit the ground,* V.: feracīs figere humo plantas, V.: semina Spargere humo, O.: Deiecto in humum voltu, O.: humi pabulum, i. e. *grass,* S.—Poet.: sermones Repentes per humum, H.: vitat humum, H.—*A land, country, region:* Punica, O.

huncine (old *acc.* hunce+-ne); see 1 hic.

hyacinthinus, *adj.* [hyacinthus], *of the hyacinth:* flos, Ct.

hyacinthus (-os), ī, *m.,* = ὑάκινθος, *the hyacinth, blue iris,* V.

hyaena, ae, *f.,* = ὕαινα, *a hyena,* O.

hyalus, ī, *m.,* = ὕαλος, *glass:* hyali color, i. e. *glass-green color,* V.

hybrida (hibr-), ae, *m.* and *f.*, *a mongrel, half-breed, child of a Roman and an Asiatic,* H.

hydra, ae, *f.,* = ὕδρα, *a water-serpent,* C.: Lernaeas pugnet ad hydras, i. e. *is exposed to great* *dangers*, Pr.—E s p., *a monster with fifty heads, at the gates of the Lower World*, V.

hydraulus, ī, *m.*, = ὕδραυλος, *a water-organ.*

hydria, ae, *f.*, = ὑδρία, *a jug, ewer, urn:* argenteae: in hydriam sortīs conicere.

hydrōpicus, *adj.*, = ὑδρωπικός, *dropsical*, H.

hydrōps, ōpis, *m.*, = ὕδρωψ, *the dropsy:* dirus, H.

hydrus (-os), ī, *m.*, = ὕδρος, *a water-serpent, serpent, snake*, V., O.—In the hair of the Furies, of Medusa, etc., V., O., Iu.

Hymēn (Hȳmēn, O.), —, = Ὑμήν, *the god of marriage, god of weddings, Hymen* (only *nom. sing.*): Volgus 'Hymen Hymenaee' vocant, O., Ct.

1. hymenaeus (-os), ī, *m.*, = ὑμέναιος, *the nuptial hymn, wedding song:* hymenaeon canere, O., T.—*A wedding, marriage ceremony, bridal, nuptials:* hic hymenaeus erit, V.: petere inconcessos hymenaeos, V.—Of animals, V.

2. Hymenaeus, ī, *m.*, = Ὑμέναιος, *the god of marriage, god of weddings, Hymen*, Ct., O.

hyperboreus, *adj.*, = ὑπερβόρεος, *northern, polar, arctic*, V., H., O.

hypodidascalus, ī, *m.*, = ὑποδιδάσκαλος, *an under-teacher.*

I (J).

I, i. This letter represents, in Latin, **I.** The vowel whose short and long sounds are heard in the English word *deceit.*—**II.** Before *a*, *e*, *o*, or *u* in the same syllable, the consonant which begins the English words *yam*, *yes*, *yon*, *you.* The character J, j, which represents the latter sound in some school-books, is an invention of the seventeenth century, and is not found in MSS., nor in the best texts of the Latin authors.

Iacchus, ī, *m.*, = Ἴακχος, *Bacchus*, C., Ct., V., O.—*Wine:* hesternus, V.

iacēns, ntis, *adj.* [*P.* of iaceo], *prostrate, fallen:* domus: statuae: hostis, H.—*Plur. m.* as *subst.*, *the fallen, dead*, Cs.—F i g., *cast down, fallen:* voltūs, O.: oculos, O.—Of words, *at hand, in common use.*

iaceō, cuī, —, ēre [IA-], *to lie, be recumbent, be prostrate, lie at rest:* in limine: quorum ad pedes iacuit stratus: mihi ad pedes: in harenā, V.: saxum campo iacebat, V.: gremio mariti, Iu.: somno, V.: humi: lentā sub vite, V.: super corpus, O.—*To lie ill, be ill:* te iacente.—*To lie dead, have fallen:* Corpora per campos iacebant, V.: inultos imperatores iacere sinere, L.: Arge, iaces! O.: iacuit Catilina cadavere toto, Iu.—*To lie long, linger, tarry, stop:* Brundusi.—*To lie, be situate:* campi, qui Faesulas inter Arretiumque iacent, L.: summo in vertice montis, V.—*To lie low, be flat, be level:* despiciens terras iacentīs, V.: quaeque iacent valles, O.: Postquam iacuit planum mare, *was stilled*, Iu.—*To lie in ruins, be broken down:* fractae et disiectae (arae) iacent, Enn. ap. C.: Thebe iacet, Iu.—*To hang loose:* crines per colla iacebant, O.: iacentia lora, *loose on the neck*, O.—F i g., *to rest, be inactive, be in retirement:* in pace: septimum annum.—*To be cast down, be dejected:* ut totus iacet: militum iacere animos, L.—*To lie prostrate, be powerless:* victa iacet pietas, O.: mea numina iacent, V.—*To fall, be refuted, be disproved, fail:* suis testibus: iacet ratio Peripateticorum.—*To lie dormant, be disused, be neglected, be of no avail:* omnis hic delectus iacet: iustitia iacet: tibi pecunia.—*To be low, be despised, be in no esteem:* cum iacerent pretia praediorum, *were low:* iacere regem pati: pauper ubique iacet, O.—*To lie idle, be neglected:* cur iacet hoc nomen in adversariis, i. e. *is not posted.*

iaciō, iēcī, iactus, ere [IA-], *to throw, cast, fling, hurl:* tela, S.: lapides iaciendos curare: in alquem scyphum: in murum lapides, Cs.: pilam ponto, V.: sese Fluctibus mediis, V.: plumbum Funda iacit, O.: ancoris iactis, Cs.: talum: Venerem.—*To throw up, lay, set, establish, build, found, construct, erect:* aggerem, S.: urbi fundamenta, L.: aggere iacto, Cs.: muros, V.: in mare iactis molibus, Cs.—*To send forth, emit, produce:* igniculos.—*To throw away:* vestem procul, O.: humi arma, O.: rudera, L.—*To throw, scatter, sow:* semina iacta, O.: iacto semine, V.: flores, V.: oscula, Ta.: arbor poma iacit, O.—F i g., *to throw, throw up, cast, bring as an accusation:* contumeliam in aliquem: adulteria: Hoc in me, H.: convicia, O.—*To lay, set, establish:* gradum atque aditum ad rem: in hac arte salutem, V.: causae fundamenta, *to prepare for:* rei p. fundamenta, *found.*—*To throw out, let fall, intimate, utter, mention, declare:* iaciuntur enim voces, quae, etc.: illud obscure: vera an vana, L.: Iugurtha iacit oportere, etc., S.: Talia Verba, O.: in alcius caput verba, Pr.: per ambages de lacu, *express oneself*, L.

iactāns, antis, *adj.* with *comp.* [*P.* of iacto], *boastful, vainglorious:* iactantior Ancus, V., H.

iactanter, *adv.* with *comp.* [iactans], *ostentatiously, boastfully:* litteras componere, Ta.: iactantius moerere, Ta.

iactantia, ae, *f.* [iacto], *a boasting, display, ostentation:* militaris, Ta.: verborum, Ta.

iactātiō, ōnis, *f.* [iacto], *a tossing, shaking,*

agitation, motion: corporis, *gesticulation:* volneris, L.: ex magnā iactatione terram videre. — Fig., *agitation:* iactationes animorum incitatae: popularis, *stirring the populace.—A boasting, ostentation, display, vanity:* est voluptas gestiens et se efferens insolentius: cultūs, Ta.: virtutis, Cu.: iactationem habuit in populo, *was applauded.*

iactātus, ūs, *m.* [iacto], *a throwing to and fro, tossing.—Plur.:* pennarum, O.

iactitō, —, —, āre, *freq.* [iacto], *to make a show of, display:* ridicula intexta versibus, L.: officium, Ph.

iactō, āvī, ātus, āre, *freq.* [iacio], *to throw, cast, hurl:* semina per undas, *scatter*, O.: hastas: de muro vestem, Cs.: cinerem per agros, V.: Saxa saxis (i. e. in saxa), O.—*To throw about, toss about, shake, flourish:* diu iactato bracchio, Cs.: tinnula manu, O.: cerviculam: homines febri iactantur: corpus in suo sanguine, *wallow*, O.: bidentes, *swing*, V.: a facie manūs, *throw kisses*, Iu.: basia, Iu.: lumina, O.: iugum, i. e. *be rebellious*, Iu.—*To drive hither and thither, drive about, toss:* tempestate in alto iactari: te in alto, H.: hiems iactat viros, O.: iactor in turbā. — *To throw away:* passim arma, L.: Iactatur rerum utilium pars, *thrown overboard*, Iu.—*To throw out, emit, spread:* odorem, V.: voces per umbram, V.—Fig., *to torment, disquiet, disturb, stir:* morbo iactari eodem, H.: clamore et convicio: inrita iurgia, *stir up*, V.: iactabatur nummus sic, ut, etc., i. e. *fluctuated in value.—To consider, examine, discuss:* eas res iactari nolebat, Cs.: multa variis iactata sermonibus erant, i. e. *talked about*, L.: pectore curas, V.—*To throw out, make prominent, pronounce, utter, speak, say:* querimoniae ultro citroque iactatae, L.: te beatum, H.: Talia iactanti, etc., V.: hanc autem iactari magis causam quam veram esse, *is made a pretext*, L.: minas: haec incondita Montibus, V. —With *prae se, utter confidently*, V.—*To boast of, vaunt, plume oneself upon:* gratiam, Cs.: et genus et nomen, H.: Romam vos expugnaturos iactabatis, L.: lucus, quo se plus iactet Apollo, *delights*, V.—With *se, to exhibit oneself, show off, make a display, boast, take pride:* intolerantius se: iactantibus se opinionibus inconstanter, *conflicting:* te maritae, O.: legatis regis eum se iactasse, i. e. *impose on the legates*, L.: se in pecuniis, *make a prodigal display:* se de Calidio: Ullo se alumno, V.: se formosum, Ph.—*To be officious, be active in, devote oneself to:* se in causis: nostrum hoc tempus aetatis forensi labore iactari: tribuniciis se actionibus, L.

iactūra, ae, *f.* [IA-], *a throwing, throwing away, throwing overboard:* in mari facienda equi: naufragium iacturā redimit, Cu.—*A sacrifice, outlay, expense, cost:* non magnā iacturā factā. — *Loss, damage, detriment:* vitae, Cs.: iacturae rei familiaris: seniorum, L.: sepulcri, *want of*, V. — *A dismissal, throwing over:* clientis, Iu.—Fig., *a loss, diminution, sacrifice:* magna causae: iacturam criminum facere, i. e. *omit in the accusation:* dignitatis atque honoris, Cs.: parvā iacturā acceptā, L.: humani generis, O.: famae, Iu.

1. iactus, *P.* of iacio.

2. iactus, ūs, *m.* [IA-], *a throwing, casting, hurling, throw, cast:* fulminum: Pulveris, V.: teli iactu abesse, *a spear's throw*, L.: femineus, i. e. *by a woman*, O.: quatere fenestras Iactibus, i. e. *by throwing stones*, H.—Of dice, *a throw, cast:* talorum: in tesserarum prospero iactu, L.: extremus ac novissimus, Ta.

iaculābilis, e, *adj.* [iaculor], *to be hurled, fit for throwing:* telum, O.

iaculātor, ōris, *m.* [iaculor], *a thrower, caster, hurler:* audax (truncorum), H.: maximus, *a crack shot*, Iu.: Lycotas, *the spearman*, O.—*Plur., light-armed soldiers, carrying javelins*, L.

iaculātrīx, īcis, *f.* [iaculator], *a javelin thrower, huntress:* (Diana), O.

iaculor, ātus, ārī, *dep.* [iaculum], *to throw, cast, hurl:* e nubibus ignem, V.: silicem in hostīs, O.: puppibus ignes (i. e. in puppīs), V.—*To throw the javelin, fight with the javelin:* laudem consequi iaculando: totum diem: in latus dextrum, L.—*To throw at, strike, hit:* cervos, H.: dexterā arces, H. —Fig., *to aim at, strive for:* multa, H.

iaculum, ī, *n.* [IA-], *a dart, javelin:* iaculorum multitudo: iacula eminus emissa, S.: (litterae) in iaculo inligatae, Cs.: iaculi certamina, V.: trans finem expeditum, H.—*A casting-net, fishing-net*, O.

iam, *adj.* **I.** Of time, *at the moment, at the present moment, now, at this time, just now, at present:* iam satis credis sobrium esse me, T.: saltūs reficit iam roscida luna, V.: Iam melior, iam, diva, precor, V.: iura ipsa iam certa propter vetustatem: iam iam intellego quid dicas, *now, precisely now:* Iam iam nulla mora est, V.—*At the moment, just, at the time spoken of, then, now:* iam ut limen exirem, T.: iam invesperascebat, L.: Helvetii iam traduxerant, etc., Cs.—*Just, but now, a moment ago, a little while ago:* primum iam de amore hoc comperit, T.: hiems iam praecipitaverat, Cs.: domum quam tu iam exaedificatum habebas.—*Just now, forthwith, immediately, presently, straightway, directly:* iam adero, T.: cum iam te adventare arbitraremur: iam faciam quod voltis, H.: Accede ad ignem . . . iam calesces, T.: iam hic conticescet furor, L.: Iam te premet nox, H.: Sed iam age, carpe viam, V.: Iam iam futurus rusticus, H.: iam inde a principio, *from the very beginning:* iam inde a consulatu meo, *ever since.—Already, by this time, ere now, so soon:* (animi) aut iam exhausti aut mox exhauriendi, L.: quia luserat Iam olim ille ludum, T.: vos, quem ad modum iam antea, defendite: antea iam, S.—*At last, now, only now:* iamque eum ad sanitatem reverti arbitrabatur, Cs.: iam tandem, L., V.—*Already, by this time, ere now, till now, hitherto:* amisso iam tempore: quos iam aetas a proeliis avocabat.—*Until now, ever, all the time:* dederas enim iam ab adulescentiā documenta: iam ab illo tempore, cum, etc., *from the very time when*, etc.: iam inde a puero, T.: iam ex quo, *ever since*, L.—With a *neg.*, *no longer:* si iam principatum obtinere non possint, Cs.: si iam non potestis: cum iam defenderet nemo, Cs.: cum nulla iam proscriptionis mentio fieret: Nullane iam Troiae dicentur moenia? *never more*, V.—With *comp.*, *from time to time, gradually:* inferiora habent rivos et iam humano cultu digniora loca, L.—In phrases, iam iamque, *once and again, continually, every moment:* iam iamque esse moriendum, *that death is always impending:* Caesar adventare iam iamque nuntiabatur, Cs.: iam iamque tenere Sperat, O.: iam iamque magis, *more and more*, V.: iam nunc, *just now, at this very moment, even at this time:* quae cum cogito, iam nunc timeo quidnam, etc.: dux, iam nunc togatus in urbe, L.: iam pridem (iampridem), *long ago, long since, a long time ago:* ad mortem te duci iam pridem oportebat: erat Iam pridem apud me, etc., T.: cupio equidem, et iam pridem cupio, etc., *this long time:* veritus ne traderetur Philippo, iam pridem hosti, L.—With dudum (iamdudum, iandudum), *long since, long before, a long time ago, this long time:* Iam dudum dixi idemque nunc dico, T.: quem iam dudum exspectat: iam dudum flebam, *had long been weeping*, O.—*Forthwith, immediately, at once, directly* (poet.): iam dudum sumite poenas, V.: expulsi iam dudum monte iuvenci petunt, etc., O.—With tum, *at that very time, even then, then already:* iam tum erat suspitio, etc., T.: se iam tum gessisse pro cive: iam tum dicione tenebat Sarrastīs populos, V.—With tunc, *at that very time, even then:* nisi iam tunc omnia negotia confecissem.—With diu, *this long time*, see diu. **II.** Of assurance, in a conclusion, *now, then surely, then, at once, no doubt:* si cogites, remittas iam me onerare iniuriis, T.: si iubeat eo dirigi, iam in portu fore classem, L.: iam hoc scitis: quae cum ita sint, ego iam hinc praedico, L.—In transitions, *now, moreover, again, once more, then, besides:* iam de artificiis . . . haec fere accepimus: iam illud senatus consultum, quod, etc.: at enim iam dicetis virtutem non posse constitui, si, etc. —In enumerations, *besides, too:* et aures . . . itemque nares . . . iam gustatus . . . tactus autem.—Repeated: iam . . . iam, *at one time . . . at another, now . . . now, at this time . . . at that, once . . . again:* Qui iam contento, iam laxo fune laborat, H.: iam secundae, iam adversae res, L.—For emphasis, *now, precisely, indeed:* quem iam cur Peripateticum appellem, nescio: cetera iam fabulosa, Ta.—With *et:* et iam, *and indeed, and in fact:* et iam artifex, ut ita dicam, stilus: et orare et iam liberius accusare.—Rarely with *ergo:* iam ergo aliquis Condemnavit, *in very truth.*—After non modo . . . sed, *now, even, I may say:* non cum senatu modo, sed iam cum diis bellum gerere, L. —In climax, *now, even, indeed, really:* iam in opere quis par Romano miles? L.: iam illa perfugia minime sunt audienda.

iambēus, *adj.*, = ἰάμβειος, *iambic:* trimetri, H.

iambus, ī, *m.*, = ἴαμβος, *an iambic foot, iambus*, H., C.—*An iambic poem, iambic poetry:* quem Hipponactis iambus laeserat: modum Pones iambis, H.

iam dūdum, iam iam, iam iamque, iam pridem, iandūdum, see iam.

Iāniculum, ī, *n.* [Ianus], *one of the hills of Rome, site of the mythical citadel of Janus*, C., L., V., O.

iānitor, ōris, *m.* [ianua], *a door-keeper, porter, janitor:* carceris: Crispini, H.: Caeli, i. e. *Janus*, O.: ingens, *Cerberus*, V.

iānua, ae, *f.* [IA-], *a door, house-door:* nostra, T.: Ciceronis, S.: frangere, H.—*An entrance, gate, door:* inferni regis, V.: urbs Asiae, *the key:* gemini vasta maris, O.: Ianua Baiarum est, *on the way to*, Iu.—Fig., *an entrance, approach, access:* quā nolui ianuā sum ingressus in causam.

Iānuārius, *adj.* [Ianus], *of Janus:* mensis, *January.*—As *subst. m.* (sc. mensis), a. d. VII. Idūs Ianuari, Cs.—*Of January, of the month of January:* Kalendis Ianuariis, *on New-year's day:* Nonae, Cs.

Iānus, ī, *m.* [IA-], *an old Italian deity, god of doors, passages, and entrances, of all beginnings, and of the month of January:* anceps, *with two faces*, O.: bifrons, V.: Ianus Quirini, H.—*The temple of Janus:* ad infimum Argiletum, L.—*An arched passage-way, covered passage, arcade:* transitiones perviae Iani nominantur: dexter Ianus portae, Cs.—Esp., *four arched passages in the Forum, the exchange for merchants and bankers:* medius: summus, H.

Iāpys, ydis, *adj.*, *of the Iapydes* (in Illyria), V.

Iāpyx, ygis, *adj.*, *of Iapyx, Iapygian, Apulian, Calabrian:* equus, V.—As *subst.:* Daunus, i. e. *king of Apulia*, O.; (sc. ventus), *the wind from Apulia*, V., H.

iaspis, idis, *f.*, = ἴασπις, *a green precious stone, jasper:* fulva, V.: praeclara, Iu.

ībam, ībat, *imperf.* of eo.

ibī or **ibi**, *adv.* [2 I-], in space, *in that place, there:* ibi tum filius aderat, T.: fugit Tarquinios et ibi suas fortunas constituit: quā in parte adfuit, ibi pugnatum, S.—Of time, *on the spot, then, thereupon:* Ter conatus ibi collo dare bracchia circum, V.: ibi infit, etc., L.: ibi cum alii mores eorum eluderent, L.: cum Aebutius minaretur, ibi tum postulasse, etc.—Of other relations, *there, in that matter, on that occasion, in that condition:* credas animum ibi esse, *that his heart is in it*, T.: si quid est, quod ad testīs reservet, ibi nos quoque paratiores reperiet: bella, caedes . . . ibique iuventutem suam exercuit, *in these things*, S.: subsensi Illos ibi esse, *on hand*, T.: ibi fore imperium, i. e. *in that state*, L.: Duxi uxorem; quam ibi miseriam vidi! *with her*, T.: Nil ibi maiorum respectus, Iu.

ibīdem, *adv.* [ibi+-dem (demonstr. suffix)], in space, *in the same place, in that very place, just there, on the spot:* teque ibidem pervolvam in luto, T.: vel praemissis vel ibidem relictis Mauris, S.: alqd ibidem custodire.—Of time, *on the spot, in that very moment:* Deinde ibidem homo acutus, cum illud occurreret: ibidem ilico.—Of other relations, *in the same matter:* laesit in eo Caecinam, sublevavit ibidem (i. e. in eo ipso): si quando datur (auris), custos adfixus ibidem, Iu.

ībis, idis (*acc.* ībim, C., ībin, O., Iu.; *plur.* ībes, C., *acc.* ībīs, C.), *f.*, = ἶβις, *the ibis* (a water-bird of Egypt).

ibiscum, see hibiscum. **ībō,** *fut.* of eo.

ibrida, see hibrida. **iccircō,** see idcirco.

ichneumōn, onis, *m.*, = ἰχνεύμων, *an Egyptian rat, ichneumon.*

(īcō), īcī, ictus, ere (in class. prose only *perf.* system) [1 IC-], *to strike, hit, smite, stab, sting:* in proelio telo ictus: lapide ictus, Cs.: in turbā ictus cecidit, L.: icta securibus ilex, V.: vix icto aëre, *hardly stirred*, O.: e caelo ictus, *by lightning.*—Fig., of the feelings, only *P. perf.*, *struck, smitten:* Desideriis icta fidelibus, *tormented*, H.: novā re consules icti, *disturbed*, L.: pestifero sidere icti pavebant, *panic-stricken*, L.: domestico volnere, *family affliction*, Ta.: icto Accessit fervor capiti, i. e. *tipsy*, H.—With *foedus*, *to make a covenant, enter into a league:* foedus, quod meo sanguine iceras: consul nobiscum foedus icit, L.: ictum iam foedus, V.

ictericus, *adj.*, = ἰκτερικός, *jaundiced*, Iu.

1. ictus, *P.* of ico.

2. ictus, ūs, *m.* [1 IC-], *a blow, stroke, stab, cut, thrust, bite, sting, wound:* uno ictu securis: gladiatoris: scutis uno ictu pilorum transfixis, Cs.: non caecis ictibus volnerari, L.: medicari cuspidis ictum, V.: arboris, H.: apri, O.: obliquus, H.: validi incudibus ictūs (i. e. in incudibus), V.: vastis tremit ictibus puppis, *strokes*, V.: fulminis, *lightning:* gravis ictu viator, *in striking*, V.: miscere ictūs, *fight hand to hand*, Ta.: laurea fervidos Excludet ictūs, *sunbeams*, H.: ictibus aëra rumpit, *jets of water*, O.: concipere ictibus ignem, *by collision*, O.: telum sine ictu Coniecit, *force*, V.—Of voice, *a beat, impulse, stress:* cum senos redderet ictūs (iambus), i. e. *iambic feet*, H.—Fig., *a stroke, blow, attack, shock:* novae calamitatis: velut uno ictu rem p. exhausit, Ta.

Īd., see Idus.

idcircō or **iccircō,** *adv.* [id-+*abl.* of circus], *on that account, for that reason, therefore:* neque idcirco minus, sed pariter incedere, S.: data venia est poëtis; idcircone vager? H.: Sed non idcirco posuere, etc., *for all that*, V.: idcirco arcessor, quod, etc., T.: quia videbat, idcirco longius progressus est: non, si . . . idcirco, etc.: idcirco venisti, ut, etc.: idcirco videlicet, ne condemnaretur: idcirco Ambitiosa, ut dona Indueret, O.

īdem, eadem, idem (*gen.* eiusdem; *plur. nom.* eīdem or īdem; *dat.* and *abl.* eīsdem or īsdem; the forms eōdem, eādem, eundem, etc., often disyl. in poetry), *pron.* [2 I-+-dem (demonstr. suffix)], *the same:* Ille . . . praesens absensque idem erit, T.: īsdem legibus uti, Cs.: semper idem voltus: eodem modo omnīs causas agere: ad causas simillimas vel potius easdem: eodem tempore, Cs.: Non eadem est aetas, *is changed*, H.: tamquam alter idem, *a second self:* idem velle atque idem nolle, S.—Introducing an additional predicate, *at the same time, likewise, also, furthermore:* hoc idem reliquis deinceps fit diebus, Cs.: oratio grandis et eadem in primis faceta: vir innocentissimus idemque doctissimus: hiemes reducit Iuppiter, idem Submovet, H.: (Epicurus) cum optimam naturam dei dicat esse, negat idem esse in deo gratiam, *nevertheless:* Aedificas . . . et idem rides, etc., H.—With emphatic pronouns, *also, the same, very, besides, at the same time:* idem ego ille . . . idem inquam ego recreavi, etc.: ego idem, qui, etc.: cedo nunc eiusdem illius inimici mei de me eodem contionem: idem rex ille, qui, *the very same*, H.: cum et idem qui consuerunt et idem illud alii desiderent: idem iste Mithridates: ut verset saepe eandem et unam rem.—In comparisons, *the same as, identical with, of the same meaning as:* haec eodem tempore mandata referebantur, et legati veniebant, Cs.: vitast eadem ac fuit, T.: qui idem ornate ac graviter, idem versute et subtiliter dicerent, *at the same time:* eisdem fere verbis, ut actum disputatumque est: eādem ratione quā pridie resistitur, Cs.: idem abeunt, qui venerant: non quo idem sit servulus quod familia: tibi idem consili do, quod, etc.: fit idem, quasi natus non esset omnino: tibi mecum in eodem est pistrino vivendum: Invitum qui servat idem facit occidenti, H.: quod non idem illis censuissemus.

identidem, *adv.* [idem+et+idem], *again and*

again, repeatedly, often, now and then, at intervals, ever and anon, continually, constantly, habitually: referebam oculos ad terram identidem: identidem in causā quaerere, etc.: revolvor identidem in Tusculanum: legem Aemiliam recitare, L.

id-eō, *adv., for that reason, on that account, therefore:* neque ideo est causa deterior: atque ideo ad Pompeium contendit, Cs.: fugacissimi, ideoque tam diu superstites, Ta.: nec cellis ideo contende Falernis, V.—With appos. clause giving a reason: re quidem ipsā ideo mihi non satis facio, quod, etc.: ne me foliis ideo brevioribus ornes, Quod timui, etc., H.: sed quia maius est beneficium, ideo peto, ut, etc.: vestrae sapientiae est, non, si causa iusta est, ideo putare, etc.—With a clause denoting a purpose: ideone ego pacem diremi, ut, etc.: an ideo aliquid contra mulieres scripsit, ne, etc.: non, quin breviter reddi responsum potuerit, ideo potius delectos missos, quam, etc., L.

idiōta, ae, *m.*, = ἰδιώτης, *an uneducated man, ignorant person, layman, outsider:* nos, quos iste idiotas appellat: ludos nobis idiotis relinquet.

idōneē, *adv.* [idoneus], *fitly, suitably.*

idōneus, *adj., fit, meet, proper, becoming, suitable, apt, capable, convenient, sufficient:* rerum initium, T.: quos idoneos ducebat, consilium habet, S.: auctor, *responsible:* minus idoneum hominem praemio adficere, i. e. *deserving:* idoneum visum est dicere, etc., *pertinent*, S.: minus idoneis (verbis) uti: aetas ad haec utenda, T.: ad amicitiam: ad navium multitudinem portūs: ad agendum tempora: idoneus, quem fallere incipias, T.: idoneus non est, qui impetret, etc.: res, de quā quaeratur: non natus idoneus armis, Pr.: novis rebus, S.: arti Cuilibet, H.: castris locus, Cs.: patriae, *serviceable*, Iu.: Fons rivo dare nomen, i. e. *large enough*, H.: Si torrere iecur quaeris idoneum, H. —*Plur. m.* as *subst.:* in deligendis idoneis: cum idoneis conlocutus, L.

Īdūs, iduum, *f., the ides, middle of the month* (the fifteenth day of March, May, July, and October; the thirteenth of every other month): res ante Idūs acta sic est; nam haec Idibus mane scripsi: Iduum Martiarum consolatio: Idibus Martiis: ad Id. April. reverti, Cs.: a. d. VII Id. Ian., *on the 7th of January*, Cs.—Debts and interest were often payable on the ides: omnem redegit Idibus pecuniam, H.: diem pecuniae Idūs Novembrīs esse: octonis referentes Idibus aera, H.

iecur, iecoris, or **iocur**, iocinoris (L.), *n., the liver:* cerebrum, iecur . . . domicilia vitae: Inmortale (Tityonis), V.: Tityi, H.: caput iocineris, L.: anseris, H.: Non ancilla tuum iecur ulceret ulla, *heart*, H.: quantā siccum iecur ardeat irā, Iu.

iecusculum, ī, *n. dim.* [iecur], *a little liver.*

iēiūnē, *adj.* with *comp.* [ieiunus], *meagrely, dryly, feebly, without ornament, spiritlessly:* disputare: dici ieiunius.

iēiūnitās, ātis, *f.* [ieiunus].—Prop., *a fasting;* hence, fig., of speech, *dryness, poverty, meagreness:* ieiunitatem et famem malle quam, etc.: bonarum artium, *destitution.*

iēiūnium, ī, *n.* [ieiunus], *a fasting, fast-day, fast:* instituendum Cereri, L.: longa ieiunia, O.: ieiunia indicere, H.—*Hunger:* ieiunia pascere, O —*Leanness, poorness* (of animals), V.

iēiūnus, *adj.* with *comp., fasting, abstinent, hungry:* plebecula: canis, H.: serpens, Pr.: corpora, L.: lupus ieiunis dentibus acer, H.: fames, *extreme*, Iu.: odium, i. e. *on an empty stomach*, Iu.: ieiunae negare aquam, *thirsty*, Pr.—*Dry, barren, unproductive:* ager: glarea, V.—*Scanty, insignificant:* Summaque ieiunā sanie infuscatur harenā, V.—Fig., *poor, barren, powerless:* nimis animus: animus malevolentiā.—*Insignificant, trifling, contemptible, mean, low:* cognitio: calumnia. — Of speech, *meagre, dry, feeble, spiritless:* in orationibus ieiunior: concertatio verborum.

igitur, *conj.* [1 AG-], introducing an inference, *then, therefore, thereupon, accordingly, consequently:* sequitur, ut nihil obstet; ergo omnia prospere, igitur beate: fingite igitur cogitatione, etc.: noli igitur dicere.—Weakened, *then, tell me, say:* dolor igitur, id est summum malum . . . qui potest igitur habitare, etc.?: huic homini parcetis igitur?: ubi igitur locus fuit errori deorum?: dicet aliquis, Haec igitur est tua disciplina?: Iliacas igitur classīs sequar, V.—After a digression or pause, *then, as I was saying:* cum Metellus causam diceret, ille . . . hoc igitur causam dicente, etc.: scripsi etiam (nam etiam ab orationibus diiungo me fere . . .) scripsi igitur Aristotelio more, etc.: est profecto illa vis . . . ea vis igitur ipsa, quae, etc.—In summing up, *I say then, so then, as I was saying, in short:* est igitur haec, iudices, non scripta, sed nata lex: haec igitur cum cernimus, etc.

īgnārus, *adj.* [2 in + gnarus], *ignorant, not knowing, unacquainted with, unskilled in, inexperienced, unaware:* tu me ignaro, nec opinante, inscio notes, etc.: ubi imperium ad ignaros pervenit, etc., S.: obpressit necopinantes ignarosque omnes, L.: quisnam ignarum nostris deus appulit oris? V.: cum per ignaros errent animalia montīs, *which knew them not*, V.: Fors, *blind*, O.: harum rerum, T.: artis, T.: poliendae orationis: belli, S.: ante malorum, V.: flumina belli? H.: quid gravitas valeret: quanta invidiae immineret tempestas, L.: multos studiose contra esse dicturos: ignari venisse dictatorem, L. —*Not known, strange, unknown:* lingua, S.: montes, V.: proles ignara parenti, O.

īgnāvē, *adv.* with *comp.* [ignavus], *sluggishly,*

slothfully, without spirit: ne quid faciamus: dicere multa, *flatly*, H.: carpere ignavius herbas, V.

īgnāvia, ae, *f.* [ignavus], *inactivity, laziness, idleness, sloth, listlessness, cowardice, worthlessness:* nemo ignaviā inmortalis factus est, S.: contraria fortitudini: per luxum atque ignaviam aetatem agere, S.: quod istic cum ignaviā est scelus (i. e. in te), L.: quae tanta animis ignavia venit? V.

īgnāvus, *adj.* with *comp.* and *sup.* [2 in+gnavus], *inactive, lazy, slothful, idle, sluggish, listless, without spirit, cowardly, dastardly:* adeon me ignavom putas, Ut, etc., T.: homo ignavior: miles: ex ignavo strenuum exercitum fieri, S.: ignavissimus ad opera hostis, L.: legiones operum, Ta.: canis adversum lupos, H.: senectus: animo, Ta. —As *subst. m.:* in bello poena ignavis ab imperatoribus constituitur: in victoriā vel ignavis gloriari licet, S. — Poet.: nemora, i. e. *unfruitful*, V.: otia, O.: lux, *an idle day*, Iu.—*That renders slothful, making inactive:* ratio, *relaxing:* genus hoc interrogationis: frigus, O.: aestus, O.

īgnēscō, —, —, ere, *inch.* [ignis], *to take fire, become inflamed, burn, kindle:* ut mundus ignesceret. — Of passion, *to blaze out, take fire:* Rutulo Ignescunt irae, V.

īgneus, *adj.* [ignis], *of fire, fiery, on fire, burning, burning-hot:* sidera: arces (i. e. caelum), H.: vis caeli, *ether*, O.: vis, *fire* (as an element): Chimaera, *with fiery breath*, H.: celeritas, motus.—Of color, *fiery*, V.—Fig., *burning, fervid, ardent, vehement:* furor, O.: vigor, V.: Tarchon, V.

īgniculus, ī, *m. dim.* [ignis], *a little flame, spark:* igniculum si poscas, Iu.—Fig., *fire, vehemence:* desideri tui: virtutum igniculi, *sparks:* iacit igniculos virilīs.

īgnifer, era, erum, *adj.* [ignis+1 FER-], *fire-bearing, fiery:* axis, O.

īgnigena, ae, *m.* [ignis+GEN-], *the fire-born, son of fire* (of Bacchus), O.

īgnipēs, pedis, *adj.* [ignis+pes], *fiery-footed*, O.

īgnipotēns, entis, *adj.* [ignis+potens], *potent in fire, ruler of fire:* deus (Vulcan), V.

īgnis or (once in H.) **īgnīs**, is (*abl.* ignī; rarely īgne), *m.* [1 AG-], *fire:* ignem ex lignis fieri iussit: ignīs restinguere: templis ignīs inferre: subditis ignibus aquae fervescunt: casurae inimicis ignibus arces, V.: ignīs fieri prohibuit, Cs.: ignem operibus inferre, Cs.: urbi ferro ignique minitari: gravis, *a conflagration*, Ta.: ignibus significatione factā, *signal-fires*, Cs.: ut fumo atque ignibus significatur, *watch-fires*, Cs.: quorundam igni et equus adicitur, *the funeral pyre*, Ta.: fulsere ignes, *lightnings*, V.: missos Iuppiter ignīs Excusat, *thunderbolt*, O.: inter ignīs Luna minores, i. e. *stars*, H.: clarior ignis Auditur, *the crackling of fire*, V.: Eumenidum, *torches*, Iu.: emendus, i. e. *fuel*, Iu.: sacer, *St. Anthony's fire, erysipelas*, V.: aqua et ignis, i. e. *the necessaries of life.*—*Fire, brightness, splendor, brilliancy, lustre, glow, redness:* curvatos imitatus ignīs lunae, H.: nox caret igne suo, *starlight*, O.: positi sub ignibus Indi, *the sun*, O.—Fig., *fire, glow, rage, fury, love, passion:* exarsere ignes animo, V.: huic ordini ignem novum subici: caeco carpitur igni, *secret love*, V.: tectus magis aestuat ignis, O.: socii ignes, i. e. *nuptials*, O.—*A beloved object, flame:* Accede ad ignem hunc, T.: meus, V.: pulchrior, H.—*An agent of destruction, fire, flame:* ne parvus hic ignis incendium ingens exsuscitet (i. e. Hannibal), L.

īgnōbilis, e, *adj.* [2 in+(g)nobilis], *unknown, unrenowned, undistinguished, obscure:* ad supremum diem perventurus: civitas, *obscure*, Cs.: otium, *inglorious peace*, V. — *Of low birth, baseborn, ignoble:* familia: virgo, T.: volgus, V.: regnum Tulli, H.

īgnōbilitās, ātis, *f.* [ignobilis], *want of fame, obscurity:* ignobilitas aut humilitas: virorum, O. —*Low birth, mean origin:* Iugurthae, S.: generis: paterna, L.

īgnōminia, ae, *f.* [2 in+(g)nomen], *disgrace, dishonor, ignominy:* nominis Romani: nisi honos ignominia putanda est: admonebat conplurīs ignominiae, S.: ignominiā mortuum adficere: gravior omni volnere, Iu.: ignominiis adfici: senatūs, *inflicted by the Senate:* amissarum navium, Cs.: familiae, N.—As a legal and military term, *degradation, infamy, disgrace:* censoria, *inflicted by a censor:* homines ignominiā notati: alqm ignominiā notare, Cs.: milites cum ignominiā dimissi, L.

īgnōminiōsus, *adj.* [ignominia], *disgraceful, shameful, ignominious:* agmen, L.: dominatio: fuga, L.: dicta, H.: (anulum gestare) ignominiosum genti, Ta.—As *subst. m.:* nec concilium inire ignominioso fas, *an infamous person*, Ta.

īgnōrābilis, e, *adj.* [ignoro], *unknown.*

īgnōrāns, antis, *adj.* [*P.* of ignoro], *not knowing, ignorant:* Fovit volnus lymphā Ignorans, *without knowing its power*, V.: eventūs belli, Cs.

īgnōrantia, ae, *f.* [ignorans], *want of knowledge, unacquaintance, ignorance:* ignorantiam a sapientiā removebat: lectorum, N.: sancta, quid sit, etc., Ta.: loci, Cs.: sui: recti, Ta.

īgnōrātiō, ōnis, *f.* [ignoro], *want of knowledge, unacquaintance, ignorance:* locorum: iuris: regis, Cu.: de aliquo.

īgnōrātus, *adj.* [*P.* of ignoro], *undetected, unperceived:* Romanos adgreditur, S.—*Involuntary* (opp. voluntarius).

īgnōrō, āvi, ātus, āre [*ignorus; GNA-], *not to know, to be unacquainted, be ignorant, mistake,* *misunderstand:* ut vos, qui ignoratis, scire possitis: si me ignoras, *mistake me,* T.: ignoras te? *your own faults,* H.: causam: exercitu ignoranti ducem, L.: motūs astrorum, Iu.: ignoratur parens, *is unknown,* T.: credis te ignorarier? *art unrecognized,* T.: Archimedis ignoratum a Syracusanis sepulcrum: ignoratae artis crimen, *of want of skill,* H.: fluctūs quietos, *to be deceived by,* V.: Mutatam ignorent ne semina matrem, i. e. *fail to thrive when transplanted,* V.: quis vestrum hoc ignorat dici?: id quam vere fiat: uter eorum esset Orestes: monstrumne deusne Ille sit, O.: non ignorans, quanta, etc., *well aware,* Cs.: de filio: quis ignorat quin sint, etc.: servare vices si nequeo ignoroque, H.—*To take no notice of, pay no attention to, ignore, disregard:* quorum benevolentiam erga me: quid sidus minetur, Iu.

(**ignōscēns**, entis), *adj.* [*P.* of ignosco].—Only *comp., forgiving, placable:* animus ignoscentior, T.

ignōscō, nōvī, nōtus, ere [2 in+(g)nosco], *to pardon, forgive, excuse, overlook, allow, indulge, make allowance:* Ignosce, T.: ignoscendi ratio: dis ignoscentibus ipsis, i. e. *conniving,* Iu.: Ignotum est, tacitum est, T.: nihil petit nisi ut ignoscatur: si paulo altius ordiri videbor, ignoscite: cur ego non ignoscam, si, etc.: Tuomst mi ignoscere, T.: mihi, quod ad te scribo: mihi, si, etc.: ignoscendo malis bonos perditum ire, S.: fasso (mihi), O.: et vos vobis ignoscitis, *make excuses for,* Iu.: festinationi meae: Cethegi adulescentiae, S.: ut non siet peccato mi ignosci aequom, T.: deprecatores, quibus non erat ignotum: maiora deliquerant quam quibus ignosci posset, L.: istuc factum, T.: ea (culpa) quin sit ignoscenda, T.: ignoscendi peccati locus, T.: dementia Ignoscenda, V.: ignoscere quam persequi malebant, S.

1. ignōtus, *P.* of ignosco.

2. ignōtus, *adj.* with *comp.* and *sup.* [in+(g)notus], *unknown, strange, unrecognized, unfamiliar:* locus, T.: ignotior gens, L.: adversus ignotos inter se, L.: bella, *of uncertain result,* V.: favos ignotus adedit Stellio, *unnoticed,* V.: mortes, *inglorious,* H.: alter (dies) in volgus ignotus: militibus loca, Cs.: nomen populo.—As *subst. m.:* tamquam ignoto lacrimam daret, *a stranger,* O.: notum ignotumque discernere, Ta.—As *subst. n.:* Haud ignota loquor, V.: si proferres ignota, *unfamiliar themes,* H.: Omne ignotum pro magnifico est, Ta.—*Unknown, obscure, without repute, mean:* hic ignotissimus Phryx: homo.—*Of low birth, ignoble, low-born, base, vulgar:* ignotā matre inhonestus, H.: naso suspendis adunco Ignotos, H.: Achivi, O.—*Unacquainted with, ignorant of:* producere ad ignotos (alquem): ignotos fallit, notis est derisui, Ph.: ignoti contemnebant, N.

(**īle**, is, *n.*), see ilia.

īlex, icis, *f., an oak, holm-oak, great scarlet oak:* grandis, S.: secta, V., H., O.

īlia, ōrum, *n., the abdomen below the ribs, groin, flanks:* demisit in ilia ferrum, O.: ducere ilia, *be broken-winded,* H.: rumpere ilia, V.—P o e t., *the entrails,* H., Iu.—*Sing. gen.:* ili pondera, *the privates,* Ct. dub.

Īliacus, *adj., of Ilium, Ilian, Trojan,* V. H., O.

īlicet, *adv.* [ire+licet], *let us go, have done,* T.—*All is over! all is lost! amen!:* actumst, ilicet, Peristi, T.—*At once, straightway, immediately, instantly, forthwith:* fugit ilicet ocior Euro, V.

īlicō (not illico), *adv.* [in+loco], *in that very place, on the spot, there:* consiste, T.—Of time, *on the spot, instantly, immediately, directly:* a pueris nasci senes, T.: quem ilico mittit, S.: artes ilico conticescunt.

īlignus, *adj.* [ilex], *of holm-oak, oaken:* pedes, T.: glans, H.: canales, V.

1. Īlium or **Īlion**, ī, *n.* (C., V., H., O.), =Ἴλιον, or **Ilios**, ī, *f.* (H., O.), =Ἴλιος, *Ilium, Troy.*

2. (**īlium**, ī, *n.*), see ilia.

illā, *adv.* [*abl. f.* of ille, sc. viā], *in that way, in that direction, there:* Oceanum illā tentavimus, Ta.: revertebar illā, quā, etc., O.

illa-, in compounds with in; see inla-.

illāc, *adv.* [*abl. f.* of illic, sc. viā], *that way, on that side, there:* hac atque illac perfluo, T.: omnīs illac facere, *belong to that party:* nunc hac ... nunc illac, *on one side ... on the other,* O.

ille, illa, illud, *gen.* illīus or illius (old forms: *dat.* ollī, C., V.; *plur.* ollī, ollīs, C., V.; ollōs, olla, C.), *pron. dem.*—In reference to something remote from the speaker, or near or related to a third person, *that:* sol me ille admonuit, *yon sun:* in illā vitā.—As *subst., he, she, it:* tum ille, Non sum, inquit, etc.: de illius Alexandreā discessu: ne illi sanguinem nostrum largiantur, S.—Opp. to hic, of that which is more remote, or less important: huius (Catonis) facta, illius (Socratis) dicta laudantur: hic enim noster (Ennius) ... at vero ille sapiens (Solon).—In partial enumeration: hic et ille, *one and another, one or two, a few:* non dicam illinc hoc signum ablatum esse et illud.—In emphatic reference: in quibus etiam, sive ille inridens, sive ... me proferebat: Sic oculos, sic ille manūs, sic ora ferebat, V.—P r a e g n., *that, the ancient, the well-known, the famous:* Antipater ille Sidonius: auditor Panaeti illius: testulā illā multatus est, *that well-known custom of ostracism,* N.: ille annus egregius: idem ille tyrannus.—In phrases, ille aut ille, *such and such, one or another:* quaesisse, num ille aut ille defensurus esset.—With *quidem,* followed by *sed, autem,* or *verum, certainly ... but still, to be sure ... however,* *indeed . . . but yet:* philosophi quidam, minime mali illi quidem, sed, etc.: ludo autem et ioco uti illo quidem licet, sed, etc.—Ex illo (sc. tempore), *from that time, since then,* V., O.

ille-, in words compounded with in; see inle-.

illī, *adv.* [old locat. of ille], *there, therein:* Nam illi haud licebat loqui, etc., T.: praeclara illi laudatur hiaspis, Iu.—Fig., *in that affair:* ego illi maxumam partem feram, T.

illīberālis, illīberāliter, see inlīb-.

1. illic, illaec, illuc, *pron.* [ille+ce], *he, she, it yonder, that:* Illuc est sapere? T.: Ubi illic est, *that fellow,* T.: Illancine mulierem alere, T.

2. illīc, *adv.* [illi+ce], *in that place, yonder, there:* melius, hic quae fiunt, quam illic, scio, T.: plurīs illic offendisse inimicos, quam hic reliquisse: Utque aër, tellus illic, O.: illic, ubi nulla incendia, Iu.: qui illic negotiarentur, Cs.—*Yonder, in another world,* Pr., O.—Of persons, *with him, among them:* non isto vivitur illic modo, *with Maecenas,* H.: severa illic matrimonia (i. e. apud Germanos), Ta.—*In that matter, therein:* illic, ubi nil opust, T.: res p. milite illic vacet, i. e. *in that war,* L.

illicine, see 1 illic.

illiciō, illīdō, illigō, see inl-.

illim, *adv.* [ille], *from that place, thence:* me illim abstraxi, T.: amorem abiecisse illim, i. e. *from her.*—Of time, *thenceforth:* usque ad nostram memoriam, S.

illinc, *adv.* [illim+ce], *from that place, thence, from yonder:* Illinc huc transferri, T.: discessi.—*From that person, from that quarter, from that side, thence:* si illinc beneficium non sit: illinc omnes praestigiae (i. e. ab his): hinc atque illinc, *on both sides,* V.

illinō, illitterātus, see inl-.

illō, *adv.* [ille], *to that place, thither:* advenio, T.: adit, Cs.: accedere.

illōc, *adv.* [old for illuc], *thither,* T.

illōtus, see inlotus. **illū-**, see inlu-.

illūc, *adv.* [illic], *to that place, thither:* huc vel illuc inpelli, T.: huc illuc agitare, S.: huc atque illuc intuens: huc et illuc cursitant, H.: illuc ex his vinculis, i. e. *into the other world:* illuc Ire, ubi, etc., Iu.—*To that end, to that point, thereto:* illuc redi, quo coepisti, T.: animum nunc huc, nunc dividit illuc, V.: illuc, unde abii, redeo.—*To that point, to such a pitch:* illuc usque fidus, Ta.: illuc Decidit ut malum ferro summitteret, Iu.

imāginārius, *adj.* [imago], *seeming, fancied:* fasces, *pretended authority,* L.

imāginātio, ōnis, *f.* [imaginor], *a fancy, imagination:* secretae, Ta.

imāginor, ātus, ārī, *dep.* [imago], *to picture to oneself, fancy:* pavorem eorum, Ta.

imāginōsus, *adj.* [imago], *full of fancies* (of a girl): solide, Ct.

imāgō, inis, *f.* [2 IC-], *an imitation, copy, image, representation, likeness, statue, bust, picture:* tabularum, *exact copy:* cereae, H.: macra, Iu.: genetiva, *natural figure,* O.: sine imagine tellus, *shapeless,* O.—*An ancestral image, mask* (of a man who had been aedile, praetor, or consul): ius imaginis: avi tui: clarum hac fore imagine, i. e. *would become an aristocrat,* L.: fumosae, *smoky ancestral images:* nullae sunt imagines, quae, etc., *ancestors of distinction:* imagines non habeo, S.: imagines familiae suae: homo multarum imaginum, S.: funus imagines ducant triumphales tuum, H.—*A phantom, ghost, apparition, vision:* magna mei sub terras ibit imago, *shade,* V.: vana, H.: inhumani coniugis, V.: natum falsis Ludis imaginibus, *phantoms,* V.: mortis, O.: somni, *a dream,* O.: nocturnae, Tb.—*A reverberation, echo:* resonare tamquam imago: vocis offensa resultat imago, V.: iocosa montis, H.—Fig., *an image, conception, thought, imagination, idea:* Scipionis imaginem sibi proponere: antiquitatis, *an image of the olden time:* proconsularem imaginem tam saevam facere (i. e. by cruelty in office), L.: tantae pietatis, V.: poenaeque in imagine tota est, O.—*A figure of speech, similitude, comparison,* C.: haec a te non multum abludit imago, H.—*An empty form, image, semblance, appearance, shadow:* adumbrata gloriae: equitis Romani: rei p.: his imaginibus iuris spretis, L.—*A reminder, suggestion:* quorum (temporum) imaginem video in rebus tuis: genitoris imagine capta, V.

(**imbēcillē**), *adv.* [imbecillus], *weakly, feebly.*—Only *comp.:* imbecillius adsentiri, *with hesitation.*

imbēcillitās (inb-), ātis, *f.* [imbecillus], *helplessness, imbecility, weakness, feebleness:* corporis: sororis: materiae, Cs.: animi, Cs.: magistratuum.

imbēcillius, see imbecille.

imbēcillus (inb-), *adj.* with *comp., weak, feeble:* homo: senes: aetas, H.: imbecillior est medicina quam morbus: simulacra voltūs, *perishable,* Ta.: regnum, S.: animus: imbecilliores fortunā.—*Plur. m.* as *subst.:* ignavi et imbecilli.

imbellis (inb-), e, *adj.* [2 in+bellum], *unwarlike, unfit for war, peaceful, fond of peace:* videri: turba, *non-combatants,* L.: columba, H.: Indus, i. e. *subdued,* V.: rebus iniustis iustos maxime dolere, imbellibus fortīs: telum, *powerless,* V.: lacerti, O.: Tarentum, *quiet,* H.: cithara, H.: plectrum, O.: annus, L.

imber, bris, *abl.* imbrī or imbre, *m.* [AMB-], *a rain, heavy rain, violent rain, shower, pouring* *rain:* continuatio imbrium, Cs.: maximus: imbri frumentum conrumpi: lactis: sanguinis: imbri lapidavit, L.: tamquam lapides effuderit imber, Iu.—*A rain-cloud, storm-cloud:* caeruleus, V.—*The sea, water, waves:* (naves) Accipiunt imbrem, V.—*A shower, fall:* ferreus, V.: aureus, T.

imberbis (inb-), e, *adj.* [2 in+barba], *without a beard, beardless:* pater: quae Imberbes didicere, H.

imberbus, *adj.* [2 in+barba], *without a beard, beardless:* adulescentulus: iuvenis, H.

imbibō (in-b-), bī, —, ere, *to drink in, imbibe, conceive, form.* — Only fig.: opinionem animo: certamen animis, *spirit of hostility*, L.: immemor eius, quod imbiberat, *of the purpose he had conceived*, L.: spem posse se perducere, etc.

imbrex, icis, *f.* [AMB-], *a hollow tile, gutter-tile, pantile, leader* (for rain), V.

imbrifer, era, erum, *adj.* [imber + 1 FER-], *rain-bringing, rainy:* Austri, O.: ver, V.

imbuō (inb-), uī, ūtus, ere [see PO-], *to wet, moisten, soak, steep, saturate:* palmulas in aequore, Ct.: imbuti sanguine gladii: sanguis imbuit arma, V.: imbuta sanguine vestis, O.: munus tabo imbutum, H.: oscula, quae Venus Quintā parte sui nectaris imbuit, H.: aram imbuet agnus, V.—Fig., *to fill, steep, stain, taint, infect, imbue, imbrue:* gladium scelere.—*P. perf.* with *abl.*, *tainted, touched, affected, tinged:* nullo scelere imbutus: religione: Romanis delenimentis, L.: hac ille crudelitate.—*To instruct superficially, color, tinge, inure, initiate, imbue:* studiis se: dialecticis ne imbutus quidem: servilibus vitiis, L.: nos ita a maioribus imbuti sumus, ut, etc.: parentum praeceptis imbuti: (verna) Litterulis Graecis imbutus, H.: socios ad officia, Ta.: Imbuis exemplum palmae, i. e. *you are the first to win*, Pr.: opus tuum, *begin*, O.: Illa (navis) rudem cursu prima imbuit Amphitriten, i. e. *first traversed the sea*, Ct.

imitābilis, e, *adj.* [imitor], *that may be imitated, imitable:* orationis subtilitas: exemplar vitiis, H.

imitāmen, inis, *n.* [imitor], *an imitation, likeness, image:* Somnia, quae veras aequent imitamine formas, O.—*Plur.*, O.

(imitāmentum, ī), *n.* [imitor], *an imitation, copy.* — Only *plur.:* veterum Romanorum, Ta.: tristitiae, Ta.

imitātiō, ōnis, *f.* [imitor], *a copying, imitation:* virtutis: virtus imitatione digna: nihil ostentationis imitationis adferre, *affectation.*

imitātor, ōris, *m.* [imitor], *an imitator, copyist, mimic:* imitatores faceti: nec desilies imitator in artum, H.: laborum meorum: stulti sapiens, O.

imitātrīx, īcis, *f.* [imitator], *she that imitates:* boni (voluptas): gloriae.

imitātus, *adj.* [*P.* of imitor], *fictitious:* simulacra: voluptas, O.

imitor, ātus, āre, *freq.* [2 IC-], *to imitate, act like, copy after, seek to resemble, counterfeit, mimic:* genus ad omnia imitanda aptissimum, Cs.: in gloriā Paulum: aliquem imitando effingere: imitari quam invidere bonis malebant, S.: in adeundis periculis consuetudo imitanda medicorum est: habere exemplum ad imitandum: imitatur ianua portas, *resembles*, Iu.: vox sonitūs imitata tubarum, V.— *To imitate, represent, express, hit off, copy, portray:* luctum penicillo: chirographum: antiquitatem: sine imitandorum carminum actu ludiones, *not expressing by gesticulation*, L.: mutatā iuvenem figurā, *assume the form of*, H.: putre solum arando, i. e. *make friable*, V.: Stipitibus ferrum, *supply the place of*, V.: gaudium, i. e. *display*, Tb.

(immadēscō or **in-m-)**, duī, —, ere, *inch.*, *to become wet.*—Only *perf.:* sanguine terram, O.

immāne (inm-), *adv.* [immanis], *frightfully, fiercely, savagely:* leo hians, V.: sonat fluctus, V.

immānis (inm-), e, *adj.* with *comp.* and *sup.* [1 MA-], *monstrous, enormous, immense, huge, vast:* corporum magnitudo, Cs.: praeda: pocula: tegumen leonis, V.: studium loquendi, *excessive*, O.: avaritia, S.: impulsae praeceps inmane ruinae, *the vast crash*, Iu.: Immane quantum discrepat, *vastly*, H. —Fig., *monstrous, frightful, inhuman, fierce, savage, wild:* in ceteris rebus: gentes: Cerberus, H.: istius natura: facinus: dira atque inmania pati, Iu.: inmaniores canes: scelere immanior, V.: hic immanissimus verres.

immānitās (inm-), ātis, *f.* [immanis], *monstrous size, hugeness, vastness, excess:* vitiorum.—*Monstrousness, enormity, heinousness, savageness, fierceness, cruelty, barbarism:* immanitate bestias vincere: gentes immanitate efferatae: in tantā immanitate versari, *among such barbarians:* barbariae: facinoris.

immānsuētus (in-m-), *adj.* with *sup.*, *untamed, wild, savage:* Cyclops, O.: (ventus) immansuetissime, O.

immātūritās (inm-), ātis, *f.* [immaturus], *untimely haste:* tanta.

immātūrus (in-m-), *adj.*, *untimely, unripe, immature, premature:* mors: tibi inmaturo vita erepta est, S.: filius obiit, H.: amor, *unseasonable*, L.

immedicābilis (in-m-), e, *adj.*, *incurable:* volnus, O.: telum, i. e. *fatal*, V.

immemor (in-m-), oris, *abl.* orī, *adj.*, *unmindful, not thinking, forgetful, regardless, negligent, heedless:* ingenium: mens, Ct.: Instamus tamen inmemores, V.: rerum a me gestarum: benefici, T.: coniugis, H.: in testando nepotis, L.: herbarum (iuvenca), V.: pectus, *unfeeling*, Ct.

immemorātus (in-m-), *adj.*, *unmentioned, untold:* iuvat immemorata ferentem legi, i. e. *novelties*, H.

immēnsitās (inm-), ātis, *f.* [immensus], *immeasurableness, immensity:* latitudinum.—*Plur.:* camporum.

1. **immēnsum** (inm-), ī, *n.* [immensus], *a boundless extent, vastness, immensity:* per immensum actus, O.: mons in immensum editus, S.: ad immensum multitudinis speciem augere, L.

2. **immēnsum** (inm-), *adv.* [immensus], *without end, exceedingly, immensely:* creverat, O.

immēnsus (in-m-), *adj.*, *immeasurable, boundless, endless, vast, immense:* magnitudo regionum: domus, O.: fines ingeni: argenti pondus et auri, H.: agmen aquarum, V.: tempore immenso.—Fig., *vast, measureless, boundless, limitless:* Curriculum gloriae: fletus, O.: vorago vitiorum: laudum cupido, V.: immensus ruit profundo Pindarus ore, *fathomless*, H.: immensum est, erratas dicere terras, *there is no end of recounting*, O.

immerēns (in-m-), entis, *adj.*, *undeserving, innocent:* dominus, H.: offerre iniuriam tibi inmerenti, T.

immergō (in-m-), sī, sus, ere, *to dip, plunge, sink, immerse, submerge:* immersus in flumen: virum spumosā undā, V.—Fig.: se in Asuvi consuetudinem, *to insinuate.*

immeritō (inm-), *adv.* with *sup.* [immeritus], *undeservedly, unjustly, without cause:* accusare me inmeritissumo, T.: si immerito, si misera, etc.

immeritus (in-m-), *adj.*, *undeserving, guiltless, innocent, without fault:* Delicta maiorum immeritus lues, H.: gens, V.: paries, H.: inmeriti ultor parentis, O.: immeriti mori, *who deserve not to die*, H.—*Undeserved, unmerited:* laudes, L.: immeritā ope, O.

immersābilis (inm-), e, *adj.* [2 in+merso], *not to be sunk, unconquerable:* adversis undis, H.

immersus, *P.* of immergo.

immētātus (in-m-), *adj. measureless, vast:* iugera, H.

immigrō (in-m-), āvī, ātus, āre, *to remove, migrate, change abode:* in domum.—Fig., of words: immigrasse in suum (locum) diceres, i. e. *have found their appropriate use.*

immineō (in-m-), —, —, ēre, *to project over, lean towards, hang down over, overhang, overarch:* Quos super silex Imminet, V.: imminente lunā, *shining overhead*, H.: in ore impuri hominis imminens, *bending towards:* gestu omni imminenti, *bent towards him:* collis urbi Imminet, *commands*, V.: moenibus tumulus, L.: caelumque quod imminet orbi, O.—*To be near to, touch on, border upon, follow up:* Imminet hic, sequiturque parem, O.: carcer imminens foro, *adjoining*, L.: imminentes domini, i. e. *future*, Ta.—*To threaten, menace:* instabat agmen atque universum imminebat, Cs.: Imbrium divina avis imminentūm, H.: cum Karthago huic imperio immineret: imminent reges Asiae: Parthi Latio, H.—Fig., *to strive eagerly after, be eager for, long for, be intent upon:* avaritiā imminenti esse: in exercitūs opprimendi occasionem, L.: ad caedem: ei potestati, L.: exitio coniugis, O.—*To be at hand, impend:* ea, quae cottidie imminent: mors, quae cottidie imminet: imminentium nescius, Ta.

imminuō (in-m-), uī, ūtus, ere, *to lessen, diminish:* copias.—*To weaken, impair, enfeeble:* mente inminutā, S.—Fig., *to lessen, diminish, abate:* tempus mora inminuerat, S.: imminuitur aliquid de voluptate: se dolor imminuit, O.: verbum imminutum, *contracted.*—*To encroach upon, violate, injure, subvert, ruin, wear out, destroy:* auctoritatem: ius legationis: libertatem: Bocchi pacem, S.: Damnosa quid non imminuit dies? H.: se imminui querebatur, *was slighted*, Ta.

imminūtiō (inm-), ōnis, *f.* [imminuo], *a lessening, weakening, impairing, injuring:* corporis, i. e. *mutilation.*—Fig.: dignitatis.—Esp., as a figure of speech, *understatement, extenuation.*

imminūtus (inm-), *adj.* [*P.* of imminuo], *weak:* mens, *narrow*, Ta.

immisceō (in-m-), miscuī, mīxtus, ēre, *to mix in, intermix, intermingle, blend:* nives caelo prope inmixtae, L.: summis ima, O.: se nubi atrae, V.—Of boxers: manūs manibus, *entwine*, V.—*Pass.*, *to be mingled, be associated, join:* feminas metus turbae virorum immiscuerat, L.: inmixti turbae militum togati, L.—With *se*, *to join, associate with:* se peditibus, L.: se conloquiis montanorum, *joined in*, L.: se nocti, *to disappear in*, V.—Fig., *to mingle, mix, confound, blend:* fugienda petendis, H.: immixta vota timori, O.: variis casibus inmixtis, L.—*Pass.*, *to take part in, concern oneself with, meddle with:* rebus Graeciae inmisci, L.—With *se*, *to take part in, meddle with:* foro se, L.

immiserābilis (in-m-), e, *adj.*, *unpitied:* captiva pubes, H.

immisericorditer, *adv.* [immisericors], *unmercifully:* factum a vobis, T.

immisericors (in-m-), ordis, *adj.*, *pitiless, merciless.*

immīssiō (inm-), ōnis, *f.* [inmitto], *a letting grow, letting alone:* sarmentorum.

immīssus (inm-), *P.* of immitto.

immītis (in-m-), e, *adj.* with *comp.*, *not mellow, harsh, unripe, sour:* uva, H.—*Rough, rude, harsh, hard, severe, stern, fierce, savage, inexorable:* naturā et moribus, L.: tyrannus (i. e. Pluto), V.:

Glycera, H.: oculi, O.: caedes, L.: calcato immitior hydro, O.: urna, i. e. *of the inexorable decision*, O.—*Plur. n.* as *subst.:* ut placidis coëant immitia, *wild creatures with tame*, H.: inmitia ausae, *barbarous acts*, O.

immittō (in-m-), īsī, issus, ere, *to send in, let in, throw into, admit, introduce:* immissus in urbem: servos ad spoliandum fanum: corpus in undas, O.: in terram (navem), *stranded*, L.: canalibus aqua inmissa, Cs.: feraces plantae immittuntur, *are engrafted*, V.: lentum filis immittitur aureum, *is interwoven*, O.: nais inmittitur undis, *plunges into*, O.: inmittor harenae, *reach*, O.: immissa (tigna) in flumen defigere, *driven down*, Cs.: immissi alii in alios rami, *intertwined*, L.—*To send against, let loose, set on, cause to attack, incite:* servi in tecta nostra immissi: completas navīs taedā in classem, Cs.: immittebantur illi canes: in medios se hostīs, *threw himself.* — *To discharge, project, throw at, cast among:* pila in hostīs, Cs.: Lancea costis inmissa, *penetrating*, O.: coronam caelo, *hurls to*, O. — *To let go, let loose, relax, slacken, drop:* immissis frenīs, V.: inmissos hederā conlecta capillos, *flowing*, O.—Fig., *to install, put in possession:* in mea bona quos voles.—*To inflict:* iniuriam in alqm: fugam Teucris, *struck with panic*, V. — *To instigate, suborn:* a Cicerone inmissus, S.—*To admit, commit:* corrector inmittit ipse senarium, *lets escape him.*

immīxtus, *P.* of immisceo.

immō (not īmō), *adv.* [for *ipsimō; ipse]. **I.** In contradiction or denial, *no indeed, by no means, on the contrary, nay, in reality: An.* ubi? domin? *Ch.* immo apud libertum, T.: dictum puta, Nempe . . . *Si.* immo aliud, *nay, something very different*, T.: ubi fuit Sulla? num Romae? immo longe afuit, *oh no!:* silebitne filius? immo vero obsecrabit patrem, ne id faciat: an . . . quos nuper subiecit, Dolopes? immo contra ea, L.: Immo haec Carmina descripsi, *these* (i. e. not such as you call for), V. — Expressing impatience, *no indeed, nay verily:* Idnest verum? immo id hominumst genus pessimum, etc., *is that straightforward? ah no!* T.—**II.** Extending or qualifying what precedes, *yes indeed, assuredly, nay more, by all means, and that too, and even, yes—but: Si.* Quid, hoc intellextin? . . . *Da.* immo callide, T.: vivit immo vigetque, L.: quid tu? Nullane habes vitia? immo alia, H.: num quid est aliud? Immo vero, inquit, est.—In emphatic correction, *nay rather, I may even say:* simulacra deum, deos immo ipsos ablatos esse, L.: vivit? immo vero etiam in senatum venit: Immo ego videar tibi amarior, etc., V.: cui tanta deo permissa potestas? Immo . . . Mortalem eripiam formam (i. e. at eripiam, etc.), V.—In the phrase, immo si scias, *Ah! if you only knew*, T.

immōbilis (in-m-), e, *adj.* with *comp.*, *immovable:* terra: His immobilior scopulis, *heard-hearted*, O.—Fig., *unmoved:* ardet Ausonia immobilis aute, V.

immoderātē (inm-), *adv.* with *comp.* [immoderatus], *without measure, by no rule:* vox profusa. — Fig., *immoderately, extravagantly:* vivere: abuti nostrā facilitate: ferre immoderatius casum.

immoderātiō (inm-), ōnis, *f.* [immoderatus], *want of moderation, excess:* verborum.

immoderātus (in-m-), *adj.*, *boundless, immeasurable:* aether. — Fig., *unrestrained, unbridled, excessive, immoderate:* homo: ne inmoderatus abundes, *unduly officious*, H.: fortitudo, S.: potus et pastus: tempestates.—*Plur. n.* as *subst.:* inmoderata semper cupiebat, S.

immodestē, *adv.* [immodestus], *immoderately, shamelessly:* gloriari, L.

immodestia (inm-), ae, *f.* [immodestus], *intemperate conduct, insubordination:* publicanorum, *extortion*, Ta.: militum, N.

immodestus (in-m-), *adj.*, *unrestrained, excessive, shameless:* in vino, T.: genus iocandi.

immodicē, *adv.* [immodicus], *beyond measure, excessively:* gloriari, L.: potestate uti, L.

immodicus (in-m-), *adj.*, *beyond bounds, enormous, huge:* rostrum, O.: tuber, O.—Fig., *excessive, unrestrained, extravagant, immoderate:* in numero augendo, *given to exaggeration*, L.: linguā, L.: laetitiae, Ta.: animi, Ta.: immodicae Rixae, H.: decreta ad honores sociorum, L.

immodulātus (in-m-), *adj.*, *unrhythmical, inharmonious:* poëmata, H.

immolātiō (inm-), ōnis, *f.* [immolo], *a sacrificing, sacrifice:* immolationis tempus: immolationes nefandae, Ta.

immolātor (in-m-), ōris, *m.* [immolo], *a sacrificer:* immolatoris fortuna.

immōlītus (in-m-), *P.*, *built up, erected.*—*Plur. n.* as *subst.:* in loca publica inaedificata immolitave habere, *buildings or structures*, L.

immolō (in-m-), āvī, ātus, āre, *to sprinkle with sacrificial meal; hence, to make a sacrifice, offer, sacrifice, immolate:* cum Sulla immolaret: Musis bovem: animalia capta, Cs.: homines, Cs.: cum pluribus dis immolatur: quibus hostiis immolandum cuique deo: te hoc volnere, V.

(**immordeō** or **in-m-**), —, sus, ēre, *to bite into.*—Only *P. pass.:* immorso collo, Pr.: stomachus pernā immorsus, i. e. *stimulated*, H.

immorior (in-m-), mortuus, ī, *to die in, die upon, fall upon in death:* sorori, O.: ipsis aquis, O.: immoritur studiis, *pines away over*, H.

immorsus, *P.* of immordeo.

immortālis (in-m-), e, *adj.*, *undying, immor-*

tal: corpus: di, *the gods*, Cs., C.: pro deūm immortalium! T.—*Imperishable, eternal, endless:* (imperatorum) memoria: laudes, Ta.: fructus vestri in me amoris: opera, L.: nemo ignaviā inmortalis factus est, S.: Immortalia sperare, H.: immortalis ero, si, etc., i. e. *perfectly happy*, Pr.

immortālitās (inm-), ātis, *f.* [immortalis], *exemption from death, immortality, endless life:* animorum: vita immortalitate cedens caelestibus. —*Plur.:* hominum, *immortal natures.*—*Imperishableness, imperishable fame, undying renown, immortality:* mors quam immortalitas consequatur: virtute parta, L.: gloriae: aliquid immortalitati tradere: mi inmortalitas Partast si, etc., i. e. *I shall be perfectly happy*, T.

immortāliter, *adv.* [immortalis], *infinitely:* gaudeo.

immōtus (in-m-), *adj.*, *unmoved, immovable, motionless:* (arbor) immota manet, V.: Ceres, O.: mare, Ta.: voltus, Ta.—Fig., *unmoved, unshaken, undisturbed, steadfast, firm:* manent inmota tuorum Fata tibi, V.: animus, Ta.: adversus turmas acies, L.: Si mihi non animo fixum immotumque sederet, Ne, etc., *unchangeable*, V.: pax, Ta.

immūgiō (in-m-), iī, —, īre, *to bellow in, resound inwardly:* immugiit Aetna cavernis, V.: regia luctu, V.

(**immulgeō** or **in-m-**), —, —, ēre, *to milk into.*—Only *P. praes.:* ubera labris, V.

immundus (in-m-), *adj.* with *comp.*, *unclean, impure, dirty, filthy, foul:* ancillula inluvie, T.: canis, H.: nilo inmundior, Ct.: fraudatis lucernis, i. e. *with lamp-oil*, H.—*Plur. f.* as *subst.*, *unclean women*, C.—Of language: dicta, *obscene*, H.

immūniō (inm-), īvī, —, īre, *to fortify:* praesidium, Ta.

immūnis (inm-), e, *adj.* [2 MV-], *not bound, free from obligation, disengaged, unemployed:* non est inhumana virtus neque inmunis, *unsocial:* sedens ad pabula, *idle*, V.: tellus, *untilled*, O.: operum famulae, O.—*Making no return, without payment:* te meis Immunem tingere poculis, *gratis*, H.—*Making no contribution, unburdened, untaxed, not tributary:* piratas inmunīs habere: sine foedere civitates: militiā, L.: eorum (portoriorum) Romani, L.: neque eras inmunis, *neglected*, O.—Fig., *not sharing, free from, devoid of, without, apart from:* urbs belli, V.: bos aratri, O.: necis, *exempt from*, O.: aequoris Arctos, *not setting in*, O.—*Guiltless, pure:* manus, H.

immūnitās (inm-), ātis (*gen. plur.* tātium, C.), *f.* [immunis], *exemption from burdens, immunity, privilege:* omnium rerum, Cs.: provinciae.—Fig.: magni muneris.

immūnītus (in-m-), *adj.*, *unfortified, undefended:* oppida, L.: via, *unpaved.*

immurmurō (in-m-), —, —, āre, *to murmur at, murmur against:* silvis immurmurat Auster, V.: totum immurmurat agmen, *mutter reproachfully*, O.

immūtābilis (in-m-), e, *adj.* with *comp.*, *unchangeable, unalterable, immutable:* causae: spatia: ratio, L.: concordi populo nihil immutabilius.

immūtābilitās (inm-), ātis, *f.* [immutabilis], *unchangeableness, immutability.*

immūtātiō (inm-), ōnis, *f.* [immuto], *an interchange, substitution:* verborum: ordinis.—In rhet., *a metonymy, transferred meaning.*

1. immūtātus (in-m-), *adj.*, *unchanged, unaltered.*

2. immūtātus, *P.* of immuto.

immūtō (in-m-), āvī, ātus, āre, *to change, alter, transform:* inmutarier Ex amore, T.: me inmutatum videt, *my mood*, T.: inmutata urbis facies erat, S.: isti color immutatus est: me tibi: meam figuram, O.: aliquid de institutis priorum.—*To use in a transferred meaning:* immutata (verba), *metonymies:* immutata oratio, *allegory.*

(**īmō**), see immo.

impācātus (inp-), *adj.* [2 in+pacatus], *not peaceable, warlike:* Iberi, V.

impāctus, *P.* of impingo.

impār (in-p-), aris (*abl.* imparī; twice impare, V.), *adj.*, *uneven, unequal, dissimilar:* numerus, *odd:* numero deus impare gaudet, V.: Musae, H.: ludere par impar, *odd or even*, H.: mensae erat pes tertius impar, O.: toga, *awry*, H.: formae, H.: sibi, H.: Sinūs magnitudine, S.: acer coloribus, i. e. *party-colored*, O.—Fig., *ill-matched, uncongenial:* Formae atque animi, H.—*Unequal to, not a match for, unable to cope with, inferior, weaker:* impari numero impetūs sustinet, Cs.: tibi miles impar, H.: bellator hosti, Iu.: tam durae virtuti, Ta.: materno genere impar, S.: nec facies impar nobilitate fuit, O.—As *subst.:* iuncta impari, *to an inferior in rank*, L.: imparibus certare, *unworthy rivals*, H.—Of a contest, *unequal, unfair, ill-matched, beyond one's strength:* certamen: pugna, V.—Fig., *inequitable, unjust:* sors, L.

imparātus (in-p-), *adj.* with *sup.*, *not ready, unprepared, unprovided, unfurnished:* Ut ne inparatus sim, T.: res p., S.: adgredi ad dicendum: inermem atque imparatum adoriuntur, *off his guard:* breve tempus longum est imparatis: omnibus rebus imparatissimis, Cs.

impariter, *adv.* [impar], *unequally:* Versibus iunctis, i. e. *in hexameters and pentameters*, H.

impāstus (in-p-), *adj.*, *unfed, hungry:* leo, V.

impatiēns (in-p-), entis, *adj.*, *that cannot bear, intolerant, impatient, submissive:* viae, O.: volneris, V.: impatiens expersque viri, *avoiding,*

O.: irae, *ungovernable*, O.: corpus laborum, O.: (terra) arborum, Ta.

impatienter (in-p-), *adv.* with *comp.*, *with impatience:* indoluit, Ta.: captivitatem impatientius timere, Ta.

impatientia (inp-), ae, *f.* [impatiens], *impatience, incapacity:* silentii, Ta.: ad impatientiam delabi, i. e. *weakness*, Ta.

impavidē, *adv.* [impavidus], *fearlessly, intrepidly:* exhausto poculo, L.

impavidus (in-p-), *adj.*, *fearless, undaunted, intrepid, unterrified:* pueri, V.: Impavidum (illum) ferient ruinae, H.: pectora, L.: gens ingenio, L.

impedīmentum (inp-), ī, *n.* [impedio], *a hinderance, impediment:* impedimenta naturae diligentiā superare: esse impedimenti loco, Cs.: mi inpedimento estis, T.: libertati tempora sunt impedimento.—*Plur.*, *travelling equipage, luggage:* ob viam fit ei Clodius, expeditus, nullis impedimentis: ibi inpedimenta locare, *the baggage*, S.: impedimentis castrisque nostri potiti sunt, Cs.: magnum numerum impedimentorum ex castris produci iubet, *pack-horses*, Cs.

impediō (inp-), īvī, ītus, īre [PED-], *to entangle, ensnare, shackle, hamper, hinder, hold fast:* Impediunt vincula nulla pedes, O.: illis Crura, O. —*To clasp, bind, encircle, embrace:* narrare parantem Impedit amplexu, O.: caput myrto, H.: equos frenis, *bridle*, O.: clipeum informant . . . septenosque orbibus orbīs Impediunt, *encircle*, V.—*To block up, make inaccessible:* saxa iter impediebant, Cs.: munitionibus saltum, L.—F i g., *to entangle, embarrass:* impeditum in eā (re) expedivi animum meum, T.: stultitiā suā impeditus: me et se hisce nuptiis, T.: mentem dolore: sententia neu se Impediat verbis, H.—*To be in the way, hinder, detain, obstruct, check, prevent, impede:* omnia removentur, quae impediunt: nisi rei p. tempora impedient: de Fausto impedit tribunus, *interposes a veto*, Cs.: me cotidie aliud ex alio impedit: aetate et morbo impeditus: metus rem inpediebat, S.: sinistra impedita, Cs.: somno et metu inpedita fuga, S.: a re p. bene gerendā impediri: se a suo munere: a populo R. in suo iure impediri, Cs.: eloquentia Hortensi ne me dicendo impediat: alquos ad cupiendam fugam, Cs.: impeditus a tribunis ne portaret, etc., S.: ne rem agerent, bello inpediti sunt, L.: ut nullā re impedirer, quin, etc.: nec aetas impedit, quo minus, etc.: impedior religione, quo minus exponam, etc.: me ea improbare: me haec exquirere.

impedītiō (inp-), ōnis, *f.* [impedio], *a hinderance, obstruction:* curarum.

impedītus (inp-), *adj.* with *comp.* and *sup.* [*P.* of impedio], *hindered, embarrassed, obstructed, encumbered, burdened, impeded:* impeditis hostibus propter onera, Cs.: comitatus: agmen, L.: magnam partem eorum impeditam interfecerunt, Cs.: malis domesticis impediti. —*Inaccessible, hard to pass, difficult:* saltūs, L.: navigatio propter inscientiam locorum, *troublesome*, Cs.: impeditissima itinera, Cs.: longius impeditioribus locis secuti, Cs. —F i g., *engaged, busy, preoccupied:* impedito animo.—*Embarrassing, difficult, intricate:* tempora rei p.: disceptatio, L.: cum victoribus nihil impeditum arbitrarentur, Cs.: quid horum non impeditissimum? *a great encumbrance.*

impellō (in-p-), pulī, pulsus, ere. **I.** *To strike against, push, drive, smite, strike, reach:* montem Impulit in latus, V.: inpulsas tentavit pollice chordas, O.: manu portas, V.: Impellunt animae lintea, *swell*, H.: auras mugitibus, O.: antemnas impulit ignis, Iu.—*To break, put to rout, smite:* hostem, L.—F i g., *to strike, inflict a blow upon:* praecipitantem igitur impellamus, *give a push to:* Solus hic animum labantem Impulit, *has mastered*, V.: legentem Aut tacitum quovis sermone, *disturb*, H. —**II.** *To set in motion, drive forward, move, urge on, impel, propel, wield:* biremes subiectis scutulis impulsae, Cs.: Inpulerat aura ratem, O.: Zephyris impellentibus undas, V.: arma, *clash*, V.: nervo impulsa sagitta, *discharged*, V.—F i g., *to move, impel, incite, urge, induce, instigate, stimulate, persuade:* qui nullo impellente fallebant: cum praetor lictorem impellat, Iu.: Bellovacos impulsos ab suis principibus defecisse, Cs.: hac famā inpulsus venit, T.: Indutiomari nuntiis impulsi, Cs.: cum bellum impelleretur, Ta.: eum in eam mentem, ut, etc.: in fraudem obsequio inpelli: plebem ad furorem, Cs.: servum ad accusandum dominum: me, haec ut crederem, T.: alquem, uti eat, S.: Germanos impelli, ut in Galliam venirent, Cs.: animus, huc vel illuc inpellitur, T.: voluntates impellere quo velit: alquos capessere fugam, L.: quae mens tam dira Impulit his cingi telis? V.

impendeō (in-p-), —, —, ēre, *to hang over, overhang:* ut (gladius) impenderet illius cervicibus: saxum Tantalo: iter difficile; mons altissimus inpendebat, *commanded* (it), Cs.—F i g., *to be at hand, be near, be imminent, threaten, impend:* quae vero impendebant, ea depellere: dum impendere Parthi videbantur: ea contentio quae impendet: vento impendente, V.: licet omnes in me terrores impendeant: quantum periculi consuli inpendeat, S.: quid sibi impenderet, suspicari: nobis necessitudo impendet, *presses upon*, S.: inparatum tanta te impendent mala, T.

impendiō (inp-), *adv.* [*abl.* of impendium], *by a great deal, very much:* magis, *far more*, T., C.

impendium (inp-), ī, *n.* [impendo], *money laid out, outlay, cost, charge, expense:* quaestum sibi instituere sine impendio: tantulo impendio victoria stetit, Cu. — *Money paid for a loan, interest, usury:* plebes impendiis debilitata.—Fig.: impendiis augere largitatem tui muneris.

impendō (in-p-), pendī, pēnsus, ere, *to weigh out, lay out, expend:* operam in eas res: certus sumptus impenditur: de vestro, L.: aegram gallinam amico, *lay out the value of*, Iu.—*To expend, devote, employ, apply, use:* ad incertum casum labor impenditur: nil sanguinis in socios, O.: vitam vero, *stake upon*, Iu.: alqd operis, ne, etc.: omnīs Impendunt curas distendere, etc., V.

impenetrābilis (in-p-), e, *adj.*, *not to be pierced, impenetrable:* silex ferro, L.: tegimen adversus ictūs, Ta. — *Unconquerable:* pudicitia, Ta.

impēnsa (inp-), ae, *f.* [impensus; sc. pecunia], *disbursement, expenditure, outlay, cost, charge, expense:* impensam fecimus in macrocolā: nullā impensā, *without cost:* nostra, O.: pecuniae, L.: parcere impensae, *economize*, Iu.: turpes: cenarum, H.: meis impensis, *at the expense of my reputation*, N.: inpensas conferre, *make contribution*, Iu.—*Outlay, cost, waste:* cruoris, O.: operum, V.: officiorum, L.

impēnsē (inp-), *adv.* with *comp.* [impensus], *exceedingly, greatly, very much, earnestly, eagerly, zealously:* invidere, T.: eo facio id impensius, quod, etc.: agere gratias, L.: consulere, V.: venerari numina, O.: accendi certamina in castris, L.: impensius modo, *more than ever*, S.

impēnsus (inp-), *adj.* with *comp.* [*P.* of impendo], *ample, considerate, great:* impenso pretio, *dear*, Cs., L.—As *subst. n.* (sc. pretio): Lusciniae impenso coemptae, H.—*Great, strong, vehement:* voluntas bonorum: erga eos voluntas, L.: impensior cura, O., Ta.

imperāns (inp-), ntis, *m.* [*P.* of impero], *a master, conqueror, ruler.*

imperātōr (inp-), ōris [impero], *a commander-in-chief, general:* imperatoris virtus, T.: invictus: partes imperatoris, Cs.: id est dominum, non inperatorem esse, S.—*Imperator* (a title conferred on a victorious general): Pompeius eo proelio Imperator est appellatus, Cs. — *A commander, leader, chief, director, ruler, master:* (Romani) binos imperatores sibi fecere, i. e. *consuls*, S.: inperator vitae mortalium animus est, S.—*An epithet of Jupiter*, C., L.—*An emperor, chief of the empire:* Traianus, Ta.

imperātōrius (inp-), *adj.* [imperator], *of a general:* labor: partes, Cs.: consilium: ardor oculorum, *commanding.*—*Of the chief of the empire, imperial:* virtus, Ta.

imperātrix (inp-), īcis, *f.* [imperator], *she who commands, a mistress.*

imperātum, ī, *n.* [*P.* of impero], *a command, order:* imperatum facit, *obeys*, Cs.: imperata facere, Cs.: ad imperatum non venire, *according to orders*, Cs.

imperceptus (in-p-), *adj.*, *unperceived, undetected:* mendacia, O.

impercussus (in-p-), *adj.*, *not struck:* pedes, i. e. *noiseless*, O.

imperditus (in-p-), *adj.*, *not destroyed, not slain:* corpora, V.

imperfectus (in-p-), *adj.*, *unfinished, incomplete, imperfect, immature:* reliquum corpus imperfectum reliquerunt: inperfectā re redire, *having failed*, Cs.: infans adhuc, O.: pars manebat, V.: cibus, i. e. *undigested*, Iu.

imperfossus (inp-), *adj.* [2 in+perfossus], *unpierced:* ab omni ictu, O.

imperiōsus (inp-), *adj.* with *comp.* and *sup.* [imperium], *possessed of command, far-ruling, mighty, powerful, puissant:* urbes: dictatura, L.: virga, i. e. *the fasces*, O.: sibi qui imperiosus, *lord of himself*, H.—*Arbitrary, domineering, tyrannical:* domina: Proserpina, *resistless*, H.: imperiosius aequor, H.: familia imperiosissima, L.

imperītē, *adv.* with *comp.* and *sup.* [imperitus], *unskilfully, ignorantly, awkwardly:* facit: quid potuit dici imperitius?: imperitissime dictum.

imperītia (inp-), ae, *f.* [imperitus], *inexperience, ignorance, awkwardness:* legati, S.: pugnam imperitiā poscere, Ta.

imperitō (inp-), āvī, ātus, āre, *freq.* [impero], *to command, govern, rule, be supreme:* decem imperitabant, L.: plerāque Africā, S.: magnis legionibus, H.: nemori, V.: alteri populo cum bonā pace, L.: aequam Rem imperito, *my decree is just*, H.: eadem, Ta.: superbe imperitatum victis esse, L.

imperītus (in-p-), *adj.* with *comp.* and *sup.*, *inexperienced, unversed, unfamiliar, not knowing, unacquainted with, unskilled, ignorant:* homo, T.: callidum imperitus fraudasse dicitur: ne quis imperitior existimet, me, etc.: multitudo, L.: homo morum, *with no experience of life:* tam imperitus rerum, ut, etc., *of so little experience*, Cs.—*Plur. m.* as *subst.:* sermones imperitorum, *the vulgar:* cum imperitis manūs conserere, S.: contio quae ex imperitissimis constat, etc.

imperium (inp-), ī, *n.* [impero], *a command, order, direction, injunction:* meum Inperium exequi, T.: imperio parere, Cs.: Iovis, V.: imperiis deūm expositis, L.: Naturae imperio gemimus, cum, etc., Iu.—*Command, authority, control, power, ascendency, sway:* mitto imperium, T.: tenere imperium in suos: Reges in ipsos imperium est Iovis, H.: mater, quoius sub imperiost, mala, T.: pro imperio submovere, *arbitrarily*, L.: domesticum: arcesse, aut imperium fer, *give the order yourself*,

H.: imperio pueri leonem tradere, O.: Di, quibus imperium est animarum, V.: rerum imperiis hominumque minor, *subject to*, H.—*Supreme power, sovereignty, sway, dominion, empire, supremacy, authority:* regium, S.: cupidus imperi singularis, *sole dominion:* Caesaris, Cs.: imperium extra ordinem dare: sub populi R. imperium dicionemque cadere: Imperium Dido regit, V.: de imperio dimicare: civitati imperium totius provinciae pollicetur, Cs.: auctoritate magis quam imperio regere, L.: Romanorum imperia perferre, *dominion*, Cs.: imperia legum potentiora quam hominum, L.: gravidam imperiis Italiam regere, *sovereignties*, V. —*A public office, magistracy:* cuius (consulis) in imperio, *term:* nec imperia expetenda: gessi maxima imperia.—*Command-in-chief, supreme command, military authority:* cum imperio esse: unum imperium cum ipsis habere, *be under the same military head*, Cs.: mercatorem cum imperio ac securibus misimus.— *A dominion, realm, empire:* urbes inimicissimae huic imperio: contra imperium populi R. pugnare, Cs.: Imperium Oceano qui terminet, V.: auspicia imperi Romani, Ta.: luxuria imperii, i. e. *of the court*, Iu.—Of persons, *an authority, officer, general:* sine imperio copias relinquere, Cs.: imperia et potestates, *military and civil authorities:* Erat plena lictorum et imperiorum provincia, Cs.—F i g., *rule, control:* vide, si in animis hominum regale imperium sit: coactae Imperio sexūs, i. e. *ambition*, Iu.

imperiūrātus (**in-p-**), *adj.*, *by which no false oath is taken:* aquae (of the Styx), O.

impermīssus (**in-p-**), *adj.*, *unlawful, forbidden:* gaudia, H.

imperō (**inp-**), āvī, ātus, āre [1 in+paro], *to command, order, enjoin, bid, give an order:* *Pa.* Iubesne? *Ch.* Iubeam? cogo atque impero, T.: sicuti inperabatur, consistunt, S.: velut deo imperante, Ta.: adeo ad imperandum, *for orders* (i. e. *to receive orders*): alqd mihi, T.: te cogam Quae ego inperem facere, T.: utque Imperet hoc natura potens, H.: arma imperata a populo R., L.: Animo otioso esse impero, T.: iungere equos imperat Horis, O.: has omnīs actuarias imperat fieri, Cs.: Flectere iter sociis Imperat, V.: ex oppidis deduci imperantur: Haec ego procurare imperor, H.: imperabat, quid facto esset, T.: his, uti conquirerent, Cs.: consulibus designatis imperavit senatus, ut, etc., L.: mihi, ne abscedam, T.: suis, ne, etc., Cs.: huic imperat, quas possit, adeat civitates, Cs.—*To exercise authority, command, rule, control, govern:* conturbatis omnibus, S.: imperandi modus: omnibus gentibus: iis, quos vicissent, Cs.: omni Numidiae, S. — *To be master, rule, control, govern:* animus, qui nisi paret, Imperat, H.: Dis te minorem quod geris, imperas, *you are sovereign*, H.: liberis, T.: cupiditatibus: animo, quin, etc., L.: arvis, *make productive*, V.: Imperat aut servit pecunia cuique, *is master or man*, H.—*To give orders for, make requisition for, levy, require, impose, demand:* obsides: arma, Cs.: quantum imperavi, Date (bibere), *prescribed*, T.: ex praediis tributum: cui (puero) cenam: omnibus imperatae pecuniae, Cs.: obsides reliquis civitatibus, Cs.

imperterritus (**in-p-**), *adj.*, *unterrified, dauntless*, V.

impertiō (**inp-**), īvī, ītus, īre [in+partio], *to share with, give a part, communicate, bestow, impart:* si quid novisti rectius istis, Candidus imperti, H.: oneris mei partem nemini: aliquid tibi sui consili: tibi multam salutem, *salutes thee heartily:* talem te et nobis impertias, *wouldst show:* aliis gaudium suum, L.—*To bestow, direct, assign, give:* unum diem festum Marcellis: aliquid temporis huic cogitationi, *devote:* nihil tuae prudentiae ad salutem meam: huic plausūs maximi a bonis impertiuntur. — *To take as a partner, cause to share, present with:* salute Parmenonem, T.: doctrinis, quibus puerilis aetas impertiri debet, N.

impertior, —, —, īrī, *dep.* [collat. form of impertio], *to take as a partner, make a sharer in:* eram hoc malo, T.

impertīta, ōrum, *n.* [*P.* of impertio], *favors, concessions:* pro his impertitis, L.

imperturbātus (**in-p-**), *adj.*, *undisturbed, unruffled, calm:* ōs, O.

impervius (**in-p-**), *adj.*, *not to be traversed, impassable:* amnis, O.: lapis ignibus, *fire-proof*, Ta.

(**impes** or **inpes**, petis), *m.* [in+PET-], *violence, vehemence, force* (only *abl. sing.*): impete vasto ferri, O.: certo impete, O.

impetibilis (**inp-**, **impatib-**), e, *adj.* [in+patibilis], *insufferable, intolerable:* dolor.

impetrābilis (**inp-**), e, *adj.* with *comp.* [impetro], *to be obtained, attainable, practicable:* venia, L.: Iunoni votum facere impetrabile, Pr.: quo impetrabilior pax esset, L.

impetrātiō (**inp-**), ōnis, *f.* [impetro], *an obtaining by request; hence, an entreaty:* nostrae.

impetriō, —, —, īre, *desid.* [impetro], *to seek through omens, inquire for by auspices:* avibus res impetriri solebant: qui impetrire velit.

impetrō (**inp-**), āvī, ātus, āre [in+patro], *to gain one's end, achieve, bring to pass, effect, get, obtain, procure* (by request or influence): si contendisset, impetraturum non fuisse, *succeed:* ab proximis, Cs.: ad impetrandum causa, S.: id si inpetro, T.: ei civitatem a Caesare: istuc, quod postulo, T.: ea, quae vellent, Cs.: pacem, H.: inpetrabo, ut prodat, etc., T.: ut ne iurent: Sequanis, ut patiantur, etc., Cs.: ut referretur, impetrari non potuit, Cs.: ab animo, ut, etc., *to persuade himself*, L.: ne cogerentur, Cu.: de suā salute, Cs.: de agro restituendo, L. — *Abl. absol.:* impetrato, ut manerent, L.

impetus (inp-), ūs, *m.* [1 in+PET-], *an attack, assault, onset:* armatorum: impetum facere in curiam, S.: ad regem, L.: hostes impetu facto nostros perturbaverunt, Cs.: impetum sustinere, Cs.: terrere eum impetu, S.: me in hos impetūs obicere: continenti impetu, *without a pause*, Cs. —*An impulse, rapid motion, impetus, impetuosity, violence, fury, rush, vehemence, vigor, force:* eo impetu milites ierunt, ut, etc., Cs.: fugati terrore ipso impetuque hostium, Cs.: caeli, i. e. *rapid motion:* illam (navem) fert impetus ipse volantem, V.: quieti corpus nocturno impetu Dedi, i. e. *in the night*, Att. ap. C.: tantos impetūs ventorum sustinere, Cs.—Fig., *impulse, vehemence, ardor, passion:* repentino quodam impetu animi incitatus: impetu magis quam consilio, L.: in oratione: divinus: si ex hoc impetu rerum nihil prolatando remittitur, L.: famae, Ta.: Est mihi impetus ire, *I feel an impulse*, O.: imperii delendi: animalia, quae habent suos impetūs, *impulses:* non recti impetūs animi: offensionis, i. e. *freshness*, Ta.

impexus (in-p-), *adj.*, *uncombed:* barbae, V.: porrigo, H.—*Unpolished:* antiquitas, Ta.

impiē (inp-), *adv.* [impius], *irreligiously, undutifully:* in nos facere: deserere regem, Cu.

impietās (inp-), ātis, *f.* [impius], *irreverence, ungodliness, impiety, disloyalty:* impietas et scelus: impietatis duces, *treason:* in parentem, S.: in deos inpietates.

impiger (in-p-), gra, grum, *adj.*, *not indolent, diligent, active, quick, unwearied, indefatigable, energetic:* mercator, H.: ingenium, S.: in scribendo: ad labores: militiā, L.: militiae, Ta.: hostium Vexare turmas, H.: Impiger constitit, i. e. *after a rapid flight*, O.

impigrē, *adv.* [impiger], *actively, quickly, readily:* hostium res attendere, S.: consulem sequi, L.

impigritās (inp-), ātis, *f.* [impiger], *activity, indefatigableness.*

impingō (inp-), pēgī, pāctus, ere [1 in+pango], *to dash against, throw on, thrust at, fasten upon:* alcui lapidem, Ph.: uncus impactus est fugitivo illi: agmina muris, V.: hostes in vallum, Ta.: clitellas ferus impingas, H.: cum caede magnā (hostem) in aciem inpegere, L.—Fig.: Dicam tibi inpingam grandem, *will bring against you*, T. —*To force upon, press upon:* huic calix mulsi impingendus est.

impius (in-p-), *adj.*, of persons, *irreverent, ungodly, undutiful, unpatriotic, abandoned, wicked, impious:* impium se esse fateri: Danaides, H.: miles, V.—As *subst.:* has esse in impios poenas: numero impiorum haberi, Cs.—Of things, *wicked, shameless, impious:* bellum: coniuratio: facinus, S.: cervix, H.: caedes, H.: furor, V.: verba in deos, Tb.: venenum, *deadly*, O.: Tartara, V.

implācābilis (inpl-), e, *adj.* [2 in+placabilis], *unappeasable, implacable, irreconcilable:* se mihi implacabilem praebere: Fabio, L.: numen, O.: iracundiae: ira, O.

(**implācābiliter**), *adv.*, *implacably.*—Only *comp.:* implacabilius irasci, Ta.

implācātus (in-pl-), *adj.*, *unappeased, insatiable:* Charybdis, V.: gula, O.

implacidus (in-pl-), *adj.*, *ungentle, savage, fierce:* genus, H.: fores, Pr.

impleō (in-pl-), ēvī (often implērunt, implēsse, etc., for implēvērunt, etc.), ētus, ēre [PLE-], *to fill up, fill full, make full, fill:* libros: (harena) ora inplere solet, S.: frustis esculentis gremium suum: manum pinu flagranti, *grasp*, V.: gemmis caudam, *cover*, O.: delubra virorum turbā inplebantur, *were thronged*, L.: ventis vela, V.: codices earum rerum: ollam denariorum.—*To fill, sate, satisfy, satiate:* Implentur veteris Bacchi, *regale themselves*, V.: vis impleri, Iu. — *To fill, make fleshy, fatten:* nascentes implent conchylia lunae, H. — *To make pregnant, impregnate:* (Thetidem) Achille, O.—*To fill up, complete:* Luna implerat cornibus orbem, O.—Fig., *to fill, make full:* acta Herculis implerant terras, O.: urbs impletur (sc. contagione morbi), L.: ceras, *cover with writing*, Iu.: urbem tumultu, L.: milites praedā, *satisfy*, L.: lacrimis dolorem, Ta.: sese sociorum sanguine: te ager vitibus implet, *enriches*, Iu.: sermonibus diem, *spends*, O.: Minyae clamoribus implent (Iasonem), i. e. *inflame*, O.: inpletae modis saturae, *perfectly set to music*, L.: adulescentem suae temeritatis, L.: multitudinem religionis, L.—*To fill up, make out, complete, finish, end:* annum, O.: quater undenos Decembrīs, H.: impleta ut essent VI milia armatorum, L.: numerum, Iu.: Graecorum (poetarum) catervas, *complete* (by joining), H.: finem vitae, Ta.—*To fulfil, discharge, execute, satisfy, content:* id profiteri, quod non possim implere: partīs adsensibus, O.: vera bona, Ta.: fata, L.

implētus, *P.* of impleo.

implexus, *P.* [in + plexus], *interwoven, entwined:* implexae crinibus anguīs Eumenides, V. —*Involved:* luctu continuo, Ta.

implicātiō (inpl-), ōnis, *f.* [implico], *an interweaving:* nervorum.—*An insertion, incorporation:* locorum communium.—*An entangling, embarrassment:* rei familiaris.

implicātus (inpl-), *adj.* [*P.* of implico], *entangled, involved, confused:* nec in sermone quicquam: partes orationis.

implicitē (**inpl-**), *adv.* [implicitus], *intricately.*

implicitus (**inpl-**), *P.* of implico.

implicō (**in-pl-**), āvī or uī, ātus or itus, āre, *to infold, involve, entangle, entwine, inwrap, envelop, encircle, embrace, clasp, grasp:* incertos orbīs, V.: quam flumine curvo Implicuit Cephisos, O.: comam laevā, *grasped,* V.: pedes, V.: inter se acies, V.: aciem, S.: (lues) ossibus implicat ignem, V.: bracchia collo, O.: Canidia brevibus implicata viperis Crines, H.—Fig., *to attach closely, connect intimately, unite, associate, join* (only *pass.* or with *se*): qui nostris familiaritatibus implicantur: implicata inscientiā impudentia est: implicatus amicitiis: haec ratio pecuniarum implicata est cum illis pecuniis, etc.—*To entangle, implicate, involve, envelop, embarrass, engage:* di vim suam hominum naturis implicant: alienis (rebus) nimis implicari: ipse tuā defensione implicabere: nisi irae implicaverint animos vestros, *confounded,* L.: tanti errores implicant temporum (sc. scriptorem), *such confused chronology,* L.: multis officiis implicatum tenere: quae quattuor inter se conligata atque implicata: eripere atris Litibus implicitum, H.—*P. perf.*, in the phrase: implicitus morbo or in morbum, *sick, disabled by sickness:* morbo implicitum exercitum tenere, L.: graviore morbo implicitus, Cs.: implicitus in morbum, N.

implōrātiō (**inpl-**), ōnis, *f.* [imploro], *a call for help, imploring:* deorum et hominum, *upon gods,* etc.: illius acerba.

implōrō (**in-pl-**), āvī, ātus, āre [in+ploro], *to invoke with tears:* nomen filii (i. e. filium nomine).—*To call to help, call for aid, appeal to, invoke, beseech, entreat, implore:* alqm: deos deasque omnīs: milites, ne, etc., Cs.: fidem vostram, T.: cuius hominis fides imploranda est?: iura libertatis.—*To pray for, beg earnestly, implore:* auxilium a populo R., Cs.: auxilium urbi, L.: Caelestīs aquas doctā prece, H.: Romanos imploratos auxilium, etc., L.: cum me res p. implorarit.

implūmis (**inpl-**), e, *adj.* [2 in+pluma], *without feathers, unfledged, callow:* pulli, H.: fetūs, V.

impluō (**in-p-**), —, —, ere, *to rain upon:* summis adspergine silvis, O.

impluvium (**inpl-**), ī, *n.* [impluo], *a small court open to the sky* (forming the middle wall of a Roman house, and surrounded by covered galleries): Anguis in impluvium decidit de tegulis, T.: columnae ad impluvium.

impolītē, *adv.* [impolītus], *without ornament.*

impolītus (**in-p-**), *adj.*, *unpolished, rough, inelegant, unrefined:* forma ingeni: res, i. e. *unfinished:* Timaeus compositione verborum.

impollūtus (**in-p-**), *adj.*, *unstained:* virginitas, Ta.

impōnō (**in-p-**), posuī, positus (inpostus, V), ere, *to place upon, set on, impose, establish, introduce, set, place:* Metellum in rogum: In ignem impositast, fletur, T.: quo praesidium imposuerat, S.: eo mulieres imposuerunt (i. e. in raedas), Cs.: molemque et montes insuper altos, V.: in eis urbibus praesidia, S.: tegumenta galeis, Cs.: conlegae diadema: serta delubris, Iu.: iuvenes rogis, V.: quos (artūs) mensis, O.: Impositus mannis, H.: arces Montibus impositae, H.: super aggerem inpositis turribus, S.: quidvis oneris impone, impera, T.: cervici imponere nostrae, *place thyself,* V.—*To put on board, embark:* naves, quo maior numerus militum posset imponi, Cs.: exercitum Brundisi imponere: equitibus in navīs impositis, Cs.: nos cymbae, H.: scaphas contexit, eoque milites imposuit, Cs.—*To set up, place high, raise:* (Romulum) ablatum terris caelo, O.—Fig., *to put upon, impose, inflict:* pacis morem, *dictate conditions,* V.: onus observantiae Bruto: sibi labores, Cs.: mihi honorem, S.: mihi personam hanc, ut, etc.: rei p. volnera: saevas imponite leges, ut, etc., Iu.: Cui tolerare vitam colo Inpositum, *is incumbent,* V.—*To assign, impose, set, apply, give:* praedae cellae nomen: filiis duobus nomina, L.: vocabula rebus, H.: nomen avitum, O.: extremam manum bello, V.: modum alicui, L.—Prov.: Imponit finem sapiens et rebus honestis, Iu.—*To set up, set over, constitute:* dominum, V.: quasi nullo inposito, S.: alquem vilicum: consul est impositus is nobis, quem, etc.: Atheniensibus viros, S.: si domini milites imperatoribus imponantur, L.: Masinissam in Syphacis regnum, L.: in cervicibus nostris dominum.—Of taxes, etc., *to lay, impose, assess, exact:* ceteris vectigal: stipendium victis, Cs.—*To impose upon, deceive, cheat, trick.*—With *dat.:* Catoni egregie: si mihi imposuisset aliquid, *has misled me:* regi, Iu.

importō (**in-p-**), āvī, ātus, āre, *to bring in, introduce, bring from abroad, import:* commeatūs in oppidum, Cs.: vinum ad se importari sinere, Cs.: aere utuntur importato, Cs.—Fig., *to introduce, bring about, occasion, cause:* (perturbationes animi) important aegritudines: fraudem aut periculum, L.: pestem regibus: odium libellis H.

importūnē (**inp-**), *adv.* [importunus], *unsuitably, rudely, violently:* insistere.

importūnitās (**inp-**), ātis, *f.* [importunus], *unsuitableness, unfitness:* aniculae, T.—*Unmannerliness, incivility, rudeness, insolence:* molesta: homo incredibili importunitate: animi.

importūnus (**inp-**), *adj.* with *sup.* [1 PER-], *unfit, unsuitable, inconvenient:* tempus: vi regere patriam inportunum est, S.: machinationibus locus, S.—*Troublesome, grievous, distressing:* pauperies, H.: Caphareus, *stormy,* O.—*Unmannerly, rude, harsh, churlish, cruel, savage:* tyrannus: mulier: senex, T.: importunissimus hostis: dives et importunus, H.: eripiet curule Cui volet importunus ebur, H.: volucres, V.: Inportunus transvolat, etc., *the ungovernable youth*, H.—*Cruel, worthless, unbridled:* libidines: clades civitatis.

importuōsus (inp-), *adj.* [2 in+portuosus], *without a harbor:* mare, S.: litora, L.

impositus, impostus, *P.* of impono.

impotēns (in-p-), entis, *adj.* with *comp.* and *sup.*, *powerless, impotent, weak, feeble, helpless:* homo: ad opem: (Iuno) cesserat impotens Tellure, H.: gens rerum suarum, *not master of*, L.: regendi (sc. equos), *unable to control*, L.: irae, *unbridled in*, L.—*Without self-control, unbridled, unrestrained, headstrong, violent:* alqs, T.: Aquilo, H.: victoria eos impotentiores reddit: homo impotentissimus: quidlibet impotens Sperare, H.: impotentissimus dominatus: impotentior rabies, L.

(impotenter), *adv.* [impotens], *weakly, ineffectually.*—Only *comp.:* impotentius regi, L.

impotentia (inp-), ae, *f.* [impotens], *helplessness, weakness:* sua, T.—*Ungovernableness, violence, fury, unbridled passion:* animi: muliebris, L.: sine impotentiā, Ta.: astri aestuosa, *fiery violence*, H.

impraesentiārum (inpr-), *adv.*, *for the present, under present circumstances, now:* bellum componere, N.: quid conduceret, Ta.

imprānsus (in-pr-), *adj.*, *that has not breakfasted, fasting:* impransi mecum disquirite, H.: magister, H.

imprecor (in-pr-), ātus, ārī, *to call down upon, imprecate:* alcui diras, Ta.: Litora litoribus contraria, i. e. *pronounce the curse of enmity upon*, V.

impressiō, ōnis, *f.* [1 in+PREM-], *an onset, assault, attack, charge:* in sinistrum cornu, L.: dant impressionem, L.—In rhythm, *beats*, C.—In speech, *articulation:* explanata vocum.—F i g., *an impression, perception.*

1. impressus (inpr-), *P.* of imprimo.

2. impressus (in-pr-), *adj.*, *unpressed, not milked:* ubera, Pr.

imprīmīs or **in prīmīs**, see primus.

imprimō (inpr-), pressī, pressus, ere [1 in+premo], *to press upon, press against:* Stamina impresso pollice nentes, O.: Impresso genu nitens, V.: inpressā tellurem reppulit hastā, i. e. *raised herself*, O.—*To stamp, imprint, impress, mark:* vestigium, *plant:* humi litteram: inpressā signat sua crimina gemmā, O.: signa tabellis, H.: (Dido) os impressa toro, V.: sulcus altius impressus, *drawn.*—*To engrave, stamp, mark:* signo suo impressae tabellae, *sealed*, L.: an imprimi quasi ceram animum putamus? *takes impressions:* pondera baltei, Inpressumque nefas, *embossed scene of crime*, V.—F i g., *to impress, engrave, stamp, mark:* in animis notionem: motūs in oratore impressi: memoria publica tabulis impressa.—*To stamp, mark:* flagitiorum vestigiis municipia.

improbātiō (inpr-), ōnis, *f.* [improbo], *disapproval, blame:* ista omnis: hominis.

improbē (inp-), *adv.* with *comp.* and *sup.* [improbus], *badly, wrongly, wickedly, recklessly:* multa fecisti: dici: improbius fieri: quas (res) improbissime fecit: decerpere oscula, Ct.

improbitās (inpr-), ātis, *f.* [improbus], *wickedness, depravity, dishonesty:* singularis: calumniae: illo admirabilis aevo, i. e. *rare*, Iu.: simiae, *roguishness.*

improbō (in-pr-), āvī, ātus, āre, *to disapprove, blame, condemn, reject:* qui si improbasset (SC.), Cs.: iudicium, *overrule:* per improbaturum haec Iovem, H.: potestas probandi improbandique (frumenti), *rejecting:* has (nymphas), *derides*, O.

improbulus (inpr-), *adj. dim.* [improbus], *somewhat wicked, a trifle impudent*, Iu.

improbus (in-pr-), *adj.* with *comp.* and *sup.*, *not good, bad, wicked, reprobate, abandoned, vile, base, impious, bold, shameless, wanton:* nequam et improbus: longe post natos homines improbissimus: fugit improbus, *the rogue*, H.: fit ubi neglegas malus inprobior, S.: anguis, *voracious*, V.: annis, *by his youth*, Iu.: Fortuna adridens infantibus, *mischievous*, Iu.—Of things, *wicked, shameless, outrageous, base:* verba improbissima: ora (leonis), V.: divitiae, H.: oratio, Cs.: dicta, *licentious*, O.: lex improbissima: testamentum, *illegal.*—*Restless, indomitable, persistent:* labor, V.: improbo Iracundior Hadriā, *untamable*, H.: ventris rabies, *insatiate*, V.

imprōcērus (in-pr-), *adj.*, *of small stature, undersized:* pecora, Ta.

imprōdictus (in-pr-), *adj.*, *not postponed:* dies.

imprōmptus (in-pr-), *adj.*, *unready, hesitating:* linguā, L.: Arminius, Ta.

improperātus (in-pr-), *adj.*, *not hasty, lingering:* vestigia, V.

imprōsper (in-p-), era, erum, *adj.*, *unfortunate, unprosperous:* fortuna, Ta.: Claritudo generis, Ta.

imprōsperē (in-p-), *adv.*, *unfortunately*, Ta.

imprōvidē, *adv.* [improvidus], *recklessly, improvidently:* se in praeceps dare, L.

imprōvidus (in-p-), *adj.*, *not foreseeing, off guard:* improvidos hostīs opprimere, L.: futuri certaminis, L.—*Heedless, reckless, careless, regardless:* senes: pectora, V.: festinatio improvida est, L.: consilii, Ta.: futuri, Ta.

imprōvīsō (in-p-), *adv.* [improvisus], *on a*

sudden, unexpectedly: pagum adoriri, Cs.: ut tempestates improviso concitantur: apparuit ignis, V.: repertus, O.

imprōvīsus (**in-pr-**), *adj.* with *comp.*, *not foreseen, unforeseen, unexpected:* malum, S.: sapienti nihil improvisum accidere potest: pupilli calamitas: adventus: vis leti, H.: Improvisi aderunt, V.: anguis, *concealed*, V.: quo improvisior pestis fuit, Ta.—As *subst. n.*, in the phrases, de improviso and ex improviso, *unexpectedly, on a sudden:* Quasi de improviso respice ad eum, T.: accessit ex improviso aliud incommodum, Cs.: ecce ex inproviso Iugurtha, etc., S.

imprūdēns (**in-pr-**), entis, *adj.*, *not foreseeing, not expecting, without knowing, unaware, unsuspecting, ignorant, inconsiderate, heedless, inadvertent:* dico omnia, T.: imprudentīs hostīs adgredi, Cs.: milites, *off their guard*, Cs.: libellus, qui me imprudente et invito excidit: adulescens, *inexperienced*, T.: numquid ego illi Imprudens faciam? *inadvertently*, H.: numquam imprudentibus imber Obfuit, *unwarned*, V.: harum rerum, T.: legis, *ignorant:* impendentium malorum, *without apprehension:* frons laborum, *not experienced in*, V.

imprūdenter (**inpr-**), *adv.* with *comp.* [imprudens], *without foresight, ignorantly, inconsiderately:* putant: facere, N.: accessit imprudentius, T.

imprūdentia (**inpr-**), ae, *f.* [imprudens], *want of foresight, inconsiderateness, imprudence, ignorance, inadvertence:* imprudentiā admissum facinus, S.: eventūs, L.: inprudentiā cursu decedere, Cs.: cum id imprudentiā accidere potuerit: per imprudentiam errare, *by inadvertence:* teli emissi, *aimlessness.*

impūbēs (**in-p-**), eris (C., Cs., O.), and **impūbis**, is (H., V., L., O., Ta.), *adj.* [2 in+pubes], *under age, youthful, beardless:* filium impuberem necatum esse: servi omnes ad impuberes, Cs.: comes impubis Iuli, V.: impubem Troïlon Flevere, H.—As *subst. m.:* productis omnibus elegisse impubīs dicitur, *the boys*, L.—Of things: corpus, H.: malae, *beardless*, V.: impubibus annis, *in childhood*, O.—*Celibate, virgin, chaste:* impuberes permanere, Cs.

impudēns (**in-p-**), entis, *adj.* with *comp.* and *sup.*, *without shame, shameless, impudent:* pudens impudentem (fraudat): quis impudentior?: Impudens liqui patrios Penates, H.: audacia, T.: largitio, S.: furtum: impudentissimae litterae.

impudenter (**inp-**), *adv.* with *comp.* and *sup.* [impudens], *shamelessly, impudently:* facere, T.: loqui: impudentius ab sociis abstulit: impudentissime mentiri.

impudentia (**inp-**), ae, *f.* [impudens], *shamelessness, impudence:* quae perturbes haec tuā inpudentiā, T.: vicit tamen inpudentia, S.: inpudentiā fretus: tenere cuius inpudentiae est? Cs.

impudīcitia, ae, *f.* [impudicus], *shamelessness, immodesty, impurity:* sua.

impudīcus (**in-p-**), *adj.* with *sup.*, *shameless, impudent, without modesty:* omnes impuri impudicique: et consul et impudicissimus: mulieres.

impūgnātiō (**inp-**), ōnis, *f.* [impugno], *an attack, assault.*

impūgnō (**in-p-**), āvī, ātus, āre, *to fight against, attack, assail:* acrius, Cs.: terga hostium, L.—*To attack, assail, oppose, impugn:* tempus impugnandi: acerrime regem, S.: nostra, H.

impulsiō (**inp-**), ōnis, *f.* [1 in+1 PAL-], *external pressure, influence:* aliqua.—Fig., *incitement, instigation, impulse:* ad omnem animi motum: ad hilaritatem, *pleasantry.*

impulsor (**inp-**), ōris, *m.* [1 in+1 PAL-], *one who incites, an inciter, instigator:* Syrus, T.: impulsores et socii sceleris illius: me inpulsore, T.

1. impulsus (**inp-**), *P.* of impello.

2. impulsus (**inp-**), ūs, *m.* [1 in+1 PAL-], *a striking against, push, pressure, shock, impulse:* impulsu scutorum copiae pulsae: alieno impulsu moveri: dimotis inpulsu pectoris undis, O.—Fig., *incitement, instigation, influence:* inpulsu duxisti meo, T.: cuius inpulsu deditionem ceperat, S.: tuā sponte, non impulsu meo.

impūne (**inp-**), *adv.* with *comp.* [impunis], *without punishment, unpunished, with impunity:* haec facere, T.: facere (iniuriam) impune si possis: iniurias tulisse, *inflicted*, Cs.: occidi, *unavenged:* iniuriam accepisse, S.: at non inpune feremus, O.: recitare, *without retaliation*, Iu.: crederem mihi inpunius Dicere, T.: quo impunius dicax esset: Emicat hic impune putans (sc. se hoc facturum), V.—*Safely, unharmed, without danger:* impune in otio esse, *with safety:* alterius ramos Vertere in alterius, *unharmed*, V.

impūnis (**inp-**), e, *adj.* [2 in+poena], *unpunished:* neve hoc inpune fuisset, O.: scelus, O.

impūnitās (**inp-**), ātis, *f.* [impunis], *freedom from punishment, safety, impunity:* illi inpunitatem concedere, S.: maximam inlecebram esse peccandi impunitatis spem: peccatorum.—*Rashness, inconsiderateness:* gladiorum: iuvenilis dicendi.

impūnītē, *adv.* [impunitus], *with impunity:* facere.

impūnītus (**in-p-**), *adj.* with *comp.*, *unpunished, unrestrained, free from danger, safe, secure:* iniuria: scelus, S.: nec diu proditoribus impunita res fuit, L.: qui tu impunitior illa obsonia captas? H.: quo inpunitior sit (Appius), L.—*Unrestrained, unbridled:* mendacium.

impūrātus (**inp-**), *adj.* [impurus], *defiled, infamous, abandoned, vile:* ille, *that vile wretch*, T.: hunc inpuratum Ulcisci, T.

impūrē, *adv.* with *sup.* [impurus], *basely, shamefully, vilely, infamously:* impure atque flagitiose vivere: a quo impurissime haec nostra fortuna despecta est.

impūritās (**inp-**), ātis, *f.* [impurus], *uncleanness, pollution, impurity:* caeni: omnīs impuritates suscipere.

impūrus (**inp-**), *adj.* with *comp.* and *sup.* [2 in+purus], *unclean, filthy, foul:* impurae matris prolapsus ab alvo, O.—Fig., *unclean, defiled, impure, infamous, abandoned, vile:* vox: historia, O.: animus, S.: persona: O hominem impurum! T.: anus haud impura, *decent*, T.: illo impurior: quadrupedum impurissimus.

1. imputātus (**inp-**), *P.* of imputo.

2. imputātus (**inp-**), *adj.* [2 in+putatus], *unpruned, untrimmed:* vinea, H.

imputō (**inp-**), āvī, ātus, āre [1 in+puto], *to reckon, attribute, make account of, charge, ascribe, impute:* data (munera), Ta.: beneficium mihi, Ph.: natum imputat illis, (the fate of) *his son*, O.: exercitui moras belli, Ta.

īmulus, *adj. dim.* [imus], *the lowest:* auricilla, Ct.

īmus, *adj. sup.* [contr. for infimus], *the lowest, deepest, last:* ab imis unguibus usque ad verticem summum: penetralia, O.: imā verrit vestigia caudā, *tip*, V.: fundo in imo, *at the very bottom*, V.: vox, *the highest treble* (opp. summa, the bass), H.: conviva, *at the foot*, H.: ad imam quercum, *at the foot of the oak*, Ph.: currūs, *low wheels* (of the plough-team), V.: deorum Gratus imis, *of the lower world*, H.—As *subst. n.*, *the bottom, depth, lowest part:* murus ab imo ad summum, L.: locus ab imo acclivis, Cs.: Ianus summus ab imo, *from end to end*, H.: vertere ab imo moenia, *utterly*, V.: (aurīs) instabiles imo facit, *at the roots*, O.: aquae perspicuae imo, *to the bottom*, O.: medio ne discrepet imum, *the end*, H.: Dormiet in lucem . . . ad imum Thraex erit, *at last*, H.: inter Ima pedis, *clefts of the hoof*, V.: ima summis Mutare, *turn the lowest into the highest*, H.: qui regit ima, *the under world*, O. — Fig., of time or rank, *the last* (poet.): mensis, O.: poëma, Si paulum summo decessit, vergit ad imum, *from the sublime . . . to the ridiculous*, H.

1. in (old **indu**), *prep.* with *acc.* or *abl.* **I.** With *acc.*, in space, with verbs implying entrance, *into, to:* in Epirum venire: in flumen deicere: in Ubios legatos mittere, Cs.: Thalam pervenit, in oppidum magnum, S.—Fig.: in memoriam reducere: in animum inducere, L.: dicam quod mi in mentemst, T.—With verbs of motion, *up to, to, into, down to:* in caelum ascendere: in aram confugitis ad deum, *up to the altar:* vas in manūs sumere, *into his hands:* se in manūs Romanis tradidisse, L.—With verbs of rest or placing, *in:* adesse in senatum iussit: Minucius in custodiam habitus, *thrown into prison and kept there*, L.: propinquas suas nuptum in alias civitates conlocasse, Cs.—Of direction or local relation, *towards, in front of, over against:* in orientem Germaniae obtenditur, Ta.: coram in os te laudare, T.: castra movet in Arvernos versus, *towards*, Cs.: in Galliam versus movere, S.—In time, *into, till, for:* dormiet in lucem, *till broad day*, H.: in multum diei, L.: e somno, quem in diem extrahunt, Ta.: indutias in triginta annos impetraverunt, *for thirty years*, L.: in omne tempus, *forever:* hominem invitavit in posterum diem, *for the following day.*—In adverbial expressions with words of time: sancit in posterum, ne quis, etc., *hereafter:* res dilata est in posterum, *to a later day:* et in praesentia hi et in futurum metum ceperunt, L.: in perpetuum fore: non in tempus aliquod, sed in aeternum, L.: ex raptis in diem commeatibus, *for immediate use*, L.: fundum emere in diem, i. e. *a fixed day of payment*, N.: in dies singulos, *each succeeding day:* in dies, *day by day*, L.: nos in diem vivimus, *for the moment:* in diem et horam, *every day*, H.: in horas, *hourly*, H.—Of reference, *in relation to, about, respecting, towards, against:* id, quod est in philosophos dictum, *concerning:* carmen, quod in eum scripsisset: in liberos nostros indulgentia: impietates in deos, *against:* in dominum quaeri, *as a witness against:* invehi in Thebanos, N.: hominis definitio una in omnīs valet, *applies to:* in obsequium pronus, H.: in utrumque paratus, V.: in incertum, ne, etc., *in view of the uncertainty, whether*, L.—Of purpose, *for, with a view to:* haec civitas mulieri in redimiculum praebeat: Regium in praesidium missa legio, *as a garrison*, L.: in gratiam sociorum, *to gratify*, L.: Quos audere in proelia vidi, V.: praemia, in quorum spem pugnarent, L.: in spem pacis solutis animis, L.: Ingrata misero vita ducenda est in hoc, ut, etc., H.: satis in usum, *for immediate wants*, L.—Of result, *to, unto, so as to produce:* in familiae luctum nupsit: Excisum Euboicae latus ingens rupis in antrum, V.: commutari ex veris in falsa.—In the phrases, in tantum, *so far, so greatly:* nec In tantum spe tollet avos, V.: in tantum suam felicitatem enituisse, L.—In rem esse, *to be useful, avail:* si in rem est Bacchidis, T.: imperat, quae in rem sunt, L.: in rem fore credens universos adpellare, S.—Of manner, *according to, after:* ille in eam sententiam versus, *to this effect:* in utramque partem disputat, *on both sides:* cives servilem in modum cruciati, *like slaves:* vaticinantis in modum canere, L.: virtutem in maius celebrare, S.: in hanc formulam iudicia: sc. in haec verba factum, L.: in universum, *in general*, L.: in universum aestimanti, *upon a general view*, Ta.—Of distribution, *into, for, according to:* Gallia divisa est in partīs trīs, Cs.: describebat censores binos in singulas civitates, i. e. *for each state:* sextantibus conlatis in capita, *a head*, L.—Praegn.: in eorum potestatem portum futurum intellegebant, *would fall:* in potestatem Locrensium esse, L.

II. With *abl.*, of space, *in, within:* in cerebro animi esse sedem: quae res in nostris castris gererentur, Cs.: in foro palam Syracusis: (caedes) in viā facta: nupta in domo, L.: copias in castris continent, Cs.: in tuā sedeculā sedere: Heri coïmus in Piraeo, T.: navis et in Caietā parata.—Of position, *on, upon, over, among, before, in, under:* in equo sedens, *on horseback:* in eo flumine pons erat, *over*, Cs.: multā te in rosā urget, H.: Caesaris in barbaris erat nomen obscurius, *among*, Cs.: in Brutiis praeesse, L.: in manu poculum tenens: est in manibus oratio: gloria in oculis sita, S.: populari in oculis eius agros, *under*, L.—*In, with, wearing, under, clad, covered:* in veste candidā, L.: in lugubri veste, Cu.: homines in catenis Romam mittere, L.: in violā aut in rosā, *garlanded:* legiones in armis, Cs.—Of a multitude or number, *in, among, of:* In his poëta hic nomen profitetur suom, T.: sapientissimus in septem: eum in tuis habere: iustissimus unus in Teucris, V.—Of writings, *in:* in populorum institutis aut legibus: in Timaeo dicit: perscribit in litteris, hostīs ab se discessisse, Cs.: in Thucydide orbem modo orationis desidero, *in the style of.*—Fig., of mind or character, *in:* in animo habere: quanta auctoritas fuit in Metello!: in omni animante est summum aliquid.—In phrases, with *manibus* or *manu, at hand, under control, within reach:* quamcunque rem habent in manibus: neque mihi in manu fuit Iugurtha qualis foret, *in my power*, S.: cum tantum belli in manibus esset, *on their hands*, L.: quorum epistulas in manu teneo.—With *loco:* in eo loco, *in that state, in such a condition:* in eo enim loco res sunt nostrae, ut, etc., L.: quo in loco res esset, cognoscere, Cs.: quod ipse, si in eodem loco esset, facturus fuerit, L.—In eo esse ut, etc., *to be in such a condition*, etc.: cum in eo esset, ut, etc., *the situation was such*, L.—Of time, *in, during, in the course of, within:* in tempore hoc, T.: in tali tempore, L.: in diebus paucis, T.: Tam in brevi spatio, T.: in omni aetate: in totā vitā inconstans.—*In, while, during:* fit, ut distrahatur in deliberando animus: in dividendo partem in genere numerare: in agris vastandis, *in laying waste*, Cs.: cum in immolandā Iphigeniā tristis Calchas esset.—In phrases, in tempore, *in time, at the right time, seasonably:* ipsum video in tempore huc se recipere, T.: spreta in tempore gloria interdum cumulatior redit, L.—In praesentiā, *at present, now, for the moment, under existing circumstances:* sic enim mihi in praesentiā occurrit: id quod unum maxime in praesentiā desiderabatur, L.—In praesenti, *for the present:* haec ad te in praesenti scripsi, ut, etc.: talenta centum in praesenti, *down*, L.—Of condition or occupation, *in, subject to, affected by, experiencing, engaged in, involved in:* magno in aere alieno: torpescentne dextrae in amentiā illā? L.: diem in laetitiā degere, T.: civitas, quae tibi in amore fuit, *beloved:* in invidiā esse, L.: quod in summis tuis occupationibus voluisti, etc., *when engrossed by:* in eo magistratu pari diligentiā se praebuit, N.: esse in vitio, *in the wrong:* hoc est in vitio, perhorrescere, etc., *is wrong.*—*In the case of, in relation to:* numcubi meam Benignitatem sensisti in te claudier? *in your case* (i. e. *towards you*), T.: facere in eo, cuius, etc., *in the case of the man*, Cs.: in furibus aerari, S.: Achilles talis in hoste fuit, V.: in hoc homine saepe a me quaeris, etc., *in the case of.*—In phrases, with *summā, in all, in a word, in fine:* in omni summā me ad pacem converto.—With *neut. sing.* of an *adj.* (expressing more abstractly the quality): cum exitūs haud in facili essent (i. e. haud faciles), L.: in obscuro vitam habere, S.: in dubio esse, L.: in integro esse: in tuto esse, L.: in aequo esse, L.: in aperto esse, S.: in promisco esse, L.: in incerto haberi, S.

III. In composition, in retains its *n* before vowels, and before *h, c, d, f, g*, consonant *i, n, q, s, t, v*, usually also before *l* and *r*, and very frequently before *m, b, p*. But the *n* is usually assimilated before *m, b, p*, and often before *l, r*.

2. in-, an inseparable particle [cf. Gr. ἀ-, ἀν-; Germ. and Eng. un-], which, prefixed to an *adj.*, negatives or reverses the meaning: impar, *unequal:* intolerabilis, *unbearable:* immitis, *ruthless.*—In tmesis: Hanc . . . Inque salutatam linquo, V. In composition 2 in- has the same forms as the *praep.* 1 in, but loses the *n* before *gn-*.

in-accessus, *adj.*, *unapproached, inaccessible:* lucus, V.: spelunca radiis, V.

in-acēscō, —, —, ere, *inch.*, *to turn sour at, sour upon.*—Fig.: tibi per sensūs, i. e. *imbitter you*, O.

in-adsuētus, *adj.*, *unaccustomed:* equi, O.

in-adūstus, *adj.*, *unsinged:* corpus, O.

in-aedificō, āvī, ātus, āre, *to build as a superstructure, erect as an addition, erect, construct:* inaedificata in muris moenia, Cs.: in quā (domo) sacellum: quae in loca publica inaedificata habebant, L.— *To build up, wall up, close by walls:* vicos, Cs.: portae inaedificatae, *barricaded*, L.: sacella inaedificata.

in-aequābilis, e, *adj.*, *uneven, unequal:* solum, L.: varietas.

in-aequālis, e, *adj.*, *uneven:* loca, Ta.: phiala, Iu.—*Unequal, unlike:* portūs, *of different sizes*, O.: calices, H.: autumni, *changeable*, O.: Vixit inaequalis, clavum ut mutaret in horas, *inconstant*,

H.: tonsor, *that cuts unevenly*, H.: procellae, *that roughen the sea*, H.

inaequāliter, *adv.* [inaequalis], *unequally, disproportionately:* deprimere alios, alios extollere, L.: campus sinuatur, Ta.

in-aequātus, *adj.*, *unequal:* onus, Tb.

in-aequō, —, —, āre, *to make even, level:* haec cratibus terrāque, Cs.

in-aestimābilis, e, *adj.*, *not to be judged of, unaccountable:* animi multitudinis, L.—*Inestimable, invaluable, incalculable:* e grege se velut inaestimabilem secernere, L.: gaudium, L.—*Not estimable, valueless.*

in-aestuō, —, —, āre, *to boil in, rage within:* inaestuat praecordiis bilis, H.

in-amābilis, e, *adj.*, *unlovely, unattractive, repugnant, repulsive, odious:* palus undā, i. e. *the Styx*, V.: regnum (of Pluto), O.

in-amārēscō, —, —, ere, *inch.*, *to become bitter:* epulae, H.

in-ambitiōsus, *adj.*, *unambitious, modest:* rura, O.

inambulātiō, ōnis, *f.* [inambulo], *a walking up and down*, C.—*A shaking, swaying:* lecti, Ct.

in-ambulō, —, —, āre, *to walk up and down, pace to and fro:* ante lucem domi; in porticu: per muros, L.

in-amoenus, *adj.*, *unpleasant, disagreeable, gloomy:* regna (of Pluto), O.

ināne, is, *n.* [inanis], *an empty space, void, open space:* ad inane pervenire, L.: nullum: vacuum, V.: audito sonitu per inane, O.: rapti per inania vento, O.—Fig., *vanity, worthlessness:* inane abscindere soldo, H.: inania captare, H.: inter inania belli, *as an idle show*, Ta.

in-animālis, e, *adj.*, *without life, inanimate:* animalia inanimaliaque omnia, L. (al. inanima).

inanimus, *adj.* [2 in+anima], *lifeless, inanimate:* inanimum est omne, quod, etc.: natura.

inānis, e, *adj.* with *comp.* and *sup.*, *empty, void:* vas: domum reddere inanem: naves (opp. onustae), Cs.: naves, *dismantled:* tumulus, *cenotaph*, V.: sepulchrum, O.—*Void, stripped, deserted, abandoned, unoccupied:* civitas: egentes inanesque discedere, *empty-handed:* equus, *without a rider:* Absint inani funere neniae, *without a corpse*, H.: venter, *hungry*, H.: quod inani sufficit alvo, Iu.: laeva, *without rings*, H.: litterae, *empty:* paleae, *light*, V.: corpus, *lifeless:* galea, i. e. *harmless*, V.: umbra, O.: verba, *a semblance of speech*, V.: Gaurus (an extinct volcano), Iu.: epistula inanis aliquā re utili: ager centum aratoribus inanior est, *less populous by:* Sanguinis pectus inane, O.: lymphae dolium, H.—Fig., *empty, useless, worthless, vain, unprofitable:* Laborem inanem capit, T.: honesti inane nomen esse: elocutio: damnatus inani iudicio, Iu.: minae: multae res, ut gloria, *unsubstantial:* causas nectis inanīs, *pretexts*, V.: simulatio, Cs.: fama, *unfounded*, V.: Tempus, *leisure*, V.: omnia plena consiliorum, inania verborum, *poor in words:* quae inanissima prudentiae reperta sunt.—Of persons, *vain, puffed up, worthless, petty:* homo, S.: inanīs Hoc iuvat, *empty heads*, H.: animus: inaniora ingenia, L.

inānitās, ātis, *f.* [inanis], *emptiness, empty space:* per inanitatem ferri.—Fig., *worthlessness, inanity:* summa.

inā̆niter, *adv.* [inanis], *vainly, idly, uselessly:* exsultare: pectus angere, H.

in-arātus, *adj.*, *unploughed, untilled, fallow:* terra, V.: tellus, H.

in-ārdēscō, ārsī, —, ere, *inch.*, *to kindle, take fire, burn, glow:* nubes Solis inardescit radiis, V.: aestuosius, H.—Fig.: amor specie praesentis inarsit, O.: cupidine vindictae, Ta.

in-assuētus, see inadsuetus.

in-attenuātus, *adj.*, *undiminished:* fames, *unappeased*, O.

in-audāx, ācis, *adj.*, *not daring, timorous:* raptor, H.

in-audiō, īvī, ītus, īre, *to hear whispered, get an inkling of:* re Gadibus inauditā fore ut, etc., *it having been rumored among*, etc.: numquid de quo inaudisti?

in-audītus, *adj.*, *unheard-of, unusual, strange, new, incredible:* agger novi generis atque inauditus, Cs.: scelus: incredibilis atque inaudita gravitas: cui sunt inauditae querellae tuae?: volucres, Ta.—*Unheard, not brought to trial:* alqm inauditum damnare, Ta.

inaugurātō, *adv.* (*P.* of inauguro, *abl. absol.*), *after taking auguries, with regard to omens:* id inaugurato facere, L.: consecrare locum, L.

in-augurō, āvī, ātus, āre, *to take omens from the flight of birds, practise augury, divine:* ad inaugurandum templa capiunt, L.: divine tu, inaugura, fierine possit, L.—*To hallow by augury, consecrate, inaugurate, install:* vide, qui te inauguret: augur in locum eius inauguratus est, L.

inaurātus, *adj.* [*P.* of inauro], *gilded, golden:* statua: quem inauratum in Capitolio fuisse, etc. (i. e. cuius statuam): acanthus, O.: Hercules, Iu.

in-aurō, —, ātus, āre, *to overlay with gold.*—Fig., *to gild, enrich:* a Caesare inaurari: ut te liquidus fortunae rivus inauret, H.

in-auspicātō, *adv.* [inauspicatus], *without consulting the auspices:* pomoerium transgredi.

in-auspicātus, *adj.*, *without consulting the auspices:* lex, *passed without omens*, L.

in-ausus, *adj.*, *not ventured, unattempted:* nil linquere inausum, V.: quid inausum vobis? Ta.

in-b-, see imb-.

in-caeduus, *adj.*, *uncut, not felled:* lucus, O.

in-calēscō, caluī, —, ere, *inch.*, *to grow warm, be heated, glow:* incalescente sole, L.: incaluit vis illa mali (i. e. veneni), O.: vino, L.—F i g., *to glow, kindle, be inspired:* deo, O.: acres Incaluere animi (equorum), O.: ad magnas cogitationes, Ta.

in-calfaciō, —, —, ere, *to warm, heat:* culmos Titan incalfacit, O.: cultros, O.

incallidē, *adv.* [incallidus], *unskilfully:* non incallide, *cleverly.*

in-callidus, *adj.*, *unskilful, unintelligent:* servus non incallidus: homines.

in-candēscō, duī, —, *inch.*, *to grow warm, be heated, glow, kindle:* illud (plumbum) incandescit eundo, O.: spumis incanduit unda, Ct.: Tempestas autumni incanduit aestu, V.

(**in-cānēscō**), canuī, —, ere, *inch.*, *to become white, turn gray, grow hoary* (only *perf.*): ornusque incanuit albo Flore piri, V.

in-cantō, —, ātus, āre, *to enchant, fix a spell upon:* incantata vincula, *love-charms*, H.

in-cānus, *adj.*, *gray, hoary:* menta, V.: labra Famis, *pallid*, O.: saecula, *hoary centuries*, Ct.

in-cassum or **in cassum**, *adv.* [see cassus], *in vain, to no purpose, uselessly:* furere, V.: tot pati labores, V.: missae preces, L.: studio gestire lavandi, *wantonly*, V.

in-castīgātus, *adj.*, *unpunished, unreproved*, H.

incautē, *adv.* with *comp.* [incautus], *incautiously, inconsiderately, recklessly:* stulte omnia et incaute: pugnare, L.: incautius custodiae dispositae, Cs.: murum incautius subit, L.

in-cautus, *adj.* with *comp.*, *incautious, improvident, inconsiderate, heedless, reckless:* homo: in ipsum incautum incidere, Cs.: ab secundis rebus incauti, L.: ad credendum pavor, L.: studio eundi, O.: morte sodalis, *made reckless*, V.: Sychaeum Clam ferro incautum superat, *while off his guard*, V.: a fraude, *unsuspicious of*, L.: futuri, H.: incautior fuissem, nisi, etc.: iuventā incautior, L.—*Unforeseen, unexpected:* iter hostibus, Ta.: alqd incautum atque apertum habere, *treat without caution or reserve*, L.: Sic est incautum, quidquid habetur amor, i. e. *not to be guarded against*, Pr.

in-cēdō, cessī, cessus, ere, *to advance, march, proceed, stride, move, stalk, strut:* Virum incedere Video, T.: socios per ipsos, V.: Per meos finīs, H.: totā in urbe, O.: quācumque incederet: si pedes incedat, *on foot*, L.: omnibus laetitiis: per ora vestra magnifici, S.: ego quae divūm incedo regina, *walk in majesty*, V.: meo nunc Superbus incedis malo, H.—Of troops, *to move, advance, march, make way:* in perculsos Romanos acrius, S.: infestior in erumpentīs incessit, L.: munito agmine, S.: usque ad portas urbis, L.: scaenam, *to tread*, Ta.: fontem nando, *to traverse*, Ta.—F i g., *to advance, go on:* facilius ad inventionem animus incedet, si, etc.—*To come, happen, befall, attack, approach, arrive, appear, occur:* Nova nunc religio unde istaec incessit? T.: tantus eo facto timor incessit, Cs.: super haec timor incessit Sabini belli, L.: lascivia atque superbia incessere, S.: anni principium incessit, Ta.: exercitui omni tantus incessit ex incommodo dolor, ut, etc., Cs.: quibus belli timor insolitus incesserat, S.: gravior cura patribus incessit, L.: ipsum ingens cupido incesserat Tarenti potiundi, L.: tantus terror Tarquinium incessit, ut, etc., L.: pestilentia incedit in castra, L.

in-celebrātus, *adj.*, *not spread abroad*, Ta.

incendiārius, ī, *m.* [incendium], *an incendiary*, Ta.

incendium, ī, *n.* [in+CAND-], *a burning, fire, conflagration:* calamitosum, S.: in incendiis faciendis, Cs.: frumentum flumine atque incendio conruperunt, Cs.: nihil cogitant nisi incendia: neglecta solent incendia sumere virīs, H.: incendia gentes In cinerem vertunt, O.: socios incendia poscit, i. e. *firebrands*, V.—F i g., *fire, flame, heat, glow, vehemence:* in suas fortunas excitatum: incendio alieni iudici conflagrare, L.: cupiditatum incendiis inflammatus: incendia mitia, *gentle passions*, O.

incendō, dī, sus, ere [CAND-], *to set fire to, kindle, burn:* cupas taedā ac pice refertas, Cs.: odoribus incensis: lychnos, V.: urbem, S.: aedificia vicosque, Cs.: navīs: aedīs, Iu.: vepres, V.: cum ipse circumsessus paene incenderere, *wast consumed.*—*To light up with fire, kindle:* aras votis, i. e. *in pursuance of vows*, V.—*To brighten, illumine:* eiusdem (solis) incensa radiis luna: auro Squamām incendebat fulgor, V.—F i g., *to kindle, inflame, set on fire, fire, rouse, incite, excite, irritate, incense, enrage:* Loquar? incendam; taceam? instigem, T.: hominem gloriā: me, ut cuperem, etc.: me tuis querellis, V.: plebem largiundo, S.: animum cupidum inopiā, T.: odia improborum in nos: pudor incendit virīs, V.: rabie iecur incendente, Iu.: iustum odium: incendor irā, esse ausam facere haec te, T.: amore sum incensus: incendor cottidie magis desiderio virtutum: incendi ad studia gloriā: in spectaculum animo incenduntur, L.

incēnsiō, ōnis, *f.* [1 in+CAND-], *a setting on fire, burning:* Capitoli: incensione urbem liberavi.

1. incēnsus, *adj.* [*P.* of incendo], *inflamed, fiery, hot:* incensos aestūs avertere, V.: in meditando.

2. incēnsus, *adj.* [2 in+census], *not assessed, unregistered:* hominem incensum vendere: populus, L.—*Plur. m.* as *subst.:* lex de incensis lata, L.

inceptiō, ōnis, *f.* [1 in+CAP-], *a beginning, undertaking:* tam praeclari operis.—*An enterprise, undertaking:* est amentium, non amantium, T.

inceptō, —, —, āre, *freq.* [incipio], *to begin, attempt:* fabulam, T.—*To begin, get into a quarrel:* cum illo homine, T.

inceptor, ōris, *m.* [1 in+CAP-], *a beginner:* mearum voluptatum, T.

inceptum, ī, *n.* [*P. neut.* of incipio], *a beginning:* incepta gravia, H.—*An attempt, undertaking:* illud, T.: contra patriam: a quo incepto me detinere, S.: cuius neque inceptum ullum frustra erat, S.: absistere incepto, L.: Abnegat incepto, V.: piget incepti, V.: Catilinae inceptis favere, S.: di nostra incepta secundent, V.—*A purpose, subject, theme:* ad inceptum redeo, S.: nos ab incepto trahere, S.

1. inceptus, *P.* of incipio.

2. (inceptus, ūs), *m.* [1 in+CAP-], *a beginning, undertaking* (only *abl. sing.*): turpe inceptūst, T.: foedum inceptu, foedum exitu, L.

(in-cernō), —, crētus, ere, *to sift in, add with a sieve.*—Only *P. perf.:* piper album incretum, H.

in-cērō, —, ātus, āre, *to cover with wax:* genua deorum (i. e. with wax votive tablets), Iu.

1. incertum, ī, *n.* [incertus], *an uncertainty:* ne cuius incerti vanique auctor esset, L.: scribere legiones ad incerta belli, *contingencies*, L.: Haud incerta cano, V.: bona omnium in dubium incertumque revocabuntur: praefectus in incertum creatus, *for an indefinite time*, L.: postremo fugere an manere tutius foret, in incerto erat, S.: Auctor in incerto est, O.

2. incertum, *adv.* [*neut.* of incertus], *doubtfully:* vigilans, *half awake*, O.

in-certus, *adj.* with *comp.* and *sup.*—Of things, *not fixed, unsettled, undetermined:* consilia, T.: cum incerta bellum an pax essent, L.: securis, *ill-aimed*, V.—*Abl. absol.:* incerto quid peterent, L.—Of persons, *irresolute, hesitating, undecided, doubtful, at a loss:* Incertior sum multo quam dudum, T.: plebes: varius incertusque agitabat, S.: quid dicam incertus sum, T.: animi incertus, anne, etc., T.: quid potissumum facerent, S.: summarum rerum: consili, T.—*Unascertained, unproved, doubtful, uncertain:* alia certa, alia incerta esse dicunt: eventus reliqui temporis: ambiguae testis Incertaeque rei, Iu.: incertus masculus an femina esset, L.: victoria, Cs.: moriendum certe est, et id incertum, an, etc.: Quis deus, incertum est, V.: cuius Ora puellares faciunt incerta capilli (i. e. make the sex doubtful), Iu.: incertum habeo, pudeat an pigeat magis, *cannot decide*, S.: clauserant portas, incertum vi an voluntate, L.—Of persons, *uninformed, not assured, doubtful, uncertain:* cum incertus sum, ubi esses: Incerti quo fata ferant, V.: sententiae, L.: rerum multitudo, L.—*Vague, indefinite, unsettled, obscure, dim:* spes, T.: ut incertis temporibus iretur, *unexpected*, Cs.: luna sub luce malignā, V.: voltus, *disturbed*, S.—Fig., *untrustworthy, inconsistent, fickle:* aetas (puerilis): nihil est incertius volgo: menses, V.: Filiam dare in incertas nuptias, *hazardous*, T.: arbor, *the unsteady ship*, Iu.

incessō, —, —, ere, *freq.* [incedo], *to fall upon, assault, assail, attack:* vagos suos lapidibus, L.: telorum iactu, O.: iaculis saxisque incessi, L.: vidit Incessi muros, *beset*, V.—Fig., *to reproach, revile, assail:* reges dictis, O.: Celsum criminibus, Ta.

incessus, ūs, *m.* [1 in+1 CAD-], *a going, walking, pace, gait:* Seplasiā dignus: citus, tardus, S.: vera incessu patuit dea, V.: incessum fingere: Turbonis in armis, H.: morbum incessu fateri, Iu.: tot hominum iumentorumque incessu dilapsa est (nix), *tread*, L.: incessu tacito progressus, *step*, V.: Exprimit incessūs, *peculiarities of gait*, O.—*An advance, approach:* sacerdotes incessu furiali militem turbaverunt, L.: incessūs hostis claudere, Ta.—*An attack, hostile approach:* Parthorum, Ta.

incesta, ae, *f.* [incestus], *a paramour*, Iu.

incestē, *adv.* [incestus], *impurely, with pollution:* facere sacrificium Dianae, L.: eā (aquā) uti.

incestō, āvī, —, āre [incestus], *to pollute, defile:* funere classem, V.: filiam, Ta.

incestum, ī, *n.* [1 incestus], *impious unchastity, incest:* incestum supremo supplicio sancire: facere: ab incesto id ei loco nomen factum, L.—*Plur.*, C.

1. incestus, *adj.* [2 in+castus], *not religiously pure, unclean, impure, polluted, defiled, sinful, criminal:* virum incesto ore lacerare: incesto addidit integrum, *punished the good with the bad*, H.: an triste bidental Moverit incestus, *impiously*, H.—*Unchaste, lewd, lustful, incestuous:* iudex, i. e. *Paris*, H.: medicamen, O.: sermo, L.: corruptor et idem Incestus, Iu.

2. (incestus, ūs), *m.* [2 in+2 CAD-], *unchastity, incest.*—Only *abl.:* quaestio de incestu.

(inchoō), see incoho.

1. incidō, cidī, —, ere [1 in+cado], *to fall in, fall, light, strike, reach, find the way:* umeri surgunt quā tegmina summa, incidit (hasta), V.: Incidit spatium rhombi Implevitque sinūs, i. e. *happens into a net*, Iu.: in foveam: incidentibus vobis in vallum, L.: in laqueos, Iu.: incidit ictus ad terram Turnus, V.: (turris) super agmina late Incidit, V.: incidens portis exercitus, *rushing at*, L.: caput incidit arae, O.: ruinae nostris capitibus incident, L.: navigiis incidit Eurus, V.: hi amnes incidunt flumini, *fall into*, L.: modo serius incidis (sol) undis, *sink under*, O.—*To light upon, meet, come upon, fall in with:* in me: in ipsum Caesarem, Cs.: inter catervas armatorum, L.: homini improviso: Incidit huic bellator, V.— *To fall upon, attack, assault:* in hostem, L.: ultimis incidebat Romanus, L.—Fig., *to fall into, incur, contract, become involved:* in malum, T.: in morbum: in aes alienum: in honoris contentionem: qui inciderant (sc. in morbum), L.—*To fall upon, befall, strike, affect, visit, occur:* seu valetudo inciderit seu senectus, H.: pestilentia incidit in urbem, L.: Ut numquam amori incidere possit calamitas, T.: terror incidit eius exercitui, Cs.: ut nihil incidisset postea civitati mali, quod, etc.: fortes quibus bellum incidit, H.: Animo deus incidit, V.—Of the mind, etc., *to fall, light, be led:* casu in eorum mentionem incidi: in varios sermones: fortuito ad tuam amplitudinem meis officiis amplectendam incidisse.—Of a subject of thought, *to come, occur, be presented, be recalled, arise:* quodcumque in mentem incideret: utinam ne Phormioni id suadere in mentem incidisset, T.: potantibus his apud Tarquinium incidit de uxoribus mentio, L.—*To fall out, happen, occur:* si qua bella inciderint, *break out*, Cs.: calamitas incidisse videtur: eorum, quae honesta sunt, potest incidere contentio: forte ita inciderat, ne, etc., L.: omnia in nostram aetatem inciderunt: in eadem rei p. tempora: in Kalendas: in te praetorem, i. e. *your term.*—*To fall in with, coincide, agree with:* in Diodorum.

2. incīdō, cīdī, cīsus, ere [1 in+caedo], *to cut into, cut through, cut open, cut away:* venas hominis: teneris arboribus incisis, Cs.: pinnas, *clip:* vites falce, V.: pulmo incisus, *divided:* linum, *sever.*—*To cut upon, carve, engrave:* incisa notis marmora publicis, H.: tabula his incisa litteris, L.—*To make by cutting, cut in, carve, engrave, inscribe:* ferro dentes, O.: faces, V.: incidebantur domi leges: id in aere incisum: in quā basi grandibus litteris nomen erat incisum: carmen incisum in sepulcro: leges in aes incisae, L.: verba ceris, O.: amores arboribus, V.: leges ligno, H.: alquid titulis, i. e. *among your titles*, Iu.—Fig., *to break off, interrupt, stop, put an end to:* poëma ad Caesarem: novas lites, V.: ludum, H.: vocis genus crebro incidens, *interrupting* (the speech): aequaliter particulas, i. e. *short clauses.*—*To cut off, cut short, take away, remove:* media: spe omni reditūs incisā, L.

incīnctus, *P.* of incingo.

in-cingō, inxī, īnctus, ere, *to gird, gird about, surround:* (aras) verbenis, O.: nitidāque incingere lauro, i. e. *crown thyself*, O.: incinctus cinctu Gabino, L.: (Furiae) caeruleā incinctae angui: (Nymphae) incinctae pellibus, V.: Lares, O.: (fons) Margine gramineo patulos incinctus hiatūs, *enclosed*, O.: moenibus urbes, O.

incinō, —, —, ere [1 in+cano], *to cause to sound, strike up:* varios ore modos, Pr.

incipiō, cēpi, ceptus, ere [1 in+capio], *to take hold, take in hand, begin:* ut incipiendi ratio fuerit, ita sit desinendi modus: Incipe, et conscre dextram (i. e. the fight), V.: unde incipiam?: sic rex incipit (i. e. to speak), S.: Incipe, Mopse, prior, V.: sic incipit (with direct quotation), H.: Incipit huic, *in answer to*, O.: sapere aude, Incipe, H.: priusquam incipias, consulto opus est, S.: novi Negoti (alqd), T.: tam prava, S.: bellum, L.: Maenalios versūs, V.: Nuptiarum gratiā haec sunt facta atque incepta, T.: duobus inceptis verbis: incepta oppugnatio, Cs.: proelium incipitur, S.: iter inceptum celerant, V.: Inceptos iambos Ad umbilicum adducere, H.: In re incipiundā, T.: a tantis princeps incipiendus erat, O.: a Iove incipiendum putat: ab illis incipit uxor, Iu.: unde potius incipiam, quam ab eā civitate?: ante quam dicere incipio: rem frumentariam expedire, Cs.: cum primum pabuli copia esse inciperet, Cs.: effari, V.: dormire, *fall asleep*, Iu.—*To have a beginning, begin, originate, arise:* tum incipere ver arbitrabatur: Narrationis incipit mihi initium, T.: incipiente febriculā.

incīsē, *adv.* [incisus], *in short clauses:* dicere.

incīsim, *adv.* [incisus], *in short clauses:* haec incisim, deinde membratim: tractata oratio.

incīsiō, ōnis, *f.* [2 SAC-].—In rhet., *a division, member, clause.*

incīsum, ī, *n.* [incisus], *a section, division, clause* (in a period): quae.

incīsus, *P.* of 2 incīdo.

incitāmentum, ī, *n.* [incito], *an incitement, inducement, incentive, stimulus:* periculorum, i. e. *to endure:* ad se tuendum ingens, Cu.: incitamenta victoriae, Ta.

(**incitātē**), *adv.* [incitatus].—Only *comp.*, of speech, *vehemently, rapidly:* fluit incitatius.

incitātiō, ōnis, *f.* [incito], *an inciting, incitement, rousing, instigating:* languentis populi: acris et vehemens.—*Rapidity, speed:* qui (sol) tantā incitatione fertur, ut, etc.—Fig., *vehemence, ardor, energy:* animi, Cs.: orationis.

incitātius, see incitate.

incitātus, *adj.* with *comp.* and *sup.* [*P.* of incito], *hurried, rapid, swift, at full speed:* equo incitato se in hostes immittens: cursu incitato, Cs.: mundi incitatissima conversio.—Fig., *vehement, ardent, rapid:* cursus in oratione incitatior: Thucydides incitatior fertur.

in-citō, āvī, ātus, āre, *to set in rapid motion,*

urge on, hurry, hasten, accelerate, quicken: vehementius equos incitare, Cs.: stellarum motūs incitantur: lintres magno sonitu remorum incitatae, Cs.: ex castris sese, *sally out,* Cs.: cum ex alto se aestus incitavisset, *had rushed in,* Cs.—Prov.: incitare currentem, *spur a willing horse.* — *To arouse, augment:* hibernis (amnis) incitatus pluviis, *swollen,* L.—Fig., *to incite, encourage, stimulate, rouse, excite, spur on:* me imitandi cupiditate: ingenium diligentiā ex tarditate: oculos incitat error, O.: suos sensūs voluptuarios: Caesarem ad id bellum, Cs.: ad bellum incitari, L.: cuius libidines ad potiundum incitarentur: incitabant (animum) conrupti civitatis mores, S.—*To inspire:* nam terrae vis Pythiam incitabat. — *To excite, arouse, stir up:* Catonem inimicitiae Caesaris incitant, Cs.: istos in me: opifices contra vos incitabuntur: milites nostri pristini diei perfidiā incitati, Cs.—*To stimulate, excite, increase, enhance:* consuetudo eloquendi celeritatem incitat.

in-citus, *adj.* [*P.* of * in-cieo], *in rapid motion, rapid, swift:* Delphini: hasta, V.

in-clāmō, āvī, ātus, āre, *to give a cry, make a call, appeal, invoke:* ut, si inclamaro, advoles, *call out:* nemo inclamavit patronorum: volui inclamare, sed, etc., O.: Curiatiis, uti opem ferant fratri, L.: comitem suum: Fulvium nomine, L.—*To exclaim against, cry in remonstrance, rebuke:* 'quo tu turpissime,' magnā Inclamat voce, H.: alios, quid cessarent, L.

in-clārēscō, ruī, ere, *to grow splendid, become famous:* nec tua gloria inclaruisset, Ta.

in-clēmēns, entis, *adj.* with *comp.*, *unmerciful, rigorous, harsh, rough, severe:* dictator, L.: non senatus inclementior fuit.

inclēmenter, *adv.* with *comp.* [inclemens], *rigorously, harshly, roughly, severely:* increpantes, L.: dictum in se inclementius, T.: inclementius in te invehi, L.

inclēmentia, ae, *f.* [inclemens], *unmercifulness, harshness, unkindness:* divūm, V.: mortis, V.

inclīnātiō, ōnis, *f.* [inclino], *a leaning, bending, inclining:* corporis. —Fig., *inclination, tendency, bias, favor:* ad meliorem spem: voluntatum: animorum, L.—*An alteration, change:* temporum.—In rhet.: vocis, *play.*

inclīnātus, *adj.* with *comp.* [*P.* of inclino], *inclined, disposed, prone:* plebs inclinatior ad Poenos, L.: animus ad pacem inclinatior, L.: inclinatis ad suspicionem mentibus, Ta. —*Depressed, sunken: low.* vox, *low.* —Fig., *sunken, fallen, broken, deteriorated:* ab excitatā fortunā ad inclinatam: domus, V.: oppida, O.: copiae, N.: acies, Ta.

inclīnō, āvī, ātus, āre [CLI-]. **I.** *Trans., to cause to lean, bend, incline, turn, divert:* vela contrahit malosque inclinat, L.: genua harenis, O.: super arces cursūs, O.: sol meridie se inclinavit, i. e. *turned back,* L.: inclinato iam in postmeridianum tempus die: Saxa inclinatis per humum quaesita lacertis, Iu.—*To turn back, repulse, drive back:* Romana inclinatur acies, L.: quasdam acies inclinatas iam et labantes, Ta.: inclinatum stagnum, *receding,* L. — Fig., *to turn, incline, divert, transfer:* ut me paululum inclinari timore viderunt, *yield:* se ad Stoicos: culpam in conlegam, *lay,* L.: haec animum inclinant, ut credam, etc., L.: inclinari opes ad Sabinos videbantur, i. e. *the Sabines would be dominant,* L.—*To change, alter, abase, cause to decline:* se fortuna inclinaverat, Cs.: omnia simul inclinante fortunā, L.—**II.** *Intrans., to bend, turn, incline, decline, sink:* sol inclinat, Iu.: inclinare meridiem sentis, H.: in vesperam inclinabat dies, Cu.—*To yield, give way, retreat:* ut in neutram partem inclinarent acies, L.—Fig., *to incline, be inclined, be favorably disposed:* quocumque vestrae mentes inclinant: in stirpem regiam studiis, Cu.: amicus dulcis pluribus hisce . . . inclinet, H.: cum sententia senatūs inclinaret ad pacem: eo inclinabant sententiae, ut, etc., L.: inclinavit sententia, suum agmen demittere, L.—*To change, turn:* si fortuna belli inclinet, L.: omnia repente ad Romanos inclinaverunt, *favored,* L.

inclitus, see inclutus.

inclūdō, sī, sus, ere [1 in+claudo], *to shut up, shut in, confine, enclose, imprison, keep in:* inclusum atque abditum latēre in occulto: Fila numerata porri, Iu.: Heracleae sese, L.: alios secum, V.: Teucri densā inclusere coronā, *closed their ranks around* (him), V.: habemus SC inclusum in tabulis: dum sumus inclusi in his compagibus corporis: Inclusae in pumice apes, V.: (animus) inclusus in corpore: includuntur in carcerem condemnati: inclusi parietibus: duces carcere, L.: minora castra inclusa maioribus, Cs.: inclusa tela pharetrā, O.: suras auro, *sheathe,* V.: inclusus carcere nassae, *caught,* Iu.: corpora furtim Includunt caeco lateri, V.: huc aliena ex arbore germen Includent, *ingraft,* V. — *To shut off, obstruct, hinder, stop up:* limina portis, O.: Pars inclusa caloribus Mundi, H.: dolor includit vocem: spiritum, L. — *To interweave:* Inclusae auro vestes, *inwrought,* V.: Inclusum buxo ebur, V.—Fig., *to include, enclose, insert, embrace, comprehend:* illud, quod in iuris consultorum includitur formulis: animorum salus inclusa in ipsā est: in huius me consili societatem: eos in eam formam: odium inclusum sensibus: oratio libro inclusa, L.: (tempora) fastis, *chronicle,* H.: quaeris antiquo me includere ludo, H.: alqd orationi: intus inclusum periculum est.—*To restrain, control:* voluptates inclusae diutius: imperator nullis iuris inclusus angustiis, L.—*To close, end:* forsitan includet crastina fata dies, Pr.

inclūsiō, ōnis, *f.* [1 in+CLAV-], *a shutting up, confinement:* cuius (Bibuli).

inclūsus, *P.* of includo.

inclutus and **inclitus** (not inclytus), *adj.* [1 in+CLV-], *celebrated, renowned, famous, illustrious, glorious:* Ulixes, H.: familiae maxime, L.: factis, O.: moenia Dardanidum bello, V.: magnitudine mons, L.: gloria Palamedis famā, V.

incoctus, *P.* of incoquo.

in-cōgitāns, antis, *adj.*, *thoughtless, inconsiderate:* ni fuissem incogitans, T.

in-cōgitō, —, —, āre, *to contrive, design:* fraudem socio, H.

in-cōgnitus, *adj.*, *not examined, untried, not investigated:* de absente incognitā causā statuere, S.: de incognitā re iudicare: sagitta incognita transilit umbras, *untraced*, V.—*Not known, unknown:* incognita pro cognitis habere: consilium: quae omnia fere Gallis erant incognita, Cs.: tertio (die) incognita sub hastā veniere, *the unclaimed property*, L.: palus oculis incognita nostris, i. e. *unseen*, O.: res animos incognita turbat, *strangeness*, V.—*Unknown, unparalleled, enormous:* serpens, O.: longi mensura incognita nervi, Iu.

incohātus, *adj.* [*P.* of incoho], *begun, unfinished, incomplete, imperfect:* Veneris partem, quam Apelles incohatam reliquisset, absolvere: rem tam praeclaram incohatam relinquere.

incohō or (less correctly) **inchoō**, āvī, ātus, āre, *to begin, commence:* signum ab alio incohatum absolvere: initium sedis ab saltu, Ta.: Stygio regi aras, i. e. *begins to sacrifice*, V.: spem longam, *entertain*, H.—Of a writer or speaker, *to essay to treat, open, begin to discuss, propose:* res attigit hic versibus atque incohavit: alqd mihi nuper de oratoribus: nil altum, V.: incohante Caesare de, etc., Ta.

incola, ae, *m.* and *f.* [1 in+COL-], *an inhabitant, resident* (opp. advena): de Africā et eius incolis, S.: ut huc novus incola venit, H.: incolae paene nostri, *almost our countrymen:* Idumaeae Syrophoenix portae, Iu.: Cameren incola turba vocant, *the natives*, O.—*An inhabitant:* aquarum incolae: rana stagni, Ph.: me obicere incolis aquilonibus, *native*, H.—*A foreign resident, sojourner, immigrant:* peregrini autem atque incolae officium: incola a Tarquiniis, L.

in-colō, luī, —, ere, *to be at home, abide, dwell:* trans Rhenum, Cs.: inter mare Alpīsque, L.: ubi incolere consueverant, S.—*To inhabit, dwell in:* urbem: lacūs lucosque: terras: finīs, H.: partem Galliae, Cs.: patriam, L.: (insularum) pars a feris nationibus incolitur, Cs.: incolitur urbis sedes, V.: qui (loci) a quibusque incolebantur.

incolumis, e, *adj.* [SCAL-], *unimpaired, uninjured, unharmed, safe, sound, entire, whole:* incolumem sat scio fore me, si, etc., T.: civīs incolumīs servavi: incolumem exercitum transducere, Cs.: incolumes omnes perveniunt, Cs.: rem p. tradere incolumem: Dum stabat regno incolumis, *in quiet possession*, V.: incolumes non redeunt genae, H.: nullā incolumi relictā re, L.: a calamitate iudici.

incolumitās, ātis, *f.* [incolumis], *freedom from harm, safety, security:* incolumitati civium consulere: incolumitatem deditis pollicebatur, Cs.: eorum, quibus salutem dedisti.

in-comitātus, *adj.*, *unaccompanied, unattended, alone:* Andromache, V.: virtus incomitata bonis, O.

in-commendātus, *adj.*, *not commended; hence, given up, abandoned:* tellus (sc. ventis), O.

incommodē, *adv.* with *comp.* and *sup.* [incommodus], *inconveniently, unsuitably, unfortunately, unseasonably:* venire: accidit, Cs.: adversari, L.: cum illo actum optime est, mecum incommodius: incommodissime navigare.

incommoditās, ātis, *f.* [incommodus], *inconvenience, unsuitableness, disadvantage, damage, injury:* incommoditas denique huc omnis redit, T.: alienati animi: temporis, *unseasonableness*, L.: Quot incommoditates accipies! T.

incommodō, āvī, ātus, āre [incommodus], *to occasion inconvenience, be inconvenient, trouble, annoy:* scientiā, etiam si incommodatura sit, gaudeant: mihi, T.: nihil alteri.

incommodum, ī, *n.* [incommodus], *inconvenience, trouble, disadvantage, detriment, injury, misfortune, loss:* ex incommodis Alterius sua ut comparent commoda, T.: incommodi nihil capere: ex his incommodis pecuniā se liberare: propter maiorum incommodorum metum: miserans incommoda nostra, V.: Multa senem circumveniunt incommoda, H.: ferre incommoda vitae, Iu.: accidit incommodum, tanta enim tempestas cooritur, ut, etc., Cs.: id incommodo tuo (facere): quid inīquitas loci habeat incommodi, Cs.: sine magno incommodo civitatis: valetudinis.

in-commodus, *adj.* with *comp.* and *sup.*, *inconvenient, unsuitable, unfit, unseasonable, troublesome, disagreeable:* iter, T.: non incommodā aestate statio, Cs.: valetudo: non incommodiore loco, quam, etc.: severitas morum, L.: navigare incommodumst, T.: aestimatio aratori: naves propugnatoribus, L.: in rebus eius incommodissimis: patrem incommodum esse filio, *troublesome*.

in-commūtābilis, e, *adj.*, *unchangeable, immutable:* status rei p.

in-compertus, *adj.*, *unascertained, unknown:* inter cetera vetustate incomperta, L.: id utrum . . . an . . . incompertum est, L.

incompositē, *adv.* [incompositus], *without order, disorderly:* veniens, L.: fugere, Cu.

in-compositus (incon-), *adj.*, *unformed, out of order, disordered, disarranged, irregular:* agmen, L.: incompositi adversus equestrem procellam, L.: motūs, *uncouth*, V.—Of style: incomposito dixi pede currere versūs Lucili, *irregular*, H.

in-cōmptus (incōmt-), *adj.*, *disordered, dishevelled, unkempt, unadorned:* capilli, H.: caput, H.: nuda, nudis incompta capillis, O.: apparatūs, Ta. — Fig., of speech, *artless, rude, unadorned:* oratio: ars: (versūs), V., H.

in-concessus, *adj.*, *not allowed, unlawful, forbidden:* hymenaei, V.: ignes, O.: spes, O.

in-concinnus, *adj.*, *inelegant, ungraceful, awkward:* alquis: asperitas, H.

in-concussus, *adj.*, *unshaken, firm, unchanged:* proximorum certaminibus, Ta.: pax, Ta.

inconditē, *adv.* [inconditus], *confusedly, without order:* incondite fundit quantum potest.

in-conditus, *adj.*, *without order, irregular, disordered:* acies, L. — Fig., *confused, unformed, rude, disordered:* ius civile: genus dicendi: carmina, L.: haec incondita Montibus iactabat, V.: libertas, L.—*Sing. n.* as *subst.:* alicuius inconditi sententia.

incōnsīderantia, ae, *f.* [inconsiderans], *want of reflection, inconsiderateness:* alcuius.

incōnsīderātē, *adv.* [inconsideratus], *inconsiderately, rashly:* agere: dicere.

in-cōnsīderātus, *adj.* with *comp.* and *sup.*, *not considered, headstrong, thoughtless:* cupiditas: inconsideratissima temeritas.—Of persons, *thoughtless, heedless, inconsiderate:* alquis: inconsideratior, quam, etc., N.

in-cōnsōlābilis, e, *adj.*, *inconsolable:* volnus (mentis), O.

in-cōnstāns, antis, *adj.* with *comp.*, *changeable, fickle, capricious, inconsistent:* ridicule: quid inconstantius Deo?: litterae.

incōnstanter, *adv.* with *sup.* [inconstans], *capriciously, inconsistently:* iactantibus se opinionibus: negare, L.: haec dicuntur inconstantissime.

incōnstantia, ae, *f.* [inconstans], *inconsistency, inconstancy, changeableness, fickleness:* hominis: levitate implicata: inconstantiae famam vereri: rerum, O.

incōnsultē, *adv.* with *comp.* [inconsultus], *unadvisedly, inconsiderately:* dicere: commissum proelium, L.: inconsultius procedere, Cs.: paulo inconsultius adgredi, S.

in-cōnsultus, *adj.*, *not consulted, unasked:* inconsulto senatu, L.: Inconsulti abeunt, *without advice*, V. — *Unadvised, inconsiderate, indiscreet:* homo: inconsultus haberi, H.: ratio: pugna, L.

in-cōnsūmptus, *adj.*, *unconsumed, undiminished:* turis pars, O.: iuventa, i. e. *eternal*, O.

in-contāminātus, *adj.*, *undefiled, pure:* ne quid incontaminati sit, L.

in-contentus, *adj.*, *unstretched, relaxed:* fides, *out of tune.*

in-continēns, tis, *adj.*, *incontinent, immoderate, intemperate:* Tityos, H.: manus, H.

incontinenter, *adv.* [incontinens], *immoderately, intemperately:* nihil esse faciendum.

incontinentia, ae, *f.* [incontinens], *greediness, incontinence:* de incontinentiā disserere.

in-conveniēns, entis, *adj.*, *not accordant, unsuitable, dissimilar:* corpus, Ph.

in-coquō, cōxī, coctus, ere, *to boil down, boil, seethe:* inulas, H.: radices Baccho, *in wine*, V.: Illic sucos, O. — *To dye:* vellera Tyrios incocta rubores, V.

in-corrēctus, *adj.*, *uncorrected, not revised:* opus, O.

incorruptē, *adv.* with *comp.* [incorruptus], *uncorruptly, justly:* iudicare: incorruptius iudicare.

in-corruptus (inconr-), *adj.* with *sup.*, *unspoiled, uninjured, uncorrupted:* sucus: templa, L.: litterae, *not tampered with.*—Fig., *unspoiled, uncorrupted, unadulterated, genuine, pure:* sensūs: iudicium, *upright:* fides, H.: genus disciplinae, L. — *Unbribed, unseduced, incorruptible:* testes: amici, S.: custos incorruptissimus, H.

in-crēbrēscō (-bēscō), bruī, —, ere, *to quicken, grow, increase, rise, spread:* ventus: auster increbruit, Cs.: increbrescente vento, *rising*, L.: nemorum murmur, V.: si increbruit aura, H.: numerus: rem ad triarios redisse, proverbio increbruit, *grew into a proverb*, L.: quae (disciplina) increbruit: late Latio increbrescere nomen, V.

in-crēdibilis, e, *adj.*, *not to be believed, incredible, beyond belief, extraordinary, unparalleled:* lenitas, Cs.: res: rerum fama, V.: incredibile hoc mi obtigit, T.: incredibile est, quam multa fuerint: incredibili modo, H.: incredibile memoratu est, quam, etc., S.

incrēdibiliter, *adv.* [incredibilis], *incredibly, extraordinarily:* delector: pertimuit.

in-crēdulus, *unbelieving, incredulous:* odi, H.

incrēmentum, ī, *n.* [1 in+1 CER-], *growth, increase, augmentation:* vītium incrementa: multitudinis, L.—Fig., *growth, increase:* iniuriae, quarum incremento bellum exarsit, L.—*An addition, increment:* summo bono adferre incrementum: res tantis augescere incrementis, L.: incremento renovari, *reinforcement*, Cu.: magnum Iovis, *addi-*

tion to the family (i. e. *foster-child*), V.: domūs, *to an estate*, Iu.—*A training-school*, *discipline:* ducum incrementa, Cu.

increpitō, —, —, āre, *freq.* [increpo], *to keep chiding*, *urge*, *scold*, *nag*, *harass with words:* quid increpitas? V.: vocibus, Cs.: verbis, L.: Belgas, Cs.: aestatem seram, *mock at*, V.—*To urge*, *encourage:* tum Bitiae dedit increpitans, V.

in-crepō, uī, itus, āre, *to sound*, *resound*, *rustle*, *patter*, *rattle*, *whiz:* discus increpuit: Corvorum increpuit exercitus alis, V.: Increpuit mālis (canis), *snapped*, V.: tuba terribilem sonitum Increpuit, V. —*To transpire*, *be noised abroad:* increpuit suspitio tumultūs: si quid increparet terroris, L.—*To cause to resound*, *make crash:* cum Iuppiter atras Increpuit nubīs, O.: ut credam pectus increpare carmina, *disturb*, H.—*To upbraid*, *chide*, *scold*, *rebuke*, *reprove:* gravioribus probris, L.: Caesarem: maledictis omnīs bonos, S.: equos ictu Verberis, O.: me lyrā, Ne, etc., H.: cunctantīs arma capere, *urged*, L.: ad contionem, *to speak angrily*, L.: praefecti graviter increpiti, *rebuked*, L.—*To censure*, *inveigh against:* viri discessum: fugam.

in-crēscō, ēvī, —, ere, *to grow upon:* cuti squamas increscere, O.: saxum increscere ligno, *grow over* (i. e. encroach upon), O.—*To grow*, *swell*, *be swollen:* lacrimis quoque flumina dicunt Increvisse suis, O.—*To grow into:* seges iaculis increvit acutis, V.—Fig., *to increase*, *grow*, *be augmented:* audacia, L.: animis discordibus irae, V.

increētus, *P.* of incerno.

in-cruentātus, *adj.*, *not made bloody*, *unwounded:* Inque cruentatus Caeneus, O.

in-cruentus, *adj.*, *bloodless*, *without bloodshed:* victoria, S.: exercitu incruento, *without loss*, S.: Darium incruentus devicit, L.: pax, Ta.

in-crūstō, —, —, āre, *to coat*, *incrust:* vas, H.

in-cubō, uī, itus, āre, *to lie upon*, *rest on:* Pellibus stratis, V.: umero incubat hasta, *rests upon her shoulder*, O.: caetris superpositis incubantes flumen tranavere, L.: aper Erymantho Incubat, *lies dead*, O.—Fig., *to brood over*, *watch jealously over:* pecuniae spe atque animo: divitiis, V.: publicis thensauris, L.—*To settle on*, *brood over:* ponto nox incubat atra, V.

(in-cūdō), —, sus, ere, *to forge with the hammer*.—Only *P. perf.:* lapis, *an indented stone* (of a handmill), V.

inculcō, āvī, ātus, āre [in+calco], *to tread in*, *tread down;* hence, in discourse, *to force in*, *drag in:* Graeca verba: inculcata invenias inania verba, i. e. *superfluous*.—*To force upon*, *impress on*, *inculcate*, *insist:* id quod inculcetur, percipere: oculis imagines: se auribus nostris, *intrude:* inculcatum est Metello, te aratores evertisse: ut nominaret, etc.

in-culpātus, *adj.*, *blameless:* vita fidesque, O.

incultē, *adv.* with *comp.*, *without refinement*, *coarsely:* vivere: incultius agitare, S.—Of speech, *roughly*, *rudely:* dicere.

1. in-cultus, *adj.* with *comp.*, *untilled*, *uncultivated:* ager: solum: loca, S.—*Plur. n.* as *subst.:* culta ab incultis notare, L.—*Wild*, *uncultivated:* sentes, V.—*Neglected*, *unpeopled*, *abandoned:* via: quid incultius oppidis?—*Undressed*, *unadorned*, *disordered*, *unpolished*, *neglected*, *rude:* corpus: canities, V.: genae, *disfigured*, O.: homo vitā: indocti incultique, *without education*, S.: homines, L.: versūs, *rude*, H.: ingenium, H.

2. in-cultus, ūs, *m.*, *want of cultivation*, *neglect:* incultu foeda eius (loci) facies, S.: honores desertos per incultum, L.

incumbō, cubuī, cubitus, ere [CVB-], *to lay oneself*, *lean*, *press*, *support oneself:* in scuta, L.: in gladium, *fall on:* toro, V.: validis incumbere remis, *bend to*, V.: tecto incubuit bubo, *perched on*, O.: ferro, *fall on*, O.—*To lean*, *incline*, *overhang:* silex incumbebat ad amnem, V.: ad vos, O.: laurus Incumbens arae, V.—In war, *to press upon*, *throw oneself:* in hostem, L.: unum in locum totam periculi molem incubuisse, L.—Fig., *to press upon*, *settle on*, *burden*, *oppress*, *weigh upon:* Incubuere (venti) mari, V.: tempestas silvis Incubuit, V.: febrium Terris incubuit cohors, H.—*To make an effort*, *apply oneself*, *exert oneself*, *take pains with*, *pay attention to:* Tum Teucri incumbunt, V.: nunc, nunc incumbere tempus, O.: huc incumbe, *attend to this:* et animo et opibus in id bellum, Cs.: omni studio ad bellum: acrius ad ulciscendas rei p. iniurias: ut inclinato (iudici) incumbat oratio, *influence:* fato urguenti, i. e. *accelerate*, V.: sarcire ruinas, V.: suis viribus incubuit, ut, etc., L.—*To incline*, *choose*, *be inclined to*, *lean towards:* eos, quocumque incubuerit, impellere, *whithersoever he may try:* eodem incumbunt municipia, *are inclined:* inclinatio incubuit ad virum bonum: in cupiditatem.

in-cūnābula, ōrum, *n.*, *a cradle:* puerorum: Bacchi, O.: ab incunabulis imbutus odio, i. e. *from childhood*, L.—*A birthplace:* nostra, Enn. ap. C.: deorum: Iovis, O.—Fig., *the elements*, *beginnings:* oratoris: doctrinae.

in-cūrātus, *adj.*, *uncured:* ulcera, H.

incūria, ae, *f.* [2 in+cura], *want of care*, *negligence*, *neglect:* milites populi R. incuriā fame consumpti: vel tolerantia, Ta.: maculae quas incuria fudit, H.: rei maxime necessariae.

incūriōsē, *adv.* with *comp.* [incuriosus], *carelessly*, *negligently:* castra posita, L.: incuriosius agere, Ta.

in-cūriōsus, *adj.*, *careless*, *negligent:* suorum aetas, Ta.: serendis frugibus, Ta.

in-currō, currī and cucurrī, cursūrus, ere, *to run into, run upon, rush at, make an attack:* Conixi incurrunt hastis, V.: amens in columnas: in hostīs, S.: in Macedoniam, *invade,* L.: in me, *run against:* armentis incurrere fortibus, O.: levi armaturae hostium, L.: Mauris, S.: Romano (i. e. Romanis), H.—*To extend to, border on:* agri, qui in publicum Campanum incurrebant.—Fig., *to run against, fall into, incur, meet:* in maximam fraudem, *fall into:* in difficultatem: non solum in oculos, sed etiam in voculas malevolorum.—*To run against, strike against, offend, stumble:* qui in tantis tenebris nusquam incurrat?: in eum.—*To befall, happen, occur to:* casus, qui in sapientem potest incurrere: in ipsos etesias.

incursiō, ōnis, *f.* [in+1 CEL-], *a running against, onset, assault, attack:* atomorum: seditionis, *outbreak:* armatorum.—*A hostile inroad, incursion:* in finīs Romanos incursionem facit, L.: Suebos ab Cheruscis incursionibus prohibere, *on the side of,* Cs.

incursō, āvī, ātus, āre, *freq.* [incurro], *to run into, run against, strike against, assault, attack:* agros, L.: in agmen Romanum, L.: agmen incursatum ab equitibus hostium, L.: delphines altis Incursant ramis, O.: Rupibus, *run upon,* O.: incursabit in te dolor meus, i. e. *will vent itself.*

incursus, ūs, *m.* [in+1 CEL-], *a running to, hurried approach, rush, dash:* ad defendendum, Cs.: aquarum, O.: Ventorum, O.—*An assault, attack, onset:* equitum incursūs sustinere, Cs.: primo statim incursu, *at the very first onset,* L.: luporum, V.—Fig., *an impulse, effort:* Incursūs animus varios habet, O.

incurvātus, *adj.* [*P.* of incurvo], *bent, crooked, bowed:* bacillum: membra dolore, O.

incurvēscō (-vīscō), —, —, ere [incurvus], *to begin to bend:* bacarum ubertate, Enn. ap. C.

incurvō, āvī, ātus, āre [incurvus], *to bend, bow, curve:* flexos arcūs, V.: remos, Ct.

in-curvus, *adj.*, *bent, bowed, crooked, curved:* adcurrit Incurvos tremulus, T.: statua senilis: lateres, S.: bacillum: aratrum, V.

incūs, ūdis, *f.* [in+CVD-], *an anvil:* sine follibus et incudibus: Impositos incudibus ensīs, V.: positis incudibus, i. e. *having established smithies,* V.: novā Incude diffingere ferrum, H.—Prov.: eandem incudem tundere, *hammer away at the same thing.*—Fig.: incudi reddere versūs, *retouch,* H.: in ipsā studiorum incude positi, i. e. *still occupied with their education,* Ta.

incūsātiō, ōnis, *f.* [incuso], *a blaming, denunciation:* vitiorum.

incūsō, āvī, ātus, āre [1 in+causa], *to accuse, complain of, find fault with, blame:* te absentem, T.: Belgas, qui se dedidissent, Cs.: alqm graviter, L.: alqm luxūs, Ta.: Multa se, qui non acceperit, etc., V.: foedus violati hospiti, L.: iniurias Romanorum, L.: angustias stipendii, Ta.: se proditos, L.: in Blaesum multa, Ta.

1. incussus, *P.* of incutio.

2. (incussus, ūs), *m.* [incutio], *a shock, dashing against* (only *abl. sing.*): armorum, Ta.

in-cūstōdītus, *not watched, unguarded:* ovile, O.—*Neglected:* dierum observatio, Ta.—*Not concealed:* amor, Ta.

incūsus, *P.* of incudo.

incutiō, cussī, cussus, ere [in+quatio], *to wield against, cause to strike:* imber grandinem incutiens, Cu.: colaphum servo, *box the ear,* Iu.: Gallo scipione in caput incusso, L.—Fig., *to strike into, inspire with, inflict, excite, produce:* timor incutitur ex ipsorum periculis: terrorem rationis expertibus: tibi pudorem, *make blush,* H.: consuli foedum nuntium, *bring bad news,* L.: vim ventis, V.: animis formidinem, Cu.: negoti tibi quid, *make trouble,* H.

indāgātiō, ōnis, *f.* [1 indago], *a tracking out, investigation:* initiorum: veri.

indāgātrīx, īcis, *f.* [1 indago], *she who investigates, a searcher:* philosophia virtutis.

1. indāgō, āvī, ātus, āre [indu+1 AG-], *to trace out, track:* canis natus ad indagandum.—Fig., *to investigate, explore, hunt for, trail:* quod in causā quaerendum est: indicia exiti: de re p.

2. indāgō, inis, *f.* [indu+1 AG-], *an encircling with toils, surrounding:* saltūs indagine cingunt, V.: indaginis modo silvas persultare, Ta.: velut indagine Samnites agere, *hunt like game,* L.

inde, *adv.*—Of place, *from that place, thence:* si te inde exemerim (i. e. ex pistrino), T.: mansi Calibus, inde has litteras dedi: in provinciam exire, atque inde contendere, Cs.: haud procul inde ubi est, etc., L.: sese recipere inde quo, etc., Cs.: nihil inde Obstabit, etc. (i. e. ab Ausoniā), V.: inde degustare (i. e. de sanguine), S.—Of persons: nati filii Duo; inde hunc adoptavi, *of them,* T.: rege inde sumpto (i. e. ex Sabinis), L.—Of source or cause, *thence, therefrom, therefore:* ex avaritiā . . . inde omnia scelera gignuntur: Inde fit ut, etc., H.: Inde genus durum sumus, O.—Of time, *from that time, thenceforward, since:* inde usque repetens, etc.: haec nuper notitia est, Inde adeo quem, etc., T.: suo iam inde vivere ingenio coepit, L.: iam inde a pueritiā, *from our very boyhood,* T.: iam inde ab ortu, *ever since.*—*After that, thereafter, thereupon, then:* victi Rutuli, inde Turnus, etc., L.: altera castra sunt adorti, inde tertia, deinceps reliqua, Cs.: inde loci, *next.*

in-dēbitus, *adj.*, *not owed, not due:* non indebita posco, *only my rights,* V.: praemia, O.

in-dēclīnātus, *adj., unchanged, constant:* amico, O.: amicitia, O.

indecōrē, *adv.* [indecorus], *unbecomingly, indecently:* facere: haud indecore, Ta.

indecoris, e, *adj.* [2 in+decus], *unseemly, inglorious, ignoble, dishonorable, cowardly:* non indecorem te reliquit, V.: Non erimus regno indecores, *no dishonor,* V.: aliae Nec genus indecores, V.

indecorō, —, —, āre [2 in+decus], *to disgrace, disfigure:* Indecorant bene nata culpae, H.

in-decōrus, *adj., unbecoming, unseemly, unsightly:* motūs, L.: Non indecoro pulvere sordidi, i. e. *honorable,* H.—*Plur. f.* as *subst., ill-favored women.*—Fig., *without fame, of no repute:* Trebellius, Ta.—*Unbecoming, disgraceful:* indecorum est locis uti communibus.

in-dēfēnsus, *adj., unprotected, undefended:* Capua, L.: inauditus et indefensus, Ta.

in-dēfessus, *adj., unwearied, indefatigable:* dextra, V.: agendo, O.: Germani ob prospera, Ta.

in-dēflētus, *adj., unlamented:* animae, O.

in-dēiectus, *adj., not thrown down:* domus, O.

in-dēlēbilis, e, *adj., imperishable:* nomen, O.

in-dēlībātus, *adj., untouched, intact:* opes, O.

indemnātus, *adj.* [2 in+damnatus], *uncondemned, unsentenced:* indemnatum necare, S.: cives: hoc indemnato indictā causā, L.: mathematicus, Iu.

in-dēplōrātus, *adj., unwept:* me, O.

in-dēprēnsus, *adj., undetected:* error, V.

indeptus, *P.* of indipiscor.

in-dēsertus, *adj., not deserted:* regna, O.

in-dēstrictus, *adj., untouched, unhurt:* abibo, O.

in-dētōnsus, *adj., with unshorn hair,* O.

in-dēvītātus, *adj., unavoided, sure:* telum, O.

index, dicis, *m.* and *f.* [in+DIC-], *one who points out, a discloser, discoverer, informer, witness:* falsus, S.: haec omnia indices detulerunt.—*An informer, betrayer, spy:* vallatus indicibus: saeptus armatis indicibus: silex, qui nunc dicitur index, *traitor's stone,* O.—*An index, sign, mark, indication, proof:* complexūs, benevolentiae indices: vox stultitiae: auctoris anulus, O.: Ianum indicem pacis bellique fecit, L.—*A title, superscription, inscription:* deceptus indicibus librorum: tabula in aedem cum indice hoc posita est, L.—*A forefinger, index finger:* pollex, non index: indice monstrare digito, H.

in-dīcēns, entis, *adj., that does not say:* Non me indicente haec fiunt, *not without my telling,* T.: me indicente, L.

indicium, ī, *n.* [1 in+DIC-], *a notice, information, discovery, disclosure, charge, evidence:* id anus mihi indicium fecit, T.: falsum, S.: crimen indicio Avilli comprobabatur: res per indicium enuntiata, Cs.: indicii poena, O.: sed ipse deprehensus indicium profitetur, *turns state's evidence,* S.: indicio permisso, qui ager... indici praemium constitutum, L.: infandum, *calumnious,* V.—*A permission to give evidence, immunity as informer:* reus erat indicium postulaturus: tibi indicium postulas dari.—*A sign, indication, mark, token, proof, evidence:* certissima sceleris: corrupti indici: insigne meae erga te benevolentiae: Indicio de se ipse erit, *serve as proof,* T.: ei rei sunt indicio sedecim volumina, N.: versis viarum indiciis, *tracks,* V.: Indicia recentia, *novel words,* H.: mihi, quale ingenium haberes, indicio fuit oratio, T.: quam vere foret indicatum, oratio indicio fuit, N.

1. indicō, āvī, ātus, āre [index], *to point out, indicate, inform, show, declare, disclose, make known, reveal, betray:* de coniuratione, S.: causam pestis, L.: indicatis deprehensisque internuntiis, Cs.: aliquid in volgus, *make known:* rem dominae: scutorum multitudo deprehendi posse indicabatur: ut libelli indicant: lacrimis dolorem, N.: hoc res ipsa indicat, T.: me tabula indicat Suspendisse, etc., H.: Id esse verum parva haec fabella indicat, Ph.—*To betray, accuse, inform against:* se: conscios delendae tyrannidis: me vobis.—*To appraise, value, put a price on:* ut sibi fundus indicaretur.

2. in-dīcō, dīxī, dictus, ere, *to declare publicly, proclaim, publish, announce, appoint:* concilium in diem certam, Cs.: forum, V.: ieiunia, H.: dies indicta pugnae, L.: funus ut indicatur, *that invitations be issued:* divōm templis honorem, *a thanksgiving,* V.: dis bellum indictum: Aeneadis bella, V.: in diem certam ut ad lucum conveniant, L.: qui ipsi sibi bellum indixissent, *are their own enemies.*—Of an assembly or march, *to summon, convoke, order:* Galliae concilium Bibracte indicitur, Cs.: exercitus omnis Aquiloniam est indictus, L.—*To impose, enjoin, inflict:* tributo populo indicto, L.: pondus argenti alcui, Ta.: iter ad regem Latinum primis iuvenum, V.

1. indictus, *P.* of 2 indico.

2. in-dictus, *adj., not said, unsaid:* Quod dictum, indictumst, T.: ea ut indicta sint, revocare, L.: carminibus nostris indictus, *unsung,* V.: insigne, adhuc Indictum ore alio, H.: indictā causā interfecti, *without a hearing,* Cs.: indictā causā damnati.—*Plur. n.* as *subst.:* proferre indicta prius, *novel themes,* H.

Indicus, *adj., of India, Indian,* T., H., O., Iu.

indidem, *adv.* [inde], *from the same place:* quos homines? indidemne Ameriā an ex urbe?: Thebis, *likewise from Thebes,* N.: additi erant Bruttiorum indidem perfugae, *also from Sicily,* L.

—*From the same thing, from the same source:* unde simile duci potest indidem verbum: venena, L.

in-differēns, entis, *adj.*, *not to be sought or shunned, indifferent, neither good nor evil.*

indigena, ae, *adj.* [indu+GEN-], *sprung from the land, native, indigenous:* miles, L.: Fauni Nymphaeque, V.: apri, O.—As *subst. m.*, *a native, son of the soil:* maiores eorum, L.: hoc indigenae vivebant more, *aborigines*, Iu.

indigēns, ntis, *adj.* [*P.* of indigeo], *in want of, needing:* mei: alienarum opum, N.—*Plur.* as *subst.:* indigentibus benigne facere, *the poor.*

indigentia, ae, *f.* [indigens], *need, want, indigence:* ab indigentiā orta amicitia. —*Insatiableness, insatiable desire:* est libido inexplebilis.

indigeō, uī, —, ēre [indu+egeo], *to need, want, stand in need of, demand, require:* bonā existimatione: pecuniā, N.: rebus, quae ad oppugnationem sunt usui, Cs.: huius patris, T.: bellum indiget celeritatis: quorum indiget usus, V.—*To long for, desire:* auri: tui consili.

1. Indiges, etis, *m.* [indu+GEN-], *a deified hero, patron deity* (of a country): Indigetem Aeneam . . . Deberi caelo, V.: Indigetes di (old prayer), L.

2. indigēs, is, *adj.* [indu+EG-], *needy, indigent*, Pac. ap. C.

in-dīgestus, *adj.*, *unorganized, without order, confused:* moles, O.

indīgnābundus, *adj.* [indignor], *full of indignation, enraged:* muliebriter, L.

indīgnandus, *adj.* [*P.* of indignor], *to be despised, deserving contempt:* (vestis) lecto, O.

indīgnāns, antis, *adj.* [*P.* of indignor], *impatient, reluctant, indignant:* venti, V.: ursi, O.

indīgnātiō, ōnis, *f.* [indignor], *displeasure, indignation, disdain:* liberrima, H.: indignationem movere, L.: publicae, *expressions of indignation*, L.—I n r h e t., *an appeal exciting indignation.*—*A provocation, occasion for indignation:* ne qua indignatio desit, Iu.

indīgnātus, *adj.* [*P.* of indignor], *angered, reluctant:* Vita fugit sub umbras, V.

indīgnē, *adv.* with *comp.* and *sup.* [indignus], *unworthily, undeservedly, dishonorably, shamefully:* Facis iniuriam illi, T.: indignius obtrectatum esse, ne, etc.: indignissime interire, Cs.—*Angrily, indignantly:* neque indigne fero, quod speravit, etc.: cum sibi anteponi, indigne ferebant, *took it ill*, N.: vobis quid hoc indignius ferendum?

indīgnitās, ātis, *f.* [indignus], *unworthiness, vileness, shamefulness:* propter indignitatem repudiatus: rei, Cs.—*Unworthy conduct, insult, indignity, outrage, baseness:* Omnīs indignitates perferre, Cs.: inpensius iis indignitas crescere, si, etc., L.—*Indignation, resentment:* tacita: indignitate angere animum, L.

in-dīgnor, ātus, ārī, *dep.* [indignus], *to deem unworthy, be indignant, despise, resent, be offended:* ea, quae indignentur adversarii: suam vicem, L.: pontem indignatus Araxes, *disdaining to bear*, V.: indignantes milites, quod, etc., Cs.: quod sola careret Munere, V.: vinci, O.: parere clienti, Iu.: Indignatur narrari cena, etc., i. e. *is not fit*, H.: regem ad causam dicendam evocari, Cs.

in-dīgnus, *adj.* with *comp.* and *sup.*, *unworthy, undeserving, unfit:* senator voluerat fieri, quamvis indignus: indignissimi candidati, L.: poëta, *incompetent*, H.: te omni honore indignissimum iudicat: magnorum avorum, V.: indigni erant qui impetrarent?: indignus quem mors tam saeva maneret, Iu.: ut a vobis redimeremur, L.: indigni fraternum rumpere foedus (i. e. quos non decet), H.—*Not deserving, undeserving:* calamitates hominum indignorum, *undeservedly suffering:* Cur eget indignus quisquam? H.: indignus iniuriā hac, T.: indigna laedi Crura, O.—Of things, *unworthy, unbecoming, shameful, intolerable, severe, cruel, harsh:* iniuria, T.: lictoribus indignum in modum mulcatis, L.: indignis modis acceptus, T.: indignissima mors: aliquid pro indignissimo habere, L.: hoc uno sol quicquam non vidit indignius: amor, *not returned*, V.: nulla vox populi R. maiestate indigna, Cs.: nihil facere fide suā indignum, N.: studiis labor, Iu.: digna atque indigna relatu Vociferans, V.: id auditu dicere indignum, L.: indignum est a pari vinci, indignius ab inferiore: Nec fuit indignum superis, bis, etc., i. e. *deemed too severe*, V.: indignum! *shame!* O.—*Plur. n.* as *subst.:* indigna pati, *outrage*, L.

indigus, *adj.* [1 in+EG-], *needing, in want:* nullius, S.: nostrae opis, V.

in-dīligēns, tis, *adj.* with *comp.*, *careless, heedless, negligent:* nimium, T.: pater familias, N.: si indiligentiores fuerint, Cs.

indīligenter, *adv.* with *comp.* [indiligens], *carelessly, heedlessly, negligently:* nihil ab eo (factum): praesidia indiligentius servare, Cs.

indīligentia, ae, *f.* [indiligens], *carelessness, heedlessness, negligence:* litterarum missarum: Aeduorum, Cs.

indipīscor, eptus, ī, *dep.* [indu+apiscor], *to obtain, attain, reach, seize:* navem, L.

in-dīreptus, *adj.*, *unplundered:* Capitolium, Ta.

in-discrētus, *adj.*, *undistinguishable, not known apart:* proles suis, V.: voces, *confused*, Ta.

indisertē, *not eloquently:* conlaudare.

in-disertus, *adj.*, *not eloquent:* Academicus: prudentia, *at a loss for words.*

in-dispositus, *adj.*, *without order*, *confused:* Apud Vitellium omnia, Ta.

in-dissolūbilis, e, *adj.*, *indestructible.*

in-distinctus, *adj.*, *undistinguished*, *confused:* corollae, Ct.: defensio, Ta.

inditus, *adj.* [*P.* of indo], *put on*, *laid on*, *imposed:* vincula, Ta.: custodes, Ta.

indīviduum, ī, *n.* [individuus], *an atom*, *indivisible particle.*

in-dīviduus, *adj.*, *indivisible:* corpora.

indō, didī, ditus, ere [1 in+do], *to put into*, *insert:* digitos (in the thongs of the javelin), O.: venenum potioni, Cu.: novos ritūs, *to introduce*, Ta. —Fig., of a name, *to give*, *apply*, *confer:* artificibus . . . nomen histrionibus inditum, L.: ab inopiā Egerio, L.: quibus nomen ex re inditum, S.

in-docilis, e, *adj.*, *not teachable*, *not to be taught*, *indocile:* nimis: collum (tigrium), *tameless*, H.: pauperiem pati, H.—*Untaught*, *unlearned*, *ignorant:* genus, V.: viae, Pr.—*Unpolished*, *rude:* Indocili numero mollit opus, O.—*Not to be taught*, *incommunicable:* usūs disciplina.

in-doctē, *adv.* [indoctus], *unlearnedly*, *unskilfully:* facere.

in-doctus, *adj.* with *comp.*, *untaught*, *unlearned*, *uninstructed*, *ignorant*, *unskilful:* multitudo: habitus indoctior: Cantabrum indoctum iuga ferre nostra, H.: pilae discive trochive, H.—*Neut. adverb:* canet indoctum, *without skill*, H.—As *subst. m.:* non apud indoctos loquor: Non tu, indocte, solebas, etc., V.

indolentia, ae, *f.* [in-dolens (2 in-)], *freedom from pain*, *insensibility.*

indolēs, is, *f.* [indu+1 OL-], *an inborn quality*, *natural quality*, *nature:* in frugibus pecudibusque, L.—*Native quality*, *nature*, *character*, *genius*, *disposition:* adulescentes bonā indole praediti: virtutum atque vitiorum, L.: tanta, V.

indolēscō, luī, —, ere [*in-doleo], *to feel pain*, *smart*, *ache*, *be grieved*, *be distressed:* indolui, O.: qui non indoluerit: successurumque Minervae indoluit, O.: malis, O.: id ipsum indoluit Iuno, O.

in-domitus, *adj.*, *untamed*, *ungovernable*, *wild:* equus, H.: indomitā cervice feri, H.—*Unsubdued*, *unrestrained*, *indomitable:* pastores, Cs.: agricolae, V.: dextra, *unconquered*, O.—Fig., *unrestrained*, *unbridled*, *indomitable:* undae, H.: licentia, *unbridled*, H.: cupiditates animi: irae, V.

in-dormiō, īvī, ītus, īre, *to fall asleep on*, *sleep upon:* congestis undique saccis Indormis, H.: Indormit unctis cubilibus, H.—Fig., *to sleep over*, *do negligently*, *be careless about:* in isto homine colendo: tantae causae: malis suis, Cu.

in-dōtātus, *adj.*, *unportioned*, *portionless:* (virgo), T.: soror, H.—Fig., *unadorned*, *poor:* ars.—Poet.: corpora, *without funeral honors*, O.

indu, old for 1 in; see indipiscor, indoles, induperator, industrius, indutiae.

in-dubitō, —, —, āre, *to throw doubt upon*, *express distrust of:* Viribus tuis, V.

in-dubius, *adj.*, *not doubtful*, *certain:* innocentia, Ta.

(**induciae**), see indutiae.

in-dūcō, dūxī (indūxtī for indūxistī, T.), ductus, ere, *to lead in*, *bring in*, *introduce*, *conduct*, *lead up*, *bring forward:* metuens induceris (i. e. in domum), H.: legionis principes (sc. in urbem), L.: turmas inducit Asilas, *heads*, V.: hostīs in curiam: cohortem in medios hostīs, S.: principes in cornua, *lead against*, L.: mensorem arvis (i. e. in arva), V. —*To bring forward*, *exhibit*, *represent:* a me gladiatorum par inducitur: fabula quem miserum vixisse Inducit, H.—*To put on*, *clothe:* tunicam in lacertos: manibus caestūs, V.: tunicāque inducitur artūs, V.—*To draw over*, *spread over*, *overlay*, *overspread:* super lateres coria, Cs.: ubi suos Aurora induxerat ortūs, V.: pontem, Cu.: pulvis velut nube inductā, etc., L.: Inducto pallore, i. e. *turning pale*, O.: varias plumas, H.: terris Umbras, H.: humanam membris formam, O.: scuta pellibus, *cover*, Cs.: fontīs umbrā, V.: fontibus umbras, V.: (victima) inducta cornibus aurum, O. —Of words in a wax tablet, *to smooth over*, *strike out*, *erase:* nomina: senatūs consultum, *repeal:* ut induceretur locatio, *be cancelled.*—Fig., *to bring in*, *introduce:* thiasos Bacchi, V.: morem iudiciorum in rem p.: pecuniam in rationem, *set down in the account:* ager ingenti pecuniā vobis inducetur, *will be charged.*—In speaking, *to introduce*, *represent*, *describe:* Gyges inducitur a Platone: Tiresiam: consuetudinem.—*To move*, *excite*, *persuade*, *induce*, *mislead*, *seduce:* emptorem, H.: animum in spem: animum ad meretricem, T.: pretio inductus, V.: promissis aliquem: Carthaginiensīs ad bellum, N.: quem, ut mentiatur, inducere possum.—In the phrase, in animum inducere, *to persuade oneself*, *resolve*, *determine*, *conclude:* nemo alteri concedere in animum inducebat, L.: postremo Caesar in animum induxerat, laborare, *had determined*, S.: consules ut pronuntiarent, in animum inducere, L.—In the phrase, animum inducere, *to bring one's mind*, *resolve*, *conclude*, *suppose*, *imagine:* id quod animum induxerat paulisper non tenuit: animum inducere, contra ea dicere: cantare, H.: qui huic adsentari animum induxeris, T.: inducere animum, ut oblivisceretur, etc.—*To entrap*, *ensnare*, *delude:* socios.

inductiō, ōnis, *f.* [1 in+DVC-], *a bringing in*, *introducing*, *production*, *admission:* aquarum inductiones: horum (iuvenum in circum), *for ex-*

hibition, L.—Fig., *a purpose, resolution, determination:* animi.—*An inclination, leaning:* animi. —In philos., *induction, reasoning from instances, generalization*, C.—In rhet., in the phrase, personarum ficta inductio, *personification, speaking in an assumed character:* erroris inductio, *a misguiding, persuasion to error.*

inductus, *P.* of induco.

indulgēns, entis, *adj.* with *comp.* [*P.* of indulgeo], *indulgent, kind, tender, fond:* nomen indulgentius maternum: ministri irarum, L.: obsequium peccatis indulgens: sibi hydrops, H.: civitas in captivos, L.

indulgenter, *adv.* [indulgens], *indulgently, kindly, tenderly:* loqui: bestiae multa faciunt.

indulgentia, ae, *f.* [indulgens], *a yielding, indulgence, forbearance:* Caesaris in se, Cs.: mea in illum (conlegam): corporis.—*Tenderness, fondness, affection, favor:* patria: in huius (matris) indulgentiā educatus, Ta.: Capua luxurians indulgentiā fortunae, L.: materiam sibi ducis indulgentia quaerit, Iu.: caeli, *mildness*, V.: qui indulgentiā filiarum commovemini, etc.

indulgeō, ulsī, ultus, ēre, *to be complaisant, be kind, be tender, exercise forbearance, incline, yield, indulge, concede, grant, allow:* Hactenus indulsisse vacat, *thus far then I can yield*, V.: Aeduorum civitati, Cs.: sic sibi indulsit, ut, etc., *took such liberties*, N.: irae, L.: sibi, Iu.: ipsa sibi imbecillitas indulget: legionum ardori, *give scope*, L.: Philippi odio, *encourage*, L.: ordinibus, *give room*, V.: cuius annis fata indulgent, *favor*, V.: te, T.: nimis me, T.—*To give oneself up, be addicted, indulge:* Vestitu nimio, T.: novis (amicitiis): vino, V.: lacrimis, O.: animo, *anger*, O.: Indulge hospitio, *give full course*, V.: si aviditati indulgeretur, L.—*To concede, allow, grant, permit, give up, bestow, confer:* soporem, Iu.: nil animis in corpora iuris Natura indulget, *grants no power*, Iu.: basia plectro, Iu.: veniam pueris, *make allowance*, Iu.: sese tribuno, *give up*, Iu.: sanguinem meum sibi indulgeri aequum censet, L.

induō, uī, ūtus, ere [indu+4 AV-], *to put on, assume, dress in:* Meam (vestem), T.: vestes Indutae, V.: lugubria, O.: Herculi tunicam: galeas, Cs.: albos crinīs, V.: scalas, *shouldered*, O.: raptae insignia Bacchi, O.: sibi torquem: unam (vestem) iuveni, V.—*To clothe, dress, cover, wrap, deck, array:* se in florem, V.: quos Induerat Circe in voltūs ferarum, V.: cum venti se in nubem induerint: toris lacertos, O.: pomis se arbos Induerat, V.: eamst indutus (vestem)? T.: galeam Induitur, V.: Quidlibet indutus, *dressed as it happens*, H.: Indutus capiti, V.: indutus Troas agebat, *wearing* (the helmet), V.—*To entangle, impale, pierce:* se stimulis inopinantes induebant, Cs.: se hastis, L.: An sese mucrone Induat, i. e. *pierce*, V.—Fig., *to put on, assume:* personam iudicis: cuius simulationem induerat, L.: tellus Induit hominum figuras, O.—*To entangle, involve:* se actione: suā confessione induatur necesse est, *entangle himself:* se in captiones: non se purgavit, sed induit.

induperātor, ōris, *m.* [indupero, old for impero], *a commander-in-chief, emperor:* barbarus, Iu.

indūrātus, *adj.* [*P.* of induro], *hardened.*—Fig.: induratus resistendo hostium timor, L.

in-dūrēscō, uī, —, ere, *inch.*, *to grow hard on, stiffen upon:* Stiria inpexis induruit barbis, V.: saxo induruit tumor, *to stone*, O.—Fig.: miles induruerat pro Vitellio, *had become firmly attached*, Ta.

in-dūrō, —, —, āre, *to make hard, harden:* nivīs, O.: ora cornu Indurata, O.

industria, ae, *f.* [industrius], *diligence, activity, assiduity, industry, zeal:* poëtae ad scribendum, T.: ingenium industriā alitur: naturam industriā vincere, S.: in scribendo tantum industriae ponam, *pains:* magna, N.: illi numquam super industriam fortuna fuit, *surpassed his assiduity*, S.: maxima, *the noblest employment*, S.: novis industrius honores mandare, i. e. *services rendered by men of obscure origin.*—Esp. *abl.*, usu. with *de* or *ex*, *diligently, assiduously, deliberately, on purpose, purposely, intentionally:* de industriā in odium inruere: ex industriā, L.: onus ferre industriā.

industriē, *adv.* [industrius], *diligently*, Cs.

industrius, *adj.* [indu+STRV-], *active, diligent, assiduous, industrious:* primo industrios esse, deinde, etc., S.: homo: in rebus gerundis: armis, Iu.

indūtiae (not -ūciae), ārum, *f.* [indu+1 I-], *a suspension of hostitities, truce, armistice:* dies indutiis petitus, Cs.: triginta dierum cum hoste pactae: indutias facere: tollere, *put an end to*, L.: agitare, S.: per indutias, *during the truce*, L.: indutiae, Bellum, pax rursum (of a lovers' quarrel), T.

1. **indūtus**, *P.* of induo.

2. (**indūtus**, ūs), *m.*, *a putting on.*—Only *dat.:* quam (vestem) indutui gerebat, Ta.

in-ēbriō, —, —, āre, *to make drunk, intoxicate:* miseram aurem, *drench*, Iu.

inedia, ae, *f.* [2 in+ED-], *an abstaining from food, fasting:* inediae patiens, S.: fessus inediā.

in-ēditus, *adj.*, *not made known, unknown:* cura, O.

in-ēlegāns, antis, *adj.*, *not choice, inelegant:* orationis copia.

inēleganter, *adv.* [inelegans], *not choicely, inelegantly:* scribere: dividere, *illogically.*

in-ēlūctābilis, e, *adj.*, *not to be escaped, inevitable:* tempus, V.: fatum, V.

in-ēmorior, —, ī, *to die upon:* dapis spectaculo, *to starve in sight of a feast*, H.

in-ēmptus (inēmtus), *adj.*, *unbought, unpurchased:* dapes, V.: corpus inemptum Reddito, *without a ransom*, O.: consulatus, Ta.

in-ēnārrābilis, e, *adj.*, *indescribable:* labor, L.

in-ēnōdābilis, e, *adj.*, *inexplicable:* res.

in-eō, īvī and iī, itus, īre, *to go into, enter:* illius domum: urbem, L.: viam, *begin a journey:* ineunt proscaenia ludi, *come on the stage*, V.: nemus nullis illud initur equis, O.: in urbem, L.—Fig., *to come in, make a beginning, begin:* ineunte vere: ineunte adulescentiā.—*To enter upon, begin, undertake, engage in:* magistratum: consulatum, L.: proelium, S.: somnum, V.: beneficium verbis initum, T.: bellum cum rege Philippo initum est, L.: initā aestate, *in the beginning of*, Cs.: somnum, *to fall asleep*, V.: tua munera, *undertake*, V.: decus hoc aevi, te consule (puer), inibit, *will enter on this golden age*, V.—With *numerus*, *to go into, enumerate:* numerus interfectorum haud facile iniri potuit, L.: numerus inibatur, Cs.—With *ratio*, *to enter into, form, devise:* initā subductāque ratione, *an estimate:* quom rationem ineas, quam, etc., *consider*, T.: mihi ineunda ratio, quā possim, *I must contrive:* rationem de re: ad hunc interficiendum talem iniit rationem, *plan*, N. — With *consilium*, *to engage in, devise, meditate:* de summis rebus consilia, Cs.: consilium, *form a plan*, O.: consilia inibat, quem ad modum, etc., *deliberated*, Cs.: contra cuius vitam consilium facinoris inisse. —With *gratiam*, *to get into, acquire, obtain:* summam ab Caesare gratiam, Cs.: plures ineuntur gratiae, si, etc., *the favor of many is gained:* apud regem initam gratiam volebant, L.—With *viam*, *to find out, devise:* ineamus viam aliquam, quā decerni possit, etc., L.

ineptē, *adv.* [ineptus], *improperly, impertinently, absurdly:* disserere: dicere: nil molitur inepte, H.: fautor (i. e. favens), H.

ineptia, ae, *f.* [ineptus], *silliness, folly, absurdity:* tua, T. —*Plur.*, *silliness, fooleries, trifles, absurdities:* omnium ineptiarum an ulla sit maior, quam, etc.: paene aniles: mearum ineptiarum lectores, Ct.

ineptiō, —, —, īre [ineptia], *to be absurd, trifle, play the fool:* ineptis, T.: desinas ineptire, Ct.

ineptus, *adj.* with *comp.* [2 in+aptus]. — Of persons, *absurd, awkward, silly, inept, impertinent:* Quid est, inepta, quid vis? T.: ineptus Et iactantior hic paulo est, *without tact*, H.—Of things, *absurd, unsuitable, unfit, impertinent:* illa concedis inepta esse: causa, T.: ioca: chartae, *waste-paper*, H.: risu inepto res ineptior nulla est, Ct.: quid est ineptius quam, etc.

in-equitābilis, e, *adj.*, *unfit for riding over, impassable to horsemen:* campi, Cu.

inermis, e, *adj.* [2 in+arma], *unarmed, without weapons, defenceless:* tribunus: milites, Cs.: latrones, S.: inermis Constitit, V.: ex agro inermi ac nudo praesidiis, L.: me lupus Fugit inermem, H.: bracchia, O.: gingiva, *toothless*, Iu.—Fig.: in alterā philosophiae parte, *unversed:* iustitia, *unarmed*, Iu.: carmen, *without a sting*, O.

inermus, *adj.* [2 in+arma], *unarmed, without weapons:* alquos inermos timere, Cs.: pectus, V.: cum paucis inermis.

in-errāns, tis, *adj.*, *not wandering, fixed:* stellae.

in-errō, —, —, āre, *to wander, err:* si versus noster summo inerret in ore, i. e. *is repeated inaccurately*, Tb.

iners, ertis, *adj.* with *comp.* and *sup.* [2 in+ars], *without skill, unskilful, incompetent:* artes, quibus qui carebant, inertes nominabantur: scriptor, H.: superando inertīs, O.: homo non inertissimus.—*Helpless, weak, inactive, indolent, sluggish, worthless:* gerro, iners, etc., T.: exercitus, S.: senectus: homo inertior: Corpora, *non-combatants*, V.: inertissimum otium: inertissima segnitia: genus interrogationis, *idle:* umor, *stagnant*, V.: pondus, *dead*, O.: passus, *sluggish*, O.: glebae, *without cultivation*, V.: terra, *motionless*, H.: horae, *leisure*, H.: palmae, *unarmed*, V.: oculi, *expressionless*, V.: versūs, *dull*, H.: querellae, L.: neque quicquam inertius habetur, *effeminate*, Cs.: caro, *insipid*, H.: frigus, *benumbing*, O.

inertia, ae, *f.* [iners], *want of art, unskilfulness, ignorance, rudeness:* adfecti artibus, inertiis. —*Inactivity, idleness, laziness:* animi, S.: turpis: hominum: laboris, *aversion to:* operis, L.: strenua, H.

in-ērudītus, *adj.*, *unlearned, illiterate:* Epicurus.—*Crude, inconsiderate:* illud tam ineruditum respondere.

inēscō, āvī, ātus, āre [1 in+esca], *to allure with bait, entice:* velut inescatam temeritatem consulis, L. —Fig., *to entice, deceive:* homines, T.: specie benefici inescamur, L.

in-ēvītābilis, e, *adj.*, *unavoidable, inevitable:* fulmen, O.: fatum, Cu.: crimen, Ta.

in-excītus, *adj.*, *unmoved, calm:* Ausonia, V.

in-excūsābilis, e, *adj.*, *without excuse:* (tu), H.: tempus, *affording no excuse*, O.

in-exercitātus, *adj.*, *untrained, unskilful, without experience:* miles: copiae, N.

in-exhaustus, *adj.*, *not wasted:* pubertas, *not enfeebled*, Ta.: metalla, *inexhaustible*, V.

in-exōrābilis, e, *adj.*, *not to be moved by entreaty, unyielding, inexorable:* ingenium, T.: iudices: Achilles, H.: in ceteros: adversus te, L.: leges rem inexorabilem esse, L.: odium, O.: fatum, V.

inexpectātus, see inexspectatus.

(**in-expedītus**), *adj.*, *not free, entangled, confused.*—Only *comp.:* pugna inexpeditior, L.

in-experrēctus, *adj.*, *unawakened*, O.

in-expertus, *adj.*, *without experience, unpractised:* exercitus bonis inexpertus, L.: animus ad contumeliam, L.: Dulcis inexpertis, H.—*Untried, unproved, untested:* fides, L.: legiones, Ta.: Ne quid inexpertum relinquat, V.: Si quid scaenae committis, *novel*, H.

in-expiābilis, e, *adj.*, *not to be atoned for, inexpiable:* religiones: scelus.—*Implacable, irreconcilable, obstinate:* se mihi inexpiabilem praebere: odium, L.: bellum.

in-explēbilis, e, *adj.*, *not to be satisfied, insatiable:* populi fauces: cupiditas: vir virtutis, L.

in-explētus, *adj.*, *not filled, unsatisfied:* lumen, *eye*, O.: inexpletus lacrimans, *incessantly*, V.

in-explicābilis, e, *adj.*, *not to be loosened, inextricable, intricate:* vinculum, Cu.—*Obstructed, not to be traversed:* viae imbribus, L.—Fig., *inexplicable:* o rem inexplicabilem!: facilitas, i. e. *with no result*, L.

inexplōrātō, *adv.* [*abl.* of inexploratus], *without previous examination:* profectus, L.: angustiis superatis, L.

in-explōrātus, *adj.*, *unexplored, unknown:* vada, L.

in-expūgnābilis, e, *adj.*, *not to be stormed, impregnable:* arx, L.: gramen, *not to be rooted out*, O.: pectus Amori, *invincible*, O.: via, *impassable*, L.—Fig., *unassailable:* alqs.

in-exspectātus (**inexp-**), *adj.*, *unlooked for:* in armis Hostis adest, O.: vis.

in-exstinctus, *adj.*, *unextinguished, unextinguishable:* ignis, O.: nomen, *imperishable*, O.: libido, *insatiable*, O.

in-exsuperābilis (**inexup-**), e, *adj.* with *comp.*, *not to be crossed, insurmountable:* Alpes, L.: ripa, L.: inexsuperabilior saltus, L.—Fig.: vis fati, *invincible*, L.—*Plur. n.* as *subst.:* inexsuperabilibus vim adferre, *overcome impossibilities*, L.

in-extrīcābilis, e, *adj.*, *not to be unravelled, inextricable:* error (of the labyrinth), V.

in-fabrē, *adv.*, *unskilfully, rudely:* vasa non infabre facta, L.: sculptum, H.

in-fabricātus, *adj.*, *unwrought, unfashioned:* robora, V.

īnfacētiae (**infic-**), ārum, *f.*, *coarse jokes, tasteless attempts at wit*, Ct.

īn-facētus (**infic-**), *adj.* with *comp.*, *without wit, dull, stupid:* nec infacetus: non inficetum mendacium: Idem infaceto est infacetior rure, Ct.

īn-fācundus, *adj.* with *comp.*, *not eloquent:* vir, L.: infacundior, *slow of speech*, L.

īnfamātus, *adj.* [*P.* of infamo], *of ill repute:* dea, O.

īnfāmia, ae, *f.* [infamis], *ill fame, ill report, bad repute, dishonor, disgrace, infamy:* rei, Cs.: ne infamiae Ea res sibi esset, T.: indicia operta infamiā: mendax, *calumny*, H.: infamiam ferre: infamiā aspergi, N.: se eripere ex infamiā: latrocinia nullam habent infamiam, Cs.: movere, L.: sarcire, *repair*, Cs.: quid enim salvis infamia nummis? Iu.—*A reproach, disgrace:* Cacus silvae, *reproach*, O.: nostri saecli, O.

īnfāmis, e, *adj.* [2 in + fama], *of ill repute, disreputable, notorious, infamous:* mulier: auctor deserendae Italiae, L.: scopuli, H.: flagitiis infamem fieri, T.: homines omni dedecore: captarum pecuniarum suspicione, L.: mensa acipensere, H.: terrae caede virorum, O.—*Bringing reproach, disgraceful:* vita: nuptiae, L.

īnfāmō, āvī, ātus, āre [infamis], *to bring into ill repute, disgrace, dishonor, defame:* aliorum iniuriam: hunc infamatum, *branded*, N.: infamandae rei causā, *of making notorious*, L.

īn-fandus, *adj.*, *unspeakable, unutterable, unheard of, unnatural, shocking, abominable:* facinus, T.: res: epulae, i. e. *of human flesh*, L.: amor, V.: bellum, V.: stuprum, L.—*Plur. n.* as *subst.:* infanda furens, V.—*Sing. n.* as exclamation: navibus, infandum! amissis, *oh, woe unutterable*, V.

īnfāns, fantis, *adj.* with *comp.* and *sup.* [2 in + for], *that cannot speak, without speech, mute, speechless:* statuae, H.: filium, cum infans esset, locutum.—*Poor of speech, not eloquent:* homines: pudor, i. e. *embarrassment*, H.: nihil accusatore infantius: ne infantissimus existimarer, *incapable of speaking.*—*Not able to speak, young, little, infant* pueri: pupilla: puella, H.: ova, *fresh*, O.—As *subst. m.* and *f.*, *a little child, infant, babe:* natura movet infantem: infantibus parcere, Cs.: rusticus, Iu.: infantumque animae flentes, V.: formosissimus, O.: in utero matris, L.—*Of an infant, infantine:* Pectora, O.: os, O.: umbrae, *of departed infants*, O.—*Childish, silly:* illa omnia fuere infantia.

īnfantia, ae, *f.* [infans], *inability to speak, want of eloquence:* incredibilis.—*Childhood:* nostra, Iu.—*Second childhood, childishness:* madidi nasi, Iu.

īnfatuō, —, —, āre [*in-fatuus], *to make a fool of, infatuate:* hominem mercede: neminem.

īn-faustus, *adj.*, *of ill omen*, *unfortunate*, *unpropitious:* puppes, V.: gradus, O.: dies, Ta.—Of persons, *unfortunate:* bellis, Ta.

īnfector, ōris, *m.* [2 FAC-], *a dyer.*

1. īnfectus, *adj.* [2 in+factus], *not done*, *unwrought*, *unmade*, *undone*, *unaccomplished*, *unfinished:* pro infecto haberi: omnia pro infecto sint, *be regarded*, L.: infectum reddet quod, etc., *undo*, H.: infectā pace dimissi, *without obtaining*, L.: satis det damni infecti ei, qui, etc., *anticipated:* infectis iis, quae agere destinaverat, Cs.: infectā re abire, *their work undone*, L.: infecto negotio revorti, *disappointed*, S.: argentum, *uncoined*, L.: facta atque infecta, i. e. *true and false*, V.: infecta pensa reponunt, *unfinished*, O.—*Impossible:* nihil iam infectum Metello credens, S.

2. īnfectus, *P.* of inficio.

īnfēcunditās, ātis, *f.* [infecundus], *unfruitfulness:* terrarum, Ta.

īn-fēcundus, *adj.*, *unfruitful:* ager arbore, S.: Sponte suā quae se tollunt . . . Infecunda, V.

īnfēlīcitās, ātis, *f.* [infelix], *ill-luck*, *misfortune:* quid hoc infelicitatis? T.: tua: gravior, L.

īnfēlīciter, *adv.* [infelix], *unhappily*, *unfortunately:* fit mihi obviam, T.: tentata res, L.

īn-fēlīx, īcis, *adj.* with *comp.* and *sup.*, *unfruitful*, *not fertile*, *barren:* lolium, V.: tellus frugibus, V.: foliis oleaster, V.: arbori infelici suspendere, *hang on the accursed tree*, *hang*, *crucify*, L.—*Unfortunate*, *ill-fated*, *unhappy*, *miserable:* adulescentulus, T.: ego, S.: crux infelici comparabatur: homo infelicissimus: animi Phoenissa, V.: faber operis summā, H.: Infelix, qui non Audierit, etc., V.: infelicior domi quam militiae, L.—*Causing misfortune*, *unlucky*, *calamitous:* Erinys, O.: vates, *prophetess of ill*, V.: erga plebem studium, L.: paupertas, Iu.: alqs rei p.

(īnfēnsē), *adv.* [infensus], *with hostility*, *bitterly:* invectus, Ta.: Isocrati adversatus infensius: infensius pugnare, L.

īnfēnsō, —, —, āre [infensus], *to treat in a hostile manner*, *ravage:* bello Armeniam, Ta.—*To be hostile:* quasi infensantibus Dis, Ta.

īnfēnsus, *adj.* with *comp.* [FEN-], *hostile*, *inimical*, *enraged:* Me infensus servat, T.: infenso animo venire: signis, V.: mentes mihi: Drances Turno, V.: infensioribus in se quam in illum iudicibus, L.: ad infensius servitium, Ta.

īnferciō, —, —, īre [1 in+farcio], *to stuff in*, *force in:* inferciens verba.

īnferī, ōrum, see inferus.

īnferiae, ārum, *f. plur.* [inferus], *sacrifices in honor of the dead:* Inferiae cadunt cineri, O.: cui inferias adferunt: Absenti ferat inferias, V.: nepotes Rettulit inferias Iugurthae, H.: mānibus dare, O.

īnferior, ius, *adj.* [*comp.* of inferus], *lower*, *further down:* spatium, Cs.: locus (opp. superior): in inferius ferri, *downwards*, O.: Africae pars, i. e. *nearer the sea*, S.: caelum sidet inferius mari, H.: effigies, *smaller*, H.—Fig., *subsequent*, *later*, *latter:* aetate inferiores paulo quam Iulius: inferioris aetatis esse.—*Inferior*, *lower:* genus hominum: ordines, Cs.: dignitate, gratiā non inferior, quam qui, etc.: navium numero, Cs.: hoc ipso inferius esse suum foedus quam ceterorum: in iure civili.—As *subst.:* inferiores extollere: supplices inferioresque: non inferiora secutus, *naught inferior*, V.: his non inferiora loqui, *less proud* (words), O.

īnferius, *adj.* [*neut.* of inferior], *lower*, *further down:* Inferius terras (cremabis), *too low*, O.: inferius suis fraternos currere equos, O.—With *quam*, O.

īnfernus, *adj.* [inferus], *lower*, *under:* sese infernis de partibus erigit Hydra: stagna, L.—*Underground*, *of the lower regions*, *infernal:* superi infernique di, L.: rex, *Pluto*, V.: gurges, O.: aspectus, *revolting*, Ta.

īn-ferō, intulī, inlātus (ill-), īnferre, *to bring in*, *introduce*, *bring to*, *carry in:* nihil pati vini inferri, *be imported*, Cs.: peregrinos pecunia mores Intulit, *introduced*, Iu.: pedem, *make an entrance:* huc pedem, H.: gressūs, V.: illum in equum, *set upon*, Cs.: Scipio lecticulā in aciem inlatus, L.: deos Latio, V.: rates arvis, V.: Ignem gentibus, H.: scalas ad moenia, *set against*, L.—*To bring for burial*, *bury*, *inter:* alienum.—*To bring against*, *direct*, *wage*, *throw upon:* hostibus inlatus, Ta.: se stupentibus Romanis, L.: an manu stipata Inferar? V.—Freq. in phrases, with *signa*, *arma*, *bellum*, *gradum*, or *pedem*, *to make an attack:* conversa signa in hostīs inferre, *wheel about and attack*, Cs.: trepidantibus inferunt signa Romani, L.: signa patriae urbi: signa inferri iubet, N.: arma in Italiam, *invade*, N.: pedem, *advance*, L.: bellum, *make war upon:* bellum inferre . . . inlatum defendere, *invade . . . repel invasion*, Cs.: bellum contra patriam: arma, *begin hostilities*, L.—With *se*, *to betake oneself*, *repair*, *go into*, *enter*, *present oneself:* se ipse inferebat: Talis se infert, *marches*, V.: hostem regi se, V.: mediam se matribus, V.: se in periculum capitis, *expose oneself:* se in mediam contionem, L.—Of fire, *to throw upon*, *apply*, *set:* aggeri ignem, Cs.: tectis et templis ignīs inferre conati sunt.—*To offer*, *sacrifice*, *render:* Anchisae honores, V.—In an account, *to give in*, *enter:* sumptum civibus: rationes falsas.—Fig., *to bring forward*, *adduce*, *introduce*, *produce*, *make*, *excite*, *occasion*, *cause*, *inflict:* iniuriam, Cs.: in re severā sermonem: mentionem, *mention*, L.: alius aliā causā inlatā, *alleging various pretexts*, Cs.:

iniuriis in socios inferendis: periculum civibus: sibi dedecus, O.: mors inlata per scelus īsdem: pestilentiam agris, L.: impeditis volnera, *wound*, Cs.: aliis proditionis crimen.—*To conclude, infer, draw an inference.*

īnferus, *adj.* with *comp.* (see īnferior) and *sup.* (see īnfimus and īmus) [cf. infra], *below, beneath, underneath, lower:* ut omnia supera, infera, videremus: mare, *the Tuscan Sea.*—As *subst. n.:* navigatio infero, *upon the Tuscan Sea* (opp. superum, *the Adriatic*).—*Underground, of the lower world:* di, T.: ad inferos (deos) pervenisse.—*Plur. m.* as *subst.*, *the dead, shades, inhabitants of the lower world:* apud inferos: ab inferis exsistere, *to rise from the dead*, L.: ab inferis excitandus, *to be raised from the dead:* ad inferos poenas luere, *in the infernal regions:* nec ab inferis mortuos excitabit, i. e. *speak in the persons of the dead.*

īn-fervēscō, ferbuī, ere, *inch.* [in-ferveo], *to boil, stew, simmer:* Hoc ubi inferbuit, H.

īnfestē, *adv.* with *comp.* and *sup.* [infestus], *inimically, violently, outrageously:* quae in nos fecerint, L.: infestius circumscindere, L.: infestissime contendere.

īnfestō, —, —, āre [infestus], *to annoy, disturb, infest:* latus dextrum, O.

īnfestus, *adj.* with *comp.* and *sup.* [*P.* of * infendo], *made unsafe, disturbed, molested, infested, unquiet, unsafe:* via excursionibus barbarorum: omnia serpentibus, S.: sua tuta omnia, infesta hostium, L.: vita: infestum agrum reddere, *make unsafe*, L.: sibi Teucri, V.: infestior salus: infestior Tulli senectus, L.: infestissima pars Ciliciae.—*Plur. n.* as *subst.:* infestis (i. e. infestis rebus), *when in affliction*, H.—*That renders unsafe, hostile, inimical, troublesome, dangerous:* infestis signis ad se ire, Cs.: ante vallum infestis signis constitere, L.: infestis pilis procurrere, *threatening*, Cs.: infesta tela ferre, V.: infestis oculis conspici: te animo infestissimo intuetur: numen, Iu.: regi plebes, S.: provincia victoriae: gens infestissima nomini Romano, S.: nautis Orion, H.: virtutibus tempora, Ta.

īnficiō, fēcī, fectus, ere [1 in+facio], *to stain, tinge, dye, color:* (vestīs) quarum graminis ipsum Infecit natura pecus, i. e. *whose wool has taken color from the pasture*, Iu.: diem, *darken*, O.: ora pallor inficit, *overspreads*, H.: se vitro, Cs.: humus infecta sanguine, S.: infectus sanguine villos, O. —*To infect, stain, spoil:* hoc (dictamno) amnem, V.: Pocula, *poison*, V.: pabula tabo, V.: Allecto infecta venenis, *imbued*, V. — F i g., *to imbue, instruct:* infici iis artibus: animos teneros. — *To spoil, corrupt, infect:* desidiā animum: inficimur opinionum pravitate: principum vitiis infici solet civitas: Infectum eluitur scelus (i. e. quo se infecerunt), V.: blandimentis infectae epistulae, Ta.

īn-fidēlis, e, *adj.* with *sup.*, *not to be trusted, unfaithful, faithless:* fides infideli data: qui ante erant per se infideles, Cs.: arbitrae, H.: infidelissimi (socii): Novis rebus Allobrox, *in times of change*, H.

īnfidēlitās, ātis, *f.* [infidelis], *unfaithfulness, faithlessness, infidelity:* infidelitatis suspicio, Cs.: quantae infidelitates in amicis.

īnfidēliter, *adv.*, *faithlessly, perfidiously:* nec aliquid senatui suadere.

īn-fīdus, *adj.*, *not to be trusted, unsafe, faithless, treacherous, false:* amici: nihil stabile quod infidum est: genus Numidarum, S.: scurra, H.: pax, L.: gens ad occasiones, Ta.

īn-fīgō, fīxī, fīxus, ere, *to fasten, implant, drive in, affix:* ferreis hamis infixis, Cs.: portae infigitur hasta, V.: signum: infixum volnus, i. e. *deep*, V.: laevo infixa est lateri manus, *was nailed to*, V.: sagitta infigitur arbore, V.: Haerent infixi pectore voltūs, *seated*, V.—F i g., *to infix, impress, imprint:* cura infixa animo, *seated:* religio infixa animo, L.: Vologesi vetus infixum erat vitandi, etc., *had a settled purpose*, Ta.

īnfimus or **īnfumus**, *adj. sup.* [cf. inferus], *lowest, last* (cf. īmus, but of the lowest of several objects, infimus is used): radices montis, Cs.: cum scripsissem haec infima: arā, *lowest part:* sub infimo colle, *foot*, Cs.: collis passūs circiter CC infimus apertus, *at the bottom*, Cs.—As *subst. n.*, *the lowest part, bottom:* collis leniter ab infimo acclivis, *at the foot*, Cs.: ad infimum, *at the bottom*, Cs.—F i g., *lowest, meanest, basest:* esse infra infumos Homines, T.: quisquam: faex populi: infimo loco natus: summos cum infimis pari iure retinebat: preces, *most humble*, L.

īn-findō, fidī, fissus, ere, *to cut into, cleave:* telluri sulcos, V.: sulcos (in sailing), V.

īnfīnitās, ātis, *f.* [2 in+finis], *boundlessness, endlessness, infinity:* in infinitatem omnem peregrinari (sc. animo): locorum: naturae.

īnfīnītē, *adv.* [infinitus], *without bounds, without end, infinitely:* ne infinite feratur ut flumen oratio: quod faciendum est in perorando, *without restraint.*—*Without exception, universally:* res infinite posita.

īnfīnītiō, ōnis, *f.* [infinitus], *boundlessness, infinity:* ipsa.

īn-fīnītus, *adj.* with *comp.*, *not limited, infinite, endless, boundless, unlimited:* altitudo: imperium: domini infinitā potestate, L.: sin cuipiam nimis infinitum videtur, *too vast:* quos erat infinitum nominare, *an endless task.*—*Innumerable, countless:* occupationes, *numberless engagements*, N.: multitudo librorum: hominum multitudo, Cs.—*Indefinite:* res est infinitior: conexa, *indefinite conditional sentences.*

(**īn-fīō**), see infit.

īnfīrmātiō, ōnis, *f.* [infirmo], *a weakening, invalidating:* Rerum iudicatarum: rationis, *refutation.*

īnfīrmē, *adv.* [infirmus], *faintly, slightly:* animatus.

īnfīrmitās, ātis, *f.* [infirmus], *want of strength, weakness, feebleness:* valetudinis: corporis.—*The weaker sex:* patiendum huic infirmitati est, quodcumque, etc., L.—Fig., *feebleness, infirmity:* Quid habent infirmitatis nuptiae? *defect*, T.: naturae, S.: animi, *want of spirit:* Gallorum, quod, etc., *inconstancy*, Cs.

īnfīrmō, āvī, ātus, āre [infirmus], *to weaken, invalidate, disprove, refute, impair, annul:* legiones, Ta.: res tam levīs: ad iudicem fidem testis: ceteras (leges), L.

īn-fīrmus, *adj.* with *comp.* and *sup.*, *not strong, weak, feeble, infirm:* vires: corpus annis, S.: classis: oves, H.: ex gravi morbo, *ill:* infirmi ad resistendum, Cs.—Fig., *weak, superstitious, pusillanimous, inconstant, light-minded:* animus, Cs.: sum paulo infirmior, H.: quorum concursu terrentur infirmiores, Cs.—*Of no weight, weak, trivial, inconclusive, invalid:* nuptiae, T.: ad probandum res: cautiones: infirmiore vinculo (amicitiae) contrahi, L.: de causis condemnatus infirmissimis.

īn-fit, *defect.*, *begins:* ita farier, V.—*Begins to speak;* his vocibus infit, V.: ita Tullus infit: Romani, etc., L.: ibi infit, se agere, etc., L.: causam scitantibus infit, O.

(**īnfitiae**, ārum), *f.* [2 in+1 FA-], *denial.*—Only *acc.*, in the phrase, infitias ire, *to deny:* quod nemo it infitias, N.: neque infitias eo, nos dedisse, etc., L.: ille infitias ibit, T.: infitias eunt mercedem se pactos, L.

īnfitiālis, e, *adj.* [infitiae], *negative, consisting in denial:* quaestio.

īnfitiātiō, ōnis, *f.* [infitior], *a denial.*

īnfitiātor, ōris, *m.* [infitior], *a denier, repudiator, shuffler:* ille: lentus, *a bad debtor.*

īnfitior, ātus, ārī, *dep.* [infitiae], *not to confess, to contradict, deny, disown:* non infitiando confiteri videbantur: cum id posset infitiari, repente confessus est: in quā me non infitior esse versatum.—*Pass.:* Progenies haud infitianda parenti, O.—Of a debt or deposit, *to deny, repudiate:* quid si infitiatur?: depositum, Iu.: pretium, O.

īnfīxus, *P.* of infigo.

īnflammātiō, ōnis, *f.* [inflammo], *a kindling, firing:* inflammationem agris inferre.—Fig.: animorum.

īn-flammō, āvī, ātus, āre, *to set on fire, light up, kindle:* taedas ignibus: urbem: classem: tecta, L.—Fig., *to inflame, kindle, rouse, excite:* contionibus invidiam senatūs: inflammari cupiditate honorum: animum amore, V.—*P. perf.:* inflammatus ad gloriam: libidinibus.

(**īnflātē**), *adv.* [1 inflatus].—Only *comp.*, *haughtily, proudly, pompously:* inflatius commemorare, Cs.: haec perscribebat, *with exaggeration*, Cs.

īnflātiō, ōnis, *f.* [inflo], *a puffing up, flatulence:* habet inflationem (faba), *produces flatulence.*

1. īnflātus, *adj.* with *comp.* [*P.* of inflo], *swelled up, swollen, puffed up:* serpens inflato collo: amnes, L.—Fig., *puffed up, inflated, haughty, proud:* animus: regis pollicitationibus, Cs.: promissis: iactatione, L.: his opinionibus animus, L.: iuvenis inflatior, L.

2. īnflātus, ūs, *m.* [inflo], *a blowing in, blast:* (tibiae) si inflatum non recipiunt: primo inflatu tibicinis.—Fig., *a breathing into, inspiration:* divinus.

īn-flectō, ēxī, exus, ere, *to bend, bow, curve, turn aside:* cum ferrum se inflexisset, Cs.: inflexum aratrum, V.: sinus ad urbem inflectitur, *curves:* suo squalore vestros oculos, *turn aside.*—Fig., *to change, alter, inflect:* dicere inflexā (voce), *modulated.*—*To change, influence, affect, alter, pervert:* corrigendus potius quam leviter inflectendus: hic sensūs, V.: orationem, *style:* magnitudinem animi, *lessen:* precibus inflectere, *be moved*, V.

īn-flētus, *adj.*, *unwept, unlamented:* turba, V.

īnflexiō, ōnis, *f.* [1 in+FALC-], *a bending:* helicis: laterum fortis, *vigorous attitude.*

1. īnflexus, *P.* of inflecto.

2. īnflexus, ūs, *m.* [1 in+FALC-], *a bending, curving:* vicorum, Iu.

īnflīctus, *P.* of infligo.

īnflīgō, īxī, īctus, ere [1 in+*fligo; 1 FLAG-], *to dash upon, strike against:* rei p. securim: cratera viro, O.: puppis inflicta vadis, V.—Fig.: cum ex eo (verbo) in ipsum aliquid infligitur, *is hurled at.*—*To inflict:* mortiferam plagam: tibi turpitudinem.

īn-flō, āvī, ātus, āre, *to blow into, blow, inflate, swell:* simul inflavit tibicen: paulo inflavit vehementius, i. e. *wrote in a loftier style:* calamos levīs, V.: (bucina) cecinit inflata receptūs, O.: pellem, Ph.: illis ambas Iratus buccas, *puff out his cheeks at them*, H.: tumidoque inflatur carbasus Austro, *is swelled*, V.: Inflatus venas Iaccho, V.—*To produce by blowing, blow:* sonum.—*To make loud by blowing:* verba inflata, *uttered with violent breath:* a quibus (modis) aliquid extenuatur, inflatur, *is pitched low or high.*—Fig., *to inspire, encourage, elate:* poetam divino spiritu inflari: spectator sedulus inflat (poetam), H.: mendaciis spem regis, L.—*To puff up, inflate:* animos ad superbiam, L.: Crescentem tumidis sermonibus utrem, H.

īn-fluō, ūxī, uxus, ere, *to flow in, run in:* ut influat in urbis sinum portus: locus qui in flumen influit, Cs.: mare, quo Rhenus influit, Cs.: huc Sagaris influit, O.—*To stream in, throng in, invade:* influentes in Italiam Gallorum copiae.—*To make way gently, pour in:* in universorum animos, *steal:* oratio in sensūs eorum influat.

īn-fodiō, fōdī, fossus, ere, *to bury, inter:* squalentīs conchas, V.: taleae in terram infodiebantur, Cs.: corpus procul ab eo loco, N.: infossus puer, H.

īn-fōrmātiō, ōnis, *f.* [informo], *a representation, idea, conception:* antecepta animo rei: dei.

īnfōrmātus, *P.* of informo.

īnfōrmis, e, *adj.* [2 in+forma], *without form, unformed, shapeless:* alveus, L.: materia, Ta.—*Unshapely, misshapen, deformed, distorted, hideous, horrible:* monstrum, V.: hiemes, H.: letum, *disfiguring*, V.: aggeribus Terra, V.: ossibus ager, H.

īn-fōrmō, āvī, ātus, āre, *to shape, mould, fashion:* clipeum, V.: His informatum manibus Fulmen erat, *forged*, V.—F i g., *to constitute, organize:* animus a naturā bene informatus.—*To inform, instruct, educate:* ad indicium filium, *puts up to:* ad humanitatem.—In the mind, *to conceive, form:* in animis hominum informatae deorum notiones: quod ita sit informatum mentibus nostris, ut, etc., *the preconception is such*, etc.—*To represent, delineate, describe:* in summo oratore fingendo.

īn-fōrtūnātus, *adj.* with *comp.*, *unfortunate, ill-starred:* senex, T.: nihil me infortunatius.

īnfōrtūnium, ī, *n.* [2 in+fortuna], *a misfortune, calamity:* ferres infortunium, *wouldst come badly off*, T.: habiturus infortunium, L.—*Plur.:* tua me laedent, H.

īnfossus, *P.* of infodio.

1. īnfrā, *adv.* [for inferā, sc. parte], *on the under side, below, underneath:* infra nihil est nisi mortale: partes eae, quae sunt infra quam id quod devoratur: infra Quam solet esse, O.: exemplum infra scriptum est, S.: onerariae duae . . . paulo infra delatae sunt, *further along*, Cs.: mare quod adluit infra, i. e. *on the South*, V.: prope me Viscus et infra Varius, *below* (at table), H.

2. īnfrā, *praep.* with *acc.* [1 infra], *below, under, beneath:* infra oppidum: infra caelum nox cadit, Ta.—Of time, *later than:* Homerus non infra superiorem Lycurgum fuit.—Of size, *smaller than:* magnitudine paulo infra elephantos, Cs.—F i g., *below, beneath, inferior to:* infra esse infimos omnīs Homines, T.: omnia infra se esse iudicare: Lucili ingenium, H.

īnfrāctiō, ōnis, *f.* [1 in+FRAC-], *a breaking, weakening:* animi, *despondency.*

īnfrāctus, *adj.* [*P.* of infringo], *broken, exhausted, weakened, subdued:* infractos animos gerere, L.: oratio, L.: fama, *injured*, V.: Latini, *broken*, V.—Of speech: infracta et amputata loqui, *disconnectedly.*

īn-fragilis, e, *adj.*, *strong, unwearied:* vox, O.

(**īn-fremō**), uī, —, ere, *to make a noise, growl, bellow* (only *perf.*): infremuitque ferox, V.: quotiens Lucilius Infremuit, *raged*, Iu.

1. īn-frēnātus, *adj.*, *without a bridle:* equites infrenati, *on unbridled horses*, L.

2. īnfrēnātus, *P.* of infreno.

(**īn-frendō**, —, —, ere), *to gnash.*—Only *P. praes.:* dentibus infrendens gemitu, V.

īnfrēnis, —, *adj.* [2 in+frenum], *without a bridle, unbridled:* equus, V.

īn-frēnō, —, ātus, āre, *to put on a bridle, furnish with a bridle, bridle, harness, curb:* non infrenatos equos habere, L.: currūs, *to harness the horses to*, V.—F i g., *to curb, restrain:* infrenatus conscientiā scelerum.

īnfrēnus, *adj.* [2 in+frenum], *unbridled:* Numidae, *riding without bridles*, V.

īn-frequēns, tis, *adj.* with *comp.* and *sup.*, *not crowded, in small numbers:* copiae hoc infrequentiores imponuntur, *in smaller numbers*, Cs.: senatus, *with no quorum:* causa, *thinly attended:* infrequentissima urbis, *the least populous parts*, L.: signa, *with few followers*, L.: Sabini infrequentes armati, *few of them armed*, L.: sum et Romae et in praedio, *with few attendants:* pars (urbis) infrequens aedificiis, L.—In time, *rare, infrequent:* deorum cultor, H.

in-frequentia, ae, *f.*, *a small number, thinness, scantiness:* nec agi quicquam per infrequentiam poterat senatūs, *want of a quorum*, L.: summā infrequentiā (sc. senatūs): locorum, *loneliness*, Ta.

īnfringō, frēgī, frāctus, ere [in+frango], *to break off, break, bruise:* infractis omnibus hastis, L.: infracta tela, V.: violas Liliaque, O.: quibus (liminibus) latus, *bruise on the threshold*, H.: infractus remus (broken, to the eye).—*To inflict:* Homini colaphos, T.—F i g., *to break, subdue, overcome, check, weaken, mitigate, assuage:* ut vis militum infringeretur, Cs.: florem dignitatis: animos eorum, L.: infractae vires, V.: fortia facta suis modis, *weaken*, O.: nec fatis infracta (Iuno), *appeased*, V.: infringitur ille quasi verborum ambitus, *is broken off.*

īnfrōns, ondis, *adj.* [2 in+frons], *without foliage, destitute of trees:* agri, O.

īn-frūctuōsus, *adj.*, *fruitless, unprofitable:* militia, Ta.

īn-fūcātus, *adj.*, *painted over, varnished:* vitia, *faults* (of style) *hidden by ornament.*

īnfula, ae, *f.* [2 FAL-], *a band, bandage :* in infulis rem depingere.—*A sacred fillet* (a woollen band, white and red, worn upon the forehead by priests, victims, and suppliants, as a badge of consecration): sacerdotes Cereris cum infulis: sacerdos Infula cui redimibat tempora, V.: cum infulis supplices manūs tendunt, Cs.: velata infulis navis, L.—*A mark of distinction, badge of honor :* his infulis imperi venditis (state lands).

īn-fundō, fūdī, fūsus, ere, *to pour in, pour upon :* in aliquod vas ea: oleum extis, V.: animas formatae terrae, i. e. *people*, O.—*To pour out, administer, present :* filio venenum: tibi poculum, H.: iumentis hordea, Iu.—*To pour out, cast, throw :* Nix infusa, V.: Coniugis infusus gremio, V.: obruebatur (navis) infuso igni, L.: umeris infusa capillos, *spread over*, O.—*To press in, crowd in :* Infusus populus, V.: agmina infusa Graecis, Cu. —*To mix, mingle :* in alienum infundi genus.—Fig., *to pour into, spread over, communicate, impart :* orationem in aurīs tuas: vitia in civitatem.

in-fuscō, āvī, ātus, āre, *to make dark, darken, obscure :* vellera, V.—Fig., *to obscure, sully, corrupt, stain :* nec eos aliqua barbaries infuscaverat, *corrupted their speech :* sanie infuscatur harena, V.

in-fūsus, *P.* of infundo.

in-geminō, āvī, ātus, āre, *to redouble, repeat, reiterate :* dextrā ictūs, V.: vox adsensu nemorum ingeminata remugit, V.: Me miserum! ingeminat, O.—*To redouble, multiply, be redoubled, increase :* ingeminant austri, V.: clamor, V.: curae, V.

ingemīscō, —, —, ere, *inch.* [ingemo], *to utter a groan, heave a sigh, groan over :* pueri non ingemiscunt: quantum ingemiscant patres nostri, si, etc., L.: in quo tu ingemiscis: ulli malo: (luce) repertā, V.: Dolabellam: ingemiscendum est, *it is deplorable* (with *acc.* and *infin.*).

in-gemō, uī, —, ere, *to groan over, sigh at, mourn over, lament, bewail, mourn, groan, wail :* tuum interitum, V.: in aliquā re: genitoris amore, V.: cuius morte ingemuit rex, Cu.: cuius (urbis) ruinis, L.: aratro, V.: laboribus, H.: agris, *field-work*, Ta.: ingemuit solum, O.

in-generō, āvī, ātus, āre, *to implant, engender, produce :* amorem in eos qui, etc.: haec astro ingenerata, i. e. *by destiny :* non ingenerantur hominibus mores.—*To generate, create :* animum esse ingeneratum a Deo.

ingeniōsē, *adv.* [ingeniosus], *acutely, wittily, ingeniously :* nihil (excogitat): electas res conlocare, Iu.

ingeniōsus (ingenu-), *adj.* with *comp.* and *sup.* [ingenium], *full of intellect, superior in mind, able, intellectual, clever, ingenious :* adulescens: quo quisque est ingeniosior: homo ingeniosissimus: in poenas, O.—*Adapted, apt, fit :* defensio: vox mutandis ingeniosa sonis, O.: ad segetes ager, O.

ingenitus, *adj.* [*P.* of ingigno], *innate, inborn.*

ingenium, ī, *n.* [1 in+GEN-], *innate quality, nature, temperament, constitution :* locorum hominumque ingenia, L.: arvorum, V.: ferae bestiae, praecipitia ingenia sortitae, Cu.—*Natural disposition, temper, character, bent, inclination :* est ingenio bono, T.: in liberos lene, T.: inverecundum animi: vera loqui etsi meum ingenium non moneret, L.: redire ad ingenium, *natural bent*, T.: Volscis levatis metu suum rediit ingenium, L.: virile, S.: mitis ingeni iuvenem, L.: temperare suum, *temper*, L.: eiusdem ingeni est, tradere, etc.—*Natural capacity, talents, parts, abilities, genius :* quid abest homini? an ingenium?: ingenio abundare: excellens ac singulare: praestantissimum: durum, H.: in promptu habere, S.: celeres ingeni motūs: vigor, O.: docilitas, N.: qui ingenio parum possum: ingeni acuendi causā: ea vestris ingeniis committo: ingenia ad intellegendum aptiora.—*A nature, character :* ut magistratus mansueto permitteretur ingenio, L.—*A genius, man of genius, clever person :* excellens: id in magnis ingeniis plerumque contingit: idem ad res diversissimas habilius, L.: Praemia ingeniis posuere, i. e. *poets*, V.

ingēns, tis, *adj.* with *comp.* [2 in+GEN-], *not natural, immoderate, vast, huge, prodigious, enormous, great, remarkable :* agere gratias mihi Ingentīs, T.: magnitudo corporum, Cs.: praeda: pecunia, *exorbitant :* aes alienum, S.: pinus, H.: telum, V.: gloria, L.: flagitia, T.: vir famā ingens, ingentior armis, *extraordinary*, V.—Fig., *great, strong, powerful :* virtus, S.: ingentis spiritūs vir, L.: Cui genus a proavis ingens, V.

ingenuē, *adv.* [ingenuus], *as becomes his birth, liberally, frankly :* educatus: confiteri.

ingenuitās, ātis, *f.* [ingenuus], *free birth :* ius ingenuitatis.—Fig., *generosity, ingenuousness, frankness :* prae se probitatem quandam et ingenuitatem ferre: praestare ingenuitatem.

ingenuus, *adj.* [1 in+GEN-], *native, indigenous :* tophus, Iu.—*Natural :* color, Pr.—*Free-born, of free parents :* mulieres: duobus ingenuis ortus, L.: parentes, H.—*Subst. :* quid est turpius ingenuo, quam, etc.: ingenuam nactus es (sc. uxorem), T.—*Like a freeman, noble, upright, frank, candid, open, ingenuous :* nihil apparet in eo ingenuum: vita: Ingenui voltūs puer, Iu.: aperte odisse magis ingenui est, quam, etc.: ingenuum volpes imitata leonem, H.: vires, *tender*, O.

in-gerō (*imper.* inger, Ct.), gessī, gestus, ere, *to throw in, pour in, heap upon :* quicquid vinei oleique erat, oribus ingerebatur, Cu.: ingesta est insula membris, O.: alcui calices amariores, Ct.—

To inflict, hurl, cast, throw upon, assail with: pugnos in ventrem, *deal*, T.: lapides, tela, S.: hastas in tergum fugientibus, V.: saxa in subeuntīs, L. —Fig., *to pour forth, utter lavishly, load with:* mala multa, T.: pueris convicia, H.: verborum quantum voletis, L.— *To force upon, load with, lavish:* huiusmodi recuperatores (Agyrinensibus): his se Ingerit (Fortuna), Iu.

(**in-gīgnō**), genuī, genitus, ere, *to implant, engender:* cupiditatem homini: animantibus conservandi sui custodiam.

inglōrius, *adj.* [2 in+gloria], *without fame, unhonored, inglorious:* qui sunt inglorii: vita: parmā albā, *inconspicuous*, V.: militiae, Ta.: remeabo inglorius, *without trophies*, V.: inglorium arbitrabatur (with *infin.*), Ta.

ingluviēs, —, *acc.* em, *abl.* ē, *f.* [GVOR-], *the crop, maw:* hic piscibus atram ingluviem explet, V.: parentis stringere ingluvie rem, *gluttony*, H.

ingrātē, *adv.* [ingratus], *unpleasantly:* Sunt quibus ingrate indulgentia servit, O.— *Unthankfully, ungratefully:* necessitudinis nomen repudiare.

ingrātificus, *adj.* [ingratus + 2 FAC-], *unthankful, ungrateful:* Argivi.

in-grātiīs (T., C.) or **in-grātīs** (C., N.), *adv.*, *without thanks, unwillingly, involuntarily, on compulsion:* coacta ingratiis, T.: ingratiis ut dormiam, T.: nisi plane cogit ingratiis: dicent quae necesse erit, ingratis: ad depugnandum cogi, N.

in-grātus, *adj.* with *comp.* and *sup.*, *unpleasant, disagreeable, unacceptable:* litterae: labor, S.: iocus, O.: oratio Gallis, Cs.: Veneri superbia, H.— *Unthankful, ungrateful:* in te: in deserendo: in referendā gratiā, Cs.: quid esset ingratius quam, etc.: ingratissimi cives, Cu.: salutis, *for preservation*, V.: ingluvies, i. e. *insatiable*, H.—*Thankless, bringing no thanks, unprofitable, unacknowledged:* ignosces tamen Post, et id ingratum, *will get no thanks*, T.: ad volgus iudicium, L.: pericla, V.

in-gravēscō, —, —, ere, *inch.* [ingravo], *to grow burdensome, be wearied:* corpora exercitationum defatigatione ingravescunt.—*To increase, be aggravated, grow worse:* morbus ingravescens: ingravescens aetas: in dies, *becomes oppressive:* annona ingravescere consuevit, *to grow dearer*, Cs.— *To grow in importance:* hoc studium cottidie ingravescit, *becomes more engrossing.*

in-gravō, āvī, ātus, āre, *to weigh down, oppress, molest:* annis ingravantibus, Ph. — *To render worse, aggravate:* ingravat haec Drances, V.: meos casūs, O.

ingredior, essus, ī, *dep.* [1 in+gradior], *to advance, go forward, march, proceed:* si stas, ingredere; si ingrederis, curre: Ingredere, o ductor, V.: pedes per nives et glaciem ingredi coepit, Cu.: tardius: quācumque, O.: solo, L.: vestigiis patris: per titulos tuos, O.— *To go into, enter:* in templum: in castra, L.: mare, T.: Numidiam, S.: iter pedibus: curiam, L.: lucum, V.: intra finem eius loci: castris ingressus Etruscis, V.—Fig., *to enter upon, engage in, begin, undertake, apply oneself to:* in vitam tamquam in viam: in sermonem, Cs.: viam vivendi: disputationem mecum: magistratum, S.: vestigia patris, *follow*, L.: ad discendum: ad ea quae voltis: eas res mandare monumentis: aliquid describere: versare dolos, V.: Sic contra est ingressa Venus, *began* (to speak), V.: tibi res antiquae laudis Ingredior, V.

ingressiō, ōnis, *f.* [1 in+GRAD-], *a going into, entering:* fori, *entrance.*—Of speech, *a beginning, exordium:* in oratione moderata.

1. ingressus, *P.* of ingredior.

2. ingressus, ūs, *m.* [1 in+GRAD-], *an advancing, walking, gait:* ingressus, cursus, accubitio: prohiberi ingressu, *could not stir*, Cs.: instabilis, L.—Fig.: ingressūs capere, *begins*, V.—*A going in, entering:* in forum: ingressūs hostiles, *inroads*, Ta.

ingruō, uī, —, ere [GAL-], *to break in, come violently, assault in force, fall upon:* fert Ingruere hostīs, V.: Italis, V.: si bellum ingrueret, V.: ferreus ingruit imber, V.: ingruere morbi in remiges coeperunt, L.: ab cuniculo ingruens periculum, L.

inguen, inis, *n.* [ANG-], *the groin:* destillat ab inguine virus, V.: candida succincta inguina (Scylla), V.: ventrem atque inguina hausit, L.—*A swelling, tumor.*—*The privy parts*, H., O., Iu.

ingurgitō, āvī, ātus, āre [1 in + gurges], *to gorge, stuff:* se.—Fig., with *se*, *to be absorbed in, addict oneself to:* se in flagitia.

in-gustātus, *adj.*, *not tasted before:* ilia rhombi, H.

in-habilis, e, *adj.*, *unmanageable, unwieldy:* navis inhabilis prope magnitudinis, L.: multitudo ad consensum, L.: hostibus, *awkward*, Ta.

in-habitābilis, e, *adj.*, *uninhabitable:* regiones.

in-haereō, haesī, haesus, ere, *to stick fast, cling, cleave, adhere, inhere:* quorum linguae inhaererent: inhaesuro similis (canis), *as if about to fasten on her*, O.: dextram amplexus inhaesit, V.: animi, qui corporibus non inhaerent: constantior quam nova collibus arbor, H.: ad saxa inhaerentes: in visceribus: in rei naturā: quod (telum) inhaeserat illi, O.: umeris abeuntis, O.—Fig., *to cling, adhere, engage deeply, be inherent, be closely connected:* opinatio inhaerens: inhaeret in mentibus quoddam augurium: virtutes semper voluptatibus inhaerent: Voltibus tuis, *gaze upon*, O.

inhaerēscō, —, —, ere, *inch.* [inhaereo], *to stick fast, cleave, adhere:* in sordibus: eminere ubi ignis hostium inhaeresceret, Cs.—Fig.: poëtae inhaerescunt penitus in mentibus.

in-hālō, āvī, —, āre, *to breathe upon:* nobis popinam, *the smell of food that has been eaten.*

inhibeō, uī, ītus, ēre [1 in+habeo], *to hold in, hold back, keep back, restrain, curb, check:* tela, V.: frenos, L.: cruorem, O.—*To row backwards:* cum inhiberent Rhodii, L.: remis, Cu.: retro navem, L.—*To stop rowing:* cum remiges inhibuerunt, retinet navis motum.—*To restrain, hinder, prevent:* te: impetum victoris, L.—*To exercise, practise, perform, use, apply, inflict:* imperium, L.: damnum, L.: coercitionem, L.: imperium in deditos, L.: eadem supplicia nobis: inhibito modo potestati, L.

inhibitiō, ōnis, *f.* [inhibeo], *a reversing:* remigum, *rowing backwards.*

inhibitus, *P.* of inhibeo.

in-hiō, āvī, ātus, āre, *to stand open, gape, gaze, be amazed:* inhians Cerberus, V.: attonitis inhians animis, V.: uberibus lupinis inhians: postīs, *gape at*, V.—*To gaze eagerly, regard longingly:* congestis undique saccis Indormis inhians, H.

inhonestē, *adv.* [inhonestus], *dishonorably, disgracefully:* parere divitias, T.: accusare.

inhonestō, —, —, āre [inhonestus], *to dishonor, disgrace:* palmas adeptas, O.

in-honestus, *adj.* with *sup.*, *dishonorable, disgraceful, shameful:* ignotā matre, H.: vita, S.: mors, L.: volnus, V.: lubido, S.: homo inhonestissimus.—*Unseemly, repulsive:* meretrices, T.

in-honōrātus, *adj.* with *comp.* and *sup.*, *unhonored, disregarded:* vita: inhonoratior triumphus, L.: dea, O.—*Without reward, unrewarded:* regem inhonoratum dimittere, L.: gentium inhonoratissimi post victoriam, L.: nos, O.

in-honōrus, *adj.*, *unsightly:* signa, *defaced*, Ta.

in-horreō, —, —, ēre, *to stand erect, bristle:* haud secus quam vallo saepta inhorreret acies, L.

in-horrēscō, uī, —, ere, *inch.*, *to stand erect, bristle up, rise in points, roughen, ruffle:* inhorrescit mare: inhorruit unda tenebris, V.: mobilibus vepris inhorruit Ad ventos foliis, H.: aper inhorruit armos, *bristled up*, V.—*To move tremulously, quiver, shake, shudder, tremble:* pennis agitatus inhorruit aër, O.: domus principis inhorruerat, Ta.: horum severitatem.

in-hospitālis, e, *adj.*, *inhospitable:* Caucasus, H.

inhospitālitās, ātis, *f.* [inhospitalis], *inhospitality.*

in-hospitus, *adj.*, *inhospitable:* tecta, O.: saxa, V.: tesqua, H.

inhūmānē, *adv.* with *comp.* [inhumanus], *cruelly, inhumanly:* cruciat adulescentulum, T.: inhumanius dicere.

inhūmānitās, ātis, *f.* [inhumanus], *inhuman conduct, barbarity:* immoderata.—*Incivility, rudeness, brutality:* quod ego non superbiā neque inhumanitate faciebam: omni aetati molesta.—*Unkindness, disobligingness:* nulla inhumanitatis culpa.—*Niggardliness* (opp. profusae epulae).

inhūmāniter, *adv.* [inhumanus], *uncivilly, discourteously:* fecisse: respondit.

in-hūmānus, *adj.* with *comp.* and *sup.*, *rude, savage, barbarous, brutal, inhuman:* quis tam inhumanus, qui, etc.: vox: scelus, L.: testamentum, *unjust.*—*Unpolished, unsocial, uncivil, without culture, unmannerly, ill-bred, coarse, brutal:* quis contumacior, quis inhumanior: nec inhumani senes: neglegentia: Camena, H.: homo inhumanissimus, T.: aures, *uncultivated:* locus, *uncivilized.*

in-humātus, *unburied:* nec inhumati nec deserti: Coniunx, V.

in-ibi, *adv.*, *therein, in that place, there:* superbia nata inibi esse videtur (i. e. Capuae).—Fig.: aut inibi esse, aut iam esse confectum, *just at hand.*

iniciō (iniiciō), iēcī, iectus, ere [1 in+iacio], *to throw in, put in, hurl upon, put on, cast on, set into:* domus ardebat ignibus iniectis: eo militibus iniectis (i. e. in navīs), Cs.: dextram accenso foculo, L.: iniecto ter pulvere, H.: ignīs tectis, L.: mihi terram, *bury*, V.: se in medios hostīs: sese medium in agmen, V.—*To form by throwing, heap up, build:* velut aggere aut ponte iniecto, L.—*To insert, build in:* eo super tigna sesquipedalia iniciunt, Cs.—*To put on, throw over, impose, apply:* inici catenas imperat: eique laneum pallium iniecit: bracchia caelo, i. e. *attack*, O.: ipsis ex vincula sertis, V.: iniecti umeris capilli, *falling over*, O.—In the phrase, manum inicere, with *dat.*, *to lay hands on, seize, take possession of:* virgini, L.: ipsa mihi veritas manum inicit, i. e. *checks:* Iniecere manum Parcae (sc. iuveni), V.—Fig., *to bring into, inspire, suggest, impress, infuse, occasion, cause:* terrorem mortis: cunctationem, L.: stimulis iras, V.: scrupulum homini, T.: tumultum civitati: studium pugnandi exercitui, Cs.: vobis causam deliberandi, *furnish:* plaga iniecta petitioni, *given:* puellis curam, H.: in alqd se iniciens animus, *dwelling on.*—*To throw out a hint, mention, suggest:* Bruto cum saepe iniecissem de, etc.: meum nomen imperitis: mentio de furtis iniecta, H.

inīcus, see inīquus.

iniectus, *P.* of inicio. **(iniiciō)**, see inicio.

(iniectus), ūs, *m.* [inicio], *a casting on, throwing over.*—Only *abl.:* multae vestis, Ta.

inimīcē, *adv.* with *comp.* and *sup.* [inimicus], *as an enemy, inimically:* tecum agere: insectari: inimicius consulere, L.: inimicissime contendere.

inimīcitia, ae, *f.* [inimicus], *enmity, hostility:* inimicitia (est) ira ulciscendi, etc. — Usu. *plur.:* inimicitias capere in familiam, T.: erant ei veteres inimicitiae cum Rosciis: inimicitias mihi denuntiare: inimicitias rei p. condonavit: inimicitias temporibus rei p. permittere: nobiles inter eos, *well known*, L.: nobilissimae, L.: inimicitias habebat ex aedilitate conceptas, Cs.: cum illo inimicitias exercere, S.: mortales, *transient*, L.: veteres Caesaris, Cs.

inimīcō, —, —, āre [inimicus], *to make hostile, set at variance:* miseras urbīs, H.

inimīcus, *adj.* with *comp.* and *sup.* [2 in+amicus], *unfriendly, hostile, inimical:* capere inimicos homines, *incur the enmity of*, T.: inimicior eram huic quam Caesari: animo inimico venisse: Pompeio, S.: sibi omnīs esse inimicos, Cs.: Hannibal nomini Romano, N.: Dis inimice senex, *hateful*, H. —As *subst.*, *an enemy, foe:* populi R. inimici, Cs.: quis plenior inimicorum fuit Mario: tamquam inimicum insectari, L.: cuiusquam: inimicissimus suus, *his greatest enemy:* animorum motūs inimicissimi mentis tranquillae.—*Of an enemy, hostile:* nomina, V.: insigne, *spoils of a vanquished foe*, V.: inter omnia inimica infestaque, L.—*Hurtful, injurious, damaging:* (naves) accipiunt inimicum imbrem, V.: lux propinquat, *unfavorable*, V.: odor nervis, H.: nec quidquam inimicius quam illa (oratio) versibus.

inīquē, *adv.* with *comp.* and *sup.* [iniquus], *unequally:* Quam inique comparatum est, T.: iniquius Certatio comparata, *more unequally matched*, T.: iniquissime comparatum est.—Fig., *unfairly, unjustly:* damnati: occidere, L.: pacisci: locum immeritum causari, H.

inīquitās, ātis, *f.* [iniquus], *inequality, unevenness:* loci, Cs.: in talibus iniquitatibus locorum, L. — Fig., *unfavorableness, difficulty, hardness:* loci, L.: rerum, Cs.: temporum.—*Unfairness, injustice, unreasonableness:* praetoris, S.: iudici: iniquitatis condemnari, Cs.: vestram iniquitatem accusatote, *unreasonable demands:* deūm, L.: ad obtinendas iniquitates, *enforcing unjust measures*, Ta.

inīquus, *adj.* with *comp.* and *sup.* [2 in + aequus], *uneven, slanting, steep:* puppis dorso dum pendet iniquo, V.: subire iniquo ascensu, L.: locus iniquior, Cs.: mons, O.— *Unequal, ill-matched:* pugna, V.—*Excessive:* onus, L.: iniquo pondere rastri, V.: sol, *oppressive*, V.—*Deficient, inadequate:* spatium, *too narrow*, V.: ventres modio castigare iniquo, *with short measure*, Iu.—*Unfavorable, disadvantageous, dangerous:* iniquissimus locus, Cs.: litus, H.: tempus, L.—*Hurtful, injurious, unfortunate:* consilia cum patriae tum sibi capere, N.: casus, *misfortune*, V.— *Unfair, unjust:* patres in adulescentīs iudices, T.: quid hoc iniquius dici potest: pax, V.: lex, H.: quis iniquae Tam patiens urbis, ut, etc., Iu.—As *subst. n.:* num iniquom postulo? T.: iusto secernere iniquum, H.—*Inimical, hostile, adverse, unkind:* quae nunc in me iniquast, T.: caelestes, O.: te animo iniquissimo intueri: iniquissimis verbis conflictari: fata deūm, V.: se fati dixit iniqui, *child of misfortune*, O.: homines omnibus: vitiis, H.—As *subst. m.*, *an enemy, foe:* nonnulli nostri iniqui: omnibus iniquissimis meis. —*Unwilling, impatient, discontented:* istuc tam iniquo pati animo, T.: iniquissimo animo mori: iniquae mentis asellus, H.

initiō, āvī, ātus, āre [initium], *to begin, initiate, consecrate, admit:* Ubi initiabunt (puerum), T.: initiari eo ritu Cereri: initiari Bacchis, L.—Fig.: quae (sica) abs te initiata sacris.

initium, ī, *n.* [1 in+1 I-], *a going in, entrance:* Remorum, i. e. *of the country*, Cs.—Fig., *a beginning, commencement:* Narrationis, T.: annorum, Cs.: bonis initiis orsus tribunatus, tristīs exitus habuit consulatus: belli, S.: dicendi initium sumere: initium fugae factum a Dumnorige, *was the first to flee*, Cs.: caedis initium facere a me: quod ab initio petivi: querellae ab initio tantae ordiendae rei absint, L.—*Abl. sing. abverb.*, *in the beginning, at first:* tametsi initio laetus, tamen postquam, etc., *at first*, S.: initio locum tenere, Cs.: dixi initio, iudices. — *Plur.*, *constituent parts, elements:* initia, et tamquam semina, unde essent omnia orta.—*First principles, elements:* illa initia mathematicorum: operum initia tradere, Cs.—*Auspices:* novis initiis et ominibus opus est, i. e. *a new reign*, Cu.—*Secret sacred rites, sacred mysteries:* initia Cereris, L.: mysteria initiaque ut appellantur: tua, mater, initia, i. e. *instruments used in celebrating the rites*, Ct.

1. initus, *P.* of ineo.

2. initus, ūs, *m.* [1 in+1 I-], *an entrance*, O.

(iniūcundē), *adv.* [iniucundus], *unpleasantly.* —Only *comp.:* res iniucundius actae.

iniūcunditās, ātis, *f.* [iniucundus], *unpleasantness:* ne quid habeat iniucunditatis oratio.

in-iūcundus, *adj.*, *unpleasant, disagreeable:* minime nobis labor: adversus malos, *harsh*, Ta.

in-iungō, ūnxī, ūnctus, ere, *to join, fasten, attach:* tignos in asseres, L.: vineas moenibus.—Fig., *to inflict, impose, enjoin, occasion, bring upon:* civitatibus servitutem, Cs.: privatis onus, L.: iniuriam a nobis repulsam aliis, L.: delectūs, Ta.: iniuncta militia, L.: quorum (inimicorum) ipse maximam partem iniunxerat Caesari, i. e. *who had become Caesar's enemies on his account*, Cs.

in-iūrātus, *adj., unsworn, not under oath:* cum dicit iniuratus: iurati iniuratique fugiunt, L.

iniūria, ae, *f.* [iniurius], *an injustice, wrong, outrage, injury, insult:* (filius) carens patriā ob meas iniurias, *harsh treatment,* T.: paterna, T.: iniuriam sibi imponere: privatas iniurias ultus est, Cs.: in populum R., L.: a praetore iniurias accipere: imperatoris iniurias defendere, Cs.: Suebos ab Cheruscis iniuriis prohibere, *protect from outrage on the side of,* etc., Cs.: neque cuiquam iniuriae suae parvae videntur, *his wrongs,* S.: Turni, *threatened by,* V.: vos nostrae iniuria caedis subigat, etc., i. e. *as its punishment,* V.: tantine iniuria cenae? *the insult of a dinner,* Iu.: Helvetiorum iniuriae populi R., *to Rome,* Cs.: quarum (mulierum), L.: spretae formae, V.: thalami nostri, O.—In law, *unlawful violence, assault, trespass:* iniuriarum mihi scripta dica, T.: iniuriarum damnatus.—In language, *an insult, affront, abuse:* me onerare iniuriis, T.—With *per:* servos abducebat per iniuriam, *unjustly, outrageously:* per summam iniuriam.—*Abl., unjustly, undeservedly, causelessly, wrongfully:* me meis civibus iniuriā suspectum videre: non iniuriā (gaudebas), T.—*An unjust acquisition:* ad obtinendam iniuriam, L.—*A damage, harm, injury:* Curandum ne magna iniuria fiat Fortibus, Iu.

iniūriōsē, *adv.* with *comp.* [iniuriosus], *unjustly, unlawfully:* in alqo decernere: tractati.

iniūriōsus, *adj.* [iniuria], *unjust, wrongful, harmful:* in proximos: ab invito emere iniuriosum esse: pes, H.

iniūrius, *adj.* [2 in+ius], *unlawful, injurious, wrongful, unjust:* sibi esse iniurius videri, T.: Id possum ferre quamquam iniuriumst, T.: quia sit iniurium: indictā causā damnari absentem iniurium esse, L.

1. in-iūssus, *adj., unbidden, voluntary, of one's own accord:* cantare Iniussi numquam desistant, H.: iniussae veniunt ad mulctra capellae, H.: iniussa virescunt Gramina, *spontaneous,* V.—*Plur. n.* as *subst.:* Non iniussa cano, *forbidden themes,* V.

2. (in-iūssus, ūs), *m., without command.*—Only *abl.:* iniussu suo et civitatis, Cs.: iniussu praetoris: signa referunt, *without orders,* L.

iniūstē, *adv.* with *sup.* [iniustus], *without right, unjustly:* facere: totum ducit poema, H.: iniustissime, S.

iniūstitia, ae, *f.* [iniustus], *injustice, unfairness:* iniustitiae duo genera sunt.—*Severity, harshness:* Eum ego hinc eieci iniustitiā meā, T.

in-iūstus, *adj.* with *comp.* and *sup., unreasonable, unsuitable, oppressive, excessive, improper, severe, burdensome:* iusta iniusta omnia obsequi, *humor you in everything,* T.: onus: fascis, V.: supplicia, S.: faenus, L.—*Unjust, wrongful:* noli tam esse iniustus: noverca, V.: arma, L.: iniusto carpere dente, *envious,* O.: quid autem hoc iniustius quam, etc.: rogatio iniustissima: iniustaque regna tenebat, *usurped,* O.—As *subst. n.:* Iura inventa metu iniusti, *injustice,* H.

in-labefactus (ill-), *adj., unbroken, uninterrupted:* adfinia vincula, O.: concordia, O.

in-lābor (ill-), lapsus, ī, *dep., to flow in, glide in, fall, sink:* Si fractus inlabatur orbis, *fall to ruins,* H.: quo (in stomachum) primo inlabuntur ea, etc.: mediae urbi, V.—Fig., *to flow in, penetrate:* ad eos (sensūs): animis nostris, V.

in-labōrō (ill-), —, —, āre, *to work upon, work at:* domibus (i. e. aedificandis), Ta.

in-lacēssītus (ill-), *adj., unprovoked, unattacked:* pacem inlacessiti nutrierunt, Ta.: Britanniae pars, *undisturbed,* Ta.

in-lacrimābilis (ill-), e, *adj., unwept, unlamented:* omnes inlacrimabiles Urgentur Nocte, H. —*Not moved by tears, pitiless:* Pluto, H.

inlacrimō (ill-), āvī, ātus, āre [1 in+lacrima], *dep., to weep over, sorrow for, bewail, lament:* qui dicitur inlacrimans dixisse: Sic ait inlacrimans, V.: gaudio, L.: inlacrima patris pestibus: casu, N.: maestum inlacrimat templis ebur, i. e. *the ivory statues drop tears thereat,* V.

inlacrimor, ātus, ārī, *dep.* [1 in+lacrima], *to weep over, lament:* inlacrimare, H.: cuius morti.

in-laesus (ill-), *adj., unhurt, unharmed, unmutilated:* inlaeso corpore, O.: partes, O.

in-laetābilis (ill-), e, *adj., cheerless, joyless, gloomy, sad:* ora, V.: murmur, V.

in-laqueō (ill-), —, ātus, āre [1 in+laqueus], *to ensnare, entrap, entangle:* munera navium inlaqueant duces, H.: inlaqueatus legum periculis.

inlātus, *P.* of infero.

in-laudātus (ill-), *adj., unpraised, infamous:* Busiris, V.

in-lautus, see inlotus.

inlecebra (ill-), ae, *f.* [1 in+1 LAC-], *an enticement, inducement, attraction, charm, allurement, bait, lure:* ad quam inlecebram cum commoveretur nemo, etc., L.: suis te oportet inlecebris virtus trahat: inlecebris erat morandus Spectator, H.: dulces, V.: voluptas turpitudinis: vitiorum.

1. inlectus, *P.* of inlicio.

2. in-lēctus, *adj., unread:* scriptum, O.

inlepidē (ill-), *adv.* [inlepidus], *impolitely, rudely, inelegantly:* (poema) Compositum, H.

in-lepidus (ill-), *adj., unmannerly, rude, disagreeable:* parens, Caecil. ap. C.: deliciae, Ct.

in-lībātus (ill-), *adj., undiminished, unimpaired:* divitiae: vires, L.: imperium, L.

in-līberālis (ill-), e, *adj.*, *ignoble, ungenerous, vulgar, sordid, mean, disobliging:* quaestūs: facinus, T.: iocandi genus: Servos, T.: in me, *disobliging.*—*Niggardly, petty:* adiectio, L.

inlīberālitās (ill-), ātis, *f.* [inliberalis], *meanness, stinginess:* inliberalitatis suspicio.

inlīberāliter (ill-), *adv.* [inliberalis], *ignobly, ungenerously, meanly:* factum a vobis, T.: aestimare, i. e. *stingily.*

inliciō (ill-), lēxī, lectus, ere (inlēxe for inlēxisse, Att. ap. C.) [1 in+lacio], *to allure, entice, attract, seduce, inveigle, decoy:* coniugem in stuprum: Imperitos rerum in fraudem, T.: inlecti ad proditionem, S.: ab eisdem inlecti sumus, *misled:* mercatorem, ut sequatur, L.: inlectus ducere uxorem, Ta.

inlicitātor (ill-), ōris, *m.* [* inlicitor], *a sham-bidder, bidder-in, mock-purchaser:* non inlicitatorem apponet: ponere.

in-licitus (ill-), *adj.*, *not allowed, unlawful, illicit:* amor, Ta.: exactiones, Ta.

inlīdō (ill-), sī, sus, ere [1 in+laedo], *to dash against, push against:* caestūs effracto in ossa cerebro, V.: ad volnus manūs: pila vadis inlisa, V.: repagula ossibus, O.: dentem fragili (corpori), H.—*To crush:* serpens inlisa morietur.

in-ligō (ill-), āvī, ātus, āre, *to bind on, tie on, fasten, attach:* tauris iuga, H.: inligata tigna tenere, Cs.: manibus post tergum inligatis, L.: emblemata in poculis: litterae in iaculo inligatae, Cs.: lunae motūs in sphaeram, *add to the celestial globe:* iuvencis inligata aratra, H.—*To fetter, encumber, entangle, impede:* inutilis inque ligatus Cedebat, V.: Vix inligatum te triformi Pegasus expediet Chimaerā, H.: se locis impeditis, Ta.—Fig., in speech, *to weave in, intersperse:* orationis genus, in quo omnes verborum inligantur lepores: sermonibus personas gravīs.—*To connect, associate, bind, limit, entangle, fetter:* non iis condicionibus inligabitur pax, ut, etc., L.: multis pignoribus Lepidum res p. inligatum tenet: sociali foedere se cum Romanis, L.: angustis et concisis disputationibus inligati.

inlīmis (ill-), e, *adj.* [2 in+limus], *without mud:* fons, i. e. *clear*, O.

in-linō (ill-), lēvī, litus, ere, *to smear over, spread upon, lay on:* oculis collyria, H.: nivīs agris, *spreads*, H.: alqd chartis, *has written*, H.—*To besmear, bedaub, anoint:* malleolos stuppae pice, L.: texta Nesseo veneno, O.—Fig.: venustatis non fuco inlitus (i. e. infucatus).

in-liquefactus (ill-), *adj.*, *melted, liquid:* voluptates.

inlīsus (ill-), *P.* of inlido.

inlitterātus (ill-), *adj.*, *unlettered, unlearned, without culture, inelegant:* multi: in sermone multa: nervi, H.

inlitus (ill-), *P.* of inlino.

in-lōtus (ill-), or **in-lautus**, *adj.*, *unwashed, unclean, dirty:* toralia, H.—*Not washed away:* sudor, V.

in-lūcēscō (ill-), lūxī, —, ere, *inch.*, *to grow light, begin to shine, break, dawn:* Inlucescet aliquando ille dies, eum, etc.: cum tertio die sol inluxisset: alios Inluxisse dies, V.—*Perf. impers.*, *it was light, day had dawned:* ubi inluxit, L.—Fig.: cum populo R. auctoritas consulis inluxerit.

in-lūdō (ill-), sī (inlūsseris, C.), sus, ere, *to play at, sport with:* haec Inludo chartis, *sportively throw on paper*, H.: Inlusae auro vestes, *gayly inwrought*, V. (al. inclusae).—*To make sport, make game of, mock, jeer at, ridicule:* quod dixeram controversiam esse, etc.: me, T.: miseros: artem, in quā excellis: verbis virtutem superbis, V.: artem inlusus omittas, *baffled*, H.: Inlusi pedes, i. e. *staggering*, H.: horum virorum dignitati: rebus Humanis, H.: capto, V.: impune in nos, T.: dicere in Albucium inludens: idonei, In quibus sic inludatis, T.—*To fool away, waste, ruin, abuse:* tum variae inludant pestes, V.: vitam filiae, T.: cui (frondi) uri adsidue Inludunt, V.

inlūminātē (ill-), *adv.*, *clearly, luminously:* dicere.

in-lūminō (ill-), āvī, ātus, āre, *to light up, make light, illuminate:* luna inluminata a sole.—Fig., in rhet., *to set off, illustrate:* tamquam stellis orationem: illuminata sapientia.

inlūsiō (ill-), ōnis, *f.* [LVD-], *a mocking, jeering.*

(**inlūstrē**), *adv.* [inlustris], *clearly, manifestly.*—Only *comp.:* inlustrius (vidi me amari).

inlūstris (ill-), e, *adj.* with *comp.* [LVC-], *lighted, bright, light, lustrous, brilliant:* domicilia: caput, O.: solis candor inlustrior est quam ullius ignis.—Fig., *clear, plain, distinct, evident, manifest:* ad cognoscendum omnia, S.: factum inlustre notumque omnibus: inlustriora furta, *more conspicuous.*—*Distinguished, renowned, famous, honorable, noble, illustrious:* homines maxime inlustres: adulescens, Cs.: famā fatisque, V.: inlustriore loco natus, Cs.: nomen quam Solonis inlustrius: vitae ratio inlustrior.—*Memorable, noteworthy:* maior atque inlustrior res, Cs.

inlūstrius, see inlustre.

in-lūstrō (ill-), āvī, ātus, āre, *to light up, make light, illuminate:* quā sol Inlustrat oras, H.—Fig., *to make clear, clear up, elucidate, illustrate, disclose, explain:* ut ea consilia inlustrarentur: si modo id patefactum et inlustratum est: signa, quibus veritas inlustrari solet.—Of style, *to brighten, adorn,* *embellish:* inlustrant eam (orationem) translata verba.—*To render famous, distinguish, illustrate:* populi R. nomen: Quid prius inlustrem satiris? H.

inlūsus (ill-), *P.* of inludo.

inluviēs (ill-), —, *abl.* ē, *f.* [1 in+3 LV-], *an overflow, inundation:* gravesque currūs inluvie haerebant, *in the mud,* Cu.—*A wash, offscouring, dirt, filth, uncleanness:* inmunda inluvie, T.: pectus inluvie scabrum: inluvie peresa vellera, V.

in-m-, see imm-.

innābilis, e, *adj.* [2 in+NA-], *in which one cannot swim:* unda, O.

in-nāscor, nātus, ī, *dep., to be born in, grow upon, spring up in:* filix innascitur agris, H.: innata rupibus altis Robora, O.—Fig., *to arise in, originate in, be produced in:* cupiditas belli gerendi innata est, Cs.: in hac elatione animi cupiditas principatūs innascitur.

in-natō, āvī, ātus, are, *to swim in, float upon:* lactuca innatat acri stomacho, H.: undam innatat alnus, *swims the stream,* V.: innatat unda freto, *flows over,* O.—*To swim into:* in concham.

innātus, *adj.* [*P.* of innascor], *native, inborn, innate, inherent, natural:* cupiditas scientiae: amor, V.: murex, *native,* O.: vecordia quoiquam, T.: ingeniis semina virtutum: alacritas naturaliter omnibus, Cs.: in nobis cognitionis amor.

in-nāvigābilis, e, *adj., not navigable:* Tiberis, L.

in-nectō, nexuī, nexus, ere, *to twist, entangle, bind up, weave in, gather together, weave:* comas, V.: ramum olivae (in crinīs), V.—*To join, bind, attach, connect, fasten to, weave about:* palmas armis, V.: tempora sertis, *deck,* O.: fauces laqueo, *encircle,* O.: vincula rupit, Queis innexa pedem, etc., V.—Fig., *to weave together, frame, contrive:* causas morandi, V.: fraudem clienti, V.

in-nītor, nīxus (-nīsus, Ta.), ī, *dep., to lean upon, support oneself by:* innititur hastae, O.: moli, O.: scutis innixi, Cs.: hastā innixus, L.

in-nō, āvī, ātus, āre, *to swim in, float upon:* Partim submersae, partim innantes beluae: innabant pariter fluctūsque secabant, V.: aquae, L.: rapacīs fluvios, V.: fluvium, V.—*To flow against, wash:* innantem Maricae littoribus Lirim, H.—*To sail upon, navigate:* Stygios lacūs, V.

in-nocēns, entis, *adj.* with *comp.* and *sup., harmless, inoffensive, innoxious:* epistula: innocentis pocula Lesbii, H.—*Blameless, guiltless, innocent:* innocens si accusatus sit: tu innocentior quam Metellus?: innocentissimo patre privatus est: sanguis, Ta.: factorum, Ta.—As *subst.:* ne innocentes pro nocentibus poenas pendant, Cs.: vita innocentis defenditur.—Esp., *disinterested, upright:* praetores.

innocenter, *adv.* with *comp.* [innocens], *blamelessly, innocently:* opes paratae, Ta.: innocentius agere, Ta.

in-nocentia, ae, *f.* [innocens], *blamelessness, innocence:* eius innocentiam ostendere: solā innocentiā vivere, i. e. *with no other support,* L.—*Uprightness, integrity, disinterestedness:* quantā innocentiā debent esse imperatores: suam innocentiam perpetuā vitā esse perspectam, Cs.—*Innocent persons:* innocentiam liberare.

innocuē, *adv., innocently:* vivere, O.

in-nocuus, *adj., harmless, innocuous:* herba, O.: litus, *safe,* V.: iter, *undisputed,* Ta.—*Unharmed, uninjured:* sedere carinae Omnes innocuae, V.—*Inoffensive, innocent:* viximus innocuae, O.: agere causas innocuas, *defend the innocent,* O.

in-nōtēscō, tuī, —, ere, *inch., to become known, be made conspicuous:* quod ubi innotuit, L.: fraude, Ph.: nostris innotuit illa libellis, O.

(in-novō), āvī, —, āre, *to renew, restore:* te ad tuam intemperantiam, i. e. *return.*

in-noxius, *adj., harmless, innoxious:* anguis, V.—*Not guilty, blameless, innocent:* nominat multos innoxios, S.: illum innoxium plecti, N.: verba, V.: tactu flamma, V.: criminis innoxia, L.: initi consili in caput regis innoxius, Cu.—*Unharmed, unhurt, uninjured:* ipsi innoxii florentes, S.: (navigia) in ripam innoxia expulsa, Cu.

in-nūbō, nūpsī, nūptus, ere, *to marry into:* ea, quo innupsisset (the rank), *into which she had married,* L.: thalamis nostris, i. e. *take my place as wife,* O.

innubus, *adj.* [NEB-], *unmarried, single, virgin:* vivere, O.: laurus (into which Daphne was changed), O.

in-numerābilis, e, *adj., countless, innumerable, immeasurable, immense:* copiae: pondus auri: frumenti numerus: annorum series, H.

innumerābilitās, ātis, *f.* [innumerabilis], *countlessness, infinitude:* mundorum: atomorum.

innumerābiliter, *adv.* [innumerabilis], *innumerably.*

in-numerus, *adj., countless, innumerable, numberless:* gentes, V.: pyrae, V.: sagittae, O.

innuō, uī, —, ere [2 NV-], *to nod, give a sign, intimate, hint:* Ne mora sit, si innuerim, T.: ubi innuerint, L.: coram licet innuat, Iu.: mi, T.

in-nūptus, *adj., unmarried, unwedded, single:* puellae, V.: Minerva, *virgin,* V.—As *subst. f., a virgin,* V., Ct., Pr.—Poet.: innuptae nuptiae, i. e. *unhappy.*

in-nūtrītus, *P., nourished in, educated to:* Caesar pessimis, *in all vices,* Ta.

in-oblītus, *adj., not forgetful, mindful,* O.

in-obrutus, *adj.*, *not overwhelmed*, O.

in-observābilis, e, *adj.*, *unavoidable*, *undiscoverable*: error, Ct.

in-observātus, *adj.*, *unobserved*, *unperceived*: ille in herbis, O.: sidera, O.

in-offēnsus, *adj.*, *unobstructed*, *unhindered*, *uninterrupted*: mare, V.: vita, *placid*, O.

in-officiōsus, *adj.*, *undutiful*: testamentum, i. e. *violating natural affection.*—*Disobliging*: in hos.

in-olēscō, —, —, ere, *to grow*, *grow upon*: germen udo inolescere libro, V.—Fig., *to sink in*, *become inveterate*: Multa inolescere, V.

in-ōminātus, *adj.*, *ill-omened*: cubilia, H.

inopia, ae, *f.* [inops], *want*, *lack*, *scarcity*: summa omnium rerum, Cs.: loci, L.: argumentorum. — *Want*, *need*, *indigence*, *poverty*, *scarcity*, *famine*: Inopiā Coacta, T.: propter inopiam in egestate esse: amicitia ex inopiā nata: inopiam vitandae causā, Cs.: manuum mercede inopiam tolerare, S.: illius animum inopiā incendere, i. e. *by keeping unsatisfied*, T.—*A scant supply*, *scarcity*: bonorum, S.: loci, L.: dispensatio inopiae, L.—*Want*, *helplessness*: inopiā coactus, *embarrassment*: praesidio esse solitudini atque inopiae, *the unprotected.*—Of mind or style, *poverty*, *barrenness*: inopia et ieiunitas: sermonis.

in-opīnāns, antis, *adj.*, *not expecting*, *taken by surprise*: inopinantes nostri re novā perturbantur, Cs.: inopinante Curione, Cs.: rex in potestatem inopinanti (ci) venerat, N.: suis inopinantibus, L.

inopīnātō, *adv.* [inopinatus], *unexpectedly*: in castra inrumpere, L.

in-opīnātus, *adj.*, *not expected*, *unexpected*, *surprising*: tibi haec inopinata: neque inopinatum mihi sit, L.—As *subst. n.*: nihil inopinati accidit: ex inopinato, *unexpectedly.*

inopīnus, *adj.* [2 AP-], *unexpected*: quies, V.: fors, V.: visus, O.

inops, opis, *adj.* [2 in+ops], *without resources*, *helpless*, *weak*: inopes relicti a duce: nihil iuris humani relinquitur inopi, L.: solare inopem, V.: ab amicis: laudis conscendere carmen, *unskilled*, Pr.—*Without possessions*, *poor*, *destitute*, *needy*, *indigent*: coloni, H.: aerarium, *empty*: cupido, *unsated*, H.: domus cuiusvis inopis, N.: turba, V.: humanitatis, *without*: amicorum, *destitute of*: mentis, O.: consili, L.: paterni laris, *stripped*, H.—Fig., *mean*, *wretched*, *contemptible*, *pitiful*: inopis animi esse, H.: nostras inopes noluit esse vias, O.—Of speech, *poor*, *meagre*: non erat abundans, non inops: lingua: versūs rerum, H.: verbis.

in-ōrātus, *adj.*, *not pleaded*: re inoratā reverterunt, *without presenting their case.*

in-ōrdinātus, *adj.*, *not arranged*, *disordered*, *irregular*: milites, L.: inordinati in proelium ruunt, L. — As *subst. n.*: idque ex inordinato in ordinem adduxit, *disorder.*

in-ōrnātus, *adj.*, *unadorned*, *without ornament*: mulieres: capilli, O.: nomina et verba, *plain*, H.: Non meis Chartis inornatus, *uncelebrated*, H.

inp-, see imp-.

inquam, *defect.* (only *praes.*: inquam, inquis, inquit, inquimus, inquiunt; *imperf.* inquiēbat; *perf.* inquiī, inquīstī; *fut.* inquiēs, inquiet; *imper.* inque), *to say* (after one or more words of a quotation): *Sy.* eccum me inque. *Cl.* eccum hic tibi, T.: desilite, inquit, milites, Cs.: te ipso, inquam, teste: qui ubi me viderunt, ubi sunt, inquiunt, scyphi?: Romulus, Iuppiter, inquit, tuis iussus avibus, etc., L.: macte . . . inquit sententia Catonis, H.: ne faciam, inquis, Omnino versūs? (i. e. facias), H.: tum Quinctius, en, inquit mihi, haec ego patior cottidie.—In emphatic repetition, *I say*, *I insist*: in foro, ne quis . . . in foro, inquam, Syracusis: tuas, tuas, inquam, suspiciones; cf. ad te, inquam, H.—*Plur.*, *they say*, *it is said*: noluit, inquiunt, hodie agere Roscius.—*Sing.*, introducing an objection, *it is said*, *one says*, *reply is made*: nondum gustaverat, inquit, vitae suavitatem (sc. aliquis): ut purpurā fulgeamus, inquit, L.: non nosti quid, inquit, Chrysippus dicat, H.—Repeated, or with other verbs of saying: hoc adiunxit: Pater, inquit, meus, N.: dicam equidem, Caesar inquit, quid intellegam; vos inquit, mementote.

in-quiēs, ētis, *adj.*, *restless*, *unquiet*: Germanus, Ta.: animo, Ta.

inquiētō, —, —, āre [inquietus], *to disturb*: victoriam, Ta.

in-quiētus, *adj.*, *restless*, *unquiet*, *disturbed*: animus, L.: nox, L.: praecordia, H.

inquilīnus, *adj.* [for *incolīnus, incola], *of foreign birth*: civis urbis Romae, S.—As *subst.*, *a sojourner*, *lodger*, *immigrant*: te inquilino.

inquinātē, *adv.* [inquinatus], *filthily*, *impurely*: loqui.

inquinātus, *adj.* with *comp.* and *sup.* [*P.* of inquino], *foul*, *befouled*, *polluted*: aqua cadaveribus. — Fig., *defiled*, *contaminated*, *impure*, *filthy*, *base*: versus: nihil hoc homine inquinatius: ratio inquinatissima: quis in voluptatibus inquinatior?: sermo inquinatissimus: dextra inquinatior, Ct.

inquinō, āvī, ātus, āre, *to befoul*, *stain*, *pollute*, *defile*: merdis caput inquiner albis Corvorum, H.: inquinet arma situs, O. — Fig., *to pollute*, *defile*, *corrupt*, *contaminate*, *debase*: amicitiam nomine criminoso: splendorem honestatis: senatum, L.: famam alterius, L.: se vitiis: nuptias et genus et domos, H.: aere tempus aureum, H.

inquīrō, sīvī (-sīsse, -sīssent, L.), sītus, ere [1

in+quaero], *to seek after, search for:* corpus funeris causā inquisitum, L.—*To search into, examine, investigate, scrutinize:* honestas, quam natura maxime inquirit: omnia ordine, L.: vitia tua, H.: rem inquisitam ad consulem detulit, *after investigating it,* L.: inquire in ea quae, etc.: patrios in annos, *how long the father will live,* O.: obstitit oceanus in se simul et in Herculem inquiri, Ta.: quid sit furere, H.: Cui placeas, O.: in eum quid agat inquiritur, etc.—In law, *to make an investigation, seek grounds of accusation:* diem inquirendi postulare: de rebus capitalibus, Cu.: inquisitum missi de iis, quorum, etc., L.

inquīsītiō, ōnis, *f* [QVAES-], *a seeking, searching, examination, investigation:* veri: adempto per inquisitiones loquendi commercio, *espionage,* Ta. —In law, *an investigation, legal inquisition:* accusatoris: annua, Ta.

inquīsītor, ōris, *m.* [inquiro], *a searcher, an inspector, examiner:* algae, Iu.—In law, *an investigator, collector of evidence:* Achaicus.

inquīsītus, *P.* of inquiro.

inraucēscō (irr-), rausī, —, ere, *inch.* [1 in+raucus], *to become hoarse:* paulum.

in-religātus (irr-), *adj., unbound:* comas, O.

inreligiōsē (irr-), *adv.* [inreligiosus], *impiously:* discere, Ta.

in-religiōsus (irr-), *adj., irreligious, impious:* irreligiosum ratus ire, etc., L.

in-remeābilis (irr-), e, *adj., not to be retraced, from which there is no return:* error, V.: unda, i. e. *the Styx,* V.

in-reparābilis (irr-), *adj., irreparable, irretrievable:* tempus, V.

in-repertus (irr-), *adj., undiscovered:* aurum, H.

in-rēpō (irr-), rēpsī, —, ere, *to creep in, slip in, be stealthily inserted, steal in:* eloquentia inrepit in sensūs: in tabulas municipiorum: animos, Ta.

in-reprehēnsus (irr-), *adj., blameless, without blame:* probitas, O.: responsa, *true,* O.

in-requiētus (irr-), *adj., unquiet, restless, without repose:* Enipeus, O.: Charybdis, O.—*Disquieting, causing unrest:* sors mea, O.: bella, O.

in-resectus (irr-), *adj., uncut, unpared:* pollex, H.

in-resolūtus (irr-), *adj., not loosened:* vincula, O.

inrētiō (irr-), īvī, ītus, īre [1 in+rete], *to catch in a net, ensnare, entangle:* beluam inretitam tenere.—Fig., *to entrap, catch, entangle, ensnare, involve:* tacentem te: alquem corruptelarum inlecebris: disputationum laqueis inretitus.

in-retortus (irr-), *adj., not turned back:* oculo inretorto, *without looking back,* H.

in-reverentia (irr-), ae, *f., irreverence, disrespect:* iuventutis, Ta.: adversus fas nefasque, Ta.

in-revocābilis (irr-), e, *adj.* with *comp., not to be recalled, irrevocable, unalterable:* in casum inrevocabilem se dare, L.: semel emissum volat inrevocabile verbum, H.: quo obscurior eo inrevocabilior, *implacable,* Ta.

in-revocātus (irr-), *adj., not called back, without an encore,* H.

in-rīdeō (irr-), rīsī, rīsus, ēre, *to laugh at, joke, jeer, mock, ridicule:* in re tantā, T.: ex muro, Cs.: mihi: inridentes responderunt, N.: per iocum deos: vatem, V.: inrideor, T.: procos inrisa experiar, V.: quae inrideri ab imperitis solent: Inrisa sine honore ratis: semel inrisus, *made a fool of,* H.

in-rīdiculē (irr-), *adv., without wit,* Cs.

inrigātiō (irr-), ōnis, *f.* [inrigo], *a watering, irrigation:* agrorum.

in-rigō (irr-), āvī, ātus, āre, *to water, irrigate, flood:* Aegyptum Nilus inrigat: Circus Tiberi superfuso inrigatus, *overflowed,* L.: fontibus hortulos: inrigat culta auro, V.: inrigatus venas nectare, Ph.—*To pour out, shed upon, water with:* amicos imbrīs, V.—Fig., *to diffuse, shed upon:* Ascanio per membra quietem, V.—*To refresh:* fessos sopor inrigat artūs, V.

in-riguus (irr-), *adj., watering, supplying water, living:* fons, V.: aqua, O.—*Supplied with water, well-watered:* hortus, H.: mero corpus, *soaked,* H.

inrīsiō (irr-), ōnis, *f.* [RID-], *a deriding, mocking, mockery:* civitas subiecta inrisioni tuae, *scoffs:* omnium.

inrīsor (irr-), ōris, *m.* [RID-], *a derider, mocker, scoffer:* orationis, C., Pr.

1. inrīsus, *P.* of inrideo.

2. inrīsus (irr-), ūs, *m.* [RID-], *a scoffing, mocking, mockery, derision:* inrisui fore, *be a laughing-stock,* Cs., Ta.: linguam ab inrisu exserens, *out of mockery,* L.

inrītābilis (irr-), e, *adj.* [inrito], *excitable, irritable:* animi: genus vatum, H.

inrītāmen (irr-), inis, *n.* [inrito], *an incitement, incentive, provocation:* opes, animi inritamen avari, O.: sua (tauri) inritamina Poeniceae vestes, O.

inrītāmentum (irr-), ī, *n.* [inrito], *an incitement, incentive, provocation, inducement, stimulus:* inritamentis iras militum acuere, L.: gulae, S.: pacis, Ta.: opes, inritamenta malorum, O.: posita veno inritamenta luxui, *inducements to indulgence,* Ta.

inrītātiō (irr-), ōnis, *f.* [inrito], *an incitement, stimulus:* conviviorum, Ta.—*Wrath, anger, irritation:* animorum, L.

inrītō (irr-), āvī, ātus, āre, *to incite, excite, stimulate, instigate, provoke, exasperate, irritate:* magis inritatus, T.: vi virum: Terra, irā inritata deorum, V.: tribunos ad certamen, L.: pectus inaniter, H.: cum fera diluvies quietos Inritat amnīs, *enrages,* H. — *To stir up, excite, produce:* sibi simultates, L.: flammas, *kindle,* O.

inritus (irr-), *adj.* [2 in+ratus], *undecided, unsettled, invalid, void, of no effect:* quod modo erat ratum, inritum est, T.: testamentum: quaeque augur dira defixerit, inrita infectaque sunto.—*Vain, useless, without effect, ineffectual:* omissā inritā re, *abandoning the useless effort,* L.: tela, V.: labor anni, O.: oblivio, L.: inritum Quodcumque retro est efficiet, *worthless,* H.—As *subst. n., nothingness, vanity, worthlessness:* spes ad inritum redacta, L.: cadere in inritum, Ta.: inrita dicere, *useless words,* O.—Of persons, *asking in vain, accomplishing nothing, baffled, failing:* variis adsultibus inritus urget, V.: venit inrita turba, Tb.: inritis hostibus, Ta.: spei, *vainly hoping,* Cu.

inrogātiō (irr-), ōnis, *f.* [inrogo], *an imposing, adjudicating:* multae.

in-rogō (irr-), āvī (inrogassit for inrogaverit, C.), ātus, āre.—In law, *to propose in opposition:* privilegium: leges privatis hominibus.—*To impose, appoint, ordain, inflict:* multam: centum milium multa inrogata erat, L.: peccatis poenas, H.: sibimet mortem, Ta.

in-rōrō (irr-), āvī, ātus, āre, *to bedew:* terras, V.—*To moisten, besprinkle, wet:* extremo inrorat Aquarius anno, *brings rain,* V.: caput, O.: crinem aquis, O.: lacrimae misero de corpore Inrorant foliis, O.—*To sprinkle upon:* liquores capiti, O.

inrumātiō (irr-), ōnis, *f., beastly obscenity,* Ct.

inrumō (irr-), āvī, ātus, āre [1 in+ruma (breast)], *to give suck, abuse obscenely,* Ct.

in-rumpō (irr-), rūpī, ruptus, ere, *to break in, press in, force a way in, burst into, rush at, fall upon:* inrumpere conari, Cs.: dixit et inrupit, O.: hostes pluribus agminibus inrupturi, Ta.: quocunque, O.: in castra, Cs.: in aciem hostium: cum telis ad sese, S.: oppidum, Cs.: domūs limina, V.: thalamo, V.—Fig., *to break in, enter, intrude, invade, interrupt:* imagines in animos per corpus inrumpunt: luxuries in domum inrupit: in aevum nefas, O.

in-ruō (irr-), ruī, —, ere, *to rush in, invade, press into, make an attack:* quam mox inruimus? T.: ferro, V.: in aedīs, T.: vi in tectum: ne ille huc prorsus se inruat, T.—Fig., *to force a way in, rush into, enter eagerly upon, seize:* in alienas possessiones: in odium populi R., *incur.*—Of a speaker: ne quo inruas, i. e. *trip through haste.*

inruptiō (irr-), ōnis, *f.* [RVP-], *a breaking in, invasion, incursion:* armatorum in domum: etiamsi inruptio facta nulla sit.

1. inruptus (irr-), *P.* of inrumpo.

2. in-ruptus (irr-), *adj., unbroken, unsevered:* copula, H.

īn-salūbris, e, *adj., unwholesome:* cibi, Cu.: fluvius potui, Cu.

īn-salūtātus, *adj., ungreeted, unsaluted* (in tmesis): Inque salutatam linquo, V.

īn-sānābilis, e, *adj.* with *comp., not to be healed, incurable:* morbus.—Fig., *irretrievable, without remedy, hopeless:* contumeliae: nihil insanabilius, L.: caput tribus Anticyris, H.: scribendi cacoethes, Iu.

īnsānē, *adv.* with *comp.* [insanus], *madly, insanely:* in silvam non ligna feras insanius, H.

īnsānia, ae, *f.* [insanus], *unsoundness of mind, madness, frenzy, folly, senselessness:* haec ad insaniam concupiverat, *madly:* adigis me ad insaniam, T.: quae tanta insania, cives? V.: summa, H.: nudus agas, minus est insania turpis, Iu.: hominum pugnandi cupidorum insaniae.—Person.: trepido voltu, O.—Fig., *madness, excess, extravagance:* libidinum: quam ab sano initio res in hanc insaniam venerit, L.: mota vino, O.—*Poetic enthusiasm, inspiration:* amabilis, H.

īnsāniēns, ntis, *adj.* [*P.* of insanio], *foolish, unreasonable:* sapientia, *the foolishness of wisdom,* H.

īnsāniō (*imperf.:* īnsānībat, T.), īvī, ītus, īre [insanus], *to be of unsound mind, be senseless, be without reason, be mad, rave:* homo insanibat, T.: insanire omnibus videri: ex iniuriā insaniens exercitus, L.: cum ratione, *with method,* T.: certā ratione, H.—*To be violent, be absurd, be extravagant, be wild:* Insanire libet quoniam tibi, V.: Insaniens Bosporus, H.: errorem, H.: in libertinas, H.: quā me stultitiā insanire putas? H.: sollemnia, *fashionably,* H.: seros amores, Pr.

īnsānitās, ātis, *f.* [insanus], *unsoundness, disease:* mentis: animi.

īn-sānus, *adj.* with *comp.* and *sup., of unsound mind, mad, insane:* quod idem contigit insanis: maritus, Iu.—*Violent, absurd, raging, foolish, frantic:* homines ex stultis insanos facere, T.: homo insanissimus: uter est insanior horum? H.: insanior cupiditas: insanissima contio: amor Martis, V.: sidera, H.—*Outrageous, monstrous, extravagant, excessive:* substructiones: montes, L.: labor, V.: trepidatio, L.—*Rapt, inspired:* vates, V.—*Maddening:* aqua, O.

īn-satiābilis, e, *adj.* with *comp., not to be satisfied, insatiable:* avaritia, S.: crudelitas: humanus animus, L.: acquirendi votum, Iu.—*Unsating, not cloying:* varietas: insatiabilior species.

insatiābiliter, *adv.*, *insatiably*, Ta.

īn-saturābilis, e, *adj.*, *insatiable:* abdomen.

īnsaturābiliter, *adv.* [insaturabilis], *insatiably.*

īnscendō, —, —, ere [1 in+scando], *to climb up, mount, ascend:* in rogum.

īn-sciēns, entis, *adj.*, *unknowing, without knowledge, unaware:* Insciens feci, T.: inscientibus ipsis, Cs.: utrum inscientem . . . fecisse, an scientem?: abi sis, insciens, *simpleton*, T.

īnscienter, *adv.* [insciens], *ignorantly, inadvertently:* facere: tuba inflata, L.

īn-scientia, ae, *f.*, *want of knowledge, ignorance, inexperience:* implicata: volgi, Cs.: ducum, L.: locorum, Cs.: belli, N.: philosophiae.

īnscītē, *adv.* [inscitus], *unskilfully, clumsily, awkwardly:* comparari: facta navis, L.: turpem putat lituram, H.

īnscītia, ae, *f.* [inscitus], *ignorance, inexperience, unskilfulness, awkwardness:* vos non facere inscitiast, T.: id inscitia est: inscitiā exercitum perducere, etc., L.: temporis: veri, H.: aedificandi, Ta.: inscitia, qui aut unde advenissent, L.

īn-scītus, *adj.* with *comp.*, *ignorant, foolish, blundering:* Inscitum offerre iniuriam iniquomst, T.: quid est inscitius quam, etc.

īn-scius, *adj.* [2 SAC-], *not knowing, ignorant:* quem vos inscii ad mortem misistis, *ignorantly:* inscios inopinantīsque Menapios oppresserunt, Cs.: stupet inscius pastor, V.: omnium rerum: laborum, H.: esse utilitatem in historiā: quid in Aeduis gereretur, Cs.: unde vitam sumeret, H.

in-scrībō, īpsī, īptus, ere, *to write upon, inscribe:* in basi tropaeorum inscribi: sit inscriptum in fronte quid de re p. sentiat: si quae essent inscriptae litterae: in illis libellis: cum sotera inscriptum esse vidi, *his name:* Littera Inscripta est foliis, O.: monumentis nomen: inscripti nomina regum flores, V.—*To inscribe, furnish with an inscription:* inscripsi ilico Aedīs, *placarded*, T.: (libellos) rhetoricos, *give the title to:* liber, qui Oeconomicus inscribitur, *is entitled:* inscripta lintea, i. e. *curtains used as signs*, Iu.—Fig., *to assign, attribute, appropriate:* sibi hoc nomen: deos sceleri, *ascribe crimes to the gods*, O.: mea dextera leto Inscribenda tuo est, *thy death is to be ascribed to my hand*, O.—*To make known, mark:* sua quemque deorum Inscribit facies, O.: versā pulvis inscribitur hastā, V.—*To brand, place a brand upon:* inscripta ergastula, Iu.

īnscrīptiō, ōnis, *f.* [SCARP-], *an inscribing:* nominis.—*An inscription, legend, title:* statua cum inscriptione: plenior.

īnscrīptus, *P.* of inscribo.

īn-sculpō (inscalp-), psī, ptus, ere, *to cut in, carve upon, engrave:* titulus Graecis litteris insculptus, L.: summam patrimoni saxo, H.: Cornua Postibus, O.: columnā aeneā insculptum, L.—Fig., *to engrave, imprint:* natura insculpsit in mentibus, ut, etc.: in animo quasi insculptum.

īn-secō, cuī, ctus, āre, *to cut into, cut up:* gurgulionibus insectis: cutem, L.: insecti pectine dentes, *notched*, O.

īnsectātiō, ōnis, *f.* [insector], *a pursuing, pursuit:* hostīs, L.—Fig., *a railing at, deriding, abuse:* principum, L.: insectationibus petitus, Ta.

īnsectātor, ōris, *m.* [insector], *a persecutor:* plebis, L.

īnsector, ātus, arī, *dep. freq.* [insequor], *to pursue, follow up:* exercitum: herbam rastris, i. e. *extirpate*, V.—Fig., of speech, *to pursue, attack, rail at, inveigh against:* ultro Insectere velut melior? *lecture*, H.: etiam et etiam: nullius calamitatem: carmina Livi, H.

īnsectus, *P.* of inseco.

īn-senēscō, nuī, —, ere, *inch.*, *to grow old in, spend a life upon:* libris, H.: malis, O.

īn-sepultus, *adj.*, *unburied:* acervi civium: membra, H.: insepultos proiecit, L.: sepultura, *without funeral rites.*

īnsequēns, entis, *adj.* [*P.* of insequor], *following, next:* annus, Cs.: dies, L.

īn-sequor, cūtus (quūtus), ī, *dep.*, *to follow, follow after, come next:* huic, V.: Orphea, H.: fugientem lumine pinum, *keep in view*, O.—In time, *to follow, succeed:* hunc proximo saeculo: mea quem aetas Insequitur, *approaches*, V.—*To pursue, follow up, press upon:* in abditas regiones sese, S.: cedentes, Cs.: ad hostem insequendum, L.: Reliquias Troiae cineres, V.: illum gladio: iacto semine arva, *traverse*, V.: ora manibus, *keeps striking*, O.—Fig., *to follow up:* improborum facta suspicio insequitur.—*To strive after, endeavor:* te rhetoricis libris, ut erudiam.—*To proceed, go on:* pergam atque insequar longius: hunc, *prosecute*, H.: lentum convellere vimen Insequor, V.—*To overtake:* at mors insecuta est Gracchum.—Of speech, *to pursue, censure, reproach:* accusatorem: turpitudinem vitae.—In order, *to follow, come next:* nisi vocalis insequebatur.

1. īn-serō, sēvī, situs, ere, *to implant, ingraft:* piros, V.: fissā modo cortice virgam Inserit, O.: ramos, H.: videmus insita māla Ferre pirum, V.—Fig., *to implant, ingraft, fix:* num qua tibi vitiorum inseverit olim Natura, H.: animos corporibus: ex Gavi horreo in Calatinos insitus, *transplanted.*

2. īn-serō, seruī, sertus, ere, *to put in, introduce, insert, thrust:* caput in lecticam: insertae fenestrae, V.: trecentos (in navem), H.: oculos in pectora, O.: caput in tentoria, L.: falces insertae longuriis, Cs.: subtegmen radiis, O.: mare montibus inseri, *flows among*, Ta.—Fig., *to bring in, introduce, associate, join, enroll:* ius est, quod quaedam innata vis inseruit: minimis rebus religio inserit deos, L.: me vatibus, H.

īnsertō, —, —, āre, *freq.* [2 insero], *to put in, insert:* clipeo sinistram Insertabam aptans, V.

īnsertus, *P.* of 2 insero.

in-serviō, —, ītus, ēre, *to be serviceable, be devoted, be submissive, serve:* filium amico Video inservire, T.: plebi, cui inservitum erat, *the utmost deference had been shown*, L.: suis commodis, *attend:* temporibus callidissime, *accommodate himself*, N.: honoribus: nihil est a me inservitum temporis causā, *yielded:* reges inservientes, Ta.

īnsessus, *P.* of insideo.

in-sībilō, —, —, āre, *to whistle within:* ubi insibilat Eurus, O.

īnsideō, sēdī, —, ēre [1 in+sedeo], *to sit upon, settle on:* equo, L.: ubi Gens iugis insedit Etruscis, V.—Fig., *to take place, settle, be fixed, adhere:* cum in locis semen insedit: ut in animo crimen insideret: nunc insidet in optimo quoque virtus.—*To take possession of, occupy:* locum, L.: ea loca, *inhabit*, Ta.

īnsidiae, ārum, *f.* [SED-], *a snare, trap:* non lupus insidias explorat, V.: caprum Excipere insidiis, V.—In war, *an ambush, ambuscade:* signa aenea in insidiis ponere: insidias intravisse, Cs.: eius vitae a me insidiae positae: insidiae tenduntur alcui: Miloni insidias conlocare: ex insidiis petere, L.: locum insidiis conspeximus, *for a secret attack*, V.—Fig., *artifice, crafty device, plot, snare:* Insidias nostrae fecit adulescentiae, T.: nimis insidiarum ad capiendas aurīs adhiberi videtur: noctis, V.—In *abl.* or in phrases with *per* or *ex*, *by artifice, by stratagem, craftily, insidiously:* insidiis circumventi, S.: Marcellus insidiis interfectus est: fraude et insidiis circumventus, L.: per insidias circumveniri, Cs.: ex insidiis.

(**īnsidiāns**, ntis), *m.* [*P.* of insidior], *a waylayer, man in ambush.*—Only *plur.*, S.

īnsidiātor, ōris, *m.* [insidior], *one who lies in wait, a lurker, waylayer:* in foro conlocatur: eius (imperi), N.: insidiatores Massivae parare, S.

īnsidior, ātus, ārī, *dep.* [insidiae], *to lie in ambush, lie in wait for:* ex occulto, Cs.: mihi: dolis vitae suae, S.: lupus insidiatus ovili, V.: in legatis insidiandis.—Fig., *to watch for, plot against, seize stealthily:* Hiscine contra, T.: somno maritorum: tempori, L.

īnsidiōsē, *adv.* with *sup.* [insidiosus], *cunningly, deceitfully, insidiously:* redire: me insidiosissime tractavit.

īnsidiōsus, *adj.* with *comp.* [insidiae], *cunning, deceitful, treacherous, dangerous:* leno, H.: quis insidiosior (est)?: sermo.

in-sīdō, sēdī, sessus, ere, *to sit in, settle on:* apes floribus insidunt, V.: insedit vapor Apuliae, H.: credit digitos insidere membris, *sink into*, O.—*To occupy, keep possession of:* silvis, V.: inscia Insidat quantus miserae deus, *possesses*, V.: cineres patriae, V.: tumulos, L.: militibus: arcem, L.: ut viae hostium praesidiis insiderentur, L.: saltus ab hoste insessus, L.—Fig., *to be fixed, remain, be rooted in, adhere to:* in memoriā: in animo insedit oratio.

īnsīgnē, is, *n.* [insignis], *a mark, indication, proof, sign, token, signal:* quod erat insigne, eum facere, etc.: Minerva singulare est insigne eius gymnasi: clipei insigne decorum, i. e. *conspicuous shield*, V.: maeroris, *mourning:* morbi, H.—*A badge, garb, decoration:* regis, V.: quo (vestitu) insigni uti consuerat, Cs.: fortunae: nec vestis habitu nec alio ullo insigni differentes, etc., L.—Usu. *plur.*, *attire, uniform, costume, regalia:* cum insignibus regiis: inperi, S.: imperatoris, Cs.: sacerdotes, suis insignibus velati, L.: tectis insignibus suorum, *ornaments of the helmets*, Cs.: vocis, *costume of a singer*, Iu.: paternum, *coat of arms*, V.—*A standard:* navem Bruti, quae ex insigni facile agnosci poterat, i. e. *the flag* (of the admiral's ship), Cs.—*A signal:* quod erat insigne, cum oporteret, etc., Cs.: nocturnum trium luminum, L.—Fig., *an honor, distinction:* insignia virtutis adsequi.—*A gem, brilliant passage, fine saying:* orationis: verborum et sententiarum; cf. dicam insigne, *a glorious song*, H.

īnsīgniō (*imperf.* īnsīgnībat, V.), īvī, ītus, īre [insignis], *to mark, make conspicuous, distinguish:* clipeum Auro, V.: tropaeis agros, V.: cum annus funeribus insigniretur, *was remarkable for*, Ta.

īnsīgnis, e, *adj.* with *comp.* [1 in+signum], *distinguished by a mark, remarkable, noted, eminent, distinguished, prominent, extraordinary:* alae, V.: vestis, L.: insigniora monumenta, L.: virtus: vis: studium erga me: insignis totā cantabitur urbe, *notorious*, H.: calamitas, Cs.: honorum pagina, *glorious*, Iu.: insigne aliquid facere eis, i. e. *make an example of*, T.: maculus insignis et albo (i. e. maculis albis), V.: notis turpitudinis: praeclaro nomine, Iu.

īnsīgnītē, *adv. with comp.* [insignitus], *remarkably, extraordinarily, notably:* improbus: insignitius probari, L.

īnsīgniter, *adv.* with *comp.* [insignis], *remarkably, extraordinarily, notably:* amicos diligere: insignius ornari, N.

īnsīgnītus, *adj.* with *comp.* [*P.* of insignis], *marked, clear, plain:* utendum imaginibus insignitis: notae veritatis.—*Distinguished, striking, remarkable, notable:* ignominia insignitior, L.: lacūs nomen insignitius, L.: insignitius flagitium, Ta.

īnsiliō, uī (īnsilīvī, L.), —, īre [1 in+salio], *to leap in, spring up, throw oneself upon, bound, mount:* huc, O.: in equum, L.: in phalangas, Cs.: undas, O.: Aetnam, H.: prorae, O.: tergo centauri, O.

īnsimulātiō (insimil-), ōnis, *f.* [insimulo], *a charge, accusation:* probrorum: criminis.

īn-simulō, āvī, ātus, āre, *to make suspected, charge, accuse, blame, impeach:* tu me insimulas, *bring a charge against:* Criminibus virum, O.: vilicus cum impulso tuo insimulatus esset: insimulatus falso crimine senatus, L.: Verrem avaritiae: proditionis insimulatus, Cs.: insimulant hominem fraudandi causā discessisse.—*To bring as a charge:* id quod ego iniuratus insimulo: neque aliud quam patientia insimulari posset, *be laid to his charge*, L.

īn-sincērus, *adj.*, *spoiled, corrupted:* cruor, V.

īnsinuātiō, ōnis, *f.* [insinuo].—In rhet., *a conciliation of favor, insinuating style.*

īn-sinuō, āvī, ātus, āre, *to thrust in, push in, make a way:* potestas in forum insinuandi: quācumque data intervalla essent, insinuabant ordines suos, *pushed forward their files*, L.—With *pron. reflex.*, *to find a way in, creep in, steal in, intrude, insinuate oneself, make a way:* se inter equitum turmas, Cs.: quā te insinuaveris, L.: quā se inter vallīs flumen insinuat, *winds along*, L.—Fig., *to penetrate, enter, steal in, win one's way, become familiar:* in ipsius consuetudinem: in causam: novus per pectora cunctis Insinuat pavor, V.: subtiliter eis, *curry favor with*, etc.—With *se*, *to win one's way, enter, steal in:* se in familiaritatem Metelli: se in familiarem usum, L.: callidus ille ne se insinuet, *curry favor:* plebi se, L.

īnsipiēns, entis, *adj.* with *comp.* [2 in + sapiens], *unwise, foolish:* fortunatus: ego insipientior quam illi ipsi.

īnsipienter, *adv.* [insipiens], *unwisely, foolishly:* sperare.

īnsipientia, ae, *f.* [insipiens], *unwisdom, folly:* animi.

īn-sistō, stitī, —, ere, *to set foot, take a stand, stand on, step on, tread on:* firmiter, *hold their ground*, Cs.: ut proximi iacentibus insisterent, *stepped upon*, Cs.: vestigiis abeuntium, L.: huic (saxo) institerat frustra, O.: clamoso circo, *occupy a place in*, Iu.: insistebat in manu Cereris dextrā simulacrum: cingulus australis, in quo qui insistunt: digitis, *on tiptoe*, O.: limen, *step upon*, V.: vestigia plantis Institerat, V.: cineres, H.—*To make a stand, halt, pause, stop, stand still:* stellarum motūs insistunt: ut aut citius insistendum sit, aut longius procedendum: ille non poterit eodem modo insistere? *hesitate:* insistit, secumque corde volutat, V.—*To enter on, pursue, follow:* quam insistam viam, T.: quā quaerere insistam viam? *where shall I go to find* (him)? T.: iter, quod insistis, approbo, L.—*To follow, pursue, press on:* acrius hostis institit, N.: fugientibus, L.—Fig., *to follow, pursue:* viam domandi, V.: rationem pugnae, *plan*, Cs.: vestigiis laudum suarum, L.—*To follow up, pursue, persist, insist, press vigorously, apply oneself, be busy about:* sic institit ore, V.: importune: ad spolia legenda, L.: munus: viventi, H.: obsidioni, Cu.: orare dictatorem, ut, etc., L.: flagitare senatus institit Cornutum, ut, etc.: Iulium tueri, N.—*To press upon, urge:* dilataque tempora taedae Institerant, *were at hand*, O.: id bellum ipsis institit moenibus, *was at*, L.: singulis, *dwell upon.*

īnsitiō, ōnis, *f.* [1 in+1 SA-], *an ingrafting, grafting:* delectant insitiones.—*The time of grafting*, O.

īnsitīvus, *adj.* [insitus], *ingrafted, grafted:* pira, H.—Fig.: Gracchus, *pretended:* disciplinae, *imported:* liberi, *spurious*, Ph.

insitor, ōris, *m.* [1 SA-], *an ingrafter*, Pr.

īnsitus, *adj.* [*P.* of 1 insero], *ingrafted, grafted:* mala, V.—Fig., *implanted, inborn, innate, fixed:* deorum cognitiones: penitus opinio: vis, H.: menti cognitionis amor: feritas, L.

īn-sociābilis, e, *adj.*, *without social ties, not to be bound in friendship, unsociable:* gens, L.: homines omni generi humano, L.

īnsōlābiliter, *adv.* [solor], *inconsolably:* dolens, H.

īn-solēns, ntis, *adj.*, *unaccustomed, unusual, not used, contrary to custom:* Quid tu Athenas insolens? T.: aspera aequora Emirabitur insolens, H.: in dicendo, *inexperienced:* infamiae: belli, Cs.—*Excessive, immoderate, haughty, arrogant, insolent:* insolenti alacritate gestire: exercitus, H.: in re notā: victoriā factus, S.: victoria naturā: ludus, H.—*Extravagant, prodigal:* in alienā re: in pecuniā.

īnsolenter, *adv.* with *comp.* [insolens], *unusually, contrary to custom:* evenire.—*Immoderately, haughtily, insolently:* laete atque insolenter ferre, *with insolent exultation:* hostis nostros insequens, Cs.: se insolentius iactare: nostros premere, Cs.

īnsolentia, ae, *f.* [insolens], *unusualness, strangeness, novelty:* fori iudiciorumque: itineris, S.: voluptatum.—Of language, *novelty, strangeness, affectedness:* orationis: verborum.—*Want of moderation, haughtiness, arrogance, insolence, extravagance:* tua singularis: insolentiam suam continere:

ex secundis rebus, S.: gloriae, N.: in circumscribendis tribunis, Cs.: noxiorum insolentiae, Ph.

īn-solēscō, —, —, ere, *inch.*, *to grow haughty*, *become elated:* per licentiam animus insolescit, S.: rebus secundis, Ta.

in-solidus, *adj.*, *not solid*, *tender:* herba, O.

in-solitus, *adj.*, *unaccustomed*, *unused*, *unfamiliar*, *strange:* feminae in virorum conventum: insolitae fugiunt in flumina phocae, i. e. *contrary to their custom*, V.: ad laborem, Cs.: rerum bellicarum, S.: eius tumultūs equi, L.—*Unusual*, *uncommon*, *strange:* verbum: tumultus, S.: motus, V.: mihi loquacitas: talibus labor, S.: novum et moribus veterum insolitum, *something unknown*, Ta.: machinae, insolitum sibi, *a strange thing*, Ta.

insomnia, ae, *f.* [insomnis], *sleeplessness*, *want of sleep*, *watching:* te adiget horsum insomnia, T.: insomniis fatigari, S.: insomniis carere.

īnsomnis, e, *adj.* [2 in + somnus], *sleepless*, *wakeful:* ille noctes insomnis agit, H.: draco, O.: nox, V.

1. īnsomnium, ī, *n.* [1 in+somnus], *a dream.*—*Sing.*, Ta.—*Plur.*, T., V., Tb.

2. insomnium, ī, *n.* [2 in+somnus], *sleeplessness.*—Only *plur.:* insomnia portare ocellis, Pr.

īn-sonō, uī, —, āre, *to resound:* Boreae cum spiritus Insonat Aegaeo, *roars over*, V.: caeli delapsa per auras Insonuit, *resounded*, V.: pennis, *rustle with*, O.: calamis, *make music with*, O.: insonuitque flagello, *cracked his whip*, V.: Verbera, *cracked*, V.

īn-sōns, ntis, *adj.*, *guiltless*, *innocent:* amicus, V.: publici consili, L.: si regni crimine insons fuerit, L.—As *subst. m.:* insontes sicuti sontes circumvenire, S.—*Harmless:* Cerberus, H.: casa, O.

īn-sōpītus, *adj.*, *sleepless*, *wakeful:* draco, O.

(**īnspectō**, —, —, āre), *freq.* [inspicio], *to look at*, *observe*, *view.*—Only *P. praes.:* ipsis inspectantibus, *before their very eyes:* inspectante exercitu: inspectante ipso, Cs.

īnspectus, *P.* of inspicio.

(**īnspērāns**, ntis), *adj.*, *not hoping*, *not expecting.*—Only *dat.* and *abl.:* salutem insperantibus reddere, *beyond their hope:* insperante hoc atque invito Pamphilo, *against the hope and wish*, T.

īn-spērātus, *adj.*, *unhoped for*, *unlooked for*, *unexpected*, *unforeseen:* gaudium, T.: praesidium: tellus, V.: pluma, *unwelcome*, H.: omnibus consilium: nihil tam insperatum accidere potuit, L.—As *subst. n.:* ex insperato, *unexpectedly*, L.

īnspergō, spersī, spersus, ere [1 in+spargo], *to sprinkle over*, *scatter:* molam ac vinum: inspersos reprehendas corpore naevos, H.

īnspiciō, spēxī, spectus, ere [1 in+specio], *to look into*, *look upon*, *inspect*, *consider*, *contemplate*, *examine*, *survey:* in vitas omnium, T.: cupiditas inspiciendi: cum Romam inspexerit Eos, O.: urbīs, H.: ranarum viscera, Iu.: leges: Unde quod est usquam Inspicitur, O.—*To look at*, *inspect*, *appraise:* candelabrum: ludorum sumptūs, O.—*To inspect*, *examine:* arma militis: arma viros equos cum curā, L.—*To examine*, *spy out:* domos, V.—*To consult*, *inspect:* libros, L.: de ludis, etc. (sc. libros), L.—Fig., *to consider*, *examine*, *investigate*, *inspect:* res sociorum, L.: te a puero: aes alienum, L.: fidem, O.: Inspici si possum, etc., H.

īnspīcō, —, —, ere [spica], *to cut in the form of an ear of corn*, *sharpen:* ferro faces, V.

īn-spīrō, āvī, ātus, āre, *to blow upon*, *breathe into*, *inspire:* conchae, O.: Se (Fames) viro inspirat, O.—Fig., *to inspire*, *excite*, *inflame:* occultum ignem, V: animas, O.—*To instil*, *implant:* venenum Morsibus, V.: virus, O.: fortitudinem, Cu.

īn-spoliātus, *adj.*, *not plundered*, *not made spoil:* arma, V.

īn-stabilis, e, *adj.*, *not steadfast*, *unsteady*, *unstable*, *tottering*, *not firm:* ingressus, L.: cymbae, V.: naves, Cu.: acies, *shaken*, L.—*Giving no support:* tellus, O.—Fig., *unstable*, *inconstant*, *changeable*, *fickle:* instabilem motum habere, Cs.: coniugium, Iu.: animus, V.

īnstāns, antis, *adj.* with *comp.* [*P.* of insto], *present*, *immediate:* quae venientia metuuntur, eadem efficiunt aegritudinem instantia: bellum.—*Pressing*, *urgent:* periculum, N.: species instantior, Ta.

(**īnstanter**), *adv.*, *earnestly*, *pressingly.*—Only *comp.:* instantius concurrere, Ta.

īnstantia, ae, *f.* [insto], *an impendence*, *approach:* futura quorum vera erit instantia.

īnstar, *n. indecl.*, *an image*, *likeness*, *resemblance*, *appearance:* terra quasi puncti instar obtinet, *looks almost like:* parvum instar eorum, quae concepisset, *a small specimen*, L.: omnia vix minimi momenti instar habent, *the semblance of any importance whatever:* quantum instar in ipso! *What a presence!* V.—With *gen.*, *like*, *in the form of*, *equal to*, *as large as*, *worth:* Erana, non vici instar, sed urbis: ut instar muri hae saepes munimentum praebeant, Cs.: instar montis equus, *as large as*, V.: nomina ea partium urbis et instar urbium sunt, L.: unus ille dies mihi immortalitatis instar fuit, *as good as:* Plato mihi unus instar est omnium, *worth them all.*—*About*, *nearly:* cohortes quaedam, quod instar legionis videretur, Cs.: milites dati duarum instar legionum, L.

īnstaurātiō, ōnis, *f.* [instauro], *a renewing*, *repetition:* ludorum: ludi ex instauratione parantur, L.

īnstaurātīvus, *adj.* [instauro], *instituted anew, begun afresh:* ludi.

īnstaurō, āvī, ātus, āre, *to establish, ordain:* choros, V.—*To renew, repeat, resume:* instaurandae caedis potestas: novum de integro bellum, L.: infestis pugnam sagittis, Iu.: diem donis, *celebrates with repeated offerings*, V.: ludis biduum instauratum, *added by repetitions*, L.: pervigiles popinas, *frequent anew*, Iu.: Instaurati animi, *refreshed*, V.: di, talia Grais Instaurate, *repay*, V.

īn-sternō, strāvī, strātus, ere, *to cover, cover over, spread upon:* insternor pelle leonis, V.: pontīs altos, *floored* (i. e. *constructed*), V.: pulpita tignis, *laid the stage over a scaffolding*, H.

īnstīgātor, ōris, *m.* [instigo], *a stimulator, instigator:* sibi quisque, Ta.

īnstīgātrīx, īcis, *f.* [instigo], *she that instigates:* adversum alqm, Ta.

īnstīgō, āvī, ātus, āre [STIG-], *to goad on, urge, stimulate, stir, set on, incite, instigate:* si hic non insanit satis suā sponte, instiga, T.: instigante te, *at your instigation:* sequentem studiis, V.: Romanos in Hannibalem, L.: agmen, O.: conscientiā facinoris instigari, Cs.

īn-stīllō, āvī, ātus, āre, *to pour in by drops, drop in, instil:* lumini oleum: (oleum) caulibus, H.—*To drop upon, fall on:* guttae saxa instillant.—Fig., *to instil, infuse:* tuae litterae mihi quiddam quasi animulae instillarunt: praeceptum auriculis, H.

īnstimulātor, ōris, *m.* [instimulo], *a stimulator:* seditionis.

īn-stimulō, —, —, āre, *to goad, urge on, stimulate:* Bacchas sonis, O.: Venerem verbis, O.

īnstīnctor, ōris, *m.* [STIG-], *an instigator:* sceleris, Ta.

1. īnstīnctus, *P.* of instinguo.

2. (īnstīnctus, ūs), *m.* [instinguo], *instigation* (only *abl. sing.*): instinctu divino, *by inspiration.*

(īn-stinguō), —, stinctus, ere, *to instigate, incite, impel* (only *P. pass.*): furore et audaciā, *impelled:* vocibus, *animated*, L.: furiis, *inspired*, L.

īnstita, ae, *f.*, *a border, flounce of a lady's tunic:* Quarum subsutā talos tegit instita veste, H.: longa, O.: nulla, i. e. *no lady*, O.

īnstitī. **I.** *Perf.* of insisto.—**II.** *Perf.* of insto.

īnstitiō, ōnis, *f.* [STA-], *a standing still:* stellarum.

īnstitor, ōris, *m.* [STA-], *a factor, broker, huckster, hawker, peddler:* chirographorum: amata multum institoribus, H.: ipse mercis, *peddler of his own wares*, L.: hibernae tegetis, Iu.

īnstituō, uī, ūtus, ere [1 in+statuo], *to put in place, plant, fix, set:* vestigia nuda sinistri pedis, V.: hominem in animum, i. e. *to set one's heart on*, T.—Of troops, *to draw up, arrange:* duplici acie institutā, Cs.: quam (aciem) sex cohortium, Cs.—*To set up, erect, plant, found, establish, arrange:* ubi institui vineae possunt: officinam Syracusis: Amphora fumum bibere instituta, *set*, H.—*To make, build, fabricate, construct:* navīs, Cs.: turrīs, Cs.: amphora coepit Institui, H.: delectum, Cs.—*To make ready, prepare, furnish, provide:* pilorum numerus instituitur, Cs.: dapes, V.—Fig., *to institute, found, establish, organize, set up:* alii illis domi honores instituti, S.: instituta sacrificia, Cs.: magistratum: nostro more institutus exercitus, *organized:* Saturnalia institutus festus dies, L.: sacros ludos, O.—*To constitute, appoint, designate, single out:* eum testamento heredem, S.: ut ille filius instituatur, *be adopted:* tutorem liberis.—*To ordain:* Arcesilas instituit, ut ii, qui, etc.: institutum est, ut fierent (quaestores), L.: antiquitus institutum videtur, ne quis, etc., Cs.—*To undertake, begin, commence:* ut instituimus, pergamus: pontem instituit, biduo perfecit, Cs.: historia nec institui potest sine, etc.: iter, H.: cum populo R. amicitiam, S.: mutare res inter se instituerant, *had opened commerce*, S.: institui Topica conscribere: si quae mulier conviviis uti instituerit, *made it a practice.*—*To purpose, determine, resolve upon:* decernite, ut instituistis: ut instituerat, *according to his custom*, Cs.: ab instituto cursu, *purposed:* quos habere secum instituerat, Cs.—*To order, govern, administer, regulate, control, direct:* Sapienter vitam, T.: libri de civitatibus instituendis.—*To teach, instruct, train up, educate:* sic tu instituis adulescentīs?: ita Helvetios a maioribus institutos esse, uti, etc., Cs.: calamos cerā coniungere, V.: artibus hunc, Iu.: de isto genere, *to give instruction:* eos ad maiorum instituta: alquem sic ut, etc.: nos, ne quem coleremus, S.

īnstitūtiō, ōnis, *f.* [instituo], *disposition, arrangement:* rerum: institutionem suam conservare, *custom.*—*Instruction, education:* doctoris: de aliquā re: Graecis institutionibus eruditi, *learning.*

īnstitūtum, ī, *n.* [*P.* of instituo], *a purpose, intention, design:* consulatūs tui: pauca de instituto meo dicere: huius libri.—*A practice, custom, usage, habit:* hi linguā, institutis differunt, Cs.: meretricium: utor instituto meo: abduci ab institutis suis, *principles:* aliorum instituto fecisse, *precedent:* contra omnium instituta, *precedents:* instituto suo copias eduxit, Cs.: militem ex instituto dare, *according to usage*, L.—*An institution, ordinance, decree, regulation:* praetoris: instituta maiorum domi militiaeque, S.: omnia traditis institutis acta: patriae, N.: duarum vitarum instituta, *plans.—Plur., principles, elements:* philosophiae.

īnstitūtus, *P.* of instituo.

in-stō, stitī, statūrus, āre, *to stand upon, take a position:* iugis, V.—*To draw nigh, approach, be at hand, impend:* partus instabat prope, T.: nox instabat, S.: ea quae videntur instare: instant ludi: cum illi iter instaret: quidquid subiti instat, Iu.: illud quod instet agi oportere, *the subject in hand:* quod instat, i. e. *our purpose,* V.: cum legionibus instare Varum, Cs.: quantae caedes Laurentibus instant, V.—*To press upon, harass, molest, menace, threaten:* comminus acriter, S.: rursus, Cs.: ferro: hinc Pallas instat, Hinc contra Lausus, V.: hostibus dubiis, S.: noli mihi instare: praecedentibus, H.: cedenti instaturus, L.: instantem regi cometen videre, Iu.—F i g., *to urge, press, insist, pursue:* quam ob rem urge, insta, perfice: addit et instat, H.: ille instat factum (esse), *insists upon the fact,* T.: accusatori.—*To follow up eagerly, pursue, be intent upon, urge forward, drive:* vox domini instantis, Iu.: Instant ardentes Tyrii, V.: instant operi, V.: talibus instans monitis (parens), Iu.: non ignarus instandum famae, Ta.: Marti currum, *to work hard at,* V.—*To demand earnestly, solicit, insist upon:* num ego insto? T.: unum de indutiis, *make one demand,* Cs.: quod te instante faciet, *at your instance:* instat Scandilius poscere recuperatores: tibi instat Hortensius, ut eas in consilium: profecto, si instetur, suo milite vinci Romam posse, L.

1. īnstrātus, *P.* of insterno.

2. in-strātus, *adj., not covered:* cubile, *unspread,* V.

īnstrāvī, *perf.* of insterno.

in-strēnuus, *adj., sluggish, spiritless:* animus, T.

in-strepō, uī, itus, ere, *to resound, rattle, creak:* sub pondere faginus axis Instrepat, V.

(**in-stringō**), —, ictus, ere, *to bind, fasten.*—
—Only *P. pass.:* Instricta fides gemmis, *inlaid,* O.

(**īnstrūctē**), *adv., with great preparation.*—Only *comp.:* ludos instructius facere, L.

īnstrūctiō, ōnis, *f.* [STRV-], *an array:* instructione aspectuque signorum pulsus.

īnstrūctor, ōris, *m.* [instruo], *a preparer:* convivi.

1. īnstrūctus, *adj.* with *comp.* and *sup.* [*P.* of instruo], *furnished, provided, supplied:* domicilia rebus iis, etc.: instructae ornataeque naves: decem vitiis instructior, H.—F i g., *arranged, prepared, ready:* in corde consilia, T.: res satis scite instructae: ad dicendum instructissimus.—*Instructed, taught, versed:* in iure civili: a iure civili, ab historiā instructior.

2. (īnstrūctus, ūs), *m.* [STRV-], *arrangement, preparation.*—Only *abl. sing.:* oratio eodem instructu comitata.

īnstrūmentum, ī, *n.* [STRV-], *an implement, utensil, tool, instrument:* tela et cetera instrumenta militiae, S.: crudelia instrumenta necis, O.—*Collect.* in *sing., instruments, apparatus, material, stock, furniture:* instrumentum ac ornamenta villae: militare, Cs.: aratorum: nauticum, L.: artis, H.—*Store, provision, supply, means:* quid viatici, quid instrumenti satis sit, i. e. *for a journey:* instrumenta ad obtinendam sapientiam: virtutis.—*Ornament, embellishment:* felices ornent haec instrumenta libellos, O.: anilia, *attire,* O.—*A commission, authorization:* tribunatus.

in-struō, ūxī, ūctus, ere, *to build in, insert:* Eam (contabulationem) in parietes, Cs.—Of troops, *to form, set in order, draw up, array:* ad instruendum spatium, L.: hosce, T.: exercitum, S.: aciem: aciem instructum habere, ut, etc., Cs.: Instructi acie Teucri, V.: in quo (loco) insidias, *lay an ambush:* acies circa vallum, L.: ad hunc modum acies instructa, Cs.—*To prepare, make ready, furnish, provide, equip, fit out* (freq. in *P. perf.*): audierunt muros instrui, N.: parato atque instructo exercitu, Cs.: domum: mensas, V.: agrum, *stock,* L.: instruit focum provincia, Iu.—F i g., *to procure, provide for, prepare:* accusationem: in instruendo (orationem) dissipatus, *arranging:* sine viribus illis Bella instructa, O.: instruendae fraudi intentior, *devising,* L.—*To inform, teach, instruct:* testīs: orientia tempora Exemplis, H.

in-suāvis, e, *adj.* with *comp.* and *sup., unpleasant, disagreeable:* vita: haberi, H.: insuavissima littera.

in-sūdō, —, —, āre, *to sweat on, stain with sweat:* quīs (libellis) manus insudet volgi, H.

insuēfactus, *adj.* [insuesco + facio], *accustomed, habituated* (adsuetus): equi, Cs.

in-suēscō, suēvī (-suērat, Ta.), suētus, ere, *to habituate oneself, become accustomed, be inured:* mentiri, T.: amare, S.: militem victoriā frui, L.—*To accustom, habituate:* hoc me Ut fugerem, H.: ita se a pueris insuetos, L.

in-suētus, *adj.* [*P.* of insuesco], *unaccustomed, unused, inexperienced:* contumeliae: huius generis pugnae, Cs.: navigandi, Cs.: male audiendi, N.: vera audire, L.: acies inferre pedestrīs, V.: miratur nemus insuetum Scuta, V.: moribus Romanis, L.: ad tale spectaculum, L.: corpora ad onera portanda, Cs.—*Unusual, strange:* insueta liberae civitati species, L.: limen Olympi, V.: insuetos foetūs animalia edere, *monsters,* L.—*Plur. n.* as *adv.:* insueta rudentem (i. e. insolito more), V.

īnsula, ae, *f.* [1 SAL-], *an island, isle:* Delos: Rheni amnis, Ta.—*A part of Rome encircled by* *the Tiber*, O.—*A part of Syracuse cut off by an arm of the sea*, L., C.—*An enclosed court, tenement for poor families:* Clodi.

īnsulānus, ī, *m.* [insula], *an islander.*

īnsulsē, *adv.* [insulsus], *tastelessly, insipidly, foolishly, absurdly:* omnia fieri: non insulse interpretari, *not without wit.*

īnsulsitās, ātis, *f.* [insulsus], *tastelessness, insipidity, silliness, want of wit:* eorum: harum rerum: orationis.

īnsulsus, *adj.* with *sup.* [2 in+salsus], *unsalted, without taste, coarse:* gula.—Fig., *bungling, awkward:* bipennis, Iu.—*Tasteless, insipid, silly, absurd:* Fatuos est, insulsus, T.: in verbo non insulsum genus (ridiculi): adulescens: Insulsissimus homo, Ct.—*Plur. f.* as *subst.* (sc. mulieres), *silly creatures.*

īnsultō, āvī, ātus, āre, *freq.* [insilio], *to spring at, leap upon, leap, bound, jump, spring:* fremit aequore toto Insultans sonipes, V.: busto, H.: Fluctibus insultavere carinae, O.: istas (forīs) calcibus, T.: nemora avia matres Insultant thiasis, V.—Fig., *to be insolent, scoff at, revile, abuse, taunt, insult:* vehementius: tibi in calamitate: impune, L.: Cernis ut insultent Rutuli, *exult*, V.: multos: sibi per contumelias, L.: Huic capiti, V.: in rem p.: in omnīs: morte meā, Pr.

in-sum, īnfuī, inesse, *to be in, be upon:* ibi inerat pictura (i. e. in conclavi), T.: Hic . . . minotaurus inest, V.: in urbe: quae (fercula) inerant canistris, H.: inerant lunaria fronti Cornua, O.—Fig., *to be contained in, be in, belong to, appertain to:* inest tamen aliquid: praecipue pedum pernicitas inerat, L.: inerat contemptor animus, S.: inerat conscientia, derisui fuisse triumphum, Ta.: In amore haec insunt vitia, T.: in voltu vecordia inerat, S.: quibus autem in artibus prudentia inest: huic homini non minor vanitas inerat, S.: mihi cura inest, H.: inest hoc tempore odium.

in-sūmō, sūmpsī, sūmptus, ere, *to take for, apply, expend:* ut nullus teruncius insumatur in quemquam: non est melius quo insumere possis, H.: Nullum ultra verbum, quin amares, etc., *waste no word, to hinder*, etc., H.—Fig., *to apply, employ, bestow:* nullā operā insumptā, *without effort:* frustra operam, L.—*To take to oneself, assume:* interficiendi domini animum, Ta.

in-suō, uī, ūtus, ere, *to sew in, sew into, sew up:* insutus in culeum: terga boum plumbo insuto, i. e. *the cestus*, V.: patrio (infans) Insuitur femori, O.: insutum vestibus aurum, *embroidered*, O.

in-super, *adv.*, *above, on the top, overhead:* insuper bipedalibus trabibus immissis, Cs.: montīs insuper altos Imposuit, V.: cumulatis in aquas sarcinis, insuper incumbebant, L.: circumvelari, O.—*From above:* iugum insuper imminens, L.: (specūs) insuper firmo onerant, Ta.—*Over and above, moreover, besides:* insuper scelus Vestem discidit, T.: si id parum est, insuper poenas expetite, L.: illa insuper quam quae pacta erant facinora, L.: haec insuper addidit, V.: Insuper his, quod, etc. (i. e. his addam insuper, etc.), V.

in-superābilis, e, *adj.*, *that cannot be passed over, insurmountable:* Alpium transitus, L.—*Invincible:* genus bello, V.—*Inevitable:* fatum, O.

in-surgō, surrēxī, surrēctus, ere, *to rise up, rise, lift oneself:* attolli et insurgere, Ta.: (serpens) arduus insurgens, V.: Altior insurgens heros, V.: Ostendit dextram insurgens Entellus (for the blow), V.: insurgite remis, *rise on your oars*, V.: suis insurgere regnis, i. e. *to seize*, O.—*To rise, tower, stand high, be lifted:* inde colles insurgunt, L.: acuta silex Speluncae dorso insurgens, V.—Fig., *to rise, increase, gather force:* Insurgat Aquilo, H.: Vastius insurgens impetus undae, O.: Caesar paulatim insurgere, *rose to power*, Ta.

in-susurrō, āvī, ātus, āre, *to whisper to, insinuate, suggest:* alteri: ad aurem familiariter: in aurem: mihi cantilenam: navigandi nobis tempus esse.

īnsūtus, *P.* of insuo.

in-tābēscō, buī, —, ere, *inch.*, *to waste away, pine away:* cum semel fixae cibo Intabuissent pupulae, H.: videndo, *to pine with envy*, O.—*To melt away, dissolve:* ut intabescere Igne cerae solent, O.

in-tāctus, *adj.* with *comp.*, *untouched, uninjured, intact:* cervix iuvencae, *not broken to the yoke*, V.: boves, H.: nix, L.: exercitus, L.: intactis adsidere muris, L.: nemo intactus profugit, S.: Britannus, *unsubdued*, H.: religione animus, L.: vires, *unimpaired*, Cu.: caput buxo, Iu.: intactae segetis per summa volare (i. e. quae vix videatur tangi), V.—*Untried, unattempted:* bellum, *without combat*, S.: saltūs, V.: carmen, H.: admovere manūs intactis thensauris, L.: intactis opulentior thesauris Arabum, H.: esurit (Statius) intactam Paridi nisi vendat Agaven, *not yet put on the stage*, Iu.—*Untouched, undefiled, chaste:* Pallas, H.: cui pater intactam dederat, V.: virgo, Ct.: intactior omni Sabinā, Iu.

intāminātus, *adj.* [TAG-], *unsullied, undefiled:* honores, H.

1. intēctus, *P.* of intego.

2. in-tēctus, *adj.*, *uncovered, unclad:* cetera intecti, *with no other covering*, Ta.—*Unconcealed, frank*, Ta.

integellus, *adj. dim.* [integer], *pretty safe, in fair condition:* alqm praestare: alqd, Ct.

integer, tegra, tegrum, *adj.* with *comp.* integrior and *sup.* integerrimus [2 in-+TAG-], *untouched,* *unhurt, entire, whole, complete:* annus: integro die, i. e. *with the day before us*, H.: quarum (sublicarum) pars inferior integra remanebat, Cs.: signa (litterarum), *unbroken.*—*Unimpaired, uninjured, unhurt, unwounded, unmutilated, unexhausted, sound, fresh, vigorous:* aetate integrā, *in her flower*, T.: cum integri defessis succederent, Cs.: florentes atque integri: integros pro sauciis arcessere, S.: Pelops, *entire*, O.: cecidit Cethegus Integer, *unmutilated*, Iu.: opes (opp. accisae), H.: integer aevi sanguis, *the vigor of youth*, V.: gens a cladibus belli, L.—*Not worn, fresh, new, unused:* ad integrum bellum cuncta parare, S.: pugnam edere, L.: uti causā hac integrā, *this pretext as a fresh one*, T.: eum Plautus locum reliquit integrum, *not imitated*, T.—In the phrase, de integro or ab integro, *anew, afresh:* potius quam redeat de integro haec oratio, *be told over again*, T.: relata de integro res ad senatum, L.: columnam efficere ab integro novam: Magnus ab integro saeclorum nascitur ordo, V.—*Untainted, fresh, sweet:* ut anteponantur integra contaminatis: fontes, H.—In the phrase, in integrum restituere, *to restore to a former condition, pardon, forgive:* quod te absente hic filius Egit restitui in integrum aequomst, i. e. *be undone*, T.: in integrum restituti, *pardoned:* nonnullos ambitūs damnatos in integrum restituit, Cs.—Fig., *new, open, undecided, undetermined:* rem integram ad reditum suum iussit esse: ut quam integerrima essent ad pacem omnia, Cs.: quid hac quaestione dici potest integrius?: quoad erit integrum, *still in my power:* non est integrum Pompeio consilio iam uti tuo, *open:* si integrum daretur, i. e. *if he be unfettered.*—*Inexperienced, ignorant:* me discipulum integrum accipe.—*Healthy, sound, sane, unimpaired:* animi, H.: mens, H.: integrius iudicium a favore, L.—*Unbiassed, impartial:* integrum se servare, *neutral:* arbiter, Iu.: scopulis surdior Icari Voces audit, adhuc integer, *heart-whole*, H.—*Blameless, irreproachable, spotless, pure, honest, virtuous:* illo nemo integrior: integerrima vita: testes: vitae, *in life*, H.: virgo ab se, T.: a coniuratione, *not implicated in*, Ta.

in-tegō, tēxī, tēctus, ere, *to cover over:* reliqua pars scrobis virgultis integebatur, Cs.: cum primā luce densa nebula saltum intexit, L.—*To protect:* vidit vallo etiam integi Romanos, L.

integrāscō, —, —, ere, *inch.* [integro], *to begin anew, break out afresh:* hoc malum integrascit, T.

integrātiō, ōnis, *f.* [integro], *a renewing, restoring:* Amantium irae amoris integratio, T.

integrē, *adv.* [integer], *purely, correctly:* dicere.—Fig., *irreproachably, honestly, without prejudice:* iudicare: avaritiam alcuis mutare, Ta.: ubi integre egit, *disinterestedly*, Ta.

integritās, ātis, *f.* [integer], *completeness, soundness:* corporis: valetudinis.—Fig., *purity, correctness:* Latini sermonis.—*Blamelessness, innocence, integrity:* vitae, S.: integritas atque innocentia: vitae, N.: mulierem summā integritāte existimari, *chastity.*

integrō, āvī, ātus, āre [integer], *to make whole:* artūs in pravum elapsos, i. e. *set*, Ta.—*To renew, begin again:* lacrimas, L.: carmen, V.—Fig., *to recreate, refresh:* animus admiratione integratur.

integumentum, ī, *n.* [intego], *a covering:* lanx cum integumentis, *lids*, L.—*That which conceals, a covering:* frontis: flagitiorum: nequitia frontis involuta integumentis.

1. intellēctus, *P.* of intellego.

2. intellēctus, ūs, *m.* [1 LEG-], *a perception, discernment:* hiems et ver intellectum ac vocabula habent, i. e. *are recognized*, Ta.

intellegēns, entis, *adj.* [*P.* of intellego], *intelligent, discerning, appreciative:* vir: iudicium: dicendi existimator: cuiusvis generis: in hisce rebus, *versed.*

intellegenter, *adv.* [intellegens], *intelligently, appreciatively:* audiri.

intellegentia (intellig-), ae, *f.* [intellegens], *discernment, understanding, intelligence:* pars animi, intellegentiae particeps: in quibus (gustu et odoratu) est intellegentia.—*Understanding, knowledge:* iuris: Eam calamitatem vestra intellegentia Sedabit, *discrimination*, T.—*Art, skill, taste, connoisseurship:* in rusticis rebus: in homine intellegentiam esse, non avaritiam.—*A conception, apprehension, notion:* capere intellegentiam: rerum intellegentias mente concipere.

intellegō (not intelligō), ēxī (intellēxtī, T., C.; intellēgit, S.), ēctus [inter+lego], *to come to know, see into, perceive, understand, discern, comprehend, gather:* quod ubi intellexi: id quod omnes intellegunt: cum sententia interdicti intellegatur: non intellecta vox, O.: magna ex parvis: ut quid agam intellegas, T.: utrum apud nos officium an timor valeret, Cs.: Quanti me facias, H.: corpus quid sit: ferre me posse intellego: facile intellectu est, N.: intellegi necesse est, esse deos.—*Colloq.:* intellego, *I understand, take*, T.—*To understand, be master of:* Faciuntne intellegendo ut nihil intellegant? i. e. *criticise so keenly*, T.: non multum in istis rebus: linguam avium: quantum ego Graece scripta intellegere possum.—*To see, perceive, discern:* quā re hostis adesse intellegitur, S.: ubi neque cohortationes suas neque preces audiri intellegit, Cs.: intellego, quid loquar.

(intelligō), see intellego.

in-temerātus, *adj.*, *inviolate, chaste, pure:* Camilla, V.: munera, *of pure wine*, V.

in-temperāns, antis, *adj.* with *comp.* and *sup.*,

without self-control, unrestrained, extravagant, immoderate, intemperate: intemperantis esse arbitror scribere, etc.: fui in te intemperantior, quam debui: in augendo eo intemperantior, L.: intemperantissimae perpotationes: viri, *profligate:* adulescentia: intemperantissima pecus.

intemperanter, *adv.* with *comp.* [intemperans], *immoderately, extravagantly, intemperately:* abuti otio: intemperantius opibus suis uti: aviditate caedis intemperantius secuti, *too rashly,* Cs.

intemperantia, ae, *f.* [intemperans], *want of moderation, excess, extravagance, intemperance:* menti inimica: vini, *immoderate use,* L.—*Arrogance, insolence, insubordination:* Pausaniae, N.: suā intemperantiā, nimiāque licentiā, N.

intemperātē, *adv.* [intemperatus], *intemperately:* vivere.

in-temperātus, *adj., excessive:* benevolentia.

(**in-temperiēs**), — (only *acc.* and *abl.*), *f., want of moderation, irregularity, excess, inclemency:* caeli, L.: aquarum, *immoderate rains,* L.—Fig., of conduct, *excess, outrage, fury:* amici: unius: cohortium, Ta.

in-tempestīvē, *adv.* [imtempestivus], *unseasonably, inappropriately:* accedere: agere, L.: fovere volnera mentis, O.

in-tempestīvus, *adj., untimely, unseasonable, inopportune:* amicitia numquam est: Minerva, i. e. *unseasonable spinning,* O.: honos, Ta.

intempestus, *adj.* [2 in+tempus], *unseasonable, unpropitious, dark:* nox, *the dead of night.*—Person.: intempesta silet Nox, *dismal Night* (mother of the Furies), V.—*Unwholesome, unhealthy:* Graviscae, V.

1. intemptātus (intent-), *P.* of intempto.

2. in-temptātus (intent-), *adj., untouched, untried, unattempted:* miseri, quibus Intemptata nites, H.: nil intemptatum linquere, H.: sors rerum, V.: iter, Ta.

in-tendō, dī, tus, ere, *to stretch out, reach forth, extend:* dextram ad statuam: manūs, O.: iubet intendi bracchia velis, V.—*To stretch, spread out, lay, fasten, extend:* intendentibus tenebris, *spreading,* L.: tabernacula carbaseis intenta velis, *pitched:* coronas Postibus, O.: duro intendere bracchia tergo, *bind,* V.: locum sertis, *encircled,* V.: vela secundi Intendunt zephyri, *swell,* V.: numeros nervis, V.—*To bend, aim, direct:* arcum: arma temptare, intendere, S.: tela in patriam.—Fig., *to strain, extend, direct, bend, turn, aim:* officia, *to be zealous in,* S.: aciem acrem in omnīs partes, *turns keen looks:* digna res est ubi tu nervos intendas tuos, *your energies,* T.: quonam hostes iter intendissent, *direct their march,* L.: coeptum iter in Italiam, L.: quo nunc primum intendam, *whither shall I turn?* T.—*To turn, direct, assail with, aim:* intendenda in senemst fallacia, T.: ubi Hannibal est, eo bellum intendis? L.: mihi actionem perduellionis: litem tibi.—*To urge, incite:* eum ad cavendi omnia curam, L.: se ad firmitatem, *brace.*—*To direct, turn, give, lend* (often with *animus*): intentum animum tamquam arcum habebat, *kept on the stretch:* quo animum intendat, facile perspicio: ad bellum animum intendit, S.: animum studiis, H.: ubi ingenium intenderis, valet, S.—*To increase, magnify, intensify:* vocem, *raise,* V.: spiritum, Cu.: formidinem, quod, etc., Ta.: huic negatus honor gloriam intendit, Ta.: vera, *exaggerate,* Ta.—*To give attention to, purpose, endeavor, intend:* quod consilium primum intenderam, T.: infecto quod intenderat negotio, S.: quod animo intenderat, perficere: quo ire intenderant, S.: altum petere intendit, L.: ut eo quo intendit, perveniat (sc. ire): quocumque intenderat, S.—*To maintain, assert:* Eam sese esse, T.: quo modo nunc intendit.

intentātus, see intemptatus.

(**intentē**), *adv.* with *comp.* [intentus], *with earnestness, attentively, intently.*—Only *comp.:* cum delectus intentius haberetur, L.: intentius premere obsessos, Ta.: alqm admovere ut, etc., L.

intentiō, ōnis, *f.* [2 TA-], *a stretching, straining, tension:* corporis.—Fig., *an exertion, effort, application, attention:* animi: lusūs, *to play,* L.—*A purpose, intention:* adversariorum.

intentō, āvī, ātus, āre, *intens.* [intendo], *to aim, direct, wield in hostility, stretch threateningly:* dolor ardentīs faces intentat: pauci Romanum imperium intentantes, i. e. *holding up as a threat,* L.: haec sica intentata nobis est: Praesentemque viris intentant omnia mortem, *threaten,* V.: arma Latinis: in Appium manūs, L.

1. intentus, *adj.* with *comp.* and *sup.* [*P.* of intendo], *attentive, intent, waiting, eager:* Romani intenti festinare, S.: milites pugnae proventum exspectabant, Cs.: intenti ora tenebant, V.: intentis oculis contemplari: in eā re intentis animis, Cs.: aliis negotiis, S.: dimicationi ultimae, L.: celerandae victoriae intentior, Ta.: quem pueri intenti ludo exercent, V.: aliquo negotio intentus, S.: intenti quam mox signum daretur, *eagerly awaiting,* L.: intenti paratique si lacesserentur, i. e. *to see whether,* etc., L.: intentus, sive . . . sive, etc., *watchful,* L.: eo intentior ad victoriam niti, S.: intentiore eum custodiā observare, L.: intentior disciplina, *stricter,* Ta.: intentissima conquisitio, L.: omnia intentissimā curā acta, L.—Of style, *vigorous, nervous:* sermo: pars orationis.

2. intentus, ūs, *m.* [2 TA-], *a stretching out:* palmarum intentūs.

in-tepeō, —, —, ēre, *to be lukewarm:* lacus, Pr.

in-tepēscō, puī, —, ere, *inch.*, *to become lukewarm, be warmed:* strata membris tuis, O.—Poet.: Ut semel intepuit mucro, *felt blood*, V.

inter, *praep.* with *acc.* [ANA-], *between, betwixt:* (mons) inter Sequanos et Helvetios, Cs.: inter me et Brundisium esse.—With more than two objects, *among, amid, in the midst of, surrounded by:* inter hostium tela versari: inter multos saucios relictus, L.: inter ingentīs solitudines, S.: inter varias columnas, H.—With an extended object, *in the midst of, surrounded by:* erat inter ceteram planitiem mons, S.: inter purpuram atque aurum, L.—*Among, into the midst of:* inter densas fagos veniebat, V.: te venisse inter falcarios, *into the street of the scythe-makers.*—Of time, in relation to two dates, *between:* dies XLV inter binos ludos: inter Laviniam et Albam deductam coloniam XXX interfuere anni, L.—With a period, *during, in the course of, within, for, by, at:* inter haec negotia, S.: inter annos XIIII tectum non subissent, Cs.: omnia inter decem annos facta: inter noctem lux orta, L.—In phrases, inter haec, *meanwhile, during this time*, L.: Inter cuncta, *at all times*, H.: inter quae, Cu.—*In the course of, while, during:* inter vias cogitare, *on the way*, T.: inter fulmina et tonitrua: inter agendum, V.: media inter carmina, *during the play*, H.—*During, in spite of, notwithstanding:* inter eas moras, S.: nobis inter has turbas senatus tamen frequens flagitavit triumphum.—Fig., in discrimination, *between, among:* inter bonos et malos discrimen, S.: iudicium inter deas tres: inter Marcellos et Claudios patricios iudicare: inter has sententias diiudicare: inter fugae pugnaeque consilium, L.: quid intersit inter popularem civem et inter constantem.—Of reciprocal relations, *between, among:* regnum inter Iugurtham et Adherbalem dividere, S.: quos inter magna fuit contentio, N.: componere lites Inter Peliden et inter Atriden, H.: certamen iniectum inter primores civitates, L.—In phrases with *pronouns:* novisse nos inter nos, *one another*, T.: res inter eos agi coeptae, *mutually*, Cs.: conloqui inter nos, *with one another:* inter se fidi, S.: pueri amant inter se, *one another:* furtim inter se aspicere: complecti inter se, L.: haec inter se cum repugnent, *are inconsistent:* disconvenit inter Meque et te, H.: complexiones atomorum inter se, *mutual:* collīs duos inter se propinquos occupat, *near one another*, S.—Of a class or number, *among, in, with:* summā gratiā inter suos, Cs.: inter hostīs variae fuere sententiae, L.: homines inter suos nobiles: inter amabilīs ponere me choros, H.—After a *sup.:* honestissimus inter suos numerabatur: plurimum inter eos valere, Cs.: maximum imperium inter finitimos, L.—Praegn. with *pronouns:* consulatum nobilitas inter se per manūs tradebat, *within their own order*, S.: quod inter nos liceat dicere, i. e. *confidentially.*—In phrases, inter manūs, see manus: quaestio Flamini inter sicarios, *on a charge of assassination:* cum praetor questionem inter sicarios exercuisset, *sat to try assassins:* eos inter sicarios defendere: inter exempla esse, *to serve as an example*, Ta.: inter paucas memorata clades, i. e. *eminently, extremely*, L: secuti inter cetera auctoritatem Pausistrati, *eminently, especially*, L.: inter cetera etiam vigiliis confecti, i. e. *more than by all else*, L.

In composition *inter* is unchanged, except that *r* is assimilated in intellego and its derivatives.—*Between:* intercedo, interpono.—*At intervals, from time to time:* interaestuo, intermitto, interviso.—*Under, down, to the bottom:* intereo, interficio.

interāmenta, ōrum, *n.* [inter], *the interior woodwork* (of a ship of war): navium, L.

inter-ārēscō, —, —, ere, *inch.*, *to become dry, dry up, decay:* nihil interarescere debet.

intercalāris, e, *adj.* [intercalo], *of insertion, to be inserted, intercalary:* Kalendae, *of an intercalary month:* Kalendae priores, *of the first intercalary month* (Caesar introduced two).

intercalārius, *adj.* [intercalaris], *for insertion, intercalary:* mensis, L.: Kalendae, *of an intercalary month*, L.—As *subst.* (sc. mensis).

inter-calō, āvī, ātus, āre, *to proclaim an insertion in the calendar, insert, intercalate* (a prerogative of the pontifices): ut pugnes, ne intercaletur.—*To put off, postpone:* intercalata poena, L.

intercapēdō, inis, *f.* [intercapio], *an interruption, interval, respite:* scribendi.

inter-cēdō, cessī, cessus, ere, *to come between, intervene, be between:* palus, quae intercedebat, Cs.: inter singulas legiones impedimentorum numerum intercedere, Cs.—*To occur, happen, come to pass:* neque ullam rem intercessisse me indignam, T.: saepe in bello parvis momentis magni casūs intercedunt, Cs.: inter bellorum curas intercessit res parva, L.: nullum dictum intercessit: huic continentia bella intercesserant, Cs.—Of time, *to intervene, pass:* ut spatium intercederet, dum, etc., *an interval*, Cs.: nox nulla intercessit.—In order or rank, *to come between:* etsi nemo intercedebat, etc.—Fig., of personal relations, *to intervene, come between, be reciprocal:* ira inter eas intercessit, T.: ut ei cum genere humano quasi civile ius intercederet: inter nos officia paria intercedunt: inter quos aemulatio intercedebat, N.: huic cum reliquis civitatibus bella intercesserant, Cs.—*To interpose one's credit, become surety:* promisit, intercessit, dedit: pro aliquo magnam pecuniam, *guaranty.*—*To interpose, intercede, bring about as mediator:* cum vestra auctoritas intercessisset, ut ego regem tuerer.—*To oppose, withstand, protest against* (esp. of the tribunes, against a decree of the senate): intercedit Antonius, Cs.: rogationi: ea auctoritas, cui scis intercessum esse: senatūs consulto, L. — *To obstruct, hinder, interrupt:* huic gaudio, T.: non quia intercedendum putem imaginibus, Ta.

interceptiō, ōnis, *f.* [CAP-], *a taking away:* poculi.

interceptor, ōris, *m.* [CAP-], *an intercepter, usurper, embezzler:* praedae, L.: donativi, Ta.

interceptus, *P.* of intercipio.

intercessiō, ōnis, *f.* [1 CAD-], *a mediation, suretyship:* mea intercessio parata est.—*An intervention, interposition, protest, veto:* tribunicia, Cs.: empta: remittere intercessionem, L.

intercessor, ōris, *m.* [1 CAD-], *one who interposes, a mediator, surety:* intercessorem quaerere: isto intercessore legati non adierunt, *through his interference:* rei malae.—*An interferer, protester, adversary, preventer:* stultitia intercessoris (of a tribune who exercises his veto): legis, L.

1. intercīdō, īdī, īsus, ere [inter+caedo], *to cut asunder, divide, cut through, cut down:* lacus, interciso monte, defluit: pontem, L.

2. intercidō, idī, —, ere [inter+cado], *to fall between:* inter arma corporaque intercidente telo, L.—*To occur meanwhile, happen:* si quae interciderunt, etc.—F i g., *to fall to the ground, perish:* pereant amici, dum unā inimici intercidant, Poët. ap. C.—*To drop out, be lost, be forgotten:* memoriā, L.: nomen longis intercidit annis, O.: Quod si interciderit tibi nunc aliquid, *escapes you* (i. e. your memory), H.: intercidere nomina, Ta.

intercinō, —, —, ere [inter+cano], *to sing between:* neu quid medios intercinat actūs, H.

intercipiō, cēpī, ceptus, ere [inter+capio], *to seize in passing, intercept:* quod nos capere oportet, T.: pila intercepta remittere, Cs.: venenum, *take the poison intended for another:* numerum iumentorum, Cs.: ab suis interceptus, *cut off*, L.: Terga caput tangunt, colla intercepta videntur, *to be wanting*, O.: Quam (hastam) Rhoeteus intercipit, V.—*To interrupt, hinder, cut off, preoccupy, preclude:* itinere intercepto, L.: opportuna loca, L.: spem anni, O. — *To take away, snatch, rob:* eum a populo R., L.: Myrrha Intercepta neci est, O.: interceptus veneno, *carried off*, Ta.

intercīsē, *adv.* [1 intercido], *piecemeal, interruptedly:* dictum (opp. directe).

interclūdō, ūsī, ūsus, ere [inter+claudo], *to shut out, shut off, cut off, hinder, stop, block up, intercept:* virtus voluptatis aditūs intercludat necesse est: interclusis itineribus, Cs.: illos ponti Interclusit hiemps, V.: viam, L.: cum Pontum cervicibus interclusum suis sustinerent: multitudinis fugam, Cs.: hisce omnīs aditūs: his reditu interclusis, Cs.: interclusus itinere Caesar, Cs.—*To shut off, cut off, stop, hinder, prevent:* commeatūs hostibus, L.: spiritum, Cu.: dolor intercludit vocem: aestu anima interclusa, *stifled*, L.—With *person. obj.*, *to cut off, separate, divide, shut off, intercept:* ne viros interclusos opprimeret hostis, L.: Pompeium ab eo, Cs.: interclusi ab suis, L.: tribunos a plebe, L.: hostem Hibero, Cs.: commeatibus nostros, Cs.: ille reliquis copiis intercludendus.—*To shut in, blockade, hem in:* ne iam intercludemur, ut cum velitis exire, non liceat: veriti, ne angustiis intercluderentur, Cs.—*To hinder, prevent:* intercludor dolore, quo minus, etc.

interclūsiō, ōnis, *f.* [intercludo], *a stopping, entire suspension:* animae (in speaking).

interclūsus, *P.* of intercludo.

intercolumnium, ī, *n.* [inter+columna], *a space between two columns, intercolumniation.*

inter-currō, currī, cursus, ere, *to run between, intervene, mediate:* qui intercurrerent, misimus trīs principes civitatis.—Of time, *to hasten meanwhile:* ipse interim Veios intercurrit, L.—F i g., *to mingle, be associated:* his laboriosis exercitationibus dolor intercurrit.

inter-cursō, —, —, āre, *freq.* [intercurro], *to run in, intervene:* intercursantibus barbaris, L.

(**intercursus**, ūs), *m.* [1 CEL-].—Only *abl. sing.*, *a running between, intervention, interposition:* periculum intercursu filii propulsatum, L.: consulum intercursu rixa sedata est, L.

intercus, cutis, *adj.* [inter+cutis], *under the skin, intercutaneous:* aqua, *dropsy.*

inter-dīcō, dīxī, dictus, ere, *to interpose by speaking, forbid, prohibit, interdict:* praetor interdixit: non tulit ut interdicatur: quae interdicta sunt: interdicta voluptas, H.: Cassivellauno ne noceat, Cs.: praecipit atque interdicit, omnes peterent, etc., Cs.: neque enim est interdictum . . . ut ne, etc.: interdixit hariolus incipere, etc., T.: interdictum mare Antiati populo est, L.: si qui decreto non stetit, sacrificiis interdicunt, Cs.: patribus commercio plebis, L.: Galliā Romanis, Cs.: feminis purpurae usu, L.: male rem gerentibus patribus bonis interdici solet. — In the phrase, interdicere alicui aquā et igni, *to forbid one fire and water*, i. e. *banish:* tanquam si illi aquā et igni interdictum sit.—*Pass.*, with *abl.* and *dat.:* moribus eorum interdici non poterat socero genero, N.—*To enjoin, command* (implying also a prohibition): te familiae valde interdicere ut uni dicto audiens esset.—Of the praetor, *to make a provisional decree:* praetor interdixit, eo restitueretur.

interdictiō, ōnis, *f.* [DIC-], *a prohibiting, forbidding:* aquae et ignis, *banishment:* finium, L.

interdictum, ī, *n.* [*P.* of interdico], *a forbid-*

den thing: si interdicta petes, H.—*A prohibition:* deorum.—Of the praetor, *a provisional decree, interlocutory order, prohibition, interdict:* praetorum interdicta tollentur: tyrannica interdicta tua: interdicto huic omne adimat ius Praetor, i. e. *subject to a guardian*, H.

interdiū, *adv.* [DIV-], *during the day, in the daytime, by day:* nec nocte nec interdiu, L.

(**interductus**, ūs), *m.* [DVC-], *interpunctuation;* only *abl.*

inter-dum, *adv., sometimes, occasionally, now and then:* Pecuniam neglegere est interdum lucrum, T.: saepe gratiā interdum iurgiis trahendo tempus, S.: lacrimas tenere, Cs.: dicere: interdum ... interdum, *now ... now, at one time ... at another*, O.: modo ... interdum, S.: interdum ... alias.

inter-eā, *adv., meanwhile, in the meantime, in the interim:* saepe interea mihi senex Narrabat, T.: dies advenit: quietus erat, S.: interea loci, *in the meantime*, T.—*Meanwhile, nevertheless, however:* tu interea non cessabis: nec nulla interea est gratia, V.: cum interea: tamen intereā, Ct.

inter-emō, see interimo.

interēmptus (-ēmt-), *P.* of interimo.

inter-eō, iī, itūrus, īre (*perf.* interīsse, C.), *to go among, be lost:* ut interit magnitudine maris stilla muriae.—F i g., *to perish, go to ruin, decay, die:* pauci interiere, S.: statuae intereunt tempestate: tormentorum usum spatio propinquitatis interire, *be destroyed*, Cs.: fame, Cs.: omnia fato Interitura, O.: pecunia, N.: Ne genus intereat, *become extinct*, O.: Novaeque pergunt interire lunae, H.: Interii! cur id non dixti? *I am ruined!* T.

inter-equitō, —, —, āre, *to ride between:* ipse interequitans, L.: ordines, L.: agmina, Cu.

interest, see intersum.

interfātiō, ōnis, *f.* [interfor], *a speaking between, interruption.*

interfector, ōris, *m.* [inter+2 FAC-], *a slayer, murderer, assassin:* eorum, C., L.

interfectrīx, īcis, *f.* [interfector], *a murderess:* nepotis, Ta.

interfectus, *P.* of interficio.

interficiō, fēcī, fectus, ere [inter+facio], *to put out of the way, destroy, bring to naught:* messīs, V.—*To kill, slay, murder:* interfici quom perpeti me possum, i. e. *die willingly*, T.: insidiis interfectus est: virum dolis, S.: consulum interficiendorum causā: se, *commit suicide*, Cs.

inter-fluō, —, —, ere, *to flow between:* quantum interfluit fretum, L.: media moenia, Cu.: Romanos Cheruscosque, Ta.

inter-for, ātus, ārī, *dep., to interrupt in speaking:* Venus sic interfata est, V.: priusquam postulatum perageret Appius interfatur, L.: Phaeneas interfatus, *interrupting*, L.

inter-fulgēns, *P., gleaming amidst.*—With *dat.:* cumulo rerum, L. dub.

inter-fūsus, *adj., poured between, interposed:* Dido maculis trementīs interfusa genas, *stained*, V.: Styx coërcet (animas), V.: interfusa nitentīs aequora Cycladas, H.

interfutūrus, *P.* of intersum.

inter-iaceō, uī, —, ēre, *to lie between:* spatio quod vacui interiacebat campi, L.: castra Punica ac Romana interiacebat campus, L.: campus interiacens Tiberi ac moenibus Romanis, L.

intericiō, iēcī, iectus, ere [inter+iacio], *to throw between, set between, intersperse, join, intermix:* legionarias intericiunt cohortes, Cs.: id interiecit inter individuum atque id, quod, etc.: his maestis laetitia intericitur, Ta.: preces et minas, *to intervene with*, Ta.—Mostly *P. pass., placed between, interposed, interspersed, inserted, intervening, intermingled, intermediate:* longo intervallo interiecto: brevi spatio interiecto, *after a short interval*, Cs.: quo (anno) interiecto, *after a year:* paucis interiectis diebus, *after a few days*, L.: interim, hac morā interiectā, *during this delay*, Cs.: nasus oculis interiectus: aer inter mare et caelum: inter has personas me interiectum.—*Plur. n.* as *subst.:* interiecta inter Romam et Arpos, L.

(**interiectus**, ūs), *m.* [inter+IA-].—Only *acc.* and *abl. sing., a coming between, intervention:* luna interiectu terrae repente deficit.—*An interval:* temporis, *meanwhile*, Ta.: dierum, Ta.

interim, *adv.* [inter+old *acc.* from 2 I-], *meanwhile, in the meantime:* interim Romā subito profectus est: interim cotidie Caesar Aeduos frumentum flagitare, Cs.: interim dum, etc., T.: et tamen interim, S.—*However, nevertheless:* interim velim mihi ignoscas: in agmine multis adesse, neque interim laedere, etc., S.

interimō or **interemō**, ēmī, ēmptus, or ēmtus [inter+emo], *to take from the midst, take away, do away with, abolish:* interimendorum sacrorum causā.—*To destroy, slay, kill:* interemptam oportuit, T.: plures eo proelio interempti, S.: Abantem, V.: gladio civem: Hasdrubale interempto, H.: se.—*To distress intolerably, afflict:* me interimunt hae voces Milonis.

interior, ius, *gen.* ōris [inter], *inner, interior middle:* aedium pars: spatium, O.: In interiore parte ut maneam, i. e. *in the women's apartment*, T.: domus, *inner part*, V.: epistula, *body:* motu cietur interiore et suo: nationes, *farther inland.*—*Plur. n.* as *subst., the inner parts, middle:* aedium: regni, L.—*Plur. m.* as *subst.:* plerique, *of those farther from the sea*, Cs.: interiores fossas explent, *the garrison*, Cs.—In the race-course, *nearer the goal, on the left:* rota, O.: gyrus, H.: Ille . . . Radit iter laevum interior (to shorten the course), V.—*Nearer:* toto corpore interior periculo volueris factus, i. e. *too near to be wounded*, L.: ictibus, *within reach of*, L.—*Inner:* nota Falerni, i. e. *longest in the cellar*, H. —Fig., *deeper, more piercing:* timor. — *More hidden, more recondite, more profound:* nunc interiora videamus: consilia, N.: haec interiora, *more personal* (opp. illa externa).—*Deeper, more intimate, closer:* vicini: amicitia, L.: litterae, *more confidential.*

interitiō, ōnis, *f.* [inter+I-], *destruction, ruin:* aratorum.

interitus, ūs, *m.* [inter+I-], *overthrow, fall, ruin, destruction, annihilation:* interitum rei p. lugere: familiam ab interitu vindicare: omnium rerum interitūs: exercitūs.—*Death:* Sabini, Cs.: voluntarius: tuum ingemuisse interitum, V.

inter-iungō, —, ūnctus, ere, *to join together, clasp:* dextrae interiunctae, L.

1. interius, *adj., neut.* of interior.

2. interius, *adv.* [*neut.* of interior], *in the inner part, on the inside, in the middle, within:* oratio ne insistat interius, i. e. *halt too soon:* recondere, V.—Fig.: attendere, *to look closely*, Iu.

inter-lābor, —, ī, *dep., to flow between.* —In tmesis: inter enim labentur aquae, *percolate*, V.

inter-legō, —, —, ere, *to pluck here and there, cull.*—In tmesis: Carpendae frondes, interque legendae, V.

inter-linō, lēvī, litus, ere, *to smear between, spread between, join with:* caementa luto, L.: murus bitumine interlitus, Cu.—*To make erasures in, alter by erasing:* testamentum.

inter-loquor, locūtus, ī, *dep., to interrupt in speaking:* mihi, T.

inter-lūceō, lūxī, —, ēre, *to shine in the midst:* quaedam animalia interlucent (in amber), Ta.—*To lighten at intervals, shine irregularly.* — *Impers.:* noctu interluxisse, L. — Fig., *to be manifest, be plainly visible:* ordines, quibus inter gradūs dignitatis aliquid interlucet, *by which distinctions are made*, L. — *To be transparent:* interlucet corona (militum), V.

interlūnium, ī, *n.* [interlunis], *the time of new moon.*—*Plur.*, H.

inter-luō, —, —, ere. —Of streams, *to wash under, flow between:* pontus arva et urbīs interluit, V.: quosque secans interluit Allia, V.: saxa interluens unda, Cu.

inter-mēnstruus, *adj., between months:* tempus, *the change of moon.*

in-terminātus, *adj., unbounded, endless:* in omnīs partīs magnitudo regionum.

inter-minor, ātus, ārī, *dep., to threaten, forbid with threats:* Istucine tibi, T.: interminatus cibus, *forbidden*, H.

inter-misceō, miscuī, mīxtus, ēre, *to mix among, intermix, mingle:* turbabant equos pedites intermixti, L.: tibi undam, V.: patriis petita Verba foris, H.: intermixti hostibus cognoscunt, L.

intermīssiō, ōnis, *f.* [intermitto], *a breaking off, intermission, interruption, discontinuance:* forensis operae: sine ullā intermissione: per intermissiones has, L.: epistularum, *of correspondence:* verborum, i. e. *abruptness.*

inter-mittō, mīsī, mīssus, ere, *to leave off, intermit, omit, suspend, interrupt, neglect:* iter, proelium, Cs.: hoc intermisi, quoad non licuit: laborem, O.: Intermissa diu bella, H.: litteras mittere: non intermittit caelum mitescere, etc. — *P. pass.:* ludi, *interrupted:* ventus, *intermittent*, Cs.: bella, H.: pars oppidi, quae, intermissa a flumine et a paludibus, etc., *where an interval was left*, Cs.: per intermissa moenia, *a gap in*, L.: verba ab usu cotidiani sermonis iamdiu intermissa, i. e. *disused.* —Of space, *to leave unoccupied, leave vacant:* mediocribus intermissis spatiis, Cs.: custodiis loca, L.—*To leave an interval, pause:* spatium, quā flumen intermittit, *does not flow*, Cs.—Of time, *to let pass, suffer to elapse, omit, leave unimproved:* unum diem, Quin veniat, T.: plurīs dies, Cs.: dies intermissus perturbat omnia: nocte intermissā, *having intervened*, Cs.: nulla pars nocturni temporis ad laborem intermittitur, Cs.: diem. — *To leave off, cease, pause:* hostīs neque subeuntes intermittere, Cs.: sic adsidue canere, ut nihil intermitterent.

intermīxtus, *P.* of intermisceo.

inter-morior, mortuus, ī, *dep., to die off, die out:* intermoriuntur reliquiae coniurationis: ignis, Cu.: intermori civitatem sinere, L.: officium apud me intermoriturum, i. e. *to be forgotten.*

intermortuus, *adj.* [*P.* of intermorior], *dead, lifeless, faint:* intermortuus exspiravit, *fainted*, L. —Fig.: contiones: memoria generis sui.

intermundia, ōrum, *n. plur.* [inter+mundus], *spaces between worlds.*

inter-mūrālis, e, *adj., between the walls:* amnis, i. e. *ditch*, L.

(inter-nāscor), nātus, ī, *dep., to grow between, spring up in the way:* internata virgulta, L.: internatae saxis herbae, Ta.

internecīō (-nicīō), ōnis, *f.* [inter+1 NEC-], *a massacre, slaughter, carnage, extermination, destruction:* internicione civīs liberare: bella ad internecionem gesta, N.: ad internecionem caesi, *all put to the sword*, L.: ad internecionem redigi, Cs.

internecīvus, *adj.* [internecio], *murderous, destructive:* bellum, *of extermination*, C., L.

inter-nectō, —, —, ere, *to bind together, bind up:* ut fibula crinem Auro internectat, V.

inter-niteō, —, —, ēre, *to shine through, shine at intervals:* si qua sidera internitebant, Cu.

inter-nōdium, ī, *n.* [inter+nodus], *the space between two joints:* quā facit internodia poples, O.

inter-nōscō, nōvī, nōtus, ere, *to know apart, distinguish, discern:* fures: blandus amicus a vero internosci potest: mendacem verumque amicum, H.: visa vera sint, anne falsa.

inter-nūntia, ae, *f.*, *a mediator, messenger:* aves internuntiae Iovis: Iudaea: caeli, Iu.

inter-nūntiō, —, —, āre, *to exchange messages, negotiate:* utri transgrederentur, L.

inter-nūntius, ī, *a mediator, messenger, go-between:* Nequis internuntius ad istam curset, T.: internuntiis ultro citroque missis, Cs.: totius rei, L.: Iovis interpretes internuntiique, i. e. *the augurs.*

internus, *adj.* [inter], *inward, internal:* arae, O.—Fig.: mala, *domestic*, S.: discordiae, Ta.

in-terō, trīvī, trītus, ere, *to rub in, crumble in.* —Prov.: Tute hoc intrīsti, tibi omnest exedendum, *you have your own mess to swallow*, T.

interpellātiō, ōnis, *f.* [interpello], *a speaking between, interruption.*

interpellātor, ōris, *m.* [interpello], *an interrupter, disturber:* se oblectare sine interpellatoribus.

interpellō, āvī, ātus, āre [1 PAL-], *to interrupt, break in upon:* interpellando trahere tempus, S.: Interpellandi locus erat, H.: alqm ingressum in sermonem, Cs.: nihil te interpellabo: ab alqo interpellari, Cu. — *To urge as an objection:* quod priore actione interpellavit. — *To disturb, hinder, obstruct, molest:* in suo iure se, Cs. — *To hinder, prevent, obstruct:* alveolum, Cu.: partam iam victoriam, Cs.: poenam, L.: haec res interpellata bello refrixerat: Pransus quantum interpellet inani Ventre diem durare, H.: tribunis interregem interpellantibus, ne, etc., *interpose their veto*, L.

interpolō, āvī, ātus, āre [interpolus (old), furbished], *to polish, furbish, dress up:* togam praetextam, *dye anew.*—Of writings, *to interpolate, alter, falsify:* aliquid.

inter-pōnō, posuī, positus, ere, *to put between, place among, interpose, insert, intersperse:* ubi spatium . . . pilae interponuntur, Cs.: ne interpositi quidem elephanti militem deterrebant, L.: lateri vinculum lapides sunt, quos interposuere, ut, etc., Cu.—In time, *to insert, interpose, introduce:* intercalariis mensibus interpositis, L. —In speech, *to introduce, insert:* hoc loco libet interponere . . . quantae, etc., N.: paucis interpositis versibus: verbum ullum. — Of time, *to let pass, permit to elapse, leave, interpose:* spatium ad recreandos animos, Cs.: tridui morā interpositā, *after a delay of*, Cs.: spatio interposito, *some time after:* hac interpositā nocte, L.—With personal objects, *to introduce, make an associate of:* quam sancta sit societas civium, dis inmortalibus interpositis, etc. —Of writings, *to make insertions in, falsify, alter:* rationibus populorum non interpositis. — Fig., *to introduce, interpose, put forward, adduce, allege, use as a pretext, urge as an objection:* decreta: iudicium suum: neque ullā belli suspicione interpositā, Cs.: accusatorem, *make a pretext for delay:* causam interponens conlegas exspectare, N.: operam, studium, laborem, *apply.* — *To pledge, give, interpose:* sponsio interponeretur, L.: interpositā fide publicā, S.: in eam rem se suam fidem interponere, *gave his word*, Cs.—With *se*, *to interfere, intermeddle, intrude, engage in, come in the way:* ni se tribuni plebis interposuissent, L.: semper se interposuit, *lent his aid*, N.: te invitissimis his: se quo minus, etc., C., L.: te in istam pacificationem: me audaciae tuae.

interpositiō, ōnis, *f.* [interpositus], *an insertion, introduction:* personarum: una (of words).

1. interpositus, *P.* of interpono.

2. (interpositus, ūs), *m.* [interpono], *a putting between, interposition.* — Only *abl. sing.:* luna interpositu terrae deficit.

interpres, etis, *m.* and *f.* [PRAT-], *a middleman, mediator, broker, factor, negotiator:* interpretes corrumpendi iudici: pacis, L.: divūm, *messenger* (i. e. Mercury), V.: harum curarum Iuno, i. e. *of the anxieties of love*, V.—*An explainer, expounder, translator, interpreter:* iuris: caeli, *astronomer:* mentis oratio: interprete linguā, H.: metus interpres semper in deteriora inclinatus, L.: comitiorum, i. e. *the Haruspices* (who tell whether the comitia are properly held): portentorum, *a soothsayer:* nec converti, ut interpres, sed ut orator, *translator:* fidus, *literal*, H.: veridica deūm, L. — *An interpreter, dragoman:* fidi interpretes adhibentur, S.: isti nobis cum interprete audiendi sunt.

interpretātiō, ōnis, *f.* [interpretor], *an explanation, exposition, interpretation:* egere interpretatione: facilis, L.: foederis, *meaning:* sinistra erga eminentīs, Ta.

interpretātus, *adj.* [*P.* of interpretor], *explained, translated:* nomen: haec ex Graeco carmine, L.

interpretor, ātus, ārī, *dep.* [interpres], *to explain, expound, interpret, understand, conclude, infer, comprehend:* si interpretari velis: religiones, Cs.: somnia: sententiam tuam: ad voluntatem, L.: ut plerique quaererent famam, pauci interpretarentur, *understood*, Ta.: liberatum se esse iure iurando, interpretabatur, *inferred:* consilium ex necessitate, voluntatem ex vi.—*Pass.:* ex quo ita illud somnium esse interpretatum, ut, etc. — *To decide, determine:* recte an perperam, L. — *To translate:* recte sententiam. — *Pass. impers.:* uti ex libris Punicis interpretatum nobis est, S.

interpūnctiō, ōnis, *f.* [interpunctus], *a punctuation, division by points:* interpunctiones verborum.

inter-pūnctus, *adj.*, *well divided:* narratio interpuncta sermonibus. — *Plur. n.* as *subst.:* interpuncta verborum, *pauses.*

inter-quiēscō, quēvī, —, ere, *to rest awhile, pause:* paululum.

inter-rēgnum, ī, *n.*, *an interval between two reigns, interregnum:* interregni ineundi ratio: id ab re interregnum appellatum, L.—In the republic, *a vacancy in the consulate* (between the death or departure of the consuls and the choice of their successors): res ad interegnum venit: interregnum inire, *to become interrex*, L.

inter-rēx, rēgis, *m.*, *a temporary king, viceroy, regent, interrex*, L.—In the republic, *a temporary chief magistrate, vice-consul, regent* (during a vacancy of the consulship): L. Flaccus interrex legem de Sullā tulit: interregem prodere, *appoint.*

in-territus, *adj.*, *undaunted, undismayed, unterrified:* Bracchia interritus extulit, V.: classis, *fearless*, V.: mens leti, *not afraid*, O.: voltus, Cu.

interrogātiō, ōnis, *f.* [interrogo], *a questioning, interrogation, question:* mea: stultissimae.—*A judicial inquiry, examination*, C.: tribuni, L.: testium, Ta.—In logic, *a conclusion from questions, syllogism:* genus interrogationis ignavum.

interrogātiuncula, ae, *f. dim.* [interrogatio], *a short argument, syllogism:* minutae.

inter-rogō, āvī, ātus, āre, *to ask, question, inquire, interrogate:* recte, T.: interrogandi facultas: testem: illud, *put this question*, L.: nil plus, *have no more to ask*, Iu.: quendam quaedam geometrica: interrogans, solerentne, etc., Cs.: interrogas me, num, etc.: interrogatus, quid sentires: tunc sententiae interrogari coeptae, L.—*To interrogate judicially, examine, go to law with, sue:* bene testem, *cross-examine:* legibus interrogari, L.: consules legibus ambitūs interrogati, S.: Capitonem repetundarum (i. e. reum facere), Ta. — *P. n.* as *subst.:* ad interrogata respondere, *to inquiries.*

inter-rumpō, rūpī, ruptus, ere, *to break apart, break off, interrupt, break to pieces, break up:* pontem fluminis, *destroy*, Cs.: pontem ferro, igni, L.—*To break through, divide, scatter:* interrupta acies, L.: extremum agmen, Cs.: Interrupti ignes, *scattered*, V. — Fig., *to break off, interrupt:* orationem, Cs.: iter amoris: tenorem rerum, L.

interruptē, *adv.* [interruptus], *interruptedly:* non interrupte narrare, *continuously.*

interruptus, *adj.* [*P.* of interrumpo], *broken, interrupted:* officium: voces: opera, V.

inter-saepiō, saepsī, saeptus, īre, *to fence about, hedge in, stop up, enclose, secure:* foramina intersaepta: operibus quaedam, L.—*To shut off, cut off, obstruct:* iter: vallo urbem ab arce, L.

inter-scindō, scidī, scissus, ere, *to tear asunder, break down, divide, interrupt:* pontem: aggerem, Cs.—*To cut off, separate, part:* Chalcis arto interscinditur freto, L.

inter-serō, —, —, ere, *to place between, interpose, add:* oscula mediis verbis, O.—Fig.: causam, se esse, etc., *allege as a pretext*, N.

interspīrātiō, ōnis, *f.* [interspiro], *a catching of breath, pause for breathing.*—*Sing.* and *plur.*

interstinctus, *P.* [STIG-], *chequered, spotted:* facies medicaminibus, Ta.

inter-sum, fuī, futūrus, esse, *to be between, lie between:* quas (segetes) inter et castra unus collis intererat, Cs.: ut Tiberis inter eos et pons interesset: via interest perangusta, L.—*To intervene, elapse:* inter primum et sextum consulatum sex anni interfuerunt: inter Laviniam et Albam Longam coloniam deductam interfuere, etc., L.—*To be different, differ:* ut inter eos ne minimum quidem intersit, *there is not the slightest difference:* inter hominem et beluam hoc maxime interest, quod, etc., *differ chiefly in this:* in his rebus nihil omnino interest, *there is no difference whatever:* Hoc pater ac dominus interest, *there is this difference*, T.: tantum id interest, veneritne an, etc., L.: negant (ea) quidquam a falsis interesse: quod ab eo nihil intersit, etc.: stulto intellegens Quid interest? T.: ut matrona Intererit Satyris paulum, H.—*To be present, take part, attend, assist, intervene:* audierunt alii, qui interfuerant: Nec deus intersit, nisi, etc., H.: epulis: lacrimis patris, V.: populo Quirini, *live with*, H.: proelio, Cs.: in convivio: in testamento faciendo.—*3d pers. impers.*, *it makes a difference, it interests, it concerns, it is of interest:* quasi paulum intersiet, T.: Paulum interesse censes, ex animo facias, an, etc., T.: neque interesse . . . -ne . . . -ne, *makes no difference*, Cs.: novis coniunctionibus interest, qualis primus aditus sit: Divesne natus Nil interest an pauper, H.: quid interfuit utrum hoc decerneres, an, etc., *what mattered it?* nihil interest nunc, an violaverim, etc., L.: quantum interesset Clodii, se perire: quid eius intererat?: meā video quid intersit: quod ego et meā et rei p. interesse arbitror: illud meā magni interest, te ut videam: utriusque nostrum magni interest ut te videam: ad honorem interesse: ad beate vivendum; cf. with *defin. subj.:* non quo meā interest natura loci, *is of interest to me.*

(**inter-texō**), —, textus, ere, *to intertwine, interweave.*—Only *P. perf.:* flores hederis intertexti, O.: chlamys auro intertexta, V.

intertrīmentum, ī, *n.* [1 TER-], *loss by attrition, waste:* in auro, L.—F i g., *loss, damage:* sine magno intertrimento, T.: nullum intertrimenti vestigium.

inter-turbō, —, —, āre, *to make disturbance,* T.

inter-vāllum, ī, *n.*—P r o p., *the space between palisades, an intermediate space, interval, distance:* pari intervallo, *at an equal distance,* Cs.: quo consuerat intervallo, *at the usual distance,* Cs.: videt magnis intervallis sequentes, L.: unius signi: ex intervallo, *from a distance,* L.: longo proximus intervallo, V.: ab Capsā duūm milium intervallo, S.—In time, *an interval, intermission, respite:* annuum regni, *interregnum,* L.: sine intervallo loquacitas, *incessant:* dolor dat intervalla, *relaxes sometimes:* ex tanto intervallo, L.—*A pause:* trochaeus temporibus et intervallis est par iambo: intervallo dicere, *after a pause:* in cantibus intervalla, *musical pauses.*—F i g., *difference, dissimilitude:* quantum sit interiectum inter, etc.

inter-veniō, vēnī, ventus, īre, *to come between, come upon, come in, intervene, interrupt:* dum sedemus, intervenit, T.: casu equites interveniunt, Cs.: ex occulto: quotiens lascivum intervenit illud, etc., *is introduced,* Iu.: sponsae pater intervenit, T.: orationi, L.: nonnullorum querelis.—*Pass. impers.:* si interventum est casu: Ubi est interventum mulieri, *was taken by surprise,* T.—*To interfere, interrupt, put a stop to:* ni nox proelio intervenisset, L.: verbo intervenit omni plangor, O.: dies ludorum qui cognitionem intervenerant, Ta.—*To take place, happen, occur:* Nulla mihi res posthac potest iam intervenire tanta, quae, etc., T.: casus mirificus quidam intervenit, *has taken place:* sapienti: intervenit his cogitationibus regni cupido, L.—*To stand in the way, oppose, hinder, prevent, disturb:* res negitare; foedus intervenisse, S.: bellum coeptis intervenit, L.

interventor, ōris, *m.* [BA-], *a visitor, intruder:* vacuus ab interventoribus dies.

interventus, ūs, *m.* [BA-], *a coming in, intervention:* alicuius: hominum, L.—*An intervention, occurrence:* noctis, Cs.: malorum.

inter-vertō (-vortō), tī, sus, ere, *to turn aside, divert, intercept, embezzle, squander:* receptum (consulatum): interversā aedilitate, i. e. *passing over:* interverso regali hoc dono.

inter-vīsō, —, —, ere, *to look after, inspect secretly:* ipse crebro interviso.—*To visit at times:* nos: manipulos, Ta.

intervolitō, —, —, āre, *frcq.* [intervolo], *to flutter around:* imbrem (carnis) intervolitando rapuisse (of birds), L.

in-testābilis, e, *adj.* with *comp., infamous, execrable, detestable, abominable:* homo, S.: saevitiā, Ta.: intestabilior et saevior, Ta.

intestātō, *adv.* [*abl.* of intestatus], *without a will, intestate:* mortuus.

in-testātus, *adj., who has made no will, intestate:* sī intestata esset mortua: ad cenam ire, Iu.

intestīnus, *adj.* [intus], *inward, internal, intestine:* malum: bella, *civil,* S.: caedes, *of kindred,* L.—F i g., *in the mind, subjective* (opp. oblatus).

intestīnum, ī, *n.* [intestinus], *a gut:* loto terram ferit intestino, Iu.: medium, *mesentery:* imum, *rectum,* N.—Usu. *plur., the intestines, entrails, bowels:* laborare ex intestinis: intestina poetae, Iu.

in-texō, texuī, textus, ere, *to weave in, inweave, interweave, plait, join together, interlace, surround, envelop:* scutis viminibus intextis, Cs.: abiete costas, V.: Vestibus intexto Phrygiis spectabilis auro, O.: pyra, cui frondibus Intexunt latera, V.: intextus puer regius, *embroidered,* V.—*To weave, make by weaving:* tribus intextum tauris opus, *of hides,* V.—F i g., of speech, *to interweave:* parva magnis: fabulas: Varronem.

intibum, ī, *n., endive, succory.*—*Plur.,* V., O.

intimē, *adv.* [intimus], *inwardly, intimately, cordially:* uti intime Hortensio, N.: commendari.

intimus or **intumus**, *adj. sup.* [ANA-], *inmost, innermost, deepest, profound:* in eo sacrario intimo: abdidit se in intimam Macedoniam: angulus, H.: Tartara, V.: praecordia, O.—As *subst. n.:* se in intimum conicere (balnearum): finium, L.—F i g., *profound, inward, deepest, inmost:* sensūs civitatis: cogitationes: sermo, i. e. *soliloquy:* ars: amicitia, N.—Of persons, *intimate, near, close:* familiares: scis quam intumum Habeam te, T.: eorum consiliis, T.: Catilinae.—*Plur. m.* as *subst., intimate friends:* unus ex meis intimis: regis, N.

(**in-tingō** or **in-tinguō**), —, inctus, ere, *to dip, soak.*—Only *P. perf.:* intinctae (faces sanguine), O.

in-tolerābilis, e, *adj.* with *comp., irresistible:* vis Romanorum, L.—*Insupportable, intolerable:* frigus: potentia: regium nomen Romae, L.: vitium, Iu.: multo intolerabilior: Intolerabilius nihil est quam, etc., Iu.

in-tolerandus, *adj., insupportable, intolerable:* audacia, S.: exemplum: licentia rerum: hiemps, L.

in-tolerāns, antis, *adj.* with *comp.* and *sup., not enduring, impatient, intolerant:* vir aequalium, Ta.: secundarum rerum intolerantior, L.: corpora intolerantissima laboris, L.—*Intolerable:* quanto intolerantior servitus victus, Ta.

intoleranter, *adv.* with *comp.* and *sup.* [intolerans], *intolerably, immoderately, excessively:*

dolere: intolerantius insequi, Cs.: intolerantissime gloriari.

intolerantia, ae, *f.* [intolerans], *insufferableness, insolence:* superbia atque intolerantia: regis.

in-tonō, uī, ātus, āre, *to thunder:* Intonat (Iuppiter), O.: pater ter intonuit, V.: intonuit laevum, V.: Eois intonata fluctibus hiemps, *fallen in thunder upon*, H.—*To resound, rattle:* clipeum super intonat ingens, V.—Fig., *to cry out vehemently, thunder forth:* intonuit vox tribuni: intonet horrendum, Iu.: silvae intonuere, V.: cum haec intonuisset plenus irae, L.: minas, O.

in-tōnsus, *adj.*, *unshorn, unshaven, with long hair, bearded:* coma, Att. ap. C.: capilli, H.: caput, O.: ora, i. e. *not yet shaved*, V.: Cato, *bearded*, H.: comas Helix, O. — *Leafy, covered with foliage:* montes, V.: capita (arborum), V. — Fig., *unpolished, rude:* homines, L.: Getae, O.

in-torqueō, torsī, tortus, ēre, *to twist, wind about, fold, wrench, distort:* paludamento circa bracchium intorto, L.: mentum in dicendo: oculos, V.: intorti capillis angues, *entwined*, H.: intorti funes, *twisted*, O.—Fig.: verbo ac litterā ius omne intorqueri.—*To hurl, launch, cast, aim:* telum in hostem, V.: tergo hastam, *at the back*, V. —Fig.: alternis versibus intorquentur inter fratres contumeliae.

1. intrā, *adv.* [*interus; ANA-], *on the inside, within:* Nil intra est oleā duri, H. (al. oleam).—For *comp.* and *sup.*, see interius, intime.

2. intrā, *prep.* with *acc.* [1 intra], *within:* intra silvas sese continere, Cs.: intra parietes meos: iactum teli, *within a javelin's throw*, V.: Apenninum, L.: intra oceanum magis, *closer to*, S.: intra moenia, *within the city:* intra parietes, *in the family:* intra me deus est, O.—*Within, in, into:* intra quas (regiones) venere: qui intra finīs suos Ariovistum recepissent, Cs.: compulso intra moenia hoste, L.—Of time, *within, during, in the course of, in less than:* intra annos quatuordecim, Cs.: intra dies paucos, L.: intra morae breve tempus, O.: intra decimum diem quam, etc., i. e. *within ten days after*, L.: lucem intra, Ta.—Fig., *less than, fewer than, within the limits of:* intra centum, L.: epulari intra legem, i. e. *less expensively than the law allows:* intra Naturae finīs vivere, H.

intrābilis, e, *adj.* [2 intro], *inaccessible:* ōs amnis, L.

in-tractābilis, e, *adj.*, *unmanageable, intractable:* genus bello, V.: brumae, *wild*, V.

in-tractātus, *adj.*, *not managed, untamed, wild:* equus, *unbroken.* — *Untried:* ne quid intractatum sceleris fuisset, V.

in-tremō, uī, —, ere, *to tremble, shake within, quake to the centre:* intremere murmure Trinacriam, V.: intremuit malus, V.: tellus, O.: genua intremuere, O.: (clamore) intremuere undae, V.

intrepidē, *adv.* [intrepidus], *undauntedly, intrepidly*, L.

in-trepidus, *adj.*, *unshaken, undaunted, intrepid:* dux, L.: pro se, O.: altaria tangere, Iu.: voltūs, O.: hiemps, i. e. *without disturbance*, Ta.

in-trītus, *adj.*, *not worn out, not exhausted:* cohortes ab labore, Cs.

1. intrō, *adv.* [*interus; ANA-], *to the inside, within, in:* intro ad nos venit, T.: intro est itum, Cs.: vocari: vocata centuria, L.

2. intrō, āvi, ātus, āre [*interus; ANA-], *to go into, enter:* limen: olearum ordinem: domum, N.: portas, L.: id (flumen), S.: fluminis ripas, *to come between*, V.: ut domus est intrata, O.: ante quam (animus) in corpus intravisset: in portūs, O.: in Capitolium: intra praesidia, Cs.: protinus ad Alexandrum, Cu.—*To penetrate, pierce, enter, force a way in:* alquo, Cs.: alqm locum, Cs.: ad munimenta, L.—Fig., *to penetrate, pierce, enter, reach, attain:* Si intravit dolor, *intrude*, H.: propius accedo . . . intrabo etiam magis: quam (domum), L.: intravit animos pavor, Cu.: in possessionem bonorum: in tuam familiaritatem penitus, *become your intimate friend.*

intrō-dūcō, dūxī, ductus, ere, *to lead in, bring in, introduce, conduct within, admit:* Chremem, T.: noctu milites, S.: praesidium, Cs.: suas copias in finīs, Cs.: in cubiculum introductus: ad regem, Cu.: eo navīs, Cs.—Fig., *to bring in, introduce:* philosophiam in domūs: ambitionem in senatum. —In speaking, *to introduce, represent, bring forward:* Catonem senem disputantem: introducta rei similitudo.—*To bring forward as an assertion, insist, maintain:* natum mundum.—*To institute, found, establish:* hac introductā consuetudine: novum in re p. exemplum, *set*, Cs.: exemplum a patricio homine introductum, L.

intrōductiō, ōnis, *f.* [introductus], *a leading in, introduction:* adulescentulorum.

intrōductus, *P.* of introduco.

intro-eō, īvī, —, īre, *to go in, enter:* introire neminem Video, T.: locum hostibus introeundi dare, S.: hostīs, si introire vellent, vocare, Cs.: in domum: in tabernaculum, S.: ad amicam, T.: ad Ciceronem, S.: domum tuam: Syracusas, N.: filius introiit videre, quid agat, *went in to see*, T.—Fig.: ut prius introieram, sic prius exire de vitā.

intrō-ferō or **intrō ferō**, —, lātus, ferre, *to carry in, bring in:* liberis suis cibum: lecticā est introlatus, L.

intrōgredior, essus, ī, *dep.* [intro+gradior], *to step in, enter:* introgressi, V.

introitus, ūs, *m.* [intro+I-], *a going in, enter-*

ing, entrance: militum, Cs.: non introitu quempiam prohibere.—*An entrance, passage:* ad omnes introitūs, quā adiri poterat: omnes introitūs erant praeclusi, Cs.: aedis, N.: macelli, Iu.—*A beginning, introduction, prelude:* fabulae: defensionis.

intrōlātus, *P.* of introfero.

intrō-mittō, mīsī, mīssus, ere, *to send in, let in, admit:* heri intromissus non est, T.: ut intromissus me trucidaret: legiones (in oppidum), Cs.: sex milia peditum Nolam, L.: ad Senecam alqm, Ta.—With *supine acc.:* Phaedriam comissatum, T.

intrōrsum, *adv.* [intro+versum], *towards the inside, inwards, within:* hostem introrsum in media castra accipiunt, L.—*Inwardly, within, on the inside:* turpis, H.

intrōrsus, *adv.* [intro+versus], *inwards, within:* non facile introrsus perspici, Cs.—*Inwardly, within:* nihil introrsus roboris esse, L.: lacrimae obortae, O.

intrō-rumpō, rūpī, ruptus, ere, *to break in, enter by force:* huc, T.: eā, Cs.

intrōspiciō, spēxī, spectus, ere [intro+specio], *to look into, look at:* tuam domum: casas omnium.—Fig., *to inspect, examine, observe attentively:* penitus in omnīs rei p. partes: penitus ceterorum mentīs: fortunam suam, Ta.

in-trūdō, —, —, ere, *to thrust in, force in:* se.

in-tueor, itus, ērī, *dep., to look upon, look closely at, gaze at:* imagines, S.: capite demisso terram, Cs.: solem: ornamenta rei p.: huc atque illuc: ora omnium atque oculos: me, H.: faciem alicuius, N.: nutum illius diligenter, *watch:* in te intuens.—Fig., *to regard, observe, contemplate, consider, give attention to:* totā mente Crassum: voluntatem eorum: potius, quid se facere par esset, intuebatur, quam, etc., *had more regard for,* N.: tempestatem impendentem: quo intuens: tu in ea intuens te continebis: ad finiendum bellum, L.—*Pass.:* non tam veteranos intuendos nobis.—*To regard with admiration, admire, wonder at:* te: sicut aliquem de caelo delapsum.

in-tumēscō, muī, —, ere, *inch., to swell up, rise:* Amnis . . . inquit 'Intumui,' O.—*To rise, be elevated:* nec intumescit viperis humus, H.—Fig., *to swell up, grow louder:* quo plenior vox repercussu intumescat, Ta.—*To become angry:* Intumuit Iuno, O.: vati, O.—*To be inflated, swell in pride:* Intumuit numero turba, O.

in-tumulātus, *adj., unburied,* O.

intuor, —, ī [1 in+tuor, rare for tueor], *to gaze upon:* qui intuitur nos, T.

in-turbidus, *adj., undisturbed:* externis rebus annus, Ta.: iuventa, Ta.—*Not turbulent:* vir, T.

intus, *adv., on the inside, within:* intus est hostis: estne frater intus? T.: Format natura nos intus, H.: in animis: in aede, L.: extra et intus hostem habere, Cs.: clausi (tauri), *in the stalls,* V.: intus Digna geri, i. e. *in private,* H.: adductos intus agere equos, *closer to the goal,* O.: tali intus templo, V.—Prov.: omnia intus canere, *on the inner side* (of the cithara), i. e. *to oneself:* hoc carmen non vobis sed sibi intus canit, i. e. *seeks his own interest.*—*To the inside, into, within, in:* ducitur intus, O.—*From within:* obsera ostium, T.: unde nisi intus Monstratum? i. e. *by instinct,* H.

in-tūtus, *adj., unguarded, unsafe, dangerous:* castra Gallorum, L.: intuta moenium, *insecure parts,* Ta.—*Untrustworthy:* amicitia, Ta.

inula, ae, *f., elecampane,* H.

in-ultus, *adj., without satisfaction, unavenged, unrevenged, not vindicated:* perire, S.: Marius ne inultus esset: ne inultos imperatores suos iacere sinerent, L.: numquam moriemur inulti, V.: ne compellarer inultus, H.: dolores, O.: preces, *unavailing,* H.: mortem suam ne inultam pateretur: iniuriae.—*Giving no satisfaction, unpunished:* cur Asellium esse inultum tam diu sinis?: hostīs inultos abire sinere, S.: scelus, S.—*Unharmed, unhurt, safe, with impunity:* inulto Dicere quod sentit permitto, H.: At ne illud haud inultum, si vivo, ferent, T.: et catulos ferae Celent inultae, H.—Fig., *unsated, unappeased, insatiable:* odium, H.

in-umbrō, āvī, ātus, āre, *to overshadow, darken:* vestibulum, V.: toros obtentu frondis, V.

inūnctus, *P.* of inunguo.

in-undō, āvī, ātus, āre, *to overflow, inundate:* quā fluvius solito magis inundaverat, L.: hanc (terram) inundet aqua: agros, L.: cuius mihi sanguis inundet Guttur, O.: sanguine fossas, V.—Of a throng, *to spread, overrun:* inundant Troes, *cover* (the plain), V.: multitudo inundaverat campos, Cu.

in-unguō (-ungō), —, ūnctus, ere, *to anoint:* Non contemnas lippus inungui, H.: oculis inunctis, H.

inurbāne, *adv.* [inurbanus], *inelegantly, without wit:* non inurbane.

in-urbānus, *adj., rustic, ungraceful, unmannerly:* habitus orationis.—Of style, *inelegant:* inurbanum lepido seponere dicto, H.

in-ūrō, ussī, ūstus, ere, *to burn in, burn:* notas et nomina gentis, V.: volnere sanguis inustus, O.: inustis barbararum litterarum notis, Cu.—Fig., of persons, *to brand, mark:* censoriae severitatis notā inuri.—*To brand upon, brand, imprint, affix, attach indelibly:* ne qua nomini suo nota turpitudinis inuratur: acerbissimum alcui dolorem: mihi superbiae infamiam: alqd istuc, L.: nota turpitudinis inusta vitae tuae.—*To curl by heat;* hence, of style: illa calamistris inurere, *polish off with curling-irons.*

inūsitātē, *adv.* with *comp.* [inusitatus], *unwontedly, unusually, strangely:* epistulae scriptae: inusitatius contrahere.

in-ūsitātus, *adj.* with *comp.*, *unusual, uncommon, extraordinary, very rare:* belli ratio: nostris oratoribus lepos: est inusitatum regem reum esse: quid tam inusitatum, quam ut, etc.: species (navium) barbaris inusitatior, Cs.

inūstus, *P.* of inuro.

in-ūtilis, e, *adj.* with *comp.*, *useless, unserviceable, unprofitable:* homo: ille, V.: dum meliorem ex ducibus inutilem volnus faceret, L.: ad rem gerendam, Cs.: rei p.: rami, H.: non inutilis ad capiendum consilium tempestas, *a fit occasion*, Cs.: impedimenta, L.: ferrum, V.: lingua, O.: alga, H. —*Hurtful, injurious:* civis: Sed sibi inutilior, O. —*Inexpedient, unprofitable, unavailing, hurtful:* haec inutile est subire, etc.: oratio sibi, L.: arbitrium, O.—With *supine abl.:* hoc inutile factu, H.

inūtilitās, ātis, *f.* [inutilis], *hurtfulness, injuriousness:* facti.

inūtiliter, *adv.* [inutilis], *to no purpose, uselessly:* responsum non inutiliter esse, L.—*Disadvantageously, injuriously:* alqd senatui suadere.

Inuus, ī, *m.*, *an old name of Lupercus* (Pan), L.

in-vādō, vāsī, vāsus, ere, *to go into, enter:* ignis, quocumque invasit: urbem, L.: viam, *enter upon*, V.: tria millia stadiorum, *to accomplish*, Ta. —*To enter violently, move against, rush upon, fall upon, assail, assault, attack, invade:* in transversa latera invaserant cohortes, L.: in collum (mulieris) invasit, *fell upon her neck:* in Caecinam cum ferro: Romanos, S.: aciem, L.: Pompei copias, N.: portūs, V.: in lecto cubantem, N.: madidā cum veste gravatum, V.: sperans, hostīs invadi posse, S.: undique simul invaditur, S.—Fig., *to fall upon, seize, take possession of, usurp:* in multas pecunias: in eius viri fortunas: in arcem illius causae: regnum animo, S.—*To make an attack on, seize, lay hold of, attack, befall:* contagio invasit, civitas immutata, S.: tantus repente terror invasit, ut, Cs.: cupido Marium, S.: Me tremor invasit, O.: in philosophiam: in corpus meum vis morbi, L.: furor invaserat improbis.—*To take hold of, undertake, attempt:* Martem clipeis, V.—*To assail with words, accost:* continuo invadit, V.: alqm minaciter, Ta.: consules, cur, etc., Ta.

in-valēscō, valuī, —, ere, *inch.*, *to become strong, grow powerful:* haec defensurus, prout invaluissent, Ta.

in-validus, *adj.*, *not strong, infirm, impotent, weak, feeble:* ad munera corporis senectā, L.: volnere, Ta.: senes, V.: quidquid tecum invalidum, V.: corpus, O.—*Weak, inadequate, unsuitable:* stationes pro castris, L.: ignes, *low*, Ta.

invāsus, *P.* of invado.

invēctiō, ōnis, *f.* [VAG-], *an importing, importation:* (rerum) quibus egeremus.—*A sailing in, arrival:* eodem flumine.

in-vehō, vēxī, vēctus, ere, *to carry in, bring to, introduce:* tantum in aerarium pecuniae: quas (opes) mare litoribus invehit, Cu.—*Pass.*, *to be carried in, ride into, drive to, be borne in, enter:* dictator urbem invehitur, L.: mare invecta (lyra), *carried into the sea*, O.: in portum ex alto invehi: classīs invectas Tibridis undam, V.—*To ride on, drive upon, be carried by, drive over:* equo invectus, L.: Quattuor est invectus equis, V.: domitis invecta leonibus, O.—*To fall upon, assail, make an assault:* equitum acies invecta in dissipatos, L.: cum utrimque invehi hostem nuntiaretur, L.: ordines . . . multā caede hostium invehitur, Cu.—With *se*, *to assault, assail, fall upon:* invehebant se hostes, L.: quantum se invexit acies, L.—Fig., *to introduce, bring in, bring upon:* quae (mala) tibi casus invexerat: ut quemcumque casum fortuna invexerit, *brings with it:* divitiae avaritiam invexere, L.—*Pass.*, *to attack with words, inveigh against:* invectus est copiosius in istum: vehementius in causam principum: multa in Thebanos, N.: aperte in te invehens.

in-veniō, vēnī, ventus, īre, *to come upon, find, meet with, light upon:* in agro populabundum hostem, L. (navīs) paratas ad navigandum, Cs.: oratores.—*Pass.:* rex Inventus focis, *found*, V.: Scis, Pamphilam meam inventam civem? *turns out to be*, T.: ipsis durior inventus est, *proved to be*, Cs.: Primus invenior circumposuisse, etc., H.: unus inventus qui id auderet.—Fig., *to find out, invent, effect, discover, devise, contrive:* quandam (fallaciam), T.: dolis casum victoriae, S.: Inventae artes, V.: neque quid ponis dicere invenio, *make out:* quo modo crimen confirmaret: quid agat, non invenit, *is at a loss*, O.: animis inventum poema iuvandis, H.—*To find out, discover, ascertain, learn:* ex captivis, flumen abesse, etc., Cs.: invenitur ea serrula pervenisse, etc., *it is ascertained that.*—*To acquire, get, earn, reach:* Sine invidiā laudem, T.: hoc cognomen: ex quo illi gloria opesque inventae, S.: manu mortem (i. e. pugnando), V.

inventiō, ōnis, *f.* [BA-], *the faculty of invention:* illa vis quae investigat occulta, etc.—In rhet., *invention:* excogitatio rerum, etc.

inventor, ōris, *m.* [in+BA-], *a contriver, author, discoverer, inventor:* voluptatum, T.: olei: omnium artium, Cs.: scelerum, V.: legis Volero, *proposer*, L.: Stoicorum, *founder.*

inventrīx, īcis, *f.* [inventor], *she that finds out, a discoverer:* omnium doctrinarum inventrices Athenae: legum: oleae Minerva, V.

inventum, ī, *n.* [*P. n.* of invenio], *an acquisi-*

tion: inventis abstinet, H.—*A device, contrivance, invention:* te omnes di cum istoc invento perduint, T.: inventa Zenonis: medicina meum est, O.

inventus, *P.* of invenio.

in-venustus, *adj.*, *without charm, ungraceful, unattractive:* actor: res, Ct.—*Without Venus, unfortunate in love:* homo, T.

in-verēcundus, *adj.*, *without shame, unreserved, shameless, immodest:* deus, i. e. *Bacchus*, H.: animi ingenium, Poët. ap. C.

in-vergō, —, —, ere, *to incline, pour upon:* invergens charchesia mellis, O.: fronti vina, V.

inversiō, ōnis, *f.* [VERT-], *an inversion:* verborum, i. e. *irony.*

inversus, *P.* of inverto.

in-vertō (-vortō), vertī, versus, ere, *to turn upside down, turn about, upset, invert, reverse:* solum, *plough up*, V.: Allifanis vinaria, *empty*, H.: alveos navium invorsos pro tuguriis habere, S.: submovere Euros Pellibus inversis, *turned inside out*, Iu.: inversum contristat Aquarius annum, *recurring cycle* (of the sun), H.: cum in locum anulum inverterat: loca satis dentibus (i. e. ad dentes serendos), V.—Fig., *to invert, transpose, change, reverse:* ut invertatur ordo.—*To pervert, abuse:* inversi mores, *corrupt*, H.: virtutes, *misrepresent*, H.: quae invertere supersedeo, i. e. *to paraphrase*, Ta.—Of words, *to misapply, use ironically:* invertuntur verba, ut, etc.: Inversa verba, *ambiguous*, T.

in-vesperāscit, —, ere, *impers.*, *it becomes evening, evening is approaching:* cum invesperasceret: iam invesperascebat, L.

investīgātiō, ōnis, *f.* [investigo], *a searching into, investigation:* rerum: veri.

investīgātor, ōris, *m.* [investigo], *he that searches into, an investigator:* rerum: antiquitatis.

in-vestīgō, āvī, ātus, āre, *to track, trace out, search after:* ad investigandum sagacitas narium.—Fig., *to trace out, find out, discover, investigate, search into:* neque ille investigatur, Qui est eius pater, T.: canes investigabant omnia: de Lentulo diligentius: ubi Lentulus sit: illorum conatūs.

in-veterāscō, rāvī, —, ere, *inch.*, *to grow old, become fixed, be established, continue long:* quibus quisque in locis miles inveteraverit, Cs.: exercitum inveterascere in Galliā moleste ferebant, *establish themselves*, Cs.: (fabulas) feci ut inveterascerent, *had a long run*, T.: aes alienum inveterascit.—*To become fixed, grow inveterate, be rooted:* ut hanc inveterascere consuetudinem nolint, Cs.: inveteravit opinio perniciosa rei p.: spes est in primis diebus, nam si inveterarit, actum est: intellego in nostrā civitate inveterasse, ut, etc., *has become a custom:* inveterascet hoc quoque, Ta.

inveterātiō, ōnis, *f.* [invetero], *an inveterate disease, chronic evil.*

inveterātus, *adj.* [*P.* of inveteror], *inveterate, old, of long standing:* odium: invidia: licentia, N.

inveterō, āvī, ātus, āre [in+vetus], *to make old, give age to:* peregrinam novitatem, Cu.—*Pass.*, *to grow old, become rooted:* unā cum saeclis hominum inveterari: inveteratā gloriā, N.

in-vicem or **in vicem**, *adv.*, *by turns, in turn, one after another, alternately:* hi rursus in vicem anno post in armis sunt, Cs.: cum timor atque ira invicem sententias variassent, L.: nos cantabimus invicem, *in my turn*, H.—*One another, each other, mutually, reciprocally:* Aricini atque Ardeates multis invicem cladibus fessi, L.: multum sanguinem invicem hausimus, Cu.: se anteponendo, Ta.: inter se gratantes, L.

in-vīctus, *adj.* with *sup.*, *unconquered, unsubdued, unconquerable, invincible:* Germani, Cs.: exercitus: gentes, V.: invictus morior, N.: invictissimus civis: res p.: adamas, *impenetrable*, O.: Medea, *inexorable*, H.: invictum se a labore praestare: a civibus animus, L.: ab hostibus, S.: corpus a volnere, O.: advorsus divitias animus, S.: armis: viribus, V.: caestibus, O.: nihil invictum sic ad bellum venientibus, Ta.—*Plur. n.* as *subst.:* invicta sibi quaedam civitas fecerat, *inviolable limits*, L.

invidendus, *adj.* [*P.* of invideo], *enviable:* aula, H.

invidēns, entis, *adj.* [*P.* of invideo], *envious:* nocere invidenti.

invidentia, ae, *f.* [invideo], *envy, jealousy.*

in-videō, vīdī, vīsus, ēre, *to look askance at, cast an evil eye upon:* florem liberūm meūm? Att. ap. C.—Fig., *to be prejudiced against, be influenced by prejudice:* iudex, qui invidet: cui nisi invidisset is, etc.—*To envy, grudge:* mihi: Non equidem invideo, V.: invidit Clytie, O.: Caesari: bonis, S.: invidet ipsa sibi, O.: suae virtuti, Cs.: huic meae gloriae: Arabum Gazis, H.: honori, V.: Omnia tunc quibus invideas si lividulus sis, Iu.: in quā (purpurā) tibi invideo, quod, etc.: neque ille Sepositi ciceris invidit, H.: non inviderunt laude suā mulieribus viri Romani, L.: spectaculo proelii, Ta.: id quod multi invideant: usum lignorum tibi, H.: filiam fratri, L.: mihi senectus Invidet imperium, V.: id quod multi invideant, *feel envy on account of*, N.: Liber invidit collibus umbras, *is niggardly of*, V.: ego cur, acquirere pauca Si possum, invideor? (i. e. cur mihi invidetur), *am I envied?* H.: in eo, cui invidetur: Liburnis (navibus) invidens deduci triumpho, *refusing with disdain*, H.—*To hinder, prevent, refuse, deny:* Plurima, quae invideant pure apparere tibi rem, H.: tene invidit fortuna mihi, ne, etc., V.

invidia, ae, *f.* [invidus], *envy, grudge, jealousy, ill-will, prejudice:* invidiā abducti, Cs.: invidiam sequi, S.: virtus imitatione digna, non invidiā: Sine invidiā laudem invenire, *ungrudgingly*, T.: invidiā ducum perfidiāque militum Antigono est deditus, N.: nobilium, L.: invidia atque obtrectatio laudis suae, Cs.—Person., *Envy*, O.—*Envy, ill-will, odium, unpopularity:* gloriā invidiam vicisti, S.: ullā esse invidiā, *to incur:* mortis illius: res in invidiā erat, S.: habere, *to be hated:* in summam invidiam adducere: in eum . . . invidia quaesita est: Non erit invidiae victoria nostra ferendae, i. e. *will bring me intolerable hate*, O.: venire in invidiam, N.: cumulare invidiam, L.: invidiae nobis esse: pati, O.: intacta invidiā media sunt, L.: Ciceronis invidiam leniri, *unpopularity*, S.: absit invidia verbo, *be it said without boasting*, L.: vita remota a procellis invidiarum. —Fig., *envy, an envious man:* Invidia infelix metuet, etc., V.: invita fatebitur usque Invidia, etc., *will reluctantly confess*, H.—*A cause of envy:* aut invidiae aut pestilentiae possessores, i. e. *of lands whether desirable or pestilential:* summa invidiae eius, L.: Quae tandem Teucros considere . . . Invidiae est? i. e. *why is it odious*, etc., V.

invidiosē, *adv.* [invidiosus], *enviously, hatefully:* criminari.

invidiōsus, *adj.* with *comp.* and *sup.* [invidia], *full of envy, invidious:* vetustas, O.—*Plur. m.* as *subst.:* omnium invidiosorum animos frangere. —*Exciting envy, enviable, envied, causing odium:* possessiones: nec caris erat (Pactolus) invidiosus harenis, *envied for*, O.: invidiosior mors, O.: spes procorum, *longed for*, O.: solacia, Iu.—*Exciting hatred, hated, hateful, odious:* damnatio: lex: nomina, L.: laudatrix Venus mihi, O.: neque id dico, ut invidiosum sit in eos, etc., *to excite prejudice against:* quod fuit in iudicio invidiosissimum.

invidus, *adj.* [in+VID-], *envious, envying:* imperator: invida me spatio natura coercuit, O.: populus, N.: aegris, H.: laudis invidus.—As *subst.*, *an envious person, hater:* Invidus alterius macrescit rebus opimis, H.: istos invidos di perdant, T.: ea agere inter invidos, S.: mei: nox coeptis, *unfavorable*, O.: fatum, Ph.: Et iam dente minus mordeor invido, H.

in-vigilō, āvī, ātus, āre, *to watch over, be devoted, be intent:* rei p.: malis, O.: Namque aliae victu invigilant, V.: nostris pro casibus, O.

in-violābilis, *adj.*, *inviolable:* pacis pignus, V.—*Invulnerable:* alqs, Ta.

inviolātē, *adv.* [inviolatus], *inviolably:* memoriam nostri servare.

in-violātus, *adj.*, *unhurt, inviolate:* involneratī inviolatique: amicitia: Visam inviolatus amnem, H.: fama, *without reproach*, S.—*Inviolable:* legati, nomen ad omnīs inviolatum: templum, L.: fides publica, S.

in-vīsitātus, *adj.*, *unseen, unknown:* forma: acies, L.: alienigenis, L.—*Extraordinary, uncommon, new, strange:* supplicia: formae hominum, L.: simulacra, Cu.

in-vīsō, sī, —, ere, *to look after, go to see, visit:* sacrificium: res rusticas: urbīs, V.: simul haec invisent lumina colles, *get sight of*, Ct.

1. invīsus, *adj.* with *comp.* [*P.* of invideo], *hated, hateful, detested:* persona: alios invisos efficere, L.: penates, O.: (Helena) aris invisa sedebat, V.: invisos nos esse illis, T.: omnibus, S.: hominibus invisius animal: Minervae, V.: invisum plebei Claudium facere, L.: quo quis versutior est, hoc invisior: vobis mea vita, T.: cupressus (i. e. funebris), H.: dis oratio: regna dis, V.: filix aratris, *troublesome*, V.—*Hostile, malicious:* invisum quem tu tibi fingis, V.

2. in-vīsus, *adj.*, *unseen:* res, Cs.: sacra maribus invisa.

invītāmentum, ī, *n.* [invito], *an invitation, allurement, incitement, inducement:* invitamenta urbis, *attractions:* (honos) non invitamentum ad tempus est: ad luxuriam, L.: temeritatis, L.

invītātiō, ōnis, *f.* [invito], *an invitation, incitement, challenge:* fit invitatio, ut biberetur: ad dolendum: benigna, i. e. *to a banquet*, L.: invitationes adventūsque nostrorum hominum.

(**invītātus**, ūs), *m.* [invito], *an inviting, invitation.*—Only *abl.:* invitatu tuo.

(**invītē**), *adv.* with *comp.*, *against one's will, unwillingly:* cepi Capuam: invitius accedere.

invītō, āvī, ātus, āre [for *invocito, *freq.* of invoco], *to invite, treat, feast, entertain:* hominem, T.: suos in castra invitandi causā adducunt, *for entertainment*, Cs.: te domum suam: alius alium domos suas invitant, S.: senatorem tecto ac domo: moenibus hostem, V.: aliquem ad prandium: ad consulem, L.: utrumque in hospitium, L.: eum, ut apud me diversetur.—*To invite, summon, challenge:* a Caesare liberaliter invitor in legationem illam: praemiis.—*To ask, request, urge:* Germanos, uti, etc., Cs.: eum per litteras, ut, etc.—Fig., *to incite, allure, attract:* quibus rebus invitati, Cs.: ad te improbos: invitat hiemps curasque resolvit, V.: ipsam (adsentationem), *encourage flattery:* somnos, *court*, O.: culpam, *allure to transgression*, O.: pretiis animos, *arouse*, V.: cum te fortuna ad dignitatem invitet: Vicina invitet decedere ripa calori, V.

invītus, *adj.* with *sup.*, *against the will, unwilling, reluctant, perforce, on compulsion:* Invitus feci, lex coëgit, T.: neque senatus provinciam invitus dederat, S.: invitus feci, ut, etc.: ut viatores invitos consistere cogant, Cs.: eum ego a me invitissimus dimisi, *much against my will:* nihil invitis fidere divis, i. e. *against their will*, V.: invito patre, *in spite of*, T.: se invito transire, *against his will*, Cs.: invitissimis eis: invitā Minerva, *against one's natural bent*, C., H.: quod et illo et me invitissimo fiet, *altogether against his inclination and mine.*—As *subst. m.:* elicere veram vocem ab invito. — *Reluctant, unwilling:* invita in hoc loco versatur oratio: Invitae anni spem credere terrae, V.: verbaque provisam rem non invita sequentur, H.: ignes, O.: ope, i. e. *furnished involuntarily*, O.

invius, *adj.* [2 in+via], *without a road, impassable, not to be traversed, insuperable:* lustra, V.: saltūs, L.: maria Teucris, V.: virtuti nulla est via, O.: nil virtuti invium, Ta. — *Plur. n.* as *subst.*, *impassable places:* per invia iter, L.—*Inaccessible, impenetrable:* regna vivis, V.: templa, O.

1. invocātus, *P.* of invoco.

2. in-vocātus, *adj.*, *uncalled, without a summons:* ad dormientem veniunt (imagines) invocatae.—*Uninvited, without an invitation:* ut mihi . . . invocato sit locus, T.: ut quos invocatos vidisset in foro, omnes devocaret, N.

in-vocō, āvī, ātus, āre, *to call upon, invoke, appeal to:* in pariendo Iunonem Lucinam: deos testīs, L.: agmina matrum, *summon*, O.—*To call, name, address:* quem invocant omnes Iovem: aliquem dominum, Cu.

(involātus, ūs), *m.*, *a flying, flight;* only *abl.:* ex alitis involatu auguror.

involitō, —, —, āre, *freq.* [involo], *to fly over, float over:* umeris involitant comae, H.

in-volnerātus (invul-), *adj.*, *unwounded.*

in-volō, āvī, ātus, āre, *to fly at, rush upon:* in capillum, *fly at his hair*, T.: in possessionem, *make a forcible entry.*

involūcrum, ī, *n.* [3 VOL-], *a wrapper, covering, case, envelope:* candelabri.—Fig., *a cover, mask:* simulationum.

involūtus, *adj.* [*P.* of involvo], *involved, intricate, obscure:* res.

in-volvō, vī, ūtus, ere, *to roll, roll upon:* Ossae involvere Olympum, V.: montes, O.: armenta secum, *sweep away*, V.—*To roll about, wrap up, envelop, involve:* Involvēre diem nimbi, V.: prodire involuto capite: sinistras sagis, Cs.: involvi fumo, O.—*To cover, overwhelm:* aquā navem, V.—Fig., *to inwrap, wrap, infold, envelop, surround:* se litteris, *devote:* pacis nomine bellum involutum: Obscuris vera, V.: meā Virtute me, H.: fraudibus involuti, Ta.

invortō, see inverto.

in-vulnerātus, see invol-.

iō, *interj.*—Expressing joy, *ho! huzza! hurra!* io triumphe! H.—In a sudden call, *holla! look! quick!* succurrete, io! cives, H.: io! matres, audite, V.

iocātiō, ōnis, *f.* [iocor], *a joking, joke, jest.*

iocor, ātus, ārī, *dep.* [iocus], *to jest, joke:* tu hanc iocari credis? T.: duplex iocandi genus: voluit Fortuna iocari, Iu.—*To say in jest:* haec: in faciem permulta, H.: nescio quid, Ct.

iocōsē, *adv.* with *comp.*, *jestingly, jocosely:* eumque lusi iocose satis: iocosius scribere.

iocōsus, *adj.* [iocus], *full of jesting, jocose, humorous, droll, facetious, sportive:* Maecenas, H.: Musa, O.: res: verba, O.: furtum, H.: Nilus (i. e. of the merry Egyptians), O.

ioculāris, e, *adj.* [ioculus], *facetious, jocular, laughable, droll:* audacia, T. — *Plur. n.* as *subst.*, *jests, jokes*, H.

ioculārius, *adj.* [ioculus], *ludicrous, droll:* malum, T.

ioculātor, ōris, *m.* [ioculor], *a jester, joker:* senex.

(ioculor), —, ārī [ioculus], *to jest, joke;* only *P. praes.:* quaedam militariter ioculantes, L.

iōcund-, see iūcund-. **iocur**, see iecur.

iocus, ī (*plur.* also ioca, iocorum, *n.*), *m.* [IA-], *a jest, joke:* iocum movere, S.: ioci causā, *for the sake of the joke:* ioca atque seria cum humillimis agere, S.: seria ac iocos celebrare, L.: conviva ioco mordente facetus, Iu.: agitare iocos cum aliquo, O.: Seu tu querelas sive geris iocos, H.: ne ioco quidem mentiretur, N.: ioco seriove, L.: neu sis iocus, *a laughing-stock*, H.: extra iocum, bellus est, *joking aside.*—Person.: quam Iocus circumvolat et Cupido, *the god of jests*, H.—*A trifle, jest:* Ludum iocumque dicet fuisse illum, *child's play*, T.: ne tibi ludus et iocus fuisse Hispaniae tuae videbuntur! L.

iōta, *n. indec.*, = ἰῶτα, *the name of the Greek* ι, *iota:* ut iota litteram tollas.

ipse (old **ipsus**, T.), a, um, *gen.* ipsīus (rarely ipsius, V., disyl. T.), *dat.* ipsī, *pron. demonstr.* **I.** In gen., to express eminence or emphasis. **A.** *Self, in person* (often rendered by an emphatic *he*, or by *very, just, precisely*): adest optume ipse frater, T.: ille ipse Marcellus: ipsa virtus: rex ipse Aeneas, V.: in ipsā arce habitare, L.: naturas quas Iuppiter ipse Addidit, V.: Audentīs deus ipse iuvat, O.: ego enim ipse cum eodem isto non invitus erraverim: eaque ipsa causa belli fuit, *the very cause*, L.: cui tutor is fuerat ipse, L.: iam id ipsum absurdum: Tullius eos ipsos deduxit, L.: eorum ipsorum facta: quid iuvat quod . . . si ipsum, quod veni, nihil iuvat? *the mere fact.*—As *subst.:* atque ipsis, ad quorum commodum pertinebat, durior inventus est Caelius, Cs.:

ex ipsā quaeram: agrum dare ipsi, qui accepisset, L.: ipsi omnia, quorum negotium est, ad nos deferunt.—**B**. To emphasize one of the subjects of a common predicate.—With *et*, *he too*, *himself in person*, *even he:* deseret eos, cum habeat praesertim et ipse cohortīs triginta?: credo ego vos, socii, et ipsos cernere, L.—With *neque* (cf. ne . . . quidem): pauca, neque ea ipsa enucleate dicta: primis repulsis Maharbal missus nec ipse eruptionem cohortium sustinuit, L.—With *etiam:* ipse etiam Fufidius in numero fuit.—With *quoque:* quia plebs SC solvit, ipsi quoque solutum voltis, L.—*He for his part*, *he too*, *also*, *as well:* litterae adlatae sunt a Clodiā, quae ipsa transiit, *also in person:* trīs ipse excitavit recitatores, *he too:* Hoc Rhipeus, hoc ipse Dymas omnisque iuventus Laeta facit, V.—**II.** Esp. **A**. As *subst.*, of an eminent person: ipsus tristis, *the master*, T.: Pythagorei respondere solebant, ipse dixit, i. e. *Pythagoras:* lectica Mathonis plena ipso, *the great man*, Iu.: anseris ante ipsum iecur, *before the host*, Iu.—**B**. *Of oneself*, *spontaneously:* de manibus delapsa arma ipsa ceciderunt: Ipsae lacte domum referent distenta capellae Ubera, V.—**C**. Excluding others, *by oneself*, *alone*, *mere*, *very:* haec ipse suo tristi cum corde volutat, V.: ipso terrore ordines perturbant, Cs.: qui ipso nomine ac rumore defenderit: aestimando ipse secum, L.: ipsam aequitatem et ius ipsum amare, *for its own sake:* nunc ipsum, *just now:* tum ipsum, *just then*.—**D**. With numerals, *just*, *exactly*, *precisely:* triginta dies erant ipsi, cum, etc.: ipsas undecim esse legiones: ipso vigesimo anno.—**E**. In a reflexive clause.—With the *subject* emphat. opposed to other agents: non egeo medicinā, me ipse consolor: Artaxerxes se ipse reprehendit, N.: ipsa se virtus satis ostendit, S.: ut non modo populo R., sed etiam sibi ipse condemnatus videretur: qui ipsi sibi bellum indixissent.—With the *object:* omne animal se ipsum diligit: Lentulum, quem mihi ipsi antepono.—In place of *se* or *suus*.—For emphatic distinction: cum omnes se expetendos putent, nec id ob aliam rem, sed propter ipsos: quos, quidquid ipsis expediat, facturos arbitrabimur: pravitas consulum discordiaque inter ipsos, L.—To avoid ambiguity in the use of *se* or *suus:* ne aut suae magnopere virtuti tribueret aut ipsos despiceret, Cs.: legatos mittit, qui tantum modo ipsi liberisque vitam peterent, S.: nihil umquam audivi . . . nihil de re p. gravius, nihil de ipso modestius.—For *se* or *sibi:* inexperta remedia haud iniuriā ipsis esse suspecta, Cu.: rex propius ipsum considere amicos iubet, Cu.—With *abl. absol.:* cum dies venit, causā ipse pro se dictā, damnatur (i. e. cum causam ipse pro se dixisset), L.: amisso et ipse Pacoro, Ta.—With *abl.* of *gerund:* deponendo tutelam ipse, in se unum virīs convertit, L.: agendo ipse, L.

ipsemet, see -met. **ipsus**, old for ipse.

īra, ae, *f.*, *anger*, *wrath*, *rage*, *ire*, *passion*, *indignation:* irā inflammatus: Ira furor brevis est, H.: irae suae parēre, N.: irā conmotus, S.: iram in eos evomere, T.: in hostilīs domos Iram vertite, H.: quorum non sufficit irae Occidisse aliquem, Iu.: irae indulgere, L.: iram ponere, H.: dum defervescat ira: ira inter eas intercessit, T.: in Romanos, propter obsides nuper interfectos, L.: ira deorum, O.: victoriae, *fury:* diremptae pacis, L.: ereptae virginis, V.: dicti sibi criminis, O.: Amantium, *quarrels*, T.: pro levibus noxiis iras gerunt, T.: veteres in populum R., L.: horribilīs exercere iras, V.: inde irae et lacrimae, Iu.: irae imperatorum, *against*, L.—*An indignant desire:* subit ira cadentem Ulcisci patriam, V.—*A cause of anger*, *provocation:* Quibus iris inpulsus? T.: dic aliquam, quae te mutaverit, iram, O.—*An object of anger:* iustae quibus est Mezentius irae, V.—*An expression of anger:* Pestis et ira deum (Harpyiae), V.—Person.: Iraeque Insidiaeque, dei (Mavortis) comitatus, V.

īrācundē, *adv.* with *comp.* [iracundus], *angrily*, *passionately:* agere cum aliquo: iracundius expostulare.

īrācundia, ae, *f.* [iracundus], *a proneness to anger*, *hasty temper*, *irascibility:* permitto aliquid iracundiae tuae.—*Anger*, *wrath*, *rage*, *passion*, *violence:* prae iracundiā non sum apud me, T.: cotidie aliquid iracundiae remittebat: suam rei p. dimittere, *sacrifice to the state*, Cs.: iracundiā exardescere: indiligentiae suae ac doloris, *excited by*, Cs.: sine iracundiā dico omnia, *dispassionately:* iracundiae inplacabiles.

īrācundus, *adj.* with *comp.* [ira], *irascible*, *irritable*, *passionate*, *choleric*, *angry*, *ireful*, *easily provoked:* proterve, T.: homo, Cs.: senes: leones, O.: iracundior est paulo, H.—Of things: victoria: Iracunda Iovem ponere fulmina, *the thunders of his wrath*, H.

īrāscor, īrātus, ī, *dep.* [ira], *to be angry*, *be in a rage:* minume decet, S.: numquam sapiens irascitur: Irasci celer, H.: irascens, quod, etc., O.: qui nesciat irasci, Iu.: taurus irasci in cornua discit, *gather his rage into his horns*, V.: nostram vicem, *on our account*, L.: tibi iure, T.: huic: graviter inimicis, Cs.: patriae, N.

īrātē, *adv.* [iratus], *angrily*, Ph.

īrātus, *adj.* with *comp.* and *sup.* [*P.* of irascor], *angered*, *enraged*, *angry*, *violent*, *furious:* animus, T.: nihil feci iratus, *in anger:* quid irati sentire possunt? *in their wrath*, Cs.: tibi graviter, T.: adversario iudex: Graīs Achilles, H.: vilico iratior: in illum, T.: Caesar illis fuerat iratissimus: mare, *raging*, H.: venter, *ravening*, H.: preces, i. e. *curses*, H.: sistrum, Iu.

īre, īrī, *infin.* of eō.

Īris, idis (*acc.* Īrim, V., *voc.* Īri, O.), *f.*, = Ἶρις, *the goddess of the rainbow, messenger of the gods*, V., O.

īrōnīa, ae, *f.*, = εἰρωνεία, *irony:* sine ullā ironiā loquor.

irr-, see inr-.

is, ea, id, *gen.* ēius (sometimes monosyl. in poetry), *dat.* ēī (rarely eī or monosyl. ei), *pron. demonstr.* [2 I-]. **I.** As a weak *demonstr.* in simple reference.—As *subst.*, *he, she, it, the one mentioned* (without emphasis): fuit quidam senex Mercator: navem is fregit, T.: venit mihi obviam tuus puer; is mihi litteras abs te reddidit: sine eius offensione animi, *hurting his feelings*, Cs.—As *adj.*, *this, that, the:* ea res est Helvetiis enuntiata, Cs.: flumen est Arar . . . id flumen, etc., Cs.: ante eam diem.—**II.** Special uses.—Attracted to the following *subst.:* exsistit ea quae gemma dicitur (i. e. id, quod): quae pars maior erit, eo stabitur consilio (i. e. eius), L.—Pleonast.—After an *obj. subst.:* urbem novam, conditam vi et armis, iure eam condere parat, L.—In the phrase, id quod, referring to a fact, thought, or clause: ratus, id quod negotium poscebat, *as the situation required*, S.: id quod necesse erat accidere, *just as was unavoidable*, Cs.: si nos, id quod debet, nostra patria delectat, *and it must be the case;* cf. id de quo, L.—With *et, que, atque, neque*, in explanation or climax, *and that too, and in fact:* inquit . . . et id clariore voce, *and that*, Cs.: cum unā legione eāque vacillante: vincula et ea sempiterna: legio, neque ea plenissima, *and not even*, Cs.—In place of the *reflexive pronoun:* persuadent Rauracis, uti unā cum iis proficiscantur (i. e. secum), Cs.—With emphasis, as correlative to *qui, he, she, it, that, the one, that one:* is, qui erit adductus: haec omnia is feci, qui sodalis Dolabellae eram: qui magister equitum fuisse tibi viderere, is cucurristi, etc.—*Neut.* as *subst.*, *that:* idne estis auctores mihi? *do you advise me to that?* T.: quibus id consili fuisse, ut, etc., *who had formed the plan*, Cs.: quando verba vana ad id locorum fuerint, *hitherto*, L.: ad id quod natura cogeret, i. e. *death*, N.: id temporis, *at that time:* homo id aetatis, *of that age.*—*Abl.* with a comparative, *so much, by so much:* eo plus, quo minus, etc., *the more.*—*Acc. adverb.*, *therefore, for that reason, on that account:* id operam do, ut, etc., T.: id ego gaudeo.—In phrases, aliquid id genus scribere (i. e. eius generis), *of that sort:* ad id quod sua quemque mala cogebant, evocati, *for that purpose*, L.: ad id, quod . . . erat, accendebatur, etc., *besides the fact, that*, etc., L.: in id fide a rege acceptā, *to that end*, L.: quod ad me de Lentulo scribis, non est in eo, *is not come to that:* cum iam in eo esset, ut, etc., *just on the point of*, etc., L.: totum in eo est tectorium, ut sit concinnum, *depends on that:* ex eo, quod, etc., *from the fact that:* civitas data, cum eo, ut, etc., *with the stipulation that*, etc., L.—**III.** Praegn., *that, such, of such a sort, of the character, so great:* in id redactus sum loci, ut, etc., *to such a pass*, T.: neque is sum, qui terrear, Cs.: itaque ego is in illum sum, quem tu me esse vis: is status erat rerum, ut, etc., L.: quae causae sunt eius modi, ut, etc.: eā mecum consuetudine coniunctus est, quod, etc., *such intimacy.*

istāc, *adv.* [*abl. f.* of istic, sc. viā], *there, that way:* Abi istac, T.—Fig., *in that way, in such wise:* Nequaquam istuc istac ibit; magna inest certatio, Enn. ap. C.

istaec, see istic.

iste, a, ud, *gen.* istīus (poet. istius, V.; istius, disyl., T.; istī, T.), *pron. demonstr.* **I.** Referring to that which is at hand or present to the person addressed, *this, that, he, she:* At tu pol tibi istas comprimite manūs, *those of yours*, T.: istae minae, *those threats of yours*, L.: de istis rebus exspecto tuas litteras, *those affairs of yours:* ista subsellia, *those seats near you:* quae est ista praetura? *that prætorship of yours:* tuus iste Stoicus sapiens.—**II.** In gen., as a strong *demonstr.*, *that, this, the very, that particular, he, she, it:* erat enim ab isto Aristotele, a cuius inventis, etc.: ista divina studia: nec enim ab isto officio abduci debui: credis quod iste dicat, T.: istius ipsius in dicendo facultatis.—**III.** Praegn., *such, of such a kind:* quā re cum istā sis auctoritate, etc.: animo isto esse, N.: Egon quicquam cum istis factis tibi respondeam? T.—*That* (in irony or scorn): non erit ista amicitia, sed mercatura: animi est ista mollitia, non virtus, Cs.: iste tuus vates, O.

Isthmia, ōrum, *n.*, = τὰ Ἴσθμια, *the Isthmian games* (every five years near Corinth), L.

Isthmus or **-os**, ī, *m.*, = Ἰσθμός, *the Isthmus of Corinth*, Cs., C., L., O.

istī, old for 2 istic, *there*, V. (Ribb.).

1. istic, aec, oc and uc (with -ne, istucine), *pron. demonstr.* [iste+ce].—Referring to that which is at hand or related to the person addressed, *that of yours, that mentioned by you:* istaec res, T.: circum istaec loca commorari.—As *subst.:* istuc quidem considerabo: istoc vilius, T.: istuc fractum: Istucine interminata sum hinc abiens tibi? T.: Ego istuc aetatis, T.—As a strong *demonstr.*, *this same, this, the very:* quid istic narrat, *that fellow*, T.

2. istīc, *adv.*, *there, in that place, where you are:* quid istic tibi negotist? T.: quoniam istic sedes: quocumque istic loco constitisti, L.—*Herein, in this affair, on this occasion:* Neque istic, neque alibi, T.: Istic sum, *I am with you*, T.: istic sum, inquit, *I am listening.*

istinc, *adv.* [iste], *from there, thence, from where*

you are: istinc excludere, T.: qui istinc veniunt: Fare age iam istinc, i. e. *without moving*, V.: si istinc fraus et audacia est, hinc pudor, *on the other side . . . on this:* fortassis et istinc Largiter abstulerit actas (i. e. de his vitiis), H.

istīus modī, see modus.

istō, *adv.* [iste], *thither, to you, to where you are:* si minima causa est properandi isto mihi.—*Thereinto, in that matter:* Trabatium isto admiscere.

istōc, *adv.* [istic], *thither, that way, yonder:* accede illuc; Nimium istoc abisti, T.

istōrsum, *adv.* [isto+versum], *thitherwards*, T.

istūc, *adv.* [istic], *thither, to you, to where you are, in that direction:* Concede istuc paululum, T.: istuc sunt delapsi: istuc mens animusque Fert, H.—*To that thing, to that subject:* istuc ibam, T.

ita, *adv.* [2 I-]. **I.** In gen., referring to what precedes, *in this manner, in this wise, in such a way, so, thus, accordingly, as has been said:* des operam ut investiges sitne ita: Ita aiunt, T.: his rebus ita actis, S.: factum est ita: ita digerit omina Calchas, *such is his interpretation*, V.: quae cum ita sint, *and since this is so, and accordingly:* quod cum ita sit.—Referring to what follows, *thus, in the following manner, as follows, in this way:* ita censes; publicandas pecunias, etc., S.: is ita cum Caesare egit; si, etc., Cs.: ita constitui, fortiter esse agendum.—In affirmation, *yes, it is so, just so, true:* quid istic tibi negotist? *Dav.* mihin'? *Si.* Ita, T.: an laudationes? ita, inquit Antonius: Davusne? ita, H.: itast, T.: non est ita: ita prorsus: ita plane.—In interrogations, expecting an affirmative answer: itane? *really? truly? is it so?:* Itan credis? T.: itane est?: itane tandem?—In the phrase, quid ita? implying reproach or surprise, *why so? how is that? what do you mean?:* accusatis Sex. Roscium. quid ita?: quid ita passus est Eretriam capi? L.—**II.** Esp., in comparisons, *so, thus, just, in the same way:* ita ut res sese habet, T.: ita vero, Quirites, ut precamini, eveniat: ut homo est, ita morem geras, T.: ita loquor, quasi ego fecerim, etc.: me consulem ita fecistis, quo modo pauci facti sunt: castra ita posita, tamquam procul abesset hostis, L.—Correl. with *ut*, in parallel clauses: in pace ita ut in bello, *alike in peace*, etc., S.: ut Erysthei filios, ita suos configebat, *his own, as well as*, etc.—In oaths or emphatic wishes, *so, if it be true:* Ita me di ament, non nil timeo, i. e. *so help me*, T.: sollicitat, ita vivam, me tua valetudo: ita me referat tibi Iuppiter, V.: tecum esse, ita mihi omnia quae opto contingant, ut vehementer velim.—**III.** Praegn., of kind or quality, *so, such, of this nature, of this kind:* ita sunt res nostrae: ita inquam (i. e. hoc dico).—Of a natural consequence or inference, *so, thus, accordingly, under these circumstances, in this manner, therefore:* ita sine periculo, etc., Cs.: ita praetorium missum, L.: ita Iovis illud sacerdotium per hanc rationem Theomnasto datur: ita fit ut animus iudicet, etc., *thus it comes to pass:* ita fit ut deus ille nusquam prorsus appareat, *hence it follows.*—In restriction, *on the condition, on the assumption, in so far, to such an extent, only in so far:* haec ita administrabat, ut, etc., Cs.: cuius ingenium ita laudo, ut non pertimescam: pax ita convenerat, ut Etruscis Latinisque fluvius finis esset, L.: ita admissi captivi, ne tamen iis senatus daretur, L.—Of degree, *so, to such a degree, so very, so much:* ita fugavit Samnites, ut, etc., L.: iudices ita fortes tamen fuerunt, ut . . . vel perire maluerint, quam, etc.: ita acriter . . . itaque repente, Cs. —With *negatives, not very, not especially:* non ita magnus numerus, Cs.: non ita lato interiecto mari: accessione utuntur non ita probabili: post, neque ita multo, N.

Ītalicus (C., S., Cs., L., Ta.) or **Ītalis**, idis, *f.* (V., O.), or **Ītalus** (H.) or **Italus** (H., V.), *adj.*, *of Italy, Italian.*

ita-que, *conj.*, *and so, and thus, and accordingly:* Si cetera ita sunt ut vis, itaque ut esse ego illa existumo, T.: ita constitui, itaque feci.—In inference, *and so, accordingly, therefore, for that reason, consequently:* falsa existumans . . . itaque censuit, etc., S.: itaque ipse mea legens, sic adficior interdum: itaque rem suscipit et a Sequanis impetrat, Cs.: versis itaque subito voluntatibus, L.: nunc itaque, H.: itaque ergo amantur, T.—In resuming an interrupted thought, *accordingly, thus, and so:* itaque tum Scaevola, etc.

item, *adv.*, *likewise, besides, also, further, moreover, too, as well:* Unus et item alter, T.: Lentulus, itemque ceteri, S.: Romulus augur cum fratre item augure: Contemplator item, cum, etc., V.—In the phrase, non item, *but not, but by no means:* maxumas Mihi agebat (gratias); aliis non item, T.: corporum offensiones sine culpā accidere possunt, animorum non item.—In comparison, *just so, in like manner, after the same manner, likewise, also:* si sis Natus item ut aiunt Minervam esse, T.: fecisti item uti praedones solent: uti optio item esset, quasi dedisset, etc., L.

iter, itineris, *n.* [I-], *a going, walk, way:* dicam in itinere, *on the way*, T.—*A going, journey, passage, march, voyage:* cum illi iter instaret et subitum et longum: ut in itinere copia frumenti suppeteret, Cs.: in ipso itinere confligere, L.: ex itinere litteras mittere, S.: iter ingressus: tantum itineris contendere, *hasten:* in Italiam intendere iter, L.: iter, quod constitui, *determined upon:* iter in provinciam convertere, *direct*, Cs.: agere in rectum, O.: flectere, *change the course*, V.: iter ad regem comparare, *prepare for*, N.: supprimere, *break off*, Cs.: classe tenere, V.: die ac nocte continuato itinere, Cs.: rumpere, H.: Boi ex itinere nostros adgressi, Cs.: terrestri itinere ducere legiones, *by land*, L.: Unde iter Italiam, V.—*A journey, march* (as a measure of distance): cum abessem ab Amano iter unius diei, *a day's journey:* quam maximis itineribus contendere, *forced marches*, Cs.: confecto iusto itinere eius diei, *full day's march*, Cs.—*A way, passage, path, road:* itineribus deviis proficisci in provinciam: erant itinera duo, quibus itineribus domo exire possent, Cs.: in diversum iter equi concitati, L.: ut deviis itineribus milites duceret, N.: vocis, *passage*, V.: neque iter praecluserat unda, *cut off*, O.: iter patefieri volebat, *opened*, Cs.—*A right of way:* aquaeductus, haustus, iter, actus a patre sumitur: iter alcui per provinciam dare, Cs.—Fig., *a road, path, way:* declive senectae, O.: vitae diversum, Iu.—*A way, course, custom, method, means:* patiamur illum ire nostris itineribus: verum gloriae: amoris nostri: salutis, V.: fecit iter sceleri, O.

iterātiō, ōnis, *f.* [itero], *a repetition:* verborum.

iterō, āvī, ātus, āre [iterum], *to do a second time, repeat:* cum duplicantur iteranturque verba: saepe eadem, L.: iterata pugna, *renewed*, L.: ubi Phoebus iteraverit ortūs, *has risen a second time*, O.: cursūs relictos, H.: aequor, *embark again upon*, H.: Muricibus Tyriis iteratae vellera lanae, *dyed twice*, H.: nullis iterata priorum Ianua, *reached again*, O.: agro arato . . . iterato, *ploughed a second time:* truncis Lapsa cavis iterare mella, *celebrate*, H.

iterum, *adv.*, *again, a second time, once more, anew:* huc revorti iterum, T.: duxit iterum uxorem: Lepidus, imperator iterum: Pennus, iterum (consul), L.: bis rem p. servavi, semel gloriā, iterum aerumnā meā: cum his semel atque iterum armis contendisse, Cs.: iterum atque tertium tribuni, L.: iterum et saepius: iterum atque iterum spectare, *again and again*, H.: iterumque iterumque vocavi, V.—*In turn, again, on the other hand:* sinu effuso, *having loosed again the fold*, L.: iterum accusandi causae, Ta.

itidem, *adv.* [ita], *in like manner, so, just, in the same way:* tibi quae dixi, dicam itidem illi, T.: temperantia in suas itidem res, et in communes distributa est: itidem in hac re, ut in aliis, T.

itiō, ōnis, *f.* [I-], *a going, walking, travelling:* itiones crebrae, T.: reditum ac domum itionem dari.

itō, —, —, āre, *freq.* [eo], *to go:* ad cenas.

itus, ūs, *m.* [I-], *a going away, departure:* noster.

iuba, ae, *f.* [DIV-], *a mane, flowing hair on the neck:* equus ille iubam quatiens, C. poët.: iubae equorum, Cs.: luduntque iubae, etc., V.: equinae, O.—*A crest:* triplici crinita iubā galea, V.: iubas Divini adsimulat capitis, i. e. *the helmet*, V.—*A beard:* mullorum, Iu.

iubar, arīs, *n.* [DIV-], *radiance, light, splendor, brightness, sunshine:* iubare exorto, V.: Quintus nitidum iubar extulit Lucifer, O.: Hanc animam, Fac iubar, i. e. *make into a constellation*, O.

iubātus, *adj.* [iuba], *crested:* anguis, L.

iubeō, iussī (iūsti, for iussistī, T.; iūssō, for iusserō, V.; iūsse, for iussisse, T.), iūssus, ēre, *to order, give an order, bid, tell, command:* iubesne? iubeo, cogo, T.: non iubeo: defessa iubendo, O.: sic iubeo, stat pro ratione voluntas, Iu.: reverti iubet: Flores ferre iube, *give orders*, H.: iubes renovare dolorem, V.: hunc iubet sine curā esse: eos suum adventum exspectare, Cs.: alquem necari, S.: pontem rescindi, Cs.: ut haec quoque referret, etc.: ut classem traiceret, L.: senatus decrevit populusque iussit, ut, etc.: iube, mihi denuo Respondeat, T.: iubentes in Africam traiceret, L.: litterae non quae te aliquid iuberent, sed, etc.: Nero iussit scelera, Ta.: Illud ad haec iubeo, H.: Iunoni iussos adolemus honores, V.: uti iussi erant, S.: quod iussi sunt faciunt, Cs.: pendere poenas iussi, V.: Stellae sponte suā iussaene vagentur, H.—*To wish, desire, entreat, bid:* sperare nos amici iubent: Dionysium iube salvere, *salute him for me:* iubeo Chremetem (sc. salvere), T.—Of a proposed law, *to order, decree, ratify, approve, enact:* quae scisceret plebs aut quae populus iuberet: dicere de legibus iubendis aut vetandis: cives prava iubentes, H.: rogationem promulgavit, 'vellent, iuberent Philippo regi bellum indici,' etc., *put it to vote, did they decree*, etc.—*To designate, appoint, assign:* Tullum regem populus iussit, L.: alquem imperatorem, S.: ei provinciam Numidiam, *allot*, S.: Iussa mori, *as a sacrifice*, V.: perire iussus, H.: si volucres habuissem regna iubentes, O.—In medicine, *to prescribe, order:* Quod iussi ei dari bibere, date, T.: aegrotus, qui iussus sit vinum sumere.

iūcundē (iōc-), *adv.* with *comp.* and *sup.* [iucundus], *agreeably, delightfully:* vivere: cenam producere, H.: bibere iucundius: iucundissime vivere.

iūcunditas (iōc-), ātis, *f.* [iucundus], *agreeableness, pleasantness, delight, enjoyment:* agri: epistula plena iucunditatis: dare se iucunditati, *to enjoyment:* ea est in homine iucunditas, ut, *cheerfulness:* plurimae tuae iucunditates, *good offices.*

iūcundus (iōc-), *adj.* with *comp.* and *sup.* [DIV-], *pleasant, agreeable, delightful, pleasing:* est mihi iucunda vestra erga me voluntas: id vero militibus fuit iucundum, Cs.: praemia, H.: Crispi iucunda senectus (i. e. senex iucundus), Iu.:

epulis iucundiora, S.: officia iucundiora: bonum iucundius vitā, Iu.: conspectus vester est mihi multo iucundissimus. — *Plur. n.* as *subst.*: et iucunda et idonea dicere vitae, H.

Iūdaicus or **Iūdaeicus,** *adj., Jewish:* aurum: bellum, Ta.: ius, Iu.: panis, *unleavened,* Ta.

iūdex, icis, *m.* and *f.* [ius+DIC-], *a judge, juror:* verissimus: nequam et levis: severissimi atque integerrimi: te ipsum habebo iudicem: quem si ferrem iudicem, *proposed:* ferre Volscio iudicem, L.: iudicem dicere, i. e. *submit to trial,* L.: dare iudicem, *to grant a judge* (of the praetor): optimum quemque in selectos iudices referre, *the jury.* — Fig., *a judge, decider, umpire:* iniqui sunt patres in adulescentīs iudices, T.: aequissimus eorum studiorum: me iudice, *in my judgment,* O.: Grammatici certant et adhuc sub iudice lis est, H. — *A critic, connoisseur, scholar:* Iudicis argutum acumen, H.: subtilis veterum, H.: morum, i. e. *a censor,* Iu.

iūdicātiō, ōnis, *f.* [iudico], *a judging, investigating:* Longi subselli.—*A judicial examination:* Iudicatio est, etc. — Fig., *a judgment, opinion:* iudicatio se scire quod nesciat.

iūdicātum, ī, *n.* [*P. n.* of iudico], *a decision, judgment, decree:* iudicatum facere, *to carry out.* —*An award, fine:* solvere.

1. iūdicātus, *adj.* [*P.* of iudico], *decided, determined:* res iudicata, *a precedent:* infirmatio rerum iudicatarum. — As *subst.*, *a condemned person:* iudicatum duci.

2. iūdicātus, ūs, *m.* [iudico], *a judgeship, office of judge:* isti ordini iudicatus non patebit.

iūdiciālis, e, *adj.* [iudicium], *of a court of justice, judicial:* ius: tabella: genus (dicendi), *juridical pleading.*

iūdiciārius, *adj.* [iudicium], *of the courts, judiciary:* lex: quaestus: controversia.

iūdicium, ī, *n.* [iudex], *a judgment, judicial investigation, trial, legal process, sentence:* omnia iudicia reperta sunt, etc.: dignitatis meae, *concerning:* de meā fide: inter sicarios, *for assassination:* vocare in iudicium, *summon into court:* in Lurconis libertum iudicium ex edicto dedit, *granted a trial:* iudicium accipere, *undertake a trial:* pati, *submit to:* iudicium summum habere, *jurisdiction,* S.: damnatus inani iudicio Marius, Iu.: in iudicium venit, *came into court,* N.—*A judgment, decision, opinion, conviction:* eius iudicio permitto omnia, T.: animi, S.: omnium mortalium: de alquo optimum facere, Cs.: iudicium facere, quanti quisque sibi faciendus esset, *decide:* de quo homine tanta et tam praeclara iudicia fecistis, i. e. *have conferred so great honors:* ut iudiciis fruar īsdem, *principles,* H.—*The power of judging, judgment, discernment:* subtile, H.: si quid mei iudici est, *if I can judge of it:* meo iudicio, *in my judgment:* id iudicio facere, i. e. *with discretion:* copias iudicio conducere, Cs.

iūdicō, āvī, ātus, āre [iudex], *to examine judicially, judge, be a judge, pass judgment, decide:* cum magistratus iudicassit: ordo alius ad res iudicandas postulatur: iudicandi potestas, *jurisdiction:* iudicantem vidimus Aeacum, H.: recte et ordine: causa iudicata: inclytum iudicium.—*To condemn:* quoad vel capitis vel pecuniae iudicasset privato, L.: iudicati pecuniae, L.: Horatio perduellionem, *convict of treason,* L.—*To judge, judge of, form an opinion upon, pronounce judgment:* illos ex tuo ingenio, T.: aliquid oculorum fallacissimo sensu: ex quo iudicari posse, quantum, etc., *be inferred,* Cs.: sibi me non esse inimicum: eos contra rem p. fecisse, S.: Iove aequo, i. e. *sanely,* H.—*To declare, proclaim:* te fortunatam, T.: alquos hostīs, S.: iudicetur non consul Antonius: cuius rei exemplum pulcherrimum iudicarem, Cs.—*To determine, resolve, conclude:* de itinere, Cs.: mihi iudicatum est deponere, etc.

iugālis, e, *adj.* [iugum], *of a yoke, yoked together:* equi iumentaque, Cu.—*Plur. m.* as *subst.*, *a team:* gemini, V. — *Matrimonial, nuptial:* ne cui me vinclo sociare iugali, V.: dona, O.

Iugārius, *adj., of Iuno Iuga* (goddess of marriage): vicus (in which stood her altar), L.

iugātiō, ōnis, *f.* [iugo], *a binding.*

iugātus, *adj.* [*P.* of iugo], *connected, dependent:* virtutes inter se: verba, *kindred.*

iūgerum, ī, *n.; gen. plur.* iūgerūm; *dat.* and *abl.* iūgeribus, *n.* [IV-], *an acre, juger* (containing 28,000 square feet): decumanum: quaterna in singulos iugera, Cs.: nescio quotenorum iugerum: per tota novem iugera Porrigitur, V.: immetata quibus iugera Fruges ferunt, i. e. *lands,* H.: novem Iugeribus distentus, O.

1. iūgis, e, *adj.* [IV-], *joined together:* auspicium, i. e. *of a yoke of oxen.*

2. iūgis, e, *adj.* [VIV-], *fresh, living, perennial:* putei: aqua, S., H.

iūglāns, glandis, *f.* [Iovis+glans], *a walnut, walnut-tree:* iuglandium putamina.

iugō, āvī, ātus, āre [iugum], *to bind, marry:* alcui intactam, V.: decreta super iugandis Feminis, H.

iugōsus, *adj.* [iugum], *mountainous:* silvae, O.

iugulō, āvī, ātus, āre [iugulum], *to cut the throat, kill, slay, murder:* finis iugulandi, S.: civīs iugulari iussit: homines, H.: tum rite sacratas In flammam iugulant pecudes, *slaughter and throw,* V.—Fig., *to destroy, overthrow:* Pompeianorum causa totiens iugulata: Memnona, *murder* (in bad verse), H.—*To choke off, confute, convict, silence:*

hominem, T.: iugulari suā confessione: Suo sibi gladio hunc iugulo, *foil with his own devices*, T.: gladio plumbeo, i. e. *without difficulty*.

iugulum, ī, *n.* (**iugulus**, ī, *m.*, Iu.), *dim.* [iugum], *the collar-bone, hollow part of the neck:* iugula concava habere.—*The throat, neck:* mucrones a iugulis vestris deiecimus: recludere stricto ense, O.: iugulos aperire susurro, Iu.: dare iugulum Clodio, *offer.*—Fig., *a slaughter, murder:* Electrae iugulo se polluere, Iu.

iugum, ī, *n.* [IV-], *a yoke, collar:* in iugo insistere, Cs.: bestiis iuga imponimus: (bos) iuga detractans, V.: iuga demere Bobus, H.—*A yoke, pair, team:* ut minus multis iugis ararent: inmissa iuga, *pair of horses*, V.: curtum temone iugum, Iu.—*A yoke* (of spears, the symbol of defeat): legionibus nostris sub iugum missis: sub iugum abire, L.: Hesperiam sub iuga mittant, *subjugate*, V.—*The constellation Libra:* in iugo cum esset luna.—*The beam of a weaver's loom:* tela iugo vincta est, O.—*A bench in a ship* (for passengers): per iuga longa sedere, V.—*A height, summit, ridge, chain of mountains:* in inmensis iugis, O.: montis, V.: iugis pervenire, Cs.: separatis in iugis, H.: suspectum iugum Cumis, Iu.—Fig., *a pair:* iugum impiorum nefarium.—*A yoke, bonds, burden, fetters:* cuius a cervicibus iugum servile deiecerant: aëneum, H.: exuere, *shake off*, Ta.: ferre iugum, *the yoke of marriage*, H.: iactare iugum, i. e. *to be restive*, Iu.

Iūlēus, *adj.* **I.** *Named from Iulus:* Iulei avi, O.—**II.** *Named from Julius Cæsar; hence, of the month of July:* Kalendae, O.

Iūlius (poet. sometimes quadrisyl.), *adj.*, *Julian, of Julius:* domus, V., O.: lex, Cs., C.: edicta, *of Augustus*, H.: unda, *a harbor of Campania, built by Augustus*, V.

iūmentum, ī, *n.* [IV-], *a beast for hauling, draught-animal, beast of burden, horse, mule, ass:* iumenta onerat, S.: iumento nihil opus est (i. e. equo): sarcinaria, *beasts of burden*, Cs.: servi ut taceant, iumenta loquentur, Iu.—*Sing. collect.:* iumento et canibus relictis, Iu.

iunceus, *adj.* [iuncus], *made of rushes:* vincula, O.—Fig., *slim, slender:* alquam reddunt iunceam, T.

iuncōsus, *adj.* [iuncus], *full of rushes:* litora, O.

iūnctiō, ōnis, *f.* [IV-], *a joining, uniting.*

iūnctūra, ae, *f.* [IV-], *a joining, uniting, juncture, joint:* tignorum, Cs.: iuncturae verticis, *sutures*, O.: laterum iuncturas fibula mordet, *the united ends of the girdle*, V.—Fig., *a connection:* generis, i. e. *consanguinity*, O.—Of words, *a joining together:* callida, i. e. *a happy phrase*, H.

iūnctus, *adj.* with *comp.* and *sup.* [*P.* of iungo], *united, connected, associated, kindred:* iunctis Frontibus, *in a line*, V.: Per dies et iunctas noctīs, *following*, O.: causa cum exitu iunctior: iunctissimus illi comes, *most attached*, O.: ad iunctissimos pertinere, *the nearest of kin*, Ta.

iuncus, ī, *m.*, *a rush:* Limosus, V.: acutā cuspide iunci, O.

iungō, ūnxī, ūnctus, ere [IV-], *to join together, unite, connect, attach, fasten, yoke, harness:* Narcissum et florem anethi, V.: ostia, *shut*, Iu.: iunctas quatere fenestras, H.: oscula, *exchange*, O.: da iungere dextram, *clasp*, V.: Ticinum ponte, *span*, L.: ratibus flumen, *bridge*, L.: iunctae umbone phalanges, Iu.: pontīs et propugnacula, i. e. *connect the bulwarks by bridges*, V.: hoc opus ut aedificio iungatur, Cs.: Humano capiti cervicem equinam, H.: mortua corpora vivis, V.: se Romanis, L.: Ne castris iungant (i. e. se), V.: tigna bina inter se, Cs.: corpora inter se iuncta: erat cum pede pes iunctus, O.: digitis medio cum pollice iunctis, O.—*To harness, yoke, attach:* angues ingentes alites iuncti iugo, Pac. ap. C.: iunge pares, i. e. *in pairs*, V.: grypes equis, V.: curru Equos, *to the car*, V.: raeda equis iuncta: iuncta vehicula mille, L.—In *P. pass.*, *adjoining, continuous with:* iuncta pharetratis Sarmatis ora Getis, O.—Of troops, etc., *to join, unite:* cum fratre copias, L.: agmina, V.—*To add, give in addition:* Commoda praeterea iungentur multa caducis, Iu.—*To make by joining:* camera lapideis fornicibus iuncta, *built with*, S.—*To bring together, join, unite:* cum hominibus consuetudines: an virtus et voluptas inter se iungi possint.—Of persons, *to join, unite, bring together, associate, attach, ally:* nos sibi amicos, T.: se tecum omni scelere: se Romanis, *make an alliance with*, L.: (eam) conubio, *give in marriage*, V.: me sibi, *marry*, V.: variis albae iunguntur columbae, O.: si populus R. foedere iungeretur regi, L.: hospitio cum iungeret absens (i. e. se), V.—*To make by joining, enter into:* cum hominibus amicitiās: societatem cum populo R., L.—Of words, *to join, unite, make by joining, compound:* iuncta verba: carmina, *compose*, V.

iūnior, *comp.* of iuvenis.

iūniperus, ī, *f.*, *the juniper-tree*, V.

Iūnō, ōnis, *f.*, *a daughter of Saturn, sister and wife of Jupiter, goddess of marriage*, C., V., H., O.: Iuno Lucina, T.: urbs Iunonis, i. e. *Argos*, O.—Prov.: Iunonis sacra ferre, i. e. *to walk as in solemn procession*, H.—Iuno inferna, i. e. *Proserpine*, V.; called Averna, O.

Iūnōnālis, e, *adj.*, *of Juno:* tempus, i. e. *the month of June*, O.

Iūnōnicola, ae, *m.* [Iuno+COL-], *a worshipper of Juno*, O.

Iūnōnigena, ae, *m.* [Iuno+GEN-], *born of Juno*, i. e. *Vulcan*, O.

Iūnōnius, *adj.*, *of Juno, Junonian*, V., O.

Iuppiter (Iūpi-), Iovis, *m.* [DIV-], *Jupiter, Jove, son of Saturn, brother and husband of Juno, chief of the gods, god of the sky*, Cs., C., L., H., V., O.: Iovis stella, *the planet Jupiter.—Heaven, sky, air:* sub Iove frigido, H.: metuendus (i. e. pluvius), V.: sub Iove, *in the open air*, O.: loci, *temperature*, O.: Iuppiter Stygius, i. e. *Pluto*, V.: Iovis auribus ista Servas, i. e. *of Augustus*, H.

iūrātor, ōris, *m.* [iuro], *a swearer, assistant of the censor, sworn census-clerk*, L.

iūrātus, *adj.* [*P.* of iuror], *sworn, under oath, bound by an oath:* qui iuratus apud vos dixit: homines, *jurors:* testis, Iu.: in eadem arma, O.—As *subst. m.:* huius iurati testimonium, *witness.*—As *subst. n.:* iurata, *solemn vows.*

iūre, see 2 iūs.

iūre-cōnsultus, see consultus.

iūrgium, ī, *n.* [ius+1 AG-], *a quarrel, strife, dispute, altercation, contention:* inde ad iurgium, T.: iurgiis trahendo tempus, S.: benevolorum concertatio iurgium dicitur: iurgia iactare, *quarrel*, V.: vicina refugere iurgia, H.: pavidus contra mea iurgia, *reproaches*, V.: alterna iurgia, Iu.

iūrgō, āvī, ātus, āre [*iūrigus; IV-], *to quarrel, brawl, dispute, scold:* Cedo, quid iurgabit tecum? T.: iurgare vicinos, non litigare: haec iurgans agebat, *with expostulation*, L.: istis Iurgatur verbis, *is reproached*, H.

iūridiciālis, e, *adj.* [iuridicus], *relating to right, of justice:* genus: quaestio.

iūris cōnsultus, *a lawyer;* see consultus.

iūris dictiō, see dictio.

iūris perītus, *learned in the law;* see peritus.

iūrō, āvī, ātus, āre [2 ius], *to swear, take an oath:* si aram tenens iuraret: ex animi tui sententiā, *without reservation:* Boeotum in crasso iurares aëre natum, H.: falsum, *swear falsely:* vere: testari deos per quos iuravisset, S.: per Iovem, *by Jupiter:* aedilis, qui pro se iuraret, *in his stead*, L.: idem omnis exercitus in se quisque iurat, i. e. *each soldier individually*, L.: Numquam ducturum uxorem, T.: se eum non deserturum, Cs.: verissimum ius iurandum.—With *in* and *acc.*, *to swear to observe, swear allegiance, vow obedience, adopt under oath:* in legem: in leges, L.: in haec verba iurat ipse, *takes this form of oath*, Cs.: cur in certa verba iurent: in haec verba iures postulo, *in this form of words*, L.: in verba magistri, *echo the sentiments*, H.—*To swear by, attest, call to witness:* Terram, Mare, Sidera, V.: Iovem lapidem: quaevis tibi numina, O.: Samothracum aras, Iu.: Iurandae tuum per nomen arae, H.: dis iuranda palus, *the Styx, by which the gods swear*, O.—*To swear to, attest by an oath:* morbum, *to the fact of sickness:* id (nomen) iurare in litem, *swear to a debt.*—With *person. obj.*, *to swear, bind by an oath, cause to swear* (only *perf. pass.*): iudici demonstrandum est, quid iuratus sit: lex, in quam iurati sitis: iuratus se eum interempturum, L.—*To conspire:* In me, O.: in facinus, O.—In the phrase: iurare calumniam, *to swear that an accusation is not malicious*, L.

(**iūror**, ātus, ārī, *dep.*), see iuro and iuratus.

1. iūs, iūris, *n.* [IV-], *broth, soup, sauce:* hesternum, T.: fervens: tepidum, H.—In a pun: Verrinum, *hog-broth* (the justice of Verres).

2. iūs, iūris (*dat.* iūre, L.; *plur.* only *nom.* and *acc.*), *n.* [IV-], *that which is binding, right, justice, duty:* ius hominum situm est in societate, etc.: obtinere, *maintain:* de iure alicui respondere, *lay down the law:* clienti promere iura, H.: qui Romae ius dicit, *sits as judge:* iura populis dare, V.: publicum, *common right*, T.: iura communia, *equal rights:* gentium, *universal law:* si ab iure gentium sese (populus R.) prohibuerit, *the law of nations*, S.: civile, *civil law:* coniugialia, O.: iuris nodos solvere, Iu.: hoc iure molesti Quo fortes, i. e. *on the same principle as*, etc., H.—*Abl. adverb.*, *by right, rightfully, with justice, justly:* tibi iure irasci, T.: iure ac merito: optimo iure: iusto iure, L.: non agam summo iure tecum, i. e. *with the utmost rigor:* 'summum ius, summa iniuria.'—*A place where justice is administered, court of justice:* in ius ambula, *before a magistrate*, T.: in ius ire, N.: ad praetorem in ius adire: in ius acres procurrent, H.: raptus in ius ad regem, L.: de controversiis iure disceptare, Cs.: Iura magistratūsque legunt, *judges*, V.—*Justice, justness:* causae, L.—*Legal right, power, authority, permission, prerogative:* omnia Pro meo iure agere, *exert my authority in*, T.: scio meum ius esse, ut te cogam, *I have the right*, T.: nullius earum rerum consuli ius est, S.: materiae caedendae, L.: civitatis, *citizenship:* capiendi, Iu.: testandi, Iu.: patrium, *the power of life and death over one's children*, L.: (homo) sui iuris, *his own master, independent.*—*An oath:* iuris peierati poena, H.

iūs iūrandum (often as one word, **iūsiūr-**), iuris iurandi, *an oath:* Dabo ius iurandum nil esse, T.: ad ius iurandum popularis adigere, S.: idem ius iurandum adigit Afranium, *made him take*, Cs.: iure iurando civitatem obstringere, *bind under oath*, Cs.: iure iurando teneri, *be bound by an oath.*

iūssō, for iūsserō; see iubeo.

iūssum, ī, *n.* [*P. neut.* of iubeo], *an order, command, ordinance, law:* deorum immortalium iussa: iussis vostris oboediens, S.: horrida iussa, V.: iussis carmina coepta tuis, V.: efficere, *execute*, S.: capessere, *accept*, V.: flectere, *divert*, V.:

minister iussorum meorum, O.: populi nostri iussum.—*A physician's prescription:* iussa medicorum ministrare, O.

1. iūssus, *P.* of iubeo.

2. (iūssus, ūs), *m., an order, command, decree, ordinance* (only *abl. sing.*): vestro iussu coactus: lecti iussu populi, L.: sine populi iussu, S.: dei, V.: Neronis, Iu.

iūstē, *adv.* with *comp.* and *sup.* [iustus], *rightly, justly, equitably, duly:* accusare: Ambo miseri, sed iustius illa, *with better cause*, O.: ornare hunc iustissime.

iūstificus, *adj.* [iustus+2 FAC-], *that acts justly:* mens deorum, Ct.

iūstitia, ae, *f.* [iustus], *justice, equity, righteousness, uprightness:* labore atque iustitiā res p. crevit, S.: summa hominis: erga deos.—Person., V.: potens, H.—*Clemency, compassion:* pro eius iustitiā impetrare, Cs.: tua, T.

iūstitium, *n.* [2 ius+STA-], *a suspension of the courts, judicial vacation, holiday:* iustitium edici oportere: quadriduum, L.: iustitium remittitur, L.—*A public mourning*, Ta.

iūstus, *adj.* with *comp.* and *sup.* [2 ius], *just, upright, righteous:* iudex: in socios: qui omnium iustissimus fuisse traditur.—*In accordance with law, right, equitable, just:* lex: supplicia: bella, O.: iustissimos triumphos videre.—*Lawful, rightful, true, proper:* uxór: hymenaei, V.: iustā matre familiae ortus (opp. paelice), L.: iustissima (causa transeundi), Cs.: iustissimum imperium, Cs. —*Plur. n.* as *subst., rights, privileges:* noscere Tua iusta, T.: servis iusta praebere.—*Due ceremonies, formalities:* omnia iusta in deditionem perfecta, L.: iustis omnibus hospitalibus fungi, L.—*Funeral rites, obsequies:* illi iusta magnifice facere, S.: iustis funebribus confectis, Cs.: omnia paterno funeri iusta solvere. —*Proper, perfect, complete, reasonable, suitable, sufficient, right:* excusatio: proelium, *fair*, L.: iter, *a regular day's march*, Cs.: duo iusti exercitūs, *complete*, L.: eloquentia, *true:* poëma, H.: querellae Haud iustae, *unfounded*, V.—*Moderate, mild, gentle, easy:* ut iustioribus utamur iis, qui, etc.: Apud me servitus, T.—As *subst. n., that which is right, the just, justice:* sententia iusti ac veri legendi: plus iusto, *more than is right, too much*, H.: (tellus) iusto Laetior, *too exultant*, V.: gravius iusto dolere, O.: iustorum iniustorumque distinctio.

iūtus, *P.* of iuvo.

iuvenālis, e, *adj.* [iuvenis], *youthful, juvenile, suitable for young people:* amor, V.: ludus, L.: anni, O.—*Plur. n.* as *subst., youthful games*, Ta.

iuvenāliter, *adv.* [iuvenalis], *in a youthful manner, youthfully:* Iecit aurum, O.—*Rashly, improvidently*, O.

iuvenca, ae, *f.* [iuvencus], *a young cow, heifer:* formosa, V.: votiva, H.—*A girl:* Graia, i. e. *Helen*, O.: tua, H.

iuvencus, ī, *m.* [iuvenis], *a young bullock:* aratra iugo referunt suspensa iuvenci, V.: fessi iuvenci, O.: Te suis matres metuunt iuvencis, *young men*, H.

iuvenēscō, —, —, ere, *inch.* [iuvenis], *to attain youth, grow up:* vitulus . . . largis iuvenescit herbis, H.—*To grow young, regain youth:* Pylius iuvenescere posset, O.

iuvenīlis, e, *adj.* with *comp.* [iuvenis], *of youth, youthful, juvenile:* dicendi impunitas: membra, Iu.: suis semper iuvenilior annis, O.: sidus iuvenile nepotes, *a youthful constellation*, O. —*Plur. n.* as *subst.:* iuvenilia lusi, O.

iuvenīliter, *adv.* [iuvenilis], *after the manner of youth:* exsultare.

iuvenis, is, *adj.* with *comp.* iūnior (once iuvenior, Ta.) [DIV-], *young, youthful:* filius, Ta.: iuvenes anni, O.: iuvenes premere Medos, Iu.: toto iunior anno, H.: dis iunioribus permisit ut, etc.: quamvis iuvenior, adligari se patitur, Ta.— As *subst. m.* and *f., one in the flower of age, a young person, youth* (i. e. between twenty and forty years): infirmitas puerorum, et ferocitas iuvenum: simul ac iuvenes esse coeperunt: iuvenes fervidi, H.: Si iuvenis vetulo non adsurrexerat, Iu.: Telluris iuvenes, *sons*, H.: iuvenes ipsius consulis, *sons*, Iu.: edicitur delectus: iuniores ad nomina respondent, L.: iuniorum centuriae (under forty-six years of age).—*Fem.:* pulchra, Ph.

iuvenor, —, —, ārī, *dep.* [iuvenis], *to act with youthful indiscretion, wanton:* teneris versibus, H.

iuventa, ae, *f.* [iuvenis], *the age of youth, youth:* membra decora iuventā, V.: primā a parte iuventae: ita se a iuventā gessisse, L.: citra iuventam, *in boyhood*, O.—*Youth, young folk:* docilis, H.—Person., *the goddess of youth*, O.

iuventās, ātis, *f.* [iuvenis], *the age of youth, youth*, V.; of the eagle, *youthful vigor*, H.—Person., *youth, the goddess of youth*, C.: comis, H.

iuventūs, ūtis, *f.* [iuvenis], *the age of youth, youth* (from twenty to forty): quae iuventute geruntur et viribus: iuventutem suam exercuit, S. —*Young persons, youth:* pleraque, S.: omnis: Troiana, V.: Alcinoi, i. e. *Phaeacians*, H.: alios caedit sua quemque iuventus, *pupils*, Iu.: favis emissa, *brood* (of bees), V.: princeps iuventutis, *first among the knights.*

iuvō, iūvī, iūtus (iuvātūrus, S.), āre [DIV-], *to help, aid, assist, further, serve, support, benefit:* aut consilio aut re, T.: non multum ad summam victoriae, Cs.: alquem commeatu: domum atque liberos, H.: te portuque locoque, *by affording harbor and house*, O.: Audentīs Fortuna iuvat, V.:

nostros commeatūs periculo suo, *further:* qui salutari iuvat arte fessos, H.: deis iuvantibus, *with the help of*, S.: me, dis iuvantibus, exspecta: quid te iuvat iudicium?: Nos aliquid, *a little*, V.: quorum opibus iuvantur, Cs.: viatico a me iuvabitur, L.: iuvat Ismara Baccho Conserere, *it is of use*, V.: quid docuisse iuvabat? O.—*To delight, gratify, please:* quod iuvat, id faciant, S.: Non omnīs arbusta iuvant, V.: nec me vita iuvaret, L.: Multos castra iuvant, H.: iuvit me, tibi tuas litteras profuisse, *I was delighted:* haec olim meminisse iuvabit, *will be a pleasure*, V.: thure iuvat Placare deos, H.

1. iūxtā, *adv.* [for *iūgistā, *abl. f. sup.* from iūgis], *near to, nigh, near at hand, near, near by, hard by, close to, by the side of:* legio, quae iuxta constiterat, Cs.: sellam iuxta ponere, S.: furiarum maxima iuxta Accubat, V.: accedere iuxta, O.—*In like manner, equally, alike on a par:* eorum ego vitam mortemque iuxta aestimo, S.: ceteri iuxta insontes, L.: res parva ac iuxta magnis difficilis, L.: iuxta eam rem aegre passi patres, quam cum viderent, etc., i. e. *were just as indignant*, L.: iuxta mecum omnes intellegitis, S.: absentium bona iuxta atque interemptorum divisa fuere, L.: iuxta ac si meus frater esset, *just as if:* iuxta ac si hostes adessent, S.: litteris Graecis atque Latinis iuxta eruditus, S.

2. iūxtā, *praep.* with *acc.* [1 iuxta], *very near, close to, near to, hard by:* iuxta eum castra posuit, Cs.: iuxta focum agunt, Ta.: hanc (aram) iuxta, N.: vicina Ceraunia iuxta, V.—*Next to, immediately after, beside, on a par with:* iuxta divinas religiones, humana fides colitur, L.—*Near, approaching to, like, almost the same as:* velocitas iuxta formidinem, cunctatio propior constantiae est, Ta.—*Along with, together with:* inimicitiae iuxta libertatem, *among a free people*, Ta.—*In consequence of, in accordance with:* huic consuetudo iuxta vicinitatem cum Aebutio fuit, L.

K.

Kalendae (Cal-; often written K), ārum, *f.* [1 CAL-], *the day of proclamation, Calends, first day of the month:* Kalendis Decembribus, *on December* 1: pridie Kalendas Maias, *the last day of April:* tristes Kalendae, i. e. *pay-day*, H.: celeres, O.—The Kalends were sacred to Juno, and the first day of the year, Kalendae Martiae, was the festival of married women, the Matronalia: Martiis caelebs quid agam Kalendis, H.: femineae, Iu.: Sextae, *the Calends of June*, O.: Nec totidem veteres, quot nunc habuere Kalendas, i. e. *months*, O.

L.

labāscō, —, —, ere, *inch.* [labo], *to waver, yield:* Labascit victus uno verbo, T.

lābēcula, ae, *f. dim.* [labes], *a slight stain, reproach:* viro labeculam aspergere.

labefaciō, fēcī, factus, ere; *pass.* labefīō, factus, fierī [labo+facio], *to cause to totter, shake, loosen, make ready to fall:* dentīs mihi, T.: partem muri, Cs.: Charta a vinclis non labefacta suis, *opened*, O.: labefacta iugera, i. e. *deeply ploughed*, V.: calor labefacta per ossa cucurrit, *relaxed*, V.—Fig., *to cause to waver, shake:* alquem: animus vario labefactus volnere, O.: primores, *to shake in allegiance*, Ta.: magno animum labefactus amore, *disquieted*, V.—*To shake, weaken, overthrow, ruin, destroy:* (res p.) labefacta: quo iura plebis labefacta essent, L.

labefactō, āvī, ātus, āre, *freq.* [labefacio], *to cause to totter, shake, overthrow:* signum vectibus. —Fig., *to shake, throw down, overthrow, destroy, ruin, weaken:* illius dignitatem: ad iudicem causam labefactari animadvertunt: labefactarat aratores superior annus: fidem pretio.—*To weaken in purpose, move:* ab eā astute labefactarier, T.

labefactus, labefīō, see labefacio.

1. labellum, ī, *n. dim.* [1 labrum], *a little lip:* Platoni cum apes in labellis consedissent: calamo trivisse labellum, V.: extendere, *pout*, Iu.

2. labellum, ī, *n. dim.* [2 labrum], *a small basin* (for libations).

lābēs, is, *f.* [2 LAB-], *a falling, sinking in, subsidence:* ut multis locis labes factae sint: terrae, L.—*A fall, stroke, ruin, destruction:* innocentiae: prima mali, *first stroke of misfortune*, V. —*A spot, blot, stain, blemish, defect* (poet.): tractata notam labemque remittunt Atramenta, H.: Victima labe carens, *spotless*, O.—Fig., *a stain, blot, stigma, disgrace, discredit:* domestica: labem integris inferre: domus sine labe, Iu.: vita sine labe peracta, O.: conscientiae labīs in animo habere. —*A cause of ruin, disgrace, scandal, reproach:* (Verres) provinciae, *scourge:* civitatis (of a bad law): labes illa atque caenum, *filthy wretch.*

labium, ī, *n.* [1 LAB-], *a lip:* tremulus labiis demissis, T.

labō, āvī, ātus, āre [2 LAB-], *to totter, be ready*

to fall, begin to sink, give way, be loosened: illud (signum) lababat: labat ariete crebro Ianua, V.: labant naves, *roll*, O.: littera labat, *is unsteady*, O.: tarda trementi Genua labant, *sink*, V.: egressi labant vestigia prima, V.—Fig., *to waver, be unstable, be undecided, hesitate:* scito, labare meum consilium: labamus mutamusque sententiam: apparuit labare plebis animos, L.: labantes consilio patres, H.: socii labant, *waver in fidelity*, L.: ex nimiā mentem pietate labare Sensit, O.: memoria labat, *becomes weak*, L.: acies labantīs restituere, Ta.—*To sink, fall to pieces, go to ruin:* omnīs rei p. partīs labantīs confirmare: labante egregiā quondam disciplinā, L.: cum res Troiana labaret, O.

1. **lābor**, lapsus, ī (lābier, H.), *dep.* [2 LAB-], *to glide, slide, move, slip, float, pass, flow:* Per sinūs, *in folds*, O.: Ille inter vestīs et levia pectora lapsus Volvitur, V.: Ut rate felici pacata per aequora labar, O.: sidera, quae vagā ratione labuntur: Labere, nympha, polo, *from heaven*, V.: e manibus custodientium lapsus, *escaped*, Cu.—*To sink, fall:* Labitur exsanguis, V.: super terram, O.: in rivo: levi sanguine, *slip*, V.: pede lapsus, *stumbling*, H.: umor in genas Furtim labitur, H.: Perque genas lacrimae labuntur, O.: multa in silvis Lapsa cadunt folia, V.: labentes oculos condere, *falling*, O.—Fig., *to move gently, be led insensibly, glide, pass, elapse:* sed labor longius, ad propositum revertar, *am led:* ad opinionem: in vitium, H.: oratio placide labitur: labi somnum sensit in artūs, O.: nostro illius labatur pectore voltus, *be lost*, V.: Eheu fugaces Labuntur anni, H.: lustris labentibus, V.: forte lapsa vox, Ta.—*To sink, incline, decline, begin to fall, go to ruin, perish:* quibus de rebus lapsa fortuna accidat, Enn. ap. C.: equitem Romanum labentem excepit: eo citius lapsa res est, L.: fides lapsa, O.: lapsis quaesitum oracula rebus, *for our ruined condition*, V.: hac spe lapsus, *deceived in*, Cs.—*To fall into error, be mistaken, err, mistake, commit a fault:* rex Iugurthae scelere lapsus, S.: in aliquā re: propter inprudentiam, Cs.: in officio.

2. **labor** (old **labōs**, T., S., Ct.), ōris, *m.* [3 LAB-], *labor, toil, exertion:* ingenium ab labore proclive ad lubidinem, T.: quanto labore partum: non intermissus remigandi, Cs.: res est magni laboris: ad incertum casum labor impenditur: multum operae laborisque consumere: laborem exanclare: se in magnis laboribus exercere: patiens laborum, S.: summi laboris esse, *capable of great exertion*, Cs.: magni formica laboris, H.: victus suppeditabatur sine labore: quantum meruit labor, Iu.: numerentur labores, *be valued*, Iu.: quae (loca) capere labor erat, *a hard task*, L.—*Drudgery, hardship, fatigue, distress, trouble, pain, suffering:* ex eo quem capit Laborem! T.: Mox et frumentis labor additus, V.: secundis laboribus pubes crevit, *successful battles*, H.: castrorum labores, Iu.: Lucinae labores, V.: iucundi acti labores: labores solis, *eclipses of the sun*, V.: lunae labores, V.—Of plants: hunc perferre laborem, *the work of growth*, V.—*A work, product of labor:* ita multorum mensium labor interiit, Cs.: Hic labor ille domūs, V.: Polycliti Multus, Iu.—Person.: Labōs, *Toil, the genius of toil*, V.

labōrifer, fera, ferum, *adj.* [2 labor + 1 FER-], *labor-bearing, toil-enduring:* iuvencus, O.

labōriōsē, *adv.* with *comp.* and *sup.* [laboriosus], *laboriously, with fatigue:* est alcui laboriose, *it goes hard with*, Ct.: docere laboriosius: laboriosissime accusare.

labōriōsus, *adj.* with *comp.* and *sup.* [2 labor], *full of labor, laborious, toilsome, wearisome, difficult, troublesome:* deambulatio, T.: nihil laboriosius: operum laboriosissimum, L.: fabula, *hard to enact*, T.—*Inclined to labor, laborious, industrious:* aratores laboriosissimi: cohors Ulixei, H.—*Troubled, harassed:* quid enim nobis duobus laboriosius?

labōrō, āvī, ātus, āre [2 labor], *to labor, take pains, endeavor, exert oneself, strive:* ne labora, T.: sibi: frustra laboret Ausus idem, H.: in spem, O.: quid est, in quo se laborasse dicit? in durā humo, O.: in omni gente, *in behalf of*, Iu.: pro salute meā: laborabat, ut reliquas civitates adiungeret, Cs.: id laborare, ut deberent, etc., S.: ut honore dignus essem, laboravi: te ut miretur turba, H.: et sponsio illa ne fieret, laborasti: quem perspexisse laborant, H.: si sociis fidelissimis prospicere non laboratis: brevis esse, H.: ne quaerere quidem de tantā re, N.—With *acc.*, *to work out, work at, produce by toil, elaborate, form, make, prepare, cultivate:* quale non perfectius Meae laborarint manūs, H.: Arte laboratae vestes, V.: laborata Ceres, *bread*, V.: frumenta ceterosque fructūs, Ta.—*To suffer, labor under, be oppressed, be afflicted, be troubled:* sine febri: e dolore, T.: ex pedibus: ex renibus: ex inscientiā: ex aere alieno laborare, *be oppressed with debt*, Cs.: a re frumentariā, Cs.: laborantes utero puellae, H.: horum morborum aliquo: pestilentiā laboratum est, L.—*To grieve, be in trouble, be vexed, be concerned, be solicitous, be anxious:* nihil laboro, nisi ut salvus sis: sponsio illa ne fieret laborasti: de quibus ego antea laborabam, ne, etc.: his de rebus eo magis laboro, quod, etc.: tuā causā: Neglegens ne quā populus laborat, H.: in re familiari: in uno, i. e. *love*, H.: cuius manu sit percussus, non laboro, *do not concern myself.*—*To be in distress, be in difficulty, undergo danger:* suis laborantibus succurrere, Cs.: laborantibus suis auxilio fore, S.: ut utraque (triremis) ex concursu laborarent, Cs.: cum luna laboret, *is eclipsed:* laboranti succurrere lunae, Iu.: Silvae laborantes, *groaning*, H.

labōs, ōris, see 2 labor.

1. labrum, ī, *n.* [1 LAB-], *a lip:* apes, in labris Platonis consedisse: discidit labrum, T.: superius, *the upper lip*, Cs.: (poculis) labra admovere, V.: labra incana situ, O.: Compressis labris, H.—Prov.: primis labris gustasse physiologiam, *to have got a smattering of.* — *An edge, margin, brim:* summae fossae labra, Cs.: interiore labro (fossae) murum obiecit, L.

2. lābrum, ī, *n.* [3 LV-], *a basin, tub, bathtub, vat:* labrum si in balineo non est: aëna, V.: marmorea duo labra ante fornicem posuit, L.: spumat plenis vindemia labris, *in the full vats*, V.: labra Dianae, *bath*, O.

lābrūsca, ae, *f.*, *the wild vine:* Silvestris, V.

labyrinthēus, *adj.*, *labyrinthine, intricate:* flexus, Ct.

labyrinthus, ī, *m.*, = λαβύρινθος, *a labyrinth, building with winding passages.*—Esp., *that built by Daedalus, near Gnossus, in Crete*, V., O., Iu.

lāc, lactis, *n.*, *milk:* nutricis: lacte vesci, S.: lacte vivere, Cs.: lactis Cantare rivos, H.: lac pressum, *cheese*, V.: coactum, O.: Qui plus lactis quam sanguinis habet, *of tender age*, Iu.—*A milky juice, milk* (of plants): herbae nigri cum lacte veneni, V.: herbarum, O.: cetera lactis erant, i. e. *white*, O.

Lacaena, ae, *f.*, *adj.*, *Spartan, Lacedaemonian:* virgines, Poët. ap. C.; V.—As *subst.*, *a Spartan woman*, C., V.

lacer, era, erum, *adj.* [3 LAC-], *mangled, lacerated, torn:* corpus, L.: Deiphobum lacerum crudeliter ora, *mutilated*, V.: funus, *mangled corpse*, V.: lacerum cornu caput, i. e. *deprived of a horn*, O.—*Rending, lacerating:* morsus, O.

lacerātiō, ōnis, *f.* [lacero], *a tearing, rending, mangling, laceration, mutilation:* corporum, L.—*Plur.:* genarum.

lacerna, ae, *f.* [3 LAC-], *a cloak worn over the toga, hooded shawl, lacerna, travelling-cloak, military cloak:* cum nullis nec Gallicis nec lacernā: caput obscurante lacernā, H.: scissa, Iu.: nostrā facta manu, O.

lacernātus, *adj.* [lacerna], *wearing a lacerna, cloaked:* amica, Iu.

lacerō, āvī, ātus, āre [lacer], *to tear to pieces, mangle, rend, mutilate, lacerate:* Quin laceres quemquam nacta sis, T.: lacertum Largi: membra aliena, Iu.: tergum virgis, L.: Quid miserum laceras? V.: ferro, H.: Lacerari morsibus saevis canum, Ph.—*To break up, wreck, shatter:* navem Ulixis, O.: navīs, L.—*To waste, plunder:* orbem, Iu.—Fig., *to wound, hurt, distress, torture, pain, afflict:* intolerabili dolore lacerari: fame, O.: meus me maeror lacerat.—*To ruin, destroy, dissipate, squander, waste:* patriam scelere: pecuniam: bona patria manu, ventre, S.—*To censure, tear to pieces, slander, asperse, abuse, rail at:* invidia, quae solet lacerare plerosque: laceratus probris tribunus, L.: me vosque male dictis, S.

lacerta, ae, *f.*, *a lizard:* virides, H., O., Iu.—Prov.: Unius sese dominum fecisse lacertae, i. e. *of the smallest home*, Iu.—*A sea-fish.*

lacertōsus, *adj.* [1 lacertus], *muscular, brawny, powerful:* centuriones: coloni, O.

1. lacertus, ī, *m.* [2 LAC-], *the muscular part of the arm from the shoulder to the elbow, upper arm:* subiecta lacertis Bracchia sunt, O.—*An arm* (esp. as brawny, muscular): nam scutum in onere non plus numerant quam lacertos: lacertos Imponere collo, O.: adducto lacerto, V.: secto requiem sperare lacerto, Iu.—Of bees: aptant lacertos, i. e. *make trial of*, V.—Fig., *muscle, strength, vigor, force:* in Lysiā saepe sunt lacerti: arma Caesaris Augusti non responsura lacertis, H.

2. lacertus, ī, *a lizard*, V.—*A sea-fish*, Iu.

lacēssō, īvī, ītus, ere [lacio (obsol.), 1 LAC-], *to excite, provoke, challenge, exasperate, irritate:* ferro virum: virum voce, V.: me amabis et scripto aliquo lacesses, i. e. *force me to write in return:* si non lacessisset prior, T.: hostīs proelio, i. e. *assail*, Cs.: te iniuriā: Saguntini nec lacessentes nec lacessiti, L.: leonem, H.: aera Sole lacessita (i. e. percussa radiis solis), *struck with the sunbeams' glitter*, V.: taurus ventos lacessit ictibus, *tosses defiance*, V.—*To urge, arouse, excite, stimulate, shake, move:* ad philosophas scriptiones: ad pugnam, L.: aurigae manibus lacessunt Pectora plausa cavis, *pat their breasts*, V.: bella, V.: deos (precibus), *importune*, H.: pelagus carinā, *defy*, H.—*To call forth, arouse, produce:* sermones: ferrum, V.

Lachesis, is, *f.*, = Λάχεσις, *one of the three Fates*, O., Iu.

lacinia, ae, *f.* [3 LAC-], *a lappet, flap, edge, hem:* illud genus obtinent, atque id ipsum laciniā, *by the hem*, i. e. *hardly at all.*

Lacō or **Lacōn**, ōnis, *m.*, = Λάκων, *a Laconian, Lacedaemonian, Spartan*, C., H., O., N., L.: fulvus, i. e. *the Spartan dog*, H.

Lacōnicus, *adj.*, = Λακωνικός, *of Laconia, Laconian, Lacedaemonian:* ager, L.: purpurae, H.—As *subst. n.* (sc. balnium), *a sweating-room, sweating-bath.*

Lacōnis, idis, *f. adj.*, = Λακωνίς, *Laconian, Lacedaemonian:* mater, O.

lacrima (old, **lacruma**), ae, *f.*, *a tear:* cito exarescit lacrima: lacrimam dare ignoto, *shed a tear for*, O.: homini lacrimae cadunt gaudio, *he sheds tears of joy*, T.: lacrimis oculos suffusa nitentīs, *her eyes moistened with tears*, V.: neque prae lacrimis iam loqui possum, *cannot speak for tears:* lacrimas vix tenere, *restrain:* multis cum lacrimis obsecrare, Cs.: lacrimis opplet os lotum sibi, T.: lacrimas mitte, *away with tears*, T.: lacrimas profundere: ciere, *to cause to flow*, V.: lacrimas excussit mihi, *forced from me*, T.: quis talia fando Temperet a lacrimis, V.: his lacrimis vitam damus, (moved) *by this lament*, V.—P r o v.: hinc illae lacrimae, T.: inde irae et lacrimae, Iu.—*A tear, gum-drop* (from plants): Narcissi, V., O.

lacrimābilis, e, *adj.* [lacrima], *worthy of tears, lamentable, moving, mournful:* nil lacrimabile cernit, O.: gemitus, V.

lacrimābundus, *adj.* [lacrimo], *bursting into tears*, L.

lacrimō (old, **lacrumō**), āvī, ātus, āre [lacrima], *to shed tears, weep:* nequeo quin lacrumem, T.: Quid lacrumas? T.: lacrimans mater, *in tears:* oculis lacrimantibus: Multa super natā lacrimans, V.—*To bewail, lament:* Num id lacrumat virgo? T.: Lacrumo quae posthac futurast vita, T.—Of plants, *to weep, drop, distil:* mille locis lacrimavit ebur, O.: lacrimatae cortice myrrhae, O.

lacrimōsus, *adj.* [lacrima], *full of tears, tearful, weeping:* lumina vino (i. e. oculi), O.—*Causing tears, moving to tears, lamentable, doleful:* fumus, H., O.: Troiae funera, H.: poëmata, H.: voces, *plaintive*, V.

lacrimula, ae, *dim.* [lacrima], *a little tear, tearlet:* una falsa, T.: lacrimulam videre.

lacruma, see lacrima. **lactāns**, *P.* of 1 lacto.

lactēns, *adj.* [*P.* of * lacteo from lac], *taking milk, suckling:* Romulus: vitulus, O.: hostiae, L.—As *subst.:* lactentibus rem divinam facere, L.: viscera lactentia, i. e. *sucklings*, O.—*Yielding milk, full of milk:* uber, L.—*Milky, sappy, juicy:* sata teneris lactentia sucis, O.: (annus) lactens Vere novo, i. e. *tender, juicy*, O.

lacteolus, *adj.* [lac], *milk-white:* puellae, Ct.

lactēscō, —, —, ere, *inch.* [* lacteo], *to turn to milk:* cibus matrum lactescere incipit.

lacteus, *adj.* [lac], *of milk, milky, full of milk:* umor, O.: ubera, V.—*Milk-white, milk-colored, milky:* colla, V.: circus, *the Milky Way:* via, O.

1. (lactō, —, —, āre) [lac], *to give milk, give suck.*—Only *P. praes.:* Ubera lactantia, O.

2. lactō, āvī, —, āre, *freq.* [lacio; 1 LAC-], *to allure, wheedle, flatter, dupe, cajole:* animos, T.: me amantem, T.

lactūca, ae, *f.* [lac], *lettuce*, H.

lacūna, ae, *f.* [lacus], *a ditch, pit, hole, pool, pond:* cavae, V.: tenet ima lacunae salix, O.: caecas lustravit luce lacunas.—F i g., *a gap, void, defect, want:* rei familiaris: in auro.

lacūnar, āris, *n.* [lacuna], *a wainscoted and gilded ceiling, panel-ceiling, ceiled roof:* aureum Meā in domo, H.: gladium e lacunari demitti iussit.—P r o v.: spectare lacunar, i. e. *be unobservant*, Iu.

lacūnō, —, —, āre [lacuna], *to panel, chequer*, O.

lacūnōsus, *adj.* [lacuna], *full of hollows:* nihil lacunosum, *no gap.*

lacus, ūs, *m.* [2 LAC-], *an opening, hollow, lake, pond, pool* (of living water): apud ipsum lacum Est pistrilla, T.: Albanus: ad spurcos lacūs, Iu.: lacu Fluvius se condidit alto, *in the water*, V.: Quo te cumque lacus Fonte tenet, *thy body of water*, V.—*A reservoir, tank, cistern* (for storing water): lacūs sternendos lapide locare, L.: a furno redeuntes lacuque, H.—P r o v.: siccus lacus, i. e. *something useless*, Pr.—*A basin, tank, tub, vat, reservoir:* de lacubus proxima musta tuis, O.: alii tingunt Aera lacu, *cooling-trough*, V.: gelido lamina Tincta lacu, O.—F i g.: quasi de musto ac lacu fervida oratio, i. e. *still in its fresh fervor.*

laedō, sī, sus, ere, *to hurt, wound, injure, damage:* frondes laedit hiemps, O.: hominem volnere, O.: me dente, Ph.: robigine ferrum, V.: collum, i. e. *hang oneself*, H.—F i g., *to trouble, annoy, vex, injure, insult, offend, afflict, grieve, hurt:* quia laesit prior, T.: verba laedendi: iniuste neminem laesit: Caecinam periurio suo, *attack:* Pisonem, *rail at:* nulli os, *insult*, T.: tua me infortunia laedunt, H.: quo numine laeso, V.: numen deorum, H.: ego laedor, O.—*To break, violate, betray:* fidem: Laesā praenitere fide, H.: laesi testatus foederis aras, V.: laesus pudor, O.

laena, ae, *f.*, = χλαῖνα, *a woollen mantle, shawl, cloak*, V., C., Iu.

laesiō, ōnis, *f.* [laedo], *a hurting, injuring, personal attack.*

laesus, *P.* of laedo.

laetābilis, e, *adj.* [laetor], *joyful, glad, gladsome:* nihil: factum, O.

laetāns, antis [*P.* of laetor], *joyful, glad:* animus.

laetātiō, ōnis, *f.* [laetor], *a rejoicing, exultation, joy:* diutina, Cs.

laetātus, *adj.* [*P.* of laetor], *with joy, glad:* mentem laetata retorsit, V.

laetē, *adv.* with *comp.* [laetus], *joyfully, gladly, cheerfully:* auctorem exstinctum laete tulit: quo faciant id laetius.

laetificō, āvī, ātus, āre [laetificus], *to cheer, gladden, delight:* sol laetificat terram: Indus agros laetificat, i. e. *fertilizes.*

laetificus, *adj.* [laetus + 2 FAC-], *gladdening, glad, joyful, joyous:* vites, Enn. ap. C.

laetitia, ae, *f.* [laetus], *joy, exultation, rejoicing,* *gladness, pleasure, delight:* magna laetitia nobis est, quod, etc., S.: laetitiā frui: diem in laetitiā degere, *spend joyfully,* T.: laetitiae dator, i. e. *Bacchus,* V.: comitia me laetitiā extulerunt, *have transported:* laetitiam capere oculis, *enjoy:* altera circensis turbae, *outbreak of joy,* L.: Ut hanc laetitiam nec opinanti primus obicerem domi, *this cause of joy,* T.: omnibus laetitiis laetus, Poët. ap. C.: torpor expellit ex omni pectore laetitias, Ct. —Person.: vana, O.

laetor, ātus, ārī, *dep.* [laetus], *to rejoice, feel joy, be joyful, be glad:* nuptiis, T.: bonis rebus: pueri fato, O.: iuvenis specie, Iu.: in omnium gemitu: de communi salute: ex perfidiā laetati, S.: etiam quod laetere habeo: illud mihi laetandum video, quod, etc., *because that:* laetandum puto casum tuum, S.: Istuc tibi ex sententiā tua obtigisse laetor, T.: quae perfecta esse laetor: Alciden me Accepisse, V.: se laetari, quod effugissem, etc.: incolumis laetor quod vivit, H.: nec veterum memini laetorve malorum, V.

laetus, *adj.* with *comp.* and *sup., joyful, cheerful, glad, gay, joyous, rejoicing, happy, pleased, delighted, full of joy:* Laetus est nescio quid, T.: alacres laetique: ludi laetiores: dies laetissimi: servatam ob navem, V.: de amicā, T.: laborum, V.: fratri obtigisse quod volt, T.—*Cheerful, ready, willing, eager:* senatus subplementum etiam laetus decreverat, S.: Vela dabant laeti, *gladly,* V.: fatebere laetus Nec surdum esse, etc., Iu.—*Delighting, taking pleasure:* Et laetum equino sanguine Concanum, H.: munere, O.: plantaribus horti, Iu.: classis praedā, *satisfied,* L.: Glande sues, *filled,* V.— *Giving joy, conferring delight, pleasing, pleasant, grateful, prosperous, beautiful, charming:* omnia erant facta laetiora: vitium laetissimi fructūs: si laeta aderit Venus, *propitious,* H.: saecula, V.: vite quid potest esse fructu laetius?: pabulum, L.: colles frondibus laeti, Cu.: pascua, *fertile,* H.: lucus laetissimus umbrae, V. —*Plur. n.* as *subst.:* Sollicitum aliquid laetis intervenit, *prosperity,* O.— Of style, *rich, copious, agreeable:* genus verborum.

laeva, ae, *f.* [laevus], *the left hand* (sc. manus): petit dextrā laevāque Serestum, V.: Cognovi clipeum laevae gestamina nostrae, O.—*The left side, left* (sc. pars): Laevam cohors petivit, V.: laevam pete, *go to the left,* O.—*Abl.* as *adv., on the left side, on the left:* dextrā montibus, laevā amne saeptus, *on the left,* L.

laevē, *adv.* [laevus], *left-handedly, awkwardly:* non laeve, *cleverly,* H.

laevis, laevitās, see 2 lēvis, 2 lēvitās.

laevus, *adj.,* = λαιός, *left, on the left side:* manus: auris, O.: Pontus, *to the left,* O.: iter, V.: habena, H.: laevā parte, *on the left,* O.—As *subst. n., the left:* fleximus in laevum cursūs, O.: In laevum conversus, Iu.: in laeva Italiae flexit iter, L.: Laeva tenent Thetis et Melite, *the left,* V.—*Neut.* as *adv., on the left:* Intonuit laevum, i. e. *propitiously,* V.: laevum extendere comas, Iu.—Fig., *awkward, stupid, foolish, silly:* mens, V.: o ego laevus, H.— *Of ill omen, unfavorable, inconvenient, unfortunate, unlucky, bad, pernicious:* Sirius laevo contristat lumine caelum, V.: Teque nec laevus vetat ire picus, H.: Numina, *unfavorable gods, hostile deities,* V.—In the language of augurs, *fortunate, lucky, propitious* (because the augur faced the south, and the east or propitious side was on the left; see sinister): omina: tonitru, O.

laganum, ī, *n., a cake of flour and oil* (eaten by the poor), H.

lagēos, ī, *f.,* = λάγειος, *a species of vine,* V.

lagoena and **lagōna** (not lagēna), ae, *f.,* = λάγυνος, *a vessel of earthenware with rounded body, handles, and narrow neck, flask, flagon, bottle:* inanes: fracta, H., Iu.

lagōis, idis, *f.,* = λαγωίς, *a kind of bird, heath-cock, grouse:* peregrina, H.

lagōna, see lagoena.

lāma, ae, *f.* [2 LAC-], *a slough, bog, fen:* Viribus uteris per lamas, H.

lambō, —, —, ere [1 LAB-], *to lick, lap, touch:* hi canes, quos tribunal meum vides lambere: lagonae collum, Ph.: manūs, O.: crustula, Iu.: volnera, V.—*To flow by, wash, bathe, lick, play upon:* quae loca Lambit Hydaspes, *washes,* H.: Aetna Attollit globos flammarum et sidera lambit, V.: Cluviam, *fondles,* Iu.

lāmenta, ōrum, *n.* [1 CAL-], *a wailing, moaning, weeping, lamentation, lament:* velle mortem suam lamentis vacare: lamentis lacrimisque extinctos prosequi, L.: lamenta ac lacrimas ponunt, Ta.: in lamentis luctuque iacēre: Lamentis gemituque Tecta fremunt, V.

lāmentābilis, e, *adj.* [lamentor], *mournful, lamentable, full of sorrow:* vox: mulierum comploratio, L.: regnum, V.: tributum, *deplorable,* O.

lāmentātiō, ōnis, *f.* [lamentor], *a wailing, moaning, weeping, lamenting, lamentation:* lugubris: cotidianae lamentationes virginis: multis cum lamentationibus.

lāmentor, ātus, ārī, *dep.* [lamenta], *to wail, moan, weep, lament:* praetor ceteras, T.: audiebam lamentari uxorem.— *To bewail, lament, bemoan:* matrem mortuam, T.: vita, quam lamentari possem: ad lamentandam tanti imperi calamitatem: non apparere labores Nostros, H.

(**lāmentum,** ī, *n.*), see lamenta.

lamia, ae, *f.,* = λάμια, *a witch, sorceress, vampire:* lamiae vivum puerum extrahere alvo, H.

lāmina or **lammina** or **lāmna**, ae, *f.*, *a thin slice, plate, leaf, layer, lamina:* cum lamina esset inventa: tigna laminis clavisque religant, Cs.: aenea, L.: Laminae ardentes, *red-hot plates* (for torture): candens, H.—*A blade:* argutae lamina serrae, V.: Lamina dissiluit, *the blade of the sword*, O.—*Money, coin:* argenti, O.: fulva, *a gold piece*, O.: inimicus lamnae, *foe to money*, H.—*The tender shell of an unripe nut*, O.

lampas, ădis, *f.*, =λαμπάς, *a light, torch, flambeau:* inlatae lampades, Att. ap. C.: argenteus Cupido cum lampade: Salmoneus lampada quassans, V.: coruscae, *torches*, O.: aenea, *lamp*, Iu.: praecinctae lampades auro, O.: Phoebeae lampadis instar, *the sun*, V.: cum primā lustrabat lampade terras dies, *early dawn*, V.

lamyrus, ī, *m.*, *a sea-fish* (unknown), O.

lāna, ae, *f.*, *wool:* quid lanae abstulerit?: lanam trahere, Iu.: lanas ducere, *spin wool*, O.: lanas tingere murice, *dye*, O.: lanam fucare veneno, V.: medicata fuco, H.: aurea, *the golden fleece*, O.: Tenuia lanae vellera, i. e. *fleecy clouds*, V.—P r o v.: rixari de lanā caprinā, i. e. *dispute about trifles*, H. —*A working in wool, spinning:* lanā ac telā victum quaeritans, T.: Lucretia lanae dedita, L.: lanam facere, O.: Te lanae . . . non citharae decent, H.

lānātus, *adj.* [lana], *bearing wool, woolly:* animalia, Iu.—*Plur. f.* as *subst.*, *sheep*, Iu.

lancea, ae, *f.*, *a Spanish lance, light spear, lance, spear:* lanceas portare, S.: lata, i. e. *with a broad head*, V.: duas lanceas dextrā praeferens, Cu.: miles lanceis adsultans, Ta.

lances, see lanx.

lancinō, —, ātus, āre, *to squander, dissipate:* bona lancinata sunt, Ct.

lāneus, *adj.* [lana], *woollen, of wool:* pallium: infula, V.: effigies, H.—F i g., *soft as wool, velvety:* latusculum, Ct.

languefaciō, —, —, ere [langueo+facio], *to make faint, weary:* excitatos.

languēns, entis, *adj.* [*P.* of langueo], *faint, weak, feeble, inert, powerless, inactive, languid:* incitare languentīs: manus, O.: vox: hyacinthus, *drooping*, V.: cor, *heavy*, Ct.

langueō, —, —, ēre [LAG-], *to be faint, be weary, be languid:* nostris languentibus, Cs.: e viā, *to be fatigued:* per adsiduos motūs, *to be wearied*, O.: Inachiā minus ac me, H.: flos languet, *droops*, Pr.: tristi languebant corpora morbo, *were faint*, V.—F i g., *to be languid, be dull, sink, be heavy, be listless:* languet iuventus: nec eam solitudinem languere patior, *pass in idleness:* paululum, *to be without energy*, S.: recursus Languentis pelagi, i. e. *ebbing*, V.

languēscō, guī, —, ere, *inch.* [langueo], *to become faint, grow weak, sink, be enfeebled:* corpore languescit: luna languescit, *is obscured*, Ta.: cum flos Languescit moriens, *droops*, V.: Bacchus in amphorā Languescit, *mellows*, H.: Nec mea languescent corpora, *languish*, O.—F i g., *to grow languid, become listless, sink, decline, decrease:* consensus populi, si nos languescimus, debilitetur necesse est: crescunt ignisque dolorque, Languescunt iterum, O.

languidē, *adv.* [languidus], *faintly, feebly, slowly, spiritlessly.* — Only *comp.:* languidius in opere versari, Cs.: dictum languidius.

languidulus, *adj.*, *somewhat feeble:* somnus, *of faintness*, Ct.

languidus, *adj.* with *comp.* [LAG-], *faint, weak, dull, sluggish, languid:* vino languidi: labore et aestu, S.: uxor, *languishing*, Iu.: boves Collo trahentes languido, H.: flumen, *sluggish*, H.: aqua, L.: aura Noti, *gentle*, O.: hostes languidioribus nostris vallum scindere, *while our troops grew weaker*, Cs.: vina, i. e. *more mellow*, H.—*Weakening:* voluptates. — F i g., *faint, feeble, powerless, inactive, listless, sluggish:* senectus: languidiores facti sumus: animus, Cs.: languidiore studio in causā esse: nihil languidi neque remissi pati, S.: quies, V.

languor, ōris, *m.* [LAG-], *faintness, feebleness, weariness, sluggishness, languor, lassitude:* me deambulatio ad languorem dedit, *has fatigued*, T.: corporis: languore militum periculum augetur, Cs.: ficto languore, *feigned illness*, O.: aquosus, *dropsy*, H.: Languorem peperit cibus imperfectus, Iu.—F i g., *dullness, apathy, inactivity, listlessness:* exspectatio quantum adferat languoris animis: bonorum: amantem languor Arguit, *melancholy*, H.

1. laniātus, *P.* of lanio.

2. laniātus, ūs, *m.* [lanio], *a tearing in pieces, lacerating:* ferarum.—F i g., *anguish, remorse*, Ta.

(**lānicium**), see lanitium.

lāniēna, ae, *f.* [lanius], *a butcher's stall*, L.

lānificus, *adj.* [lana+2 FAC-], *that works in wool, spinning, weaving:* ars, O.: Parcae, Iu.

lāniger, gera, gerum, *adj.* [lana+GES-], *wool-bearing, fleecy:* pecus, Att. ap. C.: greges, V.—As *subst. m.:* effetus, *a ram*, O.: timens, *a lamb*, Ph.

laniō, āvī, ātus, āre [lanius], *to tear in pieces, rend, mangle, lacerate:* hominem: corpora a feris laniata: lanianda viscera praebere, L.: vestem, O.: laniatus corpore toto, V.: Lavinia roseas laniata genas, V.: comas, O.: flamina mundum laniant, O.—F i g.: laniarunt carmina linguae, O.

lanista, ae, *m.*, *a trainer of gladiators, fencing-master:* clemens: regia verba lanistae, Iu.—*An* *inciter, instigator, agitator, ringleader:* acies, lanistā Cicerone, dimicantes: lanistis Aetolis dimicare, L.

lānitium (**lānic-**), ī, *n.* [lana], *wool*, V.

lanius, ī, *m.* [3 LAC-], *a butcher:* ab lanio cultro adrepto, L.

lanterna (not lāterna), ae, *f.*, = λαμπτήρ, *a lantern, lamp, torch:* linea: caulis olere Lanternam, Iu.

lanternārius, ī, *m.* [lanterna], *a lantern-bearer, guide:* Catilinae.

lānūgō, inis, *f.* [lana], *woolly substance, down:* flavens primā lanugine malas, V.: dubia, O.: tenera, V.

lanx, lancis, *f.* [3 LAC-], *a plate, platter, charger, dish:* in filicatis lancibus: caelata, O.: oneratae lances, V.: rotundae, H.: squilla distendat pectore lancem, Iu.—Of a balance, *a scale:* cum in alteram lancem animi bona inponat, in alteram, etc.: duas aequato examine lances Sustinet, V.

lapathum, ī, *n.* (H.) and **lapathus**, ī, *m.* (Lucil. ap. C.), = λάπαθον, *sorrel.*

lapicīda, ae, *m.* [lapis + 2 SAC-], *a quarryman, stone-cutter*, L.

lapicīdīnae, ārum, *f.* [lapicida], *stone-quarries.*

lapidat, see lapido.

lapidātiō, ōnis, *f.* [lapido], *a throwing of stones, stoning:* magna, *fall of stones:* lapidationes persaepe vidimus.

lapidātor, ōris, *m.* [lapido], *a thrower of stones.*

lapideus, *adj.* [lapis], *of stone, consisting of stones, stone-:* fornices, S.: imber, *a shower of stones:* murus, L.

lapidō, āvī, ātus, āre [lapis], *to stone, throw stones;* class. only 3d *pers. impers., it rains stones:* de caelo, L.: imbri, L.: quod de caelo lapidatum esset, L.—*P. neut.* as *subst.:* propter de caelo lapidatum, L.

lapidōsus, *adj.* [lapis], *full of stones, stony:* montes, O.—*Hard as stone, stony:* panis, H.: corna, V.

lapillus, ī, *m. dim.* [lapis], *a little stone, pebble:* lapillos Tollunt (apes), V., O.—*A voting pebble, ballot* (white for acquittal, black for condemnation): nivei atrique lapilli, O.—*A precious stone, gem, jewel:* inter niveos viridesque lapillos, i. e. *pearls and emeralds*, H.: Libyci, *bits of Numidian marble*, H.

lapis, idis, *m.*, *a stone:* undique lapides in murum iaci coepti sunt, Cs.: eminus lapidibus pugnare, S.: lapides omnīs flere ac lamentari coēgisses: Ossa lapis fiunt, O.: bibulus, *pumice-stone*, V.: Parius, *Parian marble*, V.: lapides varios radere, *mosaic*, H.: lapide diem candidiore notare, *to mark as a lucky day*, Ct.—As a term of reproach: i, quid stas, lapis? Quin accipis? T.—*A monument to mark distance, mile-stone* (at intervals of 1000 paces): sextus ab urbe lapis, O.: intra vicensimum lapidem, L.—*The auctioneer's stone at a slave sale, platform:* praeter duos de lapide emptos tribunos.—*A landmark, boundary-stone:* sacer, L.—*A grave-stone, tomb-stone:* his scriptus notis, Tb.: ultimus, Pr.—*A precious stone, gem, jewel, pearl:* gemmas et lapides, H.: clari lapides, H.—*A statue:* Iovem lapidem iurare, *the statue of Jupiter:* albus, *a marble table*, H.

lappa, ae, *f.*, *a bur*, V., O.

lapsiō, ōnis, *f.* [2 LAB-].—Prop., *a sliding;* hence, fig., *readiness to fall.*

lapsō, —, —, āre. *freq.* [1 labor], *to slip, slide, fall:* in sanguine, V.: lapsantibus equis, Ta.

1. lapsus, *P.* of 1 labor.

2. lapsus, ūs, *m.* [2 LAB-], *a falling, fall, slipping, sliding, gliding, running, flowing, flight:* equi lapsu iacens, V.: lapsūs Tectorum adsiduos, Iu.: locus recenti lapsu terrae abruptus, *a landslide*, L.: (stellae) certo lapsu spatioque feruntur, *course:* medio volvuntur sidera lapsu, V.: volucrium lapsus, *flight:* celeri per aëra lapsu, O.: rotarum, i. e. *rolling wheels*, V.: morari fluminum lapsūs, H.—Fig., *a failing, error, fault:* ab omni lapsu continere temeritatem, i. e. *refrain from blundering credulity:* populares multi variique lapsūs, *ways of losing popularity.*

laqueāria, ium, *plur. n.* [laqueus], *a panelled ceiling, fretted roof:* aurea, V.

laqueātus, *adj.* [laqueus], *panelled, fretted, ceiled in panels:* Tecta, H.: tectum pulcherrime: templum auro, *with gilded panels*, L.

laqueus, ī, *m.* [1 LAC-], *a noose, snare:* saxa laqueis vinciebat, S.: laqueis falces avertebant, Cs.: collum in laqueum inserere: inicere laqueum, *throw upon*, L.: laqueo gulam fregere, *strangled*, S.: Fortunae Mandare laqueum, *bid go and be hanged*, Iu.: laquei, quos callidus abdidit auceps, O.: laqueis captare feras, *snares*, V.: metuit accipiter Suspectos laqueos, H.: dabit in laqueum vestigia, *step into a snare*, Iu.—Fig., *a snare, gin, trap:* Non mortis laqueis expedies caput, H.: iudici laqueos declinans: laquei Stoicorum, *subtleties:* verbi laqueo capere.

Lār, Laris, *m.; plur.* Larēs, um, rarely ium (L.) [LAS-]. **I.** *Plur.*, *the gods of places, protecting deities, Lares* (local tutelar deities): praestites, *guardian gods of the city*, O.: permarini, *tutelar deities of the sea*, L.—Esp., *the household gods, guardians of the house, domestic deities, Lares:* aedes Larum: immolet porcum Laribus, H.: Laribus tuum miscet numen, H.—**II.** *Sing.* and *plur.*, *a hearth, house, dwelling, household, family, abode:* ante suos Lares familiarīs, *at his very hearth:* Lar familiaris, C., S.: mutare Lares, H.: avitus apto Cum lare fundus, H.: parvo sub lare, H.: deserere larem, O.: pelli lare, O.: avis in ramo tecta laremque parat, *a home,* O.

lārdum, ī, *n.* [old lāridum; cf. λαρινός], *cured swine's flesh, bacon, lard:* pingue, H., Iu.: pinguia larda, O.

Lārentālia, ium, *n.*, *a festival celebrated Dec. 23d, in honor of Larentia, nurse of Romulus and Remus,* O.

Larēs, see Lar.

largē, *adv.* with *comp.* [largus], *abundantly, plentifully, bountifully, liberally:* large dare: partiri praedam, L.: ligna super foco Large reponens, H.: dare largius, T.: largius suo usi, S.: potus largius aequo, H.

largificus, *adj.* [largus+2 FAC-], *bountiful:* Grando mixta imbri largifico, Pac. ap. C.

largior, ītus, īrī, *dep.* [largus], *to give bountifully, lavish, bestow, dispense, distribute, impart:* de te largitor, *be generous with your own,* T.: bona aliena, S.: alqd aliis: praedam munifice, L.: utrique fortuna regnum est largita: quidquid solamen humandi est, Largior, V.: Gallis multa ad copiam, Cs.—*To give largesses, bribe:* largiundo pollicitando magis incendere, S.: largiendo de alieno popularem fieri, L.—F i g., *to grant, concede, yield:* plusculum amori: mihi, ut repuerascam.

largitās, ātis, *f.* [largus], *abundance, bounty, liberality:* nimia, *lavishness,* T.: tui muneris: quae cum maximā largitate (terra) fundit.

largiter, *adv.* [largus], *in abundance, much:* apud civitates largiter posse, *have great influence,* Cs.: auferre, H.—For *comp.*, see large.

largītiō, ōnis, *f.* [largior], *a giving freely, granting, bestowing, dispensing, generosity, largess:* largitio, quae fit ex re familiari: largitione redemit militum voluntates, Cs.: maximas largitiones fecit, Cs.: civitatis, *grant of citizenship:* acquitatis, *distribution:* largitiones inde praedaeque, L. —P r o v.: largitio fundum non habet, *there is no end of giving.*—*Bribery, corruption:* per largitionem magistratūs adipisci: perniciosa.

largītor, ōris, *m.* [largior], *a liberal giver, bestower, granter, dispenser, distributor:* pecuniae, S.: minime largitore duce, *liberal,* L.—*A spendthrift, prodigal:* Lentulum largitorem non putat. —*A briber, giver of bribes:* tribūs.

largītus, *P.* of largior.

largus, *adj.* with *comp.* and *sup.*, *abundant, copious, plentiful, large, much:* viaticum: odores, O.: largiore vino usus, L.: amicum Largiora flagito, *more,* H.: fletus, *floods of tears,* V.: opum, *abounding in,* V.—*Giving abundantly, bountiful, profuse, liberal:* duo genera largorum, quorum alteri prodigi, alteri liberales: largissimus esse: ingenii fons, Iu.: Spes donare novas largus, H.

Lars, Lartis [LAS-], *the Etruscan title of the elder son* (opp. Aruns), C., L.

lārva, ae, *f.*, *a mask,* H.

lasanum, ī, *n.*, = λάσανον, *a cooking-pot,* H.

lasarpīcifer (**laserp-**), fera, ferum, *adj.* [laserpicium (assafoetida)+1 FER-], *producing assafoetida:* Cyreniae, Ct.

lascīvia, ae, *f.* [lascivus], *sportiveness, playfulness, frolicsomeness, jollity:* lasciviā Diffluit, T.: hilaritas et lascivia: per lusum atque lasciviam currere, L.—*Wantonness, licentiousness:* quos licentia atque lascivia corruperat, S.: lasciviam a vobis prohibetote, *impious exultation,* L.

lascīviō, —, —, īre [lascivus], *to be wanton, sport, frisk, frolic:* licet lascivire: agnus Lascivit fugā, *wantonly frisks away,* O.: lascivientes pisces, L.

lascīvus, *adj.* with *comp.* [LAS-], *wanton, petulant, sportive, playful, frolicsome, roguish:* capella, V.: pueri, H.: tenero lascivior haedo, O.: hederae, *luxuriant,* H.: verba, *sportive,* H.—*Licentious, lewd, lustful,* O., Ta., Cu. — F i g., of style, *licentious, luxuriant:* illud lascivum, etc., Iu.

lassitūdō, inis, *f.* [lassus], *faintness, weariness, heaviness, lassitude:* militum, S.: nulla lassitudo inpedire officium debet: nostros vires lassitudine deficiebant, Cs.

lassō, āvī, ātus, āre [lassus], *to make faint, tire, weary, fatigue, exhaust:* laevam lassaverat, Cu.: in molli lassor harenā, *fatigue myself,* O.: lassata gravi bracchia massā, Iu.

lassulus, *adj. dim.* [lassus], *worn out, weary,* Ct.

lassus, *adj.* [LAG-], *faint, languid, weary, tired, exhausted:* animus, T.: ab equo indomito, H.: marris ac vomere, Iu.: lassus maris et viarum, H.: Fructibus adsiduis lassa humus, *exhausted,* O.: verba onerantia lassas aurīs, H.: collum, *drooping,* V.

lātē, *adv.* with *comp.* and *sup.* [1 latus], *broadly, widely, extensively:* populus late rex, V.: victrix, H.: latius quam caedebatur ruebat (murus), L.: possidere latius (agros), O.: ager latissime continuatus: quam latissime possint, ignes faciant, N. —In phrases with *longe, on all sides, far and wide, everywhere:* late longeque diffusus: omnibus longe lateque aedificiis incensis, Cs.—F i g., *widely, extensively:* ars late patet: latius loquuntur rhetores, *more diffusely:* latius perscribere, *with exaggeration,* Cs.: latius uti opibus, *more lavishly,* H.: sibi indulgere latius, *to excess,* Iu.: fidei bonae nomen latissime manat.

latebra, ae, *f.* [LAT-], *a hiding-place, lurking-hole, covert, retreat:* non invenio quae latebra esse possit, etc.—Usu. *plur.:* latebris aut saltibus se eripere, Cs.: te in latebras impellere: latebras animae recludit, *hidden seat of life*, V.: teli latebras Rescindant penitus, i. e. *cut out the arrow-head*, V.—Fig., *a lurking-place, hidden recess, retreat:* adhibuit etiam latebram obscuritatis: in tabellae latebrā: latebras suspitionum peragrare. —*A subterfuge, shift, cloak, pretence, feigned excuse:* latebram haberes: ne quaeratur latebra periurio: latebras dare vitiis, O.

latēbrōsus, *adj.* with *comp.* [latebra], *full of lurking-holes, hidden, retired, secret:* latebrosior via: locus, L.: pumex, i. e. *porous*, V.

latēns, entis, *adj.* [*P.* of lateo], *lying hid, hidden, concealed, secret, unknown:* saxa, V.: arbuti, H.: rem latentem explicare definiendo: causae, V.: flamma, O.

latenter, *adv.* [latens], *in secret, secretly, privately:* efficere: amare, O.

lateō, uī, —, ēre [LAT-], *to lurk, lie hid, be concealed, escape notice, skulk:* in occulto: sub nomine pacis bellum latet: non latuit scintilla ingeni: naves latent portu, H.—Prov.: latet anguis in herbā, V.: bene qui latuit, bene vixit, *remained in obscurity*, O.—*To be hidden, be in safety, seek shelter:* in tutelā ac praesidio bellicae virtutis: sub umbrā amicitiae Romanae, L.: tutā arce, V. —*To keep out of sight, avoid a summons:* fraudationis causā.—*To be concealed, remain unknown, escape notice:* aliae (causae) latent, *are obscure:* quae tantum accenderit ignem Causa latet, V.: ubi nobis haec auctoritas tamdiu tanta latuit?: Nec latuere doli fratrem Iunonis, *escape*, V.: nil illum latet, O.

later, eris, *m.* [PLAT-], *a brick, tile*, S., Cs., C.: simplex laterum ordo, L.—Prov.: laterem lavare, *wash a brick*, i. e. *labor in vain*, T.

laterculus, see latericulus.

laterīcius, *adj.* [later], *made of bricks:* turris, Cs.—As *subst. n.*, *brickwork*, Cs.

latericulus or **laterculus**, ī, *m. dim.* [later], *a tile, brick.*—*Sing. collect.:* contignationem latericulo adstruxerunt, Cs.

(lāterna), see lanterna.

latēscō, —, —, ere, *inch.* [lateo], *to hide oneself, be hidden:* Hic Equus latescit, C. poët.

latex, icis, *m.*, *a liquid, fluid.*—Rare in *sing.:* Lyaeus, *wine*, V.: meri, O.—*Plur.:* latices simulatos fontis Averni, *waters*, V.: Desilit in latices, O.: occulti, *hidden springs*, L.: laticum honor, *a libation*, V.: Palladii latices, *oil*, O.

Latiālis, e, *adj.*, *of Latium, Latin*, O.

Latiar, āris, *n.*, *the festival of Jupiter Latiaris.*

Latiāris, e, *adj.* [for Latialis], *of Latium:* Iuppiter.

latibulum, ī, *n.* [LAT-], *a hiding-place, lurking-hole, covert, den:* ferae latibulis se tegant: latibula occultorum locorum.—Fig., *a hiding-place, refuge:* doloris mei.

Latīnae, ārum, *f.* [Latinus] (sc. feriae), *the festival of the Latins, Latin holidays*, Cs., C., L.

Latīnē, *adv.* [Latinus], *in Latin, in the Latin language:* publice loqui, L.: scire, *understand Latin:* reddere, *translate into Latin.*—*In good Latin, properly, elegantly:* pure et Latine loqui.—*In plain Latin, plainly, openly, outspokenly* (cf. Romano more): plane et Latine loqui: poscere, Iu.

Latīnitās, ātis, *f.* [Latinus], *pure Latin style, Latinity:* auctor Latinitatis.—In law, *the civil rights of Latins* (i. e. ius Latii).

Latīnus, *adj.* *of Latium, Latin:* genus, *the Romans*, V.: lingua (opp. Graeca): (fabulae), *in Latin*, T.: litterae, S.: nomen, *Latin citizenship*, C., S.: res, O.—As *subst. n.:* in Latinum illa convertere, *the Latin language.*

lātiō, ōnis, *f.* [TAL-], *a bearing, bringing:* auxili, *a rendering of assistance*, L.: suffragi latio, *a voting*, L.: latio legis, *proposal of a law.*

lātissimē, *adv.*, *sup.* of late.

latitō, āvī, ātus, āre, *freq.* [lateo], *to be hid, be concealed, lie hid, hide, lurk:* latitans Oppianicus: latitans aper, H.: rupe, O.—*To hide from legal process:* fraudationis causā.

lātitūdō, inis, *f.* [1 latus], *breadth, width:* in hac inmensitate latitudinum, longitudinum: fossae, Cs.: beluae, L.: declivis, *a broad slope*, S.—*Breadth, extent, size, compass:* possessionum.—*A broad pronunciation:* verborum.

1. Latius, *adj.*, *of Latium, Latin, Roman*, O.

2. lātius, *adv.*, *comp.* of late.

lātomiae, see lautumiae.

Lātōnigena, ae, *m.* and *f.* [Latona+GEN-], *child of Latona*, O.

lātor, ōris, *m.* [TAL-], *a bringer:* suffragi, *voter:* legis Semproniae, *proposer:* rogationis, L.

lātrāns, antis, *m.* [latro], *a barker, dog*, O.

lātrātor, ōris, *m.* [1 latro], *a barker, dog*, V., O.

lātrātus, ūs, *m.* [1 latro], *a barking:* apros Latratu turbabis agens, V.: latratūs edere, O.: latratibus Rumpuntur somni, Iu.

1. lātrō, āvī, ātus, āre, *to bark:* si canes latrent: ne latret canis, H.: latrasse Dymantida, i. e. *has been changed to a dog*, O.: canino rictu, Iu.: Scit cui latretur cur solus obambulet ipse, O. —*To bark at, bay:* Senem, H.—*To rant, roar, bluster:* latrant quidam oratores, non loquuntur:

Rumperis et latras, H.: multis latrantibus undis, V.: Latrantem stomachum lenire, *raging*, H.—*To bark at:* Obprobriis dignum, H.

2. latrō, ōnis, *m.* [2 LV-].—Orig., *a mercenary soldier; hence, a freebooter, highwayman, robber, footpad, bandit, brigand*, L.: multitudo latronum, Cs.: viator a latrone occiditur: Cantabit vacuus coram latrone viator, Iu.: leges latronum esse dicuntur, etc.: latronis telum, *the hunter's dart*, V. —Of a wolf, Ph.—*A chessman, pawn:* latronum proelia, O.

latrōcinium, ī, *n.* [latrocinor], *freebooting, robbery, highway-robbery, piracy:* apertum: domesticum: latrocinium potius quam bellum: latrocini modo caeca militia, etc., L.: in latrocinio comprehensi, *robbery*, Cs.: latrocinii imago, i. e. *the game of war* (chess or draughts), O.—*Villany, roguery, outrage:* furtim et per latrocinia ad inperia niti, S.: latrocinium, non iudicium, futurum. —*A band of robbers:* si ex tanto latrocinio iste unus tolletur.

latrōcinor, —, ārī, *dep.* [2 latro], *to practise freebooting, plunder, rob on the highway:* inpune: maritumi, alteri mercandi causā, alteri latrocinandi, *piracy.*

latrunculus, ī, *m. dim.* [2 latro], *a highwayman, brigand:* mastrucati latrunculi: Thraces, L.

1. lātus, *adj.* with *comp.* and *sup.* [STER-], *broad, wide, extensive:* fossa: via: amnis latior, L.: latissimum flumen, Cs.: rana bove latior, Ph.: Moenia, V.: latos finīs parare, Cs.: orbis, H.: terrae, O.: Polyphemi acies, *wide eye*, Iu.: latus ut in Circo spatiere, *spreading the toga wide*, H.—*Broad, in breadth, extending* (with expressions of distance): fossae xv pedes, Cs.: palus non latior pedibus quinquaginta, Cs.—As *subst. n.:* crescere in latum, *in width*, O.—Fig., of utterance, *broad.* —*Plur. n.* as *subst.:* cuius tu illa lata imitaris, *broad pronunciation.*—Of style, *diffuse, copious:* oratio latior.

2. latus, ēris, *n.* [PLAT-], *the side, flank:* cuius latus mucro petebat: lateri adcommodat ensem, V.: si tetigit latus acrior, *nudged*, Iu.: lateris dolore consumptus, *pleurisy:* lateris vigili cum febre dolor, Iu.: utne tegam Damae latus, *walk beside*, H.: servi claudit latus, *gives the wall to*, Iu.: negotia circa saliunt latus, *encompass*, H.: a senis latere numquam discedere, *never leave his side.*—*The side, body, person:* latere tecto abscedere, *unharmed*, T.: Penna latus vestit, tenet, O.: fessum longā militiā, H.—Of speakers, *the lungs:* nobilitatus ex lateribus et lacertis tuis: legem bonis lateribus suadere.—Of things, *the side, flank, lateral surface:* terra angusta verticibus, lateribus latior: latus unum castrorum, Cs.: Illyricum, *coast*, Iu.: castelli, S.: tum prora avertit et undis Dat latus, *the ship's side*, V.: ubi pulsarunt acres latera ardua fluctūs, O.: Nudum remigio, H.—Of an army, *the flank, wing, side:* equites ad latera disponit, *on the wings*, Cs.: latere tecto abscedere, *with flank protected*, i. e. *safely*, T.: latere aperto, *the flank exposed*, Cs.: ne in frontem simul et latera pugnaretur, Ta.: latere inde sinistro petit, *farther to the left*, O.: a tergo, a fronte, a lateribus tenebitur, *on the sides:* ab utroque latere, Cs.: ab latere adgredi, L.: ex lateribus ceteros adgreditur, S.—Fig., *the person, life:* regi latus cingebant, *attached themselves closely*, L.: lateri adhaerere gravem dominum, *was pressing upon them*, L.: addit eos ab latere tyranni, *the intimates*, L.

3. lātus, *P.* of fero.

latusculum, ī, *n. dim.* [2 latus], *a little side:* laneum, Ct.

laudābilis, e, *adj.* with *comp.* [laudo], *praiseworthy, commendable, estimable, laudable:* honestum naturā est laudabile: oratores: nomen, Iu.: vitae ratio laudabilior.

laudābiliter, *adv.* [laudabilis], *praiseworthily, laudably, commendably:* vivere.

laudandus, *adj.* [*P.* of laudo], *praiseworthy, glorious, commendable:* (Miltiadis) ratio, N.: (versūs), O.: continenter vixisse laudandum est.

laudātiō, ōnis, *f.* [laudo], *a praising, praise, commendation, eulogy, panegyric, encomium:* tua, *eulogy from you:* laudationes eorum, qui sunt ab Homero laudati.—In a court, *a favorable testimony, eulogy:* gravissima: falsa.—*A funeral oration, eulogy:* est in manibus laudatio, quam cum legimus, etc.: mortuorum: matronarum, L. —*A laudatory address* (from a province to the Roman Senate, in praise of a retiring governor).

laudātor, ōris, *m.* [laudo], *a praiser, eulogizer, panegyrist:* integritatis: laudatores voluptatis: Derisor vero plus laudatore movetur, H.—In a court, *one who bears favorable testimony, a eulogizer, approving witness:* ad hoc iudicium missi. —*A eulogist of the dead, funeral orator:* idem in utroque laudator, L.

laudātrīx, īcis, *f.* [laudator], *she who praises:* vitiorum fama: Venus est mihi, O.

laudātus, *adj.* with *sup.* [*P.* of laudo], *extolled, approved, praiseworthy, esteemed, excellent:* laudari a laudato viro: artes: virgo laudatissima formae, Dote, O.

laudō, āvī, ātus, āre [laus], *to praise, laud, commend, honor, extol, eulogize, approve:* coram in os te, *to your face*, T.: rationem: sententiam eius, S.: laudantur exquisitissimis verbis legiones: Agricolam laudat iuris peritus, *extols his happiness*, H.: volucrem equum, *praise for swiftness*, Iu.: laudataque Ora Iovi, O.: depositum pudorem, *approve*, H.: numquam praestantibus viris laudata est permansio, etc.: in quo tuum consilium laudare: Extinxisse nefas Laudabor, V.: quod viris fortibus honos habitus est, laudo: Iamne igitur laudas, quod alter Ridebat, etc., Iu.: te, cum isto animo es, laudare.—*Colloq.: Sy.* Nil pepercit. . . . *De.* Laudo, *I am glad of it*, T.—*To eulogize, pronounce a funeral oration over:* alquem supremo eius die. — *To compliment, dismiss with a compliment, turn from:* laudato ingentia rura, Exiguum colito, V.: probitas laudatur et alget, Iu.—*To adduce, name, quote, cite, refer to:* alquem rerum Romanarum auctorem: auctores.

laurea, ae, *f.* [laureus], *the laurel-tree:* in puppi navis enata, L.: spissa ramis, H.: factis modo laurea ramis Adnuit, O.—*A laurel garland, crown of laurel, laurel branch, bay wreath* (a symbol of victory): in litteris, in fascibus insignia laureae praeferre, Cs.: Phoebi, V.: laureā donandus Apollinari, H.: concedat laurea linguae: gestata est laurea nobis, O.

laureātus, *adj.* [laurea], *crowned with laurel, laureate, laurelled:* imago: fasces: litterae, *announcing a victory* (bound up with bay-leaves), L.: tabellae, L.—*Plur. f.* as *subst.* (sc. litterae), Ta.

laureola (lor-), ae, *f. dim.* [laurea], *a little triumph:* quod esset ad laureolam satis.—Prov.: loreolam in mustaceo quaerere, i. e. *to seek fame in trifles.*

laureus, *adj.* [laurus], *of laurel, of bay-leaves, laurel-:* corona: in nitidā serta comā, O.

lauriger, gera, gerum, *adj.* [laurus + GES-], *laurel-bearing, decked with laurel:* Phoebus, O.: manus, Pr.

laurus, ī (*abl.* laurū and laurō, H., O.; *plur., nom.* and *acc.* laurūs, V., Ct., Tb.; *voc.* laurūs, O.), *f., a bay-tree, laurel-tree, laurel* (sacred to Apollo): Phoebo sua Munera, lauri, etc., V.; its branches were the crown of poets: Pindarus Laureā donandus, H.; of the flamens: coronatus laureā coronā, L.; and of ancestral images in festivals; generals in triumph wore laurel crowns, carried laurel branches, and the fasces of their lictors were bound with laurel, C.: nitidā incingere lauru, O.: incurrit haec nostra laurus non solum in oculis, sed, etc., i. e. *triumph:* ornari lauro secundā, Iu.

laus, laudis, *gen. plur.* laudum (once laudium, C.), *f.* [CLV-], *praise, commendation, glory, fame, renown, esteem:* recte factorum: laudem capere, T.: te summis laudibus ad caelum extulerunt: sibi ipse peperit maximam laudem ex illā accusatione: neque ego hoc in tuā laude pono: rei militaris, Cs.: laudis titulique cupido, Iu.: vitiata memoria funebribus laudibus, L.—*A title to praise, merit, superiority, achievement, excellence:* Fabio laudi datum est, quod, etc., *regarded as a merit in*, etc.: magna est laus, si superiores consilio vicisti: sunt hic sua praemia laudi, V.: maximam putant esse laudem, vacare agros, etc., Cs.: Conferre nostris tu potes te laudibus? Ph.: conscientia laudis, *worth*, Ph.: pedum, i. e. *swiftness*, O.

lautē, *adv.* with *comp.* and *sup.* [lautus], *neatly, elegantly, splendidly, sumptuously, in style:* deversari: accipi, H.: vivere, N.: res domesticas lautius tueri. — Fig., *excellently, beautifully, finely:* munus administrasti tuum, T.: me inluseris lautissime, Poët. ap. C.

lautia, ōrum, *n.* [lautus], *the public entertainment of eminent strangers* (usually of ambassadors): locus lautiaque legatis praeberi iussa, L.

lautitia, ae, *f.* [lautus], *elegance, splendor, magnificence, luxury:* mea nova: illa tua.

lautumiae or **lātomiae**, ārum, *f.*, = λατομίαι, *a quarry* (in which condemned slaves were worked), *prison, place for convict labor:* Syracusanae. — Esp., *the state prison, northeast of the capitol:* in Lautumias coniecti, L.

lautus, *adj.* with *comp.* and *sup.* [*P.* of lavo], *neat, elegant, splendid, sumptuous, luxurious:* nihil apud hunc lautum: praetor, Iu.: patrimonium, *splendid:* valde iam lautus es, qui, etc., *very grand:* homines: lautiores (liberti): orborum lautissimus, Iu.: illa (liberalitas) lautior, *more glorious:* negotium, *honorable:* lautus habetur, *a gentleman*, Iu.

lavātiō, ōnis, *f.* [lavo], *a bathing, bath, bathing apparatus:* parata: argentea, Ph.

Laverna, ae, *f.* [2 LV-], *the goddess of gain, patroness of rogues and thieves:* pulchra, H.

Lāvīnius (V.) or **Lāvīnus** (Pr.), *adj., of Lavinium* (a city of Latium).

lavō, lāvī, lautus or lōtus (*sup.* lavātum, rarely lautum), ere or āre [3 LV-], *to wash, bathe, lave:* illa si iam laverit, mihi nuntia, T.: lavanti regi nuntiatum, L.: lavatum dum it, T.: manūs: boves in flumine, V.: pedes aere, *in a basin*, H.: cum soceris generi non lavantur, *bathe:* lavantur in fluminibus, Cs.: Lautis manibus, H.—*To bathe, wash, wet, moisten, bedew, drench:* lacrimis voltum, O.: lavit corpora sanguis, V.: quam (villam) Tiberis lavat, H.: mare lavit harenas, O.—Fig., *to wash away:* Venias precibus lautum peccatum tuom, T.: dulci Mala vino, H.: inde cruorem, V.

laxāmentum, ī, *n.* [laxo], *a relaxation, mitigation, alleviation, respite:* si quid laxamenti a bello Samnitium esset, L.: dare laxamentum legi, *indulgence:* leges nihil laxamenti habere, L.

laxātus, *P.* of laxo.

laxē, *adv.* with *comp.* [laxus], *widely, spaciously:* habitare. — *Loosely:* (manūs) vincire, L.—Fig., of time, *amply, long:* laxius proferre diem: volo laxius (sc. rem curari), i. e. *by and by.*—*Freely, without restraint:* hostico laxius rapto sueti vivere, L.: remoto metu laxius licentiusque futuri, *less vigilant*, S.

laxitās, ātis, *f.* [laxus], *width, spaciousness:* in domo adhibenda cura est laxitatis.

laxō, āvī, ātus, āre [laxus], *to extend, make wide, open, expand:* forum: manipulos, Cs.: ubi laxatas sensit custodias, L.—*To open, undo, unloose, release:* vincla epistolae, N.: pedem ab nodo, L.: claustra portarum, Iu.—*To slacken, relax, unbend:* arcum, Ph.: excussos rudentīs, V.: laxatis habenis invehi, Cu.: se cutis arida laxet, Iu.—Fig., *to lighten, relieve, free, unbend, recreate:* iudicum animos: animum ab adsiduis laboribus, L.: libidinum vinculis laxati.—*To relax, mitigate, moderate, weaken:* sibi aliquid laboris, L.: quies laxaverat artūs, V.: laxata pugna, *interrupted*, L.—*To lessen, abate, reduce:* annonam, L.: annona laxaverat (sc. se), L.

laxus, *adj.* with *comp.* and *sup.* [LAG-], *wide, loose, open, spacious, roomy:* casses, V.: In pede calceus, H.: spatium, L.: conpages, *yielding*, V.: arcus, *unbent*, V.: laxo arcu Cedere campis, H.—Fig., *loose, free, wide:* laxissimas habenas habere amicitiae: hostis, in quo neglegentiae laxior locus esset, *greater latitude*, L.: laxius imperium, *more indulgent*, S.: laxior annona, i. e. *low-priced*, L.: diem statuo satis laxam, *sufficiently distant.*

lea, ae, *f.* [cf. leo], *a lioness:* Pectus leae, O.

leaena, ae, *f.*, = λέαινα, *a lioness:* cum prole, O., V., H., Ct.

lebēs, ētis, *m.*, = λέβης, *a copper basin, kettle, caldron* (to wash hands or feet, or boil water; often a prize in the Grecian games): dona facit geminos ex aere lebetas, V.: curvi lebetes, O.

lectīca, ae, *f.* [2 lectus], *a litter, sedan, portable couch, palanquin, sofa, lounge:* octophoros: lecticā gestare agnam, H.: lecticā introferri, L.: facit somnum clausā lectica fenestrā, Iu.—*Sing. collect.:* densissima, *a throng of litters*, Iu.

lectīcārius, ī, *m.* [lectica], *a litter-bearer, sedan-bearer.*

lectīcula, ae, *f. dim.* [lectica], *a small litter, sedan-chair:* lecticulā esse delatum: lecticulā in aciem inlatus, L.—*A bier:* elatus in lecticulā, N.

lēctiō, ōnis, *f.* [1 LEG-], *a picking out, selecting:* iudicum: Semproni (as princeps senatūs), L.—*A reading, perusal, reading out, reading aloud:* librorum: sine ullā delectatione.—In the phrase, lectio senatūs, *a revision of the roll of senators* (by the censor): invidiosa senatūs lectio, L.: lectionem senatūs tenere, *delay*, L.

lectisternium, ī, *n.* [2 lectus + STER-], *a feast of the gods* (the images of the gods were set on couches, with food), L.

lēctitō, āvī, ātus, āre, *freq.* [1 lectus], *to read often, read eagerly, peruse:* Pyrrhi libros: Platonem.

lēctiuncula, ae, *f. dim.* [lectio], *a short reading:* tempora lectiunculis consumere.

lēctor, ōris, *m.* [1 LEG-], *a reader:* aptius ad delectationem lectoris: se lectori credere, H.: adsiduus, Iu.

lectulus, ī, *m. dim.* [2 lectus], *a small couch, bed:* in suis lectulis mori: liber, *single:* testis mihi lectulus, Iu.—*A small couch at table, eating-couch:* lectulos iube sterni nobis, T.: lectuli Punicani.—*A funeral-bed*, Ta.

1. lēctus, *adj.* with *comp.* and *sup.* [*P.* of 2 lego], *chosen, picked, selected, choice, excellent:* Lectumst (argentum), *of full weight*, T.: neque lectior femina: lectissimi viri: boves, O.: verbis lectissimis dicere.—*Plur.* as *subst.*, *picked men:* viginti lectis equitum comitatus, V.

2. lectus, ī, *m.* [3 LEG-], *a couch, bed, lounge, sofa:* in lecto quiescebat, S.: lecto teneri, *be confined:* e lecto surgere, T.: lectus Proculā minor, *too short*, Iu.: posito lecto, *bier*, O.—*A bridal bed:* genialis: iugalis, V.: Non Hymenaeus adest illi lecto, *marriage*, O.—*A couch at meals, dining-couch:* lectos sternere, T.: lecto recumbere, H.

lēgātiō, ōnis, *f.* [1 lego], *the office of ambassador, embassy, legation:* cum legatione in provinciam profectus: legationis officium conficere, Cs.: in legationem proficisci, L.: legationem renuntiare, *report an embassy:* obire: negotiorum suorum causā legatus est in Africam legatione liberā, i. e. *with the privileges, without the duties, of an ambassador:* legationes sumere liberas: Legatio votiva, *a free embassy, undertaken to pay a vow in a province.*—*A lieutenant-generalship, deputy-command:* quā in legatione duxit exercitum: legionis, Ta.—*The persons of an embassy, embassy, legation:* legationis princeps, Cs.: legationes ad se reverti iussit, Cs.

lēgātōrius, *adj.* [legatus], *of a deputy:* provincia, *the office of a deputy.*

lēgātum, ī, *n.* [*P.* of 1 lego], *a bequest, legacy:* digito legata delevit: Hortensi: Cymbala pulsantis legatum amici, Iu.

lēgātus, ī, *m.* [*P.* of 1 lego], *an ambassador, legate:* legatos mittere: missitare supplicantīs legatos, S.: missi magnis de rebus uterque Legati, H.: Legati responsa ferunt, V.—*A deputy, lieutenant, lieutenant-general* (the second in command): qui M. Aemilio legati fuerunt: Caesaris, Cs.: hiberna cum legato praefectoque tradidisses: quaestorius: magnitudo et splendor legati, L.: in magnā legatum quaere popinā, Iu.—In the Empire, *an imperial legate, governor of a province*, Ta.

legēns, entis, *m.* [*P.* of 2 lego], *a reader*, L., O.

lēgifer, fera, ferum, *adj.* [lex+1 FER-], *law-giving:* Minos, O.: Ceres, V.

legiō, ōnis, *f.* [1 LEG-], *a body of soldiers, legion* (containing 10 cohorts of foot-soldiers and 300 cavalry, in all between 4200 and 6000 men. These were Roman citizens; only on pressing necessity were slaves admitted. The legions were numbered in the order of their levy, but were often known by particular names): cum legione secundā ac tertiā, L.: Martia.—*Plur., legions, soldiers:* Bruttiae Lucanaeque legiones, L.—*An army, large body of troops:* Cetera dum legio moratur, V.: de colle videri poterat legio, V.

legiōnārius, *adj.* [legio], *of a legion, legionary:* milites legionis decimae, Cs.: cohortes, S.: equites, L.—*Plur.* as *subst.* (sc. milites), Cs.

lēgitimē, *adv.* [legitimus], *according to law, lawfully, legitimately, regularly:* imperare: nubere, Iu.: fixis libellis, *properly*, Iu.

lēgitimus, *adj.* [lex], *fixed by law, according to law, lawful, legal, legitimate:* dies comitiis habendis: potestas: ad petendum aetas, *of eligibility*, L.: horae, *allowed by law:* coniunx, O.: Legitimis pactam iunctamque tabellis amare, Iu.—*Plur. n.* as *subst.:* legitimis quibusdam confectis, *legal formalities*, N.—*Of the law, relating to law, legal:* controversiae: impedimentum.—*Regular, right, just, proper, appropriate:* numerus: poëma, H.: verba, O.: hostis, *regular* (opp. pirates).

legiuncula, ae, *f. dim.* [legio], *a small legion:* male plena, L.

1. lēgō, āvī (lēgāssit for lēgāverit, XII Tabb. ap. C.), ātus, āre [lex], *to send with a commission, send as ambassador, depute, commission, despatch:* ut legati ex eius ordinis auctoritate legarentur: eos privatae rei causā legari: iuste pieque legatus venio, L.: in Africam legantur, qui reges adeant, S.—*To appoint as deputy, commission as lieutenant:* eum (Messium) Caesari legarat Appius: me legatum iri non arbitror: me sibi legavit, *chose me for his lieutenant:* sibi homines nobilīs, S.—*To bequeath, leave by will:* Numitori regnum, L.: usum et fructum omnium bonorum Caesenniae: Nil sibi legatum, H.: uxori grandem pecuniam a filio, *to be paid by the son.*

2. legō, lēgī, lēctus, ere [1 LEG-], *to bring together, gather, collect:* herbas collibus, O.: mala, nuces, V.: spolia caesorum, L.: quos (asparagos), Iu.: homini mortuo ossa: ficus apta legi, *to be plucked*, O.: Parcae fila legunt, i. e. *spin out*, V.: Ore legam (extremum halitum), *receive the last breath*, i. e. *give a parting kiss*, V.: Umida vela, *to furl*, V.: tenerā vela manu, O.—*To take, carry off, steal:* sacra divum, H.—*To go over, traverse, pass, wander through:* saltūs, O.: pontum Pone legit, *sails through*, V.: Aequora Afra, O.: presso vestigia gressu, *track*, O.: tortos orbīs, *wander through*, V.—*To sail by, skirt, coast along:* Inarimen Prochytenque, O.: navibus oram Italiae, L.; cf. primi litoris oram, i. e. *of my theme*, V.—*To choose, pick out, single out, select, elect, appoint:* iudices: condiciones: civīs in patres, L.: viros ad bella, O.: geminas de classe biremīs, V.: legit virum vir, *man singles out man* (in battle), V.: omnīs longo ordine Adversos legere, *pass in review*, V.—E s p., of the censors: in senatu legendo, *making up the roll of the senate.*—F i g., *to read, peruse, scan:* legi ipse animoque notavi, O.: libros: acta maiorum, S.: liber tuus et lectus est et legitur a me diligenter: Ore legar populi, O.: sepulcra, *epitaphs:* ut scriptum legimus, *find written:* relatum legere, quis docuerit, etc., N.: nec Cynicos nec Stoica dogmata, Iu.—*To read out, read aloud, recite:* convocatis auditoribus volumen: Obturem impune legentibus aurīs, H.: alqm occidit legendo, *with recitation*, H.: acta, *the news of the day*, Iu.

lēguleius, ī, *m.* [lex], *a pettifogging lawyer, pettifogger:* cautus et acutus.

legūmen, inis, *n.* [1 LEG-], *pulse, a leguminous plant:* varium leguminum genus: ventri indulgere omne legumen, Iu.: laetum siliquā quassante legumen, *the bean*, V.

lembus, ī, *m.*, = λέμβος, *a pinnace, yacht, cutter* (built for speed): lembi biremes, L.: lembum Remigiis subigit, V.: piratici lembi, Cu.

Lēmnias, adis, *f.*, *a Lemnian woman*, O.

Lēmnicola, ae, *m.* [Lemnos+COL-], *a dweller in Lemnos:* Lemnicolae stirps, *son of Vulcan*, O.

lēmniscātus, *adj.* [lemniscus], *adorned with pendent ribbons:* palma, *a decorated palm-branch* (the prize of a victor): hanc primam esse lemniscatam (palmam); *first grand triumph.*

lēmniscus, ī, *m.*, = λημνίσκος, *a pendent ribbon:* turba coronas lemniscosque iacientium, i. e. *crowns decorated with colored ribbons*, L.

Lēmnius, *adj.*, *of Lemnos, Lemnian*, C., O.: pater, i. e. *Vulcan*, V.—As *subst. m.*, *Vulcan*, O.

lemurēs, um, *m.*, *shades, ghosts, spectres:* lemures animas dixere silentum, O.: nocturni, H.

Lemūria, ōrum, *n.*, *the festival of the Lemures*, O.

lēna, ae, *f.* [LAG-], *a bawd, procuress*, O., Tb., Iu.—*She that allures, a seductress:* quasi sui lena natura.

Lēnaeus, *adj.*, = Ληναῖος, *Lenaean, Bacchic:* latices, i. e. *wine*, V.: pater, i. e. *Bacchus*, V., O.—As *subst. m.*, *Bacchus*, V., H.

lēne, *adv.* [lenis], *softly, gently:* spirans, O.

lēnīmen, inis, *n.* [lenio], *a soothing remedy, alleviation, mitigation, solace:* testudo laborum Dulce lenimen, H.: senectae, O.

lēnīmentum, ī, *n.* [lenio], *an alleviation*, Ta.

lēniō (*imperf.* lēnībat, lēnībant, V.; *fut.* lenibunt, Pr.), īvī, ītus, īre [lenis], *to soften, mollify, moderate, assuage, soothe, calm:* fluvium tumentem, V.: Latrantem stomachum, H.: inopiam frumenti, S.—Fig., *to render mild, appease, alleviate, mitigate, calm, pacify:* mihi miseriam, T.: illum iratum: te ipsum dies leniet: tigrīs, *tame*, H.: umbras, O.: seditionem, L.: saepius fatigatus lenitur, S.: dolentem Solando, V.

lēnis, e, *adj.* with *comp.* and *sup.*, *soft, smooth, mild, gentle, easy, calm:* alīud (vinum) lenius, T.: lenissimus ventus: spiritus, Tb.: volatus, O.: somnus, H.—*Gentle, gradual:* clivus, L.: iugum paulo leniore fastigio, Cs.—Fig., *gentle, moderate, mild, calm, kind, favorable:* animus, T.: populus R. in hostīs lenissimus: lenissima verba: lenissimum ingenium: lenior sententia, Cs.: lene consilium dare, H.: Non lenis precibus fata recludere Mercurius, H.

lēnitās, ātis, *f.* [lenis], *softness, smoothness, gentleness, mildness:* Arar in Rhodanum influit incredibili lenitate, Cs.: vocis.—Fig., *mildness, gentleness, tenderness, lenity:* inepta patris, T.: dare se ad lenitatem: legum.—Of style: elaborant alii in lenitate: genus orationis cum lenitate quādam aequabili profluens.

lēniter, *adv.* with *comp.* and *sup.* [lenis], *softly, mildly, gently:* adridens: atterens Caudam, H.: lenius equites lacessere, *with less fury*, Cs.: collis leniter acclivis, *gently*, Cs.: editus collis, L.: torrens lenius decurrit, O.—Fig., *quietly, calmly, gently, moderately, leniently:* id ferre: lenissime sentire: multa leniter multa aspere dicta sunt: consulto lenius agere, S.: dicis lenius quam solebas.—*Remissly, indolently:* si cunctetur atque agat lenius, Cs.

lēnitūdō, inis, *f.* [lenis], *softness, mildness, gentleness, calmness:* orationis, Pac. ap. C.: nimia in istum.

lēnō, ōnis, *m.* [LAG-], *a pimp, pander, procurer:* leno sum, fateor, T.: improbissimus: Verba facit leno, H.—*A seducer, allurer:* Lentuli.

lēnōcinium, ī, *n.* [leno], *the trade of pander, bawdry:* lenocinium petere: lenociniis confectus.—*An allurement, enticement, charm:* se cupiditatum lenociniis dedere.—*Adventitious ornament, finery:* corporum.—*Flattery*, Ta.

lēnōcinor, ātus, ārī, *dep.* [leno], *to pander, flatter, humor, wheedle:* tibi: feritati arte, i. e. *stimulate*, Ta.

lēns, tis, *f.*, *a lentil:* Pelusiaca, V.

lentē, *adv.* with *comp.* [lentus], *slowly, without haste, leisurely:* procedere, Cs.: corpora augescunt, Ta.: ipse lentius subsequitur, Cs.—Fig., *calmly, dispassionately, indifferently:* id ferre: haec cum lentius disputantur: eum (librum) probare, *deliberately.*

lentēscō, —, —, ere, *inch.* [lentus], *to become viscous, grow sticky, soften:* picis in morem ad digitos, *adhere*, V.: in picem resinamve, Ta.—Fig., *to slacken, relax:* lentescunt tempore curae, O.

lentiscifer, fera, ferum, *adj.* [lentiscus + 1 FER-], *bearing mastic-trees:* Liternum, O.

lentiscus, ī, *f.*, *the mastic-tree:* viridis, C. poët.

lentitūdō, inis, *f.* [lentus], *sluggishness, dulness, apathy, insensibility:* vitiosum nomen: non irasci est lentitudinis.

lentō, —, —, āre [lentus], *to make flexible, bend:* lentandus remus in undā, i. e. *to be plied*, V.

Lentulitās, ātis, *f.* [Lentulus], *the nobility of a Lentulus, Lentulity* (a word coined in jest).

lentulus, *adj. dim.* [lentus], *rather slow.*

lentus, *adj.* with *comp.* and *sup.* [cf. lenis], *pliant, flexible, tough, tenacious, sticky, viscous:* viburna, V.: flagellum, Ph.: pituita, H.: Lentior salicis virgis, O.: gluten visco lentius, V.: Lentis adhaerens bracchiis, *tenacious*, H.: prensare manu lentissima bracchia, *senseless*, H.—*At rest, slow, sluggish, immovable:* in umbrā, V.: in lento luctantur marmore tonsae, *motionless*, V.: asinus, Ph.: remedia, Cu.: fori harena, Iu.—Fig., *delayed, lingering, slow:* funus matris, Iu.: Spes, O.: uteri pondera, Pr.: amor, H.: in dicendo, *drawling:* ira deorum, Iu.: risus, *indifferent*, H.: lentos Pone fastūs, *reluctant*, O.: infitiatores, *backward:* negotium, *tedious:* ubi lentus abes? *where do you loiter?* O.—*Easy, calm, indifferent, unconcerned, phlegmatic:* genus ridiculi patientis ac lenti: spectator, H.: lentissima Pectora, *insensible* (to love), O.: in dolore suo, Ta.

lēnunculus, ī, *m. dim.* [lembus], *a small sailing-vessel, bark, skiff*, Cs.

leō, ōnis, *m.*, = λέων, *a lion:* unus: fulvus, V.: domitis invicta leonibus, O.: leo alumnus, Iu.—*The constellation Leo:* momenta Leonis, H.: violentus, O.

lepidē, *adv.* [lepidus], *pleasantly, agreeably, charmingly, wittily*, T.: furari.

lepidus, *adj.* with *sup.* [LAP-], *pleasant, agreeable, charming, fine, elegant, neat:* Lepida es, T.: dictum, *witty*, H.: Pater lepidissume, T.: o capitulum lepidissumum, T.—*Nice, effeminate:* pueri.

lepōs, ōris, *m.* [LAP-], *pleasantness, agreeableness, charm, grace, politeness:* adfluens omni lepore: specimen leporis.—*Pleasantry, wit, humor:* tantus in iocando: scurrilis: inusitatus nostris oratoribus: verborum, sententiarum lepores.

lepus, oris, *m.* (once *f.*, H.) [LAP-], *a hare:* leporem gustare, Cs.: Auritosque sequi lepores, V.: Semesus, Iu.: Fecunda, H.—Prov.: Lepus tute es et pulmentum quaeris? *a hare, and after game*, T.—*The constellation Lepus.*

lepusculus, *m. dim.* [lepus], *a young hare, little hare, leveret.*

Lesbius, *adj.*, = Λέσβιος, *of Lesbos, Lesbian:* civis, *Alcaeus*, H.: plectrum, *Alcaic*, H.: pes, *the Sapphic meter*, H.: vinum, H.

Lesbōus, *adj.*, *of Lesbos, Lesbian:* barbiton (i. e. *of Alcaeus and Sappho*), H.

(lessus), —, *acc.* um, *m.* [cf. 1 latro], *a wailing, funeral lamentation:* funeris, XII Tabb. ap. C.

lētālis, e, *adj.* [letum], *deadly, fatal, mortal:* volnus, V.: ensis, O.: ferrum, Iu.—*Plur. n.* as *subst.*, *means of death*, L.

Lēthaeus, *adj.*, =Ληθαῖος, *of Lethe, Lethean:* amnis, V.: vincula, i. e. *of death*, H.: somnus, *profound*, V.: ros, *soporific*, V.: sucus, O.

lēthargicus, *adj.*, =ληθαργικός, *affected with lethargy.*—As *subst. m.*, *a lethargic person*, H.

lēthargus, ī, *m.*, =λήθαργος, *drowsiness, lethargy:* lethargo grandi oppressus, H.

Lēthē, ēs, *f.*, =Λήθη, *a river in the lower world, river of oblivion:* aqua Lethes, O.

lētifer, fera, ferum, *adj.* [letum + 1 FER-], *death-bringing, death-dealing, deadly, fatal:* arcus, V.: ictus, O.: locus, *a mortal part*, O.

lētō, āvī, ātus, āre [letum], *to kill, slay:* Lycurgiden, O.: letata corpora, O.

lētum, ī, *n.* [LI-], *death, annihilation:* Milia multa dare leto, V.: turpi leto perire: leto sternendus, V.: calcanda semel via leti, H.: sine sanguine, O.: puellas adimis leto, *save from death*, H.: pari leto adfectus est, N.: novo genere leti mergi, L.—Person.: consanguineus Leti Sopor, V.—*Ruin:* tenuīs Teucrūm res eripe leto, V.

leucaspis, idis, *adj. f.*, = λεύκασπις, *armed with a white shield:* phalanx, L.

levāmen, inis, *n.* [1 levo], *an alleviation, mitigation, solace, consolation:* in te uno: eius mali, L.—Of a person: curae casūsque, V.

levāmentum, ī, *n.* [1 levo], *an alleviation, mitigation, consolation:* miseriarum: mihi illam rem fore levamento.

levātiō, ōnis, *f.* [1 levo], *an alleviation, mitigation, relief:* tibi levationi esse: ea, quae levationem habeant aegritudinum, *may alleviate:* doloris.—*A lessening, diminishing:* vitiorum.

levātus, *P.* of 1 levo. **lēvātus**, *P.* of 2 lēvo.

leviculus, *adj. dim.* [1 levis], *somewhat light, a little vain:* Demosthenes.

levidēnsis, e, *adj.* [1 levis], *lightly wrought, slight, poor:* munusculum.

levipēs, pedis, *adj.* [1 levis+pes], *light-footed:* lepus.

1. levis, e, *adj.* with *comp.* and *sup.* [2 LEG-].—Of weight, *light, not heavy:* terra, *light soil*, V.: levis armaturae Numidae, *light-armed*, Cs.: miles, L.: nudi, aut sagulo leves, *lightly clad*, Ta.: Per levīs populos, *shades*, O.: virgāque levem coerces Aureā turbam, H.—Of digestion, *light, easy to digest:* malvae, H.—Of motion, *light, swift, quick, fleet, nimble, rapid:* venti, O.: pollex, O.: ad motūs leviores, N.: Messapus cursu, V.: Quaere modos leviore plectro, *gayer*, H.: hora, *fleeting*, O.—*Slight, trifling, small:* Ignis, O.: tactus, *gentle*, O.: querellae, O.—Fig., *without weight, of no consequence, light, trifling, unimportant, inconsiderable, trivial, slight, little, petty:* labores, T.: haec leviora fortasse: verba: auditio, *unfounded report*, Cs.: cui res et pecunia levissima fuit, *insignificant:* proelium, *skirmish*, Cs.: leviore de causā, Cs.: praecordia levibus flagrantia causis, Iu.: versūs, H.: Flebis levis, *neglected*, H.: rati, leviorem futurum apud patres reum, L.—*Easy, light:* non est leve Observare, *no easy matter*, Iu.: quidquid levius putaris, *easier*, Iu.: leviora tolli Pergama, H.—Of character, *light, light-minded, capricious, fickle, inconstant, untrustworthy, false:* mulieres sunt levi sententiā, T.: homo: tu levior cortice, H.: iudices: quid levius aut turpius, Cs.: auctor, L.: spes, *empty*, H.—*Light, not severe, mild, gentle, pleasant:* alquos leviore nomine appellare: audire leviora, *milder reproaches*, H.: eo, quod levissimum videbatur, decursum est, *mildest*, L.: Sithoniis non levis Euhius, i. e. *hostile*, H.

2. lēvis, e, *adj.*, *smooth, smoothed, not rough:* corpuscula: pocula, V.: amite levi tendit retia, H.: coma pectine levis, O.: Levior adsiduo detritis aequore conchis, O.: inimicus pumice levis, *rubbed*, Iu.: argentum, *not chased*, Iu.: levi cum sanguine Labitur, *slippery*, V.—As *subst. n.:* Externi ne quid valeat per leve morari, *smoothness*, H.—*Without hair, smooth, beardless:* Iuventas, H.: Crura, Iu.: caput, Iu.—*Youthful, delicate, tender:* pectus, V.: colla, O.—Fig., of speech, *smooth, flowing:* oratio: verborum concursus.—As *subst. n.:* sectans levia, *polish*, H.

1. levitās, ātis, *f.* [1 levis], *lightness:* armorum, Cs.: sua, O.—Poet.: nimiā levitate caducus (flos), *mobility*, O.: libera, *power to move*, O.—Fig., *light-mindedness, changeableness, fickleness, inconstancy, levity:* Graecorum: quid est inconstantiā, mobilitate, levitate turpius?: mobilitas et levitas animi, Cs.: amatoriis levitatibus dediti, *frivolities.*—As *subst. n.:* in levi habere, i. e. *to regard as trifling*, Ta.—Of speech, *shallowness, superficiality:* opinionis.

2. lēvitās, ātis, *f.* [2 lēvis], *smoothness:* in tactu esse modum levitatis.—Fig., of speech, *smoothness, fluency, facility:* nihil levitate Aeschini cedere.

leviter, *adv.* with *comp.* levius and *sup.* levissimē [1 levis], *lightly, not heavily:* armati, *light-armed*, Cu.: levius casura pila, *with less force*, Cs.—Fig., *slightly, a little, not much, somewhat:* inflexum bacillum: saucius: lucra ligurriens: velle, O.: tanto levius miser, *so much less*, H.: levius dolere, O.: levius strepere, *less loudly*, S.: ut levissime dicam, *with extreme moderation.* — *Easily, lightly, without difficulty, with equanimity:* sed levissime feram, si, etc.: nimis leviter lata iniuria, L.: levius torquetis Arachne, *more nimbly*, Iu.

1. levō, āvī (old *fut. perf.* levāssō, Enn. ap. C.), ātus, āre [1 levis], *to lift up, raise, elevate:* sese, V.: Se de caespite, *rise*, O.: levat aura cycnum, H.: cubito levatus, O.—*To make lighter, lighten, relieve, ease:* iumenta sarcinis levari iubet, S.: te fasce, V.: serpentum colla levavit, i. e. *relieved* (of his weight), O.: Fronde nemus, *strip*, V.: sed nec Damna levant, *lighten the ship*, Iu.—*To take away, take:* furcā levat ille bicorni Sordida terga suis, *takes down*, O.: viro manicas levari iubet, V.—Fig., *to lighten, relieve, console, refresh, support:* me levant tuae litterae: luctum solacio: Auxilio viros, V.: curam animi sermone: fonte sitim, *slake*, O. — *To lighten, lessen, alleviate, mitigate:* sumptum sibi, T.: inopiam, Cs.: salutari arte fessos Corporis artūs, H.: poenam honore, O.: vario viam sermone, V.: calamitatem innocentium: volnerum metum: paupertatem propinqui, Iu. — *To lessen, diminish, weaken, impair:* inconstantiā levatur auctoritas: Multa fidem promissa levant, H.—*To relieve, release, discharge, free:* quod hibernis (civitas) levetur, Cs.: me hoc onere: Volsci levati metu, L.: qui hac opinione opera levandi sunt: pectora sollicitudinibus, H.: curā levata, O. —*To avert:* omen, V.: ictum dextrā, H.

2. lēvō, āvī, ātus, āre [2 lēvis], *to make smooth, polish:* levato ferro Spicula, V.—Fig., *to polish, smoothe:* nimis aspera sano cultu, H.

lēx, lēgis, *f.* [3 LEG-], *a formal proposition for a law, motion, bill* (offered by a magistrate to the people): legem ferre: antiquare: rogare: legem promulgavit pertulitque, ut, etc., L.: a dictatore comitiis lata: scivit legem de publicanis: populus R. iussit legem de civitate tribuendā: repudiare.—*A bill adopted by the people in the comitia, enactment, law:* civitati legem constituere: leges ac iura labefactare: legem condere, L.: decem tabularum leges, *the ten* (afterwards twelve) *tables, composed by the decemvirs*, L.: fraudem legi facere, *evade the law*, L.: omnia lege facta, *legally:* ut legibus fieret iudicium, *according to law*, N.: lictorem lege agere iubere, *do his office*, L.: Lege agito, *bring an action*, T.—*A law, precept, regulation, principle, rule, mode, manner:* meā lege utar, T.: haec lex in amicitiā sanciatur: veri rectique: prima historiae, ne quid falsi dicere audeat: lex amicitiae, ut idem amici semper velint: leges Epicuri: ultra Legem tendere opus, H.: lex et ratio loquendi, Iu.: equi sine lege ruunt, *in disorder*, O.: hanc dederat Proserpina legem, *had prescribed this order*, V.—*A contract, agreement, covenant:* in mancipi lege, *a contract of sale:* Manilianas venalium vendendorum leges ediscere, *legal forms.*—*A condition, stipulation:* hac lege tibi adstringo meam fidem, T.: legibus dictis, L.: fata Quiritibus Hac lege dico, ne, etc., H.: leges captis inponere, *conditions*, O.: sed vos saevas imponite leges, Iu.: pax data Philippo in has leges est, *terms*, L.: se sub leges pacis iniquae Tradere, V.

lexis, eos [*acc. plur.* -cis], *f.*, = λέξις, *a word*, Lucil. ap. C.

lībāmen, inis, *n.* [libo], *a portion offered to the gods, first-fruits, libation*, O.: libamina prima, *hairs offered in beginning a sacrifice*, V.—Fig.: nova servatae libamina famae, i. e. *the first delights*, O.

lībāmenta, ōrum, *n.* [libo], *a portion offered to the gods, libation:* sacrificiorum libamenta: praedarum, *first-fruits.*

lībātiō, ōnis, *f.* [libo], *a drink-offering, libation.*—*Plur.*, C.

lībella, ae, *f. dim.* [libra], *an as, the tenth of a denarius:* ecquis Volcatio unam libellam dedisset? *a single cent:* ad libellam, *to a farthing:* fecit te (heredem) ex libellā, me ex teruncio, i. e. *sole heir, on condition of giving me one fourth.*

libellus, ī, *m. dim.* [3 liber], *a little book, pamphlet, manuscript, writing:* scripsi illud quodam in libello: libellis operam dare, *to books*, L.: comīs garrire libellos, *clever comedies*, H.: nostri farrago libelli, Iu.: te quarere in libellis, i. e. *in the booksellers' shops:* meus (a satire), H.—*A memorandum-book, journal, diary:* si quid memoriae causā retulit in libellum.—*A memorial, petition:* libellam composuit: vitem posce libello, Iu.—*A notice, programme, placard, handbill:* gladiatorum libelli: libellos deicit, *auction handbills:* vestitur tota libellis Porticus, Iu.—*A letter:* libellum ipsius habeo in quo, etc.—*A written accusation, indictment, complaint:* Sulcius Ambulat cum libellis, H.: Componunt libellos, Iu. — *A lawyer's brief:* magno in fasce libelli, Iu.

libēns or **lubēns**, entis, *adj.* with *sup.* [*P.* of libet], *willing, with readiness, with good will, with pleasure, glad:* ego illud vero item feci ac lubens, T.: utrum libentes an inviti dabant?: tecum obeam libens, H.: me libente eripies mihi hunc errorem, *to my satisfaction:* animo gaudenti ac libenti: libentissimis animis eum recipiunt, Cs.: fecit animo libentissimo populus R.—*Glad, happy, joyful, cheerful, merry:* gnati in nuptiis, T.

libenter or **lubenter**, *adv.* with *comp.* and *sup.* [libens], *willingly, cheerfully, gladly, with* *pleasure:* cum illā vivis, T.: Terentiano verbo uti: libentius (cenavisse), *with better appetite:* libentius responsura, O.: libentissime dare.

Libentīna (Lub-), ae, *f.* [libens], *a surname of Venus as goddess of pleasure.*

(libeō), see libet.

1. līber, era, erum, *adj.* with *comp.* and *sup.* [LIB-], *free, unrestricted, unrestrained, unimpeded, unembarrassed, unshackled:* ad scribendi licentiam: integro animo ac libero causam defendere, *unbiassed:* liberi ad causas solutique veniebant, *under no obligations:* vox, L.: libera Verba animi proferre, Iu.: tibi uni vexatio direptioque sociorum impunita fuit ac libera: liberum est alcui non adesse, *he is free:* libero, quid firmaret (*abl. absol.*), i. e. *with full power to ratify*, Ta.: mandata, *unlimited authority*, L.: faenus, *unrestricted*, L.: custodia, i. e. *surveillance without imprisonment*, L.: in liberis custodiis haberi, S.: suffragia, *the right of voting freely*, Iu.: aedes, *free quarters* (for ambassadors in Rome), L.: lectulus, i. e. *single:* toga, i. e. *a man's*, O.: liberas fruges ferre, i. e. *spontaneous*, H.: agri, *untaxed:* neque Turno mora libera mortis, i. e. *nor is he free to delay death*, V.: vina, *freeing from care*, H.: hoc liberiores et solutiores sumus, quod, etc.: pōeta, verborum licentiā liberior: liberiores litterae: amicitia, *more unrestrained:* (flumina) Liberioris aquae, *less impeded*, O.: (Tiberinus) campo liberiore natat, *more open*, O.: liberrime Lolli, *most frank*, H.: indignatio, *most outspoken*, H.: ab omni sumptu, *exempt:* (consul) a deliciis, *uninfluenced:* ab observando homine perverso, i. e. *from all regard for*, etc.: animus a partibus rei p., S.: animus omni curā, *free:* animus religione, L.: (equus) liber habenis, V.: liber laborum, H.—*Free, not subject, not slave:* neque vendendam censes Quae liberast, T.: dis habeo gratiam Quom aliquot adfuerunt liberae (as competent to testify), T.: populus: (civitates) liberae atque inmunes, *free from service*, L.: Roma, Iu.: Devota morti pectora libera, i. e. *delivering from servitude*, H.—As *subst. m.:* (adsentatio) ne libero quidem digna, *a freeman.*—As *subst. n.:* libera meliore iure sunt quam serva, i. e. *the law is on the side of freedom.* — *Unbridled, unchecked, free, unrestrained, licentious:* adulescens, T.: sit adulescentia liberior, *somewhat freer:* libero mendacio abuti, L.

2. Līber, erī, *m.* [LIQV-], *an Italian deity of planting and fructification* (identified with the Greek Bacchus), T., C., V., H.—*Wine*, T., C., H.

3. liber, brī, *m.*—Of a tree, *the inner bark:* obducuntur libro aut cortice trunci: udoque docent (germen) inolescere libro, V.: cum alta liber aret in ulmo, i. e. *the elm is parched through*, V.—Because dried bark was anciently used to write on, *a book, work, treatise:* Platonis de morte: caerimoniarum, *ritual*, Ta.: quas (sententias) hoc libro exposui: libros pervolutare: libri confectio: libri carminum valentium, *of charms*, H.: libros adire decemviri iussi, i. e. *Sibylline books*, L.: libri Etruscorum, *religious books.*—*A division of a work, book:* tres libri de Naturā Deorum: dictum est in libro superiore: legi tuum nuper quartum de Finibus (sc. librum).—*A list, catalogue, register:* litterarum adlatarum libri.—*A letter, epistle:* grandis, N.

Līberālia, ium, *n.*, *a festival of Liber*, C., O.

līberālis, e, *adj.* with *comp.* and *sup.* [1 liber], *of freedom, relating to freedom:* nam ego liberali illam adsero causā manu, *formally assert that she is free-born*, T.: Coniugium, *of free persons*, T.—*Befitting a freeman, dignified, honorable, ingenuous, gracious:* forma praeter ceteras, T.: liberalissima studia: spes liberalioris fortunae, *of a higher station*, L.: responsum, *gracious.*—*Bountiful, generous, munificent, liberal:* liberales (sunt), qui aes alienum suscipiunt amicorum: liberalissimi et beneficentissimi: ex sociorum fortunis, S.: pecuniae, S.: viaticum, *ample:* epulae, Ta.

līberālitās, ātis, *f.* [liberalis], *a characteristic of a freeman, ingenuousness, frankness, affability:* liberalitate liberos Retinere, T.: homo non liberalitate popularis. — *Generosity, liberality:* bona aliena largiri liberalitas vocatur, S.: beneficentia, quam liberalitatem appellari licet: in sorores.—*A gift, present*, Ta.

līberāliter, *adv.* with *comp.* and *sup.* [liberalis], *like a freeman, nobly, ingenuously, liberally, courteously, graciously:* educatus: vivere: servire, i. e. *properly*, T.: respondere, Cs. — *Bountifully, profusely, generously, liberally:* benigne ac liberaliter: instructus, Cs.: vivo paulo liberalius: liberalissime polliceri.

līberātiō, ōnis, *f.* [libero], *a freeing, releasing, release, liberation:* omnis molestiae: libidinosissimae liberationes, *acquittals.*

līberātor, ōris, *m.* [libero], *a freer, deliverer, liberator:* patriae liberatores: urbis, L.: liberator populus, L.

līberē, *adv.* with *comp.* [1 liber], *freely, unrestrictedly, without hinderance:* animus movetur: Liberius vivendi potestas, T. — *Openly, boldly, frankly:* consilium dare: ut ingredi libere (oratio) videatur: liberius loqui: liberius si Dixero quid, H.: tellus Omnia liberius ferebat, *spontaneously*, V.—*Like a freeman, liberally:* educti, T.

līberī, erōrum or erūm [1 liber], *free persons;* hence, *the children of a family, children:* cum coniugibus et liberis: ex quibus (uxoribus) liberos habere, Cs.: Per liberos te precor, H.: habitus in liberum loco: Ingenio esse in liberos leni (i. e. in filium), T.: a praedonibus sublati (of one child): pax per eum et per liberos eos confirmata.

līberō, āvī, ātus, āre [1 liber], *to set free, free, liberate, manumit:* servos, Cs.: sese.—*To free, release, extricate, deliver, acquit:* vectigalīs multos ac stipendiarios liberavit, *exempted from taxes:* amotus terror animos liberaverat hominum, L.: ab eo: se a Venere, *from his duty to Venus:* me metu, T.: civitatem aere alieno, S.: servos supplicio: tenebris Hippolytum, H.: liberandi periculo, Cs.: se aere alieno, *to pay a debt:* aliquem culpae, L.: voti liberari, Cs.: multos ex incommodis pecuniā: eae (linguae) scalpello resectae liberarentur, *would be set free:* fidem, *discharge a promise:* promissa, *cancel:* nomina, *settle*, L.: templa liberata, *cleared of buildings obstructing the view.*—*To absolve, acquit:* Sopatrum illo crimine: liberatur Milo, non eo consilio profectus esse, *of having started with the design*, etc.

libērta, ae, *f.* [libertus], *a freedwoman:* Veneris, C., H.

lībērtās, ātis, *f.* [1 liber], *freedom, liberty, absence of restraint, permission:* vitae, Cs.: dare populo eam libertatem, ut, etc.: praecidere sibi libertatem vivendi: fandi, V.: omnium rerum, L.—*Civil freedom, liberty:* aequa omnibus, T.: servo libertas data est: omnes homines naturā libertati studere, Cs.—*Political freedom, liberty, independence:* adeptā libertate quantum civitas creverit, S.: populi R. est propria libertas: in libertate permanere, Cs.: conditor Romanae libertatis, L.—*The spirit of liberty, consciousness of freedom:* innata: timefacta.—*Freedom of speech, frankness, boldness, candor:* Hoc mihi libertas, hoc pia lingua dedit, O.: ingeni, S.—*License:* nimia.—P e r s o n., *the goddess of Liberty*, C., L., O.

lībērtīna, ae, *f.* [libertinus], *a freedwoman:* libertinam ducere uxorem: merx Libertinarum, H.

lībērtīnus, *adj.* [libertus], *of the condition of a freedman:* ordo, L.: homo, *a freedman:* mulier, *of a freedwoman*, L.: libertino patre natus, H.—As *subst. m., a freedman:* libertini filius: libertini centuriati, L.

lībērtus, ī, *m.* [liber], *a freedman, emancipated person:* feci, ex servo ut esses libertus mihi, T.: Caesaris.

libet or **lubet**, libuit or libitum est, ēre, *impers.* [LIB-], *it pleases, is pleasing, is agreeable:* age, age, ut lubet, T.: Ut lubet, *as you will*, T.: adde, si libet, velocitatem: faciat quidlubet, T.: siquid lubet, T.: efficere, ut id non liberet quod non oporteret: Scribendi, quodcumque animo flagrante liberet, Simplicitas, Iu.: cui persuasi, mihi id non libēre: sin poterit id quod libet: ipsam despoliare non lubet, T.: quid exspectem non lubet augurari: libet expectare quis impendat, etc., *I should like to see who*, etc., Iu.: non libet mihi deplorare vitam: Insanire libet quoniam tibi, V.

Lībēthris, idis, *adj. f.*, = Λειβηθρίς, *of Libethrus* (on Mt. Helicon): Nymphae, *the Muses*, V.

libīdinōsē (lub-), *adv.* [libidinosus], *at pleasure, by caprice, wilfully, wantonly:* quae ille fecerit: in humiliores consulebatur, L.

libīdinōsus (lub-), *adj.* with *comp.* and *sup.* [libido], *full of desire, passionate, wilful, licentious, sensual, lustful, voluptuous, libidinous:* homo libidinosissimus: nihil (isto) libidinosius: caper, *lecherous*, H.: voluptates: libidinosissimae liberationes, *arbitrary:* adulescentia.—As *subst.:* libidinosis servire.

libīdō or **lubīdō**, inis, *f.* [LIB-], *pleasure, desire, eagerness, longing, fancy, inclination:* ulciscendi: delendi urbem, L.: in decōris armis libidinem habere, *delight*, S.: tantā libidine volgi Auditur, Iu.—*Inordinate desire, passion, caprice, wilfulness, wantonness:* ingenium proclive ad lubidinem, T.: ad libidinem suam nobilium bona vexare: fortuna res cunctas ex lubidine celebrat, *by caprice*, S.: vitiosa, H.: instruitur acies ad libidinem militum, L.—*Sensuality, lust:* vicit pudorem libido: libidine adcendi, S.: Lucretiae per vim stuprandae, L.: venas inflavit libido, H.: saltante libidine, i. e. *passion goading on*, Iu.—*Plur., lavish display, voluptuous representations:* frangere eorum libidines.

Libitīna, ae, *f.*, *the goddess of corpses* (in her temple were kept the funeral apparatus and the registries of death): acerba, H.—*The apparatus of funerals:* pestilentia tanta erat ut Libitina vix sufficeret, i. e. *the dead could hardly be buried*, L.—*Death:* vitare Libitinam, H., Iu.

libita, ōrum, *n.* [*P. n.* of libet], *pleasure, liking:* sua libita exercebant, Ta.

lībō, āvī, ātus, āre [LIQV-], *to take out as a sample, take a little of:* quodcunque cibi digitis, O.—*To take a taste of, taste, sip:* iecur, L.: flumina summa, V.: vernas Pasco libatis dapibus, i. e. *remnants*, H.—*To pour out, offer as a libation, spill, sprinkle, make a drink-offering:* in mensam laticum honorem, V.: mero libans carchesia Baccho, *of pure wine*, V.: Oceano libemus, V.: Hoc auro (i. e. hac paterā aureā), V.: libato (i. e. postquam libatum est), V.—*To besprinkle:* pateris altaria, V.—*To offer, dedicate, consecrate* (esp. of first-fruits): certasque fruges: diis dapes, L.: tristia dona cineri, V.: Celso lacrimas adempto, O.—*To touch lightly, graze:* summam celeri pede harenam, O.: oscula natae, *kissed lightly*, V.—*To impair:* virīs, L.: virginitatem, O.—F i g., *to take out, cull, extract, gather, compile, collect:* ex variis ingeniis excellentissima quaeque: neque ea, ut sua, possedisse, sed ut aliena libasse.

lībra, ae, *f.* [CLI-], *a balance, pair of scales:* altera librae lanx: librā et aere, *by scale and* *balance*, i.e. *in due form*, L.: quod quis librā mercatur et aere, H.: sine librā atque tabulis, i. e. *without legal formalities.*—Libra, *the Balance* (a constellation), V., H., O.—*A plummet, level:* ad libram fecerat turrīs, *by the level*, i. e. *of equal height*, Cs. —As a weight, *a pound, Roman pound:* corona aurea libra pondo, L.: una Farris, H.

lībrāmentum, ī, *n.* [libro], *a weight, load:* plumbi, L.—*A means of balancing:* tormentorum, *strap*, Ta.—*A geometrical plane, surface.*

lībrāria, ae, *f.* [libra], *she who weighs out tasks, forewoman*, Iu.

librāriolus, ī, *m. dim.* [2 librarius], *a copyist, transcriber, scribe:* ex librariolis Latinis.

librārius, *adj.* [3 liber], *of books, belonging to books:* scriba, *copyist:* taberna, *bookseller's shop:* scriptor, *transcriber of books*, H.—As *subst. m.*, *a copyist, scribe, secretary:* librum tuis librariis dare: librarii mendum, L.—As *subst. n.*, *a book-case, book-chest:* librarium illud legum vestrarum.

lībrātor, see lībritor.

lībrātus, *adj.* with *comp.* [*P.* of libro], *brandished, with impetus:* ictus, Ta.: pondere ipso libratior ictus, *with more impetus*, L.

lībrīlis, e, *adj.* [libra], *of a pound:* fundae, *throwing stones of a pound's weight*, Cs.

lībritor (-ātor), ōris, *m.* [libro], *a hurler, thrower*, Ta.

lībrō, āvī, ātus, āre [libra], *to poise, balance, hold in equilibrium:* terra librata ponderibus: in alas suum corpus, O.: Vela dubiā librantur ab aurā, *are swayed*, O.: imperi corpus, *sway*, Ta.—*To swing, sway, brandish, hurl, dash, cast, launch, fling, throw:* telum, V.: caestūs, V.: dextrā libratum fulmen ab aure Misit, O.: librata cum sederit glans, L.: corpus in herbā, *stretch*, O.

lībum, ī, *n.*, *a cake, pancake* (flour, made up with milk or oil, and baked): rustica liba, O.: adorea liba per herbam Subiciunt epulis, V.: liba venalia, Iu.: patulum, Iu.

Liburnus, *adj.*, *of Liburnia* (in Illyria), Pr.—As *subst. m.:* Liburnī, *the Liburnians*, L., V.: Liburnus, *a Liburnian slave*, Iu.—As *subst. f.*, *a fast vessel, Liburnian galley, brigantine*, H., Cs., Ta.

licēns, entis, *adj.* with *comp.* [*P.* of licet], *free, unrestrained, bold*, Pr.: licentior dithyrambus.—*Plur. n.* as *subst.:* multa licentia Dicere, O.

licenter, *adv.* with *comp.* [licens], *freely, without restraint, boldly, impudently, licentiously:* at quam licenter!: id facere, L.: scribere, H.: licentius cum dominā vivere: Romanos laxius licentiusque futuros, *more remiss in discipline*, S.

licentia, ae, *f.* [licens], *freedom, liberty, license, leave:* nobis nostra Academia magnam licentiam dat, ut, etc.: tantum licentiae dabat gloria: sumpta pudenter, H.—*Boldness, presumption, license:* (militum) licentiam reprehendere, Cs.: a Democrito omnino haec licentia: iuvenilis quaedam dicendi.—*Unrestrained liberty, license, dissoluteness, licentiousness, wantonness:* deteriores sumus licentiā, T.: omnium rerum: malle licentiam suam quam aliorum libertatem, L.: militum, N.: magna gladiorum est licentia, i. e. *murder is prevalent:* inmensa ponti, O.—Person., *the goddess of License:* templum Licentiae: lasciva, H.

1. liceō, cuī, —, ēre [LIC-], *to be for sale, be priced, be valued:* quanti licuisse tu scribis (hortos).—Poet.: unius assis Non umquam pretio pluris licuisse, *esteemed a whit the more*, H.

2. (liceō), see licet.

liceor, licitus, ērī, *dep.* [LIC-], *to bid, make a bid:* licetur Aebutius: digito, *by raising a finger:* quod, illo licente, contra liceri audeat nemo, Cs.: hortos, *bid on:* hostium capita, Cu.

licet, cuit and citum est, ēre, *impers.* [LIC-]. **I.** *It is lawful, is allowed, is permitted*, with or without *dat. of person.*—Without *subject:* īmmo, aliis si licet, tibi non licet, T.: Dum licitumst ei, T.: si per vos licitum erit: fruare, dum licet, T.: sic Ut quimus, aiunt, quando, ut volumus, non licet, T.: ut id, quod liceret, daret.—With *neut. pron.* as subject: si illud non licet, Saltem hoc licebit, T.: mihi id ne licere quidem: quid deceat vos, non quantum liceat vobis, spectare: id quod non licet: Cui tantum de te licuit? *who had such power over you?* V.—With *inf.:* inpune optare istuc licet, T.: Modo liceat vivere, T.: licet hoc videre: poscere ut perculsis instare liceat, L.: hic cognosci licuit, quantum, etc., Cs.: cooptari sacerdotem licebat: licet nemini contra patriam ducere exercitum, *no man is at liberty to*, etc.: meamet facta mihi dicere licet, S.—With *acc.* and *inf.:* Non licet hominem esse, etc. T.: eodem ut iure uti senem Liceat, T.: cum non liceret Romae quemquam esse, etc.: liceat esse miseros: medios esse iam non licebit: mihi esse piam, O.: is erat annus, quo per leges ei consulem fieri liceret, Cs. —With *dat. predic.* and *esse* (rarely with other verbs): liceat his ipsis esse salvis: ut iis ingratis esse non liceat: quibus otiosis ne in communi quidem otio liceat esse: illis timidis et ignavis licet esse, L.: cui tribuno fieri non liceret: cum postulasset . . . ut sibi triumphanti urbem inveli liceret, L.: atqui licet esse beatis (sc. iis), H.: licet eminus esse Fortibus, O.: Hannibal precatur deos ut incolumi cedere atque abire liceat, L.—With *ut:* neque iam mihi licet neque est integrum, ut, etc.—With *subjunct.:* ut lubet, ludas licet, *you may*, T.: fremant omnes licet, dicam, etc., *let them all rage:* studium deponat licebit: cantantes licet eamus, V.: licebit curras, H.—**II.** Introducing a concession, *be it that, granted that, conceding that, even if, although, notwithstanding* (passing into a conjunction): licet undique omnes mihi terrores impendeant succurram: licet me desipere dicatis: Licet superbus ambules, H., V.: isque, licet caeli regione remotos, Mente deos adiit, O.: licet tibi significarim, ut ad me venires, tamen, etc.: licet hoc quivis reprehendat... certe levior reprehensio est: quamvis licet insectemur istos (i. e. licet insectemur, quantum vis, etc.).

licitātiō, ōnis, *f.* [licitor; *freq.* of liceor], *a bidding, offering of a price:* palam licitationibus factis.

licitātor, ōris, *m.* [licitor; *freq.* of liceor], *a bidder:* licitatoribus defatigatis.

licitus, *adj.* [*P.* of licet], *permitted, allowable, lawful:* sermo, V.—*Plur. n.* as *subst., lawful things*, Ta.

līcium, ī, *n.* [2 LAC-].—In weaving, *a cross thread; plur., the woof:* licia telae Addere, i. e. *weave*, V.—In gen., *a thread:* Licia dependent, longas velantia saepes, O.—In charms and spells: Tunc cantata ligat cum fusco licia rhombo, O.

līctor, ōris, *m.* [2 LIG-], *a lictor, official attendant upon a magistrate:* se angustiorem lictoribus duodecim sumptis fecit, L.—Twenty-four lictors, with the fasces, walked in single file before a dictator, twelve before a consul, six before a praetor: consularis, H.; they scourged or beheaded condemned criminals, C., L.

ligāmen, inis, *n.* [1 ligo], *a tie, bandage*, Pr., O.

ligāmentum, ī, *n.* [1 ligo], *a bandage*, Ta.

līgnārius, ī, *m.* [lignum], *a worker in wood, joiner:* inter lignarios, *the carpenters' quarter*, L.

līgnātiō, ōnis, *f.* [lignor], *a procuring of wood:* lignationis causā in silvas discedere, Cs.

līgnātor, ōris, *m.* [lignor], *a wood-cutter, one sent to get wood:* oppressis lignatoribus, Cs., L.

līgneolus, *adj. dim.* [ligneus], *wooden, of a small piece of wood:* lychnuchus.

līgneus, *adj.* [lignum], *of wood, wooden:* vasa, S.: signum: turres, Cs.—*Dry, withered:* coniunx, Ct.

līgnor, ātus, ārī, *dep.* [lignum], *to fetch wood, collect wood:* lignandi causā progredi, Cs.—*Supin. acc.:* lignatum pabulatumque progressi, L.

līgnum, ī, *n.* [1 LEG-], *gathered wood, firewood* (only in *plur.*): ligna circumdare, ignem subicere: ignem ex lignis viridibus fieri iussit: ligna super foco reponens, H.—Prov.. In silvam ligna ferre, i. e. *carry coals to Newcastle*, H.—*Timber, wood:* hos lignum stabat ad usūs, i. e. *to make tables*, Iu.—*A piece of wood, something made of wood:* fisso ligno, *spearshaft*, V.: leges incidere ligno, *a wooden table*, H.: mobile, *a puppet*, H.: supervacuum, *writing-tablet*, Iu.: dolato Confisus ligno, *plank*, Iu.—*A tree:* nautis venerabile, V.: triste, H.

1. ligō, āvī, ātus, āre [2 LIG-], *to tie, bind, bind together, bind up, bandage, bind fast:* manūs post terga ligatae, O.: crus fasciā, Ph.: laqueo Guttura, O.: veste Volnera, *bandage*, O.: dum mula ligatur, *is harnessed*, H.: vinculo ligatus, *in bonds*, Ta.: ipsum spiris, *enwind*, V.: digitosque ligat iunctura, *connects*, O.—Fig., *to bind up, bind together, unite:* Dissociata locis concordi pace ligavit, O.: vinclo tecum propiore ligari, O.: pacta, i. e. *conclude*, Pr.

2. ligō, ōnis, *m.*, *a mattock, grub-axe, hoe:* Ligonibus duris humum Exhaurire, H.: longi, O., Ta.: aetas patiens ligonis, i. e. *of husbandry*, Iu.

ligula, ae, *f.* [2 LIG-; confounded with lingula], *a shoe-strap, shoe-latchet:* ligulas dimittere, *to leave untied*, Iu.

ligurriō (ligūr-), īvī, ītus, īre [1 LIG-], *to lick up:* piscīs tepidumque ius, H.—Fig., *to be dainty, be nice*, T.—*To enjoy by stealth:* furta, H.—*To long for, desire eagerly:* lucra: agrariam curationem.

ligurrītiō (ligūr)-, ōnis, *f.* [ligurrio], *a fondness for dainties, daintiness, niceness.*

ligustrum, ī, *n.*, *privet* (a plant bearing grapelike clusters of white flowers), V., O.

līlium, ī, *n.*, *a lily:* candida, V.: candens, O.: breve, *short-lived*, H.—In war, *a series of ditches armed with low stakes*, Cs.

līma, ae, *f.* [1 LIG-], *a file:* vipera limam momordit, Ph.—Fig., of literary work, *polishing, revision:* Defuit scriptis ultima lima, O.: limae labor, H.

līmātulus, *adj. dim.* [limatus], *somewhat polished:* opus est huc limatulo tuo iudicio.

līmātus, *adj.* with *comp.* [*P.* of limo], *polished, refined, elegant, fine, accurate:* vir oratione: genus librorum limatius: fuerit limatior idem, H.

limbus, ī, *m.*, *a border, hem, edge, selvage, fringe:* pictus, V., O.

līmen, inis, *n.* [2 LAC-], *a cross-piece, threshold, head-piece, lintel, sill:* primo Limine, *at the outer threshold*, Iu.: Ter limen tetigi (an omen), O.: haec limina, Intra quae puer est, Iu.—*A door, entrance:* limen exire, T.: intrare: marmoreum, H.: fores in liminibus aedium ianuae nominantur: templi, Cs.: in limine portūs, *the very entrance*, V.: Ausoniae, *border*, V.—*A house, dwelling, abode:* contineri limine, *at home*, L.: limine pelli, V.: deorum Limina, *temples*, V.—*The barrier* (in a race-course): limen relinquunt, V.—Fig., *a beginning:* belli, Ta.: in limine victoriae, *on the eve*, Cu.: mortis, Ct.

līmes, itis, *m.* [2 LAC-], *a path, passage, road, way, track:* eo limite signa extulerunt, L.: lato te limite ducam, V.: acclivis, O.: transversi, *by-roads*, L.: Appiae, *the line of the Appian way*, L.: solito dum flumina currant Limite, *channel*, O.: trahens spatioso limite crinem Stella, *track*, O.: Sectus in obliquo est lato curvamine limes, *the zodiac*, O.—*A boundary, limit, land-mark* (between two fields or estates): partiri limite campum, V.: effodit medio de limite saxum, Iu.: certi, H.—*A fortified boundary-line, boundary-wall:* limite acto, Ta.—Fig., *a boundary, limit:* angustus mundi, Iu.—*A way, path:* quasi limes ad caeli aditum: idem limes agendus erit, i. e. *the same means*, O.

līmō, āvī, ātus, āre [lima], *to file, polish, finish:* stilus hoc maxime ornat ac limat: vir urbanitate limatus.—*To investigate accurately, clear up:* veritas limatur in disputatione: mendacium Subtiliter, Ph.—*To file off, take away from, diminish:* tantum alteri adfinxit, de altero limavit: mea commoda, H.: se ad minutarum causarum genera, i. e. *limited himself.*

līmōsus, *adj.* [3 limus], *full of mud, slimy, miry, muddy:* planities, S.: iuncus, i. e. *growing in muddy places*, V.: flumina, O.

limpidus, *adj.*, *limpid, transparent:* lacus, Ct.

1. līmus, *adj.* [2 LAC-], *sidelong, askew, aslant, askance:* ocelli, O.: limis specto (sc. oculis), T.: ut limis rapias quid, etc., *by a side glance*, H.

2. līmus, ī, *m.* [2 LAC-], *an apron crossed with purple* (worn by attendants at sacrifices), V.

3. līmus, ī, *m.* [LI-], *slime, mud, mire:* limum saxa trahunt, S.: frumenti acervos sedisse inlitos limo, L.: limo Turbata aqua, H.: Limus ut hic durescit igni, *clay*, V.: limumque inducere monstrat, O.—Fig., *filth, pollution:* Pectora limo vitiata malorum, O.

līnea (līnia), ae, *f.* [lineus], *a linen thread, string, line, plumb-line:* perpendiculo et lineā uti: ferri suo deorsum pondere ad lineam, *perpendicularly:* saxa, quae rectis lineis suos ordines servant, *in horizontal courses*, Cs.: (ignis) rectis lineis subvolat, *vertically.* — *A line, mark, bound, limit, goal:* extremā lineā Amare haud nil est, i. e. *to see the loved one at a distance*, T.: cogit nos linea iungi, i. e. *the boundary of the seats* (in the theatre), O.—Fig.: est peccare tamquam transire lineas, *to pass the mark:* mors ultima linea rerum est, H.

līneāmentum (līniā-), ī, *n.* [linea], *a line, stroke, mark:* in geometriā lineamenta, formae, etc.: liniamentum, longitudo latitudine carens.—*A feature, lineament:* conformatio liniamentorum: habitum oris lineamentaque intueri, L.: animi liniamenta sunt pulchriora quam corporis.—*Plur.*, *designs, drawings, delineations:* adumbratorum deorum.—Fig., *a feature, lineament:* numerus quasi extrema liniamenta orationi attulit, *finish:* Catonis liniamenta, *outlines.*

līneus, *adj.* [linum], *of flax, of lint, flaxen, linen-:* lanterna: vestis, Cu.: vincula, V.: terga, *lining* (of a shield), V.

lingō, —, —, ere, *to lick:* crepidas carbatinas, Ct.

lingua, ae, *f.* [old dingua, cf. Germ. Zunge; Engl. tongue], *the tongue:* lingua haeret metu, T.: exsectio linguae: linguā titubante loqui, O.: linguam exserere (in derision or contempt), L.—*A tongue, utterance, speech, language:* ignara, S.: verborum copia in nostrā lingua: Largus opum, linguā melior, V.: Latium beare divite linguā, H.: ut vitemus linguas hominum: Aetolorum linguas retundere, *check*, L.: Favete linguis, i. e. *give attention*, H.: nam lingua mali pars pessima servi, Iu.: mercedem imponere linguae, i. e. *speak for pay*, Iu. — *Tongue, speech, dialect, language:* Latina, Graeca: qui ipsorum linguā Celtae, nostrā Galli, appellantur, Cs.: dissimili linguā, S.: linguā utrāque, i. e. *Greek and Latin*, H.—Of animals, *the voice, note, song, bark:* linguae volucrum, V.: linguam praecludere (of a dog), Ph.—*A tongue of land:* eminet in altum lingua, L.—*Tongue, garrulity, insolence:* linguā promptus hostis, L.: magna, H.: materna, *boasting*, O.—*Fluency, eloquence, readiness of speech:* quibus lingua prompta, L.: Est animus tibi, est lingua, H.

lingula, *f. dim.* [lingua], *a tongue of land:* oppida in extremis lingulis, Cs.; see ligula.

līnia, līniāmentum, see line-.

līniger, gera, gerum, *adj.* [linum + GES-], *clothed in linen:* turba, O.: grex, Iu.

linō, lēvī, litus, ere [LI-], *to daub, besmear, anoint, spread, rub over:* cerā Spiramenta, V.: spicula vipereo felle, O.: Sabinum quod ego ipse testā Conditum levi (sc. pice), *sealed with pitch*, H.: dolia, Iu.: plurima cerno, digna lini, i. e. *that deserve erasure*, O.: paribus lita corpora guttis, *adorned at regular intervals*, V.—*To bedaub, bemire:* ora luto, O.: carmine foedo Splendida facta, *degrade*, H.

linquō, līquī, —, ere [LIC-], *to go away, leave, quit, forsake, depart from:* Linquebat comite ancillā, Iu.: terrani: Nil intentatum nostri liquere poetae, H.: nil inausum, i. e. *try everything*, V.: trepidantem liquerunt nervi, *strength forsook him*, O.: Linquor et cado, *swoon away*, O.: Linquebant dulcīs animas, *died*, V.: Socios, *abandon*, V.: promissa procellae, i. e. *not to keep*, Ct.: alquem Seminecem, V.—Fig., *to leave, give up, resign, abandon, relinquish:* haec: Linque severa, H.

linteātus, *adj.* [linteum], *clothed in linen* legio, i. e. *of picked men*, L.: cohortes, L.

linter (**lunter**), tris, *f.* (once *m.*, Tb.), = πλυντήρ, *a trough, vat, tub:* cavat arbore lintres, V.—*A boat, skiff, wherry:* luntribus materiem in insulam convehere: flumen lintribus iunctis transire, Cs.: Naviget hinc aliā iam mihi linter aquā, i. e. *let me turn to somebody else*, O.: in liquidā nat tibi linter aquā, i. e. *you have a favorable opportunity*, Tb.

linteum, ī, *n.* [linteus], *a linen cloth:* linteis et vitro delatis: inscripta lintea, i. e. *curtains* (as a sign), Iu.—*Linen:* polliceri lintea in vela, L.—*A sail:* dare lintea retro, V.: integra lintea, H.: inplere lintea ventis, O.—*A kerchief*, Ct.

linteus, *adj.* [linum], *of linen, linen-:* lintea vestis: tunica, L.: libri, *an ancient chronicle on linen, kept in the temple of Juno Moneta*, L.: thorax, *a linen breastplate*, L.: loricae, N.

lintriculus (lunt-), ī, *m. dim.* [linter], *a small boat, wherry.*

līnum, i, *n.* [cf. λίνον], *flax:* lini inopia, Cs.: reticulum tenuissimo lino.—*A thread:* linum ostendit non una cicatrix, Iu.: linum incidimus, legimus, *the fastening* (of a letter).—*A fishing-line:* moderabar harundine linum, O.—*A linen cloth, linen:* Massica lino vitiata, *strained through linen*, H.—*A rope, cable:* subducere carbasa lino, O.—*A net, hunter's net, toils:* positarum lina plagarum, O.: umida, *a fisher's net*, V.: cymbae linique magister, i. e. *the fisherman*, Iu.

lippiō, —, —, īre [lippus], *to have watery eyes, be blear-eyed:* leviter.

lippitūdō, inis, *f.* [lippus], *blearedness, rheum, inflammation of the eyes:* diuturna: molestior.

lippus, *adj.*, *blear-eyed, bleared, inflamed:* Non contemnas lippus inungi, H.: fuligine, *blinded*, Iu.—P r o v.: Omnibus et lippis notum et tonsoribus, i. e. *to the whole world*, H.—Of mental blindness: oculis lippus inunctis, H.

liquefaciō, —, factus, ere, *pass.* liquefīō, factus, fieri [liqueo + facio], *to make liquid, melt, dissolve, liquefy:* legem aera liquefacta: flammā tura, O.: saxa (Aetnae), i. e. *lava*, V.: caecā medullae Tabe liquefactae, *putrid*, O.: liquefacta boum per viscera, V.: liquefacta rursus unda, *cleared*, O.—F i g., *to weaken, enervate:* quos nullae laetitiae liquefaciunt voluptatibus: liquefiunt pectora curis, O.

1. liquēns, ntis, *adj.* [*P.* of liqueo], *flowing, fluid, liquid:* campi, i. e. *ocean*, V.: fluvius, *gliding*, V.: undae, O.

2. līquēns, ntis, *adj.* [*P.* of liquor], *flowing, fluid, liquid:* mella, V.: flumina, V.

liqueō, licuī, —, ēre [LIQV-], *to be fluid;* see 1 liquens.—F i g., *to be clear, be manifest, be apparent, be evident* (only *third pers. sing.*): de deis habere, quod liqueat: corpus esse liquebat, O.: liquet mihi deierare non vidisse, etc., *I am free to swear*, etc., T.—With *non*, *it does not appear, is not evident, is doubtful:* non liquere dixerunt (iudices): cum causam non audisset, dixit sibi liquere.

liquēscō, —, —, ere, *inch.* [liqueo], *to become fluid, melt, liquefy:* tabes nivis liquescentis, L.: haec ut cera liquescit, V., O.: Corpora dilapsa liquescunt, i. e. *putrefy*, O.—*To grow soft, become effeminate:* voluptate.—*To melt, waste away:* fortuna liquescit, O.

liquet, see liqueo.

liquidō, *adv.* with *comp.* [liquidus], *clearly, plainly, evidently, with certainty:* iurare, i. e. *truthfully*, T.: audire: confirmare: liquidius iudicare.

liquidus, *adj.* with *comp.* and *sup.* [LIQV-], *flowing, fluid, liquid:* venenum, O.: odores, *liquid unguents*, H.: sorores, *fountain-nymphs*, O.: iter, *a voyage*, Pr.—As *subst. n.:* liquidi urna, *water*, H.: Cum liquido mixtā polentā, O.—*Clear, bright, transparent, limpid, pure:* fontes, V.: Falernum, H.: aër, V.: liquidior lux, Cu.: ros, O.: liquidissimus amnis, O.: nox, V.: iter, *serene way* (through the air), V.—Of sounds, *clear, pure:* voces, V.: vox, H.—F i g., *flowing, continuing without interruption:* genus sermonis.—*Unmixed, unadulterated:* alqd purum liquidumque haurire: voluptas.

liquō, —, ātus, āre [LIQV-], *to make liquid, melt, dissolve, liquefy:* liquatae Guttae, C. poët.—*To strain, filter, clarify:* vina, H.

1. līquor, —, līquī, *dep.* [LIQV-], *to be fluid, be liquid, flow, melt, dissolve:* huic (arbori) atro liquuntur sanguine guttae, V.: Liquitur in lacrimas, O.; see 2 līquens.

2. liquor, ōris, *m.* [LIQV-], *fluidity:* aquae.—*A fluid, liquid:* de paterā Fundens liquorem, *wine*, H.: spissus, O.: liquores amnium: fluidus (i. e. tabes), V.: quā medius liquor Secernit, etc., *the sea*, H.

līs, lītis (old form stlīs, stlītis), *f.*, *a strife, dispute, quarrel, altercation:* Lites inter eos maxumae, T.: aetatem in litibus conterunt: adhuc sub iudice lis est, H.: inter vos componere lites, V.: de terrae nomine, O.: exemplum litem quod lite resolvit, *solves a difficulty by raising another*, H.—In law, *a suit, action, process, litigation, controversy:* Litīs sequi, T.: in inferendis litibus: litem contestari: orare: secare, H.: arbitri, qui litem aestument, *assess damages*, Cs.: aestimatio litium: in litibus aestimandis, *suits for damages:* lis capitis, *a capital charge:* litem tuam facere, i. e. *plead for yourself.*—*The subject of an action, matter in dispute:* quanta summa litium fuisset: lites severe aestimatae: quo minus secundum eas tabulas lis detur, non recusamus: in suam rem litem vertere, L.: interceptor aliaenae litis, L.

litātiō, ōnis, *f.* [lito], *a propitiation, success in sacrifice:* maioribus hostiis usque ad litationem sacrificari, L.

(**lītera**), see littera.

liticen, inis, *m.* [lituus+1 CAN-], *a player on the clarion.*

lītigātor, ōris, *m.* [litigo], *a party to a lawsuit, litigant*, C., Ta.

lītigiōsus, *adj.* [litigium], *full of disputes, quarrelsome:* fora, O.: disputatio, *persistent:* homo minime, *contentious.*—*In controversy, disputed:* praediolum: ager, O.

lītigō, āvī, ātus, āre [lis+1 AG-], *to dispute, quarrel, strive:* mecum, T.: cum Quinto.—*To sue, go to law, litigate:* aliquot in causis: Respicit haec qui litigat, Iu.

litō, āvī, ātus, āre, *to make an acceptable sacrifice, obtain favorable omens:* nec auspicato nec litato, *without favorable omens*, L.: non facile litare, L.: ut litetur (diis) aliis, aliis non litetur: proxumā hostiā litatur saepe pulcherrime: humanis hostiis, Ta.: exta ovis, Pr.: sacra, *to perform acceptably*, O.: sacris litatis, V.—Of a victim, *to give favorable omens:* Victima nulla litat, O.—*To make atonement, propitiate, appease, satisfy:* Lentulo: animā litandum Argolicā, V.

lītorālis, e, *adj.* [2 litus], *of the sea-shore:* dii, *that guard the shore*, Ct.

lītoreus, *adj.* [litus], *of the sea-shore, shore-, beach* harena, O.: aves, V.

littera (lītera), ae, *f.* [LI-], *a letter, alphabetical sign, written sign of a sound:* (epistula) Graecis conscripta litteris, Cs.: sus rostro si humi A litteram inpresserit: maximis litteris incisum: alqd litteris mandare, *commit to writing*, Cs.: salutaris, tristis (i. e. A and C on the ballots of jurors, for absolvo, condemno): provocatis ostentata inanibus litteris, *as a pretence*, L.: ad me litteram numquam misit, *not a line.*—*A handwriting:* accedebat ad similitudinem tuae litterae: Arguit ipsorum quos littera, Iu.—*A writing, document, record:* iunget nos littera, *inscription*, O.: littera poscetur, *acknowledgment in writing*, O.—Usu. *plur.:* litterae publicae, *records*, C., Cs.: ratio omnis et omnes litterae, *accounts:* praetoris, *edict.*—*Plur., a letter, epistle:* mittuntur ad Caesarem ab Cicerone litterae, Cs.: meas acceperat litteras: nullas iis praeterquam ad te dedi litteras: per litteras mandare, ne, etc., Cs.: invitare alqm per litteras: liber litterarum missarum et adlatarum, *a book of correspondence; cf. sing.:* Quam legis a raptā Briseide littera venit, O.—*Plur., written monuments, literature, books, literary works:* litteras Graecas discere, S.: abest historia litteris nostris, *is wanting in our literature:* Graecae de philosophiā litterae, *philosophical literature:* damnum Hortensi interitu Latinae litterae fecerunt: parvae et rarae per eadem tempora litterae fuere, L.: cupidissimus litterarum, N.—Fig., *learning, the sciences, liberal education, scholarship, letters:* fac periclum in litteris, T.: erant in eo plurimae litterae: scire litteras, *to be educated:* homo sine ingenio, sine litteris: nescire litteras: litterarum cognitio: in litteris vivere.

litterārius (līter-), *adj.* [littera], *of reading and writing:* ludus, *an elementary school*, Ta.

litterātē (līter-), *adv.* with *comp.* [litteratus], *learnedly, intelligently:* scriptorum veterum litterate peritus, *critically skilled:* dicta, *clever sayings:* Latine loqui litteratius quam, etc., *accurately.*—*To the letter, literally:* respondere.

litterātor (līter-), ōris, *m.* [littera], *a grammarian, philologist*, Ct.

litterātūra (līter-), ae, *f.* [litterae], *a writing*, C.: Graeca, *the Greek alphabet*, Ta.

litterātus (līter-), *adj.* with *sup.* [littera], *lettered, learned, liberally educated:* Canius satis litteratus: homines litteratissimi: otium, *learned leisure:* senectus.

litterula (līter-), ae, *f. dim.* [littera], *a little letter:* epistula vacillantibus litterulis.—*Plur., a short letter, note:* hoc litterularum exaravi.—*Literary learning, liberal studies:* meae, *my bit of authorship:* Litterulis Graecis imbutus, H.

litūra, ae, *f.* [LI-], *a smearing on a writing-tablet, blotting out, erasure, correction:* unius nominis: tabularum.—*A passage erased, erasure:* pars nominis demersa in liturā: carmen multā liturā coërcere, H.—*A blot, blur:* Littera quod habet lituras, O.

1. litus, *P.* of lino.

2. lītus, ōris, *n.* [LI-], *the sea-shore, sea-side, beach, strand:* molle atque apertum, Cs.: esse in litore: praetervolare litora, H.: Circaeae litora terrae, V.: petere, O.: Litus arant, V.: iuncosa litora Boebes, O.—Prov.: litus arare, i. e. *labor in vain*, O.: litus sterili versamus aratro, Iu.: in litus harenas fundere, *carry coals to Newcastle*, O.—*A river-bank:* hostias constituit omnīs in litore: percussa fluctu litora, V.

lituus, *m.*, *a crooked staff borne by an augur, augur's crook, crosier, augural wand:* baculus sine nodo aduncus, quem lituum appellarunt, L.: lituus, insigne auguratūs: Quirinalis, V.: lituo pulcher trabeāque Quirinus, O.—*A crooked wind-instrument, curved trumpet, cornet, clarion:* lituos pati, V.: lituus pugnae signa daturus erat, O.: lituo tubae Permixtus sonitus, H.—*A signal:* meae profectionis.

līvēns, entis, *adj.* [*P.* of liveo], *bluish, lead-colored, black and blue, livid:* plumbum, V.: pruna, O.: crura compedibus: margarita, Ta.

līveō, —, —, ēre [LIV-], *to be black and blue, be livid:* livent rubigine dentes, O.—*To envy:* iis, qui eloquentiam exercent, Ta.

līvidulus, *adj. dim.* [lividus], *inclined to envy,* Iu.

līvidus, *adj.* with *sup.* [LIV-], *of a leaden color, bluish, blue:* vada, V.: racemi, H.: lividissima vorago, Ct. —*Black and blue, livid, bruised:* armis Bracchia, H.: Ora livida facta, O.—*Making livid, deadly:* Livida materno fervent adipata veneno, Iu.—Fig., *envious, invidious, spiteful, malicious:* malevoli et lividi: nos lividus odit, H.: obliviones, i. e. *destructive of praise,* H.

līvor, ōris, *m.* [LIV-], *a bluish color, black and blue spot, bruise:* Uva livorem ducit ab uvā, *a taint,* Iu.—Fig., *envy, spite, malice, ill-will:* summotum patriā proscindere, Livor, Desine, O.: cupidus, Pr.: obtrectatio et livor, Ta.—Person., O.

lixa, ae, *m.* [LIC-], *a sutler, camp-follower:* lixae permixti cum militibus, S.: non lixa sequebatur, L.: lixae ac negotiatores, Ta.

locātiō, ōnis, *f.* [loco], *a letting out, leasing:* (porticus) consulum locatione reficiebatur: operum: locationes praediorum, *farming out,* L.—*A contract of letting, hiring, lease,* L.

locātor, ōris, *m.* [loco], *a lessor:* fundi.

locātum, ī, *n.* [loco], *the subject of a lease:* iudicia, quae ex locato fiunt, *grow out of leases.*

locitō, —, —, āre, *freq.* [loco], *to let, hire out:* agelli paulum, T.

locō, āvī (locāssint, for locāverint, C.), ātus, āre [locus], *to place, put, lay, set, dispose, arrange:* cohortes in fronte, S.: cadavera in arcā, N.: crates adversas locari iubet, Cs.: cum sol ita locatus fuisset, ut, etc.: Fundamenta (urbis), V.: litore Moenia, V.: vicos, Ta.: stipendium, S.—Fig., *to place, put, set, lay, fix, establish, constitute:* inter recte factum atque peccatum media locabat quaedam: eo loco locati sumus, ut, etc.: prudentia est locata in delectu bonorum et malorum, *consists in.*—*To place in marriage, give away, give in marriage, marry:* filiam suam, T.: nuptum virginem adulescenti, T.—*To let, lease, hire, farm out:* vectigalia: agrum frumento, L.: fundum: vocem, i. e. *rant for pay* (on the stage), Iu.: disciplina (histrionis) locabat se non minus HS CCCIƆƆƆ, *yielded.*—*To give out on contract, contract for making, have done by contract:* statuam faciendam: anseribus cibaria publice locantur (sc. praebenda): Iunoni templum (sc. exstruendum), L.: secanda marmora, H. — *To put out, place profitably:* beneficia apud gratos, L.: Bene facta male locata male facta arbitror, Enn. ap. C.

loculī, ōrum, *m. dim.* [locus], *a receptacle with compartments, coffer, casket, satchel, pocket:* nummum in loculos demittere, H.: eburni, O.: inanissimi: neque loculis comitantibus itur, *with purses,* Iu.: laevo suspensi loculos lacerto, H.

locuplēs, ētis (*abl.* -plētī or -plēte; *plur. gen.* -plētium and -plētum), *adj.* with *comp.* and *sup.* [locus+PLE-], *rich in lands, substantial, opulent:* pecuniosi et locupletes. —*Rich, wealthy, opulent:* egebat? immo locuples erat: aquila, i. e. *the lucrative post of centurion,* Iu.: locupletem optare podagram, *the rich man's,* Iu.: praedā locuples, S.: frugibus annus, H.: urbs locupletissima. —As *subst.*: agros locupletium plebi colendos dedit, *the rich:* proscriptiones locupletium, S.: locuples quae nupsit avaro, Iu.—Fig., *well stored, provided, richly supplied, rich:* domus: oratione: Latina lingua locupletior quam Graeca. —*Responsible, trustworthy, trusty, safe, sure:* reus, *that can fulfill his engagement,* L.: locupletissimi auctores: tabellarius.

locuplētō, āvī, ātus, āre [locuples], *to make rich, enrich:* homines fortunis: Africam equis, armis, N. —Fig.: sapientem locupletat natura: templum picturis, i. e. *adorn.*

locus, ī, *m.* (*plur.* loci, single places; loca, *n.*, places connected, a region), *a place, spot:* coacto in unum locum exercitu, Cs.: locorum situm nosse, L.: Romae per omnīs locos, S.: loci communes, *public places, parks:* de loco superiore dicere, i. e. *from the judicial bench:* Celsior ipse loco (i. e. celsiore loco), O.: et ex superiore et ex aequo loco sermones habiti, i. e. *orations and conversations:* ex inferiore loco, i. e. *before a judge:* primus aedium, *a dwelling on the ground-floor,* N. —*An appointed place, station, post, position:* loco movere, *drive from a post,* T.: loco deicere, H.: loco cedere, *give way,* S.: legio locum non tenuit, Cs.: loca senatoria secernere a populo, L.: loca iussa tenere, V.—*Place, room:* ut locus in foro daretur amicis: locum sibi fecit, O.: non erat his locus, *right place,* H. —*A lodging, quarters:* locus inde lautiaque legatis praeberi iussa, L.—*A place, spot, locality, region, country:* non hoc ut oppido praeposui, sed ut loco: est locus, Hesperiam dicunt, V.: locos tenere, L.: occupare, S.: venisse in illa loca: ea loca incolere, *that region,* Cs. —Fig., *place, position, degree, rank, order, office:* summo loco natus, Cs.: infimo loco natus: legationis princeps locus, *head,* Cs.: tua dignitas suum locum obtinebit: voluptatem nullo loco numerat: qui locum tenuit virtute secundum, V.: de locis contendere, i. e. *precedence,* Cs.: signiferos loco movit, *degraded,* Cs.: duo consularia loca, L.: omnia loca obtinuere, ne cui plebeio aditus esset, L.—*Place, position, situation, condition, relation, state:* in eum iam res rediit locum, ut, etc., T.: Peiore res loco non potis est esse, T.: Quo res summa loco? *In what state?* V.: missis nuntiis, quo loco res essent, L.: primo loco, *first in order,* Iu.: se (eos) eodem loco quo

Helvetios habiturum, *would treat as*, etc., Cs.: parentis loco esse: reliquos obsidum loco ducere, Cs.: criminis loco esse, quod vivam, *serves for:* in uxoris loco habere, T.: in liberūm loco esse: se in hostium habiturum loco, qui, etc., Cs.: nescire quo loci esset, *in what condition:* erat causa in eo iam loci, ut, etc., *in such a condition.* — *A topic, matter, subject, point, head, division:* tractat locos ab Aristotele ante tractatos: hic locus, de naturā usuque verborum: ex quattuor locis in quos divisimus, etc.: locos quosdam transferam, *shall make some extracts:* speciosa locis Fabula, *quotable passages*, H.: loca iam recitata, H. — In rhet.: loci communes, *passages of a general import* (see communis).—Of time: interea loci, *meanwhile*, T.: postea loci, *afterwards*, S.: ad id locorum, *till then*, S.—In *abl.*, *at the right time, seasonably, appropriately, suitably:* posuisti loco versūs: et properare loco et cessare, H.: Dulce est desipere in loco, H.— *A fitting place, room, opportunity, cause, occasion, place, time:* et cognoscendi et ignoscendi dabitur peccati locus, T.: probandae virtutis, Cs.: aliquid loci rationi dedisses: Interpellandi locus hic erat, H.: nec vero hic locus est, ut, etc., *the proper occasion:* Est locus in volnus, *room for injury*, O.: meritis vacat hic tibi locus, *opportunity for services*, V.: in poëtis non Homero soli locus est aut Archilocho, etc.: vita turpis ne morti quidem honestae locum relinquit, i. e. *renders impossible:* resecandae libidinis: si est nunc ullus gaudendi locus.

locusta, see lucusta.

locūtiō (loquū-), ōnis, *f.* [4 LAC-], *a speaking, speech, discourse:* ex locutione, ex reticentiā: unius oratoris.— *Way of speaking, pronunciation:* emendata et Latina.

locūtus, *P.* of loquor.

lōdīx, īcis, *f.*, *a coverlet, counterpane*, Iu.

logēum, ī, = λογεῖον, *archives*, C. dub.

logica, ōrum, *n.*, = τὰ λογικά, *logic.*

logos (-us), ī, *m.*, = λόγος, *a word.* — *Plur., mere words, empty talk*, T. — *A witty saying, bon-mot, jest.*

lōlīgō, see lolligo.

lolium, ī, *n.*, *darnel, cockle, tares:* Infelix, V.: ador loliumque, H., O.

lollīgō (lōlī-), inis, *f.*, *a cuttle-fish*, C.: nigra, H.

longaevus, *adj.* [longus+aevum], *of great age, aged, ancient:* parens, V. — As *subst. m.*, *the old man*, V.—*Fem.*, O.

longē, *adv.* with *comp.* and *sup.* [longus], *a long way off, far, far off, at a distance:* ab eo oppido non longe fanum est: longe absum: longe lateque conlucere, *far and wide:* longe gradi, *take long steps*, V.: Rhenum non longe a mari transire, Cs.: longius prodire, Cs.: fontes longius a praesidiis aberant, Cs.: a cultu provinciae longissime absunt, Cs. — *Away, distant:* tria milia passuum longe ab castris, Cs.: minus V et XX milibus longe ab Uticā, Cs.—Fig., *far away, out of reach, of no avail:* longe iis fraternum nomen populi R. afuturum, Cs.: Longe illi dea mater erit, V.: Quam tibi nunc longe regnum dotale Creüsae, O.—*Long, for a long period:* longe prospicere futuros casūs: stupet Dares, longeque recusat, V.: Varro vitam Naevi producit longius: longius anno remanere, Cs.: longissime respicere: haec dixi longius quam, etc., *at greater length.* — *Widely, greatly, much, very much, by far:* errat, T.: nobilissimus, Cs.: doctissimus, H.: longe plurimum ingenio valuisse videtur: quod longe secus est: dissimilis contentio: longe mihi alia mens est, S.: longissime diversa ratio est: longe omnīs multumque superare: Sed longe cunctis longeque potentior illa, O.: longe melior, V.: minor, L.

longīnquitās, ātis, *f.* [longinquus], *distance, remoteness:* locorum: regionum, Ta. — *Length, long continuance, duration:* aetatis, T.: temporis, Cs.: bellorum, L.: (dolores) longinquitate producti.

longīnquus (-īncus), *adj.* with *comp.* [longus], *far removed, far off, remote, distant:* nationes, Cs.: hostis: cura, *for distant things*, L.: longinquiores loci, Cs.—As *subst. n.:* quid ego longinqua commemoro? *remote events:* longinqua imperii, *remote parts*, Ta.—*Living far off, foreign, strange:* homo: piscis, O.—*Long, of long duration, prolonged, lasting, continued, tedious:* dolor: oppugnatio, Cs.: consuetudo, Cs.: longinquiore tempore bellum confecturum, N.—*Remote, distant:* in longinquum tempus differre: tempore longinqua victoria, L.

longitūdo, inis, *f.* [longus], *length:* inmensitas longitudinum: pontis, Cs.: longitudines et brevitates in sonis. — *Length, long duration:* noctis: orationis: consulere in longitudinem, *look far ahead*, T.

longius, longissimē, *comp.* and *sup.* of longe.

longiusculus, *adj. dim.* [longior, -ius], *rather long:* versūs.

longulē, *adv.* [longulus], *rather far*, T.

longulus, *adj. dim.* [longus], *rather long:* iter.

longum, *adv.* [longus], *long, a long while:* nec longum laetabere, V.: Clamare, H.

longurius, ī, *m.* [longus], *a long pole*, Cs.

longus, *adj.* with *comp.* and *sup.* [2 LEG-], *long, extended:* via: longissima epistula: proficisci longissimo agmine, Cs.: navis longa, *a war-ship, man-of-war* (from its shape), Cs.: versus, *the heroic hexameter:* honorum Pagina, Iu.: vestis, V.: longioris fugae consilium, *further*, Cs.: manūs, *far-reaching*, O.—*In length, long:* musculus pedes LX longus, Cs.: ferrum tres longum pedes, *in length*, L.—*Great, vast, spacious:* pontus, H.: classemque ex aethere longo prospexit, V.: caelum, O.—*Long, of long duration, lasting, prolonged, tedious:* in tam longā aetate: vita longior: uno die longior mensis: longā interiectā morā, Cs.: spatium (sc. temporis), L.: memoriam nostri longam efficere, S.: longo tempore, *after a long interval*, V.: anni, *a great age*, V.: dies, *length of days*, Iu.: syllaba: voces, V.: senectus, Iu.: mors, *slow*, V.: quam improbe fecerit, longum est dicere, *it would be tedious:* ne longum sit, *to speak briefly:* Ne longum faciam, H.: exemplis hoc facere longius, *to spin out:* nolo esse longus, *tedious:* respondit, nihil sibi longius fuisse, quam ut me videret, i. e. *that he was impatient:* nec mihi longius quicquam est quam, etc., *nothing is more tedious:* fatigat edendi Ex longo rabies, *since long ago*, V.: spem incohare longam, *looking far ahead*, H.: longus spe, *slow to hope*, H.—*Distant, remote, long delayed:* in longiorem diem conferre, Cs.: dies, V.—As *subst. n.:* in longum dilata res, *long postponed*, L.: Causando nostros in longum ducis amores, *delay*, V.

loquācitās, ātis, *f.* [loquax], *talkativeness, loquacity:* Macri: mea: ministrorum, L.

loquāciter, *adv.* [loquax], *talkatively, loquaciously:* litigiosus: Scribetur tibi forma, i. e. *at length*, H.

loquāx, ācis, *adj.* with *comp.* and *sup.* [4 LAC-], *talkative, prating, chattering, loquacious, full of words:* orator: senectus est naturā loquacior: homo loquacissimus obmutuit: ranae, *croaking*, V.: nidus, i. e. *of chirping young*, V.: stagna, *resounding with croakings*, V.: voltus, i. e. *expressive*, O.: lymphae, *babbling*, H.

loquēla or **loquella**, ae, *f.* [loquor], *speech, words, discourse:* funditque has ore loquelas, V. —*A language:* Graia, O.

loquor, cūtus (quūtus), ī, *dep.* [4 LAC-], *to speak, talk, say, tell, mention, utter:* male, T.: mihi sane bene loqui videtur: Latine: aliā linguā: pro alquo: apud imperitos, *before:* advorsum hunc, *before him*, T.: cum prole, O.: horribile est, quae loquantur: ne singulas loquar urbīs, *mention*, L.: pugnantia, *to contradict oneself:* proelia, H.: quem tuum negotium agere loquebantur. — *To talk of, speak about, have ever on the lips:* semper Curios: nil nisi classīs: reges atque tetrarchas, Omnia magna, H.: de magnis maiora, Iu. — *Plur.* with *indef. subj.*, *they say, it is said, they talk of, the talk is of:* hic mera scelera loquuntur: Iuppiter, hospitibus nam te dare iura loquuntur, V.—F i g., *to speak, declare, show, indicate, express clearly:* oculi mimi, quem ad modum animo adfecti simus, loquuntur: ut consuetudo loquitur, *as is usually said:* cum chartā dextra locuta est, *has written upon it*, O.—*To rustle, murmur:* pini loquentes, V.

lōrīca, ae, *f.* [lorum], *a leather cuirass, corselet of thongs:* lata insignisque: graves loricis, L.: trilix, V.: serpens Loricae modo squamis defensūs, O.: Libros Mutare loricis, i. e. *exchange studies for arms*, H.—*A defence, breastwork, parapet:* pinnae loricaeque ex cratibus attexuntur, Cs.: loricam struere, Ta.

lōrīcātus, *adj.* [lorica], *clothed in mail, harnessed:* statua, L.: equites, L.

lōripēs, pedis, *adj.* [lorum + pes], *club-footed, crook-footed, bandy-legged:* iuvenis, Iu.

lōrum, ī, *n.* [3 VOL-], *a thong, strap, strip of leather:* quin tu adducis lorum? L.: Qui lora restrictis lacertis Sensit, H.: signum de paupere loro, *leather*, Iu. — *Plur.*, *the reins, a bridle:* loris ducere equos, L.: lora dare, *slacken*, V.: lora remisit, O.: lora tenere, Iu.—*A whip, lash, scourge:* ad necem operiere loris, T.: loris uri, H.: eum servi loris ceciderunt.—*A leathern bulla*, Iu.

1. lōtus and **lōtos**, ī, *f.*, =λωτός, *the African lotus, edible nettle-tree*, V., O. — *The fruit of the lotus*, O.—*A flute* (of lotus-wood), O.

2. lōtus, *P.* of lavo.

lubēns, lubenter, lubet, lubīdō, see lib-.

lūbricō, —, —, āre [lubricus], *to make slippery, lubricate:* Lacedaemonium orbem, Iu.

lūbricus, *adj.* [GLA-], *slippery:* fastigium, L.: terga (colubri), V.: conchylia, *slimy*, H.—*Plur. n.* as *subst.:* per lubrica surgens, *slippery ground*, V. —*Easily moved, sliding, gliding:* (natura) lubricos oculos fecit: anguis, V.: amnis, *gliding*, O.—F i g., *slippery, uncertain, hazardous, dangerous, critical:* via (vitae): cupiditas dominandi: defensionis ratio: annus, *fleeting*, O.: patrias tentasti lubricus artīs, *tricky*, V.: Voltus nimium lubricus adspici, *seductive*, H.—As *subst. n.:* in lubrico versari, *in danger*.

lūcānica, ae, *f.* [Lucanus], *Lucanian sausage, smoked sausage:* delectari lucanicis tuis.

Lūcānus, *adj.*, *of Lucania* (a district of Lower Italy), Cs., C., H., L., Iu.

lūcar, āris, *n.* [lucus], *money paid to actors* (orig. proceeds of a forest-tax), Ta.

lūce, *adv.*, *by daylight*, see lux.

lucellum, ī, *n. dim.* [lucrum], *a small gain, slight profit:* Apronio aliquid lucelli dare: dulce, H.: alqd refero datum lucello, Ct.

lūceō, lūxī, —, ēre [LVC-], *to be light, be clear, shine, beam, glow, glitter:* globus lunae, V.: faces, O.: (stella) luce lucebat alienā: luceat igne rogus, O.: Rara per occultos lucebat semita calles, *glimmered*, V.: taedā lucebis in illā, i. e. *shall burn*, Iu.: lucens ad imum Usque solum lympha, *transparent*, O.—*Impers.*, *it is light, is day, dawns:* nondum lucebat: simul atque luceret.—F i g., *to* *shine forth, be conspicuous, be apparent, be clear, be evident:* imperi splendor illis gentibus lucem adferre coepit: mea studia, quae parum antea luxerunt: virtus lucet in tenebris.

Lūceres, um, *m.*, *one of three tribes of free citizens in the old Roman state* (see Ramnes, Tities), C., L., O., Pr.

lucerna, ae, *f.* [LVC-], *a lamp, oil-lamp:* lucerna me deserit, *goes out:* Vino et lucernis, i. e. *evening entertainments*, H.: Accessit numerus lucernis, *the lights are seen double*, H.: ante lucernas, *before candle-light*, Iu.: lucernam accendere, Ph.: Haec ego non credam Venusinā digna lucerna? *lucubration*, Iu.

lūcēscō and **lūcīscō**, lūxī, —, ere, *inch.* [luceo], *to begin to shine:* sol lucescit, V.: cras lucescere nonas Dicimus, *dawn*, O.—*Impers.:* Luciscit hoc iam, *it grows light here*, T.: ubi luxit, *at dawn*, Cs.: cum lucisceret, *at break of day.*

lūcet, *impers.*, see luceo.

lūcī, *adv.*, *by daylight*, see lux.

lūcidē, *adv.* [lucidus], *clearly, distinctly:* verbum definire.

lūcidus, *adj.* with *comp.* [LVC-], *full of light, clear, bright, shining, brilliant:* sidera, H.: gemma, O.: Lucidior domus, O.: Lucidior glacie, O.: sedes deorum, H.: aethrā Sidereā polus, *lighted*, V. —*Neut.* as *adv.:* lucidum Fulgentes oculi, H.—*White:* ovis, Tb.: lilia, Pr.—Fig., *clear, perspicuous, lucid:* ordo, H.

lūcifer, fera, ferum, *adj.* [lux+1 FER-], *light-bringing:* Diana: equi, *the horses of Luna*, O.—As *subst. m.*, *the morning-star, the planet Venus*, C.: prae diem veniens, V.—*The son of Aurora and Cephalus*, O.—*Day:* omnis, O.: tot Luciferi, O.

lūcifugus, *adj.* [lux+2 FVG-], *light-shunning:* blattae, V.: (homines), *shy.*

Lūcīna, ae, *f.* [lux; sc. dea], *she that brings to light, goddess of childbirth*, T., H., O.: Lucinam pati, *pains of childbirth*, V.: Lucinae labores, V. —*The goddess of frightful dreams:* (Hecate), Tb.

lūcīscō, see lucesco.

lucrātīvus, *adj.* [lucror], *attended with gain, gainful:* sol.

lucri faciō, see lucrum.

Lucrinēnsis, e, *adj.*, *of the Lucrine Lake:* res, i. e. *oysters.*

lucror, ātus, ārī, *dep.* [lucrum], *to gain, win, acquire, get, make:* auri pondo decem: emuncto Simone talentum, H.: lucrandi perdendive temeritas, Ta.—Fig., *to acquire, gain, win:* domitā nomen ab Africā, H.: lucretur indicia veteris infamiae, i. e. *I will not mention.*

lucrōsus, *adj.* [lucrum], *gainful, profitable:* voluptas, O.: paucis lucrosum fieri, Ta.

lucrum, ī, *n.* [2 LV-], *gain, profit, advantage:* hoc paulum lucri quantum ei damni adportet, T.: unius anni: ex publicis vectigalibus lucra facere: improbissima lucra liguriens: lucri bonus est odor ex re quālibet, Iu.: omne id deputare esse in lucro, *count as gain*, T.: alqd lucro apponere, H.: lucri fieri tritici modios centum, *made* (as profit): alqd facere lucri, *to reap the benefit of*, N.: in lucro est quae datur hora mihi, O.: de lucro prope iam quadriennium vivimus, i. e. *as by miracle:* de lucro tibi vivere me scito, L.—*The pursuit of gain, avarice:* te demovere lucro, H.: domus ob lucrum Demersa exitio, i. e. *avarice*, H.—*Wealth, riches:* Contra lucrum nil valere ingenium, H.: Omne lucrum tenebris alta premebat humus, O.

lūctāmen, inis, *n.* [luctor], *a wrestling, toil, exertion:* remo ut luctamen abesset, V.

lūctāns, antis, *adj.* [*P.* of luctor], *struggling, reluctant:* luctantia oscula carpere, O.

lūctātiō, ōnis, *f.* [luctor], *a wrestling:* sine adversario nulla est.—*A struggle, contest, fight:* taetra, L.: cum Academicis incerta.

lūctātor, ōris, *m.* [luctor], *a wrestler:* in fulvā harenā, O.

lūctificus, *adj.* [luctus+2 FAC-], *causing sorrow, doleful, baleful:* clades, C. poët.: Alecto, V.

lūctisonus, *adj.* [luctus+SON-], *sad-sounding, doleful:* mugitus, O.

lūctō, —, —, āre [lucta, a wrestling], *to wrestle, struggle:* dum luctat, T.

lūctor, ātus, ārī, *dep.* [lucta, a wrestling], *to wrestle:* luctabitur Olympiis Milon: fulvā luctantur harenā, V.: Achivis doctius unctis, H.—*To wrestle, struggle, strive, contend:* in pestilenti solo, L.: Luctandum in turbā, H.: Inter se adversis cornibus, V.: de nomine temporis huius, O.: telum Eripere, V.: liberiore frui caelo, O.: in lento luctantur marmore tonsae, V.: Tristia robustis luctantur funera plaustris, H.: luctantes venti, V. —Fig., *to struggle, strive, contend:* tecum: cum ardore regionis, Cu.: luctata diu ait, *after a* (mental) *struggle*, O.

lūctuōsē, *adv.* with *comp.* [luctuosus], *lamentably, mournfully:* luctuosius nobis quam vobis perierunt, L.

lūctuōsus, *adj.* with *comp.* and *sup.* [luctus], *full of sorrow, causing sorrow, sorrowful, lamentable, mournful:* victoria, S.: nox meis omnibus: luctuosum est tradi alteri, luctuosius inimico: luctuosissimum exitium patriae: arma, H.—*Feeling sorrow, sorrowful, sad:* Hesperia, H.

lūctus, ūs, *m.* [LVG-], *sorrow, mourning, grief, affliction, distress, lamentation:* filio luctum paras, T.: cum maerore et luctu vitam exigunt, S.: suum luctum patris lacrimis augere: tantus luctus excepit (multitudinem), ut, etc., Cs.: luctus suus vestis mutatione declarandus: muliebris, H.: luctum inportare sibi, Ph.: dare animum in luctūs, O.: multis in luctibus senescere, Iu.—*Signs of sorrow, mourning, mourning apparel, weeds:* erat in luctu senatus: diebus triginta luctus est finitus, L.—*A source of grief, affliction:* levior, O.: luctūs suos tradit, O.—Person., *Grief*, V.

lūcubrātiō, ōnis, *f.* [lucubro], *a working by lamp-light, night-work, nocturnal study:* lucubrationes detraxi: vix digna lucubratione anicularum, *evening gossip.*—*Something composed by night, a lucubration:* mea.

lūcubrō, āvī, ātus, āre [LVC-], *to work by lamp-light, work at night:* (Lucretia) inter lucubrantes ancillas, L.: opusculum lucubratum, *composed by night.*

lūculentē, *adv.* [luculentus], *splendidly, well:* scripserunt: alqm calefacere, i. e. *flog well.*

lūculenter, *adv.* [luculentus], *very well:* sane luculenter, *very well said:* Graece scire.

lūculentus, *adj.* with *comp.* and *sup.* [lux], *full of light, bright, splendid:* caminus, *burning brightly.*—Fig., *distinguished, excellent, superior:* forma, T.: verba luculentiora: legio luculentissima: oratio, *perspicuous*, S.: plaga, *severe.*—*Respectable, considerable, rich:* patrimonium.—*Clear, satisfactorily proved:* res indiciis.—*Trustworthy, weighty:* auctores: scriptor.

lucumō, ōnis, *m.* [Etrusc. lauchme, one possessed], *an Etruscan priest;* hence, as a proper name, *the son of Demaratus of Corinth, afterwards king Tarquinius Priscus*, L.

1. lūcus, ī, *m.* [LVC-], *a sacred grove, consecrated wood, park surrounding a temple:* Albani luci: frequenti silvā saeptus, L.: virtutem verba putas et Lucum ligna, H.: laetissimus umbrae, V.—*A wood, grove*, V., O.

2. (lūcus, ūs), *m.*, *light* (old for lux): cum primo lucu, *at daybreak*, T. (al. luci).

lucusta (loc-), ae, *f.* [4 LAC-], *a grasshopper, locust:* lucustarum nubes, L.: vis locustarum, Ta.

lūdia, ae, *f.* [ludius], *a gladiator's wife*, Iu.

lūdibrium, ī, *n.* [ludus], *a mockery, derision, wantonness:* ne per ludibrium interirct regnum, *by wantonness*, L.: fortunae: casūs, L.: ad ludibrium stolidae superbiae, L.: fratris, L.: sive ludibrium oculorum sive vera species, Cu.—*An object of mockery, laughing-stock, butt, jest, sport:* ludibrio haberi, T.: ne ludibrio simus inimicis: (Brutus) ludibrium verius quam comes, L.: nisi ventis Debes ludibrium, H.: nec dubie ludibrio esse miserias suas, Cu.—*A dishonoring:* ludibria meorum, Cu.

lūdibundus, *adj.* [ludo], *playful, sportive, frolicsome, jubilant:* milites ita ludibundi, ut, etc., L.—*Playing, easily, without effort, without danger:* ad Hydruntem ludibundi pervenimus: omnia ludibundus conficies.

(lūdicer), cra, crum, *adj.* [ludus], *belonging to play, serving for sport, done in sport, sportive:* exercitatio: Praemia, *awarded in the games*, V.: res, *the drama*, H.

lūdicrum, ī, *n.* [ludicer], *a sport, toy, means of sport, game:* iuvenes, quibus id ludicrum est, Ta.: et versūs et cetera ludicra pono, *trifles*, H.—*A show, public game, scenic show, stage-play:* Olympiorum solemne, L., H.

lūdificātiō, ōnis, *f.* [ludifico], *a making game, rallying, jeering, derision, mocking:* cum ludificatione senatūs auctoritas impediretur: veri, L.

lūdificō, āvī, ātus, āre [ludus+2 FAC-], *to make game of, delude, cozen, deceive:* si diutius ludificare videatur: ludificati incerto proelio, S.

lūdificor, ātus, ārī, *dep.* [ludus+2 FAC-], *to mock, make game of, make sport of, turn into ridicule, delude, deceive:* aperte: me, T.: inter se, L.—*To thwart, frustrate, baffle:* morā consulem, S.: ea, quae hostes agerent, L.

lūdī magister, see ludus.

lūdiō, ōnis, *m.* [ludus], *a stage-player, pantomimist:* ludiones ex Etruriā acciti, L.

lūdius, ī, *m.* [ludus], *a stage-player, pantomimist:* si ludius constitit (interrupting the play): Ludius ter pede pulsat humum, O.—*A gladiator*, Iu.

lūdō, sī, sus, ere [LVD-], *to play, play at a game:* tesseris, T.: aleā ludere: pilā et duodecim scriptis: trocho, H.: positā luditur arcā, *with his cash-box staked*, Iu.: alea: par impar, H.: proelia latronum, O.: scriptae, quibus alea luditur, artes, O.—*To play, appear in a public game:* ludis circensibus elephantos lusisse, L.—*To play, sport, frisk, frolic:* honesta exempla ludendi: in numerum, *dance*, V.: in exiguo cymba lacu, O.—Fig., *to sport, play, practise as a pastime, do for amusement:* illa ipsa ludens conieci in communīs locos: Syracosio ludere versu, V.—*To play, make music, compose:* quae vellem calamo agresti, V.: Talia luduntur mense Decembri, O.: carmina, V.—*To sport, dally, wanton:* Lusisti satis, H.—*To play, mock, mimic, take off:* opus, *imitate serious business in sport*, H.—*To make game of, ridicule, rally, banter:* eum lusi iocose satis: omnium irrisione ludi: an prudens ludis me? H.: caput aselli, Ad quod ludebant, Iu.—*To delude, deceive:* me, T.: non ludo, *am in earnest*, H.: natum falsis imaginibus, V.: hoc civili bello, quam multa (haruspicum responsa) luserunt, i. e. *gave deceptive responses.*—*To baffle, elude:* (canes) sequentīs, O.

lūdus, ī, *m.* [LVD-], *a play, game, diversion,*

pastime: novum sibi excogitant ludum: campestris: Nec lusisse pudet, sed non incidere ludum, H.: pueri Intenti ludo, V.—*Plur.*, *public games*, *plays*, *spectacles*, *shows*, *exhibitions:* delectant homines ludi: festi dies ludorum: ludos aspicere, O.: ludi Olympiae: ludi Consualia, L.: ludi Cerialia, L.—Rarely *sing.:* haec ultra quid erit, nisi ludus, Iu.—*A place for exercise*, *place for practice*, *school:* In eodem ludo doctae, T.: litterarum ludi, L.: discendi: Isocrates, cuius e ludo principes exierunt: gladiatores in ludo habebat, *in training*, Cs.: militaris, L.: quem puerum in ludo cognorat, N.: sic veniunt ad miscellanea ludi, Iu. —*Play*, *sport*, *child's play:* oratio ludus est homini non hebeti: quibus (Graecis) ius iurandum iocus est, testimonium ludus. — *Sport*, *jest*, *joke*, *fun:* ad honores per ludum pervenire: amoto quaeramus seria ludo, H.: Nil per ludum simulabitur, Iu.: narrare, quos ludos praebueris, *how you made yourself ridiculous*, T.: mihi ludos reddere, *play tricks on*, T.: frui ludo aetatis, L.—*A play*, *entertaining exhibition*, *playful writing*, *satire:* veteres inëunt proscaenia ludi, V.: ut est in Naevi Ludo.

luēs, is, *f.* [1 LV-], *a plague*, *pestilence*, *infection:* dira, O.: lues et letifer annus, V.—*A spreading evil*, *calamity:* asperrima in Sardianos (of an earthquake), Ta.: belli immensa, Ta.—As a term of abuse, *a plague*, *pest:* haec lues impura.

lugeō, lūxī (lūxtī for lūxistī, Ct.), lūctus, ēre [LVG-], *to mourn*, *lament*, *bewail*, *deplore:* melius, O.: mortem Treboni: interitum rei p.: annum, ut parentem, eum, L.: lugebere nobis, Lugebisque alios, O.: luget non sic lugendae fata sororis, i. e. *not as dead*, O.: Matronis lugendus, Iu.: ad rogum filii lugetur, Ct.: urbem e suis faucibus ereptam esse.—*To be in mourning*, *wear mourning apparel:* luget senatus: te arbos Tonsa comam luxit, O.: nec lugentibus id facere fas est, L.

lūgubre, *adv.* [lugubris], *mournfully*, *portentously:* cometae rubent, V.

lūgubris, e, *adj.* [LVG-], *of mourning*, *mourning-:* lamentatio, *over the dead:* vestis, *mourning apparel*, T.: cantus, *a dirge*, H.: domus, *a house of mourning*, L.: genitor, *sorrowing*, O.—*Plur. n.* as *subst.:* lugubria indue, *put on mourning*, O.: mea lugubria ponam, *my weeds*, O.—*That causes mourning*, *disastrous:* bellum, H.: scelus, O.—*Mournful*, *doleful*, *plaintive:* verbum, *expressive of desolation:* verba, O.—*Mean*, *pitiable:* sagum, H.

lumbus, ī, *m.*, *a loin:* tener, Iu.—Usu. *plur.:* Lumborum tenus: nautae lumbos Fuste dolat, H.

lūmen, inis, *n.* [LVC-], *light:* Quasi lumen de suo lumine accendat: solis: Leucothoën ad lumina cerni, *by lamp-light*, O.—*Plur.*, of a building, *the outlook*, *prospect:* cum aedīs venderet, in mancipio lumina ita recepit: se luminibus eius esse obstructurum, *obstruct the light by building.*—*A light*, *source of light*, *lamp*, *torch:* lumine adposito: insigne nocturnum trium luminum, L.: sub lumina prima, *at early candle-light*, H.—*Daylight*, *day:* Si te secundo lumine hic offendero, Moriere, Enn. ap. C.: lumine quarto, V.—*The light of life*, *life:* quem cassum lumine lugent, V.: quod in tot lumina lumen habebas, *which served so many eyes* (of Argus), O.—*The light of the eye*, *eye*, *look*, *glance:* luminibus amissis: torvum, V.: placidum, H.: timidum, O.: Luminibus tacitis, V.: Ad caelum tendens lumina, V.: mentis quasi lumina.—Fig., *a light*, *distinguished person*, *ornament*, *glory*, *luminary*, *beauty:* maiorum gloria posteris quasi lumen est, S.: praestantissimi viri, lumina rei p.: lumen exercitūs, Cimber: Lumina tot cecidisse ducum, V.: dicendi lumina: Catonis luminibus obstruxit haec oratio, *obscured the reputation.* —*Light*, *clearness*, *perspicuity:* ordo memoriae lumen adfert: nisi litterarum lumen accederet, *celebrity.*

lūminōsus, *adj.* [lumen], *full of light*, *luminous*, *conspicuous:* partes orationis.

lūna, ae, *f.* [LVC-], *the moon:* nova, Cs.: plena, Cs.: cum luna laboret, *is eclipsed:* lunae defectus, L.: Siderum regina bicornis, H.: aurea, O.: minor, *waning*, H.: oblati per lunam, *by moonlight*, V.: laborans, *an eclipse of the moon*, Iu.: sol lunaeque sequentes, *phases of the moon*, V.—*A night:* roscida, V.—*An ivory badge*, *shaped like a half-moon*, *worn by patrician senators on the shoes*, Iu.—Person., *the Moon-goddess*, *identified with Diana*, O., L., Ta.

lūnāris, e, *adj.* [luna], *of the moon*, *lunar:* cursus: currūs, O.: cornua, O.

lūnātus, *adj.* [*P.* of luno], *half-moon-shaped*, *crescent-shaped*, *lunated*, *falcated:* peltae, V.

Lūnēnsis, e, *adj.*, *of Luna* (a city of Etruria): legati, L.

lūnō, āvī, ātus, āre [luna], *to bend like a half-moon*, *crook:* arcum, O.: acies geminos in arcūs, Pr.

luō, luī, —, ere [1 LV-], *to loose*, *free*, *pay off:* aes alienum, Cu.—Fig., of punishment, *to suffer*, *undergo:* poenas parricidi: Supplicium, V.: Exsilium dirā poenam pro caede luebat, *was undergoing banishment as a punishment*, O.—*To atone for*, *expiate:* morte, V.: noxam pecuniā, L.: sanguine periuria, V.: Delicta maiorum, H.: pericula publica, i. e. *avert by expiation*, L.

lupa, ae, *f.* [lupus], *a she-wolf:* sitiens, L.: Rava, H.: nutrix, V.—*A prostitute*, C., L., Iu.

lupānar, āris, *n.* [lupa], *a house of ill-repute*, Iu., Ct.

lupātus, *adj.* [lupus], *furnished with wolf's teeth:* Gallia nec lupatis Temperat ora frenis, *curbs studded with jagged points*, H.—*Plur. n.* as *subst.*, *a curb armed with sharp teeth:* duris parere lupatis, V., O.

Lupercal, ālis, *n.* [Lupercus], *a grotto on the Palatine Hill, sacred to the Lycean Pan*, V., C., O. —*The festival of the Lycean Pan*, L.—Usu. *plur.:* ad Lupercalia.

Lupercus, ī, *m.* [lupus + ARC-], *protector against wolves*, a title of the Lycean Pan; hence, *a priest of the Lycean Pan*, C., V., Iu.

lupīnus, *adj.* [lupus], *of a wolf, wolf's:* ubera: Iuba, Pr.—As *subst. m.* and *n.*, *a lupine, wolf-bean*, V., Iu.: quid distent aera lupinis (lupines were used for money on the stage), H.

lupus, ī, *m.*, *a wolf:* Torva leaena lupum sequitur, lupus ipse capellam, V.: fulvus, O.: Martialis, *sacred to Mars*, H.: Ambigui, i. e. *men in the form of wolves*, O.—It was said that a man seen by a wolf before he saw the wolf lost his speech: vox quoque Moerim Iam fugit ipsa; lupi Moerim videre priores, V.—P r o v.: lupus in fabulā, *talk of the devil, and he appears*, T., C.: auribus teneo lupum, i. e. *am in great difficulty*, T.: Hac urget lupus, hac canis, *between two fires*, H.: ovem lupo commisti, *intrust a sheep to a wolf*, T.: tantum curamus frigora, quantum numerum (ovium) lupus, i. e. *care not at all*, V.—*A voracious fish, wolf-fish, pike*, H., V.—*A bit armed with points like wolves' teeth* (see lupatus): (equus) accipit ore lupos, O.—*A hook, grappling iron:* lupi ferrei, L.

lūridus, *adj.*, *pale yellow, sallow, wan, ghastly, lurid:* Orcus, H.: lumina, O.—*Turning pale, making ghastly:* horror, O.: aconita, O.

luscinia, ae, *f.*, *a nightingale*, H.

luscinius, ī, *m.*, *a nightingale*, Ph.

luscus, *adj.* [LVC-], *with closed eye, with one eye closed:* statua, i. e. *aiming*, Iu. — *One-eyed:* familiaris meus: dux, Iu.

lūsiō, ōnis, *f.* [LVD-], *a playing, play:* ludus discendi, non lusionis: lusio (pilae), *ball-playing:* lusiones deorum.

lūsor, ōris, *m.* [LVD-], *one who plays, a player:* non cessat perdere lusor, O.—F i g., *a humorous writer:* amorum, O.

lūstrālis, e, *adj.* [2 lustrum], *of purification, lustral:* sacrificium, *a propitiatory offering*, L.: aqua, *lustral water*, O.: exta, V.—*Quinquennial, happening every five years:* certamen, Ta.

lūstrātiō, ōnis, *f.* [lustro], *a purification by sacrifice, lustration:* lustrationis sacro peracto, L. —*A going about, wandering:* lustrationes (ferarum): municipiorum.

lūstrō, āvī, ātus, āre [2 lustrum], *to light up, illuminate, make bright:* lampade terras (Aurora), V.—*To review, survey, observe, examine:* lumine corpus, V.: tua vestigia, *search for thee*, V.: omnia eundo, O.: exercitum apud Iconium. — *To go around, encircle:* regem choreis, V.—*To go round, wander over, traverse:* (terrae) tuis victoriis lustratae sunt: latitudinem orbis: navibus aequor, V.: pede barbaro Lustrata Rhodope, H.: fugā harenam, Iu.—F i g., in religion, *to make bright, purify by a propitiatory offering:* in lustrandā coloniā: exercitum suovetaurilibus, L.: senem flammā, O.: Lustramur, *purify ourselves*, V.: se centum ovis, Iu.—*To review, consider:* omnia ratione animoque.

1. lustrum, ī, *n.* [3 LV-], *a slough, bog, haunt, den of beasts:* ferarum Lustra, V.—*A wood, forest, wilderness:* horrentia lustra, V.: per devia lustra, O.—*A house of ill-repute:* tenebrae lustrorum.—F i g., *debauchery:* vino lustrisque confectus: mala lustra Obiciet mihi, H.: omnibus lustris confectos, L.

2. lūstrum, ī, *n.* [3 LV-], *a purificatory sacrifice, expiatory offering, lustration* (for the whole people by the censors at the end of their term of five years): lustrum condidit, *made the lustral sacrifice:* sub lustrum censeri, *at the close of the census.*—*A period of five years, lustrum:* octavum, H.: hoc ipso lustro: superioris lustri reliqua.— *A period of four years* (of the Julian calendar), O.

1. lūsus, *P.* of ludo.

2. lūsus, ūs, *m.* [ludo], *a playing, play, game:* per lusum, *for sport*, L.: fugio lusum trigonem (i. e. trigonalem), H.: virgineis exercent lusibus undas Naides, O.—*Dalliance*, O., Pr.

lūteolus, *adj. dim.* [1 luteus], *yellowish:* caltha, V.

1. lūteus, *adj.* [1 lutum], *colored with yellow-weed, golden-yellow, saffron-yellow, orange-yellow:* pallor, H.: sulphura, O.: palla, Tb.—*Rose-colored, rosy, rose-red:* Aurora, V., O.: soccus, Ct.

2. luteus, *adj.* [2 lutum], *of mud, of clay:* Rheni caput, H.: opus, *of a swallow's nest*, O.— *Besmeared, bedaubed:* Volcanus, Iu.—F i g., *dirty, vile, worthless:* homo: negotium, *a poor affair.*

lutulentus, *adj.* [2 lutum], *muddy:* sus, *covered with mud*, H.: diluvio tellus lutulenta recenti, O.—F i g., *filthy, dirty, vile:* persona: vitia: turba, Iu.—Of style, *turbid, impure:* (Lucilius) cum flueret lutulentus, H.

1. lūtum, ī, *n.*, *a plant yielding a yellow dye, yellow-weed, dyer's weed, weld:* croceum, V.: luto corpora tingere, i. e. *with yellow*, Tb.

2. lutum, ī, *n.* [3 LV-], *mud, mire:* volutari in luto: crates luto integuntur, Cs.: imbre lutoque Adspersus, H.: Pinguia crura luto, Iu.: te pervolvam in luto, T.—P r o v.: in eodem luto haesitas, *you are in the same difficulty*, T.—In reproach: o lutum, o sordes, *offscouring of the earth.*—*Loam, clay, potter's clay:* caementa interlita luto, L.:

quibus meliore luto finxit praecordia Titan, i. e. *of better material*, Iu.

lūx, lūcis, *f.* [LVC-], *light, brightness:* solis ac lychnorum: Stella facem ducens multā cum luce, V.: auctor Lucis (i. e. Sol), O.: siderea, *heavenly*, O.: donec lux occidat, *till sunset*, Iu.—*The light of day, daylight, day:* usque ad lucem vigilare, T.: lux ubi adventabat, S.: ante lucem: primā luce, *at dawn*, Cs.: luce sub ipsā, *at the point of day*, V.: Dormiet in lucem, *till day is advanced*, H.: luce reversā, Iu.: luce occidi, *in open day:* luci adgredi.—*Plur.*, *the heavenly bodies:* Illae, quae fulgent luces.—*A day:* centesima lux est haec ab interitu P. Clodi: longiore luce opus est, L.: anxia nocte, Anxia luce gemit, O.: Natali die mihi dulcior haec lux, Iu.: vocat lux ultima victos, i. e. *death*, V.: aestiva, *summer*, V.: brumalis, *winter*, O.—*Life:* me reducem in lucem facere, T.: corpora luce carentum, i. e. *of the dead*, V.: simul atque editi in lucem sumus: aeterna, O.—*An eye, the eyesight:* damnum lucis ademptae, O.—*A light:* O lux Dardaniae, i. e. *Hector*, V.: Luce nihil gestum, nihil est Diomede remoto, O.—Fig., *the sight of men, public view, the public, the world:* in luce atque in oculis civium magnus: forensi luce carere: res occultissimas in lucem proferre. —*Light, encouragement, help, succor:* lux quaedam videbatur oblata, regno sublato: lucem adferre rei p.: Lucem redde patriae, H.—*A light, ornament:* urbs, lux orbis terrarum.—*Light, illustration, elucidation:* historia lux veritatis.—*That which enlightens, source of illumination:* ratio quasi quaedam lux vitae.

lūxuria, ae, and **lūxuriēs**, —, *acc.* em, *f.* [luxus], *rankness, luxuriance:* segetum, V.: falx Quā luxuriem premit, O.—Fig., *riotous living, extravagance, profusion, luxury, excess:* animus, qui nunc luxuriā diffluit, T.: nimiam luxuriam designare, Cs.: homo tantae luxuriae: in urbe luxuries creatur, ex luxuriā exsistat avaritia: Luxuriae sordes, Iu.: luxuriem addidit arti Tibicen, *delicacy*, H.—Of style: in summā ubertate inest luxuries.

lūxuriō, āvī, ātus, āre [luxuria], *to be rank, be luxuriant, abound to excess:* Luxuriat sanguine humus, O.: Ut seges in pingui luxuriabit humo, O.—*To wanton, sport, skip, bound, frisk:* (equus) Luxurians, V.: serpens Luxuriare solet, O.—*To abound in:* luxuriat toris pectus, V.: Deliciis novis, O.—*To swell, enlarge, grow rapidly:* Membra luxuriant, O.—Fig., of style, *to be luxuriant, run riot:* Luxuriantia compescet, H.—*To be wanton, indulge to excess, revel, run riot, be dissolute:* ne luxuriarent otio animi, L.: libertate, Cu.

lūxurior, ātus, ārī, *dep.*, *to wanton, revel:* meo malo. O.

lūxuriōsē, *adv.* with *comp.* [luxuriosus], *luxuriously, voluptuously:* vivere: exercitum habere, S.: luxuriosius epulari, N.

lūxuriōsus, *adj.* with *comp.* [luxuria], *rank, luxuriant, exuberant:* frumenta: seges, O.—Fig., *immoderate, excessive:* luxurioso otio esse, S.: laetitia, L.—*Excessive, profuse, luxurious, voluptuous:* reprehendere luxuriosos: nihil luxuriosius: cena, Iu.: non luxuriosus homo, sed abundans.

lūxus, ūs (*dat.* lūxū, S.) [LIC-], *excess, indulgence, luxury, debauchery:* adulescens luxu perditus, T.: in vino ac luxu: omnia luxu antecapere, S.: per luxum aetatem agere, i. e. *luxuriously*, S.: turpi luxu, Iu.—*Splendor, pomp, magnificence, state:* domus regali luxu Instruitur, V.: erudito luxu, Ta.

Lyaeus, ī, *m.*, = Λυαῖος, *Lyaeus, deliverer from care, a surname of Bacchus:* pater, V., H., O.—*Wine*, H.—As *adj.*, *of Lyaeus:* latex, i. e. *wine*, V.

Lycēum, ī, *n.*, see Lycium.

lychnūchus, ī, *m.*, = λυχνοῦχος, *a lamp-stand, candlestick, chandelier:* ligneolus.

lychnus, ī, *m.*, = λύχνος, *a light, lamp:* lux lychnorum: dependent lychni laquearibus, V.

Lycīum or **Lycēum**, ī, *n.*, = Λύκειον, *a gymnasium near Athens*, C., L., O.

Lycius, *adj.*, *of Lycia, Lycian*, V., H., O.

lympha, ae, *f.* [LAP-], *water, clear water, spring water:* fluvialis, V.: fugax, H.: liquidae, O.: Lymphae, i. e. Nymphae, H.

lymphāticus, *adj.* [lympha], *distracted, frantic:* pavor, *panic*, L.

lymphātus [lympha], *distracted, frantic, beside oneself:* exercitum pavor invasit: lymphati et attoniti, L.: furit lymphata per urbem, V.: pectora, O.: mens, H.

Lyncēus, *adj.*, = Λύγκειος, *of Lynceus* (one of the Argonauts): ensis, O.—*Sharp-sighted:* quis est tam lynceus, qui, etc.

lyncūrion or **-ium**, ī, *n.*, = λυγκούριον, *lynx-stone, transparent stone, said to be the crystallized urine of the lynx*, O.

lynx, lyncis, *m.* and *f.*, = λύγξ, *a lynx:* lynces Bacchi variae (Bacchus was drawn by a team of lynxes), V.: Colla lyncum, O.: timidos lyncas, H.

lyra, ae, *f.*, = λύρα, *a lute, lyre*, a stringed instrument invented by Mercury and presented to Apollo: curvae lyrae parens, H.: pulsa manu, O. —*Lyric poetry, song:* imbellis, H.: opus est leviore lyrā, O.—*The constellation, the Lyre:* exoriente Lyrā, O.

lyricus, *adj.*, = λυρικός, *of the lute, of the lyre, lyric:* soni, O.: vates, H.: senex, i. e. *Anacreon*, O.

M.

macellum, ī, *n.* [1 MAC-], *a butcher's stall, shambles, meat-market, provision-market:* porticus apud macellum, T.: annona in macello carior: barathrum macelli, H.: omne macellum, *all the hucksters*, H.: Fercula nullis ornata macellis, Iu.

macer, cra, crum, *adj.* [2 MAC-], *lean, meagre, thin, emaciated:* taurus, V.: turdos, H.: mustela, H.: me macrum reducit, *makes me pine away*, H.—*Thin, poor, barren:* solum: imago, Iu.

māceria, ae, *f.* [2 MAC-], *a wall of soft clay, enclosure, wall:* in horto, T.: nulla maceria, nulla casa: sex in altitudinem pedum, Cs.: paulum exstans a fundamento, L.

mācerō, āvī, ātus, āre [2 MAC-], *to make soft, make tender, soften, soak, steep, macerate:* salsamenta, T.—*To weaken, waste, enervate:* nos fame, L.: macerari ignibus, H.: siti maceratus, Cn.—*To fret, vex, torment, distress, torture, pain:* quor me macero? T.: vos desiderio, L.: Maceror interdum, quod, etc., *am vexed*, O.

machaerophorus, ī, *m.*, = μαχαιροφόρος, *a sword-bearer, satellite:* centum.

māchina, ae, *f.*, = μηχανή, *a machine, engine:* columnae machinā appositā: Torquet lapidem machina, H.: Trahunt machinae carinas, H.—*A military machine, warlike engine:* oppidum machinis omnium generum expugnare, S.: in nostros fabricata muros, V.—Fig., *a device, contrivance, trick, artifice, stratagem:* legem tamquam machinam comparari: omnibus machinis oppugnari.

māchināmentum, ī, *n.* [machinor], *a machine, engine:* quatiendis muris, L.: nutans, Ta.

māchinātiō, ōnis, *f.* [machinor], *a contrivance, mechanism, mechanical artifice:* machinatione quadam moveri aliquid.—*A machine, engine:* tantae altitudinis machinationes, Cs.: navalis, Cs.: tale machinationis genus, L.—Fig., *a trick, device, contrivance:* (iudex) tamquam machinatione aliquā contorquendus.

māchinātor, ōris, *m.* [machinor], *a contriver, designer, engineer, architect:* tormentorum, L.—Fig., *a contriver, inventor:* rerum: scelerum.

māchinor, ātus, ārī, *dep.* [machina], *to contrive skilfully, devise, design, frame, invent:* quantā operā machinata natura sit: haec ad voluptatem.—*To contrive artfully, scheme, plot:* senatoribus perniciem, S.: mihi insidias: Turno necem, L.: pestem in nos: indicium a P. Autronio machinatum, *devised*, S.

mōciēs, —, *abl.* maciē, *f.* [2 MAC-], *leanness, thinness, meagreness, atrophy:* homo grandi macie torridus: sedet in corpore toto, O.: conrupti equi macie, Cs.: macies Occupet malas, H.: macie tenuant armenta, i. e. *privation of food*, V.: macies aegri veteris, Iu.—Of the soil: (seges) neque deficiat macie, O.—Of language, *poverty*, Ta.

macrēscō, —, —, ēre, *inch.* [macer], *to grow lean, pine away:* rebus opimis, H.

macrocōlum and **macrocollum**, ī, *n.*, = μακρόκωλον, *large-sized paper, royal paper.*

māctе, māctī, see mactus.

māctō, āvī, ātus, āre [mactus], *to magnify, extol, honor, glorify, elevate:* puerorum extis deos manīs: lacte Latinas, *make splendid*, C. poët.: eos honoribus, *load with honors.*—*To offer, sacrifice, immolate, devote:* bidentīs Cereri, V.: Lentulo victimam: Mactata veniet lenior hostia, H.: hostium legiones mactandas Telluri dabo, L.—*To kill, slaughter, put to death:* summo supplicio mactari: alqm, V., O.—*To overthrow, ruin, destroy:* nisi cessissem, mactatus essem, *should have been sacrificed:* ius civitatis illo supplicio mactatum.—*To afflict, trouble, punish:* tali mactatus atque hic est infortunio, T.: hostīs patriae suppliciis, *pursue.*

māctus, *adj.* [1 MAC-].—Of the gods, *worshipped, honored;* hence, in the phrase, macte virtute, *be increased in your merit! go on in your excellence! good luck! well done!* C.: Macte virtute esto, H.: Macte novā virtute, puer, V.: macte virtute diligentiāque esto, L.: macte virtute milites Romani este, L.: vos macti virtute estote, Cu.—Alone: macte, *well done! good!*

macula, ae, *f.*, *a spot, mark, stain:* (bos) maculis insignis et albo, i. e. *white spots*, V.: in maculis (terra) ubi habitatur, i. e. *small places:* parcit cognatis maculis similis fera, Iu.: Conbibit os maculas, *contracts*, O.—*A mesh, hole* (in network): reticulum minutis maculis: retia maculis distincta, O.—*A spot, stain, blot, blemish, mole:* est corporis macula naevus: maculas de vestibus aufers, O.—Fig., *a blot, stain, stigma, blemish, fault, defect, disgrace:* hanc maculam Effugere, T.: delenda est vobis illa macula: vitae splendorem maculis aspergis?: flagitiorum: iudiciorum: Claudiae genti inusta, L.: in carmine Offendar maculis, H.

maculō, āvī, ātus, āre [macula], *to spot, stain, defile, pollute:* terram tabo, V.: sanguine rupem, O.: solum sanguine, Ct.—Fig., *to defile, dishonor:* rem p.: parricidio partūs suos, L.: nemora stupro: tuum crimine nomen, V.

maculōsus, *adj.* [macula], *spotted, speckled, dappled, mottled, variegated:* tegmine lyncis, V.: tigris, O.—*Spotted, blotted, stained, defiled:* vestis: Littera, O.—Fig., *defiled, polluted, filthy:* senatores, *in bad repute:* aedes, Iu.: nefas, *abominable*, H.: omni dedecore, Iu.

madefaciō, fēcī, factus, ere; *pass.* madefīō, factus, fierī [madeo+facio], *to make wet, moisten, soak, steep, drench, water:* sanguine gladii madefacti: humum, V.: terram suo odore, O.

madēns, entis, *adj.* [*P.* of madeo], *wet, moist:* coma, *flowing:* crinis, V.: More nivis sole madentis, i. e. *melting*, O.: Lamiarum caede, *reeking with*, Iu.

madeō, uī, ēre [MAD-], *to be wet, be moist, drip, flow:* vino madebant parietes: fuso Sanguine terra madet, V.: (ensis) cruore Phrygum maduit, O.—*To be boiled, be sodden:* igni exiguo, V.: nati Sinciput Phario madentis aceto, Iu.—*To be full, overflow, abound:* pocula madent Baccho, Tb.: Socraticis Sermonibus, H.

madēscō, duī, —, ere, *inch.* [madeo], *to become moist, be wet:* madescunt Robora, V.: oculi lacrimis maduere, O.

madidus, *adj.* [MAD-], *moist, wet, soaked, drenched:* fasciculum epistularum aquā: vestis, V.: genae, i. e. *bedewed with tears*, O.: comas, *moistened with unguents*, O.: ver, *rainy*, Iu.: auro glaebae, *saturated*, O.—*Drunk, intoxicated:* Tarentum, *full of drunkenness*, Iu.—*Soft, boiled, sodden, soaked:* siligo, Iu.

Maeander or **Maeandros**, drī, *m.*, = Μαίανδρος, *a river of Ionia and Phrygia, famous for its winding course*, C., L., O.—*A crooked way, winding, maze:* quos tu Maeandros quaesisti?—In embroidery, *a winding border*, V.

Maecēnās, ātis, *m.*, *an Etruscan family name:* C. Cilnius (a knight, friend of Augustus, noted as a patron of letters, and as luxurious), H., V., Iu.

maena (**mēna**), ae, *f.*, = μαίνη, *a small sea-fish* (eaten salted by the poor).

Maenas, adis, *f.*, = μαινάς, *a priestess of Bacchus, Bacchante*, Pr., O.—*A priestess of Cybele*, Ct.

Maenalius, *adj.*, = Μαινάλιος, *of Maenalus, Maenalian*, O.—*Arcadian:* versus, V.

Maenalus (**-os**), ī, *m.* (V., O.), and **Maenala**, ōrum, *n.* (V.), = Μαίναλον, *a range of mountains in Arcadia, sacred to Pan.*

Maeniānum, ī, *n.*, *a projecting gallery, balcony* (devised by a Maenius).

Maeonia, ae, *f.* Prop., *a district of Lydia;* hence, *Etruria* (settled by Lydians), V.

Maeonidēs, ae, *m.*, = Μαιονίδης, *a Maeonide, native of Maeonia;* hence, *Homer*, O.—*Plur.*, *the Etrurians*, V.

Maeonius, *adj.*, *of Maeonia, Lydian*, V., O.—*Of Homer, Homeric, epic:* carmen, H., O.—*Etrurian:* nautae, O.

maerēns, entis (*gen. plur.* maerentum, V.), *adj.* [*P.* of maereo], *mourning, lamenting, mournful, sad:* Sullam maerentem videre: pectora, V.: fletus, *mournful lamentation:* domus, *in mourning:* femur maerenti plangere dextrā, O.

maereō, —, —, ēre [MIS-], *to be sad, be mournful, mourn, grieve, lament:* cum maereret Menelaus: alienis bonis: genero, Tb.: nihil profici maerendo: domo vacuā, V.: Quod cadat, O.: talia maerentes, *thus lamenting*, O.: sono tenui, O.—*To mourn over, bemoan, lament, bewail:* fili mortem: rei p. calamitatem: illud: penatīs iniquos, H.: raptam deam, O.: eam (patriam) concidere.

maeror (not moer-), ōris, *m.* [MIS-], *a mourning, sadness, grief, sorrow, lamentation:* maeror (est) aegritudo flebilis: gravis, H.: funeris: in maerore est, T.: iacet in maerore: nec loqui prae maerore posse: deponere maerorem: perpetuo maerore senescere, Iu.: mihi maerores (dabo), Enn. ap. C.: maerores, qui exedunt animos.

maestitia (not moest-), ae, *f.* [maestus], *sadness, sorrow, grief, dejection, melancholy:* domus adflicta maestitiā: maestitiam pellere ex animis: orationis quasi maestitia, *a gloomy manner.*

maestus (not moest-), *adj.* with *sup.* [MIS-], *full of sadness, sad, sorrowful, dejected, melancholy, gloomy, despondent:* cum maestus errares: senex: maestissimus Hector, V.: morte Tigelli, H.: maestam videre urbem, Iu.: voltus, V.: maestae manus, O.: maestas sacravimus aras, V.—*Gloomy, severe:* Ille neci maestum mittit Oniten, V.: vestis, *a mourning garment*, Pr.: avis, *of ill omen*, O.

māgālia, ium, *n.* [Punic], *little dwellings, huts, tents:* Miratur molem, magalia quondam, V.

mage, *adv. comp.* [for magis], *more:* penetrabile telum, V., O.

magicus, *adj.*, = μαγικός, *of magic, magical:* artes, V.: lingua, *skilled in incantations*, O.: chordae, *mysterious*, Iu.: terrores, *superstitious*, H.

1. magis, idis, *f.*, *a plate, dish;* distat nil hac magis illa, *that dish differs in nothing from this*, H.; better illam; see 2 magis.

2. magis, *adv. comp.* [1 MAC-], *more, in a higher degree, more completely.*—With *adjj.:* magis iuris consultus quam iustitiae: beatus, H.: vis magis necessaria recte ad vivendum: magis verum atque hoc responsum, T.—With *advv.:* magis aperte, T.: magis inpense, T.—With *verbs:* magis honorem tribuere quam salutem accipere, Cs.: tum magis id diceres, Fanni, si, etc.: quod magis vellem evenire (i. e. mallem), T.: magis Pugnas bibit volgus, *is more eager for*, H.: magis aedilis fieri non potuisset, *better.*—With *abl.:* videntur omnes errasse, sed alius alio magis, *in different degrees:* alii aliis magis recusare, L.: quid philosophiā magis colendum?: quā fluvius solito magis inundaverat, L.: hac magis illam petere

(i. e. quam hanc), H.: magis solito incauti, L.—In phrases, with *negatives:* ius apud eos non legibus magis quam naturā valebat, *as much by natural disposition*, etc., S.: nec magis dolo capi quam armis vinci posse, *just as little*, L.: domus erat non domino magis ornamento quam civitati, i. e. *just as much to the city as to its owner:* animus in morbo non magis est sanus quam corpus, i. e. *is just as far from being sound:* hoc non pro Lysone magis quam pro omnibus scribere, i. e. *less than:* hunc ego me Non magis esse velim, quam vivere, etc., H.—With *abl.* of difference: illud ad me, ac multo etiam magis ad vos, *far more:* quanto ille plura miscebat, tanto hic magis convalescebat: eoque magis, quod, etc.: hoc vero magis properare Varro, ut, etc., Cs.: aliud (malum) multo tremendum magis, V.: deus paulo magis adfabre factus: nihilo magis descendere, Cs.—With *adv.* of degree: nihilo minus . . . haud scio an magis etiam, *even more:* Tam magis illa fremens . . . Quam magis crudescunt pugnae (i. e. eo magis . . . quo magis), V.: magis magisque in dies, *more and more*, S.: cottidie magis magisque: de Graeciā cottidie magis et magis cogito.—Poet.: magis atque magis, V.—*With more cause, more truly, with better reason, rather, in preference:* magis ratione quam virtute vicisse, Cs.: timori magis quam religioni consulere, Cs.: amoris magis quam honoris gratiā: corpora magna magis quam firma, L.: Quae poscenti magis gaudeat eripi, H.: neque uti aeterni forent optavit; magis ut, etc., *but rather*, S.: forma Aut fuit aut visa est: sed fuit illa magis, O.: Non equidem invideo, Miror magis, V.: pernā magis Flagitat (stomachus) refici, H.—In the phrase, magis est, with *quod* or *ut*, *there is better reason to*, etc.: magis est quod gratuler tibi, quam quod te rogem, *I have more reason to*, etc.: magis est ut ipse moleste ferat, quam ut, etc., *he has cause rather.*

magister, trī, *m.* [1 MAC-], *a master, chief, head, superior, director, president, leader, commander, conductor:* populi (dictator), *chief of the people:* dictatoris magister equitum, *master of the horse:* equitum cum dictatore magistri, Iu.: (censor) morum, *master of morals:* sacrorum, *chief priest*, L.: scripturae, *comptrollor of revenues from farmed lands:* pro magistro esse, *deputy comptrollor:* in eā societate, *manager:* pecus magistri Perfundunt, *herdsmen*, V.: cui magistri fiunt et domini constituuntur, *trustees and guardians.*—*A captain, master, pilot:* navium onerarium magistri, *captains*, Cs.: navis, H.: magistri navium, L.: spoliata magistro (navis), *pilot*, V.—*A teacher, instruetor, master:* tuus: pueri apud magistros exercentur: te uti in hac re magistro: peragere dictata magistri, i. e. *rules for carving*, Iu.: stilus optimus dicendi magister: si usus magister est optimus.—*A tutor, guardian, pedagogue:* senes me filiis Relinquont quasi magistrum, T.: saevus, H.: Fingit equum docilem magister, *trainer*, H.—Fig., *an adviser, instigator, author:* ad eam rem inprobus, T.: ad despoliandum Dianae templum.

magisterium, ī, *n.* [magister], *a directorship, superintendency:* morum, i. e. *censorship:* me magisteria delectant (sc. conviviorum), *the custom of appointing a master.*—*Instruetion:* vana, Tb.

magistra, ae, *f.* [magister], *a mistress, directress:* ludo magistram esse, *school-mistress*, T.—Fig., *a directress, conductress, instructress:* vita rustica parsimoniae magistra est: historia vitae: arte magistrā, *with the aid of art*, V.: culpā potare magistrā, H.: artes magistrae, O.

magistrātus, ūs, *m.* [magister], *the office of master, magisterial office, civil office, magistracy:* magistratūs, imperia: in magistratibus mandandis: magistratum habere: ingredi, *enter upon*, S.: magistratu abire, *resign:* abdicato magistratu, S.: in magistratu manere, *remain in office*, L.—*A magistrate, publie funetionary:* magistratūs adi, Iudicium ut reddant tibi, T.: cum multitudinem hominum magistratūs cogerent, Cs.: legum ministri magistratūs (sunt): seditiosi, S.: his magistratibus, *in their consulate*, N.: Iura magistratūsque legunt, V.—Collect., *the body of magistrates, the municipal administration:* potestas magistratui permittitur, S.: unum magistratum cum ipsis habere, Cs.: ad magistratum senatumque Lacedaemoniorum, N.—*Military command, office:* in classe qui in magistratu erant, N.

māgmentārius, *adj.* [1 MAC-], *for additional sacrifices.*—As *subst. n.* (sc. sacellum): Telluris.

māgnanimitās, ātis, *f.* [magnanimus], *greatness of soul, magnanimity.*

magnanimus, *adj.* [magnus+animus], *great-souled, high-minded, magnanimous:* homo: viri: equi, *high-spirited*, V.: duces (of bees), V.

māgnēs, ētis, *adj.*, = Μάγνης, *of Magnesia* (in Thessaly): lapis, *a magnet, loadstone.*

māgnificē, *adv.* with *comp.* māgnificentius, and *sup.* māgnificentissimē [magnificus], *nobly, magnificently, generously, grandly, sumptuously, richly, splendidly, exeellently:* te tractare, T.: convivium apparat: vincere, *gloriously:* magnificentius restitutum (templum): consulatum magnificentissime gerere.—*Pompously, proudly, haughtily, boastfully:* alqd dicere, T.: loqui, L.: iactare se.

māgnificentia, ae, *f.* [magnificus], *loftiness, grandeur, nobleness, high-mindedness:* liberalitatis.—Of things, *grandeur, magnificenee, splendor, sumptuousness:* ludorum: extra modum magnificentiā prodire: publicorum operum, L.—*Display, pomposity, boastfulness:* verborum, *bombast:* istaec, T.: composita in magnificentiam oratio, Ta.

māgnificō, —, —, āre [magnificus], *to make much of, set a high value on:* illam . . . se, T.

māgnificus, *adj.* with *comp.* magnificentior, and *sup.* magnificentissimus [magnus+2 FAC-], *great, elevated, noble, distinguished, eminent, august:* incedunt per ora vestra magnifici, S.: factis vir magnificus, L.: animus: civis in suppliciis deorum, *fond of display*, S.: elegans, non magnificus, *fond of show*, N.—*Splendid, rich, fine, costly, sumptuous, magnificent:* civitas, S.: aedilitas magnificentissima: ornatus: funera, Cs.: res gestae, L. —Of speech, *of high strain, lofty, sublime:* genus (dicendi): magnificentius genus dicendi.—*Boastful, pompous:* verba, T.: edicta, Ta.

māgniloquentia, ae, *f.* [magniloquus], *elevated language, lofty style:* hexametrorum: Homeri. — *Pompous language, magniloquence, boasting:* alcuius, L.: magno stat magniloquentia nobis, O.

māgniloquus, *adj.* [magnus+4 LAC-], *vaunting, boastful:* post eventum, Ta.: os, O.

māgnitūdō, inis, *f.* [magnus], *greatness, size, bulk, magnitude:* mundi: fluminis, Cs.: regionum magnitudines. — *A great number, large quantity, abundance:* aeris alieni, S.: fructuum. — Fig., *greatness, vastness, extent:* sceleris eorum, S.: amoris: odi: animi, *greatness of soul.*

māgnoperē (Cs., L.) or **māgnō opere** (T., C.), *adv.* with *sup.* māximō opere [*abl.* of magnum opus], *very much, greatly, exceedingly, particularly:* nullā magnopere clade acceptā, L.: magno opere iucundum (i. e. valde).—*Earnestly, zealously, vehemently, heartily, urgently:* magno opere velle: magnopere cohortatus, Cs.: suadere, L.: quā de re magno opere vobis providendum est: mihi maxumo opere edicire, T.: a te maximo opere quaeso, ut, etc., *most particularly.*

māgnus, *adj.* with *comp.* **māior**, ōris, and *sup.* **māximus** [1 MAC-]. — Of size, *large, great, big, high, tall, long, broad, extensive, spacious:* fons, S.: aedificium: urbs: solitudines, S.: simulacrum facere maius: oppidum non maximum maximis locis decoravit: aquae magnae fuerunt, *inundations*, L.: Maior (belua) dimidio, *by half*, H.: maior videri (Scylla), *statelier*, V.: Calceus pede maior, *too large for*, H.: onus parvo corpore maius, H.—Of number or quantity, *great, large, abundant, considerable, much:* numerus frumenti: copia pabuli, Cs.: maiorem pecuniam polliceri: tibi praeda cedat Maior an illi, i. e. *the victor's spoils*, H.: populus, V.: tribunorum pars maior, *the majority*, L.: turba clientium maior, *more numerous*, H.: maximum pondus auri: Si maiorem feci rem, *increased my estate*, H.—Of value, *great, large, considerable:* magni preti servi: ager preti maioris, T.: magna munera et maiora promissa, S.: cuius auctoritas magni habebatur, *was highly esteemed*, Cs.: qui auctoritatem magni putet, *esteems highly:* quem tu Non magni pendis, H.: multo maioris vēnire, *dearer*, Ph.: quorum longe maximi consilia fuerunt, *most valuable:* haec te semper fecit maxumi, *prized most highly*, T.: conduxit non magno domum, *at no high price:* magno illi ea cunctatio stetit, *cost him dear*, L.—Of force, *strong, powerful, vehement, loud:* manu magnā euntem Inpulit, V.: magnā voce confiteri: strepitus, H. — Of time, *great, long, extended:* annum, V.: annum, i. e. *the Platonic cycle of the heavens.* — *Early, high, long past:* iam magno natu, *aged*, N.: magno natu non sufficientibus viribus, *through old age*, L.: maximo natu filius, N.: maior patria, *original*, Cu.—Of persons, *aged, old, advanced;* only in *comp.* and *sup.*, *elder, eldest:* omnes maiores natu, *elders*, Cs.: maior natu quam Plautus: frater suus maior natu, *elder*, L.: maximus natu ex iis, *the oldest*, L.: ex duobus filiis maior, Cs.: Maior Neronum, *the elder*, H.: (homo) annos natus maior quadraginta, *more than forty years old:* annos natast sedecim, non maior, T.: non maior annis quinquaginta, L. — *Plur. m.* as *subst.:* maiores, *the fathers, ancestors, ancients, men of old:* maiores vestri: nostri: more maiorum.—Fig., *great, noble, grand, mighty, important, weighty, momentous:* rebus maximis gestis: missi magnis de rebus, *important business*, H.: in agro maiora opera: causa, *weighty:* omen, *significant*, V.: spectaculum, *impressive*, H.: aliquid invadere magnum, *enterprise*, V.: haud magna memoratu res est, L.—As *subst. n.:* id magnum est, *a great thing:* magna di curant, parva neglegunt: maiora audere, V.: ad maiora properat oratio: magnum loqui, *loftily*, H.: Omnia magna loquens, *of everything magnificent*, H. — Of rank or station, *great, high, eminent, powerful:* potestas: dignitas: di, Enn. ap. C.: rex Olympi, V.: maximus Ilioneus, V.: maiorum ne quis amicus, *one of your great friends*, H.: Iuppiter optimus maximus: pontifex maximus, *chief:* maioribus uti, *associate with superiors*, H. — Of mind or character, *great, elevated, noble, lofty:* vir acris animi magnique: magno animo est: vir magnus: Cato magnus habetur, S.: magnus hoc bello Themistocles fuit, N.: invidiā maior, *above*, H.: maior reprensis, *greater than those criticised*, H.: nebulo, *thorough-paced*, T.: fur. —In force or degree, *great, severe, strong, intense:* morbi: dolor, Cs.: minae: amor, V.: gemitus luctusque: quid potuere maius? *more heinous*, H.: Mari virtutem in maius celebrare, *magnify*, S.: his in maius etiam acceptis, L.: incerta in maius vero ferri solent, *be exaggerated*, L.—*Proud, boastful, lofty, assuming:* nobis ut res dant sese, ita magni atque humiles sumus, T.: lingua, H.: verba, V.

1. magus, ī, *m.*, = μάγος, *a Magian, learned man and magician* (among the Persians), C.: artes magorum, *of magicians*, O., H., Iu.

2. magus, *adj.* [1 magus], *magic, magical:* artes, O.: Venena maga, H., dub.

māiālis, is, *m.*, *a barrow hog;* as a term of reproach, C.

māiestās, ātis, *f.* [maior], *greatness, grandeur, dignity, majesty, elevation:* non esse suae maiestatis, etc. (of the gods): regia, Cs.: tuorum, V.: patria, *authority*, L.: sanctissima divitiarum, Iu. —Of the state, *the sovereign power, sovereignty:* populi R.: (crimen) maiestatis, *high-treason:* quae res lege maiestatis tenetur, *against treason.* —*Honor, dignity, excellence, splendor:* singularum (mulierum), L.: tua, H.: templorum, Iu.: quanta in oratione maiestas!

māior, *comp.* of magnus.

1. Māius, *adj.*, *of May, of the month of May:* Kalendae: mensis. —As *subst. m.* (sc. mensis), *May*, O.

2. māius, *neut. comp.* of magnus.

māiusculus, *adj. dim.* [maior], *somewhat greater, considerable:* cura: Thaïs, quam ego sum, maiusculast, *a little older*, T.

māla, ae, *f.* [2 MAC-], *the cheek-bone, jaw:* meos malis mandere natos, C. poët.: malis absumere mensas, V.: (Canis) Increpuit malis, V.: leonis horribilis, H.—*A cheek:* quin pugnus in malā haereat, T.—Usu. *plur.:* decentes, H.: impubis, V.: sine volnere, Iu.

malacia, ae, *f.*, = μαλακία, *a calm at sea*, Cs.

male, *adv.* with *comp.* **pēius**, and *sup.* **pessimē** [see malus], *badly, wrongly, ill, wretchedly:* homines male vestiti: animo malest? *are you vexed?* T.: hoc male habet virum, *vexes*, T.: L. Antonio male sit, *ill betide:* audire, *be ill-spoken of.*—*Badly, wickedly, cruelly, maliciously, hurtfully, injuriously:* quod mihi re male feceris, T.: male agendi causā: loqui: pessume istuc in illum consulis, T.: Carthagini male iam diu cogitanti bellum denuntio: agmen adversariorum male habere, *harass*, Cs.—*Badly, awkwardly, unskilfully, unsuccessfully, unfortunately, ruinously:* male gerendo negotio: res suae male gestae: pugnare, S.: Nec vixit male, qui, etc., *failed in life*, H.: quae res tibi vortat male, *turn out ill*, T.: vendendum, *too cheap:* empta, *too dear:* cui male si palpere, *awkwardly*, H.: defendit pampinus uvas, *to no purpose*, V.: salsus, *impertinently*, H.: sedula nutrix, *unseasonably*, O. —*Badly, excessively, extremely, greatly, very much:* male metuo, ne, etc., T.: quo neminem peius oderunt: cane peius Vitabit chlamydem, H.: rauci, *miserably*, H.: dispar, *sadly*, H.—*Badly, imperfectly, scarcely, not at all:* (domum) male tuetur: sanus, *deranged:* pārens asellus, *refractory*, H.: male numen amicum, *hostile*, V.: statio male fida carinis, *unsafe*, V.: plenae legiunculae, L.: male viva caro est, O.

maledicē, *adv.* [maledicus], *slanderously, abusively, scurrilously:* dici: loqui, L.

maledicentissimus, *sup.* of maledicus.

maledīcō or **male dīcō**, dīxī, dictus, ere, *to speak ill of, abuse, revile, slander, asperse:* aliud est male dicere, aliud accusare: alcui, T.: utrique, H.: qui nobis male dictum velit, T.

maledictiō, ōnis, *f.* [maledico], *evil-speaking, reviling, abuse.*

maledictum, ī, *n.* [maledico], *a foul saying, abusive word:* vemens, T.: maledictis increpabat bonos, S.: coniecta maledicta in eius vitam: maledictorum clamor.

maledicus, *adj.* with *sup.* [maledico], *abusive, scurrilous, slanderous:* conviciator: civitas: in maledicentissimā civitate.

male faciō, see male.

malefactum or **male factum**, ī, *n.*, *an evil deed, injury*, T., C.: Bene facta male locata male facta arbitror, Enn. ap. C.

maleficium, ī, *n.* [1 maleficus], *an evil deed, misdeed, wickedness, offence, crime:* conscientia maleficiorum: admittere, *commit:* in maleficio deprehensus: convictus malefici.—*Mischief, hurt, harm, injury, wrong:* Pro maleficio beneficium reddere, T: sine ullo maleficio, Cs.: malefici occasione amissā, L.—*Enchantment, sorcery*, Ta.

maleficus, *adj.* [male+2 FAC-], *nefarious, vicious, wicked, criminal:* homines.—*Hurtful, injurious, noxious:* malefici generis animalia, S.: natura, *unpropitious*, N.

malesuādus, *adj.* [male+SVAD-], *ill-advising, seductive:* Fames, V.

(**male-volēns** or **malivolēns**, entis), *adj.*, *ill-disposed, spiteful, malevolent;* only *sup.:* malevolentissimae obtrectationes: quisque malivolentissimus.

malevolentia (**maliv-**), ae, *f.* [malevolens], *ill-will, dislike, hatred, malevolence:* deprecandae malevolentiae causā: malivolentia et invidia, S.

malevolus (**maliv-**), *adj.* [male+1 VOL-], *ill-disposed, disaffected, spiteful, malevolent:* in omnīs: in me turpiter: rumores, T.—As *subst. m.*, *an ill-disposed person, foe, enemy:* omnes.

mālifer, fera, ferum, *adj.* [2 malum+1 FER-], *apple-bearing:* Abella, V.

malificus, see maleficus.

malīgnē, *adv.* with *comp.* [malignus], *ill-naturedly, spitefully, enviously, malignantly:* loqui, L.: Detrectare, O.: malignius habitum esse sermonem, Cu. —*Stingily, grudgingly:* ager plebi divisus, L.: laudare, H.: non mihi tam fuit maligne, *I was not so badly off*, Ct.

malīgnitās, ātis, *f.* [malignus], *ill-will, spite,*

malice, envy, malignity: malignitas et livor, Ta.—*Stinginess, niggardliness:* patrum, L.: malignitatis auctores, *the niggardly distribution*, L.

malīgnus, *adj.* [malus+GEN-], *ill-disposed, wicked, malicious, spiteful, envious, malignant, malign:* volgus, H.: numina, *unkind*, Iu.: hoc maligno dente carpunt: leges, O.: oculi, V.—*Stingy, niggardly:* caupones, H.: Maligna facta ilico est, i. e. *reserved*, T.: fama, *slanderous*, O.: colles, *barren*, V.: aditus, *narrow*, V.: lux, *scanty*, V.

malitia, ae, *f.* [malus], *ill-will, spite, malice:* ius summum saepe summast malitia, T.: malitiae illorum occurrere: consilia malitiae: virtute non malitiā Scipioni placuisse, S.: everriculum malitiarum omnium: a malitiā non discedis, *from your roguery.*

malitiōsē, *adv.* with *comp.* [malitiosus], *wickedly, knavishly:* nihil facere: rem malitiosus gerere.

malitiōsus, *adj.* [malitia], *full of wickedness, knavish, crafty, malicious:* malitiosum (te appellemus)?: iuris interpretatio: Silva, *a forest in the Sabine territory*, L.

malivol-, see malevol-.

malleolus, ī, *m. dim.* [malleus].—In gardening, *a short, set.*—In war, *a fire-dart, fire-brand:* ad inflammandam urbem: malleoli stupae inliti pice, L.

malleus, ī, *m.* [MAL-], *a hammer, maul:* Tempora discussit malleus, O.

mālō, māluī, mālle (old māvolō for mālō, T.) [magis+volo], *to choose rather, prefer:* sicut ego malo: Quid est quod mihi malim quam, etc., T.: omnia malle quam victi abire, S.: pacem quam bellum, S.: quin omnia malit, H.: acceptā iniuriā ignoscere quam persequi malebant, S.: rem obtinere, Cs.: quae cum audire mallem quam videre: nisi mavis Carpere pensum, H.: Mori me, T.: homines peccare quam deos: esse quam videri bonus malebat, S.: fraterculus esse gigantis, Iu.: Sis licet felix ubicumque mavis (sc. felix esse), H.: hos mallem secum milites eduxisset: Byblida mavult vocem sororem, etc., O.: Nullos his mallem ludos spectasse, *rather than these*, H.: se ab omnibus desertos potius quam abs te defensos esse malunt: mature vincere quam diu imperare, L.: de flumine Quam ex fonticulo sumere, H.: meo iudicio multo stare malo quam omnium reliquorum, *much rather.*—*To incline, prefer, be more favorable:* in hac re malo universae Asiae: quamquam illi omnia malo quam mihi, i. e. *would rather he had them.*

mālobathron (-thrum), ī, *n.*, = μαλόβαθρον, *a costly ointment, betel, malobathrum* (from an Indian plant): Syrium, H.

1. malum, ī, *n.* [1 malus], *an evil, mischief, misfortune, calamity:* nescis quantis in malis vorser, T.: in tanta mala praecipitatus, S.: subitum, Cs.: dolor est malum: aurum, Summi materies mali, H.: ignari ante malorum, *misfortune past*, V.: quod nescire malum est, H.: nihil mali accidisse Scipioni puto: externum, i. e. bellum, N.—*Punishment, hurt, harm, severity, injury:* malo domandam tribuniciam potestatem, L.: malo exercitum coërcere, S.: Sine malo fateri, T.: vi, malo, plagis adductus est ut, etc., *ill-usage:* clementiam illi malo fuisse, *unfortunate.*—*Wrong-doing:* fama veterum malorum, V.—As a term of abuse, *plague, mischief, torment:* qui, malum, alii? T.: quae, malum, est ista tanta audacia?

2. mālum, ī, *n.*, = μῆλον, *an apple:* (uva) cum malis, H.: sapor Felicis mali, *lemon*, V.: cana tenerā lanugine mala, *quinces*, V.—Prov.: ab ovo usque ad mala, i. e. *from beginning to end* (because fruit was the last course at dinner), H.

3. malum, *adv.*, see 1 malus.

1. malus, *adj.* [MAL-]; it adopts as *comp.* and *sup.* **pēior**, us, *gen.* ōris, and **pessimus** [PED]; *bad, not good:* philosophi: leges: mores, S.: consuetudo, *improper*, H.: opinio de vobis, *unfavorable:* pugna, *unsuccessful*, S.: pudor, *false*, H.: crus, *deformed*, H.: Laurens (aper), *unsavory*, H.: via peior, H.: pessima munerum Ferre, H.—*Morally bad, wicked, criminal, depraved, mischievous, malicious:* mater, Quod nil praeter pretium dulcest, T.: auctor: fures, H.: repudiatus malis suasoribus: libido, L.: malā vitīs incidere falce, V.—*Plur. m.* as *subst.:* regibus boni quam mali suspectiores sunt, S.—*Bad, unfortunate, injurious, destructive, pernicious:* Peiore rex loco non potis est esse, T.: pestis: mala copia sollicitat stomachum, *overloading*, H.: virus, V.: cicuta, H.: Iuppiter, i. e. *unwholesome*, H.: avis, *ill-boding*, H.—In imprecations: Abin hinc in malam rem? *to the mischief*, T.: in malam crucem, T.: malarum quas amor curas habet oblivisci (i. e. curarum, quas, etc.), H.—As *subst. n.:* peius victoribus quam victis accidisse, *greater evil*, Cs.; see also 1 malum.—*Neut. sing.* as *adv.:* malum responsare, *unacceptably*, H.

2. mālus, ī, *f.*, = μηλέα, *an apple-tree*, V.

3. mālus, ī, *m.* [1 MAC-], *an upright pole, beam, mast:* antemnas ad malos destinare, Cs.: malum erigi imperavit: altus, V.: saucius, *injured*, H.: summo malo, O.—*A standard, prop, staff:* in circo instabilis, L.: turrium mali, Cs.

malva, ae, *f.*, = μαλάχη, *mallows:* a malvā deceptus: salubris, H., O.

Māmertīnus, *adj.* [Mamers, Oscan name of Mars], *of Mars, Mamertine:* civitas, i. e. *Messana.*—*Plur.* as *subst.*, *the Mamertines*, sons of Mars (a name assumed by the people of Messana), C., L.

mamilla, ae, *f. dim.* [mamma], *a breast, pap, nipple, teat,* Iu.

mamma, ae, *f.*, = μάμμα, *a breast, pap:* filio mammam dare, T.: puer mammam appetens: viri mammae.—Of animals, *a teat, dug.*

manceps, ipis, *m.* [manus+CAP-], *one who takes formal possession, a legal purchaser:* manceps fit Chrysogonus.—*A purchaser by lifting the hand, buyer at auction:* pecuniam mancipibus dedi.—*A public contractor, farmer of revenues:* mancipes a civitatibus pecuniam exegerunt: nullius rei, N.—*A contractor:* si res abiret ab eo mancipe, *contractor for building.*

mancipium (mancupium), ī, *n.* [manceps], *a taking by hand, formal acceptance, taking possession, seisin, legal purchase:* hoc in mancipio non dixerat, *at the sale:* in mancipi lege, *in the contract of sale.*—*A possession, property, right of ownership:* mancipio dare . . . accipere, *give . . . take formal possession.*—In the phrase, res mancipi (opp. res nec mancipi), *property, the legal title to which was only transferred by formal delivery before witnesses* (see mancipo): quae (res) mancipi sunt: quaero sintne ista praedia necne sint mancipi.—*A slave obtained by legal transfer:* mancipia, quae dominorum sunt facta nexo aut aliquo iure civili: mancipia haec ducam ad Thaïdem, T.: pecoris et mancipiorum praedae, S.: Mancipiis locuples, H.: argento parata mancipia, *purchased slaves,* L.: Se fore mancipio tempus in omne tuum, *thy servant,* O.

mancipō (mancupō), āvī, ātus, āre [manceps], *to make over by a formal sale, dispose of, transfer, alienate, sell:* Quaedam mancipat usus, *gives title to,* H.: si nemini mancipata est (senectus), i. e. *enslaved.*—Fig., *to surrender, abandon:* luxu et saginae mancipatus, Ta.

mancup-, see mancip-.

mancus, *adj.* [3 MAN-], *maimed, infirm, crippled, lame-handed:* mancus et membris omnibus captus: mancorum ac debilium dux, L.: iratā Pallade mancus erit, O.—Fig., *infirm, defective, imperfect:* virtus: fortuna, H.: Talibus officiis prope mancus, H.

mandātum, ī, *n.* [*P. n.* of 1 mando], *a charge, commission, injunction, command, order:* mandatum curasse, *have performed the commission:* a senatu dantur mandata legatis, ut, etc.: ad eos Caesaris mandata deferre, Cs.: nostra exhaurire: deferre, *deliver:* frangere, H.: publicis mandatis servire: dare alcui mandata ad alqm: occulta mandata, Ta.: dabit mandata reverti, *command him to return,* O.—In law, *a trust, agreement gratuitously to transact for another:* mandati constitutum iudicium, i. e. *for breach of trust.*

1. mandātus, *P.* of mando.

2. (mandātus, ūs), *m.* [1 mando], *a command, mandate.*—Only *abl. sing.:* mandatu Caesenniae: mandatu meo.

1. mandō, āvī, ātus, āre [manus+2 DA-], *to put in hand, deliver over, commit, consign, intrust, confide, commission:* Bona nostra tuae fidei, T.: Hunc mandarat alendum regi, V.: his magistratūs, Cs.: novo homini consulatus mandatur, S.: fugae sese, *betake himself to flight,* Cs.: vitam istam fugae solitudinique: me humo, *bury,* V.: Fortunae cetera, O.: litteris, *commit to writing:* (fruges) conditas vetustati, i. e. *suffer to grow old:* senilīs iuveni partīs, H.—*To send word, pass the word, enjoin, commission, order, command:* ita mandatum est: haec, Iu.: siquid velis, Huic mandes, T.: L. Clodio mandasse, quae illum mecum loqui velles: Fortunae mandare laqueum, *bid go and be hanged,* Iu.: ut exploratores in Suebos mittant, Cs.: mandat, quibus rebus possent, opes confirment, S.: huic mandat, Remos adeat, Cs.: mandat fieri sibi talia, V.

2. mandō, dī, sus, ere [MAD-], *to chew, masticate:* dentibus manditur cibus: (equi) fulvum mandunt sub dentibus aurum, i. e. *champ,* V.: tristia saevo Volnera dente, i. e. *the flesh of slaughtered animals,* O.—*To eat, devour:* membra, V.: humum, *to bite the ground,* V.—Fig., *to gnaw, lay waste:* rostra ipsa.

mandra, ae, *f.*, = μάνδρα, *a drove of cattle, cattle train:* stantis convicia mandrae, Iu.

1. māne, *indecl. n.*, *the morning, morn:* noctes vigilabat ad ipsum Mane, H.: mane novum, V.: multo mane, *very early in the morning:* mane erat, O.

2. māne, *adv.* [1 mane], *in the morning, early in the morning:* postridie eius diei mane, Cs.: hodie mane, *this morning:* cras mane, *to-morrow morning,* T.: mane Kalendis Dec.: bene mane, *very early:* salutantes, V.

maneō, mānsī, mānsus, ēre [1 MAN-], *to stay, remain, abide, tarry:* mansum oportuit, T.: in loco, Cs.: ad urbem, L.: uno loco, N.: omnia excogitantur, quā re nec sine periculo maneatur, Cs.: fixus manebat, V.: hic maneri diutius non potest.—*To stay, tarry, stop, abide, pass the night:* apud me: in tabernaculo: sub Iove frigido, H.: extra domum patris, L.: Casilini eo die mansurus, L.: triduom hoc, T.—*To remain, last, endure, continue, abide, persist:* boni fidelesque mansere, S.: Manere adfinitatem hanc inter nos volo, T.: si in eo manerent, quod convenisset, *abide by,* Cs.: in vitā, *remain alive:* in sententiā, *adhere to:* in condicione, *fulfil:* in voluntate: Tu modo promissis maneas, *abide by,* V.: at tu dictis maneres! *would thou hadst kept thy word,* V.: te vocanti Duram difficilis mane, H.: maneat ergo, quod turpe sit, id numquam esse utile, *be it a settled principle:* mansura urbs, *abiding*, V.: quia nihil semper suo statu maneat: munitiones, Cs.: semper laudes (tuae) manebunt, V.: Laudo manentem (fortunam), H.: manent ingenia senibus: manere iis bellum, *go on*, L.—*To stay for, await, expect:* mansurus patruom pater est, T.: hostium adventum, L.: te domi, H.: aulaea, i. e. *the end of the play*, H.—*To await, be about to befall, be destined to:* Sed terrae graviora (pericla) manent, *are in reserve*, V.: cuius quidem tibi fatum manet: qui si manet exitus urbem, O.: quae (acerba) manent victos, L.: inmatura manebat Mors gnatum, V.

mānēs, ium, *m.*, *a departed spirit, ghost, shade:* patris Anchisae, V.: Verginiae, L. inde (i. e. ex fossā) Manes elicere, H.: quisque suos patimur Manīs, i. e. *each his own character as formed in life*, V.—With *di*, *the deified souls of the departed, shades of the dead, gods of the Lower World, infernal deities, manes* (as benevolent spirits): deorum manium iura: ab dis manibus Furiae.—*The Lower World, infernal regions:* profundi, V.: Esse aliquos Manīs, Iu.: fabulae Manes, H.—*A corpse, remains:* nudatos manes, L.: accipiet manes testa meos, *ashes*, Pr.

mangō, ōnis, *m.* [1 MAC-], *a monger, slave-dealer:* Nemo mangonum, H.: a mangone petitus, Iu.

manicae, ārum, *f.* [manus], *long sleeves, tunic-sleeves, gloves:* Et tunicae manicas (habent), V.: partem vestitūs in manicas extendere, Ta.: accipere manicas (an effeminate habit).—*Armlets, gauntlets* (worn in battle), Iu.—*Handcuffs, manacles:* in manicis et Compedibus, H., V.

manicātus, *adj.* [manicae], *with long sleeves:* tunica.

manifestē, *adv.* with *comp.*, *palpably, plainly, distinctly:* hac re compertā: manifestius ipsi apparere, V.

1. manifestō, *adv.* [manifestus], *palpably, openly, evidently, manifestly:* ut res a vobis deprehenderetur: facinus compertum.

2. manifestō, —, —, āre [manifestus], *to discover, disclose, betray:* (Ithacum) latentem, O.

manifestus (manufestus), *adj.* [manus + FEN-], *palpable, clear, plain, apparent, evident, manifest:* causa: scelus: (Penates) multo manifesti lumine, V.: obsequium, H.: Nondum manifesta sibi est, *understood*, O.: phrenesis, Iu.: sapor indicium faciet manifestus (i. e. indicium manifestum faciet), V.: ne manifestus offensionis esset, *should betray his resentment*, Ta.: manifestus dissentire, *evidently*, Ta.—*Plur. n.* as *subst.:* vera ac manifesta canere, *palpable things*, Iu.: manifesta videre, *clearly*, O.—Of offences, *exposed, brought to light, proved by direct evidence:* scelus: peccatum.—Of offenders, *convicted, caught, exposed:* eos (sc. coniuratos) manufestos habere, i. e. *expose*, S.: rea, *caught in the act*, O.: Iugurtha tanti sceleris, S.: doloris, O.: coniurationis, Ta.

maniplāris, maniplus, see manipul-.

manipretium, see manupretium.

manipulāris or **manupulāris** (poet. **manupl-**), e, *adj.* [manipulus], *belonging to a maniple of a company, manipular:* miles, O.: iudices, i. e. *selected from the common soldiers.*—As *subst. m.*, *a soldier of a maniple, common soldier:* tamquam unus manipularis: trīs suos nactus manipulares, *comrades*, Cs.

manipulātim, *adv.* [manipulus], *by maniples:* dispersi aliis aliā manipulatim, *in squads*, L.

manipulus (poet. **manipl-**), ī, *m.* [manus + PLE-], *a handful, bundle:* filicum manipli, V.: maniplos solvere, *bundles of hay*, Iu.—Of soldiers, *a company, maniple, one third of a cohort* (its standard originally bore a wisp of hay): manipulos circumiens, S.: manipulos laxare, Cs.: continere ad signa manipulos, Cs.: Volscorum manipli, *forces*, V.: furum, *a band*, T.

Mānliānus, *adj.*, *of a Manlius:* supplicium, L.—*Severe* (because of the proverbial harshness of L. Manlius Torquatus, dictator): imperia, L.: Manliana vestra (sc. imperia).

Mānlius, a, *a gentile name.*

mannus, ī, *m.* [Celtic], *a small Gallic horse, coach-horse, cob:* (serpens) Terruit mannos, H.: Appiam (viam) mannis terit, H.

mānō, āvī, —, āre [MAD-], *to flow, run, trickle, drop, drip:* toto manabat corpore sudor, V.: manant ex arbore guttae, O.: lacrima, H.—*To be drenched, flow, drip, overflow:* simulacrum multo sudore manavit: signa Lanuvi cruore manavere, L.: manantia labra salivā, Iu.—*To give out, shed, pour forth, distil:* lacrimas marmora manant, O.: fidis poëtica mella, *distil poetic honey*, H.—*To flow, extend, be diffused, spread:* aër, qui per maria manat: multa ab eā (lunā) manant.—Fig., *to extend, be diffused, spread, get abroad:* cum malum manaret in dies latius: manat totā urbe rumor, L.: manat per compita rumor, H.—*To flow, spring, arise, proceed, emanate, take origin, originate:* ex uno fonte omnia scelera manare: ab Aristippo Cyrenaica philosophia manavit.—*To escape, be forgotten:* Omne supervacuum pleno de pectore manat, H.

mānsiō, ōnis, *f.* [1 MAN-], *a staying, remaining, stay, continuance:* de tuā mansione communicat: Formiis: cautior certe est mansio: mansiones diutinae Lemnī, T.

mānsitō, āvī, —, āre, *freq.* [maneo], *to stay, tarry, abide:* sub eodem tecto, Ta.: unā, Ta.

mānsuēfaciō, fēcī, factus, ere; *pass.* mānsuēfīō, factus, fierī [mansuetus+facio], *to make tame, tame:* (uri) mansuefieri possunt, *grow tame,* Cs.—Fig., *to make gentle, soften, civilize, pacify:* a quibus (nos) mansuefacti: plebem, L.

mānsuēscō, suēvī, suētus, ere, *inch.* [manus+suesco], *to be used to the hand, grow tame, become gentle, be softened:* Nescia humanis precibus mansuescere corda, V.: fera mansuescere iussa, Iu.

mānsuētē, *adv.* [mansuetus], *gently, mildly, calmly, quietly:* factum: imperio oboediens, L.

mānsuētūdō, inis, *f.* [mansuetus], *tameness, mildness, gentleness, clemency:* suā mansuetudine in eos uti, Cs.: morum: in vestrā mansuetudine causam repono.

mānsuētus, *adj.* with *comp.* and *sup.* [*P.* of mansuesco], *tamed, tame:* sus, L.—Fig., *mild, soft, gentle, quiet:* animus, T.: in senatu: malum, L.: me refero ad mansuetiores Musas: mansuetior ira, O.: ut mansuetissimus viderer.

mānsus. **I.** *P.* of 2 mando.—**II.** *P.* of maneo.

mantēle (**-tīle**), is, *n.* [manus+TEC-], *a towel, napkin:* tonsis mantelia villis, *with clipped nap,* V., O.

mantica, ae, *f.* [manus], *a bag for the hand, cloak-bag, portmanteau,* H.—Prov.: non videmus manticae quod in tergo est, Ct.

manuālis, e, *adj.* [manus], *for the hand:* saxa, *that can be thrown by hand,* Ta.

manubiae (**manib-**), ārum, *f.* [manus], *booty, money obtained by the sale of booty, prize-money:* ex praedā ac manubiis donatio: (rostra) censor imperatoriis manubiis ornarat: aedem Fortis Fortunae de manubiis faciendam locavit, L.—*Official perquisites, booty:* qui manubias sibi tantas ex L. Metelli manubiis fecerit.

manūbrium, ī, *n.* [manus], *a handle, hilt, haft:* aureum: cultellorum, Iu.

manufestus, see manifestus.

manūmissiō, ōnis, *f.* [manumitto], *a setting free, manumission:* ista.

manūmissus, *P.* of manumitto.

manūmittō or **manū mittō**, mīsī, missus, ere [manus+mitto], *to release, set at liberty, manumit, enfranchise, emancipate, make free:* servos: servi de cognatorum sententiā manu missi: manu vero cur miserit?: manu non mittere, L.

manupretium (**manipr-**) or **manū pretium**, ī, *n.* [manus+pretium], *a workman's pay, artisan's hire, wages:* in auro, praeter manupretium, nihil intertrimenti fit, L.—Fig., *pay, reward:* perditae civitatis.—*Hire, rent:* manu preti machina (quantum tulit).

manus, ūs (*dat.* manu, Pr.), *f.* [2 MA-], *a hand:* puerum in manibus gestare, T.: Vinxerat post terga manūs, V.: Caelo si tuleris manūs, H.: vas in manūs sumere: de manibus deponere, *lay down:* unde manum continuit? *refrained,* H.: hominem tibi trado de manu, ut aiunt, in manum, i. e. *with great care:* manum ferulae subduximus, i. e. *outgrew the rod,* Iu.: plenā manu, *liberally:* (Sextius) per manūs tractus servatur, i. e. *by careful nursing,* Cs.: per manūs servulae, *by the assistance:* traditae per manūs religiones, *from hand to hand,* L.: magna Iovis, *might,* H.: mihi veritas manum inicit, *arrests.*—*The hand,* as a symbol of nearness: ut iam in manibus nostris hostes viderentur, *close upon us,* Cs.: In manibus Mars ipse, *at hand,* V.: proelium in manibus facere, *at close quarters,* S.: res ad manūs vocabatur: quod Romanis ad manum domi supplementum esset, *within reach,* L.: servum habuit ad manum, *as private secretary:* aliquid paulum prae manu Dare, *ready money,* T.: est in manibus oratio, *accessible:* inter manūs sunt omnia vestras, *plain and palpable,* V.: iudicia mortis manu tenere, *palpable proofs:* manūs inter parentem Ecce, etc., *close to,* V.—As a symbol of occupation: habeo opus magnum in manibus, *am engaged on:* Naevius in manibus non est, *is not read,* H.: sic in manibus (inimicum) habebant, *paid attentions to:* agger inter manūs proferebatur, *by manual labor,* Cs.: inter manūs e convivio auferri, i. e. *bodily:* (epistulae) tuā manu, *by your hand:* manu sata, *artificially,* Cs.—As a symbol of control: Uxor quid faciat, in manu non est meā, *under my control,* T.: id frustra an ob rem faciam, in manu vostrā situm est, *rests with you,* S.: neque mihi in manu fuit, Iugurtha qualis foret, *I could not determine,* S.: (feminas) in manu esse parentium, virorum, *subject,* L.: hostem ex manibus dimitti, *suffered to escape,* Cs.: dum occasio in manibus esset, *while they had the opportunity,* L.: inimicorum in manibus mortuus est.—As a symbol of force: manibus pedibusque omnia Facturus, *with might and main,* T.: per manūs libertatem retinere, *forcibly,* S.: aequā manu discedere, *a drawn battle,* S.: Erymanta manu sternit, *a blow,* V.: ne manum quidem versuri, *turn a hand:* cum hoste manūs conserere, *try conclusions,* L.: manum committere Teucris, *fight,* V.: manu fortis, *brave in battle,* N.: urbīs manu ceperat, *by force,* S.: oppida capta manu, *stormed,* V.: Ipse manu mortem inveniam, *by suicide,* V.: usu manuque opinionem fallere, *actual fight,* Cs.: plura manu agens, *compulsion,* Ta.: dare manūs, *give himself up,* Cs.: manūs dedisse, *yielded:* neque ipse manūs feritate dedisset, *consented,* V.: manūs ad Caesarem tendere, i. e. *to supplicate,* Cs.: tendit ad vos virgo manūs.—As a symbol of skill: manus extrema non accessit operibus eius, *finish:* manus ultima coeptis Inposita, O.: Quale manūs addunt ebori decus, *skilled hands,* V.—Prov.:

manum de tabulā, i. e. *the work is finished.—A hand, handwriting, style, work, workmanship:* librarii: manum suam cognovit: Artificum manūs inter se Miratur, *the comparative skill*, V.—*A side* (cf. pars): Est ad hanc manum sacellum, T.: a laevā conspicienda manu, O.—Of animals, *a hand, trunk, claw:* manus etiam data elephanto: uncae manūs, *claws* (of the Harpies), V.—In the phrase, ferreae manūs, *grappling-hooks, grappling-irons:* manūs ferreas atque harpagones paraverant, Cs.: in hostium navīs ferreas manūs inicere, L.—*A body, band, company, host, collection, troop, corps:* nova, Cs.: parva, S.: cum manu haudquaquam contemnendā, *force*, L.: Dolopum, V.: manum facere, copias parare: coniuratorum: bicorpor, i. e. *the Centaurs:* servilis, H.—*Plur., labor, hands, workmen:* nos aera, manūs, navalia demus, V.

mapālia, ium, *n.* [Punic], *huts, cottages, portable dwellings* (of nomads), S., Ta.: cum mapalibus pecoribusque suis persecuti sunt regem, L.: raris habitata mapalia tectis, V.

mappa, ae, *f.* [Punic], *a napkin, table-napkin, towel:* mappā compescere risum, H.: rubra, Iu.—*A signal-cloth, flag* (in the circus as a signal for the racers): Megalesiaca, Iu.

marathrus (-os), ī, *m.*, = μάραθρον, *fennel*, O.

marceō, —, —, ēre [1 MAR-], *to be faint, droop, be feeble, be languid:* luxuriā, L.—*P. praes.:* Potor, H.: pax, Ta.: guttura, O.

marcēscō, —, —, ere, *inch.* [marceo], *to become weak, grow feeble, pine away, waste, languish:* vino, O.: desidiā, L.: oti situ, L.

Marciānus, *adj.*, *of a Marcius:* carmina, L.: foedus.

marcidus, *adj.* [marceo], *withered, wilted:* lilia, O.—*Enervated, exhausted:* somno aut libidinosis vigiliis, Ta.

mare, is (*abl.* mare, O.), *n.* [1 MAR-], *the sea:* o maria Neptuni, T.: ut adluantur mari moenia: ventosum, H.: placidum, V.: angustum, *straits:* numquam es ingressus mare, T.: remenso ire mari, V.: eo mari uti, *navigate*, Cs.: ros maris (i. e. ros marinus), *rosemary*, O.: terrā marique omnia exquirere, *everywhere*, S.: homines terrā et mari missurus, *in all directions:* terrāque marique acquirenda, i. e. *at all hazards*, Iu.: in reliquis maribus, Cs.: maris pontus, *depths of the sea*, V.: maria omnia caelo Miscuit, V.—P r o v v.: Omnia vel medium fiant mare, i. e. *let the world be overwhelmed*, V.: clames licet, et mare caelo Confundas, i. e. *bluster*, Iu.: maria montisque polliceri, i. e. *make extravagant promises*, S.: in mare fundat aquas, i. e. *carry coals to Newcastle*, O.—Of single seas: mare nostrum, i. e. *the Mediterranean*, Cs.: mare superum, *the Adriatic:* Africum, S.: inferum, *the Etruscan Sea:* Aegeum, Iu.—*Sea-water, salt-water:* Chium maris expers, i. e. *unmixed*, H.: acceptum mare naribus efflant, O.

Mareōticus, *adj.*, *of Mareota, Mareotic:* (vinum), H.—*Egyptian:* arva, O.

Mareōtis, idis, *Mareotic, of Mareota:* palus, *Lake Mareotis* (in Lower Egypt), Cu.: vites, V.

margarīta, ae, *f.* (C.), and **margarītum**, ī, *n.* (Ta.), = μαργαρίτης, *a pearl.*

marginō, —, —, āre [margo], *to border, enclose:* vias marginandas locare, i. e. *with kerbstones*, L.

margō, inis, *m.* (late also *f.*), *an edge, brink, border, margin:* Margine gramineo (sc. fontis), O.: terrarum, *shore*, O.: viridis, Iu.: scuti, L.: imperii, *boundary*, O.: plenā margine libri, Iu.: partem modicae sumptam de margine cenae, i. e. *the side-dishes*, Iu.

marīnus, *adj.* [mare], *of the sea, sea-, marine:* umores: monstra, V.: Thetis, H.: di, O.: ros, *rosemary*, H.: vituli, *sea-calves*, Iu.

mariscae, ārum, *f.* [mas; sc. ficus], *the piles:* tumidae, Iu.

marīta, ae, *f.* [1 maritus], *a married woman, wife*, H., O.

marītālis, e, *adj.* [1 maritus], *of married people, matrimonial, nuptial:* vestis, O.: capistrum, *the marriage-halter*, Iu.

maritimus or **maritumus**, *adj.* [mare], *of the sea, sea-, marine, maritime:* ora, S.: homines, *mariners:* hostis: urbes, *on the sea-coast:* civitas, Cs.: agri, L.: cursūs, *voyages:* res, *maritime affairs:* naves, *sea-going*, L.: bellum, *with pirates*, S.: silvae, *on the coast:* nuptiae, i. e. *of Peleus with Thetis.—Plur. n.* as *subst.*, *maritime parts, places on the sea:* in maritimis sum: marituma Aetoliae vastare, L.

marītō, —, —, āre [1 maritus], *to wed, marry:* maritandum principem suaderent, Ta.—Of plants: vitium propagine pōpulos, i. e. *binds fast*, H.

marītus, *adj.* [mas], *of marriage, matrimonial, conjugal, nuptial, marriage-:* faces, O.: foedus, *the conjugal tie*, O.: Venus, *wedded love*, O.: lex, *marriage-law*, H.: per maritas domos, i. e. *of married people*, L.—As *subst. m.*, *a married man, husband:* novos Fiam, T.: quam optimae (mulieris): iuvenis, H.: patrius, V.: Phrygio servire marito, V.: Unico gaudens mulier marito, H.—*A lover, suitor* (poet.): aegram (Dido) nulli quondam flexere mariti, V.—Of animals, *the male:* olens, i. e. *he-goat*, H.: Quem pecori dixere maritum, V.

marmor, oris, *n.*, = μάρμαρος, *marble, a block of marble:* mensae e marmore: Parium, H.: templum de marmore ponam, V.: nomen in marmore lectum, *gravestone*, O.: Marmoribus rivi properant, *on the marble floor*, Iu.: sub eodem marmore, *slab* (of a table), Iu.—*A piece of wrought marble, marble monument, statue:* incisa notis marmora publicis, H.: voltus in marmore supplex, O.: lacrimas marmora manant (of one statue), O.—*A stone:* marmor erant (corpora), O.: flumen inducit marmora rebus, *incrusts*, O.—*The shining surface of the sea, sea, ocean:* lento luctantur marmore tonsae, V.: marmora pelagi, Ct.

marmoreus, *adj.*, = μαρμάρεος, *made of marble, marble-:* signum: solum, *floor:* te marmoreum fecimus, *thy statue*, V.: te Ponet marmoream, H.—*Resembling marble, marble-like, marble-:* cervix, *white as marble*, V.: pollex, O.: palmae, O.: aequor, V.—*Abounding in marble:* Paros, O.—*Adorned with statues:* horti, Iu.

marra, ae, *f.*, *a hoe for rooting out weeds, weeding-hook:* marrae et sarcula, Iu.

Mārs, Mārtis, *m.* [3 MAR-], *Mars, father of Romulus and god of war, with whose month, Martius, the Roman year began*, O., Cs.: durus, V.: cruentus, H.: ferox, O.: stella Martis, *the planet Mars.*—*War, battle, conflict, engagement:* Martem accendere cantu, *incite to battle*, V.: apertus, *in the open field*, O.: equitem suo alienoque Marte pugnare, i. e. *both on horseback and on foot*, L.: Mars forensis, *a legal contest*, O.: si patrii quid Martis habes, *martial spirit*, V.—In the phrase, suo Marte, *independently, by his own efforts:* rex ipse suo Marte res suas recuperavit: cum vos vestro Marte his rebus omnibus abundetis.—*The issue of battle, fortune of war:* omnis belli Mars communis: communis adhuc Mars belli erat, L.: aequo Marte, *indecisively*, Cs.: verso Marte (i. e. versā fortunā), L.

Marsyās (poet. **Marsya**), ae, *m.*, = Μαρσύας, *a satyr, flayed by Apollo*, L., O., Iu.—*A statue of Marsyas in the forum*, H.

Mārtius, *adj.*, *of Mars:* lupus, *sacred to Mars*, V.: legio, *named for Mars:* genus, *descended from Mars*, L.: gramen, i. e. *the Field of Mars*, H.—*Warlike, martial*, V., H.—*Of the month of March* (mensis Martius): Kalendae, *the first of March, the festival of the matrons in honor of Juno Lucina*, H.: Idūs, *of March.*

mās, maris, *adj.* [1 MAN-], *male, masculine, of the male sex:* dii: vitellus (i. e. that produces a male chick), H.—Of plants: Ure mares oleas, O.—As *subst.* (opp. femina): feminae marisque natura, Cs.—*Masculine, manly, brave:* maribus Curiis, H.: animi, H.—*Choice, superior:* olea, O.

masculīnus, *adj.* [masculus], *male, masculine:* membra, Ph.

masculus, *adj. dim.* [mas], *male, masculine:* incertus masculus an femina esset, L.: genus, Ph.—*Worthy of a man, manly, vigorous:* proles, H.—*Choice, superior:* tura, V.

massa, ae, *f.*, = μᾶζα, *kneaded dough; hence, a lump, mass:* picis, V.: lactis coacti, *cheese*, O.: versantque tenaci forcipe massam, V.: ardens, Iu.: contactu glaeba potenti Massa fit, i. e. *of gold*, O.—*A heavy weight, mass, load, burden:* pressa massā sub illā, etc. (of Chaos), O.: gravis, Iu.

Massicus, *adj.*, *of Mount Massicus in Campania*, C., L.: vina, H.: Bacchi umor, V.—As *subst.:* Massici radices, *of Mount Massicus:* Massica (sc. iuga), V.: veteris pocula Massici, *Massic wine*, H.

mastīgia, ae, *m.*, = μαστιγίας, *a scoundrel, rascal, rogue*, T.

mastrūca, ae, *f.* [Sardinian], *a sheep-skin, coat of skin:* Sardorum.

mastrūcātus, *adj.* [mastruca], *clothed in skins:* latrunculi.

matara, ae, *f.* (Cs.), or **mataris**, is, *f.* (L.) [Celtic], *a javelin, pike, Celtic lance.*

matella, ae, *f. dim.* [matula, pot], *a chamber-pot*, Iu.

matelliō, ōnis, *m. dim.* [matula], *a pot, vessel.*

māter, tris, *f.* [2 MA-], *a mother:* pietas in matrem: quae matre Asteriā est, *daughter of Asteria:* lambere matrem, *foster-mother*, V.: Pilentis matres in mollibus, *matrons*, V.: Matres atque viri, *ladies*, V.: mater familias or familiae, *lady of the house;* see familia.—*A nurse, mother* (as a title of honor): Vesta, V.: deūm, *Cybele*, O.: Matris Magnae sacerdos, i. e. *mother of the gods, Cybele:* terra, quam matrem appellamus, *mother country*, L.: Populonia, *mother city*, V.: petere antiquam matrem, O.: cupidinum, i. e. *Venus*, H.—Of animals, *a mother, dam, parent:* prohibent a matribus haedos, V.: ova adsunt ipsis cum matribus (i. e. gallinis), Iu.: simia, Iu.—Of plants, *a parent, stock:* plantas abscindens de corpore matrum, V.—Fig., *a mother, parent, producer, nurse, cause, origin, source:* philosophia mater omnium bene factorum: avaritiae mater, luxuries.

mātercula, ae, *f. dim.* [mater], *a little mother:* sua: Dum pueris matercula pallet, H.

māter familiās, see familia.

māteria and **māteriēs**, ae, *acc.* am and em, *f.* [mater], *stuff, matter, material, timber, substance:* earum (navium) materiā ad reliquas reficiendas uti, Cs.: rerum, ex quā et in quā sunt omnia: materiam superabat opus, O.: si nihil valet materies: consumpserat omnem Materiam, *means of subsistence*, O.—Fig., *a subject, matter, subject-matter, topic, ground, theme:* artis: bella ad iocandum: materies crescit mihi, *the subject grows on me:* aequa Viribus, *suited to your powers*, H.—*A cause, occasion, source, opportunity:* gloriae suae: seditionis: ratio cui et fortuna ipsa praebuit materiam, L.: criminandi, L.: materiam invidiae dare: iocorum, Iu.—*A resource, store:* consumpserat omnem Materiam ficti, O.—*Natural abilities, capacity, disposition:* fac, fuisse in isto Catonis materiem: ingentis publice privatimque decoris, L.: ad cupiditatem, L.: materiā digna perire tuā, *unfeeling disposition,* O.

māteriātus, *adj.* [materia], *built of wood:* aedes male.

māterior, —, ārī, *dep.* [materia], *to procure wood:* erat materiari necesse, Cs.

māternus, *adj.* [mater], *of a mother, maternal:* animus, T.: sanguis: genus, S.: mens, *maternal affection,* O.: tempora, *of pregnancy,* O.: Caesar cingens maternā tempora myrto, i. e. *of Venus* (mother of Aeneas, ancestor of the Caesars), V.: arma (Aeneae), i. e. *obtained for him by Venus,* V.: aves, i. e. *sacred to Venus,* V.: avus, *on the mother's side,* V.: Delum maternam invisit Apollo, i. e. *native,* V.: aequora, i. e. *from which Venus sprang,* O.: rebus maternis absumptis, *estate,* H.: nobilitas, *on the mother's side,* V.

mātertera, ae, *f.* [mater], *a mother's sister,* C., O.

mathēmaticus, ī, *m.,* = μαθηματικός, *a mathematician,* C.—*An astrologer,* Iu.

mātrālia, ium, *n.* [mater], *the festival of Mater Matuta, held on the 11th of June,* O.

mātricīda, ae, *m.* [mater+2 SAC-], *a mother's murderer, matricide:* certissimus, C., N.

mātricīdium, ī, *n.* [matricida], *the murder of a mother, matricide:* accusari matricidi.

mātrimōnium, ī, *n.* [mater], *wedlock, marriage, matrimony:* si ex usu esset nostro hoc matrimonium, T.: Metelli matrimonium tenuisse, *had been the wife of:* ei filiam suam in matrimonium dat, *gives in marriage,* Cs.: Sarsiam in matrimonium ducere, *marry:* te in matrimonium conlocare, *to give in marriage:* in matrimonio conlocavit, *gave in marriage.*—*Wives:* matrimonia praedae destinare, Ta.

mātrīmus, *adj.* [mater], *with a living mother:* puer: ingenui, L.

mātrōna, ae, *f.* [mater], *a married woman, wife, matron:* nulla in aedibus, T.: convocatis plebis matronis, L.: partūs matronarum tueri: tyranni, *wife,* H.—*A woman of rank, woman of character, lady, matron:* matronae opulentae, optimates, Enn. ap. C.: laris, *lady of the house,* Iu.: matronarum sanctitas: capitis matrona pudici, Iu.

mātrōnālis, e, *adj.* [matrona], *of a married woman, of a matron, womanly, matronly:* decus, *womanly honor,* L.: genae, *the matron's cheeks,* O.

mātūrē, *adv.* with *comp.* maturius, and *sup.* maturissime and maturrime [maturus], *seasonably, opportunely, at the proper time:* sentire: satis mature occurrit, Cs.: ubi consulueris, mature facto opus est, S.—*Betimes, early, speedily, quickly, soon:* mature fieri senem: venire: maturius proficiscitur, Cs.: maturius pervenire: tempus quam res maturius me deserat, S.: (res) maturissime vindicanda est, *as quickly as possible:* quibus rebus quam maturrime occurrendum putabat, Cs.—*Prematurely, untimely:* pater decessit, N.

mātūrēscō, ruī, —, ere, *inch.* [maturus], *to become ripe, ripen, come to maturity:* cum maturescere frumenta inciperent, Cs.: partūs maturescunt: nubilibus annis, O.: maturescente virtute, L.

mātūritās, ātis, *f.* [maturus], *ripeness, maturity:* frugum: frumentorum, Cs.—Fig., *the full time, perfection, ripeness, maturity:* aetatis ad prudentiam: temporum, *the proper time,* L.: habere maturitatem suam: temporum maturitates, *fullness of the seasons.*

mātūrō, āvī, ātus, āre [maturus], *to make ripe, ripen, bring to maturity:* omnia maturata, *ripened:* uva maturata dulcescit, *ripe.*—Fig., *to make haste, hasten, accelerate, quicken, despatch, expedite:* at matura, T.: ita maturare, ut, etc.: legati in Africam maturantes veniunt, S.: maturandum sibi existimavit, Cs.: maturavit, ne, etc., L.: quam maturato opus erat, L.: nuptias, T.: ad coepta maturanda redire, L.: iter, Cs.: huic mortem: insidias consuli, S.: fugam, V.: flumen Axonam exercitum traducere, Cs.: venire: iter pergere, S.: Multa quae mox caelo properanda sereno, Maturare datur, i. e. *do deliberately,* V.—*To hurry, precipitate:* signum dare, i. e. *give too soon,* S.

mātūrus, *adj.* with *comp.* mātūrior, and *sup.* mātūrissimus, or mātūrrimus, *ripe, mature:* poma: uva, V.: seges messi, *ripe for harvesting,* L.—As *subst. n.:* quod maturi erat, *all the ripe* (corn), L.—*Ripe, mature, of age, proper, fit, seasonable, timely:* virgo, H.: infans, O.: aetas, *of manhood,* V.: omnia matura sunt, *ready to be seized,* S.: animi, *of ripe judgment,* V.: aevi, *of mature years,* V.: animo et aevo, O.: tempus, *seasonable:* scribendi tempus maturius: mihi ad Nonas bene maturum videtur fore, *just at the right time:* filia matura viro, *marriageable,* V.: (progenies) militiae, L.: vitulus templis maturus et arae, *old enough for sacrifice,* Iu.—*Of mature years, advanced in life:* se maturum oppetere mortem: senex, H.—*Of full strength:* soles, V.: maturae mala nequitiae, *full-grown depravity,* Iu.—*That takes place early, early, speedy:* hiemes, Cs.: aetas maturissima, Her.: honores, O.: iudicium, *quick:* robur maturrimum, Ta.: ego sum maturior illo, *was there earlier,* O.: Maturior vis, i. e. *premature death,* H.

Mātūta, ae, *f.* [1 MA-], *the goddess of dawn, called also* Mater Matuta, C., L., O.

mātūtīnus, *adj.* [Matuta], *of the morning, morning-, early:* tempora, *the morning hours:* frigora, H.: equi, i. e. *of Aurora*, O.: harena, i. e. *the morning hunt in the Circus*, O.: Aeneas se matutinus agebat, *was up early*, V.: pater, i. e. *Janus, the early god of business*, H.: Tiberis, Iu.

māvolō, see malo.

Māvors, vortis, *m.*, *Mars, the god of war* (old): urbs Mavortis, i. e. *Rome*, V.: Iliae Mavortisque puer, i. e. *Romulus*, H., C., O.

Māvortius, *adj.*, *of Mavors, of Mars:* moenia, i. e. *Rome*, V.: tellus, i. e. *Thrace*, V. — As *subst. m.*, *son of Mars, Meleager*, O.

(**māxilla**, ae), *f. dim.* [2 MAC-], *the jaw.*

māximē (or **māxumē**), *adv.* [maximus], *in the highest degree, most particularly, especially, exceedingly, altogether, very:* florere: quid laudem maxume? T.: egredi non possim, si maxime velim: huic legioni Caesar confidebat maxime, Cs.: naturalis amicitia: plebi acceptus, Cs.: quae maxime liberalissima: ut dicatis quam maxime ad veritatem accommodate. — In phrases with *unus, omnium, multo, vel, quam:* qui proelium unus maxime accenderat, *in the very highest degree*, Cu.: unus omnium maxime, *most of all*, N.: maxime omnium belli avida, *above all others*, L.: multo maxime, *by far most effectually*, T.: ut quam maxime permaneant diuturna corpora.—With *qui* in the phrases, quam qui maxime, and ut qui maxime, *as any one whatever:* tam enim sum amicus rei p., quam qui maxime: grata ea res, ut quae maxime senatui umquam fuit, L. — With *ut quisque . . . ita:* ut quisque animi magnitudine maxume excellit, ita maxume, etc., *the more . . . so much the more:* ut quisque maxume ad suum commodum refert . . . ita minime est vir bonus, *the more . . . the less.*— In gradations, *first of all, in the first place:* maxime quidem . . . secundo autem loco: maxime . . . proxime. — With *non:* quibus si ingenium non maxime defuit, *not utterly.—Especially, particularly, principally:* quae ratio poëtas maxumeque Homerum inpulit, ut, etc.: cognoscat etiam rerum gestarum ordinem, maxume scilicet nostrae civitatis. — In the phrases, cum . . . tum maxime; tum . . . tum maxime; ut . . . tum maxime, *but more especially:* plena exemplorum est nostra res p., cum saepe, tum maxime bello Punico secundo: longius autem procedens, ut in ceteris eloquentiae partibus, tum maxime, etc. — With *tum* or *cum, just, precisely, exactly:* consulem tum maxime res agentem avocare, L.: tum cum maxime, *at that precise moment*, L.: nunc cum maxime. — With *modus, just about, very much:* hoc maxime modo in Italiam perventum est, L.: ruinae maxime modo, L.: in hunc maxime modum locutus est, *much to this effect*, L. — To emphasize assent or dissent, *certainly, by all means, very well, yes:* *Cr.* duc me ad eam. *My.* maxume, T. — With *immo, certainly not, by no means:* Immo maxume, T.: immo vero maxume, S.

māximō opere, see magnopere.

māximus (**māxum-**), *sup.* of magnus.

māzonomus, ī, *m.*, = μαζονόμος, *a dish, charger*, H.

mē, *acc.* and *abl.* of ego.

mea-met, meā-pte, see meus, -met, -pte.

meātus, ūs, *m.* [meo], *a going, passing, motion, course:* caeli, V.—*A way, path, passage:* Danuvius donec in Ponticum mare sex meatibus erumpat, *by six channels*, Ta.

mē-castor, *interj.* [sc. adiuvet], *so help me Castor, by Castor* (old): Salve mecastor, T.

mēcum, i. e. cum me, see 1. cum.

meddix (**mēdix**), icis, *m.* [Oscan]; among the Oscans, *a magistrate:* meddix tuticus, *the highest magistrate* (of the Oscans), L.

medēns, ntis, *m.* [*P.* of medeor], *a healer, physician:* in medentes Erumpit clades, O.: artes medentum, O.

medeor, —, ērī, *dep.* [3 MA-], *to heal, cure, remedy, be good for:* cui (morbo) mederi (volet): volneribus: medendis corporibus, L.: ars medendi, *the healing art*, O.—Fig., *to remedy, succor, relieve, amend, correct, restore:* violentia Turni aegrescit medendo, i. e. *by opposition*, V.: invidiae, S.: capiti Rosci, i. e. *defend the life:* dies stultis quoque mederi solet: inopiae frumentariae, Cs.: ignorantiae lectorum, *provide against*, N.: quas (cupiditates) mederi possis, T.

mediastīnus, ī, *m.* [medius], *a common servant, drudge, slave of all work, menial*, H.

mēdica, ae, *f.*, = μηδική, *Median clover, Burgundy-clover, lucern*, V.

medicābilis, e, *adj.* [medicor], *to be healed, curable:* amor non est medicabilis herbis, O.

medicāmen, inis, *n.* [medico], *a drug, medicament, remedy, antidote, medicine:* violenta medicamenta curari: facies medicaminibus interstincta, *plasters*, Ta.: validum, O.—*A drug, poison:* medicamen habendum est, Iu.: noxium, Ta. — *A paint, wash, cosmetic:* vestrae medicamina formae, O.—Fig., *a remedy, antidote:* iratae medicamina fortia praebe, O.

medicāmentum, ī, *n.* [medico], *a drug, remedy, antidote, physic, medicine, medicament:* medicamentum alcui dare ad aquam intercutem: sumere, Cu.: medicamenta salubria, L.: medicamentis delibutus.—*A drug, potion, poison:* coquere medicamenta, L.: medicamentis partum abigere. — Fig., *a remedy, relief, antidote:* multorum medicamentum maerorum: doloris: panchrestum (i. e.

pecunia).—*An embellishment:* medicamenta fucati candoris et ruboris.

medicandus, *adj.* [*P.* of medico], *in need of healing.*—As *subst.*, H.

1. **medicātus**, *adj.* [*P.* of medico], *healing, medicinal, magic:* fruges, V.: virga, O.: potio, Cu.: inguen, Iu.

2. **medicātus**, ūs, *m.* [medico], *a charm,* O.

medicīna, ae, *f.* [medicus], *the healing art, medicine, surgery* (sc. ars): medicina (ars est) valetudinis: medicinae exercendae causā, *practising:* Inventum medicina meum est, O.: repertor medicinae, V.—*A remedy, medicine* (sc. res): accipere medicinam.—Fig., *a remedy, relief, antidote:* singulis medicinam consili adferam: laboris: furoris, V.: curae, O.: his quattuor causis totidem medicinae opponuntur: tuae figurae, i. e. *means of rendering beautiful,* Pr.

medicō, āvī, ātus, āre [1 medicus], *to imbue with healing power, medicate, drug:* hoc amnem Inficit, occulte medicans, V.: semina, *steep,* V.: medicatae sedes, *sprinkled with juices,* V.: medicatus somnus, *drugged,* O.—*To color, dye, stain, tinge:* Lana medicata fuco, H.: capillos, O.

medicor, ātus, ārī, *dep.* [1 medicus], *to heal, cure:* senibus anhelis, V.: cuspidis ictum, V.—Fig., *to curve, relieve:* mihi, T.

1. **medicus**, *adj.*, *of healing, healing, medicinal:* manūs, V.: ars, O.

2. **medicus**, ī, *m.* [1 medicus], *a medical man, physician, surgeon:* nemon medicum adduxit? T.: non ignobilis: quod medicorum est Promittunt medici, H.: medico ridente, Iu.

medietās, ātis, *f.* [medius], *the middle, place in the middle, midst.*

medimnum, ī, *n.* (C.), and **medimnus**, ī, *m.* (N.), *a Greek dry measure, Greek bushel:* tritici: septem milia medimnūm.

mediocris, e, *adj.* [medius], *of middling size, medium, middling, moderate, ordinary:* castellum, S.: spatium, Cs.: lacum mediocris aquae prospexit (i. e. mediocrem), O.—Fig., *moderate, mean, mediocre, inferior, inconsiderable:* oratores: homines: poëta, H.: amicitia: artes: ingenium: excusare . . . mediocris est animi, *narrow,* Cs.: ut mediocris Iacturae te mergat onus, Iu.: primo mediocria gerebat, S.—With *neg.*, *not insignificant, not common, superior, extraordinary:* non mediocris animus, i. e. *ardent,* S.: haud mediocris yir: non mediocris diligentia, Cs.

mediocritās, ātis, *f.* [mediocris], *a middle state, medium, mean, moderateness, moderation:* quae est inter nimium et parum: Aurea, H.: cum omnis virtus sit mediocritas (of style): mediocritates illi probabant, *moderate passions.*—*Moderate endowment, mediocrity:* in dicendo: mea ingeni.

mediocriter, *adv.* with *comp.* [mediocris], *moderately, tolerably, ordinarily, not very, not remarkably, slightly, somewhat:* ordo annalium mediocriter nos retinet: res mediocriter utiles, H.: vestita, *unostentatiously,* T.: hoc vellem mediocrius: non mediocriter, *in no moderate degree,* Cs.: ne mediocriter quidem disertus, *not in the least.*—*With moderation, calmly, tranquilly:* non mediocriter ferendum: alqd velle.

meditāmentum, ī, *n.* [meditor], *a thinking of, preparation.*—*Plur.:* belli, Ta.

meditātiō, ōnis, *f.* [meditor], *a thinking over, contemplation, dwelling upon:* futuri mali.—*Study, preparation, rehearsal, practice:* naturae vitium meditatione sustulerunt: obeundi muneris: nulla meditationis suspicio.

meditātus, *P.* of meditor.

mediterrāneus, *adj.* [medius+terra], *inland, remote from the sea, mediterranean, continental:* regiones, Cs.: homines maxime.—*Plur. n.* as *subst.:* Galliae, *the interior,* L.

meditor, ātus, ārī, *dep.* [3 MA-], *to reflect, muse, consider, meditate, give attention:* meditando extundere artīs, V.: causam tuam, i. e. *how to defend yourself,* T.: ea para, meditare, quae, etc.: Meditata mihi sunt omnia mea incommoda, *I have thought over,* T.: ad ea: ad huius vitae studium meditati sunt labores tui, i. e. *have prepared you:* de rei p. libertate.—*To meditate, plan, devise, contrive:* iam designatus alio voltu esse meditabatur: animo proficisci, N.: capere dolis Reginam meditor, V.: quo modo cum illo loquar: quibus verbis illius cupiditatem comprimas: meditatum et cogitatum scelus.—*To meditate, study, exercise, practise, rehearse:* meditati ad dicendum venimus, *prepared:* Demosthenes perfecit meditando, ut, etc.: quid Crassus ageret meditandi causā: meditans in proelia taurus, V.: ea, quae meditata et praeparata inferuntur: meditatum cogitatumque verbum, *studied:* verba, O.: murmura, *rehearsed mumblings,* Iu.—*To sing, celebrate in song:* omnia, quae Phoebo meditante Audiit, V.

meditullium, ī, *n.* [medius+*tullus for tellus], *the middle:* in meditullio, Serv. ap. C.

medium, ī, *n.* [medius].—In space, *the middle, midst, centre, interval, intervening space:* in medio aedium sedens, L.: in agmine in medio adesse, S.: medio viae ponere, L.: medio stans hostia ad aram, V.: medio tutissimus ibis, O.: in medium sarcinas coniciunt, L.: Horum unum ad medium Transadigit (hasta), *through the middle,* V.—Of time: iam diei medium erat, *the middle,* L.: Nec longum in medio tempus, cum, etc., *interval,* V.—*The midst, public, community:* in medio omnibus Palma est posita, qui, etc., *open to all,* T.: rem totam in medio ponere, *publicly:* dicendi ratio in medio posita, *open to all:* Transvolat in medio posita, *what is obvious,* H.: rem in medium proferre, *publish:* rem in medium vocare coeperunt, *before the public:* in medio relinquere, *leave undecided:* cum iacentia (verba) sustulimus e medio, *adopt common words:* ex medio res arcessit comoedia, *common life,* H.: removendae de medio litterae, *done away with:* hominem de medio tolli posse, *be put out of the way:* e medio excessit, *is dead,* T.: tollite lumen E medio, Iu.: recede de medio, *go away:* in medio esse, *be present,* T.: venient in medium, *come forward:* consulere in medium, *for the general good,* V.: in medium quaerebant, *to supply the wants of all,* V.: laudem in medium conferentes, *ascribing to the whole body* (of magistrates), L.: In medium discenda dabat, *for all to learn,* O.—Fig., *a mean, middle course:* medium ferire, i. e. *strike out a middle theory:* mediis copulare concordiam, *by a compromise,* L.: Virtus est medium vitiorum, H.—*Plur., a moderate fortune, middling circumstances:* intactu invidiā media sunt, L.

medius, *adj.* [MED-], *in the middle, in the midst, mid, mean, middle:* mundi locus: tempus: solio medius consedit, *in the middle,* V.: medius Polluce et Castore ponar, *between,* O.: medios ignīs testor, i. e. *on the altar between us,* V.: medium turba Hunc habet, *surrounds,* V.: Discessere omnes medii, *from the midst,* V.: caelestes medio Iove sedent, O.: medium ostendere unguem, *point with the middle finger,* Iu.: cum inter bellum et pacem medium nihil sit, *no middle course:* locus medius regionum earum, *half-way between,* Cs.: locus medius iuguli summique lacerti, *between,* O.: medius ex tribus, S.: in foro medio, *in the middle of the forum:* in mediis aedibus: de mediā nocte, *midnight,* Cs.: mediā aestate, *at midsummer:* medios dilapsus in hostīs, V.: Phoebus, *the sun at noon,* O.: (illum) medium adripere, *by the middle,* T.: iuvenem medium complectitur, L.—Fig., *of the middle, middling, medial, moderate:* aetatis mediae vir, *of middle age,* Ph.: nihil medium, sed inmensa omnia volventes animo, L.: gratia non media, *extraordinary,* L.: ingenium, Ta.: sermones, *common,* O.—*Undetermined, undecided, neutral:* medium quendam cursum tenere: medios esse: responsum, *ambiguous,* L.—*Indifferent, not imperative:* officium (opp. perfectum).—*Intermediate:* medium erat in Anco ingenium, et Numae et Romuli memor, *like each some respects,* L.: consilium, *avoiding both extremes,* L.—*Central, intimate, profound, essential:* quae sunt ex mediā laude iustitiae, *essential claims to honor:* in medio maerore et dolore, *buried in:* in medio ardore belli, L.: media inter pocula, Iu.: Pacis eras mediusque belli, *equally ready for,* H.—As *subst. m., a mediator:* paci medium se offert, V.

medius fidius, see fidius.

medix, see meddix.

medulla, ae, *f.* [MED-], *marrow:* medullas Intravit calor, V.: Exsucta, H.: albae, O.: humanae, *spinal marrow,* O.—Of plants, *pith:* bibula (virgae), O.—Fig., *the marrow, kernel, centre, heart, inmost part:* in medullis populi R. haerebant: Haec mihi semper erunt imis infixa medullis, O.: qui mihi haeres in medullis, *in my heart:* nondum implevere medullas Maturae mala nequitiae, Iu.: damnum propius medullis, *the heart,* H.: suadae, *the marrow of eloquence,* Enn. ap. C.

medullula, ae, *f. dim.* [medulla], *marrow:* anseris, Ct.

Medūsa, ae, *f., a Gorgon,* O.; see Gorgo.

Medūsaeus, *adj., of Medusa, Medusean,* O.

Megaera, ae, *f.,* = Μέγαιρα, *one of the Furies,* V.

Megalēnsia (Ta.) or **Megalēsia** (C., L., O., Iu.), ium, *n., an annual festival in honor of Cybele.*

Megalēsiacus, *adj., of the Megalesia,* Iu.

megistānes, um, *m.,* = μεγιστᾶνες, *grandees, magnates:* Armenii, Ta.

mehercle, mehercule, mehercules, see hercle, hercule, Hercules.

mēiō, —, —, ere, *to make water,* Ct., H., Iu.

mel, mellis, *n.* [MAL-], *honey:* villa abundat caseo, melle: roscida mella, V.—Fig., *honey, sweetness, pleasantness:* poëtica mella, H.: Hoc iuvat et melli est, *is pleasant,* H.—Prov.: e medio flumine mella petat, i. e. *where there is none,* O.

melancholicus, *adj.,* = μελαγχολικός, *with black bile, melancholy.*

melanūrus, ī, *m.,* = μελάνουρος, *a black-tail* (a sea-fish), O.

melicus, *adj.,* = μελικός, *musical, lyric:* poëma.

melilōtos, ī, *f.,* = μελίλωτος, *a kind of clover, melilot:* pars meliloton amant, O.

melimēla, ōrum, *n. plur.,* = μελίμηλα, *honey-apples, must-apples,* H.

melior, *adj. comp.,* see bonus.

melisphyllum, ī, *n.,* = μελίφυλλον, *balm-gentle, balm:* Trita melisphylla, V.

Melitēnsis, e, *adj.* [Melita], *of Malta, Maltese:* vestis: rosa.—*Plur. n.* as *subst.* (sc. vestimenta), *Melitan garments.*

melius, *adj.* and *adv., comp.* of bonus, bene.

meliusculē, *adv.* [meliusculus], *rather better, pretty well:* cum meliuscule tibi esset.

meliusculus, *adj. dim.* [melius], *somewhat better, rather better,* T.

mellifer, fera, ferum, *adj.* [mel+1 FER-], *honey-bearing, melliferous:* apes, O.

mellītus, *adj.* [mel], *of honey, sweet with honey:* placenta, H.—Fig., *honey-sweet, darling:* Cicero: oculi, Ct.

melos, —, *dat.* ō, *n.*, = μέλος, *a tune, air, strain, song, lay:* melo Consimilis cantus, Att. ap. C.: longum, H.

Melpomenē, ēs, *f.*, = Μελπομένη, *the muse of tragic and lyric poetry*, H.

membrāna, ae, *f.* [membrum], *a skin, membrane:* membranae tenuissimae: chelydri, *slough*, O.—*A skin prepared for writing, parchment:* Membranam poscere, H.: croceae membrana tabellae, Iu.

membrānula, ae, *f. dim.* [membrana], *parchment.*

membrātim, *adv.* [membrum], *piecemeal, singly, severally:* gestum negotium.—Of speech, *in little clauses, in short sentences:* dicere.

membrum, ī, *n.* [3 MAN-], of the body, *a limb, member:* Membra metu debilia sunt, T.: simulacra, quorum membra, etc., Cs.: membra, id est partes corporis: fractus membra labore, H.: membra toro reponunt, *bodies*, V.—*A part, portion, division:* membra fracta ratio, O.: philosophiae, *branches:* congeriem in membra redegit, i. e. *organized*, O.—Of persons, *a member, part:* Ponticus, Bassus . . . dulcia convictūs membra fuere mei, O.—*An apartment, chamber:* cubicula et eiusmodi membra.—Of a sentence, *a member, clause.*

mē-met, see ego and met.

meminī, isse (only *perf.* form) [1 MAN-], *I remember, recollect, think of, am mindful of, bear in mind:* cui dolet meminit: Ipse ego (nam memini), etc., O.: ut ego meminisse videor: Ut verberes latus memento fluctibus (i. e. memento verberare), H.: ut sui iuris meminisset: hoc: patriae beneficia: numeros, V.: de exsulibus: quanta esset hominum admiratio: olim ut fuerit vestra oratio, T.: cum mihi desipere videbare: virginem formā bonā videre, T.: dextram cohibere memento, *be sure to*, Iu.: decedere nocti, V.: Non aper irasci meminit, i. e. *is inclined*, O.: Catonem mecum disserere: Pamphylum mihi narrare: fieri senatūs consultum referente me: mementote hos esse pertimescendos: memineris te virum esse, S.: peto, ut memineris, te omnia mihi cumulate recepisse: me de oratoris facultate dixisse: me vidisse senem, V.—*To make mention of, mention:* meministi ipse de exsulibus: cuius supra meminimus, Cs.

Memnōn, onis, *m.*, = Μέμνων, *son of Tithonus and Aurora*, V., H., O.—His broken statue gave a musical sound at sunrise, Ta., Iu.

memor, oris, *adj.* [1 SMAR-], *mindful, remembering, heedful:* mens: apud memores stat gratia facti, V.: ut memor esses sui, T.: eorum facti, Cs.: generis, S.: nec aurae Nec sonitūs memor, V.: vale nostri memor, Iu.: Vive memor, quam sis aevi brevis, H.: cadum Marsi memorem duelli, i. e. *as old as*, H.: aevum, i. e. *fame*, V.: tabellae, *inscribed*, O.: saevae Iunonis ira, *relentless*, V.: exemplum parum memor legum humanarum, *regardless*, L.—*That remembers, of a good memory:* homo.—*Recalling, bringing to mind, suggestive, commemorative:* ingenium Numae, L.: nostri memorem sepulcro Scalpe querelam, H.: indicii memor poena, O.: versus, O.

memorābilis, e, *adj.* with *comp.* [memoro], *that may be told, heard of, credible:* Hocine credibile aut memorabile? T.—*Worth repeating, memorable, remarkable, worthy of remembrance:* vir bellicis quam pacis artibus memorabilior, L.: nomen, V.: virtus: facinus, S.—*Plur. n.* as *subst.:* multa memorabilia effecerat, *notable achievements.*

memorandus, *adj.* [*P.* of memoro], *worthy of remembrance, memorable, noteworthy:* proelium, *worth mentioning*, L.: iuvenis, V.: acta, O.

memorātor, ōris, *m.* [memoro], *a narrator, relater:* Homerus, Pr.

memorātus, *adj.* [*P.* of memoro], *memorable, renowned, celebrated:* pugna, L.: locus Italiae famā, V.—*Plur. n.* as *subst.:* deae memorata, *sayings*, O.

memoria, ae, *f.* [memor], *memory, remembrance:* oratio memoriā digna: memoriae prodere, eum liberatum (esse), *hand down to posterity:* memoriam prodere, *transmit*, Cs.: traditur memoriae prolapsum cecidisse, *is related*, L.: quorum memoria iucunda fuit: immortalis, N.—*The faculty of remembering, memory, recollection:* haec habui in memoriā, T.: Hortensius memoriā tantā fuit, ut, etc.: in memoriam redigere, *recall to mind:* memoriā comprehendere, *commit to memory:* causam memoriā complecti: memoriā custodire: habere in memoriā, *remember*, T.: hoc est mihi in memoriā, *in my recollection:* ex memoriā insidias deponere, *forget:* iniuriarum memoriam deponere, *forget*, Cs.: Carthaginem excidisse de memoriā, L.: ut mea memoria est: ex memoriā exponam, *from memory.*—*The time of remembrance, period of recollection, time:* illimque ad nostram memoriam, S.: paulo supra hanc memoriam, *not long ago*, Cs.: superiore memoriā, *in earlier times:* princeps huius memoriae philosophorum, *of our time:* post hominum memoriam, *since the memory of man.*—*An historical account, relation, narration, record:* liber, quo iste omnem rerum memoriam breviter complexus est: memoria ex annalibus repetita, L.: carmina, unum memoriae et annalium genus, Ta.

memoriola, ae, *f. dim.* [memoria], *the memory.*

memoriter, *adv.* [memor], *from memory, by personal recollection:* oratio est habita memoriter: multa narrare de Laelio.—*With a good memory, by ready recollection:* ista exposuisti ut tam multa memoriter.—*Fully, accurately, correctly:* cognoscere, T.: respondere.

memorō, āvī, ātus, āre [memor], *to bring to remembrance, mention, recount, relate, speak of, say, tell:* mihi causas, V.: patriam rhombi, Iu.: cuius conditor Hercules memorabatur, *was said to have been*, S.: ut quidam memoratur contemnere, etc., H.: nondum memoratus omnibus, O.: de gloriā bonorum, S.: de naturā nimis obscure: Herculem boves abegisse, L.: ubi ea, quae dico, gesta esse memorantur: quo patre natus uterque Contulerit lites, H.: sic memorat, V.: incredibile memoratu est, quam, etc., S.: parva et levia memoratu, Ta.—*To speak, utter, make use of:* vocabula memorata Catonibus, H.—*To name, call:* Carmentalem nomine portam, V.

mēn, for mēne, see 2 ne.

menda, ae, *f.* [3 MAN-], *a fault, blemish:* in corpore, O.

mendācium, ī, *n.* [mendax], *a lie, untruth, falsehood, fiction:* nulla mendaci religione obstrictus, Cs.: impudens: mendacio fallere: inmensa spirant mendacia, Iu.: piā mendacia fraude latebant, O.: poētarum, Cu.

mendāciunculum, ī, *n. dim.* [mendacium], *a little untruth, fib, white lie.*

mendāx, dācis, *adj.* with *comp.* [1 MAN-], of men, *given to lying, false, mendacious:* homo: amicus, *pretended*, H.: aretalogus, Iu.: Parthis mendacior, H.: Saepe fui mendax pro te mihi, O.: in parentem, H.: quidquid Graecia mendax Audet in historiā, Iu.—As *subst. m., a liar:* quid interest inter periurum et mendacem?—Of things, *false, deceptive, feigned, fictitious, counterfeit, not real:* visa: fundus, *disappointing*, H.: infamia, *slander*, H.: somnus, Tb.: pennae, O.

mendīcitās, ātis, *f.* [mendicus], *beggary, pauperism, indigence:* in summā mendicitate esse: consortes mendicitatis.

mendīcō, —, ātus, āre [mendicus], *to beg, ask alms:* eiectis mendicat silva Camenis, i. e. *is full of beggars*, Iu.: mendicatus panis, Iu.

mendīcus, *adj.* with *sup.*, *beggarly, needy, in want, indigent:* ex mendicis fieri divites: solos sapientīs esse, si mendicissimi (sint), divites.—As *subst. m., a beggar, mendicant*, T., C.: mendici, i. e. *the priests of Cybele*, H.—*Poor, paltry, sorry, pitiful:* instrumentum.

mendōsē, *adv.* with *sup.* [mendosus], *full of faults, faultily, wrongly:* libri scribuntur: ars mendosissime scripta.

mendōsus, *adv.* with *comp.* [mendum], *full of faults, faulty, blemished:* equi facies, O.—Fig., *erroneous, incorrect, defective, wrong:* mendosum est, etc.: vitiis paucis natura, *blemished*, H.: mores, O.: historia mendosior.—In writing, *that commits faults, blundering:* semper in Verruci nomine.

mendum, ī, *n.* [3 MAN-], *a fault, error, blunder:* quod mendum ista litura correxit?: librariorum.—*A blemish, defect:* Rara mendo facies caret, O.—Fig., *a mistake, omission:* Idūs Martiae magnum mendum continent.

mēns, mentis, *f.* [1 MAN-], *the mind, disposition, feeling, character, heart, soul:* mala, T.: conversae sunt omnium mentes, Cs.: mentis ferox, O.: mollis ad calamitates perferendas, Cs.—*The conscience:* adhibere testem, id est mentem suam: diri conscia facti, Iu.—*The intellectual faculties, mind, understanding, intellect, reason, judgment, discernment, consideration, reflection:* animos viventīs mente complecti, *comprehend:* mens sana in corpore sano, Iu.: mentis suae esse, *in his right mind:* captus mente, *beside himself:* mente paululum inminutā, S.: mentem amittere, *lose one's mind:* male tuta, H.: huic ex tempore dicenti effluit mens, *his recollection vanished:* quae tantā mente fiunt, *intelligence:* dictis adice mentem, *attention*, O.—In the phrase, venire in mentem, *to come into mind, be thought of, occur:* quotienscumque patria in mentem veniret, L.: numquam ea res tibi tam belle in mentem venire potuisset: ubi venit in mentem eius adventi, *bethought himself*, T.: ei venit in mentem potestatis: fac tibi legis veniat in mentem: in mentem tibi non venit quid negoti sit?: veniat in mentem, ut defenderimus, etc., L.: quid venit in mentem Callistheni, dicere, etc.?—*Mind, thought, plan, purpose, intention, design:* senatus unā voce ac mente restiterat: nostram nunc accipe mentem, V.: classem eā mente comparavit, ut, etc.: mentes deorum scrutari in fibris, O.: hac mente laborem ferre, H.—*Spirit, boldness, courage:* tua, quā arcem recepisti, L.: addere mentem, *give courage*, H.: demittunt mentes, *lose courage*, V.—*Passion, impulse:* dolor quod suaserit et mens, H.: Compesce mentem, H.—Person., *the goddess of thought*, L., C., O.

mēnsa, ae, *f.* [mensos, *P.* of metior], *a table:* ad mensam consistere, *wait at table:* Qui dapibus mensas onerent, V.: acernā, O.: carā piscīs avertere mensā, *fishmonger's board*, H.—*A table, meal, course:* Italicae mensae: lucis pars ultima mensae Est data, *supper*, O.: unā mensā, *at a single meal*, Iu.: secunda, *an after-feast*, i. e. *thank-offering*, V.: secundas nux ornabat mensas, *dessert*, H.: secundamque mensam servis dispertiit, N.: mensae tempore, *meal-time*, Iu.—*A money-changer's counter:* mensam poni iubet, H.: publica, *a public bank.*—*A sacrificial table, altar:* mensae deorum, V.: super tumulum mensam statuere.

mēnsārius, ī, *m.* [mensa], *a money-changer, banker, public banker*, C.: quinque viri, quos mensarios appellarunt, *treasurers*, L.

mēnsiō, ōnis, *f.* [metior], *a measure:* vocum, *quantity.*

mēnsis, is (*gen. plur.* mensium, mensūm or mensuum), *m.* [1 MA-], *a month:* mensis trīs abest, T.: quintum iam mensem obsessus, S.: lunae cursūs qui menses nominantur: Veneris marinae, i. e. *of Venus's birth, April*, H.: primo mense, *at the beginning of the month*, V.: regnavit paucos mensīs: magni menses, i. e. *glorious*, V.

mēnsor, ōris, *m.* [1 MA-], *a measurer, surveyor:* maris et terrae, H., O.

mēnstruus, *adj.* [mensis], *of a month, of every month, monthly:* usura. — *Of a month, lasting a month, monthly:* vita: cibaria: Luna, i. e. *in her monthly course*, V.—As *subst. m.:* menstruum secum ferre, *a month's provisions*, L.

mēnsūra, ae, *f.* [metior], *a measuring, measurement:* mensurae itinerum, Cs.: certae ex aquā mensurae, i. e. *by the water-clock*, Cs.: quicquid sub aurium mensuram aliquam cadat, numerus vocatur.—*A measure, standard of measurement:* cumulatiore mensurā uti: qui modus mensurae medimnus appellatur, N.: de mensurā ius dicere, Iu. — *Measure, extent:* roboris, *girth*, O.: parvā minor mensura lacertā est, *size*, O.: sed deerat pisci patinae mensura, *was too small*, Iu.: mensura censūs, *fortune*, Iu.—Fig., *a limit, capacity, power, extent, degree:* tibi dabitur mensura bibendi, O.: qui tanti mensuram nominis imples, i. e. *art worthy of*, O.: sui, i. e. *capacity*, Iu.

mēnsus, *P.* of metior.

menta (mentha), ae, *f.*, = μένθα, *mint*, O.

mentiēns, entis, *m.* [*P.* of mentior], *a fallacy, sophism.*

mentiō, ōnis, *f.* [1 MAN-], *a calling to mind, making mention, mentioning, naming, mention:* Phaedriae, T.: casu in eorum mentionem incidi, *happened to mention them:* tui: eius rei facta: oratio accusatorum mentionem habet, *mentions*, L.: mentio incohata adfinitatis, *the subject introduced*, L.: de furtis, H.: caput legis, de quo ante feci mentionem: facere mentionem, placere statui, si, etc.: secessionis mentiones ad volgus militum serere, *suggestions*, L.

mentior, ītus, īrī, *dep.* [1 MAN-], *to invent, assert falsely, lie, cheat, deceive, pretend:* Si quicquam invenies me mentitum, T.: Hoc iuvat, non mentior, H.: plurimis de rebus: ne ioco quidem, N.: ille, satum quo te mentiris, *pretend*, V.: certam me sum mentitus habere Horam, quae, etc., O. — Of things, *to deceive, impose upon:* frons, oculi, voltus persaepe mentiuntur: in quibus nihil umquam vetustas mentita sit.—*To lie about, assert falsely, make a false promise about, feign, counterfeit, imitate:* tantam rem, *devise such a falsehood*, S.: auspicium, L.: titulum Lyciscae, *assume falsely*, Iu.: ita mentitur (sc. Homerus), *fables*, H.—Fig.: Spem mentita seges, *disappointed*, H.: Nec varios discet mentiri lana colores, *to assume*, V.

mentītus, *adj.* [*P.* of mentior], *imitated, counterfeit, feigned:* tela, V.: figurae, O.: nomen, O.

Mentor, oris, *m.*, = Μέντωρ, *an artist in embossed metals*, C.—*A Mentor, embossed cup*, Iu.

mentula, ae, *f.:* membrum virile, Ct.

mentum, ī, *n.* [2 MAN-], *the chin:* paulo attritius: incana, *beards*, V., H.

meō, āvī, —, āre, *to go, pass:* quo simul meāris, H.: quā sidera lege mearent, O.: spiritus, Cu.

mephītis, is, *f.*, *a noxious exhalation, mephitis, malaria:* saeva, V. — Person., *a goddess who averts malaria:* templum, Ta.

merācus, *adj.* with *comp.* [merus], *pure, unmixed:* vinum meracius: helleborum, H. — Fig., *pure, unadulterated, genuine:* libertas.

mercābilis, e, *adj.* [mercor], *that may be bought, purchasable:* meretrix, O.

mercāns, antis, *P.* of mercor.

mercātor, ōris, *m.* [mercor], *a trader, merchant, wholesale dealer:* ea mutare cum mercatoribus vino, S.: venalicii mercatoresque: multi ad eos mercatores ventitant, Cs.: Africum metuens, H.—*A dealer, speculator:* mercatores provinciarum: sacci olentis, Iu. — *A buyer, purchaser:* signorum: veneni, Iu.

mercātūra, ae, *f.* [mercor], *trade, traffic, commerce:* tenuis: quaestūs mercaturae, Cs.: mercaturas facere, *the pursuits of trade:* Aversus mercaturis, H.—Fig.: bonarum artium, *the purchase.*

mercātus, ūs, *m.* [mercor], *trade, traffic, bargaining, buying and selling:* eo ad mercatum venio, *for a market*, T.: domesticus.—*A place for trade, market-place, market, mart:* frequens, L.: mercatu indicto.—*A festival, assemblage for games:* is qui habetur maximo ludorum apparatu: Asiae Graeciaeque is mercatus erat, L.

mercēdula, ae, *f. dim.* [1 merces], *small wages, poor pay:* mercedulā adducti: constituere mercedulas praediorum, *paltry revenues.*

mercennārius (mercēnā-), *adj.* [1 merces], *serving for pay, hired, earning wages, paid, mercenary:* comes: miles, L.: testes, *bribed:* arma, L.: liberalitas: vincla, i. e. *imperative business engagements*, H. — As *subst. m.*, *a hireling, hired servant:* a villā, T.: quaestūs mercennariorum.

1. mercēs, ēdis, *f.* [2 SMAR-], *price, hire, pay, wages, salary, fee, reward:* mercedem Coëgi, T.: manuum mercede inopiam tolerare, *of manua* *labor*, S.: operae: Apollonius cum mercede doceret: mercede diurnā Conductus, H.: poscere mercedes, *work for hire*, Iu.: pro quā mercede pavere, etc., V.—*An unrighteous reward, bribe:* Baebium magnā mercede parat, S.: paciscitur magnā mercede cum principibus, ut, etc., L.: a quibus mercedem accepisti: lingua adstricta mercede, *tied with a bribe.*—*A price, reward, wages, recompense, punishment, cost, injury, detriment, stipulation, condition:* mercedem lacrimarum constituere: mercedem imponere linguae, *set a price on*, Iu.: mercedem solvere, *make payment*, Iu.: non aliā bibam Mercede, *condition*, H.: temeritatis, *punishment*, L.: non sine magnā mercede, *only at great cost:* Hac coëant mercede suorum, i. e. *at this sacrifice of their people*, V.—Prov.: unā mercede duas res adsequi, *kill two birds with one stone.*—*Rent, revenue, income, interest:* praediorum: ex fundo: mercedes habitationum annuae, *house-rents*, Cs.: Quinas hic capiti mercedes exsecat, *takes out as discount*, H.

2. mercēs, *plur.* of merx.

mercimōnium, ī [merx], *merchandise*, Ta.

mercor, ātus, ārī, *dep.* [merx], *to trade, traffic, deal in, buy, purchase:* agrum, T.: (eunuchum) Thaïdi, *for Thais*, T.: fundum de pupillo: hortos, H.: hanc (segetem), Iu.—Fig.: officia mercanda vitā, *to be purchased with life:* Hoc magno mercentur Atridae, *would pay highly for*, V.

Mercuriālis, e, *adj.* [Mercurius], *of Mercury*, H.—*Plur. m.* as *subst.*, *the tradesmen, corporation of traders.*

Mercurius, ī, *m.* [merx], *Mercury, the messenger of the gods, the god of dexterity and of eloquence, of traders and thieves*, Cs., C., V., H., O.—*The planet Mercury*, C.

merda, ae, *f.*, *dung, ordure, excrement:* corvorum, H.

merēns, entis, *adj.* [*P.* of mereo], *deserving, meriting:* optime merentes socios deserere, Cs.: laudare et increpare merentīs, S.: rite merenti Venit laurea, O.—As *subst. m.:* sumpsisse merentis poenas, i. e. *punished the guilty one*, V.: Dignus pro laude merentis, *of my benefactor*, H.

mereō, uī, itus, ēre, *dep.* [2 SMAR-], *to deserve, merit, be entitled to, be worthy of:* nec minimum decus, H.: supplicium, O.: cur pereat, O.: Nil suave meritum est, *no kindness has been deserved*, T.: qualem meruit, Pallanta remitto, *as he deserves*, i. e. *dead*, V.: ut decoraretur: Danaūm ut caderem manu, V.: Quae merui vitio perdere cuncta meo, O.—*To earn, acquire, gain, obtain:* non amplius duodecim aeris: stipendia in eo bello, i. e. *served as a soldier:* diadema Quirini, Iu.: odium, Cs.: aera, H.: scelus, *incur*, V.—*To get by purchase, buy, purchase:* quid arbitramini Rheginos merere velle, ut, etc., *what price do you think they would take?*—*To serve for pay, serve as a soldier:* complurīs annos, Cs.: triennio sub Hasdrubale, L.: equo, *serve in the cavalry:* pedibus, *serve in the infantry*, L.—*To confer a favor, render service:* de re p. optime: Si bene quid de te merui, V.

mereor, itus, ērī, *dep.* [SMAR-], *to deserve, merit, be entitled to:* dignitatem meam, si mereor, tuearis, *if I deserve it: Pa.* quid meritu's? *Da.* crucem, T.: stipendia, *serve in the army:* laudem, Cs.: gratiam nullam, L.: sanctus haberi, Iu.: ut memor esses sui, T.—*To deserve well, be meritorious:* eane meritos hostīs sine causā factos? *after deserving so well*, L.: Qui sui memores alios fecere merendo, V.: Hac (arte) te merentem Vexere, etc., H.—*To deserve a return, merit recompense, behave:* erga me saepe (illam) meritam quod vellem scio, *treated me as I desired*, T.: recepto Supplice sic merito, *deserving this reception*, V.: optime de communi libertate meritus, Cs.: de re p. bene, i. e. *to serve well:* melius de quibusdam inimicos mereri quam amicos, *have treated better:* perniciosius de re p. merentur principes, i. e. *act ruinously:* urbs quoque modo erit merita de me, *has treated me:* optime eum de se meritum iudicabat, Cs.

meretrīcius, *adj.* [meretrix], *of harlots, of prostitutes, meretricious:* ars, T.: domus, T.: quaestus: disciplina.

meretrīcula, ae, *f. dim.* [meretrix], *a prostitute, courtesan*, C., H., L.

meretrīx, īcis, *f.* [mereo], *a prostitute, courtesan*, T., C., H.

merges, itis, *f.* [mergae; MERG-], *a sheaf*, V.

mergō, mersī, mersus, ere [MERG-], *to dip, dip in, immerse, plunge, sink, bury:* se in mari: putealibus undis, O.: mersa navis, Cu.: te sub aequore, V.: Ter matutino Tiberi mergetur, *bathe*, Iu.—*To engulf, swallow up, overwhelm:* te mersurae aquae, O.: mersā rate, Iu.—*To plunge, thrust, drive, bury:* mersisque in corpore rostris, O.—*To cover, bury, hide:* suos in cortice voltūs, O.—Fig., *to plunge, sink, overwhelm, cover, bury, immerse, ruin:* quae forma viros fortunave mersit, V.: quem funere mersit acerbo, *brought to a painful death*, V.: se in voluptates, L.: Quosdam mergit longa honorum Pagina, *drags down*, Iu.: mersus secundis rebus, *overwhelmed with prosperity*, L.: vino somnoque mersi, *buried in drunken sleep*, L.: rebus mersis in ventrem, *swallowed up*, Iu.: mergentibus sortem usuris, *sinking his capital*, L.: mersis fer opem rebus, *to utter distress*, O.

mergus, ī, *m.* [MERG-], *a diver* (a water-fowl): aprici, V., O.

merīdiānus, *adj.* [meridies], *of mid-day, of noon:* Tempus.—*Southerly, to the south:* vallis, L.

merīdiātiō, ōnis, *f.* [meridio], *a mid-day nap, siesta.*

merīdiēs, —, *acc.* em, *abl.* ē, *m.* [for * medidies; medius + dies], *mid-day, noon:* Meridie ipso, *at high noon*, T.: ante meridiem.—*The south:* flumen oriens a meridie, S.: inflectens cursum ad meridiem.

merīdiō, —, ātum, āre [meridies], *to take a mid-day nap, have a siesta.—Supin. acc.*, Ct.

1. meritō, *adv.* with *sup.* meritissimo [*abl.* of meritum], *according to desert, deservedly, justly:* ne id merito mi eveniret, T.: homines necati, S.: pulsus, V.: iratus Metello: laudari: alquem amare meritissimo.

2. meritō, āvī, —, āre, *freq.* [mereo], *to earn, yield:* fundus, qui sestertia dena meritasset.

meritōrius, *adj.* [meritum], *earning money:* pueri, *earning money by prostitution.—Plur. n.* as *subst.*, *hired lodgings*, Iu.

meritum, ī, *n.* [*P. n.* of mero], *a merit, service, kindness, benefit, favor:* pro merito ab illo tibi referri gratia, T.: nobis ob merita sua carus, S.: pro singulari eorum merito: merito tuo feci, *as you deserved:* ex merito, Ta.: recordatio ingentium meritorum, L.: meritis pro talibus, V.: magna in me.—*Demerit, blame, fault, offence:* merito hoc meo videtur factum? T.: a me nullo meo merito alienus, *by no fault of mine:* nullo meo in se merito, *no offence against him*, L.: Leniter, ex merito quicquid patiare, ferendum est, O.—*Merit, worth, value, importance:* quo sit merito quaeque notata dies, O.: sume superbiam Quaesitam meritis, H.

meritus, *adj.* [*P.* of mereor], *deserving:* meriti iuvenci, V.: lingua, *guilty*, O.: nihil meritum saxum, *unoffending*, O.—*Due, deserved, fit, just, proper, right:* ignarus, laus an poena merita esset, L.: iracundia merita ac debita: honores, V.: nomen, H.: poenae, O.

merops, opis, *m.*, = μέροψ, *a bee-eater* (a bird), V.

mersō, āvī, ātus, āre, *freq.* [mergo], *to dip, immerse:* gregem fluvio, V.: mersor civilibus undis, *plunge into*, H.

mersus, *P.* of mergo.

merula, ae, *f.*, *a blackbird, ousel, merle*, C., H.—*A sea-carp*, O.

merum, ī, *n.* [merus], *unmixed wine, wine without water:* multi Damalis meri, i. e. *given to*, H.: vis meri, O., V., Iu.

merus, *adj.* [3 MAR-], *pure, unmixed, unadulterated:* vina, O.: lac, O.—*Bare, naked, uncovered:* pes, Iu.—*Bare, nothing but, only, mere:* nil nisi spem meram, T.: mera monstra nuntiare: proscriptiones: nugae.—Fig., *pure, true, real, genuine:* principes: sermo, *plain prose*, H.: Cecropis, *a real Athenian*, Iu.—*Undiluted, strong, excessive:* meram haurientes libertatem, L.

merx, cis, *f.* [2 SMAR-], *goods, wares, commodities, merchandise:* fallaces et fucosae: merces commeatūsque, Cs.: femineae, *for women*, O.: nec nautica pinus Mutabit merces, V.: navem mercibus implere, Iu.

messis, is, *f.* [MET-], *a gathering of crops, harvest:* quid sit messis nescire: triticea, V.: seges matura messi, L.—Of honey, V.—Fig.: Sullani temporis, i. e. *slaughter.—Harvest, harvested crops:* Illius inmensae ruperunt horrea messes, V.—*The standing crops, harvest:* Spicea campis cum messis inhorruit, V.—Prov.: adhuc tua messis in herbā est, i. e. *you count chickens before they are hatched*, O.—*The time of harvest, harvest-time:* post messem, V.

messor, ōris, *m.* [MET-], *a reaper*, C., V.: durus, O.: dura messorum ilia, H.

messōrius, *adj.* [messor], *of a reaper:* corbis.

messus, *P.* of 2 meto.

-met, an enclitic suffix, added to any substantive personal pronoun, except the *nom.* tu, and the *gen. plur.* of ego and tu; rarely to the adj. forms mea, sua, and suis, *self, own:* egomet: mihimet: vosmet: vobismet: meamet, *my own*, S.: suamet, L.: suismet, L.; see also ego, tu, meus.

mēta, ae, *f.*, *a cone, pyramid:* collis in modum metae fastigatus, L.: petra in metae modum erecta, i. e. *in the shape of a cone*, Cu.—*A conical column at the end of the circus, turning-post, goal:* metaque fervidis Evitata rotis, H.: stringam metas interiore rotā, O.—*A goal, winning-post, mark:* optatam cursu contingere metam, H.: metam tenebant (in a boat-race), V.: metas lustrare Pachyni, *to sail around the turning-point* (promontory), V.—*An end, period, extremity, boundary, limit:* longarum haec meta viarum, V.: His metas rerum ponere, *of dominion*, V.: vitae, O.: umbra terrae, quae est meta noctis, *the limit of night:* sol ex aequo metā distabat utrāque, i. e. *it was noon*, O.—Fig.: fama adulescentis paulum haesit ad metas, *failed at the critical point.*

metallum, ī, *n.*, = μέταλλον, *metal:* auri, V.: potior metallis libertas, i. e. *gold and silver*, H.: acris, V.—*A place where metals are dug, mine:* metalla vetera et nova, L.: inexhausta, V.

metamorphōsis, is, *f.*, = μεταμόρφωσις, *a transformation, metamorphosis.—Plur.*, *a poem of Ovid.*

mētātor, ōris, *m.* [metor], *one who marks off, fixer of boundaries:* castrorum urbis.

mētātus, *P.* of metor.

mētior, mēnsus, īrī, *dep.* [1 MA-], *to measure, mete:* magnitudinem mundi: nummos, i. e. *have* *in great abundance*, H.: pedes syllabis, *measure by syllables*: annum, i. e. *divide*, O.: Hesperiam metire iacens, i. e. *with your dead body*, V.—*To measure out, deal out, distribute*: frumentum militibus, Cs.: exercitui si metiendum esset: Caecubum, H.—*To measure, pass over, traverse*: Sacram viam, *pace off*, H.: aequor curru, *sail through*, V.: carinā aquas, O.—Fig., *to measure, estimate, judge, value*: suo metu pericula, S.: sonantia metiri auribus: oculo latus, H.: omnia quaestu, *by profit*: homines virtute, non fortunā, N.: se suo modulo ac pede, H.: nec se metitur ad illum modum, i. e. *accommodates herself*, Iu.: quanto Metiris pretio, quod, etc., Iu.

1. (**mētō**, —, —, āre), see metor.

2. metō, messuī, messus, ere [MET-], *to reap, mow, crop, gather, collect, harvest*: in metendo occupatos, Cs.: pabula falce, *cut down*, O.: Falcibus messae herbae, V.—Prov.: ut sementem feceris, ita metes, *as you sow, so shall you reap.*—Of the vintage, *to gather*: Postremus metito, V.: purpureos flores, i. e. *gather the pollen* (of bees), V.—*To cut off, pluck, crop*: virgā lilia summa, O.: farra metebat aper, *laid waste*, O.: barbam, Iu.—*To mow down, cut down, destroy*: Proxuma quaeque gladio, V.: metit Orcus Grandia cum parvis, H.: vita omnibus metenda, ut fruges, C. poët.

mētor, ātus, ārī, *dep.* [meta], *to measure, mete, measure off, mark out, lay out*: caelum, O.: castra, i. e. *pitch his camp*, S., Cs.: agrum, L.: metarique sub ipso templo . . . iussit, *to encamp*, L.—*P. pass.*: metata castra, L.: agellus, H.

metrēta, ae, *f.*, = μετρητής, *a tun, cask, jar* (orig. an Athenian liquid measure, about 9 gallons), Iu.

metuendus, *adj.* [*P.* of metuo], *fearful, terrible, dreadful*: metuens magis quam metuendus, S.: metuendos vos praebere, L.: maturis metuendus Iuppiter uvis, V.: belli, *in battle*, O.—*Plur. n.* as *subst.*: multa ac metuenda minatur, *makes many terrible threats*, O.

metuēns, entis, *adj.* with *comp.* [*P.* of metuo], *fearing, afraid, fearful, timid, apprehensive, anxious*: homines legum metuentes: futuri, H.: virgae, Iu.: me metuentem expendere casūs, *anxiously*, V.: metuentius ingenium, O.: metuentior deorum, *more god-fearing*, O.

metuō, uī, —, ere [metus], *to fear, be afraid, stand in fear, be apprehensive*: de suā vitā, *for his life*: metuens ab Hannibale, *afraid of Hannibal*, L.: inopi metuens formica senectae, *anxious about*, V.: suis iuvencis, H.: ne morbus adgravescat, T.: metuit ut eam (calamitatem) ipse posset sustinere, *that he cannot bear*: ut sis vitalis, H.: metuis ne non, quom velis, convincas esse illum tuom? T.: metui, quid futurum denique esset, *awaited with fear*, T.: quid agam, T.: quem metuunt oderunt, Enn. ap. C.: metuebant (senem) servi, verebantur liberi: Deos, T.: nihil nisi turpem famam, S.: nocentem corporibus Austrum, *shun*, H.: quis Rex metuatur, H.: a me insidias: supplicia a vobis, *fear from you*: periculum ex illis, S.: temptare spem certaminis, *shrink from putting to the test*, L.: reddere soldum, *be averse*, H.: nil iurare, Ct.: aequore tingui, *shrinking from*, V.: tantam molem sibi ac posteris, L.

metus, ūs (old *gen.* metuis, T., C.; *dat.* metu, V., Ta.), *m.*, *fear, dread, apprehension, anxiety*: animus commotust metu, T.: in metu esse, *be fearful*: mihi unum de malis in metu est, *a subject of fear*: metum habere, *be afraid*: concipere, O.: in futurum metum ceperunt, L.: facit Graecis turba metum, *puts in fear*, O.: Germanis metum inicere, Cs.: metu territare, *alarm greatly*, Cs.: metus omnīs invadit, S.: ademptus tibi, *removed*, T.: hunc remove metum . . . exonera civitatem metu, *take away . . . relieve*, L.: metum Siciliae deicere: metūs Tradam ventis, H.: Solve metūs, *away with*, V.: praesentis exiti: dictatoris: ne popularīs metus invaderet parendi sibi, S.: Caesaris rerum, *for Caesar's fortune*, H.: quod senatui metum iniecit, ne, etc., L.: Quantum metuist mihi, videre, etc., T.: metus ab cive, L.: poenae a Romanis, L.: pro universā re p., L.: laurus multos metu servata per annos, *awe*, V.: mens trepidat metu, H.—*A terror, alarm, cause of fear*: loca plena metūs, O.: nihil metūs in voltu, Ta.: nulli nocte metūs, Iu.—Person., *the god of fear*, V.

meus, *pron. possess.* [me], *of me, my, mine, belonging to me, my own*: carnufex, T.: discriptio, *made by me*: iniuria, *done to me*, S.: non mea est simulatio, *not my way*, T.: Tempestate meā, *in my day*, Iu.: (me) vixque meum firmat deus, *hardly myself*, O.: facerem, nisi plane esse vellem meus, *quite independent*: Vicimus, et meus est, O.: Nero meus, *dear*: homo meus, i. e. *the fellow I speak of*, Ph.: mea tu, *my darling*, T.: o mi Aeschine, o mi germane! *my dear! my beloved!* T.—*Plur. m.* as *subst.*, *my friends, my relatives, my adherents, my followers*: ego meorum solus sum meus, T.—With *gen.* in apposition: nomen meum absentis: cum mea nemo Scripta legat timentis, etc., H.—As *subst. n.*, *mine*: quid vobis istic negoti in meo est? *on my land*: non est mentiri meum, *my custom*, T.: puto esse meum, quid sentiam, exponere, *my duty*: Non est meum Decurrere, etc., *my way*, H.: aut quicquam mihi dulce meorum Te sine erit? V.—For meā with interest, refert, see intersum, refert.

mī. **I**. For mihi, see ego.—**II**. *Voc.* of meus.

mīca, ae, *f.* [2 MAC-], *a crumb, bit, morsel, grain*: saliens mica (sc. salis), H.

micāns, antis, *adj.* [*P.* of mico], *twinkling*,

sparkling, glittering, gleaming, flashing, glowing: stella radiis, C. poët.: stellae, O.: voltus, L.

micō, uī, —, āre, *to move quickly to and fro, vibrate, quiver, shake, tremble, beat, palpitate:* venae et arteriae micare non desinunt: linguis micat ore trisulcis, V.: corque timore micat, *palpitates*, O.: micant digiti, *twitch*, V.—In the finger game (Ital. mora), *suddenly to stretch out fingers, the number to be instantly guessed by the other player:* quasi sorte, aut micando.—Prov.: dignus est, quicum in tenebris mices, i. e. *perfectly honest.*—*To flash, gleam, glitter, beam, shine, be bright:* fulmina etiam sic undique micabant, *flashed in every direction*, L.: tum micent gladii, L.: micat inter omnes Iulium sidus, H.: oculis micat ignis, *fire flashes from his eyes*, V.: nubila flammā, O.

mīcturiō, —, —, īre, *desid.* [cf. mingo], *to go to make water, wish to make water*, Iu.

migrātiō, ōnis, *f.* [migro], *a removal, change of abode, migration:* nobis misera, L.: in eas oras, quas, etc.—Fig.: cui verbo migrationes in alienum multae, i. e. *metaphorical uses.*

migrō, āvī (migrāssit for migrāverit, C.), ātus, āre, *to remove, depart, flit, migrate*: ex urbe rus habitatum, T.: ad generum: in tabernas, H.: mures migraverunt: migrate, coloni, *be off*, V.: cum totā Karthagine migra, Iu.: in alium quendam locum ex his locis morte migretur: relicta quae migratu difficilia essent, *of transport*, L.—Fig., *to go away, depart, pass over, change, turn:* ex hac vitā, i. e. *die:* equitis migravit ab aure voluptas ad oculos, H.: in varias migrare figuras, O.—*To leave, abandon, transgress, violate:* ius civile.

mihī or **mihi**, *dat.* of ego.

mīles, itis, *m.* and *f.* [MIL-], *a soldier:* ut fortīs decet Milites, T.: milites scribere, *enlist*, S.: ordinare, *form into companies*, L.: mercede conducere, *hire*, L.: dimittere, *dismiss.*—Esp., *a foot-soldier, infantry:* milites equitesque, Cs.—*A common soldier, private* (i. e. miles gregarius): strenui militis et boni imperatoris officia, S.: volgus militum, L.—Collect., *soldiery, army:* Macedoniam sine ullo milite reliquisse: loca milite complent, V.: multus, H.—*A chessman, pawn:* Discolor, O.—*Fem.*, of a woman in her first childbed: rudis ad partūs, O.—Of a nymph of Diana: miles erat Phoebes, O.

mīliārium (mīll-), ī, *n.* [mille], *a mile-stone:* tertium: aureum, *the golden mile-stone placed by Augustus in the forum*, Ta.

mīlia, *plur.* of mille.

mīliēns or **mīliēs (mīlli-)**, *adv.* [mille], *a thousand times, innumerable times:* audire eadem, T.: genera iuris mutata sunt: non miliens perire est melius? *a thousand times better.*

mīlitāris, e, *adj.* [miles], *of a soldier, of war, of military service, military, warlike, martial:* tribuni: homines, S.: militarīs Inter aequalīs, H.: institutum, Cs.: disciplina, L.: signa, *military ensigns:* leges: aetas, *of service in the army* (from 17 to 46), L.: via, *a military road*, L.

mīlitāriter, *adv.* [militaris], *in a soldierly manner:* oratio militariter gravis, L.: loqui, Ta.

mīlitia, ae, *f.* [miles], *military service, warfare, war:* cogere ad militiam eos, S.: cedat otium militiae: militiam discere, S.: ferre, H.: tolerare, V.: detrectare, O.: militiae vacatio, *exemption from military service*, Cs.: fraterna, *civil war*, Tb.: Militiā tali lacessere Teucros, V.: piae Pars sis militiae, *share in*, O.: militiae honorem, *military honors*, Iu.: militiā, *in war* (opp. togā), Iu.: militiae, *in war, in the army.*—In phrases with *domi*, *at home and abroad, at home and in the army:* virtus domi militiaeque cognita: militiae domique, L.: militiae et domi, T.—*The soldiery, military:* Hic pars militiae, O.: magister militiae, *general*, L.—*A service, laborious employment:* urbana respondendi, scribendi, etc.: Haec mea militia est, O.

mīlitō, āvī, ātum, āre [miles], *to be a soldier, perform military service, serve as a soldier:* In Asiam militatum abiit, T.: in alcuius exercitu: sub signis tuis, L.: apud Persas, Cu.: ea militando didici, S.—Of war, *to make, wage, carry on:* libenter omne militabitur Bellum, H.—*To serve, perform service, labor:* non sine gloriā, H.: militat in silvis catulus, H.

milium, ī, *n.*, *millet*, V., O.

mīlle, *plur.* mīlia or mīllia, *num. adj.* [MIL-], *a thousand, ten hundred:* mille non amplius equites, S.: civium capita centum quadraginta tria milia, L.: sagittarios tria milia numero habebat, Cs.: tot milia gentes Arma ferunt Italae, V.—As *subst.* with *gen.:* mille nummūm: hominum mille versabantur: militum, N.: sescenta milia mundorum: multa avium milia, V.: argenti mille dederat mutuom, T.: in millia aeris asses singulos, *on every thousand*, L.—In the phrase, mille passuum, *a thousand paces* (a Roman mile, about 1618 English yards): abest a Larino XVIII milia passuum.—As *subst. n.*, *a mile* (sc. passuum): quot milia fundus abesset ab urbe: aberat mons ferme milia viginti, S.—*A thousand, innumerable, infinite:* mille pro uno Kaesones extitisse, L.: Mille trahens colores, V.: mille pericula saevae Urbis, Iu.

mīllēsimum, *adv.* [millesimus], *for the thousandth time:* nihil sapit.

mīllēsimus (-lēnsimus), *adj.* [mille], *the thousandth:* pars: puppis, i. e. ultima, O.: pagina, Iu.

mīlliārium, see miliarium.

miluīnus (milvī-), *adj.* [miluus], *resembling a kite, rapacious:* pullus.

mīluus (**mīlvus**), ī, *m.*, *a bird of prey, kite, glede*, C., H., Iu.—P r o v.: non rete accipitri tennitur neque miluo, T.—*A fish of prey, gurnard:* (metuit) miluus hamum, H.—*A constellation:* stella Miluus, O.

mīma, ae, *f.* [mimus], *a female mimic, mime*, C., H.: a mimā uxore.

mīmicē, *adj.* [mimicus], *farcically, like a mime:* ridere, Ct.

mīmicus, *adj.*, = μιμικός, *of mimes, farcical, extravagant:* nomen: iocus.

mīmula, ae, *f. dim.* [mima], *a little mime:* rapta.

mīmus, ī, *m.*, = μῖμος, *a mimic actor, mime*, Iu. —*A mimic play, mime, farce:* mimi exitus: persona de mimo: mimos scribere, O.: Laberi, H.: mimus Quis melior plorante gulā? Iu.

mina, ae, *f.*, = μνᾶ, *a silver mina* (a Greek money of account, about $18.05 or £3 14*s.* 4*d.*): Emit viginti minis, T.: triginta minas accepit.

mināciter, *adv.* with *comp.* [minax], *threateningly, menacingly:* adversarios terrere: minacius dicere quam facere, *to bark worse than bite.*

minae, ārum, *f.* [2 MAN-], *projecting points, pinnacles:* minae murorum, V.—F i g., *threats, menaces:* huius minas (timeo), T.: graves, S.: regum, H.: minas iactare, *throw out threats:* Tolle minas, *away with*, V.: nullae in fronte minae (of a bull), O.: tollentemque minas, *rising in menace* (of a snake), V.: ingentīs parturit ira minas, O.—P e r s o n., *Threats* (of conscience), H.

mināns, ntis, *m.* [*P.* of minor], *one who threatens:* similis minanti, O.

minanter, *adv.* [1 minor], *threateningly:* multa agat, O.

minātiō, ōnis, *f.* [1 minor], *a threatening.*

mināx, ācis, *adj.* with *comp.* [2 MAN-], *jutting out, projecting, overhanging:* scopulus, V.—F i g., *threatening, menacing, full of threats:* minax atque adrogans: vituli fronte, O.: fluvii, V.: pestilentia minacior, L.: litterae: vox, H.: verba, O.: fortuna, Iu.—As *subst. m.:* arma minacis, V.

Minerva, ae, *f.* [1 MAN-], *the goddess of wisdom, sense, and reflection, of the arts and sciences, of poetry, and of spinning and weaving, identified with the Grecian Athene*, T., H., O.—P r o v.: agamus pingui Minervā, i. e. *without art, rudely:* rusticus crassā Minervā, H.: invitā Minervā, *against one's bent*, H.: causam egi non invitā Minervā, *not unaptly:* sus Minervam (docet), i. e. *the fool instructs the wise.*—*A working in wool, spinning and weaving:* tolerare colo vitam tenuique Minervā (i. e. telā), V.: Intempestiva, O.

mingō, inxī, ictum, ere [MIG-], *to make water:* in patrios cineres, H., Iu., Ct.

miniātulus, *adj. dim.* [miniatus], *somewhat red:* cerula.

miniātus, *adj.* [minium], *colored with red-lead, painted with cinnabar, colored red:* cerula sint, *a red-lead pencil:* Iuppiter, *the statue of Jupiter.*

minimē or **minumē**, *adv. sup.* (for *pos.* and *comp.* see parum, minus) [minimus], *least of all, in the smallest degree, least, very little:* quom minime vellem minimeque opus fuit, T.: quod minime miserum putabis: saepe, *very rarely*, Cs.: quam minime dedecore, *with the least disgrace possible:* ad te minime omnium pertinebat.—*By no means, not at all, not in the least, certainly not:* resistens ad calamitates perferendas, Cs.: *M.* An tu haec non credis? *A.* Minime vero: Continuo sanus? minime, H.: minime multi (i. e. quam paucissimi), T.: minume irasci decet, S.: Quod minime reris, V.: Minume gentium, *by no means in the world.*

minimum or **minumum**, *adv.* [*neut.* of minimus], *very little, slightly:* praemia apud me minimum valent: quam minimum credula postero, *as little as possible*, H.: non minimum Aetolorum operā fugati, i. e. *mainly*, L.

minimus or **minumus**, *adj. sup.* [3 MAN-], *least, smallest, very small, minute, trifling, insignificant* (used as *sup.* of parvus, *comp.* minor): nihil in rerum naturā minimum, quod dividi nequeat: ne minimo quidem casu locum relinquere, *for the slightest mishap*, Cs.: quā minima altitudo fluminis erat, Cs.: licentia, S.: in minimis rebus, *trifles.* —P r o v.: minima de malis, *the least among evils.* —As *subst. n.:* minimo contenti: minimum virium: unde minimum periculi erat, L.: pro minimis debere, *trifles*, L.—Of time, *least, shortest, very short:* pars temporis, *a moment*, Cs.—Of age, *youngest, smallest:* ex illis, S.: filius minimus ex tribus, L.: minimus natu horum omnium: ex his natu.—Of price and value, as *subst. n.*, *the least, lowest price:* minimo (emere): minimo aestimare: minimo me provocat, *for a trifle*, H.

minister, tra, trum, *adj.* [3 MAN-], *subordinate, that serves, ministering:* Lumina (i. e. oculi) propositi facta ministra tui, *furthering*, O.: ministro baculo, *with the aid of a staff*, O.—As *subst. m.*, *an attendant, waiter, servant, aider, furtherer, promoter, helper:* quibus ministris ea egerit, *by whose agency*, S.: me ministro, *by my aid*, Iu.: ministri publici Martis: ministri imperi tui, *under officers:* ministros se praebent in iudiciis oratoribus, i. e. *prompters:* legum, *administrator:* ministri ac satellites cupiditatum: Calchante ministro, *with the help of Calchas*, V.: fulminis ales, i. e. *the eagle*, H.: calidae gelidaeque (aquae), *one who serves*, Iu.: sit anulus tuus non minister alienae voluntatis.

ministerium, ī, *n.* [minister], *an office, attend-*

ance, service, ministry, occupation, work, labor, employment, administration: adsuetos ministeriis talium facinorum, L.: aquila velut ministerio missa, L.: diurna, O.: foeda, V.: Verna ministeriis aptus, H.—*A train, body of helpers:* scribarum, L.

ministra, ae, *f.* [minister], *a female attendant, maid-servant, assistant:* una ministrarum, O.: pariente ministrā, i. e. *the Vestal Sylvia,* O.—Fig., *a servant, handmaid, accessory, abettor:* res familiaris, ministra corporis: pacisque bellique ministrae, V.: huic facinori esse.

ministrātor, ōris, *m.* [ministro], *an attendant, helper, prompter:* quasi ministrator aderat.

ministrātrīx, īcis, *f.* [ministrator], *a female attendant, handmaid:* ministratrices oratoris.

ministrō, āvī, ātus, āre [minister], *to attend, wait upon, serve:* servi sordidati ministrant: cum maximis poculis ministraretur: tibi.—*To take care of, manage, govern, direct:* res omnīs timide, H.—*To provide, furnish, supply, give, afford, serve, attend:* velis, V.: Bacchum, *serve wine,* V.: iussa medicorum, *execute,* O.: (naves) velis, Ta.: Cena ministratur pueris, H.: faces furiis Clodianis: Iovi bibere: (vinum) verba ministrat, H.: furor arma ministrat, V.: caelo sol ministrat, Pr.

minitābundus, *adj.* [minitor], *threatening:* rex, L.: Arminius, Ta.

minitor, ātus, ārī, *dep. freq.* [1 minor], *to threaten, menace:* gravius, T.: minitando excitare, S.: arma: absenti: imperio: fratri mortem: virgas securīsque omnibus, L.: huic urbi ferro ignique: Caesari gladio, S.: navem se oppressuros: Excisurum urbem minitans, V.: alqd facere, T.

minium, ī, *n.* [Spanish], *red-lead,* V., Pr., Tb.

1. minor, ātus, ārī, *dep.* [minae], *to jut forth, project:* minantur In caelum scopuli, V. — *To threaten, menace:* homini: militibus servitium, S.: omnibus omnia: saxum undis, *holds over,* V.: urbi vincla, H.: ferro, S.: Abiturum se abs te esse minabitur, T.: mutaturam (se) esse testamentum: (ornus) usque minatur, i. e. *threatens to fall,* V.—With *acc.:* quodcumque minabitur arcus, *threatens* (to strike), H.—*To promise boastfully:* multa et praeclara, H.: magna, Ph.

2. minor, minus, ōris, *adj. comp.* (for *posit.* and *sup.* see parvus, minimus) [3 MAN-], *smaller, less:* navigia, Cs.: pecunia minor facta: inter ignīs Luna minores, H.: Hibernia dimidio minor quam Britannia, *less by half,* Cs.: genibus minor, i. e. *kneeling,* H.: Neve minor sit quinto actu Fabula, *shorter,* H.: luna, *waning,* H.—As *subst. n.:* minus praedae quam speraverant fuit, L.: sociis dimidio minus quam civibus datum, *less by half,* L.: minus opinione suā efficere, Cs. — Of time, *less, shorter, briefer:* tempus, O.: dies sermone minor, *too short for,* O. — Of age, *younger, junior:* minor natu: filia minor regis, Cs.: aetate minores, O.: minor uno mense, H.—*Plur.* as *subst., posterity, descendants:* nostri minores, V.: Et fessae referunt se minores, *the young,* V. — Fig., *inferior, less important:* res: sapiens uno minor est Iove, H.: sunt notitiā multa minora tuā, *unworthy of,* O.: in certamine, *beaten,* H.: tanto certare, *unfit to cope with,* H.: capitis minor, see caput. — As *subst. n. genit.,* in expressions of value or price, *at a lower price, of less value:* minoris vendere: (suam fidem) non minoris quam publicam ducere, S.: minores facere filium quam, etc., *care less for.*

Mīnōtaurus, ī, *m.,* = Μινώταυρος, *a monster with a bull's head, born of Pasiphaë, wife of Minos,* V., O.

minumē, minumus, see minim-.

minuō, uī, ūtus, ere [3 MAN-], *to make small, lessen, diminish, divide into small pieces:* Mullum in singula pulmenta, H.: ligna, *chop into small pieces,* O.: minuendo corpus alebat, *by feeding on it,* O.—*To diminish, ebb:* minuente aestu, *at ebb-tide,* Cs. — Fig., *to lessen, diminish, lower, reduce, weaken, abate, restrict:* Ut aliqua pars laboris minuatur mihi, T.: meum consilium, *change,* T.: neque cupido Iugurthae minuebatur, S.: (rem familiarem), H.: gloriam Pompei: auctoritatem, Cs.: minuunt ea corporis artūs, *grow less, diminish in size,* O.: proelio uno et volnere suo minutus, *discouraged,* L.: controversias, *settle,* Cs.: minuenda est haec opinio, *to be refuted:* magistratum, *restrict,* L.: censuram, *limit,* L.: maiestatem populi R. per vim, *offend against:* religionem, N.: ne quid de dignitate generum minuatur.

1. minus, *adj., neut.* of minor.

2. minus, *adv. comp.* (for *pos.* and *sup.* see parum, minime) [*neut.* of 2 minor], *less:* Ne quid plus minusve faxit, T.: pauperiem metuere minus, H.: metūs ipsi per se minus valerent, nisi, etc.: imperium semper ad optumum quemque a minus bono transfertur, *not so good,* S.: respondebo minus vehementer, quam, etc.: minus hoc iucundus amicus, *less agreeable for this,* H.: Bis sex ceciderunt, me minus uno, *all but me alone,* O.: qui peccas minus atque ego? H.—Ellipt.: madefactum iri minus XXX diebus Graeciam sanguine: cum centum et quinquaginta non minus adessent, L.: minus horis tribus, *in less than three,* Cs. — With a negative, *not less, no less, just as much:* existumans non minus me tibi quam liberos carum fore, S.: laudes, quibus haud minus quam praemio gaudent militum animi, L.: Haud minus ac iussi faciunt, V.—As a negation, *not at all, by no means, not:* quod intellexi minus, T.: non numquam ea quae praedicta sunt, minus eveniunt: si id minus vellet, Cs.: quod si adsecutus sum, gaudeo; sin minus, etc.: *Py.* at tu apud nos hic mane. *Ch.* nil minus, *by no means,* T.: nihil profecto minus: mihi iam minus minusque obtemperat, *less and less*, T.: minus et minus, O.—With *quo* (often written quominus), *that not, from*, after verbs of hindering or preventing: quicquam in his nuptiis conari, quo fiant minus, T.: prohibuisse, quo minus de te certum haberemus: stetisse per Trebonium, quo minus oppido potirentur videbatur, Cs.: Ne revereatur, minus iam quo redeat domum, T.—With *nihilo* (often written nihilominus), *nevertheless, no less:* nilo minus ego hoc faciam, T.: poeniendum (est) certe nihilo minus.

minusculus, *adj. dim.* [1 minus], *rather less, rather small:* villa: epistula.

minūtal, ālis, *n.* [minutus], *minced meat, hash*, Iu.

minūtātim, *adv.* [minutus], *piecemeal, little by little, gradually:* aliquid additur: Ossa morbo conlapsa, V.: interrogare.

minūtē, *adv.* with *comp.* [minutus], *pettily, in a paltry manner:* grandia dicere: res minutius tractare.

minūtius, *adv.*, *comp.* of minute.

minūtus, *adj.* [*P.* of minuo], *little, small, minute:* pisciculi, T.: maculae: facies minutae, *miniatures*, Iu.: res, *trifles*.—Fig., *petty, paltry, insignificant:* imperatores: animus: plebes, Ph.: genus sermonis: minuti animi voluptas, Iu.

mīrābilis, e, *adj.* with *comp.* [miror], *wonderful, marvellous, extraordinary, amazing, admirable, strange, singular:* facinora: pugnandi cupiditas, N.: Hic tibi sit potius quam tu mirabilis illi, H.: Cuncta, quibus est mirabilis, O.: mirabile est, quam non multum differat: esset mirabile quo modo, etc.: mirabile auditu: mirabile dictu Truditur, etc., *wonderful to tell*, V.: quo ista maiora ac mirabiliora fecisti: magna atque mirabilia portendi, *great wonders*, S.

mīrābiliter, *adv.* with *comp.* [mirabilis], *wonderfully, astonishingly, marvellously, surprisingly:* mirabiliter volgi mutata est voluntas, N.: mōratus est, *a strange fellow:* mirabilius augere.

mīrābundus, *adj.* [miror], *wondering, astonished, full of wonder:* mirabundi, unde, etc., L.

mīrāculum, ī, *n.* [miror], *a marvellous thing, wonder, marvel, miracle:* miracula philosophorum somniantium, *wonderful imaginations:* adiciunt miracula huic pugnae, *relate wonderful things*, L.: esse miraculo, *excite wonder*, L.: speciosa miracula promere, H.: Omnia transformat sese in miracula rerum, V.: magnitudinis, *extraordinary size*, L.: Sparsa in vario miracula caelo, *strange forms*, O.

mīrandus, *adj.* [*P.* of miror], *wonderful, strange, singular:* mirandumne id est? T.: quo minus mirandum est homines consuluisse, S.: altitudo: mirandum est, unde, etc., *the wonder is*, etc., Iu.: mirandum in modum, *wonderfully*.

mīrāns, ntis, *m.* [*P.* of miror], *an admirer:* voltus mirantis, *expression of wonder*, O.

mīrātor, ōris, *m.* [miror], *an admirer:* rerum, O.: virtutis in hoste, Cu.

mīrātrīx, īcis, *f.* [mirator], *an admirer:* turba, *wondering*, Iu.

mīrē, *adv.* [mirus], *wonderfully, marvellously, strangely, uncommonly, exceedingly:* ea mire scite facta: fallere hospites, H.: gratum, L.—With *quam, it is strange how, incredibly:* mire quam illius loci cogitatio delectat.

mīrificē, *adv.* [mirificus], *wonderfully, marvellously, extraordinarily:* moveri: laudare.

mīrificus, *adj.* with *sup.* [mirus+2 FAC-], *wonderful, admirable, marvellous, extraordinary, strange:* voramus litteras cum homine mirifico . . . Dionysio: turris mirificis operibus extructa, Cs.: pugnae: studium: facinus mirificissimum, T.

mirmillō, see myrmillō.

mīror, ātus, ārī, *dep.* [mirus], *to wonder, marvel, be astonished, be amazed, admire:* quae causa esset, miratus quaesiit, Cs.: homo mirari visus est: Non invideo, miror magis, V.: hoc in aliis minus mirabar: signa, S.: illos homines, quod, etc.: ripas et nemus, H.: a nobis hoc dici: nasci potuisse Columbam, O.: quod adest, sunt qui mirentur: quod non rideret haruspex: miraris Si nemo praestet amorem? H.: noli mirari, si tu hoc non impetras: quod nisi esset factum, magis mirandum videretur: ne miremini, quā ratione hic tantum potuerit: eius rei quae causa esset, Cs.: Quid velint flores, miraris, H.: (te) Iustitiaene prius mirer belline laborum, V.: (arbos) Miraturque novas frondes et non sua poma, V.—Fig., *to regard, esteem:* amici nostra mirantes: tam se ipse miratur, *is in love with*, Ct.

mīrus, *adj.* [2 MI-], *wonderful, marvellous, astonishing, extraordinary, amazing:* populi R. aequitas: miris modis odisse Sostratam, *exceedingly*, T.: visenda modis animalis miris, *wonderful to the view*, V.: mirum in modum, *surprisingly*, Cs.: quod vos ignorare non mirum est: sibi mirum videri, quid esset, etc., Ct.: quid istuc tam mirumst, si, etc., *what is so strange in that?* T.: nisi hoc mirum est, si, etc.: id mirum quantum profuit ad, etc., i. e. *extraordinarily*, L.: Mirum ni cantem? *Is it strange I don't sing*, Naev. ap. C.—As *subst. n.:* si quid miri faciat natura, H.: Mira loquar, O.

miscellānea (miscil-), ōrum, *n.* [MIC-], *a hash of broken meats, hodge-podge* (food for gladiators), Iu.

misceō, miscuī, mīxtus, ēre, *to mix, mingle, intermingle, blend:* picem sulphure, S.: (sortes) pueri manu miscentur: mella Falerno, H.: nectare aquas, O.: Fulgores operi, V.: fletum cruori, O.: cum undis miscentur aquae, O.: mixtos in sanguine dentīs, *scattered*, V.—*To unite, have intercourse:* sanguinem ac genus, *intermarry*, L.: corpus cum aliquā: per conubia Gaetulos secum, S.: se tibi, O.—*To mix, prepare:* alteri mulsum: miscenda Cum Styge vina bibas, i. e. *you shall die*, O.: nullis aconita propinquis, Iu.—*To mingle, unite, assemble, associate, join:* (se) viris, V.: circa regem densae Miscentur (apes), *gather thickly*, V.: mixtis lustrabo Maenala nymphis (i. e. permixtus nymphis), V.: tres legiones in unam, Ta.: desertos sibi, i. e. *fraternize with*, Ta.: volnera, *inflict on one another*, V.: certamina, L.: proelia, V.: manūs, Pr.—*To throw into confusion, disturb, confound, embroil:* magno misceri murmure pontum, V.: miscent se maria, V.: mixto agmine, *in disorder*, V.: ignes murmura miscent, *confound their thunders*, V.: incendia, *scatter*, V.—*To overturn, confound, make a disturbance in, move, upturn:* caelum ac terras, L.: caelum terris et mare caelo, Iu.—Fig., *to mix, mingle, unite, join, associate:* cuius animum cum suo misceat: aliquid de nostris moribus, *add*, Iu.: haec ita mixta fuerunt, ut temperata nullo fuerint modo, *mixed . . . by no means harmonized:* utile dulci, H.: mixtus aliquo deus, *transformed into*, Pr.—*To throw into confusion, embroil, disturb, confound:* fortuna miscere omnia coepit, S.: rem p. malis contionibus: plura, *to cause more disturbance:* plurima, N.: sacra profanis, H.: fors et virtus miscentur in unum, *contend together*, V.—*To stir up, excite, concoct:* Ita tu istaec tua misceto, ne me admisceas, T.: nova quaedam misceri et concitari mala videbam.

misellus, *adj. dim.* [miser], *poor, wretched, unfortunate:* homo.—As *subst. m., a wretch*, Iu.

miser, era, erum, *adj.* with *comp.* miserior, and *sup.* miserrimus [MIS-], *wretched, unfortunate, miserable, pitiable, lamentable, in distress:* me miserior, T.: mortales, V.: multo miserior quam ille, quem tu miserrimum esse voluisti: quibus (molestiis) te miserrimam habui, *tormented*.—As *subst. m.* and *f.:* quo se miser vertet? *the wretch:* Miserarum est neque amori dare ludum, etc., i. e. *wretched are the girls who*, etc., H.—*Afflicting, sad, wretched, pitiable, melancholy:* bellum: mors: caedes, V.: miserā ambitione laborare, H.—*Violent, excessive, extravagant:* amor, V.: cultūs, *in dress*, H.—*Vile, poor, worthless:* solacium: fortunae reliquiae.—As an exclamation: miserum! *alas!* V.

miserābile, *adv.* [miserabilis], *pitiably, wretchedly:* caesis insultans, V.: longum, Iu.

miserābilis, e, *adj.* with *comp.* [miseror], *pitiable, miserable, deplorable, lamentable, wretched, sad:* facies, S.: nihil est tam miserabile, quam ex beato miser: exitium, V.: vox, *plaintive:* elegi, *mournful*, H.: miserabilior causa mortis, L.: hac facie miserabilior Pollio, Iu.: miserabile visu, *a wretched sight*, V.

miserābiliter, *adv.*, *pitiably, wretchedly, pathetically, mournfully, sadly:* emori: scripta epistula: rogitantes, L.

miserandus, *adj.* [*P.* of miseror], *lamentable, deplorable, pitiable, touching, affecting:* aliis miserandus, aliis inridendus: Heu! miserande puer! V.: haec mihi videntur misera atque miseranda: manus Priamo, V.: fortuna, S.: miserandum in modum, *pitiably:* haec miseranda auditu, L.: miserande iaceres, Ni, etc. (i. e. miserandus), V.

miserāns, *P.* of miseror.

miserātiō, ōnis, *f.* [miseror], *pity, compassion, sympathy:* miseratione mens iudicum permovenda: miseratio sui animos cepit, L.—*A pathetic speech, appeal to compassion:* miserationibus uti: partes miserationis, *claims for sympathy*, Cs.

miserātus, *P.* of miseror.

miserē, *adv.* with *comp.* [miser], *wretchedly, miserably, pitiably:* vivere: ut miserius a vobis recipiatur quam ab illo capta est, L.—*Vehemently, desperately:* nimis cupio, T.: cupis abire, H.

(**misereō**), see miseret.

misereor, itus, ērī, *dep.* [miser], *to feel pity, have compassion, pity, compassionate, commiserate:* Faune, precor, miserere, V.: misereamini censeo, S.: mei: sociorum: deos miseritos nominis Romani, L.—*3d pers. impers.:* ut supplicum misereatur, *that we should pity:* neque me tuorum liberūm misereri potest, *nor can I pity:* ut me tuarum miseritumst fortunarum, T.

miserēscō, —, —, ere, *inch.* [misereo], *to feel pity, have compassion:* ultro, V.: regis, V.—*Impers.:* nunc te miserescat mei, T.

miseret, uit, —, ēre, *impers.* [miser], *it distresses, excites pity in:* nonne te miseret mei? *don't you pity me?* T.: eorum nos miseret: si te lapsorum miseret, V.

miseria, ae, *f.* [miser], *wretchedness, unhappiness, misfortune, misery, woe, suffering, affliction, distress:* mihi lenire miseriam, T.: eis divitiae oneri miseriaeque fuere, S.: satis diu fuit in miseriis.—*Trouble, weariness, irksomeness, anxiety:* miseriam capere, T.: sollicitudine et miseriā: miseriae plebis crescebant, L.—Person., C.

misericordia, ae, *f.* [misericors], *tender-heartedness, pity, compassion, sympathy, mercy:* animus misericordiā Devinctus, T.: irā aut misericordiā inpulsi, S.: usus misericordiā, *exercising*, Cs.: vestram misericordiam implorat: ei tribuere, *bestow:* adhibere in hominis fortunis, *show:* alienā misericordiā vivo, *on the compassion of others:* ad misericordiam inducere, *move:* misericordiam magnam habere, *entertain:* haec magnā cum misericordiā fletuque pronuntiantur, *pathos*, Cs.: puerorum, *for the children.*

misericors, cordis, *adj.* with *comp.* [misereo + cor], *tender-hearted, pitiful, compassionate, merciful:* in suos: in re: in furibus aerari, S.: animus: in illā victoriā quis P. Sullā misericordior inventus est?: mendacium, *charitable.* — *Mean, pitiful:* iracundi aut misericordes.

miseriter, *adv.* [miser], *pitifuly, sadly*, Ct.

miseritus, *P.* of misereor.

miseror, ātus, ārī, *dep.* [miser], *to lament, deplore, commiserate:* Galliae fortunam, Cs.: communem condicionem: sortem animi iniquam, V.: eos miserando casum suum confirmat, S. — *To feel compassion, pity, compassionate:* ab humo miserans attollit amicum, V.: nil miserans, *pitiless*, H.: hostibus ipsis pallorem miserantibus, Iu.: iuvenem animi miserata, *in her heart*, V.

mīssilis, e, *adj.* [mitto], *that may be hurled, thrown, missile:* lapides missiles, *sling-stones*, L.: ferro, quod missile libro, *a javelin*, V.: sagittae, H. —*Plur. n.* as *subst.* (sc. tela), *missiles, darts, javelins:* missilibus pugnabant, L.: missilibus lacessere, V.

mīssiō, ōnis, *f.* [mitto], *a sending, despatching:* litterarum: legatorum.—*A release, setting at liberty, liberation:* munus pro missione dare.—*A discharge from service, dismissal:* missionem petundi gratiā rogat, S.: praemium missionis ferre, Cs.: gratiosa ante emerita stipendia, *a discharge obtained by favor*, L.: nondum iusta, L.—Of gladiators, *quarter:* sine missione, *to the death*, L.— *A cessation, end:* ludorum.

mīssitō, āvī, —, āre, *freq.* [mitto], *to send repeatedly:* supplicantīs legatos, S.: auxilia, L.

mīssor, ōris, *m.* [mitto], *a thrower, archer:* missore vacans sagitta, C. poët.

1. mīssus, *P.* of mitto.

2. (mīssus, ūs), *m.* [mitto], *a sending away, sending, despatching* (only *abl. sing.*): missu Caesaris ad Ambiorigem ventitare, *sent by*, Cs.: regis missu, V.—*A throwing, hurling:* vehementius missu telum, i. e. *giving a more effective blow*, L.

(mīte), *adv.*, only *comp.* and *sup.* [mitis], *mildly, gently:* Mitius ista feres, O.: mitissime legatos appellare, Cs.: mitius alqm adloqui, Ta.

mitella, ae, *f. dim.* [mitra], *a headband, turban.*

mītēscō (mītīscō), —, —, *inch.* [mitis], *to be softened:* sunt (herbae) quae mitescere flammā queant, O.—*To grow mild, become gentle, be tamed:* hiemps, L.: frigora, H.: ferae quaedam numquam mitescunt, *are tamed*, L.—Fig., *to grow mild, become gentle, be civilized:* Nemo adeo ferus est, ut non mitescere possit, H.: malis hominum, *be moved by*, V.

mītificō, —, ātus, āre [mitis + 2 FAC-], *to ripen:* mitificato cibo, *well digested.*

mītigātiō, ōnis, *f.* [mitigo], *a soothing.*

mītigō, āvī, ātus, āre [mitis + 1 AG-], *to soften, make tender, ripen, mellow, tame:* fruges: cibum, *soften* (by cooking): agros, *make fruitful:* flammis et ferro agrum, *clear*, H.—Fig., *to make gentle, pacify, soothe, calm, assuage, appease, mitigate:* istorum animos: te aetas mitigabit: iras, O.: legis acerbitatem: perfidiam meritis, *disarm*, Cu.: Lampsacenos in istum, *appease the anger of.*

mītis, e, *adj.* with *comp.* and *sup.*, *mild, mellow, mature, ripe:* sunt nobis mitia poma, V.: Bacchus (i. e. vinum), *mellow*, V.: suci, O.: solum Tiburis, *kindly*, H.: (fluvius) in morem stagni, *placid*, V.— Fig., *mild, soft, gentle, lenient, kind:* iam mitis est, *pacified*, T.: homo mitissimus: quis est me mitior?: Nec animum mitior anguibus, *in spirit*, H.: mitis ac magnificus hostibus, L.: paenitentiae mitior, *towards the penitent*, Ta.: consilium, O.: lex: mitius exilium, O.: ingenium, Iu.: mitibus Mutare tristia, *kind words*, H.: mitiora, *gentler feelings* (opp. duriora).—Of speech: Thucydides si posterius fuisset, multo maturior fuisset et mitior, *riper and mellower.*

mitra, ae, *f.*, = μίτρα, *a headband, coif, turban* (an Asiatic head-dress), C., V., Pr., Iu.

mitrātus, *adj.* [mitra], *wearing a turban, turbaned:* chori, Pr.

mittō, mīsī (mīstī, for mīsistī, Ct.), mīssus, ere [MIT-], *to cause to go, let go, send, send off, despatch:* ad Troiam ob defendendam Graeciam, Enn. ap. C.: alquem ad hoc negotium, S.: illum pro consule mittere: legatos de deditione ad eum, Cs.: Tanaim neci, V.: in possessionem, *put in possession:* filium foras ad propinquum mittit ad cenam, *sends out:* sub iugum, *send under the yoke*, Cs.: sub iugo, L.: legatos qui dicerent, esse, etc., Cs.: miserunt qui emerent, etc.: legatos rogatum auxilium, Cs.: Delphos consultum, N.: legati missi postulantes, etc., L.: Eurypylum scitantem oracula Mittimus, V.: in Oceanum me quaerere gemmas, Pr.: misit orare, ut venirem, T. — *To send word, announce, tell, report, advise, send orders:* tibi salutem, *send greeting*, O.: nuntios ad eum, velle, etc., S.: legatos ad me, se venturum, *send me word that:* ad conlegam mittit, opus esse exercitu, L.: in Siciliam misit, ut equitatus mitteretur, Cs.: Curio misi, ut medico honos haberetur: mitti ad principes placuit, ut secernerent se ab Etruscis, L.— *To send as a compliment, dedicate, inscribe:* liber ab eo ad Balbum missus: librum ad te de senectute. — *To send, yield, produce, furnish, export:* India mittit ebur, V.: (Padus) electra nuribus mittit gestanda Latinis, O. — *To dismiss, forget, put away:* odium, L.: levīs spes, H.: missam iram facere, T.: certamen, *end*, V.—In speaking, *to pass over*, *pass by*, *dismiss*, *omit*, *give over*, *cease*, *forbear:* mitte id quod scio, dic quod rogo, *never mind what*, etc., T.: mitto proelia: mitto ea, quae, etc., V.: mitte sectari, etc., *do not*, H.: Cetera mitte loqui, H.: illud dicere: pro nobis mitte precari, O.: mitto, quid tum sit actum: mitto, quod fueris, etc.: mitto de amissā maximā parte exercitūs (sc. dicere): missos facere quaestūs trienni. —*To let go*, *let loose*, *quit*, *release*, *dismiss:* carceribus missi currūs, H.: cutem, H.: mitte me, *let me alone*, T.: nos missos face, *have done with us*, T.: missus abibis, *scot-free*, H.: misso senatu, Cs.: ex oppido mitti, *be let out*, Cs.: missum fieri, *be set at liberty*, N.: amicos in negotium, *to set up in business:* sub titulum lares, *put a bill on the house*, i. e. *offer for sale*, O.: in consilium, i. e. *send the judges to make their verdict:* se in foedera, *enter into*, V.: me in iambos, *drive*, H.: missos faciant honores, *renounce*.—*To let out*, *put forth*, *send out*, *emit:* sanguinem provinciae, *bleed*, i. e. *exhaust:* serpens sibila misit, O.: vocem pro me nemo mittit, *speaks a word:* vocem liberam, *speak with freedom*, L.: Thyesteas preces, H.: Afranianos sui timoris signa misisse, *showed signs of fear*, Cs. —*To send*, *throw*, *hurl*, *cast*, *launch:* tanta caelo missa vis aquae, S.: pila, Cs.: fulmina, H.: se saxo ab alto, *cast down*, O.: se in aquas, O.: retia misit, *cast*, Iu.: talos in phimum, H.: panem cani, Ph.: panem, *throw away*, Cs.: aquas, *sprinkle*, O.: rosa missa, *let fall*, O.—*To attend*, *guide*, *escort:* (animas) sub Tartara, V.

mītulus, ī, *m.*, = μίτυλος, *an edible mussel*, H.

mīxtus, *adj.* [*P.* of misceo], *hybrid:* genus, V.

mnēmosynum, ī, *n.*, = μνημόσυνον, *a memorial*, Ct.

mōbilis, e, *adj.* with *comp.* and *sup.* [1 MV-], *easy to move*, *movable*, *loose*, *not firm:* turres, Cu.: pinna, O.: mobilissimus ardor. — Fig., *pliable*, *pliant*, *flexible*, *susceptible*, *nimble*, *quick*, *fleet:* aetas, V.: populus mobilior ad cupiditatem agri, L.: agmen, Cu.: venti, O.: hora, H.—*Changeable*, *inconstant*, *fickle:* in te animus: in consiliis capiendis, Cs.: gens ad omnem auram spei, L.: res humanae, S.: Quirites, H.: caeli umor, V.: natura malorum, Iu.

mōbilitas, ātis, *f.* [mobilis], *activity*, *speed*, *rapidity*, *quickness*, *mobility:* animal mobilitate celerrimā: linguae, *volubility:* equitum, *agility*, Cs.: Mobilitate viget (Fama), V. — Fig., *changeableness*, *fickleness*, *inconstancy:* quid est mobilitate turpius?: fortunae, N.: ingeni, S.

mōbiliter, *adv.* [mobilis], *rapidly*, *quickly:* palpitare: ad bellum excitari, *promptly*, Cs.

moderābilis, e, *adj.* [moderor], *moderate:* nihil moderabile suadere, O.

moderāmen, inis, *n.* [moderor], *a means of managing*, *rudder*, *helm:* Innixus moderamine navis, O. — *Management*, *control:* equorum, O. — Fig.: rerum, *the helm of the state*, O.

moderāns, *P.* of moderor.

moderātē, *adv.* with *comp.* and *sup.* [moderatus], *with moderation*, *moderately:* agere: auctoritate uti: ius dicere, Cs.: moderatius fieri: res moderatissime constituta.

moderātiō, ōnis, *f.* [moderor], *a controlling*, *guidance*, *government*, *regulation:* tempestatum: omnia in unius moderatione vertentur: effrenati populi, *restraint*.—*Moderation*, *temperateness*, *self-control:* (terrarum) moderatione sublatā, *temperate state:* dum modo illa moderatio teneatur: dicendi, *in speaking:* animi: imperii, L.: regis, Cu.

moderātor, ōris, *m.* [moderor], *a manager*, *ruler*, *governor*, *director:* tanti operis et muneris: neque legatus moderator adfuit, Ta.: equorum, O.: harundinis, *an angler*, O.: Nec moderator adest, i. e. *one to limit the evil*, O.

moderātrīx, īcis, *f.* [moderator], *she who rules*, *a directress*, *guide*, *controller:* temperantia commotionum: curia offici.

moderātus, *adj.* with *comp.* and *sup.* [*P.* of moderor], *within bounds*, *observing moderation*, *moderate:* senes: Catone moderatior: consul moderatissimus: cupidine victoriae haud moderatus animus, S.—*Plur. m.* as *subst.:* cupidos moderatis anteferre. — *Within bounds*, *moderate*, *modest*, *restrained:* oratio: convivium: doctrina: ventus, O.: amor, O.: parum moderatum guttur, O.

moderor, ātus, ārī, *dep.* [modus], *to set a measure*, *set bounds*, *put restraint upon*, *moderate*, *mitigate*, *restrain*, *allay*, *temper*, *qualify:* moderari uxoribus: quis illi finem statuet aut quis moderabitur? S.: orationi: irae, H.: fortunae suae, L.: amori, O.: cursui, *to sail slowly*, Ta.—*To manage*, *regulate*, *rule*, *guide*, *govern*, *direct:* Ex suā libidine, T.: in utrōque magis studia partium quam bona aut mala sua moderata (sunt), *were controlling*, S.: recitat, ita moderans, ne, etc., *controlling* (his voice), Ta.: corpus: equos, Cs.: habenas, O.: fidem blandius Orpheo, *strike more harmoniously*, H.: mens quae omnia moderetur: frena theatri, Iu.: funiculo navi, *with a rope:* gentibus, S.

modestē, *adv.* with *sup.* [modestus], *with moderation*, *temperately*, *discreetly*, *modestly:* alqd ferre, T.: rebus secundis uti, L.: parere: modestissume parendo, S.: munificus, H.

modestia, ae, *f.* [modestus], *moderation:* hiemis, Ta.—*Unassuming conduct*, *modesty:* vitae: avaritia sine modestiā, S.: Meā pertinaciā factum, haud tuā modestiā, T. —*Discretion*, *moderation*, *sobriety:* militaris, L.: disciplinae, Ta.: tantā in iniuriā: ab milite modestiam desiderare, Cs.: neque modum neque modestiam victores habent, S. —*Shame, shamefastness, modesty:* virginalis, Pac. ap. C.—*Sense of honor, honor, dignity:* neque modestiae suae parcere, S.—*Correctness of conduct, propriety.*

modestus, *adj.* with *comp.* and *sup.* [modus], *keeping due measure, moderate, modest, gentle, forbearing, temperate, sober, discreet:* sermo, S.: adulescentis modestissimi pudor: plebs modestissima: epistula modestior: voltus, T.: verba, O.: mulier, *modest*, T.: modestissimi mores: voltus modesto sanguine fervens, Iu.—As *subst.:* modestus Occupat obscuri speciem, *the reserved man passes for gloomy*, H.

modicē, *adv.* [modicus], *with moderation, modestly, discreetly:* disserere, S.: agere: se recipere, *in good order*, L.: uti re aliquā.—*In moderation, slightly, not much:* minae Clodi modice me tangunt: vino usi, L.: locuples, *fairly well off*, L.

modicus, *adj.* [modus], *in proper measure, moderate, modest, temperate:* potiones: severitas: corpus (historiae), *of a tolerable size:* strepitus, O.: modici munera Liberi, i. e. *moderation in drink*, H.: animus domi, *unassuming*, S.: voluptatum, *in pleasures*, Ta.—*Middling, ordinary, mean, scanty, small:* modicis regni terminis uti: ea, valde et modica et inlustria sunt, *few in number:* Graecis hoc modicum est, *not frequent:* pecunia, *little:* rem patcris modicam, *a trifling affliction*, Iu.: amici, *humble*, Iu.—As *subst. n., a little:* modico contentus, Iu.

(modificō), —, ātus, āre [modus + 2 FAC-], *to measure off.*—Only *P. perf.:* membra modificata, *regulated* (in length): verba, *modified.*

modius, ī, *m.* [modus], *a corn-measure, measure, peck* (containing sixteen sextarii, or one sixth of a Greek medimnus): tritici: pro singulis modiis octonos HS dare: modium populo dare asse: pleno modio, *in full measure:* ventres modio castigat iniquo, *with short measure*, Iu.: (anulorum) super tris modios, *pecks*, L.: argenti, *a peck of money*, Iu.—P r o v.: multos modios salis simul edendos esse, ut amicitiae munus expletum sit.

modo (modō, C. poët.), *adv.* (sometimes passing into a *conj.*) [*abl.* of modus]. **I.** I n g e n., *by a measure, with a limit; hence, only, merely, solely, simply, but, no more than:* unum modo: oppido modo potiti, *the bare town*, S.: parvam modo causam timoris adferre, Cs.: delectationem modo habere, nunc vero etiam salutem: circi modo spectaculum fuerat, L.: modo ut haec nobis loca tenere liceat; see also dum, solum, tantum.—In urgent commands or wishes, *only:* modo facito ut illam serves, *only be sure to*, T.: modo fac, ne quid aliud cures: tu modo . . . impende laborem, V.: vos modo animos mihi adhibete, Cu.—In the phrase, modo non, *only not, almost:* modo non montīs auri pollicens, T.—In the phrase, non modo, *much less:* quos clientīs nemo habere velit, non modo illorum cliens esse.—Usu. followed by *sed* or *verum, not only . . . but:* non modo ceteri, sed tu ipse: ne non modo intrare, verum aspicere possim: non modo non credibiliter, sed ne suspiciose quidem: non modo honeste, verum etiam communi luce.—But non modo usu. stands for non modo non, before ne . . . quidem, when both clauses have the same predicate: non modo proditori, sed ne perfugae quidem locus fuit: ut id non modo neglegentiae meae, sed ne occupationi quidem tribuas.—**II.** In conditions, with *ut* and *subj., if but, provided only, on condition that:* scies Modo ut tacere possis, T.: concede, ut impune emerit, modo ut bonā ratione emerit.—As *conj., if only, provided that, on condition that:* manent ingenia senibus, modo permaneat industria: ea mihi probantur, modo ne illa exceptio incurrat, etc.—E l l i p t i c, *but, but yet, if only, however:* decerne, modo recte: bonis viris faciendum est, modo pro facultatibus: veniam quo vocas, modo adiutore te.—With *relatives, in any degree, at all, only, merely, even:* servus, qui modo tolerabili condicione sit servitutis: philosophus, in quo modo esset auctoritas: primi, quā modo praeirent duces, tamen signa sequebantur, *wherever*, L.—With *si, if only, if but:* tu si modo es Romae: scis, si modo meministi, etc.: Persequar inferius, modo si licet ordine ferre, O.—**III.** Of time, *just now, just:* *La.* advenis modo? *Pa.* admodum, T.: modo nunc, V.: modo iam, Tb.—*Just now, but this moment, a little while ago, lately, recently:* quid dico nuper?: immo vero modo ac plane paulo ante: quae modo consulem osculata filium suum, nunc cruciatur: si hodie bella sint, quale Gallicum modo, L.—*Presently, immediately, directly, in a moment:* domum modo ibo, T.: modo prohiberi etiam se senatūs consulto diceret, L.—In correlation, with *modo* repeated, or with another *adv.:* modo . . . modo, *now . . . now, at one moment . . . at another, sometimes . . . sometimes:* modo ait, modo negat, *at times he says yes, at times no*, T.: Cotta meus modo hoc, modo illud: citus modo, modo tardus incessus, S.: nunc . . . modo, L.: modo . . . Nunc, O.: nobilitas perculsa modo per socios, interdum per equites, S.: saepe cum anellis, modo laevā inani, H.: modo . . . modo . . . saepe, S.—With *tum* or *deinde, at first . . . then, at one time . . . at another:* sol modo accedens, tum autem recedens: dicere modo unum, tum autem plurīs deos: ilex, paulum modo prona, deinde flexa, S.

modulātē, *adv.* [modulatus], *measuredly, in time, melodiously:* canentes tibiae.

modulātor, ōris, *m.* [modulor].—In music, *a director, musician:* optumus, H.

modulor, ātus, ārī, *dep.* [modulus], *to measure, measure rhythmically, modulate:* hominum orationem: carmina voce, O.—*P. pass.:* ipso modulata dolore Verba fundebat, O.—*To accompany:* sonum vocis pulsu pedum modulantes, i. e. *dancing in time*, L.: verba fidibus Latinis, H.—*To play:* (carmina) pastoris Siculi modulabor avenā, V.: harundine carmen, O.—*To play upon:* hanc (lyram), Tb. —*P. pass.:* Barbite, Lesbio modulate civi, H.

modulus, ī, *m. dim.* [modus], *a small measure:* (homo) moduli bipedalis, *two feet high*, H.—Prov.: Metiri se quemque suo modulo ac pede, i. e. *content himself with his own limits*, H.

modus, ī, *m.* [3 MA-], *a measure, extent, quantity:* agri: numerum modumque carinis Praecipiant, V.: trunci, *girth*, O.: longo nullus lateri modus (sit), i. e. *be the flank excessively long*, V.—*A proper measure, due measure:* suus cuique (rei) modus est: modum haberi nullum placet, *moderation:* servare modum, V.: vox quasi extra modum absona, *immoderately:* cum lacus praeter modum crevisset, *excessively:* in dicendo: sine modo modestiāque, S.—*A measure, rhythm, melody, harmony, time:* vocum: fidibus Latinis Thebanos aptare modos, H.: saltare ad tibicinis modos, *the music of the flute*, L.: modum Voce dabat remis, *time*, O.: verae numerosque modosque ediscere vitae, *moral harmonies*, H. — *A measure, bound, limit, end, restriction:* sumptūs Cotidianos fieri nec fieri modum, T.: lubidini modum facere, S.: modum aliquem et finem orationi facere, *bounds:* cum modum irae nullum faceret, L.: modum transire: modum Exit, O.: modum lugendi aliquando facere, *make an end.*—*A way, manner, mode, method, fashion, style:* Sine meo me vivere modo, T.: oratoris modo mandata deferre, *as an ambassador*, Cs.: vitae, *way of life:* id quibus modis adsequeretur, i. e. *by what means*, S.: Haud ignara modi, i. e. *well knowing how*, V.: si quis modus (est), i. e. *if it is possible*, V.: servorum modo, *like slaves*, L.: mirum in modum, *wonderfully*, Cs.: ad hunc modum distributis legionibus, *thus*, Cs.: si humano modo peccasset, *after the manner of men:* multa Carneadeo more et modo disputata: apis Matinae More modoque, H.: tali modo, *in such wise*, N.: nullo modo, *by no means:* omni modo egi cum rege, *in every way*, i. e. *urgently:* omnibus modis miser sum, *every way*, T.: laudare miris modis, *extravagantly*, L.: modis inolescere miris, *wondrously*, V.: eum tibi commendo in maiorem modum, *very greatly:* Nec modus inserere atque oculos imponere simplex, V.—In *genit.* with *eius* or *cuius:* eius modi, *of that sort, of such a kind, such* (often written eiusmodi): in eius modi casu, Cs.: eius modi litteras misit: cuiusque modi genus hominum, S.: cuius modi, *of what sort:* cuicuimodi, *of what sort soever:* huius modi casūs, *such*, Cs.: illius modi, *of that kind.*

moecha, ae, *f.*, = μοιχή, *an adulteress*, H., Ct., Iu.

moechor, ātus, ārī, *dep.* [moechus], *to commit adultery*, H., Ct.

moechus, ī, *m.*, = μοιχός, *a fornicator, adulterer*, T., H., Iu.

moenia, ium, *n.* [2 MV-], *defensive walls, ramparts, bulwarks, city walls:* moenium defensores, S.: (urbs) moenibus portuque ornata: inaedificata in muris ab exercitu nostro moenia, *fortifications*, Cs.: Dividimus muros et moenia pandimus urbis, V.—*Walls, enclosure:* moenia navis, O.: caeli, O. —*A city enclosed by walls, walled town:* in una moenia convenere, S.: nulla iam pernicies moenibus ipsis intra moenia comparabitur, *city:* cuncta malis habitantur moenia Grais, *all the towns*, V.: Catili, H.—*A mansion, palace:* Ditis magni, V.

moenīmentum, moeniō, see muni-.

(moer-, moest-), see maer-, maest-.

mola, ae, *f.* [MAL-], *a millstone, grindstone:* digni molam versare Nepotis, Iu.—*Plur., a mill:* pumiceae, *of lava*, O.—*Grits, spelt coarsely ground and mixed with salt* (strewn on victims at sacrifices): spargis molā caput salsā, H.: sparge molam, V.: molam et vinum inspergere.

molāris, is, *m.* [mola], *a millstone, large stone:* ramis vastisque molaribus instat, V., O., Ta.—*A grinder, molar* (sc. dens), Iu.

mōlēs, is, *f.* [1 MAC-], *a shapeless mass, huge bulk, weight, pile, load:* rudis indigestaque, O.: ingenti mole Chimaera, V.: taurus ipsā mole piger, Iu.: tantas moles tollere, *seas*, V.: in mole sedens, *cliff*, O.: magna unius exercitus, L.: Nemeaea, i. e. *the lion*, O.—*A massive structure, pile, dam, pier, mole, foundation:* moles atque aggerem ab utrāque parte litoris iaciebat, Cs.: moles oppositae fluctibus: exstructa moles opere magnifico, *monument:* insanae substructionum moles, *enormous piles:* molem aggeris ultra venire, Iu.—*A battering-ram, munitions of war:* oppugnat molibus urbem, V.: belli, Ta.—Fig., *greatness, might, power, strength, great quantity:* pugnae, L.: curarum, Ta.: mali: Vis consili expers mole ruit suā, H.: densā ad muros mole feruntur, *a vast throng*, V.: ingens rerum, *fabric*, O.—*Difficulty, labor, trouble:* transveham naves haud magnā mole, *without great difficulty*, L.: Tantae molis erat Romanam condere gentem, *so much labor did it cost*, V.: quantā mole parentur Insidiae, O.

molestē, *adv.* with *comp.* and *sup.* [molestus], *with trouble, with difficulty, with vexation:* incedere, *with a forced gait*, Ct.: pati: non moleste fero, si, etc., *I am not annoyed:* exercitum hiemare in Galliā moleste ferebant, *vexed them*, Cs.: molestissime fero, quod, etc.: molestius ferre.

molestia, ae, *f.* [molestus], *trouble, irksomeness, uneasiness, annoyance, molestation, vexation, distress:* sine molestiā tuā, *without trouble to yourself:* molestiam exhibere, *cause:* fasces habent molestiam, *cause:* ex pernicie rei p. molestiam trahere, *feel troubled:* capere, *be vexed:* mihi epistula hoc adspersit molestiae, *gave occasion:* mihi demere molestiam, T.—Of speech, *stiffness, affectation:* diligens elegantia sine molestiā: si nihil habere molestiarum Atticorum est.

molestus, *adj.* with *comp.* and *sup.* [moles], *troublesome, irksome, grievous, annoying, unmanageable:* labor: hoc sunt omnes iure molesti, Quo fortes, H.: nisi molestum est, exsurge, *if it will not incommode you:* nihil molestius: adrogantia ingeni est molestissima: otium, *dangerous*, Ct.: tunica, *a dress of pitch* (in which a malefactor was burned), Iu.—Of speech, *labored, affected:* simplex in agendo veritas non molesta: verba, O.

mōlīmen, inis, *n.* [molior], *a great exertion, effort, endeavor, attempt, undertaking:* divellere pinum magno molimine, O.: quanto molimine circum Spectemus, H.: res, suo ipsa molimine gravis, L.: molimine vasto tabularia, *of massive structure*, O.: magna molimina rerum, *burdens of state*, O.

mōlīmentum, ī, *n.* [molior], *a great exertion, trouble, effort:* sine magno molimento, Cs.: parvi molimenti adminicula, *of little power*, L.: eo minoris molimenti ea claustra esse, *would cost the less labor*, L.

mōlior, ītus, īrī, *dep.* [moles], *to make exertion, exert oneself, endeavor, struggle, strive, toil:* in demoliendo signo: Dum moliuntur annus est, T.—*To labor upon, set in motion, work, ply:* nulla opera: validam in vitīs bipennem, *wield*, V.: ancoras, *weigh anchor*, L.: terram aratro, *till*, V.: portas, *try*, L.: clausum aditum domūs, Cu.: habenas, *guide*, V.: fulmina dextra, *hurl*, V.—*To set out, start, depart:* dum (naves) moliuntur a terrā, L. —*To set in motion, bestir, rouse, cause to remove, displace, start:* montes suā sede, L.: classem, V.: corpora ex somno, L.—*To build, make, erect, construct:* muros, V.: atrium, H.: locum, *prepares*, V.—Fig., *to endeavor to do, undertake, attempt, set about, be busy with:* multa simul, S.: ea, quae agant, cum labore operoso, *perform:* (hasta) viam clipei molita per oras, *made its way*, V.: inde datum molitur iter, V.: animum, *form*, O.: laborem, *undertake*, V.: aliquid calamitatis filio, *contrive:* pestem patriae nefarie: insidias avibus, *lay snares*, V.: triumphos, O.: moram, *occasion*, V.: de occupando regno moliens, *striving to usurp:* apud iudices oratione molienda sunt amor, odium, etc., *are to be excited:* fidem moliri coepit, *disturb*, L.: redire molientem (Antonium) reppulistis: Reicere vestem molibar, O.: adversus fortunam, *to struggle*, Ta.: consiliis res externas, Ta.

mōlītiō, ōnis, *f.* [molior], *a removing, demolition:* valli, L.—*A building, making:* rerum (of the creation).

mōlītor, ōris, *m.* [molior], *a framer, contriver:* mundi: ratis, O.: caedis, Ta.

1. molitus, *P.* of molo.

2. mōlītus, *P.* of molior.

mollēscō, —, —, ere, *inch.* [mollis], *to become soft, soften:* ebur, O., Ct.—Fig., *to become mild, grow gentle:* pectora, O. — *To become effeminate, grow unmanly:* in undis, O.

mollicellus, *adj. dim.* [mollis], *soft, delicate:* manūs, Ct.

molliculus, *adj. dim.* [mollis], *voluptuous:* versiculi, Ct.

molliō (mollībat for molliēbat, O.), īvī, ītus, īre [mollis], *to make soft, make supple, soften:* umor mollitur tepefactus: lanam trahendo, *by spinning*, O.: artūs oleo, L.: dum ferrum molliat ignis, H.: glaebas, O.: agri molliti.—Fig., *to pacify, conciliate, moderate:* hominem his verbis sentio mollirier, T.: lacrimae meorum me molliunt, *overcome me.* — *To soften, moderate, mitigate, tame, restrain, check, ease, lighten:* Hannibalem patientiā suā: iras, L.: poenam, O.: clivum, *make the ascent easier*, Cs.: verba usu: fructūs feros colendo, *render milder*, V.—*To soften, render effeminate, make unmanly:* legionem: membra, O.

mollipēs, pedis, *adj.* [mollis+pes], *soft-footed:* boves, C. poët.

mollis, e, *adj.* with *comp.* and *sup.* [MAL-], *yielding, pliant, flexible, supple, soft, tender, delicate, gentle, mild, pleasant:* iuncus, V.: comae, V.: aurum, *flexible*, V.: tiliae, O.: flumen, Ct.: cervix, O.: commissurae: in litore molli, *of soft sand*, Cs.: harena, O.: castaneae, V.: mollissima vina, V.: lana, O.: arcus, *unstrung*, O.: feretrum, *made soft by a layer of leaves*, V.: mollissima cera: genae, *delicate*, O.: manus, O.: Zephyri, *gentle*, O.: Euphrates mollior undis, *calmer*, V.: litus, *accessible*, Cs.: fastigium, *gentle*, Cs.: clivus, V.: iugum montis, Ta.—Prov.: me molli bracchio obiurgare, i. e. *with forbearance.*—Fig., *tender, delicate, susceptible:* mollibus annis, *in tender youth*, O.: os, *easily blushing*, O.: mollissima corda, Iu.—*Soft, effeminate, unmanly, weak:* philosophus: Sabaei, V.: Tarentum, H.: disciplina: vita, O.: querellae, H.: mens, Cs.: sententiae: Romanos molliores facere ad paciscendum, L.: in dolore molliores: viri, *given to lust*, L. — *Plur. m.* as *subst.:* vos pellite molles, *the effeminate*, O.—*Soft, pleasant, mild, easy, gentle:* lex mollior: oratio: verba, H.: iussa, *easy*, V.: versus, *amatory*, O.: ridere mollia, *smile gently*, O.: pilenta, *having a gentle motion*, V.: mollissima fandi Tempora, *most favorable*, V.: hora mollior, *more favorable*, O.:

alqd quam mollissimā viā consequi, *with the utmost forbearance*, L.—As *subst. n.*, *softness, smoothness:* molle atque facetum Vergilio adnuerunt Camenae, H.—*Weak, untrustworthy:* consul, L.: voluntas erga nos civium.

molliter, *adv.* with *comp.* and *sup.* [mollis], *softly, gently, agreeably:* te curasti, T.: aves nidos mollissime substernunt: membra movere mollius (in the dance), H.: ossa cubent, O.: Excudent spirantia mollius aera, *more agreeably*, V.: Versiculi euntes Mollius, *smoothly*, H.—Fig.: quod ferendum est molliter sapienti, *patiently:* vivere, *voluptuously:* aegritudinem pati, *without fortitude*, S.: ne quid per metum mollius consuleretur, *too compliantly*, L.: amici mollius interpretantur, *too favorably*, Ta.

mollitia or **mollitiēs**, ae, *acc.* am or em, *f.* [mollis], *pliability, flexibility, softness:* teneritas ac mollitia quaedam.—Fig., *softness, tenderness, weakness, irresolution, effeminacy, voluptuousness, wantonness:* animi, T.: viri, S.: naturae, *sensitive disposition:* animi est ista mollitia, non virtus, *weakness*, Cs.: civitatum mores lapsi ad mollitias: per mollitiam agere, i. e. *indulge oneself*, S.: corporis, *unchastity*, Ta.

mollitūdō, inis, *f.* [mollis], *suppleness, flexibility, softness:* adsimilis spongiis.—Fig., *softness, weakness:* humanitatis.

mollītus, *P.* of mollio.

molō, uī, itus, ere [mola], *to grind:* ego pro te molam, T.: molita cibaria, *meal*, Cs.

Molorchus, ī, *m.*, *a poor vine-dresser who entertained Hercules:* lucos Molorchi, i. e. *the Nemean Forest*, V.

mōly, —, *n.*, = μῶλυ, *a magic herb, moly*, O.

mōmentum, ī, *n.* [1 MV-], *a movement, motion:* astra figurā suā momenta sustentant: momenta parva sequi, O.: animus momenta sumit utroque, i. e. *fluctuates*, O.—*An alteration, change, disturbance, movement, revolution:* perleve fortunae: annonae, *alteration in the price of corn*, L.—*A make-weight, over-weight, that which turns the scales:* eo (bello) quantumcumque virium momentum addiderint, rem omnem inclinaturos, L.—*An expenditure of strength, decisive effort, exertion:* haud maiore momento fusi Galli sunt, quam, etc., L.—*A short time, brief space, moment, instant:* parvis momentis multa natura adfingit: momento temporis, *in a moment*, L.: horae momento, *on the instant*, H.: momento unius horae, L.: momentum ut horae pereat, *that a short hour be lost*, Ph.—*A little way:* parvo momento antecedere, Cs.—Fig., *a cause, circumstance, weight, influence, importance, moment:* saepe in bello parvis momentis magni casūs intercederent, *by trifling circumstances*, Cs.: momenta omnia observare, *all the circumstances:* unam quamque rem momento suo ponderare, *according to its importance:* magnum in utramque partem momentum habere, *influence*, Cs.: nullum momentum in dando regno facere, *decisive influence*, L.: magnum attulit nostris ad salutem momentum, *contributed largely*, Cs.: cave quicquam habeat momenti gratia, *influence:* perpendens momenta officiorum, *motives:* parva momenta in spem metumque inpellere animos, *trifling occasions*, L.: momenta potentia, *motives*, O.: praebe nostrae momenta saluti, *promote*, O.: levi momento aestimare, *prize lightly*, Cs.: nullius momenti apud exercitum futurum, N.: levioris momenti consultatio, *unimportant*, L.: res maximi ad omnia momenti, L.: iuvenis, maximum momentum rerum civitatis, *a power in the state*, L.

monēdula, ae, *f.*, *a jackdaw, daw*, O.—Prov.: non plus aurum tibi quam monedulae committere.

monēns, ntis, *m.* [*P.* of moneo], *one who counsels, an adviser:* bene monenti oboedire, L.

moneō, uī, itus, ēre [1 MAN-], *to remind, put in mind of, admonish, advise, warn, instruct, teach:* Faciam ut mones, T.: principes monendo movere: monuit (dea) thalamoque recessit, O.: id quod res monebat, *as the situation suggested*, S.: coniugis aurīs Vocibus his, O.: nos Zenonis praecepta monent, Iu.: de discordiā: alqm temporis, Ta.: hoc te moneo, T.: vos pauca, S.: ea hominem: ea, quae ab eā (naturā) monemur: te ut in rem p. incumberes: ut suspiciones vitet, Cs.: moneo obtestorque uti, etc., S.: vos, ne omittatis, etc., S.: moneo abstineant manūs: monuit omnes res administrarentur, etc., Cs.: (Caesar) monuit eius diei victoriam in virtute constare, Cs.: monete eum modum quendam esse, etc.: ratio monet amicitias conparare: alio properare, S.: moneo, quid facto usus sit, T.: ut moneat Apronium, quibus rebus se insinuet, etc.: res ipsa monebat tempus esse: caecos instare tumultūs, V.: puerili verbere moneri, *to be punished*, Ta.: canes, Pr.—*To teach, instruct, tell, inform, point out, announce, predict, foretell:* vatem, tu diva, mone, *inspire*, V.: velut divinitus mente monitā, L.: hoc moneas precor, O.: vates cum multa horrenda moneret, *foretold*, V.

monēris, is, *f.*, = μονήρης, *a vessel with a single bank of oars, galley*, L.

Monēta, ae, *f.* [moneo], *the mother of the Muses*, C.—*A surname of Juno, as the goddess of recollection*, C., L., O.—(Because money was coined in the temple of Juno Moneta), *a place for coining money, mint*, C.—*Coined money, coin, money*, O.—*A stamp, die* (late); hence, Communi carmen monetā, *of the common stamp*, Iu.

monētālis, e, *adj.* [moneta], *of the mint, of money.*—As *subst. m.*, *the money-man, dun.*

monīle, is, *n.*, *a necklace, collar:* ex auro et

gemmis: Bacatum, V.: toto posuere monilia collo, *jewels*, Iu., O.: aurea (of horses), V.

monimentum, see monumentum.

monitiō, ōnis, *f.* [1 MAN-], *a warning, admonition:* monitio acerbitate careat: amici, L.

monitor, ōris, *m.* [1 MAN-], *one who reminds, a monitor, suggester:* nil opus fuit monitore, T.: te monitore pervenire, *at your instance:* offici, S.: monitoris egere, H.—*An assistant who prepares a brief for a pleader, attorney*, C.—*A nomenclator, secretary:* per monitorem appellandi sunt.—*An overseer, instructor, guide, teacher:* iuvenis monitoribus asper, H.

monitum, ī, *n.* [moneo], *an admonition, advice, counsel, suggestion, oracle:* deorum monitis duci: Nymphae, V.: monitis parere paternis, O.

1. monitus, *P.* of moneo.

2. monitus, ūs, *m.* [moneo], *a reminding, warning, admonition:* finierat monitūs, O.: laevo monitu pueros producit avaros, Iu.—*An admonition by the gods, omen, warning:* fortunae monitu: venis monitu divōm? V.

monogrammos, on, *adj.*, = μονόγραμμος, *of a mere line, outlined, sketched:* di, *shadowy.*

monopodium, ī, *n.*, = μονοπόδιον, *a stand, table with one foot*, L.

mōns, mōntis, *m.* [2 MAN-], *a mountain, mount, range of mountains:* altitudine montium defendi: altissimi, Cs.: praeceps, S.: summus, *mountain-top*, Cs.: radices montis, *foot*, Cs.: iniquus, *steep*, O.—P r o v.: Parturiunt montes, nascetur ridiculus mus, *great cry and little wool*, H. —*A mountain, mass, heap:* aquarum, V.: Fertur in abruptum mons, *mass of rock*, V.: mons in Tusculani monte, i. e. *a lofty, splendid building near Tusculum:* scrobibus concedere montīs, *hillocks*, V.: eversum fudit super agmina montem, *load of stones*, Iu.—P r o v.: montīs auri polliceri, i. e. *extravagant promises*, T.: maria montīsque polliceri, S.

mōnstrātiō, ōnis, *f.* [monstro], *a showing, direction, guidance:* tua, T.

mōnstrātor, ōris, *m.* [monstro], *an introducer, inventor, teacher:* aratri, i. e. *Triptolemus*, V.: sacri iniqui, *of human sacrifices*, O.: hospiti, Ta.

mōnstrātus, *adj.* [*P.* of monstro], *conspicuous, remarkable:* et hostibus simul suisque, Ta.

mōnstrō, āvī, ātus, āre [monstrum], *to point out, exhibit, make known, indicate, inform, advise, teach, instruct, tell:* (alqd) Indice digito, H.: erranti viam, Enn. ap. C.: via, quā semita monstrat, V.: iter, Cu.: palmam: scio ubi sit, verum numquam monstrabo, T.: res gestae Quo scribi possent numero, monstravit Homerus, H.: monstrate, Vidistis si quam sororum, V.: Summos posse viros nasci, etc., Iu.: inulas amaras incoquere, H.: Quod monstror digito praetereuntium, H.: alii ab amicis monstrabantur, *were betrayed*, Ta.—*To ordain, institute, appoint:* monstratus fatis Vespasianus, Ta.: monstratas excitat aras, *appointed*, V.: ignīs, O.—*To advise, urge, stimulate:* monstrat amor patriae (sc. ut hoc faciant), V.: conferre manum pudor iraque monstrat, V.: unde nisi intus Monstratum (sc. est), i. e. *by natural instinct*, H.

mōnstrum, ī, *n.* [1 MAN-], *a divine omen, supernatural appearance, wonder, miracle, portent:* quoddam novum: obicitur magno futurum Augurio monstrum, V.: ingentibus excita monstris (regina), *illusions*, V.: mera monstra nuntiarat, *nothing but wonders.*—*An abnormal shape, unnatural growth, monster, monstrosity:* monstrum hominis, T.: deūm monstra (the gods of Egypt), V.: succinctam latrantibus inguina monstris (i. e. canibus), V.: omnia Monstra ferre, O.—F i g., *a repulsive character, monster, abomination:* nulla iam pernicies a monstro illo atque prodigio comparabitur: fatale (Cleopatra), H.—*A horrible sight, pernicious thing, object of dread, awful deed:* mene huic confidere monstro? (i. e. mari), V.: non mihi furtum, sed monstrum ac prodigium videbatur: veteris monstrum culpae, O.

mōnstruōsē, *adv.* [monstruosus], *unnaturally, monstrously:* cogitare.

(**mōnstruōsus**), *adj.* [monstrum], *strange, monstrous.*—Only *sup.:* monstruosissima bestia (the ape).

mōntānus, *adj.* [mons], *of mountains, belonging to mountains:* Ligures, *mountaineers:* cacumina, O.: flumen, V.: homines, Cs.—*Plur. m.* as *subst.:* Dolopes finitimique montani, *mountaineers:* inter montanos, L.—*Full of mountains, mountainous:* loca, L.: Dalmatia, O.

mōnticola, ae, *m.* and *f.* [mons+COL-], *a mountaineer:* monticolae Silvani, O.

mōntivagus, *adj.* [mons+VAG-], *wandering over mountains:* cursūs.

mōntōsus, *adj.* [mons], *mountainous, full of mountains:* Nersa, V.

mōntuōsus, *adj.* [mons], *mountainous, full of mountains:* loca, Cs.: regio.

monumentum (**monim-**), ī, *n.* [1 MAN-], *that which brings to mind, a remembrancer, memorial, monument:* monumenti causā: monumento ut esset, L.—*A monument, statue:* Marcelli et Africani.—*A public work, memorial structure, monument:* in monumentis maiorum suorum interfectus (Clodius), i. e. *on the Via Appia:* regis, H.: Mari, i. e. *the temple built by Marius:* senatūs, i. e. *the house built for Cicero by the Senate.* —*A memorial offering, votive offering:* pecunias monimentaque, quae ex fano Herculis conlata erant, Cs. — *A sepulchral monument, sepulchre, tomb:* legionis Martiae militibus monumentum fieri: sepultus est in monumento avunculi sui, *family sepulchre*, N.—*A tradition, chronicle, story, monument, record:* veterum monumenta virorum, V.: Exegi monumentum aere perennius, H.: monumenta rerum gestarum, *history:* commendare aliquid monumentis, *black and white.*—*A remembrancer, mark, token, means of recognition:* cistellam ecfer cum monumentis, T.—Fig., *a memorial, record:* vitiorum suorum monumenta et indicia, *traces and proofs:* furtorum: amoris, V.

mopsopius, *adj.* [Mopsus, mythical king of Athens], *Athenian*, O.

1. mora, ae, *f.* [1 SMAR-], *a delay, procrastination:* comitiorum, S.: inter eas moras, S.: rerum: moram praeceptis inferre, *defer:* moram ad insequendum intulit, Cs.: facere dilectui, L.: facere creditoribus, *put off payment:* trahere, *delay*, V.: moliri, *cause delay*, V.: moram interponere, *interpose delay:* mora reliquorum, *delay in pursuing*, Cs.: morā dies extrahens, *talking against time*, Cs.: Nec mora ullast, quin iam uxorem ducam, *I will without delay*, T.: Quosque referre mora est, *would take too long*, O.: Parva mora est sumpsisse, *he promptly took*, O.: per hunc nullast mora, *on his part*, T.: in me mora non erit ulla, V.: Nulla mora est, *I am ready*, O.: sine ullā morā negotium suscipere, *at once:* moram certaminis hosti exemit, i. e. *hastened it on*, L.: Molliri morā, *with delay*, i. e. *gradually*, O.—In speech, *a stop, pause:* morae respirationesque.—*An obstruction, hinderance, cause of delay:* ne morae meis nuptiis egomet siem, *hinder*, T.: ne in morā illi sis, T.: magnā fluminis morā interpositā, Cs.: restituendae Romanis Capuae mora atque impedimentum es, L.: quae tantae tenuere morae? V.: Rumpe moras, V.—In the phrase, mora temporis, *an interval, lapse of time:* Longa fuit medii mora temporis, O.: moram temporis quaerere dum, etc., L.

2. mora, ae, *f.*, = μόρα, *a division of Spartan infantry* (400 or 700 men): Lacedaemoniorum, N.

mōrālis, e, *adj.* [mores], *of morals, moral, ethical:* pars philosophiae.

morāns, ntis, *adj.* [*P.* of moror], *delaying, reluctant:* portae, V.: vincula, O.

morātor, ōris, *m.* [moror], *a delayer, hinderer:* publici commodi, L.—*A malingerer, loiterer:* Persarum moratores mille, Cu. — *An advocate who makes pretexts for delay, pettifogger:* grex moratorum.

1. morātus, *adj.* [*P.* of moror], *belated, delayed, lingering.*—*Plur.* as *subst.:* ad sexcentos moratorum cepit, L.: duo milia moratorum, *loiterers*, L.

2. mōrātus, *adj.* [mos], *mannered, of morals, constituted, conditioned, circumstanced:* (mulier) quibus morata moribus! T.: genus hominum optime: in tam bene moratā civitate, L.: male venter, *insatiable*, O.—Of style, *expressive of character:* poëma: recte morata Fabula, *with accurate characterization*, H.

morbōsus, *adj.* [morbus], *debauched*, Ct.

morbus, ī, *m.* [1 MAR-], *a sickness, disease, disorder, distemper, ailment, illness, malady* (of body or mind): Senectus ipsast morbus, T.: Si morbus amplior factus siet, T.: morbo interitura vita, S.: in morbo esse, *be sick:* adfecti morbis, Cs.: gravis oculorum: morbo tabescere: conflictari, N.: in morbum cadere, *fall sick:* morbum nancisci, N.: morbo mori, N.: homo aeger morbo gravi: ex morbo convalescere, *recover.*—Person.: Pallentes Morbi, V.—*A disease, fault, vice:* animi morbi sunt cupiditates, etc.: hic morbus, qui est in re p., ingravescet: Maxima pars hominum morbo iactatur eodem, H.: voltu morbum fateri, Iu.

(mordāciter), *adv.* [mordax], *bitingly.*—Only *comp.:* limā mordacius uti, *more sharply*, O.

mordāx, ācis, *adj.* [MORD], *biting, given to biting, snappish:* Memmius. — *Stinging, sharp, biting, pungent:* urtica, O.: ferrum, H.: pumex, O.—Fig., *biting, disposed to bite:* Cynicus, *snarling*, H.: carmen, O.: invidia, Ph.: sollicitudines, *consuming*, H.

mordeō, momordī, morsus, ēre [MORD-], *to bite, bite into:* qui (canes) mordere possunt: (serpens) hastile momordit, *bit into*, O.: Mordeat ante aliquis quidquid, etc., *taste*, Iu.: humum ore momordit, *bit the dust*, V.—*To eat, devour, consume:* ostrea, Iu.—*To bite into, take hold of, catch fast:* laterum iuncturas fibula mordet, *clasps*, V.: mordebat fibula vestem, O.—*To cut into, wash away:* rura quae Liris quietā Mordet aquā, H.—*To nip, bite, sting:* matutina parum cautos iam frigora mordent, H.—Fig., *to bite, sting, pain, hurt:* morderi dictis, O.: iocus mordens, *a biting jest*, Iu.: mordear opprobriis falsis, *shall be vexed*, H.: valde me momorderunt epistulae tuae: morderi conscientiā, *feel the sting of conscience.*

mordicus, *adv.* [mordeo], *by biting, with bites, with the teeth:* premere capita: auriculam fortasse abstulisset, *would have bitten off:* divellere agnam, H.—Fig.: rem tenere, *hold fast.*

morētum, ī, *n.*, *a rustic dish made of garlic, rue, vinegar, oil*, etc., O.

moribundus, *adj.* [morior], *dying, at the point of death, moribund:* iacentem moribundumque vidistis: moribundus procubuit, L.: vertex, O.: Dextera pependit, *in death*, V.: membra, *mortal*, V.: sedes, i. e. *fatal*, Ct.

moriēns, entis, *adj.* [*P.* of morior], *dying, fail-*

ing, sinking: voltus, O.—*Plur. m.* as *subst.:* morientum acervi, O.

mōrigeror, ātus, ārī, *dep.* [morigerus], *to comply with, gratify, humor, yield:* adulescenti, T.: voluptati aurium.

mōrigerus, *adj.* [mos + GES-], *compliant, yielding, accommodating, obliging:* tibi, T.

morior, mortuus (*P. fut.* moritūrus), ī (morīrī, O.), *dep.* [1 MAR-], *to die, expire:* ferme moriens, T.: Mori me malim, *would rather die*, T.: sine dedecore, S.: fertur moriturus in hostīs, *to his death*, V.: desiderio, *of desire:* vigilando, Iu.: in tormentis, L.: significabat interruptis atque morientibus vocibus, *dying accents:* moriar, si, etc., *may I die, if*, etc.: quoniam moriendum videbat: morientia lumina Turni, *in death*, V. — *To die away, die out, expire, decay, wither, pass away:* flammas vidi nullo concutiente mori, O.: moriens herba, V.: ne suavissimi hominis memoria moreretur.

moritūrus, *P.* of morior.

mormyr, ȳris, *f.*, = μορμύρος, *a fish of Pontus*, O.

moror, ātus, ārī, *dep.* [mora], *to delay, tarry, stay, wait, remain, linger, loiter:* Eamus . . . Ubi vis; non moror, i. e. *I have no objection*, T.: Brundisi: amplius morando, S.: apud oppidum, Cs.: in quā (commemoratione) diutius non morabor: faciem capere morando, i. e. *by slow degrees*, O.: quid moror? H.: quid multis moror? *why make a long story?* T.: ne multis morer, *to be brief:* haud multa moratus, i. e. *without long delay*, V.: paulum lacrimis et mente morata, *in tearful thought*, V.: rosa quo locorum Sera moretur, *may linger*, H.: nec morati sunt quin decurrerent ad castra, L.: nihil ego moror quo minus decemviratu abeam, i. e. *I will immediately*, L.: cui bellum moremur inferre: in conubio natae, *brood*, V. — *To delay, retard, impede, detain, cause to wait, hinder:* impetum hostium, Cs.: eum: ab itinere hostem, L.: absiste morari, *detain* (me) *not*, V.: convivas, *keep waiting*, T.—*To fix the attention of, delight, delay, amuse, entertain:* Fabula populum moratur, H.: oculos aurīsque Caesaris, *arrest*, H.—*P. pass.:* novitate morandus spectator, H.—*To hinder, prevent, impede:* non moror quo minus in civitatem redeant, L.: moratus sit nemo, quo minus abeant, L.—In the phrase, nihil morari, with *acc.* of *person, not to detain, let go, dismiss, release:* C. Sempronium nihil moror, i. e. *withdraw my accusation against*, L.: negavit, se Gracchum morari, *said he had nothing against*, L.—In the phrase, nihil morari, with *acc.* of *thing*, or an *obj. clause, to let go, not value, disregard, care nothing for, have nothing to say against:* profecto non plus biduom aut— *Ph.* Aut? nil moror, *I don't care for that*, T.: nam vina nihil moror illius orae, H.: nihil moror, eos salvos esse: invisum quem tibi esse Nil moror, *I care not*, V.: ut multum (sc. scripserit), nil moror, *attach no value to quantity*, H.

mōrōsē, *adv.* [morosus], *peevishly, captiously, morosely:* ferre hominum ineptias.

mōrōsitās, ātis, *f.* [morosus], *peevishness, fretfulness, moroseness:* odiosa.

mōrōsus, *adj.* [mos], *wayward, peevish, fretful, capricious, captious, hypercritical:* usque eo, ut, etc.: canities, H.: morbus, *stubborn*, O.

mors, tis, *f.* [1 MAR-], *death:* omnium rerum mors est extremum: mortem obire, *die:* certae occumbere morti, V.: Mille ovium morti dedit, *put to death*, H.: morte poenas dedit, S.: inlata per scelus, *assassination:* dominum Mulcavit usque ad mortem, T.: ad mortem duci: cui legatio ipsa mortis fuisset, *brought death:* mors suprema, H.: adpropinquante morte: sibi mortem consciscere, *commit suicide*, Cs.: patiens mortis, *mortal*, O.: praeclarae mortes sunt imperatoriae: ignotis perierunt mortibus illi, H.: omnīs per mortīs, *modes of death*, V.—*A dead body, corpse:* mortem eius (Clodii) lacerari.—*The blood shed by murder:* ensem multā morte recepit, V. — *That which brings death:* aderat mors terrorque sociorum lictor Sestius.—Person., *Death, daughter of Erebus and Nox*, V., C.

morsum, ī, *n.* [*P. n.* of mordeo], *a bit, little piece:* lanea morsa, Ct.

1. morsus, *P.* of mordeo.

2. morsus, ūs, *m.* [mordeo], *a biting, bite:* avium minorum morsūs: saxum Morsibus insequi, O.: Nec tu mensarum morsūs horresce, *the eating*, V.: vertere morsūs Exiguam in Cererem, *their teeth*, V.: zonam morsu tenere, *by the teeth*, Iu.: discludere morsūs Roboris, i. e. *open the cleft trunk* (which held the javelin), V.—Fig., *a bite, sting, pain, vexation:* (carmina) morsu venerare, *malicious attack*, H.: perpetui curarum morsūs, *gnawing pains*, O.: doloris.

mortālis, e, *adj.* [mors], *subject to death, destined to die, mortal:* quid in his mortale et caducum sit.—*Temporary, transient:* inimicitiae: leges, L.—*Of a mortal, human, mortal:* mucro, *of human workmanship*, V.: condicio vitae: opera, L.: pectora, O.: volnus, *from the hand of a mortal*, V.: cura, *of man*, V.: Nec mortale sonans, *like a human voice*, V.: Nil mortale loquar, i. e. *uninspired*, H.—As *subst. m.* and *f.*, *a man, mortal, human being:* neque mortali cuiquam credere, S.: ego, quantum mortalis deum possum, te sequar, L.: indignatus ab umbris Mortalem surgere, V.: diu magnum inter mortalīs certamen fuit, etc., S.: de quo omnes mortales iudicaverunt. — *Plur. n.* as *subst.*, *human affairs*, V.

mortālitās, ātis, *f.* [mortalis], *subjection to death, mortality:* omne mortalitas consequatur:

mortalitatem explere, i. e. *die*, Ta.—*Mortals, mankind:* contra fortunam non satis cauta, Cu.

mortārium, ī, *n.* [MAL-], *a mortar;* hence, *something triturated, a drug:* quae sanant mortaria caecos, Iu.

mortifer, era, erum, *adj.* [mors + 1 FER-], *death-bringing, deadly, fatal, destructive:* plaga: morbus: volnus: bellum, V.

mortuus, *adj.* [*P.* of morior], *dead:* mortuus concidit.—As *subst. m., a dead person, dead man:* a mortuis excitare, *awake from the dead:* infra mortuos amandari, *even below the dead.*—Prov.: verba fiunt mortuo, i. e. *in vain*, T.—Of persons, *faint, overwhelmed:* cum tu mortuus concidisti.—Of things, *withered, outworn:* lacerti: leges.

mōrum, ī, *n.*, = μῶρον, *a mulberry:* nigra mora, H., V., O.—*A blackberry*, O.

mōrus, ī, *f.*, = μωρός, *a mulberry-tree*, O.

mōs, mōris, *m.* [1 MA-], *a will, way, habit, manner, fashion, caprice, humor:* suos quoique mos, T.: mores mulierum, T.: alieno more vivendumst mihi, *after another's humor*, T.: suo more, Cs.: morem alcui gerere, *to accommodate oneself.*—*A custom, usage, manner, practice, wont, habit, fashion:* ut nunc sunt mores, T.: legi morique parendum est: uti mos gentis illius est, S.: sicut meus est mos, *wont*, H.: militari more, Cs.: mos partium popularium et factionum, *bad custom*, S.: mos obsidiandi vias, L.: more sinistro, *by a perverted custom*, Iu.: Pellibus in morem cincti, *after their manner*, V.: crinem de more solutae, V.: ut mos fuit Bithyniae regibus: quae moris Graecorum non sint, L.: apis Matinae More modoque, *like*, H.: ut Domitiano moris erat, Ta.: praeter civium morem, *contrary to usage*, T.: raptae sine more Sabinae, *in defiance of usage*, V.: quod in morem vetustas perduxit, *made a custom:* quibus omnia vendere mos est, S.: sciant, quibus moris est inlicita mirari, Ta.: Moris erat quondam servare, etc., Iu.: nondum consulem iudicem appellari mos fuerat, L.: mos est Syracusis, ut dicat sententiam qui velit: quod iam in morem venerat, ut, etc., *had become customary*, L.: barbariam ex Gaditanorum moribus delere.—*Morality, conduct:* qui istic mos est? T.: mos est hominum, ut nolint, etc., *nature.*—*Plur., conduct, behavior, manners, morals, character:* quantum mei mores poscebant, respondi, S.: eius suavissimi mores: iusti: naturam moresque hominis cognoscere, *character:* perditi: exemplar vitae morumque, H.: morum quoque filius, i. e. *like his father in character*, Iu.: ignarus meorum morum, i. e. *my trade*, T.—Of things, *quality, nature, manner, mode, fashion:* caeli, V.: elabitur anguis in morem fluminis, *like*, V.: in hunc operis morem, H.—*Manner, measure, moderation:* Tempestas sine more furit, *with singular fierceness*, V.: (terra) supra morem densa, *uncommonly*, V.—*A precept, law, rule:* Quīs neque mos neque cultus erat, V.: moresque viris et moenia ponet, *laws*, V.

mōtiō, ōnis, *f.* [1 MV-], *a moving, motion, removing:* principium motionis: corporum.—Fig., *a sensation:* suaves motiones.

mōtō, āvī, —, āre, *freq.* [moveo], *to keep moving, stir, agitate:* Zephyris motantibus (umbras), V.: quam Stagna credunt motasse, O.

1. mōtus, *adj.*, *P.* of moveo.

2. mōtus, ūs, *m.* [1 MV-], *a moving, motion:* caeli signorumque motūs: motūs astrorum ignoro, Iu.: futuri, *departure*, V.: crebri terrae, i. e. *earthquakes*, Cu.—*Artistic movement, gesticulation, dancing:* corporis: haud indecoros motūs more Tusco dabant, *gesticulated*, L.: Ionici, *dances*, H.: Cereri dare motūs, *dance*, V.: palaestrici, *of wrestlers:* celeri motu et difficili uti, *gestures* (of orators): instabilem motum habere, Cs.—Fig., *a movement, change:* motūs fortunae, Cs.—*An impulse, emotion, affection, passion, agitation, disturbance, inspiration:* motūs animorum duplices sunt: dulcem motum adferre sensibus, *sensation:* divino concita motu, O.—*A political movement, sudden rising, tumult, commotion:* in Apuliā motus erat, S.: repentini Galliae motūs, Cs.: Catilinae: servilis, *insurrection*, L.: in re p., *change:* civicus, H.

movendus, *P.* of moveo.

movēns, entis, *adj.* [*P.* of moveo], *movable, portable:* res, L.: voluptas, *of motion.*—*Plur. n.* as *subst.:* quaedam quasi moventia, *motives.*

moveō, mōvī, mōtus, ēre [1 MV-], *to move, stir, set in motion, shake, disturb, remove:* tanti oneris turrim, Cs.: matrona moveri iussa, *to dance*, H.: moveri Cyclopa, *represent by action*, H.: membra ad modos, Tb.: fila sonantia movit, *struck*, O.: moveri sedibus huic urbi melius est: loco motus cessit, *driven back*, Cs.: move ocius te, *bestir thyself*, T.: neque se in ullam partem, *attach*, Cs.: se ex eo loco, *stir from the spot*, L.: caput, i. e. *threaten with*, H.: castra ex eo loco, *break up*, Cs.: hostem statu, *dislodge*, L.: heredes, *eject:* tribu centurionem, *expel:* signiferos loco, *degrade*, Cs.: Omne movet urna nomen, H.: senatorio loco, *degrade*, L.: Verba loco, *cancel*, H.: consulem de sententiā, *dissuade*, L.: litteram, *to take away:* movet arma leo, *gives battle*, V.: quo sidere moto, *at the rising of*, O.—Prov.: omnīs terras, omnia maria movere, *move heaven and earth* (of great exertions).—Of the soil, *to stir, plough, break up, open:* iugera, V.: mota terra, O.—*To disturb, violate:* triste bidental, H.: Dianae non movenda numina, *inviolable*, H.—*To remove oneself, betake oneself, move, be moved, be stirred* (sc. se): terra dies duodequadraginta movit, *there was an earth-*

quake, L.: movisse a Samo Romanos audivit, L.: voluptas movens, i. e. *in motion.—To excite, occasion, cause, promote, produce, begin, commence, undertake:* fletum populo: mihi admirationem: indignationem, L.: suspicionem: iam pugna se moverat, *was going on*, Cu.: cantūs, V.: mentionem rei, *make mention*, L.: priusquam movere ac moliri quicquam posset, *make any disturbance*, L. —*To shake, cause to waver, alter, change:* meam sententiam.—*To disturb, concern, trouble, torment:* moveat cimex Pantilius? H.: voltum movetur, *changes countenance*, V.: vis aestūs omnium ferme corpora movit, L.: venenum praecordia movit, O.: strepitu fora, Iu.—*To stir, produce, put forth:* de palmite gemma movetur, O.—*To exert, exercise:* movisse numen ad alqd deos, L.: artis opem, O. —*To change, transform:* quorum Forma semel mota est, O.: nihil motum ex antiquo, i. e. *change in traditional custom*, L.—F i g., *to move, influence, affect, excite, inspire:* nil nos dos movet, T.: beneficiis moveri, Cs.: moveri civitas coepit, S.: ut pulcritudo corporis movet oculos et delectat, *charms:* animos ad bellum, *instigate*, L.: feroci iuveni animum, *stir*, L.: Vestrā motus prece, H.: moverat plebem oratio consulis, *had stirred*, L.: absiste moveri, *be not disturbed*, V.: ut captatori moveat fastidia, *excites nausea in*, Iu.—*To revolve, meditate, ponder:* Multa movens animo, V.

mox, *adv.* [1 MAC-], *soon, anon, directly, presently, by and by:* mox ego huc revertor, T.: quae mox usu forent, S.: mox ut cum sicario disputo: *Gn.* quam mox inruimus? *Thr.* mane, T.: exspecto quam mox utatur: mox ubi, *as soon as*, L.—*Soon afterwards, presently, thereupon, afterwards, then, in the next place:* fugati, mox intra vallum compulsi, postremo, etc., L.: nunc . . . mox, etc.: primum . . . mox, etc., H.: ante hoc domūs pars videntur, mox rei p., Ta.: Tegmina mox . . . Mox umeri Exsistunt, *now . . . again*, O.

mūcidus (mucc-), *adj.* [mucus], *mouldy, musty:* panis frusta, Iu.

mucrō, ōnis, *m.*, *a sharp point, edge, sword's point:* Ferreus, V.: cultri, *edge*, Iu.: hebes, O.—*A sword:* cruentus: mortalis, V.—F i g., *edge, point, sharpness:* censorii stili: tribunicius.

mūcus, ī [MVC-], *snivel, mucus*, Ct.

mugiēns, ntis, *P.* of mugio. —*Plur.* as *subst.*, *lowers, cattle:* mugientium greges, H.

mūgilis, is, *m.*, *a sea-fish* (perh. *the mullet*), Ct., O., Iu.

mūginor, —, ārī, *dep.* [mugio], *to ponder, brood, hesitate:* dum tu muginaris.

mūgiō, īvī, —, īre [3 MV-], *to low, bellow:* cum boves mugissent, L.—P r o v.: Hic bove percusso mugire Agamemnona credit, Iu.—*To roar, rumble, bray, groan:* mugire putes nemus, H.: Tyrrhenusque tubae mugire per aethera clangor, V.: Sub pedibus mugire solum, V.: si mugiat Africis Malus procellis, H.

mūgītus, ūs, *m.* [mugio], *a lowing, bellowing:* Mugitūsque boum, V.: edere, *low*, O.—*A rumbling, roaring:* terrae: lapides visī mugitūs edere, O.: labyrinthi, Iu.

mūla, ae, *f.* [mulus], *a she-mule, mule:* mulae partus, H., Iu.

mulceō, sī, sus, ēre [MARG-], *to stroke, graze, touch lightly, fondle:* manu barbam, O.: mulcebant Zephyri flores, *rustle through*, O.: aristas, O.: alternos (pueros), V.: aethera pinnis, *to move.*—F i g., *to soothe, soften, caress, flatter, delight:* tigrīs, V.: Dareta dictis, V.: canor mulcendas natus ad aurīs, O.: puellas Carmine, H. — *To relieve, alleviate:* vanā volnera ope, O.

Mulciber, eris (C.) and crī (O.), *m.* [MARG-], *a surname of Vulcan*, C., V., O.—*Fire*, O.

mulcō, āvī, ātus, āre [MARG-], *to beat, cudgel, maltreat, handle roughly, injure:* dominum ad mortem, T.: male mulcati clavis ac fustibus: quinqueremis ceteras (navīs) mulcasset, ni, etc., *would have disabled*, L.: scriptores male mulcati.

mulcta, mulctātīcius, mulctātiō, mulctō, see mult-.

mulctra, ae, *f.* [MARG], *a milking-pail, milk-pail:* Bis venit ad mulctram, V.

mulctrārium (-trālium), ī, *n.* [mulctra], *a milking-pail:* implebunt mulctraria vaccae, V.

mulctrum, ī, *n.* [MARG-], *a milking-pail:* veniunt ad mulctra capellae, H.

mulgeō, —, —, ēre [MARG-], *to milk:* ovīs, V.—P r o v.: mulgere hircos (of what is impossible), V.

muliebris, e, *adj.* [mulier], *of a woman, womanly, feminine:* vox: vestis, N.: venustas: arma, *wielded by women*, V.: iura, L.—*Womanish, effeminate, unmanly:* religiones: sententia: luctus, H. —*Plur. n.* as *subst.:* muliebria pati (of unnatural vice), S., Ta.

muliebriter, *adv.* [muliebris], *in the manner of a woman, like a woman:* Expavit ensem, H.—*Womanishly, effeminately:* se lamentis dare: alquid facere.

mulier, eris, *f.* [MAL-], *a woman, female:* novi ingenium mulierum, T.: mulieres omnes: nil non permittit mulier sibi, Iu.—*A wife:* virgo aut mulier: pudica, H.

mulierārius, *adj.* [mulier], *of a woman, hired by a woman:* manus, *the band sent by Clodia.*—As *subst. m.*, *a woman-hunter*, Ct.

muliercula, ae, *f. dim.* [mulier], *a little woman*, T.: publicana: mulierculam Vincere mollitie, H.

mulierōsitās, ātis, *f.* [mulierosus], *an excessive fondness for women.*

mulierōsus, *adj.* [mulier], *devoted to women.*

mūlīnus, *adj.* [mulus], *of a mule:* cor, Iu.

mūliō, ōnis, *m.* [mulus], *a mule-keeper, mule-driver, muleteer*, Cs., C., Iu.

mūliōnius, *adj.* [mulio], *of a mule-driver:* paenula.

mullus, ī, *m.*, *a mullet, barbel*, C., H., Iu.

mulsum, ī, *n.*, *honey-wine, mead, wine mixed with honey:* (venenum) cum daretur in mulso: frigidum.

1. multa (mulcta), ae, *f.*, *a money penalty, fine, amercement, mulct:* multae dictio ovium et boum: multa praesens quingentum milium aeris, L.: Flacco multam dixit, *decreed:* subire, O.: committere, *incur:* inrogare (of the prosecutor), *propose:* multa erat Veneri, *for the benefit of Venus:* multa gravis praedibus Valerianis, *great damage.* —*A penalty:* furoris multam sufferre: hanc multam feretis, L.

2. multa, *adv.* [*plur. acc. n.* of multus], *much, very, exceedingly, greatly, earnestly:* multa Pomptinum obtestatus, S.: haud multa moratus, V.: multa fleturum caput, H.

multāticius (mulct-), *adj.* [1 multa], *of fines, of a fine:* pecunia, L.: argentum, L.

multātiō (mulct-), ōnis, *f.* [2 multo], *a penalty, amercement, fine:* bonorum.

multicavus, *adj.* [multus + cavus], *many-holed, spongy:* pumex, O.

multīcia, ōrum, *n.*, *a soft dress, delicate garment*, Iu.

multifāriam, *adv.* [multus], *on many sides, in many places:* defossum aurum: in castris visae togae, L.

multifidus, *adj.* [multus+2 FID-], *many-cleft, divided into many parts:* faces, O.

multifōrmis, e, *adj.* [multus+forma], *many-shaped, multiform, manifold:* qualitates.

multiforus, *adj.* [multus+1 FOR-], *pierced with many holes:* multifori tibia buxi, O.

multiiugus (L.) and **multiiugis**, e (C.), *adj.* [multus+IV-], *yoked many together:* equi, L.—Fig., *manifold, various:* litterae.

multimodis, *adv.* [for multis modis], *in many ways, variously:* filium exspecto, *eagerly*, T.: reprehendi: iniurius, T.

multiplex, icis, *adj.* [multus+PARC-], *with many folds, much-winding:* alvus.—*With many windings, full of concealed places:* vitis serpens multiplici lapsu: domus, *the labyrinth*, O.—*Manifold, many times as great, far more:* multiplex caedes utrimque facta, *is exaggerated*, L.: multiplici captā praediā, L.: multiplex quam pro numero damnum est, L.—As *subst. n.:* multiplex accipere, *many times as much*, L.—*Of many parts, manifold, many:* lorica, V.: fetūs: multiplici constructae dape mensae, Ct.—Fig., *varied, complicated:* res: sermones.—*Changeable, versatile, inexplicable:* ingenium: natura.

multiplicābilis, e, *adj.* [multiplico], *manifold:* tortu multiplicabili Draconem, C. poët.

multiplicō, āvī, ātus, āre [multiplex], *to multiply, increase, augment:* aes alienum, Cs.: Flumina conlectis multiplicantur aquis, O.: multiplicandis usuris, N.: regnum Eumenis, L.: domus multiplicata, *enlarged.*

multitūdō, inis, *f.* [multus], *a great number, multitude, crowd, throng:* hominum: navium, N.: scriptorum: tanta multitudo lapides ac tela coniciebat, ut, etc., Cs.: hostium, S.: mediocris, L.: exquirebant duces multitudinum, S.—*The crowd, multitude, common people:* eadem multitudini exponunt, Cs.: imperita: multitudinis iudicium.

multivolus, *adj.* [multus+1 VOL-], *of many desires:* mulier, Ct.

1. multō, *adv.* [*abl. n.* of multus], *by much, much, a great deal, far, by far:* multo magis procax, T.: multo pauciores oratores: facilius iter, Cs.: virtutem omnibus rebus multo anteponentes: multo praestat benefici inmemorem esse, quam malefici, S.: simulacrum multo antiquissimum, *far:* pars multo maxima, L.: multo gratissima lux, H.—With *advv.*, *far, greatly, very:* multo aliter, T.: multo aliter ac sperarat, *far otherwise than*, N.: non multo secus fieri, *not far otherwise.* —Of time, with *ante* or *post*, *long, much:* non multo ante urbem captam: multo ante noctem, L.: non multo post, quam, etc., *not long after.*

2. multō (mulctō), āvī, ātus, āre [1 multa], *to punish:* vitia hominum damnis: imperatorem deminutione provinciae: populos stipendio, *sentence them to pay:* agris, Cs.: Veneri esse multatum, *for the benefit of.*

multum, *adv.* [multus], *much, very much, greatly, very, often, frequently, far:* salve multum, T.: uti non ita multum sorore, *not very much:* mecum loqui, *often:* non ita multum moratus, *not long*, Cs.: sunt in venationibus, *frequently*, Cs.: sum multum cum Phaedro: gratiā valere, *be in great favor*, N.: res multum quaesita: facilis, H.: miseri, O.—With *comp.*, *much, far:* multum robustior illo, Iu.: haud multum infra viam, L.

multus, *adj.* (for *comp.* and *sup.* in use see plūs, plūrimus). **I.** *Plur.*, with *substt.*, or with *adjj.* used as *subst.*, *many, a great number:* multi alii, T.: multae sunt artes eximiae: tam multis verbis scribere, *at such length:* Quid multa verba? *in* *short*, T.: multa acerba habuit ille annus.—With other *adjj.*, *many:* multae et magnae contentiones: multis magnisque praesidiis perditis, S.: multi et varii timores, L.: vectigalīs multos ac stipendiarios liberavit: multae liberae civitates, *republics:* multa libera capita, *freemen*, L.: multa secunda proelia, *victories*, L.: multa maiores magna et gravia bella gesserunt: multis suppliciis iustis: utebatur hominibus improbis multis: prodigia multa foeda, L.—As *subst. m.*, *many men*, *many:* multi pecunias coëgerunt: alter multos fefellit: pro multis dicere.—*The multitude*, *mass*, *common people*, *vulgar:* unus de multis esse: orator unus e multis, *commonplace:* numerari in multis, *in the herd* (of orators): e multis una sit tibi, *no better than others*, O.: sum unus Multorum, H. —As *subst. n.* (only *nom.* and *acc.*), *many things*, *much:* quam multa te deficiant vides: quid multis moror? *many words*, T.: ne multa, *in short:* quid multa? H.—**II.** *Sing.*, distributive, *many a* (poet.): trudit multā cane Apros in plagas, H.: multā victimā, V.: multā prece prosequi, H.—Of quantity, *much*, *abundant*, *large*, *considerable*, *extensive:* exstructa mensa multā carne: multum pro re p. sanguinem effudistis: multa et lauta supellex: lingua Gallica, quā multā utebatur, *spoke fluently*, Cs.: multus fluens, *glibly*, H.—*In excess*, *superfluous:* supellex modica, non multa, N.: qui in aliquo genere multus est, *prolix.*—*Frequent*, *frequently*, *engaged*, *busy*, *diligent:* ad vigilias multus adesse, S.: cum Timaeo multum fuisse: Multa viri virtus animo recursat, V.—*Strong*, *influential:* adeo teneris consuescere multum est, *so strong is habit*, V.—Of time, *full*, *late:* ad multum diem, *till late in the day:* multa iam dies erat, L.: multā nocte, *late at night:* multo mane, *very early.*

mūlus, ī, *m.*, = μύκλος, *a mule*, Cs., C., H.

mundānus, ī, *m.* [2 mundus], *a citizen of the world*, *cosmopolite.*

munditia, ae, *f.* [1 mundus], *cleanliness*, *neatness*, *elegance*, *fineness:* non odiosa neque exquisita nimis.—Usu. *plur.:* munditias mulieribus convenire, S.: Simplex munditiis, H.: munditiis capimur, O.—Of speech, *neatness*, *elegance.*

1. mundus, *adj.* with *comp.*, *clean*, *cleanly*, *nice*, *neat*, *elegant:* nil videtur mundius, T.: supellex, H.—*Fine*, *elegant*, *smart:* cultus iusto mundior, *too elegant dress*, L.—As *subst. m.* (sc. homo), *an elegant person.*—F i g., *neat*, *choice:* verba, O.

2. mundus, ī, *m.*, *toilet ornament*, *decoration*, *dress* (of women): muliebris, L.—*The universe*, *world*, *heavens:* mundi magnitudo, Cs.: cum ipse mundus cumque agri contremiscunt: o clarissima mundi Lumina, V.—*The world*, *earth*, *inhabitants of the earth*, *mankind:* Quicumque mundo terminus obstitit, H.: toto mundo, V.

mūneror, ātus, ārī, *dep.* [munus], *to give*, *bestow*, *present*, *honor*, *reward:* aliud alii: ea, quibus te rex munerari constituerat: Quā (uvā) te, H.

mūnia, ōrum, *n.* [2 MV-], *duties*, *functions*, *official duties:* suis cervicibus tanta munia sustinere: belli pacisque munia facere, L.: vitae, H.

mūniceps, ipis [munia+CAP-], *an inhabitant of a free town*, *burgher*, *citizen:* reliqui, Cs.: Cosanus, *a citizen of Cosa.*—*A fellow-citizen*, *fellow-countryman:* alqm municipem habere, Cs.: in singulos municipes benignitas.—P o e t., of fishes: vendere municipes siluros, Iu.—Of things: municipes Iovis advexisse lagenas, i. e. *bottles of Crete*, Iu.

mūnicipālis, e, *adj.* [municeps], *of a municipality*, *municipal:* a materno genere municipalis: homines.—*Of a petty town*, *provincial:* eques (of Cicero), Iu.

mūnicipium, ī, *n.* [municeps], *a free town*, *town whose people were Roman citizens*, *governed by their own laws and magistrates:* pecuniae a municipiis exiguntur, Cs.: nullum erat Italiae municipium: multi ex coloniis et municipiis, S.

mūnificē, *adv.* [munificus], *bountifully*, *munificently:* dare: adiuvisse, L.

mūnificentia, ae, *f.* [munificus], *bountifulness*, *liberality*, *generosity:* munificentiā magnus haberi, S.

mūnificus, *adj.* with *sup.* [munus+2 FAC-], *bountiful*, *liberal*, *generous*, *munificent:* in dando: liberalissimus munificentissimusque: modeste, H.: opes, O.

mūnīmen, inis, *n.* [1 munio], *a defence*, *fortification*, *rampart*, *enclosure:* ad imbrīs, *against the rains*, V.: fossas munimine cingere, O.

mūnīmentum (old **moen-**, Enn. ap. C.), ī, *n.* [munio], *a defence*, *fortification*, *intrenchment*, *rampart*, *bulwark*, *protection:* ullum, quo cedentes tenderent, S.: instar muri munimentum praebere, Cs.: regni (i. e. flumina), Cu.: lacernae, Munimenta togae, Iu.—F i g., *defence*, *protection*, *shelter:* rati noctem sibi munimento fore, S.: tribuniciam potestatem, munimentum libertati, reparare, L.

mūniō, īvī, ītum, īre [moenia], *to wall*, *defend with a wall*, *fortify*, *defend*, *protect*, *secure*, *strengthen:* quod idoneum ad muniendum putarent, i. e. *for use in fortifications*, N.: palatium, L.: locum, Cs.: Alpibus Italiam munierat antea natura: castra vallo fossāque, *with palisades and a trench*, Cs.: ab incendio urbs vigiliis munita, S.: multā vi Albam, i. e. *build and fortify*, V.: locus hibernis munitus, Cs.—*To defend*, *guard*, *secure*, *protect*, *shelter:* spica contra avium morsūs munitur vallo aristarum.—Of roads, *to make*, *make passable*, *open*, *pave:* iter, Cs.: viam: rupem, L.—F i g., *to guard*, *secure*, *strengthen*, *support:* subsidia rei p. praesidiis: imperium, N.: se contra pudorem, Ta.: se contra perfidiam. — With *viam*, *to make a way:* accusandi viam, *prepared your way:* sibi viam ad stuprum.

mūnītiō, ōnis, *f.* [munio], *a defending, fortifying, protecting:* milites munitione prohibere, Cs.: operis, *erection of fortifications*, Cs.: munitionis causā in silvas discedere, *go to cut wood for a rampart*, Cs. — *A defence, fortification, rampart, bulwark, intrenchment, walls:* munitione a mari (fons) disiunctus: urbem operibus munitionibusque saepire: intra munitiones ingredi, Cs.: per munitionem introire, S.: multum munitionis, *of the walls*, N. — *A making passable, opening:* viarum: fluminum, *bridging*, Ta.

mūnītō, —, —, āre, *freq.* [munio], *to make passable, open:* viam.

mūnītor, ōris, *m.* [munio], *a fortifier, engineer, miner:* qui pro munitoribus armati steterant, L.: munitorum numerus, *sappers and miners*, L., Ta.: Troiae, i. e. *Apollo*, O.

mūnītus, *adj.* with *comp.* and *sup.* [*P.* of munio], *defended, fortified, protected, secured, safe:* pudicitia contra tuam cupiditatem: munitior ad custodiendam vitam: munitissima castra, Cs.

mūnus, eris, *n.* [2 MV-], *a service, office, post, employment, function, duty:* administrare, T.: rei p., *public office:* munera belli partiri, L.: de iure respondendi sustinere: vigiliarum obire, *to perform*, L.: offici, *performance:* principum est resistere levitati multitudinis: militiae, Cs.: sine munere vestro, *help*, O.—*A duty, burden, tribute:* munus imponebatur grave civitati: munere vacare, L.—*A work:* maiorum vigiliarum: solitudinis, *a book written in solitude.*—*A service, favor, kindness:* infinitis cum muneribus.—*The last service, burial:* pro hominis dignitate amplo munere extulit, N.: cineri haec mittite nostro Munera, V.—*A present, gift:* sine munere a me abire? T.: mittere homini munera: promissum, V.: munera Liberi, i. e. *wine*, H.: terrae, *fruits*, H.: Cereris, *bread*, O.: munere niveo lanae alqm fallere, *inducement*, V.: quem munere palpat Carus, i. e. *a bribe*, Iu.: Munera circo In medio, *prizes*, V.—*A public show, spectacle, entertainment, exhibition, show of gladiators* (given by magistrates): magnis muneribus datis, Cs.: plebem muneribus placare: aedilicium: munera nunc edunt, Iu.

mūnusculum, ī, *n. dim.* [munus], *a small gift, trifling present:* insulam cuidam, sicut munusculum condonare: prima munuscula, V.: Non invisa pueris, H.: furtiva, Ct.

mūraena (-rēna), ae, *f.*, *a murena* (a sea-fish; a delicacy), H., Iu.

mūrālis, e, *adj.* [murus], *of a wall, wall-, mural:* pila, *used in fighting from walls*, Cs.: tormentum, *for battering walls*, V.: falces, *for pulling down walls*, Cs.: corona, *a mural crown* (won by first scaling the wall), L.

Murcia, ae, *f.*, *Venus as goddess of sloth*, L.

mūrena, see 1. muraena.

mūrex, icis, *m.*, *the purple-fish* (a prickly shell-fish): Baianus, H., O. — *The purple dye, purple* (from the juice of the purple-fish): Tyrius, V., H. —*A pointed rock, sharp stone:* acutus, V.—*A caltrop, spiked trap* (to check cavalry), Cu.

muria, ae, *f.* [1 MAR-], *brine, pickle*, H.

murmillō, see myrmillo.

murmur, uris, *n.*, *a murmur, murmuring, hum, roar, growling, grumbling, crash:* populi, L.: serpitque per agmina murmur, V.: pro verbis murmura reddunt, *roars* (of lions), O.: strepit omnis murmure campus, *hum* (of bees), V.: maris: ventosum, *the rushing wind*, V.: exanimes primo murmure caeli, i. e. *thunder*, Iu.: cornuum, *sound*, H.: inflati buxi, i. e. *of the tibia*, O.

murmurō, āvī, —, āre [murmur], *to murmur, mutter, roar:* murmurans mare: flebile, O.

murra (myrrha, murrha), ae, *f.*, = μύρρα, *the myrrh-tree, an Arabian tree, of which myrrh was the sap:* Dum ferat et murram (terra), O.—*Myrrh, the gum of the myrrh-tree* (used as hair-ointment): crines murrā madentes, V., O.—P e r s o n., *a daughter of Cinyras, changed into a myrrh-tree*, O.

1. murreus (myrrheus), *adj.* [murra], *anointed with myrrh, perfumed:* crinis, H.—*Myrrh-colored, yellowish:* onyx, Pr.

2. murreus, *adj.* [murra, fluor-spar], *of fluor-spar:* pocula, Pr.

murrina (myrr-), ōrum, *n.*, = μύρρινα (sc. vasa), *vessels of fluor-spar*, Iu.

murtēta (myr-), ōrum, *n.* [myrtus], *a myrtle-wood, grove of myrtles:* collis vestitus murtetis, S.: Litora murtetis laetissima, V.

murtum, murtus, see myr-.

mūrus (old **moerus**), ī, *m.* [2 MV-], *a wall, city wall:* murum arietibus feriri, S.: muri urbis: intra muros compelli, Cs.: muros struere, N.: ducere, V.: aedificare, O.: transilire muros, L.: in altitudinem pedum sedecim, *earthwork*, Cs. — *A wall* (of a building): de muro imperavi, etc. — *A rim* (of a dish): tenuis, Iu. — F i g., *a wall, protection, bulwark:* (leges) muri tranquillitatis: Graiūm murus Achilles, O.: hic murus aëneus esto, H.

mūs, mūris, *m.* and *f.* [MVS-], *a mouse:* mures migraverunt: exiguus, V.: rusticus, H.

Mūsa, ae, *f.*, = Μοῦσα, *a muse, one of the nine Muses* (goddesses of poetry, music, and all liberal arts): Sicelides, *of pastoral poetry*, V.: procax, H., C.—*A song, poem:* pedestris, *conversational poetry*,

H.: Silvestris, V.—*Plur.*, *sciences, studies:* cum Musis habere commercium: mansuetiores, *philosophical studies.*

musca, ae, *f.* [MVS-], *a fly.*

mūscipulum, ī, *n.* [mus+CAP-], *a mouse-trap*, Ph.

mūscōsus, *adj.* with *comp.* [muscus], *full of moss, mossy:* fontes, V.: nihil muscosius.

mūsculus, ī, *m. dim.* [mus], *a little mouse*, C.—In war, *a shed, mantelet:* pedes LX longus, Cs.

mūscus, ī, *m.*, *moss:* musco circumlita saxa, H.: amarae corticis, V.: mollis, O.

mūsica, ae, *f.*, = μουσική, *the art of music, music* (including poetry): musicam tractans.

mūsicus, *adj.*, = μουσικός, *of music, musical:* leges, *rules of music:* sonus citharae, Ph.—As *subst. m.*, *a musician:* musicorum aures.—*Plur. n.* as *subst.*, *music:* in musicis numeri.—*Of poetry, poetical:* studium, *the art of poetry*, T.: ars, T.

mussitō, —, —, āre, *freq.* [musso], *to mutter, grumble:* clam, L.—Fig., *to bear in silence, stomach:* mussitanda iniuria, T.

mussō, āvī, ātus, āre [3 MV-], *to speak low, mutter, murmur, grumble:* clam, L.: mussant patres, V.: mussant (apes), *hum*, V.—*To be irresolute, hesitate, deliberate:* mussat rex Quos generos vocet, i. e. *deliberates in silence*, V.: mussant iuvencae, Quis, etc., *expect in silence*, V.: dicere mussant, V.

mustāceum, ī, *n.* [mustum], *a must-cake, wedding-cake*, Iu.—Prov.: laureolam in mustaceo quaerere, i. e. *fame in trifles.*

mustēla (-ella), ae, *f.*, *a weasel*, C., H., Ph.

mustēlīnus (mustell-), *adj.* [mustela], *of a weasel, weasel-:* color, T.

mustum, ī, *n.*, *fresh grape-juice, unfermented wine, must:* dulce, V., Iu.—*Plur.*, *vintages, autumns:* ter centum musta videre, O.—Fig.: quasi de musto ac lacu fervida oratio, i. e. *still in ferment.*

mūtābilis, e, *adj.* [muto], *changeable, mutable:* corpus: forma civitatis: varium et mutabile semper Femina, *an inconstant thing*, V.: animus volgi, L.: voltu, H.: pectus, i. e. *open to persuasion*, O.

mūtābilitās, ātis, *f.* [mutabilis], *changeableness, mutability:* mentis.

mūtātiō, ōnis, *f.* [muto], *a changing, change, alteration, mutation:* victūs, Cs.: consili: rerum, *revolution*, S.: huius regiae: rerum in deterius, *a turn for the worse*, Ta.—*An exchanging, exchange:* vestis, T.: officiorum, *mutual exercise:* ementium, *traffic by exchange*, Ta.

mūtātus, *adj.* [*P.* of muto], *different, successive:* medicamina, Iu.

mutilō, āvī, ātus, āre [mutilus], *to cut off, lop off, cut short, clip, crop, maim, mutilate:* naso auribusque mutilatis, L.: corpora securibus, Cu.: mutilatae cauda colubrae, O.—*To shorten, diminish, lessen:* quemquem nacta sis, *rob*, T.: exercitum.

mutilus, *adj.* [1 MI-], *maimed, mutilated:* alces mutilae sunt cornibus, *without horns*, Cs.: sic mutilus minitaris? i. e. *after losing your horn*, H.—Fig.: mutila quaedam loqui, *too briefly.*

mūtiō, see muttio.

1. mūtō, āvī, ātus, āre, *freq.* [moveo].—Of motion, *to move, move away, remove:* se Non habitu mutatve loco, *quit her dress or her dwelling*, H.: coactus civitate mutari, *be forced to leave:* hinc dum muter, *if I can only get away*, O.: haec mutata, *transplanted*, V.—Of alteration, *to alter, change, transform, vary, modify:* sententiam paucis mutatis rebus sequi, *with trifling modifications*, Cs.: consilium meum: consuetudinem dicendi: testamentum: tabulas, *one's will*, Iu.: cum illo ut mutet fidem, T.: natura nescia mutari, *incapable of change*, Iu.: Mutati fremunt venti, *shifted*, V.: faciem mutatus, *transformed in appearance*, V.: facies locorum cum ventis simul mutatur, S.: mutatis ad misericordiam animis, *turned*, L.: quantum mutatus ab illo Hectore, V.: acetum, Quod vitio mutaverit uvam, *by fermentation has turned*, H.: (lupum) marmore, *into marble*, O.—*To suffer change, alter, change:* de uxore nihil mutat, T.: quantum mores mutaverint, L.: annona ex ante convectā copiā nihil mutavit, L.—Of style, *to vary, change, diversify:* an ego poetis concederem, ut crebro mutarent?: genus eloquendi . . . mutatum: mutata (verba), *used figuratively.*—*To change in color, color, dye:* aries iam croceo mutabit vellera luto, V.—*To change, make better, improve:* Placet tibi factum, Micio? *Mi.* non si queam mutare, T.—*To change for the worse, spoil, turn:* mutatum vinum, H.—Of substitution, *to change, replace, make a change in:* mutatis ad celeritatem iumentis, Cs.: calceos et vestimenta: arma ornatumque, S.: tegumenta capitis, L.: vestitum, *put on mourning:* mutatā Veste (Fortuna), *assuming a squalid garb*, H.—Of place, *to change, shift, alter:* mutari finibus, *to be removed*, L.: solum, i. e. *go into exile:* caelum, non animum, H.: calores (i. e. amores), Pr.—Of exchange, *to interchange, exchange:* cum amplificatione vectigalium nomen Hieronicae legis mutare: ut vestem cum eo mutem, T.: mutata secum fortuna, L.: incerta pro certis, S.: mutatos pro Macedonibus Romanos dominos, L.: pace bellum, S.: victoriae possessionem pace incertā, L.: mitibus Mutare tristia, H.—*To exchange, barter, sell:* Hic mutat merces surgente a sole, etc., H.: mutandi copia, S.: uvam Furtivā strigili, H.: quamvis Milesia magno Vellera mutentur, *are sold dear*, V.: eaque mutare cum mercatoribus vino advecticio, S.: res inter se, S.—*To forsake:* principem, Ta.

2. mūtō, ōnis, *m.* [1 MV-], *the penis*, H.

muttiō (mūtiō), —, ītus, īre [3 MV-], *to mutter, mumble, speak low:* nihil, T.: neque opus est Adeo muttito, *nor must it even be whispered*, T.

mūtuātiō, ōnis, *f.* [mutuor], *a borrowing*.

mūtuātus, *P.* of mutuor.

mūtuē, *adv.* [mutuus], *mutually, in return:* responderi.

mūtuō, *adv.* [mutuus], *mutually, in return*.

mūtuor, ātus, ārī, *dep.* [mutuus], *to borrow, obtain as a loan:* a Caelio: mutuari cogor, *am obliged to borrow:* pecunias, Cs.—Fig., *to borrow, take for use, derive, obtain, get, procure:* subtilitatem ab Academiā: ab amore consilium, L.

mūtus, *adj.* [3 MV-], *dumb, mute, speechless, without speech:* pecudes: agna, H.: animalia, Iu.: satius est mutum esse quam dicere, etc.—*Plur.* as *subst.:* grex mutorum, *brutes*, Iu.—*Not speaking, silent, mute:* mutum dices, i. e. *I will not say a word*, T.: Omnis pro nobis gratia muta fuit, *has not spoken a word*, O.: vox, *silent*, O.: artes, *the arts of design* (opp. eloquence): artes, *silent arts* (not famous), V.—Of place or time, *silent, still:* forum: tempus magis mutum a litteris, i. e. *in which there was better reason for not writing:* silentia noctis, *deep*, O.

mūtuus, *adj.* [muto], *borrowed, lent:* argenti mille dare mutuom, T.: aes mutuum reddere, S.: a tribunis mutuas pecunias sumpsit, *borrowed*, Cs.: mutuum frumentum dare, *lend*.—As *subst. n., a loan:* (verbum) sumptum aliunde, ut mutuo. —*In return, in exchange, reciprocal, mutual:* tradunt operas mutuas, T.: officia: error, *on both sides*, L.: inter se auxilium, L.: amores, H.: nec mutua nostris Dicta refero, *make any answer*, O.—As *subst. n., reciprocity:* in amicitiā: pedibus per mutua nexis, *with one another*, V.

myoparō, ōnis, *m.*, = μυοπάρων, *a small warship, privateer:* piraticus.

myrīca, ae, *f.*, = μυρίκη, *the tamarisk* (a shrub): tenues, O.—Prov.: Pinguia corticibus sudent electra myricae (of an impossibility), V.: laturas poma myricas speret, O.

myrmillō, ōnis, *m.*, *a gladiator, with Gallic arms and a mormyr on the crest*, C., Iu.

myrrh- see murr-. **myrtēta**, see murteta.

myrteus (murteus), *adj.* [myrtus], *of myrtles, myrtle-:* silva, V.: coma, *myrtle-colored*, i. e. *chestnut-brown*, Tb.

myrtum (mur-), ī, *n.*, = μύρτον, *the fruit of the myrtle, myrtle-berry:* cruenta myrta, V.

myrtus (mur-), ī (*plur. nom.* ūs, V.), *f.*, = μύρτος, *a myrtle, myrtle-tree:* viridis, H.: bicolor (i. e. with berries red and black), O.—*A spear of myrtle-wood:* pastoralis, V.

mystagōgus, ī, *m.*, = μυσταγωγός, *a guide to mysteries, verger, valet de place*.

mystērium, ī, *n.*, = μυστήριον, *a secret service, secret rite, secret worship, divine mystery:* augusta illa (i. e. sacra Eleusinia): mysteria facere, *celebrate*, N.: Romana, *the festival of Bona Dea.* —*A secret thing, secret, mystery:* rhetorum mysteria: enuntiatis vestris mysteriis.

mystēs, ae, *m.*, = μύστης, *a priest of the mysteries*, O.

mysticus, *adj.*, = μυστικός, *of secret rites, mystic, mystical:* vannus Iacchi, V.

mӯtilus, mӯtulus, see mitulus.

N.

nablium, ī, *n.*, *a harp, Phoenician harp*, O.

nactus, *P.* of nanciscor. **naenia**, see nenia.

naevus, ī, *m.* [GEN-], *a birth-mark, mole, wart:* in articulo pueri: inspersos corpore naevos, H., O.

Nāis (once Nāīas, O.), —, *plur.* Nāides or Naiades, um, *f.*, = Ναϊάς or Ναΐς, *a water-nymph, Naiad*, O.—Addressed as Muses: puellae Naïdes, V.—*A nymph, Hamadryad, Nereid*, H., O.

nam, *conj.* [GNA-]. **I.** Introducing an explanation, *for* (in prose beginning the sentence, except when enclitic with an *interrog.* word): is pagus appellabatur Tigurinus, nam civitas in pagos divisa est, Cs.: Pauca . . . Expediam dictis; prohibent nam cetera Parcae Scire, V.: Belua multorum es capitum; nam quid sequar? H.—Introducing a parenthesis, *for certainly, but:* colenda iustitia est, cum ipsa per sese (nam aliter iustitia non esset), tum, etc.—Resuming the thought after a parenthesis: simul atque cognovit (audi, audi, atque attende . . .), nam simul ac me audivit, etc. —With *illud* or *quod*, introducing a minor consideration or an exception, *for, but:* bene, quod Mens, Fides consecratur . . . nam illud vitiosum Athenis, quod fecerunt Contumeliae fanum.—Introducing an example or illustration, *for example, for instance:* sed vivo Catone multi oratores floruerunt. Nam et A. Albinus . . . Nam Q. Metellus, etc.—**II.** Introducing a reason, *for, seeing that, inasmuch as:* celebratote illos dies; nam multi saepe honores dis inmortalibus iusti habiti sunt, sed, etc.: alias urbīs condidere . . . nam de Carthagine silere melius puto quam parum dicere, S.: una domus erat . . . nam quid ego de studiis dicam cognoscendi semper aliquid, etc.: Iuppiter, hospitibus nam te dare iura loquuntur, V.: Mercuri (nam te docilis magistro Movit Amphion lapides canendo), etc., H.—In replies, introducing the reason for an implied answer, *for*, *for assuredly*, *certainly*: *Sa.* tamen tibi a me nullast orta iniuria . . . *Ae.* Nam hercle etiam hoc restat, i. e. (not yet); *for that is to come hereafter*, T.: nos hunc Heracliensem... de nostrā civitate eiciemus? Nam si quis putat . . . vehementer errat. —In a rhetorical climax, with *ne . . . quidem*: in corpora ipsorum, in liberos contumeliae editae. Nam avaritia ne sacrorum quidem spoliatione abstinuit, *nay . . . not even*, L.—In eager questions, beginning a clause, *why?*: Nam quae haec anus est, exanimata a fratre quae egressa'st meo? T. —As enclitic with an interrogative: quisnam igitur tuebitur P. Scipionis memoriam mortui?: in incerto habuere, quidnam consili caperent, S.: num nam haec audivit? T.: quis est nam ludus in undis, V.

nam-que, *conj.*, a strengthened *nam*, introducing a reason or explanation in close connection with what precedes. **I.** An explanation, *for*, *and in fact*: Alcibiades ad omnīs res aptus; namque imperator fuit summus, N.: virgini venienti in forum (ibi namque in tabernis litterarum ludi erant) manum iniecit, L.—**II.** A reason, *for*, *seeing that*, *inasmuch as*: Caesar auxilium tulit, namque eius adventu hostes constiterunt, etc., Cs.: gradu post me sedet uno, Namque est ille pater quod erat meus, H.

nancīscor, nactus or nanctus, ī, *dep.* [NAC-], *to get*, *obtain*, *receive*, *meet with*, *stumble on*, *light on*, *find*: anulum, T.: aliquem: summam potestatem, S.: tempus discendi: locum egregie munitum, Cs.: castra Gallorum intecta neglectaque, L.: tempus dea nacta nocendi, *discerning*, V.: nomen poëtae, *win*, H.—Of misfortune, *to incur*, *encounter*: quod sim nanctus mali, T.—Of disease, *to catch*, *contract*: nactus est morbum, N.—*To light upon*, *meet with*, *reach*, *find*: vitis, quicquid est nacta, complectitur: idoneam ad navigandum tempestatem, Cs.: nactusque silentia ruris Exululat, *having reached the quiet country*, O.

nāns, nantis, *P.* of 1 no.

nānus, ī, *m.*, = νᾶνος, *a dwarf*, Iu., Pr.

Napaeae, ārum, *f.*, = ναπαῖαι, *the dell-nymphs*: faciles, V.

narcissus, ī, *m.*, = νάρκισσος, *the narcissus*: purpureus, V.

nardum, ī, *n.*, = νάρδον, *nard*, *nard-balsam*, *nard-oil*: Achaemenium, H., Tb., Pr.

nardus, ī, *f.*, = νάρδος, *an Indian plant yielding nard-oil*: lenis, O.—*Nard-balsam*, *nard-oil*: Assyria, H.

nāris, is, *f.* [1 NA-], *a nostril*: mediā nare, O.: nares recte sursum sunt.—*Plur.*, *the nose*: reticulum ad narīs sibi admovere: mediis in naribus Gibbus, Iu.: tauri spirantes naribus ignem, V.—*The nose* (as expressive of sagacity or of scorn): naribus Duces tura, *smell*, H.: ne sordida mappa Corruget narīs, *cause you to turn up*, H.: omnis copia narium, *sweet-smelling flowers*, H.: naris emunctae senex, i. e. *keen perception*, Ph.: acutae nares, H.: homo naris obesae, *dull*, H.: naribus uti, *turn up the nose*, H.

nārrābilis, e, *adj.* [narro], *that may be related*, O.

nārrātiō, ōnis, *f.* [narro], *a relating*, *narrating*, *narration*, *narrative*: Narrationis initium, T.: narrationes credibiles: exponenda: brevis, Ph.

nārrātor, ōris, *m.* [narro], *a relater*, *narrator*, *historian*: narratores faceti: rerum.

nārrātum, ī, *n.* [narro], *that which has been told*: Hoc praeter narrata Responde, H.

1. nārrātus, *P.* of narro.

2. (nārrātus, ūs), *m.* [narro], *a narration*, *narrative*: narratibus hora Tempestiva meis, O.

nārrō, āvī, ātus, āre [for *gnārigō; gnarus], *to make known*, *tell*, *relate*, *narrate*, *report*, *recount*, *set forth*: mihi istaec, T.: initium narrandi facere, *of the narrative*, S.: rem omnibus: narrat omnibus emisse se: te sudavisse ferendo Carmina, H.: Narrat, ut virgo ab se integra siet, T.: in comoediis res ipsa narratur: mores eius, de quo narres: male narras de Nepotis filio, *tell bad news*: mihi circa necem Caesaris, Ta.: si res p. tibi narrare posset, quo modo sese haberet: de te Fabula narratur, H.: Angrivarios immigrasse narratur, Ta.: Athamanas accendere lignum Narratur, O.—*To say*, *speak*, *tell*, *recite*, *mention*, *describe*: narro tibi: qui argumentum narret, T.: Regem elegantem, *describe*, T.: Agricola posteritati narratus et traditus, Ta.: narrat Naevio, quo in loco viderit Quinctium: quantum distet ab Inacho Codrus, H.

narthēcium, ī, *n.*, = ναρθήκιον, *an ointment-box*, *medicine-chest*: medicamenta de narthecio promere.

(nārus), see gnarus.

nāscēns, entis, *adj.* [*P.* of nascor], *arising*, *young*, *immature*: nascentibus Athenis: cornu, Iu.

nāscor, nātus (gnātus), ī, *dep.* [GEN-], *to be born*, *begin life*, *be produced*, *proceed*, *be begotten*: uxorem duxit, nati filii Duo, T.: post homines natos, *since men have lived*: nascendi incerta condicio: sine sensu: huic rei p. natus hostis Antonius: cum ex utrāque (uxore) filius natus esset: ex militibus Romanis et Hispanis mulieribus nati, L.: Quod tibi filia nascitur ex me, Iu.: de tigride natus, O.: de stirpe dei, O.: Erebo et Nocte nati: nascetur Oedipus Laio: Ascanius Creüsā matre natus, L.: amplissimā familiā nati adulescentes, Cs.: natus deā, *son of a goddess*, O.: et qui nascentur ab illo, V. — *To rise, begin, be produced, derive origin, spring forth, start, proceed, grow, be found:* humi nascentia fraga, V.: nascitur ibi plumbum album, *is found*, Cs.: Nascere Lucifer, *rise*, V.: nascens luna, H.: Circaeis nata forent an Lucrinum ad saxum . . . ostrea, Iu.: ab eo flumine collis nascebatūr, *rose*, Cs.—F i g., *to arise, spring forth, proceed, be produced:* quā ex re factiones nascuntur, Cs.: facinus natum a cupiditate: frumenta nata sunt: ex hoc nascitur ut, *hence it follows that.*

nassa or **naxa**, ae, *f.* [NA-], *a weel, wicker-trap for fish;* hence, f i g., *a snare, net:* ex hac nassā exire: inclusus carcere nassae (aeger), Iu.

nāsturcium (-urtium), ī, *n.* [nasus+TARC-], *a kind of cress*, C., V.

nāsus, ī, *m.* [1 NA-], *the nose:* aduncus, T.: nasus quasi murus oculis interiectus: pravus, H.—*The nose, sense of smell:* non quia nasus Illis nullus erat, H. — *The nose* (as expressing scorn or satire): naso suspendis adunco Ignotos, H.: suspendens omnia naso, H.—*A nozzle, spout:* calix nasorum quattuor, Iu.

nāsūtus, *adj.* [nasus], *with a large nose, large-nosed*, H. — *Sarcastic, scornful:* scripta, nasute, distringis mea, Ph.

nāta or **gnāta**, ae, *f.* [natus], *a daughter*, Enn. ap. C.: si quis gnatam pro mutā devovet agnā, H.: Maxuma natarum Priami, V., O.

nātālīcius, *adj.* [natalis], *of the hour of birth, of a birthday, natal:* Chaldaeorum praedicta, *a casting of nativities:* sidera: lardum, Iu. — As *subst. f.* (sc. cena), *a birthday entertainment:* Dat nataliciam in hortis.

nātālis, e, *adj.* [natus], *of birth, birth-, natal:* ubi erit puero natalis dies, T.: dies vere natalis huius urbis: astrum, H.: lux, O.: Delos Apollinis, *birthplace*, H.—As *subst. m.* (sc. dies; *abl.* nātālī), *a birthday:* ad urbem (veni) tertio Non., natali meo: natalīs grate numeras? H.: meus, V.: natalibus actis Bis senis, O.—*The god of birth*, Tb., O.—*Plur. m., birth, origin, lineage, family:* tuis natalibus Inveniet quisquam sublimius? Iu.: mulier natalibus clara, O.

natāns, antis, *m.* and *f.* [*P.* of nato], *a swimmer, fish:* genus omne natantum, V.

natātiō, ōnis, *f.* [nato], *a swimming, exercise in swimming:* natationes atque cursūs.

natātor, ōris, *m.* [nato], *a swimmer*, O.

natēs, ium, see natis.

nātiō, ōnis, *f.* [GEN-], *a birth, origin:* pater natione Car, N.—P e r s o n., *the goddess of birth*, C. — *A breed, stock, kind, species, race, tribe, set:* optimatium: vestra (Epicureorum): ardelionum, Ph. — *A race of people, nation, people:* omnes nationes servitutem ferre possunt: eruditissima Graecorum.

natis, is, *f.*, *the rump, buttocks:* diffissā nate, H.—*Plur.*, Iu.

nātīvus, *adj.* [GEN-], *that has arisen by birth, born:* opinio est, nativos esse deos, i. e. *not eternal.* —*Imparted by birth, inborn, innate, original:* in alquo lepor, N.: sensus.—*Produced by nature, not artificial, natural, native:* (silva) pro nativo muro obiecta, Cs.: urbis praesidia: coma, *genuine*, O.—In gram., *primitive:* verba.

natō, āvī, ātus, āre, *freq.* [no], *to swim, float:* natandi causā venire: natant pisces aequore, O.: Canis per flumen natans, Ph.: natat uncta carina, *floats*, V.: crura natantia, *webbed feet*, O.: placidis undis, O.: naufragus natans, *tossed about:* Nocte natat serus freta, *swims*, V.: Tiberinum, Iu.: quot piscibus unda natatur, O.—*To spread about, broaden:* quā Tiberinus campo liberiore natat, O.—*To swim, overflow, be overflowed:* natabant pavimenta vino: plenis Rura natant fossis, *are inundated*, V. —Of the eyes, *to swim, be feeble, fail:* moriens oculis natantibus Circumspexit Athin, O. — *To move about, waver, hover, move to and fro:* ante oculos natant tenebrae, O. — F i g., *to fluctuate, waver, be uncertain:* in quo tu mihi natare visus es: pars multa (hominum) natat, H.

nātrīx, īcis, *f.* [no], *a water-snake.*

nātūra, ae, *f.*, *birth:* Naturā illi pater es, T.: naturā frater, adoptione filius, L.—*Nature, natural constitution, property, quality:* propria natura animae: qualis esset natura montis, qui cognoscerent, misit, Cs.: tigna secundum naturam fluminis procumberent, *natural course of the river*, Cs.: insula naturā triquetra, i. e. *in shape*, Cs.: naturas apibus quas Iuppiter ipse Addidit, expediam, V. —*Nature, natural disposition, inclination, bent, temper, character:* fera inmanisque: prolixa beneficaque: mitis contra naturam suam esse, L.: mihi benefacere iam ex consuetudine in naturam vertit, *has become natural*, S.: quasi altera, *a second nature:* Naturam expelles furcā, tamen usque recurret, H.—*The order of the world, nature, course of things:* quod rerum natura non patitur: naturae satis facere, i. e. *die:* naturae concedere, S.—P e r s o n.: ratio a naturā data: omnis natura volt esse conservatrix sui.—*The world, universe, nature:* totius naturae mens atque animus.—*An element, thing, substance:* quinta quaedam: edax, O.—*The organs of generation.*

nātūrālis, e, *adj.* [natura], *natural, by birth, one's own:* filius, L.: decōris Munus, O.—As *subst. n.:* alquid naturale habere, *innate capacity.—Of the nature of things, produced by nature, according to nature, natural:* societas: lex: bonum: malum, O.: desiderium corporum, L.: quaestiones, *concerning nature.*

nātūrāliter, *adv.* [naturalis], *naturally, conformably to nature, by nature;* divinare: alacritas innata omnibus, Cs.

1. **nātus (gnā-)**, *adj.* [*P.* of nascor], *born, made, destined, designed, intended, produced by nature, fit:* huic natus rei, ferundis miseriis, T.: non sibi soli: loca insidiis, L.: vir ad omnia summa: canor mulcendas natus ad aurīs, O.: in vanos tumultūs gens, L.: Nos fruges consumere nati, H.: animal tolerare labores, O.: nati in usum laetitiae scyphi, H.: dira in periuria linguae, O.: adversus Romanos hostis, L.: animal propter convivia, Iu. —*Plur. n.* as *subst.:* terrā nata, *productions of.—Constituted by nature:* non scripta sed nata lex: ita natus locus est, L.: versūs male, H.—In the phrases, pro re natā, or (old) e re natā, *under present circumstances, as matters are:* ut in iis pro re natā non incommode possint esse: E re natā melius fieri haud potuit, T.—With a phrase expressing time, *old, of the age of:* eques annos prope XC natus: Cato annos octoginta natus excessit e vitā, *at the age of.*—With maior or minor: annos natast sedecim, Non maior, T.: minor quinque et viginti annis natus, N.: homo annos maior quadraginta, *over forty years old:* liberi maiores quam quindecim annos, L.—With *plus* or *amplius:* annos sexaginta natus es aut plus, T.: non amplius novem annos natus, N.—As *subst. m., a son:* crudelis, V.: caritas, quae est inter natos et parentes, *children:* Cum pecore et gnatis, H.

2. **(nātus**, ūs), *m.* [GEN-], only *abl. sing., birth, age, years* (in phrases expressing age): pater grandis natu, *very old:* Scaptius de plebe magno natu, *an old man,* L.: maior natu quam Plautus, *older:* qui sum natu maxumus, T.: maximus natu ex iis, *the oldest,* L.: natu minimus, *the youngest:* maximo natu filius, *his eldest son,* N.

nauarchus, ī, *m.*, = ναύαρχος, *a ship-master, captain:* sepultura nauarchi.

(naucum), ī, *n.* [CNV-], *a nutshell, trifle;* only *gen.* with a *negative, of no value, good for nothing:* non habeo nauci Marsum, *value not a straw.*

naufragium, ī, *n.* [navis + FRAG-], *a shipwreck:* multi naufragia fecerunt.—Prov.: istorum naufragia ex terrā intueri, *in safety behold their ruin.*—Fig., *shipwreck, ruin, loss, destruction:* fortunarum: gloriae factum: tabula ex naufragio, *a plank from a wreck.— The shattered remains, wreck, remnants:* naufragia Caesaris amicorum: rei p.: Mollia naufragiis litora posse dari, O.

naufragus, *adj.* [navis + FRAG-], *that suffers shipwreck, shipwrecked, wrecked:* Marium Africa naufragum vidit: corpora, V.: simulacra, *of the shipwrecked,* O.—As *subst. m., a shipwrecked person:* natans: naufragus assem Dum rogat, Iu.—*That causes shipwreck, shipwrecking:* mare, H.: unda, Tb.: monstra, O.—Fig., *ruined:* aliquis patrimoni.—*Plur. m.* as *subst.:* naufragorum manus.

naulum (-lon), ī, *n.*, = ναῦλον, *boat-fare, boat-hire:* post omnia perdere naulum, Iu.

nausea (nausia), ae, *f.*, = ναυσία, *sea-sickness:* nauseā confecti, Cs.: navigare sine nauseā: fluentem nauseam coërcere, *vomiting,* H.

nauseō, —, —, āre [nausea], *to be sea-sick,* C., H.—*To be squeamish, be qualmish, vomit:* modo ne nauseet.—Fig., *to belch forth, give vent to, utter:* ista.—*To cause disgust:* stultitiā, Ph.

nauseola, ae, *f. dim.* [nausea], *squeamishness.*

nauta, ae, *m.* [for navita, from navis], *a sailor, seaman, mariner, boatman:* Charybdis infesta nautis: nautas comparari, Cs.: pavidus, H., V., Iu.

nauticus, *adj.*, = ναυτικός, *of ships, of sailors, ship-, naval, nautical:* verbum: scientia nauticarum rerum, Cs.: vela, H.: pinus, i. e. *ship,* V.—*Plur. m.* as *subst., sailors, seamen,* L.

nāvālis, e, *adj.* [navis], *of ships, ship-, nautical, naval:* pugnae: disciplina: castra, *to protect the ships,* Cs.: in classe acieque navali esse, L.: forma, *the shape of a ship,* O.: corona (for a naval victory), V.: navali aere columnae, *of brass from the beaks of captured ships,* V.: socii, *seamen,* L.: duumviri, *for repairing and fitting out a fleet,* L. —*Plur. n.* as *subst., a place for ship-building, ship-yard, dock, dock-yard:* de navalium opere: ubi nunc navalia sunt, L.: deripientque rates alii navalibus, V.: educta navalibus pinus, O.—*Sing.* (poet.): siccum, O.—*A ship's furniture, tackle, rigging:* navalibus, armis ad omnia parati, L.: navalia demus, V.

(nāvarchus), see nauarchus.

nāvē (gnāvē), *adv.* [navus], *diligently, zealously:* cuncta a Bestiā imperata facere, S.

nāvicula, ae, *f. dim.* [navis], *a small vessel, boat, skiff:* praedorum naviculae: parvula, Cs.

nāviculārius, *adj.* [navicula].—Prop., *of a small vessel.*—Hence, as *subst. m., a boat-owner, ship-master.*—As *subst. f.* (sc. ars), *the business of hiring out boats, shipping business.*

nāvifragus, *adj.* [navis + FRAG-], *causing shipwrecks, dangerous:* Scylaceum, V.: fretum, O.

nāvigābilis, e, *adj.* [navigo], *navigable:* amnis, L.: mare, L.: litora, Ta.

nāvigātiō, ōnis, *f.* [navigo], *a sailing, navigation, voyage:* inpedita propter inscientiam locorum, Cs.: navigationi se committere.

nāvigium, ī, *n.* [navis+1 AG-], *a vessel, ship, bark, boat:* qui essent appulsi navigiis: navigiis incidit Eurus, V.: Fragmina navigii, O.

nāvigō, āvī, ātus, āre [navis+1 AG-], *to sail, cruise:* periculum navigandi: plenissimis velis: idonea tempestas ad navigandum, Cs.: quo tempore ceteri praetores consueverunt navigare, *go by sea:* Naviget, *serve as a sailor*, H.: utrum ista classis navigarit: quae homines arant, navigant, *all men's achievements in navigation*, etc., S.—Prov.: in portu navigo, i. e. *am in safety*, T.—*To sail over, navigate:* Tyrrhenum aequor, V.: inmensi lacūs classibus navigati, Ta.: iis enim ventis istim navigatur.—*To sail, remove, proceed:* quam celeriter belli impetus navigavit.—*To swim:* iam certe navigat, O.

nāvis, is (*acc.* vem or vim; *abl.* vī or ve), *f.* [NA-], *a ship:* naves longae, *ships of war*, L.: onerariae, *transports*, L.: praetoria, *the admiral's*, L.: constratae, *decked*, L.: tectae naves et leviores apertae, *without a deck*, L.: auri an paleae, *laden with gold or chaff:* navim ascendere, S.: adornare, Cs.: deducere, *launch*, Cs.: terrae adplicare navīs, L.: subducere in aridum, Cs.: agere, *work*, H.: mercibus implere, Iu.: solvere, *set sail*, Cs.: cum ad villam navis appelleretur, *landed:* navem is fregit, *was shipwrecked*, T.: qui navem gubernassem: in navibus vehi: navium tutela, *the image of a deity as guardian* (at the stern), O.: puppis rostro Phrygios subiuncta leones (the image at the prow gave the name to the vessel), V.: dura navis, Dura fugae mala, *hardships of the sea*, H.—Prov.: navibus atque Quadrigis petimus bene vivere, i. e. *with might and main*, H.—As the name of a constellation, Navis Argolica, or simply Navis, *the ship Argo.*—Fig., of a state or community, *a ship:* una navis est iam bonorum omnium: rei p.: O navis, referent in mare te novi Fluctūs! H.

nāvita, ae, *m.* [navis], *a sailor, seaman, mariner*, C. poët.; V.

nāvitās (gnāv-), ātis, *f.* [navus], *promptness, assiduity, zeal.*

nāviter (gnāviter), *adv.* [navus], *diligently, actively, zealously:* pertendere, T.: pugnare, L.—*Busily, utterly:* impudens.

nāvō, āvī, ātus, āre [navus], *to do zealously, perform diligently, accomplish, effect, prosecute:* operam, Cs.: tibi operam meam studiumque, *render assistance:* iam mihi videor navasse operam, quod huc venerim, *to have succeeded in:* fortiter in acie navare operam, *act vigorously*, L.: Bruto studium tuum: bellum, Ta.

nāvus (gnāvus), *adj.* [GNA-], *busy, diligent, assiduous, active:* homo: aratores.

naxa, ae, *f.*, see nassa.

1. nē, *adv.* and *conj.* [2 NA-]. **I.** As *adv.*, *no, not;* so in many compounds, as nefas, nemo, etc. —With a *comp.:* columella tribus cubitis ne altior.—Standing before, with *quidem* after, a particular word or phrase, an emphatic negative, *not even:* ne sui quidem id velint, non modo ipse: ne in hospitis quidem . . . ne in fanis quidem: sine quā ne intellegi quidem ulla virtus potest: neque enim ipsius quidem regis abhorrebat animus, L.: nulla species ne excogitari quidem potest ornatior: Caesar negat se ne Graeca quidem meliora legisse. —With *quoque* for *quidem:* quando ne ea quoque temptata vis proficeret, L.—In prohibitions: ah ne saevi tanto opere, T.: impius ne audeto placare, etc.: Ne, pueri, ne tanta animis adsuescite bella, V.: ne post conferas Culpam in me, T.: si veritas extorquebit, ne repugnetis: Ne forte credas, etc., H.—Usu. with *subj. perf.:* ne vos mortem timueritis: misericordiā commotus ne sis: ne transieris Hiberum, L.—In wishes and prayers: ne id Iuppiter O. M. sineret, *might Jupiter forbid it!* L.: ne vivam, si scio, *may I die, if I know.*—In concessions: nemo is, inquies, umquam fuit. Ne fuerit; ego enim, etc., *grant there was not;* ne sit sane summum malum dolor; malum certe est: quo, ne opprimare, mente vix constes, *though you be not crushed.*—In restrictive clauses: sint misericordes in furibus aerari; ne illi sanguinem nostrum largiantur, etc., *only let them not*, S.: Quidvis cupio, dum ne comperiar, etc., T.: dum ne admoveret: modo ne nauseat.—In climax, *much less, not to mention:* quippe secundae res sapientium animos fatigant; ne illi conruptis moribus victoriae temperarint, *much less could they*, etc., S.: me vero nihil istorum ne iuvenem quidem movit umquam; ne nunc senem, *much less now I am old.* —In expressions of purpose or result.—With *ut*, *that not, lest, so that not:* haec mihi cura est maxima, ut nequoi mea Longinquitas aetatis obstet, T.: exstiti uti ne omnino desertus esset: ut causae communi salutique ne deessent.—With *qui:* Ego id agam, mihi qui ne detur, *that she be not given to me*, T.—**II.** As *conj.*, in clauses of purpose, *that not, lest, to prevent:* darent operam, ne quid res p. detrimenti caperet, S.: obsecrare, ne quid gravius in fratrem statueret, Cs.: vide, ne tibi desis.—After expressions of fear or anxiety, *lest, that:* vereor nequid Andria adportet mali, T.: metuebat ne indicaretur: esse metus coepit, ne, etc., O.: pavor, ne mortiferum esset volnus, L. —With a *negative, that not, lest not:* erit verendum mihi ne non dicat: unum vereor ne senatus Pompeium nolit dimittere.—After expressions of hinderance or warning, *that not, lest:* cavete, iudices, ne nova proscriptio instaurata esse videatur: deterrere te ne popularis esses, *from being a demagogue:* unus, ne caperetur urbs, causa fuit, L.

2. -ne (-n' or -n), *part. enclit.* [weaker form of 1 nē]. **I.** As *adv.*, added in a direct question, as an interrogation mark, to the first or principal word of the clause: meministine me in senatu dicere? *do you remember?* etc.: potestne rerum maior esse dissensio?: quiane auxilio iuvat ante levatos? V.—Affixed to an interrogative pronoun: Quone malo mentem concussa? timore deorum, H.: uterne Ad casūs dubios fidet sibi certius? H.—Expecting an affirmative answer: rectene interpretor sententiam tuam?—Expecting a negative answer: potestne virtus servire?: potesne dicere?—**II.** As *conj.*, in an indirect question, *whether:* ut videamus, satisne ista sit iusta defectio: Publilius iturusne sit in Africam scire.—Pleonastic with utrum, followed by *an:* est etiam illa distinctio, utrum illudne non videatur aegre ferendum . . . an, etc.—In the second alternative of an interrogation, *or* (for an): Smyrna quid et Colophon? maiora minorane fama? H.: ut in incerto fuerit, vicissent victine essent, L.—Repeated, *whether . . . or:* neque interesse, ipsosne interficiant impedimentisne exuant, Cs.: Collectosne bibant imbrīs puteosne, H..

3. nē, *interj.* (not nae), *truly, verily, really, indeed* (only with *pron. pers.* or *demonst.*): Ne tu istas insultabis frustra, T.: ne ego haud paulo hunc animum malim quam, etc.: ne tu, etc.: ne ille: ne iste, T.—With other words of affirmation: ne ille, medius fidius: medius fidius ne tu: edepol ne meam operam, etc., T.

nebula, ae, *f.* [NEB-], *mist, vapor, fog, smoke, exhalation:* tenuis, V.: saeptus nebulā, V.: nebulae pluviique rores, *clouds*, H.: nebulae, quas exigit ignis, *smoke*, O.: Vellera nebulas aequantia tractu, i. e. *delicate as mist*, O.: stellis nebulam spargere candidis, i. e. *to thrust your gloomy company on the girls*, H.: nebulae dolia summa tegunt, *a cloudy scum*, O.—Fig., *darkness, obscurity:* erroris, Iu.

nebulō, ōnis, *m.* [nebula], *a paltry fellow, idler, scamp*, T.: iste, H.

nebulōsus, *adj.* [nebula], *full of vapor, foggy, cloudy, dark:* caelum.

nec or **neque** (in *nec* the negation is more prominent, in *neque* the connective), *adv.* and *conj.* [1 ne+que]. **I.** Without a correl. particle, *and not, also not, nor:* quia non viderunt, nec sciunt: delubra esse in urbibus censeo, nec sequor magos, etc.—Negativing a single word: illa se negat, Neque eum aequom ait facere, T.: Et vidi et perii, nec notis ignibus arsi, O.: nec dubie ludibrio esse miserias suas, L.: nec idcirco minus: neque eo minus, L.: neque eo secius, N.—With adversative particles, *nor yet, nor however, and yet not, but yet not:* castra propere movit . . . Neque tamen Antonius procul aberat, S.: nec despero tamen: neque vero multum interest.—With *enim*, *for . . . not, and in fact . . . not, and yet . . . not:* neque enim erat cuiquam dubium: nec enim licebat: Dixerat haec Tellus, neque enim tolerare potuit, etc., O.—With *non* (sometimes written necnon), introducing an emphatic affirmation, *and assuredly, and certainly, and besides, and indeed:* neque haec tu non intellegis: Tunc mihi praecipue, nec non tamen ante, placebas, O.: neque non me tamen mordet aliquid.—Poet., as a mere connective, *also, besides, as well, too:* Nec non et gemini custodes Praecedunt, V.—With *dum* (sometimes written necdum), *and not yet, nor yet:* si scis, neque dum Romā es profectus, scribas, etc.: necdum tamen ego Quintum conveneram.—Introducing a negative clause of purpose, result, or command, *and . . . not:* recordare enim . . . nec hoc pertimueris: profanum esto, neque scelus esto, L.: Transque caput iace, nec respexeris, V.: (diem) lucro Appone, nec dulcīs amores Sperne, H.: date munera templis, Nec timidā gaudete fide, O.: Nec tu mensarum morsūs horresce, V.: nec tempora perde precando, O.: nunc ut ea praetermittam, neque eos appellem, etc.: ut secundae classis vocarentur, nec umquam descenderent, L.: orare coepit, ne enuntiaret nec se proderet, N.: conspirasse, ne manūs ad os cibum ferrent, nec os acciperet datum, L.—Praegn., *and not even, not even, and . . . too:* cum praesertim nec nos temperemus imperiis, L.: ne quid praeter sonum linguae, nec eum incorruptum, retinerent, L.: equi non velocitate conspicui; sed nec docentur, etc., T.—Without connective force, *not:* magistratus nec oboedientem civem coërceto: alter, qui nec procul aberat, L.—**II.** With a correlative particle.—With *neque* or *nec*, *neither . . . nor:* nam certe neque tum peccavi, cum . . . neque cum, etc.: mors nec ad vivos pertineat nec ad mortuos: haec si neque ego neque tu fecimus, T.: Sed nec Brutus erit, Bruti nec avunculus usquam, Iu.: nemo umquam neque poëta neque orator fuit, qui, etc.—Followed by *et* or *-que* in an affirmative clause, *on the one hand not . . . and on the other hand; not only not . . . but also:* id neque amoris mediocris et ingeni summi iudico: ut neque vestitūs praeter pellīs haberent quicquam, et lavarentur in fluminibus, Cs.: ut neque bonus quisquam intereat, paucorumque poenā vos salvi esse possitis.—Preceded by *et* in an affirmative clause, *on the one hand . . . on the other not, not only . . . but also not:* ego vero et exspectabo ea quae polliceris neque exigam nisi tuo commodo: patebat via et certa neque longa.

nec-dum or **nec dum**, see nec.

necessāriē, *adv.* [necessarius], *unavoidably:* demonstrans, *irrefutably.*

necessāriō, *adv.* [necessarius], *unavoidably, inevitably:* coacti necessario se aperiunt, T.: dicendum est: rem Caesari enuntiare, Cs.: copias parat, S.

necessārius, *adj.* [necesse], *unavoidable, inevitable, indispensable, pressing, needful, requisite, necessary, compulsory:* conclusio: leges: causa ad proficiscendum, Cs.: locus huic disputationi necessarius de amicitiā, *essential:* castra ponere necessarium visum est, L.: necessariā re coactus, *by necessity*, Cs.: tam necessario tempore, *time of need*, Cs.: longius necessario procedere, *too far*, Cs.: ut dilucide narremus necessarium est.—*Plur. n.* as *subst.:* ad necessaria ferenda, *the necessaries of life*, Cu.—*Connected by natural ties, belonging, related, connected, bound:* homo (a father-in-law), N.—As *subst. m.* and *f.*, *a relation, relative, kinsman, connection, friend, client, patron:* sui, S.: meus familiaris ac necessarius: virgo huius propinqua et necesssaria.

necesse, *adj.* (only *nom.* and *acc. sing. n.*, with *esse* or *habere*) [2 NEC-], *unavoidable, inevitable, indispensable, necessary:* necessest accipere Thaïdem, T.: quanto detrimento necesse sit constare victoriam, Cs.: num omne id aurum in ludos consumi necesse esset? L.: virgis te ad necem caedi necesse erit: quasi non necesse sit nobis contendere, Cs.: homo cui necesse est mori: necesse fuisse ut concursūs ex totā Graeciā fierent: haec oratio aut nulla sit necesse est, aut, etc.: fateare necesse est, H.: nihil fit, quod necesse non fuerit: non habebimus necesse semper concludere: non verbum pro verbo necesse habui reddere.—*Needful, requisite, indispensable, necessary:* id quod tibi necesse minime fuit, facetus esse voluisti.

necessitās, ātis (*gen. plur.* tātium, Cs.), *f.* [necesse], *unavoidableness, inevitableness, necessity, compulsion, force, exigency:* illam a me distrahit necessitas, T.: necessitatis crimen, non voluntatis: necessitati parere: necessitas huius muneris rei p. obvenit: expressa necessitas obsides dandi Romanis, *forced upon the Romans*, L.: nescio an maiores necessitates vobis fortuna circumdederit, L.: tardi Leti, H.—*Fate, destiny, law of nature:* divina: ut vita, quae necessitati deberetur: necessitate, *naturally:* fati, L.: suprema, *death*, Ta.: mors est necessitas naturae.—*Necessity, need, want:* suarum necessitatum causā, Cs.: vitae necessitatibus servire: publicae, L.: quod pro honore acceptum etiam necessitatibus subvenit, Ta.—*Connection, relationship, friendship:* magnam necessitatem possidet paternus sanguis, *bond of affection.* —P e r s o n., *the goddess of necessity:* saeva, H.

necessitūdō, inis, *f.* [necesse], *necessity, compulsion, inevitableness, want, need, distress:* puto hanc esse necessitudinem, cui nullā vi resisti potest: non eadem nobis et illis necessitudo impendet, S.: rei p., Ta.—*A close connection, personal union, relationship, friendship, intimacy, bond:* liberorum: ea necessitudo, etc., S.: quocum mihi omnes necessitudines sunt, *ties of friendship:* municipium, quorum mihi magna necessitudo est: familiaritatis necessitudinisque oblitus.—*Plur.*, *persons connected, relatives, connections, friends:* inter suas necessitudines flere, Cu.—F i g., *a necessary connection:* numerus neque habebat aliquam necessitudinem cum oratione.

(**necessum**, *adj. n.*, old for necesse, L., dub.)

necessus, —, *n.* [2 NEC-], *a necessity;* only *nom.* with *esse*, *it is unavoidable, is necessary:* in eum iam res rediit locum, Ut sit necessus, T.: Quasi necessus sit, te uxorem ducere, T.

nec-ne, *adv.*, *or not*, in the second part of an indirect alternative question: quaero, potueritne Roscius suam partem petere necne: quaeram, utrum emeris necne: utrum proelium committi ex usu esset necne, Cs.: nunc habeam necne, incertum est, T.: quid interest proferantur necne?: fiat necne fiat, id quaeritur.—Rarely in a direct question: sunt haec tua verba necne?

nec-nōn, see nec.

necō, āvī (late, necuī), ātus, āre [1 NEC-], *to kill, slay, put to death, destroy* (usu. without a weapon): Adherbalem excruciatum, S.: igni necari, Cs.: alquem verberibus: plebem fame: virgis ferroque necari, H.: longā morte, V.: colubra necuit hominem, Ph.—F i g.: ne ab iis ipsa (res p.) necaretur.

nec-opīnāns or **nec opīnāns**, antis, *adj.*, *not expecting, unaware:* Ariobarzanem insidiis necopinantem liberavi.

necopīnātō or **nec opīnātō**, *adv.* [necopinatus], *unexpectedly:* evenire: malum exortum, L.

nec-opīnātus or **nec opīnātus**, *adj.*, *unexpected:* hostium adventus: bona: fraus, L.—*Plur. n.* as *subst.*, *the unforeseen:* necopinatorum naturam considerare.—In the phrase, ex necopinato, *unexpectedly, unawares*, L.

nec-opīnus or **nec opīnus**, *adj.*, *unexpected:* mors, O.—*Not expecting, unsuspecting, careless, off guard:* ipsum accipiter necopinum rapit, Ph.: hostis, O.

nectar, aris, *n.*, = νέκταρ, *nectar, drink of the gods:* nectare laetari: Quos (deos) inter bibit nectar, H.: siccato nectare Volcanus, Iu.: odoratum, *balm*, O.: (apes) distendunt nectare cellas, i. e. *honey*, V.: oves . . . quae fertis in ubere nectar, i. e. *milk*, O.: quae (oscula) Venus Quintā parte sui nectaris imbuit, i. e. *sweetness*, H.

nectareus (nectarius), *adj.*, = νεκτάρεος, *of nectar, nectared:* aquae, O.

nectō, xuī, xus, ere [2 NEC-], *to bind, tie, fasten, join, fasten together, connect:* tribus nodis ternos colores, V.: Lamiae coronam, *weave*, H.: sponsae laqueum, H.: flavā caput nectentur olivā, V.: bracchia, *clasp*, O.: comam myrto, O.—Of debtors, *to detain, imprison, bind, fetter, confine:* nectier (civīs) postea desitum: ita nexi soluti, cautumque in posterum, ne necterentur, L.: nexi ob aes alienum, L.—Fig., *to affix, attach:* ut ex alio alia nectantur. — *To join, fasten together, connect, interweave:* rerum causae aliae ex aliis necessitate nexae: ne cui dolus necteretur a Poeno, *contrived,* L.: causas inanīs, *devise,* V.: canoris Eloquium vocale modis, *set to harmonious measures,* Iu.: tecum iurgio, i. e. *quarrel,* O.

nēcubi, *adv.* [ne+*cubi (ubi)], *that nowhere, lest anywhere:* cavere, necubi hosti opportunus fieret, S., Cs., L.

nēcunde, *adv.* [ne+*cunde (unde), *that from no place, lest from anywhere:* necunde, etc., L.

nē-dum, *conj., by no means, much less, still less, not to speak of:* satrapa numquam queat . . . Nedum tu possis, T.: optimis temporibus . . . nedum his temporibus possimus: ne voce quidem incommodā, nedum ut ulla vis fieret, L.: et aegre inermem tantam multitudinem, nedum armatam, sustineri, L.—Affirmatively, *not to say, much more:* adulationes etiam victis Macedonibus graves, nedum victoribus, *much more should they prove victors,* L.: qui vel in pace bellum excitare possent, nedum in bello, etc., L.

ne-fandus, *adj., unmentionable, impious, heinous, execrable, abominable:* scelus: gens, V.: vehiculum, L.: fraus, Iu.—As *subst. n.:* memores fandi atque nefandi, i. e. *impiety,* V.: omnia fanda nefanda, Ct.

nefāriē, *adv.* [nefarius], *impiously, execrably, abominably:* multa facere: pater occisus.

nefārius, *adj.* [nefas], *impious, execrable, abominable, nefarious:* consilium, S.: Atreus, H.: voluntates: facinus: scelus, Cs. — As *subst. n., a heinous act, crime:* commemorare nefaria in socios: rem p. nefario obstringere, L.

ne-fās, *n. indecl., something contrary to divine law, an impious deed, sin, crime:* quicquid non licet, nefas putare debemus: officia tua mihi nefas est oblivisci: nefas est dictu, fuisse, etc.: quibus nefas est . . . deserere patronos, Cs.: fas atque nefas, *right and wrong,* V.: per omne fas ac nefas, *in every way,* L.: in omne nefas se parare, O.: Summum crede nefas animam praeferre pudori, Iu. — Of a person, *a wretch, monster:* exstinxisse nefas, i. e. *Helen,* V.—As *interj., horrid! shocking! dreadful!:* quatenus, heu nefas! Virtutem incolumem odimus, H.: sequiturque, nefas! Aegyptia coniux, V.—*An impossibility:* levius fit patientiā Quidquid corrigere est nefas, H.

nefāstus, *adj.* [nefas], *contrary to religion, irreligious, impious:* iniusta nefasta dicere, XII Tabb. ap. C. — As *subst. n.* (sc. crimen), *a wicked deed, abomination, profanity:* quid intactum nefasti Liquimus? H.—Of days, *unhallowed, unpropitious, on which courts or public assemblies must not sit:* ille (Numa) nefastos dies fastosque fecit, L.: (dies) per quem tria verba silentur (i. e. on which the praetor does not utter his words of authority: do, dico, addico), O. — *Unlucky, inauspicious:* Ille et nefasto te posuit die, etc., H.: ne terra victoriae suae, L.

negāns, antis, *P.* of nego.

negantia, ae, *f.* [nego], *a denying, negation.*

negātiō, ōnis, *f.* [nego], *a denial, negation:* vis negationis eius: facti.

negātum, ī, *n.* [*P.* of nego], *a forbidden thing:* cupimus negata, O.

negitō, āvī, —, āre, *freq.* [nego], *to deny steadfastly, persist in denying:* alqd esse: rex primo negitare, S.: renuit negitatque Sabellus, H.

neglēctiō, ōnis, *f.* [neglego], *a neglecting:* amicorum, *indifference towards.*

1. neglēctus, *adj.* [*P.* of neglego], *neglected, slighted, despised:* ipsi inter nos: castra, L.: religio, Cs.: capilli, *dishevelled,* O.

2. (neglēctus, ūs), *m.* [neglego], *a neglecting, neglect:* res ne utiquam neglectu mihist, T.

neglegēns (not neglig-, necl-), entis, *adj.* with *comp.* [*P.* of neglego], *heedless, careless, unconcerned, indifferent, negligent, neglectful:* neglegentem (eum) feceris, T.: duces: ne quā populus laboret, H.: legum, rei p. neglegentior.—Of property, *heedless, careless, improvident:* in sumptu: adulescentia, L.

neglegenter (neglig-), *adv.* with *comp.* [neglegens], *heedlessly, carelessly, negligently:* rem tam Neglegenter agere, T.: scribere alqd: neglegentius adservatum.

neglegentia (not neglig-), ae, *f.* [neglegens], *carelessness, heedlessness, negligence, neglect:* (locus) praeteritus neglegentiā, T.: epistularum, *neglecting to write;* cf. epistularum neglegentia . . . diligentia, *coldness:* quaedam etiam neglegentia est diligens: Nam neque neglegentiā tuā id fecit, *out of disrespect to you,* T.: caerimoniarum, L.: sui, Ta.

neglegō (not negligō, neclegō), ēxī (neglegisset, S.), ēctus, ere [nec+lego], *to disregard, not heed, not trouble oneself about, not attend to, slight, neglect, be regardless of, be indifferent to:* Neglegitur ipsa, T.: mandatum: rem familiarem, N.: neglecti agri, H.: hoc facere, Cs.: diem edicti obire neglexit: de Theopompo neglegimus. — *To make light of, not care for, slight, despise, disregard, contemn, neglect:* segnior fit, ubi neglegas, *when you neglect him,* S.: Pecuniam, T.: periculum capitis sui prae meā salute: cum et bellum ita necessarium sit, ut neglegi non possit: Aeduorum iniurias, *overlook,* Cs.: hac parte neglectā, i. e. *unpunished,* Cs.: verba verbis quasi coagmentare neglegat, *disdains:* committere fraudem, *to make light of perpetrating*, H.: Theopompum confugere Alexandream.

negō, āvī, ātus, āre [3 AG-], *to say no, deny, refuse* (opp. aio): Negat quis? nego. ait? aio, T.: Diogenes ait, Antipater negat: nunc aiunt, quod tunc negabant: non facile Gallos Gallis negare potuisse, Cs.: negant quicquam esse bonum, nisi, etc.: damnare negatur hanc Venerem pietas, O.: casta negor (sc. esse), *they say I am not*, O.: negat se Numidam pertimescere, virtuti suorum credere (sc. ait), S. — A second negation does not destroy the first: negat ne suspicari.—*Not to assent, deny:* factum est; non nego, T.: omnia, quae certa non erunt, pro certo negato: negaturum aut me pro M. Fulvio, aut ipsum Fulvium censetis? L.: mitto enim domestica, quae negari possunt, i. e. *the proof of which can be suppressed:* negare non posse, quin rectius sit, etc., L. — *Not to consent, deny, refuse:* invitatus ad haec negabit, *will decline*, Iu.: (oscula), H.: victum, V.: numquam reo cuiquam tam praecise negavi, quam hic mihi: postquam id obstinate sibi negari videt, Cs.: negat quis carmina Gallo? V.: mea dicta demittere in aurīs, V.: Ire, O.: adulescenti negare, quin eum arcesseret, N.: uxorem ut ducat orare occipit . . . Ille primo se negare, *refuse*, T.: Poma negat regio, i. e. *does not produce*, O.: pars ventis vela negare, i. e. *furl*, O.

negōtiālis, e, *adj.* [negotium], *of business, of affairs:* constitutio.

negōtiāns, antis, *m.* [*P.* of negotior], *a wholesale dealer, trader, banker, business man.*

negōtiātiō, ōnis, *f.* [negotior], *a wholesale business, banking business:* Asiatica.

negōtiātor, ōris, *m.* [negotior], *a wholesale dealer, merchant, banker, factor*, S., C.

negōtiolum, ī, *n. dim.* [negotium], *a little business, small matter:* nescio quid negotioli.

negōtior, ātus, ārī, *dep.* [negotium], *to carry on business, do wholesale business, act as banker:* se Syracusas non negotiandi causā contulisset: in Galliā, S.—*To trade, traffic*, Cs., L.

negōtiōsus, *adj.* [negotium], *full of business, busy:* provincia: maxime, *most occupied*, S.

negōtium, ī, *n.* [nec+otium], *a business, employment, occupation, affair:* quid istic tibi negotist? T.: nihil habere negoti: forensia negotia: negotium municipi administrare: in negotio versari: ex negotio emergere: datum negotium est consulibus, ut, etc., L.: negotio desistere, Cs.: mirabar, quid hic negoti esset tibi, *what business you have here*, T.: negotiis amicorum intentus sua neglegere, *interests*, S.: nostrum otium negoti inopiā constitutum est, *affairs of state:* suum, *private affairs:* aes alienum negoti gerendi studio contractum, *in trade:* negoti gerentes, *tradesmen:* Bithyna negotia, H.—*Difficulty, pains, trouble, labor:* satis habeo negoti in sanandis volneribus: tibi negotium facessere, *give trouble:* refici magno negotio, Cs.: nullo negotio, i. e. *easily:* quid negoti est haec poëtarum . . . portenta convincere?—*A matter, thing, affair:* id quod negotium poscebat, *the situation*, S.: ineptum: Teucris illa lentum negotium, *a slow affair.*

nēmō (rarely **nēmo**, O., Iu.), —, *dat.* nēminī, *acc.* nēminem; *abl.* once nēmine, Ta. (class. writers borrow the *plur.* and the *gen.* and *abl. sing.* from nullus), *m.* and *f.* [ne+homo], *no man, no one, nobody:* Nemost miserior me, T.: facio pluris omnium hominum neminem: omnium mortalium nemo Sthenio inimicior, quam, etc.—In the phrase, nemo non, *every one, everybody, all:* aperte adulantem nemo non videt, nisi, etc.: nemo potest non beatissimus esse.—In the phrase, non nemo, *many a one, some one and another, somebody:* video de istis abesse non neminem: non nemo improbus.—With *nisi*, *none but, no one not, only:* nemo nisi victor pace bellum mutavit, S.—The negation emphasized by a following negative: neminem deo, nec deum, nec hominem carum esse voltis. — With *pronn.:* nemo unus, *no one*, L.: ad neminem unum summa imperi redit, Cs.: nemo quisquam, *not a single one, no one at all*, T.: alium enim, cui illam commendem, habeo neminem, *no one else.*—As *adj.*, *no, not any:* vir nemo bonus ab improbo se donari velit: opifex: ut hominem neminem pluris faciam.—Fig., *a nobody:* is, quem tu neminem putas.

nemorālis, e, *adj.* [nemus], *of a grove, in a wood, sylvan:* regnum Dianae, *near Aricia*, O.: antrum, O.

nemorēnsis, e, *adj.* [nemus], *of the grove of Diana, near Aricia:* socius, Pr.

nemoricultrīx, īcis, *f.* [nemus+cultrix], *forest-haunting:* sus, Ph.

nemorivagus, *adj.* [nemus+vagus], *wandering in the woods:* aper, Ct.

nemorōsus, *adj.* [nemus], *full of woods, woody:* Zacynthos, V.: Oete, O.: iuga, Iu.—*Full of foliage, shady:* silvae, O.

nempe, *conj.* [nam+-pe].—In an assertion offered as indisputable, *certainly, without doubt, assuredly, of course, as everybody knows:* quos ego orno? Nempe eos, qui, etc.: Nempe incomposito dixi pede currere versūs Lucili, H.: Nempe omnia haec nunc verba huc redeunt denique, T.: pater est mihi nempe biformis, O. — In a question as to the meaning of something already said, *I suppose, you mean, I am to understand:* *Da.* Davus sum, non Oedipus. *Si.* Nempe ergo aperte vis me loqui? T.: nempe negas ad beate vivendum satis posse virtutem? — In a reply, *certainly, obviously, of course:* *Ch.* Nostin hanc? *An.* novi, nempe opinor, T.: Pompei tertius consulatus in quibus actis constitit? Nempe in legibus. — In a concession, *certainly, indeed, no doubt:* nempe Vir bonus et prudens dici delector, H.: scimus nempe; haeremus nihilo minus. — Ironically, *forsooth, to be sure, I suppose:* at avus nobilis. Tuditanus nempe ille, etc.: nempe ruberes, Viveret si quis, etc., H.

nemus, oris, *n.* [NEM-], *a tract of woodland, forest pasture, meadow with shade, grove:* multos nemora commovent: Quis nemori inperitet, *the pasture*, V.—*A wood, grove, forest:* Inter pulchra satum tecta, i. e. *pleasure-garden*, H.: gelidum, H.: densum trabibus, O.: nemorum saltus, V. — *A sacred heath, consecrated grove:* nemus Angitiae, V.: Cereale, O.—E s p., *the sacred grove of Diana at Aricia.*

nēnia (naenia), ae, *f.*, *a funeral song, song of lament, dirge*, C.: absint inani funere neniae, H.—*A mournful song, sorrowful ditty:* Ceae retractes munera neniae, H. — *A magic song, incantation:* Marsa, H.—*A popular song, cradle song, lullaby:* puerorum, H.: legesne potius viles nenias? *mere songs*, Ph.

neō (neunt, Tb.), ēvī (nērunt, O.), —, ēre [NE-], *to spin:* annus Subtemen nebat, T.: nerunt fila deae, O.—*To interlace, entwine:* tunicam auro, V.

nepa, ae, *f.* [African], *a scorpion.*—*The Scorpion* (a constellation), Enn. ap. C.

nepōs, ōtis, *m.*, *a grandson, child's son:* natus est nobis nepos, T.: me nepotem expulit, S.: Q. Pompei ex filiā. — *A descendant:* de stirpe nepotum, V.: in nepotum Perniciem, H.: haec tetigit tuos urtica nepotes, Iu.—F i g., *a spendthrift, prodigal:* in populi R. patrimonio: profusus: discinctus, H.

neptis, is, *f.* [cf. nepos], *a granddaughter*, C.: Veneris, i. e. *Ino*, O.: doctas Cybeleia neptes vidit, i. e. *the Muses*, O.

Neptūnius, *adj.*, *of Neptune, Neptunian*, T., V., H., O.—*Of the sea, marine*, C., V.

Neptūnus, ī, *m.* [NEB-], *Neptune, god of the sea, son of Saturn and brother of Jupiter*, C., V., H., O.—*The sea*, V., H.

nēquam, *adj. indecl.* with *comp.* nequior, and *sup.* nequissimus, *worthless, good for nothing:* nilne in mentemst? . . . tanto nequior, T.: nequam et cessator Davus, H.—Of character, *worthless, vile, bad:* liberti nequam et improbi: nihil nequius est: homo nequissimus, *a great rogue.*

nē-quāquam, *adv.*, *in no wise, by no means, not at all:* nequaquam dignum conatu meo: vir sibi nequaquam par: idoneus locus, Cs.: Cetera nequaquam simili ratione Aestimat, H.

neque, nequedum, see nec.

ne-queō (*imperf.* nequībat, S.), īvī, —, īre, *not to be able, to be unable, cannot:* hoc, O.: satis decernere, T.: ea laxare: proelio adesse, S.: commissa tacere, H.: te nequivi Conspicere, V.: nequeo quin lacrumem, T.: quidquid sine sanguine civium ulcisci nequitur, S.

nēquicquam (**nēquidquam**), see nequiquam.

nēquior, ius, *comp.* of nequam.

nēquīquam (better than **nēquicquam** or **nēquidquam**), *adv.* [ne + *abl.* of quisquam], *in vain, to no purpose, fruitlessly:* et sero et nequiquam pudet: ausi transire flumen, *without reason*, Cs.: causas nectis inanes, V.—As an exclamation: nequiquam! L.

nē quis, see 2 quis.

nēquissimus, *sup.* of nequam.

nēquiter, *adv.* with *comp.* nēquius [nequam], *worthlessly, wretchedly, badly, miserably, meanly:* facere: cenare: (bellum) susceptum nequius, L.

nēquitia or **nēquitiēs**, ae, *acc.* am or em, *f.* [nequam], *bad quality, worthlessness, inefficiency, vileness, wickedness:* fenestram ad nequitiem patefeceris, T.: me ipsum nequitiae condemno: filii nequitiam videre: nequitiae fige modum tuae, H.: domus haec . . . officina nequitiae: nequitiam admittere, *faithlessness*, Pr.

Nerthus, ī, *f.*, *Mother Earth* (a goddess of the Germans), Ta.

nervōsē, *adv.* with *comp.* [nervosus], *strongly, vigorously, energetically:* nervosius dicere.

nervōsus, *adj.* [nervus], *sinewy, nervous:* poples, O. — Of style, *vigorous:* quis Aristotele nervosior?

(**nervulus**, ī), *m. dim.* [nervus].—Only *plur.*, *nerve, vigor:* tui mihi saepe cogniti.

nervus, ī, *m.* [cf. νεῦρον], *a sinew, tendon, muscle:* nervi, a quibus artūs continentur: hoc nervos confirmari putant, Cs. — *A cord, string, wire* (of a musical instrument): ut nervi in fidibus sonant: cantu vocum et nervorum et tibiarum personare, *stringed instruments.*—*The leather covering of a shield*, Ta. — *A bow-string:* adductus, O.: nervo aptare sagittas, V.—*A wire, string* (controlling a puppet): Duceris ut nervis alienis mobile lignum, H.—*A prison:* ne istaec fortitudo in nervom erumpat, *bring you into durance*, T.: eximere de nervo civīs, L. — *The penis*, H., Iu.—F i g., *a sinew, nerve, vigor, force, power, strength:* digna res est ubi tu nervos intendas tuos, T.: omnibus nervis mihi conitendum est, ut, etc.: opibus ac nervis ad perniciem suam uti, Cs.: nervi belli pecunia: vectigalia nervos esse rei p.: loci inhaerentes in nervis causarum, *intimately connected with:* nervi coniurationis, *leaders*, L.—Of expression, *force, energy:* oratio nervos oratorios habet: sectantem levia nervi Deficiunt, H.

nēsciēns (nē sciēns), entis, *adj.* [*P.* of nescio], *ignorant, unaware*, T.

nē-sciō, īvī, —, īre, *not to know, to be ignorant:* quid agam nescio, T.: de Oropo opinor, sed certum nescio: animae sit (illa vis) ignisve, nescio: nescis, Quem fugias, O.: Tu nescis id quod scis, si sapies, i. e. *keep closely secret*, T.: nescibam id dicere illam, T.: vincere scis, victoriā uti nescis, L.: utrum velit . . . nescitur: futura, O.—With *quis* or *quid*, *I know not who, some one, somebody, a certain person, I know not what, something, some, a certain:* oblatum ab nescio quo inprobo, T.: postea quam nescio quid impendit: hoc nescio quid, quod ego gessi, *this trifle:* quia nescio quid in philosophiā dissentiret, *a little:* nescio quid litterularum, *a sort of letter:* Lactus est nescio quid, *over something*, T.: casu nescio quo: nescio quid praeclarum, *indefinable excellence.*—With *quo modo, somehow, I know not how:* fit enim, nescio quo modo, ut, etc.: qui, nescio quo modo, conspirant, N.—With *quando, at some time or other:* me nescio quando venisse questus est.—With *an, I know not whether, probably, perhaps* (softening an assertion): constantiam dico? nescio an melius patientiam possim dicere, *perhaps I might better say:* nescio an modum excesserint, L.—*Not to know, to be unacquainted with:* Nescio alias, i. e. *how others may act*, T.: eas artīs: hiemem, V.: vinum toto nescire Decembri, i. e. *abstain from*, Iu.—*Not to understand, to be unable:* scire Latine . . . nescire: stare loco nescit (of a horse), V.: nescit vox missa reverti, *cannot be unsaid*, H.: irasci: Uxor invicti Iovis esse nescis, *know not how to be*, H.

nēscius, *adj.* [ne+2 SAC-], *unknowing, ignorant, unaware:* Plus quam quod . . . Nescius adfectas, *in your ignorance*, O.: Nescia mens hominum fati, V.: aurae fallacis, H.: Nullā de facie terra, O.: quanto periculo vivam: neque eram nescius, quantis oneribus premerere, *yet I well knew:* flumina Nescia gratentur consolenturne parentem, *hesitating*, O.: iratum te regi fuisse non erant nescii.—*Not knowing how, not understanding, unable, incapable:* cedere nescius, i. e. *indomitable*, H.: fallere vita, V.: vinci nescius, O.: Virtus repulsae, H.: furtivas reddere preces, Pr.—*Unknown:* gentibus tributa, Ta.: neque nescium habebat alqm invisum esse, etc., Ta.

Nestor, oris (*acc.* Nestora, H.), *m.*, = Νέστωρ, *a mythical king of Pylus, who outlived three generations*, C., H., V., O., Iu.—P r o v.: vivere Nestora totum, *three generations*, Iu.

neu, see neve.

neuter, tra, trum, *gen.* trīus, *dat.* trī, *adj. pronom.* [ne + uter], *neither the one nor the other, neither:* neutri illorum quisquam me carior: neutrum eorum contra alium iuvare, Cs.: quid bonum sit, quid malum, quid neutrum: neuter consulum, L.: ubi neutri transeundi initium faciunt, *neither army*, Cs.: neutri alteros primo cernebant, L.—*Plur. n.* as *subst.:* neutra (sc. nomina), *of the neuter gender:* in bonis rebus . . . in malis . . . in neutris, *neither good nor evil.*

ne-utiquam or **ne utiquam**, *adv.*, *by no means, in no wise, not at all:* id vero ne utiquam honestum esse arbitror, T.: mihi ne utiquam cor consentit cum oculorum aspectu, Enn. ap. C.: dictatori neutiquam placebat, L.

neutrō, *adv.* [neuter], *to neither side, in neither direction*, T.: inclinatā spe, L.

nē-ve or **neu**, *adv.*, *and not, nor, and that not, and lest:* ne abs te hanc segreges neu deseras, T.: te hortor, ut maneas . . . neve pertimescas: Hic ames dici pater atque princeps, Neu sinas Medos equitare inultos, H.: discedite, neve Eripite, etc., O.: fructūs mollite colendo, Neu segnes iaceant terrae, V.

nex, necis, *f.* [1 NEC-], *death, violent death, murder, slaughter:* iniusta: usque ad necem, T.: necem sibi consciscere: viri in uxores vitae necisque habent potestatem, Cs.: neci dare, V.: neci occumbere, O.: venatorum, *by the hunters*, Ph.: Clodiana, *of Clodius:* multorum civium neces: (manūs) imbutae Phrygiā nece, *the blood of the slain*, O.—P e r s o n., *Death*, V.

nexilis, e, *adj.* [2 NEC-], *tied up, bound together:* hederae, O.

nexō, —, —, āre, *intens.* [necto,] *to twine, coil;* only *P. praes.*, V., in some edd. for nixantem.

nexum, ī, *n.* [*P. n.* of necto], *a bond secured upon the personal liberty of the debtor, voluntary assignment of the person for debt, slavery for debt:* ius nexi: nexum inire, L.: omnia nexa civium liberata.

1. nexus, *adj.* [*P.* of necto], *imprisoned.*—As *subst.:* nexi ab aes alienum, *prisoners for debt*, L.

2. (nexus), — (only *abl. sing.* and *plur.*, and *nom. plur.*), *m.* [2 NEC-], *a binding together, fastening, joining, interlacing, entwining, clasping:* medii nexūs (anguis) Solvuntur, *coils*, V.: serpens, baculum qui nexibus ambit, O.—*The state of a debtor under bonds, a personal obligation, assignment of the person for debt, slavery for debt:* se nexu obligare. — F i g., *a linking, interweaving:* causarum latentium, Cu.

nī, *adv.* and *conj.* [2 NA-]. **I.** *Adv., not.*—Only in the phrase, quid ni? (often quidni? always with *subj.* or ellipt.), *why not? of course: Ch.* hem, Clinia haec fieri videbat? *Me.* quid ni? T.: quidni iste neget?—**II.** *Conj.*, in clauses of prohibition or negative purpose, *not, that not:* monent . . . ni teneant cursūs, V.—As a conditional negative, *if not, unless, but that, but:* mirum ni domist, T.:

moriar ni puto, etc.: Ni frustra augurium vani docuere parentes, V.: ni fallor (parenthet.), O.: quid ploras, pater? Mirum ni cantem; condemnatus sum, *strange I don't sing*, Nov. ap. C.: ni festinem, *were I not in haste*, V.: nec Boi detrectassent pugnam, ni fama . . . animos fregisset, L. —E s p., in covenants, stipulations, and threats: cum is sponsionem fecisset ni vir bonus esset, *gave bonds to prove his good character:* tum illud quod dicitur sive, nive, inrident, i. e. *the forms of pleading.*

nīcētērium, ī, *n.*, = νικητήριον, *a prize of victory*, Iu.

nīdor, ōris, *m.*, *a vapor, steam, smell, fume* (from something burned): galbaneus, V.: in nidore voluptas, H.: ganearum: foedus ex adustā plumā, L.: culinae, Iu.

nīdulus, ī, *m. dim.* [nidus], *a little nest.*

nīdus, ī, *m.*, *a nest:* effingere et constituere nidos: tignis nidum suspendit hirundo, V.: facere, O.: Maiores pinnas nido extendisse, i. e. *risen above one's birth*, H.: nidi loquaces, i. e. *broods*, V. — *Plur.*, of one nest, Iu. — *A nest, dwelling, house, home:* tu nidum servas, H.: dulcīs revisere nidos, *cells* (of bees), V.

niger, gra, grum, *adj.* with (poet.) *comp.* nigrior and *sup.* nigerrimus [1 NEC-], *black, sable, dark, dusky:* quae alba sint, quae nigra, dicere: hederae, V.: Silvae, *gloomy*, H.: lucus, O.: caelum pice nigrius, O.: nigerrimus Auster, *gloomy*, V.: nigros efferre maritos, i. e. *kill by poison*, Iu.—With *acc.:* (avis) nigra pedes, O.—P r o v.: Candida de nigris facere, O.: nigrum in candida vertere, *make black white*, Iu. — F i g., *gloomy, unlucky, ill-omened:* huncine solem Tam nigrum surrexe mihi? H.: ignes, i. e. *funeral*, H.: hora, *of death*, Tb.—*Black, bad, wicked:* nec minus niger, quam Phormio, *a blackleg:* delectatus sale nigro, *malicious*, H.

nigrāns, antis, *adj.* [*P.* of nigro, from niger], *black, dark, dusky:* alae, O.: aegis, i. e. *gathering clouds*, V.: nigrantes terga iuvenci, V.

nigrēscō, —, ere, *inch.* [niger], *to become black, grow dark:* tenebris nigrescunt omnia circum, V.: Corpore, O.

nigror, ōris, *m.* [niger], *blackness:* noctis, Pac. ap. C.

nihil, or (poet.) **nīl**, *n. indecl.* [ne+hilum], *nothing:* nihil est agri culturā melius: nihil ad celeritatem sibi reliqui fecerunt, i. e. *exerted themselves to the utmost*, Cs.: sui nihil deperdere, *of what they had*, Cs.: nil sanguinis, *no drop of blood*, O.: nil sui, *nothing proper*, O.: tecum nil rei nobis est, *we have nothing to do with you*, T.: nihil exspectatione vestrā dignum dico: victor, quo nihil erat moderatius: sin mecum in hac prolusione nihil fueris, *of no account:* nihil hominis esse, *a worthless fellow.*—P r o v.: Nil nimis, i. e. *don't be extravagant*, T.—*Acc. adverb.*, *not at all, in no respect, not a whit:* nihil se eā re commoveri, Cs.: coniecturā nihil opus est: nihil ad plebis causam inclinati, L.: Nil nostri miserere? V.: nihil sane, nisi, etc., *for no reason, but*, etc.: nil ad me attinet, T.: nihil ad Persium, *in comparison with.*—In phrases: nihil agis dolor! *you effect nothing:* misere cupis abire; sed nil agis, *no, you don't!* H.: nihil non ad rationem dirigebat, *everything:* nihil non adroget armis, H.: non nihil est profectum, *somewhat:* haud nihil, T.: nihil quidquam egregium adsequi, *nothing at all:* nihil unum insigne, L.: Tu, quantus quantu's, nil nisi sapientia es, *are nothing but wisdom*, T.: amare nihil aliud est, nisi diligere, etc.: nihil aliud nisi de hoste cogitare, *only:* nihil tibi deest praeter voluntatem, *nothing except:* nihil praeterquam, *only, exclusively*, L.: nihil aliud quam prendere prohibito, L.: nihil aliud quam in populationibus res fuit, L.: nihil praetermisi . . . quin Pompeium a Caesaris coniunctione avocarem, *I have omitted nothing that might separate:* nihil moror, quo minus decemviratu abeam, L.: nihil est, quod adventum nostrum extimescas, *you have no cause to fear:* nihil est, cur adventibus te offerre gestias: nihil excogitem, quam ob rem necesse sit? etc.: nihil fuit in Catulis, ut putares, etc.: Dic aliquid dignum promissis; incipe—nil est, *to no purpose*, H.: nihil est, quod pocula laudes, *in vain*, V.: cadit in virum bonum mentiri? nihil profecto minus, *by no means.*

nihil-dum, *n. indecl.*, *nothing as yet*, C., L.

nihilō-minus (**nīlō-**) or **nihilō minus**, *adv.*, *none the less, just as much:* amicus, T.—*No less, nevertheless:* minus dolendum fuit, sed poeniendum certe nihilo minus: nilo minus ego hoc faciam tamen, *yet none the less*, T.: nihilo minus tamen agi posse, etc., Cs.

nihilum or (poet.) **nīlum**, ī, *n.* [ne+hilum], *not a shred, nothing:* ex nihilo oriri, aut in nihilum occidere: venire ad nihilum: quos pro nihilo putavit: Quoi minus nilo est, quod, etc., *less than nothing*, T.: istuc nihili pendere, *of no account*, T.: Non hoc de nilost, quod, etc., *for nothing*, i. e. *without cause*, T.: de nihilo conripi, L.: nihilo benevolentior, *not a whit:* nihilo setius, Cs.: ego isti nilo sum aliter ac fui, *no otherwise*, T.: Nihilo deterius ius, H.—*Acc. adverb.:* nihilum metuenda timere, H.

nīl, see nihil.

Nīliacus, *adj.*, *of the Nile, Egyptian*, Iu.

Nīligena, ae, *m.* and *f.* [Nilus+GEN-], *born on the Nile, Egyptian:* dei, V.

Nīlus, ī, *m.*, = Νεῖλος, *the Nile, the river of Egypt*, C., V., H., O., Iu.—*A canal, aqueduct:* piscina et Nilus.

nimbifer, fera, ferum, *adj.* [nimbus+1 FER-], *storm-bringing, stormy:* turbo, O.: ignis, O.

nimbōsus, *adj.* [nimbus], *stormy, rainy:* fluctu Orion, V.: ventus, O.: ver, Iu.

nimbus, ī, *m.* [NEB-], *a rain-storm, pouring rain, thick shower:* terrere animos nimbis: densus, L.: ex omni nimbos demittere caelo, O.: toto sonuerunt aethere nimbi, *storm-winds*, V.—*A black rain-cloud, thunder-cloud:* nimbūm nigror, Pac. ap. C.: involvere diem nimbi, V.—*A cloud, nimbus, cloudy splendor* (around a god): nimbo succincta, V.—*A cloud, mass, throng:* Respiciunt in nimbo volitare favillam, V.: fulvae harenae, V.: glandis, L.—Fig., *a storm, tempest, calamity:* hunc nimbum transisse laetor.

nimiō, *adv.* [*abl. n.* of nimius], *by far, excessively.*—With *plus, far more, excessively, utterly:* dolere plus nimio, H.: nimio plus quam velim, L.

nī-mīrum, *adv.*, *without doubt, doubtless, indisputably, certainly, surely, truly:* ni mirum hisce homines frigent, T.: non parva res, sed nimirum omnium maxima: nimirum hic illa Charybdis, etc., V.: Cui placet alterius, sua nimirum est odio sors, *of course*, H.—Ironically, *doubtless, to be sure, forsooth:* aperienda nimirum nocte ianua fuit, L.: Uni nimirum tibi recte semper erunt res, H.

nimis, *adv.* [ne+1 MA-], *beyond measure, too much, overmuch, excessively, too:* Vemens es nimis, T.: nec nimis valde nec nimis saepe: longo satiate ludo, H.: nimis insidiarum: Haec loca lucis habent nimis, O.—*Beyond measure, exceedingly, greatly:* fundam tibi nunc nimis vellem dari, T.—Prov.: nequid nimis, *moderation in all things*, T.—With a negative, *not much, not very much, not especially, not very:* me quidem non nimis, sed eos admodum delectarunt: praesidium non nimis firmum, Cs.: haud nimis amplum, L.

nimium, *adv.* [nimius], *too much, too:* nimium facere sumptum, T.: impii cives, nimium multi: nimium ne crede colori, V.: neglegens: necesse, V.: o nimium nimiumque oblite tuorum, O.—*Very much, greatly, exceedingly:* nimium vellem, T.: fortunati Agricolae! V.: illud non nimium probo, *not particularly.*—In the phrase, nimium quantum, *as much as can be, very much indeed, never so much:* differt inter honestum et turpe nimium quantum.

nimius, *adj.* [nimis], *beyond measure, excessive, too great, too much:* Vestitu nimio indulges, T.: nimiā pertinaciā, Cs.: aquae, *a deluge*, O.: nimiā caede atque cupidine ferri, *excessive eagerness for carnage*, V.: nimius mero, *intemperate*, H.: nimius animi, L.—As *subst. n.*, *too much, superabundance, excess:* Nimium boni est, cui nihil est mali, *he has too good fortune*, Enn. ap. C.: nimium feritatis in illo est, O.—*Too mighty, too powerful:* legio legatis nimia ac formidolosa erat, Ta.

ningit (-guit), — (ere), *impers.* [NIGV-], *it snows*, V.

nisi, *conj.* [1 ne+si], *if not, unless:* nomen iudicum amittemus, nisi hic ex ipsis causis iudicabimus: nisi ego insanio, stulte omnia.—After an interrogative or negative clause, *except, save only, unless, but:* ne quis enuntiaret, nisi quibus mandatum esset, Cs.: nisi in bonis, amicitiam esse non posse: quid est pietas, nisi voluntas grata in parentes: nihil est quod festines, nisi ut valeas, *no reason but*, etc.: non aliter reducturus, nisi, etc., *on no other condition*, L.—Followed by *si*, *quod*, or *quia*, *except, unless, save only:* nisi vero si quis est qui, etc.: nisi si id ipsum exigis, O.: cum Patrone mihi omnia sunt communia, nisi quod dissentio, etc., *save that:* at nesciebam id dicere illam, nisi quia Correxit miles, T.—Ironically, with *vero* or *forte*, *unless perhaps:* nisi forte vos consulem iudicatis Antonium: vero existimatis dementem Africanum fuisse, qui, etc.—*But, only: Ch.* unde haec hic rescivit? *De.* nescio, Nisi me dixisse nemini certo scio, T.: quid erat quod scire voluerit? nescio, nisi hoc video, etc.: non id modestiā ducis, nisi ad conciliandos animos Tarentinorum fieri, L.: volo, T.: valde me delectant, nisi quod me obruerunt, etc.

1. nīsus, *P.* of nitor.

2. nīsus, —, *abl.* ū, *m.* [CNI-], *a pressing upon, pressure, push, striving, exertion, labor, effort:* pedetentim et sedato nisu, *tread:* Insolitos docuere nisūs, H.: Stat nisu inmotus eodem, *in the same posture*, V.: uti nisus per saxa facilius foret, S.: quae dubia nisu videbantur, S.: rapidus, *flight*, V.

nītēdula, ae, *f.*, *a small mouse, dormouse*, C.: tenuis, H. (al. volpecula).

1. nitēns, entis, *adj.* with *comp.* [*P.* of niteo], *shining, glittering, brilliant, bright:* capilli malobathro, H.: oculi, V.: arma, L.—*Fine, in good condition, handsome, blooming, sleek:* taurus, V.: culta, V.: Tyrio nitentior ostro Flos oritur, O.—Fig., *illustrious:* recenti gloriā nitens, L.—Of style, *brilliant, elegant:* oratio.

2. nītēns, entis, *P.* of nitor.

niteō, uī, —, ēre, *to shine, look bright, glitter, glisten:* unguentis: diversi niteant cum mille colores, O.: nitet herba lapillis, H.—*To be sleek, be in good condition, look bright, bloom, thrive:* unde sic nites? Ph.: quanto parcius vos nituistis, ut, etc., i. e. *have you suffered want*, H.: miseri quibus Intentata nites! *who are charmed by you*, H.: vectigal in pace niteat, *flourishes.*—*Plur. n.* as *subst.:* aetas Defodiet condetque nitentia, *all that flourishes*, H.—Fig., *to shine, be brilliant, look beautiful:* res eius gestae gloriā niterent: ubi plura nitent in carmine, H.

nitēscō, —, —, ere, *inch.* [niteo], *to begin to*

shine, shine forth, glitter: iuventus umeros oleo perfusa nitescit, V.: quae Desperat tractata nitescere posse, *despairs of treating effectively,* H.

nitidus, *adj.* with *comp.* and *sup.* [cf. niteo], *shining, glittering, bright, polished, clear:* nitidus iuventā (of the serpent that has shed its skin), V.: aries nitidissimus auro, O.: pisces, *with gleaming scales,* O.: ocelli, Iu.—Of animals, *sleek, plump, in good condition, well-favored, blooming:* iumenta, N.: quos pexo capillo nitidos videtis: ex nitido fit rusticus, H.: vacca, O.: campi nitidissimi: nitidissimus annus, *rich,* O.—Fig., *cultivated, polished, refined:* verba nitidiora: hilares nitidique vocantur, Iu.

1. nītor, nīxus (usu. in lit. sense) and nīsus (usu. fig.), ī, *dep.* [CNI-], *to bear upon, press upon, lean, support oneself:* niti modo ac statim concidere, *strive to rise,* S.: stirpibus suis niti: muliercula nixus: hastā, V.: nixus baculo, O.: cothurno, *strut,* H.: nixi genibus, *on their knees,* L.: nixus in hastam, V.: humi nitens, V.—*To make way, press forward, advance, mount, climb, fly:* serpentes, simul ac primum niti possunt: nituntur gradibus, V.: ad sidera, V.: in aëre, O.: in adversum, O.: niti corporibus, *struggle,* S.—*To strain in giving birth, bring forth:* nitor, *am in labor,* O.—Fig., *to strive, put forth exertion, make an effort, labor, endeavor:* virtute et patientiā nitebantur, Cs.: tantum, quantum potest, quisque nitatur: pro libertate summā ope niti, S.: ad sollicitandas civitates, Cs.: ne gravius in eum consuleretur, S.: maxime, ut, etc., N.: summā vi Cirtam inrumpere nititur, S.: patriam recuperare, N.: vestigia ponere, O.: ad inmortalitatem: in vetitum, O.—*To contend, insist:* nitamur igitur nihil posse percipi. —*To rest, rely, depend upon:* coniectura in quā nititur divinatio: cuius in vitā nitebatur salus civitatis: quā (auctoritate) apud exteras nationes, Cs.: rebus iudicatis: quo confugies? ubi nitere?

2. nitor, ōris, *m.* [cf. niteo], *brightness, splendor, lustre, sheen:* diurnus, *the daylight,* O.: argenti et auri, O.—*Sleekness, plumpness, good looks, beauty, neatness, elegance:* corporis, T.: Glycerae, H.: nullus in cute, Iu.: corporum, L.: habitus, Iu.—Fig., of style, *elegance, grace:* orationis: domesticus eloquii, O.—Of character, *dignity, excellence:* generis, O.

nitrum, ī, *n.*, = νίτρον, *native soda, natron:* Semina nitro perfundere, V.—*Soap,* Cael. ap. C.

nivālis, e, *adj.* [nix], *of snow, snowy, snow-:* dies, L.: vertex, *covered with snow,* V.: Hebrus nivali compede vinctus, H.—*Snow-like, snowy:* equi candore nivali, V.

1. nī-ve, see ni. **2. nive**, *abl.* of nix.

niveus, *adj.* [nix], *of snow, snowy, snow-:* aggeres, V.—*Snow-white, snowy:* lac, V.: Briseis niveo colore, H.: dens, O.: Quirites, *in white togas,* Iu.

nivōsus, *adj.* [nix], *full of snow, snowy:* hiems, L.: Scythia, O.

nix, nivis, *f.* [NIGV-], *snow:* nigra: Liger ex nivibus creverat, Cs.: miles nivibus obrutus, L.: duratae solo nives, H.: Alpinas nives vides, V.: capitis nives, *hoary hair,* H.: nives, i. e. *a cold climate,* Pr.

nīxor, —, ārī, *dep. intens.* [1 nītor], *to lean upon, strive, endeavor:* Nixans nodis (serpens), V.

1. nīxus, *P.* of 1 nitor.—*Plur.* as *subst.:* Nīxī, *m., three guardian deities of women in labor,* O.

2. (nīxus, —), *m.* [CNI-], *pains, throes, travail* (only *abl. sing.* and *plur.*): fetūs nixibus edunt, V., O.

nō, āvī, —, āre [1 NA-], *to swim, float:* nat lupus, O.: piger ad nandum, O.: ars nandi, O.—Prov.: nare sine cortice, i. e. *to do without a guardian,* H.: per aestatem liquidam, i. e. *fly,* V.: cymba, i. e. *sail,* V., Ct.: undae nantes, Ct.

nōbilis, e, *adj.* with *comp.* and *sup.* [GNA-], *that is known, well-known, famous, noted, celebrated, renowned:* frater eius, T.: rhetor: oppidum: in philosophiā: famā, Cs.: nobilior vir factis quam genere, L.: Corinthus aere, O.: propter alqd, Iu.: (puer) superare pugnis, H.: e rectis fundere gaesa rotis, Pr.—*Notorious:* sumptuosa, nobilis, T.: taurus.—*High-born, of noble birth, noble* (usu. of families from which the high offices of state had been filled): homines (opp. novi homines): nobili genere nati: Carthaginiensis, L.—*Noble, excellent, superior, splendid:* tres nobilissimi fundi: equae, O.: nihil erat eā picturā nobilius.

nōbilitās, ātis, *f.* [nobilis], *celebrity, fame, renown:* nobilitatem despicere: repentini, L.: eum nobilitate praecurrere, N.—*High birth, noble origin, nobility:* sua: nobilitate sui municipi facile primus.—*The nobility, nobles, aristocracy:* nobilitatis fautor: omnis noster nobilitas interiit, Cs.: nobilitas rem p. deseruerat, L.: superbia commune nobilitatis malum, S.—*Nobleness, excellence, superiority:* florere nobilitate discipulorum: eloquio tantum nobilitatis inest, O.: nobilitas sola est virtus, Iu.: nobilitate ingenitā, Ta.

nōbilitō, āvī, ātus, āre [nobilis], *to make known, render famous, make renowned:* disciplinā militari nobilitatus est, N.: post mortem nobilitari: famam, L.: Lacinia templo nobilitata deae, O.—*To render notorious:* stultum adulescentulum Flagitiis, T.: alcuius nobilitata crudelitas.

nōbīs, nōbīscum, see ego.

nocēns, entis (*gen. plur.* nocentūm, O.), *adj.* with *comp.* and *sup.* [*P.* of noceo], *hurtful, harmful, pernicious, baneful, injurious:* a pestiferis et nocentibus refugere: taxi, V.: boletus, Iu.: edit cicutis allium nocentius, H.: ne nocentiores vos faciat, Ta.—*Guilty, wicked, culpable, criminal:* nocens et nefarius: homines nocentissimi: nocentissima victoria.—*Plur. m.* as *subst.:* ne innocentes pro nocentibus poenas pendant, Cs.

noceō, cuī, citūrus, ēre [1 NEC-], *to do harm, inflict injury, hurt:* declinare ea, quae nocitura videantur: nihil nocet, *does no harm:* si grando cuipiam nocuit: nihil iis nocituros hostes, Cs.: quid nocere possunt, quibus, etc., *what harm can they do?*: ob eam rem noxam nocuerunt, *have been guilty of a crime*, L. (old form.): quid nocet haec? Iu.: ut . . . cum militum detrimento noceretur, Cs.: ne quid ei per filium noceretur: mihi nihil ab istis noceri potest: ipsi nihil nocitum iri, *no harm will befall*, Cs.: verum nocet esse sororem, i. e. *it is an obstacle*, O.: Turba nocet iactis (telis), *hinders*, O.

nocīvus, *adj.* [1 NEC-], *hurtful, injurious, noxious*, Ph.

noctifer, erī, *m.* [nox+1 FER-], *the evening-star*, Ct.

noctilūca, ae, *f.* [nox+LVC-], *that shines by night;* hence, *the moon:* crescens face, H.

noctivagus, *adj.* [nox+VAG-], *night-wandering, that wanders by night:* currus, V.

noctū, *adv.* [old *abl.* of *noctus, for nox], *in the night, at night, by night*, T.; opp. interdiu, Cs., C., S., H., Iu.

noctua, ae, *f.* [nox], *a night-owl, owl*, V., Pr.

noctuābundus, *adj.* [*noctuor; from nox], *in the night-time, by night:* ad me venit tabellarius.

nocturnus, *adj.* [nox], *of night, by night, nocturnal:* labores: horae: tempus, Cs.: merum, H.: bella, V.: consilia, S.: fur: lupus gregibus nocturnus obambulat, *by night*, V.: qui nocturnus sacra divūm legerit, H.

nocuus, *adj.* [1 NEC-], *hurtful, injurious*, O.

nōdō, āvī, ātus, āre [nodus], *to furnish with knots, tie in a knot:* crines nodantur in aurum, V.: collum laqueo nodatus, i. e. *enchained*, O.

nōdōsus, *adj.* [nodus], *full of knots, knotty:* stipes, O.: lina, *nets*, O.: vitis, Iu.: cheragra, H.: Cicuta, i. e. *versed in legal intricacies*, H.

nōdus, ī, *m.* [see HED-], *a knot:* nodus vinculumque: Necte tribus nodis ternos colores, V.: Cacum Corripit in nodum complexus, *clasping him as in a knot*, V.: nodos manu diducere, O.: crinem nodo substringere, Ta.: crura sine nodis, Cs.: baculum sine nodo, L.: telum solidum nodis, V.: nodoque sinūs conlecta fluentes, V.—Prov.: nodum in scirpo quaeris, *look for a knot in a bulrush*, i. e. *make difficulties*, T.—In a plant, *a joint, eye:* in ipso Fit nodo sinus, V.—*A star in the constellation Pisces*, C.—Fig., *a band, bond:* his igitur singulis versibus quasi nodi apparent continuationis: amicitiae.—*A bond, obligation:* imponere nodos (i. e. ius iurandum), O.—*A knotty point, difficulty, impediment:* dum hic nodus expediatur: huius erroris, L.: nisi dignus vindice nodus Intersit, *crisis*, H.: Abas pugnae nodusque moraque, V.: iuris, Iu.

noenum, *adv.* [old for non], *not*, Enn. ap. C.

nōlō, nōluī, —, nōlle [ne+volo], *to wish . . . not, will . . . not, not to wish, to be unwilling:* (mulieres) Nolunt, ubi velis; ubi nolis, cupiunt ultro, T.: etiam si nolint: pluribus praesentibus eas res iactari nolebat, Cs.: nollet carmine quemquam Describi, H.: nolo vincat: nollem dixissem: nolo plura: nolo ego istam in te modestiam, L.—*Imper.*, with an *inf.:* noli putare, *do not believe:* nolite, iudices, existimare, etc.: noli vexare, Iu.: nolite velle (pleonast.).—Followed by a negative, which continues the negation: nolui deesse ne tacitae quidem flagitioni tuae: nolle successum, non patribus, non consulibus, L.—In the phrase, nollem factum, *I am sorry for it*, T.—Ellipt.: nollem (sc. factum), T.: sed nolo pluribus (sc. verbis rem exsequi), L.: videbis, si erit, quod nolim, arcessendus, ne, etc., *and may heaven forbid it.*—With a negative, *to be willing, have no objection:* cum se non nolle dixisset.—*To wish ill, be adverse:* cui qui nolunt, iidem, etc.

Nomās, adis, *m.*, = νομάς.—Prop., *a herdsman, nomad;* hence, *a Numidian:* Nomas versuta, *a Numidian fortune-teller*, Pr.: Nomadum tyranni, V.

nōmen, inis, *n.* [GNA-], *a means of knowing, name, appellation:* qui haec rebus nomina posuerunt: ludi, Pythia perdomitae serpentis nomine dicti, O.: eique morbo nomen est avaritia: canibus pigris . . . Nomen erit pardus, tigris, leo, Iu.: puero ab inopiā nomen Egerio est inditum, L.: Aeneadasque meo nomen de nomine fingo, V.: Nomine quemque vocans, *by name*, V.: nomina dare, *enlist*, L.: ab re nomen habet (terra), *is named for*, L.: turris quae nomen ab insulā accepit (i. e. nominatur), Cs.: qui litteras exitialīs Demetrio sub nomine Flaminini adtulerant, *in the name of*, L.: me imperatoris nomine appellare, *hail me imperator*, Cs.: infaustum interluit Allia nomen, V.: Et diversa trahunt unum duo nomina pectus, i. e. *mother and sister*, O.—*A gentile name* (the middle name of a Roman freeman): apud illos Fabrorum nomen est amplissimum; cf. tamquam habeas tria nomina, i. e. *as if you were a Roman*, Iu.—In law: nomen alicuius deferre, *to bring an accusation against, accuse:* nomen huius de parricidio deferre: nomen recipere, *to entertain an accusation:* si quis Sthenium reum facere vellet, sese eius nomen recepturum.—Meton., *a bond, note, demand, claim, debt:* tibi certis nominibus pecuniam debere, *on good bonds:* falsum perscribere nomen?: nomina sua exigere, *collect one's debts:* in socios nomina transcribere, *substitute the names of socii as debtors*, L.: Qui venit ad dubium grandi cum codice nomen, *to sue for a doubtful debt*, Iu.: nomina se facturum, quā ego vellem die, *create a written obligation by a book-entry.—A debtor:* hoc sum adsecutus, ut bonum nomen existimer, i. e. *a good payer.*—With a *gentile adj.*, *a dominion, nation, power, army:* gens infestissuma nomini Romano, S.: concitatis sociis et nomine Latino: Volscum nomen prope deletum est, L.—Poet., of one person: Silvius, Albanum nomen, tua proles, V.—Fig., *name, fame, repute, reputation, renown:* huius maius nomen fuit: magnum in oratoribus nomen habere: qui nomini officient meo, L.: Multi Lydia nominis, H.: sine nomine plebs, *inglorious*, V.—Poet., of things: Nec Baccho genus aut pomis sua nomina servat, V.—*A title, pretext, pretence, color, excuse, account, sake, reason, authority, behalf:* alio nomine abstulisse: legis agrariae simultatione atque nomine: haec a te peto amicitiae nostrae nomine: eo nomine, *on that account:* Quocumque nomine, *for whatsoever purpose*, H.: tuo nomine gratulabantur, *on your account:* Antonio tuo nomine gratias egi, *on your behalf:* quem tibi suo nomine commendo, *for his own sake:* aetatis nomine 'filia' dixit, *on account of*, O.: acceptā ex aerario pecuniā tuo nomine, *on your responsibility:* aes alienum meis nominibus solvere, *contracted by me*, S.—*A name* (opp. to reality): me nomen habere duarum legionum exilium (opp. exercitum habere tantum): magis nomen ad praesidium quam vires adferre, L.: sunt nomina ducum, L.: Nomen amicitia est, nomen inane fides, O.

nōmenclātor, ōris, *m.* [nomen+1 CAL-], *one who calls by name, a monitor* (a slave who prompts his master with names).

nōminātim, *adv.* [nomino], *by name, expressly, especially, particularly, one by one, in detail:* non nominatim, sed generatim: nobilissimum quemque evocare, Cs.

nōminātiō, ōnis, *f.* [nomino], *a naming, designation, nomination:* eum meā nominatione coöptabo: nominatio in locum eius (pontificis) non est facta, L.: consulum, Ta.

nōminātus, *adj.* [*P.* of nomino], *famed, renowned, celebrated:* Attalica totā Siciliā.

nōminō, āvī, ātus, āre [nomen], *to call by name, name, give a name to:* tua te Thisbe Nominat, O.: amor ex quo amicitia est nominata, *takes its name:* L. Sulla, quem honoris causā nomino, *mention with respect:* (urbem) e suo nomine Romam iussit nominari: Mithridatem deum.—*To render famous, make renowned, celebrate:* praedicari de se ac nominari volunt.—*To name for office, designate, nominate:* interregem, L.: me augurem.—*To talk of, call attention to, urge:* mihi mansuetudinem, S.—*To name, mention, report, accuse, arraign:* nominari apud dictatorem, L.: inter coniuratos me, *accuses as a conspirator*, Cu.

nomisma (num-), atis, *n.*, =νόμισμα, *a piece of money, coin:* regale, H.

nōn, *adv.* [for old noenum, ne+oenum (unum)], *not, by no means, not at all:* hocine agis an non? T.: non erat abundans, non inops tamen: non est ita, iudices, non est profecto.—Before a negative, forming a weak affirmative: quod tamen fortasse non nollem, si, etc., *might not object to.*—After a negative, forming a strong affirmative: nihil non ad rationem dirigebat, *everything.*—Followed by *ne . . . quidem*, or *nec . . . nec*, continuing the negation: non fugio ne hos quidem mores: non possum reliqua nec cogitare nec scribere.—After a negative, repeating the negation with emphasis: ut nemo, non linguā, non manu, promptior haberetur, L.—Reversing a quality or thought, *by no means, not at all, the reverse of, far from:* non inimici mihi, Cu.: homo non aptissimus ad iocandum: non digna ferens (i. e. indigna), V.: non Invitus, *gladly*, H.: veri non dissimulator amoris, O.—With *quod* or *quo*, *not that, not as if:* non quod sola ornent, sed quod excellant: non quo sit servulus unus, idem quod familia, verum quia, etc.—With *nisi*, *only:* Non nisi vicinas tutus ararit aquas, O.—With *vero*, *truly not:* non vero tam isti quam tu ipse, nugator.—With *modo* or *solum*, followed by *sed* or *verum*, *not only . . . but also:* ut non modo a mente non deserar, sed id ipsum doleam, me, etc., *not only . . . not, but*, etc.: tu id non modo non prohibebas, verum etiam approbabas: adsentatio, quae non modo amico, sed ne libero quidem digna est.—With *ita* or *tam*, *not so very, not particularly:* simulacra non ita antiqua: non ita diu.—With *fere*, *scarcely, hardly:* non fere quisquam.—With *si*, *not even if:* iniussu tuo numquam pugnaverim, non si certam victoriam videam, L.: non si Opimium defendisti, idcirco, etc.—*Much less:* vix mehercule servis hoc eum suis, non vobis probaturum arbitrarer.—In a question expecting an affirmative answer: quid haec amentia significat? non vim? non scelus? non latrocinium?—In commands and wishes, for *ne* (poet.): non sint sine lege capilli, O.: Non Teucros agat in Rutulos, V.: non sit, qui tollere curet, H.—In an answer, *no:* aut etiam aut non respondere: exheredítavitne (pater filium)? Non.

nōna, ae, *f.* see nonus.

Nōnacrīnus or **Nōnacrius**, *adj.*, *of Nonacris* (a mountain of Arcadia); hence, *Arcadian:* virgo, i. e. Calisto: Atalanta, O.

Nōnae, ārum, *f.* [nonus], *the Nones, ninth day*

before the ides (hence, of March, May, July, and October, the seventh, and of other months the fifth): o Nonae illae Decembres: Nonis Februariis si Romae fuit: a. d. tertium Non. Ianuar. si agere coepisset, *January 3d:* consequi posterum diem Nonarum Novembrium.

nōnāgēsimus, *num. ord.* [nonaginta], *the ninetieth:* quarto et nonagesimo anno.

nōnāgiēns (-giēs), *adv.* [nonaginta], *ninety times:* nonagiens sestertium, *ninety times a hundred thousand sesterces.*

nōnāgintā, *num., ninety:* anni, C., Cs.

nōnānus, *adj.* [nona (legio)], *of the ninth legion:* miles, Ta. — As *subst. m., a soldier of the ninth legion,* Ta.

nōn-dum, *adv., not yet:* nondum armati convenerant, S.: nondum arces Pergameae steterant, V.: si nondum socius, at non hostis.

nōngentī, ae, a, *num., nine hundred:* emere HS nongentis milibus, Cs.

nōn-ne, *adv. interrog.*—In a direct question, *not?* (expecting an affirmative answer): nonne intellegis?: quid? nonne sustulisti? etc.: nonne vobis haec oculis cernere videmini? non illum . . . videtis? nonne extremam pati fortunam paratos proiecit? nonne sibi clam . . . ? nonne, etc., Cs.—In an indirect question, *if not, whether not:* quaero a te, nonne putes, etc.

nōn nēmō, nōn nihil, see nēmō, nihil.

nōn-nūllus or **nōn nūllus,** *adj., some, several:* Non nullam nobis facit iniuriam, T.: esse non nullo se Caesaris beneficio adfectum, *one and another,* Cs.: pars militum, *a considerable,* Cs.: in quo est tua culpa non nulla: amici, *a few.—Plur. m.* as *subst.* (sc. milites), *some, several,* Cs.

nōn-numquam or **nōn numquam,** *adv., sometimes, a few times:* Cibum non numquam capiet cum eā, T.: nonnumquam interdiu, saepius noctu, Cs.

nōnus, *num. ord.* [for novēnus, from novem], *the ninth:* ad horam nonam praesto: accedes opera agro nona Sabino, H. — As *subst. f.* (sc. hora), *the ninth hour of the day* (the third hour before sunset; hence, Engl. 'noon'), *dinner time:* post nonam venies, H.

nōnus-decimus, *num. ord., the nineteenth:* annus, Ta.

nōrma, ae, *f.* [GNA-], *a measure, standard:* ad istorum (Stoicorum) normam sapientes.—*A rule, pattern, precept:* vitam ad certam rationis normam dirigere: iuris: loquendi, H.

Nōrtia, ae, *f.* [for *Ne-vortia; ne+VERT-], *an Etruscan goddess of Fortune,* L., Iu.

nōs, nostrum, see ego.

nōscitō, —, —, āre, *freq.* [nosco], *to know, recognize:* facie consulem, L.: noscitari ab omnibus, Ct.—*To perceive, observe,* L.

nōscō, nōvī (*2d pers.* often nōstī, nōstis; *subj.* nōrim, for nōverim; *plup.* nōram, nōssem, for nōveram, nōvissem), nōtus, ere [GNA-], *to get knowledge of, become acquainted with, come to know, learn, discern:* nosce te . . . nosce animum tuum: Id esse verum, quoivis facile est noscere, T.: deus, quem mente noscimus: omnes philosophiae partes tum facile noscuntur, cum, etc.: nec noscitur ulli, *by any one,* O.: noscere provinciam, nosci exercitui, *by the army,* Ta.: Iam nosces, ventosa ferat cui gloria fraudem, *learn,* V. — In *perf.* stem, *to have become acquainted with, have learned, know, understand:* Novi omnem rem, T.: plerisque notus erat, atque eos noverat, S.: qui non leges, non iura noritis: si ego hos bene novi, *know them well:* si tuos digitos novi: noris nos, *you know me, I think,* H.: nec iungere tauros Aut conponere opes norant, V.: Hortos mercarier noram, H.—*To examine, consider:* ad res suas noscendas, L.—*To know, recognize:* nosco crinīs incanaque menta Regis, V.: potesne ex his ut proprium quid noscere? H. — *To acknowledge, allow, admit:* illam partem excusationis: tuas causas.

nōsmet, see ego.

noster, stra, strum, *pron. possess.* [nos], *our, our own, ours, of us:* nostri mores: provincia, i. e. *of Rome,* Cs.: exemplo maiorum nostrorum, L.: Nostrāpte culpā facimus, T.: qui de nostro omnium interitu cogitant: quoi credas Nostram omnium vitam? T.: amor noster (i. e. nostrum): conubia, *with me,* V.—*Plur. n.* as *subst.:* Debemur morti nos nostraque, *we and all we have,* H.—*Of us, one of ours, one of us, our friend, ours:* Ciceronem nostrum quid tibi commendem?: impedimentis castrisque nostri potiti sunt, i. e. *our men,* Cs.: ut ait poëta ille noster: hic noster, quem principem ponimus, i. e. *he of whom we are speaking:* divi, quorum est potestas nostrorum hostiumque, L.: subiectior in diem et horam Invidiae noster, *this friend,* i. e. *myself,* H. — In address, *dear, good, my friend:* o Syre noster, salve, quid fit? T.—*Convenient, favorable:* nostra loca, L.

nostrās, ātis, *adj.* [noster], *of our country, native:* verba nostratia: facetiae.

1. nostrī, *gen. sing.* and *nom. plur.* of noster.

2. nostrī, nostrum, *gen. plur.* of ego.

nota, ae, *f.* [GNA-], *a means of recognition, mark, sign, stamp, impression:* epistulis notam apponam eam, quae mihi tecum convenit: barbarus compunctus notis Thraeciis, i. e. *tattooed:* Quā notam duxit (vitulus), *is marked,* H.: notas et nomina gentis inurunt (in vitulos), *brand with,* V.: notam sine volnere fecit, *bruise,* O. — *Plur.,* *significant marks, written characters, signs:* qui sonos vocis litterarum notis terminavit, *letters.*—*A critical mark, marginal note:* notam apponere ad malum versum.—*Plur., letters, alphabetic writing* (sc. litterarum): Quosque legat versūs . . . Grandibus marmore caede notis, *large letters,* O.: foliisque notas et nomina mandat, V.: Inspicit acceptas hostis ab hoste notas, *the letter,* O.: loci, quasi argumentorum notae, *memoranda.*—Of wine, *a brand, stamp, kind, quality:* nota Falerni, H.: hae notae sunt optimae, i. e. *wines of these brands.* —*A nod, beck, sign:* Innuet; acceptas tu quoque redde notas, O.: Concussā manu dantem sibi signa videt, redditque notas, O.—Fig., *a mark, sign, token:* notae ac vestigia suorum flagitiorum: interspirationis enim, non defatigationis nostrae neque librariorum notae, *signs* (punctuation marks). —*A distinguishing mark, characteristic, note:* cuiusque generis dicendi: inter conloquia insigni notā deprendi, *by a marked peculiarity of dialect,* L.: Signatum praesente notā nomen, *with the note of the present time,* H.: Fabella hominum discernit notas, Ph.—Because of the mark against the name of a degraded citizen on the censor's lists, *a censorial reproach, judgment of degradation* (see censor): censoriae severitatis nota: censores senatum sine ullius notā legerunt, *not excluding any one,* L.—*A mark of ignominy, badge of infamy, reproach, disgrace:* domesticae turpitudinis: homo omnibus insignis notis turpitudinis: in amore tuo cogor habere notam, i. e. *am degraded,* Pr.: nullā tristi notā insignitus, *reproachful surname,* L.

notābilis, e, *adj.* with *comp.* [noto], *noteworthy, conspicuous, extraordinary, memorable, notable:* exitus: via Lactea candore notabilis, O.: cunctis, Iu. —*Infamous, notorious:* notabilior caedes, Ta.

(**notābiliter**), *adv.* [notabilis], *remarkably, notably; only comp.:* in tumultu notabilius turbantes, Ta.

notātiō, ōnis, *f.* [noto], *a marking, noting:* tabellarum, i. e. *with wax of different colors.*—*A disgracing, degradation* (by the censors): ad notationes auctoritatemque censoriam.—*A designation, choice:* iudicum.—Fig., *a noticing, observing, observation:* naturae: temporum, *distinguishing.*— —Of a word, *etymology.*

notātus, *adj.* with *comp.* and *sup.* [*P.* of noto], *marked, known, noted:* homo omnium scelerum maculis notatissimus.

notēscō, uī, ere [1 notus], *to become known,* Ct., Pr., Ta.

nothus, *adj.*, = νόθος, *illegitimate, born out of wedlock* (of a known father): Antiphaten . . . Thebanā de matre nothum Sarpedonis alti, V.—Of animals, *mixed, mongrel,* V.—*False, counterfeit:* lumen, Ct.

nōtiō, ōnis, *f.* [GNA-], *a becoming acquainted, examination, investigation, inquiry:* agri, sine populi R. notione, addicentur: notionem eius differre: pontificum.—Of the censors, *a judgment upon character, censure:* censoria: ad censores notionem de eo pertinere, L.—*An idea, conception, notion:* rerum: deorum: alia huic verbo subiecta.

nōtitia, ae, *f.* [1 notus], *a being known, celebrity, note, fame:* propter notitiam intromissi, N.: plus notitiae quam fuit ante dedit, *made me better known than before,* O.: serae posteritatis, O.—*Acquaintance, familiarity:* haec inter nos, T.: nova mulieris: Notitiam vicinia fecit, O.: feminae notitiam habuisse, *carnal knowledge,* Cs.—*A knowing, knowledge:* antiquitatis: populi, L.—*An idea, conception, notion:* dei: rerum, *concepts.*

notō, āvī, ātus, āre [nota], *to mark, designate with a mark:* tabellam cerā: ungue genas, O.: Et notat et delet, *writes and erases,* O.—Fig., *to signify, indicate, denote:* res nominibus novis: temporis naturam notant: coniunx visa est . . . seque indoluisse notatam, *was pointed at,* O.—*To mark, note, single out, designate:* oculis ad caedem alqm. —*To mark, observe:* numerum in cadentibus guttis notare possumus: cantūs avium: id caput notavi, et descriptum tibi misi: sidera, V.: ne ducem circumire hostes notarent, L.: qualis foret aura notare, O.—*To mark, brand, censure, reprimand:* non nullos ignominiā, Cs.: quos censores furti nomine notaverunt: luxuria Corneli communi maledicto notabatur: amor dignus notari, H.: notante Iudice, quo nosti, populo, H.

1. nōtus, *adj.* with *comp.* and *sup.* [*P.* of nosco], *known:* mihi quidam, T.: res tam nota: haec, quae nota sunt omnibus: latrones: tua nobilitas hominibus litteratis est notior: nullus fuit civis R. paulo notior, quin, etc., *of any eminence,* Cs.: vita P. Sullae vobis notissima: (ulmus) Nota sedes columbis, *customary,* H.: notis conpellat vocibus, *familiar accents,* V.: verbum, *in common use,* H.: Notum est, cur, etc., Iu.: ut Aeneas iactetur . . . Nota tibi, V.—*Plur. m.* as *subst., acquaintances, friends:* omnes noti me deserunt, T.: hi suos notos hospitesque quaerebant, Cs.: omnes Vicini oderunt, noti, H.—*Well known, famous:* Lesbos, H.: Notus in fratres animi paterni, *esteemed for,* H.—*Plur. n.* as *subst., notorious facts:* quem nota et occulta fallebant, Ta.—*Well known, of ill repute, notorious:* notissimi latronum duces: feritate Lycaon, O.: mulier: moechorum notissimus, Iu.

2. Notus or **Notos**, ī, *m.*, = Νότος, *the south wind,* V., H., O.: tendunt vela Noti, *the winds,* V.

novācula, ae, *f.* [novo], *a sharp knife, razor:* cotem novaculā posse praecidi, C., L., Ph.

novālis, e, *adj.* [novus], *ploughed anew, ploughed for the first time.*—As *subst. f.* (sc. terra), *fallow* *land:* tonsae novales, V.—As *subst. n.* (sc. solum): vacuum, O.: culta novalia, *tilled fields*, V., Iu.

novātrīx, īcis, *f.* [novator], *she who renews, a renovator:* rerum, O.

novellus, *adj. dim.* [novus], *young, new:* arbor: vites, V.: novella haec Romanis oppida ademit, *newly acquired*, L.: frena, *new*, O.

novem or **VIIII** or **IX**, *num., nine:* novem orbibus: milia passuum decem novem (i. e. undeviginti), Cs.: ix solis diebus: viiii tribūs.

November, bris, bre, *adj.* [novem], *of nine, ninth:* bene mensis, *the ninth* (later eleventh) *month of the year.*—*Of November:* ante diem xii Kal. Novembrīs: Nonae.

novendiālis, e, *adj.* [novem+dies], *of nine days, that lasts nine days, a nine-days' festival* (after a prodigy of ill omen): sacrum, L.: feriae.—*Of nine days* (of a festival for the dead, held on the ninth day after a funeral): cena, Ta.: pulveres, i. e. *not yet cold*, H.

Novēnsilēs, ium, *m.* [novem+SED-], *newly settled:* divi, *newly introduced*, L. (old prayer).

novēnī, ae, a, *num. distr.* [novem], *nine each, nine:* virgines ter novenae, L.: Terga boūm, O.

noverca, ae, *f.* [1 NV-], *a step-mother, step-dame:* noverca filii: iniusta, V.: Quid ut noverca me intueris? i. e. *askance*, H.

novercālis, e, *adj.* [noverca], *of a step-mother:* novercali sedes praelata Lavino, *named for his step-mother*, Iu.—*Step-motherly, malevolent:* odia, Ta.: stimuli, Ta.

nōvī, *perf.* of nosco.

novīcius, *adj.* [novus], *new in kind, new:* de grege noviciorum, *newly enslaved:* puellae, T.—In the lower world, *a new comer, novice*, Iu.

noviēns (-iēs), *num. adv.* [novem], *nine times:* Styx interfusa, V.: Ter noviens, O.

novissimē, *adv. sup.* [novissimus], *very recently, of late:* novissime, memoriā nostrā, S.

novissimus, *adj., sup.* of novus.

novitās, ātis, *f.* [novus], *newness, novelty:* rei novitas: regni, V.: grata, H.: dulcis, O.: anni, i. e. *the spring*, O.—*Plur.:* novitates, *new acquaintances.*—*Rareness, strangeness, unusualness:* sceleris atque periculi, S.: pugnae, Cs.: decretorum: Adiuta est novitas numine nostra dei, *novel attempt*, O.: in novitate fama antecedit, *rumor anticipates an unexpected event*, Cs.—*Newness of rank, low origin:* mea, C., S.: novitati invidere, i. e. *an upstart.*

novō, āvī, ātus, āre [novus], *to make new, renew, renovate:* transtra, *repair*, V.: nullā prole novare viros, O.: animus defessus... risu novatur, *is refreshed:* ardorem, L.: novat repetitum volnus, *repeats anew*, O.: agro non semel arato sed novato et iterato, *reploughed:* digitis charta novata meis, *written over*, O.—*To invent, coin:* verbum aut inusitatum aut novatum: Ignotum hoc aliis ipse novavit opus, O.—*To change, alter:* nihil novandum in legibus: nomen faciemque, O.: Fortuna fidem mutata novavit, *proved fickle*, V.: bis tua fata novabis, *experience change of fortune*, O.—In public life, *to make a change, effect a revolution:* novandi spes, *of a revolution*, S.: ne quid eo spatio novaretur, S.: res, *to effect a revolution*, L.: quonam modo in Graecis res novarentur. L.

novus, *adj.* [1 NV-], *new, not old, young, fresh, recent:* civitates condere novas: nobilitas, S.: ut rursus novus de integro exsudetur labor, *a new task... all over again*, L.: imperator, S.: novum de integro proelium, L.: hanc ipsam novam (rem) devoravit, *his latest windfall:* flores, *new-blown*, H.: serpens, *which has cast its old skin*, O.: caro, *fresh*, Iu.—*Plur. m.* as *subst., the moderns, our contemporaries:* Quae veteres factitarunt si faciant novi, T.—*Sing. n.* as *subst.:* num quidnam esset novi? *any news?*—With *tabernae, the new shops* (of money-changers in the Forum): tabernae argentariae, quae nunc novae appellantur, arsere, L.: sub novis (sc. tabernis): Nova via, *New street* (skirting the north-western slope of the Palatine hill), L.—With *tabulae, new account-books, a new account* (cancelling old debts): quid enim exspectas? bellum?... an tabulas novas? i. e. *an abolition of debts:* polliceri tabulas novas, S.—With *homo, the first of a family to obtain a curule office, one newly ennobled, an upstart, self-made man:* me hominem novum consulem fecistis: hominibus novis honores mandare.—As *subst.*. Hic novus Arpinas, ignobilis, Iu.: pauci consules facti sunt, novus ante me nemo: plebes novos extollebat, *men without ancestors*, S.—With *res, a new thing, news, novelty, innovation, revolution:* rem ullam novam adlatam esse: Maelius novis rebus studens, *a revolution:* cupidus rerum novarum, Cs.: plebes novarum rerum cupida, S.: novarum rerum avidi, S.—*New, novel, strange, singular, unusual, unheard of:* em nova res ortast, T.: genus pugnae, Cs.: nova tibi haec sunt et inopinata?: Ignoti nova forma viri, V.: monstra, H.: nova acies inaudita ante id tempus, L.—*Sing. n.* as *subst.:* ne quid novi fiat.—*New, unused, unaccustomed, inexperienced:* maritus, T.: Et rudis ad partūs et nova miles eram, O.: delictis hostium novus, Ta.—Of order, only *sup., latest, last, hindermost, extreme:* novissimi histriones: novissimum agmen, *rear*, Cs.: verba, *parting*, V.: cauda, i. e. *end*, O.—*Plur. m.* as *subst., the rear, last line:* novissimis praesidio esse, Cs.: novissimos adorti, Cs.

nox, noctis, *f.* [1 NEC-], *night:* umbra terrae soli officiens noctem efficit: nocte et die concoqui, *in twenty-four hours:* dinumerationes noctium ac dierum: omni nocte dieque, Iu.: primā nocte, *at nightfall*, Cs.: de nocte, *by night:* multā de nocte, *late at night:* multā nocte: ad multam noctem, Cs.: intempestā nocte, S.: nox proelium diremit, S.: sub noctem naves solvit, Cs.: Conari noctīsque et dies, T.: noctes et dies urgeri, *night and day:* concubiā nocte: nec discernatur, interdiu nocte, pugnent, *by night*, L.: O noctes cenaeque deum! i. e. *glorious late suppers*, H.: omnis et insanā semita nocte sonat, *a revelling by night*, Pr. —*A dream:* pectore noctem Accipit, V.—*Death:* omnīs una manet nox, H.: aeterna, V.—*Darkness, obscurity, gloom of tempest:* quae quasi noctem quandam rebus offunderet: imber Noctem hiememque ferens, V. — *Blindness:* Perpetua, O. — Person., *the goddess of Night, sister of Erebus*, C., V., O.—Fig., *darkness, confusion:* in hanc rei p. noctem incidisse.—*Mental darkness, ignorance:* quantum mortalia pectora caecae Noctis habent, O. — *Obscurity, unintelligibility:* mei versūs aliquantum noctis habebunt, O.

noxa, ae, *f.* [1 NEC-], *hurt, harm, injury:* quandoque homines noxam nocuerunt, L. (old form.): tristes pellere a foribus noxas, O.: sine ullius noxā urbis, L.—*An injurious act, fault, offence, crime:* qui in eā noxā erant, L.: capitalis, L.: in aliquā noxā conprehensi, Cs.: Unius ob noxam, V.: graviorem noxam fateri, O. — *Punishment:* noxam merere, L.: non noxae eximitur Fabius, L.: quantum noxae sit ubique repertum, O.

noxia, ae, *f.* [noxius], *hurt, harm, damage, injury:* ad defendendam noxiam, T.: fides data, haud futurum noxiae indicium, L.: sive ullius eorum quos oderat noxia, L. — *An injurious act, fault, offence, trespass:* Hic in noxiāst, *offends*, T.: in minimis noxiis id primum quaeritur: desertori noxiae fore, *the blame would fall on*, L.

noxius, *adj.* [noxa], *hurtful, harmful, injurious, noxious:* civis: tela, O.: corpora, *burdensome*, V.—*Guilty, culpable, criminal:* nobilitas, S.: qui citati non adfuerant, noxios iudicavit, L.: corda, O.: eodem crimine, L.: coniurationis, Ta.

nūbēcula, ae, *f. dim.* [nubes], *a little cloud:* frontis tuae nubecula, *gloomy expression.*

nūbēs, is, *f.* [NEB-], *a cloud, mist, vapor:* caelum nocte atque nubibus obscuratum, S.: aër concretus in nubīs cogitur: atra nubes Condidit lunam, H.: aestivis effusus nubibus imber, V. — *A cloud, thick multitude, dense mass, swarm:* locustarum tantae nubes, L.: levium telorum, L.: peditum equitumque, L.: hostem Factā nube premunt, V.: (volucrum) nubem sonoram, Iu.—Fig., *a cloud:* in illis rei p. caecis nubibus: nubīs et inania captat, *phantoms*, H.: deme supercilio nubem, *gloom*, H.: fraudibus obice nubem, *a veil*, H.: belli, *thunder-cloud*, V.

nūbifer, era, erum, *adj.* [nubes+1 FER-], *cloud-bearing:* Apenninus, *cloud-capped*, O.: Notus, O.

nūbigena, ae [nubes+GEN-], *cloud-born.*—Of the Centaurs, V., O.

nūbila, (ōrum), *n.* [*plur. n.* of nubilus], *clouds, rain-clouds:* Diespiter Igni corusco nubila dividens, H.: caput inter nubila condit, V.: nubila disiecit, O.

nūbilis, e, *adj.* [NEB-], *marriageable:* filia: iam plenis nubilis annis, V.: anni, O.

nūbilus, *adj.* [nubes], *cloudy, overcast, lowering, cloud-bringing:* Auster, O.—*Dark, gloomy:* Styx, O.: via nubila taxo, O.—Fig., *gloomy, sad, melancholy:* toto nubila voltu, O.: Nubila nascenti seu mihi Parca fuit, *unpropitious*, O.

nūbō, nūpsī, nūptum, ere [NEB-], *to veil oneself, be married, marry, wed:* in familiam: lectum filiae nubenti straverat: apte, O.: Tu nube atque tace, Iu.: Mamilio filiam nuptum dat, L.: propinquas suas nuptum in alias civitates conlocasse, Cs.: Antiphila nubet mihi, T.: Iugurthae filia Boccho nupserat, S.: consobrino suo: nube pari, O.: cum illo nupta, T.: quocum esset nupta.

nūdātus, *P.* of nudo.

nūdius, *adv.* [for nunc dies (est)], only in phrases of time with an ordinal number: nudius tertius, *it is now the third day*, i. e. *day before yesterday:* nudius tertius decimus, *twelve days ago.*

nūdō, āvī, ātus, āre [nudus], *to make naked, strip, bare, lay bare, expose, uncover:* inter civīs corpore: superiore corporis parte nudatā, Cs.: hominem nudari ac deligari iubet: gladios, L.: telum nudatum vaginā, N.: Tertia nudandas acceperat area messīs, i. e. *to be threshed out*, O.: Satyros nudavit, *exposed on the stage*, H.—In war, *to leave uncovered, leave exposed, expose, deprive:* ab sinistrā parte nudatis castris, Cs.: latera sua, L.: neque sibi nudanda litora existimabant, Cs.: praesidiis nudatus, S.: terga fugā nudant, V. — *To strip, spoil, plunder:* spoliavit nudavitque omnia: nudatus opibus, L.: cornicula nudata coloribus, H.: nec nuder ab illis, O. — Fig., *to lay bare, expose:* evolutus illis integumentis dissimulationis tuae nudatusque. — *To lay bare, make visible, expose, betray, disclose:* defectionem, L.: voluntates hominum, L.: eius consilia adversus Romanos, L.: ingenium res Adversae nudare solent, H.: Crudelīs aras traiectaque pectora, i. e. *tells the sacrilege, and shows his pierced breast*, V.—*To deprive, strip:* se regno nudari: nudata omnibus rebus tribunicia potestas, Cs.: quem praeceps alea nudat, *impoverishes*, H.

nūdus, *adj.*, *naked, bare, unclothed, stripped, uncovered, exposed:* Capillus passus, nudus pes, T.: nudum (Roscium) eicit domo: nuda pedem, O.: membra, V.: capite nudo, *bareheaded*, S.: nudo corpore pugnare, *without a shield*, Cs.: sere nudus, *without the toga*, V.: nudum corpus ad hostīs vortere, *his defenceless back*, S.: Gratia Nudis iuncta sororibus, *in light attire*, H.: silice in nudā, *bare*, V.: Sedit humo nudā, O.—*Striped, spoiled, vacant, void, deprived, destitute, without:* partem subselliorum nudam atque inanem relinquere: urbs praesidio: agris nummis, H.: Messana ab his rebus: loca nuda gignentium, S.: Arboris Othrys, O.—*Without property, poor, needy, destitute, forlorn:* senecta, O.: quis tam nudus, ut, etc., Iu.: plane nudus ac desertus: nil cupientium Nudus castra peto, H.—*Bare, mere, pure, simple, sole, alone, only:* nuda ista si ponas: operum nudum certamen, *simply a rivalry in achievements*, O. — *Simple, unadorned:* Commentarii (Caesaris): dicendi facultas: nudis incompta capillis, O.: veritas, H.

nūgae, arum, *f.* [CNV-], *jests, idle speeches, trifles:* ista magnas nugas dixerit, T.: tantis delectatus nugis: Nescio quid meditans nugarum, H. —*Jesting, jokers, droll fellows:* amicos habet meras nugas: in comitatu nugarum.

nūgātor, ōris, *m.* [nugor], *a jester, joker, babbler, trifler, braggart, swaggerer:* tu ipse, nugator: alqm nugatorem appellare, L.

nūgātōrius, *adj.* [nugator], *trifling, worthless, useless, futile:* ad probandum res: alqd valde.

nūgor, ātus, ārī, *dep.* [nugae], *to jest, trifle, play the fool, talk nonsense:* non inscite: positis nugari Graecia bellis Coepit, H.: cum illo, H.

nūllus, *gen.* nūllīus (*m.* nūllī, T., C.; nūllius, H.), *dat.* nūllī (*m.* nūllō, Cs.; *f.* nūllae, Pr.), *adj.* [ne+ullus], *not any, none, no:* semita nulla, Enn. ap. C.: nulla videbatur aptior persona: elephanto beluarum nulla prudentior: nullo periculo perventuri, *safely*, Cs.: nullo discrimine, V.: nullius earum rerum consuli ius est, *jurisdiction over none of*, etc., S.: nullum meum minimum dictum, *not the slightest word on my part:* (Alpes) nullā dum viā superatae, *no road as yet*, L.: equestris pugna nulla admodum fuit, *no fight at all*, L.: nullā re unā magis commendari, quam, etc., *no single:* nullā rerum suarum non relictā, *every one*, L. —As *subst. m.* and *f.*, *no one, nobody:* me, cum a vobis discessero, nusquam aut nullum fore: consistendi potestas erat nulli, Cs.: ego quidem nulli vestrum deero, L.: aut nullo aut quam paucissimis praesentibus, S.: Cur nemo est, nulla est, quae, etc., O.: nullis posset esse iucundior: nullis hominum cogentibus veniunt, V.—As *subst. n.*, *nothing* (for nihil): praeter laudem nullius avari, H. —Colloquially, *not, not at all:* memini, tametsi nullus moneas, T.: Philotimus nullus venit: ea (occasio) nulla contigerat, L.—*Of no account, insignificant, trifling, worthless, null:* igitur tu Titias leges nullas putas?: sed vides nullam esse rem p.: patre nullo, L.: alia quae illos magnos fecere, quae nobis nulla sunt, S.—With *esse*, *to be lost, be undone:* nullus sum, T.: Nullu's, Geta, nisi, etc., *it is all over with you*, T.

num, *adv.* [1 NV-]. **I.** Of time, *now* (correl. of tum), only in the phrase, etiam num, see etiam. —**II.** As *interrog. particle.* **A.** Introducing a direct question, usu. expecting a negative answer, *then, now* (often only rendered by the interrogative form of the sentence): num videntur convenire haec nuptiis? *does this look like a wedding?* T.: num expectatis, dum Metellus testimonium dicat? *are you waiting then for Metellus to give evidence?*: num est ferendum?: num non vis audire, cur? etc., *will you not, then, hear?* —With *-ne* (rare): numne, si habuit amicos, ferre contra patriam arma debuerunt? —Followed by *an:* Num furis, an prudens ludis me? *are you mad, or?* etc., H.: num iratum timemus Iovem? . . . an ne turpiter faceret.—With *quis, quid* (indefinite; often written numquis, numquid): numquis hic est? nemo est, T.: num quae trepidatio? num qui tumultus?: num quid vis? *have you any commands?* (usu. a form of taking leave), T.—With *nam*, in eager or anxious questioning (old): Num nam perimus? *are we ruined then?* T. —**B.** In an indirect question, *whether:* videte, num dubitandum vobis sit, etc.: speculari, num sollicitati animi essent, L.: quaero, num permittas.

(**nūmārius, nūmātus**), see nummā-.

num-cubi, *adv. interrog.* [see ubi], a strengthened num (old): numcubi meam Benignitatem sensisti in te claudier? *have you ever?* T.

nūmen, inis, *n.* [2 NV-], *a nod;* hence, *a command, will, authority:* magnum numen unum et idem sentientis senatūs: Caesareum, O.: adnuite, P. C., nutum numenque vestrum Campanis, L.—*The divine will, power of the gods, divine sway, supreme authority:* deo, cuius numini parent omnia: di suo numine sua templa defendunt: Nullum numen habes, si sit prudentia (to Fortune), Iu.—*God-head, divinity, deity, divine majesty:* deorum inmortalium numen placare, Cs.: numina Palladis, V.: per Dianae numina, H. —*A divinity, deity, god, goddess:* caeleste, L.: Numina laeva, V.: promissaque numine firmat, i. e. *by calling to witness*, O.: Vadimus haud numine nostro, *unpropitious*, V.: hospes numinis Idaei, Iu.: numinis loco habere, Ta.: violatum Augusti, Ta. —*Sing. collect.:* sorores vocat, inplacabile numen, O.

numerābilis, e, *adj.* [numero], *that can be counted:* calculus, O.: populus, *easily numbered*, H.

numerātus, *adj.* [*P.* of numero], *counted out, paid down, in ready money, in cash:* dos uxoris numerata.—As *subst. n.*, *ready money, cash:* nam numeratum non erat: extra numeratum duodecim milia pondo argenti, *besides coin*, L.

numerō, āvī, ātus, āre [numerus], *to count, enumerate, reckon, number, take account of:* singulos in singulas (civitates): per digitos, O.: pecus, V.: numerentur deinde labores, Iu.: ne quid ad senatum consule, aut numera, i. e. *be sure of a quorum.*—Of money, *to count out, pay out, pay:* ut numerabatur forte argentum, T.: primam (pensionem), L.: magnam pecuniam, Cs.: Quid refert, vivas numerato nuper an olim? (money) *paid just now or long ago*, H.: nummi numerati sunt Cornificio: stipendium militibus.—*To recount, relate:* Chao divōm amores, V.—Fig., *to reckon, number, possess, own:* Donec eris felix, multos numerabis amicos, O.: triumphos, Iu.—*To account, reckon, esteem, consider, regard, hold:* Thucydides numquam est numeratus orator: Sulpicium accusatorem suum: quae isti bona numerant: hos poëtas, H.: a quo mors in benefici parte numeretur: in mediocribus oratoribus numeratus est: honestissimus inter suos numerabatur: (Appium) inter decemviros, L.

numerōsē, *adv.* [numerosus], *rhythmically, melodiously:* fidiculae sonantes: dicere.

numerōsus, *adj.* with *comp.* and *sup.* [numerus], *in full number, numerous, manifold:* civitas numerosissima, *most populous*, Ta.: classis, Iu.—*Full of rhythm, measured, rhythmical, melodious:* numerosos ponere gressūs, O.: si numerosum est . . . quod metiri possumus intervallis aequalibus: oratio: numerosior Asinius, Ta.

numerus, ī, *m.* [NEM-], *a number:* ad numerum quattuor milium, *about*, Cs.: septem sonos: qui numerus rerum omnium fere nodus est: duo ii numeri: exercitus numero hominum amplior, S.: numerumque referri Iussit, *that they be counted*, V.: numerus argenteorum facilior usui est, *counting*, Ta.: mille numero navium classis: ad duo milia numero cecidisse, Cs.: obsides ad numerum miserunt, *the full number*, Cs.: quantum Aut numerum lupus (curat), *the count of the flock*, V.—*A considerable number, quantity, body, collection, class:* conveniet numerus quantum debui, *sum*, T.: effuse euntes numerum ampliorem efficiebant, S.: si naves suum numerum haberent, *complement:* magnus numerus frumenti, *quantity:* est numerus civium Romanorum, *many:* sed illos Defendit numerus, Iu.: sparsi per provinciam numeri, *troops*, Ta.—*A mere number, cipher, nobody:* Nos numerus sumus, H.: ignavorum, *rabble*, Ta.—*Plur.*, *dice:* eburni, O.: trīs iactet numeros, O.—*Plur.*, *the mathematics, astronomy:* a sacerdotibus numeros accipere.—Fig., *number, rank, place, position, estimation, relation, class, category:* me adscribe talem in numerum: Phraaten numero beatorum Eximit virtus, H.: reductos in hostium numero habuit, Cs.: Tubero fuit nullo in oratorum numero, *reckoned among:* esse in numero nullo, *of no repute:* qui aliquo sunt numero, *of some repute*, Cs.: homo nullo numero: quo sunt in numero Curiosolites, etc., Cs.: qui in eo numero fuisset: ut civium numero simus, L.—*A part, member, category:* omnes numeros virtutis continere: mundus expletus omnibus suis numeris: deesse numeris suis, *to be deficient*, O.—*Order:* Quaecumque descripsit carmina, Digerit in numerum, V.—*An office, duty, part:* ad numeros exige quidque suos, O.: verae numerosque modosque ediscere vitae, H.—*Musical measure, time, rhythm, harmony, numbers:* in musicis numeri et voces et modi, etc.: Isocrates verbis solutis numeros primus adiunxit: numeros memini, si verba tenerem, *air*, V.: nil extra numerum fecisse, *out of measure*, i. e. *improper*, H.—In verse, *a measure, number:* cum sint numeri plures: numeris nectere verba, O.: numerisque fertur Lege solutis, H.—*A verse:* Arma gravi numero Edere, i. e. *heroic metre*, O.: impares, i. e. *elegiac verses*, O.

Numida, ae, *m.*, = Νομάς, *a nomad;* esp., *a Numidian*, S.—*Plur.*, S., Cs., L., V., H., O.—As *adj.:* dens, *ivory*, O.

nummārius, *adj.* [nummus], *of money, money-, pecuniary:* difficultas: theca, *money-box:* res, *the coinage:* lex, *against forgery.*—*Bribed, venal, mercenary:* iudices: interpres pacis.

nummātus (not nūmā-), *adj.* [nummus], *moneyed, rich:* adulescens: bene, H.

nummulus (not nūmu-), ī, *m. dim.* [nummus], *a bit of money, coin:* illis aliquid nummulorum dare: nummulis acceptis, *for filthy lucre.*

nummus (not nūm-), ī (*gen. plur.* -mūm; rarely -mōrum, T., C., H.), *m.*, = νοῦμμος (Doric for νόμος), *a piece of money, coin, money:* pauxillulum Nummorum, T.: adulterini, *counterfeit:* habet in nummis, *ready money:* iactabatur temporibus illis nummus, *the value of money fluctuated:* crescit amor nummi, Iu.—*The Roman unit of account, a silver coin, sesterce:* mille nummūm poscit, T.: quinque illa milia nummūm dare Apronio: hic erit tuus nummorum millibus octo, *at the price of*, H.: Denarius nummus, see denarius.—*A trifle, mere nothing, penny:* ad nummum convenit, *to a farthing:* hereditas, unde nummum nullum attigisset, *touched no penny.*

numnam, numne, see num.

numquam or **nunquam**, *adv.* [ne+umquam], *at no time, never:* numquam, dum haec natio viveret: numquam ante hoc tempus, Cs.: numquam, donec tenerentur, L.: Numquam fui usquam, quin me amarent omnes, T.: numquam non ineptum, *always:* numquam nisi honorificentissime Pompeium appellat, *always.*—As an emphatic negative, *not, by no means, not at all, never:* satrapa numquam sufferre eius sumptūs queat, T.: Nunquam hodie effugies, *by no means*, V.

num quandō, see quando.

num-quī, *adv. interrog.*, *in any way? at all?* T.

num-quid, *adv. interrog.*—In a direct question, a strengthened *num:* Numquid meministi? *can't you remember?* T.: numquid Audiret leviora, pater si viveret? H.: Numquid nam amplius tibi cum illā fuit? T.—In an indirect question, *whether*, *whether at all:* scire, numquid necesse sit.

numquis, numquid, see 2 quis.

(nūmulus, nūmus), see nummu-.

nunc, *adv.* [num+ce], of present time, *now*, *at present*, *at this time:* de quibus nunc quaerimus: nunc quae est, non quae olim fuit, T.: omnia, quae sunt conclusa nunc artibus, dispersa quondam fuerunt: sed erat tunc excusatio oppressis; nunc nulla est: arx minus aliquanto nunc munita quam antea: aut nunc . . . aut aliquando: Cluentio nisi nunc satisfecero, postea non erit, etc.: deos nunc testīs esse, mox fore ultores, L.: Nunc, olim, quocumque tempore, V.: nunc demum intellego, *not till now*, T.: ut mihi nunc denique amare videar, antea dilexisse: nunc primum, *not until now:* Nunc, nunc o liceat crudelem abrumpere vitam, V.: hem, nuncin demum? *now at last?* T.: quae (causae) si manebunt . . . et, ut nunc est, mansurae videntur, *in the present state of affairs:* Suaviter, ut nunc est, inquam, H.: iudiciis, qui nunc sunt, hominum, *of contemporaries:* nunc tamen ipsum, *just now.*—Of past or future time, conceived as present, *now*, *at this time*, *then*, *at that time:* Idem Menandri Phasma nunc nuper dedit, T.: nunc in causā refrixit: nunc reus erat apud Crassum: nunc Tempus erat, etc., H.: dixit, nunc demum se voti esse damnatum, N.—Of circumstances, *now*, *under these circumstances*, *in view of this*, *as matters are:* nunc quoniam hominem generavit et ornavit deus, perspicuum sit, etc.: vix nunc obsistitur illis, O.: si omnia manerent, tamen . . . nunc vero exul patriā, quo adcedam? S.: nec abnuitur ita fuisse, si . . . nunc haud sane, etc., *but as matters are*, L.: si haec non ad homines verum ad bestias conqueri vellem . . . nunc vero cum loquar apud senatores populi R., etc.—Repeated in parallel clauses, nunc . . . nunc, *now . . . now*, *at one time*, *at another*, *sometimes . . . sometimes:* facinora nunc in expeditionibus, nunc in acie, L.: Nunc hos, nunc illos aditūs pererrat, V.: nunc ad prima signa, nunc in medium, nunc in ultimo agmine aderat, Cu.; cf. pariterque sinistros, Nunc dextros solvere sinūs, V.: nunc . . . postremo, L.: nunc . . . modo, L.: modo . . . Nunc, O.

(nūncia), ae, see nuntia.

nunc-iam, *adv.*, *at once*, *immediately:* eamus nunciam intro, T.

nuncin, for nuncine [nunc+-ne], see nunc.

(nūnciō, nūncius), see nūnti-.

(nuncubi), *adv.*, see numcubi.

nūncupātiō, ōnis, *f.* [nuncupo], *a public pronunciation*, *open assumption:* votorum, L., Ta.

nūncupō, āvī, ātus, āre [nomen+CAP-], *to call by name*, *call*, *name:* alqd nomine dei: alquem Indigetem, O.—Of vows, *to take publicly*, *offer*, *utter*, *vow:* vota ea, quae numquam solveret: profectus ad vota nuncupanda, L.—*To proclaim formally:* adoptionem, Ta.

nūndinae, ārum, *f.* [novem+dies], *the ninth day*, *market-day*, *fair-day*, *weekly market:* nundinarum πανήγυρις.—In the phrase trinūm nundinūm (sc. spatium), *a period of three market-days*, *till the third market-day* (17 to 24 days): ubi promulgatio trinūm nundinūm?—Since nundinum came to be regarded later as an *acc. sing. n.:* comitia in trinum nundinum indicta, *on the third market-day*, L.—*A market-place*, *market-town:* Capuam nundinas rusticorum esse voluerunt.—Fig., *trade*, *traffic*, *sale:* totius rei p. nundinae: vectigalium flagitiosissimae.

nūndinātiō, ōnis, *f.* [nundinor], *a trading*, *bargaining*, *chaffering*, *buying and selling:* fuit nundinatio aliqua, ne causam diceret: in iure dicendo: iuris.

nūndinor, ātus, ārī, *dep.* [nundinae], *to hold market*, *trade*, *traffic:* in captivorum pretiis nundinans, *chaffering*, L.: ubi ad focum angues nundinari solent, i. e. *to be busy.*—Fig., *to get by trafficking*, *purchase*, *buy:* senatorium nomen: ab isto ius.

nūndinum, see nundinae.

(nunquam, nunquis), see numqu-.

nūntia (not nūnc-), ae, *f.* [nuntius], *a female messenger*, *she that brings tidings:* fulva Iovis, i. e. *the eagle:* ales, eius dei nuntia, L.: historia vetustatis: fama veri, V.

nūntiātiō (not nūnc-), ōnis, *f.* [nuntio], *a declaration*, *announcement* (by an augur).

nūntiō (not nūnc-), āvī, ātus, āre [nuntius], *to announce*, *declare*, *report*, *relate*, *narrate*, *make known*, *inform*, *give intelligence of:* occiso Roscio, qui primus Ameriam nuntiat? *is the first to bring word?:* Bene, nuntias, *bring good news*, T.: quā re nuntiatā, Caesar, etc., *on hearing this*, Cs.: si ne sensūs quidem vera nuntiant: re nuntiatā ad suos, Cs.: tibi hoc: nuntiare, prope omnes navīs adflictas esse, Cs.: regi vestro, regem deos facere testīs, L.: quem ad Sullam nuntiatum mittit, facere, etc., S.: nuntiat patri abicere spem, Ta.: aquatores premi nuntiantur, Cs.: ruere in agris nuntiabantur tecta, L.: adesse eius equites nuntiabantur, Cs.: nuntiatum est nobis a M. Varrone venisse eum Romā: nuntiato, *when the news came*, L., Ta.

—*To give orders, carry commands, direct:* qui Catilinae nuntiaret, ne eum alii terrerent, S.: mittit, qui nuntiarent, ne hostīs lacesserent, Cs.: nuntiatum, ut prodiret.

nūntius, *adj.* [1 NV-], *that announces, making known, informing:* rumor: littera, O.: fibra, Tb. —As *subst. m., a bearer of tidings, news-carrier, reporter, messenger, courier:* per nuntium certiorem facit me: ad Lingonas litteras nuntiosque misit, Cs.: nuntius ibis Pelidae, V.: nuntius adfert rem: Iovis et deorum, H.: nuntii adferunt Darium premi a Scythis, N.: nuntio ipsius, qui litteras attulerat, dici (placuit), L.—*A message, news, tidings:* Egone te pro hoc nuntio quid donem? T.: in castra nuntius pervenit, coniurationem patefactam, S.: de Q. Fratre nuntii nobis tristes venerant: tam tristem nuntium ferre ad Cincinnatum, L.: gravior neu nuntius aurīs Volneret, V.—*A command, order, injunction:* legatorum nuntio parere: hic nostri nuntius esto, V.—In the phrase, nuntium remittere, with *dat., to send a letter of divorce, put away* (a wife): uxori Caesarem nuntium remisisse.—Rarely of the wife: etsi mulier nuntium remisit.—Fig.: cum virtuti nuntium remisisti, *renounced.*—*Plur. n.* as *subst., a message, news:* ad aurīs nova nuntia referens, Ct.: habes animi nuntia verba mei, O.

nūper, *adv.* with *sup.* nūperrimē [1 NV-], *newly, lately, recently, freshly, not long ago, just:* haec inter nos nuper notitia admodumst, T.: nuper me in litore vidi, V.: quid enim nuper tu ipse locutus es: in quo (terrore) nuper fuimus, cum, etc., L.: Tam nuper picti pavones . . . Quam tu nuper eras, etc., *as freshly,* O.: nunc nuper, *just now,* T.: quod ille nuperrime dixerit.—*Recently, not long since, lately:* Allobroges, qui nuper pacati erant, Cs.: neque ante philosophiam patefactam, quae nuper inventa est: heros conspectus in auro nuper, H.

nūpta, ae, *f.* [*P.* of nubo], *a bride, wife:* nova, T.: pudica, L.: nupta virum timeat, O.

nūptiae, ārum, *f. plur.* [nupta], *a marriage, wedding, nuptials:* verae, T.: scelestae, S.: plenae dignitatis: Nuptiarum expers, *unmarried,* H.: ab eis nuptiis abhorrere: Cornificia multarum nuptiarum: sollemnia nuptiarum, *ceremony,* Ta.

nūptiālis, e, *adj.* [nuptiae], *of a marriage, wedding-, nuptial:* dona: fax, H.: tabulae, *a marriage-contract,* Ta.

nūptus, *P.* of nubo.

nurus, ūs, *f., a daughter-in-law:* amicam fili tamquam nurum sequebatur: Vidi Hecubam centumque nurūs, V.—*A young woman, married woman:* electra nuribus gestanda Latinis (as ornament), O.

nusquam, *adv.* [ne+usquam], *nowhere, in no place:* nusquam gentium, T.: hoc nusquam opinor scriptum fuisse: ubi nusquam ad dimicationem ventum est, L.: nusquam alibi, *nowhere else.* —*On no occasion, nowhere, in nothing:* praestabo sumptum nusquam melius poni posse.—*No whither, to no place:* nusquam abeo, T.—Fig., *to nothing, for no purpose:* ut ad id omnia referri oporteat, ipsum autem nusquam: plebs nusquam alio nata, quam, etc., *for nothing else,* L.

nūtō, āvī, ātus, āre, *freq.* [nuo], *to nod:* nutans, Distorquens oculos, H.: percutiens nutanti pectora mento, O.—*To sway to and fro, totter, stagger:* ornus nutat, V.: nutant circumspectantibus galeae, et incerti trepidant, L.: nutantem pondere mundum, V.: rami pondere, O.: plaustra, Iu.—Fig., *to waver, falter, doubt, hesitate:* in naturā deorum: animus nutat, O.

nūtrīcius, ī, *m.* [nutrix], *a bringer-up, tutor:* eius (pueri), Cs.

nūtrīcor, ātus, ārī, *dep.* [nutrix], *to nourish, sustain:* mundus omnia nutricatur.

nūtrīcula, ae, *f. dim.* [nutrix], *a nurse.*—Fig., *a preserver, fosterer:* nutriculae praediorum: causidicorum Africa, *mother land,* Iu.

nūtrīmen, inis, *n.* [nutrio], *nourishment,* O.

nūtrīmentum, ī, *n.* [nutrio], *nourishment, support:* (igni) arida Nutrimenta dedit, i. e. *fuel,* V.—Fig.: eloquentiae.

nūtriō (nūtrībat, nūtrībant, for nūtriēbat, etc., V.), īvī, ītus, īre [1 NA-], *to suckle, nourish, feed, foster, bring up, rear:* quos lupa nutrit, O.: ilignā nutritus glande, H.: taurus nutritus in herbā, Iu. —*To nourish, support, maintain, foster:* Pax Cererem nutrit, O.—*To nourish, nurse, take care of, attend to:* cura corporum nutriendorum, L.: damnum naturae in filio, L.—Fig., *to nourish, cherish, support, cultivate, sustain, maintain:* rite indoles Nutrita, H.: Impetus sacer qui vatum pectora nutrit, O.: ego nutriendae Graeciae datus, *treat mildly,* L.: ignīs foliis, *feed,* O.: pacem, Ta.

nūtrior, —, īrī, *dep.* [nutrio], *to cherish, cultivate:* nutritor olivam, V.

nūtrīx, īcis, *f.* [nutrio], *a wet-nurse, nurse:* puero nutricem adducit, T.: cum lacte nutricis errorem suxisse: nutricis labores, Iu.—Fig.: curarum maxima nutrix Nox, O.: plebis R. Sicilia: tellus leonum nutrix, H.: nutrices, *the breasts,* Ct.

nūtus, —, *abl.* ū (only *nom. sing.* and *acc.* and *abl. sing.* and *plur.*), *m.* [2 NV-], *a nodding, nod:* id significare nutu: nutu finire disceptationem, L.: nutu tremefecit Olympum, V.: nutu signa remittis, O.—*A hint, intimation:* an mihi nutus tuus non faceret fidem?—*A tendency, inclination, gravity:* terrena suopte nutu in terram ferri: terra in sese nutibus suis conglobata.—Fig., *assent, compliance:* adnuite nutum numenque vestrum invictum Campanis, L.—*Command, will, pleasure:* res ad nutum eius facta, Cs.: omnia deorum nutu administrari: contra nutum Naevi: ad nutūs aptus erilīs, H.: nutu Iunonis eunt res, V.: sub nutu atque arbitrio alcuius esse, L.

nux, nucis, *f., a nut:* Sparge, marite, nuces (a custom at weddings), V.: te cassā nuce pauperet, i. e. *the merest trifle*, H.: nux ornabat mensas, *the dessert*, H.: castaneae nuces, *chestnuts*, V.—*A nut-tree:* tacta de caelo, L., Iu.—*Sing. collect.:* Hic nux, O.—*An almond-tree*, V.

Nyctelius, ī, *m.*, = Νυκτέλιος, *a surname of Bacchus*, O.

nympha, ae, and **nymphē**, ēs, *f.*, = νύμφη, *a bride, mistress, young woman*, O.—*Plur., nymphs, demi-goddesses, who inhabit the sea, rivers, fountains, woods, and mountains*, V., H., O.: Libethrides, *Muses*, V.: vocalis Nymphe, *Echo*, O.

O.

ō (rarely, before a vowel **o**, V.), *interj.* of feeling or surprise, *O! oh!:* O vir fortis es, T.: o Romule, Romule die, Enn. ap. C.: o mi Furni!: o paterni generis oblite: O faciem pulchram, T.: o rem totam odiosam: o pietas animi: o ego, H.: O multum miseri, O.: O utinam possem, etc., O.: o si solitae quicquam virtutis adesset! *oh! if*, etc., V.: O mihi tam longae maneat, etc., V.: o lux Dardaniae, spes o fidissima Teucrūm, V.: quid o tua fulmina cessant! O.: O soror, o coniux, o femina sola superstes, O.

ob, *prep.* with *acc.*—With verbs of motion, *towards, to:* cuius ob os Grai ora obvertebant sua, Poët. ap. C.: Turni se pestis ob ora Fert, V.—With verbs of rest, *before, in front of, over against:* non mihi mors ob oculos versabatur?: ignis ob os offusus.—*On account of, for, because of, by reason of, for the sake of:* pretium ob stultitiam fero, T.: tibi ob eam rem bene faxim, T.: ob rem nullam misit (me), *for nothing*, T.: ob merita carus, S.: ob aliquod emolumentum suum: ob rem iudicandam pecuniam accipere: meliores ob eam scientiam esse, *for that knowledge:* unius ob iram Prodimur, V.: Aut ob avaritiam aut miserā ambitione laborat, H.—In the phrase, quam ob rem (or quamobrem), *on which account, wherefore, therefore, hence, accordingly:* quam ob rem id primum videamus, quatenus, etc.—With *neut. pron., on that account, therefore:* ignaris hostibus et ob id quietis, L.: ob haec consuli nihil cunctandum visum, L.: ob ea consul senatum consulebat, S.—*In consideration of, in return for, instead of:* ager oppositus est pignori Decem ob minas, T.: pecuniam ob absolvendum accipere: tibi has Haudquaquam ob meritum poenas Suscitat, *in proportion to*, V.—In the phrase, ob rem, *to the purpose, with advantage, profitably, usefully:* *An.* non pudet Vanitatis? *Do.* minime, dum ob rem, T.: id frustra an ob rem faciam, S.

obaerātus, *adj.* with *comp.* [ob+aes], *involved in debt:* plebs, L.: quanto quis obaeratior, Ta.—*Plur. m.* as *subst., debtors:* obaeratos liberare.

ob-ambulō, āvī, —, āre, *to walk before, go around:* muris, L.: (lupus) gregibus obambulat, *prowls about*, V.: Aetnam, O.—*To walk about, wander:* ante vallum, L.: solus, O.

ob-armō, —, —, āre, *to arm:* securi Dextras, H.

ob-arō, āvī, —, āre, *to plough around, plough up:* quicquid herbidi terreni erat, L.

ob-dō, didī, ditus, ere, *to put against, shut, close, fasten:* pessulum ostio, *slip the bolt*, T.: nulli malo latus apertum, *expose*, H.

obdormīscō, īvī, —, ere, *inch.* [*ob-dormio], *to fall asleep:* in mediis vitae laboribus.

ob-dūcō, dūxī, ductus, ere, *to draw before, draw forward, bring over:* Curium, *to bring forward* (as a candidate): ab utroque latere collis fossam, *extend*, Cs.—*To close over, cover over, overspread, surround, envelop:* trunci obducuntur libro aut cortice: pascua iunco, V.: voltūs (of the sun), O: obducta cicatrix, *a closed scar:* consuetudo callum obduxit stomacho meo, *has overworn*.—*To draw in, drink down, swallow:* venenum.—Fig., *to spread over:* clarissimis rebus tenebras obducere, i. e. *darken*.—*To scar over, heal, cover, conceal:* obductus verbis dolor, V.: obductos rescindere luctūs, O.—*To draw out, pass, spend:* diem.

ob-ductiō, ōnis, *f.* [obduco], *a covering, enveloping:* capitis (before execution).

obductus, *adj.* [*P.* of obduco], *overspread, clouded, gloomy:* obductā nocte, O.: fronte, H., Iu.

ob-dūrēscō, ruī, —, ere, *to grow hard:* Gorgonis voltu, i. e. *to be petrified*, Pr.—*To become hardened, grow insensible, be obdurate:* usu obduruerat civitatis patientia: animus ad dolorem: quorum (amicorum) alii obduruerunt.

ob-dūrō, āvī, ātus, āre, *to be hard, hold out, persist, endure:* persta atque obdura, H.: perfer et obdura, O.—*Pass. impers.:* quā re obduretur hoc triduum, ut, etc.

(**obēdiēns, obēdiō**, etc.), see oboed-.

obeliscus, ī, *m.*, = ὀβελίσκος, *an obelisk*, Ta.

ob-eō, īvī, itus, īre, *to go, go to meet, go in opposition:* infera in loca: ad omnīs hostium conatūs, L.—Of heavenly bodies, *to go down, set:*

obit Lepus.—*To fall, perish, die:* tecum libens, H.: simul se cum illis obituros, L. — *To go to, visit, betake oneself to:* quantum (urbis) flamma obire non potuisset, *reach:* obeundus Marsya, qui, etc., H.—*To travel over, wander through, traverse, visit:* tantum telluris, V.: tantas regiones pedibus: cenas.—Of vision or speech, *to run over, survey, review, recount:* omnia per se, *oversee in person,* Cs.: omnia visu, V.: omnis oratione meā civitates, *enumerate.*—*To go over, surround, overspread, envelop:* obeuntia terras maria, V.: chlamydem limbus obibat Aureus, O.: ora Pallor obit, O.—*To address oneself to, engage in, enter upon, undertake, execute, accomplish:* hereditatum obeundarum causā, *entering upon:* pugnas, V.: iudicia: ad consularia munera obeunda, L.: tot simul bella, L.—*To meet:* vadimonium, *appear at the appointed time:* diem edicti, *appear on the day:* annum petitionis tuae, i. e. *be a candidate the first year the law permits:* diem suum obire, *die:* diem supremum, N.: mortem, T.: morte obitā, *after death.*

ob-equitō, āvī, —, āre, *to ride towards, ride up to:* obequitando castris, L.: portis, L.

ob-errō, —, —, āre, *to wander among, ramble about:* tentoriis, Ta.: cum periculi imago oculis oberraret, *hovered before,* Cu.—*To err, mistake:* chordā semper eādem, *blunder at,* H.

ōbēsus, *adj.* [*P.* of *ob-edo], *that has eaten, fat, stout, plump:* turdus, H.: fauces, *swollen,* V. —Fig., *gross, indelicate, dull:* iuvenis naris obesae, H.

(**ōbex**, ōbicis), *m.* and *f.* [ob+IA-], *a bolt, bar, barrier, wall* (only *abl. sing.* and *nom., acc.* and *abl. plur.*): obices portarum, L.: fultos emuniit obice postes, V.: obice firmo Clauserat, O.: maria tumescant Obicibus ruptis, *barriers,* V.—*A hinderance, impediment, obstacle:* per obices viarum, L.

ob-f-, see off-.

ob-ganniō, —, —, īre, *to snarl at:* ei alqd ad aurem, T.

ob-iacēns, ntis, *P.* [*P. praes.* of ob-iaceo], *lying before, lying near, in the way:* sarcinarum cumulus, L.: saxa pedibus, L.

obiciō (not obiiciō), iēcī, iectus, ere [ob+iacio], *to throw before, throw to, cast, offer, present, expose:* corpus feris: alcui offam, V.: legatum hominibus feris, Cs.: si tale visum obiectum est a deo dormienti, *presented:* huic (sicae) obici pro me, *be exposed.*—*To throw before, use as a defence, cast in the way, set against, oppose:* Alpium vallum contra ascensum Gallorum: erat obiectus portus ericius, Cs.: se ei, N.: maximo aggere obiecto: cum in obiecto (tela) scuto haesissent, L.: sese ad currum, *flung himself before the chariot,* V.—Fig., *to throw before, put before, present, offer, give up, expose:* Unum ex iudicibus selectis, *hold up as an example,* H.: debilitati obiectā specie voluptatis: delenimentum animis agri divisionem obici, L.: Noctem peccatis, H.: nubem oculis, O.: consulem morti, *abandon:* obicitur (consulatus) ad periculum: me in tot dimicationes.—*To bring upon, inspire, inflict, visit* (cf. inicio): nos quibus est obiectus labos, T.: qui sibi eam mentem obiecissent, ut, etc., *suggested,* L.: furorem Roscio: canibus rabiem, V.—*Pass., to be occasioned, befall, happen, occur:* mihi mali obici Tantum, T.: tantis difficultatibus obiectis, Cs.: obicitur animo metus. —*To throw out against, object, taunt, reproach, upbraid with:* ei probris obiectis: exercitu Caesaris luxuriem, Cs.: id adversario, *to make such an attack on:* Parcius ista viris obicienda memento, V.: obiecit ut probrum Nobiliori, quod is in provinciam poëtas duxisset: de Cispio mihi igitur obicies?: quod obiectum est de pudicitiā.

obiectātiō, ōnis, *f.* [obiecto], *a reproach,* Cs.

obiectō, āvī, ātus, āre, *freq.* [obicio], *to set against, oppose:* caput fretis, i. e. *dive,* V.—Fig., *to abandon, expose, endanger:* se hostium telis, L.: eum periculis, S.: caput periclis, V.: pro cunctis unam animam, V.—*To throw in the way, interpose, cause:* moras, O.—*To throw out, charge, cast up, impute, reproach with, accuse of:* probrum mihi: famem nostris, Cs.: Mario vecordiam, S.: natum (i. e. fili mortem), O.: nobilitas obiectare Fabio fugisse eum conlegam, L.

1. obiectus, *adj.* [*P.* of obicio], *lying before, opposite:* nec visi obiectis silvis, *because of the woods in front,* Cs.: insula Alexandriae, Cs.: flumina, V.: obiectus fortunae, *exposed:* ad omnes casūs periculorum. — *Plur. n.* as *subst., charges, accusations:* de obiectis non confiteri.

2. (**obiectus**, ūs), *m.* [ob+IA-], *a putting against, opposing:* miles tectus plutei obiectu, Cs.: insula portum Efficit obiectu laterum, *opposition,* V.: molium obiectūs scandere (i. e. moles obiectas), Ta.

ob-īrātus, *adj., angered, angry:* fortunae, L.

ob-iter, *adv., on the way, while travelling:* leget aut scribet, Iu.—*Meanwhile, incidentally:* Verberat atque obiter faciem linit (i. e. inter verberandum), Iu.

obitus (ūs), *m.* [ob+1 I-], *an approach, visit,* T.—*A going down, setting:* siderum: signorum, V.—*Downfall, ruin, destruction, death:* regis: post eorum obitum, Cs.: Difficiles obitūs, *painful death,* V.: post obitum vestrum, *ruin:* dici beatus ante obitum nemo debet, O.

obiūrgātiō, ōnis, *f.* [obiurgo], *a chiding, reproof, rebuke, scolding, remonstrance:* ut obiurgatio contumeliā careat: lenior.

obiūrgātor, ōris, *m.* [obiurgo], *a chider, scold:* noster.—*Plur.:* benevoli.

obiūrgātōrius, *adj.* [obiurgator], *chiding, scolding:* epistula.

ob-iūrgō, āvī, ātus, āre, *to chide, scold, blame, rebuke, reprove:* ad obiurgandum causa, T.: Caelium: me de Pompei familiaritate, *moderately:* cum obiurgarer, quod nimio gaudio paene desiperem.—*To urge, adjure, exhort earnestly:* (epistulā) me, ut firmior sim.

ob-languēscō, guī, —, ere, *inch., to become feeble, languish:* litterulae meae oblanguerunt.

oblātus, *P.* of offero.

(oblectāmen, inis), *n.* [oblecto], *a delight.*—Only *plur.:* hominum, *sources of consolation*, O.

oblectāmentum, ī, *n.* [oblecto], *a delight, pleasure, amusement:* senectutis: oblectamenta et solacia servitutis: rerum rusticarum.

ob-lectātiō, ōnis, *f.* [oblecto], *a delighting, delight:* requies plena oblectatīonis fuit: vitae.

ob-lectō, āvī, ātus, āre [2 lacto], *to delight, divert, entertain, amuse, interest:* se: populum, H.: animum, Iu.: senectutem: se agri cultione: me te (*abl.*), T.: ludis oblectamur: te cum Cicerone: In eo me oblecto, *he is my delight*, T.: me in Cumano, *to be entertained.*—Of time, *to spend agreeably, fill pleasantly:* studio tempus, O.—*To delay, detain, occupy:* se tam diu, T.: moras, O.

oblīcus, see obliquus.

oblīdō, —, —, ere [ob + laedo], *to squeeze together, compress:* caelum digitulis: oblisis faucibus, *strangled*, Ta.

obligātiō, ōnis, *f.* [obligo], *an engaging, pledging, obligation:* est gravior animi quam pecuniae.

ob-ligō, āvī, ātus, āre, *to bind up, bandage, swathe:* volnus: bracchia, T.—F i g., *to bind, oblige, put under obligation, make liable:* eum militiae sacramento, *swear in again:* vadem tribus milibus aeris, *bind in the sum of*, L.: alquem tuā liberalitate tibi, *bind to yourself:* me vobis obligavit fortuna, quod, etc., L.: obligatus ei nihil eram, *was under no obligation to him:* Prometheus obligatus aliti, *devoted*, H.: obligatam redde Iovi dapem, *vowed*, H.: Obligor, ut tangam litora Ponti, *am compelled*, O.—*To render liable through guilt, make guilty:* anili superstitione obligari, *be guilty of.*—*To pledge, mortgage:* fortunas suas: obligata praedia: fidem meam, *to pledge my word.*—*To impede, restrain, embarrass:* iudicio obligatum esse.

oblīmō, āvī, ātus, āre [ob+limus], *to cover with mud, deluge, besmear:* oblimati agri: sulcos, V.—*To scatter, lavish, squander, dissipate:* rem patris, H.

ob-linō, lēvī, litus, ere, *to daub, smear over, bedaub, besmear:* unguentis obliti: sanguine, O.: oblitus faciem cruore, Ta.—F i g., *to smear, befoul, defile:* se externis moribus: omnia dedecore oblita: alquem versibus atris, *defame*, H.—*To cover over, fill:* facetiae oblitae Latio, *colored:* (divitiis) oblitus actor, *decked*, H.

oblīquē, *adv.* [obliquus], *athwart, obliquely:* ferri.—*Indirectly, covertly:* alqm castigare, Ta.

oblīquō, āvī, ātus, āre [obliquus], *to turn aside, twist, turn awry:* oculos, O.: crinem, *draw back*, Ta.: sinūs (velorum) in ventum, *slant*, V.

oblīquus or **oblīcus**, *adj.* [2 LAC-], *sidelong, slanting, awry, oblique, crosswise:* motus corporis: obliquo claudicare pede, O.: iter, Cs.: chordae, i. e. *of the triangular harp*, Iu.: ictus, H.: obliquo dente timendus aper, O.: (serpentem) obliquum rota transit, V.: obliquo oculo alqd limare, *a sidelong glance*, H.: ab obliquo, *sideways*, O.—F i g., *looking askance:* invidia, V.—*Indirect, covert:* insectatio, Ta.

oblitēscō, —, —, ere, *inch.* [ob+latesco], *to hide, conceal oneself:* a nostro aspectu.

oblitterō (oblīt-), āvī, ātus, āre [see LI-], *to blot out, erase:* litterae oblitteratae, Ta.—F i g., *to blot out of remembrance, cause to be forgotten:* benefici memoriā offensionem: adversam prosperā pugnā, L.: res vetustate oblitterata, L.: oblitterata aerarii nomina, *forgotten claims*, Ta.

1. oblitus, *P.* of oblino.

2. oblītus, *adj.* [*P.* of obliviscor], *forgetful, unmindful, not remembering:* sui: veterum honorum, O.—*Forgetful, regardless, indifferent, neglectful:* Illum gementem Obliti relinquunt, V.: pectus, Ct.: mei, i. e. *of my dignity:* salutis meae: decoris sui, V.: obliti ad metam tendere equi, O.

oblīviō, ōnis, *f.* [LIV-], *a being forgotten, forgetfulness, oblivion:* veteris belli: hominum: (sacra) oblivioni dare, *consign to oblivion*, L.: iniurias oblivione contriveram, *buried:* in oblivionem negoti venire, *forget:* nos servitutis oblivio ceperat, *we had forgotten:* carpere lividas Obliviones, H.—*Forgetfulness, loss of memory:* obluctans oblivioni, Cu., Ta.

oblīviōsus, *adj.* [oblivio], *that easily forgets, forgetful, oblivious:* senes.—*Producing forgetfulness, oblivious:* Massicus, H.

oblīvīscor, lītus, ī [ob+LIV-], *to forget:* cui placet obliviscitur: Latine, *forget their mother tongue:* oblitus sum mei, *have forgotten myself*, T.: sceleris eorum, S.: veteris contumeliae, Cs.: artificium: concilia, L.: tibi sum oblitus, ac volui, dicere, T.: suas quatere pennas, O.: obliviscebatur, quid paulo ante posuisset.—*Pass.:* Oblitusque meorum, obliviscendus et illis, H.: Nunc oblita mihi tot carmina (sunt), *I have forgotten*, V.—*To forget, disregard, omit, neglect, be indifferent to, cease from:* temporum meorum: dissensionum,

Cs.: sui, *unworthy of himself*, V.: tuas iniurias: (eos) viros esse primarios.—Poet.: Poma sucos oblita priores, i. e. *having lost*, V.

oblīvium, ī, *n.* [obliviscor], *forgetfulness, oblivion:* sententiam oblivio transmittere, T.—Usu. *plur.:* longa oblivia potant, V.: Ducere oblivia vitae, H.: Herculeae oblivia laudis Acta tibi, *that you have forgotten*, O.

ob-longus, *adj.*, *more long than wide, oblong:* aedificia, S.: scutula, Ta.

ob-loquor, locūtus, ī, *dep.*, *to speak against, interrupt, contradict, rail at, abuse:* ut me et interpelles, et obloquare: mihi: gannit et obloquitur, Ct.—*To sing to, accompany, join in singing:* non avis obloquitur, O.: numeris discrimina vocum, *accompany on the lute*, V.

ob-lūctor, ātus, ārī, *dep.*, *to struggle against, contend with, oppose:* genibus adversae harenae, V.—Fig.: animus obluctans difficultatibus, Cu.

ob-mōlior, ītus, īrī, *dep.*, *to push before, throw up before* (as a defence or obstruction): nec in promptu erat quod obmolirentur, L.: arborum truncos et saxa, Cu.—*To block up, obstruct*, L.

ob-murmurō, āvī, ātus, āre, *to murmur against:* precibus meis, O.

ob-mūtēscō, tuī, —, ere, *inch.* [mutus], *to become dumb, lose one's speech, be silent:* homo loquacissimus obmutuit: aspectu, V.: dolore, O. —Fig., *to become silent, cease:* studium nostrum obmutuit: animi dolor.

ob-nātus, *adj.*, *growing on, growing over:* obnata ripis salicta, L.

ob-nītor, nīxus, ī, *dep.*, *to bear upon, press against, struggle with, strain at:* remi Obnixi crepuere, V.: obnixi urgebant, L.: obnixo genu scuto, *pressed against*, N.: Arboris trunco, V.: manu hostibus, Ta.—Fig., *to strive against, resist, oppose:* stant obnixi, L.: stant obnixa omnia contra, *all is in obstinate conflict*, V.: adversis, Ta.

obnīxē, *adv.*, *with all one's strength, strenuously, obstinately:* omnia Facturus, T.

obnīxus (not obnīsus), *adj.* [*P.* of obnitor], *strenuous, firm, resolute:* (velim) obnixos vos impetum hostium excipere, L.: curam sub corde premebat, V.: non cedere, V.

obnoxiē, *adv.* [obnoxius], *slavishly, timidly:* sententias dicere, L.

ob-noxius, *adj.*, *liable, addicted, guilty:* animus lubidini, S.: Terra nulli obnoxia bello, *exposed*, O.: Obnoxium est (with *infin.*), *it is dangerous*, Ta. —*Subject, submissive, obedient, complying, servile:* vobis, L.: pars (hominum) pravis obnoxia, H.: Crasso ex privatis negotiis, *under the influence of*, S.: amori uxoris, Ta.—*Servile, abject, weak, timid:* facies obnoxia, O.: obnoxius videar, L.: pax, *dishonorable*, L.—*Obliged, under obligation, indebted, responsible, answerable:* uxori, T.: Graecia beneficio libertatis Romanis, L.: hominum non ulli curae, *dependent on*, V.: facies nullis obnoxia gemmis, *indebted*, Pr.

ob-nūbilus, *adj.*, *clouded over:* tenebris loca, Enn. ap. C.

ob-nūbō, nūpsī, nūptus, ere, *to veil, cover:* caput, C., L. (old law forms): comas amictu, V.

obnūntiātiō (not obnūnc-), ōnis, *f.* [obnuntio], of an augur, *an announcement of an adverse omen, evil interpretation:* dirarum.—*Plur.*, C.

ob-nūntiō, āvī, ātus, āre, *to tell, report, announce* (of bad news): Primus obnuntio, T.—In augury, *to announce an adverse omen, prevent by declaring unfavorable auspices:* consul consuli obnuntiasti.

oboediēns (not obēd-), entis, *adj.* with *comp.* and *sup.* [*P.* of oboedio], *obedient, subject, compliant:* Omnia oboedientia sunt, *reduced to subjection*, S.: cuius vis omnis in consensu oboedientium esset, *the obedient*, L.: nulli naturae deus: natio huic imperio: ut illis oboedientes vivamus, S.: imperiis nemo oboedientior, L.: imperiis oboedientissimus miles, L.: ad nova consilia gens, L.

oboedienter, *adv.* with *comp.* [oboediens], *obediently, willingly, submissively:* imperata facturi, L.: adversus Romanos faciebat, L.: nihil oboedientius fecerunt, quam, etc., L.

oboedientia, ae, *f.* [oboediens], *obedience:* abiciunt oboedientiam: fracti animi.

oboediō (not obēdiō), īvī, ītus, īre [ob+audio], *to give ear, hearken, listen:* alquibus, N.—*To obey, yield obedience, be subject, serve:* ad verba nobis: praecepto: legi, N.: libidines voluptatibus: pecora ventri, S.—*Pass. impers.:* oboeditum dictatori est, L.

obolus, ī, *m.*, = ὀβολός, *a small Greek coin, a sixth of a drachma* (about three cents, or three halfpence): Holera ferre obolo, T.

ob-orior, ortus, īrī, *dep.*, *to arise, appear, spring up:* lacrimae omnibus obortae, L.: saxo concrevit oborto, i. e. *was turned to stone*, O.: laetitia obortast, T.: quanta lux liberalitatis mihi oboriatur.

ob-rēpō, rēpsī, rēptus, ere, *to creep up, approach stealthily, steal upon, come suddenly upon, surprise:* obrepsit dies: obrepit non intellecta senectus, Iu.: operi longo fas est obrepere somnum, H.: ad honorem, *reach stealthily:* in animos.

ob-rigēscō, riguī, —, ere, *inch.*, *to stiffen, become stiff:* paene: pars (terrae) obriguerit pruinā.

ob-rogō, āvī, ātus, āre, in legislation, *to repeal by implication, supersede, invalidate by a new law:* huic legi nec obrogari fas est, etc.: antiquae (legi) obrogat nova, L.

ob-ruō, uī, utus, ere, *to overwhelm*, *overthrow*, *cover*, *cover over*, *hide*, *bury:* ibi vivi obruerentur, *be buried alive*, S.: confossus undique obruitur, Cu.: sese harenā, *hide in the sand:* thesaurum, *bury*. — *To sink*, *submerge*, *cover with water*, *overflow:* submersas obrue puppīs, V.: me undis, H.: obrutus adulter aquis, O.: Aegyptum Nilus.—*To sow*, *plant*, *cover with earth:* semina terrā, O.—*To cover*, *bury*, *cast down*, *destroy:* telis Nostrorum obrui, V.: Si mereor, tuā obrue dextrā, V. — *To overload*, *surfeit:* vino se. — Fig., *to overwhelm*, *bury*, *conceal*, *put out of sight*, *abolish:* adversa perpetuā oblivione: omen: orationem, i. e. *refute*, L.: talis viri interitu sex suos obruere consulatūs, *destroyed the glory of*. — *To overwhelm*, *overload*, *weigh down*, *oppress:* criminibus obrutus: aere alieno: faenore, L.: qui in augendā obruitur re, *in the pursuit of wealth*, H. — *To overcome*, *overpower*, *surpass*, *eclipse*, *obscure:* successoris famam, Ta.: obruimur numero, *are outnumbered*, V.

obrussa, ae, *f.*, = ὄβρυζον, *a test*, *touchstone*, *proof:* tamquam obrussa ratio.

obrutus, *P.* of obruo. **obs**, see ob.

ob-saepiō (-sēpiō), psī, ptus, ere, *to hedge in*, *fence in*, *close*, *render impassable:* itinera, L. — Fig., *to close*, *bar up:* viam adipiscendi: ut obsaeptum plebi sit ad honorem iter, L.

ob-saturō, —, —, āre, *to sate*, *cloy:* istius obsaturari, *have enough of him*, T.

obscēnē (**obscaenē**), *adv.* with *comp.* [obscenus], *immodestly*, *indecently*, *obscenely:* dici: obscenius excitata.

obscēnitās (**obscaen-**), ātis, *f.* [obscenus], *moral impurity*, *foulness*, *unchastity*, *lewdness*, *obscenity:* turpissima: si quod sit in obscenitate flagitium.

obscēnus (**obscaen-**, not obscoenus), *adj.* with *comp.* and *sup.* [1 SAV-], *of adverse omen*, *ill-omened*, *ill-boding*, *inauspicious*, *ominous*, *portentous:* volucres, *of ill-omen*, V.: animalium fetūs, *monstrous*, L.: omen: puppis, *fatal ship*, O.: anūs, H.—*Repulsive*, *offensive*, *abominable*, *hateful*, *disgusting*, *filthy:* frons, V.: volucres pelagi, i. e. *the harpies*, V.—*Immodest*, *impure*, *indecent*, *lewd*, *obscene:* adulterium, O.: id dicere obscenum est: illud Antipatri paulo obscenius: obscenissimi versūs.—As *subst. m.*, *a lewd person*, Iu.—As *subst. n.*, *sing.* and *plur.*, *the private parts*, O.

obscūrātiō, ōnis, *f.* [obscuro], *a darkening*, *obscuring:* solis.—Fig.: in voluptatibus, i. e. *disregard*.—*Plur.*, C.

obscūrē, *adv.* with *comp.* and *sup.* [obscurus], *darkly*, *obscurely:* cernere, *dimly*.—Fig., *covertly*, *closely*, *secretly:* agere: alqd ferre: obscurius iniqui, *more secretly:* quam obscurissime.

obscūritās, ātis, *f.* [obscurus], *darkness*, *obscurity*, *indistinctness*, *uncertainty:* latebrarum, Ta.: in obscuritate latere: naturae: obscuritates somniorum. — Of rank, *insignificance*, *obscurity*, *meanness:* humilitas et obscuritas.

obscūrō, āvī, ātus, āre [obscurus], *to render dark*, *darken*, *obscure:* obscuratur luce solis lumen lucernae: caelum nocte obscuratum, S.: volucres Aethera obscurant pennis, V.: obscuratus sol, *eclipsed*.—*To hide*, *conceal*, *cover*, *shroud*, *darken*, *veil:* neque nox tenebris obscurare coetūs nefarios potest: caput obscurante lacernā, H.: dolo ipsi obscurati, *kept out of sight*, S.—Fig., of speech, *to obscure*, *render indistinct*, *express indistinctly:* nihil dicendo. — *To render unknown*, *bury in oblivion:* fortuna res celebrat obscuratque, S.—*To suppress*, *hide*, *conceal:* tuas laudes. — *To cause to be forgotten*, *render insignificant:* periculi magnitudinem: eorum memoria sensim obscurata est: obscurata vocabula, *obsolete*, H.

obscūrus, *adj.* with *comp.* and *sup.* [1 SCV-], *dark*, *darksome*, *dusky*, *shady*, *obscure:* umbra, C. poët.: lucus, V.: antrum, O.: tabernae, H.: lux, L.: lumen, *darkness visible*, S.: caelum, H.: ferrugo, *black*, V.: dentes, *black*, Iu.: aquae, i. e. *turbid*, O.—As *subst. n.*, *the dark*, *darkness*, *obscurity:* sub obscurum noctis, V.—Poet.: Ibant obscuri, *in the dark*, V. — Fig., *dark*, *obscure*, *dim*, *indistinct*, *unintelligible:* brevis esse laboro, Obscurus fio, H.: ius: spes, *uncertain:* Rem nulli obscuram Consulis, V.: videre res obscurissimas: (causae) multo obscuriores, i. e. *intricate*.—*Plur. n.* as *subst.:* Obscuris vera involvens, V.—*Not known*, *unknown*, *not recognized:* est populo obscurior, *not so well known:* Pallas, i. e. *disguised*, O.: non obscurum est, quid cogitaret, *hard to discern:* neque est obscurum, quin, etc., *it is plain that*.—*Obscure*, *ignoble*, *mean*, *low:* istorum diligentia, *plodding*, T.: in barbaris nomen obscurius, Cs.: fama est obscurior annis, *by time*, V.: obscuro loco natus, *of an ignoble family:* obscuris orti maioribus, *from insignificant ancestors*. — As *subst. n.:* in obscuro vitam habere, S. —*Close*, *secret*, *reserved:* homo: modestus Occupat obscuri speciem, H.: vates, i. e. *the Sphinx*, O.: adversus alios, Ta.: Domitiani natura obscurior, Ta.

obsecrātiō, ōnis, *f.* [obsecro], *a beseeching*, *imploring*, *supplication*, *entreaty:* eius.—As a rhetorical figure, C. — *A public prayer:* a populo facta, L.—*Plur.*, C.

obsecrō, āvī, ātus, āre [ob+sacro], *to beseech*, *entreat*, *implore*, *supplicate*, *conjure:* cum multis lacrimis: pro fratris salute: te per senectutem suam, *conjures you:* pro salute meā populum R.: hoc te obsecro, T.: illud unum vos, ne, etc.: pater, obsecro, mi ignoscas, T.: obsecro . . . adhibeatis misericordiam: te ut omnia perscribas: te, Ne facias, T.: alquem, ut suis fortunis consulat, Cs.

—Esp., 1st *pers.*, in colloq. use: *Ph.* Prodi, male conciliate. *Do.* Obsecro, *I cry you mercy*, T.: obsecro, an is est? *I pray*, T.: sed obsecro te, *but I beseech you:* obsecro vos, L.

ob-secundō, āvī, ātus, āre, *to comply, humor, yield, be accommodating:* in loco, *seasonably*, T.: obsecundando mollire impetum, L.: alcui: eius voluntatibus.

obsequēns, entis, *adj.* with *comp.* [*P.* of obsequor], *yielding, compliant, obsequious, accommodating:* patri, T.: legiones nobis: Persae obsequentiores, Cu.

obsequenter, *adv.* [obsequens], *compliantly, obsequiously:* haec a collegā facta, L.

obsequentia, ae, *f.* [obsequens], *complaisance, obsequiousness:* reliquorum, Cs.

obsequium, ī, *n.* [SEC-], *compliance, yieldingness, complaisance, indulgence:* Obsequium amicos parit, T.: Antonium obsequio mitigavi: ventris, i. e. *gluttony*, H.: peritura amantis Obsequio, *to her lover*, O.: Flectitur obsequio ramus, *by its pliancy*, O.—*Obedience, allegiance:* in populum R., L.: erga vos, L.

ob-sequor, cūtus (not quūtus), ī, *dep., to comply, yield, gratify, humor, submit, be accommodating:* tibi, T.: huic: voluntati tuae: imperio, Iu.: uti de Pompilio referrent, senatui, L.—*To yield, give up, indulge:* animo, T.: huius cupiditati: studiis suis, N.: irae, Cu.

1. obserō, āvī, ātus, āre [1 SER-], *to bolt, bar, fasten, shut up:* ostium intus, T.: aedificia, L.: aurīs, H.

2. ob-serō, sēvī, situs, ere, *to sow, plant:* terram frugibus.—*P. perf., covered over, covered, strewn, filled:* obsiti virgultis colles, L.: pomis Rura, O.: aeger pannis annisque, T.: montes nivibus, Cu.: Io iam setis obsita, V.: variis obsita frondibus (arcana tua), H.

observāns, antis, *adj.* with *sup.* [*P.* of observo], *watchful, attentive, respectful:* homo tui: observantissimus mei.

observantia, ae, *f.* [observo], *attention, respect, regard, reverence:* observantiam dilexit: amicos observantiā retinere: in regem, L.

observātiō, ōnis, *f.* [observo], *a watching, observance, investigation:* observationes animadvertebant, *your searches for evidence:* siderum.—*Circumspection, care, exactness:* summa in bello movendo.

observitō, āvī, —, āre, *freq.* [observo], *to watch carefully, observe closely:* motūs stellarum.

ob-servō, āvī, ātus, āre, *to watch, note, heed, observe, take notice of, attend to:* filium, Quid agat, T.: fetūs, *watch for*, V.: occupationem eius: tempus epistulae tibi reddendae, *watch for:* sese, *keep a close watch over:* observant quem ad modum sese gerat, etc.—*To watch, guard, keep:* greges, O.—*To observe, take care, see, provide:* ne plus reddat quam acceperit: quod ne accidat observari nec potest, etc.—*To observe, respect, regard, attend to, heed, keep, comply with:* neque signa neque ordines, S.: leges: praeceptum diligentissime, Cs.: centesimas, *adhere to:* commendationes, *regard:* post illum observatum, ut, etc., i. e. *it was the recognized rule*, L.—*To pay attention to, respect, regard, esteem, honor:* talem hunc virum, S.: tribules suos: regem, V.: me ut patrem.

obses, idis (*gen. plur.* obsidum, rarely obsidium, Cs., L.), *m.* and *f.* [SED-], *a hostage:* obsides uti inter sese dent, *exchange*, Cs.: Cretensibus obsides imperavit: multi Romanis dediti obsides, S.: alqm obsidem retinere, *as a hostage*, N.: Me acceptā Obside, O.—*A surety, security, guaranty, assurance, bail, pledge:* se eius rei obsidem fore, *will answer for it*, N.: (nuptiarum) obsides filios accipere: coniugii, O.: obsidem enim se animum eius habere, L.: obsides dedit se nullā in re Verri similem futurum, *gave no guaranty:* hanc condemnationem dederat obsidem Balbo, ut, etc.

obsessiō, ōnis, *f.* [obsideo], *a blocking up, besieging, blockade:* militaris viae: nostrorum, Cs.

obsessor, ōris, *m., a frequenter, haunter, resident:* aquarum (of a water-snake), O.—*A besieger, invester, blockader:* curiae: Luceriae, L.

obsessus, *P.* of obsideo.

obsideō, ēdī, essus, ēre [ob+sedeo], *to sit, stay, remain, abide:* domi, T.—*To beset, haunt, frequent:* umbilicum terrarum.—In war, *to hem in, beset, besiege, invest, blockade:* quod (oppidum) neque capi neque obsideri poterat, S.: omnīs aditūs: Uticam, Cs.: consilia ad obsidendam (urbem) versa, L.: obsessa Ilion, H.: Dextrum Scylla latus Obsidet, V.: aedīs, Iu.: omnibus rebus obsessi, *hampered in every way*, Cs.—*Supin. acc.:* proficiscitur obsessum turrim, S.—Poet.: obsessae fauces, *choked*, V.: obsessum frigore corpus, O.—*To occupy, fill, possess:* corporibus omnis obsidetur locus, *is filled:* milite campos, V.: Trachas obsessa palude, i. e. *surrounded*, O.: meum tempus, *take up:* cum obsideri aurīs a fratre cerneret, *besieged*, L.—*To watch closely, look out for:* iacere ad obsidendum stuprum.

obsidiālis, e, *adj.* [obsidium], *of a siege:* graminea corona, *for raising a siege*, L.

obsidiō, ōnis, *f.* [ob], *a siege, investment, blockade:* urbis, Cs.: obsidione urbīs capere: Bibulum in obsidione habere, Cs.: spes maior in obsidione quam in oppugnatione, L.: obsidione Isiondensīs exemit, *released from*, L.: cingi urbem obsidione, *besieged*, V.: totam soluturi obsidionem, *would end the siege*, L.: solutā obsidione, *raised*, L.: ad Capuae liberandam obsidione ire, *to raise*, L.—Fig., *an imminent danger, extreme peril:* obsidione rem p. liberare.

1. obsidium, ī, *n.* [ob+SED-], *a siege, blockade:* obsidio circumdare, Ta.

2. obsidium, ī, *n.* [obses], *the condition of a hostage, hostageship:* obsidio nobis datus, Ta.

ob-sīdō, —, —, ere, *to beset, invest, besiege, blockade:* pontem, S.: excubiis portas, V.: Italos finīs, *take possession of*, V.: campos, i. e. *to buy*, Tb.

obsīgnātor, ōris, *m.* [obsigno], *a sealer, one who attests under seal:* litterarum: obsignatores adducit, *witnesses* (to a will).

ob-sīgnō, āvī, ātus, āre, *to seal, seal up, attest under seal:* totis castris testamenta obsignabantur, Cs.: quaestionem, i. e. *witness:* tabellis obsignatis agis mecum, i. e. *you hold me strictly to my words:* tabellas obsignare velle, *seal up the documents*, i. e. *make an end of discussion:* obsignandi gratiā venire, *to put seals on* (the papers and effects): contra Scaurum litteras, i. e. *prefer a charge.—To make fast, close safely:* inane obsignari nihil solere.

ob-sistō, stitī, stitus, ere, *to take place before, stand in the way:* obsistens obtestansque, L.: abeunti Volumnio, L.—*To make stand against, oppose, resist, withstand:* hostes obsteterunt, S.: Quicumque mundi terminus obstitit, H.: Gallia, cuius consensui ne orbis quidem terrarum possit obsistere, Cs.: dolori: visis, *to disapprove of:* obstitit Oceanus in se inquiri, *forbids*, Ta.: tibi, ne in aedīs accederes: ceteris naturis, quo minus perficiantur: facile posset obsisti fortunae: vix obsistitur illis, Quin, etc., *they are hardly prevented*, O.

obsitus, *P.* of 2 obsero.

obsolefīō, —, fierī [1 OL-], *to wear out, be spoiled:* obsolefiebant dignitatis insignia, *became worthless.*

obs-olēscō, lēvī, lētus, ere, *inch., to wear out, grow old, decay, fall into disuse, lose value, become obsolete:* obsolevit iam oratio: ut alia vetustate obsolevissent, *had been forgotten*, L.

(**obsolētē**), *adv.* [obsoletus], *in an old style, poorly, shabbily.*—Only *comp.:* obsolétius vestitus.

obsolētus, *adj.* with *comp.* [*P.* of obsolesco], *old, worn out, thrown off:* erat veste obsoletā, L.: esse vestitu obsoletiore: homo, *shabby:* tectum, *ruinous*, H.: verba, *obsolete.—Common, ordinary, poor, mean, low:* crimina: ex victoriā gaudia, L.: O nec paternis obsoleta sordibus, H.: obsoletior oratio, *a too negligent style.*

obsōnium (**ops-**), ī, *n.*, = ὀψώνιον, *a relish, sauce, side-dish* (with bread; usu. fish): Paululum obsoni, T.: obsonia coëmere, H.

obsōnō, āvī, ātus, āre, = ὀψωνέω, *to buy provisions, cater, purvey:* cum fide, T.: Vix drachumis est obsonatum decem, T.—*To feast, treat, furnish an entertainment:* de meo, T.—*To provide, prepare:* ambulando famem, *get an appetite.*

(**obstāns**, ntis), *n.* [*P.* of obsto], *an obstruction.*—Only *plur.:* pellere obstantia, i. e. *open the body*, H.: obstantia silvarum amoliri, Ta.

obstetrīx (**opst-, obstit-**), īcis, *f.* [ob + STA-], *a midwife*, T., H.

obstinātē, *adv.* [obstinatus], *firmly, inflexibly, resolutely, obstinately:* operam dat, T.: negari, Cs.: haec credita, L.

obstinātiō, ōnis, *f.* [obstino], *firmness, steadfastness, stubbornness, obstinacy:* sententiae, *adherence to my principles:* taciturna, *obstinate silence*, N.

obstinātus, *adj.* with *comp.* [*P.* of obstino], *resolved, determined, resolute, steadfast, inflexible, stubborn, obstinate:* animi, S.: animi ad decertandum, L.: ad silendum, Cu.: pudicitia, L.: aures, H.: obstinatos mori in vestigio suo, L.: voluntas obstinatior, *confirmed:* adversus lacrimas, *more steadfast*, L.

obstinō, āvī, ātus, āre [ob+STA-], *to resolve, determine, be firmly resolved, persist:* obstinaverant animis aut vincere, aut mori, L.: quando id obstinatum est, L.

ob-stipēscō, see obstupesco.

obstīpus, *adj.* [ob + STIP-], *inclined, bent, turned aside:* Stes capite obstipo, H.: caput.

obstitus, *adj.* [*P.* of obsisto], *opposite, opposing;* hence, in augury, *struck by lightning.—Plur. n.* as *subst.:* obstita pianto.

ob-stō, stitī, —, āre, *to stand before, be opposite:* soli luna obstitit, Enn. ap. C.: dum retro quercus eunti Obstitit, *stopped his way*, O.—*To be in the way, withstand, thwart, hinder, oppose, obstruct:* obstando magis quam pugnando castra tutabantur, L.: exercitūs hostium duo obstant, *block the way*, S.: Fata obstant, *make it impossible*, V.: Paulum negoti mi obstat, T.: res quae obstent Roscio: Obstitit incepto pudor, O.: meritis Romuli, i. e. *suppress the fame of*, H.: vita eorum huic sceleri obstat, *acquits them of this crime*, S.: di quibus obstitit Ilium, *was an offence to*, V.: labentibus (aedibus) obstat vilicus, i. e. *keeps from falling*, Iu.: ad conatūs verecundia irae obstabat, L.: quid obstat, quo minus sit beatus?: ne quid obstet, quo minus de integro incatur bellum, L.: quid obstat, cur non (verae nuptiae) fiant? T.: cum religio obstaret, ne non posset dici dictator, L.: nec, si non obstatur, propterea etiam permittitur.

ob-strepō, uī, —, ere, *to make a noise against, roar at, resound, reëcho:* quā violens obstrepit Aufidus, H.: Marisque Bais obstrepentis litora,

H.: Fontesque lymphis obstrepunt manantibus (sc. iacenti), H.: si non obstreperetur aquis, O.—*To bawl against, clamor at, outbawl:* male dicta alia cum adderet, obstrepere omnes, S.: eius modi res obstrepi clamore militum videntur, *to be drowned:* ut ipsi sibi in dicendo obstrepere videantur: decemviro obstrepitur, L.—*To annoy, molest, be troublesome:* tibi litteris.—*To impede, hinder, be an obstacle:* nihil sensere (Poeni), obstrepente pluviā, L.: conscientiā obstrepente, Cu.

ob-stringō, strinxī, strictus, ere, *to shut in, confine:* ventos, H.—Fig., *to bind, tie, fetter, hamper, lay under obligation:* (Oppianicum) donis: civitatem iure iurando, Cs.: amicos aere alieno, *bring into debt:* alqm pecuniā in flagitium, Ta.: se tot sceleribus, *to be guilty of:* se parricidio, *perpetrate:* iis vinculis fugae obstricti stabant, *preventives of flight*, L.: clementiam suam orationibus, *to attest*, Ta.

ob-strūctiō, ōnis, *f.* [obstruo], *an obstruction, barrier:* diuturna.

obstrūdō, see obtrudo.

ob-struō (opstr-), ūxī, ūctus, ere, *to build against, build up, block, stop up, bar, barricade, make impassable:* novum murum, L.: frontem castrorum auxiliis, L.: turrīs, Cs.: luminibus eius: valvas aedis, N.: obstructa saxa, *placed in the way*, O.—Fig., *to stop up, hinder, impede, obstruct:* Catonis luminibus obstruxit haec oratio, *was a hinderance to:* viri deus obstruit aurīs, *renders inexorable*, V.: huic spiritus oris obstruitur, V.: perfugia improborum, *shuts off.*

ob-stupefaciō, fēcī, factus, ere; *pass.* obstupefīō, factus, fierī, *to astonish, amaze, astound, stupefy, benumb:* eum timidum obstupefecit pudor, T.: nisi metus maerorem obstupefaceret, L.: obstupefactis hominibus admiratione.

ob-stupēscō (obstip-), puī, —, ere, *inch.*, *to become senseless, be stupefied, be astounded, be struck dumb:* Obstipuere animi, V.: animus timore Obstipuit, *my heart is frozen*, T.: eius aspectu cum obstupuisset bubulcus: formā, O.: terrore obstipuerant animi ab omni conatu, *were made incapable of*, L.: ad magnitudinem eius fortunae, L.

ob-sum, obfuī (offuī), obesse, *to be against, be prejudicial to, hinder, hurt, injure:* *Pa.* Quidquid est id . . . profuit. *La.* Immo obfuit, T.: eum, ne prodigus obsit, Dede neci, V.: id obesse huic? T.: obest Clodii mors Miloni: obsunt auctoribus artes, O.: quod mi obsit locutus, *to my hurt*, H.: nec obsit Agresti fano supposuisse pecus, O.: nihil obest dicere.

ob-suō, —, ūtus, ere, *to sew on:* obsutum caput, O.

ob-surdēscō, duī, —, ere, *inch.*, *to become deaf:* aures hominum obsurduerunt.—Fig., *to be dull of apprehension:* obsurdescimus.

ob-tegō, tēxī, tēctus, ere, *to cover over, cover up, protect:* vineis partem castrorum, Cs.: domus arboribus obtecta, *overshadowed*, V.: se servorum corporibus: meliorum precibus obtectus, Ta.—Fig., *to veil, hide, conceal, keep secret:* vitia multis virtutibus obtecta.

obtemperātiō, ōnis, *f.* [obtempero], *a complying, obedience:* legibus.

ob-temperō (opt-), āvī, ātus, āre, *to comply, attend, conform, submit, obey:* mihi, T.: imperio populi R., Cs.: auctoritati senatūs, Cs.: tibi eos (deos) scio obtemperaturos, *will regard you*, T.: ad alqd: ut senatūs consulto ne obtemperetur.

ob-tendō, dī, tus, ere, *to spread before, stretch over:* Pro viro nebulam, V.: obtentā nocte, i. e. *in dark night*, V.: Britannia Germaniae obtenditur, *lies over against*, Ta.—*To plead as an excuse:* matris preces obtendens, Ta.—Fig., *to hide, conceal, envelop:* quasi velis quibusdam obtenditur uniuscuiusque natura.—*To make a cover for:* curis luxum, Ta.

1. obtentus, *P.* of obtendo, and of obtineo.

2. (ob-tentus, ūs), *m.* [obtendo], *a drawing over, spreading over.*—Only *dat.* and *abl. sing.*: obtentu frondis, V.—Fig., *a cover, pretext:* cognominis, L.: rei p., Ta.

ob-terō (opt-), trīvī (*subj. plup.* obtrīsset, L.), trītus, ere, *to bruise, crush:* ranas, Ph.: in angustiis portarum obtriti, *crushed by the crowd*, L.—Fig., *to crush, trample, degrade, disgrace, ravage, destroy:* calumniam: obtrectationes: militem verbis, *degrade*, L.: volgi omne cadaver, Iu.

obtestātiō, ōnis, *f.* [obtestor], *an adjuration, solemn charge:* quae mulier obtestatione viri debuit, etc., *was bound by her husband's adjuration:* legis.—*An entreaty, supplication:* matronae in obtestationes versae, L.: Phaedri.

ob-testor, ātus, ārī, *dep.*, *to call as a witness, protest, make appeal to:* vestram fidem: Iovem, ut testis adesset, S.: summam rem p. agi obtestans, Ta.: se moriturum, Ta.—*To conjure, entreat, beseech, supplicate, implore:* Per tuam fidem . . . Te, T.: obtestans deum fidem testabatur, nequiquam eos fugere, L.: vos per Penatīs, V.: vos, ut, etc.: id sibi ne eripiatis, vos: multa de salute suā Pomptinum, S.: illud te Pro Latio obtestor, Ne, etc., V.: te et senatum, consulatis, etc., S.

ob-texō, —, —, ere, *to weave over, overspread, cover:* caelum obtexitur umbrā, V.

obticeō, —, —, ēre [ob+taceo], *to be silent:* Virgo obticet, T.

(obticēscō), ticuī, —, ere, *inch.* [obticeo], *to be*

struck silent.—Only *perf.*, *to be silent:* Quid obticuisti? T.: chorus obticuit, H., O.

obtineō (opt-), tinuī, tentus, ēre [ob+teneo], *to hold fast, have, occupy, possess, preserve, keep, maintain:* quas (regiones) Suebi obtinerent, Cs.: Galliam armis, L.: cum imperio Hispaniam citeriorem, *be governor in:* ex quā insulā nummus nullus, me obtinente, erogabatur, *during my administration.*—*To maintain, keep, preserve, uphold:* ad obtinendos exercitūs evocari, Cs.: necessitudinem cum publicanis: pol Crito antiquom obtines, *your old self*, T.: causam, *maintain*, Cs.: noctem insequentem eadem caligo obtinuit, *prevailed during*, L.: quae (fama) plerosque obtinet, *is generally accepted*, S.: quod fama obtinuit, L.: proverbi locum, i. e. *to become proverbial:* numerum deorum, *be numbered among:* pontem, *would not yield*, L.—*To assert, maintain, show, prove, demonstrate:* possumus hoc teste . . . quod dicimus, obtinere?: duas contrarias sententias.—*To get possession of, gain, acquire, obtain:* malas causas, *gained:* Romani si rem obtinuerint, *gained the victory*, Cs.—*To bring about, bring to pass, obtain:* ut consulerentur patres, L.

obtingō, tigī, —, ere [ob+tango], *to fall to the lot of, befall, occur:* quod cuique obtigit, id quisque teneat: agnis quanta (discordia) obtigit, H.: cum tibi sorte obtigisset, ut ius diceres, *had fallen to your lot.*—*To happen, befall, occur:* Istuc tibi ex sententiā tuā obtigisse laetor, T.: praeter spem, T.: si quid obtigerit, aequo animo moriar, *should befall* (me).

(ob-torpēscō), puī, —, ere, *inch.*, *to grow stiff, be benumbed, become insensible, lose feeling.*—Only *perf.:* si manus prae metu obtorpuerit, L.—Fig.: subactus miseriis obtorpui: circumfuso undique pavore, ita obtorpuit, ut, etc., L.

(ob-torqueō), torsī, tortus, ere, *to twist, writhe, wrench.*—Only *P. perf.:* collo obtorto: obtortā gulā in vincula abripi iussit, *by the throat:* obtorti circulus auri, V.

obtrectātiō, ōnis, *f.* [obtrecto], *a belittling, detraction, disparagement:* invidia atque obtrectatio: adversus crescentem gloriam, L.: erga Flavianos, Ta.: laudis, Cs.: gloriae alienae, L.

obtrectātor, ōris, *m.* [obtrecto], *a detractor, traducer, disparager:* obtrectatores multa finxerunt: laudum mearum.

obtrectō, āvī, ātus, āre [ob+tracto], *to detract from, belittle, disparage, underrate, decry:* obtrectantis est angi alieno bono: alteri: gloriae suae, L.: curam, *carp at*, Ph.: eius laudes, L.: obtrectarunt inter se, *decried one another*, N.

obtrītus, *P.* of obtero.

ob-trūdō (obs-t-), sī, sus, ere, *to thrust upon, obtrude:* ea nemini obtrudi potest, T.: obstrusa carbasa pullo, *hemmed*, O.

ob-truncō, —, ātus, āre, *to cut down, cut to pieces, kill, slay, slaughter:* puerum: regem, L.: illum ad aras, V.: cervos ferro, V.: obtruncati circa altaria, L.

ob-tundō, tudī, tūsus or tūnsus, ere, *to blunt, weaken, exhaust, make dull:* vocem in dicendo, *talk himself hoarse:* mentem: aegritudinem, *alleviate.*—*To stun, din, deafen, annoy, tease, importune, molest:* non obtundam diutius: te epistulis: me de hac re, *importune*, T.: obtuderunt eius aurīs, te fuisse, etc., *dinned into him that*, etc.

obtūnsus, *adj.* [*P.* of obtundo], see obtūsus.

ob-turbō, āvī, ātus, āre, *to make turbid, disorder, confuse, trouble, disturb:* hostes, Ta.: Itane vero obturbat? *interrupts*, T.: me litterae obturbant, *distract.*

obtūrō, —, ātus, āre [TVR-], *to stuff, stop up, close:* partīs (corporis) obturatas esse: aurīs, i. e. *refuse to listen*, H.

obtūsus or **obtūnsus**, *adj.* with *comp.* [*P.* of obtundo], *blunt, dull, obtuse:* vomer, V.—Fig., *blunt, dull, weak, faint:* cui (animo) obtusior sit acies: obtunsa pectora, *insensible*, V.: ne obtunsior usus Sit genitali arvo, *too enfeebled*, V.: vigor animi, L.: quo quid dici potest obtusius? *more stupid.*

(obtūtus, ūs), *m.* [2 TV-], *a looking at, gazing upon, gaze* (only *acc.* and *abl. sing.*): oculorum: obtutum in caudā figere: obtutu tacito stetit, V.—Fig.: in obtutu malorum, *contemplation*, O.

ob-umbrō, āvī, ātus, āre, *to overshadow, shade:* caespes obumbrat humum, O.: obumbratus amnis, Cu.—*To darken, obscure:* aethera telis, V.: nomina, Ta.—Fig., *to cover, cloak, screen, protect:* crimen, O.: reginae nomen (eum) obumbrat, V.

ob-uncus, *adj.*, *bent in, hooked:* rostro voltur obunco, V.: pedes, O.

ob-ūstus, *P.*, *burnt into, hardened by fire:* torre armatus obusto, V.: glaeba gelu, *burnt by frost*, O.

ob-vāllātus, *P.*, *fortified, intrenched, made irrefutable:* locus omni ratione.

ob-veniō, vēnī, ventus, īre, *to come up to, go to meet:* se in tempore pugnae obventurum, *join in the battle*, L.—*To fall out, befall, happen, occur:* id obvenit vitium (at the auspices): sin quae necessitas rei p. obvenerit.—*To come by chance, fall to the lot of, be allotted:* Calpurnio Numidia obvenit, S.: ei sorte provincia obvenit: cui classis obvenisset, L.

ob-versor, ātus, ārī, *dep.*, *to make an appearance, show oneself:* partem eorum Carthagini obversari dici, L.—Fig., *to hover before, appear:*

mihi ante oculos obversatur rei p. dignitas: in somnis, L.

obversus, *adj.* [*P.* of obverto], *turned against, directed towards:* faciem obversus in agmen, O. —*Turned towards, engaged in:* militum studiis, Ta.—*Plur. m.* as *subst., opponents*, Ta.

ob-vertō, tī, sus, ere, *to turn towards, turn against, direct towards:* cuius ob os ora sua: Cornua obvertimus antemnarum, *direct*, V.: remos, *ply*, O.: ordines, i. e. *fall out of line*, L.: obversus Contendit telum, *facing* (him), V.: obvertor ad undas, O.

ob-viam or **ob viam**, *adv., in the way, towards, against, to meet, in face of:* obviam conabar tibi, *was hurrying to meet you*, T.: si obviam contra veniretur, *an advance should be made*, Cs.: fit obviam Clodio, *meets:* obviam ire hostibus, S.: Caesari obviam processisti, *went out to meet:* exire, Cs.: se offere, *meet*, T.: effundi, *pour out to meet*, L.: de obviam itione ita faciam.—In the phrase, obviam ire, *to meet, oppose, resist, contend against:* periculis, *face*, S.: Gracchorum actionibus, *resist*, S.: cupiditati hominum, *oppose:* irae, L.: crimini, *meet the charge*, L.: obviam itum fraudibus, Ta.

obvius, *adj.* [ob+via], *in the way, so as to meet, meeting, to meet:* si ille obvius ei futurus non erat, *had no expectation of meeting him:* se mihi obvium dedit, *met*, L.: venit obvius illi, H.: cuicumque est obvia, *whomsoever she meets*, Iu.: ad Martis fuit obvius aram, Iu.: se gravissimis tempestatibus obvium ferre: obvias mihi litteras mittas, *send to meet:* montes, qui obvii erant itineri, *lay in the way*, N.: undis, *up stream*, O.: Obviaque hospitiis teneat arbos, *opposite*, V.—As *subst. n.:* in obvio classi hostium esse, *be in the way*, L.—*Against, to meet, to encounter:* quo in loco inter se obvii fuissent, *had fought*, S.: si ingredienti cum armatā multitudine obvius fueris: infestā subit obvius hastā, V.— *Open, exposed, liable, subject:* rupes Obvia ventorum furiis, V.: (urbs) minus obvia Grais, V.: comitas, i. e. *ready*, Ta.: rerum similitudo, *obtrusive*, Ta.

ob-volvō, vī, ūtus, ere, *to wrap round, envelop, muffle up, cover over, enfold:* obvolvendum caput esse: capitibus obvolutis, *muffled*, L.: os obvolutum folliculo: fax obvoluta sanguine, *covered*, Enn. ap. C.—Fig., of language, *to cover, veil:* verbis decoris vitium, H.

occaecō (**obc-**), āvī, ātus, āre [ob+caeco], *to make blind, blind, deprive of sight:* occaecatus pulvere hostis, L.— *To make dark, darken, obscure:* noctis occaecat nigror, C. poët.: densa caligo occaecaverat diem, L.— *To hide, conceal:* semen occaecatum.—Fig., *to darken, make obscure, render unintelligible:* orationem.—*To make blind, blind, delude:* animos: stultitiā occaecatus: consilia, *confound*, L.

occallēscō, luī, ere, *inch.* [ob+callesco, calleo], *to grow callous, harden:* Os sensi occallescere rostro, i. e. *thicken to a snout*, O.—Fig., *to grow insensible.*

occanō, uī, ere [ob+cano], *to blow into, play upon:* cornua tubasque, Ta.

occāsiō, ōnis, *f.* [ob+1 CAD-], *an opportunity, fit time, occasion, convenient season, favorable moment:* tanta, T.: tua, L.: aliis occasio defuit: pugnandi, S.: inrumpendi in urbem, Cu.: sibi ad occupandam Asiam oblata: occasionem amittere, *let slip:* adripere, *seize*, L.: rapere de die, H.: non deesse occasioni, *not to be unequal to*, Cs.: a fortunā data liberandae Graeciae, N.: intellegere occasiones, *discern*, Ta.: occasione datā, *should an opportunity offer:* per occasionem, *on a favorable opportunity*, S.: levia proelia ex occasione huius aut illius partis oriebantur, L.: Summa occasiost mihi Phaedriae curam adimere, T.—Person., *Opportunity* (as a goddess), Ph.—*A pretext, excuse, plausible explanation:* Quantulacunque est occasio, sufficit irae, Iu.—In war, *a dash, raid, surprise:* occasio, non proelium, Cs.

1. occāsus, *P.* of 2 occido.

2. occāsus, ūs, *m.* [ob+1 CAD-], *a falling, going down, setting:* Maiae, V.: cum occasu solis, *at sunset*, S.—*The sunset, west:* ab ortu ad occasum: ager Longus in occasum, V.: Prospicit occasūs, O.—Fig., *downfall, ruin, destruction, end, death:* rei p.: in occasu vestro, V.: post Aeli occasum, *death.*

occātiō, ōnis, *f.* [occo], *a harrowing.*

occecinī, *perf.* of occino.

occentō, āvī, ātus, āre [ob+canto], *to satirize in song, lampoon*, XII Tabb. ap. C.

occidēns, entis, *m.* [*P.* of 2 occido], *the sunset, west, occident:* ab occidente, S.: ab oriente ad occidentem.

occīdiō, ōnis, *f.* [ob+2 SAC-], *a massacre, utter destruction, extermination:* in occidione victoriam ponere, L.: equitatus occidione occisus, *annihilated.*

1. occīdō, cīdī, cīsus, ere [ob+caedo], *to strike down, knock down:* me pugnis, T.—*To cut down, cut off, kill, slay:* si aliam (noxiam) admisero, occidito, T.: fortissime pugnans occiditur, Cs.: exercitūs occidione occisi, *annihilated*, L.: ad unum omnes, *to the last man*, L.: hominem, *murder:* modus hominis occidendi, *form of murder:* homines impune occidebantur, *murders were committed:* se occidere, *commit suicide*, Cu.—Fig., *to plague to death, torture, torment, pester:* occidis saepe rogando, H.: legendo, H.—*To ruin, undo:* me tuis fallaciis, T.

2. **occidō**, cidī, cāsus, ere [ob+cado], *to fall down, fall:* ut alii super alios occiderent, L.—*To go down, set:* iam occidente sole, Pac. ap. C.: donec lux occidat, Iu.—*To fall, perish, die, be slain:* quā (securi) multi occiderunt: pro patriā: hostium saevitiā, S.: dextrā suā, V.: minimo volnere, O.: unā occidendum nobis esse (cum imperio), S.—Fig., *to decline, end:* vita occidens, *the evening of life:* ne sacrorum memoria occideret, *be lost.*—*To perish, be ruined, be lost:* sin plane occidimus: occidi, *I am undone,* T.: funditus, V.: omnia generis insignia occiderunt: vestra beneficia occasura esse.

occiduus, *adj.* [ob+1 CAD-], *going down, setting:* occiduo sole, O.: dies, O.—*Western:* ab occiduo sole, O.—Fig., *sinking, failing:* senecta, O.

occinō, cinuī or cecinī, —, ere [ob+cano], *to sing inauspiciously, croak:* sī occecinerit avis, i. e. *gives an unfavorable omen,* L.: corvus occinuit, L.

occipiō, cēpī (not coepī), eptus, ere [ob+capio], *to begin, commence:* dolores occipiunt, T.: a meridie nebula occepit, L.: quaestum, T.: magistratum, *enter upon,* L.: mecum cogitare, T.: agere armentum, L.: (fabula) occeptast agi, T.

occīsiō, ōnis, *f.* [ob+2 SAC-], *a massacre, slaughter, murder:* parentis.

occīsus, *P.* of 1 occīdo.

occlūdō, sī, sus, ere [ob+claudo], *to shut up, close:* de occludendis aedibus, T.: servus, cui domi nihil sit occlusum.—*To restrain, check:* lubido occlusa contumeliis, T.

occō, —, —, āre [2 AC-], *to harrow:* segetes, H.

occubō, —, —, āre [ob+cubo], *to lie low, lie prostrate, lie dead:* quo (tumulo), V.: consul morte occubans, L.

occulcō, —, ātus, āre [ob+calco], *to tread down, trample:* partim occulcatis, L.

occulō, culuī, cultus, ere [ob+2 CAL-], *to cover, cover over:* virgulta multā terrā, V.—*To cover up, hide, conceal:* (feminae) parietum umbris occuluntur, *are concealed:* hastatos valles occulebant, L.: Classem sub rupe, V.: caligine terras, O.: puncta argumentorum.

occultātiō, ōnis, *f.* [occulto], *a covering, hiding, concealment:* occultatione propositā, *in the hope of secrecy:* se occultatione tutantur, *by hiding:* cuius rei nulla est occultatio, Cs.

occultātor, ōris, *m.* [occulto], *a concealer, secreter:* latronum.

occultē, *adv.* with *comp.* and *sup.* [occultus], *in concealment, in secret, secretly, privately:* neque id occulte fert, *makes no secret of it,* T.: ea nunc occulte cuniculis oppugnatur: loqui cetera, S.: proficisci, Cs.: labitur, O.: conari occultius: paulo occultius consili huius participes, S.: quam potuit occultissime cohortes duxit, Cs.

occultō, āvī, ātus, āre, *freq.* [occulo], *to hide, conceal, secrete:* fugam, Cs.: stellae occultantur, *disappear:* incepto suo occultato, S.: ut aves se occultent: qui hoc occultari facilius credas dabo, T.: se latebris: legionem silvis, Cs.: alicubi: intus veritas occultetur: se inter multitudinem, Cs.: post montem se, Cs.

occultus, *adj.* with *comp.* and *sup.* [*P.* of occulo], *covered up, hidden, concealed, secret:* locus, S.: occultiores insidiae: quo occultior esset eius adventus, Cs.: si quid erit occultius: cum res occultissimas aperueris: per occultos callīs, V.: notae, O.: Crescit, occulto velut arbor aevo, i. e. *imperceptibly,* H.: occulti miranda potentia fati, Iu.: salis in lacte sapor, *slight favor,* V.—*Plur. n.* as *subst.:* expromere omnia mea occulta, *secrets,* T.: servi, quibus occulta credantur: in occultis ac reconditis templi, *the recesses,* Cs.—*Sing.:* stare in occulto, *in hiding:* ex occulto nostros invadit, *from ambush,* S.: ex occulto intervenire, *secretly.*—Of persons, *close, reserved, uncandid, secret:* me occultum fingere: ab occultis cavendum hominibus, L.: occultus odii, *dissembling his hate,* Ta.: consilii, Ta.

occumbō, cubuī, cubitum, ere [ob+*cumbo; CVB-], *to fall in death, die:* honeste: ferro, O.: per te, *by thy hand,* O.: certae morti, V.: pro patriā mortem: ictus clavā morte occubuit, L.

occupātiō, ōnis, *f.* [occupo], *a taking possession, occupying, seizure:* fori: vetus.—*A business, employment, occupation:* publicae, Cs.: maximis occupationibus distinebar: ab omni occupatione se expedire: occupationes rei p., *state affairs,* Cs.: tantularum rerum occupationes, *such trivial employments,* Cs.

occupātus, *adj.* with *comp.* and *sup.* [*P.* of occupo], *taken up, engrossed, absorbed, occupied, employed, busy, engaged:* In alio amore, T.: in opere, Cs.: opere, L.: non occupatorum amicorum adsiduitas: in eo, ut, etc., N.: res in singulis litteris occupatae, *concerned with:* occupatiorem me habere: occupatissimus esse, *extremely busy.*

occupō, āvī, ātus, āre [ob+CAP-], *to take into possession, seize, occupy, master, win:* Italiam praesidiis: opportunae ad occupandum urbes, L.: portum, H.: tyrannidem: a potentioribus regna occupabantur, *chieftains were aiming at,* Cs.: Occupat amplexu, *clasps,* O.—*To occupy, cover, take up, fill:* quantum loci acies occupare poterat, Cs.: urbem (sc. aedificiis), L.: caementis mare, H.—*To fall upon, attack:* Lataguin saxo os faciemque, *strikes* (in) *the face,* V.: Occupat hos morsu, longis complexibus illos, O.: manicis iacentem, *fetters while prostrate,* V.: Volteium Vilia vendentem, *surprise,* H.—*To get the start of, be before-*

hand with, anticipate, do first, outstrip: egressas rates, O.: bellum facere, *begin the war first*, L.: rapere oscula, H. — *To hinder:* profluvium sanguinis occupat secantes, Cu.—Fig., *to seize, take possession of, fill, invade, overspread, engross:* mors ipsam occupat, T.: quae (tenebrae) totam rem p. tum occuparant: timor exercitum occupavit, Cs.: oculos nox occupat, *are darkened*, O.: fama occupat auris, V.—*To gain, win, acquire:* militarem gloriam, Ta.: obscuri speciem, *pass for reserved*, H.—*To take up, fill, occupy, employ:* tres et sexaginta annos aeque multa volumina occupasse mihi, L.: in funambulo Animum, T.: pecuniam adulescentulo grandi fenore occupavisti, *invested at high interest:* occupatur animus ab iracundiā: occupatus certamine est animus, L.

occurrō (obc-), currī (cucurrī, Pl.), cursus, ere [ob+curro], *to run up, run to meet, go to meet, meet, fall in with:* ad undam, *face the foe*, V.: dulcis amicis, H.: quibuscumque signis occurrerat, Cs.: huic (concilio), *attend*, L.: ad id concilium, L.: occurritur (sc. mihi).—*To go against, rush upon, attack:* duabus legionibus, Cs.: Obvius adversoque occurrit, V.—*To lie in the way, meet:* in asperis locis silex saepe occurrebat, L.—Fig., *to meet, fall into, be involved:* graviori bello, Cs. —*To obviate, meet, resist, oppose, counteract:* eius consiliis: ab nostris occurrebatur, *he was resisted*, Cs.—*To obviate, cure, relieve, remedy:* rei sapientiā: utrique rei, N.—*To meet, answer, reply, object:* huic dictis, V.: occurretur enim, sicut occursum est.—*To offer, present itself, suggest itself, appear, occur, be thought of:* tu occurrebas dignus eo munere: mihi multo difficilior occurrit cogitatio, qualis, etc.: Atheniensium exercitūs deleti occurrebant, L.: haec tenenda sunt oratori; saepe enim occurrunt, *present themselves:* ne quid honestum occurreret, Ta.

occursātiō, ōnis, *f.* [occurso], *a running to meet, attention, greeting, officiousness:* illa.—*Plur.:* vestrae et vestrorum ordinum.

occursō, āvī, ātus, āre, *freq.* [occurro], *to run to meet, throng before:* alios occursantes interficere, S.: occursare capro caveto, *beware of meeting*, V. — *To rush against, attack, charge, strive against, oppose:* inter occursantes, factiosos, *opposing*, S.: in ripā, L.

(occursus, ūs), *m.* [ob+1 CEL-], *a meeting, falling in with* (only *sing. acc.* and *abl.* and *plur. acc.*): vacuis accursu hominum viis, *where they met nobody*, L.: prohiberi fratrum eius occursu, Cu.: rota Stipitis occursu fracta, *by striking a stump*, O.: occursum trepidare amici, Iu.: Illius occursūs, Iu.

ōceanus, ī, *m.*, = Ὠκεανός, *the great sea, outer sea, ocean:* mare, quem Oceanum appellatis: Oceani freta, i. e. *the Strait of Gibraltar:* quae civitates Oceanum attingunt, Cs.: circumvagus, *circumfluent*, H.: pater rerum, i. e. *primary element*, V.—Person., *son of Caelum and Terra, husband of Tethys, father of the rivers and nymphs*, C., V.

ocellus, ī, *m. dim.* [oculus], *a little eye, eyelet:* victis ocellis, O.: ocelli angulus, Iu.: ocelli Italiae, villulae meae, *eyeballs.*

ōcior, ōcius, *adj. comp.* [3 AC-], *swifter, fleeter:* fulminis ocior alis, V.: aura, *premature*, H.: quo non alius conscendere Ocior, O.

ōcius, *adv. comp.*, with *sup.* ōcissimē [*neut.* of ocior], *more quickly, more speedily, sooner:* idque ocius faciet, si, etc.: recreantur ocius: serius ocius Sors exitura, *sooner or later*, H.: Angulus iste feret tus ocius uvā, *rather than*, H.: ocius illud extorquebis, i. e. *more easily*, Iu.: ocius omnes Imperio pārent, *on the spot*, V.—In commands, *the quicker the better, immediately:* move te oro ocius, *make haste*, T.: nemon' oleum fert ocius? H.: quam ocissume accedat, *as fast as possible*, S.

ocrea, ae, *f.*, *a greave, leggin* (of metal, to protect the legs): leves, V.: sinistrum crus ocreā tectum, L.: ocreas vendente puellā, i. e. *the accoutrement of a gladiator*, Iu.

ocreātus, *adj.* [ocrea], *greaved, in leggins*, H.

octāphoros, see octophoros.

octāvum, *adv.* [octavus], *for the eighth time:* tribuni refecti, L.

octāvus or **VIII**, *num. ord.* [octo], *the eighth:* post diem octavum, S.: octava pars: legio, Cs.: a. d. VIII Kal. Dec., *the 24th of November:* horā VIII convenire: octavo decimo aetatis anno, Ta. —As *subst. f.* (sc. hora], *the eighth hour of the day*, Iu.—As *subst. n.:* ager efficit cum octavo (sc. grano), *produces eightfold.*

octāvus-decimus, *adj.*, *the eighteenth:* actatis annus, Ta.

octiēns (-ēs), *adv. num.* [octo], *eight times.*

octingentēsimus, *adj. num.* [octingenti], *the eight hundredth:* annus.

octingentī, ae, a, or **DCCC**, *num.* [octo+centum], *eight hundred:* studia: equites DCCC, Cs.: medimna DCCCL, i. e. 850.

octipēs, edis, *adj.* [octo+pes], *eight-footed:* Cancer, O.

octiplicātus, see octuplicatus.

octō or **VIII**, *num.*, *eight:* cohortes, S.: milia passuum VIII, Cs.: HS VIII milia.

Octōber, bris, bre, *adj.* [octo], *of the eighth month* (later the tenth): Kalendae: a. d. III Nonas Octobrīs, *September 29th.*

octōdecim or **XVIII**, *num.* [octo+decem], *eighteen*, L.

octōgēnī, ae, a, *num. distr.* [octo], *eighty each:* aeris octogeni bini saga, L.

octōgēnsimus (-gēsimus), *adj. num.* [octoginta], *the eightieth:* annus: solstitia, Iu.

octōgiēns (-iēs), *num. adv.* [octoginta], *eighty times:* sestertium (centena milia).

octōgintā or **LXXX**, *num.* [octo], *eighty:* annos, C., H.: HS LXXX milia.

octōiugis, e, *adj.* [octo+IV-], *eight in a team:* octoiuges ire, i. e. *eight in a body*, L.

octōnī, ae, a, *num. distr.* [octo], *eight each, eight at a time, by eights:* ordines ducti, Cs.: octona milia peditum, L.: octonis referentes Idibus aera, *on the Ides of eight months*, H.: octonis iterum natalibus actis, *eight*, O.

octōphoros (octāph-), *adj.*, *carried by eight bearers:* lectica.—As *subst. n.*, *a litter with eight bearers:* hominem portare octophoro.

octuplicātus (octi-), *adj.* [octo+plico], *multiplied by eight, octupled:* octuplicato censu, L.

octuplus, *adj.*, = ὀκταπλοῦς, *eightfold, octuple:* pars.—As *subst. n.*, *an eightfold penalty, octuple:* octupli damnari: iudicium in octuplum.

(**octussis**, is), *m.* [octo+as], *eight asses* (only *abl. plur.*): Quanti emptae? Octussibus, H.

oculus, ī, *m.* [2 AC-], *an eye:* (lacrimulam) oculos terendo expresserit, T.: magis te quam oculos amo meos, T.: eminentes, *prominent:* oculi tamquam speculatores: maligni, V.: oculi in Oppianicum coniciebantur, *were turned:* adiectum esse oculum hereditati, *his eye was on:* ad omnia vestra oculos adicere: oculos de isto nusquam deicere, *regard with fixed attention:* demittere, O.: attollere, V.: circumferre, O.: premere, V.: deponere, *to fix*, H.: oculis somno coniventibus: unguibus illi in oculos involare, *fly at*, T.: quod ante oculos est, *is in full view:* ne abstuleritis observantibus etiam oculos, *cheat out of their eyes*, L.: in oculis civium vivere, *in public:* in oculis omnium submergi, Cu.: ab oculis concedere: ex oculis abire, *out of sight*, L.: facesserent ex urbe ab oculis populi R., L.: sub oculis accepto detrimento, *in* (Caesar's) *presence*, Cs.: eum quoque oculum, quo bene videret, amittere, *lost the sight of:* altero oculo capitur, *becomes blind of one eye*, L.—*A luminary:* mundi oculus, *the sun*, O.—In plants, *an eye, bud, bourgeon:* oculos imponere, *inoculate*, V.—Fig., *a principal ornament:* duo illos oculos orae maritimae effoderunt, i. e. *Corinth and Carthage.*—*The eye of the soul, mind's eye:* eius cruciatu pascere oculos, *feast one's eyes:* fructum oculis ex eius casu capere, *delight their eyes*, N.: tuo viro oculi dolent, i. e. *he is afflicted*, T.: acies et arma in oculis erant, *in view*, Cu.: si in oculis sis multitudinis, *are beloved by:* oderat tum, cum . . . iam fert in oculis, *values highly:* rex te ergo in oculis gestare? *held dear*, T.: aequis oculis videre, i. e. *contentedly*, Cu.: simul est illud ante oculos, *obvious:* mors (ei) ob oculos versatur, *is in view:* ora eorum ponite vobis ante oculos, *picture to yourselves:* pone illum ante oculos diem, *fix your thoughts on:* nec a re p. deiciebam oculos, *lose sight of.*

ōdī (ōdīvit, Anton. ap. C.), ōsūrus, ōdisse, *defect.* [1 OD-], *to hate:* oderint dum metuant: ita amare, ut si aliquando esset osurus: furialiter, O.: Miris modis Sostratam, T.: quid enim odisset Clodium Milo: parentem, O.: peccare, H.—*To dislike, be displeased with, be vexed:* Persicos apparatūs, H.: odi cum cera vacat, O.: se odit senectus, *is discontented*, Iu.

odiōsē, *adv.* [odiosus], *hatefully, vexatiously:* cessat, T.: dicere: interpellare.

odiōsus, *adj.* with *comp.* and *sup.* [odium], *hateful, odious, vexatious, offensive, unpleasant:* haec aetas adulescentulis, T.: motūs odiosiores: odiosissima natio, Ph.: homines notos sumere odiosum est.—*Plur. n.* as *subst.:* huc odiosa adferebantur, *annoying tales.*

odium, ī, *n.* [1 OD-], *hatred, grudge, ill-will, animosity, enmity, aversion:* veritas odium parit, T.: odium (est) ira inveterata: in odium populi R. inruere, *incur the hatred:* eorum odium subire: magnum odium Pompei suscepistis: inperatoribus odia conligere, Cs.: struere, *excite:* exercere, O.: placare, *appease:* quod mihi odium cum Clodio fuit? *what quarrel had I?:* tanto in odio est omnibus, *is so hated by:* tanto odio ferebatur in Ciceronem, *was so imbittered against*, N.: in Romanos odii regnum posuerat praemium, *had offered as a prize for hostility*, L.: urbis odium me percipit, T.: ardens odio vestri: odium ieiunum, *on an empty stomach*, Iu.—*An object of hatred, offence, aversion, nuisance:* Antonius, insigne odium omnium: qui amat quoi odio ipsus est, *one who hates him*, T.: odi odioque sum Romanis, *I hate and am hated by*, L.: tibi est odio mea fistula, V.—*Discontent, dissatisfaction, disgust:* odio suarum rerum mutari omnia student, S.: Cui placet alterius sua est odio sors, H.—*Offensive conduct, odious language, importunity, insolence, vexatiousness:* odio et strepitu senatūs coactus est perorare: Tundendo atque odio, *by insolent importunity*, T.: cum tuo istoc odio, *with that hateful conduct of yours*, T.: odio vincere Regem, *in insolence*, H.

odor or (old) **odōs**, ōris, *m.* [2 OD-], *a smell, scent, odor:* omnis odor ad supera fertur: odorem avide trahere naribus, Ph.: florum.—*A pleasant odor, perfume, perfumery, essences, spices:* odore capi: ara fumat odore, *incense*, H.: croceos odores mittit, V.: Perfusus liquidis odoribus, *balsams*, H.—*A disagreeable smell, stench, stink:* odos locum mutare subegerat, S.: ingratos odores, O.: taeter, Cs.: odoris foeditas: Volvitur ater odor tectis, *black and stifling vapor*, V.—Fig., *a scent, inkling, hint, presentiment, suggestion:* odor suspicionis: hominum furta odore persequi: est non nullus odor dictaturae: lucri bonus est odor, L.: urbanitatis, *a tincture.*

odōrātiō, ōnis, *f.* [odoror], *a smelling, smell:* delectatio odorationum.

1. odōrātus, *adj.* [*P.* of odoro], *that has a smell, odorous, scented, sweet-smelling, fragrant:* lignum, V.: odoratis ignibus, O.: rosā capillos, H.: dux, i. e. *of the Assyrians*, Pr.

2. odōrātus, ūs, *m.* [odoror], *a smelling, smell:* eorum iucundus.—*The sense of smell.*

odōrifer, era, erum, *adj.* [odor + 1 FER-], *spreading odor, fragrant:* panacea, V.: gens, i. e. Persae, O.

odōrō, āvī, ātus, āre [odor], *to make fragrant, perfume:* aëra fumis, O.

odōror, ātus, ārī, *dep.* [odor], *to smell at, smell out, scent:* cibum, H.—Fig., *to aspire to, aim at:* hunc decemviratum, *to be snuffing after.*—*To search out, trace out, investigate:* pecuniam: tu velim ex Fabio odorere: odorabantur omnia et pervestigabant: quid futurum sit: Polypus an cubet hircus, H.—*To get a smattering of:* philosophiam, Ta.

odōrus, *adj.* [odor], *emitting odor, scented, fragrant:* flos, O.: arbor, i. e. myrrha, O.—*That tracks by the smell, keen-scented:* canum vis, V.

odōs, see odor.

oeconomicus, *adj.*, = οἰκονομικός, *of domestic economy.*—As *subst.*, *The Householder* (a book by Xenophon).

Oedipūs, odis, *m.*, = Οἰδίπους, *a king of Thebes, who solved the riddle of the Sphinx*, C., O.—Prov.: Davus sum, non Oedipus, i. e. *no diviner*, T.

oenophorum, ī, *n.*, = οἰνοφόρος, *a wine-holder, wine-basket*, H., Iu.

oenus (old form of unus), C. (lex).

oestrus, ī, *m.*, = οἶστρος, *a gad-fly, horse-fly, breese*, V.—*Frenzy, inspiration, enthusiasm*, Iu.

oesus (ūs), *m.* (old form of usus), C.

oesypum, ī, *n.*, = οἴσυπος, *the refuse of wool, wool-washings* (a cosmetic), O.

Oeta, ae, *f.*, or **Oetē**, ēs, *m.* and *f.*, = Οἴτη, *a mountain range of Thessaly*, C., O.: tibi deserit Hesperus Oetam, i. e. *rises*, V.

ofella, ae, *f. dim.* [offa], *a bite, bit, morsel:* exigua, Iu.

offa, ae, *f.*, *a bit, morsel, little ball of flour:* Melle soporata, V.: pultis.—*A swelling*, Iu.—*A shapeless mass, untimely birth*, Iu.

offendō, fendī, fēnsus, ere [ob+fendo], *to hit, thrust, strike, dash against:* latus vehementer: caput, L.: offenso pede, *having stumbled*, O.: in scopulis offendit puppis, *strikes on*, O.: in redeundo, *run aground*, Cs.: solido, *bite a stone*, H.—*To hit upon, light upon, come upon, meet with, find, catch:* te hic, Enn. ap. C.: imparatum te, *come upon you unawares:* nondum perfectum templum: omnia aliter ac iusserat offendit.—Fig., *to suffer damage, receive an injury:* qui in tantis tenebris nihil offendat: in causis.—*To stumble, blunder, make a mistake, commit a fault, offend, be offensive:* sin quid offenderit, sibi totum, tibi nihil offenderit: apud honestos homines, *give offence to:* neque in eo solum offenderat, quod, etc., N.—*To find fault, be displeased, take offence:* si in me aliquid offendistis.—*To fail, miscarry, be defeated, suffer misfortune, be unfortunate:* apud iudices, *lose his cause:* primo accessu ad Africam, i. e. *met with disaster*, L.: si aliquid esset offensum: quo (casu) in milibus passuum tribus offendi posset, *a disaster might occur*, Cs.—*To trespass upon, shock, offend, vex, displease, repel, disgust:* Divitiaci animum, Cs.: tuas aurīs: neminem umquam non re, non verbo offendit: hi sermones tuam existimationem non offendunt, *injure:* si non offenderet unum Quemque limae labor, H.: offendere tot caligas, tot Milia clavorum, *provoke*, Iu.: multis rebus meus offendebatur animus, *was hurt:* fidis offendi medicis, H.: ut non offendar subripi (ista munera), *am not offended at the loss of*, Ph.

offēnsa, ae, *f.* [*P.* of offendo], *disfavor, displeasure, offence, hatred, enmity:* magnā in offensā esse apud Pompeium: Offensā mei, *out of hatred for me*, O.—*A violation of law, offence, crime:* vetus atque tacenda, Iu.—*An injury, affront:* offensas vindicet ense suas, O.

offēnsiō, ōnis, *f.* [offendo], *a striking against, tripping, stumbling:* pedes.—*A projection:* nihil offensionis habere, *no roughness.*—Fig., *disfavor, aversion, disgust, dislike, hatred, discredit, bad reputation:* offensionem vitat aequabilitate decernendi: in odium offensionemque populi R. inruere: offensionem aurium merere, i. e. *deserve to be heard with displeasure*, L.: habere ad res certas vitiosam offensionem: mihi maiori offensioni esse quam delectationi, *give me more vexation than pleasure.*—*A complaint, indisposition, accident, misfortune, mishap, failure:* corporum offensiones: habet enim nihil quod in offensione deperdat, i. e. *if he loses his cause:* non offensiones belli, sed victoriae, *defeats:* offensionum et repulsarum ignominia, i. e. *rude refusals.*

offēnsiuncula, ae, *f. dim.* [offensio], *a slight offence, trifling hurt:* animi tui.—*A slight repulse, trifling disappointment:* in aedilitate accepta.

offēnsō, āvī, ātus, āre, *freq.* [offendo], *to strike, dash against:* capita, *against the wall*, L.

offēnsus, *adj.* with *comp.* [*P.* of offendo], *offended, displeased, vexed, incensed, imbittered:* animus: quem cum esse offensiorem arbitrarer: sibi offensior.—*Offensive, odious:* ordo senatorius: cui (populo) nos.—As *subst. n.*, *the offence.*

offerō (obf-), obtulī (opt-), oblātus, offerre [ob + fero], *to bring before, present, offer, show, exhibit:* illis fors obtulerat adventum meum, T.: me perditum illi adflictumque: se consulibus ferociter, L.: quā novā re oblatā, *upon this unexpected occurrence*, Cs.: speciem, *present a false appearance:* offer Coniugis ora mihi, *show*, O.: oblata religio est, *a religious scruple struck him:* lex quaedam videbatur oblata.—*To offer, expose, bring forward, adduce:* nos periculis: se morti, Cs.: nos ad pericula, O.: vitam in discrimen: criminibus oblatis, *adduced.*—*To offer, proffer, bring, cause, occasion, confer, bestow, thrust upon, inflict:* iniuriam tibi, T.: quā oblatā potestate, Cs.: mortem hostibus: foedus, V.: in omnia ultro suam operam, L.: quod (boni) vobis ab dis inmortalibus oblatum est: laetitiam, *procure:* occasio ad occupandam Asia oblata: oblatā facultate, Cs.: offerebat se intercessurum, Ta.

officīna, ae, *f.* [for opificīna (old), from opifex], *a workshop, manufactory:* instituit officinam in regiā maximam, *studio:* armorum officinae in urbe: monetae, *mint*, L.: Cyclopum Volcanus urit officinas, H.—F i g., *a workshop, factory, laboratory:* tamquam omnium artium: sapientiae: ex rhetorum officinis: eloquentiae: corruptelarum, L.

officiō (obf-), ēcī, ectus, ere [ob + facio], *to come in the way of, hinder, oppose, thwart, obstruct:* offecerat apricanti, *intercepted his sunshine:* umbra terrae soli officiens, *intervening before:* cum ipsi sibi properantes officerent, S.—F i g., *to stand in the way of, oppose, obstruct, be detrimental, hurt:* quidquid ubique Officit, H.: meis commodis: timor animi auribus officit, S.: officiant laetis ne frugibus herbae, i. e. *shut off light and moisture*, V.: id (genus) officere libertati, L.: sententiis, *to obscure.*

officiōsē, *adv.* with *comp.* [officiosus], *courteously, obligingly:* factum: (fecit) illa officiosius.

officiōsus, *adj.* with *comp.* and *sup.* [officium], *full of courtesy, complaisant, obliging, serviceable:* homines in civīs: sedulitas, H.: voluntas, O.: tibi officiosior videri: officiosissima natio candidatorum.—*Dutiful, obligatory:* dolor: labores.

officium, ī, *n.* [for opificium, opus + 2 FAC-], *a service, kindness, favor, courtesy:* pro recentibus Gallici belli officiis, *help given in*, Cs.: summo officio praeditus homo, *exceedingly obliging:* officio te certasse priorem, V.: Officiis dilecta suis, *loved for her kindly services*, O.—*A ceremonial observance, ceremony, attendance:* officium cras mihi peragendum, *a ceremonial visit*, Iu.: tempus per officiorum ambitum transigunt, Ta.—*An obligatory service, obligation, duty, function, part, office:* patris, T.: functus officio, L.: in deos hominesque fungi officiis, L.: a pueris nullo officio adsuefacti, Cs.: vita cum officio coniuncta: amicitiae: satisfacere officio, *perform:* officium suum deserere, *neglect:* de officio decedis: in officio manere, Cs.: offici neglegentior.—*An official duty, service, employment, business, work:* officia inter se partiuntur, Cs.: maritimum, *naval service*, Cs.: fama aucti officii, i. e. *of extending his authority*, Ta.—*A sense of duty, dutifulness, conscience:* quicquid in eum iudici officique contuleris: utrum apud eos officium valeret, Cs.

offīgō, —, —, ere [ob + figo], *to drive in, fasten:* densos ramos, L.

(offīrmātus), *adj.* [*P.* of offirmo], *firm, obstinate.*—Only *comp.:* voluntas offirmatior.

offīrmō, āvī, ātus, āre [ob + firmo], *to hold fast, persevere:* viam quam decrevi persequi, T.: ne tam offirma te, *be obstinate*, T.: censen posse me offirmare Perpeti? *can persist in bearing it*, T.

offulgeō, sī, —, ēre [ob + fulgeo], *to shine upon, appear:* lux oculis offulsit, V.

offundō (obf-), ūdī, ūsus, ere [ob + fundo], *to pour before, pour out:* ut piscibus aqua offunditur, i. e. *surrounds.*—*To cover, overspread:* ut offunditur luce solis lumen lucernae, *eclipsed.*—F i g., *to pour out upon, spread over:* quasi noctem quandam rebus: offusa rei p. nox: omnium rerum terrorem oculis et auribus, L.: tantā offusā oculis animoque religione, L.: offusus pavore, Ta.: Marcellorum meum pectus memoria obfudit, *has filled.*

offūsus, *P.* of offundo.

ogganniō, see obgannio.

oh, *interj.*, of surprise or sorrow, *oh! O! ah!:* oh, Iniquos es, T.

ōhē or **ohē**, *interj.*, of pain, *oh! enough! stop!:* ohe, Iam satis est, H.: ohe iam (sc. satis), H.

oiei, *interj.*, of sorrow, *alas! woe is me!* T.

oinos, *adj.*, old for unus.

olea, ae, = ἐλαία, *an olive, olive-berry*, V.: nigra, H.—*An olive-tree:* olearum ordo: rami oleae, V., L., H., O.—*An olive-branch:* pacales, O.

oleāginus, *adj.* [olea], *of the olive-tree:* radix, V.: virgulae, N.

oleārius, *adj.* [oleum], *of oil, for oil:* cella.

oleaster, strī, *m.* [olea], *the wild olive-tree, oleaster:* collis vestitus oleastro, S., C., V., O.

olēns, entis, *adj.* [*P.* of oleo], *smelling, odorous:* flos bene olentis anethi, V.—*Sweet-smelling, fragrant, odoriferous:* rami, V.: mentae, O.—*Of an ill odor, rank, musty:* maritus (i. e. hircus), H.: Membra, V.: fornix, H.: sulfure Stagna, O.: quaedam, Ta.

oleō, luī, —, ēre [2 OD-], *to emit a smell, smell of, smell:* bene, nihil: unguenta, T.: Vina, H.: sulphure, O.—F i g., *to smell of, savor of, indicate, betray:* nonne supercilia olere malitiam videntur?: non olet, unde sit? *betray its origin.*

oleum, ī, *n.*, = ἔλαιον, *oil, olive-oil:* instillare oleum lumini: iuventus umeros oleo perfusa, V.: melius, H.—P r o v.: et oleum et operam perdidi, *wasted time and labor:* ne et opera et oleum philologiae nostrae perierit: petit hic (labor) plus temporis atque olei plus, Iu.: oleum addere camino, *pour oil on the fire*, H.—F i g.: palaestra et oleum, i. e. *the training school:* ego eram decus olei, i. e. *the palaestra*, Ct.

olfaciō, fēcī, factus, ere [oleo+facio], *to smell, scent:* ea, quae gustemus, olfaciamus, etc.—F i g.: non sex totis mensibus Prius olfecissem, quam, etc., *would have suspected*, T.: nummum.

olidus, *adj.* [2 OD-], *smelling, rank:* capra, H.: praesaepia, Iu.

ōlim, *adv.*, *at that time, some time ago, once upon a time, once, formerly, of old:* ut fuit olim Sisyphus, H.: sic olim loquebantur: ut erant olim: Alium esse censes nunc me, atque olim, T.—*Once and again, now and then, at times, customarily, frequently, ever:* saxum tunditur olim Fluctibus, etc., V.: ut pueris olim dant crustula Doctores, H.: ut olim vagantur apes, O.: Vestra meos olim si fistula dicat amores, *if ever*, V.—*This long time, this good while:* Audio quid veteres olim moneatis amici, Iu.—Of the future, *one day, some time, hereafter:* utinam coram tecum olim, potius quam per epistulas!: non si male nunc et olim Sic erit, H.: forsan et haec olim meminisse iuvabit, V.

(**olitor, olitōrius**), see holit-.

olīva, ae, *f.*, = ἐλαία, *an olive:* lecta, H.—*An olive-tree:* olivae inventor: numquam fallens, H.: semper frondens, O.—*An olive-branch:* Undique decerpta, H.: teres, i. e. *shepherd's staff*, V.

olīvētum, ī, *n.* [oliva], *an olive-grove, olive-orchard.*

olīvifer, era, erum, *adj.* [oliva+1 FER-], *olive-bearing:* Mutuscae, V.: arva, O.

olīvom or **olīvum**, ī, *n.* [oliva], *oil:* pingue, V.: perfundere piscīs olivo, H., O.—*An ointment, unguent*, Ct., Pr.—F i g., *the palaestra* (because wrestlers were anointed): cur olivum vitat? H.

ōlla, ae, *f.* [VC-], *a pot, jar*, C., H., Iu.—P r o v.: ipsa holera olla legit, *the pot culls its own herbs*, Ct.

ollī, ollōs, ollīs, see ille.

olor, ōris, *m.*, *a swan:* arguti, V.: purpurei, H., O.

olōrīnus, *adj.* [olor], *of swans:* pennae, V.: alae, O.

(**olus, olusculum**), see hol-.

Olympia, ōrum, *n.*, = Ὀλύμπια, *the Olympic games, games held every four years at Olympia*, Enn. ap. C., H.

Olympiacus, *adj.*, = Ὀλυμπιακός, *Olympic:* palma, V.

Olympias, adis, *f.*, = Ὀλυμπιάς, *an Olympiad, interval of four years between Olympic games:* prima.—P o e t.: quinquennis, *a period of five years* (cf. lustrum), O.

Olympicus, *adj.*, = Ὀλυμπικός, *of the Olympic games:* pulvis, H.

Olympus (-pos), ī, *m.*, *a high mountain on the borders of Macedonia and Thessaly*, V., H.—*The abode of the gods, heaven, sky:* invito processit Vesper Olympo, V.: longus, *the distant heavens*, V.: (Iuppiter) totum nutu tremefecit Olympum, V., O.

omāsum, ī, *n.* [Gallic], *bullock's tripe:* patinas cenebat omasi, H.: pinguis, H.

ōmen, inis, *n.* [2 AV-], *a foreboding, prognostic, harbinger, sign, token, omen:* voces hominum, quae vocant omina: accipio, inquit, omen, *take it as a good omen:* contra omina bellum poscunt, V.: ingens triumphi, Iu.: id in omen terroris acceptum, L.: ita locutus est, ut eius oratio omen fati videretur: detestabile: i secundo omine, *go and good luck be with you*, H.: parrae recinentis, H.: di prius omen in ipsum Convertant, V.: Cui (eam) primisque iugarat Ominibus, i. e. *in her first marriage*, V.—*A solemn assurance, condition:* Eā lege atque omine, ut, etc., T.—*A solemn usage:* Hic sceptra accipere Regibus omen erat, V.

ōmentum, ī, *n.* [4 AV-], *fat;* hence, *the intestines:* porci, Iu.

ōminor, ātus, ārī, *dep.* [omen], *to forbode, prognosticate, augur, interpret, presage, predict, prophesy:* suo capiti ominetur, *may his evil wishes fall:* melius: quae nec Iuppiter nec Mars passuri sint accidere, L.: velut ominatae (naves) ad praedam repetendam sese venisse, *had a presentiment*, L.: male ominata verba, *of evil omen*, H.

omīssus, *adj.* with *comp.* [*P.* of omitto], *negligent, heedless:* animo esse omisso, T.: ab re Omissiores, *in respect of property*, T.

omittō, īsī, īssus, ere [ob+mitto], *to let go, let loose, let fall:* mulierem, T.: pila omittunt, gladiis res geritur, *let fall*, S.: habenas, Ta.: arma, L.: maritum, *desert*, Ta.—F i g., *to lay aside, let go, give up, dismiss, neglect, disregard:* tristitiam tuam, T.: me, *let me alone*, T.: non omittendum sibi consilium, Cs.: apparatum, L.: omnibus omissis his rebus, *laying aside*, Cs.: navigationem, *neglect:* tantum scelus inpunitum, *leave unpunished*, S.: Omitte de te dicere, *do not*, T.: hostis non omissurus, quo minus, etc., *would not fail*, Ta.—*To pass over, say nothing of, omit:* ut alia omittam: Pleraque praesens in tempus, H.: quid ille fecerit.—*To leave off, give over, cease:* lugere: mirari, H.

omnigenus, *adj.* [omnis+genus], *of all kinds:* Omnigenūmque deūm monstra, V.

omnīnō, *adv.* [omnis], *altogether, wholly, entirely, utterly, at all:* haec nunc omnino ut crederem, T.: omnino cuncta plebes, *the whole body,* S.: non id quidem dicit omnino, i. e. *expressly:* omnis argumentatio, *of every kind:* interire: philosophari omnino haud placere, i. e. *constantly:* nihil dare, *nothing whatever:* omnino nemo: non omnino quidem, sed magnam partem: Teucros delere, V.: ne faciam, inquis, Omnino versūs, H.—With numerals, *in all, altogether, only, but, just:* quinque omnino fuerunt: erant itinera duo, *only two ways,* Cs.: cum omnino non essent amplius centum, N.: semel omnino, Cu.—*By all means, indeed, doubtless, yes, certainly, to be sure:* acerbum omnino genus iudicii, sed, etc.: pugnas omnino, sed cum adversario facili.—*In general, generally, universally:* plurimumque poëtis nostris, omninoque Latinis litteris luminis attulisti: omnino omnium horum vitiorum atque incommodorum una cautio est, ut, etc.—In climax: non modo imperator, sed liber habendus omnino non est, *not even.*

omniparēns, tis, *adj.* [omnis+parens], *all-bearing, all-producing:* terra, V.

omnipotēns, ntis, *adj.* [omnis+potens], *almighty, omnipotent:* pater, O.: fortuna, V.—As *subst. m., the almighty,* O.

omnis, e (omnia, disyl., V.), *adj.* **I.** *Plur., all, every:* studia omnia nostra, S.: nemo omnium imperatorum, qui vivunt, L.: cur adimi civitas non omnibus antiquissimis civibus possit, *all, even of the oldest families:* omnium auxilia, etiam infimorum.—Distributively, *every, of every kind, all, all sorts:* omnes omnium ordinum homines: omnibus precibus petere contendit, *with every form of prayer,* Cs.: erat ex omnibus castris despectus, *all parts of the camp,* Cs.: a te, qui nobis omnia summa tribuis, *everything noble:* constituit extrema omnia experiri, S.: omnia ultima pati, *suffer the worst,* L.—As *subst. m.* and *f., all men, all persons:* audacissimus ego ex omnibus: Macedonum omnes, L.: omnes Tarquiniae gentis, L.—As *subst. n., all things, everything:* omnia se amici causā esse facturos, *make every exertion:* omnia fore prius arbitratus sum, quam, etc., *should have believed anything, rather,* etc.: omnia se cetera pati, *everything else:* in eo sunt omnia, *everything depends on that:* qui nobis omnia solus erat, *was my all,* O.: omnia Mercurio similis, *in all respects,* V.: Omnia debemur vobis, *all we have and are is due,* O.—**II.** *Sing., every, all, the whole:* militat omnis amans, *every lover,* O.: sine omni periclo (i. e. ullo), *without any,* T.: ne sine omni quidem sapientiā, *a complete philosophy:* materia ad omnem laudem, *every kind of,* L.: cenare olus omne, H.: Gallia est omnis divisa, *the whole of Gallia,* Cs.: sanguinem suum omnem profundere: omnis in hoc sum, *am engrossed,* H.—As *subst. n., everything:* ab omni quod abhorret . . . fugiamus.

omnivagus, *adj.* [omnis+VAG-], *roving everywhere:* Diana.

omnivolus, *adj.* [omnis+1 VOL-], *willing all things:* omnivoli furta Iovis, Ct.

onager, ī, *m.,* = ὄναγρος, *a wild ass,* V.

onerārius, *adj.* [onus], *of burden, of transport, for freight:* navis: iumenta, L.—As *subst. f.* (sc. navis), *a merchant-vessel, transport.*

onerō, āvī, ātus, āre [onus], *to load, burden, fill, freight:* celeritas onerandi, *expedition in loading,* Cs.: costas aselli pomis, V.: tauri cervix oneratur aratro, *is burdened,* O.: umerum pallio, T.: epulis onerari, *gorge oneself,* S., O.: dapibus mensas, *cover,* V.: manūsque ambas iaculis, *arm,* V.: pantheram saxis, *stone,* Ph.—*To heap up, stow away, store:* vina cadis, V.: canistris Dona Cereris, V.—Fig., *to load, burden, weigh down, tire out, oppress, overwhelm, overload:* te mendaciis: iudicem argumentis: malis, V.: eum spe praemiorum, L.: alquem promissis, S.: iniuriam invidiā, i. e. *makes odious,* L.—*To aggravate, increase:* alcuius inopiam, L.: curas, T.: dolorem, Cu.

onerōsus, *adj.* with *comp.* [onus], *burdensome, heavy, oppressive:* praeda, V.: aër est onerosior igni, O.—Fig.: onerosior sors, *wearisome,* O.

onus, eris, *n.* [AN-], *a load, burden:* tanta onera navium, *ships of so great burden,* Cs.: clipei ingens, V.: minimum, O.: gravius dorso, *heavier than he can carry,* H.—*A load, lading, freight, cargo:* cum oneribus commeabant: iumentis onera deponere, *packs,* Cs.—*The burden of the womb, foetus, embryo:* gravidi ventris, O., Ph.—Fig., *a burden, tax, expense:* quod vobis oneris imposuit lex: municipium maximis oneribus pressum: haec onera in dites a pauperibus inclinata, L.: exempti oneribus, Ta.—*A load, burden, weight, charge, trouble, difficulty:* Paupertas mihi onus visumst, T.: his graviora onera iniungebat, Cs.: onus se Aetnā gravius sustinere: hic onus horret, H.: quibus coger oneri esse, *to be a burden,* S.

onustus, *adj.* [onus], *loaded, laden, burdened, freighted:* umerus, H.: asellus auro: spoliis, V.: ager praedā, S.: corpus hesternis vitiis, H.

onyx, ychis, *m.,* = ὄνυξ, *a vessel of onyx, onyx-box:* nardi parvus, H.: murrheus, *for ointment,* Pr.

opācitās, ātis, *f.* [opacus], *shadiness, shade:* arborum, Ta.

opācō, āvī, ātus, āre [opacus], *to make shady, shade:* ad opacandum hunc locum: opacat ramus humum, V.

opācus, *adj.*, *in the shade, shaded, shady:* ripa: frigus, *cool shade,* V.: vallis, H.—*Plur. n.* as *subst.:* per opaca locorum, *shady places,* V. —*Darkened, dark, obscure:* domus Cyclopis, V.: mater, i. e. *earth,* O.: crepuscula, *of the lower regions,* O.—*Casting a shade, shady:* nemus, V.: Arctos, H.: barba, *thick,* Ct.

opella, ae, *f. dim.* [opera], *a bit of labor, petty pains:* forensis, H.

opera, ae, *f.* [opus], *service, pains, exertion, effort, work, labor:* operam abutitur, qui, etc., *wastes labor,* T.: frustra operam sumo, *take pains,* T.: res multae operae, Cs.: operam exigere: praebere amicis: in eā (arte) plus operae consumere, *bestow upon:* impendere: polliceri, S.: insumere, L.: interponere, *employ:* quorum operā interfectus, *by whose agency,* Cs.: exstabit opera peregrinationis huius, i. e. *literary activity.* —*A service, rendering of service:* esse in operis eius societatis, *in the service of the society:* qui operas in scripturā pro magistro dat, *serves as director:* musis operas reddere, *serve.*—In the phrase, operam dare, *to bestow care, take pains, give attention, serve, exert oneself:* id dare operam, qui istum amoveas, T.: dant operam simul auspicio augurioque (i. e. student), Enn. ap. C.: dare operam funeri, *attend:* sermoni, *listen:* dilectu dat operam, *is busied in,* L.: dabat operam, ut Dumnorigem contineret, Cs.: dent operam consules, ne quid res p. detrimenti capiat, Cs.: id scire, T.—In the phrase, meā operā, *through my means, by my agency:* Non meā operā neque culpā evenit, T.: meā operā Q. Tarentum recepisti. —In the phrase, operae pretium, *something worth the effort.*—*Leisure, spare time:* de versibus, deest mihi quidem opera, *I have no leisure:* quae non operae est referre, *it is not worth while,* L.: si operae illi esset, *if he had time,* L. —*A day-laborer, journeyman, laborer, workman, artisan:* nona, *a ninth laborer* (on a farm), H.: operae facessant: publice coactis operis: contentio cum operis conductis ad, etc., *rabble hired.*

operāns, antis, *P.* of operor.

operārius, *adj.* [opera], *of labor:* homines, *day-laborers.*—As *subst. m.*, *a laborer, workman, artisan:* quidam operarii linguā celeri et exercitatā, *workers with the tongue:* operarium nobis quendam oratorem facis, *mere mechanic:* isti operarii, i. e. *secretaries.*

operātus, *P.* of operor.

operculum, ī, *n.* [operio], *a cover, covering, lid:* tegi operculo: arcae operculis plumbo devinctis, L.: dolii ferreum, L.

operīmentum, ī, *n.* [operio], *a covering, cover:* corpus quasi operimento matris obducitur.

operiō (operībat, Pr.), uī, ertus, īre [2 PAR-], *to cover, cover over:* capite operto esse: fons fluctu totus opperiretur, nisi: novis Minyeïdas alis, O.: amphoras auro, N.: reliquias pugnae, *bury,* Ta.: ad necem operiere loris, i. e. *lashed soundly,* T. — *To shut, close:* ostium, T.: opertā lecticā: scrobibus opertis, *filled in,* O.—Fig., *to hide, conceal, dissemble:* hoc, T. — *To overwhelm, burden:* iudicia operta dedecore.

(operior), see opperior.

operor, ātus, ārī, *dep.* [opus], *to work, labor, toil, take pains, be busied, devote oneself:* in cute curandā, H.: rei p., L.: Conubiis arvisque novis, V.: studio operatus inhaesi, *engrossed,* O.—Of religious observances, *to perform, attend, offer:* iustis operata sacris, H.: superstitionibus, L.: matutinis festa lucernis, Iu.—*To serve, do honor, render sacrifice:* Cereri laetis operatus in herbis, V.: tibi operata resolvimus ora, *devoted to thee,* O.

operōsē, *adv.* [operosus], *painfully, laboriously, carefully:* fieri: vina condita, O.

operōsus, *adj.* with *comp.* [opera], *full of labor, painstaking, active, busy, industrious, laborious:* senectus: vates operose dierum, *in regard to,* O.—Of a medicine, *efficacious, drastic:* herbae, O.—*Costing trouble, troublesome, toilsome, difficult, elaborate:* labor: artes, *handicrafts:* opus: res, L.: mundi moles, *artfully constructed,* O.: carmina, H.: sepulcrum operosius, quam quod decem homines effecerint triduo: Divitiae, H.

opertus, *adj.* [*P.* of operio], *hidden, concealed:* res: bella, V.: cineres, H.—As *subst. n.*, *a secret place:* telluris operta subire, *depths,* V.: Bonae Deae.—*A dark saying, secret:* Apollinis operta: operta recludit (ebrietas), H.

opes, opum, *plur.* of ops.

opicus, *adj.*, *Oscan;* hence, *clownish, rude, stupid:* amica, Iu.: mures, *Vandals of mice,* Iu.

opifer, era, erum, *adj.* [ops+1 FER-], *aid-bringing, helping:* deus, O.

opifex, icis, *m.* and *f.* [opus+2 FAC-], *a worker, workman, mechanic, artisan:* opifices atque servitia, S.: mundi, *maker:* coronae, H.: rerum, O. —Fig.: verborum.

ōpiliō, see upilio.

opīmus, *adj.*, *fat, plump, corpulent:* boves: me reducit opimum, H. —*Rich, fertile, fruitful:* regio: campi, L.: Larisa, H.—Fig., *enriched, rich:* praedā: accusatio, *gainful:* alterius macrescit rebus opimis, i. e. *prosperity,* H. — *Rich, abundant, copious, sumptuous, noble, splendid:* praeda: dapes, V.: opus casibus, i. e. *crowded with changes of fortune,* Ta.: animam exhalare opimam, *victorious,* Iu.: opima spolia, *arms wrested by a general from a general,* L.: cur non daret opima spolia victus aut victor caperet, i. e. *engage in single con-*

flict, L.: belli decus, *noble*, Cu.: triumphus, H.—In rhet., *gross*, *overloaded*: dictionis genus.

opīnābilis, e, *adj.* [opinor], *conjectural*, *imaginary*: artes: mediocritates.

opīnāns, *P.* of opinor.

opīnātiō, ōnis, *f.* [opinor], *a supposition*, *conjecture*, *fancy*, *opinion*, *belief*.

opīnāto, see necopinato.

opīnātōr, ōris, *m.* [opinor], *a conjecturer*.

opīnātus, *adj.* [*P.* of opinor], *supposed*, *imagined*, *fancied*: bona, mala.

opīniō, ōnis, *f.* [opinor], *opinion*, *supposition*, *conjecture*, *fancy*, *belief*, *expectation*: recens boni praesentis: varietas inter homines opinionis: ut opinio nostra est, *as I suppose*: Romulus habuit opinionem esse, etc., *held the belief that*: fuisse in illā opinione, *held the opinion*: evellam ex animis hominum tantam opinionem? *so strong a prejudice*: eorum opinioni accedo, qui, etc., Ta.: in eam opinionem Caesennam adducebat, ut, *made believe*: praebere opinionem timoris, *semblance*, Cs.: hac opinione discessi, ut, etc., *in the belief*: praeter nostram opinionem, *expectation*, T.: ut omnia contra opinionem acciderent, Cs.: praeter opinionem cadere, N.: amplius opinione, *beyond expectation*, S.: opinione celerius, *sooner than was expected*.—*Appreciation*, *esteem*, *reputation*, *opinion*, *estimate*, *expectation*: opinio, quam de meis moribus habebat: integritatis meae: genus scriptorum tuorum vicit opinionem meam, *surpassed my expectation*: summam habere iustitiae opinionem, *be in great repute for*, Cs.—*A report*, *rumor*: edita in volgus, Cs.: opinio sine auctore exierat, eas conspirasse, etc., L.

(**opīniōsus**), *adj.* [opinio], *full of hypotheses*.—Only *sup.*: opiniosissimi homines (dub.).

opīnor, ātus, ārī, *dep.* [opinus], *to be of opinion*, *suppose*, *imagine*, *conjecture*, *deem*, *believe*, *think*, *judge*: sine dubio, *am sure of it*, T.: de vobis hic ordo opinatur non secus ac, etc.: non opinor negaturum esse te: idem, opinor, artifex Cupidinem fecit: opinor concedes, hoc esse, etc.

(**opīnus**), *adj.* [2 AP-], *supposing*, *believing*; only in in-opinus, nec-opinus.

opiparē, *adv.* [opiparus], *richly*, *sumptuously*: edere: apparatum convivium.

opis, *gen. sing.* of (ops).

opitulor, ātus, ārī, *dep.* [ops+TAL-], *to bring aid*, *help*, *aid*, *assist*, *succor*: mihi: inopiae, *relieve*, S.: permultum ad dicendum.

opobalsamum, ī, *n.*, = ὀποβάλσαμον, *the juice of the balsam-tree*, *balsam*, *balm*, Iu.

oportet, uit, ēre, *impers.* [ob+2 PAR-], *it is necessary*, *is proper*, *is becoming*, *behooves*: Aufer mi 'oportet,' *none of your 'oughts*,' T.: est aliquid, quod non oporteat, etiam si licet: alio tempore atque oportuerit, Cs.: cum subvenire communi saluti oporteret: oportet habere, Iu.: tamquam ita fieri non solum oporteret, sed etiam necesse esset: oportere decreta rescindi, S.: damnatum poenam sequi oportebat, ut, etc., *the punishment was to be*, Cs.: hoc fieri et oportet et opus est: adulescenti morem gestum oportuit, T.: pecunia, quam his oportuit civitatibus dari, *that was to be given*: mansum oportuit, *he ought to have stayed*, T.: multa oportet discat atque dediscat: valeat possessor oportet, H.: ut familia Tulli concidi oportuerit.

(**oportūnitās**, **oportūnus**), see oppor-.

oppēdō (**obp-**), —, —, ere [ob+pedo], *to break wind at*, *deride*, *mock*, *insult*: Curtis Iudaeis, H.

opperior (**oper-**), pertus, īrī, *dep.* [ob + 1 PAR-], *to wait*, *attend*: in Arcano dum ista cognosco: unam horam ne oppertus sies, *wait a whole hour*, T.: simul opperiens, ut copiae traicerentur, L.—*To wait for*, *await*, *expect*, *attend*: virum interea opperibor, T.: (te) tardum, H.: fortunam, S.: hostem, V.: tempora sua, L.

oppetō (**obp-**), īvī, ītus, ere [ob+peto], *to go to meet*, *encounter*: mortem: clarae mortes pro patriā oppetitae: eo loco mortem oppetendam esse, L.: poenas superbiae, *suffer for pride*, Ph.—*To perish*, *die* (sc. mortem): Quīs sub moenibus Contigit oppetere, V.

oppidānus, *adj.* [oppidum], *of a town*, *of a country town*, *provincial*, *rustic*: senex: genus dicendi.—As *subst. m.*, *a townsman*: oppidani domus, L.: ne quam oppidani iniuriam acciperent, i. e. *the besieged*, Cs.

oppidō, *adv.* [*abl.* of oppidum], *very*, *very much*, *completely*, *exceedingly*, *exactly*, *precisely*: iratus, T.: ridiculus: inter se differunt: adulescens, L.: oppido quam breve intervallum, *exceedingly short*, L.

oppidulum, ī, *n. dim.* [oppidum], *a village*.

oppidum, ī, *n.* [ob+PED-], *a town*, *city*, *collection of dwellings*: toto me oppido quaerere, T.: arx oppidi, S.: oppida publico Sumptu decorare, H.: in oppidum intromitti, i. e. *Rome*, L.: is (campus) est ab oppido circiter, etc., i. e. *Athens*, N.: oppidum vocant, cum silvas munierunt, etc., Cs.—*A provincial town*: pervetus in Siciliā: Romana per oppida, V.: Antiochiae.—*The inhabitants of a town*: Oppida tota canem venerantur, Iu.

oppīgnerō, —, —, āre [ob+pignero], *to give as a pledge*, *pledge*, *pawn*: libelli pro vino oppignerabantur.—Fig.: filiam Meam, T.

oppīlō, āvī, ātus, āre [ob+pilo], *to stop up*, *shut up*: scalis tabernae oppilatis.

oppleō, ēvī, ētus, ēre [ob+PLE-], *to fill completely, fill up, fill:* lacrumis os totum sibi, T.: saucii opplent porticūs, Enn. ap. C.: nives omnia oppleverant, L.—F i g., *to fill, occupy:* haec opinio Graeciam opplevit.

oppōnō, posuī, positus, ere [ob+pono], *to set against, set before, place opposite, oppose:* se venientibus in itinere, Cs.: novem oppositis legionibus, Cs.: armatos homines ad omnes introitūs: Eumenem adversariis, N.: (Hannibali) opposuit natura Alpem, Iu.: ante oculos opposuit manum, *held out,* O.: auriculam, *present,* H.: oppositas habere fores, i. e. *closed,* O.: Fortia adversis pectora rebus, H.—*To set against, pledge, wager, mortgage:* ager oppositus est pignori ob decem minas, T.: villula opposita . . . ad milia quindecim, Ct.—*To expose, lay bare, open, abandon:* se periculis pro re p.: quemquam morti, V.—F i g., *to set before, bring forward, present, oppose, adduce, allege:* formidines opponantur: armati exercitūs terrorem opponere togatis, *intimidate by an armed force:* eos opponi omnibus contionibus auctores ad perniciem meam, *represented to all assemblies as.*—*To say in opposition, object, reply, respond, adduce in answer, oppose:* iis opposuit sese Socrates: quid habes quod mihi opponas?—*To set against, place in comparison:* multis secundis proeliis unum adversum, Cs.: rationibus labores: omni virtuti vitium opponitur.

opportūnē, *adv.* with *sup.* [opportunus], *fitly, seasonably, opportunely:* ehem opportune, *well met,* T.: venisse: locus captus ad eam rem: opportune inritandis animis litterae adlatae, L.: nuntiis opportunissime adlatis, Cs.

opportūnitās, ātis, *f.* [opportunus], *fitness, convenience, suitableness:* se opportunitatibus loci defendebant, *advantages of position,* Cs.: locorum opportunitas multum (iuvat): membrorum: scientia opportunitatis.—*An occasion, opportunity:* divina: suae aetatis, S.: magnas opportunitates conrumpere, S.—*An advantage:* tales igitur inter viros amicitia tantas opportunitates habet: opportunitate aliquā datā, *if some advantage offered,* Cs.: maritimae opportunitates, L.

opportūnus (opor-), *adj.* with *comp.* and *sup.* [ob+2 PAR-], *fit, meet, adapted, convenient, suitable, seasonable, opportune:* tempus actionis: tempore opportunissimo, *in the nick of time,* Cs.: urbs opportunior ad res gerundas: nidis domus volucrum, V.: suā pōpulus umbrā, O.: nihil opportunius accidere vidi: Romanus opportunus huic eruptioni fuit, *liable,* L.: necubi hosti opportunus fieret, *exposed,* S.: iniuriae, S.: loca, *exposed to attack,* L.—*Plur. n.* as *subst., exposed parts, accessible places:* moenium, L.: locorum, Ta.—*Advantageous, serviceable, useful:* res singulae rebus singulis: nulla opportunior nostrā amicitia, S.

1. **oppositus**, *adj.* [*P.* of oppono], *standing against, opposed, opposite:* Mons Cebenna, Cs.: luna soli: contra Zancleïa saxa Rhegion, O.—F i g.: propugnaculum istis ipsis nationibus.

2. (**oppositus**, ūs), *m.* [oppono], *a placing against, opposing, opposition* (only *abl. sing.* and *acc. plur.*): laterum nostrorum oppositūs pollicemur: solem lunae oppositu deficere.

oppressiō, ōnis, *f.* [PREM-], *a pressing down, suppression, overthrow:* legum: Per oppressionem alqm mi eripere, *violent seizure,* T.: curiae.

opprimō, essī, essus, ere [ob+premo], *to press against, press together, press down, close:* Os opprime, *shut your mouth!* T.: ora loquentis, *close,* O.: flammam in ore, *repress:* onere armorum oppressi, *weighed down,* Cs.: opprimi ruinā conclavis, *be crushed:* classem, *sink:* Tellus Sustulit oppressos voltūs, *covered* (by the sea), O.: omnibus unum Opprimere est animus, *overwhelm,* O.—F i g., *to press upon, weigh down, burden, overwhelm:* institit, oppressit, *he prosecuted urgently, resistlessly:* insontem oblato falso crimine, L.: opprimi aere alieno: metu, L.: oppressi somno, Cs.—*To put down, suppress, quell, check, quash:* quae oratio a censore opprimenda est: ea fraus oppressa magnā caede hostium, *baffled,* L.: litterae oppressae, *muttered:* libertatem, *subvert,* N.: potentiam, *overthrow:* quaestionem, *quash,* L.—*To overthrow, overwhelm, crush, overpower, prostrate, subdue:* legionis opprimendae consilium, Cs.: nationem: Duxit ab oppressā Karthagine nomen, *from the conquest of Carthage,* H.—*To fall upon, surprise, seize, catch:* somnus virginem opprimit, T.: inscios Menapios, Cs.: incautos, L.: Antonium mors oppressit: muscam, Ph.: rostra, *occupy:* quem Fraude loci Oppressum rapit, *betrayed,* V.: si oppressa foret secura senectus (i. e. securus senex), Iu.—*To hide, conceal, suppress:* quod quo studiosius ab ipsis opprimitur et absconditur: iram, S.: ita eius rei oppressa mentio est, L.

opprobrium (obp-), ī, *n.* [ob+probrum], *a reproach, scandal, disgrace, dishonor, opprobrium:* opprobria culpae, H.: opprobrio fuisse adulescentibus, si, etc.—*A reproach, taunt, abuse, abusive word:* morderi opprobriis falsis, H.: dicere, O.—F i g., of persons, *a reproach, disgrace:* Cecropiae domūs, H.: generis, O.

oppūgnātiō, ōnis, *f.* [oppugno], *a storming, besieging, attack, assault, siege:* scientia oppugnationis, Cs.: Sagunti: Gallorum, i. e. *method of besieging,* Cs.—F i g., *an assault, attack, accusation:* genus oppugnationis huius: vestrae maiestatis.

oppūgnātor, oris, *m.* [oppugno], *an assaulter, assailant:* patriae: meae salutis.

oppūgnō, āvī, ātus, āre [ob+pugno], *to fight against, attack, assail, assault, storm, besiege, war* *with:* civitates ad se oppugnandum venisse, Cs.: vineis, turribus oppidum: molibus urbem, V.: illi oppugnatum venturi erant — quem? — Fig., *to attack, assault, assail:* consulem: pecuniā nos: aequitatem verbis: id ne impetremus, *contend.*

(**ops**), opis (no *nom.* or *dat. sing.*), *f.* [2 AP-], *aid, help, support, assistance, succor:* opis egens tuae: siquid opis potes adferre huic, T.: morantibus opem ferre, Cs.: aliquid opis rei p. tulissemus: ad opem iudicum confugiunt: exitium superabat opem, i. e. *baffled medical skill,* O.: Adfer opem! *help!* O.: sine hominum opibus et studiis: (equus) Imploravit opes hominis, H. — *Power, might, strength, ability, influence, weight:* summa nituntur opum vi, V.: summā ope niti, S.: omni ope atque operā enitar, *with might and main:* quācumque ope possent: Non opis est nostrae, *in our power,* V.: Dissimulator opis propriae, H.— *Means, property, substance, wealth, riches, treasure, resources, might, power* (rare in *sing.*): vidi ego te, astante ope barbaricā, etc., Enn. ap. C.: barbarica, V.—*Plur.:* nostrae opes contusae erant, S.: privatae, H.: magnas inter opes inops, H.: ruris parvae, O.: vita opibus firma, copiis locuples: Troianas ut opes Eruerint Danai, V.: opes amovento, *avoid display.*—Person., *the goddess of abundance, sister and wife of Saturn, identified with the Earth,* C., O.: ad Opis (sc. aedem).

optābilis, e, *adj.* with *comp.* [opto], *to be wished, desirable:* alcui pax: tempus, O.: quae ut concurrant omnia, optabile est: bono viro optabilius.

optandus, *adj.* [*P.* of opto], *desirable:* otium, divitiae, optanda alias, S.: maxime fuit optandum Caecinae, ut, etc.

optātiō, ōnis, *f.* [opto], *a wishing, wish:* Theseo cum tres optationes dedisset.—In rhet., *the expression of a wish.*

optātō, *adv.* [*neut. abl.* of optatus], *as desired, in fulfilment of wishes:* advenis, *you are welcome,* T.: mihi veneris: ventis aestate coortis, V.

optātus, *adj.* with *comp.* and *sup.* [*P.* of opto], *wished, desired, longed for, welcome, desirable, pleasing:* occasio, T.: rumores: Iovis epulae, H.: quid est quod exteris nationibus optatius esse possit?: optatissimum beneficium, Cs.: nonne optatissimum sibi putant esse, filios servire, etc.—As *subst. n., a wish, desire:* Di tibi omnia optata offerant, T.: multa a dis optata consecuti sumus: praeter optatum meum, *against my wish:* mihi in optatis est, *it is my wish.*

optimās, ātis, *adj.* [optimus], *of the best, of the noblest, aristocratic:* genus (rei p.).—As *subst. m., an adherent of the nobility, aristocrat, partisan of the patricians:* optimates habebantur: in optimatium dominatu.

optimē, optimus, see bene, bonus.

1. optiō, ōnis, *f.* [2 AP-], *choice, free choice, liberty to choose, privilege, option:* optionem Carthaginiensium faciunt, ut vel, etc., S.: utro frui malis, optio sit tua: hiberna legionis eligendi.

2. optiō, ōnis, *m.* [1 optio], *an adjutant,* Ta.

optīvus, *adj.* [2 AP-], *chosen:* cognomen, *assumed,* H.

optō, āvī, ātus, āre [2 AP-], *to choose, select, prefer:* sapientius, O.: in navīs ternos iuvencos, *three for each ship,* V.: alios ad fastum parentes, H.: ut optet, utrum malit . . . an, etc.—*To wish, wish for, desire:* optare hoc quidem est, non docere: tua vita optanda est, T.: nihil nisi quod honestum sit: Quod votis optastis, adest, V.: alqd a me, *demand,* T.: hoc et pallidus optas, *pray for,* Iu.: Hanc (coniugem), O.: tibi optamus eam rem p., in quā, etc.: mortem mihi, L.: neque parens liberis, uti aeterni forent, optavit, S.: ut amitteretis exercitum: Optavi, peteres caelestia sidera tarde, O.: hunc videre saepe optabamus diem, T.: mihi optandum illud est, finem facere: decorari versibus, H.: ex Indiā sospitem ipsum reverti, Cu.

optumē, optumus, see bene, bonus.

opulēns, ntis, *adj.* [opes], *rich, wealthy, opulent:* civitas, S.—*Plur. m.* as *subst.:* opulentium fortuna, N.—For *comp.* and *sup.*, see opulentus.

opulenter, *adv.* with *comp.* [opulens], *richly, sumptuously, splendidly:* colore me, S.: ludos opulentius facere, L.

opulentia, ae, *f.* [opulens], *riches, wealth, opulence, abundance, affluence:* habemus privatim opulentiam, S.: Troiae, V.

opulentō, —, —, āre [opulens], *to make rich, enrich:* erum bacis olivae, H.

opulentus, *adj.* with *comp.* and *sup.* [opes], *rich, wealthy, opulent:* oppidum, Cs.: opulentissima civitas: opulentior Thesauris Arabum, H.: pars Numidiae agro virisque opulentior, S.: gens opulentissima viris, L.: templum donis, V.: copia Ruris honorum opulenta, H. — Of things, *rich, abundant, prosperous:* res, L.—*Plur. n.* as *subst.:* intactae regionis opulenta ostentans, *rich tracts,* Cu.—*Respectable, powerful, noble:* reges, S.: opulentior factio, L.

opus, eris, *n.* [2 AP-], *work, labor, toil:* Quod in opere faciundo operae consumis tuae, *in doing your work,* T.: grave Martis, *military service,* V.: (Graeci) opus quaerunt, *seek* (literary) *employment:* Sunt quibus unum opus est urbem celebrare, H.: magnum: dies Longa videtur opus debentibus, H.: naturā et opere munitus, *art,* Cs.—*A product of labor, work, structure, public building, fortification:* opere castrorum perfecto, Cs.: opus fieri (of a wall), N.: Mutinam operibus munitionibusque saepsit: Regis opus (of a harbor), H.—*A work, book, composition, essay:* habeo opus magnum in manibus: Fac opus appareat: ultra Legem tendere opus, H.—*Artistic work, workmanship, art:* quarum iste non opere delectabatur, sed pondere: haec omnia antiquo opere.—*A deed, action, achievement:* Hoc virtutis opus, V.—*Abl.* in *adverb.* phrases, māgnō opere, tantō opere, quantō opere, see māgnōpere, tantōpere, quantōpere.—Rarely with *nimio:* haec opera Graecos homines nimio opere delectant, *excessively.*—*A working, effect:* opus meae bis sensit Telephus hastae, O.—*The subject of work, stuff, material:* Seu digitis subigebat opus, O.—Fig., in *nom.* and *acc.* in phrases with the verb *sum, work, business, need, want, necessity:* longius, quam quoad opus est, procedetur, *than the occasion requires:* Sic opus est, O.: quae bello opus erant, S.: dux nobis et auctor opus est, *we need a leader:* omnia, quae tibi essent opus: quod ipsi opus esse videretur, censere, *expedient:* quorsum est opus? *what for?* H.: quae curando volneri opus sunt, L.: magistratibus opus est, *there is need of:* Cognati, quīs te salvo est opus, *to whom your safety is important,* H.: haud mihi vitā Est opus hac, *I have no business with,* etc., H.: Plus scis quid facto opus est, *what must be done,* T.: tantum modo incepto opus est, *to make a beginning,* S.: maturato opus est, *haste is necessary,* L.: ita dictu opus est, *I must say,* T.: quanti argenti opus fuit, L.: quid opus est de Dionysio adfirmare?: dixit id consilium sciri non opus esse, *inexpedient:* nil opus est te Circumagi, H.

opusculum, ī, *n. dim.* [1 opus], *a little work:* minutorum opusculorum fabricator: Cassi Parmensis, H.

1. ōra, ae, *f.* [1 AS-], *an extremity, border, brim, edge, rim, margin, end, boundary, limit:* omnes spectant ad carceris oras, *at the barriers,* Enn. ap. C.: (clipei), V.: summa (vestis), O.: regiones, quarum nulla esset ora: subiecti Orientis orae Serae, *the extreme East,* H.—*The coast, sea-coast:* Asiae, N.: maritima, Cs.: ora maritima Pompeium requisivit, *the people of the coast.*—*A region, clime, country:* terrarum latior: gelida, H.: Troiae qui primus ab oris Italiam venit, V.: quae se tollunt in luminis oras, *the world of life,* V.: o Calliope ... mecum oras evolvite belli, *the scenes of the war,* V.—*A zone:* globus terrae duabus oris distantibus habitabilis.

2. ōra, ae, *f.*, *a cable, ship's line, head-line:* resolutis oris, L.: trahunt scalas orasque, L.

ōrāculum or **ōrāclum,** ī, *n.* [oro], *a divine announcement, oracle:* oracla edere: quaerere, V.: consulere, O.: Delphis oracula cessant, Iu.—*A prophetic declaration, prophecy:* somnii et furoris oracula: nullum nefas oracula suadent, O.—*A place where oracular responses were given, oracle:* illud Delphis: angustae reserabo oracula mentis, O.—*An oracular saying, oracle:* physicorum oracula.

ōrātiō, ōnis, *f.* [oro], *a speaking, speech, discourse, language, faculty of speech, use of language:* rationis et orationis expertes: Epicurus re tollit, oratione relinquit deos.—*A mode of speaking, manner of speech, language, style, expression:* Dissimili oratione sunt factae (fabulae), T.: mollis: oratio Latina plenior: utriusque orationis facultas, i. e. *in both rhetorical and philosophical discourse.*—*A set speech, harangue, discourse, oration:* Hanc habere orationem mecum, T.: multā oratione consumptā, S.: pleraeque scribuntur orationes habitae iam, non ut habeantur: oratione longā nihil opus fuisse: orationem adversus rem p. habere, Cs.: confecit orationes, N.: plebi acceptior, L.: cohaerens: illorum, qui dissentiunt, *objection.*—*A subject, theme:* huius orationis difficilius est exitum quam principium invenire.—*The power of oratory, eloquence:* omnium regina rerum oratio, Pac. ap. C.—*Prose:* et in poëmatis et in oratione: numeri, quibus etiam in oratione uteremur.—*An imperial message, rescript:* Principis, Ta.

ōrātiuncula, ae, *f. dim.* [oratio], *a little speech, few remarks:* illa aureola.

ōrātor, ōris, *m.* [oro], *a speaker, orator:* tot summi oratores: oratorem celeriter complexi sumus, i. e. *eloquence.*—*An apologist:* Oratorem esse voluit me, non prologum, T.—*An ambassador, legate, negotiator:* praemissus orator, S.: oratoris modo mandata deferre, Cs.: pacem petitum oratores mittere, L.: mittor orator ad arces, O.

ōrātōriē, *adv.* [oratorius], *oratorically:* dicere.

ōrātōrius, *adj.* [orator], *of an orator, oratorical:* ornamenta: vis dicendi.

ōrātrīx, īcis, *f.* [orator], *she that prays, a female suppliant:* pacis et foederis.

ōrātum, ī, *n.* [*P. n.* of oro], *an entreaty, supplication:* quom orata eius reminiscor, T.

(ōrātus, ūs), *m.* [oro], *a praying, request, entreaty; only abl. sing.:* oratu tuo.

orbātor, ōris, *m.* [orbo], *one who deprives of children, a bereaver:* nostri, O.

orbātus, *P.* of orbo.

orbis, is, *abl.* orbe (rarely -bī, C.), *m.*, *a ring, circle, re-entering way, circular path, hoop, orbit:* in orbem intorquere: in orbem curvat (iter) eundem, O.: digitum iusto commodus orbe teras, *a ring,* O.: ut in orbem consisterent, *form a circle,* Cs.: orbe facto se defendere, *a hollow square,* Cs.: orbem volventes suos increpans, L.: in orbem sese stantibus equis defendere, L.: duodecim signorum orbis, *zodiac:* lacteus, *Milky Way:* sidera suos orbes conficiunt, *orbits:* inmensis orbibus angues Incumbunt pelago, *coils*, V.—*A round surface, disk, circle:* mensae, *round top*, O.: de tot pulchris orbibus comedunt, *round tables*, Iu.: lucidus, *disk* (of the sun), V.: ictus ab orbe, *quoit*, O.: (hasta) per orbem cavum Transit, *shield*, V.—*A mosaic pavement*, Iu.—*One side of a balance:* alterno orbe, Tb.—*A wheel:* Unda ferratos sustinet orbes, V.: Fortunae stantis in orbe Numen, *her wheel*, O.—*An eye-socket, eye:* gemino lumen ab orbe venit, *eye*, O.: oculorum orbēs, V.—With *terrae* or *terrarum*, *the circle of the world, earth, world, universe:* orbis terrae, S., C.: terrarum orbis, V.—*The earth, world, universe* (sc. terrae): Iuppiter totum cum spectet in orbem, O.: Si fractus inlabatur orbis, H.: Roma orbis caput, O.—*A country, region, territory:* Eoo dives ab orbe redit, *the East*, O.: Assyrius, Iu.—Fig., *a circle, rotation, round, circuit:* ut idem in singulos annos orbis volveretur, L.: orbis hic in re p. est conversus, *the circle of political change:* imperium per omnīs in orbem ibat, *in rotation*, L.—In time, *a cycle, round, period:* Annuus, V.: Triginta magnos volvendis mensibus orbīs explebit, *years*, V.—Of speech, *a rounding off, period, cycle:* quasi orbem verborum conficere: orationis.—*A cycle of thought:* sententiae Pyrrhonis in hunc orbem incidere non possunt: circa vilem patulumque orbem, *the trite and obvious path*, H.

orbita, ae, *f.* [orbis], *a track, rut:* ex tensarum orbitis praedari: rota in orbitam depressa, L.—Fig., *a beaten path, rut:* veteris culpae, i. e. *bad example*, Iu.

orbitās, ātis, *f.* [orbus], *destitution, bereavement, childlessness, orphanage, widowhood:* misera: familiaris, L.: mea, quod sine liberis sum, Cu.: maximā orbitate rei p. virorum talium, i. e. *when such men are extremely rare:* orbitatis pretia, *advantage in being childless*, Ta.: orbitates liberūm.

orbō, āvī, ātus, āre [orbus], *to deprive, strip, spoil, rob, make destitute:* Italiam iuventute: provinciae praesidio orbatae.—*To bereave:* mater orbata filio: orbatura patres fulmina, O.

orbus, *adj.*, *deprived, bereft, destitute, devoid:* arce et urbe: ab optimatibus contio: forum litibus, H.: regio animantibus orba, *without inhabitants*, O.: luminis, O.—*Bereaved, parentless, fatherless, childless:* senex: fili mei, te incolumi, orbi non erunt: cubile, *widowed*, Ct.: virgo patre, T.: Memnonis orba mei venio, O.: A totidem natis orba, O.—*Plur.* as *subst.:* ut orbae Eis nubant, *orphans*, T.: centum milia praeter orbos orbasque, *orphans and widows*, L.

ōrca, ae, *f.* [ARC-], *a large-bellied vessel, butt, tun:* Byzantia, H.

orchas, adis, *f.*, *an olive of oblong shape*, V.

orchēstra, ae, *f.*, = ὀρχήστρα, *part of the theatre in which the senate sat*, Iu.—Poet., *the Senate*, Iu.

Orcus, ī, *m.* [ARC-], *the Lower World, prison of the dead, Orcus*, V.—*The god of the infernal regions, Orcus, Pluto*, C., V., O.—*The underworld, grave, death* (poet.): ab Orco redux, T.: Orcum morari, *hesitate to die*, H.

(ordeum), see nordeum.

ōrdinārius, *adj.* [ordo], *of order, usual, regular, ordinary:* consules, *regular*, L.: consilia, *ordinary*, L.

ōrdinātim, *adv.* [ordinatus], *in order, in succession, in good order:* honores petere in re p., Serv. ap. C.—*Regularly, properly:* musculus ordinatim structus, Cs.

ōrdinātus, *adj.* [*P.* of ordino], *arranged, ordained:* cursūs, *appointed.*

ōrdinō, āvī, ātus, āre [ordo], *to order, set in order, arrange, adjust, dispose, regulate:* copias, N.: milites, L.: arbusta latius sulcis, H.: partes orationis: gentem, Cu.—*To set in order, narrate, compose, record:* publicas Res, H.: magistratūs, *record chronologically*, N.: cum omnia ordinarentur.

ōrdior, ōrsus, īrī, *dep.* [1 OL-], *to begin a web, lay the warp, begin, commence, make a beginning, set about, undertake:* unde est orsa, in eodem terminetur oratio: Veneris contra sic filius orsus, *thus began*, V.: a principio: a facillimis: reliquos, *describe*, N.: querellae ab initio tantae ordiendae rei absint, L.: bellum Troianum, H.: paulo altius de re: de alquā re disputare: cum sic orsa loqui vates, V.: Dicere, O.: sed ab initio est ordiendus (Themistocles), i. e. *must begin with him*, N.: ab eo nobis causa ordienda est.

ōrdō, inis, *m.* [1 OL-], *a row, line, series, order, rank:* arborum derecti in quincuncem ordines: ordines caespitum, *courses*, Cs.: tot premit ordinibus caput, *layers* (of ornaments), Iu.: terno consurgunt ordine remi, *in three rows of oar-banks*, V.: sedisti in quattuordecim ordinibus, i. e. *seats of Equites:* comitum longissimus ordo, Iu.—*A line, rank, array:* aciem ordinesque constituere: nullo ordine iter facere, Cs.: nullo ordine commutato, S.: signa atque ordines observare, *keep the ranks*, S.: multiplicatis in arto ordinibus, L.: nosse ordines, *understand tactics*, Ta.—*Band, troop, company, century:* viri qui ordines duxerunt, *who have commanded companies:* ordinem in exercitu ducere, Cs.—*A captaincy, command:* mihi decumum ordinem hastatum adsignavit (i. e. centurionem me decimi ordinis hastatorum fecit), L.: tribunis militum primisque ordinibus convocatis, *the captains of the first companies*, Cs.—*An order, rank, class, degree:* equester, Cs.: senatorius: in amplissimum ordinem cooptare, *into the senate:*

magna frequentia eius ordinis, S.—*A class, rank, station, condition:* superioris ordinis nonnulli, Cs.: publicanorum: homo ornatissimus loco, ordine, nomine. — Fig., *right order, regular succession:* fatum appello ordinem seriemque causarum: mox referam me ad ordinem, *return to order:* eundem tenere, *preserve:* immutare, *change:* perturbare, *disturb:* decemviri querentes, se in ordinem cogi, i. e. *were degraded to the ranks*, L.: nec quo prius ordine currunt, *in order, as before*, O.: ordinem Rectum evagans licentia, H. — In *adverb.* uses, *turn, order, succession, regularity:* Hegioni rem enarrato omnem ordine, *in detail*, T.: tabulae in ordinem confectae: ordine cuncta exposuit, L.: ut quisque... ita sententiam dixit ex ordine: Septem totos ex ordine menses, *in succession*, V.: an recte, ordine, e re p. factum, *properly:* extra ordinem ad patriam defendendam vocatus, *irregularly:* spem, quam extra ordinem de te ipso habemus, *in an extraordinary degree.*

Orēas, adis, *f.*, = ὀρειάς, *a mountain-nymph, Oread*, V.

orexis, is, *f.*, = ὄρεξις, *a longing, appetite*, Iu.

organum, ī, *n.*, = ὄργανον, *a musical instrument*, Iu.

Orgetorīx, īgis, *m.*, *a chief of the Helvetii*, Cs.

orgia, ōrum, *n.*, = ὄργια, *the orgies, nocturnal festival of Bacchus:* nocturni Bacchi, V.—*Secret frantic revels, orgies*, Iu.: Itala, *the mysteries of love in the Latin tongue*, Pr.

orichalcum or (old) **aurichalcum**, ī, *n.*, = ὀρείχαλκος, *yellow copper ore, copper, copper-alloy*, C., H., V.

oricilla, ae, *f. dim.* [auricula], *an ear-lap:* imula, Ct.

oriēns, entis, *m.* [*P.* of orior], *the rising sun, morning sun:* saevus, V.—*The East, Orient:* ab oriente ad occidentem: spoliis Orientis onustus, V.: Orientis ora, H.—*A day:* Septimus hinc, O.

orīgō, inis, *f.* [orior], *a beginning, commencement, source, start, descent, lineage, birth, origin:* originem rerum quaerere: tyranni: principii nulla est origo, nam e principio oriuntur omnia: ab origine gentem (corripiunt morbi), V.: fontium qui celat origines Nilus, *source*, H.: Auctore ab illo ducis originem, *are descended from*, H.: Mentis malae est origo penes te, Iu.—*Plur.* (as a title), *a work by Cato upon the early history of the Italian cities*, C., N.—*A race, stock, family:* Ille tamen nostrā deducit origine nomen, V.: ab origine ultimā stirpis Romanae generatus, *one of the oldest families*, N.—*An ancestor, progenitor, founder:* Aeneas, Romanae stirpis origo, V.: gentis, Ta.: mundi melioris origo, *creator*, O.: (urbes)... pars originibus suis praesidio fuere, *their mother-cities*, S.

Ōrīōn or **Orīōn**, ōnis or onis, *m.*, = Ὠρίων, *a mythical giant, afterwards a constellation*, C., V., H., O.

orior, ortus (*p. fut.* oritūrus), orīrī (*2d pers.* oreris; *3d pers.* oritur; *subj.* usu. orerētur, orerentur), *dep.* [OL-], *to arise, rise, stir, get up:* consul oriens de nocte, L.—*To rise, become visible, appear:* stellae, ut quaeque oriturque caditque, O.: ortā luce, *in the morning*, Cs.: orto sole, *at sunrise*, H.—*To be born, be descended, originate, receive life:* pueros orientīs animari, *at birth:* si ipse orietur et nascetur ex sese: ex concubinā, S.: orti ab Germanis, *descended*, Cs. — Fig., *to rise, come forth, spring, descend, grow, take origin, proceed, start, begin, originate:* ut clamor oreretur, *was raised*, Cs.: ut magna tempestas oreretur, N.: oritur monstrum, *appears*, V.: quod si numquam oritur, ne occidit quidem umquam, *comes into being:* orientia tempora Instruit, *the rising generation*, H.: Rhenus oritur ex Lepontiis, *takes its rise*, Cs.: Rhenus Alpium vertice ortus, Ta.: prosit nostris in montibus ortas, *to have grown*, V.: tibi a me nullast orta iniuria, *I have done you no injury*, T.: ab his sermo oritur, *begins with.*

oriundus, *adj.* [*P.* of orior], *descended, sprung, originating, born:* o sanguen dis oriundum, Enn. ap. C.: ex Etruscis, L.: oriundi ab Syracusis, exsule avo, L.: Albā oriundum sacerdotium, L.

ōrnāmentum, ī, *n.* [orno], *apparatus, accoutrement, equipment, furniture, trappings:* vestra ornamenta: pacis.—*A mark of honor, decoration, adornment, ornament, embellishment, jewel, trinket:* ornamentis alterae (minae datae), *for pin money*, T.: omnia ornamenta ex fano Herculis in oppidum contulit, *jewels*, Cs. — Fig., *an ornament, distinction:* amicitiam populi R. sibi ornamento esse, Cs.: Hortensius, ornamentum rei p., *pride:* quaecumque a me ornamenta in te proficiscentur: honoris. — *Rhetorical ornament:* oratio ornamentis abundavit: ambitiosa recidet Ornamenta, H.

ōrnātē, *adv.* with *comp.* and *sup.* [orno], *ornamentally, ornately, elegantly:* convivium apparare: pars causae perorata: dici ornatius: egit ornatissime causam.

ōrnātrīx, īcis, *f.* [orno], *a female adorner, tire-woman, maid*, O.

1. ōrnātus, *adj.* with *comp.* and *sup.* [*P.* of orno], *fitted out, furnished, provided, supplied, equipped, accoutred:* sapiens plurimis artibus: equus, L.: elephantus, N.: naves omni genere armorum ornatissimae, Cs.: Graecia copiis non instructa solum, sed etiam ornata, *abundantly furnished.* — As *subst. n.:* in aedibus nil ornati, *no preparation*, T.: Quid istuc ornatist? *attire*, T.—*Adorned, decorated, embellished, handsome:* sepulcrum floribus: nihil ornatius. — *Excellent, distinguished, eminent, illustrious:* omnium hominum homo ornatissume, T.: homo ornatissimus loco, ordine, nomine, *honored:* versūs, *embellished:* oratio: locus ad dicendum ornatissimus, *admirable.*

2. ōrnātus, ūs, *m.* [orno], *splendid dress, fine attire, apparel:* venio ornatu prologi, *dressed as,* T.: regalis: arma ornatumque mutaverant, S.: omnem ornatum flammā cremari, *head-dress,* V.: corporis ornatum exuere, Iu.—Fig., *furniture, accoutrements, outfit, apparatus:* eloquentia eodem instructu ornatuque comitata.—*A decoration, ornament:* urbis: adferre ornatum orationi.—*The world, universe:* ut hic ornatus umquam dilapsus occidat.

ōrnō, āvī, ātus, āre, *to fit out, furnish, provide, supply, equip, get ready, prepare:* fugam, T.: quos ornaverat armis, V.: classīs, *fit out:* classis ornandae causā, L.: consulum provincias ornatas esse, i. e. *the governors setting out for their provinces:* uva Et nux ornabat mensas, H.—*To ornament, adorn, embellish, deck, set off:* Italiam ornare quam domum suam maluit: scuta ad forum ornandum, L.: cornua sertis, V.: capillos, O.: caput foliis ornatus, V.—Fig., *to adorn, decorate, set off, commend, praise, extol, honor, dignify, extinguish:* magnificentius ornare quae vellet: civitatem omnibus rebus, Cs.: me laudibus: eum ornasti, *have promoted:* hederā poëtam, V.: ornatus esses ex tuis virtutibus, *would have been rewarded,* T.

ornus, ī, *f.*, *the wild mountain-ash,* V., H., O.

ōrō, āvī, ātus, āre [1 os], *to speak:* talibus orabat Iuno, V.—*To treat, argue, plead:* matronis ipsis orantibus, i. e. *at the mediation of:* causam capitis, *plead:* causas melius, V.: cum eo de salute suā, *treat,* Cs.: ipse pro se oravit, *pleaded his own cause,* L.—*To pray, beg, beseech, entreat, implore, supplicate:* 'me surpite morti,' orabat, H.: orando surdas aurīs reddideras mihi, T.: socer Non orandus erat, vi sed faciendus, *to be made my father-in-law, not by entreaty but by compulsion,* O.: gnato uxorem, *request a wife for,* T.: Quod ego per hanc te dextram oro, T.: illud te, ut, etc., O.: multa deos orans, V.: te oro, ut redeat, T.: te etiam atque etiam oro, ut, etc.: oratos vos omnīs volo, Ne plus possit, etc., T.: quod ne faciatis, oro obtestorque vos: oro atque obsecro, adhibeatis misericordiam: et vocet oro, V.: istam, Oro, exue mentem, V.: Per deos oro . . . Este mei memores, O.: admittier orant (i. e. ut admittantur), V.: orantes primi transmittere cursum (i. e. ut primī transmitterent), V.: ut Octavius orandus sit pro salute cuiusquam civis.—*Parenthet.*; with *te* or *vos, I beg, prithee:* dic, oro te, clarius: ne illa quidem, oro vos, movent? L.

ōrsa, ōrum, *n.* [*P. plur. n.* of ordior], *an undertaking, attempt:* tanti operis, L.—*Words, speech:* sic orsa vicissim Ore refert, V.

1. ōrsus, *P.* of ordior; see also orsa.

2. (**ōrsus**, ūs), *m.* [ordior], *a beginning, undertaking, attempt* (only *acc. plur.*): vanos pectoris orsūs.

1. ortus, *adj.* [*P.* of orior], *sprung, descended, born:* ab illo: a liberatoribus patriae, L.: ex eodem loco, T.: ex concubinā, S.: ex patricio sanguine, L.: Orte Saturno, H.: sorore eius, L.: regiā stirpe, Cu.

2. ortus, ūs, *m.* [orior], *a rising:* ante ortum solis, *sunrise,* Cs.: ab ortu ad occasum, *from east to west:* solis, *the east:* primi sub lumina solis et ortūs, V.: rutilo ab ortu, O.: ad umbram lucis ab ortu, *from morning till night,* H.—Fig., *a rise, beginning, origin:* tribuniciae potestatis: iuris: ab Elide ducimus ortūs, *derive our origin,* O.: ortūs nascentium, *the birth:* Cato ortu Tusculanus, *by birth:* fluminis ortūs, *source,* O.

oryx (ygis), *m.*, = ὄρυξ, *a gazelle, wild goat,* Iu.

orӯza (**orīza**), ae, *f.*, = ὄρυζα, *rice,* H.

1. ōs, ōris (no *gen. plur.*), *n.*, *the mouth:* ad haec omnia percipienda os est aptissimum: tenerum pueri, H.: os loquentis Opprimere, O.: e foliis natos Ore legunt (apes), V.: Gallica Temperat ora frenis, i. e. *controls the horses,* H.: nidum sibi construit ore, *beak,* O.: hostilia Ora canum, *jaws,* O.—Prov.: equi frenato est auris in ore, H.—*The organ of speech, mouth, tongue, lips:* in orest omni populo, *in everybody's mouth,* T.: istius nequitiam in ore volgi esse versatam: Postumius in ore erat, *was the common talk,* L.: consolatio, quam semper in ore habere debemus, *to talk of constantly:* poscebatur ore volgi dux Agricola, *unanimously,* Ta.: uno ore dicere, *with one consent,* T.: Uno ore auctores fuere, ut, etc., *unanimously advised,* T.: volito vivus per ora virūm, *become famous,* Enn. ap. C.: in ora hominum pro ludibrio abire, *become a by-word of mockery,* L.: quasi pleniore ore laudare, *with more zest.*—*The face, countenance, look, expression, features:* figura oris, T.: in ore sunt omnia, i. e. *everything depends on the expression:* concedas hinc aliquo ab ore eorum aliquantisper, *leave them alone,* T.: ad tribunum ora convertunt, *looks,* Cs.: agnoscunt ora parentum, V.: alcs cristati cantibus oris, O.: coram in os te laudare, *to your face,* T.: nulli laedere os, *insult to his face,* T.: qui hodie usque os praebui, *exposed myself to insult,* T.: ut esset posteris ante os documentum, etc.: ante ora coniugum omnia pati, L.: Ora corticibus horrenda cavatis, *masks,* V.—As expressing boldness or modesty, *the face, cheek, front, brow:* os durum! *brazen cheek!* T.: os durissimum, *very bold front:* quo redibo ore ad eam, *with what face?* T.: quo ore ostendi posse? etc., L.: in testimonio nihil praeter vocem et os praestare.—*Boldness, effrontery, impudence:* quod tandem os est eius patroni, qui, etc.: nostis os hominis.—*A voice, speech, expression:* ora sono discordia signant, V.: ruit profundo Pindarus ore, H.: falsi ambages oris, O.—*A mouth, opening, entrance, aperture, orifice, front:* ante os ipsum portūs, L.: ingentem lato dedit ore fenestram, V.: os atque aditus portūs: Tiberis, L.: per ora novem, etc., *sources*, V.: ora navium Rostrata, *beaks*, H.—Fig., *a mouth:* ex totius belli ore ac faucibus.

2. os, ossis, *gen. plur.* ossium, *n., a bone.—Sing.:* devoratum, Ph.: ferrum ex osse revolsum est, O.: duro sudem vix osse revulsit, O.—*Plur.:* cur hunc dolorem cineri eius atque ossibus inussisti?: ossa legere (after burning a corpse), V.: condere, *bury*, V.—*The marrow, inmost part:* exarsit iuveni dolor ossibus ingens, *in his bones*, V.: per ima cucurrit Ossa tremor, V.: tremis ossa pavore, H.—Fig., in *plur., the bones, outlines:* imitari nec ossa solum, sed etiam sanguinem.

ōscen, inis, *m.* [1 CAN-], *a singing-bird, divining bird, bird of augury:* e cantu sinistro oscinis: oscinem corvum prece suscitabo, H.

ōscillum, ī, *n. dim.* [1 os], *a little face, little mask* (of Bacchus; a charm to protect the vineyard), V.

ōscitāns, ntis, *adj.* [*P.* of oscito], *listless, sluggish, lazy, negligent:* interea oscitantes opprimi, T.: quae Epicurus oscitans halucinatus est, *half asleep:* alites, Ct.

ōscitanter, *adv.* [oscitans], *carelessly, negligently:* agere.

(**ōscitō,** —, —, āre), see oscitans.

ōsculātiō, ōnis, *f.* [osculor], *a kissing*, C., Ct.

ōsculor, ātus, ārī, *dep.* [osculum], *to kiss:* mitto osculari, T.: filium.—*To embrace, value, prize:* inimicum meum.

ōsculum, ī, *n.* [1 os], *a little mouth, pretty mouth, sweet mouth:* videt oscula, quae, etc., O.: delibare, *kiss*, V.—*A kiss:* Atticae: Multa rapies oscula, O.: figere, *imprint*, V.: detorquere ad oscula Cervicem, H.: breve, *hurried kiss*, Ta.

osseus, *adj.* [2 os], *of bone, bony:* manus, Iu.

ostendō, dī, tus, ere [obs (old for ob) + tendo], *to stretch out, spread before, expose to view, show, point out, exhibit, display:* os suum populo R.: se, *appear*, T.: hostium aciem, *display*, L.: equites sese ostendunt, *show themselves*, Cs.: Paucis ostendi gemis, H.: 'quis Ille locus?' digitoque ostendit, O.: vocem, *make heard*, Ph.: Aquilone glaebas, *expose*, V.: rapinae Caelo ostenduntur, *are brought to light*, V.—Fig., *to show, hold out, disclose, exhibit, manifest:* potestatem, T.: tum spem, tum metum, *now promise, now threaten:* Rem tibi, *furnish ideas*, H.: palma exstitisse ostendebatur, Cs.: sed quaedam mihi praeclara eius defensio ostenditur, *is paraded as.*—*To show, express, indicate, declare, say, tell, make known:* ut ostendimus supra, *as we showed above*, N.: innocentiam, *demonstrate:* quem profugisse supra ostendimus, S.: quam sis callidus, T.: quid sui consili sit, ostendit, Cs.

ostentātiō, ōnis, *f.* [ostento], *a showing, exhibition, display:* ostentationis causā vagari, *to attract notice*, Cs.: saevitiae, *open display*, L.—*An idle show, vain display, pomp, parade, ostentation:* ingeni ostentationis suspicio: sui, Cs.: multorum annorum ostentationes mea, *my many years' boastful promises.*—*A false show, pretence, simulation, deception:* consul veritate, non ostentatione popularis: (captivi) producti ostentationis causā, Cs.

ostentātor, ōris, *m.* [ostento], *a displayer, boaster, vaunter:* factorum, L.

ostentō, āvī, ātus, āre, *freq.* [ostendo], *to present to view, show, exhibit:* cicatricīs suas, T.: iugula sua pro meo capite Clodio, *offer:* campos nitentīs, V.: passum capillum, Cs.—*To show off, exhibit, display, parade, make a display of, boast, vaunt:* virtutem, S.: inani simulatione sese, Cs.: quid me ostentem?: eum ipsum aliis, S.: se in aliis rebus, *exhibit themselves.*—*To hold up* (as an example): Tydiden nobis, O.—*To hold out, offer, proffer, promise:* (largitio) verbis ostentari potest: praemia, S.—*To hold out, threaten, menace:* caedem, servitutem: minas, L.—*To show, signify, disclose:* tibi me istis esse familiarem.

ostentum, ī, *n.* [*P. n.* of ostendo], *a prodigy, wonder, portent:* cum magnorum periculorum metus ex ostentis portenderetur: Victus ostentis, quae plurima viderat, O.

1. ostentus, *P.* of ostendo.

2. (**ostentus,** ūs), *m.* [ostendo], *a showing, display, sign, proof:* ut Iugurthae scelerum ostentui essem, S.—*A pretence:* illa deditionis signa ostentui credere, S.

ōstiārium, ī, *n.* [ostium], *a tax upon doors, door-tax*, Cs.

ōstiātim, *adv.* [ostium], *from door to door, from house to house:* oppidum compilare: crimina agere, *to describe in detail.*

Ōstiēnsis, e, *adj., of Ostia, Ostian*, C., L.: provincia, *the superintendence of imports of corn:* incommodum, *the capture of a fleet by pirates at Ostia.*

ōstium, ī, *n.* [cf. os], *a door:* extra ostium, *out of doors*, T.: aperire, *open*, T.: operire, *shut*, T.: obserare intus, *bolt*, T.: aperto ostio dormire: exactio ostiorum, *door-tax* (i. e. ostiarium): ostia pulsat, *knocks at*, H.—*A mouth, entrance:* aperto ex ostio Acheruntis: alta ostia Ditis, V.: fluminis, *mouth:* Rhodani, Cs.: Tiberinaque ad ostia venit, O.: Oceani, i. e. *the Strait of Gibraltar.*

ostrea, ae, *f., plur.* ae, ārum, *f.* (C.), and a, ōrum, *n.* (H., O., Iu.), = ὄστρεον, *an oyster, mussel.*

(**ostreōsus**), *adj., abounding in oysters.*—Only *comp.:* ceteris ostreosior oris, Ct.

ostrifer, era, erum, *adj.* [ostra + 1 FER-], *producing oysters, abounding in oysters:* Abydos, V.

ostrīnus, *adj., purple:* tunica, Pr.: colores, Pr.

ostrum, ī, *n.*, = ὄστρεον, *the blood of the sea-snail, purple:* ostro Perfusae vestes, V.: Sidonium, H.: Tyrium, O.—*A stuff dyed with purple, purple dress, purple covering, purple:* strato ostro, *purple couches,* V.: velare umeros ostro, V.: cenae sine aulaeis et ostro, H.

ōsus, **ōsūrus**, *PP.* of odi.

ōtior, ātus, ārī, *dep.* [otium], *to be at leisure, keep holiday:* otiandi, non negotiandi, causā: domesticus otior, *idle at home,* H.

ōtiōsē, *adv.* [otiosus], *at leisure, at ease, without occupation:* vivere: inambulare in foro, L.—*Calmly, quietly, without haste, gently, gradually:* contemplari unumquodque: omnia agere, L.—*Free from fear, quietly, fearlessly:* In aurem utramvis dormire, T.

ōtiōsus, *adj.* with *sup.* [otium], *at leisure, unoccupied, disengaged, unemployed, idle:* maneo hic, T.: domi.—*Without official employment, free from public affairs:* vita: quem locum nos otiosi convertimus, *in an interval of leisure:* numquam se minus otiosum esse, quam cum otiosus, *never busier than when free from official business:* ad urbem te otiosissimum esse.—As *subst., a private person, one not in official life:* vita otiosorum.—*Quiet, unconcerned, indifferent, neutral:* spatium ab hoste, *undisturbed,* Cs.: non modo armatis, sed etiam otiosis minari.—*Plur.* as *subst., non-combatants, civilians:* crudeliter enim otiosisismi minabantur: militare nomen grave inter otiosos, Ta.—*Without excitement, quiet, passionless, calm, tranquil:* Animo otioso esse, T.: te venire Otiosum ab animo, *at ease,* T.: quibus odio est otium.—Of things, *at leisure, free, idle, unemployed:* otium: Neapolis, H.

ōtium, ī, *n.* [1 AV-], *leisure, vacant time, freedom from business:* tantumne ab re tuāst oti tibi? T.: non minus oti quam negoti: otium inertissimum.—*Ease, inactivity, idleness:* vitam in otio agere, T.: genus amantissimum oti: languere otio: magna otia caeli, Iu.: ducere otia segnia, O.—*Leisure, time:* vellem tantum haberem oti, ut possem, etc.: ad scribendum: litteratum: auscultandi, *time to hear,* T.: cum est otium, legere soleo, *when I have time:* si modo tibi est otium, *if you have time.*—*Rest, repose, quiet, peace:* pax, tranquillitas, otium: mollia peragebant otia, *enjoyed calm repose,* O.: insolens belli diuturnitate oti, Cs.: ex maximo bello tantum otium totae insulae conciliavit, N.: studia per otium concelebrata, *in times of peace:* studia ignobilis oti, V.: spolia per otium legere, *at their ease,* L.: quam libet lambe otio, Ph.—*The fruit of leisure:* Excutias oculis otia nostra tuis, i. e. *poems,* O.

ovāns, antis, *adj.* [*P.* of ovo], *exulting, joyful, triumphant:* socii comitentur ovantes, V.: ovantes gutture corvi, i. e. *uttering exultant cries,* V.: patria, Iu.: currūs, *triumphal chariot,* Pr.

ovātus, *P.* of ovo.

ovīle, is, *n.* [ovis], *a sheepfold:* circumgemit ursus ovile, H.: Non lupus insidias explorat ovilia circum, V.—*A fold for goats:* aliis in ovilibus haedi, O.—*An enclosure in the Campus Martius, where the votes were cast at the comitia,* L., Iu.

ovīllus, *adj.* [ovis], *of sheep, sheep-:* grex, L.

ovis, is, *f.* [1 AV-], *a sheep:* multae dictione ovium et boum: aurata, O.: infirmae, H.: lanigera, V.: custos ovium, V.: tondere oves, H.—Prov.: ovem lupo commisti, *made the wolf shepherd,* T.: O praeclarum custodem ovium, ut aiunt, lupum.—Poet., *wool:* niveam Tyrio murice tingit ovem, Tb.

ovō, —, —, āre, *to exult, rejoice:* Quo nunc Turnus ovat spolio potitus, V.: ovantes Horatium accipiunt, L.: successu caedis ovans, O.—*To receive an ovation, triumph:* me ovantem in Capitolium ferre: ovans urbem ingredi, L.

ōvum, ī, *n.* [3 AV-], *an egg:* ovum parere, *to lay:* ponere, O.: pullos ex ovis excuderunt, *hatched:* pisces ova cum genuerunt, *spawn:* integram famem ad ovum adfero, i. e. *the beginning of the meal* (when eggs were served): ab ova Usque ad mala, i. e. *from the beginning to the end,* H.: Nec gemino bellum Troianum orditur ab ovo (alluding to the mythical story of the eggs of Leda), H.: ovo prognatus eodem, i. e. *of the same mother,* H.: ova ad notas curriculis numerandus (wooden eggs used in the circus as counters, one being removed after each circuit made), L.

P.

pābulātiō, ōnis, *f.* [pabulor], *a collecting of fodder, foraging:* nostrae pabulationes, Cs.: pabulatione intercludi, Cs.

pābulātor, ōris, *m.* [pabulor], *a forager,* Cs., L.

pābulor, ātus, ārī, *dep.* [pabulum], *to forage:* angustius, Cs.: pabulandi causā mittere, Cs.: pabulantes (nostros) profligant, Ta.—*Supin. acc.:* pabulatum cohortes misere, L.

pābulum, ī, *n.* [1 PA-], *food, nourishment, food for cattle, fodder, pasturage, grass:* pecoris, S.: secare pabulum, Cs.: comparare, N.: hirundo Pabula parva legens, V.: pabula carpsit ovis, O.: Pabula canescunt, i. e. *the grass*, O.: caelestia, i. e. *ambrosia*, O.—Fig., *food, nourishment, sustenance:* animorum: dederat nova pabula morbo, O.

pācālis, e, *adj.* [pax], *of peace, peaceful:* olea, O.: laurus, *token of peace*, O.: flammae, *on the altar of Peace*, O.

pācātus, *adj.* with *comp.* and *sup.* [*P.* of paco], *pacified, quieted, peaceful, quiet, calm, tranquil, undisturbed:* civitates: tempus: provincia pacatissima: nec hospitale quicquam pacatumve, L.: mare, H.: voltus, O.—As *subst. n.*, *a friendly country:* vagi milites in pacato, L.: ex pacatis praedas agere, S.—Fig.: oratio pacatior: cuius ne pacatam quidem nequitiam quisquam ferre posset, i. e. *without enmity.*

pācifer, fera, ferum, *adj.* [pax+1 FER-], *peace-bringing, peaceful, pacific:* oliva, V.: Cyllenius, *Mercury*, O.

pācificātiō, ōnis, *f.* [pacifico], *a peace-making, pacification:* spes pacificationis.

pācificātor, ōris, *m.* [pacifico], *a peace-maker, pacificator:* Allobrogum: Athamanum, L.

pācificātōrius, *adj.* [pacificator], *peace-making, pacificatory:* legatio.

(pācificō), —, ātus, āre [pacificus], *to make peace, conclude peace:* Iugurthā pacificante, S.: ad pacificandum stabis, L.—*Supin. acc.:* legati pacificatum venerunt, L.—*To pacify, appease:* caelestes pacificasset, Ct.

pācificus, *adj.* [pax+2 FAC-], *peace-making, pacific, peaceable:* persona.

paciscor, pactus, ī, *dep.* [PAC-], *to agree together, bargain, contract, agree, covenant, stipulate, transact:* ut ex areā, nisi pactus esset orator, ne tolleret: magnā mercede cum principibus, ut, etc., L.: votis Ne Addant, etc., H.: (provinciam) sibi, *stipulate for:* tantum ab eo vitam, S.: stipendium populo R. dare, *bind themselves*, L.: Anchisae renovare annos, O.: pactos (Aetolos) in foedere suas urbīs fore, L.: quod dierum essent pactae induciae, *had been agreed upon:* quidam pacto inter se ut, etc., *under an agreement, that*, etc., L.—*To betroth:* ex quā pactus esset vir domo, in matrimonium duceret, L.—*Pass.:* cuius filio pacta est Artavasdis filia: Turnus, cui pacta Lavinia erat, L.—Fig., *to barter, hazard, stake:* vitam pro laude, V.

pācō, āvī, ātus, āre [pax], *to make peaceful, quiet, pacify, subdue, soothe:* Amanum: Galliam, Cs.: qui nuper pacati erant, Cs.: Erymanthi nemora, V.: incultae pacantur vomere silvae, *are subdued*, H.

pacta, ae, *f.* [1 pactus], *a betrothed woman, bride:* gremiis adducere pactas, V.

pactiō, ōnis, *f.* [paciscor], *an agreeing, agreement, covenant, contract, stipulation, bargain, pact:* de civibus cum sociis facere pactiones: pactione libertatem perdere: neque ullum telum per pactiones loquentium traiciebatur, Cs.: arma per pactionem tradere, L.: talibus pactionibus pacem facere, *conditions*, N.: foederis: conlegam suum pactione provinciae perpulerat, ne, etc., *by agreeing to yield him the province*, S.: nuptialis, L.: praemiorum, *promise.*—*An agreement between farmers general and the people of a province:* pactiones cum civitatibus conficere.—*A corrupt bargaining, underhand agreement:* pactionis suspicionem non vitasse: Aulum spe pactionis perpulit, uti, etc., S.—In the phrase, pactio verborum, *a form of words.*

Pactōlus (-los), ī, *m.*, =Πακτωλός, *a river of Lydia, with golden sands*, V., O.—Prov.: tibi Pactolus fluat, i. e. *boundless wealth*, H., Iu.

pactor, ōris, *m.* [paciscor], *a contractor, negotiator:* societatis pactores.

pactum, ī, *n.* [1 pactus], *an agreement, covenant, contract, stipulation, compact, pact:* pactum est, quod inter aliquos convenit: in pacto manere, L.: pacti formula: ex pacto et convento.—*A marriage-contract*, Iu.—*Abl.* in adverbial phrases, *a manner, way, means:* fieri nullo pacto potest ut, etc.: quid quoque pacto agi placeat, Cs.: nescio quo pacto erupit, etc., *how:* aliquo pacto verba his dabo, T.: me isto pacto metuere: hoc pacto, V.: Damnum est pacto lenius isto, *thereby*, H.

1. pactus, *adj.* [*P.* of paciscor], *agreed, settled, determined, covenanted, stipulated:* pro capite pretium: pacta et constituta cum Manlio dies: merces, H.: coniunx, *betrothed*, V.

2. pāctus, *P.* of pango.

Paeān, ānis, *m.*, *the god of healing* (an epithet of Apollo): signum Paeanis: Paeana voca, O.: Parce, Paean! Iu.—*A hymn to Apollo, festive hymn, hymn of triumph, paean*, C.: laetus, V.: victor canebat Paeana, Pr.—*The characteristic foot in the versification of paeans* (of one long and three short syllables, in any order).

paedagōgus, ī, *m.*, = παιδαγωγός, *a governor, preceptor, pedagogue* (a slave to guide and attend children), C.—In jest, of an attentive lover, T.

paedīco, —, —, āre, *to practice unnatural vice upon*, Ct.

paedor or **pēdor**, ōris, *m.* [2 PV-], *nastiness, filth:* barba pedore horrida, C. poët.: exuere paedorem, Ta.

paelex or **pēlex** or **pellex**, icis, *f.*, = πάλλαξ, *a kept mistress, concubine* (as rival of a wife): filiae pelex: matris, O.: (Medea) ulta paelicem, H.: horrida, Iu.: virginem servo pellicem dederat, Cu.

paene (not pēne), *adv.*, *nearly*, *almost*, *as I may say:* duo maria paene coniungere: hostes victi, S.: senex paene agrestis: non solum . . . sed paene etiam, Cs.: Quam paene furvae regna Proserpinae . . . vidimus, H.: divini paene est viri: ipsa paene insula: adulescens, paene potius puer.

paenīnsula (pēn-), ae, *f.* [paene+insula], *a peninsula*, L., Ct.

paenitendus (not poen-), *adj.* [*P.* of paeniteo], *to be repented of*, *blamable*, *objectionable:* haud paenitendus magister, L.

paenitēns, entis, *adj.* [*P.* of paeniteo], *repentant*, *penitent.*—As *subst. m.:* optimus est portus paenitenti mutatio consili.

paenitentia (not poen-), ae, *f.* [paeniteo], *repentance*, *penitence:* celer, L.: eius (facinoris), Cu.: sera, Ph.: mutari in paenitentiam, Ta.

paeniteō (not poen-), uī, —, ēre [cf. poena], *to make sorry*, *cause to repent:* nihil, quod paenitere possit, facere: Paenitet et torqueor, O.: quo modo quemquam paeniteret quod fecisset?—*To repent*, *be sorry:* paenitere quam pati hostilia malle, L.: neque mihi veniet in mentem paenitere, quod, etc.: adsuefacere militem fortunae paenitere suae, L.—*Impers.*, *it repents*, *makes sorry*, *grieves*, *rues:* tanta vis fuit paenitendi, *of repentance:* neque locus paenitendi relictus esset, L.: reputate, num eorum (consiliorum) paenitendum sit, S.: paenitebatque modo consili, modo paenitentiae ipsius, Cu.: si eos non paeniteret: solet eum, cum aliquid fecit, paenitere: efficiunt ut me non didicisse minus paeniteat: nisi forte sic loqui paenites: valde ego ipsi, quod de suā sententiā decesserit, paenitendum puto.—*It discontents*, *displeases*, *vexes*, *makes angry*, *offends*, *dissatisfies:* nostri nosmet paenitet, *are dissatisfied with*, T.: num igitur senectutis eum suae paeniteret?: paenitere se virium suarum, L.: Nec te paeniteat pecoris, divine poëta, *be not offended that I call thee a shepherd*, V.: An paenitebat flagiti, te auctore quod fecisset Adulescens? *were you not content?* etc., T.: an paenitet vos, quod, etc.? *are you not satisfied?* Cs.: se paenitere, quod animum tuum offenderit.

paenula (pēn-), ae, *f.*, *a woollen outer garment covering the body*, *travelling-cloak*, *mantle:* paenulā inretitus: ita egi, ut non scinderem paenulam, *did not tear his cloak* (i. e. press him violently to stay).

paenulātus, *adj.* [paenula], *wearing the paenula*, *in travelling dress.*

paeōn, ōnis, *m.*, =παιών, *a metrical foot of one long and three short syllables* (in any order).

Paeōnius, *adj.*, *of Paeon* (god of physicians), *healing*, *medicinal:* herbae, V.: ope Paeoniā, O.

paetulus, *adj. dim.* [paetus] *with a cast in the eye*, *slightly blink-eyed.*

paetus, *adj.*, *with a cast in the eye*, *blinking*, *leering*, H.

pāgānus, *adj.* [pagus], *of the country*, *of a village*, *rustic:* foci, O.—As *subst. m.*, *a countryman*, *peasant*, *villager*, *rustic*, C.—As *subst.*, *a civilian*, *non-combatant*, Iu., Ta.

pāgātim, *adv.* [pagus], *by villages*, *in every village:* templa pagatim sacrata, L.

pāgella, ae, *f. dim.* [pagina], *a little page.*

pāgina, ae, *f.* [PAC-], *a leaf of paper*, *sheet*, *page:* hanc paginam tenere: totas paginas commovere: paginas in annalibus magistratuum percurrere, L.: millesima, Iu.: postrema tua, *letter.*—*A slab*, *tablet:* insignis honorum, *upon one's statue*, *recording his claims to honor*, Iu.

pāginula, ae, *f. dim.* [pagina], *a little page.*

pāgus, ī, *m.* [PAC-], *a district*, *canton*, *hundred*, *province*, *region:* pagos et compita circum, *the country*, V.: si me toto laudet vicinia pago, Iu.—Among the Gauls and Germans, *a district*, *canton*, Cs., Ta.—*Collect.*, *the villagers*, *country people:* Festus vacat pagus, H.: pagus agat festum, O.

pāla, ae, *f.* [for *pagla; PAC-], *a spade:* palae innixus, L.—*The bezel* (of a ring): anuli.

palaestra, ae, *f.*, =παλαίστρα, *a wrestling-school*, *wrestling-place*, *place of exercise*, *gymnasium*, *palaestra:* statuas in palaestrā ponere: gramineae palaestrae, V.—*A place of discipline in rhetoric*, *school of rhetoric*, *school:* nitidum genus verborum sed palaestrae magis et olei, etc.—*A wrestling*, *the exercise of wrestling:* fac periclum in palaestrā, T.: indicat motus, didicerintne palaestram an nesciant: exercent patrias palaestras, V.: nitida, O.—*Practice*, *art*, *skill:* utemur eā palaestrā, quam a te didicimus.—*A brothel*, T.

palaestricē, *adv.*, *after the manner of the palaestra:* in xysto spatiari.

palaestricus, *adj.*, =παλαιστρικός, *of the palaestra*, *palaestric:* motūs, i. e. *of a dancing-master:* praetor, *devoted to the palaestra.*

palaestrīta, ae, *m.*, =παλαιστρίτης, *a professional wrestler*, *gymnast.*

1. palam, *adj.*, *openly*, *publicly*, *undisguisedly*, *plainly:* nihil ausurus, S.: ad se adire, Cs.: quae in foro palam gesta sunt: agere: non per praestigias, sed palam: palam et aperte dicere: Luce palam, V.: palam duobus exercitibus audientibus, L.—In phrases with *esse* or *facere*, *public*, *well known:* rem facias palam, *disclose*, T.: palam factum est: hac re palam factā, *noised abroad*, N.: celatā morte . . . tum demum palam factum est, etc., L.: palam ferente Hannibale se ab Fabio victum, *making no secret that*, etc., L.

2. palam, *praep.*, with *abl.* [1 palam], *before, in the presence of:* te palam, H.: Marte palam, O.: rem creditori palam populo solvit, L.

pālāns, antis, *P.* of palor.

Palātīnus, *adj.*, *of the Palatium, Palatine:* Evander, V.: colles, O.: Apollo (from his temple on the Palatine Hill), H.: laurus, *before the imperial palace*, O.: cubile, Iu.

palātium, ī, *n.* [Pales], *the Palatine hill, on which was the residence of Augustus;* hence, in *plur.*, *a palace:* Romana, V.: secreta palatia matris, *the temple of Cybele*, Iu.: magni palatia caeli, *the palace of the sky*, O.

palātum, ī, *n.*, and (rarely) **palātus**, ī, *m.*, *the palate:* quae (voluptas) palato percipiatur: boum dare membra palato, O.: udum, V.: obserare palatum, i. e. *to be silent*, Ct.: caeli, i. e. *vault*, Enn. ap. C.—Fig., *the palate, taste, judgment:* dum palato quid sit optimum iudicat.

palea, ae, *f.* [1 PAL-], *chaff:* cum ne paleae quidem relinquerentur: inanes, V.: horna, H.

paleāria, —, *plur. n.* [palea], *a dew-lap* (of an ox).—Only *nom.* and *acc.:* pendula, O.: a mento palearia pendent, V.

Palēs, is, *f.* [PA-], *an Italian goddess of shepherds and pastures*, V., O.

Palīcus, ī, *m.*, *a son of Jupiter, worshipped at Palica, in Sicily*, V., O.—The Palīcī were honored as twin brothers: stagna Palicorum, O.

Palīlis or **Parīlis**, e, *adj.* [Pales], *of Pales:* flamma, *a fire of straw at the feast of Pales*, O.: festa, O.—*Plur. n.* as *subst.*, *the feast of Pales, shepherd festival* (the 21st of April), C., O.

palimpsēstus, ī, *m.*, = παλίμψηστος, *a parchment rewritten after erasure, palimpsest*, C., Ct.

paliūrus, ī, *m.*, = παλίουρος, *a plant, Christ's-thorn*, V.

palla, ae, *f.* [2 PA-], *a long robe, mantle* (worn by ladies): circumdata, H.: longa, V.: scissa, Iu. —*A mantle, outer garment:* cum pallā et cothurnis: honesta, *the tragedian's garb*, H.: Tyrio saturata murice (worn by Apollo), O.—*An under-garment:* nitens, O.

Palladium, ī, *n.*, = παλλάδιον, *an image of Pallas*, C., V., O.

Pallantis, idos, *f.*, *Aurora*, O.—*The day*, O.

Pallas, adis and ados, *f.*, = Παλλάς, *a surname of Athene* (identified with the Roman Minerva), V., H., O.: Palladis ales, *the owl*, O.: Pallados arbor, *the olive-tree*, O.: iratā Pallade (i. e. invitā Minervā), O.—*Oil:* infusā Pallade, O.—*The olive-tree*, V., O.—*The Palladium:* Helenum raptā cum Pallade captum, O.: Pallados ignes, i. e. *of Vesta* (in whose temple was the Palladium), Pr.

pallēns, entis, *adj.* [*P.* of palleo], *pale, wan:* umbrae Erebi, V.: persona, Iu.: morte futurā, V.: terrore puellae, O.: morbi, *making pale*, V.: famā, *bad*, Ta.—Of color, *faint, pale, yellowish, dark:* violae, V.: hedera, V.: lupini, O.

palleō, uī, —, ēre [2 PAL-], *to be pale, turn pale, blanch:* sudat, pallet: pallent amisso sanguine venae, O.: morbo, Iu.: Palleat omnis amans, *must look pale*, O.: Ambitione malā aut argenti pallet amore, H.: nunc utile multis Pallere (i. e. studere), Iu.—*To grow pale, be anxious, be fearful:* pueris, H.: ad omnia fulgura, Iu.: scatentem Beluis pontum, H.—*To lose color, change color, fade:* Nec vitio caeli palleat seges, O.: fastigia Pallebant musco, *were discolored*, O.

pallēscō, palluī, ere, *inch.* [palleo], *to turn pale, blanch:* nullā culpā, H.: super his, *to turn pale with emotion*, H.: tardis curis, Pr.—*To turn pale, be yellow:* saxum quoque palluit auro, O.: pallescunt frondes, *wither*, O.

palliātus, *adj.* [pallium], *dressed in a pallium* (usu. of Greeks): Graeculus iudex: illi palliati, i. e. *Grecian statues.*

pallidulus, *adj. dim.* [pallidus], *somewhat pale, rather colorless*, Ct., Iu.

pallidus, *adj.* with *comp.* [2 PAL-], *pale, pallid, colorless:* ut pallidus omnis Cenā desurgat dubiā, H.: hospes pallidior statuā, Ct.: (Dido) morte futurā, V.: recto voltu et pallidus, i. e. *well or sick*, Iu.: Pallida mors, *causing paleness:* pallida sedi, *in terror*, O.: inmundo pallida mitra situ, *unseemly*, Pr.: in lentā Naïde, *love-sick*, O.

palliolum, ī, *n. dim.* [pallium], *a small Greek mantle, little cloak:* sordidum, Caec. ap. C.; Iu.—*A hood*, O.

pallium, ī, *n.* [palla], *a cover, coverlet:* onerosa pallia iactat, Iu.—*A Grecian cloak, mantle:* umerum pallio onerare, T.: Pone adprendit pallio, T.: purpureum: cum pallio inambulare, L.

pallor, ōris, *m.* [2 PAL-], *pale color, paleness, wanness, pallor:* quo tremore et pallore dixit!: albus, H.: gelidus, O.: pallor ora occupat, V.: amantium, H.: tot hominum pallores, *the paleness of death*, Ta.—*Alarm, terror*, Pr.—*A disagreeable color, unsightliness:* pallorem ducere, O.—Person., *the god of fear*, L., O.

palma, ae, *f.*, = παλάμη, *the palm, flat hand:* cum manum dilataverat, palmae illius similem, etc.: cavis undam palmis Sustinet, V.: faciem contundere palmā, Iu.—*The hand:* palmarum intentus: passis palmis salutem petere, Cs.: amplexus tremulis altaria palmis, O.—*The broad end of an oar*, Ct.—*A palm-tree, palm:* in templo palma exstitisse ostendebatur, Cs.: ardua, V.—*Sing.*

collect.: umbrosa, Iu. — *The fruit of the palm-tree, date:* Quid volt palma sibi, O.—*A broom of palm-twigs:* lapides lutulentā radere palmā, H.—*A branch, twig,* L.—*A palm-branch, palm-wreath, token of victory, palm, prize, pre-eminence:* palmae victoribus datae, L.: plurimarum palmarum gladiator, *victories:* cum palmam iam primus acceperit: Elea, H.: docto oratori palma danda est: Huic consilio palmam do, T.: donat mea carmina palmā, O.: subit . . . tertia palma Diores, i. e. *winning the third prize,* V.: Eliadum palmae equarum, *the best,* V.—*The topmost twig, shoot, branch:* unum cornu existit . . . ab eius summo sicut palmae ramique diffunduntur, Cs.: quae cuiusque stipitis palma sit, L.: palmae arborum eminentium, Cu.

palmāris, e, *adj.* [palma], *of the palm, superior, excellent:* statua.

palmārius, *adj.* [palma], *of the palm, deserving the prize, excellent:* sententia.—As *subst. n., a prize-achievement, masterpiece:* palmarium repperisse, T.

palmātus, *adj.* [palma], *bearing palms, embroidered with palm-twigs:* tunica (of a triumphing general), L.

palmes, itis, *m.* [palma], *a young vine-branch, vine-sprig, vine-sprout:* laetus, V.: stratus humi palmes, Iu.: caelebs sine palmite truncus, *vine,* O. —*A bough, branch:* arborum, Cu.

palmētum, ī, *n.* [palma], *a palm-grove.* — *Plur.:* pinguia, H., Ta.

palmifer, fera, ferum, *adj.* [palma+1 FER-], *palm-bearing, abounding in palms,* O.

palmōsus, *adj.* [palma], *full of palm-trees,* V.

palmula, ae, *f. dim.* [palma], *an oar-blade, oar,* V.

pālor, ātus, ārī, *dep.* [1 PAL-], *to wander up and down, wander, roam, saunter, be dispersed, straggle:* vagi palantes, S.: vagi per agros palantur, L.: agmen per agros palatur, L.: palatos adgressus, L.: palantes error de tramite pellit, H.: terga dabant palantia Teucri, V.: Palantes homines passim ac rationis egentes, O.

palpebrae, ārum, *f., the eyelids.*

palpitō, —, —, āre, *freq.* [palpo], *to tremble, quiver, palpitate:* cor palpitat: radix ultima linguae . . . Palpitat, O.

palpō, —, —, āre [1 PAL-], *to wheedle, coax:* alquem munere, Iu.

palpor, ātus, ārī, *dep.* [1 PAL-], *to stroke, touch softly, pat, caress:* pectora palpanda manu, O.—F i g., *to wheedle, flatter:* Cui male si palpere, recalcitrat, H.

palūdāmentum, ī, *n., a military cloak, soldier's cloak:* sponsi, L.: paludamenta (consulibus) detracta (as the uniform of generals-in-chief), L.

palūdātus, *adj., with a military cloak, in the garb of a general, in field dress:* proficiscebamini paludati in provincias: ut paludati (consules) exeunt, Cs.: lictores, L.: duces, Iu.

palūdōsus, *adj.* [2 palus], *fenny, boggy, marshy:* humus, O.

palumbēs, is, *m.* and *f.* [2 PAL-], *a wood-pigeon, ring-dove:* raucae palumbes, V., H.

1. pālus, ī, *m.* [PAC-], *a stake, prop, stay, pale:* ad palum adligantur: palo suspendat aratrum, O. —*A stake, wooden post* (for young soldiers to practise on with weapons): aut quis non vidit volnera pali? Iu.

2. palūs (once palus, H.), ūdis, *gen. plur.* palūdum, rarely palūdium, L., *f., a swamp, marsh, morass, bog, fen, pool:* planities hiemantibus aquis paludem fecerat, S.: paludes siccare: propter paludes exercitui aditus non esset, Cs.: sterilis, H.: Stygiae paludes, O.: propinquitas fluminum ac paludium, L.: (cymba) multam accepit rimosa paludem, *water,* V.

palūster, tris, tre, *adj.* [2 palus], *fenny, marshy, swampy:* locus, Cs.: ager, T.: ulva, V.: ranae, *of the marsh,* H.: calami, O.

pampineus, *adj.* [pampinus], *of vine-leaves, of tendrils:* vites, O.: auctumnus, V.: hastae, *wrapped with vine-leaves,* V.: odor, *the perfume of wine,* Pr.: corona, *of vine-leaves,* Ta.

pampinus, ī, *m.* and *f.* [PAP-], *a tendril of a vine, vine-leaf, vine-foliage:* uva vestita pampinis: Ornatus viridi tempora pampino Liber, H.

Pān, Pānos, *acc.* Pāna, *m.*, = Πάν, *Pan, son of Mercury, god of woods and shepherds, often represented as half man, half goat:* Panos de more Lycaei, V.: semicaper, O.—*Plur., gods like Pan, gods of the woods and fields,* O.

panacēa, ae, *f.*, = πανάκεια, *an herb said to heal all diseases, all-heal, panacea, catholicon:* odorifera, V.

panchrēstus, *adj.*, = πάγχρηστος, *good for everything, universally useful:* medicamentum, *sovereign remedy* (i. e. money).

pancratium, ī, *n.*, = παγκράτιον, *a gymnastic contest, including wrestling and boxing,* Pr.

pandō, pandī, passus, ere [2 PAT-], *to spread out, extend, unfold, expand:* ad solem pennas, V.: pictā spectacula caudā, H.: sinūs (i. e. vela), Iu.: panditur planities, *extends,* L.: dum se cornua latius pandunt, *open out,* L.: si panditur ultra (gremium), i. e. *is not yet full,* Iu. — *To throw open, open, lay open:* moenia urbis, V.: hederae pandunt vestigia nigrae, *disclose,* V.: rupem ferro, *split,* L.: panduntur inter ordines viae, *open,* L.— F i g., *to spread, extend:* alia divina (bona) longe lateque se pandunt, i. e. *extend their influence:*

vela orationis.—*To open:* cuiquam ad dominationem pandere viam, L.—Of speech, *to unfold, make known, publish, reveal, explain:* res caligine mersas, V.: oraculum, Ct.: quae nunc panduntur fatis, L. (oracle): Pandite, Musae, Unde, etc., O.

pandus, *adj.* [PAND-], *bent, crooked, curved:* carina, V.: rami, O.: cornua, O.: delphines, O.: asellus, *crook-backed,* O.

panēgyricus, *adj.*, = πανηγυρικός, *of a public assembly, festival.*—As *subst. m.* (sc. liber), *a festival oration of Isocrates.*

pangō, pepigī or pēgī (old panxī), pāctus, ere [PAC-], *to fasten, make fast, fix, drive in:* ut clavum pangat, L.—Fig., *to make, compose, write, record:* maxuma facta patrum, *celebrate,* Enn. ap. C.: poëmata, H.: de pangendo, quod me adhortaris, nihil fieri potest: Temptamenta tui, *contrive,* V.—*To fix, settle, determine, agree upon, agree, covenant, conclude, stipulate, contract* (only *perf.* stem): terminos, quos Socrates pegerit: quos (finīs) lex pepigerat: ne medicamento uteretur: pacem nobiscum pepigistis, ut, etc., L.: pepigere, capesserent, etc., Ta.: obsides dare, L.: fraudem ulcisci, Ta.: nec quae pepigere recusent, V.: pretium, quo pepigerant, L.: tanti enim pepigerat, L.—*To promise in marriage, betroth:* alquam lecto nostro, O.: quae pepigere viri, *the marriage contract,* Ct.

pānicum, ī, *n.* [panis], *panic-grass,* Cs.

pānis, is, *m.* [1 PA-], *bread, a loaf:* panem in dies mercari, S.: cibarius, *coarse bread:* secundus, *black bread,* H.: ater, T.: niveus, Iu.: lapidosus, H.—*A loaf, lump, mass:* ex hoc effectos panes iaciebant, etc., Cs.

panniculus, ī, *m. dim.* [pannus], *a bit of cloth, rag:* bombycinus, *of silk* (as a garment), Iu.

pannōsus, *adj.* [pannus], *ragged, tattered:* homines: aedilis, Iu.

pannus, ī, *m.* [SPA-], *a piece of cloth, garment of cloth:* albus, H.: viridis, Iu.—*A rag, patch:* pannis annisque obsitus, *tatters,* T.: tenuis, Iu.: Adsuitur pannus, H.: tincti ferrugine panni, O.

Panomphaeus, ī, *m.*, = Πανομφαῖος, *source of all oracles,* i. e. *Jupiter,* O.

panthēra, ae, *f.*, = πάνθηρ, *a panther,* C., L., H., O.

Panthoidēs, ae, *m.*, = Πανθοΐδης, *son of Panthus, Euphorbus,* O.—Pythagoras, who claimed that he had been Euphorbus in a previous life, is called Panthoides, H.

papae, *interj.*, = παπαί, *wonderful! strange!:* papae! Iugularas hominem, T.

pāpās (pappās), —, *m.*, = πάππας, *a governor, tutor:* timidus, Iu.

papāver, eris, *n.*, *a poppy:* soporiferum, V.: Lethaeo perfusa papavera somno, V.: summa papaverum capita, *poppy-heads,* L.

papāvereus, *adj.* [papaver], *of poppies:* comae, *poppy-flowers,* O.

Paphius, *adj.*, = Πάφιος, *of Paphos* (a city of Cyprus): myrtūs, i. e. *sacred to Venus,* V.: heros, *Cyprian* (i. e. *Pygmalion*), O.

pāpiliō, ōnis, *m.* [1 PAL-], *a butterfly, moth,* O.

papilla, ae, *f. dim.* [papula], *a nipple, teat, breast:* exserta, V., O., Iu.

pappās, see papas.

papula, ae, *f. dim.* [PAP-], *a pustule, pimple:* ardentes, V.

papȳrifer, fera, ferum, *adj.* [papyrus + 1 FER-], *producing papyrus:* Nilus, O.: amnis, O.

papȳrus, ī, *f.*, = πάπυρος, *the paper-plant, paper-reed, papyrus;* hence, *a garment of papyrus-bark:* succinctus patriā papyro, Iu.—*Paper* (of papyrus-bark), Ct., Iu.

pār, paris, *abl.* parī (rarely as *subst.* pare, C., O.), *adj.* [1 PAR-], *equal:* vita beata . . . par et similis deorum: est finitimus oratori poëta ac paene par: pares in amore et aequales: pares eiusdem generis munitiones, *of equal size,* Cs.: similia magis quam paria, L.: peccata, *equally criminal,* H.: ingenia iura: hi (equites), dum pari certamine res geri potuit, etc., i. e. *horsemen against horsemen,* Cs.: cui repugno, quoad possum, sed adhuc pares non sumus, i. e. *not equal to the task:* pari proelio, *indecisive,* N.: pares validaeque miscentur, Ta.: cantare pares, *peers in song,* V.: quem ego parem summis Peripateticis iudico: isti par in bello gerendo: anseribus, *as large as,* Iu.: prodigio par, i. e. *extremely rare,* Iu.: Responsura par fama labori, *meet,* H.: effugit imago, Par levibus ventis, *like,* V.: cuius paucos pares haec civitas tulit, *equals:* vestrae fortitudinis, Ph.: In quā par facies nobilitate suā, O.: par cum ceteris fortunae condicio: quem tu parem cum liberis tuis fecisti, S.: artīs constituere inter se parīs: cum par habetur honos summis et infimis: haudquaquam par gloria sequatur scriptorem et auctorem rerum, S.: quos in parem iuris condicionem atque ipsi erant, receperunt, Cs.: neque mihi par ratio cum Lucilio est ac tecum fuit: in quo offensae minimum, gratia par, ac si prope adessemus, S.—*Equal, a match:* quibus ne di quidem immortales pares esse possint, Cs.: quod neque se parem armis existimabat, S.: Non sumus pares, *not on an equality,* Iu.: habebo parem, quem das, Hannibalem, *an adversary,* L.: sequitur parem, i. e. *with equal speed,* O.—*Equal, well-matched, suitable:* rebus ipsis par et aequalis oratio, *adequate:* ut coëat par Iungaturque pari, *kindred spirits,* H.: Si qua voles apte nubere, nube pari, O.—Prov.: pares cum paribus facillime congregantur, i. e. *birds of a feather flock together*.—In phrases with *esse*, *fit*, *meet*, *suitable*, *proper*, *right:* ita, ut constantibus hominibus par erat: par est ipsum esse virum bonum: sic par est agere cum civibus: dubitans, quid me facere par sit.—Repeated with *respondeo* or *refero*, *like for like*, *tit for tat:* par pari ut respondeas, T.: paria paribus respondimus: Par pro pari referto, *give as good as you get*, T. — In the phrase, Ludere par impar, *to play "even and odd,"* H. — As *subst. m.* and *f.*, *a companion*, *fellow*, *comrade*, *mate*, *spouse:* adcumbit cum pare quisque suo, O.: edicere est ausus cum illo suo pari, ut, etc.: paribus conludere, H.—As *subst. n.*, *a pair*, *couple:* par illud simile, Piso et Gabinius: par nobile fratrum, H.: columbarum, O.: tria paria amicorum.

parābilis, e, *adj.* [paro], *easily procured*, *easy to be had*, *accessible*, *at hand:* divitiae: victus, Cu.

parapsis, see paropsis.

parasīta, ae, *f.* [parasitus], *a female parasite*, H.

parasītaster, trī, *m.* [parasitus], *a sorry parasite:* parvolus, T.

parasītus, ī, *m.*, = παράσιτος, *a toad-eater*, *sponge*, *tuft-hunter*, *parasite:* parasitorum adsentatio: edaces parasiti, H., Iu.

parātē, *adv.* with *comp.* [1 paratus], *with preparation*, *composedly:* ad dicendum parate venire: paratius dicere.

parātiō, ōnis, *f.* [1 paro], *a preparing*, *procuring:* regni, *compassing the crown*, S.

1. parātus, *adj.* with *comp.* and *sup.* [*P.* of 1 paro], *prepared*, *ready:* loci multā commentatione: ad omne facinus paratissimus: omnia ad bellum, Cs.: id quod parati sunt facere: omnia perpeti, Cs.: in utrumque paratus, Sese versare, etc., V.: vel bello vel paci, L.: ferri acies parata neci, V.: veniae, O.: provincia peccantibus, Ta.—*Well prepared*, *provided*, *furnished*, *fitted*, *equipped*, *skilled:* itane huc paratus advenis? T.: ad quam (causarum operam): quo paratior ad usum forensem esse possim: ad omnem eventum: paratiores ad omnia pericula subeunda, Cs.: in novas res, Ta.: in iure paratissimus, *learned:* in rebus maritimis, *versed:* contra fortunam: paratus simulatione, *a master in dissimulation*, Ta.—As *subst. n.:* parati nil est, *nothing is ready*, T.: Frui paratis, i. e. *contentment*, H.

2. parātus, ūs, *m.* [1 paro], *a preparation*, *provision*, *outfit:* nullum vitae paratum requirens: lauto cenare paratu, Iu.: omisso paratu invadendae Syriae, Ta.: veniam nullis paratibus orant, *want of preparation*, O.: Tyrios induta paratūs, *clothing*, O.

Parca, ae. *f.* [PARC-], *a goddess of Fate:* Parca non mendax, H.: dura, O.—*Plur.*, *the Fates* (i. e. Klotho, Lachesis, and Atropos), C., H., V., Iu.

parcē, *adv.* with *comp.* [parcus], *sparingly*, *frugally*, *thriftily*, *penuriously*, *parsimoniously*, *stingily:* vivere: Se habere, T.: frumentum metiri, Cs.: dimidium imperavit: Num potuit parcius?: Parcius hic vivit, H.: implet manum parcius, Iu.—*Sparingly*, *moderately:* scripsi de te: verba detorta, H.: gaudere, Ph.: parcius de eius laude dicere: Parcius quatiunt fenestras, *seldom*, H.

parcēns, ntis, *adj.* [*P.* of parco], *sparing*, *niggardly:* Parcentīs ego dexteras Odi, H.

(**parcimōnia**), see parsim-.

parcō, pepercī or (old and late) parsī, parsus, ere [SPAR-], *to act sparingly*, *be sparing*, *spare*, *refrain from*, *use moderately:* paulo longius tolerari posse parcendo, Cs.: non parcam operae: nec labori, nec periculo parsurum, L.: ne cui rei parcat ad ea efficienda, N.: talenta Gnatis parce tuis, *reserve for your children*, V.—Fig., *to spare*, *preserve by sparing*, *treat with forbearance*, *use carefully*, *not injure:* tibi parce, T.: omnibus: non mulieribus, non infantibus pepercerunt, Cs.: Capuae, L.: Parcere subiectis, et debellare superbos, *show mercy*, V.: eius auribus, i. e. *avoid a disagreeable topic:* qui mihi non censeret parci oportere. —*To abstain*, *refrain*, *forbear*, *leave off*, *desist*, *stop*, *cease*, *let alone*, *omit:* Parcite iam, V.: auxilio, *refuse:* lamentis, L.: bello, *abstain from*, V.: parce metu (*dat.*), *cease from*, V.: nec divom parcimus ulli, i. e. *shrink from facing*, V.: hancine ego vitam parsi perdere, T.: parce fidem ac iura societatis iactare, L.: ne parce dare, H.: Parce temerarius esse, O.: precantes, ut a caedibus parceretur, *refrain from*, L.—With *abl. gerund.:* ne hic quidem contumeliis in eos dicendis parcitis, L.

parcus, *adj.* with *comp.* and *sup.* [SPAR-], *sparing*, *frugal*, *thrifty*, *economical*, *niggardly*, *stingy*, *penurious*, *parsimonious:* colonus parcissimus: parcumque genus patiensque laborum, O.: cui deus obtulit Parcā quod satis est manu, H.: veteris non parcus aceti, H.: donandi, H.: dies, i. e. *of poverty*, Pr.—*Sparing*, *chary*, *moderate:* in largiendā civitate: Deorum cultor, H.: verba, *moderate*, O. — *Spare*, *scanty*, *little*, *small*, *slight:* parco sale contingere, V.: merito parcior ira meo, O.

pardalis, is, *f.*, = πάρδαλις, *a female panther*, Cu.

pardus, ī, *m.*, = πάρδος, *a male panther*, Iu.

1. pārēns, entis, *adj.* with *comp.* [*P.* of pareo], *obedient:* parentiores habere exercitūs.—*Plur. m.* as *subst.*, *subjects*, S.

2. parēns, entis (*gen. plur.* entum and entium), *m.* and *f.* [*P.* of pario], *a procreator*, *father*, *mother*, *parent:* parenti potius quam amori obsequi, T.: ex parenti meo ita accepi, S.: tuus:

amandus, H.: alma parens Idaea deum, V.: cum is tibi parentis numero fuisset: sibi parentis loco esse, i. e. *to be revered as a father*, L.: suos parentīs repperit, T.: (caritas) inter natos et parentes: parentes cum liberis, Cs.—*A grandparent, progenitor, ancestor* (of recent generations; more remote ancestors are maiores): Siciliam ac Sardiniam parentibus nostris ereptas recuperare, L.: more parentum, *ancestral*, V. — *Plur., relations, kinsfolk, kindred* (of brothers and cousins), Cu.—Fig., *a father, founder, inventor, author:* me urbis parentem esse dixerunt: Socrates philosophiae: (Mercurius) lyrae parens, H.: parentis laudes, i. e. *Jupiter*, H.

parentālis, e, *adj.* [2 parens], *of parents, parental:* umbrae, *of my parents*, O.—*Of the festival in honor of dead parents and kindred:* dies, O.: mos, i. e. *an annual observance*, O. — *Plur. n.* as *subst., a festival in honor of dead kindred.*

parentō, —, ātus, āre [2 parens], *to offer a solemn sacrifice in honor of dead kindred:* sepulcrum ubi parentetur: hostiā maximā parentare. —*To bring an offering to the dead parent, avenge the dead:* civibus Romanis, qui perfidiā Gallorum interissent, Cs.: parentandum regi sanguine coniuratorum esse, L.: Memnonis umbris caede, O.—Fig., *to appease, satisfy:* internecione hostium iustae irae parentatum est, Cu.

pāreō, uī, —, ēre [2 PAR-], *to appear, be visible, be at hand:* caeli cui sidera parent, *are intelligible*, V.—*Impers., it is clear, is evident, is manifest:* factumne sit? at constat. A quo? at paret: si paret fundum Servili esse, *if it be proved.*—*To obey, be obedient, submit, comply:* meis dictis, T.: dicto pare, Enn. ap. C.: praecepto illi veteri: ei, uti deo: imperio, Cs.: paret incerta duobus (ventis), *is swayed by*, O.: dicto paretur, L.— *To be subject, be dependent, be subservient:* animus, qui nisi paret, Imperat, *must be slave or master*, H.: nulla fuit civitas, quin Caesari pareret, Cs.: virtuti omnia parent, S.—*To submit, comply, indulge, gratify, yield:* consuetudini: religioni potius vestrae quam odio. — *To satisfy, fulfil, accomplish, pay:* promissis, O.

(pāricīda, pāricīdium), see parricid-.

pariēns, entis, *P.* of 2 pario.—As *subst. f., a woman in child-birth* (*sing.* and *plur.*), O.

pariēs, etis (parietibus, quadrisyl., V.), *m., a wall* (of a building): domesticis me parietibus vix tueor: parietes modo urbis stant, i. e. *the houses:* parietes turris lateribus exstruere, Cs.: parietibus textum caecis iter, V.: Et paries lento vimine textus erat, i. e. *of wicker-work*, O.—Prov.: tua res agitur, paries cum proximus ardet, H.

parietinae, ārum, *f.* [paries], *fallen walls, ruins:* Corinthi.—Fig.: rei p.

1. Parīlis, see Palilis.

2. parilis, e, *adj.* [par], *equal, like:* aetas, O.: letum, O.

pariō, peperī, partus (*P. fut.* pariturus), ere [2 PAR-], *to bring forth, bear, give birth, drop, lay, spawn, produce:* si quintum pareret mater eius: Troica quem peperit sacerdos, H.: fruges et reliqua, quae terra pariat. — Fig., *to produce, create, effect, accomplish, devise, invent, procure, acquire, obtain:* veritas odium parit, T.: consulatus vobis pariebatur, sicuti partus est: meis laboribus dignitas salusque pariatur: salutem sibi, Cs.: gratiam apud eum ordinem, L.: amicos officio, S.: regia coniunx Parta tibi, V.

pariter, *adv.* [par], *equally, in an equal degree, in like manner, as well, as much, alike:* germanus pariter animo et corpore, T.: laetamur amicorum laetitiā aeque atque nostrā, et pariter dolemus angoribus: pariter omnes viles sunt, S.: feriunt pariter, *all the same*, Iu.: Siculi mecum pariter moleste ferent: pariter cum flumine, *as swift as*, V.: voltu pariter atque animo varius, S.: pariterque et ad se tuendum et ad hostem petendum, L.: pariter ultimae (gentes) propinquis, imperio parerent, *the remotest as well as the nearest*, L.—*At the same time, together, at once:* plura castella pariter temptaverat, Cs.: decurrere, L.: angues ad litora tendunt, *side by side*, V.: delectando pariterque monendo, H.: studia doctrinae pariter cum aetate crescunt: cum occasu solis, S.—Repeated, *as soon as ... at once:* Hanc pariter vidit, pariter Calydonius heros Optavit, O. —*In like manner, likewise, also:* pariterque oppidani agere, S.: postquam pariter nymphas incedere vidit, O.

parma, *f.*, = πάρμη, *a small round shield, light shield, target* (for cavalry or light infantry): parmas obiciunt, L.: tripedalis, L. — Poet., in gen., *a shield*, V.

parmātus, *adj.* [parma], *bearing the parma, with light shields, light-armed:* cohors, L.

parmula, ae, *f. dim.* [parma], *a little shield:* relicta non bene, H.

1. parō, āvī, ātus, āre [2 PAR-], *to make ready, prepare, furnish, provide, arrange, order, contrive, design:* contra haec, *make preparations*, S.: ad iter, *make ready*, L.: cui fata parent, *for whom the Fates are making ready*, V.: omnibus rebus instructum et paratum convivium: turres, falces, testudinesque, Cs.: ad integrum bellum cuncta, S.: quae opus fuere ad nuptias, T.: galeam et aegida, *assume*, H.: fugam, i. e. *prepare for flight*, V.: filio luctum, T.: quibus insidiae parabantur, S.: leges, *introduce*, S.: rictu in verba parato, *ready to speak*, O. — With *reflex. pron., to prepare oneself, get ready:* se, ut, etc., T.: se ad discendum: huc te pares: se in similem casum, Cs.: se ad proelium, L.—*To prepare, intend, resolve, purpose, determine, meditate, be on the point of, be about:* Quid Seres parent, H.: maledictis deterrere (poëtam), ne scribat, parat, T.: Labienum adoriri, Cs.: quid pares respondere scire cupio: in nemus ire parant, V.: uxorem ut arcessat, T.: si ita naturā paratum esset, ut, etc., *so ordered.* — *To procure, acquire, get, obtain:* nobis psaltriam, T.: commeatūs, S.: locum et sedes, Cs. — *To procure with money, buy, purchase:* trans Tiberim hortos: iumenta, Cs.: servi aere parati, S.

2. parō, —, ātūrus, āre [par], *to make equal:* cum collegā, i. e. *assume equal authority.*

parochus, ī, *m.*, = πάροχος, *a purveyor, provincial officer, required to entertain travelling magistrates*, C., H.—*An entertainer, host*, H.

paropsis (parap-), idis, *f.*, = παροψίς, *a small dish for delicacies, dessert-dish*, Iu.

parra, ae, *f.*, *a bird of ill omen, screech-owl:* parrae recinentis omen, H.

parricīda (pāri-), ae [pater + 2 SAC-], *one who slays his father, a murderer of his parent, parricide:* supplicium in parricidas singulare excogitare: Telegoni iuga parricidae, H.—*A murderer of a near kinsman:* liberūm, L.—*An assassin of the chief magistrate* (as the father of the country): si parricidae (sunt), cur? etc.—*A murderer, assassin:* civium. — *A parricide, outlaw, traitor, desperate criminal:* sacrum qui clepsit parricida esto, C. (lex): crudelissimi, S.

parricīdium (pāri-), ī, *n.* [parricida], *the murder of a father, assassination of parents, parricide:* agitur de parricidio: patris. — F i g. (of reviling philosophy), C.—*The murder of a near kinsman:* fraternum: filii, L. — *Parricide, treason, horrible crime:* est prope parricidium (civem) necare: patriae, *high treason.*

pars, partis (*acc.* partim or partem), *f.* [2 PAR-], *a part, piece, portion, share, division, section:* ne expers partis esset de nostris bonis, T.: duabus partibus amplius frumenti, *twice as much:* inferior fluminis, Cs.: copias in quattuor partīs distribuerat, S.: in partem praedae suae vocatos deos, L.: in partem veniat mea gloria tecum, *be shared with thee*, O.: multa pars mei, *a great part*, H.: Scorpios, pars violentior Natalis horae, i. e. *influence*, H.—*Collect., some, part, several, many* (out of a greater number): pars levem ducere equitum iacturam; pars, etc., L.: pars triumphos suos ostentantes, S.: maior pars populi, *the majority:* Maxima pars hominum, *most men*, H.: minor pars populi, *a minority.*—Of one person: pars Niliacae plebis, Crispinus, Iu.—*Abl. sing. adverb., in part, partly:* (poma) quae candida parte, Parte rubent, O.: ab semisomnis ac maximā parte inermibus refringi, *mostly*, L.: exercitus magnā parte pestilentiā absumptus, *in large part*, L.: nullā parte, *by no means*, O.: omni parte virium impar, *utterly*, L.: omni parte laborare, *wholly*, H. — With *pro:* ut eidem pro parte conferrent, etc., *for their share:* pro suā parte, *for his own part:* pro meā parte adiuvi, ut, etc., *with my best efforts:* pro virili parte adnitendum, L.: Quisquis adest operi, plus quam pro parte laborat, O. — With *ex:* onus ex parte adlevare, *partly:* decemviri ex parte de plebe creandi, L.: ullā ex parte, *in any degree:* ex parte magnā tibi adsentior, *to a large extent:* ne minimā quidem ex parte, *not in the slightest degree:* omnia ex alterā parte conlocata, i. e. *in opposition:* ex alterā parte cernere, *on the other hand*, L.—With *ab:* ab omni parte beatus, *in all respects*, H.: omnique a parte placebam, *wholly*, O. — *Abl. plur.*, with *multis* or *omnibus:* non multis partibus malit, *by a great deal:* numero multis partibus inferior, *far*, Cs.: in Hortensi sententiam multis partibus plures ituros, *the great majority:* omnibus partibus, *in all respects.* — *Acc. sing.*, with *magnam* or *maximam*, *in great part, for the most part:* magnam partem ex iambis nostra constat oratio: maximam partem lacte vivunt, Cs.—*Acc. sing.*, with *in:* in eam partem accipio, i. e. *in that sense*, T.: in eam partem peccant, *direction:* moveor his rebus omnibus, sed in eam partem, ut, etc., *in such manner:* has litteras scripsi in eam partem, ne, etc., *to the end:* Rapere in peiorem partem, *put the worst construction on*, T.: in utramque partem, *in both directions:* id tuā nullam in partem interesse, *in no way:* Quodsi pudica mulier in partem iuvet Domum, i. e. *filling her place*, H. — *Acc. plur.*, with *in:* Brundusi iacere in omnes partīs est molestum, *in every way.*—M e t o n., *a party, faction, side:* nostrae timeo parti, T.: studia partium, S.: nullius partis esse: ut alius in aliam partem mente traheretur, Cs.: erat illarum partium: in duas partīs discedunt Numidae, S. — *Plur.*, on the stage, *a part, character, assumed person:* primas partīs agere, *the principal character*, T.: partīs seni dare quae sunt adulescentium, *a youthful part*, T.: secundae, *inferior*, H.: ad partīs parati, L. — *A part, function, office, duty:* priores partīs apud me habere, T.: legati partes, Cs.: partīs accusatoris obtinere: Antoni audio esse partīs, ut de totā eloquentiā disserat: haec igitur tibi reliqua pars est . . . ut rem p. constituas, etc. — *A part, place, region, district, country:* quālibet In parte regnanto, H.: Orientis partes: in extremis ignoti partibus orbis, O.—In enumeration, *a part, fraction:* tres iam copiarum partes, *fourths*, Cs.: agri partes duae, *thirds*, L.: mulctae novem partes, *tenths*, N. — *A part of the body, member:* lingua mali pars pessima servi, Iu. —E s p., *the private parts*, O., Ph.

parsimōnia (parci-), ae, *f.* [parco], *frugality, thrift, parsimony;* opp. largitas, T.: res familiaris conservatur parsimoniā.

parthenicē, ēs, *f.*, = παρθενική, *a plant, parthenium:* alba, Ct.

Parthenopē, ēs, *f.*, = Παρθενόπη, *Neapolis* (where the Siren Parthenope was buried), V., O.

particeps, cipis, *adj.* [pars+CAP-], *sharing, partaking, participant:* Quoius (nuntii), T.: regni, S.: calamitatis tuae: praedae ac praemiorum, Cs.: Te Participem studii habere, O.—As *subst. m.*, *a partner, comrade, fellow-soldier:* meus, T.: fortes viri, quasi participes eiusdem laudis.

participō, āvī, ātus, āre [particeps], *to make partaker:* ad participandum alium alio nos naturā esse factos, i. e. *for a community of interests.*—*To share, impart:* iuvit participando laudes, L.: laudes cum Caesone, L.—*To share in, partake of, participate in:* pestem parem, Enn. ap. C.

particula, ae, *f. dim.* [pars], *a small part, little bit, particle, grain, jot:* tenuissimae particulae: harenae, H.: cognoscis ex particulā parvā genus, *specimen:* malorum, Iu.

partim, *adv.* [*acc.* of pars], *partly, in part:* animus partim uxoris misericordiā Devinctus, partim victus, T.: non timore aliquo, sed partim dolore, partim verecundiā: partim quod timeret, partim quod, etc., Cs.—E s p., in place of any case of *pars, a part, some:* corpora partim Multa virum terrae infodiunt, avectaque partim Finitimos tollunt in agros, V.: bestiarum terrenae sunt aliae, partim aquatiles, aliae quasi ancipites: castra hostium invadunt, semisomnos partim, alios arma sumentes fugant, S.: Bruttios Apulosque, partim Samnitium defecisse ad Poenos, L.: eorum autem, quae obiecta sunt mihi, partim ea sunt, etc., L.: e quibus partim tecum fuerunt, partim, etc.

partiō, īvī, ītus, īre [pars], *to share, part, distribute, apportion, divide:* provincias inter se, S.: ordines: pes enim partitur in tria: Caesar partitis copiis cum Fabio, etc., Cs.: regionibus partitum imperium, L.: carcere partitos equos, *separated by the barriers,* O.: partiendum sibi exercitum putavit, Cs.

partior, ītus, īrī, *dep.* [pars], *to share, part, distribute, apportion, divide:* (heredem) partiri cum matre iussit: pupillis bona erepta cum eo: officia inter se, Cs.: (praedam) socios in omnīs, V.: lintres, H.: Qui numquam partitur amicum, Solus habet, Iu.: in ambos caritatem.

partītē, *adv.* [partior], *with proper divisions, methodically:* dicere.

partītiō, ōnis, *f.* [partior], *a sharing, parting, partition, division, distribution:* tantae pecuniae: rationes auctionis et partitionis, *method of dividing an inheritance.*—In philosophy and rhetoric, *a logical division, partition, distribution of topics.*

partītus, *P.* of partio and of partior.

parturiō (parturībat, Ph.), īvī, —, īre, *desid.* [pario], *to desire to bring forth, be in travail, labor:* tu (Lucina) voto parturientis ades, O.: parturiens canis, Ph.—P r o v.: Parturiunt montes, nascetur ridiculus mus, *great cry and little wool,* H.—*To be big with, be pregnant with, brood over, meditate, purpose:* quod conceptum res p. parturit: quod diu parturit animus vester, aliquando pariat, L.: ingentīs parturit ira minas, O.—*To be in pain, be anxious, be troubled:* si tamquam parturiat unus pro pluribus.—*To bring forth, produce, yield, generate:* Germania quos parturit Fetūs, H.: nunc omnis parturit arbos, *is budding forth,* V.

1. partus, *adj.* [*P.* of pario], *gained, acquired:* parta bona.—As *subst. n.*, *an acquisition, possession, store:* Frigoribus parto fruuntur, V.: dedecus est parta amittere, S.: tantis Parta malis curā Servantur, Iu.: parta a Lucullo, *the conquests of,* Ta.: retinere parta, Ta.

2. partus, ūs, *m.* [pario], *a bearing, bringing forth, birth, delivery:* partus instabat prope, T.: cum iam appropinquare partus putaretur: maturos aperire partūs Lenis, H.—F i g.: Graeciae oratorum partūs atque fontīs vides, i. e. *beginnings.*—*Young, offspring:* bestia pro suo partu propugnant: plurīs enisa partūs, L.: partūs Missos ad Orcum, H.: tanti partus equae constat, *foal,* Iu.

parum, *adv.* (for *comp.* and *sup.*, see minus, minime) [SPAR-], *too little, not enough, insufficiently:* consulitis parum, T.: quaero ex te, quae parum accepi: sibi credi, Cs.: sunt ea quidem parum firma: parum multae necessitudines: tuta probitas, S.: parum claris lucem dare, H.: nemo parum diu vixit, qui, etc.: mature, L.: est dictum non parum saepe, *often enough:* non parum liberaliter homines invitare, N.—With *est, it is too little, is not enough, does not suffice:* parumne est, quod nobis succenset senex, Ni instigemus etiam? *is it not enough?* T.: parumne est, quod tantum homines fefellisti, *are you not content?*: parum est, si in partem eius venis, etc., L.: vobis Supplicium meruisse parum est, i. e. *you are not satisfied,* O.—With *habere, to regard as too little, be dissatisfied, be not content:* haec talia facinora impune suscepisse parum habuere, *were not satisfied,* S.: templum violare parum habuisse, nisi, etc., L.—Substantively, *an insufficiency, too little, not enough:* magis offendit nimium quam parum: in hac satis erat copiae, in illā leporis parum: satis eloquentiae, sapientiae parum, S.: splendoris, H.

parum-per, *adv., for a little while, for a short time, a while, a moment:* opperire hic, *wait a bit,* T.: cunctatus parumper dum, L.: haec cum dixisset, parumper conticuit: ora Attendas, Iu.

parvitās, ātis, *f.* [parvus], *smallness, littleness, slightness:* cerni non posse propter parvitatem.

parvolus or **parvulus**, *adj. dim.* [parvus],

very small, little, petty, slight: pueri: parvola magni formica laboris, H.: impulsio: res, H.: proelium, *skirmish,* Cs. —Of age, *little, young:* soror, T.: segmentatis dormisset parvula cunis, *when a child,* Iu.: mansuefieri ne parvuli quidem (ursi) excepti possunt, *even when caught young,* Cs.—As *subst.:* a parvulo, *from childhood,* T.: ab parvulis, *from their infancy,* Cs.

parvus, *adj.* (for *comp.* and *sup.,* see minor, minimus) [PAV-]. —Of magnitude, *little, small, petty, puny, inconsiderable:* argenti pondus, S.: pisciculi: haec parva et infirma sunt: parva componere magnis, V.—Of stature, *small, short, little, young:* liberi, S.: salutaria appetant parvi, *the little ones:* soror, T.: virgo, Ct.: operosa parvus Carmina fingo, *a little man,* H.: a parvis didicimus, etc., *in childhood:* puer in domo a parvo eductus, *from infancy,* L.—Of time, *short, brief:* parvae consuetudinis Causa, T.—Of extent or importance, *little, insignificant, trifling, small, petty, unimportant:* causa, T.: res: merces, H.: detrimentum, Cs.: pericula, Ta.: onus parvis animis et parvo corpore maius, H.: hoc studium parvi properemus et ampli, *both small and great,* H.—Of value or price, *little, small, low, mean, vile:* opera parvi preti, T.: Nil parvom loquar, H.: pretio parvo vendere.—As *subst. n., a little, trifle:* parvo contentus, *with little:* vivitur parvo bene, H.: ita ut parvo admodum plures caperentur, *a very little more,* L.—E s p., in *gen.* or *abl.* of price: Sed parvi pendo, *little I care,* T.: parvi sunt foris arma, *of little value:* parvi refert abs te ius dici diligenter, nisi, etc., *it matters little:* quia parvi id duceret, *cared little for:* quanti emptus? parvo, H.

pāscō, pāvī, pāstus, ere [PA-], *to cause to eat, feed, supply with food:* bestias: plures calones atque caballi Pascendi, H. — *To feed, nourish, maintain, support:* holusculis nos, *feed with vegetables:* quos dives Anagnia pascit, V.: servos, Iu.: volsis pascunt radicibus herbae (me), V.—*To pasture, drive to pasture, attend:* sues: greges armentaque, O.: non, me pascente, capellae, cytisum carpetis, V. —*Pass., to be fed, feed, graze, pasture:* si pulli non pascentur, L.: pascitur in magnā Silā iuvenca, V.: carice pastus acutā, V.: iterum pasto pascitur ante cibo, *chews the cud,* O. —*To feed, supply, cherish, cultivate, let grow:* barbam, H.: paverunt Pergama flammas, *fed,* O.: polus dum sidera pascet, *feeds* (with vapors), V.: nummos alienos, *pile up debts,* H. — *To pasture, give as pasture:* asperrima (collium), V.—*To graze, browse:* pascentes capellae, V.: saltibus in vacuis, V.: mala gramina, V.: apes arbuta, V.—*To consume, lay waste, ravage, desolate:* vestros campos, L.—F i g., *to feast, delight, satisfy, feed, gratify:* oculos, T.: quos Clodi furor incendiis pavit: supplicio oculos: animum picturā, V.: spes inanīs, *cherish,* V.: his ego rebus pascor, his delector, *feast myself:* maleficio et scelere pascuntur, *live by:* Pascere nostro dolore, O.

pāscor, pāstus sum, ī, *dep.,* see pasco.

pascuus, *adj.* [pasco], *for pasture, grazing:* agri. —*Plur. n.* as *subst., pastures:* in censorum pascuis: gregem in pascua mittere, V.: Lucana, H.

passer, eris, *m.* [1 PAT-], *a sparrow,* C., Iu.—*A sea-fish, turbot,* H., O.

passerculus, ī, *m. dim.* [passer], *a little sparrow, sparrowlet.*

passim, *adv.* [1 passus], *spread, scattered about far and wide, at different places, generally, in every direction, at random:* vagari, S.: per forum volitare: fugere, Cs.: perque vias sternuntur inertia passim Corpora, V.: Palantes, H.: pervastatis passim agris, L.: sparsi enim toto passim campo se diffuderunt, L.: pabula et ligna nec pauci petebant, nec passim, L.—*Without order, promiscuously, indiscriminately:* Scribimus indocti doctique poëmata passim, H.: amare, Tb.

1. passus, *adj.* [*P.* of pando], *outspread, outstretched, extended, open:* passis manibus implorare, Cs.: velis passis, *under full sail:* capillus passus, *dishevelled,* T.: crinibus passis, L.—*Spread out, dried, dry:* racemi, V.: lac, *boiled milk,* O.—As *subst. n., wine of dried grapes, raisin-wine:* passo psithia utilior, V.

2. passus, *P.* of patior.

3. passus, ūs (*gen. plur.* rarely passūm, L.), *m.* [1 PAT-], *a step, pace:* nec terras passibus cuiusquam potuisse peragrari: ferens lassos passūs, O.: sequitur patrem non passibus aequis, V.: passu anili procedere, O.—*A footstep, track, trace:* si sint in litore passūs, O.—*A pace, stride, double-step* (a measure of length, containing five Roman feet), esp. in the phrase, mille passuum, *a thousand paces, mile:* milia passuum CCXL, Cs.: milia passuum ducenta.

pāstillus, ī, *m. dim.* [pastus], *a lozenge, troche, pastille* (to perfume the breath), H.

pāstiō, ōnis, *f.* [1 PA-], *a pasturing, grazing, pasture:* magnitudine pastionis.

pāstor, ōris, *m.* [1 PA-], *a herdsman, shepherd:* servos pastores armat, Cs.: pastorum stabula: iam pastor umbras quaerit, H., O., Iu.

pāstōrālis, e, *adj.* [pastor], *of herdsmen, of shepherds, pastoral:* auguratus fuit: habitus, L.: iuventus, O.: myrtus, V.

pāstōrīcius, *adj.* [pastor], *of a shepherd, pastoral:* fistula: sodalitas.

pāstōrius, *adj.* [pastor], *of a herdsman, of a shepherd:* pellis, O.: sacra, *the Palilia,* O.

1. pāstus, *P.* of pasco.

2. pāstus, ūs, *m.* [1 PA-], *pasture, fodder, food:* animalia ad pastum accedunt: animantia anquirunt pastum: e pastu decedens, V.: terra fundit ex sese pastūs varios. — Fig., *food, sustenance:* mendicitatis suae: animorum.

Pataraeus (O.), or **Patareus** (trisyl., H.), *adj., of Patara* (a seaport of Lycia), *Pataraean.*

patefaciō, fēcī, factus, ere [pateo+facio], *to lay open, open, throw open:* per quam (Galliam) iter: ocellos, Pr.: aurīs adsentatoribus: portas, L.: presso sulcum aratro, O.: patefactis ordinibus, *opened,* L.: iter per Alpīs patefieri volebat, Cs.: nostris legionibus Pontum: quā patefactum oppidum ruinis erat, *at the breaches,* L.: loca, N.: Postera lux patefecerat orbem, i. e. *made visible,* O. —Fig., *to disclose, expose, detect, bring to light:* si hoc celatur, in metu; sin patefit, in probro sum, T.: paucorum scelera, S.: patefactis consiliis, Cs.: veritas patefacta: Lentulus, patefactis indiciis, *convicted:* qui ea patefacienda curavit.

patefactiō, ōnis, *f.* [patefacio], *a laying open, discovery:* quasi rerum opertarum.

patefactus, patefīō, *pass.* of patefacio.

patella, ae, *f. dim.* [patina], *a small pan, little dish, platter* (for cooking, or serving food): modica, H., Iu.—*A vessel used in sacrifices, offering-dish:* grandis: edere de patellā (a sacrilege), C., L., O.

patēns, entis, *adj.* with *comp.* [*P.* of pateo], *open, accessible, unobstructed, passable:* caelum: campi, S.: in locis patentioribus, Cs.: via patentior, L.—As *subst. n.:* ex patenti utrimque coactum in angustias mare, *a broad expanse,* L.: per patentia ruinis vadere, *breaches,* L.—Fig., *open, exposed:* domus: pelago da vela patenti, V.—*Evident, manifest:* causa, O.

(**patenter**), *adv.* [patens], *openly, clearly;* only *comp.:* patentius et expeditius.

pateō, uī, —, ēre [2 PAT-], *to stand open, lie open, be open:* mihi patent fores, T.: ut mihi tua domus pateat, T.: nares semper patent: semitae patuerant, Cs.: ne fugae quidem patebat locus, L.: patet isti ianua leto, *there lies open,* V.—*To lie open, be exposed:* patens volneri equus, L.—*To stretch out, extend:* Helvetiorum fines in longitudinem milia passuum CCXI patebant, Cs.—Fig., *to be open, be free, be allowable, be accessible, be attainable:* si Antonio patuisset Gallia: his omnium domūs patent, Cs.: praemia quae pateant stipendiariis.—Of the mind or senses, *to be open, be ready to hear, attend:* (constat) patere aurīs tuas querelis omnium: tamquam ad cogitationes pateat animus, Ta.—*To be exposed, be liable:* multa patent in eorum vitā, quae fortuna feriat.—*To extend:* in quo vitio latissime patet avaritia.—*To be clear, be plain, be well known, be manifest:* patere tua consilia non sentis?: cum pateat aeternum id esse, quod, etc.

pater, tris, *m.* [1 PA-], *a father, sire:* Tuus hercle vero et animo et naturā pater, T.: patre certo nasci: captivā natus, patre nullo, matre servā, i. e. *by an unknown father,* L.—Of a foster-father, T.—Poet.: Rexque patrem vicit, i. e. *paternal love,* O.—Rarely of animals: virque paterque gregis, O.—In the phrase, pater familias or pater familiae, *the head of the household, father of a family, householder;* see familia. — *Plur., fathers, forefathers, ancestors, progenitors:* patrum nostrorum aetas: apud patres nostros.—As a title of reverence or respect: ipse pater Fulmina molitur dextrā, i. e. *Jupiter,* V.: Lemnius, i. e. *Vulcan,* V.: Lenaeus, i. e. *Bacchus,* V.: pater Silvane, H.: Tiberine, L.: pater Aeneas, V.: vel aetate vel curae similitudine patres adpellabantur (senatores), S.: patres ab honore appellati, L.: Zeno, pater Stoicorum: Herodotus historiae: cenae, *host,* H.: esuritionum (of a starving pauper), Ct. — In the phrase, pater patriae, *father of his country:* quem patrem patriae nominarant: Roma patrem patriae Ciceronem libera dixit, Iu.—For the phrase, pater patratus, see patratus. — For the phrase, patres conscripti, see conscriptus.

patera, ae, *f.* [2 PAT-], *a low bowl, flattened dish, saucer, libation-saucer:* paterā ad res divinas uti: sanguinem in pateris circumtulisse, S.: de paterā fundens liquorem, H.: pateris libare et auro, *golden cups,* V.

pater familiās, see familia.

paternus, *adj.* [pater], *of a father, fatherly, paternal:* amicus, T.: iniuria, *against the father,* T.: horti: libertus: hospitium, Cs.: regna, V.: animus, H.: paterni animi indoles, L.: genus et nomen.—*Of the fatherland, of a native country:* flumen, H.: terra, O.

patēscō (-īscō), patuī, ere, *inch.* [pateo], *to be laid open, be opened, open:* atria longa patescunt, V.: portus patescit, V.—*To stretch out, extend:* civitates, in quas Germania patescit, Ta.: latius patescente imperio, L.—Fig., *to be disclosed, become visible, be manifest:* Danaum patescunt Insidiae, V.

pathicus, *adj.*, =παθικός, *submitting to lust,* Ct., Iu.

patibilis, e, *adj.* [patior], *tolerable, endurable:* dolores.—*Capable of feeling, sensitive:* natura.

patibulum, ī, *n.* [2 PAT-], *a fork-shaped yoke, forked gibbet.*

patiēns, entis, *adj.* with *comp.* and *sup.* [*P.* of patior], *bearing, supporting, suffering, enduring, permitting:* amnis navium, i. e. *navigable,* L.: vomeris, V. — *Enduring, patient, tolerant:* nimium patiens existimor: corpus inediae, S.: pulveris atque solis, H.: ad morae taedium ferundum, L.: in laboribus patientior: patientissimae aures: patientissimus exercitus, Cs. — *Enduring, firm, unyielding, hard:* aratrum, O.

patienter, *adv.* with *comp.* [patiens], *patiently, with endurance, submissively:* alterum accipere: ferre difficultates, Cs.: prandere olus, H.: patientius eorum potentiam ferre.

patientia, ae, *f.* [patiens], *the quality of suffering, patience, endurance, submission:* in inopiā patientiāque permanent, Cs.: famis et frigoris: paupertatis.—*Forbearance, indulgence, lenity:* patientiam proponit suam, cum, etc., Cs.: quousque tandem abutere patientiā nostrā?: levius fit patientiā alqd, H.—*Humility:* quem duplici panno patientia velat, H.—*Submission to lust,* C.—*Submissiveness, subjection:* Britanniam uno proelio veteri patientiae restituit, Ta.

patina (patena), ae, *f.* [2 PAT-], *a broad, shallow dish, pan, stewpan:* animus est in patinis, *I am thinking of the dishes,* T.: tyrotarichi: muraena In patinā porrecta, H.: deerat pisci patinae mensura, i. e. *a dish large enough,* Iu.

(patiō, —, —, ere), old collat. form of patior; only *imper.* patiunto, C. lex.

patior, passus, ī, *dep., to bear, support, undergo, suffer, endure:* quidvis, T.: dolor ad patiendum tolerandumque difficilis: dolorem: omnia saeva, S.: damnum haud aegerrime, L.: servitutem: extremam fortunam, Cs. — *To suffer, meet with, be visited by, undergo:* indignam necem, O.: rem modicam, Iu.: ultima, Cu.: iniuriam: quicquid in captivum invenire potest, Cu.: Certum est in silvis inter spelaea ferarum Malle pati, V.—*To suffer, endure, bear, allow, permit, let:* neque dilationem pati bellum poterat, L.: illorum delicta, H.: illam cum illo ut patiar nuptam? T.: per suos finīs eos ire pati, Cs.: ne pecudes quidem passurae esse videntur: neque consilio priorem alium pati, S.: ut vinci se consensu civitatis pateretur, L.: Cum pateris sapiens vocari, H.: patiar inconsultus haberi, H.: nullum patiebatur esse diem, quin in foro diceret: nec plura querentem Passa Venus (i. e. nec passa queri), V.—In phrases with facile, aequo animo, or their opposites, *to be disposed, acquiesce, submit:* apud me plus offici residere facillime patior, *am quite content:* consilium meum a te probari . . . facile patior, *am well pleased:* indigne pati filiam venisse, *was offended:* periniquo patiebar animo, te a me digredi, *was greatly disappointed.—To submit:* patior quemvis durare laborem, V.: Pro quo bis patiar mori, H.

patrātor, ōris, *m.* [patro], *an effecter, accomplisher:* necis, Ta.

patrātus, *adj.* [*P.* of *patror, for patro], only in the phrase, pater patratus, *the fetial priest, who ratified a treaty with religious rites,* C.: pater patratus ad ius iurandum patrandum fit, L.

patria, ae, *f.* [1 patrius; sc. terra], *a fatherland, native land, own country, native place:* carens patriā, *in exile,* T.: omnīs omnium caritates patria una complexa est: O patria, o divōm domus Ilium, V.: patriā Atheniensis.—*A dwelling-place, home:* habuit alteram loci patriam, alteram iuris: Italiam quaero patriam, V.: tantae aquae, *the home,* i. e. *the source,* O.: nimborum in patriam, V.: eadem est vini patria atque magistri, Iu.

patricīda, ae, *m.* [pater+2 SAC-], *a murderer of a father.*

patricius, *adj.* [pater], *of fatherly dignity, of senatorial rank, of the patricians, patrician, noble:* gens, S.: nisi qui patricius sit.—As *subst. m.* and *f., a patrician, nobleman, noble lady,* C., L. — *Plur., the patricians, nobility:* patres ab honore, patriciique progenies eorum appellati, L.: exire e patriciis, *to be adopted into a plebeian family.*

patrimōnium, ī, *n.* [pater], *an inheritance from a father, paternal estate, inheritance, patrimony:* amisso patrimonio, S.: lauta et copiosa: luculentum: patrimonia effundere: summa patrimoni, H. — Fig., *an inheritance, patrimony:* populi R.: Mucius quasi patrimonii propugnator sui.

patrīmus, *adj.* [pater], *that has a father living:* puer: ingenui, L.

patrissō, —, —, āre, = πατριάζω, *to take after a father, act the father,* T.

patrītus, *adj.* [pater], *of a father:* philosophia.

1. patrius, *adj.* [pater], *of a father, fatherly, paternal:* animus, T.: ius et potestas: maiestas, L.: poenas patrias persequi: mos: amor, V.: arae, i. e. *of Father Apollo,* O.: patrium mimae donare fundum laremque, H.: acerbitas, i. e. *of his father,* L. — *Of ancestors, ancestral, family, traditional:* di, *household gods:* hoc patrium est, consuefacere filium, etc., T.: virtus, Cs.: mos, *hereditary:* cultūsque habitūsque locorum, V.

2. patrius, *adj.* [patria], *of a native country, of home, native:* sermo, C., H.: carmen, *a national song,* Cu.: palaestrae, V.

patrō, āvī, ātus, āre, *to bring to pass, execute, perform, achieve, accomplish, bring about, effect, finish, conclude:* operibus patratis: bellum, *bring to an end,* S.: abesse, dum facinus patratur, L.: pacis patrandae merces, L.: ius iurandum, *take the oath confirming a treaty* (see patratus), L.

patrōcinium, ī, *n.* [patrocinor], *protection, advocacy, defence, patronage:* orbis terrae: cuius patrocinio civitas plurimum utebatur, S.: utraque factio Macedonum patrociniis utebatur, N.: voluptas plurimorum patrociniis defenditur: causa patrocinio non bona peior erit, O.—In judicial proceedings, *a defence, pleading:* dicendi genus ad patrocinia aptum: aequitatis: faeneratorum, L.

patrōcinor, ātus, ārī, *dep.* [patronus], *to be a patron, afford protection, defend, support.*—With *dat.:* indotatis, T.

patrōna, ae, *f.* [patronus], *a protectress, patroness:* te mihi patronam capio, T.: lex sociorum populi R. patrona.

patrōnus, ī, *m.* [pater], *a protector, defender, patron:* nefas est deserere patronos, Cs.: plebis, L.: patroni civitatis, Cs.: coloniae.—*The former master* (of a freedman), C.—*A defender, advocate, pleader:* si patronus huic causae constitueretur: foederum ac foederatorum: iustitiae: Qui modo patronus nunc cupit esse cliens, O.

patruēlis, e, *adj.* [patruus], *of a father's brother, child of a father's brother* (cf. consobrinus): frater noster cognatione patruelis, amore germanus, *by blood my cousin, my brother in affection.*—*Of a cousin, of cousins:* patruelia regna, i. e. *of Danaus*, O.: dona, i. e. *the arms of Achilles* (paternal cousin of Ajax), O.

1. patruus, ī, *m.* [pater], *a father's brother, paternal uncle* (cf. avunculus): Iunius, patruus pueri: tutor et patruus: qui dedit tribus patruis aconita, Iu.—*A censor, reprover:* pertristis: ne sis patruus mihi, H.

2. patruus, *adj.* [1 patruus], *of a father's brother, of an uncle:* patruae verbera linguae, *an uncle's*, H.: ense cadit patruo, O.

patulus, *adj.* [2 PAT-], *spread out, standing open, open, wide:* pina duabus grandibus patula conchis, etc.: aures, H.: fenestrae, O.: latitudo, i. e. *the open highway*, Ta.—*Spread out, spreading, extended, broad, wide:* rami: fagus, V.: pectines, H.: lacus, O.: plaustra, V.: canistra, O.: arca, Iu.—Fig., *open to all, common:* orbis, *the beaten round*, H.

paucitās, ātis, *f.* [paucus], *a small number, fewness, scarcity, paucity:* mira: uti multitudinem paucitas superaret, S.: legionem propter paucitatem despiciebant, Cs.: amicorum: paucitatem eorum insignem facere, L.

(**pauculus**), *adj. dim.* [paucus], *very few, very little;* only *plur.:* loquitor paucula, T.: ut ibi pauculos dies esset.

paucus, *adj.* with *comp.* and *sup.* [PAV-], *few, little:* in diebus paucis Chrysis moritur, T.: his paucis diebus, *a few days ago:* causae: paucorum hominum (i. e. paucis hominibus familiariter utens), H.: ne pauciores cum pluribus manum consererent, S.: tibia simplex foramine pauco, H.—*Plur. m.* as *subst.*, *few, a few:* ut poena ad paucos perveniret: calumnia paucorum, S.—*The few, select few:* paucorum potentia, S.: paucorum iudicium.—Esp., in phrases with *in* or *inter*, *especially, eminently, extraordinarily:* pugna inter paucas memorata, L.: Hector, in paucis Alexandro carus, Cu.—*Plur. n.* as *subst.*, *a few things, little, a few words:* pauca monere, *briefly*, S.: paucis te volo, T.: pauca refert, V.: pauca respondere, H.: cetera quam paucissimis absolvam, S.

paulātim (not paull-), *adv.* [paulum], *by little and little, by degrees, gradually:* paulatim Germanos consuescere Rhenum transire, Cs.: licentia crevit, S.: adnabam terrae, V.: vitia exuere, Iu.: circumfusā multitudine, L.: paulatim ex castris discedere, *a few at a time*, Cs.

paulisper (not paull-), *adv.* [paulum+per], *for a little while, for a short time:* paulisper mane, T.: ab rege sustentati, S.: lecticā paulisper depositā: intermittere proelium, Cs.: sedit tacitus paulisper, donec, etc., L.

paulō (not paull-), *adv.* [*abl. n.* of paulus].—As *abl.* of difference in expressions of comparison, *by a little, a little, somewhat:* liberius paulo: civis haud paulo melior, quam, etc.: paulo magis adfabre factus: paulo longius processerant, Cs.: quae paulo ante praecepta dedimus: post paulo, *just after*, S.: verba paulo nimium redundantia: paulo ultra eum locum, Cs.—In gen., *a little, somewhat:* paulo qui est homo tolerabilis, T.: paulo processerant, S.: consilia paulo salubriora.

paululō (not paull-), *adv.* [*abl. n.* of paululus], *by a little, a little, somewhat:* si nequeas paululo, at quanti queas, *at a trifling price*, T.: paululo deesse.

paululum (not paull-), *adv.* [paululus], *a little, a very little, somewhat:* concede istuc paululum, T.: mente paululum inminutā, S.

paululus (not paull-), *adj. dim.* [paulus], *very little, very small:* si paululum modo quid te fugerit, T.: via, L.: equi hominesque pauluIi et graciles, L.—As *subst. n.*, *a little bit, trifle:* paululum pecuniae, T.: paululum compendii facere.

paulum (not paull-), *adv.* [paulus], *a little, somewhat:* concede paulum istuc, *a little way*, T.: paulum a fugā aberant, S.: supra eum locum, Cs.: differre: paulum aspectu conterritus haesit, V.: paulum praelabitur ante, *a little before.*

paulus (not paull-), *adj.* [PAV-], *little, small:* paulo sumptu, T.—As *subst. n.*, *a little, trifle:* quasi vero paulum intersiet, T.: supplici, T.: lucri, T.: paulum huic Cottae tribuit partium, *allotted a small part of his defence:* ubi paulum nescio quid superest, Iu.: post paulum, *in a little while*, Cs.

pauper, peris, *adj.* with *comp.* and *sup.* [PAV-?], *poor, not wealthy, of small means:* homo: quae in patriā honeste pauper vivit, T.: ex pauperrimo dives factus: horum Semper ego optarim pauperrimus esse bonorum, H.: aquae, H.—As *subst. m.*, *a poor man:* Pauperis est numerare pecus, O.:

quod Aeque pauperibus prodest, locupletibus aeque, H.: pauperiorum turbae, H.—Of things, *poor, scanty, inconsiderable, small, meagre:* pauperis tuguri culmen, V.: ager, Tb.: et carmen venā pauperiore fluit, O.: pudor, Ph.

pauperculus, *adj. dim.* [pauper], *poor, poor little:* anus, T.: mater, H.

pauperiēs, —, *acc. f.* [pauper], *poverty, limited means:* hinc abii propter pauperiem, T.: pauperiem perferre, V.: pauperiem pati, H.: immunda, H.

pauperō, —, —, āre [pauper], *to impoverish, rob, deprive:* te cassā nuce, H.

paupertās, ātis, *f.* [pauper], *poverty, small means, moderate circumstances:* paupertas probro haberi, S.: patientia paupertatis.—*Need, want, indigence:* Paupertas mihi onus visumst, T.: infelix, Iu.

pausia, ae, *f., a superior kind of olive,* V.

pauxillulus, *adj. dim.* [pauxillus, *dim.* of paucus], *very little.*—As *subst. n., a little bit, trifling remnant:* Nummorum, T.

pavefactus, *adj.* [paveo+factus], *in terror, dismayed, alarmed:* ego, O.: pectora, O.

paveō, pāvī, —, ēre [4 PV-], *to be struck with fear, be in terror, tremble, quake with fear, be afraid, be terrified:* mihi paveo, T.: quaeres, quando iterum paveas, H.: incerto voltu pavens adcurrit, S.: admiratione paventibus cunctis, *seized with astonishment,* L.: speque metuque, O.: hoc sermone, i. e. *express their fears,* Iu.: mulieres omnia pavere, S.: noctem paventes, C. poët.: Parthum, H.: casum, Ta.: saturam serpentibus ibin, Iu.: ad omnia, L.: Id paves, ne ducas tu illam, T.: pavetque Laedere umbras, O.: numerare plagas, Ta.: venae pavent, *shudder,* Ta.

pavēscō, —, —, ere, *inch.* [paveo], *to begin to fear, be alarmed:* omni strepitu, S.: bellum, Ta.

pavidē, *adv.* [pavidus], *with fear, fearfully, timorously:* fugere, L.

pavidus, *adj.* [paveo], *trembling, quaking, fearful, timid, timorous, shy:* matres, V.: lepus, H.: aves, O.: ex somno mulier, *startled out of her sleep,* L.: oppidani pavidi, ne iam facta in urbem via esset, etc., *in terror lest,* etc., L.: offensionum, Ta.: ad omnes suspiciones, Ta.—*Neut.* as *adv.:* pavidum blandita, *timorously,* O.—*Making timorous:* metus, O.

pavīmentātus, *adj.* [pavimentum], *furnished with a pavement, paved:* porticus.

pavīmentum, ī, *n.* [pavio], *a level surface beaten firm, hard floor, pavement:* facere: mero Tingere pavimentum, H.: palma ex pavimento extitisse, Cs.

paviō, —, —, īre [4 PV-], *to beat, strike:* terram.

pavitō, —, —, āre, *freq.* [paveo], *to tremble, quake, be fearful:* prosequitur pavitans, V.—*To have a chill,* T.

pāvō, ōnis, *m., a peacock:* cauda pavoni donata.—Eaten as a delicacy, H., Iu.

pavor, ōris, *m.* [4 PV-], *a trembling, quaking, shaking, terror, anxiety, fear, dread, alarm:* pavor sapientiam omnem mī exanimato expectorat, Enn. ap. C.: pavor ceperat milites ne mortiferum esset volnus, L.: corda stravit pavor, V.: pavore deposito, O.: captae urbis, *panic,* L.: haurit Corda pavor pulsans, *trembling expectation,* V.—*Plur.,* Ta.—P e r s o n., *the god of fear,* L.

pāx, pācis, *f.* [PAC-], *a compact, agreement, treaty, peace, treaty of peace, reconciliation:* cum eis facta pax non erit pax: maritima: pro emptā pace bellum intulerunt: pacem petere, Cs.: pangere, L.: Nulla dies pacem hanc rumpet, V.: iura, bella atque paces penes paucos erant, S.—P e r s o n., *the goddess of peace, Peace,* H., O., N.—*Concord, tranquillity, peace, harmony:* videndum est cum omnibusne pax esse possit, an, etc.: suscipienda bella, ut in pace vivatur: bello ac pace, *both in war and in peace,* L.: in pace, H.: in mediā pace, L.: paces bonae, i. e *the blessings of peace,* H.—Of the gods, *grace, favor, pardon, assistance:* ab Iove Opt. Max. pacem ac veniam peto: pacis deūm exposcendae causā, L.: exorat pacem divom, V.—*Abl.* with a *possess. pron.* or *gen., by the good leave, by permission, with all respect to:* pace quod fiat tuā, *without offence to you,* T.: pace horum dixerim: hoc pace dicam tuā: Claudi pace loquar, L.—As an exclamation, *peace! silence! enough!:* capillus passus prolixe . . . pax! T.—*Dominion, empire:* pacem nostram metuere, Ta.—F i g., of the mind, *peace, tranquillity:* pax animi, *sleep,* O.: mentis, O.: temperantiā pacem animis adfert.—Of things, *peace, rest, quiet:* flumen cum pace delabens, H.: pacem voltus habet, *is tranquil,* O.

peccāns, ntis, *adj.* [*P.* of pecco], *sinful, full of sin:* immortalitas.—*Plur. n.* as *subst., offenders, sinners:* ad officium peccantes redire cogere, N.

peccātum, ī, *n.* [pecco], *a fault, error, mistake, transgression, sin:* pro huius peccatis ego supplicium sufferam? T.: si peccato locus esset, S.: peccatum est patriam prodere: stultitiae: paucis verbis tria magna peccata, *blunders:* peccatis poenas aequas inrogare, H.

peccātus, ūs, *m.* [pecco], *a failing, fault, trespass:* in manifesto peccatu teneri.

peccō, āvī (peccāris for peccāveris, Pr.), ātus, āre, *to miss, mistake, do amiss, transgress, commit a fault, offend, sin:* quid peccavi? T.: alius magis alio vel peccat vel recte facit: plura in hac re, T.: multa alia: tantumdem idemque, H.: si quid in te peccavi: quod in eo (Valerio) peccandi Germanis causa non esset, Cs.: in servo necando peccatur: libidine, Iu.: ne Peccet (equus) ad extremum ridendus, *break down*, H.—E s p., of impurity, *to go astray, be licentious:* peccare docentes historiae, H.: inlecebrae peccantium, Ta.

pecorōsus, *adj.* [pecus], *rich in cattle:* Palatia, Pr.

pecten, inis, *m.* [PEC-], *a comb* (for the hair): deducit pectine crines, O.: digitis inter se pectine iunctis, i. e. *interlocked*, O.—*The reed, sley* (of a loom): arguto percurrens pectine telas, V.—*A comb, card, heckle* (for wool), Iu.—*A rake:* pectine verrit humum, O.—*An instrument for striking the strings of the lyre:* eburnus, V., Iu.: Dum canimus sacras alterno pectine Nonas, i. e. *in distichs*, O.—*A kind of shell-fish, scallop*, H.

pectō, pexī, pexus, ere [PEC-], *to comb:* pexo capillo: caesariem, H.: barbam, Iu.: ferum (cervum), V.: ipsa comas pectar, O.

pectus, oris, *n.* [PAC-], *a breast, breast-bone:* pectore in adverso ensem Condidit, V.: in pectus cadit pronus, O.: latum demisit pectore clavom, H.: esse vincto pectore, ut gracilae sient, *tight-laced*, T.—*The stomach:* reserato pectore, O.—*The breast, heart, feelings, disposition:* amari toto pectore: metus insidens pectoribus, L.: laeta deae permulsit pectora dictis, V.: Illi robur et aes triplex Circa pectus erat, H.: mollities pectoris, *tender-heartedness*, O.: vitā et pectore puro, *conscience*, H.: pectora casta, O.—*The soul, spirit, mind, understanding:* de hortis toto pectore cogitemus: quod verbum in pectus Iugurthae altius descendit, S.: novum in Bruti pectore ingenium, L.: nova pectore versat Consilia, V.: oculis ea pectoris hausit, *the mind's eye*, O.: memori referas mihi pectore cuncta, H.: deus quem clausum pectore habebat, i. e. *who inspired her*, O. — *A character, heart, person:* cara sororum Pectora, V.: mihi Thesea pectora iuncta fide, O.

(pecu), *n.* [PAC-], *cattle, large cattle.* — Only *plur. nom.* and *acc.:* pecua captiva praeter equos, L.: pecua relinquuntur, i. e. *the pastures.*

pecuārius, *adj.* [pecua], *of cattle:* res, *cattle-raising.* — As *subst. m., a cattle-breeder, grazier:* diligentissimus: damnatis aliquot pecuariis, i. e. *farmers of public pastures*, L.—As *subst. n. plur.*, *herds of cattle*, V. — As *subst. f.* (sc. ars), *cattle-breeding:* pecuaria relinquitur.

pecūlātor, ōris, *m.* [peculor], *an embezzler, peculator*, C., Ta.

pecūlātus, ūs, *m.* [peculor], *an embezzlement, peculation:* aerari, S.: peculatūs damnari.

pecūliāris, e, *adj.* [peculium], *of private property, one's own, proper, special, peculiar:* tuus testis: vestra patria peculiarisque res p., L. — *Extraordinary, special:* edictum.

pecūlium, ī, *n.* [pecu], *property:* cupiditas peculi: cura peculi, i. e. *anxiety for gain*, H.—*Private property, separate estate:* fili, L.: cultis augere peculia servis, *fees*, Iu.

pecūnia, ae, *f.* [pecu], *property, riches, wealth:* pecuniam facere, *accumulate:* ut pecuniā fortunisque nostris contentus sit: ea (i. e. pecora) pecunia illis est, L. — *Money:* Pecuniam neglegere, T.: publica: certa, *a specified sum:* pecuniam cogere a civitatibus: credita nobis: pecunias conferre ad statuas: gravi faenore occupare: conlocatam habere: dare mutuam: exige pecuniam a civitatibus: funesta, Iu.: pecuniarum repetundarum reus, *of embezzlement*, S.: mutuas pecunias faenore quaerens, L.: Et genus et formam regina pecunia donat, i. e. *supplies all defects*, H.

pecūniārius, *adj.* [pecunia], *of money, pecuniary:* indicium: rei pecuniariae socius, *in a money matter:* praemia rei pecuniariae, *in money*, Cs.

pecūniōsus, *adj.* with *sup.* [pecunia], *moneyed, rich, wealthy:* mulier: senectus, Ta.: homo pecuniosissimus.

1. pecus, pecoris, *n.* [PAC-], *cattle* (all domestic animals kept for food or service): pabulum pecoris, S.: equinum, *a stud*, V.: setigerum, *the bristly herd* (i. e. of swine), O.: deus pecoris, i. e. *Pan*, O.: Ignavom fucos pecus a praesepibus arcent, i. e. *the drones*, V.—Of sheep, *a flock:* Balatu pecorum sonant ripae, V.—*An animal, head of cattle* (poet.): pecus magnae parentis (of a young lion), O. — Of persons, *cattle:* metum et turpe, H.: dominae pecora, Ct.: venale, Iu.

2. pecus, udis (*plur. acc.* once pecuda, C.), *f.* [PAC-], *a head of cattle, beast, brute, animal, one of a herd:* pecudes pictaeque volucres, *land animals*, V.: quantum natura hominis pecudibus antecedat, *domestic animals.* — *A sheep:* balans, Iu.: pecus Athamantidos Helles, i. e. *the Ram*, O. —Of a person, *a beast, brute:* stuporem hominis vel dicam pecudis attendite: aurea, Ta.

pedālis, e, *adj.* [pes], *of the size of a foot:* sol mihi videtur quasi pedalis, *a foot in diameter:* in latitudinem trabes, Cs.

pedārius, *adj.* [pes], *of the foot, at the foot:* senatores, *senators of no eminence, who voted as followers of others*, Ta. — *Plur. m.* as *subst.* (sc. senatores), C.

pedes, itis, *m.* [pes], *a foot-traveller, walker:* si pedes incedat, *on foot*, L.: cum pedes iret in hostem, V.: pedes per nives ingredi coepit, Cu.— *A foot-soldier:* ne quem peditem ad conloquium adduceret, Cs.: tria milia et septingenti pedites ierunt, *infantry*, L.—*Sing. collect.*, *foot-soldiers, infantry:* occiso pedite nostro, S.: cum pedes concurrit, L.: in pedite robur, Ta.: equitum peditumque prolem describunto, *of horse and foot*, i. e. *the* *whole people:* omnes cives Romani equites peditesque, L., H.

pedester, tris, tre, *adj.* [pes], *on foot, pedestrian*, C.: copiae, *infantry:* exercitus, N.: scutum, *of a foot-soldier*, L.: acies, V.—*On land, by land:* pedestres navalesque pugnae: itinera, *the roads by land*, Cs.—Fig., *not elevated, not versified, in prose:* historiae, H.—*Plain, common, prosaic:* sermo, H.: musa, H.

pedetemptim (-tentim), *adv.* [pes+tempto], *step by step, slowly:* pedetemptim et sedato nisu, Pac. ap. C.: quaerendis pedetentim vadis in terram evasere (elephanti), L.—Fig., *by degrees, gradually, cautiously:* accessus: caute pedetemptimque omnia dici.

pedica, ae, *f.* [pes], *a fetter, springe, snare:* iumenta velut pedicā capta in glacie, L.: gruibus pedicas ponere, V.

pedisequa, ae, *f.* [pes+SEC-], *a female attendant, waiting-woman, handmaid:* ad pedisequas accedo, T.—Fig.: iuris scientiam eloquentiae tamquam pedisequam adiunxisti.

pedisequus, ī, *m.* [pes+SEC-], *a follower on foot, footman, servant, page, lackey:* clamor pedisequorum nostrorum.

peditātus, ūs, *m.* [pedes], *foot-soldiers, foot, infantry:* civem peditatu instruere: peditatum cogere, Cs.

pēdō, pepēdī, pēditus, ere, *to break wind*, H.—*P. perf. n.* as *subst.*, Ct.

(pēdor), see paedor.

pedum, ī, *n.* [pes], *a shepherd's crook, sheep-hook*, V.

Pēgasus (-os), ī, *m.*, = Πήγασος, in fable, *a winged horse of the Muses, afterwards a constellation*, H., O.—*Plur.*, of swift messengers, C.

pēgma, atis, *n.*, = πῆγμα, *a fixture of boards, bookcase, book-shelf:* tua pegmata.—In a theatre, *a movable platform, stage machine*, Ph., Iu.

pēierō, perierō, or **periūrō**, āvī, ātus, āre [per+iuro], *to swear falsely, perjure oneself:* verbis conceptis: quā re periuras? H.: Hic putat esse deos, et peierat, Iu.: ius peieratum, *a false oath*, H.: periurati dii, *offended by perjury*, O.

pēior, us, *adj. comp.;* see 1 malus.

pēius, *adv. comp.;* see male.

pelagius, *adj.*, = πελάγιος, *of the sea, sea-:* cursus, Ph.

pelagus, ī, *n.*, = πέλαγος, *the sea:* fervit aestu pelagus, Pac. ap. C.: pelagus tenuere rates, *the open sea*, V.: Commisit pelago ratem, H.: rector pelagi, i. e. *Neptune*, O.: pelago premit arva sonanti, *flood*, V.

pēlamys, ydis, *f.*, = πηλαμίς, *a young tunny-fish*, Iu.

Pelasgī, ōrum, *m.*, = Πελασγοί, *the Pelasgians, oldest settlers of Greece*, V.—*The Greeks*, V., O.

pēlex, see paelex.

pēlicātus (paeli-), ūs, *m.*, *the relation of a mistress, concubinage:* matris pelicatum ferre: pelicatūs suspitio.

pellāx, ācis, *adj.* [per+1 LAC-], *seductive, deceitful:* Ulixes, V.

pellēctiō, ōnis, *f.* [pellego], *a perusal.*

pellegō, see perlego.

(pellicātus), see pelicatus.

pelliciō or **perliciō**, lēxī, lectus, ere [see 1 LAC-], *to allure, entice, inveigle, decoy, coax, wheedle:* senem per epistulas, T.: mulierem ad se: populum in servitutem, L.: maiorem partem sententiarum sale tuo, *won over.*

pellicula, ae, *f. dim.* [pellis], *a small skin, little hide:* haedina: furtivae aurum Pelliculae, i. e. *the golden fleece*, Iu.—Prov.: pelliculam curare, *to coddle oneself*, H.

pellis, is, *f.*, *a skin, hide, felt, pelt:* rugosa (ranae), Ph.: caprina: pelles pro velis, Cs.: fulvique insternor pelle leonis, V.: deformem pro cute pellem aspice, Iu.—Prov.: Detrahere pellem, i. e. *to expose one's real nature*, H.: Introrsum turpis, speciosus pelle decorā, *with a showy outside*, H.: in propriā pelle quiescere, *to rest contented*, H.—*Tanned hide, leather, skin:* ruptā calceus alter Pelle patet, Iu.: pecore compulso pellium nomine, *to obtain leather* (for shields): pes in pelle natet, *in the shoe*, O.—In the phrase, sub pellibus (because the winter tents were covered with skins), *in winter tents, in camp*, C., Cs.—*A leathern sandal-tie, shoe-latchet*, H.

pellītus, *adj.* [pellis], *covered with skins, clad in skins:* oves, i. e. *of very fine wool* (protected by a covering of skins), H.—Esp., of the ancient Sardinians: Sardi, L.: testes, i. e. *from Sardinia.*

pellō, pepulī, pulsus, ere [1 PAL-], *to beat, strike, knock, push, drive, hurl, impel, propel:* fores, T.: pueri pulsi: ter pede terram (in the tripudium), H.: undique magno Pulsa domus strepitu, H.—*To drive out, drive away, thrust out, expel, banish, repel, drive back, discomfit, rout:* qui armis pulsus est: hostes pelluntur, Cs.: exsules tyrannorum iniuriā pulsi, *banished*, L.: in exsilium pulsus: lapidibus e foro pelli: omnes ex Galliae finibus, Cs.: istum ab Hispaniā: illum ab eā, T.: possessores suis sedibus: patriā, N.: regno pulsus, H.: pudendis Volneribus pulsus, i. e. *shamefully wounded in flight*, V.—*To rout, put to flight, discomfit:* exercitus eius ab Helvetiis pulsus, Cs.—*To strike, set in motion, impel:* sagitta pulsa manu, V.: nervi pulsi, *struck:* lyra pulsa manu, *played*, O.: classica, Tb.—Fig., *to strike, touch,* *move, affect, impress:* Ille canit, pulsae referunt ad sidera valles, V.: acriter mentem sensumve: species utilitatis pepulit eum: iuvencm nullius forma pepulerat captivae, L.: pulsusque recesserat ardor, O.: Haec ubi dicta Agrestem (murem) pepulere, H.— *To drive out, drive away, banish, expel:* maestitiam ex animis: quo tibi nostri Pulsus amor? *what has become of your love for me?* V.: glande famem, O.: tecta, quibus frigorum vis pelleretur: tenebras, O.

pellūceō, pellūcidus, see perluc-.

pelōris, idis, *f.*, = πελωρίς, *a large shell-fish, the giant mussel*, H.

pelta, ae, *f.*, = πέλτη, *a light shield, shaped like a half-moon, pelt, Thracian shield*, L., V, O.

peltastae, arum, *m.*, = πελτασταί, *soldiers armed with the pelt, peltasts*, L., N.

peltātus, *adj.* [pelta], *armed with the pelt*, O.

pelvis, is, *f.* [PLE-], *a basin, laver*, Iu.

penārius, *adj.* [penus], *for provisions:* cella.

Penātēs, ium, *m.* [1 PA-], *the Penates, guardian gods of the family, household gods:* vos Penates patriique di, V., H., O.: deos penatīs salutatum domum Devortar, T.: aedes deorum Penatium, L. —*A dwelling, home, hearth* (cf. Lares): a suis dis penatibus eiectus: nostris succede penatibus hospes, V.: regis, O.: uxoris, Ta.: suos penates regere, Ta.: flammis adolere penatīs, *the hearth*, V: certos novere penatīs, *cells* (of bees), V.

penātiger, era, erum, *adj.* [penates+GES-], *carrying the household gods*, O.

pendeō, pependī, —, ēre [PAND-], *to hang, hang down, be suspended:* sagittae pendebant ab umero: pendebant molles super ora capilli, O.: telum summo clipei umbone pependit, V.: chlamydemque, ut pendeat apte, Conlocat, *hang becomingly*, O.: ego plectar pendens, *shall be strung up and flogged*, T.: pendebit fistula pinu, V.: E trabe pependit onus, O.: inter merces, *be exposed for sale*, Ph.: Omnia sunt hominum tenui pendentia filo, i. e. *are held by a frail tenure*, O.—*To hang in the air, be suspended, float, hover, overhang:* Nunc scopulus raucis pendet adesus aquis, O.: Hi summo in fluctu pendent, V.: Dumosā pendere procul de rupe videbo (capros), V.: olor niveis pendebat in aëre pennis, O.: litus, quod pendeat, *overhangs*, O.— *To hang about, loiter, tarry, linger:* nostro in limine, V.—*To hang down, be flabby, be flaccid, be weak, have no strength:* fluidos pendere lacertos, O.: Pendentes genas aspice, Iu.—Fig., *to hang, rest, depend, be dependent:* quoniam opes eius ex patre suo penderent, S.: ex alterius voltu ac nutu, L.: spes pendet ex fortunā: ex quo verbo tota causa pendebat: vectigalia perlevi saepe momento fortunae pendere: in sententiis omnium civium famam nostram pendere: De te pendens amicus, *devoted to you*, H.: ex te tota pendebat, Ct.: tyrannus, Cum quo fatum pendebat amici, Iu.—Of the attention, *to hang, give close attention, be absorbed, gaze fixedly:* (Dido) pendet iterum narrantis ab ore, V., O.— *To be suspended, be interrupted:* pendent opera interrupta, V.— *To be in suspense, be uncertain, hesitate, be irresolute, be perplexed:* animus tibi pendet? T.: nolo suspensam plebem obscurā spe pendere: pendeo animi exspectatione Corfiniensi: sollicitis ac pendentibus animi, L.: pendebat adhuc belli fortuna, *was in doubt*, O.

pendō, pependī, pēnsus, ere [PAND-], *to suspend, weigh, weigh out:* pensas examinat herbas, O.—*To weigh out in payment, pay, pay out:* stipendium quotannis, Cs.: pecuniam Pisoni: populo mercedem, Iu.—Fig., *to pay, suffer, undergo:* mihi tergo poenas, T.: poenas temeritatis: satis pro temeritate unius hominis suppliciorum pensum esse, L.: capitis poenas, O.—*To weigh, ponder, consider, deliberate upon, decide:* eam (rem) penditote: in philosophiā res spectatur, non verba penduntur.— *To value, esteem, regard:* quem tu vidisse beatus Non magni pendis, H.: Quae dico parvi pendunt, *esteem lightly*, T.: nili, *care nothing for*, T.: non flocci pendere, T.—*Intrans., to weigh, be heavy:* talentum ne minus pondo octoginta Romanis ponderibus pendat, L.

pendulus, *adj.* [PAND-], *hanging, hanging down, pendent:* collum, H.: libra, O.: tela, O.— Fig., *doubtful, uncertain, hesitating:* dubiae spe pendulus horae, H.

(pēne), see paene.

penes, *praep.* with *acc.* [1 PA-], *with, at the house of* (only with *acc.* of *pers.;* sometimes after its case): istaec iam penes vos psaltriast? T.: penes accusatorem fuisse: penes quem quisque sit, Cs.: mentis causa malae est penes te, Iu.— Fig., *with, in the possession of, in the power of, belonging to, resting with:* quae (culpa) te est penes, *yours*, T.: agri, quorum penes Cn. Pompeium iudicium debet esse: ius et imperium eius (regni) penes vos esse, S.: usus, Quem penes arbitrium est loquendi, H.: penes te es? *master of yourself?* H.

penetrābilis, e, *adj.* [penetro], *penetrable, vulnerable:* corpus nullo telo, O.—*Piercing, penetrating:* Boreae frigus, V.: fulmen, O.

penetrālis, e, *adj.* [penetro], *piercing, penetrating, inward, inner, internal, interior, innermost:* adyta, V.: foci.—As *subst. n., an inner part, interior, inside space, inner room:* penetrale urbis, L.—Usu. *plur.:* fausta (of the palace of Augustus), H.: in ipsis penetralibus (Britanniae), Ta.: veterum regum, *inner chambers*, V.: magni amnis, O.: Vestae, i. e. *the poet's sanctum*, H.

penetrō, āvī, ātus, āre [penus+1 TER-], *to enter, penetrate, betake oneself:* sub terras: ad ipsos (deos): in castra hostium, L.: per angustias: eo, *thus far*, N.: penetrat vox ad aures, O.: in eam speluncam penetratum cum signis est, L.: Illyricos sinūs, *press into*, V.: mediae cryptam Suburrae, Iu.—Fig., *to pierce, sink, enter, penetrate:* Romuli animus in templa penetravit: in animos: ad sensum iudicis: quo non ars penetrat? O.: nihil Tiberium magis penetravit, quam, etc., i. e. *impressed*, Ta.

pēnicillus, ī, *m. dim.* [peniculus], *a painter's brush, hair-pencil:* luctum penicillo imitari: pingere coloribus tuis, penicillo meo, i. e. *style.*

pēniculus, ī, *m. dim.* [penis], *a sponge*, T.

pēnīnsula, see paeninsula.

pēnis, is, *m., a tail* (old): caudam antiqui penem vocabant.—*The penis*, C., H., Iu.—*Lust, wantonness, dissipation:* ganeo, manu, ventre, pene bona patria laceraverat, S.

penitē, *adv.* [penitus], *profoundly*, Ct.

penitus, *adv.* [PA-], *inwardly, deeply, far within, into the inmost part:* saxum excisum: defossa, V.: penitus terrae defigitur arbos, V.: penitus ad extremos finīs se recepisse, Cs.: penitus in Thraciam se abdidit, N.: mare retibus penitus scrutare, Iu.—Fig., *deeply, far within, from the depths:* opinio tam penitus insita, *so deeply rooted:* periculum penitus in venis rei p., *in the very heart:* demittere se penitus in causam.—*Through and through, thoroughly, completely, wholly, profoundly, entirely, utterly:* supercilia abrasa: religionem sustulisse?: pernoscere animorum motūs: dilecta, H.: rogare, *heartily.*

penna, ae, *f.* [PET-], *a feather, plume* (on a bird; often confounded with pinna): pennarum rum nitor, Ph.: maduere graves aspergine pennae, O.—*Plur., a wing:* quatere in aëre, O.: pennis coruscant, V. (al. pinnis).—*A feather* (on an arrow): per iugulum pennis tenus acta sagitta est, O.: felicibus edita pennis, i. e. *with a happy omen from the flight of birds*, Pr.—*Sing. collect., the wings:* Penna latus vestit, O.

pennātus, *adj.* [penna], *furnished with wings, winged:* serpentes, O.

(**penniger, pennipēs**), see pinni-.

Pennīnus (Penī-), see Poenīnus.

pennula, see pinnula.

pēnsilis, e, *adj.* [PAND-], *hanging, pendent, pensile:* plumae, i. e. *cushions of down*, Iu.: uva, *hung up to dry*, H.: horti, i. e. *on arches*, Cu.

pēnsiō, ōnis, *f.* [PAND-], *a paying, payment, instalment:* tribus pensionibus solvi, L.: tua coniunx nimium diu debet populo R. tertiam pensionem (i. e. the death of her third husband).—*Rent, rental*, Iu.

pēnsitō, āvī, —, āre, *freq.* [penso], *to weigh out, pay:* vectigalia nobis: praedia, quae pensitant, i. e. *are taxable.*—Fig., *to weigh, ponder, consider:* (consilia) pensitanda, L.: saepe pensitato, an, etc., *after often considering*, Ta.

pēnsō, āvī, ātus, āre, *freq.* [pendo], *to weigh, weigh out:* aurum, L.: pensari eādem trutinā, i. e. *judged by the same standard*, H.—*To counterbalance, contrast, compare:* adversa secundis, L.: virtutibus vitia, L.—*To compensate, recompense, requite:* exiguā turis impensā beneficia, Cu.: transmarinae res quādam vice pensatae (sc. inter se), L.: volnus volnere, O.—*To pay, atone for:* laudem cum damno, O.: nece pudorem, O.—*To weigh, ponder, examine, consider:* ut factis, non ex dictis, amicos pensent, L.: animi consulta, Cu.

pēnsum, ī, *n.* [*P. n.* of pendo], *wool weighed out to a slave for a day's spinning, allotment of wool:* nocturna carpentes pensa puellae, V.: famulasque ad lumina longo Exercet penso, V.: pensa manu ducunt, Iu.—Fig., *a charge, duty, office:* meae diligentiae: nominis familiaeque, L.—*Weight, consideration, scruple, importance* (only *gen.* of price): nihil pensi neque moderati habere, i. e. *practise no reverence or self-control*, S.: neque id quibus modis adsequeretur, quicquam pensi habebat, i. e. *had no scruple*, S.: sed illis nec quid dicerent, quicquam umquam pensi fuisse, *they never cared at all*, L.: quibus si quicquam pensi umquam fuisset, non, etc., *had they ever had regard for anything*, S.

pēnsus, *P.* of pendo.

(**pēnula, pēnulatus, pēnultimus**), see paen-.

pēnūria (pāen-), ae, *f.* [SPA-], *want, need, scarcity, destitution:* victūs, H.: edendi, V.: rerum necessariarum, S.: frumenti, L.: virorum fortium: alcuius generis (amicorum): argenti, L.

penus, —, *m., f.*, or *n.* [PA-], *a store of food, provision, victuals:* in cellulam penum omnem congerebam, T.: est omne, quo vescuntur homines, penus: portet frumenta penusque, H.: longam penum struere, V.

peplum, ī, *n.*, = πέπλος, *an outer robe, robe of state, mantle* (of a woman): Iliades peplum ferebant (of Athene), V.

per, *praep.* with *acc.* [1 PAR-]. **I.** In space, *through, across, through the midst of, from side to side of, traversing:* itinera duo, unum per Sequanos . . . alterum per provinciam, Cs.: qui per agros fluit: it hasta per tempus utrumque, V.: per medios hostīs evasit, L.—*Through, over, throughout, all over, along, among:* per totam Italiam, S.: per omnīs partīs provinciae: per viam, *along*, L.: aegro per manūs tractus servatur, *from hand to hand,*

Cs.: invitati hospitaliter per domos, *from house to house*, L.: passim per herbam Corpora fusa, V.: imperium per omnīs in orbem ibat, *went around*, L.: per alia atque alia pavida consilia trepidans, *from one place to another*, L.: Transtra per et remos, V.—With *ora*, *oculos* or *aurīs*, *before*, *to*: incedunt per ora vestrum, S.: traducti per hostium oculos, L.: vestras per aurīs ire, V.—**II.** In time, *through*, *during*, *for*, *throughout*, *in the course of*: per hosce annos: per triennium: per eos forte dies, L. —*At*, *at the time of*, *during*: per idem tempus: per meridiem, *at noon*, L.: per ludos, L.: per lunam, V.: per infrequentiam comitia perficiunt, L.: per tempus, *at the right time*, T.—**III.** Of agency, *through*, *by*, *by the hands of*, *by the agency of*: quae comperta sunt per me: per homines explorare, S.: per procuratores agere: quo minus cum eis amicitia esset, per populum R. stetisse, L.: occidebantur? per quos? et a quibus? *by whose hands*, *and at whose instance?* —With *pronn. reflex.*, *in person*, *alone*, *of oneself*: milites qui per se de conciliandā pace egerint, Cs.: homo per se cognitus, *by his own merit*: per me tibi obstiti, *single-handed*: per se solus, L.—Restrictive, *by*, *for*, *as far as regards*: per me vel stertas licet, *I don't care if*: per me isti pedibus trahantur: si per suos esset licitum, N.—**IV.** Of means or manner, *through*, *by*, *by means of*: id a te per litteras petere: vates per avīs consulti, L.: per litteras certior fit, S. — *Through*, *by*, *under pretence of*, *by the pretext of*: nos per fidem fallere: per causam exercendorum remigum prodire, Cs.: per Caecilium Sulla accusatur, *in the name of*: per speciem alienae fungendae vicis suas opes firmavit, L.—*Through*, *by*, *for the sake of*, *on account of*, *with a view to*: cum per aetatem nondum auderem, etc. —E s p., in oaths and adjurations: si per plurīs deos iuret, *by*: per tuam fidem Te obtestor, T.: per ego te deos oro, T.—P o e t. in ellipsis: per, si qua est . . . Intemerata fides, oro, V.—Of manner, in *adverb.* phrases, *by*, *through*, *with*, *at*, *in*: per vim, *violently*, T.: per ludum et iocum, *in sport*: per summum dedecus, *most infamously*: per iram, *angrily*: per commodum rei p., *without injury*, L.: per otium, *at leisure*, L.: per commodum, *leisurely*, L.: per ignaviam et superbiam aetatem agere, *in inglorious pride*, S.: per turpitudinem, *basely*, S.: per virtutem emori, *bravely*, S.: Per facinus, *wickedly*, O.: haud per ambages portendere, *not obscurely*, L.: per tumultum, *in disorder*, L.

pēra, ae, *f.*, = πήρα, *a bag*, *wallet*, Ph.

per-absurdus, *adj.*, *very absurd.*

per-accommodātus, *adj.*, *very convenient*: per fore accommodatum tibi, si, etc.

per-ācer, ācris, ācre, *adj.*, *very sharp.* —F i g.: iudicium.

per-acerbus, *adj.*, *very harsh*: uva gustatu.

perāctiō, ōnis, *f.* [perago], *a completion*: senectus aetatis est peractio tamquam fabulae, i. e. *the last act of life's drama.*

perāctus, *P.* of perago.

peracūtē, *adv.* [peracutus], *very sharply*, *with great keenness*: moveri: queri.

per-acūtus, *adj.*, *very clear*, *penetrating*: vox. —F i g., *very acute*, *very penetrating*: homo: oratio.

per-adulēscēns, entis, *adj.*, *very young*: homo.

per-adulēscentulus, ī, *m. dim.*, *a very young man*, N.

per-aequē, *adv.*, *quite equally*, *uniformly*: hoc peraeque in omni agro reperietis: terna milia peraeque in singulos mensīs, N.

per-agitō, —, ātus, āre, *to harass*, *disturb*: vehementius peragitati ab equitatu, Cs.

per-agō, ēgī, āctus, ere, *to thrust through*, *pierce through*, *transfix*: latus ense, *transpierce*, O.—*To pass through*, *traverse*: freta, O.: cum sol peregit Signa, O. — *To disturb*, *trouble*, *agitate*: Sempronium usque eo, ut, etc.: humum, *till persistently*, O. — F i g., *to go through with*, *carry out*, *execute*, *finish*, *accomplish*, *complete*: fabulam: concilium, Cs.: conata, Iu.: cursum, V.: iter, H.: dona, *finish distributing*, V.: aevum, O.: otia, *live at ease*, O.: facinus, Iu.—*To follow to the end*: reum, *to prosecute to condemnation*, L.: causam nullo labore.—*To go through*, *go over*, *set forth*, *relate*, *describe*, *detail*: postulata, L.: verbis auspicia, *mention*, L.: res pace belloque gestas, *treat*, L.: res tenuīs, tenui sermone peractas, *delivered*, H.: Omnia animo mecum, *review*, V.

peragrātiō, ōnis, *f.* [peragro], *a wandering through*, *traversing*: itinerum.

per-agrō, āvī, ātus, āre [per+ager], *to wander through*, *travel*, *pass through*, *traverse*: orbem terrarum: saltūs silvasque, V.—F i g., *to go through*, *traverse*, *spread*, *search*, *penetrate*: qua fines imperi sunt, ea . . . laetitia peragravit: eloquentia omnes peragravit insulas: orator ita peragrat per animos hominum, ut, etc.

per-altus, *adj.*, *very high*, *lofty*: ripae, L.

per-amāns, antis, *adj.*, *very fond*: nostri.

per-amanter, *adv.* [peramens], *very lovingly*: me observant.

per-ambulō, āvī, ātus, āre, *to ramble through*, *go through*, *traverse*, *perambulate*: viridia, Ph.: rura, H.: frigus perambulat artūs, *runs through*, O.: crocum floresque, i. e. *the flower-strewn stage*, H.

per-amoenus, *adj.*, *very pleasant*: aestas, Ta.

per-amplus, *adj.*, *very large*, *huge*: simulacra.

perangustē, *adv.* [perangustus], *very narrowly.*

per-angustus, *adj.*, *very narrow:* fretum: aditus, Cs.: via, L.: semita, Cu.

per-antīquus, *adj.*, *very ancient.*

per-appositus (peradp-), *adj.*, *very suitable, highly becoming:* illa mimis.

per-arduus, *adj.*, *very difficult:* mihi hoc perarduum et demonstrare.

per-argūtus, *adj.*, *very acute, very shrewd:* homo.

per-armātus, *adj.*, *thoroughly armed, well equipped:* exercitus, Cu.

per-arō, āvī, ātus, āre, *to plough through, furrow:* rugis anilibus ora, O.—*To furrow* (a waxed tablet with the style), *write:* talia perarans manus, O.: peraratae tabellae, O.

per-attentē, *adv.*, *very attentively:* audiri.

per-attentus, *adj.*, *very attentive:* animi.

per-bacchor, ātus, ārī, *dep.*, *to carouse, revel through:* multos dies.

per-beātus, *adj.*, *very fortunate.*

per-bellē, *adv.*, *very prettily, very finely:* simulare.

per-bene, *adv.*, *very well:* Latine loqui: fecisse, L.

per-benevolus, *adj.*, *very friendly:* nobis.

per-benīgnē, *adv.*, *very kindly*, T.: per mihi benigne respondit.

per-bibō, bibī, —, ere, *to drink in:* lacrimas, O.—Fig., *to imbibe:* rabiem, O.

per-blandus, *adj.*, *very courteous, charming, engaging:* successor: oratio, L.

per-bonus, *adj.*, *very good:* agri: perbono loco res erat.

per-brevis, e, *adj.*, *very short, brief, concise:* orator: perbrevi tempore: altera pars per mihi brevis videtur.—*Abl. adv.:* perbrevi, *in a very short time.*

per-breviter, *adv.*, *very briefly, concisely:* quae ego nunc perbreviter attingo.

perca, ae, *f.*, = πέρκη, *a perch*, O.

per-calēscō, caluī, —, ere, *inch.*, *to be heated through, grow very warm*, O.

per-callēscō, calluī, —, ere, *inch.*, *to become hardened, grow callous:* civitatis patientia percalluerat.—Fig., *to grow expert:* usu rerum.

per-cārus, *adj.*, *very dear, much beloved:* eis.—*Very dear, too costly*, T.

per-cautus, *adj.*, *very cautious.*

per-celebrō, —, ātus, āre, *to pronounce frequently, have often in one's mouth:* de quā muliere plurimi versūs percelebrantur: percelebrata sermonibus res est.

per-celer, celeris, *adj.*, *very quick, sudden:* interitus.

per-celeriter, *adv.*, *very quickly, very soon.*

percellō, culī, culsus, ere [1 CEL-], *to beat down, throw down, overturn, upset:* perculeris iam tu me, T.: eos Martis vis perculit.—*To strike, smite, hit:* femur, L.: deam, O.—Fig., *to cast down, overthrow, ruin, destroy:* adulescentiam.—*To strike with consternation, deject, daunt, dispirit, discourage, dishearten:* metu perculsi, S.: haec te vox non perculit?: Mentes perculsae stupent, H.: quos pavor perculerat in silvas, *drove in dismay*, L.

per-cēnseō, uī, —, ēre, *to count over, reckon up, enumerate:* vestra promerita numerando: omnīs gentīs, L.—*To survey, view, review, examine:* orationes, L.—*To go over, travel through:* Thessaliam, L.: orbem, O.

perceptiō, ōnis, *f.* [per+CAP-], *a taking, receiving, gathering in, collecting:* frugum.—Fig., *perception, comprehension:* animi perceptiones, *notions.*

perceptus, *adj.* [*P.* of percipio], *perceived, observed.*—*Plur. n.* as *subst.*, *doctrines, rules.*

(percieō, —, itus, ēre), see percitus.

percipiō, cēpī (*pluperf.* percēpset, old poet. ap. C.), ceptus, ere [per+capio], *to take wholly, seize entirely, take possession of, seize, occupy:* neque urbis odium me umquam percipit, T.—*To take to oneself, assume:* rigorem, O.—*To get, collect, obtain:* serere, percipere, condere fructūs: ubertas in percipiundis fructibus: praemia, Cs.—Fig., *to perceive, observe:* oculis, auribus percipi: nunc minae percipiebantur, *were heard*, L.: quae dicam, i. e. *hear:* ni Palamedi prudentia Istius percepset audaciam, Poët. ap. C.—*To feel:* neque maiorem voluptatem percipi posse, etc.: gaudia, O.—*To learn, know, conceive, comprehend, understand, perceive:* res percepta et comprehensa: philosophiam: dicta, H.: omnium civium nomina, *know:* nomen Graecum, sed perceptum usu a nostris, *known.*

percitus, *adj.* [*P.* of per-cieo], *greatly moved, roused, stimulated, excited:* re atroci, T.: illud animo percito facere.—*Excitable:* ingenium, L.

per-colō, coluī, —, ere, *to deck, beautify, adorn:* quae priores eloquentiā percoluere, Ta.—*To honor:* coniugem, Ta.: multos praefecturis, Ta.

per-cōmis, e, *adj.*, *very courteous.*

percommodē, *adv.* [percommodus], *very suitably, by great good-fortune:* accidit: factum est.

per-commodus, *adj.*, *very suitable, highly opportune:* ipsis castris, L.

percontātiō (percūnct-), ōnis, *f.* [percontor], *a persistent asking, questioning, inquiry:* dictum non percontatione quaesitum: nihil de eo percontationibus reperire, Cs.: derecta, .. — As a figure of speech, C.

percontātor (**percūnct-**), ōris, *m.* [percontor], *a persistent asker, inquisitive fellow*, H.

percontor or **percūnctor**, ātus, ārī, *dep.* [per+contus, to search with a pole; the form percunctor was suggested by a mistaken etymology from cunctus], *to ask particularly, question strictly, inquire, interrogate, investigate:* percontando elicere opinionem: Sed quos percouter video, T.: Porum an verum esset, Cu.: nutricem, quid hoc rei sit, L.: tu numquam mihi percontanti aliquid defuisti: ex aniculā quanti aliquid venderet: ex his scribis quid velint: pauca percunctatus de statu civitatis, S.: eam quoque esse quae percunctari vellet, *of her too he wished to ask some questions*, L.: meum si quis te percontabitur aevum, H.: percontari Patrona causam consilii, Cu.

per-contumāx, ācis, *adj.*, *very obstinate, utterly contumacious*, T.

per-coquō, —, ctus, ere, *to ripen:* mora percoquit uvas, O.

per-crēbrēscō (**-bēscō**), bruī or buī, —, ere, *inch.*, *to become frequent, grow prevalent, be spread abroad:* quae (opinio) apud exteras nationes percrebruit: quod cum percrebuisset: cum fama percrebuisset, illum obsideri, Cs.

per-crepō, —, —, āre, *to resound, ring:* locum percrepare vocibus.

perculsus, *P.* of percello.

percūnct-, see percont-.

per-cupidus, *adj.*, *very fond:* tui.

per-cupiō, —, —, ere, *to desire earnestly:* Immo percupio, *it suits me exactly*, T.

per-cūriōsus, *adj.*, *very curious, highly inquisitive:* servolus.

per-cūrō, —, ātus, āre, *to heal thoroughly, cure completely:* percurato volnere, L., Cu.

per-currō, percucurrī or percurrī, cursus, ere, *to run, run along, run all the way, run through, hasten through, traverse, run over, pass over:* curriculo percurre (ad villam), *run quickly*, T.: per temonem (currūs), *along the pole*, Cs.: agrum Picenum, Cs.: aristas, *speed over*, O.: pectine telas, V.: rima percurrit lumine nimbos, V. — Fig., of speech, *to run over, go through, treat in succession:* per omnīs civitates percurrit mea oratio: partes, quas modo percucurri: multas res oratione: Percurram quot villas possideat, Iu. — Of thought or vision, *to run over, scan briefly, look over:* id brevi: oculo, H.: paginas in annalibus magistratuum, *look over*, L. — Of feeling, *to run through, penetrate:* pectora metu percurrente, Cu.

percursātiō, ōnis, *f.* [percurso], *a travelling through, traversing:* tua: Italiae.

percursiō, ōnis, *f.* [per+1 CEL], *a running through, hastening over, rapid survey:* animi multarum rerum.

percursō, —, —, āre, *freq.* [percurro], *to rove about:* finibus nostris, L.

percursus, *P.* of percurro.

percussiō, ōnis, *f.* [percutio], *a beating, striking:* capitis percussiones, *beatings on the head:* digitorum, *snapping.*—As a measure of time, *a beat:* percussiones numerorum.

percussor, ōris, *m.* [percutio], *a striker, murderer, assassin:* Caesaris, C., Iu.

1. percussus, *P.* of percutio.

2. percussus, ūs, *m.* [percutio], *a beating, striking:* Percussu crebro saxa cavantur, O.

percutiō, cussī (percusti, H.), cussus, ere [per+quatio], *to strike through and through, thrust through, pierce, transfix:* gladio percussus: Mamilio pectus percussum, L.: coxam Aeneae, Iu.: non percussit locum, i. e. *the right place* (for a fatal blow).—*To strike hard, beat, hit, smite, shoot:* cum Cato percussus esset ab eo, *had been struck:* res de caelo percussae, *struck by lightning:* ab imbre percussis solibus, O.: manu pectus percussa, V.: lyram, *play*, O.: (lacernae) male percussae pectine, i. e. *poorly woven*, Iu. — *To slay, kill:* aliquem securi, *behead:* collum percussa securi Victima, O. —Fig., *to smite, strike, visit, overwhelm, ruin:* percussus calamitate: percussus fortunae volnere.—*To strike, shock, impress, affect deeply, move, astound:* percussit animum, *it impressed me:* animos probabilitate: amore percussus, H.: fragor aurem percutit, Iu.—*To cheat, deceive, impose upon:* hominem strategemate.

per-depsō, uī, ere, *to knead, work over*, Ct.

per-difficilis, e, *adj.*, *very difficult:* defensionis ratio: amnis transitu, L.

perdifficiliter, *adv.* [perdifficilis], *with great difficulty.*

per-dīgnus, *adj.*, *very worthy:* amicitiā.

per-dīligens, entis, *adj.*, *very diligent.*

per-dīligenter, *with great diligence:* epistulae scriptae.

per-discō, didicī, —, ere, *to learn thoroughly, get by heart:* locus oratori perdiscendus: hominis speciem pingere, *to know well how:* diligentia in perdiscendo, Cs.

per-disertē, *adv.*, *very eloquently.*

perditē, *adv.* [perditus], *recklessly, desperately:* se gerere.—*Desperately, immoderately:* amare, T.

perditor, ōris, *m.* [perdo], *a ruiner, destroyer:* rei p.

perditus, *adj.* with *comp.* and *sup.* [*P.* of perdo], *lost, hopeless, desperate, ruined, past recov-*

ery: puer: aere alieno: rebus omnibus perditis: valetudo: Quanto perditior quisque est, H.—*Morally lost, abandoned, corrupt, profligate, flagitious, incorrigible:* adulescens luxu, T.: homines: consilia: floribus austrum Perditus inmisi, *in my folly*, V.: nihil fieri potest perditius: omnium mortalium perditissimus: mores, Cu.

per-diū, *adv., for a great while, very long.*

per-diuturnus, *adj., lasting very long.*

per-dīves, itis, *adj., very rich:* mulier.

perdīx, īcis, *f.*, = πέρδιξ, *a plover, lapwing:* garrula, O.

per-dō (*subj.* perduint, T., C.), didī, ditus, ere, *to make away with, destroy, ruin, squander, dissipate, throw away, waste, lose:* fruges: se ipsum penitus: sumat, consumat, perdat, *squander*, T.: tempora precando, O.: oleum et operam.—Freq. in forms of cursing: te di deaeque omnes perduint, T.—*Supin. acc.:* Quor te is perditum? T.: se remque p. perditum ire, S.: Perditur haec lux, H.—*To lose utterly, lose irrecoverably:* omnīs fructūs industriae: litem, *lose one's cause:* causam: nomen perdidi, i. e. *have quite forgotten*, T.: ne perdiderit, non cessat perdere lusor, O.: perdendi temeritas (in gaming), Ta.

per-doceō, cuī, ctus, ēre, *to teach thoroughly, instruct well:* res difficilis ad perdocendum: alquid Utile mortales, O.: Phaeacida condere chartis te, O.

perdoctus, *adj.* [*P.* of perdoceo], *very learned, highly skilful:* probe, T.: homo.

(**per-doleō**), uī, —, ēre, *to pain deeply, grieve greatly:* tandem perdoluit (sc. tibi), T.

(**perdolēscō**), luī, —, ere, *inch.* [per-doleo], *to feel great pain, be deeply grieved:* suam virtutem inrisui fore perdoluerunt, Cs.

per-domō, uī, itus, āre, *to tame thoroughly, subdue, subjugate, conquer, vanquish, overcome:* cives perdomiti: ad perdomandum Latium, L.: tauros furentes, *tame*, O.: Hispaniam, L.

per-dūcō, dūxī, ductus, ere, *to lead through, lead, bring, conduct, guide:* filium illuc, T.: dum ad te legiones perducantur: legionem in Allobroges, Cs.: bovem ad stabula, V.—*To bring, carry, lead, conduct:* a lacu ad montem murum perducit, Cs.: porticum, L.—*To spread over, bedaub, besmear:* corpus odore ambrosiae, V.—Fig., *to draw out, lengthen, prolong, continue, bring, carry, guide:* res disputatione ad mediam noctem perducitur, Cs.: in noctem orationibus perductis, L.: ad tempus tuum: noctes, *to spend*, Pr.: (agri colendi studia) ad centesimum annum: eo rem perduxit, ut, etc., *brought the matter so far, that*, etc., N.—*To bring over, win over, lead, persuade, induce:* veteranos ad suam sententiam: eos ad se magnis pollicitationibus, *gain over*, Cs.: hominem ad HS LXXX, *induce to pay:* Perduci poterit tam frugi? *be seduced*, H.

perductor, ōris, *m.* [per+DVC-], *a seducer, pimp, pander.*

perductus, *P.* of perduco.

perduelliō, ōnis, *f.* [perduellis], *open hostility, hostility to one's country, high-treason:* perduellionis reus: perduellionis se iudicare Cn. Fulvio dixit, *declared Fulvius guilty of high-treason*, L.: tibi perduellionem iudico, L.

perduellis, is, *m.* [per+duellum], *a public enemy, country's foe:* perduelles superati, L.: pirata non est ex perduellium numero, sed communis hostis omnium.

per-dūrō, —, —, āre [per+durus], *to last, endure:* apud vos, T.: longum in aevum, O.

per-edō, ēdī, ēsus, ere, *to consume, devour:* nec peredit ignis Aetnam, H.: Lacrimae peredere umore genas, Poët. ap. C.: morbo peresa Vellera, V.—*To consume, waste away:* quos amor crudeli tabe peredit, V.

peregre, *adv.* [per+ager], *abroad, away from home, out of the country:* depugnare: dum peregre est animus sine corpore velox, H.: habitare, L.—*From abroad, from foreign parts:* rediens, T.: in regnum Romam accitos, L.—*Abroad, to foreign parts:* rusve peregreve exire, H.

peregrīnābundus, *adj.* [peregrinor], *travelling about:* dux, L.

peregrīnāns, ntis, *P.* of peregrinor.

peregrīnātiō, ōnis, *f.* [peregrinor], *a sojourn abroad, travelling, travel:* nobilis tua: peregrinationes communes: bestiae peregrinatione laetantur: longinqua, Ta.

peregrīnātor, ōris, *m.* [peregrinor], *a wanderer, habitual traveller.*

peregrīnitās, ātis, *f.* [peregrinus], *strange ways, foreign manners:* in urbem infusa.

peregrīnor, ātus, ārī, *dep.* [peregrinus], *to sojourn in a strange land, be an alien, travel about:* totā Asiā: in alienā civitate.—Fig., *to go abroad, travel about, roam, wander:* haec studia pernoctant nobiscum, peregrinantur: in infinitatem omnem, *roam through all infinity.*—*To be abroad, be a stranger, sojourn:* vitam sicuti peregrinantes transiere, S.: philosophia quae adhuc peregrinari Romae videbatur.

peregrīnus, *adj.* [peregre], *from foreign parts, strange, foreign, exotic, alien:* mulier, H.: caelum, O.: reges: amores, *for foreign women*, O.: fasti, *of foreign nations*, O.: divitiae, H.: mores, Iu.: terror, *of a foreign enemy*, L.—As *subst. m., a foreigner, stranger:* quicum res tibist, peregrinus est, T.: neque civem neque peregrinum.—As *subst.*

f., *a foreign woman:* Pro uxore habere peregrinam, T.—*Relating to foreign residents:* sors, *designating a praetor with jurisdiction over foreign residents*, L.: provincia, *jurisdiction over foreign residents*, L.—Fig., *strange, unversed:* in agendo.

per-ēlegāns, antis, *adj.*, *very neat, elegant.*

per-ēleganter, *adj.*, *very finely, elegantly.*

per-ēloquēns, entis, *adj.*, *very eloquent.*

peremnis, e, *adj.* [per + amnis], *relating to crossing a river:* auspicia, *on crossing a river.*

per-emō, see perimo.

perēmptus or **perēmtus**, *P.* of perimo.

perendiē, *adv.* [1 PAR-], *on the day after to-morrow:* scies cras, summum perendie.

perendinus, *adj.* [perendie], *after to-morrow:* dies, Cs., C.

perennis, e (*abl. sing.* perenne, O.), *adj.* with *comp.* [per+annus], *lasting throughout the year, everlasting, never failing, unceasing, perpetual, perennial:* aquae: fons, Cs.: amnis, L.: cursus stellarum: adamas, O.: monumenta, O.: monumentum aere perennius, *more enduring*, H. — Fig., *unfailing, uninterrupted, continual, perpetual:* maiorum virtus: motio.

perennitās, ātis, *f.* [perennis], *continuance, perpetuity:* fontium perennitates.

perennō, —, —, āre [perennis], *to last, endure, be permanent:* arte perennat amor, O.

per-eō, iī or (rarely) īvī (perīt, Iu.; perīstī, Pr.; perīsse, L., O.), itūrus, īre, *to pass away, come to nothing, vanish, disappear, be lost:* ecqua inde perisset soror, T.: ne vena periret aquae, O.: lymphae Dolium pereuntis, H.—*To pass away, be destroyed, perish:* tantam pecuniam tam brevi tempore perire: totum exercitum periturum, N.: Fac pereat vitreo miles ab hoste tuus (at chess), *let your knight be taken by a pawn*, O.: causae cur perirent (urbes), H.: peritura regna, V.: pereunt sole tepente nives, *melt away*, O.: telum robigine, H.—*To perish, lose life, die:* turpiter: ut intellegeres statim tibi esse pereundum: naufragio: hominum manibus, V.: generosius, H.: a morbo, N.: pereundi mille figurae, *forms of death*, O.—Fig., *to pine away, fall desperately in love:* indigno cum Gallus amore peribat, V: quā pereat sagittā, H. —*To be lost, fail, be wasted, be spent in vain:* ne et oleum et opera perierit: quia multis actiones et res peribant, *lawsuits and property were lost*, L.: labor, O.: ne nummi pereant, H.: minae, T.—*To be lost, be ruined, be undone:* meo vitio pereo.—Esp. 1*st pers.*, as an exclamation of despair, *I am lost! I'm undone!:* ingenio perii, O.: periimus, actum est, *we are lost, it is all over with us*, T.: peream, si, etc., *may I die, if*, etc., O.—Fig., of moral qualities, *to be lost:* virtus, O.: clament periisse pudorem, H.

per-equitō, āvī, —, āre, *to ride through, ride hither and thither, ride about:* inter duas acies perequitans, Cs.: eā viā longe, L.: aciem, L.

per-errō, āvī, ātus, āre, *to wander through, roam over:* forum, H.: locum, V.: arva pererrantur Peligna, O.: (alqm) Luminibus, *surveys*, V.

per-ērudītus, *adj.*, *very learned:* homo.

perēsus, *P.* of peredo.

per-excelsus, *adj.*, *exalted:* locus.

perexiguē, *adv.* [perexiguus], *very sparingly:* praebere.

per-exiguus, *adj.*, *very small, petty, insignificant:* semen: dies, *very short:* argentum, L.: ignes, N.: frumentum, Cs.

per-expedītus, *adj.*, *very ready:* defensio.

perfacētē, *adv.* [perfacetus], *very wittily.*

per-facētus, *adj.*, *very witty:* orator.

perfacile, *adv.* [perfacilis], *very easily:* hunc hominem de medio tolli posse: Signis perfacile est (sc. designare), H.

per-facilis, e, *adj.*, *very easy:* cursus: disciplina cognitu: perfacile factu esse conata perficere, Cs.—*Very courteous:* in audiendo.

per-familiāris, e, *adj.*, *very intimate, most familiar:* Philisto.—As *subst.*, *a familiar friend:* meus: Lucullorum.

perfectē, *adv.* [perfectus], *fully, completely, perfectly:* eruditus: veritatem imitari.

perfectiō, ōnis, *f.* [per+2 FAC-], *a finishing, completing, perfection:* operum: optimi: rerum reapse, non oratione perfectio.

perfector, ōris, *m.* [per+2 FAC-], *a finisher, perfecter:* mearum voluptatum, T.: dicendi.

perfectus, *adj.* with *comp.* and *sup.* [*P.* of perficio], *finished, complete, perfect, excellent, accomplished, exquisite:* orator: philosophi: inter Perfectos veteresque (poētas) referri, H.: pulchriora etiam Polycliti et iam plane perfecta (signa): valvae perfectiores: aliquid perfectius: alqd summum et perfectissimum iudicare.—As *subst. n.:* omne quod ultra Perfectum traheretur, i. e. *too highly wrought*, H.

perferēns, entis, *adj.* [*P.* of perfero], *bearing, brooking, patient:* iniuriarum.

per-ferō, tulī, lātus, ferre, *to bear through, bring home:* lapis nec pertulit ictum, *reach the mark*, V.—*To carry, bring, convey:* Caesaris mandata ad Pompeium: epistulam, N.: Pansā mihi hunc nuntium perferente: cum ad eum fama tanti exercitūs perlata esset, *had reached him*, L.: perfertur circa collem clamor, *resounds round the hill*, L.: hinc te reginae ad limina perfer, *betake yourself*, V.—*To convey news, announce, report, bring* *tidings:* sermone omnium perfertur ad me, esse, etc., *I am informed:* nuntius perfert incensas navīs, V.: haec ab Romā in castra perlata movent Romanos, etc., L.—Fig., *to bring to an end, bring about, carry through, carry out, complete, accomplish:* id quod suscepi: mandata, Ta.: legem pertulit, ut, etc., *had a law passed,* L.: perficiam, ut possitis: perficite, ut is habeat, etc.—*To bear, support, endure to the end:* decem annorum poenam, N.: onus, H.: intrepidos ad fata novissima voltūs, *kept,* O.—*To bear, suffer, put up with, brook, submit to, endure:* perfer, si me amas: paupertatem, T.: frigore et fame et siti ac vigiliis perferendis: pauperiem, V.: indignitates, Cs. — *To permit, suffer:* cessare in tectis arma sua, Pr.: urbīs cremari, Ta.

perficiō, fēcī, fectus, ere [per + facio], *to achieve, execute, carry out, accomplish, perform, despatch, bring about, bring to an end, finish, complete:* comitiis perficiendis undecim dies tribuit, Cs.: iis comitiis perfectis, L.: scelus, *perpetrate:* nihil est simul et inventum et perfectum: centum annos, *live through,* H.: munus, *execute,* V.— *To bring to completion, finish, perfect:* candelabrum perfectum e gemmis clarissimis: in perficiendo muro adiuvare, L.—*To make perfect, perfect:* citharā Achillem, O.—*To bring about, cause, effect:* perfice hoc, ut haeream, etc., T.: perfice ut putem, *convince me:* eloquentia perfecit, ut, etc., N.: omnia perfecit, quae senatus salvā re p. ne fieri possent perfecerat: illud non perficies, quo minus, etc.

per-fidēlis, e, *adj., very trusty:* homo.

perfidia, ae, *f.* [perfidus], *faithlessness, treachery, perfidy:* perfidiā deceptus.

perfidiōsē, *adv.* [perfidiosus], *faithlessly, treacherously, perfidiously:* multa facta.

perfidiōsus, *adj.* with *sup.* [perfidia], *faithless, treacherous, false, perfidious:* fallax, perfidiosus: omnium perfidiosissimus: nihil perfidiosum in amicitiā.

perfidus, *adj.* [1 FID-], *promise-breaking, faithless, dishonest, treacherous, perfidious:* vanum et perfidiosum esse: Rutulus, V.: arma, O.: verba, O.—*Sing. n.* as *adv.:* perfidum ridens Venus, H. —As *subst. m., a scoundrel,* O., Pr.—*Unsafe:* via, Pr.

perflābilis, e, *adj.* [perflo], *that can be blown through, impalpable:* dii.

per-flāgitiōsus, *adj., very shameful.*

per-flō, —, —, āre, *to blow through, blow over:* perflant altissima venti, O.: venti terras turbine perflant, V.: cum perflantur ipsi (colles): iam perflare ad ipsos auram maris, *reached,* Cu.

per-fluō, —, —, ere, *to leak:* hac atque illac perfluo, i. e. *cannot keep the secret,* T.—*To overflow, abound:* pomis, Tb.

per-fodiō, fōdī, fossus, ere, *to dig through, pierce through, transfix:* parietes: thorax perfossus, V.—*To make by digging, dig through:* fretum manu, L.

per-forō, āvī, ātus, āre, *to bore through, pierce through, perforate:* navem, in quā ipse naviget, *scuttle:* uno duo pectora ictu, O.: Stabianum, *cut through to obtain a view:* duo lumina perforata, *made by boring.*

per-fortiter, *adv., very bravely,* T.

per-fossus, *P.* of perfodio.

per-frāctus, *P.* of perfringo.

per-fremō, —, —, ere, *to roar about, snort along:* perfremunt delphini, Att. ap. C.

per-frequēns, entis, *adj., very crowded:* emporium, L.

per-fricō, cuī, —, āre, *to rub all over, scratch:* caput manu.—With *os, to rub away blushes, cast off shame:* cum os perfricuisti.

per-frīgēscō, frīxī, —, ere, *inch., to be chilled, catch cold:* si perfrixit, i. e. *is hoarse,* Iu.

per-frīgidus, *adj., very cold:* tempestas.

perfringō, frēgī, frāctus, ere [per+frango], *to break through, break in pieces, shiver, shatter:* iumenta nivem perfringebant, *broke through,* L.: saxo perfracto capite, *his skull fractured,* L.: perfracto saxo sortes erupisse: tabulationem, Cs.: naves perfregerant proras litori inlisas, *had been wrecked,* L.: domūs, *break into,* Ta.—Fig., *to break through, violate, infringe:* decreta senatūs: leges: omnia repagula iuris: animos suavitate, *affect powerfully.* — *To force a way, invade violently:* haec (eloquentia) modo perfringit, modo inrepit in sensūs.

per-frūctus, *P.* of perfruor.

per-fruor, ūctus, ī, *dep., to enjoy fully, be delighted:* his rebus: sapientiae laude: otio: ad perfruendas voluptates: mandatis perfruar ipsa patris, *perform gladly,* O.

perfuga, ae, *m.* [per+2 FVG-], *a deserter:* initio proditor deinde perfuga: pro perfugā ad eos venit, Cs.: de perfugis gravius quam de fugitivis consultum, L.

per-fugiō, fūgī, —, ere, *to flee for refuge:* per tramites occulte in Galliam, S.: ad Porsinnam, L.: Corinthum, N.—*To go over, desert:* a Pompeio ad Caesarem, Cs.—Fig., *to take refuge:* in fidem Aetolorum, L.

perfugium, ī, *n.* [per+2 FVG-], *a resort for safety, shelter, asylum, refuge:* quo perfugio superiore anno fuerant usi, Cs.: salutis: in altero (Caesare) miseris perfugium erat, S.: commune: annonae, i. e. *Campania.*

perfūnctiō, ōnis, *f.* [per+1 FVG-], *a performing, discharging:* honorum: laborum, *endurance.*

perfūnctus, *P.* of perfungor.

per-fundō, fūdī, fūsus, ere, *to pour over, wet, moisten, bedew, besprinkle, drench, bathe:* aquā ferventi perfunditur: greges flumine, V.: piscīs olivo, H.: te lacrimis, O.: (oleo) piscem, Iu.—*To steep, dye:* ostro Perfusae vestes, V.—*To scatter over, besprinkle, bestrew:* Canitiem perfusam pulvere turpans, V.: penatīs sanguine, O.: perfusa papavera somno, V.—F i g., *to imbue, inspire, fill:* sensūs dulcedine omni quasi perfusi: qui me horror perfudit!: gaudio, L.: nos iudicio perfundere, i. e. *fill with apprehension.*

per-fungor, fūnctus, ī, *dep., to fulfil, perform, discharge:* munere quodam necessitatis: rei p. muneribus.—*To go through, undergo, endure, get through with, get rid of:* iam perfunctus sum, explevi animos invidorum, *have gone through it:* periculis: tam multa pro se perfunctus: memoria perfuncti periculi.—*To enjoy:* dum aetatis tempus tulit, perfuncta satis sum, T.: epulis, O.

per-furō, —, —, ere, *to rage furiously, rage on:* incensus et ipse Perfurit, V.

perfūsus, *P.* of perfundo.

Pergama (**-mum**, Enn. ap. C.), ōrum, *n.*, = Πέργαμα, *the citadel of Troy, Troy,* V., H., O.

per-gaudeō, —, —, ēre, *to rejoice greatly:* Trebonium meum a te amari.

pergō, perrēxī, perrēctus, ere [per+rego], *to go on, proceed, press on, hasten, continue, go forward, march, make haste:* horsum, T.: eādem viā: in Macedoniam: quā pergebat, agros vastare, *marched,* S.: ad castra, Cs.: ad eas (virtutes) cursim perrectura beata vita: quos, si pergis, mors manet, *prosecute your enterprise,* L.: perge eloqui, *speak out,* T.: perge de Caesare, *go on to speak:* pergam, quo coepi, hoc iter, T.: has nuptias Perge facere, T.: ad eum ire: ipsi sententia stetit pergere ire, *to march on,* L.: pergunt interire lunae, H.

per-grandis, e, *adj., very large, vast, immense:* gemma: pecuniae summa: pergrandis natu, *extreme old age,* L.

per-grātus, *adj., very agreeable, extremely pleasant:* litterae: id militibus fuit pergratum, ut, etc., Cs.: pergratum mihi feceris, si, etc., *you would do me a great favor.*—In tmesi: per mihi, per, inquam, gratum feceris, si, etc.

per-gravis, e, *adj., very weighty, highly important:* pergravia, T.: testes.

per-graviter, *adv.* [pergravis], *very gravely, most seriously:* Galbam reprehendere: offensus.

pergula, ae, *f.* [pergo], *a school, lecture-room:* omnis, *the whole school,* Iu.—*A brothel,* Pr.

perhibeō, uī, itus, ēre [pro+habeo], *to bring forward, adduce:* alquem suo nomine.—*To say, assert:* ut Grai perhibent, V.: fratres, qui nuntii fuisse perhibentur.—*To call, name:* vatem hunc optimum: tellus, quae perhibetur amara, V.: nec minus est Agesilaus ille perhibendus, *to be cited.*

perhonōrificē, *adv.* [perhonorificus], *very respectfully.*

per-honōrificus, *adj., very honorable:* consalutatio: discessus.—*Showing much honor, very respectful:* collega in me.

per-horreō, —, —, ēre, *to shudder at:* casūs nostros, O.

per-horrēscō, ruī, ere, *inch., to bristle up, roughen:* aequor perhorruit, *ran high,* O.—*To tremble greatly, shake with terror, shudder:* toto corpore: clamore, O.: vexationem virginum: Bosporum, H.: conspicuum tollere verticem, H.

per-horridus, *adj., very dreadful:* silvae, L.

perhūmāniter, *adv.* [perhumanus], *very kindly, very politely:* scripsit ad me.

per-hūmānus, *adj., very kind, truly courteous:* sermo: epistula.

periclitātiō, ōnis, *f.* [periclitor], *a trial, experiment:* utilitates periclitatione percipere.

periclitor, ātus, ārī, *dep.* [periculum], *to try, prove, test, make trial of, put to the test:* periclitemur, si placet, etc.: belli fortunam: periclitandae vires ingeni: periclitatis moribus amicorum, *tested.*—*To put in peril, endanger, risk, hazard:* non est in uno homine salus summa periclitanda rei p.—*To try, make an attempt:* cottidie quid nostri auderent, periclitabatur, Cs.—*To venture, be bold, be enterprising:* proeliis et periclitando tuti sunt, Ta.—*To be in danger, incur danger, be imperilled, run risk:* ut potius Gallorum vita quam legionariorum periclitaretur, Cs.: quid aliud quam ingeni famā periclitarer? L.: si esset in perficiendis pontibus periclitandum, Cs.

periculōsē, *adv.* [periculosus], *dangerously, perilously, with risk:* aegrotans: dico: periculose a paucis emi, quod multorum esset, S.

periculōsus, *adj.* with *comp.* and *sup.* [periculum], *dangerous, hazardous, perilous:* consuetudo: iter: volnera: alea, H.: populo R. periculosum, Cs.: cum novorum fidem experiri periculosum duceret, S.: periculosum est, with *inf.*, L., Cu.: periculosiores inimicitiae, Ta.: periculossimus locus.—*Dangerous, threatening:* in nosmet ipsos.

periculum or (poet.) **periclum**, ī, *n.* [1 PAR-], *a trial, experiment, attempt, test, proof, essay:* fac periculum in litteris, T.: priusquam periclum faceret, Cs.: meae fidei periculum facere.—*An attempt, essay:* in isto periculo veritatem exigere (of a poem).—*Risk, hazard, danger, peril:* Non fit sine periclo facinus magnum, T.: salus sociorum summum in periculum vocatur: obire pericula ac labores, L.: periculum adire capitis, *run the risk of life:* suscipere, *take upon oneself:* facessere innocenti: aliis facere, S.: si mihi periculum crearetur ab eo: periculis vobiscum adero, S.: erat magni periculi res dimicare, etc., Cs.: non est periculum, ne id facere non possit: in periculum se committere, *get into danger:* extrahere ex periculo, *release from danger:* esse in periculo: a securi negat ei periculum esse, *that danger threatens him:* meo periculo, *at my risk.*—*A trial, action, suit at law:* meus labor in privatorum periculis: huuc in periculis defendere, N.—*A judicial record, judgment-roll:* petivit, ut in periculo suo inscriberent, etc., N.: pericula magistratuum.

per-idōneus, *adj.*, *very suitable, well adapted:* locus peridoneus castris, Cs.

per-illūstris, see perinlūstris.

per-imbecillus, *adj.*, *very weak, helpless.*

perimō or **peremō**, ēmī, ēmptus or ēmtus, ere [per+emo], *to take away entirely, annihilate, extinguish, destroy, cut off, hinder, prevent:* sin autem (supremus ille dies) peremit ac delet omnino: luna subito perempta est, i. e. *disappeared:* Troia perempta, *destroyed,* V.: corpus macie peremptum, L.: si causam publicam mea mors peremisset.—*To kill, slay:* morte peremptus, V.: sorte, V.: alqm inopiā, Ta.: hunc perimet mea dextra, O.

perincommodē, *adv.* [perincommodus], *very inconveniently, most unfortunately:* accidit.

per-incommodus, *adj.*, *very inconvenient, highly troublesome:* regiis, L.

per-inde, *adv.*, *in the same manner, just as, quite as, equally, in like manner, just so:* vivendi artem tantam tamque operosam et perinde fructuosam relinquere: ut viseret agros et perinde dominos laudaret castigaretque, i. e. *according to circumstances,* L.: perinde uxor instituta fuerat, L.—Followed by a comparative clause with *atque* or *ac*, C., L.; with *ac si*, C.; with *tamquam*, L.; with *ut*, T., C., S.; with *quasi*, C.—With an implied comparison: possessione et usu haud perinde adficiuntur, *not so much,* i. e. *not very much,* Ta.

per-indulgēns, entis, *adj.*, *very indulgent, most tender:* in patrem.

per-īnfirmus, *adj.*, *very weak.*

per-ingeniōsus, *adj.*, *very clever:* homines.

per-inīquus, *adj.*, *very unfair, most unjust:* videant, ne sit periniquum (with *acc.* and *infin.*).—*Very unwilling, utterly discontented:* periniquo pati animo, te a me digredi.

per-inlūstris, e, *adj.*, *very brilliant, most notable:* quod sub ipsā proscriptione perinlustre fuit, N.—Fig., *greatly distinguished, highly honored.*

per-īnsīgnis, e, *adj.*, *most conspicuous.*

per-invalidus, *adj.*, *extremely weak,* Cu.

per-invīsus, *adj.*, *much hated, very odious.*

per-invītus, *adj.*, *very unwilling, with great reluctance:* litteras legi periuvitus.

Peripatēticus, *adj.*, = Περιπατητικός, *of the Peripatetic philosophy, Aristotelian:* philosophi.

peripetasmata, um, *n.*, = περιπετάσματα, *coverings, hangings, rugs:* Attalica: de peripetasmatis.

per-īrātus, *adj.*, *very angry:* nobis.

periscelis, idis, *f.*, = περισκελίς, *a leg-band, knee-band:* rapta sibi, H.

peristrōmata, um, *abl.* matīs, *n.*, = περίστρωμα, *coverings, carpets:* conchyliata.

peristȳlum, ī, *n.*, = περίστυλον, *an open court surrounded by a colonnade, peristyle.*

perītē, *adv.* with *comp.* and *sup.* [peritus], *skilfully, expertly, artfully, cleverly:* quod institutum perite a Numā: fecit: nihil peritius (dictum): litteras peritissime venditare.

perītia, ae, *f.* [peritus], *experience, practical knowledge, skill:* locorum et militiae, S.: legum, Ta.: peritiā et arte praestans, Ta.

perītus, *adj.* with *comp.* and *sup.* [1 PAR-], *experienced, practised, trained, skilled, skilful, expert:* imperator: homines usu: Iber, H.: homo peritissimus in eis rebus: peritissimi duces, Cs.: multarum rerum: prodigiorum, L.: peritiores rei militaris, Cs.: bellorum omnium peritissimus: iuris, Iu.: quis iure peritior?: milites usu periti, *experienced,* Cs.: ad usum et disciplinam peritus: cantare, V.: obsequi, Ta.—*Plur. m.* as *subst.:* duobus peritissimis operam dare, *eminent experts:* decede peritis, H.

per-iūcundē, *adv.*, *very agreeably, most pleasantly:* in hac suavitate versari: fuit enim periucunde, *in the best humor.*

per-iūcundus, *adj.*, *very agreeable, most acceptable:* alcui litterae: disputatio.—In tmesi: id mihi pergratum perque iucundum erit.

periūrium, ī, *n.* [periurus], *a false oath, perjury:* Caecinam periurio laedere: sceleratorum hominum: luimus periuria Troiae, V.: periuria dictare, Iu.: nihil periuria curant, Ct.

periūrō, see peiero.

periūrus (pēiū-), *adj.* with *sup.* [per+ius], *oath-breaking, false to vows, perjured:* quid inter periurum et mendacem?: periurissimus leno: Troia, V.: fides, H.: Pelops, Ct.

per-lābor, lapsus, ī, *dep.*, *to slip through, glide over:* in aedem foribus perlapsi angues, L.: Ad nos vix famae perlabitur aura, V.: inde perlapsus ad nos Hercules.

per-laetus, *adj.*, *very joyful:* supplicatio, L.

perlapsus, *P.* of perlabor.

per-lātē, *adv.*, *very widely:* id (verbum) patet, *is extremely broad.*

per-lateō, uī, —, ēre, *to remain hidden*, O.

perlātus, *P.* of perfero.

perlēctiō, see pellectio.

per-legō or **pellegō**, lēgī, lēctus, ere, *to view all over, examine thoroughly, scan, survey:* omnia oculis, V.: dispositas per atria ceras, O.—*To read through, peruse:* perlectis litteris, S.: perlectam (epistulam), recitat, Cs.: quando autem pelleget?: leges, Iu.: senatum, i. e. *revise the roll*, L.

per-levis, e, *adj.*, *very slight, trifling:* perlevi momento fortunae pendēre, C., L.

per-leviter, *adv.* [perlevis], *very lightly:* commotus: pungit animi dolor.

per-libēns, perlibenter, see perlub-.

per-līberālis, e, *adj.*, *very well bred*, T.

per-līberāliter, *adv.* [perliberalis], *with extreme courtesy, like a perfect gentleman:* dicere: agere.

perliciō, see pellicio.

per-litō, āvī, ātus, āre, *to offer sacrifices till favorable omens appear:* bove, L.: primis hostiis perlitatum est, i. e. *the first victims yielded favorable auspices*, L.: diu non perlitatum tenuerat dictatorem, *the long delay of a favorable omen*, L.

perlongē, *adv.* [perlongus], *a long way off*, T.

per-longus, *adj.*, *very long:* via.

per-lubēns or **per-libēns**, entis, *adj.*, *very glad:* me perlubente, *to my great delight.*

per-lubenter, *adv.* [perlibens], *very willingly, with great pleasure.*

per-lūceō (pell-), lūxī, —, ēre, *to shine through, glimmer:* perlucens iam aliquid lux, i. e. *in some measure piercing*, L.: pelluces, i. e. *you wear a transparent garment*, Iu.—*P. praes.*, *transparent:* perlucens aether: amictus, O.: ruina, Iu. —Fig., *to shine through, gleam forth, appear, be clear, be intelligible:* illud quasi perlucet ex eis virtutibus: pellucens oratio.

perlūcidulus (pell-), *adj. dim.* [perlucidus], *somewhat transparent:* lapis, Ct.

per-lucidus (pellu-), *adj.* with *comp.*, *transparent, pellucid:* pulvinus: membrana: fons, O.: Arcanique fides prodiga perlucidior vitro, H.—*Extremely bright:* stella.

per-lūctuōsus, *adj.*, *very mournful:* funus.

per-luō, uī, ūtus, ere, *to wash off, wash, bathe, lave:* manūs puras undā, O.: perluitur solitā Titania lymphā, *bathes*, O.: in fluminibus perlui, Cs.

per-lūstrō, āvī, ātus, āre, *to go over, wander all through, traverse completely:* hostium agros, L.—Fig., *to view all over, examine, survey:* materia perlustranda animo: omnia oculis, L.

per-māgnus, *adj.*, *very great, vast, immense:* hereditas: numerus, Cs.: tua res permagna agitur, *interests:* negotia, H.—As *subst. n.*, *a very great thing:* permagnum existimans (with *acc.* and *infin.*): permagni interest, *it is of vast moment:* illud permagni referre arbitror, T.: decumas permagno vendere, *at a very high price.*

per-maneō, mānsī, mānsūrus, ēre, *to stay, hold out, last, continue, abide, be permanent, endure, remain, persist, persevere:* ut quam maxime permaneant diuturna corpora: ira tam permansit diu, T.: quis confidit illud stabile permansurum?: Athenis iam ille mos a Cecrope permansit: Innuba permaneo, O.: ad longinquum tempus: ad extremos rogos, O.: seros in annos, O.: in suis artibus, S.: in orā maritimā, L.: in sententiā: in eā libertate, Cs.

per-mānō, āvī, —, āre, *to flow to, penetrate, reach:* sucus permanat ad iecur: (venenum) in omnis partīs corporis.—Fig., *to penetrate, reach, extend to:* ne ad patrem hoc permanet, *reach the ears of*, T.: macula permanat ad animum: uno auctore ad plures, Cs.

permānsiō, ōnis, *f.* [per+1 MAN-], *a remaining, abiding:* quodvis supplicium levius est hac permansione, *than abiding here.*—*A persistence:* in unā sententiā: in ratione.

per-marīnus, *adj.*, *escorting through the sea:* Lares, *guardian gods of voyagers*, L.

per-mātūrēscō, ruī, —, ere, *inch.*, *to ripen fully:* pomum, ubi permaturuit, O.

per-mediocris, e, *adj.*, *very moderate:* motus.

permēnsus, *P.* of permetior.

per-meō, —, —, āre, *to go over, pass through, cross, traverse:* maria ac terras, O.: longius in hostes, Ta.—Fig., *to penetrate, pervade:* (intellegentia) per omnia.

per-mētior, mēnsus, īrī, *dep.*, *to measure through, measure out, measure:* solis magnitudinem: permenso tempore lucis, i. e. *at the end of life*, Tb.—*To traverse:* classibus aequor, V.

per-mingō, minxī, —, ere, *to make water upon, abuse*, H.

per-mīrus, *adj.*, *very wonderful, amazing:* illud vero mihi permirum accidit, fuisse, etc.—In tmesi: per mihi mirum visum est.

per-misceō, miscuī, mīxtus, ēre, *to mix together, mix thoroughly, commingle, intermingle:* equites pedites permixti, S.: naturam cum materiā: permixti cum suis fugientibus, Cs.: permixtum senatui populi concilium, L.: generi cruorem Sanguine cum soceri, O.: in oratione permixti pedes. —Fig., *to mix together, mingle, commingle, inter-*

mingle: tuas sordes cum clarissimorum virorum splendore: alcuius consiliis permixtus, *implicated,* Ta.—*To confound, disturb, throw into confusion:* omnia: divina humanaque iura permiscentur, Cs.: domum, V.: Graeciam: species sceleris tumultu Permixtae, i. e. *confused by guilt,* H.

permīssiō, ōnis, *f.* [permitto], *a yielding, surrender at discretion:* extra civium corpora, L.—*Leave, permission:* mea permissio mansionis tuae.

1. **permīssus**, *P.* of permitto.—As *subst. n., a permission:* utor permisso, H.

2. (**permīssus**, ūs), *m.* [per+MIT-], *leave, permission; only abl.:* permissu legis: Lentuli, L.

per-mittō, mīsī, mīssus, ere, *to let pass, let go, let loose:* equos in hostem, i. e. *ride at full speed,* L.—*To let go, reach with, cast, hurl:* saxum in hostem, O.—Fig., *to let loose, let go:* tribunatum, *exercise without reserve,* L.—*To give up, hand over, yield, leave, intrust, surrender, commit:* qui et amico permiserit, et, etc., *intrusted* (the matter): Bona nostra tibi, T.: ea potestas magistratui permittitur, S.: ei negotium: summa ei belli administrandi permittitur, Cs.: neque enim liberum id vobis permittit, *gives you your choice,* L.: His mundi fabricator habendum Permisit Aëra, O.: se suaque omnia in fidem populi R., *surrender,* Cs.—*To give leave, let, allow, suffer, grant, permit:* eius iudicio omnia, T.: neque discessisset a me, nisi ego ei permisissem: cetera, ita agant, permittit, S.: quis Antonio permisit, ut, etc.: huic consuli permissum, ut scriberet, etc., L.: permisso, ut, etc., L.: Nil non permittit mulier sibi, *dares,* Iu.: aliquid iracundiae tuae, *make allowance for.*

permīxtē or **permīxtim**, *adv.* [permixtus], *confusedly, promiscuously:* dicere.

permīxtiō, ōnis, *f.* [per+MIC-], *a mixing together, mixture,* C.—*A confusion, disturbance:* terrae, S.

permīxtus, *P.* of permisceo.

per-modestus, *adj., very modest, extremely shy:* homo: verba sensu permodesto, *moderate,* Ta.

permolestē, *adv.* [permolestus], *with much trouble:* alqd fero, *am much vexed.*

per-molestus, *adj., very troublesome:* scrupuli.

per-molō, —, —, ere, *to grind thoroughly:* uxores, H.

per-mōtiō, ōnis, *f.* [per+1 MV-], *a moving, exciting, excitement:* mentis: permotionis causā, *to stir the feelings.*—*An emotion:* permotiones animis datae.

per-moveō, mōvī, mōtus, ēre, *to move deeply, rouse, excite, agitate, influence, lead, induce, prevail on:* quem res tanta non permovet, S.: maxime hac re permovebantur, quod, etc., *were most influenced,* Cs.: ne animo permoverentur, *should be discouraged,* Cs.: si quem fugae, calamitates non permovent: metu permotus: permotus ad miserationem, Ta.: in gaudium, Ta.: plebes dominandi studio permota, S.: mente permotus, *in an ecstasy.*—*To arouse, excite:* metum et iras, Ta.

per-mulceō, mulsī, mulsus, ēre, *to rub gently, stroke:* manu eum, O.: barbam, L.—*To touch gently:* aram flatu permulcet spiritus austri, *blows softly upon,* C. poët.: medicata lumina virgā, O.—Fig., *to soothe, charm, please, delight, flatter, fondle:* sensum voluptate: his verbis aurīs, H.—*To soothe, appease, allay, tame:* eorum animis permulsis, Cs.: pectora dictis, V.: iram eius, L.: senectutem, *mitigate:* vestigia lymphis, *to wash away,* Ct.

permultō, *adv.* [*abl. n.* of permultus], *very much, by far:* clariora.

permultum, *adv.* [permultus], *very much, very far:* permultum interest, utrum, etc.: permultum ante, *very often before.*

per-multus, *adj., very much, very many:* imitatores: colles, Cs.—As *subst. n.:* permultum erit ex maerore tuo diminutum: permulta rogatus Fecit, H.

per-mūniō, īvī, ītus, īre, *to finish fortifying, fortify thoroughly:* quae munimenta incohaverat, L.: castris permunitis, L.

permūtātiō, ōnis, *f.* [permuto], *a change, alteration, revolution, crisis:* magna rerum: temporum.—*An interchanging, barter, exchange:* captivorum, L.: mercium, Ta.: quae (pecunia) mihi ex publicā permutatione debetur, *a remittance by bill of exchange.*—*A substitution:* similis, Iu.

per-mūtō, āvī, ātus, āre, *to change throughout, alter completely:* omnem rei p. statum.—*To interchange, exchange:* captivos, L.: galeam, V.: valle Sabinā divitias, H.—Of money, *to exchange, pay by bill of exchange:* illud, quod tecum permutavi, *you remitted to me by bill of exchange:* curasse, ut cum quaestu populi pecunia permutaretur.

perna, ae, *f.,* = πέρνα, *a haunch, ham with the leg, gammon:* fumosa cum pede, H.

per-necessārius, *adj., very necessary, pressing:* tempus.—*Very closely connected, very intimate:* amicus: homo mihi.—As *subst. m.:* Leptae nostri: paternus.

per-necesse, *adj. indecl., very necessary, indispensable:* cum pernecesse esset.

per-negō, āvī, —, āre, *to deny stoutly:* alqd, T.: saepe appellati, pernegaverunt.

perniciābilis, e, *adj.* [pernicies], *destructive, ruinous:* nix oculis, Cu.: morbi, L.

perniciēs (not -tiēs), *acc.* em (*gen.* once iī, C.; *dat.* once iē, L., once iī, N.), *f.* [per+1 NEC-], *de-*

struction, death, ruin, overthrow, disaster, calamity, mischief: instructa ad perniciem, T.: senatoribus perniciem machinari, S.: opibus ad perniciem suam uti, Cs.: populi R.: in apertam perniciem incurrere: in nepotum Perniciem, H.: cuius (aestatis) insanabilis, L.—*A pest, bane, curse:* leno, pernicies adulescentium, T.: provinciae Siciliae, i. e. *Verres:* Pernicies barathrumque macelli, H.

perniciōsē, *adv.* with *comp.* [perniciosus], *destructively, ruinously, perniciously:* multa perniciose sciscuntur in populis: perniciosius mereri.

perniciōsus, *adj.* with *comp.* and *sup.* [pernicies], *destructive, ruinous, baleful, pernicious:* lubido, S.: flamma: leges, Cs.: scripta auctori perniciosa suo, O.: morbi perniciosiores: Obsequium ventris mihi perniciosius est, H.: perniciosissimum fore, si, etc., N.—*Plur. n.* as *subst., baneful things:* perniciosa loquebatur, *talked injuriously:* petuntur, Iu.

pernīcitās, ātis, *f.* [pernix], *nimbleness, briskness, agility, swiftness:* electi (milites) ad pernicitatem, Cs.: adde pernicitatem: pedum, L.

pernīciter, *adv.* [pernix], *nimbly, swiftly:* desilire, L.: exsilire, Ct.

per-nimium, *adv., quite too much, far too much:* nimium inter vos, pernimium interest, T.—In tmesi: per parce nimium, T.

(pernitiēs), see pernicies.

pernīx, īcis, *adj.* [per+CNI-], *persistent, persevering:* iacet (taurus) instrato saxa cubili, V.—*Nimble, brisk, active, agile, quick, swift, fleet:* corpora exercitatione, L.: virgo pernicibus ignea plantis, V.: puella, Ct.: amata relinquere, H.

per-nōbilis, e, *adj., very famous:* epigramma.

per-noctō, āvī, aturus, āre, *to stay all night, pass the night:* foris, T.: ibi: extra moenia, L.: pro me pernoctet epistula tecum, O.: haec studia pernoctant nobiscum.

per-nōscō, nōvī, nōtus, ere, *to examine thoroughly:* pernoscite, Furtumne factum existimetis, T.—*To learn thoroughly, become fully acquainted with:* non satis alqm, T.: rem cognoscite, Ut pernoscatis, etc., T.: motūs animorum sunt oratori pernoscendi: iuris Naturam, H.

pernōtēscō, tuī, ere, *inch., to become generally known:* ubi incolumem esse pernotuit, Ta.

per-nōtus, *adj., thoroughly known, well known:* pugil regi, Cu.

per-nox, noctis, *adj., through the night, all night:* (bos) iacet pernox instrato cubili, V. (al. pernix): luna, *full,* L.: lunā pernocte, *by the full moon,* O.: luditur alea pernox, Iu.

per-numerō, āvī, ātus, āre, *to count out, reckon up:* pecuniam, L.

pērō, ōnis, *m., a long laced boot of raw hide* (for soldiers and wagoners), V., Iu.

per-obscūrus, *adj., very obscure:* quaestio: fama, L.

(per-ōdī), see perosus.

per-odiōsus, *adj., hateful, detestable:* lippitudo.

per-officiōsē, *adv., very serviceably, with devotion:* me observare.

per-opportūnē, *adv.* [peropportunus], *very seasonably, most opportunely:* venire: cum te fortuna attulisset: bellum sumere, L.

per-opportūnus, *adj., very seasonable, most opportune:* diversorium: victoria, L.

per-optātō, *adv.* [optatus], *exactly as desired:* peroptato nobis datum est.

per-opus, *adv., very necessary:* peropus est, hunc cum ipsā loqui, T.

perōrātiō, ōnis, *f.* [peroro], *a summing up, peroration:* eius.

per-ōrnātus, *adj., highly ornate:* in dicendo.

per-ōrnō, āvi, —, āre, *to adorn constantly:* senatum, Ta.

per-ōrō, āvī, ātus, āre, *to speak from beginning to end, plead throughout, harangue at length:* a Quinto causa est Sesti perorata: breviter peroratum esse, L.: In Proculas, Iu.—*To end, close, conclude, finish:* strepitu senatūs coactus est perorare: dicta est a me causa et perorata: est mihi perorandum: de ceteris, N.—*To bring to an end, conclude, finish, have done with:* res illo die non peroratur: haec laudemus, cum erunt perorata.

perōsus, *P. dep.* [per-odi], *detesting, hating greatly, weary of, disgusted with:* lucem, V.: genus omne Femineum, V.: Creten, O.: superbiam regis, L.: decemvirorum scelera, L.

per-pācō, —, ātus, āre, *to quiet completely, pacify thoroughly:* omnibus perpacatis, L.

(per-parcē), *adv., very sparingly,* T. dub.

per-parvolus (-vulus), *adj. dim., very little, very small:* signum: sigilla.

per-parvus (-vos), *adj., very little, trifling, minute:* navigium: culpa.—As *subst. n.:* perparvum ex illis lucris.

per-pāstus, *adj., well fed:* canis, Ph.

per-paucī, ōrum, *adj., very few:* homo Perpaucorum hominum, i. e. *select in his associates,* T.: patres, L.—In tmesi: per pol quam paucos reperias amatores, T.—As *subst. n.:* perpauca dicam: perpauca loquens, H.

per-pauculī, ōrum, *adj. dim., very few:* deduxit in Academiam perpauculis passibus.

per-paulum, *adv., a very little:* declinare.

per-paulus, *adj.*, *very little.*—As *subst. n.*, *a very little:* loci.

per-pauper, eris, *adj.*, *very poor:* rex.

per-pellō, pulī, —, ere, *to drive, urge, force, compel, constrain, prevail upon:* ad deditionem, L.: orare, usque adeo, donec perpulit, *carried his point*, T.: Aulum spe pactionis, ut, etc., S.: decemviros, ut, etc., L.: perpulit tandem, ut facerent, etc., *brought it about*, L.: conlegam pactione perpulerat, ne, etc., S.: paelices perpulit delationem subire, *induced*, Ta. — *To impress deeply:* candor huius te et proceritas perpulerunt.

perpendiculum, ī, *n.* [perpendo], *a plummet, plumb-line:* ad perpendiculum columnas exigere, *set by plummet:* ad perpendiculum, *perpendicularly:* non directe ad perpendiculum, sed prone, Cs.

per-pendō, pendī, —, ere, *to weigh carefully, examine, ponder, consider:* momenta officiorum: amicitia, quae tota veritate perpenditur, *is valued altogether according to its truth.*

perperam, *adv.* [1 PAR-], *wrongly, incorrectly, untruly, falsely:* istoc de nomine dixi, i. e. *gave a false name*, T.: facere: interpretari, L.

perpessiō, ōnis, *f.* [perpetior], *a bearing, suffering, endurance:* harum rerum: laborum.

perpetior, pessus, ī, *dep.* [per+patior], *to bear steadfastly, suffer firmly, stand out, abide, endure, be patient:* contumelias, T.: inperia saeva, S.: o multa dictu gravia, perpessu aspera: supplicium, Cs.: mihi omnia potius perpetienda esse duco, quam, etc.: Audax omnia perpeti Gens, i. e. *to brave all*, H.: fulmina, noctem, imbrīs, O.: interfici quom perpeti me possum, T.: exscindine domos Perpetiar, V.: perpetiar memorare, i. e. *will control myself so as*, etc., O.

per-petrō, āvī, ātus, āre [per+patro], *to carry through, complete, effect, achieve, execute, perform, accomplish, commit, perpetrate:* ut Ilenses munere solverentur, Ta.—Usu. *P. pass.:* suo labore perpetratum, ne, etc., Ta.: perpetratā caede, L.: id se facinus perpetraturos, L.: perpetratis quae ad pacem deum pertinebant, L.

perpetuitās, ātis, *f.* [perpetuus], *uninterrupted duration, continuous succession, continuity, perpetuity:* philosophi spectandi sunt ex perpetuitate atque constantiā, i. e. *general tenor and system:* ad perpetuitatem, *forever:* in vitae perpetuitate, *throughout life:* perpetuitas verborum, *an unbroken succession:* dicendi.

1. perpetuō, *adv.* [perpetuus], *constantly, uninterruptedly, forever:* hanc habere, T.: in vallo permanere, Cs.: loquens: virens buxum, O.

2. perpetuō, —, —, āre [perpetuus], *to cause to continue, perpetuate:* verba, *talk without pausing:* iudicum potestas perpetuanda.

per-petuus, *adj.* [per+1 PAT-], *continuous, unbroken, uninterrupted, constant, entire, whole, perpetual:* agmen: vigiliaeque stationesque, *a continuous line of*, etc., Cs.: Perpetuis soliti patres considere mensis, V.: innocentia perpetuā vitā perspecta, *in the whole tenor of his life*, Cs.: oratio (opp. altercatio): quaestiones, *a permanent court for criminal trials:* historia, *a general history:* diem perpetuum in laetitiā degere, *this whole day*, T.: lex: stellarum cursūs: formido, V.: rota, perpetuum quā circumvertitur axem (i. e. perpetuo), O.—As *subst. n.:* in perpetuum (sc. tempus), *for all time, forever.*—*Universal, general:* perpetui iuris quaestio: quaestio, *a general principle.*

per-placeō, —, —, ēre, *to please greatly:* ea (lex) mihi perplacet.

perplexē, *adv.* [perplexus], *confusedly, ambiguously:* mecum loqui, T.: indicare, L.

per-plexus, *adj.* with *comp.*, *interwoven, entangled, involved, intricate:* iter silvae, V.: carmen perplexius, L.—Fig., *intricate, unintelligible, ambiguous, obscure, inscrutable:* sermones, L.: responsum, L. — As *subst. n.*, *intricacy, perplexity:* quidnam perplexi sua legatio haberet, L.

per-poliō, īvī, ītus, īre, *to polish thoroughly, finish, make perfect:* opus: ea, quae habes instituta: perpoliendi labor.

perpolītus, *adj.* [*P.* of perpolio], *thoroughly polished, refined:* explicatio: omnibus iis artibus: vita humanitate.

per-populor, ātus, āre, *dep.*, *to lay waste utterly, devastate, pillage completely:* Italiam, L.: perpopulato agro, L.: homines, Ta.

perpōtātiō, ōnis, *f.* [perpoto], *a drinking-bout:* intemperantissimae perpotationes.

per-pōtō, āvī, —, āre, *to keep drinking, tipple, carouse:* totos dies: ad vesperum: perpotandi dulcedo, Cu.

perprimō, —, —, ere [per+premo], *to press hard, press perpetually:* cubilia, *lie upon*, H.

per-propīnquus, *adj.*, *very near:* commutatio rerum, Att. ap. C.—As *subst. m.*, *a very near relation:* Auri.

per-pūgnāx, ācis, *adj.*, *very pugnacious.*

per-pulcher (**-cer**), chra, chrum, *adj.*, *very beautiful:* dona, T.

per-pūrgō (old **perpūrigō**), āvī, ātus, āre, *to cleanse thoroughly, purge:* se quādam herbulā.—Fig., *to clear up, explain:* locus orationis perpurgatus ab iis: de dote tanto magis, *arrange.*

per-pusillus, *adj.*, *very small, very little:* perpusillum rogabo (in a double sense as *adj.* or *adv.*), *I will ask very little*, or, *the very little man.*

per-quam or **per quam**, *adv.*, *as much as*

possible, extremely, exceedingly, T.: perquam grave est dictu: pauci, L.: breviter: per pol quam paucos reperias, T.

perquīrō, —, quīsītus, ere [per+quaero], *to ask diligently after, make eager search for:* vasa: vias in Suevos, Cs.: raptam, O.: non perquiris, cui dixit Apronius?: cognitionem rei, *investigate.*

(**perquīsītē**), *adv.* [perquisitus], *accurately, critically.*—Only *comp.:* perquisitius conscribere.

perquīsītus, *P.* of perquiro.

perrārō, *adv.* [perrarus], *very seldom, hardly ever:* accidit: haec alea fallit, H.

per-rārus, *adj., extremely rare*, L.

per-reconditus, *adj., most abstruse:* ratio consuetudinis.

perrēctūrus, *P.* of pergo.

per-rēpō, —, —, ere, *to crawl over:* tellurem genibus, Tb.

per-rēptō, āvī, —, āre, *freq., to creep over, crawl through:* usque omne oppidum, T.

perrīdiculē, *adv.* [perridiculus], *very laughably, most absurdly:* homines augurabantur.

per-rīdiculus, *adj., very laughable, highly absurd:* doctrina.

perrogātiō, ōnis, *f.* [perrogo], *the enactment of a law:* legis Maniliae.

per-rogō, —, —, āre, *to ask in succession, complete the roll-call:* perrogari sententiae non potuere, *the voting could not be finished*, L.

per-rumpō, rūpī, ruptus, ere, *to break through, force a way through, get across:* per medios hostīs, Cs.: in vestibulum templi, L.: nec per castra perrumpi posse, L.: paludem, Cs.: perrumpitur concretus aër: bipenni Limina, V.: Perrupit Acheronta, H.—Fig., *to break through, break down, overcome:* leges: quaestiones: fastidia, H.

Persae, ārum, *m.*, = Πέρσαι, *the Persians*, S., C., N., H.—*The Parthians*, H.

per-saepe, *adv., very often:* quod persaepe fit, C., H.

persalsē, *adv.* [persalsus], *very wittily.*

per-salsus, *adj., very witty.*

persalūtātiō, ōnis, *f.* [persaluto], *a general salutation, greeting of everybody.*

per-salūtō, āvī, ātus, āre, *to salute in succession:* omnīs: deos, Ph.: a toto exercitu persalutatus est, Cu.

per-sānctē, *adv., very sacredly, most solemnly:* deierare, T.

per-sapiēns, entis, *adj., very wise:* homo.

per-sapienter, *adj., very wisely.*

per-scienter, *adv., very discreetly.*

per-scindō, —, —, ere, *to rend asunder, tear in pieces:* omnia perscindente vento, L.

per-scītus, *adj., very clever, very fine.*—In tmesi: Per ecastor scitus puer, T.: per mihi scitum videtur.

per-scrībō, īpsī, īptus, ere, *to write in full, write at length, write out:* res gestas populi R., S.: de meis rebus ad Lollium: hoc perscriptum in monumentis reperietis, ut, etc.: a primordio urbis res populi R., L.: versum puris verbis, H.—In public records, *to record, enter, register:* senatūs consulta, Cs.: in tabulas publicas ad aerarium.—In account books, *to enter, charge:* falsum nomen.—*To describe fully, recount, detail:* rem gestam, Cs.: mihi tuam orationem.—*To make over by writing, assign, pay by draft:* argentum alcui, T.: de publico alqd: a quaestore perscribi, *to be paid by a draft on the quaestor*, L.

perscrīptiō, ōnis, *f.* [perscribo], *a writing down, entry, official record:* perscriptionum et liturarum adversaria: illud senatūs consultum eā perscriptione est, ut, etc., i. e. *of such a tenor.*—*A making over by writing, assignment, payment by draft:* pactio perscriptionibus facta.

perscrīptor, ōris, *m.* [perscribo], *a book-keeper, accountant:* faenerationis.

per-scrīptus, *P.* of perscribo.

per-scrūtor, ātus, ārī, *dep., to search through, examine, scrutinize:* castelli planitiem, S.: (canes) perscrutabantur omnia.—Fig., *to examine into, investigate:* rationem criminum.

per-secō, cuī, ctus, āre, *to cut up, extirpate, cut out:* id (vitium), L.: rerum naturas, *lay bare:* perseca et confice, *cut away* (obstacles).

persecūtus, *P.* of persequor.

per-sedeō (-sideō), —, —, ēre, *to remain sitting, sit continuously:* totā nocte in speculis, Cu.: in equo persedendo, L.

per-sēgnis, e, *adj., very sluggish:* proelium, L.

per-sentiō, sī, —, īre, *to feel deeply:* pectore curas, V.—*To apprehend clearly, perceive distinctly:* eam tali peste teneri, V.

per-sentīscō, —, —, *intens., to perceive clearly, detect:* id, T.: Quot res dedere, T.

Persephonē, ēs, *f.*, = Περσεφόνη, *Proserpine*, O.—*Death*, Tb., O.

per-sequor, cūtus or quūtus, ī, *dep., to follow perseveringly, follow after, follow up, pursue:* certum est persequi, T.: me in Asiam, T.: exercitum: Hortensium ipsius vestigiis: alcuius vestigia: te, V.: Hanc persecuta mater, Ph.—With *infin.:* non ego te frangere persequor, H.—*To press upon, hunt down, chase, pursue:* fugientes usque ad flumen, Cs.: deterrere hostīs a persequendo, S.: feras, O.: beluas, Cu.—*To follow up, come up with, overtake:* te triginta diebus: Mors fugacem persequitur virum, H. — *To search over, to search through:* solitudines.—Fig., *to follow perseveringly, pursue, follow up:* viam, T.: eas artīs. — *To pursue, hunt after, seek to obtain, strive after:* utilia studiosissime: hereditates, T.: voluptates: meum ius, *assert*, T.: bona tua lite atque iudicio. —*To follow, be a follower of, imitate, copy after:* Academiam veterem: te. — *To pursue, proceed against, prosecute, revenge, avenge, take vengeance upon:* bello civitatem, Cs.: iniurias suas: de persequendis inimicitiis, Cs. — *To follow up, follow out, perform, execute, prosecute, bring about, accomplish:* ex usu quod est, id persequar, T.: si idem extrema persequitur qui incohavit: vitam inopem et vagam, *lead:* scelus, O. — *To take down, note down, record:* quae dicerentur.—*To set forth, relate, recount, describe, explain:* quae versibus persecutus est Ennius: has res in libro.

Persēs, ae, *m.*, = Πέρσης, *a Persian*, C., N.

persevērāns, antis, *adj.* with *comp.* [*P.* of persevero], *persevering, persistent:* perseverantior caedendi, L.

persevēranter, *adv.* with *comp.* [perseverans], *perseveringly:* tueri, L.: perseverantius saevire, L.

persevērantia, ae, *f.* [persevero], *steadfastness, perseverance:* eius nimia, *obstinacy:* sententiae tuae: nautarum, Cs.

persevērō, āvī, ātus, āre [perseverus], *to abide, adhere strictly, continue steadfastly, persist, persevere:* (navis) perseveravit, *kept on its course*, Cs.: in suā sententiā: in vitiis: in eo, ius publicano non dicere: perseveratum in irā est, L.: in eo perseverandum putabat, Cs.: iniuriam facere: aversari scelus, Cu.: se esse Orestem, *persisted:* id perseverare et transigere: ad urbem ut non accederem, perseveravi.

per-sevērus, *adj.*, *very strict:* imperium, Ta.

Persicus, *adj.*, = Περσικός, *Persian, of Persia:* regna, Iu.: apparatūs, i. e. *luxurious*, H.—*Plur. n.* as *subst.*, *Persian history.*

persideō, see persedeo.

per-sīdō, sēdī, —, ere, *to sink down, penetrate:* Altius ad vivum, V.

per-sīgnō, —, —, āre, *to register accurately, record:* triumviri donis persignandis, L.

per-similis, e, *adj.*, *very like, precisely similar:* statua istius: isti tabulae liber, H.

per-simplex, icis, *adj.*, *very simple:* victus, Ta.

per-sistō, —, —, ere, *to abide, persist:* in impudentiā, L.—(For *perf.* system see persto).

per-solvō, solvī, solūtus, ere, *to unravel, solve, explain:* hoc mihi. — *To pay, pay out, pay over:* pretium tibi, T.: pecuniam a discipulis suis Fufiis, *pay by a draft on*, etc.: (aes alienum) alienis nominibus suis copiis, *debts charged to others*, S. — *To pay, give, show, render, suffer:* poenas, Cs.: tibi laborum praemia pro me: gratīs, *render thanksgiving*, V.: dis gratiam: honorem dis, *offer sacrifices*, V.: vota, *fulfil:* iusta, *pay honors to the dead*, Cu.: poenas dis hominibusque, *suffer at the hands of:* persolvi primae epistulae, *have answered.* — *To render, inflict:* ab omnibus esse ei poenas persolutas.

persōna, ae, *f.* [per + SON-], *a mask, false face* (usu. of clay or bark, covering the head; worn by actors): tragica, Ph.: pallens, Iu.: mulier videtur, Non persona loqui, i. e. *no man disguised*, Iu.—*An assumed character, part:* parasiti, T.: potestatis, *affectation*, Ta. — *A part, character:* aliena: personam in re p. tueri principis: persona, quam mihi tempus et res p. imposuit: petitoris personam capere: gravissimam personam sustinere: in Maeandri personā esse expressam speciem civitatis.—*A person, personage, character:* ut mea persona semper aliquid videretur habere populare: induxi senem disputantem, quia nulla videbatur aptior persona: Laeli: altera, sed secunda, *second chief personage*, N.: ut rerum, ut personarum dignitates ferunt: foedior omni Crimine persona est, *the character you have to describe*, Iu.

persōnātus, *adj.* [persona], *in a mask, masked:* Roscius: pater, i. e. *in the play*, H. — Fig.: cur personatus ambulem, *in an assumed character.*

per-sonō, uī, —, āre, *to sound through and through, resound, fill with sound, reëcho:* cum domus cantu personaret: domus Personuit canibus, H.: totis castris, *to be heard*, L.: ab aetherio personat axe fragor, O.: citharā, *to play loudly*, V.: haec regna latratu, V.: aurīs vocibus: aurem, *bawl in the ear*, H.—*To cry out, call aloud:* (res) in angulis: huc libidinem esse prolapsam: coram in foro personare, Hernicos paratos, L.

perspectus, *adj.* with *sup.* [*P.* of perspicio], *clearly perceived, evident, well known:* res penitus perspectae: benevolentia mihi perspectissima.

perspergō, —, spersas, ere [per + spargo], *to besprinkle, tinge:* unde haustā aquā templum perspersum, Ta.—Fig.: quo tamquam sale perspergatur oratio.

perspicāx, ācis, *adj.* [per + SPEC-], *sharp-sighted, penetrating, acute, perspicacious:* prudentia: homo, T.: ad has res, T.: alqd naturā.

perspicientia, ae, *f.* [perspiciens], *a full perception, clear insight:* veri.

perspiciō, spēxī, spectus, ere [SPEC-], *to look through, look into, look at, see through:* quo ne perspici quidem posset, Cs.: eas (epistulas), *look through:* ut prae densitate arborum perspici caelum vix posset, *be discerned*, L.—*To look closely at, view, examine, inspect:* domum: operis perspiciendi causā venire, Cs.—Fig., *to perceive clearly, discern, mark, note, observe, prove, ascertain, contemplate:* tuom ut se habeat animum, T.: se: sed tu perspice rem et pertenta: alcuius virtutem: quem perspexisse laborant, *to see through*, H.: quanti te facerem: perspicite, quantum putetis, etc.: perspiciebant enim in Hortensi sententiam plures ituros: perspectus est (Pompeius) de te cogitare.

perspicuē, *adv.* [perspicuus], *evidently, clearly, manifestly:* res perspicue expedire: falsa.

perspicuitās, ātis, *f.* [perspicuus], *clearness, perspicuity.*

perspicuus, *adj.* [SPEC-], *transparent, clear:* aquae, O.—Fig., *evident, clear, manifest, perspicuous:* mors: consilia: hoc inter omnīs.

per-釘sternō, —, strātus, ere, *to pave throughout:* via a silice perstrata est, L.

per-stimulō, —, —, āre, *to stimulate violently:* spiritūs, Ta.

per-stō, stitī, stātūrus, āre, *to stand firmly, continue standing, remain unmoved:* diem totum, L.: in limine, Tb.: (Symplegades) inmotae perstant, O.—*To remain unchanged, last, endure, abide:* nihil est toto quod perstet in orbe, O.: toto anno, O.: perstet hiemps, O.—Fig., *to stand fast, be firm, hold out, continue, persevere, persist:* mens eadem perstat mihi, V.: Persta atque obdura, H.: si perstas indeclinatus amico, *adherest fixedly*, O.: negant posse, et in eo perstat: in impudentiā: in incepto, L.: in Romanā societate perstandum, L.: ad corpus ea referre: condere semen humo, O.

perstrātus, *P.* of persterno.

per-strepō, —, ere, *to make much noise*, T.

per-stringō, inxī, ictus, ere, *to bind closely, press hard, touch closely, graze:* femur, V.: solum aratro, *plough slightly:* vomere portam, *graze against:* uterum perstrinxerat arbor, *had overgrown*, O.: murmure aures, *deafen*, H.—Fig., *to touch closely, affect deeply, wound, move, touch:* horror spectantes perstringit, L.: eos vocis libertate.—Of a speaker, *to touch slightly, glance over:* unam quamque rem: quod meis litteris perstrictus est (Crassus), *slighted:* cultum alcuius levibus verbis, *slightly censure*, Ta.

perstudiōsē, *adv.* [perstudiosus], *very eagerly, with great zeal:* eum audire.

per-studiōsus, *adj.*, *very desirous, extremely fond:* musicorum: litterarum.

per-suādeō, suāsī, suāsus, ēre, *to convince, persuade:* homo factus ad persuadendum: hoc persuadere, non interire animas, Cs.: velim tibi ita persuadeas, me, etc.: de paupertate: hoc tibi vere, H.: si scit et persuasus est, quid irascitur, Caec. ap. C.: quo (malo) viso atque persuaso, *when one has seen it and been convinced of it:* mihi persuaderi numquam potuit, animos . . . vivere, etc. —*To prompt, induce, prevail upon, persuade:* persuasit nox, amor, adulescentia, T.: huic praemiis persuadet, uti, etc., Cs.: huic Albinus persuadet, regnum ab senatu petat, S.: tibi Tellurem movere, V.: ei tyrannidis finem facere, N.: his persuaderi, ut . . . non poterat, Cs.: ea loca provinciae adiungere sibi persuasum habebant, Cs.: persuasus ille fecit, quod, etc., Ph.

persuāsiō, ōnis, *f.* [SVAD-], *a convincing, conviction:* dicere apposite ad persuasionem: superstitionum persuasione, Ta.

(**persuāsus**), *adj.* [*P.* of persuadeo], *fixed, settled.*—Only *sup.:* quod mihi persuasissimum est, *of which I am fully convinced.*

per-subtīlis, e, *adj.*, *very ingenious:* oratio.

persultō, āvī, —, āre [per + salto], *to leap about, prance, range through:* in agro, L.: silvas, *scour*, Ta.

(**per-taedet**), taesum est, ēre, *impers.*, *it wearies, disgusts, makes sick:* Si non pertaesum thalami fuisset, i. e. *had I not come to hate marriage*, V.: pertaesum est enim (me) levitatis: negoti eum, N.

per-temptō (-tentō), āvī, ātus, āre, *to prove thoroughly, test, put to test:* vos, T.: rem, *weigh well:* nobilium adulescentium animos, L.: pugionem, Ta.—*To try severely, affect deeply, overwhelm:* dum lues pertemptat sensūs, V.: pertemptant gaudia pectus, V.

per-tendō, tendī, —, ere, *to press on, carry out, continue:* Verum si incipies, neque pertendes naviter, T.: ut coeperam hoc, T.: pertendens animo, *stubborn*, Pr.—*To push on, proceed:* Romam, L.

pertentō, see pertempto.

per-tenuis, e, *adj.*, *extremely slight, very weak:* spes salutis: suspicio: argumentum: ars.

per-terebrō, āvī, —, āre, *to bore through.*

per-tergeō, tersī, —, ēre, *to wipe off, wipe dry:* Gausape mensam, H.

perterrēfaciō, —, —, ere [perterreo+facio], *to frighten thoroughly:* Davom, T.

per-terreō, —, itus, ēre, *to frighten thoroughly, terrify:* hunc, T.: alios magnitudine poenarum, Cs.: metu perterriti: caede viri perterrita agmina, V.: malefici conscientiā perterritus.

perterricrepus, *adj.* [perterreo+CRAP-], *rattling terribly*, Poët. ap. C.

perterritus, *P.* of perterreo.

per-texō, xuī, —, ere, *to go through with, accomplish:* locum graviter: quod exorsus es.

pertica, ae, *f.*, *a pole, long staff:* longa, O.—*A signal pole*, Cu.—*A measuring rod*, Pr.

per-timēscō, muī, —, ere, *inch.*, *to be frightened, be alarmed, fear greatly:* Catilina ipse pertimuit: de fortunis suis: cuiusquam vim: legatum, S.: nomen imperi etiam in levi personā pertimescitur: ne quid peccasset: quem habitura sit exitum (contemptio legum).

pertinācia, ae, *f.* [pertinax], *perseverance, persistence, stubbornness, obstinacy, pertinacity:* perseverantiae finitima: hominum nimia, Cs.: pertinaciae finem facere, Cs.: iusta, L.—P e r s o n., C.

pertināciter, *adv.* [pertinax], *obstinately, stubbornly:* pugnare, L.

pertināx, ācis, *adj.* with *comp.* and *sup.* [per+tenax], *persevering, unyielding, obstinate, pertinacious, stubborn:* pertinacissimus fueris, si, etc.: virtus, L.: concertationes in disputando: pertinacior in repugnando, L.: ad obtinendam iniuriam, L.: adversus impetūs, L.: fortuna Ludum insolentem ludere pertinax, H.

pertineō, uī, —, ēre [per+teneo], *to stretch out, reach, extend:* venae in omnīs partīs corporis pertinentes: deus pertinens per naturam cuiusque rei: Belgae pertinent ad partem fluminis, Cs.—F i g., *to reach, extend:* eadem bonitas ad multitudinem pertinet: caritas patriae per omnes ordines pertinebat, *pervaded*, L.: partium sensu non satis pertinente in omnia, *that which was felt in parts* (of the city) *not becoming everywhere known*, L. — *To belong, relate, pertain, be pertinent, concern, refer:* quid est hoc? quo pertinet?: quorsum haec oratio pertinet?: nihil ad rem pertinere, *is nothing to the point:* quod ad inducias pertineret, *as far as concerned*, Cs.: si quid hoc ad rem pertinet, *is to the point.*—*To apply, be applicable, suit, be suitable:* quod (ius) pertineat ad omnīs: ad quem suspicio malefici pertineat, *on whom suspicion should fall:* ad imperatorem id pertinere prodigium, L. — *To belong, be the right of:* regnum Aegypti ad se pertinere. — *To have a tendency, tend, lead, conduce:* illud quo pertineat, videte: summa illuc pertinet, ut sciatis, etc.: ille luctus ad tui capitis periculum pertinebat, *threatened your safety:* ad rem pertinere visum est, eos consules esse, etc., *to be useful*, L.: Quorsum pertinuit stipare, etc.? *what end did it serve?* H.

pertingō, —, —, ere [per+tango], *to reach, extend:* collis in inmensum pertingens, S.

pertractātiō, ōnis, *f.* [pertracto], *a handling, busying with:* poëtarum: rerum p.

per-tractō (pertrectō), āvī, ātus, āre, *to touch, handle:* mullos. — F i g., *to deal with, influence:* mentem cogitatione: animos iudicum.—*To be busy with, treat:* ad totam philosophiam pertractandam se dare.

per-trahō, trāxī, tractus, ere, *to draw along, drag, conduct forcibly:* ratem ad ripam, L.: mulierem Romam ad centumviros, Ph. — *To entice, lead on:* in locum iniquum pertractus, L.

pertrectō, see pertracto.

per-trīstis, e, *adj.*, *very sad:* carmen, C. poët.: patruus, *austere.*

per-tumultuōsē, *adv.*, *in great agitation:* nuntiare.

per-tundō, tudī, tūsus, ere, *to thrust through, bore through, perforate:* positos tineā pertunde libellos, Iu.: venam, *lance*, Iu.: dolium a fundo pertusum, L.: pertusā laenā, *with a ragged cloak*, Iu.

perturbātē, *adv.* [perturbatus], *confusedly, disorderly:* dici: ea efficere.

perturbātiō, ōnis, *f.* [perturbo], *confusion, disorder, disturbance:* exercitūs, Cs.: caeli.—F i g., *political disturbance, disorder, revolution:* tanta: quantas perturbationes habet ratio comitiorum?: civitatis. — *Mental disturbance, disquiet, perturbation:* animorum atque rerum: vitae.—*An emotion, passion, violent feeling:* perturbationes, quae sunt turbidi animorum motūs, etc.

perturbātrīx, īcis, *f.* [perturbator], *a disturber.*

perturbātus, *adj.* with *comp.* [*P.* of perturbo], *troubled, disturbed, unquiet, agitated, unsettled:* civitas vestris legibus: voltus, L.—*Plur. n.* as *subst.:* onusti cibo perturbata cernimus, *confused visions.* —Of persons, *disturbed, embarrassed, discomposed:* homo perturbatior metu: cum ipsius familiaritate.

per-turbō, āvī, ātus, āre, *to confuse, disturb, confound, throw into disorder:* aciem, S.: omnia, T.: aetatum ordinem: nox perturbat omnia: reliquos (milites) incertis ordinibus, Cs.—F i g., *to disturb, discompose, embarrass, confound:* mentīs animosque, Cs.: de rei p. salute perturbari: magno animi motu perturbatus: perturbatis sensibus Derepit (sus), Ph.: qui perturbantur, copiasne ducere . . . an, etc., *are utterly at a loss*, Cs.

per-turpis, e, *adj.*, *very shameful.*

pertūsus, *P.* of pertundo.

per-ungō (-unguō), ūnxī, ūnctus, ere, *to besmear, anoint:* corpora oleo: ora manu, O.: nardo perunctus, H.

per-urbānus, *adj.*, *highly cultivated, extremely witty:* Torquatus toto genere.—*Excessively polite* (opp. rusticus).

per-ūrō, —, ūstus, ere, *to burn up, waste by fire:* perusti late agri, L.—*To heat, burn, inflame:* sitis fatigatos perurebat, Cu. — *To inflame, gall, rub sore:* peruste funibus latus, *with your side galled*, H.: oneri colla perusta, O.—*To nip, pinch:* terra perusta gelu, O.—F i g., *to burn, inflame, consume:* hominem perustum gloriā volunt incendere: valido peruri aestu, O.: intestina perurens, i. e. *stirring wrath*, Ct.

per-ūtilis, e, *adj.*, *very useful:* res: opera.

per-vādō, sī, —, ere, *to go through, pass through, extend, prevail, spread through:* incendium per agros pervasit: per aequa et iniqua loca pervadunt, L.: murmur totam contionem pervasit, L.: Thessaliam cum exercitu, L.—*To go, come, arrive:* alquo loco: in Italiam: in nares: ad castra, L. — Fig., *to extend, spread, penetrate, pervade:* quo non illius diei fama pervaserit: victoriae fama cum pervasisset in Asiam, L.: opinio animos gentium pervaserat: cum fama ea urbem pervasisset, L.

pervagātus, *adj.* with *comp.* and *sup.* [*P.* of pervagor], *spread out, wide-spread, well known:* res in volgus: apud omnīs: pervagatissimus versus: sermo.—*Plur. n.* as *subst.:* ista communia et pervagata, *widely known rules.*—*Vague, general:* pervagatior pars.

per-vagor, ātus, ārī, *dep.*, *to wander over, range through, rove about, overrun:* hic praedonum naviculae pervagatae sunt: natio pervagata bello orbem terrarum, L.—Fig., *to spread out, extend, be known:* quod usque ad ultimas terras pervagatum est.—*To spread through, pervade:* timores omnium mentes pervagantur.

per-vagus, *adj.*, *wandering about:* puer, O.

per-variē, *adv.*, *very variously:* narrari.

per-vāstō, āvī, ātus, āre, *to lay waste, devastate:* pervastatis agris, L.: Laevos, L.

per-vehō, vēxī, vēctus, ere, *to bear through, convey through:* neque commeatibus pervehendis eā patuisset iter, L.—*To carry, bring, convey:* virgines Caere, L. — *Pass.*, *to reach, arrive, attain:* subsidio missus freto pervehitur, Cs.: in quem (portum) pervehi: pervectus Chalcidem, L.—Fig., *to carry, raise:* prius quam in caelum fama (illos) perveheret, Cu.—*To reach, attain:* ad exitūs optatos.

per-vellō, vellī, —, ere, *to pull, twitch:* aurem, Ph.—*To excite, sharpen:* stomachum, H. — Fig., *to twitch, pinch, hurt:* fortuna pervellere te forsitan potuerit.—*To revile, disparage:* ius civile.

per-veniō, vēnī, ventus, īre, *to come up, arrive:* nisi Hispanorum cohors pervenisset, L.: in fines Eburonum, Cs.: ad portam: in summum montis, O. — *To reach, come, fall:* duodecim secures in praedonum potestatem pervenerunt: ut omnis hereditās ad filiam perveniret: annona ad denarios L in singulos modios pervenerat, *had risen to*, Cs.: verba aures non pervenientia nostras, O.: est in thalami tecta Perventum, V.—Fig., *to come, arrive, reach, attain:* sine me pervenire, quo volo, *go through with my story*, T.: quoniam ad hunc locum perventum est, *at this point*, Cs.: in senatum, i. e. *become a senator:* ad primos comoedos, *become a first-rate comedian:* si in tua scripta pervenero, *be mentioned in your writings:* ex quā (deditione) ad rem p. damna pervenerint, S.: cuius in amicitiam, N.: ad desperationem, Cs.: ad septuagesimum (regni annum): vivi pervenimus, ut, etc., *we have lived to endure*, etc., V.: pervenirier Eo quo nos volumus, *attain our object*, T.: ad quem perventum non est, *whose turn was not reached:* ad manūs pervenitur.

perversē (pervorsē), *adv.* [perversus], *awry, wrongly, ill:* dicere: uti deorum beneficio.

perversitās, ātis, *f.* [perversus], *frowardness, untowardness:* in hominibus tanta: opinionum.

perversus (pervorsus), *adj.* with *comp.* and *sup.* [*P.* of perverto], *turned the wrong way, askew, awry:* perversas induit comas, *puts her hair on awry*, O.: esse perversissimis oculis, *dreadfully squint-eyed.* — Fig., *wrong, awry, spiteful, malicious, perverse:* nihil pravum et perversum: quid perversius, quam, etc.: sapientia: mos: Menalcas, *spiteful*, V.

per-vertō (-vortō), tī, sus, ere, *to overturn, overthrow, throw down:* arbusta, tecta.—Fig., *to overthrow, subvert, abuse, misuse, destroy, ruin, undo, corrupt:* amicitiam: omnia iura: hostium vim, suam: Contra fata deūm, perverso numine, *reversing their will*, V. — *To trip up, put down, confute:* me numquam ullo artificio: semet, Ta.: Germanici liberos, i. e. *exclude from the succession*, Ta.

per-vesperī, *adv.*, *very late in the evening.*

pervestīgātiō, ōnis, *f.* [pervestigo], *a searching into, examining, investigation:* scientiae.

per-vestīgō, āvī, ātus, āre, *to trace out, search out, hunt down:* omnia.—Fig., *to trace, examine, detect:* quae a me pervestigata sunt: sacrilegium pervestigatum a Minucio erat, L.

per-vetus, eris, *adj.*, *very old, most ancient:* signum ligneum: amicitia: tempora.

per-vetustus, *adj.*, *very old:* verba.

pervicācia, ae, *f.* [pervicax], *inflexibility, stubbornness, obstinacy*, C.: tua, L.: in hostem, Ta.

(pervicāciter), *adv.* [pervicax], *stoutly, obstinately.*—Only *comp.:* pervicacius, L., Ta.

pervicāx, ācis, *adj.* with *comp.* [1 VIC-], *determined, stubborn, obstinate, headstrong, wilful:* pervicaci esse animo, T.: virtus, L.: musa, H.: irae, Ta.: adversos peritos, Ta.: irae, *in anger*, Ta.: recti, Ta.: pervicacior ira, Cu.

pervīctus, *P.* of pervinco.

pervideō, vīdī, vīsus, ēre, *to look over, look on, overlook, survey:* omnia (sol), O.: Cunctaque mens oculis pervidet usa suis, O.: tua oculis mala inunctis, H. — *To see through, discern:* ut neque quae cuiusque stipitis palma sit, pervideri possit, L.—Fig., *to consider, examine, investigate:* est penitus, quid ea (natura) postulet, pervidendum.— *To perceive, discern:* meritorum meorum fieri accessionem: animi mei firmitatem.

per-vigeō, uī, ēre, *to continue blooming, flourish to the last:* opibus atque honoribus, Ta.

per-vigil, is, *adj.*, *ever watchful:* draco, O.: torus, Iu.: popinae, i. e. *open all night*, Iu.

pervigilātiō, ōnis, *f.* [pervigilo], *a devotional watching, vigil:* nocturnae pervigilationes.

pervigilium, ī, *n.* [pervigil], *a devotional watching, vigil:* castra pervigilio neglecta, L., Ta.

per-vigilō, āvī, ātus, āre, *to watch all night, remain awake, watch:* noctem: in armis, L.: ad luminis ignes, V.: nox pervigilata in mero, *spent without sleep*, O.: longos dies, Tb.

per-vīlis, e, *adj.*, *very cheap:* annona, L.

pervincō, vīcī, victus, ere, *to conquer completely, be victorious:* pervicit Vardanes, Ta.: pervicit Cato, *carried his point:* dominae mores, *overcome*, Pr.: quae pervincere voces Evaluere sonum, *drown*, H.—Fig., *to effect, bring about, achieve:* his orationibus pervicerunt, ut, etc., L.: pervicerunt remis, ut tenerent terram, *brought it about*, L.: illam non verbera pervicere, quin, etc., Ta.

pervius, *adj.* [per+via], *that may be crossed, affording a passage, passable, accessible:* aedes, T.: transitiones, *thoroughfares:* saltūs, L.: usus Tectorum inter se, V.: rima pervia flatibus, O.: equo loca pervia, O.: nihil ambitioni, Ta.—As *subst. n.*, *a thoroughfare, passage*, Ta.

pervolgātus (pervul-), *adj.* with *sup.* [*P.* of pervolgo], *very common, widely known:* via patrum, T.: consolatio.

pervolgō (-vulgō), āvī, ātus, āre, *to make common, make public, spread abroad:* edicto totā provinciā pervolgato, Cs.: illas tabulas pervolgari imperavi: se omnibus (mulier), *prostituted.*

pervolitō, —, —, āre, *freq.* [pervolo], *to fly through, flit about:* Omnia late loca, V.

1. per-volō, āvī, ātus, āre, *to fly through, flit about:* aedīs, V.: rumor agitatis pervolat alis, O.: Flaminiam, Iu.—*To fly to, arrive by flight:* animus velocius in hanc sedem pervolabit.—*To fly through, dart through, pass quickly over:* sex milia passuum cisiis: totam urbem, Iu.

2. per-volō, voluī, —, velle, *to wish greatly, be very desirous:* scire ex te: alquem videre: illud pervelim, proditum falso esse, etc., L.—In tmesi: te per videre velim.

pervolūtō, —, —, āre, *freq.* [pervolvo], *to turn over:* libros, *peruse:* scriptores.

per-volvō, volvī, volūtus, ere, *to roll over, tumble about:* te in luto, T.: Zmyrnam, *to peruse*, Ct. —Fig., *to busy, engage:* ut in iis locis pervolvatur animus.

pervor-, see perver-. **pervul-**, see pervol-.

pēs, pedis, *m.* [PED-], *a foot:* nudus, T.: pedibus aeger, S.: si pes condoluit: pede tellurem pulsare, i. e. *dance*, H.: cycnum pedibus uncis Sustulit, *talons*, V.: pedum digiti, *toes*, O.: numquam huc tetulissem pedem, *would have come hither*, T.: Nusquam pedem (sc. feram), *I won't stir a step*, T.: pedem ferre, *go*, V.: si in fundo pedem posuisses, *set foot:* profugum referre pedem, *return*, O.: magis pedem conferre, *come to closer quarters:* ut prope conlato pede gereretur res, *almost hand to hand*, L.: votis malignum Opponit nostris pedem, *sets her foot against* (of Fortune), O.: retrahitque pedem simul unda relabens, V.: ego me in pedes (dedi), *took to my heels*, T.—*Abl. plur.* (rarely *sing.*), of motion, *afoot, on foot, marching, walking:* pedibus vincere, *in running*, O.: cum ingressūs iter pedibus sit: pedibus compensari pecuniam, i. e. *the long walk to the property makes up for its cheapness:* ut omnes pedibus mererent, *serve as infantry*, L.: cum illud iter pedibus confici soleat, *by land:* quod flumen pedibus transiri potest, *be forded*, Cs.: in quam sententiam cum pedibus iretur, i. e. *when a division was taken on this question*, L.: cum omnes in sententiam eius pedibus irent, *voted for his resolution*, L.: Quo bene coepisti, sic pede semper eas, O.: tua dexter adi pede sacra secundo, *expressive of favor*, V.: Ripa felici tacta sit pede, *propitious*, O.: quid tam dextro pede concipis, etc., *auspiciously* (the right foot being associated with good omens), Iu.—*Acc. plur.* with *ad:* ad pedes descensum ab Romanis est, *the Romans dismounted*, L.: magnā ex parte ad pedes pugna venerat, *mainly an infantry fight*, L.: ad pedes omnium singillatim accidente Clodio, *supplicating each:* vos ad pedes lenonis proiecistis: cui cum se maesta turba ad pedes provolvisset, L.— In expression of subjection or inferiority: servus a pedibus, *footman:* Omnia sub pedibus vertique regique, *under their sway*, V.: duas urbīs sub pedibus tuis relinquemus, L.: Sub pedibus timor est, *is spurned*, O.—In the phrase, pedibus trahi, *to be dragged by the heels, go to the dogs:* trahantur per me pedibus omnes rei.—In the phrase, ante pedes, *before the feet, in plain view, evident:* quod ante pedes est, Videre, T.: eos ante pedes suos iugulari coëgit.—In phrases with *caput:* tuas res ita contractas, ut nec caput nec pedes (habeant), i. e. *neither beginning nor end:* ut nec pes nec caput uni Reddatur formae, i. e. *the several parts*, H.—In the phrase, manibus pedibus, *with might and main:* Conari manibus pedibus noctīsque et dies, T.—Meton., of a couch or table, *a foot, leg*, *prop:* Lectuli pedes, T.: mensae, O.: grabati, *a handle*, Ct.—In navigation, *a sheet, sail-rope:* pede labitur aequo, i. e. *before the wind*, O.: pedibus aequis: unā omnes fecere pedem, i. e. *let out the sheet*, V.—In verse, *a foot:* herous: pedibus claudere verba, *to make verses*, H.: Musa per undenos emodulanda pedes, *in hexameters and pentameters*, O.: extremum seu trahat pedem, i. e. *limps* (of the choliambus), O.—*A kind of verse, measure:* Et pede, quo debent acria bella geri, O.: Lesbius, H.—As a measure, *a foot:* intervallum pedum duorum, Cs.: pedem discessisse: pede suo se metiri, *by his own foot-rule*, i. e. *by his own abilities*, H.

pessimē, pessimus, *supp.* of male, malus.

pessulus, ī, *m.*, = πάσσαλος, *a bolt:* pessulum ostio obdo, *bolt the door*, T.

pessum, *adv.* [PED-], *to the ground, to the bottom.*—With *dare, to send to the bottom, ruin, destroy, undo:* me aut erum pessum dabunt (nuptiae), T.: sin (animus) ad inertiam pessum datus est, *has been abandoned*, S.—With *ire, to be ruined:* pessum ituros campos, Ta.

pessum-dō, see pessum.

pessumē, pessumus, *supp.* of male, malus.

pestifer, era, erum, *adj.* [pestis+1 FER-], *destructive, baleful, noxious, pernicious, pestilential:* civis: contio: vipera: odor corporum, *sickening*, L.: fames, O.: fauces, V.

pestiferē, *adv.* [pestifer], *perniciously:* multa sciscuntur.

pestilēns, entis, *adj.* with *comp.* and *sup.* [pestis], *pestilential, infected, unhealthy, unwholesome:* agri: Africus, H.: aedes: annus urbi, L.: pestilentior annus, L.: pestilentissimus annus.—Fig., *pernicious, noxious, destructive:* homo pestilentior patriā suā: pestilens conlegae munus esse, L.

pestilentia, ae, *f.* [pestilens], *an infectious disease, plague, pest, pestilence:* gravi pestilentiā conflictati, Cs.: exercitūs nostri interitus fame, pestilentiā: gravis, L.—Fig.: ubi contagio quasi pestilentia invasit, *corruption*, S.: oratio plena pestilentiae, Ct.—*An unwholesome atmosphere, malarial climate:* autumni, Cs.: pestilentiae fines: pestilentiae possessores, i. e. *unhealthy lands.*

pestis, is, *f.*, *an infectious disease, plague, pest, pestilence:* ibes avertunt pestem ab Aegypto: alii aliā peste absumpti sunt, L.—*Destruction, ruin, death:* certa, S.: detestabilis: civitatis: servatae a peste carinae, i. e. *from fire*, V.: populo pestem minitantes, L.—*A pest, curse, bane:* textilis (the poisoned shirt of Nessus), C. poët.: coluber, Pestis boum, V.: nec saevior ulla Pestis et ira deūm (the Harpies), V.: clade et peste sub illā (Nero), Iu.: quaedam pestes hominum, *social pests:* corporeae pestes, V.

petasātus, *adj.* [petasus], *in a travelling-cap, ready for a journey:* petasati veniunt.

petasunculus, ī, *m. dim.* [πετασών], *a little ham:* siccus, Iu.

petaurum, ī, *n.*, = πέταυρον, *a tumbler's plank, spring-board:* iactata petauro Corpora, Iu.

petendus, *adj.* [*P.* of peto], *desirable.*—*Plur. n.* as *subst.:* fugienda petendis Immiscere, H.

petēssō, —, —, ere, *intens.* [peto], *to strive after, pursue:* hanc (laudem).

petītiō, ōnis, *f.* [PET-], *a blow, thrust, pass, attack, aim:* tuas petitiones effugi; hence, of oratorical fencing: orator nec plagam gravem facit, nisi petitio fuerit apta, nec, etc.: hominis petitiones rationesque dicendi, *methods of attack.*—*A seeking, soliciting:* indutiarum, L.—*A soliciting for office, application, solicitation, candidacy, canvass:* petitioni se dare, *become a candidate:* consulatūs, Cs.: pontificatūs, S.—In law, *a claim, suit, petition, complaint, declaration:* cuius petitio sit.

petītor, ōris, *m.* [PET-], *a seeker, applicant, candidate:* consulatūs: generosior, H.—In a suit at law, *a plaintiff, claimant:* quis erat petitor?

petītūriō, —, —, īre, *desid.* [peto], *to be eager for office:* valde.

petītus, *adj.* [*P.* of peto].—*Plur. n.* as *subst.*, *things striven for:* quantum dimissa petitis Praestent, i. e. *the life relinquished excels the life grasped*, H.

petō, īvī and iī (*perf.* petīt, V., O.; petīstī, C., V.; petīsse, C., O.; petīssem, C., L., O.), petītus, ere [PET-], *to strive for, seek, aim at, repair to, make for, travel to:* summum locum, Cs.: maris oras: navīs, *take refuge in*, N.: Troia peteretur classibus, V.: caelum pennis, *fly to*, O.: Grais Phasi petite viris, *visited by the Greeks*, O.: ille Reginam petit, *turns to*, V.: campum petit amnis, V.: mons petit astra, *rises to*, O.—*To fall upon, rush at, attack, assault, assail, fly at, aim at, thrust at:* Indutiomarum, *aim at*, Cs.: cuius latus mucro ille petebat: non latus, sed caput, *aim at:* Tarquinium spiculo infeste, L.: Mālo me, *throw an apple at*, V.: cui petit ungue genas, O.: Vos turba saxis petens, *stoning*, H.—Fig., *to attack, assail:* me epistulā: uter ab utro petitus insidiis esset, L.—*To demand, exact, require:* ex iis tantum, quantum res petet, hauriemus: poenas ab optimo quoque sui doloris, i. e. *exact satisfaction.*—*To demand at law, sue for, claim:* unde petitur . . . qui petit, *the defendant . . . the plaintiff*, T.: qui per se litem contestatur, sibi soli petit: alienos fundos.—*To beg, beseech, ask, request, desire, entreat:* flentes pacem petere, Cs.: Curtio tribunatum a Caesare, *ask for Curtius:* a te pro Ligario, *intercede with you for:* reus ut absolvatur: a te, ut, etc.—Of office, *to solicit, be a candidate:* nemo est ex iis, qui nunc petunt, qui, etc.: ambitiose regnum, L.—*To woo, court, solicit:* ut viros saepius peteret quam peteretur, S.: illam, O.: virgo ad libidinem petita, L. — *To pursue, seek, strive after, aim at:* fugā salutem, Cs.: praedam pedibus, O.: gloriam, S.: eloquentiae principatum: bene vivere, H.: conubiis natam sociare Latinis, V.: ex hostium ducibus victoriam, *over*, L.: imperium ex victis hostibus, L. — *To fetch, bring, elicit, obtain, wrest, draw:* E flammā cibum, T.: custodem in vincula, V.: a litteris doloris oblivionem: latere petitus imo spiritus, H.: gemitūs alto de corde petiti, O.—*To take, betake oneself to, repair to:* alium cursum, *take another route:* aliam in partem fugam, *betake themselves to flight*, Cs.—*To refer to, relate to:* Troianos haec monstra petunt, V.

petorritum (**petōri-**), ī, *n.* [Celtic petvar (four)+rith (wheel)], *an open carriage, caleche*, H.

petra, ae, *f.*, = πέτρα, *a rock, crag*, Cu.

petulāns, antis, *adj.* [PET-], *forward, pert, saucy, impudent, wanton, petulant:* adulescens: effuse: Tarentum, Iu.: libido in virgine.

petulanter, *adv.* with *comp.* and *sup.* [petulans], *pertly, wantonly, impudently, petulantly:* in Pompeium invehi: iactari petulantius: petulantissime iusectari.

petulantia, ae, *f.* [petulans], *sauciness, freakishness, impudence, wantonness, petulance:* petulantiā praestare, S.: adulescentium.

petulcus, *adj.* [PET-], *butting, apt to butt:* haedi, V.

pexus, *adj.* [*P.* of pecto], *combed, adjusted:* tunica, *neat*, H.

Phaeāx, ācis, *m.*, *a Phaeacian;* usu. *plur.*, *the Phaeacians* (who lived luxuriously), C., V., O., Iu. —*Sing.* (poet.), *a good liver, well-fed man*, H.— Once as *adj.:* Phaeax populus, Iu.

phager, ī, *m.*, = φάγρος, *an unknown fish*, O.

phala, ae, see fala.

phalangae (**pal-**), ārum, *f.*, = φάλαγγες, *wooden rollers* (for moving heavy engines), Cs.

phalangītae, ārum, *m.*, = φαλαγγῖται, *soldiers of a phalanx*, L.

phalanx, angis, *f.*, = φάλαγξ, *a compact body of heavy armed men in battle array, battalion, phalanx:* Laconum, N.: Helvetii phalange factā, etc., Cs.: Agamemnoniae phalanges, V.: animosa (a band of eight brothers), V.: iunctae umbone phalanges, Iu.—Esp., of the Macedonians, *men in order of battle, a phalanx* (fifty close files of sixteen men each): cuneum Macedonum (phalangem ipsi vocant) perrumpere, L., N., Cu.

phalārica, ae, *f.*, *a firebrand*, see falarica.

phalerae, ārum, *f.*, = τὰ φάλερα, *a metal plate for the breast* (a military decoration): ostentare phaleras, S.: Rubrium phaleris donasti: multo phalerae sudore receptae, V.—For horses, *a metal decoration of the breast:* equorum, L.: equus phaleris insignis, V., Iu.

phalerātus, *adj.* [phalerae], *decorated, wearing ornamental plates:* equi, L.—Fig.: dicta, *fine speeches*, T.

Phanāeus, *adj.* *of Phanae* (in Chios).—Poet.: rex Phanaeus, i. e. *Phanaean wine*, V.

Phantasos, ī, *m.*, = Φάντασος, *a god of dreams*, O.

pharetra, ae, *f.*, = φαρέτρα, *a quiver:* sagittifera, O.: succincta pharetrā, V.: venenatis gravida sagittas, H.: pharetram solvere, *open*, O.

pharetrātus, *adj.* [pharetra], *wearing a quiver, quivered:* Camilla, V.: Geloni, H.: puer, i. e. *Cupid*, O.: Semiramis, Iu.

pharmacopōla, ae, *m.*, = φαρμακοπώλης, *a drugseller, quack*, C.—*Plur.*, H.

Pharos (**-rus**), ī, *f.*, *an island near Alexandria, with a famous light-house*, Cs., O., Iu.—*The lighthouse at Pharos*, Cs. — *A light-house:* Tyrrhena, Iu.

Pharsālicus or **Pharsālius**, *adj.*, *Pharsalian, of Pharsalus* (in Thessaly).

phasēlus (**-los**), ī, *f.*, = φάσηλος, *an edible bean, kidney-bean, phasel*, V.—*A bean-shaped vessel, light vessel*, C., Ct., V., H., Iu.

phasma, atis, *n.*, = φάσμα, *an apparition, spectre, phantom.*—As the title of a comedy, T.—Of a farce, Iu.

phiala, ae, *f.*, = φιάλη, *a shallow drinking-vessel, saucer*, Iu.

Philippicus, *adj.*, = Φιλιππικός, *of Philip, Philippic:* orationes, *Cicero's orations against Antony* (in allusion to those of Demosthenes against Philip of Macedon): divina Philippica, i. e. *the second Philippic*, Iu.

Philippus, ī, *m.*, = Φίλιππος, *a king of Macedonia, father of Alexander the Great*, C., N.—*A gold coin struck by King Philip*, H.

philitia, ōrum, *n.*, = φιλίτια, *the public meals of the Lacedaemonians.*

philologia, ae, *f.*, = φιλολογία, *love of study, literary culture:* nostra.

philologus, *adj.*, = φιλόλογος, *scholarly, learned:* homines.

Philomēla, ae, *f.*, = Φιλομήλα, *a daughter of Pandion, changed into a nightingale*, V., O.—*The nightingale*, V.

philosophē, *adv.* [philosophus], *philosophically.*

philosophia, ae, *f.*, = φιλοσοφία, *philosophy:* ars est enim philosophia vitae: circulus, in quo de philosophiā sermo habetur, *on philosophical subjects*, N.: duae philosophiae, *philosophical sects.*

philosophor, ātus, ārī, *dep.* [philosophus], *to study philosophy, philosophize:* incipit philosophari: paucis, Enn. ap. C.

philosophus, *adj.*, = φιλόσοφος, *philosophical:* scriptiones. —As *subst. m.* and *f.*, *a philosopher:* nobilis: praecepta philosophorum: ea villa tamquam philosopha videtur esse.

philtrum, ī, *n.*, = φίλτρον, *a love-potion*, O., Iu.

philyra (philura), ae, *f.*, = φιλύρα, *the linden-tree:* nexae philyrā coronae (the inner bark was woven into chaplets), H., O.

phīmus, ī, *m.*, = φιμός, *a dice-box*, H.

Phlegethōn, ontis, *m.*, = Φλεγέθων, *a river of fire in the Lower World*, V.

phōca, ae (*acc.* ēn, O.), *f.*, = φώκη, *a seal, sea-dog, sea-calf:* Sternunt se somno phocae, V.

Phoebas, adis, *f.*, = Φοιβάς, *a priestess of Phoebus;* hence, *an inspired woman, prophetess*, O.

Phoebē, ēs, *f.*, = Φοίβη, *goddess of the moon* (the Roman Diana), V., O.: tertia, i. e. *night*, O.

Phoebēius (O.) or **Phoebēus** (V., O.), *adj.*, *of Phoebus, of Apollo.*

Phoebigena, ae, *m.* [Phoebus+GEN-], *son of Phoebus*, i. e. *Aesculapius*, V.

Phoebus, ī, *m.*, = Φοῖβος, *Apollo as the god of light*, V., H.—*The sun:* dum fugat astra Phoebus, H., O.

Phoenīces, um, *m.*, = Φοίνικες, *the Phoenicians* (on the eastern coast of the Mediterranean Sea), C., S., Cs., V., O.

phoenīceus, *adj.*, = φοινίκεος, *purple-red, scarlet:* vestes, O.

phoenīcopterus, ī, *m.*, = φοινικόπτερος, *the flamingo, red-wing* (of water-bird), Iu.

Phoenīssa, *adj. f.*, = Φοίνισσα, *of Phoenicia* (on the Mediterranean Sea): Dido, V.: exul, i. e. Anna, O.—As *subst.*, *Dido*, V.

phoenīx, īcis (*acc.* īca, O.), *m.*, *the phoenix, a fabulous bird*, O.

phrenēsis, is, *f.*, = *φρένησις, *madness, delirium, frenzy:* manifesta, Iu.

phrenēticus (phrenīt-), ī, *m.*, = φρενητικός, *a madman, insane person, lunatic.*—*Plur.*, C.

Phrygius, *adj.*, = Φρύγιος, *Phrygian, of Phrygia*, C., L., V., H., O., Iu. — *Plur. f.* as *subst.*, *the Phrygian women*, V.—*Trojan, of Troy:* muri, O.: hymenaei, *with Aeneas*, V.

Phryx, ygis, *adj.*, *Phrygian:* augur, Iu.—As *subst. m. sing.*, V., O., Iu. — Usu. *plur.*, = Φρύγες, *a luxurious people of Asia Minor*, C., O., Ph., Iu. —*The Trojans*, H., O. — The Phrygians were regarded as stupid; hence, p r o v.: Phrygem plagis fieri solere meliorem.

phthisis, is, *f.*, φθίσις, *consumption*, Iu.

phȳ, *interj.*, *pish! tush!* T.

phȳlarchus, ī, *m.*, = φύλαρχος, *a tribal chief, emir:* Arabum.

1. physica, ae, *f.*, = φυσική, *natural science, natural philosophy, physics.*

2. physica, ōrum, see physicus.

physicē, *adv.* [physicus], *like the naturalists:* dicere.

physicus, *adj.*, = φυσικός, *of natural philosophy, of physics, natural:* quiddam physicum, *something relating to physics:* ratio. — As *subst. m.*, *a natural philosopher, naturalist*, C.—*Plur. n.* as *subst.*, *physics:* physicorum ignarus.

physiognōmōn, onis, *m.*, = φυσιογνώμων, *a discerner of character, physiognomist.*

physiologia, ae, *f.*, = φυσιολογία, *knowledge of nature, natural philosophy.*

piābilis, e, *adj.* [pio], *to be averted:* fulmen, O.

piāculāris, e, *adj.* [piaculum], *atoning, expiatory:* sacrificia, *sin-offerings*, L.—*Plur. n.* as *subst.* (sc. sacrificia), L.

piāculum, ī, *n.* [pio], *a means of appeasing, sin-offering, propitiatory sacrifice:* piaculum hostiam caedi, L.: Te piacula nulla resolvent, H.— *An animal offered in sacrifice, victim:* ea prima piacula sunto, V.: furtiva piacula cervae, i. e. *substitution*, Iu. — *An expiation, atonement, sacrifice:* rupti foederis, L.: luendis periculis publicis piacula esse, L. — *A remedy:* Laudis amore tumes, sunt certe piacula, quae, etc., H. — *Punishment:* dea a violatoribus (sui templi) gravia piacula exegit, L.: rerum praetermissarum, i. e. *satisfaction*, L.—*A crime, sacrilege:* quantum piaculi committatur, L.: commissa piacula, V.

piāmen, inis, *n.* [pio], *a means of expiation, atonement*, O.

pīca, ae, *f.* [SPEC-], *a pie, magpie*, O

picāria, ae, *f.* [pix], *a place where pitch is made.*

picea, ae, *f.* [pix], *a pitch-pine, forest pine*, V., O.

Pīcēns, ntis (C., L.), or **Pīcēnus**, *adj.* (S., Cs., C., L., H., Iu.), *Picene, of Picenum* (in Italy).

piceus, *adj.* [pix], *pitch-black, pitchy:* caligo, V.: turbine fumans piceo, V.: nubes, O.

pīctor, ōris, *m.* [PIC-], *a painter*, C., H., Iu.

pīctūra, ae, *f.* [PIC-], *painting, the art of painting:* ars ratioque picturae: Ut pictura poësis, H. —*A painting, picture:* (in tabulā) inerat pictura haec, T.: pictura in tabulā, in textili, *painting* . . . *embroidery:* animum picturā pascit inani, *unreal*, V.—Fig., in language, *a painting, picture:* Homeri.

pīctūrātus, *adj.* [pictura], *embroidered:* vestes, V.

pīctus, *adj.* with *comp.* [*P.* of pingo], *painted, colored, variegated, of various colors:* volucres, V.: picti terga lacerti, V.: puppes, *decorated*, V.: pavones, O.—*Tattooed:* Geloni, V.—Fig., of language, *adorned, ornamented, ornate:* orationis genus: Lysiā nihil potest esse pictius: pictos experiere metūs, i. e. *unreal*, Pr.

pīcus, ī, *m.* [SPEC-], *a woodpecker*, H., O.

piē, *adv.* [pius], *conscientiously, religiously, dutifully, affectionately:* facere, T.: colere deos: pie bellum indici posse, i. e. *duly*, L.

Pīeris, idis, *f.*, = Πιερίς, *a Muse* (first worshipped in Pieria), H., O.—*Plur.*, *the Muses*, C., V., H., Iu.

Pīerius, *adj.*, = Πιέριος, *Pierian, of Pieria* (in Macedonia); hence, *Macedonian:* paelex, H.—*Of the Muses, poetic:* antrum, H.: umbra, Iu., H., O., Ph.—*Plur. f.* as *subst.*, *the Muses.*

pietās, ātis, *f.* [pius], *dutiful conduct, sense of duty, religiousness, devotion, piety:* quibus decus pietas omnia quaestui sunt, S.: erga deos: deos placatos pietas efficiet: pretium pietatis amarum, *scrupulousness*, O.—*Faithfulness to natural ties, duty, affection, love, loyalty, patriotism, gratitude:* matris ferre iniurias me pietas iubet, T.: quid est pietas, nisi voluntas grata in parentes?: filii: quibus quoniam pro pietate satis fecerit, *patriotism*, Cs.: quattuor tribunorum (i. e. in imperatorem), L.: felix nati pietate, V.: solemnia pietatis, *the last offices*, Ta.: in patrem patriamque, L.: in coniuge, O.—*Justice:* si qua est caelo pietas, V.—Person., as a goddess, *Piety*, C., L.

piger, gra, grum, *adj.* with *comp.* pigrior, and *sup.* pigerrimus [PAC-], *unwilling, reluctant, averse, backward:* gens pigerrima ad militaria opera, L.: pigriores ad cetera munia exequenda, Cu.—*Slow, dull, lazy, indolent, sluggish, inactive:* senectus, O.: (apes) frigore, V.: taurus ipsā mole, Iu.: mare, *sluggish*, Ta.: annus, H.: bellum, *tedious*, O.: campus, *unfruitful*, H.: sopor, *benumbing*, Ct.: frigus, Tb.: dolabra, *lazily handled*, Iu.: in re militari: militiae, H.: scribendi ferre laborem, H.—*Dull, unfeeling:* pigro perire situ, O.

piget, guit and pigitum est, ēre, *impers.* [PI-, PIG-], *it irks, pains, chagrins, afflicts, grieves, disgusts:* oratione multitudo inducitur ad pigendum: tui me miseret, mei piget, Enn. ap. C.: fratris me, T.: dum me civitatis morum, S.: Neu conversa domum pigeat dare lintea, *do not hesitate*, H.: longos castrorum ferre dolores si piget, Iu.—*It causes to repent, makes sorry:* facere quod nos post pigeat, T.: illa me composuisse piget, *I repent*, O.: pigenda verba, Pr.—*It makes ashamed, puts to shame:* fateri pigebat, non esse, etc., *they were ashamed to own*, L.

pīgmentārius, ī, *m.* [pigmentum], *a dealer in unguents, paint-seller:* Attius.

pīgmentum, ī, *n.* [pingo], *a color, paint, pigment:* aspersa temere pigmenta in tabulā.—Fig., of style, *coloring, ornament:* pigmentorum flos et color: sententiae sine pigmentis.

pīgnerātor, ōris, *m.* [pignero], *a mortgagee.*

pīgnerō, āvī, ātus, āre [pignus], *to give as a pledge, pledge, pawn, mortgage:* bona, L.: alveolos et lacnam, *pawn*, Iu.—Fig., *to pledge:* velut obsidibus datis pigneratos habere animos, *had their minds under bonds*, L.

pīgneror, ātus, ārī, *dep.* [pignus], *to take as a pledge, accept as earnest:* omen, O.—*To lay claim to, appropriate:* ex acie fortissimum quemque.

pīgnus, oris and eris, *n.* [PAC-], *a pledge, gage, pawn, security, guaranty:* ager oppositus est pignori, T.: quo facto pignore animos centurionum devinxit, Cs.: viginti milia faenus pignoribus positis, *income from mortgages*, Iu.—*A levy upon property to secure a fine:* adparitores ad pignera capienda (for wilful absence from the Senate), L.—*A hostage:* simulatae sine ullo pignore deditiones, L.: pacis.—*A wager, stake:* dic, mecum quo pignore certes, *what bet you will make with me*, V.: Et quaerit posito pignore vincat uter, O.—Fig., *a pledge, token, assurance, proof:* magnum pignus ab eo rei p. datum, se, etc.: reconciliatae gratiae, Cu.: Pignera da, per quae Credar, etc., *sure tokens*, O.: digito pignus fortasse dedisti, i. e. *a ring*, Iu.—*Pledges of love, children:* cum pignoribus domus, O.: pignera cara, nepotes, O.: frangi aspectu pignorum suorum, Ta.

pigrē, *adv.* [piger], *sluggishly, inertly*, O.

pigritia, ae, *acc.* am or em, *f.* [piger], *sloth, sluggishness, laziness, indolence:* pigritiam definiunt metum consequentis laboris: nox Romanis pigritiem ad sequendum fecit, L.

pigror, —, ārī, *dep.* [piger], *to be slow, be dilatory:* tu scribere ne pigrere.

1. pīla, ae, *f.* [PIS-], *a mortar*, O.

2. pīla, ae, *f.* [PAC-], *a pillar:* ubi spatium inter muros . . . pilae interponuntur, Cs.: locavit pilas pontis in Tiberim, L.: Nulla meos habeat pila libellos, i. e. *book-stall* (where books were displayed on pillars), H.—*A pier, mole:* saxea, V.

3. pila, ae, *f.* [1 PAL-], *a ball, playing-ball:* pilā lippis inimicum ludere, H.: picta, O.: quantum alii tribuunt pilae, *the game of ball.*—Prov., see claudus.—*A ballot* (used by judges), Pr.

pīlānus, ī, *m.* [pilum], *a soldier of the reserve, triarius*, O.

pīlātus, *adj.* [pilum], *armed with javelins:* agmina, V.

(**pīleātus**), see pilleatus.

pīlentum, ī, *n.*, *an easy chariot, ladies' carriage:* ad sacra uti, L.: mollia, V.: Esseda festinant, pilenta, etc., H.

(**pīleolus, pīleus**), see pille-.

pilleātus (not pīle-), *adj.* [pilleus], *covered with the pilleus, wearing a skull-cap:* volones, L.: coloni, *with caps on* (as if they were freedmen), L.: fratres, i. e. *Castor* and *Pollux*, Ct.

pilleolus (not pīle-), ī, *m. dim.* [pilleus], *a small felt cap, skull-cap*, H.

pilleus, ī, *m.*, and **pilleum** (not pīle-), ī, *n.* [PIS-], *a close-fitting felt cap, skull-cap* (worn at theatres and festivals, and given to a slave when freed): servi ad pilleum vocati, i. e. *set free*, L.: pilleo capiti inposito, L.

pilōsus, *adj.* [1 pilus], *hairy, shaggy:* genae: nares, Iu.

pīlum, ī, *n.* [PIS-], *a heavy javelin, pilum:* sudis pila mittere, S.: (caput) adfixum gestari iussit in pilo: pilis missis hostium phalangem perfregerunt, Cs.: muralia pila (hurled from fortifications), Cs.: pila Horatii, *a place in the forum where the arms of the Curiatii were set up*, L., Pr.: vis certe pila, cohortes, etc., *you wish at least for pomp*, etc., Iu.

Pīlumnus, ī, *m.* [pilum], *a god of the Latins, who taught how to crush corn*, V.

1. pilus, ī, *m.*, *a hair:* munitae sunt palpebrae vallo pilorum: caudae pilos equinae vellere, H.: duris aspera crura pilis, O.: ego ne pilo quidem minus me amabo, *not a hair:* e Cappadociā ne pilum quidem (accepi), *nothing whatever:* ne ullum pilum viri boni habere dicatur, *has no hair of a good man:* non facit pili cohortem, Ct. — *Sing. collect.:* fruticante pilo, Iu.

2. pīlus, ī, *m.* [PIS-], *a maniple of the triarii, company of veteran reserves:* primi pili centurio, Cs.: primum pilum ducere, Cs.: primus centurio erat, quem nunc primi pili appellant, L.—In the phrase, primus pilus, *the first centurion of the triarii, chief centurion of a legion*, L.

Pimplēus, *adj.*, *of Pimpla* (in Pieria, sacred to the Muses): mons, Ct.—As *subst. f.*, *a Muse:* dulcis, H.

pīna, ae, *f.*, = πῖνα, *the sea-pen, spiny mussel.*

pīnētum, ī, *n.* [pinus], *a pine-grove*, O.

pīneus, *adj.* [pinus], *of the pine, of pines, piny:* ardor, *a fire of pine-wood*, V.: plaga, *a piny tract*, V.: claustra, i. e. *of the wooden horse*, V.: fert in pinea texta faces, i. e. *into the ships*, O.

pingō, pinxī, pīctus, ere, *to paint, make by painting:* tabulas: tabulas pictas mirari, *paintings*, S. — *To paint, represent, delineate, depict, portray:* (comas) Dione Pingitur sustinuisse manu, *is represented in a picture*, O.: picta in tabulā Voluptas: aere dato qui pingitur, H.—Prov.: qui numquam philosophum pictum viderunt, *a philosopher's portrait.* — *To embroider:* textile stragulum, magnificis operibus pictum: picti tori, *with embroidered coverlets*, O.: Pictus acu chlamydem, V.—*To paint, stain, color:* Sanguineis frontem moris, V.: oculos, Iu.: picti scuta, *with painted shields*, V. — *To adorn, decorate, embellish:* bibliothecam mihi sittybis.—Fig., of style, *to paint, color, embellish:* verba: Britanniam coloribus tuis, penicillo meo: (vir) omnibus a me pictus et politus artis coloribus.

pinguēscō, —, —, ere, *inch.* [pinguis], *to grow fat, be fattened:* pinguescere corpore corpus, O.: campos sanguine, *be enriched*, V.

pinguis, e, *adj.* with *comp.* and *sup.* [PAC-], *fat:* Thebani: Me pinguem vises, H.: Verbenae, *juicy*, V.: pinguissimus haedulus, Iu.: merum, *rich wine*, H.: equi humano sanguine, *fattened upon*, O. — As *subst. n.*, *grease*, V. — *Rich, fertile, plump:* solum, V.: sanguine pinguior Campus, H.: stabula, *hives full of honey*, V.: arae, *with fat offerings*, V.: ficus, *juicy*, H.: tura pinguīs facientia flammas, *with rich fumes*, O.: pingui flumine Nilus, *fertilizing*, V.—*Bedaubed, besmeared:* crura luto, Iu. — *Thick, dense:* caelum: lacernae, Iu.—Fig., *dull, gross, heavy, stupid, doltish:* poëtis pingue quiddam sonantibus: pingui donatus munere, H.: ingenium, O.—*Quiet, comfortable, easy:* somni, O.: amor, O.

pīnifer, fera, ferum, *adj.* [pinus + 1 FER-], *pine-bearing, producing pines:* Maenalus, V.

pīniger, gera, gerum, *adj.* [pinus + GES-], *pine-bearing:* caput, O.

1. pinna, ae, *f.* [SPI-], *a feather, plume* (upon a bird; see also penna): (aves) pullos pinnis fovent. — *A wing* (only *plur.*): O Fides alma apta pinnis: pinnis coruscant (apes), V.: non pinnis sublime elatos Alpīs transgressos, L.—Fig.: illi, qui mihi pinnas inciderant, *had clipped*, i. e. *made me helpless:* Decisis humilis pinnis, i. e. *humbled*, H.: Maiores pinnas nido extendisse, i. e. *have risen above my origin*, H.: praepetis omnia pinnae, i. e. *of flight*, V.: pinnā veras dare notas, O.—*An arrow:* olor traiectus pinnā, O. — *A pinnacle:* huic (aggeri) loricam pinnasque adiecit, Cs.: asseribus falcatis detergebat pinnas, L.: sedes pinnis atque aggere cingit, V. — *A promontory, cape:* tribus (Sicania) excurrit in aequora pinnis, O.

2. (pinna), see pīna.

pinnātus, *adj.* [1 pinna], *feathered, plumed, winged* (often confounded with pennatus): Iovis satelles: Cupido: Fama, V.

pinniger (not penn-), gera, gerum, *adj.* [1 pinna +GES-], *feathered, winged:* alterum (animantium genus), i. e. *birds.—Having fins, finny:* piscis, O.

pinnirapus, ī, *m.* [1 pinna+RAP-], *a crest-snatcher, gladiator* (who strove to snatch the adversary's crest as a trophy), Iu.

pinnula, *f. dim.* [pinna], *a little wing, pinion.* —*Plur.*, C.

pīnotērēs (-thērēs), ae, *m.*, = πινοτήρης, *the pinna-guard, a crab, parasite of the pina.*

pīnus (ūs), *abl.* pīnū; *plur.* pīnūs; *acc.* pīnūs or pīnōs; *f.* [PI-, PIC-], *a pine, pine-tree, fir, fir-tree:* ex altā pinu, V.: pinos loquentes, V.: Grata deūm matri, i. e. *to Cybele*, O.: tua (to Diana), H.: pinu praecincti cornua Panes, O.—*A ship, vessel, boat of pine:* infesta, V.: Pontica pinus Silvae filia nobilis, H.: orbata praeside pinus, O.—*A pine torch:* manum pinu flagranti inplet, V.—*A wreath of pine-leaves:* pinuque caput praecinctus acutā, O.—*A pine forest:* Gallinaria, Iu.

piō, āvī, ātus, āre [pius], *to approach with sacred rites, appease, propitiate:* Silvanum lacte, H.: ossa, V.: Ianus piandus erit, O.—*To purify with sacred rites:* si quid tibi piandum fuisset.—*To make good, atone for, expiate:* mors morte pianda est, O.: fulmen, *avert the omen of lightning*, O.: prodigia, Ta.: culpam morte, *atone for*, V.: nefas morte piandum, i. e. *to be punished*, Iu.

piper, peris, *n.*, = πέπερι, *pepper*, H., O., Iu.

pīpilō, —, —, āre, *to peep, chirp*, Ct.

Pīraeeus (trisyl., C.) or **Pīraeus** (T., C., Ct., L., N., Pr.), ī, *m.*, or **Pīraea**, ōrum, *n.* (O.), = Πειραιεύς, *the port of Athens.*

Pīraeus, *adj.*, *of the Piraeus:* litora, O.

pīrāta, ae, *m.*, = πειρατής, *a sea-robber, corsair, pirate:* barbarus: Piratae Cilicum, Iu.

pīrāticus, *adj.*, = πειρατικός, *of pirates, piratic, piratical:* myoparo: bellum.—As *subst. f.:* piraticam facere, *practise piracy.*

pirum (pyr-), ī, *n.*, *a pear*, H., V., Iu.

pirus, ī, *f.*, *a pear-tree:* insere piros, V.

Pīsaeus, *adj.*, *of Pisa* (in Elis), *Pisaean:* Arethusa, O.: oliva, *won in the Olympic games*, Iu.

piscātor, ōris, *m.* [piscor], *a fisherman, fisher*, T., C., H., O., Iu.

piscātōrius, *adj.* [piscator], *of fishermen, fishing-:* naves, *fishing-smacks*, Cs.: forum, *the fish-market*, L.

(piscātus, ūs), *m.* [piscor], *a catch of fish.*—Only *abl.*, C.

pisciculus, ī, *m. dim.* [piscis], *a little fish*, T., C.

piscīna, ae, *f.* [piscis], *a fish-pond*, C.: publica, *the public fish-pond*, L.

piscīnārius, ī, *m.* [piscina], *a cultivator of fish, keeper of fish-ponds.*

piscis, is, *m.*, *a fish:* piscīs ex sententiā Nactus sum, T.: piscibus vivere, Cs.: fons plenissimus piscium: Piscium genus, H.—*Collect.:* pisce vehi quaedam (natarum videntur), O.—*The constellation Pisces:* Piscis aquosus, V.—*Plur.*, O.

piscor, ātus, ārī, *dep.* [piscis], *to fish:* ante suos hortulos, C., H.

piscōsus, *adj.* [piscis], *full of fishes, abounding in fish:* scopuli, V.: Cnidos, O.

pīstor, ōris, *m.* [PIS-], *a miller, bread-maker, baker.*

pīstrīlla, ae, *f. dim.* [pistrina], *a little pounding-mill*, T.

pīstrīnum, ī, *n.* [pistor], *a corn-mill, pounding-mill, mill:* te in pistrinum dedam usque ad necem, T.: in iudicia, tamquam in aliquod pistrinum, detrudi: tibi mecum in eodem est pistrino vivendum, *must bear the same burden.*

pistrīx, īcis, *f.*, = πίστρις or πρίστις, *a sea-monster, whale, shark, saw-fish:* immani corpore, V.—*The constellation of the Whale*, C. poët.

pītuīta (trisyl., H.), ae, *f.* [SPV-], *slime, clammy moisture, phlegm, rheum:* cum pituita redundat: nasi, Ct.: lenta, H.

pītuītōsus, *adj.* [pituita], *full of phlegm, phlegmatic:* homo.

pius, *adj.* with (late) *sup.* piissimus.—Of character, *dutiful, pious, devout, conscientious, religious:* ingenium Pamphili, T.: homo: di meliora piis, V.: poëta, Ct.: pio vatis ab ore, O.—*Plur. m.* as *subst.*, *the departed, blessed:* piorum sedes: arva piorum, O.—Of actions, *just, holy, right, pious, religious:* bellum, L.: homines inmolare pium esse duxerunt, *a religious act:* Quosque pium est adhibere deos, O.—As *subst. n.:* contra iusque piumque, *sacred obligation*, O.—Of things, *sacred, holy, consecrated:* far, H.: pax, *under religious sanction:* arma, *conscientiously taken up*, L.—Of natural ties, *faithful to kindred, devoted, filial, loving, dutiful:* in parentes: Aeneas, *the filial*, V.: Inpietate pia est, i. e. *sacrifices her son to her brother*, O.: 'piissimos' quaeris, et, quod verbum omnino nullum in linguā Latinā est, etc.: piissima filia, Ta.: piissimi civium, Cu.—*Sacred, prompted by natural affection, loving:* seniorque parens, pia sarcina nati, O.: dolor, *inspired by friendship:* piosque pone metūs, i. e. *of your husband*, O.—*Beloved, dear:* testa, H.

pix, picis, *f.* [PI-, PIC-], *pitch:* sulfure mixta, S.: fervefacta, Cs.: atra, O.: Corticem astrictum pice dimovere, H.: Idaeae pices, *lumps of pitch*, V.

plācābilis, e, *adj.* with *comp.* [placo], *to be conciliated, easily pacified, placable:* omnia habere placabiliora quam animum praetoris: Irasci celer, tamen ut placabilis essem, H.: placabilis irae, O.: ad iustas preces ingenium, L.: sacris placabilis ira, O.: ara Dianae, *placable*, V.—*Pacifying, appeasing, propitiating, acceptable:* Id nosmet indicare placabilius est, *more conciliatory*, T.

plācābilitās, ātis, *f.* [placabilis], *a conciliatory disposition, placability.*

plācāmen, inis, *n.* [placo], *a means of conciliation:* caelestis irae placamina, L.

plācāmentum, ī, *n.* [placo], *a means of appeasing:* deūm placamenta, Ta.

plācātē, *adv.* with *comp.* [placatus], *calmly, composedly, quietly:* omnia ferre: molestias placatius ferre.

plācātiō, ōnis, *f.* [placo], *a pacifying, propitiating, quieting:* deorum: perturbati animi.

plācātus, *adj.* with *comp.* and *sup.* [*P.* of placo], *soothed, quiet, gentle, calm, peaceful:* animi status: via placatae vitae: maria, V.: Placatus mitisque adsis, O.: placatiore eo suā spe invento, L.: patribus placatior exercitus, *more favorably inclined*, L.: quies placatissima.

plācēns, entis, *adj.* [*P.* of placeo], *agreeable, pleasing:* alqd non placens: Uxor, H.

placenta, ae, *f.*, = πλακοῦς, *a cake*, H., Iu.

placeō, cuī or placitus sum, citus, ēre [PLAC-], *to please, give pleasure, be approved, be pleasing, be agreeable, be acceptable, suit, satisfy:* si placeo, utere, *if I suit you*, T.: Quid placet aut odio est, H.: non placet Antonio consulatus meus: quae vobis placita est condicio, datur, T.: quin quod placitum sit, abstulerit, *whatever he fancied:* exspecto quid istis placeat de epistulā, *I await their pleasure:* Dis, quibus septem placuere colles, H.: sibi non placere, quod laborasset, etc., N.: ego numquam mihi minus placui, *was less satisfied with:* tu tibi tunc places, *are full of complacency*, Iu.—On the stage, *to find favor, give satisfaction, be applauded:* Primo actu placeo, T.: Populo ut placerent quas fecisset fabulas, T.—*Impers.*, *it is believed, is settled, is agreed, seems right:* adde illud, si placet, *if you please:* venio ad comitia, sive magistratuum placet, sive legum, i. e. *no matter which:* placitum est, ut considerent, etc., *they determined:* placet enim esse quiddam in re p. praestans, *it is agreed:* ut ipsi auctori huius disciplinae placet, *as the founder holds:* ut doctissimis placuit, *have taught:* duo placet esse Carneadi genera visorum: Quīs paria esse fere placuit peccata, *who have made up their minds that*, etc., H.: quin etiam, si dis placet, aiunt, etc., *please the gods!* L.—*It is resolved, is determined, is decided, is purposed:* deliberatur, incendi placeret an defendi, Cs.: quid placet, dic, *your decision*, Iu.: quando vobis ita placet, S.: senatui placere, ut C. Pansa, etc., *that the senate decree*, etc.: mihi placuit, ut orationes explicarem, *I resolved:* Venus, cui placet mittere, etc., *who likes to send*, H.

placidē, *adv.* with *comp.* [placidus], *softly, gently, quietly, calmly, peacefully, placidly:* respondet, S.: ire, T.: progredi, Cs.: ferre dolorem: plebem placidius tractare, S.

placidus, *adj.* with *comp.* and *sup.* [PLAC-], *gentle, quiet, still, calm, mild, peaceful, placid:* homo: eum placidum reddidi, *pacified him:* ingenium, S.: lumen, H.: amnis, O.: senectus: oratio: mors, V.: somnus, O.: placidior Rhenus, Ta.: nihil illis placidius, aut quietius erat, L.: placidissima pax.—*Plur. n.* as *subst.:* ut placidis coëant inmitia, i. e. *tame creatures*, H.

placitus, *adj.* [*P.* of placeo], *pleasing, agreeable, acceptable:* placita es simplicitate tuā, *charming in*, etc., O.: amor, V.: locus ambobus, S.—As *subst. n.:* ultra placitum laudare, *more than is agreeable*, V.: placita maiorum, *maxim*, Ta.

plācō, āvī, ātus, āre [PLAC-], *to quiet, soothe, assuage, allay, appease:* aequora, O.: ventos sanguine, V.: Plutona tauris, *try to propitiate*, H.: (Fidenas) beneficiis, L.: iram deorum donis: numen deorum, Cs.—*To reconcile, conciliate, placate:* Iugurtham, S.: te sibi: Hannibalem filio meo, L.: alquos rei p.: Invidiam, *conciliate*, H.: fac illa ut placetur nobis, T.: tanta iniquitas, ut placari populo R. non possent?: numquam animo placari potuit in eum, *be reconciled*, N.: homo et sibi ipse placatus, *at peace with himself.*

1. plāga, ae, *f.* [PLAG-], *a blow, stroke, stripe, cut, thrust, wound:* merces plagae: (pueris) Dant animos plagae, V.: plagae et volnera, Ta.: plagae crescunt, Nisi prospicis, *a flogging*, T.: mortifera: inpulsio (atomorum), quam plagam appellat, *shock.*—Fig., *a blow, stroke, injury, calamity, disaster, misfortune:* accepisset res p. plagam: plaga iniecta petitioni tuae: sic nec orator plagam gravem facit, nisi, etc., *makes a deep impression.*

2. plaga, ae, *f.* [PARC-], *a hunting-net, snare, gin:* tabulam tamquam plagam ponere: in plagam cervus venit, O.—Usu. *plur.:* tendere plagas: extricata densis Cerva plagis, H.: Nexilibus plagis silvas ambit, O.—Fig., *a snare, trap, toil:* hanc ergo plagam effugi: quas plagas ipsi contra se texuerunt: Antonium conieci in Caesaris plagas.—*A stretch of country, region, quarter, zone, tract:* aetheria, *the ethereal regions*, V.: caeli scrutantur plagas, C. poët.: plagae Quattuor, *zones*, V.: ad orientis plagam, Cu.: plaga una continuit ceteros in armis, *one canton*, L.

plagiārius, īs, *m.* [plagium, man-stealing], *a man-stealer, kidnapper.*

plāgōsus, *adj.* [1 plaga], *given to blows, fond of flogging:* Orbilius, H.

plagula, ae, *f. dim.* [2 plaga], *a bed-curtain*, L.

planctus, ūs, *m.* [PLAG-], *a beating of the breast, wailing, lamentation, lament:* clamor planctu permixtus, Cu.: planctus et lamenta, Ta.: edere planctūs, Iu.

plānē, *adv.* with *comp.* and *sup.* [1 planus], *evenly, simply, plainly, clearly, distinctly, intelligibly:* plane et Latine loqui, *right out:* planius dicere: quid? hoc planius egissem, si, etc.: planissime explicare.—*Wholly, entirely, utterly, completely, thoroughly, quite:* qui alia tam plane scias, T.: nec plane abisse ex conspectu, *and not quite out of sight*, Cs.: carere sensu communi, H.: plane bene, *you have acted quite right:* ex rebus plane cognitis: explicari mihi, *thoroughly.* — *By all means, assuredly:* te rogo ut plane ad nos advoles: *De.* argentum est ultro obiectum . . . *Ge.* Planissume, T.

plangō, anxī, anctus, ere [PLAG-], *to strike, beat:* victima planget humum, O.: Nunc nemora plangunt (austri), V.: Laqueis . . . Crus ubi commisit volucris, Plangitur, *beats with its wings*, O.—*To beat in lamentation:* femina: laniataque pectora plangens (i. e. ita, ut lanientur), O.: Planguntur matres, *beat themselves in agony*, O.—*To lament aloud, wail:* planxere sorores Naides, O.: plangentia agmina, V.: plangentis populi derisor, Iu. — *To bewail, lament for:* virtutes quas neque plangi fas est, Ta.: maiore tumultu Planguntur nummi quam funera, Iu.

plangor, ōris, *m.* [plango], *a striking, beating:* (Echo) reddebat sonitum plangoris eundem, O.—*A beating of the breast in sorrow, wailing, lamentation:* populi: plangores Feminei, V.: caesis plangore lacertis, O.

planguncula, ae, *f. dim.* [πλαγγών], *a little wax doll:* plangunculae matronarum.

(plāniciēs), see planities.

plānipēs, pedis, *m.* [planus+pes]. — In the theatre, *an actor with naked feet* (i. e. as a slave): Planipedes audit Fabios, Iu.

plānitās, ātis [planus], *distinctness, perspicuity*, Ta.

plānitia or **plānitiēs** (not plānic-), ae, *acc.* am or em, *f.* [planus], *a flat surface, level ground, plain:* limosa, S.: aequata agri: inter oppidum et collem, Cs.: pars planitiae, L.: ignota, *unexplored*, V.

planta, ae, *f.* [PLAT-], *a sprout, shoot, twig, graft:* malleoli, plantae: plantas abscindens de corpore matrum, V. — *A young plant, set, slip:* plantam deponere in hortis, O.: tenues, Iu.—*A sole, sole of the foot:* tibi ne teneras glacies secet plantas, V.: citae, O.: caeno evellere plantam, H.: plantā duci, *be dragged by the heel*, Iu.

plantāria, ōrum, *n.* [planta], *sets, slips, young trees:* viva, V.: horti, Iu.

1. plānus, *adj.* with *comp.* and *sup.* [PLAT-], *even, level, flat, plane:* litus, Cs.: planis (formis) circulus: spatia, H.: palma, *flat*, Iu.: carinae planiores, Cs.: unde aditus planior erat, L.: planissimus locus. — As *subst. n.*, *a plane, level, plain:* Silva Incipit a plano, O.: aciem in planum deducit, S.: Collibus an plano ponere vitem, V.—Fig., *plain, clear, distinct, intelligible:* narrationes: hoc testibus ita vobis planum faciemus, ut, etc.—*Easy, free from danger:* via vitae.

2. planus, ī, *m.*, = πλάνος, *a juggler, impostor, cheat:* improbissimus, H.

platalea, ae, *f.*, *a waterfowl, spoonbill.*

platanus, ī, *f.*, = πλάτανος, *the platane tree, Oriental plane:* umbrifera, C. poët.: steriles, V.: caelebs (i. e. not used to support vines), H., O., Iu.

platea, ae, *f.*, = πλατεῖα, *a broad way, street, avenue:* In hac habitasse plateā, T.: plateas inaedificare, Cs.: purae plateae, H.

plaudō, sī, sus, ere, *to clap, strike, beat:* alis Plaudens columba, *with her wings*, V.: pennis, O.: pectora manu, O.: pedibus choreas, i. e. *keep time in the choral dance*, V.: plausis alis, *fluttered*, O. —*To clap the hands in approval, applaud:* manūs suas in plaudendo consumere: donec cantor, vos plaudite, dicat, i. e. *to the end*, H.: huic ita plausum est, ut salvā re p. Pompeio plaudi solebat: his in theatro plaudebatur, *they were applauded.*—*To express approbation, approve, applaud, praise:* dis hominibusque plaudentibus: mihi plaudo Ipse domi, H.: plaudendum funus, Iu.

plausibilis, e, *adj.* [plaudo], *praiseworthy, deserving applause:* censorium nomen.

plausor, ōris, *m.* [plaudo], *an applauder, enthusiastic hearer:* In theatro, H.

plaustrum (plōstrum), ī, *n.* [PLV-], *a vehicle for freight, wagon, wain, cart:* plaustris vectare ornos, V.: in plaustrum conici: robusta plaustra, H.—*The Great Bear, Charles's Wain* (a constellation), O.

1. plausus, *P.* of plaudo.

2. plausus, ūs, *m.* [plaudo], *a clapping, flapping, noise from striking:* plausu premunt alas (of cocks), Enn. ap. C.: ingens (of doves), V.—*A clapping of hands in approval, applause:* plausūs cupiditas: a plebe plausu maximo est mihi gratulatio significata: plausum captans: datus in theatro tibi, H.: stantia in plausum theatra, Pr.

Plēas, see Plēias.

plēbēcula, ae, *f. dim.* [plebs], *the common people, rabble, poor folks:* misera, H.

plēbēius (trisyl.), *adj.* [plebs], *of the common people, of the populace, plebeian:* familiae: consul, L.: ludi, *celebrating the freedom of the commonalty,* L.: Deciorum animae, Iu.—As *subst. m.* and *f.:* hi plebei fuerunt: si plebeiam patricius duxerit, L.—*Plebeian, common, vulgar, mean, low:* philosophi: sermo.

plēbēs, ēī, see plebs.

plēbicola, ae, *m.* [plebs+COL-], *one who courts the crowd, a demagogue, democrat,* C., L.

(plēbis), is, see plebs.

plēbi scītum, see plebs, scitum.

plēbs (-bis), plēbis, or **plēbēs**, ēī (ei) or ī, *f.* [PLE-], *the common people, commons, commonalty, plebeians, folk:* plebem facio meam, *win to my support,* T.: nisi quod populus plebesve sanxit: plebei scitum, *a decree of the commons:* plebi contra patres concitatio: tribunum plebi creare, L.: plebis libertas: iucunda res plebei: dominandi studio permota, S.: cum plebe agere.—*The great mass, multitude:* in Hyrcaniā (opp. optimates).—*The populace, lower class, mass, vulgar:* multitudo de plebe, L.: multa sine nomine, V.: Plebs eris, *you shall be plebeian,* H.: Immensa nimiaque, Iu.: (deorum), *the lower ranks,* O.: superūm, O.

1. plectō, —, xus, ere [PARC-], *to plait, interweave:* flores plexi, Ct.

2. (plectō, —, —, ere) [PLAG-], only *pass.*, *to be punished, suffer punishment, be beaten:* Venusinae Plectantur silvae, H.: ego plectar pendens, T.: in suo vitio: multis in rebus neglegentiā plectimur, *suffer through negligence.*—*To be blamed, incur censure:* ne quā in re iure plecteretur, N.

plēctrum, ī, *n.*, = πλῆκτρον, *a stick for playing on a stringed instrument, quill, plectrum:* plectri similem linguam dicere: plectra movere, O.—*A lyre, lute:* sonans plenius aureo plectro, H.: leviore plectro, i. e. *in lighter verse,* H.: gravius, O.

Plēïas or **Plēas (Plīas)**, adis, *f.*, = Πληϊάς or Πλειάς, *a Pleiad, one of the seven stars,* O.—*Plur., the Pleiades, Pleiads,* V., H., O.

plēnē, *adv.* with *comp.* [plenus], *fully, wholly, completely, altogether, thoroughly:* perfectae munitiones, Cs.: sapientes homines: quod fuerat factura, plenius facit, O.

plēnus, *adj.* with *comp.* and *sup.* [PLE-], *full, filled:* vela: plenissimae viae, *greatly crowded,* Cs.: corpus suci, T.: Gallia civium: domus ornamentorum: Quis me est venustatis plenior? T.: meri pocula, O.: vita plena et conferta voluptatibus.—As *subst. n., a plenum* (opp. vacuum): ad plenum, *copiously,* V., H.—Of bodily size, *stout, bulky, portly, plump, corpulent:* pleni enectine simus: volpecula pleno corpore, H.—Of females, *big with child, pregnant:* femina, O.: sus.—*Filled, satisfied, sated:* minimo, O.: amator, H.—*Full packed, laden:* vitis, O.: exercitus plenissimus praedā, L.: crura thymo plenae (apes), V.: plenos oculorum sanguine pugnos, *covered,* Iu.—*Entire, complete, full, whole:* (legio) plenissima, *with ranks entirely full,* Cs.: ad praeturam gerendam annus: hora, O.: pleno gradu, *at full pace,* L.: pleni somni, *profound,* O.—Of the voice, *sonorous, full, clear, strong, loud:* cornix plenā improba voce, V.: vox plenior: voce plenior.—Of speech, *full, at full length, uncontracted, unabridged:* ut E plenissimum dicas: 'siet' plenum est, 'sit' inminutum: plenissima verba, O.—*Full, abundant, plentiful, much:* Verres, qui plenus decesserat: pecunia, *much money:* mensa, V.: gaudium: serius potius ad nos, dum plenior: accepi epistulas pleniores, *longer:* plenissima villa, H.—Of age, *full, advanced, ripe, mature:* plenis nubilis annis, *marriageable,* V.—F i g., *full, filled:* fidei: negoti, *full of business:* irae, L.: Quae regio nostri non plena laboris? *filled with the story of our troubles?* V.: plenus sum exspectatione de Pompeio, *full of expectation:* laetitiā, Cs.—*Complete, finished, ample, copious:* orator: oratio plenior: pleniora perscribere, Cs.—*Full, abounding, rich:* cum sis nihilo sapientior ex quo Plenior es, *richer,* H.: pleniore ore laudare, i. e. *more heartily:* plenior inimicorum Mario.

plērīque, raeque, raque, see plerusque.

plērumque, *adv.* [*acc. n.* of plerusque], *for the most part, mostly, commonly, generally:* eam opperiri, T.: ita plerumque evenit, ut, etc., S.: plerumque casu, saepe natura: hi plerumque gradūs, Iu.—*Often, frequently:* ipsā plerumque famā bella profligant, Ta.

plērusque, raque, rumque, *adj.* [plerus], *a very great part, the majority, most:* Sororem plerique esse credebant meam, T.: multi . . . plerique etiam: plerique Belgae, Cs.: erant pleraque (tecta) ex cratibus facta, *usually,* L.: plerique Poenorum: eorum plerique, S.: plerisque ex factione eius conruptis, S.: plerique omnes adulescentuli, *almost all,* T.: dixi pleraque omnia, *about all,* T.: iuventus pleraque Catilinae favebat, *the majority,* S.: exercitum plerumque opperiri iubet, S.—As *subst. n., the greatest part:* ubi plerumque noctis processit, S.: Europae, L.—*Plur., about all, the greater part:* nec ratione animi quicquam, sed pleraque viribus corporis administrabant: pleraque eius insulae obsidebantur, Cu.—*A considerable part, very many, a good many:* non dubito fore plerosque, qui, etc., N.: urbium pleraeque, L.

Plīas, Plīades, see Pleias.

plicō, —, —, āre [PARC-], *to fold, wind, coil:* se in sua membra (anguis), *coiling up,* V.

ploeres, ploera, old for plures, plura.

plōrātus, ūs, *m.* [ploro], *a wailing, weeping, lamenting:* amicorum, Cu.: virginalis, C. poët.: mulierum ploratibus sonare, L.

plōrō, āvī, ātus, āre [PLV-], *to cry out, wail, lament, weep aloud, weep over, bewail:* plorando fessus sum: te iubeo plorare, *I bid you howl*, H.: concursum plorantium ferre: raptum iuvenem, H.: talia, Iu.: ploravere, non respondere, etc., H.: me tamen obicere incolis Plorares Aquilonibus, *wouldst grieve*, H.: suae (puellae), *pour out his sorrow to*, Tb.: mimus quis melior plorante gulā, *a disappointed appetite*, Iu.

plōstellum, ī, *n. dim.* [plaustrum], *a small wagon, little cart:* plostello adiungere mures, H.

plōstrum, see plaustrum.

ploxemum, ī, *n.* [Gallic], *a wagon-box*, Ct.

plūma, ae, *f.* [PLV-], *a soft feather, feather, plume:* plumae versicolores: ipsi plumā aut folio facilius moventur: mollis, V.: leves plumae, H.: in plumis delituisse Iovem, i. e. *as a swan*, O.: colla Mollibus in plumis reponit, *down*, O.: tuae cum veniet pluma superbiae, i. e. *the first beard*, H.: pellis aënis In plumam squamis auro conserta, i. e. *scales of brass overlaid like plumage*, V.—*Sing. collect.:* Pluma avium, *plumage*, O.

plūmātus, *adj.* [pluma], *covered with feathers, feathered:* corpus, C. poët.

plumbeus, *adj.* [plumbum], *of lead, leaden:* glans, O.—*Leaden, blunt, dull:* gladius.—*Leaden, heavy, oppressive, burdensome:* Auster, H.—Fig., *leaden, dull, stupid, stolid:* asinus, plumbeus, T.: in physicis.

plumbum, ī, *n.* [cf. μόλυβδος], *lead:* album, *tin*, Cs.: plumbum Funda iacit, *a leaden ball*, O.: liquefacto tempora plumbo diffidit, *moulded bullet*, V.: aqua tendit rumpere plumbum, *the pipe*, H.: membrana derecta plumbo, *a pencil*, Ct.

plūmeus, *adj.* [pluma], *downy, filled with down:* culcita: torus, O.

plūmipēs, edis, *adj.* [pluma + pes], *with feathered feet*, Ct.

plūmōsus, *adj.* [pluma], *downy, feathered*, Pr.

pluō, pluī or plūvī, —, ere, usu. *impers.* [PLV-], *to rain:* aqua, quae pluendo crevisset, *by the rain:* quoties pluit, Iu.: lapides, L.: sanguine pluisse senatui nuntiatum est: lapidibus pluvisse, L.: Nec de concussā tantum pluit ilice glandis, *rains down*, V.

plūrēs, see 1 plus.

plūrimum, *adv.* [*acc. n.* of plurimus], *very much, most, especially, for the most part, generally, commonly* (used as *sup.* of multum, with *comp.* 2 plus): is valebat in suffragio plurimum, cuius plurimum intererat, etc.: Dumnorix plurimum poterat, Cs.: te diligere.

plūrimus, *adj. sup.* [plus], *most, very much, very many:* placere bonis Quam plurimis, T.: huius sunt plurima simulacra, Cs.: partes: qui (collis) plurimus Inminet, *in great mass*, V.: tua plurima pietas, *very great*, V.: medio cum plurimus orbe Sol erat, *most oppressive*, O.: plurima quā silva est, *thickest*, O.: per laborem Plurimum, *severe*, H.—*Collect.:* plurimus in Iunonis honore dicet, *many a one*, H.: oleaster, V.: Cicero S. D. P. Dolabellae (i. e. salutem dicit plurimam): Atticae plurimam salutem, *my best love to*, etc.—As *subst. n.:* ut haberet quam plurimum, *as much as possible:* ut in quoquo oratore plurimum esset: quem unum plurimi fecerat, *esteemed above all*, N.: gravitatis plurimum.

1. plūs, plūris (*plur.* plūres, plūra, *gen.* plūrium), *adj.* [PLE-]. **I.** *Sing. n.* as *subst.*, *more:* ne quid faciam plus, *too much*, T.: tantum et plus etiam ipse mihi deberet: vos et decem numero, et, quod plus est, Romani estis, *and what is more*, L.: voltis pecuniae plus habere: Albano non plus animi erat quam fidei, *as little courage as fidelity*, L.: paene plus quam sat erat, T.: ne plus reddat quam acceperit: de paupertate tacentes Plus poscente ferent, *more than the importunate*, H.: ex his alius alio plus habet virium: hoc plus ne facito, *more than this:* annos sexaginta natus es Aut plus eo, *or more than that*, T.: plus nimio, *overmuch*, H.: quam molestum est uno digito plus habere, *one finger too much:* uno plus Etruscorum cecidisse in acie, *one man more*, L.—*Gen. of price, of more value, of a higher price, worth more, higher, dearer:* ager multo pluris est, *is worth far more:* quo pluris sint nostra oliveta: pluris emere, *dearer:* mihi conscientia pluris est, quam, etc.: te cottidie pluris feci, *have esteemed more highly.* —Repeated: quem mehercule plus plusque in dies diligo, *more and more.*—**II.** *Plur.*, in comparison, *more, in greater number:* omnes qui aere alieno premuntur, quos plures esse intellego quam putaram: Nemini ego plura acerba esse credo oblata quam mihi, T.—*A great number, many:* plura castella temptaverat, Cs.: summus dolor plures dies manere non potest.—As *subst. m.:* qui plus fore dicant in pluribus consili quam in uno: quid quaeso interest inter unum et plures?—As *subst. n.* (sc. verba): pluribus haec exsecutus sum, Ph.: Quid plura? *in short.*

2. plūs, *adv.* [*sing. n.* of 1 plus], *more* (used as *comp.* of multum, with *sup.* plurimum): apud me argumenta plus quam testes valent: plus quam semel, *more often:* nulla (navis) plus quam triginta remis agatur, L.: Plus miliens audivi, T.: ferre plus dimidiati mensis cibaria, *for more than*, etc.: paulo plus mille passūs a castris, L.

plūsculus, *adj. dim.* [plus], *somewhat more, a little more:* plusculā Supellectile opus est, T.—As *subst. n.:* plusculum etiam, quam concedit veritas, amori nostro largiare, *grant a little more influence* · ut plusculum sibi iuris populus asscisceret, *somewhat larger rights.*

pluteus, ī, *m.* — As a cover for besiegers, *a penthouse, shed, mantlet:* pluteos ad alia opera abduxerunt, Cs.: pluteos ac vineas operuerat (nix), L.—*A permanent breastwork, parapet:* plutei turrium, Cs.: rates pluteis protegebat, Cs.: locus consaeptus pluteis, L.—*A shelf, desk, bookcase,* Iu.—*A couch, dining couch:* plutei fulcra, Pr.

pluvia, ae, *f.* [PLV-], *rain, a shower, fall of rain:* pluvias metuo: ingens, V.: de pluviis loqui, Iu.

pluviālis, e, *adj.* [pluvia], *of rain, rainy:* Auster, *rain-bringing,* V.: sidus, O.: fungi, *produced by rain,* O.

pluvius, *adj.* [PLV-], *rainy, bringing rain:* Hyades, V.: Iuppiter, Tb.: aqua, *rain-water,* S.: aurum, *a shower of gold,* O: rores, *rain,* H.: arcus, *rainbow,* H.: frigus, *a cold shower,* V. — As *subst. n., the inner court of a dwelling:* Venisse per pluvium, T.

pōcillum, ī, *n. dim.* [poculum], *a little cup:* mulsi, L.

pōculum, ī, *n.* [PO-], *a drinking-vessel, cup, goblet, bowl, beaker:* haec argento circumcludunt atque pro poculis utuntur, Cs.: ducere, H.: poscunt maioribus poculis (sc. bibere), *out of goblets:* stantem extra pocula caprum, i. e. *in relief,* Iu.—*A drink, draught, potion:* uxori cum poculum dedisset, i. e. *the poison:* ad insidiosa vocatus pocula, O.: amoris, i. e. *a philter,* H.: pocula praegustare, Iu.—*A drinking-bout, carouse:* immania: sermo, qui adhibetur in poculo, *while drinking:* inter pocula laeti, V.

podagra, ae, *f.*, = ποδάγρα, *the gout, podagra:* dolores podagrae: turpes podagrae, V.: nodosa, O.: locuples, Iu.

pōdex, icis, *m., the fundament, anus,* H., Iu.

podium, ī, *n.*, = πόδιον, *an elevated place, height.* — Esp., in the circus, *a balcony:* omnes ad podium spectantes, Iu.

Poecilē, es, *f.*, = Ποικίλη (στοά), *the picture-gallery, frescoed hall in the market-place of Athens,* N.

poēma, atis (*dat.* and *abl. plur.* poëmatis, C.), *n.*, = ποίημα, *a composition in verse, poem:* poëmata (opp. oratio), *poetry:* tenerum, *passage:* poëma facere: Graecum condere: pangere, H.

poena, ae, *f.*, = ποινή, *indemnification, compensation, recompense, retribution, satisfaction, expiation, punishment, penalty, price:* Syrus mihi tergo poenas pendet, T.: arbitros dat, qui poenam constituant, Cs.: Tu mihi poenas Persolves amborum, V.: poenas pendo temeritatis meae: poenas pro civibus capere, S.: numen in omne nomen Albanum expetiturum poenas, L.: morte poenas sceleris effugere: poenam dignam suo scelere suscipere: parentum poenas a filiis repetere: falsarum litterarum: poenarum ex inimicis satis est, L.: peccatis qui poenas inroget aequas, H.: dat poenas, i. e. *suffers for it,* Iu.: nec fuerat poena videre, etc., *punishable,* Pr. — Person., *the goddess of punishment, Vengeance,* C.—*Plur., avenging Furies,* C., O.

Poenī, ōrum, *m., the Carthaginians* (as of Phoenician origin), C., V.—*Sing., the Carthaginian,* i. e. *Hannibal.*—*Sing. collect.:* Poenus advena, L.: uterque Poenus, i. e. *Carthaginians in Africa and Spain,* H.

Poenīnus (**Pennī-**), *adj.* [Penninus, from Celtic pen (peak), became Poeninus, as if from Poenus, after Hannibal's passage], *Pennine* (of the Alps, from the Great St. Bernhard to the St. Gotthard), L.

(**poenitēns, poenitentia, poeniteō**), see paenit-.

1. Poenus, ī, see Poeni.

2. Poenus, *adj., Punic, Carthaginian,* V.

poēsis, is, *f.*, = ποίησις, *a poem, poetry:* amatoria, H.

poēta, ae, *m.*, = ποιητής, *a poet:* oratores et poëtae, *prose-writers and poets:* ingeniosus: Grai poetae, V.: pictores atque poëtae, H.: summus, minimus, Iu.

poētica, ae (C.), and **poēticē**, es (N.), *f.*, = ποιητική, *the poetic art, poetry, poesy.*

(**poēticē**), *adv.* [poëticus], *in the manner of poets, poetically:* loqui (dub.).

poēticus, *adj.*, = ποιητικός, *poetic, poetical:* verbum: di, *represented by the poets:* quadrigae: mella, H.

poētria, ae, *f.*, = ποιήτρια, *a poet, female poet:* fabularum, C., O.

pol, *interj.* [Pollux], *by Pollux! indeed! truly!* Enn. ap. C.; T., H.: certo pol, *most assuredly,* T.: sane pol, T.: pol vero, T.

polenta, ae, *f.* [1 PAL-], *peeled barley, pearl-barley,* O., Cu.

poliō, īre (*imperf.* polibant, V.), īvī, ītus, *to smooth, furbish, polish:* rogum asciā, C. (XII Tabb.): pulvinar Indo dente, Ct.—*To adorn, decorate, embellish:* Aegida squamis, V.: domus polita, *well-ordered,* Ph.—Fig., *to polish, refine, improve, adorn:* ignarus poliendae orationis: materiam versibus senariis, Ph.: carmina, O.

polītē, *adv.* with *comp.* [politus], *in a polished manner, elegantly, with taste:* dicere: scribere: politius limare.

polītīa, ae, *f.*, = πολιτεία, *the State, Constitution* (a work of Plato).

polīticus, *adj.*, = πολιτικός, *of civil polity, relating to the State, political:* philosophi.

polītus, *adj.* with *comp.* and *sup.* [*P.* of polio], *polished, accomplished, refined, cultivated, polite:* homo ex scholā: oratio: politioris humanitatis expers: doctrinā politissimus.

(**pollen**), inis, *n.* [1 PAL-], *fine flour, mill-dust*, T.

pollēns, entis, *adj.* [*P.* of polleo], *strong, able, powerful, thriving:* animus abunde, S.: herbae, O.: viribus, S.: equo, O.

polleō, —, —, ēre [pote+valeo], *to be strong, be powerful, flourish, thrive, be able, prevail, avail:* quanto magis potes pollesque, L. (old form.): in re p. plurimum, Cs.: terrā marique, L.: tantum series pollet, H.: quantum in hac urbe polleat servire, etc.

pollex, icis, *m.*, *the thumb*, C., V., H., O.: clavi digiti pollicis crassitudine, Cs.: utroque laudare pollice ludum (approbation being expressed by closing the thumb upon the fingers), H.: verso pollice volgus Quem iubet occidunt (disapproval being expressed by extending the thumb), Iu.

polliceor, itus, ērī, *dep.* [pro+liceor], *to hold forth, offer, promise:* liberaliter pollicitus eos remittit, *with large promises*, Cs.: de meā (voluntate): tibi custodias: servos in quaestionem: mirandum in modum: pollicitus est, sibi eam rem curae futuram, Cs.: divisurum se urbem: modo Qui sum pollicitus ducere, T.: obsides dare, Cs.—P r o v.: montes auri, i. e. *boundless wealth*, T.: maria montīsque, S.—*P. pass.:* pollicita fides, O.

pollicitātiō, ōnis, *f.* [pollicitor], *a promising, promise:* hinc pollicitationes aufer, T.: Bomilcarem multis pollicitationibus adgredi, S.: huic magnis pollicitationibus persuadet, ut, etc., Cs.

pollicitor, ātus, ārī, *freq.* [polliceor], *to promise:* pollicitans et nihil ferens, T.: pollicitando incendere (plebem), S.

pollicitum, ī, *n.* [*P. n.* of polliceor], *a promise, pledge:* Polliciti fidem temptat, O.: Hanc pollicitis corrumpe, O.

polluō, uī, ūtus, ere [pro+luo], *to soil, defile, stain, foul, pollute:* ore dapes, V.: ora cruore, O. —F i g., *to defile, pollute, contaminate, violate, dishonor, desecrate:* iura scelere: stupro religionis: Iovem, Pr.: tragico pollutus concubitu, Iu.: polluta pax, V.

pollūtus, *adj.* [*P.* of polluo], *polluted, unchaste:* femina, L.: princeps, Ta.

Pollūx, ūcis, *m.*, = Πολυδεύκης, *a son of Tyndarus and Leda, twin brother of Castor*, C., V., H.: geminus Pollux, i. e. *Castor and Pollux*, H.

polus, ī, *m.*, = πόλος, *an end of an axis, pole:* rotatis polis, O.: glacialis, *the north pole*, O.: australis, O.—*The heavens, sky, celestial vault:* lucidus, V.: rotundus, H.: inmensus, O.

Polyhymnia, ae, *f.*, = Πολύμνια (rich in song), *one of the Muses*, H., O.

polypus (pōl-, H.), ī, *m.*, = πολύπους, *a polypus, sea polypus*, O.—*A tumor in the nose, polypus*, H.

pōmārius, *adj.* [pomum], *of fruit, of fruit-trees.*—As *subst. m.*, *a fruiterer*, H.—As *subst. n.*, *a fruit-garden, orchard*, C., H., O.

(**pomerīdiānus**), see postmeridianus.

pōmērium or **pōmoerium**, ī, *n.* [post+moerus (i. e. murus)], *an open space around a city, within and without the walls*, L., Ta.: de pomoeri iure: intra pomeria, i. e. *in the city*, Iu.

pōmifer, era, erum, *adj.* [pomum+1 FER-], *fruit-bearing, fruit-bringing:* annus, H.

pōmoerium, see pomerium.

Pōmōna, ae, *f.* [pomum], *the goddess of fruit and fruit-trees, Pomona*, O.

pōmōsus, *adj.* [pomum], *abounding in fruit:* horti, Tb.: corona, *a chaplet of fruits*, Pr.

pompa, ae, *f.*, = πομπή, *a solemn procession, public procession, parade:* in pompā ferri: sollemnīs ducere pompas Ad delubra, V.: in foro pompa constitit, L.: pompam funeris ire, *attend a funeral*, O.: pomparum ferculis similes esse, i. e. *as slow as:* Circus erit pompā celeber, O.—*A train, suit, retinue, row, array:* tua, T.: haec lictorum: captivorum, Iu.—*Parade, display, ostentation, pomp:* rhetorum: genus orationis pompae quam pugnae aptius.

Pompēius (trisyl.), a, *a gentile name.*—As *adj.*, *of a Pompey*, Cs., C., O.—E s p., Cn. Pompeius Magnus, *the triumvir*, Cs., C.

pompilus, ī, *m.*, = πομπίλος, *a sea-fish, pilot-fish, rudder-fish*, O.

pōmum, ī, *n.* [3 PV-], *a fruit, tree-fruit, orchard-fruit:* Poeniceum, *pomegranate*, O.—*Plur.*, V., H.

pōmus, ī, *f.* [3 PV-], *a fruit-tree*, Tb.

ponderō, āvī, ātus, āre [pondus], *to weigh:* amatorum sinūs, i. e. *value the pockets*, Pr.—F i g., *to weigh, ponder, consider, reflect:* quid posset: verborum delectum aurium iudicio: si causae non ratione, sed verbis, ponderantur.

ponderōsus, *adj.* [pondus], *weighty, full of meaning:* epistula.

pondō, *adv.* [old *abl.*; cf. pondus], *by weight, in weight:* coronam libram pondo decernere, *weighing a pound*, L.—*Ellipt.*, with numerals, *by weight*, *pounds* (sc. libra): auri quinque pondo abstulit: argenti pondo viginti milia, Cs.

pondus, eris, *n.* [PAND-], *a weight:* pondera ab Gallis adlata iniqua, L.: taleae ferreae ad certum pondus examinatae, Cs.—*A heavy body, weight, mass, load, burden:* in terram feruntur omnia suo nutu pondera: innumerabile auri: magnum argenti, Cs.: immania pondera baltei, V.: gravis maturo pondere venter, O.—*Weight, gravity, heaviness:* gravitate ferri et pondere: magni ponderis saxa, Cs.—*Plur., balance, equilibrium:* pendebat in aëre tellus Ponderibus librata suis, O.: trans pondera dextram Porrigere, *out of balance*, i. e. *so as to fall over*, H.—Fig., *weight, consequence, importance, consideration, influence, authority:* si tutoris auctoritas apud te ponderis nihil habebat: grave ipsius conscientiae pondus est: id est maximi ponderis: omnium verborum ponderibus est utendum, *verbal effects:* fabula sine pondere et arte, H.: nulla diu femina pondus habet, i. e. *firmness*, Pr.—*A burden, load, weight:* rerum, O.: amara senectae Pondera, O.

1. pōne, *adv.* [POS-], *after, behind, back:* adprendit pallio, T.: et ante et pone (moveri): sequens, V.

2. pōne, *praep.* with *acc.* [1 pone], *behind:* pone quos aut ante labantur: pone castra, L.

pōnō, posuī (posīvērunt, C.), positus, ere [for *posino; old *praep.* port- (pro) + sino], *to put down, set down, put, place, set, fix, lay, deposit:* tabulas in aerario, Cs.: castra iniquo loco, *pitch*, Cs.: tabulas in publico, *deposit:* collum in Pulvere, H.: in possessionem libertatis pedem ponimus: in Prytaneum vasa aurea, L.: omnia pone feros in ignes, O.: ubi pedem poneret habere, *might set his foot:* posito genu, *kneeling*, O.: num genu posuit? Cu.: ova, O.: fetum, *give birth to*, Ph.—Of troops and guards, *to place, post, set, station, fix:* praesidium ibi, Cs.: insidias contra Pompei dignitatem: Dumnorigi custodes, ut, etc., Cs.—*To set up, erect, build:* opus, O.: urbem, V.: castella, Ta.: aras, V.: tropaeum, N.—*To form, fashion, mould, depict:* duo pocula fecit . . . Orphaeque in medio posuit, V.: nunc hominem nunc deum, H.—Of plants, *to set, set out, plant:* ordine vites, V.: nefasto (arborem) die, H.—Of wagers or prizes, *to offer, propose, promise, lay, stake, wager:* pocula fagina, V.: praemium proposuerunt, si quis nomen detulisset, L.—*To put out at interest, loan, invest:* pecuniam in praedio: dives positis in faenore nummis, H.—*To serve, serve up, set forth:* posito pavone, H.: positi Bacchi cornua, O.: Da Trebio, pone ad Trebium, Iu.—*To lay aside, take off, put down, lay down:* veste positā: velamina de corpore, O.: librum: arma, i. e. *surrender*, Cs.: Nepesinis inde edictum ut arma ponant, L.: positis armis, L.—*To lay out, arrange for burial:* toro Mortua componar, O.: positum adfati corpus, V.—*To lay in the grave, bury, inter:* te . . . patriā decedens ponere terrā, V.: quā positis iusta feruntur avis, O.—*To arrange, deck, set in order:* suas in statione comas, O.—*To subdue, calm, allay, quiet:* quo non arbiter Hadriae Maior, tollere seu ponere volt freta, H.—Of winds, *to fall, abate:* Cum venti posuere, V.—Of an anchor, *to cast, fix:* ancoris positis, L.—Fig., *to set, place, put, lay, bring:* pone ante oculos laetitiam senatūs: se in gratiā reconciliatae pacis, L.: in laude positus: illa in conspectu animi: cum in mentem venit, ponor ad scribendum, *my name is added to the record.*—*To put, place, cause to rest:* credibile non est, quantum ego in prudentiā tuā ponam, *count upon:* spem salutis in virtute, Cs.: in te positum est, ut, etc., *rests with you.*—*To lay out, spend, employ, occupy, consume:* tempus in cogitatione: diem totum in considerandā causā: totos nos in rebus perspiciendis: itinera ita facit, ut multos dies in oppidum ponat.—*To put, place, count, reckon, consider, regard:* mortem in malis: inter quos me ipse dubiā in re poni malim, L.: Hoc metuere, alterum in metu non ponere, *regard with fear*, Poët. ap. C.: ut in dubio poneret, utrum, etc., *regarded as doubtful*, L.: haec in magno discrimine, *attach great importance to*, L.: in vitiis poni, *be regarded as a fault*, N.—*To appoint, ordain, make:* leges: sunt enim rebus novis nova ponenda nomina, *to be applied:* Laurentisque ab eā (lauro) nomen colonis, V.: tibi nomen Insano, H.—Of vows or votive offerings, *to make, render, pay, consecrate:* Veneris (tabellas) in aede, O.: hic funalia, H.: ex praedā tripodem aureum Delphis, N.—*To lay down as true, state, posit, fix, assume, assert, maintain, allege:* ut paulo ante posui, si, etc.: Verum pono, esse victum eum; at, etc., T.: positum sit igitur in primis, etc.: hoc posito, esse quandam, etc., *agreed:* id pro certo, L.: rem ipsam.—*To cite, set forth, refer to:* eorum exempla.—*To set forth, represent, describe:* Tigellinum, Iu.—*To propose, offer, fix upon, set forth:* mihi nunc vos quaestiunculam ponitis?: ponere iubebam, de quo quis audire vellet: doctorum consuetudo ut iis ponatur, de quo disputent.—*To put away, leave off, dismiss, forego, lay down, surrender:* vitia: curas, L.: moras, H.: corda ferocia, V.: ponendus est ille ambitus (verborum), non abiciendus, i. e. *to be closed without abruptness.*

pōns, ōntis, *m.* [1 PAT-], *a bridge:* pars oppidi ponte adiungitur: pontem in Arare faciendum curat, *has a bridge built over*, Cs.: velut ponte iniecto transitum dedit, L.: Campanus, *a bridge on the Appian Way leading into Campania*, H.: amnem ponte iunxit, Cu.: ratis religata pontis in modum, L.: interscindere pontem, *break down:* recidere, Cu.: vellere, V.: partem pontis rescindere, Cs.: nusquam pons? (bridges being the resort of beggars), Iu.—*Plur.*: dies efficiendis pontibus absumpti, *a draw-bridge*, Ta.: pontīsque et propugnacula iungunt, V.—*A bridge, walk, connecting passage, scaffolding, gallery:* operae Clodianae pontīs occuparant, i. e. *the narrow gallery admitting voters to the saepta at the Comitia:* socios de puppibus Pontibus exponit, *planks*, V.: Turris erat pontibus altis, *galleries*, i. e. *stories*, V.: naves pontibus stratae, *decks*, Ta.

pōnticulus, ī, *m. dim.* [pons], *a little bridge:* ligneus: crura ponticuli, Ct.

pōntifex (pontu-), ficis [pons + 2 FAC-], *m.*, *a high-priest, pontiff, pontifex*, L., C., H., O., Iu.: Maxumus, *chief of the priests*, L.: scribae pontificis, quos nunc pontifices minores appellant, L., C.: Esquilini venefici, *high-priest of witchcraft*, H.

pōntificālis, e, *adj.* [pontifex], *of a high-priest, pontifical:* insignia, L.: auctoritas.

pōntificātus, ūs, *m.* [pontifex], *the office of a high-priest, pontificate:* petitio pontificatūs, S., C.

pōntificius, *adj.* [pontifex], *of a high-priest, pontifical:* comitia: ius.

pontō, ōnis, *m.* [pons], *a large flat boat*, Cs.

pontus, ī, *m.*, = πόντος, *the sea:* freta ponti, V.: maris pontus, *the great deep*, V.: ingens pontus In puppim ferit, *a huge sea*, V.: longus, H.

popa, ae, *m.*, *a priest's assistant.*

popanum, ī, *n.*, = πόπανον, *a sacrificial cake*, Iu.

popellus, ī, *m. dim.* [populus], *the rabble, crowd*, H.

popīna, ae, *f.* [cf. πέπων], *a cook-shop, eating-house, low tavern*, C., H., Iu.—*Food sold at a cook-shop:* si epulae potius quam popinae nominandae sunt: taeterrimam popinam inhalare.

popīnō, ōnis, *m.* [popina], *a frequenter of eating-houses, gormandizer*, H.

poples, itis, *m.* [1 PAL-], *the ham, hollow of the knee, hough:* succisis poplitibus, L.: succiso poplite, V.—*A knee:* duplicato poplite, *with bended knee*, V.: contento poplite, *with a stiff knee*, H.: poplitibus semet excipit, *sank to his knees*, Cu.

poppysma, atis, *n.*, = πόππυσμα, *a smack, sounding kiss*, Iu.

populābilis, e, *adj.* [populor], *destructible*, O.

populābundus, *adj.* [populor], *laying waste, ravaging:* in finīs Romanos excucurrerunt populabundi, L.: per agrum ierat, L.

populāris, e, *adj.* with *comp.* [1 populus], *of the people, proceeding from the people, popular, general, common:* leges, *instituted by the people:* munus, *to the people:* verba: dictio ad popularem sensum accommodata: oratio: laudes, *by the people:* ventus, *popular favor:* aura, H.— *Of the same people, of the country, native, indigenous:* queri puellis de popularibus, H.: flumina, *of the same district*, O.: oliva, *native*, O.: virgo tibi, *of thy nation*, O.—As *subst. m.*, *a fellow-countryman, compatriot, associate, fellow, comrade, accomplice:* suus: quae res indicabat popularīs esse, *his own army*, S.: non popularīs modo concitat, L.: populares coniurationis, *accomplices*, S.—*Of the people, devoted to the people, attached to the commons, popular, democratic:* genus (rei p.): animus: ingenium, L.: sacerdos, i. e. *Clodius.*—*Acceptable to the people, agreeable to the multitude, popular:* consul: quo nihil popularius est, L.—*Plur. m.* as *subst.*, *the popular party, democrats.*

populāritās, ātis, *f.* [popularis], *a courting of popular favor:* rarior apud Tiberium, Ta.

populāriter, *adv.* [popularis], *like the common people, commonly, vulgarly:* annum solis reditu metiri.—*Vulgarly, coarsely:* loqui: scriptus liber (opp. limatius).—*In a popular manner, popularly, democratically:* contiones excitatae: occidere quemlibet, *to please the crowd*, Iu.

populātiō, ōnis, *f.* [populor], *a laying waste, ravaging, plundering, spoiling, devastation:* populationem effuse facere, L.: hostem populationibus prohibere, Cs.—*Plunder, booty:* Veientes pleni populationum, L.

populātor, ōris, *m.* [populor], *a devastator, spoiler, plunderer:* agrorum, L.: Troiae, O.

pōpuleus, *adj.* [2 populus], *of poplars, poplar-:* frondes, V.: corona, H.: umbra, V.

pōpulifer, era, erum, *adj.* [2 populus + 1 FER-], *poplar-bearing:* Padus, *shaded by poplars*, O.

populī scītum, see scitum.

populō, āvī, ātus, āre [SCAL-], *to lay waste, ravage, plunder, pillage, spoil:* litora vestra Vi, V.: Penates, V.: arva, H.: urbem deūm irā morbo, L.—*To destroy, ruin, spoil:* populat ingentem farris acervum Curculio, V.: capillos, O.: populata tempora raptis Auribus, *mutilated*, V.: populatus hamus, *robbed of the bait*, O.

populor, ātus, ārī, *dep.* [SCAL-], *to lay waste, ravage, devastate, spoil, plunder, pillage:* Remorum agros, Cs.: urbīs et agros Galliae: .dereuos, L.—*To destroy, ruin, spoil:* quisque su populatus iter, V.: formam populabitur aetas, O.

1. populus, ī, *m.* [PLE-], *a people, nation:* populus R.: incliti populi regesque victi sunt, i. e. *republics and kingdoms*, L.—In Rome, *the whole body of citizens, people:* senatus populusque Romanus (often written S. P. Q. R.): populi ac multitudinis comitia: et patres in populi fore potestate, L.: ut ea res populo plebique R. bene eveniret: ut populus vacantia teneret, i. e. *the public treasury*, Ta.—*The citizens* (opp. milites): urbanus, N.

—*A region, district:* frequens cultoribus alius populus, L.—*A multitude, host, crowd, throng, great number:* fratrum, O.: concursus in forum populi, L.: haec (ianuae frons) populum spectat, i. e. *the street*, O.

2. **pōpulus**, ī, *f.* [1 PAL-], *a poplar-tree:* Alcidae gratissima, V.: alba, *the silver-poplar*, H., O.

porca, ae, *f.* [porcus], *a female swine, sow:* caesa, V., H., Iu.

porcellus, ī, *m. dim.* [porculus; from porcus], *a little pig*, Ph.

porcus, ī, *m.* [SPARC-], *a tame swine, hog, pig:* villa abundat porco: porcus femina, *sow:* Epicuri de grege porcus, i. e. *glutton*, H.

porgō, porgite, porgēns, see 1 porrigo.

porrēctiō, ōnis, *f.* [1 porrigo], *a stretching out, extension:* digitorum.

1. **porrectus**, *P.* of porricio.

2. **porrēctus**, *adj.* with *comp.* [*P.* of 1 porrigo], *stretched out, extended, long:* loca, Cs.: locus, H.: mora, *protracted*, O.: porrectior acies, Ta.: senex, i. e. *dead*, Ct.—Fig., *wide-spread, extended:* fama ad ortum Solis, H.

porriciō (pori-), —, rectus, ere [old for proicio], *to lay before, offer in sacrifice:* exta in mare, L.: exta in fluctūs, V.—Prov.: inter caesa et porrecta, *between slaughter and offering*, i. e. *at the very last moment.*

1. **porrigō** (*plur.* 2d *pers.* porgite, V.; *p. praes.* porgens, C.), rēxī, rēctus, ere [por (i. e. pro)+rego], *to stretch out, spread out, put forth, reach out, extend:* aciem latius, S.: animal membra porrigit: crus, L.: caelo bracchia, O.: expressa psephismata porrigendā manu, *by raising hands:* per tota novem cui iugera corpus Porrigitur, *extends*, V.: brumalīs horas, *lengthen*, O.—*To lay at length, stretch out:* in spatium ingens ruentem porrexit hostem, L.—*To hold forth, reach out, extend, offer, present, hand:* mihi dextram: gladium nobis ad hominem occidendum: mihi forsan, tibi quod negarit, Porriget hora, H.—Prov.: maritali porrigere ora capistro, *present his head to the marriage halter*, Iu.—With [illegible]nūs, *to reach after, strive for, seek to obtain:* [illegible]cora nostra avaras manūs, Cu.: pecunia deesse coepit, neque quo manūs porrigeret suppetebat, N.—With *se, to extend, reach, grow:* Quis gradus ulterior, tua quo se porrigat ira, Restat? O.—*To prolong, extend:* syllabam, O.

2. **porrīgō**, inis, *f.*, *scurf, dandruff*, H.—Of animals, *the mange:* porci, Iu.

porrō, *adv.* [PRO-], *forward, onward, farther on, to a distance, at a distance, afar off, far:* res, porro ab hac quae me abstrahat, T.: agere armentum, L.: Inscius Aeneas, quae sint ea flumina porro, V.—In time, *of old, aforetime, formerly:* quod porro fuerat, cecinisse putatur, O.—*Henceforth, hereafter, afterwards, in future:* quid in animo Celtiberi haberent aut porro habituri essent, L.: Fac, eadem ut sis porro, T.: hinc maxima porro Accepit Roma, *in aftertimes*, V.—In order, *again, in turn:* audivi ex maioribus natu, qui se porro pueros a senibus audisse dicebant: aliis porro impertierant gaudium suum, L.—In transition, *then, next, furthermore, moreover, again, in turn:* civitati porro hanc fuisse belli causam, Cs.: Habonium porro intellegebat rem totam esse patefacturum: porro autem anxius erat, quid facto opus esset, S.

porrum, ī, *n.*, = πράσον, *a leek, scallion*, H., Iu.

Porsena (C., H.), **Porsenna** (C., V.), or **Porsinna** (L.), ae, *m.*, *a king of Etruria.*

porta, ae, *f.* [1 PAR-], *a city-gate, gate:* ad portam venire, T.: portarum claves, S.: qui urbis portas occuparent: si Hannibal ad portas venisset: egressus portā Capenā: omnibus portis effundi, L.: It portis iuventus, V.: omnibus portis eruptione factā, Cs.: portarum claustra, V.: portas obice firmo claudere, O.: vidi Portas (Carthaginis) non clausas (as in peace), H.: per unam (portam) praesidium inrumpit, L.: per aversam portam excedere, L.—*An avenue, entrance, passage, outlet, inlet, door:* decumana, Cs.: praetoria, L.: ingens caeli, V.: somni, V.: eburna, H.: portae Ciliciae, *passes*, N.: portae iecoris.

portātiō, ōnis, *f.* [porto], *a carrying, carriage, conveyance:* armorum, S.

portendō, dī, tus, ere [por (old for pro) +tendo], *to point out, indicate, reveal, foretell, predict, presage, portend:* cum periculorum metus ex ostentis portenderetur: ea (auspicia) illis exeuntibus in aciem portendisse deos, L.: magnitudinem imperi portendens prodigium, L.: triginta annos Cyrum regnaturum esse portendi.

portentificus, *adj.* [portentum + 2 FAC-], *marvellous, monstrous, unnatural:* venena, O.

portentōsus, *adj.* [portentum], *monstrous, portentous, revolting:* pestis: portentosa ex pecude nata, *monstrous births.*

portentum, ī, *n.* [*P. n.* of portendo], *a sign, token, omen, portent:* si, quod raro fit, id portentum putandum est, etc.: ne quaere profecto, Quem casum portenta ferant, V.—*A monster, monstrosity:* bovem quendam putari deum, multaque alia portenta: Quale portentum neque militaris Daunias alit, H.—*A marvellous fiction, extravagance, absurdity:* poëtarum portenta: portentum certissimum est, esse aliquem humanā specie, qui, etc.—Fig., *a monster, demon:* Clodius, fatale portentum rei p.

portentus, *P.* of portendo.

porthmeus (disyl.), —, *acc.* ea, *m.*, = πορθμεύς, *the ferryman*, i. e. *Charon*, Iu.

porticula, ae, *f. dim.* [porticus], *a small gallery*.

porticus, ūs, *f.* [porta], *a covered walk between columns, colonnade, piazza, arcade, gallery, porch, portico:* Nostin porticum apud macellum? T.: inambulare in porticu: in amplis porticibus, V.: me porticus excepit, H.: porticus, in quā Gestetur dominus, Iu.—*Plur.*, *a shed, gallery* (to protect soldiers in a siege), Cs.—*The Porch, Stoa, school of the Stoics:* fulcire porticum Stoicorum, i. e. *the Stoic philosophy*.

portiō, ōnis, *f.* [2 PAR-], *a share, part, portion, lot:* brevissima vitae, Iu.—*A proportion, ratio:* eadem ad decem homines servabitur portio, *the same proportion*, Cu.—In the phrase, pro portione, *in proportion, proportionally, relatively:* adice nunc pro portione, quot, etc., L.: causis principia pro portione rerum praeponere.

1. portitor, ōris, *m.* [1 PAR-], *a toll-gatherer, collector of customs, custom-house officer:* ad partiendas mercīs missus: epistulam . . . ad portitores delata, T.

2. portitor, ōris, *m.* [1 PAR-], *a carrier, ferryman, boatman:* Orci, i. e. *Charon*, V.

portō, āvī, ātus, āre, *freq.* [1 PAR-], *to bear, carry, convey, take:* hominem ad Baias octophoro: viaticum ad hostem: frumentum secum, Cs.: corpora insueta ad onera portanda, Cs.: sub alā Fasciculum librorum, H.: in suo sinu natos, O.: navis, quae milites portaret, *had on board*, Cs.: naves commeatum ab Ostiā in Hispaniam ad exercitum portantes, L.: equus ut me portet, H.—Fig., *to bear, carry, bring:* Di boni, boni quid porto! T.: nescio quid peccati portat haec purgatio, *imports*, T.: portantia verba salutem, *bringing*, O.: tristitiam Tradam protervis in mare Portare ventis, H.: sociis atque amicis auxilia, S.: ad coniuges laetum nuntium, L.: vobis bellum et pacem, L.

portōrium, ī, *n.* [1 PAR-], *a tax, toll, duty, impost, custom, tariff:* portoria reliquaque omnia vectigalia, Cs.: portorium dare: circumvectionis, *a peddler's license-tax*.

portula, ae, *f. dim.* [porta], *a little gate*, L.

Portūnus, ī, *m.* [portus], *the god of harbors* (the Greek Palaemon), C., V., O.

portuōsus, *adj.* with *comp.* [portus], *abounding in harbors, rich in harbors:* mare: pars Numidiae portuosior, S.: navigatio minime, *without harbors*.

portus, ūs, *m.* [1 PAR-], *a harbor, haven, port:* in Graeciae portūs: portu solvere, *sail from port:* ex portu exire, Cs.: portūs linquere, V.: portum petere, *enter:* tenere, *reach:* occupare, H.: in portum se recipere, Cs.: in portu operam dare, *to be an officer of the customs:* neque ex portu vectigal conservari potest, *the revenue from customs*.—Prov.: in portu navigo, i. e. *am out of danger*, T.: in portu esse.—Poet.: Per septem Nilus portūs emissus in aequor, i. e. *mouths*, O.—Fig., *a place of refuge, haven, asylum, retreat:* portus corporis, Enn. ap. C.: se in philosophiae portum conferre: nationum portus erat senatus: omnis in limine portus, i. e. *security is at hand*, V.: Vos eritis nostrae portus et ara fugae, O.

poscō, poposcī, —, ere, *inch.* [PREC-], *to ask urgently, beg, demand, request, desire:* Impius es cum poscis, ait: sed pensio clamat, Posce, *beg*, Iu.: Fauno immolare, Seu poscat agnā sīve malit haedo, *if he require it*, H.: argentum: pugnam, L.: peccatis veniam, H.: accusant ei, quos populus poscit, *demands for punishment:* dictatorem reum, *require the prosecution of*, L.: ego poscor Olympo, *it is I that Olympus summons*, V.: tua numina, *invoke*, V.: abs te litteras: parentes pretium pro sepulturā liberūm poscere: non ita creditum Poscis Quintilium deos, H.: Quid dedicatum poscit Apollinem Vates? H.: gravidae posceris exta bovis, *they ask you for the entrails*, O.: poscor meum Laelapa, *they demand of me*, O.: Parilia poscor, O.: poscimus, ut cenes civiliter, Iu.: poscat sibi fabula credi, H.: Esse sacerdotes delubraque vestra tueri Poscimus, O.: poscunt maioribus poculis (sc. bibere), *challenge with larger goblets*.—Of things, *to make necessary, demand, require, need, call for:* quod res poscere videbatur, Cs.: quod negotium poscebat, S.: terrae semina poscunt, V.

positiō, ōnis, *f.* [1 positus], *a situation:* caeli, *climate*, Ta.

positor, ōris, *m.* [pono], *a builder, founder:* moenia positoris habentia nomen, O.: templorum, O.

1. positus, *adj.* [*P.* of pono], *placed, situated, set, planted, standing, lying:* Roma in montibus: tumulus opportune ad id, L.: somno positus (i. e. sopitus), V.

2. positus (ūs), *m.* [pono], *a position, situation, disposition, order, arrangement:* siderum, Ta.: positu variare comas, O.: terra a positu nomen adepta loci, O.: tot positūs conprendere, *ways of dressing the hair*, O.

posmerīdiānus, see postmeridianus.

possessiō, ōnis, *f.* [SED-], *a taking possession of, seizing, occupying, taking:* bonorum: regni, L.: mittere in possessionem, *send to take possession*.—*A possessing, holding, possession, occupation:* certā re et possessione deturbari: in possessionem proficisci, *to come into possession:* bonorum: possessionem tradere, Cs.: tenere, N.—*A thing possessed, possession, property, estate:* id genus possessionum: trans Rhodanum possessiones habere, Cs.:

urbanae, N.: aes alienum ex possessionibus solvere; S.—F i g., *possession:* prudentiae doctrinaeque.

possessiuncula, ae, *f. dim.* [1 possessio], *a small estate:* meae.

possessor, ōris, *m.* [possideo], *a possessor, owner:* si possessor sponsionem non faciet: agelli, V.: valeat possessor oportet, Si, etc., H.

1. possessus, *P.* of possideo.

2. possessus, *P.* of possido.

possideō, sēdī, sessus, ēre [por (for pro) + sedeo], *to have and hold, be master of, own, possess:* ex edicto bona: partem agri, Cs.: solum bello captum, L.: plus Pallante, Iu.—*To hold possession of, occupy:* ferro saeptus possidet sedes sacras, Poët. ap. C.: Zephyri possidet aura nemus, Pr.—F i g., *to possess, have:* plus fidei quam artis in se: hunc diem, i. e. *is worshipped on this day*, O.

possīdō, sēdī, sessus, ere [por (for pro) + sido], *to take possession of, occupy, seize:* Pompei bona, *possessed himself of:* regno possesso: (agros) quos armis possederint, Cs.: circumfluus umor Ultima possedit, *took possession of*, O.—F i g.: brevi tempore totum hominem.

possum (possiem, possiet, T.), potuī, posse (old potesse), *irreg.* [potis + sum], *to be able, have power, can:* quantum valeam, quantumque possim: ut, quoad possem numquam discederem: Caesari te commendavi, ut gravissime potui, *as earnestly as I possibly could:* potest fieri, ut fallar, *it may be:* non possum quin exclamem, *I cannot but:* ut nihil ad te dem litterarum, facere non possum, *I cannot help writing to you:* aequitatem tuam non potui non probare, *I could not avoid approving:* non potest, *it is impossible*, T.: nos dignitatem, ut potest, retinebimus, *as far as possible:* comprendi iube (eum), quantum potest, T.: posse loqui, *the power of speech*, O.: posse moveri, O. — E s p., as an auxiliary, represented in English by the potential mood, *to have power, be able:* plurima proferre possumus, *I might adduce many more*, N.: munitiones Caesaris prohibere non poterat, nisi, etc., *he could not have hindered*, Cs.: quamquam et illud dicere poteram, *might have said*, L.: consul esse qui potui, nisi tenuissem, etc., *might have been consul:* ut, si hostem habuisset consul, magna clades accipi potuerit, L.—*To be able, be strong, be powerful, have influence, be efficacious, avail, accomplish:* non dubium, quin totius Galliae plurimum Helvetii possent, Cs.: quod poterant, id audebant: apud me plurimum: quoniam multum potest provisio animi ad minuendum dolorem: ad beate vivendum satis posse virtutem: non omnia possumus omnes, V. —E l l i p t.: quod vi non poterant, fraude adsequi temptant, Cu.: ut collegam vi, si aliter non possent, de foro abducerent, L.

1. post, *adv.* [POS-].—Of place, *behind, back, backwards:* ante aut post, L.: servi, qui post erant: ubi periculum advenit, invidia atque superbia post fuere, i. e. *were forgotten*, S.: post minor est, i. e. *shorter when seen from behind*, Iu. — Of time, *afterwards, after, later:* post duobus mensibus, T.: initio . . . post autem: rursus . . . post, S.: multis post annis, *many years after:* aliquanto post, *somewhat later:* paulo post valens, *a little later:* multo post quam, *long after:* post tanto, *so lŏng after*, V.—Of order, *afterwards, next:* primum . . . post deinde, T.: primo . . . inde . . . post, S.

2. post, *praep.* with *acc.* [1 post]. — Of place, *behind:* post urbem in viā Pompeiā: post tergum, Cs.: post montem se occultare, Cs.: post equitem sedet atra cura, H. — Of time, *after, since:* post factam iniuriam, T.: aliquot post mensīs, *some months later:* maxima post hominum memoriam classis, *since the memory of man*, N.: post M. Brutum proconsulem, *after the proconsulate:* post urbem conditam, *since the foundation of Rome:* post homines natos: alii post me, *future poets*, V.: post illa, *afterwards*, T.: post Hectora, O.: hunc post: decessit post annum quartum quam expulsus erat, N.—F i g., *after, beneath, inferior to, less important than, next to:* post hunc Apollinem (colunt), Cs.: neque erat Lydia post Chloën, H.: sua necessaria post illius honorem ducere, S.

post-eā or **post eā**, *adv., after this, after that, hereafter, thereafter, afterwards, later:* qui in exercitu P. Sullae, et postea in M. Crassi fuerat, Cs.: postea cum nihil scriberetur: post ea loci consul pervenit in oppidum, S.: postea aliquanto, *a little while after:* paucis postea mensibus: per brevi postea mortuus est: legati deinde postea missi ab rege, L.: inde postea, L.: postea deinceps, L.—With *quam* (less correctly as one word, posteaquam), *after that:* postea quam ego in Siciliam veni: postea quam nuntii venerint, Cs.: postea vero quam accepit, etc., S. — *Then, after that, in view of that, in fine:* nonne haec iusta tibi videntur postea? T.: quid postea? *what then?* T., L.: quid postea, si Romae adsiduus fui? *what follows?*

(posteā-quam), see postea.

posterī, posterior, see posterus.

posteritās, ātis, *f.* [posterus], *the future, future time, futurity, after-ages:* posteritatis otio consulere: habeat rationem posteritatis, Cs.—*After-generations, posterity:* sperare, Scipionis et Laeli amicitiam notam posteritati fore: sera, *late posterity*, O.: aeterna, O.: posteritati servire, *posthumous fame.*—Of animals, *offspring:* Hirpini, Iu.

posterius, *adv. comp.* [posterus], *later, at a later day:* iubet posterius ad se reverti, *by and by:* si posterius fuisset, *had he lived later.*

(posterus), *adj.* with *comp.* posterior, us, and *sup.* postremus [post]. **I.** *Posit.* (not used in *sing.*

nom. m.), *coming after, following, next, ensuing, subsequent, future:* cum ibi diem posterum commoraretur: postero die, S.: posterā nocte, N.: postera aetas, H.: posterā Crescam laude, *in the esteem of posterity*, H.—*Plur. m.* as *subst.*, *coming generations, descendants, posterity:* sic vestri posteri de vobis praedicabunt.—Ellipt.: quam minimum credula postero (sc. tempori), *to-morrow*, H.: in posterum oppugnationem differt, *the next day*, Cs.: in posterum (sc. tempus) confirmat, *for the future*, Cs.: longe in posterum prospicere.—As *subst. n.*, *a sequence, result:* posterum et consequens.—**II.** *Comp.*, *that comes after, next in order, following, latter, later, posterior:* ut cum priore (dicto) posterius cohaerere videatur: nec acumine posteriorum (oratorum), nec fulmine utens superiorum: Pars prior apparet, posteriora latent, O.: cogitationes, *afterthoughts:* quod prius ordine verbum est, Posterius facias, H.: Posterior partīs superat mensura priores, i. e. *the bulk of the hinder parts*, O.—Fig., *inferior, of less account, of lower value, worse:* nihil posterius, nihil nequius: non posteriores feram (sc. partīs), *I shall not be behindhand*, T.: utrum posterior an infelicior esset iudicare: quorum utrique patriae salus posterior suā dominatione fuit.—**III.** *Sup.*, *hindmost, last, aftermost, rear:* alia prima ponet, alia postrema: acies, S.: nec postrema cura, *not the last*, V.—*Plur. n.* as *subst.*, *the last, rear:* in agmine in primis modo, modo in postremis adesse, S.: non in postremis, *especially* (cf. in primis): Messapus primas acies, postrema coërcent Tyrrhidae iuvenes, V.—Fig., *the last, lowest, basest, meanest, worst:* genus: servitus postremum malorum omnium.

post-ferō, —, —, ferre, *to put after, esteem less:* libertati plebis suas opes, *sacrifice*, L.: robore nulli iuvenum postferendus, Cu.

post-genitus, *adj.*, *born afterwards.*—*Plur. m.* as *subst.*, *posterity, descendants*, H.

post-habeō, uī, itus, ēre, *to place after, esteem less, postpone, neglect:* omnīs posthabui mihi res, T.: omnia, Cs.: omnibus rebus posthabitis, *neglecting everything:* posthabui illorum mea seria ludo, V.

post-hāc, *adv.*, *after this, hereafter, henceforth, in future:* hunc tu cogitas Recipere posthac? T.: ne umquam posthac, V., H., Iu.

post-haec, *adv.*, *hereafter, afterwards*, Ta.

(posthumus), see postumus.

postīcus, *adj.* [post], *in the rear, behind, hinder, back-, posterior:* aedium partes, L.—As *subst. n.*, *a backdoor:* aedium, L., H.

postiliō, ōnis, *f.* [postulo], in religion, *a claim of a god for a forgotten sacrifice.*

post-illā or **post illā**, *adv.* [cf. postea], *after that, afterwards:* postilla iam ludas licet, T.: Postilla errare videbar, Enn. ap. C., Ct.

postis, is (*abl.* posti, O.), *m.*, *a post, door-post:* caput legis in curiae poste figere: armis Herculis ad postem fixis, H.: tenens postem dedicat templum, L.: sacer, V.—*Plur.*, *a door:* postīs a cardine vellit Aeratos, V.

postlīminium, ī, *n.* [post+limen], *a return behind the threshold, complete return home, restoration of rank and privileges, right of recovery, postliminium:* ei nullum esse postliminium, *no right of return:* civi Romano licet esse Gaditanum, sive exsilio, sive postliminio, i. e. *by resuming his citizenship in Gades.*

post-merīdiānus (posm-, not pom-), *adj.*, *of the afternoon, in the afternoon:* tempus: statio, L.: litterae.

post-modo or **post modo**, *adv.*, *afterwards, after a while, a little later:* Me esse . . . post modo rescisces, T.: inmeritis nocitura Postmodo te natis fraus, H.: publicum in praesentiā dedecus, postmodo periculum, L.

postmodum, *adv.* [post+modus], *after a while, a little later:* flecti precibus, L.

post-pōnō, posuī, positus, ere, *to put after, esteem less, neglect, disregard:* ut omnia postponere videretur, Cs.: scorto Officium, H.: vos natis suis, O.: omnibus rebus postpositis, *laying aside everything*, Cs.

post-putō, āvī, —, āre, *to regard as secondary, disregard:* omnīs res prae parente, T.

post-quam or **post quam**, *conj.*, *after that, after, as soon as, when:* postquam convenere, S.: postquam Caesar pervenit, obsides poposcit, Cs.: post quam armis disceptari coeptum est: undecimo die postquam a te discesseram: quod post accidisset, quam dedissem ad te, liberto tuo, litteras: quartum post annum, quam redierat, N.—*Since, because, inasmuch as:* Postquam sensit observari, etc., T.: postquam suas terras sedem belli esse viderent, verterunt, etc., L.

postrēmō, *adv.* [*abl.* of postremus; sc. tempore], *at last, finally, last of all:* inprimis . . . postremo, Cs.: agri, regna denique, postremo etiam vectigalia: primo . . . deinde . . . postremo, S.

postrēmum, *adv.* [postremus], *for the last time, last of all, at last:* hodie postremum me vides, T.: eo die, quo postremum visus erat: Illum Postremum expellet heres, H.

postrēmus, *sup.* of (posterus).

postrīdiē, *adv.* [i. e. posteri die], *on the day after, the next day:* postridie constituunt proficisci, Cs.: mane descendit: quid causae fuerit, postridie intellexi, quam discessi: postridie eius diei mane, Cs.—With *acc.*, *the day after:* venatio, quae postridie ludos Apollinarīs futura est: postridie Idūs: Nonas, L.

post-scrībō, scrīpsī, —, ere, *to add in writing:* Tiberi nomen suo, Ta.

postulātiō, ōnis, *f.* [postulo], *a requiring, demand, request, desire:* aequa et honesta: concessit senatus postulationi tuae: opinione valentior.—*A complaint, expostulation:* neque lites ullae inter eas, postulatio Numquam, T.—*An application for leave to sue:* Tuberonis.

postulātum, ī, *n.* [*P. n.* of postulo], *a demand, request, claim:* hoc de statuis: ut remittantur postulata per litteras: sua quoque ad eum postulata deferre, Cs.: cognitis suis postulatis, Cs.: postulata facere, N.: peragere, i. e. *to formulate,* L.

(**postulātus**, ūs), *m.* [postulo], *a claim, suit, complaint:* postulatu audito, etc., L.

postulō, āvī, ātus, āre [PREC-], *to ask, demand, claim, require, request, desire:* incipiunt postulare, minari: nemo inventus est tam impudens qui postularet ut venderet: postulavere plerique, ut proponeret, etc., S.: suom ius postulat, T.: fidem publicam: ad senatum venire auxilium postulatum, Cs.: noctem sibi ad deliberandum: postulatur a te iam diu historia: quod principes civitatum a me postulassent: postulatum est, ut Bibuli sententia divideretur: legatos mittit postulatum, ne, etc., S.: qui postularent, eos sibi dederent, Cs.: postulo, Appi, consideres, quo progrediare, L.: a senatu de foedere: me ducere istis dictis postulas? *expect,* T.: quod de argento posse postulem me fallere (eum), i. e. *undertake to deceive him,* T.: qui adire senatum non postulassent, *asked an audience,* L.: ante quam bona possideri postularentur, *were claimed:* hic postulat se Romae absolvi, qui, etc., *expects:* haec cum praetorem postulabas, *of the praetor:* qui postulat deus credi, Cu.—*To summon, arraign before a court, prosecute, accuse, impeach:* Gabinium tres adhuc factiones postulant: alqm de ambitu: alqm maiestatis, Ta.: delationem nominis, i. e. *ask leave to prosecute:* servos in quaestionem, *ask that the slaves be examined under torture:* quaestionem, *the appointment of a special tribunal,* L.—Of price, *to demand, ask:* Accipe victori populus quod postulat aurum, Iu.—Of things, *to make necessary, require, demand, call for:* Nunc hic dies alios mores postulat, T.: ut temporis exiguitas postulabat, Cs.: mittor, quo postulat usus, O.: res postulare videtur alqd exponere, S.

postumus (posthu-), *adj. sup.* [posterus].—Only of children, *last, latest-born, late-born:* mortuo postumo filio: tua postuma proles, *son of your old age,* V.

pote, *adj.* see potis.

potēns, entis (*gen. plur.* potentum, V.), *adj.* with *comp.* and *sup.* [*P.* of possum], *able, mighty, strong, powerful, potent:* animus, S.: familiae, L.: contra potentiorem auxili egere, Cs.: potentissimus civis: Roma opibus, O.: parvo Fabricius, i. e. *with small resources,* V.: in amore, i. e. *fortunate,* Ct.—*Having power, ruling, controlling, master:* dum mei potens sum, *my own master,* L.: sanus mentisque potens, *in his right mind,* O.: potentes rerum suarum atque urbis, *having made themselves masters of,* L.: potentes huius consili, *arbiters,* L.: diva Cypri, *that reigns over* (i. e. Venus), H.: lyrae Musa, *that presides over lyric poetry,* H.: irae, *master of his anger,* Cu.—*Fit, capable, equal:* regni, L.: neque pugnae, neque fugae satis potentes, *unable either to fight or to flee,* L.—*Partaking, having attained:* voti, O.: iussi, *having fulfilled the command,* O.—*Strong, mighty, powerful, efficacious, potent, influential:* fortuna in res bellicas, L.: herba ad opem, O.: nihil esse potentius auro, O.—As *subst. m., an aristocrat, man of influence, powerful person:* res melior inopi quam potenti, L.: (consulatus) praemium semper potentioris futurus, L.

potentātus, ūs, *m.* [potens], *might, power, rule, dominion:* cum ad eum potentatus omnis recidisset: de potentatu contendere, Cs.: aemulo potentatūs inimicus, L.

potenter, *adv.* with *comp.* [potens], *strongly, mightily, vigorously:* perrumpere saxa potentius Ictu fulmineo, H.: cui lecta potenter erit res, *who has made a masterly choice,* H.

potentia, ae, *f.* [potens], *might, force, power:* armorum tenendorum, L.: solis Acrior, V.: morbi, O.: occulti miranda fati, Iu.: Nate, mea magna potentia solus, i. e. *source of my power,* V.—*Efficacy, virtue:* herbarum, O.—Fig., *political power, authority, sway, influence, eminence:* Pompei formidulosa, S.: summae potentiae adulescens, Cs.: erant in magnā potentiā, *in great authority:* singularis, *monarchical,* N.: rerum, *sovereignty,* O.: contra periculosas hominum potentias.

potestās, ātis, *f.* [potis].—Of persons, *ability, power, capacity, force:* in se potestatem habere tantae astutiae, *such a power of craftiness,* T.: aut potestas defuit aut facultas.—Of things, *efficacy, force, virtue:* potestates herbarum, V.—*A power of choice, control, determination:* vitae necisque, S.: beneficiorum tribuendorum: quasi non ea potestas sit tua, ut facias, T.: non esse in nostrā potestate, quin illa eveniant: esse in senatūs populique R. potestate: familiam in potestate habere, *keep in slavery,* L.: esse in suā potestate, *one's own master,* N.: eā de re ius ac potestas, *jurisdiction and authority,* L.—*Self-control, self-command:* qui exisse ex potestate dicuntur . . . quia non sunt in potestate mentis.—*Sovereignty, public authority, sway, power, dominion, rule, empire:* ut imperandi ius potestatemque habeat, *legal and military supremacy:* Thessaliam in potestatem Thebanorum redigere, N.—*Magisterial power, authority, office, magistracy:* praetoria: ut bonā ratione emerit, nihil pro potestate, i. e. *by official pressure:* ita potestatem gerere, ut, etc., *so to administer the office.*—*Power, ability, possibility, opportunity:* liberius vivendi, T.: quotiens mihi certorum hominum potestas erit, *whenever I find men on whom I can rely:* si quid dicere vellet, feci potestatem, i. e. *accorded permission:* quae potestas si mihi saepius fiet, utar, *shall present itself:* ut respondendi tibi potestatem faciam: omnium mihi litterarum fieri potestatem oportere, *must be allowed access to:* potestatem sui facere, *allow themselves to be spoken to:* facere omnibus conveniendi sui potestatem, *admit to an audience:* decernendi potestatem Pompeio fecit, *an opportunity for a decisive engagement,* Cs.: sui potestatem facere, *opportunity to fight,* Cs.: potestas, virtutem vestram ostendere, L.: Non fugis, dum praecipitare potestas, V.—*A person in office, public officer, magistrate, ruler:* ab aliquā potestate legitimā evocatus, *by some lawful authority:* imperia et potestates, *military and civil officers:* mavis Fidenarum esse potestas, Iu.: hominum rerumque aeterna, i. e. *Jupiter,* V.

potin, for potisne, see potis.

pōtiō, ōnis, *f.* [PO-], *a drinking:* in mediā potione exclamavit.—*A drink, draught, potion:* contemptissimis escis et potionibus: cum potione sitis depulsa est.—*A poisonous draught, potion, philter:* potione mulierem sustulit: haec potio torquet, Iu.: Non usitatis potionibus, *magic potions,* H.

1. potior (potitur, T., V., O.; poterētur, Ct.; poterēmur, O.; poterentur, L., O.), ītus, īrī (potī, Enn. ap. C.), *dep.* [potis], *to become master of, take possession of, get, obtain, acquire, receive:* libidines ad potiundum incitantur: si eius oppidi potitus foret, S.: vexilli, L.: rerum, N.: summam imperii, *usurp supreme authority,* N.: in spe urbis hostium potiundae, L.: natura iis potiens: gens urbe nostrā potitura: imperio totius Galliae, Cs.: sceptro, O.—*To be master of, have, hold, possess, occupy:* qui tenent, qui potiuntur: civitas Atheniensium, dum ea rerum potita est, *was supreme:* patria commoda, T.: (voluptates), quibus senectus, si non abunde potitur, etc.: oppido, L.: potiuntur Troes harenā, i. e. *reach,* V.: monte, *have climbed,* O.

2. potior, *comp.* of potis.

potis or **pote**, *adj. indecl.* with *comp.* potior, potius, and *sup.* potissimus [POT-]. **I.** *Posit., able, capable* (with *es* or *est*): Potin ut desinas (sc. es)? *Can you stop?* T.: dum potis (es), aridum Compone lignum, H.: At non Euandrum potis est vis ulla tenere, V.—*Possible:* nihil potis supra, *nothing could exceed it,* T.: ubi Nec potis est fluctūs aequare sequendo, V.: quantum pote, *as soon as possible.*—**II.** *Comp.,* of persons, *better, preferable, superior:* ut sit potior, qui prior ad dandumst, T.: cives potiores quam peregrini: heres, L.: qui potior nunc es, Tb.—Of things, *better, preferable, more useful, more important:* Novistine locum potiorem rure beato? H.: mors civibus semper fuit servitute potior: nihil mihi fuit potius quam ut, etc., *more urgent:* semper se rei p. commoda privatis necessitatibus habuisse potiora, Cs.: potiora quaedam agere, *more important matters,* Cu.—**III.** *Sup., chief, principal, most prominent, strongest:* quae dubia nisu videbantur, potissumus temptare, *foremost,* S.: quid potissimum sit, quaeritur: causa, Ta.: potissimi libertorum, Ta.

potissimum (-**sumum**), *adv. sup.* [potis], *chiefly, principally, especially, eminently, above all:* Quem vocabo ad cenam Potissimum? T.: exsistat aliquis et potissimum Caecus ille: te potissimum hoc persequi oporteret: quid agam? aut quo potissimum infelix accedam? S.

potītus, *P.* of 1 potior.

potius, *adv. comp.* [potis], *rather, preferable, more:* sed scin', quid volo potius facias? T.: nec vero imperia expetenda, ac potius non accipienda interdum: Galliam potius esse Ariovisti quam populi R., Cs.: si domus haec habenda est potius quam deversorium: se miliens morituros potius quam ut tantum dedecoris admitti patiantur, L.: mansurus, potius quam incertae vitae parceret, S.: per interregem comitia habenda esse potius, quam consul alter a bello avocaretur, L.: vel haec patienda censeo potius, quam trucidari corpora, L.—With *aut* or *vel, or rather, or I may better say:* efficiet enim ratio ut... mors aut malum non sit, aut sit bonum potius: quam fuit imbecillus, quam tenui aut nullā potius valetudine: Cato magnus homo, vel potius summus vir.

pōtō, āvī, ātus (pōtūrus, Tb., Pr.), āre [potus], *to drink:* potaturus est apud me, T.: si potare velit: aquam, Iu.: poturi (Tantali) deserit unda sitim, Tb.: poturas ire iubebat oves, Pr.—Of things, *to drink up, suck in, absorb:* potantia vellera fucum, H.: potanda ferens infantibus ubera, Iu.—Fig.: Stoicorum ista magis gustata quam potata delectant.—*To drink, tope, tipple:* obsonat, potat de meo, T.: ibi insuevit exercitus amare, potare, S.: frui voluptate potandi: potantibus his apud Tarquinium, L.: totos dies potabatur.

pōtor, ōris, *m.* [PO-], *a drinker:* aquae potores, H.: Rhodani, i. e. *dweller by the Rhone,* H.—*A drunkard, sot, toper:* potores Falerni, H.

pōtrīx, īcis, *f.* [potor], *a female tippler,* Ph.

pōtulentus (**pōcul-**), *adj.* [potus], *drinkable.*—*Plur. n.* as *subst., drinkables, drinks:* esculenta et potulenta.

1. pōtus, *adj.* [*P. pass.* of bibo], *drunk, drunk*

up: sanguine tauri poto: poti faece tenus cadi, *drained,* H.—*That has drunk, drunken, intoxicated:* domum bene potus redire: anus, H.

2. pōtus, ūs, *m.* [PO-], *a drinking:* immoderato extumefacta potu: potui esse, Ta.—*A drink, draught:* refectus potu, Cu.: cibi potūsque, Ta.

1. prae, *adv.* [PRO-], *before, in front:* i prae, sequor, *go on before,* T.

2. prae, *praep.* with *abl.* [1 prae], *before, in front of, in advance of:* si huic aliquid paulum prae manu Dederis, *at hand,* i. e. *ready money,* T.: singulos prae se inermos mittere, S.: stillantem prae se pugionem tulit: prae se armentum agens, L.—Fig., in the phrase, prae se ferre, *to make a display of, show, display, manifest, parade, exhibit, profess:* ego semper me didicisse prae me tuli: scelus et facinus prae se ferens: beata vita glorianda et prae se ferenda est.—*In comparison with, compared with, in view of:* omnia prae meo commodo, T.: omnia prae divitiis spernunt, L.: veros illos Atticos prae se paene agrestes putat: Cunctane prae Campo sordeat? H.—Of a hinderance, *for, through, because of, by reason of, on account of:* animus incertus prae aegritudine, *irresolute for sorrow,* T.: prae gaudio ubi sim nescio, T.: neque prae lacrimis iam loqui possum: nec iuris quicquam prae impotenti irā est servatum, L.

prae-acūtus, *adj., sharp in front, sharpened, pointed:* cacumina, Cs.: sudes, S.: cuspis, O.

prae-altus, *adj., very high:* rupes, L.: mons, L.—*Very deep:* flumen, L.: proxima terrae praealta sunt, S.

praebeō, uī, itus, ēre [prae+habeo], *to hold forth, reach out, proffer, offer, tender:* os ad contumeliam, *submit to open insult,* L.: eis os tuum: collum cultris, Iu.: aurīs adulescentium conviciis, *give ear,* L.—*To give, grant, furnish, supply:* panem, N.: spectaculum, S.: sponsalia: Luna praebebat lumen eunti, O.—*To give up, yield, expose, surrender, offer:* se tertiam victimam rei p.: vos telis hostium, L.: Cyrum vertenti fortunae, L.: se praebentem destringere Cygnum, O.—*To give, furnish, render, show, exhibit, represent:* aetati lubricae exempla nequitiae: speciem pugnantium, Cs.: materiam seditionis, L.: Ciceroni in periculis fidem, N.: Phormio in hac re strenuom hominem praebuit (i. e. se), T.: in re misericordem se: in eos me severum praebeo.—*To excite, cause, occasion, arouse:* suspicionem insidiarum, N.: praebet errorem, quod, etc., L.: opinionem timoris, Cs.: ludos, *furnish sport,* T.—*To permit, allow, suffer:* Quae totiens rapta est, praebuit ipsa rapi, O.

prae-bibō, bibī, —, ere, *to drink before, drink to:* alcui venenum.

praebitor, ōris, *m.* [praebeo], *a furnisher:* Minister et praebitor, *an official purveyor.*

praebitus, *P.* of praebeo.

prae-calidus, *adj., very warm, hot:* potio, Ta.

prae-cānus, *adj., prematurely gray,* H.

prae-caveō, cāvī, cautus, ēre, *to take care, take heed, use precaution, be on one's guard, beware:* mihi, *to look out for myself,* T.: ad praecavendum intellegendi astutia: ab insidiis, *guard against,* L.: vel ex supervacuo, *to take even unnecessary precautions,* L.: id ne accideret, sibi praecavendum existimabat, Cs.: cum videtur praecaveri potuisse, si provisum esset.—*To guard against, seek to avert, provide against:* peccata, quae difficillime praecaventur: ita mihi res tota praecauta est, ut, etc.

prae-cēdō, cessī, cessus, ere, *to go before, precede, lead the way, lead:* cum coronis aureis (in a procession), L.: praecedebat ipse vinctus, L.: fama loquax praecessit ad aures, Dēïanira, tuas, O.: is praecedens agmen militum, L.: classem, L.—Of time: quae venturas praecedet sexta Kalendas, O.—Fig., *to surpass, outstrip, outdo, excel:* Gallos virtute, Cs.: vestros honores rebis gerendis, L.

praecellēns, entis, *adj.* with *sup.* [*P.* of praecello], *superior, excellent, eminent, distinguished:* vir virtute: vir omnibus rebus praecellentissimus.

praecellō, —, —, ere [2 CEL-], *to surpass, excel:* alqm fecunditate, Ta.: per nobilitatem, Ta.: genti, *to rule over,* Ta.

prae-celsus, *adj., lofty, towering:* rupes, V.

praecentiō, ōnis, *f.* [prae+1 CAN-], *a musical prelude.*

praecentō, —, —, āre [prae+canto], *to utter incantations before:* huic.

1. praeceps, cipitis, *abl.* cipitī, *adj.* [prae+caput], *headforemost, headlong:* praecipitem (me) in pistrinum dabit, T.: ut Sopatrum praecipitem deiciant: praeceps ad terram datus, *dashed to the ground,* L.: Desilit, O.: se praecipitem tecto dedit, *leaped headlong from the roof,* H.—As *subst. n.:* in praeceps deferri, *headlong,* L.—*Headforemost, headlong, in haste, suddenly:* ab inimicis circumventus praeceps agor, S.: ab equo praeceps decidit, O.: (apes) praecipites Cadunt, V.: praecipites fugae sese mandabant, Cs.—*Downhill, steep, precipitous, abrupt, perpendicular:* in declivi ac praecipiti loco, Cs.: saxa, L.: fossae, V.: iter, O.; cf. iter ad malum praeceps ac lubricum.—As *subst. n., a steep place, precipice:* turrim in praecipiti stantem, V.: immane, Iu.—*Sinking, declining, falling:* sol Praecipitem lavit aequore currum, V.: in occasum sol, L.: senectus, Cu.—*Swift, rapid, rushing, violent:* Anio, H.: Boreas, O.: nox, *fleeting*, O.: remedium, Cu.—Fig., *headlong, hasty, rash, precipitate:* agunt eum praecipitem poenae civium, *pursue fiercely:* praecipitem amicum ferri sinere, *rush into the abyss:* Agricola in ipsam gloriam praeceps agebatur, i. e. *was hurried to ruinous heights of glory*, Ta.—*Rash, hasty, inconsiderate:* quis potest esse tam praeceps?: cupiditas dominandi.—*Inclined, prone, hasty:* naturā ad explendam cupidinem, S.: praeceps ingenio in iram, L.—*Dangerous, critical:* in tam praecipiti tempore, O.—As *subst. n., great danger, extremity, extreme danger, critical circumstances:* se et prope rem p. in praeceps dederat, *exposed to extreme danger*, L.: levare Aegrum ex praecipiti, H.: Omne in praecipiti vitium stetit, i. e. *at its extreme*, Iu.

2. praeceps, *adv.* [1 praeceps], *headlong:* vim mortalium praeceps trahit, Ta.

praeceptiō, ōnis, *f.* [prae+CAP-], *a previous notion, preconception:* ad eam praeceptionem accedere, quam, etc.—*A precept, injunction:* lex est recti praeceptio.

praeceptor, ōris, *m.* [prae+CAP-], *a teacher, instructor, preceptor:* vivendi atque dicendi: fortitudinis: philosophiae, N.: Aeacidae, O.

praeceptrīx, īcis, *f.* [praeceptor], *a preceptress:* quā (sapientiā) praeceptrice.

praeceptum, ī, *n.* [*P. n.* of praecipio], *a maxim, rule, precept, order, direction, command, injunction:* praeceptorum plenus istorum, T.: praecepto ab iis observato, Cs.: sine praecepto ullius suā sponte struebatur acies, L.: transvectae praecepto ducis alae, Ta.: hoc praeceptum offici diligenter tenendum est: praecepta philosophiae: deūm praecepta secuti, *commands*, V.

praeceptus, *P.* of praecipio.

praecerpō, —, —, ere [prae+carpo], *to pluck beforehand, gather prematurely:* messīs, O.—Fig., *to take away, lessen, diminish:* fructum offici tui.

praecīdō, cīdī, cīsus, ere [prae+caedo], *to cut off in front, cut off:* caput praecisum ducis, L.: resistenti manum gladio: collegae sui praecidi caput iussit: ancoras, *cut the cables.*—*To cut through, cut up:* cotem novaculā: navīs, *disable.*—Fig., *to cut short, abridge, break off, finish abruptly:* maximam partem defensionis: sibi reditum: brevi praecidam, *briefly:* praecide, inquit, *cut it short.*—*To break off suddenly, cut off, end, destroy:* omnīs causas omnibus, T.: praecisa consulatūs spes erit, L.: spem iudici conrumpendi.—*To deny flatly, refuse, decline:* mihi plane nullā exceptione.

prae-cingō, nxī, nctus, ere, *to gird, encircle, enclose:* cautus praecingitur ense viator, *girds himself*, O.: praecincti recte pueri, *properly girded*, H.: altius ac nos Praecincti, i. e. *more rapid travellers*, H.: fontem vallo, Pr.

praecinō, cinuī, —, ere [prae+cano].—Of musicians, *to make music before, play at:* sacrificiis, L.: carmine cum magico praecinuisset anus, i. e. *had uttered an incantation*, Tb.—Of musical instruments, *to make music before, be played at:* epulis magistratuum fides praecinunt.—Fig., *to foretell, predict:* magnum aliquid populo R.

praecipiō, cēpī, ceptus, ere [prae+capio], *to take beforehand, get in advance:* ab publicanis pecuniam insequentis anni mutuam praeceperat, *had borrowed in advance*, Cs.: aliquantum viae, *get something of a start*, L.: Piraceum quinqueremibus, *preoccupy*, L.: si lac praeceperit aestus, i. e. *have dried up*, V.: praecipitur seges, *ripens prematurely*, O.—Fig., *to take in advance, obtain beforehand, anticipate:* alterum mihi est certius, nec praecipiam tamen, *I will not anticipate:* ut ne multi ante praeciperent oculis quam populus R., *got an earlier view:* famā prius praecepta res, *anticipated by rumor*, L.: aliquantum ad fugam temporis, *gain some advantage in time*, L.: tempore illi praecepto, *by priority*, L.: praecipio gaudia suppliciorum vestrorum, *I rejoice in advance:* iam animo victoriam praecipiebant, *figured to themselves beforehand*, Cs.: cogitatione futura, *to imagine beforehand:* omnia, V.: quod haec usu ventura opinione praeceperat, *had already suspected*, Cs.—*To give rules, advise, admonish, warn, inform, instruct, teach, enjoin, direct, bid, order:* bene praecepi semper quae potui omnia, T.: Quicquid praecipies, esto brevis, H.: de eloquentiā: artem nandi, O.: Mitem animum, *recommend*, Iu.: haec illi: numerum modumque carinis, *prescribe*, V.: parcere omnibus: ceteras (sarcinas) incendi, Cu.: an ratio parum praecipit, nec bonum illud esse, nec, etc., *teaches:* illud potius praecipiendum fuit, ut, etc.: Caesar praecepit vobis, ne sibi adsentiremini: praecipit atque interdicit, omnes unum peterent, Cs.: eis adgrediantur, etc., S.

praecipitō, āvī, ātus, āre [praeceps], *to throw headlong, cast down, hurl down, precipitate:* pilae in mare praecipitatae, N.: currum scopulis, *hurl against*, O.: se ex altissimo muro: sese in fossas, Cs.: se (sc. de muro), L.: se in Tiberim, L.: se in medios ignīs, Cu.: etiam pulcherrima, *throw overboard*, Iu.: cum alii super vallum praecipitarentur, *threw themselves down*, S.: lux Praecipitatur aquis, *sets in the ocean*, O.: hac te praecipitato, *run this way for life!* T.: iis (parvis) minari, praecipitaturos alicunde, *threaten to throw them down.*—*To rush down, throw oneself down, rush headlong, sink rapidly, drop, tumble, fall* (of involuntary falling): statim praecipitat in Lirem: nimbi In vada praecipitant, V.: in fossam, L.: sol praecipitans: iam nox caelo Praecipitat, *is sinking*, V.: hiems iam praecipitaverat, *had come to an end*, Cs.—Fig., *to throw down, hurl down, precipitate:* praecipitari ex altissimo dignitatis gradu: semet ipse praecipitare, *destroy oneself*, S.: se in insidias, L.: furor iraque mentem Praecipitant, *carry headlong*, V.: quosdam praecipitat potentia Invidiae, Iu.: nox praecipitata, *declining*, O.—*To hasten, hurry:* quae Praecipitent obitum, *hasten their setting:* praecipitata raptim consilia, *precipitate*, L.: moras, i. e. *exchange for haste*, V.: dare tempus Praecipitant curae, *hasten*, V. — *To fall down, fall, sink, be ruined:* ubi non subest, quo praecipitet, *may tumble down:* cum ad Cannas praecipitasset Romana res, L.: ad exitium praecipitans.—*To be too hasty, be precipitate:* sustinenda est adsensio, ne praecipitet: praecipitare istuc quidem est, non descendere, *to jump at a conclusion.*

praecipuē, *adv.* [praecipuus], *chiefly, principally, eminently:* de consularibus disputare: civitati indulgere, Cs.: sanus, H.: sedulitas stulte urget, Praecipue cum, etc., *especially*, H.

praecipuus, *adj.* [prae+CAP-], *taken before others, particular, peculiar, especial:* hanc rem habere praeter alios praecipuam, *this special distinction*, T.: non praecipuam, sed parem cum ceteris fortunae condicionem subire.—*Special, chief, principal, excellent, distinguished, extraordinary:* ius: quos praecipuo semper honore habuit, Cs.: ad pericula, *eminent in meeting*, Ta.: ad scelera, Ta.—As *subst. n.:* homini praecipui a naturā nihil datum esse, *excellence:* praecipua rerum, *important events*, Ta.: praecipua (in the language of Stoics), *things preferred* (opp. reiecta).

praecīsē, *adv.* [praecisus], *in short, in few words, briefly, concisely:* dici. — *Positively, absolutely:* negare.

praecīsus, *adj.* [*P.* of praecidio], *broken off, abrupt, precipitous:* praecisis saxis, V.: iter, S.—Fig., of speech, *abrupt.*

praeclārē, *adv.* with *sup.* [praeclarus], *very clearly, very plainly:* intellego: memini.—*Excellently, admirably, gloriously:* praeclare nobiscum actum iri, si, etc.: se res habebat: simulacrum factum e marmore: nihil nisi praeclarissime facere: pacem volt M. Lepidus; praeclare, si, etc., *very good.*

prae-clārus, *adj.* with *comp.* and *sup.*, *very bright, brilliant:* iaspis, Iu.—*Very beautiful, magnificent, honorable, splendid, admirable, remarkable, distinguished, excellent, famous:* urbs situ praeclaro ad aspectum: opus: interpres iuris: genus dicendi: leges: gens bello praeclara, V.: eloquentiae ac fidei, Ta.: nec quicquam est praeclarius: praeclarissimum factum, N.: res, *great wealth*, H.: praeclaram populo R. refers gratiam.—*Noted, notorious:* sceleribus suis ferox atque praeclarus, S.—*Plur. n.* as *subst.:* multa secum praeclara habere, *treasures of art.*

praeclūdō, sī, sus, ere [prae+claudo], *to shut off, shut, close:* portas consuli, Cs.: fores, Pr.—*To close, forbid access to:* orbem terrarum civibus: maritimos cursūs praecludebat hiemis magnitudo. —*To shut off, hinder, stop, impede:* omnibus vocem, L.: linguam meam Ne latrem, Ph.

praeclūsus, *P.* of praecludo.

praecō, ōnis, *m.* [prae+VOC-], *a crier, herald:* citat praeco legatos: praetoris. — *A crier, auctioneer:* si palam praeco praedicasset, dimidias venire partīs: haec per praeconem vendidit, *by auction:* fundum subiecit praeconi, L.: Ut praeco, ad merces turbam qui cogit emendas, H.—*A publisher, herald, eulogist:* virtutis.

prae-cōgitō, —, ātus, āre, *to ponder beforehand, premeditate:* praecogitatum facinus, L.

prae-colō, —, cultus, ere, *to cultivate beforehand.*—Fig.: animi habitūs, ad virtutem quasi praeculti.—*To embrace prematurely:* nova et ancipitia, Ta.

prae-compositus, *adj.*, *arranged beforehand, studied:* praecomposito ore, O.

praecōnium, ī, *n.* [*neut.* of praeconius], *the office of a public crier:* facere.—*A crying out in public, proclaiming, publishing:* tibi praeconium deferam: praeconia famae, O. — *A celebrating, laudation, commendation:* ab Homero Achilli tributum: formae praeconia, O.

praecōnius, *adj.* [praeco], *of a public crier:* quaestus, *the business of a public crier.*

prae-conrumpō (-corrumpō), —, ruptus, ere, *to corrupt beforehand, bribe in advance:* donis me, O.: Illa venit, sed praeconrupta, Quae, etc., O.

prae-cōnsūmō, —, sūmptus, ere, *to waste in advance, spend beforehand:* suas virīs bello, O.

prae-contrectō, —, —, āre, *to handle beforehand:* videndo, i. e. *survey*, O.

praecordia, ōrum, *n.* [prae+cor], *the muscle which parts the chest from the abdomen, midriff, diaphragm:* subter praecordia: praecordia pressit senis, i. e. *stopped his breath*, Iu.—*The entrails, stomach:* anulus in praecordiis piscis inventus est: quid veneni saevit in praecordiis, H.—*The breast, heart:* in terrā ponunt praecordia, *lay their breasts upon*, O.: spiritu remanente in praecordiis, L.: frigidus coit in praecordia sanguis, V.: verax aperit praecordia Liber, H.: tacitā sudant praecordia culpā, Iu.: stolidae mentis, i. e. *folly*, O.

praecorrumpō, see praeconrumpo.

praecurrentia, ium, *n.* [praecurro], *antecedents.*

prae-currō, cucurrī (rarely currī), —, ere, *to run before, hasten on before, precede:* propere, T.: ad Persea, L.: ante omnīs, Cs.: Barros equis albis, i. e. *surpass*, H.—Fig., *to go before, precede, antici-*

pate: eo fama iam praecurrerat de proelio Dyrrhachino, Cs.: Isocratem aetate: ita praecurrit amicitia iudicium: ut certis rebus certa signa praecurrerent, *precede.—To exceed, surpass, excel:* mihi studio: eum nobilitate, N.

praecursiō, ōnis, *f.* [prae+1 CEL-], *a going before:* sine praecursione visorum, *the previous occurrence of phenomena.*—In rhet., *a preparation of the hearer.*

praecursor, ōris, *m.* [prae+1 CEL-], *a forerunner, advanced guard, vanguard,* L.—*A scout, spy.*

praecutiō, —, —, ere [prae+quatio], *to shake before, brandish in front:* taedas, O.

praeda, ae, *f.* [prae+HED-], *property taken in war, booty, spoil, plunder, pillage:* praedam manubias in urbis ornamenta conferre: urbis praedā adducti: praedam militibus donare, Cs.: victores praedā spoliisque potiti, V.: praedarum in parte reperta pocula, Iu.—*Prey, game:* cervi luporum praeda rapacium, H.: vocamus in partem praedamque Iovem, i. e. *vow to offer a share,* V.: hinc praeda cubili Ponitur, Iu.—*Booty, spoil, gain, profit:* maximos quaestūs praedasque facere: Reiectā praedā, H.: ostendit praedam, *treasure trove,* Ph.: a quibus magnas praedas Agesilaus faciebat, *drew great advantage,* N.

praedābundus, *adj.* [praedor], *ravaging, pillaging, plundering:* dicit se praedabundum eodem venturum, S.: exercitus, L.

prae-damnō, —, ātus, āre, *to condemn beforehand:* praedamnatus conlega, L.—Fig., *to give up in advance:* spem, L.

praedātiō, ōnis, *f.* [praedor], *a taking of booty, pillaging:* regnum praedationibus augere, Ta.

praedātor, ōris, *m.* [praedor], *a plunderer, pillager:* quos in eodem genere praedatorum pono: exercitus, praedator ex sociis, S.: aprorum, *a hunter,* O.—*An avaricious man,* Tb.

praedātōrius, *adj.* [praedator], *plundering, predatory:* manus (militum), *marauders,* S.: naves, *pirate-ships,* L.

praedātus, *P.* of praedor.

prae-dēlassō, —, —, āre, *to weary out beforehand:* incursūs quae (moles) praedelassat aquarum, O.

prae-dēstinō, —, —, āre, *to set before as a goal, predestine:* sibi triumphos, L.

praediātor, ōris, *m.* [praedium], *a purchaser of mortgaged estates at auction, dealer in real property.*

praediātōrius, *adj.* [praediator], *of mortgaged land:* ius, *the law of mortgages.*

praedicābilis, e, *adj.* [1 praedico], *praiseworthy, laudable:* aliquid.

praedicātiō, ōnis, *f.* [1 praedico], *a public proclamation, publication by a crier:* luctuosa et acerba: tribuni, L.—*A praising, praise, commendation:* clementia omnium praedicatione decoranda.

praedicātor, ōris, *m.* [1 praedico], *a public praiser, eulogist:* benefici.

1. prae-dicō, āvī, ātus, āre, *to make known by proclamation, announce, publish, proclaim:* de quo homine praeconis vox praedicat: palam dimidias venire partīs.—*To make known, announce, proclaim, herald, relate, declare openly:* ut praedicas, *assert:* utrum praedicemne an taceam? T.: barbari paucitatem nostrorum militum suis praedicaverunt, *reported,* Cs.: iniuriam in eripiendis legionibus, *display,* Cs.: tibi aediliciam repulsam, *relate:* ingenti magnitudine corporum Germanos esse, Cs.: Crassus infestissimus esse meis fortunis praedicabatur.—*To praise, laud, commend, vaunt, boast:* verecundia in praedicando, Ta.: eius tibi faciem, T.: de se gloriosius: beata vita praedicanda est: se ab Dite patre prognatos, Cs.: de meis in vos meritis praedicaturus, Cs.

2. prae-dīcō, dīxī, dictus, ere, *to say before, premise:* hoc primum tibi, T.: haec eo mihi praedicenda fuerunt, ut, etc.—*To foretell, predict, forebode:* defectiones solis: nihil adversi accidit non praedicente me, *that I had not predicted:* malum hoc nobis De caelo tactas memini praedicere quercūs, V.—*To advise, warn, admonish, charge, command:* moneo, praedico, ante denuntio: unum illud tibi Praedicam, V.: ita enim medicus praedixerat, *had prescribed,* Cu.: Pompeius suis praedixerat, ut, etc., Cs.: ei visa Iuno praedicere, ne id faceret.—*To appoint, fix:* reo diem, Ta.

praedictiō, ōnis, *f.* [prae+DIC-], *a foretelling, prediction:* mali: vatum.

praedictum, ī, *n.* [*P. neut.* of 2 praedico], *something previously said:* velut ex predicto, *as if by preconcert,* L.—*A foretelling, prediction, prophecy:* Chaldaeorum praedicta: vatium.—*An order, command:* dictatoris, ne, etc., L.

praedictus, *P.* of 2 praedico.

praediolum, ī, *n. dim.* [praedium], *a small estate.*

prae-discō, —, —, ere, *to learn beforehand:* ea quae agenda sunt: Ventos, V.

prae-dispositus, *P., arranged beforehand, distributed in advance:* nuntii, L. (dub.).

praeditus, *adj.* [prae+datus], *gifted, provided, possessed, furnished:* parvis opibus: mundus animo: singulari inmanitate: simulacrum summā religione, i. e. *held in high reverence.*

praedium, ī, *n.* [prae+HED-], *a farm, estate, manor:* praedibus et praediis populo cautum est:

habet in urbanis praediis, *city lots:* fructus praediorum: rusticum, L.: gnatis dividere, H.

prae-dīves, itis, *adj.*, *very rich, affluent:* Perseus, L., Iu.: praedivite cornu Autumnus, O.

praedō, ōnis, *m.* [praeda], *one that makes booty, a plunderer, robber:* urbes praedonibus patefactae: praedones latronesque, Cs.: maritimus, *a pirate*, N.: perfidus, V.: digna praedone marito, i. e. *who had stolen her*, O.: alibi praedo, alibi praedae vindex, cadit, L.

prae-doctus, *P.*, *instructed in advance:* ab duce, S.

praedor, ātus, ārī [praeda], *to make booty, plunder, spoil, rob:* spes praedandi: licentia praedandi, L.: praedantes milites, Cs.: classis pluribus locis praedata, Ta.: in re frumentariā: omnibus in rebus, *upon every opportunity:* ex alterius inscientiā, *make use of another's ignorance to defraud him:* Italiae callīs et pastorum stabula: socios, Ta.—*Supin. acc.:* praedatum ire, L.—*To take, catch, make prey of:* ovem unam, O.—Fig., *to rob, ravish, take:* quae me praedata puella est, *has caught me*, O.: Singula de nobis anni praedantur euntes, H.

prae-dūcō, dūxī, ductus, ere, *to draw out before, construct in front:* fossas viis, Cs.: murum, Cs.: castris fossam, Tb.

prae-dulcis, e, *adj.*, *very pleasing, delightful:* decus, V.

prae-dūrus, *adj.*, *very hard, hardened:* corium, Ta.—*Very strong:* homo viribus, V.: corpora, V.: tempora, O.

prae-ēmineō, see praemineo.

prae-eō, iī (īvī), —, īre, *to go before, lead the way, precede:* ut consulibus lictores praeirent: praeeunte carinā, V.: novi praeeunt fasces, O.—Fig., *to go before, precede:* naturā praeeunte.—*To recite beforehand, dictate, prescribe:* omnia, uti decemviri praeierunt, facta, *had ordered*, L.: ades, dum dedico domum, ut mihi praeeatis: praei verba, quibus me devoveam, L.: coactus pontifex verba praeire, *to dictate the formula of consecration*, L.: praeeuntibus exsecrabile carmen sacerdotibus, L.: alcui preces, Cu.: vobis voce, quid iudicaretis.

praefātiō, ōnis, *f.* [praefor], *a preliminary form of words, formula of announcement:* donationis: sacrorum, L.

praefectūra, ae, *f.* [praefectus], *the office of an overseer, overseership, superintendence:* domūs, Iu.—*The office of governor in a province, provincial deputyship, prefecture:* praefecturas sumere: multorum consulum praefecturas accipit, N.—*A city governed by a prefect, prefecture*, C., Ta.

praefectus, ī, *m.* [*P.* of praeficio], *an overseer, director, superintendent:* morum, N.: nec vero mulieribus praefectus praeponatur: annonae, L.: praefecti libidinum suarum.—In public life, *a president, superintendent, commander, governor, deputy:* qui Aemilio legati et praefecti fuerunt: Lydiae, *governor of the province*, N.: classis, *admiral:* legionis, *commander*, Ta.: alae, Ta.: arcis, L.: custodum, N.: fabrūm, *chief engineer:* (timor) ortus est a tribunis militum, praefectis reliquisque, etc., *colonels of cavalry*, Cs.: praefecti regii, *commanders of armies*, L.: praefecti regis, S.

prae-ferō, tulī, lātus, ferre, *to bear before, carry in front, hold forth:* dextrā facem: in fascibus insignia laureae, Cs.: fasces praetoribus praeferuntur: praelatos hostīs adoriri, *as they rode by*, L.: signa militaria praelata, *carried in procession*, L.: castra sua praelati, *hurrying past the camp*, L.—Fig., *to place before, offer, present:* clarissimum lumen menti meae: suam vitam, ut legem, suis civibus, *set as a guide before.*—*To place before, prefer:* mortem servituti: Scaevolam sibi: virtute belli praeferri omnibus gentibus, Cs.: ius maiestatis patrio amori: puellam puellis, O.: animam pudori, Iu.: Cur alter fratrum cessare Praeferat Herodis palmetis, H.—*To take beforehand, anticipate:* diem triumphi, L.: praelato invidere honori, V.—*To display, discover, reveal, betray:* avaritiam: amorem, O.: dolorem animi voltu, Cu.

prae-ferōx, ōcis, *adj.*, *very violent, impetuous, insolent:* animus, L.: ingenio, Ta.

prae-fervidus, *adj.*, *very hot:* balneum, Ta.—*Fierce:* ira, L.

prae-festīnō, —, ātus, āre, *to hasten before, be precipitate:* deficere, L.—*To pass in haste:* sinum, Ta.

praeficiō, fēcī, fectus, ere [prae+facio], *to set over, place in authority over, place at the head, appoint to command:* alquem Asiae: imperatorem bello: his (legionibus) legatos, Cs.: pontifices sacris: te lucis Avernis, V.: Iuno sacris praefecta maritis, O.: in eo exercitu fratrem, *give him a command:* locus, cui divinationem praeficere possimus, i. e. *regard as the province of divination:* aliquem procuratorem.

prae-fīdēns, entis, *adj.*, *too trustful, over-confident:* te praefidentem tibi Repriment legum habenae, C. poët.: homines sibi.

prae-fīgō, fīxī, fīxus, ere, *to fasten before, set up in front, affix:* ripa sudibus praefixis munita, Cs.: arma puppibus, V.—*To tip, head, point:* asseres cuspidibus praefixi, Cs.: iacula praefixa ferro, L.: ferro praefixae hastae, Cu.: ora capistris, *muzzle*, V.—*To pierce, transfix:* latus praefixa veru, Tb.

prae-fīniō, īvī, ītus, īre, *to determine beforehand, ordain, prescribe:* praefinire non est meum:

dies in lege praefinita: tibi, quo minus, etc.: praefinisti, quo ne, etc.

praefīnītō, *adv.* [*P. abl. n.* of praefinio], *in the prescribed manner:* loqui, T.

praeflōrō, —, ātus, āre [prae+flos], *to deflower beforehand, lessen, tarnish:* gloria eius victoriae praeflorata, L.

prae-fluō, —, —, ere, *to flow along, flow by:* infimā valle, L.: provinciam, Ta.: regna Dauni, H.

praefōcō, —, —, āre [prae+faux], *to choke, strangle, suffocate:* animae viam, O.

prae-fodiō, fōdī, —, ere, *to dig in front of:* portas, V.—*To bury in advance:* aurum, O.

(prae-for), fātus, ārī, *dep.*, *to say beforehand, utter in advance, premise, preface:* in parte operis mei licet mihi praefari, quod, etc., L.: quae de deorum naturā praefati sumus, etc.: arcana se et silenda adferre praefatus, Cu.: honorem, i. e. *to begin by saying, 'I speak with deference:'* Talia praefantes, *foretelling*, Ct. — *To utter a preliminary prayer, address in prayer beforehand:* maiores nostri omnibus rebus agendis Quod bonum, faustum, felix fortunatumque esset, praefabantur: carminibus, *say in verse beforehand*, L. — *To invoke:* divos, V.

praefrāctē, *adv.* [praefractus], *inflexibly, resolutely:* aerarium defendere.

praefrāctus, *adj.* with *comp.* [*P.* of praefingo]. —Of style, *rude, abrupt:* Thucydides praefactior. —Of character, *unyielding:* Aristo.

prae-frīgidus, *adj.*, *very cold:* Auster, O.

praefringō, frēgī, frāctus, ere [prae+frango], *to break off before, break to pieces, shiver:* hastas, L.: praefracto rostro (triremis), Cs.

prae-fulciō, —, —, īre, *to prop up, support.*— Fig.: illud praefulci, ut, etc., *make sure.*

prae-fulgeō, —, —, ēre, *to beam forth, shine greatly, glitter in front:* praefulgebat huic triumphus, L.: Nitor smaragdi collo praefulget tuo (sc. pavonis), Ph.: equus praefulgens unguibus aureis, V.: triumphali decore, Ta.

prae-gelidus, *adj.*, *very cold:* Alpes, L.

prae-gestiō, —, —, īre, *to desire greatly, delight:* videre: Ludere, H.: apisci, Ct.

praegnāns, antis, or **praegnās**, ātis, *adj.* [pra+GEN-], *with child, pregnant, big with young:* uxor: cum praegnas hunc alvo contineret: vidua, Iu.—*Full, swollen:* stamine fusus, Iu.

prae-gracilis, e, *adj.*, *very slender:* proceritas, Ta.

prae-gravis, e, *adj.*, *very heavy:* onus, O.: corpore, L.: vino, Ta.: delatores, *very wearisome*, Ta.: principi, Ta.

prae-gravō, —, ātus, āre, *to press heavily upon, oppress with weight, encumber:* exonerare praegravante turbā regnum, L.: praegravata telis scuta, *burdened*, L. — Fig., *to burden, oppress, weigh down:* dantem et accipientem, L.: animum, H.: artīs Infra se positas, *press down by his superiority*, H.

praegredior, gressus, ī, *dep.* [prae+gradior], *to go before, go in advance, precede:* alios praegredientes: nuntios, L. — *To pass by, pass:* ea (castra), L.

praegressiō, ōnis, *f.* [prae+GRAD-], *a going before, preceding:* stellarum. — Fig., *precedence:* causae.

1. praegressus, *P.* of praegredior.

2. praegressus, ūs [praegredior], *an advance:* rerum praegressūs, i. e. *steps in development.*

praegustātor, ōris, *m.* [praegusto], *a 'foretaster, cup-bearer.*—Fig.: libidinum tuarum.

prae-gustō, āvī, —, āre, *to taste beforehand:* oleas, L.: cibos, O.: medicamina (i. e. antidota), Iu.

prae-iaceō, —, ēre, *to lie before:* campus, qui castra praeiacet, Ta.

prae-iēns, euntis, *P.* of praeeo.

praeiūdicātus, *adj.* [*P.* of praeiudico], *decided beforehand, prejudged:* praeiudicatum eventum belli habetis, L.: opinio, *prejudice.*—As *subst. n.:* id ipsum pro praeiudicato ferre, *as already decided*, L.: ut ne quid huc praeiudicati adferatis, *prejudice.*

prae-iūdicium, ī, *n.*, *a preceding judgment, anticipatory sentence, previous decision, precedent:* his duobus praeiudiciis damnatus: neminem praeiudicium rei tantae adferre, i. e. *anticipate the judgment* (of the Senate), L.—*A precedent, example:* vestri facti praeiudicio demotus, *by the example of your conduct*, Cs.: Africi belli praeiudicia sequi, Cs.

prae-iūdicō, āvī, ātus, āre, *to prejudge, decide beforehand:* de hoc (homine): de iis censores praeiudicent, *give preliminary judgment* (before the case is heard by the judges).

prae-iuvō, iūvī, —, āre, *to aid before:* adfectam eius fidem, Ta.

prae-lābor, lapsus, ī, *dep.*, *to glide before, move by, float past:* piscis praelabitur ante, C. poët.: rotis flumina, *glide by the streams on wheels*, V.

prae-lambō, —, —, ere, *to lick beforehand:* (mus) praelambens omne, quod adfert, H.

praelātus, *P.* of praefero.

prae-legō, —, —, ere, *to sail by, skirt:* Campaniam, Ta.: oram, Ta.

prae-ligō, —, ātus, āre, *to bind on before, bind to:* fasces praeligantur cornibus, L.—*To bind up, tie up:* os praeligatum.

(praelium, praelior), see proeli-.

prae-longus, *adj.*, *very long:* gladii, L.: hasta, Ta.

prae-lūceō, lūxī, —, ēre, *to shine before, shed light upon:* ne ignis noster facinori praeluceat, Ph.—Fig., *to shine before, light up:* (amicitia) bonam spem praelucet in posterum, *lights up hope.* —*To outshine, surpass:* nullus sinus Bais praelucet, H.

praelūstris, e, *adj.*, *very illustrious, magnificent:* arx, O.—*Plur. n.* as *subst.:* praelustria vita, *avoid grandeur*, O.

praemandāta, ōrum, *n.* [*P.* of prae-mando], *a warrant of arrest:* praemandatis requisitus.

prae-mātūrus, *adj.*, *too early, untimely, premature:* hiems, Ta.: exitus, Ta.: cineres, Iu.

prae-medicātus, *adj.*, *protected by medicines, charmed:* Aesonides, O.

praemeditātiō, ōnis, *f.* [praemeditor], *a considering beforehand, premeditation:* futurorum malorum: diuturna.

prae-meditor, ātus, ārī, *dep.*, *to think over beforehand, consider in advance, premeditate:* nihil, ne bellum haberent, L.: id ferundum modice esse: quo animo accedam: quae renuntiarent, L.: mala praemeditata: tentans citharam et praemeditans, *preluding*, Ta.

prae-metuēns, *adj.* [*P.* of praemetuo], *apprehensive:* doli, Ph. (al. dolum).

prae-metuō, —, —, ere, *to fear beforehand, be apprehensive:* suis, Cs.: coniugis iras, V.

praemineō (prae-ēm-), —, —, ēre, *to transcend, excel:* ceteros peritiā legum, Ta.

prae-mittō, mīsī, mīssus, ere, *to send forward, despatch in advance:* legiones in Hispaniam, Cs.: legatum ad flumen, S.: odiosas litteras: ad Boios, qui doceant, etc., Cs.: cum sese Italicam venturum praemisisset, *had sent on word*, Cs.: praemisit, ut cogitarent, etc., *sent word*, L.: haec favorabili oratione, *premised*, Ta.

praemium, ī, *n.* [prae+EM-], *an advantage, prerogative, favor, license, privilege:* licebat legis praemio, *by the special favor of the law:* Frontis urbanae praemia, *the license of city assurance*, H. —*A reward, recompense:* praemium, haud praedam petit, Enn. ap. C.: ecquid erit praemi, *reward:* legibus praemia proposita sunt virtutibus: praemia mihi pro industriā data: inlicere, S.: tibi laborum praemia persolvere: proponere, *offer*, Cs.: consequi, *obtain*, Cs.: tollere, Iu.: promittens, si sibi praemio foret, se, etc., *if he were rewarded*, L.: te mea dextera magna inter praemia ducet, i. e. *to great exploits*, V.: cape praemia facti, *reward* (i. e. punishment), O.: Veneris, i. e. *children*, V.—*A bribe:* Ut ponenda praemia sumas, Iu.—*A prize, plunder, prey, booty:* ditem hostem pauperis victoris praemium esse, L.: spectat sua praemia raptor, O.: leporem et gruem, Iucunda captat praemia, *game*, H.: raptae virginitatis, O.

prae-molestia, ae, *f.*, *anxiety, apprehension.*

prae-mōlior, —, īrī, *dep.*, *to prepare beforehand:* praemoliendam sibi ratus rem, L.

prae-moneō, uī, itus, ēre, *to forewarn, admonish beforehand:* me, ut magnopere caverem: Praemoneo, numquam scripta modesta legat, O.: conatūs hostis, *warn of*, L.—*To foretell, predict, prophesy, presage:* ferunt audita cornua caelo Praemonuisse nefas, O.

praemonitus, ūs, *m.* [praemoneo], *a forewarning, premonition:* Praemonitūs deūm, O.

praemōnstrātor, ōris, *m.* [praemonstro], *one who points out the way, a guide*, T.

prae-mōnstrō, —, —, āre, *to predict, presage, prognosticate:* magnum aliquid populo R.: ventos futuros, C. poët.

prae-mordeō, —, —, ēre, *to bite off, snip off:* ex hoc alqd, Iu.

prae-morior, tuus, ī, *dep.*, *to die prematurely*, O.

prae-mortuus, *adj.*, *prematurely dead:* iacuere, velut praemortua, membra, O.—Fig.: praemortui esse pudoris, i. e. *to have lost shame*, L.

prae-mūniō, īvī, ītus, īre, *to fortify in front:* aditūs magnis operibus, Cs.: non praemunito vallo, L.—Fig., *to fortify, protect, secure:* genus (dicendi) praemunitum: ut ante praemuniat, *prepare his defences* (of an orator).—*To set forth as a defence:* quae praemuniuntur reliquo sermoni, *are premised to anticipate objections:* illud praefulci et praemuni, ut, etc., *secure beforehand.*

praemūnītiō, ōnis, *f.* [praemunio], *a fortifying beforehand, preparation:* orationis.

prae-nārrō, āvī, —, āre, *to tell beforehand:* rem, T.

prae-natō, —, —, āre, *to swim before, flow by:* domos praenatat amnis, V.

prae-niteō, uī, —, ēre, *to shine in preference, be more attractive:* cur tibi iunior praeniteat, H.

prae-nōmen, inis, *n.*, *the first name, praenomen, personal name* (e. g. Marcus, usu. written M.): filius, cui Marco praenomen erat, L.: sine praenomine familiariter ad me epistulam misisti.

prae-nōscō, —, —, ere, *to learn beforehand, foreknow:* futura: promissum sibi caelum, O.

praenōtiō, ōnis, *f.* [prae+GNA-], *a preconception, innate idea:* deorum.

prae-nūbilus, *adj.*, *very cloudy, gloomy:* arbore lucus, O.

prae-nūntia, ae, *f.*, *a harbinger, foreteller:* belli, O.: stellae calamitatum praenuntiae.

prae-nūntiō (not -nūnciō), —, ātus, āre, *to announce beforehand, foretell, predict:* hanc venturam (esse), T.: futura: de eorum adventu, N.

prae-nūntius (not -nūncius), ī, *m., a foreteller, harbinger, omen:* lucis ales, i. e. *the cock,* O.

praeoccupātiō, ōnis, *f.* [praeoccupo], *a seizing beforehand, preoccupation:* locorum, N.

prae-occupō, āvī, ātus, āre, *to seize upon beforehand, preoccupy:* Macedoniam, N.: opportuna loca, L.: praeoccupatum sese legatione ab Cn. Pompeio, Cs.—Fig., *to seize in advance, preoccupy:* animos timor praeoccupaverat, Cs.: praeoccupati beneficio animi, i. e. *won over beforehand,* L.—*To anticipate, prevent:* ad praeoccupanda Andranodori consilia, L.: ne alteruter alterum praeoccuparet, N.: legem ferre, *hasten to bring the bill sooner before the people,* L.

prae-optō, āvī, ātus, āre, *to choose rather, desire more, prefer:* exsilio modicam domi fortunam, L.: suas leges Romanae civitati, L.: nemo non illos sibi quam vos dominos praeoptet, L.: immerito quam iure violari, Cu.: scutum manu emittere, Cs.: puerum perire, Potius quam, etc., T.

prae-pandō, —, —, ere, *to spread out, extend.* —Fig.: hibernos temporis ortūs, C. poët.

praeparātiō, ōnis, *f.* [praeparo], *a making ready, preparation:* diligens: animi ad minuendum dolorem.

prae-parātus, *adj.* [*P.* of praeparo], *prepared, provided, furnished, ready:* praeparatos quodam cultu proficisci ad dormiendum: bene Pectus, H.: aures: oratio, L.—As *subst. n.:* ex ante praeparato sustentari, *from the stores,* L.; cf. ex ante praeparato fieri, i. e. *by previous arrangement,* L.

prae-parō, āvī, ātus, āre, *to make ready beforehand, prepare, equip, make preparations:* ea quae videntur instare: ante navīs, L.: locum domestici belli causā, Cs.: praeparato ad talem casum perfugio, L.: pecunia stipendio militum praeparata, Cu.: res necessarias ad vitam degendam.

praepediō, īvī, ītus, īre [prae+pes], *to entangle, shackle, fetter:* praepeditis Numidarum equis, Ta.—*To hinder, embarrass, obstruct, impede:* sese praedā, *hamper themselves,* L.: omnīs (bonas artīs) avaritia praepediebat, S.: dicere incipientem cum lacrimae praepedissent, L.: dextrae praepedit orsa tremor, O.: verba sua, i. e. *stammering,* Ta.: praepeditus Germanias premere, *hindered from,* Ta.

prae-pendeō, —, —, ēre, *to hang before, hang down in front:* ubi tegumenta praependere possent ad, etc., Cs.: praependent sertae, Pr.

praepes, petis, *abl.* pete or petī, *gen. plur.* petum, *adj.* [prae+PET-], *outstripping;* hence, in augury, *significant in flight, of good omen, favorable* (of birds of good augury): praepes Laeva volavit avis, Enn. ap. C.: praepetis omina pinnae, V. —*Fem.* as *subst., a bird of good omen:* qui sibi praepetem misisset, L.—*Winged, swift of flight, fleet, quick, rapid:* quem praepes ab Idā rapuit Iovis armiger, V.: deus (i. e. Cupido), O.—As *subst. m.* and *f., a bird, large bird:* Iovis, i. e. aquila, O.: Medusaeus, i. e. *Pegasus,* O.

praepilātus, *adj.* [3 pila], *tipped with a ball, carrying a button:* missilia, i. e. *blunted,* L.

prae-pinguis, e, *adj., very fat, of superior fertility:* solum, V.

prae-pollēns, entis, *adj., eminent, superior, excellent:* gens divitiis, L.: vir virtute, L.

prae-polleō, luī, —, ere, *to surpass in power:* quibus additis praepollebat, Ta.: mari, Ta.

prae-ponderō, —, —, āre, *to make heavier, regard as superior:* praeponderari honestate.

prae-pōnō, posuī, positus, ere, *to place in front, put upon, affix:* aedibus vestibula: fronti olivam, i. e. *crown,* H.—*To put before, place first:* versūs in primā fronte libelli, O.: ultima primis, H.: pauca praeponam, *premise.*—*To set over, make commander, intrust with, appoint, depute:* alqm bello praedonum: sinistro cornu Antonium, Cs.: quaestorem Caelium provinciae, *appointed governor:* negotio, *charge with:* navibus, *appoint admiral:* toti officio maritimo praepositus, *superintendent of all marine affairs,* Cs.: sacerdos oraculo praeposita, *presiding over:* custos Praepositus sancto loco, *made keeper of,* O.—Fig., *to set before, prefer:* se alteri, T.: salutem rei p. vitae suae: me Mazaeo generum, Cu.

prae-portō, —, —, āre, *to bear before,* C. poët.

praepositiō, ōnis, *f.* [praepositus], *a setting before, prefixing:* negationis.—In grammar, *a prefix.*—Fig., *a preferring, preference.*

1. praepositus, *adj.* [*P.* of praepono], *preferable, preferred.*—As *subst. n., that which is desirable* (opp. both to the absolete good, and to evil).

2. praepositus, ī, *m.* [*P.* of praepono], *a prefect, president, chief:* legatorum tuorum.

praeposterē, *adv.* [praeposterus], *in reverse order, out of order:* litteras reddere: tecum agere.

prae-posterus, *adj., in reverse order, in disorder, inverted, perverted, absurd, preposterous, unseasonable:* quid tam praeposterum dici potest?: gratulatio: consilia.—Of persons, *perverse, unreasonable, absurd:* semper: homines, S.

prae-potēns, entis, *adj., very able, excelling in power, superior:* viri: rerum omnium Iuppiter: terrā marique Karthago: armis Romanus, L.—*Plur. m.* as *subst.:* opes praepotentium.

praeproperē, *adv.* [praeproperus], *in extreme haste, headlong:* festinans, L.: agendo, L.

prae-properus, *adj.*, *too hasty, sudden, precipitate:* festinatio: celeritas, L.: ingenium, *rash*, L.

prae-pūtium, ī, *n.* [3 PV-], *the foreskin, prepuce:* praeputia ponere, Iu.

(prae-queror), questus, ī, *to complain beforehand:* multa praequestus, O.

prae-radiō, —, —, āre, *to outshine:* stellis signa minora suis, O.

prae-rapidus, *adj.*, *very swift, exceedingly rapid:* gurges, L.: fluminum celeritas, Cu.

prae-rigēscō, uī, ere, *inch.*, *to become very stiff:* praereguisse manūs, Ta.

praeripiō, ripuī, reptus, ere [prae+rapio], *to snatch away, carry off:* arma Minervae, O.: aliis laudem.—*To seize prematurely:* deorum beneficium festinatione, i. e. *presume upon.*—*To forestall, anticipate:* hostium consilia, *baffle in advance.*

prae-rōdō, —, sus, ere, *to gnaw off, nibble:* praeroso hamo, i. e. *the bait*, H.

praerogātīvus, *adj.* [prae-rogo, to ask first], *voting first, asked before others:* centuria, *which cast the first vote in the comitia* (originally the century of the equites, afterwards that which obtained the right by lot).—Hence, as *subst. f.* (sc. centuria), *the prerogative century:* praerogativam maiores omen iustorum comitiorum esse voluerunt: sors praerogativae, L.: Calvum praerogativae tribunum militum creant, i. e. *the equites*, L.: omen praerogativae, i. e. *in the choice of the century that voted first:* praerogativam referre, *to report the vote of the prerogative century.* — *A previous choice, preliminary election:* militaris, L.: comitiorum militarium, L.—*A sure sign, token, prognostic, omen:* voluntatis suae.

praerōsus, *P.* of praerodo.

prae-rumpō, —, ruptus, ere, *to break off before, tear away in front:* retinacula classis, O.: funes praerumpebantur, *were broken off*, Cs.

praeruptus, *adj.* [*P.* of praerumpo], *broken off, steep, abrupt, rugged:* saxa: iugum, Cs.: nemus, H.: mons, V.—F i g., *hasty, rash, precipitate:* audacia: iuvenis animo, Ta.

praes, praedis, *m.* [prae+vas], *a surety, bondsman:* praedes pecuniae publicae accipere: praedes dare: per praedem agere: praedibus acceptis aedificia perfecturi, L.: cavere populo praedibus ac praediis, *to procure security to the people by bondmen and their estates.*—*The property of sureties:* praedes vendere. — F i g.: cum sex libris, tamquam praedibus, me ipsum obstrinxerim.

praesaepe (praesēpe), is, *n.* [prae+saepes], *an enclosure, stable, stall, fold, pen:* Stabant (equi) in praesaepibus altis, V.: bona donavit praesaepibus, *has spent his substance on his stables*, Iu.: fucos a praesaepibus arcent, i. e. *from the hives*, V.—*A hut, hovel, dwelling, tavern:* audis in praesaepibus, *in drinking-shops.*—*A crib:* equus Ad praesaepe gemit, O.: Accedit ad praesaepe, Ph.: non qui certum praesaepe teneret, i. e. *table*, H.

prae-saepiō (-sēpiō), psī, ptus, īre, *to fence in front, block up, barricade:* aditūs trabibus, Cs.: omni aditu praesaepto, Cs.

praesāgiō, īvī, —, īre [praesagium], *to feel in advance, perceive beforehand, have a presentiment, forebode:* nescio quid mi animus praesagit mali, T.: quasi praesagiret: hoc ipsum animo, L.

praesāgītiō, ōnis, *f.* [praesagio], *a presentiment, foreboding, faculty of divining, prophetic power:* in animis.

praesāgium, ī, *n.* [1 SAC-], *a presentiment, foreboding, presage:* vatum praesagia, O.: mentis, O.

prae-sāgus, *adj.*, *perceiving beforehand, divining, prophetic, presaging:* pectora, O.: mali mens, V.: luctūs suspiria, O.—*Prophetic, indicating beforehand:* Verba senis, O.: fulminis ignes, V.

prae-sciō, īvī, —, īre, *to know beforehand, foreknow:* ante, T.

prae-scīscō, —, —, ere, *to learn beforehand:* animos volgi longe, V.: quam quisque provinciam haberet, L.

prae-scius, *adj.*, *foreknowing, prescient:* corda, V.: lingua, O.: vates venturi, V.

prae-scrībō, īpsī (scrīpstī, T.), īptus, ere, *to write before, prefix in writing:* sibi nomen, V.: auctoritates praescriptae, *the names of senators recorded as voting.*—*To describe beforehand:* formam futuri principatūs, Ta.—F i g., *to determine in advance, ordain, direct, prescribe:* his rebus finem, T.: maiorum iura moresque: iura civibus: mihi quem ad modum meum ius persequar: quid fieri oporteret, Cs.: sic enim praescripsimus iis, ut, etc.: cum ei praescriptum esset, ne, etc.: qui (mos) praescribit esse oportere, etc.—*To dictate:* carmina, Tb. — *To put forward, use as a pretext:* Pulchram, Ta.

praescrīptiō, ōnis, *f.* [prae+SCARP-], *a prefix in writing, title, inscription, preface, introduction:* legis. — F i g., *a pretext, excuse, pretence:* honestā praescriptione rem tegere, Cs.—*A limit, restriction, proviso:* rationis: in hac praescriptione semihorae.

praescrīptum, ī, *n.* [*P. n.* of praescribo], *a previous direction, precept, limitation, proviso, regulation:* legum imperio et praescripto fieri: omnia agere ad praescriptum, Cs.: ad praescriptum consulis comitia habita, L.: hoc eius praescripto, Cs.: intra praescriptum equitare, *within bounds*, H.

praescrīptus, *P.* of praescribo.

prae-secō, cuī, ctus, āre, *to cut off before, cut*

away, cut off, cut out: praesectis mulierum crinibus, Cs.: partem, O.—Fig.: Praesectum deciens non castigavit ad unguem, i. e. *accurately*, H. (al. perfectum).

praesēns, entis (*abl.* of persons usu. ente; of things, entī), *adj.* with *comp.* [*P.* of praesum], *at hand, in sight, present, in person:* quia ades praesens, *because you are here*, T.: quo praesente, *in whose presence:* pauca praesenti consilio locutus, *before a council of war*, S.: tecum egi, *in person:* sermo, *face to face:* adgnoscere praesentia ora, i. e. *in plain view*, V.: hanc sibi videbit praesens praesentem eripi, T.: in rem praesentem venire, *to the very spot:* in re praesenti, *on the spot*, L.—Of time, *present, contemporary, existing:* res: non solum inopiā praesentis, sed etiam futuri temporis timore, Cs.: fortuna pristina viri, praesenti fortunae conlata, L.: praesenti bello, *during hostilities*, N.: et praesens aetas et posteritas, Cu.: praesens in tempus omittere, *for the present*, H.: praesenti tempore, *now*, O.—As *subst. n.* (sc. tempus), *the present:* laetus in praesens animus, H.: haec in praesenti scripsi.—*Plur., present circumstances, the present state of affairs:* amor fastidio praesentium accensus est, Cu.—*Happening at once, immediate, instant, prompt, impending:* praesens quod fuerat malum in diem abiit, T.: poena: tuā praesenti ope servata urbs, L.: pecunia, *cash:* praesentibus insidiis liberare, *imminent:* iam praesentior res erat, *more imminent*, L.—*Operating at once, instant, prompt, efficacious, powerful, influential:* auxilium: non ulla magis praesens fortuna laborum est, *more effective cure*, V.: adeo iniuriae Samnitium quam benefici Romanorum memoria praesentior erat, L.: si quid praesentius audes, *more effective*, V.: o diva . . . Praesens vel tollere corpus, vel, etc., H.—*Present, collected, resolute:* Animo virili praesentique esse, T.: si cui virtus animusque in pectore praesens, V.: animus: praesentioribus animis, L.—*Present, aiding, favoring, propitious:* deus, T.: praesentes saepe di vim suam declarant: Tu, dea, tu praesens, nostro succurre labori, V.

praesēnsiō, ōnis, *f.* [prae+SENT-], *a foreboding, presentiment:* per exta inventa.—*A preconception.*

praesēnsus, *P.* of praesentio.

praesentia, ae, *f.* [praesens], *a being at hand, presence:* eorum praesentiam vitare: (Nemea) celebrare praesentiā suā, L.: urget praesentia Turni, V.: animi, *presence of mind*, Cs.: deorum praesentiae.—*Impression, efficacy, effect:* veri, O.—In the phrase, in praesentiā, *at the present time, at the moment, just now, for the present, under present circumstances:* hoc video in praesentiā opus esse: in praesentiā hostem rapinis prohibere, Cs.: in praesentiā reponere odium, *to conceal for the time*, Ta.: quod in praesentiā vestimentorum fuit, *at hand*, N.

prae-sentiō, sēnsī, sēnsus, īre, *to feel beforehand, perceive in advance, have a presentiment of, presage, divine:* animo, Cs.: animus ita praesentit in posterum, ut, etc.: amorem, O.: dolos, V.: ibi me adesse, T.: talem esse deum: praesensum est, L.

praesēpe, praesēpiō, see praesaep-.

praesertim, *adv.* [1 SER-], *especially, chiefly, principally, particularly:* praesertim ut nunc sunt mores, etc., T.: retinenda est verecundia, praesertim naturā ipsā magistrā: praesertim homines tantulae staturae, Cs.: (te) Praesertim cautum dignos adsumere, H.: praesertim cum respondisset, etc.: utile Vitae, praesertim cum valeas, H.: Faciam, praesertim si utrique vestrum gratum futurum est: Praesertim si tempestas Incubuit, V.

praeses, idis, *m.* and *f.* [SED-], *a protector, guard, guardian, defender:* tribunus, quem maiores praesidem libertatis esse voluerunt: Praeside tuta deo, O.—*A superintendent, chief, president:* belli, i. e. *Minerva*, V.: quo praeside rerum, *under whose administration of the world*, O.: orbata praeside pinus, i. e. *pilot*, O.

praesidēns, entis, *m.* [*P.* of praesideo], *a president, ruler:* superbia praesidentium, Ta.

praesideō, sēdī, —, ēre [prae+sedeo], *to guard, watch, protect, defend:* huic urbi, atque huic rei p.: alii, ut urbi praesiderent, relicti, L.—*To preside over, manage, superintend, direct, command:* ad portas urbanis rebus, Cs.: huic iudicio: classi, L.: armis, O.: in agro Piceno, S.: litus Galliae, Ta.: exercitum, Ta.

praesidiārius, *adj.* [praesidium], *serving for defence:* milites, *in garrison*, L.

praesidium, ī, *n.* [praeses], *defence, protection, guardianship, help, aid, assistance:* proficisci praesidio suis, N.: amicitiam populi R. sibi praesidio esse oportere, Cs.: tectus praesidio firmo amicorum: Ut meae stultitiae in iustitiā tuā sit aliquid praesidi, T.: Veneris praesidio ferox, H.—*A guard, escort, convoy, garrison:* ad iudicium cum praesidio venit: omnium bonorum praesidio ornatus: servorum praesidio uti: regale, H.: occupatoque oppido, ibi praesidium conlocat, *garrison*, Cs.: (turrīs) praesidiis firmare, *with troops*, S.: praesidium dedit, ut tuto perveniret, *escort*, N.: praesidium ex arce expellere, *garrison*, N.: praesidia interficere, *troops*, N.: praesidia custodiasque disponere, *picket guards*, Cs.: galeatum, Iu.: O et praesidium et dulce decus meum, H.: quantum Praesidium perdis, V.—*An occupied place, post, station, intrenchment, fortification, camp:* in praesidio conlocatus, *on guard:* qui propter metum praesidium relinquit, *leaves his post:* praesidio discedere, L.: procul in praesidio esse, N.: praesidium occupare et munire, Cs.: milites in praesidiis disponere, Cs.: in praesidiis esse, *with the army.* — *Aid, help, assistance:* quod satis esset praesidi dedit, *what was needful for his support and safety,* N.: quaerere sibi praesidia periculis: me biremis praesidio scaphae Tutum . . . Aura feret, H.: fortissimum pudoris: aliunde rerum exspectanda tuarum Praesidia, *encouragement,* Iu.

prae-sīgnificō, —, —, āre, *to indicate beforehand:* hominibus quae sint futura.

prae-sīgnis, e, *adj.* [prae+signum], *pre-eminent, distinguished:* tempora cornu, O.: facie, O.

prae-sonō, uī, —, āre, *to sound before:* praesonuit sollemni tibia cantu, O.

prae-stābilis, e, *adj.* with *comp., pre-eminent, distinguished, excellent:* res magnitudine: dignitas praestabilior: fuerat praestabilius, *preferable,* T.: nihil amicitiā praestabilius: neque aliud praestabilius invenies, S.

praestāns, antis, *adj.* with *comp.* and *sup.* [*P.* of 2 praesto], *pre-eminent, superior, excellent, distinguished, extraordinary:* omnibus et ingenio et diligentiā, *surpassing all:* usu et sapientiā, *for experience and wisdom,* N.: animi iuvenis, *distinguished for courage,* V.: virginibus praestantior omnibus Herse, *superior to all,* O.: quo non praestantior alter Aere ciere viros, *excelled in rousing the men,* V.: homines praestantissimi opibus: prudentia: virtus: praestanti corpore Nymphae, V.: formā, V.: quid praestantius mihi potuit accidere?: animi, V.: praestantissimi sapientiae, Ta.

praestantia, ae, *f.* [praestans], *pre-eminence, superiority, excellence:* animantium reliquarum, *over other creatures:* di omnium rerum praestantiā excellentes, *in all things.*

praestat, see 2 praesto.

praestes, itis, *m.* [2 prae+STA-], *a protector, guardian:* praestitibus Laribus, O.

praestīgiae, ārum, *f.* [STIG-], *deceptions, illusions, sleights, jugglery, trickery:* verborum, *tricks of words:* quasi praestigiis depelli: non per praestigias, sed palam compilare, *secretly:* quo magis argui praestigias iubetis vestras, L.

praestituō, uī, ūtus, ere [prae+statuo], *to determine beforehand, fix in advance, prescribe:* tibi quidemst olim dies praestituta, T.: diem praestituit operi faciundo: die praestitutā, L.: nullā praestitutā die, *without a fixed term:* diem certam Chabriae, N.: praetor numquam petitori praestituit, quā actione illum uti velit.

praestitus, *P.* of 2 praesto.

1. praestō, *adv.* [for *praesito, *P. abl.* of *prae-sino], *at hand, ready, present, here:* Ipsum praesto video, T.: domi Praesto apud me esse, T.: togulae lictoribus ad portam praesto fuerunt: praesto est enim acerba memoria, *always with me,* L.: ubi est frater? *Chaer.* Praesto adest, T.— *At hand, serviceable, helpful:* Macroni vix videor praesto.—Usu. in the phrase, praesto esse, *to be at hand, attend, wait upon, serve, aid, be helpful:* praesto esse clientem tuum?: ius civile didicit, praesto multis fuit: saluti tuae praesto esse: ut ad omnia, quae tui velint, ita sim praesto, ut, etc. —With *esse, to be in the way, meet, resist, oppose:* quaestores cum fascibus mihi praesto fuerunt.

2. prae-stō, itī, itus (*P. fut.* praestātūrus), āre, *to stand out, stand before, be superior, excel, surpass, exceed, be excellent:* suos inter aequalīs: civitas hominum multitudine praestabat, Cs.: sacro, quod praestat, peracto, Iu.: probro atque petulantiā maxume, *to be pre-eminent,* S.: virtute omnibus, Cs.: quā re homines bestiis praestent: pingendo aliis: praestare honestam mortem existimans turpi vitae, N.: quantum ceteris praestet Lucretia, L.: virtute ceteros mortales, L.: gradu honoris nos, L.: imperatores prudentiā, N.—*Impers.* with *subject-clause, it is preferable, is better:* sibi praestare, quamvis fortunam pati, quam interfici, etc., Cs.: mori milies praestitit, quam haec pati: motos praestat componere fluctūs, V. — *To become surety for, answer for, vouch for, warrant, be responsible for, take upon oneself:* ut omnīs ministros imperi tui rei p. praestare videare: ut nihil in vitā nobis praestandum praeter culpam putemus, i. e. *that we have nothing to answer for if free from guilt:* impetūs populi praestare nemo potest, *answer for the outbreaks of the people:* emptori damnum praestari oportere, *compensation ought to be made:* nihil, *be responsible for nothing:* quod ab homine non potuerit praestari, *what none could guaranty against:* tibi a vi nihil, *give no guaranty against:* meliorem praesto magistro Discipulum, *warrant,* Iu.: quis potest praestare, semper sapientem beatum fore, cum, etc.?: Illius lacrimae praestant Ut veniam culpae non abnuat Osiris, *insure,* Iu.—*To fulfil, discharge, maintain, perform, execute:* in pugnā militis officia, Cs.: amicitiae ius officiumque: praestiti, ne quem pacis per me partae paeniteat, *have taken care,* L.: quamcumque ei fidem dederis, ego praestabo, *will keep the promise:* ei fidem, L.: mea tibi fides praestabitur: pacem cum iis populus R. praestitit, *maintained,* L.: argenti pondo bina in militem, *pay as ransom,* L.: tributa, *pay,* Iu.: triplicem usuram, Iu.—*To keep, preserve, maintain, retain:* pueri, quibus videmur praestare rem p. debuisse: nepotibus aequor, O.: omnīs socios salvos praestare poteramus: Incolumem me tibi, H. — *To show, exhibit, prove, evince, manifest, furnish, present, assure:* mobilitatem equitum in proeliis, Cs.: in iis rebus eam voluntatem: consilium suum fidemque: honorem debitum patri: senatui sententiam, *to give his vote:* terga hosti, i. e. *flee,* Ta.: voluptatem sapienti, *assure:* praesta te eum, qui, etc., *show thyself such, as*, etc.: teque praesta constanter ad omne Indeclinatae munus amicitiae, *show thyself constant*, O.: vel magnum praestet Achillen, *approve himself a great Achilles*, V.

praestōlor, ātus, ārī, *dep.* [1 STAR-], *to stand ready for, wait for, expect:* ad Clupeam, Cs.: tibi ad Forum Aurelium: quem praestolare? T.

prae-stringō, inxī, ictus, ere, *to draw together, fasten up, bind fast, compress:* Syracosio (laqueo) praestrictā fauce, O.—Fig., of the sight, *to make dull, blunt, dim, dazzle:* oculos: fulguribus praestringentibus aciem oculorum, *blinding*, L.—Of the mind, *to dazzle, confuse, overwhelm, baffle:* aciem animorum nostrorum virtutis splendore: oculos mentis: praestigias.

prae-struō, ūxī, ūctus, ere, *to build before, block, stop up, make impassable, make inaccessible:* aditum obice montis, O.: Porta Fonte fuit praestructa, *stopped up*, O.: Hospitis effugio omnia, *against the escape*, O.—Fig.: fraus fidem in parvis sibi praestruit, *seeks to win confidence beforehand*, L.

praesul, sulis, *m.* [2 SAL-], *a leader in a dance, leader of a procession.*

praesultātor, ōris, *m.* [praesulto], *a leader in a dance, leader of the festal procession* (of a slave flogged before a procession in the circus), L.

praesultō, āre [prae+salto], *to dance before, swagger before:* hostium signis, L.

prae-sum, fuī, esse, *to be before, be set over, preside over, rule, have charge of, command, superintend:* in provinciā, *govern:* omnibus Druidibus, Cs.: provinciae, S.: censor factus, severe praefuit ei potestati, N.: exercitui, Cs.: artificio: vigiliis, S.: statuis faciendis: moenibus urbis, *protect*, O. —*To be chief, take the lead:* non enim paruit ille Ti. Gracchi temeritati, sed praefuit: crudelitati.

prae-sūmō, —, ūmptus, ere, *to take before, take first:* domi dapes, O.: remedia, Ta.—Fig., *to anticipate, take for granted:* spe bellum, i. e. *anticipate victory by confidence*, V.: praesumpta apud militem illius anni quies, Ta.: praesumptum habere, grates diis actas, *take for granted*, Ta.

prae-sūtus, *P.*, *sewed up:* (hasta) foliis praesuta, i. e. *covered*, O.

prae-tegō, —, —, ere, *to protect:* cavo aere caput, Pr.

prae-temptō (-tentō), —, —, āre, *to examine previously, make trial:* baculo iter, O.: pedibus iter, Tb.: pollice chordas, O.: praetemptata crimina, *experimental*, Ta.—Fig., *to test beforehand:* sui vires, O.

prae-tendō, dī, tus, ere, *to stretch forth, reach out, extend, present:* hastas dextris, V.: fumos manu, i. e. *fumigate*, V.: praetenta Tela, *presented*, O.: coniugis taedas, i. e. *assume to be your husband*, V.—*To spread before, draw over:* vestem ocellis, *holds before*, O.: morti muros, i. e. *skulk from death behind walls*, V.: decreto sermonem, *prefix*, L.—*Pass.*, *to stretch out before, lie opposite, extend in front:* tenue praetentum litus esse, *a narrow stretch of shore*, L.: praetentaque Syrtibus arva, V.—Fig., *to hold out as an excuse, offer as a pretext, allege, pretend, simulate:* hominis doctissimi nomen tuis barbaris moribus, *shelter under the name:* culpae splendida verba tuae, O.: legem postulationi suae, L.: deorum numen praetenditur sceleribus, L.: honesta nomina, Ta.

praetentō, see praetempto.

prae-tepēscō, uī, —, ere, *to grow warm before.*—Fig.: Si tuus praetepuisset amor, O.

1. praeter, *adv.* [PRO-], *except, besides, unless, save, other than, not:* ne quis praeter armatus violaretur, L.: multitudini diem statuit . . . praeter rerum capitalium condemnatis, S.: Nil praeter canna fuit, O.

2. praeter, *praep.* with *acc.* [1 praeter], of place, *past, by, before, in front of, along:* praeter casam, T.: praeter castra copias transduxit, Cs.: oculos Lollii, *before the eyes of:* oram maris, L.: tela volant praeter et lumen et aurīs, O.: praeter maiorum cineres rapitur, Iu.—Fig., *over, beyond, against, contrary to, inconsistently with, aside from:* praeter civium Morem, T.: naturam: cum lacus praeter modum crevisset.—In comparison, *beyond, above, more than:* nil egregie praeter cetera Studebat, T.: quod mihi consuli praecipuum fuit praeter alios: praeter omnīs mirata est ducem, H.: alqd praeter ceteros metuere.—*Besides, together with, in addition to:* praeter imperatas pecunias, Cs.: praeter haec (i. e. praeterea), T.—*Besides, except, apart from:* hoc nemini praeter me videtur: neque vestitūs praeter pellīs habeant, Cs.: praeter quae mihi binae simul redditae sunt (i. e. praeter eas litteras, quae).

praeter-agō, —, —, ere, *to drive by, drive past:* deversoria Praeteragendus equus, H.

praeter-eā, *adv.*, *in addition, beyond this, further, besides, moreover:* nihilne vobis in mentem venit, quod praeterea ab Crasso requiratis?: haec duo praeterea oppida, V.: multis praeterea viris fortibus evocatis, Cs.: duo praeterea talīs tulisse viros, *two more*, V.: nihil praeterea cum consule pacti, quam, quod, etc., L.—In enumerations, *besides, moreover:* Multae sunt causae . . . primum . . . praeterea, T.: praeterea . . . ad hoc . . . postremo, S.: nam et . . . prudentiam tuam exposuit: et praeterea . . . praeterea, etc.—In time, *henceforth, hereafter, thenceforth:* quisquam numen Iunonis adorat Praeterea? V.

praeter-eō, iī, itus, īre, *to go by, go past, pass*

by, pass: praeteriens modo, *in passing by,* T.: quasi praeteriens satisfaciam universis: te praetereunte, Iu.: hortos: hos cursu, *outstrips,* V.: Pudicitiae aram, Iu.: praeterita est virgo, O.: decrescentia ripas Flumina praetereunt, H.—Of time, *to pass, go by:* biennium praeteriit hora, O.—F i g., *to pass by, pass over, leave out, omit, disregard, overlook, neglect:* temere alqd, T.: quae nunc ego omnia praetereo: et quod paene praeterii, Bruti tui causā feci omnia: ut pars orationis silentio praeteriretur, i. e. *be without applause:* praeteream, referamne tuum . . . Dedecus? O.: nullum genus crudelitatis, *leave unpractised:* praeterire non potui, quin scriberem, *could not neglect to write:* cum vir suffragiis praeteritur: fratris filium (in a last will): retinuit quosdam Lepidus a collegā praeteritos, i. e. *dropped from the roll* (of the Senate), L.: Me quoque praeteriere patres, *forgot,* O. — *To escape, avoid:* nescis quid mali Praeterieris, T.—*To go beyond, outstrip, surpass, excel:* virtus alios tua praeterit omnīs, O.: ut Aiax praeteriit Telamonem, Iu. — *To overpass, transgress:* iustum modum, O.—*To escape, be unnoticed by:* non me praeterit . . . me prolapsum esse: te non praeterit, quam sit difficile.

praeter-equitāns, antis, *P., riding by,* L.

(**praeter-ferō**), —, lātus, ferre, *to carry by;* only *pass.:* latebras praeterlata acies est, *was driven close to,* L.

praeter-fluō, —, —, ere, *to flow by, flow past:* praeterfluentem aquam captare, Cu.: moenia, L. —F i g.: voluptatem praeterfluere sinere, *to be forgotten.*

praetergredior, gressus, ī, *dep.* [praeter + gradior], *to walk by, march by, pass by, pass:* castra: primos suos, S.: eum, S.

praeteriēns, *P.* of praetereo.

praeteritus, *adj.* [*P.* of praetereo], *gone by, past, past and gone, departed:* tempus: castigatio ob errorem praeteritum, L.: culpa, O.: praeteritā nocte, *last night,* Iu.—*Plur. n.* as *subst., the past:* meminit praeteritorum.—P r o v.: praeterita mutare non possumus.

praeter-lābor, lapsus, ī, *dep., to glide by, flow by, run past:* (tellurem), *to sail past,* V.—F i g., *to slip away:* (definitio) ante praeterlabitur, quam percepta est.

praeterlātus, *P.* of praeterfero.

praetermīssiō, ōnis, *f.* [praetermitto], *a leaving out, omission, neglect:* ullius (formae): aedilitatis, i. e. *neglect to seek* (as a candidate).

praeter-mittō, mīsī, mīssus, ere, *to permit to go by, let pass, let go:* neminem. — Of time or occasion, *to let pass, let slip, neglect:* diem: eius rei praetermissae occasiones, Cs.: bellum gerendi tempus.—*To omit, neglect, leave undone:* officium: praetermittendae defensionis causae: ne quid praetermitteretur, L.: de contumeliis dicere praetermittam: reliqua quaerere, Cs.: alqd facere, N.: nihil praetermittere quo minus ea consequatur, i. e. *make every exertion to,* etc.—*To pass over, pass without notice, omit, overlook:* multa crimina: negant eum locum praetermissum, sed consulto relictum esse, *not overlooked, but purposely disregarded:* quod dignum memoriā visum, praetermittendum non existimavimus, Cs.: alii id praetermiserant scriptores, L. — *To overlook, disregard:* Do, praetermitto, T.

praeter-quam or (old) **praeter quam,** *adv., beyond, besides, except, other than, save:* neque, praeter quam quas ipse amor molestias Habet, addas, T.: nullum praemium postulo, praeterquam huius diei memoriam: nulla praeterquam vitae nostrae iactura, Cs.: multitudo coalescere nullā re praeterquam legibus poterat, L.—*Ellipt.,* with *etiam, not only . . . but also:* malum, praeterquam atrox, etiam novum, L.—With *quod, apart from the fact that, except that, besides that:* mihi labores fuere leves, Praeter quam tui carendum quod erat, T.: praeterquam quod ita Quinctio placeret, L.: praeter enim quam quod, etc.

praetervēctiō, ōnis, *f.* [praeter+VAG-], *a passing by:* in praetervectione omnium, qui, etc., i. e. *at the point which all must pass.*

praeter-vehor, vēctus, ī, *dep., to be borne past, drive by:* qui praetervehebantur: praetervehens equo, *riding by,* L.: Apolloniam, Cs.: navibus oram, L.: forum et templa, *march by,* Ta.—F i g., *to pass by, pass over:* locum silentio: oratio, quae non praetervecta sit aurīs vestras, sed, etc.

praeter-volō, —, —, āre, *to fly by, pass in flight:* praetervolans corvus glaebam amisit, Cu.: (equum) praetervolat Ales. — In tmesi: Etrusca praeter et volate litora, H. — F i g., *to slip by, escape:* sententiae saepe hominum sensūs praetervolant: occasionis opportunitas praetervolat, L.: haec duo proposita, i. e. *pass over cursorily.*

prae-texō, xuī, xtus, ere, *to weave before, fringe, edge, border:* Purpura praetexit amictūs, O.: litora Praetexunt puppes, V.: nationes Rheno praetexuntur, *border on the Rhine,* Ta.—*To border, furnish, provide, adorn:* primis litteris sententiae carmen omne praetexitur, i. e. *the initial letters of the verses are those of the sentence:* omnia lenioribus principiis natura praetexuit, *has provided with,* etc.: praetexta quercu domus, O.: praetexat fastigia chartae littera, i. e. *be written on the margin,* Tb.—F i g., *to cover, cloak, conceal, disguise:* hoc nomine culpam, V.—*To assign as a pretext:* servatam ab eo filiam, Ta.: nomina speciosa, Ta.

praetexta, ae, *f.,* see 1 praetextus.

praetextātus, *adj.* [pretexta], *wearing the*

toga praetexta: Clodius: decemviri, L.: adulter, i. e. *juvenile*, Iu.: mores, *of youth*, i. e. *loose*, Iu.—As *subst. m.*, *a free-born youth:* quosdam praetextatos scribunt, L.: loripes, Iu.

praetextum, ī, *n.* [*P. n.* of praetexo], *a pretence, excuse:* Ravennam devertit praetexto classem adloquendi, Ta.

1. **praetextus**, *adj.* [*P.* of praetexo], *bordered, edged:* toga, *bordered with purple* (worn by the higher magistrates; also by free-born children less than seventeen years of age): aedilicia: togae praetextae habendae ius, L.: eripies pupillae togam praetextam?—As *subst. f.*, *the toga praetexta:* tu in praetextā esse consulatum putas?—*Wearing the toga praetexta, with a purple border on the mantle:* videre praetextos inimicos, i. e. *in supreme power.*—As *subst. f.* (sc. fabula), *a play in which the bordered toga is worn, tragedy* (because eminent Romans were among the characters): praetextas docere, H.

2. (**praetextus**, ūs), *m.* [TEC-], *a show, display, pretence, pretext* (only *abl. sing.*): sub leni praetextu verborum, L.: praetextu senatūs, Ta.

prae-tinctus, *P.*, *steeped previously, moistened beforehand:* semina veneno, O.

praetor, ōris, *m.* [for *praeitor; prae+1 I-], *a leader, head, chief, president, chief magistrate, chief executive, commander:* se praetores appellari volebant (the chief magistrates of Capua): maximus, L.: creant praetores, qui exercitui praeessent, *generals*, N.—In Rome, *a praetor, magistrate charged with the administration of justice* (first appointed B.C. 367, from the patricians; plebeians became eligible after B.C. 338; after B.C. 264 two were chosen each year, one with jurisdiction over citizens, the other over strangers): urbanus: urbis: cum praetores designati sortirentur, *had their jurisdiction assigned by lot:* praetor primus centuriis cunctis renunciatus, i. e. *appointed first.*—*A propraetor, ex-praetor as governor of a province:* dicto audientem fuisse se praetori.—*A proconsul.*

praetōriānus, *adj.* [praetorium], *of the body-guard, praetorian:* miles, Ta.

praetōrium, ī, *n.* [praetor].—In a camp, *the general's tent:* tueri praetorium, L.: fit concursus in praetorium, Cs.—In a province, *the governor's residence, government house:* curritur ad praetorium.—*Plur.*, *a palace:* sedet ad praetoria regis, Iu.—Of private mansions, *palaces*, Iu.: ipsa ad praetoria, i. e. *the queen-bee's cell*, V.—*A council of war* (held in the general's tent): ita missum, L.: praetorio dimisso, L.—*The imperial body-guard:* in praetorium accepto, Ta.

praetōrius, *adj.* [praetor], *of the praetor, of praetors, praetorian:* ius, *the praetor's decisions:* comitia, *the election of praetor*, L.: potestas, *the praetor's authority:* turba, *about the praetor.*—As *subst. m.*, *one who has been praetor, an ex-praetor*, C.—*Belonging to the propraetor, propraetorian:* domus, *official residence.*—*Of a general, of a commander:* cohors, *the body-guard of the general-in-chief*, Cs.: navis, *flag-ship*, L.: imperium, *chief command:* porta, *nearest the general's tent*, Cs.

prae-trepidāns, antis, *adj.*, *very hasty, impatient:* mens, Ct.

praetūra, ae, *f.* [prae+1 I-], *the office of a praetor, praetorship:* praeturae iurisdictio: praeturā se abdicare.

prae-umbrāns, antis, *darkening, obscuring:* fastigium, Ta.

prae-ūstus, *P.*, *burned in front, burned at the end:* stipites, Cs.: sudibus praeustis, V.: hasta, L.

prae-ut, *adv.*, *in comparison with, compared with:* Ludus, Praeut huius rabies quae dabit, T.

prae-valēns, entis, *adj.*, *of superior strength, mighty:* iuvenis, L.: populus, L.

prae-valeō, uī, —, ēre, *to be stronger, have superior power:* virtute praevalet sapientia, Ph.: auctoritas Cluvii praevaluit, ut, etc., *was so controlling*, Ta.: pugnā equestri, Ta.

prae-validus, *adj.*, *very strong, of superior strength:* iuvenis, L.: manus, O.: cohortes, Ta.: Neu (terra) se praevalidam primis ostendat aristis, *too strong*, V.: nomina equitum, *imposing*, Ta.

praevāricātiō, ōnis, *f.* [praevaricor].—In law, *insincerity in pleading, duplicity, collusion:* de praevaricatione absolutus.

praevāricātor, ōris, *m.* [praevaricor].—In law, *a sham accuser, collusive prosecutor, unfaithful advocate, prevaricator:* praevaricatorem mihi opponere: Catilinae.

praevāricor, —, ārī, *dep.* [*prae-varicus].—In law, *to be a false advocate, collude, prevaricate.*

prae-vehor, vēctus, ī, *dep.*, *to ride in front, flow past, sail by:* equites Romani praevecti, *who had ridden before them*, L.: praevectus equo, V.: felici remo, Pr.: missilia praevehuntur, *fly before*, T.: Germaniam, *to skirt*, Ta.

prae-veniō, vēnī, ventus, īre, *to come before, precede, get the start of, outstrip, anticipate, prevent:* hostis breviore viā praeventurus erat, L.: praevenerat fama, L.: Lucifero praeveniente, O.: desiderium plebis, L.: nisi praeveniretur Agrippina, i. e. *unless Agrippina were put out of the way*, Ta.—*To prevent, hinder* (only *pass.*): quae ipse paravisset facere, perfidiā clientis sui praeventa, S.: Quod non praeventum morte fuisse dolet, O.

prae-verrō, —, —, ere, *to sweep before:* latas veste iacente vias, O.

prae-vertō (-**vortō**), tī, —, ere, *to go before,*

precede, outstrip, outrun: cursu pedum ventos, V. —Fig., *to anticipate, prevent, come before:* (turrium) usum opportunitas praevertit, L.: praevertunt, inquit, me fata, O.—*To preoccupy, prepossess:* amore animos, V. — *To attend to in preference, despatch first, prefer:* aliquid, quod huic sermoni praevertendum putes: aliud in praesentia praevertendnm sibi esse dixit, *that must be attended to first*, L.: Punicum Romano bellum, L.: huic rei praevertendum existimavit, ne, etc., Cs.

praevertor (-vortor), —, —, ī, *dep.* [praeverto], *to outstrip, pass:* fugā Hebrum, V.: ad Armenios, i. e. *to arrive first*, Ta. —Fig., *to despatch first, attend to in preference, prefer:* exercitūs ducere, nec rem aliam praeverti, L.: omnibus eam rem, L.: illuc praevertamur, *let us first look at this*, H.: ad interna, Ta.

prae-videō, vīdī, vīsus, ēre, *to see first, see beforehand, foresee:* ictum venientem a vertice, V.: cultri in liquidā praevisi undā, O.—Fig.: de re p., quam praevideo in summis periculis, *discern beforehand:* impetum hostium, Ta.

prae-vitiō, —, —, āre, *to corrupt beforehand:* (gurgitem), O.

praevius, *adj.* [prae+via], *going before, leading the way:* anteit, O.

prae-volō, —, āvī, āre, *to fly before, fly in advance:* in tergo praevolantium (avium): aquila, velut dux viae, praevolavit, Ta.

prāgmaticus, *adj.*, =πραγματικός, *skilled in business, experienced:* homines.—As *subst. m.*, *one skilled in the law, an attorney* (who prepared a brief for the advocate): oratori pragmaticum adiutorem dare.—*An attorney, lawyer*, Iu.

prandeō, prandī, prānsus, ēre [prandium], *to take breakfast, breakfast, eat for luncheon:* Caninio consule scito neminem prandisse (he held office only part of a day): prandebat sibi quisque deus, Iu.: luscinias, H.

prandium, ī, *n.*, *a late breakfast, luncheon* (usu. of bread, fish, or cold meats, taken near noon): invitare ad prandium: prandiorum apparatus.

prānsus, *adj.* [*P.* of prandeo], *that has breakfasted, after eating:* ut viri equique curati pransi essent, L.: pransa Lamia, H.: non avide, H.: pransus potus, i. e. *filled with food and wine.*

prātēnsis, e, *adj.* [pratum], *growing in meadows, meadow-:* fungi, H.

prātulum, ī, *dim.* [pratum], *a small meadow.*

prātum, ī, *n.* [PRAT-], *a meadow:* pratorum viriditas: prata tauro subsecuisse, i. e. *meadow-grass*, O.: Neptunia prata, i. e. *the sea*, C. poët.

prāvē, *adv.* with *sup.* [pravus], *crookedly:* sectus unguis, H.—Fig., *improperly, wrongly, amiss, ill, badly:* hoc factum, T.: cenare: prave facti versūs, H.: pudens, i. e. *from false shame*, H.

prāvitās, ātis, *f.* [pravus], *crookedness, distortion, deformity:* membrorum: corporis pravitates. —Fig., *irregularity, impropriety:* malā consuetudine ad aliquam pravitatem venire.—Of character, *viciousness, untowardness, perverseness, depravity:* quae ista est pravitas? T.: mentis: in istā pravitate perstabitis?: morum, Ta.: pravitates animi.

prāvus, *adj.* with *comp.* and *sup.*, *crooked, distorted, misshapen, deformed:* si quae in membris prava sunt: talus, H.—Fig., *perverse, irregular, improper, wrong, vicious, bad:* nihil pravum, perversum: dociles imitandis Turpibus et pravis, Iu. —*Plur. n.* as *subst.:* qui recta prava faciunt, *rascality*, T.: quo pravius nihil esse possit: pravissima consuetudinis regula: belua (i. e. stulta), H.

precāns, ntis (*gen. plur.* precantūm, O.), *adj.* [*P.* of precor], *praying, supplicating:* dextra, V.: verba, V., O.

precāriō, *adv.* [precarius], *by entreaty, upon request:* tradere, T.: si precario essent rogandi: praefuit, *on sufferance*, Ta.

precārius, *adj.* [precor], *obtained by entreaty, granted to prayer:* orare precariam opem, *as a favor*, L.: victus, *the bread of charity*, Cu.—*Dependent on another's will, uncertain, precarious:* forma, O.: imperium, Ta.: vita, Ta.

precātiō, ōnis, *f.* [precor], *a praying, prayer:* sollemnis comitiorum: precationes facere, L.

precātor, ōris, *m.* [precor], *a suppliant, intercessor:* tibi precatorem parare, T.

preces, see (prex).

preciae, ārum, *f.*, *a kind of grape-vine*, V.

precor, ātus, ārī, *dep.* [prex], *to ask, beg, entreat, pray, supplicate, request, call upon, beseech, sue:* ita, ut precamini, eveniat: fata deūm flecti precando, V.: sororem dedisse Prusiae precanti, *to the prayers of Prusias*, L.: patris, precor, miserere, V.: Parce, precor, fasso, O.: di, ad quos precentur ac supplicent, *at whose altars*, L.: teque, Iuno, precor atque quaeso: quid veneramur, quid precamur deos: Nyctelium patrem precare, O.: haec precatus sum: veniam, V.: date quae precamur, H.: bona omnia populo R., L.: mortem, O.: quod precarer deos: quod deos precati eritis, L.: pro propinquo suo, Cu.: pro nobis mitte precari, O.: precor ab iis, ut patiantur, etc.: deos, ut, H.: venerunt precantes, ut a caedibus parceretur, L.: precare ne iubeant, etc., O.: quo minus ambo unā necaremini non precarere: Hoc quoque, dux operis, moneas, precor, O.: tandem venias precamur, H.: hoc a deis immortalibus precari, ut, etc., N.: a quibus bona precaremur, ab iis, etc.: numquam placidas esse precarer aquas, O.: tua esse precor, O.—*To wish for, invoke upon, wish:* ut sui cives salutem precentur: seram immortalitatem regi,

Cu.: vobis mala: quod tibi evenit, ut omnes male precarentur, *uttered curses.*

prehendō (**prae-**) and **prēndo**, dī, sus, ere [HED-], *to lay hold of, grasp, snatch, seize, catch, take:* Crassum manu: prehendi hominem iussit: arbusta, quorum stirpīs tellus amplexa prehendit. —*To seize, take violent possession of, occupy, enter:* Pharum, Cs.: quam prendimus arcem, *take refuge in,* V.: Italiae oras, i. e. *reach,* V.—*To catch, hold, check, stop, arrest, detain:* tuos pater modo me prendit—ait, etc., T.: Syrus est prendendus, atque exhortandus mihi, T.: (me dea) dextrā prehensum Continuit, V.: Septimium.—*To catch, seize, surprise, overtake:* in patenti Prensus Aegaeo, H.—Fig., *to apprehend, comprehend:* cum animus ipsum (res omnīs) moderantem prenderit.

(**prehēnsō**), see prenso.

prēlum (**prae-**), ī, *n.* [PREM-], *a press* (for wine or oil): cola prelorum, V.

premō, essī, essus, ere [PREM-], *to press:* ad pectora natos, V.: anguem humi, *to tread on,* V.: membra paterna rotis, i. e. *drove her chariot over the body,* O.: trabes Premunt columnas, *press upon,* H.: ubera plena, i. e. *milk,* O.: frena manu, *grasp,* O.: dente frena, *champ,* O.: grana ore suo, *chew,* O.: presso molari, *with compressed teeth,* Iu.: pressum lac, i. e. *cheese,* V.: quod surgente die mulsere, Nocte premunt, *make into cheese,* V.: litus, *hug the shore,* H.—*To press out, express, obtain by pressing:* pressa tuis balanus capillis, i. e. *balsam,* H.: oleum, *express,* H.—*To press upon, lie on, rest on, be upon:* humum, O.: toros, O.: hoc quod premis habeto, O.: pharetram cervice, O.—*To cover, bury, suppress, hide:* alqd terrā, H.: Omne lucrum tenebris premebat humus, O.: ossa male pressa, i. e. *buried,* O.: Conlectum sub naribus ignem, *repressing* (of a horse), V.—*To cover, crown, adorn:* ut premerer sacrā lauro, H.: Fronde crinem, V.—*To press hard, bear upon, crowd, throng, pursue closely:* Hac fugerent Grai, premeret Troiana iuventus, *thronged,* V.: Hinc Rutulus premit, V.: hostīs ex loco superiore, Cs.: naves cum adversarios premerent acrius, N.: Trīs famulos, i. e. *kill,* V.: ad retia cervom, *chase,* V.—*To press down, burden, load, freight:* Nescia quem premeret, *on whose back she sat,* O.: pressae carinae, *loaded,* V.—*To press down, depress, cause to sink:* sors, quae tollit eosdem, Et premit, O.: mundus ut ad Scythiam Consurgit, premitur, etc., *is depressed,* V.: dentīs in vite, O.: presso sub vomere, V.: cubito remanete presso, i. e. *rest on your couches,* H.—*To mark, impress:* littera articulo pressa tremente, *written,* O.: multā via pressa rotā, O.—*To set out, plant:* virgulta per agros, V.: pressae propaginis arcūs, *layers,* V.—*To press down, make deep, impress:* vestigio leviter presso: sulcum, *draw a furrow,* V.: cavernae in altitudinem pressae, Cu.—*To press close, compress, close, shut:* oculos, V.: fauces, O.: laqueo collum, *strangle,* H.: praecordia senis, *stop the breath,* Iu.: quibus illa premetur Per somnum digitis, *choked,* Iu. —*To shorten, keep down, prune:* falce vitem, H.: luxuriem falce, O.—*To check, arrest:* vestigia, V. —*To visit frequently, frequent:* forum.—Fig., *to press, be pressing, burden, oppress, overwhelm, weigh down:* necessitas eum premebat: aerumnae, quae me premunt, S.: pressus gravitate soporis, O.: aere alieno premi, Cs.: premi periculis.—*To press, press upon, urge, drive, importune, pursue, press hard:* cum a me premeretur: Criminibus premunt veris, *urge,* O.: a plerisque ad exeundum premi, *to be importuned,* N.: Numina nulla premunt, V.: (deus) Os rabidum fingit premendo, i. e. *by his inspiration,* V.—*To follow up, press home, urge, dwell upon:* argumentum etiam atque etiam: (vocem) pressit, i. e. *laid to heart,* V.—*To cover, hide, conceal:* dum nocte premuntur, V.: iam te premet nox, H.—*To lower, pull down, humble, degrade, disparage, depreciate:* premebat eum factio, *kept him down,* L.: hunc prensantem premebat nobilitas, *opposed his candidacy,* L.: arma Latini, V.: opuscula (opp. laudet ametque), H.—*To compress, abridge, condense:* haec Zeno sic premebat.—*To check, arrest, repress, restrain:* cursum ingeni tui, Brute, premit haec clades: vocem, *to be silent,* V. —*To surpass, exceed, overshadow:* Facta premant annos, O.: ne prisca vetustas Laude pudicitiae saecula nostra premat, O.—*To keep down, rule:* ventos imperio, V.: Mycenas servitio, V.

prēndō, see prehendo.

prēnsātiō, ōnis, *f.* [prenso], *a soliciting, canvassing* (for office): praepropera.

prēnsō, āvī, ātus, āre, *freq.* [prehendo], *to grasp, seize, catch, lay hold of:* manu bracchia, H.: forcipe ferrum, V.: prensantes effugit umbra manūs, O.—*To take hold of, catch, hold, check, detain, stop:* prensantes veteranos cicatrices numerabant, L.—*To sue for office, canvass:* prensat Galba, *is a candidate:* patres, *solicit,* L.

prēnsus, *P.* of prehendo.

pressē, *adv.* with *comp.* [pressus].—Of pronunciation, *neatly, trimly:* loqui (opp. aspere).—Of style, *concisely, not diffusely:* definire: dicentes (opp. ample).—*Closely, precisely, correctly, accurately:* definiunt pressius.

pressiō, ōnis, *f.* [PREM-], *a prop, support:* tectum pressionibus suspendere, Cs.

pressō, —, —, āre, *freq.* [premo], *to press:* cineres ad pectora, O.: ubera palmis, *milk,* V.: ubera manibus pressanda, i. e. *to be milked,* O.

1. pressus, *adj.* with *comp.* [*P.* of premo], *closed, close, shut tight:* presso obmutuit ore, V.: oscula iungere pressa, i. e. *ardent,* O.: presso gutture, i. e. *hoarsely*, V.—*Repressed, suppressed, kept down, slow:* pede presso cedentes, L.: pressoque legit vestigia gressu, O.—Fig., of utterance, *repressed, subdued, low:* modi: vox, *thick.*—Of style, *concise, close, precise, accurate:* Thucydides verbis: oratio pressior.—Of sounds, *precise, definite, articulate:* sonos vocis pressos efficit (lingua).

2. **pressus**, ūs, *m.* [PREM-], *a pressing, pressure:* ponderum: palmarum, C. poët.—Fig.: ipso oris pressu et sono, i. e. *expression.*

pretiōsē, *adv.* with *comp.* [pretiosus], *richly, splendidly:* vasa caelata: pretiosius sepeliri, Cu.

pretiōsus, *adj.* with *comp.* and *sup.* [pretium], *of great value, costly, precious:* equus: proles pretiosior aere, O.: Ingenium pretiosius auro, O.: res pretiosissimae: loca metallo, *rich in*, O.—*Costly, dear, expensive:* (vini) senectus, i. e. *the costly old wine*, Iu.: emptor, i. e. *at great cost*, H.

pretium, ī, *n.* [PRA-], *a price, money value, value in exchange:* pretia praediorum: duobus pretiis idem frumentum vendere: certa pretia constituere, *fix:* urbem pretio posuit, *paid*, V.: vectigalia parvo pretio redempta, *cheaply*, Cs.: pretio mercari ordinem senatorium, *purchase:* pactum pro capite, *ransom:* captivos pretio remittere, *for a ransom*, Cu.: tripodes pretium victoribus, *prize*, V.: rude, *money*, O.: In pretio pretium nunc est, *wealth*, O.: converso in pretium deo, i. e. *a shower of gold*, H.—*Value, worth:* agrum preti maioris nemo habet, T.: alicuius preti esse, *of any value:* in pretio esse, *to be esteemed*, L.: aurum in pretio habent, *prize*, Ta.: pudebat libertatis maius esse apud feminas pretium, etc., Cu.—*Pay, hire, wages, bribe:* Metellum pretio conrumpere: pretio adductus eripere patriam: sine pretio varium ius fuisse, *bribery.*—Fig., *worth, value, esteem:* homines magni preti: operae eorum pretium facere, *value their services*, L.: sive aliquod morum Est pretium, O.—*Recompense, return, reward:* pretium recte facti triumphum habere, L.: pretium debito beneficio addere, L.: satis ampla pretia, *prizes*, L.: Est pretium curae cognoscere, etc., *it is worth the trouble*, Iu.—With *operae, a return for trouble, worth the effort, worth while:* si nihil quod operae pretium esset fecerant: facturusne operae pretium sim, *produce a work worth the pains*, L.: operae pretium habent libertatem, i. e. *their service is well rewarded by freedom*, L.: ratus captā urbe, operae pretium fore, *a prize*, S.—*Recompense, punishment:* pretium ob stultitiam fero, T.: peccare nefas, aut pretium est mori, H.: sceleris, Iu.

(**prex**, precis), only *plur.* with *abl.* and (old) *dat.* and *acc. sing.*, *f.* [PREC-], *a prayer, request, entreaty:* Nil est preci loci relictum, T.: hac prece te oro, H.: magnā prece ad me scripsit: omnibus precibus te oro, ut, etc.: omnibus precibus petere, ut, etc., Cs.: precibus flecti, V.: precibus vinci, O.: ad miseras preces Decurrere, H.: damus alternas accipimusque preces, *exchange good wishes*, O.—In religion, *a prayer:* iustis precibus deorum mentīs posse placari: in prece esse, O.—*A curse, imprecation:* omnibus precibus detestatus Ambiorigem, Cs.: misit Thyesteas preces, H.: preces diras fundere, Ta.—*An intercession*, Ct.

Priāpus, ī, *m.*, = Πρίαπος, *Priapus, the god of gardens and vineyards*, V., H., O., Iu.: vitreus, *a drinking-vessel*, Ct.—*A lecherous man*, O., Ct.

prīdem, *adv.* [PRO-], *long ago, long since, a long time ago:* cupio equidem et iam pridem cupio, *have long wished:* Iam pridem a me orat, etc., *this long time*, V.: Hoc ego mali non pridem inveni, *lately*, T.: haud ita pridem, *not so long ago*, H.: nostrā civitate non ita pridem liberatā, *not long before:* quam pridem venisset, *how long ago.*

prīdiē, *adv.* [see PRO-], *on the day before, the previous day:* cum pridie frequentes essetis adsensi (opp. postridie): si pridie venisset, *one day sooner:* pridie quam coactus es: haec epistula est pridie data quam illa: pridie eius diei, *on the previous day*, Cs.: pridie Idūs: pridie Parilia, L.: usque ad pridie Nonas Maias, *till May* 6.

prīmaevus, *adj.* [primus+aevum], *in early life, youthful:* Helenor, V.: corpus, V.

prīmānus, *adj.* [primus], *of the first legion.*—*Plur. m.* as *subst.*, *soldiers of the first legion*, Ta.

prīmārius, *adj.* [primus], *first in rank, principal, eminent, distinguished:* viri primarii nostri ordinis: femina.

Prīmigenia, ae, *f.* [primus+GEN-], *aboriginal, primal* (of Fortuna, as guardian of her favorites from birth), C., L.

prīmipīlāris, is, *m.* [primipilus], *a centurion of the first maniple of the triarii*, Ta.

prīmipīlus, ī, *m.* [primus+2 pilus], *the first centurion of the triarii:* alquem ad primipilum traducere, *promote to be*, etc., Cs.

prīmitiae, ārum, *f.* [primus], *the first yield, first-fruits:* Primitias Cereri farra dabant, O.: de rege superbo, *first-fruit of victory over*, etc., V.—Fig.: miserae, *first deeds of arms*, V.

prīmitus, *adv.* [primus], *for the first time, at first*, Ct.

prīmō, *adv.* [primus], in the order of time, *at first, at the beginning, first, in the first place:* primo attente auditur eius oratio: Themistocles solus primo profectus est, N.: primo . . . deinde . . . tum . . . tum: dissuadente primo Vercingetorige, post concedente, Cs.: primo . . . postea . . . postremo, L.: primo negitare, denique saepius fatigatus, etc., S.: primo . . . iterum, L.: primo . . . Secundo, Ph.

(**prīmōrdium**), ī, *n.* [primus+1 OL-], *a begin-*

ning, origin, commencement (no *gen. plur.*): a primordio urbis, L.: in operum suorum primordio stare, *at the very beginning*, Cu.: primordia rerum: a Iove Musarum primordia, C. poët.: primordio, *at the beginning* (of a new reign), Ta.

(**prīmōris**, e), *adj.* [primus], *the first, first, foremost:* primore in acie versari, Ta.: feminae, Ta.: primoribus labris attingere, *with the edges of the lips*, i. e. *lightly.*—*Plur. m.* as *subst.:* ad primores provolat, *to the front*, L.: inter primores dimicat, Cu.—Fig., *plur. m.* as *subst.*, *the chiefs, nobles, leaders, first men:* ereptus primoribus ager, L.: inter primores populorum geri, L.: populi, H.

prīmulum, *adv.* [primulus, *dim.* of primus], *at first, first of all:* dolores occipiunt, T.

prīmum, *adv.* [*neut.* of primus], *at first, first, in the first place, in the beginning, before all else:* primum hoc quaero: quaerenda pecunia primum est, H.: primum omnium ego ipse vigilo, *first of all:* primum . . . deinde . . . postremo, S.: Caesar primum suo, deinde omnium e conspectu remotis equis, Cs.: primum . . . deinde . . . tum . . . postremo: primum . . . secundo loco . . . deinde . . . tum: primum . . . subinde, H.: primum . . . mox, H.—*First, for the first time:* quo die primum convocati sumus: ibi primum insuevit exercitus potare, S.: ut primum ex pueris excessit, *as soon as:* simul ac primum niti possunt, *as soon as ever:* iam primum inventus discebat, etc., *not till now*, S.: cupio haec quam primum audire, *as soon as possible:* quam primum in Numidiam copias adducere, *immediately*, S.

prīmus, *adj. sup.* [PRO-], *the first, first:* Primus sentio mala nostra, T.: primae litterae: primus Graecae civitatis in Thraciam introiit, N.: primus de mille fuisses, O.—*Plur. m.* as *subst.:* in primis stetit, *among the foremost*, N.: in primis pugnantes, *in the van*, S.: Utque pedum primis infans vestigia plantis Institerat (i. e. ut primum), V.—In time or place, *first, fore, foremost:* in primā provinciā, *at the entrance of the province:* sol, i. e. *the rising sun*, V.—With *quisque*, *the first possible, the very first:* primo quoque tempore, *at the very first opportunity:* me tibi primum quidque concedente.—As *subst. n.*, *sing.* and *plur.*, *the first part, beginning:* quod bellum, si prima satis prospera fuissent, L.: utinam a primo ita tibi esset visum, *from the first:* equites in primo late ire iubet, *in the van*, S.: qui numerus in primo viget, iacet in extremo, *first part.*—Fig., of rank or merit, *first, chief, principal, excellent, eminent, distinguished, noble:* evocat ad se Massiliā quindecim primos, Cs.: sui municipi facile primus: primis urbis placuisse, H.: iuvenum primi, V.: apud te primus, *first in your favor*, T.: otium atque divitiae, quae prima mortales putant, S.: primas partīs qui aget, *plays the leading part*, T.: si Allienus tibi primas in dicendo partes concesserit.—*Plur. f.* as *subst.* (only *acc.;* sc. partīs), *the first rank, lead, highest place:* actioni primas dedisse Demosthenes dicitur, *ascribed supreme importance:* amoris erga me tibi primas defero, i. e. *the first place among those who love me.*—*Plur. abl.* as *subst.*, in the phrases, in primis, cum primis, *among the first, with the foremost, eminently, chiefly, especially, principally, particularly:* vir fortis in primis: oppidum in primis Siciliae clarum: homo in primis improbissimus: in primis . . . deinde, *in the first place*, S.: homo cum primis locuples.

prīnceps, cipis, *adj.* [primus+CAP-], *first in order, foremost:* se principes ex omnibus bellum facturos pollicentur, Cs.: in fugā postremus, in periculo princeps: princeps Horatius ibat, *in front*, L.: principes pecuniae pollicendae fuerunt, *took the lead in:* princeps in haec verba iurat, Cs.: ut principes talem nuntium attulisse viderentur, *might be the first*, Cs.: matri Qui dederit princeps oscula, O.: Princeps ante omnīs agebat Agmen, *first of all*, V.: qualitatum aliae sunt principes, *original:* addere principi Limo particulam, H.—*The first, chief, most eminent, most noble:* longe omnium gravitate princeps Plato: terrarum populus, L.—Prov.: Principibus placuisse viris non ultima laus est, H.—As *subst. m.*, *the first man, first person:* senatūs, *first on the roll*, S.: principes sententiarum consulares, *who were first asked for their opinion*, L.—*The first, chief, leader, foremost man:* in re p. principes esse: iuventutis, *one of the noblest of the Roman knights:* trecenti principes iuventutis Romanae, i. e. *patrician youths*, L.: (pueri) aequalium principes, *first among their fellows.*—*A chief, head, author, founder, originator, leader, contriver:* Zeno eorum (Stoicorum): Argonautarum, i. e. *Jason:* principes inferendi belli, Cs.: sententiae in senatu: eius consili principes, Cs.: equitum, *at the head of*, Iu.: familiae suae, *founder*, L.—*A prince, ruler, sovereign, emperor:* hic ames dici pater atque princeps, H.: principis uxor, Iu.—In the army, *plur.*, orig., *the foremost line;* hence, *the heavy-armed, second line of soldiers;* cf. totidem princeps habebat Corpora (poet. for principes), O.—*A company of the principes:* primi principis signum, *of the first company of the heavy-armed*, L.: octavum principem duxit, *was centurion of the eighth maniple.*—*A centurion of the principes:* princeps prior, *first captain of the principes*, Cs.: tertiae legionis, L.—*The office of centurion of the principes, captaincy of the principes:* mihi primus princeps prioris centuriae est adsignatus, i. e. *centurion of the first century of the first maniple*, L.

prīncipālis, e, *adj.* [princeps], *first, original, primitive:* causae.—In a camp, *opening into the principia, leading to headquarters:* via, L.—*Princely, imperial:* matrimonium, Ta.: fortuna, Ta.

prīncipātus, ūs, *m.* [princeps], *a beginning, origin:* an mundus ab aliquo temporis principatu ortus est? — *The first place, pre-eminence, chief part, supremacy, leadership:* (animi) principatum in capite posuit: sententiae principatum tenere: eloquentiae. — *The chief command, post of commander-in-chief:* Cassio principatum dari: Cingetorigi principatus atque imperium est traditum, Cs.: de principatu contendere, N.—*Reign, empire, dominion, sovereignty:* miscuit principatum ac libertatem, Ta.

principium, ī, *n.* [princeps], *a beginning, commencement, origin:* origo principi nulla est: motūs: principio orationis hoc pono, *in beginning my speech:* omnium rerum magnarum ab dis inmortalibus principia ducuntur: Scribendi recte sapere est principium, H.: Ab Iove principium, V.: imperi, L.: a sanguine Teucri Ducere principium, O.—*Abl. adverb., at the beginning, in the beginning, at first, in the first place:* Principio vementer velim, etc., T.: principio ausus est dicere: Principio ... tum, V.—In the phrase, a principio (rarely de principio), *from the beginning, from the first:* ut a principio dixi: de principio studuit occurrere, etc. — *Plur., beginnings, foundations, principles, elements:* diligenter explorata principia ponantur: naturalia: principia rerum, e quibus omnia constant, *elements.* — Prov.: obsta principiis, O. — *That which begins, a leader, founder:* Faucia curia fuit principium, i. e. *was the first to vote,* L.: Graecia principium moris fuit, O.—In the army, *plur., the foremost ranks, front lines of soldiers, front, van:* ero post principia, *in the rear,* T.: Marium post principia habere, S.: post principia tutus receptus fuit, *to the rear,* L.—In a camp, *the headquarters, principal place, general's quarters* (an open space, for councils and assemblies): iura reddere in principiis, L.: in principiis statuit tabernaculum, N.

prior, *neut.* prius, ōris, *adj. comp.* (for *sup.* see primus) [PRO-], *former, previous, prior, first:* me quaestorem in primis, aedilem priorem, praetorem primum populus R. faciebat: qui prior has angustias occupaverit, *first,* Cs.: exercitus, L.: priore loco causam dicere, *first:* priore aestate, *last summer:* prioribus comitiis: priore anno, *the preceding year,* L.: Dionysius prior, *the elder,* N.: pedes, *the forefeet,* N.—*Plur. m.* as *subst., forefathers, ancestors, the ancients:* abiturus illuc, quo priores abierunt, Ph.: nomen dixere priores Ortygiam, V.: more priorum, O.—Fig., *better, superior, preferable, more excellent:* color puniceae flore prior rosae, H.: ut nemo haberetur prior, L.: aetate et sapientiā, S.: quanto prius potiusque est... quam, etc., L. — *Plur. f.* as *subst.* (only *acc.;* sc. partīs), *superior rank, preference, lead:* etsi utrique primas, priores tamen libenter deferunt Laelio.

prīscē, *adv.* [1 priscus], *in ancient style, summarily:* agere.

prīscus, *adj.* [for * prius-cus; PRO-], *of former times, of old, olden, ancient, primitive, antique:* viri: prisci illi, quos cascos appellat Ennius: tempus, O. — *Plur. m.* as *subst., the ancients, men of old:* cum colerent prisci agros, O.—*Old-fashioned, ancient, venerable:* gens mortalium, H.: Pudor, H.: priscos deos precatus, O.: acumen, Iu.: fides, V.—*Former, previous:* quid si prisca redit Venus? H.: nomen, O.—*Old-fashioned, strict, severe:* Cato, H.

prīstinus, *adj.* [for * prius-tinus; PRO-], *former, early, original, primitive, pristine:* labor meus: vestra bonitas: pristinum animum erga populum R. conservare, L.: pro pristinā amicitiā, N.: consuetudo, Cs.: coniunx, V.: mens, O.—As *subst. n., a former condition:* in pristinum restituere, N.—*Preceding, previous, of yesterday:* pristini diei perfidia, Cs.

pristis, is, = πρίστις, *a sea-monster* (another form of pistrix), V.—*A long, narrow ship of war,* L.—As the name of a vessel, V.

prius, *adv. comp.* [*sing. n.* of prior], *before, sooner, first, previously:* ut prius introieram, sic prius exire de vitā: ut vos prius experti estis, L.: prius ... nunc, V.: prius ... tum, L.—With *quam* (often written priusquam), *earlier than, sooner than, before that, before:* prius quam dicere incipio, querar, etc.: neque prius fugere destiterunt, quam ad flumen pervenerunt, Cs.: prius quam aggrediar, etc.: cum prius gladios videret, quam quae res esset vidisset.—*Sooner, rather:* quamvis carnificinam prius subierint, quam ibim violent.

(prius-quam), see prius.

prīvantia, ium, *n.* [*P.* of privo], *compounds reversing the meaning of simple words, privatives.*

prīvātim, *adv.* [privatus], *apart from State affairs, as an individual, in private, privately, in a private capacity:* gerere aliquid: ad vos confugit: privatim et publice rapere vasa, S.: qui privatim plus possint quam ipsi magistratūs, Cs.: infestus Papirio, *personally,* L.: se tenere, *at home,* L.

prīvātiō, ōnis, *f.* [privo], *a taking away, privation:* doloris.

prīvātō, *adv.* [privatus], *at home:* nec privato se tenuit, L. (al. privatim).

prīvātus, *adj.* [*P.* of privo], *apart from the State, peculiar, personal, individual, private:* nihil privati agri, Cs.: census, H.: res quae ipsius erant privatae, *private property.*—Of persons, *not in official life, private, out of office:* privatus et captus, Cs.: privato viro imperium extra ordinem dare, *to a private citizen:* Bibulus ex iis, qui privati sunt. —As *subst. m., a man in private life, citizen* (opp. magistratus): Scipio Gracchum privatus interfecit: neque sibi privatos posse obstare, L.: Consilium dedimus Sullae, privatus ut altum Dormiret, Iu.: privati hominis nomen supra principis attolli, Ta.—Of things, *retired, private, apart from the public:* aedificia, *isolated*, Cs.: vita, *withdrawn from State affairs.*—As *subst. n., privacy, retirement, private property:* in privato animadvertere in eas, *administer discipline in private*, L.: quas (tabernas) vendidit in privatum, *for private use*, L.: (deiectus) sive de privato sive de publico, *private or public land:* tributum ex privato conferre, *from private property*, L.

prīvīgna, ae, *f.* [privus+GEN-], *a step-daughter.*

prīvīgnus, ī, *m.* [privus+GEN-], *a step-son:* adultus aetate, S.: venenum privigno suo dare: matre carentibus Privignis, *step-children*, H.

prīvilēgium, ī, *n.* [privus+lex], *a law concerning an individual, private statute.*

prīvō, āvī, ātus, āre [privus], *to bereave, deprive, rob, strip:* civi rem p.: Sulpicium vitā: nauarchi vitā privandi: lumine, O.—*To free, release, deliver:* privari iniuriā: dolore: formidine, H.

prīvus, *adj.* [PRO-], *each, every individual, one each:* ut privos lapides secum ferrent, *each a stone*, L. (SC.).—*One's own, private, peculiar, particular:* locuples, quem ducit priva triremis, H.: privum aliquid da, Quod possim titulis incidere, Iu.

1. prō, *adv.*, see prout.

2. prō, *praep.* with *abl.* [PRO-].—Of place, *before, in front of, in face of:* sedens pro aede Castoris: pro castris dimicare, Cs.: castra pro moenibus locata, L.: pro castris suas copias produxit, *before the camp*, Cs.: pro tectis aedificiorum, *from the roofs*, S.—Of conspicuous appearance or publicity, *before, in the presence of, on, in, in front of:* hac re pro suggestu pronuntiatā, *coming forward on the tribune*, Cs.: me significasse . . . idque pro tribunali, *in open court:* laudatus pro contione Iugurtha, *before the assembled army*, S.: pro contione litteras recitare, *to the assembly*, Cu.: uti pro consilio imperatum erat, *in the council*, S.: pro collegio pronuntiare, L.—Of defence or protection, *for, in behalf of, in favor of, for the benefit of, in the service of, on the side of:* contra omnia dici et pro omnibus: hoc non modo non pro me, sed contra me est potius: haec contra legem proque lege dicta, L.: labores dolorem pro patriā suscipere: pro patriā mori, H.: urbes pro hostibus et advorsum se opportunissumae, S.: et locus pro vobis et nox erit, L.—Of replacement or substitution, *in the place of, instead of, for:* ego pro te molam, T.: saepe et éxin pro deinde et exinde dicimus: pro bene sano fictum vocamus, H.—E s p., in titles: pro consule in Ciliciam proficiscens, *vice-consul:* pro consulibus alqm mittere, non pro consule, *instead of the consuls, not as proconsul:* cum Alexandriae pro quaestore essem: pro magistro: ut, qui pro dictatore fuisset, dictator crederetur, L.—Of compensation, *for, in exchange for, in return for:* pro huius peccatis ego supplicium sufferam, T.: dimidium eius quod pactus esset, pro carmine daturum: id pro immolatis Romanis poenae hostibus redditum, L.: dedit pro corpore nummos, *as a ransom*, H.—Of equivalence, *for, the same as, just as, as:* hunc amavi pro meo, *as my own*, T.: qui mihi unus est pro centum milibus, *of as much weight with me:* quos pro nihilo putavit: pro occiso relictus, *for dead:* cum pro damnato esset, *as good as condemned:* neque recte neque pro bono facere (i. e. ita, ut pro bono habeatur), S.: pro vano nuntius audiri, *as a boaster*, L.—E s p., in phrases.—Pro eo, *as an equivalent, just the same:* sin minus, pro eo tamen id habeamus.—Pro eo atque, *just the same as, even as:* pro eo ac mereor, *just as I deserve:* pro eo ac debui, *just as was my duty.*—Pro eo quod, *for the reason that, because:* pro eo quod eius nomen erat magnā apud omnīs gloriā.—Of relation or proportion, *for, in proportion, in comparison with, in accordance with, according to, conformably to, by virtue of:* pro multitudine hominum angusti fines, Cs.: exercitum pro loco atque copiis instruit, S.: agere pro viribus: quia pro imperio palam interfici non poterat, *in consideration of*, L.: illum submovere pro imperio more maiorum, *summarily*, L.: satis pro imperio, *dictatorially enough*, T.: pro tuā prudentiā: pro tempore et pro re, *according to time and circumstances*, Cs.: pro facultatibus, N.—In phrases, with *parte:* quibus aliquid opis fortasse, pro suā quisque parte ferre potuisset, *each according to his own measure of influence:* pro meā tenui parte id defendere, *to the best of my poor ability:* pro virili parte, *manfully:* rerum gestarum memoriae pro virili parte consuluisse, i. e. *to have done my share towards preserving*, L.: beneficio plus quam pro virili parte obligatus, i. e. *under more than personal obligations.*—For pro ratā parte, see ratus.—With *eo:* pro magnitudine iniuriae, proque eo quod res p. temptatur, vindicare, *as required by the fact that*, etc.: pro antiquitate generis sui, pro eo, quod, etc., *in view of the fact:* ea pro eo, quantum in quoque sit ponderis, esse aestimanda, *according to the weight of each.*—Pro se quisque, *each for himself, each in his measure, individually:* pro se quisque quod ceperat adferebat: cum pro se quisque operam navare cuperet, Cs.: pro se quisque viri nituntur, V.

3. prō (not prōh), *interj.*, of wonder or lamentation, *O! Ah! Alas!:* pro, quanta potentia regni Est tui! O.: tantum, pro! degeneramus a patribus, L.: pro di inmortales: Pro curia inversique mores! H.: pro divom fidem! T.: pro deorum atque hominum fidem!—In direct address, *O! Thou!:* pro Sancte Iuppiter!

proāgorus, ī, *m.*, = προήγορος (in Sicilian towns), *a director*, *chief magistrate.*

proavītus, *adj.* [proavus], *ancestral*, *inherited from forefathers:* regna, O.

pro-avus, ī, *m.*, *a great-grandfather:* proavus et avus.—*A forefather*, *ancestor:* tuus: vestri proavi, H.: Felices proavorum atavi, Iu.

probābilis, e, *adj.* with *comp.* [probo], *worthy of approval*, *pleasing*, *agreeable*, *acceptable*, *commendable*, *laudable*, *good*, *fit:* orator: discipulus: probabilior populo orator: causa mihi: nomen: quod probabile erat, eam aetatem liberari, L.—*To be believed*, *likely*, *credible*, *probable*, *plausible:* quae probabilia videantur: dicendo fieri probabile: mendacium, L.: dubitabitur utrum sit probabilius, fuisse, etc., *more likely.*

probābilitās, ātis, *f.* [probabilis], *probability*, *credibility*, *plausibility:* captiosa: animos probabilitate percutere.

probābiliter, *adv.* with *comp.* [probabilis], *probably*, *credibly*, *plausibly:* rem exponere: probabilius accusare: crimen defensum, L.

probātiō, ōnis, *f.* [probo], *approbation*, *approval*, *assent:* ob probationem pretium datum: tale visum ut probatio consequatur, i. e. *a probable belief.*—*A proving*, *trial*, *test:* athletarum: futura. —*A proof:* scelerum probationes, Ta.

probātor, ōris, *m.* [probo], *one who accepts*, *an approver:* facti: ingenii, O.

probātus, *adj.* with *comp.* and *sup.* [*P.* of probo], *approved*, *acceptable*, *pleasing*, *agreeable:* ut nemo probatior primoribus patrum esset, L.: libertus seni probatissimus.—*Tried*, *tested*, *proved*, *approved*, *good*, *excellent:* homines artium: homo maximis in rebus probatissimus: probatissima femina, *most worthy.*

probē, *adv.* with *sup.* [probus], *rightly*, *well*, *properly*, *correctly*, *fitly*, *opportunely*, *excellently:* narras, T.: probissime, *very well*, T.: probe, *bravo*, T.: de aquae ductu facere: de Servio dicere.—*Well*, *thoroughly*, *very*, *very much*, *greatly:* tui similis est probe, T.: perdocta, T.: probe scit, etc., L.: se ipsum novit.

probitās, ātis, *f.* [probus], *goodness*, *worth*, *uprightness*, *honesty*, *probity:* probitatis commendatio: probitas laudatur et alget, Iu.

probō, āvī, ātus, āre [probus], *to make good*, *esteem good*, *approve*, *esteem*, *commend:* quis est, qui non probet: villam, L.: alqd in ipsis: Caesar maxime probat coactis navibus mare transire, Cs.: antequam civitas suffecturum (armis) probaverit, *declared him capable of bearing arms*, Ta.: Vercingetorigem imperatorem, Cs.: alquem iudicem.—*To make good*, *represent as good*, *recommend*, *make acceptable*, *show:* (libros) tibi: nostrum officium: quibus de meo celeri reditu non probabam: multis se probavit, *won favor with:* mihi egregie probata est oratio tua, *has pleased.*—*To make credible*, *show*, *prove*, *demonstrate:* iudicibus Verrem contra leges pecunias cepisse: perfacile factu esse illis probat, etc., Cs.: hoc difficile est probatu: patrio pater esse metu probor, *my fatherly anxiety proves me your father*, O.—*To test*, *inspect*, *try*, *judge by trial:* censores villam publicam probaverunt, *accepted after inspection*, L.: amicitias utilitate, O.—*To represent*, *pass off for:* alquem pro illo: pro eunucho (sc. te), *pass for*, T.

probrōsus, *adj.* [probrum], *shameful*, *ignominious*, *infamous:* crimen: Italiae ruinae, H.: carmina, *lampoons*, Ta.

probrum, ī, *n.*, *a shameful act*, *base deed:* ignaviae luxuriaeque probra, S.: emergere ex paternis probris.—*Immodesty*, *lewdness*, *unchastity:* probri insimulare feminam.—*Shame*, *disgrace*, *dishonor*, *infamy*, *degradation:* Quin in probro sim, T.: alquem senatu probri gratiā movere, S.: vita rustica, quam tu probro et crimini putas esse oportere, *disgraceful:* probrum castis inferre: terras implere probris, O.: Antoni, Romani nominis probra.—*Abuse*, *insult*, *reproach*, *libel:* epistulae plenae omnium in me probrorum: ingerere probra, L.: multa obicere: probris alqm onerare, L.

probus, *adj.* with *comp.*, *estimable*, *good*, *serviceable*, *excellent*, *superior*, *upright*, *honest*, *honorable*, *virtuous:* artifex, *skilful*, T.: mulier, T.: hoc homine probior esse: navigium: fruges.—As *subst. m.:* probi oratio, *a good man's.*

procācitās, ātis, *f.* [procax], *pertinacity*, *obtrusiveness*, *impudence:* a procando nominata: hominis, N.

procāciter, *adv.* with *comp.* and *sup.* [procax], *boldly*, *impudently*, *wantonly:* ortus sermo, Cu.: flagitatum stipendium procacius quam, etc., L.: procacissime patris tui memoriae inludunt, Cu.

procāx, ācis, *adj.* [PREC-], *pertinacious*, *bold*, *insolent*, *forward*, *pert*, *wanton:* mulier: in lacessendo: sermo, S.: libertas, Ph.: Auster, V.

prō-cēdō, cessī, —, ere, *to go before*, *go forward*, *advance*, *proceed*, *march on*, *move forward*, *go forth:* in portum: nil procedere lintrem Sentimus, H.: pedibus aequis, O.: lente atque paulatim proceditur, Cs.: processum in aciem est, L.: huic tota obviam civitas processerat, *had gone out to meet:* Vidit classem procedere velis, V.—*To go forth*, *go out*, *advance*, *issue:* castris, V.: extra munitiones, Cs.: e tabernaculo in solem: mediā ab aulā, O.—*To come forward*, *show oneself*, *appear:* cum veste purpureā: procedat vel Numa, Iu.: Ecce processit Caesaris astrum, *hath risen*, V.: voces procedebant contumaces, i. e. *were heard*, Ta. —Fig., of time, *to advance*, *pass*, *elapse:* ubi plerumque noctis processit, S.: Iam dies processit, V.: dies procedens: tempus processit, Cs.: procedunt tempora tarde, O.: incipient magni procedere menses, V.: pars maior anni iam processerat, L.—*To come forth, appear, arise:* posteaquam philosophia processit: altera iam pagella procedit, i. e. *is already begun.—To get on, advance, make progress:* in philosophiā: ad virtutis habitum: longius iras, V.: eo vecordiae processit, ut, *went so far in folly*, S.: nec ultra minas processum est, L.: eoque ira processit, ut, etc., L.—*To run on, continue, remain:* cum stationes procederent, i. e. *guard duty was unremitting*, L.: ut iis stipendia procederent, L.: Illi procedit rerum mensura tuarum, i. e. *is passed to her credit*, O.—*To turn out, result, succeed, prosper:* processisti pulcre, *you have succeeded finely*, T.: si bene processit: ubi id parum processit, *failed*, L.: quasi ei pulcherrime priora (maledicta) processerint: omnia prospere procedent: benefacta mea rei p. procedunt, *are of service*, S.—*Impers.:* velut processisset Spurio, L.

procella, ae, *f.* [pro+1 CEL-], *a violent wind, storm, hurricane, tempest:* nimbi, procellae, turbines: stridens Aquilone, V.: si mugiat Africis Malus procellis, H.: raperent mea poma procellae, O.: procella nivem effuderat, Cu.—*A storm, tumult, violence, commotion, vehemence:* tempestates et procellas in illis fluctibus contionum: procellam temporis devitare: seditionum procellae, L.: procellae civiles, *civil commotions*, N.: ferimur procellā, V.—*A charge, onset, sudden attack:* haec velut procella consternavit equos, L.: equestris, L.

procellōsus, *adj.* [procella], *full of storms, stormy, tempestuous:* ver, L.: Noti, i. e. *bringing storms*, O.

(**procer**, eris), *m.* [pro+2 CEL-], *a nobleman, aristocrat:* Agnosco procerem, Iu.—*Plur.*, *the leading men, chiefs, nobles, princes:* audiebam nostros proceres clamitantes: Etruscorum, L.: delectos populi ad proceres, V.

(**prōcērē**), *adv.* [procerus], *extensively.*—Only *comp.:* bracchium procerius proiectum, *stretched out farther.*

procerēs, um, *m.*, see procer.

prōcēritās, ātis, *f.* [procerus], *a high growth, height, tallness:* huius, *his tall stature:* arborum.—*Extent, length:* pedum.

prōcērus, *adj.* with *comp.* and *sup.* [pro+2 CEL-], *high, tall, long:* collum: (Galatea) procerior alno, O.: inter hos procerissimas pōpulos: lupi, *large*, H.—*Long, extended:* aves procero rostro: palmae, Ct.: anapaestus, procerior numerus.

prōcessiō, ōnis, *f.* [pro+1 CAD-], *a marching on, advance* (opp. reditus): longior.

1. prōcessus, *P.* of procedo.

2. prōcessus, ūs, *m.* [pro+1 CAD-], *an advance, course, progression, progress, process, movement:* processum volt, *the progress of the discourse:* in processu coepit crudescere morbus, *in its course*, V.: tantos processūs efficiebat: Sic tua processūs habeat fortuna perennīs, O.

prōcidō, idī, —, ere [pro+cado], *to fall forward, fall down, fall prostrate:* ad pedes Achilleï, H.: universi prociderunt, L.: cupressus Procidit late, H.

(**prōcinctus**, ūs), *m.* [pro+2 CAN-], *a girding up, readiness for battle.*—Only *abl. sing.:* in procinctu testamentum facere, *on the battle-field:* ex quo in procinctu testamenta perierunt, i. e. *the custom of making wills on going into battle.*

prōclāmātor, ōris, *m.* [proclamo], *a crier, bawler* (of a bad advocate; dub.).

prō-clāmō, āvī, ātus, āre, *to call, cry out, vociferate:* adsunt, defendunt, proclamant: magnā voce, V.: Quid non proclames, si, etc., Iu.: pro sordidis hominibus, *in defence of*, L.

prō-clīnō, āvī, ātus, āre, *to bend forward, bend, incline:* mare in haec litora, O.: adiuvat rem proclinatam, *tottering*, Cs.: proclinatā iam re, i. e. *at the crisis*, Cs. ap. C.

prōclīvī, *adv.* with *comp.* [proclivis], *downward, headlong, precipitately:* proclivi labuntur, *rush downward:* proclivi currit oratio: labi verba proclivius, i. e. *more rapidly.*

prōclīvis, e, *adj.* with *comp.* [pro+clivus], *sloping, steep, going downward, downhill:* per proclivem viam duci, L.: undae, Ct.—As *subst. n.:* pelli per proclive, *downhill*, L.—Fig., *downwards, descending, downhill, declining:* proclivi cursu delabi.—*Inclined, disposed, liable, prone, subject, ready, willing:* proclives ad eas perturbationes feruntur: ingenium ad lubidinem, T.: ad aliquem morbum proclivior.—*Easy:* fingendi ratio: quae utroque proclivia esse, si fortunā uti vellet, L.: dictu proclive, *easy to say:* quod est multo proclivius, *much easier:* quibus erat proclive tranare flumen, Cs.—As *subst. n.:* in proclivi esse, T.: ut anteponantur proclivia laboriosis.

prōclīvitās, ātis, *f.* [proclivis], *a tendency, predisposition, proneness:* ad morbos.

Procnē (Progne), ēs, *f.*, = Πρόκνη, *a daughter of Pandion, turned into a swallow*, O.—*A swallow*, V., O.

prō-cōnsul, is, *m.*, *a governor of a province, military commander, proconsul* (usu. sent out from Rome at the end of his term as consul): (Caelius) Pompeio proconsuli contubernalis: proconsules de provinciis Romam redierunt, L.: L. Manilius Procos., Cs.

prōcōnsulāris, e, *adj.* [proconsul], *of a proconsul, proconsular:* salarium, Ta.: imago, *of the military tribuneship*, L.

prōcōnsulātus, ūs, *m.* [proconsul], *the office of a proconsul, proconsulate:* ex proconsulatu Asiae, Ta.

procor, —, ārī, *dep.* [procus], *to ask, demand:* a procando procacitas nominata.

prōcrāstinatiō, ōnis, *f.* [procrastino], *a putting off from day to day, procrastination.*

prōcrāstinō, —, —, āre [pro+crastinus], *to put off till the morrow, defer, delay, procrastinate:* rem: res non procrastinatur.

prōcreātiō, ōnis, *f.* [procreo], *a begetting, generation:* liberorum: hominum.

prōcreātor, ōris, *m.* [procreo], *a begetter, creator:* mundi: a procreatoribus amari, *by parents.*

prōcreātrīx, īcis, *f.* [procreator], *she that brings forth, a mother:* philosophia artium.

prō-creō, āvī, ātus, āre, *to bring forth, beget, generate, procreate, produce:* fetūs: liberos ex uxoribus, N.: terra ex seminibus truncos procreat.—Fig., *to produce, make, cause, occasion:* (tribunatus) ortus inter arma civium procreatus.

prō-cubō, —, —, āre, *to lie stretched out:* ubi saxea procubet umbra, V.

prō-cūdō, dī, sus, ere, *to fashion by hammering, forge:* ensīs, H.: vomeris obtusi dentem, V. —Fig.: procudenda lingua est, *to be fashioned.*

procul, *adv.* [pro+1 CEL-], *in the distance, at a distance, away, apart, far, afar off, from afar:* Delos, tam procul a nobis posita: non procul, sed hic praesentes (di): ubi turrim constitui procul viderunt, Cs.: in pelago saxum, V.: omnibus arbitris procul amotis, S.: procul este profani, *keep aloof!* V.: procul hinc stans, T.: a terrā: a conspectu, *far out of sight:* a patriā, V.: patriā: urbe, O.: locus muro, L.—Of time, *far, long before:* haud procul occasu solis, L.—Fig., *far, distant, remote, away:* absentatio procul amoveatur: errare, *greatly*, S.: Pauperies inmunda domūs procul absit, H.: legatos haud procul afuit quin violarent, *they came near outraging*, L.: haud procul esse quin Remum agnosceret, *almost*, L.: procul ab omni metu: eam (plebem) procul urbe haberi, *out of public affairs*, L.: negotiis, H.: procul dubio, *without doubt*, L.: istud procul abest, *is far from the fact*, Cu.

prōculcō, āvī, ātus, āre [pro+calco], *to tread down, trample upon:* eques sua ipse subsidia proculcavit, *rode down*, L.: proculcato senatu, Ta.: hunc ungula proculcat equorum, V.: segetes in herbā, O.: proculcatas (ranas) obteret duro pede, Ph.: una ala ipso impetu proculcata erat, *crushed*, Cu.: qui tot proculcavimus nives, i. e. *have traversed*, Cu.

prōcumbō, cubuī, cubitum, ere [CVB-], *to fall forwards, sink down, fall prostrate:* Gallis ad pedes, ne cogerentur, etc., Cs.: genibus, O.: in vestibulo curiae, L.: in genua, Cu.: Coroebus Penelei dextrā Procumbit, V.: certamine summo, *bend to their oars*, V.—*To lean forward, bend down, sink, be beaten down, be broken down, fall:* frumenta imbribus procubuerant, i. e. *were beaten down*, Cs.: ne gravidis procumbat culmus aristis, V.: (domus) in domini procubuit caput, *fell in upon*, O.: agger in fossam procubuit, L.—Fig., *to fall, be ruined:* res procubuere meae, O.—*To extend, spread, lie:* planities sub radicibus montium procumbit, Cu.

prōcūrātiō, ōnis, *f.* [procuro], *a caring for, charge, superintendence, administration, management, procuration:* rei p.: sua cuique procuratio est restituta: rerum humanarum: ministerii, L.—*An expiatory sacrifice, expiation:* ut sue plenā procuratio fieret: prodigii, L.

prōcūrātor (once **proc-**, O.), ōris, *m.* [procuro], *a manager, overseer, superintendent, agent, administrator, deputy, procurator, keeper:* per procuratorem gerere: regni, *viceroy*, Cs.: Caesaris, *deputy*, Ta.: procurator nimium procurat, O.—*A steward, bailiff:* Chrysogoni.—*An imperial collector:* Caesaris, Ta.

prōcūrātrīx, īcis, *f.* [procurator], *a governess, protectress:* sapientia hominis.

prō-cūrō (**proc-**, O., Tb.), āvī, ātus, āre, *to take care of, attend to, look after:* in pecuniā maximā procurandā: corpora, V.: sacrificia, Cs.—Of an agent or trustee, *to take care of, manage:* negotia Dionysi, *act as steward for.*—Of ill omens, *to avert, expiate by sacrifice:* signa, quae a dis hominibus portendantur: ad haec (prodigia) procuranda, L.: ostentum, Ph.: simul procuratum est, quod tripedem mulum Reate natum nuntiatum erat, L.

prō-currō, cucurrī and currī, cursum, ere, *to run forth, rush forward, charge:* temere extra aciem, Cs.: ferocius, L.: ad repellendum hostem, Cs.: longius, *to rush farther on*, V.: ubi alterno procurrens gurgite pontus ruit, V.—Of places, *to run out, extend, project, jut:* saxis in procurrentibus haesit, V.: Terra procurrit in aequor, O.: latus mille stadia in longitudinem procurrit, Cu.

prōcursātiō, ōnis, *f.* [procurso], *a sally, onset:* per procursationem commissa pugna, L.

prō-cursātōrēs, ōris, *m.* [procurso], *skirmishers, sharpshooters*, L.

prōcursō, —, —, āre, *freq.* [procurro], *to keep up sallies, continue skirmishing:* quid procursantes pauci tererent tempus, L.: cum ab stationibus procursaretur, L.

prōcursus (ūs), *m.* [procurro], *a running forth, running on:* procursu concitus axis, *whirled furiously onward*, V.—*A sally, onset:* procursu militum, L.: Procursu rapido invadere, V.

prō-curvus, *adj.*, *curved in front, crooked, winding:* falx, V.: litora, V.

procus, ī (*gen. plur.* procūm, C.), *m.* [PREC-], *a wooer, suitor:* natam nulli veterum sociare procorum, V.: Penelope difficilis procis, H.: forma Multorum fuit spes procorum Illa, O.: impudentes proci, i. e. *shameless canvassers.*

Procyōn, —, *m.*, = Προκύων, *the little dog* (rising before the dog-star), C., H.

prōd-, old form of pro, in prod-eo, prod-est.

prō-deambulō (Fleck.) or **prōd-ambulō** (Speng.), —, —, āre, *to walk abroad*, T.

prōd-eō, iī, itus, īre, *to go forth, come forth, come forward:* pultat forīs: Anus prodit, T.: foras, *to come out of doors:* quae, si prodierit, audiet, *shall appear as a witness:* ex portu, Cs.: obviam de provinciā decedenti, *come out to meet:* in contionem, N.: in scaenam, *appear on the stage:* in proelium, Cs.: tantum prodire volando, Quantum, etc., *advance on the wing*, V.: utero matris dum prodeat infans, O.—Of plants, *to come forth, spring up, appear:* herba, O.—*To stand out, project:* rupes, vastum quae prodit in aequor, V.: et immodico prodibant tubere tali, O.—Fig., *to come forth, come forward, appear:* si haec consuetudo prodire coeperit: cum tot prodierint colores, *have become the fashion*, O.: Tu cum prodis ex iudice Dama Turpis, etc., *turn out to be*, H.—*To go forward, advance, proceed.* est quadam prodire tenus, H.: sumptu extra modum: ne ad extremum prodeatur.

prōdesse, *inf.* of prosum.

prō-dīcō, dīxī, dictus, ere, *to put off, defer, adjourn, fix in advance:* prodictā die: diem, *adjourn the trial*, L.: prodicta dies est, *an adjournment was had*, L.

prōdigē, *adv.* [prodigus], *lavishly, extravagantly:* vivere.

prōdigentia, ae, *f.* [prodigo], *extravagance, profusion:* opum, Ta.

prōdigiāliter, *adv.* [prodigium], *unnaturally, extravagantly:* variare rem, H.

prōdigiōsus, *adj.* [prodigium], *unnatural, wonderful, marvellous, prodigious:* atria Circes, O.: cura Veneris, O.: fides, Iu.

prōdigium, ī, *n.* [prod-+3 AG-], *a prophetic sign, token, omen, portent, prodigy:* multa prodigia eius numen declarant: (lunam deficientem) nullum esse prodigium: non mihi iam furtum, sed monstrum ac prodigium videbatur, i. e. *a monstrous and unnatural crime:* Harpyia Prodigium canit, V.: nuntiare, S.: in prodigium accipi, Ta.: prodigiorum perita, L.: Prodigio par est cum nobilitate senectus, Iu.—*A monster, prodigy:* Non ego prodigium sum, O.: triplex, i. e. *Cerberus*, O.

prōdigō, ēgī, —, ere [prod-+ago], *to squander, waste:* sumptibus sua, Ta.

prōdigus, *adj.* [prod-+1 AG-], *wasteful, lavish, prodigal* (opp. liberalis): femina, Iu.: aeris, H.—As *subst.:* largitor et prodigus, *a spendthrift.*—*Rich, fertile:* tellus, O.: locus herbae, H.—Fig., *lavish, prodigal, profuse:* corruptoris Improbitas, Iu.: arcani Fides, H.: animae Paulus, *careless of life*, H.

prōditiō, ōnis, *f.* [pro+1 DA-], *a betrayal, treason, treachery:* multorum in nos proditionem notabis: amicitiarum proditiones: per proditionem libertas amissa, L.: alcui proditionem agere, *to contrive*, Ta.

prōditor, ōris, *m.* [pro+1 DA-], *a betrayer, traitor:* pro ducibus proditores habere: disciplinae, L.: risus proditor latentis puellae, H.

prō-dō, didī, ditus, ere, *to put forth, exhibit, reveal:* Medusae squalentia ora, O.—*To bring forth, produce, propagate:* genus alto a sanguine Teucri, V.: Quae dies ut cesset prodere furem, Iu.—*To put forth, relate, report, record, hand down, transmit:* ea, quae scriptores prodiderunt: Thucydides ossa eius esse sepulta memoriae prodidit, *has recorded*, N.: quos natos in insulā ipsā memoriā proditum dicunt, *that there is a tradition*, Cs.: ius imaginis ad memoriam posteritatemque prodendae.—*To proclaim, appoint, elect, create:* quem produnt patres consulum rogandorum ergo: flaminem.—*To reveal, make known, disclose, discover, betray:* cum decretum proditur, lex veri rectique proditur: is me deseruit ac prodidit: classem praedonibus: hosti rem p., S.: crimen voltu, O.: arcanum, Iu.: Gaudia prodentem voltum celare, H.—*To give up, surrender, abandon:* anui prodita abs te filiast, T.: suam vitam, T.: ad improvidam pugnam legiones, *expose*, L.—Fig., *to set forth, give display:* perniciosum exemplum: prodendi exempli causā, *of setting an example*, L.—*To extend, protract:* aliquot nuptiis dies, i. e. *delay the wedding a few days*, T.

prō-doceō, —, —, ēre, *to teach openly, proclaim:* haec Ianus summus ab imo Prodocet, H.

prodromos, ī, *m.*, = πρόδρομος, *a forerunner, advance-messenger:* Pompeiani.—*Plur.*, *a north-northeast wind that blows before the rising of the dog-star.*

prō-dūcō, dūxī, ductus, ere (prōdūxe for prōdūxisse, T.), *to lead forth, lead forward, bring out:* eum rus hinc, T.: copias pro castris, Cs.—By legal process, *to produce, bring forward, cause to appear:* eum in conspectum populi R.: consules: ad populum eos, i. e. *let them address the people*, L.: producti in circo Flaminio in contionem: in iudicium produci, *before the court:* Granium testem.—Of an actor, *to represent, perform:* nihil ab hoc pravum produci posse.—*To expose for sale:* servos, T.—*To set before*, with *dat.:* scamnum lecto, O.—*To stretch out, lengthen, extend:* productā longius acie, Cs.: ferrum incude, Iu.—Of the dead, *to* *conduct to the grave, bury:* nec te, tua funera, mater Produxi, V.—*To bring to light, disclose, expose:* Occulta ad patres crimina, Iu.—*To bring forth, bring into the world, bear, beget, produce, bring up, raise:* alquem sui simillimum: Filiolam turpem, Iu.: Quicunque primum (te) Produxit, arbos, H.: nova (vocabula) quae genitor produxerit usus, H. —Fig., *to raise, promote, advance:* productus ad dignitatem: omni genere honoris eum, L.: a quibus producti sunt, *advanced to power:* Diva, producas subolem, *prosper*, H.—*To draw out, lengthen out, prolong, protract, stretch out, extend:* cyathos sorbilans hunc producam diem, T.: cenam, H.: sermonem in multam noctem: Varro . . . vitam Naevi producit longius, i. e. *represents him as having lived longer:* rem in hiemem, Cs.: animas, *lives*, Iu.—*To lead on, put off, amuse, delude:* me falsā spe, T.: condicionibus hunc.

prōductē, *adv.* [productus], *lengthened, long:* dicere litteram (opp. breviter).

prōductiō, ōnis, *f.* [pro+DVC-], *a lengthening, prolonging:* temporis: verbi.

prōductō, —, —, āre, *freq.* [produco], *to throw before, interpose:* huic malo moram, T. (dub.).

prōductus, *adj.* with *comp.* [*P.* of produco], *lengthened, long, prolonged, protracted:* commoditates corporis tam productae temporibus: productiora alia, *too long:* nomen, *formed by prolongation:* neu sit quinto productior actu Fabula, *longer*, H. —*Plur. n.* as *subst.*, *preferable things.*

proēgmena, ōrum, *n.*, = προηγμένα, *preferable things* (in the Stoic philosophy).

proeliātor, ōris, *m.* [proelior], *a fighter, combatant*, Ta.

proelior, ātus, ārī, *dep.* [proelium], *to join battle, engage in battle, fight:* pedibus, Cs.: ad Syracusas: proelians interficitur, Cs.: vehementer proeliatus sum, *contended* (in court).

proelium, ī, *n.*, *a battle, combat:* non proeliis neque acie bellum gerere, S.: proelium facere, *to engage:* proelia inire, L.: redintegrare, Cs.: proeliis uti secundis: uno proelio confecta res: Punica passi proelia, *the wars with Carthage*, Iu.: armigera proelia, *warriors*, Pr.: proelia dant cervi, V.: ventorum proelia, V.—Fig., *contest, strife:* proelia meā causā sustinere: committere proelia voce, O.

profānō, āvī, ātus, āre [profanus], *to render unholy, desecrate, profane, violate:* ut dies festi profanarentur, L.: festum, O.: pudorem, Cu.

profānus, *adj.* [pro+fanum], *out of the temple, not sacred, common, profane, unholy:* loci: aedificia: flamma, O.: animalia, *unclean*, Ta.: sacra profanaque omnia spoliare: procul este, profani, *ye uninitiated*, V.: Cereris ritūs volgare profanis, O.: volgus, H.—*Wicked, impious:* mens, O.: verba, O.—*Plur. n.* as *subst.:* miscebis sacra profanis, H.—*Ill-boding:* bubo, O.

profectiō, ōnis, *f.* [pro+2 FAC-], *a going away, setting out, departure:* mea: profectionem parare, *to prepare for setting out*, Cs.: repentina in Oretanos, L.: pecuniae, i. e. *source.*

profectō, *adv.* [pro+facto], *actually, indeed, really, truly, assuredly, certainly:* non est ita, iudices, non est profecto: negare.

1. prōfectus, *P.* of proficio.

2. profectus, *P.* of proficiscor.

3. prōfectus, —, *abl.* ū, *m.* [pro+2 FAC-], *advance, effect, increase, profit, success:* sine profectu, O.: profectu carere, O.

prō-ferō, tulī, lātus, ferre, *to carry out, bring forth, produce:* arma ex oppido, Cs.: (nummos) ex arcā.—*To extend, stretch out, reach forth, put forth:* digitum: pedem, *advance freely*, H.—*To move on, set forward:* signa, *march forward*, L.: arma in Europam, Cu.—*To extend, enlarge:* agri finīs armis: castra, Cs.—*To put off, defer, adjourn:* comitia: diem: profertur tempus ferundae legis, L.: rebus prolatis: de proferendo exercitu, i. e. *the election*, L.: depositi fata parentis, V.—Fig., *to bring out, make known, publish:* eius (orationis) proferendae arbitrium tuum.—*To bring forth, produce, invent, discover, make known, reveal:* artem: An hoc proferendum tibi videtur? T.: alqm ad famam, Ta.: rem in medium: enses, Tb.: arte iurgia, Pr.—*To bring forward, quote, cite, mention:* libros: auctores: vinolentiam tuam: memoriter Progeniem suam usque ab avo, T.—*To extend, enlarge:* finīs officiorum.

professiō, ōnis, *f.* [profiteor], *a public acknowledgment, avowal, declaration, expression, profession, promise:* pietatis, Ta.: postquam professionibus detecta est magnitudo aeris alieni, L.: in Leontino iugerūm.—*A business, profession, calling:* bene dicendi: magicae artis, Cu.

professōrius, *adj.* [professor (late)], *of a public teacher:* lingua, Ta.

professus, *adj.* [*P.* of profiteor], *avowed, confessed:* culpa, O.: mors, i. e. *certain*, Ph.

pro-fēstus, *adj.*, *non-festival, not a holiday, common:* festis profestisque diebus, *working-days*, L.: luces, *working-days*, H.: lux, H.

prōficiō, fēcī, fectus, ere [pro+facio], *to make headway, advance, make progress, have success, profit, succeed, effect, accomplish:* quid erat profectum, nisi ut, etc.: tantum profeci tum, ut, etc.: nihil in oppugnatione oppidi, Cs.: loci opportunitate, Cs.: hoc tamen: in philosophiā aliquid, *to make any progress.*—*To be useful, be serviceable, do good, avail, help, tend, contribute, conduce:* tantum ad dicendum: parvaque certamina in summam totius profecerant spei, *contributed greatly*, L.: nihil in melius tot rerum proficit usus? Iu.: radice vel herbā Proficiente nihil, *doing no good*, H.: permultum proficiet illud demonstrare: in summam belli profectum foret, *it would help decide the whole war*, L.

proficīscor, fectus, ī, *dep.* [proficio], *to set forward, set out, start, go, march, depart:* fortasse tu profectus alio fueras, *were going somewhere else*, T.: cum in Italiam proficisceretur, *was about to start*, Cs.: Ut proficiscentem docui te, H.: ad dormiendum, *go to sleep:* subsidio Lacedaemoniis, N.: in pugnam, Cs.: in expeditionem, S.: contra quosdam barbaros, N.: domum, T.: Romam, S.: Circeios, L.: ab urbe, *set out*, Cs.: ex castris, *break up*, Cs.: de Formiano.—With *supin. acc.:* praedatum in agrum Campanum, L.—Fig., *to go on, come, proceed:* proficiscemur ad reliqua.—*To set out, begin, commence, start:* ut inde oratio mea proficiscatur, unde, etc.: a philosophiā profectus scripsit historiam.—*To come forth, spring, arise, proceed, originate:* cum omnia officia a principiis naturae proficiscantur: quaecumque a me ornamenta in te proficiscentur, i. e. *you shall receive from me:* ut plura a parente proficisci non potuerint, N.: qui a Zenone profecti sunt, *Zeno's disciples:* genus a Pallante profectum, V.

profiteor, fessus, ērī, *dep.* [pro+fateor], *to declare publicly, own freely, acknowledge, avow, confess openly, profess:* non solum fateri, sed etiam profiteri: fateor atque etiam profiteor: apertissime studium suum: se nullum periculum recusare, Cs.: hoc me rei p. causā facere: professus se petere, *avowing himself a candidate*, L.—With two *accs.*, *to avow oneself, profess to be:* se grammaticum: huic me belli ducem: (te) amicum, H.—*To follow as a pursuit, profess:* philosophiam: ius, O.—*To offer freely, propose voluntarily, promise, display:* iudicium, *testify voluntarily*, S.: se ad eam rem adiutorem, Cs.: tibi meum studium: Sumunt gentiles arma professa manus, i. e. *as volunteers*, O.: Inceptis magna professis Adsuitur pannus, *making great promises*, H.: nomina, i. e. *come forward as candidates*, L.—*To make a public statement of, report, return, state:* iugera sationum suarum: frumentum, L.: professae (sc. feminae), i. e. *registered as public women*, O.: in his nomen suom, *classes himself*, T.

prōflīgātor, ōris, *m.* [profligo], *a spendthrift, prodigal*, Ta.

prōflīgātus, *adj.* with *sup.* [*P.* of profligo], *wretched, vile, corrupt, abandoned:* iudicia: tu omnium mortalium profligatissime: homines.

prōflīgō, āvī, ātus, āre [1 FLAG-], *to strike to the ground, cast down utterly, overthrow, overcome, conquer:* aciem hostium: classem hostium, Cs.: hostīs, N.—Fig., *to overthrow, ruin, destroy, crush:* rem p.: tantas opes, N.—*To bring to an end, finish, despatch, do away:* bellum commissum ac profligatum conficere, L.: profligato fere Samnitium bello, L.: profligata iam haec quaestio est: omnia ad perniciem profligata.

prō-flō, āvī, —, āre, *to blow forth, breathe out:* flammas, O.—Fig.: pectore somnum, i. e. *the heavy breathing of sleep*, V.

prōfluēns, *adj.* [*P.* of profluo], *flowing along:* aqua profluens.—As *subst. f.* (sc. aqua), *running water:* in profluentem deferri.—Fig., of speech, *flowing, fluent:* genus sermonis: celeritas.

prōfluenter, *adv.* [profluens], *flowingly:* ergo omnia profluenter (adsint), i. e. *in rich measure.*

prōfluentia, ae, *f.* [profluens], *a flowing forth:* loquendi, *stream of words.*

prō-fluō, flūxī, —, ere, *to flow forth, flow along:* Mosa profluit ex monte, Cs.: umor profluit, V.: sanguis profluens, Enn. ap. C.—Fig., *to glide, proceed imperceptibly:* ab his fontibus profluxi ad hominum famam: ad libidines, Ta.

pro-for, ātus, ārī, *dep.*, *to speak out, say, speak:* plura, H.: et sic accensa profatur, V.: quibus ille profatur; Forsitan, etc., O.

pro-fugiō, fūgī, —, ere, *to flee, run away, escape:* Cirtam, S.: ex oppido, Cs.: domo, L.: cum vi prope iustorum armorum profugisset: ex proelio in provinciam, S.: aliquo militatum, T.: agros, *flee from*, H.: dominos, Cu.—*To flee for succor, take refuge:* ad Brutum: ad regem, S.

profugus, *adj.* [pro+2 FVG-], *that flees, fugitive, in flight:* milites profugi discedunt, S.: domo, L.: currus, O.—*Wandering, nomad:* profugi Scythae, H.—*Banished, exiled:* Hannibal patriā, L.: Troiani, qui profugi incertis sedibus vagabantur, S.: fato, V.: classis, O.—As *subst. m.*, *a fugitive, exile:* profugo adfer opem, O.: regni, Ta.

pro-fundō (prō-, Ct.), fūdī, fūsus, ere, *to pour out, pour forth, shed copiously, cause to flow:* sanguinem pro patriā: lacrimas oculis, V.: lacrimae se subito profuderunt, *burst forth.*—*To bring forth, produce, utter:* vocem: clamorem.—With *se*, *to pour forth, rush forth, throw out:* omnis multitudo sagittariorum se profudit, Cs.: in vitibus ea, quae sese nimium profuderunt, i. e. *have grown too fast.*—Fig., *to throw away, spend freely, waste, lavish, dissipate, squander:* profundat, perdat, T.: patrimonia: pecuniam, vitam pro patriā, *sacrifice.*—*To pour out, vent, expend, be lavish of, express freely:* odium in me: res universas, *set forth all together.*—With *se*, *to rush forth, break out:* voluptates subito se profundunt . . . universae: si totum se ille in me profudisset, i. e. *had been generous to me:* in questūs flebilīs sese, L.

profundum, ī, *n.* [profundus], *a depth:* esse

in profundo (aquae): maris, O.—*The depths of the sea, deep sea:* ex profundo molem ad caelum erigit, Att. ap. C.: profundo Vela dabit, V.: genitor profundi, i. e. *Neptune*, O.: Merses profundo (gentem), H.—F i g., *a depth, abyss:* (dixit) in profundo veritatem esse demersam.

pro-fundus, *adj.* with *sup.*, *deep, profound, vast:* mare: pontus, V.: Danuvius, H.: fornax, O.: profundae altitudinis convalles, L.: profundissimus libidinum gurges.—*Thick, dense:* Erebi nox, V.: silvae, Cu.—*High:* caelum, V.—*Of the under-world, infernal:* Manes, V.—F i g., *deep, bottomless, profound, boundless, immoderate:* libidines: avaritia, S.: venter, Cu.: ruit profundo Pindarus ore, i. e. *voluminous in expression*, H.

profūsē, *adv.* with *comp.* [profusus], *immoderately, excessively:* eo profusius sumptui deditus erat, S.—*Confusedly, in disorder:* tendentes in castra, L. (al. effuse).

profūsus, *adj.* [*P.* of profundo].—Of persons, *lavish, extravagant, profuse:* nepos: alieni appetens, sui profusus, *lavish of his own*, S.—Of things, *extravagant, excessive, profuse:* profusis sumptibus vivere: epulae: genus iocandi.

prōgener, ī, *m.*, *a grand-daughter's husband*, Ta.

prō-generō, —, —, āre, *to beget, generate:* nec Progenerant aquilae columbam, H.

prōgeniēs, —, *acc.* em, *abl.* ē, *f.* [pro+GEN-], *descent, lineage, race, family:* Progeniem vostram ab atavo proferens, T.: divina: Progeniem Troiano a sanguine duci, V.—*Descendants, posterity, offspring, progeny, child:* se progeniem deorum esse dicere: mea, Claudia: Bacchum Progeniem negat esse Iovis, O.: liberūm, L.: Progeniem nidosque fovent (apes), *their young*, V.—Of poems: haec progenies mea est, *offspring*, O.

prōgenitor, ōris, *m.* [pro+GEN-], *the founder of a family, an ancestor, progenitor:* maiorum suorum, N.: progenitore comanti Esse sata, O.

prō-gīgnō, genuī, —, ere, *to beget, bear, bring forth:* res, quae ex iis (seminibus) progignuntur: Illam terra parens Progenuit, V.: te saevae progenuere ferae, O.

prō-gnātus, *adj.*, *born, descended, sprung:* ex Cimbris, Cs.: ab Dite patre, Cs.: Bona bonis, T.: docere semet prognatos, *his own children*, H.: Romulus deo, L.: Tantalo prognatus, i. e. *Atreus, grandson of Tantalus.*—Of plants: Peliaco prognatae vertice pinūs, Ct.

Prōgnē, see Procne.

prognōstica, ōrum, *n.*, = προγνωστικά, *harbingers, weather-signs* (a work of Aratus translated by Cicero).

prōgredior, gressus, ī, *dep.* [pro+gradior], *to come forth, go forth, go forward, go on, advance, proceed:* regredi quam progredi malle: in locum iniquum, Cs.: ante signa, L.—F i g., *to proceed, advance, go on, make progress:* ad reliqua: defensor nihil progreditur, *makes no headway:* longius progredi, *go on:* videamus, quatenus amor in amicitiā progredi debeat: paulum aetate progressus, *advanced in age:* quo amentiae progressi sitis, L.

prōgressiō, ōnis, *f.* [pro + GRAD-], *a going forward, progression, advancement, progress, growth, increase:* omnium rerum principia suis progressionibus usa augentur: admirabilis ad excellentiam: rei militaris.—I n r h e t., *a progression, climax.*

1. prōgressus, *P.* of progredior.

2. prōgressus, ūs, *m.* [pro+GRAD-], *a going forward, advance, progress:* alqm progressu arcere: progressūs et regressūs constantes (of planets).—F i g., *advancement, progress, growth, increase:* aetatis: primo progressu, *at the outset:* in studiis progressūs facere.

(proh), *interj.*, see 2 pro.

prohibeō, uī (old *subj. perf.* prohibessit, C.), itus, ēre [pro+habeo], *to hold before, hold back, keep away, check, restrain, hinder, prevent, avert, keep off, debar:* praedones procul ab insulā: vim hostium ab oppidis, Cs.: se suosque ab iniuriā, *refrain*, Cs.: prohibendo a delictis exercitum confirmavit, S.: itinere exercitum, *impede*, Cs.: di prohibeant, ut existimetur, etc.: quod potuisti prohibere, ne fieret: prohibitus esse, quo minus abduceret, etc.: quo minus in unum coirent, L.: nec, quin erumperet, prohiberi poterat, L.: quem leges pugnare prohibebant: peregrinos urbibus uti: se ad prohibenda circumdari opera parabant, L.: Cimbros intra finīs suos ingredi, Cs.: migrari Veios, L.: contingere mensas, V.: prohibiti gerere bellum: ut inde aurum exportari prohiberes: prohibete ius de pecuniis dici, L.: munitiones Caesaris, Cs.: prohibenda maxime est ira in puniendo: quod di prohibeant, *but may the gods forbid it*, T.: Di, prohibete minas, V.: id eos ut prohiberet, L.—*To forbid, prohibit:* lex recta imperans prohibensque contraria: diique et homines prohibuere redemptos vivere Romanos, L.—*To keep away, keep, preserve, defend, protect:* a periculo rem p.: virginem ab amatorum impetu: tenuiores iniuriā: ad prohibendam populationibus Campaniam, L.

prohibitiō, ōnis, *f.* [pro+HAB-], *a forbidding, legal prohibition:* tollendi.

prohibitus, *P.* of prohibeo.

prōiciō, iēcī, iectus, ere [pro+iacio], *to throw forth, cast before, throw out, throw down, throw:* Tu (canis) Proiectum odoraris cibum, *thrown to you*, H.: aquilam intra vallum, Cs.: infantem provectum in mare proiecerunt, *carried out to sea and* *threw overboard*, L.: geminos cestūs in medium, V.—*To throw away, cast out, cast off, let go, abandon:* omnibus proiectis fugae consilium capere, Cs.: tela manu, V.: tribunos insepultos, L.: qui servos proicere aurum iussit, H.—*To throw forward, hold out, extend:* hastam, N.: scutum, *hold in front*, L.: proiecto pede laevo, V.: quo tectum proiceretur, *was extended*.—With *pron. reflex.*, *to throw oneself, fall prostrate:* vos ad pedes leonis: sese Caesari ad pedes, Cs.: ad genua se Marcelli, L.: se super exanimum amicum, V.: semet in flumen, Cu.—*To cast out, expel, exile, banish:* tantam pestem: inmeritum ab urbe, O.—Fig., *to throw away, give up, yield, resign, sacrifice, reject:* pro his libertatem: patriam virtutem, Cs.: ampullas et sesquipedalia verba, H.: pudorem, O.: animas, *killed themselves*, V.—*To neglect, desert, abandon:* pati fortunam paratos proiecit ille, Cs.—*To throw, hurry, precipitate:* in miserias proiectus sum, S.: in aperta pericula civīs, V.: vitam suam in periculum: se in hoc iudicium, *thrust themselves:* monent, ne me proiciam, *act precipitately:* in muliebrīs se fletūs, *abandon themselves to*, L.; cf. quae libido non se proripiet ac proiciet occultatione propositā, i. e. *run riot*.—*To put off, delay:* ultra quinquennium proici, Ta.

prōiectiō, ōnis, *f.* [pro+IA-], *a throwing forward, stretching out:* brachii.

prōiectus, *adj.* [*P.* of proicio], *stretched out, extended, jutting out, projecting:* urbs in altum: saxa, V.—*Prostrate, outstretched:* ego in antro, V.—Fig., *prominent, conspicuous:* audacia: cupiditas.—*Inclined, addicted, prone:* homo ad audendum.—*Abject, mean, base, contemptible:* consulare imperium, L.: proiectā vilior algā, V.—*Downcast:* voltus, Ta.—As *subst. m.:* Vix duo proiecto tulistis opem, *to the castaway*, O.

(**prōiiciō**), see proicio.

pro-inde (often disyl.; old **proin**; usu. monosyl., T.), *adv.*, *hence, therefore, accordingly, then* (in advice or exhortation): Proinde hinc vos amolimini, T.: proinde si qui sunt, ita sint parati: proinde parati intentique essent signo dato Romanos invadere, S.: Proinde tona eloquio, solitum tibi! V.: proinde ne gravarentur, L.—*Just so, in the same manner, in like manner, equally, just, even:* proinde ac merita est: proinde aestimans, ac si usus esset, Cs.: proinde quasi aut plures fortunati sint, etc.: quia, uti domi vos mi eritis, proinde ego ero famā foris, T.: ut proinde homines, ut quisque mereretur, iudicarent.

prō-lābor, lapsus, ī, *to glide forward, slide along, slip:* at Canis ad caudam serpens prolabitur Argo, C. poët.: conlapsus pons, usque ad alterius initium pontis prolabi eum leniter cogebat, *to slide along*, L.—*To fall forward, tumble, fall in ruins:* equus cum prolapsum per caput regem effudisset, *who fell headlong*, L.: prolabens ex equo, L.: prolapsa Pergama, *ruined*, V.: ipsis adminiculis prolapsis corruere, *sliding from under them*, L.—Fig., *to go forward, be led on:* me longius prolapsum esse, quam, etc., *have spoken at more length:* in misericordiam prolapsus est animus victoris, L.—*To slip out, escape:* ab aliquā cupiditate prolapsum verbum.—*To fall, fail, err, be led astray:* timore: cupiditate regni, L.—*To fall to decay, sink, decline, go to ruin:* ita prolapsa est (iuventus) ut coërcenda sit: rem temeritate eius prolapsam restituit, L.

prōlapsiō, ōnis, *f.* [pro+2 LAB-], *a slipping, falling:* ingredi sine prolapsione.

prōlapsus, *P.* of prolabor.

prōlātiō, ōnis, *f.* [pro+TAL-], *a bringing forward, adducing, mentioning:* exemplorum.—*A putting forward, advancing, extension:* finium, L.—*A putting off, deferring, delay, postponement:* iudici: rerum: diei, Cs.

prōlātō, —, —, āre, *freq.* [prolatus], *to extend, enlarge:* agros, Ta.—*To put off, defer, delay, postpone:* id (malum) opprimi prolatando: consultationes, S.: nihil prolatandum ratus, L.: prolatando, *by procrastination*, Cu.: diem ex die, Ta.

prōlātus, *P.* of profero.

prōlectō, —, —, āre, *freq.* [prolicio], *to allure, entice forth, lead on:* egentīs spe legationis: praeda animos prolectat, O.

prōlēs, is, *f.* [pro+1 OL-], *a growth, offshoot, offspring, progeny, children, descendants, race, posterity:* futurorum hominum: gemella, O.: di Romulae genti date prolem, H.: pulchra, V.: ferrea, *the iron race*, C. poët.: argentea, O.: Dic mihi, Teucrorum proles, Iu.: escā replevit (feles) prolem suam, Ph.: maris inmensi proles, V.: olivae, i. e. *the fruit*, V.—Of one person, *a son, child, offspring, descendant:* Ulixi, i. e. *Telemachus*, H.: Apollinea, i. e. *Æsculapius*, O.: deūm certissima, V.—*Youth, young men:* equitum peditumque: Arcadiae, V.

prōlētārius, *adj.* [proles], *relating to offspring;* hence, in the division of the people by Servius Tullius, *affording to the state only children, having no estate, of the lowest class, proletary.*

prōliciō, —, —, ere [prolacio], *to allure forth, incite:* voluptas tardā prolicienda morā, O.

prōlīxē, *adv.* with *comp.* [prolixus], *largely, abundantly, copiously, freely:* Capillus passus, T.: id fecit.—*Freely, readily, cheerfully, bountifully:* Accipit nemo prolixius, *entertains more liberally*, T.: polliceri: parum prolixe respondent coloni, *do not enroll themselves freely.*

prōlīxus, *adj.* with *comp.* [LIC-], *well-disposed, obliging, courteous:* natura: animus: in Pompeium prolixior.—*Favorable, fortunate:* cetera spero prolixa esse his competitoribus.

prōlogus, ī, *m.*, = πρόλογος, *a preface to a play, prologue:* Nullum invenire prologum, T. — *One who recites a prologue*, T.

prō-loquor, cūtus, ī, *dep.*, *to speak out, utter, express, declare, announce:* miserias Medeai caelo atque terrae, Enn. ap. C.: cogitata, T.: in senatu proloqui, se prohibiturum, etc., L. — *To foretell, predict*, Pr.

prōlubium, ī, *n.* [pro+LIB-], *desire, inclination, fancy*, T.

prō-lūdō, sī, —, ere, *to play beforehand, prelude, practise:* ad pugnam, V.: Sic ubi prolusit, O. —Fig.: sententiae quibus proluserint, *which began the speech:* Iurgia proludunt, *wrangling comes first*, Iu.

prō-luō, luī, lūtus, ere, *to wash forth, throw out, cast out:* genus omne natantum fluctus Proluit, V.—*To wash off, wash away:* tempestas ex montibus nives proluit, Cs.: silvas Eridanus, V.—*To wash, moisten, wet, drench:* vivo rore manūs, O.: leni praecordia mulso, H.: se pleno auro, V.

prōlūsiō, ōnis, *f.* [pro+LVD-], *a prelude, preliminary exercise, trial, essay.*

prōluviēs, —, *f.* [pro+3 LV-], *an overflow, inundation:* mira.—*Refuse, filth:* foedissima ventris, V.

prō-mereō, uī, —, ēre, *to deserve, be deserving of, merit:* quando bene promeruit, fiat, T.

prō-mereor, meritus, ērī, *dep.*, *to deserve, merit, earn, be worthy:* Ita velim me promerentem ames, T.: levius punitus quam sit promeritus: paratiores ad bene de multis promerendum: te numquam negabo (ea) Promeritam, V.

prō-meritum, ī, *n.* [*P. n.* of promereor], *desert, merit:* vestrum in nos: deae, O.

Promētheus (trisyl.), eī (ei, V.), *acc.* ea, *voc.* eu, = Προμηθεύς (Forethinker), *a son of Iapetus, who stole fire from heaven for men*, C., H., V., Pr., O., Iu.

prōminēns, entis, *adj.* [*P.* of promineo], *prominent.* — As *subst. n.*, *a projection:* in prominenti litoris, Ta.: prominentia montium, Ta.

prō-mineō, uī, —, ēre, *to stand out, jut, be prominent, overhang, project, extend:* Phaselis prominet penitus in altum, L.: coma Prominet in voltūs, *hangs over the face*, O.: nemorum coma gelido prominet Algido, H.: matres familiae pectore nudo prominentes, *bending forward*, Cs.—Fig., *to reach out, extend, come forth:* quae (iustitia) foras tota promineat: in memoriam ac posteritatem, L.

prōmiscē, *adv.* [promiscus], *in common, indiscriminately, indifferently:* iudicium promisce stultis ac sapientibus datum: aedificari, i. e. *without regard to private ownership of land*, L.

prōmiscuē, *adv.* [promiscuus], *in common, promiscuously, confusedly, indiscriminately:* (mares et feminae) promiscue in fluminibus perluuntur, Cs.: puberes atque negotiatores interficere, S.

prōmiscus, *adj.* [pro+MIC-], *in common, indiscriminate, promiscuous:* usus rerum omnium, L. — As *subst. n.:* nec arma in promisco, i. e. *in every man's hands*, Ta.—*Common, mean:* promisca ac vilia mercari, Ta.

prō-miscuus, *adj.* [pro+MIC-], *mixed, without distinction, in common, indiscriminate, promiscuous:* conubia, i. e. *between patricians and plebeians*, L.: divina atque humana promiscua habere, S.— As *subst. n.:* in promiscuo sacra sint, *in confusion*, L.: in promiscuo licentiam esse, i. e. *universal*, L.

prōmissiō, ōnis, *f.* [pro+MIT-], *a promising, promise:* provinciae: scelerum. — In rhet., *a promise.*

prōmissor, ōris, *m.* [pro+MIT-], *a promiser, braggart*, H.

prōmissum, ī, *n.* [*P. n.* of promitto], *a promise:* nostrum: promisso teneri: promissis induxit alquem: deum promisso ludit inani, O.: illis promissis standum non est: promissis manere, V.: Dic aliquid dignum promissis, H.: Quo promissa (Enni) cadant, i. e. *the expectations which he raises*, H.: promissa dato, *fulfil*, O.: promissa Non dare, i. e. *to break*, O.: iuvenes promissis onerat, L.

prōmissus, *adj.* [*P.* of promitto], *hanging down, long:* coma, L.: capillo esse promisso, Cs.

prō-mittō, mīsī (prōmīstī for prōmīsistī, T., Ct., prōmīsse, Ct.), mīssus, ere, *to let go, put forth, let hang down, let grow:* capillum ac barbam, L. —Fig., *to set in view, assure beforehand, foretell, predict:* mihi alqd de eventu rerum promittendum: ut (di) primis minentur extis, bene promittant secundis. — *To set in view, promise, hold out, cause to expect, give hope of, assure:* dicebam omnia te promissurum: carmen, H.: opem, O.: ea quae tibi promitto ac recipio: tibi me promittere noli, i. e. *do not expect me*, O.: domum Iovi promissum, *vowed:* Laribus cristam galli, Iu.: me ultorem, V.: promitto, spondeo, Caesarem talem semper fore civem, etc.: se remedium adferre tantamque vim morbi levaturum esse promisit, Cu.: de me tibi sic promitto atque confirmo, me, etc.: si quid promittere de me Possum, H. — Ellipt.: qui damni infecti promiserit, i. e. *became responsible for possible damage.*—*To make an engagement, promise to come:* ad fratrem: ad cenam mihi, Ph.

prōmō, prōmpsī, prōmptus, ere [pro+emo], *to take out, give out, bring forth, produce:* iubeo promi utrosque (scyphos): signa ex aerario prompta, L.: medicamenta de narthecio: vina dolio, H.: pugionem vaginā, Ta.: Sol, diem qui Promis et celas, H.: laetique cavo se robore promunt, *come forth*, V.—Fig., *to bring forth, produce, bring for-*

ward, express: loci, e quibus argumenta promuntur: quae acta essent promendo, L.: Digna geri in scaenam, H.: nunc illas promite vires, V.: sententiam, Ta.: odium, *let loose,* Ta.: plura adversus alqm, Ta.—*To bring to light, exalt:* insignem attenuat deus, Obscura promens, H.

prō-moneō, —, —, ēre, *to forewarn:* de istius scelere promoneri.—*To warn further:* te.

(prōmonturium), see promunturium.

prōmōta, ōrum, *n.* [*P.* of promoveo], *preferable things.*

prō-moveō, mōvī (prōmōrat for prōmōverat, H., Ph.), mōtus, ēre, *to move forward, cause to advance, push onward, advance:* saxa vectibus, Cs.: assa in alterum angulum: castra ad Carthaginem, *move onward,* L.: hasta suā sponte promota, *removed,* L.: unum pedem triclinio, *move from,* Ph. — *To extend, enlarge:* vires inmensum in orbem, O.—Fig., *to bring to pass, effect, accomplish:* Nihil, *make no progress,* T.—*To enlarge, increase, promote:* Doctrina vim promovet insitam, H.: miles ad eum gradum promotus, Cu.—*To bring to light, reveal:* arcana promorat loco (i. e. ex intimo corde), H.—*To put off, defer, postpone:* huic nuptias, T.

(prōmptē), *adv.* with *comp.* [1 promptus], *readily, quickly:* dare operam, Ta.—*Easily:* promptius expediam, Iu.—Fig., *openly, freely:* dicam paulo promptius.

1. prōmptus, *adj.* with *comp.* and *sup.* [*P.* of promo], *set forth, brought forward, disclosed, exposed, manifest:* aliud clausum in pectore, aliud promptum in linguā habere, S.: prompta et aperta: nihil quod non istius cupiditati promptissimum esset. —*At hand, prepared, ready, quick, prompt, inclined, disposed:* homo: audacia, S.: sagittae, O.: promptissimus quisque interciderunt, *ablest,* Ta.: ad bella suscipienda animus, Cs.: ad usum forensem promptior esse: ad lacessendum certamen, L.: promptior in spem, Ta.: celeritas in agendo: in rebus gerendis, N.: utemini nobis etiam promptioribus pro patriā, L.: manu promptior, L.: promptior linguā quam manu, S.: nullam gentem promptiorem veniae dandae fuisse, L.—*Bold, enterprising:* promptissimus quisque, Ta.: post eventum, Ta. —*Easy, practicable:* defensio: aditus, Ta.: moenia haudquaquam prompta oppugnanti, L.: sed nec mihi dicere promptum, Nec facere est isti, O.: an promptum effectu aut certe non arduum sit, Ta.

2. (prōmptus, ūs), only *abl.* ū, *m.* [promo+EM-], in the phrase, in promptu, *public, open, visible, manifest, before the eyes:* ut (decorum) sit in promptu: ingenium in promptu habere, *show his ability,* S.: in promptu scrinia Brutus habet, O.—Fig., *at hand, ready:* ea dicam, quae mihi sunt in promptu. —*Easy:* quadrupedes In promptu regere est, O.

prōmulgātio, ōnis, *f.* [promulgo], *a public announcement, formal publication, promulgation:* leges sine ullā promulgatione latae.

prōmulgō, āvī, ātus, āre, *to bring forward publicly, propose openly, publish, promulgate:* de salute alcuius: leges quae promulgatae fuerunt: res multos dies promulgata: hoc promulgare ausus est, ut, etc., *to propose to enact.*

prōmulsis, idis, *f.* [pro+mulsum], *an appetizer, whet, first course* (usu. of eggs or salt fish).

prōmunturium (prōmon-), ī, *n.* [pro + 2 MAN-], *a projecting part of a mountain, spur,* L. —*A mountain projecting into the sea, headland, promontory:* in promunturio fanum est Iunonis: (oppida) posita in extremis promunturiis, Cs.: Minervae, O.

prōmus, ī, *m.* [pro+EM-], *a cellarer, steward, butler:* foris est promus, H.

prō-mūtuus, *adj., paid beforehand, advanced, lent in advance:* insequentis anni vectigal promutuum, i. e. *advanced for the next year,* Cs.

prōnē, *adv.* [pronus], *inclined, leaning, slanting;* opp. directe ad perpendiculum, Cs.

pro-nepōs, ōtis, *m., a great-grandson,* C., O.

pronoea, ae, *f.,* = πρόνοια, *providence.*

prōnuba, ae, *f.* [pro+NEB-], *she who prepares the bride, bride's-woman:* Iuno, V., O.: Bellona manet te pronuba, i. e. *discord shall preside over the marriage,* V.: Tisiphone, O.

prōnūntiātiō, ōnis, *f.* [pronuntio], *a public declaration, publication, proclamation:* quā pronuntiatione factā, Cs.: lege et pronuntiatione condemnatus, i. e. *the decision of the court.*—In rhet., *utterance, delivery, manner.*—In logic, *an utterance, proposition.*

prōnūntiātor, ōris, *m.* [pronuntio], *a relater, narrator:* rerum gestarum.

prōnūntiātum, ī, *n.* [*P. n.* of pronuntio], in logic, *a proposition, axiom.*

prō-nūntiō, āvī, ātus, āre, *to make publicly known, publish, proclaim, announce:* decretum: leges: in vendundo eam rem, *disclose:* amplius de consili sententiā: palam de sellā, sese eius nomen recepturum. — *To utter, render, pronounce, decide:* sententiam, *deliver judgment:* graviore sententiā pronuntiatā, Cs.: iudex ita pronuntiavit, *decided.*—*To proclaim, give word, announce, fix, order:* proelio in posterum diem pronuntiato, L.: iusserunt pronuntiare, ut impedimenta relinquerent, Cs.: ne quis ab loco discederet, Cs.: pronuntiatur, primā luce ituros, Cs.—In the senate, *to formulate, announce, put to vote:* Sententiam Calidi, Cs. — *To hold out, promise, proclaim, offer:*

Plancium pronuntiasse, divisisse: praemia militi, L.: pecuniam.—*To proclaim, choose by acclamation:* eos praetores, L. — *To recite, rehearse, declaim, deliver, pronounce:* versūs multos uno spiritu: memoriter multa.—*To tell, announce, relate, narrate, report, assert:* mercatores quibus ex regionibus veniant, pronuntiare cogunt, Cs.: iam capta castra, Cs.

prō-nurus, ūs, *f.*, *a grandson's wife*, O.

prōnus, *adj.* with *comp.* [PRO-], *turned forward, bent over, inclined, leaning, hanging, stooping, bending:* pecora, quae natura prona finxit, S.: pronus pendens in verbera, *leaning forward to strike*, V.: pronus magister Volvitur in caput, V.: carcere emicat, i. e. *in swift flight*, O.: leporem pronum catulo sectare sagaci, *flying swiftly*, O.: ilex paulum modo prona, dein flexa, S.: motus corporis.—As *subst. n.:* montium prona, *slopes*, Cu.: amnis, *rushing*, V.: rivi, *tumbling*, H.: currus, *headlong*, O.—*Sinking, reaching down:* urbs in paludes, L.: via, *steep*, O.—As *subst. n.:* nihil habent proni, *no downward tendency*.—Of heavenly bodies, *setting, sinking, declining:* Orion, H.: Titan, O. — Of time, *hurrying, fleet:* menses, H.: anni, H. — Fig., *inclined, disposed, prone:* rei p. genus ad perniciosissimum statum: anxitudo ad luctum: in obsequium, H.: pronior in vitia sua, L.: deterioribus, Ta. — *Easy, without difficulty:* omnia virtuti suae prona esse, S.: omnia victoribus, Ta.: facile et pronum est agere, Iu.: id pronius ad fidem est, *is easier to believe*, L.

prooemium, ī, *n.*, = προοίμιον, *an introduction, preface, proem:* citharoedi, *prelude:* legis: prooemia rixae, *beginnings*, Iu.

prōpāgātiō, ōnis, *f.* [1 propago], *an extension, enlargement:* finium imperi: quae propagatio et soboles origo est rerum p., *extension of relationship*.—*An extension, prolongation:* vitae: imperi, L.—*A propagation:* vitium. — Fig., *a perpetuation, honoring:* nominis.

propāgātor, ōris, *m.* [1 propago], *an extender, one who lengthens:* provinciae, i. e. *of command in a province.*

1. prōpāgō, āvī, ātus, āre [pro+PAC-], *to set forward, extend, enlarge, spread, increase:* finīs imperi: eo bello terminos populi R. propagari, L. —*To generate, procreate, engender, propagate:* stirpem in centesimum annum: gloria. radices agit, atque etiam propagatur, i. e. *extends by natural growth.* — *To prolong, continue, extend, preserve:* victu fero vitam: haec posteritati propagantur, *are transferred to posterity:* meus consulatus multa saecula propagarit rei p., *has preserved for many centuries:* vitam aucupio, *prolong:* consuli in annum imperium, L.

2. prōpāgō or (of persons) **propāgō**, inis, *f.* [pro+PAC-], *a set, layer, slip, shoot:* propagines nonne efficiunt, ut, etc.: adulta vitium, H.—*Offspring, descendant, children, race, breed, stock, progeny, posterity:* Alipedis de stirpe dei versuta propago, O.: Romana, V.: clarorum virorum propagines, *posterity*, N.

prō-palam, *adv.*, *openly, publicly, manifestly:* signis conlocatis: haec dicere, L.

prō-patulus, *adj.*, *open in front, not covered, open, uncovered:* in propatulo loco.—As *subst. n.*, *an open place:* in propatulo aedium, *in the open court*, L.: volgo in propatulis epulati sunt, *in the courts*, L.: pudicitiam in propatulo habere, *offer publicly*, S.: statuas in propatulo domi abicit, N.

prope, *adv.* with *comp.* propius (for *sup.*, see proximē); also *praep.* with *acc.*—In space, *near, nigh:* tam prope Italiam videre: adulescentia voluptates prope intuens (opp. procul): prope est spelunca quaedam: bellum tam prope a Siciliā, *so near to:* prope a meis aedibus, *close by:* propius accedamus, T.: paulo propius accedere: ubi propius ventum est, S.—With *acc.*, *near, near to, hard by:* prope oppidum, Cs.: prope amnem, V.: non modo prope me sed plane mecum habitare: nec propius urbem admovere: castra propius hostem movit, L.: hi propius mare Africum agitabant, S.—With *dat.* (only *comp.*): propius stabulis armenta tenere, V.: propius Tiberi quam Thermopylis, N.—In time, *near, at hand:* partus instabat prope, T.: Prope adest, quom alieno more vivendumst mihi, *the time is at hand*, T.: nox prope diremit conloquium, i. e. *the approach of night*, L. —With *acc.*, *near*, in the phrase, prope diem (less correctly, propediem), *at an early day, very soon, shortly, presently:* vero nuntio hoc prope diem sentiemus: sperabat prope diem se habiturum, etc., S.: similes prope diem exitūs sequerentur, L.—Fig., in degree, *nearly, almost, about:* filiam amare, Prope iam ut pro uxore haberet, T.: dolor prope maior quam ceterorum: prope funeratus Arboris ictu, H.: annos prope nonaginta natus: cum hostes prope ad portas essent, L.: prope moenibus succedere, *almost to the walls*, L.: prope desertum oppidum, L.: princeps prope Stoicorum: his prope verbis: iam prope erat, ut ne consulum maiestas coërceret iram, *it had almost come to this*, L.: nec quicquam propius est factum, quam ut illum persequerentur.—With *acc.*, *near to:* prope metum res fuerat, *almost a panic*, L.: ea contentio cum prope seditionem veniret, L.: ut propius periculum fuerint, qui vicerunt, L.—In the phrase, prope modum (less correctly, propemodum), *nearly, almost, just about:* quid enim sors est! idem prope modum, quod micare: adsentior.

(propediem), see prope.

prō-pellō, pulī, pulsus, ere, *to drive forward, drive forth, drive away, drive out:* hostīs, Cs.: hostem a castris, L.: pecora pastum propulsa, L.: in profundum e scopulo corpora, O.: saxa in subeuntes, *hurl*, Cu.: propulsa fragorem Silva dat, *broken down*, O.—Fig., *to drive on, actuate, move, impel:* si paulo longius Caecilium pietas propulisset: ad inlecebras propulsa pecora, L.: alqm ad voluntariam mortem, Ta.—*To drive away, keep off:* periculum vitae a me, L.: frigus diramque famem, H.

(prope-modum), see prope.

prō-pendeō, —, ēnsus, ēre, *to hang down, preponderate:* tantum propendere illam (lancem) putet, ut, etc.—Fig., *to weigh more, preponderate:* si bona propendent.—*To be inclined, be disposed, be favorable:* (animi iudicium) quo impellimus propendent: inclinatione voluntatis in nos.

prōpēnsē, *adv.* with *comp.* [propensus], *willingly, readily, with inclination:* propensius senatum facturum, L.

prōpēnsiō, ōnis, *f.* [pro+PAND-], *inclination, propensity:* ad summam bonum adipiscendum.

prōpēnsus, *adj.* with *comp.* [*P.* of propendeo], *hanging down, preponderant:* id fit propensius.—*Inclining towards, coming near, approaching:* disputatio ad veritatis similitudinem propensior.—*Inclined, disposed, prone, ready, willing:* animus ad probandum: omnia propenso animo facturi, L.: petiit propensum favorem, O.: ad discendum: vir ad lenitatem propensior: in alteram partem: propensior benignitas esse debebit in calamitosos.

properāns, antis, *P.* of propero.

(properanter), *adv.* with *comp.* [propero], *hastily, speedily, quickly:* alqd accipere, Ta.: beneficia properantius, quam aes mutuum, reddere, S.: properantius ire, O.

properantia, ae, *f.* [propero], *a hastening, haste:* ex tantā properantiā, S.: periculum ex properantiā, Ta.

properātiō, ōnis, *f.* [propero], *a hastening, haste:* mea.

properātō, *adv.* [properatus], *quickly, speedily:* ad mortem agitur, Ta.

properātus, *adj.* [propero], *hurried, accelerated, rapid, quick, speedy:* mors, O.: gloria rerum, O.: naves, Ta.

properē, *adv.* [properus], *hastily, in haste, quickly, speedily:* Curre, T.: egredere, N.: Cumas se recepit, L.: naves onerare, S.

properipēs, edis, *adj.* [properus+pes], *swift of foot:* dux, Ct.

properō, āvī, ātus, āre [properus], *to make haste, hasten, be quick, be in haste, go quickly:* mihi properandum necessario est: haec properantes scripsimus, *in haste:* simulabat sese negoti gratiā properare, S.: ad praedam, ad gloriam, Cs.: Romam: alio, *to another subject*, S.: redire in patriam: signa inferre, S.: Sybarin amando Perdere, H.: se quisque hostem ferire properabat, S.: quem Adiungi generum properabat, V.: properare, ut Gadīs contenderet, Cs.: vides toto properari litore? *the running to and fro*, V.: erat nihil, cur properato opus esset.—*To quicken, accelerate, prepare with haste:* alia quae incepto usui forent, S.: properato itinere, S.: mortem, V.: vellera properabantur, H.: teneri properentur amores, Dum vacat, *be sung briefly*, O.

properus, *adj.* [pro+2 PAR-], *quick, speedy, hastening:* aurigae, V.: Telamon, O.: potentiae adipiscendae, Ta.: quoquo facinore clarescere, Ta.

prō-pexus, *P.*, *combed forward, combed down, hanging:* in pectore barba, V.: ad pectora barba, O.: crinis, Ta.

propīnō (prō-, T.), āvī, —, āre, *to drink to one's health, pledge:* propino hoc pulchro Critiae.—*To hand over, yield up:* Hunc comedendum et ebibendum vobis propino, *pass on*, T.

propīnquitās, ātis, *f.* [propinquus], *nearness, vicinity, proximity, propinquity:* hostium, Cs.: locorum: castra aptissima maris propinquitate, Cs.: silvarum petunt propinquitates, Cs.—Fig., *relationship, affinity, kindred:* vinculis propinquitatis coniunctus: familiae et propinquitates, Ta.: si propinquitates summo bono non continentur.

propīnquō, —, —, āre [propinquus], *to draw near, come nigh, approach:* vis inimica propinquat, V.: scopulo, V.: ripae, V.—*To bring near, bring on, hasten, accelerate:* rite Augurium, V.

propīnquus, *adj.* with *comp.* [prope], *near, nigh, neighboring:* rus, T.: loca, S.: urbs: nimium Sol, H.: urbi montes, N.: itinera loca, L.: exsilium paulo propinquius, O.—As *subst. n.*, *neighborhood, vicinity:* ex propinquo cognoscit Hannonem profectum, *from being in the neighborhood*, L.: in propinquo esse, L.—In time, *near, at hand, not far off:* reditus: stipendi spem propinquam facere, i. e. *of speedy payment*, L.—Fig., *kindred, related, near:* homo: mulier: tibi genere, S.: consanguinitate, V.—As *subst. m.* and *f.*, *a relation, relative, kinsman:* societas propinquorum: propinquus et amicus: te reddere caris propinquis, H.: virgo huius propinqua, *kinswoman.*

propior, ius, *gen.* ōris, *adj. comp.* (for *sup.*, see proximus) [cf. prope].—In space, *nearer, nigher:* portus propior, V.: tumulus, L.: Ut propior patriae sit fuga, O.: propior montem suos conlocat, S.—*Plur. n.* as *subst.:* propiora tenens, i. e. *pressing nearer*, V.—In time, *nearer:* Septimus octavo propior iam fugerit annus, Ex quo, etc., *nearly eight*, H.: Maturo funeri, *on the verge of*, H.—*Later, more recent:* epistula.—*Plur. n.* as *subst.*, *more recent events:* ut ad haec propiora veniam.—

Fig., *closer, more nearly related:* quibus propior Quinctio nemo est: gradu sanguinis, O.—*More nearly resembling, more like:* sceleri quam religioni: tauro, V.: propius vero est, *more probable,* L.: lingua Britannicae propior, Ta.: scribere Sermoni propiora, H.: propius est fidem, *is more credible,* L.: quod tamen vitium propius virtutem erat, S.—*Nearer, more nearly related, of more concern, of greater import, closer, more intimate:* propior societas eorum, qui eiusdem civitatis: sua sibi propiora pericula esse, quam mea: damnum propius medullis, H.: cura, O.—*Inclined, attached:* Oderat Aenean propior Saturniā Turno, O.

propitiō, —, ātus, āre [propitius], *to appease, propitiate:* Iovem, Cu.: propitiata Iuno, Ta.

propitius, *adj.* [prope], *favorable, well-disposed, gracious, kind, propitious:* dii mihi: parentes, T.: uti volens propitius suam sospitet progeniem, L.

propius, *adv.; comp.* of prope.

propōla, ae, *m.*, = προπώλης, *a forestaller, retailer, huckster:* vinum a propolā.

prō-pōnō, posuī, positus, ere, *to put forth, set forth, lay out, place before, expose to view, display:* vexillum, Cs.: manūs, caput, O.: ediscendos fastos populo: in publico epistulam.—Fig., *to set before the mind, propose, imagine, conceive:* tibi duos reges: ad imitandum mihi exemplar: eam (vitam) ante oculos vestros: condicio supplici in bello timiditati militis proposita: vim fortunae animo, L.—*To point out, declare, represent, report, say, relate, set forth, publish:* rem gestam, Cs.: quid dicturus sit: quaestionem, *put,* N.: viros notissimos, *adduce:* de Galliae moribus, Cs.: quod antea tacuerat, esse nonnullos, quorum, etc., Cs.—*To offer, propose:* fidem venalem, *expose for sale:* nullo praemio proposito: pugnae honorem, V.: tenesmos, cui remedia proponebantur, *were prescribed,* N.—*To threaten, denounce:* cui cum mors proponeretur: iniuriae propositae a Catone: mortem sibi ante oculos, L.—*To purpose, resolve, intend, design, determine:* iter a proposito (itinere) diversum, Cs.: cum id mihi propositum initio non fuisset, *I had not intended it:* mihi nihil erat propositum ad scribendum, *I had no special occasion to write:* ordo propositus dignitati, *designed for men of worth:* neque propositum nobis est hoc loco (laudare), etc., *I am resolved:* cum mihi proposuissem, ut animos commoverem: propositum est, ut, etc., *the design is.*—In logic, *to premise, state a premise, assume.*

prō-portiō, ōnis, *f.*, *analogy.*

prōpositiō, ōnis, *f.* [propono], *a presentation, representation, conception:* vitae: animi.—*A principal subject, theme,* C.—In logic, *the fundamental assumption.*

prōpositum, ī, *n.* [*P. n.* of propono], *that which is proposed, a plan, intention, design, resolution, purpose:* quidnam propositi haberet, Cs.: adsequi, *to attain:* propositum tenere, L.: peragere, N.: tenax propositi, H.—*An aim, main point, principal subject, theme:* ut declinet a proposito: egredi a proposito ornandi causā: ad propositum revertamur: a proposito aversus, L.: Mutandum tibi propositum est et vitae genus, *plan of life,* Ph.—In logic, *the first premise,* C.—In rhet., *a general principle.*

prōpositus, *adj.* [*P.* of propono], *exposed, open:* omnibus telis fortunae vita; tabernis apertis proposita omnia in medio vidit, L.: oppida ad praedam, Cs.: mulier omnibus, *accessible.*—*At hand, impending:* vitae periculum.

prō-praetor, ōris, *m.*, *an ex-praetor, made governor of a province without military command, propraetor:* a propraetoribus administrari.

propriē, *adv.* [proprius], *personally, severally, as one's own, properly, in person:* parte (campi) frui: quod tu amandus es, id est proprie tuum: cuius causam neque senatus publice neque ullus ordo proprie susceperat: quia ipsi proprie adversa pugna evenerat, cum collegā secunda, i. e. *when alone,* L.: Difficile est proprie communia dicere, *to individualize general themes,* H.—*Properly, accurately, appropriately:* magis proprie nihil possum dicere: quod proprie vereque dicitur.—*Peculiarly, especially:* rei militaris periti, L.

proprietās, ātis, *f.* [propius], *a property, peculiarity, peculiar nature, quality:* singularum rerum singulae proprietates: definitio genere declaratur, et proprietate quādam: frugum proprietates, *peculiar kinds,* L.

proprius, *adj.*, *not common with others, own, special, several, individual, peculiar, particular, proper:* tria praedia Capitoni propria traduntur, *as his private property:* familia, L.: proprio Marte, *by his own bravery,* O.: contumelia, i. e. *personal insult,* L.: omnia, quae nostra erant propria, *all that belonged peculiarly to us:* suā quādam propriā, non communi oratorum facultate: calamitas propria sua, Cs.: id est cuiusque proprium, quo quisque fruitur, *each man's own.*—As *subst. n.:* Amittit merito proprium qui alienum appetit, *his own . . . another's,* Ph.—*Personal, individual, peculiar, own:* propriā ut Phaedria poteretur, *have her for his own,* T.: agitur in criminibus Cluenti proprium periculum: libri, H.: Da propriam domum, V.: tempus agendi fuit mihi magis proprium quam ceteris.—*Peculiar, characteristic:* hoc proprium virtutis existimant, Cs.: oratoris: reliquae partes quales propriae sunt hominis: libertas propria Romani generis.—*Appropriate, exact, proper, strict:* qui proprio nomine perduellis esset, is hostis vocaretur: vocabula rerum.—*Lasting, constant, enduring, permanent:* voluptates eorum (deorum), T.: quod ut illi proprium sit atque perpetuum: parva munera diutina, locupletia non propria esse consueverunt, N.: dona, V.; cf. tamquam Sit proprium quidquam, quod Permutet dominos, etc., H.

1. propter, *adv.* [prope], *near, hard by, at hand:* ibi angiportum propter est, T.: cum duo reges propter adsint: duo filii propter cubantes: cornix volans, Ph.

2. propter, *praep.* with *acc.* [1 propter], *near, hard by, next to, close to:* hic propter hunc adsiste, T.: qui propter te sedit: insulae propter Siciliam. —Fig., *on account of, by reason of, for the sake of, through, in view of, from, for, because of:* is non tam propter Verrem laborat, quam quod, etc.: propter socios: di numquam propter me de caelo descendent, L.: parere legibus propter metum: propter frigora frumenta matura non erant, Cs.: propter loci naturam, S.: cubilia propter Pugnabant, H.—*Through, by means of, on account of:* propter tuam Matrem habere hanc uxorem, T.: propter quos vivit, *to whom he owes life:* quem propter urbs incensa non est: Quam propter perferre labores, V.

propter-eā, *adv., therefore, for that cause, on that account:* Ea res est, proptereaque nunc misera est, T.: haec propterea de me dixi, ut, etc.: id propterea hunc sequor, T.—Esp., in the phrase, propterea quod, *because:* fortissimi sunt Belgae, propterea quod absunt, etc., Cs.: ut adsint, propterea quod officium sequuntur.

propudium, ī, *n.* [pro+4 PV-], *a shameful act* (old); hence, of a person, *a scandal, a vile wretch:* illud Antonius.

prōpūgnāculum, ī, *n.* [propugno], *a bulwark, tower, rampart, fortress, defence:* ut propugnaculo ceteris (navis) esset: pontīs et propugnacula iungunt, V.: Siciliae, i. e. *the fleet:* navium, i. e. *ships furnished with towers,* H.: oppositum barbaris, N.: moenium, Ta.—Fig., *a bulwark, protection, defence:* lex Aelia et Fufia propugnacula tranquillitatis: tyrannidis propugnacula, N.: firmissimo propugnaculo uti, quod, etc., *as his strongest plea,* L.

prōpūgnātiō, ōnis, *f.* [propugno], *a defence, vindication:* dignitatis tuae: suscepi propugnationem pro ornamentis tuis.

prōpūgnātor, ōris, *m.* [propugno], *one who fights in defence, a defender, soldier:* a propugnatoribus relictus locus, Cs.—Esp., in a ship, *a marine, soldier:* remigum propugnatorumque numerus, Cs.: classis inops propter dimissionem propugnatorum.—Fig., *a defender, maintainer, champion:* patrimoni sui: senatūs.

prō-pūgnō, āvī, ātus, āre, *to go forth to fight, sally, make sorties:* ex silvis rari, Cs.—*To fight in defence, repel an assault, resist:* uno tempore propugnare et munire, Cs.: pro suo partu: multos e muris propugnantes hastā transfixit, Cu.: munimenta, *defend,* Ta.—Fig., *to contend, argue in defence, be a champion:* pro illorum famā: pro salute.

prōpulsātiō, ōnis, *f.* [propulso], *a driving back, warding off:* periculi.

prōpulsō, —, ātus, āre, *freq.* [propello], *to drive back, ward off, repel, repulse:* ibi, S.: hostem, Cs.: inimicorum impetūs.—Fig., *to ward off, avert, repel:* quod tu speres, propulsabo facile, *will put out of the question,* T.: iniurias, Cs.: suspicionem a se: bellum ab urbe, L.

prōpulsus, *P.* of propello.

propylaea, —, *n.,* = προπύλαια, *a gateway, entrance;* esp., *the Propylaea to the Parthenon.*

prō quaestōre, see pro and quaestor.

prōra, ae, *f.,* = πρῷρα, *the forepart of a ship, bow, prow:* prorae admodum erectae, Cs.: terris advertere proram, V.: prorae tutela Melanthus, i. e. *the lookout,* O.: prorae litore inlisae, L.—Prov.: mihi prora et puppis, ut Graecorum proverbium est, fuit, etc., i. e. *my intention from first to last.*—*A ship:* aeratae steterant ad litora prorae, V., O.

prō-rēpō, rēpsī, —, ere, *to creep forth, crawl out:* (formica) non usquam prorepit, H.

prō-ripiō, puī, reptus, ere, *to drag forth:* hominem proripi iubet: nudos pedes, i. e. *spring forth,* O.: se ex curiā repente proripuit, *rushed out:* se ex curiā domum, S.: se portā foras, Cs.: se undique in publicum, *rush into the street,* L.: quo deinde ruis? quo proripis? (sc. te) V.—Fig., *to drive out, hurry forth, impel:* ne virilis Cultus in caedem et Lycias proriperet catervas? H.: quae libido non se proripiet? *break out openly.*

prōrogātiō, ōnis, *f.* [prorogo], *a prolongation, extension:* imperi, *of one's command,* L.: diei, *postponement.*

prō-rogō, āvī, ātus, āre, *to prolong, continue, extend, protract:* quinquenni imperium Caesari: provinciam: imperium in insequentem annum, L.: Alterum in lustrum, meliusque semper Proroget aevum, H.—*To put off, defer:* dies ad solvendum.

prōrsum, *adv.* [pro+vorsum], *forwards:* cursari rursum prorsum, *to and fro,* T.—Fig., *absolutely, at all:* prorsum nihil intellego, T.

prōrsus, *adv.* [pro+vorsus], *forward, right onward:* prorsus ibat res: huc prorsus se inruere, *rush right in on us,* T.—Fig., *by all means, certainly, utterly, absolutely, entirely:* tacere, T.: nullo modo prorsus adsentior, *by no means:* verbum prorsus nullum intellego, *not a single word:*

vehementer: set ea prorsus opportuna Catilinae, *precisely*, S.—*In short, in fine, in a word, in fact:* citus modo, modo tardus incessus; prorsus in facie voltuque vaecordia inerat, S.

prō-rumpō, rūpī, ruptus, ere, *to break forth, break out, rush forth, make an attack:* in hostīs, V.: vis morbus in imum intestinum prorupit, N.: (Aetna) prorumpit ad aethera nubem, *breaks out in*, V.—*Pass.:* It mare proruptum, *bursts forth*, V.—Fig., *to break out, burst forth:* illa pestis prorumpet: in scelera, Ta.: ad minas, Ta.

prō-ruō, ruī, rutus, ere, *to rush forth, make an onset, sally:* quā (dextrum cornu) proruebat, Cs.: in hostem, Cu.—*To cast down, tear down, pull down, throw down, overthrow, overturn, demolish, prostrate:* eā parte (munitionis), quam proruerat, Cs.: vallo proruto, L.: columnam, H.: Albam a fundamentis, *raze to the ground*, L.: foras simul omnes proruont se, *rush out*, T.—*To fall, tumble down:* motu terrae oppidum proruit, Ta.

prōruptus, *P.* of prorumpo.

prōrutus, *P.* of proruo.

prōsāpia, ae, *f.*, *a stock, race, family:* homo veteris prosapiae, S.: eorum, ut utamur veteri verbo, prosapiam.

proscaenium (proscēn-), ī, *n.*, = προσκήνιον, *the front part of the stage, proscenium:* theatrum et proscaenium, L.—*Plur.*, *a stage, theatre*, V.

prō-scindō, —, —, ere, *to plough, break up:* terram iuvencis, V.: ferro campum, O.—Fig., *to satirize, revile, defame:* summotum (me) patriā, O.

prō-scrībō, scrīpsī, scrīptus, ere, *to make public by writing, publish, proclaim, announce:* in eum diem Kalendas Martias: non proscriptā neque edictā die: proscribit se auctionem esse facturum.—*To post up, offer for sale, proclaim, advertise:* alterius bona: insulam.—*To punish with confiscation, inflict forfeiture of property upon, deprive of property:* ut (tribunus) proscribere possit quos velit: vicinos, *confiscate the lands of.*—*To outlaw, ban, proscribe, proclaim beyond the protection of law:* cum proscriberentur homines, qui, etc.: quorum victoriā Sullae parentes proscripti, S.

prōscrīptiō, ōnis, *f.* [pro+SCALP-], *a public notice of sale, advertisement:* bonorum: praediorum.—*Proscription, outlawry, confiscation:* proscriptionis miserrimum nomen: de capite civis et de bonis proscriptionem ferre.

prōscrīpturiō, —, —, īre, *desider.* [proscribo], *to desire to proscribe.*

prōscrīptus, ī, *m.* [*P.* of proscribo], *an outlaw, proscribed person, one under the ban:* lex, quae proscriptum iuvari vetat: in proscriptorum numero esse, S.

prō-secō, cuī, ctus, āre, in religion, of parts of the victim to be offered, *to cut off, cut away:* hostiae exta, L.—*P. pass., plur. n.* as *subst.:* inposuit prosecta aris, i. e. *the entrails*, O.

prōsecūtus (-quūtus), *P.* of prosequor.

prō-sēminō, —, ātus, āre, *to sow, scatter, plant:* ostreas.—Fig., *to continue, propagate:* proseminatae sunt familiae.

prō-sequor, cūtus (quūtus), ī, *dep.*, *to follow, accompany, attend, follow after, escort:* eum milites electi sunt prosecuti, Cs.: unum illum, N.: exsequias illius funeris, *attend:* lacrimis ad fores, O.: Aeneas Prosequitur lacrimans longe, V.—Of things, *to follow, pursue, accompany, attend:* Prosequitur surgens a puppi ventus euntes, V.: naves mittere quae se prosequerentur, L.: Cattos saltus Hercynius prosequitur simul atque deponit, i. e. *extends to the limits of their territory*, Ta.: (amici) mortui vivunt; tantus eos honos prosequitur amicorum: oculis abeuntem prosequor udis, i. e. *look after*, O.—*To chase, follow up, pursue, follow:* neque longius prosequi potuerunt, Cs.: novissimos multa millia passuum, Cs.: speculatores, qui prosequerentur agmen, missi, L.—Of speech, *to follow up, attack, assail, abuse:* hominem verbis vehementioribus: contumeliosis vocibus, Cs.—Fig., *to wait upon, attend, honor, distinguish:* alquem honorificis verbis: gratissimis animis nomen adulescentis: laudibus virum, L.: tuam profectionem amore: cum donis legatos, L.—In discourse, *to pursue, continue, follow up, go on:* illius mortis opportunitatem benevolentiā: prosequitur pavitans, V.: pascua versu, *describe at length*, V.

Prōserpina (Pros-, H.), ae, *f.*, = Περσεφόνη, *Proserpine, wife of Pluto, and queen of the Lower World*, C., V., H., O.: Imperiosa, i. e. *death*, H.

proseucha, ae, *f.*, = προσευχή, *a place for prayer, oratory*, Iu.

prōsiliō, uī, —, īre [pro+salio], *to leap forward, spring forth, spring up:* quidnam hic properans prosilit, T.: temere: ex tabernaculo, L.: de capitis paterni Vertice (Minerva), O.: e convivio, Cu.—Of things, *to spring forth, burst forth, start out:* (sanguis) prosilit, O.: prosilit scintilla, O.: rivus e lapide, Ct.—Fig., *to break forth:* vaga prosiliet frenis natura remotis, H.—*To rush, hasten, undertake eagerly:* in contionem, L.: ad arma dicenda, H.

prō-socer, erī, *m.*, *a wife's grandfather*, O.

prōspectō, āvī, ātus, āre, *freq.* [prospicio], *to look forth, look out, look at, view, behold, see afar off, gaze upon:* ex tectis fenestrisque, L.: Campani moenia urbis prospectantes repleverant, L.: mare: proelium, S.: e puppi pontum, O.—Of places, *to command, look towards, lie towards:* villa, quae monte summo posita Prospectat Siculum,

Ph.: hos (campos) terra prospectat, Cu.: vastum turribus aequor, Tb.: locus late prospectans, Ta.—Fig., *to look for, expect, hope, look out for, await:* exsilium: diem de die prospectans, ecquod auxilium appareret, L.: te quoque fata Prospectant paria, *await*, V.

1. **prōspectus**, *P.* of prospicio.

2. **prōspectus**, ūs, *m.* [pro+SPEC-], *a look-out, distant view, prospect:* cum saepibus prospectus impediretur, Cs.: prospectum ager arbustis consitis prohibebat, S.: pulcherrimo prospectu porticus: adempto propinquo congredientium inter se conspectu, L.—*Sight, view, faculty of sight:* esse in prospectu, *in sight*, Cs.: praeclarus: Prospectum eripiens oculis, V.: late Aequora prospectu metior, O.

prō-speculor, ātus, ārī, *to look out, explore:* Siccium prospeculatum ad locum castris capiendum mittunt, L.: e muris adventum imperatoris, *to watch for*, L.

prōsperē, *adv.* [prosperus], *according to hope, as desired, favorably, luckily, fortunately, prosperously:* quicquid gestum est: evenire: haec minus prospere procedebant, N.

prōsperitās, ātis, *f.* [prosperus], *good-fortune, success, prosperity:* vitae: valetudinis, *vigorous health*, N.: improborum prosperitates.

prōsperō, āvī, ātus, āre [prosperus], *to render fortunate, make happy, prosper:* populo R. vim victoriamque, L.: patrum decreta, H.

prōsperus, *adj.* with *comp.* [pro+spes], *according to hope, as desired, favorable, fortunate, prosperous:* fortuna: res avi tui: hominum generi prosperus fulgor, *propitious:* si cetera prospera evenissent, L.: prosperos exitūs consequi: religio, i. e. *favorable auspices*, V.: mox cecinit laudes prosperiore lyrā, O.: prosperius fatum, O.: verba, *of good omen*, O.: noctilucam, Prosperam frugum, *beneficial to fruits*, H.

prōspicientia, ae, *f.* [prospicio], *foresight, forethought, precaution:* vigilia et prospicientia.

prōspiciō, ēxī, ectus, ere [SPEC-], *to look forward, look into the distance, have a view, look out, look, see:* parum prospiciunt oculi, *do not see well*, T.: ex superioribus locis in urbem, Cs.: multum, *have an extensive prospect:* per umbram, V.—Of places: domus prospicit agros, *overlooks*, H.: freta prospiciens Tmolus, O.—*To see afar, discern, descry, espy, make out, observe:* domum suam: campos longe, V.: ex speculis hostium classem, L.: ex edito monte cuncta, Cu.: cum litora fervere late Prospiceres, V.—*To look out, watch, be on the watch:* ab ianuā, N.: Pavorem simulans (feles) prospicit toto die, Ph.—Fig., *to look to beforehand, see to, exercise foresight, look out for, take care of, provide for:* Malo nos prospicere quam ulcisci, *take precautions*, T.: prospicite atque consulite: longe in posterum: prospicite, ut videantur, etc.: statuebat prospiciendum, ne, etc., Cs.: ego iam prospiciam mihi, T.: consulite vobis, prospicite patriae.—*To foresee:* alias animo procellas: multum in posterum: ex imbri soles, V.: animo prospicere, quibus de rebus auditurus sis.—*To look out for, provide, procure:* sedem senectuti, L.: Nisi si prospectum interea aliquid est, desertae vivimus, T.: ad ferramenta prospicienda.

prō-sternō, strāvī, strātus, ere, *to strew before, spread out, cast down, throw to the ground, overthrow, prostrate:* ceteros, T.: arbor prostravit multam pondere silvam, O.: se ad pedes meos: prostraverant se omnes humi, L.—Fig., *to throw to the ground, overthrow, subvert, ruin, destroy:* hostem: omnia cupiditate: adflicta et prostrata virtus: sic te ipse prosternes, ut, etc., *abase.*

prōstituō, uī, ūtus, ere [pro+statuo], *to set forth in public, expose to dishonor, prostitute, offer for sale:* faciem lucro suam, O.: se, Ct.: Ingrato vocem foro, O.

prō-stō, stitī, —, āre, *to be on sale, be exposed for sale:* liber prostat, H.: cuius vox prostitit.—*To offer one's person for sale, prostitute oneself*, Iu.—Fig.: illud amicitiae numen Prostat, i. e. *is venal*, O.

prōstrātus, *P.* of prosterno.

prō-subigō, —, —, ere, *to dig up, cast up:* pede terram, V.

prō-sum, prōfuī, prōdesse (*inf. fut.* prōfore, H.), *to be useful, be of use, do good, benefit, profit, serve:* prodesse aequomst, T.: quorum altera prosunt: aliena ac nihil profutura petunt, S.: magis Menenianum profuit iudicium, L.: fugiam quae profore credam, H.: tu tantum corpore prodes, Nos animo, O.: Qui ipse sibi prodesse non quit, Enn. ap. C.: nihil tibi litterae meae proderunt: quantum profuit ad concordiam civitatis, L.: quid prodest fundum habere?: quid mihi fingere prodest? O.: nec quicquam tibi prodest tentasse, etc., H.: prosit (Flacco), quod, etc.

prō-tegō, tēxī, tēctus, ere, *to cover before, hide in front, cover over, cover, protect, shelter:* tabernacula protecta hederā, Cs.: aedes, *furnish with a projecting roof:* hunc scutis protegunt hostes, *protect*, Cs.: scutis protecti corpora longis, V.: protegendi corporis memor, L.—Fig., *to cover, shield, defend, protect:* me civem: mansit ad protegendum regem, L.: causam, Iu.

prō-tēlō, —, —, āre [pro+telum], *to drive forth, drive away:* te dictis, T.

prō-tendō, —, tus, ere, *to stretch forth, stretch, reach out, extend:* hastas, V.: bracchia In mare, O.: ire in protenta tela, O.—In zeugma: oculos dextramque precantem, i. e. *lifting eyes and hands in supplication*, V.

prō-tenus, see prōtinus.

prō-terō, —, trītus, ere, *to tread under foot, trample down, wear away, crush, bruise:* equitatus aversos (milites) proterere incipit, Cs.: agmina curru, V.: viride protritum et corruptum, L.—*To trample, overthrow, maltreat, crush, destroy:* Marte Poenos, H.: iste semper illi ipsi domi proterendus: quid inanem proteris umbram? (i. e. me), O.: ver proterit aestas, i. e. *supplants*, H.

prō-terreō, uī, itus, ēre, *to frighten off, scare away, drive away, affright, terrify:* filium hinc, T.: Aulesten Adverso equo, V.: patriā proterritus: proterritis hostibus, Cs.

protervē (prō-, T.), *adv.* with *comp.* [protervus], *recklessly, boldly, wantonly, impudently:* iracundus, T.: consectans proterve bene de re p. meritor: quicquid facias protervius aequo, O.

protervitās, ātis, *f.* [protervus], *wantonness, pertness, sauciness, impudence:* tua, T.: de protervitate oratio: Glycerae grata, H.

protervus, *adj.* [pro+1 TER], *pressing forward, violent, vehement:* venti, H.: stella canis, *oppressive*, O.—Fig., *forward, bold, pert, wanton, shameless, impudent:* homo: dictum aut factum: vidua: iuvenes, H.: oculi, O.: Musa, O.

Prōteus (disyl.), eī, *acc.* ea, *voc.* eu, *m.*, = Πρωτεύς, *a sea-god of changeable form*, V., H., O.: Protei columnae, i. e. *the boundary of Egypt*, V.: Quo teneam voltūs mutantem Protea modo? i. e. *How bind one so fickle!* H.: Effugiet haec vincula Proteus, i. e. *the cunning rogue*, H.

prōtinam (-tenam), *adv.* [old for protinus], *forthwith, immediately:* hinc me conicere, T.

prōtinus or **prō-tenus**, *adv.*, *right onward, forward, farther on, onward:* pergere: vox, quā protinus omne Contremuit nemus, i. e. *far and wide*, V.—*Right on, continuously, directly, without pause, uninterruptedly:* Laodiceam protinus ire: protinus eodem cursu in oppidum contendere, Cs.: consules, partā victoriā, protinus inde ducunt, etc., L.: sic vives protinus ut, etc., i. e. *you will keep on living so, though*, etc., H.: ad alias augustias protinus pergere, *successively*, L.: Mos erat, quem protinus urbes coluere, *continuously*, V.—Of space, *continuously, in connection, uninterruptedly, next:* trans Leggios Gothones regnantur . . . protinus deinde ab Oceano Rugii, Ta.: cum protinus utraque tellus Una foret, V.—*Forthwith, immediately, at once, on the spot:* oratio protinus conficiens auditorem benevolum: Carthaginem ituri, L.: tu protinus unde Divitias ruam, dic, augur, H.

prō-traho, trāxī, tractus, ere, *to draw forth, drag out, bring forward, produce:* hinc in convivium Cominium: pedibusque informe cadaver (Caci) Protrahitur, V.: nudi in medium protrahebantur, L.—*To bring to light, discover, disclose, reveal, expose, betray:* auctorem se nefandi facinoris, L.: per indicium protractum est facinus, L.: indicio latitantes versūs, O.

prōtrītus, *P.* of protero.

prō-trūdō, sī, sus, ere, *to thrust forward, push out:* cylindrum: capite est protrusus foras, Ph. —Fig., *to put off, defer:* comitia in Ianuarium mensem.

prō-turbō, āvī, ātus, āre, *to drive on, drive away, repel, repulse:* his facile pulsis ac proturbatis, Cs.: hostīs telis, L.: hostīs hinc comminus, V.: silvas, *prostrate*, O.: militum conviciis proturbatus, *assailed*, Ta.

pro-ut, *conj.*, *according as, in proportion, accordingly, proportionately as, just as, as:* tuas litteras, prout res postulat, exspecto: id, prout cuiusque ingenium erat, interpretabantur, L.

prō-vehō, vēxi, vēctus, ere, *to carry forward, move along, convey* (old in *act.*).—*Pass.*, *to advance, move forward, go on, ride, drive:* leni Africo provectus, Cs.: provehimur portu, V.: paulum ab suis equo provectus, L.: a terrā provectae naves, *sailed out*, Cs.—Fig., *to carry on, carry forward, lead on:* huc me provexit oratio: haec spes provexit, ut, etc., *led them on so far*, L.: Epulantium comitas provexit omnīs ad largius vinum, Cu.—*Pass.*, *to be led on, advance, proceed, go onward, make progress:* si qui longius in amicitia provecti essent: provectus est intemperantiā linguae in maledicta, *was betrayed*, L.: quid ultra Provehor? *why say more?* V.: iam aetate provectus, *advanced in life*.—*To advance, exalt, elevate, raise:* ecquo te tua virtus provexisset?: ad summos honores alios, L.: Vim temperatam di provehunt In maius, H.: Agrippinae gratiā provectus, Ta.

prō-veniō, vēnī, ventus, īre, *to come forth, appear, arise, be produced:* proveniebant oratores novi, Naev. ap. C.: provenere ibi scriptorum magna ingenia, S.: Lana, O.: provenere dominationes, Ta.—*To grow up, grow, thrive, flourish, prosper:* frumentum angustius provenerat, Cs.: tantum frumenti provenerat, ut, etc., L.: Carmina proveniunt animo deducta sereno, *succeed*, O.: si cuncta provenissent, Ta.

prōventus, ūs, *m.* [pro+BA-], *a coming forth, growth, produce, yield:* Proventu oneret sulcos, V. —Fig., *an issue, result:* in bello omnīs secundos rerum proventūs expectare, Cs.—*A harvest, fortunate issue, happy result, success:* superioris temporis, Cs.: secundarum rerum, L.

prōverbium, ī, *n.* [pro+verbum], *an old saying, saw, maxim, adage, proverb:* tritum sermone: volgatum, L.: quod est Graecis hominibus in proverbio: proverbi locum obtinere: acta agimus, quod vetamur veteri proverbio.

prōvidēns, entis, *adj.* with *comp.* and *sup.* [*P.*

of provideo], *foreseeing, provident, prudent:* homo: id est ad reliquas res providentius, *in other respects more prudent:* providentissimus quisque, Ta.

prōvidenter, *adv.* with *sup.* [providens], *with foresight, providently, carefully:* exornat, S.: alqd providentissime constituere.

prōvidentia, ae, *f.* [providens], *foresight, foreknowledge:* providentia est, per quam futurum aliquid videtur.—*Foresight, forethought, precaution, providence:* deorum: alterum ex providentiā timorem adferre solet, S.: declinandi, Ta.

prō-videō, vīdī, vīsus, ēre, *to see in advance, discern, descry:* ubi, quid petatur, procul providere nequeat, L.: Excusare . . . quod non Providisset eum, H.—Fig., *to see beforehand, foresee:* quid eventurum sit: plus animo providere existimabatur, quod, etc., Cs.—*To act with foresight, take precautions, see to it, be careful:* actum de te est, nisi provides: nisi providisses, tibi ipsi pereundum fuisset: saluti: a dis vitae hominum provideri: est de Brundisio providendum: de re frumentariā, Cs.: ut quum rectissime agatur providebo: ne nocere possent ego providi: ne qua civitas suis finibus recipiat, a me provisum est, Cs.: Provisumst, ne abeat, T.—*To see to, look after, care for, provide, prepare, make ready:* multum in posterum providerunt, quod, etc.: rem frumentariam, Cs.: providentia haec potissimum providet, ut, etc.: omnia, S.: Verbaque provisam rem non invita sequentur, H.—*To prevent, guard against, avert, avoid, obviate:* neque omnino facere aut providere quicquam poterant, S.: quae consilio provideri poterunt, cavebuntur.

prōvidus, *adj.* [pro+VID-], *foreseeing, prescient:* mens rerum futurarum: futuri opinio, L.: veri augur, O.—*Caring for, provident:* natura utilitatum omnium: provida cura ducis, O.—*Cautious, circumspect, provident, prudent:* homines parum cauti providique: animal: Qui providus urbīs inspexit, H.

prōvincia, ae, *f.*, *an office, duty, pursuit, charge, business, province:* dura, T.: sibi provinciam depoposcit, ut me trucidaret.—*A public office, appointment, charge, commission, administration, employment, command:* urbana: cui classis provincia evenerat, L.: Aquilio Hernici provincia evenit, i. e. *were assigned*, L.: ut alteri consulum Italia bellumque cum Hannibale provincia esset, *sphere of action*, L.: quasi provincias atomis dare, *methods of action.*—Esp., *the government of a territory outside of Italy by one who had served as magistrate in Rome, provincial government, territorial administration, command in the name of the Roman people:* in quibus (locis) provinciam administras: numerum annorum provinciis prorogavit: provinciae rudis: provinciam deposuit, *resigned:* consularis, *governed by an ex-consul.*—*A territory governed by a magistrate from Rome, province:* Sicilia prima omnium provincia est appellata: provincia Syria: in provinciam cum imperio proficisci.

prōvinciālis, e, *adj.* [provincia], *of a province, provincial:* negotia: administratio: scientia, *the administration of a province:* edictum, *relating to a province:* molestia, *in administering a province:* abstinentia, *forbearance in governing a province:* parsimonia, Ta.: aditūs ad me minime provinciales, *not as with other provincial governors:* bellum, *in the province*, Ta.—*Plur. m.* as *subst.*, *the people of a province, provincials.*

prōvīsiō, ōnis, *f.* [pro+VID-], *a foreseeing, foreknowing:* animi.—*Foresight, providence:* longa animi: posteri temporis, *precaution for.*—*Provision against, prevention:* horum incommodorum est una provisio, ut, etc.

1. prōvīsō, *adv.* [1 provisus], *with forethought, deliberately:* temere, proviso, Ta.

2. prō-vīsō, —, —, ere, *to go forth to see, see to it:* proviso, quid agat Pamphilus, T.

prōvīsor, ōris, *m.* [pro+VID-], *a foreseer, provider:* dominationum, Ta.: utilium tardus, H.

1. prōvīsus, *P.* of provideo.

2. (prōvīsus, ūs), *m.* [pro+VID-].—Only *abl. sing.*, *a looking forward, distant view:* ne oculi provisu iuvabant, Ta.—*A foreseeing:* periculi, Ta.—*A caring for beforehand*, Ta.

prō-vīvō, vīxī, ere, *to live on*, Ta.

prōvocātiō, ōnis, *f.* [provoco], *a citation before a higher tribunal, appeal:* ad populum: poena sine provocatione: de provocatione certatum ad populum est, L.: provocationes omnium rerum.

prōvocātor, ōris, *m.* [provoco], *a kind of gladiator.*

prō-vocō, āvī, ātus, āre, *to call forth, call out, summon:* Pamphilam cantatum, T.: ad se Simonidem, Ph.: roseo ore diem, O.—*To call out, challenge, invite:* (Aiacem) ad pugnam: provocatus haec spolia ex hoste caeso porto, L.: in provocantem hostem pugnare, L.—*To go before a higher tribunal, appeal, make an appeal:* de maiestate ad populum: ab omni iudicio poenāque provocari licere.—Fig., *to excite, stimulate, exasperate, stir up, rouse:* maledictis me: beneficio provocati: sermonibus, Cs.: munificentiā nostrā plebem, L.: bellum, Ta.

prō-volō, āvī, —, āre, *to fly forth, hurry forth, rush out:* subito omnibus copiis, Cs.: ad primores, L.

prō-volvō, volvī, volūtus, ere, *to roll forward, roll along, roll over, overturn:* hunc in mediam viam, T.: hunc iuga subter Provolvēre rotae, V.: fortunis provolvi, i. e. *to be expelled from*, Ta.—With *se*, *to cast oneself down, fall down, prostrate* *oneself:* alcui se ad pedes, L.: flentes ad genua consulis provolvuntur, L.: provolutae ad pedes, Cu.: (mulier) ad libita Pallantis provoluta, *submitting to*, Ta.

proximē or **proxumē**, *adv. sup.* [proximus].—Of place, *nearest, very near, next:* quam proxime potest castris, *as close as possible*, Cs.: exercitum habere quam proxime hostem.—Fig., of time, *very lately, just before, most recently, last before:* civitates quae proxime bellum fecerant, Cs.: qui proxime est mortuus.—Of order or rank, *next to, next after, next:* proxime et secundum deos homines hominibus maxime utiles esse possunt: ordinatis proxime morem Romanum, *just in the Roman method*, L.: res erat proxime speciem muros oppugnantium navium, *closely resembling*, L.: proxime atque ille aut aeque, *nearly the same as he.*

proximitās, ātis, *f.* [proximus], *nearness, vicinity, proximity:* nimia, O.—Fig., *near relationship:* ipsaque damno est mihi proximitas, O.—*Similarity, resemblance:* lateat vitium proximitate boni, O.

proximō, *adv.* [proximus], *very lately, shortly:* proximo a. d. vi Kal. Octobr., *just before.*

proximus or **proxumus**, *adj. sup.* [prope], *the nearest, next:* vicinus, *next neighbor*, T.: oppida, Cs.: mare, S.: iter in Galliam, *most direct*, Cs.: paries cum proximus ardet, *adjoining*, H.: ex proximo vicini fundo deiectus: Belgae proximi sunt Germanis, Cs.: Proxima Campano ponti villula, *close*, H.: ager qui proximus finem Megalopolitarum est, L.: dactylus proximus a postremo, *next to the last:* proximus a dominā, O.: regio ab eā (urbe), Cu.—As *subst. m.:* ut proximi iacentibus insisterent, *those nearest*, Cs.: ab proximis impetrare, *their nearest neighbors*, Cs.—As *subst. n.*, *the neighborhood, vicinity, nearest place:* quom in proximo hic sit aegra, *next door*, T.: vastatis proximis Illyrici, *adjoining districts*, L.—Fig., in time, *the previous, last, latest, most recent:* optime proximo civili bello de re p. meritus: proximis superioribus diebus: bellum tanto maiore quam proximo conatu apparatum est (i. e. quam proximo anno), L.: censor qui proximus ante me fuerat.—*The next, following, ensuing, coming:* proximā nocte, *on the next night*, Cs.: silentio proximae noctis editum vocém, L.: in proxumum annum consulatum petere: in proximum (sc. diem), Cu.—In order or rank, *the next:* summa necessitudo videtur esse honestatis, huic proxima incolumitatis: prima volnera . . . Proxima, O.: Proximos illi tamen occupavit Pallas honores, H.: proximum est ergo, ut quaeramus, *we must next inquire:* proximum est, ut doceam, etc., *the next point is.*—In value or merit, *the next, nearest, most like:* ut id habendum sit eo proximum, quod sit optimum: non nasci homini optimum est, proximum autem, etc., *next best:* proxima Phoebi Versibus ille facit, V.: proximum vero est, Porsinnam dedisse, etc., *nearest the truth*, L.—In relationship, *the nearest, next, closest, next of kin, most like:* illi genere, T.: cognatione: propinquitate, N.; cf. Negabat illa se esse culpae proximam, i. e. *guilty*, Ph.—As *subst. m.*, *a near relation, next of kin:* quaesivit proximum, paene alterum filium: iniuriosi in proximos: responderunt proximi, Ph.—*Most devoted, most faithful:* in dis patriis repetendis proximus fuit.

proxumē, proxumus, see proxim-.

prūdēns, entis, *adj.* with *comp.* and *sup.* [for providens], *foreseeing, foreknowing:* quos prudentīs possumus dicere, id est providentīs: satisque prudens oti vitia negotio discuti, *aware*, Cu.—*Knowing, skilled, skilful, experienced, versed, practised:* ceterarum rerum: rei militaris, N.: locorum, L.: animus rerum, H.: adulandi gens prudentissima, Iu.: in iure civili: prudens anus Novemdialīs dissipare pulveres, H.—*With knowledge, deliberate:* quos prudens praetereo, H.: amore ardeo, et prudens sciens, Vivus vidensque pereo, T.: sic ego prudens et sciens ad pestem ante oculos positam sum profectus.—*Knowing, wise, discreet, prudent, sagacious, sensible, intelligent, clever, judicious:* tribunus plebis: prudentissimus senex: Octavio ingenio prudentior: vir ad consilia: Illa deam longo prudens sermone tenebat, O.: malim videri nimis timidus quam parum prudens, *circumspect:* prudentissimum (consilium), N.

prūdenter, *adv.* with *comp.* and *sup.* [prudens], *sagaciously, intelligently, discreetly, circumspectly, learnedly, prudently:* res attendere, S.: facere: disputavit multa: quaestio non satis prudenter constituta: belli administrationem prudentius quam imperator coniecturā adsequi: prudentissime defendere.

prūdentia, ae, *f.* [prudens], *a foreseeing:* futurorum.—*Acquaintance, knowledge, skill, professional learning:* civilis, *statesmanship:* iuris publici: iuris civilis, N.: verbosa simulatio prudentiae: cani rectoris, Iu.—*Sagacity, good sense, intelligence, prudence, practical judgment, discretion:* hominis mira: quae vestra prudentia est: vivendi ars est prudentia: rerum fato prudentia maior, V.: si ratio et prudentia curas aufert, H.

pruīna, ae, *f.* [PVR-], *hoar-frost, rime:* quae (aqua) neque nive pruināque concresceret: pruinae ac nives: canae, H.: matutinae, O.: gelidae, i. e. *snow*, V.: ad medias sementem extende pruinas, i. e. *winter*, V.

pruīnōsus, *adj.* [pruina], *full of hoar-frost, frosty, rimy:* herbae, O.: nox, O.

prūna, ae, *f.* [PVR-], *a burning coal, live coal:* medium per ignem multā premimus vestigia prunā, V.: prunae batillum, H.

prūniceus, *adj.* [prunus], *of plum-tree wood:* torris, O.

prūnum, ī, *n.*, = προῦμνον, *a plum:* cerea, V.: pruna ferre, V., H.

prūnus, ī, *f.*, = προύμνη, *a plum-tree:* prunis lapidosa rubescere corna, *on the plum-trees*, V.

prūriō, —, —, īre [PVR-], *to itch:* si prurit ocelli Angulus, Iu.—*To be wanton, make a wanton display*, Ct., Iu.

prytanēum or **prytanīon**, ī, *n.*, = πρυτανεῖον, in Greece, *a city hall, hall of the prytanes, state dining hall*, C., L.

prytanis, is, *m.*, = πρύτανις, in Greece, *a member of the chief executive body, prytane*, L.

psallō, ī, —, ere, = ψάλλω, *to play upon a stringed instrument, sing to the cithara:* elegantius, S.: Doctae psallere Chiae, H.

psaltērium, ī, *n.*, = ψαλτήριον, *a stringed instrument, lute, psaltery.*

psaltria, ae, *f.*, = ψάλτρια, *a female player on the cithara, lutist*, T., C., Iu.

psēphisma, atis, *n.*, = ψήφισμα, among the Greeks, *an ordinance of the people, plebiscite.*

pseudomenos, ī, *m.*, = ψευδόμενος, in logic, *a false syllogism, piece of sophistry.*

pseudothyrum, ī, *n.*, = ψευδόθυρον, *a back-door, secret entrance:* (nummi) per pseudothyrum revertantur, i. e. *secretly.*

psithius (**psy-**), *adj.*, = ψίθιος, *of a species of Grecian vine producing a sweet wine, Psithian:* vitis, V.—As *subst. f.* (sc. vitis), V.

psittacus, ī, *m.*, = ψίττακος, *a parrot*, O.

psȳchomantīum (**-ēum**), ī, *n.*, = ψυχομαντεῖον, *a place for inquiring of the dead, place of necromancy.*

psythius, see psithius.

-pte, *enclit.*, added to the *abl.* of a *pron. possess.*, *self, own:* suopte pondere: suāpte manu: nostrāpte culpā, T.

ptisanārium, ī, *n.* [ptisana, barley-groats], *a decoction of barley-groats, gruel:* oryzae, H.

pūbēns, entis, *adj.* [pubes], *mature, flourishing, exuberant:* herbae, V.

pūbertās, ātis, *f.* [pubes], *the age of manhood, maturity*, Ta.—*A sign of maturity, beard:* dentes et pubertas.—*Manhood, virility:* inexhausta, Ta.

1. pūbēs, eris, *adj.* [3 PV-], *grown up, of ripe age, adult, pubescent:* filii: priusquam pubes esset, N.: aetas, L.—*Plur. m.* as *subst.*, *grown-up persons, adults, men:* omnes puberes armati convenire consuerunt, Cs.—*Covered with down, downy:* folia, V.

2. pūbēs, is, *f.* [3 PV-], *grown-up males, youth able to bear arms, youth, young men:* Italiae: robora pubis Lecta, V.: Romana, L.: indomita, i. e. *the young bullocks*, V.—*The youth, throng, people:* agrestis, V.: captiva, H.—*The private parts:* Pube tenus, *to the middle*, V., O.

pūbēscō, buī, ere, *inch.* [pubes], *to attain puberty, come to maturity:* cum primum pubesceret: flos iuvenum pubescentium ad militiam, L.: aequali tecum aevo, V.—*To grow up, ripen:* omnia, quae terra gignit, maturata pubescunt.—*To be covered, be clothed:* Vites laetificae pampinis pubescere, *clothe themselves*, Enn. ap. C.: Prata pubescunt flore colorum, O.

pūblicānus, *adj.* [publicus], *of the public revenue:* muliercula, i. e. *a farmer-general's wench.*—As *subst. m.*, *a farmer-general of the revenues*, usu. from the equestrian order: novum genus publicani: princeps publicanorum: ordo publicanorum, L.

pūblicātiō, ōnis, *f.* [publico], *an appropriation to the state, confiscation:* bonorum.

pūblicē, *adv.* [publicus], *on account of the people, publicly, officially, for the state, in behalf of the state:* Haud cito mali quid ortum ex hoc sit publice, *any public misfortune*, T.: aurum signanto, *coin:* disciplina puerilis publice exposita, *by the state:* interfici, *by order of the state:* dicere, *in the name of the state:* publice maximam putant esse laudem, vacare, etc., *a national honor*, Cs.: frumentum, quod Aedui essent publice polliciti, *in the name of the state*, Cs.: amicitiam publice privatimque petere, *as representing the public, and personally*, Cs.: ea privatim et publice rapere, S.: tegula publice praebita est, *at the common cost*, L.: ut filiae eius publice alerentur, *at the public expense*, N.—*Generally, all together, universally:* exsulatum publice ire, L.

pūblicitus, *adv.* [publicus], *on the public account, at the public expense:* asportarier, T.

pūblicō, āvī, ātus, āre [publicus], *to make public, adjudge to public use, confiscate:* regnum Iubae, Cs.: privata: censeo publicandas eorum pecunias, S.: bona Claudii, L. — *To make public, impart to the public, make common:* Aventinum, i. e. *to open for building*, L.: publicata pudicitia, *prostituted*, Ta.: studia sua, *publish*, Ta.

pūblicus, *adj.* [populus], *of the people, of the state, done for the state, public, common:* rem bene gerere publicam, *the business of the state*, Enn. ap. C.: sacrificia publica ac privata, Cs.: iniuriae, *to the state*, Cs.: litterae testimonium: causa, *an affair of state*, L.: causam publicam dicere, i. e. *a criminal prosecution:* in causis iudiciisque publicis: largitiones, S.: ludus, H.: incisa notis marmora publicis, H.—In the phrase, res publica (often written res p.; less correctly as one word, respublica), *a commonwealth, state, republic:* ne quid detrimenti res p. caperet, S.: res R. publica: tria genera rerum p.: delere rem p.: senatūs consultis e re p. factis, *for the public good:* faceret quod e re p. fideque suā duceret, L.: aetatem a re p. procul habendam decrevi, *from public life*, S.: res p. suas retinere.—As *subst. n.*, *possessions of the state, public property, state treasury, public revenue:* qui (agri) in publicum Campanum incurrebant, *the public lands:* nihil neque privati neque publici in Siciliā reliquisse: de publico nummos accipere: de publico convivari, *at public cost:* bona in publicum redigere, *into the public treasury*, L.: frumenti quod inventum est, in publicum conferunt, *the public granaries*, Cs.: publicis male redemptis: conducere publica, *farm the public revenues*, H.: publicorum societates, i. e. *of farmers of the revenue:* magister scripturae et sex publicorum, i. e. *branches of the revenue:* frui publico: pessimo publico facere, *to the injury of the state*, L.—*Common, general, public:* aqua publica in privatum agrum fluens, L.: usus, H.: favor, *the favor of all*, O.: lux publica mundi, *the sun*, O.: verba, *common, usual*, O.—As *subst. n.*, *a public place, publicity:* pernoctare in publico: relatis in publicum Cornibus, Cs.: summa in publico copia: epistulam in publico proponere, *publicly:* prodire in publicum, *go out in public:* carere publico, *be in retirement.*—*General, common, ordinary, vulgar:* structura carminis, O.: vatem, cui non sit publica vena, Iu.

pudendus, *adj.* [*P.* of pudeo], *causing shame, shameful, scandalous, disgraceful, abominable:* ut iam pudendum sit honestiora decreta esse legionum quam senatus: vita, O.: volnera, V.

pudēns, entis, *adj.* with *comp.* and *sup.* [*P.* of pudeo], *shamefast, bashful, modest, shy, chaste, sensitive, honorable:* filius: pudens prave, H.: animus, T.—*Plur. m.* as *subst.:* neque pudentes suspicari oportet sibi parum credi, *men of honor*, Cs.: te videri pudentiorem fuisse quam soles: pudentissimae feminae.

pudenter, *adv.* with *comp.* and *sup.* [pudens], *modestly, bashfully, shyly:* respondere: vivendo: sumere, H.: pudentius accedere: pudentissime hoc petere.

pudeō, uī or puditum est, ere [4 PV-].—*Intrans.*, *to be ashamed, feel shame:* non simultatem meam Revereri! non pudere! T.: inducitur ad pudendum.—*Trans.*, *to make ashamed, put to shame, humiliate:* quem neque pudet Quicquam, T.: me quid pudeat, qui? *why should I be ashamed?:* et sero et nequicquam pudet (sc. te): fratris me Pudet, T.: homines infamiae suae: cuius eos non pudere demiror: Eheu cicatricum et sceleris pudet, H.: pudet deorum hominumque, *before gods and men*, L.: patris mei meūm factūm pudet, *I am ashamed before my father of my deeds*, Enn. ap. C.: pudet Dicere hac praesente verbum turpe, T.: nec pudet fateri nescire quod nesciam: Scripta pudet recitare, H.: pudebat Macedones urbem deletam esse, Cu.: nonne esset puditum, legatum dici Macandrium?—With *supin. abl.:* pudet dictu, Ta.

pudibundus, *adj.* [pudeo], *ashamed, covered with shame:* matrona, H.: ora, O.

pudīcē, *adv.* [pudicus], *modestly, chastely, virtuously:* doctum ingenium, T.

pudīcitia, ae, *f.* [pudicus], *shamefastness, modesty, chastity, virtue:* hinc pudicitia, illinc stuprum: nec suae nec alienae pudicitiae parcere: violare: praesidia pudoris et pudicitiae: pudicitiā amissā, L.: in propatulo habere, S.—P e r s o n., *the goddess of chastity:* patriciae Pudicitiae templum, L.

pudīcus, *adj.* with *comp.* [4 PV-], *shamefast, bashful, modest, chaste, pure, virtuous:* ingenium, T.: possumus eos pudicos dicere?: coniunx, H.: Penelope, *chaste*, H.: nupta, O.—*Chaste, pure, undefiled:* preces, *pure*, O.: fides, O.: matrona pudicior, O.

pudor, ōris, *m.* [4 PV-], *a shrinking from blame, desire of approval, shame, shamefastness, modesty, decency, propriety:* patris, *before a father*, T.: ex hac parte pugnat pudor, illinc petulantia: ut pudorem rubor consequatur: detractandi certaminis, L.: pudore fractus: paupertatis pudor et fuga, *a poor man's modesty*, H.: ignominiae maritimae, L.: pudor est promissa referre, *I shrink from telling*, O.—P e r s o n.: Ante, Pudor, quam te violo, *modesty*, V.—*A sense of right, conscientiousness, honor, propriety:* qui (pudor) ornat aetatem: oratio digna equitis Romani pudore: omnium qui tecum sunt: adeo omnia regebat pudor, L.—*Shame, a cause for shame, ignominy, disgrace:* nostrum volgat clamore pudorem, O.: amicitia, quae impetrata gloriae sibi, non pudori sit, *should not be a disgrace*, L.: sed enim narrare pudori est, Quā, etc., O.—*A blush:* famosus, O.—*Chastity, modesty:* laesus, O.

puella, ae, *f. dim.* [puer], *a female child, girl, maiden, lass:* puellam parere, T.: puella infans, H.: audi, Luna, puellas, H.: puellarum chorus, H.: proditor puellae risus, H.: Danai puellae, i. e. *daughters*, H.—*A young female, young woman, young wife:* puellae Iam virum expertae, H.: laborantes utero puellae, H.: viduae cessate puellae, O.

puellāris, e, *adj.* [puella], *of a girl, girlish, maidenly, youthful:* animi, O.: plantae, i. e. *of Europa*, O.

puellula, ae, *f. dim.* [puella], *a little girl, little sweetheart*, T., Ct.

puer, erī, *m.* [3 PV-], *a male child, boy, lad, young man* (usu. till the age of seventeen): aliquam puero nutricem para, T.: id est semper esse puerum: laudator temporis acti Se puero, *when he was a boy*, H.: puerum filium regis secum adducentes, L.: doctus a puero, *from a boy:* ad eas artis, quibus a pueris dediti fuimus, *from boyhood:* ex pueris excessit, *ceased to be a child:* miserande puer, i. e. *Pallas*, V.: semper fac puer esse velis, i. e. *a bachelor*, O.: de te largitor, puer, *boy*, T.—*Plur.*, *children:* infantium puerorum incunabula: Dum pueris omnis pater pallet, H.—*A little son, son:* Ascanius puer, V.: Venerem et illi haerentem puerum canebat, H.: deorum pueri, H.—*A boy, attendant, servant, slave:* unus ex tantā familiā: Persicos odi, puer, apparatūs, H.: Cena ministratur pueris tribus, H.: pueri regii aput Macedonas, *royal pages*, L.

puerīlis, e, *adj.* with *comp.* [puer], *boyish, childish, youthful:* puerili specie, senili prudentiā: tempus, O.: vox: regnum, L.: agmen, *a troop of boys*, V.: (facies) in virgine, *boyish*, O.—*Boyish, childish, puerile, trivial, silly:* acta res consilio puerili: inconstantia, T.: vota, O.: Si puerilius his ratio esse evincet amare, H.

puerīliter, *adv.* [puerilis], *like a child:* ludentes, Ph.: blandiri, L.—*Childishly, foolishly, sillily:* facere.

pueritia (puertia, H.), ae, *f.* [puer], *boyhood, childhood, youth* (see puer): in pueritiā his artibus institutus: mihi cum eo a pueritiā Fuit familiaritas, T.: e pueritiae disciplinis ad patris exercitum profectus: omnem pueritiam Arpini altus, S.

puerperium, ī, *n.* [puerperus], *a lying in, giving birth*, Ta.

puerperus, *adj.* [puer+2 PAR-], *parturient, bringing forth children:* verba, *charms to aid child-birth*, O.—As *subst. f.*, *a woman in labor:* illa, T., H.

puertia, ae, see pueritia.

puerulus, ī, *m. dim.* [puer], *a little boy, little slave:* inter suos puerulos versari.

pūga (pȳga), ae, *f.*, = πυγή, *the rump, buttocks*, H.

pugil, ilis, *m.* [PAC-], *one who fights with the cestus, a fist-fighter, boxer, pugilist:* pugilem esse (virginem) aiunt, T.: Olympionices: Illum non labor Isthmius Clarabit pugilem, H.

pugillāris, e (pūg-, Iu.), *adj.* [pugillus, a handful], *filling the fist, as large as the clenched hand*, Iu.—*Plur. n.* as *subst.*, *writing-tablets*, Ct.

pugillātiō, ōnis, *f.* [pugillor, to be a boxer], *boxing with the cestus, fist-fighting.*

(pugillātus, ūs), *m.* [pugillor], *a fighting with the cestus, boxing* (only *abl. sing.*).

pugiō, ōnis, *m.* [PAC-], *a short dagger, dirk, poniard:* cruentum extollens pugionem: pugione succinctus.—Fig.: o plumbeum pugionem! *O leaden dagger!* i. e. *O weak argument!*

pugiunculus, ī, *m. dim.* [pugio], *a small dagger, stiletto.*

pūgna, ae, *f.* [PAC-], *a hand-to-hand fight, fight at close quarters, battle, combat, action, engagement:* eam pugnam laudibus tulit, i. e. *the single combat*, L.: res ad pugnam atque ad manūs vocabatur, *came to blows:* diuturnitate pugnae defessi, Cs.: magna, L.: equestris, *a cavalry action:* pedestris, V.: gladiatoria: navalis, N.: calamitosissima: mala, S.: Quinquennis Graia Elide pugna, i. e. *the games*, O.—*Troops drawn up for battle, a line of battle:* mediam pugnam tueri, *the middle line*, L.: segregat pugnam eorum, L.: pugnam mutare, Cu.—*A battle, contest, dispute, quarrel:* Dabit hic pugnam aliquam denuo, i. e. *will make some new trouble*, T.: doctissimorum hominum: Audiet pugnas iuventus, *stories of battle*, H.

pūgnācitās, ātis, *f.* [pugnax], *combativeness, pugnacity:* Dabunt Academici pugnacitatem, Ta.

pūgnāciter, *adv.* with *sup.* [pugnax], *contentiously, violently, obstinately:* certare cum aliis: pugnacissime defendere sententiam.

pūgnantēs, ium, *m.* [*P. plur.* of pugno], *fighters, warriors:* species pugnantium, Cs., Cu.

pūgnantia, ium, *n.* [*P. plur.* of pugno], *contradictions, inconsistencies, things irreconcilable:* pugnantia loqui: secum componere, H.

pūgnātor, ōris, *m.* [pugno], *a fighter, combatant:* pugnator esse desierat, *had ceased fighting*, L.: pellis iuvenco Pugnatori operit, V.

pūgnāx, ācis, *adj.* with *comp.* and *sup.* [pugno], *fond of fighting, combative, warlike, martial:* centuriones: Minerva, O.: filius Thetidis, H.: gentes pugnacissimae, Cu.: Cumque sit ignis aquae pugnax, *at war with*, O.—*Combative, quarrelsome, contentious, passionate:* oratio pugnacior: exordium dicendi.—*Obstinate, pertinacious:* nimis pugnax esse noluit: contra senatorem.

pūgnō, āvī, ātus, āre [pugna], *to fight, combat, give battle, engage, contend:* sinistrā impeditā, Cs.: eminus lapidibus, S.: cum hoste comminus in acie: ex equo, *on horseback:* de loco, T.: extra ordinem in hostem, L.: contra imperium in hostem, S.: advorsum multitudinem bene pugnatum, S.: pugna summā contentione pugnata: inclitam in ponte pugnam ... pugnatam, L.: bella, H.: pugnatur uno tempore omnibus locis, *the fighting goes on*, Cs.: comminus gladiis pugnatum est, Cs.—*To contend, dispute:* de dis inmortalibus: pugnant Stoici cum Peripateticis: pugnare, non esse rerum controversiam, sed nominum.—*To contend against, oppose, resist, contradict, struggle with:* ut totā in oratione tuā tecum ipse pugnares, *you contradicted yourself:* pugnat sententia secum, H.: placitone etiam pugnabis amori? V.; cf. Frigida pugnabant calidis, Mollia cum duris, etc., *cold bodies contended with hot*, etc., O.: pugnant materque sororque, i. e. *love for the mother and love for the sister*, O.:

pugnatum est arte medendi, (the plague) *was resisted by the healing art*, O.—*To struggle, strive, endeavor, make exertion:* illud pugna et enitere, ne, etc.: pugnas, ne reddar, Achille, O.: pugnarentque collegae, ut, etc., L.: mollīs evincere somnos, O.: in mea Volnera, *strive for what will smite me*, O.

pūgnus, ī, *m.* [PAC-], *a fist:* (manum) comprimere pugnumque facere: certare pugnis: pugnos in ventrem ingerere, T.: pugno victus, *in boxing*, H.: gaudere pugnis, H.

pulcer, see pulcher.

pulchellus (**-cellus**), *adj. dim.* [pulcher], *beautiful, pretty, little:* Bacchae (i. e. Baccharum statuae).—As a mocking surname of Clodius Pulcher, *Prettyman.*

pulcher (**pulcer**), chra, chrum, *adj.* with *comp.* pulchrior, and *sup.* pulcherrimus, *beautiful, beauteous, fair, handsome:* homo, Enn. ap. C.: virgo, T.: iuvenis, Ph.: quo pulchrior alter Non fuit, V.: formā pulcherrimā, V.: O matre pulchrā filia pulchrior, H.: o faciem pulchram! T.: tunicae, H.: horti, O.: Ganges, V.: quid potest esse aspectu pulchrius?: pulcherrimorum agrorum iudex.—As *subst. n.:* quid habet pulchri acervus, *beauty*, H.—F i g., *beautiful, fine, excellent, noble, honorable, glorious, illustrious:* res p. paulatim inmutata ex pulcherrumā pessima facta est, S.: pulcherrimum exemplum, Cs.: pulcerrumum facinus, S.: poëmata, H.: dies, *fortunate*, H.—*Fortunate, prosperous:* ne pulchrum se ac beatum putaret: dies, H.—In the phrase, pulchrum est, *it is beautiful, is grand, is glorious, is a fine thing:* Cui pulchrum fuit in medios dormire dies, *it seemed a fine thing*, H.—In compliment, *worthy, excellent:* propino hoc pulchro Critiae, *the perfect gentleman.*

pulchrē (**pulcrē**), *adv.* with *sup.* pulcherrime [pulcher], *beautifully, excellently, finely, nobly, very:* pulcherrume dictum, T.: adseverat, *bravely:* proxima hostia litatur saepe pulcherrime, *very favorably:* mihi pulchre est, *I am well: Thr.* Male mulcabo ipsam. *Gn.* pulchre, *good*, T.: clamabit enim 'pulchre! bene! recte!' H.

pulchritūdō (**pulcr-**), inis, *f.* [pulcher], *beauty:* corporis: pulchritudinis verissimum iudicium.—F i g., *beauty, excellence, attractiveness:* oratoris: virtutis.

pulcrē, see pulchre.

pūlēium, ī, *n.*, *fleabane, fleawort, pennyroyal:* aridum.—F i g.: tui sermonis, i. e. *fragrance.*

pullārius, ī, *m.* [1 pullus], *the feeder of the sacred fowls, chicken-keeper, chicken-ward*, C., L.

pullātus, *adj.* [2 pullus], *clothed in black, in mourning:* proceres, Iu.

pullulō, āvī, ātus, āre [1 pullus], *to put forth, sprout, shoot, come forth:* ab radice, V.: tot pullulat atra colubris, *swarms with*, V.—F i g.: pullulare incipiebat luxuria, *to spread*, N.

1. pullus, ī, *m.* [3 PV-], *a young animal, foal, young, offspring:* ranae, H.: columbini: gallinacei, L.: ciconiae, Iu.: ex ovis pulli orti, *chicks.*—*A young fowl, chicken:* mea pullis in parte catini, H.: caveā liberati pulli, *the sacred fowls:* Appellat pater pullum, male parvus Si cui filius est, *chick*, H.: milvinus, *young kite* (of a grasping person).

2. pullus, *adj.* [2 PAL-], *dark-colored, blackish-gray, dusky, blackish:* ne maculis infuscet vellera pullis, V.: capilli, O.: myrtus, *dusky*, H.: praetor cum tunicā pullā, i. e. *dressed like a common workman:* toga, *mourning cloak:* pullo amictu, L.—As *subst. n., dark-gray stuff:* obstrusa carbasa pullo, i. e. *with a dark border*, O.: nere stamina pulla, i. e. *woful threads* (of fate), O.

pulmentārium, ī, *n.* [pulmentum], *a relish, appetizer:* pulmentaria quaere Sudando, i. e. *let severe exercise be your appetizer*, H.

pulmentum, ī, *n.* [for pulpamentum], *a relish of flesh:* Lepus tute es et pulmentum quaeris? *You are a hare and yet hunt for game?* T.—*A portion of food:* in singula pulmenta, *into bits*, H.

pūlmō, ōnis, *m.*, = πλεύμων, *a lung:* tauri: e molli sanguis pulmone remissus, O.: columbae, Iu.—*Plur., the lungs:* loqui, quod fieri nec sine pulmorum vi potest: pulmonibus errat Ignis imis, O.

pulpāmentum, ī, *n.* [pulpa, flesh; 1 PAL-], *flesh, animal food, a choice bit, relish, appetizer:* mihi est pulpamentum fames.

pulpita, orum (*sing.* late), *n.*, *a scaffold, platform, pulpit, lecture-desk, stage:* percurrit pulpita socco, H.: vati, quem pulpita pascunt, Iu., O.

puls, pultis, *f.* [1 PAL-], *a thick pap, pottage, porridge, mush* (used in sacrifices, and given to the sacred chickens): si in offam pultis invasit (avis): grandes fumabant pultibus ollae (as food of the poor), Iu.

pulsātiō, ōnis, *f.* [pulso], *a beating, striking:* scutorum, L.: Alexandrinorum Puteolana, *defeat.*

pulsō, āvī, ātus, āre, *freq.* [pello], *to push against, strike upon, beat, hammer, keep hitting, batter:* cum pulsetur incursione atomorum sempiternā: lictores ad pulsandos homines exercitatissimi: pulsari alios et verberari: utrāque manu Dareta, L.: soleā natīs, Iu.: ostia, *knock*, H.: humum ter pede, *stamp upon*, O.: flumina Thermodontis Pulsant Amazones, i. e. *tread the ice*, V.: tellurem pede libero, H.: ariete muros, *shatter*, V.: chordas digitis, *play upon*, V.: cymbala, Iu.: pulsarunt noviens latera ardua fluctūs, O.: ipse arduus altaque pulsat Sidera, i. e. *reaches*, V.—*To drive forth, impel:* Erupere ut, nervo pulsante, sagittae, V.: Pulsatos referens divos, V.—Fig., *to actuate, agitate, disturb, disquiet:* censemus dormientium animos visione pulsari: quae te vecordia pulsat, O.: pavor pulsans, *throbbing*, V.

1. pulsus, *P.* of pello.

2. pulsus, ūs, *m.* [1 PAL-], *a pushing, beating, striking, stamping, push, blow, impulse, stroke:* pulsu externo agitari: pulsu remorum praestare, *in rowing*, Cs.: sonum vocis pulsu pedum modulantes, *keeping time in the dance*, L.: pulsu pedum tremit tellus, *trampling*, V.: armorum, Ta.: lyrae, *playing*, O.—Fig., *an impulse, impression, influence:* externus.

pultō, āvī, —, āre, *freq.* [pello], *to beat, strike, knock:* ostium, T.: forīs, T.

pulvereus, *adj.* [pulvis], *of dust, filled with dust, dusty:* nubes, *clouds of dust*, V.: farina, i. e. *fine*, O.: palla (Boreae), *raising clouds of dust*, O.

pulverulentus, *adj.* [pulvis], *full of dust, covered with dust, dusty:* via: aestas, V.: agmina, V.—Fig., *attended with labor, toilsome:* praemia militiae, O.

pulvillus, ī, *m. dim.* [pulvinus], *a little cushion, small pillow*, H.

pulvīnar (polv-), āris, *abl.* ārī, *n.* [pulvinus], *a couch of the gods, cushioned seat spread at a feast of the gods* (before their statues in the lectisternium): Saliaribus Ornare pulvinar deorum dapibus, H.: in Iovis epulo num alibi pulvinar suscipi potest? *be prepared*, L.: pulvinaribus altis Dignior, O.—*A shrine, temple, sacred place:* ad omnia pulvinaria supplicatio decreta est, i. e. *in all the temples:* deorum pulvinaribus fides praecinunt, i. e. *at the feasts of the gods.*—*A sofa, cushioned seat, seat of honor, easy couch:* coniunx sua pulvinaria servat, O.: lupanaris tulit ad pulvinar odorem, i. e. *to the empress's throne in the circus*, Iu.

pulvīnārium, ī, *n.* [pulvinus], *a cushioned seat of a god:* in pulvinario consedisse, L.

pulvīnus, ī, *m.* [PLE-], *a cushion, bolster, squab, pillow:* pulvinos poposcisse: perlucidus: epistula super caput in pulvino posita, S.: de pulvino surgat equestri, i. e. *the seat of honor*, Iu.

pulvis, eris, *m.* or (rarely) *f.* [1 PAL-], *dust, powder:* multus in calceis: pulveris vim magnam animadvortunt, S.: qui (ventus) nubes pulveris vehit, L.: nigro glomerari pulvere nubem, V.: pulverem Olympicum Conlegisse, H.: pulvere sparsi iuvenes, Ph.: caeco pulvere campus Miscetur, V.: pulverem excutere, O.: numquam eruditum illum pulverem attigistis, i. e. *drew geometrical figures in sand:* quas (formas) in pulvere descripserat, L.: amomi, *powder*, O.: carbonis, *coal-dust*, O.: Etrusca, *earth*, Pr.: Pulvis et umbra sumus, *ashes*, H.: hibernus, i. e. *a dry winter*, V.: duces Non indecoro pulvere sordidi, i. e. *the dust of a successful campaign*, H.—Prov.: sulcos in pulvere ducere, i. e. *to labor to no purpose*, Iu.—*A scene of action, field, arena:* doctrinam in solem atque in pulverem produxit, i. e. *before the public:* Inque suo noster pulvere currat equus, *on his own field*, O.: domitant in pulvere currūs, V.—*Toil, effort, labor:* condicio dulcis sine pulvere palmae, H.: patiens pulveris atque solis, H.

pūmex, icis, *m.* (once *f.*, Ct.), *a pumice-stone:* liber pumice mundus, *polished*, H.: geminae poliantur pumice frontes (libelli), O., Ct.: pumice crura terere (to smooth the skin), O.—*A rock with cavities, porous rock, hollowed cliff, lava bed:* latebroso in pumice nidi, O.: cavi, V.: Quae oppositis debilitat pumicibus mare, H.

pūmiceus, *adj.* [pumex], *of pumice-stone, of lava:* molae, O.

pūnctim, *adv.* [pungo], *with the point:* petere hostem, L.

pūnctum, ī, *n.* [*P. n.* of pungo], *a prick, puncture:* volucris parvulae (i. e. muscae), Ph.—*A point, mathematical point*, C.—Since in the comitia a point upon the waxed tablet indicated the name voted for, *an affirmative vote, vote, suffrage, ballot:* quot in eā tribu puncta tuleris: Omne tulit punctum qui miscuit utile dulci, i. e. *has everybody's approval*, H.—In space, *a point:* quasi punctum (terrae).—With *temporis, the smallest portion of time, an instant, moment, point of time:* Num temporis mihi punctum ad hanc rem est, T.: uno puncto temporis, *at the same instant:* nullo puncto temporis intermisso: animi discessus a corpore fit ad punctum temporis: temporis puncto Uticam relinquunt, Cs.—In discourse, *a brief clause, short section.*

pungō, pupugī, pūnctus, ere [PIC-], *to prick, puncture:* neminem.—*To produce by pricking, make by a thrust:* volnus acu punctum.—Fig., *to prick, sting, vex, grieve, trouble, disturb, afflict, mortify, annoy:* (scrupulus) se dies noctīsque pungit: si paupertas momordit, si ignominia pupugit: quos tamen pungit aliquid: pungit me, quod scribis, etc., *I am annoyed by*, etc.

Pūnicānus, *adj.* [Punicus], *Punic, Carthaginian.*

Pūniceus, *adj.* [Punicus], *Punic, Carthaginian*, O.—*Reddish, red, purple-colored:* taeniae, V.: rosa, H.: crocus, O.

Pūnicus (Poen-), *adj.* [Poeni], *Punic, Carthaginian:* litterae: fides, i. e. *perfidy*, S.: perfidia, L.: regna, V.—*Of the Phoenician color, purple, purple-red:* rostra (psittaci), O.: punico Lugubre mutavit sagum, H.

pūniō or **poeniō,** īvī, ītus, īre [poena], *to punish, correct, chastise:* ambitum: sontes: facinus puniendum: tergo ac capite puniri, L.: quod non ego punior, O.—*To take vengeance for, avenge, revenge:* Graeciae fana.

pūnior or **poenior**, ītus, īrī, *dep.* [poena], *to punish, correct, chastise:* aliquem: inimicos: peccata: ira in puniendo.—*To revenge, take satisfaction for, avenge:* cupiditas puniendi doloris: hominum necem.

pūnītor or **poenītor**, ōris, *m.* [punio], *an avenger:* doloris sui.

pūpilla, ae, *f. dim.* [pupa, girl], *an orphan girl, female ward:* infans: pupillae mater.

pūpillāris, e, *adj.* [pupillus], *of an orphan, belonging to a ward:* pecuniae, L.

pūpillus, ī, *m. dim.* [pupus], *an orphan boy, orphan, ward:* reliquit pupillum parvum filium: piger annus Pupillis, H., Iu.

puppis, is, *acc.* im, *abl.* ī (puppe, O., Iu.), *f.*, *the hinder part of a ship, stern, poop:* navem convertens ad puppim: navis longae, L.: surgens a puppi ventus, *aft*, V.: stans in puppe recurvā, O.: sedebamus in puppi et clavum tenebamus, i. e. *at the helm.*—*A ship:* Aeneia, V.: pictae puppes, H.—*The ship* (a constellation), C. poët.

pūpula, ae, *f. dim.* [pupa, girl], *the pupil of the eye:* acies ipsa, quā cernimus, quae pupula vocatur: fixae, H.: duplex, O.

pūpulus, ī, *m. dim.* [pupus], *a little boy*, Ct.

pūrē, *adv.* with *comp.* [purus], *clearly, cleanly, brightly:* lauta corpora, L.: splendens Pario marmore purius, H.—*Distinctly, simply:* loqui: pure apparere rem, *as it is*, H.—*Completely, fully:* Quid pure tranquillet, H.—*Purely, chastely:* acta aetas: a matronis sacrificatum, L.

(**pūrgāmen**, īnis), *n.* [purgo].—Only *plur.*, *a means of cleansing, expiation, atonement:* mali, O.: caedis, O.: mentis, O.—*That which is removed by cleansing, sweepings, offscourings:* Vestae, *from the temple of Vesta*, O.

(**pūrgāmentum**, ī), *n.* [purgo].—Only *plur.*, *sweepings, offscourings, filth, dirt:* receptaculum omnium purgamentorum urbis, L.: hortorum, Ta. —Of persons, *refuse, dregs, offscouring:* purgamenta servorum, Cu.: urbis suae, Cu.

pūrgātiō, ōnis, *f.* [purgo], *a cleansing, purging:* alvi: purgationibus consumptus es.—Fig., *an apology, justification*, T.: purgatio est, cum factum conceditur, culpa removetur.

pūrgātus, *adj.* [*P.* of purgo], *cleansed, clear:* auris, i. e. *open to admonition*, H.

pūrgō, āvī, ātus, āre [purus+1 AG-], *to free from what is superfluous, make clean, make pure, clean, cleanse, purify:* piscīs ceteros purga, *bone*, T.: falcibus locum, *cleared the ground:* domum muribus, Ph.: educ omnīs tuos, purga urbem: miror morbi purgatum te illius, H.—*To clear the body, purge:* quid radix ad purgandum possit: Qui purgor bilem, *purge myself of*, H.—*To clear away, remove:* ligonibus herbas, O.: scindit se nubes et in aethera purgat apertum, *melts away*, V.: Cultello unguīs, *trim*, H.—Fig., of persons, *to clear from accusation, excuse, exculpate, justify:* Sullam ipsius virtus purgavit: me tibi: Caesarem de interitu Marcelli: si sibi purgati esse vellent, Cs.: civitatem facti hostilis, L.—*To remove, refute, repel, justify:* Aut ea refellendo aut purgando vobis corrigemus, T.: factum, O.: facinus, Cu.: purgandis criminibus, *by disproving:* suspicionem, *remove*, L.: ea, quae ipsis obicerentur, *refute*, L. —*To establish, vindicate, plead:* innocentiam suam, L.: viri factum (esse) purgantes cupiditate atque amore, *pleading in excuse*, L.: purgantibus iis multitudinis concursu factum, L.—In religion, *to make atonement for, expiate, purify, atone for, lustrate:* populos, O.: nefas, O.

pūriter, *adv.* [purus], *purely, correctly:* vitam egi, Ct.: lavit dentīs, Ct.

purpura, ae, *f.*, = πορφύρα, *purple color, purple:* violae sublucet purpura nigrae, V.: certantem uvam purpurae, H.—*Purple stuff, purple cloth, purple garment:* plebeia ac paene fusca: usque ad talos demissa, i. e. *the toga praetexta:* purpurarum usus, i. e. *splendid attire*, H.—Of kings and magistrates, *the purple, purple robe:* regalis: regum, V.: Purpura Pompeium summi velabit honoris, O.: Laconicas Trahunt purpuras, H.: nova purpura fulget, i. e. *of newly elected consuls*, O.

purpurāscō, —, —, *inch.* [purpuro], *to grow purple:* unda purpurascit.

purpurātus, ī, *m.* [purpura], *one clad in purple, an officer of a royal court, king's attendant, courtier:* minitare purpuratis tuis: ex purpuratis regis esse, L.

purpureus, *adj.*, = πορφύρεος, *purple-colored, purple, dark-red:* toga: mare, i. e. *dark.*—Poet., of many hues, *red, dark, brown, violet, purple:* flos rosae, H.: pannus, H.: aurora, *rose-red*, O.: rubor (oris), *a rosy blush*, O.: anima, i. e. *blood*, V.: lunae voltus, O.: sapa, O.: merum, O.: capillus, V.—*Clothed in purple, wearing purple:* tyranni, H.: rex, O.: Purpureus pennis, i. e. *with purple feathers upon his helmet*, V. — *Brilliant, shining, bright, beautiful:* olores, H.: lumen, V.: Amor, O.

pūrus, *adj.* with *comp.* and *sup.* [1 PV-], *free from dirt, free from admixture, clean, pure, unstained, unspotted:* alqd purum liquidumque haurire: aqua, H.: manus, H.: purissima mella, V.: aëre purior ignis, O.: humus, *cleared:* puro concurrere campo, V.: ab arboribus Campus, O.: puro ac patenti campo, i. e. *without houses*, L.: locus, *untrodden*, L.: sol, *clear*, H.: gemma, O.—As *subst. n.:* per purum, *through a clear sky*, V. — *Plain, naked, unadorned, unwrought:* argentum, *plain*,

i. e. *without artistic work:* argenti vascula puri, Iu.: toga, *without purple stripes*, Ph.—Fig., *pure, unspotted, spotless, chaste, undefiled, unpolluted, faultless:* animus purus et integer: estne quisquam qui tibi purior videatur?: vitā et pectore puro, H.: animam puram conservare, *free from sensuality:* (forum) purum caede servatum: Integer vitae scelerisque purus, H.—Of style, *pure, free from error, accurate, faultless:* oratio: genus dicendi: brevitas.—In law, *unconditional, absolute, complete:* iudicium.—As *subst. n.:* quid possit ad dominos puri ac reliqui pervenire, *clear gain.*—In religion, *free, clear, subject to no religious claims:* domus ab suspicione religionis: in loco puro poni, L.: familia, *free from ceremonial defilement, free from mourning*, O.: socios purā circumtulit undā, *water of purification*, V.: arbor, O.

pūs, pūris, *n.* [2 PV-], *matter from a sore, pus;* hence, fig., *gall, bitterness, malice:* Rupili, H.

pusillus, *adj. dim.* [pūsus, boy; 3 PV-], *very little, very small, petty, insignificant:* testis: terra homines nunc educat pusillos, Iu.: villula: libelli: alqs, H.: habuimus in Cumano quasi pusillam Romam.—As *subst. n., a very little, trifle:* nactus pusillum laxamenti.—Fig., *little, small, petty, paltry, pitiful:* animus: pusilli animi, *timidity*, H.: causa, *trifling*, O.: causidicus, Iu.

pūsiō, ōnis, *m.* [3 PV-], *a little boy*, C., Iu.

pūstula, ae, *f.* [pus], *a pimple, pustule*, Tb.

puta, *adv.* [*imper.* of puto], *suppose, for instance, namely:* Quinte, puta, aut Publi, H.

putāmen, inis, *n.* [puto], *that which is pruned away, clippings, waste, shells:* iuglandium.

putātiō, ōnis, *f.* [puto], *a pruning, lopping.*

putātor, ōris, *m.* [puto], *a pruner, trimmer*, O.

puteal, ālis, *n.* [putealis], *a kerb-stone of a well:* putealia sigillata duo.—*A puteal, stone enclosure marking a sacred spot;* esp., *the Puteal in the Comitium:* supra impositum puteal accepimus (to mark where Navius cut a whetstone with a razor); here the money-lenders were found; hence, puteali et faeneratorum gregibus inflatus: adesses ad puteal Cras, H.: puteal Libonis (because restored by Scribonius Libo), H.

puteālis, e, *adj.* [puteus], *of a well:* undae, *well-water*, O.

puteārius, ī, *m.* [puteus], *a well-digger*, L.

pūteō, —, —, ere [2 PV-], *to stink:* putet aper, H.: diurno mero, H.

puter, tris, tre, *adj.* [2 PV-], *rotten, decaying, putrefying, stinking, putrid:* quibus alabaster puter esse videtur: fanum, *mouldering*, H.: poma, *rotten*, O.: bos, O.: corpora cicatricibus, Cu.: vomicae, Iu.—*Crumbling, friable, mellow, soft:* glaeba, V.: mammae, *flabby*, H.: oculi, *languishing*, H.: anima, *withered*, Pr.

pūtēscō or **pūtīscō**, pūtuī, —, ere, *inch. n.* [puteo], *to rot, putrefy, decay:* humi: cur Aiax putescit, H.: quā (muria) putuit orca, *has become soaked with*, H.

puteus, ī, *m.* [1 PV-], *a well:* ex puteis iugibus aquam trahi: se in puteos abiecisse: putei perennes, H.—*A pit:* In solido puteum demitti, V.

pūtidē, *adv.* with *comp.* [putidus], *disgustingly, disagreeably, affectedly:* dicere: primi litteras putidius, *with nauseous precision.*

pūtidiusculus, *adj. dim.* [putidior], *rather more tedious.*

pūtidus, *adj.* with *comp.* [2 PV-], *rotten, decaying, stinking, fetid:* caro.—Of persons, *rotten, withered:* longo saeculo, H.: Putidius cerebrum, *more addled*, H.—Of style, *affected, disgusting.*

putīscō, —, —, ere, see putesco.

putō, āvī (putāstī, T.; putārem, putāsset, C.), ātus, āre [putus], *to clean, cleanse, trim, prune:* vitem, V.—Fig., *to clear up, arrange, settle, adjust:* rationes cum publicanis, *close accounts.*—*To reckon, value, estimate, esteem, deem, hold, consider, regard:* denariis quadringentis Cupidinem illum: consulem nihili: quaecumque sunt, deorum atque hominum putanda sunt: tantique putat conubia nostra, O.: ne quid pro concesso putetur: quos pro nihilo putavit: id nil puto, T.: hominem prae se neminem: turpem putat lituram, H.: ultra Quam licet sperare nefas putando, H.—*To judge, suppose, account, consider, suspect, believe, think, imagine:* bene, T.: largitus est Roscio? sic puto: tu puto haec credis, *I suppose:* Rem ipsam putasti, *that is just the point*, T.: tantum esse in homine sceleris: etiam iniquo loco dimicandum, Cs.: patronos huic defuturos: noli putare, me maluisse, etc.: ut id emi, non auferri putetur: Stare putes, adeo procedunt tempora tarde, O.: acies nostra videre putat (sc. se), O.—*To ponder, consider, reflect upon, weigh:* haec, T.: in quo primum illud debes putare: Multa putans, V.—*To believe in, recognize:* deos: dum in Elephantis auxilium putant, i. e. *believe themselves protected by*, S.: maxumam gloriam in maxumo imperio, i. e. *find*, S.

putrefaciō, fēcī, factus, ere [puter+facio], *to make rotten, cause to putrefy, rot:* (templum) imbribus putrefaciendum, L.: putrefacta est spina, O.—*To make friable, soften:* saxa infuso aceto, L.

putrēscō, —, —, ere, *inch.* [putreo, from puter], *to rot, moulder, decay:* vestis putrescit, H.

putridus, *adj.* [putreo, from puter], *rotten, decayed:* dentes: pectora, *withered*, Ct.

putus, *adj.* with *sup.* [1 PV-], *pure, bright, splendid:* meae putissimae orationes.

pyctēs, ae, *m.*, = πύκτης, *a boxer, pugilist*, Ph.

pȳga, see puga.

pȳgargus, ī, *m.*, = πύγαργος, *a kind of antelope*, Iu.

Pygmaeus, *adj.*, *Pygmaean, of the Pygmies* (fabulous dwarfs of Africa): mater, i. e. *Oenoe, queen of the Pygmies*, O.: virgo, *a female dwarf*, Iu.

pylae, ārum, *f.*, = πύλαι, *a narrow pass, defile*: Tauri: Susides, Cu.

pyra, ae, *f.*, = πυρά, *a funeral pile, pyre*: Ingens, V.: Constituere pyras, V., O.

pȳramis, īdis, *f.*, = πυραμίς, *a pyramid*, C., Pr., Ta.

Pȳrēnaeus, *adj.*, *of Pyrene, Pyrenaean*: montes, *the Pyrenees*, Cs., L.: saltus, Cs., L.—As *subst. m.*, *the Pyrenees*, L.

pyrethrum, ī, *n.*, = πύρεθρον, *Spanish chamomile, pellitory*.—*Plur.*, O.

pyrōpus, ī, *m.*, = πυρωπός, *an alloy of copper and gold, gold-bronze, bronze*, O., Pr.

(pyrum, pyrus), see pirum, pirus.

Pȳthagorēus (C., H.), = Πυθαγόρειος, or **Pȳthagoricus** (L.), = Πυθαγορικός, *adj.*, *Pythagorean, of Pythagoras* (a philos. of Samos).

1. Pȳthia, ae, *f.*, = Πυθία, *the priestess of the Delphic Apollo, the Pythoness, Pythia*, C., N.

2. Pȳthia, ōrum, *n.*, = Πύθια, *the Pythian games, celebrated at Delphi every fourth year in honor of Apollo*, H., O.

Pȳthicus (L.), = Πυθικός, or **Pȳthius** (C., H., Pr., Iu.), = Πύθιος, *adj.*, *Pythian, Delphic.*

pȳtisma, atis, *n.*, = πύτισμα, *that which is spit out*: Qui pytismate lubricat orbem, i. e. *spits out wine on the floor*, Iu.

pȳtisō, —, —, āre, = πυτίζω, *to spit out*: pytisando modo mihi Quid vini absumpsit, T.

pyxis, idis, *f.*, = πυξίς, *a small box, casket*: veneni.—*A toilet-box, powder-box*: Pyxidas, O., Iu.

Q.

quā, *adv.* [*abl. fem.* of qui], of place, *on which side, at which place, in what direction, where, by what way*: in eo loco quā naves accedere possent: in templum ipse nescio quā ascendit: quā se parens persequeretur: reliquum spatium, quā flumen intermittit, Cs.: Plurima quā silva est, O.: incessit, quā duxit praedae spes, exercitus, L.: oras, quā medius liquor Secernit Europen ab Afro, H.: quā murum ducturi erant, L.: incerti, quā data victoria esset, *on which side*, L.: ad omnīs introitūs quā adiri poterat: vias relaxat, veniat quā sucus in herbas, V.: duae erant viae, quā, etc., N. —*Where, to what extent, as far as*: omnia, quā visus erat, constrata telis, S.: consedit in ripis, quā sequi munimento poterat, L.: quā terra patet, fera regnat Erinys, O.—F i g., repeated in partitive sense, quā . . . quā, *partly . . . partly; as well . . . as, both . . . and*: usi sunt quā suis quisque quā totius ordinis viribus, L.: omnia convestivit hederā quā basim villae, quā intercolumnia: quā dominus, quā advocati: quā falsa quā vera iacere, L.—*In what manner, how, by what method, by what means*: Quā facere id possis, nostram nunc accipe mentem, V.: ante praedico, Antonium dilectūs, quā possit, habiturum, *in whatever manner*.—*To what extent, in what degree, as far as*: coëant in foedera dextrae, Quā datur, V.: statui non ultra attingere externa, nisi quā Romanis cohaereant rebus, *in so far as*, L.: si Quā res, quā ratio suaderet, vellet bonus . . . Esse, H. —*Indef.*, *in any way, to any degree.*—Only with *ne*: fieri potis est ut ne quā exeat, *not at all*, T.: ne quā populus laboret cavere, H.

quācumque (**-cunque**), *adv.*, *by whatever way, wherever, wheresoever*: quācumque iter fecit: quācumque equo invectus est, L.—In tmesi: Quā se cunque tulit, V.—F i g., *by whatsoever means, by all means*: nisi me quācumque novas incidere lites monuisset cornix, V.

quādam-tenus, *adv.*, *to a certain point, so far.*—In tmesi: Est quadam prodire tenus, si non datur ultra, H.

quadra, ae, *f.* [quadrus, from quattuor], *a square table, dining-table*: patulis nec parcere quadris, i. e. *flat loaves used as plates*, V.: alienā vivere quadrā, *live as a parasite*, Iu.—*A square bit, piece, morsel*: Et mihi dividuo findetur munere quadra, H.

quadrāgēnī, ae, a (*gen.* nūm, Cs., L.), *num. distrib.* [quadraginta], *forty each*: (tigna) iuncta intervallo pedum quadragenūm, Cs.: columnae singulae sestertiis quadragenis milibus locatae: centuriae seniorum et iuniorum, L.

quadrāgēnsimus (**-gēsimus**), *adj.* [quadraginta], *the fortieth*: die quadragensimo.—As *subst. f.*, *a tax of one fortieth*: abolitio quadragesimae, Ta.

quadrāgiēns (**-iēs**), *adj. num.* [quadraginta], *forty times*: sestertium ter et quadragiens, 4,300,000 *sesterces.*

quadrāgintā or **XL** or **XXXX**, *num.* [quattuor], *forty*: annos natus maior quadraginta: XL diebus interpositis.

quadrāns, antis, *m.* [quattuor], *a fourth part, quarter*; e s p., *the fourth part of an as, quarter* *as, three unciae:* in consulis domum quadrantes iactasse, L.: quadrante lavatum ire (the usual price of a bath), H.—*The smallest coin, a farthing, doit, mite:* minus locuples uno quadrante, H.: nullus, Iu.

quadrantārius, *adj.* [quadrans], *of a quarter, of a fourth part:* tabulae, i. e. *scaling down all debts to one fourth.—Costing a quarter of an as, costing a quadrans:* permutatio, i. e. *a substitute for the price of the bath.*

quadrātum, ī, *n.* [quadratus], *a square, quadrate:* dimensio quadrati: mutat quadrata rotundis, H.—In astronomy, *quadrature.*

quadrātus, *adj.* [*P.* of quadro], *squared, square, quadrate:* saxum, *squared,* L.: agmine quadrato accedere, *in solid column,* C., L., S.

quadrīduum (**quatrīd-**), ī, *n.* [quattuor+dies], *a period of four days:* quadridui causā: quadriduo quo haec gesta sunt, *four days after.*

quadriennium, ī, *n.* [quattuor + annus], *a period of four years:* (fundum) quadriennium possedit: rettulit quadriennio post.

quadrifāriam, *adv.* [quattuor], *fourfold, into four parts:* se dividere, L.

quadrifidus, *adj.* [quattuor+2 FID-], *four-cleft, split into four parts:* sudes, V.: Quadrifidam quercum Scindebat, *into four parts,* V.

quadrīgae, ārum, *f.* [for quadriiugae], *a team of four, four-abreast, four-in-hand, four-horse team.*—Of horses, with or without the car or vehicle, rarely of the car alone: duabus admotis quadrigis, in currūs earum inligat Mettium, L.: Glauci Potniades malis membra absumpsere quadrigae, V.: curru quadrigarum vehi: cum carceribus sese effudere quadrigae, V.: falcatae, *with scythes fastened to the yokes,* L.: roseis Aurora quadrigis, V.: Apta quadrigis equa, H.—F i g., *a swift car:* quadrigis poeticis, i. e. *with utmost speed:* navibus atque Quadrigis petimus bene vivere, i. e. *by every means in our power,* H.

quadrīgātus, *adj.* [quadrigae], *bearing the stamp of a four-horse chariot:* nummi, L.

quadrīgulae, ārum, *f. dim.* [quadrigae], *a little four-horse team.*

quadriiugis, e, *adj.* [quattuor+iugum], *of a team of four:* equi, V.

quadriiugus, *adj.* [quattuor+iugum], *of a team of four:* equi, O.: currus, *drawn by four horses,* V.—*Plur. m.* as *subst., a four-horse team:* relinquunt Quadriiugi spatium, O.

quadrīmus, *adj.* [quattuor+hiems], *of four winters, four years old:* de quadrimo Catone, *when four years old:* infans quadrimo par (sc. infanti), L.: merum, H.

quadringēnārius, *adj.* [quadrigeni], *of four hundred each:* cohortes, C., L.

quadringēnī, ae, a, *num. distrib.* [quadringenti], *four hundred each:* nummi, L.

quadringentēsimus, *adj.* [quadringenti], *the four hundredth:* annus, L.

quadringentī, ae, a, or **CCCC**, *num.* [quattuor+centum], *four hundred:* anni: CCCC amphorae: (sestertia), Iu.

quadringentiēns (**-iēs**) or **CCCC**, *adv.* [quadringenti], *four hundred times:* HS, *forty millions of sesterces.*

quadripartītus or **quadrupertītus**, *adj.* [quattuor+pars], *divided into four parts, fourfold, quadripartite:* distributio accusationis: commutationes temporum, *fourfold.*

quadripedāns, quadripēs, quadriplex, see quadrup-.

quadrirēmis, is, *adj. f.* [quattuor+remus], *with four banks of oars, quadrireme:* Centuripina. —As *subst.* (sc. navis): quinque, Cs.: quattuor, L.

quadrivium, ī, *n.* [quattuor + via], *a place where four ways meet, cross-way, cross-road,* Iu., Ct.

quadrō, āvī, ātus, āre [quadrus], *to make square, put in order, arrange, complete:* quadrandae orationis industria, *giving rhythmic finish:* quae pars quadrat, acervum, H.—*To make a square, run parallel, be exact:* omnis in unguem secto via limite quadret, V.—F i g., *to fit, suit, agree, be proper:* omnia in istam quadrant, *fit her:* ad multa, *suit in many respects:* quoniam tibi ita quadrat, *it seems to you so proper.*—Of numbers: quomodo DC (HS milia) eodem modo quadrarint.

quadrum, ī, *n.* [quadrus, from quattuor], *a square;* hence, f i g., *fitness, proper order:* in quadrum redigere sententias.

quadrupedāns, antis, *P.* [quadrupes], *going on four feet, galloping:* sonitus, *of a horse galloping,* V.—*Plur.* as *subst.:* quadrupedantum Pectora, *steed,* V.

quadrupertītus, see quadripartitus.

quadrupēs (**quadripes**), pedis, *adj.* [quattuor +pes], *with four feet, on all fours:* quadrupedem constringito, *hand and foot,* T.: Mox quadrupes (infans) rituque tulit sua membra ferarum, O.—As *subst. m.* and *f., a quadruped, four-footed creature:* saucius, V.: minister non bipedum solum sed etiam quadripedum: flectit in orbem Quadrupedis cursūs, *of his steeds,* O.

quadruplātor (**quadri-**), ōris, *m.* [quadruplor], *a seizer of a fourth part;* hence (because informers were rewarded out of forfeitures), *an informer for profit:* quadruplatorum deterrimus. —*A corrupt judge,* L.

quadruplex, icis, *adj.* [quattuor + PARC-], *fourfold, quadruple:* onerarium (navium) ordo, L.—*Four:* stellae, C. poët.—As *subst.*, *a fourfold amount:* magistris quadruplex dedit, L.

quadruplum, ī, *n.* [quattuor + PLE-], *four times as much, quadruple:* in aratorem (iudicium) in quadruplum dare, *sentence to pay fourfold damages.*

quaeritō, —, —, āre, *freq.* [quaero], *to seek earnestly, ask persistently:* haec quor quaeritet? T.: lanā ac telā victum quaeritans, *earning*, T.

quaerō, sīvī, sītus, ere [QVAES-], *to seek, look for:* quaerenti (deae) defuit orbis, O.: te ipsum quaerebam, *was looking for*, T.: suos notos, Cs.: ab ostio quaerens Ennium, *asking for:* cum praetor quaereretur: quem quaeritis, adsum, V.: liberi ad necem quaerebantur: escam in sterquilinio, Ph.: per imas Quaerit iter vallīs (Ufens), V.: cauda colubrae . . . moriens dominae vestigia quaerit, O.—*To seek to obtain, look for, strive for, seek:* sibi alium imperatorem, S.: in regnum quaeritur heres, V.: milites ducem quaerentes: in eum invidia quaesita est, i. e. *prejudice is excited:* ad ornatum ludorum aurum: regia potestas hac lege quaeritur: ne quaeratur latebra periurio: voce pericula, *provoke*, O.: defensorem suae salutis eum.—With *inf.*, *to seek, strive, endeavor, ask:* ne quaere doceri Quam poenam, etc., V.: Antequam . . . speciosa quaero Pascere tigrīs, i. e. *let me rather*, H.: classibus advehebantur, qui mutare sedes quaerebant, Ta. — *To strive to gain, earn, win by effort, acquire:* Conserva, quaere, parce, T.: Quaerit ac timet uti, H.: victum volgo, T.: confiteri sibi quaesito opus esse, *that he must earn something.* — *To feel the want of, miss, lack:* Siciliam in uberrimā Siciliae parte: ne ille saepe Persas et Indos quaesisset, L.: quaerit Boeotia Dircen, O.—*To ask, desire, require, demand, need, call for:* quid sibi hic vestitus quaerit? i. e. *what do you mean by?* T.: collis pauca munimenta quaerebat, S.: qui tumultus dictatoriam maiestatem quaesisset, *made necessary*, L.: nego esse quicquam, quod cuiusquam oratoris eloquentiam quaereret: quaeris ut suscipiam cogitationem, quidnam istis agendum putem.—Fig., *to seek mentally, think over, meditate, aim at, plan, devise, find:* consilium, T.: quonam modo maxime ulti sanguinem nostrum pereamus, S.: remedium: rationes eas, quae ex coniecturā pendent. — *To seek to learn, make inquiry, ask, inquire, interrogate:* item alio die Quaerebam, T.: quaerendo cognoveram: vide, quaere, circumspice!: quaesiturus, unum caelum esset an innumerabilia: Naturā fieret laudabile carmen, an arte, Quaesitum est, *has been made a question*, H.: cum ab iis saepius quaereret, *made inquiries*, Cs.: quaero abs te nunc, Hortensi, cum, etc.: quaesivit a medicis, quem a modum se haberet, N.: quaero de te, num, etc.: Cura tibi de quo quaerere nulla fuit, O.: in dominos quaeri de servis iniquom est, i. e. *to examine under torture:* quaerit ex solo ea, quae, etc., Cs.: habes, quod ex me quaesisti.—*To examine, inquire into, make inquiry, investigate:* coëgit consules circa fora proficisci ibique quaerere, L.: hunc abduce, vinci, quaere rem, T.: scrutatus sum quae potui et quaesivi omnia: rem illam: quorum de naturā Caesar cum quaereret, sic reperiebat, Cs.—Esp., of judicial investigation: de pecuniis repetundis: dum de patris morte quaereretur: ut veteribus legibus, tantum modo extra ordinem, quaereretur, *the investigation should be made.*—In parenthet. clauses, *to inquire, consider:* omnino, si quaeris, ludi apparatissimi: noli quaerere: ita mihi pulcher hic dies visus est, *in short:* si verum quaeritis, *to speak the truth:* si verum quaerimus.

quaesītiō, ōnis, *f.* [QVAES-], *an investigation, inquisition:* ad quaestionem retrahere, Ta.

quaesītor, ōris, *m.* [QVAES-], *an investigator, examining magistrate, examiner, inquisitor, prosecuting officer:* illa tormenta regit quaesitor: Minos, V.: quaesitori gratulationem decrevit: consules et quaesitor erant ex illius voluntate, i. e. *the praetor* (who conducted the trial).

quaesītus, *adj.* with *comp.* and *sup.* [*P.* of quaero], *sought out, select, special:* leges quaesitiores, Ta.: quaesitior adulatio, Ta.: quaesitissimi honores, Ta.—As *subst. n.*, *an acquisition, earnings, store:* mus Asper et attentus quaesitis, H.: genus Quaesitique tenax, et qui quaesita reservent, O.—*Sought out, inquired;* as *subst. n.*, *a question, inquiry:* Accipe quaesiti causam, O. — *Artificial, far-fetched, studied, affected, assumed:* vitabit etiam quaesita nec ex tempore ficta: ut numerus non quaesitus, sed ipse secutus esse videatur.

quaesō, —, — (ere) [QVAES-]. — Only 1*st pers. indic. praes.*, *sing.* and *plur.*, *to beg, pray, beseech, entreat:* quaeso, ut eum diem memoriae mandetis: quaeso a vobis, ut, in hac causā, etc.: id uti permittatis, quaesumus, L.: quaeso obtestorque, ne: Decium quaeso mecum consulem faciatis, L.: deos quaeso, ut istaec prohibeant, T.: te precor et quaeso, ut liceret, etc.: hoc quaeso, Syre, Ut, etc., T. — Parenthet., *I beg, I pray, prithee, please:* ubinam est, quaeso? *prithee*, T.: tu, quaeso, crebro ad me scribe: quam ob rem aggredere, quaesumus, etc.

quaesticulus, ī, *m. dim.* [quaestus], *a trifling profit, petty gain:* meus.

quaestiō, ōnis, *f.* [QVAES-], *a questioning, examination, inquiry, investigation:* exploratā re quaestione captivorum, Cs.: rem in disceptationem quaestionemque vocare, *to investigate:* res in quaestione versatur, *is under investigation:* de moribus ultima fiet quaestio, Iu. — *A judicial investigation, examination by torture, criminal inquiry,* *inquisition:* cum praetor quaestionem inter sicarios exercuisset, *conducted a trial for assassination:* mortis paternae de servis paternis quaestionem habere: quaestionem in eum ferre, *demand his prosecution:* placuit quaestionem ex his haberi, L.: instituta de morte: ad quaestionem abripi, *to the torture:* illum in quaestionem postulavit: quaestiones severius exercere, L.: quaestioni praeesse, *to sit as judge:* tabellae quaestionis, *records of testimony at an examination:* quaestiones perpetuae, *standing commissions of criminal investigation:* iudex quaestionis (i. e. quaesitor): quaestiones extraordinariae, *investigations by special commission*, L.: dimittere eo tempore quaestionem, i. e. *the court.—A question, subject of investigation, matter, case, cause, dispute, difficulty, inquiry:* quae (sententia) viri simillima, magna quaestio est: perdifficilis de naturā deorum: de moribus ultima fiet Quaestio, Iu.: beatos efficiat (sapientia) necne quaestio est, *may be disputed.* — *The record of a judicial inquiry, minutes of evidence:* hanc fictam quaestionem conscripisse.

quaestiuncula, ae, *f. dim.* [quaestio], *a trifling inquiry:* alcui quaestiunculam ponere.

quaestor, ōris, *m.* [for quaesitor], *a quaestor* (originally two deputies of the consuls, to investigate and try capital crimes; elected annually at the comitia of the tribes. From the earliest days of the republic they had the care of public moneys, archives, and military standards, in the temple of Saturn. Their number was gradually increased to 40; but most of them were employed in the provinces, assigned to them by lot): Cassium de occupando regno molientem quaestor accusavit: a quaestoribus diem dictam perduellionis damnatumque, etc., L.: quaestores urbani: a quaestore numeravit, *paid by an order on the quaestor:* cum quaestores sortiuntur: Ostiensis, i. e. *customs-officer at Ostia.*—Fig.: quaestor non imperi, sed doloris mei, i. e. *guardian.*

quaestōrius, *adj.* [quaestor], *of a quaestor, quaestorian:* officium quaestorium, *a quaestor's duty:* adulescentes iam aetate quaestorios, *in age eligible to the quaestorship:* comitia: porta (in a camp), *near the quaestor's tent*, L.: legatus, *with the rank of quaestor:* iuvenis, *who has been quaestor*, Ta.—As *subst. m.*, *one who has served as quaestor, an ex-quaestor*, C.—As *subst. n.*, *the quaestor's tent* (sc. tentorium), L.: me in quaestoriumque perduxit, *the quaestor's residence* (sc. aedificium).

quaestuōsus, *adj.* with *comp.* and *sup.* [quaestus], *gainful, profitable, advantageous, lucrative, productive:* scientia: mercatura: hoc multo est quaestuosius, quam, etc.: benignitas quaestuosior: quaestuosissima officina: edictum. — Of persons, *full of gain, acquiring wealth:* gens, Cu. — *Fond of gain, eager for profit, acquisitive:* homo.

quaestūra, ae, *f.* [QVAES-], *the office of quaestor, quaestorship:* quaestura primus gradus honoris: ex quaesturā consulatum petere, L. — *The quaestor's chest, public funds:* translator quaesturae.

quaestus, ūs (old *gen.* quaestuis, T.; quaestī, T.), *m.*, *a gaining, acquiring, gain, acquisition, profit, advantage:* ad quaestūs pecuniae mercaturasque vis, Cs.: consequendi quaestūs studio: quaestus ac lucrum unius anni et unius agri: quibus fides, decus, omnia quaestui sunt, *are venal*, S.: quaestui habere rem p., *to use public office for personal gain:* iudicio abuti ad quaestum: pecuniam in quaestu relinquere, *to let money at interest:* hos quaestūs recipere: decumanorum nomine ad suos quaestūs esse abusum.—*A way of making money, business, occupation, employment, trade:* meretricius: de quaestibus, qui liberales habendi. — Of courtesans: quaestum corpore facere, L.: quaestum occipit, T.: in quaestu pro meretrice sedet, O. — Fig., *gain, profit, advantage:* qui sui quaestūs causā fictas suscitant sententias, Enn. ap. C.: nullum in eo facio quaestum.

quālibet (-lubet), *adv.* [*abl.* from quilibet], *where you will, everywhere:* eat tutus qualibet, Tb. —*In any way, at all hazards:* notus, Ct.

quālis, e, *pronom. adj.* [2 CA-].—**I.** *Interrog.*, *how constituted, of what sort, of what nature, what kind of a:* qualis oratoris putas esse historiam scribere?: qualis est istorum oratio? *what kind of a speech is that?*—In indirect questions: metuo qualem tu me esse hominem existumas: qualis esset natura montis, cognoscere, Cs.: doce me quales sint corpore, *what sort of a body they have.* —In exclamations: Hei mihi, qualis erat! *what a man!* V.: dic, qualem te patriae custodem di genuerunt! Enn. ap. C. — **II.** *Relat.*, *so constituted, of such a kind, such as, as* (often *correl.* with *talis*): ut qualem te iam antea populo R. praebuisti, talem te et nobis impertias: in hoc bello, quale bellum nulla barbaria gessit, *the like of which:* equitum acies qualis quae instructissima potest, L.: bis sex . . . Qualia nunc hominum producit corpora tellus, V.: Cui mater sese tulit obvia, qualis equos fatigat Harpalyce, *like Harpalyce, when she wearies*, etc., V.—In quotations and citations, *as, as for instance, as for example:* aperta et clara (somnia), quale est de illo, etc.—*Adverb.*, *as, just as:* Qualis maerens philomela queritur fetūs, V.: falcata cauda est, Qualia sinuantur cornua lunae, O. — *Indef.*, as *subst. n.*, *things endowed with qualities:* et illa effici quae appellant qualia.

quālis-cumque, qualecumque, *adj.* **I.** *Rel.*, *of what quality soever, of whatever kind:* sed homines benevolos, qualescumque sunt, grave est insequi contumeliā, *be they as they may.*—In tmesi: quale id cumque est: Qualis enim cumque est (structura carminis), O.—**II.** *Indef., of any kind whatever, any without distinction:* qualicumque urbis statu sisti potuisse, L.: pluris qualemcumque vitam honestā morte aestimare, Cu.: Sin qualemcumque locum sequimur.

quālis-libet, quālelibet, *pron. indef., of what sort you will:* formae litterarum.

quālitās, ātis, *f.* [qualis], *a quality, property, nature, state, condition:* aliqua.

quāliter, *adv.* [qualis], *just as, as,* O.

quālus, ī, *m., a wicker basket, work-basket:* spisso vimine qualos deripe, V.: Tibi qualum puer aufert, H.

quam, *adv.* [qui].—*Relat., in what manner, to what degree, how greatly, how, how much:* nescis quam doleam, T.: vide, quam te amarit is: declaravit quam odisset senatum: docebat, quam veteres quamque iustae causae intercederent, Cs.: ut sentias quam vile sit corpus, L.: Vive memor quam sis aevi brevis, H.: ut nobis tempus quam diu diceremus praestitueres: mire quam illius loci cogitatio delectat (i. e. mirum est, quam, etc.), *wonderfully.*—*Interrog., how?:* quam avidum in pecuniis (hunc fuisse censetis)?: quam multis custodibus opus erit?: quam longe est hinc in saltum vestrum?—In exclamations, *how! how very!:* quam cupiunt laudari!: quam terribilis aspectu (incedebat)!: quam nihil praetermittis in consilio dando!: Quam paene regna Proserpinae vidimus! H. —Esp., in comparisons, *in what degree, as:* nihil est tam populare quam bonitas: quid est oratori tam necessarium quam vox?: tam diu requiesco, quam diu ad te scribo: tam esse clemens tyrannus, quam rex importunus potest: quam quisque pessume fecit, tam maxume tutus est, S.: tam sum amicus rei p. quam qui maxime: Non verbis dici potest Tantum quam navigare incommodumst, T.: maria aspera iuro Non ullum pro me tantum cepisse timorem, Quam ne, etc., V.: intentis, non ab irā tantum, quam quod urbs videbatur, etc., L.: dimidium tributi quam quod regibus ferre soliti erant, *half as much tribute as,* etc., L.: nihil aeque eos terruit, quam robur imperatoris, L.: quam multā grandine nimbi crepitant, sic ictibus heros Creber pulsat, V.—With *ellips.* of *tam, as much as, to the extent that, as... as:* quam voletis multi dicent, *as many of you as choose:* quam diu vixit, *all his life:* quam diu tu voles, *as long as you will:* non militum fiduciā quam iuventutis, *not so much,* L.: tyrannus, quam qui umquam, saevissimus, *never surpassed in cruelty,* L.: Huc turba ruebat ... Quam multa cadunt folia, *as numerous as,* V. —With *sup.* and *possum* or (old) *queo:* ut te redimas captum quam queas Minumo, *at the lowest price you can,* T.: quam plurimos potest equites educit, S.: quam maximis potest itineribus pervenit, Cs.: quam maxime possem, contenderem, *to the utmost of my power.*—With *sup.* and *ellips.* of *possum, in the highest degree, as ... as possible, extremely, very:* quam minimum spati daretur, *the shortest time possible,* Cs.: quam plurimo vendere, *at the highest price:* ut quam primum accederet, *as soon as possible:* quam primum, *forthwith,* V. —Colloq.: quam familiariter, *very,* T.—Implying difference of degree (after a *comp.* or word of comparison), *than:* acrior quam ego sum: omnia sunt citius facta quam dixi: nec diutius vixit quam locuta est: ut aditus non magis nobilitati quam virtuti pateret: istas tu partīs potius quam defectionem vocas?: Nec tibi grata minus pietas ... Quam fuit illa Iovi, O.: se temere magis quam satis caute inferre, L.: non locuta est ferocius quam poculum inpavide hausit, L.: speciem gloriae vehementius quam caute appetebat, Ta.: maiorem pecuniam polliceri, quam quantam hic dedisset: ne libentius haec evomere videar quam verius, *with more satisfaction than accuracy:* pestilentia minacior quam perniciosior, *more threatening than destructive,* L.: turbavit ordinem non acrior quam pertinacior impetus, L.: quid hoc fieri turpius potest, quam eum ... labi: ne aliter, quam ego velim, meum laudet ingenium, *otherwise than as I wished*· quis antea, quis esset, quam cuius gener esset, audivit? *sooner ... than:* pridie quam a me tu coactus eo profitere, *on the day before:* virtus nihil aliud est quam in se perfecta natura: nil aliud agens quam ut, etc., *with no other purpose than,* etc., L.: saepe supra feret, quam fieri possit, *more than:* ultra quam satis est, producitur.—Praegn., after verbs implying preference or superiority, *rather than:* praestare omnīs perferre acerbitates, quam non civibus parentarent, Cs.: si eligere commodissimum quodque, quam sese uni vellent addicere: esse quam videri bonus malebat, S.: malae rei se quam nullius duces esse volunt, L.: statuit congredi quam refugere, N.—After expressions of time, *later than, after that, after:* die vicensimo quam creatus erat dictaturā se abdicavit, L.: anno trecentesimo altero quam condita Roma erat, L.

quam diū, *as long as;* see quam.

quam dūdum, *how long?* see dudum.

quam-libet or **quam-lubet**, *adv., at pleasure, according to inclination:* Quamlibet lambe otio, Ph.—*As much as one will, however much, to any extent, in any degree:* quodvis quamlibet tenue munusculum: ignotae manūs, *however strange,* O.

quam ob rem (less correctly quamobrem).—*Interrog., for what reason? on what account? wherefore? why?:* sors ducitur, quam ob rem?: quaesivit, quam ob rem venissent: cum quaereret quam ob rem Ariovistus non decertaret, Cs.—*Relat., on account of which, wherefore, why:* Multae sunt causae, quam ob rem cupio abducere, T.:

verum illud est, quam ob rem haec commemorem. —*Colloq.*, of a person: is, quam ob rem huc veneram, Rus abiit, *for whose sake*, T.—In transition, *and for this reason, and therefore:* quam ob rem quaeso a vobis, etc.

quam plūrimī, see quam.

quam prīdem, see pridem.

quam prīmum, *forthwith, as soon as possible;* see primum, quam.

quam-quam (quanquam), *conj.*, *though, although, albeit, notwithstanding that:* quamquam blandā voce vocabam: quamquam est scelestus, T.: quamquam non venit ad finem tam audax inceptum, tamen, etc., L.: Romani, quamquam fessi erant, S.: Quamquam festinas, non est mora longa, H.: quamquam alii dicant aeque caram esse, etc.: quamquam quid facturi fueritis dubitem: quamquam sint in quibusdam malis, tamen, etc.: Romanis, quamquam procul a patriā pugnarent, etc., L.: quamquam nonnullis leve visum ire putem, N.: quamquam nulla merita cuiquam ad dominationem pandere viam, L.—Ellipt.: acri viro, et quamquam adverso populi partium, famā tamen aequabili, S.: omnia illa, quamquam expetenda, etc. — In transitions, *and yet, although, however, yet, nevertheless, notwithstanding:* quamquam, quem potissimum Herculem colamus, scire sane velim: quamquam te quidem quid hoc doceam: Quamquam o! sed superent, etc., V.

quam-vis, *adv.* and *conj.* I. *Adv.*, *as you will, as much as you will, however much, as much as possible, very much, extremely, exceedingly:* quamvis multos nominatim proferre, *any number:* quamvis callide, quamvis audactėr, quamvis impudenter: quamvis pauci, Cs.: quamvis vitiosissimus orātor. —II. *Conj.*, *as much as you will, how much soever, however much, although, albeit:* homines, quamvis in turbidis rebus sint, tamen, etc.: quamvis mihi res non placeat: ipsas quamvis angusti terminus aevi Excipiat, At, etc., V.: senectus enim quamvis non sit gravis: quamvis patrem suum numquam viderat: erat inter eos dignitate regiā, quamvis carebat nomine, N.: quamvis infesto animo et minaci perveneras, L.: amat nostram, quamvis est rustica, Musam, V.: quamvis tacet Hermogenes, H.: quamvis tamen oderat illam, O.—Ellipt.: res bello gesserat, quamvis rei p. calamitosas, attamen magnas: ratio quamvis falsa.

quā-nam, *adv.*, *by what way, where:* quanam in alium orbem transirent, L.

(quandiu), see quamdiu.

quandō, *adv.* and *conj.* I. *Adv.*, *at what time? when?: Do.* venit Chaerea. *Ph.* quando? *Do.* hodie, T.: quando es persecutus?: O rus, quando ego te aspiciam? quandoque licebit? etc., H.: non intellegitur, quando obrepat senectus: Quaeres, quando iterum paveas, H.—*Indef.*, after *ne, num,* or *si*, *at what time soever, at any time, ever, some time, some day:* mihi mea ne quando obsint providere: num quando vides? etc.: quaestio, num quando amici novi veteribus sint anteponendi: quod si quando accidit: si quando umquam meminerint, etc., L.—II. *Conj.*, of time, *when, at the time that:* tum, quando legatos Tyrum misimus: Putet aper, mala copia quando sollicitat stomachum, H.: adflata est numine quando (Sibylla), V. — Of cause, *since then, because then, since, as, seeing that, inasmuch as:* quando hoc bene successit, T.: Duc me ad eam, quando huc veni, T.: quando igitur virtus est adfectio animi constans: nunc, quando per illam (Fortunam) licet, S.: quando iniussu populi facta est, L.: Quando pauperiem horres, H.

quandō-cumque (-cunque), *adv.* I. *Relat.*, *at what time soever, at whatever time, whenever, as often as, as soon as:* Quandocumque trahunt invisa negotia Romam, H.: Vir bonus, Quandocumque deos placat, H. — II. *Indef.*, *at some time or other, in due time:* Quandocumque mihi poenas dabis, O.—In tmesi: Garrulus hunc quando consumet cumque, H.

quandō-que, *adv.* I. *Relat.*, *at what time soever, whenever, whensoever, as often as:* quandoque te in iure conspicio: ut, quandoque idem prodigium nuntiaretur, feriae agerentur, L.: Indignor, quandoque bonus dormitat Homerus, H.—*Since, inasmuch as:* quandoque tu extra ordinem pugnasti, etc., L.: quandoque tu nullā umquam mihi in cupiditate defuisti.—II. *Indefin.*, *at some time, at one time or other:* commoraturus, quoad ille quandoque veniat: ne quandoque parvus hic ignis incendium exsuscitet, L.

quandō-quidem or **quando-quidem**, *adv.*, *since indeed, since, seeing that:* quandoquidem tam iners sum, T.: quandoquidem tu istos oratores tantopere laudas: Dicite, quandoquidem in molli consedimus herbā, V.

(quanquam), see quamquam.

quantō, *adv.* [*abl. n.* of quantus], *by how much, by as much as, according as:* quanto diutius Abest, magis cupio tanto, *the longer he is away*, T.: quanto gravior oppugnatio, tanto crebriores, Cs.: tanto minor, quanto est honestius commoveri: quanto praeclarior vita, tanto, etc., S.: exponere, quanto ante providerit, *how long before.*

quantō opere (not quantopere), *adverb. phrase* [quantus + opus], *with how great effort, how carefully:* illa notiora, quanto se opere custodiant bestiae: quantoque opere eius municipi causā laborarem. — *How greatly, how much:* dici non potest, quanto opere gaudeant: neque enim tanto opere disputatio desiderata, quanto opere, etc., *so eagerly as.*

quantulum, *adv.* [quantulus], *how little:* quantulum iudicare possemus: quantulum interest, utrum, etc., *how little difference it makes.*

quantulus, *adj. dim.* [quantus], *how little, how small, how trifling:* quantulus (sol) nobis videtur!: quantula sint hominum corpuscula, Iu.—As *subst. n.:* Quantulum enim summae curtabit quisque dierum, etc., *how little,* H.: reddidit quantulum visum est, *as little as pleased him:* quantulum militum, Ta.

quantulus - cumque, acumque, umcumque, *adj., however small, how little soever, however trifling:* mea, quantulacumque est, facultas: Quantulacumque adeo est occasio, Iu.—In tmesi: quantulum id cumque est.—As *subst. n., however little, however insignificant a thing:* quantulumcumque dicebamus.

quantum, *adv.* [quantus], *as much as, so much as, to as great an extent:* erus, quantum audio, uxore excidit, *as far as I hear,* T.: quantum suspicor, *as far as I can conjecture,* T.: quantum in me fuit, ieci, *to my best ability:* non igitur adhuc, quantum quidem in te est, intellego deos esse, i. e. *for all you have said to prove it:* castris, nisi quantum usūs cogerent, tenebatur miles, L.: Quantum ad Pirithoum, *as far as concerned,* O.: ut, quantum homo possit, quam cautissime navigem: quantum maximā voce potuit, *at the very top of his voice,* L.: quantum maxime adcelerare poterat, *as fast as ever,* L.: tu quantum potest Abi, *as quickly as possible,* T.: ea, quantum potui, feci, *as well as I could:* ut hunc, quantum possent, sublevarent, *to their utmost ability.*—*How much, how far, to how great an extent:* quantum intersit, videte: quantum possent, ostendere.—With *compp., the more, the greater:* quantum se magis insinuabant, eo acrius, etc., L.: quantum augebatur militum numerus, tanto maiore pecuniā opus erat, L.—With *ellips.* of *tanto:* quantum incresceret aetas, voltūs minus vigentes erant, L.

quantumcumque, *adv.* [quantuscumque], *as much soever, as much as ever.*

quantumlibet, *adv.* [quantuslibet], *how much soever:* quantumlibet intersit, L.

quantumvīs, *adv.* [quantusvis], *how much soever, however:* quantumvis rusticus, H.

quantus, *pronom. adj.* [2 CA-]. **I.** *Relat.,* correl. with *tantus, of what size, how much, as:* tantum bellum, quantum numquam fuit: quantas pecunias acceperunt, tantas communicant, etc., Cs.: tanta est inter eos, quanta maxima esse potest, distantia, *the greatest possible difference.*—With *ellips.* of *tantus, as great as, as much as:* quantam quisque multitudinem pollicitus sit, Cs.: polliceri quantam vellent pecuniam: quanti argenti opus fuit, accepit, L.: qualis quantusque Polyphemus . . . Centum alii (sc. tales tantique), V.: Acta est nox, quanta fuit, i. e. *the livelong night,* O.: nequaquam cum quantis copiis, etc., *with so small a force,* L.: ut quantae maximae possent copiae traicerentur, L.—As *subst. n., as much as, all that, as:* tantum pecuniae, quantum satis est: ego tantundem dabo, quantum ille poposcerit?: nihil praetermissi, quantum facere potui: te di deaeque omnes, quantumst, perduint, *all there are of them,* T.: quantum poposcerit, dato.—E s p., *genit.* of *price, for how much, at the price that:* quanti locaverint, tantam pecuniam solvendam: frumentum tanti fuit, quanti iste aestimavit, *was worth the price he valued it at:* plus lucri addere, quam quanti venierant.—**II.** *Interrog.,* as *adj., how great? how much? of what amount?:* quanta calamitas populo, si dixerit? etc.: id ipsum quantae divinationis est scire?: (virtutes) quantae atque quam multae sunt!: perspicite, quantum illud bellum factum putetis: quanto illi odio esset, cogitabat: quae qualiacumque in me sunt (me enim ipsum paenitet, quanta sint), etc., i. e. *that they are so small.*—As *subst. n., how much:* quantum terroris inicit!: quantum est, quod desit in istis Ad plenum facinus? i. e. *how little,* O.: quantum inportunitatis habent, *their insolence is so great,* S.: meminerant quantum accepisset: in quibus quantum tu ipse speres facile perspicio, i. e. *how little.*—E s p., *genit.* of *price, at what price, of what value, how dear:* Emit? quanti? T.: Quantist sapere! *How fine it is!* T.: statuite, quanti hoc putetis, *what value you attach to:* quanti auctoritas eius haberetur ignorabas? *how highly was esteemed:* vide, quanti apud me sis, *how I prize you:* quanti est ista hominum gloria, *how worthless:* legatorum verba, quanti fecerit, pericula mea declarant, *how little he cared for,* S.

quantus - cumque, tacumque, tumcumque, *adj., how great soever, of whatever size:* bona, quantacumque erant: omnia adhuc, quantacumque petistis, obtinuistis, L.—*However small, however little:* quantuscumque sum ad iudicandum, *whatever my judgment may be worth:* facultas, quae quantacumque in me est, *however trifling:* datā quanticumque quiete temporis, *ever so short,* L.

quantus-libet, talibet, tumlibet, *adj., as great as you please, how great soever, ever so great:* quantalibet magnitudo hominis concipiatur animo, L.: quantolibet ordine dignus, O.: facilitas, Ta.: Serrano Gloria quantalibet quid erit? *what will any amount of glory be worth?* Iu.

quantus quantus, *pronom. adj., however great:* Tu, quantus quantu's, nil nisi sapientia es, *every inch of you,* T.—As *subst. n.,* in *genit.* of *price, at whatever price, at any cost:* sed quanti quanti, bene emitur quod necesse est.

quantus-vīs, tavīs, tumvīs, *adj., as much as*

you will, as great as you please, however great: quantasvis copias sustineri posse, Cs.: portum satis amplum quantaevis classi, *for any fleet however large*, L.: esse quantivis preti, T.

quā-propter, *adv.—Interrog., for what, wherefore, why:* parumper opperire hic: *My.* Quapropter? T.—*Relat., wherefore, and on this account:* quapropter hoc dicam, numquam, etc.—In tmesi: Qua me propter exanimatum eduxi, T.

quā rē or **quārē**, *adv., by what means? whereby? how?:* Quid si nunc fortunatus fias? *Ch.* quā re? T.—*By means of which, whereby, in order that:* res novae, quā re luxuria reprimeretur, N.: permulta dici possunt, quā re intellegatur, etc.—*From what cause? on what account? wherefore? why?:* quā re negasti illud te fuisse laturum?: quā re Templa ruunt antiqua? H.—*By reason of which, so that:* accendis, quā re cupiam, etc., i. e. *you inflame my desire*, H.: quaeramus, quae tanta vitia fuerint in unico filio, quā re is patri displiceret.—*And for that reason, wherefore, therefore:* qua re sic tibi eum commendo, ut, etc.: quā re pro certo habetote, S.

quartadecumānī, ōrum, *m.* [quartus decimus], *soldiers of the fourteenth legion*, Ta.

quartānus, *adj.* [quartus], *of the fourth, occurring on the fourth day, quartan:* febris.—As *subst. f.* (sc. febris), *an ague occurring every fourth day, quartan ague:* in quartanam conversa vis est morbi: frigida, H.—As *subst. m.:* quartani, *soldiers of the fourth legion*, Ta.

quartārius, ī, *m.* [quartus], *a fourth part of a sextarius, small measure, gill:* vini, L.

quartō, *adv.* [quartus], *for the fourth time*, O.

quartum or **IV**, *adv.* [quartus], *for the fourth time:* eo quartum consule: declarati consules..., Flaccus IV, L.

quartus or **IV**, *adj.* [quattuor], *the fourth:* dies ludorum: in ante diem IV Kalendas Decembrīs: pars copiarum, Cs.: quartus ab Arcesilā, *the fourth from Arcesilas:* pater (i. e. abavus), V.—As *subst. m.* (sc. liber): in quarto accusationis, *the fourth book.*

quartus-decimus, *num. adj., the fourteenth:* legio, Ta.

qua-si, *adv.* **I.** In hypothetical comparison, *as if, just as if, as though:* modo introivi. *Si.* quasi ego quam dudum rogem, *as if I asked*, T.: adsimulabo, quasi nunc exeam, *will make as if*, T.: cur nomen petis quasi incertum sit?: loquor, quasi ego illud fecerim: quasi tute noris, ita salutas?: haec perinde loquor, quasi debueris: quasi non omnes eius sceleris testes essent futuri, sic metuit, etc.: quasi vero paulum inter siet, *just as if*, T.: quasi vero consili sit res, Cs.: quasi vero ignotus nobis fuerit splendidus eques: quas (litteras) sic avide adripui, quasi sitim explere cupiens: sic est hic ordo, quasi editus in altum: potasti, Quasi re bene gestā, T.: quasi signo dato tota Italia convenit: quasi debellato, eum triumphare, L.—**II.** In real comparison, *just as, as:* quasi poma ex arboribus, cruda si sunt, vix evelluntur, sic, etc.: istaec commemoratio Quasi exprobatiost benefici, *is like*, T.: dissensio civilis quasi permixtio terrae oriri coepit, S.: populus deligit magistratūs quasi rei p. vilicos: coniectura et quasi divinatio, *a sort of:* quasi murus quidam nomen imperatoris opponitur: finem (potestatis) accepit, quasi nescius exercendi, i. e. *because incompetent*, Ta.—**III.** In approximation, *somewhat like, about, nearly, almost, not far from:* quasi talenta ad quindecim Coëgi, T.: praesidium quasi duum milium (militum), S.: quasi quiddam incredibile dicere: quasi in extrema paginā.

quasillum, ī, *n.* [qualum], *a wool-basket:* inter quasilla, i. e. *in the spinning-room:* Scortum quasillo pressum, i. e. *low, mean*, Tb., Pr.

quassātiō, ōnis, *f.* [quasso], *a shaking:* capitum, L.

quassō, āvī, ātus, āre, *freq.* [quatio], *to shake violently, toss, brandish, wave:* pinum, V.: hastam, V.: ramum super utraque Tempora, V.: laetum siliquā quassante legumen, *nodding pod*, V.—*To shatter, shiver, dash to pieces, batter:* turris diu quassata prociderat, L.: Quassata ventis classis, V.: quassata domus, O.—Fig., *to shake, shatter, impair, weaken:* quassatā re p.

1. quassus, *adj.* [*P.* of quatio], *broken, weak:* vox, Cu.

2. (quassus, ūs), *m.* [quatio], *a shaking, agitating* (only *abl.*): quassu amplificatis dolorem, Pac. ap. C.

quatefaciō, fēcī, —, ere [quatio + facio], *to shake, cause to waver, weaken:* Antonium.

quā-tenus, *adv.—Interrog., to what point, how far:* in omnibus rebus videndum est, quatenus: quatenus progredi debeat.—*As far as, to the distance that:* quatenus tuto possent, spectatum ire, L.—Of time, *till when, how long:* quatenus (fascīs) haberem?—Fig., *how far, to what extent:* quatenus sint ridicula tractanda oratori, videndum est: nulla cognitio finium, ut ullā in re statuere possimus, quatenus.—*To which extent:* est enim quatenus amicitiae dari venia possit, i. e. *there is a certain extent to which*, etc.—*In so far as, inasmuch as:* Clarus postgenitis; quatenus Virtutem incolumem odimus, H.: Quatenus non est in coniuge felix, O.

quater, *adv. num.* [cf. quattuor], *four times:* quater in limine Substitit, V.: toto quater anno, H.: quater deni, *forty*, O.: HS quater deciens, i. e. *fourteen hundred thousand sesterces* (see sestertius).—In phrases with *ter, three or four times,* *over and over again*, *repeatedly*, *thrice and again:* ter et quater Anno revisens aequor, H.: ter Aut quater, V.: Terque quaterque, V.

quaternī, ae, a, *gen. plur.* nūm, *num. distr.* [quater], *four each*, *by fours*, *four at a time:* quaternos denarios in singulas vini amphoras exegisse: quaternae cohortes ex V legionibus, i. e. *four from each legion*, Cs.: Saepe tribus lectis videas cenare quaternos, H.: quattuor legionibus quaternūm milium scriptis, L.

quatiō, —, quassus, ere, *to shake:* caput, L.: alas, V.: celeres Pennas, H.: aquas, *disturb*, O.: quercum huc illuc, O.: quatitur terrae motibus Ide, O.: (equites) quaterent campos, V.: pede ter humum, H.—*To wield*, *brandish*, *ply:* securim, V.—*To agitate*, *shake*, *cause to tremble:* horror Membra quatit, V.—*To beat*, *strike*, *drive:* homo quatietur certe cum dono foras, T.: cursu quatiunt (equum), V.: fenestras, H.: scutum hastā, L.—*To break*, *crush*, *batter*, *shatter:* urbis moenia ariete, L.: muros, V.: turrīs tremendā Cuspide, H.: in quassas navīs paucis rebus inpositis, L.: Quassaque cinnama, *triturated*, O.—Fig., *to agitate*, *move*, *touch*, *affect*, *excite:* est in animis tenerum quiddam quod aegritudine quasi tempestate quatiatur: nec voltus tyranni Mente quatit solidā (virum), H.—*To plague*, *vex*, *harass*, *weary:* oppida bello, V.: equum cursu, V.: multo tempora quassa mero, i. e. *aching*, O.: extrema Galliarum, Ta.

quatrī-, see quadri-.

quattuor (**quāt-**) or **IIII** or **IV**, *num.*, *four:* ter quattuor corpora: amplius digitis quattuor eminere, Cs.: HS IIII milibus lis aestimata est: en quattuor aras, V.

quattuordecim (**quāt-**) or **XIIII** or **XIV**, *num.* [quattuor+decem], *fourteen:* fuisti abhinc annos quattuordecim: sedere in quattuordecim ordinibus, i. e. *to be a knight* (fourteen rows of seats in the theatre were reserved for knights).

quattuor-virī (**quāt-**) or **IVvirī**, ōrum, *m.*, *a commission of four members.*—Officers of a colony.

-que (sometimes **-quē**, V., O.), *conj. enclit.* [2 CA-]. **I.** Singly, affixed to a word and joining it with a preceding word in one conception, *and:* fames sitisque: peto quaesoque: cibus victusque, L.: divinarum humanarumque scientia: carus acceptusque, S.: ius fasque, L.: diu noctuque, S.: longe multumque: saepe diuque, H.: iam iamque moriundum esse, *every moment:* ipse meique, H.: vivunt vigentque, L.: ultro citroque: pace belloque, L.: tempus locusque, L.—Affixed to the last word of a series, *and*, *and in fine:* fauste, feliciter, prospereque: ab honore, famā fortunisque: pacem, tranquillitatem, otium concordiamque adferat.—Affixed to another word than that which it adds, *and* (poet.): si plostra ducenta Concurrantque tria funera, H.: ut cantūs referatque ludos, H.—Adding a co-ordinate clause, regularly affixed to the first word; but, when this is a monosyl. *praep.*, usu. in prose to the following noun, *and*, *and so*, *and accordingly*, *and in fact:* Tarquini iudicium falsam videri, eumque in vinculis retinendum, S.: ad tempus non venit, metusque rem inpediebat, S.: cum in praediis esset, cumque se dedisset: oppidum deletum est, omniaque deportata: cum volnera acceperit, cumque exercitum eduxerit: fretusque his animis Aeneas, L.: de provinciāque: per vimque.—But the *praep.* often takes *que:* cumque eis Aborigines (vagabantur), S.: deque praedā honorem habitote, L.: transque proximos montīs pedites condit, L.: pro nobis proque iis, L.—Connecting alternatives, *or:* uxores habent deni duodenique inter se communes, Cs.: pelago dona Praecipitare, subiectisque urere flammis, V.—Adversatively, *but:* studio ad rem p. latus sum, ibique multa mihi advorsa fuere, S.: nec iudicibus supplex fuit, adhibuitque liberam contumaciam.—**II.** Correlat., with *-que*, repeated, *both . . . and*, *as well . . . as* (in prose only where the first -que is affixed to a *pron.*): qui seque remque p. perditum irent, S.: omnes, quique Romae quique in exercitu erant, L.: risūsque iocosque, H.: mittuntque feruntque, O.: O terque quaterque beati, V.—Often connecting clauses, or words within a clause which is itself appended by -que: singulasque res definimus circumscripteque complectimur: statuam statui, circumque eam locum ludis gladiatoribusque liberos posterosque eius habere.—More than twice (poet.): Quod mihique eraeque filiaeque erilist, T.: Aspice mundum, Terrasque tractūsque maris caelumque, V.—Followed by *et* or *atque*, *both . . . and*, *as well . . . as*, *not only . . . but also:* seque et oppidum tradat, S.: signaque et ordines, L.: seque et arma et equos, Ta.: posuitque domos atque horrea fecit, V.: satisque ac super, O.: minusque ac minus, L.—After *et* (rare; but -que often connects words in a clause introduced by *et*), *both . . . and:* et Epaminondas Themistoclesque: id et singulis universisque semper honori fuisse, L.

quem ad modum (quemadmodum), *adv.* **I.** *Interrog.*, *in what manner? how?:* si non reliquit, quem ad modum ab eo postea exegisti?: quem ad modum est adservatus?—**II.** *Relat.*, *in what way*, *how:* providi, quem ad modum salvi esse possemus: ut qui vicissent, quem ad modum vellent, imperarent, Cs.—*Just as*, *as:* quem ad modum urbes magnas viculis praeferundas puto, sic, etc.: rem exponere, quem ad modum nunc apud vos.

queō, quīvī, quitus, īre, *to be able*, *can:* minus queo viri culpā quam, etc., T.: Ut quimus, quando ut volumus non licet, T.: non quis, H.: ut tibi irasci non queat, T.: quibus amissas reparare queam res Artibus, H.: quid sit quod implorare queamus? V.: ut ducere animum non queant: ut vis deterreri quiverit, L.: hoc queo dicere: ut te redimas quam queas Minumo, *as cheaply as possible*, T.: nuptias quantum queam ut maturem, *all I can*, T.: ego me in pedes quantum queo, *at the top of my speed*, T.: forma nosci non quita est, T.

quercētum, see querquētum.

querceus, *adj.* [quercus], *of oak:* coronae, *garlands of oak-leaves*, Ta.

quercus, ūs, *f.* [1 CAR-], *an oak, oak-tree, Italian oak:* magna Iovis, V.: glandifera: quercus et ilex Multā fruge pecus iuvat, H.: auritae, H.: durior annosā quercu, O.: veteris fastidia quercūs, i. e. *acorns*, Iu.—*A garland of oak-leaves:* praetextaque quercu Stet domus, O.: civilis, V.

querella (querēla), ae, *f.* [QVES-], *a lamentation, lament, plaint:* querellis Eridanum inplerat, O.: (cervus) replet iuga querellis, *plaintive cries*, O.: veterem ranae cecinere querellam, V.—*A complaint, accusation:* epistula plena querellarum: vestrum beneficium nonnullam habet querellam, *gives some occasion for complaint:* haud iustae, V.: me tuis incendere teque querellis, V.: frontis tuae: querella temporum, *against the times:* an, quod a sociis eorum non abstinuerim, iustam querellam habent, L.

queribundus, *adj.* [QVES-], *wailing, plaintive:* vox: Natorum animae, O.

querimōnia, ae, *f.* [QVES-], *a complaining, lamentation, lament:* vocem cum querimoniā emittere: Versibus querimonia inclusa est, H.—*A complaint, accusation, reproach:* de aliorum iniuriis: novo querimoniae genere uti: nulla inter eos querimonia intercessit, N.: malis Divulsus querimoniis amor, H.

queritor, —, ārī, *intens.* [queror], *to complain vehemently*, Ta.

querneus or **quernus**, *adj.* [quercus], *of oaks, oaken, oak-:* quernae glandes, V.: corona, *a garland of oak-leaves*, O.: querneae frondes, Pr.

queror, questus, ī, *dep.* [QVES-], *to express grief, complain, lament, bewail:* suum fatum, Cs.: fortunam, O.: nova monstra, H.: legis iniquitatem: de re p. graviter: queruntur se non habere: se in vincla esse coniectum.—Of birds and animals, *to complain, lament, coo, warble, sing:* Queruntur in silvis aves, H.: ferali carmine bubo Saepe queri, V.—*To express indignation, complain, make complaint:* queruntur Siculi: ita questus est Laelius: iniuriam: multa de meā sententiā: tecum, *complain to you:* cum patribus conscriptis, L.: apud vos: apud me per litteras: patri, *to your father*, Iu.: iniuriam tibi factam: pecuniam civitatibus imperatam: quod non retinet alienum: super hoc, quod non mittam carmina, H.: haec pro re p., *in behalf of the state.*

querquētum or **quercētum** [quercus], *an oak-wood, oak-grove.*—*Plur.*, H.

querulus, *adj.* [QVES-], *full of complaints, complaining, querulous:* senex, H.: dolor, O.: calamitas querula est, Cu.—*Plaintive, murmuring, cooing, warbling:* cicadae, V.: volucrum nidus, O.: tibia, H.

questiō, ōnis, *f.* [QVES-], *a complaint.*

1. questus, *P.* of queror.

2. questus, ūs, *m.* [QVES-], *a complaining, complaint, plaint:* qui questus: caelum questibus implet, V.: talīs effundit in aëra questūs, O.: quaestu vano clamitare, Ph.—Of the nightingale: maestis late loca questibus implet, V.

1. quī, quae, quod, *gen.* cuius (old, quoius), *dat.* cui (old, quoi), *abl.* quō, quā (with *cum, m.* quīcum or quōcum, rarely cum quō; *f.* quācum, rarely quīcum), *plur.* quibus or quīs (with *cum*, usu. quibuscum), *pron.* [2 CA-]. **I.** *Interrog., who? which? what? what kind of a?* (mostly *adj.*; as *subst.*, qui asks the nature or character, quis the name): Ubi alii? *Sa.* qui malum alii? T.: *Th.* Quis fuit igitur? *Py.* Iste Chaerea. *Th.* Qui Chaerea? *what Chaerea?* T.: qui locus est: qui tantus fuit labor?: rogitat, qui vir esset, L.: scire, qui sit rei p. status, *what is the state of the country:* quae cura boum, qui cultus habendo Sit pecori canere, V.: incerti quae pars sequenda esset, *which side to take*, L.—As *subst.:* nescimus qui sis: nec qui poterentur, satis discerni poterat, L.: qui ille concessus! *what an assembly!*

II. *Relat.* (with a *subst.* or *pron.* as antecedent), *who, which:* habebat ducem, quīcum quidvis rectissime facere posset: ille vir, cui patriae salus dulcior fuit: haec, quae audistis: quod ego fui, id tu hodie es, L.: coloniam, quam Fregellas appellent, L.—The *subst.* is often attracted to the relat. clause, esp. when a *pron. dem.* follows: quae res neque consilium . . . Habet, eam regere non potes, T.: ad quas res aptissimi erimus, in iis potissimum elaborabimus: quae augustissima vestis est, eā vestiti, L.: alii, quorum comoedia prisca virorum est, H.: si id te mordet, sumptum filii Quem faciunt, T.: Urbem quam statuo, vestra est, V.—The antecedent is sometimes repeated with the *relat.:* erant itinera duo, quibus itineribus, etc., Cs.: si quod tempus accidisset, quo tempore requirerent, etc.—The antecedent is often omitted: quicum res tibist, peregrinus est, T.: fecit quod Siculi non audebant: o beati, Quīs ante ora patrum . . . Contigit, etc., V.—An antecedent in apposition is regularly attracted to the *relat.* clause: Tolosatium fines, quae civitas est in provincia, Cs.: Amanus, qui mons erat hostium plenus.—So in *relat.* clauses giving a personal characteristic as a reason: copiam verborum, quae vestra prudentia est, perspexistis, *with your usual intelligence:* utrum admonitus, an, quā est ipse sagacitate, sine duce ullo, i. e. *by his own peculiar instinct.* — A verb of which the *relat.* is subject takes the person of the antecedent: ego enim is sum, qui nihil fecerim: neque enim tu is es qui, qui sis, nescias: vidistis in vincula duci eum, qui a vobis vincula depuleram, L.: Themistocles veni ad te, qui intuli, etc., N.—With *ellips.* of verb: et, quem ei visum esset (sc. facere), fecisset heredem: ad haec, quae visum est, Caesar respondit, Cs.: hostiaeque maiores, quibus editum est diis, caesae, L. — In comparative clauses with *sup.:* sit pro praetore eo iure quo qui optimo (i. e. quo is est, qui optimo iure est): legioni ita darent, ut quibus militibus amplissime dati essent: provincia, ut quae maxime omnium, belli avida, L.—By attraction, in the case of the antecedent (Greek constr.): nos tamen hoc confirmamus illo augurio, quo diximus: sexcentae eius generis, cuius supra demonstravimus, naves, Cs.: notante Iudice quo nosti populo, H.: natus est patre, quo diximus, N.: cum quibus ante dictum est copiis, L.—In the gender and number of a *subst. predic.:* Belgae, quam tertiam esse Galliae partem dixeramus, Cs.: carcer ille, quae lautumiae vocantur: leges, quae fons est iuris, L. — In the gender and number of an antecedent not expressed: vicinitas, Quod ego in propinquā parte amicitiae puto, T.: laudare fortunas meas, Qui gnatum haberem, T.: quod monstrum vidimus, qui cum reo transigat?: servitia repudiabat, cuius magnae copiae, etc., S. — One *relat.* in place of two in different cases: quem neque pudet Quicquam, nec metuit quemquam (i. e. et qui non), T.: omnia quae amisi aut advorsa facta sunt, S.: qui iam fatetur ... et non timeo (sc. quem): tyrannus, quem pertulit civitas paretque mortuo. — Implying a restriction, *who indeed, as far as, all that:* omnium eloquentissimi, quos ego audierim: antiquissimi sunt, quorum quidem scripta constent: Catonem vero quis nostrorum oratorum, qui quidem nunc sunt, legit?—*Sing. n., what, as far as, as much as, to the extent that:* quod potero, adiutabo, T.: cura, quod potes, ut valeas: quod ad me attinet, *as far as depends on me:* quod ad Pomponiam, scribas velim, etc. (sc. attinet), *as respects Pomponia.*—Implying a purpose: equitatum praemisit, qui viderent, *to see,* Cs.: qui eripiunt aliis, quod aliis largiantur, *in order to bestow it:* sibi urbem delegerat, quam haberet adiutricem: milites conduci, qui in Hispaniam traicerentur, L.—Implying a reason: Miseret tui me, qui hominem facias inimicum tibi, *I am sorry for you, that you incur,* etc., T.: Tarquinio quid impudentius, qui bellum gereret, etc.: at Cotta, qui cogitasset haec posse accidere ... nullā in re deerat, Cs.: barbari dissipati, quibus nec certa imperia ... essent, vertunt, etc., L.: Heu me miserum, qui spectavi, etc., T.—Implying a concession: rogitas? qui tam audacis facinoris mihi conscius sis? *although you are,* T.: hi exercitu luxuriem obiciebant, cui omnia defuissent, Cs.: quis est, qui Fabricii, Curii non memoriam usurpet, quos numquam viderit?: Rogitas? qui adduxti, etc., T. — Implying a result (qui consecutive): sapientia est una, quae maestitiam pellat ex animis, *alone has power to drive:* secutae sunt tempestates, quae nostros in castris continerent, Cs.: leniore sono uti, et qui illum impetum oratoris non habeat: haud parva res, sed quae patriciis potestatem auferret, L. — E s p., after a *demonstr. pron., adj.* or *adv.:* non sum ego is consul, qui arbitrer, etc., *such a consul, as to suppose:* neque tu is es, qui nescias, etc., *no such man, as to be ignorant,* etc.: nomen legati eius modi esse debet, quod inter hostium tela incolume versetur.—With *quam,* after a *comp.:* non longius hostes aberant, quam quo telum adici posset (i. e. quam ut eo), Cs.: maiores arbores caedebant, quam quas ferre miles posset, L.—After an *adj.* of fitness: (Rufum) idoneum iudicaverat, quem mitteret, *a fit person to send,* Cs.: nulla videbatur aptior persona, quae loqueretur.—After a verb with *indef. subj.* or *obj.* (described by the relat. clause): sunt qui mirentur, *there are some, who,* etc.: erunt qui audaciam eius reprehendant: si quis est, qui putet: ut invenirentur qui proficiscerentur: qui se ultro morti offerant, facilius reperiuntur, quam qui dolorem patienter ferant, Cs.: haec habui, de amicitiā quae dicerem, *had this to say:* te unum habeo, quem dignum regno iudicem, L.: Nemost, quem ego magis cuperem videre, T.: nullum est animal, quod habeat, etc.—Where the *relat.* clause is conceived as a particular fact, it may take the *indic.:* sunt bestiae quaedam, in quibus inest, etc. (i. e. in quibusdam bestiis inest, etc.): sunt, qui eorum sectam sequuntur, i. e. *they have followers:* Sunt quos ... iuvat, H.: Sunt, qui non habeant, est qui non curat habere, *some* (in gen.) ... *one* (in particular), H.—In place of a *pron. demonstr.* and *conj.:* res loquitur ipsa, quae semper valet plurimum, *and it,* etc.: ratio docet esse deos; quo concesso, confitendum est, etc., *and if this is granted:* centuriones hostīs vocare coeperunt; quorum progredi ausus est nemo, *but no one of them,* Cs.: perutiles libri sunt; quos legite, quaeso, *therefore read them.*

III. *Indef., whoever, any one who, all that, anything that:* qui est homo tolerabilis, Scortari nolunt, T.: quae res ... post eum quae essent, tuta reddebat, *all that was in his rear,* Cs.: facilius quod stulte dixeris reprehendere ... possunt: virgis caesi, qui ad nomina non respondissent, L.—*Any one, any;* with *si, num, ne;* see 2 quis.

2. quī, *adv.* [old *abl.* of 1 qui].—*Interrog.*, *in what manner? how? whereby? by what means? why?:* Qui scis? T.: Qui potui melius? T.: deum nisi sempiternum intellegere qui possumus?: deus falli qui potuit?: inimicus non esse qui potest?: Qui fit, Maecenas, ut, etc., H.: qui istuc credam ita esse, mihi dici velim, T.: quaero qui scias: neque videre, qui conveniat, L.—*Relat.*, *wherewith, whereby, wherefrom, how:* multa concurrunt simul, Qui coniecturam hanc facio, T.: in tantā paupertate decessit, ut qui efferretur, vix reliquerit, *enough to bury him*, N.: Facite, fingite, invenite, efficite, qui detur tibi; Ego id agam, mihi qui ne detur, *in order that*, T.—*Indef.*, *somehow, in some way:* qui illum di omnes perduint, T.: qui illi di irati!

quia, *conj.*, *because:* urbs, quae quia postrema coaedificata est, Neapolis nominatur: turpis est (pax), quia periculosa: non quia plus animi victis est, sed, etc., L.—P o e t., after its verb: Urgentur . . . carent quia vate, H.—With *subj.* (giving a reason as existing in another mind): reprehendis me, quia defendam: Nil satis est, inquit, quia tantum, quantum habeas, sis, H.—With *-ne*, *interrog.*, *because?* (old and poet.): quiane auxilio iuvat ante levatos? V.—With *enim*, *because forsooth* (old), T.—With *nam* (usu. written quianam), *wherefore?* (poet.): quianam sententia vobis Versa retro? V.

quianam, quiane, see quia.

quicquam, quicquid, see quisquam, quisquis.

quīcum, see 1 qui.

quīcumque (not -cunque), quaecumque, quodcumque, *pron. rel.*, *whoever, whatever, whosoever, whatsoever, every one who, everything that, all that:* quicumque is est, *whosoever:* quoscumque de te queri audivi, quācumque potui ratione placavi, *all I have heard complain I have satisfied in every possible way:* petere fortunam, quaecumque accidat, *what fortune soever*, Cs.—In tmesi: Cum quibus erat cumque, eis sese dedere, T.: quam se cumque in partem dedisset.—As *subst. n.*, *whatever, however much:* quodcumque diceret: quaecumque ille fecisset: quodcumque est lucri, i. e. *all the profit*, Ph.: quodcunque hoc regni, *all this authority*, V.—When the *relat.* introduces successive clauses, only qui is repeated: quaecumque navis ex Asiā, quae ex Syriā, quae, etc.—In abridged clauses, *any whatever, every:* quae sanari poterunt, quācumque ratione sanabo (i. e. omni ratione, quaecumque erit): qui quācumque de causā ad eos venerunt, Cs.: quocumque modo, S.—Of quality, *howsoever constituted, of whatever kind:* quaecumque mens illa fuit, Gabini fuit.

quid, *adv. interrog.* [*acc. n.* of quis], *in what respect? what? how? to what extent?:* Quid! quid venire in mentem possit? T.: Quid comedent! ebibent! *How!* T.: quid si illud addimus? *how, if?:* quid ita? *How so?:* quid deinde? *what then?:* quid tum?: quid igitur?: quid postea? *what next?:* quid enim? *what of it?:* quid ergo? Cs.—*In view of what? why? wherefore?:* quid festinas? *what's your hurry?* T.: sed quid ego argumentor? quid plura disputo?: me quid pudeat?—With *ni* (in rhet. questions; often written quidni; always with *subj.* or ellipt.), *why not?:* Clinia haec fieri videbat? *Me.* quid ni? T.: quidni, inquit, meminerim?: quidni iste neget?

quīdam, quaedam, quoddam, and (as *subst.*) quiddam, *pron. indef.*—*Sing.*, *a certain, a certain one, somebody, one, something:* quidam ex advocatis: quaedam certa vox: unius cuiusdam operis (homo), *some single craft:* Accurrit quidam, notus mi nomine tantum, H.: quodam tempore, *once upon a time.*—As *subst. n.:* quiddam divinum, *a something:* quiddam mali, *somewhat:* Quaedam, si credis consultis, mancipat usus, *some things*, H.—*Plur.*, *some, certain, certain ones:* excesserunt urbe quidam, alii, etc., L.: quaedam quaestiones: quibusdam Andriorum persuasit, etc., L.—With a *subst.* or *adj.*, to give vagueness or moderation to an assertion, *a certain, a kind of, as one might say:* dicendi singularis quaedam facultas: te natura excelsum, quendam et altum genuit: timiditate ingenuā quādam: quasi quaedam Socratica medicina.

quidem, *adv.* [2 qui + demonst. ending -dem]. Expressing emphasis or assurance, *assuredly, certainly, in fact, indeed:* istaec quidem contumelia est, *an affront indeed*, T.: decipere hoc quidem est, non iudicare: et poscit quidem? *really*, T.: sibi quidem persuaderi, eum, etc., Cs.: post solstitium, et quidem aliquot diebus: quod quidem perinlustre fuit, N.—In answers, *certainly, of course:* visne sermoni demus operam sedentes? sane quidem, *by all means:* si quidem dicimus, etc., *since.*—In antithesis, *but, however, yet:* utebatur hominibus improbis multis, et quidem optimis se viris deditum esse simulabat: re quidem verā, *but in fact*, N.—Introducing an example, *for instance, for example:* Dicaearchus quidem et Aristoxenus nullum omnino animum esse dixerunt.—Restrictive, *at least, certainly, in truth:* nihil ex me quidem audire potuisses: nunc quidem profecto Romae es: vestrae quidem certe vitae prospiciam, Cs.—In the phrase, ne . . . quidem, *not even:* ne obsidibus quidem datis pacem redimere potuisse, Cs.: ac ne illud quidem vobis neglegendum est.—For et ne . . . quidem, nec . . . quidem is rare, *and not indeed, and that not:* nec eius quidem rei finem video.

quid nam or **quidnam**, *adv. interrog.*, *why, pray? why in the world?* (old): quid nam Pamphilum exanimatum video? T.

quid-nī, see quid.

quidpiam, quidquam, see quispiam, quisquam.

quidquid, *adv.* [*acc. n.* of quisquis], *to whatever extent, by how much, the further:* quidquid progrediebantur, magis magisque, etc., L.

quiēs, ētis, *f.* [2 CI-], *a lying still, rest, repose, inaction, freedom from exertion:* locus quietis plenissimus: mors laborum ac miseriarum quies est, *a state of rest:* quietem capere, *take repose*, Cs.: quietem pati, S.: haud longi temporis quies militi data est, L.: ab armis, L.: uti somno et quietibus ceteris, *recreations.* — In political life, *neutrality:* Attici quies tantopere Caesari fuit grata, ut, N.: quiete defensus, Ta.—*Quiet, peace:* quae diuturna quies pepererat, S.: montana, O.: ingrata genti, Ta.: Si non tanta quies iret frigusque coloremque Inter, i. e. *the repose of spring*, V.—*The rest of sleep, repose, sleep:* capere quietem, *fall asleep*, O.: alta, V.: ad quietem ire, *go to sleep:* secundum quietem, *in sleep:* neque vigiliis neque quietibus sedari, S.: ducem terruit dira quies, *a dream*, T. —*The sleep of death, death:* Olli dura quies oculos urguet, V.—P e r s o n., *the goddess of rest*, L.

quiēscō, ēvī (quiērunt, V.; quiērim, C.; quiēssem, T., H.; quiēsset, T.; quiēsse, C., L.), ētus, ere [quies], *to rest, repose, keep quiet, be inactive, be at peace:* placidā compostus pace quiescit, V.: non somno quiescere, *get no rest*, Cu.: Quid faciam? 'quiescas,' *do nothing*, H.: Indoctus pilae quiescit, *does not play*, H.: Quibus quidem quam facile potuerat quiesci, si hic quiesset! *which we might easily have been spared*, T.—*To rest, sleep, be asleep:* eo cum venio, praetor quiescebat: casa, in quā quiescebat, N.—In war, *to be inactive, make no movement:* per paucos dies, L.: pavore mutuo iniecto velut torpentes quieverunt, L.—*To keep in retirement, take no part, be neutral:* scribis Peducaeo probari, quod quierim.—*To acquiesce, quietly permit:* quiescat (Caesar) rem adduci ad interregnum.—*To pause, make a pause, keep silence, be still:* quiesce, T.: quiescere, id est ἡσυχάζειν.—*To rest, lie still, be still, be quiet, be undisturbed:* ager qui multos annos quievit, *lay fallow:* nec umquam quieturas Syracusas, donec, etc., L.: flamma, *ceases to burn*, V.: quierunt Aequora, *the waves are laid*, V.: felicius ossa quiescant, O.: quiescunt voces, *are silent*, O.—*To be calm, be unruffled, be composed:* quiescas, T.: Quaeso, ego dabo, quiesce, T.—F i g., *to be inactive, be powerless:* ista potentia quiescit.

quiētē, *adv.* with *comp.* and *sup.* [quietus], *calmly, quietly, peacefully:* acta aetas: quietius tranquilliusque bellare, *with less energy*, L.: quietissime se receperunt, Cs.

quiētus, *adj.* with *comp.* and *sup.* [*P.* of quiesco], *at rest, free from exertion, inactive, in repose:* Sex te mensīs quietum reddam, T.: aër, V.: amnes, *flowing gently*, H.: Quietiore ferri aequore, H.—*Undisturbed, free from agitation, quiet, peaceful:* aetatem quietam traducere: quietā re p.: quieto exercitu pacatum agrum peragravit, L.: habuit post id factum quietiorem Galliam, Cs.: pacatissima et quietissima pars, Cs.: nihilo quietiora ea (biberna) aestivis habuit, L.: nihil apud hostīs quietum pati, quo minus popularetur, etc., Ta.: omnia a bello, L.—*Plur. n.* as *subst.:* quieta movere, *the public tranquillity*, S.—*Inactive, taking no part, neutral:* ne Iugurtha quidem interea quietus erat, *idle*, S.: aut boni sunt aut quieti: quieto sedente rege ad Elpeum, L.—Of speech, *calm, quiet:* sermo.—Of time, *undisturbed, restful, quiet:* caelestium quieti dies feriae nominarentur: neque Iugurthae dies aut nox ulla quieta fuit, S.—F i g., *quiet, calm, unruffled, still, silent:* homines: virtus, quae in tempestate saevā quieta est: quieto sum animo: quietus aciem exornat, *quietly*, S.: Quietus esto, inquam, *don't be uneasy*, T.

quī-libet (-lubet), quaelibet, quodlibet, and (as *subst.*) quidlibet, *pron. indef.*, *any one, any without distinction, whom you will, no matter who, the first that comes, all:* quaelibet minima res, *any trifling circumstance:* quemlubet, modo aliquem: quālubet condicione transigere: nomen, *the first name that occurs*, H.: quibuslibet temporibus, *at all times*, L.: quilibet unus, *any one*, L.—As *subst. n.*, *anything, everything:* quidlubet faciat, *what he will:* Quidlubet indutus, *dressed as it happened*, H.: cum quidlibet ille Garriret, *at random*, H.

quīn, *conj.* [2 qui + -ne]. **I.** In a principal clause, interrog., *why not? wherefore not?* (only in exhortation or remonstrance; not in asking for information): quid stas, lapis? Quin accipis? T.: quin taces? T.: quin continetis vocem?: quin potius pacem aeternam Exercemus? V.: quin conscendimus equos? *why not mount our horses?* L.: Quin uno verbo dic, quid est, quod me velis, *just say in one word!* T.: quin tu hoc crimen obice ubi licet agere, i. e. *you had better:* quin illi congrederentur acie inclinandamque semel fortunae rem darent, L.—Corroborative, *but, indeed, really, verily, of a truth, nay, in fact:* credo; neque id iniuriā; quin Mihi molestum est, T.: nihil ea res animum militaris viri imminuit, quin contra plus spei nactus, L.: non potest dici satis quantum in illo sceleris fuerit, Quin sic attendite, iudices, etc, *nay, rather*, etc.—In a climax, with *etiam* or *et*, *yea indeed, nay even:* quin etiam necesse erit cupere et optare, ut, etc.: quin etiam voces iactare, V.: quin et Atridas Priamus fefellit, H.—**II.** In a dependent clause, *so that . . . not, but that, but, without:* ut nullo modo Introire possem, quin viderent me, T.: facere non possum, quin ad te mittam, *I cannot forbear sending to you:* nihil abest, quin sim miserrimus: repertus est nemo quin mori diceret satius esse: nihil praetermisi, quin enucleate ad te perscriberem: nulli ex itinere excedere licebat quin ab equitatu Caesaris exciperetur, *without being cut off*, Cs.: qui recusare potest, quin et socii sibi consulant? L.: non quin ipse dissentiam, sed quod, etc., *not but that.*—Esp., representing the *nom.* of a *pron. relat.* with a negative, *who . . . not, but:* nulla fuit civitas quin partem senatūs Cordubam mitteret, Cs.: nulla (natura), quin suam vim retineat: quis templum adspexit, quin testis esset?: Nihil tam difficilest quin investigari possiet, T.: Messanam nemo venit, quin viserit.—After words expressing hesitation, doubt or uncertainty, *but that, that:* non dubitaturum, quin cederet: et vos non dubitatis, quin: hoc non dubium est, quin Chremes non det, etc., T.: cave dubites, quin: non esse dubium, quin . . . possent, *no doubt that*, Cs.: neque abest suspicio, quin, *a suspicion that*, Cs.

quī-nam, see quisnam.

Quīnctīlis (Quīnt-), *adj. m.* [quintus], *in the fifth place, of the fifth month* (afterwards called Julius): mense Quinctili, *in July:* idibus Quinctilibus, *on July 15th*, L.

quīncunx, uncis, *m.* [quinque + uncia], *five twelfths* (of any whole).—Esp., *five twelfths of an as, five unciae:* si de quincunce remota est Uncia, quid superat? H.—*The figure formed by the four corners of a square and its middle point, a quincunx:* directi in quincuncem ordines (of trees): obliquis ordinibus in quincuncem dispositis, Cs.

quīndeciēns (-deciēs), *adv.* [quindecim], *fifteen times:* HS quindeciens, i. e. *fifteen hundred thousand sesterces.*

quīndecim or **XV**, *num. adj.* [quinque+decem], *fifteen:* dies, Cs.: annos XV natus: evocat ad se Massiliā XV primos, *city fathers*, Cs.: Quindecim viri, *the college of fifteen priests in charge of the Sibylline books*, H.

quīndecim-vir or **XVvir**, *a member of a commission of fifteen men*: Gallus, Ta.—*Plur.*, Ta.

quīndecimvirālis, e, *adj.* [quindecimvir], *of the quindecimvirs:* sacerdotium, Ta.

quīngēnārius, *adj.* [quingeni], *of five hundred each:* cohortes, Cu.

quīngēnī, ae, a, *num. distr.* [quingenti], *five hundred each:* quingenos denarios dat.

quīngentēsimus, *adj.* [quingenti], *the five hundredth:* annus.

quīngentī, ae, a, or **D** or **IↃ** (*gen.* quingentūm, L.), *num.* [quinque+centum], *five hundred:* non plus mille quingentum aeris adferre: drachmae, H.: fuint HS D milia fortasse: milia quingenta, *thousands upon thousands*, Ct.

quīnī, ae, a, *num. distr.* [quinque], *five each:* quini in lectis: ordines, Cs.: versūs, N.: quina dena iugera data in singulos pedites, *fifteen to each*, L.: militibus quini viceni denarii dati, *twenty-five to each*, L.—*Five:* bis quinos silet dies, i. e. *ten days*, V.: nomina principum, L.

quīnī dēnī, quīnī vīcēnī, see quini.

quīnquāgēnī, ae, a, *num. distr.* [quinquaginta], *fifty each:* HS quinquagenis milibus damnari.

quīnquāgēsimus, *num. adj.* [quinquaginta], *the fiftieth:* anno trecentesimo quinquagesimo.—As *subst. f.* (sc. pars), *a fiftieth part, fiftieth:* de totā pecuniā binae quinquagesimae detrahebantur, i. e. *four per cent.*

quīnquāgintā or **L**, *num.*, *fifty:* annos ad quinquaginta natus: famulae, V.: cum ex CXXV iudicibus L referet.

quīnquātria (ium), *n.*, rare for quinquatrus, O. dub.

quīnquātrūs (uum), *f.* [quinque], *a festival in honor of Minerva, held on the fifth day after the ides* (from March 19th to 23d; afterwards known as quinquatrūs maiores): pridie quinquatrūs: quinquatribus ultimis, L.: Quinquatrūs iubeor narrare minores (on the ides of June), O.

quīnque or **V**, *num. adj.*, *five:* stellae: auri quinque pondo: primi, *the five chief citizens:* Quinque tenent caelum zonae, V.: ulnae ter, O.

quīnquennālis, e, *adj.* [quinquennis], *occurring every fifth year, quinquennial:* celebritas ludorum.—*Continuing five years, quinquennial:* censura, L.: vota, *binding for five years*, L.

quīnquennis, e, *adj.* [quinque+annus], *of five years, five years old:* vinum, H.: oleae, H.: Olympias, *celebrated every fifth year*, O.

quīnquennium, ī, *n.* [quinquennius], *a period of five years, five years:* quinqueni imperium prorogare: magistratum quinquennium habere: tria quinquennia, i. e. *fifteen years*, O.

quīnqueptertītus (-partītus), *adj.* [partio], *in five parts, fivefold:* argumentatio.

quīnque prīmī, see quinque.

quīnquerēmis, is, *adj.* [quinque+remus], *with five banks of oars:* naves, L.—As *subst. f.*, *a galley with five banks of oars, quinquereme:* in quinqueremi: una, L.

quīnque-vir, ī, *m.*, *one of a board of five, one of five commissioners:* ne quinquevirum quidem, etc.: recoctus Scriba ex quinqueviro, H.—*Plur.* (often written V viri), *a board of five, the quinquevirs, five commissioners:* constituti sunt V viri (to divide lands): quinqueviris creatis (to administer the public debt), L.: muris reficiendis, L.

quīnquevirātus or **V viratus** (ūs), *m.* [quinqueviri], *the office of a quinquevir, membership in a commission of five:* quinqueviratum accipere.

quīnquiēns (-ēs), *adv.* [quinque], *five times:* absolutus est: ad HS viciens quinquiens redegisse (sc. centena milia), i. e. 2,500,000.

quīnquiplicō, —, āre [quinquiplex], *to make fivefold:* magistratūs, Ta.

quīntadecimānī, ōrum, *m.* [quinta decima (sc. legio)], *the soldiers of the fifteenth legion,* Ta.

quīntānus, *adj.* [quintus], *of the fifth.*—As *subst. f.* (sc. via), *a street in the camp, the market-place of the camp,* L.—*Plur. m.* as *subst., the soldiers of the fifth legion,* Ta.

Quīnti-, see Quincti-.

quīntō, *adv.* [quintus], *for the fifth time:* lectisternium habitum est, L.

quīntum or **V,** *adv.* [quintus], *for the fifth time:* ut Furius dictator quintum diceretur, L.: (declaratus consul) Fabius, V., L.

quīntus or **V,** *num. adj.* [quinque], *the fifth:* bellum quintum civile: ante diem, V.: quinta pars vectigalium: quinto decimo die, *fifteenth:* quintis decimis castris, L.: pars nectaris, *quintessence,* H.

quīntus-decimus, see quintus.

quippe, *adv.* and *conj.* [2 qui+-pe]. **I.** As *adv., of course, as you see, obviously, as one might expect, naturally, by all means:* leve nomen habet utraque res; quippe; leve enim est hoc, risum movere; ergo ad cenam si quis vocat, condemnetur. Quippe, inquit, etc.—Usu. followed by a causal particle: quod flagitabam . . . quippe cum bellum geri iam viderem: raro tantis animis concurrerunt classes, quippe cum pugnarent, etc., L.—With a *relat.* introducing an obvious explanation or reason: multa questus est Caesar, quippe qui vidisset, etc., *as he would of course, after seeing,* etc.: plurimum terroris tulit, quippe quibus aegre occursum est, etc., L.: solis candor inlustrior est . . . quippe qui tam late conluceat: convivia non inibat; quippe qui ne in oppidum quidem veniret.—With an explanatory appositive: sol Democrito magnus videtur, quippe homini erudito, i. e. *as of course it must to an intelligent man:* quidam contra miseriti Periturae quippe, Ph.—In irony, *certainly, indeed, forsooth:* Quippe vetor fatis, *I, forsooth, am forbidden by the fates!* V.: movet me quippe lumen curiae.—**II.** As *conj.,* introducing an obvious explanation or reason, *since, for, for in fact:* quippe benignus erat, *for he was, you see,* etc., H.: Quippe color nivis est, O.: quippe homo iam grandior ruri Se continebat, T.: neque provinciam invitus dederat; quippe foedum hominem a re p. procul esse volebat, S.: ego laudo . . . quippe qui saepe id remedium aegritudinumst, *since somehow* (see 2 qui), T.: Quippe etiam festis quaedam exercere diebus, Fas et iura sinunt, *since even,* etc., V.

quippiam, see quispiam.

Quirīnālis, e, *adj.* [Quirinus], *of Quirinus, of Romulus, Quirinal:* lituus, *like that of Romulus,* V.: collis, *the Quirinal Hill, now Monte Cavallo* (in Rome): iugum, O.—*Plur. n.* as *subst., a festival in honor of Romulus, the Quirinalia.*

1. Quirīnus, ī, *m.* [Quiris, i. e. Cures], *of Cures, of the Quirites;* hence, *the deified Romulus:* Quirinus vocatur Romulus: duos flamines adiecit, Marti unum, alterum Quirino, L.: Remo cum fratre Quirinus, V.: populus Quirini, *the Romans,* H.: turba Quirini, O.: gemini Quirini, i. e. *Romulus and Remus,* Iu.: Ianum Quirini clausit, H.

2. Quirīnus, *adj.* [1 Quirinus], *of Quirinus, of Romulus, Quirinal:* collis, i. e. *the Quirinal,* O.: victor, i. e. *Augustus,* V.: umeri, Pr.

1. quiris, see curis.

2. Quiris, ītis, *gen. plur.* tium, *m.* [Cures].—*Plur., the inhabitants of Cures, Quirites:* prisci, V.—After the Sabines and the Romans were united, the people were called Quirites: ita geminatā urbe . . . Quirites a curibus appellati, L.; the term implied civilians, while Romani was regarded as the name of warriors and rulers. The two were united in various phrases designating the whole people: populus R. Quiritium, *the Roman commonwealth of Quirite citizens,* L.: exercitus populi R. Quiritium, L.: populus R. Quiritesque, L.: Quirites Romani, L.; orators often addressed the people as Quirites.—In the phrase, ius Quiritium, *the civil rights of a citizen in Rome:* iure Quiritium liber esse.—*Sing., a Roman citizen, Quirite:* dona Quiritis, H.: reddere iura Quiriti, O.: Quis te re donavit Quiritem Dis patriis? i. e. *unharmed,* H.—Of bees, *citizens, commonalty:* ipsae regem, parvosque Quirites Sufficiunt, V.

quirītātiō, ōnis, *f.* [quirito], *a plaintive cry, call for help:* quiritatio facta, L.

Quirītes, see Quiris.

quirītō, —, —, āre [Quirites], *to call the Quirites, call to the rescue, wail:* vox quiritantium, L.

1. quis, quid, *pron. interrog.* [2 CA-] (only *sing. nom. m.* and *nom.* and *acc. n.;* the other forms are common with qui *interrog.;* see 1 qui).—**I.** *Masc., who? which one? what man?: Da.* Quis homo est? *Pa.* Ego sum, *who is there?* T.: quis clarior in Graeciā Themistocle? quis potentior?: quis primus Ameriam nuntiat?: Quis videor? *Cha.* miser aeque atque ego, *whom do you think me?* T.: quis sim, ex eo quem ad te misi, cognosces, S.: considera, quis quem fraudasse dicatur, *who is said to have defrauded whom.*—With a *subst.:* quis enim dies fuit?: quis eum senator appellavit: Quis gracilis puer, H.: quae robora cuique, Quis color, V.: quisve locus, L.—**II.** *Neut., what, what thing?:* quid dicam de moribus facillimis: quid mulieris Uxorem habes? *what sort of a woman?* T.: quid caelati argenti, quid stragulae vestis, apud illum putatis esse? *what amount?*: sciturum quid eius sit, *what there is in it.*—In rhetorical phrases with *dico*, *what do I say?* (correcting, strengthening, or emphasizing a remark): Romae volumus esse. Quid dico? Volumus? Immo vero cogimur: quid dicimus?: quid dicas intellegis?

2. quis, qua, quid, *pron. indef.* [2 CA-], *any one, anybody, anything, some one, somebody, something* (in *masc.* and *neut.* usu. as *subst.*): cum quis non audivit: Simplicior quis, et est, etc., H.: iniuriam cui facere.—With *si, ne, num* or *nisi*: ut ne quis cum telo servus esset: ne qua fiat iniuria: ne cui falso adsentiamur: si quid in te peccavi ignosce: si quis quid de re p. rumore acceperit, Cs.: si quo usui esse posset, L.: ne quid nimis, T.: nisi quid inter ipsum . . . conveniret: num quid aliud in iudicium venit?

3. quīs, for quibus, *dat.* and *abl. plur.* of quis and qui.

quis-nam (quis nam) or (as *adj.*) **quīnam**, quaenam, quidnam or (as *adj.*) quodnam, *pron. interrog., who then? who in the world? which, I insist? what, pray?* (more pressing than quis): Quod nam ob factum, T.: quisnam igitur tuebitur P. Scipionis memoriam? cuinam mirum videretur?: Numquid nam amplius tibi cum illā fuit? *pray had you nothing further to do with her?* T.: num quisnam praeterea? nemo est, *anybody else*: num quidnam novi? *is there anything new?*—In indirect questions: reviso, quid nam Chaerea hic rerum gerat, T.: exspectabam quinam testes dicerentur: miserunt Delphos consultum, quidnam facerent de rebus suis, N.: controversias habere, quinam anteferretur (i. e. uter), Cs.

quispiam, quaepiam, quodpiam, and (as *subst.*) quidpiam or quippiam, *pron. indef.* [2 CA-], *any one, anybody, anything, any, some one, something, some*: quid si hoc quispiam voluit deus? T.: cum quaepiam cohors ex orbe excesserat, Cs.: nomen cuiuspiam: haec a quopiam vestrum petere: dixisti quippiam: aliae quaepiam rationes.—*Sing. n. adverb.*: Num illi molestae quidpiam haec sunt nuptiae? *in any respect*, T.

quis-quam, *m.* (also old as *fem.*), quicquam (quidquam), *n., pron. indef.*—As *adj., any, any one*: ne rumor quidem quisquam: si cuiquam generi hominum probatus sit.—As *subst., any man, anybody, any person, any one whatever, anything*: Si quisquamst, qui studeat, etc., T.: si quisquam est timidus, is ego sum: ne quemquam interficiant, Cs.: si quicquam humanorum certi est, L.: si animadversum esset, quemquam ad hostes transfugere conari, N.: quicquam tu illa putas fuisse decreta?—With *neque, and no one, and none*: neque me impediet cuiusquam edictum: nec quisquam ex agmine tanto Audet adire virum, V.: neque cuiquam nostrum licuit lege uti, S.—*Fem.*: illarum neque te quisquam novit, neque, etc., T.—With *unus, any one, a single one*: nondum in quemquam unum saeviebatur, *against an individual*, L.: cum multi magis fremerent quam quisquam unus recusare auderet, L.—Emphat., with *nihil, nothing whatever, nothing at all*. comperiebam, nihil ad Pamphilum Quicquam attinere, T.: sine quo (studio) in vitā nihil quicquam egregium.—With *numquam*: numquam cuiusquam delicto ignoscere, *no man's at any time*: numquam quicquam.

quis-que, quaeque, quidque, and (as *adj.*) quodque, *pron. indef., whoever it be, whatever, each, each one, every, everybody, every one, everything* (of more than two): ut quisque venerat, Accedebam, i. e. *whoever arrived*, T.: mens cuiusque is est quisque, *the mind is the man*: quod quisque imperator habeat: statuere, quid quemque cuique praestare oporteat: sibi quoque tendente, ut periculo prius evaderet, L.: quis quosque nostrum loquatur: Quantulum enim summae curtabit quisque dierum, Si, etc., H.: quo quisque est sollertior, hoc docet laboriosius: Quanto quisque sibi plura negaverit, H.—*Sing.* with *plur. apposit.*: decimus quisque ad supplicium lecti, L.: ultimi cum suis quisque ducibus, Cu.—*Plur.*: ut quosque studium aut gratia occupaverunt, i. e. *them severally*, L.: quae apud quosque visenda sunt: Singula quaeque locum teneant, H.—After a *sup.*, of an entire class: optimus quisque ita loquebatur, i. e. *all noblemen*: doctissimus quisque, *every man of learning*: asperrima quaeque ad laborem deposcimus, L.: antiquissimum quodque tempus, Cs.—*Plur.* (usu. when the whole consists of several groups): in optimis quibusque gloriae certamen, i. e. *in cases of friendship between eminent men*: multi mortales convenere . . . maxime proximi quique, L.: litterae longissimae quaeque.—With *primus* or *proximus, always the first, at each earliest time, as soon as possible in each case*: primum quidque videamus, i. e. *let us take up the first point first*: si quis fecerit . . . de eius honore primo quoque die referant: ne proxima quaeque amoliendo aditum facerent, L.: primo quoque tempore, *as soon as possible, the earliest possible moment*, C., L.—After an ordinal *num.*: tertio quoque verbo excitabantur, *at every other word*: quinto quoque anno, i. e. *every four years*.—After a *pron. reflex., each for himself, severally, individually, without exception*: pro se quisque: ut quanti quisque se ipse faciat, tanti fiat ab amicis: quo ferat natura sua quemque: ut pro suā quisque patriā dimicent ferro, L.—Rarely before the *pron.*: quisque suos patimur Manes, V.: quos Poenus in civitates quemque suas dimisit, L.—For uter, *each*: Oscula quisque suae matri properata tulerunt, O.—Quisque as *fem.* for quaeque: quo quisque pacto hic vitam vostrorum exigit, T.

quisquiliae, ārum, *f.* [quisque], *odds and ends, offscourings, rubbish:* seditionis Clodianae.

quis-quis, quicquid (quidquid) and (as *adj.*) quodquod (rare, except in *sing. nom.* and *abl. m.*, and *nom. acc.* and *abl. n.*), *pron. rel. indef.*, *whoever, whosoever, whatever, whatsoever, every one who, everything which:* Quin spolies quemquem nacta sis, T.: hostem qui feriet, erit mihi Carthaginiensis, Quisquis erit, Enn. ap. C.: quicquid animo cernimus, id omne oritur a sensibus: quoquo consilio fecit, *with whatever design:* quoquo tempore conspectus erat, *at what time soever:* deorum quisquis amicior Afris, H.: At o deorum quicquid in caelo regit, *all ye gods who*, H.: per quidquid deorum est, *by all the gods*, L.: quicquid malefici erit: Quisquis honos tumuli, quidquid solamen humandi est, V.—*Whoever it be, every one, each, everything, anything:* quatenus quicquid se attingat, perspicere (i. e. quatenus quid, quicquid est, attingat): liberos suos quibusquibus Romanis mancipio dabant, *all Romans whoever they may be*, L.

quitus, *P.* of queo.

quī-vīs, quaevīs, quidvīs and (as *adj.*) quodvīs, *pron. indef.*, *whoever it be, whom you please, any one, any whatever, anything:* quivis liber debet esse: esse cuiusvis (civitatis): ad quemvis numerum equitum adire, Cs.: quaevis amplificationes, *all sorts of:* unus amet quāvis aspergere cunctos (sc. ratione), H.: Abs quivis homine beneficium accipere, T.: Eripiet quivis oculos citius mihi, H. —With *unus*, *any one you please, any one whatever:* una harum quaevis causa me monet, T.: non quivis unus ex populo, sed existimator doctus. —As *subst. n.*, *anything whatever, no matter what:* cui quidvis licitum sit: quidvis satis est, H.

quō, *adv.* and *conj.* [*dat.* and *abl.* of 1 qui]. **I.** *Locat.* and *abl.* uses, of place, only with *loci* or (poet.) *locorum*, *where, in what place, in what situation:* se nescire quo loci esset: sectari, rosa quo locorum moretur, H.—Of time, *at which time, on which day, when* (sc. tempore or die): extrahere rem in id tempus, quo Baebius venire posset, L. —Fig., of degree of difference, with *compp.*, *by what, by as much as, in how great a degree, the:* quo maius crimen sit id, hoc maiorem ab eo iniuriam fieri: diligenter attendite quo minus miremini, etc.: quae (tempus et spatium) quo plura sunt eo meliore mente, etc.: quo delictum maius est, eo poena est tardior.—Of cause, *for the reason that, because, that, as if:* neque eo nunc dies, quo quicquam senserim, T.: non quo libenter male audiam, sed quia, etc.: non eo dico, quo mihi veniat in dubium: est aditus magis eo, ut . . . habeant, quam quo . . . desiderent, Cs.: non quo ad rem pertineat.—Of result, *by reason of which, wherefore, whereby, so that, and so:* quo factum est, ut deterrerentur, etc., N.: multa dicta sunt, quo durior locus est dicendi datus: sed vim morbi in causā esse, quo serius perficeretur, L.—In the phrase, quo minus, *so that . . . not, why . . . not:* per me stetisse, Quo minus haec fierent nuptiae, T.: eisdem de causis, quo minus dimicare vellet, movebatur, Cs.: quo minus admirandum est: quibus stipendia causae essent, quo minus militarent, L.—Of purpose, *by means of which, that thereby, in order that:* simulant, quo absterreant, T.: Id adiuta me, quo id fiat facilius, T.: nos arma neque contra patriam cepisse, neque quo periculum aliis faceremus, S.: equites . . . pugnabant, quo se praeferrent, Cs.: quo paratior esse possim: quod quo facilius perspicere possitis: cautum erat, quo ne plus auri haberemus, L.—In the phrase, quo minus, *that . . . not, in order that . . . not, to prevent:* quicquam in his te nuptiis conari, quo fiant minus, *to prevent them*, T.: aliquid factum esse quo minus iste condemnari posset, *to prevent the possibility of his conviction.*—Of manner or degree, *as, as much as* (sc. modo): Hermionam Pylades quo Pallada Phoebus amabat, O.

II. *Dat.* uses, of place, *to what place? whither? whereto?:* quo potissimum infelix adcedam? S.: amandat hominem . . . quo? quo putatis?: quo evadat vide, T.: locus, quo exercitui aditus non erat, Cs.: vide quo progredior, *how far:* Quo, quo, scelesti, ruitis, H.—*Whither, to what place, to the place to which, and to this point, as far as:* in' hinc quo dignu 's (sc. ire), *go where you belong*, T.: quo postea quam ventum est: proficiscar eo, quo me vocat populus: non longius, quam quo telum adici potest, *as far as*, Cs.: transferrent auspicia quo nefas esset (i. e. ad quos), L.: abire quo terrarum possent, L.—*Indef.*, after *si* or *ne*, *any whither, to any place, in any direction:* si quo publice proficisceris: si quo erat longius prodeundum, Cs.: si quando Romam aliove quo mitterent legatos, L.: vide, sis, ne quo hinc abeas longius, T.—Fig., of end in view, *to what end? for what purpose? of what use? wherefore? why?:* quo hostem tam sceleratum reserves?: quo me igitur aut ad quae me exempla revocas? *to what point:* Quo mihi fortunam, si non conceditur uti? N.: quo animum intendat facile perspicio: Nescis, quo valeat nummus? *what money is good for*, H.—Of degree, *to what degree, to what extent, how far:* quae quo usque tandem patiemini? S.: ne hodie quidem scire, quo amentiae progressi sitis, L.

quo-ad (monosyl., H.), *adv.*—In space, *as far as:* quoad insequi pedes potuit, L.—Of time, *to what time? till when? how long? how soon?:* senem Quoad exspectatis vestrum? T.: Percontatum ibo, quoad se recipiat, T.—*To the time at which, till, until:* nihil (avaritia) sancti habere, quoad semet ipsa praecipitavit, S.: quoad perventum est eo: progressi, quoad capitibus exstare possunt, *until only*, etc., L.: existimo, consolationem recte adhibitam esse, quoad certior fieres: quoad ipse cum exercitu propius accessisset, Cs.—*For what time, during what period, as long as, while:* quoad potuit, restitit, Cs.: habeo tabulas omnis, patris quoad vixit, tuas quoad ais, etc.: quoad vivet: quoad Ardea vixi, L.: dicebam . . . quoad metueres, omnia te promissurum.—Fig., *as far as, to the extent that, to the degree that:* ius civile eatenus exercuerunt, quoad populo praestare voluerunt: quoad progredi potuerit amentia: ut, quoad possem et liceret, numquam discederem: quoad eius fieri possit, *as far as it is possible.*

quō-circā, *conj., for which reason, wherefore, and therefore:* quocirca nihil esse tam detestabile, quam, etc.: Quocirca cingere flammā Reginam meditor, V.—In tmesi: quo, bone, circa, H.

quō-cumque, *adv., to whatever place, whithersoever:* quocumque venerint: Ire, pedes quocumque ferent, H.: metus agit quocumque rudentīs Excutere, *in any direction whatever*, V.: oratio ita flexibilis, ut sequatur quocumque torqueas.—In tmesi: quo ea me cumque ducet: Quo res cumque cadent, V.

quod, *adv.* and *conj.* [*acc. n.* of 1 qui]. **I.** As *adv., in respect of which, as to what, in what, wherein:* quod me accusat, sum extra noxiam, T.: siquid est Quod meā operā opus sit vobis, T.—After *est* or *habeo*, introducing that for which reason is given: in viam quod te des, nihil est, *there is no necessity for you to*, etc.: magis est quod gratuler tibi quam quod te rogem, *I have more reason to congratulate*, etc.: non est quod multa loquamur, *we need not*, H.—*As to what, in so far as, to the extent that:* Epicurus nunc, quod sciam, est ausus, etc.: homo, quod iuvet, curiosus.—In transitions, with a *conj.* or *relat., in view of which, and in fact, but, and yet, accordingly, therefore, now:* Quod si ego rescivissem id prius, *and had I*, etc., T.: tyranni coluntur . . . quod si forte ceciderant, tum, etc.: quod si regum virtus in pace valeret, S.: quod nisi pugnassem: quod nisi mihi hoc venisset in mentem: quod ut o potius formidine falsā Ludar, V.

II. As *conj., that, in that:* Quid est quod laetus es? i. e. *why are you merry*, T.: quid istuc est, quod te audio Nescio quid concertasse, etc., *what means it, that?* etc., T.: quanta est benignitas naturae, quod tam multa gignit: hoc uno praestamus feris, quod conloquimur, etc.: erat illud absurdum, quod non intellegebat: Sin autem pro eo, quod summa res p. temptatur, etc., *in view of the fact that*, etc.: ad id, quod sua quemque mala cogebant, evocati, etc., *aside from the fact that*, etc., L. —*That, because, since, for:* quod viris fortibus honos habitus est, laudo: gaudeo, quod te interpello: tibi ago gratias, quod me liberas: quod spiratis, indignantur, L.: doluisse se, quod populi R. beneficium sibi extorqueretur, Cs.: falso queritur genus humanum, quod regatur, etc., S.: laudat Africanum, quod fuerit abstinens.—After verbs of saying or omitting, *that, the fact that, the remark that, to say that:* non tibi obicio, quod hominem spoliasti: accedit, quod delectatur, *besides, he takes pleasure:* adicite ad haec, quod foedus dedimus, L.: Adde, quod didicisse artīs Emollit mores, O.: pauca loquitur, quod sibi gratia relata non sit, Cs.: ne hoc quidem (dictum est), quod Taurum ipse transisti?: nox testis, quod nequeam lacrimas perferre parentis, V.—Introducing an explanation, *in that:* commemorat beneficia . . . quod venerat, etc., Cs.: bene facis, quod me adiuvas, *in helping me:* fecit humaniter, quod ad me venit: prudenter Romanus fecit, quod abstitit incepto, L.—Introducing a fact for comment, *as to the fact that, as respects this that:* Tu quod te posterius purges . . . huius non faciam, T.: quod vero securi percussit filium, videtur, etc.: quod ius civile amplexus es, video quid egeris: respondit; quod castra movisset, persuasum, etc., Cs.; cf. quod sit (Aurora) spectabilis . . . ego Procrin amabam, i. e. *though Aurora be* (called) *beautiful . . . I was in love with Procris*, O.—Introducing an exception, *that, as far as:* omnes mihi labores fuere leves, Praeter quam tui carendum quod erat, *save that*, T.: haec honesta, praeterquam quod nosmet ipsos diligamus, esse expetenda: adverso rumore esse, superquam quod male pugnaverat, *not to mention that*, L.: Excepto quod, etc., H.: memento te omnia probare, nisi quod verbis aliter utamur: pestilentia incesserat pari clade in Romanos Poenosque, nisi quod fames, etc., L.: tantum quod hominem non nominat, *save that.*—Introducing a reason (as real), *because, since, for, that:* idcirco arcessor, quod sensit, etc., T.: filium suum, quod pugnaverat, necari iussit, S.: omnīs (morbos) eā re suscipi, quod ita videatur, etc.: ne me ideo ornes, Quod timuī, etc., H.: haec a custodiis loca vocabant, quod non auderent, etc., Cs.: me accusas, non quod tuis rationibus non adsentīor, sed quod nullis: magis, quia imperium factum est, quam quod deminutum quicquam sit, L.: Propterea quod amat filius, T.: haec dicta sunt ob eam causam, quod, etc.

quōdam modo (less correctly as one word, quōdammodo), *in a certain manner, after a fashion, in a measure, in some degree, somehow:* quod dari populo nullo modo poterat, tamen quodam modo dedit: diligamus.

quōius, old for cuius, *gen.* of 1 qui and of quis.

quō-libet, *adv.* [quilibet], *to any place whatever:* me iubeat quolibet ire, *no matter whither*, O.

quom, older form of 2 cum.

quō minus (quōminus), see quo, and 2 minus.

quō modo (quōmodo), *adv., in what manner, in what way? how?:* quo modo occidit?: alieno a te animo fuit quo modo?: Maecenas quo modo tecum? H.: quo modo se venditant Caesari!: dubium est, quo modo iste praetor factus sit: miror, quo modo iudicarit: haec negotia quo modo se habeant, narrare.—*In the manner that, as.* more Romano, quo modo homines non inepti loquuntur: se aliquam rationem inituros, quo modo ab Hispanis sumant, L.: et quo modo hoc sit consequens illi, sic illud huic.

quōmodo-cumque, *adv., in whatever way, however.*

quōmodo-nam, *adv., in what manner pray? how then?*

quō-nam, *adv., whither pray?:* eam si nunc sequor, quonam?—Fig., *to what purpose? to what effect?:* quonam haec omnia, nisi? etc., Cs.

quondam, *adv.* [quom+(*demonstr.* ending) -dam], *at some time, at one time, once, heretofore, formerly, on a time:* Olim isti fuit generi quondam quaestus, T.: decrevit quondam senatus: omnia quae sunt conclusa nunc artibus, dissipata quondam fuerunt: ut quondam Marsaeus, H.: At quondam, dum, etc., O.: celebri quondam urbe et copiosā: vestros quondam nautas duxit, *once yours:* Cyro quondam rege, *late*, Cu.—*At certain times, at times, sometimes, once in a while:* cum saepe lapidum, terrae interdum, quondam etiam lactis imber defluxit: quondam citharā tacentem Suscitat Musam, H.: Quondam etiam victis redit in praecordia virtus, V.—Of the future, *one day, some day:* Hic tamen ad melius poterit transcurrere quondam, H.

quoniam, *adv.* [quom+iam], *since now, since then, since, seeing that, as, because, whereas:* quoniam quidem circumventus ab inimicis praeceps agor, S.: quoniam ad hunc locum perventum est, Cs.: quoniam iam nox est: quoniam ita tu vis: quoniamque ab his es auditus: quoniam quidem missus est: quoniam intellegere potuisset: quoniam tam propinqua sint castra, N.

quōpiam, *adv.* [old *dat.* of quispiam], *to any place:* iturane quopiam es? T.

quōquam, *adv.* old *dat.* of quisquam], *to any place, in any direction, whithersoever:* Cave oculos a meis oculis quoquam demoveas tuos, T.: nec proficisci quoquam potes: priusquam inde quoquam procederet, L.

1. **quoque**, *conj., also, too* (after an emphatic word, cf. -que, etiam, atque): quā de causa Helvetii quoque reliquos Gallos virtute praecedunt, Cs.: me scilicet maxime, sed proxime illum quoque fefellissem: patriae quis exsul Se quoque fugit? H.: quoque enim, L.: quoque igitur: Ego quoque etiam timida sum, T.: quando ne ea quoque vis proficeret, L.

2. **quō-que** (i. e. et quo), see -que.

quōquō, *adv.* [old *dat.* of quisquis], *to whatever place, whithersoever:* quoquo sese verterint Stoici: quoquo terrarum, *whithersoever in the world*, T.

quōquō-versus (-**vorsus**) or **quōquō-versum** (-**vorsum**), *in every direction, every way:* legatos quoquoversum dimittere, Cs.: locum quoquo versus pedes quinque habere.

quōrsum and **quōrsus**, *adv.* [quo+versus], *to what place, whitherward, whither:* nescio hercle, neque unde eam, neque quorsum eam, T.—Fig., *whither, to what end, to what:* sane curaest, quorsum eventurum hoc siet, *how this is to turn out*, T.: sed quorsus hoc pertinet?: Non dices hodie, quorsum haec tam putida tendant, *to what this tends*, H.: quorsum igitur haec spectat oratio? *what has in view this?* etc.—*To what purpose? to what end? with what view? for what?:* quorsum igitur haec disputo? quorsum? ut intellegere posssitis: quorsus, inquam, istuc? quorsum est opus? *for what?* H.

quot, *adj. plur. indecl.* [2 CA-], *how many?:* quot aratores fuerunt: quot virtutes fuerunt!: edocet, quot virorum morte necesse sit constare victoriam, Cs.: video, quot dierum via sit.—*As many as, as:* tot habet triumphos, quot orae sunt terrarum: quot homines, tot sententiae, T.: quot orationum genera esse diximus, totidem oratorum reperiuntur: quot capitum vivunt, totidem studiorum Milia, H.

quot-annīs or **quot annīs**, *adv., every year, year by year, annually, yearly:* ubi piratae fere quot annis hiemare solent: quot annis singula milia, Cs.: Hic illum vidi iuvenem quot annis, V.

quot-cumque, *adv., how many soever, as many as:* quotcumque senatus creverit, tot sunto: quotcumque . . . quot . . . quot . . . hos, Ct.

quotēnī, ae, a, *num. distrib.* [quot], *how many, of what number each:* is ita partīs fecit, nescio quotenorum iugerum.

(**quotīdi-**), see cottidi-.

quotiēns or **quotiēs**, *adv.* [quot], *how often? how many times?:* quotiens et quot nominibus a Syracusanis statuas auferes?: Respondere, quotiens venissent: heu quotiens fidem flebit! H.—*As often as, as many times as, as:* quotiens ipse consul fuit: quotiens oculos coniecit in hostem, totiens, etc., V.

quotiēns-cumque, *adv., how often soever, as often soever as:* quotienscumque dico, totiens, etc.

quot-quot, *num. indecl., of whatever number, how many soever, as many soever as:* ut, si leges plures erunt, aut quotquot erunt, conservari non possint: quotquot eunt dies, i. e. *daily*, H.

quotus, *adj.* [quot], *which in number, which in*

order, of what number: quotus erit iste denarius, qui non sit ferendus?: quota pars illi rerum periere mearum, O.: hora quota est? *what o'clock is it?* H.: Tu, quotus esse velis, rescribe, i. e. *one of how many guests,* H.—*How small, how trifling:* Et sequitur regni pars quota quemque sui? O.: Pars quota Lernaeae serpens eris unus Echidnae? O.—With *quisque* (often written quotusquisque), *how rarely one, how few* (only *sing.*): quotus enim quisque philosophorum invenitur, qui sit ita moratus: quoto cuique lorica est? Cu.: formā quota quaeque superbit? O.

quōtus-cunque, tacunque, tumcumque, *of whatever number, however great or small:* e votis pars, Tb.

quotusquisque, see quotus.

quousque or **quo usque,** *adv., until what time, till when, how long:* quae quo usque tandem patiemini, S.: quousque humi defixa tua mens erit?: quo usque tandem abutere patientiā nostrā?

quō-vīs, *adv.* [quivis], *to any place whatever, whither you will:* abeat quovis gentium, *anywhere in the world,* T.

(quum), *conj.,* see 2 cum.

R.

rabidē, *adv.* [rabidus], *madly, furiously:* omnia appetens.

rabidus, *adj.* [RAB-], *raving, mad, rabid, enraged:* tigres, V.: leones, H.: lupa, O.: ut rabida ora quierunt, *inspired,* V.: mores, *ungoverned,* O.: lingua, Pr.: furor animi, Ct.

rabiēs, —, em, e, *f.* [RAB-], *rage, madness, frenzy:* velut iniectā rabie ad arma ituri, L.: Statque canum rabie (Scylla), i. e. canibus rabidis, O.—Fig., *violent passion, extreme excitement, rage, anger, fury, fierceness, eagerness:* huius rabies quae dabit, i. e. *what he will do in his furious love,* T.: sine rabie: Archilochum proprio rabies armavit iambo, H.: civica, *the fury of civil war,* H.: edendi, V.: Et rabie fera corda tument, i. e. *inspiration,* V.: fatalis temporis, L.: ventorum, O.: Canis, *fierce heat,* H.: ventris, i. e. *ravenous hunger,* V.

rabiō, —, —, ere [RAB-], *to rave, be mad,* C. poët.

rabiōsē, *adv.* [rabiosus], *ravingly, madly, fiercely:* nihil iracunde rabioseve fecerunt.

rabiōsulus, *adj. dim.* [rabiosus], *a little rabid, half crazy:* litterae.

rabiōsus, *adj.* [rabies], *raving, fierce, mad, rabid:* canis, H.: fortitudo minime rabiosa, *free from passion.*

rabula, ae, *m.* [RAB-], *a brawling advocate, pettifogger.*

racēmifer, fera, ferum, *adj.* [racemus + 1 FER-], *cluster-bearing, clustering:* uvae, O.: Bacchus, *crowned with clusters,* O.

racēmus, ī, *m., a bunch, cluster:* fert uva racemos, V.: lividi, H.: Donec eras mixtus nullis, Acheloë, racemis, i. e. *wine,* O.

radiāns, antis, *adj.* [*P.* of radio], *beaming, shining:* lumina solis, O.: Aquarius: luna, V.: aurum, O.: galea claro ab auro, O.—As *subst. m., the sun,* C. poët.

radiātus, *adj.* [*P.* of radio], *furnished with rays, irradiated, shining:* sol: orbis flammeus solis, Att. ap. C.: lumina, O.

rādīcitus, *adv.* [radix], *by the roots, utterly, radically:* evellare actiones tuas: ex animis extraxit religionem.

rādīcula, ae, *f. dim.* [radix], *a small root, rootlet.*

radiō, —, —, āre, and *dep.* **radior,** —, —, ārī [radius], *to gleam, beam, shine:* galeae gemmis radientur, O.: radiabant lumine valvae, O.: radiant ut sidus ocelli, O.: in armis, Pr.

radius, ī, *m.* [2 RAD-], *a staff, rod:* acuti, *stakes,* L.—In a wheel, *a spoke:* hinc radios trivere rotis, V.: inter radios rotarum, Cu.—*A geometer's rod, drawing-rod:* homunculum a pulvere et radio excitare: Descripsit radio orbem, V.—In weaving, *a shuttle:* Excussi manibus radii, V.: acuti, O.—In botany, *a kind of olive,* V.—In a circle, *a radius.*—Of light, *a beam, ray:* radii solis: rubescebat radiis mare, V.: cui tempora circum Aurati radii cingunt, i. e. *a glory,* V.

rādīx, īcis, *f.* [2 RAD-], *a root:* radices palmarum conligebant: Virga radicibus actis surrexit, *struck root,* O.: arbores ab radicibus subruere, Cs.: radicibus eruta pinus, V.: genus radicis inventum, quod admixtum lacte, etc., Cs.: (herbas) radice revellit, O.: monstratā radice vel herbā (as a medicine), H.—*A radish:* lactucae, radices, H., O.—*The root, lower part, foot, foundation:* in radicibus Caucasi natus: sub ipsis radicibus montis, Cs.: a Palati radice.—*A point of origin, supporting part, root:* linguae, O.: vivum (saxum) radice tenetur, O.—Fig., *a root, ground, basis, foundation, origin, source.*—Only *plur.*: vera gloria radices agit atque etiam propagatur: virtus altissimis defixa radicibus: Pompeius eo robore vir, iis radicibus, i. e. *so firmly established in the State:* a radicibus evertere domum, *utterly,*

Ph.: ex iisdem, quibus nos, radicibus natus, i. e. *of the same city.*

rādō, sī, sus, ere [1 RAD-], *to scrape, scratch, shave, rub, smooth, shave off:* mulieres genas ne radunto, *lacerate, XII Tabb.* ap. C.: qui capite et superciliis semper est rasis, *shaven:* caput (a sign of slavery), L.: vertice raso (in fulfilment of a vow), Iu.: rasae hastilia virgae, *peeled,* V.: lapides varios palmā, *sweep a mosaic pavement,* H.: arva imbribus (Eurus), *strip,* H.: Margine in extremo littera rasa, *erased,* O.—*To touch in passing, touch upon, brush, graze, skirt:* laevum Radit Thybridis unda latus, O.: hinc altas cautes proiectaque saxa Pachyni Radimus, V.: terra rasa squamis (serpentis), O.

raeda or **rēda** (not rhēda), ae, *f.* [Celtic], *a travelling-carriage with four wheels:* omnen aciem raedis circumdare, Cs.: sedens in raedā, H., Iu.

raedārius (rēdārius), ī, *m.* [raeda], *a coachman, driver of a raeda.*

rāmālia, ium, *n.* [ramus], *twigs, shoots, sticks, brushwood:* arida, O., Ta.

rāmeus, *adj.* [ramus], *of boughs:* fragmenta, i. e. *sticks,* V.

rāmex, icis, *m.*, *a rupture, hernia,* Iu.

Ramnēs and **Ramnēnsēs (Rhamn-)**, ium, *m.* [RAP], *one of the three tribes of free citizens in the early Roman state* (cf. Luceres, Taties): tres antiquae tribūs Ramnes, etc., L.: Quosque vocant Ramnes, O.—*One of three centuries of knights instituted by Romulus:* Ramnenses ab Romulo appellati, L.: Rhamnensium nomina: Celsi Ramnes, *proud knights of ancient family,* H.

rāmōsus, *adj.* [ramus], *full of boughs, having many branches, branching, branchy:* stipes, O.: cornua cervi, V.: hydra ramosa natis e caede colubris, O.

rāmulus, ī, *m. dim.* [ramus], *a twig, sprig, shoot.*

rāmus, ī, *m.* [2 RAD-], *a branch, bough, twig:* in quibus (arboribus) non rami sunt, etc.: cingite tempora ramis, V.: spissa ramis laurea, H.: bacas dant rami, i. e. *trees,* V.: rami atque venatus alebat, *fruit and game,* V.—Of antlers, *a branch:* ramique late diffunduntur, Cs.—*A club:* Hylaeus, Pr.—F i g., *a branch:* ramos amputare miseriarum.

rāna, ae, *f.* [RAC-], *a frog:* saliunt in gurgite ranae, O.: in limo ranae cecinere querellam, V., C., H., Iu.: rana marina, *the frog-fish.*

rancidulus, *adj. dim.* [rancidus], *stinking, rank, rancid:* opsonia, Iu.

rancidus, *adj.* with *comp.*, *stinking, rank, rancid:* aper, H.: quid rancidius, quam quod, etc., *more disgusting,* Iu.

rānunculus, ī, *m. dim.* [rana], *a little frog, tadpole.*

rapācitās, ātis, *f.* [rapax], *greed, rapacity:* quis in rapacitate avarior.

rapāx, ācis, *adj.* with *comp.* and *sup.* [RAP-], *tearing, furious, violent:* ventus, O.: unda.—F i g., *grasping, greedy, rapacious, insatiable:* olim furunculus, nunc vero etiam rapax: Cinara, i. e. *greedy for presents,* H.: lupi, H.: Orcus, H.: domina, Tb.: nihil est rapacius quam natura.

raphanus, ī, *m.*, = ῥάφανος, *a radish,* Ct.

rapidē, *adv.* with *comp.* [rapidus], *hurriedly, rapidly:* dilapsus (fluvius).—F i g.: quod (παθητικόν) cum rapide fertur: eo rapidius venire, Ta.

rapiditās, ātis, *f.* [rapidus], *swiftness, rush, velocity:* fluminis, Cs.

rapidus, *adj.* with *comp.* and *sup.* [RAP-], *tearing away, seizing, fierce:* ferae, O.: agmen, *a fierce pack,* O.: aestus, V.: flamma, O.: ignis, V.—*Impetuous, hurrying, rushing, fleet, swift, quick, rapid:* torrens, V.: amnis, H.: flumen, Cs.: Fluminum lapsūs, H.: rapidior unda, Cu.: ignis Iovis, V.: sol, H.: volucris rapidissima milvus, O.: manus, V.: agmen, V. — F i g., *hurried, impetuous, vehement, hasty:* oratio: rapidus consiliis, *precipitate,* L.

rapīna, ae, *f.* [RAP-], *an act of robbery, robbery, plunder:* per latrocinia ac rapinam tolerantes vitam, L.: terra patuit invita rapinae, O.: promissae signa rapinae, *of carrying off,* O.— E s p., *plur.*, *robbery, plundering, pillage, rapine:* caedes, rapinae, discordia civilis, S.: avaritia in rapinis: hostem rapinis prohibere, Cs.: an furtis pereamve rapinis, H.—*Prey, plunder, booty:* abiuratae rapinae, V.

rapiō, puī (old *fut. perf.* rapsit, C.), raptus, ere [RAP-], *to seize and carry off, snatch, tear, pluck, drag, hurry away:* sublimen intro hunc rape, T.: quo fessum rapitis? V.: Quo me cunque rapit tempestas, H.: sumasne pudenter An rapias, *snatch,* H.: ab aede rapuit funale, O.: de volnere telum, V.: commeatum in navīs rapiunt, L.: pars densa ferarum Tecta rapit, i. e. *break off boughs of trees* (in collecting wood), V.: in ius, *drag before a court,* H.: ob facinus ad supplicium, *hale:* alii ad necem rapiebantur: ad stuprum matres, L.: (infantes) ab ubere rapti, V.: nec variis obsita frondibus Sub divom rapiam, *drag into open day,* H.: Nasonis carmina rapti, i. e. *torn from his home,* O.— *To hurry, impel, drive, cause to hasten:* Quattuor hinc rapimur raedis, H.: per aequora navem, V.: ventis per aequora, O.: missos currūs, H.: arma rapiat iuventus, *snatch,* V.: arma, O.: bipennem dextrā, V.: rapiuntque ruuntque, *hurry and bustle,* V.—With *pron. reflex.*, *to make haste, hasten, hurry, fly:* ocius hinc te Ni rapis, H.: se ad caedem optimi cuiusque. — *To carry off by force, seize, rob, ravish, plunder, ravage, lay waste, take by assault, carry by storm:* spes rapiendi occaecat animos:

semper rapiens, semper ebrius: raptas ad litora vertere praedas, V.: rapere omnes traherc, S.: vivere latronum ritu, ut tantum haberet, quantum rapere potuisset: virgines, *to abduct*, S.: Arsit Atrides Virgine raptā, H.: Omne sacrum rapiente dextrā, H.: alii rapiunt incensa feruntque Pergama, *pillage and plunder*, V.: castra urbesque primo impetu rapere, L.—*To carry off suddenly, snatch away, destroy:* improvisa leti Vis rapuit rapietque gentes, H.: rapto de fratre dolens, H.: Et labor et durae rapit inclementia mortis, i. e. *hurries on*, V.— *To take, catch, assume:* flammam, *catch quickly*, V.: nigrum colorem, O.: Virga . . . Vim rapuit monstri, *imbibed*, O.—*To lead on hurriedly:* Halesus Turno feroces Mille rapit populus, *leads hastily on*, V.: Nec rapit inmensos orbīs per humum, *sweeps along*, V.—Fig., *to snatch away, carry along, hurry away:* ipsae res verba rapiunt, *carry along with them:* (comoediam) in peiorem partem, i. e. *misrepresent*, T.: Si quis in adversum rapiat casusve deusve, V.: almum Quae rapit hora diem, *snatches away*, H.: simul tecum solacia rapta, V. —*To drive, impel, carry away, precipitate, transport, ravish, captivate, overwhelm, draw irresistibly:* ad divinarum rerum cognitionem curā studioque rapi: semper eo tractus est, quo libido rapuit: amentiā rapi: Furorne caecus, an rapit vis acrior, An culpa? H.: animum In partīs rapit varias, *turns hurriedly*, V.: ad quas (res) plerique inflammati aviditate rapiuntur.— *To seize by violence, snatch, steal:* Hippodameam raptis nanctu'st nuptiis, Enn. ap. C.: Venerem incertam, H.: sed rapiat sitiens Venerem, *but may eagerly seize upon*, V.— *To snatch, seize quickly, hasten, precipitate:* rapienda occasio, Iu.: viam, *hasten*, O.: ut limis rapias, quid velit, etc., *may hastily note*, H.: raptae prope inter arma nuptiae, L.

rapta, ae, *f.* [*P.* of rapio], *a ravished one, seduced woman:* gratus raptae raptor fuit, O.

raptim, *adv.* [rapio], *snatchingly, hastily, suddenly, speedily, hurriedly:* haec scripsi raptim, ut, etc.: cui donet inpermissa raptim Gaudia, H.: secuti tam raptim euntem, L.: aguntur omnia, Cs.: praecipitata consilia, L.: ignis factus, L.: secare aethera pennis, V.: fruaris tempore, H.

raptiō, ōnis, *f.* [RAP-], *an abduction, ravishing, rape:* fuisse in raptione, T.

raptō, āvī, ātus, āre, *freq.* [rapio], *to seize and carry off, snatch, drag, hurry away:* curru quadriiugo raptarier, *dragged along*, Enn. ap. C.: Hector raptatus bigis, V.: alqd Per silvam, V.: arbitrio raptatur equorum, O.: raptata coniux (sc. ad tabulam Valeriam).—*To ravage, plunder:* adhuc raptabat Africam Tacfarinas, Ta.—Fig., *to drag, hale, arraign:* quid raptem in crimina divos? Pr.

raptor, ōris, *m.* [RAP-], *a robber, plunderer, abductor, ravisher:* filiae, Ta.: orbis, Ta.: lupi Raptores, *plundering*, V.: fugies inaudax Proelia raptor, H.: gratus raptae raptor fuit, *ravisher*, O. —Fig.: raptores alieni honoris, O.

raptum, ī, *n.* [*P.* of rapio], *plunder, prey, booty:* in diem rapto vivit, *on daily plunder*, L.: vivere ex rapto, O.: rapto potiri, V.

1. raptus, *P.* of rapio.

2. raptus (ūs), *m.* [RAP-], *a snatching away, wrench:* Inoo lacerata est altera (manus) raptu, *by the violence of Ino*, O.—*A plundering, robbery:* nullis raptibus aut latrociniis populantur, Ta.: penatium, *of the house*, Ta.—Of persons, *an abduction, rape:* Ganymedi: virginis, C., O.

rāpulum, ī, *n. dim.* [rapum], *a little turnip*, H.

rārēscō, —, —, ere, *inch.* [rarus], *to grow thin, become rare:* resoluta tellus In liquidas rarescit aquas, O.: ubi angusti rarescent claustra Pelori, i. e. *open*, V.: colles paulatim rarescunt, *become fewer*, Ta.: sonitus rarescit, *dies away*, Pr.

rāritās, ātis, *f.* [rarus], *looseness of texture:* in pulmonibus.—*Small number, rarity:* dictorum.

rārō, *adv.* with *comp.* [rarus], *seldom, rarely, now and then:* id, quod raro fit: evenire: vinum aegrotis prodest raro: Raro antecedentem scelestum Deseruit poena, H.: si rarius fiet, quam, etc.

rārus, *adj.* with *comp.* and *sup.*, *of loose texture, thin, rare, not thick:* (terra) opp. densa, V.: retia, *with large meshes*, V.: tunica, O.: rariores silvae, *thinner*, Ta.—*With large intervals, far apart, here and there, scattered, thin, scanty:* vides habitari in terrā raris et angustis in locis, *scattered:* Apparent rari nantes, V.: frutices in vertice, O.: umbra, V.: arbores, N.: Manat rara meas lacrima per genas, *drop by drop*, H.—Of soldiers, *in open order, far apart, scattered, dispersed, straggling, single:* ut numquam conferti, sed rari magnisque intervallis proeliarentur, Cs.: rari in confertos inlati, L.: ordines, L.: rarior acies, Cu.—*Infrequent, scarce, sparse, few, rare:* in omni arte, optimum quidque rarissimum: raris ac prope nullis portibus, Cs.: Oceanus raris ab orbe nostro navibus aditur, Ta.: rara hostium apparebant arma, L.: vitio parentum Rara iuventus, H.: rarus adibat (i. e. raro), O. —*Plur. n.* as *subst.:* rara (anteponantur) volgaribus.—*Uncommon, scarce, rare, extraordinary, remarkable:* Rara quidem facie, sed rarior arte canendi, O.: avis (sc. pavo), H.: rarissima turba, O.

rāsilis, e, *adj.* [1 RAD-], *scraped, smoothed, polished, smooth:* torno buxum, V.: fibula, O.

rāstrum, ī, *n. plur.* rastrī, ōrum, *m.*, poet. also rastra, *n.* [1 RAD-], *a toothed hoe, rake, mattock:* istos rastros Adpone, T.: rastris glaebas frangere, V.: adsiduis herbam insectabere rastris, V.: iniquum pondus rastri, V.: volnera Rastrorum fert (tellus), O.: pectis rastris capillos (of Polyphemus), O.—Prov.: mihi illaec vero ad rastros res redit, i. e. *will drive me to work for my living*, T.

rāsus, *P.* of rado.

ratiō, ōnis, *f.* [RA-], *a reckoning, numbering, casting up, account, calculation, computation:* ut par sit ratio acceptorum et datorum: quibus in tabulis ratio confecta erat, qui numerus domo exisset, etc., Cs.: auri ratio constat, *the account tallies:* rationem argenti ducere, *reckoning:* pecuniae habere rationem, *to take an account:* ratione initā, *on casting up the account*, Cs.: mihimet ineunda ratio est: (pecuniam) in rationem inducere, *bring into their accounts:* aeraria, *the rate of exchange* (the value of money of one standard in that of another): rationes ad aerarium continuo detuli, *rendered accounts:* rationes cum publicanis putare: rationes a colono accepit: longis rationibus assem in partīs diducere, *calculations*, H.—*A list, manifest, protocol, report, statement:* cedo rationem carceris, quae diligentissime conficitur.—*A transaction, business, matter, affair, concern, circumstance:* re ac ratione cum aliquo coniunctus: in publicis privatisque rationibus, Cs.: nummaria: popularis: comitiorum: ad omnem rationem humanitatis: meam.—*Plur.*, with *pron. poss.*, *account, interest, advantage:* alquis in meis rationibus tibi adiungendus: alienum suis rationibus existimans, etc., *inconsistent with his interests*, S.—Fig., *a reckoning, account, settlement, computation, explanation:* rationem reddere earum rerum: secum has rationes putare, T.: initā subductāque ratione scelera meditantes, i. e. *after full deliberation:* quod posteaquam iste cognovit, hanc rationem habere coepit, *reflection:* totius rei consilium his rationibus explicabat, ut si, etc., *upon the following calculation*, Cs.: ut habere rationem possis, quo loco me convenias, etc., i. e. *means of determining:* semper ita vivamus, ut rationem reddendam nobis arbitremur, *must account to ourselves:* si gravius quid acciderit, abs te rationem reposcent, *will hold you responsible*, Cs.—*Relation, reference, respect, connection, community:* (agricolae) habent rationem cum terrā, quae, etc., *have to do:* cum omnibus Musis rationem habere: omnes, quibuscum ratio huic est.—*A respect, regard, concern, consideration, care:* utriusque (sc. naturae et fortunae) omnino habenda ratio est in deligendo genere vitae: (deos) piorum et impiorum habere rationem: sauciorum et aegrorum habitā ratione, Cs.: propter rationem brevitatis, *out of regard for:* habeo rationem, quid a populo R. acceperim, *consider:* neque illud rationis habuisti, provinciam ad summam stultitiam venisse? *did you not consider?*—*Course, conduct, procedure, mode, manner, method, fashion, plan, principle:* tua ratio est, ut... mea, ut, etc.: defensionis ratio viaque: itaque in praesentiā Pompei sequendi rationem omittit, Cs.: in philosophiā disserendi: ut, quo primum curreretur, vix ratio iniri possit, Cs.: hoc aditu laudis vitae meae rationes prohibuerunt, *plan of life.*—*Arrangement, relation, condition, kind, fashion, way, manner, style:* ratio atque usus belli, *the art and practice of war*, Cs.: novae bellandi rationes, Cs.: quorum operum haec erat ratio, etc., Cs.: rationem pontis hanc instituit; tigna bina, etc., Cs.: iuris: haec eadem ratio est in summā totius Galliae, Cs.: eādem ratione, quā pridie, ab nostris resistitur, Cs: quid refert, quā me ratione cogatis?: nullā ratione, Cs.: tota ratio talium largitionum genere vitiosa est, *principle.*—*The faculty of computing, judgment, understanding, reason, reasoning, reflection:* Ita fit, ut ratio praesit, appetitus obtemperet: homo, quod rationis est particeps, causas rerum videt: lex est ratio summa: ut, quos ratio non posset, eos ad officium religio duceret: si ratio et prudentia curas aufert, H.: mulier abundat audaciā, consilio et ratione deficitur: Arma amens capio, nec sat rationis in armis, V.: ratione fecisti, *sensibly.*—*Ground, motive, reason:* quid tandem habuit argumenti aut rationis res, quam ob rem, etc.: nostra confirmare argumentis ac rationibus: noverit orator argumentorum et rationum locos: ad eam sententiam haec ratio eos deduxit, quod, etc., Cs.: rationibus conquisitis de voluptate disputandum putant: Num parva causa aut prava ratiost? *reason, excuse*, T.—*Reasonableness, reason, propriety, law, rule, order:* omnia, quae ratione docentur et viā, *reasonably and regularly:* ut ratione et viā procedat oratio: quae res ratione modoque Tractari non volt, H.: intervallis pro ratā parte ratione distinctis, *divided proportionally by rule:* vincit ipsa rerum p. natura saepe rationem, *system.*—*A theory, doctrine, system, science:* haec nova et ignota ratio, solem lunae oppositum solerē deficere: Epicuri, *doctrine:* Stoicorum: ratio vivendi... ratio civilis, *the art of living... statesmanship.*—*Knowledge, science:* si qua (est in me) huiusce rei ratio aliqua.—*A view, opinion, conviction:* Mea sic est ratio, T.: cum in eam rationem pro suo quisque sensu loqueretur: cuius ratio etsi non valuit, N.

ratiōcinātiō, ōnis, *f.* [ratiocinor], *an exercise of the reasoning powers, calm reasoning, ratiocination:* ratiocinatio est diligens et considerata excogitatio.—*A rational conclusion, syllogism.*

ratiōcinātīvus, *adj.* [ratiocinor].—In rhet., *of reasoning, syllogistic:* genus quaestionis.

ratiōcinātor, ōris, *m.* [ratiocinor], *a reckoner, accountant, book-keeper*, C.—Fig.: ut boni ratiocinatores esse possimus.

ratiōcinor, ātus, ārī, *dep.* [ratio], *to reckon, compute, calculate:* ratiocinandi utilitas: de pecuniā.—*To reason, argue, infer, conclude:* quid in similibus rebus fieri soleat: inter se: recte.

ratis, is, *f.* [2 AR-], *a raft, float:* aut ratibus aut navibus accedere: transeunt Rhenum navibus ratibusque, Cs.: rates quibus iunxerat flumen, i. e. *pontoons*, L.—*A bark, boat, vessel:* et pandas ratibus posuere carinas, V.: prima, i. e. *the Argo*, O.

ratiuncula, ae, *f. dim.* [ratio], *a small reckoning, little account:* erat ei de ratiunculā relicuom pauxillulum Nummorum, T.—*A slight ground, trifling reason:* leves: huic incredibili sententiae ratiunculas suggerit.—*A petty syllogism.*

ratus, *adj.* [*P.* of reor], *reckoned, fixed by calculation;* in the phrase, pro ratā parte, or pro ratā (sc. parte), *in proportion, proportionally:* militibus agros pollicetur, quaterna in singulos iugera, et pro ratā parte centurionibus, Cs.: perinde ut cuique data sunt pro ratā parte: dare pro ratā aliis, L.—*Thought out, defined by calculation, prescribed, determined, fixed:* rata et certa spatia definire: (astrorum) cursūs: quod certum fuerit esse futurum rato tempore.—*Fixed, settled, established, firm, confirmed, approved, sure, certain, valid:* quod modo erat ratum inritumst, T.: decretum: leges: auctoritas harum rerum: cuius tribunatus si ratus est, nihil est, quod inritum possit esse: testamenta (opp. rupta): Dixerat idque ratum Stygii per flumina Annuit, V.: rata sint sua visa precatur, *may be fulfilled*, O.: vox, *made good*, O.: (ebrietas) spes iubet esse ratas, i. e. *leaps to the fulfilment of*, H.: pax, S.: quid augur (habet), cur a dextrā corvus a sinistrā cornix faciat ratum? *for making a favorable augury:* parens nati rata verba Fecit, i. e. *fulfilled*, O.: consentiens vox ratum nomen imperiumque regi effecit, *confirmed*, L.: ut, quodcumque rettulisset, id ratum haberet: ista ipsa rata mihi erunt.

raucisonus, *adj.* [raucus + sonus], *hoarse-sounding:* bombi, Ct.

raucus, *adj.* [2 RV-], *hoarse:* nos raucos saepe attentissime audiri video: palumbes, V.: os aselli, O.: vox (ranarum), O.: vicinia rauca reclamat, *screaming herself hoarse*, H.: circus, Iu.: Illa sonat raucum quiddam, O.: cygni, *deep-voiced*, V.: aes (i. e. tuba), *hollow-sounding*, V.: aes (i. e. scutum), *ringing*, V.: Hadria, *roaring*, H.: rauca signa dedere fores, *grating*, O.—Fig., *faint:* nisi ipse rumor iam raucus erit factus.

raudus, see rudus.

raudusculum (**rōd-**, **rūd-**), ī, *n. dim.* [raudus], *a little piece of brass money:* Numerianum, *the trifling debt of Numerius.*

rāvus, *adj.*, *gray-yellow, gray, tawny:* mare: lupa, H.

re- or **red-**. An inseparable particle, *again, back, anew, against.*

rea, see reus.

rēāpse, *adv.* [re+eāpse (old *abl. f.* of ipse)], *in fact, in reality, actually, really, in truth:* earum rerum reapse, non oratione perfectio: formae, quae reapse nullae sunt, speciem autem offerunt.

rebellātiō, ōnis, *f.* [rebello], *a revolt, rebellion*, Ta.

rebellātrīx, īcis, *f.* [rebello], *she that renews war, rebel:* Germania, O.: provincia, L.

rebelliō, ōnis, *f.* [rebellis], *a renewal of war, revolt, rebellion:* facta post deditionem, Cs.: ad rebellionem compellere, L.: multis Carthaginiensium rebellionibus.

rebellis, is, *adj.* [re+bellum], *that makes war afresh, insurgent, rebellious:* Aeneadae, V.: Numidae, O.: regio, Cu.: rebellis Amor, O.—*Plur. m.* as *subst.*, *rebels*, Ta.

rebellium, ī, *n.* [rebellis], *a revolt*, L. dub.

re-bellō, āvī, ātus, āre, *to wage war again, revolt, rebel:* Volsci rebellarunt, L.: tauro mutatus membra rebello, *renew the combat*, O.

re-boō, —, —, āre, *to bellow back, resound, re-echo:* reboant silvae, V., Ct.

re-calcitrō, —, —, āre, *to kick back, be inaccessible:* recalcitrat undique tutus, H.

re-caleō, —, —, ēre, *to grow warm again:* recalent fluenta Sanguine, *run warm*, V.

re-calēscō, luī, ere, *inch.*, *to become warm again, grow warm:* exercitatione recalescunt (corpora).—Fig.: recalescit mens, O.

recalfaciō, fēcī, —, ere [re- + calefacio], *to warm again:* sanguine telum, O.—Fig.: tepidam mentem, O.

re-candēscō, duī, ere, *inch.*, *to grow white again, whiten:* percussa recanduit unda, O.—*To grow white hot, glow again:* ubi tellus Solibus recanduit, O.—Fig.: recanduit ira, O.

re-cantō, —, ātus, āre, *freq.*, *to charm back, charm away:* recantatas deponere curas, O.—*To recall, revoke, recant:* recantatis Opprobriis, H.

reccidō, see 1 recido.

re-cēdō, cessī, cessus, ere, *to go back, fall back, give ground, retire, withdraw, recede:* ex eo quo stabant loco, Cs.: procul a telo veniente, O.: de medio: tristis recedo, H.: ab Iliturgi, L.: in castra Cornelia, Cs.—Poet., *to go to rest, retire*, O.—*To recede, fall back, give way, give place, depart:* Verba movere loco, quamvis invita recedant, *yield*, H.: anni, Multa recedentes adimunt, H.—*To stand back, recede, be distant, be retired* Provehimur portu, terraeque urbesque recedunt, V.: mea terra recedit, O.—*To go away, withdraw, retire, depart, part* Haec ecfatu' pater recessit, *vanished*, Enn. ap. C.: a stabulis recedunt (apes), V.: Caesa recesserunt a cute membra suā, O.—Fig., *to withdraw, depart, retire, desist:* senes ut in otia tuta recedant, H.: ab officio: ab armis, i. e. *lay down:*

penitus a naturā: a vitā, i. e. *kill oneself:* quā ratione res ab usitatā consuetudine recederet, *deviate:* (nomen hostis) a peregrino recessit, *has lost the meaning of 'foreigner.'*—*To vanish, pass away, disappear:* Phoebes ira recessit, O.: in ventos vita recessit, V.: cum res ab eo recessisset, *was lost to him.*

re-cellō, —, —, ere, *to spring back, fly back, recoil:* cum (ferrea manus) recelleret ad solum, L.

1. recēns, entis (*abl. sing.* entī; poet. also ente; *gen. plur.* tium; poet. rarely tum, H.), *adj.* with *comp.* and *sup.*, *lately arisen, not long in existence, fresh, young, recent:* iniuriae memoria, Cs.: amicus, *new-made:* omnis conglutinatio recens aegre divellitur: viri: caespites, Cs.: flores, H.: herbae, O.: prata, *green*, V.: proelium, i. e. *of yesterday*, Cs.: clades, L.: pollicitatio, Cs.: arma, *newly whetted*, O.: umbrae, *of persons just dead*, O.: recenti re de Mustio auditum est, i. e. *forthwith:* qui recens ab illorum aetate fuit, *just after:* recens a volnere Dido, i. e. *with her wound still fresh*, V.: ab excidio urbis, *fresh from*, L.: quidam Romā sane recentes, *just from Rome:* epistula recentior: recentiore memoriā: attulisti aliud humanius horum recentiorum, *modern writers:* recentissima tua est epistula Kal. data, *latest:* annus recentissimus: Senones recentissimi advenarum, L.—*Plur. n.* as *subst.*, *late events* (opp. vetusta).—F i g., *fresh, vigorous:* ut integri et recentes defatigatis succederent, Cs.: equitatus, Cs.: animus (consulis), L.

2. recēns, *adv.* [1 recens], *lately, freshly, newly, just, recently:* recens accepta cladis, L.: Sole recens orto, V.

re-cēnseō, suī, —, ēre, *to count, enumerate, number, reckon, survey:* haec in Aeduorum finibus recensebantur, Cs.: captivos, quot cuiusque populi essent, L.: omnem suorum numerum, V.—*To examine, review, muster, survey:* exercitum, L.: legiones, L.: Signa recensuerat bis sol sua, *had traversed*, O.—Of the censor, *to revise the roll of, enroll:* in equitibus, L.: equites, L.—F i g., *to go over, reckon up, recount, review:* Fata fortunasque virūm, V.: fortia gesta, O.

recēnsiō, ōnis, *f.* [recenseo], *an enumeration, recension:* memoria publica recensionis tabulis impressa, i. e. *the censor's register.*

receptāculum, ī, *n.* [recepto], *a place of deposit, reservoir, magazine, receptacle:* cibi et potionis (alvus): frugibus, Ta.: omnium purgamentorum urbis, L.—*A place of refuge, lurking-place, shelter, retreat:* nisi illud receptaculum classibus nostris pateret: pro receptaculo turrim facere, Cs.: castella diruit, ne receptaculo hostibus essent, L.: praedonum receptacula sustulit: oppidum receptaculum praedae, *a hiding-place:* adversae pugnae, *refuge from defeat*, L.: exsulum, Cu.: (mors) aeternum nihil sentiendi receptaculum.

receptō, āvī, —, āre, *intens.* [recipio], *to take back, wrest away:* hastam receptat Ossibus haerentem, V.—*To receive habitually, harbor, entertain:* meum filium ad te, i. e. *my son's visits*, T.: mercatores, *admit*, L.—With *pron. reflex.*, *to betake oneself, withdraw, retire, recede:* in tectum te, T.: Saturni sese quo stella receptet, V.

receptor, ōris, *m.* [re-+CAP-], *a harborer, concealer:* ille latronum receptor locus.

receptrīx, īcis, *f.* [receptor], *a harborer, concealer:* Messana praedarum.

receptum, ī, *n.* [*P. n.* of recipio], *an engagement, obligation, guaranty:* satis (est factum) nostro recepto: receptum intervertit.

1. receptus, *P.* of recipio.

2. receptus, ūs, *m.* [re-+CAP-], *a taking back, retraction, recantation:* nimis pertinacis sententiae, L.—Of troops, *a falling back, retiring, retreat, way of retreat:* expeditum ad suos receptum habere, Cs.: ut nec receptum a tergo circumvenit haberent, L.: cum receptus primis non esset, L.: ut in Siciliam receptus daretur, Cs.: haud facili inde receptu, *retreat being difficult*, L.—In phrases with *cano* or *signum:* Caesar receptui cani iussit, *to sound a retreat*, Cs.: signum dare receptui, *signal for retreat*, L.—F i g., *a retreat, withdrawal, way of escape:* receptum ad poenitendum habere, L.: a malis consiliis, L.—In phrases with *cano* or *signum:* revocante et receptui canente senatu, i. e. *directing him to stop hostilities:* a miseriis contemplandis canere receptui, *to give the signal for leaving off*, etc.: (bucina) cecinit iussos inflata receptūs, O.: cane, Musa, receptūs, i. e. *cease*, O.—*A refuge, place of shelter:* habere ad Caesaris amicitiam receptum, Cs.: ad expertam clementiam, L.

1. recessus, *P.* of recedo.

2. recessus, ūs, *m.* [re-+CAD-], *a going back, receding, retiring, retreat, departure:* a pestiferis (rebus): ut luna accessu et recessu suo solis lumen accipiat: recessum primis ultimi non dabant, i. e. *means of retreat*, Cs.—*A remote place, retired spot, nook, corner, retreat, recess:* mihi solitudo et recessus provincia est: non recessus ipse defendit, *our remote position*, Ta.: auctumno tecta ac recessum circumspicere, L.: spelunca vasto submota recessu, *in a deep recess*, V.: Luminis exigui prope templa, *inner chamber*, O.: Phrygiae recessūs omnīs peragrasti, L.: pulchri, *inner rooms*, O.—F i g., *a withdrawal:* tum accessus a te ad causam fati, tum recessus, *advances and retreats:* habere in dicendo umbram aliquam et recessum, *shade and background:* in animis hominum sunt recessūs.

recidīvus, *adj.* [re-+CAD-], *falling back, returning, recurring:* nummus, Iu.: Pergama, *rebuilt*, V.

1. recidō or **reccidō**, reccidī or recidī, recāsūrus, ere [re- + cado], *to fall back, spring back, return:* in terras: ramulum adductum in oculum suum recidisse, *had recoiled:* (saxa) convulsa in eos recidebant, *kept falling back,* Cu.: etiam si recta reciderat (navis), L.—Fig., *to fall back, return, be thrown back, fall, sink, be reduced, relapse:* ab his me remediis noli vocare, ne recidam, *suffer a relapse:* ex liberatore patriae ad Aquilios, *had sunk to a level with,* L.: tantum apparatum ad nihilum recidere, *come to naught:* ad ludibrium, Cu.: in graviorem morbum, L.: Syracusae in antiquam servitutem reciderunt, L.: in invidiam, N.: hucine tandem omnia reciderunt, ut, etc.: illuc, ut, etc., Iu.: ex quantis opibus quo reccidissent Carthaginiensium res, L.—*To fall back, fall to, pass, be handed over:* cum ad eum potentatus omnis reccidisset: quae (tela) . . . in aliorum vigiliam consulum recidissent, i. e. *would have fallen to my successors:* sinere artem musicam Recidere ad paucos, T.—Of evil, *to fall back, be visited, recoil, return:* ut huius amentiae poena in ipsum recidat: posse hunc casum ad ipsos recidere demonstrant, Cs.: consilia in ipsorum caput recidentia, L.—*To fall out, turn out, result, come:* ne in unius imperium res recidat: quorsum recidat responsum tuum, non laboro, *what your answer may prove to be.*

2. recīdō, dī, sus, ere [re- + caedo], *to cut away, cut down, cut off:* sceptrum imo de stirpe, V.: ceras inanīs, *empty cells,* V.: pueris membra, O.: volnus Ense recidendum est, O.: columnas, *hew out,* H.—Fig., *to lop off, cut short, retrench, abridge, diminish:* ambitiosa Ornamenta, H.: nationes recisae: supplicio culpam, H.

re-cingō, —, ctus, ere, *to ungird, loosen, undo:* vestīs induta recinctas, O.: in veste recinctā, V.: neque eo contenta recingor, *ungird myself,* O.: sumptum recingitur anguem, *unwinds the folds,* O.

recinō, —, —, ere [re + cano], *to cause to echo, make to resound, repeat, re-echo:* parrae recinentis omen, H.: cuius recinet Nomen imago, H.—*To repeat, celebrate, praise:* haec dictata, H.: curvā lyrā Latonam, H.

reciper-, see recuper-.

recipiō, cēpī (recepsō for recēperō, Ct.), ceptus, ere [re + capio]. **I.** *To take back, bring back, carry back, retake, get back, regain, recover:* dandis recipiendisque meritis, *by an exchange of services:* si velit suos recipere, obsides sibi remittat, Cs.: reges, L.: canam, recepto Caesare felix, H.: Tarentum, *recaptured:* praeda recepta est, L.: Pectore in adverso ensem Condidit, et recepit, *drew out again,* V.: suos omnīs incolumes (sc. ex oppido in castra), *withdraw,* Cs.: cohortes defessos, Cs.: Illum medio ex hoste, *rescue,* V.—With *pron. reflex., to draw back, withdraw, betake oneself, retire, retreat, escape:* se ex hisce locis: se ex fugā, Cs.: se recipiendi spatium, L.: se ad Caesarem, Cs.: ex castris in oppidum sese, Cs.: rursus se ad signa, Cs.: se in novissimos, L.: sub murum se, Cs.: eo se, Cs.: Neque sepulcrum quo recipiat habeat, portum corporis (sc. se), Enn. ap. C.—Fig., *to bring back:* (vocem) ab acutissimo sono usque ad gravissimum sonum.—*To get back, receive again, regain, recover, repossess:* antiquam frequentiam recipere urbem pati, L.: et totidem, quot dixit, verba recepit, *got back,* O.: quam (vitam) postquam recepi, *recovered,* O.: animam, T.: a pavore recepto animo, L.: voltumque animumque, O.: mente receptā, H.—With *pron. reflex., to betake oneself, withdraw, retire:* ad frugem bonam: ad reliquam cogitationem belli, Cs.—*To recover, collect oneself, resume self-possession:* ut me recepi: nullum spatium recipiendi se dedit, L.: se ex terrore, Cs.: totā me mente, O.—**II.** *To take to oneself, take in, admit, accept, receive, welcome:* Excludor, ille recipitur, T.: Xerxem, *await the attack of:* hos tutissimus portus recipiebat, Cs.: Mosa ex Rheno recepta insulam efficit, Cs.: equus frenum recepit, *submitted to,* H.: Hominem amicum ad te, T.: hominem ad epulas: gentes in civitatem receptae: deorum in templa, H.: Ilergetes in ius dicionemque, L.: reges in amicitiam, S.: sidera in caelo recepta, O.: tecto recipi, Cs.: illum suis urbibus: oppido ac portu recepti, Cs.: legatos moenibus, S.: eum domum suam: ut domum ad se quisque hospitio reciperet, Cs.—Of money or income, *to take in, receive, collect, acquire, gain:* pecuniam ex novis vectigalibus: pecunia, quae recipi potest.—Of weapons or fetters, *to submit to, accept, receive, expose oneself to:* necesse erat ab latere aperto tela recipi, Cs.: ferrum: donec (equus) frenum recepit, H.—Of places, *to seize, capture, take, possess, occupy:* Praeneste per deditionem, L.: oppido recepto, Cs.: rem p. armis, S.—Fig., *to take upon oneself, assume, receive, accept, admit, allow:* in semet ipsum religionem, *to burden himself with,* L.: antiquitas recepit fabulas: nec inconstantiam virtus recipit: timor misericordiam non recipit, Cs.: casūs recipere (res), *be liable to,* Cs.: re iam non ultra recipiente cunctationem, L.—*To take up, undertake, accept, assume:* causam Siciliae: id facere, quod recepissem, T.: officium.—*To assume an obligation, pledge oneself, take the responsibility, be surety for, warrant, promise, engage:* ad me recipio; Faciet, T.: promitto in meque recipio, fore eum, etc.: promitto, recipio, spondeo, Caesarem talem semper fore, etc.: facturum, quod milites vellent, se recepit, L.: fidem recepisse sibi et ipsum et Appium de me, *had given him a solemn assurance:* ea, quae tibi promitto ac recipio: mihi in Cumano se defensurum, etc.: postulabat ut . . . id ipsi fore reciperent, Cs.—Of a magistrate, with *nomen, to entertain a charge against, enter as an accused person, indict:* nomen absentis: appellantibus nemo erat auxilio, quin nomina reciperentur, L.

reciprocō, āvī, ātus, āre [reciprocus], *to move back, turn back, reverse the motion of:* animam, *to fetch breath*, L.: alquid in motu identidem reciprocando constantius, i. e. *in its alternation of currents:* quinqueremem in adversum aestum reciprocari non posse, *to tack about*, L.: reciprocari coepit mare, *to flow back*, Cu. — *To come and go, reciprocate:* fretum temporibus statis reciprocat, *rises and falls*, L. — Fig., of a proposition, *to reverse, convert.*

reciprocus, *adj.*, *returning, receding:* mare, Ta.

recīsus, *P.* of 2 recīdo.

recitātiō, ōnis, *f.* [recito], *a reading aloud, public reading:* ut illum recitationis suae poeniteret: rarissimarum recitationum fama, Ta.: recitationem eventus prosequatur, Ta.

recitātor, ōris, *m.* [recito], *a reader, reciter, declaimer:* tres recitatores: acerbus, H.

re-citō, āvī, ātus, āre, *to read out, read aloud, recite, declaim, rehearse:* Pompei testimonium: litteras in senatu, S.: ex codice: responsum ex scripto, L.: de tabulis publicis: Scripta foro, H.: horrere Augusto recitantes mense poetas, Iu.: alcui, H.: sacramentum, *dictate*, Ta. — *To name in writing, constitute, appoint, enroll:* testamento recitatus heres: avunculum praeterire in recitando senatu: senatum, L.

reclāmātiō, ōnis, *f.* [reclamo], *a cry of no, shout of disapproval:* vestra.

reclāmitō, —, —, āre, *freq.* [reclamo], *to cry loudly against, exclaim against.*—Fig.: reclamitat istiusmodi suspitionibus ipsa natura.

re-clāmō, āvī, ātus, āre, *to cry out against, exclaim against, contradict, protest:* cum cunctus ordo reclamabat: illi reclamarunt: tribuni reclamantibus consulibus refecti, *in spite of their protest*, L.: cum eius promissis legiones reclamassent: Quaere peregrinum, vicinia reclamat, H.: Reclamant omnes, vindicandam iniuriam, Ph.: cum erat reclamatum vocibus: scopulis inlisa reclamant Aequora, *re-echo*, V.

reclīnis, e, *adj.* [re+CLI-], *leaning back, reclining:* In sinu iuvenis, O.

re-clīnō, āvī, ātus, āre, *to bend back, cause to lean, recline:* alces ad eas (arbores) reclinatae, Cs.: caput: scuta, *rest*, V.: ab labore me, *relieve*, H.

reclūdō, sī, sus, ere [re+claudo], *to unclose, open, throw open, disclose, reveal:* portas, V.: viam arcis, O.: reclusā Mane domo vigilare, H.: pectora pecudum (in augury), V.: tellurem dente unco, *break up*, V.: tellus Pauperi recluditur, H.: ense iugulum, O.: ensem, *draw*, V.: tellure Thesauros, *disclose*, V.: ora fontana, O.: volnera, Ta.—Fig., *to disclose, reveal, open, display, expose:* iram, C. poët.: ebrietas operta recludit, H.: (Mercurius) Non lenis precibus fata recludere, i. e. *to open the gate for a return*, H.

recoctus, *P.* of recoquo.

re-cōgitō, āvī, —, āre, *to think over, reconsider:* de formā Numisianā.

re-cōgnitiō, ōnis, *f.*, *a reviewing, investigation, examination:* consulis, L.

re-cōgnōscō, gnōvī, gnitus, ere, *to know again, recollect, recall to mind, recognize:* qualis fuerit, ex eo: ea, quae scit, mecum: mecum noctem illam: res (suas), L.: dona templorum, Ta.: sacra annalibus eruta, O. — *To look over, review, investigate, examine, inspect:* leges populi R.: socios navalīs, L.: supellectilem Darei, Cu.: Dona populorum, *survey*, V.—*To examine, certify, authenticate:* haec omnia summā curā et diligentiā recognita sunt: Pompei decretum.

re-colligō, see reconligo.

re-colō, coluī, cultus, ere, *to till again, cultivate anew, work over:* terram, L.: humus post tempora longa reculta, O.: metalla intermissa, L.—*To inhabit again, revisit:* locum, Ph.—*To reinvest:* alqm sacerdotiis, Ta.—*To restore, replace:* imagines subversas, Ta.—Fig., *to practise again, resume, renew:* artes, quibus a pueris dediti fuimus: ad haec studia recolenda: dignitatem.—*To think over, reflect upon, consider:* quae si tecum ipse recolueris: animas Lustrabat studio recolens, V.: pectore sua facta, Ct.—*To recall, recollect:* Hoc tua, nam recolo, quondam germana canebat, O.

re-compositus, *adj.*, *readjusted:* comas, O.

reconciliātiō, ōnis, *f.* [reconcilio], *a re-establishing, reinstatement, restoration, renewal:* concordiae: gratiae, *reconciliation:* reconciliatione gratiarum.—*A reconciling, reconciliation* (sc. gratiae): illius: nihil opus esse reconciliatione, L.

reconciliātor, ōris, *m.* [reconcilio], *a restorer:* pacis, L.

re-conciliō, āvī, ātus, āre, *to procure again, regain, recover, restore, re-establish:* Parum insulam oratione, N.: fides reconciliatae gratiae: detrimentum virtute militum reconciliatur, *is made good*, Cs.: cum fratre gratiam, L.: de reconciliandis invicem inimicis, Ta.—*To bring together again, reunite, reconcile:* me cum Caesare in gratiam: quibus eum omnibus eadem res p. reconciliavit, quae alienarat, *reunited:* animos militum imperatori, L.—*To win over again, conciliate:* Pompeium.

re-concinnō, —, —, āre, *to set right again, repair:* tribus locis aedifico, reliqua reconcinno: detrimentum, Cs.

reconditus, *adj.* with *comp.* [*P.* of recondo],

put away, out of the way, hidden, concealed, retired, sequestered: tabulae et signa: quid Aegyptus? ut recondita est!: senatūs consultum, inclusum in tabulis, tamquam in vaginā reconditum.—*Plur. n.* as *subst., sequestered places:* in occultis ac reconditis templi, Cs.—Fig., *hidden, profound, abstruse, recondite:* res: reconditiora (opp. quae in promptu sunt): sententiae: ut in eā (specie oris) penitus reconditos mores effingere, *an expression of the inmost character:* naturā tristi ac reconditā esse, *reserved.*

re-condō, didī, ditus, ere, *to put up again, put back, lay up, put away, hoard, shut up, close, hide, conceal, bury:* gladium in vaginam, *sheathe:* in vaginā: Caecubum, H.: quod celari opus erat, habebant reconditum, *kept hid:* recondita alia invenerunt, L.: imo reconditus antro, O.: oculos, *close again,* O.: ensem in pulmone, *plunge,* V.—Fig., *to store up, hide:* mens alia recondit, e quibus memoria oritur: quos fama obscura recondit, i. e. *whose names are unknown,* V.

re-conligō (-colligō), lēgī, lectus, ere, *to gather again, collect:* etiam si cuius animus in te esset offensior, a me reconligi oportere, *to be reconciled:* te, i. e. *take courage,* O.: primos annos, *regain,* O.

re-coquō, cōxī, coctus, ere, *to boil again, renew by boiling:* Peliam.—*To prepare again by fire, forge anew, melt over:* fornacibus ensīs, V.: recoctus Scriba ex quinqueviro, *remoulded,* H.: senex recoctus, *renewed,* i. e. *youthful,* Ct.

recordātiō, ōnis, *f.* [recordor], *a recalling to mind, recollection, remembrance:* grata: recordationes fugio, quae dolorem efficiunt rerum: veteris memoriae, *the recollection of an old circumstance:* servitutis: benefactorum: nostrae amicitiae: iucundae recordationes conscientiae nostrae.

recordor, ātus, ārī, *dep.* [re-+cor], *to think over, bethink oneself of, be mindful of, call to mind, remember, recollect:* ut recordor, tibi meam (epistulam) misi: vosmet ipsi vobiscum recordamini: pueritiae memoriam: omnīs gradūs aetatis tuae: tua consilia: virtutes (Manli), L.: priorem libertatem, Ta.: antiqua Damna, O.: tua in me studia multum tecum: si rite audita recordor, V.: legiones nostras in eum locum saepe profectas: eadem se in Hispaniā perpessos, Cs.: recordati Teucros Ducere principium, etc., O.: ego recordor longe omnibus unum anteferre Demosthenem: quantum hae conquaestiones punctorum nobis detraxerint: recordor unde ceciderim: flagitiorum suorum recordabitur: illius: alquid de te: quae sum passura, *lay to heart,* O.

re-creō, āvī, ātus, āre, *to make anew, renew, restore, revive, refresh, recruit, invigorate:* voculae recreandae causā: recreatus legatus ex volneribus, L.: e gravi morbo: leni vento umerum, H.: Arbor aestivā recreatur aurā, H.: squillis Potorem, H.: ex acie semivivum elatum, N.: adflictum erexit, perditumque recreavit: provinciam perditam: res p. revivescat et recreetur: recreatur civitas: (animus) cum se recreavit, *has recovered itself;* litteris sustentor et recreor: Caesarem antro, H.: spatium ad recreandos animos, Cs.: ab hoc maerore recreari.

re-crepō, —, —, āre, *to resound, echo:* cava cymbala recrepant, Ct.

re-crēscō, crēvī, —, ere, *to grow again, increase again:* velut accisis recrescens stirpibus, L.: luna toto quater orbe recrevit, O.

re-crūdēscō, duī, —, ere, *inch., to become raw again, break open afresh:* illa (volnera) recrudescunt.—Fig.: recrudescente seditione, *breaking out again,* L.: recruduit pugna, L.: recruduit soporatus dolor, Cu.

rēctā, *adv.* [*abl. f.* of rectus; sc. viā], *straightway, straightforward, right on, directly.* Tu rus hinc ibis? . . . rectā, T.: ab subselliis in rostra rectā: perge in exsilium: Tendimus hinc rectā Beneventum, H.

rēctē, *adv.* with *comp.* and *sup.* [rectus], *in a straight line, straightly, undeviatingly:* ferri.—Fig., *rightly, correctly, properly, duly, suitably, appropriately, well, accurately:* recte tu quidem, et vere: Tractare, T.: facere: constare: recte factum (opp. turpiter), Cs.: deos tollens recte non dubitat divinationem tollere, *consistently:* cum fuit cui recte ad te litteras darem, *safely:* rectissime facere: ambulare, *go as he ought:* ludi recte facti, L.: procedere, *agreeably,* H.: apud matrem recte est, i. e. *she is quite well:* Recte ego mihi vidissem, *would have looked out well,* T.: vendere, *at a high price* (opp. male): Ad omnia alia aetate sapimus rectius, T.: rectius bella gerere, L.: rectius occupat Nomen beati, qui, etc., H.—In approval, *well, quite well, right, excellently:* Quid vos? quo pacto hic? satin recte? (sc. agitur), T.: *De.* quid fit? quid agitur? *Sy.* Recte. *De.* optumest, T.: clamabit, pulchre! bene! recte! H.—As a courteous evasion or refusal, *all's well, there's nothing the matter, nothing is wanting, no, thank you:* *So.* quid es tam tristis? *Pa.* recte, mater, T.: rogo numquid velit? 'Recte' inquit, i. e. *no, nothing,* T.

rēctiō, ōnis, *f.* [REG-], *a guiding, government, direction:* rerum p.

rēctor, ōris, *m.* [REG-], *a guide, leader, director, ruler, master, helmsman, pilot:* navium rectores: navis, V.: ut in curru det rector Lora, *driver,* O.: exterriti sine rectoribus equi, Ta.: elephanti ab rectoribus interfecti, L.—Fig., *a ruler, leader, guide, governor:* civitatis: rei p., L.: Thebarum, H.: populorum, O.: summi rectoris ac domini numen: pelagi, *Neptune,* O.: milites, qui ad tradendam disciplinam, exemplum et rectores habebantur, *officers*, Ta.: Rectores iuvenum, V.

rēctum, ī, *n.* [*P. n.* of rego], *good, uprightness, rectitude, virtue:* illud rectum, quod κατόρθωμα dicebas: Neque id putabit, pravum an rectum siet, T.: curvo dignoscere rectum, H.: mens sibi conscia recti, V.: fidem rectumque colebat, O.

rēctus, *adj.* with *comp.* and *sup.* [*P.* of rego], *in a straight line, straight, upright, direct, undeviating:* rectā regione iter instituere, L.: India, rectā regione spatiosa, Cu.: hinc in pistrinum rectā proficisci viā, T.: huc ex Africā cursus, L.: lineae, *perpendicular:* saxa quae rectis lineis suos ordines servant, *horizontal*, Cs.: recto litore, *directly along the shore*, V.: ad Iberum iter, Cs.: ne qua forent pedibus vestigia rectis, V.: recto grassetur limite miles, O.: velut rectae acies concurrissent, i. e. *front to front*, L.: pugna, *regular*, L.: saxa, *steep*, L.: rectae prope rupes, L.: truncus, O.: puella, H.: senectus, Iu.: iterque Non agit in rectum, *directly forward*, O.: crus Rectius, H.: longā trabe rectior exstet, O.—Fig., *direct, right, correct, proper, appropriate, befitting:* vobis mentes rectae quae stare solebant, Enn. ap. C.: ut rectā viā rem narret, T.: quae sint in artibus recta ac prava diiudicare: est lex nihil aliud nisi recta ratio: rectum est gravitatem retinere: nominibus rectis expendere nummos, i. e. *on good securities*, H.: si quid novisti rectius istis, H.: rectissima studia.—*Morally right, just, conscientious, virtuous, upright:* a rectī conscientiā discedere: animus secundis Temporibus dubiisque rectus, H.: Caesar: quid rectius fuerit, dicere non est necesse: ob rectissimum facinus.

re-cubō, —, —, āre, *to lie upon the back, lie down, lie back, recline:* molliter et delicate: in sinu consulis, L.: sus solo, V.: sub tegmine fagi, V.: Sub arbore, O.

recultus, *P.* of recolo.

recumbō, cubuī, —, ere [CVB-], *to lie down again, lie down, recline:* somnis surrexisse, dein recubuisse: in exedrā posito lectulo: in herbā: spondā sibi propiore recumbit, O.: tauros medio recumbere sulco, *sink down*, O.—Esp., *to recline at table:* in triclinio: rediit hora dicta, recubuit, Ph.: Archiacis lectis, H.—Of things, *to fall, sink down:* sic illa (pila) penitus vadis inlisa recumbit, V.: onus (domūs quassatae) in proclinatas partīs, O.: nebulae campo recumbunt, *settle down*, V.: minax ponto Unda recumbit, H.: in umeros cervix conlapsa recumbit, *sinks back*, V.

recuperātiō (recip-), ōnis, *f.* [recupero], *a getting back, regaining, recovery:* libertatis.

recuperātor (recip-), ōris, *m.* [recupero], *a regainer, recoverer:* urbis, Ta.—Esp., *one of a bench of three or five justices, for the summary trial of civil causes:* recuperatorem dare: tris recuperatores dare, L.

recuperātōrius (recip-), *adj.* [recuperator], *of the recuperatores, of the special court for summary civil trials:* iudicium.

recuperō (recip-), āvī, ātus, āre [CVP-], *to get back, obtain again, regain, recover:* erepta: amissa, Cs.: rem suam: fortunas patrias: arma, L.: rem p.: Formianum a Dolabellā: haec faciunt reciperandorum suorum causā, Cs.: Pelopidam, N.: a Karthaginiensibus captivos, *recover:* libertatem, Cs.: ius suum: pacem, S.—Fig., *to obtain again, regain, recover:* si et vos et me ipsum recuperaro: adulescentes, *gain over again*, N.

re-cūrō, āvī, āre, *to restore, refresh:* me otio et urticā, Ct.

re-currō, currī, —, ere, *to run back, hasten back, return:* ad me: in Tusculanum: in arcem, L.: rure, H.: huc, T.: Ad fontem Xanthi versa recurret aqua, O.: coeptum saepe recurrit iter, O.: quā sol utrumque recurrens Aspicit oceanum, V.: recurrentes per annos, *revolving*, H.—Fig., *to come back, hasten back, return, revert, recur:* mox Bruma recurrit iners, H.: versa recurrat hiemps, O.: ad easdem condiciones, Cs.

recursō, —, —, āre, *freq.* [recurro], *to return persistently, keep recurring:* sub noctem cura recursat, V.: animo vetera omina, Ta.

recursus, ūs, *m.* [re- + 1 CEL-], *a running back, going back, return, retreat:* Inde alios ineunt cursūs aliosque recursūs, V.: ut recursus pateret, L.: dent modo fata recursūs, O.: per alternos undā labente recursūs, O.

recurvō, —, ātus, āre [recurvus], *to bend backward, turn back:* equi colla, O.: recurvatae undae, *winding*, O.

re-curvus, *adj.*, *turned back, bent, crooked, curved inward, winding:* cornu, V.: hederae nexus, *tangled*, O.: tectum, i. e. *the Labyrinth*, O.: aera, i. e. *fish-hooks*, O.

recūsātiō, ōnis, *f.* [recuso], *a declining, refusal:* quod ubi sine recusatione fecerunt, Cs.: sine ullā recusatione.—In law, *an objection, protest:* haec tua.—*A plea in defence, counter-plea* (opp. petitio).

recūsō (*P. praes. gen. plur.* recusantūm, V.), āvī (recūsārō, for recūsāverō, C.), ātus, āre [re- + causa], *to make an objection against, decline, reject, refuse, be reluctant to do:* non recuso, non abnuo, etc.: recusandi causā legatos mittere, Cs.: uxorem grandi cum dote, H.: nec quae pepigere recusent, V.: nullum periculum communis salutis causā, Cs.: legumina, Cs.: servitutem, S.: iussa, V.: nihil tibi a me postulanti recusabo: qui quod ab altero postularent, in se recusarent, Cs.: terra numquam recusat imperium: genua impediunt cursumque recusant, V.: ignis non umquam alimenta recusat, O.: populum R. disceptatorem: mori, Cs.: sequi bene monentem, L.: praeceptis parere, V.: tibi comes ire, V.: versate diu quid ferre recusent umeri, H.: de iudiciis transferendis recusare: sententiam ne diceret: non recusamus quin Rosci vita dedatur: neque recusare . . . quin armis contendant, Cs.: nec recusabo, quo minus omnes mea legant: quo minus perpetuo sub illorum dicione essent, Cs.—In law, *to protest, object, take exception, plead in defence:* tu me ad verbum vocas; non ante venio, quam recusaro.

(recutiō), —, cussus, ere [re- + quatio], *to shake again, shock* (only *P. perf.*): utero recusso Insonuere cavernae, V.

red-, see re-. **(rēda)**, see raeda.

redāctus, *P.* of redigo.

red-amō, —, —, āre, *to return love for love.*

red-ārdēscō, —, —, ere, *to blaze up anew,* O.

red-arguō, uī, —, ere, *to disprove, refute, confute, contradict:* quis enim redargueret?: me: nos redargui patiamur: improborum prosperitates redarguunt vim deorum: qui vestra dies muliebribus armis Verba redarguerit, *will disprove,* V.

red-dō, didī, ditus, ere. **I.** *To give back, return, restore:* scripsit ad te, ut redderes: alqd tibi, T.: Accipe quod numquam reddas mihi, H.: si quid ab omnibus conceditur, id reddo ac remitto, *I give it back and renounce it:* vobis amissa, L.: obsides, Cs.: follibus auras Accipiunt redduntque, *take in and expel,* V.: mulieri hereditatem: Redditus Cyri solio Phraates, H.: oculis nostris, V.: non reddere (beneficium) viro bono non licet: se convivio, *return,* L.: se catenis, H.: Teucrūm se reddat in arma, *exposes,* V.: Sic modo conbibitur, modo . . . Redditur ingens Erasinus, *is swallowed up . . . reappears,* O.: (Daedalus) Redditus his terris, *on his return,* V.—*To utter in response, make in answer:* veras audire et reddere voces, *return,* V.: Aeneas contra cui talia reddit, *answered,* V.: responsum, L.—*To render, translate, interpret:* quae legeram Graece, Latine reddere: verbum pro verbo: verbum verbo, H.—*To render, represent, imitate, express, resemble:* faciem locorum, O.: et qui te nomine reddet Silvius Aeneas, i. e. *shall bear your name,* V.—*To make to be, cause to appear, render, make:* quam (civitatem) ille inlustrem reddidit: itinera infesta, Cs.: Quem insignem reddidit arte, V.: obscuraque moto Reddita forma lacu est, *made indistinct,* O.: omnīs Catillinas Acidinos postea reddidit, *made patriots in comparison:* dictum ac factum reddidi, i. e. *no sooner said than done,* T.: hic reddes omnia ei consilia incerta ut sient, T.: fasciculum sibi aquā madidum redditum esse.—*To pay back, revenge, requite, punish, take satisfaction for:* per eum stare quo minus accepta ad Cannas redderetur hosti clades, L.: reddidit hosti cladem, L.

II. *To give up, hand over, deliver, impart, assign, yield, render, give, grant, bestow, surrender, relinquish, resign:* mihi epistulam: litteris a Caesare consulibus redditis, Cs.: ut primi Salio reddantur honores, V.: reddita gratia (i. e. relata), S.: reddunt ova columbae, Iu.: obligatam Iovi dapem, H.: mors pro patriā reddita: morbo naturae debitum, i. e. *to die by disease,* N.: hanc animam vacuas in auras, O.: caute vota reddunto, *pay:* fumantia exta, V.: gravīs poenas, i. e. *suffer,* S.: reddi viro promissa iubebant, *to be awarded,* V.: rationem, *render an account:* animam a pulmonibus reddere, *exhale:* sonum, *give forth,* H.: vox reddita, *uttered,* V: catulum partu, O.: Fructum, quem reddunt praedia, *produce,* T.: Una superstitio, superis quae reddita divis, *which belongs to the gods,* V.: tunicam servo, Iu.: neque his petentibus ius redditur, *is granted,* Cs.: quod reliquum vitae virium, id ferro potissimum reddere volebant, *sacrifice:* Thermītanis urbem, agros, i. e. *leave unforfeited:* (civitati) iura legesque, *home-rule,* Cs.: tribus populis suae leges redditae, *independence was recognized,* L.: conubia, *to grant,* L.: Peccatis veniam, H.: Nomina facto vera, *call by the right name,* O.: magistratūs adi, Iudicium ut reddant tibi, *grant you a trial,* T.: iudicia in privatos reddebat, *assumed jurisdiction in civil actions,* Cs.: ius, *to give judgment,* Ta.—*To repeat, report, narrate, recite, rehearse:* ea sine scripto verbis eisdem: sive paribus paria (verba) redduntur, sive opponuntur contraria: dictata, *rehearse,* H.: carmen, *recite,* H.: causam, O.

red-dūcō, see reduco.

redēmptiō, ōnis, *f.* [red- + EM-], *a buying back, releasing, ransoming, redemption:* cum captivis redemptio negabatur, L.—*A farming of the revenue:* temeritas redemptionis.—*A corrupt purchase, bribery:* iudici: reorum pactiones, redemptiones.

redēmptō, —, —, āre, *freq.* [redimo], *to ransom, redeem:* (captivi) a propinquis redemptabantur, Ta.

redēmptor, ōris, *m.* [red- + EM-], *a contractor, undertaker, purveyor, farmer:* qui columnam conduxerat faciendam: redemptoribus vetitis frumentum parare, L.: frequens Caementa demittit redemptor, H.

redēmptūra, ae, *f.* [red- + EM-], *an undertaking by contract, contracting, farming:* redempturis augere patrimonia, L.

redēmptus, *P.* of redimo.

red-eō, iī (redīt, T., Iu.), itus, īre.—Of persons, *to go back, turn back, return, turn around:* velletne me redire: et non si revocaretis, rediturus fuerim, L.: territus ille retro redit, V.: tardius,

O.: mature, H.: e provinciā: ex illis contionibus domum, L.: a cenā: a nobis, V.: ab Africā, H.: a flumine, O.: ne rure redierit, T.: suburbanā aede, O.: eodem, unde redierat, proficiscitur, Cs.: inde domum, O.: Quo rediturus erat, H.: retro in urbem, L.: in viam: in proelium, *renew*, L.: Serus in caelum redeas, H.: ad imperatorem suum: ad penates et in patriam, Cu.: Romam: Cirtam, S.: Itque reditque viam, V.: dum ab illo rediri posset, Cs. — Of things, *to come back, return, be brought back, be restored:* ad idem, unde profecta sunt, astra: sol in sua signa, O.: redeuntis cornua lunae, O.: flumen in eandem partem, ex quā venerat, redit, Cs.: redeunt iam gramina campis, H.—In thought, *to go back, return, recur:* mitte ista, atque ad rem redi, T.: ad illum: ad inceptum, S.: Illuc, unde abii, H.: res redit, *comes up again.*—Of revenue, *to come in, arise, proceed, be received:* pecunia publica, quae ex metallis redibat, N.—Of time, *to come around, return, recur:* redeuntibus annis, *revolving*, V.: Nonae redeunt Decembres, H.—*To come to, be brought to, arrive at, reach, attain:* pilis missis ad gladios redierunt, *took to*, Cs.: Caesar opinione trium legionum deiectus, ad duas redierat, *was reduced*, Cs.: collis leniter fastigatus paulatim ad planitiem redibat, *sloped down*, Cs.: ad te summa rerum redit, *all depends on you*, T.: ad interregnum res, L.: Ut ad pauca redeam, i. e. *to cut the story short*, T.: haec bona in tabulas publicas nulla redierunt, *have not been registered:* Germania in septentrionem ingenti flexu redit, *trends towards the north*, Ta.: Quod si eo meae fortunae redeunt, ut, etc., *come to that*, T.: omnia verba huc redeunt, *amount to this*, T. —Fig., *to go back, come back, return, be brought back, be restored:* istoc verbo animus mihi redit, T.: Et mens et rediit verus in ora color, O.: spiritus et vita redit bonis ducibus, H.: in pristinum statum, Cs.: res in antiquum statum rediit, L.: cum suis inimicissimis in gratiam: in amicitiam Romanorum, L.: in memoriam mortuorum, *call to mind:* redii mecum in memoriam, T.: redit agricolis labor actus in orbem, V.: rursum ad ingenium redit, *to his natural bent*, T.: ad suum vestitum: ad te redi, *control yourself*, T.: sine paululum ad me redeam, *recollect myself*, T.: iam ad se redisse, *recovered consciousness*, L.: ad sanitatem: In veram faciem, *resume his proper form*, O.: in annos Quos egit, rediit, i. e. *he renewed his youth*, O.: in fastos, i. e. *refers*, H.

redhibeō, —, itus, ēre [red- + habeo].—Of goods purchased and found faulty, *to give back, cancel the sale of:* quae (vitia) nisi dixeris, redhibeatur mancipium.

redigō, ēgī, āctus, ere [red- + ago], *to drive back, force back, lead back, bring back:* Filia duas redigebat rupe capellas, O.: in castra hostium equitatum, L.: Capuam redigi, L.—Fig., *to bring back, force back:* rem ad pristinam belli rationem, Cs.: disciplinam militarem ad priscos mores, L.: in memoriam, *recall:* (poëtae) formidine fustis Ad bene dicendum redacti, *coerced*, H.—*To get together, call in, collect, raise, receive, take up:* bona vendit, pecuniam redigit: (spolia) sub hastā veniere, quodque inde redactum, etc., L.: pecuniam ex bonis patriis: quicquid captum ex hostibus est, vendidit ac redegit in publicum, *paid into the public treasury*, L. — Of number or quantity, *to reduce, bring down, diminish:* familia ad paucos redacta: ex hominum milibus LX vix ad D . . . sese redactos esse, Cs.: Non ad numerum redigar duorum, O.: Quod si comminuas vilem redigatur ad assem, H.—*To bring down, bring, reduce, force, compel, subdue:* eius animum, ut, quo se vortat, nesciat, *bring down*, T.: Aeduos in servitutem, Cs.: insulam in potestatem, Ta.: alquos in dicionem nostram: Arvernos in provinciam, *reduce to a province*, Cs.: re p. in tranquillum redactā, L.: mentem in veros timores, H.: ad inopiam patrem, *reduce to poverty*, T.: prope ad internicionem nomine Nerviorum redacto, Cs.: ad vanum et inritum victoriam, *render empty and useless*, L.: si ante dubium fuisset, legatorum verba ad certum redegisse, *had made it certain*, L.: Galliam sub populi R. imperium, Cs.: barbaros sub ius dicionemque, L.: en Quo redactus sum! T.—With *two acc., to make, render, cause to be:* quae facilia ex difficillimis animi magnitudo redegerat, Cs.

redimīculum, ī, ae, *n.* [redimio], *a band, fillet, necklace, chaplet, frontlet:* haec cívibus mulieri in redimiculum praebeat: habent redimicula mitrae, V., O.

redimiō (*imperf.* redimībat, V.), —, ītus, īre, *to bind round, wreathe round, encircle, gird, wind, deck, crown:* alcui tempora vittā, V.: mitrā capillos, O.: sertis redimiri et rosā?: redimitus coronis: redimitus tempora quercu, V.

redimō, ēmī, ēmptus, ere [red- + emo], *to buy back, repurchase, redeem:* (domum) non minoris, quam emit Antonius, redimet: de fundo redimendo. — *To ransom, release, redeem:* captum quam queas Minumo, T.: cum legati populi R. redempti sint: e servitute: servi in publicum redempti ac manumissi, *ransomed at the public cost*, L.—*To buy off, set free, release, rescue:* pecuniā se a iudicibus palam redemerat: eum suo sanguine ab Acheronte, N.: fratrem Pollux alternā morte redemit, V.: corpus (a morbo), O.: armis civitatem, L. — *To buy up, obtain by purchase, take by contract, undertake, hire, farm:* belli moram, *secure by bribery*, S.: vectigalia parvo pretio redempta habere, Cs.: picarias de censoribus: litem, *undertake.*—Fig., *to buy, purchase, redeem, secure, gain, acquire, obtain, procure:* ut ab eo (praetore) servorum vita redimeretur: pretio sepeliendi potestatem: ne obsidibus quidem datis, pacem Ariovisti, Cs.: auro ius triste sepulcri, O.: mutuam dissimulationem mali, Ta.: alqd morte, Cu.—*To buy off, ward off, obviate, avert:* (acerbitatem) a re p. meis incommodis: metum virgarum pretio: Si mea mors redimenda tuā esset, O.—*To pay for, make amends for, atone for, compensate for:* flagitium aut facinus, S.: sua per nostram periuria poenam, O.

red-integrō, āvī, ātus, āre, *to make whole again, restore, renew, recruit, refresh:* ut deminutae copiae redintegrarentur, Cs.: pacem, L.: redintegravit luctum in castris consulum adventus, L.: memoriam: animum, Cs.

reditiō, ōnis, *f.* [red-+1 I-], *a going back, coming back, returning, return:* Quid huc tibi reditiost? T.: domum reditionis spe sublatā, Cs.: celeritas reditionis.

reditus, ūs, *m.* [red-+1 I-], *a going back, returning, return:* noster itus, reditus: arcens reditu tyrannum: spe omni reditūs incisā, L.: excludi reditu, N.: ne metum reditūs sui barbaris tolleret, Cs.: Maturum reditum pollicitus, H.: Votum pro reditu simulant, V.: animis reditum in caelum patere: domum, *home.*—*Plur.:* Sanguine quaerendi reditūs, V.: populum reditūs morantem, H.: populo reditūs patent, O.—Of heavenly bodies, *a return, revolution, circuit:* annum solis reditu metiuntur: solis anfractūs reditūsque convertere.—*A return, revenue, income, proceeds, yield, profit:* omnisque eius pecuniae reditus constabat, N.: reditūs metallorum, L.: reditūs quisque suos amat, O.—Fig., *a return, restoration:* in gratiam cum inimicis: gratiae.

redivia, ae, see reduvia.

redivīvus, *adj.*, *freshened up, used again, renewed, renovated* (of old building-materials): columnam efficere novam, nullo lapide redivivo.—As *subst. n.:* quasi quicquam redivivi ex opere illo tolleretur.

red-oleō, uī, —, ēre, *to emit scent, diffuse odor, smell of, be redolent of:* redolent murrae, O.: redolent thymo fragrantia mella, V.: vinum redolens, *smelling of wine:* Illa tuas redolent medicamina mensas, O.—Fig., *to exhale, breathe, reach the senses:* mihi ex illius orationibus redolere ipsae Athenae videntur, i. e. *have a true Athenian flavor:* ut multa eius sermonis indicia redolerent: orationes redolentes antiquitatem, *savor of:* nihil illa vicinitas redolet? *suggests.*

re-domitus, *P.*, *resubdued, again conquered:* cives (al. perdomiti).

re-dōnō, āvī, —, āre, *to give back, restore, return:* te Dis patriis, H.: gravīs Iras Marti redonabo, i. e. *for the sake of Mars will give up*, H.

re-dūcō (old reddūcō; *imper.* reddūce, T.), dūxī, ductus, ere, *to lead back, bring back, conduct back, escort back, accompany:* exsules: expulsi inique, sed legibus reducti: ad se ut reducerentur, imperavit, Cs.: e pastu vitulos ad tecta, V.: in Italiam reductus, Cs.: uxorem, *take back*, T.: regem, *restore:* domum, H.: in ludum (puellulam), T.: adsurgi, deduci, reduci.—Of troops, *to draw off, withdraw, cause to retreat, bring off:* exercitum, Cs.: legionem reduci iussit, Cs.: legiones ex Britanniā, Cs.: in castra, Cs.—Of things, *to draw back, bring back:* (falces) tormentis introrsus reducebant, Cs.: ad pectora remos, O.: spumare reductis Convolsum remis aequor, V.: solem reducit, V.: noctem die labente (Phoebus), V.: hiemes, H.: febrim, H.—Fig., *to bring back, restore, replace:* animum aegrotum ad misericordiam, T.: reges a se in gratiam reducti, *reconciled:* quocum me in gratiam reduceret, *restored to favor:* te ad officium sanitatemque: meque ipse reduco A contemplatu, *retire*, O.: deus haec benignā Reducet in sedem vice, H.—*To restore, reform:* quo vis illos tu die Redducas, T.—*To reduce, shape:* lambendo mater in formam reducit, O.

reductiō, ōnis, *f.* [re-+DVC-], *a bringing back, restoring, restoration:* regis.

reductor, ōris, *m.* [re-+DVC-], *one who leads back, a restorer:* plebis in urbem, L.

reductus, *adj.* [*P.* of reduco], *withdrawn, retired, remote, distant, lonely:* sinūs, V.: in reductā valle, H.—Fig., *withdrawn, removed, remote:* Virtus est medium vitiorum et utriumque reductum, *from either extreme*, H.—*Plur. n.* as *subst.:* producta et reducta (bona), *things to be deferred to others.*

red-uncus, *adj.*, *curved back, bent inward*, O.

redundantia, ae, *f.* [redundo], *an overflowing, excess, lavishness.*—Of style: iuvenilis.

red-undō, āvī, ātus, āre, *to run over, pour over, stream over, overflow:* mare neque redundat umquam: Gutture pleno redundet aqua, O.: cum pituita redundat aut bilis.—*P. pass.:* redundatae aquae, *surging*, O.—*To be over full, overflow, be choked, swim, reek:* quae (crux) civis sanguine redundat: hic locus acervis corporum et civium sanguine redundavit.—Fig., *to run over, overflow, remain, be left, redound, be in excess, abound:* ex meo tenui vectigali aliquid etiam redundabit, *will still remain:* hinc illae extraordinariae pecuniae redundarunt, *have proceeded:* si ex hoc beneficio nullum in me periculum redundarit: In genus auctoris miseri fortuna redundat, O.: ne quid invidiae mihi in posteritatem redundaret, *should fall upon me:* ex rerum cognitione efflorescat et redundet oportet oratio, *flow abundantly:* non reus ex eā causā redundat Postumus, *is left under accusation:* tuus deus non digito uno redundat, sed capite, collo, cervicibus, etc., *has in excess.* — Of style, *to be lavish, be redundant, be copious, overflow:* nimis redundantes iuvenili quādam dicendi impunitate: oratores nimis redundantes: ut neque in Antonio deesset hic ornatus orationis neque in Crasso redundaret.—*To abound, be filled, overflow:* munitus indicibus fuit, quorum hodie copia redundat: omnibus vel ornamentis vel praesidiis redundare: acerbissimo luctu redundaret ista victoria.

reduvia (**redivia**), ae, *f.* [red-+4 AV-], *a hang-nail, loose finger-nail:* reduviam curare, i. e. *to be engrossed by a trifle.*

redux, ducis (*abl.* reduce; poet. also reducī, O.), *adj.* [re-+DVC-], *that brings back, guiding back:* Iuppiter, O.: unde, nisi te reduce, nulli ad penatīs suos iter est, Cu.—*Led back, brought back, come back, returned:* tu reducem me in patriam facis, *you restore me*, T.: quid me reducem esse voluistis? i. e. *from exile:* reduces in patriam ad parentes facere, L.: navi reduce, L.: Gratatur reduces, V.

re-farciō, see refercio.

refectus, *P.* of reficio.

refellō, fellī, —, ere [re-+fallo], *to show to be false, disprove, rebut, confute, refute, repel, expose:* id si falsum fuerat, filius Quor non refellit? T.: id nullo refellente obtinere, *without exposure:* refellito, si poteris: nostrum mendacium: dicta, V.: opprobria, O.: ea exemplis: orationem vitā: ferro crimen, V.

referciō (-**farciō**), sī, tus, īre [re+farcio], *to fill up, stuff, cram:* meministis tum corporibus cloacas refarciri: libris omnia. — Fig., *to pack close, condense, mass together:* haec peranguste in oratione suā.—*To fill full, cram:* aurīs sermonibus: fabulis libros.

re-feriō, —, —, īre, *to strike back:* Qui referire non audebam, T.: Oppositā speculi referitur imagine Phoebus, *is reflected*, O.

re-ferō, rettulī (not retulī), relātus (rellātus, T.), referre, *to bear back, bring back, drive back, carry back:* nihil domum praeter os: ut naves eodem, unde erant profectae, referrentur, Cs.: me referunt pedes in Tusculanum, i. e. *I feel a strong impulse to go:* in decimum vestigia rettulit annum (victoria), V.: Ad nomen caput ille refert, *looks back*, O.: suumque Rettulit os in se, *drew back*, O.: ad Tyneta rursus castra refert, L: digitos ad frontem saepe, O.: pecunias in templum, Cs.: frumentum omne ad se referri iubet, Cs.: Caesaris capite relato, Cs.: cum sanguine mixta Vina refert moriens, *spits out*, V. — With *pron. reflex., to go back, return:* Romam se rettulit: sese in castra, Cs.: se ad philosophiam: domum me Ad porri catinum, H.: se ob ora Fert refertque, *flits to and fro*, V.: causa, cur se sol referat. —*Pass. reflex., to return, arrive:* sin reiciemur, tamen eodem paulo tardius referamur necesse est: classem relatam Nuntio, V.: a primā acie ad triarios sensim referebantur, L.—With *pedem* or (rarely) *gradum, to go back, draw back, retire, withdraw, retreat:* volneribus defessi pedem referre coeperunt, Cs.: ut paulatim cedant ac pedem referant, Cs.: cum pedes referret gradum, L.: fertque refertque pedes, *paces to and fro*, O.: pedem referens, V.: Feroque viso retulit retro pedem (viator), Ph.—*To give back, give up, return, restore, pay back, pay in return, repay:* pateram (subreptam): Par pro pari, *tit for tat*, T.: Ut puto, non poteras ipsa referre vicem, O.: pannum, H. — Of sound, *to bring back, give back, return, answer, echo:* (Saxum) eiulata Resonando mutum flebilīs voces refert, Att. ap. C.: ex locis inclusis (soni) referuntur ampliores: referunt quem (sonum) nostra theatra, H.: 'coëamus' rettulit Echo, O.—Fig., *to bring back, restore, renew, revive, repeat:* in suam domum ignominiam: pro re certā spem falsam domum: consuetudo longo intervallo repetita ac relata: Multa labor . . . rettulit in melius, *has improved*, V.: quasdam ex magno intervallo caerimonias, L.: rem iudicatam, i. e. *cause to be reconsidered:* idem illud responsum, *repeated*, L.: veterem Valeriae gentis in liberandā patriā laudem, *restore:* neque amissos colores Lana refert, H.—Of the mind or look, *to bring back, direct, turn:* e cursu populari referre aspectum in curiam, *turn towards:* animum ad veritatem.—Of time, *to bring back, bring again, cause to return, renew:* mihi praeteritos annos, V.: Saeculo festas referente luces, H.—In the phrase, referre gratiam (rarely gratias), *to return thanks, show gratitude, recompense, requite:* Inveniam, parem ubi referam gratiam, *a way to pay him off*, T.: Et habetur et referetur tibi gratia, T.: pro eo mihi ac mereor relaturos esse gratiam: Caesari pro eius meritis gratiam referre, Cs.: gratiam factis, O.: pro tantis eorum in rem p. meritis eis gratiae referantur. —*To present again, set forth anew, represent, repeat:* Hecyram ad vos, T.: Actia pugna per pueros refertur, *is rehearsed*, H.: parentis sui speciem, L.: robora parentum liberi referunt, Ta.: (Tellus) figuras Rettulit antiquas, O.: parvulus Aeneas, qui te tamen ore referret, V.: Marsigni sermone Suevos referunt, *recall*, Ta.—*To say in return, rejoin, answer, reply, respond:* id me illorum defensioni rettulisse: ego tibi refero, *I reply to you:* retices, nec mutua nostris Dicta refers, O.: Anna refert, V.: Tandem pauca refert, V.—*To repeat, report, announce, relate, recount, assert, tell, say:* quantum, inquam, debetis? respondent CVI; refero ad Scaptium, *report it:* saepe aliter est dictum, aliter ad nos relatum: abi, quaere, et refer, H.: talīs miserrima fletūs Fertque refertque soror (sc. ad Aeneam), V.: pugnam referunt, O.: factum dictumve, L.: Aut agitur res in scaenis aut acta refertur, *or related*, H.: multum referens de Maecenate, Iu.: inveni qui se vidisse referret, O.: pugnatum (esse) in annalīs referre, L.—*To repeat to oneself, call to mind, think over:* tacitāque recentia mente Visa refert, O.: Haec refer, O.: Mente memor refero, O.—*To make known officially, report, announce, notify:* haec ad suos, Cs.: legationem Romam, L.: capitum numerus ad eum relatus est, Cs.: rumores excipere et ad se referre.—*To submit for consideration, propose for decision, make a motion, offer a proposition, consult, refer, move, bring forward, propose:* de consularibus provinciis ad senatum referre, *lay before the senate the question of*, etc.: de quo legando consules spero ad senatum relaturos: de eā re postulant uti referatur, S.: tunc relata de integro res ad senatum, L.: referunt consules de re p., Cs.: de signo dedicando ad pontificum collegium: eam rem ad consilium, L.: referre se dixit, quid de Nabidis bello placeret, *put the question*, L.: id postea referendum ad populum non arbitrari, *should be referred again:* tu non ad Lucilium rettulisti, *did not consult.*—*To note down, enter, inscribe, register, record, enroll:* ut nec triumviri accipiundo nec scribae referundo sufficerent, L.: in tabulas quodcumque commodum est: nomen in codicem accepti et expensi relatum: tuas epistulas in volumina, i. e. *admit:* in reos, in proscriptos referri, *to be registered:* senatūs consulta pecuniā acceptā falsa referebat, *recorded:* cum ex CXXV iudicibus reus L referret (opp. reicere), i. e. *accepted.*—Of accounts: rationes totidem verbis referre ad aerarium, *to account to the treasury:* in rationibus referendis, *in accounting:* relatis ad eum publicis cum fide rationibus, *faithful accounts*, Cs.: si hanc ex faenore pecuniam populo non rettuleris, reddas societati, *account for this money to the people:* (pecuniam) in aerarium, *pay in*, L.: pecuniam operi publico, *charge as expended for a public building;* cf. octonis referentes idibus aera, i. e. *paying the school-fees*, H.—With *acceptum*, *to credit*, see accipio.—*To account, reckon, regard, consider:* imagines in deorum numero: terram et caelum in deos: libri in eundem librorum numerum referendi: hi tamen inter Germanos referuntur, Ta.: refert inter meritorum maxima, demptos Aesonis esse sitūs, O.: eodem Q. Caepionem referrem, *should place in the same category.*—*To ascribe, refer, attribute:* pecudum ritu ad voluptatem omnia: omnia ad igneam vim: tuum est, quid mihi nunc animi sit, ad te ipsum referre: id, quo omnia, quae recte fierent, referrentur: origines suas ad deos referre auctores, L.: Hinc omne principium, huc refer exitum, H.: eius, in quem referet crimen, culpa: alius in alium culpam referebant, *imputed*, Cu.

rē-fert or **rē fert**, tulit, —, ferre, only 3*d pers.*, *impers.* or with *pron. n.* as *subj.*, *it is of advantage, profits, befits, matters, imports, concerns, is of importance, is of consequence* (often with *gen.* of price): at quibus servis? refert enim magno opere id ipsum: parvi re tulit Non suscepisse, *it has been of little advantage*, T.: neque enim numero comprehendere refert, *nor is it necessary*, V.: primum illud parvi refert, nos recuperare, etc.: iam nec mutari pabula refert, V.: illud permagni re ferre arbitror, Ut, etc., T.: ipsi animi magni refert, quali in corpore locati sint: tantum refert, quam magna dicam: ne illud quidem refert, consul an dictator an praetor spoponderit, *makes no difference*, L.: quid refert, quā me ratione cogatis?: nec refert, dominos famulosne requiras, *it is all one*, O.: Cum referre negas, quali sit quisque parente Natus, H.: nec minimo sane discrimine refert, Quo, etc., Iu.: dic, quid referat, etc., H.: aliquid, quod illorum magis quam suā retulisse videretur, S.: praefatus . . . et ipsorum referre, si, etc., L.: ipsius certe ducis hoc referre videtur, Iu.—The *abl. sing. f.* of a *pron. poss.* usu. takes the place of the *gen.* of a personal pronoun: quid tuā malum id re fert? T.: id meā minime re fert, T.: id, quod tuā nihil referebat.

refertus, *adj.* with *comp.* and *sup.* [*P.* of refercio], *stuffed, crammed, filled full, thronged, crowded, replete:* urbem opulentam refertamque cepit: refertius erit aerarium. omnibus rebus urbes: cupae taedā, Cs.: loca praedā, L.: cera notis, O.: Xerxes omnibus praemiis donisque fortunae, *loaded:* domus erat aleatoribus referta, plena ebriorum: theatrum celebritate refertissimum, *because of the large attendance:* referta Gallia negotiatorum est: urbs optimatium: mare refertum fore praedonum: de huiusmodi nugis referti libri.

rē-fervēns, ntis, *adj.*, *boiling over, hot:* refervens falsum crimen, *furious.*

re fervēscō, —, —, ere, *inch.*, *to boil up, bubble over:* (sanguis) refervescere videretur.

reficiō, fēcī, fectus, ere [re-+facio], *to make again, make anew, reconstruct, remake, restore, renew, rebuild, repair, refit, recruit:* ea, quae sunt amissa, Cs.: arma tela, S.: curator muris reficiendis: aedem, N.: muros, portas, classem, Cs.: labore adsiduo reficiendae urbis, L.: flammam, *rekindle*, O.—Of troops, *to recruit, reinforce:* copias ex dilectibus, Cs.: ordines, L.: si paulum modo res essent refectae, i. e. *the army*, N.—Of cattle: Semper enim refice, *recruit* (the herd by breeding), V.—Of income, *to make again, get back, get in return:* ante, quam tibi ex tuis possessionibus tantum reficiatur, ut, etc.: quod inde refectum est, militi divisum, L.—*To appoint anew, reappoint, re-elect:* consulem, L.: praetorem, L.: tribunos.—Fig., *to restore:* in reficiendā salute communi.—

To make strong again, restore, reinvigorate, refresh, recruit: pabulo boves, L.: saucios cum curā, S.: equos, Cs.: Tironis reficiendi spes est in M. Curio, *of curing:* cum saltūs reficit iam roscida luna, *refreshes*, V.: exercitum ex labore, Cs.: morbus ex quo tum primum reficiebatur, L.: ex magnis caloribus me: refectis ab iactatione maritumā militibus, L.—*To refresh, renew, cheer, restore:* ceterorum animos, S.: vester conspectus reficit mentem meam: refecti sunt militum animi, L.: non ad animum, sed ad voltum ipsum reficiendum, i. e. *to cheer:* ad ea quae dicturus sum reficite vos, *take courage:* refectā tandem spe, *renewed*, L.

re-fīgō, fīxī, fīxus, ere, *to unfix, unfasten, unloose, tear down, pull out, take off:* tabulae, quas vos decretis vestris refixistis? *have taken down:* clipeum Neptuni sacro de poste, V.: templis Parthorum signa, H.: caelo refixa sidera, *falling*, V. —*To annul, abolish, abrogate* (by removing the tablets on which laws were published): leges.

re-fingō, —, —, ere, *to make again, make over, construct anew:* cerea regna, V.

refīxus, *P.* of refigo.

re-flāgitō, —, —, āre, *to demand again, demand back*, Ct.

(reflātus), *abl.* ū, *m.* [reflo], *a contrary wind:* navīs delatas Uticam reflatu hoc.

re-flectō, flēxī, flexus, ere, *to bend back, turn backwards, turn about, turn away:* colla, V.: oculos, O.: illam tereti cervice reflexam, *bent backwards*, V.: longos reflectitur unguīs, i. e. *grows into long curved claws*, O.—Fig., *to turn back, bring back, bend, change, check:* Quem neque fides, neque ius iurandum reflexit, T.: quibus (causis) mentes reflectuntur: in melius tua, qui potes, orsa reflectas! *change*, V.: animum reflexi, i. e. *brought my thoughts back* (to her), V.

re-flō, āvī, ātus, āre, *to blow back, blow in opposition, be contrary:* reflantibus ventis: Etesiae valde reflant: pelagus respergit, reflat, Att. ap. C. —Fig.: cum reflavit (fortuna), adfligimur.

re-fluō, —, —, ere, *to flow back, flow off, overflow:* Maeandros ambiguo lapsu refluitque fluitque, O.: refluit amnis, V.

refluus, *adj.* [re+FLA-], *flowing back, refluent:* mare, O.

reformīdātiō, ōnis, *f.* [reformido], *a shuddering, horror:* deliberantis.

re-formīdō, ātus, āre, *to fear greatly, dread, stand in awe, shrink, shudder, be afraid:* vide, quam non reformidem: cupiens tibi dicere Pauca, reformido, H.: onus benefici: reprehensionem volgi: mea diligentia speculatorem reformidat, *shrinks from:* ea dicere reformidat: ominari, L.: nec, quid tibi de se occurrat, reformidat: neque se reformidare, quod in senatu Pompeius dixisset, attribui, etc., Cs.: ferrum, V.: Mens reformidat tempus, O.: membra mollem quoque saucia tactum, O.

re-fōrmō, —, ātus, āre, *to shape again, transform, metamorphose, change:* dum, quod fuit ante, reformet, i. e. *resumes her first shape*, O.

re-foveō, fōvī, —, ēre, *to warm again, cherish anew, refresh, restore, revive:* corpus, O.: pectora nostra, O.: admoto igne refovebat artūs, Cu.—Fig.: longā pace cuncta refovente, Cu.

refrāctāriolus, *adj. dim.* [refractarius], *somewhat stubborn, a trifle refractory:* dicendi genus.

refrāctus, *P.* of refringo.

refraenō, see refren-.

refrāgor, ātus, āre, *dep.* [FRAG-], *to oppose, resist, thwart, gainsay, hinder, withstand:* illa lex petitioni (tuae) refragata est: honori eius, L.: gloriae suae, Cu.

re-frēnō, —, —, āre, *to bridle, check, curb:* equus, Cu.—*To keep down, control:* aquas, O.—Fig., *to restrain, check, keep:* adulescentīs a gloriā: a reditu: indomitam licentiam, H.

re-fricō, uī, ātūrus, āre, *to rub again, scratch open, gall, fret, irritate:* volnus dicendo, *reopen:* cicatricem.—Fig., *to excite afresh, renew, irritate, exasperate:* pulcherrimi facti memoriam: animum memoria refricare coeperat: crebro refricatur lippitudo, *breaks out again.*

refrīgerātiō, ōnis, *f.* [refrigero], *a cooling, coolness:* me delectat refrigeratio aestate.

re-frīgerō, āvī, ātus, āre, *to make cool again, cool off, chill, cool:* cum summa Saturni refrigeret: ignis in aquam coniectus refrigeratur: refrigerato calore: membra partim ardentia partim refrigerata. —*To relieve, refresh:* membra, O.: umbris aquisve refrigerari.—Fig., *to cool off, weary, exhaust:* refrigeratā accusatione: refrigerato sermone.

re-frīgēscō, frīxī, —, ere, *inch., to grow cold, be chilled:* cor volnere laesum refrixit, O.—Fig., *to grow cold, become remiss, lose force, abate, fail, flag:* illud crimen in causā refrixit: belli apparatūs refrigescent: vereor, ne hasta Caesaris refrixerit, i. e. *that Caesar's auctions have suffered a check:* sortes plane refrixerunt, i. e. *have fallen into disuse:* cum Romae a iudiciis forum refrixerit, *judicial business is dull:* Scaurus refrixerat, i. e. *was no longer thought of* (as a candidate).

refringō, frēgī, frāctus, ere [re-+frango], *to break up, break open:* portas, Cs.: claustra: carcerem, L.: totas refringere vestīs, *tear off*, O.: (ramum) cunctantem, *break off*, V.—Fig., *to break, break down, check, destroy:* vim fluminis, Cs.: ubi (fortuna) vim suam refringi non volt, L.: impotentem dominationem, N.: Archivos, H.

re-fugiō, fūgī, —, ere, *to flee back, flee for safety, run from, run away, flee, escape, take refuge, avoid, shun:* qui refugerant, *the refugees*, Cs.: subsidia armatorum simulato pavore refugerunt, *took to flight*, L.: Audiit sonum, et tremefacta refugit, V.: ex castris in montem, Cs.: ex cursu ad Philippum, L.: admissis equis ad suos refugerunt, Cs.: in maiorem arcem, *took refuge*, L.: Syracusas: impetum Antiochi ceterorumque tela: non modo id refugisti, *avoided:* Attollentem iras (anguem), V.: (Cupido) refugit te, H.: nec Polyhymnia refugit tendere barbiton, *refuses*, H.: nec te (amnis) transire refugi, O.—Of things, *to shrink back, flee, move away, turn back:* refugiat timido sanguen, Enn. ap. C.: (sol) ubi medio refugerit orbe, *shrinks from sight*, V.: refugere oculi, C. poët.: quo pridie refugisset (mare), Cu. — Of places, *to run back, fall back, recede:* refugit ab litore templum, V.: ex oculis visa refugit humus, *vanishes*, O. — F i g., *to flee, turn away, be averse, avoid, shun:* animus meminisse horret luctuque refugit, *has avoided the recollection because of grief*, V.: refugit animus eaque dicere reformidat: ne recordatione mei casūs a consiliis fortibus refugiatis: a dicendo: Foeda ministeria, V.: iurgia, H.: opus, O.

refugium, ī, *n.* [re + 2 FVG-], *a recourse, place of refuge, refuge:* tutius, L. — F i g.: nationum portus et refugium senatus.

refugus, *adj.* [FVG-], *fleeing back, receding, vanishing:* unda, O.: flumen, O. — As *subst. m.:* refugos sequi, *fugitives*, Ta.

re-fulgeō, sī, —, ēre, *to flash back, shine again, reflect light, be refulgent, glitter, glisten:* Canis stellarum luce refulget, C. poët.: nautis Stella, H.: Ut sol a liquidā saepe refulget aquā, O.: Aeneas clarā in luce refulsit, V.: corpus versicolori veste, L.: Te Iovis Tutela Saturno refulgens Eripuit, *the benign influence, shining in opposition*, H.

re-fundō, fūdī, fūsus, ere, *to pour back, return, cause to flow back:* quibus (vaporibus) renovatae stellae refundunt eādem: aequor refundit in aequor, O.: imis Stagna refusa vadis, *flowing back*, V.: refusus Oceanus, i. e. *flowing back*, V.: refunditur alga, *is flung back*, V.

refūtātiō, ōnis, *f.* [refuto], *a refutation.*

refūtō, āvī, ātus, āre [re + FV-], *to check, drive back, repress:* nationes refutandas bello putare. — F i g., *to repel, repress, resist, restrain, oppose:* vi vim oblatam: refutetur ac reiciatur ilie clamor: ad mortem si te (fors dicta refutet!) Prodiderim, *may fate avert*, V. — *To repel, rebut, confute, refute, disprove:* videntur ea esse refutanda: te refutandum arbitrari: nostra confirmare argumentis, deinde contraria refutare: oratio re magis quam verbis refutata: tribunos oratione.

rēgālis, ē, *adj.* [rex], *of a king, kingly, royal, regal:* civitatis genus, *ruled by kings:* nomen (i. e. regio), *title:* sceptrum, O.: nomisma, H.: virtus et sapientia: ut sapere, sic divinare regale ducebant: virgo, *a king's daughter*, O.: comae, i. e. *Lavinia*, V.: carmen, *treating of kings*, O.: situs pyramidum, *founded by kings*, H. — *Usual with kings, worthy of a king, royal, regal, splendid:* sententia: luxus, V.: divitiae, H.: animus, L.

rēgāliter, *adv.* [regalis], *royally, splendidly:* sacrificio regaliter Minervae facto, L.—*Despotically, domineeringly* precibus minas addere, O.

regēns, entis, *m.* [*P.* of rego], *a governor, ruler:* contemptus regentium, Ta.

re-gerō, gessī, gestus, ere, *to carry back, bring back, throw back, throw again:* quo regesta e fossā terra foret, L.: tellure regestā, *thrown back*, O.— F i g., *to throw back, retort:* convicia, H.

rēgia, ae, *f.* [regius], *a royal palace, castle, fortress, residence, court:* in regiā rex productus, etc.: in vestibulo regiae, L.: regiam occupare, H. —E s p., *the castle of Numa, a building on the Via Sacra, devoted to the use of the priests:* me ad regiam paene confecit: antiqui regia parva Numae, O.—In a camp, *the royal tent:* in vestibulo regiae, L.: armatus exercitus regiam obsedit, Cu.—*The court, royal family, king and courtiers:* tulit et Romana regia sceleris tragici exemplum, L.—*A royal city, residence, capital:* Croesi Sardes, H.: non haec dotalis regia Amatae, i. e. Laurentum, V.

rēgiē, *adv.* [regius], *royally, imperiously, despotically:* regie statuit in aratores, *imperiously:* crudeliter et regie factum.

rēgificē, *adv.* [regificus], *royally, magnificently, sumptuously:* instructa domus, Enn. ap. C.

rēgificus, *adj.* [rex + 2 FAC-], *royal, magnificent, sumptuous:* luxus, V.

regimen, inis, *n.* [REG-], *a means of guidance, director, rudder:* carinae, O. — F i g., *a guiding, directing, rule, guidance, government, command:* totius magistratūs, L.: equorum, Ta. — *A ruler, director, governor:* rerum, i. e. *of the state*, L.

rēgīna, ae, *f.* [rex], *a queen:* fuga reginae, *of Cleopatra:* deūm, V.—As an epithet of honor, *a queen, goddess, princess, noble-woman:* Iuno: Siderum regina bicornis, Luna, H.: reginae Amor, i. e. *of Ariadne*, V.: regina sacerdos, i. e. Rhea Silvia, V.: virgines reginae, *daughters of the* (late) *king*, Cu.—*A noble woman, lady:* Quia solae utuntur his reginae, T.—F i g., *a queen, mistress:* omnium regina rerum oratio, Pac. ap. C.: Pecunia, H.

regiō, ōnis, *f.* [REG-], *a direction, line:* de rectā regione deflectere, *from the direct path:* ab planitie rectā regione abesse, *in a straight line*, Cs.: non rectā regione iter instituit, sed ad laevam flexit, L.: notā excedo regione viarum, i. e. *the frequented streets*, V.: Nec sidus regione viae fefellit, *direction*, V.: superare regionem castrorum, *line*, Cs.: haec eadem est nostrae rationis regio et via, *I follow the same direction and path.* — In the phrase, e regione, *in a straight line, directly:* e regione moveri: ferri, petere. — *In the opposite direction, over against, exactly opposite:* (luna) cum est e regione solis: e regione turris: e regione castris castra ponere, Cs.—*A line of sight, visual line, boundary-line, boundary, limit:* quae regione orbem terrarum definiunt: caeli regionibus terminare: si res eae orbis terrae regionibus definiuntur.—Esp., in augury: nempe eo (lituo) Romulus regiones direxit, *drew* (in the air): lituus quo regiones vineae terminavit. — Fig.: quibus regionibus vitae spatium circumscriptum est: vix facile sese regionibus offici continere. — Of the sky, *a quarter, region:* regio (lunae mutatur), quae tum est aquilonia tum australis: Atque eadem regio Vesper et Ortus erit, O.: Vespertina, H.: caeli serena, V.: occidentis, L. — *A region, neighborhood, quarter, situation:* eam esse naturam et regionem provinciae tuae, ut, etc., i. e. *the geographical situation:* agri fertilissima, Cs.: regione castrorum, *in the vicinity of the camp*, L.: deserta siti regio, V.: acie regione instructā non apertissimā, N.: Quor in his te conspicor regionibus? T.—*A portion of country, territory, province, district, region:* regio, quae ad Aduaticos adiacet, Cs.: regio, quae mari cincta esset: Pedana, H.: Cantium, quae regio est maritima omnis, Cs.: terrae maximae regiones inhabitabiles: in quattuor regiones dividi Macedoniam, L.: ut quam latissimas regiones praesidiis teneret, Cs. — *A district with its people, country, nation:* aspera et fidelis et fautrix suorum: quae regio si fida Samnitibus esset, L. — Fig., *a province, department, sphere:* 'benedicere' non habet definitam aliquam regionem, *has no determinate province.*

regiōnātim, *adv.* [regio], *by districts, by wards:* tribūs descripserunt, L.

rēgius, *adj.* [rex], *of a king, kingly, royal, regal:* genere regio natus: potestas: apparatus: exercitus, Cs.: anni, i. e. *the reign of the kings* (at Rome): ales, i. e. *the eagle*, O.: genus imperi proximum similitudini regiae, *closely resembling royalty:* bellum, *with a king:* regios nutūs tueri, *the king's orders:* sponsus, H.: virgo, *princess*, O.: parens, O.: legatio, L. — *Plur. m.* as *subst.*, *the king's troops:* regii, i. e. regia acies, L.: fama ad regios perlata, *the satraps*, N.—*Like a king, worthy of a king, royal, kingly, magnificent:* Regia res est succurrere lapsis, O.: Regia res scelus est, O.: morbus, *jaundice* (because the patient was to live like a king), H.—*Of a palace:* atrium, *of the castle of Numa*, L.

re-glūtinō, —, —, ātus, *to unglue, unloose*, Ct.

rēgnātor, ōris, *m.* [regno], *a ruler, sovereign:* deūm, V.: omnium deus, Ta.: Asiae, V.

rēgnātrīx, īcis, *adj. f.* [regnator], *ruling, imperial:* domus, Ta.

rēgnō, āvī, ātus, āre [regnum], *to have royal power, be king, rule, reign:* triginta annos: iniussu populi: tertium iam hunc annum regnans, Cs.: regnante Romulo: regnandi dira cupido, V.: Albae regnare, L.: Tusco profundo, O.: quā Daunus agrestium Regnavit populorum, H.: ter centum totos regnabitur annos Gente sub Hectoreā, V.: quia post Tati mortem non erat regnatum, L.—*Trans.*, only *pass.* (poet. or late): terra acri quondam regnata Lycurgo, *ruled by*, V.: Latio regnata per arva Saturno quondam, *in which Saturn was king*, V.: trans Lugios Gotones regnantur, *have kings*, Ta. — *To be lord, rule, reign, govern, be supreme:* equitum centurias tenere, in quibus regnas: vivo et regno, H.: Caelo tonantem credidimus Iovem Regnare, H. — *To lord it, tyrannize, domineer:* regnavit is paucos mensīs: se ille interfecto Milone regnaturum putaret: regnare ac dominari, L.: Per ramos victor regnat (ignis), V. —Fig., *to rule, have the mastery, prevail, predominate:* in quo uno regnat oratio: ebrietas geminata libidine regnat, O.

rēgnum, ī, *n.* [REG-], *kingly government, royal authority, kingship, royalty:* vocamus regnum eius rei p. statum: regno regem spoliare: regnum in civitate suā occupare, Cs.: Dum stabat regno incolumis, V.: Tulli ignobile, H.—*Dominion, sovereignty, rule, authority, supreme power:* regnumne hic tu possides? T.: omne regnum vel imperium bellis quaeritur: civitatis, Cs.: adoptione in regnum pervenire, S.: nationes, quae in eorum (i. e. Populi R.) regno sunt: regnum sine vi regere, O.: Nec regna vini sortiere talis, *the presidency of the revels*, H.—*Despotism, tyranny, personal sovereignty, arbitrary rule:* te regnum iudiciorum delectat: hoc vero regnum est, et ferri nullo pacto potest: suspicio regni appetendi: in plebe Romanā regnum exercere, L.: damnatus crimine regni, O.—*A kingdom, state governed by a king:* ad finīs regni sui, Cs.: (flumen) Iugurthae Bocchique regnum disiungebat, S.: patrio regno pulsi, L.: barbara regna, H.: cerea regna refigunt (of bees), V.—Fig., *rule, authority, power, influence:* abuteris ad omnia atomorum regno: voluptatis: sive aliquid regni est in carmine, O.—*A territory, estate, possession:* in tuo regno esse, i. e. *your own estate:* Post aliquot mea regna videns mirabor aristas? *fields*, V.: haec regna, *these realms*, i. e. of the dead, V.

regō, rēxī, rēctus, ere [REG-], *to keep straight, lead aright, guide, conduct, direct, control:* mundum: onera navium velis, Cs.: arte ratem, O.: clavum, V.: te Ventorum regat pater, H.: quadrupedes, O.: frena, O.: impotentes regendi (equos), L.: currūs, O.: tela per auras, V.: exercitatus finibus in regendis, i. e. *in determining boundary-lines* (of estates). — Fig., *to guide, lead, conduct, manage, direct, govern, control:* domum: rem consilio, T.: bella, Cs.: animi motūs: mores, O.: dictis animos, V.: ut me ipse regam, H.: neque regerentur magis quam regerent casūs, S.: iam regi leges, non regere, L.—*To sway, control, rule, govern, be master of:* rem p.: civitates quae ab optimis reguntur: imperio populos, V.: Diana, quae silentium regis, H.: ut unius potestate regatur salus civium: neque suos mores neque suorum libidines: ambitioso imperio regebat, *used his authority to court popular favor*, Ta.—*To restore, set right, correct:* peccas, 'te regere possum': errantem, Cs.

regredior, gressus, ī, *dep.* [re-+gradior], *to go back, turn back, return:* regredi quam progredi malle: ex itinere in castra, L.: eādem, S.: ad Hiberum, L. — *To march back, withdraw, retreat:* neque regredi nostros patiebantur, Cs.: statim in collīs, S. — Fig., *to return, go back:* in illum (annum): a quo incepto me ambitio detinuerat, S.

regressus, ūs, *m.* [re-+GRAD-], *a going back, return, regress:* conservare progressūs et regressūs constantes: regressūs dare viro, O.: Funditus occidimus neque habet Fortuna regressum, V.—*A retreat:* in tuto, L.—Fig., *a return, retreat, regress:* neque locus regressūs ab irā relictus esset, L.

rēgula, ae, *f.* [REG-], *a straight stick, bar, staff:* quadratas regulas defigunt, Cs. — *A ruler, rule:* egere regulis.—Fig., *a rule, pattern, model, example, principle:* naturae: regula, quā vera et falsa iudicarentur: philosophiae: adsit Regula, peccatis quae poenas inroget aequas, H.

rēgulus, ī, *m. dim.* [rex], *a ruler of a small country, petty king, prince, chieftain, lord:* reguli in unum convenerunt, S. — *A king's son, prince, member of a royal family*, L.

rē-gustō, —, ātus, āre. — Fig., *to read over, enjoy repeatedly:* crebro litteras.

rēiciō (not reiiciō; *imper.* reice, *disyl.*, V.), rēiēcī, iectus, ere [re-+iacio], *to throw back, fling back, hurl back:* telum in hostīs, Cs.: togam ab umero, L.: ex umeris amictum, V.: de corpore vestem, O.: paenulam: ab ore colubras, O.: Capillus circum caput Reiectus neglegenter, T.: scutum, *throw over the back* (in flight): fatigata membra, i. e. *stretch on the ground*, Cu.: a se mea pectora, *to push back*, O.: (librum) e gremio suo, *fling away*, O.: oculos Rutulorum reicit arvis, *averts*, V.: pascentīs a flumine reice capellas, *drive back*, V.: in postremam aciem, *throw to the rear*, L.: se in eum, *into his arms*, T. — *To force back, beat back, repel, repulse:* eos in oppidum, Cs.: Tusci reiecti armis, V. ab Antiocheā hostem.—*Pass., to be driven back:* navīs tempestate reiectas revertisse, Cs.: reflantibus ventis reici: ex cursu Dyrrachium reiecti, L. — Fig., *to drive back, drive away, cast off, remove, repel, reject:* ad famem hunc ab studio, T.: ferrum et audaciam: retrorsum Hannibalis minas, H. — *To reject contemptuously, refuse, scorn, disdain, despise:* nos, T.: petentem, O.: Lydiam, H.: refutetur ac reiciatur ille clamor: quae cum reiecta relatio esset, *when the appeal was overruled*, L.: volgarīs taedas, O.: Reiectā praedā, H.: dona nocentium, H.—*P. n.* as *subst.:* reicienda, *evils to be rejected:* reiecta.—Of judges, *to set aside, challenge peremptorily, reject:* ex CXXV iudicibus quinque et LXX: potestas reiciendi, *right of challenge.*—Of persons, *to refer, direct, assign:* ad ipsam te epistulam: in hunc gregem Sullam, *transfer* (in your judgment). — In public life, *to refer, turn over* (for deliberation or decision): totam rem ad Pompeium, Cs.: ab tribunis ad senatum res est reiecta, L.: id cum ad senatum relatum esset, L.: ut nihil huc reicias: legati ab senatu reiecti ad populum, *referred*, L.—In time, *to defer, postpone:* a Kal. Febr. legationes in Idūs Febr. reiciebantur: repente abs te in mensem Quintilem reiecti sumus.

rēiectāneus, *adj.* [reiectus], *to be rejected, to be spurned.*—*Plur. n.* as *subst.*, transl. of ἀποπροηγμένα.

rēiectiō, ōnis, *f.* [re-+IA-], *a throwing back, rejection, repudiation:* civitatis: iudicum, *a challenging:* reiectione interpositā.

rēiectus, *P.* of reicio. **(rēiicio)**, see reicio.

re-lābor, lāpsus, ī, *dep.*, *to slide back, sink back:* Vix oculos tollens iterumque relabens, etc., *sinking back upon the couch*, O.: conscendere antemnas prensoque rudente relabi, *to slide down*, O.: in sinūs nostros, *return*, O.: unda relabens, *flowing back*, V.: verso relabere vento, *sail back*, O.: (mare) relabens terram naturae suae reddit, Cu. — Fig., *to sink back, return:* in Aristippi praecepta, H.

re-languēscō, guī, ere, *inch.*, *to sink down, grow languid, become faint:* (soror) moribunda relanguit, O. — Fig., *to become enfeebled, be relaxed, relax, weaken:* quod relanguescere animos eorum existimarent, Cs.: quod autem relanguisse se dicit, *that his passion has subsided:* ut taedio impetus relanguescat regis, L.

relātiō, ōnis, *f.* [re+STER-], *a bringing back, throwing back, retorting:* criminis.—In public life, *a report, proposition, motion:* tua: approbare relationem, L. — In rhet., *an emphatic repetition* (of a word).

1. relātus, *P.* of refero.

2. relātus, ūs, *m.* [re-+STER-], *a report, recital:* virtutem, Ta.: carminum, *declamation*, Ta.

relaxātiō, ōnis, *f.* [relaxo], *an easing, relaxation:* animi: quae est ista relaxatio (sc. doloris), *mitigation.*

re-laxō, āvī, ātus, āre, *to stretch out, widen again, make wider:* fontibus ora, *open*, O.: vias et caeca Spiramenta, *relax the ducts*, V.—*To unloose, loosen, open:* alvus relaxatur: se intestinis relaxantibus: densa, *rarefy*, V.: tunicarum vincula, O.—Fig., *to abate, remit, give respite:* remittit aliquantum et relaxat.—*To ease, relieve, cheer, relax, lighten:* animos doctrinā: animus somno relaxatus: ut ex pristino sermone relaxarentur animi omnium: homines interdum animis relaxantur.—*To make loose, relax, loosen:* constructio verborum dissolutionibus relaxetur: pater indulgens, quicquid ego astrinxi, relaxat.—*To alleviate, mitigate, assuage:* tristitiam ac severitatem: quiete laborem, Cu.—*To relieve, release, free, abate:* (animi) cum se corporis vinculis relaxaverint: insani cum relaxentur, i. e. *become lucid.*

relēctus, *P.* of 2 relego.

relēgātio, ōnis, *f.* [1 relego], *a sending away, exiling, banishment, relegation* (milder than exsilium): relegatio atque amandatio: civium, L.

1. re-lēgō, āvī, ātus, āre, *to send away, send out of the way, despatch, remove, seclude:* filium ab hominibus: (filium) rus supplici causā: relegati longe ab ceteris, Cs.: procul Europā in ultima orientis relegati senes, Cu.: civīs procul ab domo, L.: relegatum in aliā insulā exercitum detinere, Ta.: tauros in sola Pascua, V.: terris gens relegata ultimis: Hippolytum nemori, *consign*, V.—*To send into exile, banish, exile, relegate* (enforcing residence in a particular town or province, without loss of civil rights): ut equites a consule relegarentur: relegatus, non exsul, dicor in illo, O.: relegatus in exilium, L.: ultra Karthaginem, L.—Fig., *to send back, send away, put aside, reject:* a re p. relegatus, i. e. *driven from public life:* Samnitium dona: ambitione relegatā, *apart*, H.: mea verba, O.—*To refer:* studiosos ad illud volumen, N.: ornandi causas tibi, Tb.

2. re-legō, lēgī, lēctus, ere, *to gather together, collect again:* Ianua filo est inventa relecto, i. e. *by winding up the thread again*, O.—*To travel over, traverse again, retrace:* litora, V.: Hellespontiacas aquas, O.—Fig., *to go through again, read over:* Troiani belli scriptorem, H.: scripta, O.—*To go over again, rehearse, repeat:* suos sermone labores, O.: omnia, quae ad cultum deorum pertinerent.

re-lēntēscō, —, —, ere, *inch, to grow slack again, cool.*—Fig.: Neve relentescat amor, O.

re-levō, āvī, ātus, āre, *to lift up, raise:* e terrā corpus, O.: in cubitum membra, O.—*To free from a burden, make light, lighten:* epistulam graviorem pellectione: Ut relevent vimina curva favi (i. e. exonerare), O.: minimo ut relevere labore, i. e. *be delivered*, O.—Fig., *to relieve, free, lighten, ease, soothe, alleviate, mitigate:* curā et metu esse relevati: pectora sicca mero, O.: a curā mens relevata est, O.: me, *console:* animum, T.: ut cibi satietas et fastidium relevatur: casūs, O.: sitim, O.

relīctiō, ōnis, *f.* [re-+LIC-], *a forsaking, abandoning:* rei p.: consulis sui.

relīctus, *P.* of relinquo.

religātiō, ōnis, *f.* [religo], *a tying up:* vitium.

religiō (not rell-; the first syl. lengthened in hexameter verse), ōnis, *f.* [re-+2 LIG-], *conscientiousness, sense of right, moral obligation, duty:* nihil esse mihi, religiost dicere, i. e. *I say on my conscience*, T.: Heium a religione deducere: quid lex et religio cogat cogitare: quaeris aliquem praestantiorem virtute, religione?: iudiciorum religionem veritatemque perfringere: iudicum religiones oratione converti, *the conscientious convictions.*—*A regard for sacred things, devoutness, piety, reverence, religious feeling:* sese summā religione teneri: religio, quae deorum cultu pio continetur: sacra summā religione confici velle: omnia, quae sceleri propiora sunt quam religioni: religioni servire.—*A religious scruple, scruple of conscience, apprehension of divine anger, fear of the gods, superstitious awe:* ut eam, non religio contineret: nullā mendaci religione obstrictus, *superstition*, Cs.: tantā religione obstricta provincia: obstrinxisti religione populum R.: parvulae causae vel terroris repentini vel obiectae religionis, Cs.: rem habere religioni, i. e. *as a divine warning:* ne bellum indiceretur, religio obstitit, L.: plena religione civitas, L.: liberatae religione mentes, L.: rivos deducere nulla Religio vetuit, V.: nulla mihi Religio est, H.: movendi thensauros, L.: novas sibi ex loco religiones fingunt, Cs.: religionibus impediri, Cs.: plenis religionum animis prodigia insuper nuntiata, L.—*A sense of religious obligation, religious sanction, duty to the gods:* viri religione potius quam veritate fides constricta: iuris iurandi.—*A religious obligation, oath, pledge of faith, religious sanction:* timori magis quam religioni consulere, Cs.: Achaeos religione obstringere, L.: relinquitur nova religio, ut, etc., i. e. *a new view of your obligation*, Cs.: ius iurandum servabat conservatā religione, N.: religioni potius vestrae quam odio parere.—*Divine service, worship of the gods, religious observance, religion, worship:* religione, id est cultu deorum: illa pax mater huic urbi iuris et religionis fuit: deorum.—*A religion, faith, religious system, mode of worship, cult:* venit mihi religionis illius in mentem: neque enim haec externa vobis est religio: expertes religionum omnium: in bello religionum et consuetudinis iura retinere: pro religionibus suis bella suscipere: religiones interpretantur, *religious matters*, Cs.: publicae religiones, L.—*Sacredness, sanctity, holiness, claim to reverence:* fanum Iunonis tantā religione semper fuit, ut, etc.: in sacerdotibus tanta offusa oculis animoque religio, i. e. *such sacred majesty of expression and feeling*, L.: Iam tum religio pavidos terrebat agrestīs Dira loci, V. —*An object of veneration, sacred place, consecrated thing, hallowed object:* religionem restituere: tantis eorum religionibus violatis: ad deorum religionem demigrasse, i. e. *shrines:* quae religio aut quae machina belli (the Trojan horse), V. — Of places, *a claim resulting from consecration, religious liability:* aram si dedicasti, sine religione loco moveri potest: liberaret religione templum, L.: locus religionum deorumque plenus, L.

religiōsē, *adv.* with *comp.* and *sup.* [religiosus], *conscientiously, scrupulously, punctually, exactly, carefully:* testimonium dicere: iudicare: promittere, N.—*With reverence for the gods, reverentially, piously, religiously:* religiosius deos colere, L.: templum religiosissime colere.

religiōsus, *adj.* with *comp.* and *sup.* [religio], *conscientious, scrupulous, strict, precise, accurate:* se praebere in testimonio religiosum: in testimoniis dicendis: Atticorum aures.—*Religiously considerate, careful, anxious, scrupulous, superstitious:* ut stultae et miserae omnes Religiosae, T.: fructum quia religiosum erat consumere, *was a matter of religious scruple*, L.: religiosum est, quod iurati legibus iudicarunt.—*Full of religious feeling, reverent, pious, devout, religious:* naturā: religiosissimi mortales, S.—*Consecrated, holy, sacred:* locus: mortuis religiosa iura tribuere: signum: Ceres religiosissima: religiosissimum simulacrum Iovis: mores.—*Associated with religion, subject to religious claims, under religious liability, ill-omened:* dies, *of evil omen:* dies ad iter, L.: domus.

re-ligō, āvī, ātus, āre, *to bind back, fasten up, bind fast:* (Prometheus) religatus asperis Vinctusque saxis, C. poët.: (Andromeda) ad duras religata bracchia cautes, O.: in comptum comas religata nodum, H.: religatis post tergum manibus, Cu.: navem ferreis manibus iniectis, *fastened with grappling-irons*, Cs.: captivus religatā ad pinnam muri reste suspensus, L.: religatos videbat Carpere gramen equos, *tethered*, V.: capillum in vertice, Ta.: catenā religari, O.—Of ships, *to fasten, moor:* navīs ad terram, Cs.: ab aggere classem, V.: religata in litore pinus, O.—*To unbind, loosen:* Cybele religat iuga manu, Ct.—Fig., *to bind, fasten, chain, fetter:* (prudentia) extrinsecus religata, *bound to external things.*

re-linō, lēvī, —, ere, *to unseal, open:* dolia omnia, T.: mella, i. e. *to take out*, V.

re-linquo, līquī, lictus, ere, *to leave behind, not take along, not stay with, leave, move away from, quit, abandon:* deos penatīs: vim auri in Ponto reliquit: post se hostem, Cs.: petere, ut in Galliā relinqueretur, *might be left behind*, Cs.: (cacumina silvae) limum tenent in fronde relictum, *remaining*, O.: sub sinistrā Britanniam relictam conspexit, *in the rear*, Cs.: me filiis quasi magistrum, T.: deum nullum Siculis.—Fig., *to leave behind, leave:* hanc excusationem ad Caesarem: Aeeta relictus, *abandoned*, O.—*P. plur. n.* as *subst.:* repetat relicta, i. e. *his former life*, H.—At death, *to leave behind, leave, bequeath:* ea mortuast; reliquit filiam adulescentulam, T.: fundos decem et tres reliquit: ei testamento sestertiūm miliens: mihi haec omnia, T.: mihi arva, O.: heredem testamento hunc.—Fig., *to leave, leave behind:* virtutum nostrarum effigiem: Sibi hanc laudem relinquont: vixit, dum vixit, bene, T.: Sappho sublata desiderium sui reliquit: in scriptis relictum: orationes et annalīs: pater, o relictum Filiae nomen, H.: rem p. nobis: de valvarum pulchritudine scriptum: posterioribus exemplum.—*To leave behind, leave remaining, permit to remain, let remain, leave:* nil in aedibus, T.: ne paleae quidem ex annuo labore relinquerentur: angustioribus portis relictis, i. e. *since the gates they had left were rather narrow*, Cs.: unam (filiam) relinque, *leave to me*, O.: pauca aratro iugera Moles relinquent, H.: dapis meliora relinquens, H.: haec porcis comedenda, H.: relinquebatur una per Sequanos via, *remained*, Cs.: se cum paucis relictum videt, S.: equites paucos, *leave alive*, Cs.—Fig.: quam igitur relinquis populari rei p. laudem?: ceterorum sententiis semotis, relinquitur mihi, etc., *there remains:* non provocatione ad populum contra necem relictā: nec precibus nostris nec admonitionibus relinquit locum, i. e. *he renders superfluous:* deliberandi spatium, N.: tantummodo vita relicta est, O.: urbem direptioni, *abandon:* poenae Medea relinquar? O.: hominem innocentem ad alicuius quaestum: Posse queri tantum rauco stridore reliquit, O.: Dum ex parvo nobis tantundem haurire relinquas, H.: relinquitur, ut, si vincimur in Hispaniā, quiescamus, *it remains, that:* relinquebatur, ut pateretur, etc., Cs.: relinquitur ergo, ut omnia tria genera sint causarum, *hence the conclusion is*, etc.—With two *acc.*, *to leave behind, leave, let remain, suffer to be:* eum locum integrum, *leave untouched*, T.: integram rem et causam, *have left untouched:* Morini, quos Caesar pacatos reliquerat, Cs.: amici, quos incorruptos Iugurtha reliquerat, S.: reliquit (eam) Incertam, V.: In mediis lacerā nave relinquor aquis, O.: inceptam oppugnationem, *abandon*, Cs.: infecta sacra, O.: sine ture aras, O.: mulierem nullam nominabo; tantum in medio relinquam.—*To leave behind, leave, go away from, forsake, abandon, desert:* domum propinquosque, Cs.: Ilio relicto, H.: litus relictum Respicit, O.: Roma relinquenda est, O.: me somnu' reliquit, Enn. ap. C.: ubi vita tuos reliquerit artūs, O.: Animam, T.: lucem, V.: animus relinquit euntem, O.: ab omni honestate relictus, *destitute of:* si puerum quartana reliquerat, H.—*To leave in the lurch, forsake, abandon, desert:* Reliquit me homo atque abiit, *has given me the slip*, T.: succurrere relictae, V.—*To leave, give up, abandon:* auctores signa relinquendi et deserendi castra audiuntur, L.: relictā non bene parmulā, H.—*To leave, let alone, give up, resign, neglect, forsake, abandon, relinquish:* rem et causam: (puella) Quod cupide petiit, mature plena reliquit, H.: me relictis rebus iussit observare, etc., *to stop work and watch*, T.: omnibus rebus relictis persequendum sibi Pompeium existimavit, Cs.: agrorum et armorum cultum, *neglect:* bellum illud, *abandon:* obsidionem, *raise the siege*, L.: caedes, *leave unmentioned:* hoc certe neque praetermittendum neque relinquendum est: quae Desperat tractata nitescere posse relinquit, H.: iniurias tuas, *leave unnoticed:* vim hominibus armatis factam relinqui putare oportere.

reliquiae (not rell-), ārum, *f.* [re-+LIC-], *what is left, a remainder, leavings, remains, relics, remnant, rest:* copiarum, N.: tantae cladis, L: Danaūm atque inmitis Achilli, i. e. (the Trojans) *not slain by the Greeks*, V.: gladiatoriae familiae, Cs.: cibi, *excrements:* hordei, Ph.: virorum, V.—*The leavings, remains, remnants, fragments:* frui reliquiis, Ph.: vellem Idibus Martiis me ad cenam invitasses: reliquiarum nihil fuisset, i. e. *Antony should have fallen with Caesar.*—Of the dead, *the remains, relics, ashes:* C. Mari: meorum, V.—Fig., *remnants, remains, remainder, rest:* reliquiae rerum earum moventur in animis: maximi belli: avi reliquias persequi, i. e. *your ancestor's unfinished work* (the Punic war).

reliquus (relicuus, -cus), *adj.* [re-+LIC-], *left, left over, remaining:* neu causa ulla restet reliqua, Quin, etc., T.: ex quā (familiā) reliquus est Rufus: moriar, si praeter te quemquam reliquum habeo, in quo, etc.: si qua reliqua spes est, quae, etc.: mulus, quem tibi reliquum dicis esse: erant oppida mihi complura reliqua: haec quidem hactenus; quod reliquum est, etc., *as for the rest:* hoc relicuomst, T.—As *subst. n., that is left, a remainder, residue, rest:* videre, quae reliqui summa fiat: Quid reliquist, quin habeat, etc., T.: cum reliqui nihil sit omnino, quod, etc.: quid reliqui habemus praeter, etc., S.: illud breve vitae reliquum: Agrigentum, quod belli reliquum erat, i. e. *the only remaining seat of hostilities*, L.: relicum noctis, L.—In the phrase, reliquum est, ut, *it remains that, it only remains to:* reliquum est, ut officiis certemus inter nos: reliquum est ut prosequar, etc.—In phrases with *facio, to leave behind, leave remaining, leave over, spare, reserve:* quibus aratrum aliquod Apronius reliquum fecit: haec addita cura vix mihi vitam reliquam facit: quos reliquos fortuna ex nocturnā caede ac fugā fecerat, L.: te nullum onus offici cuiquam reliquum fecisse, *have left behind you:* prorsus ab utrisque nihil relicum fieri, *is neglected*, S.—As *subst. n.:* quibus nihil de bonis suis reliqui fecit: nihil ad celeritatem sibi reliqui fecerunt, i. e. *used all diligence*, Cs.: me nihil reliqui fecisse, quod, etc., *have tried every remedy*, N.: quod reliquum vitae fames fecerat, *had left of life.*—Of time, *left, remaining, to come, future, subsequent:* reliquae vitae dignitas: in reliquum tempus omnīs suspiciones vitare, Cs.—As *subst. n.* (sc. tempus): plus in relicum sibi timoris quam potentiae addidit, *thereafter*, S.: in reliquom, *for the future*, L.—Of debts, *remaining, outstanding, in arrear:* erat ei de ratiunculā apud me reliquom pauxillulum Nummorum, T.: pecuniam reliquam ad diem solvere.—*Plur. n.* as *subst., a remaining debt, debit, balance, arrears:* reliqua mea accepisse: maxime me angit ratio reliquorum meorum.—*Remaining, other, rest:* reliquum populum distribuit in quinque classes, etc.: pars exercitūs, Cs.: militibus equis exceptis reliquam praedam concessimus.—As *subst.:* ex parte decumā . . . ex omni reliquo: de reliquo quid tibi ego dicam?—*Plur.:* cum Romuli tum etiam reliquorum regum sapientiā: consul reliquique magistratūs, Cs.: oppida, vicos, reliqua privata aedificia incendunt, Cs.—As *subst.:* princeps ille . . . Reliqui disseruerunt, etc., *the others:* Brutorum, C. Cassi, reliquorum, *and so forth:* Africanus loquens . . . reliquaque praeclare: reliqua vaticinationis brevi esse confecta.

(rellig-), see relig-. **(relliqu-)**, see reliqu-.

re-lūceō, lūxī, —, ēre, *to shine back, shine out, blaze, shine, glow:* stella relucet, C. poët.: relucens flamma, L.: olli barba reluxit, *was in flames*, V.

re-lūcēscō, lūxī, —, ere, *inch., to grow bright again, clear:* solis imago reluxit, O.: reluxit dies, Ta.

re-lūctor, ātus, ārī, *dep., to struggle against, resist, make opposition:* Multa reluctans, V.: reluctantes dracones, H.: Vidi equum . . . Ore reluctanti ire, O.: producentibus eam reluctans, Cu.: precibus ipsorum reluctatus, Cu.

re-maneō, mānsī, —, ēre, *to stay behind, be left, remain:* sermone confecto, Catulus remansit, nos descendimus: per causam valetudinis, Cs.: Quo refugio? remane, O.: Romae: cubito remanete presso, H.: in Galliā, Cs.: ferrum ex hastili in corpore remanserat, N.—*To stay, remain, continue:* longius anno uno in loco, Cs.: animos remanere post mortem: equos eodem remanere vestigio adsuefecerunt, Cs.—Fig., *to remain, endure, abide, last:* in quā muliere quasi vestigia antiqui offici remanent: in duris remanentem rebus amicum, *constant*, O.: si ulla apud vos memoria remanet avi mei, S.: contumeliam remanere in exercitu sinere, *to cleave to the army*, S.: ne quid ex contagione noxae remaneret penes nos, L.—With *predicate adj.*, *to remain, continue to be:* quarum (sublicarum) pars inferior integra remanebat, Cs.: nec cognoscenda remansit Herculis effigies, O.

remānsiō, ōnis, *f.* [remaneo], *a staying behind, remaining, stay, continuance:* tua.

remedium, ī, *n.* [re-+3 MA-], *that which restores health, a cure, remedy, antidote, medicine:* tuis veneficiis remedia invenire: caecitatis, Ta.: remedium quoddam habere: remedio uti.—Fig., *a means of aid, assistance, remedy, help, cure:* ad omnia confugi remedia causarum: ad magnitudinem frigorum remedium comparare: remedium quaerere ad moram: volneris: aegritudinum, T.: iracundiae, T.: Inveni remedium huic rei, T.: quibus rebus reperire remedia, Cs.: saluti suae remediis subvenire: id remedium timori fuit, L.

remēnsus, *P.* of remetior.

re-meō, āvī, —, āre, *to go back, turn back, return:* in patriam, O.: eodem remeante nuntio, L.: cum neque terra ali posset nec remearet aër, *would flow back again:* victor domito ab hoste, O.: patrias remeabo inglorius urbīs, *without the glory of triumph*, V.—*To traverse again, live over:* aevom peractum, H.

re-mētior, mēnsus, īrī, *dep.*, *to measure again:* servata astra, i. e. *observe anew*, V.—*To measure back, retrace, traverse anew:* pelagoque remenso, V.

rēmex, igis, *m.* [remus+1 AG-], *a rower, oarsman:* in quadriremi: remiges Ulixi, H.—*Sing. collect.*, *a bench of rowers, the oarsmen:* vacuos sensit sine remige portūs, V.: non remigem, non socios navalīs habiturum, L.: remex militis officia turbabat, Cu.

rēmigātiō, ōnis, *f.* [remigo], *a rowing.*

rēmigium, ī, *n.* [remex], *an oar-plying, rowing:* Olli remigio noctemque diemque fatigant, V.—*Rowing apparatus, the oars:* Nudum remigio latus, H.: mutabile, *oars that can be shifted*, Ta.: lembum Remigiis subigit, V.—Of wings: volat per aëra Remigio alarum, V., O.—*Oarsmen, rowers:* suppleverat remigio navīs, L.: remigium classicique milites, L.: vitiosum Ulixei, H.

rēmigō, —, —, āre [remex], *to ply the oar, row:* alio modo: remigandi labor, Cs.: mare grave remigantibus, *to rowers*, Ta.

re-migrō, āvī, —, āre, *to journey back, go back, return:* in nostram domum: trans Rhenum in suos vicos, Cs.: Romam tibi remigrandum est.—Fig.: ad iustitiam.

reminīscor, —, ī, *dep.* [re-+1 MAN-], *to recall to mind, recollect, remember:* de quaestoribus: reminisceretur veteris incommodi populi R., Cs.: veteris famae, N.: Satyri, O.: reminiscere quae tradantur mysteriis: eas (res) reminisci et recordari: dulcīs Argos, V.: vos animo, O.: reminiscitur, adfore tempus, quo, etc., O.: reminiscerentur quam maiestatem accepissent, L.

re-misceō, mīxtus, ēre, *to mingle again, mix up, intermingle:* veris falsa, H.

remīssē, *adv.* with *comp.* [remissus], *gently, mildly, laxly:* secum agere: nihilo remissius instare.

remīssiō, ōnis, *f.* [re-+MIT-], *a sending back, sending away, releasing, returning:* obsidum captivorumque, L.—*An easing, letting down, lowering:* superciliorum: vocis remissiones.—Fig., *a relaxing, abating, diminishing, remitting, remission, relaxation, abatement:* remissio lenitatis (in oratione), i. e. *passages of a quiet tenor:* morbi: poenae, i. e. *a milder punishment:* tributi, Ta.—*Want of spirit, submissiveness:* in acerbissimā iniuriā remissio animi.—*Relaxation, recreation:* quem non remissio, non ludi delectarent: tempora curarum remissionumque, Ta.: animi: animorum.—*Mildness, gentleness:* animi.

remīssus, *adj.* with *comp.* [*P.* of remitto], *slack, loose, relaxed, languid:* corpora: Venus et remisso Filius arcu, H.—*Gentle, mild:* remissior ventus, Cs.: remissiora frigora, Cs.—Fig., *loose, slack, negligent, remiss:* animus, Cs.: nostris animo remissis, Cs.: in labore, N.: remissior in petendo: mons festo, *unguarded*, Pr.—As *subst. n.:* nihil remissi pati, *no negligence*, S.—*Plur. m.* as *subst.:* Oderunt agilem remissi, *the slothful*, H.—*Relaxed, not rigid, indulgent, yielding:* utrum remissior essem, an summo iure contenderem, *less exacting:* in sermone: in ulciscendo remissior.—*Relaxed, good-humored, light, genial, merry, gay:* cantūs remissiores: cum tristibus severe, cum remissis iucunde vivere: remissiore uti genere dicendi, *to speak in a lighter vein:* ioci, *merry*, O.—*Low, cheap:* remissior fuit aestimatio quam annona, *below the market price.*

re-mittō, mīsī, mīssus, ere, *to let go back, send back, despatch back, drive back, cause to return:* mulieres Romam: paucos in regnum, Cs.: partem legionum in sua castra, Cs.: librum tibi: pila intercepta, *hurl back*, Cs.: tractum de corpore telum, O.: cogebat (equos) calces remittere, i. e. *kick*, N.—*To send forth, give out, yield, emit, produce:* Ut melius muriā, quod testa marina remittit, H.: nec umenti sensit tellure remitti (nebulas), O.: umorem ex se, V.: quod baca remisit olivae, H.—In law, with *nuntium* or *repudium*, *to send a letter of divorce, dissolve marriage:* uxori nuntium: repudium alteri (uxori), T.—*To let go back, loosen, slacken, relax:* ramulum adductum, ut remissus esset, in oculum suum recidisse: habenas: frena,

O.: vinclis remissis, O.. bracchia, i. e. *let fall*, V.: mella calor liquefacta remittit, *melts*, V.—*Intrans.*, *to decrease, relax, abate:* si forte ventus remisisset, Cs.: pestilentia, L.: cum remiserant dolores pedum.—Fig., *to send back, give back, return, restore:* vocem nemora remittunt, V.: totidemque remisit Verba locus, O.: sonum acutum, H.: vestrum vobis beneficium, Cs.: hanc veniam cumulatam morte remittam, *will repay*, V.—*To give up, reject, yield, resign, grant, concede.* opinionem animo: si quid ab omnibus conceditur, id reddo ac remitto: remittentibus tribunis, comitia sunt habita, etc., *yielding*, L.: omnia tibi ista: quod natura remittit, Invida iura negant, O.: memoriam simultatium patriae, *sacrifice*, L.: Erycis tibi terga remitto, *I give up, if you will*, V.: suarum quoque rerum illis remisso honore, i. e. *ascribed the honor to them*, L.: ius, *abandon their claim*, L.: te mihi remittere atque concedere, ut consumerem, etc.: Sed mora damnosa est nec res dubitare remittit, *permits*, O. —*To slacken, relax, relieve, release, abate, remit.* omnes sonorum gradūs: per dies festos animum, L.: se, N.: ab religione animos, L.: superioris temporis contentionem, Cs.: diligentiam in perdiscendo, Cs.: studia remissa temporibus: belli opera, L.: pugnam, S.: urguent tamen et nihil remittunt: cum se furor ille remisit, O.: horam de meis legitimis horis: aliquid ex pristinā virtute, Cs.: nihil ex arrogantiā, Ta.: de tributo remiserunt, L.; fortissimis remittere de summā.—*To cease, refrain, omit:* remittas iam me onerare iniuriis, T.: quid ubique hostis ageret, explorare, S.: Quid Cantaber cogitet, Quaerere, H.—*To give free course, leave unrestrained:* animi appetitūs, qui tum remitterentur, tum continerentur.—Of a penalty, *to remit, pardon, remove, abate, grant exemption from:* multam: poenam tibi, L.: sibi poenam magistri equitum, *remit at their intercession*, L.: pecunias, quas erant in publicum polliciti, Cs.

remīxtus, *P.* of remisceo.

re-mōlior, —, īrī, *dep.*, *to press back, push away:* pondera terrae, O.

re-mollēscō, —, —, ere, *inch.*, *to become soft again, grow soft, soften, melt:* sole Cera remollescit, O.—Fig., *to be enervated, lose strength:* ad laborem ferendum, Cs.—*To be moved, be influenced:* precibus numina iustis Victa remollescunt, O.

re-molliō, —, —, īre, *to make soft again, soften, weaken:* tactos artūs, O

(**remorāmen**, inis), *n.* [remoror], *a delay, hinderance.*—*Plur.*, O.

re-mordeō, —, orsus, ēre, *to bite again, strike back, attack in return:* me remorsurum petis, H. —*To vex, torment, disturb, annoy, torture:* si iuris materni cura remordet, V.: vitia castigata remordet, Iu.: animos, L.

re-moror, ātus, ārī, *dep.*, *to hold back, stay, detain, obstruct, hinder, delay, defer:* fugiunt, freno non remorante, dies, O.: me, T.: num unum diem Saturninum poena remorata est? i. e. *was the execution delayed?:* cur non remoratur ituros, O.: ab negotiis (sc. eum), S.: vostrum commodum, T.: me epistulis et meas spes: hostīs quo minus victoriā uterentur, S.: pomi iactu remorata (Atalanta), O.: postquam remorata suos cognovit amores, *lingering*, O.

(**remōtē**), *adv.* [remotus], *at a distance, afar off.*—Only *comp.:* stellae aliae, remotius eadem spatia conficiunt.

remōtiō, ōnis, *f.* [re- + 1 MV-], *a putting away, removal:* criminis.

remōtus, *adj.* with *comp.* and *sup.* [*P.* of removeo], *removed, far off, distant, remote, retired:* silvestribus ac remotis locis, Cs.: Gades, H.: gramen, H.: domūs pars (i. e. penetralia), O.: remotius antrum, O.: sedes remotae a Germanis, Cs.: ab arbitris remoto loco: ab aulā, O.: quamvis longā regione remotus Absim, *by however vast a space*, O.—Fig., *removed, disconnected, remote, apart, alien, separate, clear, free, strange:* quae iam diu gesta et a memoriā remota: aratores, remotissimi a foro: vita remota ab honore populari: sermo a forensi strepitu remotissimus: homo ab omni suspicione: a Gracchi pudore longissime: naturae iura a volgari intellegentiā remotiora: a volgo longe longeque, H.—*Plur. n.* as *subst.*, in philosophy, *things rejected, things to be postponed* (the Stoic ἀποπροηγμένα).

re-moveō, mōvī (*pluperf.* remōrant, H.), mōtus, ēre, *to move back, take away, set aside, put off, drive away, withdraw, remove:* pecora, Cs.: ex conspectu remotis equis, Cs.: mensā remotā, O.: Postquam mensae remotae, V.: frena, H.: Aurora removerat ignīs, O.: remotis arbitris: tactu virilīs Virgineo manūs, O.: paulum ab legionibus nostros, Cs.: praesidia ex iis locis, quae, etc.: se in montīs ex urbe, H.: Ex oculis manūs, O.: castra sex milia ab oppido, L.: comas a fronte ad aurīs, O.: parvos natos ab se, H.: plura de medio: arcanis oculos profanos, O.—Fig., *to take away, set aside, abolish, put out of view:* sumptum: omnia removistis, avaritiam, etc., S.: remoto ioco, *jesting aside:* soporem, O.: poeta remotus iniuriā adversarium Ab studio, T.: Caelium ab re p., *deprive of political rights*, Cs.: remoto Catilinā, *out of the way:* Clodio remoto, *dead:* a negotiis publicis se, *withdraw:* ab amicitiā Pompei se: Vim procul hinc, O.: hos quidem ab hoc sermone removeamus, *leave out of consideration:* thalamis pudorem, O.—*To take away, deduct, subtract:* si de quincunce remota est Uncia, H.

re-mūgiō, —, —, īre, *to bellow back, low in answer:* ad mea verba, O.—*To resound, re-echo:*

totus remugit Mons, V.: Ionius remugiens sinus Noto, H.: vox adsensu nemorum ingeminata remugit, V.

re-mulceō, —, —, ēre, *to stroke back, fold back, curve:* caudam, V.

(remulcum), ī, *n.* [MEL-], *a tow-rope:* navem remulco abstraxit, Cs.: navem remulco trahere, L.

remūnerātiō, ōnis, *f.* [remuneror], *a recompense, reward, remuneration:* celerior: officiorum.

re-mūneror, ātus, ārī, *dep.*, *to repay, reward, recompense, remunerate:* gratiam in remunerando cumulare: remunerandi voluntas: te simillimo munere: magno se praemio, Cs.: quibus autem officiis Anni beneficia remunerabor?: meritum, L.

re-murmurō, —, —, āre, *to murmur back, remurmur:* nec fracta remurmurat unda, V.

rēmus, ī, *m.* [2 AR-], *an oar:* intermisso pulsu remorum: remis navigium incitare, Cs.: remis insurgere, V.: inpellere aequora remis, O. —P r o v.: remis ventisque petere, *in all haste,* V.: res velis remisque fugienda, *by all possible means.*—P o e t.: alarum, O.: remis ego corporis utar, i. e. *will swim,* O.—F i g.: (orationem) dialecticorum remis propellere.

(rēn), see renes.

re-nārrō, —, —, āre, *to tell over again, recount, relate:* fata divom, V.: facta, O.

re-nāscor, ātus, ī, *dep.*, *to be born again, grow again:* Corpore de patrio phoenix, O.: Pythagorae arcana renati, H.: renatum sibi Scipionem imperatorem dicere, L.: fibrae, V.: dente renato, Iu. —*To rise again, be restored, reappear:* ab stirpibus laetius renata urbs, L.: (fluvius) Exsistit alioque renascitur ore, O.—F i g., *to be renewed, revive, recur:* principium exstinctum nec ipsum ab alio renascetur, etc.: Multa (vocabula) renascentur, quae iam cecidere, H.: Troiae renascens Fortuna, H.

re-nāvigō, —, —, āre, *to sail back:* in haec regna.

re-neō, —, —, ēre, *to unspin, undo, unravel:* dolent, haec fila reneri, i. e. *that this decree of fate is reversed,* O.

rēnes (ium or um), *m.*, *the kidneys, reins:* umores, qui e renibus profunduntur: renes morbo temptentur acuto, H.

renīdeō, —, —, ēre, *to shine again, shine back, glitter, glisten, be bright, be resplendent:* pura nocturno renidet Luna mari, H.: Circum renidentes Lares, i. e. *polished,* H.: fluctuat omnis Aere renidenti tellus, *with the gleam of arms,* V.—*To beam with joy, be glad, smile:* homo renidens, L.: Ore renidenti Captabat plumas, O.: falsum voltu, Ta.: adiecisse praedam Torquibus exiguis renidet, *rejoices,* H.

re-nītor, —, ī, *dep.*, *to strive against, withstand, resist:* illi renitentes, L.

1. re-nō, āvī, —, āre, *to swim back:* saxa, i. e. *rise to the surface,* H.

2. rēnō (rhēnō), ōnis, *m.* [Celtic], *a deer-skin, garment, fur-cloak:* rhenonum tegimentis uti, Cs.

re-nōdō, —, —, āre, *to bind back, tie behind in a knot:* longam comam, H.

renovāmen, inis, *n.* [renovo], *a renewal, transformation:* in hoc renovamine manere, O.

renovātiō, ōnis, *f.* [renovo], *a renewing, renewal:* mundi.—In computing interest, *a rest:* centesimis sexenni ductis cum renovatione singulorum annorum, i. e. *with compound interest.*—F i g., *a renewal, renovation:* doctrinae: auspiciorum, L.

re-novō, āvī, ātum, āre, *to renew, restore:* Virtutis templum a Marcello renovatum: durum arvum, i. e. *plough up,* O.: Nec renovatus ager canebat, i. e. *without cultivation,* O.—In computing interest on money, *to renew, reckon by rests, compound:* centesimis ductis . . . nec perpetuis, sed renovatis quotannis: renovato in singulos annos faenore.—F i g., *to renew, restore:* ne belli reliquias renovatas audiamus: scelus: animi curam: dolorem, V.: antiquarum cladium memoriam, L.: bona praeterita gratā recordatione renovata: belli renovandi consilium capere, Cs.: casūs omnīs, V.: volnera, *open afresh,* O.: rursus cursum, Cs.: sacra rite, L.: societatem: lacrimas, O.: renovata clades domūs, Iu.: Anchisae annos, i. e. *make young again,* O.: ex morbo florem iuventae, L.: tribunis, ut sacrosancti viderentur, renovarunt (consules), i. e. *revived the law,* L.—*To repeat, say again, say repeatedly:* illud, quod initio dixi: de lege: renovabo ea quae dicta sunt.—*To renew, refresh, recreate, restore, recover, revive:* rem p.: corpora animosque ad omnia patienda, L.: animos equitum ad Caepionis odium. renovato quiete exercitu, L.

re-numerō, —, —, āre, *to pay back, repay:* dotem huc, T

renūntiātiō, ōnis, *f.* [renuntio], *a report, proclamation, announcement:* eius: suffragiorum.

re-nūntiō, āvī, ātus, āre, *to bring back word, carry tidings back, report, give notice, declare, announce:* quom is certe Renuntiarit, *shall have reported a positive promise,* T.: illis repudium, T.: quasi non tibi renuntiata sint haec, sic fore, T.: vobis, nihil esse, quod, etc.: renuntiet mihi, Velitne an non, T.—In official life, *to report, declare, proclaim, announce:* legati ex auctoritate haec Caesari renuntiant, Intellegere se, etc., Cs.: Caesar cognovit Considium, quod non vidisset, pro viso sibi renuntiasse, Cs.: legationem, *report upon his mission:* haec cum legatio renuntiaretur, L.: hostium numerum.—With two *acc.*, *to declare elected,* *proclaim as chosen, return:* Murenam consulem: absentem Valerium consulem, L.: cum esses praetor renuntiatus: sacerdos Climachias renuntiatus est: qui (magistratus) priusquam renuntiārentur, L.—*To retract, revoke, recall, refuse, give up, break off, disclaim, renounce, repudiate:* hospitium ei: num societas et amicitia eis renuntianda esset, L.: decisionem tutoribus.

re-nuō, uī, —, ere, *to nod backwards, shake the head, deny, oppose, disapprove, reject, decline, refuse:* renuit Sabellus, H.: renuente deo, *against the will of the god*, O.: hoc oculo renuente negare, *with an incredulous eye*, O.: renuentes huic crimini, *denying this charge:* renuis tu quod iubet alter, H.: convivium, *decline:* impetūs, *check*, Ta.

reor, ratus, ērī, *dep.* [RA-], *to reckon, calculate, believe, think, suppose, imagine, judge, deem:* quos plurīs, quam rebar, esse cognovi: contra ac ratus erat, S.: Ut rebare, V.: ut ipse rebatur viam inexpugnabilem fecit, L.: Te quod me amare rebar, T.: in quibus eas virtutes esse remur: haud temere esse rentur, L.: delendaque carmina Livi Esse reor, H.

repāgula, ōrum, *n.* [re- + PAC-], *a barrier, bolts, bars:* valvae clausae repagulis: portae cecidisse repagula sensit, O.: pedibus repagula pulsant, *the barriers of the lists*, O.—Fig., *bars, restraints, limits:* pudoris.

re-pandus, *adj.*, *bent backwards, turned up:* delphinus, *with curved back*, O.: calceoli, *with turned-up toes.*

reparābilis, e, *adj.* [reparo], *that may be repaired, to be restored, retrievable, reparable:* damnum, O.: Laesa pudicitia, O.

re-parō, āvī, ātus, āre, *to get again, acquire anew, recover, retrieve, restore, repair, renew:* perdere quod alio praetore eodem ex agro reparare posset: amissas res, H.: exercitum, L.: maiores copias, Cu.: Ex aliis alias figuras, O.—*To get in exchange, purchase, obtain:* Vina Syrā reparata merce, H.—Fig., *to renew, restore, repair*, etc.: bellum, L.: pristinam fortunam, Cu.—*To make good, restore, repair:* damna, H.—*To refresh, restore, revive, recruit:* Haec (quies) reparat vires, O.: corpora Fessa labori, O.—*To take as a substitute, take in exchange:* latentīs oras, H.

repastinātiō, ōnis, *f.* [* re-pastino, to dig up anew], *a digging up again.*

(re-pectō), —, ere, see repexus.

re-pellō, reppulī (repulī), repulsus, ere, *to drive back, thrust back, drive away, reject, repulse, repel:* nostri acriter in eos impetu facto reppulerunt, Cs.: qui clavis ac fustibus repelluntur: foribus repulsus, H.: adversarius repellendus: homines a templi aditu: a castris, Cs.: in oppidum, Cs.: telum aere repulsum, *repelled*, V.: mensas, *push back*, O.: repagula, *shove back*, O.: mediā tellurem reppulit undā, *crowds back*, O.: spretos pede reppulit amnīs, *spurned* (as she flew up), V.: pedibus tellure repulsā, *spurning the ground*, O.—Fig., *to drive away, reject, remove, keep off, hold back, ward off, repulse:* te a consulatu: ab hoc conatu: ab hac spe repulsi Nervii, Cs.: repulsum ab amicitiā, S.: Fracti bello fatisque repulsi, V.: proci repulsi, O.: dolorem a se repellere: illius alterum consulatum a re p.: tegimenta ad ictūs repellendos, Cs.: cute ictūs, O.: pericula: facinus, O.: repellit Ver hiemem, O.: conubia nostra, *reject*, V.: amorem, O.: ut contumelia repellatur, *be discarded.*—*To reject, confute, refute, repel:* ab aliquo adlatas criminationes: Repulsus ille veritatis viribus, Ph.

re-pendō, pendī, pēnsus, ere, *to weigh back, return by weight:* Aequa pensa erae, O.—*To weigh in return, pay with the same weight:* cui pro Gracchi capite erat aurum repensum.—*To ransom, redeem:* auro repensus Miles (i. e. redemptus), H.—Fig., *to pay in kind, pay back, repay, requite, recompense, return, reward:* vitam servatae dote, O.: magna, *make a great return*, V.: fatis contraria fata, *balance*, V.: Ingenio formae damna, *make compensation for*, O.

1. rēpēns, entis, *P.* of repo.

2. repēns, entis, *adj.*, *sudden, hasty, unexpected, unlooked for:* cura, C. poët.: adventus consulis, L.: defectio, L.: cum fama repens alio avertit bellum, L.: discordia, V.: consternatio, Cu.—*New, fresh, recent:* quid repens aut vetustate obscurum, Ta.—With the *subject*, instead of an *adv.* with the *predic.*, *suddenly, unexpectedly:* tumultus repens est Romam perlatus, L.: clades adlata est, L.: (Ianus) Bina repens oculis obtulit ora meis, O.

repēnsus, *P.* of rependo.

repentē, *adv.* [2 repens], *suddenly, unexpectedly, on a sudden:* quamvis repente: a tergo signa canere, S.: cunctisque repente Improvisus ait, V.: conlecta auctoritas, Cs.: modo egens, repente dives: abiectus conscientiā repente conticuit: cum circumfusa repente Scindit se nubes, V.: facta repente pax cariores Sabinas fecit, L.

repentīnō, *adv.* [repentinus], *suddenly, unexpectedly:* mori: eruptionem facere, Cs.

repentīnus, *adj.* [repens], *sudden, hasty, unlooked for, unexpected, impetuous:* adventus hostium: sentit omnia repentina esse graviora: exercitus, L.: iudices: periculum, Cs.: bonum, T.: mors: venenum, *quick*, Ta.: homines, *upstarts:* consilium, N.

1. repercussus, *P.* of repercutio.

2. (repercussus, ūs), *m.* [repercutio], *a reverberation, echo.*—Only *abl. sing.:* quo gravior vox repercussu intumescat, Ta.

(re-percutiō), —, cussus, ere, *to strike back,*

drive back; only late in *act.* — *P. pass., thrown back, rebounding:* repercussus (discus) In voltūs tuos, O. (al. repercusso verbere).—Of light, *thrown back, shining back, reflected:* aquae lumen Sole repercussum, V.: gemmae repercusso reddebant lumina Phoebo, O.: imago, *reflected image,* O. — *Shining back, reflecting:* clipei Aere repercusso formam adspexisse, O. — Of sound, *thrown back, echoed, echoing:* (clamor) iugis montium, Cu.—*Re-echoing:* quos (clamores) repercussae valles augebant, L.

reperiō, repperī (reperī), repertus, īre [2 PAR-], *to find again, find, meet with, find out, discover:* suos parentes, T.: multos: mortui sunt reperti: divitiis incubuere repertis, V.: tu non inventa repertā Luctus eras levior, i. e. *grieved me less when lost than when found,* O. — Fig., *to find, find out, discern, get, procure, obtain:* gloriam armis, T.: causas verissimas: verae amicitiae difficillime reperiuntur in iis, qui, etc.: exitum: lintribus inventis sibi salutem, *save themselves,* Cs.: aristolochia nomen ex inventore repperit. — *To find, discover, perceive, learn, ascertain:* quorum de moribus cum quaereret, sic reperiebat, Cs.: Neque declinatam ab aliarum ingenio ullam reperias, T.: nos paratiores: improbissimus reperiebare, *were found to be,* etc.: neque quanta esset insulae magnitudo, reperire poterat, Cs.: nec quo modo dicam reperire possum: re ipsā repperi, Facilitate nihil esse homini melius, T.: repperit esse vera, Cs.: alquem Tarentum venisse: in eas partīs Pythagoras venisse reperitur.—*To find out, hit upon, invent, devise, discover:* Aliquid reperiret, fingeret fallacias, T.: mihimet via reperiunda est, quā, etc.: ludusque (scaenicus) repertus, H.: serrae usum, O.: quae in quaestum reperta, *devices for gain,* Ta.

repertor, ōris, *m.* [reperio], *a discoverer, inventor, deviser, author:* vitis, i. e. *Bacchus,* O.: mellis, O.: medicinae, i. e. *Æsculapius,* V.: hominum rerumque, i. e. *Jupiter,* V.: pallae honestae, H.

repertus, *P.* of reperio.

repetītiō, ōnis, *f.* [repeto], *a repetition:* eiusdam verbi crebra.

repetītor, ōris, *m.* [repeto], *one that demands back, a reclaimer:* nuptae ademptae, O.

re-petō, īvī, ītus, ere, *to fall upon again, attack anew, strike again:* regem repetitum ad terram adfixit, *after repeated attacks,* L.: repetita per ilia ferrum, O.: ad Nolam armis repetendam, L.—*To seek again, return to, revisit:* fratresque virumque, O.: Hispanā Penatīs ab orā, H.: viam, quā venisset, *retrace,* L.: domum, H.: Africam, L.: praesaepia, V.: quid enim repetiimus (sc. patriam)? L.—*To seek again, demand anew:* Gallum a Verticone, qui litteras deferat, Cs.: repetitumque, duobus uti mandaretur imperium, *the demand was made again,* L. — *To seek again, demand back, retake, demand in compensation, claim:* pro illā quidquam abs te preti, T.: abs te sestertium miliens ex lege: quae erepta sunt: obsides, Cs.: si forte suas repetitum venerit plumas, H.: Politorium rursus bello repetitum, *was retaken,* L.: eam, quam patri suo spoponderim, dignitatem: pro eo (beneficio) gratiam, L.: parentum poenas a filiis: ne mors quidem in repetendā libertate fugienda, *in the effort to recover:* per occasionem libertatem, L.: beneficia ab nullo, S.—In phrases, with *res,* in war or at law, *to demand restitution, require satisfaction:* fetialīs mittendi ad res repetendas, L.: bellum rebus repetitis indictum, i. e. *for reprisals.* — With *pecuniam:* pecuniam repetere, *to sue for the recovery of money:* lex de pecuniis repetundis, *concerning extortion:* pecuniarum repetundarum reus, *of extortion,* S.: alqm repetundīs postulare (sc. pecuniis), *sue for extortion,* Ta.—*To fetch back, bring again, retake, recall:* Repudiatus repetor, *I was rejected, and am recalled,* T.: ad haec (impedimenta) repetenda, Cs.: alii (elephanti) deinde repetiti ac traiecti sunt, *were brought and passed over,* L. — *To take hold of again, undertake anew, enter upon again, recommence, resume, renew, repeat:* praetermissa repetimus, incohata persequimur: eadem vetera consilia: Hoc opus, H.: repetitum Mulciber aevum Poscit, O.: auspicia de integro, L.: repetita suis percussit pectora palmis, i. e. *again and again,* O.: longo Vellera mollibat tractu, *by drawing out repeatedly,* O.: haec decies repetita placebit, H.—In discourse, *to draw, deduce, derive, go back to, seek, trace:* populum a stirpe: repetere populi originem: usque a Corace nescio quo: narratio, si non ab ultimo repetetur: res remotas ex litterarum monumentis: tam alte repetita oratio: primā repetens ab origine, V.: longius: repetitis atque enumeratis diebus, *reckoned backwards,* Cs.—*To think over, trace in thought, call to mind, recall, recollect:* mearum praecepta litterarum: supra repetere ac paucis instituta maiorum disserere, S.: noctem, O.: te animo repetentem exempla tuorum, V.: memoriā vetera: memoriam ex annalibus, L.

repetundae, ārum, *f.*, see repeto.

re-pexus, *adj.*, *combed anew, just combed:* coma, O.

re-pleō, ēvī (replēssent, L.), ētus, ēre, *to fill again, refill, fill up:* exhaustas domos: scrobes terrā repletae, V.: Fossa repletur humo, O.: sucis (corpus), O.—*To complete, replenish, recruit:* exercitum, L. — *To make up for, replace, compensate for, supply:* consumpta: quod voci deerat, plangere replebam, O. — *To fill up, make full, fill:* videras repleri quaestu domum: strage hominum campos, L.: corpora Carne, *sate,* O.: escā se, Ph.: gemitu tectum, V.: Litora voce, O.

replētus, *adj.* [*P.* of repleo], *filled, full:*

Amnes, V.: cornu pomis, O.: his rebus exercitus, *abundantly provided*, Cs.: repletae semitae puerorum, L.—Fig.: eādem vi morbi, *infected*, L.

rēplicātiō, ōnis, *f.* [replico], *a folding back, reflex movement.*

re-plicō, āvī, ātus, āre, *to fold back, bend back, unroll, open:* annalium memoriam: primum quidque, i. e. *reveal.*

rēpō, rēpsī, rēptus, ere [SERP-], *to creep, crawl:* inter saxa cochleae, S.: nitedula, H.: quā unus homo inermis vix poterat repere, N.—Fig.: sermones Repentes per humum, *grovelling, mean.* H.

re-pōnō, posuī, positus (repostus, V., H.), ere, *to put back, set back, replace, restore:* suo quemque loco lapidem: omnem humum, *earth* (from a pit), V.: pecuniam duplam in thensauros, *restore*, L.: in cubitum se, *lean again* (at table), H.: columnas: nos in sceptra, *reinstate*, V.: donata, H.: flammis ambesa reponunt Robora navigiis, *restore*, V.: plena Pocula, i. e. *keep filling*, V.: vina mensis, *set again* (for a second course), V.: Altius ingreditur, et mollia crura reponit, i. e. *sets down alternately*, V.—*To lay back, lay out, stretch out:* membra (mortui) toro, V.: membra stratis, V.—*To lay aside, put away, lay up, store, keep, preserve, reserve:* fructūs: formicae farris acervum tecto reponunt, V.: Caecubum ad festas dapes, H.: (gratia) sequitur tellure repostos, *buried*, V.: pias laetis animas Sedibus, H.—*To lay aside, lay down, lay by, put away:* arma omnia, Cs.: feretro reposto, V.: Telas, O.: iam falcem arbusta reponunt, i. e. *do not need*, V.—*To lay, place, put, set:* grues in tergo praevolantium colla reponunt: colla in plumis, O.: litteras in gremio, L.: ligna super foco, H.—*To place instead, make compensation:* Catulo, *make amends:* meas epistulas delere, ut reponas tuas: Aristophanem pro Eupoli: praeclarum diem illis, Verria ut agerent.—Fig., *to put back, replace, restore, renew, repeat:* Nec virtus, cum semel excidit, Curat reponi deterioribus, H.: Achillem, *to reproduce* (as an epic hero), H.—*To repay, requite, return:* tibi idem: Semper ego auditor tantum? nunquamne reponam? *retaliate*, Iu.—*To lay up, store, keep:* manet altā mente repostum Iudicium Paridis, V.: odium, Ta.—In thought, *to place, count, reckon, class:* in vestrā mansuetudine causam totam: spem omnem in virtute, Cs.: in caritate civium nihil spei, L.: plus in duce quam in exercitu, Ta.: alquos in deorum coetu, *count among:* Catulum in clarissimorum hominum numero: homines morte deletos in deos.

re-portō, āvī, ātus, āre, *to bear back, bring again, carry back:* diligens fuit ad reportandum, *restoring* (the borrowed statue): candelabrum secum in Syriam: (milites) in Siciliam navibus, Cs.: exercitum e Britanniā: legiones, L.: massam picis urbe, V.: curru aurato reportati, *borne in triumph:* pedem in hoste (i. e. redire), V.—*To carry off, bear away, get, gain, obtain:* nihil ex praedā domum suam: nihil praeter laudem ex hostibus: praedam ad decemviros.—Fig., *to bring back:* ex calamitate solacium: Spem bonam domum, H.: (Echo) audita verba, *returns*, O.—*To bring back, report:* adytis dicta, V.: fidem, *trustworthy information*, V.: Nuntius reportat Advenisse viros, V.

re-poscō, —, —, ere, *to demand back, ask again:* propensiores ad bene merendum quam ad reposcendum: me Catilinam: Parthos signa, V.—Fig., *to ask for, claim, demand, exact, require:* Amissam meā virtutem voce, O.: foedus flammis, V.: Quos illi poenas ob nostra reposcent Effugia, V.: ab altero rationem vitae: vos rationem reposcitis, quid fecerimus? L.

repositus, *P.* of repono; see also repostus.

repostor, ōris, *m.* [repono], *a restorer:* templorum, O.

repostus, *adj.* [*P.* of repono], *remote, distant:* penitus gentes, V.

repōtia, ōrum, *n.* [re- + PO-], *an after-drinking, festival on the day after a wedding*, H.

repperī, *perf.* of reperio.

repraesentātiō, ōnis, *f.* [repraesento], *a cash payment, payment in advance:* repraesentatione confidere.

re-praesentō, āvī, ātus, āre, *to make present, set in view, show, exhibit, display, manifest, represent, depict:* templum repraesentabat memoriam consulatūs mei: (voltu) Virtutem Catonis, H.: urbis species repraesentabatur animis, Cu.: apte ad repraesentandam iram deūm ficta, L.—*To pay down, pay in cash, pay in ready money:* a Faberio (pecuniam), *pay down by a draft on Faberius:* si qua iactura facienda sit in repraesentando, *if some deduction be made for cash.*—*To make present, perform immediately, realize, do now, accomplish instantly, hasten:* alqd, Cs.: consilium, Cu.: medicina, quam repraesentare ratione possimus, *apply immediately:* improbitatem suam, *hurry on:* diem promissorum, *anticipate:* poenam, Ph.: si repraesentari morte meā libertas civitatis potest, *be realized:* minae repraesentatae casibus suis, *fulfilled forthwith*, L.

re-prehendō (reprēndō, O., H.), endī, ēnsus, ere, *to hold back, hold fast, take hold of, seize, catch:* quosdam manu, L.: alqm elapsum semel, Ph.: reprehensi ex fugā Persae, Cu.: Membra reprensa, *caught fast*, O.—Fig., *to hold fast, take hold of, restrain, check, recover:* revocat virtus, vel potius reprehendit manu: cursūs vestros, Pr.: locus Reprensus, qui praeteritus neglegentiāst, *taken up anew*, T.: quod erat praetermissum, id reprehendisti.—*To blame, censure, find fault with, reprove,* *rebuke, reprehend:* reprehendendi potestas: quis erit tam iniquus, qui reprehendat?: dare sibi tamquam ansas ad reprehendendum: Haec, T.: alios reprehendissent: si quos (aculeos) habuisti in me reprehendendo: meum discessum: nihil haberem quod reprehenderem, si, etc.: ea res omnium iudicio reprehendebatur, Cs.: adrogantiam, Cs.: delicta, S.: maior reprensis, *superior to correction*, H.: id in me, quod Metello laudi datum est: nihil in Homero, H. — In law, *to prosecute, convict, condemn judicially:* multa, quae nemo possit reprehendere: neque id ullo modo senatoriis iudiciis reprehendi posse. — In rhet., *to refute:* expone nunc de reprehendendo: omnis argumentatio reprehenditur, si, etc.

reprehēnsiō, ōnis, *f.* [reprehendo], *a taking again, resumption:* (oratio) sine reprehensione, i. e. *interruption* (of thought).—*Blame, censure, reprimand, reproof, reprehension:* reprehensionem non fugere: iusta: ut hic labor in varias reprehensiones incurreret: non culpae reprehensionem relinquere: doctorum: dissentientium inter se reprehensiones non sunt vituperandae.—In rhet., *a refutation.*

(reprehēnsō), —, —, āre, *freq.* [reprehendo], *to check continually:* singulos, L.

reprehēnsor, ōris, *m.* [reprehendo], *a blamer, censurer, reprehender:* comitiorum: delicti, O.

reprehēnsus, reprēndō, see reprehendo.

repressor, ōris, *m.* [re- + PREM-], *a restrainer, limiter:* caedis.

reprimō, pressī, pressus, ere [re- + premo], *to press back, keep back, check, curb, restrain, hem in:* si lacus repressus esset: retro pedem cum voce, V.: represso iam Lucterio et remoto, *driven back*, Cs. — Fig., *to check, curb, restrain, limit, confine, repress:* furorem: memoria repressa vetustate, *suppressed:* impetūs hostium repressos esse intellegunt: iis spiritūs, N.: animi incitationem, Cs.: itinera: hostium fugam, Cs.: iracundiam, T.: illius conatūs: gemitum, O.: famam: impetum: alqm, T.: a supplicio tuo se, *refrain:* me in ipso cursu orationis: me reprimam, ne, etc., *will control myself*, T.

reprōmīssiō, ōnis, *f.* [repromitto], *a counter-promise.*

re-prōmittō, mīsī, —, ere, *to promise in return:* tibi istuc.

rēptō, —, —, āre, *freq.* [repo], *to creep, crawl:* silvas inter, H.

repudiātiō, ōnis, *f.* [repudio], *a rejection, refusal, disdaining:* supplicum.

repudiō, āvī, ātus, āre [repudium], *to cast off, put away, reject:* Repudiatus repetor, T.—*To reject, refuse, scorn, disdain, repudiate:* sequestremne Plancium? respuerent aures ... repudiarent, *would scout* (the suggestion): consilium senatūs a re p., *deprive the state of*, etc.: duces, Cs.: eloquentia a philosophis repudiata: condicionem aequissimam: populi R. gratiam, Cs.: consilium, T.: opimum dictionis genus funditus: ista securitas multis locis repudianda.

re-pudium, ī, *n.* [re- + 4 PV-], *a putting away, dissolution of marriage, divorce:* illis repudium renuntiet, T.: repudium alterae remittere, T.

re-puerāscō, —, —, ere, *inch.*, *to become a boy again, renew childhood, frolic childishly:* ex hac aetate: incredibiliter.

repūgnāns, antis, *adj.* [*P.* of repugno], *inconsistent, contradictory:* res inter se. — *Plur. n.* as *subst.*, *contradictory things, contradictions:* locus ex repugnantibus.

repūgnanter, *adv.* [repugnans], *unwillingly, rebelliously:* aliquid accipere.

repūgnantia, ae, *f.* [repugno], *a contradiction, contrariety, incompatibility, repugnance:* rerum: utilitatis.

re-pūgnō, āvī, ātus, āre, *to fight back, oppose, make resistance, resist, struggle, defend oneself:* integris viribus fortiter, Cs.: in repugnando telis obruta est, L.: ille repugnans Sustinet a iugulo dextram, V. — *To resist, make resistance, oppose, make opposition, object, dissuade, contend against:* quod ego multis repugnantibus egi, *against the opposition of many:* Catone acerrime repugnante, Cs.: valde: nec ego repugno: omnibus meis opibus repugnarim et restiterim crudelitati: dictis, O.: his omnibus rebus unum repugnabat, quod, etc., *there was one objection*, Cs.: si quis, ne fias nostra, repugnat, O.: amare repugno Illum, quem, etc., *I shrink from loving*, O.—Fig., *to disagree, be contrary, be contradictory, be inconsistent, be incompatible:* simulatio amicitiae repugnat maxime: haec inter se quam repugnent: sensūs moresque repugnant, H.

repulsa, ae, *f.* [*P.* of repello], *a rejection, denial, refusal, repulse:* ab repulsis eo magis debitum honorem repetentes, *because of rejections*, L.: nullam patiere repulsam, O.: Sint tua vota secura repulsae, O.: Veneris, O.: Nec hunc repulsam tua sentiret calamitas, Ph. — In soliciting office, *a refusal, denial, repulse, defeat:* dolor repulsae, Cs.: omnīs magistratūs sine repulsā adsequi: sine repulsā consules facti sunt: huius comitiis frater repulsam tulit, *failed of his election:* consulatūs: aediliciae repulsae: repulsarum ignominiam timere: turpis repulsa, H.

1. repulsus, *P.* of repello.

2. (repulsus, ūs), *m.* [re- + 1 PAL-], *a reverberation, echo.*—*Plur.:* scopulorum, C. poët.

re-pungō, —, —, ere, *to goad in turn.*—Fig.: illorum animos.

re-pūrgō, āvī, ātus, āre, *to clean anew, cleanse off, clear again:* iter, L.: humum, O.: hortum, Cu.: repurgato caelo, O.—*To purge away, take away, remove:* Quicquid in Aeneā fuerat mortale, O.

reputātiō, ōnis, *f.* [reputo], *a thinking over, considering:* morum, Ta.

re-putō, āvī, ātus, āre, *to count over, reckon, calculate, compute:* solis defectiones.—*To think over, ponder, meditate, reflect upon:* secum eam rem viā, T.: facinus suum cum animo, S.: haec: horum nihil: se reputare solum esse: hoc animo, nostras nunc intueri manūs senatum, L.: quid ille vellet: cum animo suo, praemia an cruciatum mallet, S.

re-quiēs, ētis, no *dat.; acc.* requiētem or requiem; *abl.* requiēte or requiē.—Only *sing., rest after toil, rest, repose, relaxation, respite, intermission, recreation:* animi et corporis: Nec mora, nec requies, V.: pedum, H.: curae, O.: intervalla requietis: meae senectutis: mortem aerumnarum requiem esse, S.: praedā magis quam requie gaudentes, L.: requie sine ullā Corpora vertuntur, *restlessly*, O.: certa laborum, V.

re-quiēscō, ēvī (requiērunt, V., Ct.; requiēsse, C., L., Ct.), ētus, ere, *to rest, take rest, repose:* eorum hortatio ad requiescendum: legiones invicem requiescere iussit, Cs.: in eius sellā: terrā Sabaeā, O.: sub umbrā, V.: nullam partem noctis: a rei p. muneribus: lecto, Pr.: geminas Arctos, *two nights*, Pr.—*To rest, be relieved, be supported:* vixdum requiesse aurīs a strepitu, L.: vitis in ulmo, *supports itself*, O.: mutata suos requierunt flumina cursūs, V.—Of the dead, *to rest, repose, sleep:* in sepulcro: Ossa tutā requiescite in urnā, O.—*To rest, find refuge, find rest, be consoled:* ubi animus ex miseriis requievit, S.: a luctu, Ta.: in huius spe.

requiētus, *adj.* [*P.* of requiesco], *rested, refreshed:* miles, L.: ager, i. e. *after lying fallow*, O.

requīrō, sīvī, sītus, ere [re-+quaero], *to seek again, look after, search for:* fratrem, T.: iuvenem oculis animoque, O.: terram oculis, Cu.: libros, V.: vinum generosum, H.—*To seek to know, ask, inquire for, demand:* Pande requirenti nomen tuum, O.: rationes rerum: mea facta, O.: ex quibus requiram, quem ad modum, etc.: ea, quae a me de Vatinio requiris: aliquid de antiquitate ab eo, N.: cur Romae non sim: Forsitan et, Priami fuerint quae fata, requiras, V.: ubinam esset, N.: dolus an virtus, quis in hoste requirat? V.—*To need, want, lack, be in want of, require:* desiderat, requirit, indiget: isto bono utare, dum adsit; cum absit, ne requiras: qui beatus est, non intellego, quid requirat, ut sit beatior: magnam res diligentiam requirebat, Cs.: in hoc bello virtutes animi requiruntur, *are called for.*—*To perceive to be wanting, feel the lack of, look in vain for, miss:* pristinum morem iudiciorum: pacis ornamenta: Caesaris indulgentiam in se, Cs.: quae (bona) nonnumquam requirimus, *lament the absence of:* Amissos longo socios sermone, i. e. *lament*, V.

rēs, reī, *f.* [RA-], *a thing, object, matter, affair, business, event, fact, circumstance, occurrence, deed, condition, case:* divinarum humanarumque rerum cognitio: te ut ulla res frangat?: relictis rebus suis omnibus: rem omnibus narrare: si res postulabit, *the case:* re bene gestā: scriptor rerum suarum, *annalist:* neque est ulla res, in quā, etc.: magna res principio statim belli, *a great advantage*, L.: Nil admirari prope res est una, quae, etc., *the only thing*, H.: rerum, facta est pulcherrima Roma, *the most beautiful thing in the world*, V.: fortissima rerum animalia, O.: dulcissime rerum, H.—*A circumstance, condition:* In' in malam rem, *go to the bad*, T.: mala res, *a wretched condition*, S.: res secundae, *good-fortune*, H.: prosperae res, N.: in secundissimis rebus: adversa belli res, L.: dubiae res, S.—In phrases with *e* or *pro:* E re natā melius fieri haud potuit, *after what has happened*, T.: pro re natā, *according to circumstances:* consilium pro tempore et pro re capere, *as circumstances should require*, Cs.: pro re pauca loquar, V.: ex re et ex tempore.—With an *adj.* in circumlocution: abhorrens ab re uxoriā, *matrimony*, T.: in arbitrio rei uxoriae, *dowry:* bellicam rem administrari, *a battle:* pecuaria res et rustica, *cattle:* liber de rebus rusticis, *agriculture:* res frumentaria, *forage*, Cs.: res iudiciaria, *the administration of justice:* res ludicra, *play*, H.: Veneris res, O.—*A subject, story, events, facts, history:* cui lecta potenter erit res, H.: agitur res in scaenis, H.: res populi R. perscribere, L.: res Persicae, *history*, N.—*An actual thing, reality, verity, truth, fact:* ipsam rem loqui, T.: nihil est aliud in re, *in fact*, L.: se ipsa res aperit, N.: quantum distet argumentatio tua ab re ipsā.—*Abl. adverb., in fact, in truth, really, actually:* eos deos non re, sed opinione esse dicunt: verbo permittere, re hortari: hoc verbo ac simulatione Apronio, re verā tibi obiectum: haec ille, si verbis non audet, re quidem verā palam loquitur: venit, specie ut indutiae essent, re verā ad petendum veniam, L.—*Effects, substance, property, possessions, estate:* et re salvā et perditā, T.: talentūm rem decem, T.: res eos iampridem, fides nuper deficere coepit: in tenui re, *in narrow circumstances*, H.: quantis opibus, quibus de rebus: privatae res.—*A benefit, profit, advantage, interest, weal:* Quasi istic mea res minor agatur quam tua, *is concerned*, T.: Si in remst utrique, ut fiant, *if it is a good thing for both*, T.: in rem fore credens universos adpellare, *useful*, S.: imperat quae in rem sunt, L.: Non ex re istius, *not for his good*, T.: contra rem suam me venisse questus est: minime, dum ob rem, *to the purpose*, T.: ob rem facere, *advantageously*, S.:

haec haud ab re duxi referre, *irrelevant*, L.: non ab re esse, *useless*, L. — *A cause*, *reason*, *ground*, *account*.—In the phrase, eā re, *therefore:* illud eā re a se esse concessum, quod, etc.; see also quā re, quam ob rem.—*An affair*, *matter of business*, *business:* multa inter se communicare et de re Gallicanā: tecum mihi res est, *my business is:* erat res ei cum exercitu, *he had to deal:* cum his mihi res sit, *let me attend to*, Cs.: quocum tum uno rem habebam, *had relations*, T.—*A case in law*, *lawsuit*, *cause*, *suit*, *action:* utrum rem an litem dici oporteret: quarum rerum litium causarum condixit pater patratus, L. (old form.): capere pecunias ob rem iudicandam.—*An affair*, *battle*, *campaign*, *military operation:* res gesta virtute: ut res gesta est narrabo ordine, T.: his rebus gestis, Cs.: bene rem gerere, H.: res gestae, *military achievements*, H.—Of the state, in the phrase, res publica (often written respublica, res p.), *the common weal*, *a commonwealth*, *state*, *republic:* dum modo calamitas a rei p. periculis seiungatur: si re p. non possis frui, stultum nolle privatā, *public life:* egestates tot egentissimorum hominum nec privatas posse res nec rem p. sustinere: auguratum est, rem Romanam p. summam fore: paene victā re p.: rem p. delere.—In the phrase, e re publicā, *for the good of the state*, *for the common weal*, *in the public interests:* senatūs consultis bene et e re p. factis: uti e re p. fideque suā videretur. —*Plur.:* hoc loquor de tribus his generibus rerum p.: utiliores rebus suis publicis esse.—Without *publica*, *the state*, *commonwealth*, *government:* Unus homo nobis cunctando restituit rem, Enn. ap. C.: Hic (Marcellus) rem Romanam Sistet, V.: nec rem Romanam tam desidem umquam fuisse, L.: res Asiae evertere, V.: Custode rerum Caesare, H.—In the phrase, rerum potiri, *to obtain the sovereignty*, *control the government:* qui rerum potiri volunt: dum ea (civitas) rerum potita est, *become supreme*.—In the phrase, res novae, *political change*, *revolution*.

re-sacrō, —, —, āre, *to release from a curse*, N.

re-saeviō, —, —, īre, *to rage again*, *be stirred anew:* ne mota resaeviat ira, O.

re-salūtō, —, ātus, āre, *to greet in return:* neminem esse resalutatum, *had his salute returned*.

re-sānēscō, nuī, ere, *inch.*, *to grow sound again*, *heal again*.—Fig.: error, O.

re-sarciō, —, sartus, īre, *to patch up*, *mend*, *repair*, *restore:* discidit Vestem? resarcietur, T.—Fig.: alqd detrimenti, Cs.

re-scindō, scidī, scissus, ere, *to cut off*, *cut loose*, *cut down*, *tear open:* pontem, i. e. *break down*, Cs.: Ense teli latebram penitus, *to cut open*, V.: obductos annis luctūs, O.: an male sarta Gratia nequiquam coit et rescinditur? H.—*To open:* locum cum praesidiis firmatum: ferro summum Ulceris os, V.—Fig., *to tear open*, *renew*, *expose:* crimina, O.—*To annul*, *abolish*, *abrogate*, *repeal*, *rescind:* quod sit factum legibus, T.: Iussa Iovis, O.: ordinum gesta: totam trienni praeturam: res iudicatas: testamenta.

re-scīscō, scīvī (resciit, Cs.; rescieris, -erit, T., C., H., O.), scītus, ere, *inch.*, *to learn*, *find out*, *ascertain*, *bring to light:* Omnia, T.: Dum id rescitum iri credit, *is going to be found out*, T.: cum id rescierit: quod ubi Caesar resciit, Cs.: id postquam rescierunt, N.: Carmina nos fingere, H.

rescissus, *P.* of rescindo.

re-scrībō, scrīpsī, scrīptus, ere, *to write back*, *write in return*, *reply in writing:* tuis litteris: me non quaerere, etc.: ad litteras: ad ea, quae requisieras: Pompeius rescripserat, sese, etc., Cs.: Nil mihi rescribas, O.—In accounts, *to place to one's credit:* illud mihi Argentum iube rescribi, *have passed to my credit*, T.: qui de residuis CCCC HS CC praesentia solverimus, reliqua rescribamus.—*To pay back*, *repay:* Dictantis, quod tu numquam rescribere possis, H.—*To write again*, *write anew*, *enroll anew*, *re-enlist:* rescriptae ex eodem milite novae legiones, L.: decimam legionem ad equum rescribere (in a double sense: *transfer to the cavalry* and *raise to the rank of knights*), Cs.

rēscrīptum, ī, *n.* [rescribo], *an imperial rescript*, Ta.

re-secō, cuī, ctus, āre, *to cut loose*, *cut off:* linguae scalpello resectae: palpebras: enodes truncos, V.: ferro capillos, O.: Barba resecta, O.: dapes resectae, *cakes cut in squares*, O.: resecanda falce humus, *to be reaped*, O.—Prov.: alqd ad vivum, *cut to the quick*, i. e. *press to an extreme:* de vivo aliquid erat resecandum, *to be cut from the quick*.—Fig., *to cut off*, *curtail*, *check*, *stop*, *restrain:* nimia resecari oportere: quae resecanda erunt, non patiar ad perniciem civitatis manere: audacias atque libidines: crimina quaedam cum primā barbā, Iu.: spatio brevi Spem longam, H.

resecūtus (*P.* of resequor).

re-sēminō, —, —, āre, *to sow again*, *produce again*, *reproduce:* se (phoenix), O.

(**re-sequor**), secūtus, ī, *dep.*, *to follow*, *answer*, *reply:* his contra alqm, O.: Pallada dictis, O.

re-serō, āvī, ātus, āre, *to unlock*, *unclose*, *open:* Surgit anus, reseratque forīs, O.: limina, V.: ianuam, O: portas hosti, O.: exteris gentibus Italiam: aurīs, L.—Fig., *to open*, *lay open*, *unclose:* nos ausi reserare: nec res est familiaris ita reseranda, ut pateat omnibus: longum annum, i. e. *begin*, O.: oracula mentis, *disclose*, O.

re-servō, āvī, ātus, āre, *to keep back*, *save up*, *reserve:* reservatis Aeduis, Cs.: quaesita, O.: libros sibi ad otium: alqd ad testīs: vitam suam ad incertissimam spem: ad eius periculum legiones, Cs.: ad poenam reservatus: se ad maiora, V.: inimicitias in aliud tempus: utrum igni statim necaretur, an in aliud tempus reservaretur, Cs.: illorum esse praedam atque illis reservari, Cs.: quod sit ipsis (iudicibus) reservata (causa): melioribus meis rebus ista iudicia, L.: Minucio me reservabam, i. e. *was holding back my letter to send it by Minucius:* rei p. nos, L.: cui te exitio, V.—*To keep, retain, preserve:* sibi nihil ad similitudinem hominis.

(reses), idis, *adj.* [re-+SED-], *that stays behind, remaining, left:* in urbe plebes, L.—*Inactive, inert, sluggish, slothful, lazy, idle:* eum residem intra vallum tempus terere, L.: residesque movebit Tullus in arma viros, V.: resides et desuetudine tardi, O.

resideō, sēdī, —, ēre [re-+sedeo], *to sit back, remain sitting, remain behind, be left, stay, remain, rest, linger, tarry, abide, reside:* piger pandi tergo residebat aselli, O.: Acidis in gremio (latitans), *resting,* O.: si te interfici iussero, residebit in re p. reliqua coniuratorum manus: corvus celsā residens arbore, Ph.: in oppido: orba resedit inter natos (Niobe), O.—Fig., *to remain behind, remain, be left, stay:* in corpore nullum residere sensum: si iste unus tolletur, periculum residebit: si quid in te residet amoris erga me: quorum in nutu residebat auctoritas: cum horum tectis residere aliquod bellum semper videtur: apud me plus offici residere facillime patior: si qua (ira) ex certamine residet, L.

re-sīdō, sēdī, —, ere, *to sit down, settle:* residamus, si placet: inambulantes, tum autem residentes: valle, V.: medio rex ipse resedit Agmine, *was enthroned,* O.: mediis Aedibus, V.: lassa resedit, *sank,* V.: Iam iam residunt cruribus asperae Pelles, *grow,* H.—*To settle, sink down, sink, subside:* si montes resedissent: Flumina residunt, O.: ad Aeschrionem pretium resedisset, i. e. *fall into the hands of Aeschrio.*—Fig., *to sink, settle down, abate, grow calm, subside, fall:* Cum omnis repente resedit Flatus, V.: Sex mihi surgat opus numeris, in quinque residat (of elegiac verse), O.: cum tumor animi resedisset: impetus animorum, L.: bellum, H.: quorum mentīs nondum ab superiore bello resedisse sperabat, Cs.: tumida ex irā tum corda residunt, V.

residuus, *adj.* [re-+SED-], *left behind, over and above, remaining, residuary:* odium: sollicitudo: ex residuā vetere simultate, L.—As *subst. n., the remainder, rest:* quid potest esse in calamitate residui, quod, etc.—In business, *outstanding, due:* pecuniae: residuis pecuniis exactis, L.

re-signō, āvī, ātus, āre, *to unseal, open:* litteras: testamenta, H.: (Mercurius) lumina morte resignat, i. e. *the eyes* (of the dead), V.—*To give back, give up, resign:* cuncta, H.: (Fortuna) quae dedit, H.—Fig., *to annul, cancel, destroy:* tabularum fidem.—*To disclose, reveal:* fata, O.

resiliō, uī, —, īre, *to leap back, spring back:* In gelidos lacūs, O.: ad manipulos velites, L.—*To spring back, rebound, recoil, retreat:* ferit ora sarissā. Non secus haec resilit, quam, etc., O.: In spatium resilire manūs breve vidit, *to contract,* O.—Fig., *to recoil, be thrown off:* ubi scopulum offendis eiusmodi ut ab hoc crimen resilire videas.

re-sīmus, *adj., turned up, snub:* nares, O.

rēsīnātus, *adj.* [resina, resin], *covered with resin:* iuventus, i. e. *with smooth skin,* Iu.

resipiō, —, —, ere [re-+sapio], *to have a flavor of, smack of.*—Fig.: patriam.

resipīscō, īvī or uī (resipīsset, C.), —, ere, *inch.* [resipio], *to recover the senses, come to, revive, recover:* Resipisco, T.: resipisce, quaeso: quom te intellego Resipisse, *have come to your senses,* T.: ut tunc saltem resipiscerent, L.

resistēns, ntis, *adj.* [*P.* of resisto], *enduring, firm:* ad calamitates perferendas, Cs.

re-sistō, stitī, —, ere, *to stand back, remain standing, stand still, halt, stop, stay, stay behind, remain, continue:* Resiste! *Halt!* T.: ad haec revocantis verbis resistit, O.: restitere Romani, tamquam caelesti voce iussi, L.: ibi, Cs.: in regno, Cs.: nihil est ubi lapsi resistamus, *make a stand again:* pugnandi causā, Cs.: nec ante restitit, quam, etc., L.: cernes saepe resistere equos, O.—Fig., *to pause, stop, stay:* nec resistet (vita) extra forīs: in hoc, *pause here:* Ad thalami clausas forīs, O.: mediā in voce, V.—In war, *to withstand, oppose, resist, make opposition:* resistere neque deprecari, Cs.: aegre, Cs.: caeco Marte, V.: ibi, S.: resistendi occasio, Cu.: eādem ratione quā pridie ab nostris resistitur, Cs.: cum legiones hostibus resisterent, Cs.: signa inferentibus, Cs.: ei in acie, N.—*To resist, oppose, reply, contend against:* restitit et pervicit Cato: resistentibus collegis, S.: vi contra vim, L.: cum a Cottā acriter resisteretur, Cs.: vix deorum opibus, quin obruatur Romana res, resisti posse, L.: consilia, quibus illi tribuno pro re p. restitissem: defensioni, i. e. *reply:* factioni inimicorum, S.: sceleri, O.: omnibus his (sententiis) resistitur, Cs.: cui nec virtute resisti potest, O.: ne pestis removeretur: domus potuit resistere tanto Indeiecta malo, O.: vis tribunicia libidini restitit consulari.—Fig., *to stand up again, rise again:* post ex fluvio fortuna resistet, Enn. ap. C.

re-solvō, solvī, solūtus, ere, *to untie, unfasten, unbind, loose, loosen, release, open:* equos, *unyoke,* O.: fila, *separate,* O.: oras, *cast loose,* L.: resoluta catenis Incedit virgo, i. e. *release,* O.: litteras, L.: iugulum mucrone, O.: faucīs haec in verba, O.:

fatis ora, V.: dolos tecti ambagesque (Labyrinthi), i. e. *explain*, V.: nivem, *melt*, O.: Venus tenebras resolvit, V.: Zephyro se glaeba resolvit, *is softened*, V.—*To relax, unnerve, enervate, enfeeble:* (Cerberus) inmania terga resolvit Fusus humi, *stretched out*, V.: utrumque (concubitus), O.: corpus (somno), O.: resolutis membris, Cu.—Fig., *to set free, release:* Teque piacula nulla resolvent, H.—*To do away, cancel, make void, dispel:* litem quod lite resolvit, H.: Invitat genialis hiemps curasque resolvit, V.: iura (pudoris), V.

resonābilis, e, *adj.* [resono], *resounding:* Echo, O.

re-sonō, āvī, —, āre, *to sound again, resound, ring, re-echo:* in vocibus . . . quiddam resonat urbanius: theatrum naturā ita resonans, ut, etc.: Umbrae cum resonarent triste, H.: resonabat Telorum custos (i. e. pharetra), O.: ut solent pleni resonare camini, *roar*, O.: undique magno domus strepitu, H.: spectacula plausu, O.: resonant avibus virgulta canoris, V.: testudo septem nervis, H.: qui (cornus) ad nervos resonant in cantibus: Suave locus voci resonat conclusus, *echoes to the voice*, H.: gloria virtuti resonat tamquam imago, *answers like an echo.*—*To cause to resound:* lucos cantu, V.: (sonus) in fidibus testudine resonatur, *an echo is produced.*—*To repeat, re-echo, resound with:* Litoraque alcyonen resonant, V.: Formosam resonare doces Amaryllida silvas, V.

resonus, *adj.* [re-+SON-], *resounding, re-echoing:* voces, O.

re-sorbeo, —, —, ēre, *to suck back, swallow again:* fluctūs, O.: pontus resorbens Saxa, V.: mare accrescere aut resorberi, Ta.: Te in bellum resorbens Unda, H.

respectō, —, —, āre, *freq.* [respicio], *to look back, look round, gaze about:* Quid respectas? nihil pericli est, T.: respectantes hostium antesignanos vidit, L.: reiecti respectant terga tegentes, i. e. *fall back*, V.—*To fix the look, gaze at, look upon:* ad tribunal, L.: arcem, L.: alius alium, Ta. —Fig., *to look back for, await, expect:* par ab iis munus.—*To look back, have an eye to, regard, care for:* haec ita praetereamus, ut tamen intuentes et respectantes relinquamus: meum amorem, Ct.: pios, V.

1. **respectus**, *P.* of respicio.

2. **respectus**, ūs, *m.* [re-+SPEC-], *a looking back, looking about:* fugientibus miserabilem respectum incendiorum fore, *the view behind them:* sine respectu pugnabant, L.—*A refuge, retreat, resort, asylum:* ex acie respectum habere: ad Romanos, L.: omnium rerum praeterquam victoriae, L.—Fig., *respect, regard, consideration:* respectum ad senatum habere: equitum, L.: respectu rerum privatarum vicit, *by attention to private interests*, L.: sine respectu maiestatis, L.: Respectu mei, *for my sake*, O.: fabulae, Ph.

respergō, sī, sus, ere [re-+spargo], *to sprinkle over, besprinkle, bestrew:* cum praetoris oculos remi respergerent: manūs sanguine: multos cruore, L.: se sanguine nefando, L.: Quidquid fuerat mortale aquis, O.: pelagus respergit, Att. ap. C. —*To besprinkle, defile:* servili probro respersus est, Ta.

respersiō, ōnis, *f.* [re-+SPARC-], *a sprinkling over, besprinkling:* pigmentorum: sumptuosa (of the funeral pile).

respersus, *P.* of respergo.

respiciō, spēxī, spectus, ere [re-+*specio], *to look back, look behind, look about, see behind, look back upon, gaze at, look for:* longe retro: respicere vetitus, L.: inproviso ad eum, T.: patriae ad oras, O.: tanta militum virtus fuit, ut paene ne respiceret quidem quisquam, Cs.: Respiciunt atram in nimbo volitare favillam, *see behind them*, V.: modo Prospicit occasūs, interdum respicit ortūs, O.: proxima signa, Cs.: Italiae litora, L.: amissam (Creüsam) respexi, *looked back for*, V.: versas ad litora puppīs, V.: medio cum Sol orbe Tantum respiceret, quantum, etc., i. e. *had already passed*, O.—Fig., *to look, have regard, turn attention, regard, look to, contemplate:* ad hunc summa imperi respiciebat, i. e. *was centred in him*, Cs.: maiores tuos respice: subsidia, quae respicerent in re trepidā, etc., *might look to*, L.: exemplar vitae morumque, *have in mind*, H.—*To look at anxiously, have a care for, regard, be mindful of, consider, respect:* nisi quis nos deus respexerit: Sive neglectum genus et nepotes Respicis, auctor, H.: Respiciens ad opem ferendam (an epithet of Fortuna): miseros aratores: non Pylium Nestora respicis, H.: Quantum quisque ferat respiciendus erit, O.: salutem cum meam tum meorum: neque te respicis, *spare yourself*, T.: si quid pietas antiqua labores Respicit humanos, V.

respīrāmen, inis, *n.* [respiro], *the windpipe*, O.

respīrātiō, ōnis, *f.* [respiro], *a breathing out, breathing, respiration:* respirationem requirere: aquarum, *exhalation.*—Fig., *a breathing, taking breath, rest, intermission, pause:* sine respiratione pugnabant, L.: morae respirationesque delectant.

(**respīrātus**, ūs), *m.* [respiro], *an inhalation, inspiration:* qui (pulmones) in respiratu dilatant.

re-spīrō, āvī, ātus, āre, *to blow back, breathe back, breathe out, exhale:* ex eā pars redditur respirando.—*To take breath, breathe, respire:* propius fore eos ad respirandum: *Clin.* O Clitopho, Timeo. *Clit.* respira, T.: ter deciens, Iu.—Fig., *to fetch breath, recover breath, recover, revive, be relieved, be refreshed:* (improbitas) numquam sinit eum respirare: si armis positis civitas respiraverit:

respiravi, liberatus sum: nec respirare potestas, V.: ita respiratum, mittique legationes, coeptae, L.: ab eorum mixtis precibus minisque, L.—*To abate, diminish, cease, pause:* oppugnatio respiravit: respirasset cupiditas.

re-splendeō, —, —, ēre, *to shine back, glitter, be resplendent:* resplendent fragmina harenā, V.

re-spondeō, spondī, spōnsus, ēre, *to answer, reply, respond, make answer:* in respondendo exposuit, etc.: non inhumaniter: ille appellatus respondit, Cs.: par pari ut respondeas, *give tit for tat*, T.: paria paribus: antiquissimae cuique (epistulae) primum respondebo: ad ea, quae quaesita erant: adversus utrosque, L.: quin respondes, vetuerimne te, etc., L.: mihi quis esset: cum dixisset, Quid agis, Grani? respondit, Immo vero, etc.: tibi pauca: Accipe, quid contra iuvenis responderit, H.: Quid nunc renunciem abs te responsum? T.: (haec) quam brevia responsu.—*To give an opinion, give advice, decide, answer:* falsum de iure: te ad ius respondendum dare: civica iura, H.: quae consuluntur, minimo periculo respondentur, etc.: cum ex prodigiis haruspices respondissent, S.: deliberantibus Pythia respondit, ut moenibus ligneis se munirent, *advised*, N.— *To answer to one's name, answer, attend, appear:* ad nomina, L.: vadato, H.: Verrem alterā actione responsurum non esse: nemo Epaminondam reresponsurum putabat, N.: ad tempus.—Fig., *to answer, reply, re-echo, resound:* saxa voci respondent: respondent flebile ripae, O.—*To answer, be equal to, be a match for, suffice to meet:* urbes coloniarum respondebunt Catilinae tumulis silvestribus.—*To answer, correspond, accord, agree:* ut omnia omnibus paribus paria respondeant: respondent extrema primis: illam artem (sc. rhetoricam) quasi ex alterā parte respondere dialecticae, i. e. *is the counterpart of:* Contra elata mari respondet Gnosia tellus, i. e. *lies opposite*, V.: ita erudiri, ut patri respondeat, *resemble:* ut nostra in amicos benevolentia illorum erga vos benevolentiae respondeat: seges votis, V.: arma Caesaris non responsura lacertis, H.: officio, *to suffice for*, H.: Non mihi respondent veteres in carmina vires, O.: amori amore respondere, i. e. *return:* provide, ut sit, unde par pari respondeatur, i. e. *that there be enough to meet the demand:* ad spem eventus respondit, L.

respōnsiō, ōnis, *f.* [respondeo], *an answer, reply, refutation:* alio responsionem suam derivavit: sibi ipsi responsio, *to one's own argument.*

respōnsitō, —, —, āre, *freq.* [responso], *to give professional advice, answer professionally.*

respōnsō, —, —, āre, *freq.* [respondeo], *to return, answer, re-echo:* exoritur clamor, ripaeque Responsant circa, *re-echo*, V.—Fig., *to answer, agree:* Ne gallina malum responset dura palato, H.—*To answer, withstand, resist, defy:* cupidinibus, H.: animus cenis opimis, H.

respōnsum, ī, *n.* [*P. n.* of respondeo], *an answer, reply, response:* exspectabat suis postulatis responsa, Cs.: haec ex illius ad nostra responsa responsis intellegentur: sine responso legatos dimisit, L.: tantis de rebus responsum dedisti: quo minus responsum equitibus redderetur: eadem ferunt responsa, Cs.: scire quae responsa referat a Pompeio, *brings:* petere, H.—*A professional answer, opinion, advice, response, oracle:* cum responsumque ab eo (Crasso) verum abstulisset: haruspicum responsa: In dubiis responsa petunt, V.: responsa vatis aguntur, O.: legatus a Delphis rediit, responsumque ex scripto recitavit, L.: Apollinis, T.

respōnsus, *P.* of respondeo.

rēs pūblica, see res.

re-spuō, uī, ere, *to spit back, discharge by spitting, cast out, cast off, eject, expel:* gustatus, id, quod valde dulce est, respuit: quas natura respuerit: invisum cadaver (humus), O.—Fig., *to reject, repel, refuse, spurn, dislike, disapprove:* quis te tum audiret illorum? respuerent aures: id quod omnium mentes aspernentur ac respuant: haec aetas omne quod fieri non potest respuit: condicionem, Cs.: Caesaris interdicta respuuntur, *are spurned:* in animis hominum respui, L.: consolationem.

re-stāgnō, —, —, āre, *to run over, overflow:* paludes restagnantes, L.: restagnantis maris unda, O.: late is locus restagnat, *is overflowed*, Cs.

restaurō, āre, *to restore, repair:* theatrum, Ta.: Aedem Veneris, Ta.

resticula, ae, *f. dim.* [restis], *a cord, line.*

restinctiō, ōnis, *f.* [re-+STIG-], *a quenching:* sitis.

re-stinguō, nxī, nctus, ere, *to put out, quench, extinguish:* ad restinguendum concurrere, *to extinguish the flames*, Cs.: aquam ad restinguendum ferre, L.: ignem: moenibus subiectos ignīs: flammam orientem, L.: incendium, S.— *To quench, slake, assuage, allay, mitigate, counteract:* sitim: aquae sitim rivo, V.: ardentis Falerni Pocula lymphā, H.—Fig., *to extinguish, exterminate, destroy:* haec verba una falsa lacrimula Restinguet, T.: animos hominum sensūsque morte restingui: bellum restinctum: parte animi, in quā irarum exsistit ardor, restinctā, *appeased:* libertatis recuperandae studia: sermunculum omnem.

restipulātiō, ōnis, *f.* [restipulor], *a counter-engagement, counter-obligation:* nova.

re-stipulor, —, ārī, *dep.*, *to stipulate in return, exact a reciprocal promise.*

restis, īs, *acc.* restim (rarely em, Iu.), *abl.* reste, *f.* [CART-], *a rope, cord:* descendunt statuae restemque sequuntur, Iu.: restim ductans saltabis (in a chain-dance), T.: per manūs reste datā, L. —Prov.: Ad restim res rediit, *I am driven to the rope*, i. e. *might as well hang myself*, T.

restitō, —, —, āre, *freq.* [resto], *to stay behind, loiter, tarry, hold back, resist:* ubi restitaret, mortem denuntiantes, *on the spot*, L.: prope restitantes (consules) in contionem pertraxerunt, *almost against their will*, L.

restituō, uī, ūtus, ere [re-+statuo], *to set up again, replace, restore, reconstruct, rebuild, revive, renew, reform, rearrange:* Forīs effractas, T.: ut Minerva, quam turbo deiecerat, restitueretur: arborem, V.: vicos, quos incenderant, Cs.: fontīs et Flumina, O.: ordines, S.: aciem, L.: exstinctos, *raise the dead*, O.—*To give back, deliver up, return, restore, replace, make restitution of:* fraudata, Cs.: sospites omnīs Romam ad propinquos, L.: quem a me accepisti locum, T.: virginem suis, T.: bona iis, Cs.: agrum Veientibus, L.: Pompeius civitati restitutus: captum victori, L.: Caesaris imperio restituendus erat, O.—Fig., *to restore, revive, renew, reform, repair, remedy:* Unus homo nobis cunctando restituit rem, Enn. ap. C.: maxime, Cui res cunctando restituenda foret, O.: res perditas, L.: veteres clientelas, Cs.: veterem tuam prudentiam: tribuniciam intercessionem armis, Cs.: suorum a pudore maritimae ignominiae restituti animi, *recovered*, L.—*To bring back, restore, recall, reinstate:* Licinium de aleā condemnatum: iusta causa restituendi mei: damnatos in integrum, Cs.: tribunos plebis in suam dignitatem, Cs.: restitutus in patriam (Camillus) secum patriam ipsam restituit, L.: (eos) rursum in gratiam, *reconcile*, T.: fratrem in antiquum locum gratiae, Cs.: vos in amicitiam nostram, L.: veteri patientiae (Britanniam), Ta.: Romanis se, *join the Romans again*, L.: Bacchus peccasse fatentem Restituit, i. e. *pardoned*, O.—*To restore, re-establish, re-enact:* leges: restituit his animos parva una res, L.—*To reverse, revoke, undo, make void, make good again, repair:* alia iudicia Lilybaei, alia Agrigenti restituta sunt, i. e. *cancelled:* praecipita raptim consilia in integrum, L.: ut, si ego eum condemnaro, tu restituas: restitui in integrum aequom est, T.—*To compensate for, make good:* damna, L.: vim restitui factam iubet, *that the damage be repaired.*

restitūtiō, ōnis, *f.* [restituo], *a restoration, reinstatement, pardon:* damnatorum: salus restitutioque, *a recalling from exile.*

restitūtor, ōris, *m.* [restituo], *a restorer, rebuilder:* templorum omnium, L.—Fig.: salutis meae.

restitūtus, *P.* of restituo.

re-stō, stitī, —, āre, *to withstand, resist, oppose, stand firm, hold out, not yield:* summā vi, L.: Is mihi, dum resto, guttura Rupit, O.: In quā re nunc tam confidenter restas, *oppose me*, T.: paucis plures vix restatis, L.: melioribus restas, *are opposing your betters*, O.—*To be left, remain:* huius generis reliquias Restare video, T.: cum aequalibus, qui pauci iam admodum restant: unam sibi spem reliquam in Etruscis restare, L.: Omnīs composui . . . ego resto, H.: De viginti Restabam solus, O.: duae restant noctes de mense secundo, O.: Dona flammis restantia Troiae, *saved from*, V.: hoc etiam restabat, Ut, etc., O.: illud etiam restiterat, ut, etc.: restat, ut omnes unum velint: nec aliud restabat quam conrigere, etc., L.: restabat verba referre, O.: quid restat, nisi porro ut fiam miser, T.: placet (vobis) socios sic tractari, quod restat, ut, etc., i. e. *for the future:* Ire tamen restat, H.: Hoc Latio restare canunt, V.

restrictē, *adv.* [restrictus], *closely, sparingly:* facere.—Fig., *strictly, exactly, precisely:* cetera praefinio: praecipere.

restrictus, *adj.* with *comp.* [*P.* of restringo], *bound fast, close, niggardly, stingy:* eosdem restrictos fuisse: ad largiendum ex alieno restrictior.

(restringō), —, ictus, ere, *to bind back, bind fast, tighten:* Qui lora restrictis lacertis Sensit, H.: restrictus silici, Ct.—Fig., *to restrain, check:* animum, Ta.

re-sūdō, —, —, āre, *to sweat, exude* (of the ground), Cu.

resultō, —, ātus, āre, *freq.* [resilio], *to spring back, rebound:* tela galeā resultant, V.—*To reverberate, resound, re-echo:* ubi vocis resultat imago, V.: colles clamore resultant, *ring*, V.

re-sūmō, sūmpsī, sūmptus, ere, *to take up again, take back, resume:* positas (tabellas), O.: speciem caelestem, O.—Fig.: pugnam, *renew*, Ta.: vires, *recover*, O.

resupīnō, —, ātus, āre [resupinus], *to bend back, turn back:* puer me resupinat, T.: adsurgentem regem umbone, *throws down*, L.: resupinati Galli, i. e. *prostrate*, Iu.: valvas, *to break down*, Pr.

re-supīnus, *adj.*, *bent back, thrown back, lying on the back, facing upward, supine:* resupinum in caelo contueri: curru haeret resupinus inani, V.: cantabam resupinus amores, O.: tendo resupinus habenas, *leaning backward*, O.: tulerat gressūs resupina per urbem, i. e. *arrogantly*, O.

re-surgō, surrēxī, surrēctus, ere, *to rise again, appear again, lift oneself:* pugnat resurgere saepe, O.: si resurgat centimanus Gyas, H.: herbae, O.: Sexta resurgebant cornua lunae, O.—Fig., *to rise again, be restored, be rebuilt, revive:* res Romana velut resurgere videatur, L.: fas regna resurgere Troiae, V.: Ter si resurgat murus aëneus, H.

re-suscitō, —, —, āre, *to revive, renew:* veterem iram, O.

retardātiō, ōnis, *f.* [retardo], *a delaying, retarding:* bellum tractum ex retardatione.

re-tardō, āvī, ātus, āre, *to keep back, hinder, delay, detain, impede, retard:* (stellarum) motūs retardantur: equos retardant Flumina, V.: tua ne retardet Aura maritos, H.: in quo cursu, tum retardando, tum, etc., *lagging behind.*—Fig., *to retard, repress, check, keep back, avert, hinder:* ad quem (agrum) fruendum: impetūs hostium esse intellegunt retardatos: celeritatem persequendi: animos testium: auxilium: me a scribendo.

rēte, is, *abl.* e, *gen. plur.* ium, *n.* [SER-], *a net:* non rete accipitri tenuitur, T.: araneolae quasi rete texunt: retia ferre, O.: retia ponere cervis, V.: ducebam ducentia retia piscīs, O.—Prov.: Quae nimis apparent retia, vitat avis, O.—Fig., *a toil, snare:* tendis retia nota mihi, Pr.

retēctus, *P.* of retego.

re-tegō, tēxī, tēctus, ere, *to uncover, bare, open:* thecam nummariam: iugulum, O.: homo retectus, i. e. *stripped of his shield,* V.: ubi Titan radiis retexerit orbem, i. e. *shall reveal,* V.: retegente diem Lucifero, O.—Fig., *to disclose, discover, reveal:* domūs scelus, V.: arcanum Consilium, H.: timidi commenta animi, O.: occulta coniurationis, Ta.

re-temptō (-tentō), —, —, āre, *to try anew, attempt again, reattempt:* verba intermissa, O.: referoque manūs iterumque retempto, O.: studium fatale, O.: Saepe refringere vestīs, O.

re-tendō, dī, tus or sus, ere, *to release from tension, unbend, slacken, relax:* lentos Arcūs, O.: arcus retentus, O.: arcus retensus, Ph.

retentiō, ōnis, *f.* [re-+TA-], *a keeping back, holding back, holding in:* aurigae: retentione uti, *make an abatement* (in paying).—Fig., *a withholding:* adsensionis.

1. **retentō**, —, —, āre, *freq.* [retineo], *to hold back firmly, keep back, hold fast:* agmen, L.: admissos equos, O.—*To preserve, maintain:* sensūs hominum, C. poët.

2. **re-tentō**, see retempto.

retentus, *P.* of retendo and of retineo.

re-texō, xuī, xtus, ere, *to unweave, unravel:* telam: tela retexta dolo, O.: Luna, retexuit orbem, i. e. *diminished again,* O.—Fig., *to undo, cancel, annul, reverse:* novi timores retexunt superiora: illa (dicta), *take back:* orationem, *alter:* scriptorum quaeque, *correct,* H.: opus, O.—*To weave anew, renew, repeat.*—Fig.: properata retexite fata, i. e. *revive,* O.: orbīs cursu, V.

rētiārius, ī, *m.* [rete], *a gladiator who used a net to entangle his adversary, net-fighter,* Iu.

reticentia, ae, *f.* [reticeo], *a keeping silent, silence, reticence:* reticentiae poena, i. e. *for suppressing the truth.*—In rhet., *an abrupt pause.*

reticeō, cuī, —, ēre [re-+taceo], *to be silent, keep silence:* nihil subterfugere reticendo: non placuit reticere, S.: Ne retice, ne verere, T.: interroganti senatori, *make no answer,* L.: loquenti, O.—With *acc., to keep silent, keep secret, conceal:* nil reticuit, T.: vestrum errorem: quae audierat, S.: Multa linguae reticenda modestae, O.

rēticulum, ī, *n. dim.* [rete], *a little net, network bag, reticule:* reticulum ad narīs sibi admovebat: panis, H.: Reticulo pilae fundantur aperto, *the ball-net, racket,* O.

retinācula, ōrum, *n.* [retineo], *a holdfast, band, tether, halter, halser, rope, cable:* valida, L.: parant lentae retinacula viti, V.: mulae, H., O.

retinēns, entis, *adj.* [*P.* of retineo], *holding fast, tenacious, observant:* libertatis: sui iuris, O.: moris, Ta.

retineō, tinuī, tentus, ēre [re-+teneo], *to hold back, keep back, keep, detain, retain, restrain:* me, T.: concilium dimittit, Liscum retinet, Cs.: in loco milites, Cs.: venit id tempus, ut retinendus esset, *must be kept* (to dinner): biduum tempestate retentus, *detained,* Cs.: nisi iam profecti sunt, retinebis homines: euntem, O.: consulem, L.: naves pro bonis Tarquiniorum ab Aristodemo retentae sunt, i. e. *as security,* L.: manūs ab ore, O.—*To hold fast, keep possession of, retain, keep:* arcum manu: retentā utrāque nave, Cs.: mansuetudine provinciam: oppidum, Cs.—Fig., *to hold in check, keep within bounds, restrain, check, repress:* Pudore liberos, i. e. *control,* T.: cursum in suā potestate: Gaudia, O.: verba dolore, O.: quos natura retinere in officio non potuisset: si ab hostibus metu retenti sumus, L.: lingua retenta metu, O.: aegre sunt retenti, quin oppidum inrumperent, Cs.—*To hold fast, keep, retain:* amicos observantiā: gravitatem: ferociam animi in voltu, S.: proeliorum memoriam, Cs.: Nec retinent patulae commissa fideliter aures, H.—*To keep, preserve, maintain, uphold:* retinere in vitā: integram causam: suum ius: pristinam virtutem, Cs.: caritatem in pastores: de finibus retentae defensaeque sententiae: vehementer id retinebatur, ne, etc., *was insisted on.*—*To occupy, engross, fix the attention of:* studium in legendo erectum retinetur: animos hominum in legendo: Ore suo volucrīs vagas, O.

re-tinniō, —, —, īre, *to ring again, resound:* in vocibus oratorum retinnit quiddam.

re-tonō, —, —, āre, *to thunder back, resound:* fremitu loca retonent, Ct.

re-torqueō, sī, tus, ēre, *to twist back, turn back, throw back:* caput in sua terga (anguis), O.: ora ad os Phoebi, O.: oculos ad urbem: tergo bracchia, H.: manibus retortis, H.: pantherae terga, *to throw around,* V.: retortis Litore violenter undis, *thrown back,* H.: missilia in hostem, Cu.: retorqueri agmen ad dextram conspexerunt, *wheeled back*, Cs.—F i g., *to change, alter:* mentem, V.

re-torridus, *adj., parched, dried up, withered:* mus, i. e. *old*, Ph.

retortus, *P.* of retorqueo.

retractātiō, ōnis, *f.* [retracto], *a refusal, objection:* sine ullā retractatione.

(retractātus), *adj.* [*P.* of retracto], *revised, corrected.*—Only *comp.:* σύνταγμα retractatius.

re-tractō (-trectō), āvī, ātus, āre [retraho], *to handle again, take in hand again, undertake anew:* arma, L.: ferrum, V.: volnera cruda, i. e. *touches anew the unheeled sores*, O. — F i g., *to consider, examine again, review, revise:* omnia, quae ad cultum deorum pertinerent: Fata domūs, O.: augemus dolorem retractando: desueta verba, O.: Ceae munera neniae, H.: posterā die retractatur, *the negotiation is renewed*, Ta. — *To withdraw, draw back, refuse, decline, be reluctant:* sive retractabis sive properavis: Icilium retractantem adripi iubet, L.: quid retractas? V.: nihil est quod dicta retractent, *have no reason for revoking*, V.

retractus, *adj.* with *comp.* [*P.* of retraho], *drawn back, withdrawn, remote, distant:* in intimo sinu, L.: retractior a mari murus, L.

re-trahō, trāxī, tractus, ere, *to draw back, withdraw, call back:* me proficiscentem: revocandum universis retrahendumque (Flaminium) censuerunt, L.: manum: quo fata trahunt retrahuntque, V.: aliquid (pecuniae), *withhold*, L.: cum se retraxit, ne pyxidem traderet, *refused:* ne te retrahas, H.: se ab ictu, O.—Of fugitives, *to drag back, bring back:* retrahi (Dumnorigem) imperat, Cs.: ne deprehensus a custodibus retraheretur, L.: ut retractus, non reversus, videretur: ex fugā, S.: ad me illud fugitivom argentum, T.: ad eosdem cruciatūs retrahi, Ta.—F i g., *to draw back, withdraw, remove, divert, turn:* poëtam Retrahere ab studio, T.: Thebas ab interitu, N.: genus eiusmodi calumniae retrahetur in odium iudicis, i. e. *results in:* imaginem nocturnae quietis ad spem, i. e. *interpret perversely*, Ta. — *To bring to light again, make known again:* oblitterata aerarii nomina, Ta.

retrectō, see retracto.

re-tribuō, uī, ūtus, ere, *to give back, return, restore, repay:* pecuniam acceptam populo, L.: illis fructum quem meruerunt, *render.*

retrō, *adv.*—Of motion, *backward, back, to the rear:* vestigia sequor, V.: ora Flectit, O.: inhibitā nave, L.: fugam retro spectante milite, L.: fugit, H.: meretrix retro Periura cedit, H.: properare, O.—Of rest, *behind, on the back side, in the rear:* ultimis conclave in aedibus, T.: quid retro atque a tergo fieret, ne laboraret: retro Marsigni, etc., Ta. — F i g., in time, *back, in time back, in past times, before, formerly:* deinceps retro usque ad Romulum: Quodcumque retro est, *is past*, H.—In thought, *back, behind, in return, on the contrary, on the other hand, vice versa:* ut omnia, quae sine eā (honestate) sint, longe retro ponenda censeat: vide rursus retro: omnia fatis In peius ruere, ac retro sublapsa referri, i. e. *against one's wish*, V.

retrō-cēdō or **retrō cēdō,** —, —, ere, *to go back, retire, recede:* eos retro cedentes recipiebant, L.: retrocedendo producere incautos, Cu.

retrōrsum (C., H.) or **retrōrsus** (V.), *adv.* [retroversus], *back, backward, behind:* vestigia nulla retrorsum, H.: mutata te ferat aura, H.: relegens errata retrorsus Litora, V.—F i g., *in return, in reversed order:* oritur ex aëre aether; deinde retrorsum, etc.

retrō-versus (-vorsus), *adj., turned back:* Ipse retroversus protulit ora, O.: sententia vobis Vorsa retro, *reversed*, V.

retrūsus, *adj.* [*P.* of re-trudo], *concealed, hidden, deep:* simulacra deorum: haec in philosophiā.

re-tundō, rettudī or retudī, tūsus or tūnsus, ere, *to beat back, blunt, dull:* ferrum: in Massagetas ferrum, H.: gladios in rem p. destrictos: coniurationis tela. — F i g., *to blunt, dull, deaden, weaken, restrain, check, repress:* (censori stili) mucronem: animum, T.: impetum erumpentium, L.: Aetolorum linguas, *silence*, L.: superbiam, Ph.

retūsus or **retūnsus,** *adj.* [*P.* of retundo], *blunted, blunt, dull:* ferrum, V.: Tela, O.—F i g.: ingenia.

reus, *adj.* [res], *concerned in a thing, party to an action:* reos appello omnīs, quorum de re disceptatur. — *Accused, arraigned, defendant, prosecuted, under charges:* Milone reo ad populum, accusante P. Clodio: cum a me reus factus sit, *was prosecuted:* ne quis istis legibus reus fiat: rei ad populum circumeunt sordidati, *when under charges before the tribal comitia*, L.: ut socrus adulescentis rea ne fiat: tota rea citaretur Etruria: de vi: ob eandem causam et eodem crimine: Nunc reus infelix absens agor, O.—As *subst. m., the defendant, accused, prisoner:* innocentem reum condemnatum audiebant: aliter condemnari reus non potest. — *Bound, answerable, responsible:* ut suae quisque partis tutandae reus sit, L.: voti reus, *when bound by my vow*, i. e. *when my prayer is granted*, V.: fortunae, *to be blamed for*, L.: Quid fiet sonti, cum rea laudis agar? i. e. *though deserving praise am accused*, O.

re-valēscō, luī, ere, *to grow well again, recover:* Laodicea (tremore terrae prolapsa) revaluit, *regained its condition*, Ta.: ut diplomata revalescerent, *might become valid again*, Ta.

re-vehō, vēxī, vēctus, ere, *to carry back, bring back, convey back:* Segestam Carthagine revecta: praedam inde, L.: tela ad Graios, O.: domum te,

H.: revehi ad proelium, *return*, L.: equo citato ad urbem revectus, *riding*, L.: Hac ego sum captis macte revectus equis, O. —Fig.: ad paulo superiorem aetatem revecti sumus, *have gone back.*

re-vellō, vellī, volsus or vulsus, ere, *to pluck away, pull away, tear out, tear off:* crucem quae fixa est ad portum: equi de fronte revolsus amor, V.: titulum de fronte, O.: caput a cervice, V.: partem e monte, O.: a me morte revelli, *to be torn away*, O.: scuta manibus, *wrest*, Cs.: sudem osse, O.: herbas radice, *with the root*, O.: tabulam: ianua, quā revolsā, pateret provincia: stipites revincti, ne revelli possent, Cs.: proximos agri terminos, *tear away*, H.: curvo dente humum, *tear up*, O.: cinerem manīsve, *violate*, V. —Fig., *to abolish, do away:* honorificis verbis iniurias.

re-vēlō, —, ātus, āre, *to unveil, uncover, lay bare:* frontem, Ta.: Ore revelato, O.

re-veniō, vēnī, —, īre, *to come back, return:* domum.

re vērā, see res.

re-verberō, —, —, āre, *to repel, cause to rebound:* Indus saxis reverberatur, Cu.

reverendus, *adj.* [*P.* of revereor], *inspiring awe, venerable, reverend:* Nox, O.: facies, Iu.

reverēns, entis, *adj.* with *comp.* [*P.* of revereor], *respectful, reverent:* sermo erga patrem, Ta.: reverentius visum credere, quam, etc., Ta.

reverenter, *adv.* [reverens], *respectfully.* — *Comp.:* reverentius duci parere, Ta.

reverentia, ae, *f.* [revereor], *timidity, respect, regard, fear, awe, reverence:* adversus homines: imperi, Ta.: legum, Iu.: poscendi, Pr.: absit reverentia vero, O.: Maxima debetur puero reverentia, Iu.—Person., as a deity, O.

re-vereor, itus, ērī, *dep.*, *to stand in awe of, regard, respect, honor, fear, be afraid of, reverence, revere:* adventum tuom, T.: dicam non reverens adsentandi suspicionem: coetum virorum (Tullia), L.: fortunam captivae, Cu.: Ne revereatur, minus iam quo redeat domum, T.

reversiō (revors-), ōnis, *f.* [re-+VERT-], *a turning about, turning back* (on the way): mea.—*A recurrence, return:* febrium.

reversus, *P.* of revertor.

(**re-vertō** or **-vortō**), tī, —, ere, see revertor.

re-vertor or **re-vortor**, versus or vorsus, *perf.* usu. revertī (from reverto), ī, *to turn back, turn about, come back, return:* ex itinere: se vidisse exeuntem illum domo et revertentem: a ponte, H.: silvā, O.: domum: in castra, S.: praedā partā victores reverterunt, L.: cum perspicerent ad istum illos nummos revertisse: quis neget . . . Tiberim reverti, H.: in Asiam reversus est, N.—Fig., *to return, go back:* nescit vox missa reverti, i. e. *be unsaid*, H.: ad superiorem consuetudinem: ad sanitatem, Cs.: ad Musas, O.—In speaking, *to return, revert, recur:* somnia, ad quae mox revertar: ad me.

revīctus, *P.* of revinco.

re-vinciō, vinxī, vinctus, īre, *to bind back, tie behind:* manūs iuvenem post terga revinctum trahebant, *with his hands tied behind him*, V.—*To bind around, bind fast, fasten:* ancorae pro funibus catenis revinctae, Cs.: stipites ab infimo revincti, Cs.: (filia) ad saxa revincta, O.: Errantem Mycono celsā Gyaroque revinxit, V.

re-vincō, vīcī, vīctus, ere, *to conquer, subdue:* victrices catervae Consiliis iuvenis revictae, H.—Fig., *to convict, refute, disprove:* amicorum iudicio revinci: crimina revicta rebus, *disproved*, L.

revinctus, *P.* of revincio.

re-virēscō, —, —, ere, *inch.*, *to become green again, recover verdure:* iubet revirescere silvas, O.: Spes est . . . revirescere posse parentem, i. e. *renew his youth*, O.—Fig., *to grow again, be renewed, revive:* sunt accisae (res), tamen . . . ad renovandum bellum revirescent: imperium, Cu.

re-vīsō, —, —, ere, *to look back, look back to see, come back to inquire:* reviso, quid nam gerat, T.—*To go to see again, revisit:* nos: sedes suas, V.: rem Gallicanam: aut quae digna satis fortuna (te) revisit? V.

re-vīvīscō, vīxī, —, ere, *inch.* [re+vivo], *to come to life again, be restored to life, live again, revive:* si Clodius revixerit: avum suum revixisse putat. —Fig., *to revive, recover, gather strength, renew vigor:* ex illo metu mortis: adventu nostro reviviscunt iustitia, abstinentia.

revocābilis, e, *adj.* [revoco], *to be recalled, revocable:* telum, O.

revocāmen, inis, *n.* [revoco], *a calling back, recall:* Accipio revocamen, O.—*Plur.*, O.

revocātiō, ōnis, *f.* [revoco], *a calling back, recalling:* a bello. —Fig., *a recalling, bringing back:* ad contemplandas voluptates.—In rhet.: eiusdem verbi, i. e. *repetition.*

re-vocō, āvī, ātus, āre, *to call again, call back, recall:* Exclusit; revocat; redeam? H.: de medio cursu rei p. voce revocatus: revocatus de exsilio, L.: Caesar in Italiam revocabatur, Cs.—Of troops, *to call back, recall, call off, withdraw:* legiones revocari atque itinere resistere iubet, Cs.: quae receptui canunt, ut eos etiam revocent: tardius revocati proelio excesserant, S.: equites, Cs.: ab opere legiones, Cs.: consul ab revocando ad incitandos versus milites, L.; cf. fluctūs et flumina signo dato, O.—Of a player or declaimer, *to call back, recall, encore:* Livius saepius revocatus, L.:

hunc vidi revocatum eandem rem dicere: primos trīs versūs, *to encore:* miliens revocatum est.—*To recall to life, revive, bring back:* revocatus a morte, V.: gelidos artūs in vivum calorem, O.—*To summon again:* hominem populus revocat, i. e. *prosecute anew:* si revocemur in suffragium, *are called to vote again,* L.—*To summon in turn:* unde tu me vocasti, inde ibi ego te revoco, i. e. *I answer by demanding that you leave* (the estate).—*To ask again, invite in return:* domum suam istum vocabat qui neque revocaturus esset: volpem, Ph.—*To draw back, withdraw, turn back:* revocata (Lumina) rursus eodem Retuleram, O.: cupidas manūs, O.: pedem ab alto, V.—Fig., *to call back, recall, resume, renew, regain, recover:* dies revocandae libertatis: et virīs et corpus amisi: sed, facile illa revocabo, *will recover:* (studia) remissa temporibus: quod, utcunque praetermissum, revocari non posset, L.: veteres artīs, H.: exordia pugnae, i. e. *recall to mind,* V.: ductores, revocato a sanguine Teucri, i. e. *the restored race,* V.—*To recall, check, control:* in vitibus revocantur ea, quae, etc., i. e. *are pruned:* vinolenti revocant se interdum, *bethink themselves.*—*To recall, withdraw, divert, turn away:* revocare se non poterat familiaritate implicatus, *could not withdraw:* quos spes praedandi ab agriculturā revocabat, Cs.: te a turpitudine: animum ab irā, O.: me ad pristina studia: se ad industriam.—*To recall, divert, turn, bring:* disceptationem ab rege ad Romanos, L.: ad quae me exempla revocas: comitiis tot civitatum unam in domum revocatis, i. e. *crowded:* ad spem consulatūs in partem revocandam aspirare, *to bring over to themselves* (of the plebs), L.—*To apply, reduce, refer, subject, submit:* omnia ad suam potentiam revocantis esse sententiam: revocata res ad populum est, L.: illa de urbis situ ad rationem: rem ad illam rationem.—*To recall, revoke, retract, cancel, undo:* libertatem, i. e. *to enslave again,* Ta.: si facta mihi revocare liceret, O.

re-volō, —, —, āre, *to fly back:* dux (gruum) revolat: mergi, V.: ceratis Daedalus alis, O.

revolsus, *P.* of revello.

revolūbilis, e, *adj.* [re-+3 VOL-], *to be rolled back:* pondus (i. e. saxum), O.

re-volvō, volvī, volūtus, ere, *to roll back, unroll, unwind, revolve, return:* draco revolvens Sese, C. poët.: revoluta pensa (sunt), V.: (pontus) aestu revoluta resorbens Saxa, i. e. *from which the waves are rolled back,* V.: iter omne, *traverse again,* V.—*Pass., to be brought back, come again, fall back, return:* revolvor identidem in Tusculanum: Ter sese attollens . . . Ter revoluta toro est, *sank back,* V.: revolutus equo, *tumbling backwards,* V.: revoluta rursus eodem est, O.—Of time: dies, V.: Saecula, O.—Of a writing, *to unroll, turn over, read over, reperuse, repeat:* tuas adversus te Origines, L.: loca iam recitata, H.—Fig., *to endure anew, experience again:* casūs Iliacos, V.—*Pass., to come again, be brought back, return, recur, fall back:* in eandem vitam te revolutum esse, T.: in ista, O.: animus in sollicitudinem revolutus est, Cu.: ad patris revolvor sententiam: ad eius causae seposita argumenta: ad dispensationem inopiae, *be forced,* L.: rursus ad superstitionem, Cu.: eodem: eo revolvi rem, ut, etc., L.—*To go over, repeat, think over, bring back to mind:* quid ego haec nequiquam ingrata revolvo? V.: facta dictaque eius secum, Ta.: visa, O.

re-vomō, —, —, ere, *to spew forth again, vomit up, disgorge, throw up:* pectore fluctūs, V.: raptas carinas (of Charybdis), O.

revor-, see rever-.

revulsus, *P.* of revello.

rēx, rēgis, *m.* [REG-], *an arbitrary ruler, absolute monarch, king:* cum penes unum est omnium summa rerum, regem illum vocamus: se inflexit hic rex in dominatum iniustiorem: regem diligere: monumenta regis, H.: Reges in ipsos imperium est Iovis, H.: post exactos reges, L.: clamore orto excitos reges, *the royal family,* L.: ad Ptolemaeum et Cleopatram reges, legati missi, i. e. *king and queen,* L.—Poet.: Rex patrem vicit, i. e. *public duty overcame paternal love,* O.: populum late regem, i. e. *supreme,* V.—Esp., *the king of Persia:* In Asiam ad regem militatum abiit, T.: a rege corruptus, N.—*A despot, tyrant:* qui rex populi R. esse concupiverit (of Caesar).—In the republic, of a priest who performed religious rites which were formerly the king's prerogative: rex sacrorum, *high-priest:* de rege sacrifico subficiendo contentio, L.—Of a god, esp. of Jupiter, *king:* omnium deorum et hominum: divom pater atque hominum rex, V.: aquarum, i. e. *Neptune,* O.: Umbrarum, i. e. *Pluto,* O.: silentum, O.: infernus rex, V.—Of *Æolus,* V.—As a title of honor, *king, lord, prince, head, chief, leader, master, great man:* cum reges tam sint continentes, i. e. *Caesar's friends:* Rex erat Aeneas nobis, V.: tu regibus alas Eripe, i. e. *the queen-bees,* V.: rex ipse (privorum) Phanaeus, i. e. *the best,* V.: Actae non alio rege puertiae, *governor,* H.: pueri ludentes, 'rex eris,' aiunt, H.: gratiam regi referri, i. e. *patron,* T.: Rex horum, Iu.: sive reges Sive inopes, *great men,* H.

rhapsōdia, ae, *f.,* = ῥαψῳδία, *a rhapsody, book* (of a poem): secunda (of the Iliad), N.

Rhea, ae, *f.,* = Ῥέα, *Cybele,* O.

(rhēda, rhēdārius), see raed-.

rhētor, oris, *m.,* = ῥήτωρ, *a teacher of oratory, rhetorician:* rhetoris tanta merces: rhetorum artes: praecepta.—*An orator, rhetorician, speechifier:* stultitia rhetoris Attica, N.

rhētorica, ae, *f.* [rhetoricus; sc. ars], *the art of oratory, rhetoric:* philosophorum, non forensis.

rhētoricē, *adv.* [rhetoricus], *in an oratorical manner, oratorically, rhetorically:* disputare: hanc mortem ornare.

rhētoricōteros, ī, *adj. comp.*, = ῥητορικώτερος, *more oratorical*, Lucil. ap. C.

rhētoricus, *adj.*, = ῥητορικός, *of a rhetorician, rhetorical:* more rhetorico loqui: ars, i. e. *a treatise on rhetoric:* doctores, i. e. *teachers of rhetoric:* libri, *rhetorical text-books.* — *Plur. m.* as *subst.*, *teachers of oratory.*—*Plur. n.* as *subst.*, *rhetoric.*

rhīnocerōs, ōtis, *m.*, = ῥινόκερως, *a rhinoceros*, Cu.—*A vessel made of the rhinoceros's horn:* magnus, Iu.

rhō, *indecl.*, = ῥῶ, *the Greek letter* r.

Rhoetēus, *adj.*, = Ῥοίτειος, *of the promontory of Rhoeteum:* profundum, *the sea near Rhoeteum*, O.—*Of Troy, Trojan:* ductor, i. e. *Aeneas*, V.

rhombus, ī, *m.*, = ῥόμβος, *a magician's circle*, O., Pr.—*A flatfish, turbot*, H., Iu.

rhythmicus, *adj.*, = ῥυθμικός, *rhythmical.*—*Plur. m.* as *subst.*, *teachers of rhythmical composition.*

rīcinium (rēcī-), ī, *n.* [rica, a woollen kerchief], *a small kerchief, woollen cloth for the head.*

rictum, ī, *n.* [*P. n.* of ringor], *the opening of the mouth, mouth opened wide:* eius.

rictus, ūs, *m.*, *n.* [RIC-], *the aperture of the mouth, mouth opened wide:* risu diducere rictum Auditoris, H.: per rictūs fluitare, O.: Contrahitur rictus, *gaping jaws*, O.: rictūs serpentis apertos Congelat, O.

rīdeō, sī, sus, ēre, *to laugh:* quid rides? T.: hic iudices ridere: semel in vitā: ridentem dicere verum Quid vetat, i. e. *jestingly*, H.: ridetur ab omni Conventu, *there is laughter*, H. — Prov.: quandoque potentior Largi muneribus riserit aemuli, i. e. *in triumph over a lavish rival's gifts*, H.: ridere γέλωτα σαρδάνιον, i. e. *laugh on the wrong side of the mouth.* — *To laugh pleasantly, smile, look cheerful, be favorable:* voltu Fortuna sereno, O.: cui non risere parentes, V.: Ille terrarum mihi praeter omnīs Angulus ridet, i. e. *pleases*, H.; cf. Mixtaque ridenti colocasia acantho, *smiling*, V.—*To laugh at, laugh over:* hunc, T.: Acrisium, H.: nivem atram: haec ego non rideo, quamvis tu rideas, *say in jest:* vitia, Ta.: periuria amantūm, O.: non sal, sed natura ridetur: Ridear, O.—*To laugh at, ridicule, deride, mock:* nostram amentiam: versūs Enni, *make light of*, H.: Ridentur mala qui componunt carmina, H.: Peccet ad extremum ridendus, H.

rīdiculē, *adv.* [ridiculus], *laughably, jokingly, jestingly, humorously:* rogas, T.: ridicule ac facete: dictum, Ph.—*Absurdly, ridiculously:* insanus.

rīdiculus, *adj.* [rideo], *exciting laughter, laughable, droll, funny, amusing, facetious:* Hui, tam cito? ridiculum! *how comical!* T.: facie magis quam facetiis: Ridiculum est, te istuc me admonere, T.: Ridiculus totas simul absorbere placentas, H.—As *subst. n.*, *something laughable, a laughing matter, jest, joke:* quae sint genera ridiculi: ridiculo sic usurum oratorem, ut, etc.: Mihi solae ridiculo fuit, *I had the fun to myself*, T.: materies omnis ridiculorum est in istis vitiis, quae, etc.: sententiose ridicula dicuntur. — *Laughable, silly, absurd, ridiculous, contemptible:* insania, quae ridicula est aliis, mihi, etc.: qui ridiculus minus illo (es)? H.: mus, H.: pudor, Iu.: est ridiculum, quaerere, etc.—As *subst. m.:* neque ridiculus esse Possum, etc., *be a buffoon*, T.

rigēns, entis, *adj.* [*P.* of rigeo], *stiff, inflexible, rigid, unbending:* unguis, O.: lorica ex aere, V.

rigeō, —, —, ēre [REG-], *to be stiff, be numb, stiffen:* frigore (opp. uri calore): omnia rigentia gelu, L.: prata rigent, H.—*To be stiff, be rigid, stand on end, bristle, stand erect:* gelido comae terrore rigebant, O.: ardua cervix, O.: Cerealia dona rigebant, i. e. *hardened into gold*, O.: vestes auroque ostroque, *stand out*, V.—*To stand stiff, stand upright, rise:* (pars summa scopuli) riget, O.: sine frondibus arbos, O.

rigēscō, guī, —, ere, *inch.* [rigeo], *to grow stiff, be benumbed, stiffen, harden:* vestes Indutae, V.: stillata sole rigescunt electra, O.: lacerti, O.: sensi metu riguisse capillos, *bristled up*, O.

rigidē, *adv.* [rigidus], *rigorously, severely*, O.

rigidus, *adj.* with *comp.* [REG-], *stiff, hard, inflexible, rigid:* Tellus, V.: aqua, O.: cervix, L.: crura: capilli, O.: quercus, V.: mons, *rocky*, O.: ferrum, O.: hasta, V.—Fig., *stiff, hard, inflexible, rigid, stern, rough:* Sabini, *rude*, H.: manus, O.: Virtutis satelles, *inflexible*, H.: mens, *obdurate*, O.: (Cato) rigidae innocentiae, L.: Mars, *inexorable*, O.: Canachi signa rigidiora, *too rude.*

rigō, āvī, ātus, āre.—Of a liquid, *to conduct, guide, turn:* aquam Albanam emissam per agros rigabis (i. e. ad rigandum diduces), L.—*To wet, moisten, water, bedew:* arva, H.: fonte rigatur (hortus) aquae, O.: lucum perenni aquā (fons), L.: lacrimis ora, V.: Etymandrus ab accolis rigantibus carpitur (sc. agros), Cu.: natos vitali rore, i. e. *suckle.*

rigor, ōris, *m.* [REG-], *stiffness, hardness, firmness, rigor:* ferri, V.: saxorum, O. — *Cold, chilliness:* Alpinus, O.: torpentes rigore nervi, L.—Fig., *hardness, roughness, rudeness:* Te tuus iste rigor decet, O.: disciplinae veteris, Ta.

riguus, *adj.* [cf. rigo], *abounding in water, watering, irrigating:* in vallibus amnes, V.—*Well-watered:* hortus, O.

rīma, ae, *f.* [RIC-], *a cleft, crack, chink, fissure:*

angusta, H.: (naves) rimis fatiscunt, V.: tabernae rimas agunt, *are cracked:* fortunā rimam faciente, *opening*, O.: explere, *stop up:* Ignea rima micans, i. e. *a flash of lightning*, V.—Fig.: Plenus rimarum sum, i. e. *can conceal nothing*, T.

rīmor, ātus, ārī, *dep.* [rima], *to lay open, tear up, turn up:* rastris terram, V.: prata Caystri, *grub through*, V.—*To tear up, turn over, pry into, search, examine, explore, ransack:* alqd repertum, V.: Pectora pullorum, Iu.: (canes) naribus auram, O.—Fig., *to examine thoroughly, investigate, scrutinize:* alqd: unde hoc sit, i. e. *ferret out.*

rīmōsus, *adj.* [rima], *full of cracks, abounding in chinks:* cymba, V.: vasa, Iu.—Fig.: rimosā deponi in aure, i. e. *in the ear of a babbler*, H.

ringor, rictus, ī, *dep.* [RIC-], *to open the mouth wide, be vexed, chafe, snarl:* ille ringitur, tu rideas, T.: sapere et ringi, H.

rīpa, ae, *f.* [RIC-], *a bank, margin* (of a river): fluminis, Cs.: amnis: vagus Labitur ripā amnis, H.: viridissima gramine ripa, V.: umbrosa, H.: declivis, O.: dum cunctantur in ripis, i. e. *at various parts of the bank*, L.—*The shore of the sea:* Aequoris ripae, H.

rīpula, ae, *f. dim.* [ripa], *a little bank.*

riscus, ī, *m.*, = ῥίσκος, *a trunk, chest*, T.

rīsor, ōris, *m.* [rideo], *a mocker, banterer*, H.

rīsus, ūs, *m.* [rideo], *a laughing, laughter, laugh:* risum movere: risūs facere: Ne spissae risum tollant coronae, H.: risūs captare: risum tenere non posse: magni risūs consequebantur: risu cognoscere matrem, V.: proditor puellae risus, H.—*An object of laughter, butt:* risui sorori fuit, L.: O magnus posthac inimicis risus! H.: deus Omnibus risus erat, O.—*A jest, joke, mockery:* qui risus populo cladem attulit.

rīte, *adv.* [old *abl.* for rītū; see ritus], *according to religious usage, with due observances, with proper ceremonies, ceremonially, solemnly, duly:* sacrificia, quae pro populo rite fient: neque duobus nisi certis deis rite una hostia fieri, L.: exsequiis rite solutis, V.: deos apprecati, H.: pecora sacrificant, L.: Templa sacerdotum dicata manu, O.—*In a proper manner, justly, fitly, duly, rightly, aright, well:* hunc deum rite beatum dixerimus, *with reason:* rite di sunt habiti: rebus paratis, V.: mens rite Nutrita, H.: si maxima Iuno Rite vocor, O.—*In the usual manner, according to usage, customarily:* Scythae, Quorum plaustra vagas rite trahunt domos, H.: religati rite equi, V.

rītus, ūs, *m.* [RA-], *a form of religious observance, religious usage, ceremony, rite:* sacra diis aliis Albano ritu facit, L.: quo haec privatim et publice modo rituque fiant, discunto: morem ritūsque sacrorum Adiciam, V.: tempestates populi R. ritibus consecratae: magico lustrari ritu, O.—*Habit, custom, usage, way, mode, manner:* Sabinae Gentis ritūs, O.: in alienos ritūs verti, L.: novo Sublime ritu moliar atrium, *in the new style*, H.—*Abl. sing.* with *gen.*, *after the usage of, in the manner of, in the fashion of, like:* pecudum ritu ad voluptatem omnia referunt: pennae ritu coepere volucrum Cingere latus, O.: Herculis ritu petiisse laurum, H.: ritu quoque cincta Dianae, O.

rīvālis, is, *m.* [rivus], *of the same brook, a neighbor, competitor, rival suitor, rival, adversary in love:* Rivalis servos, T.—Prov.: quam se ipse amans sine rivali! i. e. *alone in self-esteem:* sine rivali te amare, H.

rīvālitās, ātis, *f.* [rivalis], *jealous hostility, rivalry:* aemulatio rivalitati similis.

rīvulus or **rīvolus**, ī, *m. dim.* [rivus], *a small brook, petty stream, rill, rivulet.*—Fig.: non tenuis artium: rivulos consectari, fontīs rerum non videre.

rīvus, ī, *m.* [RI-], *a small stream, brook:* Purae aquae, H.: rivis, qui ad mare pertinebant, etc., Cs.: laudo ruris amoeni Rivos, H.: celeres, H.—Prov.: e rivo flumina magna facis, i. e. *make a mountain of a mole-hill*, O.—*An artificial water-course, canal, ditch, conduit:* rivos deducere (for irrigation), V.: rivos ducere lenis aquae, O.—*A stream:* lactis uberes, H.: sanguinis rivi, L.: sudoris, V.: lacrimarum, O.—Fig., *a stream, course:* liquidus fortunae rivus, H.

rīxa, ae, *f.* [RIC-], *a quarrel, brawl, dispute, contest, strife, contention:* nova: rixa sedata est, L.: rixa super mero Debellata, H.: Academiae cum Zenone: crebrae, Ta.: sanguineae, H.: Deque tuo fiet corpore rixa lupis, *a battle*, O.

rīxor, ātus, ārī, *dep.* [rixa], *to quarrel, brawl, wrangle, dispute:* cum eo de amiculā.

rōbīgō (rūb-), inis, *f.* [RVB-], *metallic oxide, rust:* Exesa robigine pila, V.—*Rust, blight, mildew, smut, mould:* Nec sentiet sterilem seges Robiginem, H.: livent rubigine dentes, *tartar*, O.—Fig., *rust:* ingenium longā rubigine laesum, O.

rōborātus, *Part.* of roboro.

rōboreus, *adj.* [robur], *oaken, of oak:* pons, O.

rōborō, āvī, —, āre [robur], *to make strong, strengthen, invigorate, confirm.*—Fig.: Recti cultūs pectora roborant, H.: eloquentia ipsa se roborat, *acquires vigor.*

rōbur, oris, *n.*, *hard-wood, oak-wood, oak:* naves totae factae ex robore, Cs.: (sapiens) non est e robore dolatus: Illi robur et aes triplex Circa pectus erat, H.—*Very hard wood:* morsus Roboris, i. e. *of the wild olive*, V.: solido de robore myrtus, V.—*A tree-trunk:* annoso validam robore quercum, i. e. *old and sturdy*, V.: antiquo robore quercus, *with ancient trunk*, V.—*An oak-tree, oak:* fixa est pariter cum robore cervix, i. e. *was pinned fast to the oak*, O.: agitata robora pulsant (delphines), O. — *A piece of oak, structure of hard wood:* in robore accumbunt, i. e. *on hard benches:* sacrum, i. e. *the wooden horse*, V.: ferro praefixum, i. e. *lance*, V.: nodosum, i. e. *club*, O.: aratri, i. e. *the oaken plough*, V.—*A stronghold, dungeon:* in robore et tenebris exspiret, L.: Italum, H.—Fig., *hardness, physical strength, firmness, vigor, power:* aeternaque ferri Robora, V.: navium, L.: satis aetatis atque roboris habere: corporum animorumque, L.: solidaeque suo stant robore vires, V. —*Enduring strength, force, vigor:* virtutis: animi: pectus robore fultum, O.: neque his (gentibus) tantum virium aut roboris fuit, L.—*The best part, pith, kernel, strength, flower, choice:* totius Italiae: quod fuit roboris, duobus proeliis interiit, Cs.: senatūs robur, L.: haec sunt nostra robora: lecta robora virorum, L.: robora pubis, V.

rōbus, *adj.* [RVB], *red, ruddy:* iuvencus, Iu.

rōbustus, *adj.* with *comp.* [robur], *of oak-wood, oaken, oak-:* stipites, L.: fores, H.—Fig., of the body, *hard, firm, solid, strong, hardy, lusty, robust:* satellites: usu atque aetate robustior: acri militiā puer, H.: Transit in aestatem post ver robustior annus, Fitque valens iuvenis, O.—Of nature or character, *firm, solid, strong, vigorous:* rem p. vobis robustam ostendere: res vetustate robustas calumniando pervertere: inveteratum (malum) fit plerumque robustius.

rōdō, sī, sus, ere [1 RAD-], *to gnaw:* clipeos (mures): dente pollicem, H.: saxa capellae, O.—*To eat away, waste away, corrode, consume:* ferrum (robigo), O.—Fig., *to backbite, slander, disparage:* in conviviis rodunt: libertino patre natum, H.

rogālis, e, *adj.* [rogus], *of a funeral pile:* flammae, O.

rogātiō, ōnis, *f.* [rogo], *a question, interrogation* (only as rhetorical figure), C. — *An asking, prayer, entreaty, request:* ego Curtium non modo rogatione sed etiam testimonio tuo diligo.—In public life, *an inquiry for the people's will upon a proposed law, reference to popular vote, proposed law, resolution, bill:* quae (rogatio) de Pompeio a Gellio lata est, *was introduced:* lex, quae omnia iura rogatione delevit: rogationem in Galbam privilegi similem ferre: ad populum, Cs.: ad plebem, L.: rogationem promulgare, S.: suasit rogationem, *advocated:* intercedere rogationi, *oppose:* rogationes iubere (opp. antiquare), L.: per vim rogationem perferre, *to carry through:* rogationis carmen, L.

rōgātiuncula, ae, *f. dim.* [rogatio], *a little question:* Chrysippi.—*A little bill, proposed resolution.*

rogator, ōris, *m.* [rogo].—In the comitia, *a collector of votes, polling-clerk:* comitiorum. — *One who makes a proposal, a proposer.*

rogātum, ī, *n.* [*P.* of rogo], *a question, interrogatory:* nobis ad rogatum respondere, i. e. *to the point:* copiose ad rogata respondere.

(rogātus, ūs), *m.* [rogo], *a request, suit, entreaty* (only *abl. sing.*): rogatu tuo.

rogitō, āvī, —, āre, *freq.* [rogo], *to ask eagerly, inquire persistently, keep asking:* at rogitas? T.: me, ubi fuerim, T.: Multa super Priamo, V.

rogō, āvī (rogāssint, for rogāverint, C.), ātus, āre, *to ask, question, interrogate:* *My.* quid vis? *Da.* At etiam rogas? *can you ask?* T.: de istac rogas Virgine, T.: de te ipso: Dictura es quod rogo? T.: omnia rogabat: quem igitur rogem? T.: cum eos nemo rogaret: quae te de te ipso rogaro: Hanc (colubram) alia cum rogaret causam facinoris, Ph.: ad ea, quae rogati erunt, respondere: Quodsi me populus R. roget, cur Non, etc., H.: quae sit, rogo, T.: rogavi pervenissentne Agrigentum?: Quid verum atque decens, curo et rogo, H.—In public life, *to ask an opinion, call upon to vote:* de re p. sententiam rogo: qui ordo in sententiis rogandis servari solet, *in calling the roll* (of senators): quos priores sententiam rogabat: omnes ante me rogati: primus sententiam rogatus, S.—Of a bill or resolution, *to question concerning, bring forward for approval, propose, move, introduce:* consules populum iure rogaverunt: ego hanc legem, uti rogas, iubendam censeo, L.: nunc rogari, ut populus consules creet, L. — *To propose for election, offer as a candidate, nominate:* populus regem, interrege rogante, creavit, *on the nomination of:* ut consules roget praetor: praetores, cum ita rogentur, ut collegae consulibus sint, etc.: comitia rogando conlegae, L.: ad magistratūs rogandos proficiscitur, S.: ut duo viros aedilīs ex patribus dictator populum rogaret, L. —Of soldiers, with *sacramento, to require answer under oath, bind by oath:* (milites) consulis sacramento, Cs.: sacramento rogatos arma capere cogebat, *swore them into the service and forced them,* etc., L.—*To ask, beg, request, solicit, implore:* neque enim ego sic rogabam, ut, etc., *did not solicit in such a way.* — Prov.: malo emere quam rogare, i. e. *it is absurdly cheap.*—With *acc.:* hoc te vehementer: res turpīs: Otium divos rogat, H.: ab Metello missionem, S.: ambiuntur, rogantur, *are asked for their votes:* etiamsi precario essent rogandi: non suā sponte sed rogatus a Gallis, Cs.: cum consulatus petebatur, non rogabatur, etc., *was not begged for:* legatos ad Caesarem mittunt rogatum auxilium, Cs.: etiam atque etiam te rogo atque oro, ut eum iuves: ut temptes dissimulare rogat, O.: Caesar consolatus rogat, finem orandi faciat, Cs.: rogat frater, ne abeas longius, T.: ne quid invitus meā causā facias: euntem (eum) morari, Ct.—*To invite, ask a visit from:* Tertia aderit, modo ne Publius rogatus sit: Pomponiam.

rogus, ī, *m.*, *a funeral pile:* rogum ascia ne polito, *XII Tabb.* ap. C.: in rogum inlatus: Metellum in rogum imponere: exstruere rogum: circum accensos Decurrere rogos, V.: Diffugiunt avidos carmina sola rogos, i. e. *escape destruction*, O.—Fig., *the grave*, Pr.

Rōma, ae, *f.* [cf. rūma, the nursing breast], *Rome, the mother city*, S., C., L., V., H., etc.—As a goddess of the Albandenses: Urbs Roma, L.

Rōmānus, *adj.* [Roma], *of Rome, Roman:* populus R. (always in this order; usu. written P. R.): cives, C.: urbs, i. e. *Rome*, L.: Iuno (opp. Argiva), C.: lingua, *Latin*, O., Ta.: ludi, i. e. ludi magni, *the most ancient in Rome, annually celebrated on the 4th of September*, C., L.: Romano more, i. e. *frankly:* minime arte Romanā, L.: et facere et pati fortia Romanum est, L.—As *subst. m.*, *the Roman* (sc. imperator), L.: Romani, *the Romans*, L.—*Sing. collect.*, *the Romans*, L.—As *subst. f.*, *a Roman woman*, L.

Rōmuleus, *adj.*, *of Romulus:* ensis, O.: urbs, *Rome*, O.: culmus, V.: fera, *the she-wolf which suckled Romulus*, Iu.

Rōmulus, *adj.*, *of Romulus*, V., H.

rōrāriī, ōrum, *m.*, *light-armed troops, who made the first attack and retired behind the triarii, skirmishers*, L.

rōridus, *adj.* [ros], *dewy, bedewed:* terga, Pr.

rōrō, āvī, ātus, āre [ros], *to drop dew, scatter dew:* (Aurora) toto rorat in orbe, O.: Cum rorare Tithonia coniunx Coeperit, O.: tellus roratā mane pruinā, *besprinkled*, O.—*To drop, trickle, drip, distil:* pocula rorantia: rorant pennaeque sinūsque, *shed moisture*, O.: ora dei madidā barbā, O.: rorabant sanguine vepres, V.: quam Roratis lustravit aquis, *with sprinkled waters*, O.

rōs, rōris, *m.*, *dew:* nocturnum excipere rorem, Cs.: Rore mero ieiunia pavit, O.: pecori gratissimus, V.: vitreus, O.: gelidos rores.—*A trickling liquid, drops, moisture:* Arabus, i. e. *perfume*, O.: Spargens rore levi, i. e. *water*, V.: rore puro lavit Crinīs, H.: stillabat Ex oculis rorem, i. e. *tears*, H.: natos vitali rore rigabat, *milk:* pluvii, i. e. *rain clouds*, H.: spargit ungula rores Sanguineos, i. e. *drops of blood*, V.: Ionius, i. e. *the sea*, Pr.—*Rosemary* (usu. ros marinus, or ros maris): coronans marino Rore deos, H.: ut modo rose maris (coma) se Implicet, O.: apibus rorem ministrare, V.

rosa, ae, *f.* [cf. ῥόδον], *a rose:* Neu desint epulis rosae, H.: plena rosarum Atria, O.: cum rosam viderat, i. e. *the latest of the spring flowers.*—*Sing. collect.*, *roses, wreaths of roses:* sertis redimiri iubebis et rosā?: an tu me in violā putabas aut in rosā dicere? *among roses:* multā in rosā, H.: pulvinus perlucidus rosā fartus.—*The rose-bush, rose-tree:* nimium brevīs Flores ferre iube rosae, H.: Cum flore rosarum, H.

rosārium, ī, *n.* [rosa], *a place planted with roses, rose-garden:* rosaria Paesti, V., O., Pr.

Rōsciānus, *adj.*, *of Roscius:* imitatio senis, *Roscius's.*

rōscidus, *adj.* [ros], *full of dew, wet with dew, dewy:* mala, V.: mella, *dropping like dew*, V.: dea, i. e. *Aurora*, O.: Luna, V.: roscida rivis Hernica saxa, i. e. *moistened*, V.

rosētum, ī, *n.* [rosa], *a garden of roses, rose-bed:* Punicea, V.

roseus, *adj.* [rosa], *rose-colored, rosy, ruddy:* Phoebus, V.: equi, O.: os (Veneris), *blooming*, V.: Cervix, H.

rōs marīnus, see ros. **rōstra**, see rostrum.

rōstrātus, *adj.* [rostrum], *having a beak, hooked, with a crooked point, beaked, with a curved front:* navis: Columna Rostrata, *a column in the Forum, commemorating the victory of Duilius in the first Punic war, and adorned with the beaks of the captured vessels*, L.—Poet.: cui (Agrippae) Tempora navali fulgent rostrata coronā, i. e. *are decorated for naval victories*, V.

rōstrum, ī, *n.* [rodo], *a beak, bill, snout, muzzle, mouth:* cibum adripere aduncitate rostrorum: sus rostro si humi A litteram inpresserit: (canis) extento rostro, O.—*The curved end of a ship's prow, ship's beak:* neque his (navibus) nostrae rostro nocere poterant, Cs.: rostro petere hostium navem, L.: Convolsum remis rostrisque tridentibus aequor, i. e. *triple beak*, V.—*Plur.*, *the Rostra, a platform for speakers in the Forum* (adorned with the beaks of ships taken from the Antians B.C. 338), L.—*A stage, orator's pulpit, platform:* in rostris curiam defendere: ut in rostris prius quam in senatu litterae recitarentur, L.: descendere de rostris: Frigidus a rostris manat per compita rumor, H.

rōsus, *P.* of rodo.

rota, ae, *f.* [2 AR-], *a wheel:* aurea summae Curvatura rotae, O.: Ne currente retro funis eat rotā, *while the wheel hurries forward*, H.—*A potter's wheel:* currente rotā cur urceus exit? H.—*A wheel for torture:* in rotam beatam vitam non escendere: Ixionii rota orbis, V.—*A car, chariot:* Si rota defuerit, tu pede carpe viam, O.: Subdiderat rotas, V.: croceis invecta rotis Aurora, O.—Fig., *a wheel:* fortunae, i. e. *fickleness:* imparibus vecta Thalia rotis, i. e. *in elegiac metre*, O.: disparibus (elegorum) rotis, O.

rotātus, *adj.* [*P.* of roto], *well-rounded, concise:* sermo, Iu.

rotō, āvī, ātus, āre [rota], *to turn round, swing round, whirl about:* Learchum More fundae, O.: ensem Fulmineum, *brandish*, V.: telum, L.: flammae fumum, H.: circum caput igne rotato, *circling*, O.: nivibus rotatis, *revolving*, O.—Rarely *intrans.*, *to turn, roll, revolve:* saxa rotantia, V.

rotundē, *adv.* [rotundus], *roundly, smoothly, elegantly:* apte ac rotunde.

rotundō, āvī, ātus, āre [rotundus], *to make round, round off, round:* eum ad volubilitatem.—Fig., of a sum of money, *to make up, complete:* Mille talenta rotundentur, H.

rotundus (rut-), *adj.* with *comp.* [roto], *rolling, round, circular, spherical, rotund:* stellae: mundum rotundum esse volunt: ut nihil efficere posset rotundius: bacae, H.—As *subst. n.:* locus infimus in rutundo, *a sphere.*—Prov.: mutat quadrata rotundis, i. e. *turns everything upside down*, H.—Fig., *round, rounded, perfect:* sapiens in se ipso totus, teres atque rotundus, H.—Of speech, *round, well turned, smooth, polished, elegant:* verborum constructio: ore rotundo loqui, H.

rubefaciō, fēcī, factus, ere [rubeo+facio], *to make red, make ruddy, redden:* sanguine saetas, O.: rubefactaque sanguine tellus, O.

rubēns, entis, *adj.* [*P.* of rubeo], *red, ruddy, reddish:* Murice, V.: ver, V.: Dexterā, H.

rubeō, —, —, ēre [RVB-], *to be red, be ruddy:* Tyrio murice lana, O.: ocelli flendo, Ct.: Sanguineis aviaria bacis, V.: Sigea rubebant Litora, *were stained*, O.—*To grow red, redden, color up, blush:* rubeo, mihi crede: Ne rubeam, H.

ruber, bra, brum, *adj.* [RVB-], *red, ruddy:* sanguis, H.: coccus, H.: Priapus, *painted red*, O.: oceani rubrum aequor, i. e. *reddened by the setting sun*, V.: Oceanus, *the Eastern Ocean*, H.: leges maiorum, *with red titles*, Iu.: Rubrum Mare, *the Red Sea, the Arabian and Persian Gulfs*, C., L., N.: Saxa Rubra, *a place in Etruria, near the river Cremera, with stone-quarries*, C., L.

rubēscō, buī, ere, *inch.* [rubeo], *to grow red, turn red, redden:* Aurora, V.: saxa sanguine vatis, O.: arva novā Neptunia caede, V.

1. rubēta, ae, *f.*, *a toad*, Iu., Pr.

2. rubēta, ōrum, *n.* [rubus], *bramble-thickets*, O.

rubeus, *adj.* [rubus], *of the bramble-bush:* virga, *a bramble-twig*, V.

rubicundulus, *adj. dim.* [rubicundus], *somewhat ruddy:* illa, Iu.

rubicundus, *adj.* [rubeo], *red, ruddy:* Corna, H.: Priapus, *painted red*, O.: Ceres, *ruddy*, V.

rūbīgō, see robigo.

rubor, ōris, *m.* [RVB-], *redness:* candore mixtus rubor: fucati medicamenta candoris et ruboris, *cosmetics:* cui plurimus ignem Subiecit rubor, V.: saevus ille voltus et rubor, Ta.: oculis dabat ira ruborem, O.: Tyrios incocta rubores, i. e. *purple*, V.—*A redness of the skin, flush, blush:* pudorem rubor consequitur: Masinissae rubor suffusus, L.: notavit Ora rubor, O.—Fig., *shamefastness, bashfulness, modesty:* praestet ruborem suum verborum turpitudine vitandā: ruborem incutere, L.—*A cause of shame, shame, disgrace:* censoris iudicium damnato ruborem adfert: duas res ei rubori fuisse, unam, quod, etc., L.: Nec rubor est emisse palam, O.: nec rubor inter comites aspici, Ta.

rubrīca, ae, *f.* [ruber], *red earth, ruddle, red ochre, red chalk:* Proelia rubricā picta, H.

rubus, ī, *m.* [RVB-], *a bramble-bush, blackberry-bush*, Cs., L., V., H.—*A blackberry:* puniceus, Pr.

rūctō, āvī, ātus, āre [*freq.* of *rugo; RV-], *to belch, eructate:* cui ructare turpe esset: bene, Iu.: glandem, *to belch up*, Iu.

rūctor, —, ārī, *dep.* [collat. form of ructo], *to belch forth, belch up:* versūs, H.

rūctus, ūs, *m.* [RV-], *a belching, eructation.*

1. rudēns, entis, *m.*, *a rope, line, cord, stay, halyard, sheet:* clamor tonitruum et rudentum sibilus, Pac. ap. C.: laxare rudentīs, V.: rudentīs Eurus differat, H.: prenso rudente, O.—Prov.: rudentibus apta fortuna, *hanging on ship's tackle*, i. e. *very uncertain.*

2. rudēns, entis, *P.* of rudo.

rudīmentum, ī, *n.* [1 rudis], *a first attempt, trial, essay, beginning, commencement:* primum puerilis regni, L.—Of military service: belli Dura rudimenta, V.: rudimentum adulescentiae posuisse, *to have passed his novitiate*, L.

1. rudis, e, *adj.* [1 RAD-], *unwrought, untilled, unformed, unused, rough, raw, wild:* campus, V.: humus, O.: signa, O.: hasta, V.: textum, *coarse*, O.: Illa rudem cursu prima imbuit Amphitriten, *inexperienced*, Ct.—Fig., *rude, unpolished, uncultivated, unskilled, awkward, clumsy, ignorant:* forma ingeni: modus (tibicinis), O.: carmen, H.: discipulus: nescit equo rudis Haerere puer, H.: coniunx, Quae tantum lunas non sinit esse rudīs, O.: in disserendo: in re p. navali, L.: sermo nullā in re: Ennius ingenio maximus, arte rudis, O.: homines rerum omnium rudes ignarique: Graecarum litterarum: artium, L.: somni, i. e. *sleepless*, O.: gens ad oppugnandarum urbium artīs, L.: ad partūs, O.: natio ad voluptates, Cu.

2. rudis, is, *f.*, *a slender stick, staff for exercise in fighting, quarter-staff, foil:* (milites) rudibus inter se concurrerunt, L.: rudibus relictis Spicula promit, O.: rudem tam cito (accepisti)? (the gladiator received the rudis when discharged from service): acceptā rude, Iu.—As a symbol of honorable discharge: Me quoque donari iam rude tempus erat, i. e. *to be dismissed*, O.: donatus iam rude, H.: sibi dabit ipse rudem, Iu.

rudō, —, —, ere [RV-], *to roar, bellow, bray:* gemitūs leonum sub nocte rudentūm, V.: rauco ore, O.: (Cacus) insueta rudens, *roaring*, V.: rudentem proram, *creaking*, V.

1. rūdus (raudus), eris [cf. rudis], *a bit of copper* (used as money, uncoined): rudera iacere, L.

2. rūdus, eris, *n.*, *broken stone, rubbish, debris:* Ruderi accipiendo, Ta.: acutum silicis, Ct.

Rufulus, ī, *m.* [Rufus], *a tribune of the soldiers elected by the army* (from Rutilius Rufus, the author of the law permitting the election), L.

rūfus, *adj.* [RVB-], *red, reddish:* virgo, *red-haired*, T.

rūga, ae, *f.* [GAR-], *a crease in the face, wrinkle:* in antiquā fronte, O.: densissima, i. e. *a throng of wrinkles*, Iu.: nec rugae repente auctoritatem adripere possunt: nec pietas moram Rugis et instanti senectae Adferet, H.: frontem rugis arat, V.: te rugae Turpant, H.: Sulcare cutem rugis, O.—Prov.: de rugis crimina multa cadunt, O.

rūgōsus, *adj.* [ruga], *wrinkled, shrivelled:* spadones, H.: genae, O.: frigore pagus (i. e. the villagers), H.: cortex (pōpulī), *corrugated*, O.

ruīna, ae, *f.* [RV-], *a rushing down, tumbling, falling down, fall:* iumentorum, L.: primique ruinam Dant sonitu ingenti, *fall upon each other*, V.: graves aulaea ruinas In patinam fecere, *fell down*, H.—Of buildings, *a tumbling, falling down, downfall, ruin* (only *sing.*): repentinā ruinā pars eius turris concidit, Cs.: ferunt eā ruinā ipsum cum cognatis suis oppressum interiisse: iam Deiphobi dedit ampla ruinam domus, i. e. *fell in*, V.—Fig., *a downfall, fall, ruin, catastrophe, calamity, disaster, overthrow, destruction:* vis illa fuit et ruina quaedam, *a catastrophe:* incendium meum ruinā restinguam, *with the fall* (of the State), S.: patriae, L.: strage ac ruinā fudere Gallos, *utter defeat*, L.: ille dies utramque Ducet ruinam, i. e. *death*, H.: ruinae fortunarum tuarum: pectora Quantis fatigaret ruinis, H.: ruinas videres: caeli, i. e. *a storm*, V.—*Plur.*, *a fallen building, ruin, ruins:* veteres tantummodo Troia ruinas ostendit, O.: Sagunti ruinae nostris capitibus incident, L.: fumantes Thebarum, L.: Si fractus inlabatur orbis, Impavidum ferient ruinae, H.—*A cause of ruin, destroyer:* rei p.: publicanorum.

ruīnōsus, *adj.* [ruina], *fallen, tumbling, ruinous, ruined:* aedes: domūs, O.

Rūmīnālis, e (*f.* **Rūmīna**, O.), *adj.* [rūmis, breast], *of Rumina, the goddess of nursing mothers:* ficus, *the fig-tree of Romulus and Remus*, L.: arbor, Ta.

rūmīnātiō, ōnis, *f.* [ruminor], *a chewing the cud, rumination, thinking over, revolving in mind:* cottidiana.

rūminō, —, —, āre [rumen, gullet], *to chew over again, chew the cud, ruminate:* herbas, V., O.

rūmor, ōris, *m.* [RV-], *a rustle, murmur, vague sound:* Solvere secundo rumore, *the murmur of the oars*, Poët. ap. C.: ad caelum ferre rumore secundo, i. e. *applause*, H.—*The talk of the many, common talk, report, hearsay, rumor:* cum incertis rumoribus serviant, Cs.: perferet multa rumor: rumores Africanos excipere: volgi rumoribus exagitatus, S.: a rostris manat per compita rumor, H.: omnīs rumorum ventos conligere: rumor venit, Datum iri gladiatores, T.: crebri ad eum rumores adferebantur . . . omnīs Belgas coniurare, Cs.: rem te valde bene gessisse rumor erat: rumores de oppresso Dolabellā: de vitā imperatoris rumores dubii adlati sunt, L.: exstinctis rumoribus de auxiliis legionum, Cs.—*Common opinion, current report, popular voice, fame, reputation:* adversus famam rumoresque hominum stare, L.: qui erit rumor id si feceris? T.: quos rumor asperserat, *calumny*, Cu.: rumorem quendam esse quaesitum, *notoriety:* plebis rumorem adfectare, Ta.: adverso rumore esse, *in bad repute*, L.

rumpīa, ae, *f.*, = ῥομφαία, *a long double-edged sword, Thracian sword*, L.

rumpō, rūpī, ruptus, ere [RVP-], *to break, burst, tear, rend, rive, rupture, break asunder, burst in pieces, force open:* vincula: obstantia claustra, H.: pontem, *break down*, L.: montem aceto, Iu.: arcum, Ph.: plumbum, H.: vestīs, O.: praecordia ferro, *pierce*, O.: guttura ferro, *cut*, O.: ruptus turbo, *bursting forth*, V.: inmensae rupērunt horrea messes, *crammed to bursting*, V.—Of the body, *to break, split, burst, break open, rend, tear:* ut me ambulando rumperet, i. e. *kill with errands*, T.: si quis rumpet occidetve, *wounds*, L. (old form.): ilia, V.: Rupit Iarbitam Timagenis aemula lingua, Dum, etc., i. e. *the effort to shout as loud as*, etc., H.: si te ruperis, H.: cantando rumpitur anguis, *bursts*, V.: quā (licentiā audacium) ante rumpebar, *could have burst.*—*To burst through, break through:* media agmina, V.: ruptā mersum caput obruit undā, O.: ordines, L.—*To break open, cause to break forth:* fontem, O.: ubi inter nubila sese Diversi rumpent radii, *burst forth*, V.: dum amnes ulli rumpuntur fontibus, V.—Of a way or passage, *to force, make by force:* ferro rumpenda per hostīs Est via, *must be forced*, V.: eo cuneo viam, L.—Fig., *to break, violate, destroy, annul, make void, interrupt:* feodera: imperium, Cu.: sacramenti religionem, L.: ius gentium, L.: edicta, H.: decreta, O.: testamentum ruptum, *annulled:* nuptias, H.: fata aspera, V.: fati necessitatem humanis consiliis, L.—*To break in upon,* *interrupt, cut short, end:* somnum, V.: novissima verba, O.: segnīs Rumpe moras, *end delay*, V.: tibi reditum, *cut off*, H.—*To break out in, give utterance to:* rumpit has imo pectore voces, V.: questūs, V.

rūmusculus, ī, *m. dim.* [rumor], *idle talk, common gossip:* inperitorum hominum rumusculi: rumusculi popularis aurae.

ruō, uī, ātus (*P. fut.* ruitūrus), ere [1 RV-], *to fall with violence, rush down, fall down, tumble down, go to ruin:* caedebant pariter pariterque ruebant Victores victique, V.: ruere illa non possunt: tecta, *tumble down*, L.: Templa deum, H.: murus latius quam caederetur, L.: alta a culmine Troia, V.: ruit arduus aether, *rain falls in torrents*, V.: caelum in se, L.: ruit imbriferum ver, i. e. *is ending*, V.—P r o v.: quid si nunc caelum ruat? i. e. *what if the impossible happens?* T.—*To hasten, hurry, run, rush:* id ne ferae quidem faciunt, ut ita ruant itaque turbent: (Pompeium) ruere nuntiant: Huc omnis turba ruebat, V.: ultro ruere ac se morti offerre, Ta.: in aquam, L.: in volnera ac tela, L.: ruebant laxatis habenis aurigae, Cu.: de montibus amnes, V.: per apertos flumina campos, O.: Nox ruit, i. e. *hastens on*, V.: antrum, Unde ruunt totidem voces, *break forth*, V.—*To cause to fall, cast down, dash down, hurl to the ground, prostrate:* Ceteros ruerem, agerem, T.: cumulos ruit harenae, *levels*, V.—*To cast up, turn up, throw up, rake up:* (mare) a sedibus (venti), V.: cinerem focis, V.: unde Divitias aerisque ruam acervos, H.—F i g., *to fall, fail, sink, be ruined:* ruere illam rem p.: sive ruet sive eriget rem p.—*To rush, dash, hurry, hasten, run:* ad interitum: pati reum ruere, L.: crudelitatis odio in crudelitatem, L.: In sua fata, O.: omnia fatis In peius, V.: Quo quo scelesti ruitis? H.: ut ferme fugiendo in media fata ruitur, L.

rūpēs, is, *f.* [RAP-], *a rock, cliff:* ex magnis rupibus nactus planitiem, Cs.: inter saxa rupesque, L.: ex rupe Tarpeiā, L.: aëria, V.: cavae, *caverns*, V.: rupes, quae prodit in aequor, *cliff*, V.

ruptor, ōris, *m.* [RAP-], *a breaker, violator:* foederis, L.: indutiarum, L.

ruptus, *P.* of rumpo.

rūricola, ae, *m.* and *f.* [rus+COL-], *a tiller of the ground, husbandman, rustic, countryman:* boves, O.: Fauni, O.: deus, i. e. *Priapus*, O.: ruricolam mactare suum, i. e. *his ox*, O.: ruricolae patiens taurus aratri, O.

rūrigena, ae, *m.* [rus+GEN-], *a native of the country, countryman, rustic*, O.

rūrsus or **rūrsum**, *adv.* [for revorsus or revorsum; *P.* of reverto], *turned back, back, backwards* (opp. prorsus): sentio cursari rursum prorsum, T.—Of reciprocity, *on the contrary, on the other hand, in return, in turn, again:* Quicquid dicunt, laudo; id rursum si negant laudo id quoque, T.: bellum, Pax rursum, H.: eos ipse rursus singulos exceptans, Cs.: ut illae (partes) in medium locum ferantur, sic hae rursum in caelestem locum, etc.: aequum est, Peccatis veniam poscentem reddere rursus, H.—Pleonast. with *retro* or *invicem:* concede, nihil esse bonum, nisi, etc.... Vide rursus retro: hi rursus invicem anno post in armis sunt: illi domi remanent, Cs.—Of recurrence or repetition, *back again, again, anew, once more:* Te suas rogavit rursum ut ageres, T.: confecto negotio rursus in hiberna legiones reduxit, Cs.: quo loco, si tibi hoc sumis ... facis, ut rursus plebes in Aventinum sevocanda esse videatur: ut rursus cum Bruti classe confligant, Cs.: rursus minuente aestu, Cs.: tum rursus Bocchus flectitur, S.: Rursus amans rursusque manu sua vota retractat, *again and again*, O.

rūs, rūris (*abl.* rūre, but *locat.* usu. rūrī; no *gen., dat.,* or *abl. plur.*), *n., the country, lands, fields, a country-seat, farm, estate* (opp. urbs): laudato ingentia rura, Exiguum colito, V.: Paterna rura bobus exercet suis, H.: obsita pomis Rura, O.: amoenum et suburbanum, *a country-seat:* rure frui, O.: Rus ibo, *into the country*, T.: ne rure redierit, *from the farm*, T.: Ruri agere vitam, *in the country*, T.: cum ruri vixerit: mori rure, L.: rure paterno, H.: Rure suo, O.

ruscus, ī, *f.*, or **ruscum**, ī, *n.*, *butcher's-broom* (with tough twigs used to tie up vines), V.

russus, *adj., red:* gingiva, Ct.

rūstica, ae, see rusticus.

rūsticānus, *adj.* [rusticus], *of the country, rustic, country-:* municipia: illud quod loquitur si plane fuerit rusticanum.

rūsticātiō, ōnis, *f.* [rusticor], *a sojourn in the country, country life.*

rūsticē, *adj.* with *comp.* [rusticus], *in a rustic manner, like a rustic:* loqui.—*Boorishly, rudely, clownishly:* urgere: Rusticius tonsus, H.

rūsticitās, ātis, *f.* [rusticus], *rustic behavior, rusticity, boorishness, rudeness* (opp. urbanitas): voltūs sine rusticitate pudentes, O.

rūsticor, ātus, ārī, *dep.* [rusticus], *to sojourn in the country, visit the country, take a holiday, rusticate:* sin rusticatur: dies ad rusticandum dati.—F i g.: (haec studia) nobiscum rusticantur.

rūsticulus, ī, *m. dim.* [rusticus], *a little countryman, little rustic.*

rūsticus, *adj.* [rus], *of the country, rural, rustic, country-:* vita haec rustica ... iustitiae magistra est: instrumentum, Ph.: opus, T.: homo: colona, O.: mus (opp. urbanus), H.: regna, O.: Versibus alternis opprobria, H.: carcer, Iu.—As *subst. m., a countryman, rustic, peasant:* omnes, urbani rustici, *country folk:* Rustice, fer opem, O.: ex nitido fit rusticus, H.—As *subst. f., a country girl:* ego rustica, O. — *Country-like, rustic, plain, simple, provincial, rough, coarse, gross, awkward, clownish:* vox: Rusticus es, Corydon, V.: quid coeptum, rustice, rumpis iter? O.: convicia, O.: capior, quia rustica non est, *very prudish,* O.: mores, *simple.*

1. rūta, ae, *f.,* = ῥυτή, *a bitter herb, rue,* C., O. —Fig., *bitterness, unpleasantness:* alcuius.

2. rūta, ōrum, *n.* [*P. plur. n.* of ruo], *things dug up, mining products, minerals,* only in the phrase, ruta et caesa or ruta caesa, *the crude products of an estate, timber and minerals:* fundum vendere rutis caesis receptis, i. e. *reserving the timper and minerals.*

rutilō, āvī, ātus, āre [rutilus], *to redden, make reddish:* comas, L. — *To redden, have a reddish glow:* Arma, V.

rutilus, *adj.* [RVB-], *red, golden red, reddish yellow:* capilli, O.: comae, Ta.: fulgor: ignis, V.: flammae, O.

rūtrum, ī, *n.* [1 RV-], *an implement for digging, spade, shovel,* L., O.

rūtula, ae, *f. dim.* [ruta], *a little piece of rue.*

S.

Sabaeus, *adj.,* = Σαβαῖος, *Sabaean, of Saba* (in Arabia Felix): tus, V.: terra, O.

sabbata, ōrum, *n.,* = σάββατα [Hebrew], *the seventh day, Sabbath;* hence, *a holiday:* peregrina, O.: festa, Iu.: hodie tricensima sabbata, i. e. *a great festival,* H.

Sabellicus (V.) or **Sabellus** (L., V., H., Iu.), *adj., of the Sabelli, Sabine.*

Sabīnus, *adj., of the Sabini, Sabine,* C., L., H.: herba, *a kind of juniper, savin* (used for incense), O.—As *subst. n.:* vile (sc. vinum), *Sabine wine,* H. —*Plur.:* Satis beatus unicis Sabinis (sc. praediis), *with my Sabine country-seat,* H.

sabulum, ī, *n., coarse sand, gravel,* Cu.

saburra, ae, *f.* [sabulum], *sand, ballast:* onerariae saburrā gravatae, L., V.

sacculus, ī, *m. dim.* [saccus], *a small bag* (as a filter for wine), Lucil. ap. C.—*A purse:* pleno cum turget sacculus ore, Iu.: plenus aranearum, i. e. *empty,* Ct.

saccus, ī, *m.,* = σάκκος, *a sack, bag:* civitatibus frumentum saccos imperare: tumentes sacci hordeo, Ph.: iubet Effundi saccos nummorum, *money-bags,* H.

sacellum, ī, *n. dim.* [sacrum], *a little sanctuary, small open place consecrated to a divinity, chapel:* sunt loca publica urbis, sunt sacella: Atheniensium muros ex sacellis sepulchrisque constitisse, N.: pecudem spondere sacello, Iu.

sacer, cra, crum, *adj.* with *sup.* [1 SAC-], *dedicated, consecrated, devoted, sacred:* aedes: aedificia: locus: iura sacerrima lecti, O.: luctus late, V.: aurum, L.: tus, O.: ales (as regarded in augury), V.: tempus, H.: commissum, *a crime against religion:* vitis (sacred to Bacchus), H.: robur, O.: aqua, H.: fontes, V.: sacer interpresque deorum Orpheus, H.: sacro Dianae celebris die, H.: terra sacra deorum est: Sacra Iovi quercus, O.: Cereri Polyphoetes, V.: mensis Manibus, O. — As *nom. prop.:* legiones in Sacrum montem secessisse, *to the Sacred mount* (on the right bank of the Anio, three miles from Rome), L.: Sacra via, *Holy street* (between the Forum and the Capitol): Ibam forte viā Sacrā, H.—*Regarded with reverence, holy, awful, venerable:* silentium, H.; cf. ut sacrosancti habeantur, quibus ipsi dii neque sacri neque sancti sunt, L.—*Devoted, forfeited, accursed, given over:* sacer esto, H.: eum, qui cuiquam nocuerit, sacrum sanciri, L.: ut eius caput Iovi sacrum esset, L.— *Accursed, execrable, detestable, horrible, infamous:* Auri fames, V.: Remi Sacer nepotibus cruor, H.

sacerdōs, ōtis, *m.* and *f.* [sacer+1 DA-], *a priest, priestess:* sacerdotum genera tria: sacerdotes suos cuique deorum praeficere, L.: sacerdotes casti, V.: tumuloque sacerdos additur Anchiseo, V.: has sacerdotes video Neapolitanas fuisse: Vestae, *a Vestal,* O.: Troica, i. e. *Ilia,* H.: regina sacerdos, i. e. Rhea Silvia, V.

sacerdōtium, ī, *n.* [sacerdos], *the priesthood, office of a priest, sacerdotal office:* amplissimum: propter amplitudinem sacerdoti: eodem sacerdotio praeditus: familiare, L.: sacerdotia mandare: de sacerdotiis contendere, Cs.

sacrāmentum, ī, *n.* [sacro].—In law, *a sum deposited by a party in a civil process, as security for a future judgment, forfeit money, guaranty:* de multā et sacramento comitiis ferre: ut sacramento contendas mea non esse, *you may assert under forfeit,* i. e. *lay a wager.—A wager of law, civil process in which the loser forfeits a deposit, law-suit:* re deliberatā, sacramentum nostrum iustum iudicaverunt: quibuscum iusto sacramento contendere, i. e. *on equal terms.—An oath:* perfidum dicere sacramentum, H.—*The voluntary oath of recruits, preliminary engagement:* iure iurando adacti milites . . . nam ad eam diem nihil praeter sacramentum fuerat, L. — *The military oath of allegiance:* milites sacramentum apud se dicere iubet, *to take the oath of allegiance*, Cs.: sacramento dicere, L.: omnes sacramento rogare, *swear in*, L.: cum obligare militiae sacramento.

sacrārium, ī, *n.* [sacrum], *a depository of holy things, shrine:* Caere, sacrarium populi R., L.: sacrarii spoliandi ratio: vetito temerat sacraria probro, O.—*A place for religious service, sanctuary, oratory, chapel:* Bonae Deae: Fidei, L.: sacraria Ditis, V.: sacrarium scelerum tuorum.

sacrātus, *adj.* [*P.* of sacro], *hallowed, consecrated, holy, sacred:* iura parentum, O.: vittae Sacrati capitis, V.—Of the emperors, *deified:* dux, i. e. *Augustus*, O.: manūs (Tiberii), O.

sacricola, ae, *m.* and *f.* [sacrum + COL-], *a sacrificing priest:* turba sacricolarum, Ta.

sacrifer, fera, ferum, *adj.* [sacer + 1 FER], *bearing sacred things:* rates (Aeneae), O.

sacrificālis, e, *adj.* [sacrificium], *of sacrifices, sacrificial:* apparatus, Ta.

sacrificātiō, ōnis, *f.* [sacrifico], *a sacrificing, sacrifice:* omnis.

sacrificium, ī, *n.* [sacrificus], *a sacrifice:* publicum facere: lustrale, L.: sacrificio rite perpetrato, L.: Sacrifici genus est, O.: sacrificia publica ac privata procurare, Cs.: sacrificiis sollemnibus factis: sacrificia laeta, L.

sacrificō (old **sacruficō**), āvī, ātus, āre [sacrificus], *to make a sacrifice, offer sacrifice, sacrifice:* Spatium sacruficandi, T.: princeps in sacrificando: ars sacrificandi conscripta, L.: Sacrificat tumulumque honorat, O.: Herculi, Cu.: Iunoni reginae maioribus hostiis, L.: pro populo, L.: Apollini pro me, L.: editi dii quibus sacrificaretur, L.: ignavem suem, O.: pecora rite, L.

sacrificulus, ī, *m. dim.* [sacrificus], *one who conducts sacrifices, a priest:* sacrificuli ac vates, L.: regem sacrificulum creant, *a high-priest*, L.

sacrificus, *adj.* [sacrum + 2 FAC-], *of sacrifices, for sacrificing, sacrificial:* securis, O.: os, *prayerful*, O.: Ancus, *religious*, O.: rex, L.

sacrilegium, ī, *n.* [sacrilegus], *the robbing of a temple, stealing of sacred things, sacrilege:* Cum magno piaculo sacrilegi sui manubias rettulit, L.: onustus sacrilegio, i. e. *the spoil of sanctuaries*, Ph.—*Violation of sacred things, profanation, sacrilege:* eum sacrilegii damnare, N.

sacrilegus, *adj.* [sacer + 1 LEG-], *that steals sacred things, that robs a temple, sacrilegious:* manūs, L.: bellum.—As *subst. m.*, *one who robs a temple, a plunderer of shrines:* sacrilego poena est: non sacrilegum, sed hostem sacrorum religionumque.—*Guilty of profanation, sacrilegious, impious, profane:* homo, T.: Lycurgus, O.: Graeci: manus arbos, H.: meretricum artes, O.—As *subst. m.*, *an impious man, profane person, wretch:* Ubist ille sacrilegus? T.: omnes patricidae, sacrilegi, S.—As *subst. f.:* Quid ais, sacrilega? T., O.

sacrō, āvī, ātus, āre [sacer], *to set apart as sacred, consecrate, dedicate, devote:* agrum: praedam, L.: (laurum) Phoebo, V.: aras, V.: votum inmortale, V.: auream aquilam, Cu.: sacratas fide manūs, L.: sacrata Crotonis Ossa, O.: templum, V.—*To devote, doom, declare accursed, condemn:* de sacrando cum bonis capite eius leges, L.—*To set apart, consecrate, devote, give, dedicate:* quod patriae vacat, id studiis nobisque sacrasti, C. poët.: tibi sacratum opus, O.: Parcae telis sacrarunt Evandri (Halaesum), *devote*, V.—*To render sacred, hallow, consecrate:* foedus in Capitolio sacratum, *declared inviolable*, L.: cum sacratis legibus sanctum esset, ut, etc., *by laws whose violation is followed by a curse:* sacrata lex, *a law under the protection of the gods*, L.—*To hold sacred, worship as sacred:* patrem deūm hominumque hac sede, L.: Vesta sacrata, O.—*To render imperishable, immortalize:* quod Libitina sacravit, H.: eloquentia eius sacrata scriptis omnis generis, L.: avum Sacrarunt carmina tuum, O.

sacrō-sānctus or **sacrō sānctus**, *adj.*, *consecrated with religious ceremonies, most holy, sacred, inviolable:* tribuni: sacrosanctum esse nihil potest, nisi quod populus sanxit: potestas (tribunorum), L.: si quid sacrosanctum est.

sacruficō, see sacrifico.

sacrum, ī, *n.* [sacer], *something consecrated, a holy thing, sacred vessel, sacred utensil, holy place, sanctuary, temple:* sacrum qui clepsit rapsitque: metuens velut contingere sacrum, H.: arma conici in acervum iussit sacrumque id Volcano cremavit, L.: pyrā sacri sub imagine factā, O.: sacra ex aedibus suis eripuisse, *sacred vessels:* Iunonis sacra ferre, H.: cumque suis penetralia sacris, i. e. *the Penates*, O.—*A sacred act, religious rite, act of worship, sacrifice, religious service:* Graecum illud sacrum monstrare: neve initianto Graeco sacro, *according to the Grecian rites:* Cereris sacrum Volgare arcanae, H.: pueri Sacra canunt, *sacred songs*, V.: sacris pontifices quinque praefecit: sacra diis aliis Albano ritu facit, L.: Orphica, *festival:* Bacchica, O.: Arcana sacra, H.—*Plur.*, *divine worship, religion:* Sabinos in civitatem ascivit, sacris communicatis: religio sacrorum.—*Private religious rites, gentile rites, family worship* (peculiar to a gens or family, and preserved by tradition): sacra privata perpetua manento: gentilicia, L.: amissis sacris paternis: iugalia, *marriage solemnities*, O.—*A secret, mystery:* mihi iam puero caelestia sacra placebant, *poetic inspiration*, O.: Sacra tori, O.

saeculāris, e (sēc-), *adj.*, *of a saeculum:* ludi, Ta.

saeculum or **saeclum** (not sēc-), ī, *n.* [1 SA-],

a race, generation, age, the people of any time: serit arbores quae alteri saeclo prosint, Caecil. ap. C.: saeculorum reliquorum iudicium: huius saeculi error: o nostri infamia saecli, O.: grave Pyrrhae, H.: beatissimi saeculi ortu, Ta.: aurea Saecula, V.: Fecunda culpae saecula, H.—Fig., *the spirit of the age, fashion:* nec conrumpere et conrumpi saeculum vocatur, Ta.—Of time, *a lifetime, generation, age:* in quo (anno), quam multa hominum saecula teneantur: Aesculus Multa virūm volvens durando saecula vincit, V.—*A hundred years, century, age:* duobus prope saeculis ante, quam, etc.: Saeculo festas referente luces, H.: aliquot saeculis post: quorum ornatūs tot saecula manserant: ex omnium saeculorum memoriā: prope modum saeculi res in unum diem cumulavit, Cu.: saeclis effeta senectus, *with years*, V.

saepe, *adv.* with *comp.* and *sup.* [1 SAC-], *often, oft, oftentimes, many times, frequently:* nam saepe est, Cum, etc., *it often happens*, etc., T.: ex te audivi: mecum agere, ut, etc.: minime saepe, *least frequently*, Cs.: multa facimus mala saepe poetae, H.: saepe et diu: illos saepe verum dicere, hos numquam: saepe antea, S.—Repeated: saepe . . . saepe, H.: saepe, five times in succession, C.: saepe . . . persaepe . . . saepe . . . saepe . . . modo . . . modo, H.: quod, etsi saepe dictum est, dicendum est tamen saepius, etc.: semel et saepius: iterum et saepius: quo magis novi, tanto saepius, T.: si saepius decertandum sit: optare ut quam saepissime peccet amicus: quod a Milonis inimicis saepissime dicitur.

saepe-numerō or **saepe numerō**, *adv.*, *oftentimes, very often, again and again:* admirari soleo, quod, etc.: fratres saepenumero a senatu appellati, Cs.: multa verba feci, S.

saepēs (not sēp-), is, *f.* [1 SAC-], *a hedge, fence:* saepes apibus florem depasta salicti, V.: ut instar muri hae saepes munimentum praeberent, Cs.: Saepibus in nostris mala vidi, V.—*An enclosure:* scopulorum, C. poët.: portarum, O.

saepīmentum, ī, *n.* [saepio], *a hedge, fence.*

saepiō (not sēp-), psī, ptus, īre [saepes], *to surround with a hedge, hedge in, fence in, enclose:* saeptum undique dumetis sepulcrum.—*To enclose, surround, encircle, fortify, guard:* comitium et curiam: omnīs fori aditūs: urbem moenibus: oppidum operibus: castra tectis parietum pro muro saepta, L.: oculos membranis tenuissimis: restituat legiones intra saltum quo saeptae fuerunt, L.: se tectis, i. e. *shut up*, V.: pubes inermis ab armatis saepta, L.: At Venus obscuro gradientīs aëre saepsit, V.—Fig., *to surround, enclose, encompass:* (inventa) ornare oratione; post memoriā saepire, i. e. *get by heart:* (eloquentia) saepta liberali custodiā: locum omnem cogitatione, *beset.* —*To fortify, protect, guard, strengthen:* saeptus legibus, *guarded:* omnia pudore saepta animadverterat, L.: (mulieres) saeptā pudicitiā agunt, Ta.

saepta (not sēp-), ōrum, *n.* [*P. n.* of saepio], *a fence, enclosure, wall:* quibus saeptis beluas continebimus?: tribunum adoriuntur fragmentis saeptorum, *stakes.*—*An enclosed place, enclosure, fold:* Quamvis multa meis exiret victima saeptis, V.—*An enclosure for voting, the polls, booths* (in the Forum or the Campus Martius): in saepta ruere: populum includere saeptis, O.

saeta (**sēta**), ae, *f.*—Of beasts, *a stiff hair, bristle:* equina: rigidis horrentia saetis Terga (agri), O.: tondent hirci saetas comantīs, V.: leonis, V., Pr.—Of men, *stiff hair, bristly hair:* villosa saetis Pectora, V.: hirtae saetae, O.—Of a fishing-line, *the leader*, O.

saetiger (not sēt-), gera, gerum, *adj.* [saeta+GES-], *bristle-bearing, bristly, setous:* sus, V.: pecus, O.—As *subst. m.*, *a boar*, O.

saetōsus (not sēt-), *adj.* [saeta], *full of coarse hairs, bristly, setous:* aper, V.: membra, H.: verbera, *of hide*, Pr.

(saevē), *adv.* [saevus], *fiercely, cruelly.*—Only *comp.:* Lumina saevius igne micant, O.

saevidicus, *adj.* [saevus+DIC-], *spoken furiously:* dicta, T.

saeviō, iī, ītus, īre [saevus].—Of animals, *to be fierce, be furious, rage, rave:* rabieque fameque, O.: anguis, V.: panthera, Ph.: aper in pecudes, O.: in praesepibus ursi, V.—Of persons, *to rage, rave, be furious, be violent, be passionate:* ne saevi, magna sacerdos, V.: saevire Fortuna ac miscere omnia coepit, S.: saeviens turba, L.: animis, V.: pater Saevit, quod, etc., H.: in tergum et in cervices, L.: in coniuges ac liberos, Ta.: Qui mihi nunc saevit, O.: manus impia saevit Romanum exstinguere nomen, O.: constat Troiā captā in ceteros saevitum esse, L.: in libros quoque eorum saevitum, Ta.—Of things, *to be furious, rage:* Dum saeviat pontus, H.: mare ventis, S.: ventus, Cs.: venenum in praecordiis, H.: gula, Iu.: Saevit amor ferri, V.: in quem mea saeviat ira, O.

saevitia, ae, *f.* [saevus], *fury, fierceness, violence, harshness, savageness, cruelty, barbarity, severity:* meam saevitiam veritus, T.: iudicis: hostium, S.: in militiā, L.: undae, O.: temporis, S.: caeli, Cu.: annonae, *dearness*, Ta.

saevus, *adj.* with *comp.* and *sup.* [1 SAV-].—Of animals, *raging, mad, furious, fell, fierce, savage, ferocious:* lea, O.: leaena Saevior, V.: canes, O.—Of persons, *fierce, cruel, violent, harsh, severe, fell, dire, barbarous:* gens: uxor, *cross*, T.: vir, H.: magister, H.: novercae, V.: Mater Cupidinum, H.: necessitas, H.: tyrannus, L.: saevorum saevissime Centaurorum, O.: in armis, *terrible*, V.: in paelice, O.: in quemvis opprobria fingere saevus,

H.—Of things, *furious, fierce, aroused:* mare, S.: pelagus, O.: ventus, L.: Orion, V.: bipennis, O.: tympana, *harsh*, H.: verba, H.: iocus, H.: militia, H.: horror, V.: caedes, O.: paupertas, H.

sāga, ae, *f.* [sagus, prophetic; SAG-], *a wise-woman, fortune-teller, sooth-sayer, witch*, H., O.

sagācitās, ātis, *f.* [sagax].—Of the senses, *keenness, acuteness:* ad investigandum narium.—Fig., *keenness of perception, acuteness, shrewdness, sagacity:* istius: erat eā sagacitate, ut, etc., N.

sagāciter, *adv.* with *comp.* and *sup.* [sagax], *with keen scent, sharply, keenly:* tu sagacius odorabere: Numque sagacius unus odoror, an, etc., H.—Fig., *acutely, shrewdly, accurately, sagaciously:* ut odorer, quam sagacissime possim, quid, etc.: moti sunt, L.

sagātus, *adj.* [sagum], *clothed in a sagum, wearing a military cloak:* sagati bracatique.

sagāx, ācis, *adj.* with *comp.* and *sup.* [SAG-], *of quick perception, of acute senses, sagacious, keen-scented:* canes: catulus, O.: virtus venandi, O.: canibus sagacior anser, *of keener ear*, O.—Fig., *intellectually quick, keen, acute, shrewd, sagacious*. animal: mens, quae causas rerum videat: hospites, H.: Ampycides, *prophetic*, O.: ad suspicandum sagacissimus: Utilium sagax rerum, H.: ventura videre, O.: rimandis offensis, Ta.

sagīna, ae, *f.* [1 SAC-], *a stuffing, feeding, feasting:* multitudinem saginā tenebat.—*Food, nourishment:* stomachum laxare saginis, Iu.: gladiatoria, i. e. *abundant*, Ta.: inmunda, Pr.

sagīnō, āvī, ātus, āre [sagina], *to fatten, cram, feast:* corpus, Cu.: popularīs suos, ut iugulentur, L.: nuptialibus cenis, L.: qui rei p. sanguine saginantur: septuagiens sestertio saginatus, Ta.

sāgiō, —, —, īre [sagus; see saga], *to perceive keenly, discern acutely.*

sagitta, ae, *f.* [1 SAC-], *an arrow, shaft, bolt:* suos configebat sagittis: confixae venenatis sagittis: sagittam iacere, Tb.: nervo aptare sagittas, V.—*A constellation, the Arrow.*

sagittārius, ī, *m.* [sagitta], *an archer, bowman:* sagittarios et funditores mittit, *the light-armed troops*, Cs.: barbari.—Fig.: de uno sagittario queri, *one skirmisher.*—*The constellation Sagittarius, the Archer.*

sagittifer, fera, ferum, *adj.* [sagitta+1 FER-], *arrow-bearing:* pharetra, O.: Geloni, *archers*, V.

Sagittipotēns, entis, *m.* [sagitta+potens], *arrow-master, the constellation Sagittarius*, C. poët.

sagittō, —, ātus, āre [sagitta], *to discharge arrows, shoot with arrows:* sagittandi usu, Cu.

sāgmen, inis, *n.* [1 SAC-], *a tuft of grass gathered in the citadel and borne by the fetiales as a token of inviolability*, L.

sagulum, ī, *n. dim.* [sagum], *a small military cloak, travelling-cloak*, C., Cs., L., V., Ta.

sagum, ī, *n.* [1 SAC-], *a coarse woollen blanket, rough mantle:* tegumen omnibus (Germanis) sagum, Ta.—*A military cloak:* qui sagis non abundares: sinistras sagis involvunt, Cs.—Fig., as a symbol of war, *a military cloak, war-dress:* cum est in sagis civitas, *under arms:* saga sumi dico oportere: propter cuius periculum ad saga issemus, i. e. *would have fought.*

sāgus, see saga.

sāl, salis [1 SAL-], *salt water, brine, the sea:* sale tabentes artūs, V.: aequorei unda salis, O.: Hypanis salibus vitiatur amaris, O.—*Salt:* praebere ligna salemque, H.: multos modios salis: aquae et salis copia, Cs.: sale invecto uti, L.—Fig., *intellectual acuteness, good sense, shrewdness, cunning, wit, facetiousness, sarcasm:* habere salem, T.: aliquid salis a mimā uxore trahere: sale vicit omnīs: salis satis est, sannionum parum: (Lucilius) sale multo Urbem defricuit, H.: delectatur sale nigro, i. e. *biting sarcasm*, H.—*Plur.*, *witticisms, jests, smart sayings, sarcasms:* Romani veteres atque urbani sales: Plautinos laudare sales, H.: salibus vehemens intra pomoeria natis, Iu.—*Good taste, elegance:* tectum plus salis quam sumptūs habebat, N.

salacō, ōnis, *m.*, =σαλάκων, *a swaggerer, braggart.*

salapūtium, ī, *n.* (a humorous appellation), *a little man, manikin, Liliputian*, Ct.

salārium, ī, *n.* [salarius: sc. argentum], *salt-money, a pension, stipend, allowance, salary:* proconsulare, Ta.

salārius [sal], *adj.*, *of salt, salt-:* annona, *revenue from salt*, L.: Salaria Via, *the road into the Sabine country* (by which salt came to Rome), L.: Salaria (sc. via).

salāx, ācis, *adj.* [2 SAL-], *lustful, lecherous, salacious:* aries, O.: cauda, H.—*Provoking lust, provocative:* herba, O.

salebra, ae, *f.* [2 SAL-].—In a road, *plur.*, *a jolting-place, roughness:* Qui queritur salebras, H.—Fig., of speech, *harshness, roughness, ruggedness:* oratio haeret in salebrā, i. e. *sticks fast* in tantas salebras incidere.

(salebrōsus), *adj.* [salebra], *full of roughness, jolting:* saxa, O.

Saliāris, e, *adj.* [Salii], *of the Salii, Salian:* Numae carmen, *given by Numa to the Salii*, H.—*Splendid, sumptuous:* dapes, H.: epulari Saliarem in modum.

(saliātus, ūs), *m.* [salio], *the office of the Salii, priesthood of Mars* (only *abl.*): in saliatu.

salictum, ī, *n.* [for *salicetum; salix], *a plan-*

tation of willows, willow-grove: per amoena salicta: flos salicti, V., H., L., O., Iu.

salientēs, ium, *f.* [*P.* of salio; sc. aquae], *springs, fountains.*

salignus, *adj.* [salix], *of willow, of willow-wood, willow-:* frons, O.: fustis, H.: lectus, O.: Umbonum crates, V.

Salii, ōrum, *m.* [2 SAL-], *a college of priests founded by Numa for the service of Mars, who danced in procession through the city every March,* C., V., H., O., L.—*A body of priests of Hercules,* V.

salīllum, ī, *n. dim.* [salinum], *a little salt-dish, salt-cellar,* Ct.

salīnae, ārum, *f.* [sal; sc. fodinae], *salt-works, salt-pits:* vis (salis) ex salinis congesta, Cs., L.: Romanae, *the salt-works at Ostia,* L.—F i g.: possessio salinarum mearum, i. e. *of my jest-factory.*

salīnum, ī, *n.* [sal; sc. vas], *a vessel for salt, salt-cellar,* H., L.

saliō, uī, saltus, īre [2 SAL-], *to leap, spring, bound, jump, hop:* calamo salientes ducere pisces, O.: de muro, L.: in aquas, O.: ultra Limites clientium, H.: per praecipitia, L.: multa in tectis crepitans salit horrida grando, V.: Farre pio et saliente micā, H.—F i g.: aliena negotia Per caput saliunt, H.

Salisubsulī, ōrum, *m.*, *dancing priests of Mars,* Ct.

saliunca, ae, *f.*, *a scented plant, wild nard,* V.

salīva, ae, *f.* [cf. σίαλος], *spittle, saliva,* Iu.: arcanas tollat salivas, i. e. *secret spitting on the hands* (for a charm), Pr.—*Taste, flavor:* meri, Pr.

salix, icis, *f.* [1 SAL-], *a willow-tree, willow, sallow:* fugit ad salices, V.

Salmacis, idis, *f.*, = Σαλμακίς, *a fountain in Caria* (producing effeminacy), O.—P e r s o n., *an effeminate person,* Enn. ap. C.

salpa, ae, *f.*, *a kind of stock-fish,* O.

salsāmentum, ī, *n.* [sal], *fish-pickle, brine.*—*Plur., salted fish, pickled fish:* salsamenta Fac macerentur, T.

salsē, *adv.* with *sup.* [salsus], *wittily, acutely, facetiously:* salse dici: salsissime dici.

salsus, *adj.* with *comp.* [sal], *salted, salt:* Hoc salsumst, *is too salt,* T.: farra, O.: vada, *briny,* V.: fluctūs, Att. ap. C.: rubigo, V.—F i g., *sharp, acute, witty, facetious:* homo: salsiores quam illi Romani sales: male salsus, *satirically,* H.—*Plur. n.* as *subst.:* salsa Graecorum, *witty sayings.*

saltātiō, ōnis, *f.* [salto], *a dancing, dance.*

saltātor, ōris, *m.* [salto], *a dancer, posturer:* saltatorem appellat alqm, *stigmatizes as.*

saltātōrius, *adj.* [saltator], *of dancing, saltatory:* orbis, *a ring of dancers.*

saltātrīx, īcis, *f.* [saltator], *a female dancer, dancing-girl:* tonsa.

(**saltātus**, ūs), *m.* [salto], *a dance* (only *abl. sing.* and *plur.*): canentes cum sollenni saltatu, *religious dancing,* L.: saltatibus apta iuventus, O.

saltem (**-tim**), *adv.* [3 SAL-], *saved, save, at least, at the least, at all events, anyhow:* si illud non licet, Saltem hoc licebit, T.: si nihil aliud, saltem ut eum videret: si cetera amisimus, hoc saltem ut nobis relinquatur.—E l l i p t.: finge aliquid saltem commode, i. e. (since you cannot tell the truth) *at least make a plausible pretence:* saltem tenet hoc nos, H.—With a negative, *not . . . at least, not even, nor even:* illos, etsi non exhortatio, suum saltem dedecus cogere potuit, etc., L.

saltō, āvī, ātus, āre, *freq.* [salio], *to dance:* in convivio saltare nudus coeperat: nemo enim fere saltat sobrius, nisi, etc.: scire saltare, O.: Fac saltet, O.: ad tibicinis modos, L.—F i g., *to speak jerkingly, speak in short clauses:* saltat incīdens particulas.—With *acc.:* aliquam mimo saltante puellam, *dancing a girl's part,* O.: Cyclopa, H.: saltata poēmata, *recited with rhythmical movements,* O.

saltuōsus, *adj.* [2 saltus], *covered with forest, well-wooded, woody:* loca, S., L., N.

1. (**saltus**, ūs), *m.* [2 SAL-], *a leaping, leap, spring, bound.*—Only *acc.* and *abl. sing.* and *plur.:* saltu uti: corpora saltu Subiciunt in equos, V.: saltum dare, *make a leap,* O.: praeceps saltu sese In fluvium dedit, V.: (crura) saltibus apta, O.

2. **saltus**, ūs, *m.*, *a forest, woodland, untilled mountain land, forest-pasture, woodland-pasture, thicket, jungle:* de saltu detruditur: quas (familias) in saltibus habent: latebris aut saltibus se eripere, Cs.: fugā silvas saltūsque peragrat, V.: in silvestrem saltum, Cu.: coëmptis saltibus, H.: saltūs venatibus apti, O.—*A narrow pass, ravine, mountain-valley, glen:* saltūs duo montibus circa perpetuis inter se iuncti, L.: omnia vada ac saltūs eius paludis obtinebat, Cs.: angustiae saltibus crebris inclusae, L.: ante saltum Thermopylarum, L.: nemorum iam claudite saltūs, V.

salūbris (*m.* **salūber**, O.), is, e, *adj.* with *comp.* and *sup.* [salus], *health-giving, healthful, wholesome, salubrious, salutary:* locus: saluberrimae regiones, Cs.: silvae, H.: fluvius, V.: aura, O.: si Baiae salubres repente factae sunt: aestates, H.: cultus atque victus: Ambrosiae suci, V.: Phoebe saluber, ades, O.—*Healthy, sound, well, vigorous:* genus hominum salubri corpore, S.: salubriora etiam credente corpora esse, L.: (exercitum) mutatione locorum salubriorem esse, L.: saluberrimis corporibus uti, Ta.—F i g., *healthful,* *sound, serviceable, beneficial, salutary:* quicquid est salubre in oratione, *sound:* consilia salubriora: hiems saluberrimis consiliis absumpta, Ta.: verba, O.: (sententiam) dixi rei p. saluberrimam: leges rem salubriorem inopi quam potenti (esse), L.

salūbritās, ātis, *f.* [salubris], *healthfulness, wholesomeness, salubrity:* tum salubritatis, tum pestilentiae signa: aquarum, L.—F i g., *healthfulness:* (a iuris consultis) salubritas quaedam, ab iis qui dicunt, salus ipsa petitur, i. e. *the means of safety . . . safety:* Atticae dictionis, *healthy vigor.* —*Health, soundness, vigor:* sensim toto corpore salubritas percipi potuit, Cu.: corporum, Ta.

salūbriter, *adv.* with *comp.* [salubris], *healthfully, wholesomely, salubriously:* refrigerari salubrius.—F i g., *advantageously:* trahi bellum, L.

(**salum**, ī), *n.*, *the open sea, high sea, main, deep* (only *sing., acc.*, and *abl.*): restituere non in salum, sed in ipsam urbem: in salum nave evectus, L.: pars (classis) in salo stetit, L.—*The sea, ocean, waves:* Fit sonitus spumante salo, V.: saxa Neptunus alto tundit salo, H.—*The tossing of the waves:* tirones salo nauseāque confecti, *sea-sickness*, Cs.—F i g., *a sea:* tam aerumnoso navigare salo, *such a sea of troubles*, C. poët.

salūs, ūtis, *f.* [salvus], *soundness, health, good health, vigor:* Quod cum salute eius fiat, *and may it do him good*, T.: quae oportet Signa esse ad salutem, T.: medicis non ad salutem, sed ad necem uti.—F i g., *health, welfare, prosperity, safety, soundness, preservation, deliverance:* cuius in vitā nitebatur salus civitatis: fortunarum suarum salus in istius damnatione consistit: qui salutem dedit, *has furnished safety:* meis civibus saluti fuisse: diffisus suae omniumque saluti, Cs.: una est salus, L.: Una salus victis nullam sperare salutem, V.—*A well-wishing, greeting, salute, salutation:* plurimā salute Parmenonem impertit Gnatho, T.: Terentia impertit tibi multam salutem: tu Atticae salutem dices: Dionysio plurimam salutem, *my best regards:* non reddere salutem, *not to return a greeting*, L.: mihi dulcis salus visa est per te missa ab illā, *greeting:* multam salutem foro dicam, *a hearty farewell:* salute datā redditāque, L.: salutem verbis tuis mihi nuntiarat, *a greeting in your name:* salutem tibi plurimam ascribit et Tulliola, *joins in.*—In beginning a letter, abbreviations are common: Cicero Attico sal. (i. e. salutem dicit): Cicero s. d. Salustio (i. e. salutem dicit): Tullius Terentiae s. p. d. (i. e. salutem plurimam dicit).—P e r s o n., *the goddess of safety, a divinity:* aedes Salutis, L.: Salutis augurium; cf. ipsa si cupiat Salus, *Health herself*, T.

salūtāris, e, *adj.* with *comp.* [salus], *of well-being, healthful, health-giving, wholesome, salutary:* pro salutaribus mortifera conscribere: res (opp. pestiferae): calor: ars, *of healing*, H.: herbae, O.: hominum generi cultura agrorum est salutaris.—F i g., *serviceable, beneficial, salutary, advantageous, useful:* litterae: orationem salutarem habere, L.: civis: nihil est eo melius, nihil salutarius nobis: ad ortūs puerorum.—E s p., in the phrase, salutaris littera, i. e. *the letter A* (for absolvo, on the ballots of judges; opp. littera tristis, i. e. C, for condemno).—As a surname of Jupiter.

salūtāriter, *adv.* [salutaris], *profitably, beneficially, advantageously:* (armis) uti.

salūtātiō, ōnis, *f.* [saluto], *a greeting, saluting, salutation:* quis te communi salutatione dignum putet?: salutationem facere, L.: mutuā salutatione factā, Cu.—*A waiting upon at one's house, ceremonial visit:* ubi salutatio defluxit, *when the formal morning reception is over.*

salūtātor, ōris, *m.* [saluto], *a saluter, one who makes complimentary visits*, Iu.

salūtātrīx, īcis, *f.* [salutator], *that makes complimentary visits:* turba, *of morning callers*, Iu.

salūtifer, fera, ferum, *adj.* [salus+1 FER-], *health-bringing, healing, salubrious:* puer, O.: anguis Urbi, O.

salūtō (*P. plur. gen.* salutantūm, V., O.), āvī, ātus, āre [salus], *to greet, wish health, pay respects, salute, hail:* illum: unum quemque nostrum: alquem Caesarem, *hailed as Caesar:* Imperator . . . atque ita se postea salutari passus est, Cs.: in quo (itinere) illum agentem aliquid salutavi: cum avum regem salutassent, L.: Dionysius te omnīsque vos salutat, *sends greeting to:* esse salutatum volt te, O.: Ego deos penatīs hinc salutatum domum Devortar, *to pay reverence to:* Italiam laeto socii clamore salutant, V.: templa, O.—*To call upon, visit, pay respects to, wait upon:* venit salutandi causā: salutatum introire, S.: salutandi plures, H.—*To greet, welcome:* mane salutamus domi et bonos viros multos, etc.

1. salvē, *adv.* [salvus], *well, in good health, in good condition.*—Only in the colloq. phrase, satin' salve? (sc. res se habent?), *is all well? all right?* T., L.; see salvus.

2. salvē, *imper.* of salveo.

(**salveō**), —, —, ēre [salvus], *to be well, be in good health;* hence, in formulas of greeting, *imper., infin.*, and (once) *indic. fut.*, *to be well, be greeted:* *Cr.* o Mysis, salve. *My.* salvus sis, Crito, *bless you*, T.: Dionysium iube salvere, *greet for me:* salvere iubet prior, H.: salvebis a meo Cicerone, i. e. *Cicero sends his best wishes:* Salve, vera Iovis proles (sc. Hercules), *hail*, V.—E s p., *imper.* with *vale*, in taking leave, *farewell, good-by, adieu:* vale, salve: salve aeternum mihi, Aeternumque vale, V.

salvos or **salvus**, *adj.* [3 SAL-], *in good health, well, sound, safe, unharmed, uninjured:*

gaudeo tibi illam salvam, T.: tum illum . . . pedibus suis salvom revertisse: numquam salvis suis exuitur servitus muliebris, *while their friends are living*, L.: Non uxor salvom te volt, non filius, H. —Fig., *safe, well, preserved, uninjured, in good condition:* (rem p.) salvam servare, L.: ita me gessi, Quirites, ut salvi omnes conservaremini: exercitus, Cs.: civibus salvis atque incolumibus, Cs.: res salva (opp. perdita), T.: epistula (opp. conscissa): quid salvi est mulieri amissā pudicitiā? L.: utinam salvis rebus conloqui potuissemus, *before all was lost.*—Esp., with a *subst.* in *abl. absol.*, *without violation of, saving:* salvā lege: salvo officio: salvo iure nostrae veteris amicitiae: quod salvā fide possim. —Colloq. uses: salvos sum, si haec vera sunt, i. e. *I am out of trouble*, T.: tace, obsecro; salvae sumus, *we are all right*, T.: ne sim salvus, si, etc., *may I die, if*, etc.: Erubuit; salva res est, *all is well*, T.: satine salvae (sc. res sunt)? *is all well?* T.: *Cr.* o Mysis, salve. *My.* salvos sis, *good luck to you*, T.

sambūcistria, ae, *f.*, = σαμβυκίστρια, *a female harpist*, L.

Samē, ēs (L., V., O.) or **Samos** (O.), *an old name for Cephalenia, in the Ionian Sea.*

Samius, *adj.*, *of Samos:* terra, *a district of the mainland belonging to Samos*, L.: Iuno, *worshipped in Samos*, C.: vir, i. e. *Pythagoras*, O.: testae, *made of Samian clay*, Tb.

Samnīs, ītis, *adj.*, *of Samnium, Samnite*, C., L. —*A gladiator armed with Samnite weapons*, C., L.: Samnis satis asper, Lucil. ap. C.

Samnium, ī, *n.* [for * Sabinium, from Sabini], *a mountainous country north of Campania*, C., L.

Samos or **Samus**, ī, *f.*, = Σάμος, *an island near Ephesus*, C., V., H., L., O.; see also Same.

sānābilis, e, *adj.* [sano], *that can be healed, curable, remediable:* volnus, O.: animi.

sānātiō, ōnis, *f.* [sano], *a healing, curing:* corporum: certa et propria.

sanciō, sānxī, sānctus, īre [1 SAC-].—Of a law or treaty, *to make sacred, render inviolable, fix unalterably, establish, appoint, decree, ordain, confirm, ratify, enact:* quas (leges) senatus de ambitu sanciri voluerit: sanciendo novam legem, Ne quis, etc., L.: tabulas, H.: haec igitur lex sanciatur, ut, etc.: quod populus plebesve sanxit: cum sancienda sint consulum imperia, aut abroganda, L.: foedus, *ratify*, L.: foedera fulmine, V.—*To ratify, confirm, consecrate, enact, approve:* at hoc leges non sanciunt, *ordain:* consularis lex sanxit, ne, etc.: contra quam sanctum legibus erat, L.: ne res efferatur, ut iure iurando ac fide sanciatur, petunt, Cs.: coetibus ac sacrificiis conspirationem civitatium, Ta.: inhumanissimā lege sanxerunt, ut, etc.. habent legibus sanctum, Si quis . . . uti, etc., Cs.: de quibus confirmandis et sanciendis legem laturus est: fide sanxerunt liberos Tarentinos leges habituros, L.—*To forbid under penalty, condemn with a sanction, enact a penalty against:* incestum pontifices supplicio sanciunto: observantiam poenā: quod Athenis exsecrationibus publicis sanctum est: Solon capite sanxit, si qui, etc., *made it a capital offence.*

sānctē, *adv.* with *comp.* and *sup.* [sanctus], *solemnly, conscientiously, scrupulously, religiously, reverently, purely, holily:* iurare, T.: colimus naturam excellentem: multa sunt severius scripta quam in antiquis legibus et sanctius: sancta sanctissime colere: te sancte precor, L.: ea sanctissime observaturus: virgines tam sancte habuit, Cu.: nusquam eas (pecunias) tutius sanctiusque deponere, *more inviolably*, L.

sānctimōnia, ae, *f.* [sanctus], *sacredness, sanctity, holiness:* ad deorum religionem et sanctimoniam demigrasse, *the divine life:* summa, *extreme conscientiousness.*

sānctiō, ōnis, *f.* [sancio], *a consecration, confirming as inviolable, confirmation:* foederis sanctione defendi.—In a law, *a penal clause, declaration of a penalty, sanction:* sanctiones sacrandae sunt . . . poenā: neque vero leges Porciae quicquam praeter sanctionem attulerunt novi.

sānctitās, ātis, *f.* [sanctus], *inviolability, sacredness, sanctity:* tribunatūs: templi insulaeque, L.: mecum deorum et hominum sanctitates omnes afuerunt.—*Moral purity, holiness, sanctity, virtue, piety, integrity, honor, purity, chastity:* quasi lumen aliquod elucere sanctitatem tuam: matronarum: sanctitas est scientia colendorum deorum: feminarum, L.—*A pious observance:* religionum sanctitates.

sānctitūdō, inis, *f.* [sanctus], *sacredness, sanctity:* sepulturae.

sānctor, ōris, *m.* [sancio], *an establisher, ordainer:* legum, Ta.

sānctus, *adj.* with *comp.* and *sup.* [*P.* of sancio], *consecrated, established as inviolable, sacred, inviolable:* campus: tribuni (plebis) sancti sunto: fides induciarum, L.: ius: (litterae) in aerario sanctiore conditae, i. e. *in the special treasury, reserved for extreme necessity:* hospites sanctos habent, Cs.: uxor, Ph. —*Venerable, august, divine, sacred, pure, holy:* sanctis Penatium deorum sedibus: polluerat stupro sanctissimas religiones: sanctior dies, H.: ignes (of a sacrifice), V.: amicitiae nomen, O.: pudicitia, L.—*Pure, good, innocent, pious, holy, just, conscientious, upright:* illo nemo in civitate sanctior: homines sanctissimi: sanctissimus et iustissimus iudex: sanctius consilium, L.: senatus, V.: amores, *chaste:* Virgines, H.: id, quod mihi est et sanctius et antiquius.

Sancus (Sang-), ī, *m.*, *a deity of the Sabines* (worshipped at Rome), L., O., Pr.

sandalium, ī, *n.*, = σανδάλιον, *a slipper, sandal*, T.

sandapila, ae, *f.*, *a cheap coffin, poor man's bier*, Iu.

sandȳx, īcis, *f.*, = σάνδυξ, *a bright red, vermilion*, V., Pr.

sānē, *adv.* with *comp.* [sanus], *soberly, sensibly, reasonably, discreetly:* sanius bacchari Edonis, H. —As a particle of assurance, *indeed, doubtless, by all means, truly, certainly, of course, right, very* (only *posit.*): odiosum sane genus hominum: iudicare difficile est sane: oratio sane longa: sane murteta relinqui, H.: bonus sane vicinus, H.—Esp., in affirmative answers: *Ch.* Ego domi ero siquid me voles. *Me.* Sane volo, *assuredly*, T.: *Ch.* Estne, ut fertur, forma? *Pa.* sane, *entirely so*, T.: sane et libenter quidem.—Ironic.: Beneficium magnum sane dedit! Ph.—With other adverbs: res rustica sane bene culta: bene sane, *very well*, T.: recte sane interrogasti, *very properly*, T.: Sane hercle ut dicis, *exactly as you say*, T.: sane quidem, *of course*, T. — With *quam*, *how very, very much indeed, uncommonly, exceedingly:* conclusa est a te tam magna lex sane quam brevi.—With a *negative:* commissator haud sane commodus, *not altogether*, T.: haud sane intellego, quidnam sit, etc., *I do not quite understand:* haud sane quisquam, *nobody at all*, S.: non sane credere, H.: quid ad haec Quinctius? nihil sane certum, *nothing at all.*—Restrictive, in concessions, *to be sure, indeed, certainly, however:* sane bonum, ut dixi, rei p. genus: sint sane illa magna: haec si vobis non probamus, sint falsa sane: sed fruatur sane hoc solacio.—With an *imper.*, *then, if you will:* I sane, T.: cedo sane, T.: 'age sane,' omnes, L.

sanguālis, see sanqualis.

sanguen, inis, *n.*, see sanguis.

sanguināns, ntis, *P.* [sanguis], *bloodthirsty:* eloquentia, i. e. *exhausting clients*, Ta.

sanguinārius, *adj.* [sanguis], *bloodthirsty, bloody, sanguinary:* iuventus.

sanguineus, *adj.* [sanguis], *of blood, consisting of blood, bloody:* imber: guttae, O.: lingua, O.: caedes, O.: rixae, H.—*Blood-colored, blood-red:* iubae (anguium), V.: mora, V.: Luna, O.—Fig., *bloodthirsty:* Mavors, V., O.

sanguinolentus, *adj.* [sanguis], *full of blood, bloody:* pectora, O.: Allia . . . Volneribus Latiis, O.—*Blood-red:* color, O.—Fig., *sanguinary, offensive:* Littera, O.

sanguis (poet. also **sanguīs**, V., O.), inis, *m.*, or (old) **sanguen**, inis, *n.*, *blood:* Sine sanguine fieri, *bloodshed*, T.: innocentium, *slaughter:* in sanguine versari, *murder:* fluvius Atratus sanguine fluxit: ad meum sanguinem hauriendum advolare, *to shed my blood:* hauriendus aut dandus est sanguis, *we must slay or be slain*, L.: sanguinem mittere, *to let blood.* — *Blood, consanguinity, descent, race, stock, family:* sanguine coniuncti, *blood-relations:* civium omnium sanguis coniunctus existimandus est: tibi materno a sanguine iunctus, O.: Progeniem Troiano a sanguine duci, V.: sanguine cretus Sisyphio, O.: sanguinem sociare, L.—*A descendant, offspring, posterity, family, kindred:* o sanguen dis oriundum! Enn. ap. C.: saevire in suum sanguinem, L.: Clarus Anchisae sanguis, i. e. *Aeneas*, H.: Regius, i. e. *Europa*, H.: meus, V.—Fig., *vigor, strength, force, spirit, life:* amisimus omnem sanguinem civitatis: quae cum de sanguine detraxisset aerari, *had bled the treasury:* missus est sanguis invidiae sine dolore.—Of style, *vigor, force, life, animation:* sucus ille et sanguis inconruptus usque ad hanc aetatem oratorum fuit: orationis subtilitas etsi non plurimi sanguinis est.

saniēs, —, *acc.* em, *abl.* ē, *f.*, *diseased blood, bloody matter, gore, sanies:* saxa spargens sanguine atro, Enn. ap. C.: domus sanie (foeda), V.: sanie expersa Limina, V.: saniem coniecto emittite ferro, O.—*A corrupt foam, venom, slaver:* Perfusus sanie vittas, V.: colubrae saniem vomunt, O.: sanies manet Ore trilingui (of Cerberus), H.

sānitās, ātis, *f.* [sanus], *soundness of body, health:* inconrupta: Ad sanitatem dum venit curatio, *while the cure is perfected*, Ph.—Fig., *soundness, right reason, good sense, discretion, sanity:* animi: ut facinore admisso ad sanitatem reverti pudeat, Cs.: ad sanitatem reducere: nihilo plus sanitatis in curiā quam in foro esse, L.: victoriae, *solidity, permanence*, Ta.—Of style, *soundness, correctness, propriety, regularity, purity:* sanitatem et integritatem oratoris probat: orationis.

sanna, ae, *f.*, = σάννας, *a mimicking grimace, mocking face*, Iu.

sanniō, ōnis, *m.* [sanna], *one who mimics in mockery, a harlequin, buffoon.*

sānō, āvī, ātus, āre [sanus], *to make sound, heal, cure, restore to health:* (vomicam): te: tibi belli volnera sananda sunt: haec volnera, O.: quod ad sanandum me pertineret, N.: Corpora vix ferro sanantur, O.—Fig., *to heal, correct, restore, repair, allay, quiet:* rei p. partīs aegras et labantīs: quae sanari poterunt, quācumque ratione sanabo: voluntates consceleratas: mentīs, Cs.: cuius causa sanari non potest: id (incommodum) maioribus commodis, Cs.: discordiam, L.

Sanquālis, e, *adj.*, *sacred to Sancus:* avis, L.

sānus, *adj.* with *comp.* and *sup.* [2 SAV-], *sound, whole, healthy, well:* pars corporis: sensūs: Si noles sanus, curres hydropicus, H.: eo medicamento sanus factus. — Fig., of the state, *sound, safe, whole, unharmed:* res p.: civitas, L.—Of the mind, *sound, rational, sane, sober, discreet, sensible:* eos sanos intellegi necesse est, quorum mens, etc.: Satin' sanus es? *in your senses?* T.: mens bene, H.: vix sanae compos Mentis, O.: illum male sanum putare, *of unsound mind:* male sana (Dido), i. e. *raving,* V.: male sani poëtae, i. e. *inspired,* H.: excludit sanos Helicone poëtas, *sober,* H.: bene sanus Ac non incautus, *discreet,* H.: rem p. capessere hominem bene sanum non oportere: nihil pro sano facturus, i. e. *rationally,* Cs.: Solve senescentem sanus equum, H.: tumultu etiam sanos consternante animos, *self-possessed,* L.: ab illis (vitiis), i. e. *free from,* H.: qui sanior, ac si, etc., H.: quisquam sanissimus tam certa putat, quae videt, quam? etc.—Of style, *sound, correct, sensible, sober, chaste:* nihil erat in eius oratione, nisi sanum: (oratores) saniores.

sapa, ae, *f.* [SAP-], *must, new wine boiled thick,* O.

sapiēns, entis (*abl. sing.* as *adj.* ente or entī, as *subst.* usu. ente; *gen. plur.* entium, poet. also entūm, H.), *adj.* with *comp.* and *sup.* [*P.* of sapio], *wise, knowing, sensible, well-advised, discreet, judicious:* sapientissimum esse dicunt eum, cui, etc.: homo iudicio suo valde sapiens: rex: sapientissimus rex: quis sapientior ad coniecturam?: servus non paulo sapientior, H.: puella, O.: temperatio: verba, T.: Consilium, O.: sapientissimum iudicium senatūs.—As *subst. m., a sensible person, discreet man, man of sense:* dictum sapienti sat est, T.: sapiens causas reddet, H.: Fecundae leporis sapiens sectabitur armos, *a connoisseur,* H. —In philosophy, *wise, sage, knowing the truth:* qui quietus animo . . . is est sapiens: sapientium praecepta: te, Laeli, sapientem appellant: eos septem quos Graeci sapientes nominaverunt.—Ironic.: sapientum octavus, H.

sapienter, *adv.* with *comp.* and *sup.* [sapiens], *sensibly, discreetly, prudently, judiciously, wisely:* dicere: facere: vivere, H.: temporibus uti, N.: populares vere et sapienter: tibi sapientius suadere te ipso: sapientius fecisse: alqd retinuisse sapientissime.

sapientia, ae, *f.* [sapiens], *good taste, good sense, discernment, discretion, prudence, intelligence, forethought:* sedulo Moneo, quae possum, pro meā sapientiā, T.: re enim iniquum est, sed tuā sapientiā fit aequissimum: maiorum: sapientia prima (est), Stultitiā caruisse, H.: Insaniens, H.: virtutes ebullire et sapientias, *maxims of wisdom.* — *Wisdom, philosophy, perfection of intellect and character:* sapientia est rerum divinarum et humanarum scientia: sapientia, quae ars vivendi putanda est: pro vestrā sapientiā: ceterarum rerum tua, *in other things.*—*A science:* ista Scaevolarum, i. e. *the science of jurisprudence:* audaciā pro sapientiā uti: constituendae civitatis, i. e. *statesmanship.*

sapientipotēns, entis, *adj.* [sapientia + potens], *mighty in wisdom,* Enn. ap. C.

sapiō, īvī, —, ere [SAP-], *to taste of, smack of, savor of, have a flavor of:* nil rhombus nil dama sapit, *has no flavor,* Iu.: Quaesivit, quidnam saperet (simius), Ph.—*To have a sense of taste, perceive flavors:* ut, cui cor sapiat, ei non sapiat palatus. —Fig., *to have taste, have discernment, be sensible, be discreet, be wise, discern:* populus est moderatior, quoad sentit et sapit: Qui sapere et fari possit quae sentiat, H.: abeas, si sapis, *if you are wise,* T.: hi sapient, Cs.: te aliis consilium dare, Foris sapere, T.: Qui sibi semitam non sapiunt, alteri monstrant viam, *know,* C. poët.: quamquam quis, qui aliquid sapiat, nunc esse beatus potest?: nihil: Nil parvum, i. e. *attend to nothing trivial,* H.—Prov.: sero sapiunt, *are wise too late.*

sapor, ōris, *m.* [SAP-], *a taste, relish, flavor, savor* (as a quality of things): non odore ullo, non sapore capi: ut mel, suo proprio genere saporis, dulce esse sentitur: tardus, V.: tristi poma sapore, O.: ratio saporum, H. — *A dainty, delicacy:* huc iussos adsperge sapores, V.: et tunsum gallae admiscere saporem, i. e. *juice,* V.—Fig., of style, *taste, elegance:* vernaculus. — Of conduct: homo sine sapore, *without refinement.*

sarcina, ae, *f.* [SAR-], *a package, bundle, burden, load, pack* (only poet. in *sing.*): gravis, H.—*Plur., packs, luggage, baggage:* sarcinas conligere, S.: sarcinas conferri iussit, Cs.: muli gravati sarcinis, Ph.: custodia sarcinarum, L.: qui matri sarcina Prima suae fuerat, *burden* (of the womb), O.: sarcinam effundit, i. e. *brings forth,* Ph.— Fig., *a burden, weight, sorrow, care:* Sarcinaque haec animo non sedet apta meo, O.: Sarcina sum (tibi), O.

sarcinārius, *adj.* [sarcina], *of burdens, for baggage:* iumenta, Cs.

sarcinula, ae, *f. dim.* [sarcina], *a little pack, small bundle, fardel:* collige sarcinulas, Iu.: sarcinulis expeditis, Ct.: puellae, i. e. *dowry,* Iu.

sarciō, sarsī, sartus, īre [SAR-], *to patch, botch, mend, repair, restore, make good:* generis (apum) lapsi ruinas, V.—Fig., *to make good, make amends for, make compensation for, correct, repair:* si quid esset in bello detrimenti acceptum, Cs.: acceptum incommodum virtute, Cs.: iniuriam: longi temporis usuram, *restore:* male sarta Gratia, H.

sarcophagus, *adj.*, = σαρκοφάγος, *flesh-devouring, carnivorous:* lapis, *a limestone of which coffins were made, said to reduce the corpse to ashes.*—As *subst. m., a tomb, sarcophagus,* Iu.

sarculum, ī, *n.* [SAR-], *a light hoe, garden-hoe:*

findere sarculo Agros, H.: dispersa per agros Sarcula, O.

sardonyx, ychis, *m.* and *f.*, = σαρδόνυξ, *a precious stone*, *sardonyx*, Iu.

sargus, ī, *m.*, = σάργος, *a bream* (a sea-fish), O.

sarīsa (-īssa), ae, *f.*, = σάρισα, *a long Macedonian lance:* arma clupeus sarisaeque illis, L.: nudā ferit ora sarissā, O., Cu.

sarīsophoros (**sarīsso-**), ī, *m.*, = σαρισοφόρος, *a Macedonian lancer*, L., Cu.

sarmentum, ī, *n.* [SARP-], *a twig*, *light branch*, *fagot*, *fascine:* fasces virgarum atque aridi sarmenti, L.—Usu. *plur.*, *brushwood*, *fagots:* sarmenta circumdare: sarmentis conlectis, Cs.: fasces sarmentorum, L.

sarrācum, see serracum.

Sarrānus, *adj.*, *of Sarra* (an old name of Tyre): ostrum, *Tyrian*, V.: aulaea, Iu.

sartāgō, inis, *f.*, *a frying-pan*, *baking-pan*, Iu.

sartus, *adj.* [*P.* of sarcio], *mended*, *repaired*, *put in order* (only in phrases with *tectus*): aedem sartam tectam tradere, *in complete repair.*—As *subst. n.:* sarta tecta exegerunt, *repairs*, L.: in sartis tectis quem ad modum se gesserit, *in repairing public buildings.*—Fig.: ut Curium sartum et tectum, ut aiunt, conserves, i. e. *safe and sound.*

sat, *adj.* (for *comp.*, see satius), *n. indecl.* [for satis].—Only *nom.* and *acc.*, *enough*, *sufficient*, *satisfactory*, *adequate*, *ample:* paene plus quam sat erat, T.: tantum quantum sat est: Tantum sat habes? *are you satisfied with that?* T.: nam mihi facti Fama sat est, V.: Qui non sat habuit coniugem inlexe, *was not content*, C. poët.: Perdere posse sat est, O.—As *subst. n.:* non signi hoc sat est, Quod, etc., *proof enough*, T.: nec sat rationis in armis, V.—As *adv.*, *enough*, *sufficiently*, *satisfactorily:* sat scio, *I am sure*, T.: accusator sat bonus: non sat idoneus Pugnae, H.—*Only enough*, *just*, *moderately*, *tolerably*, *somewhat:* sat commode, T.: si me voltis esse oratorem, si etiam sat bonum, etc.—*Enough*, *too much;* with *ago* (less correctly, satago): suarum rerum sat agit, *has his hands full with his own affairs*, T. (al. sat agitat).

sata, ōrum, *n.* [*P. plur. n.* of 1 sero], *standing corn*, *crops:* Dulce satis umor, V.: laeta, V.: Cum satis arbusta, O.

sat agitō, **sat agō**, see sat.

satelles, itis, *m.* and *f.*, *an attendant*, *follower*, *courtier*, *life-guard:* regii satellites, *retinue*, L.: satellites Naevi: si equites Romani satellites Numidae traderentur, S.: Aurum per medios ire satellites . . . amat, H.: Hannibalis, *followers*, L.—*An attendant*, *companion*, *follower:* Iovis pinnata satelles, i. e. *the eagle:* Orci, i. e. *Charon*, H.: deae custos, satelles (i. e. Orion, of Diana), O.—*An assistant in crime*, *accomplice*, *partner*, *abettor:* stipatores corporis constituit, eosdem satellites potestatis: satellites scelerum.—Fig., *an assistant*, *attendant:* natura ei (sc. homini) sensūs tamquam satellites attribuit: Virtutis rigidus, H.

satiās, —, *f.* [satis].—Only *nom. sing.*, *a sufficiency*, *abundance*, *plentifulness:* dabitur satias supplici, *full satisfaction*, Att. ap. C.—*Satisfied desire*, *satiety*, *weariness*, *loathing:* Studiorum istorum, T.: satias amoris in uxore, L.

satietās, ātis, *f.* [satis], *a sufficiency*, *abundance*, *adequacy* (old or late): ad satietatem copiā commeatuum instructus, Cu.—*A being sated*, *fullness*, *satiety*, *loathing*, *weariness*, *disgust:* cibi: incautos ad satietatem trucidabitis, L.: non metu aliquo adfecti, sed satietate exierunt: provinciae: dominationis, S.: gloriae, Cu.: ante inimicos satietas poenarum suarum cepisset, quam, etc., L.: rerum omnium . . . vitae: omnibus in rebus similitudo est satietatis mater: amicitiarum satietates.

satin', **satine**, for satis-ne, see satis.

1. satiō, āvī, ātus, āre [satis], *to fill*, *satisfy*, *sate*, *satiate:* desideria naturae, *appease:* canes satiatae sanguine erili, O.—*To fill up*, *saturate*, *furnish abundantly:* fretum aquis, O.: odoribus ignīs, O.—Fig., *to still*, *satisfy*, *content*, *glut*, *satiate*, *appease:* animum: nec satiatur cupiditatis sitis: satiari delectatione: iram, O.: ait nequaquam se esse satiatum: satiatus poenā, L.: satiati suppliciis nocentium, L.: satiata ferinae Dextera caedis, O.—*To overfill*, *cloy*, *satiate*, *disgust:* primum numerus agnoscitur, deinde satiat: satiari fastidio similitudinis: satiatis et expletis iucundius est carere quam frui: Heu nimis longo satiate ludo, H.: adsiduo satiatus aratro, Tb.

2. satiō, ōnis, *f.* [1 SA-], *a sowing*, *planting* (cf. sementis): tempus sationis: cura sationis, L.: Optima vinetis satio, V.: iugera sationum suarum profiteri, *cultivated lands.*

satira, see satura.

satis, *adj.* (for *comp.* see satius), *n. indecl.* [2 SA-].—Only *nom.* and *acc.*, *enough*, *sufficient*, *satisfactory*, *ample*, *adequate:* cui satis una Farris libra foret, H.: Duo talenta pro re nostrā ego esse decrevi satis, T.: si ad arcendum Italiā Poenum consul satis esset, L.: animo istuc satis est, auribus non satis: qui non sentirent, quid esset satis: avidior, quam satis est, gloriae: poenas dedit usque superque Quam satis est, H.: ut ea modo exercitui satis superque foret, S.: satis una excidia, V.: satis erat respondere 'magnas'; 'ingentīs,' inquit: nunc libertatem repeti satis est, L.: Fabio satis visum, ut ovans urbem iniret, L.: vos satis habebitis animam retinere, *will be content*, S.: si non satis habet avaritiam explere, *is not satisfied:* non satis habitum est quaeri quid . . . verum etiam, etc., *it was not thought sufficient:* ut Lacedaemonii satis haberent, si salvi esse possent, *were content*, N.: senatus censuit satis habendum, quod praetor ius iurandum polliceretur, *must be accepted as satisfactory*, L.—As *subst. n.*, *enough, a sufficiency:* satis superque dictum est: Satis mihi id habeam supplici, T.: ea amicitia non satis habet firmitatis: satis est tibi in te praesidi: Iam satis terris nivis misit pater, H.: satis superque esse sibi suarum cuique rerum.—In law, *satisfaction, security, guaranty*, in phrases with *do* (less correctly as one word, satisdo) and *accipio:* quibus a me verbis satis accipiet, isdem ipse satis det, *in the same form in which he takes security from me, let him give it:* iudicatum solvi satis daturos esse dicebant, *for the payment of the judgment:* de satis dando vero te rogo . . . tu ut satis des, *give bonds.* —As *adv.*, *enough, sufficiently, adequately, amply, fully:* ego istuc satis scio, T.: satis esse arbitror demonstratum: Satis superque me benignitas tua ditavit, H.: pugnatur acriter, agitur tamen satis, i. e. *it goes on satisfactorily:* existimasti satis cautum tibi ad defensionem fore, si, etc., *that you would have secured your defence well enough:* mulier satis locuples: satis superque humilis est, qui, etc., L.: Satis scite, T.: satis opportune accidisse, Cs.—*Enough, just, tolerably, moderately, somewhat:* *Sy.* (mulier) formā luculentā. *Ch.* sic satis, T.: satis litteratus: satis bene pascere, *pretty well;* see also satisdato, satis facio.

satis-datiō or **satis datiō**, ōnis, *f.*, *a giving of bail, giving bonds, depositing security.*

satis-datō, *adv.*, *under a sufficient security, under a pledge:* quod satisdato debeo expedire, i. e. *which I am under bond to pay.*

satis dō, see satis.

satis-faciō or **satis faciō**, fēcī, factus, ere, *to give satisfaction, satisfy, content:* quam ob rem tandem non satis facit?: Siculis: mihi: causae atque officio: et naturae et legibus: ut omnium vel suspicioni vel malevolentiae satis fiat: qui (histriones) in dissimillimis personis satis faciebant: in iure civili: quibus quoniam satisfeci me nihil reliqui fecisse, quod, etc., N.—*To give satisfaction, satisfy, content, pay off, pay, secure:* Fufiis satis facit absentibus et fidem suam liberat: pecunias mutuati, proinde ac suis satis facere vellent, Cs.—*To give satisfaction, make amends, make reparation, make excuse, apologize:* missis ad Caesarem satisfaciundi causā legatis, Cs.: in quā civitate legatus populi R. violatus sit, nisi publice satis factum sit, etc.: cum tribunis militum egerunt, ut Caesari satisfacerent, etc., Cs.: aut morte aut victoriā rei p.: omnibus rationibus de iniuriis, Cs.

satisfactiō, ōnis, *f.* [satis + 2 FAC-], *an excuse, apology, plea, explanation:* Eorum satisfactione acceptā, Cs.: satisfactionem ex nullā conscientiā de culpā proponere decrevi, S.—*Reparation, amends, satisfaction:* luitur homicidium, recipitque satisfactionem domus, Ta.

satius, *adj. n.* [*comp.* of satis], *more satisfying, better, more serviceable, fitter, preferable.*—Only as predicate of a *clause:* tibi perdere Talentum satius est quam illo minam, T.: mergi freto satius illi insulae esse quam dedi inimico, L.: nonne satius est mutum esse quam dicere, etc.: Nonne fuit satius tristīs Amaryllidis iras pati? V.: terga impugnare hostium satius visum est, L.: satius putarunt in urbe eum comprehendi, *thought it more expedient*, N.

sator, ōris, *m.* [1 SA-], *a sower, planter*, C.—Fig., *a father, creator:* caelestūm, i. e. *Jupiter:* hominum atque deorum, V.—*A sower, promoter, author:* litis, L.

satrapēa, see satrapia.

satrapēs, is, *acc.* en or em, or **satrapa**, ac, *m.*, = σατράπης [Persian], *a governor of a province, viceroy, satrap:* satrapa si siet Amator, T.: regius, N., Cu.

satrapīa or **satrapēa**, ae, *f.*, = σατραπεία, *the office of a satrap, a satrapy*, Cu.

satur, ura, urum, *adj.* [2 SA-], *full, sated, having eaten enough* (opp. esurientes): pulli: ut puer satur sit facito, T.: conviva, H.: capellae, V.: Ambrosiae suco quadrupedes, O.: omnium rerum, T.: altilium, H.—Of color, *full, deep, strong, rich:* vellera saturo fucata colore, V.—*Full, rich, abundant, fertile:* praesaepia, V.—Fig., *rich, fruitful:* nec satura ieiune (dicet).

satura (less correctly **satira**, not satyra), ae, *f.* [*fem.* of satur; sc. lanx], *a mixture, hotchpotch;* only in the phrase, per saturam, *at random, confusedly, pell-mell:* quasi per saturam sententiis exquisitis, S.—*A satire, poetic medley set to music and sung on the stage:* inpletae modis saturae, L.: ab saturis, i. e. *after the appearance of satires*, L.—*A satire, poem of manners, didactic poem:* in saturā nimis acer, H.

saturātus, *P.* of saturo.

saturēia (quadrisyl.), ōrum, *n.*, *a pot herb, savory*, O.

Saturēiānus, *adj.*, *of Satureia* (in Appulia), *Appulian:* caballus, H.

saturitās, ātis, *f.* [satur], *fulness, superabundance:* rerum omnium.

Sāturnālia, iōrum, *n.* [Saturnus; sc. festa], *the festival of the Saturnalia* (beginning Dec. 17), C., L., H.: prima, *the first day of the Saturnalia*, L.: secunda, tertia.

Sāturnius, *adj.*, *of Saturn, Saturnian:* stella, *the planet Saturn*, C.: tellus, *Italy*, V.: regna, i. e.

the golden age of Saturn's reign, V.: gens, i. e. *the Italians*, O.: Iuno, V., O.: Iuppiter, pater, V., O.: domitor maris, i. e. *Neptune*, V.: virgo, i. e. *Vesta*, O.: numerus, *the Saturnian verse* (the oldest Latin metre), H.—As *subst. m.*, *son of Saturn*, i. e. *Jupiter* or *Pluto*, O.—As *subst. f.*, *daughter of Saturn*: Iuno, V., O.

Sāturnus, ī, *m.* [1 SA-], *Saturn, the ancient Latin god of agriculture and of civilization, identified with the Grecian Kronos*, C., V., O., Cu.—*The planet Saturn*, H.

saturō, āvī, ātus, āre [satur], *to fill, glut, cloy, satiate*: animalia earum (mammarum) ubertate saturantur: Nec cytiso saturantur apes, V.: caede leones, O.—*To fill, furnish abundantly, saturate*: fimo pingui sola, V.: murice pallam, i. e. *color richly*, O.—F i g., *to fill, satisfy, content, sate*: mens saturata bonarum cogitationum epulis: homines saturati honoribus: se sanguine civium: crudelitatem: necdum antiquum saturata dolorem, *her old grudge not yet assuaged*, V.

1. satus, *P.* of 1 sero.

2. (satus, ūs), *m.* [1 SA-], *a sowing, planting* (only *acc. sing.* and *plur.* and *abl. sing.*): herbam (exstitisse) non humano satu: vitium.—*A begetting, producing, origin, stock, race*: a primo satu: Herculi Iovis satu edito.—F i g., *seed*: philosophia praeparat animos ad satūs accipiendos.

satyrus, ī, *m.*, = σάτυρος, *a Satyr, forest-god of the train of Bacchus, with goat's feet*, C., H., O. —*A Grecian form of drama with a chorus of satyrs, satyric play*: satyrorum scriptor, H.: protervi, H.

sauciātiō, ōnis, *f.* [saucio], *a wounding.*

sauciō, āvī, ātus, āre [saucius], *to wound, hurt*: in turbā sauciari: nemo occisus est neque sauciatus: ungue genas, O.—Euphemistic: valde amat illum, quem Brutus noster sauciavit, i. e. *has stabbed.* —P o e t.: Sauciet ut vomer humum, *tear up*, O.

saucius, *adj.*, *wounded, hurt*: graviter: sauciorum modo habitā ratione, Cs.: homines: Bracchia direptā saucia fecit acu, O. — *Smitten, injured, enfeebled, ill, sick, distempered*: gladiator: (tellus) nec ullis Saucia vomeribus, *torn*, O.: malus celeri saucius Africo, H.: glacies inserto saucia sole, *melted*, O.—F i g., *wounded, smitten*: Medea amore saucia: regina gravi saucia curā, V.: vir Pieriā paelice, H.: ipse e nostro igne, O.—*Wounded, hurt, offended, injured*: animus.

sāviolum (suāv-), ī, *n. dim.* [suavium], *a little kiss*: dulcius ambrosiā, Ct.

sāvior, see suavior.

sāvium or **suāvium**, ī, *n.* [suavis], *a love kiss, kiss*: Atticae meis verbis suavium des, i. e. *kiss for me* meum, i. e. *my love*, T.

saxātilis, is, *m.* [saxum], *a fish that frequents rocks, saxatile*, O.

saxētum, ī, *n.* [saxum], *a rocky place, stony ground*: asperum.

saxeus, *adj.* [saxum], *of rock, of stone, rocky, stony*: moles: scopulus, O.: umbra, *of the rocks*, V.: Niobe saxea facta, O.

saxificus, *adj.* [saxum+2 FAC-], *turning into stone, petrifying*: Medusa, O.: voltus Medusae, O.

saxifragus, *adj.* [saxum + FRAG-], *stone-breaking, rock-crushing*: undae, Enn. ap. C.

saxōsus, *adj.* [saxum], *full of rocks, rocky, stony*: montes, V.: Saxosus sonans Hypanis, i. e. *roaring among rocks*, V.

saxulum, ī, *n. dim.* [saxum], *a little rock.*

saxum, ī, *n.* [2 SAC-], *a large stone, rough stone, broken rock, bowlder, rock*: e saxo sculptus: magni ponderis saxa, Cs.: saxis suspensa rupes, V.: inter saxa rupīsque, L.: Capitolium saxo quadrato substructum, *with foundations of hewn stone*, L.—P r o v.: satis diu iam hoc saxum vorso, i. e. *struggle in vain* (as Sisyphus with his stone), T.—As *nom. prop.*, *the Tarpeian Rock*: quis audeat laedere propositā cruce aut saxo?: Deicere de saxo civīs? H. — *The Sacred Rock* (on the Aventine hill, where Remus consulted the auspices): pulvinar sub Saxo dedicare: Appellant Saxum, pars bona montis ea est, O.—In the name, Saxa Rubra; see ruber. — *Plur.*, *stony ground, rocky places*: in apricis coquitur vindemia saxis, V.—*A stone wall*: saxo lucum circumdedit, O.

scabellum, see scabillum.

scaber, bra, brum, *adj.* [2 SCAP-], *rough, scurfy, scabrous*: pectus inluvie, C. poët.: manus, O.: homo, H.: robigo (pilorum), V.

scabiēs, em, ē, *f.* [2 SCAP-], *a roughness, scurf*: ferri (with robigo), V.: mali, Iu. — As a disease, *the scab, mange, itch, leprosy*: turpis, V.: mala, H., Iu. — F i g., *an itching, restless longing, unnatural excitement*: dulcedine hac et scabie carent: scabies et contagia lucri, H.

scabillum, ī, *n. dim.* [scamnum], *a footstool, cricket*: scabilla concrepant, aulaeum tollitur, *the pedals* (for signalling on the stage).

scabō, —, —, ere [2 SCAP-], *to scratch, scrape*: caput, H.

Scaea, ae, *adj.*, = Σκαιαί, *Scaean.*—Only with porta or portae, *the western gate of Troy*, V.

scaena (scēna), ae, *f.*, = σκηνή.—In a theatre, *the stage, boards, scene*: hoc videbit in scaena: scaenae magnificentia: Vel scaena ut versis discedat frontibus, V.: columnas excidunt, scaenis decora alta futuris, *a theatre*, V.: scaenis agitatus Orestes, i. e. *in tragedies*, V.: tum silvis scaena coruscis, etc., i. e. *an open space surrounded by the wood*, V.—Fig., *the public stage, public, publicity:* quia maxima oratori quasi scaena videtur contio esse: quae si minus in scenā sunt, i. e. *in public view:* se a volgo et scaenā in secreta remorant Virtus, etc., H.—Prov.: tibi scenae serviendum est, i. e. *keep yourself in public view.*—*A pretence, parade, pretext:* scaenam ultro criminis parat, Ta.

scaenicus (scēnicus), *adj.*, = σκηνικός, *of the stage, scenic, dramatic, theatrical:* artifices, *actors:* ludi, *stage-plays*, T., L.: res forensīs scaenicā venustate tractavit.—*Plur. m.* as *subst.*, *players, actors:* factum quodam in scenicos iure.

scālae, ārum, *f.* [SCAND-], *a flight of steps, stairs, staircase, ladder, scaling-ladder:* murum scalis adgredi, S.: in scalis latuit, H.: scalas ponere, *fix*, Cs.: re in scalarum tenebris abdere, *of the staircase.*

scalmus, ī, *m.*, = σκαλμός, *a peg to hold an oar, thole, thole-pin:* duorum scalmorum navicula, i. e. *with a pair of oars:* scalmum nullum videt, i. e. *not a sign of a boat.*

scalpellum, ī, *n. dim.* [scalprum].—In surgery, *a small knife, scalpel, lancet.*

scalpō, psī, ptus, ere [SCARP-], *to scratch:* terram Unguibus, H.: caput digito, Iu.—In art, *to cut, carve, engrave* (of surface work): ad scalpendum apta manus est: nostri memorem sepulcro Scalpe querelam, *carve*, H.

scalprum, ī, *n.* [SCARP-], *a sharp cutting instrument, chisel, knife:* fabrile, *carpenter's chisel*, L.: Si scalpra (emat) non sutor, *shoemaker's knives*, H.—*A penknife*, Ta.

scammōnea, ae, *f.*, = σκαμμωνία, *scammony.*

scamnum, ī, *n.* [1 SCAP-], *a bench, stool, step*, H.: scamnis considere longis, O.—*A throne:* regni stabilita scamna solumque, Enn. ap. C.

scandō, —, —, ere [SCAND-], *to rise, climb, mount, clamber, get up, ascend:* in aggerem, L.: In domos superas, O.: Ad nidum volucris (faeles), Ph.: eodem, quo dominus, H.: malos: in curru Capitolium, i. e. *in triumph*, L.: equum, V.: parentis regna, H.: scandit machina muros, V.: Scandit navīs Cura, H.

scapha, ae, *f.*, = σκάφη, *a light boat, ship's boat, skiff:* in scapham confugere: biremis, H.

scaphium (scapium), ī, *n.*, = σκαφίον, *a boat-shaped drinking-vessel, ewer, basin:* scaphia aurea.—*A chamber-pot*, Iu.

scapulae, ārum, *f. dim.* [1 SCAP-], *the shoulder-blades, shoulders:* altae, O.: scapulas perdidi, i. e. *have incurred a flogging*, T.

scarus, ī, *m.*, = σκάρος, *a sea-fish, scar, parrot-fish* (a delicacy), H., O.

scatebra, ae, *f.* [scato], *a bubbling, gushing:* (unda) scatebris temperat arva, *spring-water*, V.

scatēns, ntis, *adj.* [*P.* of scato], *bubbling, full, abounding:* arx fontibus, L.: Beluis pontus, H.

scatō, —, —, ere, *to bubble, gush, well up, spring forth:* Fontes scatere, Enn. ap. C.

scatūrīgēs or **scatūrīginēs**, um, *f.* [scaturio, to stream], *bubbling water, spring-water*, L.

scaurus, *adj.* [1 CAR-], *with swollen ankles, club-footed*, H.

scelerātē, *adv.* with *comp.* and *sup.* [sceleratus], *impiously, wickedly, scandalously, nefariously:* feci: domus sceleratius aedificata quam Eversa: insidias sceleratissime machinatus.

scelerātus, *adj.* with *comp.* and *sup.* [*P.* of scelero], *polluted, profaned, defiled:* terra, V.: limina Thracum, O.: Vicus, *on the Esquiline, where Tullia drove over the corpse of her father*, L.: campus, *at the Colline gate, where an unchaste vestal was entombed alive*, L.: sedes, *the abode of the wicked in the underworld*, O.—*Impious, wicked, accursed, infamous, vicious, flagitious:* Davos, T.: vir: stirps hominum sceleratorum, Cs.: hostis: coniunx, L.: iste multo sceleratior quam ille: ego sum sceleratior illo, O.: refertam esse Graeciam sceleratissimorum hominum.—As *subst. m.:* tu unus, scelerate, inventus es, qui, etc., *scoundrel:* sceleratorum manu.—*Accursed, shameful, outrageous, impious:* eius preces: coniuratio, L.: insania belli, V.: amor habendi, O.: ignes, O.: a sceleratiore hastā: subit ira sceleratas sumere poenas, i. e. *satisfaction for her crimes*, V.: frigus, *destructive*, V.

scelerō, —, ātus, āre [scelus], *to pollute, defile, desecrate:* pias manūs, V.: Cererem, Iu.

scelerōsus, *adj.* [scelus], *full of wickedness, vicious, abominable:* ille, T.

scelestē, *adv.* [scelestus], *wickedly, viciously, impiously, abominably, detestably:* sceleste atque impie facta, L.: suspicari, *roguishly.*

scelestus, *adj.* with *comp.* [scelus], *impious, wicked, villanous, infamous, accursed, knavish, roguish:* homo, T.: homines scelestos necare, S.: sorores, H.—As *subst. m.* and *f.*, *an infamous person, wretch, miscreant, scoundrel:* ne me attigas, Sceleste, T.: Quo scelesti ruitis? H.: mali atque scelesti, S.: scelesta, T.—Of things, *accursed, abominable, infamous, shameful:* facinus: scelestior sermo, L.: nuptiae, S.: malitia, Ph.

scelus, eris, *n.* [SCEL-], *a wicked deed, heinous act, crime, sin, enormity, wickedness:* civem scelus verberare: scelus atque perfidia: inde omnia scelera ac maleficia gignuntur: documentum Persarum sceleris: nefario scelere concepto: ad perficiendum scelus incitare: in me edere: se scelere adligare: obrui, L.: caecum domūs scelus omne retexit, V.: legatorum interfectorum, *the crime of murdering the deputies*, L.: quod scelus Calydona merentem (concessit)? i. e. *the penalty of what crime?* V.—As a term of reproach, *rascal, scoundrel, villain, rogue, baggage* (colloq.): Abin hinc scelus! T.: ubi illic est scelus, T.: Artificis scelus, i. e. *cunning rogue*, V.—*A misfortune, calamity: Pa.* Quid hoc est sceleris? perii, T.

scēna, scēnicus, see scaen-.

scēptrifer, fera, ferum, *adj.* [sceptrum + 1 FER-], *sceptre-bearing, sceptred:* manūs, O.

scēptrum, ī, *n.*, = σκῆπτρον, *a royal staff, sceptre:* (rex) sedens cum sceptro: dextrā sceptrum gerebat, V.: rex sceptro insignis eburno, O.—*Plur.* for *sing.*: Aeolus Sceptra tenens, V.: magnā Sceptra manu teneo, O.—*A kingdom, rule, dominion, authority* (*sing.* and *plur.*): mihi tu sceptra Iovemque Concilias, V.: pulsus solio sceptrisque paternis, V.: sceptro potiri perenni, O.

scēptūchus, ī, *m.*, = σκηπτοῦχος, *a sceptre-bearer*, Ta.

scheda, see scida.

schoenobatēs, ae, *m.*, = σχοινοβάτης, *a rope-dancer*, Iu.

schola (scola), ae, *f.*, = σχολή, *an intermission of work, leisure for learning, learned conversation, debate, disputation, lecture, dissertation:* dierum quinque scholas, ut Graeci appellant, in totidem libros contuli: Stoica: ubi sunt vestrae scholae.—*A meeting place for teachers and pupils, place for instruction, place of learning, school:* ex harā producte non ex scholā: homo politus ex scholā: qui cum in scholā adsedissent: philosophorum scholae.—*The disciples of a teacher, body of followers, school, sect:* philosophorum scholae.

scholasticus, *adj.*, = σχολαστικός, *of a school, scholastic:* controversiae, Ta.—As *subst. m., one who teaches rhetoric, a lecturer in the schools*, Ta.

scīda (scheda), ae, *f.*, = σχίδη, *a strip of papyrus bark, leaf of paper, sheet.*

sciēns, entis, *adj.* with *comp.* and *sup.* [*P.* of scio], *knowing, understanding, intelligent, acquainted, skilled, versed, expert:* Id tibi renuntio, ut sis sciens, T.: quis igitur hoc homine scientior umquam fuit?: venefica Scientior, H.: quae (navis) scientissimo gubernatore utitur: locorum, S.: citharae, H.: vir regendae rei p. scientissimus: flectere equum sciens, H.—With the *subj.* in place of an *adv.* with the *predic.*, *knowing, knowingly, wittingly, purposely, intentionally:* prudens sciens pereo, T.: ut offenderet sciens neminem: habebit igitur te sciente curia senatorem, etc.: me oblinam.

scienter, *adv.* with *comp.* and *sup.* [sciens], *knowingly, understandingly, intelligently, skilfully, expertly:* dicere: aggerem subtrahebant, eo scientius, quod, etc., Cs.: rationem operis scientissime exponere.

scientia, ae, *f.* [sciens], *a knowing, knowledge, intelligence, science:* nullam rem quae huius viri scientiam fugere possit: nullo modo poterit oratio mea satis facere vestrae scientiae, i. e. *to express as much as you already know:* ignoratio futurorum malorum utilior est quam scientia: in legibus interpretandis: cuius scientiam de omnibus constat fuisse.—Of a particular branch of knowledge, *knowledge, skill, expertness, art:* ea scientia, quae sit multis profutura: ingenio scientiāque excellere: vestram scientiam implorarem: scientia atque usus militum, Cs.: tua scientia excellens... nostra, i. e. *jurisprudence... oratory:* Iam efficaci do manūs scientiae, H.: tot artes tantae scientiae, *requiring so great knowledge:* physica ipsa et mathematica scientiae sunt eorum, qui, etc.: nauticarum rerum, Cs.: astrologiae: dialecticorum: iuris: linguae Gallicae, Cs.: colendorum deorum.—*Theory:* ars, cum eā non utare, scientiā tamen ipsā teneri potest: te scientiā augere.

scīlicet, *adv.* [for scīre licet].—With *acc.* and *inf.*, *you may know, you may be sure, it is certain, it is obvious* (old): scilicet Facturum me esse, T.: ubi illa formido decessit, scilicet lascivia atque superbia incessere, S.—As a particle of assurance, *it is certain, it is obvious, of course, plainly, naturally, obviously, certainly:* scilicet hoc Pansa aut non videt aut negliget: a te litteras exspectabam: nondum scilicet, *not yet to be sure:* quid ad haec Naevius? ridet scilicet nostram amentiam, qui, etc.: senectus semper agens aliquid: tale scilicet, quale, etc., *such, naturally:* unda scilicet omnibus Enaviganda, *alas!* H.: Brutus terram osculo contigit, scilicet, quod, etc., *evidently because*, L.: nota scilicet illa res, cum, etc., *the fact is surely well known*, etc.—In concession, *of course, no doubt, I admit, certainly* (usu. followed by *sed* or *tamen*): cognoscat (orator) memoriae veteris ordinem, maxime scilicet nostrae civitatis, sed etiam, etc.: tuli scilicet moleste, ut debui, sed tamen constitui ad te venire.—As an answer, *of course, certainly*, T.: *Pa.* fratris igitur Thaïs totast? *Ch.* scilicet, T.—In irony, *of course, to be sure, doubtless, certainly, forsooth, it is likely: Si.* Meum gnatum rumor est amare. *Da.* id populus curat scilicet! *of course people care for that!* T.: et ego id scilicet nesciebam!: vim scilicet ego desideravi.

scilla, see squilla.

scīn for scisne, see scio.

scindō (scidī, late), scissus, ere [2 SAC-], *to cut, tear, rend, force apart, split, cleave, divide:* dolore comam, Att. ap. C.: crinīs, V.: scissae capillos matres, O.: vestem, *tear open*, L.: coronam, H.: vitiato fistula plumbo Scinditur, *bursts open*,

O.: vallum, *tear up*, Cs.: cuneis lignum, *cleave*, V.: ferro aequor (i. e. humum), V.: puppis aquas, O. —*To part, separate, divide:* scindit Sueviam continuum montium iugum, Ta.: Scinditur in geminas partīs amnis, O.: genus amborum scindit se sanguine ab uno, i. e. *branches*, V.: Scinditur studia in contraria volgus, V.: fletu verba, *interrupt*, O.

scintilla, ae, *f.*, *a spark:* silici scintillam excudere, V.: scintillam levem ignis accendere, L.: parva, Cu.—Fig., *a spark, glimmer, trace, particle:* ingeni: belli: virtutum quasi scintillae.

scintillō, —, —, āre [scintilla], *to sparkle, glitter, glow:* testā ardente oleum, V.

sciō (scībam, old for sciēbam, T.; scībō, old for sciam, T.; scīn', colloq. for scīsne, T.), īvī (sciit, sciēre, L.; scīstī, T., O.; scieram, sciero, scierim, C.; scīsse, scīssem, T., C., L., O.), ītus [2 SAC-], *to know, understand, perceive, have knowledge of, be skilled in:* qui sciam? T.: quaero qui scias: fecerunt id servi, nec sciente nec praesente domino: certo: nihil facilius scitu est, L.: ars earum rerum est, quae sciuntur: unam litteram Graecam: litteras: verum si scire voltis: Nec scire fas est omnia, H.: quod sciam, *for aught I know:* id de Marcello sciri potest, *can be learned*, etc.: qui uti sciat: si sciret regibus uti, H.: vincere scis, L.: Parmenonis sció esse hanc technicam, T.: quas (leges) scitis exstare: scire licet hunc lumen rebus nostris futurum, *it is plain that*, etc., L.: scito hoc nos in eo iudicio consecutos esse, ut, etc., *be assured:* qui nisi exeunt, scitote hoc futurum, etc.: quod quicquid cogitant Me scire sentiunt: ego scibo ex hoc quid siet, T.: Sestium quanti faciam: ex quo genere iste sit: scimus, ut Titanas sustulerit, H.: Qui scis, an, quae iubeam, sine vi faciat? T.: scito . . . nec, quando futura sint comitia, sciri: plus, quam opus est scito, sciet, T.: scire Latine: fidibus, *to be skilled in music*, T.: de omnibus: quis enim erat qui non sciret studiosiorem Mithridatem fuisse, etc. (i. e. qui nesciret): tam imperitus, ut non sciret, etc., Cs.—Of the people, *to ordain, decree:* ut tribunus plebis rogationem ferret sciretque plebs, uti, etc., L.

scīpiō, ōnis, *m.* [1 SCAP-], *a staff, walking-stick:* eburneus (of the viri triumphales), L.

scirpea (**sirp-**), ae, *f.* [scirpeus], *a wagon-body of basket work*, O.

scirpeus (**sirp-**), *adj.* [scirpus], *of rushes:* simulacra, *men of straw*, O.: imago, O.

scirpiculus, ī, *m. dim.* [scirpus], *a rush-basket*, Pr.

scirpus or **sirpus**, ī, *m.*, *a rush, bulrush.*—Prov.: nodum in scirpo quaeris, i. e. *find trouble where there is none*, T.

scīscitor, ātus, ārī, *dep.* [scisco], *to inform oneself, seek to know, ask, inquire, question, examine, interrogate:* sciscitando eodem pervenit, L.: elicuit comiter sciscitando, ut fateretur, etc., L.: Epicuri ex Valleio sciscitabar sententiam: consulis voluntatem, L.: de victoriā: lubet prius quid sit sciscitari, T.: multis sciscitantibus, cuinam eam (virginem) ferrent, L.: unum sciscitatum mittit, quidnam se facere vellet, L.: sciscitatum deos descendunt, L.

scīscō, scīvī, scītus, ere, *inch.* [scio].—Of the people, *to accept, approve, assent to, enact, decree, ordain:* (maiores) quae scisceret plebes . . . iuberi vetarique voluerunt: consules populum iure rogaverunt populusque iure scivit: rogationem de Liguribus: nec sollemne quidquam ad sciscendum plebi fieri, *at the adoption of a plebiscitum*, L.: de aliquo cive, ut sit, etc.: multa perniciose sciscuntur in populis: scivere gentis suae more, ne, etc., Cu. —*To approve, assent to, vote for, ordain:* quod primus scivit legem de publicanis, etc.

scissus, *adj.* [*P.* of scindo], *rent:* genae, *furrowed*, Pr.—Fig., *shrill, harsh:* (vocum) genus.

scītē, *adv.* [scitus], *shrewdly, cleverly, skilfully, adroitly, nicely, tastefully, elegantly:* promittit tibi, T.: satis scite et commode tempus ad te cepit eundi: (rationes) perscriptae: loqui, L.: parum scite convivium exornare, S.

scītor, ātus, ārī, *dep. freq.* [scio], *to seek to know, ask, inquire:* scitari et quaerere causas, V.: causam adventūs, O.: digna relatu, O.: Scitanti deus huic de coniuge dixit, O.: Eurypylum scitantem oracula Phoebi Mittimus, i. e. *to consult*, V.: ex ipso, H.: ab ipso, O.: quid veniat, O.

scītum, ī, *n.* [*P. n.* of scisco].—Of the Roman people, *an ordinance, statute, decree, resolution, popular vote:* scita ac iussa nostra comprobare. —Usu. with *plebis* or *plebi* (often as one word, plebiscitum): quo plebiscito decreta a senatu est quaestio consuli, etc.: (lex) plebei scito Canuleio abrogata: de altero aedile scitum plebi est factum, L.: populi scita, Ta.—Of popular assemblies in other nations, *a decree, ordinance, resolution:* cum esset lex Athenis, ne quis populi scitum faceret, ut, etc.: populi scito non paruit, N.: ut nullum de eā re scitum populi fieret, L.—Of any public authority, *a decree, ordinance:* omnia sacra Pontificis scitis subiecit, L.: aliorum (decemvirorum) scitis adversari, L.

1. scītus, *adj.* [*P.* of scisco].—Of things, *fit, suitable, proper, judicious, sensible, witty:* scito illa quidem (scripsit) sermone: scitum est, quod dicere solebat, etc., *it is a witty saying:* scitum est causam conferre in tempus. —Of persons, *knowing, shrewd, clever, dexterous, acute, experienced, skilful, adroit:* homo, T.: convivator, *a clever host*, L.: Nessus vadorum, *acquainted with*, O.: Thalia lyrae,

O.—*Nice, fine, handsome* (colloq.): puer, T.: Satis scitast (fidicina), T.

2. scītus, ūs, *m.* [scisco], *a decreeing, order, ordinance:* plebi scitu, C., L.

scobis, is, *f.* [2 SCAP-], *sawdust, scrapings, filings:* in scobe quantus Consistit sumptus? i. e. *how little it costs to strew the floor with sawdust*, H., Iu.

(**scola**), see schola.

scomber, brī, *m.*, = σκόμβρος, *a mackerel*, Ct.

scōpae, ārum, *f.* [2 SCAP-], *twigs, a broom, besom:* Viles, H.—Prov.: scopas dissolvere, *to untie a broom*, i. e. *to make confusion:* scopae solutae (of a helpless person).

scopulōsus, *adj.* [scopulus], *full of rocks, rocky, shelvy, craggy:* mare.—Fig.: scopuloso difficilique in loco.

scopulus, ī, *m.*, = σκόπελος, *a projecting point of rock, rock, cliff, crag, shelf, ledge:* pars (remigum) ad scopulos adlisa, Cs.: detrudunt navīs scopulo, V.: Imminet aequoribus scopulus, O.: Qui vidit Infamīs scopulos Acroceraunia, *promontory*, H.: scopuli ruina, i. e. *fallen roof* (of the cave of Cacus), V.: Mavortis, *the Areopagus*, O.: His inmobilior scopulis, *harder to move*, O.: scopulis surdior, H.—Fig., *a rock, cliff, ledge, stumbling-block, danger, difficulty:* cum neque Musarum scopulos quisquam superarat: qui te ad scopulum e tranquillo auferat, T.: (Piso et Gabinius) geminae voragines scopulique rei p.

scorpiō, ōnis, *m.*, = σκορπίων, and (poet.) **scorpius (-os)**, ī, *m.*, = σκορπίος, *a scorpion:* metuendus acumine caudae, O.—As a sign of the Zodiac, *the Scorpion*, C. poët., O.—*A prickly sea-fish*, O.—*A military engine for throwing stones and weapons, scorpion:* scorpione traiectus concidit, Cs.: scorpionibus modicis patebant hostem, L.

scortātor, ōris, *m.* [scortor], *a fornicator*, H.

scorteus, *adj.* [scortum], *of hides, leathern.*—As *subst. n.:* Scortea inferre sacello, *things made of leather*, O.

scortillum, ī, *dim.* [scortum], *a little harlot*, Ct.

scortor, —, ārī, *dep.* [scortum], *to associate with harlots*, T.

scortum, ī, *n.* [1 CAR-], *a harlot, prostitute*, T., C., L., H., Iu.

(**screātus**, ūs), *m.* [screo, to hawk], *a hawking, hemming:* screatūs, risūs abstino, T.

scrība, ae, *m.* [SCARP-], *a public writer, official scribe, professional writer, clerk, secretary:* (scribarum) ordo est honestus: da scribae, recitat ex codice, etc.: scriba cum rege sedens, L.: recoctus Scriba ex quinqueviro, H.: equitum, i. e. *clerk of a company*, Cu.

scrībō, scrīpsī, scrīptus, ere [SCARP-], *to scratch, grave, engrave, draw:* quamque lineam: columna litteris scripta, *inscribed*, Cu.: scripto radiat Germanicus auro, Iu.: mihi Scripta illa dicta sunt in animo Chrysidis, *graven*, T.—*To write:* cum HS XXX scripta essent pro HS CCC: erat scriptum ipsius manu: suā manu scripsit, L.: Scripta 'soror' fuerat, O.—*To write, write out, compose, draw up, produce:* quo nemo in scribendo praestantior fuit: ad scribendum animum appulit, T.: Sumite materiem vestris, qui scribitis, aequam Viribus, H.: Denique nec video de tot scribentibus unum, O.: Graecam historiam: librum de rebus rusticis: in Catone Maiore, qui est scriptus ad te de senectute: defensionem causae suae: notas, O.: carmina, H.: epistulis tuis perdiligenter scriptis: litteras, quas ad Pompeium scripsi, tibi misi.—*To draw up, draught, formulate, prepare, execute:* urbana militia respondendi scribendi, i. e. *of drawing legal instruments:* testamenta: leges: senatūs consulto scribendo Lamiam adfuisse, i. e. *to have been a party to*, etc.: ponor ad scribendum, i. e. *my signature is added:* ad scribendum amicitiae foedus adduci, *to conclude*, L.—*To write, write of, describe, tell in writing:* scriptam attulerat sententiam: tibi formam et situm agri, *describe*, H.: bellum, L.: Quis Martem Digne scripserit, *who could depict*, H.: cum auctor pugnae se Cossum consulem scripserit, *called himself* (in the inscription), L.: Scriberis Vario fortis et hostium Victor, H.—*To write, communicate, say in writing, tell in a letter:* tu si, ut scribis, Kal. Iun. Romā profectus es, etc.: nihil habeo, quod ad te scribam, scribo tamen, non ut te delectem, etc.: consules Fulvio, ut exercitum ad Clusium admoveant, scribunt, L.: erat scriptum ipsius manu senatui, sese, etc.: scripsit ut heredes iurarent, etc.: Scipioni scribendum, ne bellum remitteret, L.: scribit Labieno, ad finīs Nerviorum veniat, Cs.: Romae quod scribis sileri, ita putabam: Graeceius ad me scripsit, C. Cassium sibi scripsisse, homines comparari, qui, etc.: erat scriptum, sese facturum esse, etc.: nec scribis, quam ad diem te exspectemus: scribe ad nos, quid agas.—Of troops, *to enlist, enroll, levy, recruit, draft:* milites, S.: exercitui supplementum, S.: scribebantur quattuor fere legiones quinis milibus peditum, L.: Albam in Aequos sex milia colonorum scripta, *enrolled to be sent*, L.: Scribe tui gregis hunc, *enroll him in your retinue*, H.—*To name in a will, appoint by testament, designate, constitute:* illum heredem et me scripserat: in testamento Ptolemaei patris heredes erant scripti, etc., Cs.: quis pauper scribitur heres? Iu.: illum tutorem liberis suis, *appoint guardian by will.*—*To order a payment, draw a check for:* Scribe decem a Nerio, *draw on Nerius for ten* (thousand sesterces), H.

scrīnium, ī, *n.* [cf. Germ. Schrein, Engl. shrine],

a case, chest, box, book-box, letter-case, desk, escritoire: scrinium cum litteris eodem adferre, S.: scrinia posco, H.: in promptu scrinia habet, O.

scrīptiō, ōnis, *f.* [scribo], *a writing:* mea.—*A composing in writing, composition:* nulla res tantum ad dicendum proficit, quantum scriptio: scriptionis genus: ex scriptione interpretari, *literally:* philosophae scriptiones.

scrīptitō, āvī, ātus, āre, *freq.* [scribo], *to write often, write continually:* haec ad me scribas velim vel potius scriptites.—*To compose, practise literary composition:* accurate: sic scriptitarunt, ut noster Cato.

scrīptor, ōris, *m.* [scribo], *one who writes, a writer, scribe, copyist, clerk:* scriptores male mulcati: librarius, H.—*One that composes in writing, a writer, composer, author, reporter, narrator:* venustissimus: scriptorum magna ingenia, etc., S.: in tantā scriptorum turbā, L.: Scriptorum chorus, H.: nobilium scriptorum auditor, H.: omnium bonarum artium scriptores legendi: rerum scriptor, *historian*, L.: rerum suarum: historiarum, Iu.: Troiani belli, H.—*A drawer up, compiler, draughtsman:* legum: legis.

scrīptula, ōrum, *dim.* [scriptum], *little lines* (on a draught-board), O.

scrīptum, ī, *n.* [*P. n.* of scribo], *something drawn, a space enclosed by lines:* duodecim scriptis ludere, i. e. *upon a draught-board divided into twelve sections.*—*A written composition, writing, treatise, book, work:* de harum valvarum pulchritudine scriptum relinquere: scripta de deorum numine reliquisse: ut quae secum commentatus esset, ea sine scripto verbis eisdem redderet, *without notes:* oratio dicta de scripto est, *read from a manuscript:* laudavit pater scripto meo, *in a speech written by me:* eorum scriptis se oblectent, *writings:* Lucili scripta legentes, H.: Debueram scripto certior esse tuo, O.—*A written text, literal meaning, letter:* legis: multa contra scriptum pro aequo et bono dixit, etc., *against the letter of the law:* cum scripto ipso dissentire.

scrīptūra, ae, *f.* [scribo], *a writing, written characters:* mendum scripturae, *a clerical error.*—*A writing, composing, composition:* adsidua ac diligens: scripturam spernere, *composing*, T.: carmen perplexius scripturae genere, L.: hoc genus scripturae (i. e. biography), N.—*Something written, a writing, work, book, composition:* Ne cum poëtā scriptura evanesceret, *his works*, T.—*A tax paid on public pastures:* ex scripturā vectigal: magister scripturae, *collector.*—*A clause in a will, testamentary provision.*

1. **scrīptus**, *P.* of scribo.

2. **scrīptus**, ūs, *m.* [scribo], *the office of a scribe, a clerkship, secretaryship:* scriptum facere, *to act as secretary*, L.

scrīpulum (**scrūp-**), ī, *n.* [collat. form of scrupulus], *the smallest measure of weight, a scruple, one twenty-fourth of an uncia:* argenti scripulum: Quinque marathri scrupula, O.

scrobis, is, *m.* and *f.* [SCARP-], *a ditch, dike, trench*, V., O., Ta.

scrōfa, ae, *f.* [SCARP-], *a breeding-sow*, Iu.

scrūpeus, *adj.* [scrupus], *of pointed stones, sharp, rough, steep, rugged:* Spelunca, V.

scrūpulōsus, *adj.* [scrupulus], *full of sharp stones, rough, rugged, jagged:* cotes.

scrūpulus (**scrīp-**), ī, *m. dim.* [scrupus], *a sharp bit of stone;* hence, *uneasiness, difficulty, trouble, anxiety, doubt, restlessness, scruple:* mihi unus scrupulus restat, T.: Inicci scrupulum homini, T.: tenuissimus: nummi potius reddantur quam ullus sit scrupulus: scrupulus et quaedam dubitatio, quidnam esset actum: sollicitudinum aculeos et scrupulos occultabo.

scrūpus, ī, *m.* [SCRV-], *a sharp stone;* hence, *anxiety, solicitude, uneasiness:* aliqui scrupus in animis haereat.

scrūta, ōrum, *n.* [SCRV-], *broken stuff, trash, frippery, trumpery:* Vilia, H.

scrūtor, ārī, ātus, *dep.* [scruta], *to ransack, search carefully, examine thoroughly, explore, search, examine:* domos, navīs: loca abdita, S.: ignem gladio, H.: mare, Ta.: venantium latibula, Cu.: num irā actus esset, Cu.: non excutio te, si quid forte ferri habuisti, non scrutor.—Fig., *to examine thoroughly, inquire into, explore, investigate:* caeli plagas, Enn. ap. C.: locos, ex quibus argumenta eruamus: ante tempus haec.—*To search into, search out, find out, read:* mentīsque deum, O.: Arcanum illius, H.

sculpō, psī, ptus, ere [SCARP-], *to carve, cut, grave, chisel, form, fashion:* e saxo sculptus: niveum mirā arte ebur, O.: Quid sculptum infabre esset, H.

sculptilis, e, *adj.* [sculpo], *formed by carving, carved, sculptured:* opus, O.

sculptus, *P.* of sculpo.

scurra, ae, *m.* [SCRV-], *an idler, loafer, man about town:* scurrae locupletes.—*A city buffoon, droll, jester, clown, pantaloon, parasite:* neque parum facetus scurra: vagus, H.: Urbani scurra Catulli, i. e. *a clown in a play of Catullus*, Iu.—Prov.: de scurrā multo facilius divitem quam patrem familias fieri posse.

scurrīlis, e, *adj.* [scurra], *buffoon-like, jeering, scurrilous:* iocus: dicacitas.

scurrīlitās, ātis, *f.* [scurrilis], *buffoonery, scurrility:* insulsa, Ta.

scurror, —, ārī, *dep.* [scurra], *to act the jester, play the buffoon:* Scurror ego ipse mihi, populo tu, *to please myself*, H.: Scurrantis speciem praebere, H.

scūtāle, is, *n.* [scutum], *a thong, leathern strap, lash:* triplex, L.: funda media duo scutalia inparia habebat, L.

scūtātus, *adj.* [scutum], *armed with a long shield:* cohortes, Cs.: milites, L.: equites, V.

scutella, ae, *f. dim.* [scutra, a flat dish], *a small flat dish, little salver:* hedychri.

scutica, ae, *f.*, *a lash, whip:* Ne scuticā sectere, H.: scuticae tremefactus habenis, O., Iu.

1. **scutula**, ae, *f. dim.* [scutra, a flat dish], *a diamond-shaped figure, lozenge, rhombus:* formam Britanniae scutulae adsimulare, Ta.

2. **scutula (scyt-)**, ae, *f.*, = σκυτάλη, *a wooden roller, cylinder:* biremīs, subiectis scutulis, traduxit, Cs.—*A secret writing* (on a slip of papyrus, wrapped around a scutala), N.

scutulāta, ōrum, *n.* [1 scutula; sc. vestimenta], *checked clothing, chequered garments*, Iu.

scūtulum, ī, *n. dim.* [scutum], *a small shield:* cum scutulo.

scūtum, ī, *n.* [SCV-], *a shield, Roman shield, infantry shield, buckler* (of two boards, joined, covered with linen and hide, and edged with iron): scutum pro clipeo, L.: pedestre, *of the infantry*, L.: equestria, *of the cavalry*, L.: scutis ex cortice factis aut viminibus intextis, Cs.: domus scutis referta: scutum reliquisse praecipuum flagitium, Ta.—F i g., *a shield, defence, protection, shelter, safeguard:* scutum dare in iudicio eis, quos, etc.: scuto vobis magis quam gladio opus est, L.

Scyllaeus, *adj.*, *of Scylla* (a promontory at the entrance of the Sicilian straits): rabies, V.—As *subst. n.:* in Scyllaeo illo aeris alieni, i. e. *whirlpool* (by confusion with Charybdis).

scyphus, ī, *m.*, = σκύφος, *a cup, large cup, beaker, goblet:* alicuius preti: scyphorum paria complura: sacer, V.: Natis in usum laetitiae scyphis, H.: inluseras inter scyphos, i. e. *over the wine.*

1. **sē**, *acc.* and *abl.* of sui.

2. **sē** or **sēd**, *praep.* with *abl.* [*abl.* of sui], *by itself from, without, apart from:* se fraude esto, *XII Tabb.* ap. C.—E s p., in composition, as in secedo, securus, seditio, sobrius, socors, solvo, sudus.

3. **sē-**, in composition for sēmi, as in selibra.

4. **sē-**, in composition for sex, as in semestris.

sēbum, see sevum.

sē-cēdō, cessī, cessus, ere, *to go apart, go away, separate, withdraw, go aside, retire:* secedant improbi, secernant se a bonis: de coetu, O.: in abditam partem aedium, S.: ad deliberandum, L.: a fesso corpore sensūs, Ct.: tantum secessit ab imis Terra, *was distant*, O.—*To go out in rebellion, rebel, revolt, secede:* plebes armata a patribus secessit, S.: in Sacrum Montem, L.

sē-cernō, crēvī, crētus, ere, *to put apart, sunder, sever, part, divide, separate:* stamen secernit harundo, O.: sparsos flores calathis, *separate in baskets*, O.: nihil (praedae) in publicum, *setting apart for the public treasury*, L.: Iuppiter illa piae secrevit litora genti, *hath set apart*, H.: patres centum denos in orbīs, *divided*, O.: se a bonis: Europen ab Afro, H.: inermīs ab armatis, L.: ex intestinis secretus a reliquo cibo sucus: me Nympharum chori Secernunt populo, H.: e grege alqm imperatorum, *single out as pre-eminent*, L.—F i g., *to separate, disjoin, part, dissociate:* hosce homines, *set apart:* ut pulchritudo corporis secerni non potest a valetudine, sic, etc.: sua a publicis consilia, L.: Publica privatis, sacra profanis, H.—*To distinguish, discern:* blandum amicum a vero: non satis acute, quae sunt secernenda, distinguit: iusto iniquum, H.—*To set aside, exclude, reject:* in iudicibus legendis amicos meos: frugalissimum quemque.

sēcessiō, ōnis, *f.* [1 CAD-], *a going aside, withdrawal, retirement:* subscriptorum: milites secessionem faciunt, Cs.: secessione factā, *having withdrawn*, L.—*A political withdrawal, insurrection, schism, secession:* ultima rabies secessio ab suis habebatur, L.: secessio, non bellum: populi, Cs.: per secessionem armati Aventinum occupavere, S.

sēcessus, ūs, *m.* [secedo], *a separation, retirement, solitude:* Carmina secessum scribentis quaerunt, O.: gratum litus amoeni secessūs, Iu.—*A hiding-place, ravine, retreat:* Est in secessu longo locus, *a deep recess*, V.

sēcius, *adv. comp.*, see setius.

sēclūdō, sī, sus, ere [se+claudo], *to shut off, shut apart, shut up, seclude, part:* carmina antro seclusa relinquit, V.: cohors seclusa ab reliquis, Cs.: a communi luce seclusum: curas, *banish*, V.: secluditur sub alā, *hides*, Pr.

(**sēclum**, ī), see saeculum.

sēclūsus, *adj.* [*P.* of secludo], *sundered, separated, remote, secluded:* iter a concilio deorum: nemus, V.: aliqua aquula, *confined streamlet.*

secō, cuī, ctus, āre [2 SAC-], *to cut, cut off, cut up, reap, carve:* omne animal secari ac dividi potest: pabulum secari non posse, Cs.: sectae herbae, H.: Quo gestu gallina secetur, *is carved*, Iu.: secto elephanto, i. e. *carved ivory*, V.: prave sectus unguis, H.—E s p., in surgery, *to cut, operate on, cut off, cut out, amputate, excise:* in corpore alqd: varices Mario: Marius cum secaretur, *was operated* *on.—To scratch, tear, wound, hurt, injure:* luctantis acuto ne secer ungui, *lest I should be torn,* H.: sectas invenit ungue genas, O.: secuerunt corpora vepres, V.—*To cut apart, divide, cleave, separate:* curru medium agmen, V.: caelum secant zonae, O.: sectus orbis, i. e. *half the earth,* H.—*To cut through, run through, pass through, traverse:* per maria umida nando Libycum, *cleave,* V.: aequor Puppe, O.: adeunt vada nota secantes, O.—*To cut, make by cutting:* fugā secuit sub nubibus arcum, i. e. *produce by flight,* V.: viam ad navīs, i. e. *speeds on his way,* V.—Fig., *to divide:* causas in plura genera.—*To cut short, decide, settle:* Quo multae secantur iudice lites, H.—*To follow, pursue:* quam quisque secat spem, V.

sēcrētiō, ōnis, *f.* [se+2 CER-], *a dividing, sundering, separation:* partium.

sēcrētō, *adv.* [secretus], *separately, apart:* ex iis quaeritur secreto in curiā, quid, etc.: consilia secreto ab aliis coquebant, L.—*In secret, secretly, without witnesses, in private:* hoc audi: loqui mecum, H.: conloqui: cum eo agere, *in a private interview,* Cs.

sēcrētum, ī, *n.* [*P. n.* of secerno], *a hidden thing, mystery, secret:* aperto maris sui secreto, Ta.: litterarum secreta ignorant, Ta.: sua ne secreta viderent, *mysteries,* O.: illud, quod solā reverentiā vident, *that mysterious being,* Ta.—*A hidden place, hiding-place, retirement, solitude, retreat:* secreto suo satiatus, Ta.: Seductus in secretum est, Ph.: in secreto tempus terere, *in solitude,* L.: se a volgo in secreta removere, H.: horrendae procul secreta Sibyllae petit, V.

sēcrētus, *adj.* with *comp.* [*P.* of secerno], *severed, separated, separate, apart:* secretum imperium propriave signa habere, L.: arva, V.—*Out of the way, retired, remote, lonely, solitary, secret:* loca, H.: litora, O.: pars domūs (i. e. gynaeceum), O.: iter, *solitary,* H.—*Comp. plur. n.* as *subst.:* in secretiora Germaniae porrigitur, *the remoter parts,* Ta.—*Hidden, concealed, private, secret:* artes, O.: nec quicquam secretum alter ab altero haberent, L.: secretiora ministeria, Ta.: secreta pyram Erige, *secretly,* V.: Stridere secretā divisos aure susurros, *in the private ear,* H.

secta, ae, *f.* [SEC-], *a beaten way, pathway, mode, manner, method, principle:* omnis natura habet sectam quam sequatur: eidem incumbere sectae, Iu.: hanc sectam rationemque vitae sequi, *mode of life.*—*A body of political principles, party, side:* cuius sectam atque imperium secutus es: pro Vitruvio sectamque eius secutis precari, *his party,* L.—In philosophy, *a doctrine, school, sect:* eorum philosophorum sectam sequi.

sectātor, ōris, *m.* [2 sector], *a follower, attendant, adherent:* Gabinii: quid opus est sectatoribus? *an escort:* lex de numero sectatorum, i. e. *the number of a candidate's train in canvassing:* iudiciorum, Ta.: domi, *a familiar visitor,* Ta.

sectilis, e, *adj.* [2 SAC-], *cut, cleft, divided:* ebur, O.: porrum, *cut leeks,* Iu.

sectiō, ōnis, *f.* [2 SAC-], *a cutting up, sale at auction of a confiscated estate, sale of goods forfeited to the public:* ad illud scelus sectionis accedere.—*A right to confiscated property, ownership of forfeited goods:* praedae: sectionem oppidi vendidit, Cs.

1. sector, ōris, *m.* [2 SAC-], *one who cuts, a cutter:* sectores collorum et bonorum, *cutthroats and cutpurses:* omnium sectorum audacissimus (in a double sense).—*A purchaser of confiscated goods at auction, speculator in forfeited estates:* in bello hostis, in pace sector: mulierem emere a sectoribus.

2. sector, ātus, ārī, *dep. freq.* [sequor], *to follow eagerly, run after, attend, accompany, press upon, follow after, chase, pursue:* sectari iussi, *to join my train,* L.: at sectabantur multi: si conducti sectarentur: Chrysogonum (servi): neque te stipator sectabitur, H.: qui eiusmodi est, ut eum pueri sectentur: Ne scuticā dignum horribili sectere flagello, H.—Of game, *to chase, hunt:* sectaris apros, V.: leporem, H.—Fig., *to follow after, pursue eagerly, search for, hunt:* hanc miseram praedam, Cs.: litīs, T.: Nomina tironum, H.: Mitte sectari, quo, etc., H.: virtutes, *emulate,* Ta.

sectūra, ae, *f.* [2 SAC-], *a cutting, excavation, mine:* aerariae secturaeque, Cs.

sectus, *P.* of seco.

(**sēcubitus**, ūs), *m.* [secubo], *a lying apart, sleeping alone.*—Only *abl. sing.* and *nom. plur,* Ct., O.

sē-cubō, uī, —, are, *to lie apart, sleep alone, live alone:* per aliquot noctes, L., Ct., Tb., O., Pr.

(**sēculāris, sēculum**), see saec-.

sē-cum, see 1 cum and sui.

secundānī, ōrum, *m.* [prop. *adj.*, from secundus; sc. milites], *soldiers of the second legion:* secundani terga hostium caedunt, L., Ta.

secundārius, *adj.* [secundus], *of the second class, second in order:* habet statum res p. de tribus secundarium.—As *subst. n.*, *a secondary point, point next in importance.*

1. secundō, *adv.* [secundus], *secondly, in the second place:* primum . . . secundo . . . tertium, etc.: primo . . . secundo, Ph.

2. secundō, —, —, āre [secundus], *to favor, further, second, prosper:* aura secundet aquas, O.: di nostra incepta secundent, V.: Rite visūs, i. e. *bring to a favorable issue,* V.

secundum, *praep.* with *acc.* [secundus].—In

space, *following, by, along, beside:* iter secundum mare facere: castra secundum mare munire.—In time or order, *immediately after, after, next to:* secundum binos ludos mihi respondere: comitia: proelium, L.: quietem, *after going to sleep.* — In rank, *next to, after:* proxime et secundum deos homines hominibus maxime utiles esse possunt: secundum deos nomen Romanum venerari, L.: secundum ea multae res eum hortabantur, quā re, etc., Cs.—*Agreeably to, in accordance with, according to:* secundum naturam fluminis procumbere, i. e. *down stream,* Cs.: secundum tabulas testamenti possessionem dare: conlaudavi secundum virtutes tuas, T.: duumviros secundum legem facio, L.—*According to the will of, in favor of, to the advantage of:* secundum nos iudicare, *give judgment in our favor:* secundum causam nostram disputare: secundum eam (partem) litem iudices dare, L.

secundus (as *num. ordin.* often written II), *adj.* with *comp.* and *sup.* [sequor]. — In time or order, *following, next, second:* secundo lumine, *the next morning:* anno secundo, *the next year:* ante diem II Kalend. Februarias: Roma condita est secundo anno Olympiadis septimae: me secundum heredem instituere, *alternate heir* (on the failure of the first-named): mensa, *dessert:* mensis accepta secundis Rhodia (vitis), V.: hoc secundā victoriā accidit, i. e. *with victory already in view,* N.—In rank, *following, next, second:* ex primo ordine in secundum ordinem civitatis venisse: Nec viget quicquam simile (Iovi) aut secundum, H.: maxime vellem . . . secundo autem loco, etc.: ad regium principatum: secundus a Romulo conditor urbis, L.: heros ab Achille secundus, H.: Haec erit a mensis fine secunda dies, *the last day but one,* O.—*Secondary, subordinate, inferior:* panis, H.: argentum venae secundae, Iu.: persona, N.: in actoribus Graecis, ille qui est secundarum partium: nulli Campanorum, L.: regio spatio locorum nulli earum gentium secunda, Cu.: haud ulli veterum virtute secundus, *inferior,* V. — *Plur. f.* as *subst.* (sc. partes), *the second part, inferior part:* Q. Arrius, qui fuit M. Crassi quasi secundarum: ferre secundas, H.—Of currents or winds, *favorable, fair, downward:* secundo flumine iter facere, i. e. *down stream,* Cs.: secundo defluit amni, V.: rate in secundam aquam labente, *with the current,* L.: navīs mari secundo misit, *with the tide,* L.: secundis ventis cursum tenens: Contrahes vento nimium secundo vela, *too fresh,* H.: secundissimus ventus: curru volans dat lora secundo, *swiftly gliding,* V.—*Favorable, propitious, fortunate:* secundo populo aliquid facere, *with the consent of the people:* admurmurationes cuncti senatūs: rumor, H.: praesentibus ac secundis diis, L.: adi pede sacra secundo, V.: avis, Enn. ap. C.: conveniens ad res vel secundas vel adversas: ingenium res solent celare secundae, H.: mens rebus sublata secundis, V.: Galliae motūs, *successful,* Cs.: irae verba, i. e. *provoking,* L.: secundiore equitum proelio nostris, Cs.: secundissima proelia, Cs.: leges secundissimae plebei, L.—*Plur. n.* as *subst., favorable circumstances, good fortune:* Sperat infestis, metuit secundis Alteram sortem, H.: in tuis secundis, T.: omnium secundorum causae, L.

secūrifer, fera, ferum, *adj.* [securis+1 FER-], *axe-bearing, with a battle-axe:* Pyracmon, O.

secūriger, gera, gerum, *adj.* [securis+GES-], *axe-bearing:* puellae, i. e. *with battle-axes,* O.

secūris, is, *acc.* im or em, *abl.* ī, *f.* [2 SAC-], *an axe, hatchet, cleaver:* icta securibus ilex, V.: fertur quo rara securis, i. e. *in the wild forest,* H.: securi Dextras obarmare, H.: Anceps, *two-edged,* O.: Victima pontificum securīs Cervice tinget, H.—*An executioner's axe* (borne by the lictors in the fasces): nudatos securi feriunt, i. e. *behead,* L.: quos securi percussit, *beheaded:* Virtus . . . Nec sumit aut ponit securīs Arbitrio popularis aurae, i. e. *its honors and power,* H.—Fig., *a blow, death-blow:* graviorem rei p. infligere securim. — *Authority, dominion, sovereignty:* Germania Colla Romanae praebens securi, O.—Usu. *plur.:* Gallia securibus subiecta, i. e. *to Roman supremacy,* Cs.: saevas securīs accipere, V.: Medus Albanas timet securīs, i. e. *Roman supremacy,* H.

sēcūritās, ātis, *f.* [securus], *freedom from anxiety, unconcern, composure:* securitatem appello vacuitatem aegritudinis: quam securitatem ei magna pars amicorum faciebat, L.: inhumana securitas, *carelessness,* Ta.—*Freedom from danger, safety, security:* publica, Ta.: annonae, Ta.

sēcūrus, *adj.* with *comp.* [2 se+cura].—Of persons, *free from care, careless, unconcerned, untroubled, fearless, quiet, easy, composed:* ut securus bellum Nabidi inferam, L.: securus Temnum proficiscitur: securae peragebant otia gentes, O.: Ceres natā receptā, *relieved of anxiety,* O.: de linguā Latinā securi es animi: securior ab Samnitibus, L.: Romani securi pro salute de gloriā certabant, Ta.: futuri, O.: pelagi atque mei, *unconcerned about,* V.: poenae, H.: odi, Ta.: periculi, Cu.: cadat an recto stet fabula talo, H.: ne quis errore labatur vestrūm, L.—*Free from care, untroubled, tranquil, serene, cheerful, bright:* aevom, H.: Otia, V.: summa malorum, *careless,* O.: holus, i. e. *a peaceful meal,* H.: latices, *driving away care,* V.: vota repulsae, *safe against,* O.—*Free from danger, safe, secure:* nullum locum securum esse sinere, L.: mare, Ta.: materia, Ta.—*Easy, off-hand, summary:* castrensis iurisdictio, Ta.

1. secus, *n. indecl.* [2 SAC-], *a sex.*—Only *acc. sing. adverb.:* liberorum capitum virile secus ad decem milia capta, *males,* L.: muliebre, L., Ta.

2. secus, *adv.* with *comp.* sequius [SEC-].—*Posit., otherwise, differently, not so, the contrary:* id secus est: magnum mehercule hominem, nemo dicet secus; sed, etc.: omnia longe secus: nobis aliter videtur; recte secusne, postea, *whether correctly or not:* pro bene aut secus consulto, *for good or ill,* L.: num secus hanc causam defendisse (videor), ac si? etc.: membra paulo secus a me atque ab illo partita: illam attingere secus quam dignumst liberam, T.: matrem familias secus quam matronarum sanctitas postulat nominare.—With a *negative, not otherwise, even so, just so:* horā fere undecimā aut non multo secus, *not much earlier or later:* veluti Haud secus Androgeos visu tremefactus, V.: Aequam memento rebus in arduis Servare mentem, non secus in bonis, H.: non secus ac si meus esset frater: in medias res Non secus ac notas, *just as if they were familiar,* H.: solet tempestas haud secus atque in mari retinere, S.: Haud secus ac iussi faciunt, V.: ea non secus dixi, quam si eius frater essem, *in no other spirit:* quo facto, haud secus quam dignum erat, L.—*Otherwise than is right, not well, wrongly, unfortunately, unfavorably, ill, badly:* secus iudicare de se: quod ubi secus procedit, S.: adfirmat nihil a se cuiquam de te secus esse dictum: ne quid de collegā secus scriberet, L.—*Less:* neque multo secus in iis virium, Ta.—*Comp., worse, more unfavorably:* quod sequius sit, de meis civibus loquor, L.; see also setius.

secūtor (sequūtor), ōris, *m.* [SEC-], *a follower, pursuer* (a kind of gladiator), Iu.

sed or (old) **set,** *conj.* [old *abl.* of sui; cf. 2 se].—After a negative clause and introducing a direct opposition, *but, on the contrary, but also, but even, but in fact:* Non cauponantes bellum, sed belligerantes, Enn. ap. C.: oti fructus est non contentio animi, sed relaxatio: nemo iudicium reprehendit, sed legem.—Introducing a climax, usu. in the formula, non modo or non solum . . . sed, or sed etiam, *not only, not merely . . . but, but also, but even, but indeed:* non modo falsum illud esse, sed hoc verissimum: iudicetur non verbo, sed re, non modo non consul, sed etiam hostis Antonius, *not only not . . . but even:* omnia eius non facta solum, sed etiam dicta meminisset: neque vero se populo solum, sed etiam senatui commisit, neque senatui modo, sed etiam, etc.: multiplicatusque terror non infimis solum, sed primoribus patrum, L.—After *non* (in the sense of non modo): qui se non opinari, sed scire, non audivisse, sed vidisse dicit: non infimam plebem accendere sed ipsa capita plebis, L.—After *ne . . . quidem* (more emphatic than non modo): tu porro ne pios quidem, sed piissimos quaeris, *I will not say virtuous men, but the most virtuous.*—Restrictive, *but, yet, however:* est ille quidem valde severus, sed abhorret ab huius saeculi licentiā: paulo sedatiore tempore est accusatus, sed eādem fere lege: difficile factu est, sed conabor tamen: plerique patriae, sed omnes famā atque fortunis expertes, S.—In a transition: non impedio, praesertim quoniam feriati sumus. Sed possumus audire aliquid, an serius venimus?: sed ad instituta redeamus: sed, si placet, in hunc diem hactenus.—Often after a parenthesis, *but, now, I say:* quos Metellus (facio iniuriam viro mortuo), sed ille consul, tum, etc.—With *quid autem,* in impatient questions: sed quid pertimui autem belua? *but why in the world?* T.: Sed quid ego haec autem nequiquam ingrata revolvo? V.—With *vero, but in fact, but actually:* nec iam cum Aquilio, sed vero cum Paullis conferendum!; cf. sed enim vero cum detestabilis res sit, quid, etc.? L.—Ellipt., with *enim:* sed revertor ad crimen; sed enim haec illius viri mentio vocem meam fletu debilitavit, *but* (I speak with difficulty), *for,* etc.: Progeniem sed enim Troiano a sanguine duci Audierat, *but* (she was in dread), *for she had heard,* etc., V.—In a climax, without a preceding negative, *but, but in fact, but also:* hic mihi primum meum consilium defuit, sed etiam obfuit.

sēdātē, *adv.* [sedatus], *calmly, tranquilly, without excitement, unmoved:* ferre (dolorem).

sēdātiō, ōnis, *f.* [sedo], *a quieting, allaying, assuaging, calming:* perturbationum animi: maerendi: cum sedationes vitam efficiant beatam.

sēdātus, *adj.* with *comp.* and *sup.* [*P.* of sedo], *calm, quiet, unruffled:* amnis: amnes, V.: sedato gradu abeunt, *measured,* L.—Fig., *calm, composed, moderate, tranquil, unimpassioned:* in ipsis numeris sedatior: Oderunt Sedatum celeres, H.: scribere sedatiore animo: sedatius tempus.

sēdecim (not sexd-) or **XVI,** *num. adj.* [sex +decem], *sixteen:* annos natast sedecim, T.: altitudo pedum sedecim, Cs., L.: sententiis XVI absolutio confici poterat.

sēdēcula, ae, *f. dim.* [sedes], *a little seat, low stool.*

sedeō, sēdī, sessum, ēre [SED-], *to sit:* cum tot summi oratores sedeant, *remain sitting:* sedens iis adsensi: ante forīs, O.: ducis sub pede, O.: gradu post me uno, H.: plausor usque sessurus, donec, etc., *who will keep his place,* H.: Sedilibus in primis eques sedet, H.: in illā tuā sedeculā: in saxo, O.: in conclavi, T.: in temone, Ph.: caelestes sedibus altis sedent, O.: eburneis sellis, L.: carpento, L.: delphine, O.: columbae viridi solo, V.—Of magistrates, esp. of judges, *to sit, occupy an official seat, preside, be a judge, hold court, act as juror:* (tribuno) in Rostris sedente: si idcirco sedetis, ut, etc.: sedissem forsitan unus De centum iudex in tua verba viris, O.: iudex sedit simius, Ph.: in tribunali Pompei praetoris urbani, *assist.*

—*To continue sitting, sit still, continue, remain, tarry, wait, abide, sit idle, be inactive, delay, linger, loiter:* isdem consulibus sedentibus lata lex est, etc.: an sedere oportuit Domi, T.: totos dies in villā: sedemus desides domi, L.: tam diu uno loco, N.: Sedit qui timuit, ne non succederet, *stayed at home*, H.: meliora deos sedet omina poscens, *waits*, V.: ante sacras fores, Tb.: ad mea busta sedens, Pr.—Prov.: compressis manibus sedere, *sit with folded hands*, L.—Of troops, *to sit down, remain encamped, be entrenched, keep the field:* ante moenia, L.: ad Trebiam, L.: sedendo expugnare urbem, L.: sedendo bellum gerere, *by inactivity*, L.: sedendo superaturi eum, qui, etc., L.: qui sedet circum castella sub armis, V.—Fig., *to sink, settle, subside, rest, lie:* Sederunt medio terra fretumquo solo, O.: nebula campo quam montibus densior sederet, *was thicker on the plain*, L.: esca, Quae simplex olim tibi sederit, *sat well upon your stomach*, H.—*To sit, sit close, hold fast, be firm, be fixed, be settled, be established:* tempus fuit, quo navit in undis, Nunc sedet Ortygie, O.: in liquido sederunt ossa cerebro, *stuck fast*, O.: clava sedit in ore viri, *stuck fast*, O.: librata cum sederit (glans), L.: plagam sedere Cedendo arcebat, *from sinking deeply*, O.—In the mind, *to be fixed, be impressed, be determined:* in ingenio Cressa relicta tuo, O.: Idque pio sedet Aeneae, V.

sēdēs (**sēdis**, L.; *gen. plur.* sēdum, C., L.), is, *f.* [SED-], *a seat, bench, chair, throne:* in eis sedibus, quae erant sub platano: honoris: regia, L.: sedibus altis sedere, O.: tibi concedo meas sedes: priores tenet Sedes Homerus, *the first rank*, H.—*A seat, dwelling-place, residence, habitation, abode, temple:* eam sibi domum sedemque delegit: hi sedem primum certo loco domiciliorum causā constituerunt: Haec domus, haec sedes sunt magni Amnis (sc. Penei), O.: in Italiā, in sede ac solo nostro, L.: crematā patriā domo profugos sedem quaerere, L.: ultra hos Chatti; initium sedis ab Hercynio saltu incohatur, Ta.: scelerata (i. e. sceleratorum), O.: Talia diversā nequiquam sede locuti, *place*, O.: qui incolunt eas urbes non haerent in suis sedibus: aliud domicilium, alias sedes petere, Cs.: qui profugi sedibus incertis vagabantur, S.: lucidas Inirc sedes, H.: discretae piorum, H.: silentum, O.: religio sedum illarum: (Demaratus) in eā civitate domicilium et sedes conlocavit: Aeneam in Siciliam quaerentem sedes delatum, L.—*An abode of the dead, last home, burial-place:* Sedibus hunc refer ante suis et conde sepulchro, V.—*The soul's home, body:* priore relictā Sede, O.: anima miserā de sede volens Exire, O.—Fig., of things, *a seat, place, spot, base, ground, foundation, bottom:* hanc urbem sedem summo esse imperio praebituram: num montīs moliri sede suā paramus? *from their place*, L.: deus haec fortasse benignā Reducet in sedem vice, *to the former state*, H.: belli, *the seat of war*, L.: neque verba sedem habere possunt, si rem subtraxeris: ut sola pōnatur in summi boni sede (voluptas): in eā sede, quam Palaetyron ipsi vocent, *site*, Cu.: coloni Capuae in sedibus luxuriosis conlocati: Turrim convellimus altis Sedibus, V.: totum (mare) a sedibus imis Eurusque Notusque ruunt, V.

sedīle, is, *n.* [SED-], *that may be sat on, a seat, bench, stool, chair:* Membra senex posito iussit relevare sedili, O.: gramineo viros locat sedili, V.: Sedilibus in primis (in a theatre), H.: Facta de vivo saxo, O.: fusi per dura sedilia nautae, *benches*, V.

sēditiō, ōnis, *f.* [2 sed+1 I-], *a going aside, going apart, insurrectionary separation, dissension, civil discord, insurrection, mutiny, sedition:* seditioni interesse, L.: seditione factā, Cs.: seditio inter belli pacisque auctores orta, L.: seditionem ac discordiam concitare: Seditione, dolis peccatur, H.: seditionibus tribuniciis res p. agitabatur, S.: seditiones ornare: Paene occupata seditionibus urbs, H.—Person., *an attendant of Fama*, O.—*Dissension, discord, strife, quarrel:* Filiam ut darem in seditionem, T.: crescit favore Turbida seditio, donec, etc., O.: si ad externum bellum domestica seditio adiciatur, L.—*An insurrection, the rebels, seditious men:* seditione ita stupente, L.—Fig., of things, *dissension, disagreement, discord:* intestina corporis, L.: iracundiam seditionem quandam ducebat.

sēditiōsē, *adv.* with *comp.* and *sup.* [seditiosus], *seditiously:* aliquid dicere, L.: seditiosius agere, Ta.: multa seditiosissime dicere.

sēditiōsus, *adj.* with *sup.* [seditio], *full of discord, factious, turbulent, mutinous, seditious:* seditiosissimus quisque, Ta.: cives: seditiosissimi triumviri: oratio: voces, L.: iudicia.—*Quarrelsome:* Ea est enim seditiosa; ea cum viro bellum gerit.—*Turbulent, full of disorder:* vita.

sēdō, āvī, ātus, āre [SED-], *to bring to rest, lay:* pulverem, Ph.—*To settle, still, calm, allay, assuage, appease, quiet, check, end, stop, stay:* mare aut flammam: incendia, O.: sedatis fluctibus, *subsided:* tempestas sedatur: sitim, *slake*, O.: carne ieiunia, *relieve*, O.: ad lassitudinem sedandam militum, *refresh*, N.: in animis hominum motum: militum animos, L.: rabiem, H.: volnera mentis, O.: (populi impetus) sedatur: tumultum, Cs.: discordias: contentionem, L.: sermunculum omnem aut restinxerit aut sedarit: calamitatem, T.: ut vix a magistratibus iuventus sedaretur, *was quieted*, L.: vela fessa, i. e. *come into port*, Pr.

sē-dūcō, dūxī, ductus, ere, *to lead aside, take apart, draw aside, lead away, carry off, set aside, put by:* me rursus: singulos separatim, L.: Hunc blandā manu, O.: Seductus in secretum a liberto, Ph.: quod a te seductus est, *was taken out of the way:* vina mensis seducta secundis, *removed,* O.—*To put asunder, separate, divide, part:* Seducit terras haec brevis unda duas, O.: quarto seducunt castra volatu, i. e. *divide into two hostile parties,* O.: cum frigida mors animā seduxerit artūs, V.—Fig.: consilia in privato seductaque a plurium conscientiā habuere, L.: ab immortalitate seduci (i. e. excludi), Cu.

sēductiō, ōnis, *f.* [seduco], *a leading aside, drawing apart:* seductiones testium.

sēductus, *adj.* [*P.* of seduco], *remote, distant, apart:* terrae, O.: recessus Gurgitis, O.

sēdulitās, ātis, *f.* [sedulus], *assiduity, application, earnestness, persistency, serviceableness:* hominis: mea: munda, O.: Officiosa, H.: Sedulitas stulte quem diligit urguet, *officiousness,* H.

sēdulō, *adv.* [sedulus], *busily, diligently, industriously, eagerly, carefully, zealously, unremittingly, assiduously, solicitously, sedulously:* at facio sedulo, *I am doing my best,* T.: fit sedulo, T.: quae opus sunt sedulo comparat, L.: quamquam sedulo faciebat, *made a sincere effort:* credere, i. e. *sincerely,* T.: argumentari: ego sedulo, ne esset, feci, *deliberately,* L.: ad id diem extraxerat, *purposely,* L.

sēdulus, *adj.* [SED-], *persistent, busy, diligent, industrious, zealous, careful, unremitting, solicitous, assiduous, sedulous:* eloquentes videbare, non sedulos velle conquirere, *orators, not those who labor at oratory:* Exanimat lentus spectator, sedulus inflat, H.: Baucis, O.: mater, Ph.: Sedula fune viri contento bracchia lassant, O. — *Officious, obtrusive:* Ne odium libellis Sedulus importes minister, H.: male sedula nutrix, O.

seges, etis, *f.*, *a cornfield:* in segetem sunt datae fruges: segetes fecundae: cohortes frumentatum in proximas segetes mittit, Cs.: Illa seges votis respondet avari, quae, etc., V.—*The standing corn, growing corn, crop:* laetas esse segetes, etc.: culto stat seges alta solo, O.: Quid faciat laetas segetes, V.: seges farris matura messi, L.: lini et avenae, V.—*A crop, thicket, forest, multitude:* clipeata virorum, O.: ferrea Telorum, V. — Fig., *a field, ground, soil:* ubi prima paretur Arboribus seges, V.: quid odisset Clodium Milo segetem ac materiem suae gloriae?—*A crop, fruit, produce, result, profit:* Uberius nulli provenit ista seges, O.: Quae tamen inde seges, Iu.

sēgmentātus, *adj.* [segmentum], *trimmed with purple, flounced, fringed:* cunae, Iu.

sēgmentum, ī, *n.* [2 SAC-], *a cutting* (late).—Esp., *plur., strips of colored cloth, trimmings, flounces,* O., Iu.

(sēgnē), see segniter, segnis.

sēgnipēs, pedis, *adj.* [segnis+pes], *slow of foot,* Iu.

sēgnis, e, *adj.* with *comp.* [1 SAC-], *slow, tardy, slack, dilatory, lingering, sluggish, inactive, lazy:* (servi) Propter onus, H.: nos segnibus actis Quod fuit ille sumus, O.: segniores incitat, Cs.: castigando segnes, Ta.: bonus segnior fit ubi neglegas, S.: equus segnior annis, V.: tempus, L.: militia, L.: neque pugno Neque segni pede victus, H.: aquae, *sluggish,* Cu.: campus, i. e. *unfruitful,* V.: diutinus alter (terror), sed segnior, *more lingering,* L.: segnior mors (per venenum), L.: non segnior discordia, L.: haud illo segnior ibat Aeneas, V.: segniores posthac ad imperandum ceteri sint: ad laetitiam, O.: ad alia consilia, L.: in Venerem, V.: nodum solvere Gratiae, H.: laborum, Ta.

sēgnitās, ātis, *f.* [segnis], *sloth:* hominum.

sēgniter, *adv.* with *comp.* segnius [segnis], *slowly, sluggishly, slothfully, lazily:* omnia agere, L.: segnius oppugnare, L.: segnius irritare animos, H.: segnius bellum parare, S.: nec segnius pugnabant, *with equal spirit,* L.

sēgnitia, ae, and **sēgnitiēs**, —, em, ē, *f.* [segnis], *slowness, tardiness, dilatoriness, sluggishness, inactivity:* nihil locist segnitiae, T.: consulem segnitiae accusare, L.: sine segnitiā verecundus: maris, Ta.: qua tam sera moratur Segnities? V.: castigemus segnitiem hominum: in segnitie perstare, L.

sē-gregō, āvī, ātus, āre [grex], *to separate from the flock:* oves segregatae, Ph.—*To set apart, lay aside, put away, separate, sever, part, remove, segregate:* Segreganda mater a me est, T.: volgus quae ab se segregant, i. e. *hold aloof from,* T.: illum a re p. segregavit scelus ipsius: captivis productis segregatisque, *divided,* L.—Fig., *to separate, remove, divide:* haec (eloquendi vis) nos a vitā inmani segregavit: publicam causam a privatorum culpā, L.: pugnam eorum, i. e. *fight them separately,* L.

sēiugātus, *P.* of seiugo.

sēiugēs (ium), *m.* [sex+iugum], *a team of six horses, chariot drawn by six horses:* aurati, L.

(**sē-iugō**), —, ātus, āre, *to disjoin, part, separate, divide.*—Only *P. pass.:* (animi partem) non esse ab actione corporis seiugatam.

sēiūnctim, *adv.* [seiungo], *separately,* Tb.

sēiūnctiō, ōnis, *f.* [seiungo].—In rhet., *a disjunction, separation, division.*

sē-iungō, iūnxī, iūnctus, ere, *to disunite, disjoin, part, sever, separate, divide:* te ab iis: Alpes Italiam ab Galliā seiungunt, N.—Fig., *to separate, part, sever, disconnect:* a verbo ius: defensio seiuncta a voluntate: benignitatem ab ambitu, *distinguish:* se a verborum libertate.

sēlēctiō, ōnis, *f.* [2 se-+1 LEC-], *a choosing out, choice, selection:* nullā selectione uti: rerum.

sēlēctus, *P.* of seligo.

sēlībra, ae, *f.* [3 se-+libra], *a half-pound,* L.

sēligō, lēgī, lēctus, ere [2 se-+lego], *to single out, separate, choose out, cull, select:* omnia expendet et seliget: selectae sententiae: selecta pectora Patres dixit, O.: selecti iudices, *judges selected by the praetor* (in criminal cases).

sella, ae, *f.* [SED-], *a seat, settle, chair, stool:* in sellā sedere: altā deducere sellā, Iu.: sellae atque operis locus, *work-stool:* sella tibi erit in ludo, etc., *teacher's chair:* clausa, *sedan-chair,* Iu.: sellā qui primā sedens, *on the front seat* (of a wagon), Ph. — *A magistrate's seat, official chair* (that of the higher magistrates was called sella curulis): sedebat in rostris in sellā aureā: hoc de sellā dixit: consules positis sellis dilectum habebant, L.: parentes honestos Fascibus et sellis, H.

sellārius, ī, *m.* [sella], *one that practises lewdness,* Ta.

sellisternia, ōrum [sella+sterno], *religious banquets offered to goddesses,* Ta.

sellula, ae, *f. dim.* [sella], *a little sedan chair,* Ta.

sellulārius, *m.* [sellula], *a mechanic who works at a stool, sedentary artisan,* L.

semel, *adv. num.* [3 SA-], *once, a single time:* attendant, semel bisne signum canat, L.: consulem miles semel fefellit, L.: non semel, sed bis: neque semel sed saepius: non plus quam semel eloqui. —*Indef.*, in phrases with *iterum* or *saepius*, *once and again, time and again, repeatedly, more than once, several times:* semel atque iterum ac saepius dare: cum his semel atque iterum armis contendisse, Cs.: semel aut iterum, *once or twice.*—*Once and no more, but once, but a single time, once for all:* animus ubi semel se cupiditate devinxit, T.: quibus semel ignotum a te esse oportet: aut vitam semel aut ignominiam finire, L.: humum semel ore memordit, *once for all,* V.: virtus cum semel excidit, H.—In counting, *once, first, the first time:* bis rem p. servavi, semel gloriā, iterum aerumnā meā: Rufum bis pervenisse . . . semel ad Corfinium, iterum in Hispaniā, Cs.: ter, semel . . . iterum . . . tertio, L. — *Indef.*, *once, ever, at some time, at any time:* verebamini Ne non id facerem quod recepissem semel? T.: ut semel eloquentia evecta est: quando in apertum semel discrimen evasura esset res, *sooner or later,* L.: quoniam quidem semel suscepi: Si semel datis . . . Dividite, *if you are really giving,* O.: semel emissum volat inrevocabile verbum, H.

sēmen, inis, *n.* [1 SA-].—Of plants, *seed:* manu spargere semen: terra semen excepit: iacto semine, V.: quercus de semine Dodonaeo, O.—Of men or animals, *seed, race:* genitus de semine Iovis, *son of Jupiter,* O.: ipsa regio semine orta, L.: mortali semine cretus, *of mortal race,* O.: (virtus) propria Romani seminis, i. e. *an inborn characteristic of the Romans.* — *A shoot, graft, scion, set, slip, cutting:* Seminibus positis (i. e. virgultis), V. — *Posterity, progeny, offspring, child:* inpia Semina fert utero, O.—F i g., *seed, an origin, essence, principle, source, occasion, ground, cause:* veteris percepto semine venae Arva rigent auro, O.: malorum omnium: huius belli: Semina terrarumque animaeque marisque Et ignis, i. e. *the four elements,* V.: semina discordiarum (tribuni), L.: semina futurae luxuriae, *the small beginnings,* L.

sēmēnstris or **sēmēstris**, e, *adj.* [sex+mensis], *half-yearly, semi-annual, lasting six months:* regnum: imperium, Cs.: censura, L.: dux, L.: infans, *six months old,* L.: Semenstri vatum digitos circumligat auro, i. e. *the ring of a military tribune, with a six months' commission,* Iu.

sēmentīnus, *adj.* [semen], *of sowing time:* dies, i. e. feriae, O.

sēmentis, is, *acc.* im or em, *abl.* ī or e, *f.* [semen], *a seeding, sowing:* sementi prohibitā: sementem facere, L.—P r o v.: ut sementem feceris, ita metes, *as you sow, so shall you reap.* — *The growing crops, young crops, young corn:* tenerae, O.—F i g., *a sowing:* malorum.

sēmentīvus, *adj.* [sementis], *of seed, of seedtime:* dies (i. e. feriae), O.

sēmermis, see semiermis.

sēmēstris, see semenstris.

sēmēsus or **sēmiēsus** (trisyl.), or **sēmēssus**, *adj.* [semi+ēsus; *P.* of edo], *half-eaten, half-devoured, half-consumed:* praeda, V.: pisces, H.: serpentes, O.: lepus, Iu.

sēmet, see sui.

sēmi-, *praep.* [cf. semis].—Only in composition, *half-, demi-, semi-.*

sēmi-adapertus (quinquesyl.), *adj.*, *half-open:* ianua, O.

sēmianimis (in verse, quadrisyl.), e, or **sēmianimus** (**sēman-**), *adj.* [semi+anima], *half-alive, half-dead:* digiti, V.: frater, L.: corpus virginis, L.: anguis, C. poët.: orbis, Iu.: corpora, L.

sēmi-apertus, *adj.*, *half-open:* fores, L.

sēmi-bōs, bovis, *m.*, *a half-ox:* vir, i. e. *the Minotaur,* O.

sēmi-caper, prī, *m.*, *half-goat:* Pan, O.: Faunus, O.

sēmi-cremātus, *adj.*, *half-burned:* Membra, O.

sēmicremus, *adj.* [2 CAR-], *half-burned:* stipes, O.

sēmicubitālis, e, *adj.* [semi + cubitum], *a half-cubit long:* hastile, L.

sēmi-deus, *adj.*, *half-divine:* Dryades, O.: genus, O.—As *subst. m.*, *a demigod:* semideique deique, O.

sēmi-doctus, *adj.*, *half-taught*, *half-learned.*

sēmiermis, e, or **sēmiermus (sēmerm-)**, e, *adj.* [semi+arma], *half-armed*, *poorly armed:* mille semiermes palati, L.: multitudo, L.: cum sex milibus semermium, L.: semermos, Ta.

sēmi-factus, *adj.*, *half-finished:* opera, Ta.

sēmifer, fera, ferum, *adj.* [semi+ferus], *half-bestial*, *half beast:* pectus (Tritonis), V.: corpus Capricorni (the Constellation). — As *subst. m.:* Semifer, i. e. *the Centaur Chiron*, O.: inter Semiferos habitare, i. e. *the Centaurs*, O. — Fig., *half-wild*, *half-savage.*—As *subst. m.*, *Cacus*, V.

sēmi-germānus, *adj.*, *half-German:* gentes, L.

sēmi-gravis, e, *adj.*, *half-overcome*, *half-drunken:* vino, L.

sē-migrō, āvī, —, āre, *to go away*, *remove.*

sēmi-hiāns, antis, *adj.*, *half-open:* labellum, Ct.

sēmi-homo (sēmho-), inis, *m.*, *a half-man*, *half-beast:* Centauri, O.—Fig., *half-human*, *half-wild*, *half-savage:* Cacus, V.

sēmi-hōra, ae, *f.*, *a half-hour*, *half an hour.*

sēmi-lacer (era, erum), *adj.*, *half-mangled*, O.

sēmi-lautus, *adj.*, *half-washed:* crura, Ct.

sēmi-līber, era, erum, *adj.*, *half-free.*

sēmi-lixa, ae, *m.*, *half a sutler*, *not fit to be a sutler*, L.

sēmi-mās, maris, *m.*, *a half-male*, *hermaphrodite:* abominati semimares, L., O. — *Unmanned*, *emasculated:* ovis, O.: Galli (priests of Cybele), O.

sēmi-mortuus, *adj.*, *half-dead:* membra, Ct.

sēminārium, ī, *n.* [semen], *a nursery*, *seminary*, *hot-bed*, *school:* rei p.: triumphorum: senatūs (equites), L.: ducum, Cu.

sēminātor, ōris, *m.* [semino], *an originator*, *producer*, *author:* omnium rerum (mundus).—Fig.: malorum.

(sēmi-nēx), necis, *adj.*, *half-dead:* semineci sibi rapere arma, V.: seminecem eum inventum, L.: concursus ad seminecīs viros, V.: artūs, O.: plerique semineces relinquebantur, Ta.

sēminō, —, —, āre [semen], *to sow*, *bring forth*, *produce:* agricolae cultu seminari: viscum quod non sua seminat arbos, V.

sēmi-nūdus, *adj.*, *half-naked:* consules, L.—*Half-unarmed:* pedes, *defenceless*, L.

sēmi-plēnus, *adj.*, *half-manned:* naves: stationes, L.

sēmi-putātus, *adj.*, *half-pruned:* vitis, V.

Semīramis, idis, *acc.* mim, *f.*, = Σεμίραμις, *a queen of Assyria*, O., Iu., Cu.—In sarcasm: Semiramis illa, i. e. *effeminate* (of Gabinius).

sēmi-rāsus, *adj.*, *half-shaven:* ustor, Ct.

sēmi-reductus, *adj.*, *half bent back:* Venus, O.

sēmi-refectus, *adj.*, *half-repaired:* classis, O.

sēmi-rutus, *adj.*, *half-razed*, *half-overthrown*, *half-demolished*, *half-destroyed*, *half-ruined:* murus, L.: tecta, L.: castella, L.: patria, L.

sēmis, issis, *m.* [semi+as], *a half-unit*, *one half:* HS singulos semīs accessionis dare, i. e. *one and a half sesterces of premium* (on each medimnus): bina iugera et semisses agri adsignati, L.—*Half an as:* non semissis homo, *not worth a groat:* (ad quincuncem) redit uncia, quid fit? Semis, H. —*Plur. abl.*, as monthly interest, *at one half per cent. a month*, *at half a denarius for each hundred* (i. e. six per cent. per annum): semissibus magna copia (pecuniae) est.

sēmi-sepultus, *adj.*, *half-buried:* Ossa, O.

sēmisomnus, *adj.* [semi + somnus], *half-asleep*, *sleepy*, *drowsy:* cum hic semisomnus stuperet: semisomnos hostīs caedunt, L.: cor, Ph.

sēmissis, *gen.* of semis.

sēmi-supīnus, *adj.*, *half bent backwards*, *reclining:* iacet in dextrum semisupina latus, O.

sēmita, ae, *f.*, *a narrow way*, *side-way*, *path*, *foot-path*, *lane*, *by-way:* angustissima: notae, Cs.: ubi plures diversae semitae erant, L.: Rara per occultos lucebat semita calles, V. — Prov.: qui sibi semitam non sapiunt, alteri monstrant viam, Enn. ap. C.—Fig., *a by-way*, *way*, *path*, *lane:* Ego illius semitā feci viam, Ph.: viā exire . . . semitā revertisse: fallentis semita vitae, H.: recta, H.: Tranquillae vitae, Iu.

semitārius, *adj.*, *fond of by-ways:* moechi, Ct.

sēmi-ūstilātus (sēmūst-, -ūstulātus), *adj.*, *half-burned:* cadaver lignis semiustilatum: quibus (facibus) semiustilatus ille est.

sēmi-ūstus (sēmūstus), *adj.*, *half-burned:* Enceladi semiustum corpus, V.: facem, O.: simulacra, L. — Fig.: se populare incendium semustum effugisse, L.

sēmi-vir, virī, *m.*, *adj.*, *a half-man*, *man who is half beast:* Chiron (a Centaur), O.: bos (the Minotaur), O.: Nessus, O. —*An hermaphrodite*, O.—*A eunuch:* ingens (a priest of Cybele), Iu.—Fig., *unmanly*, *womanish*, *effeminate:* cum semiviro comitatu, V.: tam atrocem caedem pertinere ad illos semiviros credere, L.

sēmi-vīvus, *adj.*, *half-alive*, *half-dead*, *almost dead:* hominem semivivum reliquit: abiecti hominis et semivivi furor.—Fig.: mercenariorum voces, *half-expiring words.*

sē-modius, ī, *m.*, *a half-peck*, Iu.

sēmōtus, *adj.* [*P.* of semoveo], *remote, distant, far removed, retired:* conloquium petunt semoto a militibus loco, Cs.: arcana semotae dictionis, i. e. *confidences*, Ta.—*Plur. n.* as *subst.*: terris semota, H.

sē-moveō, movī, mōtus, ēre, *to move apart, put aside, remove, separate:* vos semotae, nos soli, T.: voce praeconis a liberis semoveri.—F i g., *to part, separate, remove:* Strato ab eā disciplinā semovendus est, i. e. *not to be classed with that school:* voluptatem semovendam esse.

semper, *adv.* [3 SA-+-per], *ever, always, at all times, continually, perpetually, forever:* numquam unum intermittit diem, Quin semper veniat, T.: semper in amicitiā manere: qui tibi praesto semper fuit: avida ulteriorum semper gens, i. e. *of continual acquisitions*, L.: pacis semper auctor, L.: Alterum in lustrum meliusque semper, Proroget aevom, i. e. *with constant improvement*, H.: horresco semper, ubi, etc., *every time*, T.: quibus studiis semper fueris, tenemus: terra, non semper gramen habens, i. e. *everywhere*, O.

sempiternus, *adj.* [semper], *everlasting, everduring, perpetual, continual, imperishable, eternal, sempiternal:* deorum vita, T.: incisae litterae, divinae virtutis testes sempiternae: stellarum cursūs: ignis Vestae: documentum Persarum sceleris.

sēmūncia, ae, *f.* [semi+uncia], *a half-ounce, one twenty-fourth part of a pound:* auri, unde anulus fieret.—*A twenty-fourth part:* heres ex deunce et semunciā.

sēmūnciārius, *adj.* [semuncia], *amounting to a half-ounce:* faenus, *one twenty-fourth part of an as upon each as, for a year of ten months*, i. e. *five per cent. for a full year*, L.

sēmūst-, see semiust-.

senāculum, ī, *n.* [senatus], *a meeting-place for the Senate, hall of sessions*, L.

sēnāriolus, ī, *m.* [senarius], *a little senarius, trifling verse of six feet.*

sēnārius, *adj.* [seni], *of six each:* versus, *a verse of six feet*, Ph.—As *subst. m.* (sc. versus): comicorum senarii.

senātor, ōris, *m.* [SEN-].—In Rome, *a member of the Senate* (originally one hundred advisers, selected by Romulus from the nobles. Later, a hundred Sabine nobles were added; and the number was increased by Sulla to four hundred, and by Julius Caesar to nine hundred, but Augustus reduced it to six hundred. The later additions were made largely from the Knights. Under the republic the censors revised the roll every five years, striking out names of bad repute. Only men of wealth were eligible, as no salary was paid. The senator wore a tunic with a broad purple band, and black leathern shoes with a 'luna' of silver or ivory): huic (senatori) iussa tria sunt; ut adsit, etc.: in senatoribus cooptandis: Artes quas doceat quivis senator Semet prognatos, H.: novom senatorem cooptabitis, L.—In other nations, *a senator, councillor of state:* se si dediderunt ex sexcentis ad trīs senatores (Nerviorum), Cs.: (Rhodiorum) omnes erant idem tum de plebe tum senatores: senatores quos (Macedonii) synedros vocant, L.

senātōrius, *adj.* [senator], *of a senator, senatorial:* cuius aetas a senatorio gradu longe abesset: honos: iudicia: consilium, *deliberations:* litterae, *speeches in the Senate.*

senātus, ūs (*gen.* senatī, S., C.), *m.* [SEN-].—In Rome, *the council of the elders, council of state, Senate, body of senators* (see senator): Romuli senatus, qui constabat ex optimatibus: cum potestas in populo, auctoritas in senatu sit: senatus populusque Romanus (often written S. P. Q. R.), i. e. *the republic:* senatūs consultum, *a decree of the Senate:* senati decreto missi, S.: omnia, de quibus senatus censuit: in senatum venire non potuit, *become a senator:* de cooptando senatu, *choosing:* ut et veterem senatum tollatis et novom cooptetis, L.: senatu movere, S.: a censoribus ex senatu eiectus: seminarium senatūs, i. e. *the order of Knights* (from which new senators were selected), L.—*A meeting of the Senate, session:* senatus frequens convenit, *a quorum:* senatum cito cogere: eo die non fuit senatus neque postero, *no session:* eodem die Tyriis (legatis) est senatus datus frequens, i. e. *a quorum gave audience:* dimittere senatum: multa eius in senatu provisa prudenter, *in the meetings of the Senate:* in senatum venire, *attend.*—In other nations, *a Senate, council of state:* Aeduorum, Cs.: Venetorum, Cs.

senātūs cōnsultum, see senatus, consultum.

senecta, ae, *f.* [senex], *old age, extreme age, senility:* in senectā, T.: inopi metuens formica senectae, V.: turpis, H.: extrema, Ta.: sollicita, O.

senectūs ūtis, *f.* [senex], *old age, extreme age, senility.*—Only *sing.*: hoc vitium fert senectus hominibus, T.: senectutem occasum vitae definire: vivere ad summam senectutem: confecti homines senectute: viridis, V.: tremulo gradu venit aegra senectus, O.: obductā solvatur fronte senectus, *the gravity of old age*, H.: Temporibus geminis canebat sparsa senectus, i. e. *gray hairs*, V.—Of things, *antiquity, age:* (tabellae) cariosa, O.: vini veteris, Iu.—P e r s o n., *the goddess of old age, Old Age:* tristis, V.—*Old age, old men:* senectus semper agens aliquid.—F i g., of style, *maturity:* plena litteratae senectutis oratio.

seneō, —, ēre [senex], *to be old:* quiete, Ct.

senēscō, nuī, —, ere, *inch.* [seneo], *to grow old, become aged, grow hoary:* aetas senescit: tacitis senescimus annis, O.: Solve senescentem mature equum, H.—*To decay, lose strength, grow weak, be enfeebled, waste away, decline:* famā et viribus, L.: non esse cum aegro senescendum, L.: dis hominibusque accusandis senescere, *pine away*, L.: amore habendi, H.—*To waste, wane, decline, fall off, be diminished, be impaired:* luna (opp. crescens), *waning:* arbores cum lunā senescentes: continuā messe senescit ager, *is worn out*, O.: hiemps senescens, *closing:* omnia orta occidunt et aucta senescunt, S.: alcuius vis, L.: consilia, L.: amor, O.

senex, senis, *adj.* with *comp.* senior [SEN-], *old, aged, advanced in years:* si qui senes ac deformes erant: porci, Iu.: nemo est tam senex qui se annum non putet posse vivere: quo erat nemo fere senior: quae vis senior est quam, etc.: seniores anni, O.: senior quam illa aetas ferebat, oratio, *more mature.*—As *subst. m.*, *posit.*, *an old man, aged person, graybeard* (usu. of more than sixty years): ut tum ad senem senex de senectute, sic, etc.: senem in patriam revertentem, unde puer profectus sum, L.: Mixta senum ac iuvenum densentur funera, H.: ter aevo functus senex, i. e. *Nestor*, H.—As *subst. f.*, *an old woman*, Tb.—*Comp.*, *an elder, elderly person* (usu. between forty-five and sixty years of age): si quis Forte coheredum senior male tussiet, H.: seniores a iunioribus divisit: centuriae seniorum ac iuniorum, L.: omnium seniorum precibus excitati, Cs.: Vix ea fatus erat senior (i. e. senex), V.: senior Inachus, O.

sēnī, ae, a, *gen.* senūm, *num. distrib.* [sex], *six each:* cum in sex partīs divisus exercitus Romanus senis horis in orbem succederet proelio, L.: ut tribuni militum seni deni in quattuor legiones crearentur, i. e. *sixteen each*, L.: senūm pedum crassitudo, Cs.: pueri annorum senūm septenūmque denūm, *of sixteen and seventeen years.*—*Six* (poet. for sex): tradiderat natalibus actis Bis puerum senis, *past his twelfth birthday*, O.: pedes, i. e. *hexameter*, H.: senos reddere ictūs (of the senarius), H.

senīlis, e, *adj.* [senex], *of an old man, of old people, of old age, aged, senile:* prudentia: ne forte seniles Mandentur iuveni partes, H.: corpus: anima, O.: guttur, H.: Stesichori statua, *of an old man:* adoptio, *by an old man*, Ta.: stultitia: hiemps, O.

senior, ōris, *comp.* of senex.

senium, ī, *n.* [senex], *old age, senility, decline:* quod (opus) omni senio carēret: senio confectus.—*Waste, decay:* se ipse (mundus) consumptione et senio alebat sui, *by its own waste and decay.*—*Vexation, grief, trouble, affliction:* tota civitas confecta senio est: senio consumptus, L.—*Gloom, moroseness:* inhumanae senium depone Camenae, H.—*An old man* (poet. for senex, with *pron. masc.*): Ut illum di deaeque senium perdant, T.

sēnsa, ōrum, *n.* [*P. plur.* of sentio], *perceptions, ideas:* exprimere dicendo sensa.

sēnsim, *adv.* [sentio], *just perceptibly, gradually, by degrees, little by little, slowly, gently, softly:* progrediens: sensim dicebat, quod causae prodesset: incedere, *step by step*, L.: sensim sine sensu aetas senescit: oritur (seditio) sensim ex clamore: mentio inlata, L.: sensim et sapienter amare, O.: queri, Ph.

1. sēnsus, *P.* of sentio; see also sensa.

2. sensus, ūs, *m.* [SENT-], *a perceiving, observation:* utere igitur argumento tute ipse sensūs tui, *accept a proof from your own experience:* oppidanos a sensu eius (operis) avertere, Cu.—*A power of perceiving, perception, feeling, sensation, sense, consciousness:* doloris: moriundi sensum celeritas abstulit: (Niobe) posuit sensum, saxea facta, mali, O.—*A sense, special sense:* ut nec ullus sensus maneat: oculorum: neque oculis neque auribus neque ullo sensu percipi: gustatus, qui est sensus maxime voluptarius: sensūs in capite conlocati sunt.—*Feeling, sentiment, emotion, inclination, disposition:* ipse in commovendis iudicibus eis ipsis sensibus permoveri: vestri sensūs ignarus: amandi... amoris: meus me sensus, quanta vis fraterni sit amoris, admonet: erga nos sensus civium.—*An opinion, thought, sense, view, notion:* animi: sensus eius de re p.: dissidenti sensūs suos aperire, N.: in his ipsis rebus aliquem sensum habere.—*A habit of mind, mode of thinking, notion, taste:* volgaris popularisque: haec oratio longe a nostris sensibus abhorrebat.—Esp., with *communis, a general mode of thinking, prevailing notion, common insight, common-sense:* id a consuetudine communis sensūs abhorrere: quae versantur in sensu hominis communi: Communi sensu plane caret, H.: quod in communibus hominum sensibus positum est: ex communibus sensibus ducta oratio, *from the usual lines of thought*, Ta.—*Consciousness, sense, understanding:* a mero redeant in pectora sensūs, O.: nisi si timor abstulit omnem Sensum animumque, O.—*Sense, idea, meaning, signification:* testamenti, Ph.: verba, quibus voces sensūsque notarent, H.: verbi, O.

sententia, ae, *f.* [SENT-], *a way of thinking, opinion, judgment, sentiment, thought, notion, purpose, determination, decision, will, desire:* de hac re eius sententia, T.: sententiae atque opinionis meae volui esse participes: adhuc in hac sum sententiā, ut, etc.: variis dictis sententiis, quarum pars censebant, etc., Cs.: locos ac sententias huius disputationis tradere, *extracts and leading thoughts:* si honestatem tueri ac retinere sententia est, *if one's purpose be:* stat sententia tradere, etc., *she is resolved*, O.: sic stat sententia, O.: de cognatorum sententiā manu missi, *according to the wish:* de omnium sententiā pronuntiatum, *unanimously:* quod quem umquam de suā sententiā facere ausum? *on his own responsibility*, L.—P r o v.: Quot homines, tot sententiae, *many men, many minds*, T.—*Abl.* with *pron. poss.* or *genit.:* errat longe meā quidem sententiā, *in my judgment*, T.—With *ex:* Istuc tibi ex sententiā tuā obtigisse laetor, *to your satisfaction*, T.: ex meā sententiā rem p. gessimus, *as I wished:* evenisse ex sententiā? *satisfactorily*, T.: ex sententiā navigasse, *prosperously.*—E s p., in taking an oath: (maiores) iurare ex sui animi sententiā quemque voluerunt, *to the best of his knowledge and belief*, i. e. *conscientiously:* ex mei animi sententiā, inquit, ut non deseram, etc., *without mental reservation*, L.: Ex tui animi sententiā tu uxorem habes? Non hercule, inquit, ex mei animi sententiā, *in all sincerity . . .? no, not to suit me.*—*An official determination, decision, sentence, judgment, vote:* quos priores sententiam rogabat: factum est senatūs consultum in meam sententiam: decerni cunctis sententiis, *unanimously:* victos paucis sententiis, *by a small majority*, L.: meae partes exquirendae magis sententiae quam dandae sunt, i. e. *my office is to put the question rather than to vote*, L.: in eam sententiam ire, *to support the resolution*, L.: omnibus sententiis absolvi (in a conference of judges): sententiam dicere, *pronounce judgment.*—*Sense, meaning, intent, signification, idea, notion:* oratione quam sententiā lenior, *in language than in meaning:* quod dicitur habet hanc, ut opinor, sententiam: cuius praecepti tanta vis, tanta sententia est, ut, etc., *such depth of meaning.*—*A thought expressed, sentence, period:* dum de singulis sententiis breviter disputo: Est brevitate opus, ut currat sententia, etc., H.—*An aphorism, apophthegm, maxim, axiom, saying:* selectae brevesque sententiae: sapientibus sententiis ornata oratio.

sententiola, ae, *f. dim.* [sententia], *a short sentence, maxim.*

sententiōsē, *adv.* [sententiosus], *full of meaning, suggestively, pithily:* oratione habitā: dici.

sententiōsus, *adj.* [sententia], *full of meaning, pithy, sententious:* genus dictionis.

sentēs, ium, *m.*, *thorns, briers, bramble-bushes, prickly brush:* rubis sentibusque interiectis, Cs.: Incultis rubens pendebit sentibus uva, V.

sentīna, ae, *f.*, *bilge-water:* sentinam exhaurire: conflictati sentinae vitiis, Cs.—*A receptacle of bilge-water, hold, cesspool:* Romam sicut in sentinam confluere, S.—F i g., *dregs, refuse, offscourings, rabble:* rei p.: urbis: quasi de aliquā sentinā, ac non de optimorum civium genere loqueretur.

sentiō, sēnsī (*2d pers.* sēnstī, T.), sēnsus, īre [SENT-], *to discern by sense, feel, hear, see, perceive, be sensible of:* ita, ut ne vicini quidem sentiant: suavitatem cibi: famem, L.: corporis aegri vitia, Cu.: posse prius ad angustias veniri, quam sentiretur, *before they should be observed*, Cs.—*To perceive, feel the effects of, feel, experience, suffer, undergo, endure:* iste tuus ipse sentiet Posterius, T.: quid ipse ad Avaricum sensisset, etc., Cs.: quae quisque sensisset, inquirere, L.: civitatum damna ac detrimenta: Tecum Philippos et celerem fugam Sensi, H.: rerum omnium inopiam, L.: lassitudo et sitis iam sentiebatur, L.: sentiat, Quos attemptarit, Ph.: in hac urbe esse consules vigilantes: transitum exercitūs ager senserat, *had been wasted by*, L.: nec pestilentem sentiet Africum Fecunda vitis, H.—F i g., *to feel, perceive, discern, understand, observe, notice:* mentes sapientium cum ex corpore excessissent sentire ac vigere, L.: non ut dictum est, in eo genere intellegitur, sed ut sensum est: hostes de profectione eorum senserunt, *became aware of their retreat*, Cs.: Primus sentio mala nostra, T.: numquam illum offendi, quod quidem senserim, *as far as I have observed:* praesentia numina sentit, H.: nec inania Tartara sentit, i. e. *does not enter*, O.: patere tua consilia non sentis?: postquam nihil esse pericli Sensimus, H.: si quid est in me ingeni, quod sentio quam sit exiguum: Sensere, quid mens rite posset, H.: sensit medios delapsus in hostis, V.—Of a state of mind, *to feel, experience:* quod sensum habeat, id necesse est sentiat voluptatem: victoriae tantae gaudium sentire, L.—*To think, deem, judge, imagine, suppose, be of opinion, believe, mean:* optime sentientes centuriones, i. e. *most patriotic:* sic interpretor sensisse maiores nostros: iocansne an ita sentiens, i. e. *in earnest:* cum illis, *agree in opinion:* ne iste haud mecum sensit, T.: qui aliunde stet, aliunde sentiat, i. e. *acts on one side, while his convictions are with the other*, L.: nec iam aliter sentire, quin viderentur, etc., *and were fully convinced that*, etc., Cs.: Caesarem non eadem de re p. sensisse quae me scio: de dis immortalibus vera: te esse huic rei caput, T.: voluptatem hanc esse sentiunt omnes: talem solemus sentire bonum civem: cum de illo genere rei p. quae sentio dixero: alquid gravius de vobis, Cs.: de re p. praeclara: postea quam ex nocturno fremitu de profectione senserunt, i. e. *were aware*, Cs.—*To give an opinion, vote, declare, decide:* in senatu libere: quae volt Hortensius omnia dicat et sentiat.

(**sentis**, is), see sentes.

sentus, *adj.* [cf. sentis], *thorny, rough, rugged:* loca situ, V., O.—Of a person, *bristly*, T.

seorsum or **seorsus**, *adv.* [for *se-vorsum], *separately, severally, apart, especially:* Omnibus gratiam habeo, et seorsum tibi, T.: traditi in custodiam, seorsum cives sociique, L.: ea dissensio civium, quod seorsum eunt alii ad alios, seditio dicitur: seorsum ab rege exercitum ductare, S.

sēparābilis, e, *adj.* [separo], *that may be separated, separable:* (vis) a corpore.

(**sēparātē**), *adv.* [separatus], *separately, apart* (only *comp.*): separatius adiungi.

sēparātim, *adv.* [separatus], *asunder, apart, separately, severally:* qui arma ferre possent, et item separatim pueri, senes, etc., Cs.: ubi vos separatim sibi quisque consilium capitis, S.: hoc seiungi potest separatimque perscribi: (di) separatim ab universis singulos diligunt: separatim a reliquis consilium capere, Cs.—*Abstractedly, generally:* dicere de genere universo.

sēparātiō, ōnis, *f.* [separo], *a sundering, severing, separation:* partium.—Fig., *a discrimination, distinction:* sui facti ab illā definitione.

sēparātus, *adj.* [*P.* of separo], *separated, separate, distinct, particular, different:* quoddam volumen: privati ac separati agri apud eos nihil est, Cs.: Tu (Bacchus) separatis uvidus in iugis, *remote*, H.

sē-parō, āvī, ātus, āre, *to disjoin, sever, part, sunder, divide, separate:* cum (maria) pertenui discrimine separentur: nec nos mare separat ingens, O.: Separat Aonios Oetaeis Phocis ab arvis, O.: separandos a cetero exercitu ratus, Cu.—Fig., *to set aside, treat apart, consider separately, distinguish, except:* est mihi locus ad . . . separatus: delicta volgi a publicā causā separare: suum consilium ab reliquis, Cs.: nihil est, quod se ab Aetolis separent, L.

sepeliō, pelīvī (līsset, Pr.), pultus, īre, *to bury, inter:* hominem mortuom in urbe, *XII Tabb.* ap. C.: surge et sepeli natum, Att. ap. C.: Tarquinio sepulto: suorum corpora, L.—*To burn, place on the funeral-pyre:* sepultum Consentiae quod membrorum reliquum fuit, L.: Eumenem mortuum propinquis eius sepeliundum tradidit, N.—Fig., *to bury, overwhelm, submerge, destroy, ruin, suppress:* sepultā in patriā acervi civium: haec sunt in gremio sepulta consulatūs tui: dolorem, *end:* tunc, cum mea fama sepulta est, O.: nullus sum . . . sepultus sum, *I'm lost*, T.: urbs somno vinoque sepulta, V.: sepulta inertia, *slumbering*, H.

(**sēpes**), see saepes.

sēpia, ae, *f.*, = σηπία, *the cuttle-fish, ink-fish.*

sēpīmentum, sēpiō, see saepi-.

sē-pōnō, posuī, positus, ere, *to lay apart, set aside, put by, separate, pick out, select:* seponi et occultari: aliquid habere sepositum: ornamenta seposita: captivam pecuniam in aedificationem templi, L.: Primitias magno Iovi, O.: de mille sagittis Unam, *select*, O.: alqm a domo, *banish*, Ta.—Fig., *to set apart, assign, appropriate, reserve:* sibi ad eam rem tempus, *fix:* seponendus extra certamen alter consulatus, *to be set apart beyond controversy*, L.—*To remove, take away, exclude, select:* Iovem curas Seposuisse gravīs, *had thrown off*, O.: seposuisse a ceteris dictionibus eam partem dicendi, *have separated:* inurbanum lepido seponere dicto, i. e. *distinguish*, H.

sēpositus, *adj.* [*P.* of sepono], *distant, remote:* fons, Pr.—*Distinct, special:* mea seposita est et ab omni milite dissors Gloria, O.—*Choice, select:* vestis, Tb.

sēpse, contracted for se ipse.

septem or **VII**, *num. adj. indecl.* [cf. ἑπτά, Germ. sieben], *seven:* praetores: colles, H.: decem et septem, L.: decem septemque, N.: viginti et septem tabulae: his mensibus sex septem proximis, T.: VI, VII diebus.—As *subst.*, *the seven sages, wise men of Greece:* eos septem, quos Graeci sapientes nominaverunt: Thales, qui sapientissimus in septem fuit.

September, bris, *m.* [septem], *of seven, seventh:* mense Septembri, *in the seventh month* (from March).—*Of the seventh month, of September:* Kalendis Septembribus: horae, H.

septem-decem or **septemdecim** (**septend-**), or **XVII**, *num. adj.*, *seventeen:* populi: XVII dies declamitavit: septemdecem annos natus, L.: CCCCXVII senatores.

septemfluus, *adj.* [septem+FLV-], *sevenfold-flowing, with seven mouths:* Nilus, O.: flumina Nili, O.

septem-geminus, *adj.*, *sevenfold:* Nilus, i. e. *with seven mouths*, V.

septemplex, plicis, *adj.* [septem+PARC-], *sevenfold:* clipeus, i. e. *of seven layers of ox-hides*, V.: Nilus, i. e. *with seven mouths*, O.

septemtriō (**septent-**), or **septem triō**, ōnis, *m.* [1 TER-].—*Plur.*, *the seven stars of the Wagon, Wain, Great Bear:* Clarissimi Septentriones: Gurgite caeruleo septem prohibete triones, O.—*Sing.:* minor, *the Little Bear.*—*The northern regions, northern sky, north:* inflectens sol cursum ad septentriones: Belgae spectant in septentrionem, Cs.: septentrio a Macedoniā obicitur, L.: Hyberboreo septem subiecta trioni Gens, V.—*The north wind:* ex eā die fuere septemtriones venti: acer septemtrio ortus, L.

septemtriōnālis (**septentri-**), e, *adj.* [septemtrio], *of the north.*—*Plur. n.* as *subst.*, *the northern parts:* Britanniae, Ta.

septemtriōnes, see septemtrio.

septem-vir or **VIIvir**, virī, *m.*, *one of a board of seven, one of seven commissioners:* voluitne fieri septemvir?—Usu. *plur.*, *a board of seven commissioners, septemvirs:* VIIvirūm acta sustulimus.

septemvirālis or **VIIvirālis**, e, *adj.* [septemvir], *of the septemvirs, septemviral:* auctoritas.—*Plur. m.* as *subst.*, *the septemvirs.*

(septemvirātus or **VIIvirātus**, ūs), *m.* [septemviri], *the office of a septemvir, septemvirate.*—Only *abl. sing.*

septem-virī, see septemvir.

septēnārius, *adj.* [septeni], *containing seven, consisting of seven.*—*Plur. m.* as *subst.* (sc. versūs), *verses of seven feet each.*

septendecim, see septemdecem.

septēnī, ae, a, *gen. plur.* septenūm, *num. adj. distrib.* [septem], *seven each:* duo fasces septenos habuere libros, L.: pueri annorum senūm septenūmque denūm, *sixteen and seventeen years old.*—*Seven at once, seven together:* dispar septenis fistula cannis, O.: fila lyrae, O.

septentriō, septentriōnālis, see septemtri-.

septiēns (-tiēs), *num. adv.* [septem], *seven times:* septiens miliens sestertium, *seven thousand times a hundred thousand sesterces.*

septimānī, ōrum, *m.* [septima (legio)], *soldiers of the seventh legion,* Ta.

septimum, *adv.* [septimus], *for the seventh time:* septimum consul.

septimus or **septumus**, *num adj.* [septem], *the seventh:* legio: annus, Ta.: Olympias: Staieni sententia septima decima, *seventeenth vote.*

septingentēsimus, *num. ord. adj.* [septingenti], *the seven hundredth:* annus, L.

septingentī, ae, a, or **DCC**, *num. adj.* [septem+centum], *seven hundred:* anni: DCC milia passuum: milites, L.: naves, Cu.

septirēmis, e, *adj.* [septem + remus], *with seven banks of oars:* naves, Cu.

septuāgēsimus, *num. ord. adj.* [septuaginta], *the seventieth:* annus: castra, L.

septuāgintā or **LXX**, *num. adj.* [cf. ἑβδομήκοντα], *seventy:* CLXX aratores: septuaginta et tres, L.: septem et septuaginta annos, N.

(sēptum), see saepta.

septūnx, ūncis, *m.* [septem + uncia], *seven twelfths:* iugeri, L.: auri, *seven ounces,* L.

sepulcrālis (-chrālis), e, *adj.* [sepulcrum], *of a tomb, sepulchral:* fax, *a funeral torch,* O.: arae, O.

sepulcrētum, ī, *n.* [sepulcrum], *a burial-place, cemetery,* Ct.

sepulcrum or **sepulchrum**, ī, *n.* [cf. sepelio], *a place where a corpse is buried, burial-place, grave, tomb, sepulchre:* leges de sepulcris: patrium: sepulcri Mitte supervacuos honores, H.: sepulcri monumento donatus est, N.: corpus exsangue sepulchro Reddidit, V.: sepulcrorum sanctitas: sepulcra legens, i. e. *the epitaphs.*—*A place where a corpse is burned:* ad sepulcrum venimus, T.: aram sepulcri Congerere (i. e. rogum), V.—*A cenotaph:* Absenti ferat inferias, decoretque sepulchro, V.—*Plur., the dead:* placatis sepulchris, O.: muta, Ct.

sepultūra, ae, *f.* [cf. sepelio], *a burial, interment, funeral obsequies, sepulture:* de humatione et sepulturā dicendum: antiquissimum sepulturae genus: honore sepulturae carere: et mortes et sepulturae deorum.—*The burning of a dead body, cremation,* Ta.

sepultus, *P.* of sepelio.

sequāx, ācis, *adj., following, seeking after, pursuing, sequacious:* (Arcadas) Latio dare terga sequaci, *pursuing,* V.: caprae, *eager,* V.: flammae, *lambent,* V.: fumi, *penetrating,* V.

sequēns, entis, *adj.* [*P.* of sequor], *next, following, subsequent:* sequenti tempore, N.: sequente anno, L.—*Plur. n.* as *subst., the sequel,* Ta.

sequester, tris or tra, tre, *adj.* [sequor], *intermediate, mediating, negotiating:* iudex.—As *subst. m., a depositary, trustee, mediator, agent of bribery, go-between:* aut sequestres aut interpretes conrumpendi iudici.—As *subst. f.:* pace sequestrā, i. e. *under the protection of a truce,* V.

sequius, *comp.* of 2 secus.

sequor (*P. praes. gen. plur.* sequentūm, V.), secūtus (-quūtus), ī, *dep.* [SEC-], *to follow, come after, follow after, attend, accompany:* I prae, sequor, T.: cum omnibus suis carris, Cs.: servi sequentes, H.: hos falcati currūs sequebantur, Cu.: me intro hac, T.: signa, *to march,* S.: Ne sequerer moechas, H.: vallem, L.: scrutantīs quā evellant telum non sequitur, i. e. *cannot be drawn out,* L.: trahit manu lignum; Id vix sequitur, O.: zonā bene te secutā, i. e. *which you fortunately have worn,* H.—*To follow, succeed, come after, come next:* sequitur hunc annum Caudina pax, L.: ut male posuimus initia, sic cetera sequuntur: tonitrum secuti nimbi, O.: quae sequuntur, *and so forth:* sequitur illa divisio, ut, etc.—*To go to, seek, be bound for, have for a destination:* Formias nunc sequimur: loca, Cs.: Italiam, V.: Rura, O.—*To follow, chase, pursue:* finem sequendi, Cs.: facere: hanc pestem agmen sequebatur: hostīs, Cs.: (te) fugacem, H.: feras, O.—*To follow, fall to the share of, belong to:* ut urbes captae Aetolos sequerentur, L.: heredes monumentum ne sequeretur, H.: quo minus petebat gloriam, eo magis illa sequebatur, S.—Fig., *to follow, succeed, result, ensue:* si verbum sequi volumus, hoc intellegamus necesse est, etc.: patrem sequuntur liberi, *take the rank of,* L.: damnatum poenam sequi oportebat, ut, etc., *to befall,* Cs.: modo ne summa turpitudo sequatur, *ensue:* ex hac re, L.—*To follow, take as guide, comply with, accede to, obey, imitate, adopt, conform to:* sententiam Scipionis, Cs.: vos vestrumque factum omnia deinceps municipia sunt secuta, *have imitated*, Cs.: Crassi auctoritatem: quid? iudices non crimina, non testīs sequentur? *shall be influenced by*: naturam: victricia arma, V.: me auctorem: non lingua valet . . . nec vox aut verba sequuntur, i. e. *obey the will*, V.—*To follow, pursue, strive after, aim at, seek*: iustitiam: amoenitatem: Caesaris gratiam, Cs.: linguam et nomen, L.: Mercedes, H.: ferro extrema, V.—Of an inference, *to follow, be proved*: ut sequatur vitam beatam virtute confici: hoc sequitur, ut familia Tulli concidi oportuerit?: non enim sequitur, ut, etc.—*To follow naturally, come easily, be readily controlled, be obtained without effort*: oratio ita flexibilis, ut sequatur, quocumque torqueas: nihil est quod tam facile sequatur quocumque ducas, quam oratio: Verbaque provisam rem non invita sequentur, H.

sequūtor, see secutor.

1. sera, ae, *f.* [1 SER-], *a bar, cross-bar, bolt*: Mille domos clausere serae, O.: obde seras, O.: demere seram, O.: carmine victa sera est, O.

2. sēra, *adv.* [*plur. n.* of serus], *late*: sera comans Narcissus, *late in flowering*, V.

Serāpis (is or idis), *acc.* im, *m.*, = Σαράπις, *an Egyptian god.*

serēnitās, ātis, *f.* [serenus], *clearness, serenity, fair weather*: tranquilla, L.: caeli.—Fig., *favorableness, serenity*: fortunae, L.

serēnō, —, —, āre [serenus], *to make clear, clear up, make serene*: Luce serenanti, *growing clear*: caelum tempestatesque (Iuppiter), V.—Fig.: spem fronte, V.

serēnus, *adj.* [2 SER-], *clear, fair, bright, serene*: tempestate serenā, Enn. ap. C.: caelo sereno, V., H., O.: lux, L.: Faciem ad serenam mutatur dies, Ph.: ver, V.: stella, O.: unde serenas Ventus agat nubīs, V.—As *subst. n.*, *a clear sky, fair weather*: sereno, *in a cloudless sky*, L.: soles et aperta serena, V.—Fig., *cheerful, glad, joyous, tranquil, bright, serene*: Voltus, H.: frons: animus, O.: aliquid serenum videre, O.

sēria, ae, *f.*, *a cylindrical earthen vessel, large jar, tun, cask*: Relevi omnīs serias, T.: serias doliaque ferre, L.

Sēricus, *adj.*, *of the Seres, Seric, Tartar, Chinese*: sagittae, H. — *Of silk, silken*: pulvilli, H.: carpenta, *with silken curtains*, Pr. — *Plur. n.* as *subst.*, *Seric garments, silks*, Pr.

seriēs, —, *acc.* em, *abl.* ē, no *plur.*, *f.* [1 SER-], *a row, succession, series, chain*: laminae serie inter se conexae, Cu.: vinculorum, Cu.—Fig., *a series, chain, connection, train, sequence, succession, order, course*: cetera series deinde sequitur: tantum series iuncturaque pollet, *connection*, H.: rerum: causarum: disputationum: immensa laborum, O.—Poet., of time, *succession*: innumerabilis Annorum, H.: temporis, O.—*A line of descent, lineage*: Digne vir hac serie, O.: serie fulcite genus, Pr.

sēriō, *adv.* [serius], *in earnest, seriously*: haec dicere, T.: Triumphat, *in all sincerity*, T.: res vix serio agenda, L.

1. sērius, *adj.* [for *severius, from severus], *grave, earnest, serious* (only of things): rem seriam agere mecum, T.: dies religiosus ad agendum quicquam rei seriae, L.: verba, H.: verba seria dictu, H. — As *subst. n.*, *earnestness, seriousness*: res in serium versa est, Cu.—*Plur.*, *serious matters, earnest discourse*: quam multa seria (in epistulis): cum his seria ac iocos celebrare, L.: Sed tamen amoto quaeramus seria ludo, H.

2. sērius, *comp.* of 3 sero.

sermō, ōnis, *m.* [1 SER-], *continued speech, talk, conversation, discourse*: vis orationis est duplex, altera contentionis, altera sermonis: Multa inter sese vario sermone serebant, V.: illa cum illo sermonem occipit, T.: sermones caedimus, T.: in nostris sermonibus: longior, Cs.: familiaris et cottidianus: erat in sermone omnium: Referre sermones deorum, H.: Detinuit sermone diem, O.: sermo litterarum tuarum, *conversation by correspondence with you.*—*A set conversation, learned talk, discourse, disputation, discussion*: num sermonem vestrum aliquem diremit noster interventus?: rebus iis de quibus hic sermo est: inter nos habitus: de philosophiā, N. — *An utterance, declaration, speech, remark*: sermones (eius) ansas dabant, quibus reconditos eius sensūs tenere possemus: qui (voltus) sermo quidam tacitus mentis est, i. e. *expression*: refertur eius sermo ad Apronium: hic sermo Abdalonymi, Cu. — *Ordinary speech, talk, conversational language*: oratio philosophorum sermo potius quam oratio dicitur: si quis scribat, uti nos, Sermoni propiora, H.—*Prose*: comoedia nisi quod pede certo Differt sermoni, sermo merus, H.—*Conversational verse, satire*: (delectari) Bioneis sermonibus, H.: sermones Repentes per humum, H.—*Common talk, report, rumor*: numquam de vobis eorum gratissimus sermo conticescet: sermo totā Asiā dissipatus, Cn. Pompeium, etc.: in sermonem hominum venire: in hoc pervagato civitatis sermone versantur, *this talk of the town*: sermones iniquorum effugere: aliquid oratione meā sermonis in sese esse quaesitum, *calumny*: dabimus sermonem iis, qui, etc., *occasion for talk.*—*A manner of speaking, mode of expression, language, style, diction*: sermone eo uti, qui innatus est nobis: elegantia sermonis.—*A language, speech*: cives et sermonis et iuris societate iuncti: in Latino sermone: patrius, H.

sermōcinor, ātus, ārī, *dep.* [*sermocinus, from sermo], *to talk, parley, converse, discourse*: consuetudo sermocinandi: cum isto.

sermunculus, ī, *m. dim.* [sermo], *common talk, report, rumor:* urbani sermunculi: sermunculum omnem aut restinxerit aut sedarit.

1. serō, sēvī, satus, ere [1 SA-], *to sow, plant:* in iugero agri medimnum tritici seritur: frumenta, Cs.: serit arbores, quae alteri saeculo prosint: Nullam sacrā vite prius severis arborem, H.: alqd in solo: hordea campis, V.: (arbores) meā manu satae.—Of land, *to bestrew, plant, sow, cultivate:* quot iugera sint sata: iste serendus ager, O.—Of persons, *to beget, bring forth, produce:* sunt Bruti serendi: nec fortuito sati et creati sumus.—Usu. *P. perf., begotten, born, sprung:* Ilia cum Lauso de Numitore sati, O.: largo satos Curetas ab imbri, O.: sata Tiresiā Manto, O.: non sanguine humano satum se esse, L.: satus Anchisā, *son of Anchises*, V.: satae Peliā, *daughters of Pelias*, O. —Fig., *to sow the seeds of, found, establish, produce, cause, excite:* mores: cum patribus certamina, *stir up*, L.: civilīs discordias, L.—*To scatter, spread, disseminate:* apud plebis homines crimina in senatum, L.: Rumores, V.

2. serō, —, sertus, ere [1 SER-], *to bind together, interweave, entwine.*—Only *P. perf.:* pro sertis (loricis) linteas dedit, *of mail*, N.—Fig., *to join, connect, link together, combine, compose, contrive:* ex aeternitate causa causam serens, *linked with:* cuius (fati) lege inmobilis rerum humanarum ordo seritur, *is arranged*, L.: ex bellis bella serendo, i. e. *engaging in continual wars*, L.: Multa inter sese vario sermone, V.: popularīs orationes, *compose*, L.: crimina belli, V.

3. sērō, *adv.* with *comp.* and *sup.* [serus], *late, at a late hour:* venire: domum redire: Serius egressus vestigia vidit in alto Pulvere, O.—*Late, at a late period:* videsne quam ea (eloquentia) sero prodierit in lucem?: ne filius nimis sero regni paterni speciem videat, L.: scripsi ad Pomponium serius quam oportuit: causa serius in Africam traiciendi, L.: omnium Versatur urna serius ocius Sors exitura, *sooner or later*, H.: ut quam serissime eius profectio cognosceretur, Cs. —*Comp., too late:* possumus audire aliquid, an serius venimus?: biduo serius veneram: serius a terrā provectae naves, Cs.—*Too late:* hodie sero ac nequiquam voles, T.: sero ea sentire, quae multo ante provideram: factus [consul] sibi suo tempore, rei p. paene sero.—Prov.: sero sapiunt (Troiani), *are wise too late.*

serpēns, entis (*gen. plur.* -tium; poet. also -tūm), *f.* or (poet.) *m.* [*P.* of serpo], *a creeping thing, creeper, crawler, snake, serpent:* serpentes, quarum vis, etc., S.: quaedam serpentes ortae extra aquam, etc. perdomita, O.: magnorum Corpora serpentūm, O.—Esp., as a constellation, *the Serpent* (cf. anguis, draco), O.

serpentigena, ae, *m.* [serpens+GEN-], *serpent-born, sprung from a serpent*, O.

serpentipēs, pedis, *m.* [serpens+pēs], *serpent-footed:* Gigantes, O.

serperastra (serpir-), ōrum, *n.*, *knee-splints, knee-bandages* (to straighten the legs of children); hence (of officers, holding soldiers in check): cohortis meae, *bandages.*

serpillum, see serpullum.

serpō, psī, ptus, ere [SERP-], *to creep, crawl* (of animals): serpere anguiculos: animalia, alia serpendo ad pastum accedunt: imā vipera humo, O.: draco In platanum, O.—Of things, *to move slowly, pass imperceptibly, creep along, proceed gradually:* Ister tectis in mare serpit aquis, O.: vitis serpens multiplici lapsu: tempora circum hederam tibi serpere, V.: cancer, O.—Fig., *to creep, crawl, extend gradually, grow imperceptibly, make way stealthily, spread abroad, increase, prevail:* neque enim serpit, sed volat in optimum statum res p.: serpet hoc malum longius quam putatis: ne latius serperet res, L.: serpit hic rumor: per agmina murmur, V.—Rarely of a person: serpere occulte coepisti nihil dum aliis suspicantibus.—Of style, *to crawl, be low:* (poëta) Serpit humi tutus, H.

serpullum (-pillum, not -pyllum), ī, *n.*, = ἕρπυλλον, *thyme, wild-thyme*, V.

serra, ae, *f.* [2 SAC-], *a saw:* stridor serrae: arguta, V.

serrācum or **sarrācum**, ī, *n.*, *a heavy wagon, cart, dray* (with two wheels and closed sides): serraco advehi: Serraco veniente, Iu.—As a constellation, *the Wain, Wagon, Great Bear*, Iu.

serrātus, *adj.* [serra], *serrated.*—*Plur. m.* as *subst., coins with notched edges*, Ta.

serrula, ae, *f. dim.* [serra], *a small saw:* dentata.

serta, ōrum, *n.*, and **sertae**, ārum, *f.* [*P.* of 2 sero], *wreaths of flowers, garlands:* accubantes in conviviis sertis redimiti: arae sertis recentibus halant, V.: demissae in pocula sertae, Pr.

sertus, *P.* of 2 sero.

1. serum, ī, *n.* [1 SAL-], *the watery part of curdled milk, whey*, V., O.

2. sērum, *adv.* [*neut.* of serus], *late at night:* Quae Nocte sedens serum canit, V.

sērus, *adj.* with *comp.*, *late:* sero a vespere, O.: nocte serā, L.: hiemps, L.: anni, i. e. *ripe years*, O.: gratulatio: poenae: o seri studiorum! *slow to learn*, H.: ulmus, *of slow growth*, V.: bellum spe omnium serius, L.: serior aetas (i. e. posterior), O.: serior hora, O.—For the *adv.* sero (poet.): Serus in caelum redeas, i. e. *long hence*, H.: iusserit ad se serum venire Convivam, i. e. *at a late hour*, H.: nec nisi serus abi, O.: seros pedes adsumere,

O.: Cantaber serā domitus catenā, H.—As *subst. n., a late time, late hour:* serum erat diei, L.: extrahi in serum diei, L.: in serum noctis convivium productum, L. — *Late, belated, too late:* Kalendae (Ianuariae): auxilium, L.: sera adsurgis, V.: serā ope vincere fata Nititur, O.

serva, ae [servus], *a female slave, hand-woman, maid:* servā natus, L.: Serva Briseis, H.

servābilis, e, *adj.* [servo], *to be rescued:* caput nulli servabile, *which none can rescue*, O.

(**servāns**), antis, *adj.* [*P.* of servo], *keeping, observant.*—Only *sup.:* servantissimus aequi, V.

servātor, ōris, *m.* [servo], *a preserver, deliverer, saviour:* servatorem liberatoremque acclamantibus, L.: mei capitis: salutis, O.

servātrīx, īcis, *f.* [servator], *she that preserves, a saviour, deliverer:* mea, T.: sui: Servatrix celebrabere, O.

servīlis, e, *adj.* [servus], *of a slave, slavish, servile:* a cervicibus iugum servile deicere: servilem in modum cruciati: servilibus peritura modis, H.: in servilem modum, *like slaves*, Cs.: terror, *dread of a servile insurrection*, L.: manus, *a band of slaves* (with latrones), H.: Nil servile habet, H.: color: munus: indoles, L.: animus, Ta.

servīliter, *adv.* [servilis], *like a slave, slavishly, servilely:* alqd facere.

serviō (-vības, -vībō, T.), īvī, ītus, īre [servus], *to be a servant, be enslaved, serve, be in service:* liberaliter, T.: in liberatā terrā liberatores eius servire, L.: qui Libertate caret, Serviet aeternum, H.: populum R. servire fas non est: lenoni, T.: homini nemini: domino: Athenas victas Lacedaemoniis servire pati, N.: apud nos: servitutem, C., L.—Fig., *to be devoted, serve, labor for, aim at, have regard to:* tibi serviet, tibi lenocinabitur: amicis, N.: nostris commodis: suo privato compendio, Cs.: oculis civium: pecuniae: posteritati: rumoribus, Cs.: valetudini: ut communi utilitati serviatur. — *To be subject, be governed by, be enslaved to:* nulli cupiditati: cupiditatibus iis, quibus ceteri serviunt, imperare.—*To comply with, court, humor, gratify, conform:* aliorum amori: auribus Vari, i. e. *flatter*, Cs.: tempori.—In law, of lands, *to be under a servitude, be subject to an easement:* praedia, quae serviebant.

servitium, ī, *n.* [servus], *the condition of a slave, service, slavery, servitude:* hoc tibi pro servitio debeo, *as your servant*, T.: ductus ab creditore in servitium, L.: Cum domus Assaraci Phthiam Servitio premet, V.: te servitio levare, *free from slavery*, H.: servitium subire, O.—Fig., *servitude, subjection:* corporis, S.: ubi libera colla Servitio adsuerint, V.—*Collect., a body of servants, class of slaves, slaves:* agros servitio colendos dedit: ex omni faece urbis ac servitio: servitia Romanorum adlicere, S.: motus servitiorum: servitii decem milia, Ta.—*Servants:* servitia regum superborum, L.: inopia servitiorum, L.

servitūs, ūtis, *f.* [servus], *the condition of a servant, slavery, serfdom, service, servitude:* (mulierem) in servitutem adiudicare: servitutem pati: similitudo servitutis: socios in servitutem abducere: servitute Graeciam liberare: iusta et clemens, i. e. *under a just and kind master*, T.—*Servitude, subjection:* muliebris, L.: est enim in illis ipsa merces auctoramentum servitutis. — Of landed property, *a liability, easement, servitude:* servitute fundo illi inpositā.—*Collect., slaves, servants:* Servitus crescit nova, i. e. *the throng of lovers*, H.

servō, āvī, ātus, āre [3 SAL-], *to make safe, save, keep unharmed, preserve, guard, keep, protect, deliver, rescue:* ceteros servavi, ut nos periremus: pol me occidistis, Non servastis, H.: ita me servet Iuppiter, T.: Graeciae portūs per se servatos: impedimenta cohortīsque, Cs.: Rem tuam, H.: urbem et civīs integros incolumīsque: si res p. salva servata erit hisce duellis, L.: omnes Quattuor amissis servatae a peste carinae, V.: alquos ex eo periculo, Cs.: vita ex hostium telis servata. —*To keep, lay up, preserve, reserve, retain, store:* Caecuba centum clavibus, H.: ad quae (tempora) tu te ipse servaras: ad Herculeos servaberis arcūs, O.: esse quasdam res servatas iudicio multitudinis: in aliquod tempus quam integerrimas vires militi servare, L.: vosmet rebus servate secundis, V. — Of places, *to keep, keep to, hold, remain in, dwell in, inhabit:* Tu nidum servas, H.: nymphae sorores, Centum quae silvas servant, V.—Of abstract objects, *to keep, keep to, preserve, maintain, observe:* ordines, Cs.: ordinem laboris quietisque, L.: intervallum, Cs.: tenorem pugnae, L.: fidem, T.: de numero dierum fidem, Cs.: aequitatem: indutiarum iura, Cs.: legem: cum populus suum servaret, i. e. *provided public rights were not violated:* pretium servare, *to maintain the price:* Aequam mentem, H.: nati amorem, V.—Fig., *to keep in view, give heed, pay attention, take care, watch, observe:* solus Sannio servat domi, T.: Cetera (lumina) servabant, *kept watch*, O.: hic rupes maxima, serva! *beware*, H.: itinera nostra, Cs.: Palinurus dum sidera servat, V.: pomaria dederat servanda draconi, O.: Me infensus servat, ne quam faciam fallaciam, T.: cum ita decemviri servassent, ut unus fascīs haberet, L. — Of an omen, *to observe:* secundam avem, Enn. ap. C.: de caelo servare, *to observe the lightning* (as an omen).

servola (**servula**), ae, *f. dim.* [serva], *a young female servant, handmaid.*

servolus (**servulus**), ī, *m. dim.* [servus], *a young slave, young man-servant, boy*, T., C.

1. servus or **servos**, *adj.* [1 SER-], *slavish, servile, subject:* Servom hominem causam orare leges non sinunt, T.: urbes, L.: civitas, L.: pecus, H.: reges serva omnia esse velint, L.—*Of slaves, belonging to slaves, for servants:* capita, L.: manus, O.: aqua, O.—Fig., of lands, *subject to a servitude, under an easement:* praedia.

2. servus or **servos**, ī, *m.* [1 servus], *a slave, servant, serf, serving-man:* domi contumelias servorum ancillarumque pertulit: fallax, O.: servus a pedibus: publici, *slaves of the public.*—Fig., *a slave, servant, vassal, subject:* harum cupiditatum esse servos: potestatis vestrae.

sēscēnāris, e, *adj.* [perh. sesqui+annus], *of one and a half years, eighteen months old:* bos, L.

sēscēnī (sexcēnī), ae, a, *adj. num. distrib.* [sescenti], *six hundred each:* nummi: equitibus sexceni denarii tributi, Cu.

sēscentēsimus (sexc-), *adj. num. ord.* [sescenti], *the six hundredth:* anno sescentesimo.

sēscentī (sexcentī), ae, a, *adj. num.* [sex+centum], *six hundred:* Romuli aetatem minus his sescentis annis fuisse cernimus.—Often of an indefinite large number, *a thousand, immense number, vast multitude, any amount:* Sescentas scribito iam mihi dicas, T.: iam sescenti sunt, qui inter sicarios accusabant.—*Plur. n.* as *subst.:* sescenta praeterea, *numberless other things.*

sēscentiēs, see sexcenties.

sēsē, *acc.* and *abl.* of sui.

seselis, is, *f.*, =σέσελις, *meadow saxifrage, hartwort, seseli.*

sēsqui, *adv. num.* [cf. semis], *one half, by a half:* pars aequalis alteri aut sesqui maior.

sēsqui-alter, era, erum, *adj., once and a half:* tertia pars, secundae sesquialtera.

sēsqui-modius, ī, *m., a peck and a half.*

sēsqui-octāvus, *adj. num., containing nine eighths, one and an eighth:* intervallum.

sēsqui-pedālis, e, *adj., of a foot and a half, half a yard long:* tigna, Cs.: verba, H.

sēsqui-plāga, ae, *f., a blow and a half*, Ta.

sēsquiplex, plicis, *adj.* [sesqui + PARC-], *taken one and a half times, once and a half as much.*

sēsqui-tertius, *num. adj., containing one and a third, of four thirds:* intervallum.

sessilis, e, *adj.* [SED-], *for sitting upon:* tergum (equi), O.

sessiō, ōnis, *f.* [SED-], *a sitting:* status, sessio: sessiones quaedam, *postures in sitting.*—*A seat, sitting-place:* sessiones gymnasiorum.—*A sitting idly, loitering, tarrying:* Capitolina.—*A session:* pomeridiana.

sessitō, āvī, —, āre, *freq.* [sedeo], *to keep sitting, rest:* (Suadam) in Pericli labris sessitavisse.

sessiuncula, ae, *f. dim.* [sessio], *a little group, small circle:* sessiunculas consectari.

sessor, ōris, *m.* [SED-], *one who sits, a sitter, spectator:* in theatro, H.—*An inhabitant, resident:* sessores urbe eiecit, N.

sēstertius or **HS** (i. e. II semis), *adj. num.* [for *semis-tertius], *two and a half.*—As *subst. m.* (sc. nummus; *gen. plur.* sestertiūm), *a sesterce* (a small silver coin, originally two and a half asses, worth twopence and half a farthing sterling, or four and one tenth cents): cum esset tritici modius sestertiis duobus: cum HS XXX scripta essent pro HS CCC: praedia pluris sestertiūm XXX milium habere, L.—*Plur. n.* as *subst.*, with ellipse of *milia, thousands of sesterces.*—Usu. with *num. distr.:* fundus, qui sestertia dena meritasset: HS quingena (i. e. quindecim milia sestertiūm).—Rarely with *num. card.:* sestertia centum, S.: septem donat sestertia, H.—With ellipse of *centena milia:* HS quater deciens (i. e. sestertiūm quater deciens centena milia, or 1,400,000 sesterces).—For the phrase, centena milia sestertiūm, the word sestertium was commonly used, and declined as *subst. n.*, with the numeral adverbs from deciens upward: quom ei testamento sestertium milies relinquatur: sestertium centiens et octogiens: HS LX, quod advexerat Domitius, Cs.: sestertium deciens numeratum esse: argenti ad summam sestertii deciens in aerarium rettulit, L.: in sestertio centiens adfluentius vivere, N.—With *nummus*, in *abl.* of *price, at an insignificant sum, for a trifle:* bona nummo sestertio sibi addici velle: si amplius HS nummo petisti.

set, old for sed. **(sēta)**, see saeta.

(sētiger, sētōsus), see saet-.

sētius (sēcius), *adv. comp.* [for sectius; SEC-], *less, in a less degree.*—Only with *negatives:* nilo setius, *nevertheless*, T.: nihilo secius, Cs.: haud setius, V.: neque eo setius, N.

seu, see sive.

sevērē, *adv.* with *comp.* and *sup.* [1 severus], *gravely, seriously, austerely, rigidly, severely:* omnia dicere: lites aestimatae: Hiempsalis mortem vindicare, S.: ad suos severius scripsit, Cs.: qui potest agi severius?: nihil nisi severissime facere.

sevēritās, ātis, *f.* [severus], *seriousness, gravity, sternness, strictness, severity:* Tristis in voltu, T.: severitatem in senectute probo: in omni re: severitatem res ipsa flagitat: iudiciorum: Catoni severitas dignitatem addiderat, S.: magnis peccatis severitatem commodare, Ta.: exempli: imperi, Cs.

sevērus, *adj.* with *comp.* and *sup.* [SEV-].—Of persons, *serious, sober, grave, strict, austere, stern, severe:* civis severus et gravis: omnium severissimus: Cures, V.: adimam cantare severis, H.: legis custodes: severissimi iudices: severum (decent) seria dictu, H. — Of things, *sober, grave, serious, severe, austere, disagreeable, oppressive:* voltus severior: frons, O.: Falernum, *tart*, H.: disciplina: genus dicendi: fidibus voces crevere severis, H. —*Harsh, rough, crabbed, rigid, severe, stern:* imperia severiora: lex, O.: severissimi imperi vir, L.: paulo severior poena, S.: acerbe in filium.—*Severe, dreadful, gloomy:* Uncus, H.: amnis Cocyti, V.: turba Eumenidum, Pr.

sē-vocō, āvī, ātus, are, *to call apart, lead aside, summon away, withdraw:* sevocare singulos hortarique coepit, Cs.: hunc, O.: plebes in Aventinum sevocanda: populum, *call a meeting of the people out of the city*, L.—Fig., *to call off, separate, withdraw, remove:* a negotio omni animum: mentem a sensibus.

sēvum (seb-), ī, *n., tallow, suet, grease*, Cs.

sex or **VI**, *adj. num.* [cf. Gr. ἕξ, Engl. six], *six:* Sex menses, T.: milia passuum: HS sex milia: decem et sex milia peditum armati, L.: inter Bis sex famulas (i. e. duodecim), O.: Sex septem, *six or seven*, T., H.: Sex primi, *a board of six magistrates, council of selectmen.*

sexāgēnī, ae, a, *adj. num. distrib.* [sexaginta], *sixty each, sixty at a time:* in annos singulos cum sexagena milia tritici modiūm imperare: ordo sexagenos milites habebat, L.

sexāgēsimus (**-gēnsumus**), *adj. num. ord.* [sexaginta], *the sixtieth:* anno quinto et sexagensumo, T.: post pugnam die sexagesimo quinto.

sexāgiēns or **sexāgiēs** or **LX**, *adv. num.* [sexaginta], *sixty times:* sestertium sexagiens petere, i. e. *six millions of sesterces* (see sestertius): HS sexagiens: HS LX, Cs.: quae sunt sexagiens (sc. sestertium).

sexāginta or **LX**, *adj. num., sixty:* annos natus, T.: minor annis LX.

sex-angulus, *adj., with six angles, hexagonal:* cera, O.

sexcēnārius, *adj.* [sexceni], *of six hundred:* funditorum cohortes, Cs.

sexcēnī, sexcentēsimus, sexcentī, see sēscen-.

sexcentiēs or **sēscentiēns**, *adv. num.* [sescenti], *six hundred times:* sexcenties HS, *six hundred sestertia* (i. e. 60,000,000 sesterces; see sestertium).

sexdecim, see sedecim.

sexennis, e, *adj.* [sex+annus], *of six years, six years old:* sexenni die, *after six years*, Cs.

sexennium, ī, *n.* [sexennis], *a period of six years, six years:* sexennio post.

sexiēns or **sexiēs**, *adv. num.* [sex], *six times:* sexiens tanto quantum satum est: hostis sexiens victus, L.

sex prīmī, see sex.

sextādecimānī, ōrum, *m.* [sexta decima; sc. legio], *the soldiers of the sixteenth legion*, Ta.

sextāns, antis, *m.* [sex], *the sixth, a sixth part:* heres ex parte dimidiā est Capito; in sextante sunt ii, etc., *one sixth goes to those*, etc.—*A small coin, one sixth of an as, two unciae:* non esse sextantis, *not to be worth a groat:* extulit eum plebs sextantibus conlatis in capita, L.—*A small weight, one sixth of a pound:* Sextantem trahere, O.

sextārius, ī, *m.* [sextus], *the sixth part.*—A liquid measure, *the sixth part of a congius, a pint:* aquae: vini, H.

Sextīlis, e, *adj.* [sextus], *the sixth.*—Only with *mensis, the sixth month* (beginning with March), *August:* Sextili mense caminus, H.—As *subst. m.* (sc. mensis), *the sixth month, August:* si in Sextilem comitia, etc., H. — *Of August, of the sixth month:* Nonis Sextilibus: Kalendae, L.

sextula, ae, *f. dim.* [sextus (sc. pars)], *the sixth part of an uncia, one seventy-second part of an as; hence, one seventy-second:* heres ex duabus sextulis, *of one thirty-sixth.*

sextum, *adv.* [sextus], *for the sixth time:* sextum consul, L.

sextus or **VI**, *adj. num. ord.* [sex], *the sixth:* sextus ab urbe lapis, O.: locus: sextus decimus (locus): ante diem VI Kal. Novembrīs: abdicat die sexto decimo, L.

sextus decimus, see sextus.

(sexus), ūs, *m.* [2 SAC-], *a sex* (only *sing. gen.* and *abl.*): hominum genus et in sexu consideratur, virile an muliebre sit: puberes virilis sexūs, L.

sī (old, **sei**), *conj.* [SOVO]-, as a conditional particle.—With *indic.*, in conditions assumed as true, or (with *fut.*) which will probably be fulfilled, *if, when, inasmuch as, since:* si vis, dabo tibi testīs: si voluntas mea, si industria, si aures patent omnibus: magnifica quaedam res, si modo est ulla: si quisquam est facilis, hic est: si aliquid dandum est voluptati: istae artes, si modo aliquid, valent ut acuent ingenia: educ tecum omnīs tuos; si minus, quam plurimos: auferat omnia oblivio, si potest; si non, utrumque silentium tegat, L.: ignosce, Caesar, si rex cessit, etc.: non, si Opimium defendisti, idcirco, etc.: aut nemo, aut si quisquam, ille sapiens fuit: si Athenienses, sublato Areopago, nihil nisi populi scitis ac decretis agebant, etc.: si vis erat, si fraus, si metus: si neglegentiam dices, mirabimur: di persequar, si potero, subtilius: pergratum mihi feceris, si de amicitiā disputaris.—Esp. with *pluperf.*, in indef. clauses of repeated action: plausum si quis eorum aliquando acceperat, ne quid peccasset pertimescebat, *whenever:* si quando forte suis fortunis desperare coeperant, Cs.—With *subj. praes.* or *perf.*, in conditions assumed as possible, *if, even if, though:* satis facere rei p. videmur, si istius furorem vitemus: si ad verba rem deflectere velimus: rem facias, rem, Si possis, recte; si non, quocumque modo rem, H.: innocens, si accusatus sit, absolvi potest.—With *subj. imperf.* or *pluperf.*, implying that the condition is contrary to fact, *if:* servi mei, si me isto pacto metuerent, domum meum relinquendam putarem: quod ne fecissent profecto, si nihil ad eos pertinere arbitrarentur: Si mihi, quae quondam fuerat . . . si nunc foret illa iuventus, V.—Followed by *tamen, even if, although, albeit:* quas si exsequi nequirem, tamen, etc.: quae si dubia essent, tamen, etc., S.: si aliter accidisset: si quis in caelum ascendisset, etc.—In the parenthetic phrase, si forte, *perhaps, perchance:* vereor, ne nihil sim tui, nisi supplosionem pedis imitatus et aliquem, si forte, motum.—With *subj.* (rarely *indic.*), in place of an *inf., if, when, that:* apud Graecos opprobrio fuit adulescentibus, si amatores non haberent (i. e. amatores non habere): illud ignoscere aequum erit, si . . . ne tuam quidem gloriam praeponam, etc., L.—In dependent questions, *if, whether, if perchance:* ut illum quaeram, Idque adeo visam, si domist, T.: fatis incerta feror, si Iuppiter unam Esse velit urbem, V.: primum ab iis quaesivit, si aquam hominibus . . . imposuissent, L.: statui expectandum esse si quid certius adferretur.—In expressing a wish (poet. for utinam), usu. with *O, if only, would that, O that:* o si angulus ille accedat, qui, etc., H.: Si nunc se nobis ille aureus arbore ramus Ostendat nemore in tanto! *would that*, V.—With a *relat.*, to express a class vaguely or doubtfully, *if there be any such, whoever they may be:* mortem proponit . . . eis etiam si qui non moleste tulerunt: dimissis, si qui parum idonei essent, L.—In clauses of purpose, *if, in order to, to try whether, to see if, that if possible:* Minucium cum omni equitatu praemittit, si quid celeritate itineris proficere possit, *to see whether*, Cs.: neque ullum munus despiciens, si in Caesaris complexum venire posset, Cs.: pergit ad speluncam, si forte eo vestigia ferrent, L.—In clauses of contingency, *against the case that:* haud aspernatus Tullius, tamen, si vana adferantur, in aciem educit, *in order to be ready, if*, etc., L.: ille postea, si comitia sua non fierent, urbi minari, i. e. *threatened an attack if*, etc.: erat reo damnato, si fraus capitalis non esset, quasi poenae aestimatio: quattuor legiones Cornelio, si qui ex Etruriā novi motūs nuntiarentur, relictae, *to be ready, in case*, etc., L.

sībilō, āre [sibilus], *to hiss, whistle:* (serpens) sibilat ore, V.: (ferrum Igne rubens) in tepidā submersum sibilat undā, O.: modestos homines: populus me sibilat, H.

1. (sībilus), *adj.* [SIB-], *hissing, whistling.*—Only *plur. n.:* colla (colubrae), V.: ora (anguium), V.

2. sībilus, ī, *m., plur.* sībilī, ōrum, *m.*, poet. also sībila, ōrum, *n.* [SIB-], *a hissing, whistling:* sibilo dare signum, L.: clamor tonitruum et rudentum sibilus: venientis sibilus austri, V.: serpens horrenda sibila misit, O.: Sibila dant, O.—*A contemptuous hissing, hissing at, hissing off:* sibilum metuis?: ei sibilum mortem videri necesse est: e scaenā sibilis explodebatur: (eum) equi repentinis sibilis extimescebant.

Sibylla, ae, *f.*, = Σίβυλλα, *a female soothsayer, prophetess, priestess of Apollo, Sibyl:* terrae vis Pythiam Delphis incitabat, naturae Sibyllam.—*Deiphobe, daughter of Glaucus, who lived in a grotto at Cumae:* Cumaea, V.: vivacis antra Sibyllae, O.—*A Sibyl, the author of the Sibylline books kept in the Capitol*, C., L.

Sibyllīnus, *adj.*, *of a Sibyl, Sibylline:* libri, *prophetic books sold to Tarquinius Superbus by the Sibyl of Cumae, and consulted by a commission in times of danger to the state*, C., L.: versūs, H.

sīc, *adv.* [for the old sīce; sī (locat. of pron. stem sa-)+ce].—Referring to something done or pointed out by the speaker, *thus, in this way, as I do, as you see* (colloq.): Cape hoc flabellum, ventulum huic sic facito, T.—In curses or threats: Sic dabo, *thus will I treat* (every foe), T.: sic eat quaecunque Romana lugebit hostem, *so let every woman fare who*, etc., L.—Referring to what precedes, *so, thus, in this manner, in such a manner, in the same way or manner, in like manner, likewise:* in angulum Aliquo abeam; sic agam, T.: sic ille annus duo firmamenta rei p. evertit, *in the way described:* sic deinceps omne opus contexitur, Cs.: sic regii constiterant, L.—With a *part.* or *adj.:* sic igitur instructus veniet ad causas: cum sic adfectos dimisisset, L.—Parenthet., *thus, so:* commentabar declamitans—sic enim nunc loquuntur: Crēvit in inmensum (sic di statuistis), O.—Instead of a *pron. dem., thus, this:* iis litteris respondebo; sic enim postulas (i. e. hoc postulas): hic adsiste; sic volo (i. e. hoc te facere volo), T.: sic fata iubent (i. e. hoc facere iubent), O.—As *subject* (representing an *inf.*): Sic commodius esse arbitror quam Manere hanc (i. e. abire), T.: Sic opus est (i. e. hoc facere), O.—In place of a clause of action, *thus:* sic provolant duo Fabii (i. e. sic loquentes), L.: sic enim nostrae rationes postulabant (i. e. ut sic agerem): sic enim concedis mihi proximis litteris (i. e. ut sic agam): Sic soleo (i. e. bona consilia reddere), T.: quoniam sic cogitis ipsi (i. e. hoc facere), O.—Of nature or character, *such:* sic vita hominum est (i. e. talis): familiaris noster—sic est enim: sic, Crito, est hic, T.: Sic est (i. e. sic res se habet), *that is so*, T.: Laelius sapiens—sic enim est habitus: Sic ad me miserande redis! *in this condition*, O.—Of consequence, *so*, *thus*, *under these circumstances*, *accordingly*, *hence*: sic Numitori ad supplicium Remus deditur, L. —Of condition, *so*, *thus only*, *on this condition*, *if this be done*: reliquas illius anni pestīs recordamini, sic enim facillime perspicietis, etc.—Of degree, *so*, *to such a degree*, *in such wise*: non latuit scintilla ingeni; sic erat in omni sermone sollers (i. e. tam sollers erat ut non lateret ingenium).—Referring to what follows, *thus*, *as follows*, *in the following manner*: sic enim dixisti; vidi ego tuam lacrimulam: res autem se sic habet; composite et apte dicere, etc., *the truth is this*: placido sic pectore coepit, V.—Ellipt.: ego sic; diem statuo, etc. (sc. ego), *for instance*: mala definitio est . . . cum aliquid non grave dicit, sic; stultitia est inmensa gloriae cupiditas.—As correlative, with a *clause* of *comparison*, *thus*, *so*, *just so*, *in the same way*: ut non omnem arborem in omni agro reperire possis, sic non omne facinus in omni vitā nascitur: de Lentulo sic fero ut debeo: fervidi animi vir, ut in publico periculo, sic in suo, L.: mihi sic placuit ut cetera Antisthenis, *in the same way as*, i. e. *no more than*: quem ad modum tibicen . . . sic orator: tecum simul, sicut ego pro multis, sic ille pro Appio dixit: sicut priore anno . . . sic tum, L.: velut ipse in re trepidā se sit tutatūs, sic consulem loca tutiora castris cepisse, L.: tamquam litteris in cerā, sic se aiebat imaginibus perscribere: huius innocentiae sic in hac famā, quasi in aliquā flammā subvenire: ceu cetera nusquam Bella forent . . . Sic Martem indomitum Cernimus, V.—With *acc.* and *inf.*: sic te opinor dixisse, invenisse, etc., T.: sic igitur sentio, naturam ad dicendum vim adferre maximam: ego sic existimo, in summo imperatore quattuor res inesse oportere.—Hence the phrase, sic habeto, *be sure of this*: sic habeto, in eum statum tuum reditum incidere ut, etc.—With a clause of contrast, ut . . . sic, *while* . . . *yet*, *though* . . . *still*: ut ad bella suscipienda promptus est animus, sic mollis ad calamitates perferendas mens est, Cs.: Ut cognoscit formam, Sic facit incertam color, O.: ut nondum satis claram victoriam, sic prosperae spei pugnam imber diremit, L.: (forma erat) Ut non cygnorum, sic albis proxima cygnis, O.: ut sunt, sic etiam nominantur senes: utinam ut culpam, sic etiam suspitionem vitare potuisses: ut, quem ad modum est, sic etiam appelletur tyrannus: quo modo ad bene vivendum, sic etiam ad beate.—With a clause of manner, sic . . . ut, *so . . . that*, *in such a way that*, *so that*: armorum magnā multitudine iactā . . . sic ut acervi, etc., Cs.: sic agam vobiscum ut aliquid de vestris vitiis audiatis.—With a clause of degree, *to such a degree*, *so*, *so far*: sic animos timor praeoccupaverat, ut dicerent, etc., Cs.: sic adficior, ut Catonem, non me loqui existimem: cuius responso iudices sic exarserunt ut hominem condemnarent.—With a clause of purpose or result, *so*, *with this intent*, *with this result*: ab Ariobarzane sic contendi ut talenta, quae mihi pollicebatur, illi daret.—With a restrictive clause, *but so*, *yet so*, *only so*: sic conveniet reprehendi, ut demonstretur, etc.—With a conditional clause, *with the proviso that*, *but only*, *if*: decreverunt ut cum populus regem iussisset, id sic ratum esset si patres auctores fierent, *should be valid*, *if the Senate should ratify it*, L.—In a wish or prayer corresp. to an imperative (poet.), *then*, *if so*: Pone, precor, fastūs . . . Sic tibi nec vernum nascentia frigus adurat Poma, etc., O.: Sic tua Cyrneas fugiant examina taxos . . . Incipe (sc. cantare) si quid habes (i. e. si incipies cantare, opto tibi ut tua examina, etc.), V.: Sic mare compositum, sic sit tibi piscis in undā Credulus . . . Dic ubi sit, O.—With *ut* in strong asseveration: Sic me di amabunt, ut me tuarum miseritum'st fortunarum, i. e. *by the love of the gods*, *I pity*, etc., T.: sic has deus aequoris artīs Adiuvet, ut nemo iam dudum littore in isto constitit, O.—Of circumstance, *so*, *as the matter stands now*, *as it now is*, *as it then was*: sic vero, *but as things now stand*: At sic citius qui te expedias his aerumnis reperias, T.: non sic nudos in flumen deicere (voluerunt), *naked*, *as they are*: Mirabar hoc si sic abiret, i. e. *without trouble*, T.—In a concession, *even as it is now*, *even without doing so*, *in spite of it*: sed sic quoque erat tamen Acis, i. e. *in spite of all this*, O.: sed sic me et liberalitatis fructu privas et diligentiae.—Ellipt.: Quid si hoc nunc sic incipiam? nihil est. quid, sic? tantumdem egero. At sic opinor. non potest, *thus*, i. e. *as occurs to me*, T.: illa quae aliis sic, aliis secus videntur, *to some in one way*, *to others in another*: deinde quod illa (quae ego dixi) sive faceta sunt, sive sic, fiunt narrante te venustissima, i. e. *or otherwise*.—In an answer, *yes* (colloq.): *Ph.* Phaniam relictam ais? *Ge.* Sic, T.: *De.* Illa maneat? *Ch.* Sic, T.

sīca, ae, *f.* [2 SAC-], *a curved dagger*, *poniard*: non iam inter latera nostra sica illa versabitur: sicas vibrare: hinc sicae, hinc venena nascuntur.

sīcārius, *adj.* [sica], *murderous*: homines.—As *subst. m.*, *an assassin*, *murderer*: vetus: stipatus sicariis: inter sicarios accusare, *of assassination*.

siccē, *adv.* [siccus], *dryly*.—Fig.: dicere quasi sicce, i. e. *neatly*.

(sīccinē), see sicine.

siccitās, ātis, *f.* [siccus], *dryness*, *drought*: in Sipontinā siccitate: siccitates paludum, Cs.: siccitate et inopiā frugum insignis annus, L.—Of the body, *dryness*, *freedom from humors*, *firmness*, *solidity*: siccitas, quae consequitur hanc continentiam in victu.—Fig., of style, *dryness*, *jejuneness*, *want of ornament*: orationis.

siccō, āvī, ātus, āre [siccus], *to make dry, dry, dry up:* Sol siccaverat herbas, O.: retia litore, O.: veste cruores, V.: lacrimas, O.—*To dry up, drain, make dry:* paludes: fontīs, O.: dea siccata, *parched*, O.—*To exhaust, drain dry, milk:* Distenta ubera, H.: siccata ovis, O.: calices, i. e. *empty*, H.: Arethusa virides manu siccata capillos, i. e. *wrung out*, O.—*To dry up, heal up:* volnera, *stanch*, V.

siccus, *adj.*, *dry:* harena, V.: fauces fluminum, V.: siccāque in rupe resedit, V.: agri, H.: regio, Cu.: oculi, *tearless*, H.: decurrere pedibus super aequora siccis, O.: carinae, *standing dry*, H.: Magna minorque ferae (i. e. Ursa Maior et Minor), utraque sicca, i. e. *that do not dip into the sea*, O.—As *subst. n.*, *dry land, a dry place:* Donec rostra tenent siccum, V.: in sicco, *on the shore*, L.—Of the weather, *dry, without rain:* Sole dies referente siccos, H.: siccis aër fervoribus ustus, O.: hiemps, *without snow*, O.—*Dry, thirsty:* siccus, inanis Sperne cibum vilem, H.: ore sicco, *free from saliva*, Ct.: Faucibus siccis, *fasting*, V.—*Abstemious, temperate, sober:* consilia siccorum: dicimus Sicci mane, H.—Fig., *firm, solid:* (Attici) sani et sicci dumtaxat habeantur: nihil erat in eius oratione nisi siccum atque sanum.—*Dry, cold:* puella, *loveless*, O.

Sīcelis, idis, *adj. f.*, = Σικελίς, *Sicilian:* Musae, i. e. *of Theocritus*, V.—As *subst.*, *a Sicilian woman*, O.

sīcine (not sicc-), *adv.* [sīce (old form of sīc) + 2 -ne], *so? thus? in this way?:* Sicine agis? *Is that what you are at?* T.: sicine tu eum . . . in discrimen vocavisti?: sicine me liquisti in litore? Ct.: sicinest sententia? *is your mind made up to that?* T.—In exclamation: Sicin me sollicitari! T.

sīcubi, *adv.* [sī + *cubi; see ubi], *if in any place, if anywhere, wheresoever:* sicubi eum satietas ceperat, T.: haec sicubi facta sunt, facta sunt, ut, etc.: sicubi est certamen, scutis magis quam gladiis geritur res, L.: sicubi artiora erant, Ta.: silvas, et sicubi concava furtim Saxa, petunt, V.

sīcula, ae, *f. dim.* [sica], *a little dagger.*—Poet., *the penis*, Ct.

sīcunde, *adv.* [sī + *cunde; see unde], *if from anywhere:* sicunde potes: sicunde spes aliqua se ostendisset, L.

sīc-ut or **sīc-utī**, *adv.*—With a verb, *so as, just as, as:* sicut ait Ennius: valeant preces apud te meae, sicut pro te hodie valuerunt, L.: urbem Romam, sicuti ego accepi, condidere Troiani, S.: sicut verbis nuncupavi, ita . . . legiones mecum Dis Manibus devoveo, L.: sicut medico diligenti natura corporis cognoscenda est, sic equidem, etc.—In abridged clauses, *just as, like, in the same way as:* nec sicut volgus, sed ut eruditi solent appellare sapientem: nihil me, sicut antea, iuvat Scribere versiculos, H.: hunc, sicut omni vitā, tum prensantem premebat nobilitas, L.: sicut in foro non bonos oratores, item in theatro actores malos perpeti: illi, sicut Campani Capuam, sic Regium habituri perpetuam sedem erant, L.—With a verb repeated in emphatic confirmation: dum modo sit haec res, sicut est, minime contemnenda, *as it certainly is:* si nox opportuna est eruptioni, sicut est, L.: illa, quamvis ridicula essent, sicut erant, tamen, etc., *as no doubt they were:* poteratque viri vox illa videri, Sicut erat, O.: quod fore, sicut accidit, videbat, Cs.—Introducing a term of comparison, *as it were, like, as, as if:* ut sese splendore animi sicut speculum praebeat civibus: ab eius (cornūs) summo, sicut palmae, ramique late diffunduntur, Cs.: fugā Tibur sicut arcem belli petunt, L.—Introducing an example, *as, for instance:* quibus in causis omnibus, sicut in ipsā M.' Curi . . . fuit dissensio: omnibus periculis, sicut cum Spartam oppugnavit, N.—Of condition, *as, in the same condition as:* Sicut eram, fugio sine vestibus, O.: ille, sicut nudatus erat, pervenit ad Graecos, Cu.: sicuti erat, cruentā veste, in castra pervenit, Cu.—Of a pretence, *as if, just as if:* alii sicuti populi iura defenderent, pars, etc., *under pretence of defending*, S.

sīdereus, *adj.* [sidus], *of the constellations, of the stars, starry:* sedes, V.: ignes, i. e. *the stars*, O.: coniunx, i. e. *Ceyx* (son of Lucifer), O.: Pedo, *who discoursed of the stars*, O.—*Bright, glittering, shining:* clipeus, V.

sīdō (-sīdī, only in compounds), —, ere [SED-], *to sit down, sink, settle, alight:* (columbae) super arbore sidunt, V.: caelum sidet inferius mari, H.: navis coepit sidere, N.—*To sit fast, remain sitting, be fixed:* ubi eae (cymbae) siderent, *grounded*, L.

Sīdōnis, idis, *adj. f.*, *Sidonian, Phoenician*, O.

Sīdōnius, *adj.*, *of Sidon, Sidonian*, V., O.—*Phoenician*, V., H., O.—Because Cadmus came from Phoenicia, *Theban*, O.

sīdus, eris, *n.*, *a group of stars, constellation, heavenly body:* de sideribus disputare, Cs.: Siderum regina bicornis Luna, H.: Arcturi sidera, V.: sidera solis, *orb*, O.: surgentia, V.: radiantia, O.—*Sing.*, *a heavenly body, star, group of stars, constellation:* Clarum Tyndaridae, H.: fervidum, *Sirius*, H.: pluviale Capellae, O.: occidente sidere Vergiliarum, L.: quid sidus triste minatur Saturni, Iu.: Nec sidus regione viae litusve fefellit, i. e. *nor were we misled by* (failing to understand) *star or shore*, V.: sideribus dubiis, *at dawn*, Iu.: exactis sideribus, *night*, Pr.—*The sky, heaven:* (Iuppiter) terram, mare, sidera movit, O.: (Hercules) flammis ad sidera missus, Iu.: sidera observare, Cu.: evertunt actas ad sidera pinos, i. e. *on high*, V.—Fig., of celebrity or prosperity, *the heavens, stars, heights:* Sublimi feriam sidera vertice, H.:

nomen ferent ad sidera cygni, V.—*A star, light, beauty, glory:* per oculos, sidera nostra, tuos, O.: radiant ut sidus ocelli, O.: sidere pulchrior Ille, H.—*An ornament, pride, glory:* Fabiae gentis, ades, O.: Macedoniae, Cu.: tu proba Perambulabis astra sidus aureum, H.—*A season:* quo sidere terram Vertere Conveniat, V.: brumale, O.—*Climate, weather:* sub nostro sidere, Iu.: tot inhospita saxa Sideraque emensae, i. e. *regions*, V.: grave, *storm*, O.—In astrology, *a star, planet, destiny:* pestifero sidere icti, L.: sidera natalicia: grave, O.

siem, siēs, siet, old *subj. praes.* of sum.

sigilla, ōrum, *n. dim.* [signum], *small statues, statuettes, little images, figures:* egregia: Tyrrhena, H.: ornatus sigillis Circus, O.: certamina quattuor brevibus distincta sigillis, *woven in*, O.—*A seal*, H.

sigillātus, *adj.* [sigilla], *embossed in figures, figured:* scyphi: putealia.

sīgnātor, ōris, *m.* [signo], *one who attests, a sealer, signer, witness:* signatores falsos commodare, S.: signator falso, *a forger*, Iu.: veniet cum signatoribus auspex, i. e. *the witnesses to the marriage*, Iu.

sīgnātus, *P.* of signo.

sīgnifer, fera, ferum, *adj.* [signum+1 FER-], *sign-bearing, bearing the constellations, starry:* orbis, *the zodiac.*—As *subst. m., a standard-bearer, ensign:* signifero interfecto, Cs.: primi hastati: signum omni vi moliente signifero convelli nequire, L.—*A leader, head, chief:* nostrae causae quasi signiferi: iuventutis.

(**sīgnificanter**), *adv.* [significo], *clearly, distinctly, expressly.*—Only *comp.:* significantius dignitatem tuam defendere.

sīgnificātiō, ōnis, *f.* [significo], *a pointing out, indicating, expression, indication, mark, sign, token:* gestus sententiam significatione declarans: ignibus significatione factā, Cs.: ex significatione Gallorum, Cs.: litterarum: huius voluntatis: adventūs, Cs.: probitatis: valetudinis significationes: non dubiae deorum, *from the gods:* ex quibus magna significatio fit, non adesse constantiam.—*A sign of assent, expression of approbation, applause:* populi iudiciis atque omni significatione florere: ut usque Romam significationes vocesque referantur: significationibus acclamationibus multitudinis, L.—*Expression, emphasis:* significatio saepe erit maior quam oratio.—*Meaning, sense, import, signification:* scripti.

sīgnificō, āvī, ātus, āre [signum+2 FAC-], *to make signs, show by signs, show, point out, express, publish, make known, indicate, intimate, notify, signify:* inter se: ut fumo atque ignibus significabatur, Cs.: verbo sententiam tuam: hoc mihi: quae significari ac declarari volemus: deditionem, Cs.: Per gestum res est significanda mihi, O.: ut eorum ornatus in his regem neminem significaret, N.: nihil se te invitā dicere: omnes voce significare coeperunt, sese, etc., Cs.: omnibus rebus populus R. significat quid sentiat: quid velit, O.: ut dimitterentur, Cs.: de fugā Romanis, Cs.—*To betoken, prognosticate, foreshow, portend, mean:* futura: quid haec tanta celeritas significat?: Quid sibi significent, trepidantia consulit exta, O.—*To mean, import, signify:* videtis hoc uno verbo 'unde' significari duas res, et ex quo et a quo: significat fabula Dominum videre plurimum, Ph.

sīgnō, āvī, ātus, āre [signum], *to set a mark upon, mark, mark out, designate:* sonos notis: in animo suam speciem: signata sanguine pluma est, O.: campum, V.: humum limite, O.: pede certo humum, *press*, H.: summo vestigia pulvere, *imprint*, V.: caeli regionem in cortice signant, *cut*, V.: ceram figuris, *imprint*, O.: cruor signaverat herbas, *had stained*, O.: signata in stirpe cicatrix, V.—*To impress with a seal, seal, seal up, affix a seal to:* signatus libellus: volumina, H.: epistula, N.—Poet.: signanda sunt iura, i. e. *to be established*, Pr.: Signatum memori pectore nomen habe, *imprinted*, O.—*To mark with a stamp, stamp, coin:* aurum publice: pecunia signata Illyriorum signo, L.: sed cur navalis in aere Altera signata est, O.—*To distinguish, adorn, decorate:* (eum) superum honore, V.—Fig., *to point out, signify, indicate, designate, express:* unius oratoris locutio hoc proprio signata nomine est (sc. oratione): Fama signata loco est, O.: ut videt Se signari oculis, *singled out*, V.—*To distinguish, note, mark:* ora sono discordia, V.: animo signa quodcumque in corpore mendum est, O.

sīgnum, ī, *n., a mark, token, sign, indication, proof:* ostendisti signa nutrici? (i. e. crepundia), T.: fures earum rerum, quas ceperunt, signa commutant: in amicis deligendis habere quasi signa et notas, quibus eos iudicarent, etc.: pecori signum inpressit, V.: nulla ad speluncum signa ferebant, *footprints*, V.: dicere deos gallis signum dedisse cantandi: color pudoris signum, T.: timoris signa mittere, *display*, Cs.: Magnum hoc quoque signum est, dominam esse extra noxiam, T.: id erit signi me invitum facere, quod, etc.: quid signi?—*A military standard, ensign, banner:* signo amisso, Cs.: ut neque signiferi viam, nec signa milites cernerent, L.: Inter signa militaria, H.: signa sequi, *to march in rank*, S.: signa subsequi, *to keep the order of battle*, Cs.: signa servare, L.: ab signis discedere, *to leave the ranks*, Cs.: volonum exercitus ab signis discessit, *disbanded*, L.: signa relinquere, *to run away*, S.: signa ferre, i. e. *to decamp*, Cs.: mota e castris signa eorum, qui, etc., i. e. *an advance of the troops*, etc., L.: Signa movet, *advances*, V.: ferte signa in hostem, *attack*,

L.: signa constituere, *halt*, Cs.: signa proferre, *advance*, L.: Romani conversa signa bipertito intulerunt, i. e. *wheeled and attacked in two columns*, Cs.: signa patriae inferens: qui signa contulit, *engaged in close fight:* conlatis signis, *in regular battle:* conlatis militaribus signis, *having brought together*, etc., Cs.: signa in laevum cornu confert, *concentrates his troops*, L.: signa transferre, *to desert*, Cs.: signa convellere, *to take up the standards* (from the ground), L.: legionem sub signis ducere, *in rank and file:* ante signa inter primores, *in front of the army*, L.—Esp., *the standard of a cohort, ensign of a maniple* (cf. aquila, the standard of the legion): cum fascīs, cum signa militaria (praemissa).—*A cohort, maniple:* unius signi milites, L.—*A sign, signal, call, watchword, password:* signum tubā dare, Cs.: receptui dare, L.: proeli exposcere, Cs.: concinere, Cs.: canere, S.: signum mittendis quadrigis dare (for the start in a race), L.: it bello tessera signum, V.—*A sign, token, omen, prognostic, symptom:* medici signa quaedam habent ex venis aegroti: Morborum signa docebo, V.: prospera signa dare, O.—*An image, figure, statue, picture:* Iovis Statoris: expressi voltūs per aënea signa, H.: palla signis auroque rigens, V.—*A device on a seal, seal, signet:* notum signum, imago avi tui, etc.: Imprimat his signa tabellis, H.: litterae integris signis praetoribus traduntur: volumen sub signo habere, *under seal.*—*A sign in the heavens, constellation:* signis omnibus ad principium stellisque revocatis: in signo Leonis: signorum obitūs ortūs, V.: pluviale Capellae, O.

silenda, ōrum, *n.* [*P. fut.* of sileo], *things not to be spoken, secrets:* silenda enuntiare, L.

silēns, entis (*abl.* ente, rarely entī, L., O.; *gen. plur.* tūm, V., O.), *adj.* [*P.* of sileo], *still, calm, quiet, silent:* sub nocte silenti, V.: silenti agmine ducam vos, L.: umbrae, i. e. *the dead*, V.—*Plur. m.* and *f.* as *subst.*, *the dead:* umbrae silentum, O.: rex silentum, O.: coetūs silentum (disciples of Pythagoras, required to listen in silence), O.

silentium, ī, *n.* [silens], *a being still, keeping silence, noiselessness, stillness, silence:* auditus est magno silentio: nec longa silentia feci, *kept silence*, O.: silentio facto, *silence obtained*, L.: silentium classico facere, L.: pubes maestum silentium obtinuit, L.: tenuere silentia cuncti, O.: silentium imperare, Ta.: significare silentium, *to give a signal for silence:* Athenienses cum silentio auditi sunt, L.: per silentium noctis, L.: ut nulla fere pars orationis silentio praeteriretur, i. e. *without applause:* silentio praeterire, *to pass over in silence:* de Partho silentium est, *nothing is said:* laudem eorum a silentio vindicare, i. e. *obscurity:* quam maximum silentium haberi iubet, S.: diu maestum silentium tenuit, *prevailed*, L.: fer opem furtoque silentia deme, i. e. *disclose*, O.—Of night, *stillness, silence:* silentio noctis egressus, *at the dead of night*, Cs.: vocem noctis silentio audisse, L.: mediā nocte silentio profectus, Cs.: mediae per muta silentia noctis, O.—Of the country, *stillness, quietness:* nactus silentia ruris, O.: vastum, *solitude*, Ta.—In augury, *freedom from disturbance, faultlessness, perfectness:* id silentium dicimus in auspiciis, quod omni vitio caret, etc.—*A standstill, cessation, repose, inaction, tranquillity:* perpetuum fori: vitam silentio transire, S.: inter armatos, L.: idem praeturae tenor et silentium, Ta.

Sīlēnūs, ī, *m.*, =Σιληνός, *the snub-nosed and drunken tutor of Bacchus*, C., V., H., O.—*Plur.*, *gods of the woods, satyrs*, Ct.

sileō, uī, —, ēre, *to be noiseless, be still, be silent, keep silence, not speak of, keep silent about, suppress:* optimum quemque, L.: Lingua, sile, O.: de nobis: de iurgio siletur, T.: quae hoc tempore sileret omnia: facti culpa silenda mihi, O.: ea res siletur: tempora, quae sileri Agricolam non sinerent, Ta.: quod bene feceris, H.: Quā tulerit mercede, silet, O.—Poet.: intempesta silet nox, V.: Immotae frondes, O.: silent late loca, V.—*To be still, keep quiet, remain inactive, rest, cease:* silent diutius Musae Varronis quam solebant: silent leges inter arma: si quando ambitus sileat.

sīler, eris, *n.*, *a brook-willow*, V.

silēscō, —, —, ere, *inch.* [sileo], *to become still, fall silent, grow calm:* dum hae silescunt turbae, T.: domus silescit, V.: (venti) silescunt, O.

silex, icis, *m.* and (poet.) *f.*, *a hard stone, flint, flint-stone, fire-stone, granite:* silicem caedere: vias sternere silice, L.: silici scintillam excudere, V.: silicem iaculatus in hostīs, O.: silicem pedibus quae conteret atrum, Iu.: privos lapides silices secum ferre, L.—As a symbol of hardness or fixedness of character: non silice nati sumus: Nec rigidas silices in pectore gerit, O.—*A rock, crag:* Stabat acuta silex praecisis undique saxis, V.—*Lime-stone:* terrenā silices fornace soluti, O.

silicernium, ī, *n.*, *a funeral feast;* hence, of an old man: te exercebo, silicernium, *drybones*, T.

silīgō, inis, *f.*, *winter-wheat;* hence, *fine wheaten flour*, Iu.

siliqua, ae, *f.*—Of leguminous plants, *a pod, husk:* siliquā quassante legumen, V.: vivit siliquis, i. e. *pulse*, H., Iu.

sillybus, ī, *m.*, see sittybos.

silūrus, ī, *m.*, =σίλουρος, *the sheat-fish*, Iu.

silus, *adj.*, =σιλλος, *pug-nosed, snub-nosed.*

silva (not sylva; poet. silua, trisyl., H.), ae, *f.* [2 SER-], *a wood, forest, woodland:* silvae publicae: genus hominum in silvis dissipatum: ex silvā in nostros impetum facere, Cs.: silvarum potens Diana, H.: dea silvarum, O.: nemorosis abdita silvis, O.: salubres, H.: in silvis natus, L.—*A plantation of trees, orchard, grove, crop, bush, foliage:* signa in silvā disposita: domūs amoenitas silvā constabat, N.: inter silvas Academi quaerere verum, H.: sonans, V.: (aras) silvā incinxit agresti, *foliage,* O.: Congeries silvae, *of wood,* O.—*Trees* (poet.): Silvarum aliae pressos propaginis arcūs Exspectant, V.: nudata cacumina silvae Ostendunt, i. e. *above the water,* O.—F i g., *a crowd, mass, abundance, quantity, supply, material:* ubertas et quasi silva dicendi: rerum ac sententiarum.—P o e t.: Immanis, *a vast forest* (of darts), V.: horrida siccae comae, *a bristling forest,* Iu.

Silvānus, ī, *m.* [silva], *a god of woods and plantations,* C., V., H., O.—*Plur., sylvan deities,* O.

silvēscō, —, —, ere, *inch.* [silva], *to grow wild, run wild:* (vitis) nc silvescat sarmentis.

silvestris, e, *adj.* [silva], *of a wood, of forest, overgrown with woods, wooded, woody:* montes: loca, Cs.: tumulus, L.: saltus, Cu.: antra, O.: ager, H.: belua, i. e. *a she-wolf:* homines, *woodmen,* H.: umbra, O.: Virgulta, i. e. *forest-trees* (opp. prolem olivae), V.—*Plur. n.* as *subst.:* culta ex silvestribus facere, *woodlands,* L.—*Growing wild, wild, uncultivated:* arbor, V.: corna, H.: baculum, *rough,* O.—*Sylvan, rural, pastoral:* Musa, V.

silvicola, ae, *m.* and *f.* [silva+COL-], *inhabiting woods, sylvan:* Faunus, V.: Pales, O.

silvicultrīx, īcis, *adj. f.* [silva+COL-], *living in the woods:* cerva, Ct.

silvōsus, *adj.* [silva], *full of woods, woody:* saltus, L.

sīmia, ae, *f.* [simus], *an ape:* similis nobis! Enn. ap. C.: simia, quam rex in deliciis habebat.

simile, is, *n.* [*neut.* of similis], *a comparison, likeness, parallel, simile:* hoc simile ponitur: uti simili.

similis, e, *adj.* with *comp.* similior and *sup.* simillimus [3 SA-], *like, resembling, similar:* Laudantur simili prole puerperae, i. e. *that look like their fathers,* H.: par est avaritia, similis improbitas: quod in simili culpā versari, Cs.: ecce aliud simile: Aristotelem similem emere, *a likeness of Aristotle,* Iu.—With *gen.* (esp. of persons): tui similis est probe, T.: Haud similis virgo est virginum nostrarum, T.: patris: quaererem ex eo, cuius suorum similis fuisset nepos: plures Romuli quam Numae similes reges, L.: tui similem esse: Rhodii Atticorum similiores: fabularum similia discere: similes meorum versūs, H.: quae similia veri sint, L.: quid esset simillimum veri.—With *dat.* (usual in later Latin): simia quam similis nobis, Enn. ap. C.: patri, O.: par similisque ceteris, S.: huic in hoc: fugae profectio, Cs.: quid simile habet epistula iudicio: similia veris erant, L.: similius vero facit ipsos in amicitiam redisse, L.: puro simillimus amni, H.: media simillima veris sunt, L.: homines inter se formā similes: quae sunt inter se similia: ut simili ratione atque ipse fecerit suas iniurias persequantur, Cs.: nec similem habeat voltum, et si ampullam perdidisset: similes sunt, ut si qui dicant, etc.: similes sunt dei, tamquam si Poeni, etc.—P o e t.: similis Iuturna per hostīs Fertur (i. e. similiter), V.

similiter, *adv.* with *comp.* similius, and *sup.* simillime [similis], *in like manner, in the same way, likewise, similarly:* similiter atque uno modo: respondendum: quorum non similiter fides est laudata: scurra multo similius Imitatus, *more accurately,* Ph.: similiter facis, ac si me roges, cur, etc.: similiter facit ut si posse putet: ut... simillime, etc., *just so:* similiter et si dicat, etc.

similitūdō, inis, *f.* [similis], *likeness, resemblance, similitude:* est igitur homini cum deo similitudo: ad similitudinem deorum accedere, *to resemble more closely:* genus imperi proximum similitudini regiae, *closely resembling royalty:* contrahit celeriter similitudo eos, L.: sunt quaedam animi similitudines cum corpore: id ad similitudinem panis efficiebant, Cs.: similitudo speciesque sapientium: amoris humani.—*Analogy, reasoning from precedents:* cetera (genera causarum) similitudini reliquisti.—*Sameness, uniformity, monotony:* similitudo est satietatis mater.—I n r h e t., *a comparison, simile, similitude:* ex similitudine, *by way of comparison:* similitudinum copia: volgata, L.

(**similō**), see simulo.

sīmiolus, ī, *m. dim.* [simius], *a little ape.*

sīmius, ī, *m.* [simus], *an ape:* iudex sedit simius, Ph.: simius iste, i. e. *imitator,* H.

simplex, icis, *adj.* with *comp.* [PARC-], *simple, single, plain, uncompounded, unmixed:* natura animantis: genus imperi: (comoedia) Duplex quae ex argumento factast simplici, T.: simplex est mancre, illud (in Hispaniam ire) anceps, *free from risk:* necessitudines, *absolute:* simplici ordine intrare urbem, i. e. *one by one,* L.: ne simplici quidem genere mortis contenti, i. e. *without torture,* L.: Nec via mortis erat simplex, i. e. *they met death in various ways,* V.: volnus, O.: esca, H.: aqua, O.: plus vice simplici, *more than once,* H.: ornatus simplicium (verborum), *single.*—F i g., *simple, without dissimulation, open, frank, straightforward, direct, guileless, artless, sincere, ingenuous:* vir: homo: Nymphae, H.: puella, O.: simplex et fautrix suorum regio: animal Innocuum, simplex, O.: nihil simplex, nihil sincerum: cogitationes, Ta.: Simplicior quis, *too straightforward,* H.

simplicitās, ātis, *f.* [simplex], *simplicity, frankness, openness, artlessness, candor, directness, naturalness:* iuvenis incauti, L.: placita es simplicitate tuā, O.: rarissima, O.

simpliciter, *adv.* with *comp.* and *sup.* [simplex], *simply, plainly, without complication, straightforwardly, naturally, directly:* (verborum) ratio simpliciter videnda est (opp. coniuncte), i. e. *of themselves:* loqui: frondes Simpliciter positae, O.: simplicius et antiquius permutatione mercium uti, Ta.: simplicissime loqui, Ta.: simpliciter ad amicitiam petendam venire, *for nothing else than*, L.: quidam ludere eum simpliciter aiebant, *merely*, L. —*Plainly, openly, frankly, artlessly, ingenuously, candidly:* simpliciter et candide, Enn. ap. C.: scribere, Cu.: simplicius agere, Ta.

simplum, ī, *n.* [3 SA-], *that which is single, a number taken once* (opp. duplum): duplum simplum: si simplum imperetur, L.

simpulum, ī, *n.* [3 SA-], *a small ladle for use in sacrifices:* simpula pontificum.—Prov.: excitabat fluctūs in simpulo, i. e. *a tempest in a teapot.*

simpuvium, ī, *n.*, *a vessel for offering liquids, sacrificial bowl:* Numae, Iu.

simul, *adv.* [3 SA-], *at the same time, together, at once, simultaneously:* multa concurrunt simul, T.: Eamus, et simul consilium volo capere, i. e. *while going*, T.: tres simul soles effulserunt, L.: duo consules simul ex Italiā eiecti: simul omnibus portis (Gracchus) erupit, L.: multarum simul civitatium legati Romam convenerunt, L. — Followed by *cum, together with* (cf. unā with *cum*): Simul consilium cum re amisti, T.: testamentum (Cyri) simul obsignavi cum Clodio: simul cum dono designavit templo finīs, L.—Ellipt.: multos modios salis simul edendos esse (sc. cum amicis): memor Mutatae simul togae, H.: qui simul erant missi: trium simul bellorum victor (sc. gestorum), L.—Poet., with *abl.:* simul his, H.: Quippe simul nobis habitat, O.—Of concurrence in thought, followed by *et, et . . . et, atque*, or *-que, at the same time, at once, together, as well, both:* simul et cursu et spatio pugnae fatigati, Cs.: Q. Hortensi ingenium simul aspectum et probatum est: quae simul auxilio tribunicio et consensu plebis impediri coepta, L.: obruit animum simul luctus metusque, L.: pulvere simul ac sudore perfusum, Cu.: simul et cohors invasit, et ex omnibus oppidi partibus concurrerunt, L.—After simul, *et* often has the force of *etiam:* simul et illa omnia ante oculos vestros proponite, etc.: legati iam reverterant . . . simul venerant et ab rege Perseo oratores qui, etc., L.—Following a *conj.* (et simul or simulque), *at the same time, also, further, likewise:* postquam Rutilium consedisse accepit, simulque ex Iugurthae proelio clamorem augeri, S.: tantum faciam ut notam apponam . . . et simul significem, etc.: quod eo liberius ad te scribo, quia nostrae laudi favisti, simulque quod, etc.—Introducing an independent sentence, *at the same time, also, likewise:* hoc proprium virtutis existimant . . . simul hoc se fore tutiores arbitrantur, Cs.: tibi (Apollo) decimam partem praedae voveo. Te simul, Iuno, precor ut, etc., L.—With *enim:* augeamus sane suspicionem tuam; simul enim augebimus diligentiam.—Implying a connective, *and at the same time, and also:* ei Verres possessionem negat se daturum, ne posset patronum suum iuvare, simul ut esset poena quod, etc.: nihil horum . . . discere cum cerneret posse, simul et tirocinio et perturbatione iuvenis moveretur, etc., L.—Repeated, in co-ordinate clauses, *partly . . . partly, at once . . . and, not only . . . but at the same time, though . . . yet also:* adeo simul spernebant, simul metuebant, L.: simul Aenean in regia ducit Tecta, simul indicit, etc., V.: consul ad Phylan ducit, simul ut praesidium firmaret, simul ut militi frumentum divideret, L.; cf. Ille simul fugiens Rutulos simul increpat, V.: Germani frequentes in castra venerunt, simul sui purgandi causā, simul ut de indutiis impetrarent, Cs.—In subordinate temporal clauses, with *atque* or *ac* (less correctly as one word, simulac, simulatque), *as soon as:* L. Clodius, simul atque introductus est, rem conficit: simul atque sibi hic adnuisset dicebat, etc.: at mihi plaudo Ipse domi, simul ac nummos contemplor in arcā, H.—With *ut, as soon as, immediately after:* simul ut, qui sint professi, videro, dicam.—With *et, as soon as:* simul et quid erit certi, scribam ad te: quam accepi simul et in Cumanum veni, *upon my arrival.*—With *primum, as soon as ever:* simul primum magistratu abiit, dicta dies est, L.—Alone, in the sense of simul atque, *as soon as:* Hic simul argentum repperit, curā sese expedivit, T.: simul inflavit tibicen, a perito carmen agnoscitur: simul concrepuere arma, hostis pedem rettulit, L.

simul-ac, see simul.

simulācrum, ī, *n.* [simulo], *a likeness, image, figure, portrait, effigy, statue:* eius simulacrum servare: deorum simulacra: templa adire, et ante simulacra proiecti, etc., Cs.: Vix positum Castris (the Palladium), V.: simulacra oppidorum: pugnarum, L.—*An image, reflection, form, shade, phantom:* quid frustra simulacra fugacia (in aquā visa) captas? O.: infelix Creüsae, *ghost*, V.: vana (noctis), O.: simulacra modis pallentia miris, V. —*A mnemonic sign, figure, emblem:* simulacris pro litteris uti.—*A description, portraiture, characterization:* viri copiosi, L.—Fig., *a shadow, semblance, appearance, imitation, pretence:* religionis simulacra fingere: aliquod civitatis: pugnaeque cient simulacra sub armis, *mock-fights*, V.: navalis pugnae, L.: simulacra libertatis senatui praebere, Ta.

simulāmen, inis, *n.* [simulo], *a copy, imitation*, O.

(**simulāns**, antis), *adj.* [*P.* of simulo], *imitative.*—Only *comp.:* vocum simulantior, O.

simulātē, *adv.* [simulatus, from simulo], *feignedly, in pretence, insincerely:* sive ex animo sive simulate: ficte et simulate.

simulātiō, ōnis, *f.* [simulo], *an assumption, false show, feigning, shamming, pretence, feint, insincerity, deceit, hypocrisy, simulation:* mea, T.: simulatione usi, Cs.: ex omni vitā simulatio tollenda est: insaniae: virtutis: volnerum, Cs.: simulatione amicitiae, *under the guise of:* gladiatores emptos esse Fausti simulatione ad caedem, *under the pretence of engaging them for Faustus:* per simulationem amicitiae me prodiderunt.

simulātor, ōris, *m.* [simulo], *a copier, imitator:* figurae Morpheus, O.—*A feigner, pretender, simulator:* in omni oratione, i. e. *a master of irony:* animus cuius rei libet simulator, S.

simul-atque, see simul.

simulō (not similō), āvī, ātus, āre [similis], *to make like, imitate, copy, represent:* nimbos et fulmen, V.: Catonem, H.: artem Ingenio suo, O.: anum, *assume the form of,* O.: Homeri illa Minerva simulata Mentori: simulata Troia, *counterfeit Troy,* O.: cupressum, i. e. *depict,* H.; cf. aera Alexandri voltum simulantia, *imaging,* H.: simulat . . . terram Edere fetum olivae, *represents the earth producing,* etc., O.—*To represent, feign, assume the appearance of, pretend, counterfeit, simulate:* cur simulat? T.: qui te ament ex animo ac non simulent: simulandi gratiā, S.: quasi perterritus simulans, *by pretending fear,* Cu.: Quid est, quod amplius simuletur? T.: mortem verbis, i. e. *to pretend that she was dead,* T.: studium coniurationis, S.: aegrum, *pretend to be sick,* L.: ad simulanda negotia altitudo ingeni incredibilis, S.: eius ficti simulatique voltūs: simulatā amicitiā, Cs.: simulato vecta iuvenco, O.: ille se Tarentum proficisci cum simulasset: simulat Iove natus abire, O.: sese probos simulare, S.

simultās, ātis, *gen. plur.* ātium, rarely ātum, *f.* [simul], *a hostile encounter, dissension, enmity, rivalry, jealousy, grudge, hatred, animosity:* non simultatem meam Revereri saltem, T.: huic simultas cum Curione intercedebat, Cs.: cum quo si simultas tibi non fuisset: privata, L.: cum sorore esse in simultate, N.: simultatem deponere: inter finitimos vetus, Iu.: simultates cum libertis vestris exercere: simultates finire, L.: paternas oblitterare, L.

sīmus, *adj.*, = σιμός, *flat-nosed, snub-nosed:* capellae, V.

sīn, *conj.* [si+ne], *if however, if on the contrary, but if.*—After an expressed condition: hunc mihi timorem eripe; si est verus, ne opprimar; sin falsus, ut, etc.—Often with *aliter* or *minus, but if not:* sin aliter de hac re est eius sententia, T.: si recte (iudicatum est), id fuit ius; sin aliter, non dubium est, etc.: si . . . facile patitur; sin minus, etc.: si pares aeque inter se, quiescendum; sin, latius manabit (i. e. sin aliter): id si ita est, etc. . . . sin autem illa veriora.—After an implied condition: primum danda opera est, ne quā amicorum discidia fiant; sin tale aliquid evenerit, ut, etc.: ego adero; atque utinam tu quoque eodem die! Sin quid—multa enim—utique postridie: rursus circumveniebantur; sin autem locum tenere vellent, etc., Cs.: quidam perspiciuntur quam sint leves, quidam . . . sin vero erunt aliqui, etc.

sincērē, *adv.* [sincerus], *uprightly, honestly, candidly, sincerely:* dici, T.: pronuntiare, Cs.

sincēritās, ātis, *f.* [sincerus], *purity, integrity:* ad perniciem solet agi sinceritas, Ph.

sincērus, *adj.* [3 SA-+2 CER-], *clean, pure, sound, uninjured, whole, entire:* omnia fucata a sinceris (internoscere): sine volnere corpus Sincerumque fuit, O.: vas, *clean,* H.: propria et sincera gens, *unmixed,* Ta.: nobilitas, L.—Fig., *sound, genuine, pure, true, candid, truthful:* Atheniensium iudicium: Minerva, O.: equestre proelium, L.: voluptas, O.: rerum gestarum pronuntiator: nihil est iam sincerum in civitate: fides, L.

sīnciput, pitis, *n.* [sēmi+caput], *a half head;* hence, of a hog, *a cheek, jowl,* Iu.

si-ne, *praep.* with *abl., without* (cf. 2 se): Sine omni periclo, T.: sine imaginibus, sine cantu amburi: hominem sine re, sine fide, sine spe: sine acie victi, L.: non sine floribus, H.: sine sidere noctes, *starless,* V.: Tempestas sine more furit, *ceaselessly,* V.: vis sine pondere caeli, *imponderable,* O.—After its case: flammā sine thura liquescere, H.: vitiis nemo sine nascitur, H.

singillātim or **singulātim**, *adv.* [singuli], *one by one, singly, severally, individually:* commemorare Singulatim, qualis ego, etc., T.: loqui: civitas non iam singillatim, sed provinciis totis dabatur, *to individuals.*

singulāris, e, *adj.* [singuli], *one by one, one at a time, alone, single, solitary, singular:* genus, i. e. *solitary:* singularis mundus atque unigena: homo cupidus imperi singularis, *exclusive dominion:* sunt quaedam in te singularia . . . quaedam tibi cum multis communia, *peculiar.*—*Plur. m.* as *subst.*, under the empire, *the select horse, body-guard:* ala Singularium, Ta.—*Singular, unique, matchless, unparalleled, extraordinary, remarkable:* magnitudo animi: vir: homines ingenio: facultas dicendi: mihi gratias egistis singularibus verbis: fides, N.: inpudentia: crudelitas, Cs.: quid tam singulare (est), quam ut, etc.

singulāriter, *adv.* [singularis], *particularly, exceedingly:* alquem diligere.

singulātim, *adv.*, see singillatim.

singulī, ae, e, *adj.* [3 SA-], *one at a time, single, separate, several, individual:* honestius eum (agrum) vos universi quam singuli possideretis, *in common . . . than severally:* refert, qui audiant . . . frequentes an pauci an singuli.—As *subst.:* mitto ereptam libertatem populis ac singulis, *nations and individuals.*—*Distrib.*, *one to each, separate, single:* describebat censores binos in singulas civitates: filiae singulos filios parvos habentes, *each one a boy*, L.: si singuli singulos adgressuri essetis, L.: in dies singulos, *each successive day.*

singultim, *adv.* [singultus], *sobbingly:* pauca locutus, i. e. *hesitatingly*, H.

singultō, —, ātus, āre [singultus], *to hiccup, sob.*—Poet.: truncum relinquit Sanguine singultantem, i. e. *spurting*, V.: Singultans animam, i. e. *in the death agony*, O.

(**singultus**, ūs), *m.* [GVOR-], *a sobbing, panting, choking, convulsive sigh* (only *abl. sing.* and *plur.*, and *acc. plur.*): fletum cum singultu videre: Singultuque pias interrumpente querellas, O.: Mitte singultūs, H.: 'vale' pleno singultibus ore dixit, O.—*The death-rattle:* Ilia singultu tendunt, V.: longis singultibus ilia pulsat, V.

(**singulus**), see singuli.

sinister, tra, trum, *adj.*, with *comp.* [a double *comp.* of uncertain origin], *left, on the left, on the left hand, at the left side:* in sinistro cornu, *on the left wing*, Cs.: angulus castrorum, Cs.: ripa, H.: tibia, Ph.: manus, N. — As *subst. f.* (sc. manus): sinistrā inpeditā, Cs.: natae ad furta sinistrae, O.: a sinistrā, *on the left:* miles dextrā ac sinistrā muro tectus, Cs.—*Plur. m.* as *subst.* (sc. ordines): sinistris additae vires (opp. dextra pars), L.: sinisterior rota, O.—In augury (because the Roman augurs faced south, with the propitious East on the left), *favorable, auspicious, fortunate, lucky:* ita nobis sinistra videntur, Graiis et barbaris dextra, meliora: cornix, V.: tonitrūs, O.—(As in Greek augury, where the face was northward), *unlucky, unfavorable, inauspicious:* Di, precor, a nobis omen removete sinistrum, O.: avibus sinistris, O.: sinistrum fulmen nuntiare. — Fig., *wrong, perverse, improper:* mores, V.: natura, Cu. — *Unlucky, injurious, adverse, unfavorable, bad:* Notus pecori sinister, V.: interpretatio, Ta.—As *subst. n.:* (matrona) studiosa sinistri, *of evil*, O.

sinistra, ae, *f.*, see sinister.

sinistrē, *adv.* [sinister], *badly, wrongly, perversely:* exceptus, H.: accipere, Ta.

sinistrōrsus or **sinistrōrsum**, *adv.* [*dat.* of sinister + vorsus], *towards the left side, to the left:* (silva) se flectit sinistrorsus, Cs.: ille sinistrorsum abit, H.

sinō, sīvī (siit, T.; sīstis, C.; *subj.* sieris, Pac. ap. C.; sīris, sīrit, L.; *pluperf.* sīsset, L.; sīssent, C., L.), situs, ere [1 SA-], *to let down, set, fix;* see 1 situs.—*To let, suffer, allow, permit, give leave, let be:* prohibes; leges sinunt: dum resque sinit, tua corrige vota, O.: Nunc sinite, *forbear*, V.: Non est profecto; sine, i. e. *be quiet*, T.: non sivi accedere: neu reliquias meas sieris divexarier: illa moneo longius progredi ne sinas: Medos equitare inultos, H.: non caede perterrita sinit agmina, *suffers to be dismayed*, V.: his accusare eum per senatūs auctoritatem non est situs: neque sinam, ut dicat, T.: nec dii siverint, ut, etc., Cu.: sine veniat, *let him come*, T.: sine vivat ineptus, H.: sine sciam, *let me know*, L.: natura repugnat; Nec sinit incipiat, O.: sinite arma viris, *leave arms to men*, V.: at id nos non sinemus, T.: Non sinat hoc Aiax, O.: ne istuc Iuppiter sirit, urbem esse, etc., L.: *Sy.* sineres vero illum tuom Facere haec? *De.* sinerem illum? *would I let him?* T.: Sine me, *let me alone*, T.

sinuātus, *P.* of sinuo.

sīnum, ī, *n.*, *a large vessel of earthenware, pot, jar:* lactis, V.

sinuō, āvī, ātus, āre [sinus], *to bend, wind, curve, bow, swell out in curves:* (anguis) sinuat inmensa volumine terga, V.: flexos sinuavi corpus in orbīs (anguis), O.: arcūs, i. e. *bend*, O.: sinuantur cornua Lunae, O.: (Chaucorum gens) donec in Chattos usque sinuetur, *extends in a curve*, Ta.

sinuōsus, *adj.* [sinus], *full of curves, full of folds, bent, winding, curved, sinuous, serpentine:* flexu sinuoso, V.: volumina (serpentis), V.: arcus, O.: vestis, O.

sinus, ūs, *m.*, *a bent surface, curve, fold, hollow, coil:* draco . . . conficiens sinūs e corpore flexos, C. poët.: (serpens) flectit sinūs, O.: spatium rhombi Implevit sinūs, i. e. *stretched the folds* (of the net), Iu.: sinūs inplere secundos, i. e. *the swelling sails*, V.: Ut fieret torto nexilis orbe sinus, i. e. *a ringlet*, O.—*The fold of the toga about the breast, bosom, lap:* cedo mihi ex ipsius sinu litteras: In sinu ferens deos, H.: sinūs conlecta fluentīs, V. —Prov.: talos Ferre sinu laxo, i. e. *to be careless about*, H.—*A purse, money:* non habet ille sinum, O.: avaritiae, Iu. — *A garment:* auratus, O.: regalis, O.—Of a person, *the bosom:* colubram Sinu fovit, Ph.: in sinu consulis recubans, L.: Usque metu micuere sinūs, dum, etc., O.—*A bay, bight, gulf:* ex alto sinus ab litore ad urbem inflectitur: sinūs maritimi: Illyricos penetrare sinūs, V. — *The land around a gulf, shore of a bay:* in Maliaco sinu is locus erat, L.: omnis propior sinus tenebatur, Ta.—*A fold in land, basin, hollow, valley:* terra in ingentem sinum consedit, L.: montium, Cu.—Fig., *the bosom, love, affection, intimacy, protection:* hicine non gestandus in sinu est? T.: iste vero sit in sinu semper meo: (Pompeius) in sinu est, i. e. *dear to me:* Bibulum noli dimittere e sinu tuo, *from your intimacy:* negotium sibi in sinum delatum esse, *committed to his care.* —*The interior, inmost part, heart:* in sinu urbis sunt hostes, S.—*A hiding-place, place of concealment:* in sinu gaudere, i. e. *in their sleeves.*

sīparium, ī, *n.* [*dim.* of siparum = σίπαρος, topsail].—In a theatre, *a small curtain drawn between the scenes:* post siparium, i. e. *behind the scenes:* vocem locasti Sipario, i. e. *to the stage*, Iu.

sīphō, ōnis, *n.*, = σίφων, *a siphon*, Iu.

sī quandō (sīquandō), *adv.*, *if ever, if at any time;* see quando.

sī quidem or **siquidem** (old **sīquidem**), *conj.*, *if only, if indeed:* actumst, siquidem haec vera praedicat, T.: O morem praeclarum, si quidem teneremus!: siquidem . . . si minus, O.—*Since indeed, since, inasmuch as:* Siquidem ille ipse non volt, T.: siquidem Homerus fuit ante Romam conditam.

sī quī, see 1 qui, 2 qui, and si.

sī quis (sīquis), see 2 quis and si.

Sīrēn, ēnis, *f.*, = Σιρήν, *a Siren.*—*Plur.*, *the Sirens* (mythical birds with virgins' faces, who enticed sailors by sweet songs and then destroyed them), C., H., O.: qui nullam Sirena flagellis Comparat, i. e. *likes the sound of lashes better than any song*, Iu.: improba Siren Desidia, *seducer*, H.

sīris, sīrit, *subj. perf.* of sino, for sīveris, etc.

1. Sīrius, ī, *m.*, = Σείριος, *the dog-star, Sirius*, V.

2. Sīrius, *adj.*, *of Sirius:* ardor, V.

sirpea, sirpus, see scirp-.

sīrus, ī, *m.*, = σειρός, *a pit for storing grain, underground granary*, Cu.

1. sīs, *subj.* of sum.

2. sīs, for si vis; see 1 volo.

siser, eris, *n.*, = σίσαρον, *a plant with an esculent root, skirwort*, H.

sistō, stitī, status, ere [STA-], *to cause to stand, place, set, set up, fix, plant:* me gelidis convallibus, V.: In litore siste gradum, *plant your foot*, O.: iaculum clamanti in ore, *plant the dart in his face*, V.: Victima Sistitur ante aras, O.: aciem in litore, V.—With two *acc.*, *to cause to be placed:* tutum patrio te limine sistam, i. e. *will see you safe home*, V.: victores domos reduces sistatis, L.—*To place, convey, send, lead, take, conduct, bring:* Officio meo ripā sistetur in illā Haec, *will be carried by me to*, etc., O.: (vos) facili iam tramite sistam, V.: Annam huc siste sororem, V.—With *pron. reflex.*, *to betake oneself, present oneself, come:* des operam ut te ante Kal. Jan., ubicumque erimus, sistas: Hic dea se rapido nisu Sistit, V.—In judicial proceedings, of persons, *to produce, cause to appear:* promittere Naevio sisti Quinctium, *that Quinctius shall appear to answer Naevius:* puellam sistendam promittat (i. e. fore ut puella sistatur in iudicio), L.; cf. vas factus est alter eius sistendi, ut, etc., i. e. *as surety for his appearance.* —In the phrase, vadimonium sistere, *to make good the vadimonium, keep the undertaking*, i. e. *appear to answer:* vadimonium sistit.—Ellipt.: testificatur, P. Quinctium non stitisse, et se stitisse (sc. vadimonium).—*To cause to stand, fix, establish, confirm:* rem Romanam magno turbante tumultu, V.—Ellipt. (sc. se), *to stand firm, endure:* qui rem p. sistere negat posse.—*To arrest, stop, check, cause to halt:* legiones, L.: nec sisti vis hostium poterat, Cu.: se ab effuso cursu, L.: aquam fluviis, V.—With *gradum* or *pedem:* qui (exercitus), ut non referat pedem, sistet certe, i. e. *will halt, if not retreat:* Siste gradum, V.: in primo limine siste pedem, O.: sistere contra (sc. pedem), i. e. *make a stand*, V.: sistunt Amnes, *halt*, V.: Incerti, ubi sistere detur, *to rest, stay*, V.—Fig., *to end, put an end to, stop, cause to cease, check:* fugam, L.: lacrimas, O.: Pace tamen sisti bellum placet, O.: sitim, *allay*, O.—*Pass. impers.*, *to be checked, be endured, be remedied.*—Only in phrases with *posse:* totam plebem . . . nec sisti posse ni omnibus consulatur, *and no relief is possible, but*, etc., L.: si domestica seditio adiciatur, sisti non posse, *the case is hopeless*, L.: vixque concordiā sisti videbatur posse, *that the crisis could scarcely be met, even by union*, L.: qualicunque urbis statu, manente disciplinā militari sisti potuisse, *any condition is endurable*, etc., L.

sīstrum, ī, *n.*, = σεῖστρον, *a brazen rattle, Isis-rattle* (used by the Egyptians, esp. in the festivals of Isis): sonitus Sistrorum, O.: iratum, Iu.: Regina patris vocat agmina sistro (sarcastic, of Cleopatra), V., Pr.

sisymbrium, ī, *n.*, = σισύμβριον, *wild-thyme* (consecrated to Venus): grata, O.

Sīsyphius, *adj.*, *of Sisyphus* (son of Aeolus): Ulixes sanguine cretus Sisyphio, O.: labores, Pr.

sitella, ae, *f. dim.* [situla, bucket], *an urn for lots* (with a narrow neck, so that but one lot could float upon the water): de M. Octavio deferre sitellam: sitella lata est, ut sortirentur, L.

sitīculōsus, *adj.* [sitīcula, *dim.* of sitis], *dry, parched, arid:* Appulia, H.

sitiēns, entis, *adj.* [*P.* of sitio], *thirsting, thirsty, dry, athirst:* ut ipse ad portam sitiens pervenerim: (pocula) arenti sitientes hausimus ore, O.: Tantalus, H.—*Dry, parched, arid, without moisture:* hortus, O.: Afri, V.: Canicula, *parching*, O.—Fig., *thirsting for, desiring eagerly, greedy:* amator, O.: venire ad sitientīs aurīs, *eager* (for news) virtutis.

sitienter, *adv.* [sitiens], *thirstily, eagerly, greedily:* sitienter quid expetens.

sitiō, īvī, —, īre [sitis], *to thirst, be thirsty.*—Prov.: mediis in undis (in allusion to Tantalus), O.—*Pass.:* Quo plus sunt potae, plus sitiuntur aquae, *are thirsted for,* O.—*To be dried up, be parched, want moisture:* sitire agros: tosta sitit tellus, O.: ipsi fontes iam sitiunt.—Fig., *to thirst after, long for, desire eagerly, covet:* sanguinem nostrum: honores.

sitis, is (*acc.* im, no *plur.*), *f.*, *thirst:* ardentibus siti faucibus, L.: tibi cum fauces urit sitis, H.: cum potione sitis depulsa est: ubi quarta sitim caeli conlegerit hora, *excited,* V.: sitim tolerare, Ta.: finire, H.: relevare, O.: deponere, O.: reprimere, Cu.: sitis arida guttur Urit, O.—Of things, *dryness, drought, aridity:* siti findit canis aestifer arva, V.: deserta siti regio, V.—Fig., *strong desire, eagerness, greediness, thirst:* cupiditatis sitis: diutina, L.: libertatis: cruoris, O.: argenti, H.: sitis maior famae quam virtutis, Iu.

Sittiānus, *adj.*, *of a Sittius:* syngrapha, negotium.

sittybos (-bus), ī, *m.*, = σίττυβον, *a title, title-page* (a strip of parchment bearing the title of a roll or book): sittybis libros inlustrare (al. sillybis; cf. σίλλυβος).

1. situs, *adj.* [*P.* of sino], *placed, set, lying, situate:* Romuli lituus, cum situs esset in curiā Saliorum, etc.: in ore sita lingua est: in ipsis penetralibus (Britanniae), Ta.—Of places, *lying, situate:* locus in mediā insulā: in quo (sinu) sita Carthago est, L.: urbes in orā Asiae, N.—Of the dead, *laid out, ready for burial:* Ea (mater) sita erat exadvorsum, T.—*Laid at rest, buried, interred:* hic est ille situs: C. Mari sitae reliquiae: (Aeneas) situs est . . . super Numicum fluvium, L.—Fig., *placed, situated, fixed, present, ready:* Peiore res loco non potis est esse quam in quo nunc sita est, T.: quae ceteris in artibus aut studiis sita sunt: (voluptates) in medio sitas esse dicunt, *within the reach of all.*—*Lying, resting, dependent:* In te spes omnis nobis sitast, T.: adsensio quae est in nostrā potestate sita: situm in nobis, *as far as lies in us:* est situm in nobis, ut, etc.: qui omnem vim divinam in naturā sitam esse censet: in armis omina sita, S.: iam si pugnandum est, quo consilio, in temporibus situm est.

2. situs, ūs, *m.* [1 SA-], *a situation, position, site, location, station:* cuius hic situs esse dicitur: urbs situ nobilis: locorum, Cu.: urbes naturali situ inexpugnabiles, L.: Africae, S.: castrorum, Cs.: turris situ edita, Cu.: membrorum: monumentum Regali situ pyramidum altius, i. e. *structure,* H.: opportunissimi sitūs urbibus: sitūs partium corporis: revocare sitūs (foliorum), *arrangement,* V.—*Idleness, sloth, inactivity, sluggishness:* victa situ senectus, V.: Indigna est pigro forma perire situ, O.: marcescere otii situ civitatem, L.: (verba) Nunc situs informis premit, H.: in aeterno iacere situ, i. e. *forgetfulness,* Pr.—*The effect of neglect, rust, mould, mustiness, dust, dirt, filth:* Per loca senta situ, V.: immundus, O.: Situm inter oris barba Intonsa, etc., C. poët.

sī-ve or **seu**, *conj.*, *or if* (cf. vel si): postulo, sive aequomst, te oro, ut, etc., T.: ut mihi Platonis illud, seu quis dixit alius (i. e. vel si quis), *or whoever else said it:* Bis denas Italo texamus robore navīs, Seu plurīs complere valent, etc., V.: turdus, Sive aliud privum dabitur tibi, devolet illuc, H.—When, of two or more suppositions, it is indifferent which is true or accepted; in the formula, *si . . . sive,* or *si . . . seu, if . . . or if:* Si ista uxor sive amica est, T.: si nocte sive luce, si servus sive liber faxit, L.: si arborum trunci, sive naves essent a barbaris missae, Cs.—In the formula, *sive . . . sive,* or *seu . . . seu* (poet. also *sive . . . seu,* or *seu . . . sive*), *be it that . . . or that, if . . . or if, whether . . . or:* sive retractabis, sive properabis: sive regi sive optimatibus serviant: seu periculi magnitudine seu animi mobilitate inpulsi, S.: Sive deae seu sint dirae volucres, V.—Often more than twice: sive Sulla sive Marius sive uterque sive Octavius sive qui alius . . . eum detestabilem iudico.—With ellips. of *sive* in the first clause (poet.): Quo non arbiter Hadriae Maior, tollere seu ponere volt freta, H.—The suppositions are sometimes followed, each by its own conclusion: nam sive timuit, quid ignavius? sive meliorem suam causam fore putavit, quid iniustius?: eos seu dedi placeat, dedere se paratos esse, seu supplicio adfici, daturos poenas, L.—When the second supposition is presented as contrary to the first, it may be introduced, after *sive,* by *sin* or *si vero:* sive sensus exstinguitur . . . quis me beatior? sin vera sunt, etc.: sive enim abscedant, cui dubium esse quin . . . sin autem manendum ibi nihilo minus sit, L.: sive enim Zenonem sequare, magnum est efficere . . . si vero Academiam veterem persequamur, etc.—Correl. with *aut* or *ne* (poet.): (saxum) seu turbidus imber Proluit, aut annis solvit sublapsa vetustas, *whether . . . or,* V.: Substitit, erravitne viā, seu lassa resedit, Incertum, *whether . . . or,* V.—As a simple disjunctive, *or:* quid perturbatius hoc ab urbe discessu, sive potius turpissimā fugā?: remotis sive omnino missis lictoribus: te rogo . . . resistas sive etiam occurras negotiis.—Introducing an alternative which is preferred, *or rather, or more accurately, or as I should say:* eiecto sive emisso iam ex urbe Catilinā, ille arma misit: urbem matri seu novercae relinquit, L.: quam (sagittam) Parthus sive Cydon torsit, V.

smaragdus, ī, *m.* and *f.*, = σμάραγδος, *a green precious stone, emerald, beryl, jasper:* clari, O.

smaris, idis, *f.*, = σμάρις, *a small sea-fish*, O.

smīlax, acis, *f.*, = σμῖλαξ, *bindweed, withwind.* —Person., *a girl who was transformed to smilax*, O.

Smintheus (disyl.), —, *acc.* ea, *m.*, = Σμινθεύς [from Sminthe, a town of the Troad], *the Sminthean, a surname of Apollo*, O.

(sobolēs, sobolēscō), see subol-.

sōbriē, *adv.* [sobrius], *moderately, temperately:* vivere.

sōbrīnus, ī. *m.* [soror], *a cousin by the mother's side, mother's sister's child:* Chrysidis, *cousin-german*, T.: coniunctiones consobrinorum sobrinorumque.

sōbrius, *adj.* [2 se+ebrius], *not drunk, sober:* inter sobrios bacchari: nemo fere saltat sobrius: male sobrius, i. e. ebrius, O.—*Free from drunkenness, moderate:* convivium.—*Sober, moderate, temperate, continent:* parcus ac sobrius, T.: homines. —Fig., *sober, self-possessed, sensible, prudent, reasonable, cautious:* Satin' sanus est aut sobrius? T.: oratores: memento alte sobria ferre pedem, *prudently*, O.

soccus, ī, *m.*, *a low-heeled shoe, light shoe, Grecian shoe, slipper, sock:* soccos, quibus indutus esset.—Esp., as characteristic of comic actors: Quam non adstricto percurrit pulpita socco, H.: Hunc socci cepere pedem, H.—*Comedy* (poet.): prope socco Digna carmina, H.: Usibus e mediis soccus habendus erit, O.

socer, erī (*abl.* socrō for socerō, C. poët.), *m.* [cf. ἑκυρός], *a father-in-law:* cum soceris generi non lavantur, Cs., H., V., O.: soceri, *parents-in-law*, V.—*A son's father-in-law*, T.

socia, ae, *f.* [socius], *a sharer, partner, companion, associate:* (eloquentia) est oti socia: civitas socia tuorum furtorum: alquam pro sociā obtinere, S.: Addit se sociam, V.: socias sorores Impietatis habet, O.: socia generisque torique, i. e. *sister and wife*, O.

sociābilis, e, *adj.* [socio], *to be joined together, close, intimate:* consortio inter reges, L.

sociālis, e, *adj.* [socius], *of companionship, of allies, allied, confederate:* lex iudiciumque: exercitus, i. e. *of the allies*, L.: bella, *wars of the allies*, Iu.—*Of marriage, conjugal, nuptial:* Livia tecum socialis compleat annos, O.: torus, O.: carmina, i. e. epithalamium, O.

sociāliter, *adv.* [socialis], *accommodatingly, in a spirit of fellowship*, H.

societās, ātis, *f.* [socius], *fellowship, association, union, community, society:* hominum inter ipsos: generis humani: nulla cum tyrannis: consiliorum omnium: quorum (criminum) tibi societas Cum Verre eius modi est.—*A copartnership, association in business:* societatem cum Naevio facere: magnā fide societatem gerere: quae (pecunia) tibi ex societate debeatur.—*A company of publicans, revenue farmers' association:* societas: provinciarum, Cs.—*A political league, alliance, confederacy:* cum Ptolemaeo societas erat facta, Cs.: Romam miserant societatem rogatum, S.: in societate manere, N.

sociō, āvī, ātus, āre [socius], *to join together, combine, unite, associate, hold in common, share:* quocum me uno amicitia . . . rei p. causā sociarat: coetus utilitatis communione sociatus: periculum vitae tuae mecum, i. e. *to risk life for me:* ne societur sanguis, L.: Ne cui me vinclo vellem sociare iugali, V.: cum quo sociare cubilia vellem, O.: Verba loquor socianda chordis, *to be accompanied*, H.: Theseus sociati parte laboris Functus, *joint task*, O.: sociari facinoribus, i. e. *to take part in*, L.

1. socius, *adj.* [SEC-], *sharing, joining in, partaking, united, associated, kindred, allied, fellow, common:* socium cum Iove nomen habere, O.: Aurea possedit socio Capitolia templo Mater, i. e. *in common with Jupiter*, O.: sepulcrum, O.: spes, O.—*Leagued, allied, confederate:* cura sociae retinendae urbis, L.: agmina, V.: manūs, i. e. *of the allies*, O.

2. socius, ī, *m.* (*gen. plur.* sociūm, L., V.), *a fellow, sharer, partner, comrade, companion, associate:* belli particeps et socius: regni: neminem habeo culpae socium: gloriosi laboris: Hunc cape consiliis socium, V.: socium esse in negotiis, T.: Cum sociis operum, H.: amissā sociorum parte, O.: generis socii, i. e. *relatives*, O.: tori, i. e. *consort*, O.—In business, *an associate, copartner, partner:* socii putandi sunt, quos inter res communicata est: utilitas sociorum per te defensa, *of the members of the company:* furti et pro socio damnatus, *for defrauding a partner.*—In public life, *an ally, confederate, friend:* Boios socios sibi asciscunt, Cs.: socii atque amici populi R.: omnes, socii atque hostes, S.—In phrases with *Latini* or *nomen Latinum*, to denote the whole body of Italian confederates of Rome: socii et Latini, i. e. *the Italian allies in and beyond Latium:* ab sociis et nomine Latino auxilia accersere, S.: socii ac nominis Latini, L.: socii Latini nominis, *the Latin allies*, L.

sōcordia, ae, *f.* [socors], *dulness, carelessness, negligence, sloth, laziness, indolence, inactivity* (only *sing.*): nil locist socordiae, T.: socordiā torpescere, S.: nostrā socordiā iam huc progressus, L.: nisi felicitas in socordiam vertisset, Ta.: Darei, Cu.

(sōcorditer), *adv.* [socors], *negligently, slothfully.*—Only *comp.:* socordius res acta, L., Ta.

sōcors, cordis, *adj.* [2 se-+cors], *without spirit, unenterprising, negligent, sluggish, slothful, inac-*

tive: victoriā socors factus, S.: ceterarum rerum, T.—*Without intelligence, narrow-minded, silly, foolish, stupid:* naturā: stolidi ac socordes, L.

socrus, ūs, *m.* and *f.* [socer].—*Masc., a father-in-law* (old): a socru, Oenomao rege, Poet. ap. C. —*Fem., a mother-in-law:* omnes socrūs oderunt nurūs, T.: iniqua, O.: nubit genero socrus.

sodālicius, *adj.* [sodalis], *of a sodalis, of fellowship, of companionship:* Iure sodalicio mihi iunctus, O.—As *subst. n., a fellowship, brotherhood, association, secret society, conspiracy:* fraternum vero dulce sodalicium, Ct.: lex de sodaliciis: sodaliciorum crimen.

sodālis, is, *adj., of companions, friendly, companionable, sociable:* turba, O.: nec desunt Veneris sodali Vina craterae, H.—As *subst. m.* and *f., an associate, mate, fellow, intimate, comrade, crony, boon-companion:* habui semper sodalīs . . . epulabar cum sodalibus: aequales sodalesque adulescentium Tarquiniorum, L.: Pompei meorum prime sodalium, H.: istius in hoc morbo: veterem tutare sodalem, O.—In an association, *a fellow-member, associate:* in Lupercis sodales.—*A participator, accomplice, conspirator:* alquos sodalīs vocare.

sodālitās, ātis, *f.* [sodalis], *association, fellowship, companionship, friendship:* sodalitas familiaritasque.—*A society, association, brotherhood:* fera.—*An association for dining, banqueting-club:* sodalitates me quaestore constitutae sunt.—*A secret society, conspiracy:* ut sodalitates decuriatique discederent, etc.

sōdēs [for si audes], *if you will, if you please, with your leave, prithee, pray* (colloq.): at scin' quid, sodes? T.: Dic sodes, quis, etc.? T.: Respondesne tuo dic sodes nomine? H.: tace sodes, T.; cf. 'Tene relinquam an rem?' 'me, sodes' (sc. relinque), H.

sōl, sōlis, *m.* [2 SER-], *the sun:* lux solis: quid potest esse sole maius?: occidens, oriens, *sunset, sunrise:* sole orto Gracchus copias educit, L.: ad solis occasum, *towards sunset*, Cs.: surgente a sole ad, etc., *from early morning*, H.—Prov.: adiecit, nondum omnium dierum solem occidisse, i. e. *that his day of revenge might yet come*, L.—*Plur.:* se duo soles vidisse dicant.—Esp.: spectant in orientem solem, *to the East*, Cs.: si illud signum solis ortum conspiceret, *to the East:* ab ortu solis flare venti, L.: alterum (litus) vergit ad occidentum solem, *to the west*, Cs.: spectat inter occasum solis et septemtriones, *north-west*, Cs.: quae (pars insulae) est propius solis occasum, Cs.—*A day* (poet.): septimus, Iu.: O sol Pulcher, O laudande, H.: Supremo sole, *at midday*, H.: longos Cantando condere soles, *spend the long summer days*, V.: Si numeres anno soles et nubila toto, *the sunny and the cloudy days*, O.—*The sun, sunlight, sunshine, heat of the sun:* paululum a sole, *out of the sun:* in sole ambulare: torrente meridiano sole, L.: ut veniens dextrum latus aspiciat sol, *light of the morning sun*, H.: adversi solis ab ictu, *sunstroke*, O.: patiens pulveris atque solis, H.—Prov.: processerat in solem et pulverem, i. e. *into the struggles of life:* cum id solis luce videatur clarius, *plainer than sunlight.*—*Plur.:* Quae levis adsiduis solibus usta riget, O.: Quae carent ventis et solibus, i. e. *are buried*, H.: ex imbri soles Prospicere . . . poteris, V.: Tum blandi soles, O.: aequora semper solibus orba tument, O.: solibus rupta glacies, Iu.—As *nom. prop., the Sun-god, Sol* (an Italian deity): quod magni filia Solis eram, O.: gratīs tibi ago, summe Sol: si hoc uno quicquam Sol vidisset indignius: Solem Consule, qui late facta videt, O.—Fig., *the sun, light, glory:* P. Africanus sol alter: Solem Asiae Brutum appellat, H.

sōlāciolum (not sōlāt-), i, *n. dim.* [solacium], *a little comfort, little solace:* sui doloris, Ct.

sōlācium (not sōlātium), ī, *n.* [3 SAL-], *a soothing, assuaging, comfort, relief, consolation, solace:* haec sunt solacia, haec fomenta summorum dolorum: adversis (rebus) solacium praebere: vacare culpā magnum est solacium: (mihi) absenti solacia dedistis: solacia Dixit, O.: cuius luctus nullo solacio levari potest: tumulo solacia posco, O.: mortis en solacium! Ph.: fore etiam reliquis ad suam spem solacio, Cs.: hic parenti suo magno solacio in laboribus fuit: aves, solacia ruris, *consolers*, O.: dicta, duri solacia casūs, V.—*Satisfaction, compensation:* ex tuā calamitate ossibus fili sui solacium reportare, i. e. *satisfaction:* sine solacio agere, Ta.

sōlāmen, inis [solor], *a comfort, relief, solace, consolation:* mali, V.

sōlāris, e, *adj.* [sol], *of the sun, solar:* lumen, O.

sōlārium, ī, *n.* [sol], *a sun-dial:* ad solarium versari, i. e. *the sun-dial in the Forum.*—*A clock:* solarium vel descriptum vel ex aquā, i. e. *either a sun-dial or a water-clock.*

sōlāti-, see sōlāci-.

sōlātor, ōris, *m.* [solor], *a comforter, consoler:* ipse ego solator, Tb.

soldūriī, ōrum, *m.* [Celtic], *retainers, vassals, liegemen:* quos illi soldurios appellant, Cs.

soldus, see solidus.

solea, ae, *f.* [solum], *a sole, sandal, slipper:* soleam deme vel adde pedi, O.: soleas poscit, H. —*A clasp for the feet, fetter:* ligneae.—*A kind of shoe for animals* (not permanently fastened): ferrea, Ct.—*A kind of fish, sole*, O.

soleātus, *adj.* [solea], *wearing sandals, slippered.*

sōleō, —, itus, ēre, *to use, be wont, be accus-*

tomed: qui mentiri solet: ruri esse crebro soleo, T.: soliti prandere, H.: id quod optimo cuique Athenis accidere solitum est: volgo quod dici solet, T.: unde videri Danaum solitae naves, V.: si (domus) alio domino solita est frequentari.—Ellipt.: Sic soleo amicos (sc. beare), T.: cum eum defenderit item, qui te solebat: Agedum, ut soles, T.: quod prava ambitio solet, S.: quod in tali re solet, S.—*To cohabit:* cum alquā, Ct.

solidē, *adv.* [solidus], *surely, wholly, fully, truly:* hunc mea gaudere gaudia, T.

soliditās, ātis, *f.* [solidus], *solidness, solidity:* corpora individua propter soliditatem.

solidō, —, —, āre [solidus], *to make firm, make dense, solidify, compact, strengthen:* (area) cretā solidanda, V.

solidus (poet. also **soldus**), *adj.* with *sup.* [3 SAL-], *undivided, unimpaired, whole, complete, entire:* usura: stipendium, L.: taurorum viscera, V.: deciens solidum absorbere, i. e. *at a draught,* H.: hora, Iu.: parum solidum consulatum explere, *incomplete,* L.—As *subst. n., an entire sum, total:* ita bona veneant, ut solidum suum cuique solvatur, *his whole debt:* metuens reddere soldum, H.—*Massive, firm, dense, substantial, compact, not hollow, solid:* corpora (sc. ἄτομοι): terra: paries: Crateres auro solidi, V.: elephantus, V.: solidissima tellus, O.—As *subst. n., a solid body, solidity, mass, substance:* nihil tangi potest, quod careat solido: Fossa fit ad solidum, *to the bottom,* O.: Finditur in solidum cuneis via, *into the hard wood,* V.: solido procedebat elephantus in pontem, *on solid ground,* L.—Fig., *sound, solid, trustworthy, substantial, genuine, true, real:* gloria: iudicia: laus: gratia, O.: beneficium, T.: libertas, L.: nihil est, quod solidum tenere possis, *substantial.*—*Firm, resolute:* Mens, H.—As *subst. n.:* inane abscindere soldo, *the vain from the useful,* H.: Multos in solido rursus Fortuna locavit, *in safety,* V.

solistimus (sollist-), *adj.* [old *sup.* of sollus; 3 SAL-], *most perfect;* only in the augur's phrase, tripudium solistimum, *a most favorable omen, augury entirely auspicious,* C., L.

sōlitārius, *adj.* [solus], *alone, isolated, separate, lonely, solitary:* homo: natura solitarium nihil amat: ne solitarium aliquod adferratur, *an isolated instance.*

sōlitūdō, inis, *f.* [solus], *a being alone, loneliness, solitariness, solitude, lonely place, desert, wilderness:* in eā (domo): non tibi erat solitudo pro frequentiā?: ante ostium, T.: postquam solitudinem intellexit, S.: desertissima: se in solitudinem ac silvas abdiderant, Cs.: ubi solitudinem faciunt, pacem appellant, Ta.: in hac omnis humani cultūs solitudine, Cu.: civitatibus laus est circum se solitudines habere, Cs.: vastas solitudines facere, L.—*Want, destitution, deprivation, desolation, orphanage, bereavement:* per huius (orbae) solitudinem Te obtestor, T.: liberorum: magistratuum, L.

solitum, ī, *n.* [*P. n.* of soleo], *the customary, what is usual:* quod solitum quicquam liberae civitatis fieret, i. e. *something characteristic of a free state,* L.: Proinde tona eloquio, solitum tibi! *your custom,* V.: Non praeter solitum leves, H.—*Abl.* with *comp.:* solito formosior Aesone natus, *uncommonly handsome,* O.: Uberior solito, O.: sol rubere solito magis, L.

solitus, *adj.* [*P.* of soleo], *wonted, accustomed, usual, habitual, ordinary, common:* opus, O.: artes, O.: solito matrum de more locuta est, V.: Germanorum inertia, Ta.

solium, ī, *n.* [SED-], *a seat, official seat, chair of state, chair, throne:* regali in solio sedens: solio rex infit ab alto, V.: Iovis, H.: deorum solia: sedet Sublimi solio, O.: acernum, V.—Fig., *a throne, rule, sway, dominion:* solio potitur, O.: Demetrium in paterno solio locaturi, L.—*A tub, bathing-tub:* (rex) cum exsiluisset e solio, etc., L.—*A stone coffin, sarcophagus:* corpus regis iacebat in solio, Cu.

sōlivagus, *adj.* [solus + VAG-], *wandering in solitude, roving alone:* bestiae: caelum, i. e. *self-moving.*—Fig., *isolated, narrow:* cognitio.

sollemne, is, *n.* [sollemnis], *a religious rite, ceremony, feast, sacrifice, solemn games, festival, solemnity:* publicum, L.: antiquissimum, L.: adlatum ex Arcadiā, *festal games,* L.: sollemnia eius sacri, L.: tumulo sollemnia mittent, V.—*A custom, usage, practice, observance, habit:* nostrum illud sollemne servemus, ut, etc.: mos traditus ab antiquis inter cetera sollemnia manet, L.: Insanire putas sollemnia me, i. e. *in the common way,* H.

sollemnis (-ennis, -empnis, not sōle-), e, *adj.* [sollus (3 SAL-) + annus], *annual, stated, established, appointed:* sacrificium: dies: Idūs Maiae sollemnes ineundis magistratibus erant, L.: Sollemnīs dapes Libare, V.—*Religiously fixed, sacred, consecrated, religious, festive, solemn:* religiones: ludi: comitiorum precatio: officium: sollemnia vota Reddere, V.: Sollemnīs mactare ad aras, V.: dies Iure sollemnis mihi, H.: ignis, O.: festum sollemne parare, O.—*Regular, wonted, common, usual, customary, habitual, ordinary:* militum lascivia, L.: imperium, V.: Romanis viris opus (venatio), H.: sollemnis mihi debetur gloria, Ph.

sollemniter, *adv.* [sollemnis], *religiously, solemnly:* (sacris) sollemniter peractis, L.

sollers (not sōlers), tis (*abl.* ertī; once erte, O.), *adj.* with *comp.* and *sup.* [sollus (3 SAL-) + ars], *skilled, skilful, clever, dexterous, adroit, expert:* quae liberum Scire aequom est adulescentem, sollertem dabo, *make accomplished,* T.: in omni officio: vir, O.: agricola, N.: quo quisque est sollertior: antea ignarus belli, sollertissimus omnium factus est, S.: animus, L.: sollerti astu, O.: coloribus Sollers nunc hominem ponere nunc deum, H.: Musa lyrae sollers, H.—*Manifesting skill, requiring dexterity, clever, ingenious:* descriptio partium: pecudum custodia, V.: insitiones, quibus nihil sollertius, etc.

sollerter, *adv.* with *comp.* and *sup.* [sollers], *skilfully, dexterously, shrewdly, sagaciously, ingeniously:* res necessarias consequi: simulata sollertius: operum liniamenta sollertissime perspicere.

sollertia (not sōlert-), ae, *f.* [sollers], *skill, shrewdness, ingenuity, dexterity, adroitness, expertness:* data est quibusdam (bestiis) quaedam sollertia: Chaldaei sollertiā ingeniorum antecellunt: hominum adhibitā sollertiā, Cs.: ingeni, *shrewdness,* S.: in omni est re fugienda talis sollertia, *such subtlety:* agendi cogitandique, *adroitness and ingenuity.*

sollicitātiō, ōnis, *f.* [sollicito], *a vexing, vexation, anxiety:* nuptiarum, i. e. *on account of,* T.—*An inciting, instigating, instigation:* Allobrogum: servorum promissis.

sollicitō (sōli-), āvī, ātus, āre [sollicitus], *to disturb, stir, agitate, move, shake:* tellurem, i. e. *to plough,* V.: remis freta, V.: stamina docto Pollice, *strikes the strings,* O.: Maenalias feras, *hunt,* O.: mala copia Aegrum sollicitat stomachum, *distresses,* H.: manes, *disturb* (of Boreas), O.—Fig., *to disturb, disquiet, worry, trouble, harass:* ne se sollicitare velis, O.: rebellando nos, L.: quietae civitatis statum, L.: ea cura quietos (deos) Sollicitat, V.: Parce, precor, manes sollicitare meos, O.—*To fill with apprehension, make anxious, make uneasy, disturb, distress:* Ego id timeo? *Ph.* Quid te ergo aliud sollicitat? T.: multa sunt quae me sollicitant anguntque: ne cuius metu sollicitaret animos sociorum, L.: Desiderantem, quod satis est, neque Tumultuosum sollicitat mare, Nec, etc., H.: de posteris nostris sollicitor: Quibus nunc sollicitor rebus! ne aut ille alserit, etc., *in fear, lest,* etc., T.: me illa cura sollicitat, quod, etc.—*To grieve, afflict, make wretched, distress:* Quor meam senectutem huius sollicito amentiā? *make my old age miserable,* T.: nihil me magis sollicitabat quam non me ridere tecum.—*To stir, rouse, excite, incite, stimulate, solicit, urge, invite, exhort, move:* Unicus est de quo sollicitamur honor, O.: Cupidinem Lentum sollicitas, H.: Cum rapiant mala fata bonos . . . Sollicitor nullos esse putare deos, O.: maritum precibus, ne, etc., O.—Esp., *to incite, urge to evil, inveigle, seduce, stimulate, instigate, provoke, tempt, abet:* rursus agrarios: quos ex aere alieno laborare arbitrabatur, sollicitabat, Cs.: ingentibus ipsam Sollicitare datis, O.: Sollicitati dulcedine agrariae legis animi, L.: ad sollicitandas civitates, *to incite to revolt,* Cs.: servitia urbana, S.: omnes sollicitatos legationibus Persei, sed egregie in fide permanere, L.: qui Persas sollicitarent mittuntur, Cu.: hos (Hilotas) spe libertatis, N.: nuptae sollicitare fidem, *to attempt,* O.: in servis ad hospitem necandum sollicitandis: se sollicitatum esse ut regnare vellet: legati tumultūs Gallici excitandi causā a P. Lentulo sollicitati.

sollicitūdō, inis, *f.* [sollicitus], *uneasiness of mind, care, disquiet, apprehension, anxiety, solicitude:* istaec mihi res sollicitudini st, T.: vita vacua sollicitudine: falsa, T.: mihi sollicitudinem struere: duplex nos adficit sollicitudo: sollicitudinem sustineo: earum rerum, *anxiety concerning:* provinciae, *for the province:* quas sollicitudines liberandi populi R. causā recusare debemus?: neque Mordaces aliter diffugiunt sollicitudines, H.

sollicitus, *adj.* with *comp.* [sollus- (3 SAL-)+ citus], *thoroughly moved, agitated, disturbed:* mare, V.: Utile sollicitae sidus rati, *tossed* (by a storm), O.: Omnis sollicitos habui, *kept stirring,* T.—Fig., of the mind, *troubled, disturbed, afflicted, grieved, disquieted:* ne sollicitus sis, *lest you be troubled by cares:* anxio animo aut sollicito fuisse, *afflicted by remorse:* sollicitae nuntius hospitae, H.: animum sollicitum efficere, *uneasy,* L.: de P. Sullae morte: morte Tigelli, H.—Of things, *solicitous, full of care, anxious, restless, disturbed:* scio quam sollicita sit cupiditas consulatūs: ut sit non sollicita rei cuiusque custodia, i. e. *not full of apprehension:* sollicito carcere dignus eras, *carefully guarded,* O.: frons, H.: vita, H.: senecta, O.: sedes, O.: terrae, O.—*Causing distress, painful, disquieting:* quid magis sollicitum dici potest, *what more distressing fact?:* in quā (tyrannorum) vitā, omnia semper suspecta atque sollicita, *alarming:* Sollicitumque aliquid laetis intervenit, O.: opes, H.: dolor, O.—Of animals, *watchful, uneasy, restless:* animal ad nocturnos strepitūs, L.: equi, O.: lepus, *timid,* O.—*Full of anxiety, agitated, alarmed, apprehensive, solicitous, anxious:* animus: sollicitum te habebat cogitatio periculi mei: senatus sollicitus petendum esse auxilium arbitrabatur: res, quae . . . sollicitam Italiam habebant, Cs.: sollicitis et incerti rerum suarum, L.: civitas, L.: mentes, O.: civitas suspitione: de meo periculo: pro pluribus: pro vobis sollicitior, Ta.: propter iniquitatem locorum, L.: et propter itineris difficultatem et eorum vicem, *for their fate,* L.: vicem imperatoris milites, L.: (turba) ex temerariā regis fiduciā, Cu.: (mater) sollicita est ne eundem conspiciat, etc.: legati sollicitī, ne avertissent, etc., *apprehensive,* L.: sollicitī erant quo evasura esset res, L.: quam sum sollicitus, quidnam futurum sit.

solliferreum (sōlif-), ī, *n.* [sollus- (3 SAL-)+ ferrum; sc. telum], *a missile of iron, javelin,* L.

sollistimus, see solistimus.

soloecismus, ī, *m.*, = σολοικισμός, *a grammatical error, solecism*, Iu.

sōlor, ātus, ārī, *dep.* [3 SAL-], *to comfort, console, solace:* lenire dolentem Solando, V.: inopem et aegrum, H.: solantia tollite verba! *your words of comfort*, O.—*To soothe, ease, lighten, lessen, relieve, assuage, mitigate:* Concussā famem quercu, V.: fluviis aestum, H.: cantu laborem, V.: lacrimas, O.: quamvis repulsam spes soletur, Ta.: (virginem) posthabitam decies sestertii dote, Ta.

sōlstitiālis, e, *adj.* [solstitium], *of the summer solstice, solstitial:* dies, i. e. *the longest:* nox, i. e. *the shortest*, O.: orbis, *the tropic of Cancer.*—*Of midsummer, of summer heat:* tempus, L.—*Of the sun, solar:* annus, qui solstitiali circumagitur orbe, *in a solar revolution*, L.

sōlstitium, ī, *n.* [sol- +STA-], *a standing still of the sun, stoppage of the sun's motion, solstice.*—Esp., *the summer solstice, longest day:* solis accessūs discessūsque solstitiis brumisque cognosci: ante solstitium.—*The summer time, heat of summer:* Solstitium pecori defendite, V., H.

1. solum, ī, *n.*, *the lowest part, bottom, ground, base, foundation, floor, pavement, site:* sola marmorea: (templi) Marmoreum, O.: ut eius (fossae) solum pateret, Cs.: (amnis) puro solo excipitur, *bed*, Cu.—*The ground, earth, soil:* ubi mollius solum reperit, Cu.: trabes in solo conlocantur, Cs.: clivus ad solum exustus, *burned to the ground*, L.: urbem ad solum diruere, Cu.; cf. solo aequandae sunt dictaturae, i. e. *to be abolished*, L.: saturare fimo pingui sola, V.: incultum et derelictum: Duratae solo nives, H.: Fecundum, O.: mite, H.: Urbs Etrusca solo, i. e. *on Etruscan soil*, V.: nudum, Cu.: solo inmobilis haeret, V.: cereale solum pomis agrestibus augent, *their wheaten board*, V.: tremit puppis, Subtrahiturque solum, i. e. *the supporting sea*, V.: caeleste, i. e. *the sky*, O.—Prov.: quodcumque in solum venit, *whatever falls to the ground*, i. e. *whatever comes uppermost.*—Of the foot, *the sole:* solorum callum.—*A soil, land, country, region, place:* solum, in quo tu ortus: pro solo, in quo nati essent, L.: natale, *native soil*, O.—Esp., in the phrase, vertere or mutare solum, *to leave the country, go into exile:* quo vertendi, hoc est, mutandi soli causā venerant: eo solum vertunt, hoc est, sedem ac locum mutant: si solum non mutarunt.—Fig., *a base, basis, foundation:* Auspicio regni stabilita scamna solumque, i. e. *throne*, Enn. ap. C.: solum quoddam atque fundamentum.

2. sōlum, *adv.* [1 solus], *alone, only, merely, barely* (never with numerals, except unus): de re unā solum dissident . . . unane est solum dissensio?: si dixisset haec solum, omni supplicio est dignus: hominum solum auribus iudicari.—With *non* or *neque*, usu. followed by *sed* or *verum*, with *etiam, not only . . . but also, not merely . . . but as well, not alone . . . but even:* supplete ceteros, neque nostri ordinis solum: non solum contra legem, nec solum contra consuetudinem, sed etiam contra omnia iura: servavit ab omni Non solum facto verum opprobrio quoque, H.: neque solum civis, set cuiusmodi genus hominum, S.

sōlus, *gen.* sōlīus, *dat.* sōlī (*dat. f.* sōlae, T.), *adj.* [3 SAL-], *alone, only, single, sole:* cum omnibus potius quam soli perire voluerunt: licebit cum solus ames: meā Solius solliciti causā, T.: quae sola divina sunt: se numquam minus solum esse, quam cum solus esset: De viginti Restabam solus, O.: cognitiones sine consiliis per se solus exercebat, L.—With *unus, only, single, alone:* Solum unum hoc vitium fert senectus hominibus, T.: unam solam scitote esse civitatem, quae, etc.: te unum solum suum depeculatorem venisse.—With other numerals, *only, no more than:* si decem soli essent in civitate viri boni: duas tribūs solas tulit: qui solos novem mensīs Asiae praefuit: crediderim quadraginta ea sola talenta fuisse, L.—*Alone, lonely, solitary, forsaken, deserted:* sola sum; habeo hic neminem, T.: solus atque omnium honestarum rerum egens, S.—*Alone, preëminent, extraordinary:* Nam sine controversiā ab dis solus diligēre, T.—Of places, *lonely, solitary, unfrequented, desert:* asportarier In solas terras, T.: in locis solis: proficiscitur in loca sola, S.: solā sub rupe, V.

solūtē, *adv.* with *comp.* [solutus], *without constraint, freely, at pleasure:* dicere, i. e. *fluently:* volvere sententias: solutius eloqui, *more fluently*, Ta.—*Without discipline, disorderly, negligently:* solute ac neglegenter habiti sunt (exercitūs), L.: in stationibus solute ac neglegenter agentes, L.—*Without vigor, weakly:* alqd tam solute agere.

solūtiō, ōnis, *f.* [solvo], *a loosing, relaxation, weakening:* totius hominis.—*Readiness, fluency:* linguae.—Fig., *a payment:* rerum creditarum: iusti crediti, L.: Romae solutione impeditā fides concidit: explicatā solutione: appellare de solutionibus, Cs.

solūtus, *adj.* with *comp.* and *sup.* [*P.* of solvo], *unbound, free, loose, at large, unfettered, unbandaged:* cum eos vinciret, te solutum Romam mittebat?: nec quisquam solutus dicitur esse sectus, *unbandaged:* duos (captivos) solutos ire ad Hannibalem iussit, L.: charta, *open*, O.—Fig., *unbound, uncontrolled, unfettered, released, exempt, free:* mens: ab omni imperio externo soluta in perpetuum Hispania, L.: solutos qui captat risūs hominum, H.: ludunt risu soluto, *unrestrained*, V.: soluta (praedia) meliore in causā sunt quam obligata, *unmortgaged:* omni faenore, H.: (religione) solutus ac liber, L.—*Free, unburdened, at leisure, at ease, unbent:* sed paulo solutiore animo tamen:

quo mea ratio facilior et solutior esse posset: quam homines soluti ridere non desinant: Cum famulis operum solutis, H.—*Free, unbiassed, unprejudiced, independent:* iudicio senatūs soluto et libero: si essent omnia mihi solutissima: liberi enim ad causas solutique veniebant, *uncommitted.* —Of a speaker, *free, unembarrassed, fluent, ready:* in explicandis sententiis: solutissimus in dicendo. —Of composition, *free, unfettered, inartificial, irregular:* Scribere verba soluta modis, *without meter,* O.: verbis solutis numeros adiungere, *rhythm to prose:* soluta oratio, *prose:* nec vero haec (verba) soluta nec diffluentia, sed astricta numeris.—*Free from liability, not accountable, exempt:* illud tempus habere solutum ac liberum.—*Unbridled, insolent, loose, wanton, arbitrary:* amores: quo minus conspectus eo solutior erat, L.: quorum in regno libido solutior fuerat, L.: orator tam solutus et mollis in gestu, *extravagant.*—*Undisciplined, disorderly, lax, remiss, careless:* omnia soluta apud hostīs esse, L.: lenitas solutior.

solvō, solvī (soluit, Ct.; soluisse, Tb.), solūtus, ere [2 se+luo], *to loosen, unbind, unfasten, unfetter, untie, release:* iube solvi (eum), T.: ad palum adligati repente soluti sunt: ita nexi soluti (sunt), L.: Solvite me, pueri, V.: quo modo solvantur (nodi), Cu.: solve capillos, *untie,* O.: crines, *let down,* O.: terrae quem (florem) ferunt solutae, i. e. *thawed,* H.: Solve senescentem equum, i. e. *from service,* H.: talibus ora solvit verbis, *freely opens,* O.: Solvite vela, *unfurl,* V. — *To detach, remove, part, disengage, free:* ancorā solutā (i. e. a litore): classis retinacula solvi iussit, O.: teque isto corpore solvo, V.: partūs, *to bring forth,* O. — Of ships, *to free from land, set sail, weigh anchor, leave land, depart:* navīs solvit, Cs.: primis tenebris solverat navem, L.: cum foedere solvere navīs, O.: navīs a terrā solverunt, Cs.: ab Corintho solvere navīs, L.: tertia fere vigiliā solvit (sc. navem), Cs.: nos eo die cenati solvimus: a Brundusio solvit, L.: Alexandriā solvisse: portu solventes.—*To untie, unfasten, unlock, unseal, open:* ille pharetram Solvit, *uncovered,* O.: solutā epistulā, N.: solutis fasciis, Cu. — *To take apart, disintegrate, disunite, dissolve, separate, break up, scatter, dismiss:* ubi ordines procursando solvissent, L.: agmina Diductis solvēre choris, V.: solvit manipIos, Iu.: coetuque soluto Discedunt, O.: urbem solutam reliquerunt, *disorganized:* si solvas 'Postquam discordia tetra' . . . Invenias, etc., H.—*To relax, benumb, make torpid, weaken:* ima Solvuntur latera, V.: pennā metuente solvi, i. e. *unflagging,* H.: illi solvuntur frigore membra, V.: corpora somnus Solverat, O.: somno vinoque solutos, O.: Solvitur in somnos, V.—*To loosen, break up, part, dissolve, disperse, divide, scatter:* omne conligatum solvi potest: solvere navīs et rursus coniungere, Cu.: membra ratis, O. — *To dissolve, melt, turn, change:* nives solvere, *melt,* O.: (vitulo) per integram solvuntur viscera pellem, V.—Of fastenings, *to loose, remove, cancel, untie, unlock:* nullo solvente catenas, O.: Frenum solvit, Ph.: Solvitur acris hiemps, H.: a corpore bracchia, *relaxes his hold,* O.: crinalīs vittas, V.: vinculum epistulae, Cu.—Fig., *to free, set free, release, loose, emancipate, relieve, exempt:* linguam ad iurgia, O.: cupiditates suas, Cu.: Bassanitas obsidione, L.: ut religione civitas solvatur: Vopiscus, solvatur legibus, *be exempted:* petente Flacco ut legibus solveretur, L.: ut is per aes et libram heredes testamenti solvat, *release the testamentary heirs:* reus Postumus est eā lege . . . solutus ac liber, i. e. *the law does not apply to:* solutus Legibus insanis, H.: vos curis ceteris, T.: solvent formidine terras, V.: Vita solutorum miserā ambitione, H.: longo luctu, V.: calices quem non fecere Contractā in paupertate solutum? i. e. *from cares,* H.: ego somno solutus sum, *awoke.*—*To acquit, absolve, cleanse, relieve:* ut scelere solvamur, *be held guiltless:* hunc scelere solutum periculo liberavit: Sit capitis damno Roma soluta mei, O. — *To relax, smooth, unbend, quiet, soothe* (poet.): solvatur fronte senectus (i. e. frons rugis solvatur), *be cleared,* H.: arctum hospitiis animum, H.—Of ties, obligations, or authority, *to remove, cancel, destroy, efface, make void, annul, overthrow, subvert, violate, abolish:* solutum coniugium, Iu.: nec coniugiale solutum Foedus in alitibus, O.: culpa soluta mea est, O.: quos (milites), soluto imperio, licentia conruperat, S.: solvendarum legum principium (i. e. dissolvendarum), Cu.: disciplinam militarem, *subvert,* L.: pactique fide data munera solvit, i. e. *took back,* O.—*To loosen, impair, weaken, scatter, disperse, dissolve, destroy:* plebis vis soluta atque dispersa, S.: senectus quae solvit omnia, L.: nodum (amicitiae) solvere Gratiae, H.: hoc firmos solvit amores, O.—*To end, remove, relieve, soothe:* ieiunia granis, O.: Curam Dulci Lyaeo, H.: corde metum, V.: pudorem, V.: solutam cernebat obsidionem, *the siege raised,* L.: Solventur risu tabulae (see tabula), H.—*To accomplish, fulfil, complete, keep* (of funeral ceremonies, vows, and promises): omnia paterno funeri iusta, *finish the burial rites:* iustis defunctorum corporibus solutis, Cu.: exsequiis rite solutis, V.: vota, *fulfil:* Vota Iovi, O.: solvisti fidem, *you have kept your promise,* T.: Esset, quam dederas, morte soluta fides, i. e. *your pledge* (to be mine through life), O.—*To solve, explain, remove:* quā viā captiosa solvantur, i. e. *are refuted:* Carmina non intellecta, O.: nodos iuris, Iu. — Of debts, *to fulfil, pay, discharge, pay off:* hoc quod debeo peto a te ut . . . solutum relinquas, *settled:* Castricio pecuniam iam diu debitam, *a debt of long standing:* ex quā (pensione) maior pars est ei soluta: rem creditori populo solvit, L.: ut creditae pecuniae solvantur, Cs.: debet vero, solvitque praeclare. —Of persons, *to make payment,* *pay:* cuius bona, quod populo non solvebat, publice venierunt: ei cum solveret, sumpsit a C. M. Fufiis: pro vecturā: tibi quod debet ab Egnatio, *pay by a draft on Egnatius:* numquam vehementius actum est quam ne solveretur, *to stop payments:* nec tamen solvendo aeri alieno res p. esset, *able to pay its debt*, L.; hence the phrase, solvendo esse, *to be solvent:* solvendo non erat, *was insolvent:* cum solvendo civitates non essent: ne videatur non fuisse solvendo.—Of money or property, *to pay, pay over, hand over* (for pecuniā rem or debitum solvere): emi: pecuniam solvi: pro quo (frumento) pretium, L.: quae praemia senatus militibus ante constituit, ea solvantur: arbitria funeris, *the expenses of the funeral:* Dona puer solvit, *paid the promised gifts*, O.: HS CC praesentia, *in cash:* legatis pecuniam pro frumento, L.—Of a penalty, *to accomplish, fulfil, suffer, undergo:* iustae et debitae poenae solutae sunt: capite poenas, S.: meritas poenas solvens, Cu.

somnīculōsus, *adj.* [somniculus, *dim.* of somnus], *inclined to sleep, drowsy, sleepy, sluggish:* senectus.

somnifer, era, erum, *adj.* [somnus+1 FER-], *sleep-bringing, soporific, narcotic:* virga (Mercuri), O.: venenum (aspidis), O.

somniō, āvī, ātus, āre [somnium], *to dream:* neque ulla (nox) est quā non somniemus: num ille somniat Ea quae vigilans voluit? *sees in a dream*, T.: Me somnies, T.: med esse mortuum: se peperisse: causa de illo somniandi.—*To dream, think idly, imagine:* portenta non disserentium philosophorum sed somniantium: Troianum somniaveram, *I had vaguely in mind:* tu de Psaltriā me somnias Agere, T.

somnium, ī, *n.* [somnus], *a dream:* rex somnio perculsus, Enn. ap. C.: interpretes somniorum: quae somnio visa fuerant, L.—P e r s o n.: Somnia, *Dreams* (as divinities): Somnia, veros narrantia casūs, O.—P o e t.: Somnus, tibi somnia tristia portans, i. e. *the sleep of death*, V.—*A dream, whim, fancy, stuff, nonsense:* de argento, somnium, T.: delirantium somnia: somnia Pythagorea, H.

somnus, ī, *m.* [SOP-], *sleep:* somnum capere: Somnum videre, T.: somno se dare: vinci somno, L.: oppressi somno, Cs.: te ex somno excitabunt: somno solutus sum: palpebrae somno coniventes: in somnis vidit ipsum deum, *in sleep:* ea si cui in somno accidunt: ducere somnos, i. e. *protract slumber*, V. Pocula ducentia somnos, *causing sleep*, H.: Verba placidos facientia somnos, O.: dispositi, quos supra somnum habebat, *to watch over*, Cu.: conditque natantia lumina somnus, V.: labi ut somnum sensit in artūs, O.: Libra die somnique pares ubi fecerit horas, i. e. *of day and night*, V.: longus, i. e. *death*, H.—P e r s o n.: Somnus, *a divinity, son of Erebus and Nox*, V., O.—*Sleep, sloth, drowsiness, inactivity, slumber, idleness:* dediti ventri atque somno, S.: somno et conviviis nati.

sonābilis, e, *adj.* [sono], *sounding, resounding:* sistrum, O.

sonāns, antis (*gen. plur.* sonantum, Ct.), *adj.* with *comp.* [*P.* of sono], *sounding, resounding, resonant:* concha, O.: (verba) sonantiora.

sonipēs (sonupēs), pedis, *adj.* [sonus+pes], *with sounding feet, noisy-footed.*—As *subst. m.:* Insultans sonipes, *the charger*, V.: sonipedes (the word as a fourth pæon), O.

sonitus, ūs, *m.* [SON-], *a noise, sound, din:* cogitate genus sonitūs eius, etc.: sonitu quatit ungula campum, V.: tubarum, V.: remorum, Cs.: procellae, L.: Olympi, i. e. *thunder*, V.: verborum inanis: nosti iam in hac materiā sonitūs nostros, i. e. *the thunders of my speech.*

sonivius, *adj.* [sonus + via], *noisy*, in the phrase, tripudium sonivium (of the corn dropped by the sacred chickens in eating).

sonō, uī, itus (*P. fut.* sonātūrus, H.), āre [sonus], *to make a noise, sound, resound:* in occultis templi tympana sonuerunt, Cs.: nunc mare, nunc siluae Aquilone sonant, H.: omnia passim mulierum puerorumque . . . ploratibus, L.: displosa sonat vesica, H.: mugitibus sonant ripae, *echo*, V.—*To speak, sound, utter, express:* subagreste quiddam, *speak:* Ille sonat raucum, O.: nec vox hominem sonat, i. e. *bespeak a human being*, V.: furem sonuere iuvenci, *betrayed*, Pr.—*To cry out, call, celebrate, sing, cause to resound:* Sonante mixtum tibiis carmen lyrā, H.: te carmina nostra sonabunt, *praise*, O.: Tale sonat populus, *cries out*, O.: atavos sonans, i. e. *vaunting*, V.—*To mean, express, signify:* unum sonare, i. e. *agree in meaning:* quā deterius nec Ille sonat, Iu.: non intellegere, quid sonet haec vox voluptatis, *means.*

sonor, ōris, *m.* [sono], *a noise, sound, din:* sonorem Dant silvae, V.: saeva sonoribus arma, V.

sonōrus, *adj.* [sonor], *noisy, loud, resounding, sonorous:* tempestates, V.: flumina, V.

(sōns), sontis, *adj.* [old *P.;* ES-], *guilty, criminal:* anima, V.: manus foedata sanguine sonti (i. e. sontis), O.—As *subst. m.* and *f.*, *a guilty person, offender, malefactor, criminal:* vincla sontium servare: insontes, sicuti sontes, S.: nullo relicto sonte, L.: poenas Sontibus imponere, O.

sonticus, *adj.* [sons], *serious, weighty, important:* causa, Tb.

sonupēs, see sonipes.

sonus, ī, *m.* [SON-], *a noise, sound:* Tympana raucis Obstrepuere sonis, O.: signorum sonus, Cs.: fluminis, L.: ab acutissimus . . . gravissimus, *the highest treble . . . the lowest bass:* neque chorda sonum reddit quem volt manus, H.: Confusae urbis, V.: inanīs sonos fundere, *utter empty sounds.* —Fig., *tone, character, style:* suus est cuique certus sonus: unus enim sonus est totius orationis.

sophistēs, ae, *m.*, = σοφιστής, *a sophist:* maximus.

sophus, *adj.*, = σοφός, *wise, sage, shrewd:* victor, Ph.: gubernator, Ph.

sōpiō, īvī, ītus, īre [SOP-], *to deprive of sense, make unconscious, stun, put to sleep, lull:* sonitus procellae magnam partem hominum sopivit, L.: herbis draconem, O.: sopito corpore vigilare: Sopitus venis et inexperrectus, O.: sensūs, V.: sopitae quietis tempus, *of deep sleep*, L. — *To make unconscious, stun, stupefy:* alios vino oneratos sopiunt, L.: inpactus ita est saxo, ut sopiretur, L.—Fig., *to lull, lay at rest, calm, settle, still, quiet, render inactive:* sopitos suscitat ignīs, V.: sopita virtus, *lulled to sleep.*

sopor, ōris, *m.* [SOP-], *a deep sleep, slumber:* cum eum sopor oppressisset, L.: sopore discusso, Cu.: sopore placans artūs languidos: fessos sopor inrigat artūs, V.: perpetuus, i. e. *death*, H.: sopor et ignavia, *laziness*, Ta.—Person., *Sleep*, V.—*A sleeping-draught, sleeping-potion:* soporem dare, N.

sopōrātus, *adj.* [sopor], *laid to sleep, unconscious, buried in sleep, stupefied:* hostes, O.: dolor, *allayed*, Cu.—*Medicated, soporific:* ramus, V.

sopōrifer, fera, ferum, *adj.* [sopor+1 FER-], *inducing sleep, sleepy, drowsy:* papaver, V.: Lethe, O.

sopōrus, *adj.* [sopor], *of sleep, sleep-bringing, causing sleep:* Nox, V.

sorbeō, uī, —, ēre, *to sup up, suck in, drink down, swallow up, absorb:* (Charybdis) Sorbet in abruptum fluctūs, V.: sorbent avidae praecordia flammae, O.—Fig., *to swallow, endure, submit to, bear, brook:* alquid animo.

sorbilō (-illō), —, —, āre [sorbeo], *to sip:* cyathos paulatim, T.

sorbitiō, ōnis, *f.* [sorbeo], *a dainty drink, broth:* liquida, Ph.

sorbum, ī, *n.* [sorbus], *a sorb-apple, service-berry*, V.

sordeō, —, —, ēre [sordes], *to be dirty, be mean, be despised, be unvalued, appear worthless:* suis sordere, L.: sordent tibi munera nostra, V.: pretium aetas altera sordet, i. e. *seems to me no adequate price*, H.

(**sordēs**, is), *sing.* only *acc.* and *abl.*, and **sordēs**, ium (as *plur.* tantum), *f.*, *dirt, filth, uncleanness, squalor:* in sordibus aurium inhaerescere: Auriculae contectā sorde dolentes, H.—*Soiled clothing as a mourning garb, mourning:* iacere in lacrimis et sordibus: insignis sordibus turba, L.—Fig., *lowness, meanness of rank, low condition, humiliation, vileness, baseness:* fortunae et vitae: emergere ex miserrimis naturae tuae sordibus: in infamiā relinqui ac sordibus.—Of persons, *the dregs of the people, rabble:* urbis: o lutum, sordes! *vile creature!*—*Meanness, stinginess, niggardliness, sordidness:* amare sordes et inhumanitatem: sordes obicere mihi, H.: cogit minimas ediscere sordes, *the meanest tricks*, Iu.: nullam (huius) in re familiari sordem posse proferri.

sordēscō, —, ere, *inch.* [sordeo], *to become dirty, be soiled*, H.

sordidātus, *adj.* [sordidus], *in dirty clothes, meanly dressed, shabby:* sordidata et sordida, T.: mancipia.—*In mourning attire, clad in mourning:* senex: Virginius sordidatus filiam deducit, L.

sordidē, *adv.* with *comp.* [sordidus], *meanly, basely:* sordidius et abiectius nati, Ta.—Fig., *vulgarly, unbecomingly, poorly:* dicere: contionari. —*Meanly, stingily, penuriously, sordidly:* nimis sordide dixisse.

sordidulus, *adj. dim.* [sordidus], *soiled, smutched:* toga, Iu.

sordidus, *adj.* with *comp.* and *sup.* [sordes], *dirty, unclean, foul, filthy, squalid, sordid:* amictus, V.: mappa, H.: duces Non indecoro pulvere, H.: Auctumnus calcatis uvis, O.: terga suis, *dingy*, O. —Prov.: saepe est etiam sub palliolo sordido sapientia, Caec. ap. C.—Fig., *low, base, mean, poor, humble, small, paltry:* homo: non sordidus auctor Naturae, H.: sordidissimus quisque, L.: rura, V. —*Low, mean, base, abject, vile, despicable, disgraceful:* ut quisque sordidissimus videbitur: sordidissima ratio et inquinatissima: sordidiores (artīs) repudiare: Virtus repulsae nescia sordidae, H.: pecuniam praeferre amicitiae sordidum existiment. —*Mean, niggardly, penurious, sordid:* Sordidus quod nolit haberi, H.: periurium, Ph.

sōrex, icis, *m.* [SVR-], *a shrew-mouse*, T.

sōrītēs, ae, *dat.* ī, *m.*, = σωρείτης, *a logical chain, cumulative reasoning, sorites.*

soror, ōris, *f.*, *a sister:* germana: Iovis, i. e. *Juno*, V.: Phoebi, i. e. *Luna*, O.: magna (noctis), i. e. *Terra*, V.: doctae, i. e. *the Muses*, O.: sorores Nocte genitae, i. e. *the Furies*, O.: sorores tres, *the Fates*, H.: quae dispensant mortalia fata sorores, *the Fates*, O.: saevae, *the Danaides*, O.—*A cousin, father's brother's daughter*, C., O.—*A female friend, playmate, companion*, V.

sorōricīda, ae, *m.* [soror+2 SAC-], *a sister-slayer, murderer of a sister.*

sorōrius, *adj.* [soror], *of a sister, sisterly:* oscula, O.: stupra, *with a sister:* Moenia, i. e. *of Dido*, O.: tigillum (used in punishing a sister's murderer), L.

sors (old *nom.* **sortis**, T.), tis, *abl.* sorte or sortī, *f.* [1 SER-], *a lot:* tot in hydriam sortes conicerentur: neque eorum sortes deiciuntur, Cs.: cum deiecta in id sors esset, *lots were cast for it*, L.: cum de consularibus mea prima sors exisset: et cuiusque sors exciderat, L.: sortes suā sponte adtenuatas, L.—*A casting of lots, drawing, decision by lot, lot:* quaestor quem sors dedit: cui Sicilia provincia sorti evenisset, L.: Q. Caecilio sorti evenit, ut gereret, etc., L.: de se ter sortibus consultum dicebat, Cs.: iubet extra sortem Theomnastum renuntiari.—*An oracular response, prophecy:* ut sors ipsa ad sortīs referenda sit: Lyciae sortes, *the oracles of the Lycian Apollo*, V.: Faticinae, O.: edita oraculo, Cu.: responsa sortium, L.—In business, *a capital, principal:* de sorte nunc venio in dubium miser? T.: sorte caret: mergentibus semper sortem usuris, L.—Fig., *a lot, share, duty assigned by lot:* urbana peregrina (in the division of official duties), L.: comitia suae sortis esse, i. e. *had been allotted to him*, L.: numquam ex urbe afuit nisi sorte, i. e. *on official duty.*—*A lot, fate, destiny, chance, fortune, condition, share, part:* futura, V.: Ferrea vitae, O.: iniqua, V.: iniquissima, L.: illā (sorte) Contentus, H.: inrequieta, O.: Sunt quibus ad portas cecidit custodia sorti, *to whose lot*, V.: Saturni sors ego prima fui, i. e. *the first child*, O.: suae sortis oblitus, Cu.: puer in nullam sortem bonorum natus, *to no share of the property*, L.: praedae mala sors, O.—*A sort, kind, sex, class:* Non tuae sortis iuvenem, *rank*, H.: altera, *sex*, O.: nova pugnae, V.

sortilegus, *adj.* [sors+1 LEG-], *foretelling, prophetic:* Delphi, H.—As *subst. m.*, *a fortune-teller, interpreter of lots, soothsayer.*

sortior, ītus, īrī, *dep.* [sors], *to cast lots, draw lots:* cum praetores designati sortirentur, *drew lots for their official duties:* consules comparare inter se aut sortiri iussi, i. e. *to assign provinces by agreement or by lot*, L.—*To draw lots for, assign by lot, allot, obtain by lot:* tribūs: provincias: iudices, *appoint by lot:* Necessitas Sortitur insignīs et imos, *decides the fate of*, H.: sortiri, quid loquare: inter se, uter Hispaniam obtineret, *cast lots to decide*, L.: consules sortiti, uter dedicaret, L.—*To share, divide, distribute:* pariter laborem, V.: periclum, V.—*To choose, select:* subolem armento, V.: fortunam oculis (i. e. locum), V.—*To get by chance, get as a lot, get, obtain, receive:* mediterranea Asiae, L.: amicum, H.: Maeonium vatem sortita fuisses, O.

sortītiō, ōnis, *f.* [sortior], *a casting of lots, drawing, choosing by lot, allotment:* ex lege Rupiliā sortitio nulla (est): sortitione id factum esse oportuit.

sortītō, *adv.* [sortitus], *by lot:* sacerdotem sortito capi.—*By fate, by destiny:* Lupis et agnis quanta (discordia) sortito obtigit, H.

sortītor, ōris, *m.* [sortior], *a distributor by lot, allotter:* si etiam pluribus de rebus uno sortitore tulisti.

1. sortītus, *P.* of sortior.

2. (sortītus, ūs), *m.* [sortior], *a casting of lots, drawing:* consul sortitu ad bellum profectus: quae sortitūs non pertulit ullos, i. e. *for whom no lots were cast*, V.

sōspes, itis (*fem.* collat. form **sōspita**, ae), *adj.* [SAV-, POT-], *saved, safe, sound, unhurt, unharmed, uninjured:* sospites in patriam restituere, L.: navis ab ignibus, H.—*Fortunate, prosperous, happy:* fortuna domusque, O.: mutare lares Sospite cursu, H.

Sōspita, ae, *f.* [sospes], *she who saves, deliverer* (an epithet of Juno), O.

sōspitō, —, —, āre [sospes], *to save, keep safe, preserve, protect, prosper:* suam progeniem, L., Ct.

sōtēr, ēris (*acc.* -era), *m.*, = σωτήρ, *a savior, deliverer.*

spādīx, īcis, *adj.*, = σπάδιξ, *date-brown, nut-brown, chestnut-brown:* equi, V.

spadō, ōnis, *m.*, = σπάδων, *an impotent person, eunuch, mutilated man*, L., H., Iu.

spargō, sī, sus, ere [SPARC-], *to strew, throw here and there, cast, hurl, throw about, scatter, sprinkle:* semen: per humum, nova semina, dentes, O.: nummos populo de Rostris: flores, V.: rosas, H.: tela, *hurl*, V.—*To bestrew, strew, scatter upon:* humum foliis, V.: molā caput salsā, H.: umerum capillis, H.—*To besprinkle, sprinkle, moisten, wet:* saxa tabo, Enn. ap. C.: aram immolato agno, H.: anguis aureis maculis sparsus, *flecked*, L.: priscis sparsa tabellis Porticus Livia, O.: sparso ore, *freckled*, T.—*To scatter, separate, disperse, divide, spread out:* (aper) spargit canes, O.: sparsi per vias speculatores, L.: spargas tua prodigus, *dissipate*, H.—Fig., *to distribute, spread abroad, spread, extend, disseminate:* animos in corpora humana: nomen per urbīs Theseos, O.: vestigia fugae, Cu.: voces In volgum, V.—Esp., of speech, *to intersperse, interpose:* Sparge subinde (with direct quotation), *keep interspersing*, H.

spartum or **sparton**, ī, *n.*, = σπάρτον, *Spanish broom, esparto* (of which mats, nets, and ropes were made), L.

sparulus, ī, *m. dim.* [sparus], *a bream*, O.

sparus, ī, *m.*, *a small spear with a barbed head, hunting-spear:* sparos portare, S., L.: manūs armat sparus, V.

spatha, ae, *f.*, = σπάθη, *a broad sword with a double edge, sabre*, Ta.

spatior, ātus, ārī, *dep.* [spatium], *to spread abroad, spread out, expand:* spatiantia Bracchia, O.: spatiantes alae, *spreading wings*, O.—*To go* *about, take a walk, walk about, promenade:* in xysto: Aggere in aprico, H.: summā harenā, O. —*To walk, march along, stride, go, proceed:* ad aras, V.: lato arvo, O.

(spatiōsē), *adv.* [spatiosus], *widely, extensively* (late in *pos.*).—*Comp.:* increvit spatiosius (flumen), O.: qui aestivos spatiosius exigis ignes, *longer*, Pr.

spatiōsus, *adj.* with *comp.* [spatium], *roomy, of great extent, ample, spacious, extensive, large, long:* corpus, O.: limes, O.: Andromache spatiosior aequo, O.: quid erat spatiosius illis (capillis)? O.—Fig., of time, *long, long-continuing, prolonged:* nox, O.: senectus, O.: bellum, O.

spatium, ī, *n.* [SPA-], *a space, room, extent:* Trīs pateat caeli spatium non amplius ulnas, V.: spatiis locorum animadversis, Cs.: quod spatium non esset agitandi, N.: spatio distante, O.—*A space, distance, interval:* magno spatio paucis diebus confecto, Cs.: viae, *length*, O.: tantum erat relictum spati, ut, etc., Cs.: tormentorum usum spatio propinquitatis interire, Cs.: medium caeli, H.: spatium discrimina fallit, *the distance*, O.—*Size, bulk, extent:* spatium victi hostis (serpentis), O.: Dat spatium collo, O.: admirabile rhombi, *very large*, Iu.: trahit (aurīs) in spatium, i. e. *lengthens out*, O.—*A walking, walk, promenade, turn, course:* duobus spatiis tribusve factis: septem spatiis circo meruere coronam, O.—*A space for recreation, walk, promenade, public place, square:* urbs distincta spatiis communibus: spatia silvestria: Academiae nobilitata spatia: locus planis Porrectus spatiis, *in levels*, H.: Curvatis fertur spatiis, V.—*A prescribed path, race-course, track:* quasi decurso spatio ad carceres a calce revocari: amat spatiis obstantia rumpere claustra, H.: Addunt in spatia, V.: tritum, O.: Phocus in interius spatium Cecropidas ducit, *the interior*, O. —Fig., *a path, course, race, track:* eadem: Prope iam excurso spatio, T.: Te mea quem spatiis propioribus aetas Insequitur, V.: in spatio Q. Hortensium ipsius vestigiis persecuti: vitae, O.—*A portion of time, space, interval, period:* spatia omnis temporis non numero dierum sed noctium finiunt, Cs.: spatium praeteriti temporis: diei, *the length*, Cs.: dierum triginta: spatio brevi, H.: me ex constituto spatio defensionis in semihorae curriculum coëgisti: trochaeus, qui est eodem spatio quo choreus, i. e. *of the same metrical length:* spatia annorum, Pr.: spatio pugnae defatigati, Cs.—*Space, time, leisure, opportunity:* neque, ut celari posset, tempus spatium ullum dabat, T.: irae suae spatium et consilio tempus dare, L.: Ne properes, oro; spatium pro munere posco, O.: cum erit spatium, praestabo, etc.: illi spatium ad sese conligendum dedisse: sex dies ad eam rem conficiendam spati postulant, Cs.: Ut ne esset spatium cogitandi, T.: pila conicieudi, Cs.: Spatium adparandis nuptiis dabitur, T.

speciēs, —, *acc.* em, *abl.* ē, *f.* [SPEC-], *a sight, look, view, appearance, aspect, mien:* quae sensūs nostros specie primā acerrime commovent: doloris speciem ferre: navium, Cs.: hominum honestissima: ad speciem magnifico ornatu, *as to outward appearance:* speciem habere honesti, *the look of what is right:* turba maiorem quam pro numero speciem ferens, Cu.—*A spectacle, sight, appearance:* ponite ante oculos miseram illam speciem. —Fig., *a mental appearance, idea, notion:* insidebat in eius mente species eloquentiae: viri boni: Qui species alias veris scelerisque capiet, H.: inanīs species anxio animo figurare, Cu.—*A look, show, seeming, appearance, semblance, pretence, cloak, color, pretext:* formae, quae reapse nullae sunt, speciem autem offerunt: cuius rei species erat acceptio frumenti, S.: aliquam fraudi speciem iuris imponere, L.: similitudinem quandam gerebant speciemque sapientium: per speciem celebrandarum cantu epularum, L.: haud dubio in speciem consensu fit ad Poenos deditio, *as a pretence*, L.: ad speciem tabernaculis relictis, Cs.—*A resemblance, likeness;* only in the phrase, in speciem, *after the manner, in the fashion, like:* Inque chori ludunt speciem, O.: In montis speciem curvari, O.—*Show, ornament, display, splendor, beauty:* species eius (virtutis) et pulchritudo: praebere speciem triumpho, L.: Ducit te species, H.: speciem Saturnia vaccae probat, O.: corporis, Cu.—*An appearance in sleep, vision, apparition:* repetit quietis Ipsa suae speciem, O.: in quiete utrique consuli eadem dicitur visa species viri, etc., L.—*A likeness, image, statue:* ex aere vetus, Enn. ap. C.—*Reputation, honor:* populi R.—*A particular sort, kind, quality, species:* (opp. genus).

specillum, ī, *n.* [speculum].—In surgery, *an exploring instrument, sound, probe*, C.: specillis prope scrutatus est Alpīs, ut, etc.

specimen, inis, *n.* [SPEC-], *a means of knowing, mark, token, proof, example, indication, evidence, sign* (only *sing.*): ingeni: animorum, L.: (tellus) Tale dabit specimen, V.: ad specimen virtutis ostendendum, L.—*A pattern, model, example, ideal:* temperantiae Scaevola: is ordo ceteris specimen esto.

(speciōsē), *adv.* [speciosus], *showily, handsomely, splendidly.*—Only *comp.:* equus speciosius instratus quam uxor vestita, L.: arma tractet, H.

speciōsus, *adj.* [species], *good-looking, showy, handsome, beautiful, splendid, brilliant:* familia gladiatoria: alqs pelle decorā, H.: cornibus altis frons, O.: nomina, Ta.—*In pretence, for show, pretended, plausible, specious:* reversionis causae: speciosum Graeciae liberandae tulisse titulum, L.:

vocabula rerum, H.: specioso eripe damno, *from this splendid misery*, O.: dictu speciosa, L.

spectābilis, e, *adj.* [specto], *that may be seen, visible:* corpus caeli: undique campus, i. e. *open*, O.—*Worth seeing, notable, admirable, remarkable:* Niobe auro, O.: roseo ore, O.: victoria, Ta.

spectāculum (-tāclum, Pr.), ī, *n.* [specto], *a place from which shows are witnessed, spectator's seat, place in the theatre:* ex omnibus spectaculis plausus est excitatus: spectacula sibi facere, L.—*A show, sight, spectacle:* superarum rerum atque caelestium: bis terque mutatae dapis, H.: scorti procacis, L.: Non hoc ista sibi tempus spectacula poscit, V.: praebent spectacula capti, O.: homini non amico nostra incommoda spectaculo esse nolim.—*A public sight, show, stage-play, spectacle:* spectacula sunt tributim data: gladiatorum, L.: scenae, O.: nondum commisso spectaculo, L.

spectātiō, ōnis, *f.* [specto], *a beholding, contemplation, sight, view:* apparatūs spectatio: animum levari cum spectatione.—*An examining, testing:* pecuniae.

spectātor, ōris, *m.* [specto], *a looker-on, beholder, observer, spectator:* quasi spectatores superarum rerum: unicus caeli, L.: laudum tuarum: certaminis, L.—In a theatre or at games, *a spectator:* eos (ludos) te spectatorem esse voluit.—*A judge, critic, connoisseur:* elegans formarum, T.: acrior virtutis, L.

spectātrīx, īcis, *f.* [spectator], *a looker-on*, O.

spectātus, *adj.* with *sup.* [*P.* of specto], *tried, tested, proved:* homines: homo spectatā fide: pietas per ignīs, O.: integritas, L.: ni virtus fidesque vestra spectata mihi forent, S.: id cuique spectatissimum sit, quod occurrerit, etc., i. e. *let that be each one's final test*, L.—*Regarded, admired, respected, esteemed, worthy, excellent:* vir: castitas, L.: spectatissima femina.

spectiō, ōnis, *f.* [SPEC-], *the prerogative of observing the auspices:* consules (habent) spectionem.

spectō, āvī, ātus, āre, *freq.* [specio], *to look on, look at, behold, gaze at, watch, observe, inspect, attend:* alte: populo spectante, H.: limis per flabellum, T.: aliquid: spectant oculi te mille loquentem, *gaze upon*, H.: me oculis protervis, O.: Italiam spectatum ire, L.: Spectentur tergo, O.: Saepe tui, specto, si sint in litore passūs, O.—At plays or games, *to look at, see, look on, attend:* Megalesia: Fabula, quae volt spectata reponi, H.—Of places, *to look, face, front, lie, be situated:* (insulae) angulus ad orientem solem spectat, Cs.: ad fretum: Belgae spectant in septentrionem, Cs.: Aquitania spectat inter occasum solis et septentriones, *lies towards the north-west*, Cs.: vestigia Omnia te adversum spectantia, H.: regio orientem spectans, L.—Fig., *to look at, behold, see, regard, consider:* audaciam meretricum, T.: ad te unum omnis mea spectat oratio.—*To look to, keep in view, bear in mind, aim at, strive for, meditate, consider:* credo vos, magna quaedam spectantīs, gloriam concupisse: nihil spectat nisi fugam: ingenti consensu defectionem omnes spectare, L.: res potius quam auctores, L.: domus quae spectat in nos solos, *relies on:* quid deceat vos, non quantum liceat vobis, spectare debetis: summa iudici mei spectat huc, ut meorum iniurias ferre possim: nomen illud spectavi, neminem isti patronum futurum: ad imperatorias laudes: ad vitulam, V.—*To tend, incline, refer, pertain, be directed, relate:* et prima et media verba spectare debent ad ultimum: ad vim spectare res coepit, L.: hoc eo spectabat, ut diceret, etc.: quo igitur haec spectat oratio?—*To examine, try, test, judge, prove:* ut fulvum spectatur in ignibus aurum, sic, etc., O.: qui pecuniā non movetur . . . hunc igni spectatum arbitrantur, *as tried by fire:* tuom animum ex animo meo, T.: quod ego non tam fastidiose in nobis quam in histrionibus spectari puto.

spectrum, ī, *n.* [SPEC-], *an appearance, form, image, apparition, spectre:* quae Democritus εἴδωλα, Catius spectra nominat.

1. specula, ae, *f.* [SPEC-], *a look-out, watch-tower:* ignis e speculā sublatus: dat signum speculā ab altā, V.: in hac tamquam speculā conlocati: speculis per omnia promunturia positis, L.—Fig., in the phrase, in speculis, *on the watch, on the look-out, on guard:* nunc homines in speculis sunt: in speculis omnis Abydos erat, O.: diem unum in speculis fuit, L.—*A high place, height, summit, eminence:* in speculis Planities ignota iacet, V.: e speculis lucem vidit, V.

2. spēcula, ae, *f. dim.* [spes], *a slight hope, glimmer of hope:* aliquid speculae degustare.

speculābundus, *adj.*, *on the look-out, on the watch*, Ta.

speculāria (ōrum), *n.* [speculum], *window panes, windows:* lata, Iu.

speculātor, ōris, *m.* [speculor], *a looker-out, spy, scout, explorer:* undique speculatores citi sese ostendunt, S.: quem speculatorem quam legatum iudicari maluerunt: re per speculatores cognitā, Cs.: Carthaginiensis, L.—*An explorer, inquirer, investigator, examiner:* naturae: ad has excipiendas voces speculator missus, L.

speculātōrius, *adj.* [speculator], *of spies, of scouts:* navigia, *vessels of observation*, Cs.: naves, L.—As *subst. f.* (sc. navis), *a spy-boat*, L.

speculātrīx, īcis, *f.* [speculator], *a spy, watcher:* deae speculatrices et vindices facinorum.

speculor, ātus, ārī, *dep.* [1 specula], *to spy out, watch, observe, examine, explore:* venire speculandi causā, Cs.: partes in omnīs, *look around*, O.: multorum te oculi et aures speculabuntur: vacuo laetam (avem) caelo speculatus, *having descried*, V.: praemissus speculatum Bocchi consilia, S.: dicta factaque sua, L.: quae suorum fortuna esset, L.: alqd speculando adsequi.

speculum, ī, *n.* [SPEC-], *a reflector, looking-glass, mirror:* speculorum lēvitas: Inspicere, tamquam in speculum, in vitas omnium, T.: quotiens te speculo videris alterum, H.: ut in speculo rugas aspexit anilīs, O.: Lympharum in speculo, i. e. *smooth surface*, Ph.—Fig., *a mirror, copy, imitation:* (infantes et bestias) putat specula esse naturae.

specus, ūs, *m.* or (poet.) *n.* [SPEC-], *a natural cavity, cave, cavern, grot, den, chasm, channel, pit:* ex opaco specu fons, L.: virgis densus, O.: horrendum, V.: quos agor in specūs? H.—*An artificial cavity, excavation, ditch, canal, channel, pit:* paucos specūs in extremo fundo, et eos, etc., *ditches:* subterraneos specūs aperire, *pits*, Ta.—*A hollow, cavity:* atri volneris, V.: Capacis alvi, Ph.

spēlaeum, ī, *n.*, = σπήλαιον, *a cave, cavern, den:* inter spelaea ferarum, V.

spēlunca, ae, *f.*, = σπήλυγξ, *a cave, cavern, den:* iam decimum annum in speluncā iacere: alta vastoque inmanis hiatu, V.

spērātus, *P.* of spero.

spernendus, *adj.* [*P.* of sperno], *contemptible, untrustworthy:* testis, L.

spernō, sprēvī, sprētus, ere [SPAR-], *to separate* (old); hence, *to despise, contemn, reject, scorn, spurn:* abs te spernor? T.: qui te spernit: me animo, V.: comitemne sororem Sprevisti moriens, V.: veritas auspiciorum spreta est: doctrina deos spernens, L.: Consilium, O.: dulcīs amores, H.: partem solido demere de die, H.: obsequio deferri spernit aquarum, O.

spernor, —, ārī, *to despise:* viduas, Iu. (dub.).

spērō, āvī, ātus, āre [spes], *to hope, look for, trust, expect, promise oneself:* stulti erat sperare, suadere, etc.: tu iam, ut spero, aderis: Salvus sit; spero, T.: victoriam: gloriam a latronum gregibus: omnia ex victoriā, Cs.: sperata praeda, Cs.: cui tribunatus magis optandus quam sperandus fuerit, L.: spero nos ad haec perventuros: amicitiae nostrae memoriam spero sempiternam fore: totius Galliae sese potiri posse sperant, Cs.: sperabam tuum adventum appropinquare: spero esse, ut volumus: sperat se a me avellere, T.: speramus carmina fingi Posse, H.—Ellipt.: Qui semper vacuam, semper amabilem Sperat (sc. te fore), H.: ut salvum vellent tyrannum, sperare non poterat, L.: de isto licet bene speres: de absolutione istius neque iste iam sperat, etc.; cf. de eo bene sperare talem eum futurum, N.—With *non*, *to have no fear of:* sin a vobis, id quod non spero, deserar, *which I am confident will not happen.*—*To look for, expect, await, apprehend, fear:* Nam quod tu speres, propulsabo, T.: si potui tantum sperare dolorem, V.: iam quartanam sperantibus aegris, Iu.—*To trust, believe, assume, suppose, apprehend:* spero nostram amicitiam non egere testibus: me eius spero fratrem prope modum Iam repperisse, T.: sperasse libertatem se civium suorum emisse, L.: sperabam ita notata me reliquisse genera, etc.

spēs, speī (spei, monosyl., T.), *f.* [SPA-], *hope:* aegroto, dum anima est, spes esse dicitur: miserum est nec habere ne spei quidem extremum: spem ponere in armis, V.: spem deponere, *abandon*, H.: spem salutis suae in Meleagri morte deponebat, *placed*, Cu.: spem Catilinae mollibus sententiis alere: ut eos homines spes falleret: nostris militibus spem minuit, Cs.: de spe conatuque depulsus: morando spem destituere, L.: Philippus, magnā spe depulsus, L.: repente praeter spem dixit, etc.: cetera contra spem salva invenit, L.: omnia bona in spe habere, S.: omnīs Catilinae spes atque opes concidisse: (cadus) Spes donare novas largus, H.: spem istoc pacto nuptiarum omnem eripis, T.: qui spem salutis in aliā ratione non habuerit: unius recuperandi fili spes: Antiochus a spe societatis Prusiae decidit, L.: Spem suae mortis conceperat, O.: magna me spes tenet, explicare, etc.: in spem maximam adducti, hunc ipsum annum salutarem civitati fore: magnam in spem veniebat, fore, uti, etc., Cs.: te in istam spem inducere, ut, etc.: leniter in spem Adrepe officiosus, ut scribare Heres, H.: spem de eo iam puero habuerant: tantum spei habere ad vivendum: Gallis ad temptanda ea defuit spes, L.—*A hope, ground of hope, object of desire, deliverance, trust:* puppes, Spes vestri reditūs, O.: vestras spes uritis, V.: Spe (i. e. re speratā) potitur, O.—Of offspring, *a hope, promise:* Devovit nati spemque caputque parens, O.: nec spes iam restat Iuli, V.: spes reliqua nostra, Cicero.—*An anticipation, expectation, apprehension, dread:* si meam spem vis improborum fefellerit: mala res, spes multo asperior, S.: (bellum) spe omnium serius, L.: cum Tarentinorum defectio in spe Hannibali esset, L.—Person., as a divinity, *Hope:* ad Spei, *at the temple of Hope*, L., C., H.

sphaera, ae, *f.*, = σφαῖρα, *a ball, globe, sphere:* habent suam sphaeram stellae inerrantes.—*An orrery, planetarium:* lunae, solis motūs in sphaeram inligavit.

spīca, ae, *f.* [SPI-], *a point, ear, spike:* seges spicis uberibus: Cererem in spicis intercipit, O.—Prov.: In segetem spicas fundat, *carry coals to Newcastle*, O.—Poet.: Cilissa, i. e. *the pistils of crocus, saffron*, O.

spīceus, *adj.* [spica], *consisting of ears of*

corn: corona, H., Tb.: serta, O., Tb.: messis, i. e. *of grain*, V.

spīculum, ī, *n. dim.* [spicum], *a little sharp point, sting:* spicula caeca relinquunt (apes), V.: Curva (of scorpions), O.: crabronum, O.—Of a missile, *a point:* tum denique sibi avelli iubet spiculum: Hastarum spicula, O.: bipalme, L.—*A pointed missile, dart, arrow, javelin:* quos spiculo possent attingere, *with a javelin:* torquere Cydonia cornu Spicula, *arrows*, V.

spīcum, ī, *n.* [SPI-].—Of a plant, *an ear, spike:* fundit frugem spici ordine structam.—*A bright star in the constellation Virgo:* inlustre, C. poët.

spīna, ae, *f.* [SPI-], *a thorn:* spinae acutae, V.: spinis conserto tegmine nullis, O.—*A prickle, spine:* animantium aliae spinis hirsutae: spinā nocuus, O.—*The backbone, spine:* duplex, V.: a spinae crate teneri, O.: Spina viret, *the back*, O.: spinae curvamen, O.—Fig., *plur.*, *thorns, difficulties, subtleties, perplexities:* disserendi spinae: partiendi et definiendi, *intricacies:* spinas animo evellere, *cares*, H.: Quid te exempta levat spinis de pluribus una, *errors*, H.

spīnētum, ī, *n.* [spina], *a thorn hedge, thicket of thorns*, V.

spīneus, *adj.* [spina], *of thorns, thorny:* vincula, O.

spīniger, gera, gerum, *adj.* [spina + GES-], *thorn-bearing, thorny, prickly:* cauda, C. poët.

spīnōsus, *adj.* with *comp.* [spina], *full of thorns, thorny, prickly, bristling:* herbae, O.—Fig., of style, *harsh, crabbed, obscure, confused, perplexed:* disserendi genus: haec enim spinosiora prius ut confitear me cogunt.—Of cares, *galling, irritating:* curae, Ct.

spintria, ae, *m.*, = σφιγκτήρ, *a male prostitute*, Ta.

spīnus, ī, *f.* [SPI-], *a blackthorn, sloe-tree*, V.

spīra, ae, *f.*, = σπεῖρα, *a coil, fold, twist, spiral:* in spiram se conligit anguis, V., O.: longo iactetur spira galero, i. e. *tie*, Iu.

spīrābilis, e, *adj.* [spiro], *that may be breathed, respirable:* natura, cui nomen est aër: caeli lumen, *vital*, V.

spīrāculum, ī, *n.* [spiro], *a breathing-hole, vent, spiracle:* spiracula Ditis, i. e. *of the lower world*, V.

(spīrāmentum, ī), *n.* [spiro], *a breathing-hole, vent, pore, spiracle* (only *plur.*; poet.): caeca, V.: flammam exhalantia, O.: animae, i. e. *the lungs*, V. —Fig., *a breathing space, pause, short interval, instant:* spiramenta temporum, Ta.

spīritus, ūs, *m.* [cf. spiro], *a breathing, breath:* anima ducta est spiritu: aër spiritu ductus: neque habet quas ducat spiritus auras, O.: spiritum includere, *suffocate*, L.: ut nihil sit ne spiritu quidem minimo brevius, etc., i. e. *not an instant:* latere petitus imo spiritus, i. e. *a sigh*, H.: si spiritum ducit, vivit: usque ad extremum spiritum: filiorum postremum spiritum ore excipere.—*A gentle breath, breeze:* Aram, quam flatu permulcet spiritus austri, C. poët.: Boreae, V.—*The air:* quid est tam commune quam spiritus vivis?: diffunditur spiritus per arterias.—Fig., of a god, *breath, inspiration:* uno divino spiritu contineri, *by a divine inspiration:* Spiritum Phoebus mihi dedit, H.—*The breath of life, life:* eum spiritum, quem naturae debeat, patriae reddere: extremum spiritum in victoriā effundere: dum spiritus hos regit artūs, V.: surget spiritus in lacrimis, *a sigh*, Pr. —*Disposition, spirit, character:* avidum domando spiritum, i. e. *covetousness*, H.: qui spiritus illi, V.: hostilīs spiritūs gerens, L.—*Spirit, high spirit, energy, courage, haughtiness, pride, arrogance.*—*Sing.* (in prose only *gen.* and *abl.*, which are wanting in *plur.*): regio spiritu: illos eius spiritūs Siciliensīs quos fuisse putetis: tantum fiduciae ac spiritūs, Cs.: filia inflata muliebri spiritu, L.—*Plur.* (only *nom.* and *acc.*): res gestae meae . . . mihi nescio quos spiritūs attulerunt: magnos spiritūs in re militari sumere, Cs.: regios spiritūs repressit, N.: cum spiritūs plebs sumpsisset, L.: remittant spiritūs, comprimant animos suos: quorum se vim ac spiritūs fregisse, L.

spīrō, āvī, ātus, āre, *to breathe, draw breath, respire:* dum spirare potero: ne spirare quidem sine metu possunt: sunt qui ab eo (Clodio) spirante forum putent potuisse defendi, i. e. *while alive:* margarita viva ac spirantia saxis avelli, Ta.: spirantia consulit exta, *still panting*, V.: non sunt ausi admovere (corpori), velut spiranti, manūs, Cu.: graviter spirantis copia thymbrae, i. e. *of strong odor*, V.: Di maris et terrae . . . spirate secundi, i. e. *be propitious*, V.—With *acc.*, *to breathe out, exhale, emit:* flammas, L.: flamina, O.: divinum odorem, V.—*To breathe, blow, be exhaled, burst forth:* Letiferis calidi spirarunt flatibus austri, O.: Quā vada non spirant, *rage*, V.: fervet fretis spirantibus aequor, *boiling*, V.—Fig., *to breathe, live, be alive:* videtur Laeli mens spirare etiam in scriptis: spirat adhuc amor puellae, H.: Parii lapides spirantia signa, V.—*To be inspired, have poetic inspiration:* Quod spiro, tuum est, H. —With *acc.*, *to breathe forth, exhale, be full of, be inspired with, aim at:* mendacia, Iu.: amores, H.: tribunatum, L.: maiora, Cu.: immane, V.

spissātus, *adj.* [spissus], *thickened, condensed:* Ignis, O.

spissē, *adv.* [spissus], *crowdedly, thickly:* pervenire, i. e. *through a crowd.*

spissus, *adj.* with *comp.*, *thick, crowded, close, compact, dense:* sanguis, O.: grando, O.: corona viris, V.: nemorum comae, H.: harena, V.: noctis umbrae, V. — *Obstructed, tardy, lingering, slow:* omnia tarda et spissa: in utroque genere dicendi exitūs, *deliberate:* si id erit spissius.

splendeō, —, —, ēre, *to shine, be bright, gleam, glitter, glisten:* splendet pontus, V.: paternum Splendet salinum, H.: Glycera Splendens, H.—Fig., *to shine, be bright, be illustrious, be glorious:* virtus splendet per sese: alienā invidiā, i. e. *by the odium thrown on others*, L.

splendēscō, —, —, ere, *inch.* [splendeo], *to become bright, begin to shine, derive lustre:* Incipiat sulco attritus splendescere vomer, V.: Corpora . . . succo pinguis olivi Splendescunt, O.—Fig.: oratione.

splendidē, *adv.* [splendidus], *brightly, magnificently, splendidly, nobly:* ornare convivium: acta aetas, *with distinction:* mendax, H.: parum se splendide gerere, *with too little show*, N.: loqui, *grandly*.

splendidus, *adj.* with *comp.* and *sup.* [SPLEND-], *bright, shining, glittering, brilliant:* splendidior quam cetera sidera fulget, O.: splendidissimus candor: ostro Crinis, O.: fons splendidior vitro, H.: bilis, *bright yellow*, H.—*Brilliant, splendid, magnificent, sumptuous, gorgeous, grand:* domus regali splendida luxu Instruitur, V.: secundas res splendidiores facit amicitia.—Fig., *brilliant, illustrious, distinguished, noble:* vir splendidissimus civitatis suae: homo propter virtutem: causa splendidior: facta, H.: splendidioribus verbis uti: vox, *impressive:* veniamus ad splendidiora, *topics of more dignity*.—*Showy, fine, specious:* nomen: Praetendens culpae splendida verba tuae, O.

splendor, ōris, *m.* [SPLEND-], *brightness, brilliance, lustre, splendor, sheen:* flammae, O.: argenti, H.—*Splendor, magnificence, sumptuousness, grandeur:* omnia ad gloriam splendoremque revocare.—Fig., *distinguished merit, lustre, splendor, honor, dignity, excellence, eminence:* homines summo splendore praediti: senator populi R. splendor ordinis: dignitatis: M. Catonis splendorem maculare. — *Impressiveness:* splendore nominis capti: verborum Graecorum.

spoliātiō, ōnis, *f.* [spolio], *a pillaging, robbing, plundering, spoliation:* fanorum: sacrorum, L.—Fig., *an unjust deprivation, robbery:* consulatūs, *removal from:* dignitatis.

spoliātor, ōris, *m.* [spolio], *a robber, plunderer, spoiler:* eorum (monumentorum): templi, L.: pupilli, Iu.

spoliātrīx, īcis, *f.* [spoliator], *she that robs, a plunderer, spoiler:* ceterorum.

spoliātus, *adj.* with *comp.* [*P.* of spolio], *despoiled, stripped, impoverished, bare:* mea fortuna: nihil illo regno spoliatius.

spoliō, āvī, ātus, āre [spolium], *to strip, uncover, bare, unclothe:* Phalarim vestitu: spoliari hominem iubent, L.: Gallum caesum torque, L.: iacentem veste, N.—*To rob, plunder, pillage, spoil, deprive, despoil, strip, impoverish:* (Mars) saepe spoliantem evertit, *the spoiler:* spoliatis effossisque domibus, Cs.: delubra, S.: orbem terrarum: spoliari fortunis: ut Gallia omni nobilitate spoliaretur, Cs.: vetere exercitu provinciam, L.: te pudicā Coniuge, O.: ea philosophia, quae spoliat nos iudicio: illum vitā, V.: hiemps spoliata capillos, *stripped of his locks*, O.

spolium, ī, *n.* [SCAL-].—Of an animal, *the skin, hide, fell:* leonis, O.: monstri, O.—*Plur.*, *the arms stripped from an enemy, booty, prey, spoil:* hostium: spoliorum causā hominem occidere: multa spolia praeferebantur, Cs.: Indutus spoliis, V.: spolia ducis hostium caesi, L.: forum spoliis provinciarum ornasse: aliorum spoliis nostras opes augere: virtutis honor spoliis quaeratur in istis, *arms* (of the dead Achilles), O.: Egregiam laudem et spolia ampla refertis, i. e. *victory*, V.—*Sing.* (poet.): Quo nunc Turnus ovat spolio, V.: Actoris spolium, V.

sponda, ae, *f.* [SPA-], *a bedstead, bed-frame*, O.—*A bed, couch, sofa:* Aurea, V.: spondā sibi propiore recumbit, *on the nearer side*, O., H.

(spondaeus), see spondeus.

spondaulium (spondālium), ī, *n.*, *a sacrificial hymn, accompanied by the flute.*

spondeō, spopondī, spōnsus, ēre [cf. σπένδω], *to promise sacredly, warrant, vow, give assurance:* promitto, recipio, spondeo, C. Caesarem talem semper fore civem, etc.: quis est qui spondeat eundum animum postea fore, L.: spondebant animis id (bellum) Cornelium finiturum, i. e. *were entirely confident*, L.: spondebo enim tibi, vel potius spondeo in meque recipio, eos esse M'. Curi mores: praemia, quae spopondimus: fidem, O.: legionibus agros: non si mihi Iuppiter auctor Spondeat, hoc sperem, V.—In law, *to assume an obligation, promise solemnly, bind oneself, undertake:* quis spopondisse me dicit? nemo: si quis quod spopondit . . . si id non facit, condemnatur.—In behalf of another, *to engage, vouch, become security, enter bail:* pro multis: et se quisque paratum ad spondendum Icilio ostendere, L.: Hic sponsum (me) vocat, H.: Fraudator homines cum advocat sponsum inprobos, Ph.—*To make a wager of law, agree to a forfeit on failure to prove an assertion:* eum illi iacenti latera tunderentur, ut aliquando spondere se diceret.—In public life, *to engage, stipulate, agree, conclude, promise:* spoponderunt consules, legati (in concluding peace), L.: quod spondendo pacem servassent exercitum, L.: hosti nihil spopondistis, civem neminem spondere pro vobis iussistis, L.: quid tandem si spopondissemus urbem hanc relicturum populum R.? L.—*To promise in marriage, engage, betroth:* quae sponsa est mihi, T.—Of things, *to promise, forbode:* nec quicquam placidum spondentia Sidera, O.: quod prope diem futurum spondet fortuna vestra, L.

spondēus or **spondīus**, ī, *m.*, = σπονδεῖος, *a spondee* (foot of two long syllables), C., H.

spongia or **spongea**, ae, *f.*, = σπογγιά, *a sponge:* e foro spongiis effingi sanguinem.—*A coat of mail:* spongia pectori tegumentum, L.

(**spōns**, spontis), *f.* [cf. spondeo], *free will, accord, impulse, motion.*—Only *abl. sing.*, usu. with *pron. poss.*, *of one's own accord, freely, willingly, voluntarily:* Suā sponte recte facere, *of his own accord*, T.: tuā sponte facere, *voluntarily:* Gallia ipsa suā sponte excitata, *of its own motion:* transisse Rhenum sese non suā sponte, sed rogatum et accersitum a Gallis, Cs.: sponte meā componere curas, V.: Italiam non sponte sequor, *of my own will*, V.: Sponte properant, O.: equus sponte genua submittens, Cu.: magis popularium quam suā sponte, Cu.—*By oneself, without aid, alone:* nec suā sponte, sed eorum auxilio: cum oppidani suā sponte Caesarem recipere conarentur, Cs.: iudicium quod Verres suā sponte instituisset, i. e. *without precedent:* neque id solum meā sponte (prospexi), i. e. *by my own foresight.*—Of things, with *suā*, *of itself, spontaneously:* is autem ardor non alieno impulsu sed suā sponte movetur, etc.: Stellae sponte suā iussaene vagentur et errent, H.: sapientem suā sponte ac per se bonitas et iustitia delectat: ex loco superiore, qui prope suā sponte in hostem inferebat, L.: Te Sponte suā probitas officiumque iuvat, O.—Without *suā* (poet.): Sponte deae munus promeritumque patet (i. e. sine indice), O.

spōnsa, ae, *f.* [sponsus], *a betrothed woman, bride:* tua, T.: Flebilis, H.

sponsālia, ium, *n.* [*plur. n. adj.* from sponsus], *a betrothal, espousal, wedding:* factis sponsalibus: parare, Iu.: sponsalia Crassipedi praebui, *a wedding-feast.*

spōnsiō, ōnis, *f.* [spondeo], *a solemn promise, engagement, covenant, guarantee, security:* voti sponsio, quā obligamur deo: per indutias sponsionem faciunt, uti, etc., *made a covenant*, S.: pax per sponsionem facta, *by giving security*, L.: sponsionem interponere, L.—In actions at law, *a wager of law, formal stipulation for a forfeit by the loser:* condicio fertur, ut, si id factum negaret, sponsione defenderet sese, L.: ut sponsionem facere possent, ni adversus edictum praetoris vis facta esset, *an engagement to pay forfeit, unless it is adjudged that*, etc.: sponsio est, ni te Apronius socium in decumis esse dicat, *the stipulation is* (to pay) *unless*, etc.: vincere sponsionem, *to win the forfeit.*—*A betting:* audax, Iu.

spōnsor, ōris, *m.* [spondeo], *a bondsman, surety, bail, voucher:* sponsor es pro Pompeio: sponsores Trebelli: si sponsor est illi de meā (voluntate): (Hymenaeus) mihi coniugii sponsor erat, O.

spōnsum, ī, *n.* [*P. n.* of spondeo], *a covenant, agreement, engagement:* sponsum negare, *to break a pledge*, H.: ex sponso egit (i. e. ex sponsione), *proceeded to enforce the covenant.*

1. spōnsus, ī, *m.* [*P.* of spondeo], *a betrothed man, bridegroom:* sponsi nomen appellans: regius, H.: Sponsi Penelopae, *suitors*, H.

2. (**spōnsus**, ūs), *m.* [spondeo], *a bail, suretyship.*—Only *abl. sing.:* de sponsu si quid perspexeris.

sponte, see (spons).

sportella, ae, *f. dim.* [sporta, a wicker-basket], *a little basket, luncheon-basket.*

sportula, ae, *f. dim.* [sporta, a wicker-basket], *a little basket;* hence (as distributed in such baskets), *a dole, petty present:* parva, Iu.: quanto celebretur sportula fumo, i. e. *the distribution of doles*, Iu.

sprētor, ōris, *m.* [SPAR-], *a disdainer, scorner, contemner:* deorum, O.

sprētus, *P.* of sperno.

spūma, ae, *f.* [spuo], *foam, froth, scum, spume:* spumas agere in ore: albida, O.: in dio concreta profundo, O.: spumas salis aere ruebant, V.: sanguinis, O.

spūmātus, *P.* of spumo.

spūmēscō, —, —, ere, *inch.* [spuma], *to grow frothy, begin to foam*, O.

spūmeus, *adj.* [spuma], *foaming, frothy:* Nereus, V.: unda, V.: torrens, O.

spūmifer, era, erum, *adj.* [spuma+1 FER-], *foam-bearing, foaming:* amnis, O.

spūmiger, era, erum, *adj.* [spuma + GES-], *foam-bearing, foaming:* fons, O.

spūmō, āvī, ātus, āre [spuma], *to foam, froth:* fluctu spumabant caerula cano, V.: Spumans aper, V.: spumat plenis vindemia labris, V.: frena spumantia, *covered with foam*, V.: sanguis, V.: spumantibus ardens visceribus, *foaming with wrath*, Iu.: saxa salis niveo spumata liquore, *frothed over*, C. poët.

spūmōsus, *adj.* [spuma], *full of foam, covered with foam:* unda, V.: undae, O.

spuō, uī, ūtus, ere [SPV-], *to spit, spit out, spew:* terram (i. e. pulverem), V.

spurcātus, *adj.* with *sup.* [*P.* of spurco], *filthy, foul, defiled:* senectus impuris moribus, Ct.: helluo spurcatissimus.

spurcē, *adv.* with *sup.* [spurcus], *impurely, foully, filthily:* in illam dicere, i. e. *utter a foul libel:* perscribit spurcissime, *in the vilest language.*

spurcō, —, ātus, āre [spurcus], *to defile:* forum.

spurcus, *adj.* with *comp.* and *sup.* [SPARC-], *unclean, impure, foul, base, low:* homo: Dama, H.: lex spurcior linguā suā: capita spurcissima: homo spurcissime!

spūtātilicus, *adj.* [sputo], *to be spit upon, abominable, detestable:* crimina eius, Sisenn. ap. C.

spūtō, —, —, āre, *intens.* [spuo], *to spit, spit out:* mixtos sanguine dentes, O.

spūtum, ī, *n.* [spuo], *spittle:* sputa cruenta, Pr.

squāleō, uī, —, ēre [squalus; 2 CAL-], *to be stiff, be rigid, be rough:* squalentes infode conchas, i. e. *rough*, V.: auro squalens lorica, V.: maculis auro squalentibus, V.: squalentia tela venenis, O.—*To be filthy, be neglected, be squalid, lie waste:* Squalenti Dido comā, O.: Squalens barba, V.: squalebant corpora morbo, O.: squalent abductis arva colonis, *lie untilled*, V.: squalens litus, Ta.—Because soiled garments were a sign of mourning, *to go in mourning, wear the garb of grief:* squalebat civitas veste mutatā: squalent municipia.

(squālidē), *adv.* [squalidus], *without ornament, rudely.*—Only *comp.:* squalidius dicere.

squālidus, *adj.* with *comp.* [2 CAL-], *stiff, rough, dirty, foul, filthy, neglected, squalid:* homo, T.: corpora, L.: carcer, O.: siccitate regio, Cu.: humus, O.: reus, *in mourning*, O.—F i g., of speech, *rude, unadorned:* suā sponte (haec) squalidiora sunt.

squālor, ōris, *m.* [2 CAL-], *roughness, dirtiness, filthiness, foulness, squalor:* squaloris plenus: obsita squalore vestis, L.: ignavis et imbellibus manet squalor, Ta.—Of places: locorum squalor, *desolation*, Cu.—As a sign of mourning, *neglected raiment, filthy garments, mourning:* decesserat frater meus magno squalore: legati, obsiti squalore, L.

squalus, ī, *m.*, *a sea-fish*, O. (al. squatus).

squāma, ae, *f.* [SCAD-], *a scale:* (animantes) squamā obductas: tractu squamae crepitantis harenam Sulcat, O.: hydri, V.: Hoc pretio squamae! *Fish-scales*, i. e. *a fish*, Iu.—Of armor, *a scale, layer:* duplici squamā lorica, *of two layers*, V.

squāmeus, *adj.* [squama], *scaly:* anguis, V.: membrana chelydri, O.

squāmiger, gera, gerum, *adj.* [squama + GES-], *scale-bearing, scaly:* pisces, C. poët.: cervices (anguis), O.

squāmōsus, *adj.* [squama], *covered with scales, scaly:* draco, V.: orbes (anguis), O.

squatus, ī, *m.*, *a sea-fish*, O. (al. squalus).

squilla or **scilla**, ae, *a small shell-fish, shrimp:* cum omnia in istā Consumis squillā (as a dainty dish), Lucil. ap. C.: Tostae squillae, H.

st, *interj.*, *hist! whist! hush!:* st, mane, T.: st, litteras tuas exspecto.

stabilīmen, inis, *n.* [stabilio], *a stay, support, fortification:* regni, C. poët.

stabiliō (poet. *imperf.* stabilībat), īvī, ītus, īre [stabilis], *to make firm, confirm, stay, support:* semita nulla pedem stabilibat, Enn. ap. C.: confirmandi et stabiliendi causā, Cs.—F i g., *to establish, fix, confirm, make secure:* libertatem civibus, Att. ap. C.: hanc rem p.: urbs stabilita tuis consiliis: res Capuae stabilitae Romanā disciplinā, L.

stabilis, e, *adj.* with *comp.* [STA-], *firm, steadfast, steady, stable, fixed:* via: ad insistendum locus, L.: medio sedet insula ponto, O.: (elephanti) pondere ipso, L.: stabilior Romanus erat, *stood his ground better*, L.: stabili pugnae adsueti, i. e. *the hand-to-hand fighting of infantry*, L.: acies, L.: domus.—F i g., *firm, enduring, durable, stable, lasting, immutable, unwavering, steadfast:* amici: decretum: urbs sedem stabilem non habebit: possessio: praecepta: animus amicis: virtus, Quae maneat stabili pede, O.: Spondei, *steady in movement*, H.: imperium stabilius, T.—*Plur. n.* as *subst.*, *the permanent:* stabilia (meliora) incertis.

stabilitās, ātis, *f.* [stabilis], *a standing fast, steadfastness, firmness, stability:* peditum in proeliis, Cs.: stirpes stabilitatem dant iis, quae sustinent.—F i g., *steadfastness, durability, security, fixedness, stability:* praesidia stabilitatis (rei p.): fortunae: sententiae, quae stabilitatis aliquid habeant.

stabulō, —, —, āre [stabulum], *to have an abode, dwell, be stabled:* Centauri in foribus stabulant, V.: (boves) unā, V.

stabulor, ātus, ārī, *dep.* [stabulum], *to be stabled, kennel, harbor:* in antris, O.

stabulum, ī, *n.* [STA-], *a standing-place, fixed abode;* hence, of animals, *a stall, stable, enclosure:* stabulis gaudet pecus, H.: apium, i. e. *a beehive*, V.: stabula alta ferarum, *lairs*, V.: a stabulis tauros Avertit, *pasture*, V.—Of persons, *a lowly abode, cottage, hut:* pastorum: pueros ad stabula Larentiae uxori educandos datos, L.: tecta stabuli, V.—*A brothel, house of ill-repute:* pro cubiculis stabula.

stadium, ī, *n.*, = στάδιον, *a stade, stadium, furlong* (125 paces, 625 Roman feet, or 606¾ English feet): sex illa a Dipylo stadia confecimus.—*A course for foot-racers, race-course:* stadium currere: ut in stadio cursores exclamant.

stāgnō, āvī, ātus, āre [stagnum].—Of waters in

inundation, *to cover the land as a lake, become a pool, stagnate:* stagnans flumine Nilus, V.: spatium aquarum late stagnantium, Cu.: ut stagnare paludibus orbem videt, *is covered*, O.: (loca) stagnata paludibus ument, *made a pool*, O.

stāgnum, ī, *n.* [STA-], *a standing water, lake, pool, pond, swamp, fen:* stagna vendere: super ripas Tiberis effusus lenibus stagnis, L.: Cocyti stagna, V.: stagna inmensa lacusque, O.: stagni incola, i. e. *a frog*, Ph.—*Waters:* imis Stagna refusa vadis, V.: Phrixeae stagna sororis, i. e. *the Hellespont*, O. — *An artificial lake, pool, basin:* Extenta Lucrino Stagna lacu, H.: Euripi, O.

stāmen, inis, *n.* [STA-].—In weaving, *the foundation threads, basis, warp:* gracile, O.: de stamine pampinus exit, O.—*A thread, string:* stamina pollice versant, O.: digitis dum torques stamina, O.: stamina Pollice sollicitat (of the lyre), O.: Stamina fatalia (of the Fates), O.: queri nimio de stamine, *too long a thread of life*, Iu.: Puniceo canas stamine vincta comas, i. e. *fillet*, Pr.

stāmineus, *adj.* [stamen], *full of threads:* rhombi rota, *wrapped with threads*, Pr.

Stata, ae, *f.* [1 status], *a surname of Vesta.*

statārius, *adj.* [1 status], *standing fast, standing firm, stationary, steady:* miles, L.: hostis, L. —F i g., *quiet, calm, tranquil:* orator.—As *subst. f.* (sc. comoedia), *a quiet comedy, character-play:* Statariam agere, T.—*Plur. m.* as *subst.*, *actors in quiet comedy.*

statēra, ae, *f.*, = στατήρ, *a steelyard, balance:* aurificis, *a goldsmith's scales.*

statim, *adv.* [STA-], *steadily, regularly:* ex his praediis talenta argenti bina Capiebat statim, i. e. *every year*, T.—*On the spot, forthwith, straightway, at once, immediately, instantly:* si non statim, paulo quidem post: consultum utrum igni statim necaretur, an in aliud tempus reservaretur, Cs.: principio anni statim res turbulentae, L.: ut statim testificati discederent: statim, ut dici (res) coepta est, *as soon as:* me ab eo diligi statim coeptum esse, ut, etc.: statim ait se iturum, simul ac tradidisset, etc., *immediately after:* Caesare interfecto statim exclamavit, etc.

statiō, ōnis, *f.* [STA-], *a standing, standing firm:* In statione manūs paravi, *in fighting attitude*, O.—*A standing-place, station, post, position, abode, residence:* in arce statio mea nunc placet: Quā positus fueris in statione, mane, O.: alternā fratrem statione redemit, i. e. *by taking his place in turns*, O.: Pone recompositas in statione comas, *in place*, O.—Of soldiers, *a post, station:* cohortes ex statione et praesidio emissae, Cs.: in stationem succedere, *relieve*, Cs.: stationem relinquere, V.: stationem agere pro vallo, *keep guard*, L.: in statione esse, Cu.—P o e t., of eyes: imperii statione relictā, O.—*A post, watch, guard, sentries, sentinels, outposts, pickets:* stationes dispositas habere, Cs.: ut minus intentae diurnae stationes ac nocturnae vigiliae essent, L.: equitum, Cs.—*An anchorage, roadstead, road, port, harbor, bay, inlet:* ad insulam stationes obtinere, Cs.: infestior classi, L.: statio male fida carinis, V.

statīvus, *adj.* [STA-], *set, stationary, fixed:* praesidium stativum: castra, *a stationary camp*, Cs.: stativa sibi castra faciebat, i. e. *settled in inactivity.*—*Plur. n.* as *subst.* (sc. castra), *a stationary camp, permanent encampment:* in his stativis liberi commeatūs erant, L.

stator, ōris, *m.* [STA-], *an attendant upon a proconsul in his province, messenger, orderly:* statores mittere. — As surname of Jupiter, *a stay, supporter, protector*, L., C., O.

statua, ae, *f.* [1 status], *an image, statue, monumental figure, representation in metal:* statuae et imagines: istius persimilis: statuarum inscriptio: Si quaeret Pater urbium Subscribi statuis, H.: statuā taciturnius exit, H.: statuā pallidior, Ct.

statūmen, inis, *n.* [statuo], *a support, stay.*—E s p., *a ship's rib*, Cs.

statuō, uī, ūtus, ere [status], *to cause to stand, set up, set, station, fix upright, erect, plant:* statue signum, L.: agro qui statuit meo Te, triste lignum (i. e. arborem), H.: Crateras magnos statuunt (on the table), V.: tabernacula statui passus non est, *to pitch*, Cs.: aciem quam arte statuerat, latius porrigit, *had drawn up*, S.: statuitur Lollius in convivio, *is taken to the banquet:* tabernacula in foro, L.: ubi primum equus Curtium in vado statuit, L.: in nostris castris tibi tabernaculum statue, Cu.: pro rigidis calamos columnis, O.: alqm capite in terram, T.: patrem eius ante oculos: bovem ad fanum Dianae et ante aram, L.: Puer quis Ad cyathum statuetur? H.— *To construct and place, set up, erect, make, build:* eique statuam equestrem in rostris statui placere, *in his honor:* Effigiem, V.: Templa tibi, O.: aras e caespite, O.: aëneum tropaeum: carceres eo anno in Circo primum statuti, L.: incensis operibus quae statuerat, N.: Inter et Aegidas mediā statuaris in urbe, i. e. *a statue of you*, O.: Urbem quam statuo vestra est, *found*, V.—*To cause to stand firm, strengthen, support:* rem p. certo animo, Att. ap. C.—Of rules and precedents, *to establish, constitute, ordain, fix, settle, set forth:* omnīs partīs religionis: vectigal etiam novum ex salariā annonā, L.: Exemplum statuite in me ut adulescentuli Vobis placare studeant, T.: in alquo homine exemplum huius modi: si quid iniungere inferiori velis, si id prius in te ac tuos ipse iuris statueris, etc., *first admit it against yourself*, L.: citius Quam tibi nostrorum statuatur summa laborum, i. e. *is recounted*, O.—Of persons, *to constitute, appoint, create:* arbitrum me huius rei.—Of limits and conditions, *to determine, fix, impose, set:* imperi diuturnitati modum statuendum putavistis, *that a limit should be assigned:* statui mihi tum modum et orationi meae, *imposed restraints upon:* non statuendo felicitati modum, *by not limiting his success*, L.: modum carminis, O.: providete duriorem vobis condicionem: Finem orationi, *make an end of*, T.—Of a time or place, *to fix, appoint, set:* statutus est comitiis dies, L.: multitudini diem statuit ante quam liceret, etc., S.: fruges quoque maturitatem statuto tempore expectant, Cu.—*To decide, determine, settle, fix, bring about, choose, make a decision:* ut pro merito cuiusque statueretur, L.: ut ipse de eo causā cognitā statuat, *to try the cause and decide*, Cs.: utrum igitur hoc Graeci statuent . . . an nostri praetores?: ut statuatis hoc iudicio utrum, etc.: in hoc homine statuetur, possitne homo damnari, etc.: quid faciendum sit, L.: nondum statuerat, conservaret eum necne, N.: in senatu de lege: de absente eo statuere ac iudicare, L.: de P. Lentulo, i. e. *decide on the punishment of*, S.: (ii), quos contra statuas: Res quoque privatas statui sine crimine iudex, *sat in judgment upon*, O.—In the mind, *to decide, make up one's mind, conclude, determine, be convinced:* numquam intellegis, statuendum tibi esse, utrum, etc.: neque tamen possum statuere, utrum magis mirer, etc.: vix statuere apud animum meum possum, utrum, etc., *to make up my mind*, L.: quidquid nos communi sententiā statuerimus. —*To decree, order, ordain, enact, prescribe:* statuunt ut decem milia hominum mittantur, Cs.: eos (Siculos) statuisse, ut hoc quod dico postularetur: patres ut statuerent, ne absentium nomina reciperentur: statutum esse (inter plebem et Poenos), ut . . . impedimenta diriperent, *agreed*, L.: statuunt ut Fallere custodes tentent, O.: sic, di, statuistis, O.: (Vestalibus) stipendium de publico, *decreed a salary*, L.: cur his quoque statuisti, quantum ex hoc genere frumenti darent.—Of punishments, *to decree, measure out, inflict, pass sentence:* considerando . . . in utrā (lege) maior poena statuatur: obsecrare, ne quid gravius in fratrem statueret, *treat harshly*, Cs.: quid in illos statuamus consultare, S.: cum triste aliquid statuit, O.: legem de capite civis Romani statui vetare, i. e. *sentence of death to be passed.*—*To resolve, determine, purpose, propose:* statuit ab initio ius publicano non dicere: statuerat excusare, *to decline the office:* proelio decertare, Cs.: non pugnare, L.: habere statutum cum animo ac deliberatum, *to have firmly and deliberately resolved:* caedis initium fecisset a me, sic enim statuerat.—*To judge, declare as a judgment, be of opinion, hold, be convinced, conclude, think, consider:* leges statuimus per vim et contra auspicia latas: statuit senatus hoc, ne illi quidem esse licitum, cui concesserat omnia: qui id statuat esse ius quod non oporteat iudicari, *who holds that to be the law:* cum igitur statuisset, opus esse, etc., *had become convinced:* statuistis, etiam intra muros Antoni scelus versari, *inferred:* Hoc anno statuit temporis esse satis, O.: si id dicunt, non recte aliquid statuere eos qui consulantur, *that they hold an erroneous opinion:* hoc si ita statuetis: statuit nauarchos omnīs vitā esse privandos, *thought it necessary to deprive*, etc.: causam sibi dicendam esse statuerat, *knew:* Caesar statuit exspectandam classem, Cs.: si, ut Manilius statuebat, sic est iudicatum: uti statuit, *as he thought*, L.: omnīs statuit ille quidem non inimicos, sed hostīs, *regarded not as adversaries, but as foes:* Anaximenes aëra deum statuit, *regarded.*

statūra, ae, *f.* [STA-], *height, size, stature:* velim mihi dicas, Turselius quā staturā (fuerit), etc.: homines tantulae staturae, Cs.

1. status, *adj.* [*P.* of sisto], *set, fixed, appointed, regular:* status dies cum hoste, *a fixed day of trial:* tres in anno statos dies habuisse, quibus, etc., L.: statis temporibus fieri, L.: temporibus statis reciprocat (fretum), *regular intervals*, L.: stata sacra, O.

2. status, ūs, *m.* [STA-], *a station, position, place:* statu movere (hostīs), *dislodge*, L.—*A standing, way of standing, posture, position, attitude, station, carriage, pose:* Qui esset status (videre vellem), etc., *what figure you cut*, T.: in gestu status (oratoris erit) erectus: Dumque silens astat, status est voltusque diserti, O.: iis statibus in statuis ponendis uti, N.: decorum istud in corporis motu et statu cernitur.—*Position, order, arrangement, state, condition:* eodem statu caeli et stellarum nati, *aspect:* statum caeli notare, L.—Fig., of persons, *standing, condition, state, position, situation, rank, status:* hunc vitae statum usque ad senectutem obtinere: hunc bonorum statum odisse, *the social position of the aristocracy:* ecquis umquam tam ex amplo statu concidit?: tueri meum statum, *to maintain my character:* Omnis Aristippum decuit color et status et res, H.: iste non dolendi status non vocatur voluptas: Flebilis ut noster status est, ita flebile carmen, O.: vitae statum commutatum ferre, N.: id suis rebus tali in statu saluti fore, Cu.—*Abl.* in phrases with verbs of removal, *a position, place:* vis, quae animum certo de statu demovet, *from its balance:* saepe adversarios de statu omni deiecimus, *utterly confounded:* mentem ex suā sede et statu demovere, *unbalance:* de statu suo declinare, i. e. *become unsettled:* de meo statu declinare, *to abandon my position;* cf. demovendis statu suo sacris religionem facere, *to excite scruples against profaning*, etc., L.—Of communities, *a condition, state, public order, organization, constitution:* Siciliam ita perdidit ut ea restitui in antiquum statum nullo modo possit: rei p. status: tolerabilis civitatis: statum orbis terrae . . . redemi: eo tum statu res erat ut, etc., Cs.: statum civitatis ea victoria firmavit, i. e. *commercial prosperity*, L.: qui se moverit ad sollicitandum statum civitatis, *internal peace*, L.: a Maronitis certiora de statu civitatium scituros, i. e. *the political relations*, L.: numquam constitisse civitatis statum, *the government had never been permanent:* status civitatis in hoc uno iudicio (positus), *the constitution:* status enim rei p. maxime iudicatis rebus continetur, i. e. *the existence of the republic:* Tu civitatem quis deceat status Curas, *what institutions*, H.—In rhet., *the controverted point, substance of dispute, method of inquiry.*

statūtus, *P.* of statuo.

stella, ae, *f.* [for *sterula; STER-], *a star:* ignes, quae sidera et stellas vocatis: (stellae) errantes . . . inerrantes, i. e. *planets* . . . *fixed stars:* comans, i. e. *a comet*, O.: Saepe stellas videbis Praecipites caelo labi, i. e. *meteors*, V.—Prov.: Terra feret stellas, O.—Poet.: Coronae, *constellation*, V.: vesani Leonis, H.: serena, *the sun*, O.

stellāns, antis, *adj.* [stella], *starred, starry:* caelum, V.: Olympus, C. poët.: gemmis caudam (pavonis) stellantibus implet, *shining*, O.

stellātus, *adj.* [stella], *set with stars, starry:* Cepheus, i. e. *made a constellation:* Argus, i. e. *many-eyed*, O.: iaspide fulvā Ensis, *glittering*, V.: variis stellatus corpore guttis, *thickly strewn*, O.

stellifer, fera, ferum, *adj.* [stella + 1 FER-], *star-bearing, starry:* caeli cursus.

stelliger, gera, gerum, *adj.* [stella + GES-], *star-bearing, starry:* orbes.

stelliō (stēliō), ōnis, *m., a newt, stellion, lizard with spotted back*, V.

stemma, atis, *n.*, = στέμμα, *a garland, wreath;* hence, *a pedigree, genealogical tree*, Iu.

stercorō, —, —, āre [stercus], *to dung, muck, fertilize:* utilitas stercorandi.

sterculīnum (sterquil-, Ph.), ī, *n.* [stercus], *a dung-heap, dung-hill.*—As a term of abuse, T.

stercus, oris, *n.* [1 CAR-], *dung, excrements, ordure, manure:* et supra stercus iniectum: crocodili, H.—As a term of abuse: stercus curiae.

sterilis, e, *adj.* [1 STAR-], *unfruitful, barren, sterile, unproductive:* avenae, V.: herba, O.: agri, V.: tellus, O.: palus, H.: Robigo, *causing sterility*, H.: amor, i. e. *unrequited*, O.: amicus, *unprofitable*, Iu.: virtutum sterile saeculum, Ta.

sterilitās, ātis, *f.* [sterilis], *unfruitfulness, barrenness, sterility:* genus agrorum propter fertilitatem incultum: naturae.

sternāx, ācis, *adj.* [sterno], *prostrating, throwing down:* equus, *that throws his rider*, V.

sternō, strāvī, strātus, ere [STER-], *to spread out, spread abroad, stretch out, extend, strew, scatter:* Sternitur in duro vellus solo, O.: virgas, *strew*, O.: passim poma, V.: corpora, *stretch*, L.: Sternimur gremio telluris, *lie down*, V.—*To spread out, flatten, smooth, level:* Sterneret aequor aquis, V.: straverunt aequora venti, V.: pontum, O.: odia militum, *to calm, moderate*, Ta.—*To cover, spread, bestrew:* foliis nemus tempestas Sternet, H.: Congeriem silvae vellere, O.: strati bacis agri, V.—Of a bed or couch, *to cover, spread, prepare, arrange, make:* lectus vestimentis stratus est, T.: pelliculis lectulos: torum frondibus, Iu.—Of a way, *to cover, lay, pave:* locum sternendum locare: via strata, L.: semitam saxo quadrato, L.—Of an animal, *to saddle:* equos, L.—*To throw down, stretch out, lay low, throw to the ground, overthrow, prostrate, raze, level:* catervas, L.: omnia ferro, L.: Ter leto sternendus erat, V.: Stravit humi pronam, O.: Primosque et extremos metendo Stravit humum, H.: Sternitur volnere, V.: Thyesten exitio gravi, H.: Strata belua texit humum, O.—Fig., *to cast down, prostrate:* adflictos se et stratos esse fateantur: mortalia corda Per gentīs humilīs stravit pavor, V.: haec omnia strata humi erexit, L.

sternūmentum, ī, *n.* [sternuo], *a sneezing.*

sternuō, —, —, ere [cf. πτάρνυμαι,], *to sneeze, sputter, crackle:* Sternuit et lumen, O.—*To give by sneezing:* omen, Pr.: approbationem, Ct.

sterquilīnum, see sterculinum.

stertō, —, —, ere [2 STAR-], *to snore:* noctis et dies, T.: ita stertebat, ut ego vicinus audirem: vigilanti naso, Iu.

stigma, atis, *n.*, = στίγμα, *a mark burned in, brand:* stigmate dignus, Iu.

stigmatiās, ae, *m.*, = στιγματίας, *one branded* (of a slave).

stīlla, ae, *f. dim.* [stiria], *a drop, viscous drop:* mellis.

stīllicidium (stīlicid-), ī, *n.* [stilla + 1 CAD-], *a trickling liquid, drippings from the eaves, rain from the roof:* iura stillicidiorum.

stīllō, āvī, ātus, āre [stilla], *to make drops, give drops, drop, distil, drip:* stillantem pugionem ferre: paenula multo nimbo, Iu.: Sanguine sidera, O.: Ex oculis rorem, H.: stillata cortice myrrha, O.: acre malum stillans ocellus, Iu.—Of liquids, *to fall in drops, drop, trickle:* de viridi ilice mella, O.: ros, O.—Fig., *to instil, whisper, breathe:* stillavit in aurem Exiguum de veneno, Iu.: litterae quae mihi quiddam quasi animulae stillarunt.

stilus (not stylus), ī, *m.* [STIG-], *a pointed instrument;* hence, in a double sense: si meus stilus ille fuisset, ut dicitur, *had that weapon been mine, had I been the author of that tragedy:* hic stilus haud petet ultro Quemquam, *my pen will stab no* *one wantonly*, H.—For writing on waxen tablets, *an iron pencil, style:* orationes paene Attico stilo scriptae, *with an Attic pen:* luxuries, quae stilo depascenda est, i. e. *to be moderated by practice in writing:* vertit stilum in tabulis suis, i. e. *makes erasures* (with the broad upper end of the style): Saepe stilum vertas, H.—*A writing, composition, practice of composing:* stilus optimus dicendi effector: exercitatus, *a practised pen.*—*A manner of writing, mode of expression, style:* Dissimili oratione sunt factae (fabulae) ac stilo, *in language and style*, T.: artifex stilus, *an artistic style.*

stimulātiō, ōnus, *f.* [stimulo], *an incitement, stimulation:* privata, Ta.

stimulō, āvī, ātus, āre [stimulus], *to goad, rouse, set in motion, stir, spur, incite, stimulate:* stimulante fame, *driven by hunger*, O.: stimulante conscientiā, Cu.: avita gloria animum stimulabat, L.: stimulata pellicis irā, O.: Iurgia praecipue vino stimulata, *excited*, O.: ad huius salutem defendendam stimulari me: ad arma, L.: iniuriae dolor in Tarquinium eos stimulabat, L.: me, ut caverem, etc.: eodem metu stimulante, ne moraretur, Cu.: Festinare fugam . . . iterum stimulat, V.—*To goad, torment, vex, trouble, plague, disquiet, disturb:* te conscientiae stimulant maleficiorum tuorum: consulem cura de filio stimulabat, L.

stimulus, ī, *m.* [STIG-], *a prick, goad:* Parce stimulis, O.: dum te stimulis fodiamus.—P r o v.: Advorsum stimulum calces, *kick against the pricks*, T.—In war, *stakes bearing iron hooks buried in the ground* (to impede the enemy), Cs.—F i g., *a spur, incentive, incitement, stimulus:* animum gloriae stimulis concitare: Omnia pro stimulis facibusque ciboque furoris Accipit, O.: non hostili modo odio sed amoris etiam stimulis, L.; cf. acriores quippe aeris alieni stimulos esse, L.: acrīs Subiectat lasso stimulos, H.—*A sting, torment, pain:* stimulos doloris contemnere: stimulos in pectore caecos Condidit, O.

stinguō, —, —, ere [STIG-], *to put out, extinguish:* Stinguuntur radii.—F i g.: vetustas stinguens insignia caeli, *dimming.*

stīpātiō, ōnis, *f.* [stipo], *a crowd, throng, retinue:* stipatio, greges hominum perditorum.

stīpātor, ōris, *m.* [stipo], *an attendant, satellite, follower:* praemittebat de stipatoribus suis, qui scrutarentur, etc.: neque te quisquam stipator sectabitur, H.: flagitiorum circum se, tamquam stipatorum, catervas habebat, S.

stīpātus, *P.* of stipo.

stīpendiārius, *adj.* [stipendium], *of tribute, liable to impost, contributing, tributary:* civitas, Cs.: vectigal, i. e. *a yearly impost.*—As *subst. m.*, *a tributary, payer of tribute:* vectigalis stipendiariusque populi R., L.: quos vectigalīs aut stipendiarios fecerant, i. e. *compelled to grant supplies or to pay tribute:* vectigalem ac stipendiariam Italiam Africae facere, i. e. *completely to subject*, L.—*Receiving pay, serving for pay, mercenary:* postquam stipendiarii facti sunt, L.

stīpendium, ī, *n.* [stips+PAND-], *a paying of tax, tax, impost, tribute, contribution* (usu. in money): pendere, Cs.: conferre, L.: stipendio liberatus, Cs.: stipendi spem facere, L.—*Tribute, dues:* Quae finis aut quod me manet stipendium? *penalty*, H.—*An income, stipend, salary, pay:* iis stipendium de publico statuit, L.—Of soldiers: militare, L.: cum stipendium ab legionibus flagitaretur, Cs.: numerare militibus: exercitum stipendio adficere: trium mensium, Cu.—*Military service, campaigning:* meruisse stipendia in eo bello, *to have served:* stipendiis faciundis sese exercuit, S.: emereri, *to serve out one's time*, L.: emeritis stipendiis, i. e. *at the end of their service*, S.; cf. animum tamquam emeritis stipendiis libidinis secum vivere, i. e. *released from the service of*, etc.: homo nullius stipendi, S.: qui eorum minime multa stipendia haberet, i. e. *campaigns*, L.: septem et viginti enumeratis stipendiis, i. e. *years of service*, L.

stīpes, itis, *m.* [STIP-], *a log, stock, post, trunk, stake:* huc illi stipites demissi, Cs.: non stipitibus duris agitur, *clubs*, V.: consternunt terram concusso stipite frondes, i. e. *the tree*, V.—F i g., of a stolid person, *a stock, log:* stipes, asinus, T.

stīpō, āvī, ātus, āre [STIP-], *to crowd together, compress, press, pack:* Ingens argentum, V.: Graeci stipati, quini in lectis: in arto stipatae naves, L.: fratrum stipata cohors, V.: stipare Platona Menandro, *to pack up with* (i. e. their books), H.—*To press, cram, stuff, pack, fill full:* arcto stipata theatro Roma, H.: Curia patribus stipata, O.—*To surround, encompass, throng, environ, attend, accompany:* satellitum turbā stipante, L.: magnā stipante catervā, V.: stipatus sicariis: telis stipati: senatum armatis: comitum turba est stipata suarum, O.: senectus stipata studiis iuventutis.

(stips), stipis, *f.* [STIP-], *a contribution in money, gift, donation, alms, contribution, dole:* ne quis stipem cogito, lex ap. C.: stipem sustulimus, i. e. *begging:* stipem Apollini conferre, L.: stipis adice causam, O.: suburbanum hortum exiguā colere stipe, Cu.

stipula, ae, *f. dim.* [STIPA-], *a stalk, stem, blade, halm:* viridis, V.: Stridenti stipulā disperdere carmen, *a screeching reed-pipe*, V.—*Dried stalks, straw, stubble:* stipulam colligere, T.: Ferret hiemps stipulas volantīs, V.: fabales, *beanstalks*, O.—P r o v.: Flamma de stipulā, *quickly extinguished fire*, O.

stipulātiō, ōnis, *f.* [stipulor], *a formal prom-*

ise, engagement, agreement, bargain, covenant, stipulation: pacta, stipulationes: ut ea pecunia ex stipulatione debeatur: stipulationum formulae.

stipulātiuncula, ae, *f. dim.* [stipulatio], *a petty covenant, trifling stipulation:* adversari.

stipulor, ātus, ārī, *dep.* [STIP-], *to engage, bargain, covenant, stipulate:* alqd: Quantum vis stipulare, i. e. *bargain for what you will,* Iu.: pecunia stipulata, *promised.*

stīria, ae, *f.* [1 STAR-], *a frozen drop, ice-drop, icicle:* inpexis horrida barbis, V.

stirpēs, stirpis, see stirps.

stirpitus, *adv.* [stirps], *by the stalk, by the roots, root and branch, utterly:* errorem, quasi radicem malorum, stirpitus extrahere.

stirps (rarely **stirpis**, once **stirpēs**, L.), pis, *f.* or (poet.) *m.* [STER-].—Of plants, *the lower part of the trunk, stock, stem, stalk, root:* terra stirpes amplexa: ut tantum modo per stirpīs alantur suas: sceptrum in silvis imo de stirpe recisum, V.: domos avium cum stirpibus imis Eruit, V.—Of hair: vellere ab stirpe capillos, *by the roots,* Pr., Tb.—*A plant, shrub; usu. plur.:* stirpium naturae: in seminibus est causa arborum et stirpium.—Of persons, *a stem, stock, race, family, lineage:* ignoratio stirpis et generis: qui sunt eius stirpis: divina, V.: Herculis stirpe generatus: ab stirpe socius atque amicus populi R., S.—*A scion, offspring, descendant, progeny:* quibus stirpes deesset, L.: stirps et genus omne futurum, V.: stirpis virilis ex novo matrimonio fuit, *a son,* L.—F i g., *a root, source, origin, foundation, beginning, cause:* altae stirpes stultitiae: populum a stirpe repetere: malorum omnium: gentis, L.: Carthago ab stirpe interiit, *utterly,* S.—*Inborn character, nature:* non ingenerantur hominibus mores a stirpe generis: nondum exoletā stirpe gentis, L.

stīva, ae, *f.* [STA-], *a plough-handle:* a stivā ipsā mecum conloqui.

stlāttārius (stlāta-), *adj.* [stlāta, a merchant vessel], *sea-borne, imported:* purpura, i. e. *costly,* Iu.

stlis, old for lis.

stō, stetī (steterunt for stetērunt, V., O., Pr.), status, āre [STA-], *to stand, stand still, remain standing, be upright, be erect:* cum virgo staret et Caecilia sederet: quid stas, lapis? T.: ad undam, V.: procul hinc, T.: propter in occulto: qui proximi steterant, Cs.: propius, H.: in gradibus concordiae: stans pede in uno, H.: signa ad impluvium, ante valvas Iunonis: Stabat acuta silex, V.: columna, H.: aeneus ut stes, *in a bronze statue,* H.: *Gn.* Quid agitur? *Pa.* Statur, T.—*To stand firm, remain in place, be immovable, last, remain, continue, abide:* cui nec arae patriae domi stant, Enn. ap. C.: nec domus ulla nec urbs stare poterit: stantibus Hierosolymis: classem in portu stare, *is moored,* L.: stant litore puppes, V.: hasta, Quae radice novā, non ferro stabat adacto, *stuck fast,* O.: stare nobis videtur, at iis qui in navi sunt moveri haec villa, *to be motionless:* Stantibus aquis, *when the sea is at rest,* O.: stantes oculi (of owls), *staring,* O.: stant lumina flammā, *are fixed orbs of fire,* V.—*To remain, tarry, linger, delay, wait:* in illo nidore: aut stantem comprendere, aut fugientem consequi, *while he lingered:* Sto exspectans, si quid mihi inperent, *I wait,* T.—*To stand in battle, fight, hold one's ground, stand firm:* ut ignavus miles fugiat... cum ei, qui steterit, etc.: hostis non stetit solum, sed Romanum pepulit, L.: comminus, Cs.: Inque gradu stetimus, certi non cedere, O.—Of a battle, *to stand, continue:* ibi aliquamdiu atrox pugna stetit, L.: ita anceps dicitur certamen stetisse, *to have been indecisive,* L.—Of buildings or cities, *to stand complete, be built, be finished:* intra annum nova urbs stetit, L.: Moenia iam stabant, O.: stet Capitolium Fulgens, H.—*To stand out, stand upright, stand on end, bristle up, stiffen, be rigid:* steterunt comae, V.: in vertice cristae, O.: stat glacies iners, H.: Vides ut altā stet nive candidum Soracte, i. e. *stands out,* H.: pulvere caelum Stare vident, i. e. *like a mass of dust,* V.—F i g., *to stand, be erect, be undisturbed:* mentes, rectae quae stare solebant: utinam res p. stetisset.—*Impers.*, with *per* and *acc.* of *person, to depend on, be chargeable to, lie at the door of, be due to, be the fault of:* ut per me stetisse credat, Quo minus haec fierent nuptiae, *that it was my doing,* T.: ubi cognovit per Afranium stare, quo minus proelio dimicaretur, Cs.: nec, quo minus perpetua cum eis amicitia esset, per populum R. stetisse, L.: quoniam per eum non stetisset, quin praestaretur (fides), *it was not his fault,* L.: ne praestaremus per vos stetit, qui, etc., L.—E l l i p t.: Id faciam, per me stetisse ut credat (sc. quo minus haec fierent nuptiae), T.: per quos si non stetisset, non Dolabella parentasset, etc., *but for whose opposition.*—*To stand firm, be unshaken, endure, persist, abide, remain, continue:* res p. staret: qui illam (rem p.) cadere posse stante me non putarant: regnum puero stetit, L.: Dum stetimus, O.: Stas animo, H.: Gabinium sine provinciā stare non posse, *subsist:* cum in senatu pulcherrime staremus, *held our ground:* si in fide non stetit: si in eo non stat: in sententiā, L.: suis stare iudiciis, *to stand by:* si qui eorum decreto non stetit, Cs.: stare condicionibus: qui his rebus iudicatis standum putet: famā rerum standum est, L.—*To be fixed, be determined: Pa.* vide quid agas. *Ph.* Stat sententia, *I am resolved,* T.: Hannibal, postquam ipsa sententia stetit, pergere ire, L.: neque adhuc stabat, quo, etc., *was it decided:* mihi stat alere morbum, N.: Stat casūs renovare omnīs, V.—*To rest, depend, be upheld, lie:* disciplinā stetit Romana res, L.: spes Danaum Palladis auxiliis stetit, V.: famā bella stare, Cu.: Omnis in Ascanio stat cura parentis, V.—Of plays and actors, *to stand, be approved, please, take, succeed:* partim vix steti, T.: Securus, cadat an stet fabula, H.—*To take part, take sides, stand:* contra civium perditorum dementiam a bonorum causā: a mendacio contra verum: cum Hannibale, L.: pro meā patriā, L.: vobiscum adversus barbaros, N.: pro signis, O.: pro meliore causā, Cu.: Iuppiter hac stat, *stands at your side, stands by you,* V.: unde ius stabat, ei (populo) victoriam dedit, *on whose side,* L.; cf. in Darei partibus, Cu.—Of price, with *abl.* of *price, to stand in, come to, cost:* haud scio an magno detrimento certamen staturum fuerit, L.: Polybius scribit, centum talentis eam rem Achaeis stetisse, *cost the Achaeans,* L.: sit argumento tibi gratis stare navem: magno stat magna potentia nobis, O.

Stōicē, *adv.* [Stoicus], *like a Stoic, stoically.*

Stōicidae (ārum), *m.* [Stoicus], *sons of Stoics, would-be Stoics,* Iu.

Stōicus, *adj.*, = Στωϊκός, *of the Stoic philosophy, of Stoics, Stoic,* C., H., Iu.—As *subst. m., a Stoic,* C., H.—*Plur. n.* as *subst., the Stoic philosophy.*

stola, ae, *f.*, = στολή, *a woman's upper garment, long robe, gown, stole:* (Dianae) signum cum stolā: Ad talos stola demissa, H.—Worn by a cithern-player: longa, O.

stolidē, *adv.* [stolidus], *stupidly, stolidly:* laetus, L.: ferox, L.: robore corporis ferox, Ta.

stolidus, *adj.* with *comp.* and *sup.* [1 STAR-], *slow, dull, obtuse, coarse, uncultivated, rude, stupid, stolid:* genus, Enn. ap. C.: Vix tandem sensi stolidus, T.: Indocti stolidique, H.: Lentulus perincertum stolidior an vanior, S.: dux ipse inter stolidissimos, L.: aures (Midae), O.: vires, L.: superbia, L.

stomachor, ātus, ārī, *dep.* [stomachus], *to be irritated, be angry, fume, fret:* si stomachabere et moleste feres: iucundissimis tuis litteris stomachatus sum in extremo, *at your letter:* stomachari, quod tecum de eādem re agam saepius: stomachabatur senex, si quid asperius dixeram: Scipio, cum stomacheretur cum Metello, *quarrelled:* prave sectum ob unguem, H.: omnia: Id mecum, T.

(**stomachōsē**), *adv.* [stomachosus], *angrily, peevishly.*—Only *comp.:* rescripsi ei stomachosius.

stomachōsus, *adj.* with *comp.* [stomachus], *wrathful, angry, irritable, ill-humored, cross, peevish, choleric:* eques, H.: stomachosa ridicula: stomachosiores litterae.

stomachus, ī, *m.*, = στόμαχος, *the gullet, alimentary canal, oesophagus:* linguam excipit stomachus.—*The stomach:* stomachi calor: latrans, H.—Fig., *taste, liking:* ludi non tui stomachi: stomachi mei fastidium.—*Temper, bile, displeasure, irritation, vexation, chagrin, anger:* stomachum suum damno Tulli explere: consuetudo callum iam obduxit stomacho meo: homo exarsit stomacho: ne in me stomachum erumpant, cum sint tibi irati: mihi stomachum movere: intelleges eam (fortitudinem) stomacho non egere.

storea or **storia,** ae, *f.* [STER-], *a plaited covering, straw mat, rush mat, rope mat:* storias ex funibus fecerunt, Cs.: harundine texta storeāque tecta, L.

strabō, ōnis, *m.*, = στραβών, *a cross-eyed person, one who squints,* C., H.

strāgēs, is, *f.* [STRAG-], *an overthrow, destruction, ruin, defeat, slaughter, massacre, butchery, carnage:* strages efficere: horribilis, C. poët.: quantas acies stragemque ciebunt! V.: complere strage campos, L.: ferro strages edere, V.—*A confused heap, disordered mass, waste, wreck:* dabit ille (nimbus) ruinas Arboribus stragemque satis, V.: tempestas stragem fecit, L.: strage armorum saepta via est, L.: rerum relictarum, L.: canum volucrumque, O.

strāgulum, ī, *n.* [stragulus], *a spread, covering, bed-spread:* textile.

strāgulus, *adj.* [STRAG-], *for spreading out, for covering.*—Only *collect.* with *vestis, coverings, blankets, rugs:* navis multā cum stragulā veste: vestem stragulam pretiosam advexerunt, L.

strāmen, inis, *n.* [STER-], *straw, litter:* tecta stramine casa, O.: agrestis, V.: Stramina flavescunt, O.

strāmentum, ī, *n.* [STER-], *that which is spread over, a covering, housing:* de his (mulis) stramenta detrahi iubet, i. e. *the pack-saddles,* Cs. —*Straw, litter:* desectam cum stramento segetem, L.: cur stramenta desunt? *straw bedding,* Ph.: si et stramentis incubet, H.: casae stramentis tectae, *thatched,* Cs.

strāmineus, *adj.* [stramen], *of straw:* Quirites, i. e. *men of straw* (thrown into the Tiber, in place of human sacrifices), O.: casa, *thatched,* O., Pr.

strangulō, āvī, ātus, āre, = στραγγαλόω, *to throttle, choke, stifle, suffocate, strangle:* patrem.—Fig., *to torment, torture:* Strangulat inclusus dolor, O.: plures pecunia curā strangulat, Iu.

strangūria, ae, *f.*, = στραγγουρία, *difficulty of urine, strangury.*

stratēgēma, atis, *n.*, = στρατήγημα, *a stroke of generalship, stratagem:* strategemate hominem percussit.

strātum, ī, *n.* [*P. n.* of sterno], *a covering, horse-cloth, housing, saddle:* mulis strata detrahi iubet, L.: stratis insignia pictis Terga equi, O.—

A bed-covering, coverlet, quilt, pillow: quies neque molli strato neque silentio accersita, L.: Strataque quae membris intepuere tuis, O.—*A bed, couch:* stratis Perseus exiluit, O.: Mollibus e stratis surgit, V.

strātus, *adj.* [*P.* of sterno], *prostrate, prone, lying:* quorum ad pedes iacuit stratus: quidam somno, L.: viridi membra sub arbuto Stratus, H.

strēnuē, *adv.* [strenuus], *briskly, quickly, promptly, actively, strenuously:* Abi prae strenue ac forīs aperi, T.: praesto fuit sane strenue: fortiter ac strenue agendum, L.

strēnuitās, ātis, *f.* [strenuus], *briskness, vivacity, activity:* antiqua, O.

strēnuus, *adj.* with *sup.* [1 STAR-], *brisk, nimble, quick, prompt, active, vigorous, strenuous:* homo, T.: Strenuus et fortis, H.: gens linguā magis strenua quam factis, L.: manu, Ta.: bello, N.: militiae, Ta.: in perfidiā, Ta.: strenuissimus quisque occiderat, S.—Of things, *quick, lively, busy, sudden:* navis, O.: inertia, *busy idleness,* H.: remedium, *quick,* Cu.

strepitō, —, —, āre, *intens.* [strepo], *to clatter, be noisy:* (corvi) Inter se in foliis strepitant, V.: arma strepitantia, Tb.

strepitus, ūs, *m.* [strepo], *a confused noise, din, clash, crash, rustle, rattle, clatter, murmur:* strepitus, fremitus, clamor tonitruum: ingens Valvarum, H.: rotarum, Cs.: neque decretum exaudiri prae strepitu et clamore poterat, L.: concursus hominum forique strepitus: canis, sollicitum animal ad nocturnos strepitūs, L.—Of music, *a sound:* citharae, H.: testudinis aureae, H.

strepō, uī, —, ere, *to make a noise, rattle, rustle, rumble, murmur, hum, roar:* Inter se, C. poët.: fluvii strepunt Hibernā nive turgidi, H.: strepit adsiduo cava tempora circum Tinnitu galea, V.: haec cum streperent, *vociferated,* L.—Of music, *to sound:* rauco strepuerunt cornua cantu, V.: iam litui strepunt, H.—Of places, *to resound, sound, be filled, ring:* strepit murmure campus, V.: omnia terrore ac tumultu, L.: aures clamoribus plorantium, L.—Fig., *to be heard:* intra Albanam arcem sententia Messalini strepebat, i. e. *was not heard outside,* Ta.

strictim, *adv.* [strictus], *superficially, cursorily, summarily, briefly:* quasi per transennam strictim aspicere: dici (opp. copiosissime): dicere.

strictūra, ae, *f.* [STRAG-], *a compression; hence, a mass of metal under the forge:* striduntque cavernis Stricturae Chalybum, V.

strictus, *adj.* [*P.* of stringo], *drawn together, close, strait, tight:* nodus, L.: artūs, Ta.

strīdeō, —, —, ēre, *to make a harsh noise, hiss, whiz:* ferrum igne rubens Stridet in undā, O.: presso molari, *gnash,* Iu.

strīdō, —, —, ere, *to make a shrill noise, sound harshly, creak, hiss, grate, whiz, whistle, rattle, buzz:* stridentia tinguunt Aera lacu, V.: cruor stridit, *hisses,* O.: belua Lernae Horrendum stridens, V.: horrendā nocte (striges), O.: mare refluentibus undis, V.: aquilone rudentes, O.: videres Stridere secretā aure susurros, *buzz,* H.

strīdor, ōris, *m.* [strido], *a harsh noise, shrill sound, creak, grating, hiss, rattle, buzz:* (serpentis), O.: (elephantorum), L.: Aquilonis: rudentum, V.: ianuae, O.: catenae, Iu.: acutus, H.: indignatum magnis stridoribus aequor, V.

strīdulus, *adj.* [strido], *creaking, rattling, hissing, whizzing, buzzing:* cornus (i. e. hasta), V.: Fax fumo, O.

strigilis, is (*plur. abl.* striglibus, Iu.), *f.* [STRAG-], *a scraper, strigil* (of horn or metal, for bathers), C., H., Iu.

(**strigōsus**), *adj.* [STRAG-], *lean, lank, thin, meagre.*—Only *comp.:* strigosiores equi, i. e. *worn out,* L.—Fig., of an orator: strigosior, *too meagre.*

stringō, inxī, ictus, ere [STRAG-], *to draw tight, bind tight, compress, press together:* stricta frigore volnera, L.: ferri duritiem, *forge,* Ct. dub.—*To touch lightly, graze:* laevas cautes, V.: Stringebat summas ales undas, O.: metas rotā, O.: tela stringentia corpus, V.: dente pedem, O.—Of places, *to border on, touch:* Scytharum gens ultima Asiae, quā Bactra sunt, stringit, Cu.—*To strip off, pluck off, cut away, clip, prune:* quernas glandes, V.: folia ex arboribus, Cs.: strictis foliis vivere, L.: celeriter gladios, *unsheathe,* Cs.: strictam aciem offerre, V.: cultrum, L.: manum, *to bare,* O.; cf. in hostīs stringatur iambus, *be drawn* (as a weapon), O.—Fig., *to waste, consume, reduce:* Praeclaram stringat malus ingluvie rem, H.—*To touch, move, affect, injure, wound, pain:* animum, V.: nomen meum, O.

strix, strigis, *f.*, = στρίγξ, *a screech-owl* (superstitiously regarded as a vampire or harpy): volucres . . . Est illis strigibus nomen, O.: strigis infames alae (used in incantations), O.

stropha, ae, *f.*, = στροφή, *a trick, artifice,* Ph.

strophium, ī, *n.*, = στρόφιον, *a breast-band, stay,* C., Ct.

strūctor, ōris, *m.* [STRV-], *a builder, mason, carpenter:* res agebatur multis structoribus.—*A server, carver,* Iu.

strūctūra, ae, *f.* [STRV-], *a building, mode of building, construction:* parietum, Cs.: structurae antiquae genus, L.: aerariae structurae, i. e. *mines,* Cs.—Fig., of language, *an arrangement, order, structure:* mei carminis, O.: verborum.

strūctus, *P.* of struo.

struēs, is, *f.* [STRV-], *a heap, pile:* laterum:

lignorum, L.: Arma cum telis in strue mixta, O.: rogi, *a funeral pile*, Ta.: (milites) confusā strue implicantur, *a mass* (the phalanx), L.—*A heap of little sacrificial cakes*, O.

strūma, ae, *f.* [STRV-], *a scrofulous tumor, swollen gland, struma:* Vatini: civitatis.

strūmōsus, *adj.* [struma], *having a struma, scrofulous, strumous:* homo, Iu.

struō, strūxī, strūctus, ere [STRV-], *to place together, heap up, pile, arrange:* quasi structa et nexa verbis, etc.: lateres, qui super musculo struantur, Cs.: ad sidera montīs, O.: ordine longam penum, V.: altaria donis, *to load*, V.: acervum, *to pile up*, H.—*To make by joining together, build, erect, fabricate, make, form, construct:* per speluncas saxis structas: Templa saxo structa vetusto, V.: domos, H.—*To set in order, arrange, draw up:* copias ante frontem castrorum, Cs.: omnīs armatos in campo, L.—Fig., *to prepare, cause, occasion, devise, contrive, instigate:* aliquid calamitatis: insidias: recuperandi regni consilia, L.: Quid struit? V.—*To order, arrange, dispose, regulate:* verba: bene structa conlocatio.

studeō, uī, —, ēre, *to give attention, be eager, be zealous, take pains, be diligent, be busy with, be devoted, strive after, apply oneself, pursue, desire, wish:* ut aequum fuerat atque ut studui, T.: nihil egregie, T.: illud ipsum, quod studet: id, ne, etc., L.: unum studetis, Antoni conatum avertere a re p.: quos non tam ulcisci studeo quam sanare: fieri studebam eius prudentiā doctior: portum intrare, N.: qui placere se studeat bonis, T.: coloniam tu expugnari studes: qui sese student praestare ceteris animalibus, S.: huic rei studendum, ut, etc., Cs.: virtuti, laudi, dignitati: ei scientiae: ars, cui studueram: legibus cognoscendis: qui te nec amet nec studeat tui, *troubles himself about*, Caec. ap. C.: Ne solus esset, Ph.—*To be friendly, feel affection, be favorable, favor, side with:* neque studere neque odisse, S.: ut studeat tibi, ut te adiuvet: Atheniensium rebus, N.

studiōsē, *adv.* with *comp.* and *sup.* [studiosus], *eagerly, zealously, anxiously, carefully, studiously, devotedly:* Texentem telam studiose offendimus, T.: pila ludere: discere: ego cum antea studiose commendabam Marcilium, tum multo nunc studiosius, quod, etc.: ea (utilia) studiosissime persequi.

studiōsus, *adj.* with *comp.* and *sup.* [studium], *eager, zealous, assiduous, anxious, fond, studious:* homo: venandi aut pilae: placendi, O.: culinae, H.: summe omnium doctrinarum: restituendi mei quam retinendi studiosior.—*Partial, friendly, favorable, attached, devoted:* cohortem studiosam (habere): pectora, O.: nobilitatis: studiosior in me colendo: cum eius studiosissimo Pammene: existimationis meae studiosissimus.—*Devoted to learning, learned, studious:* cohors, H.—*Plur. m.* as *subst.*, *studious men, the learned, students.*

studium, ī, *n.* [cf. studeo], *application, assiduity, zeal, eagerness, fondness, inclination, desire, exertion, endeavor, study:* illum summo cum studio servare: studium semper adsit, cunctatio absit: non studio accusare, *not from inclination:* laedere gaudes, et hoc studio pravus facis, H.: ad studium fallendi studio quaestūs vocari: efferor studio patres vestros vivendi: doctrinae: ea res studia hominum adcendit ad consulatum mandandum Ciceroni, S.—*A pursuit, object of desire, study:* musicum, *poetry*, T.: suo quisque studio maxime ducitur: quot capitum vivunt, totidem studiorum Milia, H.—*Good-will, friendliness, affection, attachment, devotion, favor, kindness:* tibi polliceor eximium et singulare meum studium: studium et favor: erga me: erga plebem Romanam, L.: studia volgi amissurus, S.—*Strong feeling, zeal, partisanship, prejudice:* quasi studio partium fecerit, *party spirit:* studia competitorum: sine studio dicere; cf. quo minus cupiditatis ac studi visa est oratio habere, *partisanship*, L.: senatum in studia diducere, i. e. *parties*, Ta.—*Application to learning, study, research, inquiry:* pabulum studi atque doctrinae: semper mihi tua ista studia placuerunt, *studies:* studia Graecorum: studiis annos septem dedit, H.: o seri studiorum! *late in learning*, H.

stultē, *adv.* with *comp.* and *sup.* [stultus], *foolishly, sillily, stupidly:* Factum a nobis stultest, T.: haud stulte sapis, *you are no fool*, T.: stultius illum quam se duxisse, L.: multa improbe fecisti, unum stultissime.

stultitia, ae, *f.* [stultus], *folly, foolishness, simplicity, silliness, fatuity:* stultitiā facere, T.: non omnis error stultitia dicenda est: stultitiā ac temeritate vestrā Galliam prosternere, Cs.: cuius ea stultitia est, ut, etc.: istius facti: meae Stultitiam patiuntur opes, *extravagance*, H.: hominum stultitias non ferre: stultitia est credere, etc., L.

stultus, *adj.* with *comp.* and *sup.* [1 STAR-], *foolish, simple, silly, fatuous, stupid, dull:* Quae sunt dicta in stulto, caudex, etc., T.: Camilli: civitas: adrogantia, Cs.: laetitia, S.: levitas, Ph.: consilium stultissimum, L.: quid autem stultius quam? etc.—As *subst. m.*, *a fool:* stulto intellegens Quid interest! T.: stultorum plena sunt omnia: Lux stultorum festa, O.

stūpa, see stuppa.

stupefaciō, fēcī, factus, ere [stupeo+facio], *to make stupid, strike senseless, benumb, stun, stupefy:* privatos luctūs stupefecit publicus pavor, i. e. *overwhelmed*, L.: quem stupefacti dicentem intuenter? *dumb with amazement:* ingenti motu stupefactus aquarum, V.

stupēns, ntis, *adj.* [*P.* of stupeo], *senseless, be-*

numbed, stiff, numb: membra, Cu.: volnus, Cu.—F i g., *dumb, astounded, amazed, dazed, confused:* quae cum intuerer stupens: vigiles attoniti et stupentibus similes, Cu.: tribuni stupentes animi, L.: miraculo rei, L.

stupeō, uī, ēre [STIP-], *to be struck senseless, be stunned, be benumbed, be aghast, be astounded, be amazed, be stupefied:* animus stupet, T.: cum hic semisomnus stuperet: exspectatione, L.: aere, H.: in titulis, H.: in Turno, V.: ad auditas voces, O.: stupet Inter se coiisse viros, V.: Pars stupet donum Minervae, *are lost in wonder at*, V.—*To be benumbed, be stiffened, be silenced, hesitate, stop:* stupuitque Ixionis orbis, O.: stupente ita seditione, L.: stupuerunt verba palato, O.

stupēscō, —, —, ere, *inch.* [stupeo], *to grow astonished, become amazed.*

stūpeus, see stuppeus.

stupiditās, ātis, *f.* [stupidus], *senselessness, dulness, stupidity:* hominis.

stupidus, *adj.* [STIP-], *senseless, confounded, amazed:* tabula te stupidum detinet: populus studio, T.—*Senseless, dull, stupid, foolish, stolid:* stupidum esse Socratem dixit: Corinthus, Iu.

stupor, ōris, *m.* [STIP-], *numbness, dulness, insensibility, stupor:* in corpore: sensus: stupor obstitit illis (lacrimis), O.: stupor omnium animos tenet, L.: linguae.—*Astonishment, amazement:* tantus te stupor oppressit, ut, etc.: cum stupor ceteros defixisset, L.—*Dulness, stupidity, stolidity:* quo stupore!: Quis stupor hic, Menelae, fuit? O.: corvi deceptus stupor (i. e. corvus stupidus), Ph.

stūppa or **stūpa**, ae, *f.*, = στύππη, *coarse flax, tow, oakum:* (telum) stuppā circumligabant, L., Cs., V.

stūppeus or **stūpeus**, *adj.* [stuppa], *of tow, flaxen:* vincula, V.: retinacula, O.: flamma, i. e. *burning tow*, V.

stuprō, āvī, ātus, āre [stuprum], *to defile:* pulvinar.—*To debauch, deflour, ravish, violate:* ne stupraretur (filia): stuprata mater familiae, L.

stuprum, ī, *n.*, *defilement, dishonor, disgrace, violation, outrage, incest, lust:* coniugem inlexe in stuprum: nefarium: hinc pudicitia (pugnat), illinc stuprum: cum sorore stuprum fecisse: cum Fulviā stupri consuetudo, S.: vigiliae in stupris consumptae: stupri mercede, O.: matronae stupri damnatas, L.: una Clytemnestrae stuprum vehit, i. e. *the paramour*, Pr.

Stygius, *adj.*, *of the Styx, Stygian, of the lower world, infernal:* palus, V.: cymba, i. e. *of Charon*, V.: Iuppiter, i. e. *Pluto*, V.—*Deadly, fatal, awful:* vis, V.: nox, i. e. *death*, O.

(stylus), see stilus.

Stymphālis, idis, *adj. f.*, = Στυμφαλίς, *Stymphalian, of Stymphalus* (a lake of Arcadia, the haunt of fabled birds of prey), O.

Stymphālius, *adj.*, *Stymphalian:* monstra, Ct.

Styx, ygis and ygos, *f.*, = Στύξ, *a river of the infernal regions*, C., V., O.—P o e t., *the infernal regions, lower world*, V., O.

Suāda, ae, *f.* [SVAD-], *the goddess of Persuasion*, Enn. ap. C.

Suādēla, ae, *f.* [suadeo], *the goddess of Persuasion*, H.

suādeō, sī, sus, ēre [SVAD-], *to advise, recommend, exhort, urge, persuade:* non iubeo, sed suadeo: recte, T.: ita faciam, ut suades: an C. Trebonio persuasi? cui ne suadere quidem ausus essem: coepi suadere pacem: digito silentia, O.: Quid mi suades? H.: vide ne facinus facias, cum mori suadeas: Iuturnam succurrere fratri, V.: sibi, nihil esse in vitā expetendum, etc., *to be persuaded:* suadebit tibi, ut hinc discedas: me, ut sibi essem legatus: se suadere, Pharnabazo id negoti daret, N.—Of things, *to urge, induce, impel:* leo per ovilia turbans, Suadet enim fames, V.: me pietas matris potius commodum suadet sequi, T.: tibi saepes somnum suadebit inire susurro, V.—Of proposed enactments, *to recommend, advocate, promote, support:* legem Voconiam magnā voce: suadendi dissuadendi legem potestas, L.

sua-met, see suus, -met.

suāsiō, ōnis, *f.* [SVAD-], *a recommending, advocacy, support:* legis Serviliae.—I n r h e t., *a hortatory address, persuasive speaking:* praecepta de suasionibus.

suāsor, ōris, *m.* [SVAD-], *an exhorter, adviser, counsellor, persuader:* repudiatis malis suasoribus: facti: pacis, O.—Of an enactment, *a proposer, advocate:* non suasor sed regator.

1. suāsus, *P.* of suadeo.

2. suāsus, ūs, *m.*, *an advising, persuading:* ob meum suasum, T.

suāvē, *adv.* [suavis], *sweetly, agreeably, pleasantly:* resonare, H.: rubens, V.: olens, Ct.

suāviloquēns, entis, *adj.* [suave+loquens], *sweet-spoken, speaking agreeably:* os, Enn. ap. C.

suāviloquentia, ae, *f.* [suaviloquens], *sweetness of speech, agreeableness.*

suāvior or **sāvior**, —, ārī, *dep.* [suavium], *to kiss:* Atticam: os, oculosque, Ct.

suāvis, e, *adj.* with *comp.* and *sup.* [SVAD-].—To the senses, *sweet, agreeable, grateful:* odor: res, H.: anima, Ph.—F i g., to the mind, *pleasant, agreeable, grateful, attractive, gratifying:* homo, T.: homines: sermo Suavior, H.: vita suavissima: eius suavissimi mores: Tibi ut non sit suave vivere, T.: litterae tuae.

suāvitās, ātis, *f.* [suavis].—To the senses, *sweetness, pleasantness, agreeableness:* piscium: odorum: villa mirificā suavitate: conquirere suavitates.—Fig., to the mind, *pleasantness, agreeableness, attractiveness:* mira in cognoscendo: sermonum atque morum: propter multas suavitates humanitatis tuae.

suāviter, *adv.* with *comp.* and *sup.* [suavis].—To the senses, *sweetly, pleasantly, delightfully:* sensibus blandiri: dicere.—Fig., to the mind, *agreeably, attractively, delightfully, pleasantly:* secunda meminisse: suavissime scriptae litterae: victurus suavius, ac si, etc., H.

suāvium, ī, *n.*, *a kiss;* see savium.

sub (in composition sometimes sus- or sū-), *praep.* with *acc.* and *abl.* **I.** With *abl.*, of position in space, *under, below, beneath, underneath, behind:* sub terrā habitare: cultrum sub veste abditum habere, L.: sub pellibus hiemare, Cs.: manet sub Iove frigido Venator, H.: sub hoc iugo dictator Aequos misit, L.: Pone (me) sub curru Solis, H.—*Under, below, beneath, at the foot of, at, by, near, before:* sub monte considere, Cs.: sub ipsis Numantiae moenibus: sub urbe, T.: Monte sub aërio, *at,* i. e. *high upon,* V.: sub ipsā acie, *in the midst of the fight,* V.: sub ipso Ecce volat Diores, *close upon him,* V.: sub oculis domini, Cs.—*Under, burdened by, hampered by, bearing:* sub armis, Cs.: sub onere, Cs.—Of time, *in, within, during, at, by, in the time of:* ne sub ipsā profectione milites oppidum inrumperent, Cs.: sub luce, *at dawn,* O.: sub luce videri, *by daylight,* H.: hoc sub casu, *while suffering,* V.: sub Domitiano, *during the reign of,* Ta.—Fig., *under, subject to, in the power of, governed by:* sub regno esse: quoius sub imperiost, T.: sub illorum dicione esse, Cs.: sub Hannibale, L.: sub iudice lis est, H.: venibit sub praecone Propontis, i. e. *at auction.*—*Under, compelled by* (poet.): exhalans sub volnere vitam, O.: quem falsā sub proditione Demiscre neci, *overwhelmed by,* V.: in arma nullo sub indice veni, *forced by no betrayer,* O.—*Under, concealed by, hidden in:* sub hoc verbo furtum latet.—Rarely with *specie* or *condicione* (for the *abl.* alone): sub specie infidae pacis quieti, L.: sub tutelae specie, Cu.: sub condicione, L.: sub condicionibus, L.—**II.** With *acc.*, of direction of motion, *under, below, beneath:* cum se luna sub orbem solis subiecisset: exercitum sub iugum mittere, Cs.: Ibis sub furcam, H.—*Under, below, beneath, to, near to, close to, up to, towards:* sub montem succedere, Cs.: missi sunt sub muros, L.: aedīs suas detulit sub Veliam: (hostem) mediam ferit ense sub alvum, O.—Of time, *before, on the approach of, towards, about, just before, up to, until:* sub noctem naves solvit, Cs.: sub tempus (comitiorum) pueros ablegavit, L.: sub lumina prima, H.: sub dies festos: Usque sub extremum brumae imbrem, V.: quod (bellum) fuit sub recentem pacem, L.—*After, immediately after, following, just after, immediately upon:* sub eas (litteras) statim recitatae sunt tuae: sub haec dicta omnes procubuerunt, L.: sub hoc, *hereupon,* H.—Fig., *under, into subjection to, into the power of:* sub legum potestatem cadere: matrimonium vos sub legis vincula conicitis, L.: sub unum fortunae ictum totas vires regni cadere pati, Cu.: quae sub sensūs subiecta sunt.—**III.** In composition, sub is unchanged before vowels and before *b, d, h, i* consonant, *l, n, s, t, v.* The *b* is often assimilated before *m, r,* and usu. before *c, f, g, p,* but the form *sus* (for *subs, cf. abs) is found in susceuseo, suscipio, suscito, suspendo, sustento, sustineo, sustollo, and sustuli (*perf.* of tollo); the form *su* in the words suspicio, suspicor, suspiro. It denotes, in place, *under, beneath,* as in subdo, subicio.—Fig., in rank or power, *under, inferior,* as in subigo, subcenturio.—In degree, *less, a little, somewhat,* as in subabsurdus, subaccuso.—*Secretly, underhandedly,* as in subripio, suborno.

subabsurdē, *adv.* [subabsurdus], *somewhat absurdly:* quae subabsurde salseque dicuntur, i. e. *with a dash of* (affected) *stupidity.*

sub-absurdus, *adj.*, *rather inappropriate, somewhat absurd:* tempus discessūs.—*Plur. n.* as *subst.*, *sayings affecting stupidity.*

sub-accūsō, —, —, āre, *to blame somewhat, find a little fault with:* meum discessum: Vestorium.

subāctiō, ōnis, *f.* [sub+1 AG-], *a thorough working;* of the mind, *discipline.*

subāctus, *P.* of subigo.

sub-adroganter, *adv.*, *somewhat proudly, not without arrogance:* facere.

sub-agrestis, e, *adj.*, *somewhat rustic, a trifle boorish:* consilium.

subālāris, e, *adj.* [sub+ala], *under the arms, carried under the arm:* telum, N.

sub-amārus, *adj.*, *slightly bitter:* aliqua res.—*Plur. n.* as *subst.:* alios subamara delectent.

sub-auscultō, —, —, āre, *to listen secretly, eavesdrop:* subauscultando excipere voces: quae loquor.

1. sub-centuriō or **succenturiō**, —, ātus, āre, *to admit to a vacancy in a centuria;* hence, *to put in another's place, station as a substitute:* in insidiis subcenturiatus, i. e. *as a reserve,* T.

2. sub-centuriō or **succenturiō**, ōnis, *m.*, *an under officer, subcenturion,* L.

sub-contumēliōsē (succ-), *adv.*, *with a suggestion of contumely:* tractare.

sub-crēscō, see succresco.

sub-crīspus (succ-), *adj.*, *somewhat curled, a little frizzled:* capillus.

sub-cu-, see succu-.

sub-dēficiēns, entis, *adj.*, *a little faint, somewhat failing*, Cu.

sub-difficilis, e, *adj.*, *slightly puzzling, rather hard:* quaestio.

sub-diffīdō, —, —, ere, *to be distrustful.*

subditīvus, *adj.* [subdo], *substituted, supposititious, spurious:* archipirata.

sub-dō, didī, ditus, ere, *to put under, set to, apply:* ignem: calcaria equo, L.: se aquis, *plunge into*, O.—Fig., *to bring on, furnish, supply, yield, afford:* militum animis ignem, L.: alcui spiritūs, L.—*To put in stead, substitute:* in meum locum iudicem.—*To subject, make subject:* imperio subdari, Ta.: proles subdita regno, Tb.—*To substitute falsely, forge, counterfeit, make up:* testamentum, Ta.: rumorem, *spread falsely*, Ta.: Subditum se suspicatur, *that he is a spurious child*, T.: me subditum appellant, L.: alqm reum, Ta.: subditis qui sustinerent, etc., *suborned*, Ta.

sub-doceō, —, —, ēre, *to teach as a deputy school-master:* meo labore subdoceri.

subdolē, *adv.* [subdolus], *cunningly, craftily:* nihil subdole: speculatum Bocchi consilia, S.

sub-dolus, *adj.*, *crafty, cunning, sly, subtle, deceptive, deceitful:* animus, S.: oratio, Cs.: lingua, O.: loci forma, Ta.

sub-dubitō, —, —, āre, *to be somewhat in doubt, hesitate a little:* antea: subdubitare te, quā essem voluntate.

sub-dūcō, dūxī (subdūxtī, T.), ductus, ere, *to draw away, take away, lead away, carry off, wrest, withdraw, remove:* lapidibus ex turri subductis, Cs.: rerum fundamenta: capiti ensem, V.: cibum athletae: Aenean manibus Graium, V.—Of troops, *to draw off, remove, transfer, detach, detail:* cohortes subductae e dextro cornu, L.: subductis ordinibus, L.: copias in proximum collem, Cs.: agmen in aequiorem locum, L.—*To take secretly, remove by stealth, steal, hide:* subducta viatica plorat, H.: obsides furto, L.—With *pron. reflex.*, *to withdraw stealthily, steal away:* te mihi, T.: de circulo se: se ab ipso Volnere, O.: clam se, N.: quā se subducere colles Incipiunt, i. e. *to slope down gradually*, V.—*To draw from under, bring from below, pull up, lift up, raise:* cataractam funibus, L.: subductis (tunicis), *pulled up*, H.—Of ships, *to haul up, bring out of water, beach:* longas navīs in aridum, Cs.: naves in campo Martio subductae, L.: classis subducta ad Gytheum.—Fig., *to cast up, reckon, compute, calculate, balance:* summam: rationibus subductis: calculis subductus: bene subductā ratione, T.

subductiō, ōnis, *f.* [subduco], *a withdrawal, drawing up, hauling ashore:* ad subductiones paulo facit humiliores (naves), Cs.—Fig., *a reckoning.*

sub-ductus, *P.* of subduco.

sub-edō, ēdī, —, ere, *to eat away below, wear away:* scopulus, quā subederat unda, O.

sub-eō, iī (-īvit, O.; -īvimus, Ta.), itus, īre, *to come under, go under, enter:* in nemoris latebras, O.: cum luna sub orbem solis subisset, L.: tectum, i. e. *enter a house*, Cs.: Triviae lucos atque aurea tecta, V.: cavum artum, H.: paludem, i. e. *plunge into*, O.: aquam, Cu.: si subeuntur prospera castra, Iu.—Poet., with *dat.:* portu Chaonio, V.—*To come up, advance, ascend, draw near, approach:* subeunt herbae, *spring up*, V.: in adversos montīs, L.: testudine factā subeunt, *press forward*, Cs.: subeundum erat ad hostīs, L.: saxa ingerit in subeuntīs, *climbing*, L.: amne, i. e. *sail up*, Cu.: mixtum flumini subibat mare, i. e. *was against them*, Cu.: aciem subeuntium muros adgrediuntur, L.: subimus Inpositum saxis Auxur, H.: Umbra subit terras, *comes over*, O.: Fadumque Herbesumque, i. e. *attack*, V.—Poet., with *dat.:* muro subibant, V.—*To go under, support, take up, submit to:* pars ingenti subiere feretro, i. e. *carried on their shoulders*, V.: Ipse subibo umeris, i. e. *will take you up on*, V.: currum dominae subiere leones, *were harnessed to*, V.: umeris parentem, V.—In order or time, *to come under, come after, succeed, follow, take the place of:* Pone subit coniunx, V.: subit ipse meumque Explet opus, *takes my place*, O.: furcas subiere columnae, *took the place of*, O.: subeuntes alii aliis in custodiam, *relieving*, L.; cf. subit esse priori Causa recens, O.—*To slip under, elude:* Aeneae mucronem, V.—*To come stealthily, steal on, approach imperceptibly:* subeunt morbi tristisque senectus, V.: subit lumina fessa sopor, O.—Fig., *to come upon, overtake:* sua deinde paenitentia subiit regem, Cu.—In the mind, *to come up, be thought of, enter, occur, suggest itself, recur:* omnes sententiae sub acumen stili subeant necesse est: cum subeant audita et cognita nobis, O.: subiit cari genitoris imago . . . subiit deserta Creusa, V.: Subit, hanc arcana profana Detexisse manu, O.: deiu cogitatio animum subiit, indignum esse, etc., L.: mentem subit, quo praemia facto, etc., O.: horum cogitatio subibat exercitum, Cu.—*To subject oneself to, take upon oneself, undergo, submit to, sustain, accept, endure, suffer:* omnes terrores: quis est non ultro subeundus dolor?: inimicitiae subeantur: maiora Verbera, H.: multitudinis inperitae iudicium esse subeundum: eorum odium: peregrinos ritūs novā subeunte fortunā, Cu.

sūber, eris, *n.*, *the cork-oak, cork-tree:* raptus de subere cortex, V.—*Cork:* silvestre, V.

subf-, see suff-. **subg-**, see sugg-.

sub-horridus, *adj.*, *somewhat rough*, *roughish.*

sub-iacēns, ntis, *adj.*, *lying beneath*, *subjacent*, Cu.

subiciō (the first syl. usu. long by position; often pronounced, and sometimes written, subiiciō), iēcī, iectus, ere [sub+iacio], *to throw under*, *place under*, *cast below:* inter carros rotasque mataras subiciebant, *discharged below* (the wagon-bodies), Cs.: sarmenta circumdare ignemque circum subicere coeperunt: artūs subiecto torruit igni, O.: tectis ignīs: cum tota se luna sub orbem solis subiecisset: bracchia pallae, O.: collo Bracchia, O.—Of troops, *to bring*, *cause to be encamped*, *post:* castris legiones, Cs.: se iniquis locis, Cs.—*To set up*, *mount*, *throw up:* corpora in equos, V.: regem in equum, L.: Quantum vere novo se subicit alnus, *shoots up*, V.—*To substitute*, *forge*, *counterfeit:* testamenta: librum, N.—*To suborn:* subicitur Metellus, qui hanc rem distrahat, Cs.—Fig., *to submit*, *subject*, *present:* ei libellum: ea, quae subiciebantur oculis, L.: res subiectae sensibus.—*To ascribe*, *attribute:* nec videre, sub hanc vocem honestatis quae sit subicienda sententia, i. e. *what meaning is to be attributed to it:* intellegere quae res huic voci subiciatur.—*To substitute:* silentium erat, inopiā potioris subiciundi, L.: pro verbo proprio subicitur aliud, quod idem significet. —*To place under*, *make subject*, *subject* se imperio alterius: se populi R. imperio subiectos dolere, Cs.: virtus subiecta sub varios casūs: bona civium voci praeconis: hiemi navigationem, *expose*, Cs.: fictis auditionibus fortunas innocentium: aliquid calumniae, L.—In thought, *to subordinate*, *bring under*, *comprise in:* formarum certus est numerus, quae cuique generi subiciantur: per quam res disperse dictae unum sub aspectum subiciuntur.—In order or time, *to place after*, *let follow*, *affix*, *annex*, *append*, *subjoin:* cur sic opinetur, rationem subicit, *subjoins:* a quibusdam senatoribus subiectum est, L.: vix pauca furenti Subicio, i. e. *answer*, V.—*To bring forward*, *propose*, *adduce*, *bring to mind*, *prompt*, *suggest:* Si meministi id, quod olim dictum est, subice, T.: quid dicerem: quae dolor querentibus subicit, L.: Spes est Peliā subiecta creatis, O.

(**subiectē**), *adv.* [subiectus], *humbly*, *submissively.*—Only *sup.:* haec subiectissime exponit, Cs.

subiectiō, ōnis, *f.* [subicio], *a putting under:* rerum sub aspectum paene subiectio, i. e. *a vivid presentation.*—*A substitution*, *forgery:* testamentorum, L.

subiectō, —, —, āre, *freq.* [subicio], *to throw under*, *place beneath*, *throw from below* · manūs, O.: lasso stimulos, H.: unda subiectat harenam, *casts up*, V.

subiector, ōris, *m.* [subicio], *one who substitutes*, *a forger:* testamentorum.

subiectus, *adj.* with *comp.* [*P.* of subicio], *lying under*, *situated below*, *near*, *bordering upon*, *neighboring*, *adjacent:* genae deinde ab inferiore parte tutantur subiectae: (cingulus terrae) subiectus aquiloni: Heraclea Candaviae, Cs.: Ossa, O.: viae campus, L.—Fig., *subjected*, *subject*, *subdued:* (natura deorum) ei necessitati: servitio, L.: neque subiectus esto, *submissive*, O.—As *subst. plur. m.:* Parcere subiectis, V.—*Exposed*, *liable:* Subiectior in diem Invidiae, H.

subigitō (**subag-**), —, —, āre [sub+agito], *to dishonor*, *lie with*, T.

subigō, ēgī, āctus, ere [sub+ago], *to drive up*, *bring up:* adverso flumine lembum Remigiis, i. e. *drive up stream*, V.: navīs subigi ad castellum iussit, L.—*To turn up from beneath*, *break up*, *dig up*, *plough*, *cultivate*, *work*, *knead*, *rub down*, *sharpen*, *whet*, *tame*, *break:* terram ferro: glaebas: arva, V.: digitis opus, O.: in cote securīs, V.: (belua) facilis ad subigendum, *easy to be tamed.*—Fig., *to put down*, *overcome*, *conquer*, *subjugate*, *subject*, *subdue*, *reduce:* partem orbis terrarum: urbīs atque nationes, S.: insidiis subactus, V.—*To bring*, *incite*, *impel*, *force*, *compel*, *constrain*, *reduce:* subigi nos ad necessitatem dedendi res, L.: hostīs ad deditionem, L.: Tarquiniensem metu subegerat frumentum exercitui praebere, L.: subegit (filium) socios ignotae linquere terrae (i. e. in terrā), V.: ambitio multos mortalīs falsos fieri subegit, S.: (eos), ut relinquant patriam, L.—Of the mind, *to cultivate*, *train*, *discipline:* subacto mihi ingenio opus est: subacti atque durati bellis, L.

(**subiiciō**), see subicio.

sub-impudēns, entis, *adj.*, *somewhat shameless.*

sub-inānis, e, *adj.*, *rather vain.*

sub-inde, *adv.*—Of time, *immediately after*, *just after*, *presently*, *forthwith*, *thereupon:* primum gaudere, subinde, etc., H.: primus Aulus suppositus ac subinde Ostorius, Ta.: duae subinde urbes captae direptaeque, L.—Of repeated actions, *one after the other*, *from time to time*, *now and then*, *repeatedly*, *frequently*, *continually:* praedae minus inventum est, quod subinde spolia agrorum capta domos mittebant, L.: quae subinde nuntiata sunt regi, Cu.

sub-insulsus, *adj.*, *somewhat tasteless*, *rather insipid.*

sub-invideō, —, —, ēre, *to be somewhat envious of:* tibi.

sub-invīsus, *adj.*, *a little disliked*, *somewhat odious:* apud malevolos nomen.

sub-invītō, āvī, —, āre, *to suggest to*, *invite by a hint:* me, ut ad te scriberem.

sub-īrāscor, ātus, ī, *dep.*, *to be out of temper, be somewhat provoked, be touched:* interdum: brevitati litterarum: quod me non invitas.

sub-īrātus, *adj.*, *somewhat angry:* homo tibi: rescripsi tibi subiratus, *with some feeling.*

subitārius, *adj.* [subitus], *in haste, sudden, hasty:* aedificia, Ta. — Of troops, *suddenly levied, raised for an emergency:* milites, L.

subitō, *adv.* [subitus], *suddenly, immediately, unexpectedly, at once, off-hand:* subito tanta te impendent mala, T.: subito atque inproviso: ex oculis fugit, V.: nostras ad aurīs venire, O.: quod serenā nocte subito luna defecisset: opprimi, L.: dicere, *extempore:* tam subito copias contrahere, *so quickly,* N.

subitus, *adj.*, *sudden, unexpected, surprising:* divortium: in rebus tam subitis: consilia, Cs.: novae rei ac subitae admiratio, L.: homo, *rash.*— As *subst. n.*, *a sudden occurrence, surprise:* subitum est ei remigrare: ad subita rerum, L.

sub-iungō, iūnxī, iūnctus, ere, *to fasten under, annex, attach:* puppis rostro Phrygios subiuncta leones, *having attached,* V. — *To yoke, harness:* curru (*dat.*) tigrīs, V.—Fig., *to bring under, subdue, subject, subjugate:* urbīs multas sub imperium populi R.: Nulli Italo tantam gentem, V.: mihi res, non me rebus, H.—*To bring under, make subject, subordinate, subjoin:* omnes artīs oratori: Calliope haec percussis subiungit carmina nervis, *associates with,* O.

sub-lābor, lapsus, ī, *dep.*, *to glide under, slip away, sink:* annis sublapsa vetustas, V.: retro sublapsa Spes Danaum, V.

sublātē, *adv.* with *comp.* [sublatus], *highly, loftily:* dicere, *with elevation:* de me dixi sublatius, *more arrogantly.*

sublātiō, ōnis, *f.* [sub+TAL-], *an elevation, exaltation:* animi.

sublātus, *adj.* with *comp.* [*P.* of tollo], *elated, proud, haughty:* animi, T.: quo proelio sublati Helvetii, Cs.: rebus secundis, V.: fidens magis et sublatior ardet, O.

sub-legō, lēgī, lēctus, ere, *to gather from below, gather up:* (puer) Sublegit quodcumque iaceret inutile, H. — *To catch up secretly, gather by stealth:* tibi carmina, V.—*To choose as a substitute, elect instead:* in demortuorum locum, L.: familias (in numerum patriciorum), Ta.

sublevātiō, ōnis, *f.* [sublevo], *an alleviation.*

sub-levō, āvī, ātus, āre, *to lift from beneath, raise up, hold up, support:* nos sibi ad pedes stratos: in ascensu sublevati, i. e. *assisted,* Cs.: alterni innixi sublevantesque invicem alii alios, L.: se, Cs.: terrā sublevat ipsum, V. — Fig., *to lighten, qualify, alleviate, mitigate, lessen, assuage:* non aliquo mediocri vitio eius vitia sublevata esse videbuntur: fortunam industriā, Cs.: hominum calamitates: fugam pecuniā, N.—*To sustain, support, assist, encourage, console, relieve:* homines: hunc suo testimonio: eos accusat, quod tam necessario tempore ab iis non sublevetur, Cs.: ad alios sublevandos, N.

sublica, ae, *f.* [2 LAC-], *a stake, pile, palisade:* sublicis in terram demissis, Cs.: isdem sublicis pontem reficere, *piles,* Cs.

sublicius, *adj.* [sublica], *resting upon piles:* Pons, *the pile-bridge* (across the Tiber), L.

subligāculum, ī, *n.* [subligo], *a waist-band, breech-cloth.*

subligar, āris, *n.* [2 LIG-], *a breech-cloth,* Iu.

sub-ligō, —, —, āre, *to bind below, bind on, fasten:* lateri ensem, V.: clipeum sinistrae, V.

sublīmē, *adv.* with *comp.* [sublimis], *aloft, loftily, on high:* Theodori nihil interest, humine an sublime putescat: elati, L.: sublimius altum Attollat caput, O.

sublīmen, *adv.* [cf. sublimis], *on high, upwards:* sublimen intro hunc rape, T.: aspice hoc sublimen candens, Enn. ap. C. (Ribbeck reads sublimen in several passages of Vergil, for sublime, etc.).

sublīmis, e, *adj.* with *comp.* [2 LAC-], *uplifted, high, lofty, exalted, elevated:* vertex, V.: montis cacumen, O.: portae, V.: Os, *uplifted* (opp. pronus), O.: dum sublimis versūs ructatur, *gazing upwards,* H.: flagellum, *uplifted,* H.: currus, L.: quanto sublimior Atlas sit montibus, etc., Iu.— *Plur. n.* as *subst.:* Antiquique memor metuit sublimia casūs, *lofty flights,* O. — *Borne aloft, uplifted, elevated, raised:* Syrum Sublimen medium adripere, T. (al. sublimem): campi armis sublimibus ardent, *raised high,* V.: Sublimes in equis redeunt, V.: (Venus) Paphum sublimis abit, *through the sky,* V.: sublimis abit, L.— *On high, lofty, in a high position:* iuvenem sublimem stramine ponunt, V.: Tyrio iaceat sublimis in ostro, O.— Fig., *lofty, exalted, eminent, distinguished:* Mens, O.: Sublimis, cupidusque et amata relinquere pernix, *aspiring,* H.: tuis natalibus Inveniet quisquam sublimius? Iu.—Of style, *lofty, elevated, sublime:* carmina, Iu.; cf. natura, H.

sublīmus, *adj.* [old for sublimis], *lofty, high:* ex sublimo vertice, Acc. ap. C.

sub-lūceō, —, —, ēre, *to shine a little, gleam faintly, glimmer:* aries sublucet corpore totus, C. poët.: sublucent crepuscula, O.: violae sublucet purpura nigrae, V.

sub-luō, —, lūtus, ere, *to wash underneath, flow below, wash at the foot:* montem flumen subluebat, Cs.: Asia, quā Hellesponto subluitur, Cu.

sublūstris, e, *adj.* [sub + * lustrus ; LVC-], *giving some light, faintly luminous, glimmering:* nox, L., H. : umbra (noctis), *twilight*, V.

sub-mergō (summ-), sī, sus, ere, *to dip, plunge under, sink, overwhelm, submerge:* submersus equus voraginibus : genera submersarum beluarum : navis submersa, Cs. : ferrum submersum in undā, O. : ipsos ponto, V. : procellis submersi sumus, L.

sub-ministrō (summ-), āvī, ātus, āre, *to aid by giving, give, furnish, afford, supply:* tibi pecuniam : tela clam subministrantur : frumentum, Cs.

submīssē (summ-), *adv.* with *comp.* [submissus].—Of manner, *softly, gently, calmly, modestly:* dicere : ornamentis uti summissius.—Of character, *modestly, humbly, submissively:* mihi supplicare : agere, O. : se gerere submissius.

submīssiō (summ-), ōnis, *f.* [submitto], *a letting down, lowering, dropping, sinking:* vocis : nec elatio nec submissio, i. e. *depression.*

submīssus (summ-), *adj.* with *comp.* [*P.* of submitto], *let down, lowered, low:* stantibus primis, secundis summissioribus, *stooping lower*, L. : Summisso humiles intrarunt vertice postīs, O.—F i g., of speech, *low, soft, gentle, calm, composed, moderate:* dicere summissā (voce) leniter : forma summissi oratoris.—Of character, *humble, submissive:* Submissi petimus terram, V.—*Low, mean, grovelling, abject:* ne quid submissum faciamus.

sub-mittō (summ-), mīsī, mīssus, ere, *to let down, put down, lower, sink, drop:* se ad pedes, L. : latus in herbā, O. : poplitem in terrā, O.—Of animals, *to keep for breeding, cause to breed:* (pullos) in spem gentis, V. : vitulos pecori habendo, V. — *To let grow:* crinem barbamque, Ta. — *To breed, produce:* non Monstrum submisere Colchi Maius, H.—*To provide a substitute for, supersede:* huic vos non summittetis ?—*To send privately, despatch secretly:* iste ad pupillae matrem summittebat, *sent a secret message:* alqm, qui moneret, etc.—*To send as aid, furnish for support, supply as reinforcement, help with, yield:* cohortes equitibus praesidio, Cs. : laborantibus, Cs. : Vinea summittit capreas non semper edules, H. — F i g., *to lower, make lower, reduce, moderate:* multum summittere, *to moderate the voice* (of an actor) : furorem, *control*, V.—*To lower, let down, bring down, humble, yield, surrender:* se in amicitiā, *condescend:* se in humilitatem causam dicentium, *stoop*, L. : facilitas summittentis se, *readiness to subordinate himself*, L. : ad calamitates animos, *bow*, L. : animos amori, *surrender*, V. : se culpae, O.

submolestē (summ-), *adv.* [submolestus], *with some vexation:* te non esse Romae submoleste fero, *troubles me somewhat.*

sub-molestus (summ-), *adj.*, *somewhat troublesome, rather vexatious:* illud mihi.

sub-moneō (summ-), uī, —, ēre, *to remind privily, hint:* me, quod, etc., T.

sub-mōrōsus (summ-), *adj.*, *somewhat peevish, rather morose:* quasi submorosa ridicula.

sub-moveō (summ-), mōvī (*subj. pluperf.* summōsses, H.), mōtus, ēre, *to put out of the way, drive back, drive off, send away, remove:* hostīs ex mūro, Cs. : statione hostium lembos, L. : submotā contione, *dismissed:* submotis velut in aliam insulam hostibus, Ta. : Maris litora, i. e. *remove* (by moles), H. : Hic spelunca fuit vasto submota recessu, i. e. *hidden*, V. : Silva summovet ignīs, i. e. *keeps off*, O.—Of a crowd, *to clear away, remove, make room:* turbam, L. : summoto populo, L. : lictor apparuit, summoto incesserunt, *after room had been made*, L. : summoto aditus, *access after the lictors had made room*, L. — P o e t. : neque Summovet lictor miseros tumultūs Mentis, H.—F i g., *to put away, keep, withdraw, withhold, remove:* a bello Antiochum et Ptolemaeum reges, i. e. *induce to abandon*, L. : magnitudine poenae a maleficio summoveri : summotus pudor, H. — *To banish:* ad Histrum, O. : patriā, O.

sub-mūtō (summūtō), —, —, āre, *to interchange, substitute:* summutantur verba pro verbis.

sub-nāscor, nātus, ī, *dep.*, *to grow up under, spring up afterwards*, O.

sub - nectō, —, xus, ere, *to bind below, tie under, fasten beneath:* subnectit fibula vestem, V. : antennis velum, O. : circlos Cervici, V. : mentum mitrā Subnexus, V.

sub-negō, —, āvī, āre, *to deny in a measure, partly refuse:* alqd praesenti tibi.

subnexus, *P.* of subnecto.

sub-nīxus (-nīsus), *P.*, *supported, propped, leaning, resting upon, sustained:* (circuli) caeli verticibus subnixi : Parva Philoctetae subnixa Petelia muro, i. e. *defended*, V. — F i g., *assured, confiding, relying, dependent:* subnixus et fidens innocentiae animus, L. : victoriis divitiisque : auxiliis, L. : artis adrogantiā.

subnuba, ae, *f.* [sub+NEB-], *a rival:* lecti nostri, O.

sub-nūbilus, *adj.*, *somewhat cloudy, overcast, obscure:* nox, Cs. : Limes, O.

subō, —, —, āre, *to be lustful*, H.

sub - obscēnus (-caenus), *adj.*, *verging on indecency:* ridiculum.

sub-obscūrus, *adj.*, *somewhat obscure, not very intelligible:* breves et interdum subobscuri : ingressio.

sub-odiōsus, *adj.*, *rather vexatious.*

sub-offendō, —, —, ere, *to give some offence:* apud faecem populi.

sub-oleō, —, ēre, *to emit a trifling smell.*—With *dat.* of *person*, *to be perceived, be suspected:* Numquid subolet patri? T.

subolō, —, —, ere [collat. form of suboleo], *to be perceived, be suspected:* Ut ne paululum quidem subolat, esse, etc., T.

subolēs (not sobo-), is, *f.* [sub+1 OL-], *a sprout, shoot;* hence, fig., *offspring, progeny, posterity, issue, stock, race, lineage:* censores populi suboles, familias censento: propaganda (est tibi) suboles: priori Dissimilis populo, O.: Cara deum, V.: patris matura, L.: stirpis, L.: Diva (Lucina), producas subolem, H.: Romae suboles, *race*, H.: gregis, H.: de te suscepta, V.

sub-olēscō, —, —, ere, *inch.*, *to grow up anew, arise instead:* iuventus frequentior pro tot caesis exercitibus subolescens, L.

sub-ōrnō, āvī, ātus, āre, *to fit out, furnish, provide, supply, equip:* pecuniā Brutum, Anton. ap. C.: a naturā subornatus in vitam venire: legati subornati criminibus, L.—*To employ as a secret agent, incite secretly, instigate, suborn:* fictus testis subornari solet: Macedonas trīs ad caedem regis, L.: ab eo subornati falsis criminibus occupant aurīs, Cu.: falsum testem Cluvium: ab subornato ab se per fallaciam litteras accepit, *by the hand of a secret hireling*, L.

subp-, see supp-.

sub-rancidus (surr-), *adj.*, *slightly tainted:* caro.

sub-raucus (surr-), *adj.*, *somewhat hoarse:* vox.

subrēctus, *P.* of subrigo.

sub-rēmigō (surr-), —, —, āre, *to row gently:* laevā tacitis undis, V.

sub-rēpō (surr-), rēpsī (subrēpstī, Ct.), —, ere, *to creep under, steal into:* sub tabulas: urbis Moenia, H.—Fig.: subrepet iners aetas, Tb.: quies surrepit ocellis, O.

subreptus (surr-), *P.* of subripio.

sub-rīdeō (surr-), sī, ēre, *to smile:* subridet Saturius: mixtā irā, V.: subridens Mezentius, V.

sub-rīdiculē (surr-), *adv.*, *somewhat laughably, rather humorously.*

subrigō (surr-), —, rēctus, ere [sub+rego], *to erect, make rigid, straighten up:* anguem, C. poët.: aurīs, V.: mucrone subrecto, *directed upwards*, L.; see surgo.

sub-ringor (surr-), —, ī, *dep.*, *to make a wry face, be a little vexed.*

subripiō or **surripiō** (*imper.* surpite, H.), ripuī (*pluperf.* surpuerat, H.), ruptus, ere [sub+rapio], *to snatch away, take secretly, withdraw privily, steal, pilfer, purloin:* quā re subripis, aufers Undique? H.: vasa ex privato sacro: libros: a Naevio multa, *plagiarized.*—Fig.: virtus, quae nec eripi nec subripi potest: actor, cui reus occulte subripi posset, *could be rescued by trickery:* me morti, H.: me mihi, H.: Crimina oculis patris, O.

sub-rogō or **surrogō**, āvī, ātus, āre.—Of the presiding officer in the comitia, *to put the vote on the choice of a substitute, cause to be elected in place of another, put in another's place, substitute* (cf. sufficio, of the people): cum idem essent (decemviri) nec alios subrogare voluissent: collegam in locum Bruti, L.: comitia praetoris in locum Decimi subrogandi, *for the election of a praetor in place of*, etc., L.: ad magistratūs subrogandos, L.

sub-rubeō (surr-), —, ēre, *to grow ruddy, turn reddish, blush:* Quale caelum subrubet, O.

sub-ruō (surr-), uī, utus, ere, *to tear away below, undermine, dig under, dig out, break down, overthrow, demolish:* ab radicibus arbores, Cs.: subruti ruebant muri, L.: turrim, Cs.: arces et stantia moenia, O.—Fig., *to undermine, subvert, corrupt:* nostram libertatem, L.: Reges muneribus, H.

sub-rūsticus (surr-), *adj.*, *somewhat clownish, rather rustic:* pudor.

subrutus (surr-), *P.* of subruo.

sub-scrībō, īpsī, īptus, ere, *to write underneath, inscribe below, write down:* statuis inauratis subscripsit, Reges a se in gratiam esse reductos: Si quaeret 'Pater urbium' Subscribi statuis, H.: numerus aratorum apud magistratūs subscribitur, *is registered:* meo haec subscribe libello, i. e. *add this* (satire) *to my little book*, H.—Of the censor's note added to a name, *to write down, set down, note down, subjoin:* quod censores de ceteris subscripserunt: quae de iudicio conrupto subscripserunt.—*To sign an accusation, indict, join in indicting, charge, accuse, prosecute:* in Popillium, quod is pecuniam accepisset, etc.: Gabinium reum fecit Sulla, subscribente privigno, *as an associate prosecutor:* neminem neque suo nomine neque subscribens accusavit, N.: cum suspiria nostra accusarentur, *were made grounds of accusation*, Ta.—Fig., *to assent to, agree to, approve:* Caesaris irae, O.: odio suo, Ph.: odiis accusatorum Hannibalis, L.

subscrīptiō, ōnis, *f.* [subscribo], *a writing beneath, subscription:* Serapionis.—Of the censor, *a noting down, note:* censoria.—*A subscribed list, attested register:* iugerum.—*A signature to an indictment, joining in an accusation:* subscriptionem sibi postularunt.

subscrīptor, ōris, *m.* [subscribo], *a signer of an accusation, joint prosecutor:* proximus: secessio subscriptorum.

subscrīptus, *P.* of subscribo.

(**subsecīvus**), see subsicīvus.

sub-secō, cuī, ctus, āre, *to cut under, cut away below, clip, pare:* Saturnus Subsecuit partes, unde creatus erat, O.: unguīs ferro, O.

subsellium, ī, *n.* [sub+sella], *a low bench, seat, form:* ista subsellia vacuefacta sunt (in the senate): ut locus in subselliis occupetur, etc., i. e. *a senator's seat:* rei subsellium, *of the accused,* Ct. —*A judge's seat, the bench:* accusabat idem ad subsellia.—Fig., *a court, tribunal:* age vero ne semper forum, subsellia meditere: habet Alienum, hunc tamen ab subselliis, i. e. *a lawyer in the courts:* versatus in utrisque subselliis, i. e. *as judge and advocate.*

sub-sentiō, sēnsī, —, īre, *to observe stealthily, spy out:* id quoque, Illos ibi esse, T.

sub-sequor, cūtus, ī, *to follow after, follow up, succeed, ensue:* omnibus copiis, Cu.: iussis subsequi peditibus, L.: subsequiturque manus, O.: has (cohortes), Cs.: ancillam, O.: senem, O.—In time or order, *to come after, follow, succeed:* minorem Septentrionem Cepheus a tergo subsequitur: si ducis consilia favor subsecutus militum foret, L.: Proxima subsequitur, quid agas, audire voluptas, O.—Fig., *to follow after, follow, adhere to, comply with, conform to, imitate:* Platonem avunculum: tribuni inclinatam rem in preces subsecuti, i. e. *seconding the prayers of the people,* L.: (orationis) vim ac varietatem.

sub-serviō, —, —, īre, *to serve, come to the help of, aid:* orationi, T.

subsicīvus (not subsec-), *adj.* [sub+2 SAC-], *that is cut off and left;* hence, of time, *left over, remaining, unoccupied:* tempora, *odd hours.*—Of work, *incidental, accessory:* quae adripui subsicivis operis, ut aiunt.

subsidiārius, *adj.* [subsidium], *of a reserve, reserved, subsidiary:* cohortes, Cs., L.—*Plur. m.* as *subst., the reserve, body of reserve,* L.

subsidium, ī, *n.* [sub+SED-].—In order of battle, *the troops in reserve, line of reserve, third line of battle, triarii:* subsidia et secundam aciem adortus, L.: fugere inter subsidia, L.: in subsidiis pugnacissimas locare gentes, Cu.—*A body of reserve, auxiliary corps, auxiliary forces:* neque ullum esse subsidium, quod submitti posset, Cs.: post eas ceterum exercitum in subsidiis locat, *stationed as a reserve,* S.—*Aid, help, relief, succor, assistance, reinforcement:* cum alius alii subsidium ferrent, Cs.: Italiae subsidio proficisci, Cs.: subsidio venire.—*Support, assistance, aid, help, protection:* Milo, subsidium adflictae rei p.: subsidium bellissimum existimo senectuti otium: aurum ad subsidium fortunae relictum, L.: industriae subsidia: his ego subsidiis ea sum consecutus: ad omnīs casūs subsidia comparare, *make provision.* —*A place of refuge, asylum, retreat:* vix modicis navigiis pauca subsidia, Ta.: fidissimum ad subsidium perfugere, Ta.

sub-sīdō, sēdī, sessus, ere, *to sit down, crouch down, squat, settle down, sink down:* adversus emissa tela, L.: Poplite subsidens, V.: subsedit in illā Ante fores arā, O.—With *dat.:* iuvet ut tigrīs subsidere cervis, *to yield,* H.—*To fall, subside, sink, settle:* undae, V.: venti, O.: Extremus galeāque imā subsedit Acestes, *remained at the bottom,* V.: ebur posito rigore Subsidit digitis, ceditque, *gives way,* O.—*To settle down, establish oneself, remain, abide, stay:* in Siciliā: in castris, Cs.: commixti corpore tantum Subsident Teucri, V.—*To crouch down on the watch, lie in wait, lie in ambush:* eo in loco: in insidiis, L.—With *acc.:* devictam Asiam subsedit adulter (i. e. Agamemnonem), *lay in wait for,* V.

subsīgnānus, *adj.* [sub+signum], *that serves under the standard:* miles, *reserves to strengthen the centre,* Ta.

sub-sīgnō, —, ātus, āre, *to mark, undersign, enter, register:* subsignari apud aerarium (praedia).—*To mortgage, encumber:* subsignata omnia (praedia) liberantur.

subsiliō, siluī, —, īre, *to leap up:* subsiluere canes, Pr.

sub-sistō, stitī, —, ere, *to take a stand, take position, stand still, remain standing, stop, halt:* audacius, Cs.: Substitit Aeneas et se conlegit in arma, V.: occultus subsistebat, *stationed himself in ambush,* L.: positis pars utraque substitit armis, O.: substitit unda, V.: Substitit lingua timore, O.—*To remain, abide, stay:* circa Mesopotamiam, Cu.: diutius, Cu.: intra priorem paupertatem, Ta. —*To make a stand, stand firm, hold out, withstand, oppose, resist:* in Samnio adversus Caudinas legiones, L.: Hannibali atque eius armis, L.: clipeo iuvenis, V.: quod neque ancorae funesque subsisterent, neque, etc., *held out,* Cs.: praepotentem armis Romanum nec acies subsistere ullae poterant, L.—Fig., *to come to a stop, end, pause, cease:* Substitit clamor, O.

sub-sortior, tītus, īrī, *to choose a substitute by lot, substitute by lot:* in Metelli locum: iudicem.—*Pass.:* si ex lege subsortitus non erat Iunius.

subsortītiō, ōnis, *f.* [subsortior], *a choosing of substitutes by lot:* iudicum.

substantia, ae, *f.* [substo], *resources:* facultatum, i. e. *wealth,* Ta.

sub-sternō, strāvī, strātus, ere, *to strew under, scatter below, spread beneath:* verbenas, T.: casias, O.: substratus Numida mortuo Romano, *stretched out under,* L.—*To bestrew, spread over, cover:* gallinae nidos substernunt.—Fig., *to submit, give up, surrender:* omne corporeum animo.

substituō, uī, ūtus, ere [sub+statuo], *to present, submit:* animo speciem corporis amplam, *figure to himself*, L.: funera fratrum oculis tuis, O.—*To put instead, put in place of, substitute:* in eorum locum civīs Romanos: Fulvius et Manlius pro Philippo substituti, L.: Siculis equites, L.: alqm huius criminis reum, i. e. *throw on him the blame*, Cu.

sub-stō, —, —, āre, *to stand firm, hold out*, T.

substrātus, *P.* of substerno.

sub-strictus, *adj.* [*P.* of substringo], *drawn together, contracted, narrow, small:* ilia, O.: crura, O.

sub-stringō, inxī, ictus, ere, *to bind beneath, tie up:* crinem nodo, Ta.: caput (equi) loro, N.: aurem, i. e. *listen attentively*, H.: bilem, *check*, Iu.

substrūctiō, ōnis, *f.* [substruo], *a foundation, substructure:* substructiones maximae, Cs.: substructionum moles, L.

sub-struō, —, strūctus, ere, *to build beneath, underbuild, lay:* Capitolium saxo quadrato substructum est, i. e. *has foundations of*, L.: viae glareā substruendae, i. e. *to be paved*, L.

sub-sum, —, esse, *to be under, be behind:* ubi non subest, quo praecipitet, *no place underneath:* subucula subest tunicae, H.: Nigra subest lingua palato, V.: Cum sol Oceano subest, H.—*To be near, be at hand, adjoin, be close:* montes, Cs.: planities, L.: vicina taberna, H.: Templa mari, O.—Of time, *to be near, be at hand, approach, impend:* nox iam suberat, Cs.: dies comitiorum.—Fig., *to be underneath, lie at the bottom, lurk in, be concealed in, be in reserve:* in quā (legatione) periculi suspicio non subesset: si his vitiis ratio non subesset: si ulla spes salutis nostrae subesset: subest silentio facinus, Cu.: Notitiae suberit amica tuae, *will be subject to your cognizance*, O.

subsūtus, *P.* [*sub-suo], *sewn beneath, trimmed below:* vestis, i. e. *flounced*, H.

subtēmen (subtēgmen), inis, *n.* [sub+TEG-].—In a web, *that which is woven in, a woof, weft:* Inseritur medium radiis subtemen, O.: Fert picturatas auri subtemine vestīs, V.—*A thread, yarn:* Subtemen nere, T.: Unde tibi reditum certo subtemine Parcae Rupere, H.

1. subter, *adv.* [sub], *below, beneath, underneath:* supra et subter.

2. subter, *praep.* with *abl.* or *acc.* [1 subter], *below, beneath, underneath, under:* virtus omnia subter se habet: subter densā testudine, V.: cupiditatem subter praecordia locavit: agere vias subter mare, V.: subter imas cavernas, O.: manu subter togam exsertā, L.—In composition, *underneath, beneath:* subterfluo, subterlabor.—*Secretly, privately, clandestinely:* subterfugio.

subter-fugiō, fūgī, —, ere, *to escape, evade, avoid, shun:* criminum vim: poenam: quasi fata omnia: tempestatem Punici belli, L.

subter-lābor, —, ī, *dep.*, *to glide below, float under:* fluctūs, V.: Flumina subterlabentia muros, *flowing close by*, V.—*To slip away, escape:* celeritate, L.

subterrāneus, *adj.* [sub+terra], *underground, subterranean:* specūs, C., Ta.: regna, Iu.

sub-texō, xuī, —, ere, *to weave under, work in below, sew on:* nigrae lunam alutae, Iu.—*To throw over, cover:* patrio capiti nubīs, i. e. *to veil with*, O.: caelum fumo, V.—Fig., *to work up, compose:* familiarum originem, N.: subtexit fabulae, legatos interrogatos esse, etc., *works into the story*, L.

subtīlis, e, *adj.* with *comp.* and *sup.* [sub+tela], *fine, nice, delicate:* palatum, H.—Fig., *nice, precise, exact, accurate, keen, subtle:* descriptio: definitio: reliquae (epistulae) subtiliores erunt, *will give more details.*—In taste or judgment, *fine, keen, delicate:* iudicium: veterum iudex, H.—Of style, *plain, simple, unadorned, direct:* subtilissimum dicendi genus: oratio: quis illo in docendo subtilior?: oratione.

subtīlitās, ātis, *f.* [subtilis], *keenness, acuteness, penetration, definiteness, exactness, subtlety:* sententiarum: Attica: militaribus ingeniis subtilitatem deesse, Ta.—Of style, *plainness, simplicity, directness, absence of ornament:* subtilitatem Lysias, vim Demosthenes habuit.

subtīliter, *adv.* with *comp.* and *sup.* [subtilis], *finely, acutely, minutely, accurately, in detail:* iudicare: haec ad te scribere: exequendo subtiliter numerum, L.: id persequar subtilius: haec subtilissime perpolita.—Of style, *plainly, simply, without ornament:* humilia subtiliter dicere: privatas causas agere subtilius.

sub-timeō, —, ere, *to be secretly afraid:* numquid subtimes, ne? etc.

sub-trahō, trāxī, tractus, ere, *to draw from below, drag out, draw off, carry off, withdraw, take away, remove:* subtractus Numida mortuo superincubanti Romano vivus, L.: effracto colla iugo, O.: si dediticii subtrahantur, Cs.: ab dextro cornu milites, L.: oculos, *avert*, Ta.: tremit puppis Subtrahiturque solum, *the sea gives way below*, V.—Fig.: neque verba sedem habere possunt, si rem subtraxeris: aliis nominatis, me unum subtrahebat, *omitted*, Cu.: cui iudicio eum mors subtraxit, L.: me a curiā, *withdraw:* subtrahente se, *withdrawing himself* (as surety), L.

sub-trīstis, e, *adj.*, *somewhat sad*, T.

sub-turpiculus, *adj.*, *savoring of meanness.*

sub-turpis, e, *adj.*, *somewhat disgraceful.*

(subtus), *adv.* [sub], *below, beneath, underneath;* opp. supra terram, L.

sub-tūsus (**-tūnsus**), *P.* [tundo], *somewhat bruised:* subtusa genas, Tb.

subūcula, ae, *f.* [sub+4 AV-], *a man's under-garment, under-tunic, shirt*, H.

subulcus, ī, *m.* [sus], *a swine-herd:* tardi, V. (al. bubulci).

Subūra, ae, *f.*, *a busy quarter in Rome, between the Esquiline, Viminal, and Quirinal, with booths and vegetable markets*, L., Iu.

Subūrānus, *adj.*, *of Subura, Suburan*, C., H.

suburbānitās, ātis, *f.* [suburbanus], *nearness to Rome:* iucunda (Siciliae).

sub-urbānus, *adj.*, *near the city, near Rome, suburban:* rus: fundus: Caulis, H.—As *subst. n.* (sc. praedium), *an estate near Rome, suburban villa:* esse in suburbano: suburbana amicorum. —*Plur. m.* as *subst.*, *the people of towns near Rome*, O.

sub-urbium, ī, *n.* [sub+urbs], *a suburb:* in suburbium ire.

suburgueō (**-urgeō**), —, ēre, *to drive close, drive up:* proram ad saxa, V.

subvēctiō, ōnis, *f.* [subveho], *a carrying up, conveying:* duris subvectionibus laborare, Cs.: frumenti tarda, L.

subvēctō, —, —, āre, *freq.* [subveho], *to support and carry, hold up and convey, transport:* Saxa umeris, V.: corpora cymbā, V.

subvēctus, ūs, *m.* [subveho], *a carrying, conveying*, Ta.

sub-vehō, vēxī, vēctus, ere, *to support and convey, bring up, transport, conduct, carry up:* frumentum flumine navibus, Cs.: Adversum remis superes subvectus ut amnem, V.: lembis biremibus flumine adverso subvectus, L.: ad Palladis arces Subvehitur regina, *moves up*, V.

sub-veniō, vēnī, ventus, īre, *to come to help, aid, assist, reinforce, relieve, succor:* circumvenior nisi subvenitis: Et subventuros auferet unda deos, O.: priusquam ex castris subveniretur, S.: circumvento filio, Cs.: patriae: pauci subveniendum Adherbali censebant, S.: acrioribus saluti suae remediis: Bruti operā provinciae esse subventum: reliquis, quo minus vi subigerentur, Ta.—*To relieve, obviate, remedy, cure:* gravedini omni ratione: his tam periculosis rebus: huic quoque rei subventum est maxime a nobis.

sub-vereor, —, ērī, *dep.*, *to have a little anxiety, be somewhat apprehensive:* ne te delectet.

subversor, ōris, *m.* [VERT-], *an overturner, subverter:* legum, Ta.

sub-vertō (**-vortō**), tī, sus, ere, *to turn upside down, upset, overturn, overthrow:* calceus Si pede maior erit, subvertet, H.: tantas operum moles, O.: subvorsi montes, S.—F i g., *to overthrow, ruin, destroy, subvert:* nos, *undo*, T.: decretum consulis, S.: iura, T.

subvēxus, *adj.* [*P.* of subveho], *sloping upwards:* fastigio leni, L.

sub-volō, —, —, āre, *to fly up, fly upwards:* in caelestem locum: utque novas umeris adsumpserat alas subvolat, O.

sub-volvō, —, —, ere, *to roll up, roll along:* manibus saxa, V.

succēdō, cessī, cessus, ere [sub+cedo], *to go below, come under, enter:* tectum, cui succederet: tectis nostris, V.: Rex iussae succedit aquae, O.: tumulo, i. e. *to be buried*, V.—*To go from under, go up, mount, ascend:* alto caelo, V.: in arduum, L.: hoc itinere est fons, quo mare succedit longius, Cs.: muros, L.—*To follow, follow after, take the place of, relieve, succeed, receive by succession:* ut integri defatigatis succederent, Cs.: integri fessis successerunt, L.: succedam ego vicarius tuo muneri: proelio, L.: non solum, quod tibi succederetur, sed, etc.: in stationem, Cs.: in paternas opes, L.: in Pompei locum heres: Aspicit in teretes lignum succedere suras, O.: ad alteram partem, *come next*, Cs.—*To approach, draw near, march on, advance, march up:* sub montem, Cs.: ad hostium latebras, L.: temere moenibus, L.: portas, Cs.: murum, L.: ubicumque iniquo successum erat loco, L. — F i g., *to come under, submit to:* omnes sententiae sub acumen stili succedant necesse est: Succedoque oneri, *take up*, V. — *To follow, follow after, succeed:* successit ipse magnis (oratoribus): horum aetati successit Isocrates: Tertia post illas successit aënea proles, O.: orationi, quae, etc., i. e. *speak after:* male gestis rebus alterius successum est, *to another's bad administration*, L.—*To go on well, be successful, prosper, succeed:* quando hoc bene successit, T.: quod res nulla successerat, Cs.: cum neque satis inceptum succederet, L.: voti Phoebus succedere partem Mente dedit, V.: Hac non successit; aliā adgrediemur viā, T.: si ex sententiā successerit: cui (fraudi) quoniam parum succedit, L.: successurumque Minervae Indoluit, O.: nolle successum non patribus, L.: ubicumque iniquo successum erat loco, *had been victorious under disadvantages of position*, L.

succendō, cendī, cēnsus, ere [sub+*cando; CAND-], *to kindle beneath, set on fire below:* succensis ignibus torreri: aggerem cuniculo, Cs.: in succensum rogum inicere corpora, L.: urbem suis manibus, Cs.—F i g., *to kindle, inflame, fire:* Pyrrhae succensus amore, O.: dulcedine famae succensus, Iu.

succēnseō, see suscenseo.

succēnsus, *P.* of succendo.

succenturiō, see subcenturio.

successiō, ōnis, *f.* [succedo], *a taking another's place, following after, succeeding, succession:* iura successionum, i. e. *of inheritance*, Ta.: voluptatis.

successor, ōris, *m.* [succedo], *a follower, successor:* coniunctissimus: successorem sibi cum exercitu mitterent, i. e. *should supersede him as governor*, L.: quo successore (Philoctete) sagittae Herculis utuntur, i. e. *inheritor*, O.: Successore novo vincitur omnis amor, *by a new favorite*, O.: Successor fuit hic tibi, i. e. *wrote after you*, O.

1. **successus**, *P.* of succedo.

2. **successus** (ūs), *m.* [succedo], *a coming up, advance, approach:* hostium, Cs.: equorum, V.—Fig., *a happy issue, good result, success:* successu exsultans, V.: Hos successus alit, V.: multo successu Fabiis audaciam crescere, L.: Successumque artes non habuere meae, O.: improborum, Ph.: pleni successibus anni, O.: successūs prosperos dare, L.

succīdāneus, see succedaneus.

succīdia, ae, *f.* [2 succido], *a leg of pork, flitch of bacon:* hortum agricolae succidiam alteram appellant, *their second flitch* (supplementary provision).

1. **succidō**, idī, —, ere [sub + cado], *to fall under, sink down, sink:* in mediis conatibus, V.: continuo labore gravia genua succiderant, Cu.

2. **succīdō**, cīdī, cīsus, ere [sub+caedo], *to cut off below, cut from under, cut through, cut off, cut down, fell:* vivos Succisis feminibus invenerunt, L.: poplite Succiso, V.: succisis asseribus conlapsus pons, L.: flos succisus aratro, V.: frumentis succisis, *mown*, Cs.: (herbas) curvamine falcis, O.

succiduus, *adj.* [1 succido], *sinking down, sinking, failing:* genu, O.: Poples, O.

succingō or **sub-cingō**, nxī, nctus, ere, *to gird below, tuck up, gird, gird about, girdle:* crure tenus medio tunicas, Iu.: succincta anus, i. e. *with tucked-up skirt*, O.: succincta comas pinus, i. e. *with foliage gathered at the top* (the trunk being bare), O.—*To gird on, put on with a girdle, attire:* Succincta pharetrā, V.: pallā succincta cruentā, V.: pugione succinctus, Anton. ap. C. — *To surround, furnish, provide, equip, fit out:* succinctam latrantibus inguina monstris, V.: Carthago succincta portibus: succinctus armis legionibusque, L.: patriā papyro, Iu.

succinō or **subcinō**, —, —, ere [sub+cano], *to sing to, accompany:* succinit alter, *another chimes in*, H.

(succinum), see sūcinum.

succipiō, see suscipio.

succīsus, *P.* of 2 succīdo.

(succlāmātiō, ōnis), *f.* [succlamo], *a calling out, shout, outcry.* — Only *plur.:* ultro territuri succlamationibus, L.: succlamationibus significare, quid sentiant, L.

succlāmō or **sub-clāmō**, āvī, ātus, āre, *to cry out in response, shout in answer, reply clamorously:* si esset libera haec civitas, non tibi succlamassent, L.: haec Virginio vociferanti succlamabat multitudo, L.: ad hoc cum succlamatum est, L.

(succō), see suco.

succontumēliōsē, see sub-c-.

succrēscō (sub-c-), —, —, ere, *inch.*, *to grow from below, grow up:* succrescit ab imo cortex, O.: per seque vident succrescere vina, i. e. *to be supplied anew*, O.—Fig.: non ille orator vestrae quasi succrescit aetati, *arises by growing up under your influence:* gloriae seniorum, i. e. *to a share in*, L.

succrīspus, see subcrispus.

succumbō (sub-c-), cubuī, ere [CVB-], *to fall down, lie down, sink:* vidit Cyllenius omnīs Succubuisse oculos, *had sunk in sleep*, O.—Fig., *to yield, be overcome, submit, surrender, succumb:* debilitari dolore, succumbere: hac ille perculsus plagā non succubuit, N.: philosopho succubuit orator: qui Cannensi ruinae non succubuissent, L.: fortunae: mihi, N.: labori, Cs.: malis, O.: culpae, V.: tempori, *to yield*, L.: precibus, O.—*To cohabit with:* alcui, Ct., O.

succurrō (sub-c-), currī, cursus, ere, *to run under, run to help, hasten to the aid of, help, aid, assist, succor:* laborantibus: adflictis semper, N.: confidere munitionibus oppidi, si celeriter succurratur, Cs.: Paratae lites: succurrendumst, T.—*To heal, cure, remedy, relieve:* infamiae communi: hic tantis malis haec subsidia succurrebant, quo minus, etc., Cs.: cuius adversae fortunae velit succursum, L.—Fig., *to run to meet:* licet undique omnes mihi terrores impendeant, succurram atque subibo, *will encounter* (them).—*To come to mind, occur, suggest itself:* ut quidque succurrit, libet scribere: non dubito, legentibus illud quoque succursurum, quod, etc., L.: Sed mihi succurrit numen non esse severum, O.

(succus), see sūcus.

(succussus or **subcussus**, ūs), *m.* [succutio], *a shaking, jolting.*—Only *abl.:* Ne succussu adripiat dolor, Pac. ap. C.

succutiō (subc-), —, —, ere [sub+quatio], *to fling up from below, fling aloft, toss up:* Succutitur alte (currus), O.

sūcidus (not succ-), *adj.* [sucus], *juicy, sappy:* lana, i. e. *newly-shorn*, Iu.

sūcinum (not succ-), ī, *n.* [sucus], *amber:* legere, Ta., Iu.

sūcō (**succō**), ōnis, *m.* [SVG-], *a sucker.*—Of usurers: Oppios succones dicis (al. saccones, strainers).

sūcophanta, see sycophanta.

Suculae, ārum, *f., plur. dim.* [sus], an incorrect translation of Ὑάδες, *the Hyades.*

sūcus (not succ-), ī, *m.* [SVG-], *a juice, moisture, sap, liquor:* stirpes e terrā sucum trahunt: ex intestinis secretus: garo (mixtum) de sucis piscis Hiberi, H.: pinguis olivi, *oil,* O.—*A medicinal drink, draught, potion, dose:* purgantes pectora suci, O.: spargit virus sucosque veneni, O.—*Taste, flavor, savor:* melior, H.: Picenis cedunt pomis Tiburtia suco, H.: Cantharus ingratus suco, O.—F i g., *strength, vigor, energy, spirit:* sucus ac sanguis (civitatis).—Of style, *spirit, life, vigor:* ornatur oratio suco suo.

sūdārium, ī, *n.* [sudor], *a handkerchief:* sudaria Saetaba, Ct.

sudis, is, *f., a stake, pile:* acutae, Cs.: Fraxineae, V.: sude obustā, O.: Erectae in terga sudes, *bristles,* Iu.

sūdō, āvī, ātus, āre [SVD-], *to sweat, perspire:* sine causā: iuvenum sudantibus lacertis, O.: cavae tepido sudant umore lacunae, *are drenched,* V.: quattuor signa sanguine multo, *exude,* L.: sanguine litus, V.: quercūs sudabunt roscida mella, *exude,* V.: nemora ubi tura sudantur, Ta.: sudata ligno Tura, O.—*To be exuded, drop, drip, distil:* sudantia ligno Balsama, V.—F i g., *to toil, labor hard, exert oneself:* sudabis satis, Si cum illo inceptas homine, T.: sudandum est eis pro communibus commodis.

sūdor, ōris, *m.* [SVD-], *sweat, perspiration:* e corpore: multo sudore manare: sudor fluit undique rivis, V.: frigidus, O.: cum sudor ad imos Manaret talos, H.: sudorem excutere, N.: veneni, i. e. *liquid poison,* O.—F i g., *sweat, toil, severe labor, weariness, fatigue:* da spolia sine sudore, Enn. ap. C.: exercitus, qui suo sudore inde Samnites depulisset, L.: stilus ille tuus multi sudoris est: Creditur habere Sudoris minimum comoedia, H.: sudore acquirere quod possis sanguine parare, Ta.

sūdus, *adj., cloudless, bright, clear, serene:* ver, V.—As *subst. n., a bright sky, clear weather:* si erit sudum: Arma Per sudum rutilare vident, V.

suēscō, suēvī (contr. forms, suēstī, suērunt), suētus, ere, *inch.* [sueo (old), from suus], *to become used, accustom oneself:* ut suesceret militiae, Ta.—*To accustom:* lectos viros disciplinae, Ta.—Hence, *perf., to be wont, be accustomed:* has Graeci stellas Hyadas vocitare suērunt, C. poët.: id quod suesti peto.

suētus, *adj.* [*P.* of suesco], *accustomed, wont, used, habituated:* abstinere suetus, L.: curru succedere sueti Quadrupedes, V.: his (armis) ego suetus, V.—*Customary, usual:* contubernium, Ta.

sūfes (not suffes), etis, *m.*, = sōphēs (Phoenician), in Carthage, *a judge, chief magistrate, sufet:* sufetes eorum, qui summus Poenis est magistratus, L.

suffarcinō, —, ātus, āre [sub + *farcina; FARC-], *to stuff full, stuff out below:* Canthara suffarcinata, i. e. *big with child,* T.

suffectus, *adj.* [*P.* of sufficio], *substituted, chosen to fill a vacancy:* consul, *a vice-consul,* L.

sufferō, sustulī, sublātus, sufferre [sub + fero], *to take up, submit to, undergo, bear, endure, suffer:* Syre, vix suffero, T.: poenas: multam.

(suffes), see sufes.

sufficiēns, entis, *adj.* [*P.* of sufficio], *sufficient, adequate:* aetas vix tantis matura rebus, sed abunde sufficiens, Cu.

sufficiō, fēcī, fectus, ere [sub + facio], *to put under, lay a foundation for:* opus, Cu.—*To dip, dye, impregnate, tinge:* lanam medicamentis: (angues) Ardentes oculos suffecti sanguine, *suffused,* V.—Of public officers, *to appoint to a vacancy, choose as a substitute:* suffectus in Lucreti locum Horatius, L.: in demortui locum censor sufficitur, L.: (apes) regem parvosque Quirites Sufficiunt, V.: quibus vitio creatis suffecti, L.: Sperante heredem suffici se proximum, Ph.: Atque aliam ex aliā generando suffice prolem, i. e. *let one generation succeed another,* V.—*To give, yield, afford, supply:* tellus Sufficit umorem, V.: eos excursionibus sufficiendo, i. e. *by employing them in sallies,* L.: Danais animos, *to give courage and strength,* V.: contra virīs, V.—*Intrans., to be sufficient, suffice, avail, be adequate, satisfy:* nec scribae sufficere nec tabulae nomina illorum capere potuerunt: Nec iam sufficiunt, V.: oppidani non sufficiebant, L.: nec iam vires sufficere cuiusquam, Cs.: mons hominum abunde sufficiebat alimentis, L.: hae manūs suffecere desiderio meo, Cu.: nec sufficit umbo Ictibus, V.: terra ingenito umore egens vix ad perennīs suffecit amnīs, L.: ad omnia tuenda, L.: non suffecturum ducem unum adversus quattuor populos, L.: Nec locus in tumulos sufficit, O.: Nec nos obniti contra nec tendere tantum Sufficimus, V.

suffīgō, —, fīxus, ere [sub + figo], *to fasten beneath, attach, affix:* cruci suffixus, *crucified:* servum In cruce, H.

suffīmen, inis, *n.* [suffio], *fumigation, incense,* O.

suffīmentum, ī, *n.* [suffio], *fumigation, incense:* sine ullis suffimentis expiati.

suffiō, —, ītus, īre [sub + *fio; FAV-], *to fu-*

migate, perfume, scent: (apīs) thymo, V.: urnā suffitā, O.

suffīxus, *P.* of suffigo.

sufflāmen, inis, *n.* [sub+FLA-], *a clog, brake, drag-chain:* rotam astringit multo sufflamine, Iu.: longum litis, *hinderance*, Iu.

suffōcō, āvī, —, āre [sub+faux], *to throttle, choke, stifle, strangle, suffocate:* gallum . . . patrem. —Fig.: urbem fame, i. e. *to starve.*

suffodiō (subf-), fōdī, fossus, ere [sub+fodio], *to dig under, sap, undermine:* murum, S.: sacella suffossa: nullum suffossi specūs vestigium, *no indication of a mine*, Cu.—*To pierce from below, stab underneath, bore through:* equis ilia, L.: subfossis equis, *stabbed in the belly*, Cs.

suffrāgātiō (subf-), ōnis, *f.* [suffragor], *a recommendation to office, favor, support, suffrage:* ut suffragatio tolleretur: militaris: nec potestas nec suffragatio horum valuit, L.: suffragationes consulatūs perdere, *to the consulship.*

suffrāgātor (subf-), ōris, *m.* [suffragor], *a favorer, supporter, partisan:* suffragatorum comparatio: me suffragatore meliore uti.

suffrāgium, ī, *n.* [FRAG-], *a voting-tablet, ballot, vote, voice, suffrage:* suffragia in magistratu mandando ferri: ferunt suffragia: ut competitores pares suffragiis essent: suffragium inire, L.: libera, Iu.—*The right of voting, right of suffrage, elective franchise:* quarum (tribuum) suā lege suffragium sustulit: populi esse ius suffragium, quibus velit, impertire, L.: ut populus R. suffragio privaretur.—*A decision, judgment, opinion:* suffragio tuo rhetor.—*Assent, approbation, applause:* ventosae plebis suffragia, H.

suffrāgor, ātus, ārī, *dep.* [*suffragus; FRAG-]. —In an election, *to vote for, support, favor:* ut suffragentur, nihil valent gratiā ipsi: convenerant suffragandi causā, L.: domus suffragata domino ad consulatum putabatur, i. e. *was supposed to have secured the votes for its owner.*—*To be favorable, favor, recommend, support:* fortunā suffragante videris res maximas consecutus: suffragante Theramene, N.: tibi: huic consilio suffragabatur etiam illa res, quod, etc., Cs.

suffringō, —, —, ere [sub+frango], *to break below, break:* crura vobis.

suffugiō, —, —, ere, *to flee for refuge, seek shelter:* in tecta, L.

suffugium, ī, *n.* [2 FVG-], *a refuge, shelter, covert:* id plurimis suffugium erat, Cu.: propinqua suffugia, Ta.: specūs hiemi, Ta.: ferarum imbriumque, Ta.

suffundō (sub-f-), fūdī, fūsus, ere, *to pour below, pour into, pour upon, overspread, suffuse, infuse:* animum esse cordi suffusum sanguinem: intumuit suffusā venter ab undā, i. e. *from dropsy*, O.: lumina rore (i. e. lacrimis), O.: lingua est suffusa veneno, O.: calore suffusus aether, *intermingled:* Littera suffusas quod habet lituras, *blurred*, O.: virgineum ore ruborem, *cause to blush*, V.: suffunditur ora rubore, O.: minio suffusus, *stained*, Tb.: Masinissae rubor suffusus, L.—Fig.: animus nullā in ceteros malevolentiā suffusus, *with no vein of malice.*

suffuscus or **sub-fuscus**, *adj.*, *brownish, dusky:* margarita, Ta.

suffūsus, *P.* of suffundo.

suggerō, gessī, gestus, ere [sub+gero], *to bring under, lay beneath, apply below:* flamma suggeritur costis aëni, V.—*To throw up:* suggestā humo, i. e. *with an earthen wall*, Pr.—*To furnish, afford, supply:* his rebus sumptum, T.: tela mihi, V.: divitias tellus Suggerit, O.: quae vendatis, L.—Fig., *to assign, add, subjoin, supply:* huic incredibili sententiae ratiunculas: Bruto Horatium, *place next in order*, L.: suggerebantur saepe damna aleatoria, *were added.*—*To put on, impose upon:* aut Druso ludus est suggerendus aut, etc., *is to be imposed upon.*—*To suggest, prompt:* nullis questibus omissis, quos dolor suggerit, Cu.

suggestum, ī, *n.* [suggero], *an artificial mound, platform, stage, tribune:* in communibus suggestis consistere: suggestum ascendens.

1. suggestus, *P.* of suggero.

2. (suggestus, ūs), *m.* [sub+GES-], *a raised place, artificial height, platform, stage, tribune:* suggestum in foro exstructum, L.: hac re pro suggestu pronuntiatā, Cs.

suggrandis (subg-), e, *adj.* [sub+grandis], *rather large:* cubiculum.

suggredior (sub-g-), —, gressus, ī [sub+gradior], *to approach, attack:* proprius, Ta.: quos dux Romanus acie suggressus, Ta.

sūgillātiō, ōnis, *f.* [sugillo], *a bruise, affront, insult:* consulum, L.

(**sūgillō** or **suggillō**), —, ātus, āre [SVG-], *to bruise, beat black-and-blue;* hence, *to jeer, taunt, insult, revile:* viri sugillati, L.

sūgō, sūxī, —, ere [SVG-], *to suck:* (animalium) alia sugunt.—Fig.: cum lacte nutricis errorem, *to imbibe.*

suī (*gen.*), *dat.* sibi or sibī, *acc.* and *abl.* sē or (more emphatic) sēsē (strengthened sēpse for sē ipse, C.; sēmet, L., H.), *sing.* and *plur.*, *pron.* of 3d *pers.* [suus]. **I.** *Reflex.* **A.** *Himself, herself, itself, themselves.*—Referring to the grammatical *subj.*—*Acc.*, as direct *obj.*: si is posset ab eā sese avellere, T.: per eos, ne causam diceret, se eripuit, Cs.: homo se erexit: se a Gallis auro redemisse, L.: se gerere, *to behave:* ipse enim se quisque diligit: se ipsum conligere.—With *gerundive:* ne sui in perpetuum liberandi occasio, Cs.: sui conservandi causā profugere: is sibi legationem ad civitates suscepit, Cs.: propositā sibi morte: Medus infestus sibi, H.: tantos sibi spiritūs sumpserat, Cs.: inimicus ipse sibi putandus est.—*Gen. obj.:* amans sui virtus: dux oblitus sui: potens sui, H.: caecus amor sui, H.: facultatem sui insequendi ademerat, Cs.—*Acc.* or *abl.*, with *praepp.:* ducit secum virginem, T.: pro se quisque sedulo Faciebant, *each one singly*, T.: eum pro se quisque tenderent ad portas, L.: equitatum ante se mittit, Cs.: litterae ad se ab amico missae: exercitus, quantum in se fuit, etc., L.—Referring to a logical *subject.*—To a *definite subject:* multis illi in urbibus reficiendi se et curandi potestas fuit: Faustulo spes fuerat regiam stirpem apud se educari, L.: invenere oppidanos vim hostium ab se arcentes, L.—To an *indefinite subject, oneself:* deforme est de se ipsum praedicare: ut, quanti quisque se ipse faciat, tanti fiat ab amicis.—**B.** In dependent clauses, as *pers. pron.* 3*d pers.*, with reflex. reference, *him, her, it, them, he, she, they.*—In gen., referring to the grammatical *subject* of the principal clause: impetrat a senatu, ut dies sibi prorogaretur: Ubii legatos mittunt, qui doceant . . . neque ab se fidem laesam, Cs.: in urbibus, quae ad se defecerant, praesidia imposuit, S.—Referring to a logical *subject:* a regibus litterae, quibus mihi gratias agant, quod se reges appellaverim: cum legati ad eum venissent oratum, ut sibi ignosceret, Cs.—In *orat. obliquā*, referring to the person whose words are reported: nuntium mittit . . . sese diutius sustinere non posse, Cs.: non sese Gallis, sed Gallos sibi bellum intulisse, Cs.: dato responso (a Thyrreensibus), nullam se novam societatem accepturos, L.—In subordinate clauses, with *subjunct.:* qui abs te taciti requirunt, cur sibi hoc oneris imposueris: conclamavit, quid ad se venirent? Cs.: multa pollicens, si se conservasset, N.—With *subj.* (sub-oblique), expressing the view of the reported speaker: Caesarem iniuriam facere, qui vectigalia sibi deteriora faceret, Cs.: quod nec paratus . . . obsecutus esset, eredidissetque, eum se vidissent Aetoli, omnia, etc., L.—Instead of the proper case of is or ipse (to suggest the point of view of the person referred to): Unum hoc scio, esse meritam, ut memor esses sui, T.: quem Caesar, ut erat de se meritus, donatum pronuntiavit, Cs.: statuit urbīs, quae . . . adversum se opportunissimae erant, circumvenire, S.: centum boves militibus dono dedit, qui secum fuerant, L.—**C.** Idiomatic uses, with *ad* or *apud*, *to one's house, at home:* qui a me petierit ut secum et apud se essem cottidie: Num tibi videtur esse apud sese? *in his senses*, T.—*Dat. pleonast.*, of the person interested, *for himself:* quid sibi hic vestitus quaerit? T.: mirantes, quid sibi vellet, L.—Colloq., with *suus* (old): Suo sibi gladio hunc iugulo, *his very own*, T.—**II.** As *pron. recipr.*, *each other, one another:* nuntiatum . . . patres ac plebem in semet ipsos versos, L.; usu. in the phrase, inter se, *one another, each other, mutually, reciprocally:* video eos inter se amare, T.: neque solum colent inter se ac diligent: ut neque inter se contingant trabes, Cs.: adhaesiones atomorum inter se: collīs duos propinquos inter se occupat, S.

suīllus, *adj. dim.* [suīnus, from sus], *of swine:* grex, L.

sulcō, āvī, —, āre [sulcus], *to furrow, turn up, plough:* vomere humum, O.—*To furrow, plough, cross, traverse, mark:* (anguis) harenam Sulcat, O.: vada salsa carinā, V.

sulcus, ī, *m.* [cf. ὁλκός], *a furrow:* altius impressus: sulcum patefacere aratro, O.: sulcis committere semina, V.—*A trench, ditch:* optare locum tecto et concludere sulco, V.—*A track, furrow, wake, trail:* Infindunt sulcos (i. e. navibus), V.: longo limite sulcus (stellae) Dat lucem, V.

sulfur (**-phur, -pur**), uris, *n.*, *brimstone, sulphur:* vivum, L.: olentia sulfure Stagna, O.: Lurida, O.: rupto poscentem sulfura vitro (as a cement), Iu.

sulfureus (**sulph-**), *adj.* [sulfur], *of sulphur, sulphurous, sulphureous:* fornaces, O.: aqua, V.

Sulla (not Sylla), ae, *m.*, *a family name in the Cornelian gens.*—Esp., L. Cornelius Sulla Felix, *dictator* B.C. 82, C., S.

Sullānus, *adj.*, *of Sulla* (the dictator), C., N.

sullāturiō, —, —, īre, *desid.* [Sulla], *to imitate Sulla, play the part of Sulla.*

sulphur, sulphureus, see sulfu-.

sum (2*d pers.* es, or old ēs; old *subj. praes.* siem, siēs, siet, sient, for sim, etc., T.; fuat for sit, T., V., L.; *imperf.* often forem, forēs, foret, forent, for essem, etc.; *fut.* escunt for erunt, C.), fuī (fūvimus for fuimus, Enn. ap. C.), futūrus (*inf. fut.* fore or futūrum esse, C.), esse [ES-; FEV-].—**I.** As a predicate, asserting existence, *to be, exist, live:* ut id aut esse dicamus aut non esse: flumen est Arar, quod, etc., Cs.: homo nequissimus omnium qui sunt, qui fuerunt: arbitrari, me nusquam aut nullum fore: fuimus Troes, fuit Ilium, V.—Of place, *to be, be present, be found, stay, live:* eum non liceret Romae quemquam esse: cum essemus in castris: deinceps in lege est, ut, etc.: erat nemo, quicum essem libentius quam tecum: sub uno tecto esse, L.—Of circumstances or condition, *to be, be found, be situated, be placed:* Sive erit in Tyriis, Tyrios laudabis amictūs, i. e. *is attired*, O.: in servitute: in magno nomine et gloriā: in vitio: Hic in noxiāst, T.: in pace, L.: (statua) est et fuit totā Graeciā summo honore: ego sum spe bonā: rem illam suo periculo esse, *at his own risk:*

omnem reliquam spem in impetu esse equitum, L.—In 3*d pers.*, followed by a *pron. rel.*, *there is* (that) *which*, *there are* (persons) *who*, *there are* (things) *which*, *some.*—With *indic.* (the subject conceived as definite): est quod me transire oportet, *there is a* (certain) *reason why I must*, etc., T.: sunt item quae appellantur alces, *there are creatures also*, *which*, etc., Cs.: sunt qui putant posse te non decedere, *some think:* Sunt quibus in satirā videor nimis acer, H.—With *subj.* (so usu. in prose, and always with a subject conceived as indefinite): sunt, qui putent esse mortem . . . sunt qui censeant, etc.: est isdem de rebus quod dici possit subtilius: sunt qui Crustis et pomis viduas venentur avaras, H.—With *dat.*, *to belong*, *pertain*, *be possessed*, *be ascribed:* fingeret fallacias, Unde esset adulescenti amicae quod daret, *by which the youth might have something to give*, T.: est igitur homini cum deo similitudo, *man has some resemblance:* Privatus illis census erat brevis, H.: Troia et huic loco nomen est, L.—Ellipt.: Nec rubor est emisse palam (sc. ei), *nor is she ashamed*, O.: Neque testimoni dictio est (sc. servo), *has no right to be a witness*, T.—With *cum* and *abl. of person*, *to have to do with*, *be connected with:* tecum nihil rei nobis est, *we have nothing to do with you*, T.: si mihi tecum minus esset, quam est cum tuis omnibus.—With *ab* and *abl. of person*, *to be of*, *be the servant of*, *follow*, *adhere to*, *favor*, *side with:* Ab Andriā est ancilla haec, T.: sed vide ne hoc, Scaevola, totum sit a me, *makes for me.*—With *pro*, *to be in favor of*, *make for:* (iudicia) partim nihil contra Habitum valere, partim etiam pro hoc esse.—With *ex*, *to consist of*, *be made up of:* (creticus) qui est ex longā et brevi et longā: duo extremi chorei sunt, id est, e singulis longis et brevibus.—*To be real*, *be true*, *be a fact*, *be the case*, *be so:* sunt ista, Laeli: est ut dicis, inquam: verum esto: esto, *granted*, V.—Esp. in phrases, est ut, *it is the case that*, *is true that*, *is possible that*, *there is reason for:* sin est, ut velis Manere illam apud te, T.: est, ut id maxime deceat: futurum esse ut omnes pellerentur, Cs.: magis est ut ipse moleste ferat errasse se, quam ut reformidet, etc., i. e. *he has more reason for being troubled . . . than for dreading*, etc.: ille erat ut odisset defensorem, etc., *he certainly did hate.*—In eo esse ut, etc., *to be in a condition to*, *be possible that*, *be about to*, *be on the point of* (*impers.* or with *indef. subj.*): cum iam in eo esset, ut in muros evaderet miles, *when the soldiers were on the point of scaling*, L.: cum res non in eo essent ut, etc., L.—Est ubi, *there is a time when*, *sometimes:* est, ubi id isto modo valeat.—Est quod, *there is reason to*, *is occasion to:* etsi magis est, quod gratuler tibi, quam quod te rogem, *I have more reason to:* est quod referam ad consilium: sin, etc., L.: non est quod multa loquamur, H.—Est cur, *there is reason why:* quid erat cur Milo optaret, etc., *what cause had Milo for wishing?* etc.—With *inf.*, *it is possible*, *is allowed*, *is permitted*, *one may:* Est quādam prodire tenus, si non datur ultra, H.: scire est liberum Ingenium atque animum, T.: neque est te fallere quicquam, V.: quae verbo obiecta, verbo negare sit, L.: est videre argentea vasa, Ta.: fuerit mihi eguisse aliquando tuae amicitiae, S.—Of events, *to be*, *happen*, *occur*, *befall*, *take place:* illa (solis defectio) quae fuit regnante Romulo: Amabo, quid tibi est? T.: quid, si . . . futurum nobis est? L.—*To come*, *fall*, *reach*, *be brought*, *have arrived:* ex eo tempore res esse in vadimonium coepit: quae ne in potestatem quidem populi R. esset, L.—**II.** As a copula, *to be:* et praeclara res est et sumus otiosi: non sum ita hebes, ut istud dicam: Nos numerus sumus, *a mere number*, H.: sic, inquit, est: est ut dicis: frustra id inceptum Volscis fuit, L.: cum in convivio comiter et iucunde fuisses: quod in maritimis facillime sum, *am very glad to be.*—With *gen. part.*, *to be of*, *belong to:* qui eiusdem civitatis fuit, N.: qui Romanae partis erant, L.: ut aut amicorum aut inimicorum Campani simus, L.—With *gen. possess.*, *to belong to*, *pertain to*, *be of*, *be the part of*, *be peculiar to*, *be characteristic of*, *be the duty of:* audiant eos, quorum summa est auctoritas apud, etc., *who possess:* ea ut civitatis Rhodiorum essent, L.: Aemilius, cuius tum fasces erant, L.: plebs novarum rerum atque Hannibalis tota esse, *were devoted to*, L.: negavit moris esse Graecorum, ut, etc.—With *pron. possess.:* est tuum, Cato, videre quid agatur: fuit meum quidem iam pridem rem p. lugere.—With *gerundive:* quae res evertendae rei p. solerent esse, *which were the usual causes of ruin to the state:* qui utilia ferrent, quaeque aequandae libertatis essent, L.—With *gen.* or *abl.* of *quality*, *to be of*, *be possessed of*, *be characterized by*, *belong to*, *have*, *exercise:* nimium me timidum, nullius consili fuisse confiteor: Sulla gentis patriciae nobilis fuit, S.: civitas magnae auctoritatis, Cs.: refer, Cuius fortunae (sit), H.: nec magni certaminis ea dimicatio fuit, L.: bellum variā victoriā fuit, S.: tenuissimā valetudine esse, Cs.: qui capite et superciliis semper est rasis.—With *gen.* or *abl.* of *price* or *value*, *to be of*, *be valued at*, *stand at*, *be appreciated*, *cost:* videtur esse quantivis preti, T.: ager nunc multo pluris est, quam tunc fuit: magni erunt mihi tuae litterae: sextante sal et Romae et per totam Italiam erat, *was worth*, L.—With *dat. predic.*, to express definition or purpose, *to serve for*, *be taken as*, *be regarded as*, *be felt to be:* vitam hanc rusticam tu probro et crimini putas esse oportere, *ought to be regarded as:* eo natus sum ut Iugurthae scelerum ostentui essem, S.: ipsa res ad levandam annonam impedimento fuerat, L.—With second *dat. of pers.:* quo magis quae agis curae sunt mihi, T.: illud Cassianum, 'cui bono fuerit,' *the inquiry of Cassius, 'for whose benefit was it':* haec tam parva civitas praedae tibi et quaestui fuit.—*To be sufficient for, be equal to, be fit:* sciant patribus aeque curae fuisse, ne, etc., L.: ut divites conferrent, qui oneri ferendo essent, *such as were able to bear the burden,* L.: cum solvendo aere (old *dat.* for aeri) alieno res p. non esset, L.—With *ellips.* of *aeri:* tu nec solvendo eras, *wast unable to pay.*—With *ad, to be of use for, serve for:* res quae sunt ad incendia, Cs.: valvae, quae olim ad ornandum templum erant maxime.—With *de, to be of, treat concerning, relate to:* liber, qui est de animo.—In the phrase, id est, or hoc est, in explanations, *that is, that is to say, I mean:* sed domum redeamus, id est ad nostros revertamur: vos autem, hoc est populus R., etc., S.

sūmen, inis, *n.* [for *sūgmen; SVG-], *a breast, udder;* hence, *a sow,* Iu.

summa, ae, *f.* [summus; sc. res], *the top, summit;* hence, fig., *the chief place, highest rank, leadership, supremacy:* vobis summam ordinis concedere: summam imperi tenere, *the supreme power,* Cs.: ad te summa solum rerum redit, T.: totius belli, *the command in chief,* Cs.—*The main thing, chief point, principal matter, sum, essence, substance:* leges non perfectae . . . sed ipsae summae rerum atque sententiae, *the main points:* lectis rerum summis, L.: haec summa est; hic nostri nuntius esto, V.: summa est, si curaris, ut, etc.: universi belli, *the main issue of the war,* L.: ad summam rerum consulere, *for the general welfare,* Cs.: ad discrimen summā rerum adductā, *to a general engagement,* L.: remittendo de summā quisque iuris, *extreme right,* L.: summa ducum Atrides, *the flower of leaders,* O.—*An amount, sum, aggregate, whole, quantity:* de summā mali detrahere: summa cogitationum mearum omnium: summa exercitūs salva, *the main body of the army,* Cs.—In reckoning, *the amount, sum, total, aggregate:* addendo deducendoque videre, quae reliqui summa fiat: subducamus summam.—Of money, *a sum, amount:* pecuniae summam quantam imperaverit, parum convenit, L.: pecuniae summa homines movit, L.—With *ellips.* of *pecuniae:* De summā nihil decedet, T.: hac summā redempti, L.—In the phrase, ad summam, *on the whole, generally, in short, in a word:* ille adfirmabat . . . ad summam; non posse istaec sic abire: Ad summam; sapiens, etc., *to sum up,* H.—In the phrase, in summā, *in all, in fine:* absolutus, in summā, quattuor sententiis: in omni summā.

summātim, *adv.* [summa], *summarily, cursorily, briefly, compendiously:* perscribere.

summē, *adv.* [summus], *in the highest degree, extremely:* me sollicitare: iucundum: locus munitus, H.: haec omnia laudanda.—*Most eagerly, very earnestly:* cum a me peteret et summe contenderet, ut, etc.

summ-, see sub-m-.

summopere, *adv.* [summo+opere], *with extreme diligence, utterly:* vitia vitare.

summum, *adv.* [*neut.* of summus], *at the utmost, at farthest, at most:* exspectabam hodie, aut summum cras, *at latest:* quattuor aut summum quinque: uno aut summum altero proelio, L.

summus, *adj. sup.* [for *supimus; superus], *uppermost, highest, topmost:* summis saxis fixus: iugum montis, Cs.: summa cacumina linquunt, V.: Summus ego (in triclinio) et prope me Viscus, etc., *at the top,* H.—As *subst. m., he who sits in the highest place, the head of the table:* sermo, qui more maiorum a summo adhibetur, *by the head of the table.*—Partitive, *the top of, highest part of, summit of:* summus mons, *the top of,* Cs.: feriunt summos Fulgura montīs, *mountain-tops,* H.: in summā sacrā viā, *on the highest part of:* Ianus summus ab imo, H.: summam aquam attingere, C. poët.: mari summo, V.—As *subst. n., the top, surface, highest place, head:* ab eius (frontis) summo rami diffunduntur, Cs.: non longe abesse a summo.—Of the voice, *highest, loudest:* summā voce, *at the top of his voice,* C., H.—Fig., of time or order, *last, latest, final, extreme:* Venit summa dies, V.: esse summā senectute.—Partitive, *the last of, end of:* Summo carmine, H.—Of rank or degree, *highest, greatest, loftiest, first, supreme, best, utmost, extreme:* timor: fides, constantia iustitiaque: bonum: summo magistratui praeesse, Cs.: concedunt in uno Cn. Pompeio summa esse omnia: scelus, S.: hiemps, *the depths of winter:* homines: amicus, *the best friend,* T.: summo rei p. tempore, *at a most critical juncture:* res p., *the general welfare:* ad summam rem p., L.: Quo res summa loco, Panthu? *the general cause,* V.: Mene socium summis adiungere rebus, *in momentous enterprises,* V.: agere summo iure tecum, *deal exactingly.*

summūtō, see submuto.

sūmō, sūmpsī, sūmptus, ere [sub+emo], *to take, take up, take in hand, lay hold of, assume:* a me argentum, T.: legem in manūs: litteras ad te a M. Lepido consule sumpsimus, *have provided ourselves with:* Tusculi ante quam Romae sumpta sunt arma, L.: perventum est eo, quo sumpta navis est, *hired:* pecuniam mutuam, *borrow.*—*To take, eat, drink, consume, enjoy, put on:* vinum, N.: Partem Falerni, H.: pomum de lance, O.: sumptā virili togā, *put on:* regium ornatum, N.—*To take in exchange, buy, purchase:* decumas agri Leontini: Quae parvo sumi nequeunt, H.—Fig., *to take, take up, assume:* tantos sibi spiritūs, ut, etc., *assumed,* Cs.: animum, *take courage,* O.: sumptis inimicitiis, susceptā causā.—*To take up, under-*

take, enter upon, begin: omne bellum sumi facile, *to be undertaken*, S.: bellum cum Veientibus sumptum, L.: Prima fide vocisque ratae temptamina, O.: Quem virum lyrā sumis celebrare? H.—*To exact, inflict*, with *supplicium* or *poenam:* more maiorum supplicium sumpsit, Cs.: de illā supplicium sumere: virgis supplicium crudelissime sumere: pro maleficio poenam sumi oportere: tam crudelīs poenas, *to take such cruel revenge*, V.—*To take, choose, select:* philosophiae studium: hoc mihi sumo, *this is my choice:* meliores liberos sumpsisse quam genuisse, i. e. *to have adopted*, S.: materiam vestris aequam Viribus, H.: mala, O.: disceptatorem, L.: Miltiadem imperatorem sibi, N.—*To take, assume, claim, arrogate, appropriate:* quamquam mihi non sumo tantum neque adrogo, ut, etc.: imperatorias sibi partīs, Cs.: Nec sumit aut ponit securīs Arbitrio popularis aurae, H.: voltūs acerbos, O.: antiquos mores, L.—*To take, obtain, get, acquire, receive:* distat sumasne pudenter An rapias, H.: laudem a crimine, O.: sumpto rigore, O.—*To take, lay out, use, apply, employ, spend, consume:* frustra operam, T.: laborem, Cs.: diem ad deliberandum, Cs.: cibi quietisque tempus, L.: curis sumptus, *worn out*, C. poët.—Of a speaker, *to take for granted, assume, maintain, suppose, affirm:* id sumere pro certo, quod dubium est: beatos esse deos: pro non dubio, aequius esse, etc., L.—*To take, bring forward, cite, mention, adduce:* homines notos sumere odiosum est: unum hoc sumo: quid quisquam potest ex omni memoriā sumere inlustrius?

sūmptiō, ōnis, *f.* [sumo], *a taking.*—Fig., in logic, *an assumption, major premise.*

sūmptuārius, *adj.* [2 sumptus], *of expense, sumptuary:* rationes nostrae: lex.

sūmptuōsē, *adv.* with *comp.* [sumptuosus], *expensively, sumptuously:* convivia facere, Ct.: se sumptuosius iactare.

sūmptuōsus, *adj.* with *comp.* [2 sumptus], *very expensive, costing much, dear, sumptuous:* cenae: hostia, H.: bellum, L.: ludi sumptuosiores.—Of persons, *given to expense, lavish, wasteful, extravagant:* mulier, T.: homo.—*Plur. m.* as *subst.*, *spendthrifts*, Cu.

1. sūmptus, *P.* of sumo.

2. sūmptus, ūs, *dat.* tū or tuī, *m.* [sumo], *outlay, expense, cost, charge:* quor tu his rebus sumptum suggeris, T.: sumptu ne parcas: epularum: nulli sumptūs, nulla iactura: adventus noster nemini ne minimo quidem fuit sumptui: nullus fit sumptus in nos, *no expense is lavished us:* numerum equitatūs suo sumptu alere, Cs.: oppida publico Sumptu decorare, H.: unde in eos sumptūs pecunia erogaretur, L.: opere rustico Faciundo sumptum exercere suum, i. e. *support themselves*, T.

(**sūmtiō, sūmtuōsus,, sūmtus**), see sumpt-.

suō, suī, sūtus, ere [SV-], *to sew, stitch, sew up, sew together:* tegumenta corporum suta: sutis arcent frigora bracis, O.: corticibus suta cavatis alvearia, V.—Fig.: ne quid . . . suo suat capiti, *devise*, T.

suōmet, suōpte, see suus.

suovetaurīlia, ium, *n.* [sus+ovis+taurus], *a sacrifice of lustration, consisting of a swine, a sheep, and a bull:* exercitum suovetaurilibus lustravit, L.

supellex, lectilis (*abl.* -lī or -le), *f.* [1 LEG-], *domestic utensils, household stuff, furniture, goods* (only *sing. collect.*): Supellectile opus est, T.: lauta et magnifica: Campana, H.—Fig., *apparatus, furniture, outfit, qualification:* optima et pulcherrima vitae, ut ita dicam, supellex: oratoria.

1. super, *adv.* [cf. ὑπέρ], *above, on top, over, upwards:* eo super tigna bipedalia iniciunt, Cs.: Inplenturque super puppes, i. e. *by rain*, V.: superque inmane barathrum Cernatur, *from above*, V.—In number or quantity, *over, moreover, in addition, besides:* satis superque esse sibi suarum cuique rerum, *enough and to spare:* satis superque vixisse: Quidque furor valeat, satisque Ac super ostendit, O.: poenas dedit usque superque Quam satis est, H.: et super, *and moreover*, V.: satis superque oneris sustinens, res a populo R. gestas scribere, L.: super quam quod dissenserant ab consilio, *besides that*, L.—Of a remnant, *over, left, remaining:* Atheniensibus praeter arma nihil erat super, N.: quid super sanguinis, qui dari pro re p. possit, rogitantes, L.: super tibi erunt, qui, etc., V.—In composition, of place, *above, over*, as in superfluo, superpono, supersedeo, supersto.—*Over and above, besides, in addition*, as in superaddo, supersum, superfio.

2. super, *praep.* with *acc.* and *abl.* [1 super]. **I.** With *abl.*, of place, *over, above, upon, on:* lateres, qui super musculo struantur, Cs.: ensis cui super Cervice pendet, H.: super Pindo, H.: requiescere Fronde super viridi, V.—Of time, *during, in, at:* Nocte super mediā, V.: rixa super mero Debellata, H.—Of relation, *upon, about, of, concerning, respecting:* hac super re scribere: litteras super tantā re exspectare, L.: super tali causā missi, N.: super arvorum cultu, V.: Mitte civilīs super Urbe curas, H.: decreta super iugandis Feminis, H.: super tali scelere suspectus, S.—*Over and above, besides, beyond:* Hortus fons, Et paulum silvae super his, H.—**II.** With *acc.*, of place, *over, above, on the top of, upon, on:* super terrae tumulum noluit quid statui: super lateres coria inducuntur, Cs.: super vallum praecipitari, S.: aqua super montium iuga concreta, L.: aquila super carpentum volitans, L.: Collis erat, collemque super planissima Area, O.: vestis super genua est, Cu. — Of place, *above, beyond:* Nomentanus erat super ipsum, Porcius infra, *above him* (at table), H.: super Numidiam Gaetulos accepimus, *beyond Numidia*, S.: super Sunium navigans, L. —Of time, *during, at:* super vinum et epulas, Cu. —Of measure, *over, above, beyond, in addition to:* quod alii super alios legati venirent, i. e. *in succession*, L.: seniores super sexaginta annos, L.: super solitos honores, L.: super LX milia, *more than*, Ta.—Fig., of official position, *over, in charge of:* super armamentarium positus, Cu. — In the phrase, super omnia, *above all, before all:* aetas et forma et super omnia Romanum nomen, L.: super omnia voltūs Accessere boni, O.

1. supera, ōrum, *n.*, see superus.

2. superā, *adv.* [*abl. f.* of superus; sc. parte], *above:* subter superāque revolvens Sese, C. poët.

superābilis, e, *adj.* [supero], *that may be got over, to be surmounted:* murus, L.—Fig., *that may be overcome, superable:* non est per vim superabilis ulli, O.: caecitas ope humanā, *curable*, Ta.

super-addō or **super addō**, —, ditus, ere, *to add besides, superadd:* tumulo carmen, V.: in exiguo laurus superaddita busto, Pr.

superāns, antis, *P.* of supero.

superātor, ōris, *m.* [supero], *a conqueror:* populi Etrusci, O.: Gorgonis (Perseus), O.

superbē, *adv.* with *comp.* and *sup.* [superbus], *haughtily, proudly, superciliously:* inluditis me, T.: imperare, Cs.: hostis eludebat, L.: legati appellati superbius: superbissime preces repudiasti.

superbia, ae, *f.* [superbus], *loftiness, haughtiness, pride, arrogance:* quae est ista superbia: divitiae plenae insolentis superbiae: illa tua singularis: increpans superbiam Papiri, L.: pone superbiam, H.: in voltu damnosa superbia vestro, O.—*Conceit, vanity:* ad ludibrium stolidae superbiae, L.—*Rudeness, discourtesy:* superbiam tuam accusant, quod negent te percontantibus respondere.—*High spirit, honorable pride:* sume superbiam Quaesitam meritis, H.

superbiloquentia, ae, *f.* [superbus + loquor], *haughty speech*, Poët. ap. C.

superbiō, —, —, īre [superbus], *to be haughty, take pride, plume oneself:* avi Nomine, O.: formā, O.: honore, Ph.—Fig.: quae sub Tyriā concha superbit aquā, *is magnificent*, Pr.: superbire miles, quod, etc., Ta.

superbus, *adj.* with *comp.* and *sup.*, *haughty, proud, vain, arrogant, insolent, discourteous, supercilious, domineering:* iuvenis, V.: superbum se praebuit in fortunā: utrum superbiorem te pecunia facit?: Laudato pavone superbior, O.: homines superbissimi, S.: non respondere vereor, ne superbum sit, L.: superbum est dicere, etc.: atque meo nunc Superbus incedis malo, H.: opibus superbi, V.: iura, L.: lex superbissima, L.—*Expressive of pride, proud, lofty, arrogant:* mutatio vestis, L.: aures quarum est iudicium superbissimum, i. e. *very severe:* responsa, *arrogant:* oculi, O.: Karthaginis arces, H.—*Fastidious, squeamish, delicate:* dens, H.: corpus, H. — *Proud, august, splendid, magnificent, superb:* populus bello, V.: triumphus, H.: Postes, H.: sedes Dolopum, V.

supercilium, ī, *n.* [2 CAL-], *an eyebrow:* supercilia abrasa: superiora superciliis obducta: duris torva superciliis, O.: Hirsutum, V.: Deme supercilio nubem, H.—*A brow, ridge, summit:* clivosi tramitis, V.: infimo stare supercilio, *at the bottom of the projection*, L.—Fig., *a nod, will:* Cuncta supercilio movens, H.—*Pride, haughtiness, arrogance, superciliousness, gloom:* supercilium ac regius spiritus: aetas digna supercilio, Iu.: supercilii matrona severi, O.

super-ēmineō, —, —, ēre, *to overtop, surmount, rise above, tower over:* victor viros supereminet omnīs, V.: fluctūs omnīs, O.

superficiēs, —, *acc.* em, *f.* [super + facies], *the upper side, top, surface;* hence, in law, *fixtures, improvements, buildings* (as upon the ground, not of it): aream praeclaram habebimus, superficiem consules aestimabunt: in superficie tignisque caritas nobis patriae pendet? L.

super-fīxus, *adj.*, *attached above, fastened thereupon:* superfixa capita hostium portantes, L.

super-fluēns, entis, *adj.*, *running over, superabundant:* Nili receptacula, Ta.: superfluente multitudine, Ta. — Fig., *abounding, overfull:* iuvenili quādam dicendi impunitate: superbus et superfluens, Ct.

super-fundō, fūdī, fūsus, ere, *to pour over, pour upon, scatter over:* magnam vim telorum superfundere, Ta.: superfusis tinguamus corpora lymphis, O.: iacentem hostes superfusi oppresserunt, *overwhelming him*, L.—Fig.: superfundens se laetitia, *extravagant*, L.: (Macedonum fama) superfudit se in Asiam, *extended*, L.: sed nondum fortuna se animo eius superfuderat, i. e. *had intoxicated*, Cu.

supergredior, gressus, ī [super + gradior], *to surmount, pass over:* ruinas, Cu. — Fig., *to surpass:* feminas pulchritudine, Ta.

Superī, ōrum, *m.*, see superus.

super-iaciō, iēcī, iectus, ere, *to cast over, throw upon:* Membra superiectā veste fovet, O.: superiecto natare Aequore, i. e. *overflowing*, H. — *To overtop, surmount:* pontus scopulos superiacit undā, V.—Fig., *to overwhelm, exceed, outdo:* augendo fidem, *by exaggeration*, L.: tantum paternas laudes, ut, etc., L.

super-immineō, —, —, ēre, *to hang over, overhang:* Pastorem Ense nudo, V.

super-impendēns, entis, *P., overhanging:* silvae, Ct.

super-impōnō (-inpōnō), —, positus, ere, *to put upon, place over, set above:* saxum machinā superinpositum est, L.: statua superimposita, L.

super-incidō, —, —, ere, *to fall from above, fall down thereupon.*—Only *P. praes.:* superincidentibus telis, L.

super-incubō, —, —, āre, *to lie over, lie thereupon.*—Only *P. praes.:* suberincubans Romanus, L.

super incumbō, cubuī, —, ere, *to lie down on, cast oneself upon*, O.

super-iniciō or **super iniciō**, iēcī, iectus, ere, *to throw on, cast over, scatter thereupon:* raras frondīs, V.: superiniecta terra, O.

super-īnsternō or **super īnsternō**, strāvī, —, ere, *to spread over, lay thereupon:* tabulas, L.: super fulvi insternor pelle leonis, V.

superior, ius, *gen.* ōris, *comp.* of superus.

superius, see superus, supra.

(super-lābēns), *P., gliding over, sailing along*, L. (dub.).

superlātiō, ōnis, *f.* [super + TAL-].—In rhet., *an exaggeration, hyperbole:* veritatis.

super-lātus, *adj., extravagant:* verba, *of hyperbole.*

supernē (-**ne**, H.), *adv.* [supernus], *from above, above, upwards:* mutor in alitem Superne, *above*, H.: volvitur amnis, V.: gladium superne iugulo defigit, L.

supernus, *adj.* [super], *that is above, celestial, supernal:* Tusculum, *lofty*, H.: numen, *celestial*, O.

superō, āvī, ātus, āre [superus], *to go over, rise above, overtop, surmount, transcend:* capite et cervicibus, V.: has (turrīs) altitudo puppium ex barbaris navibus superabat, Cs.: ut aqua genua vix superaret, L.: Posterior partīs superat mensura priores, O.—*To go over, rise above, mount, ascend, surmount, overtop:* ardua montis Per deserta iugo superans, *passing over the summit*, V.: (tempestas) summas ripas fluminis superavit, Cs.: munitiones, L.: montīs, V.: Caucasum, Cu.: tantum itineris, *traverse*, Ta.: regionem castrorum, *go beyond*, Cs.: insidias circa ipsum iter locatas, L.: superant (Parnasi) cacumina nubes, O.—*To sail by, pass, double, weather:* promunturium, L.: Euboeam, N.: cursu Isthmon, O.: Regna Liburnorum, V.—Poet.: musarum scopulos, Enn. ap. C.—*To exceed, be in excess, overrun, be abundant, abound:* in quo superare mendosum est: quae Iugurthae fesso superaverant, *had been too much for*, S.: superante multitudine, L.: superat gregibus dum iuventas, V.: uter igitur est divitior, cui deest an cui superat?—*To be left over, remain, survive:* quae superaverunt animalia capta, immolant, Cs.: quod superaret pecuniae: nihil ex raptis commeatibus superabat, L.: si de quincunce remota est Uncia, quid superat? H.: vitā, *survive*, Cs.: Quid puer Ascanius? superatne? V.: quid igitur superat, quod purgemus? L.—In war, *to be victorious, overcome, subdue, conquer, vanquish:* superavit postea Cinna cum Mario: maximas nationes, Cs.: exercitūs regios: navali praelio superati, Cs.: ferro incautum, V.: bello Asiam, N.—*To extend beyond:* clamor superat inde castra hostium, L.—Fig., *to have the upper hand, be superior, excel, overcome, surpass:* numero hostis, virtute Romanus superat, L.: superans animis, i. e. *exulting*, V.: hostes equitatu superare, N.: superat sententia Sabini, Cs.—*To surpass, excel, exceed, outdo, outstrip, transcend:* quaerit, quā se virtute Plancius superarit: doctrinā Graecia nos superabat: Phoebum canendo, V.: Duritiā ferrum, O.: cursu canem, H.: non dubitabam, quin hanc epistulam fama esset celeritate superatura, *will outstrip.*—*To master, overcome, suppress, defeat, subdue, surmount:* hanc (orationem) diligens scriptura superabit: necessitas quam ne dii quidem superant, *to which not even the gods are superior*, L.: superanda omnis fortuna ferendo est, V.

super-obruō, uī, —, ere, *to cover over, overwhelm:* (alqm) armis, Pr.

super-occupō, —, —, āre, *to take by surprise, take unawares:* Quem non superoccupat Hisbo, V.

super-pendēns, entis, *P., overhanging:* saxa, L.

super-positus, *P., placed over, set upon, imposed:* superpositum capiti decus (i. e. pileus), L.

super-scandō, —, —, ere, *to climb over, stride over:* strata somno corpora, L.

super-sedeō, sēdī, sessum, ēre, *to sit upon;* hence, fig., *to be superior to, forbear, refrain, desist, leave off, pass, omit:* hoc labore itineris: proelio, Cs.: litibus et iurgiis supersederi, L.: narratione supersedendum est: supersedissem loqui apud vos, L.: castigare territos, Cu.

super-stāgnō, āvī, —, āre, *to spread out into a lake:* Si amnis superstagnavisset, Ta.

(super-sternō), see superstratus.

superstes, itis, *adj.* [super+STA-], *standing by, present, witnessing:* suis utrisque superstitibus praesentibus.—Poet.: spoliisque animosa superstes, Unda, velut victrix, etc., *standing up as in triumph*, O.—*Remaining alive, outliving, surviving:* puer, ut sit superstes, *that he may live*, T.: superstes hereditatem regni accipiam (sc. patri), L.: Fama, *posthumous*, H.: Dimidiā parte superstes ero, O.: Ita mihi atque huic sis superstes, T.: ut sibi sui liberi superstites essent: filio pater, L.: ubi privatus superstes regno suo consenescat, L.: priscis illa superstes avis, O.: te dignitatis meae superstitem reliquisse: alterius vestrum superstes, L.: etiam nostri superstites sumus, i. e. *our better selves*, Ta.

superstitiō, ōnis, *f.* [super+STA-], *dread of the supernatural, credulous wonder, anxious credulity, superstition:* nec vero superstitione tollendā religio tollitur: sagarum: tristis, H.: barbara: captus quādam superstitione animus, L.: Magna superstitio natalis amicae, O. — *A superstitious rite:* hostes operati superstitionibus, L.—*An object of dread:* Stygii caput fontis, Una superstitio superis quae reddita divis, V.

superstitiōsē, *adv.* [superstitiosus], *superstitiously:* dicere.

superstitiōsus, *adj.* [superstitio], *soothsaying, prophetic, prophetical:* hariolationes, Enn. ap. C.: vox, Poët. ap. C. — *Full of superstition, superstitious:* nimium esse superstitiosum non oportere: philosophi: principes, L.: superstitiosa ista concipere.

super-stō, stetī, —, āre, *to stand upon, stand over:* scalae comminutae, qui supersteterant adflicti sunt, S.: agger pondere superstantium in fossam procubuit, L.: signa cum columnis, quibus superstabant, L.: corporibus hostium, L.: Ossa inhumata (volucres), O.; cf. Quem . . . lapsum superstes Immolat, V.

super-strātus, *P.*, *laid over, strewn thereupon:* Corpus obrutum superstratis Gallorum cumulis, L.

super-struō, strūxī, —, ere, *to build upon:* ligneam compagem superstruxit, Ta.

super-sum or **super sum**, fuī, esse.—Of a remainder, *to be over and above, be left, remain:* duae partes, quae mihi supersunt inlustrandae orationis: quid superest de corporibus, Iu.: perexigua pars illius exercitūs superest, Cs.: quantum satietati superfuit: biduum supererat, Cs.: spatia si plura supersint, V.: nemo superesse quemquam praeter eos crederent, L.: quod superest, scribe quid placeat, *for the rest:* quod superfuit, Ph.: nihil erat super, N.: supererat nihil aliud quam evadere, L.: Pervigilem superest herbis sopire draconem, O.—*To live after, outlive, be still alive, survive:* Lucumo superfuit patri, L.: dolori, O.—*To be in abundance, abound:* Quoi tanta erat res et supererat, T.: vereor ne iam superesse mihi verba putes: adeo supererant animi ad sustinendam invidiam, L.—*To be adequate, suffice:* modo vita supersit, V.: labori, V.—*To be in excess, be superabundant, be superfluous:* ut neque absit quicquam neque supersit.

super-tegō, —, —, ere, *to cover over:* ossa super favilla teget, Tb.

super-urgēns, ntis, *P.*, *pressing from above:* fluctu superurgente, Ta.

superus, *adj.* [super]. — *Posit.*, *that is above, upper, higher:* ad superos deos potius quam ad inferos pervenisse: spectatores superarum rerum atque caelestium: Omnes caelicolas, omnes supera alta tenentes, V.: deorum domus, O.: mare, i. e. *the Adriatic and Ionian Sea* (opp. mare inferum, the lower or Etruscan Sea): superas evadere ad auras, i. e. *of the upper world*, V.: aurae, O.—*Plur. m.* as *subst.* (with *gen. plur.* superūm, V., O.), *they who are above* (opp. inferi): multum fleti ad superos, i. e. *the living*, V.—E s p., *the gods above, celestial deities:* Quae superi manesque dabant, V.: Pro superi, O.: Contemptrix superum, O.: superis deorum Gratus et imis, H.—*Plur. n.* as *subst.*, *the heavenly bodies, celestial things:* lunam, stellas, supera denique omnia stare censet.—*Higher places* (sc. loca): supera semper petunt, *tend upwards:* supera ardua linquens, *the upper world*, V.—*Comp.* **superior**, *n.* us, *gen.* ōris, of place, *higher, upper:* superiorem partem collis castris compleverant, Cs.: tota domus vacat superior, *the upper part of:* labrum superius, *the upper lip*, Cs.: de loco superiore dicere, i. e. *from the tribunal:* causam cum agam de loco superiore, i. e. *from the rostra:* multos et ex superiore et ex aequo loco sermones habitos, i. e. *in formal discourses and in conversation:* ex loco superiore proeliabantur, *from an eminence*, Cs.: ex superiore et ex inferiore scripturā docendum, *what is written above and below*, i. e. *the context:* posteriori superius non iungitur. — *Plur. n.* as *subst.:* superiora muri, *the upper parts* (opp. ima), Cu.—Of time or order, *former, past, previous, preceding:* superiores solis defectiones: superioribus diebus, Cs.: in superiore vitā: pars legis: superius facinus novo scelere vincere: superioris more crudelitatis uti, N.: nuptiae, *former marriage:* vir, *first husband.*—Of age, *older, elder, senior, more advanced, former:* omnis iuventus omnesque superioris aetatis, Cs.: superior Africanus, *the Elder.*—*Plur. m.* as *subst.*, *elders, older men:* superiorum aetas.—F i g., in a contest, *victorious, conquering, stronger, superior:* hostīs equitatu superiores esse intellegebat, Cs.: se quo impudentius egerit, hoc superiorem discessurum: semper discessit superior, N.: superiorem Appium in causā fecit, L. — Of quality or condition, *higher, more distinguished, greater, better, superior:* ii, qui superiores sunt, submittere se debent in amicitiā: premendoque superiorem sese extollebat, L.: pecuniis: honoris gradu. — *Sup.* **suprēmus**, *highest, loftiest, topmost* (poet.; cf. summus). — P a r t i t.: clamore supremos Inplerunt montīs, *the mountain-tops*, V.: supremo In monte, *on the summit*, H.—F i g., of time or order, *last, latest, extreme, final:* Supremo te sole domi manebo, *at sunset*, H.: in te suprema salus, *last* *hope*, V.: Supremam bellis imposuisse manum, *the finishing hand*, O. — Of rank or degree, *highest, greatest, most exalted, supreme, extreme:* supreme Iuppiter, T.: macies, V. — *The last of life, last, closing, dying, final:* supremo vitae die: amplissime supremo suo die efferri: nec . . . Supremā citius die, i. e. *not until death*, H.: supplicium, i. e. *the penalty of death:* iter, H.: lumen, V.: sociam tori vocat ore supremo, *with dying breath*, O.: honor, i. e. *the funeral rites*, V.: tori, i. e. *biers*, O.: Troiae sorte supremā, V.—As *subst. n.:* Ventum ad supremum est, *to the last moment*, V.: suprema ferre, i. e. *the funeral offerings*, V.

supervacāneus, *adj.* [super-vacuus], *over and above, needless, unnecessary, superfluous, supererogatory, redundant:* opus, i. e. *of leisure hours:* oratio, L.: iter, L.: omnia ita locata sunt, ut nihil eorum supervacaneum sit: de timore supervacaneum est disserere, S.: quin alter consul pro supervacaneo habeatur, L.

super-vacuus, *adj.*, *useless, needless, unnecessary, superfluous, redundant:* Omne supervacuum pleno de pectore manat, H.: sepulcri honores, H.: metus, O.: quod diutius exsequi supervacuum est, Cu.—In the phrase, ex supervacuo, *to no purpose*, L.

super-vādō, —, —, ere, *to go over, climb over, surmount:* omnīs asperitates, S.: ruinas muri, L.

super-vehor, vēctus, ī, *dep.*, *to pass by, sail by, turn:* Calabriae promunturium, L.: montem, Ct.

super-veniō, vēnī, ventus, īre, *to come in addition, come up, arrive, supervene, follow:* pedites superveniunt, L.: superveniunt deinde legati, Cu.: Grata superveniet quae non sperabitur hora, H.— *To overtake, come upon, light upon, surprise:* et heres Heredem alterius, velut unda supervenit undam, *follows upon*, H.: palantes, Cu.: timidis supervenit Aegle, V.: munientibus supervenit Marcellus, L.: huic laetitiae, L. — *To come over, close upon:* crura loquentis Terra supervenit, *closed over*, O.

(**superventus**, ūs), *m.*, *a coming up, arrival.* —Only *abl.:* superventu quartae decimae legiones, Ta.

super-volitō or **super volitō**, āvī, —, āre, *to fly over often, fly about over:* sua tecta alis, V.: tantum foedarum volucrum supervolitavit, Ta.

super-volō, —, —, āre, *to fly over:* totum orbem, O.: supervolat hasta, V.

supīnō, —, ātus, āre [supinus], *to bend backwards, lay back, throw over:* supinatae glaebae, i. e. *turned up by the plough*, V.: nasum nidore supinor, *turn up my nose*, H.

supīnus, *adj.* [cf. ὕπτιος], *backwards, bent backwards, thrown backwards, on the back, supine:* stertitque supinus, H.: excitat supinum iuvenem, i. e. *in bed*, Iu.: uti motu sui corporis, prono, obliquo, supino: supinas tendens manūs orabat, *with upturned palms*, L.: tendoque supinas Ad caelum cum voce manūs, V.: iactus, *a throwing up*, L. — *Backwards, going back, retrograde:* Nec redit in fontīs unda supina suos, O.: Flumina cursu reditura supino, O.—*Sloping, inclined:* per supinam vallem fusi, L.: Sin collīs supinos (metabere), V.: Tibur, H. — Fig., *negligent, indolent, supine:* Maecenas, Iu.: animus, Ct.

suppaenitet, —, ēre, *impers.* [sub+paenitet], *it causes some sorrow:* illum furoris, *he is sorry for*, etc.

suppar, paris, *adj.* [sub+par], *nearly equal, nearly contemporary:* huic aetati Alcibiades, Critias.

suppeditātiō, ōnis, *f.* [suppedito], *a full supply, abundance, exuberance:* bonorum.

suppeditō, āvī, ātus, āre, *freq.* [sub+pes], *to give in abundance, furnish bountifully, provide, supply freely:* illi sumptibus, T.: quod Ciceroni suppeditas, gratum: sumptum a sociis: tributo sumptūs suppeditari, L.: omissis his rebus quibus nos suppeditamur, eget ille: multa ad luxuriam invitamenta: fabulas poëtis: tibi frumentum: ipsis pecuniam, N.: suppeditabit nobis Atticus noster e thensauris suis quos et quantos viros!: quod (res) curae tibi est, ut ei (Ciceroni) suppeditetur ad usum copiose.—*To be fully supplied, be present in abundance, be at hand, be in store, abound, be available:* facile suppeditat omnis ornatus dicendi: undique mihi suppeditat quod pro M. Scauro dicam: quod multitudo suppeditabat, L.: si vita suppeditasset, i. e. *if he had lived:* nec consilium, nec oratio suppeditat, i. e. *I have neither ideas nor words*, L.: Ut tuo amori suppeditare possint sine sumptu tuo Omnia haec, T.—*To be enough, suffice, avail:* parare ea, quae suppeditent ad cultum: vix in fundamenta, L.

suppēdō, —, —, ēre [sub+pedo], *to break wind softly.*

suppernātus (**subp-**), *adj.* [sub+perna], *lamed in the hip;* hence: alnus subpernata securi, *cut down*, Ct.

suppetior (**subp-**), ātus, ārī, *dep.* [suppetiae, help], *to come to the aid of, assist, succor* (late): quod mihi suppetiatus es, gratissimum est (dub.).

suppetō (**subp-**), īvī, ītus, ere [sub+peto], *to be at hand, be in store, be present, be available:* si cui haec suppetunt: vererer, ne mihi crimina non suppeterent: copia frumenti, Cs.: quibuscumque vires suppetebant ad arma ferenda, L.: neque quo manus porrigeret suppetebat, N.: si vita suppetet: Novis ut usque suppetas laboribus, *may be exposed to*, H.—*To be equal to, be sufficient for, suffice, avail:* ut cottidianis sumptibus copiae suppetant. Pauper enim non est, cui rerum suppetit usus, *corresponds*, H.: rudis lingua non suppetebat libertati, L.

supplantō (subpl-), —, —, āre [sub+planta], *to trip up the heels of, throw down:* alqm.

supplēmentum (subpl-), ī, *n.* [suppleo], *that which fills out, supplies, reinforcements:* supplementum legionibus scribere: legiones supplemento explere, L.: supplementi nomine, Cs.: servos ad supplementum remigum dedit, L.: legere, Cu.

sup-pleō (subpl-), ēvī, ētus, ēre, *to fill up, fill out, make full, make good, complete, supply:* supplet iste nescio qui: bibliothecam: Adiectoque cavae supplentur corpore rugae, O.: inania moenia (i. e. urbem) supple, i. e. *people*, O.: Si fetura gregem suppleverit, V.—*To add:* ceteros.—In the army or navy, *to fill up, make complete, furnish with a complement, recruit:* legiones, L.: Remigium, V.

supplex (subpl-), icis (*abl.* icī or ice; *gen. plur.* -icum, rarely -icium), *adj.* [sub+PARC-], *kneeling in entreaty, begging, entreating, humble, submissive, beseeching, suppliant, supplicant:* supplex te ad pedes abiciebas: vobis supplex manūs tendit patria communis: gener a consulis pedibus supplex reicebatur: Ne quoiquam suorum aequalium supplex siet, T.: iudicibus: cum Alcibiades Socrati supplex esset, ut, etc.—As *subst. m., a suppliant, humble petitioner:* in miseros ac supplices misericordiā uti, Cs.: nos supplicum voce prohibebis?: vester est supplex, iudices: tuus, H.: dei, N.—Of things, *of a supplicant, expressive of entreaty, suppliant, humble, beseeching:* manūs: manu supplice, O.: vitta, H.: vota, V.: vox, S.

supplicātiō (subpl-), ōnis, *f.* [supplico], *a public prayer, supplication, religious solemnity, day of prayer, day of humiliation, thanksgiving day, festival:* supplicationes per dies quinquaginta constituere: supplicationes in biduum senatus decrevit, L.: dierum viginti supplicatio a senatu decreta est, *a thanksgiving for victory*, Cs.: supplicatio diem unum Romae indicta, L.

suppliciter (subpl-), *adv.* [supplex], *like a petitioner, humbly, submissively, suppliantly:* respondere: locuti, Cs.: aram venerans, V., H., O.

supplicium (subpl-), ī, *n.* [supplex], *a kneeling, bowing down, humble entreaty, petition, supplication:* Vaccenses fatigati regis subpliciis, S.: legatos ad consulem cum suppliciis mittit, S.—*An humiliation, public prayer, supplication, act of worship:* suppliciis fatigare deos, L.: in suppliciis deorum magnifici, i. e. *votive offerings*, S.: suppliciis deos placare, L.—(Because criminals were beheaded kneeling), *the punishment of death, death-penalty, execution, slaughter:* se et liberos hostibus ad supplicium dedere, Cs.: ad supplicium rapi: ad ultimum supplicium progredi, *to take their own lives*, Cs.—*Punishment, penalty, torture, torment, pain, distress, suffering:* illi de me supplicium dabo, T.: omni supplicio excruciatus: gravissimum ei rei supplicium cum cruciatu constitutum est, Cs.: triste, V.: iis (improbis) ante oculos iudicia et supplicia versentur: suppliciis delicta coërcere, H.

supplicō (subpl-), āvī, ātus, āre [supplex], *to kneel down, humble oneself, pray humbly, beseech, beg, implore, supplicate:* precari, denique supplicare: missitare supplicantes legatos, S.: Ipsum hunc orabo; huic supplicabo, T.: senatui pro me: indignis, O.: ut non multum Graecis supplicandum putarem.—Of worship, *to pray, supplicate, worship:* per hostias deis, S.: populus iit supplicatum, L.: ut, cuius sepulcrum exstet . . . ei publice supplicetur: supplicatum totā urbe est, L.

supplōdō (subpl-), sī, —, ere [sub+plaudo], *to stamp:* pedem in illo iudicio.

supplōsiō (subpl-), ōnis, *f.* [supplodo], *a stamping:* pedis.

(suppoenitet), see suppaenitet.

sup-pōnō (subp-), posuī, positus (posta, V.), ere, *to put below, set under:* anitum ova gallinis: caput et stomachum fontibus, H.: Cervicem polo, O.: (tauros) iugo, *yoke*, O.: Agresti fano pecus, *drive under*, O.: fratrem tumulo, i. e. *bury*, O.: incedis per ignīs Suppositos cineri doloso, *hidden under*, H.: terrae dentes, i. e. *sow*, O.: Falcem maturīs aristis, *apply*, V.: cultros, *apply* (i. e. to the throat), V.—*To put in the place of, substitute for:* in eorum locum civīs Romanos: criminibus illis pro rege se supponit reum.—*To substitute falsely, falsify, forge, counterfeit:* puerum, T.: puellam, L.: patri quos (equos) Circe Suppositā de matre nothos furata creavit, i. e. *secretly introduced*, V.: trepidat, ne Suppositus venias, Iu.—Fig., *to add, annex, subjoin:* exemplum epistulae.—*To make subject, subject, submit:* Nil ita sublime est . . . Non sit ut inferius suppositumque deo, O.—*To subordinate, class under:* huic generi partīs quattuor: Latio supposuisse Samon, i. e. *regarded as inferior*, O.

sup-portō (subp-), āvī, —, āre, *to convey, bring up, bring forward, conduct:* operi quaecumque sunt usui, Cs.: frumentum ex Sequanis, Cs.: commeatūs terrestri itinere navibus, L.

suppositus, suppostus, *P.* of suppono.

suppressiō (subp-), ōnis, *f.* [sub+PREM-], *a suppression, retaining, embezzlement:* suppressiones iudiciales.

suppressus (subp-), *adj.* with *comp.* [*P.* of supprimo], *pressed down.*—Of the voice, *subdued, low, suppressed:* suppressā voce dicere: erit ut voce sic etiam oratione suppressior.

supprimō (subp-), pressī, pressus, ere [sub+

premo].—Of vessels, *to sink, send to the bottom:* quattuor (naves) suppressae, L.—*To keep back, withhold:* eam (pecuniam).—*To hold back, keep back, check, stop, detain, restrain:* hostem nostros insequentem, Cs.: aërii cursūs habenas, O.: vocem, *let fall*, O.: partem vocis, O.—Fig., *to conceal, suppress:* quae (senatūs consulta) supprimebantur, L.: coniurationis indicium, Cu.: nomen alcuius, Ta.—*To check, repress:* aegritudinem: impetum militum, L.: querelas, O.: iram, L.

suppudet (subp-), —, ēre, *impers.* [sub+pudet], *to be somewhat ashamed:* eorum me suppudebat.

supputō (subp-), —, —, āre [sub+puto], *to count up, reckon, compute:* sibi quid sit Utile, O.

1. suprā, *adv.* with *comp.* superius [for superā (sc. parte) *abl.* of superus].—Of place, *on the upper side, on the top, above:* omnia haec, quae supra et subter, unum esse dixerunt: numero iumentorum in flumine supra atque infra constituto, Cs.: toto vertice supra est, i. e. *is taller*, V.: vidit Victorem supra hostem, i. e. *stretched over them*, O.: stupet inscia supra, V.—In speech or writing, *above, before, formerly, previously:* quae supra dixi: quae supra scripsi: demonstravimus, Cs.: Quantum valerent litterae, Dixi superius, Ph.—Fig., of time, *before, formerly:* supra repetere, *from past times*, S.—Of number or measure, *beyond, over, more:* supra adiecit Aeschrio, *offered more:* ita accurate, ut nihil posset supra: nihil supra Deos lacesso, H.: saepe supra feret, quam fieri possit, *more than:* corpus patiens inediae, supra quam cuiquam credibile est, S.

2. suprā, *praep.* with *acc.* [1 supra].—Of place, *above, over:* exire supra terram: supra eum locum, Cs.: accubueram . . . et quidem supra me Atticus: saltu supra venabula fertur, V.: Lignum supra turba insilit, Ph.—In the phrase, supra caput, *close, clinging, burdening, oppressing:* dux hostium supra caput est, i. e. *pressing on us*, S.: ecce supra caput homo levis, i. e. *annoying:* mihi supra caput adstitit imber, *close around me*, V.—Of geographical position, *above, beyond:* supra Maeotīs paludes, Enn. ap. C.: supra Suessulam, L.—Fig., of time, *before:* paulo supra hanc memoriam, Cs.: supra septingentesimum annum, L.—Of number, *over, above, beyond, more than:* supra quattuor milia hominum, L.: trīs (cyathos) prohibet supra tangere, H.—Of quality or degree, *above, beyond, superior to:* ratio supra hominem: potentia, quae supra leges se esse velit: Humanam supra formam, Ph.: modum, L.: vires, H.: morem, V.—Prov.: Supra homines, supra ire deos pietate, i. e. *to attain the highest degree*, V.—*Besides, in addition to:* ad rebellionem supra belli Latini metum, L.—Of employment or office, *over, in charge of:* quos supra somnum habebat, *watchers*, Cu.

suprā-scandō, —, —, ere, *to climb over, surmount, pass:* finīs, L.

suprēmum, *adv.* [*neut.* of supremus], *for the last time:* Quae mihi tunc est conspecta supremum, O.: animam magnā supremum voce ciemus, i. e. *as a last farewell*, V.

sūra, ae, *f.*, *the back part of the leg, calf:* laeva: tumentes, H.: Puniceo suras evincta cothurno, V.: grandes, Iu.

sūrculus, ī, *m.* [sūrus, sprout], *a tender young twig, branch, shoot, sprout, sprig*, V.: surculum defringere.—*A scion, graft, sucker, slip, set:* ex arbore surculi.

surdaster, tra, trum, *adj. dim.* [surdus], *somewhat deaf, hard of hearing:* Crassus.

surditās, ātis, *f.* [surdus], *deafness.*

surdus, *adj.* with *comp.*, *deaf:* si surdus sit, varietates vocum noscere possit?: quam mihi nunc surdo narret fabulam, *how deaf I am to his talk*, T.: Non canimus surdis, *are not preaching to the wind*, V.: vana surdis auribus canere, L.: narrare asello Fabellam surdo, H.—*Wilfully deaf, not listening, heedless, inattentive, regardless, insensible, inexorable, averse, reluctant:* orando surdas iam aurīs reddideras mihi, T.: ad id aures, L.: non surdus iudex: ad mea munera, O.: ad omnia solacia aures, L.: mens, O.: scopulis surdior, H.: Non saxa surdiora navitis, H.—*Not understanding, dull, inappreciative:* in horum sermone: undae, O.—*Unheard, noiseless, silent, still, mute, dumb:* bucina, Iu.: Non erit officii gratia surda tui, *unsung*, O.: quos diri conscia facti mens surdo verbere caedit, *secret*, Iu.

surēna, ae, *m.*—Among the Parthians, *the hereditary commander-in-chief, grand vizier*, Ta.

surgō, surrēxī, and subrēxī (surrēxe, for surrēxisse, H.), —, ere, *perf.* [for subrigo; sub+rego], *to rise, arise, get up, stand up:* e lecto, T.: de sellā: ex subselliis: toro, O.: ab umbris ad lumina vitae, V.—Of a speaker, *to rise, arise, take the floor:* quid sit quod ego potissimum surrexerim: Surgit ad hos Aiax, O.—In the army, *to break up, march:* secundā vigiliā, Cu.—*To rise, arise, leave one's bed, awaken:* ante lucem: Cum die, O.: ad litīs novas, O.: praescripta ad munia, H.—*To go up, rise, mount up, ascend:* ad auras Aetherias, i. e. *into life*, V.: Iussit lapidosos surgere montes, O.: mare, O.: undae, V.: surgens in cornua cervus (i. e. ferens cornua ardua), *towering*, V.: sol, H.: ventus, V.: quae (aedes) proxima surgit ovili, *stands*, Iu.—*To rise, spring up, grow up, be built:* venerata Ceres culmo surgeret alto, H.: harundo, O.: Ascanius surgens, *growing*, V.—Fig., *to rise, arise, occur:* quae nunc animo sententia surgit? V.: discordia, V.: Ingenium suis velocius annis, O.: Sex mihi surgat opus numeris; in quinque residat, *swell*, O.—*To rise to, rise against, attempt, attack:* in Teucros, V.

surr-, see sub-r-.

sūrsum or **sūrsus**, *adv.* [sub+vorsum, vorsus].—Of motion, *from below, up, upwards, on high:* sursus deorsus commeare, *up and down:* sursum deorsum cursitare, T.—Of situation, *high up, above:* Praeterito hac rectā plateā sursum, T.: nares recte sursum sunt.

sūs, suis, *m.* and *f.* [cf. ὗς; Engl. sow, swine], *a swine, hog, pig, boar, sow:* sus quid habet praeter escam?: Saetigerae fetus suis, *a young pig*, V., L., H., O.—Prov.: sus Minervam docet (of an ignorant person attempting to instruct one better informed): docebo sus, ut aiunt, oratorem.—*A fish*, O.

suscēnseō or **succēnseō**, suī, —, ēre [succensus, *P.* of succendo], *to be angry, be indignant, be enraged, be provoked:* nihil fecit quod suscenseas, T.: aliud succensendi tempus erit, L.: ex perfidiā di suscensere consuerunt: mihi: nil tibi, T.: non esse militibus succensendum, Cs.

susceptiō, ōnis, *f.* [suscipio], *a taking in hand, undertaking:* prima: causae.

susceptum, ī, *n.* [*P. n.* of suscipio], *an undertaking:* suscepta magna, O.

suscipiō (**succip-**), cēpī, ceptus, ere [subs (see sub)+capio], *to take, catch, take up, lift up, receive:* dominam ruentem, V.: cruorem pateris, V.—Of the state, *to receive, admit, take as a citizen:* in populi R. civitatem susceptus.—(Because a father by taking up the new-born child formally acknowledged it), *to take up, acknowledge, recognize, bring up as one's own:* simul atque editi in lucem et suscepti sumus: puerum, T.—Of children, *to get, beget, bear, have:* quā (uxore) filiam Suscepit, T.: ex libertini filiā liberos: si qua mihi de te suscepta fuisset suboles, V.—Fig., *to undertake, assume, begin, incur, enter upon* (voluntarily): aut inimicitias aut laborem: personā viri boni susceptā: pacis patrocinium: aes alienum amicorum: prodigia, L.: quae si suscipiamus, *undertake to prove:* sibi legationem ad civitates, *take upon himself*, Cs.: mihi auctoritatem patriam.—*To undergo, submit to, incur, bear, accept, suffer:* invidia conservandā re p. suscepta: apud populos invidiam: poenam nullam suo dignam scelere: in se scelus, i. e. *wilfully incur guilt:* in se istius culpam crimenque.—With *ut* and *subj.*, *to allow, admit:* suscepit vita hominum consuetudoque communis, ut, etc.—In conversation, *to take up* (the subject), *answer:* Suscipit Anchises atque ordine singula pandit, V.

suscitō, āvī, ātus, āre [subs (see sub)+cito], *to lift up, raise, elevate:* terga (i. e. humum), *to cast up*, V.: Aura lintea suscitat, *swells*, O.—Fig., *to stir up, rouse up, arouse, awaken, set in motion, encourage, incite:* e somno suscitari: in arma viros, V.: te ab tuis subselliis contra te testem: Oscinem corvum prece, *invoke*, H.: te (aegrotum), *revive*, H.: cinerem et sopitos ignīs, *rekindles*, V.: exstinctos ignīs (i. e. amoris), O.: clamores, *excite*, Ph.: fictas sententias, *invent*, Enn. ap. C.: vim suscitat ira, V.: bellum, L.: crepitum pede, Pr.

suspectō, —, —, āre, *freq.* [1 suspicio], *to look up at, gaze upon, observe:* tabulam pictam, T.—*To mistrust, suspect:* alqm, Ta.: fraudem, Ta.

1. suspectus, *adj.* with *comp.* [*P.* of 1 suspicio], *subject to suspicion, mistrusted, suspected:* suspectum cupiditatis imperii consulem habere, L.: sceleris, Cu.: Non clam me est, tibi esse suspectum, T.: de novercā: ut regi suspectior ad omnia fieret, L.: super tali scelere, S.: suspectus res novas voluisse, Cu.: bellum malle, Ta.: (in tyrannorum vitā) omnia semper suspecta: in suspecto loco, i. e. *critical*, L.: lacus Ambiguis suspectus aquis, O.: quod propter novitatem posset esse suspectum, Cu.: animi medicina pluribus suspecta: Non dare, suspectum, O.

2. suspectus, ūs, *m.* [1 suspicio], *a looking up, gazing upwards:* Quantus ad aetherium caeli suspectus Olympum, i. e. *height*, V.: Turris vasto suspectu, V.—Fig., *high regard, esteem, respect:* honorum, O.

suspendium, ī, *n.* [subs (see sub)+PAND-], *a hanging, hanging oneself:* perire suspendio: Praebuit illa arbor misero suspendia collo, O.

suspendō, dī, sus, ere [subs (see sub)+pendo], *to hang up, hang, suspend:* reste suspensus, L.: Oscilla ex altā pinu, V.: tignis nidum, V.: Stamina suspendit telā, O.: in trutinā Homerum, Iu.: Nec sua credulitas piscem suspenderat hamo, *had caught*, O.: (pueri) Laevo suspensi loculos lacerto, *with satchels hanging on their arms*, H.: (tellurem) sulco, i. e. *turn up*, V.—*To choke to death by hanging, hang:* arbori infelici suspendito: se de ficu.—Of votive offerings, *to hang up, dedicate, consecrate:* votas suspendere vestīs, V.: Vestimenta maris deo, H.—Of buildings, *to build on arches, hang, support, prop:* quod ita aedificatum est, ut suspendi non possit: duo tigna suspenderent eam contignationem, *propped*, Cs.: suspenso furculis muro, L.—Of the looks, *to fix, hang:* Suspendit pictā voltum mentemque tabellā, H.—With *naso*, *to turn up the nose at, sneer at:* naso suspendis adunco Ignotos, H.: omnia naso, H.—Fig., *pass.*, *to depend, rest:* nec extrinsecus aut bene aut male vivendi suspensas habere rationes, *dependent upon externals.*—*To hang up, suspend, make uncertain, render doubtful, keep in suspense:* medio responso rem, L.: omnium animos exspectatione, Cu.—*To hang up, stay, stop, check, interrupt, suspend:* fletum, O.: lacrimas, O.

suspensus, *adj.* [*P.* of suspendo], *raised, elevated, borne up, suspended:* Roma cenaculis suspensa: saxis suspensam hanc aspice rupem, V.: fluctu suspensa tumenti, *skimming lightly*, V.—*Suspended, pressing lightly, light:* Suspenso gradu placide ire, *on tiptoe*, T.: suspenso digitis gradu, O.: evagata noctu suspenso pede, Ph.—F i g., *uncertain, hovering, doubtful, wavering, hesitating, in suspense, anxious:* civitas metu: maneo Thessalonicae suspensus: populos inter spem metumque suspensos animi habere, L.: suspenso animo exspectare, quod quis agat: dimissis suspensā re legatis, L.: voltus.—*Dependent:* ex fortunā fides, L.: animi ex tam levibus momentis fortunae, L.

suspicāx, ācis, *adj.* [suspicor], *distrustful, suspicious:* populus, N.: frater, L.

1. suspiciō, spēxī, spectus, ere [sub+*specio; SPEC-], *to look upwards, look up at:* nec suspicit nec circumspicit: caelum: summum de gurgite caelum, O.: Quae tuam matrem (i. e. Pleiadem) tellus a parte sinistrā Suspicit, i. e. *is situated towards*, O.—F i g., *to look up to, raise the thoughts to:* nihil altum.—*To look up to, admire, respect, regard, esteem, honor:* viros: suspicienda est figura, *admirable:* argentum et marmor, H.—*To look at secretly, look askance at, mistrust, suspect:* Bomilcar suspectus regi et ipse eum suspiciens, S.

2. suspiciō or **suspītiō**, ōnis, *f.* [sub+SPEC-], *mistrust, distrust, suspicion:* improborum facta suspitio insequitur: tanta nunc Suspitio de me incidit, T.: erat nemo, in quem ea suspitio conveniret: in suspitionem cadere: augetur Gallis suspicio, Cs.: te suspitione exsolvere, T.: offensionem suspitionis deponere: Maligna insontem deprimit suspicio, Ph.: multae causae suspitionum dantur: cum ad has suspiciones certissimae res accederent, Cs.: in eum suspitiost Translata amoris, T.: in suspitionem avaritiae venire: regni appetendi: belli suspicione interpositā, Cs.: iam tum erat suspitio, Dolo malo haec fieri omnia, T.: addit fuisse suspitionem, veneno sibi conscivisse mortem.—*A notion, idea, suggestion:* deorum: suspitionem nullam habebam te rei p. causā mare transiturum.

suspīciōsē or **suspītiosē**, *adv.* with *comp.* [suspiciosus], *in a suspicious manner, causing mistrust, suspiciously:* quae argui suspitiose possunt, *to excite distrust:* suspitiosius dicere.

suspīciōsus or **suspītiōsus**, *adj.* with *sup.* [2 suspicio], *full of suspicion, mistrustful, ready to suspect, suspicious:* an te conscientia suspitiosum faciebat?: civitas.—*Causing mistrust, exciting suspicion, suspicious:* quae erant antea suspitiosa, haec aperta et manifesta facere: suspitiosum crimen efficere: suspitiossimum negotium.

suspicor, ātus, ārī, *dep.* [SPEC-], *to mistrust, suspect:* ad suspicandum sagacissimus: fuge suspicari (sc. me), H.: quid homines suspicentur, videtis: debere se suspicari, Caesarem habere, etc., Cs.: venturos, Qui, etc., O.—*To suspect, apprehend, surmise, suppose, believe, conjecture:* hic profectost anulus, quem ego suspicor, T.: figuram divinam: aliquid de M. Popili ingenio: suspicor quid dicturi sint: quae et quantae sint (res): quas (magnitudines stellarum) esse numquam suspicati sumus: valde suspicor fore, ut, etc.

(**suspīrātus**, ūs), *m.* [suspiro], *a sighing, sigh:* suspiratibus haustis, O.

(**suspīritus**, ūs), *m.* [suspiro], *a deep breath, sigh.*—Only *abl. sing.:* quem nemo aspicere sine suspiritu posset: cum crebro suspiritu, L.

suspīrium, ī, *n.* [cf. suspiro], *a deep breath, sighing, sigh:* si quis est sine suspirio: suspiria ducere, O.: Pectore repetens suspiria, O.

suspīrō, āvī, ātus, āre [sub+spiro], *to draw a deep breath, heave a sigh, sigh:* occulte: familiariter: ab imis Pectoribus, O.: solam in illam, O.: curae suspirantes, *sighing*, Enn. ap. C.: virgo Suspiret, eheu! ne, etc. (i. e. sollicita est, ne), H.—With *acc.*, *to sigh for, long for:* matrem, Iu.: Chloen, H.: alios amores, Tb.

suspītiō, suspītiōsē, suspītiōsus, see suspici-.

sūsque dēque, *adv.* [subs (see sub)+que, de+que], *both up and down;* hence: de Octavio susque deque, *it is all one*, i. e. *is of no consequence.*

sustentāculum, ī, *n.* [sustento], *a prop, stay, support*, Ta.

sustentātiō, ōnis, *f.* [sustento], *a deferring, delay, forbearance:* mora et sustentatio.

sustentō, āvī, ātus, āre, *freq.* [sustineo], *to hold up, hold upright, uphold, support, prop, sustain:* fratrem dextrā, V.: aegre seque et arma, Cu.—F i g., *to keep up, uphold, sustain, maintain, cherish, support, bear, uplift, preserve:* imbecillitatem valetudinis tuae: valetudo sustentatur notitiā sui corporis: me una consolatio sustentat, quod, etc.: spes inopiam sustentabat, Cs.: Venus Troianas sustentat opes, V.—*To feed, nourish, support, sustain, maintain:* familiam, T.: idem (aër) spiritu ductus sustentat animantīs: se subsidiis patrimoni: eo (frumento) sustentata est plebs, L.: luxuriem domestico lenocinio.—*To bear, hold out, endure, suffer:* quorum auxiliis, si qua bella inciderint, sustentare consuerint, Cs.: maerorem doloremque: aegre is dies sustentatur, Cs.: aegre eo die sustentatum est, *a defence was made*, Cs.—*To put off, defer, delay:* aedificationem ad tuum adventum: id (malum) opprimi sustentando ac prolatando nullo pacto potest.—*To check, hold back, restrain:* milites, paulisper ab rege sustentati, S.

sustineō, tinuī, tentus, ēre [subs (see sub)+

teneo], *to hold up, hold upright, uphold, bear up, keep up, support, sustain:* umeris bovem: arma membraque, L.: infirmos baculo artūs, O.: manibus clipeos, O.: lapis albus Pocula cum cyatho duo sustinet, H.: aër volatūs alitum sustinet: iam se sustinere non posse, i. e. *to stand,* Cs.: se a lapsu, L.: se alis, O. — *To hold back, keep in, stay, check, restrain, control:* currum equosque: remos: manum, O.: a iugulo dextram, V.: aliud simile miraculum eos sustinuit, L.: perterritum exercitum, Cs.: se ab omni adsensu, i. e. *refrain.* — Fig., *to uphold, sustain, maintain, preserve:* civitatis dignitatem et decus: causam publicam: trīs personas, *characters:* (arbor) ingentem sustinet umbram, V.—*To furnish with means of support, nourish, sustain, support, maintain:* hac (sc. re frumentariā) alimur ac sustinemur: qui ager non amplius hominum quinque milia potest sustinere: meretriculae munificentiā sustineri, L.: hinc patriam parvosque Penatīs Sustinet, V.: plebem, L. — *To bear, undergo, endure, tolerate, hold out, withstand:* sese diutius sustinere non posse, Cs.: nec sustinuissent Romani, nisi, etc., L.: labores: certamen, L.: vim hostium, N.: volnera, Cs.: senatus querentes eos non sustinuit, L.: iusta petentem deam, O.: ultra certamen, *sustain the conflict longer,* L.: sustineri ira non potuit, quin, etc., L.: non artūs Sustinuit spectare parens, O.: nec sustinet ullus queri, O.: conloqui cum eo, quem damnaverat, sustinuit, Cu.: quae se praeferre Dianae Sustinuit, *presumed,* O.: sustinebant tales viri, se tot senatoribus . . . non credidisse?—*To hold in, stop, stay, check, restrain, keep back:* est igitur prudentis sustinere impetum benevolentiae: hostium impetum, Cs.: consilio bellum, *avoided,* L. —*To put off, defer, delay:* sustinenda solutio est nominis Caerelliani: ad noctem oppugnationem, Cs.: rem in noctem, L.

sustollō, —, —, ere [subs (see sub)+tollo], *to lift, raise up, raise:* sustollunt vela rudentes, Ct.: ad aethera voltūs, O.

sustulī, *perf.* of suffero and of tollo.

susurrō, —, —, āre [1 susurrus], *to hum, buzz, murmur, mutter, whisper:* susurrant (apes), V.: cum carā de te nutrice, O.: iam susurrari audio, Civem Atticam esse hanc, T.

1. susurrus, ī, *m.* [cf. συρίζω], *a humming, murmuring, muttering, whispering:* mulierculae: (saepes) levi somnum suadebit inire susurro (apum), V.: tenui iugulos aperire susurro, Iu.: Lenes susurri, H.: blandi, Pr.—Person., as attendants of Fame: Susurri, *Whispers,* O.

2. susurrus, *adj.* [1 susurrus], *muttering, whispering:* lingua, O.

sūta, ōrum, *n.* [*P. plur. n.* of suo], *plates fastened together, mail:* aerea, V.

sūtilis, e, *adj.* [suo], *sewed together, fastened together:* Balteus, V.: coronae, i. e. *sewed on the philyrae,* O.

sūtor, ōris, *m.* [suo], *a shoemaker, cobbler:* id sutores conclamarunt, i. e. *the vulgar,* Iu.

sūtōrius, *adj.* [sutor], *of a shoemaker, of a cobbler:* atramentum, *shoemakers' blacking:* Turpio, *once a shoemaker.*

sūtrīnus, *adj.* [sūtor], *of shoemakers:* taberna, Ta.

sūtūra, ae, *f.* [suo], *a sewing together, seam, suture:* scutale crebris suturis duratum, L.

sūtus, *P.* of suo.

suus (suae, *monosyl.,* T.; *gen. plur.* suūm, T.), *pron. poss. 3d pers.* [cf. sui, ἑός]. **I.** In gen. **A.** With reflex reference, *of oneself, belonging to oneself, his own, her own, his, her, its, their.*—Referring to a *subst.* expressed or understood, in any gender or case: Caesar copias suas divisit, *his,* Cs.: in suā sententiā perseverat, Cs.: anteposuit suam salutem meae: suos parentes reperire, T.: omne animal et se ipsum et omnīs partīs suas diligit, *its:* (legiones) si consulem suum reliquerunt, *their:* naves cum suis oneribus, *with their several cargoes,* L.: suae causae confidere: hunc sui cives e civitate eiecerunt, *was exiled by his fellow-citizens:* ipsum suo nomine diligere, *for his own sake:* suis flammis delete Fidenas, i. e. *the flames kindled by the Fidenates,* L.: (Siculis ereptae sunt) suae leges: Scipio suas res Syracusanis restituit, L.: inimicissimus suus: Clodius, suus atque illius familiaris, Cs.: diffidens rebus suis: Caesar, primum suo deinde omnium ex conspectu remotis equis, etc., Cs.: doloris sui de me declarandi potestas.—Rarely with a *subj. clause* as antecedent: secutum suā sponte est, ut, etc., *of course,* L.—Without a grammatical antecedent, *one's, one's own:* si quidem est atrocius, patriae parentem quam suum occidere: in suā civitate vivere: levius est sua decreta tollere quam aliorum, L.—Referring to an antecedent determined by the context, and conceived as authority for the statement, or as entertaining the thought, *his, her, its, their:* (Clodius) Caesaris potentiam suam esse dicebat: hostes viderunt . . . suorum tormentorum usum spatio propinquitatis interire, Cs.: ne ea quae rei p. causā egerit (Pompeius) in suam (i. e. Caesaris) contumeliam vertat, Cs.: mulieres viros orantes, ne parricidio macularent partūs suos (i. e. mulierum), L.—**B.** Without reflex reference, *his, her, its, their.*—To avoid ambiguity: petunt rationes illius (Catilinae), ut orbetur auxilio res p., ut minuatur contra suum furorem imperatorum copia (for eius, which might be referred to res p.).—For emphasis, instead of eius, *own, peculiar:* mira erant in civitatibus ipsorum furta Graecorum quae magistratūs sui fecerant, *their own magistrates.*—Rarely for eius without emphasis (poet. or late): Cimon incidit in eandem invidiam quam pater suus, N.: Ipse sub Esquiliis, ubi erat sua regia Concidit, O.

II. Esp. **A.** *Plur. m.* as *subst.*, of intimates or partisans, *one's people, their own friends:* Cupio abducere ut reddam suis, *to her family*, T.: mulier praecepit suis, omnia Caelio pollicerentur, *her slaves:* vellem hanc contemptionem pecuniae suis reliquisset, *to his posterity:* naviculam conscendit cum paucis suis, *a few of his followers*, Cs.: inprimis inter suos nobilis, *his associates:* subsidio suorum proelium restituere, *comrades*, L.: bestias ad opem suis ferendam avertas, *their young*, L.—*Sing. f.*, *a sweetheart, mistress:* illam suam suas res sibi habere iussit.—*Sing.* and *plur. n.*, *one's own things, one's property:* ad suum pervenire: sui nihil deperdere, Cs.: meum mihi placebat, illi suum, *his own work:* expendere quid quisque habeat sui, *what peculiarities:* tibi omnia sua tradere, *all he had:* se suaque transvehere, *their baggage*, L.: Aliena melius diiudicare Quam sua, *their own business*, T.—**B.** Predicative uses, *under one's own control, self-possessed, composed:* semper esse in disputando suus: Vix sua, vix sanae compos Mentis, O.—In gen., *under one's control, his property, his own:* causam dicere aurum quā re sit suum, T.: qui suam rem nullam habent, *nothing of their own:* ut (Caesar) magnam partem Italiae suam fecerit, *has made subject*, Cs.: exercitum senatūs populique R. esse, non suum: ne quis quem civitatis mutandae causā suum faceret, *made any one his slave*, L.: eduxit mater pro suā, *as her own*, T.: arbitrantur Suam Thaidem esse, *devoted to them*, T.: Vota suos habuere deos, *had the gods on their side*, O.—**C.** In phrases, suā sponte, *of one's own accord, voluntarily, by oneself, spontaneously, without aid, unprompted:* bellum suā sponte suscipere: omne honestum suā sponte expetendum, *for its own sake;* see (spons).—Suus locus, *one's own ground:* restitit suo loco Romana acies, *in its own lines*, L.: aciem instruxit suis locis, Cs.—**D.** Praegn., *characteristic, peculiar:* voluptatem suis se finibus tenere iubeamus, *within the limits assigned to it.*—*Intrinsic, original:* (Platoni) duo placet esse motūs, unum suum, alterum externum, etc.—*Private:* in suis rebus luxuriosus: militibus agros ex suis possessionibus pollicetur, i. e. *his private property*, Cs.—*Just, due, appropriate:* imperatori exercituique honos suus redditus, *due to them*, L.: is mensibus suis dimisit legionem, i. e. *in which each soldier's term ended*, L.: suo iure, *by his own right:* lacrimae sua verba sequuntur, i. e. *appropriate* (to tears), O.—*Own, peculiar, exclusive, special:* mentio inlata est, rem suo proprio magistratu egere, i. e. *a special officer*, L.: ni suo proprio eum proelio equites exceptum tenuissent, i. e. *in which they alone fought*, L.: quae est ei (animo) natura? Propria, puto, et sua: equitem suo alienoque Marte pugnare, i. e. *both as cavalry and as infantry*, L.: Miraturque (arbos) novas frondes et non sua poma (of engrafted fruit), V.—*Own, devoted, friendly, dear:* habere suos consules, *after his own heart:* conlegit ipse se contra suum Clodium, *his dear Clodius.*—*Own, chosen by himself, favorable, advantageous:* suo loco pugnam facere, S.: suis locis bellum in hiemem ducere, Cs.: numquam nostris locis laboravimus, L.: suam occasionem hosti dare, L.: aestuque suo Locros traiecit, *a favorable tide*, L.: Ventis ire non suis, H.—*Proper, right, regular, normal:* si suum numerum naves haberent, *their regular complement:* numerum non habet illa (ratis) suum, *its full number*, O.: cum suo iusto equitatu, L.: cessit e vitā suo magis quam suorum civium tempore, *the right time for himself:* sua tempora exspectare, L.—*Own, independent:* ut suae leges, sui magistratūs Capuae essent, L.: in suā potestate sunt, suo iure utuntur.—**E.** In particular connections, strengthened by *ipse* (agreeing with the antecedent): valet ipsum (ingenium eius) suis viribus, *by its own strength:* legio Martia non ipsa suis decretis hostem iudicavit Antonium? *by its own resolutions:* suāmet ipsae fraude omnes interierunt, L.: alios sua ipsos invidia interemit, L.—Distributively, with *quisque*, *each . . . his own, severally . . . their own:* suum quisque noscat ingenium, *let every man understand his own mind:* celeriter ad suos quisque ordines rediit, Cs.: ut omnes in suis quisque centuriis primā luce adessent, *each in his own centuria*, L.: sua cuiusque animantis natura est: ne suus cuique domi hostis esset, L.: trahit sua quemque voluptas, V.: in tribuendo suum cuique: clarissimorum suae cuiusque gentis virorum mors, L.: hospitibus quisque suis scribebant, L.—With *quisque* in the same case (by attraction): in sensibus sui cuiusque generis iudicium (i. e. suum cuiusque generis iudicium): equites suae cuique parti post principia conlocat (i. e. equites suos cuique parti), L.: pecunia, quae suo quoque anno penderetur (i. e. suo quaeque anno), *each instalment in the year when due*, L.—With *uterque*, distributively (of two subjects): suas uterque legiones reducit in castra, Cs.: cum sui utrosque adhortarentur, L.—Strengthened by *sibi*, *own* (colloq.): Suo sibi gladio hunc iugulo, *his own sword*, T.; cf. idem lege sibi suā curationem petet, *for himself.*—Strengthened by *unius:* ut sua unius in his gratia esset, *that the credit of it should belong to him alone*, L.: qui de suā unius sententiā omnia gerat, L.—With a *pron.*, *of his, of hers, of theirs:* postulat ut ad hanc suam praedam adiutores vos profiteamini, *to this booty of his:* cum illo suo pari: nullo suo merito, *from no fault of theirs*, L.—With an *adj.* (suus usu. emphatic, preceding the *adj.*): suis amplissimis fortunis: simili ratione Pompeius in suis veteribus castris consedit, Cs.: propter summam suam humanitatem: in illo ardenti tribunatu suo.—For the *gen. obj.* (rare): neque cuiquam mortalium iniuriae suae parvae videntur (i. e. sibi inlatae), S.: te a cognitione suā reppulerunt (i. e. a se cognoscendo).—*Abl. sing. fem.*, with *refert* or *interest*, for *gen.* of the *pers. pron:* neminem esse qui quo modo se habeat nihil suā censeat interesse; see intersum, rēfert.—Strengthened by the suffix *-pte* (affixed to suā or suo; never with *ipse*): ferri suopte pondere: locus suāpte naturā infestus, L. —Strengthened by the suffix *-met* (affixed to sua, sui, suo, suā, suos and suis; usu. followed by *ipse*): suomet ipsi more, S.: intra suamet ipsum moenia, L.: suosmet ipsi cives, L.

sȳcophanta (**sūc-**), ae, *m.*, = συκοφάντης (prop., an informer against exporters of figs from Attica), *an informer, tale-bearer, backbiter, slanderer:* clamitent Me sycophantam, T.

syllaba (**sul-**), ae, *f.*, = συλλαβή, *a syllable:* syllabarum numerus: longa, H.: brevis, O.: auceps syllabarum, i. e. *a caviller.*

syllabātim, *adv.* [syllaba], *syllable by syllable, by syllables:* dictare.

(**sylva, sylvānus, sylvester**), see silv-.

symbola (**sumb-**), ae, *f.*, = συμβολή, *a contribution to a feast, share, scot, shot:* sumbolam dare, T.: ut de sumbolis essemus, T.

symphōnia, ae, *f.*, = συμφωνία, *an agreement of sounds, concord, harmony, symphony:* cum symphonia caneret: cantus symphoniae, L.: discors, H.: symphonias iactare.

symphōniacus, *adj.*, = συμφωνιακός, *of concerts, of music:* pueri, *choristers:* servi.—*Plur. m.* as *subst.*, *musicians.*

Symposium, ī, *n.*, = Συμπόσιον (Banquet), *a dialogue by Plato*, N.

Synapothnēscontes = Συναποθνήσκοντες (Dying Together), *a comedy by Diphilus*, T.

synedrus, ī, *m.*, = σύνεδρος, in Macedon, *an assessor, counsellor, senator*, L.

syngrapha, ae, *f.*, = συγγραφή, *a written promise to pay, promissory note, bond:* ex syngraphā agere.

synodūs, ontis, *m.*, = συνόδους, *a bream* (a sea-fish), O.

Syrācosius (C., V., O.) = Συρακόσιος, or **Syrācūsānus** (C.) or **Syrācūsius** (C.) = Συρακούσιος, *adj.*, *Syracusan, of Syracuse* (the chief city of Sicily).

Syriacus (C.) = Συριακός, or **Syriscus** (T.) = Συρίσκος, or **Syrius** (V., Tb.) = Σύριος, or **Syrus** (H., Iu.) = Σύρος, *Syrian, of Syria* (a country of Asia).

syrma, atis, *n.*, = σύρμα, *a robe with a train, tragic robe* (to add to the actor's apparent stature), Iu.: quamquam omnia Syrmata volvas, i. e. *tragic themes, tragedy*, Iu.

Syrtis, is, *f.*, = Σύρτις, *a sand-bank in the sea.*—Esp., *two sand-banks on the coast of Africa:* Syrtis maior, *near Cyrenaica, now Sidra;* and Syrtis minor, *now Cabes*, S., V., H., O., Tb., Pr.: per Syrtīs iter aestuosas facturus, i. e. *through sandy Africa*, H.—Fig.: Syrtim patrimoni, scopulum libentius dixerim.

Syrus, *adj.*, see Syriacus.

T.

tabella, ae, *f. dim.* [tabula], *a small board:* ternis instructa lapillis, i. e. *gaming-board*, O.: Heu quantum fati parva tabella vehit, *frail plank* (i. e. *bark*), O.: liminis, *the door-sill*, Ct.—*A fan:* quos (ventos) faciet nostrā mota tabella manu, O. —*A little picture, small painting:* ea (exedria) tabellis ornare: priscis sparsa tabellis Porticus, O.—*A waxed tablet for writing, writing-tablet:* tabellae Imponere manūs, O.: abiegnae, O.—In the comitia, *a ballot, polling-ticket, vote:* cerata tabella cerā legitimā, i. e. *with wax of uniform color* (to protect secrecy): tabellā consulem declarare, i. e. *by ballot:* tabella modo detur nobis, sicut populo data est.—In a court of justice, *a judge's ballot, juror's tablet, vote* (inscribed with letters indicating his judgment or verdict, as C for condemno; A for absolvo; NL for non liquet): iudicialis: ternas tabellas dari ad iudicandum iis, etc., Cs.—*A votive tablet, memorial tablet:* votiva, H.: memores, O.—*Plur.*, *a writing, written composition, letter, epistle:* tabellae laureatae, *a despatch reporting a victory*, L.: Cur totiens video mitti recipique tabellas? O.: tabellas proferri iussimus.—*A document, contract, deed, record:* Heracliensium publicae, *public records:* tabellae quaestionis, *minutes of the examination:* falsae, *forged wills*, Iu.: tabellis obsignatis agis mecum, i. e. *you hold me strictly to what I have said.*

tabellārius, *adj.* [tabella], *of a ballot, relating to voting:* lex, *regulating the ballot.*—As *subst.*, *a letter-carrier, messenger, courier:* a Marco.

tābeō, —, —, ēre [tabes], *to melt away, waste, consume:* tabentes genae, V.: sale tabentes artūs, *dripping*, V.: corpora tabent, O.; see also tabesco.

taberna, ae, *f.* [2 TA-], *a rude dwelling, hut, cabin:* mors pulsat pauperum tabernas, H.: Migret in obscuras tabernas, H.—*A place of busi-*

ness, booth, shop, stall, office: instructa medicinae exercendae causā: libraria, *a book-stall:* Nulla taberna meos habeat libellos, H.: Nec vicina subest vinum praebere taberna, *bar*, H.: tabernae argentariae, *money-changers' shops*, L.: sutrina, Ta.: Liparea, *Vulcan's shop*, Iu.: Adriae, *market*, Ct.—*An inn, tavern:* in tabernam devertere: occlusis tabernis: prope Cloacinae ad tabernas, L.: Tres Tabernae, *a hamlet on the Appian Way near Ulubrae.*—*An archway in the circus.*

tabernāculum, ī, *n.* [taberna], *a tent:* tabernacula statui passus non est, Cs.: in campo Martio mihi tabernaculum conlocare: militare: regium, L.—Of an augur, in the phrase, tabernaculum capere, *to select a place for observing the auspices:* tabernaculum recte captum, *duly:* parum recte, L.: vitio.

tabernārius, ī, *m.* [taberna], *a shop-keeper, petty tradesman, peddler.*

tābēs, is, *f.* [1 TA-], *a wasting, melting away, dwindling, gradual decline, decay:* aegritudo habet tabem: cadavera tabes absumebat, L.—*Marasmus, consumption, plague, pestilence, wasting fever:* tanta vis avaritiae, velut tabes, invaserat, etc., S.: id (aes alienum) postremo velut tabem pervenisse ad corpus, L.; cf. fori, Ta.—*The moisture of decay, slime, corruption:* liquentis nivis, L.: Tinctaque mortiferā tabe sagitta madet, *poison*, O.—Fig., *consumption, decay, plague:* crescentis faenoris, L.: quos durus amor crudeli tabe peredit, V.: lenta, O.

tābēscō, buī, —, ere, *inch.* [tabeo], *to dwindle, waste away, melt, decay:* tabescit (umor) calore: Tabuerant cerae, O.—Fig., of persons, *to pine, languish, decline, waste:* perspicio nobis in hac calamitate tabescendum esse: ecquem, Qui sic tabuerit, longo meministis in aevo? *languished for love*, O.: morbo tabescens: dolore ac miseriā, T.: otio, *through inactivity:* Tabuit ex illo, *for love of him*, O.: vacuo lecto, Pr.: Quod aliena capella gerat distentius uber, Tabescat, *wastes with envy*, H.—Of things, *to waste away, be wasted:* pati regnum tabescere, S.

tābidus, *adj.* [tabes], *wasting away, melting, decaying:* in tabidā nive volutari, L.: mens mea tabida facta, O.—*Wasting, consuming, corrupting, infectious:* lues, V.: vetustas, O.

tābificus, *adj.* [tabes+2 FAC-], *melting, corroding:* mentis perturbationes, i. e. *weakening.*

tabula, ae, *f.* [2 TA-], *a board, plank:* tabulam de naufragio adripere: laceras tabulas in litore vidi, O.: navis, Iu.—*A writing-tablet, writing-book, slate:* Laevo suspensi loculos tabulamque lacerto, H.: adsint Cum tabulā pueri, Iu.—*A slab, marble tablet:* votiva, H.—*A writing, record, memorandum, list, schedule:* tabulae litteris Graecis confectae, etc., *lists*, Cs.: tabulae praerogativae, *list of voters:* Sullae, i. e. *Sulla's list of the proscribed*, Iu.—*A record, document, state-paper:* de tabulis publicis recitare, *public records:* tabulae Heracliensium publicae, *archives:* memoria publica recensionis tabulis publicis impressa, i. e. *the censor's lists.*—*A statute, brief code, table of the law:* XII tabulae, *the Twelve Tables* (the most ancient code of the Republic): duabus tabulis additis.—*A map:* Dicaearchi tabulae.—*Plur.*, *an account-book, ledger:* quod aes alienum obiectum est, tabulae flagitatae: tabulis suis testibus uti conatur: falsas rationes in tabulas referre: ut prima nomina sua vellent in publicis tabulis esse, *as creditors of the state*, L.—In the phrase, novae tabulae, *new accounts, a new score, cancellation of debts:* polliceri tabulas novas, S.—*An indictment, formal accusation:* Solventur risu tabulae, i. e. *the prosecution will be laughed out of court*, H.—*A will, testament:* In tabulas multis haec via fecit iter, O.: Delebit tabulas, Iu.—*A banker's table, counter, counting-house:* Sextia.—*An auction-placard, auction-sale:* adest ad tabulam, licetur Aebutius: sin ad tabulam venimus, etc.—With *picta*, *a painted tablet, painting, picture:* Suspectans tabulam quandam pictam, T.: tabulae pictae delectant.—*A picture, painting* (sc. picta): imago in tabulis: neque tabulis neque signis propalam conlocatis.—Prov.: manum de tabulā, *hands off the picture*, i. e. *enough.*—*A gaming-table:* itur Ad casum tabulae, Iu.

tabulārium, ī, *n.* [tabula], *a public registry, depository of records:* in censo tabulario, *archives:* clauso tabulario, L.: populi tabularia, V.

tabulātiō, ōnis, *f.* [tabula], *a planking, flooring, floor:* ne tela tabulationem perfringerent, Cs.

tabulātum, ī, *n.* [tabula], *a board-work, flooring, floor, story:* turris tabulatorum quattuor, Cs.: quā summa labantīs Iuncturas tabulata dabant, V.: summas sequi tabulata per ulmos, i. e. *the branches at ever higher levels*, V.

(**tābum**, ī), *n.* [1 TA-].—Only *abl. sing.*, *corrupt moisture, matter, corruption, putrid gore:* Saxa spargens tabo, Enn. ap. C.: atro membra fluentia tabo, V.: manant penetralia tabo, O.—*An infectious disease, plague, pestilence:* turpi dilapsa cadavera tabo, V.: corpora adfecta tabo, L.

tacenda, ōrum, *n.* [*P.* of taceo], *things not to be spoken, secrets:* dicenda tacenda locutus, H.: tacenda loqui, O.

taceō, cuī, citus, ēre [TAC-], *to be silent, not speak, say nothing, hold one's peace:* praedicemne an taceam? T.: tacendo loqui videbantur: nobis tacentibus: taceamus, L.: in iis rebus, in quibus, etc.: Vere prius volucres taceant, aestate cicadae, O.: Cum tacet omnis ager, V.: Plectra dolore tacent, O.: loca tacentia, *the silent land*, V.—*To pass over in silence, keep quiet, leave unsaid, not speak:* Quae vera audivi, taceo, T.: multa: quid tacuit? H.: Ut alios taceam, *not to speak of others*, O.: Ignotumst, tacitumst, creditumst, T.: in medio Marte tacetur Amor, O.: quoquo pacto tacitost opus, *it must be kept quiet*, T.

Tacita, ae, *f.* [taceo], *the goddess of Silence:* Sacra Tacitae facere, O.

tacitē, *adv.* [tacitus], *silently, in silence, tacitly:* tacite dat ipsa lex potestatem defendendi, i. e. *by implication:* perire, i. e. *unnoticed:* verecundiam non tulit senatus, L.: annus labens, i. e. *imperceptibly*, O.

taciturnitās, ātis, *f.* [taciturnus], *a keeping silent, silence, taciturnity:* me eorum taciturnitas movet: curiae annua: testium: si taciturnitas Obstaret meritis invida Romuli? i. e. *a failure* (of poets) *to celebrate*, H.: opus est Fide et taciturnitate, T.

taciturnus, *adj.* with *comp.* [tacitus], *not talkative, of few words, quiet, still, taciturn, silent, noiseless:* (cum) taciturnum videbant: thalamos taciturna Intrat, *noiselessly*, O.: obstinatio, N.: tineas pasces (liber) taciturnus inertīs, i. e. *unread*, H.: (ingenium) statuā taciturnius, H.

tacitus, *adj.* [*P.* of taceo], *passed in silence, not spoken of, kept secret, unmentioned:* duo capita epistulae tuae tacita mihi relinquenda sunt: Quis te, Cato, tacitum relinquat? V.: non patientibus tacitum tribunis, quod, etc., L. — *Done without words, assumed as of course, silent, implied, tacit:* quaedam, quae perspicua sint, tacitis exceptionibus caveri: indutiae, L. — *Done in silence, silent, secret, hidden, concealed:* ut tacitum iudicium ante comitia fieret: tacito quodam sensu quae sint . . . recta ac prava diiudicant: pudor, O.: Dissimulare sperasti, tacitusque meā decedere terrā, *unobserved*, V.—As *subst. n.*, *a secret:* taciti volgator, O.—*Not speaking, without utterance, silent, still, quiet, noiseless, mute:* quae (patria) tecum tacita loquitur: si quam coniecturam adfert hominibus tacita corporis figura: si mori tacitum oportet, taceamus, i. e. *without making a defence*, L.: ut forte legentem Aut tacitum impellat, i. e. *meditating*, H.: pro sollicitis non tacitus reis, *outspoken*, H.: tacitā fistula cum lyrā, H.: totum pererrat Luminibus tacitis, *with silent glances*, V.: nemus, *quiet*, V.: limen, V.: nox, O.—As *subst. n.:* surgens Per tacitum Ganges, *in its silent course*, V.

tāctiō, ōnis, *f.* [TAG-], *a touching, touch:* oculorum et tactionum (voluptates), i. e. *of the sense of touch.*

1. tāctus, *P.* of tango.

2. tāctus (ūs), *m.* [TAG-], *a touching, touch, handling:* quae (chordae) ad quemque tactum respondeant: asper Tactu leo, H.: Abstinuit tactu pater, V.—P r o v.: Membra reformidant mollem quoque saucia tactum, O.—*The sense of feeling, feeling, touch:* tactus toto corpore aequabiliter fusus est: qui . . . non odore ullo, non tactu, non sapore capiatur.—F i g., *influence, effect, operation:* solis: lunae tactūs.

taeda, ae, *f.*, *a resinous pine-tree, pitch-pine:* Ceu flamma per taedas equitavit, H. — *Resinous wood, pine wood, pitch-pine:* cupae taedā ac pice refertae, Cs.: pyrā Erectā taedis atque ilice sectā, V.—*Burning pine wood, a pine-brand, torch:* Furiarum taedae ardentes: fumida, V.: taedā lucebis in illā, i. e. *amid the fagots*, Iu.: taedas Hymenaeus Amorque Praecutiunt, O. — P o e t., *a nuptial torch, wedding:* nec coniugis umquam Praetendi taedas, V.: pudica, O.: me non aliae poterunt conrumpere taedae, i. e. *loves*, Pr. — *A pine board, plank:* latissima, Iu.

taedet, —, —, ēre, *impers.* [1 TV-], *it excites loathing, disgusts, offends, wearies:* taedet ipsum Pompeium, *Pompey is disgusted:* me, T.: cottidianarum harum formarum, T.: homines, quos libidinis infamiaeque suae taedeat: talium civium vos: taedet caeli convexa tueri, V.

taedifer, fera, ferum, *adj.* [taeda + 1 FER-], *torch-bearing:* dea, i. e. *Ceres* (seeking for Proserpine), O.

taedium, ī, *n.* [taedet], *weariness, irksomeness, tediousness, loathing, disgust:* cum oppugnatio obsidentibus taedium adferat, L.: sollicitum, H.: taedia subeunt animos, Iu.: rerum adversarum, S.: meae si te ceperunt taedia laudis, V.: longi belli, O.

taenia, ae (*abl. plur.* taenis, V.), *f.*, = ταινία, *a band, hair-band, ribbon, fillet:* Puniceis evincti tempora taenis, V.

taeter (**tēter**), tra, trum, *adj.* with *comp.* taetrior and *sup.* taeterrimus, *offensive, repulsive, foul, noisome, shocking, loathsome:* belua: odor ex multitudine cadaverum, Cs.: odor Aproni taeterrimus oris: cruor, V.: Spiritus, H.: loca: mulier taeterrima voltu, Iu.—As *subst. n.*, *offensiveness:* taetri aliquid habere.—*Horrid, hideous, repulsive, shameful, disgraceful, base, abominable:* tam taeter tyrannus: omni diritate atque inmanitate taeterrimus: quis taetrior hostis huic civitati: in eum taeterrimus: legatio: prodigia, L.: nullum vitium taetrius est, quam avaritia: taeterrimum bellum.

taetrē, *adv.* with *sup.* [taeter], *foully, shockingly, hideously:* multa facere: quam (religionem) taeterrime violasti.

tagāx, ācis, *adj.* [TAG-], *apt to touch, light-fingered, thievish.*

tālāria, ium, see talaris.

tālāris, e, *adj.* [talus], *of the ankles, reaching*

the ankles: tunica: tunicae, *long.*—*Plur. n.* as *subst.*, *winged shoes clasping the ankles, sandals with wings:* pedibus talaria nectit Aurea (Mercurius), V., O.: cui (Minervae) pinnarum talaria adfigunt. —Prov.: talaria videamus, i. e. *let us take flight.* —*A long robe, dress falling to the ankles,* O.

tālārius, *adj.* [talus], *of dice, with dice:* ludus.

Talassius (Thal-), ī, *m.*, *a wedding salutation, cry of congratulation to a bride* (perh. the name of a god of marriage), L.: servire Talassio, i. e. *to marry,* Ct.

tālea, ae, *f.* [TEC-], *a slender staff, rod, stick, stake, bar:* taleae pedem longae, Cs.: ferreae, *iron rods* (used as money), Cs.

talentum, ī (*gen. plur.* talentūm, C., L.), *n.*, = τάλαντον, *a talent, half a hundred-weight* (a Grecian standard of weight): auri eborisque talenta, V.—*A talent* (a Grecian standard of value, usu. of sixty minae, equal to about £233 sterling or $1132 in gold): quinquaginta ei talenta adferre: decem milia talentūm: argenti, V.: Mille talenta rotundentur, H.; cf. talentum ne minus pondo octaginta Romanis ponderibus pendat (i. e. the great talent of eighty minae), L.

tālis, e, *adj.*, *such, of such a kind, such like, the like:* aliquid tale putavi fore: tale quicquam facere, L.: nihil ut tale ullā in re p. reperiatur: nil metuens tale, O.—With *qualis:* talis est quaeque res p., qualis eius natura, qui illam regit: Quale solet viscum virere . . . Talis erat species, V.—With *atque:* Faxo tali eum mactatum, atque hic est, infortunio, T.: honos tali populi R. voluntate paucis est delatus ac mihi.—With *ut:* tales nos esse putamus, ut iure laudemur: talia esse scio, ut, etc., L.—With *qui:* talem te esse oportet, qui primum te seiungas, etc.—Referring to what is to be said, *the following, as follows, such as this, thus, these words:* talia fatur: Salve, etc., V.: tali modo liberatus, *as follows,* N.—*Of such an especial kind, so distinguished, so great, so extreme, such:* Talem, tali ingenio, etc., T.: quibus rebus tantis talibus gestis, etc.: urbīs tantas atque talīs: pro tali facinore, Cs.: in tali tempore, *at so critical a time,* L.

talpa, ae, *f.* (*m.*, V.) [SCARP-], *a mole,* C., V.

tālus, ī, *m.* [TEC-], *an ankle, ankle-bone, pastern-bone, knuckle-bone:* taloque tenus vestigia tinguit, O.: prodibant tubere tali, O.—*The heel:* ad talos demissa purpura: talos a vertice pulcher ad imos, H.: Securus, cadat an recto stet fabula talo, i. e. *succeeds or fails,* H.—*A die* (often made of bone; it had rounded ends, and four sides marked successively 1, 3, 6, 4): ad talos se aut ad tesseras conferunt: talos nucesque Ferre sinu laxo, H.

tam, *adv.* [3 TA-], correl. with *quam* in comparisons, implying equality of degree, *in such a degree, as much, so, so much:* non tam solido quam splendido nomine: adiuro, tam me tibi vera referre Quam veri maiora fide, *as true as they are incredible,* O.: quam magni nominis bellum est, tam difficilem existimaritis victoriam fore, L.: istam dexteram non tam in bellis neque in proeliis quam in promissis et fide firmiorem, i. e. *whose superior trustworthiness is not so much in wars,* etc.: nihil est tam contra naturam quam turpitudo: nihil esse tam diligenter quam ius civile retinendum: non tam meāpte causā Laetor quam illius, T.: vellem tam domestica ferre possem quam ista contemnere, *were as able to bear,* etc.: quod si tam vos curam libertatis haberetis, quam illi ad dominationem adcensi sunt, *in as great a degree,* S.: Parmenonis tam scio esse hanc techinam quam me vivere, *just as well as,* T.: Tam teneor dono quam si dimittar onustus, H.: tam es tu iudex quam ego.—With *comp.* or *superl.* (quam . . . tam in the sense of quanto . . . tanto or quo . . . eo; old or poet.): Tam magis illa fremens . . . Quam magis effuso crudescunt sanguine pugnae, *raging the more wildly, the more,* etc., V.: quam maxime huic vana haec suspicio Erit, tam facillime patris pacem in leges conficiet suas (i. e. quo magis . . . eo facilius), T.: quam quisque pessume fecit, tam maxume tutus est (i. e. ut quisque . . . ita maxime, etc.), S.—With a comparative clause implied in the context, *so, to such a degree, so very, equally:* quae faciliora sunt philosophis . . . quia tam graviter cadere non possunt (i. e. quam alii): quorsum igitur tam multa de voluptate? *so much* (as has been said): hoc, quod a tam multis perferatur, *by so many* (as we have mentioned): tam necessario tempore, tam propinquis hostibus, *at so urgent a time as this,* Cs.: hunc tam temere iudicare, Cs.: cum tam procul a finibus Macedoniae absint, L.: quam si explicavisset, non tam haesitaret, i. e. *as he does.*—Often with a *pron. demonstr.:* haec mea oratio tam longa aut tam alte repetita: haec tam crebra Etruriae concilia, L.: quae est ista tam infesta ira? L.—Followed by a clause of result with *ut, qui* or *quin* (only with *adjj.* and *advv.*), *so, so very:* quae (maturitas) mihi tam iucunda est, ut quasi terram videre videar: ad eum pervenit tam opportuno tempore, ut simul, etc., Cs.—Usu. with a *negative* or in a question implying a negative: quis umquam praedo fuit tam nefarius, quis pirata tam barbarus ut, etc.: non se tam barbarum ut non sciret, etc., Cs.: nemo inventus est tam amens, qui illud argentum eriperet: quae est anus tam delira quae timeat ista?: Numquam tam mane egredior . . . quin te . . . conspicer Fodere, T.: numquam tam male est Siculis quin aliquid facete et commode dicant.

tam diū or **tam-diū** (not tandiū), *adv.* **I.** Of a definite time, *so long, for so long a time.*—Followed by *quam diu* (both clauses take the same tense; and if in past time, the *perf. indic.*): ego tam diu requiesco quam diu ad te scribo: manebit ergo amicitia tam diu, quam diu sequetur utilitas. —Followed by *quam:* (Hortensius) vixit tam diu, quam licuit in civitate bene beateque vivere.—Followed by *dum:* Claudius usus est hoc Cupidine tam diu, dum forum dis inmortalibus habuit ornatum, *only so long.*—Followed by *quoad:* tam diu autem velle debebis quoad te non paenitebit.—Followed by *ut:* (Antiochus) didicit apud Philonem tam diu, ut constaret diutius didicisse neminem. —**II.** *So long, so very long:* ubi te oblectasti tam diu? T.: abs te tam diu nihil litterarum?: ducenti ferme et decem anni conliguntur: tam diu Germania vincitur, *all this time,* Ta.

tamen, *adv.* [3 TA-].—After a concessive or conditional particle, *notwithstanding, nevertheless, for all that, however, yet, still* (beginning the clause or after its emphatic word): quamquam omnis virtus nos ad se adlicet, tamen iustitia id maxime efficit: etsi abest maturitas aetatis, tamen, etc.: tametsi miserum est, tamen, etc.: si Massilienses per delectos cives . . . reguntur, inest tamen in eā conditione similitudo quaedam servitutis: si nullus erit pulvis, tamen excute nullum, O.: cui (senatus auctoritati) cum Cato et Caninius intercessissent, tamen est perscripta.—Opposed to an implied concession or inference, *in spite of this, for all that, however, still, nevertheless:* Retraham ad me illud argentum tamen, T.: expellitur ex oppido Gergoviā; non destitit tamen, Cs.: neque recordatur illi ipsi tam infelici imperatori patuisse tamen portūs Africae, L.: semper Aiax fortis, fortissimus tamen in furore: cur nolint, etiam si tacerent, satis dicunt. Verum non tacent. Tamen his invitissimis te offeres?: tamen a malitiā non discedis? *in spite of all.*—With *sed* or *verum,* in strong opposition, *but yet, but nevertheless, but still:* hi non sunt permolesti; sed tamen insident et urgent: debet; verum tamen non cogitur.—With *si, if at least, if only:* aliqua et mihi gratia ponto est; Si tamen in dio quondam concreta profundo Spuma fui, O.—After *neque . . . nec, on the other hand, however:* Cyri vitam legunt, praeclaram illam quidem, sed neque tam nostris rebus aptam nec tamen Scauri laudibus anteponendam.—Ne tamen, *that by no means:* veni igitur, quaeso, ne tamen semen urbanitatis unā cum re p. intereat. —With *pron. relat., who however, although he:* L. Lucullus, qui tamen eis incommodis mederi fortasse potuisset . . . partem militum Glabrioni tradidit, *although he might,* etc.: fuit mirificus in Crasso pudor, qui tamen non obesset eius orationi, etc., *and yet its effect was not,* etc.—Strengthened by *nihilo minus:* si illud tenerent, se quoque id retenturum; nihilo minus tamen agi posse de compositione, Cs.

tamen-etsī or **tamen etsī,** *conj., notwithstanding that, although, though:* at Romanus homo, tamenetsi res bene gesta est, trepidat, Enn. ap. C.: tamen etsi hoc verum est? *and yet,* T.: tamen etsi omnium causā velle debeo, tamen, etc.

tametsī, *conj.* [for tamen-etsi].—In concession, *notwithstanding that, although, though:* obtundis, tametsi intellego? T.: tametsi in odio est, mater appellabitur: Memini, tametsi nullus moneas, T.: quod tametsi miserum est, feret tamen. —In transition, without a correl. clause, *and yet:* tametsi iam dudum ego erro, qui, etc.: tametsi quae est ista laudatio?

tam-quam or **tanquam,** *adv., as much as, so as, just as, like as, as if, so to speak: Ge.* Nostin eius natum Phaedriam? *Da.* Tam quam te, T.: repente te tamquam serpens e latibulis intulisti: sensūs in capite tamquam in arce mirifice conlocati sunt.—Correl. with *sic* or *ita, just as, in the same way as, as if:* apud eum ego sic Ephesi fui, tamquam domi meae: ut, tamquam poetae boni solent, sic tu diligentissimus sis: sic tamquam.—With *si,* in a hypothetical comparison, *as if, just as if:* qui tamquam si offusa rei p. sempiterna nox esset, ita ruebant in tenebris: ita me audias, tamquam si mihi quiritanti intervenisses, L.—*As if, just as if* (cf. tamquam si, supra): tamquam clausa sit Asia, sic nihil perfertur ad nos: M. Atilium captum in Africā commemorat, tamquam M. Atilius ad Africam offenderit, etc., L.: tamquam regum arcanis interesset, omnia scit, L.

Tanaquil, ilis, *f., the wife of Tarquinius Priscus,* L.: Tanaquil tua (of a woman versed in necromancy), Iu.

tandem, *adv.* [tam + the demonstr. ending dem], *at length, at last, in the end, finally:* Tandem reprime iracundiam, T.: ut veritas tandem recreetur: tandem volneribus defessi, Cs.: Tandem desine matrem sequi, H.: ut iam tandem illi fateantur: Aliquando tandem huc animum ut adiungas tuum, T.: tandem aliquando Catilinam . . . ex urbe eiecimus.—In eager or impatient questions, *pray, pray now, now, I beg:* quid tandem agebatis? *what in the world?:* quod genus tandem est istud ostentationis et gloriae?: quo modo tandem?: quousque tandem abutere, Catilina, patientiā nostrā?: quae quousque tandem patiemini? S.: Ain' tandem, T.

tangō, tetigī, tāctus, ere [TAG-], *to touch:* ut eorum ossa terra non tangat: de expiandis, quae Locris in templo Proserpinae tacta violataque essent, L.: virgā Virginis os, O.: cubito stantem prope tangens, H.—Of places, *to border on, be contiguous to, adjoin, reach:* qui (fundi) Tiberim fere omnes tangunt: haec civitas Rhenum tangit, Cs.: quae (villa) viam tangeret: vertice sidera, O.—*To touch, take, take away, carry off:* Tetigin tui quidquam? T.: de praedā meā teruncium.—*To* *taste, partake of, eat, drink:* illa (corpora), O.: singula dente superbo, H. — *To reach, arrive at, come to:* provinciam: portūs, V.: lucum gradu, O.: Et tellus est mihi tacta, O.: nocturno castra dolo, O.—*To touch, strike, hit, beat:* chordas, O.: Te hora Caniculae Nescit tangere, *to affect,* H.: quemquam praeterea oportuisse tangi, i. e. *be put to death.*—In the phrase, de caelo tactus, *struck by lightning:* statua aut aera legum de caelo tacta: tacta de caelo multa, duae aedes, etc., L.—Of sexual contact, *to take hold of, touch, handle:* Virginem, T.: matronam, H.: si non tangendi copiast, T.—*To besprinkle, moisten, wash, smear, dye:* corpus aquā, O.: supercilium madidā fuligine tactum, Iu.—Fig., *to touch, reach, move, affect, impress:* minae Clodi modice me tangunt: animum, L.: mentem mortalia tangunt, V.: Nec formā tangor, O.: religione tactus hospes, L.—*To take in, trick, dupe, cozen, cheat* (old): senem triginta minis, Poët. ap. C.—*To sting, nettle, wound:* Rhodium in convivio, T.—*To touch upon, mention, speak of, refer to:* leviter unum quidque: ne tangantur rationes ad Opis, *be discussed:* hoc ulcus tangere Aut nominare uxorem? T.—*To take in hand, undertake:* carmina, O.

tanquam, *adv.*, see tamquam.

Tantalidēs, ae, *m.*, = Ταντα λίδης, *a descendant of Tantalus, Tantalide,* i. e. *Pelops,* O.; *Agamemnon,* O.: Tantalidarum internicio, i. e. *of Atreus and Thyestes,* C. poët., O.

Tantalis, idis, *f.*, = Ταντα λίς, *a descendant of Tantalus,* i. e. *Niobe,* O.; *Hermione,* O.

Tantalos (-lus), ī, *m.*, = Τάνταλος, *a king of Phrygia,* C., H., O.

tantillus, *adj. dim.* [tantus], *so little, so small* (old): puer, T.

tantisper, *adv.* [tantus + -per], *for so long a time, in the meantime, meanwhile:* de aliquo reo cogitasse: tantisper impedior: tantisper tutelā muliebri res Latina puero stetit, L.—Followed by *dum, all the time, for so long:* tantisper volo, Dum facies, T.: ut ibi esset tantisper, dum culeus compararetur.

tantopere or **tantō opere**, *adv.*, *so earnestly, so greatly, in so high a degree, so very, so much:* quia tu tanto opere suaseras, coepi, T.: si studia Graecorum vos tanto opere delectant: tantopere de potentatu contendere, Cs.

tantulum, *adv.* [*n.* of tantulus], *so little, never so little, in the least:* ut recedamus ab aequitate ne tantulum quidem: quorum oratione iste ne tantulum quidem commotus est.

tantulus, *adj. dim.* [tantus], *so little, so small:* fici granum: tantularum rerum occupationes, Cs.: causa.—As *subst. n., so little, such a trifle:* deinde, cur tantulo venierint, *for such a trifle:* qui tantuli eget, quantost opus, H.: tantulum morae.

tantum, *adv.* [tantus], *so much, so greatly, to such a degree, so far, so long, so:* id tantum abest ab officio, ut, etc., *so far:* rex tantum auctoritate eius motus est, ut, etc., N.: tantumque ibi moratus, dum, etc., *so long,* L.: ne miremini, quā ratione hic tantum apud istum libertus potuerit.—With an *adj., so:* nec tantum dulcia, quantum Et liquida, V.: iuventus Non tantum Veneris quantum studiosa culinae, H.—*Only so much, so little, only, alone, merely, but:* tantum monet, quantum intellegit, *only so much:* tantum in latitudinem patebat, quantum, etc., Cs.: notus mihi nomine tantum, H.: excepit unum tantum: unum flumen tantum intererat, Cs.: unum defuisse tantum superbiae, L. — With *non, only not, very nearly, almost, all but:* cum vineae tantum non iam iniunctae moenibus essent, L.; cf. tantum non cunctandum nec cessandum esse, *only there must be no delay* (where *non* belongs not to *tantum* but to the verb), L.: dictator bello ita gesto, ut tantum non defuisse fortunae videretur, L. — With *quod, only, just, but just, a little before, hardly, scarcely:* tantum quod ex Arpinati veneram, cum mihi a te litterae redditae sunt; cf. tantum quod extaret aquā (where *quod* belongs not to *tantum,* but to the verb), L.—*Just, only now* (poet.): Serta tantum capiti delapsa, V.—In the phrase, tantum quod non, *only that not, nothing is wanting but:* tantum quod hominem non nominat.

tantum modo or **tantum-modo**, *adv., only, merely:* ut tantum modo per stirpīs alantur suas: pedites tantummodo umeris ac summo pectore exstare (ut possent), Cs.: velis tantummodo, *you have only to wish it,* H.: Scipionem misit non ad tuendos tantummodo socios, sed etiam, etc., L.

tantundem (tantumdem), *subst.* [*neut.* of tantus + -dem], *just so much, just as much, the same amount:* magistratibus tantundem detur in cellam, quantum semper datum est: fossam duxit, ut eius solum tantundem pateret, quantum, etc., Cs.: Dum ex parvo nobis tantundem haurire relinquas, H.—*Acc. adverb., to the same extent, just so much, just as far:* erat vallus in altitudinem pedum decem; tantundem eius valli agger in latitudinem patebat, Cs.: Tantundem omnia sentiens, quam si, etc., Ct.: Non tamen interpres tantundem iuveris, H.—In *genit.* of *price, of just the same value, worth precisely as much:* tantidem emptam postulat sibi tradier, T.: voluntatem decurionum tantidem, quanti fidem suam, fecit.

tantus, *adj.* [1 TA-].—Followed by a clause of comparison, *of such size, of such a measure, so great, such:* nullam (contionem) umquam vidi tantam, quanta nunc vestrum est: quanta cuiusque animo audacia naturā inest, tanta in bello patere solet, S.: tantā modestiā dicto audiens fuit, ut si privatus esset, N.: maria aspera iuro, Non ullum pro me tantum cepisse timorem, Quam, etc., V.—With *ellips.* of comparative clause, *so great, so very great, so important:* neque solum in tantis rebus, sed etiam in mediocribus studiis: ne tantae nationes coniungantur, Cs.: quae faceres in hominem tantum et talem.—Followed by a clause of result, *so great, such:* tanta erat operis firmitudo, ut, etc., Cs.: non fuit tantus homo Sex. Roscius in civitate, ut, etc.: nulla est tanta vis, quae non ferro frangi possit. — As *subst. n., so much, so many:* habere tantum molestiae quantum gloriae: tantum complectitur, quod satis sit modicae palestrae: tantum hostium intra muros est, L.—*Colloq.:* tantum est, *that is all, nothing more:* Tantumne est? *Ba.* tantum, T.—In *genit.* of *price, of such value, worth so much:* frumentum tanti fuit, quanti iste aestimavit: Ubi me dixero dare tanti, T.: tanti eius apud se gratiam esse ostendit, uti, etc., *was of such weight,* Cs.—In *abl.* of *difference, by so much, so much the:* quanto erat in dies gravior oppugnatio, tanto crebriores litterae ad Caesarem mittebantur, Cs.: reperietis quinquiens tanto amplius istum quam quantum, etc.: si Cleomenes non tanto ante fugisset: post tanto, V.: tanto praestitit ceteros imperatores, quanto populus R. antecedit fortitudine cunctas nationes, N. —*Colloq.:* tanto melior! *so much the better! well done! good! excellent! bravo!* Ph.: tanto nequior! *so much the worse!* T.—P r a e g n., *of such a quantity, such, so small, so slight, so trivial:* ceterarum provinciarum vectigalia tanta sunt, ut iis vix contenti esse possimus.—As *subst. n., so little, so small a number:* praesidi tantum est, ut ne murus quidem cingi possit, Cs.—In *genit.* of *price, of little account, not so important:* est mihi tanti, Quirites, huius invidiae tempestatem subire, i. e. *it is a trifle to me:* sunt o sunt iurgia tanti, i. e. *are not too much to undergo,* O.

(tantus-dem), see tantundem.

(tapēs, ētis, *m.,* or **tapētum**, ī, *n.*), = τάπης, *a heavy cloth with inwrought figures, carpet, tapestry, hangings, coverlet* (only *plur., acc.* tapetas, V.; *abl.* tapetibus, L., V., O., and tapetis, V.): relinquunt pulchros tapetas, V.: iniectis tapetibus in caput, L.: Instratos alipedes pictis tapetis, V.

tardē, *adv.* with *comp.* and *sup.* [tardus], *slowly, tardily:* navigare: crescens oliva, V.: tardius iter fecit: tardissime iudicatur. — *Late, not in time, after the time, not early:* qui eam (patriam) nimium tarde concidere maererent.

tardigradus, *adj.* [tardus + GRAD-], *slow-paced, tardy-paced:* quadrupes.

tardipēs, pedis, *adj.* [tardus + pes], *limping, halting* (epithet of Vulcan), Ct.

tarditās, ātis, *f.* [tardus], *slowness, tardiness, sluggishness:* legatorum: pedum: navium, Cs.: moram et tarditatem adferre bello: operis: celeritates tarditatesque: cavendum est, ne tarditatibus utamur in ingressu mollioribus.—F i g., of the mind, *slowness, dulness, heaviness, stupidity:* ingeni: quid abiectius tarditate et stultitiā?: opinio tarditatis.

tardiusculus, *adj. dim.* [tardus], *somewhat slow, rather stupid:* servus, T.

tardō, āvī, ātus, āre [tardus], *to make slow, hinder, delay, retard, impede, check, stay, prevent:* profectionem: pedes (alta harena), O.: alas, H.: At non tardatus casu neque territus heros, V.: nos Etesiae tardarunt: Romanos ad insequendum, Cs.: hostium impetum, *check,* Cs.: vereor, ne exercitūs nostri tardentur animis: me ratio pudoris a praesentis laude tardaret: propius adire tardari, Cs.: num quid putes rei p. nomine tardandum esse nobis, *whether I ought to linger.*

tardus, *adj.* with *comp.* and *sup., slow, not swift, sluggish, tardy:* velox an tardus sit: tardus aut fugiens laboris, Cs.: iuvenci, V.: ubi reliquos esse tardiores vidit, Cs.: tardior ad iudicandum: in decedendo tardior: tardiores tibicinis modi et cantūs remissiores: fumus, V.: frumenti tarda subvectio, L.: tarda Genua labant, V.: senectus, H.: passus, O.: abdomen, Iu.—*Slow of approach, delaying, late:* noctes, V.: tardiora fata, H.: eo poena est tardior.—*Slow to pass, lingering, long:* tempora, H.: menses, i. e. *the long summer months,* V.: sapor, i. e. *lingering in the palate,* V.—F i g., *slow of apprehension, dull, heavy, stupid:* vah, tardus es, T.: si qui forte sit tardior. — In speech, *slow, not rapid, measured, deliberate:* in utroque genere dicendi principia tarda sunt: sententiis: illi Tardo cognomen pingui damus, H.

Tarpēius, *adj., of Tarpeia, Tarpeian:* mons, *the Tarpeian Rock near the Capitol, from which criminals were thrown,* L.: arx, *the citadel on the Capitoline Hill,* V., O.: nemus, Pr.: fulmina, i. e. *of Jupiter Capitolinus,* Iu.

Tarquiniēnsis, e, *adj., of Tarquinii* (a city of Etruria), C., L.

Tartareus, *adj., of the infernal regions, Tartarean, infernal:* plaga: umbrae, O.: custos, i. e. *Cerberus,* V.: sorores, *the Furies,* V.

Tartarus (-os), ī, *m.,* or **Tartara**, ōrum, *n.,* = Τάρταρος, Τάρταρα, *the infernal regions, Tartarus,* V., H., O.

taureus, *adj.* [taurus], *of a bull, of an ox, of oxen, taurine:* terga, *bulls' hides,* V.: terga, i. e. *drums,* O.—As *subst. f., a raw-hide, lash of hide,* Iu.

taurifōrmis, e, *adj.* [taurus + forma], *bull-shaped, tauriform:* Aufidus (because the river-gods were represented as horned), H.

taurīnus, *adj.* [taurus], *of bulls, of oxen, tau-*

rine: voltus (Eridani), V.: frons, O.: tergum, *a bull's hide*, V.

taurus, ī, *m.* [STA-], *a bull, bullock, steer:* hi (uri) sunt specie et colore tauri, Cs., C., V., H.: nobilis, *the brazen bull* (of Phalaris), C., O.: aperit cum cornibus annum Taurus, *the constellation of the Bull*, V.

taxātiō, ōnis, *f.* [taxo; TAG-], *a valuing, appraisal, estimation:* eius rei taxationem nos fecimus.

tāxillus, ī, *m. dim.* [talus], *a small die* (cited as used in place of talus).

taxus, ī, *f.*, *a yew, yew-tree:* taxo se examinavit, i. e. *poisoned himself with yew-berries*, Cs., V., O.

1. tē, *acc.* and *abl.* of tu.

2. -te, a suffix of *tu* or *te;* see tu.

techina (techna), ae, *f.*, = τέχνη, *a wile, trick, subterfuge, artifice:* falli Techinis, T.

tēctē, *adv.* with *comp.* [tectus], *covertly, privily, cautiously:* alquid datum: declinat impetum, i. e. *guardedly:* tectius (appellare), *less bluntly*, O.

tēctor, ōris, *m.* [tego], *a plasterer, stucco-worker, pargeter.*

(**tēctōriolum**, ī), *n. dim.* [tectorium], *a little plaster, bit of stucco.*—Only *plur.*

tēctōrius, *adj.* [tego], *relating to overlaying, concerned with surface decoration:* (sepulcrum) opere tectorio exornari, i. e. *with stucco.*—As *subst. n.*, *superficial work, plaster, stucco, fresco-painting:* tectorium vetus delitum et novum inductum.—Poet., *plur.*, *paste for the complexion*, Iu.

tēctum, ī, *n.* [*P. n.* of tego], *a covered structure, roofed enclosure, shelter, house, dwelling, abode, roof:* totius urbis tecta: tectum subire, Cs.: vos in vestra tecta discedite: tectis succedite nostris, V.: inter convalles tectaque hortorum, i. e. *the buildings scattered through the gardens*, L.: ager incultus sine tecto: columba plausum Dat tecto ingentem, V.: solidis Clauditur in tectis, i. e. *in prison*, O.: dolos tecti ambagesque resolvit, i. e. *of the Labyrinth*, V.—*A covering, roof:* inferioris porticūs: Hic se praecipitem tecto dedit, H.: culmina tecti, V.: tecti a culmine, O.—*A ceiling:* tectis caelatis, laqueatis, Enn. ap. C., H.—*A canopy:* cubilia tectaque, H.

tēctus, *adj.* with *comp.* and *sup.* [*P.* of tego], *covered, roofed, decked:* naves, Cs., L.—Fig., *secret, concealed, hidden:* tectior cupiditas: amor, O.: tectis verbis ea scripsi, i. e. *in reserved language.*—*Secret, close, reserved, cautious:* ad alienos: est omni ratione tectior: in dicendo tectissimus: tectus recusat prodere quemquam, V.

tē-cum, see tu and 1 cum.

Tegeaeus (-eēus), *adj.*, *of Tegea* (in Arcadia); hence, *Arcadian*, V., O.—As *subst. f.*, *Atalanta*, O.

teges, etis, *f.* [TEG-], *a covering, rush-mat, bed-rug:* tegetem praeferre cubili, Iu.—*Sing. collect.:* hiberna, Iu.

tegimen, tegimentum, tēgmen, see tegum-.

tegō, tēxī, tēctus, ere [TEG-], *to cover, cover over:* corpus eius suo pallio: bestiae coriis tectae: Mars tunicā tectus adamantinā, H.: (casae) stramentis tectae, Cs.: tectis instructisque scaphis, *decked*, Cs.: tegeret cum lumina somno, V.: ossa tegebat humus, O.: tegere Damae latus, i. e. *walk beside*, H.: omnis eum tegebat Turba, i. e. *attended*, V.—*To cover, hide, conceal:* fugientem silvae texerunt, Cs.: (tabellas) in sinu, O.: latibulis se: nebula texerat inceptum, L.—*To shelter, protect, defend:* tempestas nostros texit, Cs.: latere tecto abscedere, i. e. *with a whole skin*, T.: tegi magis Romanus quam pugnare, L.: portus ab Africo tegebatur, Cs.—Fig., *to cloak, hide, veil, conceal, keep secret, dissemble:* triumphi nomine cupiditatem suam: eius flagitia parietibus tegebantur: honestā praescriptione rem turpissimam, Cs.: turpia facta oratione, S.: Commissum, H.: dira Supplicia, V.: Pectoribus dabas multa tegenda meis, O.—*To defend, protect, guard:* consensio inproborum excusatione amicitiae tegenda non est: pericula facile innocentiā tecti repellemus: a patrum suppliciis tegere liberos, L.: patriam parentīsque armis, S.

tēgula, ae, *f.*, *a tile, roof-tile:* tegulam in Italiā nullam relicturus, *not a tile:* prohibebat imbrem Tegula, O.: quem tegula sola tuetur A pluviā, Iu.—Esp., *plur.*, *a tiling, tiled roof:* decidere de tegulis, T.: per tegulas demitti: per scalas pervenisse in tegulas, L.

tegumen (tegimen), inis (in oblique cases usu. **tegmin-**), *n.* [TEG-], *a covering, cover:* mihi amictui est Scythicum tegimen: tegumen Pellis erat, O.: dedit super tunicam aeneum pectori tegumen, L.: Consertum tegumen spinis, V.: Hordea . . . Exue de tegminibus suis, i. e. *the husks*, O.: sub tegmine caeli, *the vault of heaven*, C. poët.

tegumenta (tegim-) or **tēgmenta**, ōrum, *n.* [TEG-], *a cover, coverings, clothing:* tegumenta corporum vel texta vel suta: tegumenta corporis, L.: scutisque tegimenta detrudere, Cs.

tēla, ae, *f.* [TEC-], *a web:* Texens telam, T.: telam retexens: tenui telas discreverat auro, V.: adsiduis exercet bracchia telis, O.: plena domus telarum: cum totā descendat aranea telā, Iu.—*The warp:* licia telae Addere, V.: stantis percurrens stamina telae, O.—*A loom:* geminas intendunt stamine telas, O.: Stamina suspendit telā, O.—Fig., *a web, plan:* tela texitur ea, ut, etc.

tellūs, ūris, *f.* [TAL-], *the earth, globe:* quae est media: telluris operta subire, V.—*Earth, land, ground:* instabilis, O.: Exercet tellurem, V.:

inarata, H.: sterilis sine arbore, O.: iustissima, V. —*A land, country, district, region, territory:* barbara, O.: Gnosia, V.: Iubae, H.—As a divinity, *Earth, Tellus:* terra ipsa dea est; quae est enim alia Tellus?: Tellurem porco piabant, H.: aedis Telluris: Tellus mater, L.

tēlum, ī, *n.* [TEC-], *a missile weapon, missile, dart, spear, shaft, javelin:* arma atque tela, S.: coniectio telorum: si telum manu fugit, magis quam iecit: nubes levium telorum, L.: turbida Tempestas telorum, V.: telum ex loco superiore mittere, Cs.: omni genere missilium telorum volnerari, L.: tela Direxit arcu, H.: In medios telum torsisti Achivos, V.: volatile, O. —*An offensive weapon, sword, dagger, poniard, axe:* ex quibus (telis) ille maximum sicarum numerum et gladiorum extulit: securim in caput deiecit; relictoque in volnere telo, etc., L.: strictis telis, O.: clavae tela erant, Cu.: cum telo esse, i. e. *to be armed:* positum rubigine telum, *my sheathed sword*, H.: Frontis, i. e. *a horn*, O.: corpore tela exit, i. e. *avoids the blows of the caestus*, V.: arbitrium est in sua tela Iovi, i. e. *the thunderbolts*, O.—Fig., *a weapon, shaft, dart:* nec mediocre telum ad res gerendas existimare benevolentiam civium: necessitas, quae maximum telum est, L.: tela fortunae: linguae tela subire tuae, O.

temerārius, *adj.* [temere], *rash, heedless, thoughtless, imprudent, inconsiderate, indiscreet, unadvised, precipitate:* homines, Cs.: mulier: meo temerarius periclo, O.: animi partes: consilium: vox, L.: error, O.: tela, i. e. *sent thoughtlessly*, O.

temerē, *adv.* [2 TEM-], *by chance, by accident, at random, without design, casually, fortuitously, rashly, heedlessly, thoughtlessly, inconsiderately, indiscreetly:* evenire, T.: forte temere in adversos montīs agmen erigere, L.: nisi ista casu non numquam forte temere concurrerent: corpora huc et illuc casu et temere cursantia: non temere nec fortuito sati: inconsulte ac temere dicere: alquid de se credere, S.: sub Pinu iacentes sic temere, H.: saxa iacentia, L.—Esp., with a *negative, not for nothing, not easily, hardly, scarcely:* non temerest; timeo quid sit, *it means something*, T.: quidquid sit, haud temere esse rentur, *that it is something of moment*, L.: Haud temere est visum, V.: Hoc temere numquam amittam ego a me, T.: irasci amicis: adire, Cs.: patres quoque non temere pro ullo aeque adnisi sunt, L.: vatis avarus Non temere est animus, H.: nullus dies temere intercessit, quo non ad eum scriberet, N.

temeritās, ātis, *f.* [temere], *hap, chance, accident:* in quibus nulla temeritas, sed ordo apparet: fortunae. —*Rashness, heedlessness, thoughtlessness, haste, indiscretion, foolhardiness, temerity:* perditorum: temeritatem militum reprehendit, Cs.: temeritas est florentis aetatis: non offert se ille istis temeritatibus, *rash acts.*

temerō, āvī, ātus, āre [temere], *to treat rashly, violate, profane, defile, dishonor, disgrace, desecrate, outrage:* hospitii sacra, O.: templa temerata Minervae, V.: sepulcra maiorum temerata, L.: patrium cubile, O.: Venerem maritam, O.: fluvios venenis, O.: temerata est nostra voluntas, O.

tēmētum, ī, *n.* [2 TEM-], *an intoxicating drink, mead, wine:* carent temeto mulieres: accipis cadum temeti, H., Iu.

temnō, —, —, ere [1 TEM-], *to slight, scorn, disdain, despise, contemn:* volgaria, H.: divos, V.: ne temne, quod Praeferimus manibus vittas, V.

tēmō, ōnis, *m.* [TEC-], *a pole, beam.* —Of a wagon, *the tongue:* iunctos temo trahat aereus orbīs, V., O.—Of a plough, *the beam, tongue:* pedes temo protentus in octo, V.—*A wagon:* de temone Britanno Excidet Arviragus, Iu.—As a constellation, *the Wagon of Boötes, Charles's Wain*, O.

temperāmentum, ī, *n.* [tempero], *a proportionate admixture;* fig., *a right mean:* inventum est temperamentum, quo tenuiores cum principibus aequari se putarent, i. e. *a due balance of classes:* vestrae fortitudinis, *moderation, limit*, Ta.: orationem habuit meditato temperamento, Ta.

temperāns, antis, *adj.* with *comp.* and *sup.* [*P.* of tempero], *observing moderation, sober, moderate, temperate, with self-control:* in omnibus vitae partibus temperans: homo temperantissimus: principes temperantiores a cupidine imperi, *refraining*, L.: famae temperans, T.

(temperanter), *adv.* with *comp.* [temperans], *with moderation, moderately:* haberi, i. e. *to be kept under control*, Ta.: temperantius agere.

temperantia, ae, *f.* [temperans], *moderation, sobriety, discretion, self-control, temperance:* in victu: naturae tuae: alicuius, Cs.: tantā temperantiā moderatus, S.: adversus sitim, Ta.

temperātē, *adv.* with *comp.* [temperatus], *with moderation, moderately, temperately:* agere: temperatius scribere.

temperātiō, ōnis, *f.* [tempero], *a due mingling, fit proportion, proper combination, symmetry, constitution, temperament:* corporis, animi: aeris, *temper:* civitatis, *organization:* ordinum, L.: iuris. —*A regulating power, organizing principle:* sol mens mundi et temperatio.

temperātor, ōris, *m.* [tempero], *an arranger, organizer:* varietatis.

temperātus, *adj.* with *comp.* [*P.* of tempero], *limited, moderate, temperate:* temperatae escae modicaeque potiones: loca temperatiora, Cs.—Fig., *moderate, sober, calm, steady, temperate:* mores: in victoriā temperatior: Vim temperatam di provehunt In maius, H.: animus virtutibus, L.—Of speech, *moderate, calm, composed:* orationis genus: temperatior oratio.

temperius, *adv. comp.*, see tempori.

temperiēs, —, *acc.* em, *abl.* ē, *f.* [temporo], *a due mingling, proper mixture, tempering, temperature, temper:* ubi temperiem sumpsere umorque calorque, O.: Temperiemque dedit, mixtā cum frigore flammā, i. e. *a moderate temperature*, O.: caeli mira, Cu.: blandarum aquarum, O.

temperō, āvī, ātus, āre [tempus], *to observe proper measure, be moderate, restrain oneself, forbear, abstain, be temperate, act temperately:* in potestatibus, S.: in multā temperarunt tribuni, L.: linguae, L.: oculis, *to keep from looking*, L.: temperare oculis, *refrain from tears*, Cu.: risu (*dat.*), L.: victoriae, S.: nec nos temperamus imperiis, quo minus illi auxili egeant, L.: sibi, quin exirent, Cs.: vix temperavere animis, quin, etc., L.: temperare ab iniuriā et maleficio, *refrain*, Cs.: a lacrimis, V.: tollere puerum: temperatum agere est, quin, etc., *they with difficulty refrained*, L.: nec temperatum manibus foret, ni, etc., L.—*To forbear, abstain, refrain, spare, be indulgent:* si cuiquam ullā in re umquam temperaverit: Privignis, H.: templis deum temperatum est, L.: in quo ab sociis temperaverant, L.—*To divide duly, mingle in due proportion, combine suitably, compound properly, qualify, temper:* ex dissimillimis rebus misceri et temperari: alqd ex igni atque animā temperatum: Pocula, *to mix*, i. e. *fill*, H.: Etesiarum flatu nimii temperantur calores: aquam (i. e. balneum) ignibus, i. e. *warm*, H.: scatebris arva, i. e. *water*, V.—*To rule, regulate, govern, manage, arrange, order:* rem p. institutis et legibus: aequor, V.: arces aetherias, O.: ora frenis, H.: testudinis aureae strepitum, H.: citharam nervis, i. e. *to string*, O.: temperata frumenti subvectio, *facilitated*, Ta.—Fig., *to regulate, rule, control, govern, sway, moderate:* cuius acerbitas morum ne vino quidem permixta temperari solet: haec interdum temperanda sunt: amara lento Temperet risu, H.: iras, *soothe*, V.: sumptūs, O.

tempestās, ātis, *f.* [tempus], *a portion of time, point of time, time, season, period:* eādem tempestate: illā Tempestate, L.: fuere eā tempestate, qui, etc., S.: multis tempestatibus, S.: multis ante tempestatibus, L.—*Weather, time, season:* tempestate serenā, Enn. ap. C.: idonea ad navigandum, *good weather*, Cs.: secunda, Ta.: haec tam clara, V.: et tempestates et navem idoneam habere.—*A goddess of weather*, O.: immolabitur agna Tempestatibus, H.—*A storm, tempest:* turbida, Cs.: turbulenta: foeda, L.: Horrida, H.: tempestas navīs adflixit, Cs.: si segetibus tempestas nocuerit: Tempestas sine more furit, V.: in magnis tempestatibus: autumni, V.—Fig., *storm, tempest, commotion, disturbance, calamity, misfortune:* in hac tempestate populi iactari: invidiae: Gallici adventūs: Quanta per Idaeos Tempestas ierit campos, V.: communis Siculorum (i. e. Verres): rei p. navis fluitans in alto tempestatibus.—*A storm, shower, press, throng, multitude:* querelarum: turbida telorum, V.

tempestīvē, *adv.* with *comp.* [tempestivus], *at the right time, in proper season, seasonably, opportunely, fitly, appropriately:* demetere: sepulti, O.: Tempestivius in domum commissabere, H..

tempestīvitās, ātis, *f.* [tempestivus], *timeliness, seasonableness:* sua cuique parti aetatis tempestivitas est data, i. e. *its appropriate character.*

tempestīvus (-vos), *adj.* with *comp.* [tempestas], *of the right time, at the proper time, timely, seasonable, opportune, fitting, appropriate, suitable:* venti: adgressus tempestivis sermonibus, L.: narratibus hora meis, O.: pueris ludus, H.: multa mihi ipsi ad mortem tempestiva fuerunt, *fitting occasions.*—*Timely, seasonable, ripe:* maturitas: pinus, V.—*Ripe, mature:* viro, H.: caelo heros, O.—*Timely, betimes, in good time, in good season, early:* convivium.

templum, ī, *n.* [1 TEM-].—In augury, *an open place for observation, place marked off by the augur's staff:* Palatium Romulus, Remus Aventinum ad inaugurandum templa capiunt, L.—*An open space, circuit:* templa caeli summa, T.: deus, cuius hoc templum est omne quod conspicis.—*A consecrated place, sacred enclosure, sanctuary:* (sacerdotes) urbem et agros templa liberata et effata habento: occupant tribuni templum, i. e. *the rostra*, L.: sub tutelā inviolati templi, i. e. *an asylum*, L.—*A place dedicated to a deity, fane, temple, shrine:* Herculis: Iunonis Sospitae: Minervae, V.: donec templa refeceris, H.: Templorum positor, O.: Coniugis antiqui, i. e. *sepulchre*, V.

temporālis, e, *adj.* [tempus], *of a time, but for a time, temporary, transitory:* laudes, Ta.

temporārius, *adj.* [tempus], *of a time, time-serving:* liberalitas, N.: ingenia, *changeable*, Cu.

tempore or **temperī** (**temporī**), *adv.* with *comp.* temperius (temporius) [*abl.* of tempus], *in time, betimes, seasonably, early:* ad cenam venit: ego renovabo commendationem, sed tempore, *in due time:* Tempore abest, *opportunely*, O.: apparebant tempore, Ph.: temperius fiat, *more punctually:* modo surgis eo Temperius caelo, O.

temptābundus (tent-), *adj.* [tempto], *trying, making attempts:* miles, L.

temptāmen (tent-), inis, *n.* [tempto], *a trial, essay, attempt, effort:* pretium temptaminis huius, O.: temptamina nostra repellere, i. e. *temptations*, O.

temptāmentum (tent-), ī, *n.* [tempto], *a*

trial, proof essay, attempt: mortalia Temptamenta, O.: fide (*gen.*), O.: tui, V.

temptātiō (tent-), ōnis, *f.* [tempto], *an attack:* valetudo confirmata a novis temptationibus.—*An attempt, trial, proof:* perseverantiae, L.: abolendi magistratūs, L.

temptātor (tent-), ōris, *m.* [tempto], *an assailant, attempter, tempter:* integrae Dianae (Orion), H.

temptō (tentō), āvī, ātus, āre, *intens.* [tendo], *to handle, touch, feel:* manibus pectora, O.: flumen vix pede: in tenebris caput, Ph.: invisos amictūs, V.: venam, *to feel the pulse*, O.—*To make trial of, try, attempt, attack, assail:* scalis et classe moenia, Cs.: quia Gallis ad temptanda ea (castra) defuit spes, L.: animi valentes morbo temptari possunt: auctumnus exercitum valetudine temptaverat, Cs.: morbo temptari acuto, H.: pedes, V.—*To try, experiment upon, prove, test, attempt, essay:* tempto te, quo animo accipias: regis prudentiam: pollice chordas, O.: iter per provinciam per vim, Cs.: negatā iter viā, H.: Thetim ratibus, V.: temptanda via est, V.: nullo modo animus incitari potest, qui modus a me non temptatus sit: rem frustra, Cs.: pacis spem, L.: crimina, H.: quid in eo genere possem: quae sit fortuna facillima, temptat, V.: si qua res esset cibo, *something to eat*, Ph.: temptarunt aequore tingui, O.: taurus irasci in cornua temptat, V.: litteras deferre, Cu.: ut ipse gereret sine rege rem p.: temptatum ab L. Sextio, ut rogationem ferret, etc., L.—*To try, urge, incite, tempt, sound, tamper with:* cum per Drusum saepe temptassem: utrum admonitus an temptatus an . . . pervenerit . . . nescio: cum ab proximis impetrare non possent, ulteriores temptant, Cs.: nequiquam temptati, ut desisterent, L.: animum precando, V.: fidem eius, an exercitum traditurus foret, Ta.—*To disquiet, worry, excite, disturb, agitate, distress:* nationes: in his rebus evertendis unius hominis senectus temptata est.

1. tempus, ŏris, *n.*, *a portion of time, time, period, season, interval:* tempus dici, *daytime*, T.: extremum diei: omni tempore anni: maturius paulo, quam tempus anni postulabat, Cs.: abiit illud tempus: tempus duorum mensum petere, L.: longo post tempore, *interval*, V.: tempus pacis an belli: matutina tempora, *morning hours.*—*A time, point of time, occasion, opportunity, leisure:* neque ut celari posset, tempus spatium ullum dabat, T.: nisi tempus et spatium datum sit: egeo tempore: eo tempore, quo, etc., L.: id temporis, *at that time:* alienum tempus est mihi tecum expostulandi: edendi, H.: datum ad consultandum, L.: certis temporibus: superioribus temporibus.—*Time, duration:* tempus est . . . pars quaedam aeternitatis, etc.: Tempore ruricolae patiens fit taurus aratri, i. e. *gradually*, O.—*The time, fit season, appointed time, right occasion, proper period, opportunity:* tempus habes tale, quale nemo habuit umquam: addubitavit, an consurgendi iam triariis tempus esset, L.: moriendi: tempore igitur ipso se ostenderunt, cum, etc., *at the nick of time:* tempus est, ad id quod instituimus accedere, *it is the right time:* nunc corpora curare tempus est, L.: Tempus abire tibist, H.: suo tempore, *at a fitting time.*—*A time, position, state, condition, times, circumstances:* in hoc tempore, *under present circumstances:* in tali tempore, L.: incidunt saepe tempora, cum ea, etc.: libri de temporibus meis: cedere tempori, *to yield to circumstances:* secundis Temporibus dubiisque, H.: haud sane temporum homo, Cu.—In the phrase, temporis causā, *with regard to circumstances, under momentary influence, out of courtesy, insincerely:* temporis causā nobis adsentiri: nec dico temporis causā.—*A time, need, emergency, extremity:* quid a me cuiusque tempus poscat: neque poëtae tempori meo defuerunt: summo rei p. tempore: pro tempore atque periculo exercitum conparare, S.: O saepe mecum tempus in ultimum Deducte, *to the last extremity*, H.: temporis gratiā, *to meet the emergency*, Cu.—In rhythm or metre, *time, measure, quantity:* qui (trochaeus) temporibus et intervallis est par iambo: Tempora certa modique, H.—Esp., in phrases with *praepp.*—Ad tempus, *at the right time, in time, punctually:* ad tempus redire: ad tempus venire, L.—*For some time, for the time being, for a while, for the moment:* quae (perturbatio animi) plerumque brevis est et ad tempus: dux ad tempus lectus, L.—Ante tempus, *before the right time, prematurely, too soon:* ante tempus mori: ante tempus domo digressus, S.—Ex tempore, *instantaneously, off hand, on the spur of the moment, extempore:* versūs fundere ex tempore.—*According to circumstances:* consilium ex tempore capere: haec melius ex re et ex tempore constitues.—In tempore, *at the right time, opportunely, in time:* in ipso tempore eccum ipsum, *in the nick of time*, T.—In tempus, *for a time, temporarily:* scena in tempus structa, Ta.—Pro tempore, *as the time permits, according to circumstances:* consilium pro tempore capere, Cs.: te marmoreum pro tempore fecimus, V.

2. tempus, oris, *n.* [1 tempus], *the vital spot, side of the head near the eye, temple:* it hasta Tago per tempus utrumque, V.: laevo mucronem tempore fixit, O.: posuit ad tempora canos, O.: gemina, V.

tēmulentus, *adj.* [2 TEM-], *drunk, drunken, intoxicated, tipsy:* alquis: vox: agmen, L.

tenācitās, ātis, *f.* [tenax], *a holding fast, tenacity:* unguium.—*A grasping at money, niggardliness, miserliness*, L.

tenāciter, *adv.* [tenax], *firmly, tightly, tenaciously:* pressisse angues, O.—Fig.: urgere, *persistently*, O.

tenāx, ācis, *adj.* with *comp.* and (late) *sup.* [2 TA-], *holding fast, griping, tenacious:* forceps, V.: dente tenaci Ancora fundabat navīs, V.: lappa, O. — *Holding fast, griping, sparing, niggardly, stingy, tenacious:* pater: genus Quaesiti tenax, O. —Of things, *holding fast, clinging:* in tenaci gramine, i. e. *matted*, H.: cerae, *sticky*, V.: passu stare tenaci, O.: pondere tenacior (navis), L.: luctandum est cum tenacissimo sabulo, Cu. — Fig., *holding fast, retentive, firm, steadfast, persistent, tenacious:* fides, O.: propositi, H.: iustitiae, Iu.: ficti pravique (Fama), V.—*Stubborn, obstinate:* equus contra sua vincla tenax, O.: equum tenacem, non parentem, etc., L.: Caesaris ira, O.

tendicula, ae, *f. dim.* [2 TA-], *a little snare, noose.*—Fig.: litterarum tendiculae.

tendō (old also **tennō**), tetendī, tentus, or (late) tēnsus, ere [2 TA-], *to stretch, make tense, stretch out, spread out, distend, extend:* plagas: quia non rete accipitri tennitur, T.: retia cervis, O.: arcum, *keep bent*, H.: tendere doctior arcūs, O.: vela, *swell*, V.: cubilia, *spread*, H.: tenta ubera, *distended*, H.—Of tents, *to spread out, pitch, erect:* praetorium, Cs. — *To stretch out, present, offer, reach, extend:* manūs ad templa: bracchia caelo, O.: ad legatos supplices manūs, Cs.: vobis manūs: supinas manūs, L.: dexteram Italiae, *reaches:* civibus lucem ingeni sui, *to tender:* patri Iulum, *hold out*, V.—*To aim, direct, shoot, drive:* Quo tendant ferrum, V.: sagittas Arcu, H.: spicula cornu, V. —*To string, tune:* barbiton, H.—Fig., *to lay, contrive, devise:* insidiae tenduntur alicui, *are laid.*—*To press, strain:* ultra Legem tendere opus, i. e. *press to extravagance*, H.: Aestivam sermone benigno noctem, *protract*, H.—Of a way or course, *to direct, pursue, turn, wend:* iter ad naves, V.: unde et quo cursum, L.—*To direct oneself, hold a course, aim, strive, go, move, march, drive, tend, bend:* Venusiam: cursuque amens ad limina tendit, V.: ad castra, L.: unde venis? et Quo tendis? H.—*To extend, stretch, reach:* (via), quae sub moenia tendit, V.—*To set up tents, be under tents, be encamped, encamp:* sub vallo, Cs.: legio latis tendebat in arvis, V.: in angusto, L.: laxius, Cu.—Fig., *to aim, strive, be directed, be inclined, tend:* ad reliqua alacri animo: ad altiora, L.: ad eloquium, O.: cum alii alio tenderent, L.: Non dices, quorsum haec tendant, *tend*, H.—*To be persistent, make exertion, exert oneself, strive, endeavor, contend, struggle:* miles tendere inde ad iurgium, *persists*, T.: vasto certamine tendunt, V.: videt Catilinam magnā vi tendere, S.: patres, adversus quos tenderet, L.: senatu minus in praeturā tendente, *making less opposition in the case of the praetorship*, L.: quid tendit? cum efficere non possit, ut, etc., *what does he strive for?:* nihil illi tendere contra, V.: manibus tendit divellere nodos, V.: Ire foras tendebat frustra, H.: captae civitati leges imponere, L.: aqua tendit rumpere plumbum, H.

tenebrae, ārum, *f., darkness, gloom:* obscurato sole tenebrae factae: tenebras et solitudinem nacti: tenebris, odore foeda facies, S.: neve velit (Sol) tenebras inducere rebus, O.: tenebris nigrescunt omnia, V.: tenebras et cladem lucis ademptae Obicit, i. e. *blindness*, O. — *The darkness of night, night:* redire luce, non tenebris: primis tenebris movit, L.: tenebris, *during the night*, O.: tenebris obortis, N.—*A gloomy place, prison, dungeon, lurking-place:* clausi in tenebris, S.: postremo tenebrae, vincla. —*Lurking-places, haunts:* emersus ex diuturnis tenebris lustrorum: Quanti nunc tenebras unum conducis in annum, i. e. *a dark lodging*, Iu.—*The shades, infernal regions:* Infernae, V.: quid tenebras timetis? O.—Fig., *darkness, gloom, obscurity:* clarissimis rebus tenebras obducere: tenebras dispulit calumniae, Ph.: quaeso, quid hoc est? mihi enim tenebrae sunt: rei p.: si quid tenebrarum offudit exsilium.

tenebricōsus, *adj.* with *sup.* [tenebricus], *full of darkness, utterly obscure, shrouded in gloom, dark, gloomy:* sensūs, *darkened:* libidines: tenebricosissimum tempus.

tenebricus, *adj.* [tenebrae], *dark, gloomy:* Tartarea tenebrica plaga, C. poët.

tenebrōsus, *adj.* [tenebrae], *dark, gloomy:* Aër, V.: Tartara, O.: specus tenebroso caecus hiatu, O.

tenellulus, *adj. dim.* [tener], *very tender, delicate:* haedus, Ct.

teneō, tenuī, —, ēre [2 TA-], *to hold, keep, have, grasp, hold fast:* flabellulum, T.: facem, V.: telum, L.: cruentum gladium: manu Fragmina, O.: Dextra tenet ferrum, O.: ore cibum, Ph.: Hanc teneo sinu, O.; cf. cum res non coniecturā, sed oculis ac manibus teneretur, i. e. *was palpable.* —Fig., *to hold in mind, take in, understand, conceive, comprehend, know:* rem tenes, *you understand the situation*, T.: teneo, *I understand*, T.: quae a Romanis auguribus ignorantur, a Cilicibus tenentur: quo pacto cuncta tenerem, H.—Implying possession or control, *to hold, possess, be master of, control, occupy:* multa hereditatibus tenebantur sine iniuriā: quae tenuit dives Achaemenes, H.: loca, L.: colles praesidiis, Cs.: terras, H.: alterum cornu, *command*, N.: provincias aliaque omnia, S.: rem p. opes paucorum tenere coeperunt, *to control public affairs:* ut res p. vi tribuniciā teneretur, *should be mastered;* cf. qui tenent (sc. rem p.), qui potiuntur, i. e. *who are in supreme power:* me Galatea tenebat, i. e. *held my affections*, V.: teneone te? i. e. *are you restored to me?* T.—Implying persistence, *to hold fast, keep, occupy, watch, guard, defend, maintain, retain:* legio locum non tenuit, Cs.: Capitolia celsa, V.: in manicis te sub custode, H.: Athenae tuae sempiternam in arce oleam tenere potuerunt.—Of a way or course, *to hold, keep, maintain, follow up:* secundissimo vento cursum, *to hold one's course:* vento intermisso cursum, Cs.: Quove tenetis iter? V.: tenuit tamen vestigia Bucar, L.: Aeneam ... ab Siciliā classe ad Laurentem agrum tenuisse (sc. cursum), *sailed,* L.: medio tutissimus ibis ... Inter utrumque tene, O.; cf. hic ventus adversum tenet Athenis proficiscentibus, *blows the wrong way,* N.—Fig., *to hold fast, guard, preserve, uphold, keep, insist on:* consuetudinem meam: non tenebat ornatum suum civitas: ius suum: haec duo in amicitiā, etc.: imperium in suos: silentium, L. —*To hold fast, maintain, support, defend, uphold, insist:* illud arcte tenent, voluptatem esse summum bonum: propositum, *maintain,* Cs.: suas leges: quo causae teste tenentur, H.: plebs tenuit, ne consules in proximum annum crearentur, L.: tenuere patres, ut Fabius consul crearetur, L.—Of the memory, *to hold, keep:* tui memoriam cum summā benevolentiā, *preserve a recollection of:* memoriā tenetis, res esse, etc., *you remember:* numeros memini, si verba tenerem, *recollect,* V.: dicta tenere, H.—Of disposition or desire, *to possess, occupy, control:* quae te tanta pravitas mentis tenuerit, ut, etc., *has had possession of you:* magna me spes tenet: nisi forte quem perniciosa libido tenet, S.: neque irā neque gratiā teneri, *to be controlled:* pompā, ludis, *to be fascinated:* ab oratore iam obsessus est ac tenetur.—*To hold position, maintain oneself, stay, be posted:* quā abscisae rupes erant, statio paucorum armatorum tenebat, L.: tenent Danai, quā deficit ignis, V.—*To hold out, hold on, last, endure, continue, maintain itself, prevail:* imber per noctem totam tenuit, L.: tenet fama, lupam, etc, L.: fama tenuit, haud plus fuisse modio, L.—Implying attainment, *to reach, arrive at, attain, occupy:* montes Sabini petebant et pauci tenuere, L.: portum, L.: Hesperiam, O.—Fig., *to reach, gain, acquire, obtain, attain:* per cursum rectum regnum tenere: virtute regnum, L.: teneri res aliter non potest: causam, O.—Implying restraint, *to hold fast, hold back, hinder, restrain, detain, check, control, stay:* naves, quae vento tenebantur, Cs.: classem ibi tenebat, L.: si id te non tenet, advola: Marcellum ab gerundis rebus: ne diutius teneam: tene linguam, O.: pecus omne tenendum, V.: manum, H.: quo me decet usque teneri? V.: lacrimas in morte miserā: exercitum in stativis, L.—With *pron. reflex., to keep back, remain, stay:* castris sese, Cs.: castris se pavidus tenebat, L.: a conventu se remotum domi, N.: me ab accusando, *refrain.*—Fig., *to hold, hold back, repress, restrain, bind, fetter:* iracundiam: risum: iram, Cu.: ea, quae occurrunt, *keep to themselves:* Sed te, ne faceres, tenuit reverentia famae, O.—Implying constraint, *to bind, hold, obligate, be binding on, control:* quamquam leges eum non tenent: interdicto non teneri: ut plebi scita omnes Quirites tenerent, L.: teneri alienis foederibus, L.: poenā teneri, *to be liable:* testibus in re perspicuā teneri, *to be convicted.*—Implying comprehension, *to take in, comprise, comprehend, include:* haec magnos formula reges tenet. H.: ut homines deorum agnatione et gente teneantur: id quod (genus officiorum) teneatur hominum societate.

tener, era, erum, *adj.* with *comp.* tenerior and *sup.* tenerrimus [2 TA-], *soft, delicate, tender, yielding:* palma: harundinum radices, Cs.: cana legam tenerā lanugine mala, V.: caules, H.: rami, O.: res tenerae, i. e. *the plants,* V.: prata tenerrima, O.: Aër, *thin,* V.: gallina, *tender,* H.: Dianam tenerae dicite virgines, H.—*Of tender age, young, youthful:* tener et rudis: equis vetulis teneros anteponere solemus: grex, Ph.: a teneris, ut Graeci dicunt, unguiculis, i. e. *from childhood:* De tenero ungui, H.—As *subst.:* parcendum est teneris, i. e. *boys,* Iu.: in teneris, *in early youth,* V.—*Effeminate:* saltatores: vestis teneris Maecenatibus apta, Iu.—Fig., *soft, delicate, tender, mobile, yielding:* nihil est tam tenerum quam voluntas erga nos civium: tenerior animus: tenerae Mentes, H.: pudor, O.: oratio: versūs, H.: animus (pueri), i. e. *weak.*

tenerē, *adv.* [tener]: dicere, Ta.

teneritās, ātis, *f.* [tener], *softness, tenderness.*

tēnesmos, ī, *m.*, = τεινεσμός, *a straining, tenesmus,* N

tenor, ōris, *m.* [2 TA-], *a holding on, continuance, uninterrupted course, career:* hasta servat tenorem, *keeps its direction,* V.: (aulaea) placido educta tenore Tota patent, *by a steady motion,* O. —Fig., *a course, tenor, career, movement:* rerum, L.: pugnae, L.: vitae, O.: plebem eodem tenore colo, *persistently,* L.: eodem tenore duo consulatūs gessi, *following the same policy,* L.: Non ... dies alium tenuisse tenorem Crediderim, V.—In the phrase, uno tenore, *in one course, uninterruptedly, uniformly, steadily, progressively:* isque (stilus medius) uno tenore, ut aiunt, fluit in dicendo: brevis res est, si uno tenore peragitur, L.

tēnsa, ae, *f.*—In the Circensian games, *a car which bore the images of the gods, chariot for the gods:* via tensarum: tensas ducere, L.

tēnsus, *P.* of tendo.

tentā-, see tempta-.

tentīgō, inis, *f.* [2 TA-], *a tension, violent passion, furious desire,* H., Iu.

tentō, see tempto.

tentōrium, ī, *n.* [2 TA-], *a tent:* in tentoria abducti, L.: niveis tentoria velis Adgnoscit, V.: tentoria regis, O.

tentus, *P.* of tendo.

tenuiculus, *adj. dim.* [tenuis], *slight, trifling, poor:* apparatus.

tenuis, e, *adj.* with *comp.* tenuior and *sup.* tenuissimus [2 TA-], *drawn out, meagre, slim, thin, lank, slender:* Pinna, H.: acus, *fine*, O.: avena, V.: animae (defunctorum), O.—Of texture, *thin, fine, close:* vestes, O.: togae, H.: toga filo tenuissima, O.: natura oculos membranis tenuissimis saepsit.—Of substance, *thin, rare, fine, slight:* caelum: athereus locus tenuissimus est: agmen (militum), L.—*Little, slight, trifling, inconsiderable, insignificant, poor, mean:* oppidum: aqua, *shallow*, L.: tenuem fontibus adfer aquam, i. e. *a little water*, O.: sulcus, V.: Insignis tenui fronte Lycoris, *low*, H.: semita, *narrow*, V.: cibus, Ph.: opes: census, H.: praeda, Cs.: tenuissimum lumen: ventus, *a breeze*, V.—Of persons, *poor:* servus sit an liber, pecuniosus an tenuis.—*Plur. m.* as *subst.:* tenuīs praemio, stultos errore permovit: fortunae constitui tenuiorum videbantur: cuiusque censum tenuissimi auxerant.—F i g., *fine, nice, delicate, subtle, exact:* distinctio: cura, O.: rationes non ad tenue elimatae.—*Weak, trifling, insignificant, mean, poor, slight:* tenuissima valetudo, *delicate*, Cs.: sermo: in tenuissimis rebus labi: artificium: spes tenuior: curae, V.—*Low in rank, mean, inferior, common:* tenuiores, *the lower orders:* tenuis L. Virginius unusque de multis: tenuissimus quisque: adulescentes tenui loco orti, L.

tenuitās, ātis, *f.* [tenuis], *thinness, slenderness, fineness, smallness, tenuity:* tanta ut fugiat aciem: tenuitas ipsa, *slimness:* crurum, Ph.—*Smallness, insignificance, poverty, indigence, scarcity:* hominis: earum rerum, quas terra procreet.—F i g., of language, *simplicity, plainness:* rerum et verborum.

tenuiter, *adv.* with *comp.* and *sup.* [tenuis], *thinly:* alutae confectae, Cs.—*Indifferently, poorly: Da.* Quid rei gerit? *Ge.* sic, tenuiter, T.—F i g., *simply, plainly, directly:* disserere: illae (argumentationes) tenuius tractantur.—*Lightly, triflingly, inadequately:* Siculorum erga te voluntatis argumenta conligere: tenuissime aestimare, *at the lowest possible valuation.*

tenuō, āvī, ātus, āre [tenuis], *to make thin, make slender, wear away, dilute, rarefy, attenuate:* adsiduo vomer tenuatur ab usu, O.: Ipsā autem macie tenuant armenta volentes, *make lean*, V.: tenuatum corpus, H.: se in undas, *dissolve*, O.: vocis via est tenuata, *contracted*, O.: Luna tenuata, i. e. *waning*, O.—F i g., *to make small, lessen, diminish, reduce, weaken, enfeeble:* Utque meae famam tenuent oblivia culpae, O.: virīs amoris, O.: Magna modis tenuare parvis, *to degrade*, H.

tenus, —, *n.* [2 TA-], *a stretched cord, noose* (old).—Hence, *acc. absol.*, with *gen.*, *to the end, as far as, all the way to, unto, to:* lumborum tenus, *as far as the loins:* laterum tenus, V.: per aquam ferme genūs tenus altam, L.: urbium Corcyrae tenus, L.—As *praep.*, with *abl.*, *all the way to, as far as, unto:* Tauro tenus regnare: erat pectoribus tenus, L.: Pube tenus, V.: collo tenus, O.: mediā tenus alvo, O.: lateri capulo tenus abdidit ensem, V.: poti faece tenus cadi, H.—F i g., *to the extent of, as far as, to:* dando (spectaculum) Modo volneribus tenus, i. e. *without fighting to the death*, L.: nomine tenus, Ta.: doctrinā ore tenus exercitus, i. e. *only for talking*, Ta.—In the phrase, verbo tenus, *in words, as far as language is concerned:* veteres verbo tenus acute . . . de re p. disserebant, i. e. *theoretically:* in quos iecit magis hoc consul verbo tenus, quam ut re insimularet, L.

tepefaciō, fēcī, factus, ere [tepeo+facio], *to make lukewarm, make tepid, warm, tepefy:* solum: ferrum acutum, H.: hasta haesit tepefacta cerebro, V.: tepefacta cruore terra, V.

tepeō, —, —, ēre [TEP-], *to be moderately warm, be lukewarm, be tepid:* ubi plus tepeant hiemes, H.: tepentes aurae, V.: Sole tepente, O.—F i g., *to be warm, glow with love, be enamoured:* quo (Lycidā) mox virgines tepebunt, H.: Nescio quem sensi corde tepente deum, O.—*To be lukewarm, be without ardor, be indifferent:* Seu tepet sive amat, O.

tepēscō, —, ere, *inch.* [tepeo], *to become warm, grow lukewarm, be warmed:* maria agitata ventis ita tepescunt, ut, etc.: sole, O.: fixo ferrum in pulmone tepescit, V.

tepidus, *adj.* [TEP-], *moderately warm, lukewarm, tepid:* lac, O.: ius, H.: sol, H.: cruor, V.: rogi, O.—F i g., *lukewarm, cool, faint, languid:* mens, O.: faces, O.

tepor, ōris, *m.* [tepeo], *a gentle warmth, lukewarmness, tepidity, tepor:* adventicius: solis, L.: verno tepori similis, Cu.

ter, *adv. num.* [cf. Gr. τρίς, tres], *three times, thrice:* in anno: is de se ter sortibus consultum dicebat, Cs.: ter aevo functus senex, H.—With numerals: ter quattuor corpora, Enn. ap. C.: Terni ter cyathi, H.: ter centum regnabitur annos, V.: ter denas vaccas Accipit, O.—*Thrice, repeatedly, again and again:* Ter sese attollens, V.: Ter si resurgat murus aëneus, ter pereat meis Excisus Argivis, H.—In phrases with *bis* or *quater*, of indefinite repetition, *two or three times, thrice or four times, often:* bis terque: Terque quaterque, V.—With *adjj.*, *thrice, very, exceedingly:* Felices ter et amplius, quos, etc., H.: o terque quaterque beati! V.: qui ter amplum Geryonen Compescit, *trebly vast*, H.

ter centum, *num.*, *three hundred*, see ter.

ter-deciēns (-iēs), *adv. num.*, *thirteen times:* respirare, Iu.: HS terdeciens.

terebinthus, ī, *f.*, = τερέβινθος, *the terebinth, turpentine-tree*, V.

terebrō, —, ātus, āre [terebra], *to bore, bore through, perforate:* cavas uteri latebras, V.: terebrato per rara foramina buxo, O.

terēdō, inis, *f.*, = τερηδών, *a boring worm, wood-fretter, moth*, O.

teres, etis, *adj.* [1 TER-], *rounded off, rounded, well-turned, round, smooth:* stipites, Cs.: oliva, V.: fusus, O.: hastile, L.: mucro, V.: cervix, *rounded*, V.: puer, *a graceful figure*, H.: plagae, *tightly twisted*, H.: zona, *neat*, O.: gemma, *becoming*, V.—F i g., *finished, complete, smooth, polished:* (sapiens) in se ipso totus teres atque rotundus, H.: Atticorum aures: oratio, *polished.*

ter-geminus, *adj.*, *of triple birth, threefold, triple:* vir . . . canis, i. e. *Geryon and Cerberus*, O.: Hecate (as identified with Luna and Diana), V.: honores, *the threefold honors* (i. e. of the three highest magistracies), H.

tergeō, sī, sus, ēre [STRAG-], *to rub off, wipe off, wipe dry, wipe clean, cleanse:* qui tractant ista, qui tergent: clipeos et spicula, *polish*, V.: arma, L.: ut tersis niteant talaria plantis, O.: gallinā palatum, *to tickle the palate*, H.

tergiversātiō, ōnis, *f.* [tergiversor], *a declining, refusing, subterfuge, tergiversation.*

tergiversor, —, ārī, *dep.* [tergum + verto], *to turn the back, decline, refuse, make difficulties, boggle, shuffle, evade, shift, tergiversate:* quid tergiversaris?: hunc tergiversantem iudicio persequi: non incallide: locus ad tergiversandum: (consulem) tergiversari res cogebat, L.

(**tergō**, ere), see tergeo.

tergum, ī, *n.* [TRAG-], *the back:* manibus ad tergum reiectis: tergo poenas pendere, T.: tergo ac capite puniri, L.: recurvum (of the dolphin), O.—*The back part, reverse, hinder part, rear:* Praebere Phoebo terga, *to sun itself*, O.: Terga Parthorum dicam, *the flight*, O.: terga vincentium, Ta.: libri in tergo necdum finitus Orestes, *written on the back*, Iu.—In phrase, a tergo or post tergum, *behind, in the rear:* a tergo, fronte, lateribus tenebitur: ut a tergo Milonem adorirentur, *behind:* tumultum hostilem a tergo accepit, S.: post tergum hostium legionem ostenderunt, Cs.: qui iam post terga reliquit Sexaginta annos, *has passed*, Iu.: tot amnibus montibusque post tergum obiectis, Cu.—With *verto* or *do*, *to turn the back, turn back, take flight, run away, flee, retreat:* omnes hostes terga verterunt, Cs.: qui plures simul terga dederant, etc., L.: terga fugae praebere, O.: terga praestare (fugae), Ta.—*The back, surface:* proscisso quae suscitat aequore terga, V.: amnis, O.—Of an animal, *the body:* (serpens) Squamea convolvens sublato pectore terga, V.: horrentia centum Terga suum, i. e. *head of swine*, V.: perpetuo tergo bovis, V.—*The covering of the back, skin, hide, leather:* Taurino quantum possent circumdare tergo, *ox-hide*, V.: venti bovis inclusi tergo, i. e. *in a bag of bull's hide*, O.: Et feriunt molles taurea terga manūs, i. e. *tymbals*, O.: rupit Terga novena boum, i. e. *the nine thicknesses of bull's hide*, O.: per linea terga (scuti), V.

tergus, oris, *n.* [TRAG-], *the back, body, trunk:* resecat de tergore (suis) partem, *of a chine of bacon*, O.: diviso tergore (iuvenci), Ph.—*A skin, hide, leather:* Tergora deripiunt costis, V.: Gestasset laevā taurorum tergora septem, *seven layers of hide* (as a shield), O.

termes, itis, *m.* [1 TER-], *a bough cut off, branch:* olivae, H.

Terminālia, ium, *n.*, *the festival of Terminus* (god of boundaries, held Feb. 23), C., L., H., O.

terminātiō, ōnis, *f.* [termino], *a bounding, fixing of limits, establishing lines:* Scipionis, L.—F i g., *a fixing, determining, decision:* (verborum) ordo alias aliā terminatione concluditur, *arrangement:* poëtica et versus inventus est terminatione aurium, i. e. *the limits required by the ear.*

terminō, āvī, ātus, āre [terminus], *to set bounds, mark off by boundaries, bound, limit:* praetores terminare iussi, quā, etc., i. e. *to bound their jurisdiction*, L.: finīs imperi caeli regionibus: fana, L.: stomachus palato extremo atque intimo terminatur, *ends in:* imperium Oceano, famam astris, V.—F i g., *to limit, set limits, circumscribe, bound:* isdem finibus gloriam, quibus vitam: ea (lingua) vocem terminat: campos oculis, i. e. *reach the limits of*, L.—*To limit, define, determine:* bona voluptate, mala dolore.—*To set bounds, close, finish, end, terminate:* clausulas longā syllabā: ut pariter extrema terminentur.

terminus, ī, *m.* [1 TER-], *a boundary-line, boundary, bound, limit:* de terminis contentio: templi, L.: possessionum.—P e r s o n., *Terminus, the deity presiding over boundaries*, L., H., O.—F i g., *a bound, limit, end, term:* in amicitiā fines, et quasi termini diligendi: nullis terminis circumscribere aut definire ius suum: terminos pangere: gloriae, Cu.—*An end, term:* vitae: senectutis.

ternī, ae, a, *adj. num. distr.* [ter], *three each:* Terni ter cyathi, H.: ut in iugera singula ternis medimnis decidere liceret: cum singulas (navīs) binae ac ternae naves circumsteterant, Cs.—*Three, triple* (poet. for tres): terni vagantur Ductores, V.: dare milia terna macello, H.: saecula, Tb.

ternus, *adj.* [ter], *threefold, triple:* terno consurgunt ordine remi, V

terō, trīvī (trīstī for trīvistī, Ct.), trītus, ere [1 TER-], *to rub, rub away, wear away, bruise, grind, bray triturate:* lacrimulam oculos terendo exprimere, T.: unguibus herbas, O.: calamo labellum, i. e. *to blow upon the flute*, V.: calcem calce, *tread upon*, V.—Of grain, *to rub off, tread out, thresh:* Milia frumenti tua triverit area centum, H.: teret area culmos, V.: Ut patriā careo, bis frugibus area trita est, i. e. *during two harvests*, O.—*To rub smooth, burnish, polish, sharpen:* mordaci pumice crura, O.: radios rotis, *smoothed, turned*, V.: catillum manibus, H.—*To lessen by rubbing, rub away, wear away by use, wear out:* silices, O.: ferrum, *to dull*, O.: trita vestis, H.—Of a place, *to wear, tread often, visit, frequent:* iter, V.: Appiam mannis, H.: viam, O.—Fig., of time, *to wear away, use up, pass, spend, waste, kill:* in convivio tempus, L.: teretur interea tempus: teritur bellis civilibus aetas, H.: Omne aevum ferro, V.: otium conviviis comissationibusque inter se, L.—*To exert greatly, exhaust, wear out:* in opere longinquo sese, L.: in armis plebem, L.—Of words, *to wear by use, render common, make trite:* verbum sermone: quae (nomina) consuetudo diurna trivit.

terra, ae, *f.* [TERS-], *the earth:* locata in mediā sede mundi: umbra terrae.—Person., as a goddess, *Terra, Earth*, C., O.—*The land:* res invectae ex terrā: aditum habere ab terrā, Cs.: ipse terrā eodem pergit, L.: nationibus terrā marique imperare, *by land and sea:* mari terrāque bella commissa: et mari et terrā, N.: mari atque terrā, S.—*The ground, earth:* terrae motūs, *earthquakes:* quae gignuntur e terrā: mei sub terras ibit imago, i. e. *to the underworld*, V.—*Soil, earth, ground:* terrae filius, *son of earth:* aquam terramque ab Lacedaemoniis petere, *water and earth* (in token of subjection), L.: Sicco terram spuit ore viator, V.—*A land, country, region, territory:* mea, O.: in hac terrā: Gallia, Cs.: eae terrae: qui terras incolant eas, etc.: (Cimbri) alias terras petierunt, Cs.: Terrarum curam accipere, *of the nations*, V.: Ostendent terris hunc tantum fata, i. e. *to men*, V.—In the phrase, in terris, *in all lands, on earth, in the world:* pecunia quanta est in terris, *in the world:*ruberes, Viveret in terris te si quis avarior, H.—In the phrase, orbis terrarum, or orbis terrae, *the world, whole world, all nations:* totum orbem terrarum nostro imperio teneri: senatus, id est, orbis terrae consilium.—*Plur. gen.*, with *adv.* of *place:* Quoquo hinc asportabitur terrarum, *to whatever part of the world*, T.: ubi terrarum esses, *where in the world.*

terrēnus, *adj.* [terra], *of the globe, on the earth, earthly, terrestrial, terrene:* corpora: umores: bestiarum terrenae sunt aliae, *land-animals.*—*Earthly, sublunary, mortal:* eques Bellerophon, H.: numina, O.—*Consisting of earth, earthy, earthen:* tumulus, Cs.: agger, V.: campus, L.: fornax, O.—As *subst. n., land, ground*, L.

terreō, uī, itus, ēre [2 TER-], *to frighten, affright, put in fear, cause to dread, alarm, terrify, scare, dismay:* vi: ultro succlamationibus, L.: nec me ista terrent: suae malae cogitationes terrent: multum ad terrendos nostros valuit clamor, Cs.: metu, L.: Territus hoste novo, O.: maxime territi, ne opprimerentur, *apprehensive*, L.: Terruit gentīs, ne rediret Saeculum Pyrrhae, H.: territus animi, L.—*To drive away by terror, frighten off, scare away:* profugam per totum orbem, O.: volucres (harundo), H.: Terret ambustus Phaethon avaras Spes, H.—*To deter by terror, scare, frighten:* ut, quo minus libere hostes insequerentur, terreret, Cs.: memoria exempli terrebat, ne rem committerent eo, L.

terrestris, e, *adj.* [terra], *of the earth, on land, earth-, land-, terrestrial:* animantium genus: res: praesidium: exercitus, *land-forces*, N.: proelia, *battles by land*, N.: amoenitas, L.

terreus, *adj.* [terra], *of earth, earthen:* progenies, V.

terribilis, e, *adj.* with *comp.* [2 TER-], *frightful, dreadful, terrible:* aspectu: urbi, L.: irā, V.: voltus, O.: incultu, tenebris (carceris) facies, S.—With *supin. abl.:* Terribiles visu formae, V.: cuius (viri) virtute terribilior erat populus R. exteris gentibus: cum alia aliis terribiliora adferentur, L.

terriculum, ī, *n.* [2 TER-], *a source of terror, fright, scarecrow, bugbear*, L.

terrificō, —, —, āre [terrificus], *to make afraid, frighten, alarm, scare:* animos, V.

terrificus, *adj.* [terreo+2 FAC-], *causing terror, frightful, terrible:* Caesaries, O.: vates, V.

terrigena, ae, *adj.* [terra+GEN-], *born of the earth, sprung from earth, earth-born:* coclea, Poët. ap. C.: fratres (i. e. of men sprung up from the sown dragon's teeth), O.

territō, —, —, āre, *freq.* [terreo], *to put in terror, frighten, affright, alarm, terrify:* horum supplicio dubitantes territant, Cs.: urbīs, V.: (adulescentem) minis, L.: ita me miseram territas, T.

territōrium, ī, *n.* [terra], *the land of a town, domain, territory:* coloniae.

territus, *P.* of terreo.

terror, ōris, *m.* [2 TER-], *great fear, affright, dread, alarm, terror, panic:* iniecto terrore mortis: homines terrore repellere: hostibus terrorem inferre, Cs.: reddit inlatum antea terrorem, L.: qui modo terrori fuerant, L.: tantus repente terror invasit, ut, etc., Cs.: sic terrore oblato a ducibus, Cs.: tantumque terrorem incussere patribus, ut, etc., L.: si tantus habet mentīs et pectora terror, V.: ingentem Galli terrorem memoriā pristinae cladis attulerant, L.: arcanus, *secret dread*, Ta.: totius anni fructus uno belli terrore amittitur, *apprehension of war:* externus, i. e. *dread of* *foreign enemies*, L.: servilis, *dread of the slaves*, L.—*An object of fear, cause of alarm, terror, dread:* duobus huius urbis terroribus depulsis: caelestes maritimique terrores, *frightful occurrences*, L.: ingens hostium (i. e. chariots armed with scythes), Cu.—*Frightful reports, terrible news:* non mediocres terrores iacit: miros terrores ad me attulit, *bugbears:* Romam tanti terrores erant adlati, ut, etc., L.—Of eloquence, *tremendous power:* (Periclis) vis dicendi terrorque.

tersus, *adj.* [*P.* of tergeo], *wiped off, clean, neat:* plantae, O.

tertiādecumānī, ōrum, *m.* [tertius decumus], *soldiers of the thirteenth legion*, Ta.

tertiānus, *adj.* [tertius], *of the third, tertian:* febres, i. e. *the tertian fever.*—*Plur. m.* as *subst.*, *soldiers of the third legion*, Ta.

tertiō, *adv.* [tertius], *for the third time:* Non hercle veniam tertio, T.: pecuniam dare: consules creati, L.—*In the third place, thirdly:* haec spectans . . . simul, ut . . . tertio, ut, etc., Cs.

tertium, *adv.* [tertius], *for the third time:* etiam iterum ac tertium: creatis tribunis, L.

tertius, *adj. num. ord.* [ter], *the third:* trīs video sententias ferri: unam . . . alteram . . . tertiam ut, etc.: Pompei consulatus: tertio illo anno: Saturnalibus tertiis, i. e. *on the third day of the Saturnalia:* ab Iove tertius Aiax, i. e. *great-grandson of Jupiter*, O.: per tertia numina iuro, i. e. *by the infernal gods*, O.: regna, *the infernal regions*, O.: Tertius e nobis, i. e. *one of us three*, O.

tertius decumus, *num. ord. adj.*, *the thirteenth:* locus: legio, Ta.

terūncius, ī, *m.* [ter + ūncia], *of three twelfths of an as, a quarter as;* hence, *a trifle:* nullus teruncius, *not a farthing.*—Of an inheritance, in the phrase, ex teruncio (heres), *heir to one fourth of the estate:* fecit (heredem) me ex teruncio.

tesqua (**tesca**), ōrum, *n.*, *rough places, wild regions, wastes, steppes:* deserta, H.

tessella, ae, *f. dim.* [tessera], *a small cube, die*, Iu.

tessera, ae, *f.*, = τέσσαρα, *a die, cube* (marked on six sides): ludere tesseris, T.: tesseras iacere: in tesserarum prospero iactu, L.: mittere, O.—*A square tablet bearing a watchword, watchword, parole, countersign:* tessera per castra a Livio consule data erat, ut, etc., L.: omnibus tesseram dare iubet, L.—*A token, ticket, billet:* frumenti, i. e. *a ticket for a share in the distribution of corn*, Iu.

tesserārius, ī, *m.* [tessera], *an officer in charge of the watchword*, Ta.

tesserula, ae, *f. dim.* [tessera], *a square paving-stone*, Lucil. ap. C.

tēsta, ae, *f.* [TERS-], *a piece of burned clay, brick, tile:* testae tectorum meorum.—*A piece of baked earthen-ware, earthen vessel, pot, pitcher, jug, urn:* testā ardente, *a lamp*, V.: (vinum) testā Conditum levi, H.: mihi fundat avitum Condita testa merum, O.—*A broken piece of earthen-ware, brick, sherd, potsherd:* Testa parem fecit, O.: unde cerebrum testa ferit, Iu.—Among the Greeks, *a sherd used in voting, potsherd as a ballot:* testarum suffragiis, quod illi ὀστρακισμόν vocant, N.—*Plur.*, *castanets, bits of bone struck together by dancers:* Testarum crepitūs cum verbis, Iu.—*A shell, hard covering:* nativae: lubrica, i. e. *a covering of ice*, O.—*A shell-fish:* non omne mare est generosae fertile testae, H.

testāmentārius, *adj.* [testamentum], *relating to wills, testamentary:* (lex) Cornelia.—As *subst. m.*, *a maker of wills, forger of a testament*, Cs.

testāmentum, ī, *n.* [testor], *a last will, testament, will:* defensio testamentorum: testamentorum ruptorum iura: inritum: id testamento cavebit is? etc.: testamento esse in triente: cum ei testamento HS miliens relinquatur: testamenta resignare, H.: testamento adoptare eum, N.

testātiō, ōnis, *f.* [testor], *a calling to witness, invoking as witness:* foederum ruptorum, L.

testātus, *adj.* with *comp.* [*P.* of testor], *public, manifest, evident, indisputable, published:* ut res quam maxime testata esse posset: haec testata sunt et inlustria: nihil religione testatum: res multorum oculis testatior.

testiculus, ī, *m. dim.* [2 testis], *a testicle*, Iu.

testificātiō, ōnis, *f.* [testificor], *a bearing witness, giving testimony, testifying, attestation:* eius rei: testificationes animadvertebant.—*An attestation, proof, evidence:* summa testificatio tuorum in se officiorum.

testificor, ātus, ārī, *dep.* [testis + 2 FAC-], *to make a witness, call to witness:* deos hominesque testificor, me tibi praedixisse, etc.: Stygiae numen aquae, O.—*To bear witness, give evidence, attest, testify:* ut statim testificati discederent: testificor, denuntio, ante praedico, nihil M. Antonium, etc.: testificaris, quid dixerim.—*To show, demonstrate, exhibit, make certain, publish, bring to light:* sententiam meam: antiquas opes, O.: Natalem tuum, O.—*P. pass.:* abs te testificata tua voluntas, *make known:* scaenā testificatā loquar, O.

testimōnium, ī, *n.* [testis], *witness, evidence, attestation, testimony:* testimonii dictio, T.: quorum egregiam fuisse virtutem testimonio Ciceronis, cognoverat, Cs.: testimonia in Roscium dicturus: testimonium impertire: testimonia testium vestrorum: Ovis damnata falso testimonio, Ph.—*Proof, evidence:* dare iudici sui testimonium: laboris sui periculique adferre, Cs.: quod testimonio sit, pendere ius, sed, etc.: testimonii loco librum tradidit, N.

1. testis, is, *m.* and *f.*, *one who attests, a witness:* vosque, dii, testes facio, L.: deūm, quos testes foederum invocabant consules, L.: si negem . . . quo me teste convincas?: in hanc rem te testem citabo: his testibus in summā pecuniae uti, Cs.: testis faciet ilico, Vendidisse me, T.: testibus militibus uti, quanto studio pacem petisset, Cs.: teste deā, O.: Musa mea, O.: Quid debeas, Testis Metaurum flumen, etc., H.: testis mecum est anulus, T.—*An eye-witness, spectator:* facies bona teste caret, O.: ac lunā teste moventur, Iu.

2. testis, is, *m.*, *a testicle*, H., Ph.

testor, ātus, ārī [1 testis], *to cause to testify, call as a witness, invoke, appeal to:* Confiteor; testere licet (sc. me), i. e. *you may cite me as avowing it*, O.: vos testor, me defendere, etc.: omnīs homines deosque: Lucretia testata civīs, se ipsa interemit: consulibus deos hominesque testantibus, L.: Iovem et aras, V.: id testor deos, T.: hoc vos, iudices, testor.—*To make known, show, prove, demonstrate, declare, aver, assert, bear witness to:* ego quod facio, me pacis causā facere, clamo atque testor: nunc illa testabor, non me sortilegos . . . agnoscere: testatus, quae praestitisset civibus eorum, etc., L.: Adsiduoque suos gemitu testata dolores, O.: Campus sepulcris proelia Testatur, H.: saepe enim hoc testandum est: nihil religione testatum, nihil . . . reperientur.—*To publish a testament, make a will, provide by will:* de quā (pecuniā) is testatus non est: cum immemor in testundo nepotis decessisset, L.

(testū, ūs), *n.* [testa], *an earthen vessel, earthen pot.*—Only *abl.:* Ara fit; huc ignem curto fert rustica testu, O.: Et spumant testu pressus uterque suo, O.

testūdineus, *adj.* [testudo], *of a tortoise, made of tortoise-shell:* conopeum, Iu.: lyra, *inlaid with tortoise-shell*, Pr.

testūdō, inis, *f.* [testa], *a tortoise:* fluviatiles testudines: collecta in suum tegumen, L.—*Tortoise-shell:* varios pulchrā testudine postīs, i. e. *overlaid with tortoise-shell*, V.—Because shells were used as frames for stringed instruments, *a stringed instrument of music, lyre, lute, cithern:* cavā solans aegrum testudine amorem, V.: resonare septem Callida nervis, H.—In building, *an arched room, inner chamber, arch, vault:* commentari in quādam testudine: mediā testudine templi, V.—In war, *a tortoise, covering, shed, shelter:* turrīs testudinesque agere, i. e. *wooden sheds protecting the besiegers*, Cs.: testudine factā, i. e. *with shields interlaced*, L.: actā testudine, V.—*A head-dress resembling a lyre:* Cyllenea, O.

testula, ae, *f. dim.* [testa], *a small potsherd, voting-tablet* (cf. testa), N.

tē tē, see tu. **(tēter)**, see taet-.

Tēthys, yos, *f.*, = Τηθύς, *an ocean-goddess*, V., O.—*The sea*, O.

tetrāchmum, ī, *n.*, = τετράχμον, *a Grecian silver coin of four drachmas, four-drachma piece:* Atticorum, L.: tetrachmūm Atticūm (*genit.*), L.

tetrarchēs, ae, *m.*, = τετράρχης, *a ruler of the fourth part of the land, tetrarch, petty prince, regent*, C., Cs., S., H.

tetrarchia, ae, *f.*, = τετραρχία, *a district governed by a tetrarch, tetrarchy.*

(tētrē), see taetre.

tetricus, *adj.* [cf. taeter], *forbidding, gloomy, crabbed, harsh, severe:* puella, O.: Sabinae, O.: disciplina Sabinorum, L.

tetulī, see fero.

Teucrus, *adj.*, *of Teucer* (king of Troy), *Trojan:* carinae, O.—*Plur. m.* as *subst.*, *the Trojans*, V., O.

texō, xuī, xtus, ere [TEC-], *to weave:* Texens telam, T.: tegumenta corporum vel texta vel suta.—*To join, fit together, plait, braid, interweave, construct, make, fabricate, build:* rubeā texatur fiscina virgā, V.: saepes, V.: crates, H.: varios flores, O.: in medio foro basilicam: harundine textis (hibernaculis), L.: Labyrinthus . . . Parietibus textum caecis iter, V.—Fig., *to weave, compose:* quamquam tela texitur ea in civitate, ut, etc.: amor patriae Quod tua texuerunt scripta retexit opus, i. e. *undoes what your writings had accomplished*, O.: opus luculente.

textilis, e, *adj.* [TEC-], *woven, wrought, textile:* stragulum: dona, V.: pestis (of a poisoned garment).—As *subst. n.* (sc. opus), *a web, stuff, fabric, piece of cloth, canvas:* nego ullam picturam in textili (fuisse), quin, etc.: spolia regiorum textilium, L.

textor, ōris, *m.* [texto], *a weaver*, H., Iu.

textrīnum, ī, *n.* [prop. *adj.* from textor], *a weaver's shop, place for weaving cloths:* textrinum instituere, *weaving.*

textum, ī, *n.* [*P.* of texo], *that which is woven, a web:* pretiosa texta, O.: Inlita texta veneno, O.—*A plait, texture, fabric, structure:* Dat iam saltūs intra cava texta carinae Fluctus, O.: clipei non enarrabile textum, V.

textura, ae, *f.* [texo], *a web, texture:* Minervae, Pr.

textus, *P.* of texo.

thalamus, ī, *m.*, = θάλαμος, *an inner room, chamber, apartment:* Pars secreta domūs . . . Trīs habuit thalamos, O.: Ferrei Eumenidum thalami, i. e. *abode*, V.: ubi iam thalamis se conposuere, *in their cells* (of bees), V.—*A sleeping-room, bedchamber:* natae, V.: thalami limina, O.—*A bridal-bed,*

Pr. — *Marriage, wedlock:* thalami expers vitam Degere, V.: thalamos ne desere pactos, i. e. *your promised bride*, V.: quid thalamos alieni concipis orbis? i. e. *in a distant land*, O.

Thalīa (-lēa), ae, *f.*, *the Muse of Comedy*, V., O. —Hence, arguta, *the Muse*, H.—*A sea-nymph*, V.

theātrālis, e, *adj.* [theatrum], *of the theatre, theatrical:* consessūs.

theātrum, ī, *n.*, = θέατρον, *a play-house, theatre:* theatrum cum commune sit: In vacuo sessor theatro, H.: Philippus in acie tutior quam in theatro fuit, Cu.: exeamus e theatro, i. e. *cease to speak of actors.* — Among the Greeks, *a council-room, audience-room:* cum in theatro imperiti homines consederant: super theatrum consistunt, L.: veniebat in theatrum, cum ibi concilium populi haberetur, N. — *An open space for martial games, parade ground:* mediā in valle theatri Circus erat, V.—*The spectators in a theatre, an audience:* frequentissimum: qui (modi) totis theatris maestitiam inferant: spissis theatris Scripta recitare, *to crowded audiences*, H.—Fig., *a place of exhibition, theatre, stage:* nullum theatrum virtuti conscientiā maius est.

thēca, ae, *f.*, = θήκη, *an envelope, hull, cover, case, sheath:* efferri sine thecis vasa: nummaria.

Themis, idis, *acc.* min, *f.*, *the goddess of justice and of prophecy*, O., Ct.

thēnsaurus, see thesaurus.

theologus, ī, *m.*, = θεολόγος, *one who writes of the gods.*

Theōnīnus, *adj.*, *of Theon* (a writer of satires): dens, H.

thermae, ārum, *f.* (sc. aquae), *warm springs, warm baths:* Thermarum calices, i. e. *drinking-bouts at the public baths*, Iu.

Thersītēs, ae, *m.*, = Θερσίτης, *a Greek who served before Troy, despised for scurrility*, O., Iu. —Poet., *a contemptible person*, Iu.

thēsaurus or **thēnsaurus**, ī, *m.*, = θησαυρός, *something laid up, a hoard, treasure, provision, store:* petit, unde is sit thensaurus sibi, T.: thesaurum defodere . . . invenire: non exercitus neque thensauri praesidia regni sunt, verum amici, S.—*A place for safe-keeping, store-house, treasure-chamber, treasure-vault, treasury:* publicus, L.: Si servata mella Thesauris relines, i. e. *the cells of bees*, V. — Fig., *a repository, conservatory, magazine, collection:* thesaurus rerum omnium, memoria: thesauri argumentorum.

Thespias, adis, *adj. f.*, *Thespian:* Musae, O. —*Plur.* as *subst.*, *statues of the Muses.*

Thetis, idis, *acc.* tim, *f.*, = Θέτις, *a sea-nymph, mother of Achilles*, V., H., O. — Poet., *the sea:* temptare Thetin ratibus, V.

thiasus (thy-), ī, *m.*, = θίασος, *a dance in honor of Bacchus, Bacchic dance*, V.—*A dancing band, chorus:* Satyrorum, Ct.

tholus, ī, *m.*, = θόλος, *a dome, cupola, rotunda:* (dona) Suspendi tholo, i. e. *in the temple*, V.: in pluvio vindicat imbre tholus, O.

thōrāx, ācis, *m.*, = θώραξ, *the breast, chest, thorax;* hence, *a defence of the breast, breast-plate, corselet, cuirass:* linteus, L.: thoraca cum pectore rumpit, V.: thoracem indutus, Cu.

Thraecidica (Thrēc-), ōrum, *n.* (sc. arma), *the Thracian arms of a gladiator.*

Thrāx, ācis, or **Thraex**, aecis, *m. adj.*, = Θρᾶξ, *Thracian*, L., V., H., O.—*A gladiator in Thracian armor*, C., H.

thunnus (thynnus), ī, *m.*, = θύννος, *the tunny, tunny-fish*, H., O.

(**thūribulum**), see turibulum.

(**thūs**, thūris), see tus.

Thyias (disyl.; not Thyas), adis, *f.*, *a Bacchante*, V., H., O., Ct.

thyius, *adj.* [θυία, the arbor vitae], *of the arbor vitae:* thalamus, Pr.

thymbra, ae, *f.*, = θύμβρα, *savory* (a kitchen-herb), V.

thymum, ī, *n.*, = θύμον, *thyme* (an herb): Hyblae, V., H., O.

thynnus, ī, see thunnus.

thyrsus, ī, *m.*, = θύρσος.—Of a plant, *a stalk, stem.*—Esp., *a staff twined with ivy and vine, Bacchic staff, thyrsus:* Liber gravi metuende thyrso, H., O.—*A thorn, goad:* Sic ubi mota calent viridi mea pectora thyrso, O.

tiāra, ae, *f.*, or **tiārās**, ae, *m.*, = τιάρα or τιάρας, *an Oriental head-dress, turban, tiara:* Tempora velare tiaris, O.: Phrygia, Iu.: sacer, V.

tibi or **tibī**, *dat.* of tu. **tibimet**, see tu.

tībia, ae, *f.*, *a large shin-bone, tibia, shin, leg:* sinistram fregit tibiam, Ph.—(Because the first flutes were of bone), *a pipe, flute:* ut cantu tibiarum vicinitas personet: tibiae inflatae: septenarios fundat ad tibiam: curva, V.: Tibia non tubae Aemula, sed tenuis simplexque, H.: scienter tibiis cantasse, N.

tībīcen, inis, *m.* [tibia + 1 CAN-], *a piper, flute-player, flutist:* si tibiae non referant sonum, abiciendas sibi tibicen putet: Nunc tibicinibus est gavisa, H.: tibicines abierunt, L.—*Sing. collect.:* crebro tibicine.—In a building, *a pillar, support, prop:* verrebat stantem tibicine villam, i. e. *propped-up homestead*, O., Ct.: urbs tenui tibicine fulta, Iu.

tībīcina, ae, *f.* [tibicen], *a female flute-player*, T., H., O., Iu.

tībīcinium, ī, *n.* [tibicen], *a playing upon the pipe, piping, fluting:* tibicini scientia.

Tīburnus, *adj.*, *of Tibur, Tiburtine*, Pr.—E s p., *the builder of Tibur*, H.

Tībūrs, urtis, *adj.*, *of Tibur, Tiburtine*, L., H.—As *subst. n.:* in Tiburti, *in the Tiburtine territory.*

tigillum, ī, *n. dim.* [tignum], *a small bar of wood, little beam:* transmissae per viam tigillo, L.: Parvum, Ph., Iu.

tīgnārius, *adj.* [tignum], *of beams:* faber, *a carpenter.*

tīgnum, ī, *n.* [TEC-], *building-materials, a piece of timber, trunk of a tree, log, stick, post, beam:* duo tigna transversa iniecerunt, Cs.: Torquet ingens machina tignum, H.: summo quae pendet aranea tigno, O.

tigris, idis (V., O.), *acc.* tigrim (V.), *abl.* tigrī (V.) or tigride (O., Iu.), *plur.* tigrēs (V., H., O., Cu.), *acc.* tigrīs (V.) or tigridas (O.), *dat.* and *abl.* tigribus (H., O.), = τίγρις, *m.* or (poet.) *f.*, *a tiger, tigress*, V., H., O. al.—As a name, *a spotted tiger-hound of Actaeon*, O.—*The Tiger* (a ship), V.

tilia, ae, *f.*, *the linden-tree, lime-tree*, V., O.

timefactus, *adj.* [timeo+facio], *made afraid, frightened, alarmed, intimidated:* libertas.

timendus [*P.* of timeo], *to be feared, terrible, fierce:* reges, H.: diva, O.: dente aper, O.

timēns, ntis, *adj.* [*P.* of timeo], *fearful, afraid:* pariter comitique onerique, *afraid for*, V.—As *subst. m.* and *f.:* hortatur timentem, *the shrinking girl*, O.: timentes confirmat, Cs.

timeō, uī, —, ēre [2 TEM-], *to fear, be afraid, be fearful, be apprehensive, be afraid of, dread, apprehend:* timentibus ceteris propter ignorationem locorum: timentes confirmat, Cs.: cottidie aliquid fit lenius quam timebamus: de re p. valde: a quo quidem genere ego numquam timui: pro eo, Cu.: timuere dei pro vindice terrae, O.: tibi timui, *for you*, T.: sibi, Cs.: nihil magis quam perfidiam timemus: quos aliquamdiu inermes timuissent, Cs.: nomen absentis, Cs.: numinis iram, O.: Peius leto flagitium, H.: furem Caulibus, *a thief for his cabbages*, Iu.: de suo ac legionis periculo nihil, Cs.: quod pro quoque timendum, aut a quoque petendum sit: timeo quidnam eloqui possim: misera timeo, 'incertum' hoc quorsum accidat, T.: haec quo sint eruptura: tantae magnitudinis flumini exercitum obicere, etc., Cs.: inventis uti, H.: latebras intrare, O.: ni cedenti instaturum alterum timuissent, L.: neque timerent, ne circumvenirentur, Cs.: timuit, ne non succederet, H.: timeo, ut sustineas, *I am afraid you cannot stand it:* ut satis commode supportari posset (res frumentaria), timere dicebant, Cs.—*To show fear, express terror* (poet.): timuit exterrita pennis Ales, *expressed its fear*, i. e. *fluttered*, V.

timidē, *adv.* with *comp.* [timidus], *fearfully, timidly:* de se cogitare: de felicitate dicere: non timide pugnari, *bravely*, Cs.: res omnīs ministrat, *hesitatingly*, H.: timidius dicere: timidius agere, Cs.

timiditās, ātis, *f.* [timidus], *fearfulness, cowardice, timidity, apprehension:* ex rebus timiditas, non ex vocabulis nascitur: quantae timiditates.

timidus, *adj.* with *comp.* and *sup.* [2 TEM-], *fearful, afraid, faint-hearted, cowardly, timid:* refugere timido metu: nimium me timidum fuisse confiteor: non timidus ad mortem: spes, O.: tergum, H.: timido cursu Fugit, O.: mater timidi flere non solet, i. e. *cautious*, N.: timidiora mandata videbantur, quam, etc.: timidissime Phineu, O.: timidissima turba, columbae, O.: pro patriā non timidus mori, H.: timidus procellae, H.: deorum, O.—*Plur. m.* as *subst.:* timidos atque supplices odisse, *cowards.*

timor, ōris, *m.* [2 TEM-], *fear, dread, apprehension, timidity, alarm, anxiety:* definiunt timorem metum mali appropinquantis: animus timore Obstipuit, T.: magno timore sum: res quae mihi facit timorem: timor incutitur ex ipsorum periculis: timor exercitum occupavit, Cs.: timore sublato, Cs.: timorem deponite: se ex maximo timore conligere, Cs.: ea (aestus), quae sequitur, magno est in timore, i. e. *occasions great apprehension:* timor patribus incessit, ne, etc., L.: Non ullum pro me tantum cepisse timorem, Quam ne, etc., V.: Unde mare et terras ipsi mihi saepe videre Fit timor, *comes to me*, O.: haud dubius timor incessit animos, consilia tua emanasse, L.: subest ille timor ne dignitatem quidem posse retineri: cum maior a Romanis metus timorem a principibus suis vicisset, L.: spes oti . . . seditionis timor: mortis, O.: cui, quia privato sunt oppositi timores, dantur imperia: Mentem . . . Redegit in veros timores Caesar, H.—*Religious awe, reverence, superstition:* inanis religio timorque: Quone malo mentem concussa? timore deorum, H.—*An object of fear, terror, dread:* Stygii Numina torrentis, timor et deus ille deorum, O.: Magnus latronibus, H.—P e r s o n., *Fear:* Timor, H.: ater, V.: consternati Timores, O.

tīncta, ōrum, *n.* [*P.* of tingo], *dyed cloths, colored stuffs:* tincta absint.

tīnctilis, e, *adj.* [TING-], *used for infecting:* virus, O.

tīnctus, *P.* of tingo.

tinea or **tinia**, ae, *f.* [1 TEM-], *a gnawing worm, moth, bookworm:* vestis, tinearum epulae, H.: dirum, tiniae, genus (in bee-hives), V.: Agrestes tineae, *silkworms*, O.

tingō (**-guō**), tinxī, tīnctus, ere [TING-], *to wet, moisten, bathe, dip, imbue:* tunica sanguine centauri tincta: mero pavimentum, H.: Arctos Oceani metuentis aequore tingi, V.: in undis pedum vestigia, O.: flumine corpora, i. e. *bathe*, O.: in alto Phoebus anhelos Aequore tinget equos, i. e. *will set*, O.: te meis poculis, i. e. *entertain*, H.—*To soak in color, dye, color, imbue, tinge:* nihil nisi conchylio tinctum: murice lanas, O.: Murice tinctae lanae, H.: sanguine cultros, O.: securīs Cervice, H.—Fig., *to imbue, tincture, furnish:* orator tinctus litteris: Laelia patris elegantiā tincta.

tinniō (**tīniō**), —, —, īre [2 TA-], *to clink, jingle:* exspecto maxime, ecquid Dolabella tinniat, i. e. *pay down.*

tinnītus, ūs, *m.* [tinnio], *a ringing, jingling, tingling:* Tinnitūsque cie et quate cymbala, V.: sonuit tinnitibus ensis acutis, O.—Of language, *a jingle of words:* Gallionis, Ta.

tinnulus, *adj.* [2 TA-], *ringing, tinkling, shrill-sounding:* sistra, O.: vox, Ct.

tintinnābulum, ī, *n.* [tintinno], *a bell, signal-bell, call-bell:* (mulus) collo iactat tintinnabulum, Ph.: tintinnabula dicas pulsari, Iu.

tintinō, —, —, āre, *to ring, jingle, tingle:* sonitu suopte Tintinant aures, Ct.

tīnus, ī, *f.*, *the snowball* (a plant), O.

tīrō, ōnis, *m.*—In the army, *a newly levied soldier, young soldier, recruit:* legio tironum, Cs.: cum essem tiro in eius exercitu: tirones milites (opp. veterani): exercitu a Manlio accepto tirone, L.: Multaque tironi non patienda feret (opp. vetus miles), O.—*A beginner, tiro:* nullā in re: homo non aetate sed usu forensi tiro, *inexperienced:* qui ante hanc pugnam tiro esset.—*A youth assuming the toga, young man beginning life*, O.

tīrōcinium, ī, *n.* [tiro].—In the army, *a soldier's first service, military inexperience:* senatus cum simul et tirocinio et perturbatione iuvenis moveretur, L.—*Young troops, raw forces, recruits:* contemptum tirocinium, L.—*A beginning, rudimentary effort, pupilage:* in L. Paulo accusando tirocinium ponere, L.

tīrunculus, ī, *m. dim.* [tiro], *a young beginner, little tiro:* noster, Iu.

Tīrynthius, *adj.*, *of Tiryns* (in Argolis, the early home of Hercules).—Hence, *of Hercules, Herculean:* heros, i. e. *Hercules*, O.: tela, *of Hercules*, O.—As *subst. m.*, *Hercules*, V., O.—As *subst. f.*, *Alcmena, the mother of Hercules*, O.

Tīsiphonē, ēs, *f.*, = Τισιφόνη (avenger of murder), *one of the Furies*, V., H., O., Iu.

Titiēnsis (**Tati-**), is, *adj.* [Tities, old name of the Sabines], *of the Tities, of the Sabines.*—*Plur. m.* as *subst.*, *one of the three equestrian centuries of Rome*, C., L., O.

tītillātiō, ōnis, *f.* [titillo], *a tickling, titillation:* voluptatum.

tītillō, —, —, āre, *to tickle, titillate:* sensūs: multitudinis levitatem voluptate: ne vos titillet gloria, H.

titubanter, *adv.* [titubo], *totteringly, hesitatingly, falteringly.*

titubātiō, ōnis, *f.* [titubo], *a tottering, wavering, embarrassment.*

titubō, āvī, ātus, āre, *to stagger, totter, reel:* annisque meroque, O.: domum est reversus titubanti pede, Ph.: vestigia titubata, *tottering*, V.——In speech, *to stammer, stutter, hesitate:* mente ac linguā titubante: (versus) debilitatur, in quācumque est parte titubatum, i. e. *uttered falteringly.*—Fig., *to hesitate, falter, waver, be in suspense, be embarrassed:* cave ne titubes mandataque frangas, H.: omnibus titubantibus et de rebus summis desperantibus, N.: si quid forte titubatum est, ut fit in bello.

titulus, ī, *m.* [cf. τίω, τιμή], *a superscription, inscription, label, title, ticket, bill, placard, notice:* aram dedicavit cum rerum gestarum titulo, L.: dant munera templis; Addunt et titulum, titulus breve carmen habebat, O.: signa cum titulo lamnae aëneae inscripto, L.: sepulcri, *epitaph*, Iu.: Sub titulum nostros misit lares, i. e. *at public sale*, O.—*An honorable appellation, title of honor, glory, name, title:* consulatūs: quos si titulus hic (sapientis) delectat: Qui stupit in titulis et imaginibus, H.: titulos annosque tuos numerare, O.—*Repute, renown, fame:* prioris belli, L.: titulo Spartanae victoriae inflatus, Cu.—*An alleged cause, pretence, pretext:* non vos pro Graeciae libertate tantum dimicare; quamquam is quoque egregius titulus esset, etc., L.: honestiorem causam libertatis quam servitutis praetexi titulo, i. e. *was a more respectable pretext*, L.: titulus facinori speciosus praeferebatur, Cu.

Tītyrus, ī, *m.*, *a shepherd*, V.: Tityrus et fruges legentur, i. e. *Vergil's Eclogues and Georgics*, O.

Tmōlītes, is, *adj. m.*, *of Tmolus:* vicanus.

tocullīō (**-cūliō**), ōnis, *m.* [τόκος, usury], *a usurer:* te in tocullionibus habere.

tōfus (**-phus**), ī, *m.*, *tufa, tuff, porous stone:* scaber, V., O.

toga, ae, *f.* [TEG-], *a toga, gown, outer garment, citizen's cloak* (a flowing robe in a single piece of white woollen stuff): pacis est insigne et oti toga: praetexta, *the bordered toga of magistrates and free-born children:* pura, *the plain toga* (assumed on coming of age): virilis, *the toga of manhood:* libera, *of a freeman*, O.: picta, *worn in a triumph*, L.: purpurea, i. e. *royal*, L.: candida, *of white fulled cloth* (worn by candidates for office), L.: pulla, *a dark-gray toga* (worn by mourners).—

Fig., *peace:* cedant arma togae. — *The Roman character, Rome:* togae Oblitus, H.—*A courtesan* (who might wear the toga but not the stola), Tb.

togāta, ae, *f.* [togatus; sc. fabula], *a drama the persons of which are Roman citizens, domestic drama* (opp. fabula palliata): cum ageretur togata: docere togatas, H.—*A courtesan* (sc. ancilla), see togatus.

togātus, *adj.* [toga], *wearing the toga, clad in the toga, gowned:* gens, V.: ut togatus mandata senatus audiret, L.—*In the garb of a Roman citizen, in Roman dress:* Graeculus iudex modo palliatus modo togatus, *now in Grecian, now in Roman garb:* Gallia togata, *Roman Gaul.*—As *subst. m.:* cum magnā catervā togatorum, i. e. *of freeborn citizens.*—*In the garb of peace, in civil life, unarmed:* cui uno togato supplicationem decreverit senatus.—As *subst.:* lictorum maior numerus quam togatourm, *civilians*, L.: multitudo togatorum, S.—*In the garb of a plain citizen:* quasi unus e togatorum numero, i. e. *one of the common herd:* sportula turbae rapienda togatae, i. e. *by the throng of clients*, Iu.: comites, Iu.: ancilla togata (because the toga was worn by loose women), H.

togula, ae, *f. dim.* [toga], *a little toga:* togulae lictoribus praesto fuerunt: picta.

tolerābilis, e, *adj.* with *comp.* [tolero], *that may be borne, supportable, endurable, passable, tolerable:* homo, i. e. *not uncommonly severe*, T.: feremus, etsi tolerabile non erat: rex: Minucius iam ante vix tolerabilis, L.: non tolerabile numen, V.: tolerabilior erat nostra dissensio: tolerabilius est sic dicere, etc.

(tolerābiliter), *adv.* with *comp.* [tolerabilis], *patiently:* dolores tolerabilius pati: tolerabilius ferre alqd.

tolerandus, *adj.* [*P.* of tolero], *tolerable, sufferable:* non tolerandae audaciae: condiciones, L.

tolerāns, ntis, *adj.* [*P.* of tolero], *enduring, tolerant:* corpus laborum, Ta.

toleranter, *adv.* [tolero], *patiently, enduringly, tolerantly:* illa ferre: dolorem pati.

tolerantia, ae, *f.* [tolero], *a bearing, supporting, endurance:* rerum humanarum: priorum, Ta.

tolerātiō, ōnis, *f.* [tolero], *a bearing, supporting, enduring:* dolorum.

tolerō, āvī, ātus, āre [TAL-], *to bear, endure, support, sustain, suffer:* militiam: difficile toleratu: mores, T.: aequo animo servitutem, S.: cursūs, O.: sitim aestumque, Ta.: quis tolerare potest, illis divitias superare? etc., S.: paulo longius tolerari posse. i. e. *they might hold out*, Cs.—*To support, nourish, maintain, sustain, preserve:* his rationibus equitatum tolerare, Cs.: vitam, Cs.: colo vitam, V.: inopiam, S.

tollēnō, ōnis, *m.* [tollo], *a swing-beam, derrick, lever:* supra murum eminens, L.

tollō, sustulī, sublātus, ere [TAL-], *to lift, take up, raise, elevate, exalt:* in caelum vos umeris nostris: optavit, ut in currum patris tolleretur: sublatus est: quos in crucem sustulit: in sublime testudinem, Ph.: in arduos Tollor Sabinos, H.: terrā, O.: ignis e speculā sublatus.—Of children (the father acknowledged a new-born child by taking it up), *to take up, accept, acknowledge, bring up, rear, educate:* puerum, Enn. ap. C.: puellam, T.: qui ex Fadiā sustulerit liberos, i. e. *was the father of.*—In navigation, with *ancoras, to lift the anchor, weigh anchor, set sail:* sublatis ancoris, Cs., L.—In the army, with *signa, to take up the march, break up camp, march:* signa sustulit seseque Hispalim recepit, Cs.—*To build, raise, erect:* tollam altius tectum.—*To take on board, take up, carry:* naves, quae equites sustulerant, *had on board*, Cs.: Tollite me, Teucri, V.: sublatus in lembum, L.: me raedā, H.: Talem te Bacchus... Sustulit in currūs, O.—Fig., *to raise, lift, lift up, elevate, set up, start:* ignis e speculā sublatus: Clamores ad sidera, V.: risum, H.: oculos, i. e. *look up.*—*To lift, cheer, encourage:* Sublati animi sunt, *your spirits are raised*, T.: sustulere illi animos, *have taken courage*, L.: amicum, *console*, H.—*To exalt, extol:* aliquid tollere altius dicendo: ad caelum te tollimus laudibus: Daphnim tuum ad astra, V.— *To assume, bear, endure:* alquid oneris: poenas.—*To take up, take away, remove, carry off, make way with:* frumentum de areā: nos ex hac hominum frequentiā: pecunias ex fano, Cs.: iubet sublata reponi Pocula, V.: tecum me tolle per undas, V.: Me quoque tolle simul, O.—*To take off, carry off, make away with, kill, destroy, ruin:* hominem de medio: Thrasone sublato e medio, L.: Titanas Fulmine (Iuppiter), H.: tollet anum vitiato melle cicuta, H.: Karthaginem funditus, *lay waste.*—*To do away with, remove, abolish, annul, abrogate, cancel:* rei memoriam: sublatā benevolentiā: ut id nomen ex omnibus libris tollatur: demonstro vitia; tollite! *away with them!:* sublato Areopago: deos, *to deny the existence of:* diem, *to consume in speechmaking:* querelas, H.

tomāculum, ī, *n.* [τομή, a cutting in pieces], *a sausage, liver-sausage*, Iu.

tomentum, i, *n.*, *a stuffing, filling* (for cushions), Ta.

tonāns, antis, *adj.* [tono], *thundering* (an epithet of Jupiter).—As *subst. m.*, *the thunderer, god of thunder*, O.

tondeō, totondī, tōnsus, ēre [1 TEM-], *to shear, clip, crop, shave:* tondere filias docuit: Candidior postquam tondenti barba cadebat, *the barber*, V.: oves, H.: lanam, H.: saltatrix tonsa, i. e. *with hair clipped short* (of Gabinius): eum tonderi coëgerunt,

L.—*To crop, lop, prune, trim:* Ille comam mollis iam tondebat hyacinthi, *was cropping*, V.: ilicem bipennibus, H.—*To mow, reap:* tonsas cessare novales patiere, *after harvest*, V.: tensam verrit humum, O.— *To crop, graze, browse upon, pluck, gather, cull:* dumeta (iuvenci), V.: rostro iecur (voltur), V.—*To fleece, plunder:* Tondens purpureā regna paterna comā, Pr.

tonitrus, ūs, *m.*, *plur. nom.* and *acc.* tonitrūs *m.* or tonitrua, *n.* [tono], *thunder:* tonitrum secuti nimbi, O.: caelum tonitru contremit, C. poët.: tonitruque tremescunt Ardua terrarum, V.: tonitrūs sinistri, O.: inter fulmina et tonitrua: tempestas cum magno fragore tonitribusque, L.: movere tonitrūs, O.

tonō, uī, —, āre [2 TA-], *to make a loud noise, roar, resound, thunder:* caelum tonat omne fragore, V.: Pericles fulgere tonare dictus est.—With *acc.*, *to thunder forth:* ore deos, *invoke thunderingly*, V.—*To thunder:* ingens Porta tonat caeli, V.: si fulserit, si tonuerit: tonans Iuppiter, H.: sub axe tonanti Sternitur aequor, V.

tōnsa, ae, *f.*, *an oar:* in lento luctantur murmure tonsae, V.: consurgere tonsis, V.

tōnsillae, see tosillae.

tōnsor, ōris, *m.* [tondeo], *a shearer, clipper, shaver, hair-cutter, barber:* tonsori collum committere: inaequalis, H.

tōnsōrius, *adj.* [tonsor], *of a barber, tonsorial:* culter, *razor.*

tōnstrīcula, ae, *f. dim.* [tonstrix, from tondeo], *a barber-girl.*

tōnsūra, ae, *f.* [tondeo], *a shearing, clipping, trimming:* capillorum, O.

tōnsus, *P.* of tondeo. (**tōphus**), see tofus.

topiārius, *adj.* [topia, ornamental gardening], *of garden work, of landscape art.* — As *subst. m.*, *an ornamental gardener, landscape gardener.*—As *subst. f.* (sc. ars), *ornamental gardening, landscape gardening.*

Topica, ōrum, *n.*, = Τοπικά, *a collection of common places, by Aristotle, imitated by Cicero.*

topicē, ēs, *f.*, = τοπική.—In rhet., *the art of finding and using commonplaces.*

toral, ālis, *n.* [torus], *a valance, couch-covering, sofa-cloth:* turpe, H.: inluta toralia, H.

toreuma, atis, *n.*, = τόρευμα, *work in relief, embossed work:* nullum: toreumata pretiosa, S.

tormentum, ī, *n.* [TARC-], *an engine for hurling:* tormentis Mutinam verberavit: tormenta, arma, omnis apparatus belli, L.: telum tormento missum, Cs.—*A twisted cord, sling:* praesectis mulierum crinibus tormenta effecerunt, Cs.—*A missile, shot:* quod genus tegumenti nullo telo neque tormento transici posse, Cs.: tormenta e navibus procul excussa, Cu.—*An instrument of torture, rack:* verberibus ac tormentis quaestionem habere.—Fig., *torture, anguish, pain, torment:* iracundiae tormenta: Invidiā Siculi non invenere tyranni Maius tormentum, H.: animi tormenta latentis in aegro Corpore, Iu.: Tu lene tormentum ingenio admoves, *gentle compulsion*, H.

tormina, um, *n.* [TARC-], *a griping of the bowels, gripes, colic.*

torminōsus, *adj.* [tormina], *subject to gripes, suffering from colic.*

tornō, āvī, ātus, āre [tornus], *to turn in a lathe, round off:* sphaeram.—Poet.: male tornati versūs, *badly turned*, H.

tornus, ī, *m.*, = τόρνος, *a turner's wheel, lathe:* Nec tiliae leves torno Non formam accipiunt, V.—Fig.: angusto versūs includere torno, Pr.

torōsus, *adj.* [torus], *full of muscle, muscular, brawny, lusty:* Colla boum, O.

torpēdō, inis, *f.* [torpeo], *sluggishness, numbness*, S., Ta.—*The torpedo, cramp-fish, electric ray.*

torpeō, —, —, ēre [TORP-], *to be stiff, be numb, be inactive, be torpid:* torpentes gelu, *numb*, L.: torpent infractae ad proelia vires, V.: torpente palato, Iu.—Fig., *to be stupid, be stupefied, be dull, be inactive:* torpentibus metu qui aderant, L.: deum volumus cessatione torpere: Defixis oculis animoque et corpore torpet, H.: cum Pausiacā torpes tabellā, *are lost in admiration*, H.: frigere ac torpere senis consilia, *are feeble*, L.: si tua re subitā consilia torpent, i. e. *if you are surprised out of your self-possession*, L.: Tyrii desperatione torpebant, Cu.

torpēscō, puī, —, ere, *inch.* [torpeo], *to grow stiff, be benumbed, become useless, grow torpid:* Torpuerat gelido lingua retenta metu, O.: in amentiā, L.: ingenium socordiā torpescere sinunt, S.

torpidus, *adj.* [TORP-], *benumbed, stupefied, torpid:* somno, L.

torpor, ōris, *m.* [TORP-], *numbness, stupefaction, torpor, sluggishness:* se tutantur torpore torpedines: Illi membra solvit formidine torpor, V.: torpor occupat artūs, O.

torquātus, *adj.* [torques], *adorned with a necklace, collared:* Alecto brevibus colubrīs, *with snakes coiled about her neck*, O.

torqueō (old *inf.* torquērier, H., Pr.), torsī, tortus, ēre [TARC-], *to turn, turn about, turn away, twist, bend, wind:* cervices oculosque: ab obscenis sermonibus aurem, H.: ad sonitum vocis vestigia, V.: ferro capillos, i. e. *curl*, O.: stamina pollice, *spin*, O.: tenui praegnatem pollice fusum, Iu.: taxos in arcūs, *bend*, V.: tegumen torquens inmane leonis, *wrapping about him*, V.: cum terra circum axem se torqueat.—Poet.: torquet medios nox umida cursūs, i. e. *has half-finished*, V.—*To whirl around, whirl, wield, brandish, fling with force, hurl:* hastas lacertis: lapidem, H.: amnis torquet sonantia saxa, V.: in hunc hastam, O.: telum aurata ad tempora, V.: sibila, i. e. *hiss*, Pr.—*To twist awry, misplace, turn aside, distort:* quae (festinationes) cum fiant . . . ora torquentur: ora Tristia temptantum sensu (sapor) torquebit amaro, V.—*To wrench on the rack, put to the rack, rack, torture:* eculeo torqueri.—Fig., *to twist, wrest, distort, turn, bend, direct:* suam naturam huc et illuc: oratio ita flexibilis, ut sequatur, quocumque torqueas: verbo ac litterā ius omne.—*To rack, torment, torture:* te libidines torquent: mitto aurum coronarium, quod te diutissime torsit: equidem dies noctīsque torqueor: Torqueor, infesto ne vir ab hoste cadat, O.: Aeacus torquet umbras, *examines*, Iu.—*To ply, put to the test:* (reges) dicuntur torquere mero, quem perspexisse laborant, H.—Of speech, *to hurl, fling:* curvum sermone rotato enthymema, Iu.

torquis, is, *m.* and (poet.) *f.* [TARC-], *a twisted neck-chain, necklace, collar:* T. Manlius, qui Galli torque detracto (Torquati) cognomen invenit: torquis aureus, duo pondo, L.: adempta, O.—For oxen, *an ox-yoke, coupling-collar:* ipsis e torquibus aptos Iunge pares, V.—*A wreath, ring of flowers:* nexis ornatae torquibus arae, V.

torrēns, entis, *adj.* with *comp.* [*P.* of torreo], *burning, hot, inflamed:* (miles) meridiano sole, L.: flammae, V.—Of streams, *rushing, roaring, boiling, impetuous, rapid:* flumina, V.: aqua, V.—As *subst. m.*, *a torrent:* fertur quasi torrens oratio: quā tenui tum aquā interfluebat torrens, L.: rapidus, V.: tumidus, O.—Prov.: numquam direxit bracchia contra Torrentem, Iu.—Fig., *impetuous, rapid:* sermo Isaeo torrentior, Iu.

torreō, torruī, tostus, ēre [TERS-], *to dry up, parch, roast, bake, scorch, burn:* fruges flammis, V.: succensis ignibus torreri: Qui repertorem torruit arte suā, O.: torrentia agros Sidera, H.: tosti alti stant parietes, i. e. *consumed*, Enn. ap. C.: in veribus exta, *roast*, V.: artūs subiecto igni, O.: quem Torret febris, *parches*, Iu.—Of love: Lycorida Cyri torret amor, H.: pectora torret amor, O.

torridus, *adj.* [TERS-], *dry, dried up, parched, torrid, hot:* farra, O.: circa torridos fontes rivosque, i. e. *the dry beds*, T.: zona ab igni, V.: aër, Pr.: homo grandi macie torridus, *shrivelled:* aestas, V.—*Pinched, nipped:* iumenta frigore, L.

torris, is, *m.* [TERS-], *a brand, firebrand:* ambustus, V.: Funereus, O.

tortilis, e, *adj.* [TARC-], *twisted, twined, winding, coiled:* Aurum, i. e. *a golden chain*, V.: ansa, O.: piscis, O.

tortor, ōris, *m.* [TARC-], *an executioner, tormentor, torturer:* cum iam tortor, atque essent tormenta ipsa defessa: barbarus, H.: occultum quatiente animo tortore flagellum, Iu.

tortuōsus, *adj.* [2 tortus], *full of crooks, coiled, winding, tortuous:* alvus: amnis, L.—Fig., *entangled, involved, complicated, confused:* genus disputandi: visa quaedam tortuosa et obscura.

1. tortus, *adj.* [*P.* of torqueo], *twisted, twined:* quercus, i. e. *an oak-garland*, V.: via, Pr.

2. tortus, ūs, *m.* [TARC-], *a twisting, winding coil:* tortu multiplicabili Draco, C. poët.—Poet.: serpens longos dat corpore tortūs, V.

torus, ī, *m.* [STER-], *a swelling, protuberance, fleshy part, muscle, brawn:* o lacertorum tori!: Colla toris exstant, O.: leo Excutiens cervice toros, V.—In a wreath, *a raised ornament, prominence:* isque (stilus) addit aliquos, ut in coronā, toros.—*A stuffed bolster, cushion, couch, sofa, bed:* viridante toro consederat herbae, V.: praebuit herba torum, O.: Gramine vestitis accubuere toris, O.: torum sternere Frondibus, Iu.: ebeno sublimis in antro, O.: toro Mortua componar, *bier*, O.: membra toro defleta reponunt, V.: Eumenides stravere torum, *the bridal-bed*, O.: consors tori, *spouse*, O.: Riparumque toros . . . Incolimus, i. e. *take the river-banks for beds*, V.

torvitās, ātis, *f.* [torvus], *savageness, sternness:* voltūs, Ta.

torvus, *adj.*, *staring, keen, piercing, wild, stern, fierce, grim, savage* (esp. in look or expression): oculi, O.: astantes lumine torvo fratres, V.: voltus, H.: forma minantis, O.: optima torvae Forma bovis, V.: leaena, V.: Medusa, O.: Mars, H.—*Neut.* as *adv.*, *fiercely, sternly, grimly:* torvumque repente Clamat, V.: torva tuens, V.

tōsillae (tōns-), ārum, *f.*, *the tonsils.*

tostus, *P.* of tórreo.

tot, *adj. num. indecl.* [3 TA-], *so many, such a number of:* ab dis tot et tantas res optare, quot et quantas, etc.: quot homines, tot causae: si tot consulibus meruisset, quotiens ipse consul fuisset.—*So many, so very many, such a great number of:* reliquae tot et tantae et tam graves civitates: tot viri ac tales: ad haec tot tam necopinata incerti stupentesque, L.: Tot me inpediunt curae, T.: tot civitatum coniuratio, Cs.: tot caede procorum Admonitus non est, O.: quae cum viderem tot vestigiis inpressa, ut in his errari non posset.—As *subst. m.*, *so many men:* an timebant, ne tot unum . . . superare non possent?: Ex tot in Atridis pars quota laudis erat? O.

totidem, *adj. num. indecl.* [tot + -dem], *just so many, just as many, the same number of:* equitum milia erant sex, totidem numero pedites, Cs.:

Mille talenta rotundentur, totidem altera, H.: Si bene promittent, totidem promittite verbis, O.: ut quot iugera sint sata, totidem medimna decumae debeantur: totidem verbis, quot Stoici: cum totidem navibus atque erat profectus Athenas rediret, N.—As *subst. n.:* Dixerit insanum qui me, totidem audiet (sc. verba), i. e. *the same reproach*, H.

totiēns (totiēs), *adv. num.* [tot], *so often, so many times, as often, the same number of times:* tot praetores in Siciliā fuerunt; totiens Siculi senatum adierunt: Ter die claro totiensque gratā Nocte, H.: totiens, quotiens praescribitur, Paeanem citare: moverat eum subeunda dimicatio totiens, quot coniurati superessent, L.

tōtus, *gen.* tōtīus, *dat.* tōtī (*m.* tōtō, Cs., N., Cu., Pr.) [1 TV-], *all, all the, all at once, the whole, entire, total:* cui senatus totam rem p. commiserat: ut totā mente atque artubus omnibus contremiscam: totā nocte ierunt, *all that night*, Cs.: per totam urbem, S.: urbe totā: totā in Asiā: in toto orbe terrarum: in totā vitā: totos dies perpotabat, *entire days:* civitas provinciis totis dabatur: qui se totos tradiderunt voluptatibus: totis viribus adgressus urbem, L.—In place of an *adv.*, *altogether, wholly, entirely, full:* in amore est totus, *absorbed*, T.: Nescio quid meditans nugarum, totus in illis, *engrossed*, H.: totus et mente et animo in bellum insistit, *applied himself wholly*, Cs.: virtus in usu sui tota posita est: sum totus vester: falsum est id totum.—As *subst. n.*, *all, the whole*, opp. dividuom, T.: totum in eo est, ut, etc., *all depends on this.*—Ex toto, *wholly, completely, entirely, altogether, totally:* non ex toto domum suam aversari deos dixit, Cu.: Nec tamen ex toto deserere illa potes, O.—In toto, *upon the whole, in general, generally.*

toxicum, ī, *n.*, = τοξικόν, *a poison for arrows:* aspicis et mitti sub adunco toxica ferro, O.—*Poison, venom:* Velocius miscuisse toxicum, H.: non ad miscenda coimus Toxica, O.

trabālis, e, *adj.* [trabs], *of a beam, of beams:* Clavus, *a spike*, H.—P r o v.: alqd trabali clavo figere, i. e. *very fast.*—P o e t.: telum, i. e. *stout as a beam*, V.

trabea, ae, *f.* [trabs], *a white mantle with horizontal stripes of scarlet, robe of state:* trabeā decorus, O.: Succinctus trabeā, V.

trabeātus, *adj.* [trabea], *in a robe of state, arrayed in a trabea:* Quirinus, O.: equites, Ta.

trabs or (old) **trabēs**, trabis, *f.* [TARC-], *a beam, timber, rafter:* trabes in muro conlocare, Cs.: longa, O.—*A tree:* Silva frequens trabibus, O.: securi Saucia trabs ingens, O.: Lucus trabibus obscurus acernis, V.—*A ship, vessel:* abiegna trabes, Enn. ap. C.: Iam mare turbari trabibus . . . videbis, V.: trabe Cypriā secare mare, H.—*A roof-tree, roof, house:* sub trabe citreā, H.: sub isdem trabibus, H.

tractābilis, e, *adj.* with *comp.* [tracto], *that may be handled, workable, tangible, manageable, tractable:* mare nondum tractabile nanti, O.: non tractabile caelum, i. e. *inclement*, V.—F i g., *pliant, yielding, manageable, tractable:* virtus in amicitiā tenera et tractabilis: animus nec adhuc tractabilis arte, O.: ingenium, Cu.: nihil est enim eo (filio) tractabilius.

tractātiō, ōnis, *f.* [tracto], *a handling, wielding, management, treatment:* armorum: rerum magnarum: dicendi: philosophiae.—I n r h e t., of a subject, *the treatment, handling, discussion.*—Of a word, *a special use, usage.*

(tractātus, ūs), *m.* [tracto], *a handling, management, treatment.*—Only *abl. sing.:* artium.

tractim, *adv.* [tractus], *at length:* susurrant, *in a continuous murmur*, V.

tractō, āvī, ātus, āre, *freq.* [traho], *to draw violently, drag, tug, haul, pull:* tractata comis antistita Phoebi, O.—*To touch, take in hand, handle:* ea, quae tractemus, audiamus: aret Pellis et ad tactum tractandi dura resistit, V.: puer unctis Tractavit calicem manibus, H.: vites tractari tuerique.—*To wield, manage, control:* Ceram pollice, O.: gubernacula: tela, L.: speciosius arma, H.: pecuniam publicam: Tractat inauratae consona fila lyrae, *plays upon*, O.—F i g., *to handle, manage, conduct, lead, carry on, practise, transact:* res turbidas, Enn. ap. C.: condiciones, Cs.: bellum, L.: artem, T.: personam in scenā, *act:* partīs secundas (mimus), H.: quo in munere ita se tractavit, ut, etc., *conducted himself:* persona, quae minime in iudiciis periculisque tractata est, i. e. *is by no means accustomed to.*—*To treat, conduct oneself towards:* haec arte tractabat virum, Ut, etc., T.: non tractabo ut consulem: liberaliter eos: pater parum pie tractatus a filio: benignius ipsum Te, H.—*To handle, treat, investigate, discuss:* oratori omnia disputata, tractata esse debent: tractata res: definitiones fortitudinis: tractatae inter Eumenem et Persea condiciones amicitiae, L.: memori tractandum pectore, *to be meditated*, Iu.—*To negotiate, treat:* de condicionibus, N.

1. tractus, *adj.* [*P.* of traho].—Of style, *continuous, flowing, fluent:* genus orationis.

2. tractus, ūs, *m.* [TRAG-], *a drawing, dragging, hauling, pulling, drawing out, trailing:* tractu Ferre rotam, V.: longo Vellera mollibat tractu, O.: Syrtes ab tractu nominatae (i. e. from Gr. σύρω), S.: Squameus in spiram tractu se conligit anguis, V.—*A train, track, course:* Flammarum, V.: (Phaëthon) longo per aëra tractu Fertur, *in a long train* (of fire), O.: (Cydnus) leni tractu e fontibus labens puro solo excipitur, Cu.: ut arborum tractu equitatus hostium impediretur, N.—*A stretch, extent:* castrorum, L.: cuius (urbis) is est tractus ductusque muri, ut, etc.—*A territory, district, region, tract of land:* oppidi, Cs.: Conruptus caeli, V.: Venafranus: Tractus uter plures lepores, uter educet apros, H.—Fig., *course, progress, movement:* tractus orationis lenis.—*A drawing out, lengthening, drawling:* verborum.

trāditiō, ōnis, *f.* [trado], *a giving up, delivering up, surrender:* urbis, L.: oppidorum, L.—In law, *livery of seizin, delivery of possession:* eius rei quae mancipi est traditio alteri.—Of a writer, *a record, account:* supremorum, Ta.

trāditor, ōris, *m., a betrayer, traitor:* interfecto traditore, Ta.

trādō (old also **trānsdō**, T.), didī, ditus, ere [trans+do], *to give up, hand over, deliver, transmit, surrender, consign:* ut arma per manūs necessario traderentur, Cs.: se hostibus, Cs.: nominare cui poculum tradituri sint: pecuniam regiam quaestoribus, L.: pueros magistris, O.: testamentum tibi legendum, H.: urbem, L.: armis traditis, Cs.: transdere hominem in otium, i. e. *drive*, T.—*To deliver, commit, intrust, confide:* ei te: totum denique hominem tibi: hos (obsides) Aeduis custodiendos tradit, Cs.—*To surrender treacherously, betray:* causam advorsariis, T.: quos tradituros sperabas, vides iudicare.—Fig., *to give up, surrender, hand over, deliver, intrust:* quae dicam memoriae: possessionem Galliae sibi, Cs.: Vercassivellauno summa imperi traditur, Cs.: tristitiam et metūs Tradam protervis in mare Portare ventis, H.—With *pron. reflex., to give oneself up, yield, surrender, devote oneself:* se totos voluptatibus: te in disciplinam meam.—*To make over, transmit, leave, bequeath* (cf. lēgo): posteris inimicitias: traditumque inde fertur, ut in senatum vocarentur, *it is said that from this arose the custom,* etc., L.—*To hand down, transmit, pass on, relate, narrate, recount:* hunc (clamorem) excipere et proxumis tradere, Cs.: pugnae memoriam posteris, L.: ipsum regem tradunt ... operatum iis sacris se abdidisse, L.: qui (Aristides) unus omnium iustissimus fuisse traditur: sic enim est traditum, *such is the tradition:* ut Isocratem dixisse traditum est: convertentem se ... traditur memoriae cecidisse, L.—Of a teacher, *to deliver, propose, propound, teach:* ea, quae dialectici nunc tradunt et docent: ad omnia imitanda, quae ab quoque traduntur, Cs.: virtutem hominibus: multa de sideribus iuventuti, Cs.

trādūcō or **trānsdūcō** (*imper.* trādūce, T.), dūxī, ductus, ere [trans+duco], *to lead across, bring through, conduct across, carry over:* exercitum e Galliā in Ligures, L.: cohortes ad se in castra, Cs.: tua pompa Eo traducenda est, *must be carried over to him,* T.: victimas in triumpho, *parade,* L.: iussit equum traducere, i. e. *to ride on* (as having passed the inspection): multitudinem hominum trans Rhenum in Galliam, Cs.: terror traducti silvam Ciminiam exercitūs, L.—Of streams, *to lead across, convey across, transport over:* flumen subito accrevit, et eā re traduci non potuerunt: pontem faciundum curat, atque ita exercitum transducit, Cs.: flumen Axonam exercitum transducere maturavit, Cs.: copias flumen traduxit, L.: raptim traducto exercitu Iberum, L.—Fig., *to lead over, transfer, remove, turn:* iudicum animos a severitate ad risum traducere: Post partum cura in vitulos traducitur omnis, V.: centuriones ex inferioribus ordinibus in superiores ordines erant transducti, *promoted,* Cs.—*To bring over, draw over, convert:* hominem ad optimates: me ad suam sententiam.—*To lead in parade, make a show of, expose, dishonor, disgrace, degrade, traduce:* an non sensistis ... vestras coniuges traductos per ora hominum? L.: Squalentīs traducit avos, Iu.—*To make public, exhibit, parade, display, proclaim, spread abroad:* lorica, in quā se traducebat Ulixem ancipitem, Iu.—Of time, *to lead, spend, pass:* otiosam aetatem sine ullo labore: quā ratione nobis traducendum sit hoc tempus: leniter aevum, H.: summā abstinentiā munus, i. e. *to administer.*

trāductiō, ōnis, *f.* [traduco], *a removal, transfer:* ad plebem furibundi hominis.—Of time, *a passage, lapse, course:* temporis.—In rhet., *a transfer of meaning, metonymy:* in verbo.

trāductor, ōris, *m.* [traduco], *a conveyer, transferrer* (of Pompey): ad plebem.

trāductus, *P.* of traduco.

tradux, ucis, *m.* [trans+DVC-], *a vine-branch, vine-layer:* nexu traducum, Ta.

tragicē, *adv.* [tragicus], *in a tragic manner, tragically:* mortem ornare.

tragicus, *adj.*, =τραγικός, *of tragedy, tragic:* Carmen, i. e. *tragedy,* H.: Versūs, H.: actor, *a tragedian,* L.: Orestes aut Athamas, *represented in tragedy:* cerva, i. e. *in the tragedy of Iphigenia,* Iu.—As *subst. m., a tragic poet, writer of tragedy.*—*In the tragic style, tragic, lofty, grand, sublime:* haec tragica atque divina: Nam spirat tragicum satis, H.—*Of a tragic nature, tragic, horrible, moving, terrible:* res tragicas comice tractavit: sceleris tragici exemplum, L.: ignes (i. e. amores), O.

tragoedia, ae, *f.*, =τραγῳδία, *a tragedy:* tragoedias fecit.—*Tragedy, the art of tragedy:* Paulum Musa Tragoediae Desit theatris, H.: Omne genus scripti gravitate tragoedia vincit, O.—Person.: ingenti Tragoedia passu, O.—*A moving appeal, pathos:* neque istis tragoediis tuis ... perturbor.—*A tragedy, commotion, disturbance, spectacle:* Appiae nomen quantas tragoedias excitat!: tragoedias agere in nugis,

tragoedus, ī, *m.*, = τραγῳδός, *a tragic actor, tragedian*, C., H.

trāgula, ae, *f.* [TRAG-], *a javelin thrown by a strap, hand-dart:* femur tragulā traicitur, Cs.: tragulā graviter ictus, L.

tragus, ī, *m.*, = τράγος, *a kind of fish*, O.

trahea, ae, *f.* [TRAG-], *a drag, sledge*, V.

trahō, trāxī (*inf. perf.* trāxe for trāxisse, V.), tractus, ere [TRAG-], *to draw, drag, haul, train along, draw off, pull forth, drag away:* cum a custodibus in fugā trinis catenis vinctus traheretur, Cs.: trahantur pedibus omnes rei (sc. ad supplicium): Hector circum sua Pergama tractus, O.: nullum vacuum tractum esse remum, *pulled:* limum harenamque fluctūs trahunt, S.: Hectoris umbra circum sua Pergama, *to trail*, O.—Of followers or attendants, *to lead, draw, take along, be followed by:* exercitum, L.: Sacra manu victosque deos, V.: uxor, quam comitem trahebat, Cu.—*To draw out, pull out, extract, withdraw:* haerentia viscere tela, O.: e corpore ferrum, O.: Te quoque, Luna, traho, *drag down*, O. — *To draw together, bring together, contract, wrinkle:* voltum, rugasque coēgit, O.—*To draw, draw up, draw in, take in, quaff, inhale:* Pocula fauce, *quaff*, H.: ex puteis iugibus aquam trahi (videmus): Odorem naribus, Ph.: exiguā in spe animam, L.: spiritum, Cu.: penitus suspiria, *to heave sighs*, O.: imo a pectore vocem, V.—*To take on, assume, acquire, get:* Iris Mille trahens varios adverso sole colores, V.: sannam cutis durata trahebat, O.: lapidis figuram, O.— *To drag away violently, carry off, plunder:* rapere omnes, trahere, S.: de nobis trahere spolia: praedam ex agris, L.—*To make away with, dissipate, squander:* pecuniam, S.—*To draw out, spin, manufacture:* lanam, Iu.: vellera digitis, O.: Laconicas purpuras, H.—F i g., *to draw, draw along, lead on, force, attract, allure, influence:* trahimur omnes studio laudis: trahit sua quemque voluptas, V.: me in aliam partem, *to gain over:* ad Poenos rem, L.: si alii alio trahunt res, i. e. *if they divide into factions*, L.: per principes factionibus et studiis trahuntur, Ta.: longius nos ab incepto, *divert*, S.—*To drag, lead, bring:* plures secum in eandem calamitatem: ad defectionem Lucanos, L.: traherent cum sera crepuscula noctem, O.—*To draw to, appropriate, refer, ascribe, set down to:* hi numero avium regnum trahebant, i. e. *laid claim to*, L.: omnia non bene consulta in virtutem trahebantur, S.: Iovis equis aequiperatum dictatorem in religionem trahebant, i. e. *regarded as impious presumption*, L.: spinas Traxit in exemplum, *took*, O.: apud civīs partem doloris publica trahebat clades, *appropriated*, L.—*To drag, distract:* meum animum divorse, T.: in aliam partem mente trahi, Cs.—*To weigh, ponder, consider:* belli atque pacis rationes, S.: consilium, i. e. *form a plan*, S.—*To get, obtain, derive, acquire, experience:* maiorem ex peste rei p. molestiam: nomen ab illis, O.: multum ex moribus (Sarmatarum) traxisse, *adopted*, Ta. — In time, *to protract, drag out, linger through, extend, prolong, lengthen, delay, retard:* vitam in tenebris, V.: si trahitur bellum: de industriā rem in serum, L.: iurgiis tempus, S.: Marius anxius trahere cum animo suo, omitteretne inceptum, i. e. *deliberated*, S.

trāiciō (trāiic-) and **trānsiciō** (trānsiic-), iēcī, iectus, ere [trans + iacio], *to throw across, cause to cross, cause to go across, put over, transfer, throw over, shoot across:* neque ullum interim telum traiciebatur, Cs.: quae Concava traiecto cumba rudente vehat (te), O.: adreptum vexillum trans vallum hostium traiecit, L.: volucrem traiecto in fune columbam suspendit, V.: per ardentīs acervos celeri membra pede, O.—Of military or naval forces, *to cause to cross, transport, ship across, lead over, ship over, transfer:* equitatum, Cs.: omnibus ferme suis trans Rhodanum traiectis, L.: classem in Italiam, L.: eodem magnam partem fortunarum, N.: ut praedatum milites trans flumen per occasiones aliis atque aliis locis traicerent, L.: classis Punica in Sardiniam traiecta, L.: equitum magnam partem flumen traiecit, Cs.: si se Alpīs Antonius traiecerit: quos in Africam secum traiceret, L.: ad Achillam sese ex regiā, Cs.—*To pass through, make a way through, break through:* pars equitum mediam traiecit aciem, L. — *To strike through, stab through, pierce, penetrate, transfix, transpierce:* unum ex multitudine, Cs.: scorpione ab latere dextro traiectus, Cs.: cuspide serpentem, O.: ferro pectus, L.: cava tempora ferro, V.: terga sagitta, O.—*To cross, pass, go over, cross over:* ad Aethaliam insulam, L.: in Africam, L.: Samum, L.: Hiberos veteres traiecisse, Ta.: murum iaculo: traiecto amni, L.: ratibus Trebiam, L.: utribus amnem, Cu.: medium aetherio cursu axem, V.: postquam cernant Rhodanum traiectum, L.—F i g., *to transfer, cause to pass:* ex illius invidiā aliquid in te traicere: arbitrium litis in omnes, O.: in cor Traiecto lateris capitisve dolore, *having thrown itself*, H.—*To overstep:* fati litora, Pr.—I n r h e t., *to transpose:* verba.

trāiectiō, ōnis, *f.* [trans + IA-], *a crossing over, passing over, passage:* honestior existimatur traiectio: traiectiones motūsque stellarum, i. e. *shooting-stars*. — F i g., of language, *a transposition:* verborum.—*Exaggeration, hyperbole:* veritatis.— *A putting off:* in alium.

1. trāiectus, *P.* of traicio.

2. trāiectus (trānsie-), ūs, *m.* [trans + IA-], *a crossing over, passing over; passage:* in Britanniam, Cs.: in traiectu Albulae amnis submersus, L.

trāl-, see trānsl-.

trāmes, itis, *m.* [1 TER-], *a cross-way, side-way, by-path, foot-path:* egressus est tramitibus paludatus: per tramites occulte perfugere, S.: transvorsis tramitibus transgressus, L.: silvae, V.—Poet., *a way, path, road, course, flight:* cito decurrit tramite virgo, V.: Palantes error certo de tramite pellit, H.: adclivis, O.

trāmittō, see trānsmitto.

trānatō (trānsn-), —, —, āre, *to swim across, pass beyond:* Gangen.

trānō (trānsnō), āvī, —, āre [trans+no], *to swim over, swim across, swim through:* in Tiberim desiluit et ad suos tranavit, L.: flumen, Cs.: paludem, Cu.: Obsequio tranantur aquae, O.—*To go through, pass through, penetrate, permeate:* omnia: turbida Nubila, V.

tranquillē, *adv.* [tranquillus], *calmly, quietly, tranquilly:* tranquille placideque: dicere.

tranquillitās, ātis, *f.* [tranquillus], *quietness, stillness, tranquillity, calmness, calm:* tanta tranquillitas exstitit, ut se ex loco commovere non possent (naves), Cs.: mira serenitas cum tranquillitate oriebatur, L.: animi: nos longis navibus tranquillitates aucupaturi eramus.—Fig., *calmness, quiet, serenity, tranquillity:* locus quietis et tranquillitatis plenissimus: pacis atque oti: et iam ibi nequaquam eadem quies ac tranquillitas erat, L.: tranquillitatem atque otium penitus hausit, Ta.: animi: vitae.

1. **tranquillō**, *adv.* [tranquillus], *quietly, without disturbance:* nec cetera modo tribuni tranquillo peregere, L.

2. **tranquillō**, —, ātus, āre [tranquillus], *to make calm, calm, still, compose, tranquillize:* animos: tranquillatis rebus Romanis, *when order was restored at Rome*, N.: Quid pure tranquillet, honos an dulce lucellum, H.

tranquillus, *adj.* with *comp.* and *sup.*, *quiet, calm, still, tranquil:* mare, quod naturā suā tranquillum sit: tranquillo mari gubernare, L.: aquae, O.—As *subst. n.*, *a quiet sea, calm:* te ad scopulum e tranquillo auferre, T.: in tranquillo tempestatem adversam optare dementis est: tranquillo pervectus Chalcidem, *on the calm sea*, L.: non tranquillo navigamus, L.—Of the countenance, *calm, undisturbed, serene:* frons tranquilla et serena.—Fig., *calm, quiet, peaceful, placid, composed, untroubled, undisturbed, serene, tranquil:* ut appetitūs sint tranquilli: tutae tranquillaeque res omnes, S.: senectus, H.: tranquillior in plebem fecerunt, L.: tranquillior animo esse: in transferendis faciendisque verbis tranquillior: tranquillae tuae quidem litterae, i. e. *bring peaceful tidings:* tranquillissima res, T.: tranquillissimus animus.—As *subst. n.*, *calmness, quiet, tranquillity, peace:* esse amorem in tranquillo, T.: in urbe ex tranquillo moles discordiarum . . . exorta est, L.: videre nihil tranquilli.

trāns, *praep.* with *acc.* [1 TER-].—Of motion, *across, over, to the farther side of:* qui trans mare currunt, H.: multitudinem trans Rhenum traducere, Cs.: trans vallum signum traicere, L.: curvos trans ripam miserat arcūs, O.—Of position, *across, beyond, on the other side of:* Germani trans Rhenum incolunt, Cs.: trans Euphratem esse pereundum: domino trans ripam inspectante: trans Padum omnia loca tenere, L.—In composition (trāns before vowels, except *i*, and before *b, c, g, p, r, t;* trāns, very rarely trā, before *f, v;* trāns or trā before *i, d, l, m, n;* trān, rarely trāns, before *s*).—*Over, across;* as in trado, traduco, transcurro, transeo.—*Through, through and through;* as in transfigo, transigo, traicio, transadigo.—*Beyond*, in Transalpinus.

trāns-abeō, iī, —, īre, *to go through, pierce through, transfix:* ensis Transabiit costas, V.

trānsāctor, ōris, *m.* [trans+1 AC-], *a manager, conductor:* rerum.

transāctus, *P.* of transigo.

trans-adigō, ēgī, āctus, ere, *to thrust through, drive through:* costas ensem, V.—*To pierce through:* Horum unum ad medium . . . Transadigit costas, V.

trāns-alpīnus, *adj.*, *beyond the Alps, transalpine*, Cs., C.

trānscendō, dī, —, ere [trans + scando], *to climb over, pass over, cross, overstep, surmount:* in hostium navīs, Cs.: in finīs hostium, L.: per Vescinos in Campaniam, L.: vallīs, Cs.: Alpīs.—Fig., *to pass over, pass by, overstep, transcend, transgress, violate:* mos . . . iudicium . . . haec transcendere non potes, L.

trānscrībō (trans-scr-), īpsī, īptus, ere, *to write over, transcribe, write anew, transfer in writing, alter, forge:* testamentum in alias tabulas transcriptum: tabulas publicas.—*To make over, transfer, assign, convey, surrender, give over:* in socios nomina, L.: Turne, patiere tua Dardaniis transcribi sceptra colonis? V.: cuiquam spatium vitae, O.—*To transfer, remove:* Transcribunt urbi matres, i. e. *enroll in the new city*, V.

trāns-currō, currī or cucurrī, cursus, ere, *to run over, run across, go by, pass:* hinc ad forum, T.: praeter oculos, O.: remos transcurrentes detergere, *in sailing by*, Cs.: haud dubius, sine noxā transcursuros, si nemo se opponeret, Cu.: captis propioribus castris in altera transcursum castra ab Romanis est, L.: In arcem transcurso opus est tibi, T.—*To run through, traverse:* Hellespontum, N.: montium iuga, Cu.: Visus caelum transcurrere nimbus, V.—Fig., *to pass on, turn, have recourse:* Hic tamen ad melius poterit transcurrere quondam, H.—*To run through, hasten over:* suum cursum.

trānsdō, trānsdūcō, see trad-.

trānsenna, ae, *f.*, *a netting, lattice-work:* quasi per transennam aspeximus.

trāns-eō, iī (rarely īvī; *fut.* trānsiet, Tb.; *fut. perf.* trānsierītis, O.), itus, īre, *to go over, go across, cross over, pass over, pass by, pass:* ad uxorem meam, T.: e suis finibus in Helvetiorum finīs, Cs.: per media castra, S.: per illud (iter) Murmure blanditiae minimo transire solebant, i. e. *by the voice*, O.: Taurum: Alpīs, L.: flumen, Cs.: equum cursu, *to pass by*, V.: quem (serpentem) rota transiit, *ran over*, V.: Rhodanus nonnullis locis vado transitur, i. e. *is fordable*, Cs.: Alpes vix integris vobis transitae, L.—Fig., *to go through, pervade:* quod quaedam animalis intellegentia per omnia ea transeat, *pervades.*—Of a speaker, *to pass over, make a transition, turn:* ad partitionem: in iram, O.: transitum est ad honestatem dictorum: transeatur ad alteram contionem, L.—*To hasten over, go briefly through, touch, sum up:* leviter unamquamque rem.—*To pass over, pass by, leave untouched, disregard:* malueram alqd silentio transiri.—*To pass by, elapse:* cum legis dies transierit: menses transeunt, Ph.—*To pass, spend:* vitam silentio, S.: annum quiete, Ta.—*To go over, pass over, desert, be converted:* nec manere nec transire aperte ausus, L.: ad adversarios: transit cohors ad eum, Cs.: a Patribus ad plebem, L.—*To go, pass over, be changed, be transformed, turn:* in humum fallaciter, O.: in plurīs figuras, O.: in aestatem post ver, O.—*To go beyond, overstep, transgress, violate:* finem et modum: verecundiae finīs.—*To go through, get through, endure:* ea quae premant et ea quae impendeant.

trāns-ferō, tulī, lātus (or trālātus), ferre, *to bear across, bring through, carry over, convey over, transport, transfer:* Illinc huc transferri, T.: Naevius trans Alpīs usque transfertur: paulo ultra eum locum castra, Cs.: trans Peneum castra, L.: te Glycerae decoram Transfer in aedem, *transport thyself*, H.—*To transfer, copy, transcribe:* litterae . . . de tabulis in libros transferuntur: de tuo edicto totidem verbis in meum.—*To carry along, carry in public, display in procession, bear in triumph:* in eo triumpho undequinquaginta coronae aureae translatae sunt, L.: in triumpho militaria signa, L.—Fig., *to convey, direct, transport, transfer, turn:* in Celtiberiam bellum transferre, Cs.: ad illorum urbīs hunc belli terrorem, L.: disciplina in Britanniā reperta atque inde in Galliam translata, Cs.: translatos alio maerebis amores, H.: huc Amorem, T.: hoc idem transfero in magistratūs: totum se ad artīs componendas, *turn his attention exclusively.*—*To put off, postpone, defer, delay:* sese in proximum annum, i. e. *put off the trial.*—*To translate, interpret, transfer:* locum totidem verbis a Dicaearcho: locos quosdam.—In rhet., *to transfer in meaning, use figuratively:* utemur verbis quae transferuntur: tralata verba atque inmutata; cf. translatum (exordium), i. e. *not pertinent.*—*To change, transform:* omnia In species translata novas, O.

trāns-fīgō, fīxī, fīxus, ere, *to pierce through, transpierce, transfix:* ea, quā erat transfixus, hasta: transfixi telis, Cs.: gladio puellam, L.: transfigitur scutum Pulioni, Cs.: unguibus anguem: transfixo pectore, V.: aversum ferro transfixit, N.: hasta transfixa, *driven through*, V.

trāns-fodiō, fōdī, fossus, ere, *to pierce through, run through, stab through, transfix, transpierce:* Galli transfodiebantur, Cs.: fugienti latus, L.: pectora duro Transfossi ligno, V.

trānsfōrmis, e, *adj.* [trans+forma], *changed in shape, transformed:* (Proteus) transformis, O.: corpora, O.

trāns-fōrmō, āvī, ātus, āre, *to change in shape, transform, transfigure, metamorphose:* Omnia sese in miracula rerum, V.: in torvos membra iuvencos, O.: gemmas novem in ignīs (i. e. stellas), O.

trānsfossus, *P.* of transfodio.

trānsfuga, ae [trans+2 FVG-], *one who joins the enemy, a deserter:* non omnia illum transfugam ausum esse senatui dicere: plebs, transfuga ex suis populis, L.: proditores et transfugas arboribus suspendunt, Ta.: transfuga divitum Partīs linquere gestio, H.

trāns-fugiō, fūgī, —, ere, *to flee to the other side, go over to the enemy, desert:* Romam, L.: ad hostes, N.—Fig.: non ab adflictā amicitiā transfugere atque ad florentem aliam devolare.

trānsfugium, ī, *n.* [trans+2 FVG-], *a going over to the enemy, desertion*, L.

trāns-fundō, fūdī, —, ere, *to pour off, transfer, turn, divert:* omnīs meas laudes ad te: eorum mores in Macedonas, Cu.

trānsfūsiō, ōnis, *f.* [trans+FV-], *a decanting, intermingling.*

trānsgredior, gressus, ī, *dep.* [trans+gradior], *to step across, step over, climb over, pass over, cross:* hunc Britanniae statum mediā iam aestate transgressus invenit, Ta.: in Corsicam, *sail over*, L.: flumen, *cross*, Cs.: Alpīs: Apenninum, L.: munitionem, Cs.—Fig., *to go over, desert:* in partes, Ta.

trānsgressiō, ōnis, *f.* [trans+GRAD-], *a going across, going over, passing over, passage:* Gallorum.—Fig., in rhet., *a transposition:* verborum.

1. trānsgressus, *P.* of transgredior.

2. trānsgressus, ūs, *m.* [trans+GRAD-], *a passing over, passage, crossing* auspicium prosperi transgressūs, Ta.: in transgressu amoris, Ta.

trānsiectiō, trānsiectus, see traiect-.

trānsigō, ēgī, āctus, ere [trans+ago], *to drive through, stab through, pierce through, transfix, transpierce:* gladio pectus, Ph.—Fig., *to carry through, bring to an end, finish, settle, complete, conclude, perform, accomplish, despatch, transact:* illud factum atque transactum est: rebus transactis: quod plerumque non futura sed transacta perpendimus, Cu.: Intus transigetur quod restet, T.: pleraque per se, L.: reliqua cum Bestiā secreta, S.: rixae caede transiguntur, Ta.: sin transactum est, *if all is over.*—Of a difference or controversy, *to settle, come to a settlement, agree, reach an understanding:* inter se ut lubet, T.: cum reo: cum privatis non poterat transigi minore pecuniā: ut secum aliquid quā lubet condicione transigeret.—With cum, *to make an end of, put an end to, have done with:* cum Publilio certamen, L.: cum expeditionibus, Ta.: cum spe votoque uxoris semel transigitur, Ta.—Of time, *to bring to an end, lead, pass, spend:* tempus per ostentationem, Ta.

trānsiiciō, see transicio.

trānsiliō or **trānssiliō,** uī, —, īre [trans+salio], *to leap across, jump over, spring over, overleap:* ex humilioribus in altiorem navem, L.: Per tantum terrae credere Iudicium studii transiluisse mei, i. e. *to have extended,* O.: novos muros, L.: vada, H.—Fig., *to hasten over, skip over, pass by, neglect, omit:* transilire ante pedes posita: Proxima pars vitae transilienda meae, O.—*To exceed, transgress, go beyond:* modici munera Liberi, H.

trānsitiō, ōnis, *f.* [trans+1 I-], *a going across, going over, passing over, passage:* ut similitudine et transitione cernatur, i. e. *by the passing by of atoms:* visionum.—*A going over, desertion:* ad plebem transitiones: nocturna transitio proditione, L.—*A passage, entrance:* transitiones perviae iani nominantur.—Poet.: Multaque corporibus transitione nocent, i. e. *by contagion,* O.

1. trānsitus, *P.* of transeo.

2. trānsitus, —, *acc.* um, *abl.* ū, *m.* [trans+1 I-], *a going over, passing over, passage:* fossae: Tencterorum, Cs.: per agros transitum dare, L.—*A passing over, desertion:* transitūs mora, Ta.—Fig., *a passing over, passing away:* tempestatis.—Of shaded colors, *a gradual passing, transition:* Transitus lumina fallit, O.

trānslātīcius (trālātīcius), *adj.* [translatus], *handed down, transmitted, traditional, hereditary, customary:* edictum, i. e. *in accordance with precedent.*—*Usual, customary, common:* loqui more translaticio, Ph.

trānslātiō (trāl-), ōnis, *f.* [trans+TAL-], *a carrying across, removal, transporting, transferring:* pecuniarum a iustis dominis ad alienos.—Fig., *a transferring, shifting, diversion:* criminis: actio translationis indigere videtur.—In rhet., *a transfer of meaning, metaphor:* translationes audaciores.

trānslātīvus, *adj.* [translatio], *of transference, to be transferred, to be sifted:* constitutio.

trānslātor, ōris, *m.* [trans+TAL-], *one who carries over, a transferrer:* quaesturae, i. e. *who, while quaestor, deserted to Sulla.*

trānslātus, *P.* of transfero.

trāns-lūceō (trāl-), —, —, ēre, *to shine through, glimmer through:* In liquidis aquis, O.

trāns-marīnus, *adj., beyond sea, from over the sea, transmarine:* subsidium: artes: legationes, L.: doctrina, i. e. *jurisprudence.*

trānsmeāns, ntīs, *P.* [trans-meo], *going over, going across,* Ta.

trāns-migrō, —, —, are, *to remove, migrate, transmigrate:* urbem, quo transmigremus, L.

trānsmīssiō, ōnis, *f.* [trans+MIT-], *a sending across, passing over, passage:* superior tua: ab eā urbe in Graeciam.

1. trānsmīssus, *P.* of transmitto.

2. trānsmīssus (ūs), *m.* [trans+MIT-], *a passing over, passage:* ex Galliā in Britanniam, Cs.

trāns-mittō (trām-), mīsī, mīssus, ere, *to send across, carry over, convey through, bring across, send off, despatch, transmit, let pass:* exercitus equitatusque celeriter transmittitur (i. e. trans flumen), Cs.: cohortem in Britanniam, Ta.: classem in Euboeam ad urbem, L.: transmissum per viam tigillum, *thrown across,* L.: per medium amnem equum, *rides,* L.: exercitum per finīs suos, *suffer to pass,* L.—*To pass over, go across, cross over, cross, pass, go through, traverse:* ab eo loco conscendi, ut transmitterem: a Leucopetrā profectus (inde enim tramittebam), etc.: in Sardiniam, L.: Cyprum, Cu.: quantum Funda potest transmittere, i. e. *can send its bullet,* O.: in Ebusum insulam transmissum est, L.: grues cum maria transmittant: satis constante famā iam Iberum Poenos tramisisse, L.: cursu campos (cervi), *run through,* V.: duo sinūs fuerunt, quos tramitti oporteret: utrumque pedibus aequis tramisimus.—Fig., *to carry over, transfer:* in Italiam bellum, L.—*To hand over, transmit, intrust, commit:* dubitare, quin huic hoc bellum transmittendum sit? *should be intrusted:* omne meum tempus amicorum temporibus transmittendum putavi, *should be devoted.*—*To let go, pass by, pass over:* Gangen amnem et quae ultra essent, Cu.

trāns-mōntānus, *adj., beyond the mountains.*—*Plur. m.* as *subst., the people beyond the mountains,* L.

trāns-moveō, —, —, ēre, *to remove, transfer:* gloriam Verbīs in se, T.

trāns-mūtō, āre, *to change, shift, transmute:* incertos honores, H.

trāns-natō, trāns-nō, see trānatō, trānō.

Trānspadānus, *adj.* [Padus], *beyond the Po*, Cs., C.—As *subst. m., one who dwells beyond the Po*, Ct.—*Plur.*, C.

trānspōnō, posuī, —, ere, *to set over, transfer:* militem, Ta.

trāns-portō, āvī, ātus, āre, *to carry over, take across, carry, convey, remove, transport:* duas legiones, Cs.: ratibus equitem phalangemque, Cu.: in Macedoniam exercitum: exercitum in naves impositum in Hispaniam, L.: pueros in Graeciam: (copias) secum, N.: ripas horrendas, V.: milites his navibus flumen, Cs.: exercitum Rhenum, Cs.

trāns-rhēnānus, *adj.* [Rhenus], *beyond the Rhine*, Cs.—*Plur. m.* as *subst., dwellers beyond the Rhine*, Cs.

trānss-, see trans-.

trānstrum, ī, *n.* [1 TER-], *a cross-beam, cross-bank, bank for rowers, thwart:* transtra pedalibus trabibus confixa, Cs.: considite transtris, V.: transtra carinae, O.

trānsultō (trānssu-), —, —, āre, *freq.* [transsilio], *to leap over, spring across:* in recentem equum ex fesso, L.

trānsūtus or **trāns-sūtus**, *P., stitched through, spitted:* verubus transuta salignis Exta, O.

trāns-vehō or **trāvehō**, vēxī, vēctus, ere, *to carry across, convey over, bear to the other side, transport:* quid militum transvexisset, Cs.: ut iam Hispanos omnes inflati travexerint utres, L.—*Pass.:* legiones ex Siciliā in Africam transvectae, S.: transvectae (sc. equo) a fronte pugnantium alae, *crossed in front of the line of battle*, Ta.: haec transvectus caerula cursu, *traversed;* cf. cum quinqueremibus Corcyram travectus, *crossed to Corcyra*, L.—*To carry in triumph, display:* arma spoliaque multa Gallica carpentis travecta, L.—*To ride in procession, parade:* ut equites idibus Quinctilibus transveherentur, L.—Fig., of time, *to pass, elapse:* transvecta aestas, Ta.

trāns-verberō, —, —, āre, *to strike through, thrust through, pierce through, transfix:* bestia venabulo transverberatur: abiete pectus, V.

trānsversa, *adv.* [*Plur. n.* of transversus], *across, askance, sideways:* Mutati fremunt venti, V.

trānsversārius (trāvers-), *adj.* [transversus], *lying across, transverse:* tigna, *cross-beams*, Cs.

trāns-versus or **trāversus (-vorsus)**, *adj., turned across, lying across, athwart, crosswise, transverse:* viae, *cross-streets:* tramites, L.: fossas transversas viis praeducit, Cs.: transverso ambulans foro, *across the forum:* ab hac non transversum digitum discedere, *a finger's-breath:* (versibus) incomptis adlinet atrum Transverso calamo signum, H.—Fig., *at cross purposes, inopportune:* cuius in adulescentiam transversa incurrit misera fortuna rei p.—As *subst. n.*, only with *praepp.:* ecce tibi e transverso Lampsacenus Strato, qui det, etc., i. e. *in contradiction:* ecce autem de traverso Caesar, i. e. *unexpectedly*.

trāns-volō (trāvolō), —, —, āre, *to fly over, fly across, pass quickly over:* in partem alteram, L.: Importunus (Cupido) transvolat aridas Quercūs (i. e. vetulas), H.—Fig.: Transvolat in medio posita, *passes over*, H.

trānsvorsus, see transversus.

trapētum, ī, *n.* [τραπέω], *an olive-mill, oil-mill:* teritne baca trapetis, V.

trapezephorum (-zoph-), ī, *n.*, = τραπεζοφόρον, *a pedestal, table-support, carved table-leg.*

trāvēctiō (trānsv-), ōnis, *f.* [trans+VAG-], *a carrying across, crossing over:* Acherontis.

trāvehō, trāversārius, trāversus, trāvolō, see transv-.

trecēnī, ae, a, *num. distr.* [tres+centum], *three hundred each, three hundred:* equites in singulis legionibus, L.: trecenis, quotquot eunt dies, placare Plutona tauris, *three hecatombs a day*, H.

trecentēsimus, *adj.* [trecenti], *the three-hundredth:* annus, L.

trecentī, ae, a, *num. adj.* [tres+centum], *three hundred:* se trecentosque eos opposuit hostibus: iuvenes, V.: milia modium tritici, L.: amatorem trecentae cohibent catenae, i. e. *innumerable*, H.

trecentiēs, *adv. num.* [trecenti], *three hundred times*, Ct.

trechedīpna, orum, *n.*, = *τρεχέδειπνα (running to a feast), *Greek slippers* (worn by parasites), Iu.

tredecim, *num.* [tres+decem], *thirteen:* tredecim captis navibus, L.

tremebundus (tremib-), *adj.* [tremo], *trembling, quivering, shaking:* manus: Membra, O.

tremefaciō, fēcī, factus, ere [tremo+facio], *to cause to shake, agitate, make tremble:* nutu Olympum, V.: se tremefecit tellus, *quaked*, C. poët.: tremefacta tellus, V.: scuticae habenis, O.

tremendus, *adj.* [*P.* of tremo], *to be dreaded, fearful, dreadful, frightful, formidable, terrible, tremendous:* rex, V.: oculi, O.: Alpes, H.: Carmentis monita, V.

tremēscō (tremīscō), —, —, ere, *inch.* [tremo], *to begin to shake, tremble, quake, dread:* tonitru tremescunt Ardua terrarum, V.: iubeo tremescere montes, O.: sonitumque pedum vocemque, V.: telum instare, V.

tremō, uī, —, ere [2 TER-], *to shake, quake, quiver, tremble:* totus Tremo horreoque, T.: toto pectore: corde et genibus, H.: tremis ossa pavore, H.: tremit artūs, V.: cum a me trementibus labris requirebas: cum tremerent artūs, V.: haec trementi questus ore, H.: aequor, O.: ilices, H.: frusta (carnis), i. e. *quiver*, V.—With *acc.*, *to quake before, tremble at, shudder at:* securīs dictatoris, L.: Iunonem, O.: iratos Regum apices, H.

tremor, ōris, *m.* [2 TER-], *a shaking, quaking, quivering, trembling, tremor:* terrorem tremor consequatur: gelidus: donec manibus tremor incidat unctis, H.—P e r s o n.: Frigus iners illic habitant Pallorque Tremorque, O.—*An earthquake:* Unde tremor terris, V.: imis commota tremoribus orbis, O.

tremulus, *adj.* [2 TER-], *shaking, quaking, quivering, trembling, tremulous:* manus annisque metuque, O.: guttur, C. poët.: Ut mare fit tremulum, tenui cum stringitur aura, O.: flamma, V.

(trepidanter), *adv.* [trepido], *tremblingly, with trepidation.*—Only *comp.:* trepidantius agere, Cs.

trepidātiō, ōnis, *f.* [trepido], *confused hurry, alarm, agitation, confusion, consternation, trepidation:* numquae trepidatio?: nec opinata res plus trepidationis fecit, quod, etc., L.: pilis inter primam trepidationem abiectis, L.: hostium, L.: cum augeret stragem trepidatio, Ta.

trepidē, *adv.* [trepidus], *in confusion, tremblingly, with trepidation:* concursans, Ph.: classis soluta, L.: castra relinquere, L.

trepidō, āvī, ātus, āre [trepidus].—Of persons, *to hurry with alarm, be in confusion, be agitated, be disturbed:* festinare, trepidare, S.: Quid est quod trepidas, T.: trepidante totā civitate ad excipiendum Poenum, L.: artos circum cavos (mures), Ph.: nobis trepidandum in acie instruendā erat, L.: Dum trepidant alae, V.: lymphati trepidare coeperunt, Cu.: recenti mens trepidat metu, H.: formidine belli, O.: ultra Fas, H.: Trepidari sentio et cursari rursum prorsum, T.: totis trepidatur castris, Cs.—*To tremble at, be afraid of:* harundinis umbram, Iu.: Ne trepidate meas, Teucri, defendere naves, V.: trepidat, ne Suppositus venias, Iu.—Of persons, *to waver, hesitate, tremble, be at a loss:* per alia atque alia pavida consilia, L.—Of things, *to tremble, waver, shake, flicker, palpitate:* (aqua) per pronum trepidat cum murmure rivum, H.: flammae trepidant, H.: Sic aquilam pennā fugiunt trepidante columbae, O.: cuius octavum trepidavit aetas Claudere lustrum, *has hastened*, H.

trepidus, *adj.* [TARC-], *restless, agitated, anxious, solicitous, disturbed, alarmed, in trepidation:* Tum trepidae inter se coëunt (apes), *in a hurry*, V.: inproviso metu, S.: formidine, V.: (apes) trepidae rerum discurrunt, V.: Messenii trepidi rerum suarum, L.—Of things, *bubbling, boiling, foaming:* (ferrum) in trepidā submersum undā, O.: aënum, V.—*Hurried, quick, restless:* trepidae micant venae, O.: voltus, O.: cursus, V.: certamen, H.—F i g., *perilous, critical, alarming:* in re trepidā, *at a critical juncture*, L.: trepidis In rebus, H.: litterae, i. e. *with alarming news*, Cu.

trēs (trīs), tria, *gen.* trium, *acc.* trēs or trīs, *adj. num.* [cf. Gr. τρεῖς; Engl. three], *three:* trīs legatos deligere: horum trium generum quodvis: tria non commutabitis Verba inter vos, *not three words*, i. e. *nothing*, T.: ego tribus primis verbis (dixi), *at the first three words.*

trēs-virī or **trēs virī** or **IIIvirī**, ōrum, *m.*, *three associates in office, a board of three colleagues, three joint commissioners:* tres viros epulones esse voluerunt, *priests' assistants:* tresviros creare consul iussus (to distribute land), L.

triangulus, *adj.* [tres+angulus], *with three corners, three-cornered, triangular:* sidera.—As *subst. n.*, *a triangle:* trianguli forma.

triāriī, ōrum, *m.* [tres], *soldiers of the third rank in battle order, the reserve:* ubi triarii consurrexerunt, integri, etc., L.—P r o v.: rem ad triarios redisse, i. e. *demanded extreme measures*, L.

tribas, adis, *f.*, = τριβάς, *an abandoned woman*, Ph.

tribolus (-bulus), ī, *m.*, = τρίβολος, *a thorn bush, thistle, caltrop*, V., O.

tribuārius, *adj.* [tribus], *of a tribe, of tribes:* crimen, i. e. *a bribing of the tribes:* res.

tribūlis, is, *m.* [tribus], *a fellow tribesman:* tuus: tribulibus enim iudicibus: conviva, H.

trībulum (trīvol-), ī, *n.* [1 TER-], *a threshing-sledge, wooden platform studded with iron teeth*, V.

tribulus, see tribolus.

tribūnal, ālis, *n.* [tribunus], *a raised platform for the seats of magistrates, judgment-seat, tribunal:* praetoris: praetor tribunal suum iuxta praetoris sellam conlocavit, Cs.: quem ad se vocari et de tribunali citari iussit: sedens pro tribunali, L.—In a camp, *the general's tribunal, the elevation in the camp, commander's seat:* sederunt in tribunali Scipionis, L.—*A memorial, monumental mound*, Ta.—*The occupants of a tribunal, magistrates:* quem spectat omne tribunal, H.

tribūnātus, ūs, *m.* [tribunus], *the office of a tribune, tribuneship:* militaris, *the office of a military tribune:* qui eum vexandis consulibus permissurum tribunatum credebant, i. e. *would give free scope to the tribunes of the people to embarrass*, etc., L.

tribūnīcius, *adj.* [tribunus], *of a tribune, tribunitial:* potestas: vis, Cs.: seditiones, S.: procellae, L.: comitia, *to elect tribunes of the* *people:* leges, *moved by the tribunes:* honor, i. e. *of military tribunes*, Cs.—As *subst. m., one who has been a tribune, an ex-tribune.*

tribūnus, ī, *m.* [tribus], *the head of a tribe* (see tribus); hence, *a president, commander, representative, tribune:* tribunus celerum, in quo tum magistratu forte Brutus erat, L.—E s p., tribuni aerarii, *paymasters, quaestors' assistants* (by the Lex Aurelia made judges on the part of the plebs): (Milonem) tribuni aerarii condemnarunt.—Tribuni militares or militum, *tribunes of the soldiers, military tribunes, colonels* (a legion had six, each of whom commanded it for two months of the year): tribunus militaris cum Servilio profectus: tribuni cohortium, i. e. *then present with the cohorts*, Cs.—From B.C. 444 to B.C. 366 the highest officers of the State, at first three in number, then six, and after B.C. 402 eight, chosen both from the patricians and the plebeians, were *military tribunes with consular power:* tribunos militum consulari potestate creari sinere, L.: tribuni consulares, L.—With *plebis* or *plebei* (expressed or understood), *a tribune of the common people, representative of the plebeians* (a magistrate charged with the protection of the commons against the patricians): ita tribuni plebei creati duo, L.: spem habere a tribuno plebis.

tribuō, uī, ūtus, ere [tribus], *to assign, impart, allot, bestow, confer, yield, give:* ut ei plurimum tribuamus, a quo plurimum diligamur: si uni omnia tribuenda sint: cui magna Pompeius praemia tribuit, Cs.: Dona nulli, O.: beneficia, N.—Fig., *to grant, give, show, pay, render:* misericordiam fortissimo viro: tibi turis honorem, O.: paribus beneficiis parem voluntatem, Cs.—*To grant, yield, give up, concede, allow:* quod cum Pompeius et rei p. et amicitiae tribuisset, Cs.: observantiam officio, non timori neque spei, N.: hoc matris precibus, O.: ego tantum tibi tribuo, quantum mihi fortasse adrogo, i. e. *accord you the respect I claim:* mihi tribuebat omnia, *deferred in all things.*—*To ascribe, assign, attribute:* si voluit accusare, pietati tribuo: quod detrimenti . . . cuiusvis potius quam suae culpae, Cs.—With *multum, plurimum,* or *magnopere, to value highly, set great store by, make much of:* tibi multa esse tribuenda: qui plurimum tribuunt edicto: ne ob eam rem suae magnopere virtuti tribueret, Cs.—*To divide, distribute:* rem universam in partīs: secundus (locus) in tempora tribuitur.—Of time, *to bestow, spend, devote:* quantum (temporum) alii tribuunt tempestivis conviviis: comitiis omnibus perficiundis XI dies, Cs.: tempora litteris, N.

tribus, ūs (*dat.* and *abl. plur.*, tribūbus, C., L.), *f.* [cf. tres], *a third part of the people* (as orig. divided into Ramnes, Tities, and Luceres); hence, in pen., *an hereditary division of the people, tribe* (under the constitution of Servius Tullius, four for the city and twenty-six for the country districts; at a later date there were thirty-one country tribes): illum quinque et triginta tribūs patronum adoptaverunt: a Romuliā tribu initium facere: fieri se pro tribu aedilem, *received the vote of the tribe for the aedileship*, L.: vocatis tribubus, L.: Africanus censor tribu movebat eum centurionem, *expelled from the tribe:* Grammaticas ambire tribūs, *to canvass the Grammarian tribes*, H.

tribūtārius, *adj.* [tributum], *of tribute, relating to contributions:* tabellae, i. e. *promising rich gifts.*

tribūtim, *adv.* [tribus], *through each tribe, tribe by tribe, by tribes:* descriptis ordinibus: ut quod tributim plebes iussisset, populum teneret, i. e. *in the comitia of the tribes*, L.: adripuit populum tributim, H.

tribūtiō, ōnis, *f.* [tribuo], *a distributing, distribution:* aequabilis.

tribūtum, ī, *n.* [*P. n.* of tribuo], *a stated payment, contribution, tribute:* in capita singula servorum tributum imponebatur, Cs.: ex censu quotannis tributa conferre: civitates tributis liberare: tributo populo indicto, L.: lamentabile, O.—*A gift, present:* praestare tributa Cogimur, Iu.

1. tribūtus, *P.* of tribuo.

2. tribūtus, *adj.* [tribus], *formed into tribes, marshalled by tribes:* comitia, L.

trīcae, ārum, *f.* [TARC-], *perplexities, subterfuges, quirks, wiles, tricks:* domesticae.

trīcēnī, ae, a, *num. distr.* [triginta], *thirty at a time, thirty each, thirty:* lecti.

trīcēnsimus, see tricesimus.

trīceps, cipitis, *adj.* [tres+caput], *with three heads, triple-headed:* Cerberus.—Poet.: Hecate, *of three forms* (as also Luna and Diana), O.

trīcēsimus or **trīcēnsimus**, *adj. num.* [triginta], *the thirtieth:* legio: tricensimo post die: sextus et tricesimus annus: tricesimum annum agens, L.: tricesimo die, Cu.

trichila, ae, *f.*, *a summer-house, pavilion, bower*, Cs. (al. triclinia).

trīciēns or **trīciēs**, *num. adv.* [triginta], *thirty times:* mea (filia) triciens (aeris millies) non posset (habere), i. e. *three millions of sesterces:* HS triciens.

triclīnium, ī, *n.*, = τρικλίνιον, *a couch for three persons reclining at meals, eating-couch, dinner-sofa, table-couch:* rogatus est, ut triclinium sterneret.—*An eating-room, dining-room, supper-room:* alia fori vis est, alia triclini: promorat vix pedem triclinio, Ph.

trīcor, ātus, ārī, *dep.* [tricae], *to make difficulties, trifle, dally, shuffle, play tricks:* tecum.

(**tricorpor**), oris, *adj.* [tres + corpus], *with three bodies, of threefold form:* forma tricorporis umbrae, i. e. *of Geryon*, V.

(**tricuspis**, idis), *adj.* [tres+cuspis], *with three points, three-tined, tricuspid:* posito tricuspide telo, i. e. *the trident*, O.

tridēns, entis (*abl.* dentī), *adj.* [tres+dens], *with three teeth, three-tined, three-pronged, tridented, trident:* rostra, V. — As *subst. m.* (*abl.* dentī or dente), *a three-tined spear, trident:* tellus percussa tridenti, V.: ferire tridente saxa, O.

tridentifer, ferī, *m.* [tridens+1 FER-], *the trident-bearer* (of Neptune), O.

tridentiger, gerī, *m.* [tridens + GES-], *the trident-bearer* (of Neptune), O.

trīduum, ī, *n.* [tres+dies; sc. spatium], *three days' time, three days:* biduist aut tridui Haec sollicitudo? T.: biduo post aut non toto triduo: triduo aut summum quatriduo periturus: triduo intermisso, Cs.

triennia, ium, *n.* [tres+annus; sc. sacra], *a festival held every three years, triennial festival.*

triennium, ī, *n.* [tres+annus; sc. spatium], *three years' time, three years:* triennium est, cum, etc.

triēns, entis, *m.* [tres], *a third part, third:* cum sciemus, quantum quasi sit in trientis triente: cum duobus coheredibus esse in triente, i. e. *be heir to one third of the estate.*—As a coin, *the third part of an as*, H.: ludi magni voti aeris trecentis triginta tribus milibus trecentis triginta tribus triente, i. e. *333,333⅓ asses*, L.: nec habet quem porrigat ore trientem, Iu.—As a liquid measure, *a third of a sextarius* (four cyathi), Pr.

trientābulum, ī, *n.* [* triento, from triens], *land assigned in commutation of one third of a public debt*, L.

triērarchus, ī, *m.*, = τριήραρχος, *a captain of a trireme, trierarch.*

triēris, e, *adj.*, = τριήρης, *with three banks of oars.*—Only as *subst. f.* (sc. navis), *a galley with three banks of oars, trireme*, N.

trietēricus, *adj.*, = τριετηρικός, *of three years*, i. e. (since in reckoning intervals of time both extremes were counted), *biennial, of alternate years:* sacra, *a festival of Bacchus held at Thebes every alternate year*, O.: trieterica Orgia, V.—*Plur. n.* as *subst.*, *the festival of Bacchus*, O.

trietēris, idis, *f.*, = τριετηρίς, *a period of three years;* hence, *a biennial festival* (of Bacchus); cf. trietericus.

trifāriam, *adv.* [trifarius], *triply, on three sides, in three places:* adortus castra, L.: munire, L.

trifaux, cis, *adj.* [tres+faux], *having three throats, triple-throated:* latratus (Cerberi), V.

trifidus, *adj.* [ter+2 FID-], *split into three, three-cleft, three-forked:* flamma (of lightning), O.

trifōrmis, e, *adj.* [ter+forma], *in three forms, in three shapes, threefold, triple, triform:* Chimaera, H.: Diva, i. e. *Diana*, H.: mundus, i. e. *of three elements*, O.

trigeminus, *adj.* [tres+geminus], *born three at a birth:* fratres, *triplet-brothers*, L.—*Plur. m.* as *subst.*, *three brothers born together*, L.: spolia, *of the triplet-brothers*, L. — *Threefold, triple, triform:* victoria, L.: Porta Trigemina, *a gate at the foot of the Aventine hill*, L.

trīginta or **XXX**, *num. indecl.* [cf. τριάκοντα], *thirty:* minor triginta annis natus: Triginta magnos orbīs explebit, V.: cum HS XXX scripta essent pro HS CCC.

trigōn, ōnis, *m.*, = τρίγων, *a ball stuffed with hair, playing-ball:* fugio lusum trigonem, *a game of ball*, H.

trilībris, e, *adj.* [ter + libra], *weighing three pounds:* Mullus, H.

trilinguis, e, *adj.* [ter+lingua], *triple-tongued, with three tongues:* Os (Cerberi), H.

trilīx, īcis, *adj.* [ter+2 LAC-], *of three cords, triple-twilled:* Lorica auro, V.

trimeter (**-etros**), ī, *m.*, = τρίμετρος, *a line of three measures, trimeter*, H.

trīmus, *adj.* [for * trihiemus, tres+hiemps], *of three winters, of three years, three years old:* equa, H.

Trīnacris, idis, *adj. f.* (O.) and **Trīnacrius**, *adj.* (V., O.), *of Trinacria, Sicilian.*

trīnī, ae, a, *num. distr.* [tres], *three each, three:* circum Samarobrivam trinis hibernis hiemare, Cs.: litterae.—In the phrase, trinūm nundinūm, see nundinae. — *Threefold, triple:* trinis catenis vinctus, Cs.: Nomina, O.

trinōdis, e, *adj.* [tres+nodus], *having three knots, three-knotted:* clava, O.

(**trīnus**), see trini.

Triōnēs, um, *m.* [1 TER-], *the constellation of the Wain, Wagon, Bear:* Arcturum pluviasque Hyadas geminosque Triones, V.: gelidi, O.

tripartītō, tripartītus, see tripertīt-.

tripedālis, e, *adj.* [ter+pedalis], *measuring three feet, three feet long:* parma, L.

tripertītō (**-partītō**), *adv.* [tripartitus], *in three parts, into three parts:* bona dividere: equitatus, tripertito divisus, Cs.: urbem adgreditur, L.

tripertītus (**-partītus**), *Part.* [ter+partitus], *divided into three parts, threefold, tripartite:* ea causa tripertita erit in accusatione: tripertitas orbis terrarum oras notare.

tripēs, edis, *adj.* [ter+pes], *with three feet, three-footed:* mensa, H.: mulus natus, L.

triplex, icis, *adj.* [ter + PARC-], *threefold, triple:* Plato triplicem finxit animum: philosophandi ratio triplex: cuspis, i. e. *the trident*, O.: voltus Dianae (see triceps), O.: triplicem aciem instruere, *to draw up in three lines*, Cs.: murus, V.: aes, H.: Sorores, *the three Fates*, O.: Quae ratum triplici pollice netis opus, i. e. *the finger of the three Fates*, O.: Poenarum deae, i. e. *the Furies*, O.: Gens, *three clans*, V.—As *subst. n.*, *three times as much, a threefold portion, triple:* Sume tibi decies; tibi tantundem; tibi triplex, H.: pediti in singulos dati centeni (denarii), triplex equiti, L.—*Plur. m.* as *subst.* (sc. codicilli), *a writing-tablet with three leaves.*

triplus, *adj. num.*, = τριπλοῦς, *threefold, triple:* pars.

tripodēs, um, *m.*, *plur.* of tripus.

tripudiō, —, —, āre [tripudium], *to beat the ground with the feet, leap, jump, dance exultingly:* more suo, L.: in funeribus rei p.

tripudium, ī, *n.* [ter+4 PV-].—In religious service, *a measured stamping, leaping, jumping, dancing, exultant dance, solemn dance:* per urbem ire cum tripudiis sollemnique saltatu, L.: cantūs et ululatūs et tripudia, L.—In augury, *the excited stamping of the sacred chickens when fed*, L.

tripūs, podis, *m.*, = τρίπους, *a three-footed seat, tripod:* Donarem tripodas, praemia fortium Graiorum, H.: sacri tripodes, V.—*The tripod of Pythia at Delphi:* concertare cum Apolline de tripode, V., O.: Mittitur ad tripodas, i. e. *to the Delphic oracle*, O.

triquetrus, *adj.* [ter + 1 CA-], *with three corners, triangular:* (Britannia) insula naturā triquetra, Cs.: Triquetrā Praedia tellure daturus, i. e. *in Sicily*, H.

trirēmis, e, *adj.* [ter+remus], *with three banks of oars:* naves, Cs.—As *subst. f.*, *a vessel with three banks of oars, trireme*, C., Cs., H., L.

trīs, see tres.

(triscurrium, ī), *n.* [ter+scurra], *gross buffoonery:* triscurria patriciorum, Iu.

trīste, *adv.* with *comp.* [tristis], *sadly, sorrowfully:* resonare, H.: tristius flere, Pr.: adulescentes gravius aegrotant, tristius curantur, *with more difficulty.*—*Harshly, severely:* respondere tristius.

trīsticulus, *adj. dim.* [tristis], *somewhat sorrowful, downcast:* filiola.

trīstificus, *adj.* [tristis+2 FAC-], *making sad, saddening:* voces, C. poët.

trīstis, e, *adj.* with *comp.* and *sup.* [2 TER-], *sad, sorrowful, mournful, dejected, melancholy, gloomy, downcast, disconsolate:* quaerere ex te, quid tristis esses: tristis, demissus: tristīs adfatus amicos, H.: Sequanos tristīs, capite demisso, terram intueri, Cs.: tristis erat et me maestum videbat, Cu.—*Gloomy, peevish, morose, sullen, ill-humored:* Navita (Charon), V.: dii, H.—*Stern, harsh, severe:* iudex: cum tristibus severe vivere.—Of things, *bringing sorrow, melancholy, saddening, unhappy, sad, dismal, gloomy:* ut tuum laetissimum diem cum tristissimo meo conferam: tristia ad recordationem exempla, L.: tristissuma exta: tristissimi exsili solacium, L.: Kalendae, H.: clades, H.: morbus, V.: ius sepulcri, O.: pars subiere feretro, Triste ministerium, V.: tristique palus inamabilis undā, V.—As *subst. n.*, *a sad thing, pest, bane, sorrow:* Triste lupus stabulis, V.: interdum miscentur tristia laetis, O.: nunc ego mitibus Mutare quaero tristia, H.—Of taste, *harsh, disagreeable, bitter:* suci, V.: absinthia, O.—Of smell, *offensive, foul:* anhelitus oris, O.—*Expressing sorrow, gloomy, sad, melancholy, stern, harsh:* voltus tristior: Tristis severitas inest in voltu, T.: vita tristior: sermo (opp. iocosus), H.: tua tristia iussa, V.: sententia, O.: responsum, L.

trīstitia, ae, *f.* [tristis], *sadness, mournfulness, sorrow, grief, melancholy, gloom, dejection:* tum ad tristitiam, tum ad laetitiam est contorquendus: repente omnīs tristitia invasit, S.: in eādem tristitiā permanere, Cs.: compescere tristitiam, O.—*Gloom:* sol recedens quasi tristitiā quādam contrahit terram.—*Sadness, disagreeableness:* temporum.—*Moroseness, harshness, sternness, severity:* tristitiae causa tuae, O.: (risus) tristitiam mitigat.

trisulcus, *adj.* [ter+sulcus], *with three furrows, three-cleft, three-forked, trifid, triple:* lingua (serpentis), V.: Iovis telum, *forked lightning*, O.

trīticeus, *adj.* [triticum], *of wheat, wheaten:* messis, V.: fetus, O.

trīticum, ī, *n.* [tritus], *wheat:* quanti erat in Siciliā triticum: tritici modium LX milia, Cs.

Trītōn, ōnis, *m.*, = Τρίτων, *a sea-god, son of Neptune*, C., O.—*Plur.*, *sea-gods*, V.: piscinarum Tritones, i. e. *lords of fish-ponds.*—*The Triton* (a ship), V.

Trītōnia, ae, *f.* [Tritonius], *Minerva, Pallas*, V., O.

Trītōniacus, *adj.*, *of Tritonia:* palus, *a lake of Macedonia*, O.: harundo, i. e. *the flute invented by Pallas*, O.

Trītōnis, idis or idos, *f. adj.*, = Τριτωνίς, *of Lake Triton, of Pallas, Palladian:* arx, i. e. *Athens*, O.: urbs, O.: pinus, i. e. *the ship Argo*, O.—As *subst. f.*, *Pallas*, V., O.

Trītōnius, *adj.*, *of Lake Triton* (in Africa; the birthplace of Minerva), V.

tritūra, ae, *f.* [1 TER-], *a rubbing, chafing, threshing:* Magna, V.

1. trītus, *adj.* with *comp.* [*P.* of tero], *oft-trodden, beaten, frequented, common, worn:* iter in Graeciam: Appia trita rotis, O.—Fig., *practised, expert:* aures.—Of language, *much used, familiar, common, commonplace, trite:* quid in Graeco sermone tam tritum est, quam, etc.: sermone proverbium: verbum tritius.

2. (trītus, ūs), *m.* [1 TER-], *a rubbing down, wearing away* (only *abl.*): lapidum tritu.

triumphālis, e, *adj.* [triumphus], *of a triumph, triumphal:* provincia, i. e. *whose conquest was honored by a triumph:* porta, *entered in triumph:* pictā Veste triumphales senes, *in triumphal robes,* O.: imagines, i. e. *of generals who had triumphed,* H.—*N. plur.*, *the triumphal ornaments:* Muciano triumphalia de bello civili data, O.

triumphāns, antis, *adj.* [*P.* of triumpho], *triumphal, belonging to a triumph:* equi, O.

triumphō, āvī, ātus, āre [triumphus], *to march in triumphal procession, celebrate a triumph, triumph:* cupiditas triumphandi: ex praeturā: de Numantinis: cum triumphantem (Camillum) albi per urbem vexerant equi, L.: quasi debellato triumphare, L.: vidimus ex eā urbe triumphari: populi iussu triumphatum est, L.—*Pass.*, *to be led in triumph, be conquered, be subdued, be the subjects of a triumph:* Bisque triumphatas utroque ab litore gentes, V.: triumphatis dare iura Medis, H.: triumphatus bos, i. e. *obtained as booty,* O.—Fig., *to triumph, exult, be glad, rejoice exceedingly:* gaudio: in quo triumphat oratio mea: triumpho, si licet me, etc., T.

triumphus (old, **triumpus**), ī, *m.* [cf. θρίαμβος], *a triumphal procession, triumph, celebration of victory by a public entrance into Rome:* res bellicae triumpho dignae: senatus cum triumphum Africano decerneret: ex provinciā triumphum deportavit, N.: Boiorum triumphi spem collegae reliquit, *over the Boii,* L.: triumpho clarissimo urbem est invectus, L.: tot habet triumphos, quot sunt partes terrarum: ducere triumphos, i. e. *head the processions,* V.: Io triumphe (the shout of the people saluting the conqueror), H.—Fig., *a celebration of victory, triumph, victory:* de classe populi R. triumphum agere: pro triumpho nihil a vobis nisi huius temporis memoriam postulo.

triumvir or **IIIvir**, virī, *gen. plur.* ōrum or ūm, *m.* [tres+vir], *one of three associates in office, a member of a board of three, one of three joint commissioners:* Gracchum triumvirum coloniis deducundis necaverat, i. e. *one of three commissioners to found a colony,* S.: agrarius, L.: triumvir rei p., *one of three dictators, to reconstitute the state,* N.—*Plur.:* triumviros agro dando creat, *to distribute land,* L.: capitales, *superintendents of public prisons and of the police,* L.: mensarii, *commissioners of a public bank,* L.: nocturni, *fire-wardens,* L.: senatus triumviros binos creari iussit, *two recruiting boards, each of three members,* L.: triumviri sacris conquirendis donisque persignandis, *to solicit and register votive offerings,* etc., L.: triumviri reficiendis aedibus, *to rebuild the temples,* L.

triumvirālis, e, *adj.* [triumviri], *of the triumvirs, triumviral:* flagellae, i. e. *of the superintendents of prisons,* H.: supplicium, Ta.

(triumvirātus, ūs), *m.* [triumvir], *the office of a triumvir, triumvirate.*—Only *abl.:* triumviratibus (gestis), L.

triviālis, e, *adj.* [trivium], *of the cross-roads, common, vulgar, trivial:* carmen, Iu.

trivium, ī, *n.* [ter+via], *a place where three roads meet, fork, cross-road:* ut ventum est in trivium.—*A frequented place, public square, public street, highway:* in triviis aut in compitis: Nocturnisque Hecate triviis ululata per urbīs, V.: Occurram in triviis, H.—Prov.: adripere maledictum ex trivio, i. e. *from the mob.*

Trivius, *adj.* [ter+via], *of the cross-roads:* dea, i. e. *Diana* (worshipped where three ways meet), Pr.—As *subst. f.* (sc. dea), V., O., Ct., Tb.

Trōas, ados, *adj. f.*, =Τρωάς, *Trojan,* N., O.—As *subst.*, *a Trojan woman,* V., O.—*The country around Troy, Troad,* N.

trochaeus, ī, *m.*, =τροχαῖος, *a metrical foot of one long and one short syllable, trochee.*—*A metrical foot of three short syllables, tribrach.*

trochus, ī, *m.*, =τροχός, *an iron hoop carrying small rings, trundling-hoop:* Indoctus trochi, H., O., Pr.

Trōes, um, *m., plur.* of Tros.

Trōiānus, *adj.*, *of Troy,* C., H., V., O.—Prov.: intus est equus Troianus, i. e. *an ambush.*

Trōicus, *adj.*, =Τρωϊκός, *of Troy, Trojan,* C., O.

Trōius, *adj.*, =Τρώϊος, *of Troy, Trojan,* V., O.

Trōiugena, ae, *m.* [Troia+GEN-], *son of Troy, descendant of Trojans, Trojan:* Romanus, L. (old prophecy), V.—*Plur.*, *the Romans,* Iu.

tropaeum, ī, *n.*, =τρόπαιον, *a memorial of victory, trophy* (orig. a tree hung with spoils): tropaeum statuere: quercum Constituit . . . tibi, tropaeum, V.—*A victory:* nova tropaea Caesaris, H.: tulit e capto nota tropaea viro, O.: Marathonium, N.: nostra sunt tropaea, nostri triumphi.—*A mark, token, sign, memorial, monument:* necessitudinis atque hospiti.

trucīdātiō, ōnis, *f.* [trucido], *a slaughter, massacre, butchery:* velut pecorum, L.: civium.

trucīdō, āvī, ātus, āre [trux+SAC-], *to cut to pieces, slaughter, butcher, massacre:* cavete neu capti sicut pecora trucidemini, S.: civīs trucidandos denotavit: tribunos suppliciis trucidatos occidit, L.: pueros coram populo, H.—*To cut up, demolish, destroy, ruin:* seu piscīs seu porrum, *chew*, H.: fenore trucidari: fenore plebem, L.

(**truculenter**), *adv.* [truculentus], *savagely, fiercely, ferociously.*—Only *comp.:* truculentius se gerebat.

truculentia, ae, *f.* [truculentus], *roughness, harshness:* caeli, Ta.

truculentus, *adj.* with *comp.* and *sup.* [trux], *savage, fierce, ferocious, stern, grim, harsh, cruel, fell:* parcus, truculentus, tenax, T.: quam truculentus! quam terribilis aspectu!: aequor, *stormy*, Ct.: est truculentior, H.: quo truculentior visu foret, Ta.—As *subst. n., a play of Plautus.*—*Plur. n.* as *adv.:* spectat truculenta loquentem, O.

trudis, is, *f.* [TRVD-], *a pointed pole, pike:* Ferratae, V.

trūdō, sī, sus, ere [TRVD-], *to thrust, push, shove, crowd forward, press on, drive, impel:* pectore montem, V.: glaciem cum flumina trudunt, V.: Apros in plagas, H.—Of plants, *to push forth, put forth, send forth:* (pampinus) trudit gemmas, V.: Truditur e sicco radix oleagina ligno, V.—Fig., *to push, thrust forward, drive:* fallacia Alia aliam trudit, *presses hard upon*, T.: in quae (comitia) trudit Auli filium, *puts forward:* Truditur dies die, H.

trūlla, ae, *f. dim.* [trua, a gutter], *a small ladle, dipper, scoop:* ex unā gemmā pergrandi excavata: potare Campanā trullā, H.—*A fire-pan*, L.—*A basin*, Iu.

truncō, āvī, ātus, āre [2 truncus], *to maim, mutilate, shorten, cut off:* truncata simulacra deum, L.: Truncat olus foliis, i. e. *strips off the leaves*, O.

1. truncus, *adj.* [TARC-], *maimed, mutilated, mangled, dismembered, disfigured:* Trunca manu pinus regit (Polyphemum), i. e. *the trunk of a pine-tree*, V.: frons, *without its horn*, O.: corpus, *limbless*, O.: puerum trunci corporis natum, L.: Tela, i. e. *broken*, V.: arbor, *deprived of branches*, Cu.—Poet. with *gen.:* animalia Trunca pedum, i. e. *without feet*, V.—*Undeveloped, imperfect, wanting:* ranae pedibus, O.—Fig., *maimed, mutilated:* urbs trunca, sine senatu, etc., L.

2. truncus, ī, *m.* [1 truncus].—Of a tree, *the stem, stock, bole, trunk:* arborum trunci, Cs.: quid interest inter hominem et truncum? etc.: enodes trunci, V.: inlapsus cerebro, H.: acernus, O.—*The trunk, body:* corporis: recto se attollere trunco, O.: iacet ingens litore truncus, V.—Fig., *a stock, blockhead, dunce, dolt:* qui potest esse in eius modi trunco sapientia?—*A trunk, stem:* quae (stirpes aegritudinis) ipso trunco everso omnes elegendae sunt.

trūsitō, —, —, āre *to push often:* mulum trusitant, Ph.

trūsō, —, —, āre, *freq., to push often, push hard*, Ct.

trūsus, *P.* of trudo.

trutina, ae, *f.*, = τρυτάνη, *a balance, pair of scales.*—Fig.: ea quae populari quādam trutinā examinantur: Romani pensantur eādem Scriptores trutinā, H.: aliā parte in trutinā suspendit Homerum, Iu.

trux, ucis (*abl.* truce, poet. also trucī), *adj., wild, rough, hard, harsh, savage, fierce, ferocious, grim, stern:* tribunus plebis: insectator, L.: taurus, O.: (testudo) aspectu truci: voltu truci, L.: pelagus, H.: Eurus, O.: animus, O.: sententia, L.: inimicitiae, H.

tū, *gen.* tuī, *dat.* tibi or tibī, *acc.* and *abl.* tē; *plur. nom.* and *acc.* vōs, *gen.* vestrūm or vostrūm, *gen. obj.* vestrī or vostrī (*fem.* vostrarum, T.); *dat.* and *abl.* vōbis, *pron. pers.* [with *sing.* cf. Gr. σύ; Germ. du; Engl. thou], *thou, you:* Tu si hic sis, aliter sentias, T.: tu mihi etiam legis Portiae, tu C. Gracchi, tu horum libertatis mentionem facis: Neque postulem abs te, ni ipsa res moneat, T.: vosne velit an me regnare era, Fors: vestri adhortandi causā, L.: Solve metūs, et tu Troianos exue caestūs, V.: nec amores Sperne puer neque tu choreas, H.—Made emphatic by a suffix (only in the forms tute, tutimet, tibimet, tete, vosmet, and vobismet): ut tute mihi praecepisti: tibi si recta probanti placebis, tum non modo tete viceris, etc.: tutimet mirabere, T.: quod (consilium) vosmet ipsi attuleritis, L.—Colloq. in *dat.*, to suggest the interest of the person addressed in the remark (*dativus ethicus*): scin ubi nunc sit tibi Tua Bacchis? T.: ecce tibi est exortus Isocrates: en vobis, inquit, iuvenem, etc., L.—*Plur.*, when more than one person is addressed, though with a noun in the *sing.:* vos, vero, Attice, et praesentem me curā levatis, et, etc.: vos, Romanus exercitus, ne destiteritis impio bello! L.: Vos, o Calliope, precor aspirate canenti, i. e. *you, Muses*, V.—As *subst.* (colloq.): mea tu, *my darling*, T.

tuba, ae, *f., a trumpet, war-trumpet:* ille arma misit, tubas: At tuba terribilem sonitum procul Increpuit, V.: non exaudito tubae sono, Cs.—Fig., *an instigator, stirrer:* belli civilis: rixae, Iu.

tūber, eris, *n.* [1 TV-], *a lump, bump, swelling, tumor, protuberance, hump:* colaphis tuber est totum caput, *is one boil*, T.—Poet.: tuberibus propriis offendere amicum, i. e. *great faults*, H.—*A mushroom, truffle, moril*, Iu.

tubicen, cinis, *m.* [tuba + 1 CAN-], *a trum-*

peter: cornicines tubicinesque canere iubet, L.: signa dedit tubicen, O.

tubilūstrium (tubul-), ī, *n.* [tuba+2 lustrum], *a festival for the purification of sacrificial trumpets, held Mar.* 23 *and May* 23, O.

tueō, —, —, ēre, *collat.* form of tueor, *to care for, maintain:* censores vectigalia tuento.

tueor, tūtus, ērī, *dep., to look at, gaze upon, behold, watch, view, regard, consider, examine:* tuendo Terribilīs oculos, voltum, etc., V.: Talia dicentem iam dudum aversa tuetur, V.—Fig., *to keep in mind, regard:* quod ego tuebar ac si usus essem.—*To look to, care for, watch over, keep up, uphold, maintain, support, guard, preserve, defend, protect:* id, quod accepistis, tueri et conservare non posse: eis rebus tuendis conservandisque praeesse: personam in re p.: simulacrum pristinae dignitatis: aedem Castoris habuere tuendam, *to maintain:* Servilio media pugna tuenda data, L.: copias: castra, Cs.: oram maritimam, Cs.: finīs ab excursionibus: A furibus domum, Ph.: alquos contra illius audaciam: se adversus Romanos, L.: turris tuenda ad omnīs repentinos casūs, Cs.: Numidas in proeliis magis pedes quam arma tuta sunt, S.

tugurium, ī, *n.* [TEG-], *a hut, cot, cottage*, C., V., S., L.

tuitiō, ōnis, *f.* [tueor], *a caring for, watching over, guardianship, protection:* sui.

tulī, see fero.

Tulliānus, *adj., of Tullius, Tullian.*—As *subst. n.* (sc. robur), *a dungeon in Rome, built by Servius Tullius*, S., L.

tum, *adv.*, of time [3 TA-].—Of time past, *then, at that time, in those times:* placuit tum id mihi, T.: qui tum vexare cupiebant: vastae tum in his locis solitudines erant, L.: Caere, opulento tum oppido, L.: tum Staienus condemnatus est, i. e. *in that trial.*—In emphatic opposition to other *advv.* of *time:* tu nunc tibi Id laudi ducis quod tum fecisti inopiā? T.: quae tabula, tum imperio tuo revolsa, nunc a me tamen deportata est: Et tum sicca, prius creberrima fontibus, Ide, O.—Of time present (only in *orat. obliq.*, for *nunc*), *now, at this time, then:* quando autem se, si tum non sint, pares hostibus fore? *if they were not now so*, L.—Of time future, *then, in that case, if that be done, thereupon:* Tum meae . . . Vocis accedet bona pars, H.: confer sudantes, ructantes . . . tum intelleges, etc.: agedum, dictatorem creemus . . . Pulset tum mihi lictorem, qui sciet, etc., L.—Of time indefinite, *then, at such a time, in such circumstances, in this instance, if so:* nam quid agimus, cum sevocamus animum? . . . quid, inquam, tum agimus, nisi, etc.?—Repeated, tum . . . tum, *sometimes . . . sometimes, now . . . now, at one time . . . at another:* tum hoc mihi probabilius, tum illud videtur: dictator tum appellare tum adhortari milites, L.—Of succession in time, *then, thereupon, next, afterwards, forthwith:* conlocari iussit hominem in aureo lecto . . . Tum ad mensam eximiā formā pueros iussit consistere: tum, prope iam perculsis aliis tribunis, A. Virginius Caesoni capitis diem dicit, L.—In a series, repeated, or with other *advv.* or *conjj.* varying the expression: ducem Hannibali unum e concilio datum (a Iove), tum ei ducem illum praecepisse ne respiceret, illum autem respexisse, tum visam beluam vastam, etc.: tum . . . alias . . . tum . . . alias: tum . . . tum . . . aliquando: tum . . . tum . . . aut . . . aut: modo . . . tum autem.—Fig., of succession in thought, *and then, besides, also, moreover, again, further, on the other hand:* Quot me censes homines iam deverberasse, Hospites tum civīs? *as well as*, T.: faciendum est igitur nobis ut . . . veteranorum, tum legionis Martiae quartaeque consensus . . . confirmetur.—After a general clause with *cum*, introducing a particular or emphatic assertion: cum . . . tum, *as . . . so, while . . . also, not only . . . but also, as . . . so especially:* Quom id mihi placebat, tum uno ore omnes omnia Bona dicere, T.: cum omnium rerum simulatio vitiosa est, tum amicitiae repugnat maxime: movet patres conscriptos cum causa tum auctor, L.—Cum, followed by tum vero, tum maxime, tum praecipue or tum inprimis, *while . . . in particular, not only . . . but especially, while . . . above all, not only . . . but chiefly:* cum haec sunt videnda, tum vero illud est hominis magni, etc.: cum infamia atque indignitas rei impediebat, tum maxime quod, etc., Cs.: cum multa non probo, tum illud inprimis quod, etc.—Cum, followed by tum certe, tum nimirum, tum etiam, tum quoque or tum praeterea, *while . . . at least, as . . . so assuredly, both . . . and as well, not only . . . but moreover:* at cum de plurimis eadem dicit, tum certe de maximis: cum memoriter, tum etiam amice, etc.: cum potestas maior, tum vir quoque potestati par, etc., L.—Referring to a temporal clause, with *cum.*—Of coincidence of definite time, tum . . . cum, or cum . . . tum, *at the time when, at a time when, even when, already when:* tum, quom gratum mihi esse potuit, nolui, T.: cum minime videbamur, tum maxime philosophabamur: tum mittendos legatos fuisse cum Perseus Graecas urbes obsideret, L.—Of succession in time, *then, next, at once, forthwith:* id cum Sulla fecisset, tum ante oppidum Nolam Samnitium castra cepit: cum muros defensoribus nudasset, tum Afros ad subruendum murum mittit, L.—Of indefinite time, tum . . . cum, or cum . . . tum, *at the time when, at a time when, at such times as, whenever:* omnis praedictio mali tum probatur cum ad praedictionem cautio adiungitur: tum cum sine pondere suci Mobilibus ventis arida facta volant, O.—With *ubi*, of succession in time, *then,* *next, at once, forthwith:* ubi eorum dolorem cognovi, tum meum animum in illos proposui: ubi spectaculi tempus venit, tum orta vis, L.—Of indefinite time, ubi . . . tum, *whenever:* Post ubi tempust promissa iam perfici, Tum coacti necessario se aperiunt, T.—With *postquam* or *postea quam*, of succession in definite time, *then, at once:* tum vero postquam res sociorum ante oculos prope suos ferri vidit, suum id dedecus ratus, etc., L.: posteaquam e portu piratae exierunt, tum coeperunt quaerere homines, etc., *as soon as.*—In indefinite time, *then, always:* postquam commoditas prava dicendi copiam consecuta est, tum malitia praevertere urbīs adsuevit.—With *ut*, ut . . . tum, or tum . . . ut, *when, after, as soon as:* ut vero accessit cohortatio . . . tum vero filium seduxit: ut vero aquam ingressi sunt, tum utique egressis rigere corpora, L.—With *quando*, tum . . . quando, or quando . . . tum, *when, as soon as:* utinam tum essem natus quando Romani dona accipere coepissent.—With *dum, then, meanwhile*· dum se glomerant . . . tum pondere turris Procubuit, V.—With *quam diu, then, so long:* qui, quam tibi amicus non modo tum fuerit quam diu tecum in provinciā fuit, verum, etc.—With a *relative, then, at that time:* Quā tempestate Paris Helenam innuptis iunxit nuptiis, Ego tum gravida expletis iam fui ad pariendum mensibus, C. poët.—With an *abl. absol., then, thereafter, at once:* ut morte eius nuntiatā tum denique bellum confectum arbitraretur: ita rebus divinis peractis tum de bello dictator rettulit, L.—Fig., in a conclusion after *cum* or *si, then, therefore, consequently, in that case:* cum magnus numerus deesset, tum iste homo coepit, etc.: quid tum quaeso, si hoc pater resciverit? T.: Si quidem me amaret, tum istuc prodesset, T.—In particular phrases, iam tum, *already at that time, as soon as that:* iam tum erat suspitio Dolo malo haec fieri, T.: ut mihi iam tum divinasse ille videatur hanc urbem esse, etc.—Tum demum or tum denique, *then only, then at length, then at last, not till then, as late as that:* tum demum Liscus, quod antea tacuerat, proponit, Cs.: quo cum venerimus, tum denique vivemus.—Tum primum, tum primo, or tum deinde, *then first, then for the first time, not till then:* ludorum gratiā, quos tum primum anniversarios in circo facere constituisset: tum primo, L.: quas cum solus pertulisset, tum deinde comitia conlegae subrogando habuit, L.—Hic tum, *at this point, just here, just then:* hic tum iniectus est hominibus scrupulus.—With *emphatic particles*, tum vero, tum enim vero, or enim vero tum, *then indeed, just then, at that crisis, then if not before, then:* discedit a Melino Cluentia. tum vero illa egregia mater palum exsultare . . . coepit: Quae postquam frustra temptata rogumque parari . . . Sensit, Tum vero gemitūs . . . Edidit, O.—Tum quidem, *at that time, thereupon, then at least:* et tum quidem incolumis exercitum liberavit; post triennium autem, etc.—Ne tum quidem, *not even then:* num quis horum miser hodie? ne tum quidem, post spiritum extremum.—Tum maxime or tum cum maxime, *especially at that time, chiefly then, just then, precisely at that time:* quem provincia tum maxime exspectabat: regi, tum maxime captivos ex Illyrico vendenti, *at that very time*, L.—Etiam tum, *even then, even at that time, even already, even yet:* totum se Servilio etiam tum tradidit: Ipsa ego non longos etiam tum scissa capillos, *not yet long*, O.—Tum quoque, *also then, then likewise, then as before, then too, then once more, even then:* tum quoque homini plus tribui quam necessitati: tum quoque multis milibus Latinorum in civitatem acceptis, L.—Tum autem, *and then, besides further, moreover, nay even:* statim se ad hominis egentis, tum autem iudicis, familiaritatem se applicavit: tanta enim tempestas cooritur . . . tum autem nives proluit, etc., Cs.—Tum ipsum, *at that very time, just then, even then:* id quod aliquando posset accidere, ne tum ipsum accideret, timere.—Quid tum? *what then? what next? what further?:* dic; cras est mihi Iudicium. quid tum? T.: videsne abundare me otio? *A.* quid tum?

tumefaciō, fēcī, factus, ere [tumeo+facio], *to cause to swell, tumefy:* Vis ventorum tumefecit humum, O.: tumefactus pontus, O.—Fig., *to inflate:* tumefactus laetitiā inani, Pr.

tumeō, —, —, ēre [1 TV-], *to swell, be swollen, be tumid, puff out, be inflated:* corpus tumet veneno, O.: pedes, V.: gemma in tenero palmite, O.: multo sacci hordeo, Ph.: cuius aceto tumes? Iu.—Fig., *to swell, be swollen, be excited, be violent, rage:* sapientis animus numquam tumet: multis gentibus irā tumentibus, L.: pectus anhelum, Et rabie fera corda tument, V.: tument negotia, *are in a ferment:* Bella tument, O.—*To be puffed up, swell:* Tumens graculus superbiā, Ph.: longā serie Caesarum, Ta.: alto stemmate, Iu.: Laudis amore tumes, H.—Of language, *to be pompous, be bombastic*, Ta.

tumēscō, muī, ere, *inch.* [tumeo], *to begin to swell, swell up:* Inflatum mare tumescit, C. poët.: vi maria, V.: freta ventis, O.: volnera tumescunt, Ta.—Fig., *to swell up, grow excited, become enraged:* ora mihi pariter cum mente tumescunt, O.: monet operta tumescere bella, *that war is fermenting in secret*, V.

tūmet, see tu.

tumidus, *adj.* with *comp.* [1 TV-], *swollen, swelling, rising high, protuberant, tumid:* membrum: venter, O.: aequor, V.: Fluctus, O.: vela, H.: montes, O.: crudi tumidique lavemur, i. e. *stuffed with food*, H.—*Puffing up, causing to swell:* tumidoque inflatur carbasus Austro, V.: Nec tumidos causabitur Euros, O. — Fig., *swollen with anger, excited, incensed, enraged, exasperated:* tumida ex irā tum corda residunt, V.: animus tumidā fervebat ab irā, O.—*Swollen with pride, puffed up, elated, haughty, arrogant:* es tumidus genitoris imagine falsi, O.: cum tumidum est cor, i. e. *swells with ambition*, H.: tumidior sermo, *inflated*, L.: regum minae, *arrogant*, H.: honor, *vain*, Pr.

tumor, ōris, *m.* [TV-], *the state of being swollen, swelling, tumor:* oculorum; cf. recentes quasi tumores animi.—Of the ground, *a swelling, elevation:* tumor ille loci permansit, et alti Collis habet speciem, O.—Fig., *a swelling, commotion, ferment, excitement:* cum tumor animi resedisset: tumor et irae Concessere deum, V.: rerum.

tumulō, āvī, ātus, āre [tumulus], *to cover with a mound, bury, inter, entomb:* quam tumulavit alumnus, O.: neque iniectā tumulabor mortua terrā, Ct.—*P. pass.* as *subst. m.:* nomen tumulati traxit in urbem, i. e. *named the town for the burial* (Sybaris), O.

tumulōsus, *adj.* [tumulus], *full of hills, hilly:* locus, S.

tumultuārius, *adj.* [tumultus], *bustling, hurried, confused, irregular, disorderly:* pugna (opp. iusta), L.: opus, L.—Of troops, *raised irregularly, volunteer:* exercitus, L.: manūs, Cu.

tumultuātiō, ōnis, *f.* [tumultuor], *a confusion, tumult, disorder, panic*, L.

tumultuor, ātus, ārī, *dep.* [tumultus], *to make a disturbance, be in confusion:* hostibus nuntiatur, in castris Romanorum tumultuari, *that there is disorder*, Cs.: id modo extremo anno tumultuatum, quod, etc., *the only disturbance was, that*, etc., L.

tumultuōsē, *adv.* with *comp.* and *sup.* [tumultuosus], *in confusion, disorderly, tumultuously:* senatus tumultuose vocatus tumultuosius consulitur, L.: tumultuosius vagari, Cs.: hominem tumultuosissime adoriri.

tumultuōsus, *adj.* with *comp.* and *sup.* [tumultus], *bustling, confused, disorderly, turbulent, tumultuous:* vita: multitudo, L.: proelia, L.: mare, H.: iter tumultuosius, L.: ex Syriā tumultuosiora nuntiata sunt, *tidings of disorder:* quod tumultuosissimum pugnae erat, *a pell-mell fight*, L.

tumultus, ūs (*gen.* tumultī, T., S.), *m.* [1 TV-], *an uproar, bustle, commotion, disturbance, disorder, tumult, panic:* magno cum tumultu castris egressi, Cs.: sine tumultu evadere, L.: arx inter tumultum capta est, L.: num qui tumultus?: turbae ac tumultūs concitatores, L.: alteri apud alteros formidinem simul et tumultum facere, S.: tumultus magis quam proelium fuit, Cu.: novos moveat fortuna tumultūs, H.—Of the forces of nature, *an uproar, disturbance, storm, tempest:* tremendo Iuppiter ipse ruens tumultu, H.: corpus tumultūs Non tulit aetherios, O.: (me) per Aegaeos tumultūs Aura feret, H. — In the body, *a rumbling:* stomacho tumultum Lenta feret pituita, H.—*A national peril, social disturbance, general alarm, civil war, insurrection, rebellion:* censeo tumultum decerni, *a state of civil war:* tumultūs Gallici causā, L.: factum nuper in Italiā, servili tumultu, Cs.: Hic rem Romanam, magno turbante tumultu, Sistet, V.—Fig., of the mind, *agitation, disquietude, tumult:* Mentis, H.

tumulus, ī, *m.* [1 TV-], *a heap of earth, mound, hill, hillock:* terrenus, Cs.: ignis e speculā sublatus aut tumulo: silvestres: tumuli ex aggere, V. —*A sepulchral mound, barrow, grave, tumulus:* tumulus, qui corpus eius contexerat: statuent tumulum, V.: Corpora dant tumulo, O.: inanis, *a cenotaph*, V.

tūn, colloq. for tū-ne; see tu.

tunc, *adv. demonstr.*, of time [tum+ce].—Of time past, *then, at that time, just then, on that occasion:* ubi tunc eras?: tunc duces Nerviorum . . . conloqui sese velle dicunt, Cs.: iam Horatius secundam pugnam petebat. tunc clamore . . . adiuvant militem suum, *just then*, L.: urbs (Corinthus) erat tunc praeclara ante excidium, L. — Opposed to present time: eā lege quae tunc erat Sempronia, nunc est Cornelia: cur privati non damus remiges, sicut tunc dedimus? L.—Of time present, *now, at this time* (only in *nar. obliq.* for nunc): quod si consulatūs tanta dulcedo sit, iam tunc ita in animum inducant, consulatum captum ab tribuniciā potestate esse, L.—Of time future, *then, at that time, in that event:* tunc illud vexillum . . . coloniae Capuae inferetur; tunc contra hanc Romam illa altera Roma quaeretur: Tunc piger ad nandum, tunc ego cautus ero, O. — Of succession in time, *then, thereupon, forthwith, just afterwards, accordingly, consequently:* Herodotus cum Romā revertitur, offendit eum mensem qui consequitur mensem comitialem. tunc Cephaloeditani decrerunt intercalarium XXXV dies longum: is finis pugnae equestris fuit. tunc adorti peditum aciem, nuntios mittunt, L.: animadversum est, extra consuetudinem longius a vallo esse aciem Pompei progressum. tunc Caesar apud suos 'Differendum est' inquit 'iter,' etc., Cs.: ipse quoque longinquo morbo est inplicatus, tunc adeo fracti simul cum corpore sunt spiritūs illi feroces ut, etc., L.—Fig., of succession in thought, cum . . . tunc (cf. cum . . . tum), *while . . . in particular, both . . . and above all:* Vivendum recte est cum propter plurima, tunc est Idcirco, etc., Iu. — Esp., referring to a temporal clause, with *cum.* — Of coincidence of definite time, tunc . . . cum, or cum . . . tunc, *just at the time when, just when, then . . . when:* quo damnato tunc, cum iudicia fiebant, HS IV milibus lis aestimata est: ille eo tempore paruit cum necesse erat; vos tunc paruistis cum paruit nemo, etc.: Infelix Dido, nunc te facta impia tangunt? Tunc decuit cum sceptra dabas, V. (Rib. tum): cum iam adpropinquantium forma lemborum haud dubia esset... tunc iniecta trepidatio, L.—Of indefinite time, tunc... cum, *at a time when, only when, whenever:* 'arbitror,' quo nos etiam tunc utimur cum ea dicimus iurati, etc.—With *ubi, then, at once, forthwith, thereupon:* ad quod bellum ubi consules dilectum habere occipiunt, obstare tunc enixe tribuni, L.—With *quando, whenever* (rare), C.—With an *abl. absol., then, thereupon, forthwith:* legatis auditis, tunc de bello referre sese Aemilius dixit, L.—F i g., in a conclusion after *si, then, therefore, consequently, in that case:* si se exstinxisset, tunc victorem ausurum, etc., L.—In particular phrases, iam tunc, *even at that time, as soon as that:* nisi iam tunc omnia negotia diligentissime confecissem.—Tunc demum, *not until then, then only, then at last, as late as that:* tunc demum nuntius missus ad tertiam legionem revocandam, L.: tunc demum pectora plangi Contigit, O.—Tunc primum, *then for the first time, then first, not till then:* quia tunc primum superbiae nobilitatis obviam itum est, S.: tunc primum circo, qui nunc maximus dicitur, designatus locus est, L.—Tunc vero, *then indeed, just then, at that crisis:* in perturbatos iam hostīs equos inmittunt. tunc vero Celtiberi omnes in fugam effunduntur, L.—Tunc quidem, *at that time:* et tunc quidem Perseus copias reduxit; postero die, etc., L.—Tunc cum maxime, *just then, precisely at that time:* hospitem tunc cum maxime utilia suadentem abstrahi iussit, Cu.—Tunc quoque, *also then, then too, then likewise, then once more, even then:* Saepe legit flores; et tunc quoque forte legebat, O.: quin nisi... ingens accipienda clades fuerit. tunc quoque ad extremum periculi ventum est, *even as it was,* L.

tundō, tutudī, tūnsus, or tūsus, ere [TVD-], *to beat, strike, thump, buffet:* tundere... cum illi latera tunderentur: tunsis pectoribus, V.: pede terram, H.: Gens tunditur Euro, V.: tunsae pectora palmis, V.—P r o v.: uno opere eandem incudem diem noctemque tundere, i. e. *to harp on one string perpetually.*—*To pound, bruise, bray:* tunsum gallae admiscere saporem, V.: Tunsa viscera, V.—F i g., *to din, stun, keep at, importune:* Tundendo atque odio denique effecit senex, T.: adsiduis vocibus heros Tunditur, V.

tunica, ae, *f.*, *an under-garment, shirt, tunic:* pulla: manicatis et talaribus tunicis amicti, i. e. *in effeminate attire:* Et tunicae manicas habent, V.—*A skin, membrane, husk, shell, peel:* gemmae tenuīs rumpunt tunicas, V.: lupini, Iu.

tunicātus, *adj.* [tunica], *clothed with a tunic, in shirt sleeves:* ut exercitatione tunicati uteremur: popellus, i. e. *without a toga,* H.—*Plur. m.* as *subst.:* metus tunicatorum illorum? i. e. *of the vulgar.*

tūnsus, *P.* of tundo.

turba, ae, *f.* [TVR-], *a turmoil, hubbub, uproar, disorder, tumult, commotion, disturbance:* ut exsistat ex populo turba: fugientium, Cs.: turbā atque seditionibus sine curā aluntur, S.—*A brawl, disturbance, quarrel:* iam tum inceperat Turba inter eos, T.: turba atque rixa.—*A disorderly multitude, crowd, throng, mob, band, train, troop:* videt in turbā Verrem: cum ex hac turbā et colluvione discedam: Iliadum, V.—*A great number, throng, multitude:* plebes, turbā conspectior cum dignitates deessent, L.: omnis eum stipata tegebat Turba ducum, V.: canum, O.: turba mea, i. e. *my brood,* Ph.: iaculorum, O.—*The common crowd, vulgar, mass:* velut unus turbae militaris, L.: poëtarum seniorum, H.: ignotorum deorum.

turbāmentum, ī, *n.* [turbo], *a means of disturbance:* volgi, Ta.

turbāssit, for turbāverit, see turbo.

turbātē, *adv.* [turbatus], *in confusion, disorderly:* aguntur omnia, Cs.

turbātiō, ōnis, *f.* [1 turbo], *confusion, disorder, disturbance:* rerum, L.: quanta ibi, L.

turbātor, ōris, *m.* [1 turbo], *a troubler, disturber:* volgi, L.: turbatores belli, *stirrers up of war,* L.

turbātus, *adj.* [*P.* of 1 turbo], *troubled, disturbed, disordered, agitated, confused:* oculis simul ac mente, L.: placare (voluntates) turbatas.

turbidē, *adv.* [turbidus], *in disorder, confusedly:* omnia esse suscepta.

turbidus, *adj.* with *comp.* and *sup.* [turba], *full of confusion, wild, confused, disordered:* tempestas: Tempestas telorum, V.: Auster, H.: scaturiges, L.: coma, *dishevelled,* O.—Of liquids, *troubled, thick, muddy, turbid:* aqua: Turbidus caeno gurges, V.—F i g., *troubled, disordered, disturbed, perplexed, violent, boisterous, turbulent, vehement:* mens, quae omni turbido motu semper vacet: animorum motūs: ex oculis se turbidus abstulit Arruns, *in confusion,* V.: puella, O.: in turbido tempore: Pectora turbidiora mari, O.—As *subst. n.:* turbidissima sapienter ferre, *the most troubled circumstances:* in turbido, *in troubled times,* L.—*Acc. adverb.:* mens turbidum Laetatur, *confusedly,* H.

turbineus, *adj.* [2 turbo], *shaped like a top, cone-shaped:* vortex, O.

1. turbō, āvī, ātus (turbāssitur for turbātum erit, C.), āre [turba], *to make an uproar, move confusedly, be in disorder:* instat, turbatque (Achilles), *rages,* O.: turbant trepida ostia Nili (i. e. trepidant), V.—*To disturb, agitate, confound, disorder,* *throw into confusion:* mare ventorum vi turbari: hibernum mare, H.: eversae turbant convivia mensae, O.: turbatis capillis stare, O.: turbata capillos, O.—In war, *to throw into disorder, break, disorganize:* equitatus turbaverat ordines, L.: Hic rem Romanam, magno turbante tumultu, Sistet, V.—Of water, *to trouble, make thick, turbid:* lacūs, O.: limo aquam, H.—Fig., *to make confusion, cause disorder:* turbent porro, quam velint, T.: omnibus in rebus turbare, i. e. *derange all his affairs:* si una alterave civitas turbet, Ta.: si in Hispaniā turbatum esset: totis Usque adeo turbatur agris, i. e. *there is confusion,* V.—*To confound, confuse, disturb, unsettle:* non modo illa, quae erant aetatis, permiscuit, sed etiam turbavit: ne quid ille turbet vide: ne incertā prole auspicia turbarentur, L.

2. turbō, inis, *m.* [1 turbo], *that which whirls, a whirlwind, hurricane, tornado:* saevi exsistunt turbines, Pac. ap. C.: validi venti, O.: turbo aut subita tempestas: pulvis collectus turbine, H.: venti terras turbine perflant, V.—*A spinning-top, whip-top:* volitans sub verbere, V.—*A magic wheel, wheel of fortune:* solve turbinem, H.—*A whorl, spiral, twist:* bucina, in latum quae turbine crescit ab imo, O.: suāpte naturā versari turbinem.—*A whirl, round, circle:* nubes Turbine fumans piceo, i. e. *of black curling smoke,* V.—*A whirling motion, revolution:* teli (contorti), V.: Murranum ingentis turbine saxi Excutit, i. e. *with a huge whirling stone,* V.: militiae turbine factus eques, i. e. *through the round of promotion,* O.—Fig., *a whirlwind, storm:* in maximis turbinibus rei p. navem gubernare: tu, turbo ac tempestas pacis atque oti, *disturber:* mentis, O.

turbulentē, *adv.* with *comp.* [turbulentus], *confusedly, tumultuously, boisterously:* humana pati, *composedly:* egit de Caepione turbulentius.

turbulenter, *adv.* [turbulentus], *confusedly, tumultuously:* nihil facere.

turbulentus, *adj.* with *comp.* and *sup.* [turba], *full of commotion, disturbed, boisterous, stormy, tempestuous:* tempestas, *stormy:* Aqua, *turbid,* Ph.: atomorum concursio, *at random.*—Fig., *restless, troubled, confused, disordered:* est igitur quiddam turbulentum in hominibus singulis: animi, *excited:* turbulentior inde annus excepit, L.: turbulentissimum tempus (opp. tranquillissimum).—*Making trouble, troublesome, turbulent, factious, seditious:* ut vitā sic oratione: cives: turbulentissimi tribuni plebis, Cs.

turdus, ī, *m.* [2 STAR-], *a thrush, fieldfare,* H.

tūreus (thū-), *adj.* [tus], *of frankincense:* virga, *the frankincense-shrub,* V.: grana, O.

turgeō, —, —, ēre, *to swell out, be swollen, be tumid:* turgentia ora (from the stings of hornets), O.: laeto in palmite gemmae, V.: sacculus pleno ore, Iu.—Fig., of speech, *to be inflated, be turgid, be bombastic:* professus grandia turget, H.

turgēscō, —, —, ere, *inch.* [turgeo], *to begin to swell, swell up, swell:* Ceres docuit turgescere semen in agris, O.—Fig., *to swell with passion:* sapientis animus numquam turgescit.

turgidulus, *adj. dim.* [turgidus], *puffed, swollen:* Flendo ocelli, Ct.

turgidus, *adj.* [turgeo], *swollen, inflated, distended, turgid:* membrum: haedus, Cui frons turgida cornibus, H.: (femina), i. e. *pregnant,* O.—Fig., of speech, *inflated, turgid:* Alpinus, H.

tūribulum (thūr-), ī, *n.* [tus], *an incense-pan, incense-burner, censer,* C., L., Cu.

tūricremus (thūr-), *adj.* [tus+2 CAR-], *incense-burning, for burning incense:* arae, V.: foci, O.

tūrifer (thūr-), fera, ferum, *adj.* [tus+1 FER-], *incense-bearing, yielding incense:* Indus, O.

tūrilegus, *adj.* [tus+1 LEG-], *incense-gathering:* Arabes, O.

turma, ae, *f.* [TVR-], *a troop, crowd, throng, band, body, company:* inauratarum equestrium (statuarum): Titanum immanis, H.: Gallica, i. e. *of priests of Isis,* O.—Of the cavalry, *a troop, squadron, company* (the tenth part of an ala, consisting of thirty, and later of thirty-two men): inter equitum turmas, Cs., C., H.

turmālis, e, *adj.* [turma], *of a troop, of a squadron.*—*Plur. m.* as *subst.:* Manlius cum suis turmalibus, i. e. *with the members of his squadron,* L.—In a play on the word: Scipio . . . turmalīs dixit displicere, i. e. *equestrian* (statues), *in a troop.*

turmātim, *adv.* [turma], *by troops, in squadrons:* equites se turmatim explicare, Cs.: Mauros invadunt, S.: vagantibus turmatim barbaris, L.

turpiculus, *adj. dim.* [turpis], *rather vile, repulsive, deformed:* iocus in (rebus) turpiculis: nasus, Ct.

turpificātus, *adj.* [turpis+2 FAC-], *debased, corrupted:* foeditas turpificati animi.

turpis, e, *adj.* with *comp.* and *sup.* [TARC-], *ugly, unsightly, unseemly, repulsive, foul, filthy:* aspectus: vestitus, T.: rana, H.: Morbo viri, *disfigured,* H.: udo membra fimo, i. e. *befouled,* V.: turpissima bestia, Enn. ap. C.—Of sound, *disagreeable, cacophonous:* si etiam 'abfugit' turpe visum est.—Fig., *shameful, disgraceful, repulsive, odious, base, infamous, scandalous, dishonorable:* verbum, T.: neque turpis mors forti viro potest accidere: adulescentia: causa, Cs.: formido, V.: turpem senectam Degere, H.: Egestas, V.: luxus, Iu.: quid hoc turpius?: quid est turpius effeminato viro?: homo turpissimus: luxuria cum omni aetati turpis, tum senectuti foedissima est: quae mihi turpia dictu videbuntur: quod facere turpe non est: coargui putat esse turpissimum.—As *subst. n.*, *a shameful thing, disgrace, shame, reproach:* nec honesto quicquam honestius, nec turpi turpius: Turpe senex miles, O.

turpiter, *adv.* with *comp.* and *sup.* [turpis], *in an unsightly manner, repulsively:* ut turpiter atrum Desinat in piscem mulier, H.: claudicare, O.—Fig., *in an unseemly manner, basely, shamefully, disgracefully, dishonorably:* facere nihil: se in castra recipere, Cs.: an turpius meretrici dedit? an inprobius, etc.?: turpissime es perbacchatus.

turpitūdō, inis, *f.* [turpis], *unsightliness, repulsiveness, foulness, deformity:* an est ullum maius malum turpitudine?—Fig., *baseness, shamefulness, disgrace, dishonor, infamy, turpitude:* ut nulla turpitudo ab accusatore obiceretur: turpitudinem delere ac tollere: vitandae turpitudinis causā: cum summā turpitudine aetatem agere, S.: ut turpitudinem fugae virtute delerent, Cs.: turpitudinum societas, *fellowship in vile practices:* qui est gurges turpitudinum omnium.

turpō, āvī, ātus, āre [turpis], *to make unsightly, soil, defile, pollute, disfigure, deform:* Iovis aram sanguine turpari, *be polluted,* Enn. ap. C.: Sanguine capillos, V.: candidos Turparunt umeros Rixae, H.: te quia rugae Turpant, H.

turriger, gera, gerum, *adj.* [turris+GES-], *turret-bearing, turreted:* urbes, V.—As an epithet of Cybele, *turret-crowned, turreted, wearing a crown of turrets* (representing the earth with its cities): dea, O.: Turrigerā frontem Cybele redimita coronā, O.

turris, is (*acc.* im, rarely em; *abl.* ī, less freq. e), *f.*, *a tower:* contionari ex turri altā: celsae graviore casu Decidunt turres, H.: aënea, O.: ex materiā . . . turres CXX excitantur (for the defence of the camp), Cs.: vineas turrīsque egit (in attacking a town), Cs.: addebant speciem (elephantis) tergo impositae turres, L.—*A high building, tower, castle, palace, citadel:* pauperum tabernas Regumque turrīs, H.: Regia, O.—*A dove-cot, dove-tower,* O.

turrītus, *adj.* [turris], *furnished with towers, towered, turreted, castled, castellated:* moenia, O.: puppes, V.—*Fem.*, as an epithet of Cybele, *tower-crowned, turreted:* Berecyntia mater, V., O.—*Towering, lofty:* scopuli, V.

turtur, uris, *m.*, *a turtle-dove,* V., O., Iu.

tūs (thūs), tūris, *n.* [cf. θύος], *incense, frankincense:* accendere: thure placare deos, H.: Inrita tura tulit, O: Sabaeo Ture calent arae, V.

Tuscus, *adj.*, *of the Tuscans, Tuscan, Etruscan, Etrurian,* C., L., N., O.: amnis, i. e. *the Tiber,* H., O.: flumen, O.: alveus, H.: vicus, *a street of bad repute in Rome,* L., H.

tussiō, —, —, īre [tussis], *to cough, have a cough:* male, H.

tussis, is, *f.*, *a cough,* T.: quatit Tussis anhela sues, V., H.: tussīs abstine, T.

tūtāmen, inis, *n.* [1 tutor], *a means of defence, protection, safeguard:* in armis, V.

tūtāmentum, ī, *n.* [1 tutor], *a means of defence, defence, protection, safeguard,* L.

1. tūte, see tu.

2. tūtē, *adv.* with *comp.* and *sup.* [tutus], *safely, securely, in safety, without danger:* tutius receptus daretur, Cs.

tūtēla, ae, *f.* [2 TV-], *a watching, keeping, charge, care, safeguard, defence, protection:* nullam corporis partem vacuam tutelā relinquere: Apollo, cuius in tutelā Athenas esse voluerunt: filios suos tutelae populi commendare: dii, quorum tutelae ea loca essent, L.: tutelae nostrae (eos) duximus, *regarded as under our protection,* L.: ut dicar tutelā pulsa Minervae, O.—In law, *the office of guardian, guardianship, wardship, tutelage:* qui tibi in tutelam est traditus: in suam tutelam venire, i. e. *to come of age:* ad sanos abeat tutela propinquos, H.: tutelarum iura.—*A keeper, ward, guardian, watch, protector:* (Philemon et Baucis) templi tutela fuere, O.: prorae tutela Melanthus, i. e. *the pilot,* O.: o tutela praesens Italiae (Augustus), H.—*A charge, care, trust:* mirabamur, te ignorare, de tutelā legitimā . . . nihil usucapi posse, i. e. *a ward's estate.*—*A ward:* Virginum primae puerique Deliae tutela deae, H.: tutela Minervae Navis, O.: vetus draconis, Pr.

tūtemet, tūtimet, see tu.

tūtō, *adv.* with *sup.* [tutus], *safely, securely, in safety, without danger:* decernere, Cs.: ut tuto sim, *in security:* quaerere, ubi tutissimo essem.

1. tūtor, ōris, *m.* [2 TV-], *a watcher, protector, defender:* Silvane, tutor finium, H.—In law, *a guardian, tutor, guardian of the person:* tutor sum liberis (Triarii): illum tutorem liberis suis scribere: pupilli Malleoli: Philippi, L.: orbae eloquentiae quasi tutores relicti sumus.—*The title of a mimic play.*

2. tūtor, ātus, ārī, *intens.* [tueor], *to watch, make safe, guard, keep, protect, defend:* Res Italas armis, H.: genae ab inferiore parte tutantur (oculos): muris urbem, L.: serves Tuterisque tuo fidentem praesidio, H.: quas (spes) necesse est virtute et innocentiā tutari, S.: quibus (viribus) ab irā Romanorum vestra tutaremini, L.: se adversus multitudinem hostium, L.: ut suae quisque partis tutandae reus sit, *responsible for the safety of,* L.—*To ward off, avert:* inopiam subsidiis, Cs.: pericula, S.

tūtus, *adj.* with *comp.* and *sup.* [*P.* of tueor], *guarded, safe, secure, out of danger:* nullius res tuta . . . contra tuam cupiditatem: cum victis nihil tutum arbitrarentur, Cs.: Tutus bos rura perambulat, H.: quis locus tam firmum habuit praesidium, ut tutus esset?: nemus, H.: receptus, Cs.: iter, H.: tutissima custodia, L.: quod vectigal orbis tutum fuit? *assured:* Est et fideli tuta silentio Merces, *sure*, H.: Tutior at quanto merx est in classe secundā! H.: non est tua tuta voluntas, *not without danger*, O.: diadema tutum Deferens uni, i. e. *secured to him*, H.: male tutae mentis Orestes, i. e. *unsound*, H.: alqd Depone tutis auribus, *trustworthy*, H.: provinciam a belli periculis tutam esse servatam: ab insidiis, H.: a coniuge, O.: ab omni iniuriā, Ph.: testudinem tutam ad omnes ictūs video esse, L.: quo tutiores essent adversus ictūs sagittarum, Cu.—As *subst. n.*, *a place of safety, shelter, safety, security:* tuta et parvula laudo, H.: tuta petens, O.: ut sitis in tuto: receptus in tutum est, L.—*Watchful, careful, cautious, prudent:* Serpit humi tutus, H.: Non nisi vicinas tutus ararit aquas, O.: celeriora quam tutiora consilia, L.: animum ad honestiora quam tutiora convertere (sc. consilia), Cu.: tutius esse arbitrabantur, potiri, etc., i. e. *the safer course*, Cs.

tuus, *pron. poss.* [tu], *thy, thine, your, yours* · auditor Panaeti illius tui: de tuis unus est: tuae potestatis semper tu tuaque omnia sint, L.: Tuomst mihi ignoscere, *it is your part*, T.—As *subst. n.*, *your property, what is yours, your own:* tua nummo sestertio a me addicuntur?: pete tu tuum.—*Abl. sing. f.* with the impersonal verb *interest* or *re fert* (for the *gen.* of tu): tuā et meā maxime interest te valere, *it greatly concerns you and me:* si quid interesse tuā putasses.—*Your own, favorable to you, auspicious, proper, suitable, right for you:* tempore tuo pugnasti, L.: neque occasioni tuae desis, L.—*Of you* (for tui, as *gen. obj.*): neque neglegentiā tuā neque odio id fecit tuo, T.: desiderio tuo.

tympanum, ī, *n.*, = τύμπανον, *a drum, timbrel, tambour, tambourine:* Tympana Berecyntia, i. e. *of the priests of Cybele*, V.: in reconditis templi tympana sonuerunt, Cs.: tympana pulsare, Cu.—Of a wagon, *a wheel, roller:* tympana plaustris posuere, V.

typus, ī, *m.*, = τύπος, *a figure, image:* typi in tectorio atrioli.

tyrannicē, *adv.* [tyrannicus], *arbitrarily, tyrannically:* ea quae tyrannice statuit.

tyrannicus, *adj.*, = τυραννικός, *arbitrary, despotic, tyrannical:* interdicta: leges.

tyrannis, idis, *acc.* idem or ida, *f.*, = τυραννίς, *the sway of a tyrant, arbitrary power, despotic rule, tyranny:* vivit tyrannis, tyrannus occidit: tyrannidem occupare: odio tyrannidis exsul Sponte erat, O.: saeva Neronis, Iu.—*A country ruled by a tyrant:* tyrannidem tuam exhaurire, L.

tyrannoctonus, ī, *m.*, = τυραννοκτόνος, *a tyrant killer, tyrannicide, regicide.*

tyrannus, ī, *m.*, = τύραννος, *a monarch, sovereign, king, absolute ruler, personal governor, despot, prince:* Nomadum tyranni, V.: Pandione nata tyranno, O.: Lacedaemonius, i. e. *king of Sparta*, L.: qui (amnes) tecta tyranni Intravere sui, i. e. *the halls of Neptune*, O.: tyrannus Hesperiae Capricornus undae (as the constellation which brought storms), H.—*An arbitrary ruler, cruel governor, autocrat, despot, tyrant:* tyrannorum vita: qui hoc fecit ullā in Scythiā tyrannus?: exitiabilis, L.: non invenere tyranni Maius tormentum, H.

tȳrotarīchos, ī, *m.*, = τυροτάριχος, *a ragout of cheese and salt-fish.*

U (V vocalis).

1. ūber, eris, *n.* [cf. οὖθαρ; Engl. udder], *a teat, pap, dug, udder, breast:* alit ubere fetūs, V.: distentum, O.: uberibus lupinis inhians: siccare ovis ubera, V.: Equina, H.: sua quemque mater uberibus alit, Ta.—*Richness, fruitfulness, fertility:* fertilis ubere campus, V.—*A fruitful field, fertile soil:* in denso non segnior ubere Bacchus, V.: vitibus almis Aptius, V.

2. ūber, eris, *adj.* with *comp.* ūberior and *sup.* ūberrimus [cf. 1 uber], *abounding, rich, full, fruitful, fertile, abundant, plentiful, copious, productive:* spicae: Fruges, H.: in uberi agro, L.: aquae, O.: agro bene culto nihil potest esse usu uberius: neque aetas Ulla uberior (aestate), O.: uberrima pars Siciliae: arbor uberrima pomis, O.: (Sulmo) gelidis uberrimus undis, O.—Fig., *rich, abounding, fruitful, productive:* spe uberiore commoveri: ingenia uberrima: uberrima triumphis provincia, *full of.*—Of style and composition, *full, rich, copious, suggestive, fruitful:* orator: quid uberius cuiquam quam mihi et pro me et contra Antonium dicere?: uberior in dicendo: uberiores litterae: haec uberiora ad suos perscribebant, Cs.

ūberius, *adv. comp.* with *sup.* ūberrimē [2 uber], *more fruitfully, more fully, more copiously:* Uberius nulli provenit ista seges, O.: flere uberius.—Fig., of style or composition, *more copiously, more fully:* haec cum uberius disputantur: locus tractatus uberrime.

ūbertās, ātis, *f.* [2 uber], *richness, fulness,*

plenteousness, plenty, abundance, copiousness, fruitfulness, fertility, productiveness: mammarum: in percipiendis fructibus: Rami bacarum ubertate incurvescere. —Fig., of mind or character, *richness, fulness:* ubertates virtutis: utilitatis. — Of style or language, *copiousness, fulness:* in dicendo: ubertas et quasi silva dicendi.

ūbertim, *adv.* [2 uber], *abundantly, copiously:* lacrimas fundere, Ct.

ubi or **ubī**, *adv.* [old cubi for quo-bi, *locat.* from 1 qui].—*Relat., in which place, in what place, where:* tum eos agros, ubi hodie est haec urbs, incolebant: in ipso aditu atque ore portūs, ubi, etc.: ibi futuros Helvetios, ubi eos Caesar constituisset, Cs.: nemo sit, quin ubivis, quam ibi, ubi est, esse malit: quid ageres, ubi terrarum esses.—*Interrog., where?:* ubi inveniam Pamphilum? T.: ubi sunt, qui negant? etc.: Heu! ubi nunc fastus altaque verba iacent? O.—Of time, *when, whenever, as soon as, as:* Ubi friget, huc evasit, T.: ubi semel quis peieraverit, ei credi postea non oportet: ubi de eius adventu certiores facti sunt, legatos ad eum mittunt, Cs.: docta Versare glaebas . . . sol ubi montium Mutaret umbras, H.: ubi conticuerit tumultus, tum in curiam patres revocandos esse, L. —In place of a *pron. relat., in which, by which, with which, wherewith, with whom, by whom:* Huius modi res semper comminiscere, Ubi me excarnifices, T.: cum multa conligeres . . . ubi, si verba, non rem sequeremur, confici nihil posset: neque nobis adhuc praeter te quisquam fuit, ubi nostrum ius obtineremus, *with whom:* Alcmene, questūs ubi ponat anilīs, Iolen habet, O.

ubi-cumque or **ubī-cumque** (**-cunque**, old **-quomque**), *adv.—Relat., wherever, wheresoever:* etsi, ubicumque es, in eādem es navi: ego uni Servor, ubīcumque est, O.: Sis licet felix, ubicumque mavis, H.: ubicumque terrarum sunt: ubicumque locorum Vivitis, H.: ubicumque erit gentium: nostrum est ubi quomque opus sit, obsequi, T.— *Indef., wherever it may be, anywhere, everywhere* Rem patris oblimare, malumst ubicumque, H.

ubi-nam, *adv., interrog.* of *place, where? where on earth?:* ubinam gentium sumus: non video ubinam mens possit insistere.

ubi-quāque, *adv., wherever, in every place.*

1. ubi-que, *and where:* ubi expositi ubique educati erant, L., H.

2. ubī-que, *adv., in any place whatever, anywhere, in every place, everywhere:* qui ubique praedones fuerunt: quid ubique habeat frumenti ostendit, Cs.: illud, quicquid ubique Officit, evitare, H.: litterae, quae ubique depositae essent, L.: praeponere quid ubique opis haberent, i. e. *what in the world,* S.: ceteri agri omnes qui ubique sunt, *all the rest . . . everywhere:* omnes copiae, quae ubique sunt.

ubiquomque, see ubicumque.

ubi-ubi (**-bī**) or **ubi ubi**, *adv. indef.* of *place, wherever, wheresoever:* ubi ubi est, T.: sperantes facile, ubiubi essent se . . . conversuros aciem, L.

ubivīs, *adv.* [ubi+2*d pers. sing.* of volo], *where you will, be it where it may, wherever it may be, anywhere, everywhere:* nemo sit, quin ubivis, quam ibi, ubi est, esse malit: recito Non ubivis coramve quibuslibet, H.: ubivis gentium agere aetatem, i. e. *anywhere in the world,* T.—*In any thing whatever, in what you will:* Ubivis facilius passus sim, quam in hac re, me deludier, T.

ūdus, *adj.* [for ūvidus], *wet, moist, damp, humid:* paludes, O.: litus, H.: pomaria rivis, H.: oculi, O.: Vere madent udo terrae, V.: udae Vocis iter (i. e. udum iter vocis), *the throat,* V.: liber, *sappy,* V.: argilla, *yielding,* H.: apium, *growing in marshy ground,* H.

ulcerō, —, ātus, āre [ulcus], *to make sore, cause to ulcerate:* nondum ulcerato serpentis morsu: alcui lumbos onere, H.—Fig.: Non ancilla tuum iecur ulceret ulla, i. e. *wound your heart,* H.

ulcerōsus, *adj.* [ulcus], *full of sores, ulcerous:* facies, Ta.—Fig.: iecur, i. e. *sore heart,* H.

ulcīscor, ultus, ī, *dep., to avenge oneself on, take vengeance on, punish, recompense:* ulciscendi Romanos, pro iis iniuriis, occasio, Cs.: (hominem) utinam ulcisci possem! sed illum ulciscentur mores sui: victor acerbius, S.: ulta paelicem, H. — *To take revenge for, avenge, punish, requite, repay:* iniurias, Cs.: istius iniurias per vos: peccata peccatis et iniurias iniuriis: senis iracundiam, T.: offensas tuas, O.: Regum libidines, H.: quicquid sine sanguine civium ulcisci nequitur, *all that cannot be revenged,* etc., S.: ob iras graviter ultas, L.: patris ossa ulta, *avenged,* O.—*To take vengeance in behalf of, avenge:* patris ulciscendi causā supplicium de matre sumpsisse: ut ipsi se di inmortales ulciscerentur: caesos fratres, O.: cadentem patriam, V.

ulcus, eris, *n.* [cf. ἕλκος], *a sore, ulcer:* ulceris os, V.: pudor malus ulcera celat, H.—Fig.: hoc ulcus tangere, i. e. *this painful subject,* T.: quicquid horum attigeris, ulcus est, i. e. *it cannot bear examination.*

ūlīgō, inis, *f.* [VG-], *moisture, dampness:* humus dulci uligine laeta, V.: profunda, Ta.

ūllus, *gen.* ūllīus (rarely ūllius, Ct., O.), *dat.* ūllī, *adj.* [for *ūnulus, *dim.* of unus].—With a *negation,* expressed or implied, *any, any one:* nec tuos ludos aspexit, nec ullos alios: neque aliud ullum (signum), praeter unum ligneum: neminem tamen adeo infatuare potuit, ut ei nummum ullum crederet: neve ipse navem ullam praeter duos lembos haberet, L.: sine ullo maleficio iter facere, Cs.: lex quae vetat ullam rem esse cuiusquam, nisi, etc.—E s p., with *non*, *haud*, or *neque* (emphat. for nullus): deinceps explicatur differentia rerum, quam si non ullam esse diceremus, etc.: haec nec alia ulla maledicta.—As *subst.*, *any one*, *anybody:* negat se posse iter ulli per provinciam dare, Cs.: nec prohibente ullo, L.—In hypothetical clauses, *any*, *any whatever:* Si ullo modo est ut possit, T.: si tempus est ullum iure hominis necandi: si ullam partem libertatis tenebo; cf. iniquos omnīs aiebat esse, qui ullam agri glaebam possiderent (i. e. si possiderent).—In affirmative clauses, *any*, *some* (poet.): dum amnes ulli rumpuntur fontibus, V.: scelus tacitum qui cogitat ullum, Iu.

ulmeus, *adj.* [ulmus], *of elm-wood*, *of elm:* cena, Iu.

ulmus, ī, *f.* [1 OL-], *an elm*, *elm-tree:* fecundae frondibus ulmi, V., H., O.: Falernae, i. e. *on which the Falernian vines were trained*, Iu.: viduae, *without vines*, Iu.

ūlna, ae, *f.* [cf. ὠλένη], *the elbow:* corpus ulnis attollo, O.: Eurydicen amplectitur ulnis, i. e. *arms*, O.—As a measure of length, *an ell:* Trīs spatium non amplius ulnas, V., H., O.

ūlterior, ius, *adj. comp.*, *farther*, *on the farther side*, *that is beyond*, *more remote* (for *sup.* see ultimus): quis est ulterior? T.: Gallia, i. e. *transalpine*, Cs.: pars urbis, L.: ripa, V.: Ulterius medio spatium, O.—F i g., *more extreme*, *worse:* quo quid ulterius privato timendum foret? L. — *Plur. m.* as *subst.*, *the more remote persons*, *those farther on*, *those beyond:* cum ab proximis impetrare non possent, ulteriores tentant, Cs.: proximi ripae neglegenter, ulteriores exquisitius, Ta. — *Plur. n.* as *subst.*, *that which is beyond*, *things beyond*, *farther*, *more:* pudor est ulteriora loqui, O.—*Neut.* as *adv.*, *beyond*, *farther on*, *farther:* abire, O.: Ulterius nihil est, nisi, etc., O.—*Further*, *more*, *longer*, *in a greater degree:* Ulterius ne tende odiis, V.: ulterius dare corpus leto, O.

ūltimum, *adv.* [ultimus], *finally*, *for the last time:* illum visurus, Cu.

ūltimus (**ūltumus**), *adj. sup.* [cf. ulterior].—In space, *farthest*, *most distant*, *most remote*, *uttermost*, *extreme*, *last:* (luna) quae ultima a caelo lucebat: in ultimam provinciam se coniecit, *the most remote part of the province:* maris terrarumque orae, L.: Africa, *farthest Africa*, H.: quā terrarum ultimas finit Oceanus, L.—*Plur. m.* as *subst.*, *the most remote people*, *those farthest on:* recessum primis ultimi non dabant.—As *subst. n.*, *what is farthest*, *the most remote*, *the last*, *the end:* praeponens ultima primis, H.: ultima signant, *the goal*, V.: extremum atque ultimum mundi. — Of time or order, *remotest*, *earliest*, *oldest*, *first*, *last*, *latest*, *final:* ultimi temporis recordatio: memoria pueritiae: sanguinis auctor, V.: dies, *last*, O.: de duro est ultima ferro, O.: necessitate, quae ultimum ac maximum telum est, superiores estis, L.: senatūs consultum, Cs.—*Plur. n.* as *subst.:* perferto et ultima exspectato, *the end*.—In the phrase, ad ultimum, *to the end*, *at last*, *lastly*, *finally:* si qualis in cives, talis ad ultimum in liberos esset, L.—Rarely with *illud:* domos suas ultimum illud visuri, *now for the last time*, L.—Of degrees or rank, *utmost*, *extreme*, *highest*, *first*, *greatest:* summum bonum, quod ultimum appello: ultimae causae cur perirent, etc., H.: periculum, Cu.: inopia, L.: supplicium, i. e. *capital punishment*, Cs.: discrimen vitae, L. — As *subst. n.:* omnia ultima pati, *any extremity*, L.—In the phrase, ad ultimum, *to the extreme*, *in the highest degree:* fidem ad ultimum fratri praestare, L.: consilium ad ultimum demens, *utterly*, L.: ad ultimum inopiae adducere, *to the last degree*, L.: ad ultimum periculi pervenire, Cu.—*Lowest*, *meanest:* non ultima laus, H.: vigiliis et labore cum ultimis militum certare, L.

ultiō, ōnis, *f.* [cf. ulciscor], *a taking vengeance*, *avenging*, *revenge:* quamquam serum auxilium perditis erat, tamen ultionem petens, L.: infirmi est animi voluptas Ultio, Iu.: prima est haec ultio, i. e. *punishment*, Iu.—*A wreaking*, *indulgence:* irae, L.

ultor, ōris, *f.* [cf. ulciscor], *a punisher*, *avenger*, *revenger:* coniurationis ultor: Exoriare aliquis nostris ex ossibus ultor, V.: deus ultor, i. e. Anteros, O.—As a surname of Mars, *the Avenger*, O.

1. ūltrā, *adv.* (for *comp.* and *sup.* see ūlterius, ūltimum), *on the other side:* Dextera nec citra mota nec ultra, *neither on this side nor on that*, O. —Of time or degree, *beyond*, *farther*, *over*, *more*, *besides*, *in addition:* estne aliquid ultra, quo crudelitas progredi possit? *any greater extreme:* quia ultra nihil habemus: nec ultra bellum Latinum dilatum, *longer*, L.: ultra enim quo progrediar, quam ut veri similia videam, non habeo.

2. ūltrā, *praep.* with *acc.* [1 ultra], *on the farther side of*, *beyond*, *past*, *over*, *across:* cis Padum ultraque, L.: ultra Silianam villam: milibus passuum II ultra eum (montem) castra fecit, Cs.: ultra Terminum, H.: fines, Quos ultra citraque nequit consistere rectum, H.—Of measure or degree, *beyond*, *above*, *over*, *exceeding*, *more than:* adhibent modum quendam, quem ultra progredi, etc.: si mortalis ultra Fas trepidat, H.: ultra placitum, V.

ultrīx, īcis, *adj.* [ultor], *avenging*, *vengeful:* ultrices Dirae, V.: Curae, V.

ūltrō, *adv.* [*abl.* of *ulter; sc. loco], *to the farther side*, *beyond*, *on the other side.* — Only with *citro:* cursare ultro et citro, *to and fro:* ultro citroque navigare, *back and forth:* ultro citro commeantes, *hither and thither.—Over and above, besides, moreover, too, furthermore:* celavit suos civīs ultroque eis sumptum intulit: cavendo, ne metuant, homines metuendos ultro se efficiunt, L. —Fig., *superfluously, gratuitously, wantonly:* putant, Sibi fieri iniuriam ultro, L.: sibi ultro per contumelias hostem insultare, L.—*Of oneself, one's own accord, unasked, spontaneously, voluntarily:* Nolunt, ubi velis; ubi nolis, cupiunt ultro, T.: spes imperi ultro sibi oblata: offerentibus ultro sese militibus, L.: cum id, quod antea petenti denegasset, ultro polliceretur, Cs.: subinvideo tibi, ultro te etiam arcessitum ab eo, *of his own motion:* cum rex ab Attalo ultro se bello lacessitum diceret, L.—In the phrase, ultro tributa (ultrotributa), *payments to contractors for service to the state, appropriations for public works* (opp. tributa, vectigalia): ultro tributa infimis (pretiis) locaverunt, i. e. *awarded the contracts for public works to the lowest bidders,* L.

ultus, *P.* of ulciscor.

ulula, ae, *f.* [VL-], *a screech-owl,* V.

(**ululātus,** ūs), *m.* [ululo], *a howling, wailing, shrieking, loud lamentation* (only *acc.* and *abl., sing.* and *plur.*): subitis ululatibus Inplevere nemus, O.: ululatūs ore dedere, V.: lugubri et barbaro ululatu, Cu.: ululatum tollunt, *a war-whoop,* Cs.: festis fremunt ululatibus agri, i. e. *the frenzied cries of the Bacchanals,* O., Ct.

ululō, āvī, ātus, āre [VL-], *to howl, yell, shriek, wail, lament loudly:* canes, V.: summoque ulularunt vertice Nymphae, V.: Canidia ululans, H.: Tisiphone thalamis ululavit in illis, O.: ululanti voce canere.—Poet.: plangoribus aedes Femineis ululant, *resound,* V.: Hecate ululata per urbīs, *shrieked,* V.

ulva, ae, *f.* [1 OL-], *swamp-grass, sedge:* palustris, V.: (aper) ulvis et harundine pinguis, H., O.

umbella, ae, *f. dim.* [umbra], *a sunshade, parasol, umbrella,* Iu.

umbilīcus, ī, *m.* [*umbalus (= ὀμφολός)], *the navel:* ut umbilico tenus aqua esset, L.—*The middle, centre:* qui locus umbilicus Siciliae nominatur: terrarum, i. e. *Delphi:* orbis terrarum, L.: umbilicum Graeciae incolere, L.—*The end of a rod on which a manuscript was rolled:* iambos Ad umbilicum adducere, i. e. *to bring to an end,* H.—*A sea-snail, sea-cockle.*

umbō, ōnis, *m.* [AMB-], *a swelling, rounded elevation, knob, boss:* clipei, V.: umbonibus incussāque alā sternuntur hostes, L.: alā et umbone pulsantes, L.—*A shield:* nec sufficit umbo Ictibus, V.: iunctae umbone phalanges, Iu.

umbra, ae, *f.*, *a shade, shadow:* terrae: colles . . . adferunt umbram vallibus: noctis se condidit umbris, V.: pampineae, *of vines,* V.: Falce premes umbram, i. e. *prune the foliage,* V.—Prov.: qui umbras timet, *is afraid of shadows.—A shaded place, place protected from the sun, shade:* Umbra loco deerat, i. e. *trees,* O.: Pompeiā spatiere sub umbrā, *in the Pompeian portico,* O.: vacuā tonsoris in umbrā, *in the cool barber's shop,* H.: rhetorica, i. e. *the rhetorician's school,* Iu.—In painting, *a dark place, shade, shadow:* quam multa vident pictores in umbris et in eminentiā.—Of the dead, *a shade, ghost:* Pulvis et umbra sumus, H.: Cornea (porta), quā veris facilis datur exitus umbris, V.: Umbrarum rex, i. e. *Pluto,* O.: matris agitabitur umbris, O.—*A shadow, attendant, companion:* cum Servilio Vibidius, quas Maecenas adduxerat umbras, H.—*A grayling, umber* (a fish): corporis umbrae Liventis, O.—Fig., *a shadow, trace, image, appearance, outline, semblance, pretence, pretext:* civitatis: umbras falsae gloriae consectari: umbrae hominum, fame frigore evecti, L.: Mendax pietatis, O.—*A shelter, cover, protection:* umbra et recessus: sub umbrā vestri auxilii latere, L.—*Rest, leisure:* docere in umbrā atque otio: ignava Veneris, O.: cedat umbra soli, i. e. *repose to exertion.*

umbrāculum, ī, *n.* [umbra], *a shady place, bower, arbor:* lentae texunt umbracula vites, V.: ex umbraculis eruditorum in solem, *the retirement.*—*Plur., a sunshade, parasol:* pellebant umbracula soles, O.

umbrātilis, e, *adj.* [umbra], *in the shade, in retirement, private, retired, contemplative:* vita.—Of speech, *in the manner of the schools, scholastic, esoteric:* exercitatio: oratio philosophorum.

umbrātus, *adj.* [umbra], *shady, shaded, overhung* (poet.): tempora quercu, V.

umbrifer, era, erum, *adj.* [umbra + 1 FER-], *shade-bringing, casting shade, shady:* platanus, C. poët.: nemus, V.

umbrōsus, *adj.* with *comp.* [umbra], *full of shade, rich in shade, shady, umbrageous:* locus umbrosior: Heliconis orae, H.: Ida, O.: vallis, V.—*Giving shade, casting shadows, shading:* inter densas, umbrosa cacumina, fagos, V.: silva, O.: in umbrosis lucis, H.

ūmectō (not hū-), —, —, āre [umectus, moist], *to moisten, wet:* lacrimarum gramina rivo, O.: umectat culta Galaesus, *waters,* V.

ūmeō (not hū-), —, —, ēre [VG-], *to be moist, be damp, be wet:* calidā qui locus umet aquā, O.: Ument genae, O.—*P. praes.:* umens tellus, O.: oculi, *suffused,* O.: umbra, i. e. *the cool night,* V.—*Plur. n.* as *subst.:* Frigida pugnabant calidis, umentia siccis, O.: umentia ultra, *beyond the swamps,* Ta.

umerus (not hum-), ī, *m.* [cf. ὦμος], *the upper arm, shoulder:* Exerit haec umerum, O.: sagittae pendebant ab umero: umerum apertum gladio appetit, Cs.: Pars umeri ima tui, O.: Demissis umeris esse, T.: umeri ad sustinenda arma liberi, Cs.: umeris sustinere bovem: umeris positurus arcum, H.: Ex umeris armi fiunt, O.—Fig.: comitia suis umeris sustinere: qui scribitis, versate diu, quid ferre recusent, Quid valeant umeri, H.

ūmēscō (not hū-), —, —, ere, *inch.* [umeo], *to grow moist, be made wet:* spumis, V.

ūmidulus, *adj. dim.* [umidus], *rather damp, moist:* linum, O.

ūmidus (not hū-), *adj.* [VG-], *moist, humid, damp, dank, wet:* natura animantis, vel terrena sit vel ignea vel umida: (naves) factae ex umidā materiā, Cs.: creta, H.: dies umida nimbis, O.: regna, i. e. *of the river*, V.: caedunt securibus umida vina (i. e. it was frozen), V.: montes, Cu.: mella, V.—As *subst. n.* (sc. solum), *a swamp:* castra in umido locare, Cu.

ūmifer (not hū-), fera, ferum, *adj.* [VG-, 1 FER-], *containing moisture, moist:* sucus.

ūmor (not hū-), ōris, *m.* [VG-], *a liquid, fluid, moisture:* frigoribus durescit umor: umor adlapsus extrinsecus sudorem videtur imitari: circumfluus, *the ocean*, O.: lacteus, *milk*, O.: Bacchi Massicus, *wine*, V.: umor et in genas Furtim labitur, *tears*, H.: caret os umore loquentis, *saliva*, O.: tellus Sufficit umorem, i. e. *sap*, V.: roscidus, *dew*, Ct.

umquam or (later) **unquam**, *adv.*—Of time [quom(cum)+quam], *at any time, ever* (opp. numquam; usu. with a *negat.* expressed or implied): quod (principium) si numquam oritur, ne occidit quidem umquam: cum ita sim adflictus ut nemo umquam: itaque quantus non umquam antea exercitus venit, L.: Non umquam gravis aere domum mihi dextra redibat, V.: cave posthac umquam istuc verbum ex te audiam, T.—In conditions: si umquam in dicendo fuimus aliquid . . . tum profecto, etc.: Si te in plateā offendero hac post umquam, periisti, T.—In affirmative clauses: si reliquis praestet omnibus, qui umquam orationes attigerunt: sic umquam longā relevere catenā, Nec tibi perpetuo serva bibatur aqua, O.

ūnā, *adv.* [unus], *in the same place, at the same time, at once, together:* quod summi puerorum amores saepe unā cum praetextā togā ponerentur: qui unā erant missi: Pallas huic filius unā, Unā omnes iuvenum primi pauperque senatus Tura dabant, *at the same time gave him*, V.

ūnanimitās, ātis, *f.* [unanimus], *unanimity, concord:* fraterna, L.

ūnanimus, *adj.* [unus+animus], *of one mind, of one accord, in union, concordant:* unanimam adloquitur sororem, V.: vos unanimi densate catervas, V.

ūncia, ae, *f.* [cf. ūnus, ūnicus], *the twelfth part, a twelfth:* Caesar ex unicā, sed Lepta ex triente, *heir to one twelfth.*—*A trifle, bit, atom:* nulla uncia nobis Est eboris, Iu.

ūnciārius, *adj.* [uncia], *of a twelfth part, containing a twelfth:* faenus, *at one twelfth of the principal yearly*, i. e. 8⅓ *per cent.*, L.

ūnciātim, *adv.* [uncia], *by twelfths, by ounces; hence, little by little:* Quod ille unciatim vix de demenso suo . . . compersit miser, T.

uncīnātus, *adj.* [uncīnus, a hook; from 1. uncus], *barbed, hooked:* corpora.

ūnciola, ae, *f. dim.* [uncia], *a paltry twelfth*, Iu.

ūnctiō, ōnis, *f.* [ungo], *a besmearing, anointing:* philosophum omnes unctionis causā relinquunt, i. e. *to anoint themselves* (for wrestling).

ūnctor, ōris, *m.* [ungo], *an anointer.*

ūnctum, ī, *n.* [unctus], *a rich banquet, savory dish:* unctum ponere, H.

ūnctūra, ae, *f.* [ungo], *an anointing:* servilis.

ūnctus, *adj.* with *comp.* [*P.* of ungo], *anointed, oiled:* nudus, unctus est contionatus: puer unctis Tractavit calicem manibus, i. e. *greasy*, H.—Fig., *rich, luxurious, sumptuous:* patrimonia, Ct.: melius et unctius, H.: ita palaestritas defendebat, ut ab illis ipse unctior abiret: Corinthus, *voluptuous*, Iu.: unctior consuetudo loquendi, *smoother.*

1. uncus, ī, *m.* [1 AC-], *a hook, barb:* ferreus, L.: severus (an attribute of Necessitas), H.: uncus inpactus est fugitivo illi, i. e. *the hook of the executioner* (in the neck of a criminal condemned to death): Seianus ducitur unco Spectandus, Iu.: bene cum decusseris uncum, i. e. *hast escaped a great peril*, Pr.

2. uncus, *adj.* [1 AC-], *hooked, bent in, crooked, curved, barbed:* hamus, O.: tellus cum dente recluditur unco, i. e. *the ploughshare*, V.: pedes (harpyiae), V.: cauda, O.

unda, ae, *f.* [VD-], *a wave, billow:* spectaculum undis ipsis et litoribus luctuosum: Acherontis undae, V.: ponto Unda recumbit, H.: spumosae, O.—*Sing. collect.:* prora remissa subito navem undae adfligebat, L.—Poet., of wreaths of smoke: quā plurimus undam Fumus agit, V.—*Water, moisture:* undis contrarius ignis, O.: Fons tenui perlucidus undā, O.: faciunt iustos ignis et unda viros, i. e. *real husbands* (as symbols of household cares), O.—Fig., *an agitated mass, surge, billow, stream, tide:* undae comitiorum: adversis rerum inmersabilis undis, H.: salutantūm unda, V.

unde, *adv.* [for *cundè; 2 CA-]. **I.** Of place.—*Relat.*, *from which place, whence:* nec enim inde venit, unde mallem: ut eo restituerentur (Galli), unde deiecti essent: eodem, unde erant profectae (naves), Cs.: loca superiora, unde erat propinquus despectus in mare, Cs.: arbor, unde auri aura refulsit, V.: e maioribus castris, unde antea cessatum fuerat, circumductae copiae, i. e. *from the place at which*, etc., L.—*Interrog.*, *whence? from what place?:* unde deiectus est Cinna? ex urbe . . . unde deiecti Galli? a Capitolio: Unde is? T.: Qui genus? unde domo? *from what country?* V.: ego instare, ut mihi responderet, quis esset, ubi esset, unde esset: quaere unde domo (sit), i. e. *where he lives*, H.: unde initium belli fieret, explorabant, Cs.—**II.** Of source or cause.—*Relat.*, *from the point at which*, *from whom*, *from which:* e praedonibus, Unde emerat, T.: qui eum necasset, unde ipse natus esset, *whose son:* hem, mea lux, unde omnes opem petere solebant: hi, unde ne hostium quidem legati arcentur, pulsi, L.: Est unde haec fiant, i. e. *I have the means to do this*, T.: quod, unde agger omnino comportari posset, nihil erat reliquum, Cs.: unde ius stabat, ei victoriam dedit, *to the side which was in the right*, L.—Esp., in law, in the phrase, unde petitur, *he of whom demand is made*, *the defendant:* causam dicere Prius unde petitur (opp. qui petit), T.: ego omnibus, unde petitur, hoc consili dederim.—*Interrog.*, *whence? how? from what source?:* unde iste amor tam improvisus: Unde sed hos novi? O.: ut ex ipsā quaeras, unde hunc (anulum) habuerit, T.: quaerere, unde se ac suos tueri possit, *by what means*, L.: Unde sit infamis . . . Discite, O.—*Indef.*, in the phrase, unde unde, *whencesoever*, *from one source or another:* Qui nisi . . . Mercedem aut nummos unde unde extricat, etc., H.

ūndecim or **XI**, *num.* [unus+decem], *eleven:* XI legiones: milia talentum.

ūndecimus, *adj. num.* [unus+decimus], *the eleventh:* hora: legio, L.: annus, V.

ūndēnī, ae, a, *adj. num. distrib.* [for * ūndecēnī; undecim], *eleven each*, *eleven:* Musa per undenos emodulanda pedes, *stanzas of eleven feet each*, i. e. *elegiac verse*, O.: quater undenos implevisse Decembrīs, i. e. *forty-four years*, H.

ūndēnōnāgintā, *num.* [unus+de+nonaginta], *eighty-nine:* naves, L.

ūndeoctōgintā or **LXXVIIII**, *num.* [unus+de+octoginta], *seventy-nine:* unde-octoginta annos natus, H.: argenti bigati LXXVIIII, L.

ūndēquadrāgintā, *num.* [unus+de+quadraginta], *thirty-nine:* anni.

ūndēquīnquāgēsimus (-gēnsimus), *num. adj.* [undequinquaginta], *the forty-ninth:* dies.

ūndēquīnquāgintā, *num.* [unus+de+quinquaginta], *forty-nine:* coronae aureae, L.

ūndēsexāgintā, *num.* [unus + de + sexaginta], *fifty-nine:* vivi capti, L.

ūndētrīcēnsimus (-cēsimus), *adj. num.* [undetriginta, twenty-nine], *the twenty-ninth:* dies, L.

ūndēvīcēsimus (-cēnsimus), *adj.* [undeviginti], *the nineteenth:* anno undevicesimo.

ūndēvīgintī, *num.* [unus+de+viginti], *nineteen:* anni: signa militaria, L.

undique, *adv.* [unde+que], *from all parts*, *from every quarter*, *on all sides*, *all around*, *on every part*, *everywhere:* ut undique in hostīs impetus fieret, Cs.: rebus undique collectis: concurritur undique ad istum Syracusas: delirus et amens Undique dicatur, H.: undique omnes conisi hostem avertunt, L.—*Utterly*, *entirely*, *completely*, *in all respects:* aut undique religionem tolle aut, etc.: sic undique omni ratione concluditur, *from every point of view.*

undisonus, *adj.* [unda+SON-], *wave-sounding:* dei, i. e. *sea-gods*, Pr.

undō, —, —, āre [unda], *to rise in waves*, *throw up waves*, *surge*, *swell:* undanti in freto: Ad caelum undabat vortex, V.—*To wave*, *undulate:* undans fornacibus Aetna, V.: undantes habenae, *flowing*, V.

undōsus, *adj.* [unda], *full of waves*, *surging*, *billowy:* dei, *sea-gods*, Pr. (al. undisonus).

ūnetvīcēsimānī, ōrum, *m.* [unetvicesimus], *soldiers of the twenty-first legion*, Ta.

ūnetvīcēsimus, *num. adj.* [unus+et+vicesimus], *the twenty-first:* legio, Ta.

ungō or **unguō**, unxī, ūnctus, ere, *to smear*, *besmear*, *anoint:* unctus est, accubuit: Arsuros artūs, O.: ter uncti Transnanto Tiberim, H.: caules oleo, *dress with oil*, H.: tela manu, *to smear with poison*, V.: arma uncta cruoribus, *stained*, H.: Gloria quem supra virīs et vestit et ungit, i. e. *who for display is extravagant in dress*, etc., H.

unguen, inis, *n.* [ungo], *an ointment*, *unguent*, *fat:* pingues unguine ceras, V.

unguentārius, ī, *m.* [unguentum], *a dealer in unguents*, *perfumer*, C., H.

unguentātus, *adj.* [*P.* of unguento], *anointed*, *perfumed:* maritus, Ct.

unguentum, ī, *n.* [unguo], *an ointment*, *unguent*, *perfume:* os unguento confricare: Huc vina et unguenta ferre, H.

unguiculus, ī, *m. dim.* [unguis], *a finger-nail:* a teneris unguiculis, *from infancy.*

unguis, is, *abl.* ungue (ungui, Ct., H.), *m.* [cf. ὄνυξ].—On the finger or toe, *a nail:* acutus, H.: proprios purgans unguīs, H.: ab imis unguibus usque ad verticem summum, i. e. *from head to foot:*

a rectā conscientiā traversum unguem non discedere, *not a finger's breadth:* medium ostendere unguem, i. e. *the finger of scorn* (because insulting gestures were made with the middle finger), Iu.: De tenero ungui, i. e. *from childhood*, H.: ad unguem Factus homo, i. e. *finished to a hair* (because artisans test the closeness of joints by the nail), H.: in unguem quadrare, i. e. *precisely*, V. — Of animals, *a claw, talon, hoof:* leonis, H.: avidos (praepes) figit cervicibus unguīs, O.

ungula, ae, *f.* [unguis], *a hoof, claw, talon:* vestigium ungulae: sonitu quatit ungula campum, V.—P r o v.: toto corpore atque omnibus ungulis, i. e. *with tooth and nail.*—P o e t.: cum carceribus missos rapit ungula currūs, i. e. *the horses*, H.

unguō, see ungo.

ūnicē, *adv.* [unicus], *alone, singularly, uniquely, utterly:* amare patriam: securus, H.

ūnicolor, ōris, *adj.* [unus+color], *of one color, uniform in color:* torus, O.

ūnicus, *adj.* [unus], *only, sole, single, singular, unique:* gnatus, T.: filius: filia, T.: consul, L.: maritus, H.: anser erat, O. — *Alone of its kind, singular, uncommon, unparalleled, unique:* aut summa neglegentia aut unica liberalitas: dux, L.: dictator, L.: ultor Romanae ignominiae, L.: puer, O.: concordia, L.

ūnifōrmis, e, *adj.* [unus+forma], *having only one shape, uniform:* quiddam, Ta.

ūnigena, ae, *adj.* [unus+GEN-], *only-begotten, only:* mundus. — As *subst. m.* and *f.*, *a brother, sister*, Ct.

ūnimanus, *adj.* [unus+manus], *with a single hand, one-handed:* puer natus, L.

ūniversē, *adv.* [universus], *in general, generally:* singillatim potius quam universe loqui.

ūniversitās, ātis, *f.* [universus], *the whole, aggregate, entirety:* generis humani, *the whole human race:* rerum, i. e. *the universe.*—*The whole world, universe:* in currum universitatis inponere.

ūniversus, *adj.* [unus+versus], *all together, all in one, whole, entire, collective* (opp. singuli): provincia: civitas: mundus: triduum, *three days together*, T.: de universis generibus rerum dicere: ut eadem sit utilitas unius cuiusque et universorum: in illum tela universi coniciunt, Cs.—*Plur. m.* as *subst.*, *the whole body, all men, the mass, everybody:* universi in omnibus fori partibus: si universi videre optimum possent, nemo delectos principes quaereret.—*Sing. n.* as *subst.*, *the whole world, universe:* in eodem universo (i. e. in universitate rerum): universi corpus.—*Relating to all, general, universal:* odium: oratoris vis: dimicatio, *a general engagement*, L.—As *subst. n.*, in the phrase, in universum, *as a whole, in general, generally:* non nominatim, sed in universum, L., Ta.

unquam, see umquam.

ūnus (old oenos, C.), *gen.* ūnīus, poet. also ūnius, Ct., V., H.; ūnī, Ct.; *voc.* ūne, Ct., *adj. num.* [cf. Gr. εἷς, ἑνός, οἴνη; Germ. ein; Engl. one]. **I.** *One, a single:* unius esse negotium diei, Cs.: divisit populum unum in duas partīs: uno plus Tuscorum cecidisse in acie (sc. quam Romanorum), L.: unā ex parte . . . alterā ex parte, *on one side . . . on the other*, Cs.: unum, alterum, tertium annum Sassia quiescebat: exercituum unus . . . alter, L.: habetur una atque altera contio, i. e. *one after another:* neque in uno aut altero animadversum est, sed iam in pluribus, *one or two*, Cu.: amans Unus et item alter, T.: unus aut summum alter, *one or at most two:* philosophiam trīs in partīs diviserunt . . . quarum cum una sit, etc.: orare ut trium harum rerum unam ab se impetrari sinerent, L.: Ex unis geminas mihi conficies nuptias, T.: adductus sum tuis et unis et alteris litteris: tria Graecorum genera sunt, uni Athenienses, etc. — In phrases, ad unum, *all together, unanimously, to a man, without exception:* consurrexit senatus cum clamore ad unum: Iuppiter, si nondum exosus ad unum Troianos, V.: cum ad unum omnes pugnam poscerent, L.—In unum, *into one, to one place, together:* Fibrenus divisus cito in unum confluit: paulatim milites in unum conducit, *unites*, S.—Of that which sustains a common relation to a plurality of subjects, *one, the same, one and the same, common:* unius aetatis clarissimi et sapientissimi nostrae civitatis viri: atque etiam uno tempore accidit, ut, etc., Cs.: Omnibus hic erit unus honos, V.: unus utrique Error, H.: ceteri amici omnes Uno ore auctores fuere, ut, etc., *with one voice*, T.: de cuius utīlitate omnes uno ore consentiunt: unis moribus et numquam mutatis legibus vivunt: exitus quidem omnium unus et idem fuit: ferar unus et idem, H.—With *solus, tantum*, or *modo*, *one only, sole, alone, single:* unus est solus inventus, qui, etc.: Nil admirari prope res est una, Numici, Solaque, quae, etc., H.: inter bina castra . . . unum flumen tantum intererat, Cs.: excepit unum tantum, nihil amplius: unā tantum perforatā navi, L.: nam aliis unus modo, aliis plures, aliis omnes eidem videntur: ut ea modo una causa tenuerit Romanos, ne, etc., L. —With an *adj. sup.* (poet. also with a *comp.*), *one in particular, one above others, one especially:* rem unam esse omnium difficillimam: quo ego uno equite Romano familiarissime utor: Quam Iuno fertur terris magis omnibus unam Posthabitā coluisse Samo, V.: sagacius unus odoror, H. — With *quisque*, in the phrase, unus quisque, *each several one, each individual, every single, every one:* unus quisque vestrum (novit): de uno quoque loquitur.—With a *pron. indef.*, *some one, any one, any:* ex quibus si unum aliquod in te cognoveris, etc.: ad unum aliquem confugere: aliquis unus;

unius cuiusdam: si tu solus aut quivis unus, etc.: quorum si unum quodlibet probare potuerit: unus Quiritium quilibet, L.—**II.** Praegn., *one, alone, only, sole, single:* Unum hoc scio, esse meritam, ut memor esses sui, T.: cum mihi sit unum opus hoc a parentibus meis relictum: quove praesidio unus per tot gentes pervenisset? L.: erat omnino in Galliā ulteriore legio una, Cs.: quae tibi una in amore atque in deliciis fuit, i. e. *above all others.* —As *subst. n.:* de Antonio nihil dico praeter unum: cum te unum ex omnibus ad dicendum natum cognossem: ille unus ordinis nostri discessu meo palam exsultavit. —With a *negative, no one, not a single one, none whatever:* nemo de nobis unus excellat: haec abhortatio praetoris non modo quemquam unum elicuit ad suadendum, sed ne fremitum quidem movit (i. e. non modo non... sed), L.: ad neminem unum summa imperi redit, Cs. —*Plur.:* ut unis litteris totius aestatis res gestas ad senatum perscriberem.—**III.** *Indef., an, one, some, some one:* inter mulieres, Quae ibi aderant, forte unam aspicio adulescentulam, etc., T.: sicut unus paterfamilias his de rebus loquor: unus ex ultimā turbā, L.: e regione unius eorum pontium, Cs.: servus unus exulum initium fecit, L.

ūnus quisque, see unus.

ūpiliō (ōpiliō), ōnis, *m.* [ovis+1 PA-], *a shepherd*, V.

Ūrania, ae (C.), or **Ūraniē**, ēs (O.), *f.*, = Οὐρανία, *the Muse of Astronomy, Urania.*

urbānē, *adv.* with *comp.* [urbanus], *courteously, politely, urbanely:* agere: urbanius agere. —Of speech, *wittily, acutely, elegantly, happily:* Stoicos inridens.

urbānitās, ātis, *f.* [urbanus], *a living in the city, city life, life in Rome:* desideria urbis et urbanitatis. — *City fashion, city manners, refinement, elegance, politeness, courtesy, affability, urbanity:* addo urbanitatem, quae est virtus: urbanitate quādam quasi colorata oratio.—*Wit, humor, pleasantry, raillery:* in hominum facetorum urbanitatem incurrere.—*Trickery, knavery,* Ta.

urbānus, *adj.* with *comp.* and *sup.* [urbs], *of the city, of the town, in the city, in Rome:* vitam urbanam atque otium Secutus sum, T.: tribus: praetor, Cs.: exercitus, L.: administratio rei p.—As *subst. n., an inhabitant of a city, city man, citizen, resident in Rome:* omnes urbani, rustici: otiosi, L.—*In city fashion, in city style, citizenlike, polished, refined, cultivated, courteous, elegant, nice:* hominem ut nunc loquimur urbanum: resonare urbanius: sic utroque distinctior et urbanior Cicero, Ta.—*Witty, humorous, facetious, jocose, clever:* in isto genere urbanissimus: sales: urbanus coepit haberi, H. —*Bold, forward, impudent:* frons, H.: audacia.

urbs, urbis, *f., a walled town, city:* Interea Aeneas urbem designat aratro, V.: Certabant urbem Romam Remoramne vocarent, Enn. ap. C.: urbes magnae atque imperiosae: duabus urbibus eversis: Romana (i. e. Roma), L. —Poet., with *gen.* of *name:* urbs Patavi, V.—*Rome, the city of Rome:* (Caesar) maturat ab urbe proficisci, Cs.: conditor urbis (Romulus), O.: (pater) Terruit urbem, H.: ad urbem cum esset, i. e. *close to Rome:* ei utrique ad urbem inperatores erant, S. —*An acropolis, citadel,* Cu. —*The city, citizens:* somno vinoque sepulta, V.: maesta attonitaque, Iu. —Fig., *a city, citadel, centre:* urbem philosophiae proditis.

urceolus, ī, *m. dim.* [urceus], *a little pitcher, small water-pot:* urceoli sex, Iu.

urceus, ī, *m., a pitcher, water-pot, ewer,* H.

ūrēdō, inis, *f.* [1 VAS-], *a blast, blight.*

urgueō or **urgeō**, ursī, —, ēre [VERG-], *to press, push, force, drive, impel, urge:* unda impellitur undā Urgueturque eadem veniens urguetque priorem, O.: urgueris turbā circum te stante, H.: urgues ruiturum saxum, i. e. *roll up,* O.: in obnixos urguentur cornua, V.—*Poet. intrans.:* urguent ad litora fluctūs, *press,* V.—*To press upon, weigh down, bear hard upon, press hard, beset:* legionem urgueri ab hoste, Cs.: hinc Pallas instat et urguet Hinc contra Lausus, V.: te, H.—*To weigh down, burden, oppress, clog:* onus iam urguentis senectutis: Quod latus mundi malus Iuppiter urget, H.: urgeri longā Nocte, H.: populus militiā atque inopiā urguebatur, S.: urguens malum.—*To urge, press, stimulate, drive, solicit:* Milo unus urgebat: etiam atque etiam insto atque urgeo: nihil urget, *is pressing.*—*To press upon, crowd, hem in, confine:* urbem hanc urbe aliā: Quāque pharetratae vicinia Persidis urguet, V.—Fig., *to press, ply, urge, insist:* interrogando: illum neque ursi, neque levavi: sed urguetis hominum esse istam culpam non deorum. — *To follow up, keep to, stick to, ply hard, push forward, urge on, drive:* istam occasionem et facultatem: ius, aequitatem: Minyeïa proles Urget opus, O.: vestem, V.: Urget diem nox, H.: forum, i. e. *frequent:* altum, *plunge into,* H.: Marisque urges Submovere litora, *hasten,* H.: abrumpi dissimulationem urgebat, *insisted,* Ta.

ūrīna, ae, *f., urine,* C., Iu.

ūrīnātor, ōris, *m.* [urinor], *a diver,* L.

ūrīnor, —, —, ārī, *dep.* [urina], *to plunge under water, dive:* qui urinantur, *divers.*

Urios (-us), ī, *m., a title of Jupiter.*

ūrna, ae, *f.* [1 VAS-], *a vessel of baked clay, vessel for drawing water, water-pot, water-jar, urn:* fictilis, O.: stetit urna Sicca, H.: Caelata (of a river-god), V.—*A voting-urn, ballot-box:* senatorum: leges minitatur et urnam, H.—*An urn for* *lots, vessel for drawing lots:* educit ex urnā trīs (iudices): stat ductis sortibus urna, V.: omnium Versatur urna, H.: Omne capax movet urna nomen, Cs.: nomina in urnam coicere, L.—*A vessel for the ashes of the dead, cinerary urn:* Quodque rogis superest unā requiescit in urnā, O.—*A money-pot, money-jar:* argenti, H.—As a liquid measure, *an urna, half an amphora* (about two and a half gallons): urnae crater capax, Iu.

ūrnula, ae, *f. dim.* [urna], *a little urn, water-pitcher:* fictiles urnulae.

ūrō, ussī, ūstus, ere [VAS-], *to burn:* nocturna in lumina cedrum, V.: picem, O.—*To burn up, destroy by fire, waste by burning, reduce to ashes, consume:* hominem mortuum: agros, L.: arces, H.: urenda filix, H.: cum frondibus uritur arbos, O.: uritur (Gallia): regionem, Cu.—*To burn, scorch, parch, dry up, sting, pain:* partes (terrarum) incultae, quod urantur calore: cum sol ureret arva, O.: urentes harenae, H.: pestilentia urens urbem atque agros, L.—Of encaustic painting, *to burn in:* picta coloribus ustis puppis, O.: tabulam coloribus, *to paint encaustically*, O.—*To rub sore, gall, fret, chafe, corrode:* calceus . . . si pede minor, uret, H.: loris non ureris, H.: ut prensos urant iuga prima iuvencos, O.—*To pinch with cold, nip, blast, wither, frostbite:* pernoctant venatores in nive in montibus; uri se patiuntur: Nec per gelidas herba sit usta nivīs, O.—Fig., *to burn, inflame, consume, fire, heat, set on fire, kindle:* Me tamen urit amor, V.: Urit me Glycerae nitor, H.: Uritur infelix Dido, V.: meum iecur urere bilis, H.: Urit fulgore suo qui praegravat, etc., *excites envy*, H.—*To vex, annoy, gall, disturb, harass, oppress:* hominem, T.: eos bellum urebat, L.: captos legibus ure tuis, O.

ursa, ae, *f.* [ursus], *a bear, she-bear:* Catulus, partu quem reddidit ursa, O.—As a constellation, *the Bear:* Parrhasis, *the Great Bear*, O.: Erymanthis, *the Little Bear*, O.

ursus, ī, *m.*, *a bear:* circumgemit ursus ovile, H., O., Iu.: poscunt Aut ursum aut pugiles, i. e. *a bear-baiting*, H.

ūrtīca, ae, *f.* [VAS-], *a nettle, stinging-nettle*, H., Ct.—Fig., *a spur, incentive, stimulant:* divitis, Iu.—*An itch, unhallowed desire*, Iu.

ūrus, ī, *m.* [Celtic], *a Hercynian wild ox, ure-ox, urus*, Cs.: Silvestres uri, V.

ūsitātē, *adv.* [usitatus], *in the usual manner:* loqui.

ūsitātus, *adj.* with *comp.* and *sup.* [*P.* of usitor; *freq.* of utor], *usual, wonted, customary, common, ordinary, accustomed, familiar:* hoc est maiorum exemplo usitatum: formulae: apud eos, Cs.: agere usitato iure: faciamus tractando usitatius hoc verbum et tritius: utatur verbis quam usitatissimis: penna, H.: usitatum est, *a common practice.*

uspiam, *adv.*, *at any place, anywhere, somewhere:* sive est illa (lex) scripta uspiam, sive nusquam: si qua uspiam navicula apparuisset: utrum consistere uspiam velit, an, etc.

usquam, *adv.*—Of place, *at any place, anywhere* (usu. with a *negat.*): iste, cui nullus esset usquam consistendi locus, etc.: Numquam etiam fui usquam, quin, etc., T.: non usquam id quidem dicit omnino, *he nowhere says precisely that:* an quisquam usquam gentium est aeque miser? T.: si quid Usquam iustitia est, V.: miror te, cum Romā absis, usquam potius esse.—Poet., in an affirmation: Unde quod est usquam . . . Inspicitur, O.: implorare quod usquam est, V.—Of motion, *in some direction, to some place or other, anywhither:* velut usquam Vinctus eas, H.: nec vero usquam discedebam, i. e. *not at all:* prius, quam Tissaphernes usquam se moveret, N.—*In any thing, in any way, by any means, in any respect* (with a *negat.*): Neque istic neque alibi tibi erit usquam in me mora, T.: neque esset usquam consilio locus: neque usquam nisi in avaritiā nobilitatis spem habere, S.—*Of any account, worth considering:* quasi iam usquam tibi sint viginti minae, T.

usque, *adv.*, *all the way, right on, without interruption, continuously, even:* usque a mari supero Romam proficisci: usque a rubro mari, N.: Dardaniam Siculo prospexit ab usque Pachyno, V.: usque ex ultimā Syriā navigare: usque ad castra hostium accessit, Cs.: cum ad eum usque in Pamphyliam legatos misissent: trans Alpes usque transfertur: usque sub ora, O.: usque istinc.—With *acc. of place, all the way to, as far as, to* (implying entrance): theatrum ita resonans, ut usque Romam voces referantur: Miletum usque? obsecro, T.—With *quāque* (less correctly as one word, usquequaque), *in every place, everywhere:* aut undique religionem tolle, aut usque quāque conserva.—Of time, *all the time, continually, perpetually, all the while, as long as, until:* Progeniem nostram usque ab avo proferens, T.: opinio iam usque ab heroicis ducta temporibus, *from as far back as:* usque a Thale Milesio: deinceps retro usque ad Romulum, *as far as:* inde usque repetens, etc.: usque antehac, T.: usque adhuc, *even till now:* tamen usque eo se tenuit, quoad, etc.: usque id egi dudum, dum loquitur pater, T.: iacet res in controversiis, usque dum inveniretur: usque quoad: usque adeo in periculo fuisse, quoad, etc.—*Right on, without intermission, continuously, constantly, incessantly:* Ctesipho me pugnis miserum Usque occidit, T.: Cantantes licet usque, minus via laedit, eamus, V.: Naturam expelles furcā, tamen usque recurret, H.—With *quāque* (less correctly as one word, usquequaque), *continually*, *always*, *at all times:* usque quaque, de hoc cum dicemus, *every time:* ne aut nusquam aut usque quaque dicatur, hic admonere, *at all times.* —Of extent or degree, *even to*, *quite up to*, *as far as:* Ego vapulando, ille verberando, usque ambo defessi sumus, T.: poenas dedit usque superque (i. e. usque eo quod satis esset), H.: usque ad eum finem, dum, etc.: undique totis Usque adeo turbatur agris, *to so great an extent*, V.: Anco regi familiaris est factus (Tarquinius) usque eo, ut, etc.—With *quāque* (less correctly as one word, usquequaque), *in every thing*, *on every occasion:* nolite usque quaque idem quaerere: et id usque quaque quantum sit appareat, *in each particular.*

usque quāque, see usque.

ūstor, ōris, *m.* [VAS-], *a burner of the dead*, *corpse-burner.*

ūstulō, —, —, āre [uro], *to burn up*, *consume by fire:* scripta ustulanda lignis, Ct.

ūstus, *P.* of uro.

1. ūsū-capiō or **ūsū capiō**, cēpī, captus, ere. —In law, *to acquire ownership by use*, *acquire by prescription:* quoniam hereditas usu capta esset: quod iam velut usu cepisset Italiam, L.

2. ūsūcapiō, ōnis, *f.* [*abl.* of 2 usus+CAP-], *an acquisition of ownership by use*, *prescriptive possession*, *usucaption:* fundi.

ūsūcaptus, *P.* of usucapio.

ūsūra, ae, *f.* [1 AV-], *a using*, *use*, *enjoyment:* huius lucis: unius usuram horae gladiatori dare. —*A use of money lent*, *loan:* a publicanis pecuniam pro usurā auferre.—*A payment for the use of money*, *interest*, *usury:* sine usuris creditae pecuniae, Cs.: certare cum usuris fructibus praediorum, i. e. *to exhaust their estates in paying interest:* aes alienum multiplicandis usuris crescere, N.

ūsūrpātiō, ōnis, *f.* [usurpo], *a taking into use*, *making use*, *using*, *employment*, *adoption*, *undertaking*, *use:* usurpatio et renovatio doctrinae: vocis, L.: vetustatis.

ūsūrpō, āvī, ātus, āre [usus+RAP-], *to seize for use*, *grasp for enjoyment*, *seize upon*, *take into use*, *make use of*, *use*, *employ*, *adopt*, *apply*, *practise*, *exercise*, *enjoy:* hoc genus poenae saepe in improbos civīs esse usurpatum recordatur: ex tanto intervallo rem desuetam consolationes, L.: a sapientissimis viris usurpatae: ex usurpatā libertate in servitutem adserendi, i. e. *after experience of liberty*, L.: Curi cum caritate aliquā benevolā memoriam usurpare, *cherish the memory of:* ius, *exercise*, L.—In law, *to seize*, *become seized*, *take possession*, *acquire*, *obtain:* surculo defringendo, i. e. *by breaking off a twig* (as a symbol of ownership). —*To seize wrongfully*, *usurp*, *trespass on:* cuius ius tyranni quoque usurparunt, *appropriated*, L.: usurpandae alienae possessionis causā, L.—In language, *to name*, *call*, *speak of*, *talk of*, *adopt*, *assume:* Graecum verbum: admonet saepe usurpatae Dionysi vocis, quā, etc., L.: Laelius, is, qui Sapiens usurpatur: quae (via) antea silebatur, eadem nunc crebro usurpatur, *is on everybody's tongue.*

1. ūsus, *P.* of utor.

2. ūsus, ūs, *m.* [1 AV-], *use*, *practice*, *employment*, *exercise*, *enjoyment:* virtus in usu sui tota posita est; usus autem eius, etc.: rerum necessarium, Cs.—Poet., *use*, *wear:* Ferreus adsiduo consumitur anulus usu, O.: silices tenuantur ab usu, O.—*Use*, *practice*, *exercise:* usu cottidiano efficiunt, uti, etc., Cs.: adsiduus usus uni rei deditus: rerum maximarum.—In law, in the phrase, usus et fructus (late, ususfructus), *the use and enjoyment*, *usufruct:* usus enim eius fundi et fructus testamento viri fuerat Caeseniae.—*Use*, *experience*, *discipline*, *acquired skill*, *training:* *Da.* provinciam Cepisti duram. *Ge.* mi usus venit, hoc scio, i. e. *I know it by experience*, T.: quid enim abest huic homini? . . . ususne rerum? *experience in affairs?:* usum in re p. magnum habere: nullius usūs existimari, Cs.: nauticarum rerum, Cs.: aut belli usum aut studia volgi amissurus, S.: usu sapientiāque praestantes, N.: seris venit usus ab annis, O.—*Use*, *habit*, *usage*, *custom*, *practice:* usum loquendi populo concessi: usum belli habere, Cs.: (vitulos) ad studium atque usum formabis agrestem, V.: cadent vocabula, si volet usus, H.—*Intercourse*, *familiarity*, *association*, *intimacy*, *society:* domesticus: in tanto usu nostro tantāque amicitiā: ut insinuaret se in quam maxime familiarem usum, L.: nec longo cognitus usu, O.—*Use*, *usefulness*, *value*, *utility*, *benefit*, *profit*, *advantage:* levis fructus, exiguus usus: propter lini inopiam atque eius usūs inscientiam, Cs.: naves non eundem usum celeritatis habebant, *capacity*, Cs.: Natis in usum laetitiae scyphis Pugnare, *service*, H.: Quidve ad amicitias, usus rectumne trahat nos, H.: plures quam quot satis in usum erant ignes, L.: (pars Numidiae) specie quam usu potior, *better in appearance rather than in real value*, S.—As *dat. predic.:* ea, quae sunt usui ad armandas navīs, *which are of use*, Cs.: esse mihi magno usui, *of great service:* peritos legum ad condenda nova iura usui fore credebant, L.—In the phrase, ex usu, *advantageous*, *serviceable*, *useful:* declararent, utrum proelium ex usu esset necne, Cs.: quod ex usu rei p. sit.—*Use*, *occasion*, *need*, *want*, *necessity:* illum usum provinciae supplere: quae belli usūs poscunt, suppeditare, L.—In phrases with *sum*, *there is need*, *it is necessary*, *it becomes requisite*, *there is occasion:* An quoiquamst usus homini, se ut cruciet? *is it necessary for any man to torture* *himself?* T.: equitum impetum, cum adesset usus, sustinere, Cs.: de ceteris studiis alio loco dicemus, si usus fuerit, *if there shall be occasion:* navīs, quibus usus non est, omnīs praecidisse: quibus (navibus) consuli usus non esset, L.: nunc viribus usus, V.: Non usus factost mihi nunc hunc intro sequi, i. e. *it does not suit me*, etc., T.: alii offerunt se, si quo usus operae sit, L.—In phrases with *venio, it becomes necessary, occasion arises:* Non usus veniet, spero, T.: ut, si usus veniat, suum quisque locum teneat, *if occasion should arise*, Cs. —In the phrase, usu venit, *it happens, it occurs, it befalls:* idem mihi usu venit in causā optimā: si id culpā senectutis accideret, eadem mihi usu venirent: id quod usu venerat, *actually occurred*, N.: quod haec de Vercingetorige usu ventura opinione perceperat, Cs.: usu venire ut abhorreant, etc.

(**ūsus-frūctus**), see usus.

1. ut or **utī**, *adv.* [for *quoti or *cuti; 2 CA-]. **I.** Of place, *where* (poet.): Nisus Labitur, caesis ut forte iuvencis Fusus madefecerat herbas, V.: Utque aër, tellus illic, O.—**II.** Of time, *when, as soon as, just as:* ut hinc te intro ire iussi, opportune hic fit mi obviam, T.: ut peroravit, surrexit Clodius: ut vero aquam ingressi sunt . . . tum, etc., L.: Ariovistum, ut semel Gallorum copias vicerit, crudeliter imperare, Cs.: atque ego, ut primum fletu represso loqui posse coepi, Quaeso inquam, etc., *as soon as ever:* Siculi, ut primum videre volgari morbos, in suas quisque urbes dilapsi sunt, L.: deinde ut nulla vi perculsos sustinere poterat, Quid ultra moror, inquit, etc., L.: ut hinc forte ea ad obstetricem erat missa, T.: ut ad mare nostrae cohortes excubuerant, accessere subito Pompeiani, Cs.: litteras scripsi . . . statim ut tuas legerem (i. e. litteras nunc scribo, ut tuas legi): neque, ut quaeque res delata ad nos, tum denique scrutari locos (debemus): traditum esse ut quando aqua Albana abundasset, tum . . . victoriam de Veientibus dari, L.—*Since, from the time at which:* ut Brundisio profectus es, nullae mihi abs te sunt redditae litterae.—Of repeated action, *whenever:* ut quisque istius animum offenderat, in lautumias statim coniciebatur: ut cuique erat locus attributus, ad munitiones accedunt, Cs.: ut quisque arma ceperat . . . inordinati in proelium ruunt, L.: ut enim quisque dixerat, ita postulabatur, etc.—**III.** Of manner. **A.** Interrog., *how, in what way, in what manner:* Ut vales? T.: ut sese in Samnio res habent? L.: Ut valet? ut meminit nostri? H. —Usu. in dependent questions, with *subj.:* Narratque ut virgo ab se integra etiam tum siet, T.: credo te audisse ut me circumsteterint: docebat ut omni tempore totius Galliae principatum Aedui tenuissent, Cs.: veniat in mentem, ut trepidos quondam maiores vestros . . . defenderimus, L.: Vides ut altā stet nive candidum Soracte, H.—With *indic.* (old or poet.): Illud vide, os ut sibi distorsit carnufex, T.: Aspice, venturo laetantur ut omnia saeclo! (i. e. omnia laetantia), V.—After verbs of fearing, *how, in what way, lest . . . not, that . . . not:* rem frumentariam, ut satis commode supportari posset, timere dicebant, Cs.: verebar ut redderentur: timeo ut sustineas: o puer, ut sis Vitalis, metuo, et maiorum ne quis amicus Frigore te feriat, H.: quia nihil minus, quam ut egredi obsessi moenibus auderent, timeri poterat, L.: ut ferulā caedas meritum . . . non vereor, H.—In exclamations: ut falsus animi est! T.: Gnaeus autem noster . . . ut totus iacet: Ut vidi, ut perii! ut me malus abstulit error! V.: ut tu Semper eris derisor! H. — **B.** Relative, *as:* ut potero, feram, T.: Ciceronem et ut rogas amo, et ut meretur et debeo: Labienus, ut erat ei praeceptum . . . abstinebat, Cs.: ut plerumque fit, L.—Introducing an example, *as, for example, for instance:* est quiddam, quod suā vi nos inlectos ducit, ut amicitia: ceteri morbi, ut gloriae cupiditas, etc.: qui aliis nocent, in eādem sunt iniustitiā, ut si in suam rem aliena convertant: ut si quis ei quem urgeat fames venenum ponat, L.: causas, ut honorificentissimis verbis consequi potero, complectar: si virtus digna est gloriatione, ut est (i. e. sicut est): nemo, ut opinor, in culpā est, *in my judgment:* qui, ut credo, duxit, etc., *I believe.* — With correlative *ita, sic,* sometimes *idem, item, as, just as, in the same manner as:* omnīs posthabui mihi res, ita uti par fuit, T.: ut viro forti dignum fuit, ita calumniam eius obtrivit: si ut animis sic oculis videre possemus: disputationem exponimus, eisdem fere verbis, ut disputatumque est: fecisti item ut praedones solent: haec ut brevissime dici potuerunt, ita a me dicta sunt (i. e. ita breviter dicta sunt ut dici potuerunt): te semper sic colam ut quem diligentissime: eruditus autem sic ut nemo Thebanus magis, N.—In comparative clauses with indefinite subjects, ut quisque with a *sup.* or an expression implying a superlative, usu. followed by *ita* with a *sup.*, *the more . . . the more:* ut quisque est vir optimus, ita difficillime alios improbos suspicatur, *the better man one is, the harder it is for him to,* etc.: ut quisque (morbus) est difficillimus, ita medicus nobilissimus quaeritur; cf. facillime ad res iniustas impellitur ut quisque altissimo animo est: ut quisque gradu proximus erat, ita ignominiae obiectus, L.: de captivis, ut quisque liber aut servus esset, suae fortunae a quoque sumptum supplicium est, *according to each one's station, whether free or bound*, L. — Introducing a general statement for comparison or confirmation, *as, considering that, in accordance with the fact that, in view of what:* haud scio hercle, ut homost, an mutet animum, T.: atque ille, ut semper fuit apertissimus, non se purgavit, sed, etc.: transire pontem non potuit, ut extrema resoluta erant, etc., L.:

Epicharmi, acuti nec insulsi hominis, ut Siculi, *as was natural for a Sicilian.*—Introducing a limiting circumstance, *as, considering, for:* hic Geta ut captus est servorum, non malus, i. e. *as far as this can be said of slaves,* T.: civitas florens, ut est captus Germanorum, Cs.: Caelius Antipater, scriptor, ut temporibus illis, luculentus, *for those times:* (orationis genus) ut in oratore exile, *for an orator:* gens, ut in eā regione, divitiis praepollens, L.—With *perinde* or *pro eo, as, in proportion as, according as, to the extent that, in the measure that:* in exspectatione civitas erat, perinde ut evenisset res, ita communicatos honores habitura, L.: pro eo ut temporis difficultas aratorumque penuria tulit.—With a *relat., as it is natural for persons, like one, since, seeing that:* proficiscuntur, ut quibus esset persuasum, non ab hoste consilium datum, etc., *like men convinced that,* etc., Cs.: inde consul, ut qui iam ad hostīs perventum cerneret, procedebat, L.—Introducing a motive or assumption, *as if, on the supposition that, in the belief that:* narratio est rerum gestarum aut ut gestarum expositio: (Galli) laeti, ut exploratā victoriā, ad castra pergunt, L.—With *ita* or *sic,* introducing an oath or attestation, *as, as it is true that:* ita me di ament ut ego Laetor, etc., T.: ita vivam ut maximos sumptūs facio.—With correlative *ita* or *sic,* introducing contrasted clauses, *as . . . so, as on the one hand . . . so on the other, although . . . yet, while . . . still, both . . . and:* ut errare potuisti, sic decipi te non potuisse, quis non videt?: consul, ut fortasse vere, sic parum utiliter in praesens certamen, respondit, etc., L.: uti longe a luxuriā, ita famae propior, Ta.—Repeated as indefinite relative, *in whatever manner, howsoever* (only with *indic.*): Sed ut ut haec sunt, tamen hoc faciam, T.: sed ut ut est, indulge valetudini tuae.—Indefinite, in concessive or conditional clauses, *however, in whatever manner, in whatever degree, although, granting that:* quod ut ita sit—nihil enim pugno—quid habet ista res aut laetabile aut gloriosum?: nihil est prudentiā dulcius, quam, ut cetera auferat, adfert certe senectus: ut enim neminem alium rogasset, scire potuit, etc.: qui, ut non omnis peritissimus sim belli, cum Romanis certe bellare didici, L.: ac iam ut omnia contra opinionem acciderent, tamen se plurimum navibus posse, Cs.: Ut desint vires tamen est laudanda voluntas, O.

2. ut, *conj.* [1 ut], with *subj.*—Of effect or result, *that, so that:* prior pars orationis tuae faciebat ut mori cuperem: di prohibeant, iudices, ut hoc praesidium sectorum existimetur: Dumnorix a Sequanis impetrat ut per finīs suos Helvetios ire patiantur, Cs.: quid adsequitur, nisi hoc ut arent qui . . . in agris remanserunt, *what does he gain:* vicerunt tribuni ut legem preferrent, L.: ille adduci non potest ut, etc.: impellit alios avaritia ut, etc., Cs.: eos deduxi testīs ut de istius facto dubium esse nemini possit: mons altissimus impendebat, ut perpauci prohibere possent, Cs.: non ita fracti animi civitatis erant, ut non sentirent, etc., *as not to feel,* L.—In thought, *that, so that, to* (esp. after verbs of wishing, commanding, or endeavoring): volo uti mihi respondeas, num quis, etc., *I wish you to answer:* tibi instat Hortensius ut eas in consilium: Ut illum di deaeque perdant, T.: censeo ut iter reliquum conficere pergas, *I propose:* obsides inter se dent, Sequani ne . . . Helvetii ut sine maleficio transeant, Cs.: constitueram ut manerem: paciscitur cum principibus ut copias inde abducant, L.: edicere ut senatus redriet: ille tibi potestatem facturus sit ut eligas utrum velis: qui sibi hoc sumpsit ut corrigat mores aliorum, *who has undertaken to correct:* navem idoneam ut habeas diligenter videbis, *care:* omnis spes eo versa ut totis viribus terrā adgrederentur, L.: satis esse magna incommoda accepta ut reliquos casūs timerent, *disasters great enough to make them fear,* etc., Cs.: quod praeceptum, quia maius erat quam ut ab homine videretur, etc., *too great to be from man:* clarior res erat quam ut tegi posset, *too clear to be covered up,* L.—Of definition (conceived as the result of its antecedent, expressed or implied), *that:* reliquum est ut de Catuli sententiā dicendum videatur: proximum est ut doceam, etc.: consentaneum est huic naturae, ut sapiens velit gerere et administrare rem p.:. non est verisimile ut Chrysogonus horum litteras adamarit: vetus est lex amicitiae ut idem amici semper velint: primum est officium ut (homo) se conservet: est mos hominum ut nolint, etc.: potest fieri ut res verbosior haec fuerit, illa verior, *it may be that:* pater ut in iudicio capitis obesse filio debeat?: ex quo efficitur ut quidquid honestum sit, idem sit utile, *it is proved that,* etc.: non est igitur ut mirandum sit ea praesentiri, *there is no reason to wonder:* iam in eo rem fore ut Romani aut hostes aut domini habendi sint, *the situation would be such, that,* etc., L.: iam prope erat ut, etc., *it was almost come to such a pass, that,* etc., L.: cum esset haec ei proposita condicio ut aut iuste accusaret aut acerbe moreretur, etc.: Suevi in eam se consuetudinem adduxerunt, ut locis frigidissimis lavarentur in fluminibus, Cs.: hoc iure sunt socii ut eis ne deplorare quidem de suis incommodis liceat: ne voce quidem incommodā, nedum ut ulla vis fieret, paulatim permulcendo mansuefecerant plebem (i. e. nedum ullā vi), L.—In final clauses (of purpose), *that, in order that, for the purpose of, so that, so as to:* haec acta res est ut ei nobiles restituerentur in civitatem: Caesar singulis legionibus singulos legatos praefecit, uti eos testes suae quisque virtutis haberet, Cs.; cf. Id ut ne fiat, haec res sola est remedio, T.: consensus senatūs fuit ut proficisceremur: vicit sententia ut mitterentur coloni, L.: hac mente laborem Sese ferre senes ut in otia tuta recedant Aiunt, H.: potius ad delendam memoriam dedecoris, quam ut timorem faciat, L.—After a *subst.:* morandi causa erat ut hostem ad certamen eliceret, L.: causa autem fuit huc veniendi, ut quosdam hinc libros promerem.—Ellipt.: ut in pauca conferam, testamento facto mulier moritur (sc. hoc dico), *to be brief*, etc.: et, vere ut dicam, de te futurum est, *to tell the truth:* Murena, si nemini, ut levissime dicam, odio fuit, *to say the least.*

ut-cumque (-**cunq**-; old, **utquomque**), *adv., at whatever time, whenever:* utcumque exaestuat aut deficit mare, L.: ibimus, ibimus, Utcumque praecedes, H.—*In what way soever, howsoever, however:* (orator) utcumque se adfectum videri et animum audientis moveri volet, ita, etc.: utcumque res sese habet, L.—Ellipt.: sed utcumque, seu iniuncta seu suscepta foret militia, et eam exhaustam, etc., *however it might be*, L.—*Somehow, in one way or another:* quae dubiis in rebus utcumque tolerata essent, ea non ultra pati, L.: dum utcumque explicaretur agmen, L.

(**ūtēns**, entis), *adj.* [*P.* of utor], *possessing, enjoying.*—Only *comp.:* utentior sane sit, i. e. *richer in enjoyment* (al. opulentior).

ūtēnsilis, e, *adj.* [utor], *to be used, of use, useful.*—*Plur. n.* as *subst., utensils, materials, necessaries:* exutus omnibus utensilibus miles, L.

1. ūter, tris, *m.* [cf. uterus], *a bag of hide, leathern bottle, vessel of skin, skin:* unctos salvere per utrīs, V.: sine utribus ire (i. e. skins for floats), Cs.: in utris vestimentis coniectis flumen tranavere, L.—Poet.: Crescentem tumidis infla sermonibus utrem, i. e. *the vain man*, H.

2. uter, utra, utrum, *gen.* utrīus (rarely utrius, H.), *dat.* utrī, *pron.* [for * quoter or * cuter; CA-]. **I.** Interrogative, *which of two, which, whether:* uter nostrum popularis est? tune an ego?: uter est insanior horum, H.: utra igitur causa popularis debet videri?: ab utro (insidiae) factae sint, incertum est: quod utri nostrum sanctius sit, iam pridem sentis, L.: utrius horum Verba probes et facta, doce, H.: Elige, utrum facias, O.: ita ut oculis, in utram partem fluat (flumen), iudicari non possit, Cs.—*Plur.*, of two collections or sets: sed utros eius habueris libros—duo enim sunt corpora—an utrosque, nescio: utrum de his potius, dubitasset aliquis, quin alterum, nemo.—Repeated, *which of two . . . the other:* ut nihil iam aliud quaerere debeatis, nisi uter utri insidias fecerit: scire de filiis tuis, uter ab utro petitus fraude et insidiis esset, L.: Ambigitur uter utro sit prior, H.—Strengthened by *ne:* uterne Ad casūs dubios fidet sibi certius, hic qui . . . An qui, etc., H.—**II.** Indefinite, *whichsoever of the two, whichever one, the one which:* horum utro uti nolumus, altero est utendum, i. e. *if either of these does not suit us, we must appeal to the other:* utrum enim horum dixeris, in eo culpa et crimen haerebit: utri eorum dedicatio iussu populi data esset, eum praeesse annonae, L.: uter aedilis fueritve Vestrum praetor, is sacer esto, H.—*Either of the two, one or the other, one:* omnium controversiarum, quae essent inter aratorem et decumanum, si uter velit, edicit se recuperatores daturum.

uter-cumque (-**cunq**-), utracumque, utrumcumque, *pron., whichever of the two, whichsoever one, whichever:* utrimque copiae ita paratae, ut, utercumque vicerit, non sit mirum futurum: in quo bello, utracumque pars vicisset, etc.

uter-libet, utralibet, utrumlibet, *pron., which of the two you please, either at will, either one:* utrumlibet elige, etc.: eos consules esse, quorum utrolibet duce bellum geri recte possit, L.

uter-que, utraque, utrumque (*gen.* utrīusque, sometimes utriusque, H., O.; *gen. plur.* utrūmque, C.), *pron.*—*Sing., each, either, each one, one and the other, one as well as the other, both* (of two regarded severally): parique fastigio steterit in utrāque fortunā, N.: Docte sermones utriusque linguae, *Greek and Latin*, H.: sub utroque Phoebo, i. e. *the rising and the setting sun*, O.: tempus deducendi exercitūs aut utriusque aut certe alterius, L.: sed uterque (sapiens appellatus est) alio quodam modo: uterque cum equitatu veniret, Cs.—In apposition: uterque, mater et pater, domi erant, T.: ego utrumque meum puto esse, et quid sentiam ostendere et quod feceris defendere.—With *gen. part.* (of a *pron.* or a *subst.* with a *pron. demonstr.* or *relat.;* poet. also with a *subst.* alone): uterque nostrum id sibi suscipiendum putavit: domus utriusque nostrum aedificatur strenue: utriusque harum rerum expers.—Poet.: et haec utinam Viscorum laudet uterque! H.—In the phrase, in utramque partem, *in either way, in both directions, on both sides, both ways, for and against:* Vemens in utramque partem es nimis, Aut largitate nimiā aut parsimoniā, T.: utramque in partem multa dicuntur, *pro and con:* suam sententiam in utramque partem esse tutam, *on either assumption*, Cs.—With *plur. predic.:* uterque eorum ex castris exercitum educunt, Cs.: uterque cum illo gravīs inimicitias exercebant, S.—In reciprocal uses, *one . . . the other, each . . . the other, either . . . the other, one another:* uterque utrique est cordi, T.: est utraque res sine alterā debilis.—*Plur.*, of two parties or collections, *each party, each side, both:* quoniam utrique Socratici et Platonici volumus esse: his utrisque (Atrebatis et Viromanduis) persuaserant, Cs.: Aetolorum utraeque manūs Heracleam sese incluserunt, L.: utraque oppida, L.: utraeque nationes Rheno praetexuntur, Ta.—Of two subjects, *both together, both at once, both,* *one as well as the other:* binos habebam (scyphos), iubeo promi utrosque: duae fuerunt Ariovisti uxores . . . utraeque in eā fugā perierunt, Cs.: hi utrique ad urbem imperatores erant (Q. Marcius et Q. Metellus), S.: palmas utrasque tetendit, V.: utrisque consulibus Italia decreta est, L.

uterus, ī, *m.* [Engl. udder], *the womb, matrix:* quae te beluam ex utero fudit, C., H., O.—*The belly, paunch:* Per uterum (cervi) venit harundo, V., Iu.—*The fruit of the womb, a fetus,* Ta.

uter-vīs, utravīs, utrumvīs, *pron. indef., which you will, either of the two, either at will:* Qui utramvis recte norit, ambas noverit, T.: at minus habeo virium quam vestrum utervis.—P r o v.: In aurem utramvis otiose dormire, i. e. *to be free from care,* T.

1. ūtī, *inf.* of utor. **2. utī**, see ut.

ūtibilis, e, *adj.* [utor], *to be used, fit, appropriate, useful, serviceable:* Quid minus utibile fuit quam hoc ulcus tangere? T.

ūtilis, e, *adj.* with *comp.* and *sup.* [utor], *useful, serviceable, beneficial, profitable, advantageous, expedient, to good purpose:* res utiles et salutares: Quid Sophocles et Aeschylus utile ferrent, H.: Quernaque glans victa est utiliore cibo, O.: non enim mihi est vita utilior quam animi talis adfectio: posse iis utiles esse amicos, Cs.: loci muniti et sibi utiles, S.: ver utile silvis, V.: homo ad nullam rem: pedibus, naribus, O.: bis pomis utilis arbos, V.: Adspirare et adesse choris erat utilis (tibia), H.: numquam est utile peccare: Nimirum sapere est adiectis utile nugis, H.: nec in perturbatā re p. eos utile est praeesse vobis, *expedient,* L.—As *subst. n., the useful:* Omne tulit punctum, qui miscuit utile dulci, i. e. *profit with pleasure,* H.: honestum praetulit utili, *honor to profit,* H.—*Fit, suitable, adapted, proper:* utilium bello studiosus equorum, O.: passo psithia utilior, V.: radix medendi Utilis, O.

ūtilitās, ātis (*gen. plur.* tātum and tātium), *f.* [utilis], *use, usefulness, utility, serviceableness, service, expediency, benefit, profit, advantage, welfare:* commodis utilitatique servire: etiamsi nulla sit utilitas ex amicitiā: res ad communem utilitatem, quas publicas appellamus: utilitas iusti prope mater et aequi, H.: in eā re utilitatem ut cognoscas meam, i. e. *how I can serve you,* T.: belli utilitatem retinere, i. e. *the means of success in war:* utilitatibus tuis possum carere, i. e. *I can dispense with your services.*

ūtiliter, *adv.* with *comp.* [utilis], *usefully, profitably, beneficially, advantageously:* iracundia utiliter a naturā data: parum utiliter in praesens certamen respondit, i. e. *unfortunately, in view of,* etc., L.: Utilius stare, O.

utinam, *adv.* [uti (see ut)+nam], *oh that! I wish that! if only! would to heaven! would that!:* utinam id sit, quod spero, T.: utinam tibi istam mentem di inmortales duint: utinam, Quirites, virorum fortium copiam tantam haberetis: utinam promissa liceret Non dare! O.: habetis sermonem bene longum hominis, utinam non impudentis! *not, I trust:* quod utinam, iterum utinam, tuo tamen commodo!: illud utinam ne vere scriberem!: haec ad te die natali meo scripsi, quo utinam susceptus non essem!: Utinam nec . . . nec, *would that neither . . . nor,* Ph.

1. uti-que, *and that,* see ut (uti) and que.

2. utique, *adv.* [uti (see 1 ut)+que], *in any case, at any rate, certainly, assuredly, by all means:* quo die venies, utique fac cum tuis apud me sis.—With a *negative, not by any means, not at all:* concurrunt ad eum legati, monentes, ne utique experiri vellet imperium, L.: numquam ab equite, numquam ab pedite, utique numquam, *never at all,* L.—*In particular, especially:* velim, Varronis et Olli mittas laudationem, Olli utique: saevire inde utique consulum alter patresque, L.: commota plebs est, utique postquam viderunt, etc., L.—*At least, by all means:* sed haec, si tibi erit commodum; ipse vero utique fac venias.

ūtor (old, **oetor**), ūsus, ī, *dep., to use, make use of, employ, profit by, take advantage of, enjoy, serve oneself with:* utor neque perantiquis neque inhumanis testibus, *cite:* num argumentis utendum in re eius modi?: dextro (oculo) aeque bene, N.: exemplis in parvo grandibus uti, *to apply,* O.: naves neque usae nocturnā aurā in redeundo, Cs.: usus est hoc cupidine, tamdiu, dum, etc., i. e. *borrowed:* si fortunā permittitis uti, *to take advantage of,* V.: libertate modice utantur, L.: deorum Muneribus sapienter uti, H.: temporibus sapienter utens, *taking advantage of,* N.: opportunae sunt divitiae ut utare (sc. eis): administris ad ea sacrificia Druidibus, Cs.: ut eā potestate ad quaestum uteretur, *might avail himself of:* utuntur aut aere aut taleis ferreis ad certum pondus examinatis pro nummo, Cs.—P r o v.: scisti uti foro, *to make your market,* i. e. *to conciliate,* T.—With *acc.* (old): Mea, quae praeter spem evenere, utantur sine, T.—*Pass.,* only in *gerundive:* Quod illa aetas magis ad haec utenda idoneast, i. e. *for these enjoyments,* T.: te, quod utendum acceperis, reddidisse, *what you borrowed:* Multa rogant utenda dari, O.—*To manage, control, wield:* bene armis, optime equis.—*To spend, use:* notum et quaerere et uti, H.: cum horis nostris nos essemus usi, *exhausted.*—*To wear:* pellibus aut parvis tegimentis, Cs.: insignibus regiis.—*To accept, adopt:* eā condicione, quae a Caesare ferretur, Cs.: praeposteris consiliis.—*To resort to, consult:* quaestor, cuius consilio uteretur.—*To make, adopt, employ, express oneself:* si provincia loqui posset, hac voce uteretur: haec oratio, quā me uti res p. coëgit.—*To perform, exercise, practise:* virtute suā: Viribus per clivos, H.: nil circuitione, T.—*To indulge, practise, exercise, yield to:* alacritate ac studio, Cs.: incredibili patientiā: dementer amoribus, O.: suā clementiā in eos, Cs.—*To experience, undergo, receive, enjoy:* Ne simili utamur fortunā atque usi sumus, Quom, etc., T.: hoc honore usi togati solent esse.—*To consume, take, drink:* Lacte mero et herbis, O.—*To enjoy the friendship of, be intimate with, associate with:* quā (Caeciliā) pater usus erat plurimum: Utere Pompeio Grospho, H.: regibus, H.—With two *abll., to use as, employ for, hold in the capacity of, find to be:* Mihi si umquam filius erit, ne ille facili me utetur patre, *shall find me an indulgent father,* T.: hic vide quam me sis usurus aequo, i. e. *how justly I have dealt with you:* uteris monitoribus isdem, H.: valetudine non bonā, Cs.

ut-pote, *adv., as is possible, as is natural, as is of course, as being, as, seeing that, inasmuch as, since* (introducing a reason why the statement in the principal clause must needs be true): neque tamen Antonius procul aberat, utpote qui expeditus in fugā sequeretur, S.: ea nos, utpote qui nihil contemnere soleamus, non pertimescebamus: clamor Romanis auxit animum, utpote captā urbe, L.: Inde Rubos fessi pervenimus, utpote longum Carpentes iter, H.: Quin id erat curae, quo pacto cuncta tenerem, Utpote res tenues, tenui sermone peractas, H.

utrārius, ī, *m.* [uter], *a water-carrier,* L.

utrimque (utrinque), *adv.* [uterque], *on both sides, on either hand, from each side, on the one side and on the other:* clamor utrinque, Undique concursus, H.: magnae utrimque copiae: multis utrimque interfectis, Cs.: tigna binis utrimque fibulis distinebantur, *one on each side,* Cs.: utrimque constitit fides, i. e. *both parties kept their word,* L.: utrimque anxii, i. e. *afraid of both parties,* Ta.

utrō, *adv.* [2 uter], *to which of the two sides, in which direction:* Nescit utro potius ruat, O.—Fig.: quae (natura), quoniam utro accessit, id fit propensius, etc.

utrobīque (utrubīque), *adv.* [utrubi (uter+ubi)+que], *on both parts, on the one side and the other, on either hand:* ut eadem veritas utrobique sit, i. e. *with gods and men:* depopulatus Hypatensem primo, deinde Heracleensem agrum, inutili utrobique auxilio Aetolorum, L.: utrobique Eumenes plus valebat, *on both land and sea,* N.: pavor est utrobique molestus, H.

utrōque, *adv.* [uterque].—Of places, *to both places, on both sides, in each direction:* utroque citius quam vellemus, cursum confecimus: exercitūs utroque ducti, L.: Iactantem utroque caput, V.: rucre ardet utroque, O.—Fig., *in both directions, in either point of view, both ways:* auctores utroque trahunt, L.

utrubīque, see utrobique.

utrum, *adv.* [uter]. **I.** Introducing a direct question, and expressed in English only by the mark of interrogation: utrum pro me an pro me et pro te?: utrum hostem an vos an fortunam utriusque populi ignoratis? L.—Strengthened by *ne* (attached to an emphatic word; or poet. to utrum): Utrum studione in sibi habet an laudi putat Fore? T.: utrum igitur tandem perspicuisne dubia aperiuntur an dubiis perspicua tolluntur?: Utrumne iussi persequemur otium . . . An hunc laborem, etc., H.—Without an expressed alternative: utrum enim est in clarissimis civibus is, quem iudicatum hic duxit Hermippus?—**II.** Introducing an indirect question, *whether:* Utrum stultitiā facere ego hunc an malitiā Dicam, incertus sum, T.: utrum inpudentior hic . . . an crudelior illa, difficile dictu est: est quaerendumque utrum una species sit earum anne plures: iam dudum ego erro, qui quaeram, utrum emeris necne, *whether . . . or not:* utrum proelium committi ex usu esset necne, Cs.: cum interrogaretur, utrum pluris patrem matremne faceret? matrem inquit, *whether . . . or.*—Strengthened by *ne* (attached to an emphatic word; or poet. to utrum): (rogo) utrum praedicemne an taceam? T.: videamus, utrum ea fortuitane sint an eo statu, quo, etc.: utrum admonitus an temptatus an sine duce ullo pervenerit . . . nescio: Nec quidquam differre utrumne in pulvere . . . ludas opus, an meretricis amore Sollicitus plores, H.—Without an expressed alternative: an hoc dicere audebis, utrum de te aratores bene existiment, ad rem id non pertinere?

ut-ut or **ut ut**, *adv., however, in whatever manner:* utut est, indulge valetudini tuae: ut ut erat, mansum tamen oportuit, T.

ūva, ae, *f.* [VG-], *a grape, berry of the vine:* a quā (gemmā) oriens uva se ostendit: Hic segetes, illic veniunt felicius uvae, V.: Terra feracior uvis, O.—Poet., *collect., grapes:* tolle cupidinem Inmitis uvae, H.—*A vine:* fert uva racemos, V.—Of bees, *a cluster, bunch, swarm:* apes lentis uvam demittere ramis, V., Iu.

ūvēscō, —, —, *inch.* [*ūveo; VG-], *to drink freely, tipple:* modicis (poculis) laetius, H.

ūvidulus, *adj. dim.* [uvidus], *moist, wet:* a fletu, Ct.

ūvidus, *adj.* [VG-], *moist, wet, damp, dank, humid:* Vestimenta, H.: gemma, O.: Menalcas, *bedewed,* V.: Tiburis ripae, i. e. *well-watered,* H.—Fig., *drunken:* dicimus integro Sicci mane die, dicimus uvidi, H.

uxor, ōris, *f., a wife, spouse, consort:* duxit

iterum uxorem patre vivo: erus, quantum audio, uxore excidit, *must go without a wife*, T.—Poet.: Olentis uxores mariti, i. e. *she-goats*, H.

uxōrius, *adj.* [uxor], *of a wife, of a married woman:* in arbitrio rei uxoriae: abhorrens ab re uxoriā, i. e. *averse to marriage*, T.: dos, O.—*Devoted to a wife, ruled by a wife, uxorious:* pulcramque uxorius urbem Exstruis, V.: amnis (Tiberis), H.

V (U consonans).

vacāns, antis, *adj.* [*P.* of vaco], *empty, unoccupied, vacant:* saltus, V.: mens corpore, *without:* custode, O. — *Plur. n.* as *subst.*, *vacant estates:* populus vacantia teneret, Ta. —Fig., *at leisure, unemployed, unoccupied:* animus, O.

vacātiō, ōnis, *f.* [vaco], *freedom, exemption, immunity, dispensation:* cum sacerdotes deorum vacationem habeant: adulescentiae, i. e. *the license of youth:* rerum gestarum, i. e. *immunity earned by service:* neque ei suam vacationem eripio, i. e. *his peculiar license:* omnium munerum: publici muneris: militiae, *from military service*, Cs.: a causis: a belli administratione, L.: vacationem, quo minus iudiciis operam darent, habere.—*Exemption from military service* (sc. militiae): P. Vatinius ... et agro a senatu et vacatione donatus est: scribere exercitum sine ullā vacationis veniā, L.—*A sum paid for exemption from military service:* vacationes centurionibus ex fisco numerat, Ta.: vacationes annuae, Ta.

vacca, ae, *f.* [VOC-], *a cow*, C., V., H., O.

vaccīnium, ī, *n.*, *a blueberry, whortleberry:* vaccinia nigra leguntur, V., O.

vaccula, ae, *f. dim.*, *a little cow, heifer*, Ct.

vacillō, āvī, ātus, āre, *to sway to and fro, stagger, reel, totter:* ex vino: in utramque partem toto corpore: epistula vacillantibus litterulis.—Fig., *to waver, hesitate, be untrustworthy, vacillate:* tota res vacillat et claudicat: cum unā legione et eā vacillante, i. e. *untrustworthy:* in vetere aere alieno vacillant, *stagger under a load of old debts.*

vacīvē, *adv.* [vacivus], *at leisure, leisurely:* libellum perlegere, Ph.

(**vacīvus**), see vocivus.

vacō, āvī, ātus, āre, *to be empty, be void, be vacant, be without, not to contain:* villa ita completa militibus est, ut vix triclinium ... vacaret: maximam putant esse laudem, quam latissime vacare agros, *to be uninhabited*, Cs.: ostia septem Pulverulenta vacant, septem sine flumine valles, O.: Ora vacent epulis, i. e. *abstain from*, O.: haec a custodiis classium loca maxime vacabant, Cs.—*To be unoccupied, be vacant, be ownerless:* cum agri Ligustini ... aliquantum vacaret, L.: Piso si adesset, nullius philosophiae vacaret locus, i. e. *no system would be without a representative.*—Fig., *to be vacant, be free, be without, be unoccupied:* nulla vitae pars vacare officio potest: amplitudo animi pulchrior, si vacet populo, *remains aloof from:* res p. et milite illic et pecuniā vacet, *be relieved from furnishing*, L.: nullum tempus illi umquam vacabat a scribendo: a publico officio et munere: ab opere (milites), Cs.—*To be free from labor, be idle, be at leisure, have leisure, have time:* quamvis occupatus sis ... aut, si ne tu quidem vacas, etc.: Dum perago tecum pauca vaca, i. e. *attend*, O.: philosophiae, Quinte, semper vaco, *have time for:* In grande opus, O.: teneri properentur amores, Dum vacat, i. e. *in idle hours*, O.: si vacat, Iu.: si vacet annalīs nostrorum audire laborum, *if there is time*, V.: Hactenus indulsisse vacat, i. e. *it is permitted*, V.: Non vacat exiguis rebus adesse Iovi, *Jupiter has no leisure for trifles*, O.

vacuēfaciō, fēcī, factus, ere [vacuus + facio], *to make empty, empty, clear, free:* adventu tuo ista subsellia vacuefacta sunt: Scyrum, N.

vacuitās, ātis, *f.* [vacuus], *a being without, freedom, absence, exemption:* omnis molestiae: ab angoribus.—Of office, *a vacancy:* consulum.

Vacūna, ae, *f.*, *a goddess of rural fertility, the ancestral divinity of the Sabines*, H., O.

Vacūnālis, e, *adj.*, *of Vacuna:* foci, O.

vacuus, *adj.* with *sup.* [cf. vaco], *empty, void, unoccupied, vacant, free, clear, devoid of, without:* castra, Cs.: Perque domos Ditis vacuas, V.: Aëra per vacuum ferri, V.: Acerrae, *unpeopled*, V.: agri, *deserted*, V.: partem aedium vacuam fecere, L.: aula, H.: equi, *riderless*, L.: lectus, O.: ossa vacuis exsucta medullis, Iu.: gladium vaginā vacuum in urbe non vidimus: defensoribus moenia, L.: cultoribus agri, O.: Messana ab his rebus: oppidum ab defensoribus, *without*, Cs.: ager frugum vacuus, S.—As *subst. n.*, *an empty space, vacant place, void, vacuity:* in vacuum poterunt se extendere rami, V.: per vacuum incurrere, H.—Fig., *free, freed, clear, devoid of, without:* animus per somnum sensibus et curis vacuus: Crimine nox vacua est, O.: hora nulla vacua a furto reperietur: ab odio, S.: censores vacui ab operum locandorum curā, L.: vacuas caedis habete manūs, O.: operum vacuus, H.: cum domos vacuas novo matrimonio fecissent, L.—*Free from labor, without business, at leisure, idle, clear, disengaged, unoccupied, not engrossed:* quoniam vacui sumus, dicam: si es animo vacuo, expone: pedibus vacuis terere Porticum, O.: Cetera, quae vacuas tenuissent carmine mentes, V.: Rutilius animo vacuus, i. e. *un-*

disturbed, S.: Qui (te) semper vacuam sperat, i. e. *heart-free*, H.: Nec rursus iubeo, dum sit (domus Augusti) vacuissima, quaeras, i. e. *till it is absolutely at leisure*, O.—Of places, *quiet*, *peaceful*, *undisturbed* (poet.): Tibur, H.: tonsoris in umbrā, H.: mare, *unguarded*, Ta. — Of time, *free*, *vacant*, *disengaged*, *leisure:* vacuos dies habere: vacuam noctem operi dedere, L.—Of women, *free*, *unmarried*, *single:* Hersilia, i. e. *widowed*, O.: Elige de vacuis, *among the single*, O.—Of possessions, *free*, *vacant*, *without occupant*, *unappropriated:* possessio regni, Cs.: prudentiae doctrinaeque possessio: sese praedia vacua filio traditurum: Syriam provinciam vacuam tum morte Atilii Rufi, Ta.—As *subst. n.:* si quis casus puerum egerit Orco, In vacuum venias, *into the vacant property*, H. — *Empty*, *vain*, *worthless:* tollens vacuum plus nimio Gloria verticem, H.

vadimōnium, ī, *n.* [1 vas], *a promise of appearance secured by bail*, *bail-bond*, *bail*, *security*, *recognizance:* vadimonium promittere: sine vadimonio disceditur: Aptius hae capiant vadimonia garrula cerae, i. e. *legal forms*, O.: res esse in vadimonium coepit, i. e. *is to be duly tried:* vadimonium tibi cum Quinctio nullum fuit, i. e. *if you were under no bond to Quinctius to appear:* vadimonium sistit, i. e. *appears duly:* Romam vadimoni causā venire: vadimonia deinde Irati faciunt, i. e. *require bail of you*, Iu.: differre, *to postpone appearance:* vadimonium imponere, *exact bail*, N.: vadimonium deserere, *to forfeit one's recognizance:* vadimonium missum facere, *release the bail.*

vādō, —, —, ere [BA-], *to go*, *walk*, *go hastily*, *proceed rapidly*, *rush:* Vadimus inmixti Danais, V.: ad eum (Pompeium) postridie mane vadebam: ad amnem, O.: in hostem, *in advance*, L.: cras mane vadit: Vade, vale, H.—P o e t.: Ardua per praeceps gloria vadit iter, O.

vador, ātus, ārī, *dep.* [1 vas].—In law, *to bind over for appearance:* hominem: tot vadibus reum, L.: Iamque vadaturus, lecticā prodeat, inquit, O. —*P.* as *subst. m.:* casu tunc respondere vadato Debebat (i. e. ei qui se vadatus erat), H.

vadōsus, *adj.* [vadum], *full of shallows*, *shallow*, *shoal:* mare, Cs.: amnis, V.: Syrtes, S.: ostium portūs, L.

vadum, ī, *n.* [BA-], *a shallow place*, *shallow*, *shoal*, *ford:* Rhodanus nonnullis locis vado transitur, Cs.: vadum fluminis temptare, si transire possent, Cs.: vado superari amnis non poterat, L.: in scopulo luctans brevibusque vadis, L.: Nessus, scitus vadorum, O.: (aquae) vada nota secantes, i. e. *the river bed*, O.: Cera vadum tentet, rasis infusa tabellis, *try the ford*, i. e. *make a first attempt*, O.—*Plur.*, *a shallow crossing*, *ford:* vadis repertis partem copiarum transducere, Cs. — *A body of water*, *sea*, *stream* (poet.): longā sulcant vada salsa carinā, V.: Non tangenda rates transiliunt vada, H.—*The depths*, *bottom* (poet.): saxa Vadis levata, H.: Sedit limoso pressa carina vado, O.—P r o v.: omnis res est iam in vado, *touches bottom*, i. e. *is safe*, T.

1. vae, *interj.*, *ah! alas! woe!:* vae meum tumet iecur, H.: vae misero mi! T.: intoleranda Romanis vox, vae victis! L.

2. vae-, see 2 ve-.

vaecors, **vaecordia**, see vēcors.

(**vaeneō**, **vaenum**, **vaesānus**), see vē-.

vafer, fra, frum, *adj.* with *sup.*, *sly*, *cunning*, *crafty*, *artful*, *subtle:* homo: Tentat (te) mille vafer modis, H.: somniorum vaferrumus interpres.

vafrē, *adv.* [vafer], *slyly*, *subtly:* facere.

vagē, *adv.* [vagus], *here and there*, *far and wide*, *at random:* effusi per agros, L.

vāgīna, ae, *f.* [cf. 2 vas], *a scabbard*, *sheath:* gladium vaginā vacuum: vaginā eripit ensem, V., Cs., H., O.—Of plants, *a sheath*, *hull*, *husk*, C.

vāgiō, iī, —, īre [VOC-], *to cry*, *squall*, *scream:* vox pueri vagientis, T.: in cunis: vagierunt ambo pariter, O.

vāgītus (ūs), *m.* [vagio], *a crying*, *squalling:* voces vagitus et ingens Infantumque animae flentes, V.: vagitūs similes puerilibus haedum Edentem, i. e. *bleating like crying babes*, O.

vagor, ātus, ārī, *dep.* [vagus], *to stroll about*, *go to and fro*, *ramble*, *wander*, *roam*, *range*, *rove:* huc et illuc passim: totā Asiā: Germani iam latius vagabantur, Cs.: manes per tot domos ad petendas poenas vagati, L.: vagantur per arva boves, O.: luna isdem spatiis vagatur quibus Sol: late vagatus est ignis, L.—F i g., *to wander*, *roam*, *be lost*, *waver*, *spread*, *extend*, *be diffused:* quorum vagetur animus errore: verba ita soluta, ut vagentur, i. e. *are irregular in movement:* deinde nostro instituto vagabimur, i. e. *expatiate:* Idcircone vager scribamque licenter, H.: ea fama vagatur, *spreads*, V.: vagantur Milia rumorum, *circulate*, O.

vagus, *adj.* [VAG-], *strolling*, *rambling*, *roving*, *roaming*, *wandering*, *unfixed*, *unsettled*, *vagrant:* cum vagus et exsul erraret: Gaetuli vagi, palantes, S.: milites, L.: Tibicen, H.: pisces, H.: Saepe vagos ultra limina ferte pedes, O.: quae (stellae) errantes et quasi vagae nominarentur: luna, H.: venti, H.: crines, O.: harena, *flying*, H. — F i g., *wandering*, *wavering*, *unsteady*, *inconstant*, *doubtful*, *uncertain*, *vague:* vita: (in oratione) solutum quiddam sit nec vagum tamen, *aimless:* pars quaestionum, *indefinite:* supplicatio, *irregular*, L.: Concubitus, *promiscuous*, H.

vāh, *interj.*, of surprise, joy or anger, *ah! oh!* T.

valdē, *adv.* with *comp.* [for validē], *strongly, vehemently, energetically, vigorously, intensely, very, very much, exceedingly:* quidquid volt, valde volt: valde mihi adriserat: de Vergili parte valde probo: litteras exspectare: alqm timere, N.: novit me valdius ipso, H.: Valdius oblectat populum, H.: aetas valde longa.—Ellipt., *few:* illud valde graviter tulerunt: rem valde bene gerere.

valē, vale-dīcō, see valeo.

valēns, entis, *adj.* with *comp.* and *sup.* [*P.* of valeo], *strong, stout, vigorous, powerful:* satellites: valentissima bestia: lictores valentissimi: Hic membris et mole valens, V.: tunicae, *thick*, O.—*In health, well, healthy, hale, hearty:* adulescens bene valens: (sensūs) sani ac valentes.—*Plur. m.* as *subst.:* oblectatio valentium (opp. aegri).—Fig., *strong, powerful, mighty:* (Caesari) tam valenti resistere: cum valentiore pugnare: ut fieri nihil possit valentius: nec fraus valentior quam consilium meum: causa valentior, O.: oppida valentissima, N.

(**valenter**), *adv.* [valens], *strongly, powerfully, violently.*—Only *comp.:* spirare valentius, O.

valeō, uī, itūrus, ēre [VAL-], *to be strong, be vigorous, have strength, be able:* versate diu Quid valeant umeri, *how strong*, etc., H.: velocitate ad cursum, viribus ad luctandum: Mustela cum Mures non valeret adsequi, Ph.: valet ima summis Mutare deus, H.—*To be in health, be sound, be well, be hale:* quom valemus, T.: minus valere... melius valere: corpore: mente, O.: pedibus, N.—As a greeting, *imper., farewell, adieu, good-bye:* vos valete et plaudite, T.: vive valeque, H.: Et longum, Formose vale, vale, inquit Iolla, V.: vale (ending a letter): Supremumque vale... dixit, O.—In phrases beginning letters: si vales bene ego valeo (written S. v. b. e. v.): si valetis bene ego equidem valeo (written S. v. v. b. e. e. q. v.): cura ut valeas, *take care of your health:* fac valeas meque mutuo diligas.—In expressions of dismissal: post etiam iussi valere, cum, etc., i. e. *politely dismissed:* Immo habeat, valeat, vivat cum illā, *off with him*, T.: si talis est deus, valeat, *good-bye to him:* valeat res ludicra, si, etc., *farewell to the stage*, H.: valeant, Qui, etc., *away with those*, etc., T.—With *dico* (less correctly valedico), *to bid farewell, say adieu, take leave:* Vix illud potui dicere triste vale, O.: Saepe vale dicto, O.—*To have power, be valid, be effective, have influence, avail, prevail, be strong, succeed:* valebunt semper arma: in more maiorum, qui tum ut lex valebat: valuit auctoritas: (eius) valet opinio tarditatis, *is established:* ius gentium valuit, L.: Et vestrae valuere preces, O.: Neque ita inperita (sum), ut quid amor valeat nesciam, T.: ignari quid virtus valeret: aut gratiā aut misericordiā, Cs.: dicendo, N.: pedum cursu, V.: parum valent (Graeci) verbo, i. e. *have no precise word:* plurimum ingenio: multum Caesar equitatu valebat, Cs.: in populari genere dicendi: nihil putas valere in iudiciis coniecturam: in Fabiā (tribu), H.—With expressions of effect or result, *to be strong enough, be adequate, be capable, be able, have force, be effectual, avail, be applicable, extend:* quaecumque est hominis definitio, una in omnīs valet: num etiam in deos inmortales legem valuisse? L.: hoc eo valebat, ut ingratiis ad depugnandum omnes cogerentur, *the effect of this was*, etc., N.: Ne scis quo valeat nummus, quem praebeat usum? H.: astrorum adfectio valeat, si vis, ad quasdam res; ad omnīs certe non valebit: neque, quod Samnites... amici vobis facti sunt, ad id valere arbitror, ne, etc., L.: ad subeundum periculum multum fortuna valuit, Cs.: ad populum dicendo: maxume apud te, T.: non quin eam (commendationem) valituram apud te arbitrarer: apud magnam partem senatūs gratiā, L.: utrum apud eos pudor an timor valeret, Cs.: praemia, quae apud me minimum valent: hoc nonne videtur contra te valere?: verba Pro deplorato non valitura viro, O.: multitudine militum, Cs.: inter eos virtute, Cs.: nec continere suos ad direptione castrorum valuit, L.: Quam (urbem) neque valuerunt perdere Marsi, H.—*To be of the value of, be worth:* dum pro argenteis decem aureus unus valeret, L.—*To mean, signify, import:* quaerimus verbum Latinum par Graeco et quod idem valeat: quamquam vocabula prope idem valere videbantur.

valēscō, —, ere, *inch.* [valeo], *to grow strong, gain strength:* meditatio et labor in posterum valescit, Ta.

valētūdinārium, ī, *n.* [valetudo], *a sick-room, hospital*, Ta.

valētūdō (valīt-), inis, *f.* [valeo], *habit, state of body, state of health, health:* optimā valetudine uti, Cs.: bona: infirma: Dura, H.: valetudini tuae servire.—*A good condition, soundness of body, good health, healthfulness:* valetudo (opportuna est), ut dolore careas et muneribus fungare corporis: cui fama, valetudo contingat abunde, H.—*A bad condition, ill-health, sickness, feebleness, infirmity, indisposition:* gravitas valetudinis: adfectus valetudine, Cs.: quod me propter valetudinem tuam . . . non vidisses: oculorum: si non desint subsidia valetudinum.—Fig., *health, soundness, sanity:* mala animi.—Of style, *soundness, vigor.*

(**valide**), *adv.* [validus], *strongly, vehemently, mightily, exceedingly.*—Only *comp.* with *sup.:* validius Clamare, Ph.

validus, *adj.* with *comp.* and *sup.* [VAL-], *strong, stout, able, powerful, robust, vigorous:* videmus ea, quae terra gignit, corticibus et radicibus valida servari: lacerti, O.: vires, V.: munitiones validiores, L.: praesidia, L.—*Well, in good health, sound, healthy:* salvos atque validus, T.: si te validum videro: validus male filius, *sickly*, H.: necdum ex morbo satis validus, L.—Of drugs, *strong, powerful, active, efficacious:* medicamen, O.: venenum, O.—Fig., *strong, mighty, powerful, effective:* urbs: ducibus validiorem quam exercitu rem Romanum esse, L.: validissimus auctor, Ta.: fama validissima, Ta.: ludibrium vix feminis puerisve morandis satis validum, *hardly strong enough to obstruct women*, L.: adversus consentientīs, L.

vāllāris, e, *adj.* [vallum], *of a rampart:* corona, *of the soldier who first scaled a rampart*, L.

vallēs or **vallis**, is, *f.* [1 VEL-], *a valley, vale:* peragrare vallīs atque collīs: satis magna, Cs.: per supinam vallem fusi, L.: in reductā valle, H.: valles cavae, V.: imis in vallibus, O.—*Plur.* for *sing.:* Vidimus obscuris sub vallibus urbem, V., O.—*A hollow:* valle sub alarum, Ct.

vāllō, āvī, ātus, āre [vallum], *to fortify with a rampart, surround with palisades, intrench, circumvallate:* castra, L.: noctem, i. e. *intrench themselves at night*, Ta.—Fig., *to fortify, protect, defend:* Pontus et naturā et regione vallatus: haec omnia quasi saepimento aliquo vallabit disserendi ratione: Catilina vallatus sicariis.

vāllum, ī, *n.* [vallus], *a line of palisades, palisaded rampart, intrenchment, circumvallation:* vallo fossāque moenia circumvenit, S.: Pompeium fossā et vallo saeptum tenet: in tumulo vallum ducere, L.: fossas implere ac vellere vallum, V.—Fig., *a wall, rampart, fortification:* non Alpium vallum contra ascensum Gallorum obicio: munitae sunt palpebrae tamquam vallo pilorum.

vāllus, ī, *m.* [1 VEL-].—In fortification, *a stake, palisade:* qui labor et quantus agminis ... ferre vallum, etc.: vallum caedere et parare, L.: se acutissimis vallis induebant; hos cippos appellabant, Cs.—*A rampart with palisades:* duplicem fecerat vallum, Cs.—*A point, spike, tooth:* pectinis, O.—In agriculture, *a stake, pole:* Exacuunt alii vallos, V.

valvae, ārum, *f.* [3 VOL-], *a pair of door-leaves:* effractis valvis, *the folding-door:* bullas aureas ex valvis auferre: Valvarum strepitus, H.: templi, Cs., O., N.

vānēscō, —, —, ere, *inch.* [* vaneo, from vanus], *to pass away, disappear, vanish:* Ceres sterilem in herbam, O.: Vanescit absens et novus intrat amor, O.: vanescente plebis irā, Ta.

vāniloquentia, ae, *f.* [vaniloquus], *idle talk, prating, vaunting*, L., Ta.

vāniloquus (-locus), *adj.* [vanus+4 LAC-], *talking idly, boastful*, L.

vānitās, ātis, *f.* [vanus], *emptiness, aimlessness, absence of purpose:* nulla in caelo nec fortuna ... nec vanitas inest: Romanis Gallici tumultūs adsueti, etiam vanitates notae sunt, L.—*Falsity, falsehood, deception, deceit, untruth, untrustworthiness, fickleness:* ut vanitati veritas cedat: nec vero est quicquam turpius vanitate: orationis, i. e. *deceitful speeches:* populi, *fickleness*, L.—Fig., *vanity, vainglory:* non pudet Vanitatis? T.: tanta in te: prosperitate rerum in vanitatem usus, etc., Ta.

vannus, ī, *f.*, *a fan, van, winnow:* mystica Iacchi, *borne in the festival of Bacchus*, V.

vānum, ī, *n.* [vanus], *emptiness, nothingness, naught:* ad vanum et inritum victoria redacta, *brought to nothing*, L.: nec tota ex vano criminatio erat, i. e. *groundless*, L.: Corruptus vanis rerum, H.—*Plur. acc. adverb.:* fulgens armis ac vana tumens, i. e. *with vain show*, V.

vānus, *adj.* with *comp.* and (late) *sup.* [VAC-], *containing nothing, empty, void, vacant:* illos seges vanis elusit avenis, V.: vanior iam erat hostium acies, L.: acies, i. e. *weak*, Cu.: Num vanae redeat sanguis imagini! *unsubstantial*, H.—Fig., *empty, idle, null, groundless, unmeaning, fruitless, vain:* falsum aut vanum aut finctum (opp. vera), T.: oratio: verba, O.: armorum agitatio, L.: metus, H.: Spes, O.: ira, L.: pugna effectu quam conatibus vanior, L.—*Vainglorious, ostentatious, boastful, vain:* ingenio, L.—*False, lying, deceptive, delusive, untrustworthy:* vanus et perfidiosus et impius: vanus mendaxque, V.: non vani senes, i. e. *veracious*, O.: oratio: ingenium dictatoris, *weak, wavering*, L.: aut ego (i. e. Iuno) veri Vana feror, V.: vanissimi cuiusque ludibrium, Cu.

vapor, ōris, *m.*, *steam, exhalation, vapor:* aquarum vapores: Nocturni, H.: volat vapor ater ad auras, *smoke*, V.—*A warm exhalation, warmth, heat:* (terra semen) tepefactum vapore et compressu suo diffundit: finditque vaporibus arva (Phoebus), O.: locus vaporis plenus, L.—Poet.: restinctus donec vapor omnis, *fire*, V.: carinas Est vapor, *consumes*, V.

vapōrārium, ī, *n.* [vapor], *a steam-chamber, sweating-room* (in a bath).

vapōrō, —, ātus, āre [vapor], *to steam, smoke, fumigate, heat, warm:* templum ture, V., H.

vappa, ae, *f.* [cf. vapor], *wine without flavor, vapid wine:* potare vappam, H.—Fig., *a spoiled fellow, good-for-nothing*, H., Ct.

vāpulō, āvī, —, āre, *to get a cudgelling, be flogged:* vapulando defessi, T.—Of troops, *to be beaten:* septimam legionem vapulasse.—Fig., *to be lashed, be reviled:* omnium sermonibus.

variātiō, ōnis, *f.* [vario], *a difference, variation:* sine variatione ullā, L.

varicōsus, *adj.* [varix], *with dilated veins, varicose:* haruspex, Iu.

vāricus, *adj.* [varus], *with feet apart, straddling:* illa Ambulat varica, O.

variē, *adv.* [varius], *variously, changeably, diversely, differently, in various ways:* moveri: numerus huius generis late et varie diffusus est: decernitur non varie, sed prope cunctis sententiis, i. e. *not against opposition:* varie per omnem exercitum laetitia maeror agitabantur, S.: bellatum, *with varying fortune*, L.

varietās, ātis, *f.* [varius], *difference, diversity, variety:* varietas . . . proprie in disparibus coloribus dicitur, sed transfertur in multa disparia: florum omnium: sententiarum varietate abundantissimus. — *A kind, variety, species, sort:* in omni varietate artium excellere: varietates vocum. — Fig., *difference, variance, disagreement, dissension:* esse in varietate ac dissensione, *division:* cum fieret sine ullā varietate discessio, i. e. *a unanimous vote.—A change, vicissitude, inconstancy, fickleness:* bellum in multā varietate versatum, i. e. *vicissitudes:* qui in eius (i. e. fortunae) varietate sunt versati, *have experience of its fickleness:* ad varietates annonae horreum fore, *vicissitudes*, L.

variō, āvī, ātus, āre [varius], *to diversify, variegate, change:* maculis ortum (sol), V.: variabant tempora cani, O.: ubi caeruleum variabunt sidera caelum, O.: formas variatus in omnīs, *metamorphosed*, O. — Fig., *to cause to change, diversify, vary, make various, interchange, alternate:* ille variabit (vocem): voluptatem: rem prodigialiter unam, H.: sententias, L.: vices, V.: bellum variante fortunā eventum ferre, *with varying success*, L.: variatis hominum sententiis, i. e. *amid the conflicting voices:* quae de Marcelli morte variant auctores, *report variously*, L.: senatus consuli coeptus; ibi cum sententiis variaretur, *there was a difference of opinion*, L.—*To be diversified, be variegated, change, alter, waver, vary, be various, differ:* abeunt redeuntque mei variantque timores, O.: ita fama variat, ut, etc., L.: si (lex) nec causis nec personis variet, L.—*Impers.:* ibi si variaret, *if there were a difference of opinion*, L.

varius, *adj.*—Of color and appearance, *variegated, party-colored, mottled, diverse, various:* vestis, T.: lynces, V.: flores, O.: columnae, *of variegated marble*, H.: auctumnus Purpureo colere, H.: Sparsa quoque in vario passim miracula caelo videt, *diversified*, O.—Fig., *diverse, different, manifold, changing, varying, changeable, various:* varium poëma, varia oratio, varii mores, varia fortuna; voluptas etiam varia dici solet: curricula multiplicium variorumque sermonum: rationes: ius: bellum variā victoriā fuit, S.: varias esse opiniones intellego sunt qui putant, etc., i. e. *differences of view* (i. e. with substantial agreement): quales sint (dii), varium est, *various opinions prevail.*—Of abilities, *versatile:* Plato varius et multiplex fuit.—Of character, *fickle, inconstant, changeable, untrustworthy:* quam non varius fuerit in causā: varius incertusque agitabat, S.: in omni genere vitae, N.: varium et mutabile semper Femina, *a fickle thing*, V.

varix, icis, *m.* [cf. varus], *a dilated vein, varix.*

vārus, *adj.* [CVR-], *bent, turned awry, crooked:* a pectore manūs, O. — Poet.: Alterum (genus hominum) huic varum, i. e. *different from this*, H. —*With legs bent inward, knock-kneed:* hunc varum distortis cruribus Balbutit, H.

1. vas, vadis, *m.*, *a bail, security, surety:* vas factus est alter (Damon) eius sistendi, ut si ille non revertisset, moriendum esset ipsi: vades deserere, L.—Fig.: vestram virtutem rerum, quas gesturus sum, vadem praedemque habeo, Cu.

2. vās, vāsis, *n. plur.* vāsa, ōrum [2 VAS-], *a vessel, dish, utensil:* corpus quasi vas est, aut aliquod animi receptaculum: Sincerum est nisi vas, quodcumque infundis acescit, H.: domus referta vasis Corinthiis: vasa caelata.—*Equipments, luggage, baggage:* vasa conlegerat, *had packed up:* vasa silentio conligere, L.: vasa conclamare, *to signal for packing up*, Cs.

vāsārium, ī, *n.* [2 vas], *furniture-money, equipage-money, outfit* (of a provincial governor).

vāsculārius, ī, *m.* [vasculum], *a worker in metals, whitesmith, goldsmith.*

vāsculum, ī, *n. dim.* [2 vas], *a small vessel*, Iu.

vāstātiō, ōnis, *f.* [vasto], *a laying waste, desolating, ravaging, devastation:* omnium: agri, L.: depopulationes, vastationes.

vāstātor, ōris, *m.* [vasto], *a ravager, devastater:* Arcadiae aper, O.: ferus (i. e. lupus), O.: ferarum, *hunter*, V.

vāstē, *adv.* with *comp.* [vastus], *rudely, harshly:* loqui: ne vastius diducantur (verba).—*Widely, immensely, violently:* Vastius insurgens impetus undae, O.

vāstificus, *adj.* [vastus + 2 FAC-], *ravaging, devastating:* belua, C. poët.

vāstitās, ātis, *f.* [vastus], *an empty place, waste, desert:* in agris: iudiciorum et fori.—*Desolation, devastation, ruin, destruction:* totius Italiae: Italiam totam ad vastitatem vocas: vastitatem reddere, L.: fugam ac vastitatem late fecerunt, L. — Fig., of persons, *a destroyer:* provinciarum vastitates.

vāstō, āvī, ātus, āre [vastus], *to make empty, deprive of occupants, desert, vacate, void, empty, lay waste, desolate, ravage, devastate, destroy:* cum equitatus vastandi causā se in agros eiecerat, Cs.: Italiam: vastati agri sunt, L.: pati terram stirpium asperitate vastari, *to lie waste:* partem provinciae incursionibus, Cs.: Omnia late, V.: Poenorum tumultu Fana, H.: cultoribus agros, V.: cultores, Ta.—Fig.: ita conscientia mentem excitam vastabat, *perplexed*, S.

vāstus, *adj.* with *comp.* and *sup.* [VAC-], *empty, unoccupied, waste, desert, devastated:* genus agrorum: lex erat lata vasto ac relicto foro: vasta incendiis urbs, L.: mons ab naturā, S.: urbs a defensoribus, *without*, L.: Haec ego vasta dabo, *will lay waste*, V.—*Vast, immense, enormous, huge, monstrous:* belua: vastissimae beluae: ad figuram quae (belua) vastior?: mare, Cs.: mare vastissimum: crater, quem vastum vastior ipse Sustulit Aegides, O.: vastus animus nimis alta cupiebat, i. e. *insatiable ambition*, S.: iter, i. e. *on the vast ocean*, O.: certamen, V.: impetus, H.—Fig., *uncultivated, unpolished, rude, rough, harsh:* voltu motuque corporis: omnia vasta ac temeraria esse, L.: littera vastior, *too harsh-sounding.*

vātēs, is, *gen. plur.* vātum (C., L., V., H., O.), rarely vātium (C.), *m.* and *f.*, *a foreteller, seer, soothsayer, prophet, diviner:* inductus a vatibus: falsus, L.: ut Nudus redeam, te vate, H.: sanctissima, V.: vatis sub tecta Sibyllae, V.—*An inspired singer, bard, poet:* ne vati noceat mala lingua, V.: si me lyricis vatibus inseres, H.

Vāticānus (Vātī-, Iu.), *adj.*, *Vatican, of the Vatican Hill:* montes: campus, C.: mons, H., Iu.

vāticinātiō, ōnis, *f.* [vaticinor], *a foretelling, soothsaying, prophecy, prediction:* vaticinationibus declarare, utrum, etc., Cs.: Sybillinae.

vāticinātor, ōris, *m.* [vaticinor], *a soothsayer, prophet*, O.

vāticinius [vates+1 CAN-], *prophetic, vaticinal:* libri, L.

vāticinor, ātus, ārī, *dep.* [vaticinus], *to foretell, predict, prophesy, forebode:* vera: Consulem velut vaticinantem audiebat, L.: Haec duce deo, O.: saevam laesi fore numinis iram Vaticinatus erat, O.: Parcite, vaticinor, etc., *I warn you as a prophet*, O.—*To sing by inspiration, celebrate in verse:* carminibus Graecis vaticinatus, quae, etc. —*To rave, rant, talk idly:* eos vaticinari atque insanire dicebat: sed ego fortasse vaticinor.

vāticinus, *adj.* [vates+1 CAN-], *prophetical, vaticinal:* libri, L. (al. vaticinii): furores, O.

vatillum, ī, *n.*, see batillum.

1. -ve [1 VOL-], *conj. enclit.*, *or, or if you will, or as you please:* quid tu es tristis? quidve es alacris? T.: telum tormentumve, Cs.: albus aterve fuerit, ignoras: Ne quid plus minusve faxit, T.: alter ambove, etc.: si decretumque, ut consules sortirentur conpararentve inter se, uter, etc., L.—With a *negat.* expressed or implied, *and* (cf. -que). num leges nostras moresve novit?; see also neve. —Repeated, *either . . . or* (poet.): nec quod fuimusve sumusve, Cras erimus, O.: Nullaque laudetur plusve minusve mihi, O.; cf. regnave aut animos (canere), Pr.

2. vē- or **vae-**, *praep.* inseparable [for *dvai; DVA-], *not, without*, as in vegrandis, *small;* vecors, *senseless.*—*Doubly, exceedingly*, as in vepallidus, *very pale.*

vēcordia or **vaecordia**, ae, *f.* [vecors], *want of reason, senselessness, silliness, folly, madness, insanity:* Tanta, T.: in facie voltuque vecordia inerat, S.: quae te vecordia pulsat? O.

vēcors or **vaecors**, cordis, *adj.* with *sup.* [ve+cor], *destitute of reason, senseless, silly, foolish, mad, insane:* cor . . . ex quo excordes, vaecordes concordesque dicuntur: vecors de tribunali decurrit, *in a frenzy*, L.: scribet mala carmina vecors, H.: istius vaecordissimi mens.

vēctīgal, ālis, *n.* [VAG-], *a payment to the state, revenue, toll, tax, impost, excise, duty, tribute:* neque ex portu vectigal conservari potest: vectigalia parvo pretio redempta, Cs.—*A payment to a magistrate, contribution to a governor, honorarium:* praetorium: aedilicium, *the contribution of a province to the games held by an aedile.*—*Private income, revenue, rents:* ex meo tenui vectigali: parva Vectigalia porrigam, etc., H.—Prov.: quam magnum vectigal sit Parsimonia.

vēctīgālis, e, *adj.* [vectigal], *of imposts, of taxes:* pecunia, i. e. *tribute:* equos vectigalīs tradere, *which the state had received as tribute.*—*Paying tribute, subject to imposts, tributary:* civitas: hos Suevi . . . vectigales sibi fecerunt, Cs.: vectigalis et servus populi R., L.

vēctiō, ōnis, *f.* [veho], *a carrying, conveyance:* quadrupedum vectiones.

vēctis, is, *m.* [VAG-], *a strong pole, bar, lever:* saxa vectibus promovent, Cs.: qui vectes? quae machinae?—*A crow, crow-bar:* in medium huc agmen cum vecti, T.: signum vectibus labefactare: hic ponite vectīs et arcūs, H.: Vecte in pectus adacto, O.—*A bar, bolt:* domi: Centum aerei claudunt vectes (Belli portas), V.

vēctō, —, —, āre, *freq.* [veho], *to bear, carry, convey:* ut carpentis per urbem vectemur, *ride*, L.: plaustris ornos, V.: Vectabor umeris, H.: vectari equis, *to ride*, O.

vēctor, ōris, *m.* [VAG-], *one who bears, a bearer, carrier:* Sileni (asellus), O.—*One who rides, a rider, traveller, passenger:* gubernatores in tempestatibus a vectoribus admoneri solent: Cedet mari vector, V.: vector equum regit, *horseman*, O.

vēctōrius, *adj.* [vector], *of carrying, for transport:* navigia, Cs.

vēctūra, ae, *f.* [VAG-], *a bearing, carriage, conveyance, transportation:* vecturae difficultas:

pro vecturā solvere, *for the transportation:* sine vecturae periculo, *of transportation by sea:* vecturae imperabantur, *transportation*, Cs.

vēctus, *P.* of veho. **veemēns**, see vehemens.

vegetus, *adj.* [VEG-], *enlivened, lively, animated, vigorous, active, brisk, sprightly:* te vegetum nobis in Graeciā siste: fessi cum vegetis pugnabant, L.: vegetus praescripta ad munia surgit, H. —Fig.: mens: ingenium, L.

vē-grandis, e, *adj., little, diminutive:* farra, O.

vehemēns (**veemēns, vēmēns**, Ct., H.), entis, *adj.* with *comp.*—Of living beings, *eager, violent, furious, impetuous, ardent, vehement:* in utramque partem, T.: accusator: vehemens in alios: salibus, *lively with witticisms*, Iu.: lupus, H. —Fig., of things, *active, vigorous, strong, forcible, effective:* pilum . . . vehementius ictu missuque telum, L.: incitatio: senatūs consultum: causa ad obiurgandum, T.

vehementer (**vēmenter**), *adv.* with *comp.* and *sup.* [vehemens], *eagerly, impetuously, ardently, violently, earnestly, vehemently:* vos credere hoc mihi vementer velim, T.: quae vehementer fiunt: eos incusavit, Cs.: in aliquem invehi vehementius: vehementius homini minatus sum: vehementissime contendere, Cs.: vehementissime sibi animum ad virtutem adcendi, S.—Fig., *strongly, forcibly, exceedingly, extremely, very much:* vehementer id retinebatur: ingemere vehementius: vehementissime se in his dictionibus exercere.

vehiculum, ī, *n.* [VAG-], *a means of transport, carriage, conveyance, vehicle:* iunctum, i. e. *drawn by a span*, L.: frumento onustum, L.: vehicula tensarum, *wagons:* furtorum vehiculum comparare, *a ship to carry*, etc.

vehō, vēxī, vēctus, ere [VAG-], *to bear, carry, convey, draw:* Reticulum panis onusto umero, H.: ore cibum, O.: Europam: cum triumphantem (Camillum) albi per urbem vexerant equi, L.: Quod fugiens semel hora vexit, *has brought*, H.: visus est in somnis curru quadrigarum vehi, *to ride:* curru vectus, O.: in navibus vehi, *to sail:* in niveis victor equis, O.: apes liquidum trans aethera vectae, *borne*, V.: ventis maria omnia vecti, *carried over*, V.: temere in pericula vectus, *rushing*, Cu.: vecta spolia, captivi, *borne in triumph*, Ta.—*P. praes. intrans.:* adulescentia per medias laudes quasi quadrigis vehens (i. e. vecta).

Vēientānus, *adj. of Veii, Veientian*, L.—As *subst. n.* (sc. vinum), *an inferior wine*, H.

Vēiovis or **Vēdiovis**, is, *m.* [2 ve+Iovis], *Little Jupiter, Anti-Jove, an ancient god of vengeance, identified with Apollo, and with the Jupiter of the lower world*, C., O.; also *with the infant Jupiter*, O.

1. vel, *conj.* [old *imper.* of volo], *choose, take your choice, or if you will, or as you prefer, or at least, or what is the same thing, or else, or:* orabant (sc. Ubii), ut sibi auxilium ferret . . . vel . . . exercitum modo Rhenum transportaret, *or at least*, Cs.: eius modi coniunctionem tectorum oppidum vel urbem appellaverunt: in ardore caelesti, qui aether vel caelum nominatur.—Poet.: Aeneas pariter pietate vel armis Egregius, i. e. *whether you consider*, etc., V.—Esp., correcting what precedes; with *potius, or rather, or more exactly:* ex hoc populo indomito vel potius immani: cessit auctoritati amplissimi viri vel potius paruit: ludorum plausūs vel testimonia potius: tu certe numquam in hoc ordine vel potius numquam in hac urbe mansisses.—With *etiam, or even:* laudanda est vel etiam amanda vicinitas: si tantum auxilia, vel si etiam filium misisset.—Praegn., *or rather, or even:* regnum occupare conatus est, vel regnavit is quidem paucos mensīs, *or even:* Capua ab duce eorum Capye, vel, quod propius vero est, a campestri agro appellata, L.—In an exclusive opposition, *or in the opposite case, or:* id autem nec nasci potest nec mori, vel concidat omne caelum necesse est.—As co-ordinate, repeated, *either . . . or, whether . . . or, be it . . . or, both . . . and* (when the alternatives are indifferent or mutually consistent): Allobrogibus sese vel persuasuros . . . existimabant, vel vi coacturos, ut, etc., Cs.: maximum virtutis vel documentum, vel officium: animus vel bello vel paci paratus, L.: nihil illo fuisset excellentius vel in vitiis vel in virtutibus, N. —After *aut*, with subordinate alternatives: habere ea, quae secundum naturam sint, vel omnia vel plurima et maxima, *all or at least the most important.*—More than twice, *whether . . . or . . . or:* hance tu mihi vel vi vel clam vel precario Fac tradas, T.: vel quod ita vivit vel quod ita rem p. gerit vel quod ita factus est.—The last vel is often strengthened by *etiam:* quae vel ad usum vitae vel etiam ad ipsam rem p. conferre possumus, *or even:* in mediocribus vel studiis vel officiis, vel vero etiam negotiis.—After *neque, nor:* neque satis Bruto . . . vel tribunis militum constabat, quid agerent, Cs.—Followed by *aut, or . . . or* (late): ubi regnat Protogenes aliquis vel Diphilus aut Erimarchus, Iu.

2. vel, *adv.* [1 vel], *or even, if you will, or indeed, even, assuredly, certainly:* vel rex semper maxumas Mihi agebat gratias, T.: sed tamen vel regnum malo quam liberum populum: Vel Priamo miseranda manus, V.: ego vel Prochytam praepono Suburae, Iu.: populus R. suam auctoritatem vel contra omnīs possit defendere: timebant ne Romana plebs . . . vel cum servitute pacem acciperet, *even if it should bring slavery*, Cs.: existiment quod velint, ac vel hoc intellegant: quae non modo summa bona, sed nimirum audebo vel sola dicere: hoc ascensu vel tres armati quamlibet multitudinem arcuerint, L.: a plerisque vel dicam ab omnibus, *I may even say.*—With *sup.* of *adj.* or *adv.*, *perhaps, it may be, if you will:* adulescens vel potentissimus nostrae civitatis: domus vel optima Messanae, notissima quidem certe, i. e. *the most famous, if not the finest.*—Intensive, *the very, the utmost, the most . . . possible:* hoc in genere nervorum vel minimum, suavitatis autem est vel plurimum, *the very least . . . the utmost possible:* vel extremo spiritu experiri, etc., *with his very latest breath:* cuius (sc. Hannibalis) eo tempore vel maxima apud regem auctoritas erat, L.: peculatus vel acerrime vindicandus, *with the utmost severity.*—Introducing a single instance, *for instance, for example, as for example, in particular, especially:* Vel heri in vino quam inmodestus fuisti, T.: sed suavīs accipio litteras, vel quas proxime acceperam, quam prudentīs!: est tibi ex his ipsis qui adsunt bella copia, vel ut a te ipso ordiare, i. e. *especially if you begin with yourself.*

Vēlābrum, ī, *n.*, *a street of Rome on the Aventine Mount, frequented by dealers in oil and cheese,* H.—*Plur.* (poet.), O.

vēlāmen, inis, *n.* [velo], *a cover, covering, clothing, robe, garment, veil:* circumtextum acantho, V.: velamina Deripit ex umeris, O.: clari honoris, Iu.: detracta velamina (ferarum) spargunt, etc., i. e. *furs,* Ta.

vēlāmenta, ōrum, *n.* [velo].—As an emblem borne by suppliants, *olive-branches wound with woollen fillets:* Velamenta manu praetendens supplice, O.: legati cum infulis et velamentis venerunt precantes, L.

vēlārium, ī, *n.* [velum].—In a theatre, *an awning, screen* (to protect spectators from the sun), Iu.

vēlātī, ōrum, *m.* [*P.* of velo].—In the phrase, accensi velati, *supernumeraries held in waiting to take the place of soldiers who may fall.*

vēles, itis, *m.* [2 VOL-], *a light-armed soldier.*—Usu. *plur.*, *guerrilla troops, irregular bands, skirmishers,* L.: a te, ut scurram velitem, malis oneratus, i. e. *as a clown among soldiers.*

vēlifer, fera, ferum, *adj.* [velum + 1 FER-], *sail-bearing:* carina, O., Pr.

vēlificātiō, ōnis, *f.* [velifico], *a making sail, sailing:* mutatā velificatione.

vēlificō, —, —, āre [collat. form of velificor], *to sail, make sail:* per urbanas aquas, Pr.—*Pass.:* velificatus Athos, *sailed through,* Iu.

vēlificor, ātus, ārī, *dep.* [velificus, making sail; velum+2 FAC-], *to make sail, move under full sail;* hence, fig., *to be zealous for:* honori suo.

vēlitāris, e, *adj.* [veles], *of the velites, of skirmishers:* arma, S.: hastae, L.

vēlitēs, um, see veles.

vēlivolāns, antis, *adj.* [velum+volo], *sail-flying, flying with sails:* naves, C. poët.

vēlivolus, *adj.* [velum+2 VOL-], *sail-flying, winged with sails:* rates, O.: mare, *covered with sails,* V., O.

vellicō, —, —, āre [2 VEL-], *to pluck, twitch, twit, taunt, carp, rail at:* in circulis vellicant, maligno dente carpunt: absentem, H.

vellō, —, —, ere [2 VEL-], *to pluck, pull, tear away, pull out:* poma, Tb.: caudae pilos equinae, H.: tot spicula, V.: ut signa, *take up,* L.: postīs a cardine, V.: capillos a stirpe, Pr.: castris signa, V.: Unguibus herbas, O.: hastam de caespite, V.—*To pull down, tear down, destroy:* vallum, L.: munimenta, L.—*To pull, twitch, pluck:* aurem, V.: vellere coepi Et prensare bracchia, H.

vellus, eris, *n.* [1 VEL-], *wool shorn off, a fleece:* Muricibus Tyriis iteratae vellera lanae, H.: vellera motis trahunt digitis, O.—*A sheepskin, pelt, woolly felt:* aries nunc vellera siccat, V.: vellera secta, i. e. *cut into strips,* O.—*A hide, pelt:* fulvi leonis, O.: cervina, O.—*A sheep:* cultros in guttura velleris atri Conicit, O.—*A tuft, flock:* Velleraque ut foliis depectant tenuia Seres, i. e. *the flocks of silk,* V.—*Fleecy clouds:* lanae per caelum vellera ferri, V.

vēlō, āvī, ātus, āre [velum], *to cover, cover up, enfold, wrap, envelop, veil:* capite velato: caput velatum filo, L.: partes tegendas, O.: velatae antemnae, *clothed with sails,* V.: velatus togā, *wrapped,* L.: stolā, H.: Tempora tiaris, *to encircle,* O.: cornua lauro, O.: Palatia sertis, O.: delubra deūm fronde, V.: Velati ramis oleae, V.: Ampycus albenti velatus tempora vittā, O.—Fig., *to hide, conceal:* odium fallacibus blanditiis, Ta.

vēlōcitās, ātis, *f.* [velox], *swiftness, fleetness, speed, rapidity, velocity:* magna (urorum), Cs.: corporis: in rebus moliendis, Cu.: mali, Ta.

vēlōciter, *adv.* with *comp.* and *sup.* [velox], *swiftly, quickly, speedily:* Consequitur motis velociter ignibus ignes, O.: animus velocius in domum suam pervolabit: velocissime refugere, Cs.

vēlōx, ōcis, *adj.* with *comp.* and *sup.* [1 VOL-], *swift, quick, fleet, rapid, speedy:* iuvenes, L.: pedites velocissimi, Cs.: cervi, V.: Pes, O.: procella, H.: toxicum, H.: horae, O.: nihil est animo velocius: velox ingenio, Ta.: piger ad poenas princeps, ad praemia velox, O.: Ille velox . . . Desilit in latices (i. e. velociter), O.: cum tuā Velox merce veni, H.: Usu peritus hariolo velocior, Ph.

vēlum, ī, *n.* [VAG-], *that which propels, a sail:* procella Velum ferit, V.: pleno concita velo puppis, O.: ad id, unde aliquis flatus ostenditur, vela do, *make sail:* retrorsum Vela dare, H.: Solvite vela citi, *set sail*, V.: deducere, O.: traducere ad castra Corneliana, Cs.: Tendunt vela noti, V.: Neptunus ventis inplevit vela secundis, V.—Prov.: res velis, ut ita dicam, remisque fugienda, i. e. *with might and main:* Non agimur tumidis velis, *with full sails*, i. e. *in perfect prosperity*, H.: plenissimis velis navigare.—Fig., *impelling power, vigor, energy:* utrum panderem vela orationis statim, an, etc.: velis maioribus, *with more zeal*, O.—*A cloth, covering, awning, curtain, veil:* tabernacula carbaseis intenta velis: pendentia Vela domūs, *hangings*, Iu.: neque marmoreo pendebant vela theatro, *awnings* (cf. velarium), O.: sinuosa vela, Pr.

vel-ut or **vel-utī**, *adv.*—In a comparison, *even as, just as, like as, like:* ne vitam silentio transeant veluti pecora, quae, etc., S.: veluti qui sentibus anguem Pressit, *like one who*, etc., V.: velut in cantu et fidibus, sic ex corporis totius naturā et figurā varios motūs cieri: cum velut Sagunti excidium Hannibali, sic, etc., L.—Introducing an example, *as, for instance, for example:* numquam tam male est Siculis, quin aliquid facete et commode dicant; velut in hac re aiebant, etc.—Esp., in a hypothetical comparison, in the phrase, velut si, *just as if, just as though, as if, as though:* absentis Ariovisti crudelitatem, velut si coram adesset, horrerent, Cs.: patres metus cepit, velut si iam ad portas hostis esset, L.: facies inducitur illis (corporibus mixtis) Una, velut si quis, etc., O.—With *abl. absol.*: cum velut inter pugnae fugaeque consilium trepidante equitatu, L.: velut diis cum patriā relictis, L.—*Just as if, as though:* Inque sinūs caros, veluti cognosceret, ibat, O.: velut ea res nihil ad religionem pertinuisset, L.

vēmēns, cf. vehemens.

vēna, ae, *f.*, *a blood-vessel, vein:* venae et arteriae: pertundere, Iu.: ferire, V.—*An artery:* si cui venae sic moventur, is habet febrim: temptatae pollice venae, i. e. *the pulses*, O.—*A water-course:* fecundae aquae, O.—*A metallic vein, mine:* auri venas invenire: argentum venae secundae, Iu.: venae peioris aevom, i. e. *of baser metal*, O.—Fig., *strength:* Deficient inopem venae te, ni, etc., H.: venis fugientibus aeger, O.—*Plur.*, *the veins, heart, inmost nature:* periculum erit inclusum in venis rei p.—*A vein, natural bent, genius, disposition:* ingeni benigna, H.: publica (vatis), Iu.

vēnābulum, ī, *n.* [venor], *a hunting-spear*, C., V., O.

vēnālīcius, *adj.* [venalis], *of selling, for sale.*—As *subst. m.*, *a slave-dealer.*—As *subst. n. plur.*, *merchandise, imports and exports:* portoria venaliciūm Capuae adscripserunt, L.

vēnālis, e, *adj.* [venum], *of selling, to be sold, for sale, purchasable, venal:* horti: possessiones: vox, i. e. *of a public crier:* Otium non gemmis venale, H.: dixisse Urbem venalem et mature perituram, si, etc., S.—*Plur. m.* as *subst.*, *young slaves:* de venalibus homines electi: Reticulum panis venalīs inter vehas, H.—*Capable of being bribed, purchasable, venal:* quae ipse semper habuit venalia, fidem, ius iurandum: iuris dictio: multitudo pretio, L.

vēnāticus, *adj.* [venatus], *of hunting, for hunting:* canis, *a hound:* catulus, H.

vēnātiō, ōnis, *f.* [venor], *hunting, the chase, venery:* aucupium atque venatio: (Suevi) multum sunt in venationibus, Cs.—*A hunting spectacle, hunt, battue, combat of wild beasts:* ludorum venationumque apparatu pecunias profundunt.—*That which is hunted, game:* tam varia et multa, L.

vēnātor, ōris, *m.* [venor], *a hunter:* pernoctant venatores in montibus: manet sub Iove frigido Venator, Cs.: Venator canis, *a hunting-dog*, V.—Fig.: naturae.

vēnātōrius, *adj.* [venator], *of a hunter, for the chase:* galea, N.

vēnātrīx, īcis, *f.* [venator], *a huntress:* umeris suspenderat arcum Venatrix, V.: Venatrix metu venantum fugit, O., Iu.

(**vēnātus**, ūs), *m.* [venor], *hunting, the chase.*—Only *dat.* and *abl.*: labor in venatu: gens adsueta Venatu, V.: cum duris venatibus otia misce, O.: nympha venatibus apta, O.

vēndibilis, e, *adj.* with *comp.* [vendo], *that may be sold, salable, vendible:* via: fundus, H.—Fig., *acceptable, agreeable, attractive:* ut sint illa vendibiliora, haec uberiora sunt: oratio: puella, O.

vēnditātiō, ōnis, *f.* [vendito], *a specious display, boasting, vaunting, blazoning:* omnia, quae sine venditatione fiunt.

vēnditātor, ōris, *m.* [vendito], *a boaster, braggart*, Ta.

vēnditiō, ōnis, *f.* [vendo], *a selling, sale, vending:* bonorum: hasta venditionis.

vēnditō, āvī, —, āre, *freq.* [vendo], *to keep offering for sale, try to sell:* Tusculanum.—Fig., *to deal in, make traffic of, sell, give for a bribe:* istius omnia decreta, imperia: pacem pretio.—*To commend, praise, recommend:* obsequium amatori, L.: valde te: quo modo se venditant Caesari? i. e. *ingratiate themselves:* quod non florentibus se venditavit, N.: per illos se plebi, L.

vēnditor, ōris, *m.* [vendo], *a seller, vender:* frumenti: vestrae dignitatis, i. e. *corrupt magistrates.*

vēnditum, ī, *n.* [*P. n.* of vendo], *a sale:* iudicia, quae ex empto aut vendito contra fidem fiunt.

vēndō, didī (ditus), ere [for venumdo; venum +do], *to sell, vend:* si id, quanti aestimabat, tanti vendidit: quae tu posses vendere HS CC milibus: fanum pecuniā grandi.—Fig., *to sell, give for a bribe, yield for pay, betray:* te trecentis talentis regi: auro patriam, *betray*, V.: quanti sua funera vendant, i. e. *their lives* (of gladiators), Iu.—*To cry up, trumpet, blazon, praise:* Ligarianam praeclare: poëma, H.: purpura vendit Causidicum, vendunt amethystina, *commend*, Iu.; see veneo.

venēfica, ae, *f.* [veneficus], *a poisoner, sorceress, witch:* Scientior, H.: validos venefica sucos Mergit, etc., O.—As a term of abuse: Quid ais, venefica? T.: veneficam appellare eum virum.

venēficium, ī, *n.* [veneficus], *a poisoning:* qui tuis veneficiis remedia invenit: de veneficiis quaesitum est, L.—*Magic, sorcery:* id veneficiis Titiniae factum esse dicebat: Quosque veneficiis abstulit illa suis, O.: Esquilinum, H.

venēficus, *adj.* [venenum+2 FAC-], *poisoning, poisonous, sorcerous, magic, magical:* verba, O.: percussor, Cu.—As *subst. m., a poisoner, sorcerer, wizard:* Mihi res erat cum venefico.

venēnātus, *adj.* [*P.* of veneno], *filled with poison, envenomed, poisonous, venomous:* dentes, O.: vipera: sagittae, H.: venenatā carne capi.—*Bewitched, enchanted, magic:* virga, O.—Fig., *venomous, bitter:* Nulla venenato littera mixta ioco, O.

venēnifer, fera, ferum, *adj.* [venenum+1 FER-], *containing poison, venomous:* palatum, O.

venēnō, —, ātus, āre [venenum], *to poison, injure by slander:* mea commoda odio, H.

venēnum, ī, *n.*, *a strong potion, juice, drug* (old): qui venenum malum fecit: (avaritia) quasi venenis malis imbuta, etc., S.—*A destructive potion, poison, venom:* ipsius veneni quae ratio fingitur?: mulierem veneno interfecit: herbae nigri cum lacte veneni, V.: utrum, H.—*A magical potion, charm:* sibi venenis erepta memoria: pallet nostris Aurora venenis, O.: dira Medeae, H.: Thessala, H.—*Charm, seduction:* Occultum inspires ignem fallasque veneno (i. e. amoris), V.—*A coloring material, color, dye, paint:* Alba nec Assyrio fucatur lana veneno, V.: Tarentinum, H.—Fig., *a mischief, evil, pest, bane:* discordia ordinum est venenum urbis huius, L.: vitae, Ct.—*Virulence, bitterness:* Rupili, H.: lingua suffusa veneno, O.

vēneō (**vaeneō**; *imperf.* -ibam), iī (*inf.* vēnīsse), —, īre [venum+eo], as *pass.* of vendo, *to go to sale, be sold:* cogis eos plus lucri addere, quam quanti venierant, cum magno venissent: venire omnīs suas possessiones maluit: mancipia venibant: minoris: quia veneat auro Rara avis, H.: ceteri venierunt, Cu.

venerābilis, e, *adj.* with *comp.* [veneror], *worthy of respect, reverend, venerable:* venerabilis vir miraculo litterarum ... venerabilior divinitate matris, L.: dives, H.: donum, V.

venerābundus, *adj.* [veneror], *venerating, reverential, with respect:* venerabundi templum iniere, L.

venerandus, *adj.* [*P.* of veneror], *to be revered, reverend, venerable:* amici, H.

venerātiō, ōnis, *f.* [veneror], *profoundest respect, reverence, veneration:* iusta: ingenita illi genti erga reges suos, Cu.: Augusti, Ta.

venerātor, ōris, *m.* [veneror], *one who holds in honor, a reverencer:* domūs vestrae, O.

Venerius (**-reus**), *adj.*, *of Venus.*—*Plur. m.* as *subst.* (sc. servi), *the attendants in the temple of Venus Erycina.*—*Of sexual love, venereal;* cf. homo, *servant of Venus* (implying wantonness).—As *subst. m.* (sc. iactus), in gaming with dice, *the Venus-throw.*

veneror, ātus, ārī, *dep.* [VAN-], *to reverence, worship, adore, revere, venerate:* deos: simulacrum in precibus: eos in deorum numero: Larem Farre pio, V.—*To revere, do homage to, reverence, honor:* secundum deos nomen Romanum, L.: patris memoriam, Ta.: amicos, O.—*To ask reverently, beseech, implore, beg, entreat, supplicate:* nihil horum, H.: vos precor, veneror ... uti victoriam prosperetis, etc., L.: Et venerata Ceres ita surgeret, i. e. *honored with the prayer that she would spring up*, etc., H.: cursūs dabit venerata secundos, V.

venetus, *adj.*, *sea-colored, of a marine blue:* cucullus, Iu.

venia, ae, *f.* [VAN-], *indulgence, kindness, grace, favor:* ab Iove ceterisque dis pacem ac veniam peto: precor hanc veniam supplici des, ut, etc., L.: Caesar tibi petenti veniam non dedit: da veniam hanc mihi, *do me this favor*, T.: Extremam hanc oro veniam, *this last kindness*, V.: cum data esset venia eius diei, *indulgence for that day*, L.—Esp., in the phrase, bonā veniā, or cum bonā veniā; with audire, *kindly, with favor, without prejudice:* bonā veniā me audies: cum bonā veniā, quaeso, audiatis id quod invitus dico, L.—With verbs of saying, *by your leave, with your permission, without offence, respectfully:* nisi vero (bonā veniā huius optimi viri dixerim) tu, etc.: bonā hoc tuā veniā dixerim: bonā veniā vestrā liceat, etc., L.—*Permission:* veniā petitā puerum ad canendum ante tibicinem cum statuisset, L.: datā veniā seducit filiam ac nutricem, L.—*Forbearance, forgiveness, pardon, remission:* errati veniam impetrare: pacem veniamque impetrare a victoribus, L.: maximorum scelerum: veniam tuis dictis Supplice voce roga, O.: peccatis veniam poscens, H.

veniō (*imperf.* venībat, T.; *P. praes. gen. plur.* venientūm, V.), vēnī, ventus, īre [BA-], *to come:* imus, venimus, Videmus, T.: ut veni ad urbem, etc.: cum venerat ad se, *home:* Delum Atheniś venimus: Italiam fato profugus, Laviniaque venit Litora, V.: novus exercitus domo accitus Etruscis venit, *for the Etruscans*, L.: Non nos Libycos populare penatīs Venimus, V.: in conspectum, Cs.: dum tibi litterae meae veniant, *reaches you:* hereditas unicuique nostrum venit, *falls:* Lilybaeum venitur, i. e. *the parties meet at Lilybaeum:* ad me ventum est, ut, etc., *it has devolved upon me:* (Galli) veniri ad se confestim existimantes, *that they would be attacked*, Cs.: ventum in insulam est: ubi eo ventum est, *on arriving there*, Cs. —Fig., *to come:* contra rem suam me nescio quando venisse questūs est, *appeared:* contra amici summam existimationem, i. e. *to strike at:* si quid in mentem veniet: tempus victoriae, Cs.: non sumus omnino sine curā venientis anni, *for the coming year:* veniens in aevom, H.: veniens aetas, *the future*, O.: cum matronarum ac virginum veniebat in mentem, *when I thought of.*—With *in* (rarely *ad*) and *acc.* of a condition or relation, *to come into, fall into, enter:* venisse Germanis (Ambiorigem) in amicitiam, *to have obtained the alliance of*, Cs.: in calamitatem: in proverbi consuetudinem: ut non solum hostibus in contemptionem Sabinus veniret, sed, etc., *had fallen into contempt*, Cs.: sese in eius fidem ac potestatem venire, i. e. *surrender at discretion*, Cs.: in sermonem venisse nemini, i. e. *has talked with:* veni in eum sermonem, ut dicerem, etc., *happened to say:* summam in spem per Helvetios regni obtinendi venire, *to indulge a confident hope*, Cs.: prope secessionem res venit, *almost reached the point*, L.: ad ultimum dimicationis rati rem venturam, L.: Cum speramus eo rem venturam, ut, etc., H.: saepe in eum locum ventum est, ut, etc., *to such a point that*, Cs.: ad tuam veniam condicionem, *will accept:* ad summum fortunae, *to attain*, H.—With *ad*, of a topic in speaking, *to come to, reach, turn to:* a fabulis ad facta: ad recentiores litteras.—*To come, spring, arise, be produced, grow, descend:* Hic segetes, illic veniunt felicius uvae, i. e. *grow*, V.: arbores sponte suā, V.—*To come, result, occur, happen:* in ceteris rebus cum venit calamitas: quod (extremum) cum venit (i. e. mors): si quando similis fortuna venisset, L.

vennuncula (vēnun-, -nūcula), ae, *f.*, *a kind of grape*, H.

vēnor (*P. gen. plur.* vēnantūm, V., O., Ph.), ātus, ārī, *dep.*, *to hunt, chase:* qui venari solent: Venatum In nemus ire parant, V.: curvis theatris, O.: Venantūm voces, *of hunters*, Ph.: canibus leporem, V.—Fig., *to hunt after, seek, pursue:* ventosae plebis suffragia, H.: oculis viros, Ph.

venter, tris, *m.*, *the belly, paunch:* quasi (fabā) mens, non venter infletur: inanis, *stomach*, H.: iratum ventrem placare, i. e. *appetite*, H.: dediti ventri, S.: magno Servorum ventres, i. e. *the support of slaves*, Iu.—*The womb:* sua conplevit tempora venter, O.: homines in ventre necandos Conducit, Iu.—In the phrase, ventrem ferre, *to be pregnant*, L.—*The unborn child, embryo, foetus:* Tuus, H.—*A belly, swelling, protuberance:* Quo modo... Cresceret in ventrem cucumis, V.: lagenae, Iu.

ventilō, —, ātus, āre [ventulus], *to toss in the air, fan, air:* populeas ventilat aura comas, *sways*, O.: digitis aurum, i. e. *displays*, Iu.: facem, Pr.—Fig.: cuius linguā quasi flabello seditionis contio ventilata, i. e. *is incited.*

ventitō, āvī, —, āre, *freq.* [venio], *to come often, be wont to come, keep coming, resort:* ad Ambiorigem, Cs.: domum meam.

ventōsus, *adj.* with *comp.* and *sup.* [ventus], *full of wind, windy:* folles, V.: mare, H.: Alpes, O.: cucurbita, i. e. *cupping-glass*, Iu.: terra ventosior, Ta.: ventosissima regio, L.—*Like wind, light, swift, nimble:* alae, V.: equi, O.—Fig., *light, changeable, inconstant, fickle:* homo ventosissimus: Tu levis es multoque tuis ventosior alis (of Cupid), O.: plebs, H.: ingenium, L.: extraordinarium imperium populare atque ventosum est.—*Windy, puffed up, vain, conceited:* ventoso gloria curru, H.: lingua, V.: ingenium, L.

ventriculus, ī, *m. dim.* [venter], *the belly*, Iu.: cordis, *the ventricle.*

ventulus, ī, *m. dim.* [ventus], *a little wind, breeze:* Cape flabellum, ventulum facito, T.

ventus, ī, *m.* [cf. vannus], *wind:* (aër) effluens huc et illuc ventos efficit: qui (divi) simul Stravere ventos, H.: remissior, Cs.: prosper, L.: Corus, Cs.—Prov.: Verba dat in ventos, i. e. *talks in vain*, O.: tristitiam et metūs Tradam ventis, i. e. *will throw from me*, H.: ventis verba dedisti, *hast thrown thy promise to the winds*, O.: nec ferre videt sua gaudia ventos, V.—Fig., *a wind:* quicumque venti erunt, i. e. *whatever circumstances may arise:* alios ego vidi ventos, i. e. *times of trouble:* cuius nunc venti valde sunt secundi, i. e. *who is now on the high tide of prosperity:* vento aliquo in optimum quemque excitato, *by raising a storm:* ventum popularem esse quaesitum, i. e. *popular favor.*

vēnūcula, see vennuncula.

vēnum or **vaenum**, *n.*, *that which is sold, that which is for sale, sale.*—Usu. *acc.*, in phrases with do or eo, vēnum dō, dedī, datus, āre (later as one word, vēnumdō, vēnundō, vaen-), *to sell as a slave, sell:* multitudo alia civium Campanorum venum data, L.: Numidae puberes interfecti, alii omnes vaenumdati, S.: per commercia venumdati, Ta.: se venum a principibus datos Poeno, L.: venum eo, *to be sold, be exposed for sale:* ut eius familia ad aedem Cereris venum iret, L.—*Dat. predic.:*

stuprum vaeno dedisse, Ta.: posita vaeno inritamenta luxui, Ta.

vēnūncula, see venuncula.

venus, eris, *f.* [VAN-], *loveliness, attractiveness, beauty, grace, elegance, charm:* Quo fugit venus? H.: Fabula nullius veneris sine pondere et arte, H.—As a proper name, *Venus, goddess of love,* C., V., H., O.—*Love, sexual love:* sine Cerere et Libero friget Venus, T., V., O., Ta.—*A love, beloved object, beloved:* mea, V.: quae te cumque domat venus, H.—*The planet Venus.*—Of dice, when each of four dice showed a different number, *the best throw, Venus throw* (poet. for iactus Venereus), H.

venustās, ātis, *f.* [venus], *loveliness, comeliness, charm, grace, beauty, elegance, attractiveness:* Antiqua tua, *your old fascination,* T.: corporis.—*Artistic grace, fine taste, art:* signa eximiā venustate: fastigium illud non venustas sed necessitas ipsa fabricata est.—*Elegance, good taste, gracefulness:* homo adfluens omni lepore ac venustate: (oratoris est) agere cum venustate: Quis me venustatis plenior? *amiability,* T.

venustus, *adj.* with *comp.* [venus].—Of appearance, *charming, pleasing, winning, agreeable, beautiful:* voltus, T.: hortuli, Ph.—*Artistic, elegant:* sphaera venustior: sententiae.—Fig., *graceful, affable:* motus corporis.

vē-pallidus, *adj., excessively pale, very pallid:* mulier, H.

veprēcula, ae, *f. dim.* [vepres], *a little thorn-bush, small brier:* ex vepreculis extracta nitedula.

veprēs, is, *m., a thorn-bush, brier-bush, bramble-bush:* lepus vepre latens, O.: saeptum vepribus et dumetis sepulcrum: sparsi sanguine, V.: quid si Corna vepres ferant, H.

vēr, vēris, *n.* [1 VAS-], *the spring:* ineunte vere, *in the early spring:* Vere novo, V.: cum ver esse coeperat: ver proterit aestas, H.: Aetatis breve ver carpere, *life's short spring-time,* O.—Prov.: Vere prius flores, aestu numerabis aristas, O.—In the phrase, ver sacrum, *an offering of the first fruits of spring,* L.

vērāx, ācis, *adj.* with *comp.* [cf. verus], *speaking truly, truthful, true, veracious:* oraculum: Herodotum cur veraciorem ducum Ennio?: Liber, H.: veraces cecinisse Parcae, H.: saga, Tb.

verbēna, ae, *f., a leafy twig, olive-branch, sacred bough* (of laurel, olive, myrtle, or cypress, borne by the fetiales): fetialis patrem patratum Fusium fecit verbenā caput tangens, L.: sacerdotes Cereris cum infulis et verbenis (as suppliants): ex arā hinc sume verbenas tibi, T.: Verbenas adole pinguīs, V., H., O.

(verber), eris, *n., a lash, whip, scourge, rod* (in *sing.* only *gen.* and *abl.*): illi instant verbere torto, V.: conscendit equos et ictu Verberis increpuit, O.: Verberibus caedere, T.: adulescentem nudari iubet verberaque adferri, L.: aurigae proni in verbera pendent, i. e. *lean forward with the whip,* V.—*A thong, lash:* torquens verbera fundae, V.—*A lashing, scourging, flogging:* Percutimur caput conversae verbere virgae, O.: mitto verbera, mitto securīs: verberibus ac tormentis quaestionem habere: tergum foedum vestigiis verberum, L.—*A stripe, stroke, blow:* remorum in verbere perstant, O.: turgentis caudae, H.: placido dare verbera ponto, *the strokes* (of oars), O.—Fig., *plur., lashes, strokes:* contumeliarum verbera subire: patruae verbera linguae, i. e. *chidings,* H.

1. verberō, āvī, ātus, āre [verber], *to beat, strike, lash, knock:* tormentis Mutinam: aquila aethera verberat alis, V.: sidera (unda), V.: navem (Auster), H.—*To punish by striking, lash, scourge, whip, flog, beat, drub:* homines: virgis oculos: laterum costas ense, O.—Fig., *to attack, lash, chastise, plague, torment, harass:* os tuum senatūs convicio verberari noluisti: sermonibus aures, Ta.

2. verberō, ōnis, *m.* [verber], *one worthy of stripes, a scoundrel, rascal:* Eho, verbero! T.: fundum a verberone Curtilio possideri.

verbēx, see vervex.

verbōsē, *adv.* with *comp.* [verbosus], *with many words, diffusely:* satis: haec ad te scripsi verbosius.

verbōsus, *adj.* with *comp.* [verbum], *full of words, wordy, verbose:* simulatio prudentiae: verbosior epistula: id quod verbosius dicitur, Ct.

verbum, ī, *n.* [cf. ῥῆμα; Eng. word], *a word:* pro his facit verba, *speaks,* Cs.: quod ego in senatu Graeco verba fecissem, *had spoken:* libenter verbo utor Catonis (i. e. origines): usitatius hoc verbum et tritius: si pudor, si modestia, si uno verbo temperantia, *in a word:* verba rebus impressit, i. e. *names:* contumelia verborum, *abusive language,* Cs.: verborum delectus, *choice of language:* multis verbis ultro citroque habitis, *much talk on both sides:* accusare verbis tribus, *in three words:* (dies) per quem tria verba silentur, i. e. *the praetor's voice* (in the official words do, dico, addico), O.—Prov.: verba fiunt mortuo, i. e. *that is idle talk,* T.—*Abl. sing. adverb., briefly, in one word, by a word:* postquam Caesar dicendi finem fecit, ceteri verbo alius alii varie adsentiebantur, S.: verbo de sententiā destitisti, *at one word from me.*—*Orally, by speech:* aut verbo adsentiebatur, aut pedibus in sententiam ibat, L.—*Abl. plur.* with *poss. pron.,* or *gen., in the name of, in behalf of, for:* si uxori tuae meis verbis eris gratulatus, *for me:* denuntiatum Fabio senatūs verbis, ne, etc., L.—In the phrase, uno verbo, *in one word, in a* *word, briefly:* Quin tu uno verbo dic, quid, etc., T.: praetores, praetorios, tribunos plebis . . . unoque verbo rem p., etc.—In phrases to express exact correspondence, verbum e verbo, *precisely, exactly, literally:* quae Graeci πάθη appellant, ego poteram morbos, et id verbum esset e verbo.—Of a passage or work, translated or copied, ad verbum, verbum de verbo, verbum pro verbo, or verbum verbo, *literally, word for word:* fabellae Latinae ad verbum de Graecis expressae: verbum de verbo expressum extulit, T.: verbum pro verbo reddere: verbum verbo reddere, H.—In the phrase, verbi causā or verbi gratiā, *for the sake of example, for example, for instance:* si quis, verbi causā, oriente Caniculā natus est: quo die verbi causā esse oporteret Idūs.—*A saying, expression, phrase, sentence:* vetus verbum hoc quidemst, etc., *an old saying,* T.: quod verbum in pectus Iugurthae altius descendit, S.—*Mere talk, mere words:* dolor est malum, existimatio, dedecus, infamia verba atque ineptiae, *empty words:* verborum sonitus inanis.—*Abl. adv., verbally, in words, nominally:* Ut beneficium verbis initum nunc re comprobes, T.: in quibus (civitatibus) verbo sunt liberi omnes, *in name.*—Hence, the phrase, verba dare, *to give mere words, deceive, cheat:* Quoi verba dare difficile est, T.: vel verba mihi dari facile patior in hoc: curis dare verba, i. e. *to beguile,* O.—In grammar, *a verb.*

Vercingetorīx, rīgis, *m., a chief of the Gauls,* Cs.

vērē, *adv.* with *comp.* and *sup.* [verus], *according to truth, truly, really, in fact:* vere dicere: omnia vere vates locuta est, V.: libentius quam verius: Ligures latrones verius quam hostes iusti, L.: verissime loquor.—*Properly, rightly, aright:* hoc quom fit, ibi non vere vivitur, T.

verēcundē, *adv.* with *comp.* [verecundus], *shamefastly, bashfully, shyly, modestly:* id facere: tueri (matronas), L.: verecundius hac de re loquor.

verēcundia, ae, *f.* [verecundus], *shamefastness, bashfulness, shyness, coyness, modesty, shame, reserve:* homo pudoris ac verecundiae particeps: magnam habet vim disciplina verecundiae: in rogando: apud me, L.: turpitudinis verecundia, *a shrinking from:* rei p., *reverence for,* L.: legum, L.—*A shame, disgrace, immodest act:* quae verecundia est, postulare vos, etc., *how shameful it is,* L.: verecundiae erat pugnare, etc., L.—*A sense of shame:* verecundia Romanos cepit, Saguntum sub hostium potestate esse, L.

verēcundor, —, ārī, *dep.* [verecundus], *to feel bashful, be ashamed, be shy, shrink:* alterum quasi verecundantem incitare: verecundans in publicum prodire.

verēcundus, *adj.* with *comp.* [vereor], *ashamed, shamefast, bashful, shy, coy, modest, diffident, reserved:* homo non nimis verecundus: Saepe verecundum laudasti, H.: color, *a blush,* H.: pudor, O.—*Moderate, free from extravagance, temperate:* translatio: verecundior in postulando: vita, O.: Bacchus, H.

verendus, *adj.* [*P.* of vereor], *to be feared, worthy of reverence, venerable, reverend, awful:* maiestas, O.: ossa (viri), O.

vereor, itus, ērī, *dep.* [1 VEL-], *to reverence, revere, respect, stand in awe:* quem (patrem) ut deum: gratia et eloquentia; quarum alteram vereor, alteram metuo: veremur vos . . . etiam timemus, L.—*To fear, be afraid, dread, apprehend, shrink:* hostem, Cs.: patris adventum, T.: reprehensionem doctorum: pauperiem, H.: maius, *something serious,* H.: invidiam, N.: Vereor dicere, *hesitate,* T.: vereor committere, ut, etc.: Insanos qui inter vereare insanus haberi, H.: quos non est veritum in voluptate summum bonum ponere, *who did not shrink from,* etc.: huius feminae, T.: tui testimoni: eo minus veritus navibus, quod, etc., *with the less anxiety for the ships,* Cs.—With *ne, lest, that:* sed vereor, ne videatur oratio mea, etc.: ne Divitiaci animum offenderet verebatur, Cs.: vereor ne cui plus credas, etc., H.: si . . . vereor ne barbarorum rex fuerit (Romulus), *I suspect that.*—With *ne . . . non:* intellexi te vereri ne superiores (litterae) mihi redditae non essent.—After a *negat.* expressed or implied (instead of *ut*): non vereor ne hoc officium meum P. Servilio non probem: non vereor, ne non scribendo te expleam.—With *ut, that not:* vereris ut possis contendere?: qui vereri videntur ut habeam satis praesidi.—P o e t.: ut ferulā caedas meritum maiora subire Verbera non vereor (i. e. ne caedas), H.—*To await with fear, fear, dread:* heri semper lenitas Verebar quorsum evaderet, T.: Pomptinum quod scribis in urbem introisse, vereor, quid sit, *am apprehensive what it may mean:* de quā (Carthagine) vereri.

verētrum, ī, *n.* [vereor], *the private parts, parts of shame,* Ph.

Vergilius (not Vir-), ī, *m., a gentile name.*

vergō, —, —, ere [VERG-], *to bend, turn, be inclined, lie, be situated:* declivis locus tenui fastigio vergebat in longitudinem, etc., Cs.: portus in meridiem vergit, L.: omnibus eius partibus in medium vergentibus.—F i g., *to turn, incline, be directed:* nisi Bruti auxilium ad Italiam vergere quam ad Asiam maluissemus: nox vergit ad lucem, *verges towards,* Cu.: anni vergentes in senium, Ta.: vergens annis femina, *advanced,* Ta.: illuc cuncta vergere, *everything centred in him,* Ta.

vergobretus, ī, *m.* [Celtic], *the minister of justice, executive* (of the Aedui), Cs.

vēridicus, *adj.* [verus+DIC-], *truth-telling, truthful, veracious:* voces: interpres, L.

vēriloquium, ī, *n.* [verus+4 LAC-], *etymology* (transl. of ἐτυμολογία).

(**vēri-similis, vēri-similiter, vēri-similitūdō**), better as two words, veri simili-.

vēritās, ātis, *f.* [verus], *truth, truthfulness, verity, reality:* suscipe causam veritatis: certe apud te veritas valebit.—*Sincerity, straightforwardness, candor:* veritatis cultores, fraudis inimici: veritas odium parit, *sincerity*, T.: in omni re vincit imitationem veritas.—*Truth, rectitude, integrity, uprightness:* in tuam fidem, veritatem, misericordiam confugit: sint veritatis et virtutis magistri. —*Reality, life, nature, fact:* ut (signa) imitentur veritatem: oratores sunt veritatis ipsius actores: exploranda est veritas, Ph.: ut, quicquid accidat, id ex aeternā veritate fluxisse dicatis.—*Etymology:* consule veritatem.

veritus, *P.* of vereor.

vermiculātus, *adj.* [vermiculus, *dim.* of vermis, a worm].—Of mosaic work, *inlaid in waving lines, vermiculated*, Lucil. ap. C.

verna, ae, *m.* [2 VAS-], *a home-born slave, house-servant, family slave:* vernas procaces Pasco, H.

vernāculus, *adj.* [verna], *of home-born slaves:* multitudo, Ta.—*Native, domestic, indigenous, vernacular, Roman:* festivitas: sapor, *innate:* crimen domesticum ac vernaculum, i. e. *which applies to the accuser.*

vernīlis, e, *adj.* [verna], *of a home-born slave, fawning, servile:* blanditiae, Ta. —*Jesting, waggish:* dictum, Ta.

vernīliter, *adv.* [vernilis], *slavishly, servilely:* Fungi officiis, H.

vernō, —, —, āre [vernus], *to spring, feel new life, grow young:* Vernat humus, O.: gutture vernat avis, i. e. *begins to sing*, O.

vernula, ae, *m. dim.* [verna], *a little home-born slave, young domestic:* custos vernula capsae, Iu.: (lupus) Tiberinus Vernula riparum, i. e. (a fish) *of slavish birth under the bank*, Iu.

vernus, *adj.* [ver], *of spring, spring:* tempus: aequinoctium, L.: frigus, O.: flores, H.

vērō, *adv.* [verus], *in truth, in fact, certainly, truly, to be sure, surely, assuredly:* Itane vero obturbat? T.: ego vero vellem: cum effusis gaudio lacrimis cupere vero diceret, etc., L.: multum vero haec eis iura profuerunt: Egregiam vero laudem refertis, V.—With *immo, no indeed, nay rather:* Immo vero indignum facinus faxo ex me audies, T.: immo vero, inquit, ii vivunt, qui, etc.—In an emphat. affirmative answer, *yes, certainly, by all means, assuredly:* *M.* fuisti saepe, credo, in scholis philosophorum. *A.* vero, ac libenter quidem.—With *minime*, emphasizing the negation, *by no means, assuredly not:* *S.* quid? totum domum num quis alter, praeter te, regit? *L.* minime vero. —In expostulation, *but, though, however:* minue vero iram, T.—In a climax, *even, indeed:* neque solum in tantis rebus, sed etiam in mediocribus studiis, vel vero etiam negotiis contemnendum: neque vero id satis habuit, N.—As adversative particle, *but in fact, but indeed, however* (always after one or more words of the clause): ne T. quidem Postumius contemnendus in dicendo: de re p. vero non minus vehemens orator, quam bellator fuit: non vero tam isti (sc. mortui sunt) quam tu ipse, nugator.—In transitions, *now, but, however:* age vero ceteris in rebus quali sit temperantiā, considerate: quod vero dicere ausus es, in eo... errasti.

verpa, ae, *f.*, i. e. membrum virile, Ct.

verpus, ī, *m.*, *a circumcised man*, Iu., Ct.

verrēs, is, *m.*, *a boar, male swine:* obliquum meditans ictum, H.: tam nequam.

verrīnus, *adj.* [verres], *of a boar, swinish:* ius, *broth of pork* (a pun): ius Verrinus, *the administration of justice by Verres.*

Verrius, *adj.*, *of Verres, Verrian.*

verrō, —, —, ere [VAR-], *to sweep, brush, scour, sweep out, sweep together:* qui tergent, qui verrunt, qui spargunt: matres crinibus templa verrentes, L.: pavimentum, Iu.: Aequora caudis (delphines), V.: Caesariem per aequora, *trail*, O.—Of grain, *to clean up after threshing, collect:* nigras pro farre favillas, O.: Quicquid de Libycis verritur areis, i. e. *is collected*, H.—*To sweep, pass over, play upon, traverse:* duplici genialia nablia palmā, O.: remis vada, V.

verrūca, ae, *f.*, *a wart, fault, failing* (opp. tuber), H.

verruncō, —, —, āre [VAR-].—In prayers, with *bene, to turn out well, have a fortunate issue:* haec bene verruncent populo, Att. ap. C.: ea mihi bene verruncent, L.

versābilis, e, *adj.* [verso], *changeable, mutable, fickle:* acies, Cu.: fortuna, Cu.

versātilis, e, *adj.* [verso], *versatile:* ingenium, L.

versātus, *adj.* [*P.* of verso], *experienced, skilled, versed:* in bello: in rerum p. varietate.

versicolor, ōris (*abl.* ōrī or ōre), *adj.* [verso+color], *of changeable color, of various colors, party-colored:* plumae: vestimentum, L.: arma, V.: cultus (Florae), O.

versiculus, ī, *m. dim.* [versus], *a little line, mere line:* tribusne versiculis Brutus ad me?: epistulae versiculum.—In poetry, *a little verse,* *verslet, line:* uno versiculo: versiculi mei, Ct.: Hiscine versiculis curas e pectore pelli? H.

versō or **vorsō**, āvī, ātus, āre, *freq.* [verto], *to turn often, keep turning, handle, whirl about, turn over:* Sisyphus versat Saxum, C. poët.: turdos in igni, H.: Ova non acri favillā, O.: vinclorum volumina, V.: pollice fusum, O.: sortem urnā, *shake*, H.: ligonibus glaebas, *break up*, H.: desectum gramen, i. e. *make hay*, O.: currum in gramine, i. e. *wheel about*, V.: oves, *pasture*, V.: exemplaria Graeca, i. e. *peruse*, H.: versabat se in utramque partem, i. e. *kept displaying hesitation:* qui (orbes) versantur retro. — Prov.: satis diu iam hoc saxum vorso (alluding to Sisyphus), i. e. *I have wasted time enough with this man*, T.—In *pass., to move about, dwell, live, remain, stay, abide, be:* non ad solarium, non in campo versatus est: inter aciem, Cs.: intra vallum, Cs.: apud praefectos regis, N.—Fig., *to turn, twist, bend, manage, direct:* versare suam naturam et regere ad tempus: multis modis eadem: verba, i. e. *to pervert:* fors omnia versat, *changes*, V.: huc et illuc vos: se ad omnīs cogitationes, Cu.—*To upturn, discompose, disturb, vex, agitate:* haerere homo, versari, *to be disturbed:* odiis domos, *subvert*, V.: domum, O.: sic fortuna utrumque versavit, ut, etc., i. e. *treated each in turn*, Cs.: in omnes partes muliebrem animum, L.—*To turn over, think over, reflect upon, revolve, consider, meditate:* in animis secum unamquamque rem, L.: nefas in pectore, V.: versate diu, quid ferre recusent, Quid valeant umeri, H. — *Pass., to be, be circumstanced, be situated:* nescis, quantis in malis vorser miser, T.: ergo illi nunc in pace versantur: in simili culpā, Cs.: mihi ante oculos dies noctīsque versaris: Mithridaticum bellum, in multā varietate versatum, *waged with many vicissitudes:* partes, in quibus irae libidinesque versentur.—*To occupy oneself, be engaged, be busied, be employed:* homo saepe in Caede versatus: qui in re p. versamur: multum in imperiis, N.: is missum ad dilectūs agendos Agricolam integreque ac strenue versatum praeposuit, etc., i. e. *having fulfilled his mission honorably*, etc., Ta. — *To be concerned, belong, depend, turn:* haec omnia in eodem quo illa Zenonis errore versantur: dicendi omnis ratio in hominum more et sermone versatur.

versum or **vorsum**, *adv.* [*P. n.* of verto], *turned in the direction of, towards:* animadvortit fugam ad se vorsum fieri, S.—Esp., in the phrase, sursum versum, *up and down.*

versūra (vors-), ae, *f.* [VERT-], *a conversion, funding, borrowing to pay a debt:* versuram a Carpinatio fecisse: vereor, ne illud, quod tecum permutavi, versurā mihi solvendum sit, *is to be paid by a new loan.*—Prov.: in eodem luto haesitas, versurā solves, *will pay by borrowing*, i. e. *keep increasing your difficulties*, T.—*A borrowing, loan:* sine versurā dissolvere: versuram facere publice, N.

1. versus or **vorsus**, *P.* of verto.

2. versus or **vorsus**, *adv.* [*P.* of verto], *turned in the direction of, towards, facing.*—After *ad* or *in* and *acc.:* ad Oceanum versus proficisci, Cs.: in Galliam versus, S.: in forum versus: in Arvernos versus, Cs.—After *acc.* alone (only of towns or small islands): Helorum versus navigabant: Ambraciam versus, Cs.—With *quoque* or *quoquo:* dimittit quoque versus legationes, *in every direction*, Cs.

3. versus or **vorsus**, ūs, *m.* [VERT-], *a line, row:* in versum distulit ulmos, V.: remorum, L. —In writing, *a line, verse:* versūs plurimi supra tribunal scribebantur: magnum numerum versuum ediscere, Cs.: versūs Enni gravitate minores, H.: dicere versūs, V.

versūtē, *adv.* [versutus], *cunningly, craftily, slyly:* dicere.

versūtiae, ārum, *f.* [versutus], *cunning, craftiness, subtlety:* Punicae, L.

versūtiloquus, *adj.* [versutus + 4 LAC-], *crafty-speaking, sly:* militiae.

versūtus (vors-), *adj.* with *comp.* and *sup.* [VERT-], *adroit, dexterous, shrewd, clever, ingenious:* versutos eos appello, quorum celeriter mens versatur: animus: versutissimus Lysander.—*Cunning, crafty, wily, sly, deceitful:* homo: acutus, versutus, veterator: propago, O.

vertex (vortex), icis, *m.* [VERT-], *a whirl, eddy, whirlpool, vortex:* torto vertice torrens, V.: (flumen) minores volvere vertices, H.: sine vertice aquae euntes, O.: amnis transverso vertice dolia inpulit ad ripam, L.—*A whirlwind:* contra (ventum) enitentes vertice intorti adfligebantur, L.—Of flame, *a coil, whorl:* flammis inter tabulata volutus Ad caelum undabat vertex, V.—*The highest point, top, peak, summit:* ignes, qui ex Aetnae vertice erumpunt: flammae rotantes Vertice fumum, H.: a vertice, *from above*, V.—Of the head, *the top, crown:* ab imis unguibus usque ad verticem summum: talos a vertice pulcher ad imos, H.: toto vertice supra est, *by the head*, V.: moribundus, O. — *The pole:* caeli vertices ipsi: Hic vertex nobis semper sublimis, V. — *The highest, greatest* (poet.): dolorum vertices.

verticōsus (vort-), *adj.* [vertex], *full of whirlpools, eddying:* amnis, L.

vertīgō, inis, *f.* [VERT-], *a turning round, whirling:* adsidua caeli, O.—Fig., *a sensation of whirling, giddiness, dizziness, vertigo:* oculorum animique, L.; cf. vertigine tectum Ambulat, *the ceiling whirls round* (of drunken men), Iu.

vertō or **vortō**, tī, sus, ere [VERT-], *to turn, turn up, turn back, direct:* cardinem, O.: verso pede, O.: Non ante verso cado, i. e. *emptied*, H.: crateras, V.: verti me a Minturnis Arpinum versus: gens ab oriente ad septentrionem se vertit, i. e. *is situated*, Cu.: in circumsedentīs Capuam se vertit, i. e. *directs his attack*, L.—*Intrans., to turn, turn back:* versuros extemplo in fugam omnes ratus, L.—*Pass., to be turned, be directed, face, look:* fenestrae in viam versae, L.: nunc ad fontes, nunc ad mare versus, O.—*To turn about, be engaged, move, be, be situated:* Magno in periclo vita vertetur tua, Ph.: in maiore discrimine verti, L.: ipse catervis Vertitur in mediis, V.—*To turn back, turn about, reverse:* Pompeiani se verterunt et loco cesserunt, *wheeled about*, Cs.: hostes terga verterunt, *fled*, Cs.: hostem in fugam, *put to flight*, L.: Hiemps piscīs ad hoc vertat mare, H.—*To turn over, turn up:* versā pulvis inscribitur hastā, V.: Vertitur interea caelum, *revolves*, V.: terram aratro, H.: versis glaebis, O.—*To turn, ply, drive:* stimulos sub pectore vertit Apollo, V.—F i g., *to turn, direct, convert, appropriate:* ex illā pecuniā magnam partem ad se: congressi certamine irarum ad caedem vertuntur, i. e. *are driven*, L.: ne ea, quae rei p. causā egerit, in suam contumeliam vertat, Cs.: omen in Macedonum metum, Cu.: in religionem vertentes comitia biennio habita, *making a matter of religious scruple*, L.: Philippus totus in Persea versus, *inclined towards*, L.: quo me vertam? T.: quo se verteret, non habebat: si bellum omne eo vertat, L.: di vortant bene, Quod agas, *prosper*, T.—*To ascribe, refer:* quae alia in deum iras velut ultima malorum vertunt, L.: ne sibi vitio verterent, quod abesset a patriā, *impute as a fault.*—*Pass., to turn, depend, rest, hang:* hic victoria, V.: cum circa hanc consultationem disceptatio omnis verteretur, L.: omnia in unius potestate vertentur: spes civitatis in dictatore, L.: vertebatur, utrum manerent, an, etc., i. e. *the question was discussed*, L.—*To turn, change, alter, transform, convert, metamorphose:* terra in aquam se vertit: Verte omnīs tete in facies, V.: Auster in Africum se vertit, Cs.: versa et mutata in peiorem partem sint omnia: cur nunc tua quisquam Vertere iussa potest, V.: saevus apertam In rabiem coepit verti iocus, H.: nullā tamen alite verti Dignatur, nisi, etc., O.—P r o v.: ubi omne Verterat in fumum et cinerem, i. e. *had dissipated*, H.—With *solum, to change abode, leave the country:* qui exsili causā solum verterit.—In language, *to turn, translate, interpret:* Platonem: annales Acilianos ex Graeco in Latinum sermonem, L.—*To turn, overturn, overthrow, subvert, destroy:* vertit ad extremum omnia: Cycnum Vi multā, O.: ab imo moenia Troiae, V.: ne Armenia scelere verteretur, Ta.: versā Caesarum sobole, Ta.—*To turn, change, be changed:* iam verterat fortuna, L.—*To turn, be directed, turn out, result:* verterat Scipionum invidia in praetorem, L.: (quae res) tibi vertat male, *turn out badly*, T.: quod bene verteret, Cu.: quod nec vertat bene, V.: quod si esset factum, detrimentum in bonum verteret, Cs.: ea ludificatio veri in verum vertit, L.—Of time, in the phrase, annus vertens, *the returning year, space of a year, full year:* anno vertente sine controversiā (petisses); cf. annus vertens, *the great cycle of the stars.*

Vertumnus (Vort-), ī, *m.* [for *vertomenos, *P. pass.* of verto], *the god of change, of the seasons, of exchange and trade*, C., H., O.—P o e t.: Vertumnis natus iniquis, i. e. *of a fickle character*, H.

verū, ūs, *n., a spit, broach:* Subiciunt veribus prunas, V., O.—*A dart, javelin* (poet.), V.

1. vērum, ī, *n.* [verus], *the truth, reality, fact:* interesse inter verum et falsum: verum dicere, T.: si verum quaerimus: minor est tua gloria vero, O.: controversia de vero, *respecting fact:* Nec procul a vero est, quod, etc., *from the truth*, O.: ars vera ac falsa diiudicandi: Qui species alias veris . . . capiet (i. e. alias ab iis quae verae sunt), H.—*Genit.*, in phrases with *similis* or *similitudo* (less correctly as one word, verisimilis, verisimilitudo): narrationem iubent veri similem esse, i. e. *plausible:* id quod veri simile occurrit, *probable:* veri similiora: res similis veri, L.: simillimum veri: quod est magis veri simile, Cs.—*Honor, duty:* in senatu pars, quae vero pretium anteferebat, S.

2. vērum, *adv.* [verus].—In an answer, *truly, certainly, doubtless, yes:* *So.* Facies? *Ch.* verum, T.—*But in truth, but, notwithstanding, but yet:* Verum aliter evenire multo intellegit, T.: ea sunt omnia non a naturā, verum a magistro.—After non modo or non solum (usu. with *etiam*), *not only . . . but also:* non modo agendo, verum etiam cogitando: servavit ab omni Non solum facto, verum opprobrio quoque turpi, H.—In a transition, *but, yet, still:* deinde hoc vobis confirmo . . . verum me persecuturum esse polliceor, etc.: verum veniat sane.—With *enim*, or *enim vero, but truly, but indeed:* Verum enim, quando bene promeruit, fiat, T.: si ullo in loco eius provinciae frumentum tanti fuit, quanti . . . verum enim vero cum, etc.—Interrupting the course of thought, *but however, but:* exspectabantur Calendae Ianuariae, fortasse non recte. verum praeterita omittamus.

vērum tamen (less correctly as one word, **vērum-tamen** or **vērun-tamen**), *but yet, notwithstanding, however, nevertheless:* consilium capit primo stultum, verum tamen clemens: nondum manifesta sibi est . . . verum tamen aestuat intus, O.—In resuming a thought after a parenthesis or diversion, *however, as I was saying:* cum essem in

Tusculano (erit hoc tibi pro illo tuo 'cum essem in Ceramico'), verum tamen cum ibi essem, etc.

vērus, *adj.* with *comp.* and *sup.* [1 VEL-], *true, real, actual, genuine:* internosci omnia simulata a veris: vera an falsa, T.: verus ac germanus Metellus: gloria: causa verissima: amicus, H.: id si ita est, ut ... sin autem illa veriora, ut, etc.: si verum est, quod nemo dubitat, ut populus R. superarit, etc., *a fact,* N.—*Right, proper, fitting, suitable, reasonable, just:* ah, Idnest verum? T.: quod est rectum, verum quoque est: lex: nil Grosphus nisi verum orabit et aequum, H.: neque verum esse, qui suos fines tueri non potuerint, alienos occupare, Cs.: verum est, (agrum) habere eos, etc., L.: me verius unum Pro vobis foedus luere, V.: praeclarum illud est, et, si quaeris, rectum quoque et verum, ut, etc., *right and just.*—*Truthful, true, veracious:* Sum verus? T.: Apollinis os, O.: verissimus et sapientissimus iudex, *most upright.*

verūtum or **verrūtum**, ī, *n.* [veru], *a dart, javelin:* verutum in balteo defigitur, Cs., L.

verūtus, *adj.* [veru], *armed with a dart, bearing a javelin:* Volsci, V.

vervēx or **verbēx**, ēcis, *m.* [see 1 VEL-], *a wether:* quod genus sacrifici Lari verbecibus fiat: Vervecum patria, i. e. *of blockheads,* Iu.

vēsānia (**vaesā-**), ae, *f.* [vesanus], *madness, insanity:* discors, H.

vēsāniēns, ntis, *adj.* [cf. vesanus], *raging, furious:* ventus, Ct.

vē-sānus (**vae-s-**), *adj.*, *unsound of mind, mad, insane, raging:* remex: tribunus plebis: stella vesani Leonis, *raging,* H.—Of things, *fierce, wild, savage, furious, raging:* voltus, L.: vires, O.: fames, V.

vescor, —, ī, *dep.*, *to use as food, take for food, take food, feed upon, eat:* pecus ad vescendum hominibus apta: vescendi causā omnia exquirere, i. e. *for varieties of food,* S.: vescere, sodes, H.: in eā (mensā), *to take his meals,* Cu.: escis aut potionibus: nasturtio: singulas (columbas), Ph.: infirmissimos sorte ductos, Ta.—*To enjoy, make use of, use, have:* aurā Aetheriā, V.: paratissimis voluptatibus.

vescus, *adj.*, *small, slender, feeble, wavering:* farra, O.: papaver, V.

vēsīca, ae, *f.*, *the bladder, urinary bladder:* vesicae morbi: displosa, H.: Tendere vesicam, i. e. *blow up,* O.

vēsīcula, ae, *f. dim.* [vesica], *a seed-vessel.*

vespa, ae, *f.* [cf. Eng. wasp], *a wasp,* Ph.

vesper, erī or eris, *acc.* vesperum, *abl.* vesperō or vespere (*adverb.* also vesperī), *m.* [2 VAS-], *the evening-star:* rubens, V.: vespero Surgente, H.—*The evening, even, eve, even-tide:* diei vesper erat, S.: serus, V.: cum, quid vesper ferat, incertum sit, L.: ad vesperum: sub vesperum, *towards evening,* Cs.: primo vespere, Cs.: litteras reddidit a. d. VIII Idūs Mart. vespere, *in the evening:* vesperi venire: neque tam vesperi revortor, *so late,* T.—*The evening sky, West, Occident:* vespere ab atro, V., O.

vespera, ae, *f.* [2 VAS-], *the evening, even-tide:* ad vesperam consequi: primā vesperā, L.

vesperāscō, —, ēre, *inch.* [vesper], *to become evening, grow towards evening:* vesperascente caelo, N.: vesperascit, *it grows dark,* T.

vespertīnus, *adj.* [vesper], *of evening, of even-tide, evening:* tempora (opp. matutina): litterae, *received in the evening:* senatūs consultā, *passed in the evening.*—Poet.: Si vespertinus subito te oppresserit hospes, i. e. *in the evening,* H.—*Of the west, western:* regio, H.

Vesta, ae, *f.* [1 VAS-], *daughter of Saturn and Ops, goddess of flocks and herds, and of the household; in her temple the Vestal virgins maintained a perpetual fire,* C., L., V., H., O.: quo tempore Vesta Arsit, i. e. *the temple of Vesta,* O.: perfudit nectare Vestam, i. e. *the fire,* V.

Vestālis, e, *adj.*, *of Vesta, Vestal,* C., L., O.—As *subst. f.* (sc. virgo), *a priestess of Vesta, Vestal,* L., O.—*Of Vestal virgins, of the Vestals,* O.

vester or **voster**, tra, trum, *pron. poss.* [vos], *your, yours, of you:* ille vester Oppianicus, *of yours:* clamore vestro adsentior: vestrum est dare, vincere nostrum, O.—As *subst. n.:* non cognosco vostrum tam superbum, *your haughty manner,* T.: quid ego vos, de vestro impendatis, hortor? *of your property,* L.

vestibulum, ī, *n.* [2 VAS-], *an enclosed space before a house, fore-court, entrance-court, vestibule:* templi: aedium: alti Quadriiuges in vestibulis, Iu.—*An entrance:* sepulcri: urbis, L.—Fig., *an entrance, opening, beginning:* vestibula aditūsque ad causam.

vestīgium, ī, *n.* [cf. vestigo], *the bottom of the foot, sole:* adversis vestigiis stare contra nostra vestigia.—*The foot:* equus vestigia primi Alba pedis ostentans, V.; cf. Summa pedum vestigia tinguit, O.—*A footstep, step, footprint, foot-track, track:* in foro vestigium facere, i. e. *to set foot:* te tuis vestigiis persequi: eodem remanere vestigio, Cs.: vestigium abscedi ab Hannibale, *one step,* L.—In the phrase, e vestigio, *on the spot, without moving, instantly, forthwith:* repente e vestigio ex homine factus est Verres: e vestigio ad Castra traducere, Cs.—*A trace, mark, track, vestige:* in lecto mulieris vestigia recentia: quarum (alcium) ex vestigiis cum est animadversum, quo, etc., Cs.: in vestigiis huius urbis, *ruins:* tergum foedum recentibus vestigiis verberum, L.—Fig., *a footprint, trace, sign, token:* a pueritiā vestigiis ingressus patriis et tuis.—Of time, *a point, moment, instant:* eodem loci vestigio et temporis: vestigio temporis, *instantly,* Cs.: ut urbs ab hostibus capta eodem vestigio videretur, *at that very moment,* Cs.

vestīgō, āre, —, — [cf. στίχος], *to follow in the track of, track, trace out, track up, hunt, search, scour:* vestigare et quaerere te, Enn. ap. C.: perfugas et fugitivos, L.: adeo sicca lacuna, ut vestigantium sitim falleret, Cu.: vestiga (sc. ramum) oculis, V.—Fig., *to inquire into, investigate, trace, search out:* causas rerum: nihil inexploratum, quod vestigari volunt, efficere, L.: voluptates omnīs: regionem omni curā, Cu.

vestīmentum, ī, *n.* [vestis], *clothing, a garment, vestment, article of clothing, dress:* vestimenta mutavit: album in vestimentum addere, L.: Vestimenta pretiosa, H.—*Bed-clothing, a rug:* lectus vestimentis stratus, T.

vestiō (*imperf.* vestībat, V.), īvī, ītus, īre [vestis], *to cover with a garment, provide with clothing, dress, clothe, vest:* satis commode vestiti: et ali et vestiri a Caeciliā: te Vestiunt lanae, H.: Phrygiā vestitur bucca tiarā, Iu.—Of animals, *to clothe, cover, robe:* animantes villis vestitae: sandyx vestiet agnos, V.—*To clothe, cover, deck, array, attire, surround, adorn:* campos lumine (aether), V.: vestitum vepribus sepulcrum: montes vestiti, i. e. *covered with verdure:* trabes multo aggere, Cs.: genas vestibat flore iuventa, i. e. *beard,* V.: vestiti messibus agros, O.—Fig., *to clothe, dress, surround, adorn:* exquisitas sententias pellucens vestiebat oratio: Gloria quem supra vires vestit, H.: iuventa oratione.

vestis, is, *f.* [2 VAS-], *sing. collect., a covering for the body, clothes, clothing, attire, vesture:* discidit Vestem, T.: sumptā veste virili, H.: dolorem veste significare: pretiosa, L.—In the phrase, mutare vestem, *to change one's garments, put on other clothing:* muta vestem (for disguise), T.: mutando vestem sese ab insidiis munierat, L.: vestem mutandam omnes putarunt, i. e. *that they must put on mourning.*—*Plur., clothes, garments:* aurum vestibus inlitum Mirata, H.: albae, Cu.: meretriciae, Ta.: picturatae auri subtemine vestes, V.: vestibus extentis, Iu.—*A carpet, rug, tapestry* (in full, stragula vestis): plena domus stragulae vestis: Tyriae vestes, H.

1. vestītus, *P.* of vestio.

2. vestītus, ūs, *m.* [vestio], *clothing, clothes, dress, apparel, raiment, attire, vesture:* muliebris: neque vestitūs praeter pellīs habere, Cs.: vestitum mutare, *to put on mourning:* ad suum vestitum redire, i. e. *to lay off mourning.* Vestitu nimio indulges, T.—Of things, *covering, attire:* adde huc riparum vestitūs viridissimos: densissimi montium.—Fig., *decoration, ornament:* orationis.

veterānus, *adj.* [vetus], *old, veteran:* hostis, L.: milites: legiones, i. e. *composed of veterans,* Cs.—*Plur. m.* as *subst., veteran soldiers, veterans,* C., Cs., L.

veterātor, ōris, *m.* [vetero, to make old, from vetus], *one wedded to routine, a commonplace orator:* veterator habitus: in causis privatis satis veterator.—*A crafty fellow, old fox, sly-boots:* quid hic volt veterator sibi? T.: callidus ac veterator esse volt.

veterātōriē, *adv.* [veteratorius], *shrewdly, craftily:* dicere.

veterātōrius, *adj.* [veterator], *crafty, cunning, sly:* ab isto nihil veteratorium exspectare.

veternōsus, *adj.* [veternus], *lethargic, sleepy, drowsy, dreamy:* senex, T.

veternus, ī, *m.* [vetus], *lethargy, drowsiness, sluggishness, sloth:* funestus, H.: gravis (regni), V.

vetitum, ī, *n.* [*P. n.* of veto], *that which is forbidden, something prohibited, a forbidden thing:* Nitimur in vetitum semper, O.: venerem In vetitis numerant, O.—*A prohibition, protest:* iussa ac vetita populorum: Quae contra vetitum discordia, V.

vetō (old **votō**), uī, itus, āre [VET-], *not to suffer, not to permit, to oppose, forbid, prohibit:* antiquae sunt leges, quae vetant: Aruspex vetuit, T.: vetant leges Iovis, H.: res ipsa vetat, O.: bella, V.: quid iubeatve vetetve, O.; cf. (ludere) vetitā legibus aleā, H.: cum facerem Versiculos, vetuit me Quirinus, etc., H.: Quippe vetor fatis, V.: furem luce occidi vetant XII tabulae: ab opere legatos Caesar discedere vetuerat, Cs.: ridentem dicere verum Quid vetat? H.: castra . . . vallo muniri, Cs.: ut a praefecto morum Hasdrubal cum eo vetaretur esse, N.: Edicto vetuit, ne quis se praeter Apellen Pingeret, H.: vetabo, qui Cereris sacrum Volgarit arcanae, sub isdem Sit trabibus, H.: nec laevus vetat ire picus, H.: Quis vetat et stellas . . . Dicere? O.: ait esse vetitum intro ad eram accedere, T.—As the technical term for protest interposed by a tribune of the people against any measure of the Senate or of the magistrates, *I forbid, I protest:* faxo ne iuvet vox ista 'veto,' quā nunc concinentes, etc., L.

vetulus, *adj. dim.* [vetus], *elderly, somewhat old, advanced in life, no longer young:* gladiator: filia: Cornix, H.: arbor (opp. novella).—As *subst. m.* and *f.:* mi vetule, *old fellow:* turpis vetula, *an old hag,* Iu.

vetus, eris, *adj.* with *sup.* veterrimus (for *comp.* see vetustus) [VET-], *old, aged, advanced in years:* poēta, T.: veteres et moris antiqui memores, L.:

laurus, V.—*Old, of long standing, seated:* contumelia, Cs.: invidia, *inveterate:* amici (opp. novi): veterrima (amicitia): consuetudo, S.: provinciae, L.—Of soldiers: ille exercitatus et vetus (miles): milites, Cs.: legiones, L.: (tabernae) Veteres, *the old booths of money-changers in the Forum* (opp. Novae), L.—E s p., in the phrase, vetus est, *it is an old saying:* vetus est, de scurrā divitem fieri posse, etc.—*Old, of a former time, former, earlier, ancient:* credendum est veteribus et priscis, ut aiunt, viris: veterrimi poëtae Stoici: fama veterum malorum, V.: iniuria, Ph.—*Plur. m.* as *subst.*, *the ancients, men of old, fathers, forefathers:* maiores nostri, veteres illi: Quae veteres factitarunt, *ancient writers*, T.—*Plur. n.* as *subst.*, *the old, antiquity:* si vetera mihi ignota (sunt), *earlier events:* vetera omittere, *to leave out of consideration*, S.: scrutari vetera, *traditions:* haec vetera, *these old writings*, Ta.

vetustās, ātis, *f.* [vetus], *old age, age, long existence:* possessionis: aevi longinqua, V.: tarda (i. e. senectus), O.: familiarum vetustates.—*Ancient times, antiquity:* historia nuntia vetustatis: contra omnia vetustatis exempla, Cs.: in tantā vetustate auctorum, L.—*Long duration, great age:* quae mihi videntur habitura etiam vetustatem, i. e. *will last long:* Scripta vetustatem si modo nostra ferent, O.: coniuncti vetustate, i. e. *intimacy of long standing.*—*The far future, posterity:* de me nulla umquam obmutescet vetustas: Si qua fidem tanto est operi latura vetustas, V.

vetustus, *adj.* with *comp.* and *sup.* [vetus], *aged, old, ancient, of long standing* (*posit.* mostly of things; *comp.* and freq. also *sup.* used for the *comp.* and *sup.* of vetus): templum Cereris, V.: silvae, O.: ligna, H.: opinio, *inveterate:* amicitia, O.: qui vetustissimus ex iis, qui viverent, censoriis esset, i. e. *senior ex-censor*, L.: vetustissimus liberorum eius, Ta.: vetustissimos se Suevorum Semnones memorant, Ta.—*Of former times, ancient:* Aeli, vetuste nobilis ab Lamo, H.—Of style, *antiquated:* Multo vetustior et horridior ille.

vēxātiō, ōnis, *f.* [vexo], *a harrying, troubling, harassing:* Macedoniae: virginum Vestalium.—*Annoyance, hardship, distress, trouble, vexation:* corporis: volneris, L.: per vexationem et contumelias, L.: multā cum vexatione processit, Cu.

vēxātor, ōris, *m.* [vexo], *one who distresses, a troubler, harasser, vexer:* urbis esset Antonius: furoris (Clodi), i. e. *opposer.*

vēxātus, *P.* of vexo.

vēxillārius, ī, *m.* [vexillum], *a standard-bearer, ensign*, L., Ta.—Under the empire, *the oldest class of veterans*, Ta.

vēxillum, ī, *n. dim.* [vēlum], *a military ensign, standard, banner, flag:* sub vexillo unā mitti, i. e. *were placed in the ranks*, Cs.: ut vexillum tolleres. —*A signal-flag:* vexillum proponendum, i. e. *the signal for battle*, Cs.—*The troops following a standard, a company, troop*, L.

vēxō, āvī, ātus, āre, *freq.* [veho], *to shake, jolt, toss violently:* (rector) per confragosa vexabitur: ratīs, V.: venti caeli nubila vexant, O.—*To harry, waste, trouble, harass, plague, disturb:* agros vectigalīs vexatos a Verre: Galliam, Cs.: hostīs sempiternos: vexati omnes difficultate viae, L.: comas, *to frizzle*, O.—*To worry, vex, annoy, disquiet, trouble:* Hermippum probris: vexabatur uxor mea: vexatur Theophrastus libris, *is attacked:* me honoris cupido vexabat, S.: mentem mariti philtris, Iu.

via, ae (old viāī, Enn. ap. C.), *f.* [VAG-], *a way, highway, road, path, street:* Roma, non optimis viis: ire in viā, T.: omnibus viis notis essedarios emittebat, Cs.: via, quā Assoro itur Hennam: viā ire, *by the highway*, L.: tres ergo viae, a supero mari Flaminia, ab infero Aurelia, media Cassia: Via Sacra, H.: castra angustiis viarum contrahit, etc., i. e. *of the passages* (between the tents), Cs. —P r o v.: qui sibi semitam non sapiunt alteri monstrant viam, Enn. ap. C.: totā errare viā, T.—*A way, passage, channel, pipe, entrance:* omnes eius (sanguinis) viae, i. e. *veins:* a medio intestino usque ad portas iecoris ductae viae, *ducts:* Spirandi viae, *the windpipe*, O.: Finditur in solidum cuneis via, *a cleft*, V.: harundo Signavit viam flammis, *its path*, V.—*A way, march, journey:* in viam se dare: tridui, *a three days' journey*, Cs.: longitudo viae, L.: Flecte viam velis, V.: lassus maris et viarum, H.: inter vias, *on the road*, T. —F i g., *a way, method, mode, manner, fashion, course:* ut rectā viā rem narret, i. e. *directly*, T.: vitae via conversa, H.: rectam vitae viam sequi: haec una via omnibus ad salutem visa est, L.: gloriae: (di) non . . . nullas dant vias nobis ad significationum scientiam.—*Abl.*, *by the right way, in the proper manner, correctly, unerringly, properly:* in omnibus quae ratione docentur et viā, primum, etc.: ipsus secum eam rem reputavit viā, T.: viā et arte dicere.

viāticum, ī, *n.* [viaticus, from via], *travelling-money, provision for a journey, viaticum:* liberale, C., L., H.—P o e t.: conlecta viatica multis Aerumnis, i. e. *savings*, H.

viātor, ōris, *m.* [via], *a wayfarer, traveller*, Cs., C., V., H., O., Ph., Iu.—*A summoner, apparitor, magistrate's attendant, court-officer:* qui eos arcessebant (in senatum) viatores nominati sunt, L.

vibrō, āvī, ātus, āre, *to set in tremulous motion, move to and fro, brandish, shake, agitate:* hastas ante pugnam: vibrabant flamina vestes, *to cause to flutter*, O.: crines Vibrati, i. e. *curled*, V.—*To wield, brandish, throw, launch, hurl:* sicas: tela,

Cu.: fulmina (Iuppiter), O.: vibratus ab aethere fulgor, V.: truces vibrare iambos, Ct.—*To be in tremulous motion, quiver, vibrate, tremble:* Tresque vibrant linguae, O.—*To glimmer, glitter, gleam, scintillate:* mare, qua a sole conlucet, vibrat: Tela lato vibrantia ferro, O.: clipeum Vibranti cuspis medium transverberat ictu, V.—Fig., in speech, *to gleam, dazzle:* oratio incitata et vibrans.

vīburnum, ī, *n.*, *the wayfaring-tree*, V.

vīcānus, *adj.* [vicus], *of a village:* Tmolites ille, *villager:* haruspices, *who go from village to village*, Enn. ap. C.—*Plur. m.* as *subst.*, *peasants*, L.

Vica Pota, ae, *f.* [1 VIC-, POT-], *Victress and possessor* (the Goddess of Victory), C., L.

vicārius, *adv.* [vicis], *that supplies a place, substituted, delegated, vicarious:* vicaria fides amicorum supponitur.—As *subst. m.*, *a substitute, deputy, proxy, vicegerent, vicar:* succedam ego vicarius tuo muneri: alieni iuris: vicarium tibi expediam, cui tu arma tradas, L.: sive vicarius est seu conservus, i. e. *an under-servant*, H.

vīcātim, *adv.* [vicus], *from village to village, in hamlets:* habitare, L.—*From street to street, through the streets:* Vos turba vicatim hinc et hinc saxis petens, H., Ta.

vice, vicem, see vicis.

vīcēnī, ae, a, *num. distrib.* [viginti], *twenty each, twenty:* anni, Cs.: militibus denarios quinos vicenos diviserunt, L.

vīcēnsima (vicēs-, -suma), ae, *f.* [vicensimus; sc. pars], *the twentieth part, a tax of one twentieth, tribute of five per cent.:* vicensumas vendere, i. e. *the tribute of one twentieth of the crop*, L.: quod vectigal superest domesticum praeter vicensimam? i. e. *of the market-value of a slave when emancipated:* portorii, i. e. *a duty of five per cent. on exports.*

vīcēsimānī, ōrum, *m.* [vicesimus], *soldiers of the twentieth legion*, Ta.

vīcēsimārius, *adj.* [vicesima], *of the twentieth part:* aurum, i. e. *from the tax of five per cent.*, L.

vīcēsimus, vīcēnsimus, or **vīgēsimus**, *adj. num.* [viginti], *the twentieth:* annus, Cs.: censores vicesimi sexti a primis censoribus, L.: altero vicensimo die: sexto et vicesimo anno, N.: ipso vigesimo anno: ab incenso Capitolio vigesimus annus, S.

vicia, ae, *f.*, *a vetch:* tenuis, V., O.

vīciēns or **vīciēs**, *adv. num.* [viginti], *twenty times:* vicies centum milium passuum, Cs.: sibi dare cupisse sestertiūm viciens, *two millions:* superficiem aedium aestimarunt HS viciens.

vīcīnālis, e, *adj.* [vicinus], *of the neighborhood, neighboring:* usus, L.

vīcīnia, ae, *f.* [vicinus], *neighborhood, nearness, vicinage, vicinity:* commigravit huc viciniae, T.: inde in viciniā nostrā Averni lacus: vicinia Persidis, V.—*A neighborhood, neighbors:* libertina, non ignota viciniae, L.: funus Egregie factum laudet vicinia, H.

vīcīnitās, ātis, *f.* [vicinus], *neighborhood, nearness, proximity, vicinity:* propter vicinitatem totos dies simul eramus: amicitiae, consuetudines, vicinitates . . . quid haberent voluptatis, etc.—*A neighborhood, vicinity, region:* in Umbriā atque in eā vicinitate.—*A neighborhood, neighbors:* signum, quod erat notum vicinitati: homo illius vicinitatis princeps: haec loca vicinitatibus erant nota, Cs.: vicinitatem armis exornat, S.

vīcīnus, *adj.* with *comp.* [vicus], *of the neighborhood, near, neighboring, in the vicinity:* adulescentulus: bellum, L.: taberna, H.: iurgia, *of neighbors*, H.: astris sedes, V.: Ni convexa foret (terra), parti vicinior esset, O.—As *subst. m.*, *a neighbor:* proximus: vel tribulīs vel vicinos meos: bonus sane vicinus, H.: vicine Palaemon, V.—As *subst. f.*, *a neighbor:* Chrysis vicina haec moritur, T.: Fides vicina Iovis: anus vicina loci, O.—*Plur. neut.* as *subst.*, *the neighborhood, vicinity:* sonitu plus quam vicina fatigat, O.—Fig., *similar, kindred, allied:* vicina eius (eloquentiae) dialecticorum scientia.—*Near, approaching:* mors, Ph.

(**vicis**), only *gen.* vicis, *acc.* vicem, *abl.* vice, *plur. nom.* vicēs, *acc.* vicīs or vicēs, *dat.* and *abl.* vicibus, *f.* [3 VIC-], *change, interchange, alternation, succession, vicissitude:* Hac vice sermonum, *conversation*, V.: vice sermonis, O.: Solvitur hiems gratā vice veris et Favoni, H.: commoti Patres vice fortunarum humanarum, L.: Dum Nox vicem peragit, i. e. *alternates with day*, O.: Plerumque gratae divitibus vices, H.: haec quas vices peragant docebo, *what vicissitudes*, O.: Mutat terra vices, *renews her changes*, H.: Per vicīs, *alternately*, O.: agri in vices occupantur, Ta.: vicibus factis inire convivia, *by turns*, O.—*Acc. adverb.:* suam cuiusque vicem, *in each one's turn*, L.: cum suam vicem functus officio sit, *in his turn*, L.—*A return, requital, equivalent, recompense, remuneration, retaliation:* Redde vicem meritis, O.: arces Deiecit plus vice simplici, H.—*A lot, fate, hap, condition, fortune, misfortune:* et meam et aliorum vicem pertimescere: indignando vicem eius, L.: Convertere humanam vicem, H.: vices superbae, H.—*A position, place, room, stead, post, office, duty, part:* ad vicem eius, qui e vitā emigrarit, accedere: succedens in vicem imperii tui, L.: fungar vice cotis, H.: sacra regiae vicis, i. e. *of the royal office*, L.: missis in vicem eorum quinque milibus sociorum, L.—*Acc.*, with a *gen.* or *pers. pron.*, *in the place of, instead of, on account of, for, for the sake of:* tuam vicem saepe doleo: remittimus hoc tibi, ne nostram vicem irascaris, L.: rex, vicem eorum quos miserat, etc., Cu.: Sardanapali vicem in suo lectulo mori, i. e. *like.—Abl., instead of, for, on account of:* exanimes vice unius, L.

vicissim, *adv.* [vicis], *on the other hand, on the contrary, again, in turn, back:* da te mihi vicissim, T.: uno tempore florere, dein vicissim horrere: praebebo ego me tibi vicissim attentum auditorem: hanc veniam petimusque damusque vicissim, *mutually*, H.

vicissitūdō, inis, *f.* [vicis], *change, interchange, alternation, vicissitude:* omnium rerum, T.: nihil vicissitudine studiorum iucundius: eorum (generum), *reciprocal influence:* dierum noctiumque: diurnae nocturnaeque.

victima, ae, *f.* [VEG-], *a beast for sacrifice, sacrifice, victim:* pro victimis homines immolant, Cs.: maxima taurus Victima, V.: caesis apud Amaltheam tuis victimis, C., L., H., O., Iu.—Fig., *a victim:* se victimam rei p. praebere: Victima deceptus decipientis ero, O.

victimārius, ī, *m.* [victima], *an assistant at sacrifices*, L.

vīctitō, —, —, āre, *freq.* [vivo], *to live, subsist:* bene lubenter, i. e. *to be fond of good living*, T.

vīctor, ōris, *m.* [1 VIC-], *a conqueror, vanquisher, victor:* quod (stipendium) victores victis imponere consuerint, Cs.: aut libertas parata victori est, aut mors proposita victo: victores bellorum civilium, *in civil wars:* tanti belli, L.: cum civili bello victor iratus respondit, etc.—In apposition, *victorious, conquering:* peius victoribus Sequanis, quam Aeduis victis accidisse, Cs.: galli (aves) victi silere solent, canere victores: victores Graii, O.: Marcellus armatus et victor, *after his victory:* abiere Romani ut victores, L.: victor virtute fuisset (i. e. vicisset), S.—Poet.: in curru victore veheris, *triumphal*, O.—Fig., *a master, conqueror:* animus libidinis et divitiarum victor, S.: Victor propositi, i. e. *having accomplished*, H.

vīctōria, ae, *f.* [victor].—In war, *victory:* nullam adeptus victoriam: Cinnae victoriam ulcisci: nuntius victoriae ad Cannas, L.: exercitus plus victoriae quam praedae deportavit, *prestige*, Cu.: externa . . . domestica: laeta, H.: nihil deinde a victoriā cessatum, i. e. *the victory was followed up with energy*, L.: extremum malorum omnium esse civilis belli victoriam: haec bella gravissima victoriaeque eorum bellorum gratissimae: cum Canuleius victoriā de patribus . . . ingens esset, L.: de tot ac tam potentibus populis, L.: saepe ex Etruscā civitate victoriam ferre, L.—As a battle-cry, *Victory!:* suo more victoriam conclamant, Cs.—Person., as a goddess: sudavit Capuae Victoria, i. e. *the statue of Victory.*—Fig., *success, triumph, victory:* victoria penes patres fuit, L.: haec te victoria perdet, O.

vīctōriātus, ī, *m.* [sc. nummus], *a silver coin with the image of Victory, half a denarius*, C., L.

Vīctōriola, ae, *f. dim.* [victoria], *a little Victory, small statue of Victory.*

vīctrīx, icis, *abl.* īce, rarely īcī (*gen. plur.* -īcium, Ta.), *f.* [victor], *that she is victorious, a conqueress, victress:* erat victrix res p. caesis Antoni copiis: victrices Athenae: victricia arma, V.: litterae, *reporting a victory:* tabellae, O.—Fig.: mater victrix filiae non libidinis, *controlling:* Iunonem victrix (Allecto) adfatur, V.

1. vīctus, *P.* of vinco.

2. vīctus, ūs, *m.* [VIV-], *that which sustains life, means of living, sustenance, nourishment, provisions, victuals:* tenuis: necessarius: maior pars eorum victūs in lacte . . . constitit, Cs.: penuria victūs, H.: aliae (apes) victu invigilant (*dat.*), V.: victui herba (est), Ta.: persequi animantium omnium ortūs, victūs: victūs feri, Tb.: Victibus invidit priorum, i. e. *despised the diet*, O.—*A way of life, mode of living:* in victu considerare, quo more sit educatus: hanc consuetudinem victūs cum illā comparandam, i. e. *stage of civilization*, Cs.: quali igitur victu sapiens utetur? H.

vīculus, ī, *m. dim.* [vicus], *a small village, hamlet:* viculos circumiectos cepit, L., C.

vīcus, ī, *m.* [2 VIC-], *a row of houses, street, quarter, ward:* in urbe: vicos plateasque inaedificat, Cs.: Tusci turba inpia vici, H.—*A village, hamlet:* Cobiamachus, qui vicus, etc.: vicos ad quadringentos incendunt, Cs., L., H., Ta.—*A country-seat:* vicum vendere: Quid vici prosunt aut horrea, H.

vidēlicet, *adv.* [for videre licet], *one may see, it is evident, clearly, obviously, plainly, evidently, manifestly, naturally, of course:* hic de nostris verbis errat videlicet, Quae hic sumus locuti, T.: nihil dolo factum . . . Iugurthae, cui videlicet speculanti iter suum cognitum esset, S.: quid metuebant? vim videlicet.—In an ironical explanation, *it is very plain, of course, forsooth:* tuus videlicet salutaris consulatus, perniciosus meus: censuit pecunias eorum publicandas, videlicet timens, ne, etc., S.—As an explanatory particle, *to wit, namely, of course:* caste iubet lex adire ad deos, animo videlicet.

viden, for vidēsne, see video.

videō, vīdī, vīsus, ēre [VID-], *to see, discern, perceive:* ut oculum, quo bene videret, amitteret: oculis cernere ea, quae videmus, etc.: Considium, quod non vidisset, pro viso sibi renuntiasse, Cs.: serpentes atque videres Infernas errare canes, H.: viden, ut geminae stant vertice cristae? V.:

nonne vides ut . . . Antemnae gemant? H.: iam videnti frontem pingit, i. e. *awake*, V.: et casūs abies visura marinos, i. e. *to experience*, V.—*To see, look at, observe, note:* Illud vide, os ut sibi distorsit carnufex, T.: quin tu me vides? *see what I have done!* i. e. *is not this creditable?:* atqui istuc ipsum nil periclist; me vide, *look at me*, i. e. *take courage from me*, T.—*To perceive, observe, hear:* mugire videbis Sub pedibus terram, V.: tum videres Stridere susurros, H.—*Pass.*, *to be looked upon, be regarded, seem, appear:* numquam periculi fugā committendum est, ut imbelles timidique videamur: multo rem iniquiorem visum iri intellegebant: cetera, quae quibusdam admirabilia videntur, etc.: idonea mihi Laeli persona visa est, quae, etc.: quod idem Scipioni videbatur: de familiare illo tuo videor audisse: ut beate vixisse videar, quia, etc.: ut exstinctae potius amicitiae quam oppressae videantur: quae (sapientia) videtur in hominem cadere posse: sed mihi contra ea videtur, S.: non mihi videtur, ad beate vivendum satis posse virtutem: quia videbatur et Limnaeum eodem tempore oppugnari posse, L.—In formal decisions, *to appear, be decided, be adjudged:* voluerunt, ut ea non esse facta, sed ut videri pronuntiarent: consul adiecit senatūs consultum, Ambraciam non videri vi captam esse, L.: uti Caesar exercitum dimittat; si non faciat, eum adversus rem p. facturum videri, Cs.—Fig., of the mind, *to see, perceive, mark, observe, discern, understand, comprehend, be aware:* ad te, ut video, comminus accessit: aperte enim adulantem nemo non videt, *sees through:* si dormientes aliquid animo videre videamur: plus vidisse videri, *to have had more insight:* cum me vidisse plus fateretur, *that I had seen further:* di vatesve eorum in futurum vident, L.: quem virum Crassum vidimus: nonne vides, croceos ut Tmolus odores, India mittit ebur, V.—*To look at, attend to, consider, think, reflect upon, take note of:* nunc ea videamus, quae contra ab his disputari solent: sed videamus Herculem ipsum: legi Bruti epistulam non prudenter rescriptam; sed ipse viderit, *let him see to that:* Viderit ipse ad aram Confugiam, O.—*To look out for, see to, care for, provide, take care, make sure:* antecesserat Statius, ut prandium nobis videret: aliud lenius (vinum), T.: navem idoneam ut habeas, diligenter videbis: ne fortuna mea desit, videte, L.—*To see, reach, experience, attain, obtain, enjoy:* qui suo toto consulatu somnum non viderit: utinam eum diem videam, cum, etc., *may live to see:* Duxi uxorem; quam ibi miseriam vidi! T.: multas victorias aetas nostra vidit.—*To see patiently, bear, permit:* tantum degeneramus a patribus nostris, ut eam (oram) nos nunc plenam hostium iam factam Videamus, L.—*To see, go to see, visit:* sed Septimium vide et Laenatem: videbis ergo hominem, si voles.—*Pass.*, *it seems proper, seems right, seems good:* ubi visum est, sub vesperum dispersi discedunt, Cs.: *M.* num non vis audire, etc.? *A.* ut videtur, *as you will:* si videatur, L.: si tibi videbitur, villis iis utere, quae, etc.: si ei videretur, integram rem ad senatum reiceret, *if he pleased*, L.

vidua, ae, *f.* [viduus], *an unmarried woman*, L.—*A widow:* cognitor viduarum: viduas venari avaras, H.

viduitās, ātis, *f.* [viduus], *bereavement, widowhood:* Caesenniae: in viduitate relictae filiae, L.

viduō, āvī, ātus, āre [viduus], *to deprive, bereave:* civibus urbem, V.: foliis ornos, H.: (Servilia) viduata, *widowed*, Ta.

viduus, *adj.* [cf. Germ. Wittwe; Engl. widow], *deprived, bereft, destitute, without:* me ipse viduus (i. e. viribus meis), C. poët.: pharetrā Apollo, H.: pectus amoris, O.—*Bereaved, spouseless, mateless, widowed:* vidui viri, O.: domus, O.: manus (Penelopes), O.: arbores, i. e. *vineless*, H.: ulmos, Iu.

viētus (once disyl., H.), *adj.* [VI-], *bent together, shrunken, shrivelled, withered, wrinkled:* senex, T.: aliquid: membra, H.

vigeō, uī, —, ēre [VEG-], *to be lively, be vigorous, thrive, flourish, bloom, be strong:* quae a terrā stirpibus continentur, arte naturae vivunt et vigent: vegetum ingenium in vivido pectore vigebat, L.: vestrae tum arae, vestrae religiones viguerunt: viget aetas, animus valet, S.: Fama Mobilitate viget, V.: Alpes vix integris vobis ac vigentibus transitae, i. e. *when your vigor was unimpaired*, L.: audacia, largitio, avaritia vigebant, S.: Persarum vigui rege beatior, H.—Fig., *to be of repute, be esteemed, be honored:* in Academiā: Dum (pater) regum vigebat Conciliis, V.

vigēscō, —, —, ere, *inch.* [vigeo], *to become lively, grow vigorous:* pedes, Ct.

vīgēsimus, see vicesimus.

vigil, ilis (*gen. plur.* once, vigilium, L.), *adj.* [VEG-], *awake, on the watch, alert:* prius orto Sole vigil scrinia posco, H.: ales, i. e. *the cock*, O.—As *subst. m.*, *a watchman, sentinel:* clamor a vigilibus tollitur: vigiles scutum in vigiliam ferre vetuit, L.—Fig., *wakeful, watchful, restless, active:* curae, O.: ignis, i. e. *always burning*, V.: lucernae, *night-lamps*, H.

vigilāns, antis, *adj.* with *comp.* [*P.* of vigilo], *watchful, anxious, careful, vigilant:* vigilantes et boni oculi: homo: curae, *sleepless anxiety:* nemo paratior, vigilantior: lumina, *always burning* (of a light-house), O.; see also vigilo.

vigilanter, *adv.* with *comp.* and *sup.* [vigilans], *watchfully, carefully, vigilantly:* provinciam administrare: vigilantius cavere Antoninum: vigilantissime vexatus.

vigilantia, ae, *f.* [vigilans], *wakefulness:* esse mirificā vigilantiā.—Fig., *watchful attention, watchfulness, vigilance:* tua, T.: singularis.

vigilāx, ācis, *adj.* [vigilo], *watchful, restless:* Subura, Pr.—Fig.: curae, O.

vigilia, ae, *f.* [vigil], *a watching, wakefulness, sleeplessness, lying awake:* Demosthenis vigiliae.—*A keeping watch, watching, watch, guard:* noctu vigilias agere ad aedīs sacras: scutum in vigiliam ferre, *to take on guard*, L.: vigiliarum nocturnarum curam magistratibus mandare, L.—*A watch, time of keeping watch* (a fourth part of the night): primā vigiliā, L.: de tertiā vigiliā, Cs.: vigiliae in stupris consumptae, i. e. *nights.*—*Plur., the watch, men on watch, watchmen, sentinels, post, guard:* milites disponit perpetuis vigiliis stationibusque, Cs.: si vigiliae, si iuventus armata est: vigilias disponere per urbem, L.—Fig., *watchfulness, vigilance:* vacuum metu populum R. nostrā vigiliā reddere.—*A post, office, term of office:* vigiliam meam tibi tradere: aliorum consulum.

vigilō, āvī, ātus, āre [vigil], *to watch, keep awake, not to sleep, be wakeful:* ad multam noctem: usque ad lucem, T.—*To watch through:* noctīs vigilabat ad ipsum mane, H.: noctes vigilantur amarae, O.: aetas vigilanda viris, V.: vigilata convivio nox, Ta.—Prov.: num ille somniat Ea, quae vigilans voluit? T.: vigilanti stertere naso, Iu.—*To perform watching, do at night:* carmen vigilatum, O.: vigilati labores, O.—Fig., *to be watchful, be vigilant:* pro vobis: ut vivas, vigila, H.

vīgintī or **XX**, *num., twenty:* si viginti quiessem dies: XX milia nummūm: hinc rapimur viginti et milia raedis, H.

(vīgintīvirātus or **XX virātus**, ūs), *m.* [vigintiviri], *the office of the twenty, vigintivirate* (see vigintiviri).—*A municipal court*, Ta.

vīgintī-virī, ōrum, *m., a commission of twenty men*, appointed by Caesar as consul to distribute lands.

vigor, ōris, *m.* [VEG-], *liveliness, activity, force, vigor:* nec tarda senectus animi mutat vigorem, V.: patrius, H.: animi, L.

vīlica, ae, *f.* [vilicus], *a female overseer, overseer's wife*, Ct., Iu.

vīlicō, (**vīll-**), —, —, āre [vilicus], *to superintend an estate, be overseer:* in eā (re p.).

vīlicus (vīll-), ī, *m.* [villa], *an overseer of an estate, steward, bailiff:* eius vilici pastoresque: balnea vilicus optas, H.—*An overseer, superintendent, director:* magistratūs quasi rei p. vilici: Pegasus positus vilicus urbi, Iu.

vīlis, e, *adj.* with *comp.* and *sup.* [VAG-], *of small price, of little value, purchased at a low rate, cheap:* istaec (puella), T.: frumentum vilius: vilissimae res.—*Of trifling value, cheap, poor, paltry, common, mean, worthless, base, vile:* si honor noster vobis vilior fuisset: quorum tibi est vita vilissima: fidem fortunas pericula vilia habere, S.: Et genus et virtus nisi cum re vilior algā est, H.: Europe, *abandoned*, H.: Si, dum me careas, est tibi vile mori, O.: poma, i. e. *abundant*, V.: phaselus, *common*, V.

vīlitās, ātis, *f.* [vilis], *lowness of price, cheapness:* annonae: cum alter annus in vilitate, alter in summā caritate fuerit: ad vilitatem sui conpelli, i. e. *disregard*, Cu.

vīlla, ae, *f. dim.* [2 VIC-], *a country-house, country-seat, farm, villa:* Charini, T.: sua: Villa quam Tiberis lavit, H.—Esp., villa publica, *a public building in the Campus Martius* (an office for taking the census and for enlistments), L.

vīllica, vīllicō, vīllicus, see vilic-.

villōsus, *adj.* [villus], *hairy, shaggy, rough:* leo, V.: villosa colubris guttura, i. e. *with vipers* (for hair), O.

vīllula, ae, *f. dim.* [villa], *a little country-house, small villa*, C., H.

vīllum, ī, *n. dim.* [for vīnulum, from vīnum], *a sup of wine:* hoc villi, T.

villus, ī, *m.* [1 VEL-], *a tuft of hair, shaggy hair, wool, fleece:* (animantes) villis vestitae: tonsis mantelia villis, *with the nap shorn*, V., O.

vīmen, inis, *n.* [VI-], *a pliant twig, switch, withe, osier:* contextae viminibus vineae, Cs.: fructicosa Vimina, O.—*Sing. collect.:* specus virgis ac vimine densus, O., V.

vīminālis, e, *adj.* [vimen], *of osiers, of the willow-copse:* Viminalis Collis, *the Viminal hill* (in Rome), L.

vīmineus, *adj.* [vimen], *made of osiers, of wicker-work:* tegumenta, Cs.: crates, V.

vīn, for vis-ne, see volo.

vīnāceus, *adj.* [vinum], *of wine, of the grape:* acinus vinaceus, *a grape.*

Vīnālia, ium, *n., the wine-festival* (April 22 and Aug. 19, when new wine was offered to Jupiter), O.

vīnārius, *adj.* [vinum], *of wine, for wine:* vas: crimen, *relating to the wine-tax.*—As *subst. n., a wine-pot, wine-flask*, H.

vincibilis, e, *adj.* [vinco], *to be gained, easily maintained:* causa, T.

vinciō, vinxī, vinctus, īre [VI-], *to bind, bind about, fetter, tie, fasten, surround, encircle:* Cura adservandum vinctum, T.: civem Romanum: trinis catenis vinctus, Cs.: Purpureo alte suras cothurno, V.: novis tempora floribus, H.: Anule, formosae digitum vincture puellae, *about to encir-*

cle, O.: boves vincti cornua vittis, O.—*To compress, lace:* esse vincto pectore, ut gracilae sient, T.—*To compass, surround, guard:* vinciri praesidiis.—Fig., *to bind, fetter, confine, restrain, attach:* omnia severis legibus vincienda sunt: vincta numine teste fides, O.: me retinent vinctum vincla puellae, Tb.—Of sleep, *to bind, bury, sink:* vinctos somno trucidandos tradere, L.: inimica vinximus ora (i. e. magicis artibus), O.—In rhet., *to bind, arrange, link together:* membra (orationis) sunt numeris vincienda, i. e. *arranged rhythmically:* (poëma) nimis vinctum, i. e. *too artificial.*

vinclum, ī, *n.*, see vinculum.

vincō, vīcī, vīctus, ere [1 VIC-].—In war, *to conquer, overcome, get the better of, defeat, subdue, vanquish, be victorious:* ut qui vicissent, iis quos vicissent imperarent, Cs.: navalibus pugnis Carthaginiensīs.—*To prevail, succeed, overcome, win:* iudicio: Fabio vel iudice vincam, H.: factum est; vincimur, T.: Vicit iter durum pietas, *made easy*, V.: virgam, *to win*, V.: vicit tamen in Senatu pars illa, quae, etc., S.: cum in senatu vicisset sententia, quae, etc., L.: Othonem vincas volo, *to outbid.*—*To overcome, overwhelm, prevail over:* (naves) neu turbine venti Vincantur, V.: flammam gurgitibus, *extinguish*, O.: Vincunt aequora navitae, *master*, H.: Victaque concessit prisca moneta novae, O.: Blanda quies furtim victis obrepsit ocellis, O.: ubi aëra vincere summum Arboris . . . potuere sagittae, i. e. *surmount*, V.: viscera flammā, i. e. *to cook*, V.—*To outlast, survive:* (Aesculus) Multa virum volvens durando saecula vincit, V.: vivendo vici mea fata, V.—Fig., *to prevail, be superior, convince, refute, constrain, overcome:* naturam studio, Cs.: vincit ipsa rerum p. natura saepe rationem: vinci a voluptate: peccavi, fateor, vincor, T.: victus patris precibus lacrimisque, L.: est qui vinci possit, H.: Victus amore pudor, O.: victus animi respexit, V.: Ergo negatum vincor ut credam, *am constrained*, H.: verbis ea vincere, i. e. *to express worthily*, V.—*To overmatch, surpass, exceed, excel:* terrae magnitudinem: morum inmanitate beluas: mulierculam mollitiā, H.: Scribere, quod Cassi opuscula vincat, H.—*To prove triumphantly, show conclusively, demonstrate:* si doceo non ab Habito, vinco ab Oppianico, *prove* (the fact): vici unam rem . . . vici alteram, *I have established one point:* vince deinde, bonum virum fuisse Oppianicum: Vincet enim stultos ratio insanire nepotes, H.: Nec vincet ratio hoc, tantumdem ut peccet idemque Qui, etc., H.—*To prevail, gain the point, carry the day:* cui si esse in urbe tuto licebit, vicimus: Vicimus et meus est, O.: vincite, si ita voltis, *have your way*, Cs.: viceris, *enjoy your victory*, T.

vinctus, *P.* of vincio.

vinculum or **vinclum**, ī, *n.* [vincio], *a means of binding, fastening, band, bond, rope, cord, fetter, tie:* corpora constricta vinculis: vincula rupit, V.: quamvis Charta sit a vinclis non labefacta suis, i. e. *the seal*, O.: vincula epistulae laxavit, N.: Tyrrhena pedum circumdat vincula plantis, i. e. *sandals*, V.—*Plur.*, *fetters, bonds, prison:* mitto vincla, mitto carcerem: in vincula coniectus, Cs.: in vincula duci, L.: ex vinculis causam dicere, i. e. *to plead in chains*, Cs.—Fig., *a bond, fetter, restraint:* e corporum vinculis tamquam e carcere evolare: vinculum ingens immodicae cupiditati iniectum est, L.—*A bond, tie, band:* omnes artes habent quoddam commune vinculum: fidei, L.: vincula revellit iudiciorum: accedit maximum vinculum, quod ita rem p. geris, ut, etc.: Ne cui me vinclo sociare iugali, V.; cf. vinclo tecum propiore ligari, O.: Excusare mercenaria vincla, H.

vīndēmia, ae, *f.* [vinum+demo], *the grape-harvest, grapes:* Non eadem arboribus pendet vindemia nostris, V.: mitis, V.

vīndēmiātor (poet. quadrisyl., H.), ōris, *m.* [vindemia], *a grape-gatherer*, H.

vīndēmiola, ae, *f. dim.* [vindemia], *a little vintage*, i. e. *a bit of profit.*

vīndēmitor, ōris, *m.* [for vindemiator], *the harbinger of vintage* (a star in the constellation Virgo), O.

vindex, icis, *m.* and *f.* [VAN-, DIC-], *a maintainer, defender, protector, deliverer, liberator, champion:* vos legi vindices praeponere: aeris alieni, i. e. *of debtors:* iniuriae, *from wrong*, L.: periculi, *in peril*, L.: aurum Vindice decepto misistis in urbes, O.: dignus vindice nodus, H.—*An avenger, punisher, revenger:* (carcer) vindex scelerum: parentis, O.: deae . . . vindices facinorum et scelerum: vindice flammā, O.

vindicātiō, ōnis, *f.* [vindico], *an establishment of the right, vindication.*

vindiciae, ārum, *f.* [vindex], *the assertion of a right, a laying claim, legal claim, formal demand:* iniustis vindiciis fundos petere: pro praede litis vindiciarum satis accipere, i. e. *security for the value of the property and for all claims growing out of it.*—*A declaration of right, judgment, decree:* ab libertate in servitutem vindicias dare, i. e. *to sentence a free person to slavery*, L.: virginem cedere postulantibus vindicias, *to those who demanded her freedom*, L.: cum vindicias amisisset ipsa libertas.

vindicō (**vend-**), āvī, ātus, āre [vindex].—In law, *to assert a claim to, demand formally, ask judgment for:* puellam in posterum diem, i. e. *to take charge of under bonds to appear the next day*, L.: ita vindicatur Virginia spondentibus propinquis, L.—*To claim as one's own, make a claim upon, demand, claim, arrogate, assume, appropriate:*

omnia iure pro suis vindicare: Homerum Chii suum vindicant: prospera omnes sibi vindicant, adversa uni imputantur, Ta.: victoriae maiore parte ad se vindicatā, L.: Galliae consensio fuit libertatis vindicandae, ut, etc., *should be maintained*, Cs.: antiquam faciem, *reassume*, O.—In the phrase, in libertatem vindicare, *to claim for freedom, set free, free, emancipate:* in libertatem rem populi: rem p. in veterem dignitatem ac libertatem, i. e. *to restore:* se et populum R. in libertatem, Cs.—*To serve as champion, deliver, liberate, protect, defend, save:* te ab eo: nos a verberibus: ab hac necessitate vos fortuna vindicat, L.: perpetienda illa fuerunt, ut se aliquando ac suos vindicaret, *might protect:* quam dura ad saxa revinctam Vindicat Alcides, *sets free*, O.—*To act as avenger, avenge, revenge, punish, take vengeance on, recompense:* quo (perfugio), nisi vos vindicatis, utentur necessario: contionibus populum ad vindicandum hortari, S.: quae vindicaris in altero, tibi ipsi fugienda sunt: improborum consensionem supplicio omni: Ti. Gracchi conatūs perditos: necem Crassi, O.: fateor in civīs persaepe esse severe vindicatum: in quos (Venetos) eo gravius Caesar vindicandum statuit, Cs.

vindicta, ae, *f.* [vindico], *a rod, a touch of which in the presence of a magistrate was the ceremony of manumission, liberating-rod, manumission-staff:* vindictā liberatus, L.: vindictā liber factus: quem ter vindicta quaterque Inposita haud umquam formidine privet, H.: vindictae quisque favete suae, i. e. *his own champion*, O.—*A means of asserting, vindication, protection, defence:* libertatis, L.: mors, inquit, una vindicta est, L.: legis severae, O. —*Vengeance, revenge, satisfaction, redress:* facilis vindicta est mihi, Ph.: gravior quam iniuria, Iu.: legis severae, O.

vīnea, ae, *f.* [vinum], *a plantation of vines, vine-garden, vineyard:* vendere vineas: largo pubescit vinea fetu, V.—*A vine:* altā in vineā Uva, Ph.—In war, *an arbor-like shed for shelter, pent-house, mantlet:* castris munitis vineas agere, Cs.: conductae vineae sunt.

vīnētum, ī, *n.* [vinum], *a plantation of vines, vine-garden, vineyard:* si vinetis tempestas nocuerit: optuma vinetis satio, cum, etc., V., H.—Prov.: Ut vineta egomet caedam mea, i. e. *attack myself*, H.

vīnitor, ōris, *m.* [VI-], *a vine-dresser:* maturae uvae, V., C.

vīnolentia (**vīnul-**), ae, *f.* [vinolentus], *wine-bibbing, intoxication from wine:* effrenata.

vīnolentus (**vīnul-**), *adj.* [vinum], *full of wine, drunken with wine, tipsy, intoxicated:* violentia vinulentorum: consilia siccorum an vinolentorum: homines, N.: medicamina, *alcoholic.*

vīnōsus, *adj.* with *comp.* [vinum], *full of wine, fond of wine, given to drink, wine-bibbing:* Laudibus arguitur vini vinosus Homerus, H.: vinosior aetas Haec est, O.

vīnum, ī, *n.* [VI-], *wine:* vino confectus: urbs somno vinoque sepulta, V.: Nec regna vini sortiere talis, H.—*Plur.*, *sorts of wine, wines:* levia quaedam vina nihil valent in aquā: Fervida, H.: Sapias, vina liques, i. e. *in abundance*, H., V., O.

viola, ae, *f.*, *the violet, gillyflower:* Pallentīs violas carpens, V.—Collect.: an tu me in violā putabas aut in rosā dicere?—*A violet color, violet:* tinctus violā pallor amantium, H.

violābilis, e, *adj.* [violo], *that may be injured, easily wounded, violable:* levibus cor telis, O.: non violabile numen, V.

violārium, ī, *n.* [viola], *a bank of violets, violet-bed:* bibant violaria fontem, V.: huic sunt violaria acrae, O., H.

violātiō, ōnis, *f.* [violo], *profanation, violation:* templi, L.

violātor, ōris, *m.* [violo], *profaner, violator:* templi, O.: gentium iuris, L.

violātus, *P.* of violo.

violēns, entis, *adj.* [cf. vis], *impetuous, furious, violent:* Aufidus, H.: victor (equus), H.

violenter, *adv.* [violens], *impetuously, furiously, passionately, vehemently, violently:* haec tolerare, i. e. *with indignation*, T.: solennia ludorum dirimere, L.: quaestio exercita, S.: retortis Litore Etrusco violenter undis, H.

violentia, ae, *f.* [violentus], *violence, vehemence, impetuosity, ferocity, fury:* novi hominis: fortunae, S.: voltūs, *fierceness*, O.

violentus, *adj.* with *comp.* and *sup.* [cf. vis], *forcible, violent, vehement, impetuous, boisterous:* frater violentissimus, T.: homo: tyrannus violentissimus in suos, L.: facie violenta est, O.: Lucania bellum Incuteret violenta, H.: nimis violentum est, nulla esse dicere, i. e. *extravagant:* violentior amnis, V.: violentissimis tempestatibus concitari.

violō, āvī, ātus, āre [cf. vis], *to treat with violence, injure, dishonor, outrage, violate:* hospitem, Cs.: matres familias: sacrum volnere corpus, V.: Getico peream violatus ab arcu, O.: oculos tua cum violarit epistula nostros, i. e. *has shocked*, O.: Indum sanguineo ostro ebur, i. e. *to dye blood-red*, V.—Of a place, *to invade, violate, profane:* finīs eorum se violaturum negavit, Cs.: loca religiosa ac lucos: Silva nullā violata securi, O.—Fig., *to violate, outrage, dishonor, break, injure:* officium: ius: inducias per scelus, Cs.: foedera, L.: nominis nostri famam tuis probris.—*To perform an act of sacrilege, do outrageously, perpetrate, act unjustly:* ceteris officiis id, quod violatum videbitur, compensandum: si quae inciderunt non tam re quam suspicione violata, i. e. *injurious.*

vīpera, ae, *f.* [vivus+2 PAR-], *a viper, adder, snake, serpent:* mala tactu, V.: tuto ab atris corpore viperis, H., O.: saevissima (of a poisoner), Iu.—P r o v.: in sinu viperam habere.

vīpereus, *adj.* [vipera], *of a viper, of a serpent:* crinis, V.: dentes, O.: cruor, O.: vipereae pennae (i. e. pennatae serpentes), O.: animā, i. e. *poisonous breath*, V.—*Bearing serpents, covered with snakes:* monstrum, i. e. *the head of Medusa*, O.: sorores, i. e. *the Furies*, O.

vīperīnus, *adj.* [vipera], *of a viper, of a serpent:* Sanguis, H.: morsus: Nodo coërces viperino Bistonidum, H.

vir, virī, *gen. plur.* virōrum (poet. also virūm, Ct., V., O.), *m., a male person, adult male, man* (opp. mulier, femina): virum me natum vellem, T.: Deque viro factus (mirabile!) femina, O.: clari viri: consularis: turpissimus, S.: nefandus, V.: hoc pueri possunt, viri non potuerunt?: pueroque viroque, O.—In war, *a man, soldier:* vir unus cum viro congrediendo, etc., L.—With emphasis for a pronoun of reference: fletusque et conploratio fregere tandem virum, L.: gratiā viri permotus flexit animum, S.—Repeated distributively, *each one . . . another, man . . . man:* vir cum viro congrediaris, L.: legitque virum vir, *singled out* (for attack), V.: cum vir virum legisset, i. e. *a companion in battle*, L.—*Plur., human beings:* flumina simul pecudesque virosque rapiunt, O.; opp. Caelicolae, V.—*A man, husband:* quid viro meo respondebo Misera? T.: vir matris: angebatur Tullia nihil materiae in viro esse, etc., L.: Et uxor et vir, H.: Imminet exitio vir coniugis, O.—Of animals, *the male, mate:* Vir gregis ipse caper, V.—*A man, man of courage, worthy man:* tulit dolorem, ut vir; et, ut homo, etc.: tum viro et gubernatore opus est, L.: si quid in Flacco viri est, Non feret, H.—*Plur., foot-soldiers, infantry:* ripam equites virique obtinentes, L.—*Manhood, virility:* membra sine viro, Ct.

virāgō, inis, *f.* [virgo], *a man-like woman, female warrior, heroine:* belli metuenda, O.: Iuturna, V.

virdicātus (**virid-**), *adj.* [*viridicus, from viridis], *made green, green*, C. dub.

virecta (**virēta**), ōrum, *n.* [*virex, from vireo], *a green place, greensward, grass-plats:* amoena, V.

virēns, entis, *P.* of vireo.

vireō, —, ēre [VIR-], *to be green, be verdant:* alia semper virent, alia verno tempore frondescunt: Fronde novā, V.: hederā virente gaudere, H.: circa ilicibus virentem Alburnum, V.: Pectora felle, O.—F i g., *to be fresh, be vigorous, flourish, bloom:* ingenium virebatque integris sensibus, L.: Donec virenti (tibi) canities abest, H.: serpens solet squamā virere recenti, O.

vīrēs, ium, *f., plur.* of vis.

virēscō, —, ere, *inch.* [vireo], *to grow green, become verdant:* iniussa virescunt Gramina, V.: coepere virescere telae, O.

virētum, see virectum.

virga, ae, *f.* [VERG-], *a slender green branch, twig, sprout:* rubea, V.: viscata, i. e. *a lime-twig*, O.—*A graft, scion, set:* fissā cortice virgam Inserit, O.—*A rod, switch, scourge:* equus umbrā virgae regitur, *switch*, Cu.: commotā virgā, *plied*, Iu.: virgis ad necem caedi.—P o e t., for fasces, as a designation of one of the higher magistrates, O.—*A wand, staff, cane:* virgā circumscripsit regem, L.: virgā lilia summa metit, O.—*A magic wand:* tetigit summos virgā dea capillos, O., V.—In cloth, *a colored stripe:* purpureae, O.—In a family tree, *a twig, branch*, Iu.

virgātus, *adj.* [virga], *made of twigs:* Calathisci, Ct.—*Striped:* sagula, V.

virgētum, ī, *n.* [virga], *a thicket of rods, clump of osiers.*

virgeus, *adj.* [virga], *of rods, of twigs, of brushwood:* supellex, V.

(**Virgiliae, Virgilius**), see Vergili-.

virginālis, e, *adj.* [virgo], *of a maiden, of a virgin, maidenly, virgin, virginal:* habitus, vestitus: modestia: ploratus, *like a girl's.*—As *subst. n., the privates*, Ph.

virgineus, *adj.* [virgo], *of a maiden, of a virgin, maidenly, virgin:* forma, O.: rubor, V.: pudor, Tb.: favilla, i. e. *a virgin's funeral pile*, O.: ara, *of Vesta*, O.: focus, Pr.: sagittā, i. e. *of Diana*, H.: Helicon, i. e. *the Muses' home*, O.: volucres, i. e. *the Harpies*, O.

virginitās, ātis, *f.* [virgo], *maidenhood, virginity:* virginitatem laedere: erepta, V., O.

virgō, inis, *f.* [VERG-], *a maid, maiden, virgin:* illa Vestalis: bellica, i. e. *Pallas*, O.: Saturnia, i. e. *Vesta*, O.: virgo filia: dea, i. e. *Diana*, O.: notae Virginum poenae, i. e. *of the Danaides*, H.: Virginum absolutio, i. e. *of the Vestals:* Virgines sanctae, *the Vestals*, H.: Iam redit et Virgo, i. e. *Astræa*, V.—*A young female, young woman, girl:* infelix, V.: Virgines nuptae, H., O.—*A constellation, the Virgin, Virgo*, C.—In the phrase, Aqua Virgo, *an aqueduct in Rome, now Fontana Trevi:* artūs Virgine tinguit aquā, O.; cf. gelidissima Virgo, O.

virgula, ae, *f. dim.* [virga], *a little twig, small rod, wand:* virgulā stantem circumscripsit: virgae oleaginae, N.: divina, *a divining-rod.*

virgulta, ōrum, *n.* [for *virgulēta, from virgula], *a bush, thicket, copse, shrubbery:* virgultis conlectis, Cs.: via interclusa virgultis, L., O.—*Slips, cuttings:* silvestria, V.

virguncula, ae, *f. dim.* [virgo], *a little maid, young girl:* ignobilis, Cu., Iu.

viridāns, antis, *adj.*, see viridor.

viridārium, ī, *n.* [viridis], *a plantation of trees, pleasure-garden.*

viridicātus, see virdicatus.

viridis, e, *adj.* with *comp.* and *sup.* [VIR-], *green:* color, O.: colles viridissimi: gramen, V.: Nereidum comae, H.: dei, O.—*Plur. n.* as *subst.*, *green plants, herbage:* laeta, Ph.—*Green, youthful, fresh, blooming, lively, vigorous:* viridiora praemiorum genera: tam viridis et in flore aetatis, Cu.: aevom, O.: senectus, V.

viriditās, ātis, *f.* [viridis], *green color, greenness, verdure, viridity:* herbescens: pratorum.—*Freshness, briskness, vigor:* viriditas, in quā etiam nunc erat Scipio: laurea amittit viriditatem.

viridor, —, ārī, *dep.* [viridis], *to grow green, become green:* vada subnatis viridentur ab herbis, O.: cingit viridanti tempora lauro, *verdant*, V.

virīlis, e, *adj.* [vir], *of a man, like a man, manly, masculine, virile:* stirps fratris, *male*, L.: voltus, O.: coetus, *of men*, O.: flamma, *a man's love*, O.—*Manly, full-grown, mature:* partes, *the characters of full-grown men*, H.: toga, *the garb of manhood* (assumed at the age of sixteen).—In phrases with pars or portio: mea pars virilis, *my duty:* plus quam pars virilis postulat, *my proper share:* cum illius gloriae pars virilis apud omnīs milites sit, etc., i. e. *each soldier has his share*, L.: pro virili parte defendere, i. e. *to the extent of their power:* plus quam pro virili parte obligatus, i. e. *yet more than others*; pro virili portione, Ta.; cf. chorus officium virile Defendat, H.—*Worthy of a man, manly, bold, spirited, noble:* facere, quod parum virile videatur: laterum inflexio: ingenium, S.: ratio atque sententia.

virīlitās, ātis, *f.* [virilis], *manhood, virility:* adempta, Ta.

virīliter, *adv.* [virilis], *manfully, courageously:* quod viriliter fit: fortunam ferre, O.: aegrotare, i. e. *to bear sickness*, O.

virītim, *adv.* [vir], *man by man, to each one separately, singly, individually:* lex de agro Gallico viritim dividendo: distribuere pecus, Cs.—*Each by itself, singly, separately, individually:* dimicare, i. e. *in single combat*, Cu.: commonefacere benefici sui, S.: legere terereque, H.

vīrōsus, *adj.* [virus], *of a vile odor, stinking, fetid:* Castorea, V.

virtūs, ūtis, *f.* [vir], *manliness, manhood, strength, vigor, bravery, courage, excellence:* virtus clara aeternaque habetur, S.: animi . . . corporis: virtutes continentiae, gravitatis, iustitiae, fidei: oratoris vis divina virtusque.—In war, *courage, valor, bravery, gallantry, fortitude:* Gallos virtute praecedere, Cs.: militum: Scipiadae, H.—*Goodness, moral perfection, high character, virtue:* est autem virtus nihil aliud nisi perfecta et ad summum perducta natura: cum omnes rectae animi adfectiones virtutes appellentur.—P e r s o n., as a goddess, *Virtue:* Virtutis templum, L., Iu.—*Goodness, worth, merit, value, strength:* nam nec arboris, nec equi virtus in opinione sita est, sed in naturā: navium, L.: Herbarum, O.

vīrus, ī, *n.*, *a potent juice, medicinal liquid, poison, venom, virus:* (equa) destillat ab inguine virus, V.: grave, H.—F i g.: evomere virus acerbitatis suae.

vīs (*gen.* vīs, late), —, *acc.* vim, *abl.* vī, *f. plur.* vīrēs, ium [cf. ἴς], *strength, force, vigor, power, energy, virtue:* celeritas et vis equorum: plus vis habeat quam sanguinis, Ta.: contra vim atque impetum fluminis, Cs.: veneni.—*Plur.* (usu. of bodily strength): non viribus corporum res magnae geruntur: me iam sanguis viresque deficiunt, Cs.: corporis viribus excellens, L.: validis viribus hastam Contorsit, V.: agere pro viribus, *with all your might:* supra vires, H.: seu virium vi seu exercitatione multā cibi vinique capacissimus, L.: Nec mihi sunt vires inimicos pellere tectis, O.—*Hostile strength, force, violence, compulsion:* vis est haec quidem, T.: cum vi vis inlata defenditur: celeri rumore dilato Dioni vim adlatam, N.: sine vi facere, T.: matribus familias vim adferre: iter per vim tentare, *by force*, Cs.: civem domum vi et armis compulit: de vi condemnati sunt: quaestiones vel de caede vel de vi.—*Energy, virtue, potency:* vires habet herba? O.: egregius fons Viribus occultis adiuvat, Iu.—*A quantity, number, abundance:* mellis maxima: magna auri argentique: pulveris, Cs.—*Plur.*, *military forces, troops:* praeesse exercitui, ut vires ad coërcendum haberet, Cs.: robur omne virium eius regni, *the flower*, L.: Concitet et vires Graecia magna suas, O.—F i g., *mental strength, power, force, energy, vigor, influence:* oratoris: conscientiae: quod ostentum habuit hanc vim, ut, etc., *effect:* qui indignitate suā vim ac ius magistratui quem gerebat dempsisset, L.—*Force, notion, meaning, sense, import, nature, essence:* id, in quo est omnis vis amicitiae: verborum, i. e. *the signification:* quae vis insit in his paucis verbis, si attendes, intelleges.

vīscātus, *adj.* [viscum], *smeared with birdlime:* virgae, *limed twigs*, O.: alae, O.

vīscera, um, *n.*, see viscus.

vīscerātiō, ōnis, *f.* [viscus], *a public distribution of flesh, dispensation of animal food:* viscerationibus pecunias profundere: populo data, L.

vīscō, —, —, āre, *to smear, besmear:* viscantur labra mariti, *are glued,* Iu.

vīscum, ī, *n.*, *the mistletoe,* V. — *Birdlime of mistletoe-berries.*

vīscus, eris, and usu. **vīscera**, um, *n.* [cf. viscum], *the inner parts of the body, internal organs, inwards, viscera, entrails:* de putri viscere nascuntur apes, O.: in visceribus (tela) haerebunt: penetrant ad viscera morbi, O.—*The flesh:* cum (tincta tunica) inhaesisset visceribus: quantum scelus est, in viscera viscera condi! O.: taurorum, V.—*The fruit of the womb, offspring, child:* (Tereus) in suam sua viscera congerit alvum, O.: eripite viscera mea ex vinculis, Cu.; cf. Neu patriae validas in viscera vertite virīs, i. e. *her own sons,* V.—Fig., *the interior, inmost part, heart, centre, bowels, vitals, life:* itum est in viscera terrae, O.: montis (Aetna), V.: in venis atque in visceribus rei p.: de visceribus tuis satis facturus quibus debes: magnarum domuum, i. e. *the favorite,* Iu.

vīsenda, ōrum, *n.* [*P. n.* of viso], *things worth notice, sights:* Athenae multa visenda habentes, L.

vīsiō, ōnis, *f.* [VID-], *the act of seeing;* hence, meton., *an appearance, apparition, vision:* adventicia: fluentes visiones.—Fig., *a mental image, idea, conception, notion:* speciem dei percipi cogitatione . . . eamque esse eius visionem, ut, etc.

vīsitō, āvī, —, āre, *freq.* [viso], *to go to see, visit:* hominem.

vīsō, sī, sus, ere, *freq.* [video], *to look at attentively, view, behold, survey:* ex muris visite agros vestros ferro ignique vastatos, L.: visendi causā venire: ornatu visendo, *worth seeing.*—*To go to look, see to, look after, ascertain:* vise redieritne iam an non dum domum, T.—*To go to see, visit:* uxorem Pamphili, T.: Paphon, H.: propter quem Thespiae visuntur, *is visited:* nos longo intervallo: It visere ad eam, T.: Ibit ad amicam, Visat! O.

vīsum, ī, *n.* [*P. n.* of video], *a thing seen, sight, appearance, vision:* visa somniorum: Dic visa quid ista ferant, O.—In the Academica of Cicero, for φαντασία, *an image produced by a sensation, representation.*

1. vīsus, *P.* of video.

2. vīsus, ūs, *m.* [video], *a looking, look, act of seeing, power of sight, vision:* res visu foeda: obit truci omnia visu, i. e. *looks fiercely on,* V.: Mortalīs visūs reliquit, i. e. *vanished,* V.: visūs effugiet tuos, O.—*A thing seen, sight, appearance, apparition, vision:* Rite secundarent visūs, V.: inopino territa visu, O.: nocturni visūs, L.—*Appearance, seeming:* visum quendam habere insignem: augustior humano visu, L. (al. humano habitu visūs).

vīta, ae, *f.* [VIV-], *life:* tribus rebus animantium vita tenetur, cibo, etc.: in liberos vitae necisque habent potestatem, Cs.: exiguum vitae curriculum: vitam in egestate degere: pro patriā vitam profundere: vitā discedere: de vitā decedere: vitam suam in periculum proicere: paene inlusi vitam filiae, *have nearly fooled away,* T.: malae taedia vitae, O.: nil sine magno Vita labore dedit mortalibus, H.—*A life, way of life, way of living, manners:* rustica: inquirendo in utriusque vitam, L.: vitae communis ignarus, i. e. *good manners:* illud e vitā ductum ab Afranio, *from real life:* Inspicere, tamquam in speculum, in vitas omnium, T.: (Minos) vitas et crimina discit, V.—As an expression of affection, *life, dearest:* Nostra omnium vita, T.: obsecro te, mea vita, etc.—*A life, course of life, career, biography:* in hoc exponemus libro de vitā excellentium imperatorum, N.—*An existence, being, spirit:* tenues sine corpore vitae, V.: Vita fugit sub umbras, V.—*They who live, people, the world:* neque hac de re communis vita dubitavit: vita desuevit pellere glande famem, Tb.

vītābilis, e, *adj.* [vito], *to be shunned, worthy of avoidance:* Ascra, O.

vītābundus, *adj.* [vito], *shunning, avoiding, evading:* vitabundus erumpit, S.: castra hostium, L.

vītālis, e, *adj.* [vita], *of life, vital:* caloris natura vim habet in se vitalem, *vital power:* calor, Cu.: Vitales vias clausit, i. e. *the wind-pipe,* O.: vita 'vitalis,' ut ait Ennius, i. e. *true life:* lumen vitale relinquam, i. e. *die,* O.: ut sis Vitalis metuo, *long-lived,* H.: Mancipium frugi quod sit satis, hoc est Ut vitale putes, i. e. *not too good to live,* H.: abstinere eo quod vitale sit, *life-sustaining,* L.

vītātiō, ōnis, *f.* [vito], *a shunning, avoidance:* doloris.

vitellus, ī, *m. dim.* [vitulus], *the yellow part of an egg, yolk, yelk:* nihilne de vitello?: mos, H.

vīteus, *adj.* [vitis], *of the vine:* pocula, i. e. *wine,* V.

vīticula, ae, *f. dim.* [vitis], *a vine-shoot, vine-setting.*

vitiō, āvī, ātus, āre [vitium], *to make faulty, injure, spoil, mar, taint, corrupt, infect, vitiate, defile:* lues vitiaverat auras, O.: amnem salibus, O.: facies longis vitiabitur annis, O.: vina, H.: virginem, *to violate,* T.—Fig., *to corrupt, falsify, nullify, void;* comitiorum significationes sunt vitiatae, *falsified:* senatūs consulta arbitrio consulum vitiabantur, L.: censum impedire diebus vitiandis, i. e. *by declaring void the appointment of a day:* Pectora limo malorum, O.

vitiōsē, *adv.* with *comp.* [vitiosus], *faultily, defectively, badly, corruptly:* vitiose se habet membrum tumidum: illud vitiosius (dixit).

vitiōsitās, ātis, *f.* [vitiosus], *faultiness, cor-*

ruption, viciousness, wickedness: nomen est vitiositas omnium (vitiorum).

vitiōsus, *adj.* with *comp.* and *sup.* [vitium], *full of faults, faulty, defective, invalid:* vitiosissimus orator: consul, *chosen in defiance of the auspices.—Plur. n.* as *subst., misfortune, ruin:* in dira et in vitiosa incurrimus.—*Wicked, depraved, vicious:* si qui audierunt philosophos, vitiosi essent discessuri: Progeniem vitiosiorem, H.: omnis (luxuries) est vitiosa.

vītis, is, *f.* [VI-], *a vine, grape-vine:* vitium ortūs: pone ordine vitīs, V.—*A vine-branch:* Vite caput tegitur, O.—*A vine-switch, vine-branch* (as a staff, the badge of a centurion): centum vite regendi, O.: Nodosam frangebat vertice vitem, i. e. *had the centurion's staff broken on his head,* Iu.: aut vitem posce libello, i. e. *petition for the office of a centurion,* Iu.

vītisator, ōris, *m.* [vitis+1 SA-], *a vine-planter, wine-grower:* Sabinus, V.

vitium, ī, *n.* [VI-], *a fault, defect, blemish, imperfection, vice:* vitium (appellant), cum partes corporis inter se dissident: corporis, O.: si nihil est in tecto vitii: si aedes corruerunt vitiumve fecerunt, *have been damaged:* vitio moriens sitit aëris herba, V.—*A defect in the auspices, unfavorable sign, impediment:* divinare, quid in castris vitii obvenisset, L.: vitio navigare: comitiorum solum vitium est fulmen.—In coinage, *base metal, alloy:* ignis vitium metallis Excoquit, O.—Fig., *a fault, defect, blemish:* acutius vitia in dicente quam recta videre: Et illud mihi vitiumst maximum, *my greatest fault,* T.: animadverso vitio castrorum, i. e. *the unfavorable situation,* Cs.: milites conflictati et tempestatis et sentinae vitiis, *the injurious effects,* Cs.—*A moral fault, failing, error, offence, crime, vice:* legibus proposita sunt supplicia vitiis: Virtus est vitium fugere, H.: ne sibi vitio verterent, quod abesset, i. e. *blame him.* —*A crime against female chastity, violation:* Quoi misere per vim vitium obtulerat, T.: vitium auctore redemit, O.

vītō, āvī, ātus, āre [3 VIC-], *to shun, seek to escape, avoid, evade:* si vitant, fugiunt: Hastas, spicula, H.: locum, Cs.: balnea, H.: sapiens, vitatu quidque petitu Sit melius, causas reddet tibi, H.: vitataque traxit in arma, O.—Fig., *to shun, avoid:* vitia: omnīs suspitiones, Cs.: offensione vitatā: proditionem celeritate, S.: se ipsum, *to shun oneself,* H.: erit in enumeratione vitandum, ne, etc.: tangere vitet Scripta, H.

vitreus, *adj.* [vitrum], *of glass, vitreous:* Priapus, i. e. *a glass in the form of a Priapus,* Iu.: hostis, i. e. *a glass chessman,* O.—*Like glass, glassy, clear, bright, shining, transparent:* unda, V.: ros, O.: Circe, *brilliant,* H.—Fig., *brilliant, splendid:* quem cepit vitrea fama, H.

vitricus, ī, *m., a step-father.*

vitrum, ī, *n.* [VID-], *glass:* fons splendidior vitro, H., C., O.—*A blue vegetable dye, woad:* se Britanni vitro inficiunt, Cs.

vitta, ae, *f.* [VI-], *a band, fillet, chaplet, head-band* (worn by victims led to sacrifice; by priests as a badge of office; by brides and vestals as an emblem of chastity): circum tempora vittae (as sacrificial decorations), V.: Vitta coercuerat alba capillos, O.: Omnibus his cinguntur tempora vittā, V.: vittae tenues, insigne pudoris, O.—*An altar band, chaplet placed on an altar:* molli cinge haec altaria vittā, V.—*A chaplet worn by a suppliant, badge of supplication:* Praeferimus manibus vittas ac verba precantia, V.: decorae Supplice vittā, H.

vittātus, *adj.* [vitta], *bound with a fillet, chapleted, wreathed:* capilli, O.: vacca, O.

vitula, ae, *f.* [vitulus], *a young cow, heifer,* V.

vitulīnus, *adj.* [vitulus], *of a calf:* caruncula, *a piece of veal:* assum, *roast veal.*—As *subst. f.* (sc. caro), *calf's-flesh, veal,* N.

vitulus, ī, *m.* [VET-], *a male-calf, bull-calf,* O.: bimā curvans cornua fronte, V., C., O.—Of other animals, *a young male, calf, foal:* vitulos hortare, *the colts,* V.: vituli marini, *sea-calves,* Iu.

vituperābilis, e, *adj.* [vitupero], *blameworthy, blamable, censurable:* per se ipsum.

vituperātiō, ōnis, *f.* [vitupero], *a blaming, censuring, blame, censure, vituperation:* communi vituperatione reprehendere: in vituperationem venire: vituperationem vitare.—*A cause of blame, blameworthiness, blameworthy conduct:* istius vituperatio atque infamia: eam rem laudi tibi potius quam vituperationi fore.

vituperātor, ōris, *m.* [vitupero], *a blamer, censurer, vituperator:* invidos vituperatores confutare: philosophiae.

vituperō, āvī, —, āre [vitium+1 PAR-], *to inflict censure, find fault with, blame, censure, reproach, disparage, vituperate:* notare ac vituperare: multimodis cum istoc animo es vituperandus, T.: si quis universam (philosophiam) velit vituperare: (Rhodiorum res p.) minime quidem vituperanda.—Prov.: qui caelum vituperant, *find fault with heaven itself,* Ph.

vīvārium, ī, *n.* [vivus], *an enclosure for live game, park, warren, preserve, fish-pond:* vivaria Caesaris, Iu.—Fig., of legacy-hunters: Excipiant senes, quos in vivaria mittant, H.

vīvāx, ācis, *adj.* with *comp.* [VIV-], *tenacious of life, long-lived:* phoenix, O.: mater, H.: cervus, V.: Sibylla, *venerable,* O.: vivacior heres, H. —*Lasting, enduring, durable:* apium (opp. breve lilium), H.: oliva, V.: vivaci caespite, O.—*Lively,* *vigorous, vivacious:* sulfura, *burning briskly,* O.: solum, O.

vīvidus, *adj.* [VIV-], *full of life, lively, vigorous, vivid:* gemma, O.: bello Dextra, V.: pectus, L.—Fig., *life-like:* signa, Pr.

vīvirādīx, īcis, *f.* [vivus+radix], *a rooted cutting, layer, quickset.*

vīvō, vīxī (*subj. pluperf.* vīxet for vīxisset, V.), —, ere [VIV-], *to live, be alive, have life:* Valet atque vivit (gnatus), T.: vivere ac spirare: is demum mihi vivere atque frui animā videtur, qui, etc., S.: Annos bis centum, O.: ad centesimum annum: nisi cum virtute vivatur, *unless we live virtuously:* non sibi soli postulat, Te vivere, *for him alone,* T.: nos in diem vivimus, i. e. *from hand to mouth:* vitam duram, quam vixi usque adhuc, T.: tutiorem vitam: Bacchanalia vivunt, Iu.: nunc tertia vivitur aetas, O.: et vivere vitem et mori dicimus: ignes, O.—*To survive, be still alive:* si viveret, verba eius audiretis: si viveret, mihi cum illo nulla contentio iam maneret: constitueram, neminem includere in dialogos eorum, qui viverent: hic tamen vivit. vivit? immo vero etiam in senatum venit.—In phrases of asseveration: nam, ita vivam, putavi, *as I live:* quid poteris, inquies, pro iis dicere? ne vivam, si scio, *may I die, if,* etc.: ego hodie, si vivo, tibi Ostendam, etc., *as sure as I live,* T.—In the phrase, de lucro vivere, i. e. *to owe life to favor, live at another's mercy:* de lucro prope iam quadrennium vivimus: de lucro tibi vivere me scito, L.—In the phrase, ex alicuius more vivere, *to conform to one's ways, live according to one's wishes:* Huncine erat aequom ex illius more an illum ex huius vivere? T.—*To live, support life, feed, be supported, sustain oneself:* stirpibus palmarum: piscibus, Cs.: cortice ex arboribus, Cs.: herbis et urticā, H.: rapto, V.: Parcius, H.: Vivitur ex rapto, O.; cf. studia, quibus antea delectabamur, nunc etiam vivimus, *which were formerly my delight, are now my life.*—*To live, pass the time, reside, dwell, be:* extra urbem: Cypri, N.: in litteris vivere: unis moribus et numquam mutatis legibus: convenienter naturae: cum Pansā vixi in Pompeiano: ecquis me hodie vivit fortunatior? T.: ego vivo miserrimus: illā (sorte) Contentus vivat, H.: quoniam vivitur non cum perfectis hominibus, sed, etc.—Prov.: animum secum esse secumque ut dicitur, vivere, i. e. *for its own sake.*—*To live well, live at ease, enjoy life:* quando vivemus?: vive valeque, *farewell,* H.: vivite, silvae, *fare ye well,* V.—*To live, last, endure, remain, be remembered:* Vivet extento Proculeius aevo, H.: per omnia saecula famā, O.: tacitum vivat sub pectore volnus, V.: das nostro victurum nomen amori, O.: mihi Scipio vivit tamen semperque vivet.

vīvus (-vos), *adj.* [VIV-], *alive, living, having life:* illum vix vivum relinquo: Iugurtham vivom aut necatum sibi tradere, S.: duxit uxorem patre vivo, *in his father's lifetime:* duo ex unā familiā, vivo utroque, magistratūs creari vetare, Cs.: Cato adfirmat, se vivo illum non triumphaturum, *while he lived:* huic acerbissimum vivo videntique funus ducitur, i. e. *before his eyes:* Vivos vidensque pereo, i. e. *with my eyes open,* T.—As *subst. m., a living man:* aeternis suppliciis vivos mortuosque mactabis.—As *subst. n., that which is alive, the quick, living flesh:* calor ad vivum adveniens, i. e. *reaching the flesh,* L.—Fig.: neque id ad vivum reseco, i. e. *press the assertion too literally:* dat de lucro: nihil detraxit de vivo, *from the capital:* de vivo igitur erat aliquid resecandum, ut esset, unde, etc., i. e. *the capital must be impaired.*—Of things, *alive, living, green, fresh, active:* Caespes, O.: radix, O.: flumen, *running,* L.: ros, *fresh,* O.: lucernae, *burning,* H.: saxum, *unwrought,* V.: voltus, i. e. *speaking,* V.

vix, *adv.* [1 VIC-], *with difficulty, with much ado, hardly, scarcely, barely:* quae vix aut ne vix quidem adpareant: profluens amnis aut vix aut nullo modo: vix sum compos animi, T.: vix in ipsis tectis frigus vitatur: ex hominum milibus LX vir ad D sese redactos esse dixerunt, *to scarcely five hundred,* Cs.: ego vix teneor, quin accurram.—Of time, *hardly, scarcely, just:* Adsum atque advenio Acherunte vix viā altā atque arduā: ah! Vix tandem sensi stolidus! T.—Of immediate sequence, with *cum:* vix agmen novissimum extra munitiones processerat, cum Galli, etc., Cs.: vix erat hoc plane imperatum, cum illum . . . videres: Vix ea fatus erat, cum, etc., V.—With *et* or *-que* (poet.): Vix primos inopina quies laxaverat artūs, Et superincumbens . . . proiecit, etc., V.: Vix ea fatus erat, subitoque fragore Intonuit, V.—With *ellips.* of *cum:* Vix proram attigerat: rumpit Saturnia funem, V.: Unam promorat vix pedem Ruina camarae, etc., Ph.

vix-dum, *adv., hardly then, scarcely yet, but just:* haec ego omnia vixdum etiam coetu nostro dimisso comperi: (Hannibalem) vixdum puberem, L.: progressis vixdum quattuor milia passuum, L.: puer vixdum libertatem, nedum dominationem modice laturus, L.: Vixdum dimidium dixeram, intellexerat, T.: vixdum epistulam tuam legeram, cum, etc.: vixdum ad consulem se pervenisse, et audisse, etc., L.

vīxet, see vivo. **vōbīs**, see tu.

vocābulum, ī, *n.* [voco], *an appellation, designation, name:* philosophorum habent disciplinae ex ipsis Vocabula, T.: res ut omnes suis certis ac propriis vocabulis nominentur: Ex more imponens cognata vocabula rebus, H.: Chaldaei non ex artis, sed ex gentis vocabulo nominati: cui nomen neniae: quo vocabulo apud Graecos cantūs lugubres nominantur: Quae nunc sunt in honore vocabula, *expressions*, H.: iuncta vocabula sumere, O.

vōcālis, e, *adj.* [vox], *uttering a voice, articulate, sounding, sonorous, speaking, crying, singing, vocal:* nympha, i. e. *Echo*, O.: Orpheus, H.: ne quem vocalem praeteriisse videamur, i. e. *who had a voice:* terra Dodonis, O.—As *subst. f.* (littera).

vocātiō, ōnis, *f.* [voco], *an invitation to dinner*, Ct.

(**vocātus**, ūs), *m.* [voco], *a calling, call, summons, invocation.*—Only *abl. sing.* and *acc. plur.*: vocatu Drusi venire: o numquam frustrata vocatūs Hasta meos, V.

vōciferātiō, ōnis, *f.* [vociferor], *a loud calling, clamor, outcry, vociferation, declamation:* vociferatione uti.

vōciferō, —, ātus, āre [*vociferus; vox+1 FER-], *to cry out, shout, bawl, exclaim:* ex omnibus locis, L.: vociferatum ferociter, L.

vōciferor, ātus, ārī, *dep.* [*vociferus; vox+1 FER-], *to cry out, cry aloud, exclaim, shout, scream, bawl, vociferate:* palam: pauca in senatu, L.: Talia, V.: quid vociferabare? decem milia talentūm Gabinio esse promissa: se ante signa ituros, L.: vociferari Decius, quo fugerent? L.

vocitō, āvī, ātus, āre, *freq.* [voco], *to be wont to call, call habitually, name:* omnes reges, qui soli, etc.: vivum eum tyrannum, N.—*To call loudly:* clamor vocitantium, Ta.

vocīvos (vac-), *adj.* [cf. vaco], *vacant, unoccupied:* tempus Laboris, T.

vocō, āvī, ātus, āre [VOC-], *to call, summon, invoke, call together, convoke:* (patrem) blandā voce: hominum multitudinem ex omni provinciā vocat, Cs.: classico ad concilium milites ad tribunos, L.: patribus vocatis, V.: Fertur haec moriens pueris dixisse vocatis, H.: ut in senatum vocarentur qui, etc., L.: in contionem vocari placuit, L.—Poet.: Tum cornix plenā pluviam vocat voce, i. e. *announces*, V.: pugnas, i. e. *declare war*, V.—*To call upon, invoke, appeal to:* Voce vocans Hecaten, *invoking*, V.: ventis vocatis, V.: Auxilio deos, V.: vos (deos) in verba, *as witnesses*, O.: Quem vocet divōm populus, H.: votis imbrem, *call down*, V.: (Charon) levare functum Pauperem laboribus Vocatus, H.—In legal proceedings, *to cite, summon:* in ius: vocatus Ariston purgare sese, L.—As a guest, *to bid, invite, ask:* alqm ad cenam, T.: ad prandium volgo: Spatium Vocandi dabitur, i. e. *for sending invitations*, T.—*To call, invite, exhort, summon, urge, stimulate:* me ad vitam: quam in spem me.—*To challenge, defy:* centuriones hostīs, si introire vellent, vocare coeperunt, Cs.: cum hinc Aetoli vocarent ad bellum, L.: cantu vocat in certamina divos, V.—*To call by name, name, denominate, designate, entitle:* urbem Romam, Enn. ap. C.: regem illum unum: ad Spelaeum, quod vocant, biduum moratus, L.: me miserum vocares, H.: patrioque vocat de nomine mensem, *names after*, O.: se Quirinum vocari: Sive tu Lucina probas vocari, H.—*To call, bring, draw, put, set, place:* apud milites me in invidiam: in partem (hereditatis) mulieres vocatae sunt, *succeeded to a share:* me ad Democritum vocas, *refer:* eam (causam) in iudicium, *bring to trial:* quae fecisti, in iudicium voco, *I call to account:* sub iudicium singula verba, O.: si ad calculos eum res p. vocet, L.: Italiam ad exitium vocas, i.e. *threaten with ruin.*—Of things, *to invite, call, summon, incite, arouse:* lenis crepitans vocat Auster in altum, V.: Quāque vocant fluctūs, O.: Carthaginiensīs fessos nox ad quietem vocabat, L.: ipso anni tempore ad gerendum bellum vocari, Cs.

vōcula, ae, *f. dim.* [vox], *a small voice, weak voice:* recreandae voculae causā.—*A soft note, low tone:* falsae voculae.—*A petty speech, mean saying, small-talk:* voculae malevolorum.

volaemus, see volēmus.

volāns, antis, *P.* of 2 volo.

volāticus, *adj.* [2 VOL-], *fleeting, volatile, fickle:* o Academiam volaticam: impetūs, *wanton.*

volātilis, e, *adj.* [2 volo], *winged, flying:* bestiae: puer, i. e. *Cupid*, O.—*Swift, rapid:* telum, i. e. *an arrow*, O.: ferrum, V.—*Fleeting, transitory:* aetas, O.

(**volātus**, ūs), *m.* [2 volo], *a flying, flight* (only *abl. sing.*, and *acc.* and *abl. plur.*): aër volatūs alitum sustinet: volatibus avium declarari res futuras: Pegasaeo feror volatu, Ct., O.

Volcānius (Vulc-), *adj.*, *of Vulcan, Vulcanian*, C., O.: acies, i. e. *a furious fire*, V.

Volcānus (Vulc-), ī, *m.*, *Vulcan, the fire-god, son of Jupiter and Juno*, Cs., C., V., H., O.—*Fire:* totis Volcanum spargere tectis, V., O.

volēmus (volaem-), *adj.* [vola, the hollow of the hand], *filling the hand, large;* only as *subst. n.* (sc. pira), of a kind of pear, V.

volēns, entis, *adj.* [*P.* of 1 volo], *willing, with purpose, of choice:* eas (poenas) ipsi volentes pependere, *of their own accord*, S.: quia volentes in amicitiam non veniebant, L.: seu volens seu invitus, L.: Ipsa autem macie tenuant armenta volentes, *purposely*, V.: Quos fructūs ipsa volentia rura tulere carpsit, *spontaneously*, V.—*Plur. m.* as *subst.*, *they who consent, they who are willing:* tutiusque rati volentibus quam coactis imperitare, *to rule men with their consent*, S.: quippe rem p. si a volentibus nequeat, ab invitis ius expetituram, *peaceably if they could, forcibly if they must*, L.: labor est inhibere volentīs, O.—*Willing, pleased, glad, eager:* volenti animo acceperant, *eagerly*, S.:

animis volentibus urbem Adferimur, *purposely and gladly*, V.: volenti consuli causa divertendi oblata est, i. e. *welcome to the consul*, etc., L.: uti militibus exaequatus cum imperatore labos volentibus esset, i. e. *that the soldiers were zealous when the general shared their labors*, S.: quibus bellum volentibus erat, probare exemplum, Ta.—*Well-wishing, favorable, kindly, propitious:* munificus nemo putabatur nisi pariter volens, i. e. *liberality was always supposed to prove kind feeling*, S.—Of the gods, *willing, voluntary:* do volentibu' cum magnis dis, *with the favor of the gods*, Enn. ap. C.: virtute ac dis volentibus magni estis, S.: diis propitiis volentibusque, *with the favor and help of the gods*, L.

volgāre (vulg-), *adv.* [volgaris], *in the ordinary manner:* scribere, i. e. *as a matter of form* (al. volgari more).

volgāris (vulg-), e, *adj.* [volgus], *of the mass, of the multitude, general, usual, ordinary, every-day, common:* in omni arte, cuius usus volgaris non sit: liberalitas, i. e. *extended to all:* opinio.—*Plur. n.* as *subst.:* stomachus volgaria temnit, i. e. cibos volgarīs, H.—*Commonplace, low, mean, vulgar:* nihil volgare te dignum videri potest: artes: Coetūs volgarīs spernere, H.

volgātor (vulg-), ōris, *m.* [2 volgo], *a publisher, divulger, blabber:* taciti, i. e. *Tantalus*, O.

volgātus (vulg-), *adj.* with *comp.* [*P.* of 2 volgo], *common, public:* navis tam volgata omnibus.—*Commonly known, notorious:* pastoris amores, O.: volgatior fama est, L.

1. volgō or **vulgō**, *adv.* [volgus], *among the multitude, in the throng, before the crowd, in the world, generally, universally, everywhere, commonly, openly, publicly:* ut homines volgo impune occiderentur: ut volgo milites ab signis discederent, Cs.: volgo nascetur amomum, *everywhere*, V.: vituli volgo moriuntur in herbis, V.: volgo loquebantur, Antonium mansurum esse Casilini, *generally:* volgo quod dici solet, *usually*, T.: victum volgo quaerere, i. e. *by prostitution*, T.

2. volgō or **vulgō**, āvī, ātus, āre [volgus], *to spread among the multitude, make general, make common, put forth:* contagium in alios, Cu.: rem, i. e. *to let all share in*, L.: volgari cum privatis, i. e. *to lower himself to the level of*, L.—*To spread abroad, publish, divulge, circulate, report:* non quod ego volgari facinus per omnes velim, L.: verbis dolorem, V.: alia volgata miracula erant, L.—*To make common, mingle, confound, prostitute:* ut volgentur concubitūs plebis patrumque, L.: volgato corpore, L.

volgus or **vulgus**, ī, *n.* (*acc.* also volgum, *m.*, Cs., S., L., V.) [VERG-], *the mass, multitude, people, public, crowd:* non est consilium in volgo: incertum, V.: quod in volgus gratum esse sentimus, *with the public:* (dies) in volgus ignotus, i. e. *generally unobserved:* milite in volgus laeto, i. e. *the rank and file*, L.: militare, *the common soldiers*, Cu.—*Masc.:* spargere voces In volgum, V.: in volgum disciplinam efferri, Cs.: huic apud volgum fides fuit, L.—*A mass, crowd, throng, multitude:* patronorum: Densum (umbrarum), H.: incautum (ovium), V.—*The crowd, vulgar, mob, rabble, populace:* sapientis iudicium a iudicio volgi discrepat: volgus fuimus sine gratiā, sine auctoritate, S.: gratiam ad volgum quaesierat, L.: Vulgus proceresque gemunt, O.

volitō, āvī, ātus, āre, *freq.* [2 volo], *to fly to and fro, fly around, flit about, flutter:* aves volitare: (volucris) Propter humum volitat, O.: aquila cum magno clamore volitans, L.—*To fly about, flutter, float around, hover, wander:* volitans totā acie, L.: mediis in milibus Ductores, V.: totā Asiā vagatur, volitat ut rex: volitant per mare navitae, *cruise*, H.: stellae: litora circum, V.: et tenues animae volitare silentum, O.: si nostri animi . . . volitare cupiant vacui curā, *to wander about.*—Fig., *to fly, flutter about, fly to and fro, move:* volito vivu' per ora virūm, Enn. ap. C.: speremus nostrum nomen volitare latissime.—*To aspire, rise, be elevated, be elated:* nec volitabo in hoc insolentius: (Clodius) volitat, furit.

volnerātiō (vuln-), ōnis, *f.* [volnero], *a wounding, wound:* vis sine volneratione.—Fig., *an injuring, injury:* famae, salutis.

volnerō (vuln-), āvī, ātus, āre [volnus], *to wound, hurt, injure, maim:* neu quis quem prius volneret, quam illum interfectum viderit, Cs.: plerosque iacula volnerabant, S.: volneratus ferro Phrygio?: (aper) Vulnerat armentum, O.—*To damage, injure:* Romanorum naves sunt volneratae aliquot, L.—Fig., *to wound, hurt, injure, pain, harm:* eos voce: virorum hoc animos volnerare posset, L.: gravior ne nuntius aurīs Volneret, V.: fortunae vulneror ictu, O.

volnificus (vuln-), *adj.* [volnus+2 FAC-], *wound-inflicting, wounding:* sus, O.: chalybs, V.

volnus (vuln-), eris, *n.* [2 VEL-], *a wound:* abstergere volnera, T.: volnus in latere: multis acceptis volneribus, Cs.: claudicare ex volnere ob rem p. accepto: volneribus defessus, Cs.: volneribus confectus, L.: ego factum modo vulnus habebo, O.—*A blow, stroke, cut:* Volneribus evicta (ornus), V.: ab acutae vulnere falcis frondes defendite, O.—*An injury, hole, rent, incision:* vulnera pali Quem cavat, Iu.: aratri, O.—Fig., *a wound, blow, injury, misfortune, calamity, defeat, disaster:* fortunae gravissimo percussus volnere: rei p. volnera: volnera imposita provinciae sanare: non volnus super volnus sed multiplex clades, L.: tristi turbata volnere mentis, i. e. *heartache*,

V.: regina Volnus alit venis, i. e. *the wound of love*, V.: dicat quo beatus Volnere, i. e. *for whose love he suffers*, H.

1. volō (2*d pers.* vīs, 3*d pers.* volt or vult, *plur.* volumus, voltis or vultis, volunt; vīn for vīsne, T., H.; sīs for sī vīs, T., C., L.), voluī, velle [1 VOL-], *to will, wish, want, purpose, be minded, determine:* Nolo volo, volo nolo rursum, *I won't I will, I will I won't again*, T.: Nolunt ubi velis, ubi nolis cupiunt ultro, T.: quis est cui velle non liceat? *who is not free to wish?:* sed ego hoc ipsum velle miserius esse duco quam, etc., i. e. *that very ambition:* inest velle in carendo, *wanting includes wishing:* ait rem seriam Velle agere mecum, T.: quod eas quoque nationes adire volebat, Cs.: si haec relinquere voltis, S.: cuicunque nocere volebat, Vestimenta dabat, H.: quid arbitramini Rheginos merere velle ut Venus illa auferatur? *would take for*, etc.: Fabula quae posci volt et spectata reponi, i. e. *which is meant to be in demand*, etc., H.: sed licere, si velint, in Ubiorum finibus considere, Cs.: daret utrum vellet, subclamatum est, L.; cf. volo Dolabellae valde desideranti, non reperio quid, i. e. *to dedicate some book:* neminem notā strenui aut ignavi militis notasse volui, *I have decided to mark no one*, etc., L.: Sunt delicta quibus ignovisse velimus, i. e. *which should be pardoned*, H.: edicta mitti ne quis . . . coisse aut convenisse causā sacrorum velit, L.; cf. Interdico, ne extulisse extra aedīs puerum usquam velis, T.: Oscula praecipue nulla dedisse velis (i. e. noli dare), O.: nostri . . . leges et iura tecta esse voluerunt: sociis maxime lex consultum esse volt: Id nunc res indicium haec facit, quo pacto factum volueris, *shows why you wished it to be done*, T.: Hannibal non Capuam neglectam volebat, L.: liberis consultum volumus propter ipsos: scin' quid nunc facere te volo? T.: vim volumus exstingui: qui salvam rem p. vellent esse, L.: si vis me flere, H.: qui se ex his minus timidos existimari volebant, Cs.: si me vivom vis, pater, Ignosce, *if you wish me to live*, T.: soli sunt qui te salvum velint: regnari tamen omnes volebant, *that there should be a king*, L.: mihi volo ignosci, *I wish to be pardoned:* quid vis, nisi ut maneat Phanium? T.: velim ut tibi amicus sit: Ducas volo hodie uxorem, T.: volo etiam exquiras quid Lentulus agat?: nullam ego rem umquam in vitā meā Volui quin, etc., *I never had any wish in my life*, etc., T.: (dixit) velle Hispaniam, *he wanted Spain* (as a province): nummos volo, *I want the money:* si amplius obsidum vellet, dare pollicentur, Cs.: pacem etiam qui vincere possunt, volunt, L.: quorum isti neutrum volunt, *acknowledge neither:* voluimus quaedam, *we aspired to certain things:* si plura velim, *if I wished for more*, H.—With *acc.* of *person, to call for, demand, want, wish, desire:* Quis me volt? T.: Centuriones trium cohortium me velle postridie: Sosia, Adesdum, paucis te volo (sc. verbis), *I want a few words with you*, T.: quam volui nota fit arte meā, *she whom I love*, O.: illam velle uxorem, *to want her for a wife*, T.—With *acc.* of *person* and *thing, to want . . . of, require . . . from:* Num quid aliud me vis? T.: si quid ille se velit, etc., Cs.—With *dat.* of *person* for whom a wish is expressed: Praesidium velle se senectuti suae, *wants a guard for his old age*, T.: nihil est mali quod illa non filio voluerit, *she wished her son every misfortune.*—E s p., with *bene* or *male:* tibi bene ex animo volo, *I heartily wish you well*, T.: qui mihi male volunt, *my enemies*, T.—With *causā* and *gen.* of *person, to be interested in, be concerned for, be well disposed to:* te ipsius causā vehementer omnia velle, *heartily wish him all success;* cf. qui nostrā causā volunt, *our friends.*—With *subj.*, in softened expressions of desire or command: ego quae in rem tuam sint, ea velim facias (i. e. fac), T.: eum salvere iubeas velim, *please salute him:* velim mihi ignoscas, *I beg your pardon:* haec pro causā meā dicta accipiatis velim, L.: Musa velim memores, etc., H.: de Menedemo vellem verum fuisset, *I wish it had been true:* vellem equidem idem posse gloriari quod Cyrus, *I wish I could*, etc.; cf. Tum equidem istuc os tuum inpudens videre nimium vellem! *I wish I could have seen*, etc., T.: Abiit, vah! rogasse vellem, *I wish I had asked him*, T.: Et vellem, et fuerat melius, V.: vellem tum tu adesses, *I wish you could be present:* vellem Idibus Martiis me ad cenam invitasses, *I wish you had invited*, etc.: de tuis velim ut eo sis animo, quo debes esse: quod faxitis, deos velim fortunare, L.: virum me natum vellem, *would I had been born a man*, T.: Nunc mihi . . . Vellem, Maeonide, pectus inesse tuum, O.: Te super aetherias errare licentius auras Haud pater ille velit, etc., i. e. volt, V.: velim scire ecquid de te recordere: sed multitudo ea quid animorum . . . habeat scire velim, L.: nec velim (imitari, etc.) si possim: trīs eos libros maxime nunc vellem, *I would like to have.*—In concessive phrases with *quam, however, however much:* quod illa, quam velit sit potens, numquam impetravisset (i. e. quamvis sit potens), *however powerful she may be:* exspectate facinus quam voltis improbum, *never so wicked:* quam volent in conviviis faceti sint.—P a r e n t h e t., in the phrase, sī vīs (contracted sīs; colloq.), *if you please, if you will:* paulum opperirier, Si vis, T.: dic, si vis, de quo disputari velis: addam, si vis, animi, etc., *if you will.*—*To intend, purpose, mean, design, be minded, be about:* Puerumque clam voluit exstinguere, T.: hostis hostem occidere volui, L.: at etiam eo negotio M. Catonis splendorem maculare voluerunt, *it was their purpose:* rem Nolanam in ius dicionemque dare voluerat Poeno, L.: idem istuc, si in vilitate largiri voluisses, derisum tuum beneficium esset, *if you had offered to grant the same thing during low prices*, etc.: sine me pervenire quo volo, *let me come to my point*, T.: scripsi, quem ad modum quidem volui, etc., *as I intended:* ego istos posse vincere scio, velle ne scirem ipsi fecerunt, L.: quae ipsi qui scripserunt voluerunt volgo intellegi, *meant to be understood by all.—To try, endeavor, attempt, aim:* quas (i. e. magnas res) qui impedire volt, is et infirmus est mollisque naturā, et, etc.: audes Fatidicum fallere velle deum? *do you dare attempt?* O.: His respondere voluit, non lacessere, *meant to answer, not to provoke*, T.: quid aliud volui dicere? *did I mean to say*, T.: ait se velle de illis HS LXXX cognoscere, *that he meant*, i. e. *was about:* sed plane quid velit nescio.—*To resolve, conclude, determine, require:* uti tamen tuo consilio volui, *concluded to follow your advice:* Siculi . . . me defensorem calamitatum suarum . . . esse voluerunt: si a me causam hanc vos (iudices) agi volueritis, *if you resolve.*—Ellipt.: veremur quidem vos, Romani, et, si ita voltis, etiam timemus, L.: cadentque vocabula, si volet usus (i. e. ea cadere), H.—*To be willing, be ready, consent, like, acquiesce:* ei laxiorem diem daturos, si venire ad causam dicendam vellet, L.: qui se ait philosophari velle, *that he liked philosophizing:* Patri dic velle, *that you consent* (sc. uxorem ducere), T.: cum alter verum audire non volt, *refuses:* obtinuere ut (tribuni) tribuniciae potestatis virīs salubrīs vellent rei p. esse, *to permit the tribunitian power to be useful to the republic*, L.: cum P. Attio agebant ne suā pertinaciā omnium fortunas perturbari vellet, Cs.: duodecim tabulae furem interfici inpune voluerunt.—*To do voluntarily, act intentionally:* si voluit accusare, pietati tribuo; si iussus est, necessitati, *if he accused of his own free will:* (quaeritur) sitne oratoris risum velle movere, *on purpose;* cf. tu selige tantum, Me quoque velle velis, anne coactus amem, O.—*To be of opinion, imagine, consider, think, mean, pretend, claim, hold, assert, assume:* ergo ego, inimicus, si ita voltis, homini, amicus esse rei p. debeo: erat Mars alter, ut isti volunt, L.: isto ipso in genere in quo aliquid posse vis, *in which you imagine you have some influence:* in hoc homo luteus etiam callidus ac veterator esse volt, *pretends to be:* est genus hominum qui esse primos se omnium rerum volunt, Nec sunt, T.: si quis—quod illi volunt invidiosius esse—Claudius diceret, L.: voltis, nihil esse in naturā praeter ignem: si tam familiaris erat Clodiae quam tu esse vis, *as you say he is:* quae ego vellem non esse oratoris, *what I claimed to be beyond the orator's province;* restat ut omnes unum velint, *are of one opinion:* bis sumpsit quod voluit, i. e. *begged the question.*—In interrog. clause with *quid*, *to mean, signify, intend to say, mean to express:* sed tamen intellego quid velit: quid tibi vis? *what do you mean by all this?* T.: pro deum fidem, quid vobis voltis? L.: quid sibi vellet (Caesar)? cur in suas possessiones veniret? Cs.: avaritia senilis quid sibi velit, non intellego, *what is the meaning of the phrase:* tacitae quid volt sibi noctis imago? O.—With weakened force, as an auxiliary, or in periphrasis, *will, shall:* illa enim (ars) te, verum si loqui volumus, ornaverat: eius me compotem facere potestis, si meminisse voltis, etc., L.: Vis tu urbem feris praeponere silvis? *will you prefer*, etc., H.: tu tantum fida sorori Esse velis, i. e. fida sis, O.: si id confiteri velim, tamen istum condemnetis necesse est, *if I should acknowledge:* si quis velit ita dicere . . . nihil dicat, *chooses to say*, etc.: quā re oratos vos omnīs volo Ne, etc., T.: Esse salutatum volt te mea littera primum, O.—Redundant after *noli* or *nolite:* nolite, iudices, hunc velle maturius exstingui volnere vestro quam suo fato, *do not resolve.*—Of expressions of authority, *to determine, resolve, decree, demand, require, enact:* utrum populus R. eum (honorem) cui velit, deferat: senatus te voluit mihi nummos dare: exercitūs quos contra se aluerint velle dimitti, Cs.: quid fieri velit praecipit, *gives his orders*, Cs.: sacra Cereris summā maiores nostri religione confici voluerunt, i. e. *established the custom of celebrating:* nostri maiores . . . insui voluerunt in culeum vivos, etc., *made a law, that*, etc.: Corinthum exstinctum esse voluerunt, *should be* (and remain) *destroyed:* volo ut mihi respondeas, *I require you to answer:* nuntia Romanis, Caelestes ita velle, ut Roma caput terrarum sit, L.—Esp., in the formula of asking a vote upon a law or decree: novos consules ita cum Samnite gerere bellum velitis, ut omnia ante nos bella gesta sunt, L.: plebes sic iussit—quod senatus . . . censeat, id volumus iubemusque, L.—*To choose rather, prefer:* a multis (studiis) eligere commodissimum quodque, quam sese uni alicui velle addicere: malae rei quam nullius duces esse volunt, L.

2. volō, āvī, ātūrus, āre [2 VOL-], *to fly:* ex alto . . . laeva volavit avis, Enn. ap. C.: per aëra magnum, V.: columbae venere volantes, V.: apes, O.—*P. praes. plur. f.* as *subst.:* haud ullae poterant volantes Tendere, etc., i. e. *birds*, V.—*To fly, move swiftly, fleet, speed, hasten:* per summa levis volat aequora curru, V.: Illa (Argo) volat, O.: tela, S.: litterae Capuam ad Pompeium volare dicebantur.—Fig., of time, *to fly, pass swiftly:* volat aetas.—Of words, *to fly, spread rapidly, pass quickly:* Quae tuto tibi magna volant, i. e. *are uttered nimbly*, V.: volat inrevocabile verbum, H.

3. volō, ōnis, *m.* [1 VOL-], *a volunteer.*—Esp., *one of the slaves who, after the battle of Cannae, volunteered as soldiers:* liber voloni sese exaequari sineret, L.: tirones ea maxima pars volonum erant, L.

volpēcula (vulp-), ae, *f. dim.* [volpes], *a little*

fox: volpeculas videre: tum vulpecula Evasit puteo, Ph.: tenuis, H.

volpēs or **vulpēs**, is, *f.* [cf. ἀλώπηξ], *a fox:* imitata leonem, H.: animi sub volpe latentes, i. e. *concealed by craft*, H.—P r o v.: idem iungat volpes et mulgeat hircos, i. e. *may attempt anything absurd*, V.

volsus, *P.* of vello. **volt, voltis**, see 1 volo.

volticulus (vult-), ī, *m. dim.* [voltus], *a mere look, glance:* Bruti nostri.

voltuōsus (vult-), *adj.* [voltus], *excessive in facial expression, full of grimaces, affected:* ne quid voltuosum sit (in oratione).

voltur (vult-), uris, *m.*, *a vulture:* cadavera intacta a volturibus, L.: inmanis, V.

volturius (vult-), ī, *m.* [voltur], *a vulture-like bird, bird of prey, vulture:* vulturium in tabernam devolasse, L., C., Ct.—F i g.: duo volturii paludati, i. e. *plunderers:* provinciae.

voltus (vult-), ūs, *m.*, *an expression of countenance, countenance, visage, features, looks, air, mien, expression, aspect:* is qui appellatur voltus, qui nullo in animante esse praeter hominem potest, indicat mores: voltus denique totus, qui sermo quidam tacitus mentis est: perturbatus: maestus, H.: tali voltu gemens, O.: qui spiritus illi, Qui voltus, V.: voltūs mehercule tuos mihi expressit omnīs: tenere voltūs mutantem Protea, H.: voltūs boni, *kindly*, O.: (iustum virum) Non voltus instantis tyranni Mente quatit solidā, *the fierce look:* aufer Me voltu terrere, *by an angry look*, H.—*The face, countenance:* voltum teretīsque suras laudo, H.: Petamque voltūs umbra curvis unguibus, H.: Saxificos voltūs tolle Medusae, O. —*The face, look, appearance:* voltūs capit illa priores, O.: Unus erat toto naturae voltus in orbe, O.: salis placidi, V.

volūbilis, e, *adj.* [3 VOL-], *that is turned round, turning, spinning, whirling, circling, rolling, revolving:* buxum, i. e. *a top*, V.: caelum: nexus (anguis), O.: deus: (amnis) in omne volubilis aevum, H.: aurum, i. e. *the golden apple*, O. —F i g., of speech, *rapid, fluent, voluble:* Appi oratio: homo.—*Changeable, fickle:* fortuna.

volūbilitās, ātis, *f.* [volubilis], *a rapid turning, whirling, circular motion:* mundi: Ipsa volubilitas libratum sustinet orbem, O.—F i g., of speech, *rapidity, fluency, volubility:* linguae: flumen aliis verborum volubilitasque cordi est.—Of fate, *mutability, fickleness:* fortunae.

volūbiliter, *adv.* [volubilis], *fluently, volubly:* funditur oratio.

volucer, ucris, ucre (*gen. plur.* -crum, rarely -crium, C.), *adj.* [3 VOL-], *flying, winged:* bestiae: angues: dracones, O.: natus, i. e. *Cupid*, O.—As *subst. f.* (sc. avis), *a bird, flying creature:* volucrīs videmus effingere nidos: Iunonis, i. e. *the peacock*, O.: inportunae, H.: pictae, V.: volucris parvula (of a fly), Ph.—Once *masc.:* teucros volucrīs peremit (sc. alites), C. poët.—*In rapid motion, flying, winged, fleet, swift, rapid, soaring:* nuntius: aurae, V.: nebulae, O.: harundo, V.: iam volucrem sequor Te, *fleeing swiftly*, H.—F i g., *fleet, swift, rapid:* nihil est tam volucre quam maledictum: spes: somnus, V.: fatum, H.—*Passing quickly, fleeting, transient, transitory:* fortuna: dies, H.: fama, O.

volucris, is, *f.*, see volucer.

volūmen, inis, *n.* [3 VOL-], *that which is rolled, a coil, whirl, wreath, fold, eddy:* (anguis) sinuat inmensa volumine terga, V.: duo (dracones) iuncto volumine serpunt, O.: crurum (equi), *joints*, V.: fumi, *wreath*, O.: siderum, *revolution*, O.—*A roll of writing, roll, book, volume:* volumen plenum querelae iniquissimae: explicet volumen: evolvere volumen: hic plura persequi magnitudo voluminis prohibet, N.: annosa volumina vatum, H.—*A division of a work, book, chapter, part:* hoc tertium volumen: sedecim volumina epistularum, N.: mutatae tu quinque volumina formae, i. e. *the Metamorphoses*, O.

voluntārius, *adj.* [voluntas], *willing, of free-will, voluntary, self-constituted:* milites, *volunteers*, Cs.: ferocissimus quisque iuvenum cum armis voluntarius adest, L.: senator voluntarius, lectus ipse a se.—*Plur. m.* as *subst.*, *volunteers*, Cs., L.—*Wilful, voluntary, self-sought:* mors, *suicide:* quod recte fit, si est voluntarium: servitus, Ta.

voluntās, ātis, *f.* [1 VOL-], *will, free-will, wish, choice, desire, inclination:* voluntas est, quae quid cum ratione desiderat: quid esset suae voluntatis ostendere, Cs.: has patitur poenas peccandi sola voluntas, Iu.: ut eius semper voluntatibus non modo cives adsenserint, etc.—*Abl.*, *of one's own will, of one's own accord, willingly, voluntarily:* Quod ius vos cogit, id voluntate inpetret, T.: aequius erat id voluntate fieri: aliae civitates voluntate in dicionem venerunt, L.: Ut suā voluntate id quod est faciendum faciat, T.: suā voluntate, nullā vi coactus: istuc, quod expetis, meā voluntate concedam.—In phrases with *prepositions:* ad voluntatem loqui, *at the will of another:* vix tamen sibi de meā voluntate concessum est, *with my consent:* praeter optatum meum, sed valde ex voluntate, *greatly to my satisfaction:* aliquid facere minus ex Caesaris voluntate, *against Cæsar's wishes:* contra voluntatem eius dicere.—*An object, purpose, aim, desire:* cum sint in dicendo variae voluntates.—*A disposition, inclination:* populum autem esse in aliā voluntate, *to be otherwise inclined:* celans, quā voluntate esset in regem, N.: neque bonae voluntatis ullum signum erga nos tyranni habemus, L.—*Good-will, favor, affection:* voluntas erga Caesarem: summa in se, Cs.: Voluntas vestra si ad poëtam accesserit, T.: mansisset eadem voluntas in eorum posteris, etc. — *A last will, testament:* defensio testamentorum ac voluntatis mortuorum.

volup, *adv.* [for *volupe; 1 VOL-], *agreeably, delightfully, satisfactorily:* Venire salvom volup est, T.: bene factum et volupest, T.

voluptārius, *adj.* [voluptas], *of pleasure, giving enjoyment, pleasurable, pleasant, agreeable, delightful:* animi elatio: possessiones.—*Susceptible of pleasure, capable of enjoyment:* sensus. — *Devoted to pleasure, luxurious:* homo: disciplina.—*Plur. m.* as *subst.:* ipsi voluptarii, *the voluptuaries,* i. e. *the Epicureans.—Relating to pleasure, concerning enjoyment:* disputationes.

voluptās, ātis (*gen. plur.* -ātum and -ātium), *f.* [1 VOL-], *satisfaction, enjoyment, pleasure, delight:* omne id, quo gaudemus, voluptas est: voluptas quae percipitur ex libidine et cupiditate: fictas fabulas ... cum voluptate legimus?: gubernacula rei p. petere ... adhibendis voluptatibus, i. e. *by splendid entertainments.*—P e r s o n., as a deity, C. —P o e t.: care puer, mea sera et sola voluptas, *my joy,* V.—*A desire, passion, inclination:* suam voluptatem explere, T. — *Plur., public shows, games,* C., Ta.

volūtābrum, ī, *n.* [voluto], *a wallowing-place, hog-pool, slough,* V.

volūtābundus, *adj.* [voluto], *wallowing, rolling:* in voluptatibus.

volūtātiō, ōnis, *f.* [voluto], *a rolling, wallowing:* volutationes corporis.

volūtō, āvī, ātus, āre, *freq.* [volvo], *to roll, turn, twist, tumble about:* Dum sese aper volutat, *wallows,* Ph.: in luto volutatus: in levi glacie tabidāque nive, L.: genua amplexus genibusque volutans Haerebat, i. e. *prostrate,* V.: (amnis) per cava saxa volutans, O.—F i g., *to roll, roll about, roll along:* vocem per ampla Atria, V.: confusa verba, O.—*Pass., to wallow, luxuriate:* cum omnes in omni genere scelerum volutentur, *wallow.—To busy, occupy, employ:* tacitis cogitationibus animum, L.: in quibus te video volutatum.—*To turn over, revolve, consider, weigh, ponder, discuss:* gladios in comisationem praeparatos volutabam in animo, L.: nihil animo: aliud consilium animo, Cu.: Verba sortes inter se, O.: multo secum animo, L.: secum corde, V.: consilia de Romano bello, L.: alqd intra animum, Ta.: tacitus mecum ipse voluto, Si valeam meminisse, V.: secum, quonam modo, etc., Ta.

volūtus, *P.* of volvo.

volva or **vulva**, ae, *f.* [3 VOL-], *a womb, matrix,* Iu.—Of a sow (a delicacy), H.

volvō, volvī, volūtus, ere [3 VOL-], *to cause to revolve, roll, turn about, turn round:* saxa glareosa volvens (flumen), L.: Medumque flumen minores volvere vertices, H.: volvendi sunt libri, *to be unrolled* (in reading): per amnis sinūs errorem volvens, i. e. *following up the windings,* L.: Seminecīs volvit multos, *rolls in the dust,* V.—*To roll up, roll together, form by rolling:* qui terga dederant, volventes orbem, etc., *forming a circle,* L.: (equus) volvit sub naribus ignem, V.—*Pass., to turn round, move in curves, revolve, roll down:* Ille (anguis) inter vestīs et levia pectora lapsus Volvitur, V.: illi qui volvuntur stellarum cursūs sempiterni: lacrimae volvuntur inanes, *flow,* V.: volventia plaustra, V.—F i g., in time, *to roll, roll along, bring on, bring around* (poet.): (lunam) celerem pronos Volvere mensīs, *swift in bringing by her revolutions,* H.: sic volvere Parcas, i. e. *determine,* V.: sic deum rex volvit vices, i. e. *determines the changes of events,* V.: volventibus annis, *with revolving years,* V.: volvens annus, O.—In the mind, *to ponder, meditate, dwell upon, think over, reflect on, consider:* multa cum animo suo, S.: bellum in animo, L.: bellum adversus nos, Ta.: incerta consilia, Cu.: Fauni sub pectore sortem, V.: haec illis volventibus tandem vicit fortuna rei p., S.: iras in pectore, *cherishes,* L.—In speaking, *to roll off, utter fluently:* celeriter verba: complexio verborum, quae volvi uno spiritu potest: quo melius volvatur oratio, *be rounded off.—To unroll, undergo, experience in succession:* tot volvere casūs virum, V.: Multa virum volens durando saecula vincit (aesculus), V.

vōmer (rarely **vōmis**, V.), eris, *m., a ploughshare:* cuius (aratri) vomere portam perstrinxisti: Fessi vomere tauri, H.: Vomis et robur aratri, V., O.

vomica, ae, *f.* [VOM-], *a sore, boil, ulcer, abscess:* gladio vomicam eius aperuit, Iu.—F i g., *an annoyance, plague, curse:* gentium, L.

vōmis, eris, see vomer.

vomitiō, ōnis, *f.* [VOM-], *a spewing, vomiting.*

vomitus, ūs, *m.* [VOM-], *a throwing up, vomiting:* aquam vomitu egerere, Cu.

vomō, uī, itus, ere [VOM-], *to puke, spew, throw up, vomit:* post cenam: vomens frustis gremium suum implevit: ab horā tertiā bibebatur, vomebatur.—*To vomit forth, throw out, emit, discharge:* (Charybdis) vomit fluctūs, O.: fumum, V.: animam, *to breathe out,* V.

vorāgō, inis, *f.* [voro], *an abyss, gulf, whirlpool, depth, chasm:* submersus equus voraginibus: vastāque voragine gurges Aestuat, V.: neque eam voraginem coniectu terrae expleri potuisse, L.: ventris, O.—F i g.: vos geminae voragines scopulique rei p.: patrimoni, *spendthrift:* vitiorum, *abyss.*

vorāx, ācis, *adj.* with *comp.* [GVOR-], *swallowing greedily, devouring, ravenous, voracious, consuming:* quae Charybdis tam vorax?: ignis voracior, O.: culus voracior, *more lustful*, Ct.

vorō, āvī, ātus, āre [* vorus; GVOR-], *to swallow whole, swallow up, eat greedily, devour:* animalium alia vorant, alia mandunt.—*To swallow up, overwhelm, destroy:* vorat haec (Charybdis) carinas, O.: (navem) rapidus vorat aequore vertex, V.—Fig., *to devour, pursue passionately, study eagerly:* litteras cum homine mirifico: viam, i. e. *hasten*, Ct.—*To practice unnatural lust*, Ct.

vors-, vort-, see vers-, vert-.

vōs, *plur.* of tu. **voster**, see vester.

vōtīvus, *adj.* [votum], *of a vow, promised by a vow, given under a vow, votive:* ludi: iuvenca, H.: tura, O.: carmina, O.: legatio, i. e. *obtained on the pretext of having a vow to fulfil.*

vōtum, ī, *n.* [*P. n.* of voveo], *a promise to a god, solemn pledge, religious engagement, vow:* qui (deus) numquam nobis occurrit in votis: nefaria vota: religione voti obstrictum esse: de illo aegroto vota facere: ante conceptum votum . . . post votum, L.: debere diis: Exsequi, V.—In the phrase, voti damnari, *to become bound by a vow*, i. e. *obtain one's prayer:* quae (civitas) damnata voti curam habeat, etc., L.; cf. voti reus, V.: voti liberari, L.—*That which is promised, a votive offering:* votis incendimus aras, *with burnt-offerings*, V.: spolia hostium, Volcano votum, L.—*A wish, desire, longing, prayer:* ea esse vota, eam esse voluntatem omnium, ut, etc., L.: quoniam res Romana contra spem votaque eius velut resurgeret, L.: Audivere di mea vota, H.: Haec loca sunt voto fertiliora tuo, O.: voti potens, O.: votum meum implevit, Cu.: An venit in votum Attalicis ex urbibus una? H.

voveō, vōvī, vōtus, ēre, *to vow, promise solemnly, engage religiously, pledge, devote, dedicate, consecrate:* Herculi decumam: pro salute patriae sua capita: tibi hinc decimam partem praedae, L.: Dona quae femina voverat, O.: vovisse dicitur, uvam se deo daturum: se immolaturos vovere, Cs.: dictator ludos magnos vovit Veiis captis se facturum, L.: ludi voti, L.: Tyrrheno vindemia regi (Mezentio), i. e. *solemnly promised*, O.—*To wish, desire, wish for:* Elige, quid voveas, O.: Quid voveat dulci nutricula maius alumno? H.: Ut tua sim voveo, O.

vōx, vōcis, *f.* [VOC-], *a voice, sound, tone, utterance, cry, call:* omnes voces hominis: cum (eloquentia) constet e voce atque motu: magna: summā, H.: vocem late nemora alta remittunt, *echo*, V.: ut nostrorum militum vocibus non nihil carperetur, *shouts*, Cs.: unā voce populi R. efferri, *by the unanimous voice:* ad sonitum vocis vestigia torsit, i. e. *at the sound of the oars*, V.—*An utterance, word, saying, speech, sentence, proverb, maxim:* non intellegere, quid sonet haec vox voluptatis: illa Platonis vera vox: flens diu vocem non misit, L.: cum quaereret neque ullam vocem exprimere posset, *extort an answer*, Cs.: nescit vox missa reverti, H.: vetuit me tali voce Quirinus, etc., *in these words*, H.: sidera excantata voce Thessalā, *incantation*, H.: consulum voci atque imperio non oboedire, *command:* tuis victus Venerisque gratae Vocibus, H.: contumeliosae, *abuse*, Cs.: Sunt verba et voces, quibus hunc lenire dolorem Possis, *maxims*, H.: Deripere lunam vocibus, *by incantations*, H.—*Speech, language:* cultūs hominum recentum Voce formasti catus (Mercurius), H.: Graecā scierit sive Latinā Voce loqui, O.—*Pronunciation, accent, tone:* rustica: acuta.

vul-, see vol-.

X.

xērampelinae, ārum, *f.*, = ξηραμπέλιναι (like dry vine-leaves; sc. vestes), *dark-red clothes, dark dresses*, Iu.

xiphiās, ae, *m.*, = ξιφίας, *a sword-fish:* durus, O.

xystus, ī, *m.*, = ξυστός, *a covered colonnade for winter exercise;* hence, *an open colonnade, garden-terrace, shaded walk:* inambulare in xysto, C., Ph.

Z.

zēlotypia, ae, *f.*, = ζηλοτυπία, *jealousy.*

zēlotypus, *adj.*, = ζηλότυπος, *jealous:* Iarba, Iu.: moechae, Iu.

Zephyrus, ī, *m.*, = Ζέφυρος, *a gentle west wind, western breeze, zephyr*, V., H., O.—Person., V.

zmaragdus, ī, see smaragdus.

zōdiacus, ī, *m.*, = ζωδιακός, *the zodiac.*

zōna, ae, *f.*, = ζώνη, *a woman's girdle, belt, zone:* Persephones, O.: teres, O.—*A money-belt*, H.—Of the constellation Orion, *the Belt*, O.—Of the earth, *a climatic region, zone:* Quinque tenent caelum zonae, V., O.

zōnārius, *adj.* [zona], *of a belt, of a girdle;* hence, *plur. m.* as *subst.*, *makers of girdles.*

zōnula, ae, *f. dim.* [zōna], *a little girdle*, Ct.

TABLE OF ROOTS.

THE term 'Root' is used in different senses. It is sometimes supposed to designate an original element of language; the first form in which a thought vaguely clothed itself in articulate sound. In this sense, however, there can be no roots in any language known to us; for these languages consist substantially of groups of words transmitted, with modifications, from older languages. Such groups, and the words composing them, can often be traced back for ages before the languages arose to which they belong; but still as words and groups of words, as verbs, substantives, pronouns, etc.—with no direct evidence that the so-called roots are older than the words which contain them.

In this book the term 'Root' simply designates that element, common to all the words of a group of kindred meaning, which remains after formative additions are removed. Thus, in Latin, we find a group of words which relate to *guidance* or *government*, such as regō, rēx (i. e. regs), rēgnum, rēgnō, rēgula, regia; and a group which relate to *standing* or *fixedness*, as stō, statiō, status, statim, stabulum, stabilis. Now in either group, apart from the elements in any word which make it a verb or a substantive or otherwise specialize its meaning, the core of the word, that which is felt to contain the fundamental notion or suggestion which is common to the whole group, is the syllable REG- or STA-, and this accordingly we call the Root. The use of the term must not be understood to imply that Latin roots ever had an independent existence, as parts of speech.

When we find that different languages fall into groups whose roots are substantially common, we infer with certainty that these languages had a common origin. Since this relationship has been proved, in different degrees, among a multitude of languages, including the Sanscrit, Persian, Greek and Latin, the Slavonic, Scandinavian, Celtic and Germanic tongues, scholars recognize in these a class, called the Aryan or Indo-Germanic languages; all of which must be modifications or developments, more or less remote, of one original language, spoken in early times by common ancestors of the Aryan races. Some philologists have thought it possible, by studying the speech of existing peoples, and the recorded fragments of the speech of others, to determine the laws of development and change, so as in a great measure to reconstruct the original Aryan language. Their efforts in this direction have been fruitful of interesting and suggestive results; but no agreement has been reached concerning the nature or form of the original vocabulary. These efforts have been founded too largely upon the study of written words, which are imperfect symbols of what is uttered and heard; while a scientific inquiry into the laws of change in language requires a study of the organs of speech, and of their work, products, and habits in the intercourse of life.

The following Table, therefore, is presented merely as an aid to the student in grouping Latin words under their simplest significant elements; and then in associating the groups with those in which the same elements have been discovered in Greek, German, and English. For this purpose the principal words of the vocabulary, whose relationships are known, are brought into kindred groups, each under its Root, with an occasional indication of the connecting link supposed to have existed at some period between forms which appear isolated in our fragmentary records. All forms, thus assumed to account for others, and of the actual use of which there is no direct evidence, are marked with an asterisk. When a parallel group is found in Greek—that is, one in which the meanings, forms, and history of the words show that it must, in some earlier stage of development, have been one with the Latin group — the most important or most suggestive of its words are placed immediately after the root. Parallel groups found in English or German are afterwards indicated, by a selection of words for comparison. These selections in English are, of course, limited to words which have come to us independently of the Latin. Words which come into English or French from Latin are referred to in but a few instructive instances.

Most of the Roots in our Table are *predicative* or *verbal* Roots; that is, each of them, in connection with certain formative elements, is found in a group of complete words, including verbs and nouns, of definite meaning, the Root itself suggesting, in the consciousness of the speaker and the hearer, a general notion of action or being, out of which, by a process of specialization or integration, each of these definite meanings may have arisen. But there are also a few Roots or elements which, as Max Müller say, 'merely point to an object in space and time, and express what we express by *here, there, then, this,* etc. In their primitive form and intention they are addressed to the senses rather than to the intellect. They are sensuous, not conceptual.' These are known as *pronominal* stems or *demonstrative* roots, each of them being the common element in a group of 'symbolic' words; that is, of pronouns, conjunctions, prepositions, and particles indicating, not actions nor objects, but relations.

---

1 AC- (strengthened ANC-), *bend, swell.* Gr. *ἀγκών, ἄγκυρα, ὄγκος*; Lat. ānulus (*dim.* of old ānus, *ring,* for *acnus), annus (for *ac-nus), whence annālis, per-ennis, sollemnis; ancus (*one who crouches, a servant,* cf. Ancus Martius, *servant of Mars*), whence *dim.* anculus, ancula, ancilla; angulus, uncus, cf. also unguis, ungula; ancora is the Gr. *ἄγκυρα.* — Cf. Germ. Enkel, Angel; Engl. ankle, angle.

2 AC-, *sharp, pierce.* Gr. *ἀκή, ἀκμή, ἔγκος, ἄκρων,* etc.; Lat. aciēs, acus, acuō, acūtus, ācer, acerbus, arista (i. e. *ac-rista, *superl.*), acēscō, acidus, acipēnser (cf. prima).—Fig. of sight: Gr. *ὄσσε* (for *ὀκιε), *ὄσσομαι*; Lat. oculus, ās (orig. *a die; hence, one, unity*), whence bēs (bi+ās), sēmis (sēmi+ās), sēstertius (sēmi+ās+tertius), etc.; cf. also ecce (perh. *look there,* like *ἰδέ*).—Cf. Germ. Ecke; Engl. edge, eager.

3 AC- (AP-), *swift.* Gr. *ὠκύς, ἵππος* (for *ἰκϝος); Lat. ōcior, equus, aqua, amnis (for *apnis), Apulia, perh. also aquila (but cf. Aquilō and Gr. *ὠχρός*).

1 AG-, *drive.* Gr. *ἄγω, ἄγρα, ἀγρός, ἄξων* (*axle*); Lat. agō, dēgō (i. e. *de-igō), cōgō (i. e. *co-igō), co-āctus, co-āgulum, āctiō, āctor, ager, āgmen, 1 exāmen, agilis, axis, āla (for *axula); prōd-igus, ambāgēs, ambiguus; perh. īgnis (from its mobility), and igitur (i. e. quid *igitur? for quid agitur?).—Cf. Germ. Acker; Engl. acre, acorn, ache.

2 AG-, *weigh* (orig. one with 1 AG-, cf. exigō, i. e. *ex-agō). Gr. *ἄξιος*; Lat. 2 exāmen (for *ex-āgmen), exiguus, exīlis (for *ex-igilis).

3 AG-, *say.* Gr. *ἠμί*; Lat. āiō (for *ag-iō), adāgium, prōd-igium, cōgitō (for *co-igito), negō (from *ne-igus, *denying*).

AID-, *burn.* Gr. *αἴθω, Αἴτνη*; Lat. aedēs (*hearth, house*), aedīlis, aestus (i. e. *aid-tus), aestās; perh. āter, ātrium, ātrōx; cf. īdūs.

AIS-, *metal.* Lat. aes, aerūgō, aēnus, aēneus.

1 AL-, AR-, *feed, grow* (orig. one with 1 OL-, OR-). Lat. alō, altus, alnus, alacer, alumnus, alvus, alveus; co-alēscō; cf. Engl. eld, old. — Strengthened, ARDH-, *raise.* Gr. *ὀρθός, ὄρθρος*; Lat. arduus, arbōs, arbutus.

2 AL- (ALI-), *other, strange.* Gr. *ἄλλος* (for *ἀλιος), *ἀλλήλων, ἀλλάσσω*; Lat. alius, ali-bi, ali-quis, ali-ēnus, alter, alternus, altercor, ad-ulter; cf. Engl. else.

AM-, *love.* Lat. amō (through *amus, *loving*), amīcus, in-imīcus, amor, perh. amoenus (cf. Gr. *ἀμείνων*). — Orig. CAM-, whence perh. cārus (for *cam-rus; cf. Engl. caress).

AMB-, EB-, *swell, gush.* Gr. *ὄμβρος, ἀφρός, ὀμφαλος*; Lat. imber, imbrex, ēbrius, sōbrius, umbō, umbilīcus.

AN-, *breathe.* Gr. *ἄνεμος*; Lat. anima, animus, perh. onus (as the cause of panting); cf. ālum (*wild garlic,* for *an-lum), hālō (for *anlō), anhēlus (i. e. *an-en-lus, reduplicated form for *an-an-lus), anhēlō.

ANA-, pronominal stem, 3d pers. Gr. *ἐνί, ἐν, ἔνδον, ἔνθα*; *comp.* in *ἔντερον*; Lat. in, inde; *comp.* inter, interior, intimus, intrā, intrō; *sup.* immō (for *in-mō); cf. ille, old form ollus (for *ono-lus, as ūllus for *ūnulus).

ANG-, *squeeze, choke.* Gr. ἄγχω, ἐγγύς, cf. ἄχομαι, ἄχθος; Lat. angō, angor (hence angustus, cf. rōbur, rōbustus), anguis, anxius, cf. inguen. — Cf. Engl. awe, ugly; also Germ. Aal, Engl. eel (from old *dim.* form *agla for *angla; cf. Lat. anguilla).

ANT-, *before, against* (strengthened from ANA-). Gr. ἄντην, ἀντίος, ἀντί; Lat. ante, antiquus, antēs. — Cf. old Germ. ant-, in Antwort, ent-lang; old Engl. and-, in an-swer, a-long (Angl.-Sax. andlang).

1 AP-, *lay hold.* Gr. ἅπτω, ἀπήνη; Lat. aptus, ap-īscor, ad-ipīscor, coepī (from *co-apiō), apex, āmentum (for *ap-mentum), ames, cōpula (for *co-apula).

2 AP-, OP- (specialized from 1 AP-), *to lay hold for work, work, help, beget.* Lat. opus, opera, opifex (with 2 FAC-), officium (opificium), officīna (old, opificīna); opēs, opulentus, inopia, cōpia (i. e. *co-opia), coepiō (i. e. *co-apiō), optimus; optō; omnis (for *apnis); aper (*begetter*); *opīnus (whence necopīnus, opīnor, opīniō) is prob. *mentally laying hold, supposing.*

1 AR-, *fit.* Gr. ἀραρίσκω, ἀρείων, ἄριστος, ἀριθμός, ἁρμός, ἅρμα; Lat. ars, iners, sollers, artus (-ūs), artus (a, um), arma, armus, armillus, armentum.—Cf. Germ. and Engl. arm.

2 AR-, RA-, *plough, row.* Gr. ἀρόω, ἄροτρον, ἐρέτης, ἐρετμός; Lat. arō, arvus; rēmus, ratis, rota. — Cf. Germ. Ernte, Ruder; Engl. ear (*plough*), row, rudder.

3 AR-, *burn, dry.* Lat. āreō, āridus, ārdeō (for *ārideō), ārdor, ārdēns, ārea, perh. assus (for *ārtus, *ārsus; but others refer it to AD-, Gr. ἀδ- in ἄζω, ἀζαίνω, *parch*).

4 AR-, see 1 AL-, AR-.

ARC-, *shut in, keep off.* Gr. ἀρκέω, ἀρήγω (ἀλκή, ἀλέξω); Lat. arx, arceō, exerceō, ārca (whence Engl. ark), ārcānus, arcus, Lupercus (*who keeps off wolves;* of Pan, hence Lupercālia); cf. also ōrca, Orcus.

ARG-, *bright.* Gr. ἀργός, ἄργυρος; Lat. arguō (i. e. *to make* *argos or *clear*), argūtus, argilla, argentum.

AS-, *sit.* Gr. ἧμαι, ἥσυχος; Lat. ānus (for *asnus), āra (old āsa).

1 AV-, *mark, delight, desire.* Gr. ὄϊς; Lat. avus, ab-avus, atavus (i. e. *ad-avus), avunculus, aveō, avārus, ovis, autumnus (i. e. *bringing satisfaction*); perh. ūtor (from ūtis, *help,* for *av-tis), ūtilis, ūsus, ūsūra, ūsūrpō; ōtium (for *avtium), neg-ōtium; audeō, ausus; cf. Engl. ewe.

2 AV-, *mark, notice.* Gr. ἀΐω, οὖς; Lat. audiō, auris, auscultor (*intens.* of *ausculor from *ausculus, *dim.* of auris); ōmen (old ōsmen for *ausmen).—Cf. Germ. Ohr; Engl. ear.

3 AV-, *blow, waft.* Gr. αὖρα, αὐλός, αὐλή, ἄημι, ἀετός, ᾠόν; Lat. avis, ōvum; āër (= ἀήρ), aura (= αὖρα).—Cf. (VA-) Germ. wehen, Wind; Engl. wind, weather.

4 AV-, *put on.* Lat. ind-uō (for *ind-ovō), ex-uō, exuviae, reduvia (from *red-uō), subūcula (from *sub-uō), ōmentum.

AVG-, *grow* (orig. one with VEG-, VIG-). Gr. αὔξω, αὐξάνω; Lat. auctor, auctiō, augmentum, augeō, augustus, auxilium.—Cf. Germ. auch; Engl. eke.

AVS-, *burn* (orig. one with 1 VAS-, VS-). Gr. αὔω (for *αὔσιω), αὔσιον; Lat. auster, Aurelius, aurum, aurōra.—Cf. Germ. Ost; Engl. East.

BA-, VA-, VEN-, *go* (orig. GAM-, GVAM-). Gr. βαίνω, βάκτρον; Lat. arbiter (for *ad-bater), ambulō (for *ambi-balō); baculum; vādō, vadum; veniō (for *gvem-iō; cf. quoniam for *quom-iam), ēventus, advena, adventus, convenae, conventus, cōntiō (old coventiō); meō (for *gmeō).—Cf. Germ. kommen; Engl. come.

BAL-, BAR-, *bleat, stammer.* Gr. βάρβαρος; Lat. bālō, balbus, blaterō.

BI-, *drink,* see PO-, BI-.

BOV-, BV-, *cry out, bellow* (older GV-, cf. Engl. cow). Gr. βοή, βοῦς (i. e. βοϝς); Lat. bōs (*dat. plur.* bōbus, būbus, for *bovibus), boō, būcula, būbulus, bubulcus; būbō, būfō, bucca, būcina.

BREG-, *break.* Gr. βραχύς, βραχίων (*the shorter arm*); Lat. brevis (for *breg-vis, cf. ten-uis), brūma (for *brevima, i. e. brevissima), bracchium (= βραχίων).

BV-, see BOV-, BV-.

1 CA-, CAN-, *sharp* (cf. 2 AC-). Gr. κῶνος; Lat. cōs, catus (from *care; cf. dōs, datus from dare); cautēs, cuneus; cf. Engl. hone.

2 CA-, CI-, *pronom.* stem, *who.* Gr. (πα-) πῶς, ποῦ, πόσος; Lat. qui, quae, quod, quom (2 cum), quot, quam, quia, quantus, quālis, ubi (i. e. *quo-bi), ceterus, cis, cūiās, 2 uter (for *quoter).—Cf. Germ. wer, was, warum; Engl. who, what, why, how. — Weakened CI-. Gr. τίς (for κις); Lat. quis? cf. Engl. he, him, it (for older, hit).

CAC-, CANC-, *hang, delay.* Gr. ὄκνος; Lat. cunctor.—Cf. Germ. hangen; Engl. hang, hanker.

1 CAD-, *fall.* Lat. cadō, cadūcus, cadāver, cāsus (for *cad-tus), occāsiō, cēdō (for *ce-cad-ō),

cessiō (for * ced-tiō), discessus, occid-uus; cessō; accersō for arcessō for * ad-cessō (cf. arbiter). — Cf. Germ. hetzen, Hass; Engl. hate.

2 CAD-, *bright* (orig. one with CAND-). Gr. καθαρός, καινός; Lat. castus, in-cestus, castīgō.

1 CAL-, CAR-, *call*. Gr. καλέω, κικλήσκω, κέλαδος, κόραξ, κῆρυξ, κράγος; Lat. cālō, Kalendae, con-cil-ium; nōmen-clā-tor, clāmō, clāmor, lāmenta, lāmentor, clārus, classis, clangor (but cf. Engl. clank, clink); corvus, cornix (cf. Gr. κορώνη). — Cf. Germ. hell, holen; Engl. hale (i. e. *drag*), haul.

2 CAL-, SCAL-, *cover, hide* (cf. 1 CAR-, SCAR-). Lat. squāleō, squālor, squālidus; occulō, occultus, calix, clam, galea (for * calea), cella, cilium (*eye-lid*), supercilium, domicilium, cālīgō, cēlō, color, columba, culleus, cucullus.—Cf. Germ. hehlen, hüllen, Höhle; Engl. hull, hell, hole, hall.

3 CAL-, *dry, warm*. Gr. ΣΚΕΛ-, σκέλλω, ἀσκέλης, σκελετόν, σκληρός; Lat. caleō, calor, calidus.

CAM-, *bend*. Gr. κάμαρα; Lat. camur, camera (= κάμαρα), cumera.—Cf. Germ. Hamme, Himmel, hemmen; Engl. hem, ham.

1 CAN-, *sound, sing*. Gr. καναχή, κόναβος; Lat. canō, canor, cantus, cantō (whence Fr. chanter, Engl. chant, cant), vāti-cinus, accentus, concentus, praecentiō, corni-cen, tibīcen, ōs-cen (from ōs, ōris), būcina, perh. lus-cinia (i. e. * lusci-cinia, from * luc-scum, *twilight*, LVC-); cf. also cygnus = Gr. κύκνος (perh. for * κυ-κνος). — Cf. Germ. Hahn; Engl. hen.

2 CAN-, CANC-, *surround*. Gr. κόγκος; Lat. cingo, cingulus, prō-cīnctus, congius. — Cf. Germ. Hecke; Engl. hedge, haw. — Orig. one with CVR-, and reduplicated in Lat. cancer, cancellī.

CAND-, *glow*. Gr. κάνδαρος, cf. ξανθός; Lat. candor, candeō, candidus, candēla, in-cendium, incēnsiō; * candō only in composition, as accendō, incendō.—See also 2 CAD-.

CAP-, *take, hold*. Gr. κεφαλή, κώπη; Lat. capiō, capāx, captor, captiō, conceptiō, captīvus, capulus, capēdō, caput, capistrum; auceps (from avis), aucupor, forceps (*hot-seizing*, see 2 FOR-), manceps (from manus), mancip-ium, municeps (from munia), particeps (from pars), prīnceps (from prīmus), deinceps, occupō (from * oc-ceps, i. e. * ob-ceps), praecipuus (*taken in preference*), anticipō (through * anticipus). But -ceps represents caput in an-ceps (for * ambi-ceps, *two-headed, doubtful*), bi-ceps, prae-ceps (*head-foremost*.—Caepe probably belongs here, also κάπηλος and caupō; cibus is doubtful. — Cf. Germ. haben, Hafen, Habicht; Engl. have, haven, hawk, behoof.

1 CAR-, SCAR-, *hard, scrape*. Gr. χαράσσω, χόριον, κείρω; Lat. scortum, Scaurus (*club-footed*), carcō, corium, cortex, cariēs, carīna, carcer, cervus, cornū (cf. Engl. corn, Germ. and Engl. horn), cornus, cf. the Sabine curis (*spear*), quercus.—Fuller form SCAR- in Gr. σκώρ, σκωρία; Lat. scaurus, scortum, stercus (perh. for * scartus), cf. screō, screātus. — Perh. also cassus.—Cf. Germ. Scheere; Engl. shear, share, short. —See also SCAL-, SCAR-.

2 CAR-, COL-, *mix, cook*. Gr. κεράννυμι; Lat. carbō, cremō (from * cremus, cf. cremor, *broth*), crēta; culīna (whence Engl. kiln). —Cf. Germ. Herd; Engl. hearth.

CARD- (SCARD-), *leap*. Gr. σκορδύλη, κόρδαξ, καρδία; Lat. cardō, cor, dis-cors, sōcors, etc.—Cf. Germ. Herz; Engl. heart.

CARP-, SCARP-, *pluck*. Gr. καρπός, σκορπίος, ἁρπάζω; Lat. scirpus, carpō. — Cf. Germ. Herbst; Engl. harvest.—See also SCARP-, SCALP-.

CART-, CRAT-, *weave, bind*. Gr. κάρταλος (cf. κλώθω); Lat. crātēs, crassus, restis (for * crettis).—Cf. Germ. Hürde; Engl. hurdle.

1 CAS-, *sing, praise*. Lat. carmen (for * casmen), Camēna, Camilla, perh. also cēnseō.

2 CAS-, *white*. Lat. cascus, cānus (for * casnus).

3 CAS-, *scratch*. Lat. caesariēs, carduus, carex.

CAT-, *fall*. Gr. κότος; Lat. catēna; cf. 1 CAD-.

1 CAV-, *watch, ware*. Gr. Λαο-κόων, ἀκούω; Lat. caveo (from * cavus, *wary*), cautus, cautiō, causa; perh. also cūra (for * cavira), cūriōsus, sēcūrus. — Orig. SCAV-. — Cf. Germ. schauen, schön; Engl. shew, sheen.

2 CAV-, CV-, *hollow, swell*. Gr. κυέω, κῦμα; Lat. cavus, cavea (whence Fr. and Engl. cave, cage; also Fr. geôle, Engl. gaol), caverna, caulae, caulis, caelum (for * cavilum), caeruleus or caerulus (for * caelulus), cumulus, perh. also canis (cf. κύων, Germ. Hund; Engl. hound).

1 CEL-, CER-, *strike, drive*. Gr. κέλης, κλάω; Lat. percello, pro-cella, clāva, clādēs, gladius (for * cladius, cf. glōria, 1 CLV-), callis, celer, celōx, pro-cul, celeber, culter; cursus, coluber; currō, incursiō, currus, curūlis, crūs.—Cf. Germ. Ross, Heer; Engl. horse, wal-rus, harry.—Reduplicated, CALC-, Lat. calx, calceus, calcō, calculus, calcar, caliga.

2 CEL-, CER-, *rise, tower*. Gr. κάρη, κρανίον, κό-

ρυς, κορυφή, καλάμη; Lat. ante-cellō, ex-cellō, celsus, callum, calleō, collis (for * col-nis, cf. Gr. κολωνός), calamus, culmus, cul-men, columna; cerebrum, cernuus, cervīx (see VI-), pro-cer-ēs, pro-cēr-us, crīnis, crī-sta.—Cf. Germ. Holm; Engl. hill, halm.

1 CER-, CRE-, *make.* Gr. καιρός, κράτος, κραίνω; Lat. Ceres, caerimōnia, creō, crēscō, crēber, incrēmentum, corpus.

2 CER-, CRE-, *part.* Gr. κρίνω, ἄκριτος, κηρός, κόρος (*broom*); Lat. cernō, crēvī, sē-crētus, certus, cēra, sin-cērus (see 3 SA-, SIM-), excrēmentum, crībrum, crīmen, discrīmen.

1 CI-, *rouse.* Gr. κίω, κινέω; Lat. cieō, ex-ciō, citus, sollicitus; cf. Engl. hie.

2 CI-, *lie.* Gr. κεῖμαι, κοιμάω, κῶμος, κῶμα; Lat. cīvis, quiēs, quiēscō, cf. tran-quillus.—Cf. Germ. heim; Engl. home, hive.

CLAV-, *lock.* Gr. κλείς; Lat. clāvis, conclāve, claudō (for * clāvidō), clausus (whence Engl. close), in-clūdō, in-clūsiō, claudus, clāvus.—Orig. form SCLV-.—Cf. Germ. schliessen, Schloss; Engl. slot (*bolt*).

CLEP-, *steal, hide* (strengthened from 2 CAL-, SCAL-). Gr. κλέπτης (cf. κρύπτω, καλύπτω); Lat. clepō, clipeus.

CLĪ-, *lean.* Gr. κλίνω, κλῖμαξ, κλίνη; Lat. -clīnō in dē-clīnō, in-clīnō, etc. (from * clīnus, *aslant*); -clīnis in ac-clīnis, trī-clīnium, etc.; clī-tellae, clīvus; lībra (for * clībra), lībrō, dēlīberō.—Cf. Germ. lehnen; Engl. lean, lid.

1 CLV-, *hear.* Gr. κλύω, κλειτός, κλεινός, κλυτός; Lat. clueō, cliēns, in-clutos (cf. Clod-wig, Ludwig, Louis), laus (for * claus), glōria (cf. gladius, 1 CEL-, CER-).—Cf. Germ. laut, lauern; Engl. loud, listen, lurk.

2 CLV-, *cleanse.* Gr. κλύζω; Lat. cloāca, Cloācīna.

CNI-, CNIC-, *bend, strive.* Gr. κνήμη, κονέω; Lat. nītor (for * cnītor), nīxus (for * cnic-sus), pernīx; cf. cōnor.

CNV-, CNVC-, *scrape.* Gr. κνύω, κόνις; Lat. naucum, nūgae, cinis, cf. also nux, nucleus.

COC-, *cook.* Gr. (ΠΕΠ-) πέπτω, πέπων; Lat. coquō, coquus (cocus).

COL-, *till.* Gr. βου-κόλ-ος, κόλαξ; Lat. colō, colōnus, cultor, cultus, accola (i. e. * ad-cola), in-cola, agri-cola; inquilīnus.

CRAP-, *rattle.* Lat. crepō, crepitus, crābrō.—Cf. Germ. Harfe; Engl. harp.

CRAT-, *faith* (in simple form only in Sanscrit). Compounded with 2 DA- in Lat. crēdō (for * cret-dō).

CRV-, *raw.* Gr. κρύος, κρυερός, κρύσταλλος, cf. κρέας; Lat. cruor, crūdus, crūdēlis, cruentus, carō, crūsta, crūstum.—Cf. Germ. roh; Engl. raw.

CVB-, *bend, lie.* Gr. κύπτω, κῦφος, ἀμφι-κύπελλον; Lat. cubō (from * cubus, cf. incubus), cubitum, concubīna, concubitus, cubīle, -cumbō in ac-cumbō, in-cumbō, etc.; cūpa.—Cf. Germ. Haufen, hüpfen; Engl. hump, hoop, hip, heap.

CVD-, *beat.* Lat. cūdō, in-cūs.—Orig. CV-.—Cf. Germ. hauen; Engl. hew.

CVP-, *wish.* Lat. cupiō, cupidus, cupīdō, cuppes (*dainty*, old), re-cuperō.—Cf. Germ. hoffen; Engl. hope.

CVR-, CIR-, *curve.* Gr. κορώνη, κυρτός; Lat. corōna, curvus, circus, circulus, cirrus, curculiō, crux, cruciō.—Strengthened, CVAR-, whence vārus (for * cvārus), vāricus; cf. also la-cer-tus (perh. for * cracertus, * clacertus).—Cf. Engl. ring (A.S. hring).—Varied COL-, in colus, collum (whence Engl. collar).—Cf. Germ. Hals, Halseberg (whence Engl. hauberk).

1 DA-, *give.* Gr. δίδωμι, δῶρον; Lat. dō, dōs, dōnum, cedō (*imper.*), prō-dō, prōditor.

2 DA-, DHA-, *put.* Gr. τίθημι, θέμις; Lat. only -dō in certain compounds, as ab-dō, con-dō, ob-dō, per-dō, sub-dō (in which it is confounded with 1 DA-); pestis is perh. for * perd-tis from perdō. (The Sanscrit DHA-, Gr. ΘΕ-, appears in the Lat. 2 FAC-.)

3 DA-, DAP-, *share.* Gr. δαίω, δαπάνη, δῆμος; Lat. daps, damnum (for * dapnum; cf. somnus, SOP-).—Cf. Germ. Zeit; Engl. time, tide.

DAC-, DEC-, *take hold.* Gr. δέχομαι, δάκτυλος; Lat. dexter, digitus.—Cf. Germ. Zehe, Zange; Engl. toe, tongs.

DAL-, DOL-, *hew, cut.* Gr. (ΔΑΡ-) δέρω, ὀδύρομαι; Lat. dolō (from * dolus), doleō, dolor, dolium.—Cf. Germ. zehren, zergen; Engl. tear, tire.

DEC-, *beseem.* Gr. δοκέω, δόξα; Lat. deceō, decus, decor, dīgnus (for * dec-nus).

DĪC-, DIC- (DAC-), *shew, point.* Gr. δι-δαχ-ή, διδάσκω, δίκη, δικάζω, δείκνυμι; Lat. dīcō, dictiō, doceō, doctor, doctrīna, documentum, discō (for * didc-scō), dicō (-āre, from * dicus, cf. fatidicus, causidicus), diciō, condiciō, in-dex, vin-dex (see VAN-).—Cf. Germ. zeigen, Zeichen; Engl. teach, token.

DIV-, DI-, DIAV-, *shine.* Gr. Δίς, Διός (*gen.* etc., of Ζεύς), δῖος, Ζεύς (for * Διευς); Lat. dīvus, dīves, dīs, Diāna, dīvīnus, diēs, merīdiēs (for * medi-diēs, cf. mediō diē), ho-diē, prī-diē, cf. pran-dium (doubtless connected with prae and dies), -dem (for -diem) in prīdem (see PRO-, PRI-), Iūnō (for * Divōna); dum (for * dium, old *acc.*), cf. nū-dius (for * nunc-dius), diū, diurnus, iubar (for * diuvar), Iuppiter (perh. for * Diau-pater), Iovis (for * Diovis; hence Engl. jovial), iuvō (from * iuvus, i. e. * diuvus), iūcundus, iuvenis, iūnior (for iuvenior; whence Ital. giovane, Fr. jeune), iuvencus (cf. Germ. jung; Engl. young), Iūnius, Iūlius. — Cf. Germ. Dienstag; Engl. Tuesday.

1 DOM-, *build.* Gr. (*R.* ΔΕΜ-) δέμω, δόμος; Lat. domus.—Cf. Germ. Zimmer; Engl. timber.

2 DOM-, *tame, subdue.* Gr. δαμνάω, δμώς; Lat. domō (from * domus, *tame*), dominus.—Cf. Germ. zahm, ziemen; Engl. tame, beteem (old).

DVA-, DVI-, *apart, two.* Gr. δύο, διά, δίχα; Lat. duō, dubius (for * du-bhius, FEV-, FV-; cf. Gr. δί-φυιος), duplus (PLE-); bis (for * dvi-iēs), bi-, bīnus, dis- (for * dvis; cf. Germ. zer-), 2 vēt (for * dvai), bellum (old duellum), imbellis.—Cf. Germ. zwei, Zweig, Zwist, Zwilling; Engl. two, twice, twi-light, twig, twist, twin, twine.

DVC-, *lead.* Lat. dux, dūcō, ductor, ēducō (from * ē-dux, *bringing out*).—Cf. Germ. ziehen, Zug, zucken; Engl. tug, tow, tie, touch.

ED-, *eat.* Gr. ἔδω, ἐσθίω, ὀδούς; Lat. edō, edāx, edūlis, ēsca (for * edca), in-edia, ēsuriō (through ēsor).—Cf. Germ. essen, fressen (for ver-essen); Engl. eat, fret. — (Perh. also dēns for edēns, cf. Gr. ὀδοντ-; but dēns, with Engl. tooth, Germ. Zahn, is referred by some to 3 DA-.)

EG-, *need* (cf. ANG-). Gr. ἀχήν; Lat. ind-igus (i. e. * ind-egus), egeō, egestās.

EM-, *take.* Lat. emō, ēmptor, ex-im-ius, ex-emplum, praemium (for * prae-imium); adimō, cōmō (for * co-imō), dēmō, prōmō, sūmō (for * sub-imō), redēmptiō; vīndēmia (from vīnum and dēmō).—Orig. one with NEM-. —Cf. Gr. νέμω; Germ. nehmen.

ES-, *be, live.* Gr. εἰμί (for * ἐσ-μι), ἔτυμος; Lat. sum (for * esum), ab-sēns, prae-sēns, sōns, insōns, ab-sent-ia, erus (for * esus), era.— Cf. Germ. sein, sind, Sünde Engl. is, are, sooth, sin.

1 FA-, *shine, show.* Gr. φημί, φάτις, φαίνω, φάος, φῶς; Lat. for, īnfāns, īnfandus, fātum, fatuus, fateor, īnfitiae, fētiālis (from * fētis, *speech*), fānum, profānus, fābula, fāma, fās, fāstus, ne-fārius (for * ne-fāsius), bi-fārius, fenēstra.—See also 1 FAC- and FES-.

2 FA-, *yawn* (older GHA-; orig. one with HI-). Lat. adfatim (i. e. *to weariness*), fatīscor (from * fatis), fatīgō (* fatis + ago), fessus (for * fattus), famēs; fovea (cf. cavea).

1 FAC-, *shine* (strengthened from 1 FA-). Lat. fax, faciēs, facētus, fācundus, focus.

2 FAC-, *put, make.* Gr. (ΘΕ-; Sanscr. DHA-; cf. 2 DA-) τίθημι, θέμις, θεός, θήκη; Lat. faciō, fīō (for * faīō), pro-fic-īscor, profectō (for * pro-factō), factiō, facinus, facilis, dif-fic-ilis, facultās, arti-fex, bene-ficus, aedi-fic-ium, officium (for * opi-ficium), officīna, ef-fic-āx; faber; famulus (with familia, etc.) is perh. from this root, through * fama (*house*, for * fac-ma). — Cf. Germ. thun, That; Engl. do, deem, doom, kingdom.

FAG-, *eat.* Gr. φαγεῖν, φηγός; Lat. fāgus, faba. — Cf. Germ. Buche, Buch; Engl. beech, book.

1 FAL-, *trip.* Gr. (ΣΦΑΛ-) σφάλλω, cf. φαῦλος; Lat. fallō, falsus (whence old Fr. faulte; Engl. fault, falter). — Cf. Germ. fallen; Engl. fall, fell.

2 FAL-, *bright, high.* Gr. φαλός, φάλος, φάλαρα; Lat. fala, Falernus, fulica, fulix, īnfula (cf. φάλος).

FALC-, FLEC-, *crook.* Gr. φάλκης, φολκός; Lat. falx, falcō, flectō, īn-flexiō, flexus, flexilis.

FARC-, FRAC-, *shut in, cram.* Gr. φράσσω (for * φρακιω); Lat. farciō, fartus, frequēns.— Cf. Germ. Burg, borgen; Engl. borough, borrow.

FASC-, FISC-, *twist, choke.* Gr. σφάζω (for * σφακιω), φάσκον, σφίγγω, Σφίγξ; Lat. fascis, fascia, fascinum (cf. βάσκανος), fascinō, fiscus, confiscō, fiscina.—Cf. Celt. bascanda; Engl. basket.

FAV-, FOV-, FV-, *glow, smoke.* Gr. (ΘΥ- for older DHV-) θύω, θυμός; Lat. faveō (fāvī), Faunus, Favōnius, favor, faustus, favīlla (*dim.* of * fava), fētidus, fētor, foveō, fomentum, fōmes, fūmus, fūnus, fūligo, suffiō, fimus, 1 foedus (for * fovidus), foeteō (for * fovitеō).—Cf. Germ. Dunst; Engl. dust.

FĒ-, FĪ-, *nurse.* Gr. (ΘΗ- for older DHA-) θῆσθαι, θῆλυς, τήθη; Lat. fēmina, fīlius.

FEN-, FEND-, *strike.* Gr. (ΘΕΝ-) θείνω, θέναρ; Lat. dē-fendō, offendō, īnfēnsus, īnfestus, manu-festus, confestim, festīnus, festīnō, fustis, perh. also faenum (for * fendnum, *cut down*; by others referred to FEV-, FE-, as *a growth*).

1 FER-, *bear.* Gr. φέρω, φαρέτρα, φορά, φόρος, φώρ; Lat. ferō, fertilis, ferāx, feretrum, lūci-fer, fērālis, fār, fōrs, fōrtuna, fordus, fūr (cf. φώρ), fūror, fūrtum, fūrtim; also

herba (for * ferba, cf. φορβή). — Cf. Germ. gebären, Geburt, Bürde; Engl. bear, birth, burden.

2 FER-, *wild, strike.* Gr. (ΘΗΡ-, ΘΡΥ-) θήρ, θηρίον, θραύω; Lat. ferus, feriō, ferōx, ferula. — Strengthened, FRVD-; frūstum, fraus, frūstra.—Cf. Germ. toll; Engl. dull, dolt.

3 FER-, FRE-, *hold, fix.* Gr. (ΘΕΡ-, ΘΡΗ-) θρόνος, θρῆνυς; Lat. ferē, fermē (for * ferimē, *sup.* of ferē), frētus (through * freō, *hold up*), frēnum, fīrmus, cf. also fōrma, fortis, fornix.—Cf. Germ. tragen; Engl. drag.

FES-, *bright.* Lat. feriae, fēstus.—Cf. Germ. baar; Engl. bare (i. e. *naked, shining*).

FEV-, FE-, FV-, *breed.* Gr. (ΦΥ-) φύω, φυτός, φύσις, φυλή; Lat. fuī, futūrus (through * fuō, used to supply parts of sum), futuō, fētus, fēcundus, faenus, fēlīx, fēlēs, fūcus; dubius (see DVA-).—Cf. Germ. bin; Engl. be.

1 FID-, FĪD-, *bind, trust.* Gr. (ΠΙΘ-) πείθω, πιστός; Lat. fidēs, fidēlis, fīdus, perfidus, fīdūcia, fīdō, 2 foedus.—Cf. Germ. binden, Band; Engl. bind, bond.

2 FID-, *split.* Gr. (ΦΙΔ-) φείδομαι, φειδώ; Lat. findō, fissus, bifidus, fīnis (for * fid-nis), fibra, fimbriae; perh. fūnis (for * fud-nis). —Cf. Germ. beissen, bitter; Engl. bite, bitter, bait, bit.

FIG-, *handle, fix.* Gr. (ΘΙΓ-) θιγγάνω, θήγω; Lat. fingō, figulus, figūra, fictor, fictilis, effigiēs, fīgō, fīxus, fībula. — Cf. Germ. Teig, Teich; Engl. dough, ditch, dig, dike.

FLA-, FOL-, FLO-, *blow.* Gr. (ΦΛΑ-, ΦΥΛ-) φλασμός, φύλλον; Lat. flō, folium, follis, fleō, flēbilis, flētus, flōs, floccus, cinīflō. — Cf. Germ. blähen, blühen, Blut; Engl. blow, bloom, blood.—See also FLV-, FLVGV-.

1 FLAG-, FLIG-, *strike.* Gr. (ΘΛΑ-) θλάω, cf. θλίβω; Lat. flagrum, flagellum, * flīgō (through * flīgus) in ad-flīgō, īn-flīgō, etc.; prōflīgō, flīctus.—Cf. Engl. blow (stroke).

2 FLAG-, FVLG-, *blaze.* Gr. φλέγω, φλόξ, cf. φρύγω; Lat. flamma (for * flagma), flāmen, flāgitō, flāgitium, flagrō, flāvus, fulgeō, fulmen, fulgor, fulgur, fulvus. — Cf. Germ. bleich, blinken; Engl. blank, blink, blench.

FLEC-, see FALC-, FLEC-.

FLV-, FLVGV-, *flow.* Gr. φλύος, φλυαρία, οἰνόφλυξ; Lat. fluō, flūxī (for * flugusī), fluctus, fluidus (old, flūvidus), fluvius, flūmen, fleō (strengthened from FLA-).

FOD-, *dig.* Gr. (ΒΟΘ-) βόθρος; cf. βαθύς, βένθος; Lat. fodiō, fōdī, fodicō, fossa, fossor.

1 FOR-, FVR-, *bore.* Gr. φάραγξ, φάρυγξ; Lat. forō (whence Engl. per-forate; from forus; cf. Germ. bohren; Engl. bore), forāmen; furca; also (with Gr. θύρα) forum, foris, forīs (cf. Germ. Thür; Engl. door).

2 FOR-, FVR-, *warm.* Gr. (ΘΕΡ-) θέρω, θερμός, θέρος; cf. θάλπω, θάλπος; Lat. fornax, formus, furnus, for-ceps (CAP-). — Older form GHAR-, whence GLA-, as in Germ. glatt, Glass, glühen; Engl. glad, glow, glitter.

FRAG-, *break.* Gr. (ϜΡΑΚ-; see LAC-, also 2 VEL-, VOL-) ῥάκος, ῥήγνυμι, ῥώξ; Lat. frangō, fractus, ānfractus (i. e. * ambi-fractus), fragilis, frāgmentum, fragor, naufrag-us, suf-frāg-ium, suffrāgor (from * suffrāgus). — Cf. Germ. brechen; Engl. break, breach.

FREM-, *roar.* Gr. (ΒΡΕΜ-) βρέμω, βρόμος, βροντή; Lat. fremō, fremitus, fremor. — Cf. Germ. brummen, Bremse; Engl. brim, breeze.

FRI-, *rub.* Gr. (ΧΡΙ-) χρίω, χρίμπτω; Lat. friō, fricō, frīvolus, frendō (but perh. for * fremdō; FREM-); reduplicated in furfurēs.— Older form GHRI-; cf. Engl. grind, grist.

FRĪG-, *parch, freeze.* Gr. φρίσσω, ῥῖγος (i. e. Ϝρῖγος); Lat. frīgō, frīgus, frīgidus, frīgeō.

FV-, FVD-, *pour.* Gr. (ΧΕϜ-) χέω, χύσις; Lat. fundō, fōns (for * fovōns), fūsiō, futtilis, refūtō. — Old form, GHV-, GHVD-; cf. Germ. giessen; Engl. gut, gush, geyser.

FVD-, *bottom.* Gr. πυθμήν; Lat. fundus (for * fudnus), pro-fundus. — Cf. Germ. Boden; Engl. bottom.

1 FVG-, FRVG-, *use, enjoy.* Gr. ἀφύξειν; Lat. fungor, perfūnctiō, fruor (for * frugvor), frūx, frūctus, frūmentum.—Cf. Germ. brauchen, Gebrauch; old Engl. brook (*use*).

2 FVG-, *bend, flee.* Gr. φεύγω, φυγή; Lat. fuga, fugō, perfuga, fugiō, fugitīvus, refugium.— Cf. Germ. biegen, Bogen; Engl. bow.

FVR-, FERV-, *rage, swell.* Gr. φύρω, redupl. πορφύρω; φρέαρ (for * φρεϜαρ); Lat. furō, furor, furia, furvus, fuscus (for * furscus), frutex, fervō, fervor, ferveō, fermentum, fretum, dēfrutum, perh. also frōns. — Cf. Germ. brauen; Engl. brew; perh. also Germ. brennen (with Engl. burn) and Engl. brow.

GAL-, GRV-, *glide, fall* (cf. 2 GAR-). Gr. βάλλω (for * γϜαλ-ιω), βάλανος; Lat. glāns; * gruō in congruō, ingruō.

1 GAR-, *sound.* Gr. γέρανος, γῆρυς; Lat. augur (i. e. * avi-gur, *bird-expounder*), augurium,

grūs, garriō, garrulus.—Cf. Germ. krähen; Engl. crow; cf. also Lat. graculus; Engl. croak.

2 GAR-, GRAV-, *heavy.* Gr. (ΒΑΡΥ- for ΓϜΑΡΥ-) βαρύς, βάρος, cf. βρίθω; Lat. gravis, gravidus, gravō, gravēdō, grandis; bardus (cf. βαρύς), brūtus.

3 GAR-, GRA-, *wear away.* Gr. γέρων, γραῦς; Lat. grānum, grāmen, rūga (for * grūga). — Cf. Germ. Korn, Kern, kernen; Engl. corn, kernel, churn.

GAV-, *glad.* Gr. γαίω, ἀγαυός, γηθέω; Lat. gaudium, gaudeō, gavīsus, Gāius (i. e. * Gāvius).

GEM-, *full, groan.* Gr. γέμω; Lat. gemō, gemitus, gemma, gumia.

GEN-, GN-, GNA-, *beget.* Gr. γίγνομαι, γενή, γένος, γόνος, γυνή; Lat. gīgnō, indi-gena, malī-gn-us, prae-gnāns (from * praegnō, āre; from * prae-gnus, *before birth*); genus, genuīnus, genius, in-gen-ium, in-gen-uus, gēns, genitor, gener, generō (perh. also geminus, cf. Gr. γάμος); nāscor or gnāscor, ā-gnātus, nātus, nātiō, nātīvus, nātūra, Gnaeus (for Gnaivos), naevus; in-gēns.—Cf. Germ. Keim, Kind, König; Engl. kid, chick, child, kin, king.

GES-, *carry.* Gr. (ΒΑΣ- for ΓϜΑΣ-) βαστάζω; Lat. gerō, gerulus, ag-ger, belliger, congeriēs, gestus, gestō, gestiō.—Cf. Engl. cast.

GLA-, GLV-, *stick, smooth.* Gr. γλίσχρος; cf. λισσός, ὀλισθάνω; Lat. glūten, lūbricus (for * glūbricus; cf. Germ. schlüpfen, schliefen; Engl. slip); cf. also lēvis, Gr. λεῖος. — Perh. also Germ. kleben; Engl. cleave (*stick*).

GLAB-, GLVB-, *peel.* Gr. γλάφω, γλύφω; Lat. glaber, glūbō. — Cf. Germ. klieben; Engl. cleave (*split*).

GLOB-, *round.* Lat. globus, glaeba, glomus (for * globmus), glomerō.—Cf. Engl. clew.

GNA-, GNO-, *know.* Gr. γιγνώσκω, γνῶσις, γνώμη, νοῦς (for * γνοϜος), ὄνομα; Lat. gnārus, nam, nārrō (for * gnārrō), nāvus (cf. īgnāvus, i. e. * in-gnāvus), nōscō (old, gnōscō, cf. cōgnōscō, īgnōtus, i. e. * in-gnōtus), cōgnitiō, nōtus, nōbilis, nōmen, cōgnōmen, īgnōminia, īgnōrō, nōrma (for * gnōrima, cf. γνώριμος), nota (for * gnota). — Cf. Germ. kennen, können; Engl. can, know, cunning, ken, keen.

GRA-, *desire, favor.* Gr. (ΧΑΡ-) χαίρω, χάρις, χάρμη; Lat. grātus grātulor (from a *dim.* * grātulus), grātēs, grātia.—Cf. Germ. gern, be-gehren; Engl. yearn.

GRAD-, *walk.* Lat. gradus, gradātiō, gradior, gressus, congressiō, grassor.

GVOR-, GVL-, GLV-, *swallow* (cf. 3 GAR-). Gr. (ΒΑΡ- for ΓϜΑΡ-) βάραθρον, βορά, βιβρώσκω; γλυκύς; Lat. * vorus (for * gvorus), in carnivorus, vorō, vorāx, vorāgō; gula (cf. Germ. Kehle), sin-gul-tus (see SA-, SIM-), gluttiō (through glūtus, *abyss*), ingluviēs; gurges (GVR- for GVOR-), reduplicated in gur-gul-iō; dulcis is perh. for * gulcis, cf. γλύκυς.—Cf. also Engl. gorge, gargle, gurgle.

GVS-, *choose, taste.* Gr. γεύομαι; Lat. gustus, gustō. — Cf. Germ. kiesen; Engl. choose, choice.

HAB-, *have.* Lat. habeō, habilis, habitō, habitus, habēna; co-hibeō, pro-hibeō, dēbeō (for * de-hibeō), praebeō (for old praehibeō); diribeō (for * dis-hibeō).

HAES-, *stick.* Lat. haereō, ad-haereō, haesitō, haesitātiō. — Cf. Germ. Geisel (*hostage*); Engl. gaze, aghast.

HAR-, *wind, twist* (older, GHAR-). Gr. χορδή; cf. χολάδες, χολέρα; Lat. harū-spex (* harū, *entrails* + SPEC-), hariolus, hīra (*gut*), hillae, perh. also hīlum, whence nihilum, nihil; fīlum.—Cf. Germ. Garn; Engl. yarn, gore.

1 HAS-, *hurt.* Lat. hasta, hostis (whence Engl. host, *army*), hostia (Engl. host, *sacrifice*). —Orig. GHAS-. — Cf. Germ. Gast, Gerte; Engl. guest, goad, gad-fly, yard (i. e. *rod*).

2 HAS-, *crush.* Gr. (ΦΑΣ-, ΨΑ-) ψάμαθος; cf. ἠμαθόεις; Lat. harēna (for * hasēna).

HAVS-, *exhaust* (perh. orig. one with AVS-). Lat. hauriō, haustus.

HED-, HEND-, *seize, hold.* Gr. χανδάνω; Lat. prehendō, prēndō (for prae-hendō), praeda (for * prae-heda), praedor, praedium, hedera (nōdus may be for * cnōdus from a stronger form, CAND-, CNAD-).—Cf. Engl. get, beget.

HER-, HIR-, *grasp.* Gr. (ΧΕΡ-) χείρ, χόρτος; Lat. hara, herctum (through * herciō, *take*, from * hercus), hērēs, co-hors, hirūndō, hirūdō, perh. also hortus (by others referred, with hortor, to GRA-, Gr. ΧΑΡ- of χαίρω, χαρτός, *desired*).—Cf. Germ. gürten, Garten; Engl. gird, girth, garden, yard.

HES-, *yesterday.* Gr. χθές; Lat. herī, hēsternus. —Cf. Germ. gestern; Engl. yester-day.

HI-, *yawn.* Gr. (ΧΑ-) χαίνω, χάσκω, χῶρος; Lat. hīscō, hiō, hiulcus (cf. 2 FA-).—Cf. Germ. gähnen, Gans; Engl. yawn, gills, goose.

HORS-, *bristle.* Gr. χέρσος, χοῖρος (for * χορσιος), χήρ; Lat. horreō (from * horrus for * horsus), horrēscō, horror, horridus, hīrsūtus, hīrtus.

1 I-, AI-, *go.* Gr. εἶμι, αἰών, οἶτος; Lat. eō, īre; com-es, comitium, ex-itium, in-itium, amb-itiō, sub-itus, ad-itus, red-itus, praetor (for *prae-i-tor), iter; aevom, aeternus (for old aevi-ternus), aetās (for old aevitās).—From iter is the *adverb.* ending -iter or -ter; thus breviter for *breve-iter, audācter for au-dāc-iter, etc.

2 I-, a pronominal stem of the 3d pers., demonstrative, *this one, he.* In Gr. freq. as suffix, οὑτοσί, τουτί; in Lat. in the pronouns is, idem, i-pse, i-ste; also in ibi, ita, itaque, iterum (an old comparative).

IA-, IAC-, *go, send.* Gr. (ΙΑΠ-) ἰάπτω; Lat. iānua, Iānus, iānitor, Iānuārius, iaciō, ab-iciō, iactus, coniectus, iaculum, iactūra, iactō, amiciō (i. e. *amb-iaciō), iaceō; perh. also iocus (cf. ἴαμβος from ἰάπτω).

1 IC-, *strike* (orig. one with IA-, IAC-). Gr. (ΙΠ-) ἴπτομαι, ἐνίπτω; Lat. īcō, ictus.

2 IC-, AIC-, *like.* Lat. imitor (freq. of *imō from *imus, i. e. *ic-mus), imāgō; aequus, inīquus, aequālis, aequor, aemulus (for *aic-mulus), Aemilius.

IS-, AIS-, *wish.* Gr. ἰότης, ἵμερος; Lat. aestimō (through *ais-tumus; hence ex-īstimō), whence old Fr. esmer, Engl. aim.—Cf. also Germ. heischen; Engl. ask.

IV-, IVG-, *bind, yoke.* Gr. (ΖΥΓ-) ζυγόν, ζεύγνυμι; Lat. iugum, iugō, iumentum (for *iug-mentum), bi-iugus, bi-iugis, bīgae, quadrīgae (for *quadriiugae); iūgis, iūxtā (for *iūgista), iūgerum, iungō, coniūnctiō, cūnctus (for co-iūnctus), con-iūnx; iūs, iūstus, iūrō (from *iūrus, cf. per-iūrus, in-iūria), periūrō (pēierō was prop. orig. *to make worse*, from pēior, PED-, but became confounded with periūrō), dē-iūrō (whence dēierō, by analogy of pēierō), iūrgō (old iūrigō, from *iūrigus, iūs + 1 AG-), iūrgium, iūdex, iūdicium.—Cf. Germ. Joch; Engl. yoke.

1 LAB-, *lick.* Gr. λάπτω, λαπαρός; Lat. lambō, labium, 1 labrum.—Cf. Germ. Lippe; Engl. lap, lip.

2 LAB-, *slide.* Gr. λοβός, λώβη; Lat. labō (through *labus, *sinking*); lābor, lapsus, prō-lapsiō, lābēs.

3 LAB-, RAB-, *take, seize.* Gr. λαμβάνω, λάβρος; Lat. labor, rabiēs.—Cf. Germ. and Engl. elf.

1 LAC-, *entangle.* Lat. laciō (old), adliciō, inliciō, dē-liciae, Elicius, ēlix, in-lecebra, dēlectō, oblectō, lacessō, laqueus.

2 LAC-, LIC-, *crook.* Gr. λάχνη, λεκάνη, λοξός; Lat. lacūna, lacus, lāma, lanx, lacertus, sublica; līcium, bilīx, oblīquus, līmus (for *līc-mus), līmes, līmen, sub-līmis.

3 LAC-, *tear* (orig. FLAC-, cf. ἕλκος, ulcus, and one with FRAG-; strengthened from 2 VEL-, VOL-). Gr. λακίζω, λύκος; Lat. lacer, lacerō, lanius (for *lacnius), laniō, lacinia, lacerna.—Cf. lupus, and Germ. and Engl. wolf.

4 LAC-, LOQV-, *sound, talk.* Gr. λαλέω, λάσκω, λιγύς; Lat. loquor, loquāx, locūtiō, loquēla, locusta.

LAG-, *loose.* Gr. λαγαρός, λάγνος, λήγω; Lat. langueō, languidus, laxus, laxō, lēna (for *lēg-na, cf. λάγνος), lēnō (but not lassus, an old *P.* from LAD-, whence Germ. lassen; Engl. let, late).—Cf. Engl. lag, lash.

LAP-, LAMP-, *shine.* Gr. λάμπω, λαμπρός; Lat. lepidus, lepus, lepōs, lympha, limpidus (*clear*).—Cf. lanterna (= Gr. λαμπτήρ).

LAS-, *desire.* Gr. λάω, λελίημαι, λῆμα, cf. λίαν; Lat. lār, Lars, lascīvus (through *lascus); cf. lārva.—Cf. Germ. and Engl. lust.

LAT-, *hide.* Gr. (ΛΑΘ-) λανθάνω, λάθρος, λήθη, ἀληθής; Lat. lateō (from *latus, *hidden*), latebra.

1 LEG-, LIG-, *gather.* Gr. λέγω, λόγος, λογάς; Lat. 2 legō, adlegō, conligō, intellegō (i. e. *inter-legō), lēctor, lēctiō, dīlēctus, legiō, legūmen, supellex, ēlegāns; līgnum, līgnor.

2 LEG-, *run, spring.* Gr. (ΛΑΧ-) ἐλαχύς, cf. λαγώς; Lat. levis (for *leg-vis), longus, longīnquus.—Cf. Germ. leicht, lang, Lunge; Engl. light, long, lungs.

3 LEG-, *lie, be fixed.* Gr. λέκτρον, λέχος, ἄλοχος, λόχος; Lat. lectus, lectīca; lēx, lēgitimus, exlēx, prīvi-lēgium, 1 lēgō, lēgātus, con-lēga, con-lēgium (but see 2 LIG-).—Cf. Germ. liegen, legen; Engl. lie, lay, low, log, law.

LEN-, *yielding.* Lat. lentus, lēnis.—Cf. Germ. lind, gelind; Engl. lithe.

LI-, *pour, smear.* Gr. λειμών, λιμήν, λῖμός, ἐλαία; Lat. linō, līnea, littera, lītus, litūra, līmus, lētum; perh. dē-leō, po-liō (with *praep.* po-, *from, away,* as in pōnō for po-sinō).—Cf. Germ. Leim; Engl. lime.

LIB-, LVB-, *desire.* Lat. libet or lubet, libīdō, līber, līberō, līberī, lībertās.—Cf. Germ. lieben, loben, Ver-laub; Engl. love, leave (*permission*), fur-lough.

LIC-, LIQV-, *let, leave.* Gr. (ΛΙΠ-) λείπω, λοιπός; Lat. liceō, licet (whence Fr. loisir, Engl. leisure), licentia, liceor, pol-liceor, lixa, ēlīxus, pro-līxus; linquō, dēlīctum, relinquō, relīctus, reliquus, reliquiae; perh. also (LVC-) lūxus, lūxuria.—Cf. Germ. leihen; Engl. lend, loan.

1 LIG-, *lick.* Gr. λείχω, λιχμαίνω; Lat. lingō, ligurriō; līma (for * lig-ma), līmō.—Cf. Germ. lecken; Engl. lick.

2 LIG-, *tie.* Lat. līctor, ligō (through * ligus, *binding*), ligula, subligar, religiō.—Some refer lēx, prīvilēgium, legō, conlēga, etc., to this root; see 3 LEG-.

LIQV-, LIB-, *flow, pour* (strengthened from LI-). Gr. λείβω; Lat. liqueō, liquidus, liquor, līquor; lībō, Līber; cf. dē-lib-ūtus.

LĪV-, *yellowish-gray.* Gr. λίς, λέων; Lat. līvidus, līvor, līveō; leō (= λέων); perh. also ob-līv-īscor, ob-līv-iō, ob-lī-tus.

1 LV-, *loose.* Gr. λύω; Lat. luō, luēs, solvō (for * se-luō), solūtus (cf. βου-λῦτός, etc.).—Cf. Germ. lösen, verlieren, Laus; Engl. lose, loose, louse.

2 LV-, LAV-, *gain.* Gr. λάω, λεία, λῃστής, λατρεύς; Lat. lucrum, latrō, Laverna.—Cf. Germ. Lohn.

3 LV-, LAV-, *wash.* Gr. λούω, λύτρον; Lat. -luō in ab-luō, ad-luō (adluviēs), circum-luō, con-luō, dī-luō, ē-luō, polluō, etc.; lutum, lustrum, ē-luv-iēs, ē-luv-iō; lavō, lautus, lātrīna (*bath;* old, lavātrīna), 3 lābrum; lōtus, lūstrum, dē-lū-brum.—Cf. Germ. Lauge; Engl. lye, lather.

LVC-, *shine.* Gr. λύχνος, λευκός, λεύσσω; Lat. lucerna, lūx, lūceō, lūcidus, lūcifer, lūmen (for * luc-men), lūna (for * luc-na), lūcubrō (cf. lūcubrum, *a small fire,* late), lūcus, inlūstris (for * in-luc-tris, cf. * lūstrus, whence also lūstrō); luscus (for * lucscus).—Cf. Germ. Licht; Engl. light, lea.

LŪD-, *play.* Lat. lūdō, lūdus, lūsor, lūsus, in-lūsiō.

LVG-, *distress.* Gr. λυγρός, cf. λοιγός; Lat. lūgeō, lūgubris, lūctus, lūcta (*a wrestling,* old), lūctor, lūctātiō.

1 MA-, MAN-, *measure.* Gr. μέτρον; Lat. manus, manica, adminiculum, manūbrium, ni-mis, mētor, mētior, mēnsus, dīmēnsiō, mēnsa, mēnsis, mōs.—Cf. Germ. Mond, Monat; Engl. moon, month.—See also 3 MA-.

2 MA-, MĀ-, *shape, produce.* Gr. μήτηρ; Lat. māter, mātūrus, māteriēs; mānēs: mātertera, for * mater-itera (cf. iterum, 2 I-).—Cf. Germ. Mutter; Engl. mother.—(By many referred to 1 MA-.)

3 MA-, MAD-, *measure, moderate* (strengthened from 1 MA-). Gr. μέδω, μήδομαι, μέδων; Lat. modus, modestus, modius, commodus; medeor, medicus, meditor.—Cf. Germ. messen, mässig; Engl. mete, help-meet.

1 MAC-, MAG-, *big.* Gr. μακρός, μέγας, μῆκος, μηχανή; Lat. māctus, māctō, macellum, magis, māgnus, māior (for * mag-ior), māiestās, 3 mālus, mōlēs, molestus, magister, māchina (= μηχανή); cf. also mox, mangō (Engl. monger).—Cf. Germ. machen, Macht; Engl. make, may, made, mickle, more.

2 MAC-, *crush.* Gr. μάσσω (for * μακιω), μάζα, μαγεύς, μόγος, μόχθος; Lat. mācerō, māceria, macer (Germ. mager, Engl. meagre), maciēs; maxilla, māla (for * max-la); massa (= μάζα); mīca.

MAD-, *drip, chew.* Gr. μαδάω, μαζός, μέθη; Lat. madeō, madidus, mānō, 2 mandō.—Cf. Engl. meat.

MAL-, *crush, grind.* Gr. μαλάσσω, μαλακός, μύλη, μέλας, μέλι, μολύνω; Lat. malleus, malva, mel (for * melt, cf. μέ-λιτ-ος), mulsus, mola, immolō, ē-mol-umentum, milium, mollis, 1 malus, mulier; cf. blandus (for * mlandus).—Cf. Germ. Moos, Maal, mahlen; Engl. moss, mole, mill, meal, and perh. melt, malt.—Orig. one with 1 MAR-; cf. mortārium.

1 MAN-, MEN-, *man, mind, stay.* Gr. μανία, μάντις, μένος, μῆνις, μιμνήσκω, μανθάνω; Lat. mās, masculus, maneō, mānsiō, mēns, meminī, com-min-īscor, com-men-tor, Minerva (old, Menerva), mentior, mendāx, moneō, monitor, monumentum, monēta, mōnstrum, mōnstrō.—Cf. Germ. Mann, Mensch, meinen; Engl. man, mind, mean.

2 MAN-, MIN-, *project, tower.* Lat. mentum, menta, -mineō in immineō, prōmineō, etc.; minae, mināx, 1 minor; mōns, prōmunturium.—Cf. Germ. Vor-mund; Engl. mound.

3 MAN-, MI-, *small, less.* Gr. μείων, μόνος, μινύθω; Lat. mancus, menda, mendum, mendīcus, minus, 2 minor, minister, minuō, membrum (for * min-brum), membrāna; cf. also mutilus (= μίτυλος).—Cf. Germ. Meiszel, ge-mein, Mein-eid; Engl. mite, mean.

1 MAR-, *weak, die.* Gr. μαραίνω, μαρασμός, βροτός (i. e. * μρο-τος), cf. βραδύς (for * μραδυς); Lat. mare (cf. muria), mors, morior, morbus, mōrus; perh. marceō, merula (cf. MAL-).—Cf. Germ. Meer, Mord; Engl. mere (*lake*), mar, murder.

2 MAR-, see 1 SMAR-, and 2 SMAR-.

3 MAR-, *glimmer.* Gr. μαῖρα, ἀμαυρος, ἀμέρδω, μαρμαίρω; Lat. Marius, Mārs, merus; reduplicated in marmor, cf. Māmers (i. e. * Marmers), Mamilius.—Cf. Germ. Morgen; Engl. morn, morrow.

MARG-, MALG-, *strip, stroke.* Gr. ἀμέργω, ἀμέλγω; Lat. margō, mergae, merges, mulgeō, mulceō, mulctra; amurca (= ἀμόργη).—Cf. Germ. Mark, Milch; Engl. margin, march (*border*), milk.

MED-, *mean, middle.* Gr. μέσος; Lat. medius, mediocris, dī-mid-ius, merīdiēs (for * medīdiēs), medulla (*dim.* of * medula, * meda). —Cf. Germ. Mitte, Mittel; Engl. mid, middle, midst.

MEL-, *move.* Gr. ἔμολον, βλώσκω (for * μλω-σκω); Lat. remulcum.

MERG-, *dip.* Lat. mergō, im-mergō, mersō, mergus.

MET-, *reap.* Gr. (MA-) ἀμάω, ἄμη; Lat. metō, messis, messor, Metellus. — Cf. Germ. mähen; Engl. mow, meadow, after-math.

1 MI-, MIN-, *small, less,* see 3 MAN-, MI-.

2 MI-, MIR-, *smile, wonder.* Gr. μειδάω; Lat. mīrus, mīror.—Orig. SMI-, SMIR-; cf. Engl. smile, smirk.

MIC-, *mix.* Gr. μίσγω, μίγνυμι; Lat. misceō, mistus, mīxtus, mīxtiō, miscellānea, prō-miscuus.—Cf. Germ. Maisch; Engl. mash.

MIG-, *wet, drip.* Gr. ὀμιχέω, μοιχός; Lat. mingō, micturiō, mēiō. — Cf. Germ. Mist; Engl. mist, mizzle.

MĪL-, *associate.* Lat. mīlle (mīlia), mīles, mīlitia.

MIS-, *wretched.* Gr. μῖσος, μισέω; Lat. miser, miseria, miserēscō, maestus, maereō, maeror.

MIT-, *send, throw.* Lat. mittō, mīssus, prōmīssiō; cf. matara, mataris (Celt.).

MORD-, *bite.* Gr. (ΣΜΑΡΔ-; cf. Engl. smart, Germ. schmerzen) σμερδαλέος; Lat. mordeō, morsus, mordāx, mordicus; cf. also merda.

1 MV-, MOV-, *move.* Gr. ἀμείβω; Lat. moveō, mōtus, mōtor, mōtiō, mōmentum, mōbilis, mūtō (for * movitō), mūtātiō, mūtuus.

2 MV-, *shut, fasten.* Gr. ἀμύνω, μύω, μυέω; Lat. mūnis (*serviceable,* old), commūnis; commūniō, commūnitās, commūnicō, immūnis, mūnia, mūniceps, mūnicipium, mūnus, moenia, mūniō, mūrus, mūrālis; po-mē-rium; mūtus.

3 MV-, MVG-, *mumble.* Gr. μυκάομαι; Lat. mussō, muttiō, mūgiō, mūgītus. — Cf. Engl. mum, mumble.

MVC-, *wipe.* Gr. μῦκος, μυκτήρ; Lat. mūcus, ēmungō, mūgilis.

MVS-, *steal.* Gr. μῦς, μυῖα; Lat. mūs, mūsculus, musca.—Cf. Germ. Maus; Engl. mouse.

1 NA-, NAV-, NV-, *wet, swim.* Gr. ναῦς, νότος, νέω, νῆσος; Lat. nō, nāvis, nauta (old, nāvita), nāvigium, nāvigō (through * nāvigus, cf. 1 AG-), naufragus, naulum (= ναῦλον), nausea (= ναυσία), nō, natō, nassa, nātrīx, nāsus, nāris; (* nūtris, *flowing with milk*) nūtriō, nūtrīx; also nassa. — Cf. Germ. Netz; Engl. net.

2 NA-, *no.* Gr. νη- in νή-ποινος, etc.; Lat. -ne, nē, nī, ni- in nihil, nimis, etc.; ne-que, nec. —Cf. n- (i. e. ne) in Germ. nein, nicht; Engl. no, nay, nought, never.

NAC-, *get.* Gr. ἤνεγκον; Lat. nancīscor. — Cf. Germ. nahe, genug; Engl. nigh, near, enough, neigh-bor.

NAG-, *strip.* Lat. nūdus (for * nugdus). — Cf. Germ. nackt; Engl. naked.

NE-, *tie, spin.* Gr. νέω, νήθω, νεῦρον; Lat. neō; nervus (= νεῦρον).—Cf. Germ. nähen, Nadel; Engl. needle; also (orig. SNA-) Germ. Schnur; Engl. snare.

NEB-, NVB-, *cloud, veil.* Gr. νέφος, νεφέλη, νύμφη; Lat. nebula, Neptunus, nimbus, nūbēs, nūbō, nūbilis, nūpta, nūptiae, prōnuba.—Cf. Germ. Nebel.

1 NEC-, NOC-, *kill, hunt.* Gr. νέκυς, νεκρός, νόσος (for * νοκ-σος), cf. νύξ; Lat. necis, necō, inter-nec-iō, per-nic-iēs; noxa, nocuus, noceō, nox, nocturnus, noctua, perh. also niger.—Cf. Germ. Nacht; Engl. night.

2 NEC-, *bind.* Lat. nectō, nexus, necesse, necessus.

NEM-, NVM-, *allot.* Gr. νέμω, νόμος, νομίζω; Lat. nemus; Numa, numerus, numerō; nummus = νοῦμμος (Dor. for νόμος, i. e. *standard coin*).—Cf. Germ. nehmen; Engl. nimble, numb.

NIGV-, *snow.* Gr. νίφα (*acc.*), νιφάς; Lat. nix, niveus, nivalis, ningit.—Orig. SNIGV-; cf. Germ. Schnee; Engl. snow.

1 NV-, *now* (a pronominal stem). Gr. -νύ, νῦν, νέος (i. e. νεϝος); Lat. num, nunc, novus, noverca, dēnuō (for dē novō), nūper (for * noviper), nūntius (for * noventius from * noveō from novus).—Cf. Germ. neu, nun; Engl. new, now.

2 NV-, *nod.* Gr. νεύω; Lat. * nuō (in ad-nuō, renuō, etc.), nūmen, nūtus, nūtō.

1 OD-, *push, hate.* Gr. ὠθέω; Lat. odium (whence Fr. ennui, i. e. in odiō; cf. Engl. annoy), ōdī.

2 OD-, OL-, *smell.* Gr. ὄζω (for * οδιω), ὀδμή, εὐώδης; Lat. odor, odōrus; oleō, olidus, ol-faciō, ad-oleō.

1 OL-, OR-, *grow, rise* (orig. one with 1 AL-, AR-). Gr. ὄρνυμι, ὄρνις; Lat. orior, abortus, orīgō, ōrdō, ōrdior, ornus; * olēscō (in adolēscō, adulēscēns, obs-olēscō, etc.), ind-ol-ēs, prōlēs (for * pro-ol-ēs); perh. also ulmus, ulva.

2 OL-, *destroy.* Gr. ὄλλυμι; Lat. aboleō.

OS-, *mouth, face.* Lat. ōs, ōris; ōra, ōrō, ōsculum (*dim.* of ōs), ōstium, ōscitō.

1 PA-, *feed.* Gr. πάομαι, πατήρ, πατέομαι, Πάν; Lat. pater, patrōnus, pāscō, pāstor, pābulum, Paestum; penus, penitus, penes, penetrō; cf. (strengthened, PAL-) ō-piliō, ū-piliō (for * ovi-paliō, from ovis), Palēs.—Cf. Germ. Vater, Futter; Engl. father, feed, food.

2 PA-, *stretch, spin,* see SPA-, PA-.

PAC-, PAG-, *fix, peg.* Gr. πάσσαλος, παχύς, πήγνυμι; Lat. pac-īscor, pāx; pangō, pāla (for * pagla), repāgula, pālus, compāgēs, prō-pāg-ō, pāgus, pāgina. — Cf. Germ. fügen, Fang; Engl. fang, fee. — Varied as PEC-, pecū, pecus, pecūnia, pecūlium, pectus; PIG-, 2 pīla (for * pigla), pīgnus, pinguis, piger; PVC-, PVG-, pūgnus, pūgna, pugil, pugiō.

1 PAL-, PEL-, PVL-, *drive, scatter.* Gr. πάλλω, πλάνη; Lat. palea, pālor, pellō, ad-pellō, pulsō, depulsiō, impulsus, polenta, pollen, puls, pulvis; palpus, palpor, palpebra, pulpa, pāpiliō, pōpulus, poples; also (PAL-, PIL-) 3 pila, and perh. pīlum, *javelin* (cf. PIS-).—Orig. one with SPAR-.

2 PAL-, *pale.* Gr. πελιός, πολιός; Lat. pallor, palleō, pallidus, 2 pullus, palumbēs.

PAND-, *pull, jerk.* Gr. (ΣΦΑΔ-) σφαδάζω, σφενδόνη, σφοδρός; Lat. pandus, pendō, pendeō, pendulus, pēnsus, com-pendium, suspendium, stī-pendium (for * stipi-pendium), pondus; perh. funda (cf. σφενδόνη).

PAP-, PAMP-, *swell.* Gr. πεμφίς, πομφός, cf. πέπερι; Lat. papula (whence Engl. pimple), pampinus; cf. papāver, piper.—Cf. Engl. pebble.

1 PAR-, PER-, *through, fare, reach, try.* Gr. πείρω, πειράω, πόρος; Lat. pār, 2 parō, sē-parō, com-parō; per, perītus, com-periō, perīculum, porta, portus, 1 portitor, Portūnus, op-portū-nus, im-portū-nus, porticus; perendiē (i. e. * perom-diem, *over a day;* cf. Sanscr. param, *beyond*); perperam. — Cf. Germ. fahren, fern, Gefahr, frisch; Engl. fare, far, fear, fresh, frisk, from.

2 PAR-, POR-, *part, breed.* Gr. ἔπορον, πέπρωται, πάρθενος; Lat. pau-per (*producing little,* see PAV-), pro-per-us (see PRO-), 1 parō, im-perō, vituperō (i. e. vitiō parō), pāreō, appāreō, aperiō, operiō, reperiō, pars, expers, portiō, impertiō, porto, 2 portitor, oportet, pariō, parēns, parturiō, vīpera (for * vīvi-pera).

PARC-, PLEC-, *weave, fold.* Gr. πλέκω, πλοκη, Lat. Parca, com-pēscō (for * com-perc-scō); 2 plaga, am-plex-or, sim-plex (see 3 SA-), duplex, supplex; plica (*fold*), whence plicō, complicō, etc.; 1 plectō; complector, complexus. — Cf. Germ. falten, Flachs; Engl. fold, two-fold, flax.

1 PAT-, *go.* Gr. πάτος, πόντος; Lat. passer (for * patter), 3 passus, per-pes, -etis (*enduring*), whence perpetuus; compitum, pōns.—Cf. Germ. Pfad; Engl. path, foot-pad.

2 PAT-, PAD-, *spread, open.* Gr. πετάννυμι, πίτνημι; Lat. pateō, patulus, patibulum, patera, patina (whence Germ. Pfanne; Engl. pan); pandus, pandō, passim (for * pad-tim).—Cf. Germ. Faden; Engl. fathom.

PAV-, *little.* Gr. παύω, παῦρος; Lat. paucus, parvus (for * pauros, cf. παῦρος), paulus, paulātim, pau-per (cf. 1 PAR-, PER-; hence, Fr. pauvre, Engl. poor).—Cf. Engl. few.

PEC-, *comb.* Gr. πέκω, πεκτέω, πέκος, πόκος; Lat. pectō, pectem.

PED-, *tread.* Gr. πέδον, πέδιον, πούς; Lat. pēs (cf. Germ. Fuss; Engl. foot), compēs, quadrupēs; pedum, pedes, im-ped-io, oppidum (cf. πέδον), op-pidō; pēior (for * ped-ior), pessumus, pessum; perh. also peccō (for * pedicō), and pēierō (see IV-, IVG-).—Cf. Germ. Fuss, Fessel; Engl. foot, fetter, fetch.

PET-, *fly.* Gr. πέτομαι, πτερόν, ποτή, πότμος, πίπτω; Lat. petō, petulāns (*P.* of * petulō, from * petulus, from * petus, *attacking*), petulcus, impetus, praepes, pro-pitius, penna (for * pet-na), accipiter (cf. ὠκύ-πτερος; 3 AC-). — Cf. Germ. finden, Feder; Engl. find, feather.

1 PI-, PIC-, *swell, fat.* Gr. πίσσα, πίτυς, πίων, πιότης, πιμελή; Lat. pix, pīnus, opīmus.

2 PI-, PIG-, *hate.* Lat. piget.—Cf. Germ. Feind; Engl. foe, fiend.

PIC-, PIG-, *pick, point* (orig. one with SPI-). Gr. πικρός, ποικίλος, πεύκη; Lat. pingō, pīctor, pīctūra. — Cf. Germ. picken; Engl. pick, peck, pike.—Perh. also pungō, pūnctum; cf. Germ. pochen; Engl. poke, poker.

PIS-, *crush.* Gr. πίσος, πιέζω (for * πισιω); Lat. pinsō, pistor, pistrīnum, pīlum (for * pislum, whence *dim.* pistillum (Engl. pestle, pistil), 1 pīla; but see also 1 PAL-); perh. also 2 pīlus.

PLAC-, *please, soothe* (orig. one with PREC-). Lat. placō (from * plācus), supplicō, placeō, placidus.

PLAG-, *hit, strike.* Gr. πέλας, πλησίος, πλήσσω,

πληγή, cf. πέλεκυς; Lat. 1 plāga, 2 plectō, plangō, planctus.—Cf. Germ. flehen, flackern; Engl. flicker, flag, flatter.

PLAT-, *spread, flat.* Gr. πλάτη, πλατύς, cf. πλίνθος; Lat. planta, plānus (for * plat-nus), plautus, 2 latus (for * platus), later, Latium. — Cf. Germ. flach, Engl. flat. — See also PRAT-.

PLE-, PLO-, PLV-, *fill.* Gr. πίμπλημι, πλήρης, πλείων, πόλις, πλοῦτος, ἁπλοῦς; Lat. * pleō (im-pleō, compleō, etc.), plēnus, plērus-que, plē-bēs, locu-plēs (i. e. * locuplētus, *full of land*); pelvis, plūs, plūrimus; po-pulus (a reduplicated form), pūblicus (for * po-pulicus); mani-pulus, pulvīnus, am-plus (i. e. * ambi-plus, *full on both sides*); cf. also pellis and Gr. πέλλα. —Cf. Germ. füllen, voll; Engl. fill, full.

PLV- (PLOV-), *wash, flow.* Gr. πλύνω, πλέω, πλοῖον; Lat. pluō (for plovō), pluvia, pluvius, impluvium; plōrō (from * plōrus, i. e. * ploverus; cf. πλωτός), plūma, plaustrum (linter = πλυντήρ). — Cf. Germ. fliegen, Floh, Flotte; Engl. fly, flee, flow, float, fleet.

PO-, BI-, *drink.* Gr. πίνω, πέπωκα, πότος; Lat. pōtus, pōtō, pōtor, pōtiō, pōculum; bibō (for reduplicated form, * pi-pō), bibulus; perh. also im-buō (*cause to drink;* cf. bua, child's word for *drink*).—Cf. Engl. pot.

POS-, *behind.* Gr. ὀπίσω, πύματος (for * ποσματος); Lat. post, posterus, postumus, pōne (for * pos-ne; cf. infer-ne).

POT-, *master.* Gr. πόσις, πότνια, cf. δεσπότης; Lat. potis, possum (i. e. potis sum), potēns, potestās, potior, compos, hos-pes (i. e. * hosti-pets), sos-pes (for * savos-pets, *safeguarding*).—Cf. the endings -pote in utpote; -pte in suā-pte; -pse in i-pse, etc.

PRA-, *sell.* Gr. πιπράσκω; cf. περάω, πόρνος; Lat. pretium, pretiōsus.

PRAT-, *flat, plain* (orig. one with PLAT-). Gr. φράζω; Lat. prātum, inter-pres.

PREC-, *pray.* Gr. (ΠΡΟΠ-) θεο-πρόπος; Lat. precēs, precor, procus, procāx; also poscō (for * porc-scō), postulō.—Cf. Germ. forschen, fragen.—See also PLAC-.

PREM-, *press.* Lat. premō, com-primō, op-primō, pressus, pressiō, prēlum (for * prem-slum).

PRO-, PRI-, PRAE-, *before.* Gr. πρό, πρότερος, πρίν, πρόσω; Lat. prō, prae, praeter, prior, prīscus (for * prius-cus), prīs-tinus, prīmus, prī-diē, prīn-ceps (for * prīmi-ceps; see CAP-, praestō; from *sup.* * praestus, i. e. * prae-istus, *foremost*); porrō (Gr. πρόσω); prōnus (Gr. πρηνής); prīvus (i. e. * praevos, *distinguished, especial*), prīvātus.—Cf. Germ. vor, für; Engl. fore, for.

1 PV-, *cleanse.* Gr. πῦρ, πυρά; Lat. putus, putō, am-putō, puteus, pūrus.—Cf. Germ. Feuer; Engl. fire.

2 PV-, *rot.* Gr. πύθω, Πύθων; Lat. pūs, pūteō, pūtidus, puter, putreō, putrēscō, putridus, pūrulentus, paedor (for * pav-idor, * paidor).—Cf. Germ. faul; Engl. foul, defile.

3 PV-, *beget.* Gr. παῖς, πῶλος; Lat. pūpus, pūpa (*boy, girl*), whence *dim.* pūpula, pūpillus; pūbēs, pūsiō, pūsus, prae-pū-tium, puer, puella, 1 pullus; perh. also pōmum (for * pou-mom). — Cf. Germ. Füllen, Fohlen; Engl. foal, filly.

4 PV-, PAV-, *ram, cast down.* Gr. παίω (i. e. παϝιω); Lat. pudet, pudor, pudīcus, propudium, re-pudium, tri-pudium; paveō, pavidus, pavor, paviō.

PVR-, PRV-, *flame.* Gr. πυρσός, cf. πίμπρημι; Lat. prūna, pruīna, prūriō (burrus = πυρρός, old), com-būrō, cf. būstum.—Cf. Germ. frieren; Engl. freeze, frost, frore.

QVAES-, *seek.* Lat. quaesō, quaerō, quaestus, quaestor, quaestiō, in-quīrō.

QVES-, *sigh, lament.* Lat. queror, questus, questiō, querella, querimōnia, querulus, cf. quiritō. —Cf. also Engl. wheeze, whisper.

RA-, *join, count* (orig. one with 1 AR-). Gr. ῥᾴδιος; Lat. ratus, in-ritus, ratiō, reor, rēs, reus, rītus. — Cf. Germ. Reim; Engl. rime (rhyme).

RAB-, *seize* (varied from 3 LAB-). Lat. rabiō, rabiēs, rabidus, rabula.

RAC-, *speak* (varied from 4 LAC-). Lat. rānā (for * racna), rānunculus.

I RĀD-, RŌD-, *scratch, gnaw.* Lat. rādō, rāsūra, rāstrum (for * rād-trom), rōdō, rōstrum.— Cf. Germ. Ratte; Eng. rat.

2 RAD-, RVD-, *sprout.* Gr. ῥίζα (for * ϝριδια); Lat. radius, rādix, rāmus (for * rad-mos); rudis, ērudiō.—Cf. Engl. root (old, wroten), wort.

RAP-, RVP-, *snatch, break.* Gr. ἁρπάζω; Lat. rapiō, rapāx, rapidus, rapīna, raptō; rumpō, ēruptiō, rupēs.—Cf. Germ. raufen, reif, rauben; Engl. reap, ripe, rub, be-reave.

REG-, RIG-, *stretch, guide.* Gr. ὀρέγω; Lat. regō, regimen, pergō (for * per-rigō), surgō (for * subrigō), rēctus, rēctor, regiō (ergō, ergā, are perh. for * ē-regō, * ē-regā), rēx, rēgīna, rēgnum, rēgnō, rēgula; rigeō, rigidus, rigor. —Cf. Gallic -rīx, in Dumno-rīx, etc.; Germ. Reich, reichen, recht; Engl. reach, rich, right.

RI-, *flow* (varied from LI-). Lat. rīvus, rīvālis.

RIC-, RIP-, *tear, crack.* Gr. ἐρείκω, ἐρείπω; Lat. rīma (for *ric-ma), ringor, rictus, rixa; rīpa.—Cf. Germ. reiben, Riegel; Engl. rip, rive, rail, rill.

RID-, *laugh.* Lat. rīdeō, rīdiculus, rīsus, inrīsiō.

1 RV-, *fall.* Lat. ruō, 2 rūta, ruīna, rutrum.

2 RV-, RAV-, RVG-, *sound, roar.* Gr. ῥύζω, ἐρεύγομαι; Lat. rūmor, rāvis, raucus, rūctō, rūctus; cf. rudō, rudēns.

RVB-, RVDH-, *red.* Gr. ἐρυθρός; Lat. ruber, rubeō, rubēscō, rubrīca, rubor, Rubicō; rōbus, rōbīgō; rūfus; rutilus. — Cf. Germ. roth; Engl. red, ruddy.

RVP-, *break*, see RAP-, RVP-.

1 SA-, SI-, *sow, strow, sift.* Gr. σάω, ἵημι (for *σι-ση-μι); Lat. serō (for *si-sō, redupl.), satus, Sāturnus; sēmen, sator, saeculum.—Cf. Germ. säen, Saat; Engl. sow, seed.—Perh. also sinō (orig. *put down*), 2 situs, pōnō (for *port-sinō or *po-sinō, with *praep.* po-, *from, away*, as in poliō, LI-), po-situs, dē-sinō.—Cf. Germ. siedeln.

2 SA-, *sate.* Gr. ἄω (i. e. σαω), ἄατος, ἄδην; Lat. sat, satis, satur, satura. — Cf. Germ. satt; Engl. sad.

3 SA-, SEM-, SIM-, *together, like.* Gr. (ἁ- for σα-) ἀθρόος, ἅμα, ὁμός; Lat. semper, sin-guli (i. e. *sem-culi), semel, simul, similis, simplex (cf. ἅπαξ; see PARC-, PLEC-), simplum; sincērus may be from sim- and 2 CER-, meaning *wholly separated.*—Cf. Germ. sammeln, sammt; Engl. same, some.

1 SAC-, SAG-, *fasten.* Gr. σάττω, σάκος; Lat. sacer, sanciō, sānctus, sacerdōs, sāgmen, sagīna, seges, sagum, sagitta, sēgnis (i. e. *clinging, slow*).—With P for C (cf. lupus, λύκος, etc.) in saepe, saepēs, saepiō, praesaepe.

2 SAC-, SEC-, *split.* Gr. κεάζω (ΣΚΕ-), σκεδάννυμι (ΣΚΕΔ-; cf. Engl. scatter, shatter), σχίζω; Lat. saxum, secō, sectiō, sēgmen, serra, secūris, sexus, 1 secus, sub-sicīvus; sīca.—Cf. Germ. Säge, Sense (old, Segense); Engl. saw, scythe, sedge. — Varied SCI-, SCID- in sciō (*divide, distinguish;* cf. Germ. scheiden, Engl. shed), īnscius, scientia, cōn-scientia, scīscō, scītum, scīscitor, scindō, discidium, excidium, caedō (for *scaid-ō), dēcīdō, caedēs (caelum, *chisel*, whence caelō), homicīda, trucīdō (for *truci-cīdō, trux+CĪD- for SCAID-), caesius. — Perh. also canālis for *scan-ālis (strengthened SCAN-).—Cf. Engl. coney.—See also 2 SCAP-.

SAG-, *trace, track.* Gr. (ʼΑΓ-), ἡγέομαι, ἡγεμών; Lat. sāgus, sāga, sāgiō, prae-sāg-ium, sagāx. —Cf. Germ. suchen, besuchen; Engl. seek, beseech.

1 SAL-, *stream, flow.* Gr. ἅλς, ἅλμη; Lat. sāl, īnsula, salix, salīgnus, salictum; 1 serum.—Cf. Germ. Salz; Engl. salt, sallow (*willow*).

2 SAL-, *leap.* Gr. ἅλλομαι; Lat. saliō, Saliī, salāx, salebra, 1 saltus, adsultūs, saltō, cōn-sul-ō, cōnsilium, cōnsul, ex-sul, prae-sul.

3 SAL-, SER-, *save.* Gr. ὅλος, οὖλος, ὄλβος; Lat. salūs, salvus (whence Fr. sauf, Engl. safe), saltem, solidus, sōlus, sōlor, sōlācium, sollicitus, soll-ers, soll-emnis; cf. also silex; servus, servō, and SAR-, SARC-.

SAP-, *taste.* Gr. σαφής, σοφός; Lat. sapa, sapiō, sapiēns, sapor (whence Engl. savor); sapidus (late; hence, Engl. in-sipid).

SAR-, SARC-, *bring together.* Lat. sarciō, sartus, sarcina; cf. sarculum.

SARP-, *cut, scratch* (for SCARP-). Lat. sarmentum; cf. sirpeus for scirpeus.

1 SAV-, SCAV-, *unlucky.* Gr. σκαιός (cf. Germ. schief); Lat. saevus, scaevus (old), Scaevola, ob-scenus.

2 SAV-, *safe.* Gr. σάος (*σαϝος), σώζω; Lat. sānus (for *sav-nos), sōs-pes (see POT-).

SCA-, *cover, dark.* Gr. σκιά, σκηνή, σκότος; Lat. caecus (for *scai-cus); cf. coclēs. — Cf. Germ. Schatten; Engl. shade, shadow.

SCAD-, CAD-, *cover* (lengthened from SCA-). Gr. σχαδών; Lat. squāma (for *scad-ma), căsa (for *cad-ta), cassis (for *cad-tis), castrum, castellum.—Cf. Engl. hat.

SCAL-, SCAR-, *scrape* (orig. one with 1 CAR-, SCAR-). Gr. σκάλλω, σκόλος; Lat. calvus, calamitās (through *scal-a-ma, *destruction*), in-col-umis; cf. also quisquiliae. — With P for C, SPOL-, Lat. spolium.—Redupl. in populō, populor (from *populus for *spo-pul-us). — Cf. Engl. scale, scalp, shelf, shell.

SCAND-, *climb.* Gr. σκάνδαλον; Lat. scandō (a-scendō, cōn-scendō, trān(s)-scendō, etc.), scālae (for *scandslae).

1 SCAP-, SCIP-, *prop.* Gr. σκήπτω, σκῆπτρον; Lat. scapulae, scamnum (for *scap-num), scabillum; scīpiō; scēptrum (= σκῆπτρον).—Cf. Germ. Schaft; Engl. shaft.

2 SCAP-, SCAMP-, *scratch, dig.* Gr. σκάπτω, κῆπος; Lat. scabō, scaber, scabiēs, scapha (= σκάφη), scobis, cf. scōpae; campus, Campania, Capua (for *Camp-ua). — Cf. Germ. schaben, schaffen, Schaf; Engl. scab, scoop, shave, ship, sheep.

SCARP-, SCALP-, *cut, scratch.* Gr. σκάριφος; γλάφω, γλύφω; also (ΓΡΑΦ-) γράφω; Lat. scrōfa, scrobis, scrībō, scrība, praescrīptiō; scirpus, scirpeus; crīspus; scalpō, scalprum, sculpō; culpa; talpa (i. e. * stalpa, for * scalpa). — Cf. Germ. scharf; Engl. sharp, scrape, scrap. — Cf. also CARP-, SCARP-, and GLAB-, GLVB-.

SCEL-, SCAR-, *leap, limp, trip.* Gr. σκέλος, σκαληνός; σκαίρω, σκιρτάω; Lat. scelus; redupl. in coruscus (for * scor-scos). — Cf. Germ. schräge; Engl. squirm, crook.

SCID-, CĪD-, see 2 SAC-, SEC-.

SCRV-, SCVR-, *cut away, tear* (cf. SCAL-, SCAR-). Gr. σκύρος, cf. ξύρω; Lat. scrūta, scrūtor, scrūpus, scrūpulus, scrūpulosus, scrīpulum; scurra; crumēna (for * scrumēna). —Cf. Germ. Schrot; Engl. shroud.

SCV-, CV-, *cover, hide.* Gr. σκῦτος, σκῦλον, σκευή, σῦλάω (for * σκυ-; cf. ἅρπη, from CARP-, SCARP-); Lat. scutica, scūtum, ob-scū-rus; cutis, caurus, cūria (for * cousia); cf. also custōs.—Cf. Germ. Schauer, Schaum, Haus, Haut; Engl. sky, scowl, skulk, house, hide.

SEC-, *follow.* Gr. (ΣΕΠ-, ϜΕΠ-) ἕπομαι, ὅπλον; Lat. sequor, sequester, sec-undus, secta, 2 secus, sētius (for old, sec-tius), pedisequus, ad-sec-ula, ob-sequiae; socius; com- or 1 cum (for * scom; cf. Gr. ξύν, σύν).

SED-, SID-, *sit.* Gr. (ʻΕΔ-) ἕζομαι (for * ἐδιομαι), ἕδρα, ἕδος, ἵζω, ἱδ-ρύω; Lat. sedeō, dis-sideō, as-sessor, pos-sessor, sessiō, sella (for * sed-la), sub-sellium, sed-īle, de-ses, in-sid-iae, ob-sid-ium, prae-ses, prae-sid-ium, ad-sid-uos; sēdēs, sēdō, sēdulus, sīdō, sub-sīdō; solium (with *-l-* for *-d-*, cf. odor, olidus), perh. also solum. — Cf. Germ. sitzen, setzen; Engl. sit, set, seat, settle, saddle.

SEN-, *old.* Gr. ἕνος; Lat. sen-ium, sen-ex, senior, senectus, senātus.

SENT-, *feel.* Lat. sentiō, ad-sentiō, sēnsus, sēnsim, sententia.

1 SER-, SVAR-, *string, bind.* Gr. σειρά; cf. εἴρω, ὅρμος; Lat. serō, serta, 1 sera, seriēs, dis-serō, di-ser-tus, prae-ser-tim, ser-mō, servos; sors, sortior, cōn-sors; rēte (for * srē-te).

2 SER-, SVAL-, *bright.* Gr. σείρ, σέλας, σελήνη; cf. ʻΕλένη, ὕλη; Lat. serēnus, sōl, silva.— Cf. Germ. schwül, schwarz; Engl. sultry, swelter, swart.

SERP-, REP-, *creep, glide.* Gr. ἕρπω; Lat. serpō, serpēns; rēpō (for * srē-pō; cf. cernō, crēvī); rēptō. — Cf. (SLAP-, SLIP-) Germ. schleifen, schlüpfen, Salbe; Engl. slip, salve.

SEV-, *severe.* Gr. σέβομαι, σέβας; Lat. sevērus, sērius (for * sevērius).—Cf. Germ. schwer.

SIB-, *hiss.* Gr. σιμβλός, σίφων; Lat. sibilus.

1 SMAR-, MAR-, *think.* Gr. μάρτυς, μέριμνα, cf. μέλλω; Lat. mora, moror, memor, memoria.

2 SMAR-, MER-, *ascribe.* Gr. ἁμαρτάνω, μείρομαι, μέρος, μερίς, μόρος, μόρα; Lat. mereō, mereor, meretrīx, merx, mercor, mercēs, mercennarius (for * mercēdnarius), Mercurius.

SON-, *sound.* Lat. sonus, sonō, sonitus, sonor, per-sōna.

SOP-, *sleep.* Gr. (ʻΥΠ- for ΣϜΑΠ-) ὕπνος; Lat. somnus (for * sop-nus), somnium, sopor, sopiō.

SOVO-, SVO-, *own* (strengthened from old pronom. stem SA-; cf. Gr. ὁ, ἡ). Gr. ἑός, σφεῖς; Lat. suus, sueō, suēscō; sī (old, sei).

SPA-, PA-, *draw, stretch.* Gr. σπάω, στάδιον (Dor. and old, σπάδιον), σπεύδω; (ΣΠΑΝ-, ΠΕΝ-) σπάνη, πένομαι, πενία, πόνος; Lat. spatium, spēs, spērō, prō-sper, prōsperitās; sponda; pēnūria; hence (SPAN-, PAN-, *spin*), pannus (cf. πῆνος), palla (for * pānula), pallium.—Cf. Germ. spannen, spinnen, Spinne; Engl. span, spin, spider, speed.

SPAR-, PAR-, *scatter* (orig. one with 1 PAL-, PEL-). Gr. σπαίρω, σπείρω, σπέρμα, Σποράδες; Lat. sparus, sper-nō, ā-sper-nor, spurius; par-um (for * spar-um, cf. σπαρνός), parcus, parcō, parsimōnia. — Cf. Germ. sparen, sperren, Sporn; Engl. spare, spear, spur, spurn.

SPARC-, PARC-, *sprinkle.* Gr. πέρκα; and (ΠΑΛΚ-) παλάσσω (for * παλακιω); Lit. spurc-us, spargō, respersiō; porcus.—Cf. Germ. sprenkeln, Ferkel; Engl. sprinkle, farrow.

SPEC-, *see, spy.* Gr. (ΣΚΕΠ-) σκέπτομαι, σκοπός, σκώψ; Lat. -speciō, in a-spiciō, cōnspiciō, etc.; au-spex (for * avi-spec-s), auspicor, cōn-spic-uus, spec-iēs, specimen, spec-trum, specula, speculor, speculum, specus, spectō, su-spīc-io; hence (PĪC-), pīca, pīcus.—Cf. Germ. spähen; Engl. spy.

SPI-, PI-, *extend, point* (varied from SPA-). Gr. σπιλάς, ἀσπίς; Lat. caespes (for * caedi-spitum, *cut in points*); spīca (whence Engl. spike, spigot), spīcula, spīna, spīnus; pinna (for * pit-na).—See also PIC-, PIG-.

SPLEND-, *shine.* Lat. splendeō, splendidus, splendor.

SPV-, PV-, *spit.* Gr. (ΠΤΥ-) πτύω, πτυίζω; Lat. spuō, spūtum, spūma, pūmex (for * spūmex), pītuīta (for * spū-tu-īta; cf. mellītus).—Cf. Germ. speien; Engl. spew, puke.

STA-, *stand, set.* Gr. ἵστημι, σταυρός, ἐπί-στα-μαι;

Lat. stō, adstō, cōnstō, etc.; obstantia, stāmen; sistō, status, anti-stes, iū-stit-ium, status (*gen.* ūs), statuō, cōn-stituō, statua, statim, statiō, super-sti-tiō, stator, in-stitor, sta-tūra (dē-sti-na, *prop*, whence), dēstinō, cf. ob-sti-nātus, antistes; sta-bulum, stabilis, stāgnum (whence Engl. tank for *stank), stāmen; stīva (for *staiva).—Strengthened, STAV-. Gr. σταυρός; Lat. īn-staurō, and, with loss of initial *s*, taurus. —Cf. (from lengthened form STAND-) Germ. stehen; Engl. stand.

1 STAR-, STER-, STOL-, *stiff, hard.* Gr. στερεός, στεῖρα, στηρίζω, στρῆνος; Lat. ster-ilis, strē-nuus; stīr-ia, stīlla (for *stīr-la); stolidus (whence Engl. stout), stul-tus, stultitia, cf. prae-stōlor (through *stōla, *preparation;* cf. στολή).—Cf. Germ. starr, Stall; Engl. stare, still, stale.

2 STAR-, STRID-, *chirp, creak.* Gr. στρίγξ, cf. τρίζω; Lat. strix, strīdeō, strīdor, strīdulus, redupl. in stertō, whence Stertinius; cf. turdus.

STER-, STRA-, STLA-, *strow, spread.* Gr. στρατός, στέρνον, ἀστήρ, στορέννυμι; Lat. sternō, strāvī, strātus, strāmen (2 con-sternō, -āre, is related to sternō as āspernor to spernō, SPAR-), 1 lātus (old, stlātus), stella (for *ster-ula), perh. stelliō; astrum (= ἄστρον), storea, torus (for *storus); locus (old, stlocus; cf. Germ. Strecke), locō, illicō (for *in-slocō), locuplēs (see PLE-); stirps, stirpēs. —Cf. Germ. Stern; Engl. star; and see STRV-.

STIG-, *stick, goad.* Gr. στίζω, στίγμα; Lat. stinguō, dīstinguō, īn-stinctus, stilus (for *stig-lus), stimulus (for *stig-mulus, from *stigmus; cf. στίγμα), īn-stīgo (from *stīgus), praestīgiae. —Cf. Germ. stechen, stecken; Engl. stick, stitch, steak.

STIP-, STVP-, *fix, stock.* Gr. (ΣΤΙΒ-, ΣΤΥΠ-) στείβω, στιβαρός, στύπος; Lat. stips, stipulus, stipula, stipulor; stīpes, stīpō, obstīpus; stupeō, stupor, stupidus. —Cf. Germ. Stab; Engl. staff, stiff, stub, stubborn, stump.

STRAG-, STRIG-, TERG-, *spread, sweep.* Gr. στραγγός; Lat. strāgēs, strāgulus; strix, strigilis, stringō, strictus; tergeō. —Cf. Germ. streichen, strecken, streng; Engl. strike, stretch, strong, streak, string.

STRV-, *spread, heap* (varied from STER-, STRA-; cf. Germ. struen). Lat. struō, strūctor, strūctūra, struēs, strūma, īnstruō, īnstrūmentum, perh. also indu-strius.—Cf. also Germ. Stroh; Engl. strew, straw.

SV-, *sew.* Gr. κασσύω (for *κατα-σύω); Lat. suō. —Cf. Germ. Saum; Engl. sew, seam.

SVAD-, *sweet.* Gr. (ΣϜΑΔ-, ʽΑΔ-) ἁνδάνω, ἥδομαι, ἡδύς; Lat. suāvis (cf. Germ. süss; Engl. sweet; for *suad-uis, cf. ten-uis); sāvium or suāvium; suādus (*winning,* whence), suādeō, suāsor, suāsiō.

SVD-, *sweat.* Gr. (ΣϜΙΔ-, ʽΙΔ-) ἰδίω, ἱδρώς; Lat. sūdō (from *sūdus, *sweating*), sūdor.—Cf. Germ. schwitzen; Engl. sweat.

SVG-, *suck.* Lat. sūgō, sūcus, sūcinum, sūmen, sūgillō. —Cf. Germ. saugen, Saft; Engl. suck, sap.

SVR-, *whistle, whisper.* Redupl. in susurrus (for *sur-surrus; cf. sōrex); perh. also surdus, ab-surdus.—Cf. Germ. Schwarm, schwören; Engl. swarm, swear, an-swer.

1 TA-, *run, melt.* Gr. (TAK-) ταχύς, τήκω; Lat. tābēs, tābum.—Cf Germ. thauen, verdauen; Engl. thaw.

2 TA-, TEN-, *stretch.* Gr. ἐτάθην, τανύω, τόνος, ταινία, τείνω; Lat. tenus, diū-tinus, pristinus (for *prius-tenus), taberna, tabula; tenuis, tenuō, tener, tenor, tenus, teneō, tendō, contentiō, continuus, tentō, temptō; tenāx, ostendō (for *obs-tendō), os-ten-tum, por-ten-tum, antemna; perh. also tempus, temporō, tempestās, and tonō (from *tonus; cf. τόνος), tonitrus.—Redupl. in (*tin-tin-nus, *tinkling,* whence) tintinnō, tintinnābulum, tinniō (for *ti-tinnō), tinnītus.—Cf. Germ. dehnen, dünn; Engl. thin.

3 TA- (pronom. stem of 3d pers. demonstr.). Gr. τό, τάς, αὐτός; Lat., the first element in tam, tantus, tamen, tot, tum; the last element in i-ta, is-te, aut, ut, uti (for *cuti, *quo-ti), etc.

TAC-, *silent.* Lat. taceō, tacitus, con-tic-ēscō.

TAG-, *touch, seize.* Gr. τεταγών; Lat. tangō, tāctus, te-tigī, in-teg-er, contāmen (for *contāg-men), contiguus, contāgēs, contāgiō, taxō, taxātiō.—Cf. Engl. take, tack, tackle (orig. STAG-, STAK-; cf. Engl. stake).

TAL-, TOL-, TLA-, *lift.* Gr. τάλας, τάλαντον, τόλμα, τλάς; Lat. tellus, tollō, sus-tul-ī, tolerō, tulī (for old, te-tul-ī), opitulor (from opitulus, *bringing help*), 3 lātus (*P.* of ferō, for *tlātus; cf. τλητός), dēlātor, lātiō, prōlātiō.—Cf. Germ. Geduld; old Engl. thole (*endure*).

TARC- (TARP-), TREP-, *turn, twist.* Gr. ἄτρακτος, ἀτρεκής, τρέπω, τροπός; Lat. torqueō, tortus, contortiō, tortor, tortuōsus, tormentum, torquis, nās-turc-ium (from nāsus, *nose-repelling*), trīcae; truncus; trepidus, turpis, trābēs.—Cf. Germ. drehen, Drang; Engl. thread, throng, throw.

TEC-, TAX-, *weave, arrange.* Gr. τίκτω, ἔτεκον, τέκνον, τέκμαρ, τέκτων, τέχνη, τόκος; τάσσω (for * τακιω); τύχη; τόξον; Lat. tēlum (for * teclum), tēmō (for * tecmō), tīgnum (for * tec-num); taxus, tālus (for * tax-lus), tālāris; texō, contextus, tēla (for * texla), sub-tīlis (from tēla), sub-tēmen (for * sub-tex-men), mantēle (manus). — Cf. Germ. Ding; Engl. thing.

TEG-, *cover.* Gr. (ΣΤΕΓ-) στέγω, στέγη; Lat. tegō, tēctor, teges, tegumen, tegumentum, tegulum; toga, tugurium; tēgula.—Cf. Germ. decken, Dach; Engl. deck, thatch, tight.

1 TEM-, TAN-, *cut.* Gr. τέμνω, τόμος, τέμενος, τέμαχος; Lat. temnō, contemnō, templum (for * tem-ulum), con-templor (cf. con-sīderō); tinea, tondeō, tōnsor; perh. also contumāx, con-tumēlia.

2 TEM-, TIM-, *stun.* Lat. tēm-ētum, temerē, temulentus; timeō, timor, timidus; perh. also ten-ebrae.—Cf. Germ. dämmern; Engl. dim.

TEP-, *warm.* Gr. τέφρη; Lat. tepeō, tepidus, tepor.

1 TER-, *bore, cross, rub.* Gr. τρανής, τέρμα, τερέω, τόρος, τορεύω, τραῦμα; Lat. terō, terebrō, teres, termes, terminus, pro-ter-vus; trāns, trānstrum, trāmes; tornus; trīvī, trīticum, trītūra, trībulum, triō, Septemtriōnes, dē-trīmentum. — Cf. Germ. durch, Dorn; Engl. drill, thrill, thorn, through.

2 TER-, TREM-, TERS-, *shake, scare.* Gr. τρέω, τρέμω, cf. Τάρταρος; Lat. tremō, tremor, tremulus; terreō (for * terseō), terror, terribilis; trīstis, trīstitia, con-trīstō.

TERS-, *parch.* Gr. τέρσομαι, ταρσός, τάριχος; Lat. terra (for * tersa), ex-torris, terr-estris, tēsta (for * tersta), tēstūdō, tēstū; torreō (for * torseō), torrēns, torridus, tosta (whence Engl. toast).—Cf. Germ. Durst; Engl. thirst.

TING-, *wet.* Gr. τέγγω; Lat. tingō, tīnctus, tīnctilis (cf. TAG-).

TORP-, *sate, stiff.* Gr. τρέφω, τέρπω, ταρφέα, τροφή; Lat. torpeō, torpor, torpidus, torpēdō, torpēscō.

TRAG-, *move, drag.* Gr. ταραχή, ταράσσω, τρέχω, τρόχος, τράχηλος; Lat. trahō, tractus, tractō, at-trectō, trāgula; tergum, tergus.—Cf. Germ. tragen; Engl. draw, drag.

TRVD-, *thrust* (strengthened from 1 TER-). Lat. trūdis, trūdō, abs-trūsus.—Cf. Germ. ver-driessen; Engl. thrust, threat-en.

1 TV-, TVM-, TAV-, TO-, *swell.* Gr. τύλη; Lat. tu-meō, tumor, tumidus, tumēscō, tumulus, tumultus; taeda (for * tavida), taedet, taedium; tō-tus, tūber.—Cf. Germ. Daumen; Engl. thigh, thews, thumb, thimble.

2 TV-, *watch, guard.* Lat. tueor (old, tuor), tūtus, tūtor, tūtēla, ob-tūtus, Aedi-tu-us.

TVD-, *beat.* Gr. (ΤΥΠ-) τύπτω, τύπος; Lat. tundō, tūnsus (tūsus).—Cf. (orig. STVD-) Germ. stossen; Engl. stutter, perh. also thud, thump.

TVR-, *harry, crowd.* Gr. τύρβη; Lat. turba (whence Fr. troupe, Engl. troop), turbulentus (cf. Engl. trouble), ob-tūrō, 1 turbō, turbidus, 2 turbō; turma.

VAC-, *hollow.* Lat. vacō (through * vacus), vacuus, vānus (for * vac-nus), ē-vān-ēscō; cf. vāg-īna, vāstus (whence Germ. wüst; Engl. waste).

VAD-, *pledge.* Lat. vas (vad-is), vadimōnium, vador, praes (for * prae-vads).—Cf. Germ. Wette; Engl. wed.

VAG-, VEH-, *move, carry.* Gr. ὄχος (for * Ϝοχος); Lat. vagus, vagō; vehō, vēctō, con-vēxus, vēxō, vehiculum (*dim.* of * vehis, *conveyance*), vīlis (for * vehilis), vēctor, via (for * veh-ia), ob-vius, viātor, viāticum; vehemēns; vēctiō, vēctīgal, vēlum (for * vehslum), vēlō, vēlifer, vēlificor, vēlivolus; vēxillum; vēna (for * veh-na).—Cf. Germ. be-wegen, wiegen, wägen, Wagen, Wicht; Engl. wag, weigh, way, wagon, wain, wight, whit.

VAL-, *strong.* Lat. valeō, valēns, valētūdō, validus, validē, or valdē. — Cf. Germ. wohl; Engl. well, weal, wealth.

VAN-, VEN-, *desire.* Lat. venia, Venus, venustus, veneror; vin-dex (see DIC-).—Cf. Germ. ge-winnen, wohnen, ge-wöhnen, Wunsch; Engl. win, wont, wean, ween, wish.

VAR-, VER-, *drag, sweep.* Gr. ἐρύω (i. e. * Ϝερυω), ῥυτός; Lat. verrō, verruncō, ēverriculum.

1 VAS-, VS-, *burn* (orig. one with AVS-). Gr. ἑστία, ἔαρ (for Ϝεσαρ), εὔω, Εὖρος; Lat. Vesta, Vestālis, Vesuvius, vēr (for * ves-er; = ἔαρ), vērnus (= ἐαρινός), hōrnus (for * ho-vernus); ūrō (for * ūsō, cf. ussī), ūrēdō, ūstor, urna, urtīca. — Cf. Germ. Ost; Engl. East.

2 VAS-, *cover, house.* Gr. (ϜΕΣ-) ἕν-νυμι (i. e. * Ϝεσ-νυμι), ἐσθής, perh. ἕσ-περος; Lat. vestis, vestiō, vestibulum, vās (vāsis), vāsa; vesper; verna (for * ves-na), vernīlis. — Cf. Germ. war; Engl. wear, West, was, were.

VC-, AVC-, *roast, dry.* Lat. ōlla (for * aulula, *dim.* of old aula, for * aux-la, *pot*).

VD-, *spring, well.* Gr. ὕδωρ, ὕδρα; Lat. unda, undō, undulō (from * undula, *dim.* of unda). —Cf. Germ. Wasser, Otter; Engl. water, wet, otter; perh. also Germ. and Engl. winter.

VEG-, VIG-, *wake, vigor* (orig. one with AVG-). Gr. αὔξω (i. e. ϝακ-σω), ὑγιής, αὐγή; Lat. vegetus, vigeō, vigil, victima (vig- with *superl.* ending; *most vigorous, choicest*).— Cf. Germ. wachen, wachsen; Engl. wake, watch, wax (*grow*).

1 VEL-, VAL-, VER-, *cover, guard.* Gr. ἕρκος, ἐρύκω, ῥύομαι; also (ϝOP-) ὅρομαι, ὥρα, φρουρός (i. e. * προ-ϝορος), ὁράω; Lat. vellus, vallēs, vāllus, vāllum, vāllō, villus; vervēx, vereor, verēcundus, reverentia; perh. lāna (for * ulāna; cf. Gr. οὖλος, *woolly*), and vērus, vēritās. — Cf. Germ. ge-wahr, warnen, werth, Wolle; Engl. wary, warn, worth, wool, ward.

2 VEL-, VOL-, *tear, pluck.* Lat. vellō, vellus, vellicō, voltur, volnus, volnerō. — See the strengthened forms 3 LAC- (for FLAC-) and FRAG-.

VER-, *say.* Gr. εἴρω (i. e. ϝεριω), ῥῆμα; Lat. verbum.—Cf. Germ. Wort; Engl. word.

VERG-, VRG-, VALG-, *slope, press.* Gr. ὀργή (i. e. ϝοργη), εἴργω; Lat. vergō, urgueō, virga, virgō; volgus, volgāris.—Cf. Germ. rächen, ringen; Engl. wreak, wry, wring, wrong, wriggle, wrangle.

VERT-, *turn.* Gr. ὄρτυξ; Lat. vertō, versus, conversiō, subversor, vertex, vertebra, vertīgō, ad-versus, dīvortium, prōrsus (for * provorsus), ūni-versus, de-orsum (for * dē-vorsum), rūrsus (i. e. * re-vorsus), retrōrsum (i. e. retrō-vorsum).—Cf. Germ. Rist; Engl. writhe, wreathe, wrest, wrist.

VET-, VIT-, *year, old.* Gr. ἔτος (i. e. ϝετος); Lat. vetus, vetō, vetulus, vetustās, veternus, veterānus; vitulus (*dim.* vitellus, whence Engl. veal), Italia. — Cf. Germ. Widder; Engl. wether.

VG-, VGV-, *wet.* Gr. ὑγρός; Lat. ūmeō (from * ūmus, for * ugv-mus), ūmidus, ūmor, ūva, ūvēscō, ūvidus or ūdus, ūlīgō (for * ūdīgō). — Cf. Germ. waschen, Ochs; Engl. wash, wake (*water-track*), ox.

VI-, VIC-, *twine.* Gr. ἴον, οἶνος; Lat. viētus, vitta, vitium, vītis (whence Engl. vise, *a screw-press*), vīnum, vīnētum, vīnitor, vīmen, viola; cer-vīx (2 CEL-, CER-), vinciō, vinculum.—Cf. Germ. Weide; Engl. withe, wire.

1 VIC-, *conquer.* Lat. vincō, vīctus, vīctoria, vix.

2 VIC-, *arrive, dwell.* Gr. ἱκνέομαι, ἱκέτης; οἶκος (i. e. ϝοικος), οἰκέω; Lat. vīcus, vīcīnus, vīcīnitās, vīlla (for * vīcula). — Cf. Engl. baili-wick, and -wick, -wich (in local names).

3 VIC-, *yield, change.* Gr. ἴχνος (i. e. ϝιχνος), εἴκω; Lat. vicis (cf. Germ. Wechsel), invicem, vicissim, vicissitūdō, vicārius, vītō (for * vicitō). — Cf. Germ. weich, wickeln; Engl. weak, wicker, wicket; perh. Germ. Woche; Engl. week (orig. *change, succession*).

VID-, *see.* Gr. εἶδον (i. e. ἐ-ϝιδ-ον), ἰδέα, εἶδος; οἶδα, ἴδρις; Lat. videō, vīsus, vīsiō, vīsō, ē-vidēns, invidus, prōvideō, prōvidus, prūdēns (i. e. prōvidēns), vitrum.—Cf. Germ. Witz, weise; Engl. wit, wise, witch.—Perh. also dī-vidō (prop. *distinguish*); dīvīsus, dīvīsiō, dīviduus (but some refer these to a distinct root VID-, *split;* cf. Engl. wide, wood; and DVA-, DVI-).

VIR-, *green.* Lat. viridis, vireō, virētum.

VĪV-, VĪG-, *live* (older, GVIV-, GVIG-; cf. Engl. quick; hence), Gr. βίος (for * γϝιϝος); vīvus, convīvium, vīvidus, vīvāx, vīvō (vīxī, i. e. * vig-sī), vīta, vītālis, vīctus; cf. iūgis (for * giougis).

VL-, *howl.* Gr. ὑλάω, ὀλολῡγή; Lat. (redupl.) ulula, ululō. — Cf. Germ. heulen, Eule; Engl. howl, owl.

VOC-, VAG-, *call.* Gr. ὄσσα (i. e. ϝοκια); cf. (ϝΕΠ-) ἔπος, ὄψ; Lat. vocō (from * vocus), vocātiō, vocālis, vocitō, invītō (for * in-vocitō), vōx, vōcula, vōciferor (from * vōciferus, FER-); con-vīcium (for con-vōcium), praecō (for * prae-vocō); vāgiō, vāgītus, vacca.

1 VOL-, *will, wish.* Gr. (ΒΟΛ-, ϝΕΛ-) βούλομαι, ἔλδομαι; cf. βέλτερος, ἔλπω; Lat. 1 volō (velle, vīs for * volis), voluntās (from * volūns), 3 volō, nōlō (for nōn volō), mālō (for * mag-volō), -ve (for -vis), whence ce-ve or ceu, ne-ve or neu, sī-ve or seu; vel, velut. —Cf. Germ. willen; Engl. will.—Some regard this *R.*, in older form VAR- (*choose, believe*), as the source of Lat. vērus (whence Fr. vrai; Engl. very; cf. Germ. wahr. But see 1 VEL-).

2 VOL-, VEL-, *fly.* Gr. (ΒΑΛ- for old ΓϝΑΛ) βάλλω, βολή, βέλος; Lat. -volus in vēlivolus, 2 volō, volucer; vēles, vēlōx.

3 VOL-, VOLV-, *roll, twist.* Gr. (ϝΕΛ-) εἴλλω, ἕλιξ, ἐλύω; Lat. lōrum (for * vlōrum), lōrīca; valvae, volva, volvō, volūbilis, volūmen, volucer, involūcrum. — Cf. Germ. Welle, walken; Engl. well (*spring*), walk, wallow.

VOM-, *vomit.* Gr. (ϝΕΜ-) ἐμέω; Lat. vomō, vomitus, vomica.